형법총론

Criminal Law

천 진 호 지음

준커뮤니케이션즈

머리말

"무엇을 모르고 있다는 것조차도 모르는 것, 이것이 학문의 경지다."

30여 년 전 저자의 박사과정 중 정년퇴임을 앞둔 어느 은사님께서 고대 그리스 소피스트(Sophist) 철학 파의 예를 드시면서 학문의 자세에 대해 고별강의에서 하신 말씀이다. 본서를 집필하면서 필자는 여전히 무엇을 모르고 있는지를 잘 알고 있을 뿐 아니라, 알고 있다고 생각했던 것을 제대로 알고는 있는 것인지 자괴감과 의문을 품을 수밖에 없었다. 이러한 과정에서 형법총론의 난해한 이론들을 어디까지 담을 것인지, 어떻게 하면 좀 더 쉽고 명료하게 전달할 것인지 가 큰 숙제였다. 필자의 능력 부족으로 본서의 성격이 형법총론을 교육과정에서 공부하는 학생들을 위한 기본서이면서 학문 후속세대인 연구자들의 학술적인 연구를 위한 학술연구서 사이의 중간적인 자리로 매김 될 수밖에 없음을 고백한다.

본서는 먼저 예비법조인으로 법학전문대학원의 교육과정에서 형법총론을 체계적으로 공부해야 하는 학생들이 그 내용을 충실하게 읽고, 이해하고, 생각할 수 있도록 하는 데 초점을 두고 있다. 따라서 주요 쟁점들에 대하여 논리적으로 그 결론을 도출하는 학설들의 내용을 비교적 자세하게 설명하면서, 이와 관련된 주요 판례도 그 요지만이 아니라 가능하면 해석의 논거가 된 내용을 수록하였다. 나아가 기본적인 이론들을 이해한 학생들을 위하여 활자로 설명된 내용을 효율적으로 이해할 수 있는 방법으로 다양한 도해들을 제작하였다. 특히 논리적인 사고를 전제로 형법총론 전체를 관통하고 있는 범죄체계론 부문에 대하여 어떤 방법으로든 이해가 선행되어야 하기에 필자 나름의 방법에 기초한 도해들을 제시해 보았다. 다만, 도해식의 설명이 자칫 사고의 폭을 주어진 도해 안에 가두어 버릴 수 있다는 점에서 매우 조심스러운 작업이지만, 방대한 내용을 이해하는 데 있어 시간적 단축에는 도움이 될 수 있으리라는 생각에서 시도해 보았다.

그리고 법학 교육제도와 체제 등이 변화하면서 형사법학을 심도 있게 연구하는 학문 후속세대에 대하여 많은 형사법학자가 우려를 하는 것이 사실이다. 현재의 이론과 판례에 대한 토론과 비판, 학술적인 교류들을 통해 형사법학의 학문적 발전이 지속적으로 이루어져야 함에도 전문학술연구서의 자리는 좁아져 가는 것이 현실이다. 이에 본서는 형법총론 기본서의 역할만이 아니라, 학문 후속세대인 연구자들이 심도 있는 이론들에 접근할 수 있도록 노력하였다. 따라서 구성요건착오에 관한 학설들, 정당행위의 성립요건인 사회상규의 개념, 형법상 책임원칙과 책임의 본질, 금지착오에 있어 정당한 이유의 판단 기준, 미수범의 체계, 중지미수의 자의성 판단, 불능미수의 위험성 표지, 부진정 결과적 가중범의 중지미수 등에 대한 학술적인 논의들과 학술논문들을 통해 소개한 필자의 생각들을 간략하게나마 수록하였다.

다음으로 본서에는 2016.1.6. 개정 · 시행된 형법과 폭력행위 등 처벌에 관한 법률, 특정범죄 가중처벌 등에 관한 법률, 부동산 실권리자명의 등기에 관한 법률(2017.1.7. 시행) 등의 2016년 1월까지 개정 법률의 내용을 반영하였다. 그리고 부작위에 의한 살인죄를 인정한 이른바 세월호 참사 관련 대법원 2015.11.12. 선고 2015도6809 판결과 폭력행위 등 처벌에 관한 법률 개정으로 삭제되면서 개정 형법 제258조의2에 신설된 특수상해죄의 적용과 관련하여 형법 개정 이후 처음으로 신법 적용을 판시한 대법원 2016.1.28. 선고 2015도17907 판결 등 2016년 1월까지 선고된 대법원판결들을 수록하였다.

그동안 공부해 온 내용을 정리해야겠다고 몇 년간이나 생각하면서도 많이 부족해서 엄두를 내지 못하다가 이번에 나름의 용기를 내어 책으로 출간하게 되었다. 너무도 많이 부족하지만, 앞으로 더욱 연구하여 보완해나가도록 하겠다. 이 책을 읽는 동료 형사법학자님들과 학생들의 고견을 바란다.

모쪼록 본서를 통해 학생들이 형법총론의 이론과 판례를 제대로 공부하고 이해할 수 있으면서, 앞으로 법조인으로 현장에 나갔을 때 이론에 기초한 형법총론의 해석에 변화와 발전을 기대하는 마음이다. 나아가 본서가 형법총론의 기본서이면서 학술연구서로서 학문 후속세대인 연구자들과 법조인들에게 도움이 되었으면 하는 바람이다.

그리고 본서를 출간하면서 그동안 많은 도움을 주신 분들께 감사함을 표한다. 먼저 필자에게 늘 학문적인 열정과 영감을 자극해 주면서 학문적인 동료를 넘어 따뜻한 마음을 나눌 수 있는 인연으로 살면서 좋은 동학자를 만났다는 복을 누리게 해준 고 조상제 교수님, 김성돈 교수님, 류전철 교수님, 김성룡 교수님, 이진국 교수님께 존경과 감사의 마음을 전한다.

끝으로 학자로서의 길을 가는데 늘 즐거움과 큰 힘이 되어 준 아내 박옥주와 사랑하는 현정이와 영준이에게 고마움을 전하며, 본서의 도해 편집을 직접 도맡아 하면서 출간을 맡아 주신 준커뮤니케이션즈 대표 박준성 사장님께 감사의 뜻을 표한다.

2016년 2월

천 진 호

차례

제1편 형법 일반이론

제2편 범죄이론

【대법원판결 인용례(사건별 사건부호)】

법원재판사무 처리규칙(대법원규칙 제2556호. 2014.9.1. 개정, 2014.9.29. 시행)
제19조 (사건번호 등) ① 사건기록에는 사건번호를 붙여야 한다.
② 사건번호는 서기 연수의 네 자리 아라비아 숫자, 사건별 부호문자와 진행번호인 아라비아 숫자로 표시한다.
③ 사건에 관하여 최초에 붙인 사건번호와 사건명은 그 사건이 종국에 이르기까지 사용한다. 다만, 사건명은 잘못이 있음이 분명한 때에는 제1심 종국에 이르기까지 재판장의 허가를 받아 정정할 수 있다.
제20조 (사건별 부호문자) 사건별 부호문자는 사건의 성격, 사건수 등을 고려하여 대법원예규로 정한다.

사건별 부호문자의 부여에 관한 예규(재일 2003-1)(대법원재판예규 제1481호 2015.11.6. 개정, 2016.3.1. 시행)
제1조 (목적) 이 예규는 법원재판사무처리규칙 제20조의 규정에 따라 사건별 부호문자(다음부터 '사건부호'라 한다)의 부여에 관하여 필요한 사항을 규정함을 목적으로 한다.
제2조 (사건부호의 부여) ① 사건별 사건부호는 [별표]와 같다.
② 모든 재심사건(준재심사건을 포함한다)은 재심대상사건의 사건부호 앞에 "재"를 붙인다. 다만, 재심사건이 상소되는 경우 상소심의 사건부호는 원래의 사건부호 앞에 "재"를 붙이지 아니한다.
③ 약식명령에 관한 재심사건이 공판절차에 회부되는 경우 공판사건의 사건부호는 원래의 사건부호 앞에 "재"를 붙이지 아니한다.
제3조 (민사 및 가사신청사건이 상소심에서 제기되는 경우) ① 민사신청사건 중 가압류 · 가처분 및 이에 대한 이의, 취소(집행취소는 제외)사건이 항소심에서 제기되는 경우 사건부호는 '카합'으로 한다.
② 민사신청사건 중 권리행사최고, 담보취소, 권리행사최고 및 담보취소, 담보제공, 담보물변경 사건이 항소심 또는 상고심에서 제기되는 경우 사건부호는 '카담'으로 한다.
③ 민사신청사건 중 소송구조, 구조취소사건이 항소심 또는 상고심에서 제기되는 경우 사건부호는 '카구'로 한다.
④ 기타 민사신청사건이 항소심 또는 상고심에서 제기되는 경우 사건부호는 '카기'로 한다.
⑤ 상소심에서 제기되는 가사신청사건 중 가압류 · 가처분 및 이에 대한 이의, 취소(집행취소는 제외)사건의 사건부호는 'ㅈ합'으로 하고, 그 밖에 가사신청사건의 사건부호는 'ㅈ기'로 한다.
제4조 (반소 등이 항소심에서 제기되는 경우) 민사본안사건이 항소심에 계속중에 반소, 독립당사자참가 등 별도의 사건번호가 부여되는 사건이 제기되는 경우 사건부호는 '나'로 한다.
제5조 (항소심이 관할위반 형사사건을 제1심으로 심판하는 경우) 형사소송법 제367조 단서에 의하여 항소법원이 제1심으로 심판하는 경우의 사건부호는 '고합'으로 한다.
제6조 (고등법원이 제1심으로 관할하는 행정사건의 경우) 고등법원이 제1심으로 관할하는 행정사건이 고등법원에 제기되는 경우 사건부호는 '누'로 하며, 그 사건이 상고되는 경우 사건부호는 '두'로 한다.
제7조 (시 · 군법원이 관할하는 사건의 경우) 시 · 군법원이 민사소송법 및 민사집행법 등에 의하여 수소법원, 제1심 판결법원 또는 그 밖의 사유로 관할하는 사건이 시 · 군법원에 제기되는 경우 사건부호는 그 사건의 종류에 따라 제2조 제1항의 [별표]에 규정된 바에 따른다.

헌법재판소 1995.11.30. 선고 92헌마44 결정 권리구제형 헌법소원(헌법재판소법 제68조제1항 헌법소원) 결정사건
헌법재판소 2003.2.27. 선고 2000헌바26 결정 위헌심사형 헌법소원(헌법재판소법 제68조제2항 헌법소원) 결정사건
헌법재판소 2003.1.30. 선고 2001헌가4 결정 위헌법률심판제청(헌법재판소법 제41조) 결정사건

민사1심합의사건	가합	형사1심합의사건	고합	아동보호사건	동버
민사1심단독사건	가단	형사1심단독사건	고단	아동보호항고사건	동서
민사소액사건	가소	약식정재청구1심단독사건	고정	아동보호재항고사건	동어
민사항소사건	나	약식사건	고약	아동보호신청시건	동저
민사상고사건	다	전자약식사건	고약전	피해아동보호명령사건	동처
민사항고사건	라	형사항소사건	노	피해아동보호명령항고사건	동커
민사재항고사건	마	형사상고사건	도	피해아동보호명령재항고사건	동터
민사특별항고사건	그	형사항고사건	로	성매매관련보호사건	성
민사준항고사건	바	형사재항고사건	모	성매매관련보호항고사건	성로
민사조정사건	머	비상상고사건	오	성매매관련보호재항고사건	성모
화해사건	자	형사준항고사건	보	성매매관련보호신청사건	성초
독촉사건	차	형사보상청구사건	코	인신보호사건	인
전자독촉사건	차전	즉결심판사건	조	인신보호항고사건	인라
민사공조사건	러	형사공조사건	토	인신보호재항고사건	인마
민사가압류, 가처분등 합의사건	카합	체포·구속적부심사건	초적	인신보호신청사건	인카
민사가압류, 가처분등 단독사건	카단	보석사건	초보	법정질서위반감치등사건	정고
		재정신청사건, 재정신청 비용	초재	기타감치신청사건	정기
공시최고사건	카공	지급신청사건		법정질서위반감치등항고사건	정로
담보취소등사건	카담	사회봉사허가청구사건, 사회	초사	법정질서위반감치등특별항고사건	정모
재산명시등사건	카명	봉사허가취소청구사건		가사1심합의사건	드합
채무불이행자명부등재사건	카불	기타형사신청사건	초기	가사1심단독사건	드단
재산조회사건	카조	치료감호1심사건	감고	가사항소사건	르
소송구조등사건	카구	치료감호항소사건	감노	가사상고사건	므
전자독촉경정신청사건	카기전	치료감호상고사건	감도	가사항고사건	브
소송비용액확정결정신청사건	카확	치료감호항고사건	감로	가사재항고사건	스
확정된 소송기록에 대한 열람	카열	치료감호재항고사건	감모	가사특별항고사건	으
신청사건		치료감호비상상고사건	감오	가사조정사건	너
임차권등기명령등사건	카임	치료감호공조사건	감토	가사공조사건	츠
강제집행정지사건	카정	치료감호신청사건	감초	가사가압류,가처분등 합의사건	즈합
판결(결정)정정사건	카경	부착명령1심사건	전고	가사가압류,가처분등 단독사건	즈단
제소명령사건	카소	부착명령항소사건	전노	기타가사신청사건	즈기
기타민사신청사건	카기	부착명령상고사건	전도	가사비송합의사건	느합
부동산등경매사건	타경	부착명령비상상고사건	전오	가사비송단독사건	느단
채권등집행사건	타채	부착명령신청사건	전초	개명사건	호명
채권배당사건	타배	부착명령항고사건	전로	가족관계등록(제적)비송사건	호기
부동산인도명령사건	타인	부착명령재항고사건	전모	합의이혼의사확인 신청사건	호협
기타집행사건	타기	치료명령1심사건	치고	행정1심사건	구합
비송합의사건	비합	치료명령항소사건	치노	행정1심재정단독사건	구단
비송단독사건	비단	치료명령상고사건	치도	행정항소사건	누
회생합의사건	회합	치료명령비상상고사건	치오	행정상고사건	두
회생단독사건	회단	치료명령신청(치료기간연장,	치초	행정항고사건	루
간이회생합의사건	간회합	준수사항 추가·변경·삭제		행정재항고사건	무
간이회생단독사건	간회단	청구)사건		행정특별항고사건	부
회생채권·회생담보권 조사	회확	성폭력수형자치료명령1심사건	초치	행정준항고사건	사
확정사건		치료명령항고사건	치로	행정신청사건	아
기타 회생 관련 신청사건	회기	치료명령재항고사건	치모	특허1심사건	허
파산합의사건	하합	아동·청소년보호1심사건	동고	특허상고사건	후
파산단독사건	하단	아동·청소년보호항소사건	동노	특허재항고사건	흐
파산채권 조사확정사건	하확	아동·청소년보호상고사건	동도	특허특별(준)항고사건	히
면책사건	하면	아동·청소년보호비상상고사건	동오	특허신청사건	카허
기타 파산·면책 관련 신청사건	하기	아동·청소년보호신청사건	동초	선거소송사건	수
개인회생사건	개회	소년보호사건	푸	선거상고사건	우
개인회생채권 조사확정사건	개확	소년보호항고사건	크	선거항고(재항고, 준항고, 특별	수호
기타 개인회생 관련 신청사건	개기	소년보호재항고사건	트	항고)사건	
국제도산 승인사건	국승	소년보호신청사건	푸초	선거신청사건	주
국제도산 지원사건	국지	소년집행감독사건	푸집	특수소송사건	추
과태료사건	과	가정보호사건	버	특수신청사건	쿠
선박,유류등책임제한사건	책	가정보호항고사건	서	의무불이행자감치등사건	정드
		가정보호재항고사건	어	의무불이행자감치등항고사건	정브
증인감치사건	정가	가정보호신청사건	저	의무불이행자감치등재항고사건	정스
채무자감치사건	정명	피해자보호명령사건	처	과태료체납자감치사건	정과
증인·채무자감치항고사건	정라	피해자보호명령항고사건	커	과태료체납자감치항고사건	정러
증인·채무자감치재항고사건	정마	피해자보호명령재항고사건	터	과태료체납자감치재항고사건	정머

참고문헌

김성돈, 형법총론, 제4판, 성균관대학교출판부, 2015.
김일수, 한국형법1, 제2판, 박영사, 1996.
김일수, 한국형법2, 박영사, 1993.
김일수/서보학, 새로쓴 형법총론, 제12판, 박영사, 2014.
박상기, 형법총론, 제9판, 박영사, 2012.
박상기/신양균/조상제/전지연/천진호, 판례교재 형법총론, 준커뮤니케이션즈, 2010.
배종대, 형법총론, 제11판, 홍문사, 2013.
성낙현, 형법총론, 제2판, 동방문화사, 2011.
손동권/김재윤, 새로운 형법총론, 율곡출판사, 2011.
신동운, 형법총론, 제9판, 법문사, 2015.
오영근, 형법총론, 제3판, 박영사, 2014.
이재상/장영민/강동범, 형법총론, 제8판, 박영사, 2015.
이정원, 형법총론, 신론사, 2012.
이형국, 형법총론, 제4판, 법문사, 2007.
임웅, 형법총론, 제7판, 법문사, 2015.
정성근/박광민, 형법총론, 전정판 2판, 성균관대학교출판부, 2015.
정영일, 형법강의[총론], 제2판, 학림, 2015.

제1편 형법 일반이론

제1장 형법의 기초이론

제2장 형법학의 성립과 학파

제3장 죄형법정주의

제4장 형법의 적용범위(효력)

제1장 형법의 기초이론

제1항 형법의 의의

Ⅰ. 형법(Strafrecht)의 개념

형법은 범죄(Verbrechen)와 형벌(Strafe) 및 그 양자의 관계를 규정한 법규범(형법의 두 가지 구성요소)으로, 어떠한 행위를 범죄로 할 것이며(일정한 행위가 어떠한 요건을 구비하는 경우에 범죄행위로 평가되는가) 그 범죄행위에 대한 법적 효과로서 어떠한 형벌을 과할 것인가를 규정한 법규범이다. 즉 범죄라는 일정한 법률행위에 대하여 형벌이라는 일정한 법률효과를 부여하는 법규로, 오늘날에 와서는 형벌과 대체되는 보안처분과 원상회복개념의 등장으로 형법개념의 재정립이 필요하다. 따라서 오늘날의 형법은 범죄와 형벌 및 보안처분 그리고 그 상호관계를 규정한 법규로 이해해야 한다.

범죄이론과 형벌이론을 다루는 형법총론은 법철학적 사고를 그 기저로 하고 있는데, 범죄이론은 범죄의 본질(불법론)과 그 구성요소(범죄체계론)에 대한 이해를 다루고 있으며, 형벌이론은 형벌의 본질은 무엇이며 형벌과 보안처분의 관계를 정립하면서 형벌의 이념과 형사정책적 목적을 동시에 달성해야 하는 과제를 다룬다.

'무엇이 범죄이며, 범죄인자를 어떻게 구성할 것인가, 나아가 그 범죄에 대하여 어떤 형벌을 과할 것인가'는 그 시대의 인간상과 가치관 및 사회생활관계의 변화와 밀접한 관련성을 가진다는 점에서, 시대의 사회질서와 가치관 내지 윤리관과 일치되어야 한다.[1]

1) 어떤 범죄를 어떻게 처벌할 것인가 하는 문제, 즉 법정형의 종류와 범위의 선택은 범죄의 죄질과 보호법익에 대한 고려뿐만 아니라 우리의 역사와 문화, 입법 당시의 시대적 상황, 국민 일반의 가치관 내지 법 감정, 그리고 범죄예방을 위한 형사정책적 측면 등 여러 가지 요소를 종합적으로 고려하여 입법자가 결정할 사항으로서 광범위한 입법재량 내지 형성의 자유가 인정되어야 할 분야이다. 따라서 어느 범죄에 대한 법정형이 범죄의 죄질 및 이에 따른 행위자의 책임에 비하여 지나치게 가혹한 것이어서 현저히 형벌체계상 균형을 잃고 있다거나 범죄에 대한 형벌 본래의 목적과 기능을 달성함에 있어 필요한 정도를 일탈하였다는 등 헌법상 평등의 원칙 및 비례의 원칙 등에 명백히 위배되는 경우가 아닌 한, 쉽사리 헌법에 위배된다고 단정하여서는 아니 된다. 위 법리에 비추어 살펴보면, '구 국회에서의 증언 · 감정 등에 관한 법률' (2010.3.12. 법률 제10051호로 개정되기 전의 것) 제14조 제1항이 '이 법에 의하여 선서한 증인 또는 감정인이 허위의 진술이나 감정을 한 때에는 1년 이상 10년 이하의 징역에 처한다'고 규정하고 있으나, 형법상 위증죄의 법정형보다 높게 정하고 있다는 사정만으로 바로 위 조항이 지나치게 과중한 형벌을 규정하여 책임원칙에 반한다거나 법정형이 형벌체계상 균형을 상실하여 평등원칙에 위배된다고 할 수 없다(대법원 2012.10.25. 선고 2009도13197 판결). 같은 취지로 대법원 2012.9.27. 선고 2012도4637 판결 ; 헌법재판소 2012.2.23. 선고 2011헌바154 결정 ; 대법원 2008.5.29. 선고 2008도1857 판결 ; 헌법재판소 2006.4.27. 선고 2005헌가2 결정 ; 헌법재판소 2001.11.29. 선고 2001헌가16 결정 등.

【범죄 및 일탈행위에 대한 형사적 제재의 유형】

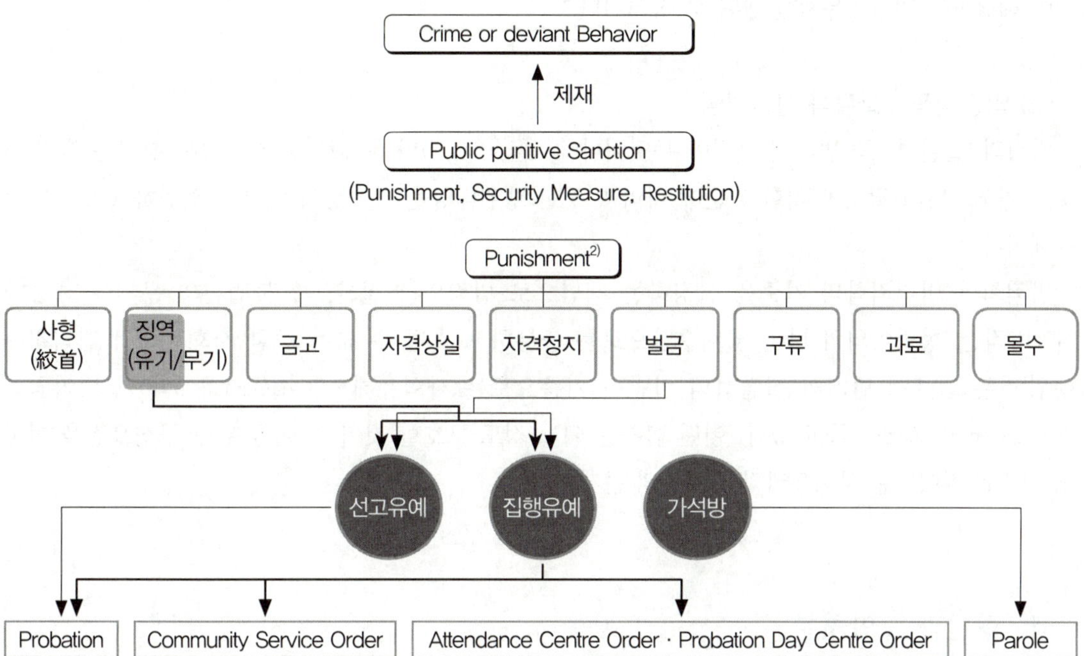

Ⅱ. 범죄개념의 다양성

1. 절대적(자연적) 범죄개념과 상대적 범죄개념

특정한 국가의 법질서와 관계되는 범죄개념으로, '정당한 법에 의한 범죄규정'이라는 상대적 범죄개념의 한계가 존재한다.

2. 형식적 범죄개념과 실질적 범죄개념[3]

1) 형식적 범죄개념

실정법이 범죄로 규정한 행위가 어떤 표지를 갖추어야만 범죄로 성립되느냐(하나의 행위를 범죄로 평가·처벌하기 위해서는 현행법상 그 행

---

2) 형법 일부개정법률안(2011.3.25. 정부안으로 국회 제출, 18대 국회 임기만료로 자동폐기)
제40조 (형의 종류) 형의 종류는 다음 각 호와 같다.
1. 사형
2. 징역
3. 벌금
4. 구류

3) 양자 모두 실정법 체계를 전제로 하는 개념이다.

위가 어떠한 법률적 표지를 갖추어야 하는가)의 문제로, 형식적 범죄개념은 범죄체계론의 문제에 해당한다. 일반적으로 「구성요건에 해당하는 위법 · 유책한 행위」로 정의된다.[4]

2) 법정책적 · 실질적 범죄개념

범죄의 '실질성', 즉 범죄의 본질이 무엇이냐(어떤 행위가 범죄로 평가되는가)의 문제로, 예컨대 간통행위는 왜 범죄로 평가되느냐와 같이 어떠한 기준에 따라 일정한 행위태양을 가벌성이 있다고 선언하고 있는가의 문제이다.

범죄화와 비범죄화의 기준을 설정하는 개념으로 범죄의 본질론, 즉 불법론의 문제에 해당한다. 범죄란 '형법이외의 다른 제재수단으로는 충분히 보호될 수 없는 중한 사회유해적 법익침해행위'라는 점에서 범죄의 실질성의 일반적 기준으로는 사회유해성(Sozialschädlichkeit)과 법익침해(Rechtsgüterverletzung)를 들고 있다. 어떤 법익을 어느 정도 보호할 것이냐, 이를 위한 구성요건을 어떻게 설정할 것이냐는 사회윤리적 가치관의 문제이다.

Ⅲ. 형벌과 보안처분

형벌이란 무엇이며 그 목적은 어디에 있는가(형벌의 본질에 관한 문제), 국가가 일정한 행위에 대해 형벌권을 발동할 수 있는 근거는 무엇인가(국가형벌권의 정당성에 관한 문제), 협의의 형벌과 보안처분은 어떤 관계에 있는가에 대한 논의이다.

1.형벌의 본질

형벌의 대상과 한계 및 형벌의 의의와 그 목적을 다루는 논의로, 형벌은 가벌행위를 한 행위자에게 법적 효과로서 부과되는 해악으로 행위와 행위자에 대한 사회의 의식적 불승인을 의미한다. 이와 같이 형벌은 그 자체 해악속성으로 인한 정당성의 기준 제시가 필요하다는 점에서 다양한 형벌이론이 전개되고 있다.

2. 보안처분제도(Maßregeln der Besserung und Sicherung, Security Measure)

1) 연혁

18C 말 누범 및 소년범의 증가, 행형제도의 불비 등으로 종래 응보형사상의 모순이 대두됨으로써 형벌의 효과와 그 기능에 대한 회의가 제기되고, 형벌의 목적이 응보(Retribution)에서 상대주의적 형벌

---

4) Ernst Beling에 의한 3단계 범죄체계론[「Die Lehre vom Verbrechen」, 1906].

이론을 배경으로 한 특별예방적 목적형벌사상으로 전환되면서 Ernst Ferdinand Klein 등에 의해 보안처분제도가 주장되기 시작하였다.[5)]

2) 개념

보안처분은 사회방위(보전, 협의의 보안처분)와 사회복귀(개선처분)를 통한 범죄예방에 중점을 두는 형사제재로, 행위자의 범행 속에 표현된 장래의 반사회적 위험성에 착안하여 그에 대하여 사회보전을 꾀함과 동시에 본인의 개선 · 치료 등을 통한 재교육 · 사회복귀를 목적으로 하는 국가적 처분("Prevention is better than Cure")이다.[6)] 이와 같이 보안처분은 종래의 형벌로는 행위자의 사회복귀와 범죄예방이 불가능하거나 행위자의 특수한 위험성으로 인하여 형벌의 목적을 달성할 수 없는 경우에 형벌을 대체하거나 보완하기 위한 예방적 성질의 목적적 처분으로, 전통적인 행위형법에서 행위자형법으로의 전환을 가져 왔다.

3) 보안처분과 형벌과의 관계

형벌은 형사책임에 기한 제재로서 책임을 전제로 책임주의의 범위 내에서 부과된다. 즉 범죄에 대한 응보로서 범죄의 진압이 목적인 형사처분으로 책임주의에 의한 제한이 있는 반면, 보안처분은 행위자의 반사회적 위험성에 기하여 사회방위와 행위자의 교정 및 교육을 통한 범죄의 예방을 목적으로 하는(특별예방의 관점) 행정처분으로 비례성의 원칙(법익교량)에 의한 제한이 있다.[7)] 따라서 양자는 목적은 동일하나(目的 一元主義) 제한에 따라 구분(制限 二元主義)된다.

---

5) Franz v. Liszt의 Marburger 강령(「Der Zweckgedanke im Strafrecht」, 1882) → 1893년 Swiss 형법초안에 도입(Carl Stoos안) → 영국의 범죄방지법(1908) → 1933년 독일 상습범죄자에 관한 법률(Gewohnheitsverbrechergesetz)에 도입 → 1975년 독일개정형법 제61조 내지 제72조에 7가지로 규정.
[참고] F.v.Liszt의 범죄인 분류(세분화된 목적형에 합치)
(1) 우발적 기회범 : 벌금형, 집행유예 도입
(2) 개선능력있고 개선이 필요한 상습범 : 개선(Besserung)처분
(3) 개선이 불필요한 상습범 : 위하(Abschreckung)
(4) 개선능력이 없는 상습범 : 無害化(Unschädlichmachung)조치와 無害化조치의 실효성보장을 위한 보호감호처분(Sicherungs verwachrung)

6) [참고] 사회복귀(Rehabilitation)
1. 재범방지를 위한 치료 · 교육 · 개선(Behavior Modification) 및 범죄인분류제도(Classification System)
2. 사회보호(보전)
1) 시설내 처우(Institutional Treatment)
문제점- 개선효과 없음. 낙인(Labeling)에 의한 누 · 재범의 유발(구금률=재범률), 비인도적, 비경제적
2) 시설내 처우의 중간단계
중간교도소(Halfway House), 양육소(Foster House), 개방교도소(Open Prison)
3) 사회내 처우(Community Treatment)
Probation(보호관찰부 유예제도), Parole(보호관찰부 가석방), Diversion, Bail

7) 형법 일부개정법률안(2011.3.25. 정부안으로 국회 제출, 18대 국회 임기만료로 자동폐기)
제83조의2 (비례성의 원칙) 보안처분은 행위자가 범한 죄, 행위자가 범할 것으로 예상되는 죄의 중요성 및 행위자가 야기할 위험성의 정도에 비례하지 아니하게 부과해서는 아니 된다.

(1) 법적 성질

가) 이원론(二元論. 응보형주의의 입장)

형벌은 응보로서 그 내용은 해악이므로 윤리성을 가진다는 점에서 형벌의 본질은 범죄에 대한 응보인데 대해 보안처분은 사회방위와 범죄자에 대한 교정 · 교육을 목적으로 하는 처분이다. 그리고 형벌의 기초는 책임인데 대해 보안처분의 기초는 본인의 반사회적 위험성이며, 형벌은 범죄에 대한 진압인데 대해 보안처분은 범죄의 예방에 중점을 두고 있다. 또한 형벌은 과거의 범죄에 대한 형사처분인데 반하여 보안처분은 장래의 위험에 대한 행정처분이라는 점에서 그 본질을 달리한다.

나) 일원론(一元論. 목적형주의의 입장)

형벌과 보안처분은 다 같이 범인의 개선 · 교육과 사회보전을 목적으로 하며, 행위자의 반사회성을 기초로 하여 과해지는 사회방위처분으로 본질적으로는 차이가 없으며 단지 양적 차이에 불과하다.

(2) 입법주의(집행방법)

가) 이원주의(이원중복 집행주의)

양자를 동시에 선고하고 중복적으로 집행하는 제도로. 구 사회보호법(1980.12.18. 제정, 2005.8.4. 폐지)상의 보호감호(형벌과 병과주의로, 형벌의 선집행)가[8] 이에 해당한다.[9]

---

8) 구 사회보호법(1980.12.18. 제정) 제5조 (보호감호) ① 보호대상자가 다음 각호의 1에 해당하는 때에는 10년의 보호감호에 처한다. 다만, 보호대상자가 50세 이상인 때에는 7년의 보호감호에 처한다.
   1. 동종 또는 유사한 죄로 3회 이상 금고이상의 실형을 받고 형기 합계 5년 이상인 자가 최종형의 전부 또는 일부의 집행을 받거나 면제를 받은 후 3년 내에 다시 사형 · 무기 또는 장기 7년 이상의 징역이나 금고에 해당하는 동종 또는 유사한 죄를 범한 때
   2. 보호감호의 선고를 받은 자가 그 감호의 전부 또는 일부의 집행을 받거나 면제를 받은 후 다시 사형 · 무기 또는 장기 7년 이상의 징역이나 금고에 해당하는 동종 또는 유사한 죄를 범한 때
   ② 보호대상자가 다음 각호의 1에 해당하는 때에는 7년의 보호감호에 처한다.
   1. 동종 또는 유사한 죄로 2회 이상 금고이상의 실형을 받고 형기 합계 3년 이상인 자가 최종형의 전부 또는 일부의 집행을 받거나 면제를 받은 후 3년 내에 다시 사형 · 무기 또는 장기 5년 이상의 징역이나 금고에 해당하는 동종 또는 유사한 죄를 범하고 재범의 위험성이 있다고 인정되는 때
   2. 수개의 범죄사실로 인하여 상습성이 인정되는 자 또는 범죄를 목적으로 하는 단체 또는 집단의 수괴 및 간부인 자가 사형 · 무기 또는 장기 5년 이상의 징역이나 금고에 해당하는 죄를 범하고 재범의 위험성이 있다고 인정되는 때

9) 형법 일부개정법률안(2011.3.25. 정부안으로 국회 제출, 18대 국회 임기만료로 자동폐기)
   제83조의16 (수용의 집행순서 및 방법) ① 형의 선고와 보호수용의 선고가 모두 있는 경우에는 형을 먼저 집행한다.
   ② 형의 선고와 치료수용의 선고가 모두 있는 경우에는 치료수용을 먼저 집행한다.
   ③ 여러 개의 보호수용 선고 또는 여러 개의 치료수용 선고가 있는 경우에는 후에 선고한 수용만을 집행한다. 다만, 제83조의9제1호 또는 제3호에 따른 치료수용 선고와 제83조의9제2호에 따른 치료수용 선고 중 제83조의9제2호에 따른 치료수용이 후에 선고된 경우에는 제83조의9제1호 또는 제3호에 따른 치료수용을 집행한다.
   ④ 보호수용의 선고와 치료수용의 선고가 모두 있는 경우에는 치료수용을 먼저 집행한다.
   ⑤ 형과 동시에 선고된 치료수용의 집행기간은 형기에 산입한다.

나) 일원주의(선택 선고주의)

양자 중 어느 하나만을 적용하여 선고 · 집행하는 제도로, 소년법과 가정폭력범죄의 처벌 등에 관한 특례법상의 보호처분이 이에 해당한다. 따라서 소년사건과 가정폭력사건, 성매매알선사건은 재판절차가 이원화되어 있다.

【가정폭력사건과 소년사건, 아동학대사건, 성매매사건의 처리절차의 이원화】

「가정폭력범죄의 처벌 등에 관한 특례법」 제9조, 「소년법」 제49조, 「아동학대범죄의 처벌 등에 관한 특례법」 제27조, 「성매매알선 등 행위의 처벌에 관한 법률」 제12조

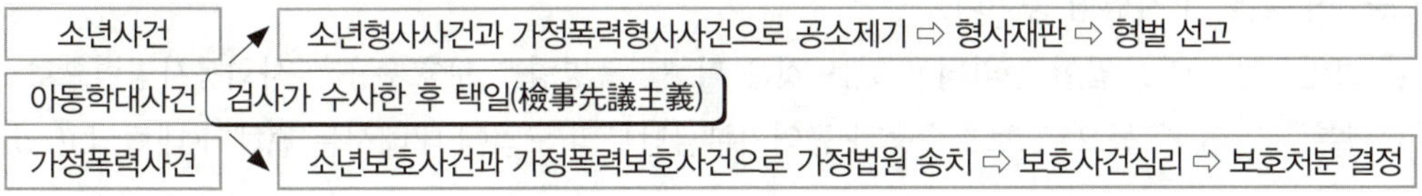

사건	검사	절차
소년사건	↗	소년형사사건과 가정폭력형사사건으로 공소제기 ⇨ 형사재판 ⇨ 형벌 선고
아동학대사건	검사가 수사한 후 택일(檢事先議主義)	
가정폭력사건	↘	소년보호사건과 가정폭력보호사건으로 가정법원 송치 ⇨ 보호사건심리 ⇨ 보호처분 결정

다) 대체주의(이원대체 집행주의)

형벌은 책임의 정도에 따라 언제나 선고되며 다만 그 집행단계에서 보안처분의 집행으로 대체되거나 보안처분 집행이 끝난 후에 형벌을 집행(보안처분 후의 형벌집행의 예측가능성)하는 주의이다. 형벌에 대한 보안처분의 우선 집행과 보안처분기간의 형기 산입을 내용으로, 1997.1.1.부터 시행된 개정 형법상의 보호처분 등 현재 시행되고 있는 대부분의 보안처분이 이에 해당한다.

(3) 종래에는 형벌에 대한 보충적 · 부수적인 수단으로 보안처분을 이해하였으나 오늘날은 형벌과 보안처분을 동일시하는 일원화 경향으로 나아가고 있다. 그러나 이에 대해서는 "보안처분은 형벌의 명칭사기(Etikettenschwindel)"[10]라는 비판도 가해지고 있다. 나아가 보호관찰을 위한 형벌 및 보안처분의 집행유예제도(Diversion)의 등장(형법의 제3원)으로[11] 형벌의 다양화가 시도되고 있다.

4) 종류

(1) 소년에 대한 보안처분(보호처분)과 성인에 대한 보안처분

---

10) Kohlrausch.

11) 형법 일부개정법률안(2011.3.25. 정부안으로 국회 제출, 18대 국회 임기만료로 자동폐기)
제83조의5 (보호수용의 집행유예) ① 보호수용을 선고한 경우에는 징역형의 집행을 종료하기 6개월 전에 뉘우치는 빛, 교정성적, 재범의 위험성 등을 고려하여 보호수용 집행의 필요성에 대하여 심사하여야 한다.
② 제1항에 따른 심사 결과 보호수용 집행이 필요하지 아니한 경우에는 판결로 2년 이상 7년 이하의 기간 동안 보호수용의 집행을 유예할 수 있다.

(2) 대물적 보안처분[12)]과 대인적 보안처분[13)]

5) 우리나라의 경우

1995.12.29. 개정된 제3차 개정형법에 임의적 보호관찰로 보호관찰 조건부 선고유예, 보호관찰 · 사회봉사 · 수강명령 조건부 집행유예를 신설하였으며(1997.1.1. 시행), 필요적 보호관찰로 보호관찰 조건부 가석방제도를 신설하였다.

현재 시행되고 있는 보안처분으로는 보호관찰, 사회봉사명령, 수강명령 또는 성폭력 치료프로그램의 이수명령, 치료감호, 전자감시(Electronic Surveillance), 외출제한, 주거지역의 제한, 취업제한, 약물치료, 신상정보 공개명령 및 고지명령 등이다.

향후 보안처분으로 도입이 논의되고 있는 것은 피해회복명령,[14)] 보호수용,[15)] 사회봉사명령으로 공익기부금납부(일정한 금원의 출연)[16)] 등으로, 보호수용과 공익기부금납부의 도입에 대해서는 견해가 대립되고 있다.

---

12) 몰수, 영업소의 폐쇄, 법인의 강제해산 등의 처분.

13) (1) 자유박탈을 수반하는 보안처분
치료감호처분 : 심신장애자 대상. 부정기처분이 일반적
사회치료(Sozialtherapie)처분 : 정신병질자 대상. 정신분석치료 · 정신요법 · 진단요법 · 행동요법 · 접촉요법 · 작업요법 · 약물요법 · 음악요법 등[독일은 1969년 형법 제65조에 "사회치료시설에의 수용"이라는 개선처분을 규정하였다가 1984.12.20. 동 조항을 삭제하였다]
교정처분 : 각종 중독자 대상. 일정한 시설에 수용 · 치료
노작처분 : 부랑자 · 걸인 · 노동기피자 대상. 형의 선고와 동시에 재판상 과하는 것이 일반적(우리나라는 불인정)
보호감호처분 : 사상범 · 상습범 · 누범 대상. 범죄적 위험성이 있는 자에 대하여 특별시설에 수용
(2) 자유를 제한하는 보안처분
보호관찰
선행보증 : 인적 · 물적 담보를 통해 범죄인의 재사회화
작업 등의 금지 : 직업이나 영업상의 의무를 위반하거나 위험성이 있는 자에 대해 일정한 작업을 금지(독일형법 제61조 운전면허 박탈, 일정한 직종의 취업금지처분, 「아동 · 청소년의 성보호에 관한 법률」 제56조 일정한 직종의 취업 및 운영금지처분)
주거제한, 국외추방, 음주점출입금지

14) 형법 일부개정법률안(2011.3.25. 정부안으로 국회 제출, 18대 국회 임기만료로 자동폐기) 제59조 제1항은 피해회복명령을 신설하였다.

15) 형법 일부개정법률안(2011.3.25. 정부안으로 국회 제출, 18대 국회 임기만료로 자동폐기) 제83조 제2호, 제83조의3 내지 83조의8은 '보호수용'을 보안처분의 하나로 신설하였다.
제83조 (보안처분의 종류) 보안처분의 종류는 다음 각 호와 같다.
1. 보호수용
2. 치료수용
3. 보호관찰

16) 공익기부금납부(일정한 금원의 출연)를 내용으로 하는 사회봉사명령이 허용되는지 여부와 관련하여 대법원은 2008.4.11. 선고 2007도8373 판결에서 "우리 헌법은 '모든 국민은 신체의 자유를 가진다. 누구든지 … 법률과 적법한 절차에 의하지 아니하고는 처벌 · 보안처분 또는 강제노역을 받지 아니한다.'(헌법 제12조 제1항)라고 정하여 처벌, 보안처분, 강제노역에 관한 법률주의 및 적법절차원리를 선언하고 있다. 이를 이어받아 이른바 범죄인에 대한 사회 내 처우의 한 유형으로 도입된 사회봉사명령 등에 관하여 구체적인 사항을 정하고 있는 형법 제62조의2와 보호관찰 등에 관한 법률 제59조 내지 제64조, 특히 제59조 제1항 '법원은 형법 제62조의2의 규정에 의한 사회봉사를 명할 때에는 500시간 … 의 범위 내에서 그 기간을 정하여야 한다.' 등의 내용을 종합적으로 검토하여 보면, 법원이 현행법에 의하여 형의 집행을 유예하는 경우 명할 수 있는 사회봉사는 500시간 내에서 시간 단위로 부과될 수 있는 일 또는 근로활동을 의미하는 것으로 해석된다. 따라서 법원

(1) 형벌과 동일한 성질의 보안처분

과거의 비행을 전제로 하는 보안처분으로, 「형법」 제59조의2(보호관찰 조건부 선고유예), 제62조의2(보호관찰 · 사회봉사 · 수강명령 조건부 집행유예), 제73조의2(필요적 보호관찰로 보호관찰 조건부 가석방), 「벌금 미납자의 사회봉사 집행에 관한 특례법」상 사회봉사명령, 구 「사회보호법」(2005.8.4. 폐지)상 보호처분(보호감호, 치료감호, 보호관찰), 「치료감호법」상 치료감호처분, 「소년법」상 범죄소년 · 촉법소년 · 우범소년에 대한 보호처분[감호위탁, 보호관찰(사회봉사명령 · 수강명령병과), 치료위탁, 소년원 송치(가퇴원) 등], 「성폭력범죄의 처벌 등에 관한 특례법」상 보호관찰 · 사회봉사명령 · 수강명령 및 성폭력 치료프로그램의 이수명령, 「아동 · 청소년의 성보호에 관한 법률」상 수강명령 및 성폭력 치료프로그램의 이수명령, 「가정폭력범죄의 처벌 등에 관한 특례법」상 보호처분(피해자에 대한 접근행위 제한 · 피해자에 대한 친권행사 제한 · 보호관찰 · 사회봉사명령 · 수강명령, 감호위탁 · 치료위탁 · 상담위탁), 보호관찰 · 사회봉사명령 · 수강명령의 집행절차로서 「보호관찰 등에 관한 법률」 등이 이에 해당한다.

(2) 형벌과 상이한 성질의 보안처분

행위자의 장래 위험성이나 범죄 예방, 그리고 피해자 보호 등을 전제로 하는 처분으로 「특정 범죄자에 대한 보호관찰 및 전자장치 부착 등에 관한 법률」에 의한 '전자감시', 「아동 · 청소년의 성보호에 관한 법률」에 의한 '취업제한', 「성폭력범죄자의 성충동 약물치료에 관한 법률」에 의한 '약물치료처분', 「아동 · 청소년의 성보호에 관한 법률」과 「성폭력범죄의 처벌 등에 관한 특례법」에서 정한 '공개명령 및 고지명령', 보안관찰법상의 보안관찰처분 등이 이에 해당한다.

위치추적 전자장치 관련판례

1) 「특정 범죄자에 대한 위치추적 전자장치 부착 등에 관한 법률」에 의한 '전자감시제도'의 법적 성격(=보안처분의 일종), 특정 범죄자에 대한 위치추적 전자장치 부착 등에 관한 법률 제5조 제1항 제4호에서 전자장치 부착명령 청구 요건의 하나로 규정한 '16세 미만의 사람에 대하여 성폭력범죄를 저지른 때'의 의미 및 이 경우 피부착명령청구자가 피해자가 16세 미만이라는 사실을 인식하여야 하는지 여부

〈사실관계(범죄사실 및 부착명령 원인사실)〉

① 피고인 1

가. 피해자 공소외 1에 대한 범행

피고인은 2010.9.3. 22:04경 위 모텔 211호에서 피해자들과 함께 술을 마시던 중 피해자 공소외 1을 데리고

이 형법 제62조의2의 규정에 의한 사회봉사명령으로 피고인에게 일정한 금원을 출연할 것을 명하는 것은 현행법상 허용될 수 없다. 한편, 법원이 피고인에게 유죄로 인정된 범죄행위를 뉘우치거나 그 범죄행위를 공개하는 취지의 말이나 글을 발표하도록 하는 내용의 사회봉사를 명하고 이를 위반할 경우 형법 제64조 제2항에 의하여 집행유예의 선고를 취소할 수 있도록 함으로써 그 이행을 강제하는 것은, 헌법이 보호하는 피고인의 양심의 자유, 명예 및 인격에 대한 심각하고 중대한 침해에 해당하므로, 이는 허용될 수 없다."라고 판시하였다[현대그룹 회장인 정몽구 피고인이 1,000억원대의 비자금을 조성하고 이 중 일부를 횡령하였으며 부실계열사를 지원하여 회사에 2,100억원의 손실을 입혔다는 범죄사실로 2006년 기소된 사안으로, 1심에서 징역 3년이 선고되었고(서울중앙지방법원 2007.2.5. 선고 2006고합609 판결) 항소심에서 징역 3년에 집행유예 5년 및 8,400억원의 사재출연약속 이행과 준법경영에 관한 강연 및 일간지 기고를 내용으로 하는 사회봉사명령이 선고되자(서울고등법원 2007.9.6. 선고 2007노586 판결) 검사의 상고로 대법원에서 원심판기환송판결이 선고되었다. 파기 환송 후 서울고등법원은 2008.6.4. 징역 3년에 집행유예 5년, 사회봉사명령 300시간을 선고하였다].

위 모텔 203호로 들어가 방문을 잠그고 피해자를 밀어 침대 위로 넘어뜨린 후 손으로 피해자의 어깨를 눌러 피해자의 반항을 억압한 다음 손으로 피해자의 가슴을 만지고 키스를 하였다

이로써 피고인은 청소년인 피해자를 강제로 추행하였다.

나. 피해자 공소외 2에 대한 범행

피고인은 위와 같이 공소외 1을 강제추행하던 중 피해자 공소외 2가 위 203호 방문을 두드리자 문을 열고 피해자를 방안에 들어오게 한 후, 피해자와 공소외 1에게 "걸레 같은 년들, 씨발년들아, 너희들은 때려도 벌금 70만 원 밖에 안 나온다"라고 욕을 하고, 피고인 2가 공소외 1을 데리고 나가자 계속하여 피해자에게 욕을 하면서 주먹을 쥐고 때릴 듯한 태도를 보이고 그곳에 있던 리모컨을 들어 피해자에게 던질 듯한 태도를 보이면서 "너 한번 나에게 대 줘라"고 하면서 옷을 벗으라고 말하며 피해자를 협박하였다.

피고인은 이와 같이 피해자를 협박하여 피해자가 옷을 벗자, 피해자의 손을 잡아 피고인의 성기 위로 가지고 가 성기를 만지게 하고 입으로 피해자의 가슴을 빨고 피해자의 입에 키스를 한 후 자신의 성기를 피해자의 음부에 삽입하였다. 이로써 피고인은 위력으로써 청소년인 피해자를 간음하였다.

피고인 1은 2009.6.18. 인천지방법원 부천지원에서 특정범죄가중처벌등에관한법률위반(도주차량)죄 등으로 징역 8월에 집행유예 2년을 선고받고 그 판결이 2009.6.26. 확정되어 현재 그 유예기간 중에 있다.

② 피고인 2

피고인 2는 인터넷 채팅사이트인 '△△△△'를 통해 청소년인 피해자 공소외 2(여, 15세), 피해자 공소외 1(여, 15세)을 만나기로 한 후 위 사이트의 채팅창에 '여자 2명을 꼬셨는데 같이 가서 쏘실 분 …'이라고 글을 올려 이를 보고 연락한 피고인 1과 함께 만나기로 한 후, 피고인들은 2010.9.3. 16:00경 인천 부평구 부평동에서 피해자들을 만나 회를 먹고 술을 마신 후 피해자들에게 술을 더 마시고 놀자고 하여 인천 부평구 부평동(지번 1 생략)에 있는 ○○○모텔에 함께 들어갔다.

피고인은 위 1의 나.항과 같은 일시, 장소에서 위와 같이 피고인 1이 공소외 2 및 피해자 공소외 1에게 욕을 할 때 함께 "씨발년들아, 너희 지금 집에 가려면 너희한테 오늘 쓴 돈을 다 내놓고 가라"고 욕을 한 후 피해자를 데리고 위 211호로 갔다.

피고인은 위 211호에서 피해자로부터 돈을 줄 테니 집에 보내달라는 말을 듣자 피해자에게 "돈이 필요한 게 아니고, 한번 대 주면 보내 줄 수 있다"고 말하였으나 피해자가 이를 거절하자, 피해자에게 안아달라고 말하면서 피해자의 팔목을 잡아 끌어 피해자를 침대 위에 누워 있던 자신의 몸 위로 올려 눕혔다. 이로써 피고인은 청소년인 피해자를 강제로 추행하였다.

〈사건의 경과〉

검사는 피고인 1과 피고인 2를 아동·청소년의성보호에관한법률위반(강간등)으로 공소제기하면서 피고인 1에 대하여 부착명령을 청구하였다.

① 제1심 법원인 인천지방법원의 주문

피고인 1을 징역 3년 6월에, 피고인 2를 벌금 2,500,000원에 각 처한다.

피고인 2가 위 벌금을 납부하지 아니하는 경우 50,000원을 1일로 환산한 기간 위 피고인을 노역장에 유치한다. 다만, 단수금액은 1일로 한다.

피고인 2에게 40시간의 성폭력 치료프로그램의 이수를 명한다.

피고인 1에 대한 정보를 10년간 공개한다(다만 성범죄의 요지는 판시 2010고합668 사건의 범죄사실에 한한다).

피부착명령청구자에 대하여 5년간 위치추적 전자장치의 부착을 명한다.

② 항소심인 서울고등법원의 판단

검사는 양형 부당을 이유로 항소하였고, 피고인들은 피해자들이 청소년인줄 몰랐다는 이유로 항소하였다.

서울고등법원은 피해자들이 만 17세라는 점을 피고인들이 알고 있었다고 하여 항소를 기각하였다.

〈피고인 1의 상고이유〉

피고인 1은 원심판결은 특정 범죄자에 대한 보호관찰 및 전자장치 부착 등에 관한 법률 제5조 제1항 제4조의 법리를 오해한 위법이 있음을 이유로 상고하였다.

〈참조조문〉

특정 범죄자에 대한 보호관찰 및 전자장치 부착 등에 관한 법률 제5조 (전자장치 부착명령의 청구) ① 검사는 다음 각 호의 어느 하나에 해당하고, 성폭력범죄를 다시 범할 위험성이 있다고 인정되는 사람에 대하여 전자장치를 부착하도록 하는 명령(이하 "부착명령"이라 한다)을 법원에 청구할 수 있다.

1. 성폭력범죄로 징역형의 실형을 선고받은 사람이 그 집행을 종료한 후 또는 집행이 면제된 후 10년 이내에 성폭력범죄를 저지른 때
2. 성폭력범죄로 이 법에 따른 전자장치를 부착받은 전력이 있는 사람이 다시 성폭력범죄를 저지른 때
3. 성폭력범죄를 2회 이상 범하여(유죄의 확정판결을 받은 경우를 포함한다) 그 습벽이 인정된 때
4. 19세 미만의 사람에 대하여 성폭력범죄를 저지른 때 (2012.12.18. 개정 전 법률은 "16세"로 규정)
5. 신체적 또는 정신적 장애가 있는 사람에 대하여 성폭력범죄를 저지른 때

〈대법원 판결요지〉

특정 범죄자에 대한 위치추적 전자장치 부착 등에 관한 법률에 의한 성폭력범죄자에 대한 전자감시제도는, 성폭력범죄자의 재범방지와 성행교정을 통한 재사회화를 위하여 그의 행적을 추적하여 위치를 확인할 수 있는 전자장치를 신체에 부착하게 하는 부가적인 조치를 취함으로써 성폭력범죄로부터 국민을 보호함을 목적으로 하는 일종의 보안처분이다. 이러한 전자감시제도의 목적과 성격, 그 운영에 관한 위 법률의 규정 내용 및 취지 등을 종합해 보면, 전자감시제도는 범죄행위를 한 자에 대한 응보를 주된 목적으로 책임을 추궁하는 사후적 처분인 형벌과 구별되어 본질을 달리하는 것으로서 형벌에 관한 일사부재리의 원칙이 그대로 적용되지 않으므로, 위 법률이 형 집행의 종료 후에 부착명령을 집행하도록 규정하고 있다 하더라도 그것이 일사부재리의 원칙에 반한다고 볼 수 없다. 따라서 성폭력범죄를 다시 범할 위험성이 있는 사람에 대한 전자장치 부착명령의 청구 요건의 하나로 위 법률 제5조 제1항 제4호에서 규정한 '16세 미만의 사람에 대하여 성폭력범죄를 저지른 때'란 피부착명령청구자가 저지른 성폭력범죄의 피해자가 16세 미만의 사람인 것을 말하고, 더 나아가 피부착명령청구자가 자신이 저지른 성폭력범죄의 피해자가 16세 미만이라는 점까지 인식하여야 하는 것은 아니라고 할 것이다. 또 위 법률이 그 목적 달성을 위한 합리적 범위 내에서 전자감시제도를 탄력적으로 운영하도록 하면서 그에 따른 피부착자의 기본권 침해를 최소화하기 위한 방안을 마련하고 있는 이상, 오로지 형기를 마친 성폭력범죄자의 감시를 위한 방편으로만 이용함으로써 피부착자의 기본권을 과도하게 제한하는 과잉입법에 해당한다고 볼 수도 없다. 그리고 위 법률은 피부착자의 전자장치로부터 발신되는 전자파의 수신자료에 대한 사용을 피부착자의 재범방지와 성행교정 등을 위하여 필요한 경우로 엄격히 제한하고 있을 뿐 아니라, 부착명령의 선고와 함께 '야간 등 특정 시간대의 외출제한'을 준수사항으로 부과할 수 있도록 한 것도 범죄에 취약한 시간대의 외출을 제한함으로써 가능한 한 재범의 발생을 방지하려는 데 있으므로, 헌법이 보장한 거주이전의 자유를 본질적으로 침해하는 측면도 없다(대법원 2011.7.28. 선고 2011도5813, 2011전도99 판결. 같은 취지의 판례로 대법원 2010.12.23. 선고 2010도11996, 2010전도86 판결 ; 2010.11.11. 선고 2010도7955, 2010전도46 판결 ; 2009.9.10. 선고 2009도6061, 2009전도13 판결 ; 2009.5.14. 선고 2009도1947, 2009전도5 판결).

2) 「특정 범죄자에 대한 위치추적 전자장치 부착 등에 관한 법률」상 특정범죄를 범한 자에게 형의 집행을 유예하는 경우, 보호관찰을 명하는 때에만 위치추적 전자장치 부착을 명할 수 있는지 여부

특정 범죄자에 대한 위치추적 전자장치 부착 등에 관한 법률 제28조 제1항에서 "법원은 특정범죄를 범한 자에 대하여 형의 집행을 유예하면서 보호관찰을 받을 것을 명할 때에는 보호관찰기간의 범위 내에서 기간을 정하여 준수사항의 이행 여부 확인 등을 위하여 전자장치를 부착할 것을 명할 수 있다."고 규정하고, 같은 법 제9조 제4

항 제4호에서 "법원은 특정범죄사건에 대하여 선고유예 또는 집행유예를 선고하는 때(제28조 제1항에 따라 전자장치 부착을 명하는 때를 제외한다)에는 판결로 부착명령 청구를 기각하여야 한다."고 규정하고 있으며, 같은 법 제12조 제1항에서 "부착명령은 검사의 지휘를 받아 보호관찰관이 집행한다."고 규정하고 있으므로, 법원은 특정범죄를 범한 자에 대하여 형의 집행을 유예하면서 보호관찰을 받을 것을 명하는 때에만 위치추적 전자장치 부착을 명할 수 있다(대법원 2012.8.30. 선고 2011도14257 판결 ; 2012.2.23. 선고 2011도8124, 2011전도141 판결 ; 2011.2.24. 선고 2010오1, 2010전오1 판결).

3) 「특정 범죄자에 대한 위치추적 전자장치 부착 등에 관한 법률」이 개정되어 부착명령 기간을 연장하도록 규정한 것이 소급입법금지의 원칙에 반하는지 여부

특정 범죄자에 대한 위치추적 전자장치 부착 등에 관한 법률에 의한 전자감시제도는, 성폭력범죄자의 재범방지와 성행교정을 통한 재사회화를 위하여 그의 행적을 추적하여 위치를 확인할 수 있는 전자장치를 신체에 부착하게 하는 부가적인 조치를 취함으로써 성폭력범죄로부터 국민을 보호함을 목적으로 하는 일종의 보안처분이다. 이러한 전자감시제도의 목적과 성격, 그 운영에 관한 위 법률의 규정 내용 및 취지 등을 종합해 보면, 전자감시제도는 범죄행위를 한 자에 대한 응보를 주된 목적으로 그 책임을 추궁하는 사후적 처분인 형벌과 구별되어 그 본질을 달리하는 것으로서 형벌에 관한 소급입법금지의 원칙이 그대로 적용되지 않으므로, 위 법률이 개정되어 부착명령 기간을 연장하도록 규정하고 있더라도 그것이 소급입법금지의 원칙에 반한다고 볼 수 없다(대법원 2010.12.23. 선고 2010도11996, 2010전도86 판결).

〈참조규정〉

특정 범죄자에 대한 보호관찰 및 전자장치 부착 등에 관한 법률 제14조의2 (부착기간의 연장 등) ① 피부착자가 다음 각 호의 어느 하나에 해당하는 경우에는 법원은 보호관찰소의 장의 신청에 따른 검사의 청구로 1년의 범위에서 부착기간을 연장하거나 제9조의2제1항의 준수사항을 추가 또는 변경하는 결정을 할 수 있다.

1. 정당한 사유 없이 「보호관찰 등에 관한 법률」 제32조에 따른 준수사항을 위반한 경우
2. 정당한 사유 없이 제14조제2항을 위반하여 신고하지 아니한 경우
3. 정당한 사유 없이 제14조제3항을 위반하여 허가를 받지 아니하고 주거 이전 · 국내여행 또는 출국을 하거나, 거짓으로 허가를 받은 경우 (2010.4..15. 본조신설)

4) 치료감호와 부착명령을 함께 선고할 경우, 부착명령 요건으로서 '재범의 위험성' 판단 방법

특정 범죄자에 대한 위치추적 전자장치 부착 등에 관한 법률 제5조 제3항에 규정된 '살인범죄를 다시 범할 위험성'이란 재범할 가능성만으로는 부족하고 피부착명령청구자가 장래에 다시 살인범죄를 범하여 법적 평온을 깨뜨릴 상당한 개연성이 있음을 의미한다. 살인범죄의 재범의 위험성 유무는 피부착명령청구자의 직업과 환경, 당해 범행 이전의 행적, 범행의 동기, 수단, 범행 후의 정황, 개전의 정 등 여러 사정을 종합적으로 평가하여 객관적으로 판단하여야 하고, 이러한 판단은 장래에 대한 가정적 판단이므로 판결시를 기준으로 하여야 한다(대법원 2010.12.9. 선고 2010도7410, 2010전도44 판결 참조). 치료감호와 부착명령이 함께 선고된 경우에는 특정 범죄자에 대한 위치추적 전자장치 부착 등에 관한 법률 제13조 제1항에 따라 치료감호의 집행이 종료 또는 가종료되는 날 부착명령이 집행되고, 치료감호는 심신장애 상태 등에서 범죄행위를 한 자로서 재범의 위험성이 있고 특수한 교육 · 개선 및 치료가 필요하다고 인정되는 자에 대하여 적절한 보호와 치료를 함으로써 재범을 방지하고 사회복귀를 촉진하는 것을 목적으로 하며, 치료감호법에 규정된 수용기간을 한도로 치료감호를 받을 필요가 없을 때 종료되는 사정들을 감안하면, 법원이 치료감호와 부착명령을 함께 선고할 경우에는 치료감호의 요건으로서 재범의 위험성과는 별도로, 치료감호를 통한 치료 경과에도 불구하고 부착명령의 요건으로서 재범의 위험성이 인정되는지를 따져보아야 하고, 치료감호 원인이 된 심신장애 등의 종류와 정도 및 치료 가능성, 피부착명령청구자의 치료의지 및 주위 환경 등 치료감호 종료 후에 재범의 위험성을 달리 볼 특별한 사정이 있는 경우에는 치료감호를 위한 재범의 위험성이 인정된다 하여 부착명령을 위한 재범의 위험성도 인정된다고 섣불리 단정

하여서는 안 된다. 검사가, 피고인이 우울증에 빠져 자살을 시도하는 과정에서 독서실에 불을 놓아 여러 사람을 살해하려 하였다는 내용으로 기소하면서 살인범죄를 다시 범할 위험성이 있다는 이유로 부착명령을 청구하여 제1심에서 부착명령이 내려지고, 이후 원심에서 치료감호청구가 추가된 사안에서, 피고인의 범행이 내재된 폭력성이나 악성보다는 우울증에 기인한 것으로 보이는 점 등 제반 사정을 종합할 때 치료감호에 의하여 장기간 치료를 마친 후에도 피부착명령청구자가 우울증으로 다시 범죄를 저지를 가능성을 배제할 수 없다는 추상적인 재범 가능성에서 더 나아가 다시 살인범죄를 범할 상당한 개연성이 있다고 단정하기 어려우므로, 원심이 치료감호 요건으로서 재범의 위험성과는 별도로, 치료감호를 통한 치료 경과에도 불구하고 부착명령 요건으로서 살인범죄를 다시 범할 위험성이 인정되는지에 대하여 심리한 후에 부착명령청구를 받아들일 것인지를 판단하였어야 하는데도, 이에 이르지 아니한 채 부착명령청구를 받아들인 원심판결에 부착명령청구 요건으로서 '살인범죄를 다시 범할 위험성'에 관한 법리오해 또는 심리미진의 위법이 있다(대법원 2012.5.10. 선고 2012도2289, 2012감도5, 2012전도51 판결)

공개명령 및 고지명령 관련판례

1) 아동 · 청소년의 성보호에 관한 법률에서 정한 공개명령 및 고지명령 제도의 의의와 법적 성격(=일종의 보안처분), 아동 · 청소년의 성보호에 관한 법률 제38조 제1항 단서, 제38조의2 제1항 단서에서 공개명령 또는 고지명령 선고의 예외사유로 규정한 '피고인이 아동 · 청소년인 경우'의 판단 기준 시점(=사실심 판결 선고시)

   아동 · 청소년의 성보호에 관한 법률(이하 '아동 · 청소년성보호법'이라고 한다)이 정한 공개명령 절차는 아동 · 청소년대상 성범죄자의 신상정보를 일정기간 동안 정보통신망을 이용하여 공개하도록 하는 조치를 취함으로써 필요한 절차를 거친 사람은 누구든지 인터넷을 통해 공개명령 대상자의 공개정보를 열람할 수 있도록 하는 제도이다. 또한 위 법률이 정한 고지명령 절차는 아동 · 청소년대상 성폭력범죄자의 신상정보 등을 공개명령기간 동안 고지명령 대상자가 거주하는 지역의 일정한 주민 등에게 고지하도록 하는 조치를 취함으로써 일정한 지역 주민 등이 인터넷을 통해 열람하지 않고도 고지명령 대상자의 고지정보를 알 수 있게 하는 제도이다. 위와 같은 공개명령 및 고지명령 제도는 아동 · 청소년대상 성폭력범죄 등을 효과적으로 예방하고 그 범죄로부터 아동 · 청소년을 보호함을 목적으로 하는 일종의 보안처분으로서, 그 목적과 성격, 운영에 관한 법률의 규정 내용 및 취지 등을 종합해 보면, 공개명령 및 고지명령 제도는 범죄행위를 한 자에 대한 응보 등을 목적으로 그 책임을 추궁하는 사후적 처분인 형벌과 구별되어 그 본질을 달리한다고 할 것이다(대법원 2011.3.24. 선고 2010도14393, 2010전도120 판결 등 참조).

   한편 아동 · 청소년성보호법 제38조 제1항 단서, 제38조의2 제1항 단서는 '아동 · 청소년대상 성범죄 사건에 대하여 벌금형을 선고하거나 피고인이 아동 · 청소년인 경우, 그 밖에 신상정보를 공개하여서는 아니 될 특별한 사정이 있다고 판단되는 경우'를 공개명령 또는 고지명령의 선고에 관한 예외사유로 규정하고 있는바, 위와 같은 공개명령 및 고지명령의 성격과 본질, 관련 법률의 내용과 취지 등에 비추어 공개명령 등의 예외사유로 규정되어 있는 위 '피고인이 아동 · 청소년인 경우'에 해당하는지 여부는 사실심 판결의 선고시를 기준으로 판단하여야 할 것이다. 원심판결 이유에 의하면, 원심은, 피고인이 제1심판결 선고 당시에는 아동 · 청소년성보호법에서 정한 '아동 · 청소년'으로서 공개명령 · 고지명령의 대상에 해당하지 않았으나, 원심에 이르러 만 19세에 도달하는 해의 1월 1일이 경과되어 '아동 · 청소년'에서 제외됨으로써 공개명령 · 고지명령의 대상이 된다고 보아, 아동 · 청소년대상 성폭력범죄에 관한 공소사실을 유죄로 인정하여 실형을 선고하고도 공개명령 · 고지명령을 선고하지 아니한 제1심 판결을 파기하고 직권으로 피고인에 대하여 각 3년간의 공개명령 및 고지명령을 선고하였다. 앞서 본 법리에 비추어 기록을 살펴보면 원심의 위와 같은 조치는 정당한 것으로 수긍할 수 있고, 거기에 상고이유의 주장과 같이 아동 · 청소년성보호법상 공개명령 · 고지명령에 관한 법리를 오해하는 등의 위법이 없다(대법원 2012.5.24. 선고 2012도2763 판결).

2) 아동 · 청소년 대상 성폭력범죄자에 대한 신상공개명령 및 등록정보의 고지명령에 대해서도 소급효금지의 원칙이 적용되는지 여부

'성폭력범죄의 처벌 등에 관한 특례법'(2010.4.15. 법률 제10258호로 제정 · 공포된 것, 이하 '성폭력특례법'이라 한다)은 신상정보의 공개명령 및 고지명령의 대상에서 아동 · 청소년 대상 성폭력범죄를 저지른 자를 제외함으로써 그 대상을 성인 대상 성폭력범죄를 저지른 자로 제한하고 있고(성폭력특례법 제37조, 제41조), 아동 · 청소년 대상 성폭력범죄를 저지른 자에 대하여는 '아동 · 청소년의 성보호에 관한 법률'(2010.4.15. 법률 제10260호로 개정된 것, 이하 '법률 제10260호 아동성보호법'이라 한다) 제38조 및 제38조의2 등이 별도로 공개명령 및 고지명령의 대상으로 규정하고 있다. 따라서 비록 아동 · 청소년 대상 성폭력범죄가 성폭력특례법 제32조 제1항에 정하여진 등록대상 성폭력범죄에 해당하더라도, 법률 제10260호 아동성보호법 제38조 및 제38조의2 등에 의하여 공개명령 및 고지명령의 적용대상이 되는지 여부만이 문제될 뿐이고 성폭력특례법 제37조 및 제41조에 의한 공개명령 및 고지명령의 대상이 되지는 아니한다(대법원 2011.11.24. 선고 2011도12296 판결, 대법원 2012.1.12. 선고 2011도15062 판결 등 참조). 한편 '아동 · 청소년의 성보호에 관한 법률'(2009.6.9. 법률 제9765호로 전부 개정된 것, 이하 '법률 제9765호 아동성보호법'이라 한다)에 의하여 도입된 신상정보의 공개명령 제도는 그 부칙 제1조, 제3조 제1항에 의하여 그 시행일인 2010.1.1. 이후 최초로 아동 · 청소년 대상 성범죄를 범하고 유죄판결이 확정된 자부터 적용하게 되어 있었으나, '아동 · 청소년의 성보호에 관한 법률'(2010.7.23. 법률 제10391호로 개정된 것)은 법률 제9765호 아동성보호법의 부칙 제3조에 제4항을 신설하여 "제1항에도 불구하고 이 법 시행 당시 법률 제7801호 청소년의 성보호에 관한 법률 일부 개정법률 또는 법률 제8634호 청소년의 성보호에 관한 법률 전부 개정법률을 위반하고 확정판결을 받지 아니한 자에 대한 공개명령에 관하여는 제38조에 따른다."고 규정하였다(이하 '법률 제9765호 아동성보호법 부칙 제3조 제4항'이라 한다). 이는 법률 제9765호 아동성보호법 시행 당시 '법률 제7801호 청소년의 성보호에 관한 법률' 또는 '법률 제8634호 청소년의 성보호에 관한 법률'(이하 '법률 제8634호 청소년성보호법'이라 한다)에 규정된 범죄(위반행위)를 범하여 열람결정 또는 열람명령의 대상이 되는 자 중에서 그때까지 아직 확정판결을 받지 아니한 자 일반에 대하여 법률 제9765호 아동성보호법 제38조에 따라 공개명령을 할 수 있도록 규정한 것이라고 해석함이 타당하다(대법원 2011. 3. 24. 선고 2010도16448, 2010전도153 판결 등 참조).

그리고 2010.4.15. 신설된 법률 제10260호 아동성보호법 제38조의2는 제1항 제1호에서 같은 법 제38조의 공개명령 대상자 중 "아동 · 청소년 대상 성폭력범죄를 저지른 자"에 대하여 고지명령도 함께 선고하도록 규정하고 있는데, 법률 제10260호 아동성보호법 부칙 제1조는 "이 법은 공포한 날부터 시행한다. 다만 제31조의2, 제38조의2 및 제38조의3의 개정규정은 2011년 1월 1일부터 시행한다."고 규정하고 있고, 부칙 제4조는 "제38조의2 및 제38조의3의 개정규정은 같은 개정규정 시행 후 최초로 아동 · 청소년 대상 성범죄를 범하여 고지명령을 선고받은 고지대상자부터 적용한다."고 규정하고 있다. 따라서 아동 · 청소년 대상 성폭력범죄의 경우, 법률 제10260호 아동성보호법 제38조의2 규정이 시행된 2011.1.1. 이후에 범죄를 저지른 자에 대하여만 고지명령을 선고할 수 있다.

이 사건 공소사실 중 2008.11.4.자 및 2009.8.29.자 성폭력범죄의 처벌 및 피해자보호 등에 관한 법률 위반(특수강간)의 점은 모두 17세의 청소년을 상대로 저질러진 특수강간 범행으로서 성폭력특례법 제32조 제1항에서 정한 등록대상 성폭력범죄에 해당하지만, 이는 범행 당시 시행되던 법률 제8634호 청소년성보호법의 제2조 제3호, 제2호 (나)목에 규정된 청소년 대상 성폭력범죄에도 해당하므로, 이 부분 공소사실에 관하여 피고인이 공개명령의 대상이 되는지는 법률 제9765호 아동성보호법 부칙 제3조 제4항에서 정하는 바에 따라 공개명령의 요건이 충족되었는지를 심리하여 판단하여야 한다. 또한 이 부분 공소사실은 고지명령을 규정한 법률 제10260호 아동성보호법 제38조의2 규정이 시행되기 이전의 범죄에 해당하므로 법률 제10260호 아동성보호법 부칙 제1조, 제4조에 따라 고지명령의 대상이 되지 않는다(대법원 2012.11.15. 선고 2012도10410, 2012전도189 판결).

3) 성폭력범죄의 처벌 등에 관한 특례법 제32조 제1항에 규정된 등록대상 성폭력범죄를 범한 자가 같은 법 제37조, 제41조

의 시행 전에 그 범죄를 범한 경우에도 그 시행 후에는 위 규정에 따른 공개명령 또는 고지명령의 대상이 되는지 여부

2010.4.15. 법률 제10258호로 제정 · 공포된 성폭력범죄의 처벌 등에 관한 특례법(이하 '성폭력처벌특례법'이라 한다)은 제37조, 제38조에서 신상정보의 공개명령 제도를, 제41조, 제42조에서 신상정보의 고지명령 제도를 각 규정하고 있다. 그리고 그 부칙 제1조는 시행일에 관하여 "이 법은 공포한 날부터 시행한다. 다만, 제32조부터 제42조까지 및 제43조 제1항 · 제3항은 공포 후 1년이 경과한 날부터 시행한다"고 규정하고 있고, 위 부칙 제2조 제2항은 신상정보의 공개 · 고지에 관한 적용례에 관하여 "제37조, 제38조, 제41조 및 제42조는 제37조, 제38조, 제41조 및 제42조의 시행 후 최초로 공개명령 또는 고지명령을 선고받은 대상자부터 적용한다"고 규정하고 있다. 이와 같이 성폭력처벌특례법은 신상정보의 공개명령 및 고지명령 제도에 관하여 그 제도의 시행시기를 규정하면서도 그 대상이 되는 범죄가 행하여진 시기에 대해서는 아무런 제한을 두고 있지 아니한 점, 성폭력처벌특례법이 성인 대상 성범죄자에 대하여 신상정보의 공개명령 및 고지명령 제도를 도입한 것은 성인 대상 성범죄자 역시 재범률이 높을 뿐만 아니라 아동을 대상으로 한 성범죄도 저지르고 있으므로 성인 대상 성범죄자에 대한 신상정보를 공개함으로써 성인 대상 성범죄는 물론 아동 · 청소년 대상 성범죄를 미연에 예방하고자 함에 그 입법 취지가 있는 점, 신상정보의 공개명령 및 고지명령 제도는 성범죄를 한 자에 대한 응보 목적의 형벌과 달리 성범죄의 사전예방을 위한 보안처분적 성격이 강한 점 등에 비추어 보면, 성폭력처벌특례법 제32조 제1항에 규정된 등록대상 성폭력범죄를 범한 자에 대해서는 같은 법 제37조, 제41조의 시행 전에 그 범죄를 범하였다고 하더라도 그 시행 후 위 규정에 따라 공개명령 또는 고지명령을 선고할 수 있다고 할 것이다(대법원 2011.9.29. 선고 2011도9253, 2011전도152 판결 ; 2012.7.12. 선고 2012도4662 판결).

4) 아동 · 청소년 대상 성폭력범죄를 저지른 자가 성폭력범죄의 처벌 등에 관한 특례법 제32조 제1항에 규정된 등록대상 성폭력범죄를 범한 자에도 해당하는 경우, 같은 법 제41조에 의한 고지명령의 대상이 되는지 여부

성폭력범죄의 처벌 등에 관한 특례법(이하 '성폭법'이라 한다)은 신상정보 고지명령의 대상에서 아동 · 청소년 대상 성폭력범죄를 저지른 자를 제외함으로써 대상을 성인 대상 성폭력범죄를 저지른 자로 제한하고 있고, 대상범죄가 행하여진 시기에 대해서도 신상정보 고지명령에 관한 규정 시행 후에 범한 범죄로 한정하는 부칙 규정을 두고 있는 아동 · 청소년의 성보호에 관한 법률(이하 '아청법'이라 한다)과 달리 아무런 제한을 두고 있지 아니한 점, 아청법이 아동 · 청소년 대상 성폭력범죄에 대하여 신상정보 고지명령을 도입한 것은 아동 · 청소년 대상 성범죄를 미연에 예방하고자 함에 입법취지가 있는 데 비하여, 성폭법이 성인 대상 성폭력범죄에 대하여 신상정보 고지명령을 도입한 것은 아동 · 청소년 대상 성범죄를 미연에 예방하고자 함은 물론 성인 대상 성범죄의 재범을 방지하고자 함에도 입법취지가 있는 점, 신상정보 고지명령을 담당하는 행정기관에 관하여도 성폭법은 형사정책 등 법무에 관한 사무를 관장하는 법무부로 정하고 있는 데 비하여, 아청법은 아동 · 청소년의 보호 등 아동 · 청소년에 관한 사무를 관장하는 여성가족부로 정하고 있는 점 등에 비추어 보면, 아청법 제38조 제1항 제1호에 규정된 아동 · 청소년 대상 성폭력범죄를 저지른 자에 대해서는 범죄가 행하여진 시기에 따라 아청법 제38조의2에 의한 고지명령의 대상이 되는지만이 문제될 뿐, 비록 성폭법 제32조 제1항에 규정된 등록대상 성폭력범죄를 저지른 자에 해당되더라도 같은 법 제41조에 의한 고지명령의 대상이 되지 아니한다고 해석하여야 한다. 따라서 피고인이 위력으로 청소년인 피해자(여, 14세)를 간음하였다고 하여 아청법위반(강간등)으로 기소된 사안에서, 위 범행이 성폭법 제32조 제1항에 규정된 등록대상 성폭력범죄에 해당하더라도 아청법 제38조 제1항 제1호에 규정된 아동 · 청소년 대상 성폭력범죄에도 해당되는 이상 성폭법 제41조에 의한 고지명령의 대상이 되지 아니하므로, 피고인에게 성폭법 제41조에 의한 고지명령을 선고할 수 없다(대법원 2011.11.24. 선고 2011도12296 판결).

Ⅳ. 원상회복제도(Restitution, Wiedergutmachung)

범죄로 인한 피해자의 정의를 확보하고 자유형을 통한 시설내처우의 폐해를 최소화하기 위하여 오늘날 새로운 형법적 사회통제수단으로 원상회복제도와 가해자-피해자-조정제도에 대한 논의가 활발하게 진행되고 있다.

협의의 원상회복이란 "가해자가 피해자에게 급부하는, 범행으로 인하여 발생한 손해의 물질적인 배상"을 말한다. 이에 의하면 원상회복급부의 대부분을 차지하는 것은 민법상의 손해배상 내지 절취한 물건의 단순한 반환일 것이다. 그러나 원상회복을 특히 민법상의 손해배상에 국한해서 이해하게 되면 형법적 불법과 민법적 불법을 동일시하게 되는 불합리한 결과에 이르게 된다. 그 뿐만 아니라 이는 가해자와 피해자 간의 화해를 통한 사회건설적인 범행갈등해소를 목표로 하는 원상회복이념에도 부합하지 않을 것이다. 민사상의 손해배상만으로 형벌을 대체하게 된다면, 피해자의 물질적 배상에 대한 이익을 충족될지는 모르지만, 가해자의 재사회화에는 많은 도움을 줄 수 없을 것이기 때문이다. 즉 손해원상회복 그 자체로는 형법적 갈등해결의 충분요건이 되지 않는다. 손해원상회복은 범행의 결과불법을 제거하는 것에만 도움을 줄 뿐이다. 범행과정을 통하여 나타난 행위불법을 제거하기 위해서는 이에 적합한 행위자의 주관적인 급부, 즉 가해자-피해자-조정(Offender-Victim Mediation)에의 참가가 필연적으로 요구된다.

가해자-피해자-조정은 범행결과상쇄를 위한 주관적 기초를 제공해준다. "가해자-피해자-조정"이란 제3자의 중재 하에 행위자와 피해자간에 존재하는 범행갈등을 해소하거나 최소한 이 갈등을 약화시키기에 적합한 조정의 제공이라고 개념지울 수 있다. 달리 표현하면 가해자와 피해자간에 중재된 갈등해결을 통한 범행극복전략이다. 따라서 가해자-피해자-조정에서 결정적인 것은 범행관련적인 갈등이해에 그 근거를 두고 있는 개인 간의 상호작용이다. 이러한 가해자-피해자-조정은 범죄행위에 관여했던 당사자들 간의 상호접촉, 피해자고통에 대한 가해자의 책임승인, 피해자가 그의 요구를 주장함에 있어서 피해자가 행할 수 있는 양보, 그리고 최상의 경우에는 쌍방 간의 화해 등의 형식으로 구체적으로 나타난다.

1. 협의의 원상회복

형법상의 제재로서 행위자에 의한 손해배상을 내용으로 한다는 점에서, 형사처벌과 민사손해배상의 통합(융합) 현상을 가져온다.

1) 절차상의 원상회복제도

(1) 원상회복을 소송절차종결의 기초로 삼는 방법

독일형사소송법 제153조의a 규정과 같이 원상회복조건을 기초로 하는 불기소처분이 이에 해당한다.

(2) 원상회복을 소송절차에 첨부하는 방법

소송촉진 등에 관한 특례법 제25조가 규정하고 있는 배상명령제도가 이에 해당한다.

2) 집행상의 원상회복제도

(1) 원상회복을 위하여 벌금형의 집행을 완화하는 방법

독일형사소송법 제459조의a가 이에 해당한다.

(2) 원상회복을 가석방과 결부시키는 방법

독일형사소송법 제57조와 1972년 Minnesota Restitution Center Programm이 이에 해당한다.

3) 실체법상의 원상회복제도

(1) 양형에서의 고려

형법 제51조 제4호, 독일형법은 제46조 제2항 후단에 이를 구체적으로 명문화시켜 놓고 있다.[17]

(2) 독립된 제재로서의 원상회복

1994.12. 신설된 독일형법 제46a조와,[18] 영국의 Compensation Order(Criminal Justice Act, 1982)는 손해원상회복처분을 독립된 제재로 규정하고 있다.

---

17) 독일형법 제46조 (형의 양정의 원칙) ① 행위자의 책임은 형의 양정(量定)의 기초이다. 사회에서의 행위자의 장래의 생활을 위하여 형을 통하여 기대될 수 있는 효과는 고려되어야 한다.

② 형의 양정에 있어서 법원은 행위자에게 유리한 사정과 불리한 사정을 상호 비교 형량한다. 이에 더하여 특히 행위자의 범행동기 및 목적, 범행에 의하여 표시된 심정 및 범행에 대한 의지, 의무위반의 정도, 실행의 종류 및 행위에 귀책되는 효과, 행위자의 전력, 그 일신적 및 경제적 상태 병행하여 범행후의 행위자의 태도, 특히 피해자와 조정에 도달하려는 행위자의 노력이 고려된다.

③ 이미 법정구성요건의 요소인 사정은 고려되지 아니한다.

18) 독일형법 제46a조 [가해자-피해자-조정(Täter-Opfer-Ausgleich, 손해원상회복]

1. "행위자가 피해자와 조정을 이루려고 노력하면서 (가해자-피해자-조정), 그의 범행을 전부 또는 중요한 부분까지 원상회복하였거나 또는 범행의 원상회복을 진지하게 추구한 경우, 또는
2. 손해원상회복이 행위자의 현저한 일신적 급부 또는 일신적인 포기를 요구한 사례에서 피해자에게 손해의전부 또는 현저한 부분까지 배상한 경우에,

법원은 형법 제49조 1항에 따라서 형벌을 감경할 수 있거나, 또는 행해진 범행이 1년 이하의 자유형이나 360일까지의 벌금일수에 처해질 경우에는 형벌을 면제할 수 있다.

(3) 보호관찰과 결합된 제재로서의 원상회복

1982년 미국의 Victim and Witness Protection Act가 이에 해당한다.

(4) 집행유예의 조건으로서의 원상회복

독일형법 제56b조가[19] 이에 해당한다.

2. 광의의 원상회복

국가나 사회봉사명령 또는 사회보험 및 사회부조에 의한 원상회복으로, 상징적 원상회복이라고 한다.

---

19) 독일형법 제56b조 (준수사항) ① 법원은 형의 선고를 받은 자에게 행하여진 불법행위에 대한 배상에 기여하는 준수사항을 명할 수 있다. 이 경우에 형의 선고를 받은 자에게 기대될 수 없는 요구는 하지 못한다.

② 법원은 형의 선고를 받은 자에게

1. 범죄로 인하여 야기된 손해를 힘껏 회복시킬 것
2. 공공시설 또는 국고를 위하여 일정한 금액을 납입하거나 또는
3. 그밖의 공익을 위한 급부를 제공할 것을 과할 수 있다.

③ 형의 선고를 받은 자가 행하여진 불법행위에 대한 배상에 기여하는 적절한 급부를 제공하는 때에는, 법원은 원칙적으로 제공의 이행이 예기되는 경우에 준수사항을 잠정적으로 중지한다.

제2항 형법의 범위

1. 형식적 의미(협의)의 형법

형식적 의미의 형법이란 1953.9.18. 제정되고 1953.10.3. 시행되어 2012.12.18. 일부개정으로 2013.6..19. 시행 예정인 현행 형법전을 말한다.

【형법, 특별형법, 행정형법 등 개정 내용】

[형법 개정 내용]

1. 제1차 개정(1975.3.25. 개정 · 시행)
   제104조의2 국가모독죄 신설
2. 제2차 개정(1988.12.31. 개정 · 시행)
   제104조의2 삭제
3. 제5차 개정(2001.12.29. 개정, 2002.6.30. 시행)
   제347조의2 컴퓨터등 사용사기죄 신설
4. 제6차 개정(2004.1.20. 개정 · 시행)
제37조 후단 사후적 경합범의 요건을 '금고 이상의 형에 처한 판결이 확정된 죄'로 개정
5. 제8차 개정(2005.7.29. 개정 · 시행)
   ① 제39조 제1항 중 '그 죄에 대하여 형을 선고한다'를 '그 죄와 판결이 확정된 죄를 동시에 판결할 경우와 형평을 고려하여 그 죄에 대하여 형을 선고한다. 이 경우 그 형을 감경 또는 면제할 수 있다.'로 개정
   ② 제62조제1항 단서를 '다만, 금고 이상의 형을 선고한 판결이 확정된 때부터 그 집행을 종료하거나 면제된 후 3년까지의 기간에 범한 죄에 대하여 형을 선고하는 경우에는 그러하지 아니하다.'로 개정
   ③ 제63조 중 '유예기간 중 금고 이상의 형의 선고를 받어'를 '유예기간 중 고의로 범한 죄로 금고 이상의 실형을 선고받아'로 개정
6. 제11차 및 제13차 개정 형법(2013.4.5. 개정, 2013.4.5. 일부시행, 2013.6.19. 일부시행)
   ① 범죄단체등조직죄(제114조) 개정
   ② 도박죄(제246조)의 객체 개정
   ③ 약취, 유인 및 인신매매죄(제287조 내지 제296조의2) 개정
   인류에 대한 공통적인 범죄인 약취, 유인과 인신매매죄의 규정이 대한민국 영역 밖에서 죄를 범한 외국인에게도 적용될 수 있도록 세계주의(대한민국 영역 밖에서 죄를 범한 외국인에게도 적용) 규정을 도입(제296조의2)

7. 제12차 개정 형법(2012.12.18. 개정, 2013.6.19. 시행)
   ① 성폭력 범죄의 객체를 부녀에서 사람으로 변경(제242조, 제288조제2항, 제297조, 제303조제1항 · 제2항, 제305조, 제339조 및 제340조제3항)
   ② 유사강간죄(제297조의2) 신설
   ③ 성범죄에 대한 친고죄 규정(구 제296조, 제306조) 및 혼인빙자간음죄 폐지(구 제304조)[20]
8. 제14차 개정 형법(2014.5.14. 개정 · 시행)
   ① 벌금형에 대한 환형유치제도로 노역장유치 기간 개정(제70조 제2항)
   ② 형의 시효 정지 규정 신설(제79조 제2항)
9. 제15차 개정 형법(2014.12.30. 개정 · 시행)
   ① 제10조 표제를 심신장애자에서 심신장애인으로 개정
   ② 판결선고 전의 구금일수 전부를 유기징역 · 금고, 벌금이나 과료에 관한 유치와 구류에 산입함(제57조 제1항)
   ③ 무죄판결 공시 취지의 선고를 의무화하되, 피고인이 동의하지 아니하거나 피고인의 동의를 받을 수 없는 경우는 예외로 함(제58조)x
10. 제16차 개정 형법(2016.1.6. 개정 · 시행)
   ① 형법 및 공직선거법에 의하여 수형자 및 집행유예 중인 자의 선거권을 제한하는 것이 헌법상 과잉금지원칙에 위배된다는 헌법재판소의 헌법불합치 및 위헌 결정이 선고됨에 따라 공직선거법이 1년 미만의 징역 또는 금고의 집행을 선고받아 수형 중에 있는 사람과 형의 집행유예를 선고받고 유예기간 중에 있는 사람에 대하여 선거권을 부여하도록 개정되었고, 그로 인하여 징역 또는 금고의 집행이 종료하거나 면제될 때까지 선거권을 포함하는 자격 전반이 정지되도록 정하고 있는 형법 제43조제2항의 개정이 필요하다는 점에서, 유기징역 또는 유기금고의 집행이 종료하거나 면제될 때까지 당연히 자격이 정지되도록 하고 있는 제43조 제2항에 대하여 다른 법률에

---

20) 부칙 제2조 (친고죄 폐지에 관한 적용례) 제296조 및 제306조의 개정규정은 이 법 시행 후 최초로 저지른 범죄부터 적용한다.
[현행 친고죄와 반의사불벌죄]
1) 친고죄
   ① 사자명예훼손죄(제308조), 모욕죄(제311조), 비밀침해죄(제316조), 업무상 비밀누설죄(제317조), 저작권법위반
   ② 상대적 친고죄(제328조 제2항 친족상도례)
2) 반의사불벌죄
   외국원수 · 외국사절에 대한 폭행 · 협박 · 모욕죄(제107조, 제108조), 외국국기 · 국장모독죄(제109조), 폭행 · 존속폭행죄(제260조), 협박 · 존속협박죄(제283조), 명예훼손죄(제307조), 출판물에 의한 명예훼손죄(제309조), 과실치상죄(제266조).
3) 소송조건의 보정적 추완에 의한 소송행위의 하자 치유
4) 고소불가분의 원칙(상대적 친고죄)
5) 폭행치상죄와 폭행죄
   ① 공소장변경이 필요한 범위(축소사실의 인정)
   ② 법원 직권에 의한 심판 범위
   ③ 항소심에서의 공소장변경 허용 여부와, 처벌희망의사의 철회 시기

특별한 규정이 있는 경우에는 그 법률에 따르도록 단서를 신설함(제43조 제2항 단서 신설)

② 징역형에 대해 인정되는 집행유예가 징역형보다 상대적으로 가벼운 형벌인 벌금형에는 인정되지 않아 합리적이지 않다는 비판이 제기되어 왔고, 벌금 납부능력이 부족한 서민의 경우 벌금형을 선고받아 벌금을 납부하지 못할 시 노역장 유치되는 것을 우려하여 징역형의 집행유예 판결을 구하는 예가 빈번히 나타나는 등 형벌의 부조화 현상을 방지하고 서민의 경제적 어려움을 덜어주기 위해 벌금형에 대한 집행유예를 도입할 필요가 있으나, 고액 벌금형의 집행유예를 인정하는 것에 대한 비판적인 법감정이 있는 점 등을 고려하여 500만원 이하의 벌금형에 대해서도 집행을 유예할 수 있도록 벌금형에 대한 집행유예 제도를 도입함(제62조 제1항). 아울러, 벌금형을 선고받은 사실을 일정한 결격 사유로 정하고 있는 법률이 다수 존재하고 벌금형의 집행유예가 도입됨에 따라 그러한 법률 역시도 정비가 필요한 점을 고려하여 공포 후 2년이 경과한 후에 시행(2018.1.7. 시행)하도록 함

③ 헌법재판소는 배우자 있는 자의 간통행위 및 그와의 상간행위를 2년 이하의 징역에 처하도록 규정한 형법 제241조가 성적 자기결정권 및 사생활의 비밀과 자유를 침해한다고 위헌 결정을 하였는데(헌법재판소 2015.2.26. 선고 2009헌바17 위헌 결정), 이를 반영하여 간통죄 처벌조항을 규정한 제241조를 삭제

④ 헌법재판소가 폭력행위 등 처벌에 관한 법률 중 특수폭행죄 가중처벌 등 일부 규정이 형법과 동일한 구성요건을 규정하면서 법정형만 상향하고 있어 헌법의 기본원리에 위배되고 평등의 원칙에 위반된다는 이유로 위헌 결정(폭력행위 등 처벌에 관한 법률 제3조 제1항 '위험한 물건 휴대 폭행죄 · 협박죄 · 재물손괴죄' 처벌조항 헌법재판소 2015.9.24. 선고 2015헌가3 등 위헌 결정)을 함에 따라 존속중상해죄의 법정형을 정비하고(제258조 제3항), 특수상해죄를 신설하며(제258조의2 신설), 이에 대한 상습범과 자격정지의 병과 규정을 정비하고(제264조 및 제265조), 특수강요죄 및 특수공갈죄(제324조 제2항 및 제350조의2 신설)를 신설함

11. 형법 제7조 헌법재판소 2015.5.28. 선고 2013헌바129 헌법불합치 결정(2016.12.31. 개정시한)

[특별형법, 행정형법 등 개정 내용]

12. 폭력행위 등 처벌에 관한 법률(2016.1.6. 개정 · 시행)

헌법재판소가 폭력행위 등 처벌에 관한 법률 중 특수폭행죄 가중처벌 등 일부 규정이 형법과 동일한 구성요건을 규정하면서 법정형만 상향하고 있어 헌법의 기본원리에 위배되고 평등의 원칙에 위반된다는 이유로 위헌 결정(폭력행위 등 처벌에 관한 법률 제3조 제1항 '위험한 물건 휴대 폭행죄 · 협박죄 · 재물손괴죄' 처벌조항 헌법재판소 2015.9.24. 선고 2015헌가3 등 위헌 결정)을 함에 따라 상습폭행 등 상습폭력범죄의 가중처벌 규정(제2조 제1항)을 삭제하고, 흉기휴대폭행 등 특수폭력범죄의 가중처벌 규정 및 상습특수폭력범죄의 가중처벌 규정(제3조 제1항 및 제3항)을 삭제하

며, 상습폭력범죄 및 특수폭력범죄, 상습특수폭력범죄 규정 삭제에 따른 공동폭력범죄 가중처벌 규정, 누범 가중처벌 규정(제2조 제2항 · 제3항 및 제3조 제4항)을 정비함

13. 특정범죄 가중처벌 등에 관한 법률(2016.1.6. 개정 · 시행)
    헌법재판소가 특정범죄 가중처벌 등에 관한 법률 중 마약수입죄 가중처벌(제11조 제1항, 헌법재판소 2014.4.24. 선고 2011헌바2 위헌결정), 국내통용 통화위조 및 행사죄 가중처벌(제10조, 헌법재판소 2014.11.27. 선고 2014헌바224 위헌결정), 상습절도 · 장물취득죄 가중처벌(제5조의4 제1항 · 제4항, 헌법재판소 2015.2.26. 선고 2014헌가16 등 위헌 결정) 규정에 대하여 형법과 같은 기본법과 동일한 구성요건을 규정하면서 법정형만 상향한 규정은 형벌체계상의 정당성과 균형을 잃어 헌법의 기본원리에 위배되고 평등의 원칙에 위반된다는 이유로 각각 위헌결정을 함에 따라 상습절도, 상습강도, 상습장물죄의 가중처벌 규정을 삭제하고, 반복 범죄자에 대한 누범가중 규정(제5조의4 제1항 · 제3항 · 제4항 삭제, 제5조의4 제5항)을 정비하며, 통화위조죄의 가중처벌 규정(제10조)을 삭제하고, 마약류 관리에 관한 법률 제58조 제1항 제6호 위반죄 등을 마약이나 향정신성의약품 등의 가액을 가중적 구성요건 표지로 하여 가중처벌함(제11조 제1항 각 호 신설, 제11조 제2항 제1호). 그리고 미성년자 약취 · 유인죄의 가중처벌 규정을 13세 미만의 미성년자에 대한 가중처벌 규정으로 정비하고, 유기형의 상한을 규정함(제5조의2 제1항 · 제2항 · 제7항 및 제8항).

14. 부동산 실권리자명의 등기에 관한 법률(2016.1.6. 개정, 2017.1.7. 시행)
    형사처벌 규정인 제7조와 관련하여 교사범 및 방조범에 대해서는 형법에 의하여 처벌이 가능하고 방조범에 대하여 특별히 더 감경할 필요성이 없어 교사범 및 방조범 관련 규정을 삭제하고, 법인에 대한 양벌규정 신설을 통하여(제12조의2 신설) 법인의 위반행위에 대한 형사적인 제재를 할 수 있도록 함

15. 공직선거법
    정당 또는 후보자 및 그 가족과 관련하여 특정 지역 · 지역인 또는 성별 등을 비하 · 모욕하는 행위가 정도를 넘는 경우가 적지 않게 발생하고 있는 바, 누구든지 선거운동을 위하여 정당, 후보자, 후보자의 배우자 또는 직계존비속이나 형제자매와 관련하여 특정 지역 · 지역인 또는 성별에 대해 공연히 비하 · 모욕하는 행위를 금지하고, 이를 위반할 경우 1년 이하의 징역 또는 200만원 이하의 벌금에 처함(제110조 제2항 및 제256조 제5항 제10호의2 신설)

2. 실질적 의미(광의)의 형법

실질적 의미의 형법이란 범죄와 형벌의 관계를 규정한 법규범의 총체를 의미한다.

1) 특별형법

일정인과 일정사항에 관한 범죄에만 적용되는 법규정으로, 형법과 마찬가지로 주로 윤리적인 규

범에 위반한 행위에 대하여 처벌범위를 명확히 하는 데 목적. 「-한 자는 -에 처한다」는 법형식을 취하고 있다.[21]

2) 행정형법

행정상의 단속목적을 위한 규범으로서 부분적으로 형벌에 의해 그 준수가 강제되는 것을 말하는데, 「- 해서는 아니 된다」, 「- 하여야 한다」는 법형식을 취하고 있다.[22]

3) 형법 제1편 총칙 규정(제1조 내지 제86조)의 적용범위

광의의 형법에는 그 법령에 특별한 규정이 없는 한 형법 제1편 총칙 규정이 적용된다(제8조). 다만, 적용 예외로서 조세범처벌법 제20조,[23] 관세법 제278조,[24] 담배사업법 제31조[25]는 형법 제9조, 제10조 제2항, 제11조, 제16조, 제32조 제2항, 제38조 제1항 제2호의 적용을 배제하고 있다.

---

21) 국가보안법, 폭력행위 등 처벌에 관한 법률, 특정범죄 가중처벌 등에 관한 법률, 특정경제범죄 처벌 등에 관한 법률, 성폭력범죄의 처벌 등에 관한 특례법, 가정폭력범죄의 처벌 등에 관한 특례법, 부정수표단속법, 치료감호법, 소년법, 관세법, 조세범처벌법, 특정강력범죄의 처벌에 관한 특례법 등 다수의 형사특례법이 있다. 우리나라는 역사적 · 정치적 상황으로 인해 그 동안 형법전은 그대로 둔 채 그때 그때마다 많은 특례법을 양산해 왔다. 이러한 '특례법의 홍수' 내지 '법의 인플레현상'은 "법률은 모든 국민에게 공정하게 적용되어야 하며 그 내용도 평등해야 한다"는 민주법치국가의 기본원리에도 위배될 뿐만 아니라 '과잉금지의 원칙'이라는 헌법상의 기본권원리에도 어긋날 소지가 있다(그 동안 여러 특례법에 대해 헌법재판소에 위헌제청 또는 헌법소원이 제기되어 왔다)는 점에서 일반법으로 그 내용을 흡수하는 재정비가 시급하다.

22) 도로교통법, 대기오염방지법, 식품위생법 등의 각종 행정단속법규 등이 이에 해당한다.
[1개의 행위로서 형법과 행정형법의 구성요건에 해당하는 경우 형법과 행정적 처벌법규와의 관계] 농지개혁법에서 규정한 처벌법규는 소위 행정적 형벌법규로서 동 행정적 형벌법규와 형법은 그 규제질서를 달리하므로 입법의 목적 정신을 달리하고 왕왕히 그 보호법익을 달리하는 때가 있다. 그런데 일개의 행위로서 형법의 구성요건과 행정적 처벌법규의 구성요건에 각 해당하는 경우에 이 양자 간의 관계는 특별법관계 또는 흡수관계 등 법조경합으로 볼 것이 아니라 상상적 경합으로 보아야 할 것이다. 법조경합의 경우는 일개의 행위가 외관상 수개의 형벌법규에 해당하는 듯이 보이지만 실은 동 형벌법규 상호의 관계로 보아 하나의 형벌법규만이 적용되고 다른 것은 전혀 배척되는 것으로서 결국 하나의 구성요건적 평가만이 성립되는 것이다. 그러나 형법과 행정적 처벌법규와의 관계는 양자의 입법목적 정신이 다르고 보호법익도 다른 때가 있으므로 양자 중 그 하나만이 적용되고 다른 것은 전혀 배척되는 하나의 구성요건적 평가로만 볼 것이 아니라 2개의 구성요건적 평가를 하여 단지 처단상 일죄로만 보는 상상적 경합으로 보아야 할 것이다(1961.10.12. 4293刑上966, 대법원판례카드 5795).

23) 제20조 (「형법」 적용의 일부 배제) 제3조부터 제6조까지, 제10조, 제12조부터 제14조까지의 범칙행위를 한 자에 대해서는 「형법」 제38조제1항제2호 중 벌금경합에 관한 제한가중규정을 적용하지 아니한다.

24) 제278조 (「형법」 적용의 일부 배제) 이 법에 따른 벌칙에 위반되는 행위를 한 자에 대해서는 「형법」 제38조제1항제2호 중 벌금경합에 관한 제한가중규정을 적용하지 아니한다.

25) 제31조 (형법의 적용제한) 이 법에 정한 죄를 범한 자에 대하여는 형법 제9조 · 제10조제2항 · 제11조 · 제16조 · 제32조제2항 · 제38조제1항제2호중 벌금경합에 관한 제한가중규정과 동법 제53조의 규정은 이를 적용하지 아니한다. 다만, 징역형에 처할 경우 또는 징역형과 벌금형을 병과할 경우에 있어서의 징역형에 대하여는 그러하지 아니하다.

제3항 형법의 법적 성격

Ⅰ. 형법의 지위

국내 공법 · 사법법(司法法, 재판에의 적용을 주된 목적) · 형사법 · 실체법으로, 형법은 정의 · 법적 안정성 · 공공의 복리를 다 같이 이루어야 하는 규범이다.

Ⅱ. 형법의 규범적 성격(규범논리적 구조)

형법의 기능의 전제로서, 수명자가 누구냐의 문제와 관련성이 있다.

1. 가설(가언)규범

일정한 범죄행위를 전제조건으로, 「- 한 자는(if) - 처한다(so)」라는 규정 형식을 취하고 있다는 점에서 명령적 · 단언적 형식의 도덕이나 종교규범과 다르다. 이러한 규정 형식은 단순한 행위준칙(척도)를 제시하는데 그치는 것이 아니라 규범위반의 내용과 그에 대한 제재를 구체적이고 개별적으로 명시하기 위한 필요에서 비롯된 것이다.

2. 행위규범[26)]

형법은 일반인에 대해 일정한 행위준칙을 명시하는 금지(Verbot) 또는 요구(Gebot, 부작위범)규범이다. 즉 금지와 허용영역의 한계를 명시(행위한계척도제시)해 주는 규범으로, 명시내용을 명확하게 규정해야 하는 「명확성의 원칙」이 지배한다. 형법을 행위규범으로 이해할 경우에는 수명자(受命者)는 일반국민이 된다.

3. 재판규범[27)]

형법은 실체재판을 하는 대상과 그 기준을 제공함으로써 사법활동을 규제하는 규범으로, 이 경우 형법의 수명자는 법관이 된다.

---

26) Zitelman, Bierling 등에 의해 주장. 여기에 대해 M.E.Mayer는 행위규범으로서의 성격은 형법규범 자체에서 나오는 것이 아니라 그 배후에 있는 다른 사회규범(문화규범)에서 비롯되는 것이라고 보아 형법규범 자체의 행위규범적 성격을 부정하였다.

27) M.E.Mayer. E.Mezger는 형법을 행위규범과 재판규범으로 파악 → 수명자는 일반국민과 법관.

4. 평가규범이면서 의사결정규범(내적 의무준수를 강제)

Ⅲ. 행위형법(Tatstrafrecht)과 행위자형법(Täterstrafrecht)[28]

행위형법은 가벌성의 규율대상을 구성요건적으로 기술된 개개의 범죄행위에 두는 반면에, 행위자형법은 행위자의 인격과 관련된 반사회성(Antisozialität)에 두고 있다.

현행 형법은 종전의 자유법치국가적 헌법질서원리인 행위형법에 제한적으로 행위자형법을 도입하고 있다.[29]

28) F.v.Liszt에 의해 특별예방적인 행위자형법의 관점이 도입. 범죄자유형론의 전개.

29) 인격책임론, 생활영위책임론, 양형의 조件(제51조), 酌量減輕(제53조), 누범가중(제35조), 각종 유예제도, 보안처분 등.

제4항 형법(형벌)의 목적

형벌의 목적이 어디에 있느냐에 대해서는 크게 절대설(응보설), 상대설(예방설), 절충설(응보적 절충설과 예방적 절충설) 등의 견해가 대립되고 있다.

Ⅰ. 응보형(Retribution)사상(절대설, 복수시대)

형벌이 가지고 올 결과와는 무관하게 형벌은 응보 그 자체가 최고가치적 목적으로 '악에 대한 악의 부정(Lex Taliois)'이라고 이해한다.[30] 즉 형벌은 그 어떤 모목적을 위한 수단이 될 수 없으며, 형벌 그 자체가 자기 목적성을 가지는 것으로, 다른 어떠한 이유 없이 범죄자가 "죄를 범하였기 때문에 처벌한다"는 것이다.

Kant에 의하면 형벌은 범죄에 대하여 그와 동일한 다른 해악을 가지고 응보하는 것이어야 하며 그것이 정의의 요구로서, 따라서 형벌정당성의 근거는 정의의 요구 그 이외에는 어떤 것도 아니라고 보았다. 이와 같이 형벌은 일종의 정언명령(定言命令, Kategorischer Imperativ)으로, 책임응보에서만 그 의미를 발견할 수 있다고 하였다.[31]

---

30) 형벌의 정당성에만 관심을 가졌으며, 국가의 사명은 오직 개인의 자유보호에 있다고 보았다.

(1) I.Kant의 순수 정의설

형벌을 절대적 정의의 순수한 요구로 이해하는 입장으로, 형벌은 정언명령(定言命令) 즉 어떤 목적과도 관계없는 정의의 명령이라고 보았다.(Insel Beispiel)

(2) Hegel의 이성적(등가적) 응보설

형벌은 논리적 · 변증법적 필연으로, 침해된 법(국가존립에 필연적인 이성)의 회복이다. 따라서 형벌은 가치에 있어서 상당한 정도의 제재이면 족하다고 보았다.

(3) K.Binding의 법률적 응보설

형법과 그 전제되는 규범을 구별하여, 범죄는 규범위반이며 형벌은 법의 권위에 복종하도록 하기 위해 과하는 응보라고 보았다.

31) 「Metaphysik der Sitten」(1797년), "법관의 형벌은 결코 범죄자 자신을 위해서건 시민사회를 위해서건 어떤 다른 선(善)을 조장하기 위한 단순한 수단일 수 없다. 도리어 그것은 언제나 범죄자가 죄를 범하였기 때문에 그에게 과하여지는 것이어야 한다. 형법은 일종의 정언명령이다. 공리론(公利論)이 형벌관념속에 뱀처럼 기어들어와 형벌이 약속해 줄 수 있는 어떤 유익을 통해 이 정언명령을 형벌에서 벗어나게 하거나 마치 '전체 백성이 죽는 것보다 한 사람이 죽는 것이 나으리라'한 바리새인의 말에 좇아 그 정도를 완화하려는 시도에 대해 경계 · 방어할 지어다! 왜냐하면 정의가 몰락한다면 인간은 더 이상 이 땅위에 살 가치가 없기 때문이다."(S.453)

Insel Beispiel - "시민사회가 그 구성원의 합의에 의해 해체된다 하더라도(예컨대 한 섬에 사는 백성들이 그 섬을 해체하고 다른 세상으로 흩어지기로 결의한 경우처럼) 감옥에 마지막으로 남아 있는 살인자만은 사전에 처형하고 나와야 한다. 이로써 모든 사람은 자신의 범행이 어떤 값을 치루어야 할까를 경험하게 되고, 이 처형을 하지 않음으로써 피흘린 죄가 전체 백성에게 돌아가는 것을 막기 위함이다. 왜냐하면 처벌을 하지 않은 백성도 정의에 대한 공공연한 침해에의 동반자들로 간주될 수 있기 때문이다."(Derselbe S.455)

Ⅱ. 목적형사상(상대설, 예방설)

형벌의 목적은 그 자체에 있는 것이 아니라 범죄의 예방에 있다고 보는, 형벌이 추구하는 결과와 관련하여(미래지향적 · 목적적) 형벌의 목적을 파악하는 견해이다.

1. 일반예방주의

1) 소극적 일반예방기능(Deterrence, negaitive Generalprävention)

형벌을 부과함으로써 잠재적 범죄자인 일반인이 qjawhlfmf 단념하도록 하는데 형벌의 목적이 있다는 견해로, 형벌이 가지는 일반인(잠재적 범죄인)에 대한 사회교육적 작용(경고기능)을 강조한다. 즉 "일반인들이 죄를 범하지 않도록 하기 위하여 처벌"한다는 것이다. 이와 같이 소극적 일반예방이론은 일반인에 대한 범죄억제라는 심리강제에 형벌의 목적을 두는 견해로, 주로 구파(고전학파)에 속하는 학자들인 Beccaria, Feuerbach 등에 의해 주창된 이론이다.

2) 적극적 일반예방기능(positive Generalprävention)

형벌을 부과함으로써 일반인에 대한 교육과 학습의 효과, 즉 법신뢰 · 법감정 · 법의식의 고양을 통하여 일반인들의 규범의식을 강화시키고 규범의 효력을 실증하는 사회적 효과를 꾀하는데 형벌의 목적이 있다는 견해이다. 이와 같이 형벌의 목적을 적극적 일반예방에 중점을 두는 견해에 의하면 형벌은 질서신뢰의 안정화 내지 규범안정화 기능을 한다는 것이다. 이 견해에 의하면 "불법 없으면 책임 없다. 책임 없으면 형벌 없다"로 표현되는 전통적인 책임원칙을 부정 내지 수정하면서, 규범적 의미에서의 책임이 없더라도 적극적 일반예방이라는 형벌의 목적의 있다면 형벌을 부과할 수 있다고 한다. 따라서 전통적인 형법이론에서 논하는 '불법에 상응하는 책임과 책임에 상응하는 형벌'이라는 비례성의 원칙은 수정될 수 밖에 없으며, 적극적 일반예방이라는 형벌의 목적만이 책임을 근거지운다는 점에서 규범적 책임이 인정되더라도 적극적 일반예방이라는 형벌의 목적이 결여된 경우에는 형벌을 부과할 필요가 없고, 반대로 규범적 책임이 없더라도 적극적 일반예방이라는 형벌의 목적이 인정되는 경우에는 형벌을 부과한다는 것이다.

그러나 적극적 일반예방이론은 규범적 책임의 인정 여부와는 무관하게 '적극적 일반예방'이라는 이른바 공리주의적인 형벌목적에 따라 형벌을 부과할 수 있다고 함으로써 자칫 '우리를 위해 너는 처벌받아야 한다'는 식의 인권침해가 발생할 수 있는 위험을 내재하고 있다.

적극적 일반예방이론에 의하면 형벌의 목적에 따라 범죄이론에 변형을 가져오게 되는데,[32] 예컨

---

32) 오늘날 형법이론의 발전 과정은 형사제재에 공리론를 도입함으로써 책임과 형벌의 비례성을 완화하려는 기능적(예방적) 책임 개념, 원상회복제도, 다이버젼(Diversion), 추상적 위험범화, 법익 보호의 전치화(前置化), 과실범에 있어 결과발생 예

대 기능적(예방적) 책임개념,[33] 형법 제16조 금지착오(법률의 착오)에 있어 '정당한 이유'의 판단 기준, 범죄에 대한 제3의 국가제재로서 원상회복처분(Restitution) 등의 이론에 영향을 미친다.

2. 특별예방주의(박애, 과학시대)[34]

사회방위(Social Defence)와 범죄인 개인의 사회복귀(재교육, Behavior Modification, Re-education)를 통한 범죄의 예방에 형벌의 목적을 두는 견해로, 형벌이 가지는 범죄인 개인에 대한 개인교육적 작용을 강조한다. 이 견해는 "범죄인으로 하여금 죄를 범하지 않도록 하기 위하여 처벌"한다는 것으로,[35] 형사제재로서 형벌보다 보안처분을 강조한다.

1. 시설내 처우(Institutional Treatment)의 문제점

개선효과없음. Labeling에 의한 누 · 재범의 유발(구금률=재범률), 비인도적, 비경제적

2. 재범방지를 위한 치료 · 교육 · 개선(Behavior Modification) 및 범죄인분류제도(Classification System)

3. 시설내 처우의 중간단계

중간교도소(Halfway House), 양육소(Foster House), 개방교도소(Open Prison)

4. 사회내 처우(Community Treatment)

Probation(보호관찰부 유예제도), Parole(보호관찰부 가석방), Diversion, Bail

견가능성의 확대, 사회윤리가치적 법익 보호를 위한 범죄와 형벌 규정의 축소 및 폐지, 사회변화와 다양한 가치관의 갈등으로 인해 발생하는 사이버공간에서의 범죄, 아동성폭력범죄 등 신종범죄에 대한 형사정책적 규제 장치의 확대를 들 수 있다.

33) 책임개념은 순전히 형식적 개념이며 어떤 내용있는 기준에 의해 규정되는 것이 아니며, 질서신뢰의 안정화 내지 규범안정화, 일반인의 기대보장 내지 기대확보, 법충실에의 훈련이라는 의미에서의 가치무관심적인 이른바 적극적 일반예방이라는 형벌목적만이 책임개념에 내용을 제공한다.

34) Stübel(Wittemberg대학)에 의해 창시 → Karl Ludwis Wilhelm von Grolmamm에 의해 체계화[「Grundsatz der Kriminalrechtswissesschaft」, 1789]에 의해 P.J.A.v.Feuerbach의 일반예방사상에 대한 반론. Tittmann,Kleinschrod에 의해 지지. 1794년 Preußen 「Das Allgemeine Landrecht」에 실정화. I.Kant의 「실천이성비판」(1788), 「법이론의 형이상학적 출발 근거」(1797)에서 응보사상에 입각한 반론 제기. Feuerbach의 「Antihobbes」(1798)에서 특별예방은 경찰국가사상의 발현이라고 비판 등이 제기되면서 특별예방사상은 더 이상 발전하지 못하였으며, Liepmann, Lanza 등에 의해 계승 · 발전.

35) 현행 형법에서 특별예방사상을 반영한 것으로는 선고유예 · 집행유예제도(제59조,제62조)와 가석방제도(제72조) 및 이에 부가 가능한 보호관찰 · 사회봉사 · 수강명령제도(제59조의2, 제62조의2, 제73조의2), 누범(제35조)과 상습범의 가중처벌(특별취급), 작량감경(제53조), 형의 실효제도(제81조), 예비와 음모의 처벌(제28조), 자수 및 자복의 감면(제52조), 기도된 교사의 처벌(제31조 제2,3항), 특별법에 의한 보호처분제도, 선도조건부 기소유예제도(소년법 제49조의3), 단기자유형의 제한, 자유형에서 교육형에로의 행형제도전환, 과실범의 특별취급, 상대적 부정기형제도(소년법 제60조)를 들 수 있다.

제5항 형법의 기능(과제, 임무)

형법의 기능에 대한 논의는 형법규범의 정당화와 국가형벌의 정당성의 한계를 결정하는 데 대단히 중요한 의미를 가진다. 형법은 사회통제의 일부로서 범죄통제 기능, 공식화된 수단과 절차를 통해(보장적 기능) 사회적 공동체의 공동생활이익을 보호 실현(보호적 기능), 개인의 자유와 인권보장에 기여한다.[36)]

Ⅰ. 예방적 기능

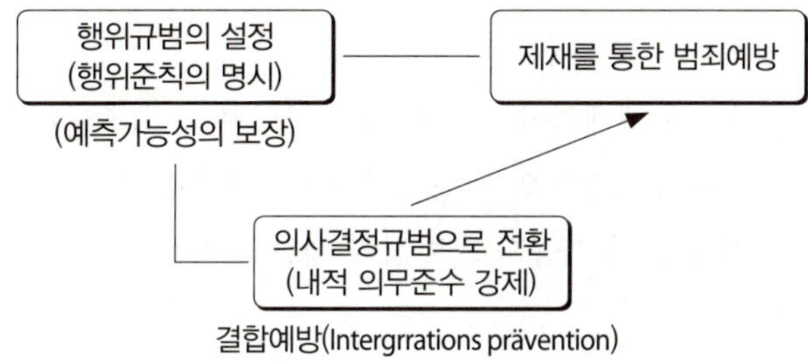

Ⅱ. 규제적(진압적) 기능(사회통제기능)

규제적 기능은 사회적 공리주의의 표현이 화체된 기능이다.[37)]

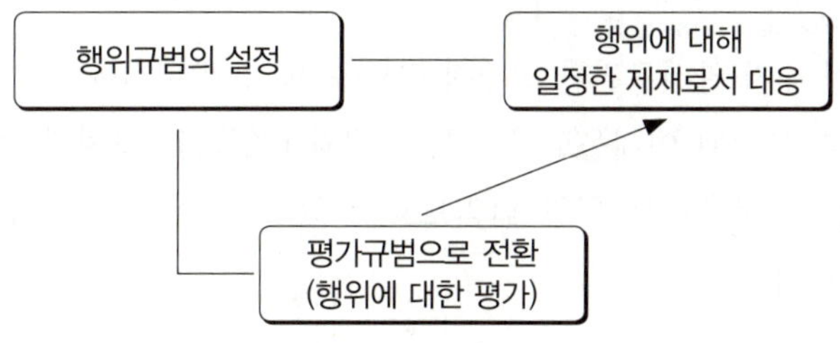

36) 다수견해는 규제적 · 보호적 · 보장적 기능으로 분류하는데 반하여, 소수견해는 규제적 · 보호적 · 보장적 · 사회질서유지 기능으로 보는 견해, 법익보호를 통괄하는 사회질서유지 · 보호적 · 보장적기능으로 보는 견해, 형법의 가장 근원적인 기능은 규제적 기능이며 사회질서유지 · 보호적 · 보장적 기능은 파생된 기능으로 보는 견해, 법규범일반으로서의 기능(규제적 기능)과 형법의 독자적 기능(예방적, 보호적, 보장적 기능)으로 나누는 등 다양한 견해가 대립되고 있다.

37) Schmidhäuser.

Ⅲ. 보호적 기능(적극적 측면)[38]

1. 법익의 보호(Rechtsgüterschutz)

1) 법익[보호객체(Schutzobjekt)]의 개념[39]

형법에 의하여 그 침해가 금지되는 개인 및 공동체의 이익 내지 가치로, 형식적인 형법조문의 배후에 놓여있는 그 의미와 목적에 대한 관념적 형상(가치)이다. 즉 법익은 구성요건에 의해 보호되는 가치적 · 관념적 대상으로. 사회질서의 기본가치와 연결된 인간의 객관적 실존조건이다.

2) 법익의 기능

법익은 형벌구성요건의 형식적 체계화기능과, 범죄의 형식적 의미와 관련한 법규해석의 보조수단 역할기능(객관적 · 목적론적 해석 및 구성요건의 창출적 기능) 및 형벌영역의 적정한계 제시, 그리고 형사정책적 · 법률정책적 척도로서의 기능, 즉 가벌성의 실질적 근거 제공과 가벌성의 제한의 기준으로 범죄의 실질적 의미와 관련된다.[40]

3) 형법의 법익보호기능의 한계

어떤 법익을 어느 정도 보호할 것이냐, 이를 위한 구성요건을 어떻게 설정할 것이냐는 사회윤리적 가치관의 문제에 해당한다.

(1) 보충성의 원칙 [형법의 단편적 성격(fragmentarische Natur)]

신(종교적)의 정의 실현 내지 완전무결한 절대적 정의(도덕법칙)의 현실에서의 포괄적 실현 또는 이데올로기의 실현은 현실과 유리된 이데올로기적 독단 내지 비합리적 가치관. 현대국가의 제1차적 임무는 최소한의 공동생활질서유지를 위한 법익보호에 있으며, 이것을 형법의 보충적인 법익보호(Subsidiärer Rechtsgüterschutz)기능이라 한다.[41]

---

38) H.Welzel은 형법의 제1차적 임무를 사회윤리적 심정가치의 보호에 두며, 나아가 Amelung은 사회유해성론(Sozialschädlichkeit)에서 출발하여 사회보호를 형법의 제1차적 임무로 파악하였다.

39) 1834년 Birnbaum의 저서 「Über das Erfordernis Rechtsverletzung」에서 처음 사용.

40) Rudolphi는 법익개념의 세 가지 기능으로 목적론적 구성요건의 해석, 모든 위법한 행태에 공통되는 실질적 불법의 핵심, 형사입법자의 정당한 임무 규정을 들고 있다.

41) 예컨대 동성애, 수간(獸姦), 자의에 의한 불임시술, 혼인외 자의 정자에 의한 인공수정, 간통, 중혼, 외설문서나 도서의 판매, 신에 대한 모독, 성풍속에 관한 침해행위(경범죄처벌법 제3조 제33호의 과다노출), 아편 흡식 및 마약 매매, 소년의 흡연, 도박, 낙태 등의 행위는 단지 도덕적 · 종교적 비난의 대상에 머물러야 하며 형벌이 아닌 다른 사회제재수단에 맡기는 것이 바람직하다. 즉 이러한 행위는 부도덕 · 불경건일정 사회질서의 기본가치와 연결된 인간의 객관적 실존조건으로서의 법익침해 내지 법익위태화 행위로 평가될 수는 없다.
군형법 제92조(추행) 계간(Sodomy, 비역) 기타 추행을 한 자는 1년 이하의 징역에 처한다.
경범죄처벌법 제3조 (경범죄의 종류) 33. (과다노출) 여러 사람의 눈에 뜨이는 곳에서 공공연하게 알몸을 지나치게 내놓거

(2) 비범죄화 이론(Entkriminalisierung, Decriminalization)

가) 국가형벌권의 한계 = 형법의 겸억주의(謙抑主義) = 형사제재의 한계

형벌의 목적, 범죄의 본질, 위법성의 본질, 피해자의 승낙의 효력 범위, 부작위범의 성립범위를 결정한다.

(가) 책임원칙에 의한 한계

「책임없으면 형벌없다 (Keine Strafe ohne Schuld)」로 표현되는 책임원칙의 한계를 결정한다.

(나) 형벌 필요성에 의한 한계

「필요없으면 형벌없다(Keine Strafe ohne Notwendigkeit)」로 표현되는 형벌 필요성의 한계를 결정한다. 이러한 점에서 형법은 형사정책의 최후 수단으로, 형법은 형사정책의 뛰어넘을 수 없는 한계이다.

형벌 보충성(Ultima ratio)의 원칙, 형벌 비례성의 원칙(과잉금지의 원칙, 최소한의 원칙), Clear and present Danger Rule은 형벌 필요성의 한계가 구체화된 이론들이다.

나) 비범죄화 이론[42]

형법의 기능을 사회존립에 불가결한 사회적 기능의 보호에 제한하고자 하는 이론으로, 형법의 탈윤리화를 요구한다. 이 이론에 의하면 형사입법 · 해석상 범죄의 과소현상을 가져온다.

종전의 법윤리주의(Legal Moralism)에 대한 비판으로 윤리의 법적 강행의 타당성 여부 내지 윤리에 대한 형법의 불간섭주의가 설득력을 얻으면서, 실질적 의미의 범죄란 형법이외의 다른 제재수단으로는 충분히 보호될 수 없는 중한 사회유해적 법익침해 내지 위해행위(결과반가치)로 파악한다.

2. 사회윤리적(법윤리적) 행위(心情)가치의 보호(Schutz des sozialethische Handlungswerts)

형법적 가치판단은 법익의 침해 내지 위태화에만 관련되지 아니하고 비난받을 방법으로 이를 초래한 인간행위의 질과도 관계된다는 점에서, 행위수행 전 과정에서 나타난 행위자의 사회윤리가치적 적응성에 초점을 맞추는 이론이다. 즉 공통된 사회윤리가 사회를 형성하는 접합제로, 형법은 사회보존을 위한 윤리 그 자체의 강행이라는 것이다. 이 관점에 의하면 형법의 도덕적 형성력, 사회윤리의 유지기능을 강조한다.

따라서 실질적 의미의 범죄는 행위의 태양 · 의도 · 목적 등 객관적 · 주관적 요소에 의하여 특정지

나 가려야 할 곳을 내놓아 다른 사람에게 부끄러운 느낌이나 불쾌감을 준 사람

형법 제241조 (간통) ① 배우자있는 자가 간통한 때에는 2년 이하의 징역에 처한다. 그와 상간한 자도 같다.

② 전항의 죄는 배우자의 고소가 있어야 논한다. 단, 배우자가 간통을 종용 또는 宥恕한 때에는 고소할 수 없다.

42) H.H.Jescheck, W.Maihofer, Vogler, Arth.Kaufmann, Rudolphi, Henkel 등에 의해 주장.

워지는 행위의 전체적인 양상이 사회윤리적 상당성을 일탈한 행위이다(행위반가치론).

【H.Welzel의 인적 불법론(人的 不法論, der personale unrechtslehre)에 기초】

1) 위법성은 특정된 행위자와 관련된 행위에 대하여 내려지는 부정적 가치판단이며 불법은 행위자와 관련된 인격적인 불법

2) 형법은 1차적으로 결정규범(Bestimmungsnorm)

법 = 입법자의 명령

↓ 법적 심정(心情)의 기본가치 준수(사회윤리가치에 합당하게 행위할 내적 의무준수)를 강제

인간 : 행위의 목표를 법의 요구에 맞추어 결정 · 행동

3) 형법의 가장 중요한 임무는 기본적인 사회윤리적 심정가치 보호이며 개개의 법익보호는 단지 이에 부수되어 간접적으로 행하여 질 뿐

단순한 법익보호 : 소극적, 예방경계적 목표설정

사회윤리적 가치보호 : 적극적, 사회윤리적 성격

3. 사회의 보호(Schutz der Gesellschaft)

사회적 유해성론에서 출발하여 형법의 임무는 평화로운 공존생활의 여러 조건의 확보에 있다는 이론으로, 사회를 사회체계 내지 상호작용체계(Interaktionssystem)로 파악하는 체계이론(System theory)을 기초로 하고 있다.

Ⅳ. 보장적 기능(소극적 측면)

형법은 금지와 허용영역 및 형벌권행사의 한계를 명시함으로써 대 국민적으로는 신체(행동)의 자유 보장하고, 범죄인에게는 인권을 보장하는 기능을 수행한다. 이를 "형법의 Magna Charta적 기능"[43]이라고 한다.

43) F.v.Liszt.

제2장 형법학의 성립과 학파

Ⅰ. (독일)형법학의 역사

1. 고대

범죄는 일종의 질병. 피의 복수(Blutrache, Lex Taliones). 속죄형제도. 형법은 종교적 · 윤리적 색채를 띠었으며, 공 · 사법은 구별되지 아니하였다.

2. 중세 – 독일 보통법학(16C – 18C)

1) Thomas Hobbes(1588 – 1679)

죄형법정주의의 이론적 기초를 제공. 안전국가로서의 법치국가사상. "시민법이 없으면 범죄도 없고 형벌도 없다". "명확하고도 필요불가결한 법률만이 시민적 법률로서 자격을 가질 수 있다"

2) Hugo Grotius(1583 – 1645)

형벌의 세속화(종교적 토대로부터 분리) 및 합리화의 기초를 제공하였다.

3) Samuel Pufendorf(1623 – 1694)

보통법상의 귀속론(Imputationslehre)을 기초로 형법학의 방법론적 기초와 형법학의 체계화와 내실화에 기여하였다. 형벌은 국가계약, 사회계약에 근거해야 함을 주장하면서, 심리강제설의 이론적 바탕을 제공하였다.

3. 계몽기의 형법학(계몽주의적 형법사상) – 전기고전학파(Die klassische Schule)

18C 후반부터 19C 초에 들어서면서 이전의 보통법학의 몰락과 더불어, 합리적이고 인도적인 형벌제도를 수립하였고, 현대형법학의 사상적 기초를 제공하였다.

1) Cesare Bonesana Beccaria(1738 – 1794)

「Dei delitti e delle pene」(1764)에서 사회계약사상으로부터 국가형벌의 정당성과 한계를 제시함으로써 형사사법의 인간존중화와 자유화에 기여하였다.

2) Paul Johann Anselm Rittler von Feuerbach(1775 - 1833)

I.Kant의 이성적 관념철학을 중시하였으며, 1813년 Bayern공국(公國)의 형법초안을 기초하였다

3) 특별예방사상의 태동

E.F.Klein(1744 - 1810), Kleinschrod(1762 - 1824), Stübel(1764 - 1827), Karl Ludwis Wilhelm von Grolmann (1775 - 1829) 등의 학자들을 중심으로 특별예방사상이 주장된 시기이다.

4. 1871년 독일제국형법전 제정을 전후한 형법학

19C 말부터 형법이론학(Strafrechtsdogmatik)이 확립된 시기로, 신(근대학파) · 구파(후기고전학파)의 학파논쟁(Schulenstreit)을 가져왔다.

1) 근대학파(신파)의 등장[1)]

19C 후반(1870년대)부터 사회적 법치국가관과 형벌관을 사상적 배경으로, 과학만이 타당한 지식을 얻게 하며 지식의 가능한 대상과 바탕은 오직 사실뿐이라는 과학적 경험주의를 기본원리로 하였다. 즉 실증적으로 현존하는 것에 대한 인식과 확인에 국한하였다.

이와 같이 근대학파는 자연과학적 · 사회학적 결정론에 입각하여, 실증적 과학주의를 바탕으로 범죄의 원인을 자연과학적 방법으로 해명(범죄원인의 인과적 해명)함과 아울러 목표지향적 형사정책을 추구하였다.

2) 후기고전학파(Die neoklassische Schule)[2)]

독일 형법전을 이론적 · 역사적으로 해석하고 체계화할 필요성이 대두되면서 행위를 범죄개념의 중심요소로 하는 이론을 구성하였다. 행위 개념에 대한 논의를 불러오게 되고, 이 과정에서 형법이론학에서의 행위론은 더욱 형이상학적이고 추상화되었다.

Karl Binding(1841 - 1920)에 의해 실정형법에 관한 이론학(Dogmatik)을 집대성하면서,[3)] K.Binding의 이러한 방향을 추종하는 학자들의 일군을 고전학파라고 지칭한다.

후기고전학파는 19C 자유주의적 법치국가관과 형벌관 및 자유의사론을 사상적 배경으로 실정형법의 법률적 내용과 국가형벌권의 법률적 한계를 철저히 검토하면서 형벌의 본질은 정당한 응보(gerechte Vergeltung)라고 주장하였다.[4)]

---

1) 대표적 학자들로 Cesare Lombroso, Enrico Ferri, Rafael Garofaro, Karl von Lilienthal, A.Quetelet, Emil Durkheim, Tarde, Franz von Liszt (1851-1919)[I.K.V.(Internationale Kriminalistische Vereinigung) 창설(1889년):Liszt,A.Prins,G.A.van Hamel] 등이며, Liszt와 Lilienthal의 제자들인 E.Delaquis, E.Kohlrausch, M.Liepmann, G.Radbruch, Eb.Schmidt 등에 의해 계승되었다.

2) 후기 구파의 대표적 학자들로 I.Kant(1724-1804), G.W.F.Hegel(1770-1831), Karl Binding, Adolf Merkel (1836-1896), Karl von Birkmeyer (1847-1920) → 고전적 범죄론체계 완성(E.Beling과 F.v.Liszt. 1890년대부터 1910년대에 걸쳐 학파논쟁)

3) 「Die Normen und ihre Übertretung, Bd. I - Bd. VI」(1872).

4) "형벌은 범죄에 상응하는 것이어야 한다. 과형은 동요된 법질서의 비중을 다시 회복하여야 하며, 이미 저질러진 범행에 대

3) 신 · 구파 논쟁의 문제점

19C의 자유주의적 · 개인주의적 법치국가는 값비싼 댓가를 지불하고 쟁취하였으나, 여전히 20C의 사회적 법치국가는 미성숙한 이론에 불과했기 때문에, 자칫 근대학파의 주장은 자유주의적 법치국가를 희생시키고 경찰국가의 재현을 가져올 위험을 내재하고 있다.

5. 1차대전 종료 후의 형법학

범죄체계론에 대한 논쟁으로, 고전적 범죄체계론(Die klassische Verbrechenslehre), 신고전적 범죄체계론(Die neoklassische Ver.),[5] 목적적 범죄체계론(Die finalistische Ver.), 합일태적(合一態的, 신고전적 · 목적적) 범죄체계론이 대립되고 있다.

Ⅱ. 형법학파 논쟁(형법이론의 대립)

형법이론은 범죄와 형벌에 관한 근본적인 물음에 답하기 위한 기본이론이다. 즉 형법의 해석 · 적용 및 입법정책을 위한 전제인 지도원리로서의 형법의 기본개념에 관한 법철학적 이론으로, 이러한 이론의 전개와 대립은 궁극적으로는 인간의 본질에 대한 문제에 귀착된다.

근대 시민혁명의 성공으로 시민계층에 의해 형법이론이 근본적으로 재정립되고 여기서 근대형법이론의 전개를 가져오게 되었고 이러한 이론을 바탕으로 근대형법학이 성립하였다. 오늘날의 형법체계의 기본토대는 근대형법학에서 연원. 근대 이후 형법이론의 전개는 고전학파와 근대학파라는 양 학파를 성립시키게 되었고, 이 양 학파는 서로 상이한 인간상을 전제로 하여 형법이론을 구성하게 되었다.

1. 범죄이론

범죄의 중점을 어디에 두느냐라는 객관주의와 주관주의의 대립에 따라 착오, 책임, 미수, 공범론 등의 형법해석상 제이론의 차이를 가져온다.

즉, 인간의 행위중 어떠한 행위를 형벌의 대상인 범죄로 할 것이냐, 일정한 행위가 범죄로 평가되기 위해서는 어떠한 법률적 표지를 구비해야 하느냐, 이러한 법률적 표지들을 어떻게 체계적으로 배열할 것인가 등의 논제가 범죄이론에서 중요하게 다루어지고 있다.

2. 형벌이론

형벌이란 무엇이며 그 목적은 어디에 있는가, 국가가 일정한 행위에 대해 형벌권을 발동할 수 있

한 응보작용을 하여야 한다."

5) M.E.Mayer, E.Mezger 등.

는 근거는 무엇인가, 전통적인 형벌이라는 제재수단과 보안처분은 어떠한 관계에 있는가 등의 논제를 다루는데, 응보형과 목적형사상, 일반예방과 특별예방주의 등의 이론이 대립되고 있다.

제3장 죄형법정주의(Principle of Legality)

제1항 의의

Ⅰ. 개념

죄형법정주의(罪刑法定主義)는 이미 제정된 정의로운 법률에 의하지 아니하고는 처벌되지 아니한다는 원칙으로서, 이는 무엇이 처벌될 행위인가를 국민이 예측가능한 형식으로 정하도록 하여 개인의 법적안정성을 보호하고 성문의 형벌법규에 의한 실정법질서를 확립하여 국가형벌권의 자의적 행사로부터 개인의 자유와 권리를 보장하려는 법치국가 형법의 기본원리이다.

즉 죄형법정주의란 어떠한 행위가 범죄가 되고 또 이에 대하여 어떠한 형벌이 과하여지느냐를 미리 성문의 법률로 규정해 두어야 한다는 근대형법의 기본원리로, 일반적으로 「법률 없으면 범죄 없고 형벌 없다」(nullum crimen, nulla poena sine lege scripta)[1]라는 라틴어로 표현된다.

Ⅱ. 실천적 의의(기능)

1. 정치적 기능 – 인권보장적 기능, 적극적 일반예방(사회교육적 학습효과)

일반적으로 형법의 법치국가적 제한원리(국가형벌권의 확장속성에 대한 견제)로서 인간의 존엄성보장, 죄형법정주의, 책임주의원칙(형벌의 제한원리), 비례성의 원칙(보안처분의 제한원리)을 들 수 있는 바, 죄형법정주의는 국가권력 특히 법관의 양형에 대한 전단(專斷, 국가형벌권의 자의적 행사와 확대)으로부터 개인(시민)의 자유와 권리를 보장받으려는 자유주의적인 정치적 요청으로부터 나온 사상이다.

이와 같이 죄형법정주의는 국가형벌권을 위해 존재하는 것(국가형벌권의 발동근거)이 아니라, 국가형벌권을 법률에 구속시킴으로써 (반사적으로) 잠재적 범죄인인 일반시민의 자유와 권리를 보장하기 위한 원칙으로, 죄형법정주의에 의해 형법의 보장적 기능(Garantiefuntion)도 그 실효성을 거둘 수 있다. 즉 죄형법정주의의 기초 위에서 형법의 자유보장기능은 확보될 수 있다.

---

1) P.J.A.R.v.Feuerbach의 「nulla poena sine lege. nulla poena sine crime. nullum crimen sine poena legali」의 표현을 변형[『Lehrbuch des peitlichen Rechts』(1801)].

2. 형법적 기능

죄형법정주의는 법규범해석의 일반원칙이라는 점에서 형법적 기능을 수행한다.

제2항 연혁 및 실정법적 근거

Ⅰ. 연혁

1215년 Magna Charta 제39조[2]에 의해 표현되었으며, 권리청원(1628) 및 권리장전(1689)에 의해 다시 확인되었다. 나아가 1774년 미국 필라델피아 식민지총회선언과 1776년 버지니아 권리선언 제8조[3] 및 1787년 미 연방헌법 제1조 ⑨ Ⅲ 사후법금지조항[4]과 수정 제5조(1791년) Due Process Clause[5]에 규정됨으로써 개인의 권리와 자유를 절차법적으로 뿐만 아니라 실질적으로 보장하게 되었다. 또한 1789년 프랑스 인권선언 제8조[6]는 죄형법정주의의 완벽한 모습으로 규정하였으며, 1810년 Napoleon형법 제4조[7]과 1871년 독일형법 제2조,[8] 세계인권선언(1948.12.10) 제11조 제2항[9] 및 시민적 및 정치적 권리에 관한 국제규약(1966년) 제15조 제1항에도 죄형법정주의를 규정하였다.[10]

---

2) 어떠한 자유인(토지자유보유자를 의미)도 동료의 적법한 재판 및 국법에 의하지 아니하고는 체포되거나 영지를 빼앗기거나 법적 보호를 박탈당하거나 추방되거나 또는 기타의 방법으로 침해되지 아니한다. 짐은 이에 뜻을 두지 아니하며 이를 명하지도 아니한다.
[비판] Magna Charta 제39조는 엄격한 법률의 구속에 의한 시민권의 실체법적 보장보다는 절차법적 보장을 하고 있다는 점에서 죄형법정주의원칙을 규정했다고 보기 어렵다.

3) 누구든지 국가의 법률 또는 재판에 의하지 아니하고는 자유를 박탈당하지 아니한다.

4) 재판에 의하지 않는 처벌법과 소급법은 이를 통과시킬 수 없다.

5) 누구든지 법의 적정한 절차에 의하지 아니하고는 생명,자유 또는 재산을 박탈당하지 아니하며 -.

6) 법률은 엄격하고 또한 명백히 필요한 형벌만을 규정하여야 하며, 누구도 범행 전에 제정 · 공포되고 또한 적법하게 적용된 법률에 의하지 아니하고는 처벌될 수 없다.

7) 어떠한 위경죄(違警罪) · 경죄 또는 중죄도 그 범행 전에 법률에 규정되지 아니한 형벌로써 처벌할 수 없다.

8) 행위 전에 형벌이 법률에 규정된 경우에 한하여 그 행위는 그 형벌이 과하여 질 수 있다.

9) 누구도 행위시에 국내법 또는 국제법에 의하여 범죄를 구성하지 아니한 행위 또는 부작위로 인하여 유죄판결을 받지 아니한다. 또 당해 범죄가 행하여질 때에 적용될 형벌보다 무거운 형벌을 과해서는 아니된다.

10) 죄형법정주의를 부인한 형법전으로는 1924년 소련형법입법의 기초 제3조 3항과 1926년 러시아형법 제16조(1960년 개정형법에서 죄형법정주의 선언), 1935년 나치형법 제2조(1949년 서독기본법 제103조 제2항과 1953년 개정형법 제2조 제1항, 1969년 신형법 제1조에 죄형법정주의를 규정), 1979년의 중국형법 제79조(유추규정). 중국은 1997년 개정형법(1997.3.14. 공포, 1997.10.1. 시행) 제3조에서 "법률이 명문으로 규정한 범죄행위는 법률에 의해 정죄 · 처벌 한다 ; 법률이 명문으로 규정하지 않은 범죄행위는 정죄 · 처벌하지 못한다" 라고 명확히 규정함으로써 형법전에 죄형법정원칙을 확립하게 되었다.
나치형법 제2조 법률이 가벌적이라고 선언한 행위 또는 형벌법규의 근본사상과 건전한 국민감정(gesundes Volksempfinden)에 비추어 처벌할 만한 행위를 한 자는 처벌된다. 그 행위에 직접으로 적용될 일정한 형벌법규가 없는 경우에는 그 근본사상이 가장 적합한 법규에 의하여 그 행위는 처벌된다.
중국형법 제79조 본법의 각칙에 명문의 규정이 없는 범죄에 대하여는 본법 각칙의 가장 유사한 조문에 비추어서 범죄를 확정하여 형벌을 선고할 수 있다. 단 최고인민법원에 보고하여 허가를 얻어야 한다.

Ⅱ. 사상적 배경

1. 철학적 · 정신사적 기초

죄형법정주의는 17 · 18C 계몽주의(Aufklärung)에 기한 자유주의적 인권사상에[11] 기초하여 죄형전단주의의 방지와 법적 안정성의 보장 및 예측가능성의 보장이라는 근대 시민적 법치국가(절대국가권력에 대한 혁명의 산물)의 근본요청을 그 사상적 배경으로 하고 있다. 즉「부당하게 처벌되어서는 안된다」는 자유주의적 이데올로기가 죄형법정주의의 근본정신이라 할 수 있다.

2. 법이론적 기초

죄형법정주의의 법이론적 기초로는 권력분립이론(사법부에 대한 명확한 지침으로서 법률제정) 및 사회계약론, C.B.Beccaria의 죄형균형이론 및 일반예방이론, 심리강제설(psychologische Zwangstheorie)[12] 등을 들 수 있다.

특히 심리강제설은 법률에 의한 형벌의 위협(Strafandrohung)을 실정법적으로 명확히 표현함으로써 (소극적) 일반예방사상을 실형하고자 하는 이론으로, Pufendorf에 의해 이론적으로 기초지워지고 Feuerbach에 의해 체계화되었다.

Ⅲ. 실정법적 근거 – 형사입법 및 사법(형법적용)에 대한 구속성의 전제

1. 헌법 제12조 제1항 및 13조 제1항

"모든 국민은 신체의 자유를 가진다. 누구든지 법률에 의하지 아니하고는 체포 · 구속 · 압수 · 수색 또는 심문을 받지 아니하며, 법률과 적법한 절차에 의하지 아니하고는 처벌 · 보안처분 또는 강제노역을 받지 아니한다."는 헌법 제12조 제1항과, "모든 국민은 행위시의 법률에 의하여 범죄를 구성하지 아니하는 행위로 소추되지 아니하며, 동일한 범죄에 대하여 거듭 처벌받지 아니한다." 라고 규정하고 있는 제13조 제1항은 형사입법 및 사법 모두를 구속하는 규정이다.

2. 형법 제1조 제1항

> 제1조 (범죄의 성립과 처벌) ① 범죄의 성립과 처벌은 행위시의 법률에 의한다.

11) 이와 같이 죄형법정주의사상은 절대국가권력에 대한 혁명의 산물로서 그 철학적 기초는 계몽주의이다.

12) 부당하게 처벌되어서는 안된다는 죄형법정주의의 근본정신에서 볼 때 一般威嚇理論이나 심리강제설은 죄형법정주의의 법이론적 내지 사상적 기초가 아니라, 성문화된 후의 규범의 존재 또는 존재의 기능을 범죄예방의 측면에서 설명한 것에 불과하다는 비판도 있다.

본 조항의 핵심은 (행위시의) 법률에 있는 바, 즉 형식적으로는 행위시법주의 규정이나 실질적으로는 죄형법정주의의 핵심적 내용인 형법불소급의 원칙에 대한 규정으로 볼 수 있다.[13]

3. 형사소송법 제323조 제1항

죄형법정주의의 소송법적 표현으로 형사소송법 제323조 제항은 "형을 선고할 때는 판결이유에 범죄된 사실, 증거의 요지와 법령의 적용을 명시해야 한다."라고 규정하고 있다.

4. 입법론상 검토

"법률 없으면 형벌 없다."는 표현으로 죄형법정주의를 명확히 규정할 필요가 있다는 점에서 2011.3.25. 정부안으로 국회에 제출된 「형법 일부개정법률안」(의안번호 제11304호, 18개 국회 임기만료로 자동폐기) 제1조는 '죄형법정주의'라는 표제 하에 "누구든지 법률에 따르지 아니하고는 형벌 또는 보안처분을 받지 아니한다."라고 하여 국민의 인권을 최대한 보장하고 자의적 법적용을 배제하기 위하여 형법의 대원칙인 죄형법정주의를 명문화한 바 있다.[14]

제3항 죄형법정주의의 구체적 내용

Ⅰ. 내용에 대한 견해의 대립

종래에는 관습형법의 배제, 형법의 불소급(소급처벌의 금지), 유추해석의 금지, 절대적 부정기형의 금지를 그 내용으로 다루었으나, 최근에는 소급효의 금지(형사입법자 및 법관에 대한 구속력), 관습형법의 금지, 유추해석의 금지(양자는 형사법관에 대한 구속원칙), 명확성의 요청(형사입법자에 대한 구속원칙)으로 보는 견해, 관습형법의 금지(법률주의), 소급효금지의 원칙, 유추해석금지의 원칙, 명확성의 원칙, 적정성의 원칙으로 보는 견해, 형식적 측면은 법률주의, 사후법의 금지, 유추해석의 금지, 절대적 부정기형의 금지이며 실질적 측면은 명확성의 원칙, 형벌법규 적정의 원칙으로 보는 견해, 죄형법정주의는 그 형식적 측면으로 성문법주의, 소급효금지, 유추해석금지를 내용으로 하며 실질적으로는 명확성 · 적정성의 원칙을 그 내용으로 한다는 견해 등이 대립되고 있다.

---

13) 이러한 견해에 대해 형법 제1조 제1항은 죄형법정주의의 선언이 아닌 형법의 시간적 적용범위를 규정한 것이라고 보는 異說도 있다.

14) 독일형법 제1조(Keine Strafe ohne Gesetz) 범죄행위는 그 행위가 행하여지기 이전에 그 가벌성이 법률로 정하여져 있는 때에만 벌할 수 있다.

Ⅱ. 형식적 측면

죄형법정주의의 근본정신인 「부당하게 처벌되어서는 안된다」의 형식적 측면은 「미리 제정 · 시행되는 법률에 의하지 아니하고는 처벌되어서는 안된다」는 점에서 성문법률주의(관습형법배제의 원칙), 소급효금지의 원칙, 유추해석금지의 원칙을 그 내용으로 하고 있다.

1. 성문법률주의

1) 관습형법의 배제(lex scripta)

죄형법정주의는 범죄의 성립과 처벌은 성문의 형식적 의미의 법률에 의하여 규정해야 한다는 성문법률주의를 그 내용으로 한다. 따라서 형식적 의미의 법률이 아닌 장기간에 걸쳐 일반적으로 법규범으로 인정되어 오는 법사회에서의 습관을 의미하는, 즉 일정한 관행이 법적 확신을 얻게 되는 관습법은 어떠한 경우에도 범죄성립과 형사처벌의 근거가 될 수 없다.[15] 다만 관습형법배제의 원칙은 관습법에 의하여 새로운 구성요건을 만들어 처벌하거나 기존의 구성요건을 가중처벌하는 것을 금지한다는 점에서, 성문의 형법규정을 관습법에 의하여 폐지하거나 관습법에 의하여 구성요건을 축소 또는 형을 감경하는 것은 죄형법정주의의 근본정신에 위배되지 않기 때문에 허용된다 할 것이다. 즉 관습형법배제의 원칙은 관습법에 의한 형벌인정이나 형벌가중 만을 금지하는 것을 그 내용으로 하는 원칙이다. 따라서 예를 들어 관습법의 축적에 의한 일정한 규율관행이 기대되고 있는 정당화사유인 형법 제20조 「기타 사회상규에 위배되지 아니하는 행위」와 같이 관습법에 의한 위법성조각사유나 책임조각사유 또는 인적 처벌조각사유도 인정된다.

또한 관습형법배제의 원칙은 관습법이 형법의 직접적 법원(法源)이 될 수 없다는 의미에 불과하며, 따라서 형법해석에 있어서는 관습법도 간접적으로 영향을 미칠 수 있기 때문에 관습법도 형법의 간접적 법원(보충적 관습법)은 될 수 있다. 즉 관습법도 성문형법에 규정되어 있는 개념들, 예를 들어 부진정부작위범에 있어서의 보증인적 지위, 과실범에 있어서의 주의의무, 위법성의 판단 등을 해석하는 데에 있어서는 의미를 가진다.

다만 일정한 사실적 관행이라는 「사실」 자체가 규범판단의 기준으로 작용할 수 없으므로 형법에는 관습법이라는 개념 자체가 존재할 수 없기 때문에 관습법은 형법의 법원으로 인정할 수 없으며 존재하지도 않다는 비판에 의하면 관습형법배제의 원칙은 유추해석금지의 문제로 귀결된다는 견해도 있다.

---

15) 다만 민법은 제1조에 "민사에 관하여 법률에 규정이 없으면 관습법에 의하고 관습법이 없으면 조리에 의한다"라고 하여 관습법을 민법의 직접적인 법원으로 규정하고 있다.

2) 백지형법에 의한 위임입법의 제한

성문법률주의에 의하여 범죄의 성립과 처벌은 형식적 의미의 법률에 규정되어야 한다는 점에서 명령이나 조례 또는 규칙에 범죄의 성립과 처벌을 규정해서는 안된다. 그러나 사회현상의 복잡다기화와 입법에 있어서 전문적 · 기술적 능력의 한계 및 시간적 적응능력의 한계 등으로 인하여 형사처벌에 관련된 모든 법규들을 예외 없이 형식적 의미의 법률에 규정한다는 것은 사실상 불가능할 뿐 아니라 사회현상의 변화를 법규정에 적절하게 반영해야 한다는 점에서 볼 때도 현실적으로 적합하다고 볼 수 없다. 이와 관련하여 헌법 제75조는 "대통령은 법률에서 구체적으로 범위를 정하여 위임받은 사항과 법률을 집행하기 위하여 필요한 사항에 관하여 대통령령을 발할 수 있다"라고 규정하여 위임입법의 헌법적 근거를 규정하고 있다.

따라서 헌법상의 기본원리나 죄형법정주의의 본래적 의의를 복지사회의 목표에 비추어 합목적적 견지에서 이를 완화하여, 모법(母法)이 범죄구성요건의 설정을 행정청이 따라야 할 구체적인 기준과 형의 종류와 형량의 최고한도를 정하여 위임하는 것은 가능하다 할 것이다. 즉 범죄와 형벌의 주된 내용은 법률로 정하되 그 구체적 내용은 다른 법률 또는 명령이나 규칙 등 하위법규에 위임할 필요가 있으며, 이 경우 위임하는 법률을 백지형법이라 하고, 다른 법률 또는 명령이나 규칙 등 하위법규를 보충규범이라 한다.

이와 같이 범죄와 형벌의 구체적 내용을 명령이나 규칙 또는 자치법규 등에 위임하는 것이 불가피하다 하더라도 특히 긴급한 필요가 있거나 미리 법률로써 자세히 정할 수 없는 부득이한 사정이 있고, 위임법률에서 구성요건상의 처벌대상인 행위가 어떠한 것인지 이를 예측할 수 있을 정도로 구체적으로 정하고, 형벌의 종류 및 그 상한과 폭을 명확히 규정하는 것을 전제로 위임입법은 예외적으로 허용된다 할 것이다.[16)]

판례도 구 식품위생법(1999.5.24. 법률 제5892호로 개정되기 전의 것) 제7조 제1항 소정의 식품 또는 식품첨가물의 제조 · 가공 · 사용 · 조리 및 보존의 방법에 관한 기준과 그 성분에 관한 규격을 구 식품공전 제3의 규정에 위임한 것이 죄형법정주의에 위배되는지에 대한 판단에서 "사회현상의 복잡다기화와 국회의 전문적 · 기술적 능력의 한계 및 시간적 적응능력의 한계로 인하여 형사처벌에 관련된 모든 법규를 예외 없이 형식적 의미의 법률에 의하여 규정한다는 것은 사실상 불가능할 뿐만 아니라 실제에 적합하지도 아니하기 때문에, 특히 긴급한 필요가 있거나 미리 법률로써 자세히 정할 수 없는 부득이한 사정이 있는 경우에 한하여 수권법률(위임법률)이 구성요건의 점에서는 처벌대상인 행위가 어떠한 것인지 이를 예측할 수 있을 정도로 구체적으로 정하고, 형벌의 점에서는 형벌의 종류 및 그 상한과 폭을 명

16) 위임입법에 관한 헌법 제75조는 처벌법규에도 적용되는 것이지만 처벌법규의 위임은 특히 긴급한 필요가 있거나 미리 법률로써 자세히 정할 수 없는 부득이한 사정이 있는 경우에 한정되어야 하고 이 경우에도 법률에서 범죄의 구성요건은 처벌대상인 행위가 어떠한 것일 것이라고 이를 예측할 수 있을 정도로 구체적으로 정하고 형벌의 종류 및 그 상한과 폭을 명백히 규정하여야 한다(헌법재판소 1991.7.8. 선고 91헌가4 결정).

확히 규정하는 것을 전제로 위임입법이 허용된다"고 판시하고 있다.[17)18)]

그러나 어떠한 경우에도 하위법규인 보충규범이 형사처벌의 대상을 확장하거나 형벌을 강화하는 것은 허용되지 않으며,[19)] 따라서 법률이 어떤 규범적인 작위나 부작위의무를 부과하거나 이를 금지

---

17) 대법원 2000.10.27. 선고 2000도1007 판결.

18) 공공기관의 운영에 관한 법률(이하 '법'이라고 한다) 제4조, 제5조 제1항, 제2항, 제3항 제1호 (가)목, 제53조, 공공기관의 운영에 관한 법률 시행령(이하 '시행령'이라고 한다) 제7조의 취지와 내용에 더하여 법의 입법 목적과 경제상황이나 정책상 목적에 따라 공공기관의 사업 내용이나 범위 등이 계속적으로 변동할 수밖에 없는 현실, 국회가 공공기관의 재정상태와 직원 수의 변동, 수입액 등을 예측하기 어렵고 그러한 변화에 대응하여 그때마다 법률을 개정하는 것도 용이하지 아니한 점 등을 감안할 때 공무원 의제규정의 적용을 받는 공기업 등의 정의규정을 법률이 아닌 시행령이나 고시 등 그 하위규범에서 정하는 것에 부득이한 측면이 있고, 법 및 시행령상 '시장형 공기업'의 경우 자산규모가 2조 원 이상으로 직원 정원이 50인 이상인 공공기관으로서 총수입액 중 자체수입액이 85% 이상인 기업을 의미하는 것으로 명시적으로 규정되어 있어서 법령에서 비교적 구체적으로 요건과 범위를 정하여 공공기관 유형의 지정 권한을 기획재정부장관에게 위임하고 있는 것으로 볼 수 있으며, 특히 종래 '기타공공기관'으로 지정되어 있다가 기획재정부장관 고시에 의하여 '시장형 공기업'으로 지정된 기관의 임직원은 고시를 통하여 그 기관이 '시장형 공기업'으로 지정되었는지 여부를 확인할 수 있고, 시장형 공기업의 임직원이라는 의미가 불명확하다고 볼 수도 없는 점 등에 비추어 보면, 법 제53조가 공기업의 임직원으로서 공무원이 아닌 사람은 형법 제129조의 적용에 있어서는 이를 공무원으로 본다고 규정하고 있을 뿐 구체적인 공기업의 지정에 관하여는 그 하위규범인 기획재정부장관의 고시에 의하도록 규정하였다 하더라도 죄형법정주의에 위배되거나 위임입법의 한계를 일탈한 것으로 볼 수 없다[대법원 2013.6.13. 선고 2013도1685 판결. 공공기관의 운영에 관한 법률 제53조가 공기업의 임직원으로서 공무원이 아닌 사람은 형법 제129조의 적용에서는 이를 공무원으로 본다고 규정하고 있을 뿐 구체적인 공기업의 지정에 관하여는 하위규범인 기획재정부장관의 고시에 의하도록 규정한 것이 죄형법정주의에 위배되거나 위임입법의 한계를 일탈한 것인지 여부(소극)].

게임물의 등급분류 및 경품의 종류와 경품 제공 방법 등에 관한 구 음반·비디오물 및 게임물에 관한 법률(2006.4.28. 법률 제7943호로 폐지되기 전의 것) 조항들의 내용과 취지를 종합하여 보면, 문화관광부장관은 게임제공업자가 제공할 수 있는 경품의 종류와 경품 제공 방법에 관한 고시를 제정함에 있어 영상물등급위원회로부터 등급분류를 받은 게임물이라 할지라도 그 게임물의 운용형태 등에 비추어 사행성을 조장한다고 인정되는 경우 게임의 방법에 따라 게임시간이나 시간당 이용금액, 당첨액의 누적금액 등을 기준으로 하여 그 기준을 넘는 게임물에 대해서는 경품제공을 하지 않는 방법으로만 이용에 제공할 수 있도록 규정할 수 있다. 따라서 1시간당 총 이용금액이 90,000원을 초과하는 게임물, 최고당첨액이나 경품누적액이 경품한도액을 초과하는 게임물 등에 대하여 경품 제공을 금지하고 있는 '경품제공업소의 경품취급기준'(문화관광부 2004. 12. 31. 제2004-14호)은 문화관광부장관이 위 법 제32조 제3호의 위임에 따라 게임제공업자의 경품 제공의 방법을 규정한 것에 불과하므로, 그 위임의 한계를 벗어났다거나 영상물등급위원회의 게임물에 대한 등급분류 권한을 침해하는 등 법에 위배된다거나 또는 죄형법정주의나 행정규제기본법 제4조의 규제법정주의에 반하는 것으로 볼 수 없다(대법원 2008.12.11. 선고 2006도7642 판결)

형벌법규를 법률에 의하여 규정하라는 원칙을 예외 없이 관철하기란 사실상 불가능할 뿐 아니라 실제에 적합치 못할 경우도 생기어 예외의 길을 만들 수 있게 되었고 – 그 예외의 길은 무엇이냐 하면 그 으뜸가는 것이 위임명령이라고 불리는 대통령령을 통한 형벌법규의 제정이요 조례에 의한 그것 등이 있다. – 이 경우에 형벌법규가 형식적 법률이 아니라는 이유만으로 위 대통령령을 가리켜 죄형법정주의에 위배된다고 할 수 없다. 다만 법률이 위임한 사항이 구체적이 아니고 추상적·포괄적인 때와 특정사항에 관한 특정위임의 범위를 넘어 포괄적 위임같이 받아들인 때에는 문제가 될 뿐이다.(대법원 1972.9.12. 선고 72도1137 판결)

[헌법재판소 1991.7.8. 선고 91헌가4 복표발행·현상기타사행행위단속법 제9조 및 제5조에 관한 위헌심판결정]

복표발행·현상기타사행행위단속법 제9조는 벌칙규정이면서도 형벌만을 규정하고 범죄의 구성요건의 설정은 완전히 각령에 백지위임하고 있는 것이나 다름없어 위임입법의 한계를 규정한 헌법 제75조와 죄형법정주의를 규정한 헌법 제12조 제1항, 제13조 제1항에 위반된다.

구 복표발행·현상기타사행행위단속법 제9조 (동전) 제5조의 규정에 의한 각령의 규정에 위반한 행위로서 각령에서 본조의 벌칙을 적용할 것을 정한 조항에 해당한 자와 제7조의 규정에 의한 처분에 위반한 자는 1년 이하의 징역, 15만환이하의 벌금, 구류 또는 과료에 처한다.

[1991.9.9 「사행행위등규제법」으로 개정 시행되다가, 1993.12.27. 「사행행위 등 규제 및 처벌 특례법」으로 개정·시행]

19) 일반적으로 법률의 시행령은 모법인 법률에 의하여 위임받은 사항이나, 법률이 규정한 범위 내에서 법률을 현실적으로 집행하는 데 필요한 세부적인 사항만을 규정할 수 있을 뿐, 법률의 위임 없이 법률이 규정한 개인의 권리·의무에 관한 내용

하지 않는 경우에는 세부사항을 규정한 명령에 위배되었다 하더라도 이를 근거로 처벌해서는 안된다.[20] 또한 법률이 위에서 서술한 위임의 한계를 벗어난 법률은 명확성의 원칙에도 반하게 된다.

2. 소급효금지의 원칙(lex praevia ; 형법효력의 불소급의 원칙)

사례연구

1. 사실관계

2006.7.말경 재항고인 甲은 자신의 주거지에서, 처인 A가 술을 마시고 밤늦게 귀가하였다는 이유로 오른손바닥으로 A의 왼뺨을 수 회 때려 폭행하였고, 2007.11.10. A는 甲을 상습폭행 및 명예훼손으로 고소하였다. 부산지방검찰청은 2007.12.26. 위 사건을 부산지방법원 가정지원에 가정보호사건으로 송치하였다.

한편 위 폭행 이후인 2007.8.3.「가정폭력범죄의 처벌 등에 관한 특례법」이 개정되어 사회봉사명령 상한시간이 100시간에서 200시간으로 확대되었다.

2. 사건의 경과

1심은 6개월간의 보호관찰, 200시간의 사회봉사명령, 80시간의 수강명령을 병과하는 내용의 보호처분을 하였고, 이에 항고하자 원심인 2심법원은 항고를 기각하였다.

이에 가정폭력범죄의 처벌 등에 관한 특례법상 사회봉사명령은 100시간을 초과할 수 없음에도 원심은 200시간의 사회봉사를 명한 위법을 범하였고, 사회봉사명령과 수강명령으로 일을 하지 못하여 가정생활

을 변경 · 보충하거나 법률에서 규정하지 아니한 새로운 내용을 규정할 수 없는 것이고, 특히 법률의 시행령이 형사처벌에 관한 사항을 규정하면서 법률의 명시적인 위임 범위를 벗어나 그 처벌의 대상을 확장하는 것은 헌법 제12조 제1항과 제13조 제1항에서 천명하고 있는 죄형법정주의의 원칙에도 어긋나는 것으로 결코 허용될 수 없다고 할 것인데, 총포 · 도검 · 화약류등단속법 제2조 제1항은 총포에 관하여 규정하면서 총에 대하여는 일정 종류의 총을 총포에 해당하는 것으로 규정하면서 그 외의 장약총이나 공기총도 금속성 탄알이나 가스 등을 쏠 수 있는 성능이 있는 것은 총포에 해당한다고 규정하고 있으므로, 여기서 말하는 총은 비록 모든 부품을 다 갖추지는 않았더라도 적어도 금속성 탄알 등을 발사하는 성능을 가지고 있는 것을 가리키는 것이고, 단순히 총의 부품에 불과하여 금속성 탄알 등을 발사할 성능을 가지지 못한 것까지 총포로 규정하고 있는 것은 아니라고 할 것임에도 불구하고 같은법시행령 제3조 제1항은 같은 법 제2조 제1항의 위임에 따라 총포의 범위를 구체적으로 정하면서도 제3호에서 모법의 위임 범위를 벗어나 총의 부품까지 총포에 속하는 것으로 규정함으로써, 같은 법 제12조 제1항 및 제70조 제1항과 결합하여 모법보다 형사처벌의 대상을 확장하고 있으므로, 이는 결국 위임입법의 한계를 벗어나고 죄형법정주의의 원칙에 위배된 것으로 무효라고 하지 않을 수 없다(대법원 1999.2.11. 선고 98도2816 전원합의체 판결).

20) 죄형법정주의의 원칙상 어떤 행위가 처벌의 대상이 되기 위하여는 처벌의 근거가 되는 법조가 일정한 행위를 요구하거나 금지하는 규범을 당연한 전제로 삼고 있어야 하고 나아가 그 행위자가 이러한 규범을 위반하는 구체적인 구성요건을 충족하여야 하는데, 구 의료법(1987.11.28. 법률 제39제 제48호로 개정되기 전의 것) 제17조 제2항은 적출물(의료행위에 따라 신체로부터 적출되거나 절단된 물체) 처리업자에게 어떤 규범적인 작위 또는 부작위의무를 부과하거나 금지함이 없이 다만 적출물의 처리에 관하여 필요한 사항만을 보사부령에 위임하고 있을 뿐이어서 위 의료법 제68조가 제17조 제1항과 제2항을 구별하지 않고 '의료법 제17조의 규정에 위반한 자'라고 규정하였어도 적출물처리업자가 위 제17조 제2항의 규정 자체를 위반할 여지가 없고 적출물을 지정된 장소에 처리하지 않은 적출물처리업자의 행위가 위 제17조 제2항의 위임을 받은 보건사회부령인 적출물 등 처리 규정을 위반하였더라도 1981.12.31. 법률 제3504호로 개정되기 전의 구 의료법 제17조와 같이 '적출물처리업자는 위 적출물 등을 보건사회부령으로 정하는 바에 의하여 처리하여야 한다'는 등의 어떤 규범적 작위 또는 부작위의무를 명하는 규정이 있지 않는 한 이를 처벌할 수 없다(대법원 1989.8.8. 선고 88도1161 판결).

을 유지하기가 어려우니 선처를 구한다고 하며 재항고하였다.

3. 법률적 쟁점

가정폭력범죄의 처벌 등에 관한 특례법상 사회봉사명령의 법적 성질 및 형벌인 아닌 가정폭력범죄의 처벌 등에 관한 특례법상의 보호처분인 사회봉사명령에도 소급효금지의 원칙이 적용되는가?

4. 적용법조

형법 제1조 제1항 ; 구 가정폭력범죄의 처벌 등에 관한 특례법(2007.8.3. 법률 제8580호로 개정되기 전의 것) 제40조 제1항 제3호, 제41조 ; 2007.8.3. 개정 가정폭력범죄의 처벌 등에 관한 특례법 제40조 제1항 제4호, 제41조

〈형법〉

제1조 (범죄의 성립과 처벌) ① 범죄의 성립과 처벌은 행위시의 법률에 의한다.

② 범죄후 법률의 변경에 의하여 그 행위가 범죄를 구성하지 아니하거나 형이 구법보다 경한 때에는 신법에 의한다.

③ 재판확정후 법률의 변경에 의하여 그 행위가 범죄를 구성하지 아니하는 때에는 형의 집행을 면제한다.

〈형사소송법〉

제326조 (면소의 판결) 다음 경우에는 판결로써 면소의 선고를 하여야 한다.

1. 확정판결이 있은 때
2. 사면이 있은 때
3. 공소의 시효가 완성되었을 때
4. 범죄후의 법령개폐로 형이 폐지되었을 때

〈구 가정폭력범죄의 처벌 등에 관한 특례법(2007.8.3. 법률 제8580호로 개정되기 전의 것)〉

제40조 (보호처분의 결정등) ① 판사는 심리의 결과 보호처분이 필요하다고 인정한 때에는 결정으로 다음 각호의 1에 해당하는 처분을 할 수 있다.

1. 행위자가 피해자에게 접근하는 행위의 제한
2. 친권자인 행위자의 피해자에 대한 친권행사의 제한
3. 보호관찰등에관한법률에 의한 사회봉사 · 수강명령
4. 보호관찰등에관한법률에 의한 보호관찰
5. 가정폭력방지및피해자보호등에관한법률이 정하는 보호시설에의 감호위탁
6. 의료기관에의 치료위탁
7. 상담소등에의 상담위탁

② 제1항 각호의 처분은 이를 병과할수 있다.

③~⑤ 생략

제41조 (보호처분의 기간) 제40조제1항제1호 · 제2호 및 제4호 내지 제7호의 보호처분의 기간은 6월을 초과할 수 없으며 동항제3호의 사회봉사 · 수강명령은 100시간을 각각 초과할 수 없다.

〈2007.8.3. 개정 가정폭력범죄의 처벌 등에 관한 특례법〉

제40조 (보호처분의 결정등) ① 판사는 심리의 결과 보호처분이 필요하다고 인정한 때에는 결정으로 다음 각호의 1에 해당하는 처분을 할 수 있다. (2007.8.3. 개정)

1. 행위자가 피해자 또는 가정구성원에게 접근하는 행위의 제한
2. 행위자가 피해자 또는 가정구성원에게 「전기통신기본법」 제2조제1호의 전기통신을 이용하여 접근하는 행위의 제한
3. 친권자인 행위자의 피해자에 대한 친권행사의 제한
4. 보호관찰등에관한법률에 의한 사회봉사 · 수강명령
5. 보호관찰등에관한법률에 의한 보호관찰
6. 가정폭력방지및피해자보호등에관한법률이 정하는 보호시설에의 감호위탁
7. 의료기관에의 치료위탁
8. 상담소등에의 상담위탁

② 제1항 각호의 처분은 이를 병과할수 있다.

③~⑥ 생략

제41조 (보호처분의 기간) 제40조제1항제1호부터 제3호까지 및 제5호부터 제8호까지의 보호처분의 기간은 6개월을 초과할 수 없으며, 같은 항 제4호의 사회봉사 · 수강명령의 시간은 200시간을 각각 초과할 수 없다.

5. 원심법원과 대법원의 판단

1) 원심 법원의 판단

(1) 항고이유의 요지

이 사건 당시 피해자도 행위자를 꼬집고 할퀴는 등 폭행하였으므로 행위자만 잘못한 것은 아닌 점, 피해자가 행위자의 처벌을 원하지 않고 있는 점 및 행위자가 반성하고 있는 점을 참작하면, 원심결정은 현저히 부당하다.

(2) 판단

살피건대, 행위자는 약 19년 전 피해자와 결혼한 이래 수년에 한 번씩 피해자를 폭행하였고, 평소에도 피해자로 하여금 모욕감이나 위협을 느끼게 하는 언행을 한 점, 이 사건 발생 이후 행위자는 조사관의 결정전 조사에도 응하지 않고 면담 과정에서도 반감을 보이는 등 자신의 잘못을 반성하는 모습을 보이지 않고 있는 점 및 그 밖에 기록에 나타난 피고인의 연령, 이 사건의 경위, 사건 후의 정황 등 여러 가지 사정을 고려하여 보면, 원심결정이 피고인에게 지나치게 가혹하다고는 볼 수 없다.

(3) 결론

그렇다면 행위자의 이 사건 항고는 이유 없으므로 가정폭력범죄의 처벌 등에 관한 특례법 제51조 제1항에 의하여 이를 기각하기로 하여 주문과 같이 결정한다.

2) 대법원의 판단

[판시사항]

가정폭력범죄의 처벌 등에 관한 특례법상 사회봉사명령의 법적 성질 및 형벌불소급원칙의 적용 여

[판결요지]

재항고이유를 판단한다.

원심은, 2006.7. 말경에 있었던 재항고인의 이 사건 폭행행위에 대하여 현행 가정폭력범죄의 처벌 등에 관한 특례법(이하 '가정폭력처벌법'이라고 한다) 제41조, 제40조 제1항 제5호, 제4호를 적용하여 재항고인에게 6개월간 보호관찰을 받을 것과 200시간의 사회봉사 및 80시간의 수강을 명하고 있는데, 원심이 적용한 보호처분에 관한 위 규정은 이 사건 폭행행위 이후인 2007.8.3. 법률 제8580호로 개정된 것으로서 개정 전 가정폭력처벌법(이하 '구 가정폭력처벌법'이라고 한다)에는 사회봉사 및 수강명령의 상한이 각각 100시간으로 되어 있다가 위 개정 당시 각각 200시간으로 그 상한이 확대되었다.

그런데 가정폭력처벌법이 정한 보호처분 중의 하나인 사회봉사명령은 가정폭력범죄를 범한 자에 대하여 환경의 조정과 성행의 교정을 목적으로 하는 것으로서 형벌 그 자체가 아니라 보안처분의 성격을 가지는 것이 사실이나, 한편으로 이는 가정폭력범죄행위에 대하여 형사처벌 대신 부과되는 것으로서, 가정폭력범죄를 범한 자에게 의무적 노동을 부과하고 여가시간을 박탈하여 실질적으로는 신체적 자유를 제한하게 되므로, 이에 대하여는 원칙적으로 형벌불소급의 원칙에 따라 행위시법을 적용함이 상당하다.

그렇다면 이 사건 폭행행위에 대하여는 행위시법인 구 가정폭력처벌법 제41조, 제40조 제1항 제4호, 제3호를 적용하여 100시간의 범위 내에서 사회봉사를 명하여야 함에도 불구하고, 원심은 현행 가정폭력처벌법을 잘못 적용한 나머지 위 상한시간을 초과하여 사회봉사를 명하였으니, 원심결정에는 법률적용을 그르친 위법이 있고, 이 점을 지적하는 재항고인의 주장은 이유 있다. 그러므로 나머지 재항고이유에 대하여 판단할 필요 없이 원심결정 전부를 파기하고, 사건을 다시 심리 · 판단하게 하기 위하여 원심법원에 환송하기로 하여 관여 대법관의 일치된 의견으로 주문과 같이 결정한다[대법원 2008.7.24. 자 2008어4 결정. 가정폭력범죄의 처벌 등에 관한 특례법상 사회봉사명령을 부과하면서 행위시법이 아닌 신법을 적용한 것이 위법하다고 한 사례].

1) 소급효금지원칙(행위시법주의)의 의의

죄형법정주의의 구체적 내용 중의 하나인 소급효금지의 원칙(Grundsatz der Rückwirkungsverbots)이란 형벌법규는 그 시행 이후에 이루어진 행위에 대해서만 적용되고 시행 이전의 행위에까지 소급하여 적용할 수 없다는 것을 말한다. 만일 소급효를 허용하게 되면 행위시에 범죄 아닌 행위가 범죄로 처벌되거나 행위

시의 형벌법규보다 불리하게 처벌되어 국민의 법적 안정성을 해할 뿐 아니라[21] 법률예측가능성을 담보하는 법치국가의 이념에 반하며, 소급에 의한 형벌은 책임과 결부된 정당한 형벌도 아니어서 예방적 효과도 기대할 수 없을 것이다.

이와 같이 행위자의 형법규범에 대한 예측가능성과 신뢰의 보호를 통한 법적안정성을 확보하고자 하는 죄형법정주의는 범죄의 성립과 형벌을 행위시의 법률에 규정할 것을 요구한다. 따라서 형벌법규는 그 시행 이후에 범해진 행위에 대해서만 적용되며 시행 이전의 행위에 대해서까지 소급하여 적용하거나(소급적용금지), 행위시에는 처벌되지 아니한 행위를 사후입법에 의하여 소급처벌하는 소급입법을 해서는 안된다(소급입법금지)는 점에서 이를 소급효금지의 원칙이라 한다.

그러나 소급효금지의 원칙은 사후입법에 의하여 형법총칙규정을 개정하여 처벌범위를 확장하거나 형법각칙상의 범죄구성요건을 신설 또는 개정함으로써 행위자에게 불이익한 소급효를 금지한다는 점에서, 사후입법에 의하여 형벌을 폐지하거나 감경하는 경우와 같이 행위자에게 유리한 경우에는 소급효가 적용된다. 따라서 형법 제344조, 제328조 제1항 소정의 친족간의 범행에 관한 규정이 적용되기 위한 친족관계는 원칙적으로 범행 당시에 존재하여야 하는 것이지만, 父가 혼인 외의 출생자를 인지하는 경우에 있어서는 민법 제860조에 의하여 그 자의 출생시에 소급하여 인지의 효력이 생기는 것이며, 이와 같은 인지의 소급효는 친족상도례에 관한 규정의 적용에도 미친다고 보아야 할 것이므로, 인지가 범행 후에 이루어진 경우라고 하더라도 그 소급효에 따라 형성되는 친족관계를 기초로 하여 친족상도례의 규정이 적용된다.[22]

형법 제1조 제2항과 제3항도 각각 "범죄후 법률의 변경에 의하여 그 행위가 범죄를 구성하지 아니하거나 형이 구법보다 경한 때에는 신법에 의한다", "재판확정후 법률의 변경에 의하여 그 행위가 범죄를 구성하지 아니하는 때에는 형의 집행을 면제한다"라고 하여 행위자에게 유리한 사후법률의 소급효를 인정하고 있다. 다만 '형을 가볍게 개정하면서 부칙에서 개정 전 범죄에 대하여는 종전의 법을 적용하도록 경과규정을 두는 것이 형벌불소급원칙이나 신법우선원칙에 반하는지 여부'와 관련하여, 판례는 "형법 제1조 제2항 및 제8조에 의하면 범죄 후 법률의 변경에 의하여 형이 구법보다 가벼운 때에는 원칙적으로 신법에 따라야 하지만, 신법에 경과규정을 두어 이러한 신법의 적용을 배제하는 것도 허용되는 것으로서, 형을 종전보다 가볍게 형벌법규를 개정하면서 그 부칙에서 개정된 법의 시행 전의 범죄에 대하여는 종전의 형벌법규를 적용하도록 규정한다 하여 형벌불소급의 원칙이나 신법우선의 원칙에 반한다고 할 수 없다"라고 해석하고 있다.[23] 그러나 신법에 형을 경하게 변경하면서 재판시법의 적용을 제한하는 경과규정이나 특별규정을 두는 것도 허용된다고 하게 되면 형법의 기본원칙인 죄형법정주의는 유명무실화되고 재판시법의 적용을 제한하는 경과규정이나 특별

21) 같은 취지로 대법원 1995.7.28. 선고 93도1977 판결.

22) 대법원 1997.1.24. 선고 96도1731 판결.

23) 대법원 2011.7.14. 선고 2011도1303 판결. 같은 취지로 대법원 1992.2.28. 선고 91도2935 판결, 대법원 1999.4.13.자 99초76 결정, 대법원 1999.7.9. 선고 99도1695 판결 등.

규정을 둠으로써 경하게 변경된 신법의 적용을 무한정 배제할 수 있다는 점에서 이를 부정하는 것이 타당하다.

그리고 소급효금지의 원칙은 죄형법정주의의 또 다른 내용인 명확성원칙에 대한 보충관계로, 명확하지 않은 법률은 그만큼 소급효를 인정할 소지가 많다는 점에서 소급효금지의 요청은 명확한 법률에 의해서만 뒷받침된다.

헌법 제13조 제1항은 절차적인 면에서 소급효금지의 원칙을 규정하고 있으며, 형법 제1조 제1항은 형식적으로는 행위시법주의의 원칙을 규정하고 있으나 실질적으로는 소급효금지의 원칙을 표현한 것으로 해석할 수 있다.

2) 소급효의 종류

소급입법을 진정소급입법과 부진정소급입법으로 나누는 견해에 의하면 소급입법은 새로운 입법으로 이미 종료된 사실관계 또는 법률관계에 작용케 하는 진정소급입법과 현재 진행중인 사실관계 또는 법률관계에 작용케 하는 부진정소급입법으로 나눌 수 있다고 한다.[24] 이 견해에 의하면 부진정소급입법은 원칙적으로 허용되지만 소급효를 요구하는 공익상의 사유와 신뢰보호의 요청 사이의 교량과정에서 신뢰보호의 관점이 입법자의 형성권에 제한을 가하게 되는데 반하여, 기존의 법에 의하여 형성되어 이미 굳어진 개인의 법적 지위를 사후입법을 통하여 박탈하는 것 등을 내용으로 하는 진정소급입법은 개인의 신뢰보호와 법적 안정성을 내용으로 하는 법치국가원리에 의하여 특단의 사정이 없는 한 헌법적으로 허용되지 아니하는 것이 원칙이고 다만 일반적으로 국민이 소급입법을 예상할 수 있었거나 법적 상태가 불확실하고 혼란스러워 보호할 만한 신뢰이익이 적은 경우와 소급입법에 의한 당사자의 손실이 없거나 아주 경미한 경우 그리고 신뢰보호의 요청에 우선하는 심히 중대한 공익상의 사유가 소급입법을 정당화하는 경우 등에는 예외적으로 진정소급입법이 허용된다고 한다.[25]

이와 같이 소급입법을 진정소급입법과 부진정소급입법으로 나누는 견해에 의하면 전자에 의한 소급효가 진정소급효가 되고, 후자에 의한 소급효가 부진정소급효가 된다 할 것이며, 부진정소급효는 전면적으로 인정되고 진정소급효는 예외적으로 허용될 수 있다고 한다. 그러나 형법의 영역에서는 소급입법에 의한 당사자의 손실이 없거나 아주 경미한 경우란 있을 수 없다는 점에서 진정소급효는 인정해서는 안될 것이다.

---

24) 진정소급입법과 부진정소급입법의 구별 및 그 허용 여부에 대해서는 헌법재판소 1999.7.22. 97헌바76,98헌바50 · 51 · 52 · 54 · 55(병합) 결정 참조.

25) 헌법재판소 1999.7.22. 선고 97헌바76,98헌바50 · 51 · 52 · 54 · 55(병합) 결정. 같은 취지의 판례로 헌재 1998.9.30. 97헌바38 ; 헌재 1998.11 26. 97헌바58 ; 대법원 1997.4.17. 선고 96도3376 전원합의체 판결.

3) 소급효금지원칙의 적용범위

(1) 보안처분과 소급효금지의 원칙

형벌이 아닌 범죄자에 대한 교육과 재사회화를 목적으로 하는 보안처분의 경우, 행위자에게 불리하게 변경된 보안처분에도 소급효금지의 원칙이 적용되느냐에 대해서는 견해가 대립되고 있다. 비교입법례로 독일 형법은 제2조 제6항에 "보안처분에 관해서는 법률에 특별한 규정이 없는 때에는 재판시의 법률에 의한다"라고 하여 보안처분에 대해 소급효를 인정하는 명문규정을 두어 이를 입법적으로 해결하고 있다. 이와 달리 우리 형법은 보안처분에 대한 소급효 적용에 대한 명문규정이 없기 때문에 아래와 같이 학설과 판례의 입장이 대립되고 있다.

가) 소급효를 인정하는 견해

보안처분은 과거의 범죄에 대한 응징으로서의 제재인 형벌과는 달리 행위자의 장래 위험성을 고려하여 행위자를 재교육 · 재사회화하고 사회를 방위하고자 하는 합목적적인 처분이라는 점에서, 어떤 조치가 합목적적인가는 행위 이전에 규정되어 있을 필요가 없고 재판시에 결정되면 족할 뿐만 아니라 보안처분의 취지에 비추어 보아도 보안처분의 부과는 재판시의 법률에 의하여 결정되어야 한다는 견해이다.

판례는[26] "개정 형법 제62조의2 제1항에 의하면 형의 집행을 유예를 하는 경우에는 보호관찰을 받을 것을 명할 수 있고, 같은 조 제2항에 의하면 제1항의 규정에 의한 보호관찰의 기간은 집행을 유예한 기간으로 하고, 다만 법원은 유예기간의 범위 내에서 보호관찰의 기간을 정할 수 있다고 규정되어 있는바, 위 조항에서 말하는 보호관찰은 형벌이 아니라 보안처분의 성격을 갖는 것으로서, 과거의 불법에 대한 책임에 기초하고 있는 제재가 아니라 장래의 위험성으로부터 행위자를 보호하고 사회를 방위하기 위한 합목적적인 조치이므로, 그에 관하여 반드시 행위 이전에 규정되어 있어야 하는 것은 아니며, 재판시의 규정에 의하여 보호관찰을 받을 것을 명할 수 있다고 보아야 할 것이고, 이와 같은 해석이 형벌불소급의 원칙 내지 죄형법정주의에 위배되는 것이라고 볼 수 없다."라고 하여 보안처분에는 소급효를 적용할 수 있다는 입장을 취하였다.[27]

그러나 가정폭력범죄의 처벌 등에 관한 특례법상 사회봉사명령의 법적 성질 및 형벌불소급원칙의 적용 여부와 관련하여 대법원 2008.7.24. 자 2008어4 결정에서는 "가정폭력범죄의 처벌 등에 관한 특례법이 정한 보호처분 중의 하나인 사회봉사명령은 가정폭력범죄를 범한 자에 대하여 환경의 조정

---

26) 대법원 1997.6.13. 선고 97도703 판결.

27) 같은 취지로 대법원 1988.11.16. 선고 88도60 판결(일반적으로 보안처분은 반사회적 위험성을 가진 자에 대하여 사회방위와 교화를 목적으로 격리수용하는 예방적 처분이라는 점에서 범죄행위를 한 자에 대하여 응보를 주된 목적으로 그 책임을 추궁하는 사후적 처분인 형벌과 구별되어 그 본질을 달리하는 것으로서 형벌에 관한 죄형법정주의나 일사부재리 또는 법률불소급의 원칙은 보안처분에 그대로 적용되지는 않는다).

과 성행의 교정을 목적으로 하는 것으로서 형벌 그 자체가 아니라 보안처분의 성격을 가지는 것이 사실이다. 그러나 한편으로 이는 가정폭력범죄행위에 대하여 형사처벌 대신 부과되는 것으로서, 가정폭력범죄를 범한 자에게 의무적 노동을 부과하고 여가시간을 박탈하여 실질적으로는 신체적 자유를 제한하게 되므로, 이에 대하여는 원칙적으로 형벌불소급의 원칙에 따라 행위시법을 적용함이 상당하다. 그렇다면 가정폭력범죄의 처벌 등에 관한 특례법상 사회봉사명령을 부과하면서, 행위시법상 사회봉사명령 부과시간의 상한인 100시간을 초과하여 상한을 200시간으로 올린 신법을 적용한 것은 위법하다"라고 판시하고 있다.

그리고 판례는 1980년 시행된 사회보호법상의 보호감호처분과 관련하여 사회보호법 시행 전의 전과를 보호감호의 시유로 판단할 수 있느냐에 대해서는 "사회보호법 제5조 제1항 제1호 전단의 동종 또는 유사한 죄로 3회 이상 실형선고를 받은 피감호청구인의 전력이 위 법 시행이전의 사실이라 하더라도 그 후단의 동종 또는 유사한 죄에 해당하는 범죄를 저지른 것이 위 법 시행 이후에 속하는 이상 피감호청구인은 위 법 소정의 보호감호처분의 대상자가 되는 것이다"라고 하여[28] 제한적이나마 사회보호법상의 보호감호처분에 대해서는 소급효금지의 원칙을 적용한 바 있다.

참조판례

1) 도로교통법 제148조의2 제1항 제1호의 '도로교통법 제44조 제1항을 2회 이상 위반한' 것에 구 도로교통법 제44조 제1항 위반 음주운전 전과도 포함된다고 해석하는 것이 형벌불소급원칙이나 일사부재리원칙 또는 비례원칙에 위배되는지 여부
도로교통법(2011.6.8. 법률 제10790호로 개정되어 2011.12.9. 시행된 것) 제148조의2 제1항 제1호는 도로교통법 제44조 제1항을 2회 이상 위반한 사람으로서 다시 같은 조 제1항을 위반하여 술에 취한 상태에서 자동차 등을 운전한 사람에 대해 1년 이상 3년 이하의 징역이나 500만 원 이상 1,000만 원 이하의 벌금에 처하도록 규정하고 있는바, 도로교통법 제148조의2 제1항 제1호에서 정하고 있는 "도로교통법 제44조 제1항을 2회 이상 위반한" 것에 개정된 위 도로교통법이 시행된 2011.12.9. 이전에 구 도로교통법 제44조 제1항을 위반한 음주운전 전과까지 포함되는 것으로 해석하는 것이 형벌불소급의 원칙이나 일사부재리의 원칙 또는 비례의 원칙에 위배된다고 할 수 없다. 그리고 형의 실효 등에 관한 법률 제7조 제1항이 그 각 호의 형을 받은 사람이 자격정지 이상의 형을 받지 아니하고 형의 집행을 종료하거나 그 집행이 면제된 날부터 그 각 호에 정해진 기간이 경과한 때에 그 형은 실효된다고 규정한 취지는 집행유예기간이 경과한 때에는 형의 선고는 효력을 잃는다고 규정한 형법 제65조와 마찬가지로 그저 형의 선고의 법률적 효과가 없어진다는 것일 뿐, 형의 선고가 있었다는 기왕의 사실 자체의 모든 효과까지 소멸한다는 것은 아니고, 또한 사면법 제5조 제1항 제1호가 일반사면으로 형 선고의 효력이 상실된다고 규정한 취지도 형의 선고의 법률적 효과가 없어진다는 것일 뿐, 형의 선고가 있었다는 기왕의 사실 자체의 모든 효과까지 소멸한다는 것은 아니다(대법원 1995.12.22. 선고 95도2446 판결, 대법원 2004.10.15. 선고 2004도4869 판결 등 참조). 따라서 형의 실효 등에 관한 법률 제7조 제1항 각 호에 따라 형이 실효되었거나 사면법 제5조 제1항 제1호에 따라 형 선고의 효력이 상실된 구 도로교통법 제44조 제1항 위반 음주운전 전과도 도로교통법 제148조의2 제1항 제1호의 "도로교통법 제44조 제1항을 2회 이상 위반한" 것에 해당된다고 보아야 한다(대법원 2012.11.29. 선고 2012도10269 판결).

---

28) 대법원 1986.10.28. 선고 86도1626 판결.

〈참조규정〉

도로교통법 제44조 (술에 취한 상태에서의 운전 금지) ① 누구든지 술에 취한 상태에서 자동차등(「건설기계관리법」 제26조제1항 단서에 따른 건설기계 외의 건설기계를 포함한다. 이하 이 조, 제45조, 제47조, 제93조제1항제1호부터 제4호까지 및 제148조의2에서 같다)을 운전하여서는 아니 된다.

② 경찰공무원(자치경찰공무원은 제외한다. 이하 이 항에서 같다)은 교통의 안전과 위험방지를 위하여 필요하다고 인정하거나 제1항을 위반하여 술에 취한 상태에서 자동차등을 운전하였다고 인정할 만한 상당한 이유가 있는 경우에는 운전자가 술에 취하였는지를 호흡조사로 측정할 수 있다. 이 경우 운전자는 경찰공무원의 측정에 응하여야 한다.

③ 제2항에 따른 측정 결과에 불복하는 운전자에 대하여는 그 운전자의 동의를 받아 혈액 채취 등의 방법으로 다시 측정할 수 있다.

④ 제1항에 따라 운전이 금지되는 술에 취한 상태의 기준은 운전자의 혈중알코올농도가 0.05퍼센트 이상인 경우로 한다.

제148조의2 (벌칙) ① 다음 각 호의 어느 하나에 해당하는 사람은 1년 이상 3년 이하의 징역이나 500만원 이상 1천만원 이하의 벌금에 처한다.

1. 제44조제1항을 2회 이상 위반한 사람으로서 다시 같은 조 제1항을 위반하여 술에 취한 상태에서 자동차등을 운전한 사람
2. 술에 취한 상태에 있다고 인정할 만한 상당한 이유가 있는 사람으로서 제44조제2항에 따른 경찰공무원의 측정에 응하지 아니한 사람

② 제44조제1항을 위반하여 술에 취한 상태에서 자동차등을 운전한 사람은 다음 각 호의 구분에 따라 처벌한다.

1. 혈중알콜농도가 0.2퍼센트 이상인 사람은 1년 이상 3년 이하의 징역이나 500만원 이상 1천만원 이하의 벌금
2. 혈중알콜농도가 0.1퍼센트 이상 0.2퍼센트 미만인 사람은 6개월 이상 1년 이하의 징역이나 300만원 이상 500만원 이하의 벌금
3. 혈중알콜농도가 0.05퍼센트 이상 0.1퍼센트 미만인 사람은 6개월 이하의 징역이나 300만원 이하의 벌금

③ 제45조를 위반하여 약물로 인하여 정상적으로 운전하지 못할 우려가 있는 상태에서 자동차등을 운전한 사람은 3년 이하의 징역이나 1천만원 이하의 벌금에 처한다. (2011.6.8. 동 조항 개정)

2) 「특정 범죄자에 대한 위치추적 전자장치 부착 등에 관한 법률」이 개정되어 부착명령 기간을 연장하도록 규정한 것이 소급입법금지의 원칙에 반하는지 여부

특정 범죄자에 대한 위치추적 전자장치 부착 등에 관한 법률에 의한 전자감시제도는, 성폭력범죄자의 재범방지와 성행교정을 통한 재사회화를 위하여 그의 행적을 추적하여 위치를 확인할 수 있는 전자장치를 신체에 부착하게 하는 부가적인 조치를 취함으로써 성폭력범죄로부터 국민을 보호함을 목적으로 하는 일종의 보안처분이다. 이러한 전자감시제도의 목적과 성격, 그 운영에 관한 위 법률의 규정 내용 및 취지 등을 종합해 보면, 전자감시제도는 범죄행위를 한 자에 대한 응보를 주된 목적으로 그 책임을 추궁하는 사후적 처분인 형벌과 구별되어 그 본질을 달리하는 것으로서 형벌에 관한 소급입법금지의 원칙이 그대로 적용되지 않으므로, 위 법률이 개정되어 부착명령 기간을 연장하도록 규정하고 있더라도 그것이 소급입법금지의 원칙에 반한다고 볼 수 없다(대법원 2010.12.23. 선고 2010도11996,2010전도86 판결).

〈참조규정〉

특정 범죄자에 대한 보호관찰 및 전자장치 부착 등에 관한 법률 제14조의2 (부착기간의 연장 등) ① 피부착자가 다음 각 호의 어느 하나에 해당하는 경우에는 법원은 보호관찰소의 장의 신청에 따른 검사의 청구로 1년의 범위에서 부착기간을 연장하거나 제9조의2제1항의 준수사항을 추가 또는 변경하는 결정을 할 수 있다.

1. 정당한 사유 없이 「보호관찰 등에 관한 법률」 제32조에 따른 준수사항을 위반한 경우
2. 정당한 사유 없이 제14조제2항을 위반하여 신고하지 아니한 경우
3. 정당한 사유 없이 제14조제3항을 위반하여 허가를 받지 아니하고 주거 이전 · 국내여행 또는 출국을 하거나, 거짓으로 허가를 받은 경우 (2010.4.15. 본조신설)

나) 소급효를 부정하는 견해(소급효금지의 원칙이 적용된다는 견해)

보안처분도 형자제재이며 그 자유제한의 정도에 있어서 형벌 못지 않다는 점에서 보안처분에도 소급효금지의 원칙은 적용되어야 한다는 견해로, 다수견해의 입장이다. 보안처분은 형벌집행방법으로서의 성격을 가지고 있으며, 헌법 제12조 제1항이 형벌과 보안처분을 동일한 형사제재로 규정하고 있다는 점에서 독일 형법 제2조 제6항과 같이 명문규정이 없는 우리 형법해석상으로는 보안처분에 대해서도 소급효금지의 원칙은 적용된다고 해야 한다.

참조판례

1) 아동 · 청소년 대상 성폭력범죄자에 대한 신상공개명령 및 등록정보의 고지명령에 대해서도 소급효금지의 원칙이 적용되는지 여부

'성폭력범죄의 처벌 등에 관한 특례법'(2010.4.15. 법률 제10258호로 제정 · 공포된 것, 이하 '성폭력특례법'이라 한다)은 신상정보의 공개명령 및 고지명령의 대상에서 아동 · 청소년 대상 성폭력범죄를 저지른 자를 제외함으로써 그 대상을 성인 대상 성폭력범죄를 저지른 자로 제한하고 있고(성폭력특례법 제37조, 제41조), 아동 · 청소년 대상 성폭력범죄를 저지른 자에 대하여는 '아동 · 청소년의 성보호에 관한 법률'(2010.4.15. 법률 제10260호로 개정된 것, 이하 '법률 제10260호 아동성보호법'이라 한다) 제38조 및 제38조의2 등이 별도로 공개명령 및 고지명령의 대상으로 규정하고 있다. 따라서 비록 아동 · 청소년 대상 성폭력범죄가 성폭력특례법 제32조 제1항에 정하여진 등록대상 성폭력범죄에 해당하더라도, 법률 제10260호 아동성보호법 제38조 및 제38조의2 등에 의하여 공개명령 및 고지명령의 적용대상이 되는지 여부만이 문제될 뿐이고 성폭력특례법 제37조 및 제41조에 의한 공개명령 및 고지명령의 대상이 되지는 아니한다(대법원 2011.11.24. 선고 2011도12296 판결, 대법원 2012.1.12. 선고 2011도15062 판결 등 참조). 한편 '아동 · 청소년의 성보호에 관한 법률'(2009.6.9. 법률 제9765호로 전부 개정된 것, 이하 '법률 제9765호 아동성보호법'이라 한다)에 의하여 도입된 신상정보의 공개명령 제도는 그 부칙 제1조, 제3조 제1항에 의하여 그 시행일인 2010.1.1. 이후 최초로 아동 · 청소년 대상 성범죄를 범하고 유죄판결이 확정된 자부터 적용하게 되어 있었으나, '아동 · 청소년의 성보호에 관한 법률'(2010.7.23. 법률 제10391호로 개정된 것)은 법률 제9765호 아동성보호법의 부칙 제3조에 제4항을 신설하여 "제1항에도 불구하고 이 법 시행 당시 법률 제7801호 청소년의 성보호에 관한 법률 일부 개정법률 또는 법률 제8634호 청소년의 성보호에 관한 법률 전부 개정법률을 위반하고 확정판결을 받지 아니한 자에 대한 공개명령에 관하여는 제38조에 따른다."고 규정하였다(이하 '법률 제9765호 아동성보호법 부칙 제3조 제4항'이라 한다). 이는 법률 제9765호 아동성보호법 시행 당시 '법률 제7801호 청소년의 성보호에 관한 법률' 또는 '법률 제8634호 청소년의 성보호에 관한 법률'(이하 '법률 제8634호 청소년성보호법'이라 한다)에 규정된 범죄(위반행위)를 범하여 열람결정 또는 열람명령의 대상이 되는 자 중에서 그때까지 아직 확정판결을 받지 아니한 자 일반에 대하여 법률 제9765호 아동성보호법 제38조에 따라 공개명령을 할 수 있도록 규정한 것이라고 해석함이 타당하다(대법원 2011. 3. 24. 선고 2010도16448, 2010전도153 판결 등 참조).

그리고 2010.4.15. 신설된 법률 제10260호 아동성보호법 제38조의2는 제1항 제1호에서 같은 법 제38조의 공개명령 대상자 중 "아동 · 청소년 대상 성폭력범죄를 저지른 자"에 대하여 고지명령도 함께 선고하도록 규정하고 있는데, 법률 제10260호 아동성보호법 부칙 제1조는 "이 법은 공포한 날부터 시행한다. 다만 제31조의2, 제38조의2 및 제38조의3의 개정규정은 2011년 1월 1일부터 시행한다."고 규정하고 있고, 부칙 제4조는 "제38조의2 및 제38조의3의 개정규정은 같은 개정규정 시행 후 최초로 아동 · 청소년 대상 성범죄를 범하여 고지명령을 선고받은 고지대상자부터 적용한다."고 규정하고 있다. 따라서 아동 · 청소년 대상 성폭력범죄의 경우, 법률 제10260호 아동성보호법 제38조의2 규정이 시행된 2011.1.1. 이후에 범죄를 저지른 자에 대하여만 고지명령을 선고할 수 있다.

이 사건 공소사실 중 2008.11.4.자 및 2009.8.29.자 성폭력범죄의 처벌 및 피해자보호 등에 관한 법률 위반(특수강간)의 점은 모두 17세의 청소년을 상대로 저질러진 특수강간 범행으로서 성폭력특례법 제32조 제1항에서 정한 등록대상 성폭력범죄에 해당하지만, 이는 범행 당시 시행되던 법률 제8634호 청소년성보호법의 제2조 제3호, 제2호 (나)목에 규정된 청소년 대상 성폭력범죄에도 해당하므로, 이 부분 공소사실에 관하여 피고인이 공개명령의 대상이 되는지는 법률 제9765호 아동성보호법 부칙 제3조 제4항에서 정하는 바에 따라 공개명령의 요건이 충족되었는지를 심리하여 판단하여야 한다. 또한 이 부분 공소사실은 고지명령을 규정한 법률 제10260호 아동성보호법 제38조의2 규정이 시행되기 이전의 범죄에 해당하므로 법률 제10260호 아동성보호법 부칙 제1조, 제4조에 따라 고지명령의 대상이 되지 않는다(대법원 2012.11.15. 선고 2012도10410,2012전도189 판결).

2) 성폭력범죄의 처벌 등에 관한 특례법 제32조 제1항에 규정된 등록대상 성폭력범죄를 범한 자가 같은 법 제37조, 제41조의 시행 전에 그 범죄를 범한 경우에도 그 시행 후에는 위 규정에 따른 공개명령 또는 고지명령의 대상이 되는지 여부

2010.4.15. 법률 제10258호로 제정 · 공포된 성폭력범죄의 처벌 등에 관한 특례법(이하 '성폭력처벌특례법'이라 한다)은 제37조, 제38조에서 신상정보의 공개명령 제도를, 제41조, 제42조에서 신상정보의 고지명령 제도를 각 규정하고 있다. 그리고 그 부칙 제1조는 시행일에 관하여 "이 법은 공포한 날부터 시행한다. 다만, 제32조부터 제42조까지 및 제43조 제1항 · 제3항은 공포 후 1년이 경과한 날부터 시행한다"고 규정하고 있고, 위 부칙 제2조 제2항은 신상정보의 공개 · 고지에 관한 적용례에 관하여 "제37조, 제38조, 제41조 및 제42조는 제37조, 제38조, 제41조 및 제42조의 시행 후 최초로 공개명령 또는 고지명령을 선고받은 대상자부터 적용한다"고 규정하고 있다.

이와 같이 성폭력처벌특례법은 신상정보의 공개명령 및 고지명령 제도에 관하여 그 제도의 시행시기를 규정하면서도 그 대상이 되는 범죄가 행하여진 시기에 대해서는 아무런 제한을 두고 있지 아니한 점, 성폭력처벌특례법이 성인 대상 성범죄자에 대하여 신상정보의 공개명령 및 고지명령 제도를 도입한 것은 성인 대상 성범죄자 역시 재범률이 높을 뿐만 아니라 아동을 대상으로 한 성범죄도 저지르고 있으므로 성인 대상 성범죄자에 대한 신상정보를 공개함으로써 성인 대상 성범죄는 물론 아동 · 청소년 대상 성범죄를 미연에 예방하고자 함에 그 입법 취지가 있는 점, 신상정보의 공개명령 및 고지명령 제도는 성범죄를 한 자에 대한 응보 목적의 형벌과 달리 성범죄의 사전예방을 위한 보안처분적 성격이 강한 점 등에 비추어 보면, 성폭력처벌특례법 제32조 제1항에 규정된 등록대상 성폭력범죄를 범한 자에 대해서는 같은 법 제37조, 제41조의 시행 전에 그 범죄를 범하였다고 하더라도 그 시행 후 위 규정에 따라 공개명령 또는 고지명령을 선고할 수 있다고 할 것이다(대법원 2012.7.12. 선고 2012도4662 판결).

3) 2012.12.18. 법률 제11558호로 개정된 「특정 범죄자에 대한 보호관찰 및 전자장치 부착 등에 관한 법률」 제9조 제1항 단서의 부착기간 하한가중 규정이 위 법 시행 전에 19세 미만의 사람에 대하여 특정범죄를 저지른 경우에도 소급적용되는지 여부

특정 범죄자에 대한 보호관찰 및 전자장치 부착 등에 관한 법률은 제5조 제1항에서 '19세 미만의 사람에 대하여 성폭력범죄를 저지른 때'(제4호) 또는 '신체적 또는 정신적 장애가 있는 사람에 대하여 성폭력범죄를 저지른 때'

(제5호)에 해당하고 성폭력범죄를 다시 범할 위험성이 있다고 인정되는 사람에 대하여 전자장치 부착명령을 청구할 수 있다고 규정하고, 제9조 제1항 단서에서 '19세 미만의 사람에 대하여 특정범죄를 저지른 경우에는 부착기간 하한을 같은 항 각 호에 따른 부착기간 하한의 2배로 한다'고 규정하여 구 특정 범죄자에 대한 위치추적 전자장치 부착 등에 관한 법률(2012.12.18. 법률 제11558호 특정 범죄자에 대한 보호관찰 및 전자장치 부착 등에 관한 법률로 개정되기 전의 것)보다 부착명령청구 요건 및 부착기간 하한가중 요건을 완화 · 확대하고, 위 법 부칙(2012.12.18. 법률 제11558호)은 제2조 제2항에서 '제5조 제1항 제4호 및 제5호의 개정규정에 따른 부착명령 청구는 이 법 시행 전에 저지른 성폭력범죄에 대하여도 적용한다'고 규정하여 피고인이 위 법 시행 전에 18세 피해자에 대하여 저지른 성폭력범죄의 처벌 등에 관한 특례법위반(주거침입강간등)죄에 위 법 제5조 제1항 제4호를 적용할 수 있게 되었다. 그런데 위 법 부칙은 이와 달리 19세 미만의 사람에 대하여 특정범죄를 저지른 경우 부착기간 하한을 2배 가중하도록 한 위 법 제9조 제1항 단서에 대하여는 그 소급적용에 관한 명확한 경과규정을 두지 않았는바, 전자장치 부착명령에 관하여 피고인에게 실질적인 불이익을 추가하는 내용의 법 개정이 있고, 그 규정의 소급적용에 관한 명확한 경과규정이 없는 한 그 규정의 소급적용은 이를 부정하는 것이 피고인의 권익 보장이나, 위 법 부칙에서 일부 조항을 특정하여 그 소급적용에 관한 경과규정을 둔 입법자의 의사에 부합한다(대법원 2013.7.25. 선고 2013도6181, 2013전도122 판결. 피고인이 위 법 시행 전에 18세 피해자에 대하여 저지른, 법정형 상한이 무기징역인 성폭력범죄에 대하여도 위 법 부칙 제2조 제2항에 따라 부착기간의 하한을 2배 가중한 '20년 이상 30년 이하'의 범위 내에서 부착명령을 선고하여야 한다는 원심판결의 부착명령청구사건 부분을 파기하고 환송한 사례. 제1심 법원은 구법을 적용하여 10년간의 전자장치 부착을 명하였으나, 항소심 법원은 개정 법률을 소급적용하여 20년간의 전자장치 부착을 명하였다).

(2) 형사소송법규정과 소급효금지의 원칙

실체법이 아닌 형사절차법에도 소급효금지의 원칙이 적용되는가의 문제로, 행위시 이후에 공소시효를 연장하거나 친고죄를 비친고죄로 법률을 변경하는 경우와 같이 행위의 가벌성과 관련되는 절차법의 규정을 변경했을 때 변경된 신법이 소급적용될 수 있느냐가 논의 대상이다.

가) 전면적(진정 · 부진정) 소급효 인정설

소급효금지의 원칙은 범죄의 성립과 처벌에 관한 실질적 의미의 형법에만 적용되며, 소급효금지의 원칙이 보장하고자 하는 예견가능성은 어떠한 행위가 처벌되는지와 어떠한 형벌로 처벌되는지에 대한 것을 내용으로 한다는 점에서 소송절차에 관한 예견가능성을 보장하기 위한 것은 아니기 때문에 형사절차법에는 소급효가 적용된다는 견해이다.

헌법재판소는 「5 · 18민주화운동등에관한특별법」 제2조가[29] 12 · 12 사태 및 5 · 17 사태 등 헌정질

---

29) 제2조 (공소시효의 정지) ① 1979년 12월 12일과 1980년 5월 18일을 전후하여 발생한 헌정질서파괴범죄의공소시효등에관한특례법 제2조의 헌정질서파괴범죄행위에 대하여 국가의 소추권행사에 장애사유가 존재한 기간은 공소시효의 진행이 정지된 것으로 본다.

② 제1항에서 "국가의 소추권행사에 장애사유가 존재한 기간"이라 함은 당해 범죄행위의 종료일부터 1993년 2월 24일까지의 기간을 말한다.

헌정질서파괴범죄의공소시효등에관한특례법 제2조 (용어의 정의) 이 법에서 "헌정질서파괴범죄"라 함은 형법 제2편제1장 내란의 죄, 제2장 외환의 죄와 군형법 제2편제1장 반란의 죄, 제2장 이적의 죄를 말한다.

제3조 (공소시효의 적용배제) 다음 각호의 범죄에 대하여는 형사소송법 제249조 내지 제253조 및 군사법원법 제291조 내

서파괴사범에 대한 공소시효진행정지를 규정한 것에 대한 위헌제청사건에서 "형벌불소급의 원칙은 '행위의 가벌성' 즉 형사소추가 '언제부터 어떠한 조건하에서' 가능한가의 문제에 관한 것이고, '얼마 동안' 가능한가의 문제에 관한 것은 아니므로, 과거에 이미 행한 범죄에 대하여 공소시효를 정지시키는 법률이라 하더라도 그 사유만으로 헌법 제12조 제1항 및 제13조 제1항에 규정한 죄형법정주의의 파생원칙인 형벌불소급의 원칙에 언제나 위배되는 것으로 단정할 수는 없다"라고 하여 부진정소급효 뿐만 아니라 진정소급효를 인정한 바 있다.[30] 대법원도 다수의견에서 "5 · 18민주화운동등에관한특별법 제2조는 그 제1항에서 그 적용대상을 '1979년 12월 12일과 1980년 5월 18일을 전후하여 발생한 헌정질서파괴범죄의공소시효등에관한특례법 제2조의 헌정질서파괴범죄행위'라고 특정하고 있으므로, 그에 해당하는 범죄는 5 · 18민주화운동등에관한특별법의 시행 당시 이미 형사소송법 제249조에 의한 공소시효가 완성되었는지 여부에 관계없이 모두 그 적용대상이 됨이 명백하다고 할 것인데, 위 법률 조항에 대하여는 헌법재판소가 1996.2.16. 선고 96헌가2, 96헌마7,13 사건에서 위 법률 조항이 헌법에 위반되지 아니한다는 합헌결정을 하였으므로, 위 법률 조항의 적용범위에 속하는 범죄에 대하여는 이를 그대로 적용할 수밖에 없다"라고 하여 법률 제정 당시 공소시효가 완성되지 아니한 부진정소급효는 물론, 이미 공소시효가 완성된 진정소급효도 인정된다고 판시하였다.[31]

지 제295조에 규정된 공소시효를 적용하지 아니한다.

1. 제2조의 헌정질서파괴범죄
2. 형법 제250조의 죄로서 집단살해죄의방지와처벌에관한협약에 규정된 집단살해에 해당하는 범죄

30) 헌법재판소 1996.2.16. 선고 96헌가2, 96헌바7, 96헌바13 결정.

31) 대법원 1997.4.17. 선고 96도3376 전원합의체판결.
[반대의견 1] 5 · 18민주화운동등에관한특별법이 적용대상으로 삼는 헌정질서파괴범죄를 처벌하기 위한 공익의 중대성과 그 범죄혐의자들에 대하여 보호해야 할 법적 이익을 교량할 때 5 · 18민주화운동등에관한특별법 제2조는 그 정당성이 인정된다. 그러나 공소시효가 이미 완성한 다음에 소급적으로 공소시효를 정지시키는 이른바 진정소급효를 갖는 법률규정은 형사소추권이 소멸함으로써 이미 법적 · 사회적 안정성을 부여받아 국가의 형벌권 행사로부터 자유로워진 범죄혐의자에 대하여 실체적인 죄형의 규정을 소급적으로 신설하여 처벌하는 것과 실질적으로 동일한 결과를 초래하게 되어, 행위시의 법률에 의하지 아니하고는 처벌받지 아니한다는 헌법상의 원칙에 위배되므로, 공소시효에 관한 것이라 하더라도 공소시효가 이미 완성된 경우에 다시 소추할 수 있도록 공소시효를 소급하여 정지하는 내용의 법률은 그 정당성이 인정될 수 없다. 따라서 5 · 18민주화운동등에관한특별법 제2조는 그 시행 당시 공소시효가 완성하지 않은 범죄에 대하여만 한정하여 적용되고, 이미 공소시효가 완성된 범죄에 대하여까지 적용되는 것은 아니라고 해석하는 것이 옳다. 또한 법원은 헌법재판소의 1996.2.16. 선고 96헌가2, 96헌가7,13 결정에서 공소시효가 이미 완성된 경우에도 위 법률 조항이 합헌이라고 한 결정 이유 중의 판단내용에 기속되지 아니하는 것이며, 합헌으로 선고된 법률조항의 의미 · 내용과 적용범위가 어떠한 것인지를 정하는 권한 곧 법령의 해석 · 적용의 권한은 바로 사법권의 본질적 내용을 이루는 것으로서, 전적으로 대법원을 최고법원으로 하는 법원에 전속하는 것이며, 법원이 어떠한 법률 조항을 해석 · 적용함에 있어서 한 가지 해석방법에 의하면 헌법에 위배되는 결과가 되고 다른 해석방법에 의하면 헌법에 합치하는 것으로 볼 수 있을 때에는 위헌적인 해석을 피하고 헌법에 합치하는 해석방법을 택하여야 하는 것임은 또 하나의 헌법수호기관인 법원의 당연한 책무이기도 한 만큼 헌법재판소의 합헌결정에 불구하고 위 법률 조항을 위와 같이 해석 · 적용함에 아무런 장애가 없다.
[반대의견 2] 법원은 법률의 내용이 헌법에 위반되더라도 곧바로 그 적용을 거부할 수 있는 것이 아니라, 그 법률이 헌법에 위반되는 여부가 재판의 전제가 된 경우에 헌법 제107조 제1항에 의하여 헌법재판소에 제청하여 그 심판에 의하여 재판하여야 하는바, 이 경우 헌법재판소의 결정 중 각종 위헌결정은 헌법재판소법 제47조에 의하여 법원을 기속하게 되나, 합헌결정은 그 법률을 재판에 적용할 수 있다는 효력이 있을 뿐이므로, 그 법률을 적용함에 있어서 합헌적으로 해석할 책무는 여전히 법원에 남아 있는 것이다. 그런데 헌법재판소의 위 결정은 5 · 18민주화운동등에관한특별법 제2조가 합헌이라는 것인 만큼 법원에게는 그 법률 조항을 합헌적으로 해석할 의무가 여전히 있는 것이고, 공소시효에 관한 위 법률 조항은 [반대의견1]에서 밝힌 바와 같이 그 시행 당시 공소시효가 완성되지 아니한 자에 대하여만 적용된다고 해석함이 합헌적이다.

나) 부분적(부진정) 소급효 인정설(다수견해)

소급효금지의 원칙은 법에 대한 국민의 신뢰와 예측가능성을 담보로 행동의 자유를 보장하는데 그 근거가 있다는 점에서 소송법 규정에 대해서는 소급효금지의 원칙이 적용되지 않지만 신법 시행 이전에 공소시효가 완성되었거나 고소기간이 만료된 경우에는 소급효금지의 원칙이 적용된다는 견해이다. 또한 형사절차법이 가절성과 관련된 경우에는 소급효금지의 원칙이 적용된다는 견해도 있다.

다) 전면 소급효 부정설

헌법 제12조 제1항은 실체법적 문제와 절차법적 문제를 모두 규정하고 있을 뿐만 아니라, 일반 시민의 관심사는 일정한 행위를 하면 처벌되느냐의 여부에 있는 것이지, 그것이 실체법적 사유이냐 아니면 절차법적 사유이냐에 있는 것이 아니라는 점에서 절차법적 규정에도 소급효금지의 원칙은 전면적으로 적용되어야 한다는 견해이다.

【공소시효 참고규정】

형사소송법 제249조 (공소시효의 기간) ① 공소시효는 다음 기간의 경과로 완성한다.

1. 사형에 해당하는 범죄에는 25년
2. 무기징역 또는 무기금고에 해당하는 범죄에는 15년
3. 장기 10년 이상의 징역 또는 금고에 해당하는 범죄에는 10년
4. 장기 10년 미만의 징역 또는 금고에 해당하는 범죄에는 7년
5. 장기 5년 미만의 징역 또는 금고, 장기 10년 이상의 자격정지 또는 벌금에 해당하는 범죄에는 5년
6. 장기 5년 이상의 자격정지에 해당하는 범죄에는 3년
7. 장기 5년 미만의 자격정지, 구류, 과료 또는 몰수에 해당하는 범죄에는 1년

② 공소가 제기된 범죄는 판결의 확정이 없이 공소를 제기한 때로부터 25년을 경과하면 공소시효가 완성한 것으로 간주한다.

제252조 (시효의 기산점) ① 시효는 범죄행위의 종료한 때로부터 진행한다.

② 공범에는 최종행위의 종료한 때로부터 전공범에 대한 시효기간을 기산한다.

성폭력범죄의 처벌 등에 관한 특례법 제20조 (공소시효 기산에 관한 특례) ① 미성년자에 대한 성폭력범죄의 공소시효는 「형사소송법」 제252조제1항에도 불구하고 해당 성폭력범죄로 피해를 당한 미성년자가 성년에 달한 날부터 진행한다.

② 제2조제3호 및 제4호의 죄와 제3조부터 제9조까지의 죄는 디엔에이(DNA)증거 등 그 죄를 증명할 수 있는 과학적인 증거가 있는 때에는 공소시효가 10년 연장된다.

③ 13세 미만의 여자 및 신체적인 또는 정신적인 장애가 있는 여자에 대하여 「형법」 제297조(강간) 또는 제299조(준강간, 준강제추행)(준강간에 한정한다)의 죄를 범한 경우에는 제1항과 제2항에도 불구하고 「형사소송법」 제249조부터 제253조까지 및 「군사법원」 제291조부터 제295조까지에 규정된 공소시효를 적용하지 아니한다.(2011.11.17. 개정신설 · 시행)

(2012.12.18. 개정, 2013.6.19. 시행)
제21조 (공소시효에 관한 특례) ① 미성년자에 대한 성폭력범죄의 공소시효는 「형사소송법」 제252조제1항에도 불구하고 해당 성폭력범죄로 피해를 당한 미성년자가 성년에 달한 날부터 진행한다.
② 제2조제3호 및 제4호의 죄와 제3조부터 제9조까지의 죄는 디엔에이(DNA)증거 등 그 죄를 증명할 수 있는 과학적인 증거가 있는 때에는 공소시효가 10년 연장된다.
③ 13세 미만의 사람 및 신체적인 또는 정신적인 장애가 있는 사람에 대하여 다음 각 호의 죄를 범한 경우에는 제1항과 제2항에도 불구하고 「형사소송법」 제249조부터 제253조까지 및 「군사법원법」 제291조부터 제295조까지에 규정된 공소시효를 적용하지 아니한다.
1. 「형법」 제297조(강간), 제298조(강제추행), 제299조(준강간, 준강제추행), 제301조(강간등 상해 · 치상) 또는 제301조의2(강간등 살인 · 치사)의 죄
2. 제6조제2항, 제7조제2항, 제8조, 제9조의 죄
3. 「아동 · 청소년의 성보호에 관한 법률」 제9조 또는 제10조의 죄
④ 다음 각 호의 죄를 범한 경우에는 제1항과 제2항에도 불구하고 「형사소송법」 제249조부터 제253조까지 및 「군사법원법」 제291조부터 제295조까지에 규정된 공소시효를 적용하지 아니한다.
1. 「형법」 제301조의2(강간등 살인 · 치사)의 죄(강간등 살인에 한정한다)
2. 제9조제1항의 죄
3. 「아동 · 청소년의 성보호에 관한 법률」 제10조제1항의 죄

아동 · 청소년의 성보호에 관한 법률 제7조의3 (공소시효 기산에 관한 특례) ① 아동 · 청소년대상 성범죄의 공소시효는 「형사소송법」 제252조제1항에도 불구하고 해당 성범죄로 피해를 당한 아동 · 청소년이 성년에 달한 날부터 진행한다.
② 제7조의 죄는 디엔에이(DNA)증거 등 그 죄를 증명할 수 있는 과학적인 증거가 있는 때에는 공소시효가 10년 연장된다.
③ 13세 미만의 여자 및 신체적인 또는 정신적인 장애가 있는 여자에 대하여 폭행 또는 협박으로 강간하거나 「형법」 제299조(준강간에 한정한다)의 죄를 범한 경우에는 제1항과 제2항에도 불구하고 「형사소송법」 제249조부터 제253조까지 및 「군사법원법」 제291조부터 제295조까지에 규정된 공소시효를 적용하지 아니한다. (2012.2.1. 개정신설, 2012.8..2. 시행)
(2012.12.18. 개정, 2013.6.19. 시행)
제20조 (공소시효에 관한 특례) ① 아동 · 청소년대상 성범죄의 공소시효는 「형사소송법」 제252조제1항에도 불구하고 해당 성범죄로 피해를 당한 아동 · 청소년이 성년에 달한 날부터 진행한다.
② 제7조의 죄는 디엔에이(DNA)증거 등 그 죄를 증명할 수 있는 과학적인 증거가 있는 때에는 공소시효가 10년 연장된다.
③ 13세 미만의 사람 및 신체적인 또는 정신적인 장애가 있는 사람에 대하여 다음 각 호의 죄를 범한 경우에는 제1항과 제2항에도 불구하고 「형사소송법」 제249조부터 제253조까지 및 「군사법원법」 제291조부터 제295조까지에 규정된 공소시효를 적용하지 아니한다.
1. 「형법」 제297조(강간), 제298조(강제추행), 제299조(준강간, 준강제추행), 제301조(강간등 상해 · 치상) 또는 제301조의2(강간등 살인 · 치사)의 죄
2. 제9조 및 제10조의 죄

3. 「성폭력범죄의 처벌 등에 관한 특례법」 제6조제2항, 제7조제2항, 제8조, 제9조의 죄
④ 다음 각 호의 죄를 범한 경우에는 제1항과 제2항에도 불구하고 「형사소송법」 제249조부터 제253조까지 및 「군사법원법」 제291조부터 제295조까지에 규정된 공소시효를 적용하지 아니한다.
1. 「형법」 제301조의2(강간등 살인 · 치사)의 죄(강간등 살인에 한정한다)
2. 제10조제1항의 죄
3. 「성폭력범죄의 처벌 등에 관한 특례법」 제9조제1항의 죄

국제형사재판소 관할 범죄의 처벌 등에 관한 법률 제6조(시효의 적용 배제) 집단살해죄등에 대하여는 「형사소송법」 제249조부터 제253조까지 및 「군사법원법」 제291조부터 제295조까지의 규정에 따른 공소시효와 「형법」 제77조부터 제80조까지의 규정에 따른 형의 시효에 관한 규정을 적용하지 아니한다.

Rome Statute of the International Criminal Court 제29조 (시효의 부적용) 재판소의 관할범죄에 대하여는 어떠한 시효도 적용되지 아니한다.

(3) 판례의 변경과 소급효금지의 원칙

가) 논의의 대상

소급효금지의 원칙과 관련하여 피고인이 행위 당시의 판례에 의하면 처벌받지 않던 행위로 소추되었는데 행위시와 재판시 사이에 또는 당해 사건의 재판에서 그 행위를 처벌하는 것으로 판례가 변경된 경우(범죄구성요건을 창설하는 경우)나 종전의 판례보다 가벌성의 범위를 확장하여 가중된 범죄구성요건을 적용하는 경우에, 변경된 판례를 당해 사건에 적용하여 피고인을 처벌할 수 있는가라는 피고인에게 불리하게 변경된 판례의 소급효 인정 여부가 문제될 수 있다.

예를 들어 행위자에 의하여 위조 및 행사된 문서가 원본이 아닌 사본에 의한 것이고 행위 당시에는 복사한 문서의 사본을 문서위조 및 동 행사죄의 객체인 문서에 해당하는 것으로 판시한 대법원 1989.9.12. 선고 87도506 전원합의체판결 이전으로, 따라서 행위시의 대법원판례에 의하면 문서위조가 문서의 사본에 의한 것일 경우에는 문서위조죄로 처벌하지 않는다는 견해를 취하고 있었는데 재판시에 피고인에게 불리하게 판례가 변경된 경우에 변경된 판례를 본 사안에 적용할 수 있느냐라는 것이 피고인에게 불리한 판례변경의 소급적용의 문제이다.

오랜 기간을 통하여 확립된 판례라도 사회현상의 변화 또는 새로운 법이론의 등장 등으로 인하여 언제든지 변경될 수는 있다. 그러나 대법원 1999.7.15. 선고 95도2870 전원합의체판결에서 반대의견이 설시한 바와 같이 우리 법제와 같은 성문법주의 아래서는 최고법원의 판례라고 하더라도 이것이 바로 法源이 되는 것은 아니지만, 실제의 법률생활에 있어서는 특히 대법원판례의 경우 사실상 구속력을 가지고 국민에 대하여 그 행동의 지침을 부여하는 역할을 수행하는 한편 당해 사건을 최종적인

판단에 의하여 해결하는 기능 뿐만 아니라 법령해석의 통일이라는 제도적 기능도 아울러 가지고 있음을 고려할 때, 변경하고자 하는 대법원판례가 국민의 법의식상 사실상 구속력이 있는 법률해석으로 자리잡게 되었다고 할 수 있음에도 불구하고 국민에게 불이익한 방향으로 그 해석을 변경하고 그에 따라 기존의 대법원판례들을 소급적으로 변경하려는 것은 형사법에서 국민에게 법적 안정성과 예측가능성을 보장하기 위하여 소급입법 금지의 원칙을 선언하고 있는 헌법의 정신과도 상용될 수 없을 것이다. 따라서 종래 일관되게 유지되어 온 판례들을 변경하려고 하는 것은 법기능적 해석방법으로는 옳을지는 몰라도 국민의 법적 안정성과 예측가능성을 훼손하여 판례만 바꾸면 언제라도 국민에 대한 형벌권행사가 가능하다고 생각케 함으로써 국민의 자유와 권리의 보장이라는 더 큰 가치를 잃게 되었다고 하지 않을 수 없다.

특히 제3자로부터 신분확인을 위한 신분증명서(주민등록증)의 제시를 요구받고 자신의 인적 사항을 속이기 위하여 다른 사람의 운전면허증을 제시한 행위에 대하여 공문서부정행사죄의 성립을 부정한 대법원 2000.2.11. 선고 99도1237 판결 등 종전의 판결들을 1년 여만에 변경하고 공문서부정행사죄의 성립을 인정한 대법원 2001.4.19. 선고 2000도1985 전원합의체판결과 같이 피고인에게 불리한 대법원판례변경이 1990년 이후 자주 일어나면서, 소송당사자만이 아니라 일반국민에게 행위방향을 설정해주는 입법창출기능을 가지고 있을 뿐 아니라 법적 신뢰의 보장에 큰 역할을 담당하고 있는 대법원판결의 실질적 기능에 대한 의문이 제기되면서 형법해석학적으로도 이에 대한 논의가 활발하게 이루어지고 있다.

이와 관련하여 최근 대법원은 2011.7.21. 선고 2010두23644 전원합의체 판결(양도소득세부과처분취소)의 '반대의견에 대한 보충의견'에서 "다수의견에 따른 대법원 판례의 변경과 관련하여 형사법적 고려도 하지 않을 수 없다. 조세법규는 조세범처벌법 및 특정범죄 가중처벌 등에 관한 법률의 관련 규정을 통하여 형벌법규와 직접적으로 연관되는데, 다수의견에 따른 과세요건의 창설 및 과세장애사유의 설정은 형벌에 관련된 구성요건을 창설하는 것이나 다름없는 결과에 이를 수 있다. 더욱이 형벌법규에 관한 대법원 판례의 변경에 소급효가 배제된다고 보기 어려운 점까지 고려하면, 위와 같은 판례변경을 통한 구성요건의 보장적 기능에 대한 위협은 매우 현실적이고 심각하다. 물론 법률 규정이 명확하고 일의적이어서 달리 해석할 여지가 없다면 위와 같은 고려보다도 법원의 올바른 법령해석에 관한 책무가 우선할 수밖에 없겠지만, 종전 대법원 판례의 태도가 법률 해석으로서 잘못되었다고 보기 어려운데도 그 해석에 따른 결과가 사회적 · 경제적으로 타당하지 않다는 정책적 고려에서 판례를 변경하고자 하는 것이라면, 그리고 그것이 과세요건을 확장하고 나아가 국민에 대한 형사처벌의 범위까지 소급적으로 확대하는 것이 된다면, 이는 결코 바람직한 법률해석의 태도라고 볼 수 없다."라고 하여 이에 대한 주의를 촉구하고 있다.

피고인에게 불리한 판례변경에 대하여도 소급효금지의 원칙이 적용되는가에 대하여 형법해석학상 이를 긍정하는 견해[32]와 부정하는 견해가 대립되고 있으며, 소급효금지의 원칙이 적용되지 않는다는 견해 중에서도 피고인에게 불리한 판례변경의 문제를 죄형법정주의의 차원이 아니라 책임단계에서 금지착오의 문제로 해결하고자하는 견해가 있다. 나아가 피고인에 대한 판례변경의 문제를 형법해석학이 아니라 입법적으로 해결해야 한다는 견해도 제시되고 있다.

나) 피고인에게 불리한 판례변경에 소급효금지의 원칙이 적용된다는 견해

소급효금지의 원칙은 판례가 사후적으로 변경되어 가벌행위로 되는 경우에 그 변경 전에 판례를 신뢰하고 행위한 자에 대해서도 적용되어야 하며, 따라서 판례를 변경하는 경우에는 변경 이후의 사건에 대하여만 적용할 수 있다는 견해에 의하면 판례 그 자체는 성문법은 아니지만 유권적 해석에 의하여 법의 내용이 확정되고 사실상 구속력을 갖고 있으며, 국민도 이를 신뢰하고 생활하고 있으므로 법에 충실한 선량한 시민의 법적 안정성을 위해서 소급효금지의 원칙을 긍정함이 타당하다고 한다. 즉 목적론적 해석방법에 기초하여 판결이 가지는 실질적 기능에 중점을 두는 이와 같은 견해에 의하면 지속적인 판례는 이미 국민들 사이에 사실상 구속력이 있는 법규범으로 인식되고 있으며, 법적 안정성과 예측가능성이라는 관점에서 볼 때 국민들의 이러한 신뢰를 보호해야 한다는 것이다. 또한 경미한 법률의 변경보다 판례의 변경이 더 빈번하게 그리고 더 강력하게 행위자를 불리하게 만들 수 있는데, 확립된 판례가 실질적으로는 일반국민에게 구체화된 규범의 형태로서, 즉 어떠한 것이 금지 또는 명령되어 있는지 인식되고 있음에도 불구하고 실체법이 아니라는 이유로 죄형법정주의 원칙의 밖에 둔다면 국가형벌권의 자의적인 실현이나 확장으로부터 일반국민은 보호받지 못하게 될 것이며, 죄형법정주의의 원칙은 그 목적과 의의를 상실하게 된다는 것이다. 다만 이 경우에도 변경전의 판례를 신뢰한 당해 행위자에 한해 소급효금지원칙이 적용되어야 한다는 견해도 있다.

그러나 이 견해에 대해서는 소급효금지의 원칙은 법률의 소급적용을 금지하는 것이므로 입법과 사법을 동일시하는 것은 타당하다고 할 수 없고, 새로운 해석은 소급적인 처벌이 아니라 이미 존재하지만 이제 겨우 정확하게 인식된 법률의사의 발견에 불과하며, 무죄를 선고하면서 판례를 변경하는 것도 상고심의 구조에 비추어 적절하지 않다는 비판이 있다.

그리고 피고인에게 불리한 판례변경에 대해서 소급효를 인정하지 않는다면 당해 사안에 대하여는 어떤 재판을 해야 하는가가 문제되는데, 여기에 대해서는 소급효 금지의 원칙도 충족시키고 변화의 필요성과 법형성의 필요성도 충족시킬 수 있는 방안으로 장래효만을 갖는 판례변경, 즉 법원은 구체적인 사안에서 종래의 판례에 따라 판결하되, 변화된 견해를 설시하고 이후에는 이에 따라 판결할 것을 공지하는 방식(이른바 방견을 통한 판례변경예고)을 주장하는 견해도 있다. 그러나 변경하는 판결을 당해 사건에는

32) 소급효금지의 원칙이 적용된다는 견해 중에서도 판례의 변경이 소급효금지원칙의 적용을 받게 되는 영역은 단순히 법률규정상의 사실관계를 확인하는 것에 그치는 것은 제외하고, 판례가 곧 법률대리적 내지 법률보충적 기능을 갖는 것에 한정하여 제한적으로 이를 긍정하는 견해도 있다.

적용하지 아니하고 판결확정 이후에 행해진 사안부터 적용하겠다는 이러한 방식, 즉 장래의 사건에 대하여 기속력을 갖는 판결방식은 법원조직법 제8조가 "상급법원의 재판에 있어서의 판단은 당해 사건에 관하여 하급심을 기속한다"라고 규정하고 있기 때문에 현행법상으로는 불가능하다.

다) 피고인에게 불리한 판례변경에 소급효금지의 원칙이 적용되지 않는다는 견해

헌법 제13조 제1항과 형법 제1조 제1항은 '행위시의 법률'이라고 명시하여 소급효의 적용을 법률에 한함으로써 제정 법률을 통한 소급효를 금지하고 있을 뿐 아니라 판례는 구체적 사건에 대한 법적 판단에 지나지 않으며 일반적 구속력을 갖는 법률과 구별되며 법관은 법해석을 본질적 임무로 하기 때문에 판례에 대해서는 법적 견해의 변경으로 인하여 새로운 판결이 내려지더라도 소급효금지의 원칙이 적용되지 않는다고 보는 견해다. 즉 문리해석에 중점을 두는 이러한 견해에 의하면 무엇이 일반국민에게 금지되어 있고 무엇이 허용되어 있는가는 법관이 아니라 법률만이 결정할 수 있으며, 피고인에게 불리하게 판례가 변경된 것은 새로이 형벌을 규정하거나 가중하는 것이 아니고 이미 존재하고 있던 입법자의 의사가 이제서야 비로소 올바르게 인식되는 것이라는 이유로 형벌불소급의 원칙이 적용되지 않는다고 한다.

이 견해는 변화하는 사회현실에 맞추어서 법내용을 끊임없이 새롭게 형성하고 구체화해야 하는 판례의 법발견과 법형성의 과제에 충실할 뿐 아니라, 소급효금지에서 문제되는 법이란 법률을 지칭하는 것으로 국민에 대하여 법률을 인지할 것을 기대할 수는 있어도 판례까지 인지할 것을 기대할 수는 없다는 점, 법관의 재판은 포섭적 추론을 거쳐서 법률을 개별 사안에 적용하는 것으로 법관에 의한 법해석은 법률조항의 의미확인에 불과하며 따라서 해석의 변경도 법률조항 자체의 변경은 아니라 그 내용확인에 지나지 않는다는 점, 판례변경에 대해서도 소급효금지의 원칙을 긍정하게 되면 당해 사안에 대해서는 판례를 변경하는 재판을 할 수 없으므로 결국 변경되어야 할 것으로 판단되는 종전의 법률해석을 고정시키는 결과를 가져오게 됨으로써 법원의 발전적 법형성(Rechtsfortbildung)을 막는 결과를 초래하여 판례변경의 필요가 있는 경우에는 법률의 개정을 기다려야 하는 결과가 되며, 소급효금지의 원칙을 인정하는 견해에 충실할 경우 판례의 소급이 금지되는 결과 무죄를 선고하면서 판례를 변경하는 것은 현재의 상고심의 구조에 부합하지 않는다는 점을 그 논거로 들고 있다.

판례도 "형사처벌의 근거가 되는 것은 법률이지 판례가 아니고, 형법 조항에 관한 판례의 변경은 그 법률조항의 내용을 확인하는 것에 지나지 아니하여 이로써 그 법률조항 자체가 변경된 것이라고 볼 수는 없으므로, 행위 당시의 판례에 의하면 처벌대상이 되지 아니하는 것으로 해석되었던 행위를 판례의 변경에 따라 확인된 내용의 형법 조항에 근거하여 처벌한다고 하여 그것이 헌법상 평등의 원칙과 형벌불소급의 원칙에 반한다고 할 수는 없다"라고 하여 피고인에게 불리한 판례변경에는 소급효금지의 원칙이 적용되지 않는다는 입장을 취하고 있다.[33]

33) 대법원 1999.9.17. 선고 97도3349 판결 ; 대법원 1999.7.15. 선고 95도2870 전원합의체판결.

그러나 이 견해는 판례가 가지는 실질적인 기능을 도외시함으로써 지나치게 형식논리에 집착하고 있을 뿐만 아니라 법적 안정성과 국민의 신뢰보호를 소홀히 취급한다는 비판을 면키 어렵다. 즉 판례 그 자체는 성문법은 아니지만 유권적 해석에 의하여 법의 내용이 확정되고 사실상 구속력을 가지며, 법관의 법발견은 법률과 사안 사이의 순수한 논리적인 포섭적 추론과정만이 아니라 법률 이외의 다양한 가치관점이 동원되어 이루어지는 작업으로 법률과 재판은 보충적으로 법상태를 창출한다는 점에서 받아들이기 어렵다.

라) 피고인에게 불리한 판례변경과 금지착오

소급효금지의 원칙은 사후입법에 의한 법률의 소급효를 금지하는 것을 의미하기 때문에 피고인에게 불리한 판례변경은 원칙적으로 소급효금지의 원칙에 해당하지 않는다. 그러나 판례변경의 소급효를 무제한적으로 인정하게 되면 종전의 판례를 신뢰한 국민의 법에 대한 신뢰 내지 사법부에 대한 신뢰는 크게 동요하지 않을 수 없다. 따라서 이렇게 하여 실추될 수 있는 법적 안정성을 되살리기 위해서는 이러한 신뢰를 보호할 방법을 고려하여야 한다. 이와 같이 행위자의 행위가 행위시의 판례에 의하여 처벌되지 않을 때에는 국민이 판례의 실질적 정당성까지 심사한다는 것은 기대할 수 없기 때문에 이를 근거로 위법성을 인식하지 못한 행위자가 처벌되어서는 안된다. 따라서 자신의 행위를 합법이라고 판시한 일관된 판례 때문에 자기 행위의 위법성을 인식하지 못한 행위자의 행위는 형법 제16조[34] 금지착오에 해당하여 그 착오에 정당한 이유가 있는 때에 한하여 책임이 조각된다고 해야 할 것이다.

이와 같이 피고인에게 불리한 판례변경의 문제를 소급효금지의 원칙이라는 관점이 아니라 범죄성립의 책임단계에서 금지착오의 문제로 해결하고자 하는 견해에 대해서는 독일 형법의 경우 제17조의 금지착오 규정이 불법을 행함을 통찰하지 못하였을 경우라고 함으로써 금지착오의 문제로 볼 여지도 있으나 우리 형법은 제16조에서 '법령에 의하여 죄가 되지 아니하는 것'으로 못박고 있기 때문에 이 법령에 판례를 포함시킬 수 없을 뿐 아니라, 규범과 규범내용의 문제는 해결된 것으로 간주하고 우회하여 범죄체계의 책임단계에서 비로소 책임배제를 인정하는 것으로써 충분하다고 할 수 없다는 비판이 있다. 그러나 제16조에서 '법령에 의하여 죄가 되지 아니하는 것'으로 규정하고 있는 '법령'은 실질적 불법의 근거지움과 배제에 관련된 것들을 의미한다. 따라서 형식적인 법령 그 자체의 존재만을 의미하는 것이 아니라, 법령의 개념이 가지는 포섭범위 즉 법령에 대한 해석도 당연히 여기에 해당하기 때문에 이러한 비판은 설득력이 없다. 대부분의 법령은 형식적인 존재 내지 단어가 가지는 개념 자체로서 그 의미가 확정되는 것이 아니라, 구체적인 법해석을 통해 그 의미가 확정된다. 특히 오늘날 일반국민들의 경제생활영위와 밀접한 관련을 가지고 있는 경제형벌법규나 환경형

34) 제16조 (법률의 착오) 자기의 행위가 법령에 의하여 죄가 되지 아니하는 것으로 오인한 행위는 그 오인에 정당한 이유가 있는 때에 한하여 벌하지 아니한다.

벌법규에는 그 법규에 의하여 부과되는 일정한 의무위반을 처벌하거나 관할행정청의 인 · 허가 등을 받지 않고 행하는 행위를 처벌하는 형태의 구성요건이 경제생활의 중요성과 그 변화로 인해 증가하고 있는 추세이며, 이에 따라 행위자가 인 · 허가 등의 필요성과 법규 또는 관할행정청이 부과하는 의무의 존재와 내용을 모르고 행위하는 경우가 늘어날 수밖에 없는 실정인데, 이러한 사정을 몰랐다는 사례를 형법적으로 어떻게 합리적으로 평가할 것인가는 그 중요성이 대단히 크다.[35] 예를 들어 법령이 존재한다는 것은 인식하고 있었으나 법규범이 가지는 의미를 확대해석하여 자기의 행위가 죄가 되지 않는 것으로 오인한 포섭착오의 경우 또는 자기 행위를 규율하는 법규범이 존재하는 것은 알고 있으나 그 법규범에 저촉되는지의 여부에 대하여 관계공무원이나 법률전문가에게 문의 또는 질의한 사례에 대하여 학설과 판례는 금지착오에 해당하는 것으로 보고 있다.

또한 금지착오의 문제로 해결하고자 하는 견해에 대해서는 피고인의 처지를 배려한다는 취지에서 주장된 것이기는 하지만 소급효금지의 문제를 정면에서 대처하지 흠이 있는 것으로, 법적 안정성을 보장하고 신뢰보호가 깨지는 상황을 방지하려면 역시 소급효금지의 원칙에 입각하여 판례변경의 소급효를 부정해야 한다는 비판도 있다. 그러나 앞서 살펴본 바와 같이 피고인에게 불리한 판례변경의 문제를 소급효금지원칙의 적용 여부로 해결하기에는 법해석상 또는 실무상 여러 가지 문제점을 가지고 있기 때문에 이를 입법적으로 해결하기 전까지는 금지착오의 문제로 해결하는 것이 타당한 법해석이라고 할 수 있다.

피고인에게 불리한 판례변경의 문제를 금지착오의 사례로 해결하기 위해서는 판결로서 자기행위의 정당성을 신뢰할 수 있는지, 있다면 어느 정도로 신뢰해야 하는지가 문제된다. 판결은 그 자체로서 고도의 정당성이 보장되어 있다는 점에서 일반인으로서는 그 정당성에 대하여 심사를 할 수 없으며, 따라서 일반적으로 그 정당성에 대하여 심사를 요구할 수도 없다. 행위자가 자신의 행위와 동종의 행위에 대하여 합법적으로 판단한 판결의 정당성을 신뢰했다면 이러한 신뢰는 보호가치가 있으며, 형법적으로 중요한 책임비난은 배제되어져야 한다. 이와 같이 행위자가 일관된 법원의 판결을 신뢰한 경우에는 조회나 확인 없이 독자적으로 법판단을 할 수 있으며 정당한 이유가 인정된다. 사법심사의 대상이 된 행위에 대한 법적 판단인 법원의 판결은 이를 통하여 일반인에게 직접적으로 행위방향을 설정해 주는 규범창출기능을 가지고 있기 때문이다.[36]

판례 그 자체는 법원성을 갖고 있지 않다. 그러나 이미 확립된 판례를 피고인에게 불리하게 변경하여 소급적용한다면 이것은 사후입법에 의한 소급처벌과 같이 피고인의 법적 신뢰 및 안정성을 해쳐 결국 죄형법정주의에 반하게 된다. 따라서 대법원판결에서 나타난 지금까지의 법적 판단을 신뢰했고 그와 일치되게 행위했다면 정당한 이유의 판단에 있어서 이러한 사정은 유리하게 작용되어야

35) 대법원판례를 살펴보더라도 일반형법의 핵심영역에서의 금지착오에 대한 판례는 거의 드물고, 대부분 특별형법영역에서의 금지착오와 관련된 것이다.

36) 다만 대법원판결을 신뢰한 사례에 대해서는 아직 판례가 없다. 이는 아마도 소송당사자가 상고이유로 다투지 않았기 때문이라고 생각되는데, 앞으로 이론과 실무에서 좀 더 검토되어야 하리라 본다.

하며, 따라서 대법원이 종전의 확립된 법적 견해를 변경하는 경우에도 이를 신뢰한 행위에 대하여서는 정당한 이유를 인정하여야 한다. 바로 이같은 주장은 법관의 활동이 미리 확립된 결과의 발전을 지향하는 단순한 법발견활동(Akt der Rechtsfindung)이 아니라, 하나의 법창조활동(Akt der Rechtsschöpfung)임을 전제하고 있다. 즉 판례의 변경이 단순한 법발견활동일 때는 판례의 소급적 변경이 문제되지 않지만, 그것이 법창조적 활동에 해당할 때에는 피고인의 법적 안정성을 위해서 장래의 사건에 대하여서만 변경된 판례의 입장이 적용될 수 있는 것이다. 다만 여기서의 법원의 판결은 최종적인 법률판단이어야 한다는 점에서 대법원판결에 제한되어야 한다.

만일 유사한 사안에 대하여 동급법원에서 서로 다른 판결이 내려진 경우에는 자기에게 유리한 판결을 신뢰했더라도 그 신뢰는 보호가치가 없다고 보아야 할 것이다. 왜냐하면 서로 다른 어느 한 판결에 의하여 자신의 행위의 적법성을 확신하고 있는 행위자라도 만약 그의 행위와 유사한 어떤 행위가 다른 판결에 의하여 금지되어 있음을 알았을 때에는 그 행위의 적법성을 의심할 만한 충분한 계기가 있기 때문이다. 이러한 견해에 대하여 판례의 불통일성은 행위자의 책임이 될 수 없다는 점에서 회피불가능한 금지착오로 보는 견해도 있다. 또 정당한 이유가 없다는 데에 대한 논거에 있어서도 행위자가 그의 행위와 유사한 행위를 금지하는 다른 판례가 있음을 알았거나 알 수 있었을 때에는 여전히 자기행위의 적법성에 대하여 의심할 만한 계기가 충분하고, 따라서 제한적 불법의식이 존재하고 있기 때문에 정당한 이유없는 금지착오로 보아야 한다는 견해와, 기대가능성의 문제로 보아야 한다는 견해가 있다. 만일 제한적 불법의식이 존재하는 것으로 보면 금지착오 자체를 부정하는 것이 되므로, 동일한 심급의 모순된 판결이 있는 경우에는 행위자가 계획한 행위를 단념하는 것이 개별행위자에게 기대될 수 있느냐에 따라 판단하는 것이 타당하리라 본다.

또한 행위가 허용되는 것으로 해석한 판결에 의해서 행위자가 자신의 행위방향을 정하였다면, 문헌에서는 상이한 법적 견해들이 주장되고 있다는 것이 그에게 알려져 있다고 하더라도 그 신뢰는 정당한 이유있는 것으로 고려되어야 한다. 상이한 법적 견해들과 비교하여 판결이 항상 옳은 것은 아니라고 하더라도 최종적인 법판단은 판결을 통하여 이루어지기 때문이다.

다만 행위자가 자기 행위를 정당화한 기존의 대법원판례를 모르고 있었던 경우에도 피고인에게 불리한 판례변경의 문제를 금지착오의 사례로 볼 것이냐에 대해서는 행위자가 판례를 확인해 보았거나 법률전문가에게 문의를 했더라도 어차피 착오를 회피할 수는 없었을 것이며, 문의와 착오 사이의 인과관계의 결여를 이유로 하여 행위자에 대한 책임비난은 불가능할 것이기 때문에 금지착오에 해당하는 것으로 보아야 한다는 견해도 있다. 그러나 피고인에게 불리한 판례변경을 금지착오로 해결하고자 하는 근본적인 취지는 적어도 자기 행위를 허용하고 있다는 종전판례의 법해석을 믿고 행위한 자의 신뢰 및 법적 안정성을 고려해야 한다는데 있다는 점에서 일반적인 금지착오의 사례와 마찬가지로 변경 전의 판례를 신뢰한 행위자에 한하여 금지착오의 사례로 해결하는 것이 타당하다고 본다.

피고인에게 불리한 판례변경에 소급효금지의 원칙이 적용되느냐에 대한 논의는 이를 긍정하는 견해와 부정하는 견해 모두 형법해석학적으로나 실무적으로 논리적 타당성을 충족하기 어려운 문제점을 가지고 있다. 사회공동체내에서의 모든 인간의 생활은 필연적으로 자신과 함께 살아가는 다른 사람에 대한 최소한도의 신뢰와 국가기관에 대한 신뢰를 그 전제조건으로 하고 있으며, 이러한 신뢰가 기초되지 아니하고는 공동체의 삶은 영위될 수가 없다. 무엇보다도 공동체 구성원의 신뢰를 보장해 주어야 할 책임있는 존재로서의 국가기관, 특히 유권해석을 권한을 가진 법원은 법치국가의 원리에 기초하여 자신이 행하는 판결들을 일반인이 신뢰하고 지향할 수 있는 법적인 척도에 정향시켜야만 한다. 따라서 법원이 정당하고 타당한 법해석의 판단기준을 설정하고 개별적인 사례에 이를 정당하게 적용한다는데에 대한 사회구성원들의 신뢰는 한 국가에 있어서 인간의 순조로운 공동생활을 가능하게 하며, 이러한 신뢰는 확실하게 보장되어야만 한다. 왜냐하면 규범준수자들의 법규범 내지 규범해석의 타당성과 정당성에 대한 신뢰는 정당한 평화질서로서의 법률의 무조건적인 전제조건이기 때문이다.

판결은 그 자체로서 고도의 정당성이 보장되어 있다는 점에서 일반인으로서는 그 정당성에 대하여 심사를 할 수 없으며, 따라서 일반적으로 그 정당성에 대하여 심사를 요구할 수도 없다. 따라서 행위자가 자신의 행위와 동종의 행위에 대하여 합법적으로 판단한 판결의 정당성을 신뢰했다면 이러한 신뢰는 보호가치가 있으며, 형법적으로 중요한 책임비난은 배제되어져야 한다. 따라서 대법원 판결에서 나타난 지금까지의 법적 판단을 신뢰했고 그와 일치되게 행위한 행위자의 행위는 금지착오에 해당하여 그 착오에 정당한 이유가 있는 때에 한하여 책임이 조각된다고 해야 할 것이다.

(4) 헌법재판소의 위헌결정과 소급효금지의 원칙

헌법재판소법 제47조 (위헌결정의 효력) ① 법률의 위헌결정은 법원과 그 밖의 국가기관 및 지방자치단체를 기속(羈束)한다.

② 위헌으로 결정된 법률 또는 법률의 조항은 그 결정이 있는 날부터 효력을 상실한다. 다만, 형벌에 관한 법률 또는 법률의 조항은 소급하여 그 효력을 상실한다.

③ 제2항 단서의 경우에 위헌으로 결정된 법률 또는 법률의 조항에 근거한 유죄의 확정판결에 대하여는 재심을 청구할 수 있다.

④ 제3항의 재심에 대하여는 「형사소송법」을 준용한다.

가) 헌법재판소의 위헌결정의 효력이 미치는 범위 및 위헌결정의 소급효를 제한할 수 있는지 여부

헌법재판소의 위헌결정의 효력은 위헌제청을 한 '당해사건', 위헌결정이 있기 전에 이와 동종의 위헌 여부에 관하여 헌법재판소에 위헌여부심판제청을 하였거나 법원에 위헌여부심판제청신청을 한 '동종사건'과 따로 위헌제청신청은 아니하였지만 당해 법률 또는 법률 조항이 재판의 전제가 되

어 법원에 계속 중인 '병행사건' 뿐만 아니라, 위헌결정 이후에 위와 같은 이유로 제소된 '일반사건'에도 미친다고 할 것이나, 위헌결정의 효력은 그 미치는 범위가 무한정일 수는 없고, 다른 법리에 의하여 그 소급효를 제한하는 것까지 부정되는 것은 아니라 할 것이며, 법적 안정성의 유지나 당사자의 신뢰보호를 위하여 불가피한 경우에 위헌결정의 소급효를 제한하는 것은 오히려 법치주의의 원칙상 요청된다.[37)]

헌법재판소법 제47조 제2항은 "위헌으로 결정된 법률 또는 법률의 조항은 그 결정이 있는 날로부터 효력을 상실한다. 다만, 형벌에 관한 법률 또는 법률의 조항은 소급하여 그 효력을 상실한다."고 규정하고, 동조 제3항은 "제2항 단서의 경우에 위헌으로 결정된 법률 또는 법률의 조항에 근거한 유죄의 확정판결에 대하여는 재심을 청구할 수 있다."고 규정하고 있다. 헌법재판소의 위헌결정에 소급효를 인정하는 것은 개별 사건에서 정의 내지 평등의 원칙을 구현하는 측면이 있는 반면, 법적 안정성 내지 신뢰보호의 원칙에는 배치되는 측면도 있어 그 중 어느 원칙을 보다 중시할 것인지는 원칙적으로 입법적 선택의 문제라 할 수 있고, 헌법재판소법 제47조 제2항이 형벌조항에 대한 위헌결정과 비형벌조항에 대한 위헌결정의 소급효를 명문으로 달리 규정한 것도 그 때문이다. 이러한 입법적 결단에도 불구하고 효력이 다양할 수밖에 없는 위헌결정의 특수성 때문에 예외적으로 부분적인 소급효의 인정 또는 소급효의 제한 가능성을 부정할 수는 없다. 따라서 당사자의 소급적 권리구제를 위한 구체적 타당성의 요청, 소급효 인정에 따른 법적 안정성 또는 신뢰보호원칙의 침해 우려, 구법에 의하여 형성된 법적 질서 혹은 기득권과 위헌결정에 따른 새로운 법적 질서의 조화 등 제반 이익을 종합적으로 고려하여, 맹목적인 소급효의 인정이나 부인이 오히려 정의와 형평 등 헌법적 이념에 심히 배치되는 것으로 인정될 때에는, 법문의 규정에도 불구하고 소급효의 범위를 달리 정할 필요성이 인정된다.[38)]

나) 동일한 형벌조항에 대하여 헌법재판소가 합헌결정을 하였으나 이후 사정변경을 이유로 위헌결정을 한 경우, 해석으로 위헌결정 소급효의 범위를 제한하는 것이 허용되는지 여부

형벌조항의 경우 그 제정이나 개정 이후의 시대적 · 사회적 상황의 변화로 말미암아 비로소 위헌적인 것으로 평가받는 때에는 그 조항의 효력발생 시점까지 위헌결정의 전면적인 소급효를 인정하는 것이 오히려 사법적 정의에 현저히 반하는 결과를 초래할 수 있으므로, 헌법재판소법 제47조 제2항 단서의 규정에도 불구하고 소급효를 제한할 필요성이 있음은 비형벌조항의 경우와 크게 다르지 않다. 특히 동일한 형벌조항이 과거 헌법재판소의 결정에 의하여 합헌으로 선언된 바 있음에도 그

---

37) 대법원 2010.10.14. 선고 2010두11016 판결. 같은 취지의 판례로 대법원 2003.7.24. 선고 2001다48781 전원합의체 판결, 대법원 2005.11.10. 선고 2005두5628 판결, 헌법재판소 2008.9.25. 선고 2006헌바108 결정, 대법원 2009.5.14. 선고 2007두16202 판결, 대법원 2009.6.11. 선고 2008두21577 판결 등.

38) 헌법재판소법 제47조 제2항에도 불구하고 위헌결정 소급효의 범위를 달리 정할 필요성이 인정되는 경우로, 대법원 2011.4.14. 선고 2010도5605 판결.

후의 사정변경 때문에 새로 위헌으로 결정된 때에는 더욱 그러하다. 그럼에도 형벌조항에 대한 위헌결정의 경우, 죄형법정주의 등 헌법과 형사법하에서 형벌이 가지는 특수성에 비추어 위헌결정의 소급효와 그에 따른 재심청구권을 명시적으로 규정한 법률의 문언에 반하여 해석으로 소급효 및 피고인의 재심에 관한 권리를 제한하는 것은 허용되기 어렵고, 그에 따른 현저한 불합리는 결국 입법으로 해결할 수밖에 없다.[39]

다) 폐지 또는 실효된 형벌 관련 법령이 당초부터 위헌 · 무효인 경우 그 법령을 적용하여 공소가 제기된 피고사건에 대하여 법원이 취하여야 할 조치(=무죄의 선고) 및 이 경우 면소를 선고한 판결에 대하여 상소가 가능한지 여부

형사소송법 제325조 (무죄의 판결) 피고사건이 범죄로 되지 아니하거나 범죄사실의 증명이 없는 때에는 판결로써 무죄를 선고하여야 한다.
제326조 (면소의 판결) 다음 경우에는 판결로써 면소의 선고를 하여야 한다.
1. 확정판결이 있은 때
2. 사면이 있은 때
3. 공소의 시효가 완성되었을 때
4. 범죄후의 법령개폐로 형이 폐지되었을 때

헌법 제28조 형사피의자 또는 형사피고인으로서 구금되었던 자가 법률이 정하는 불기소처분을 받거나 무죄판결을 받은 때에는 법률이 정하는 바에 의하여 국가에 정당한 보상을 청구할 수 있다.

형사보상 및 명예회복에 관한 법률(2011.5.23. 전부개정, 2011.5.23. 시행) 제26조 (면소 등의 경우) ① 다음 각 호의 어느 하나에 해당하는 경우에도 국가에 대하여 구금에 대한 보상을 청구할 수 있다.
1. 「형사소송법」에 따라 면소 또는 공소기각의 재판을 받아 확정된 피고인이 면소 또는 공소기각의 재판을 할 만한 사유가 없었더라면 무죄재판을 받을 만한 현저한 사유가 있었을 경우
2. 「치료감호법」 제7조에 따라 치료감호의 독립 청구를 받은 피치료감호청구인의 치료감호사건이 범죄로 되지 아니하거나 범죄사실의 증명이 없는 때에 해당되어 청구기각의 판결을 받아 확정된 경우
② 제1항에 따른 보상에 대하여는 무죄재판을 받아 확정된 사건의 피고인에 대한 보상에 관한 규정을 준용한다. 보상결정의 공시에 대하여도 또한 같다.

재심이 개시된 사건에서 범죄사실에 대하여 적용하여야 할 법령은 재심판결 당시의 법령이다. 따라서 법원은 재심대상판결 당시의 법령이 변경된 경우에는 그 범죄사실에 대하여 재심판결 당시의 법령을 적용하여야 하고,[40] 폐지된 경우에는 형사소송법 제326조 제4호를 적용하여 그 범죄사실에

39) 대법원 2011.4.14. 선고 2010도5605 판결. 같은 취지의 판례로 대법원 2011.4.14. 선고 2010도5605 판결.
40) 대법원 1996.6.14. 선고 96도477 판결 등.

대하여 면소를 선고하는 것이 원칙이다.

그러나 법원은, 형벌에 관한 법령이 헌법재판소의 위헌결정으로 인하여 소급하여 그 효력을 상실하였거나 법원에서 위헌 · 무효로 선언된 경우, 당해 법령을 적용하여 공소가 제기된 피고사건에 대하여 형사소송법 제325조에 따라 무죄를 선고하여야 한다.[41] 나아가 형벌에 관한 법령이 재심판결 당시 폐지되었다 하더라도 그 '폐지'가 당초부터 헌법에 위배되어 효력이 없는 법령에 대한 것이었다면 형사소송법 제325조 전단이 규정하는 '범죄로 되지 아니한 때'의 무죄사유에 해당하는 것이지, 형사소송법 제326조 제4호 소정의 면소사유에 해당한다고 할 수 없다. 따라서 면소판결에 대하여 무죄판결인 실체판결이 선고되어야 한다고 주장하면서 상고할 수 없는 것이 원칙이지만,[42] 위와 같은 경우에는 이와 달리 면소를 할 수 없고 피고인에게 무죄의 선고를 하여야 하므로 면소를 선고한 판결에 대하여 상고가 가능하다.[43]

참조판례

1) 폐지 또는 실효된 형벌 관련 법령이 당초부터 위헌 · 무효인 경우 그 법령을 적용하여 공소가 제기된 피고사건에 대하여 법원이 취하여야 할 조치(=무죄의 선고) 및 이 경우 면소를 선고한 판결에 대하여 상소가 가능한지 여부

재심이 개시된 사건에서 범죄사실에 대하여 적용하여야 할 법령은 재심판결 당시의 법령이다. 따라서 법원은 재심대상판결 당시의 법령이 변경된 경우에는 그 범죄사실에 대하여 재심판결 당시의 법령을 적용하여야 하고(대법원 1996.6.14. 선고 96도477 판결 등 참조), 폐지된 경우에는 형사소송법 제326조 제4호를 적용하여 그 범죄

41) 대법원 1992.5.8. 선고 91도2825 판결 등.

42) 대법원 1964.4.7. 선고 64도57 판결 ; 대법원 2004.9.24. 선고 2004도3532 판결 등.

43) 대법원 2010.12.16. 선고 2010도5986 전원합의체 판결. 다만 대통령 긴급조치와 같이 입법적 형식은 법령이지만 그 규범적 효력이 법률에 해당하는 경우 그 위헌 여부에 대한 심사기관에 대하여 대법원은 "헌법 제107조 제1항, 제111조 제1항 제1호의 규정에 의하면, 헌법재판소에 의한 위헌심사의 대상이 되는 '법률'이란 '국회의 의결을 거친 이른바 형식적 의미의 법률'을 의미하고, 위헌심사의 대상이 되는 규범이 형식적 의미의 법률이 아닌 때에는 그와 동일한 효력을 갖는 데에 국회의 승인이나 동의를 요하는 등 국회의 입법권 행사라고 평가할 수 있는 실질을 갖춘 것이어야 한다. 구 대한민국헌법(1980.10.27. 헌법 제9호로 전부 개정되기 전의 것, 이하 '유신헌법'이라 한다) 제53조 제3항은 대통령이 긴급조치를 한 때에는 지체 없이 국회에 통고하여야 한다고 규정하고 있을 뿐, 사전적으로는 물론이거니와 사후적으로도 긴급조치가 그 효력을 발생 또는 유지하는 데 국회의 동의 내지 승인 등을 얻도록 하는 규정을 두고 있지 아니하고, 실제로 국회에서 긴급조치를 승인하는 등의 조치가 취하여진 바도 없다. 따라서 유신헌법에 근거한 긴급조치는 국회의 입법권 행사라는 실질을 전혀 가지지 못한 것으로서, 헌법재판소의 위헌심판대상이 되는 '법률'에 해당한다고 할 수 없고, 긴급조치의 위헌 여부에 대한 심사권은 최종적으로 대법원에 속한다"라고 해석하고 있다(대법원 2010.12.16. 선고 2010도5986 전원합의체 판결 ; 대법원 2008.12.24. 선고 2006도1427 판결 등). 이에 대하여 헌법재판소는 유신헌법 제53조 등 위헌소원 심판사건에서 "대통령 긴급조치 제1호(1974.1.8. 대통령 긴급조치 제1호로 제정되고, 1974.8.23. 대통령 긴급조치 제5호 '대통령 긴급조치 제1호와 제4호의 해제에 관한 긴급조치로 해제된 것), 대통령 긴급조치 제2호(1974.1.8. 대통령 긴급조치 제2호로 제정된 것), '국가안전과 공공질서의 수호를 위한 대통령 긴급조치(1975.5.13. 대통령 긴급조치 제9호로 제정되고, 1979.12.7. 대통령공고 제67호로 해제된 것)는 모두 헌법에 위반된다"라고 하면서, "헌법 제107조 제1항, 제2항은 법원의 재판에 적용되는 규범의 위헌 여부를 심사할 때, '법률'의 위헌 여부는 헌법재판소가, 법률의 하위 규범인 '명령 · 규칙 또는 처분' 등의 위헌 또는 위법 여부는 대법원이 그 심사권한을 갖는 것으로 권한을 분배하고 있다. 이 조항에 규정된 '법률'인지 여부는 그 제정 형식이나 명칭이 아니라 규범의 효력을 기준으로 판단하여야 하고, '법률'에는 국회의 의결을 거친 이른바 형식적 의미의 법률은 물론이고 그밖에 조약 등 '형식적 의미의 법률과 동일한 효력'을 갖는 규범들도 모두 포함된다. 따라서 최소한 법률과 동일한 효력을 가지는 이 사건 긴급조치들의 위헌 여부 심사권한도 헌법재판소에 전속한다"라고 판시하여 대법원 2010.12.16. 선고 2010도5986 전원합의체 판결과는 상반되는 해석을 내리고 있다.

사실에 대하여 면소를 선고하는 것이 원칙이다. 그러나 법원은, 형벌에 관한 법령이 헌법재판소의 위헌결정으로 인하여 소급하여 그 효력을 상실하였거나 법원에서 위헌 · 무효로 선언된 경우, 당해 법령을 적용하여 공소가 제기된 피고사건에 대하여 형사소송법 제325조에 따라 무죄를 선고하여야 한다(대법원 1992.5.8. 선고 91도2825 판결 등 참조). 나아가 형벌에 관한 법령이 재심판결 당시 폐지되었다 하더라도 그 '폐지'가 당초부터 헌법에 위배되어 효력이 없는 법령에 대한 것이었다면 형사소송법 제325조 전단이 규정하는 '범죄로 되지 아니한 때'의 무죄사유에 해당하는 것이지, 형사소송법 제326조 제4호 소정의 면소사유에 해당한다고 할 수 없다. 따라서 면소판결에 대하여 무죄판결인 실체판결이 선고되어야 한다고 주장하면서 상고할 수 없는 것이 원칙이지만(대법원 1964.4.7. 선고 64도57 판결, 대법원 2004.9.24. 선고 2004도3532 판결 등 참조), 위와 같은 경우에는 이와 달리 면소를 할 수 없고 피고인에게 무죄의 선고를 하여야 하므로 면소를 선고한 판결에 대하여 상고가 가능하다[대법원 2010.12.16. 선고 2010도5986 전원합의체 판결(긴급조치 제1호 위헌 · 무효)].

2) 폐지된 형벌 관련 법령이 당초부터 위헌 · 무효인 경우, 그 법령을 적용하여 공소가 제기된 피고사건에 대하여 법원이 취할 조치(=무죄의 선고)

형벌에 관한 법령이 헌법재판소의 위헌결정으로 소급하여 효력을 상실하였거나 법원에서 위헌 · 무효로 선언된 경우, 법원은 당해 법령을 적용하여 공소가 제기된 피고사건에 대하여 형사소송법 제325조에 따라 무죄를 선고하여야 한다. 나아가 형벌에 관한 법령이 폐지되었다 하더라도 그 '폐지'가 당초부터 헌법에 위배되어 효력이 없는 법령에 대한 것이었다면 그 피고사건은 형사소송법 제325조 전단이 규정하는 '범죄로 되지 아니한 때'의 무죄사유에 해당하는 것이지, 형사소송법 제326조 제4호에서 정한 면소사유에 해당한다고 할 수 없다. 피고인이 '국가안전과 공공질서의 수호를 위한 대통령긴급조치'(이하 '긴급조치 제9호'라 한다)를 위반하였다는 공소사실로 제1, 2심에서 유죄판결을 선고받고 상고하여 상고심에서 구속집행이 정지된 한편 긴급조치 제9호가 해제됨에 따라 면소판결을 받아 확정된 다음 사망하였는데, 그 후 피고인의 처(처) 갑이 형사보상을 청구한 사안에서, 긴급조치 제9호는 헌법에 위배되어 당초부터 무효이고, 이와 같이 위헌 · 무효인 긴급조치 제9호를 적용하여 공소가 제기된 경우에는 형사소송법 제325조 전단의 '피고사건이 범죄로 되지 아니한 때'에 해당하므로 법원은 무죄를 선고하였어야 하는데, 피고인이 면소판결을 받은 경위 및 그 이유, 원판결 당시 법원이 긴급조치 제9호에 대한 사법심사를 자제하는 바람에 그 위반죄로 기소된 사람으로서는 재판절차에서 긴급조치 제9호의 위헌성을 다툴 수 없었던 사정 등을 종합하여 보면, 이 결정에서 긴급조치 제9호의 위헌 · 무효를 선언함으로써 비로소 면소의 재판을 할 만한 사유가 없었더라면 무죄재판을 받을 만한 현저한 사유가 피고인에게 생겼다고 할 것이므로, 갑은 형사보상 및 명예회복에 관한 법률 제26조 제1항 제1호, 제3조 제1항, 제11조를 근거로 긴급조치 제9호 위반으로 피고인이 구금을 당한 데 대한 보상을 청구할 수 있다[대법원 2013.4.18. 자 2011초기689 전원합의체 결정(긴급조치 제9호 위헌 · 무효). 피고인이 대통령긴급조치 제9호 위반으로 제1, 2심에서 유죄판결을 선고받고 상고하여 상고심에서 구속집행이 정지된 한편 대통령긴급조치 제9호가 해제됨에 따라 면소판결을 받아 확정된 다음 사망하였는데, 그 후 피고인의 처 갑이 형사보상을 청구한 사안에서, 갑은 대통령긴급조치 제9호 위반으로 피고인이 구금을 당한 데 대한 보상을 청구할 수 있다고 한 사례].

3) 형벌에 관한 법령이 당초부터 헌법에 위배되어 법원에서 위헌 · 무효라고 선언한 경우도 형사소송법 제420조 제5호의 재심사유인 '무죄 등을 인정할 증거가 새로 발견된 때'에 해당하는지 여부

형사소송법 제420조 제5호의 재심사유에서 무죄 등을 인정할 '증거가 새로 발견된 때'란 재심대상이 되는 확정판결의 소송절차에서 발견되지 못하였거나 또는 발견되었다 하더라도 제출할 수 없었던 증거로서 이를 새로 발견하였거나 비로소 제출할 수 있게 된 때는 물론이고, 형벌에 관한 법령이 당초부터 헌법에 위배되어 법원에서 위헌 · 무효라고 선언한 때에도 역시 이에 해당한다. 재항고인의 '국가안전과 공공질서의 수호를 위한 대통령긴급조치'(이하 '긴급조치 제9호'라 한다) 위반 공소사실에 대하여 유죄를 선고한 재심대상판결이 확정되었는데,

그 후 재항고인이 위 판결에 대하여 재심을 청구한 사안에서, 대법원 2013.4.18.자 2011초기689 전원합의체 결정에서 긴급조치 제9호가 당초부터 위헌 · 무효라고 판단된 이상, 이는 '유죄의 선고를 받은 자에 대하여 무죄를 인정할 명백한 증거가 새로 발견된 때'에 해당하므로, 결국 재심대상판결에는 형사소송법 제420조 제5호의 재심사유가 있는데도, 위 재심청구가 법률상의 방식에 위배되어 부적법하다고 판단한 원심결정에 법리오해의 잘못이 있다[대법원 2013.4.18. 자 2010모363 결정(긴급조치 제9호 위헌 · 무효). 재항고인의 대통령긴급조치 제9호 위반 공소사실에 대하여 유죄를 선고한 재심대상판결이 확정되었는데, 그 후 재항고인이 위 판결에 대하여 재심을 청구한 사안에서, 대통령긴급조치 제9호가 당초부터 위헌 · 무효라고 판단된 이상, '유죄의 선고를 받은 자에 대하여 무죄를 인정할 명백한 증거가 새로 발견된 때'에 해당하므로 재심대상판결에 형사소송법 제420조 제5호의 재심사유가 있다고 한 사례].

4) **폐지된 형벌 관련 법령이 당초부터 위헌 · 무효인 경우, 그 법령을 적용하여 공소가 제기된 피고사건에 대하여 법원이 취할 조치(=무죄의 선고) 및 재심 사건에서 형벌 관련 법령이 당초부터 위헌 · 무효인 경우 무죄사유에 해당하는지 여부** 형벌에 관한 법령이 헌법재판소의 위헌결정으로 인하여 소급하여 그 효력을 상실하였거나 법원에서 위헌 · 무효로 선언된 경우, 당해 법령을 적용하여 공소가 제기된 피고사건에 대하여는 형사소송법 제325조에 따라 무죄를 선고하여야 한다. 나아가 재심이 개시된 사건에서 형벌에 관한 법령이 재심판결 당시 폐지되었다 하더라도 그 폐지가 당초부터 헌법에 위배되어 효력이 없는 법령에 대한 것이었다면 형사소송법 제325조 전단이 규정하는 '범죄로 되지 아니한 때'의 무죄사유에 해당하는 것이지, 형사소송법 제326조 제4호에서 정한 면소사유에 해당한다고 할 수 없다[대법원 2013.5.16. 선고 2011도2631 전원합의체 판결(긴급조치 제4호 위헌 · 무효)].

(5) 헌법재판소의 헌법불합치결정과 소급효금지의 원칙

헌법재판소법 제41조 (위헌 여부 심판의 제청) ① 법률이 헌법에 위반되는지 여부가 재판의 전제가 된 경우에는 당해 사건을 담당하는 법원(군사법원을 포함한다. 이하 같다)은 직권 또는 당사자의 신청에 의한 결정으로 헌법재판소에 위헌 여부 심판을 제청한다.

제45조 (위헌결정) 헌법재판소는 제청된 법률 또는 법률 조항의 위헌 여부만을 결정한다. 다만, 법률 조항의 위헌결정으로 인하여 해당 법률 전부를 시행할 수 없다고 인정될 때에는 그 전부에 대하여 위헌결정을 할 수 있다.

제68조 (청구 사유) ① 공권력의 행사 또는 불행사로 인하여 헌법상 보장된 기본권을 침해받은 자는 법원의 재판을 제외하고는 헌법재판소에 헌법소원심판을 청구할 수 있다. 다만, 다른 법률에 구제절차가 있는 경우에는 그 절차를 모두 거친 후에 청구할 수 있다.

② 제41조제1항에 따른 법률의 위헌 여부 심판의 제청신청이 기각된 때에는 그 신청을 한 당사자는 헌법재판소에 헌법소원심판을 청구할 수 있다. 이 경우 그 당사자는 당해 사건의 소송절차에서 동일한 사유를 이유로 다시 위헌 여부 심판의 제청을 신청할 수 없다.

제75조 (인용결정) ① 헌법소원의 인용결정은 모든 국가기관과 지방자치단체를 기속한다.

② 제68조제1항에 따른 헌법소원을 인용할 때에는 인용결정서의 주문에 침해된 기본권과 침해의 원인이 된 공권력의 행사 또는 불행사를 특정하여야 한다.

③ 제2항의 경우에 헌법재판소는 기본권 침해의 원인이 된 공권력의 행사를 취소하거나 그 불행사가 위헌임을 확인할 수 있다.

④ 헌법재판소가 공권력의 불행사에 대한 헌법소원을 인용하는 결정을 한 때에는 피청구인은 결정 취지에 따라 새로운 처분을 하여야 한다.
⑤ 제2항의 경우에 헌법재판소는 공권력의 행사 또는 불행사가 위헌인 법률 또는 법률의 조항에 기인한 것이라고 인정될 때에는 인용결정에서 해당 법률 또는 법률의 조항이 위헌임을 선고할 수 있다.
⑥ 제5항의 경우 및 제68조제2항에 따른 헌법소원을 인용하는 경우에는 제45조 및 제47조를 준용한다.
⑦ 제68조제2항에 따른 헌법소원이 인용된 경우에 해당 헌법소원과 관련된 소송사건이 이미 확정된 때에는 당사자는 재심을 청구할 수 있다.
⑧ 제7항에 따른 재심에서 형사사건에 대하여는 「형사소송법」을 준용하고, 그 외의 사건에 대하여는 「민사소송법」을 준용한다.

참조판례

1) 헌법불합치결정의 법적 성격과 당해 규정이 소급하여 효력을 상실하는지 여부, 헌법재판소가 당해 법률조항에 대해 헌법불합치결정을 선고하면서 개정시한을 정하여 입법개선을 촉구하였는데도 그 시한까지 당해 법률조항의 개정이 이루어지지 않은 경우 당해 법률조항을 적용하여 공소제기된 공소사실에 대하여 법원이 취해야 할 조치

(다수의견) 원심은 피고인 1에 대한 이 사건 공소사실 중 위 피고인이 야간옥외집회를 주최하였다는 취지의 각 공소사실을 집회 및 시위에 관한 법률(2007.5.11. 법률 제8424호로 전부 개정된 것, 이하 '집시법'이라 한다) 제23조 제1호, 제10조 본문을 적용하여 유죄로 인정한 제1심판결을 그대로 유지하였다. 그런데 원심판결 선고 후 헌법재판소는, 주문에서 "집시법 제10조 중 '옥외집회' 부분 및 제23조 제1호 중 '제10조 본문의 옥외집회' 부분은 헌법에 합치되지 아니한다. 위 조항들은 2010.6.30.을 시한으로 입법자가 개정할 때까지 계속 적용된다.", 이유 중 결론에서 "만일 위 일자까지 개선입법이 이루어지지 않는 경우 위 법률조항들은 2010.7.1.부터 그 효력을 상실하도록 한다."라는 내용의 헌법불합치결정을 선고하였고(헌법재판소 2009.9.24. 선고 2008헌가25 전원재판부 결정, 이하 '이 사건 헌법불합치결정'이라 한다), 국회는 2010.6.30.까지 집시법의 위 조항들을 개정하지 아니하였다. 헌법재판소의 헌법불합치결정은 헌법과 헌법재판소법이 규정하고 있지 않은 변형된 형태이지만 법률조항에 대한 위헌결정에 해당하고[대법원 2009.1.15. 선고 2004도7111 판결, 헌법재판소 2004.5.27. 선고 2003헌가1, 2004헌가4(병합) 전원재판부 결정 등 참조], 집시법 제23조 제1호는 집회 주최자가 집시법 제10조 본문을 위반할 것을 구성요건으로 삼고 있어 집시법 제10조 본문은 집시법 제23조 제1호와 결합하여 형벌에 관한 법률조항을 이루게 되므로, 집시법의 위 조항들(이하 '이 사건 법률조항'이라 한다)에 대하여 선고된 이 사건 헌법불합치결정은 형벌에 관한 법률조항에 대한 위헌결정이라 할 것이다. 그리고 헌법재판소법 제47조 제2항 단서는 형벌에 관한 법률조항에 대하여 위헌결정이 선고된 경우 그 조항이 소급하여 효력을 상실한다고 규정하고 있으므로, 형벌에 관한 법률조항이 소급하여 효력을 상실한 경우에 당해 조항을 적용하여 공소가 제기된 피고사건은 범죄로 되지 아니한 때에 해당한다 할 것이고, 법원은 그 피고사건에 대하여 형사소송법 제325조 전단에 따라 무죄를 선고하여야 한다(대법원 1992.5.8. 선고 91도2825 판결, 대법원 2010.12.16. 선고 2010도5986 전원합의체 판결 등 참조). 또한 헌법 제111조 제1항과 헌법재판소법 제45조 본문에 의하면 헌법재판소는 법률 또는 법률조항의 위헌 여부만을 심판·결정할 수 있으므로, 형벌에 관한 법률조항이 위헌으로 결정된 이상 그 조항은 헌법재판소법 제47조 제2항 단서에 정해진 대로 효력이 상실된다 할 것이다. 그러므로 헌법재판소가 이 사건 헌법불합치결정의 주문에서 이 사건 법률조항이 개정될 때까지 계속 적용되고, 이유 중 결론에서 개정시한까지 개선입법이 이루어지지 않는 경우 그 다음날부터 이 사건 법률조항이 효력을 상실하도록 하였더라도, 이 사건 헌법불합치결정을 위헌결정으로 보는 이상 이와 달리 해석할 여지가 없다. 따라서 이 사건 헌법불합치결정

에 의하여 헌법에 합치되지 아니한다고 선언되고 그 결정에서 정한 개정시한까지 법률 개정이 이루어지지 않은 이 사건 법률조항은 소급하여 그 효력을 상실한다 할 것이므로 이 사건 법률조항을 적용하여 공소가 제기된 야간옥외집회 주최의 피고사건에 대하여 형사소송법 제325조 전단에 따라 무죄가 선고되어야 할 것이다. 그러므로 원심판결 중 피고인 1에 대한 야간옥외집회 주최의 공소사실을 유죄로 인정한 부분은 더 이상 그대로 유지될 수 없게 되었는바, 원심은 위 피고인에 대한 위 공소사실과 나머지 공소사실이 형법 제37조 전단의 경합범 관계에 있다는 이유로 하나의 형을 선고하였으므로, 위 피고인에 대한 원심판결은 전부 파기될 수밖에 없다.

(별개의견) 다수의견은 이 사건 헌법불합치결정에도 헌법재판소법 제47조 제2항 단서가 적용되어야 함을 전제로 이 사건 법률조항이 소급적으로 효력을 상실하였다고 보고 있으나, 이 사건 법률조항의 효력상실시기에 관하여 아래와 같이 다수의견과 견해를 달리하므로 그 취지를 밝혀둔다. 헌법재판소법 제45조 본문은 "헌법재판소는 제청된 법률 또는 법률조항의 위헌 여부만을 결정한다."라고 규정하고 있다. 그러나 이 규정을 문언대로 엄격하게 고집하여 헌법재판소는 심판대상 법률의 위헌과 합헌 가운데 어느 하나만을 선택할 수 있을 뿐이고 여기에 어떠한 예외도 허용되지 않는다고 해석한다면 헌법재판소가 현대의 복잡 다양한 사회현상과 헌법상황에 맞는 유연하고 신축성 있는 판단을 할 수 없게 되어, 경우에 따라서는 국민의 기본권을 보호하고 헌법질서를 관철하고자 한 결정이 오히려 중대한 법적 공백과 혼란을 초래하여 법적 안정성을 해치거나 국회의 건전한 입법형성의 자유를 제약하여 더욱 헌법질서에서 멀어지게 만드는 결과를 낳을 수 있고, 이는 다시 헌법재판소로 하여금 법률의 위헌 여부에 관한 판단을 적극적으로 하기 어렵게 하여 국민의 기본권 수호에 관한 책무를 다하지 못하게 하는 결과에 이를 수도 있게 된다. 이러한 취지에서 헌법재판소가 일찍부터 헌법불합치결정을 포함하여 이른바 변형결정을 선고하여 왔음은 주지의 사실이다. 그러나 위와 같은 헌법재판의 특수성을 고려한다고 하더라도 이러한 변형결정은 그에 관한 실정법적 근거가 없을 뿐만 아니라 헌법이 법원에 부여한 법령의 해석권한을 침해하는 결과에 이를 수도 있기 때문에, 법원으로서는 헌법재판소가 한 변형결정에 전적으로 기속된다고 보기는 어렵고 이는 헌법불합치결정의 경우에도 마찬가지라고 보아야 할 것이다. 왜냐하면 헌법불합치결정이 본질적으로 위헌결정에 해당한다고 하더라도 헌법재판소가 위헌결정의 효력에 관한 헌법재판소법 제47조의 적용을 회피하기 위하여 변형결정의 한 형태로서 헌법불합치결정을 하였다면, 이를 헌법재판소법 제47조가 예정한 본래의 의미에서의 위헌결정이라고 볼 수 없고, 특히 헌법불합치결정에 포함된 경과조치나 효력상실시기에 관한 부분은 위헌 선언의 본질적 구성요소라고 보기 어려워 그 부분 기속력에 관한 실정법적 근거가 없음은 그 밖의 변형결정과 다를 바 없기 때문이다. 결국 구체적 분쟁에 적용할 법률이나 법률조항에 대하여 헌법불합치결정이 있을 때 그 효력과 의미를 어떻게 이해할 것인지는 법률의 해석 · 적용을 통하여 구체적 분쟁을 해결할 책임이 있는 법원의 권한에 속한다고 할 수밖에 없는데, 다만 이 경우 법원으로서도 헌법불합치결정의 주문과 이유에 나타난 헌법재판소의 의도와 견해를 가능한 한 존중함으로써 그에 담긴 위헌 선언의 취지를 충분히 살리는 한편, 헌법재판소가 헌법불합치결정을 하면서 염려한 법적 공백이나 법적 안정성에 대한 침해가 발생하지 않거나 최소화될 수 있도록 조화로운 해석을 모색할 필요가 있다고 할 것이다. 이는 우리 헌법질서가 국민의 기본권 보장과 법질서 수호의 책무를 법원과 헌법재판소에 분장시키면서 법원과 헌법재판소 모두에게 상호 존중의 정신에 입각하여 협력할 것을 요청하고 이를 통해 양 기관이 각자에게 주어진 헌법적 책무를 다할 것을 기대한다고 볼 수 있기 때문이고, 이러한 헌법적 요청에서 헌법재판소 역시 법원의 법령 해석 등에 관한 권한을 침해하지 않도록 변형결정에 신중을 기하여야 할 당위 또한 도출된다고 볼 수 있다.

다. 위와 같은 헌법불합치결정의 예외적 필요성은 형벌법규라고 하여 다르지 않다. 물론 위헌적인 형벌법규로 국민을 처벌하여서는 아니 됨은 너무나 당연하고, 이러한 취지에서 헌법재판소법 제47조 제2항 단서는 위헌으로 결정된 형벌에 관한 법률 또는 법률의 조항은 소급하여 그 효력을 상실하도록 하고 있으며, 제3항에서는 위헌으로 결정된 법률 또는 법률의 조항에 근거한 유죄의 확정판결에 대하여는 재심을 청구할 수 있다고 규정하고 있다. 그러나 형벌법규는 사회의 도의관념이나 가치체계에 기초를 두고 있어서 그 처벌의 정당성이나 범위는 국가의 정치 · 사회 · 경제 · 문화 각 영역의 동태적 변화 또는 발전에 불가피하게 영향을 받을 수밖에 없고, 국회가 이러한 변화에 적절히 대응하지 못하여 종래에는 합헌으로 평가되었던 형벌법규가 변화된 헌법적 현실에 부합하지 않게 된 경우에도 헌법재판소에 의한 위헌 선언의 가능성과 필요가 생기게 된다. 그런데 위와 같은 경우 헌법재판소의 위헌결정으로 해당 형벌법규가 예외 없이 그 법률의 제정 시로 소급하여 효력을 잃고, 그에 따라 위 형벌법규에 근거하여 유죄의 확정판결을 받았던 모든 사람들에게 재심을 허용하여 무죄판결을 받게 한다면, 이는 과거에 존재하였던 역사적 현실을 완전히 부인하는 것일 뿐만 아니라 위헌성을 제거한 개선입법이 마련될 때까지 발생하는 법적 공백으로 인한 혼란을 피할 수도 없게 된다. 뿐만 아니라 헌법재판소로서도 어떠한 형벌법규가 위헌인지 여부를 심사함에 있어서 과거 그 형벌법규가 제정될 때부터 현재에 이르기까지 전 기간에 걸쳐 시대를 초월하여 위헌성을 갖는다고 인정될 때에만 위헌 선언을 할 수 있다고 한다면, 헌법재판소가 과거의 역사적 현실에 기속되어 현재의 기본권 보호에 관한 헌법적 책무를 제대로 이행하지 못하는 결과를 낳을 수도 있다. 따라서 헌법재판소가 위와 같은 고려에서 어떠한 형벌법규에 위헌성이 있다고 인정하면서도 그 가운데 합헌적 부분 또한 혼재되어 있어 국회의 입법에 의한 구분의 필요성이 있거나 단순위헌결정이 가져올 법적 안정성에 대한 침해가능성이 중대하다고 보아, 헌법재판소법 제47조 제2항 단서에 따른 소급효의 적용을 배제하는 것이 불가피하다고 판단하여 단순위헌결정이 아닌 헌법불합치결정을 하면서 아울러 일정한 개선입법이 마련되어 시행되기까지 해당 법규의 잠정적용을 명한 경우, 법원으로서도 이러한 헌법적 가치와 이익형량에 관한 헌법재판소의 판단을 존중할 필요가 있고, 다수의견과 같이 예외적 소급효 제한의 헌법적 당부를 따지지 않은 채 단지 헌법불합치결정이 위헌결정의 일종이고 헌법불합치결정의 대상이 형벌법규이므로 당연히 헌법재판소법 제47조 제2항 단서의 적용에 따라 소급효가 인정될 뿐 여기에 어떠한 예외도 허용될 수 없다고 기계적으로 해석할 것은 아니다. 한편 대법원이 그 동안 헌법재판소법 제47조 제2항 본문의 해석과 관련하여 취해 온 태도도 살펴볼 필요가 있다. 헌법재판소법 제47조 제2항 본문은 형벌에 관한 것이 아닌 법률 또는 법률의 조항에 관하여 위헌결정이 있는 경우 위 법률이나 법률조항은 위헌결정이 있는 날부터 효력을 상실한다고 규정하고 있음에도, 대법원은 일찍부터 위헌심판에서의 구체적 규범통제의 실효성 보장이라는 측면을 고려하여 위헌결정을 하게 된 당해 사건, 위헌결정이 있기 전에 이와 동종의 위헌 여부에 관하여 헌법재판소에 위헌제청을 하였거나 법원에 위헌제청신청을 한 사건, 그리고 따로 위헌제청신청은 아니하였지만 당해 법률 또는 법률의 조항이 재판의 전제가 되어 법원에 계속 중인 사건뿐만 아니라 위헌결정 이후에 위와 같은 이유로 제소된 일반사건에도 위헌결정의 효력이 미친다고 해석하여 왔고, 다시 이 경우에도 법적 안정성의 유지나 당사자의 신뢰보호를 위하여 불가피한 경우에는 위헌결정의 소급효가 제한될 수 있다고 하거나 심지어는 당해 사건을 포함한 개별사건의 구제를 전혀 인정하지 않기도 하는 등, 위헌결정의 소급효 유무가 헌법재판소법 제47조 제2항의 문언이나 다른 어떤 형식적 기준을 통해 획일적으로 결정될 수 없음을 수긍하여 왔다(대법원 1993.1.15. 선고 91누5747 판결, 대법원 1995.11.24. 선고 93후107 판결, 대법원 2005.11.10. 선고 2005두5628 판결 등 참조). 위와 같은 대법원의 태도는 헌법재판소법 제47조 제2항 본문의 적용이 문제되는 비형벌법규에 관한 것이어서 형벌법규로서 같은 항 단서의 적용이 문제되는 이 사건의 경우와 동일한 평면에서 비교하거나 그에 직접 적용될 것은 아니나, 적어도 위헌결정의 소급효 인정 여부와 그 범위에 관하여 획일적 · 절대적 기준이 있을 수 없다는 점에서는 본질적인 공통점을 찾을 수 있을 것이다. 이 사건 헌법불합치결정은 그 주문에서 이 사건 법률조항이 헌법에 합치되지 아니함을 선언하면서도 2010.6.30.을 시한으로 국회가 개정할 때까지 계속 적용된다고 하였는데, 그 결정이유를 보면 이 사건 법률조항은 위헌적인 부분과 함께 합헌적인 부분을 포함하고 있기 때문에 그 효력을 즉시 상실시키기보다는 개정시한을 설정하여 그때까지 잠정적으로 효력을 유지하게 하면서 국회로 하여금 제반 사정을 참작하여 옥외집회가 금지되는 시간대를 합리적으로 설정하게 함으로써 국회의 판단 재량을 존중하는 가운데 이 사건 법률조항의 위헌성을 제거할 수 있다고 보아 위와 같은 주문의 결정에 이르게 된 것임을 알 수 있다. 아울러 이 사건 헌법불합치결정은 그 위헌 선언의 취지가 몰각되지 않도록 위 잠정적용의 시한까지 개선입법이 이루어지지 않는 경우 이 사건 법률조항은 2010.7.1.부터 그 효력을 상실한다고 이유를 통하여 밝히고 있으므로, 이를 종합하여 보면 이 사건 헌법불합치결정은 개선입법이 이루어지지 않은 경우 처음부터 단순위헌결정이 있었던 것과 동일한 상태로 돌아가는 것이 아니라 개선입법의 시한이 만료된 다음날인 2010.7.1.부터 이 사건 법률조항의 효력이 상실되도록 한 취지임을 알 수 있다. 이러한 헌법재판소의 판단은 야간옥외집회를 전면적으로 금지하는 것이 현 시대적 상황이나 우리나라의 정치 · 사회적 발전단계, 성숙도에 비추어 더 이상 합헌적인 것으로 평가받을 수 없기는 하나, 과거 헌법재판소 1994.4.28. 선고 91헌바14 전원재판부 결정에서 야간옥외집회금지규정을 합헌으로 선언한 바 있고 법원에서도 과거 수십 년 동안 그 합헌성을 전제로 다수의 재판을 해 온 현실을 염두에 두고 단순위헌결정이 가져올 법적 안정성의 교란과 국민의 법질서에 대한 신뢰 훼손, 사법절차의 부담까지도 감안하여 이루어진 것이라고 할 것이다. 그리고 단순위헌결정을 하지 않더라도 장차 국회의 합리적 기준 설정을 통해 사회적 정당성이 인정되는 야간옥외집회에 대하여는 그 처벌이 배제될 것이고, 국회가 개선입법을 하지 않는 경우에도 법률의 효력 상실과 이에 따른 면소판결을 통하여 형사처벌의 가능성이 전면적으로 소멸하므로(이 경우는 실질적으로 구법의 처벌규정이 부당하다는 반성적 고려에서 해당 법률을 폐지한 것과 달리 볼 이유가 없다), 어느 경우에나 헌법에 보장된 집회의 자유를 실현하고자 하는 위헌 선언의 취지는 관철됨을 전제로 하고 있다고 볼 수 있다. 그렇다면 헌법재판소가 위와 같은 취지에서 이 사건 헌법불합치결정을 통하여 이 사건 법률조항이 헌법에 위반된다고 판단하면서도 헌법재판소법 제47조 제2항 단서에 따른 소급효의 적용을 배제하고 개선입법의 시한 만료일 다음날인 2010.7.1.부터 그 효력이 상실되도록 한 이상, 피고인 1에 대한 야간옥외집회 주최의 공소사실은 그 형벌의 근거가 되는 이 사건 법률조항이 2010.7.1.부터 효력이 상실됨으로써 '범죄 후 법령 개폐로 형이 폐지되었을 때'에 해당한다고 볼 수 있으므로 형사소송법 제326조 제4호에 의하여 실체적 재판을 하기에 앞서 면소판결을 하여야 할 것이다. 그러므로 위 피고인에 대한 원심판결이 파기되어야 한다는 결론에서는 다수의견과 의견을 같이 하지만, 위에서 본 바와 같이 그 파기의 이유는 달리하므로 별개의견을 개진하는 것이다.

(별개의견에 대한 보충의견) 다수의견은 이 사건 헌법불합치결정을 형벌에 관한 법률조항에 대한 위헌결정이라고 해석하여, 헌법재판소법 제47조 제2항 단서에 따라 이 사건 법률조항이 소급하여 효력을 상실하였으므로 이 사건 법률조항을 적용한 공소사실에 대하여 무죄판결을 선고하여야 한다고 본다. 그러나 이러한 다수의견의 해석론은 이 사건 헌법불합치결정의 객관적 취지에 반하는 것은 물론 헌법과 헌법재판소법 규정을 넘어선 해석으로 볼 여지가 있고, 무엇보다 민주사회의 기본적 가치인 법적 안정성과 평화를 정당한 사유 없이 훼손할 우려가 있어 별개의견에 보충하여 그 취지를 밝힌다. 이 사건 헌법불합치결정에서 헌법재판소는 이 사건 법률조항에 대하여 헌법에 위반된다는 의견이 5인이고, 헌법에 합치되지 아니한다는 의견이 2인으로, 단순위헌 의견이 6인에 미달하였음에도 헌법불합치 의견까지 합산하면 헌법재판소법 제23조 제2항 제1호에 규정된 법률의 위헌결정을 함에 필요한 심판정족수에 이르게 된다는 이유로, 이 사건 법률조항에 대하여 헌법에 합치되지 아니하지만, 국회가 2010.6.30. 이전에 개선입법을 할 때까지 계속 적용하되, 만일 위 일자까지 개선입법이 이루어지지 않는 경우 이 사건 법률조항은 2010.7.1.부터 그 효력을 상실한다고 선언하였다. 한편 위 2인의 헌법불합치 의견은 그 취지가 이 사건 법률조항에 위헌적인 부분 외에 합헌적인 부분도 공존하고 있으므로 개선입법을 통해 이를 구분하고 그때까지는 그 전체가 효력을 유지하여 계속 적용되도록 하려는 것임이 명백하다. 그런데 헌법 제113조 제1항과 헌법재판소법 제23조 제2항 제1호에 의하면 법률의 위헌결정을 위해서는 재판관 6인 이상의 찬성이 있어야 한다. 헌법불합치와 위헌은 명백히 구별되는 것으로, 위헌결정의 중대성에 비추어 위헌결정을 위해서는 내용적으로나 형식적으로나 위헌임을 명시적으로 찬성한 6인 이상의 재판관의 찬성이 있어야 할 터인데,

이 사건 헌법불합치결정의 경우 그러한 단순위헌 의견이 5인에 불과하여 헌법재판소법 제47조 제2항에 규정한 즉각적이고 소급적인 법률의 효력 상실에 필요한 요건을 사실상 구비하지 못한 것으로 볼 여지가 많다. 과거 헌법재판소가 학교보건법 제6조 제1항 본문 제2호 중 '극장' 부분에 대한 위헌제청사건에서 형벌법규에 대하여 헌법불합치결정을 하였고[헌법재판소 2004.5.27. 선고 2003헌가1, 2004헌가4(병합) 전원재판부 결정 참조], 대법원은 이를 단순위헌결정과 같이 해석한 사실이 있기는 하다(대법원 2009.1. 5. 선고 2004도7111 판결 참조). 그런데 위 헌법불합치결정에서는 위 학교보건법 규정 중 초 · 중등교육법 제2조에 규정한 각 학교에 관한 부분이 기본권을 침해하여 헌법에 위반된다는 점에 대해 재판관 전원의 의견이 일치하였고, 나아가 단순위헌결정에 따르는 불합리성을 제거하기 위한 차원에서 헌법불합치결정의 형식을 취하면서도 위헌적인 법률에 의하여 형사처벌 절차가 진행되는 것을 막기 위하여 즉시 그 조항의 적용을 중지하도록 하였다. 이러한 점에서 위 헌법불합치결정은 심판대상 조항에 합헌적인 측면도 공존함을 인정하고 이를 감안하여 일정한 시기까지 그 계속 적용을 명한 이 사건 헌법불합치결정과는 성격이 다르므로, 위 해석 선례는 그 당부와 관계없이 이 사건에 적용될 수 없음을 먼저 밝혀 둔다. 다음으로, 대법원이 이 사건 법률조항의 계속 적용을 명한 헌법재판소의 명시적 의견에 반하여, 이 사건 헌법불합치결정의 법적 성격이 형벌에 관한 법률조항에 대한 위헌결정에 해당한다는 이유로 그 조항이 소급적으로 효력을 상실한다고 해석하는 것은, 헌법재판소법 제47조 제1항에서 규정한 헌법재판소결정의 기속력을 사실상 부정하는 것으로, 헌법재판소와 대법원 사이의 의견 차이를 해소할 법적 제도를 갖추지 아니한 우리 법체계 아래에서는 두 기관 사이의 법률 해석을 둘러싼 충돌은 물론 법률 수범자들에게도 혼란을 초래할 우려가 크다는 점을 지적하고자 한다. 비록 법률조항의 해석 · 적용 권한을 가진 법원이 헌법불합치결정에 전적으로 기속되지 아니하고 독자적인 해석을 할 수 없는 것은 아니고, 나아가 헌법재판소가 헌법과 법률이 규정하고 있지 아니한 헌법불합치결정을 한 것 자체가 부적절하여 이러한 해석상 혼란의 주된 원인이라고 하더라도 대법원이 그 효력 자체를 부정하지 않고 헌법재판소 의견의 일부로 받아들이는 이상 그 표시된 내용에 충실하게 해석함으로써 그 결정의 취지를 존중해야만 헌법재판소에 위헌법률심사권을 부여하고 그 결정에 기속력을 부여한 헌법 및 헌법재판소법에 충실한 해석이 될 것이고 예상되는 법적 혼란도 막을 수 있을 것이다. 위와 같이 이 사건 헌법불합치결정의 해석에 있어 다수의견과 별개의견의 근본적 차이는 그 결정의 소급적 적용 여부인바, 다수의견에 의하면 이 사건 헌법불합치결정의 결과, 이 사건 법률조항에 기하여 선고된 종전 유죄의 확정판결 전부가 재심의 대상이 될 것이다. 그러나 이러한 해석은 법적 평화를 현저히 침해하고 그 법률에 기초한 과거 모든 재판이 소급적으로 잘못된 행위로 간주된다는 점에서 법치국가의 기본적 원리를 훼손하게 될 우려가 있다. 더구나 다수의견의 논리에 따르면, 심지어 이 사건 헌법재판소가 그 효력이 유지됨을 인정하여 재판에 적용하도록 한 법률에 기한 개선입법 시점 이전의 판결에 대해서까지 이론상 그 개선입법의 유무나 내용과 상관없이 동일하게 위헌, 무효의 판결로 취급할 수밖에 없을 것이지만, 앞서 본 바와 같이 이 사건 헌법재판소의 결정이 실질적으로 단순위헌결정의 요건을 구비하지 못하였다고 하는 점에 비추어 보더라도 그 불합리성은 명백하다. 오히려 이 사건 헌법불합치결정의 취지를 그 주문과 이유에서 명시한 대로 객관적으로 해석하면, 형벌법규에 대한 위헌결정의 소급효를 인정한 헌법재판소법의 규정을 맹목적으로 좇을 경우에 발생할 문제점과 과거 헌법재판소 1994.4.28. 선고 91헌바14 전원재판부 결정에서 야간옥외집회금지 규정을 합헌으로 선언한 사정 등을 감안하여 위 헌법재판소법 규정의 의미를 합목적적인 견지에서 일부 제한하는 합헌적인 해석을 한 것으로 봄이 상당할 것이다. 이러한 헌법재판소의 해석은, 법적 안정성과 평화 역시 기본권과 마찬가지로 법치국가가 지향하는 기본적 원리의 하나로서, 기왕의 법률이나 그에 관한 해석이 법률적 불법으로 보이는 극히 예외적인 경우가 아닌 한 법적 안정성의 침해가 명백한 헌법불합치결정의 소급효를 함부로 인정해서는 곤란하다는 점에서 보더라도 수긍할 수 있는 것이다. 다수의견과 같이 헌법재판소의 명시적 의사에 반하여 이 사건 헌법불합치결정에 소급적 효력을 인정하는 것은, 시대의 변화와 법률이 지니는 다양한 성격 등 헌법적 현실을 고려하지 않은 채 오랜 세월의 역사적 법적용을 거슬러 올라가 독자적인 견지에서 이 사건 법률조항의 모든 적용이 무효임을 해석, 선언한다는 의미인바, 이것은 법률의 적용을 통한 법질서 유지를 하나의 임무로 하는 법원이 논리적 · 역사적 당위성과 구체적 타당성도 부족한 상태에서 법적 안정성을 훼손하는 자기 모순적인 결과를 초래하게 될 것이다. 이러한 점에서도 다수의견은 수긍하기 어려운 것이다.

(다수의견에 대한 보충의견) 별개의견이 지적하는 바와 같이 헌법재판의 특수성을 고려한다고 하더라도 헌법불합치결정을 포함한 이른바 변형결정은 실정법적 근거가 없을 뿐만 아니라 헌법이 법원에 부여한 법령의 해석 · 적용 권한을 침해하는 결과에 이를 수도 있기 때문에, 법원으로서는 헌법재판소가 한 변형결정에 전적으로 기속된다고 보기 어렵다. 한편 형벌법규에 대한 위헌결정의 소급효를 예외적으로 제한할 필요성이 있는 경우가 있을 수 있다. 그러나 헌법재판소법 제47조 제2항 단서와 제3항은 형벌법규에 대한 위헌결정의 소급효와 그에 따른 재심청구권을 명시적으로 규정하고 있고, 죄형법정주의를 천명하고 있는 우리 헌법과 형사법제 아래에서 형벌이 가지는 특수성에 비추어 볼 때, 헌법재판소결정 또는 그 결정에 대한 해석으로 위와 같은 소급효 및 피고인의 재심에 관한 권리를 제한하는 것은 허용되기 어렵고, 그에 따른 불합리는 결국 입법에 의하여 해결하는 수밖에 없다(대법원 2011.4.14. 선고 2010도5605 판결 등 참조). 법원이든 헌법재판소이든 그 헌법적 책무는 헌법과 법률이 정하는 바에 따라 수행할 수 있을 따름이다. 헌법재판소법 제47조 제2항 단서의 명시적 규정에도 불구하고 별개의견과 같이 해석하는 것은 위 규정이 위헌이라는 헌법재판소의 결정이 뒷받침되기 전에는 가능한 입론이 아니다. 현실적 필요성이 살아 있는 법률규정을 능가할 수는 없고, 법률규정으로 인한 불합리나 혼란을 해소할 필요가 있다면 이는 국회의 몫이지 법원이나 헌법재판소의 몫이 아니다. 또한 국가의 기본권 보장 의무와 형벌이 가지는 중대한 기본권 제약성을 고려할 때, 실질적 의미의 죄형법정주의를 구현하기 위해서는 범죄와 형벌을 규정하는 법률의 내용이 헌법적 가치체계와 일치하여야 하는데, 헌법불합치결정을 통하여 이미 위헌으로 결정된 형벌법규를 선고시점부터 개선입법 시까지 계속 적용하라고 명하는 것은 위헌인 법률을 잠정 적용하여서라도 기존 질서를 유지하라는 것에 다름 아니어서 헌법적으로 정당화되기 어렵다. 그리고 이 사건 헌법불합치결정과 같이 형벌에 관한 법률조항의 위헌을 선언하면서도 그 조항에 위헌적인 부분과 합헌적인 부분이 공존한다는 이유로 그 효력을 즉시 상실시키지 않고 일정 시점까지 계속 적용을 명하는 경우, 일반 국민으로서는 자신의 행위가 위헌적인 부분에 해당하는지 아니면 합헌적인 부분에 해당하여 처벌될 수 있는 행위인지를 명확히 알 수 없게 되어, 합헌의 가능성이 있는 행위를 포함하여 매우 포괄적으로 행동에 제약을 받게 되므로, 죄형법정주의가 요청하는 명확성 원칙에 반하게 된다. 특히 형벌에 관한 법률조항에 대한 헌법불합치결정 후 그 조항이 적용되어 처벌받은 행위가 그 이후의 개선입법에 의하면 위헌무효인 부분의 적용을 받는 것으로 밝혀지는 경우 그 당사자는 회복하기 어려운 피해를 입을 수밖에 없게 된다. 따라서 법원이 헌법재판소의 판단과 결정을 존중하여야 한다는 별개의견에 반대하는 것은 아니지만, 형벌법규에 대한 위헌결정의 소급효를 제한하기 위한 방안으로 형벌법규에 대한 이 사건 헌법불합치결정과 같은 내용을 그대로 수용하여, 그 결정 중 법적 근거가 있는 위헌 선언 부분 외에 법적 근거가 없는 부분에 대해서까지 효력을 인정하기는 곤란하다. 대법원은 비형벌법규에 대한 위헌결정의 효력을 규정한 헌법재판소법 제47조 제2항 본문에도 불구하고 해석상 일정한 경우에는 예외적으로 비형벌법규에 대한 위헌결정의 소급효를 인정하고 있음은 별개의견이 지적하는 바와 같다. 그러나 이러한 사정만으로 형벌법규에 대한 위헌결정의 효력을 규정한 헌법재판소법 제47조 제2항 단서에도 불구하고 해석상 예외적으로 형벌법규에 대한 위헌결정의 소급효를 제한할 수 있다고 볼 수는 없다. 왜냐하면 비형벌법규에 대한 위헌결정의 소급효를 인정하는 것은 형벌법규에 대한 위헌결정의 소급효를 부정하는 것과는 차원을 달리하는 문제이기 때문이다. 전자의 경우에는 위헌심판에서의 구체적 규범통제의 실효성을 보장하기 위하여, 위헌결정을 하게 된 당해 사건, 위헌결정이 있기 전에 이와 동종의 위헌 여부에 관하여 헌법재판소에 위헌심판제청을 하였거나 법원에 위헌심판제청신청을 한 사건, 따로 위헌심판제청신청은 아니하였지만 당해 법률 또는 법률의 조항

이 재판의 전제가 되어 법원에 계속 중인 사건 및 위헌결정 이후에 위와 같은 이유로 제소된 일반사건에 대하여 위헌결정의 소급효를 인정하지 않을 경우 권리구제의 측면에서 불공평하고 불합리한 결과를 가져올 수 있다는 점에서 소급효 인정이 정당화될 수 있다. 그러나 후자의 경우는 형벌법규에 대한 위헌결정의 소급효를 부정하면서까지 위헌으로 선언된 법률에 의한 형사처벌을 유지하겠다는 것으로, 이는 위헌 법률을 가지고 국민의 기본권을 제한하겠다는 것이고, 그 조항에 근거하여 유죄가 확정된 피고인의 재심청구권을 제한하여 당사자의 권리구제와 형평에 반하는 결과를 가져오는 것이어서 쉽사리 정당화될 수 없다. 별개의견은, 이 사건 헌법불합치결정은 개선입법이 이루어지지 않은 경우 처음부터 단순위헌결정이 있었던 것과 동일한 상태로 돌아가는 것이 아니라 개선입법의 시한이 만료된 다음날인 2010.7.1.부터 이 사건 법률조항의 효력이 상실되도록 한 취지라고 한다. 그러나 헌법재판소결정의 취지를 존중하더라도 과연 이 사건 헌법불합치결정의 취지를 그와 같이 단정할 수 있는지는 의문이다. 오히려 이 사건 헌법불합치결정은 이 사건 법률조항의 효력을 부득이 일정 기간 동안 존속시키지만 국회로 하여금 이 사건 법률조항의 위헌적 요소를 제거하도록 하여 개선입법이 이루어지면 피고인에게 유리한 개선입법을 적용하고, 개정시한까지 개선입법이 이루어지지 않으면 합헌적인 부분을 포함하여 이 사건 법률조항 전부가 소급하여 효력을 상실한다는 취지로 해석할 수도 있을 것이다. 이 사건 헌법불합치결정의 취지를 이와 같이 해석하게 되면 개정시한까지 개선입법이 이루어지지 않은 이 사건 법률조항은 소급하여 효력을 상실하므로, 이 사건 법률조항을 적용하여 공소가 제기된 피고사건에 대하여 무죄를 선고하여야 할 것이다. 그리고 별개의견은, 헌법재판소가 야간옥외집회금지 규정을 과거에 합헌으로 선언한 바 있었고 그 합헌성을 전제로 다수의 재판이 행해진 것을 염두에 두고 단순위헌결정이 가져올 법적 안정성의 교란과 국민의 법질서에 대한 신뢰 훼손, 사법절차의 부담까지도 감안하여 이 사건 헌법불합치결정을 한 것이라고 한다. 그러나 이 사건 헌법불합치결정의 이유에는 이 사건 법률조항에 위헌적인 부분과 합헌적인 부분이 공존하고 있기 때문에 국회로 하여금 제반 사정을 참작하여 옥외집회가 금지되는 시간대를 합리적으로 설정하도록 하기 위하여 헌법불합치결정을 한다는 내용만 있을 뿐 그 이유 어디에서도 별개의견이 주장하는 사정들을 감안하여 헌법불합치결정을 한다는 내용은 찾아볼 수 없다. 또한 개선입법이 이루어지지 않은 경우에 개정시한 다음날부터 장래를 향하여 이 사건 법률조항의 효력이 상실된다고 보는 것은, 이 사건 헌법불합치결정에서 이 사건 법률조항이 위헌임을 선언하였음에도 불구하고 개선입법이 이루어지지 않았다는 사정만으로 개정시한까지는 이 사건 법률조항이 합헌·유효하다고 본다는 것에 다름 아니고, 이는 이 사건 헌법불합치결정을 한시적 합헌결정으로 보는 것이라고 오해를 불러일으킬 수도 있다. 형사소송법 제326조는 면소의 선고를 하여야 할 사유로 '확정판결이 있은 때, 사면이 있은 때, 공소의 시효가 완성되었을 때, 범죄 후의 법령 개폐로 형이 폐지되었을 때'의 4가지 경우만을 규정하고 있을 뿐, 법률조항이 위헌으로 선언된 경우는 규정하고 있지 아니하다. 그리고 위헌결정으로 인하여 형벌에 관한 법률조항의 효력이 상실된 경우 이를 범죄 후의 법령의 개폐로 형이 폐지되었을 때에 해당한다고 보지 않는 것이 대법원의 확립된 판례이고, 면소사유에 해당하는 법령의 폐지로 인한 형의 폐지는 합헌 법령이 존속하다가 폐지된 경우를 의미하지, 위헌 법령이 존속하다가 폐지된 경우를 의미하는 것은 아니다. 헌법재판소의 결정을 법령의 개폐와 동일시하여 면소판결을 하여야 한다는 주장은 형사소송법 제326조에 근거하지 않은 해석으로 수긍할 수 없다. 또한 헌법재판소의 결정에서 말하는 효력 상실이란 대상법률에 대하여 위헌결정이 내려진 것과 마찬가지의 효과가 생기는 것을 뜻하는 것으로 볼 수 있다. 이 점에서도 이 사건 법률조항을 적용하여 공소가 제기된 피고사건에 대해서는 면소가 아닌 무죄를 선고하여야 하는 것이다. 헌법재판소가 평의 결과에 따라 법정의견인 주문을 결정하면 그 의견은 헌법재판소 전체의 의견으로 확정되는 것이고, 비록 그 주문이 소수의견에 기초한 것이라 할지라도 더 이상 이를 문제삼을 수는 없는 것이다. 그런데 헌법불합치결정의 본질을 위헌결정이라고 보는 데에 이론이 없으므로, 이 사건 헌법불합치결정은 법정의견이 도출되는 과정이 어떠하였던지 그 법정의견에 따른 헌법불합치결정을 위헌결정으로 보아 위헌결정과 동일한 내용의 효력을 부여함에 어떠한 잘못이 없다. 헌법과 법률의 근거가 없는 헌법불합치결정이 기속력을 가지려면 헌법불합치결정이 위헌결정의 일종이라는 전제가 성립하여야 하므로, 만약 이 사건 헌법불합치결정의 법정의견이 소수의견인 헌법불합치 의견에 기초한 것이고 위헌의견이 5인에 불과하여 위헌결정과 동일한 내용의 효력을 부여할 수 없다고 한다면, 이 사건 헌법불합치결정 중 위헌 선언 부분조차 기속력을 갖지 못할 것이다. 또한 위헌결정의 방법에는 정해진 형식이 따로 없으므로 결정 주문의 표현을 단순위헌이라고 했든지 헌법불합치라고 했든지 간에 그 내용이 위헌이라는 취지로 해석되면 그 결정은 위헌결정으로서 헌법재판소법 제47조에 의한 효력이 발생하는 것이고, 헌법불합치결정에 위헌 선언 이외의 주문이 있다고 하여 그 결정을 위헌결정과 달리 볼 것도 아니다. 형벌법규에 대한 이 사건 헌법불합치결정에 기속력을 인정하면서도 위헌결정으로서의 효력이 아닌 다른 효력을 인정하자고 하는 것은 헌법과 헌법재판소법에 명백히 반하는 해석이라 할 것이다(대법원 2011.6.23. 선고 2008도7562 전원합의체 판결 ; 2011.8.25. 선고 2008도10960 판결).

2) 통신비밀보호법 제6조 제7항 단서 중 전기통신에 관한 '통신제한조치기간의 연장' 부분에 대한 헌법재판소 헌법불합치결정의 취지 및 위헌성이 제거된 개선입법이 이루어지지 아니한 채 헌법불합치결정에서 정한 개정시한을 넘겨 위 규정이 효력을 잃은 경우, 그 이전에 위 규정에 따라 이루어진 통신제한조치기간 연장의 적법성이나 효력이 영향을 받는지 여부

헌법재판소는 2010.12.28. 통신비밀보호법 제6조 제7항 단서 중 전기통신에 관한 '통신제한조치기간의 연장'에 관한 부분(이하 '이 사건 법률조항'이라고 한다)이 통신제한조치의 총연장기간이나 총연장횟수를 제한하지 아니하고 계속해서 통신제한조치가 연장될 수 있도록 한 것은 과잉금지원칙에 위배하여 통신의 비밀을 침해한다는 이유로 헌법에 합치하지 아니한다고 선언하면서, 이 사건 법률조항은 입법자가 2011.12.31.을 시한으로 개정할 때까지 계속 적용한다고 결정하였다(이하 '이 사건 헌법불합치결정'이라고 한다). 이 사건 헌법불합치결정의 내용 및 그 주된 이유 등에 비추어 보면, 헌법재판소가 이 사건 법률조항이 위헌임에도 불구하고 굳이 그 잠정 적용을 명하는 내용의 헌법불합치결정을 한 것은 다음과 같은 취지임이 분명하다. 즉, 단순위헌결정을 하는 경우 그 결정의 효력이 당해 사건 등에 광범위하게 미치는 결과 이미 이 사건 법률조항에 근거하여 받은 통신제한조치의 연장허가나 그에 따른 증거취득의 효력이 전면적으로 재검토되어야 함은 물론 수사목적상 필요한 정당한 통신제한조치의 연장허가도 가능하지 아니하게 되는 등 법적 공백이나 혼란을 초래할 우려가 있으므로 이를 피하기 위하여 이 사건 법률조항의 위헌성이 제거된 개선입법이 이루어지기까지는 이 사건 법률조항을 그대로 잠정 적용한다는 것이다. 그렇다면 이 사건 법률조항의 위헌성이 제거된 개선입법이 이루어지지 아니한 채 위 개정시한이 도과함으로써 이 사건 법률조항의 효력이 상실되었다고 하더라도 그 효과는 장래에 향하여만 미칠 뿐이며 그 이전에 이 사건 법률조항에 따라 이루어진 통신제한조치기간 연장의 적법성이나 효력에는 영향을 미치지 아니한다고 볼 것이고, 이른바 당해 사건이라고 하여 달리 취급하여야 할 이유는 없다(대법원 2012.10.11. 선고 2012도7455 판결).

(6) 대법원 양형위원회가 설정한 '양형기준'이 발효하기 전에 공소가 제기된 범죄에 대하여 위 '양형기준'을 참고하여 형을 양정한 것이 소급적용금지의 원칙을 위반한 것인지 여부(양형기준과 소급효금지의 원칙)

법원조직법 제81조의2 이하의 규정에 의하여 마련된 대법원 양형위원회의 양형기준은 법관이 합리적인 양형을 정하는 데 참고할 수 있는 구체적이고 객관적인 기준으로서 마련된 것이다(같은 법 제81조의6 제1항 참조). 위 양형기준은 법적 구속력을 가지지 아니하고(같은 법 제81조의7 제1항 단서), 단지 위와 같은 취지로 마련되어 그 내용의 타당성에 의하여 일반적인 설득력을 가지는 것으로 예정되어 있으므로 법관의 양형에 있어서 그 존중이 요구되는 것일 뿐이다. 그렇다면 법관이 형을 양정함에 있어서 참고할 수 있는 자료에 달

리 제한이 있는 것도 아닌 터에 원심이 위 양형기준이 발효하기 전에 법원에 공소가 제기된 이 사건 범죄에 관하여 형을 양정함에 있어서 위 양형기준을 참고자료로 삼았다고 하여, 거기에 상고이유로 주장하는 바와 같이 피고인에게 불리한 법률을 소급하여 적용한 위법이 있다고 할 수 없다.[44)]

3. 유추해석(적용)금지의 원칙(lex stricta, Analogieverbot)

사례연구

1. 사실관계

피고인 甲은 1993.3.23. 16:00경 대전 대덕구 송촌동 129의1 소재 피해자 A 등 소유의 사과나무 밭에서 바람이 세게 불어 그냥 담뱃불을 붙이기가 어렵자 마른 풀을 모아 놓고 성냥불을 켜 담뱃불을 붙인 뒤, 그 불이 완전히 소화되었는지 여부를 확인하지 아니한 채 자리를 이탈한 과실로, 남은 불씨가 주변에 있는 마른 풀과 잔디에 옮겨 붙고, 계속하여 피해자들 소유의 사과나무에 옮겨 붙어 사과나무 217주 등 시가 671만원 상당을 소훼하였다.

2. 사건의 경과

검사는 위 사실을 공소사실로 형법 제170조 제2항, 제167조를 적용법조로 하여 공소를 제기하였다. 제1심 법원은 형법 제170조 제2항은 타인의 소유에 속하는 제167조에 기재한 물건(일반물건)을 소훼한 경우에는 적용될 수 없고, 형법상 그러한 물건을 과실로 소훼한 경우에 처벌하도록 하고 있는 규정이 없으므로 결국 공소장에 기재된 사실이 진실하다고 하더라도 범죄가 될 만한 사실이 포함되어 있지 아니한 때에 해당한다는 이유로 공소기각의 결정을 하였다. 위 결정에 대하여 검사는 법리오인을 이유로 즉시항고하였다.

3. 법률적 쟁점

형법 제170조 제2항 소정의 '자기의 소유에 속하는 제166조 또는 제167조에 기재한 물건'을 해석함에 있어 타인의 소유에 속하는 제167조에 기재한 물건이 포함되는 것으로 해석하는 것이 유추해석에 해당되는가

4. 적용법조

형법 제170조 제2항

〈형법〉

제164조 (현주건조물등에의 방화) ① 불을 놓아 사람이 주거로 사용하거나 사람이 현존하는 건조물, 기

44) 대법원 2009.12.10. 선고 2009도11448 판결.

차, 전차, 자동차, 선박, 항공기 또는 광갱을 소훼한 자는 무기 또는 3년 이상의 징역에 처한다.
② 제1항의 죄를 범하여 사람을 상해에 이르게 한 때에는 무기 또는 5년 이상의 징역에 처한다. 사망에 이르게 한 때에는 사형, 무기 또는 7년 이상의 징역에 처한다.
제165조 (공용건조물등에의 방화) 불을 놓아 공용 또는 공익에 공하는 건조물, 기차, 전차, 자동차, 선박, 항공기 또는 광갱을 소훼한 자는 무기 또는 3년 이상의 징역에 처한다.
제166조 (일반건조물등에의 방화) ① 불을 놓아 전2조에 기재한 이외의 건조물, 기차, 전차, 자동차, 선박, 항공기 또는 광갱을 소훼한 자는 2년 이상의 유기징역에 처한다.
② 자기 소유에 속하는 제1항의 물건을 소훼하여 공공의 위험을 발생하게 한 자는 7년 이하의 징역 또는 1천만원 이하의 벌금에 처한다.
제167조 (일반물건에의 방화) ① 불을 놓아 전3조에 기재한 이외의 물건을 소훼하여 공공의 위험을 발생하게 한 자는 1년 이상 10년 이하의 징역에 처한다.
② 제1항의 물건이 자기의 소유에 속한 때에는 3년 이하의 징역 또는 700만원 이하의 벌금에 처한다.
제170조 (실화) ① 과실로 인하여 제164조 또는 제165조에 기재한 물건 또는 타인의 소유에 속하는 제166조에 기재한 물건을 소훼한 자는 1천500만원 이하의 벌금에 처한다.
② 과실로 인하여 자기의 소유에 속하는 제166조 또는 제167조에 기재한 물건을 소훼하여 공공의 위험을 발생하게 한 자도 전항의 형과 같다.
제174조 (미수범) 제164조제1항, 제165조, 제166조제1항, 제172조제1항, 제172조의2제1항, 제173조제1항과 제2항의 미수범은 처벌한다.

5. 원심법원과 대법원의 판단

1) 원심법원의 판단 (대전지방법원 1994.5.6. 자 94로1 결정)

원심법원은 형법 제170조 제2항의 '자기의 소유에 속하는 제166조 또는 제167조에 기재한 물건'을 '자기의 소유에 속하는 제166조에 기재한 물건 또는 자기나 타인의 소유에 속하는 제167조에 개재한 물건'으로 해석하는 것은 죄형법정주의의 원칙, 특히 유추해석금지 또는 확장해석금지의 원칙에 반한다는 이유로 즉시항고를 기각하여 제1심결정을 유지하였다.

2) 대법원의 판단

[판시사항]

형법 제170조 제2항 소정의 '자기의 소유에 속하는 제166조 또는 제167조에 기재한 물건'의 해석과 죄형법정주의 원칙

[판결요지]

(다수의견)

형법 제170조 제2항에서 말하는 '자기의 소유에 속하는 제166조 또는 제167조에 기재한 물건'이라 함은 '자기의 소유에 속하는 제166조에 기재한 물건 또는 자기의 소유에 속하든, 타인의 소유에 속하든 불문하

고 제167조에 기재한 물건'을 의미하는 것이라고 해석하여야 하며, 제170조 제1항과 제2항의 관계로 보아서도 제166조에 기재한 물건(일반건조물 등) 중 타인의 소유에 속하는 것에 관하여는 제1항에서 규정하고 있기 때문에 제2항에서는 그중 자기의 소유에 속하는 것에 관하여 규정하고, 제167조에 기재한 물건에 관하여는 소유의 귀속을 불문하고 그 대상으로 삼아 규정하고 있는 것이라고 봄이 관련조문을 전체적, 종합적으로 해석하는 방법일 것이고, 이렇게 해석한다고 하더라도 그것이 법규정의 가능한 의미를 벗어나 법형성이나 법창조행위에 이른 것이라고는 할 수 없어 죄형법정주의의 원칙상 금지되는 유추해석이나 확장해석에 해당한다고 볼 수는 없을 것이다.
(반대의견)
형벌법규의 해석은 문언해석으로부터 출발하여야 하고, 문언상 해석 가능한 의미의 범위를 넘어서는 것은 법창조 내지 새로운 입법행위 바로 그것이라고 하지 아니할 수 없으며, 이는 죄형법정주의의 중요한 내용인 유추해석의 금지원칙상 쉽게 허용되어서는 안 될 것이다. 형법 제170조 제2항은 명백히 '자기의 소유에 속하는 제166조 또는 제167조에 기재한 물건'이라고 되어 있을 뿐 '자기의 소유에 속하는 제166조에 기재한 물건 또는 제167조에 기재한 물건'이라고는 되어 있지 아니하므로, 우리말의 보통의 표현방법으로는 '자기의 소유에 속하는'이라는 말은 '제166조 또는 제167조에 기재한 물건'을 한꺼번에 수식하는 것으로 볼 수밖에 없고, 위 규정이 '자기의 소유에 속하는 제166조에 기재한 물건 또는, 아무런 제한이 따르지 않는 단순한, 제167조에 기재한 물건'을 뜻하는 것으로 볼 수는 없다고 하지 아니할 수 없다. 과실로 인하여 타인의 소유에 속하는 일반물건을 소훼하여 공공의 위험을 발생하게 한 경우 그 처벌의 필요성이 있다는 점에는 의견을 같이 할 수 있으나, 그 처벌의 필요성은 법의 개정을 통하여 이를 충족시켜야 할 것이고 법의 개정에 의하지 아니한 채 형법의 처벌규정을 우리말의 보통의 표현방법으로는 도저히 해석할 수 없는 다른 의미로 해석하는 것에 의하여 그 목적을 달성하려고 한다면 그것은 죄형법정주의의 정신을 훼손할 염려가 크다고 아니할 수 없다[대법원 1994.12.20. 자 94모32 전원합의체 결정(사과나무 실화 사례, 공소기각결정에 대한 재항고사건으로 원심결정 파기환송].

6. 대법원의 해석상 문제점

- 형법 해석의 방법 중 일반적으로 금지되는 유추해석과 허용되는 (객관적 · 목적론적) 확장해석은 '문언(언어)의 가능한 의미'를 넘어가느냐에 따라 구별된다. 즉 일정한 사안에 대한 해석의 결과를 유사한 사안에 적용할 때 일정한 사안을 규율하는 법규정에 기술되어 있는 언어의 가능한 의미를 넘어 해석하여 유사한 사항에 적용하는 것은 그것이 확장해석이든 아니든 유추해석에 해당하기 때문에 허용되지 않는다.
- 법발견행위와 법형성 내지 법창조행위의 구별- 그 언어가 일상생활에서 사용되고 있는 개념, 의미 및 사용례
- ',' 내지 '또는'이라는 표현이 연결어인지 아니면 분리어인지 여부
- 열거된 유형이 단일개체인 경우와 복수개체인 경우, 단일개체이거나 복수개체이면서 성질상 유개

념인 경우에는 모두를 수식하는 연결어로 해석할 수 있으나, 복수개체이면서 성질상 상이한 개념이나 유형인 경우에는 특정 개념만 수식하는 분리어로 해석

○ 형법 제170조 제2항을 대법원 판결의 다수의견과 같이 해석할 경우 입법적으로 반대의견이 제시하는 것처럼 '자기의 소유에 속하는 제166조에 기재한 물건 또는 제167조에 기재한 물건'으로 명확하게 규정하여야 한다.

1) 형법의 해석방법

(1) 일반적인 법해석의 방법과 한계

법은 원칙적으로 불특정 다수인에 대하여 동일한 구속력을 갖는 사회의 보편타당한 규범이므로 이를 해석함에 있어서는 법의 표준적 의미를 밝혀 객관적 타당성이 있도록 하여야 하고, 가급적 모든 사람이 수긍할 수 있는 일관성을 유지함으로써 법적 안정성이 손상되지 않도록 하여야 한다. 한편 실정법은 보편적이고 전형적인 사안을 염두에 두고 규정되기 마련이므로 사회현실에서 일어나는 다양한 사안에서 그 법을 적용함에 있어서는 구체적 사안에 맞는 가장 타당한 해결이 될 수 있도록 해석할 것도 또한 요구된다. 요컨대 법해석의 목표는 어디까지나 법적 안정성을 저해하지 않는 범위 내에서 구체적 타당성을 찾는 데 두어야 한다. 나아가 그러기 위해서는 가능한 한 법률에 사용된 문언의 통상적인 의미에 충실하게 해석하는 것을 원칙으로 하면서, 법률의 입법 취지와 목적, 그 제·개정 연혁, 법질서 전체와의 조화, 다른 법령과의 관계 등을 고려하는 체계적·논리적 해석방법을 추가적으로 동원함으로써, 위와 같은 법해석의 요청에 부응하는 타당한 해석을 하여야 한다.[45]

---

45) 대법원 2013.1.17. 선고 2011다83431 전원합의체 판결. 같은 취지의 판례로 대법원 2012.12.13. 선고 2010도10576 판결 ; 2012.9.13. 선고 2010도17153 판결 ; 2007.6.14. 선고 2007도2162 판결 등.
정보통신망 이용촉진 및 정보보호 등에 관한 법률(이하 '정보통신망법'이라 한다)은 제49조(이하 '이 사건 조항'이라 한다)에서 "누구든지 정보통신망에 의하여 처리·보관 또는 전송되는 타인의 정보를 훼손하거나 타인의 비밀을 침해·도용 또는 누설하여서는 아니 된다."고 규정하는 한편, 제71조 제11호에서 ' 제49조를 위반하여 타인의 정보를 훼손하거나 타인의 비밀을 침해·도용 또는 누설한 자'를 5년 이하의 징역 또는 5천만 원 이하의 벌금에 처하도록 규정하고 있다. 이 사건 조항에 규정된 '정보통신망에 의하여 처리·보관 또는 전송되는 타인의 비밀 누설'이란 타인의 비밀에 관한 일체의 누설행위를 의미하는 것이 아니라, 정보통신망에 의하여 처리·보관 또는 전송되는 타인의 비밀을 정보통신망에 침입하는 등의 부정한 수단 또는 방법으로 취득한 사람이나, 그 비밀이 위와 같은 방법으로 취득된 것임을 알고 있는 사람이 그 비밀을 아직 알지 못하는 타인에게 이를 알려주는 행위만을 의미하는 것으로 제한하여 해석함이 타당하다. 이러한 해석이 아래에서 살필 형벌법규의 해석 법리, 정보통신망법의 입법 목적과 규정 체제, 이 사건 조항의 입법 취지, 비밀 누설행위에 대한 형사법의 전반적 규율 체계와의 균형 및 개인정보 누설행위에 대한 정보통신망법 제28조의2 제1항과의 관계 등 여러 사정에 비추어 이 사건 조항의 본질적 내용에 가장 근접한 체계적·합리적 해석이기 때문이다. 형벌법규는 문언에 따라 엄격하게 해석·적용하여야 하고 피고인에게 불리한 방향으로 지나치게 확장해석하거나 유추해석하여서는 아니 되나, 형벌법규를 해석하면서 가능한 문언의 의미 내에서 해당 규정의 입법 취지와 목적 등을 고려한 법률체계적 연관성에 따라 그 문언의 논리적 의미를 분명히 밝히는 체계적·논리적 해석방법은 그 규정의 본질적 내용에 가장 접근한 해석을 위한 것으로서 죄형법정주의 원칙에 부합한다(대법원 2007. 6. 14. 선고 2007도2162 판결, 대법원 2012. 9. 13. 선고 2010도17153 판결 등 참조). 이 사건 공소사실의 요지는, 피고인이 자신이 운영하는 인터넷 사이트의 카페에 개인정보가 담겨 있는 '○○○ 교인

(2) 법해석의 유형

가) 문리해석

문리해석이란 법규의 문언을 문자 의미 그대로 해석하는 방법으로, 문리해석만으로 합리적인 결론을 도출할 수 있다면 가장 바람직한 해석방법일 수 있다. 그러나 입법기술상 또는 규정의 전문성 내지 다양성, 나아가 추상적이고 간결한 용어로 구체적이고도 다양한 사안을 규율해야 하는 형법규범의 속성상 문리해석만으로 구체적이고 타당한 합리적 결론을 도출하기에는 어려운 경우가 많다. 이러한 경우에 당해 법규정의 입법취지나 체계 등 여러 가지 사정들을 종합하여 규정을 해석하는 논리해석이나 목적론적 해석이 필요하게 된다.

나) 논리해석

논리해석이란 문언의 의미를 법규정의 체계적 관련성을 고려하여 해석하는 방법으로, 논리해석은 그 기준에 따라 확장해석 · 축소해석과 물론해석 · 반대해석 · 유추해석으로 나눌 수 있다.

(가) 해석의 결과를 기준으로 한 확장해석과 축소해석

확장해석과 축소해석은 해석의 결과를 기준으로 분류하는 해석방법으로, 확장해석은 해석의 결과 그 개념이 문언의 의미보다 넓어진 해석을 말한다. 이에 대하여 축소해석은 해석의 결과 그 개념이 문언의 의미보다 좁아진 경우를 말한다.

(나) 해석의 방법을 기준으로 한 물론(당연)해석, 반대해석, 유추해석

물론해석이란 법규정상의 문자에 포함되지 않는 전혀 다른 사항에 대해서도 그 규정의 의미로 보아 당연히 그 규정을 적용하는 형태의 해석을 말한다. 반대해석은 문자에 포함되지 않는 다른 사항에 대해서는 당연히 그 규정이 적용되지 않는다는 해석방법이다. 유추해석은 당해 사항에 적용할 법규정이 없는 경우에 그와 가장 유사한 사항에 적용되는 법규정을 적용하는 해석방법을 말한다.

명단'을 업로드하여 다른 회원들로 하여금 다운로드받아 볼 수 있게 함으로써 정보통신망에 의하여 처리 · 보관 또는 전송되는 타인의 비밀을 침해 · 도용 또는 누설하였다는 것이다. 이에 대하여 원심은, 정보통신망법 제49조에 규정된 '정보통신망에 의하여 처리 · 보관 또는 전송되는 타인의 비밀 침해 · 도용 또는 누설'이란 정보통신망을 침해하는 방법 등으로 정보통신망에 의하여 처리 · 보관 또는 전송되는 타인의 정보를 침해하거나 그렇게 침해된 정보를 도용 또는 누설하는 것을 의미한다고 전제한 다음, 이 사건 공소사실에는 위 명단의 작성자나 그 취득 경위가 적시되어 있지 않고, 위 명단은 피고인이 성명 불상의 대학동창으로부터 이메일로 전달받은 것일 뿐이며, 설령 위 명단이 타인의 비밀에 해당하여 보호를 받을 필요성이 인정된다 하더라도 위 명단이 원래 정보통신망에 의하여 처리 · 보관 또는 전송되던 것을 정보통신망을 침해하는 방법 등으로 이 사건 명단의 작성자나 관리자의 승낙 없이 취득한 것이라는 점을 인정할 증거가 없는 이상, 피고인의 행위가 정보통신망법 제49조에 규정된 정보통신망에 의하여 처리 · 보관 또는 전송되는 타인의 비밀을 침해 · 도용 또는 누설한 경우에 해당한다고 볼 수 없다는 이유로 피고인에게 무죄를 선고하였다. 원심판결 이유를 앞서 본 법리와 기록에 비추어 살펴보면, 원심의 위와 같은 판단은 수긍이 가고, 거기에 상고이유 주장과 같이 정보통신망법 제71조 제11호, 제49조 소정의 비밀누설죄에 관한 법리를 오해하는 등의 위법이 없다(대법원 2012.12.13. 선고 2010도10576 판결).

형벌을 신설하거나 강화하는 규정에 대해서는 반대해석을 해야 하고 물론해석이나 유추해석을 해서는 안되지만, 형벌을 완화하는, 즉 피고인에게 유리하게 되는 규정해석에 있어서는 경우에 따라서 물론해석이나 반대해석 또는 유추해석 모두가 허용될 수 있다.[46)]

다) 목적론적 해석

목적론적 해석이란 문언의 의미를 달리 해석할 수 있는 경우에 그 법규정의 제정목적(입법취지)이나 해석의 결과가 미치는 효과 등을 고려하여 해석하는 방법을 말한다.

목적론적 해석은 다시 주관적 · 목적론적 해석과 객관적 · 목적론적 해석으로 나눌 수 있다. 주관적 · 목적론적 해석은 법규정을 제정할 당시 입법자의 제정목적이 무엇이었느냐를 고려하여 해석하는 것으로, 입법자의 제정목적은 대부분 입법 당시의 제정이유서에 명시되어 있다. 객관적 · 목적론적 해석은 그 법규정이 표방하고 있는 목적(대부분의 법률은 제1조에 그 법률의 목적을 명시하고 있다)이나 해석 당시 객관적으로 보여지는 그 법규정의 목적을 고려하여 해석하는 방법이다.

2) 유추해석금지

(1) 유추해석의 개념

유추해석이란 두 개의 사건이 유사한 경우 한 사건에 적용되는 결론을 다른 사건에도 적용하는 것 또는 일정한 사항을 직접 규정하고 있는 법규가 없는 경우 그와 가장 유사한 사항을 규정하고 있는 법규정을 적용하는 것을 말한다.

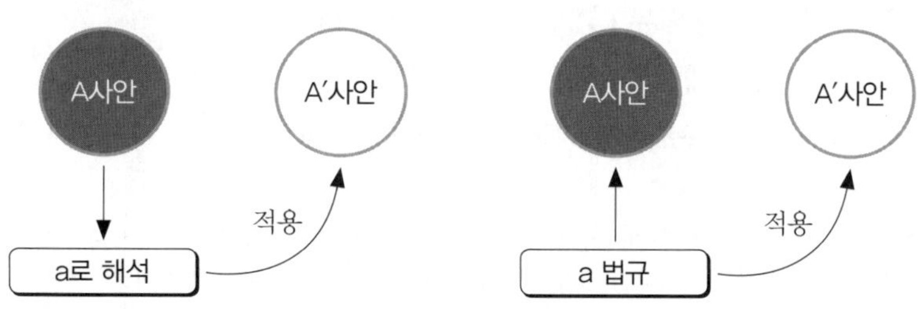

46) 2004.1.20. 법률 제7077호로 공포, 시행된 형법 중 개정법률에 의해 형법 제37조 후단의 "판결이 확정된 죄"가 "금고 이상의 형에 처한 판결이 확정된 죄"로 개정되었는바, 위 개정법률은 특별한 경과규정을 두고 있지 않으나, 형법 제37조는 경합범의 처벌에 관하여 형을 가중하는 규정으로서 일반적으로 두 개의 형을 선고하는 것보다는 하나의 형을 선고하는 것이 피고인에게 유리하므로 위 개정법률을 적용하는 것이 오히려 피고인에게 불리하게 되는 등의 특별한 사정이 없는 한 형법 제1조 제2항을 유추적용하여 위 개정법률 시행 당시 법원에 계속 중인 사건 중 위 개정법률 전에 벌금형에 처한 판결이 확정된 경우에도 적용되는 것으로 보아야 한다(대법원 2004.1.27. 선고 2001도3178 판결).

(2) 유추해석금지의 의의

유추해석이란 해석자 또는 법관에 의한 실질적인 입법을 의미하기 때문에 입법권을 국회에 귀속시키고 있는 헌법상의 권력분립에 위반된다. 그럼에도 불구하고 유추해석이 요구되는 이유는 만일 일탈행위에 대해 적용할 법규가 흠결되어 있는 경우에 처벌을 할 수 없게 되어 법규범이 가지는 구체적 타당성을 결할 뿐 아니라 일반인의 법감정에도 맞지 않는 경우가 발생하기 때문이다.

그러나 유추해석 또는 유추적용을 통해 구체적인 사례를 타당하게 해결할 수는 있다 하더라도 유추해석으로 인하여 형벌규정의 내용이 실질적으로 확대됨으로써 행위준칙에 대한 예측가능성이 불명확하게 되어 법적 안정성이 침해될 뿐만 아니라 일반인의 자유도 그만큼 제한받을 수 밖에 없다. 죄형법정주의는 국가형벌권의 자위적인 행사로부터 개인의 자유와 권리를 보호하기 위하여 범죄와 형벌을 법률로 정할 것을 요구한다. 그러한 취지에 비추어 보면 형벌법규의 해석은 엄격하여야 하고, 명문의 형벌법규의 의미를 피고인에게 불리한 방향으로 지나치게 확장해석하거나 유추해석하는 것은 죄형법정주의의 원칙에 어긋나는 것으로서 허용되지 아니한다.[47] 즉 비록 일반인의 규범가치판단에서 반사회적 위험성이 있고 비난가능한 행위라 하더라도 처벌법규가 없는 때에는 유추해석이나 유추적용을 통해 처벌해서는 안되며 처벌법규를 새로이 만든 후에 처벌해야지, 해석이나 적용을 통해 형벌을 확장하게 되면 기본권을 보장하고자 하는 죄형법정주의의 정신은 형해화될 수 밖에 없다.

이와 같이 죄형법정주의는 국가형벌권의 자의적인 행사로부터 개인의 자유와 권리를 보호하기 위하여 범죄와 형벌을 법률로 정할 것을 요구하고, 이로부터 파생된 유추해석금지의 원칙은 성문의 규정은 엄격히 해석되어야 한다는 전제 아래 피고인에게 불리하게 성문규정이 표현하는 본래의 의미와 다른 내용으로 유추해석함을 금지하고 있다.

(3) 금지되는 유추해석과 허용되는 (객관적 목적론적) 확장해석의 한계

일반적으로 금지되는 유추해석과 허용되는 (객관적 목적론적) 확장해석은 "문언(언어)의 가능한 의미(möglichesWortsinn)"를 넘어가느냐에 따라 구별된다. 즉 일정한 사안에 대한 해석의 결과를 유사한 사안에 적용

47) 대법원 2013.11.28. 선고 2012도4230 판결(피고인이 선물거래시장의 실제 거래시세정보가 실시간으로 연동되는 사설 선물거래 사이트를 개설한 다음, 회원들이 피고인 계좌로 돈을 입금하면 그들이 선택한 적용비율로 환산한 전자화폐를 적립시켜 준 뒤, 회원들이 선물지수 변동에 따라 전자화폐로 거래를 할 때마다 수수료를 공제하고, 전자화폐의 환전을 요구받으면 원래의 적용비율에 따라 현금으로 환산하여 송금해 주며, 거래 결과 회원들에게 시세 차익이 발생하면 피고인의 손실이 되지만 회원들에게 손실이 발생하면 이익이 되는 구조로 사이트를 운영한 사안에서, 사이트에서 회원들이 거래한 대상이 구 자본시장과 금융투자업에 관한 법률(2013.5.28. 법률 제11845호로 개정되기 전의 것, 이하 '구 자본시장법'이라고 한다)에서 정한 금융투자상품에는 해당하나, 피고인은 회원들로 하여금 한국거래소가 개설한 실제 시장에서 이루어지는 선물거래를 할 수 있게 한 것이 아니라 단지 회원들이 선물지수를 기준으로 모의 투자를 할 수 있는 서비스를 제공하고 거래 결과에 따라 환전을 해 준 것에 불과하여 피고인이 회원들을 상대로 직접 매도 · 매수 등의 행위를 하였다고 볼 수 없고, 그러한 사이트를 개설하여.운영하는 행위를 구 자본시장법 제444조 제1호, 제11조에서 정한 무인가 금융투자업 영위에 의한 자본시장법 위반죄로 처벌하는 것은 형벌법규의 확장해석 또는 유추해석으로서 죄형법정주의에 반하므로 허용될 수 없다고 한 사례). 같은 취지의 판례로 대법원 2013.9.12. 선고 2013도502 판결 ; 2012.12.27. 선고 2012도8421 판결 ; 2012.12.13. 선고 2012도11505 판결 등.

할 때 일정한 사안을 규율하는 법규정에 기술되어 있는 언어의 가능한 의미를 넘어 해석하여 유사한 사항에 적용하는 것은 그것이 확장해석이든 아니든 유추해석에 해당하기 때문에 허용되지 않는다. 대법원은 문언의 '통상의 의미를 벗어나는 해석을 금지되는 유추해석 내지 유추라는 의미로 사용하고 있는데, 문언의 '가능한 의미'를 벗어나지 않고 문언의 '통상의 의미'를 벗어나는 해석은 금지되는 유추해석이 아니라 허용되는 확장해석이라고 해야 할 것이다.[48]

형법 제251조 영아살해죄의 행위주체인 "직계존속"의 개념을 해석하는 경우에,[49] 직계존속의 의미를 민법상의 개념으로 해석하는 것이 문리해석이며, 이를 법률상의 직계존속만이 아니라 사실상의 직계존속까지 포함하여 해석하는 경우에는 (객관적 목적론적) 확장해석이 될 것이다. 그리고 직계존속의 의미를 법률상 직계존속 중에서도 부모 또는 산모에 한정하여 해석한다면 이는 (객관적 목적론적) 축소해석이라 할 수 있다. 그러나 직계존속의 개념을 법률상 · 사실상 직계존속이 아니라 예를 들어 산모가 평소의 보살핌에 대한 고마움으로 아버지라고 따르는 자와 같이 현실에서 직계존속으로 여겨지고 있는 자나 대부 또는 대모와 같이 종교적인 측면에서 직계존속의 용어로 호칭되는 자까지를 의미한다고 해석하는 것은 비록 그러한 해석이 사회현상으로 볼 때 합리적이라 하더라도 '문언의 가능한 의미'를 넘어서는 확장해석인 동시에 금지되는 유추해석에 해당한다.

(4) 행위자에게 유리한 법규정에 대한 축소해석과 금지되는 유추해석과의 관계

행위자에게 유리하게 규정하고 있는 법규정을 축소해석함으로써 결과적으로 행위자에게 불리하게 되는 경우에, 이러한 축소해석이 허용되는지, 이러한 축소해석이 유추해석금지의 원칙에 해당하느냐가 문제될 수 있다.

---

48) 피고인이 피해자 갑(여, 14세)과 인터넷 화상채팅 등을 하면서 카메라 기능이 내재되어 있는 피고인의 휴대전화를 이용하여 갑의 유방, 음부 등 신체 부위를 갑의 의사에 반하여 촬영하였다고 하여 구 성폭력범죄의 처벌 등에 관한 특례법(2012.12.18. 법률 제11556호로 전부 개정되기 전의 것, 이하 '법'이라 한다) 위반(카메라등이용촬영)으로 기소된 사안에서, 갑은 스스로 자신의 신체 부위를 화상카메라에 비추었고 카메라 렌즈를 통과한 상의 정보가 디지털화되어 피고인의 컴퓨터에 전송되었으며, 피고인은 수신된 정보가 영상으로 변환된 것을 휴대전화 내장 카메라를 통해 동영상 파일로 저장하였으므로 피고인이 촬영한 대상은 갑의 신체 이미지가 담긴 영상일 뿐 갑의 신체 그 자체는 아니라고 할 것이어서 법 제13조 제1항의 구성요건에 해당하지 않으며, 형벌법규의 목적론적 해석도 해당 법률문언의 통상적인 의미 내에서만 가능한 것으로, 다른 사람의 신체 이미지가 담긴 영상도 위 규정의 '다른 사람의 신체'에 포함된다고 해석하는 것은 법률문언의 통상적인 의미를 벗어나는 것이므로 죄형법정주의 원칙상 허용될 수 없다는 이유로 피고인에게 무죄를 인정한 원심판단을 정당하다고 판시한 사례(대법원 2013.06.27. 선고 2013도4279 판결).
어느 행정행위가 기속행위인지 재량행위인지는 이를 일률적으로 규정지을 수는 없는 것이고, 당해 처분의 근거가 된 규정의 형식이나 체재 또는 문언에 따라 개별적으로 판단해야 한다. 또한 침익적 행정행위의 근거가 되는 행정법규는 엄격하게 해석 · 적용하여야 하고 그 행정행위의 상대방에게 불리한 방향으로 지나치게 확장해석하거나 유추해석해서는 안 되며, 그 입법 취지와 목적 등을 고려한 목적론적 해석이 전적으로 배제되는 것은 아니라고 하더라도 그 해석이 문언의 통상적인 의미를 벗어나서는 안 된다(대법원 2013.12.12. 선고 2011두3388 판결. 어느 행정행위가 기속행위인지 또는 재량행위인지 판단하는 기준 및 침익적 행정행위의 근거가 되는 행정법규의 해석 방법).

49) 예를 들어 산모가 자신에게 평소 늘 고맙게 대해주는 이웃집 아저씨를 아버지라고 따랐는데, 산모가 영아를 분만중인데 그 이웃집 아저씨가 "비록 출산하더라도 산모가 그 아이를 도저히 양육할 수 없겠다"라고 생각하고 산모에 대한 연민의 정으로 그 분만중인 영아를 살해한 경우 영아살해죄에 해당하는지, 보통살인죄에 해당하는지에 대한 판단을 가정해 보는 경우이다.

예를 들어 형법 제328조 제1항 '직계혈족, 배우자, 동거친족, 호주, 가족 또는 그 배우자간의 제323조의 죄는 그 형을 면제한다'라는 친족상도례 규정을 해석함에 있어 "동거친족"의 개념은 인척을 제외한 혈족만을 의미하는 것으로 해석하는 것은 행위자에게 불리한 축소해석에 해당하게 되는데, 행위자에게 유리한 규정을 축소해석하는 것은 행위자에게 불리한 규정을 유추해석하는 것과 사실상 동일한 결과가 초래된다는 점에서 허용될 수 없다. 즉 형벌법규의 해석에 있어서 법규정 문언의 가능한 의미를 벗어나는 경우에는 유추해석으로서 죄형법정주의에 위반하게 된다.

그리고 유추해석금지의 원칙은 모든 형벌법규의 구성요건과 가벌성에 관한 규정에 준용되는데, 위법성 및 책임의 조각사유나 소추조건, 또는 처벌조각사유인 형면제 사유에 관하여 그 범위를 제한적으로 유추적용하게 되면 행위자의 가벌성의 범위는 확대되어 행위자에게 불리하게 되는바, 이는 가능한 문언의 의미를 넘어 범죄구성요건을 유추적용하는 것과 같은 결과가 초래되므로 죄형법정주의의 파생원칙인 유추해석금지의 원칙에 위반하여 허용될 수 없다.

판례도[50] 공직선거및선거부정방지법 제230조 제1항의[51] "자수" 개념이 '범행발각전'에 자수하는 것만을 의미하는지, 범행발각이나 지명수배 여부와 관계없이 체포 전에 자수하는 것까지를 의미하는 지에 대해 다수의견은 "형벌법규의 해석에 있어서 법규정 문언의 가능한 의미를 벗어나는 경우에는 유추해석으로서 죄형법정주의에 위반하게 된다. 그리고 유추해석금지의 원칙은 모든 형벌법규의 구성요건과 가벌성에 관한 규정에 준용되는데, 위법성 및 책임의 조각사유나 소추조건, 또는 처벌조각사유인 형면제 사유에 관하여 그 범위를 제한적으로 유추적용하게 되면 행위자의 가벌성의 범위는 확대되어 행위자에게 불리하게 되는바, 이는 가능한 문언의 의미를 넘어 범죄구성요건을 유추적용하는 것과 같은 결과가 초래되므로 죄형법정주의의 파생원칙인 유추해석금지의 원칙에 위반하여 허용될 수 없다"라고 하면서 "형법 제52조나[52] 국가보안법 제16조 제1호[53]에서도 공직선거법 제262조에서와 같이 모두 '범행발각 전'이라는 제한 문언 없이 '자수'라는 단어를 사용하고 있는데 형법 제52조나 국가보안법 제16조 제1호의 '자수'에는 범행이 발각되고 지명수배된 후의 자진출두도 포함되는 것으로 판례가 해석하고 있으므로[54] 이것이 '자수'라는 단어의 관용적 용례라고 할 것인

---

50) 대법원 1997.3.20. 선고 96도1167 전원합의체 판결.

51) 제262조 (자수자에 대한 특례) ① 제230조(매수 및 이해유도죄)제1항 · 제231조(재산상의 이익목적의 매수 및 이해유도죄)제1항 및 제257조(기부행위의 금지제한 등 위반죄)제2항의 규정에 위반한 자중 금전 · 물품 기타 이익 등을 받거나 받기로 승낙한 자(후보자와 그 가족 · 선거사무장 · 선거연락소장 · 선거사무원 · 회계책임자 · 연설원 · 참관인 · 정당의 간부 또는 사위의 방법으로 이익 등을 받거나 받기로 승낙한 자를 제외한다)가 자수한 때에는 그 형을 감경 또는 면제한다.
② 제1항에 규정된 자가 각급선거관리위원회(투표구선거관리위원회를 제외한다)에 자신의 선거범죄사실을 신고하여 선거관리위원회가 관계수사기관에 이를 통보한 때에는 선거관리위원회에 신고한 때를 자수한 때로 본다.

52) 제52조 (자수, 자복) ① 죄를 범한 후 수사책임이 있는 관서에 자수한 때에는 그 형을 감경 또는 면제할 수 있다.
② 피해자의 의사에 반하여 처벌할 수 없는 죄에 있어서 피해자에게 자복한 때에도 전항과 같다.

53) 제16조 (형의 감면) 다음 각호의 1에 해당한 때에는 그 형을 감경 또는 면제한다.
1. 이 법의 죄를 범한 후 자수한 때
2. 이 법의 죄를 범한 자가 이 법의 죄를 범한 타인을 고발하거나 타인이 이 법의 죄를 범하는 것을 방해한 때

54) [형법 제52조 '자수' 개념에 대한 판례]

바, 공직선거법 제262조의 '자수'를 '범행발각 전에 자수한 경우'로 한정하는 풀이는 '자수'라는 단어가 통상 관용적으로 사용되는 용례에서 갖는 개념 외에 '범행발각 전'이라는 또 다른 개념을 추가하는 것으로서 결국은 '언어의 가능한 의미'를 넘어 공직선거법 제262조의 '자수'의 범위를 그 문언보다 제한함으로써 공직선거법 제230조 제1항 등의 처벌범위를 실정법 이상으로 확대한 것이 되고, 따라서 이는 단순한 목적론적 축소해석에 그치는 것이 아니라, 형면제 사유에 대한 제한적 유추를 통하여 처벌범위를 실정법 이상으로 확대한 것으로서 죄형법정주의의 파생원칙인 유추해석금지의 원칙에 위반된다"라고 판시하고 있다.[55)]

유추해석 및 유추적용 관련판례

1) 구 아동 · 청소년의 성보호에 관한 법률 제2조 제5호에서 정한 '아동 · 청소년이용음란물'에 해당하기 위한 요건

형벌법규의 해석은 엄격하여야 하고, 명문규정의 의미를 피고인에게 불리한 방향으로 지나치게 확장해석하거나 유추해석하는 것은 죄형법정주의의 원칙에 어긋나는 것으로서 허용되지 아니한다(대법원 2009.12.10. 선고 2009도3053 판결 등 참조). 구 아동 · 청소년의 성보호에 관한 법률(2011.9.15. 법률 제11047호로 개정되기 전의 것) 제2조 제5호와 구 아동 · 청소년의 성보호에 관한 법률(2012.12.18. 법률 제11572호로 전부 개정되기 전

신문지상에 혐의사실이 보도되기 시작하였는데도 수사기관으로부터 공식소환이 없으므로 자진출석하여 사실을 밝히고 처벌을 받고자 담당 검사에게 전화를 걸어 조사를 받게 해달라고 요청하여 출석시간을 지정받은 다음 자진출석하여 혐의사실을 모두 인정하는 내용의 진술서를 작성하고 검찰 수사과정에서 혐의사실을 모두 자백한 경우 피고인은 수사책임 있는 관서에 자기의 범죄사실을 자수한 것으로 보아야 하고 법정에서 수수한 금원의 직무관련성에 대하여만 수사기관에서의 자백과 차이가 나는 진술을 하였다 하더라도 자수의 효력에는 영향이 없다(대법원 1994.9.9. 선고 94도619 판결. 같은 취지의 판례로 1994.5.10. 선고 94도659 판결 ; 1965.10.5. 선고 65도597 판결).

[국가보안법 제16조 제1호 '자수' 개념에 대한 판례]

비록 범죄사실과 범인이 누구인가가 발각된 후라 하더라도 또 수사기관에 의해 지명수배를 받은 연후라 하더라도 범인이 체포되기 전에 자발적으로 자기의 범죄사실을 수사기관에 신고한 이상 자수로 보아야 할 것이고 또한 국가보안법 및 반공법에서 규정한 자수를 형법상의 자수와 구별하여 해석할 근거는 없다(대법원 1968.7.30. 선고 68도754 판결. 같은 취지의 판례로 1965.10.5. 선고 65도597 판결).

55) (반대의견) 공직선거및선거부정방지법 제262조의 자수를 선거법위반행위의 발견 전에 행하여진 것에 한정된다고 해석하지 아니하고 그 시기에 있어서 제한 없이 체포 전에만 하면 이에 해당하여 형이 필요적으로 면제된다고 해석하게 되면, 첫째 범행발견에 아무런 기여를 한 바가 없음에도 불구하고 같은 법 제262조의 특혜를 주는 것이 되어 같은 법 제262조가 자수에 대하여 형의 필요적 면제를 규정한 입법 취지에 반하고, 둘째 범죄와 형벌의 균형에 관한 국민 일반의 법감정에 맞지 않아 정의와 형평에도 현저히 반하며, 셋째 형법 제52조에 의하여 형이 임의적으로 감경되는 다른 범죄의 자수자, 특히 공직선거및선거부정방지법 제230조 제1항 등 3개 죄의 금품 등의 제공범행을 한 후 자수한 자와는 달리 위 3개 범죄의 범행을 하고 범행발각 후에 자수한 자만 아무런 합리적 이유도 없이 필요적 형면제라는 차별적 특혜를 받게 되어 헌법 제11조 제1항의 평등위반이라는 위헌의 소지도 있게 된다. 그러므로 공직선거및선거부정방지법 제262조의 자수를 그 입법 취지와 목적에 비추어 위 규정과 형의 필요적 면제의 대상이 되지 아니하는 같은 법상의 다른 처벌규정 등을 전체적, 종합적으로 헌법에 합치되게 해석하려면 '범행발각 전에 수사기관에 자진출두하여 자백한 경우'만을 의미하는 것으로 해석하여야 되는 것이다. 그리고 유추해석이란 법률에 규정이 없는 사항에 대하여 그것과 유사한 성질을 가지는 사항에 관한 법률을 적용하는 것을 뜻하는 것인바, 공직선거및선거부정방지법 제262조의 자수를 위와 같이 '범행발각 전의 자수'로 축소해석하는 것은 같은 법 제262조의 자수가 형법 제90조 제1항 단서나 제101조 제1항 단서의 자수와 유사하다고 하여 공직선거및선거부정방지법상의 자수에 위 형법 각 조항을 적용 또는 준용하려는 것이 아니라, 공직선거및선거부정방지법 제262조의 "자수"라는 문언에 포함될 수 있는 여러 경우(즉 '범행발각 전의 자진출두', '범행발각 후의 자진출두' 등) 중에서 같은 법 제262조가 그 조항의 입법 취지와 목적, 다른 처벌규정과의 체계적 관련성에 의하여 내재적으로 한계지워져 있는 것을 풀이함으로써 '범행발각 전의 자진출두'로 제한한 것에 불과하여 이는 다수의견이 주장하는 것처럼 제한적 유추해석이 아니라 목적론적 축소해석에 불과하므로 죄형법정주의의 파생원칙인 유추해석금지의 원칙에 위반되지 아니하는 것이다.

의 것) 제2조 제5호는, '아동 · 청소년'이나 '아동 · 청소년 또는 아동 · 청소년으로 인식될 수 있는 사람이나 표현물'이 등장하여 제4호의 어느 하나에 해당하는 행위를 하거나 그 밖의 성적 행위를 하는 내용을 표현하는 것으로서 필름 · 비디오물 · 게임물 또는 컴퓨터나 그 밖의 통신매체를 통한 화상 · 영상 등의 형태로 된 것을 '아동 · 청소년이용음란물'로 정의하면서, 위 법률들 제8조 제1항에서 '아동 · 청소년이용음란물'을 제작 · 수입 또는 수출한 자에 대하여 '5년 이상의 유기징역'에 처하도록 규정하고 있다. 한편 위 법률들 제2조 제4호는 아동 · 청소년 등에게 대가를 제공하거나 약속하고 같은 호 각 목의 어느 하나에 해당하는 행위를 아동 · 청소년을 대상으로 하거나 아동 · 청소년으로 하여금 하게 하는 것을 '아동 · 청소년의 성을 사는 행위'로 규정하면서, 그 각 목에 '성교 행위', '구강 · 항문 등 신체의 일부나 도구를 이용한 유사 성교 행위', '신체의 전부 또는 일부를 접촉 · 노출하는 행위로서 일반인의 성적 수치심이나 혐오감을 일으키는 행위', '자위 행위'를 규정하고 있다. 앞서 본 법리와 위와 같은 관련 규정들의 문언 및 법정형 그 밖에 위 규정들의 연혁 등에 비추어 보면, 구 아동 · 청소년의 성보호에 관한 법률들 제2조 제5호에서 말하는 '아동 · 청소년이용음란물'은 '아동 · 청소년'이나 '아동 · 청소년 또는 아동 · 청소년으로 인식될 수 있는 사람이나 표현물'이 등장하여 그 아동 · 청소년 등이 제2조 제4호 각 목의 행위나 그 밖의 성적 행위를 하거나 하는 것과 같다고 평가될 수 있는 내용을 표현하는 것이어야 한다. 원심이 같은 취지에서 피고인이 제작한 필름 또는 동영상이 위 법률들에서 정한 '아동 · 청소년이용음란물'에 해당하지 아니한다고 판단하여 이 사건 공소사실 중 피고인이 아동 · 청소년의 성보호에 관한 법률 위반(음란물제작 · 배포등)죄를 저질렀다는 점에 대하여 무죄를 선고한 것은 정당하고, 거기에 상고이유의 주장과 같이 '아동 · 청소년이용음란물'에 관한 법리를 오해한 위법이 없다[대법원 2013.09.12. 선고 2013도502 판결. 피고인이 평택시 (이하 주소 1 생략)에서 'ㅇㅇㅇ 사진관'을 운영하던 중 2012.3.1. 14:00경 위 사진관에 증명사진을 찍으러 찾아온 아동 · 청소년인 피해자 공소외 1(여, 15세)을 의자에 앉도록 한 다음 카메라가 피해자를 향하도록 한 후 촬영 타이머를 맞춘 상태에서 피해자가 앉아 있는 의자 바로 뒤쪽 옆으로 가서 자신의 트레이닝복 하의를 내리고 성기를 노출하여 자신이 피해자의 뒤에서 성기를 노출하고 있는 장면을 촬영하여 아동 · 청소년이용음란물인 사진 파일을 제작한 것을 비롯하여 별지 범죄일람표(사진파일), (동영상파일) 기재와 같이 124회에 걸쳐 사진 파일을, 25회에 걸쳐 동영상 파일을 제작하는 등 149회에 걸쳐 아동 · 청소년이용음란물을 제작하였다는 사실로 기소된 사안].

2) 인터넷 화상채팅을 통하여 실시간으로 전송받은 피해자의 신체 부위 영상을 휴대전화의 카메라로 촬영한 경우, 구 성폭력범죄의 처벌 등에 관한 특례법(2012.12.18. 법률 제11556호로 전문 개정되기 전의 것) 제13조 제1항의 '카메라 등 이용 촬영죄'가 성립하는지 여부

원심은 이 사건 공소사실 중 성폭력범죄의 처벌 등에 관한 특례법 위반(카메라등이용촬영)의 점에 대하여, 구 성폭력범죄의 처벌 등에 관한 특례법(2012.12.18. 법률 제11556호로 전부 개정되기 전의 것, 이하 '법'이라 한다) 제13조 제1항은 "카메라나 그 밖에 이와 유사한 기능을 갖춘 기계장치를 이용하여 성적 욕망 또는 수치심을 유발할 수 있는 다른 사람의 신체를 그 의사에 반하여 촬영"하는 행위를 처벌 대상으로 삼고 있는데, "촬영"의 사전적 · 통상적 의미는 "사람, 사물, 풍경 따위를 사진이나 영화로 찍음"이라고 할 것이고, 위 촬영의 대상은 "성적 욕망 또는 수치심을 유발할 수 있는 다른 사람의 신체"라고 보아야 함이 문언상 명백하므로 위 규정의 처벌 대상은 '다른 사람의 신체 그 자체'를 카메라 등 기계장치를 이용해서 '직접' 촬영하는 경우에 한정된다고 해석함이 타당하다고 전제한 다음, 이 사건의 경우 피해자는 스스로 자신의 신체 부위를 화상카메라에 비추었고 카메라 렌즈를 통과한 상의 정보가 디지털화되어 피고인의 컴퓨터에 전송되었으며, 피고인은 수신된 정보가 영상으로 변환된 것을 휴대전화 내장 카메라를 통해 동영상 파일로 저장하였으므로 피고인이 촬영한 대상은 피해자의 신체 이미지가 담긴 영상일 뿐 피해자의 신체 그 자체는 아니라고 할 것이어서 법 제13조 제1항의 구성요건에 해당하지 않으며, 검사가 주장하는 형벌법규의 목적론적 해석도 해당 법률문언의 통상적인 의미 내에서만 가능한 것으로, 다른 사람의 신체 이미지가 담긴 영상도 위 규정의 "다른 사람의 신체"에 포함된다고 해석하는 것은 법

률문언의 동상적인 의미를 벗어나는 것이므로 죄형법정주의 원칙상 허용될 수 없다는 이유로 이 부분 공소사실에 대하여 범죄가 되지 않는 경우에 해당한다고 보아 무죄를 선고한 제1심판결을 그대로 유지하였다. 법 제13조 제1항의 해석과 입법 취지, 관련 법리 등에 비추어 보면, 원심의 위와 같은 판단은 정당하고, 거기에 상고이유의 주장과 같은 법 제13조 제1항의 해석에 관한 법리오해의 위법이 없다[대법원 2013.6.27. 선고 2013도4279 판결. 피고인이 피해자(여, 14세)와 인터넷 화상채팅 등을 하면서 피해자에게 유방과 음부 등 신체부위를 보여달라고 하였고, 이에 피해자는 스스로 자신의 신체 부위를 화상카메라에 비추었고, 피고인이 컴퓨터 화면의 영상을 카메라 기능이 내재되어 있는 피고인의 휴대전화로 촬영하여 동영상파일로 저장함으로써 피해자의 신체 부위를 피해자의 의사에 반하여 촬영하였다고 하여 구 성폭력범죄의 처벌 등에 관한 특례법(2012.12.18. 법률 제11556호로 전부 개정되기 전의 것) 위반(제13조 제1항 카메라등이용 촬영)죄로 기소된 사안]

3) 미성년자약취죄, 국외이송약취죄 등의 구성요건 중 '약취'의 의미와 그 판단 기준 및 미성년자를 보호 · 감독하는 사람이 해당 미성년자에 대한 약취죄의 주체가 될 수 있는지 여부와 미성년 자녀의 부모 일방에 대하여 자녀에 대한 약취죄가 성립하기 위한 요건

(다수의견) 형법 제287조의 미성년자약취죄, 제288조 제3항 전단[구 형법(2013.4.5. 법률 제11731호로 개정되기 전의 것을 말한다. 이하 같다) 제289조 제1항에 해당한다]의 국외이송약취죄 등의 구성요건요소로서 약취란 폭행, 협박 또는 불법적인 사실상의 힘을 수단으로 사용하여 피해자를 그 의사에 반하여 자유로운 생활관계 또는 보호관계로부터 이탈시켜 자기 또는 제3자의 사실상 지배하에 옮기는 행위를 의미하고, 구체적 사건에서 어떤 행위가 약취에 해당하는지 여부는 행위의 목적과 의도, 행위 당시의 정황, 행위의 태양과 종류, 수단과 방법, 피해자의 상태 등 관련 사정을 종합하여 판단하여야 한다. 한편 미성년자를 보호 · 감독하는 사람이라고 하더라도 다른 보호감독자의 보호 · 양육권을 침해하거나 자신의 보호 · 양육권을 남용하여 미성년자 본인의 이익을 침해하는 때에는 미성년자에 대한 약취죄의 주체가 될 수 있는데, 그 경우에도 해당 보호감독자에 대하여 약취죄의 성립을 인정할 수 있으려면 그 행위가 위와 같은 의미의 약취에 해당하여야 한다. 그렇지 아니하고 폭행, 협박 또는 불법적인 사실상의 힘을 사용하여 그 미성년자를 평온하던 종전의 보호 · 양육 상태로부터 이탈시켰다고 볼 수 없는 행위에 대하여까지 다른 보호감독자의 보호 · 양육권을 침해하였다는 이유로 미성년자에 대한 약취죄의 성립을 긍정하는 것은 형벌법규의 문언 범위를 벗어나는 해석으로서 죄형법정주의의 원칙에 비추어 허용될 수 없다. 따라서 부모가 이혼하였거나 별거하는 상황에서 미성년의 자녀를 부모의 일방이 평온하게 보호 · 양육하고 있는데, 상대방 부모가 폭행, 협박 또는 불법적인 사실상의 힘을 행사하여 그 보호 · 양육 상태를 깨뜨리고 자녀를 탈취하여 자기 또는 제3자의 사실상 지배하에 옮긴 경우, 그와 같은 행위는 특별한 사정이 없는 한 미성년자에 대한 약취죄를 구성한다고 볼 수 있다. 그러나 이와 달리 미성년의 자녀를 부모가 함께 동거하면서 보호 · 양육하여 오던 중 부모의 일방이 상대방 부모나 그 자녀에게 어떠한 폭행, 협박이나 불법적인 사실상의 힘을 행사함이 없이 그 자녀를 데리고 종전의 거소를 벗어나 다른 곳으로 옮겨 자녀에 대한 보호 · 양육을 계속하였다면, 그 행위가 보호 · 양육권의 남용에 해당한다는 등 특별한 사정이 없는 한 설령 이에 관하여 법원의 결정이나 상대방 부모의 동의를 얻지 아니하였다고 하더라도 그러한 행위에 대하여 곧바로 형법상 미성년자에 대한 약취죄의 성립을 인정할 수는 없다.

(반대의견) 공동친권자인 부모 중 일방이 상대방과 동거하며 공동으로 보호 · 양육하던 유아를 국외로 데리고 나간 행위가 약취죄의 '약취행위'에 해당하는지를 판단하려면, 우선 폭행, 협박 또는 사실상의 힘을 수단으로 사용하여 유아를 범인 또는 제3자의 사실상 지배하에 옮겼는지, 그로 말미암아 다른 공동친권자의 보호 · 양육권을 침해하고, 피해자인 유아를 자유로운 생활관계 또는 보호관계로부터 이탈시켜 그의 이익을 침해하였는지를 따져 볼 필요가 있다. 부모 중 일방이 상대방과 동거하며 공동으로 보호 · 양육하던 유아를 국외로 데리고 나갔다면, '사실상의 힘'을 수단으로 사용하여 유아를 자신 또는 제3자의 사실상 지배하에 옮겼다고 보아야 함

에 이론이 있을 수 없다. 친권은 미성년 자녀의 양육과 감호 및 재산관리를 적절히 함으로써 그의 복리를 확보하도록 하기 위한 부모의 권리이자 의무의 성격을 갖는 것으로서, 민법 제909조에 의하면, 친권은 혼인관계가 유지되는 동안에는 부모의 의견이 일치하지 아니하거나 부모 일방이 친권을 행사할 수 없는 등 예외적인 경우를 제외하고는 부모가 공동으로 행사하는 것이 원칙이고(제2항, 제3항), 이혼하려는 경우에도 상대방과의 협의나 가정법원의 결정을 거치지 아니한 채 일방적으로 상대방의 친권행사를 배제하는 것은 허용되지 않는다(제4항). 따라서 공동친권자인 부모의 일방이 상대방의 동의나 가정법원의 결정이 없는 상태에서 유아를 데리고 공동양육의 장소를 이탈함으로써 상대방의 친권행사가 미칠 수 없도록 하였다면, 이는 특별한 사정이 없는 한 다른 공동친권자의 유아에 대한 보호 · 양육권을 침해한 것으로서 민법을 위반한 행위라고 할 것이다. 그뿐 아니라 유아로서도 다른 공동친권자로부터 보호 · 양육을 받거나 받을 수 있는 상태에서 배제되는 결과를 강요당하게 되어 유아의 이익을 현저히 해치게 될 것이므로 그 점에서도 위법성을 면할 수 없다. 따라서 어느 모로 보나 부모의 일방이 유아를 임의로 데리고 가면서 행사한 사실상의 힘은 특별한 사정이 없는 한 불법적이라고 할 것이며, 특히 장기간 또는 영구히 유아를 데리고 간 경우에는 그 불법성이 훨씬 더 크다는 점을 부인할 수 없을 것이다(대법원 2013.6.20. 선고 2010도14328 전원합의체 판결. 베트남 국적 여성인 피고인이 남편 갑의 의사에 반하여 생후 약 13개월 된 아들 을을 주거지에서 데리고 나와 약취하고 이어서 베트남에 함께 입국함으로써 을을 국외에 이송하였다고 하여 국외이송약취 및 피약취자국외이송으로 기소된 사안에서, 제반 사정을 종합할 때 피고인이 을을 데리고 베트남으로 떠난 행위는 어떠한 실력을 행사하여 을을 평온하던 종전의 보호 · 양육 상태로부터 이탈시킨 것이라기보다 친권자인 모로서 출생 이후 줄곧 맡아왔던 을에 대한 보호 · 양육을 계속 유지한 행위에 해당하여, 이를 폭행, 협박 또는 불법적인 사실상의 힘을 사용하여 을을 자기 또는 제3자의 지배하에 옮긴 약취행위로 볼 수는 없다는 이유로, 피고인에게 무죄를 인정한 원심판단을 정당하다고 한 사례).

4) 형법 제297조에서 규정한 강간죄의 객체인 '부녀'에 법률상 처가 포함되는지 여부 및 혼인관계가 실질적으로 유지되고 있더라도 남편이 반항을 불가능하게 하거나 현저히 곤란하게 할 정도의 폭행이나 협박을 가하여 아내를 간음한 경우 강간죄가 성립하는지 여부(적극)와 남편의 아내에 대한 폭행 또는 협박이 피해자의 반항을 불가능하게 하거나 현저히 곤란하게 할 정도에 이른 것인지 판단하는 기준

(다수의견) 전혀 다른 성장배경을 가진 남녀가 서로 만나 혼인하고 자녀를 낳아 양육하면서 가정을 이루는 토대는 부부 사이의 사랑과 신뢰이다. 이러한 사랑과 신뢰는 부부 사이에 건강한 성생활이 유지됨으로써 더욱 견고해질 수 있다. 부부는 가치관, 정신적 · 육체적 능력, 욕구와 취향 등 인생의 희로애락과 관련된 모든 면에서 차이가 있게 마련이지만, 그러면서도 가정을 평화롭고 행복하게 유지하려면 서로 양보와 배려를 하고 경우에 따라 자기희생도 감수해야 한다. 같은 연유로 성적 욕구와 취향 등도 부부 사이에 서로 다르며 각 가정마다 상당한 차이가 있을 수 있지만, 어떤 경우에도 부부 사이의 성생활을 제3자가 자신의 기준으로 평가하도록 하는 것은 바람직하지 않다. 따라서 국가도 은밀하게 이루어지는 부부 사이의 성생활에 개입하는 것을 극도로 자제하여야 한다. 종래 대법원은 혼인관계가 실질적으로 유지되는 한 아내에 대하여 강제적인 성관계를 한 남편을 강간죄로 처벌할 수 없다고 해석하였다. 이는 가정 내의 폭력을 추방하여야 한다는 요청을 대법원이 외면하거나 가볍게 여기는 것이 아니라 혼인생활에서 부부 사이에 은밀히 이루어지는 성관계에 대한 국가의 개입을 자제하여 조금이라도 가정이 유지되도록 하기 위한 배려라고 새길 것이다. 헌법은 인간의 존엄과 가치, 행복추구권의 보장을 선언하면서(제10조), 혼인과 가족생활이 개인의 존엄과 양성의 평등을 기초로 성립되고 유지되어야 함과 아울러 국가는 이를 적극적으로 보장하여야 하는 의무를 부담함을 천명하고 있다(제36조). 개인의 성적 자기결정권은 위 헌법 규정이 정한 개인의 존엄과 가치, 양성의 평등, 행복추구권에 기초하고 있으므로, 혼인한 부부 사이의 성생활에서도 개인의 성적 자기결정권은 보장되고 보호되어야 한다. 비록 부부 사이에 은밀히 이루어지는 성생활이 국가의 개입을 극도로 자제하여야 하는 영역에 속한다고 하더라도 위 헌법 규정의 적용이 배제되는 성역일

수는 없다. 아내에 대한 성폭력은 매우 사적이고 은밀한 성격을 띠고 있어 잘 노출되지 않는 특성이 있는데다가 반복적이고 지속적인 양상을 보이기 때문에 이에 대한 적절한 대응조치가 취하여지지 않으면 그에 따른 여성의 피해는 점차 심각해질 위험이 있다. 특히 우리나라의 특수한 경제적 · 문화적 · 사회적 요인으로 인하여 피해자인 여성이 이혼을 결심하지 못한 채 자포자기의 심정으로 현실을 감내하는 선택을 할 수밖에 없는 경우도 있을 수 있다. 아내에 대한 성폭력이 가정 내부에서 자율적으로 해결되지 못하고 아내의 성적 자기결정권이 심각하게 유린되는 상황이 지속되고 있음에도 국가가 부부 사이의 내밀한 성생활에 관한 문제라는 이유만으로 그 개입을 자제한다면, 헌법이 천명한 개인의 존엄과 양성의 평등에 기초한 혼인생활을 보장할 국가의 책무를 소홀히 하는 것이다. 특히 부부 사이에서도 양성의 평등과 성적 자기결정권이 존중되어야 한다는 인식이 국민들의 보편적 법의식으로 자리잡게 된 오늘날에는, 혼인관계가 파탄에 이른 경우는 물론 혼인관계가 실질적으로 유지되고 있는 경우에도 남편의 성폭력이 아내의 성적 자기결정권을 본질적으로 침해하는 정도에 이르렀다면, 국가가 이에 개입하여 더 이상의 피해를 방지하고 건강한 부부관계가 회복될 수 있도록 적절한 조치를 취해야 하며, 필요한 경우 국가형벌권의 행사도 고려하지 않을 수 없다. 형법 제297조는 부녀를 강간한 자를 처벌한다고 규정하고 있는데, 형법이 강간죄의 객체로 규정하고 있는 부녀란 성년이든 미성년이든, 기혼이든 미혼이든 불문하며 곧 여자를 가리키는 것이다(대법원 1996.6.11. 선고 96도791 판결, 대법원 2009.9.10. 선고 2009도3580 판결 참조). 이와 같이 형법은 법률상 처를 강간죄의 객체에서 제외하는 명문의 규정을 두고 있지 않으므로, 문언 해석상으로도 법률상 처가 강간죄의 객체에 포함된다고 새기는 것에 아무런 제한이 없다. 한편 1953.9.18. 법률 제293호로 제정된 형법은 강간죄를 규정한 제297조를 담고 있는 제2편 제32장의 제목을 '정조에 관한 죄'라고 정하고 있었는데, 1995.12.29. 법률 제5057호로 형법이 개정되면서 그 제목이 '강간과 추행의 죄'로 바뀌게 되었다. 이러한 형법의 개정은 강간죄의 보호법익이 현재 또는 장래의 배우자인 남성을 전제로 한 관념으로 인식될 수 있는 '여성의 정조' 또는 '성적 순결'이 아니라, 자유롭고 독립된 개인으로서 여성이 가지는 성적 자기결정권이라는 사회 일반의 보편적 인식과 법감정을 반영한 것으로 볼 수 있다. 민법 제826조 제1항은 부부의 동거의무를 규정하고 있고, 여기에는 배우자와 성생활을 함께 할 의무가 포함된다. 부부의 일방이 정당한 이유 없이 서로 동거하여야 할 부부로서의 의무를 포기하고 다른 일방을 버린 경우에는 재판상 이혼사유인 악의의 유기에 해당할 수 있다(대법원 1986.5.27. 선고 86므26 판결, 대법원 1999.2.12. 선고 97므612 판결 등 참조). 그러나 부부 사이에 민법상의 동거의무가 인정된다고 하더라도 거기에 폭행, 협박에 의하여 강요된 성관계를 감내할 의무가 내포되어 있다고 할 수 없다. 혼인이 개인의 성적 자기결정권에 대한 포기를 의미한다고 할 수 없고, 성적으로 억압된 삶을 인내하는 과정일 수도 없기 때문이다. 결론적으로, 위와 같은 헌법이 보장하는 혼인과 가족생활의 내용, 가정에서의 성폭력에 대한 인식의 변화, 형법의 체계와 그 개정 경과, 강간죄의 보호법익과 부부의 동거의무의 내용 등에 비추어 보면, 형법 제297조가 정한 강간죄의 객체인 '부녀'에는 법률상 처가 포함되고, 혼인관계가 파탄된 경우뿐만 아니라 혼인관계가 실질적으로 유지되고 있는 경우에도 남편이 반항을 불가능하게 하거나 현저히 곤란하게 할 정도의 폭행이나 협박을 가하여 아내를 간음한 경우에는 강간죄가 성립한다고 보아야 한다. 다만 남편의 아내에 대한 폭행 또는 협박이 피해자의 반항을 불가능하게 하거나 현저히 곤란하게 할 정도에 이른 것인지 여부는, 부부 사이의 성생활에 대한 국가의 개입은 가정의 유지라는 관점에서 최대한 자제하여야 한다는 전제에서, 그 폭행 또는 협박의 내용과 정도가 아내의 성적 자기결정권을 본질적으로 침해하는 정도에 이른 것인지 여부, 남편이 유형력을 행사하게 된 경위, 혼인생활의 형태와 부부의 평소 성행, 성교 당시와 그 후의 상황 등 모든 사정을 종합하여 신중하게 판단하여야 한다. 이와 달리, 실질적인 부부관계가 유지되고 있을 때에는 설령 남편이 강제로 아내를 간음하였다고 하더라도 강간죄가 성립하지 아니한다고 판시한 대법원 1970.3.10. 선고 70도29 판결은 이 판결과 배치되는 범위에서 이를 변경하기로 한다(대법원 2013.5.16. 선고 2012도14788, 2012전도252 전원합의체 판결).

5) 「특정 범죄자에 대한 위치추적 전자장치 부착 등에 관한 법률」 제5조 제1항 제3호에서 부착명령청구 요건으로 정한 '성폭력범죄를 2회 이상 범하여(유죄의 확정판결을 받은 경우를 포함한다)'에 '소년보호처분을 받은 전력'이 포함되는지 여부 및 피고인이 성폭력범죄로 소년보호처분을 받은 전력이 있는데 다시 강간상해죄를 범하여 '특정 범죄자에 대한 위치추적 전자장치 부착 등에 관한 법률' 제5조 제1항 제3호에 근거하여 부착명령이 청구된 사안에서, '성폭력범죄를 2회 이상 범한 경우'에 해당하지 않는다고 보아 부착명령청구를 기각하여야 하는지 여부

(다수의견) 죄형법정주의의 원칙상 형벌법규는 문언에 따라 엄격하게 해석 · 적용하여야 하고 피고인에게 불리한 방향으로 지나치게 확장해석하거나 유추해석하여서는 안 되는 것이 원칙이고, 이는 특정 범죄자에 대한 위치추적 전자장치 부착명령의 요건의 해석에 있어서도 마찬가지이다. 특정 범죄자에 대한 위치추적 전자장치 부착 등에 관한 법률(이하 '전자장치부착법'이라 한다) 제5조 제1항 제3호는 검사가 전자장치 부착명령을 법원에 청구할 수 있는 경우 중의 하나로 '성폭력범죄를 2회 이상 범하여(유죄의 확정판결을 받은 경우를 포함한다) 그 습벽이 인정된 때'라고 규정하고 있는바, 이 규정 전단은 그 문언상 '유죄의 확정판결을 받은 전과사실을 포함하여 성폭력범죄를 2회 이상 범한 경우'를 의미한다고 해석된다. 따라서 피부착명령청구자가 소년법에 의한 보호처분(이하 '소년보호처분'이라고 한다)을 받은 전력이 있다고 하더라도, 이는 유죄의 확정판결을 받은 경우에 해당하지 아니함이 명백하므로, 피부착명령청구자가 2회 이상 성폭력범죄를 범하였는지를 판단함에 있어 그 소년보호처분을 받은 전력을 고려할 것이 아니다. 원심이 같은 취지에서, 피부착명령청구자가 이 사건 피고사건의 범죄사실인 성폭력범죄를 1회 범한 것 외에 과거에 성폭력범죄로 소년보호처분을 받은 사실이 있다는 사유만으로는 전자장치부착법 제5조 제1항 제3호가 정한 성폭력범죄를 2회 이상 범한 경우에 해당하지 않는다고 판단하여 검사의 부착명령청구를 기각한 것은 정당하고, 거기에 상고이유에서 주장하는 바와 같이 위 규정의 해석에 관한 법리를 오해한 위법은 없다(대법원 2012.3.22. 선고 2011도15057, 2011전도249 전원합의체 판결).

6) 불을 놓아 '무주물'을 소훼하여 공공의 위험을 발생하게 한 경우, 형법 제167조 제2항을 적용하여 처벌할 수 있는지 여부

형법 제167조 제2항은 방화의 객체인 물건이 자기의 소유에 속한 때에는 같은 조 제1항보다 감경하여 처벌하는 것으로 규정하고 있는바, 방화죄는 공공의 안전을 제1차적인 보호법익으로 하지만 제2차적으로는 개인의 재산권을 보호하는 것이라고 볼 수 있는 점, 현재 소유자가 없는 물건인 무주물에 방화하는 경우에 타인의 재산권을 침해하지 않는 점은 자기의 소유에 속한 물건을 방화하는 경우와 마찬가지인 점, 무주의 동산을 소유의 의사로 점유하는 경우에 소유권을 취득하는 것에 비추어(민법 제252조) 무주물에 방화하는 행위는 그 무주물을 소유의 의사로 점유하는 것이라고 볼 여지가 있는 점 등을 종합하여 보면, 불을 놓아 무주물을 소훼하여 공공의 위험을 발생하게 한 경우에는 '무주물'을 '자기 소유의 물건'에 준하는 것으로 보아 형법 제167조 제2항을 적용하여 처벌하여야 한다. 원심판결 이유에 의하면, 원심은 피고인이 노상에서 전봇대 주변에 놓인 재활용품과 쓰레기 등을 발견하고 소지하고 있던 라이터를 이용하여 불을 붙인 다음 불상의 가연물을 집어넣어 화염을 키움으로써 공공의 위험을 발생하게 하였다는 이 사건 공소사실에 대하여, 위 '재활용품과 쓰레기 등'은 무주물로서 형법 제167조 제2항에 정한 자기 소유의 물건에 준하는 것으로 보아야 한다고 전제한 다음, 그 판시와 같은 기상 조건, 주변 상황과 화염의 높이 등에 비추어 보면 피고인이 불을 붙인 다음 불상의 가연물을 집어넣어 그 화염을 키움으로써 전선을 비롯한 주변의 가연물에 손상을 입히거나 바람에 의하여 다른 곳으로 불이 옮아붙을 수 있는 공공의 위험을 발생하게 하였다고 판단하여 형법 제167조 제2항에 정한 일반물건방화죄의 성립을 인정하였다. 앞서 본 법리와 기록에 비추어 살펴보면, 원심의 위와 같은 사실인정과 판단은 정당하고 거기에 일반물건방화죄의 성립에 관한 법리오해 등의 위법이 없다(대법원 2009.10.15. 선고 2009도7421 판결).

7) 다가구용 단독주택이나 공동주택 내부에 있는 엘리베이터, 공용 계단과 복도가 주거침입죄의 객체인 '사람의 주거'에 해당하는지 여부

피고인은 2008.6.13. 04:00경 대전 중구 유천동에 있는 아파트 앞에서 술에 취한 채 집으로 돌아가는 피해자를

발견하고 그녀를 강간할 것을 마음먹고, 피해자를 따라가 엘리베이터를 같이 탐으로써 피해자를 비롯한 위 아파트 입주민들의 주거에 침입하고, 엘리베이터가 4층에 이르렀을 때 갑자기 피해자를 엘리베이터 구석으로 밀고 주먹으로 얼굴을 수회 때려 반항을 억압한 후 9층에서 피해자를 끌고 엘리베이터에서 내린 다음 12~13층 계단으로 피해자를 끌고 가 그곳에서 피해자를 1회 간음하여 강간하고, 그로 인하여 피해자에게 약 2주간의 치료를 요하는 좌안 전방 출혈상을 가하였다. 원심은 그 채용증거에 의하여 피고인이 2008.6.13. 04:00경 대전 중구 유천동에 있는 아파트 앞에서 술에 취한 채 집으로 돌아가는 피해자를 발견하고 그녀를 강간할 것을 마음먹고 피해자를 따라가 엘리베이터를 같이 탄 사실, 피고인은 엘리베이터가 4층에 이르렀을 때 갑자기 피해자를 엘리베이터 구석으로 밀고 주먹으로 얼굴을 수회 때려 반항을 억압한 후 9층에서 피해자를 끌고 엘리베이터에서 내린 다음 12~13층 계단으로 피해자를 끌고 가 그곳에서 피해자를 1회 간음하여 강간하고, 그로 인하여 피해자에게 약 2주간의 치료를 요하는 좌안 전방 출혈상을 가한 사실을 인정한 다음, 아파트의 엘리베이터 및 그 옆의 공용계단은 피해자의 개인적인 사적 공간에 해당하지 않는다는 이유로 피고인의 주거침입을 인정하지 않고 강간상해죄로만 처벌하면서, 주거침입을 전제로 한 성폭력범죄의 처벌 및 피해자보호 등에 관한 법률위반(강간등상해)죄에 대하여는 무죄를 선고할 것이나 이와 일죄의 관계에 있는 강간상해죄를 유죄로 인정한 이상 주문에서 따로 무죄를 선고하지 아니한다고 판시하였다. 주거침입죄에 있어서 주거라 함은 단순히 가옥 자체만을 말하는 것이 아니라 그 정원 등 위요지를 포함하는 것인바(대법원 1983.3.8. 선고 82도1363 판결, 대법원 2001.4.24. 선고 2001도1092 판결 등 참조), 다가구용 단독주택이나 다세대주택 · 연립주택 · 아파트 등 공동주택 안에서 공용으로 사용하는 엘리베이터, 계단과 복도는 주거로 사용하는 각 가구 또는 세대의 전용 부분에 필수적으로 부속하는 부분으로서 그 거주자들에 의하여 일상생활에서 감시 · 관리가 예정되어 있고 사실상의 주거의 평온을 보호할 필요성이 있는 부분이므로, 다가구용 단독주택이나 다세대주택 · 연립주택 · 아파트 등 공동주택의 내부에 있는 엘리베이터, 공용 계단과 복도는 특별한 사정이 없는 한 주거침입죄의 객체인 '사람의 주거'에 해당하고, 위 장소에 거주자의 명시적, 묵시적 의사에 반하여 침입하는 행위는 주거침입죄를 구성한다. 위 법리에 비추어 보면, 피고인이 피해자를 강간할 목적으로 피해자를 따라 피해자가 거주하는 아파트 내부의 공용부분에 들어온 행위는 주거침입행위이므로, 피고인이 성폭력범죄의 처벌 및 피해자보호 등에 관한 법률 제5조 제1항 소정의 주거침입범의 신분을 가지게 되었음은 분명하다. 따라서 피고인의 위와 같은 행위를 주거침입으로 보지 않은 원심판결에는 성폭력범죄의 처벌 및 피해자보호 등에 관한 법률 제5조 제1항 소정의 주거침입에 관한 법리를 오해하여 판결에 영향을 미친 위법이 있다(대법원 2009.9.10. 선고 2009도4335 판결).

8) **압수 · 수색영장에 압수대상물을 압수장소에 '보관중인 물건'으로 기재한 경우, 이를 '현존하는 물건'으로 해석가능한지 여부**
헌법과 형사소송법이 구현하고자 하는 적법절차와 영장주의의 정신에 비추어 볼 때, 법관이 압수 · 수색영장을 발부하면서 '압수할 물건'을 특정하기 위하여 기재한 문언은 엄격하게 해석하여야 하고, 함부로 피압수자 등에게 불리한 내용으로 확장 또는 유추 해석하여서는 안 된다. 따라서 압수 · 수색영장에서 압수할 물건을 '압수장소에 보관중인 물건'이라고 기재하고 있는 것을 '압수장소에 현존하는 물건'으로 해석할 수는 없다(대법원 2009.3.12. 선고 2008도763 판결).

9) **일정한 금원의 출연을 내용으로 하는 사회봉사명령이 허용되는지 여부 및 피고인에게 자신의 범죄행위와 관련하여 어떤 말이나 글을 공개적으로 발표하도록 명하는 내용의 사회봉사명령이 허용되는지 여부**
우리 헌법은 "모든 국민은 신체의 자유를 가진다. 누구든지 … 법률과 적법한 절차에 의하지 아니하고는 처벌 · 보안처분 또는 강제노역을 받지 아니한다."(헌법 제12조 제1항)라고 정하여 처벌 · 보안처분 · 강제노역에 관한 법률주의 및 적법절차 원리를 선언하고 있다. 이를 이어받아 이른바 범죄인에 대한 사회내 처우의 한 유형으로 도입된 사회봉사명령 등에 관하여 구체적인 사항을 정하고 있는 형법 제62조의2와 보호관찰 등에 관한 법률 제59조 내지 제64조, 특히 제59조 제1항 "법원은 형법 제62조의2의 규정에 의한 사회봉사를 명할 때에는 500시간 … 의 범위 내에서 그 기간을 정하여야 한다." 등의 내용을 종합적으로 검토하여 보면, 현행 형법의 사회봉사는 형의 집행을 유예하면서 부가적으로 명하는 것이고 집행유예 되는 형은 자유형에 한정되고 있는 점 등에 비추어, 현행 형법에 의하여 법원이 형의 집행을 유예하는 경우 명할 수 있는 사회봉사는 자유형의 집행을 대체하기 위한 것으로서 500시간 내에서 시간 단위로 부과될 수 있는 일 또는 근로활동을 의미하는 것으로 해석된다. 따라서 법원이 형법 제62조의2의 규정에 의한 사회봉사명령으로 피고인에게 일정한 금원을 출연하거나 이와 동일시 할 수 있는 행위를 명하는 것은 허용될 수 없다고 본다. 한편, 법원이 피고인에게 유죄로 인정된 범죄행위를 뉘우치거나 그 범죄행위를 공개하는 취지의 말이나 글을 발표하도록 하는 내용의 사회봉사를 명하고 이를 위반할 경우 형법 제64조 제2항에 의하여 집행유예의 선고를 취소할 수 있도록 함으로써 그 이행을 강제하는 것은, 헌법이 보호하는 피고인의 양심의 자유, 명예 및 인격에 대한 심각하고 중대한 침해에 해당하므로, 이는 허용될 수 없다(헌법재판소 1991.4.1. 선고 89헌마160 결정, 헌법재판소 2002.1.31. 선고 2001헌바43 결정 등 참조). 또, 법원이 명하는 사회봉사의 의미나 내용은 피고인이나 집행 담당 기관이 쉽게 이해할 수 있어 집행 과정에서 그 의미나 내용에 관한 다툼이 발생하지 않을 정도로 특정되어야 한다. 특히, 피고인으로 하여금 자신의 범죄행위와 관련하여 어떤 말이나 글을 공개적으로 발표하도록 하는 것은 경우에 따라 피고인의 명예나 인격에 대한 심각하고 중대한 침해를 초래할 수 있는바, 법원이 피고인에게 유죄로 인정된 범죄행위와 관련하여 어떤 말이나 글을 공개적으로 발표하라는 사회봉사를 명한 경우, 그 말이나 글이 어떤 의미나 내용이어야 하는 것인지 쉽게 이해할 수 없어 집행 과정에서 그 의미나 내용에 관한 다툼이 발생할 가능성이 적지 않고, 유죄로 인정된 범죄행위를 뉘우치거나 그 범죄행위를 공개하는 취지의 말이나 글을 발표하도록 하는 취지의 것으로도 해석될 가능성이 적지 않다면 이러한 사회봉사명령은 위법하다고 볼 수밖에 없다. 오늘날 범죄인의 사회내 처우에 대한 관심과 지원의 필요성이 증대하고 있고, 형사정책적 · 특별예방적 견지에서 볼 때 다양하고 효과적인 내용의 사회봉사명령 및 특별준수사항이 개발 시행되는 것은 바람직하다 할 것이다. 그러나 헌법 제12조 제1항이 선언한 죄형법정주의의 정신에 비추어 볼 때 그 요건과 절차 등에 관한 사항은 가능한 한 구체적으로 법률에서 정해져야 하고, 적법 절차의 원리에 따른 것이어야 하며, 함부로 확장 · 유추 해석하여 운용되어서는 아니 된다(대법원 2008.4.11. 선고 2007도8373 판결).

10) 미성년자의제강간 · 강제추행죄를 규정한 형법 제305조에 의하여 미수범도 처벌할 수 있는지 여부

미성년자의제강간 · 강제추행죄를 규정한 형법 제305조가 “13세 미만의 부녀를 간음하거나 13세 미만의 사람에게 추행을 한 자는 제297조, 제298조, 제301조 또는 제301조의2의 예에 의한다”로 되어 있어 강간죄와 강제추행죄의 미수범의 처벌에 관한 형법 제300조를 명시적으로 인용하고 있지 아니하나, 형법 제305조의 입법 취지는 성적으로 미성숙한 13세 미만의 미성년자를 특별히 보호하기 위한 것으로 보이는바 이러한 입법 취지에 비추어 보면 동조에서 규정한 형법 제297조와 제298조의 ‘예에 의한다’는 의미는 미성년자의제강간 · 강제추행죄의 처벌에 있어 그 법정형뿐만 아니라 미수범에 관하여도 강간죄와 강제추행죄의 예에 따른다는 취지로 해석되고, 이러한 해석이 형벌법규의 명확성의 원칙에 반하는 것이거나 죄형법정주의에 의하여 금지되는 확장해석이나 유추해석에 해당하는 것으로 볼 수 없다(대법원 2007.3.15. 선고 2006도9453 판결).

11) 집행유예의 선고를 받고 그 유예기간을 무사히 경과한 자에 대하여 선고유예의 선고가 가능한지 여부

원심은, 피고인이 2001.9.13. 12:30경 부산 부산진구 부전1동 266-25 소재 탑스포츠맛사지에서 주먹과 전화수화기로 종업원인 피해자 심민정의 머리를 때려 폭행한 공소사실에 대하여, 피고인이 1985.9.26. 부산지방법원에서 야간주거침입절도죄로 징역 10월에 집행유예 2년을, 1990.6.15. 같은 법원에서 상해죄 등으로 징역 8월에 집행유예 2년을 각 선고받아 그 판결이 확정된 후 그 집행유예 선고가 실효 또는 취소됨이 없이 유예기간을 경과한 사실을 인정한 다음, 형법 제65조에 의하여 집행유예기간의 경과에 따라 형의 선고가 효력을 잃은 경우 당해 전과는 형법 제59조 제1항 단행에 규정된 선고유예 결격사유인 “자격정지 이상의 형을 받은 전과”에 해당하지 아니한다는 이유로 피고인에 대하여 형의 선고를 유예한 제1심판결을 그대로 유지하였다. 그러나 원심의 위

와 같은 판단은 다음과 같은 이유로 수긍하기 어렵다. 형법 제59조 제1항은 "1년 이하의 징역이나 금고, 자격정지 또는 벌금의 형을 선고할 경우 제51조의 사항을 참작하여 개전의 정상이 현저한 때에는 그 선고를 유예할 수 있다. 단, 자격정지 이상의 형을 받은 전과가 있는 자에 대하여는 예외로 한다."고 규정하고 있는바, 선고유예가 주로 범정이 경미한 초범자에 대하여 형을 부과하지 않고 자발적인 개선과 갱생을 촉진시키고자 하는 제도라는 점, 형법 제61조가 유예기간 중 자격정지 이상의 형에 처한 판결이 확정되거나 자격정지 이상의 형에 처한 전과가 발각된 경우 등을 선고유예의 실효사유로 규정하고 있는 점 등을 종합하여 보면, 형법 제59조 제1항 단행에서 정한 "자격정지 이상의 형을 받은 전과"라 함은 자격정지 이상의 형을 선고받은 범죄경력 자체를 의미하는 것이고, 그 형의 효력이 상실된 여부는 묻지 않는 것으로 해석함이 상당하다고 할 것이다. 따라서 형의 집행유예를 선고받은 자는 형법 제65조에 의하여 그 선고가 실효 또는 취소됨이 없이 정해진 유예기간을 무사히 경과하여 형의 선고가 효력을 잃게 되었다고 하더라도 형의 선고의 법률적 효과가 없어진다는 것일 뿐, 형의 선고가 있었다는 기왕의 사실 자체까지 없어지는 것은 아니므로(대법원 1983.4.2. 자 83모8 결정, 1995.12.22. 선고 95도2446 판결 등 참조), 형법 제59조 제1항 단행에서 정한 선고유예 결격사유인 "자격정지 이상의 형을 받은 전과가 있는 자"에 해당한다고 보아야 할 것이다. 이와 달리 원심이, 피고인이 집행유예를 선고한 판결에 의하여 징역형을 선고받은 사실이 있다고 하더라도 그 유예기간을 무사히 경과한 이상 이를 선고유예의 결격사유로 삼을 수 없다고 판단한 것은 형법 제59조 제1항 단행의 해석적용을 그르쳐 판결에 영향을 미친 위법을 저지른 것이라고 할 것이다(대법원 2003.12.26. 선고 2003도3768 판결).

12) 형법 제62조에 의하여 집행유예를 선고하는 경우에 같은 법 제62조의2 제1항에 규정된 보호관찰과 사회봉사를 동시에 명할 수 있는지 여부

형법 제62조의2 제1항은 "형의 집행을 유예하는 경우에는 보호관찰을 받을 것을 명하거나 사회봉사 또는 수강을 명할 수 있다."고 규정하고 있는바, 그 문리에 따르면, 보호관찰과 사회봉사는 각각 독립하여 명할 수 있다는 것이지, 반드시 그 양자를 동시에 명할 수 없다는 취지로 해석되지는 아니할 뿐더러, 소년법 제32조 제3항, 성폭력범죄의처벌및피해자보호등에관한법률 제16조 제2항, 가정폭력범죄의처벌등에관한특례법 제40조 제2항 등에는 보호관찰과 사회봉사를 동시에 명할 수 있다고 명시적으로 규정하고 있는바, 일반 형법에 의하여 보호관찰과 사회봉사를 명하는 경우와 비교하여 특별히 달리 취급할 만한 이유가 없으며, 제도의 취지에 비추어 보더라도, 범죄자에 대한 사회복귀를 촉진하고 효율적인 범죄예방을 위하여 양자를 병과할 필요성이 있는 점 등을 종합하여 볼 때, 형법 제62조에 의하여 집행유예를 선고할 경우에는 같은 법 제62조의2 제1항에 규정된 보호관찰과 사회봉사 또는 수강을 동시에 명할 수 있다고 해석함이 상당하다(대법원 1998.4.24. 선고 98도98 판결).

기출사례

형법 제62조의2 제1항은 "형의 집행을 유예하는 경우에는 보호관찰을 받을 것을 명하거나 사회봉사 또는 수강을 명할 수 있다."라고 규정하고 있다. 대법원은 이 규정에 의하여 집행유예를 선고하는 경우에 보호관찰과 사회봉사 또는 수강을 동시에 명할 수 있다고 해석하고 있다. 이 해석이 유추적용금지의 원칙에 위반하는지에 대한 입장을 설명하고 그 근거를 제시하시오. (20점)

[2003년도 시행 제45회 사법시험 제2문의2]

4. 명확성의 원칙(lex certa)

1) 명확성원칙의 의의

명확성원칙이란 범죄와 형벌은 가능한 한 명확하게 규정되어야 한다는 것으로, 범죄와 형벌이 형식적으로는 법률에 규정되어 있다 하더라도 규정의 내용이 명확하지 않으면 어떤 행위가 허용되고 어떤 행위가 금지되는지 모호하게 될 뿐 아니라 범죄를 범한 자가 어떤 형벌을 받게 되는지 불분명하게 될 것이다. 이와 같이 형벌법규가 불명확한 경우에는 행위의 평가에 대한 예측가능성을 담보할 수 없기 때문에 법적 안정성이 침해되어 형법의 행위준칙으로서의 규범적 기능과 기본권보장기능은 기대할 수 없다.

입법기술의 한계와 더불어 다양한 사회생활을 포섭해야 할 뿐 아니라 여러 사안들을 보편적으로 규율해야 하는 형법규정의 속성상 형법에 규정된 범죄와 형벌에 관한 개념들이 어느 정도 추상적이고 불명확할 수밖에 없으나, 형법규정이 지나치게 포괄적이고 추상적인 개념으로 설정되는 경우에는 판단기준이 자의적 재량에 따라 좌우됨으로써 이른바 '고무줄 법'으로 전락하게 된다. 이렇게 되면 죄형법정주의는 형식적으로는 보장될지 몰라도 인권보장이라는 실질적인 기능은 상실될 수 밖에 없다.

심지어 유권해석 권한을 가지고 있는 법원의 판결도 '~ 여러 사정을 종합하여 사회통념에 비추어 합리적으로 판단~'이라는 표현을 사용하고 있다는 점에서, 법규 해석의 불명획성을 더욱 심화시키고 있다는 비판을 면할 수 없다.[56]

2) 구성요건의 명확성

죄형법정주의의 실질적 내용인 명확성의 원칙은 법률이 처벌하고자 하는 행위가 무엇이며 그에 대한 형벌이 어떠한 것이고 어느 정도인지를 누구나 예견할 수 있고, 그에 따라 행위자가 자신의 행위를 결정할 수 있게끔 구성요건을 명확하게 규정할 것을 요구한다.[57] 따라서 형사처벌의 대상이 되

---

56) 구 특정범죄 가중처벌 등에 관한 법률(2010.3.31. 법률 제10210호로 개정되기 전의 것) 제5조의9 제2항은 '자기 또는 타인의 형사사건의 수사 또는 재판과 관련하여 고소 · 고발 등 수사단서의 제공, 진술, 증언 또는 자료제출에 대한 보복의 목적' 또는 '고소 · 고발 등 수사단서의 제공, 진술, 증언 또는 자료제출을 하지 못하게 하거나 고소 · 고발을 취소하게 하거나 거짓으로 진술 · 증언 · 자료제출을 하게 할 목적'으로 형법상 폭행죄, 협박죄 등을 범한 경우 형법상의 법정형보다 더 무거운 1년 이상의 유기징역에 처하도록 하고 있다. 여기에서 행위자에게 그러한 목적이 있었는지 여부는 행위자의 나이, 직업 등 개인적인 요소, 범행의 동기 및 경위와 수단 · 방법, 행위의 내용과 태양, 피해자와의 인적 관계, 범행 전후의 정황 등 여러 사정을 종합하여 사회통념에 비추어 합리적으로 판단하여야 한다(대법원 2013.6.14. 선고 2009도12055 판결. 보복목적 등으로 형법상 폭행죄 · 협박죄 등을 범한 경우를 가중처벌하는 구 특정범죄 가중처벌 등에 관한 법률 제5조의9 제2항에서 행위자에게 '보복의 목적 등'이 있었는지 판단하는 기준).

57) [죄형법정주의 원칙에서 파생되는 '명확성의 원칙'의 의미 및 법규범이 명확성 원칙에 위반되는지 판단하는 방법]
헌법 제12조 및 제13조를 통하여 보장되고 있는 죄형법정주의의 원칙은 범죄와 형벌이 법률로 정하여져야 함을 의미하며, 이러한 죄형법정주의에서 파생되는 명확성의 원칙은 법률이 처벌하고자 하는 행위가 무엇이며 그에 대한 형벌이 어떠한 것인지를 누구나 예견할 수 있고, 그에 따라 자신의 행위를 결정할 수 있도록 구성요건을 명확하게 규정하는 것을 의미한

는 범죄의 구성요건은 형식적 의미의 법률로 명확하게 규정되어야 하며, 만약 통상의 판단능력을 가진 국민이 법률에 의하여 금지된 행위가 무엇인가를 알 수 없을 정도로 범죄의 구성요건에 관한 규정이 지나치게 추상적이거나 모호하여 그 내용과 적용범위가 과도하게 광범위하거나 불명확한 경우에는 국가형벌권의 자의적인 행사가 가능하게 되어 개인의 자유와 권리를 보장할 수 없으므로 죄형법정주의의 원칙에 위배된다.[58]

구성요건이 명확하기 위해서는 구성요건상의 개념들이 누구나 알 수 있는 쉽고 논란이 없는 용어로 기술되어 한다. 따라서 추상적 개념 보다는 구체적 개념, 불확정적 개념 보다는 확정적 개념, 전문적인 용어 보다는 일상적인 용어, 규범적 용어 보다는 사실적 내지 기술적 용어들을 사용하는 것이 바람직하다. 그러나 다양한 사안들에 공통적으로 적용되는 것을 간결하게 표현해야 하는 법규범의 속성으로 인하여, 예를 들어 형법 제16조의 '정당한 이유', 제20조의 '사회상규', 제21조 이하 위법성조각사유의 '상당한 이유', 제243조 내지 제245조의 '음란', 제298조 강제추행죄의 '추행' 등과 같은 추상적 · 불확정적 · 전문적 · 규범적 개념들을 사용할 수 밖에 없다.

따라서 부단히 변화하는 다양한 생활관계를 제대로 규율하기 위하여 처벌법규에서 어느 정도의 보편적이거나 일반적인 뜻을 지닌 용어를 사용하는 것은 부득이하다고 할 수밖에 없고, 당해 법률이 제정된 목적과 다른 법률조항과의 연관성을 고려하여 합리적인 해석이 가능한지의 여부에 따라 명확성의 요건을 갖추었는지의 여부를 가릴 수밖에 없다. 즉 처벌법규의 구성요건이 어느 정도 명확해야 하는가는 일률적으로 정할 수는 없으며, 각 구성요건의 특수성과 그러한 법적 규제의 원인이 된

다. 그러나 처벌법규의 구성요건이 명확하여야 한다고 하여 모든 구성요건을 단순한 서술적 개념으로 규정하여야 하는 것은 아니고, 다소 광범위하여 법관의 보충적인 해석을 필요로 하는 개념을 사용하였다고 하더라도 통상의 해석방법에 의하여 건전한 상식과 통상적인 법감정을 가진 사람이면 당해 처벌법규의 보호법익과 금지된 행위 및 처벌의 종류와 정도를 알 수 있도록 규정하였다면 헌법이 요구하는 처벌법규의 명확성에 배치되는 것이 아니다. 또한, 어떠한 법규범이 명확한지 여부는 그 법규범이 수범자에게 법규의 의미내용을 알 수 있도록 공정한 고지를 하여 예측가능성을 주고 있는지 여부 및 그 법규범이 법을 해석 · 집행하는 기관에게 충분한 의미내용을 규율하여 자의적인 법해석이나 법집행이 배제되는지 여부, 다시 말하면 예측가능성 및 자의적 법집행 배제가 확보되는지 여부에 따라 이를 판단할 수 있는데, 법규범의 의미내용은 그 문언뿐만 아니라 입법 목적이나 입법 취지, 입법 연혁, 그리고 법규범의 체계적 구조 등을 종합적으로 고려하는 해석방법에 의하여 구체화하게 되므로, 결국 법규범이 명확성 원칙에 위반되는지 여부는 위와 같은 해석방법에 의하여 그 의미내용을 합리적으로 파악할 수 있는 해석기준을 얻을 수 있는지 여부에 달려 있다(대법원 2014.1.29. 선고 2013도12939 판결. '사업자등록번호 · 통관고유부호'를 물품 수입시 신고사항으로 정하고 있는 구 관세법 시행령 제246조 제1항 제5호가 화주인 납세의무자의 사업자등록번호 등을 신고하도록 정한 것인지 여부와 관련하여, "구 관세법 시행령(2013.2.15. 대통령령 제24373호로 개정되기 전의 것) 제246조 제1항 제5호가 '사업자등록번호 · 통관고유부호'를 물품 수입시의 신고사항으로 정하고 있는 것은 대체로 수입신고명의의 대여 등으로 인하여 물품의 수입신고명의인과 실제로 납세의무를 부담하는 이가 상이한 경우에 있어서 관세의 부과 · 징수 및 수입물품의 통관을 적정하게 하고 관세수입을 확보하려는 의도에서 형식상의 신고명의인과는 별도로 실제로 물품을 수입한 자, 즉 화주인 납세의무자에 관한 신고의무를 정하였다고 봄이 상당하다. 그리하여 위 시행령 규정은 이러한 납세의무자에 관한 신고의무를 전제로 그 납세의무자의 구체적인 특정을 위하여 그의 사업자등록번호 등을 신고하도록 정한 것으로 보아야 할 것이다. 그리고 이러한 해석은 통상의 해석방법에 의하여 그 의미내용을 합리적으로 파악할 수 있는 것으로서, 처벌법규의 명확성의 원칙에 반한다거나 자의적으로 처벌 범위를 넓히는 해석이라고 할 수 없다"는 판결). 같은 취지의 판결로 대법원 2006.5.11. 선고 2006도920 판결.

58) 헌법재판소 1997.9.25. 선고 96헌가16 결정 ; 1995.9.28. 선고 93헌바50 결정 ; 대법원 2004.7.9. 선고 2004도810 판결 등.

여건이나 처벌의 정도, 다른 법률조항과의 연관성 등을 고려하여,[59] 사물의 변별능력을 제대로 갖춘 일반인의 이해와 판단으로서 그의 구성요건 요소에 해당하는 행위유형을 정형화하거나 한정할 합리적 해석 기준을 찾을 수 있다면 죄형법정주의가 요구하는 형벌법규의 명확성의 원칙에 반하지 아니한다.[60]

명확성의 원칙에 위배되느냐는 주로 공서양속과 같은 사회적 풍속이나 사회공공의 질서유지를 보호법익으로 하는 형벌법규 내지 행정질서벌 규정에서 문제된다. 예를 들어 「형법」 제243조의 "음화반포등"과 제244조의 "음화제조등", 그리고 제245조의 "공연음란", 「정보통신망 이용촉진 및 정보보호」 등에 관한 법률 제44조의7 제1항 제1호와 제74조 제1항 제2호, 「풍속영업의 규제에 관한 법률」 제3조 제2호 및 제3호와 제10조 제2항 등에서 규정하고 있는 '음란'이라는 표현이 구체적으로 무엇을 의미하느냐에 대해서는 판단하는 자에 따라 자의적으로 해석될 수 밖에 없다는 점에서 명확성의 원칙에 위배될 소지가 있다. 그리고 위경죄를 규제하는 질서위반법의 형태인 「경범죄처벌법」(2012.3.21. 개정, 2013.3.22. 시행) 제3조 제1항 제19호 "불안감조성"에서 '몹시 거칠게 겁을 주는', 같은 항 제20호 "음주소란 등"에서 '몹시 거친 말', 같은 항 제33호 "과다노출"에서 '가려야 할 곳', 같은 조 제2항 제3호 "업무방해"에서 '못된 장난' 등의[61] 표현들도 그것이 구체적으로 무엇을 의미하는지가 불분명하다.

또한 「영화 및 비디오물의 흥에 관한 법률」 제29조 제7항과 제50조 제5항[62]에서 규정하고 있는 '건

59) 헌법재판소 2000.2.24. 선고 99헌가4 결정 ; 1997.3.27. 선고 95헌가17 결정.

60) 대법원 2003.4.11. 선고 2003도451 판결.

61) 경범죄처벌법 제1조 (목적) 이 법은 경범죄의 종류 및 처벌에 필요한 사항을 정함으로써 국민의 자유와 권리를 보호하고 사회공공의 질서유지에 이바지함을 목적으로 한다.
제2조 (남용금지) 이 법을 적용할 때에는 국민의 권리를 부당하게 침해하지 아니하도록 세심한 주의를 기울여야 하며, 본래의 목적에서 벗어나 다른 목적을 위하여 이 법을 적용하여서는 아니 된다.
제3조(경범죄의 종류) ① 다음 각 호의 어느 하나에 해당하는 사람은 10만원 이하의 벌금, 구류 또는 과료(科料)의 형으로 처벌한다.
19. (불안감조성) 정당한 이유 없이 길을 막거나 시비를 걸거나 주위에 모여들거나 뒤따르거나 몹시 거칠게 겁을 주는 말이나 행동으로 다른 사람을 불안하게 하거나 귀찮고 불쾌하게 한 사람 또는 여러 사람이 이용하거나 다니는 도로 · 공원 등 공공장소에서 고의로 험악한 문신(文身)을 드러내어 다른 사람에게 혐오감을 준 사람
20. (음주소란 등) 공회당 · 극장 · 음식점 등 여러 사람이 모이거나 다니는 곳 또는 여러 사람이 타는 기차 · 자동차 · 배 등에서 몹시 거친 말이나 행동으로 주위를 시끄럽게 하거나 술에 취하여 이유 없이 다른 사람에게 주정한 사람
33. (과다노출) 여러 사람의 눈에 뜨이는 곳에서 공공연하게 알몸을 지나치게 내놓거나 가려야 할 곳을 내놓아 다른 사람에게 부끄러운 느낌이나 불쾌감을 준 사람
[개정 전 제41호는 '여러 사람의 눈에 뜨이는 곳에서 함부로 알몸을 지나치게 내놓거나 속까지 들여다 보이는 옷을 입거나 또는 가려야 할 곳을 내어 놓아 다른 사람에게 부끄러운 느낌이나 불쾌감을 준 사람'으로 규정하고 있었다.]
② 다음 각 호의 어느 하나에 해당하는 사람은 20만원 이하의 벌금, 구류 또는 과료의 형으로 처벌한다.
3. (업무방해) 못된 장난 등으로 다른 사람, 단체 또는 공무수행 중인 자의 업무를 방해한 사람

62) 제29조 (상영등급분류) ① 영화업자는 제작 또는 수입한 영화(예고편 및 광고영화를 포함한다)에 대하여 그 상영 전까지 제71조의 규정에 의한 영상물등급위원회(이하 "영상물등급위원회"라 한다)로부터 상영등급을 분류 받아야 한다. 다만, 다음 각 호의 어느 하나에 해당하는 영화에 대하여는 그러하지 아니하다.
1. 대가를 받지 아니하고 특정한 장소에서 청소년이 포함되지 아니한 특정인에 한하여 상영하는 소형영화 · 단편영화
2. 영화진흥위원회가 추천하는 영화제에서 상영하는 영화
3. 국제적 문화교류의 목적으로 상영하는 영화 등 문화체육관광부장관이 등급분류가 필요하지 아니하다고 인정하는 영화
② 제1항 본문의 규정에 의한 영화의 상영등급은 영화의 내용 및 영상 등의 표현 정도에 따라 다음 각 호와 같이 분류한다.

전한 가정생활', '사회윤리', '선량한 풍속', '국민정서', 「영화 및 비디오물의 진흥에 관한 법률 시행령」 제10조의2 제1항과 제23조의2 제1항[63]에 의한 "영화의 상영등급 및 비디오물의 등급 분류기준"과 영상물등급위원회 규정인 "영화 및 비디오물 등급분류 기준"의 '정서적 안정과 건전한 가치관 형성', '사회통념상 용인', '정서적 · 인격적인 모용감이나 수치심', '사회의 선량한 풍속', '국민의 정서' 등의 용어도 명확성의 원칙에 위배된다 할 것이다.

다만, 영화 상영 전후에 상영하는 광고영화는 제1호에 해당하는 경우에 한하여 상영등급을 분류받을 수 있고, 예고편영화는 제1호 또는 제4호에 따라 상영등급을 분류하고 청소년 관람불가 예고편영화는 청소년 관람불가 영화의 상영 전후에만 상영할 수 있다.

1. 전체관람가 : 모든 연령에 해당하는 자가 관람할 수 있는 영화
2. 12세 이상 관람가 : 12세 이상의 자가 관람할 수 있는 영화
3. 15세 이상 관람가 : 15세 이상의 자가 관람할 수 있는 영화
4. 청소년 관람불가 : 청소년은 관람할 수 없는 영화
5. 제한상영가 : 선정성 · 폭력성 · 사회적 행위 등의 표현이 과도하여 인간의 보편적 존엄, 사회적 가치, 선량한 풍속 또는 국민 정서를 현저하게 해할 우려가 있어 상영 및 광고 · 선전에 일정한 제한이 필요한 영화

③ 누구든지 제1항 및 제2항의 규정을 위반하여 상영등급을 분류 받지 아니한 영화를 상영하여서는 아니 된다.

④ 누구든지 제2항제2호 또는 제3호의 규정에 의한 상영등급에 해당하는 영화의 경우에는 당해 영화를 관람할 수 있는 연령에 도달하지 아니한 자를 입장시켜서는 아니 된다. 다만, 부모 등 보호자를 동반하여 관람하는 경우에는 그러하지 아니하다.

⑤ 누구든지 제2항제4호 또는 제5호의 규정에 의한 상영등급에 해당하는 영화의 경우에는 청소년을 입장시켜서는 아니 된다.

⑥ 누구든지 제1항의 규정에 의하여 분류 받은 상영등급을 변조하거나 상영등급을 분류 받은 영화의 내용을 변경하여 영화를 상영하여서는 아니 된다.

⑦ 제2항 각 호의 상영등급에 대한 구체적인 분류기준은 다음 각 호의 사항을 고려하여 대통령령으로 정한다.

1. 「대한민국헌법」의 민주적 기본질서의 유지와 인권존중에 관한 사항
2. 건전한 가정생활과 아동 및 청소년 보호에 관한 사항
3. 사회윤리의 존중에 관한 사항
4. 국가정체성 및 외교관계의 유지에 관한 사항
5. 주제 및 내용의 폭력성 · 선정성 · 반사회적 행위 등에 관한 사항
6. 인간의 보편적 존엄과 사회적 가치, 선량한 풍속 및 국민정서에 관한 사항

제50조(등급분류) ① 비디오물을 제작 또는 배급(수입을 포함한다. 이하 같다)하는 자는 당해 비디오물을 공급하기 전에 당해 비디오물의 내용에 관하여 영상물등급위원회로부터 등급분류를 받아야 한다. 다만, 다음 각 호의 어느 하나에 해당하는 비디오물의 경우에는 그러하지 아니하다.

③ 제1항의 규정에 의한 비디오물의 등급은 비디오물의 내용, 영상 및 대사 등의 표현 정도에 따라 다음 각 호와 같이 분류한다.

1. 전체관람가 : 모든 연령의 자가 시청할 수 있는 비디오물
2. 12세 이상 관람가 : 12세 이상의 자가 시청할 수 있는 비디오물
3. 15세 이상 관람가 : 15세 이상의 자가 시청할 수 있는 비디오물
4. 청소년관람불가 : 청소년은 시청할 수 없는 비디오물
5. 제한관람가 : 선정성 · 폭력성 · 사회적 행위 등의 표현이 과도하여 인간의 보편적 존엄, 사회적 가치, 선량한 풍속 또는 국민 정서를 현저하게 해할 우려가 있어 시청제공 · 유통 등에 일정한 제한이 필요한 비디오물

⑤ 제3항 각 호의 등급에 대한 구체적인 분류 기준은 제29조제7항 각 호의 사항을 고려하여 대통령령으로 정한다.

63) 제10조의2 (영화 상영등급 분류기준) ① 법 제29조제7항에 따른 영화 상영등급 분류기준은 별표 2의2와 같다.
② 제1항에 따른 세부적인 등급 분류기준은 영상물등급위원회규정으로 정한다.
제23조의2 (비디오물의 등급 분류기준) ① 법 제50조제5항에 따른 비디오물의 등급 분류기준은 별표 2의2를 준용한다. 이 경우 별표 2의2 제5호 중 "제한상영가"는 "제한관람가"로 본다.
② 제1항에 따른 세부적인 등급 분류기준은 영상물등급위원회규정으로 정한다.

구성요건의 명확성과 관련된 판례

1. '음란' 또는 '추행'과 관련된 판례

1) '음란'과 관련된 판례

〈참조규정〉

(형법)

제243조 (음화반포등) 음란한 문서, 도화, 필름 기타 물건을 반포, 판매 또는 임대하거나 공연히 전시 또는 상영한 자는 1년이하의 징역 또는 500만원이하의 벌금에 처한다.

제244조 (음화제조등) 제243조의 행위에 공할 목적으로 음란한 물건을 제조, 소지, 수입 또는 수출한 자는 1년이하의 징역 또는 500만원이하의 벌금에 처한다.

제245조 (공연음란) 공연히 음란한 행위를 한 자는 1년이하의 징역, 500만원이하의 벌금, 구류 또는 과료에 처한다.

(성폭력범죄의 처벌 등에 관한 특례법)

제13조 (통신매체를 이용한 음란행위) 자기 또는 다른 사람의 성적 욕망을 유발하거나 만족시킬 목적으로 전화, 우편, 컴퓨터, 그 밖의 통신매체를 통하여 성적 수치심이나 혐오감을 일으키는 말, 음향, 글, 그림, 영상 또는 물건을 상대방에게 도달하게 한 사람은 2년 이하의 징역 또는 500만원 이하의 벌금에 처한다.

제14조 (카메라 등을 이용한 촬영) ① 카메라나 그 밖에 이와 유사한 기능을 갖춘 기계장치를 이용하여 성적 욕망 또는 수치심을 유발할 수 있는 다른 사람의 신체를 그 의사에 반하여 촬영하거나 그 촬영물을 반포·판매·임대·제공 또는 공공연하게 전시·상영한 자는 5년 이하의 징역 또는 1천만원 이하의 벌금에 처한다.

② 제1항의 촬영이 촬영 당시에는 촬영대상자의 의사에 반하지 아니하는 경우에도 사후에 그 의사에 반하여 촬영물을 반포·판매·임대·제공 또는 공공연하게 전시·상영한 자는 3년 이하의 징역 또는 500만원 이하의 벌금에 처한다.

③ 영리를 목적으로 제1항의 촬영물을 「정보통신망 이용촉진 및 정보보호 등에 관한 법률」 제2조제1항제1호의 정보통신망(이하 "정보통신망"이라 한다)을 이용하여 유포한 자는 7년 이하의 징역 또는 3천만원 이하의 벌금에 처한다.

(정보통신망 이용촉진 및 정보보호 등에 관한 법률) (2012.2.17.개정, 2013.2.18. 시행)

제44조의7 (불법정보의 유통금지 등) ① 누구든지 정보통신망을 통하여 다음 각 호의 어느 하나에 해당하는 정보를 유통하여서는 아니 된다.

1. 음란한 부호·문언·음향·화상 또는 영상을 배포·판매·임대하거나 공공연하게 전시하는 내용의 정보
2. 사람을 비방할 목적으로 공공연하게 사실이나 거짓의 사실을 드러내어 타인의 명예를 훼손하는 내용의 정보
3. 공포심이나 불안감을 유발하는 부호·문언·음향·화상 또는 영상을 반복적으로 상대방에게 도달하도록 하는 내용의 정보

제74조 (벌칙) ① 다음 각 호의 어느 하나에 해당하는 자는 1년 이하의 징역 또는 1천만원 이하의 벌금에 처한다.

2. 제44조의7제1항제1호를 위반하여 음란한 부호·문언·음향·화상 또는 영상을 배포·판매·임대하거나 공공연하게 전시한 자
3. 제44조의7제1항제3호를 위반하여 공포심이나 불안감을 유발하는 부호·문언·음향·화상 또는 영상을 반복적으로 상대방에게 도달하게 한 자

(풍속영업의 규제에 관한 법률)

제3조 (준수 사항) 풍속영업을 하는 자(허가나 인가를 받지 아니하거나 등록이나 신고를 하지 아니하고 풍속영업을 하는 자를 포함한다. 이하 "풍속영업자"라 한다) 및 대통령령으로 정하는 종사자는 풍속영업을 하는 장소(이하 "풍

속영업소"라 한다)에서 다음 각 호의 행위를 하여서는 아니 된다.

1. 「성매매알선 등 행위의 처벌에 관한 법률」 제2조제1항제2호에 따른 성매매알선등행위
2. 음란행위를 하게 하거나 이를 알선 또는 제공하는 행위
3. 음란한 문서 · 도화 · 영화 · 음반 · 비디오물, 그 밖의 음란한 물건에 대한 다음 각 목의 행위
   가. 반포 · 판매 · 대여하거나 이를 하게 하는 행위
   나. 관람 · 열람하게 하는 행위
   다. 반포 · 판매 · 대여 · 관람 · 열람의 목적으로 진열하거나 보관하는 행위
4. 도박이나 그 밖의 사행행위를 하게 하는 행위

제10조 (벌칙) ① 제3조제1호를 위반하여 풍속영업소에서 성매매알선등행위를 한 자는 3년 이하의 징역 또는 3천만원 이하의 벌금에 처한다.

② 제3조제2호부터 제4호까지의 규정을 위반하여 음란행위를 하게 하는 등 풍속영업소에서 준수할 사항을 지키지 아니한 자는 3년 이하의 징역 또는 2천만원 이하의 벌금에 처한다.

(경범죄처벌법)

제3조 (경범죄의 종류) ① 다음 각 호의 어느 하나에 해당하는 사람은 10만원 이하의 벌금, 구류 또는 과료의 형으로 처벌한다. (2012.3.21. 개정, 2013.3.22. 시행)

33. (과다노출) 여러 사람의 눈에 뜨이는 곳에서 공공연하게 알몸을 지나치게 내놓거나 가려야 할 곳을 내놓아 다른 사람에게 부끄러운 느낌이나 불쾌감을 준 사람

(1) 구 풍속영업의 규제에 관한 법률 제3조 제1호에 정한 '음란행위'의 의미 및 풍속영업소에서 이루어진 행위가 형사처벌의 대상이 되는 '음란행위'에 해당하기 위한 요건, 유흥주점 여종업원들이 웃옷을 벗고 브래지어만 착용하거나 치마를 허벅지가 다 드러나도록 걷어 올리고 가슴이 보일 정도로 어깨끈을 밑으로 내린 채 손님을 접대한 사안이 구 풍속영업의 규제에 관한 법률 제3조 제1호에 정한 '음란행위'에 해당하는지 여부

구 풍속영업의 규제에 관한 법률(2007.1.3. 법률 제8175호로 개정되기 전의 것) 제3조 제1호에서 규정하고 있는 '음란행위'란 성욕을 자극하거나 흥분 또는 만족시키는 행위로서 일반인의 정상적인 성적 수치심을 해치고 선량한 성적 도의관념에 반하는 것을 의미하는바, '음란'이라는 개념이 사회와 시대적 변화에 따라 변동하는 상대적이고도 유동적인 것이며, 음란성에 관한 논의는 자연스럽게 형성 · 발전되어 온 사회 일반의 성적 도덕관념이나 윤리관념 및 문화적 사조와 직결되고 아울러 개인의 사생활이나 행복추구권 및 다양성과도 깊이 연관되는 문제로서 국가형벌권이 지나치게 적극적으로 개입하기에 적절한 분야가 아니라는 점 등에 비추어 볼 때, 풍속영업을 영위하는 장소에서 이루어진 행위가 형사처벌의 대상이 되는 '음란행위'에 해당한다고 하려면 당해 풍속영업의 종류, 허가받은 영업의 형태, 이용자의 연령 제한이나 장소의 공개 여부, 신체노출로 인한 음란행위에서는 그 시간과 장소, 노출 부위와 방법 및 정도, 그 동기와 경위 등을 종합적으로 고려하여, 그것이 단순히 일반인에게 부끄러운 느낌이나 불쾌감을 준다는 정도를 넘어서서 사회적으로 유해한 영향을 끼칠 위험성이 있다고 평가할 수 있을 정도로 노골적인 방법에 의하여 성적 부위를 노출하거나 성적 행위를 표현한 것으로서, 사회 평균인의 입장에서 성욕을 자극하여 성적 흥분을 유발하고 정상적인 성적 수치심을 해하였다고 평가될 수 있어야 한다. 유흥주점 여종업원들이 웃옷을 벗고 브래지어만 착용하거나 치마를 허벅지가 다 드러나도록 걷어 올리고 가슴이 보일 정도로 어깨끈을 밑으로 내린 채 손님을 접대한 사안에서, 위 종업원들의 행위와 노출 정도가 형사법상 규제의 대상으로 삼을 만큼 사회적으로 유해한 영향을 끼칠 위험성이 있다고 평가할 수 있을 정도로 노골적인 방법에 의하여 성적 부위를 노출하거나 성적 행위를 표현한 것이라고 단정하기에 부족하여 구 풍속영업의 규제에 관한 법률 제3조 제1호에 정한 '음란행위'에 해당한다고 보기가 어렵다(대법원 2009.2.26. 선고 2006도3119 판결).

(2) 형법 제245조 공연음란죄에서의 '음란한 행위'의 의미, 요구르트 제품의 홍보를 위하여 전라의 여성 누드모델

들이 일반 관람객과 기자 등 수십명이 있는 자리에서, 알몸에 밀가루를 바르고 무대에 나와 분무기로 요구르트를 몸에 뿌려 밀가루를 벗겨내는 방법으로 알몸을 완전히 드러낸 채 음부 및 유방 등이 노출된 상태에서 무대를 돌며 관람객들을 향하여 요구르트를 던진 행위가 공연음란죄에 해당한다고 한 사례
형법 제245조 소정의 '음란한 행위'라 함은 일반 보통인의 성욕을 자극하여 성적 흥분을 유발하고 정상적인 성적 수치심을 해하여 성적 도의관념에 반하는 행위를 가리키는 것이고(대법원 2000.12.22. 선고 2000도4372 판결, 2005.7.22. 선고 2003도2911 판결 등 참조), 그 행위가 반드시 성행위를 묘사하거나 성적인 의도를 표출할 것을 요하는 것은 아니라고 할 것이다. 원심의 채택 증거를 기록에 비추어 살펴보면, 피고인들과 공소외 1, 공소외 2가 (조합명 생략)협동조합이 새로 개발하여 시판하는 요구르트 제품의 홍보를 위하여 전라의 여성 누드모델들을 출연시켜 공연을 하기로 순차 공모한 후, 2003.1.26. 16:10경부터 16:20경까지 사이에(실제공연시간은 약 3분간임), 화랑인 인사아트플라자갤러리에서, 일반 관람객 70여 명 및 기자 10여 명 등을 입장시켜 관람하게 하면서, 여성 누드모델인 피고인 2, 3, 4가 알몸에 밀가루를 바르고 무대에 나와 분무기로 요구르트를 몸에 뿌려 밀가루를 벗겨내는 방법으로 알몸을 완전히 드러내어 음부 및 유방 등이 노출된 상태에서 무대를 돌며 관람객들을 향하여 요구르트를 던져 주었다는 이 사건 범죄사실은 그 증명이 충분하다. 나아가 위의 법리에 비추어 살펴보면, 위와 같은 행위는 비록 성행위를 묘사하거나 성적인 의도를 표출하는 행위는 아니라고 하더라도 일반 보통인의 성욕을 자극하여 성적 흥분을 유발하고 정상적인 성적 수치심을 해하여 성적 도의관념에 반하는 음란한 행위에 해당하는 것으로 봄이 상당하고, 한편 위 행위가 요구르트로 노폐물을 상징하는 밀가루를 씻어내어 깨끗한 피부를 탄생시킨다는 취지의 메시지를 전달하는 행위예술로서의 성격을 전혀 가지고 있지 않다고 단정할 수는 없으나, 위 행위의 주된 목적은 요구르트 제품을 홍보하려는 상업적인 데에 있었고, 이 사건에서 이루어진 신체노출의 방법 및 정도가 위와 같은 제품홍보를 위한 행위에 있어 필요한 정도를 넘어섰으므로, 그 음란성을 부정할 수는 없다고 할 것이다(대법원 2006.1.13. 선고 2005도1264 판결).

(3) 구 전기통신기본법 제48조의2에서 규정하고 있는 '음란'의 의미 및 그 판단 기준, 예술작품에 예술성이 있는 경우 음란성이 당연히 부정되는지 여부, 미술교사가 자신의 인터넷 홈페이지에 게시한 자신의 미술작품, 사진 및 동영상의 일부에 대하여 음란성이 인정된다고 한 사례

가) 구 전기통신기본법 제48조의2(2001.1.16. 법률 제6360호 부칙 제5조 제1항에 의하여 삭제, 현행 정보통신망이용촉진및정보보호등에관한법률 제65조 제1항 제2호 참조)에서 규정하고 있는 '음란'이라 함은, 일반 보통인의 성욕을 자극하여 성적 흥분을 유발하고 정상적인 성적 수치심을 해하여 성적 도의 관념에 반하는 것을 말하고, 표현물의 음란 여부를 판단함에 있어서는 당해 표현물의 성에 관한 노골적이고 상세한 묘사·서술의 정도와 그 수법, 묘사·서술이 그 표현물 전체에서 차지하는 비중, 거기에 표현된 사상 등과 묘사·서술의 관련성, 표현물의 구성이나 전개 또는 예술성·사상성 등에 의한 성적 자극의 완화 정도, 이들의 관점으로부터 당해 표현물을 전체로서 보았을 때 주로 그 표현물을 보는 사람들의 호색적 흥미를 돋우느냐의 여부 등 여러 점을 고려하여야 하며, 표현물 제작자의 주관적 의도가 아니라 그 사회의 평균인의 입장에서 그 시대의 건전한 사회 통념에 따라 객관적이고 규범적으로 평가하여야 한다.

나) 예술성과 음란성은 차원을 달리하는 관념이고 어느 예술작품에 예술성이 있다고 하여 그 작품의 음란성이 당연히 부정되는 것은 아니라 할 것이며, 다만 그 작품의 예술적 가치, 주제와 성적 표현의 관련성 정도 등에 따라서는 그 음란성이 완화되어 결국은 처벌대상으로 삼을 수 없게 되는 경우가 있을 뿐이다.

다) 미술교사가 자신의 인터넷 홈페이지에 게시한 자신의 미술작품, 사진 및 동영상의 일부에 대하여 음란성이 인정된다고 한 사례(대법원 2005.7.22. 선고 2003도2911 판결).

(4) 공연음란죄의 음란한 행위의 의미 및 그 주관적 요건, 신체의 노출행위가 단순히 다른 사람에게 부끄러운 느낌이나 불쾌감을 주는 정도에 불과하다고 인정되는 경우, 형법 제245조 소정의 음란행위에 해당하는지 여부, 말다

툼을 한 후 항의의 표시로 엉덩이를 노출시킨 행위가 음란한 행위에 해당하는지 여부
이 사건 공소사실의 요지는, 피고인은 2003.3.5. 23:20경 대전 동구 소제동 소재 공소외 1경영의 상점 내에서, 자신의 동서인 공소외 2가 위 상점 앞에 주차한 차량으로 인하여 공소외 1과 말다툼하였을 때, 공소외 1이 자신에게 "술을 먹었으면 입으로 먹었지 똥구멍으로 먹었냐"라며 말하였다는 이유로, 다시 위 상점으로 찾아가 가게를 보고 있던 공소외 1의 딸인 피해자 공소외 3(여, 23세)에게 소리 지르면서, 그 앞에서 바지와 팬티를 무릎까지 내린 후 엉덩이를 들이밀며 "내 항문에 술을 부어라"라고 말하여 공연히 음란한 행위를 하였다는 것이다. 원심은, 피고인이 공소외 3을 쳐다보고는 등을 돌려 바지와 팬티를 무릎까지 내린 후 엉덩이를 들이밀며 "내 항문에 술을 부어라"라고 말한 사실, 피고인이 그의 친척들에 의하여 상점 밖으로 끌려 나갈 때까지 1분 이상 그 행위를 지속하였고 이를 본 공소외 3이 울음을 터뜨린 사실을 인정한 다음, 피고인이 공소외 3바로 앞에서 바지와 팬티를 무릎까지 내린 후 엉덩이와 성기를 노출시킨 이상, 설령 공소외 3이 고개를 돌려 성기를 보지는 못하였다고 하더라도 이러한 행위는 일반적으로 보통인의 정상적인 성적 수치심을 해하여 성적 도의관념에 반하는 음란한 행위라고 할 것이고, 피고인에게 엉덩이와 성기를 노출하는 것이 타인의 정상적인 성적 수치심을 해하는 음란한 행위라는 인식도 있었다고 보아야 할 것이며, 나아가 피고인이 불특정 다수인에게 개방된 상점 내에서 위와 같은 행위를 한 이상, 당시 상점 내에 공소외 3혼자 있었다고 하더라도 공연성이 인정된다고 하여 공연음란죄의 유죄를 인정한 제1심을 유지하였다. 형법 제245조 소정의 '음란한 행위'라 함은 일반 보통인의 성욕을 자극하여 성적 흥분을 유발하고 정상적인 성적 수치심을 해하여 성적 도의관념에 반하는 것을 가리킨다고 할 것이고, 위 죄는 주관적으로 성욕의 흥분, 만족 등의 성적인 목적이 있어야 성립하는 것은 아니고 그 행위의 음란성에 대한 의미의 인식이 있으면 족하다고 할 것이나(대법원 2000.12.22. 선고 2000도4372 판결 참조), 경범죄처벌법 제1조 제41호가 '여러 사람의 눈에 뜨이는 곳에서 함부로 알몸을 지나치게 내놓거나 속까지 들여다 보이는 옷을 입거나 또는 가려야 할 곳을 내어 놓아 다른 사람에게 부끄러운 느낌이나 불쾌감을 준 사람'을 처벌하도록 규정하고 있는 점 등에 비추어 볼 때, 신체의 노출행위가 있었다고 하더라도 그 일시와 장소, 노출 부위, 노출 방법 · 정도, 노출 동기 · 경위 등 구체적 사정에 비추어, 그것이 일반 보통인의 성욕을 자극하여 성적 흥분을 유발하고 정상적인 성적 수치심을 해하는 것이 아니라 단순히 다른 사람에게 부끄러운 느낌이나 불쾌감을 주는 정도에 불과하다고 인정되는 경우 그와 같은 행위는 경범죄처벌법 제1조 제41호에 해당할지언정, 형법 제245조의 음란행위에 해당한다고 할 수 없을 것이다. 원심판결 이유 및 기록에 의하면, 피고인은 자신의 동서 공소외 2가 주차 문제로 공소외 1과 말다툼할 때, 공소외 1이 피고인에게 "술을 먹었으면 입으로 먹었지 똥구멍으로 먹었냐"라고 말한 것에 화가 나 말다툼을 한 후 이를 항의하기 위하여 다시 공소외 1이 경영하는 상점상점으로 찾아가서, 상점카운터를 지키고 있던 공소외 1의 딸인 공소외 3(여, 23세)을 보고 "주인 어디 갔느냐"고 소리를 지르다가 등을 돌려 엉덩이가 드러날 만큼 바지와 팬티를 내린 다음 엉덩이를 들이밀며 "똥구멍으로 어떻게 술을 먹느냐, 똥구멍에 술을 부어 보아라"라고 말한 사실, 피고인의 그러한 행위는 1분 정도 지속되었으나 피고인이 뒤로 돌아서서 공소외 3에게 등을 보인 채 바지와 팬티를 내린 탓으로 공소외 3이 피고인의 성기를 보기 어려운 상태였던 사실이 인정되는바, 비록 피고인이 공소외 3앞에서 바지와 팬티를 내린 후 엉덩이를 노출시키면서 위와 같은 말을 하였다고 하더라도 그러한 행위는 보는 사람에게 부끄러운 느낌이나 불쾌감을 주는 정도에 불과하다고 보여지고, 일반 보통인의 성욕을 자극하여 성적 흥분을 유발하거나 정상적인 성적 수치심을 해할 정도에 해당한다고 보기는 어렵다고 할 것이다. 그럼에도 불구하고 원심이 엉덩이를 노출시킨 피고인의 행위가 음란한 행위에 해당하고, 당시 피고인에게 타인의 정상적인 성적 수치심을 해하는 음란한 행위라는 인식이 있었다고 하여 이 사건 공소사실에 대하여 유죄를 선고한 것은, 공연음란죄의 음란한 행위와 그 고의에 관한 법리를 오해하여 판결에 영향을 미친 위법을 저지른 것이라고 할 것이다(대법원 2004.3.12. 선고 2003도6514 판결).

(5) 공연음란죄의 음란한 행위의 의미 및 그 주관적 요건, 고속도로에서 승용차를 손괴하거나 타인에게 상해를 가

하는 등의 행패를 부리던 자가 이를 제지하려는 경찰관에 대항하여 공중 앞에서 알몸이 되어 성기를 노출한 경우, 음란한 행위에 해당하는지 여부

원심판결 이유에 의하면, 원심은 피고인이 2000.4.10. 19:30경 하남시 천현동 소재 중부고속도로 하행선 서울기점 약 5㎞ 지점에서 승용차를 운전하여 가던 중 앞서가던 문영미 운전의 승용차가 진로를 비켜주지 않는다는 이유로 그 차를 추월하여 정차하게 한 다음, 승용차를 손괴하고 그 안에 타고 있던 정연호를 때려 상해를 가하는 등의 행패를 부리다가 신고를 받고 출동한 경찰관이 이를 제지하려고 하자, 시위조로 주위에 운전자 등 사람이 많이 있는 가운데 옷을 모두 벗어 알몸의 상태로 바닥에 드러눕거나 돌아다닌 사실을 인정한 다음, 위와 같이 피고인이 공중 앞에서 단순히 알몸을 노출시킨 행위가 음란한 행위에 해당한다고 보기는 어렵다고 판단하여, 이 부분 공연음란의 공소사실에 대하여 무죄를 선고하였다. 형법 제245조 소정의 '음란한 행위'라 함은 일반 보통인의 성욕을 자극하여 성적 흥분을 유발하고 정상적인 성적 수치심을 해하여 성적 도의관념에 반하는 것을 가리킨다고 할 것이고, 위 죄는 주관적으로 성욕의 흥분 또는 만족 등의 성적인 목적이 있어야 성립하는 것은 아니지만 그 행위의 음란성에 대한 의미의 인식이 있으면 족하다고 할 것인바, 원심이 인정한 바와 같이 피고인이 불특정 또는 다수인이 알 수 있는 상태에서 옷을 모두 벗고 알몸이 되어 성기를 노출하였다면, 그 행위는 일반적으로 보통인의 정상적인 성적 수치심을 해하여 성적 도의관념에 반하는 음란한 행위라고 할 것이고, 또 피고인이 승용차를 손괴하거나 타인에게 상해를 가하는 등의 행패를 부리던 중 경찰관이 이를 제지하려고 하자 이에 대항하여 위와 같은 행위를 한 데에는 피고인이 알몸이 되어 성기를 드러내어 보이는 것이 타인의 정상적인 성적 수치심을 해하는 음란한 행위라는 인식도 있었다고 보아야 할 것이다. 그럼에도 불구하고 원심이 피고인이 시위조로 공중 앞에서 단순히 알몸을 노출시킨 행위가 음란한 행위에 해당한다고 보기 어렵다는 이유로 이 부분 공연음란의 공소사실에 대하여 무죄를 선고한 것은, 공연음란죄의 음란한 행위와 그 고의에 관한 법리를 오해하여 판결에 영향을 미친 위법을 저지른 것이라고 할 것이다(대법원 2000.12.22. 선고 2000도4372 판결).

(6) 음란한 문서의 개념과 음란성의 판단기준 및 형법 제243조, 제244조의 규정이 죄형법정주의에 반하는지 여부

형법 제243조의 음화등의반포등죄 및 같은 법 제244조의 음화등의제조등죄에 규정한 음란한 문서라 함은 일반 보통인의 성욕을 자극하여 성적 흥분을 유발하고 정상적인 성적 수치심을 해하여 성적 도의관념에 반하는 것을 가리킨다고 할 것이고, 문서의 음란성의 판단에 있어서는 당해 문서의 성에 관한 노골적이고 상세한 묘사·서술의 정도와 그 수법, 묘사·서술이 문서 전체에서 차지하는 비중, 문서에 표현된 사상 등과 묘사·서술과의 관련성, 문서의 구성이나 전개 또는 예술성·사상성 등에 의한 성적 자극의 완화의 정도, 이들의 관점으로부터 당해 문서를 전체로서 보았을 때 주로 독자의 호색적 흥미를 돋우는 것으로 인정되느냐의 여부 등의 여러 점을 검토하는 것이 필요하고, 이들의 사정을 종합하여 그 시대의 건전한 사회통념에 비추어 그것이 공연히 성욕을 흥분 또는 자극시키고 또한 보통인의 정상적인 성적 수치심을 해하고, 선량한 성적 도의관념에 반하는 것이라고 할 수 있는가의 여부에 따라 결정되어야 할 것이다(당원 1970.10.3.선고 70도1879 판결; 1975.12.9.선고 74도976 판결; 1995.2.10.선고 94도2266 판결 참조). 원심이 채용한 증거들을 기록과 대조하여 검토하여 보면, 이 사건 소설 "즐거운 사라"는 미대생인 여주인공 "사라"가 성에 대한 학습요구의 실천이라는 이름 아래 벌이는 자유분방하고 괴벽스러운 섹스행각 묘사가 대부분을 차지하고 있는데, 그 성희의 대상도 미술학원 선생, 처음 만난 유흥가 손님, 여중 동창생 및 그의 기둥서방, 친구의 약혼자, 동료 대학생 및 대학교수 등으로 여러 유형의 남녀를 포괄하고 있고, 그 성애의 장면도 자학적인 자위행위에서부터 동성연애, 그룹섹스, 구강성교, 항문성교, 카섹스, 비디오섹스 등 아주 다양하며, 그 묘사방법도 매우 적나라하고 장황하게 구체적이고 사실적으로, 또한 자극적이고 선정적으로 묘사하고 있어서 위 소설은 위와 같이 때와 장소, 상대방을 가리지 않는 다양한 성행위를 선정적 필치로 노골적이고 자극적으로 묘사하고 있는데다가 나아가 그러한 묘사 부분이 양적, 질적으로 문서의 중추를 차지하고 있을 뿐만 아니라 그 구성이나 전개에 있어서도 문예성, 예술성, 사상성 등에 의한 성적 자극 완

화의 정도가 별로 크지 아니하여 주로 독자의 호색적 흥미를 돋우는 것으로 밖에 인정되지 아니하는바, 위와 같은 여러 점을 종합하여 고찰하여 볼 때 이 사건 소설은 작가가 주장하는 "성 논의의 해방과 인간의 자아확립"이라는 전체적인 주제를 고려한다고 하더라도 음란한 문서에 해당되는 것으로 보지 않을 수 없다. 소론과 같이 오늘날 각종 영상 및 활자매체 등을 통하여 성적 표현이 대담, 솔직하게 이루어지고 있고 다양한 성표현물이 방임되어 오고 있는 것이 일반적인 추세라고 하여도 정상적인 성적 정서와 선량한 사회풍속을 침해하고 타락시키는 정도의 음란물까지 허용될 수는 없는 것이어서 그 한계는 분명하게 그어져야 하고 오늘날 개방된 추세에 비추어 보아도 이 사건 소설은 그 한계를 벗어나는 것임이 분명하다. 그리고 기록에 의하면 제1심 제2회 공판기일에서 검사작성의 신태웅, 김남규에 대한 각 진술조서에 대하여 피고인이 증거로 함에 동의를 하였음이 명백하므로 이는 증거능력이 있다고 할 것이니 이를 피고인에 대한 유죄의 증거로 삼은 원심의 조치에 무슨 잘못이 있다고 할 수 없다. 따라서 원심이 이 사건 소설을 음란문서라고 인정한 데에 소론과 같은 심리미진이나 채증법칙 위배로 인한 사실오인, 자유심증주의의 남용, 이유불비, 이유모순, 심리미진 등의 위법이 있다고 할 수 없다. 그리고 우리나라 헌법은 그 제22조 제1항에 "모든 국민은 학문과 예술의 자유를 가진다.", 그 제21조 제1항에 "모든 국민은 언론과 출판의 자유를 가진다."고 각 규정하고 있어 예술의 영역에 속하는 문학에 있어서의 표현의 자유를 국민의 기본권으로 보장하고 있으나, 한편 그 제21조 제4항에 "언론 · 출판은 … 공중도덕이나 사회윤리를 침해하여서는 아니 된다.", 그 제37조 제2항에 "국민의 모든 자유와 권리는 … 공공복리를 위하여 필요한 경우에 한하여 법률로써 제한할 수 있으며, 제한하는 경우에도 자유와 권리의 본질적인 내용을 침해할 수 없다."고 각 규정하고 있으므로 문학에 있어서의 표현의 자유도 공중도덕이나 사회윤리를 침해하는 경우에는 이를 제한할 수 있도록 하였으며, 이에 따라 우리 형법에서는 건전한 성적 풍속 내지 성도덕을 보호하기 위하여 그 제243조에서 음란한 문서를 판매한 자를, 그리고 그 제244조에서 음란한 문서를 제조한 자를 각 처벌하도록 규정하고 있으므로, 문학작품이라고 하여 무한정의 표현의 자유를 누려 어떠한 성적 표현도 가능하다고 할 수는 없고 그것이 건전한 성적 풍속이나 성도덕을 침해하는 경우에는 위 각 형법규정에 의하여 이를 처벌할 수 있다고 할 것이다. 따라서 이와 다른 견해에서 원심판결에 표현의 자유에 관한 법리를 오해한 위법이 있다는 소론은 받아들일 수 없다. 일반적으로 법규는 그 규정의 문언에 표현력의 한계가 있을 뿐만 아니라 그 성질상 어느 정도의 추상성을 가지는 것은 불가피하고, 형법 제243조, 제244조에서 규정하는 "음란"은 평가적, 정서적 판단을 요하는 규범적 구성요건 요소이고, "음란"이란 개념이 일반 보통인의 성욕을 자극하여 성적흥분을 유발하고 정상적인 성적 수치심을 해하여 성적 도의관념에 반하는 것이라고 풀이되고 있음은 앞서 본 바와 같으므로 이를 불명확하다고 볼 수는 없다. 따라서 형법 제243조와 제244조의 규정 자체가 죄형법정주의에 반하는 것이라고 할 수 없을 뿐만 아니라 원심이 위와 같은 음란의 개념을 적용하여 이 사건 소설을 음란문서라고 판단하였다고 하여 원심판결에 소론과 같이 위 법조 소정의 음란문서의 해석을 잘못하여 죄형법정주의에 어긋나는 기준을 가지고 판단한 위법이 있다고 볼 수도 없다(대법원 1995.6.16. 선고 94도2413 판결).

〈참조사항〉

판례는 '음란'의 개념을 일관되게 '일반 보통인의 성욕을 자극하여 성적 흥분을 유발하고 정상적인 성적 수치심을 해하여 성적 도의관념에 반하는 것을 가리킨다'라고 판시하고 있는데, 고속도로에서 승용차를 손괴하거나 타인에게 상해를 가하는 등의 행패를 부리던 자가 이를 제지하려는 경찰관에 대항하여 공중 앞에서 알몸이 되어 성기를 노출한 경우를 공연음란죄로 판시한 대법원 2000.12.22. 선고 2000도4372 판결, 소설 '내게 거짓말을 해봐'와 '즐거운 사라'를 음란한 문서로 판시한 대법원 2000.10.27. 선고 98도679 판결과 대법원 1995.6.16. 선고 94도2413 판결, 오렌지걸(Orange Girl), 오렌지걸 2(Orange Girl 2), 오렌지걸 4(Orange Girl vol. 4), 헬로우미스터(Hello Mr.)를 음란한 도화로 판시한 대법원 1997.8.22. 선고 97도937 판결, 사진첩 중 산타페(Santa Fe)와 엘르(ELLE) 및 유연실/이브의 초상은 음란한 도화에 해당하지 아니하나 에이스(원제목 : SEXY

STAR · NUDE PROFESSIONAL PHOTO SENSUALITY ACE)는 음란한 도화에 해당한다고 판시한 대법원 1995.6.16. 선고 94도1758 판결, 연극 '미란다'에 대해 음란공연행위로 판단하여 공연음란죄로 판시한 대법원 1996.6.11. 선고 96도980 판결 등이 이에 해당한다.

(7) 청소년 관람불가 등급분류기준으로서 '영상표현의 선정성'에 청소년에게 성적 불쾌감 · 혐오감 등을 유발하는 경우가 포함되는지 여부(적극), 영상표현의 선정성 측면에서 청소년 관람불가 등급분류기준을 충족하는지 판단하는 방법

영상표현의 선정성에 관한 청소년 관람불가 기준에는 15세 이상 관람가 기준과 달리 그 문언상 성적 욕구의 자극을 요건으로 하지 않는 점, 영상표현의 선정성에 관하여 세부적인 등급분류기준을 둔 취지는 청소년이 아직 인격적으로 성숙하지 않아 성인보다 상대적으로 성적 자극에 예민하고 성충동을 억제하거나 조절하는 능력이 부족한 점을 고려하여 영상표현을 통해 청소년의 성적 상상이나 호기심을 불필요하게 부추기거나 성에 관하여 그릇된 인식을 갖게 하는 부작용을 미리 방지함으로써 청소년으로 하여금 진정한 인격체로 성장할 수 있도록 하기 위한 것인 점, 구 청소년보호법(2011.9.15. 법률 제11048호로 개정되기 전의 것) 제10조 제1항 제1호에서 청소년의 성적 욕구를 자극하는 것 이외에 제5호에서 '기타 청소년의 정신적 건강에 명백히 해를 끼칠 우려가 있는 것'도 청소년유해매체물로 규정하고 있는 점과 함께 영화 등급분류에 관한 영화 및 비디오물의 진흥에 관한 법률 제29조 제2항, 제7항, 영화 및 비디오물의 진흥에 관한 법률 시행령 제10조의2 제1항 [별표 2의2] 제4호 (나)목, 제2항, 구 영화 및 비디오물 등급분류기준(2010. 6. 3. 개정되기 전의 영상물등급위원회규정) 제5조, 제7조 규정의 내용 및 형식, 입법 취지 등을 고려하면, 청소년 관람불가의 등급분류기준으로서 영상표현의 선정성에는 신체 노출, 성적 접촉, 성행위 등이 지나치게 구체적이고 직접적이며 노골적이어서 청소년에게 성적 욕구를 자극하는 경우뿐만 아니라, 청소년에게 성적 불쾌감 · 혐오감 등을 유발하는 경우도 포함된다고 보는 것이 타당하다. 영상표현의 선정성 측면에서 청소년 관람불가의 등급분류기준을 충족하는지 여부는 해당 영화를 전체적으로 관찰하여 신체 노출 및 성적 행위의 표현 정도뿐만 아니라 그 영상의 구성 및 음향의 전달방식, 영화주제와의 관련성, 영화 전체에서 성적 표현이 차지하는 비중 및 그 영화의 예술적 · 교육적 가치 등을 종합적으로 고려하되, 제작자의 주관적인 의도가 아니라 사회의 일반적인 통념에 따라 객관적이고 규범적으로 평가하여야 한다(대법원 2013.11.14. 선고 2011두11266 판결, 청소년관람불가등급분류결정처분취소. 원고가 제작한 20대 초반 남성들의 동성애를 다룬 '친구사이?'라는 제목의 영화를 사회의 일반적인 통념에 따라 객관적이고 규범적으로 평가하여 보더라도 그 영상표현이 청소년에게 성적 욕구를 자극하거나 성적 불쾌감 · 혐오감 등을 유발할 정도로 지나치게 구체적이고 직접적이며 노골적이라고 볼 수 없으므로, 이 사건 영화가 '청소년 관람불가'의 등급분류기준에 해당한다고 보기 어렵다고 판단한 원심을 수긍한 사안).

2) '추행'과 관련된 판례

〈참조규정〉

(형법)

제298조 (강제추행) 폭행 또는 협박으로 사람에 대하여 추행을 한 자는 10년 이하의 징역 또는 1천500만원 이하의 벌금에 처한다.

제302조 (미성년자등에 대한 간음) 미성년자 또는 심신미약자에 대하여 위계 또는 위력으로써 간음 또는 추행을 한 자는 5년 이하의 징역에 처한다.

제303조 (업무상위력등에 의한 간음) ① 업무, 고용 기타 관계로 인하여 자기의 보호 또는 감독을 받는 사람에 대하여 위계 또는 위력으로써 간음한 자는 5년 이하의 징역 또는 1천500만원 이하의 벌금에 처한다.

② 법률에 의하여 구금된 사람을 감호하는 자가 그 사람을 간음한 때에는 7년 이하의 징역에 처한다.

(2012.12.18. 동 조항 개정, 2013.6.19. 시행)
(성폭력범죄의 처벌 등에 관한 특례법)
제4조 (특수강간 등) ① 흉기나 그 밖의 위험한 물건을 지닌 채 또는 2명 이상이 합동하여 「형법」 제297조(강간)의 죄를 범한 사람은 무기징역 또는 5년 이상의 징역에 처한다.
② 제1항의 방법으로 「형법」 제298조(강제추행)의 죄를 범한 사람은 3년 이상의 유기징역에 처한다.
③ 제1항의 방법으로 「형법」 제299조(준강간, 준강제추행)의 죄를 범한 사람은 제1항 또는 제2항의 예에 따라 처벌한다.
제7조 (13세 미만의 미성년자에 대한 강간, 강제추행 등) ① 13세 미만의 사람에 대하여 「형법」 제297조(강간)의 죄를 범한 사람은 무기징역 또는 10년 이상의 징역에 처한다.
② 13세 미만의 사람에 대하여 폭행이나 협박으로 다음 각 호의 어느 하나에 해당하는 행위를 한 사람은 7년 이상의 유기징역에 처한다.
1. 구강 · 항문 등 신체(성기는 제외한다)의 내부에 성기를 넣는 행위
2. 성기 · 항문에 손가락 등 신체(성기는 제외한다)의 일부나 도구를 넣는 행위
③ 13세 미만의 사람에 대하여 「형법」 제298조(강제추행)의 죄를 범한 사람은 5년 이상의 유기징역 또는 3천만원 이상 5천만원 이하의 벌금에 처한다.
④ 13세 미만의 사람에 대하여 「형법」 제299조(준강간, 준강제추행)의 죄를 범한 사람은 제1항부터 제3항까지의 예에 따라 처벌한다.
⑤ 위계 또는 위력으로써 13세 미만의 사람을 간음하거나 추행한 사람은 제1항부터 제3항까지의 예에 따라 처벌한다.
제10조 (업무상 위력 등에 의한 추행) ① 업무, 고용이나 그 밖의 관계로 인하여 자기의 보호, 감독을 받는 사람에 대하여 위계 또는 위력으로 추행한 사람은 2년 이하의 징역 또는 500만원 이하의 벌금에 처한다.
② 법률에 따라 구금된 사람을 감호하는 사람이 그 사람을 추행한 때에는 3년 이하의 징역 또는 1천500만원 이하의 벌금에 처한다.
제11조 (공중 밀집 장소에서의 추행) 대중교통수단, 공연 · 집회 장소, 그 밖에 공중(公衆)이 밀집하는 장소에서 사람을 추행한 사람은 1년 이하의 징역 또는 300만원 이하의 벌금에 처한다.
제12조 (성적 목적을 위한 공공장소 침입행위) 자기의 성적 욕망을 만족시킬 목적으로 「공중화장실 등에 관한 법률」 제2조제1호부터 제5호까지에 따른 공중화장실 등 및 「공중위생관리법」 제2조제1항제3호에 따른 목욕장업의 목욕장 등 대통령령으로 정하는 공공장소에 침입하거나 같은 장소에서 퇴거의 요구를 받고 응하지 아니하는 사람은 1년 이하의 징역 또는 300만원 이하의 벌금에 처한다. (2012.12.18. 동 조항 신설 · 개정, 2013.6.19. 시행)
(군형법) [2009.11.2. 개정, 2010.2.3. 시행]
제92조의2 (강제추행) 폭행이나 협박으로 제1조제1항부터 제3항까지에 규정된 사람에 대하여 추행을 한 사람은 1년 이상의 유기징역에 처한다.
제92조의5 (추행) 계간(鷄姦)이나 그 밖의 추행을 한 사람은 2년 이하의 징역에 처한다.
(남녀고용평등과 일 · 가정 양립 지원에 관한 법률)
제2조 (정의) 이 법에서 사용하는 용어의 뜻은 다음과 같다.
2. "직장 내 성희롱"이란 사업주 · 상급자 또는 근로자가 직장 내의 지위를 이용하거나 업무와 관련하여 다른 근로자에게 성적 언동 등으로 성적 굴욕감 또는 혐오감을 느끼게 하거나 성적 언동 또는 그 밖의 요구 등에 따르지 아니하였다는 이유로 고용에서 불이익을 주는 것을 말한다.
제12조 (직장 내 성희롱의 금지) 사업주, 상급자 또는 근로자는 직장 내 성희롱을 하여서는 아니 된다.
제39조 (과태료) ① 사업주가 제12조를 위반하여 직장 내 성희롱을 한 경우에는 1천만원 이하의 과태료를 부과한다.

(경범죄처벌법)

제3조 (경범죄의 종류) ① 다음 각 호의 어느 하나에 해당하는 사람은 10만원 이하의 벌금, 구류 또는 과료의 형으로 처벌한다.

41. (지속적 괴롭힘) 상대방의 명시적 의사에 반하여 지속적으로 접근을 시도하여 면회 또는 교제를 요구하거나 지켜보기, 따라다니기, 잠복하여 기다리기 등의 행위를 반복하여 하는 사람 (2012.3.21. 동 조항 신설 · 개정, 2013.3.22. 시행)

(1) '추행'의 의미와 판단 기준 및 강제추행죄의 주관적 구성요건으로 '성욕을 자극 · 흥분 · 만족시키려는 주관적 동기나 목적'이 있어야 하는지 여부(소극)

추행이라 함은 객관적으로 일반인에게 성적 수치심이나 혐오감을 일으키게 하고 선량한 성적 도덕관념에 반하는 행위로서 피해자의 성적 자유를 침해하는 것이라고 할 것이고, 이에 해당하는지 여부는 피해자의 의사, 성별, 연령, 행위자와 피해자의 이전부터의 관계, 그 행위에 이르게 된 경위, 구체적 행위태양, 주위의 객관적 상황과 그 시대의 성적 도덕관념 등을 종합적으로 고려하여 신중히 결정되어야 한다(대법원 2002.4.26. 선고 2001도2417 판결 등 참조). 그리고 강제추행죄의 성립에 필요한 주관적 구성요건으로 성욕을 자극 · 흥분 · 만족시키려는 주관적 동기나 목적이 있어야 하는 것은 아니다(대법원 2006.1.13. 선고 2005도6791 판결 등 참조)(대법원 2013.09.26. 선고 2013도5856 판결. 피고인이 평소 알고 지내던 여성인 피해자 갑과 싸우던 중 갑이 엎어져서 자신의 머리채를 잡아당기자 보복의 의미에서 갑으로 하여금 반항하지 못하게 한 후 갑의 입술, 귀, 유두와 가슴 및 어깨 부위 등을 입으로 깨무는 등의 행위를 한 사안에서, 객관적으로 여성인 피해자의 입술, 귀, 유두, 가슴을 입으로 깨무는 행위는 일반적이고 평균적인 사람으로 하여금 성적 수치심이나 혐오감을 일으키게 하고 선량한 성적 도덕관념에 반하는 행위로서, 갑의 성적 자유를 침해하였다고 보는 것이 타당하다는 이유로, 피고인의 행위가 강제추행죄의 '추행'에 해당한다고 한 사례).

(2) 피고인이 아파트 엘리베이터 내에 13세 미만인 甲(여, 11세)과 단둘이 탄 다음 甲을 향하여 성기를 꺼내어 잡고 여러 방향으로 움직이다가 이를 보고 놀란 甲 쪽으로 가까이 다가감으로써 위력으로 甲을 추행하였다고 하여 성폭력범죄의 처벌 등에 관한 특례법 위반으로 기소된 사안에서, 피고인은 나이 어린 甲을 범행 대상으로 삼아, 의도적으로 협소하고 폐쇄적인 엘리베이터 내 공간을 이용하여 甲이 도움을 청할 수 없고 즉시 도피할 수도 없는 상황을 만들어 범행을 한 점 등 제반 사정에 비추어 볼 때, 비록 피고인이 甲의 신체에 직접적인 접촉을 하지 아니하였고 엘리베이터가 멈춘 후 甲이 위 상황에서 바로 벗어날 수 있었다고 하더라도, 피고인의 행위는 甲의 성적 자유의사를 제압하기에 충분한 세력에 의하여 추행행위에 나아간 것으로서 위력에 의한 추행에 해당한다고 보아야 한다(대법원 2013.1.16. 선고 2011도7164, 2011전도124 판결).

(3) 피고인이 엘리베이터라는 폐쇄된 공간에서 피해자들을 칼로 위협하는 등으로 꼼짝하지 못하도록 자신의 실력적인 지배하에 둔 다음 피해자들에게 성적 수치심과 혐오감을 일으키는 자신의 자위행위 모습을 보여 주고 피해자들로 하여금 이를 외면하거나 피할 수 없게 한 행위는 강제추행죄의 추행에 해당한다고 한 사례

추행은 객관적으로 일반인에게 성적 수치심이나 혐오감을 일으키게 하고 선량한 성적 도덕관념에 반하는 행위로서 피해자의 성적 자유를 침해하는 것을 말하는바, 이에 해당하는지 여부는 피해자의 의사, 성별, 연령, 행위자와 피해자의 관계, 그 행위에 이르게 된 경위, 구체적 행위태양, 주위의 객관적 상황과 그 시대의 성적 도덕관념 등을 종합적으로 고려하여 신중히 결정하여야 한다. 이러한 법리에 따라 이 사건에 관하여 보건대, 원심이, 이 사건 공소사실 중 강제추행과 관련된 부분에 대하여, 판시 증거에 의하여 인정되는 다음과 같은 사정, 즉 피고인이 엘리베이터라는 폐쇄된 공간에서 피해자들을 칼로 위협하는 등으로 꼼짝하지 못하도록 자신의 실력적인 지배하에 둔 다음 피해자들에게 성적 수치심과 혐오감을 일으키는 자신의 자위행위 모습을 보여 주고 피해자들로 하여금 이를 외면하거나 피할 수 없게 한 행위는 강제추행죄의 추행에 해당한다고 판단한 제1심판결을 유지

한 것은 정당하고, 달리 거기에 강제추행죄의 추행의 개념에 관한 법리오해 등의 잘못이 없다(2010.2.2.5. 선고 2009도13716 판결).

(4) 강제추행죄 구성요건 중 '추행'의 의미와 그 판단 기준 및 피고인이 피해자 갑(여, 48세)에게 욕설을 하면서 자신의 바지를 벗어 성기를 보여주는 것이 강제추행죄에 해당하는지 여부

형법 제298조는 "폭행 또는 협박으로 사람에 대하여 추행을 한 자"를 강제추행죄로 벌할 것을 정한다. 그런데 강제추행죄는 개인의 성적 자유라는 개인적 법익을 침해하는 죄로서, 위 법규정에서의 '추행'이란 일반인에게 성적 수치심이나 혐오감을 일으키고 선량한 성적 도덕관념에 반하는 행위인 것만으로는 부족하고 그 행위의 상대방인 피해자의 성적 자기결정의 자유를 침해하는 것이어야 한다. 따라서 건전한 성풍속이라는 일반적인 사회적 법익을 보호하려는 목적을 가진 형법 제245조의 공연음란죄에서 정하는 '음란한 행위'(또는 이른바 과다노출에 관한 경범죄처벌법 제1조 제41호에서 정하는 행위)가 특정한 사람을 상대로 행하여졌다고 해서 반드시 그 사람에 대하여 '추행'이 된다고 말할 수 없고, 무엇보다도 문제의 행위가 피해자의 성적 자유를 침해하는 것으로 평가될 수 있어야 한다. 그리고 이에 해당하는지 여부는 피해자의 의사 · 성별 · 연령, 행위자와 피해자의 관계, 그 행위에 이르게 된 경위, 구체적 행위태양, 주위의 객관적 상황 등을 종합적으로 고려하여 정하여진다(대법원 2010.2.25. 선고 2009도13716 판결 등 참조). 또한 강제추행죄는 폭행 또는 협박을 가하여 사람을 추행함으로써 성립하는 것으로서 그 폭행 또는 협박이 항거를 곤란하게 할 정도일 것을 요한다. 그리고 그 폭행 등이 피해자의 항거를 곤란하게 할 정도의 것이었는지 여부는 그 폭행 등의 내용과 정도는 물론, 유형력을 행사하게 된 경위, 피해자와의 관계, 추행 당시와 그 후의 정황 등 모든 사정을 종합하여 판단하여야 한다(대법원 2007.1.25. 선고 2006도5979 판결 등 참조). 원심은 채택증거를 종합하여 그 판시와 같은 사실을 인정한 다음, 피고인과 피해자는 처음 본 사이이었고, 범행 장소가 사람들이 왕래하는 골목길이기는 하나 주차된 차량들 사이이며, 범행 시간이 저녁 8시경이었던 점 등에 비추어 보면, 피고인이 자신의 성기를 피해자에게 보여준 행위는 일반인에게 성적 수치심과 혐오감을 일으키는 한편 선량한 성적 도덕관념에 반하는 행위로서 피해자의 성적 자유를 침해하는 추행에 해당되므로 피고인의 위와 같은 행위는 강제추행죄를 구성한다고 판단하였다. 그러나 원심의 위와 같은 판단은 아래와 같은 이유로 수긍하기 어렵다. 기록에 의하면, 다음과 같은 사정을 알 수 있다. ① 피해자는 48세의 여자로 부산 동래구 온천1동 (지번 생략) 소재 건물 2층에서 'ㅇㅇㅇㅇㅇㅇ' 지점을 운영하고 있는데 그 건물 1층에서 식당을 운영하는 공소외인과 분쟁이 있었다. ② 피고인은 그 식당에서 술을 마시면서 평소 알고 지내던 공소외인으로부터 피해자와의 분쟁에 관한 이야기를 들었고, 마침 피해자가 내려오자 피해자에게 말을 걸었다. ③ 피해자는 피고인의 말을 무시하고 위 식당 앞 도로에 주차하여 둔 자신의 차량으로 걸어갔고 이에 피고인은 피해자의 뒤를 쫓아가면서 공소사실과 같이 욕을 하고 바지를 벗어 성기를 피해자에게 보였다. ④ 그곳은 허심청 온천 뒷길로 식당 및 편의점 등이 있어서 저녁 8시 무렵에도 사람 및 차량의 왕래가 빈번한 도로이고 피해자는 당시 위 식당 옆 도로변에 차를 주차하여 둔 상태이었다. 이상에서 본 피해자의 성별 · 연령, 이 사건 행위에 이르게 된 경위 및 피고인은 자신의 성기를 꺼내어 일정한 거리를 두고 피해자에게 보였을 뿐 피해자에게 어떠한 신체적 접촉도 하지 아니한 점, 위 행위장소는 피해자가 차량을 주차하여 둔 사무실 근처의 도로로서 사람 및 차량의 왕래가 빈번한 공중에게 공개된 곳이었고, 피해자로서는 곧바로 피고인으로부터 시선을 돌림으로써 그의 행위를 쉽사리 외면할 수 있었으며 필요하다면 주위의 도움을 청하는 것도 충분히 가능하였던 점, 피고인은 피해자를 위 행위장소로 이끈 것이 아니라 피해자의 차량으로 가는 피해자를 따라가면서 위와 같은 행위에 이르게 된 점, 피고인이 피해자에 대하여 행하여서 협박죄를 구성하는 욕설은 성적인 성질을 가지지 아니하는 것으로서 '추행'과 관련이 없는 점, 그 외에 피해자가 자신의 성적 결정의 자유를 침해당하였다고 볼 만한 사정은 이를 찾을 수 없는 점 기타 제반 사정을 고려하여 보면, 단순히 피고인이 바지를 벗어 자신의 성기를 피해자에게 보여준 것만으로는 그것이 비록 객관적으로 일반인에게 성적 수치심이나 혐오감을 일으키게 하는 행위라고 할 수 있을지 몰라도 피고인이 폭행 또는 협박으로 '추행'을 하였다고 볼 수 없다. 그럼에도 그 판시와 같은 사정만

으로 이 사건 강제추행의 점을 유죄로 인정한 원심판결에는 강제추행죄의 추행에 관한 법리를 오해하여 판결 결과에 영향을 미친 위법이 있다. 이 점을 지적하는 상고이유는 타당하다. 따라서 원심판결 중 강제추행의 점은 파기되어야 한다. 그런데 원심은 이 부분이 유죄로 인정된 공무집행방해죄와 형법 제37조 전단의 경합범관계에 있는 것으로 보아 하나의 형을 선고하였으므로, 결국 원심판결은 전부 파기될 수밖에 없다(대법원 2012.7.26. 선고 2011도8805 판결).

(5) 초등학교 교사가 건강검진을 받으러 온 학생의 옷 속으로 손을 넣어 배와 가슴 등의 신체 부위를 만진 행위는 성폭력범죄의 처벌 및 피해자보호 등에 관한 법률 제8조의2 제5항에서 말하는 추행에 해당하는지 여부

성폭력범죄의 처벌 및 피해자보호 등에 관한 법률 제8조의2 제5항에서 규정한 13세 미만의 미성년자에 대한 추행죄는 '13세 미만의 아동이 외부로부터의 부적절한 성적 자극이나 물리력의 행사가 없는 상태에서 심리적 장애 없이 성적 정체성 및 가치관을 형성할 권익'을 보호법익으로 하는 것으로서, 그 성립에 필요한 주관적 구성요건으로 성욕을 자극·흥분·만족시키려는 주관적 동기나 목적이 있어야 하는 것은 아니다(대법원 2006.1.13. 선고 2005도6791 판결 참조). 그리고 위 죄에 있어서 '추행'이라 함은 객관적으로 상대방과 같은 처지에 있는 일반적이고도 평균적인 사람으로 하여금 성적 수치심이나 혐오감을 일으키게 하고 선량한 성적 도덕관념에 반하는 행위로서 피해자의 성적 자유를 침해하는 것이라고 할 것인데, 이에 해당하는지 여부는 피해자의 의사, 성별, 연령, 행위자와 피해자의 이전부터의 관계, 그 행위에 이르게 된 경위, 구체적 행위태양, 주위의 객관적 상황과 그 시대의 성적 도덕관념 등을 종합적으로 고려하여 신중히 결정되어야 할 것이다(대법원 2002.4.26. 선고 2001도2417 판결 참조). 원심판결 및 원심이 적법하게 조사한 증거 등에 의하면, 피고인은 자신이 기간제 교사로 근무하는 초등학교 연구실에서 건강검진을 받겠다며 찾아온 피해자 공소외 1 등에게 손목의 맥을 짚어 본 다음 책상 위에 눕게 하여 상의 속으로 손을 넣어 주로 가슴 부위를 누르거나 문지른 사실, 피해자 공소외 1은 제1심에서 "몸을 만지면서 건강검진 하는 것이 싫다고는 이야기하지 않았는데, 제가 그 느낌이 싫어서 간지러운 척하면서 안하였다. 가슴을 만질 때 싫은 내색도 보였고, 셋째 날에 싫다고 얘기도 하였다"고 증언한 사실, 피해자 공소외 1과 함께 건강검진을 받은 같은 또래의 공소외 2는 원심에서 "처음에는 기도를 드리고 맥박을 짚으면서 건강상태를 알아본다며 누우라고 하더니 갑자기 옷 속에 손을 넣어서 배를 짚어보면서 유방과 유두를 만졌다. 너무 황당해서 '왜 만지세요'라고 물으면서 몸을 움직였더니 '가만 있으라'고 했다. 손가락으로 만지지 않고 손바닥으로 약간 쥐는 듯한 모양으로 만졌고 손바닥이 유두에 닿았다"고 증언하였고, 마찬가지로 함께 건강검진을 받은 공소외 3은 원심에서 "3층 빈방에서 받을 때는, 어렸을 때 유두 부분을 짜면 안된다고 하면서 유두를 만졌고, 다른 장소에서는 유두를 만지지 않고 유두 옆 부분을 만졌다"고 증언한 사실, 피고인도 원심 법정에서 처음에는 유두를 만지지 않고 통통치는 방법으로 했고 두 번째에 만졌다고 진술한 사실, 피고인이 종전 수업시간에 몸이 아프다고 호소하는 학생들을 진맥하여 건강상태를 알려 주기도 하였으나 직접 상의 속으로 손을 넣어 건강 상태를 진단한 적은 없었던 사실, 위 공소외 2는 진맥으로 건강상태를 알 수 있다고 해서 호기심에서 피고인을 찾아갔으나 갑자기 상의 속으로 손을 넣어 가슴과 유두를 만지자 황당해 하며 적극적으로 싫다는 표현을 하였고 화장실을 가는 척하면서 도망을 가려고 하였으며, 위 공소외 3은 심지어 성폭력을 당했다는 느낌이 들었고 자기만 당하는게 싫어서 다른 친구들을 데려갔다고 진술하기도 한 사실을 알 수 있다. 사정이 이와 같다면, 피고인의 행위는, 비록 피해자 공소외 1이 호기심에서 피고인을 먼저 찾아갔고 함께 간 학생들이 지켜보는 가운데서 한 행위여서 성욕을 자극·흥분·만족시키려는 주관적 동기나 목적이 없었다고 하더라도, 객관적으로 피해자 공소외 1과 같은 처지에 있는 일반적이고도 평균적인 사람으로 하여금 성적 수치심이나 혐오감을 일으키게 하고 선량한 성적 도덕관념에 반하는 행위에 해당하고, 그로 인하여 정신적·육체적으로 미숙한 피해자 공소외 1의 심리적 성장 및 성적 정체성의 형성에 부정적 영향을 미쳤다고 할 것이므로, 위 법률 조항에서 말하는 '추행'에 해당한다고 평가할 수 있다. 나아가 추행행위의 행태와 당시의 정황 등에 비추어 볼 때 피고인의 범의도 인정할 수 있다(대법원 2009.9.24. 선고 2009도2576 판결).

(6) '계간 기타 추행한 자는 1년 이하의 징역에 처한다.'라고 규정한 군형법 제92조 중 '기타 추행' 부분이 형벌법규의 명확성의 원칙에 위배되는지 여부

군형법 제92조는 군 내부의 건전한 공적생활을 영위하고, 이른바 군대가정의 성적 건강을 유지하기 위하여 제정된 것으로서, 주된 보호법익은 '개인의 성적 자유'가 아니라 '군이라는 공동사회의 건전한 생활과 군기'라는 사회적 법익이다. 우리 대법원도 위와 같은 입법목적 등을 고려하여, 군형법 피적용자와 민간인 사이에서 이루어진 추행행위에 대하여는 이 사건 법률조항을 적용할 수 없고, 개인적 성적 자유를 주된 보호법익으로 하는 '추행'에 관련된 일반형사범죄와 달리, 이 사건 법률조항에 해당하는 범죄는 친고죄가 아니라고 판시하고 있다. 한편, '추행'이란 일반적으로 정상적인 성적만족행위에 대비되는 다양한 행위태양을 총칭하는 것이고, 그 구체적인 적용범위도 사회적 변화에 따라 변동되는 동태적 성격을 가지고 있기 때문에, 입법자가 이러한 변태성 성적 만족행위의 모든 형태를 미리 예상한 다음, '추행'에 해당하는 행위를 일일이 구체적, 서술적으로 열거하는 방식으로 명확성의 원칙을 관철하는 것은 입법기술상 불가능하거나 현저히 곤란하다. 따라서, 이 사건 법률조항이 명확성의 원칙에 위배되는지 여부를 판단하기 위해서는 그 입법목적과 다른 법률조항과의 연관성 등을 고려하여 '추행'이라는 일반조항에 대한 합리적인 해석이 가능한지 여부를 우선적으로 검토해야 한다. 이 사건 법률조항의 범죄구성요건사실인 '추행'은 '군이라는 공동사회의 건전한 생활과 군기'라는 보호법익을 침해하는 동시에 일반인의 입장에서 추행행위로 평가될 수 있는 행위이고, 건전한 상식과 통상적인 법감정을 가진 군형법 피적용자는 어떠한 행위가 이 사건 법률조항의 구성요건에 해당되는지 여부를 어느 정도 쉽게 파악할 수 있으며, 법률적용자가 이 사건 법률조항 중 '기타 추행' 부분을 자의적으로 확대하여 해석할 염려가 없기 때문에, 형벌법규의 명확성의 원칙에 위배되지 아니한다(헌법재판소 2002.6.27. 선고 2001헌바70 결정).

[사건의 개요 : 청구인은 육군 제5군단 소속 상병으로 복무하던 자로서, 성적 욕구를 충족시킬 목적으로 2001.1. 초순 일자 불상 22:30경 경기 연천군 소재 소속 부대 3내무실내에서 취침하려던 같은 부대 소속 일병인 청구외 진○현의 속옷 속으로 자신의 오른손을 집어넣어 위 진○현의 성기를 만지면서 좌우로 약 15분간 흔들고, 같은 해 5월 초순 일자불상 22:20경 강원 철원군 강포리 소재 에프. 티. 씨.(FTC) 훈련장 막사내에서 취침하려던 위 진○현의 성기를 약 10분간 만져서 각 추행하였다는 공소사실로 제5군단 보통군사법원에 기소되었다. 위 사건(2001고35)에 대한 재판이 계속되고 있던 중, 청구인은 위 공소사실에 적용된 군형법 제92조 중 "기타 추행" 부분에 대하여 위헌여부심판제청신청을 하였는데, 위 보통군사법원이 2001.8.17. 그 신청을 기각하자, 2001.9.12. 이 사건 헌법소원심판을 청구하였다]

2. 모욕죄를 규정하고 있는 형법(1995.12.29. 법률 제5057호로 개정된 것) 제311조의 '모욕' 부분이 명확성원칙에 위배되는지 여부

모욕죄의 구성요건으로서 '모욕'이란 사실을 적시하지 아니하고 단순히 사람의 사회적 평가를 저하시킬 만한 추상적 판단이나 경멸적 감정을 표현하는 것으로서, 모욕죄의 보호법익과 그 입법목적, 취지 등을 종합할 때, 건전한 상식과 통상적인 법 감정을 가진 일반인이라면 금지되는 행위가 무엇인지를 예측하는 것이 현저히 곤란하다고 보기 어렵고, 법 집행기관이 이를 자의적으로 해석할 염려도 없으므로 명확성원칙에 위배되지 아니한다. 사람의 인격을 경멸하는 표현이 공연히 이루어진다면 그 사람의 사회적 가치는 침해되고 그로 인하여 사회구성원으로서 생활하고 발전해 나갈 가능성도 침해받지 않을 수 없으므로, 모욕적 표현으로 사람의 명예를 훼손하는 행위는 분명 이를 금지시킬 필요성이 있고, 모욕죄는 피해자의 고소가 있어야 형사처벌이 가능한 점, 그 법정형의 상한이 비교적 낮은 점, 법원은 개별 사안에서 형법 제20조의 정당행위 규정을 적정하게 적용함으로써 표현의 자유와 명예보호 사이에 적절한 조화를 도모하고 있는 점 등을 고려할 때, 심판대상조항이 표현의 자유를 침해한다고 볼 수 없다(헌법재판소 2013.6.27. 선고 2012헌바37 결정).

3. 압수 · 수색영장을 집행할 때 피의자 등에 대한 사전통지를 생략할 수 있는 예외를 규정한 형사소송법 제122조 단서에서 '급속을 요하는 때'의 의미 및 위 규정이 명확성 원칙 등에 반하여 위헌인지 여부(사전통지 없이 집행한 압수 · 수색에 의하여 취득한 증거들의 증거능력 여부)

피의자 또는 변호인은 압수 · 수색영장의 집행에 참여할 수 있고(형사소송법 제219조, 제121조), 압수 · 수색영장을 집행함에는 원칙적으로 미리 집행의 일시와 장소를 피의자 등에게 통지하여야 하나(형사소송법 제122조 본문), '급속을 요하는 때'에는 위와 같은 통지를 생략할 수 있다(형사소송법 제122조 단서). 여기서 '급속을 요하는 때'라고 함은 압수 · 수색영장 집행 사실을 미리 알려주면 증거물을 은닉할 염려 등이 있어 압수 · 수색의 실효를 거두기 어려울 경우라고 해석함이 옳고, 그와 같이 합리적인 해석이 가능하므로 형사소송법 제122조 단서가 명확성의 원칙 등에 반하여 위헌이라고 볼 수 없다(대법원 2012.10.11. 선고 2012도7455 판결).

4. 형법 제21조 정당방위 규정에도 죄형법정주의 명확성 원칙이 적용되는지 여부 및 정당방위 규정 중 "상당한 이유" 부분이 죄형법정주의 명확성 원칙에 위반되는지 여부

정당방위 규정은 법 각칙 전체의 구성요건 조항에 대한 소극적 한계를 정하고 있는 규정으로서, 한편으로는 위법성을 조각시켜 범죄의 성립을 부정하는 기능을 하지만, 다른 한편으로는 정당방위가 인정되지 않는 경우 위법한 행위로서 범죄의 성립을 인정하게 하는 기능을 하므로 적극적으로 범죄 성립을 정하는 구성요건 규정은 아니라 하더라도 죄형법정주의가 요구하는 명확성 원칙이 적용된다. 구성요건은 범죄 행위의 일반적 유형으로서 정형화되어 있는데 반해, 위법성 조각사유는 구체적이고 개별적인 행위에 대한 사후적이고 객관적인 평가로서 정당방위가 발생하게 되는 현재의 부당한 침해 상황은 어떤 특정범죄에만 국한되어 있는 것이 아니라 법익 침해가 이루어지는 거의 모든 범죄에서 발생 가능하므로 이에 대한 정당방위 상황을 미리 예상하여 일일이 법문에서 규정하는 것은 거의 불가능에 가깝고, 변화하는 사회에 대한 법규범의 적응력을 확보하기 위해서도 어느 정도 망라적인 의미를 가지는 내용으로 입법하는 것이 불가피하다고 할 것인바, 이 사건 심판대상규정인 '상당한 이유' 부분에 대해서는 대법원도 일찍부터 합리적인 해석기준을 제시하고 있어 건전한 상식과 통상적인 법 감정을 가진 일반인이라면 그 의미를 어느 정도 쉽게 파악할 수 있다고 할 것이므로 죄형법정주의에서 요구하는 명확성의 원칙을 위반하였다고 할 수 없다(헌법재판소 2001.6.28. 선고 99헌바31 결정).

3) 형사제재의 명확성(절대적 부정기형과 절대적 부정기보안처분의 금지)

앞에서 서술한 바와 같이 비록 구성요건이 명확하더라도 그에 대한 형사제재가 명확하게 규정되어 있지 않다면 형법의 보장적 기능은 제대로 발휘될 수 없을 것이다. 그러나 개개의 사안에 적합한 형사제재를 규정한다는 것은 입법기술상으로 불가능하다는 점에서 형사제재가 어느 정도 불명확성을 가질 수 밖에 없다. 따라서 일정 정도 불명확한 형사제재는 허용된다 하더라도 이러한 불명확한 정도를 넘어서는 형사제재는 허용될 수 없는 자, 이를 절대적 부정기형의 금지원칙이라 한다.

형벌은 기간이 특정되어 있는 정기형과 그렇지 아니한 부정기형으로 나눌 수 있는데, 부정기형은 다시 기간은 특정되어 있지 않지만 장기와 단기라는 기간의 범위는 특정되어 있는 상대적 부정기형과 기간의 범위도 특정되어 있지 아니한 절대적 부정기형으로 나눌 수 있다. 형법에 규정되어 있는 법정형은 제93조 여적죄를[64] 제외하고는 전부가 상한과 하한이 설정되는 상대적 부정기형으로 규정

64) 제93조 (여적) 적국과 합세하여 대한민국에 항적한 자는 사형에 처한다.

되어 있는데, 예를 들어 제329조 절도죄의 법정형인 징역 6년 이하는 1월 이상 6년 이하를 의미하며, 제297조 강간죄의 법정형인 징역 3년 이상은 3년 이상 15년 이하를 의미한다.

법정형과는 달리 법관이 구체적 사건에서 선고하는 선고형은[65] 우리나라는 성인에 대해 상대적 부정기형을 인정하는 영미법계와는 달리 반드시 정기형이어야 하며, 절대적이든 상대적이든 부정기형을 선고해서는 안된다. 다만 소년법 제60조 제1항은 "소년이 법정형 장기 2년 이상의 유기형에 해당하는 죄를 범한 때에는 그 형의 범위 안에서 장기와 단기를 정하여 선고한다. 다만, 장기는 10년, 단기는 5년을 초과하지 못한다"라고 하여[66] 상대적 부정기형의 선고를 규정하고 있다. 이와 같이 일반적으로 부정기형이란 상대적 부정기선고형을 의미하는 것으로, 우리나라도 앞으로 성인에 대해 상대적 부정기형을 도입하더라도 죄형법정주의에 위배되는 것은 아니다. 따라서 형의 기간과 범위가 정해져 있지 아니한 절대적 부정기형은 그것이 법정형이든 선고형이든 어떠한 경우에도 허용될 수 없다.

형벌과는 달리 행위자의 재사회화와 사회방위를 목적으로 보안처분의 경우에는 보안처분이 행위자의 장래 위험성에 대한 합목적적 처분이기 때문에 위험성이 계속되는 동안 집행할 것을 요할 뿐 아니라 기간의 부정기를 본질로 한다는 점에서 절대적 부정기보안처분도 가능하다는 견해도 있으나, 인권보장적 관점에서 볼 때 절대적 부정기보안처분도 허용될 수 없다.[67] 따라서 치료감호법 제16조 제2항과[68] 같이 치료감호에 대해 어느 정도 기간제한을 두거나, 일정 기간이 경과한 후 법관이 치료감호의 갱신 또는 그 계속 여부를 결정할 수 있도록 해야 한다.

형사제재의 명확성과 관련된 판례

[판시사항]

반국가적 범죄를 반복하여 저지른 자에 대한 법정형의 최고를 사형으로 하도록 규정한 국가보안법 제13조 중 다시 범한 죄가 찬양 · 고무등죄인 경우에도 법정형의 최고를 사형으로 하도록 규정한 부분이 명확성의 원칙에 반하는지 여부

[판결요지]

법정형의 종류와 범위를 정하는 것은 기본적으로 입법자의 권한에 속하는 것이지만 이러한 입법재량은 무제한한 것이 될 수는 없는바, 법정형의 종류와 범위를 정할 때는 형벌 위협으로부터 인간의 존엄과 가치를 존중하고 보호하여야 한다는 헌법 제10조의 요구에 따라야 하고 형벌개별화의 원칙이 적용될 수 있는 범위의 법정형을 설정하여 실질적 법치국가의 원리를 구현하도록 하여야 하며 형벌이 죄질과 책임에 상응하도록 적절한 비례성을 지켜야 한

65) 형은 법정형 ⇒ 처단형(가중 또는 감경한 형위 범위) ⇒ 선고형의 순으로 정해진다.

66) 같은 조 제3항은 "형의 집행유예, 형의 선고유예를 선고할 때에는 제1항의 규정을 적용하지 아니한다"라고 규정하고 있다.

67) 다수견해.

68) 제16조 (치료감호의 내용) ① 치료감호를 선고받은 자(이하 "피치료감호자"라 한다)에 대하여는 치료감호시설에 수용하여 치료를 위한 조치를 한다.
② 피치료감호자를 치료감호시설에 수용하는 기간은 다음 각 호의 구분에 따른 기간을 초과할 수 없다.
1. 제2조제1항제1호 및 제3호에 해당하는 자 : 15년
2. 제2조제1항제2호에 해당하는 자 : 2년
③ 제1항에 따른 치료감호시설과 치료, 그 밖에 필요한 사항은 대통령령으로 정한다.

다. 반국가적 범죄를 저지른 자가 그로 인한 처벌을 받았음에도 불구하고 다시 반국가적 범죄를 저질렀다면 그에 대한 비난가능성이 높고 따라서 책임이 가중되어야 할 것이나, 단지 반국가적 범죄를 반복하여 저질렀다는 이유만으로 다시 범한 죄가 국가보안법 제7조 제5항, 제1항과 같이 비교적 경미한 범죄라도 사형까지 선고할 수 있도록 한 것은 그 법정형이 형벌체계상의 균형성을 현저히 상실하여 정당성을 잃은 것이고, 이러한 형의 불균형은 반국가적 범죄로부터 국가 및 국민을 보호한다는 입법목적으로도 극복할 수는 없는 것이다. 국가보안법 제13조가 "그 죄에 대한 법정형의 최고를 사형으로 한다"고 규정한 것이, 법정형의 최고가 사형이므로 그 이하의 형벌까지 모두 선고할 수 있다는 의미인지, 아니면 국가보안법 제7조 제5항, 제1항에 규정되어 있는 법정형 외에 사형이 법정형으로 추가된다는 의미인지 불명확하므로 형벌법규의 명확성 원칙에도 반한다(헌법재판소 2002.11.28. 선고 2002헌가5 결정).

〈참조규정〉

국가보안법 제13조 (특수가중) 이 법, 군형법 제13조 · 제15조 또는 형법 제2편제1장 내란의 죄 · 제2장 외환의 죄를 범하여 금고이상의 형의 선고를 받고 그 형의 집행을 종료하지 아니한 자 또는 그 집행을 종료하거나 집행을 받지 아니하기로 확정된 후 5년이 경과하지 아니한 자가 제3조제1항제3호 및 제2항 내지 제5항, 제4조제1항제1호중 형법 제94조제2항 · 제97조 및 제99조, 동항제5호 및 제6호, 제2항 내지 제4항, 제5조, 제6조제1항 및 제4항 내지 제6항, 제7조 내지 제9조의 죄를 범한 때에는 그 죄에 대한 법정형의 최고를 사형으로 한다.

5. 적정성의 원칙

1) 적정성원칙의 의의

기본권보장을 이념으로 하는 죄형법정주의는 법관 등과 같은 법해석자 만을 구속하는 것이 아니라 형법규정을 제정하는 입법자도 구속하는 법치국가원리라는 점에서, 입법자가 범죄에 대한 형벌을 규정함으로써 법정형벌에 의하여 기본권을 제한하는 경우에는 범죄행위의 양과 질 나아가 범행자의 책임에 상응하는 정당한 비례성을 감안하여 "기본권의 제한은 필요한 최소한에 그쳐야 한다."는 헌법상의 법치국가의 원리에서 나오는 과잉입법금지의 원칙에 반해서는 안될 것이다.[69] 기본권의 본질적 내용을 침해할 수 없다는 헌법 제37조 제2항 단서도 이러한 비례성의 원칙 내지 과잉금지의 원칙을 선언하고 있다.

범죄와 형벌은 형식적 의미의 법률에 규정해야 한다는 형식적 의미의 죄형법정주의는 국가에 의하여 범해지는 법률적 불법으로부터 국민의 자유와 권리를 실질적으로 보장할 수 없다는 점에서, 형법의 보장적 기능이 충분히 제 기능이 하기 위해서는 법이념과 합치되는 적정한 법률에 의하여 범죄와 형벌이 규정되어야 한다. 명확성의 원칙과 적정성의 원칙은 실질적 정의에 부합하는 현대적 의미

69) 형법 제355조 제1항의 횡령죄는 타인의 재물을 보관하는 자가 재물을 횡령하거나 반환을 거부함으로써 성립하고 재물의 가액이 얼마인지는 문제되지 아니하는 데 비하여, 횡령으로 인한 특정경제범죄 가중처벌 등에 관한 법률 위반죄에 있어서는 횡령한 재물의 가액이 5억 원 이상 또는 50억 원 이상이라는 것이 범죄구성요건의 일부로 되어 있고 그 가액에 따라 그 죄에 대한 형벌도 가중되어 있으므로, 이를 적용함에 있어서는 횡령한 재물의 가액을 엄격하고 신중하게 산정함으로써 범죄와 형벌 사이에 적정한 균형이 이루어져야 한다는 죄형균형 원칙 및 형벌은 책임에 기초하고 그 책임에 비례하여야 한다는 책임주의 원칙이 훼손되지 않도록 유의하여야 한다(대법원 2013.05.09. 선고 2013도2857 판결. 횡령액을 기준으로 가중처벌하는 특정경제범죄 가중처벌 등에 관한 법률 제3조를 적용할 때 유의할 사항).

의 실질적 죄형법정주의가 실현될 수 있게 하는 의미를 가지고 있다. 따라서 적정한 정도를 넘어 과도하게 범죄를 규정하는 과잉범죄화나 과잉형벌은 형식적으로는 죄형법정주의에 부합하더라도 실질적 의미의 죄형법정주의에 반한다.

2) 범죄규정의 적정성

범죄란 형법이외의 다른 제재수단으로는 충분히 보호될 수 없는 중한 사회유해적 법익침해(Verletzung) 내지 위해(Beeinträchtigung)행위로, 형법이 법익보호기능을 수행한다 하더라도 윤리적 내지 종교적 정의 또는 특정한 이데올로기를 실현하고자 하거나 완전무결한 절대적 정의(도덕법칙)를 현실에서 포괄적으로 실현하고자 하는 것은 현실과 유리된 이데올로기적 독단이며, 이러한 비합리적 가치관으로 인해 자유와 권리는 그 만큼 침해당할 수 밖에 없다. 현대국가에 있어 형법의 제1차적 임무는 최소한의 공동생활질서유지를 위한 법익보호에 있으며, 이것을 형법의 보충적인 법익보호(Subsidiärer Rechtsgüterschutz)기능 또는 보충성의 원칙(ultima ratio)라 한다.[70]

따라서 단순히 윤리규범을 위반한 행위나 간접적으로 타인에게 피해를 주는 행위[71]까지를 범죄로 규정해서는 안되며, 형법의 기능을 사회존립에 불가결한 사회적 기능의 보호에 제한해야 한다는 점에서 형법의 탈윤리화를 강조하는 비범죄화이론(Entkriminalisierung, Decriminalization)은 형법의 역할과 기능의 한계에 대해 시사하는 바가 크다. 즉 어떠한 경우에도 형법으로 윤리를 강제하려고 하거나 형법이 윤리적 영역에 들어가 일반인의 윤리나 내심의 의사까지 간섭해서는 안된다는 점에서 법윤리주의(Legal Moralism)은 오늘날 형법에서 대단히 경계해야 하는 부분이다. 특히 형법은 형사정책의 최후 수단이며, 형사정책은 사회정책의 최후 수단에 머물러야 한다는 점에서 "형법은 형사정책의 뛰어넘을 수 없는 한계(Das Strafrecht ist die unübersteigbare Schranke der Kriminalpolitik)"라고 한 리스츠(F.v.Liszt)의 말은 오늘날 형사입법과 해석이 나아갈 방향을 제시하고 있다 할 것이다.

우리나라의 경우 아직까지도 윤리적 내용을 가진 범죄유형이 형법이나 특별형법, 심지어 경미한 질서위반행위들을 형벌로 규율하는 경범죄처벌법 등에 상당수 규정되어 있는데, 예를 들어 동성애, 수간(獸姦),[72] 혼인외 자의 정자에 의한 인공수정, 간통이나 혼인빙자간음,[73] 외설문서나 도서의 판매,

70) 이를 형법의 단편적 성격(fragmentarische Natur)이라고도 한다.

71) 예컨대 경범죄처벌법 제1조 제24호 (불안감조성) 정당한 이유없이 길을 막거나 시비를 걸거나 주위에 모여들거나 뒤따르거나 또는 몹시 거칠게 겁을 주는 말 또는 행동으로 다른 사람을 불안하게 하거나 귀찮고 불쾌하게 한 사람 또는 여러사람이 이용하거나 다니는 도로 · 공원등 공공장소에서 고의로 험악한 문신을 노출시켜 타인에게 혐오감을 준 사람 [범칙금 5만원]

72) 군형법 제92조 (추행) 계간(鷄姦)(Sodomy, 비역) 기타 추행을 한 자는 1년이하의 징역에 처한다.

73) 형법 제241조(간통) ① 배우자있는 자가 간통한 때에는 2년이하의 징역에 처한다. 그와 상간한 자도 같다.
② 전항의 죄는 배우자의 고소가 있어야 논한다. 단, 배우자가 간통을 종용 또는 유서(宥恕)한 때에는 고소할 수 없다.
제304조(혼인빙자 등에 의한 간음) 혼인을 빙자하거나 기타 위계로써 음행의 상습없는 부녀를 기망하여 간음한 자는 2년이하의 징역 또는 500만원이하의 벌금에 처한다. [헌법재판소 2009.11.26. 선고 2008헌바58, 2009헌바191(병합) 단순위헌결정.형법 제304조(1953.9.18. 법률 제293호로 제정되고, 1995.12.29. 법률 제5057호로 개정된 것) 중 "혼인을 빙자하여 음행의 상습없는 부녀를 기망하여 간음한 자" 부분은 헌법에 위반된다] [제304조는 2012.12.18. 형법 개정(2013.6.19. 시행)으로

신에 대한 모독, 성풍속에 관한 침해행위 등의 행위는 단지 도덕적 · 종교적 비난의 대상에 머물러야 하며 형벌이 아닌 다른 사회제재수단에 맡기는 것이 바람직하다. 즉 이러한 행위는 부도덕 · 불경건 하더라도 사회질서의 기본가치와 연결된 인간의 객관적 실존조건으로서의 법익침해 내지 법익위태화 행위로 평가될 수는 없다.

다만 형법의 현대적 경향은 비범죄화는 반대로 오늘날 수많은 위험원의 증가로 인하여 결과발생을 사전에 차단하기 위한 추상적 위험범의 신설과 이에 따른 형법의 전치화(前置化) 현상, 그리고 이에 대한 효과적 제재로서 적극적 일반예방사상의 실현으로 나아가고 있는 점을 유의할 필요가 있다.

범죄규정의 적정성과 관련된 판례

1) 양심 및 종교의 자유를 이유로 현역입영을 거부하는 자에 대하여 현역입영을 대체할 수 있는 특례를 두지 아니하고 형벌을 부과하는 병역법 제88조 제1항이 과잉금지의 원칙 등을 위반한 것인지 여부

(다수의견) 입영기피에 대한 처벌조항인 병역법 제88조 제1항의 '정당한 사유'는 원칙적으로 추상적 병역의무의 존재와 그 이행 자체의 긍정을 전제로 하되 다만 병무청장 등의 결정으로 구체화된 병역의무의 불이행을 정당화할 만한 사유, 즉 질병 등 병역의무 불이행자의 책임으로 돌릴 수 없는 사유에 한하는 것으로 보아야 할 것이고, 다만 다른 한편, 구체적 병역의무의 이행을 거부한 사람이 그 거부 사유로서 내세운 권리가 우리 헌법에 의하여 보장되고, 나아가 그 권리가 위 법률조항의 입법목적을 능가하는 우월한 헌법적 가치를 가지고 있다고 인정될 경우에 대해서까지도 병역법 제88조 제1항을 적용하여 처벌하게 되면 그의 헌법상 권리를 부당하게 침해하는 결과에 이르게 되므로 이 때에는 이러한 위헌적인 상황을 배제하기 위하여 예외적으로 그에게 병역의무의 이행을 거부할 정당한 사유가 존재하는 것으로 봄이 상당하다. 헌법이 보호하고자 하는 양심은 '어떤 일의 옳고 그름을 판단함에 있어서 그렇게 행동하지 않고는 자신의 인격적 존재가치가 파멸되고 말 것이라는 강력하고 진지한 마음의 소리로서 절박하고 구체적인 양심'을 말하는 것인데, 양심의 자유에는 이러한 양심 형성의 자유와 양심상 결정의 자유를 포함하는 내심적 자유 뿐만 아니라 소극적인 부작위에 의하여 양심상 결정을 외부로 표현하고 실현할 수 있는 자유, 즉 양심상 결정에 반하는 행위를 강제 받지 아니할 자유도 함께 포함되어 있다고 보아야 할 것이므로 양심의 자유는 기본적으로 국가에 대하여, 개인의 양심의 형성 및 실현 과정에 대하여 부당한 법적 강제를 하지 말 것을 요구하는, 소극적인 방어권으로서의 성격을 가진다. 헌법상 기본권의 행사가 국가공동체 내에서 타인과의 공동생활을 가능하게 하고 다른 헌법적 가치 및 국가의 법질서를 위태롭게 하지 않는 범위 내에서 이루어져야 한다는 것은 양심의 자유를 포함한 모든 기본권 행사의 원칙적인 한계이므로, 양심 실현의 자유도 결국 그 제한을 정당화할 헌법적 법익이 존재하는 경우에는 헌법 제37조 제2항에 따라 법률에 의하여 제한될 수 있는 상대적 자유라고 하여야 할 것이다. 병역법 제88조 제1항은 가장 기본적인 국민의 국방의 의무를 구체화하기 위하여 마련된 것이고, 이와 같은 병역의무가 제대로 이행되지 않아 국가의 안전보장이 이루어지지 않는다면 국민의 인간으로서의 존엄과 가치도 보장될 수 없음은 불을 보듯 명확한 일이므로, 병역의무는 궁극적으로는 국민 전체의 인간으로서의 존엄과 가치를 보장하기 위한 것이라 할 것이고, 양심적 병역거부자의 양심의 자유가 위와 같은 헌법적 법익보다 우월한 가치라고는 할 수 없으니, 위와 같은 헌법적 법익을 위하여 헌법 제37조 제2항에 따라 피고인의 양심의 자유를 제한한다 하더라도 이는 헌법상 허용된 정당한 제한이다. 병역의무의 이행을 확보하기 위하여 현역입영을 거부하는 자에 대하여 형벌을 부과할 것인지, 대체복무를 인정할 것인지 여부에 관하여는 입법자에게 광범위한 입법재량이 유보되어 있다고 보아야 하므로, 병역법이 질병 또는 심신장

삭제되었다]

애로 병역을 감당할 수 없는 자에 대하여 병역을 면제하는 규정을 두고 있고, 일정한 자에 대하여는 공익근무요원, 전문연구요원, 산업기능요원 등으로 근무할 수 있는 병역특례제도를 두고 있음에도 양심 및 종교의 자유를 이유로 현역입영을 거부하는 자에 대하여는 현역입영을 대체할 수 있는 특례를 두지 아니하고 형벌을 부과하는 규정만을 두고 있다고 하더라도 과잉금지 또는 비례의 원칙에 위반된다거나 종교에 의한 차별금지 원칙에 위반된다고 볼 수 없다. 양심적 병역거부자에게 그의 양심상의 결정에 반한 행위를 기대할 가능성이 있는지 여부를 판단하기 위해서는, 행위 당시의 구체적 상황하에 행위자 대신에 사회적 평균인을 두고 이 평균인의 관점에서 그 기대가능성 유무를 판단하여야 할 것인바, 양심적 병역거부자의 양심상의 결정이 적법행위로 나아갈 동기의 형성을 강하게 압박할 것이라고 보이기는 하지만 그렇다고 하여 그가 적법행위로 나아가는 것이 실제로 전혀 불가능하다고 할 수는 없다고 할 것인바, 법규범은 개인으로 하여금 자기의 양심의 실현이 헌법에 합치하는 법률에 반하는 매우 드문 경우에는 뒤로 물러나야 한다는 것을 원칙적으로 요구하기 때문이다(대법원 2004.7.15. 선고 2004도2965 전원합의체판결).

2) 청소년 성매수자에 대한 신상공개를 규정한 구 청소년의성보호에관한법률 제20조 제2항 제1호가 과잉금지원칙에 위반되는지 여부

청소년의성보호에관한법률상의 신상공개제도는 범죄자 본인을 처벌하려는 것이 아니라, 현존하는 성폭력위험으로부터 사회 공동체를 지키려는 인식을 제고함과 동시에 일반인들이 청소년 성매수 등 범죄의 충동으로부터 자신을 제어하도록 하기 위하여 도입된 것으로서, 이를 통하여 달성하고자 하는 '청소년의 성보호'라는 목적은 우리 사회에 있어서 가장 중요한 공익의 하나라고 할 것이다. 이에 비하여 청소년 성매수자의 일반적 인격권과 사생활의 비밀의 자유가 제한되는 정도를 살펴보면, 법 제20조 제2항은 "성명, 연령, 직업 등의 신상과 범죄사실의 요지"를 공개하도록 규정하고 있는바, 이는 이미 공개된 형사재판에서 유죄가 확정된 형사판결이라는 공적 기록의 내용 중 일부를 국가가 공익 목적으로 공개하는 것으로 공개된 형사재판에서 밝혀진 범죄인들의 신상과 전과를 일반인이 알게 된다고 하여 그들의 인격권 내지 사생활의 비밀을 침해하는 것이라고 단정하기는 어렵다. 또한, 신상과 범죄사실이 공개되는 범죄인들은 이미 국가의 형벌권 행사로 인하여 해당 기본권의 제한 여지를 일반인보다는 더 넓게 받고 있다. 청소년 성매수 범죄자들이 자신의 신상과 범죄사실이 공개됨으로써 수치심을 느끼고 명예가 훼손된다고 하더라도 그 보장 정도에 있어서 일반인과는 차이를 둘 수밖에 없어, 그들의 인격권과 사생활의 비밀의 자유도 그것이 본질적인 부분이 아닌 한 넓게 제한될 여지가 있다. 그렇다면 청소년 성매수자의 일반적 인격권과 사생활의 비밀의 자유가 제한되는 정도가 청소년 성보호라는 공익적 요청에 비해 크다고 할 수 없으므로 결국 법 제20조 제2항 제1호의 신상공개는 해당 범죄인들의 일반적 인격권, 사생활의 비밀의 자유를 과잉금지의 원칙에 위배하여 침해한 것이라 할 수 없다(헌법재판소 2003.6.26. 선고 2002헌가14 결정).

3) '계간 기타 추행한 자는 1년 이하의 징역에 처한다.'라고 규정한 군형법 제92조 중 '기타 추행' 부분이 헌법상 과잉금지의 원칙 등에 위배되는지 여부

(다수의견) 입법자가 사회적 법익을 주된 보호법익으로 하는 이 사건 법률조항을 제정하면서, 군형법 피적용자가 행한 추행의 유형이나 그 상대방의 피해상황 등을 구체적으로 구분하지 아니하고 위와 같은 사회적 법익을 침해한 모든 추행행위에 대하여 일괄적으로 1년 이하의 징역형으로 처벌하도록 규정하였다는 사유만으로 입법재량권을 자의적으로 행사하였다고 볼 수는 없으므로, 이 사건 법률조항 중 '기타 추행' 부분이 헌법상 과잉금지의 원칙 등에 위배된다고 보기도 어렵다(헌법재판소 2002.6.27. 선고 2001헌바70 결정).

3) 형벌규정의 적정성

일정한 행위를 범죄로 규정했다 하더라도 그에 대한 국가제재로서의 형벌은 범죄의 불법 내지 사회적 해악성에 비례하여 규정되고 부과되어야 한다. 즉 형벌법규의 내용에 있어서 범죄와 형벌은 균

형이 유지되어야 하며, 범죄의 불법과 책임을 넘어서는 형벌을 부과하는 것은 과잉금지의 원칙 및 실질적 의미의 죄형법정주의에 위배된다.

형벌규정의 적정성과 관련된 판례

1) 주거침입강제추행죄의 법정형을 주거침입강간죄와 동일하게 규정한 구 성폭력범죄의 처벌 등에 관한 특례법(2010.4.15. 법률 제10258호로 제정되고, 2012.12.18. 법률 제11556호로 개정되기 전의 것, 이하 '성폭력처벌법'이라 한다) 제3조 제1항 중 "형법 제319조 제1항(주거침입)의 죄를 범한 사람이 같은 법 제298조(강제추행)의 죄를 범한 경우에는 무기징역 또는 5년 이상의 징역에 처한다."는 부분(이하 '이 사건 법률조항'이라 한다)이 책임과 형벌 간의 비례원칙과 평등원칙에 위배되는지 여부

   강제추행죄의 피해자들은 심각한 정신적 · 정서적 장애를 경험할 수 있고, 그 후유증으로 장기간 사회생활에 큰 지장을 받을 수 있는데, 사생활의 중심으로 개인의 인격과 불가분적으로 연결되어 있어 개인의 생명, 신체, 재산의 안전은 물론 인간 행복의 최소한의 조건이자 개인의 사적 영역으로서 보장되어야 하는 주거에서 강제추행을 당한다면 그로 인한 피해는 보다 심각할 수 있다. 더구나 이러한 범행이 배우자 또는 가족이 목격하는 가운데 행해진 경우에는 단순히 피해자의 성적 자기결정권의 침해를 넘어 생활의 기초단위인 한 가정을 철저하게 파괴하는 결과를 초래할 수도 있다. 따라서 입법자가 이러한 중대한 법익 침해자에 대해 특별형법인 성폭력처벌법에 '주거침입강제추행죄'라는 구성요건을 별도로 신설한 것은 필요하고도 바람직한 입법조치라 할 것이다. 이 사건 법률조항의 법정형은 무기징역 또는 5년 이상의 징역이므로 행위자에게 정상을 참작할 만한 특별한 사정이 있는 때에는 법관은 작량감경을 통하여 얼마든지 집행유예를 선고할 수 있고, 그 불법의 중대성에 비추어 볼 때 법정형에 벌금을 규정하지 않은 것이 불합리하다고 할 수도 없다. 그러므로 이 사건 법률조항은 책임과 형벌 간의 비례원칙에 위반되지 아니한다. 강제추행은 그 범위가 매우 넓기 때문에 강간에 비해 그 피해가 상대적으로 경미하고 불법의 정도도 낮은 경우가 많지만, 형법 제297조의2에 정한 구강성교 등 유사강간에 해당하지 않는 통상적인 추행행위를 한 경우라 할지라도 구체적인 사안에 따라서는 그 행위태양이나 불법의 정도, 행위자의 죄질에 비추어 강간이나 유사강간을 한 경우보다 무겁게 처벌하거나 적어도 동일하게 처벌하여야 할 필요가 있는 경우도 실무상 흔히 있을 수 있다. 입법자는 형법전에 강제추행죄, 유사강간죄, 그리고 강간죄의 법정형을 각각 달리 정하였으나, 형법전의 위와 같은 기본 범죄(강제추행, 유사강간, 강간)에 다른 행위요소(주거침입)가 더하여진 새로운 유형의 결합범 구성요건을 특별형법에 신설하는 경우에는 형법전의 평가가 반드시 그대로 적용된다고 볼 수 없고, 더하여지는 행위요소가 무엇이냐에 따라 새로운 평가를 할 수도 있는 것인데, 입법자는 강제추행에 주거침입이라는 다른 행위요소가 더해지면 강제추행의 경우도 주거침입 강간이나 유사강간에 비하여 그 보호법익이나 불법의 정도, 비난가능성 등에 있어 별다른 차이가 없다고 보고 그 법정형을 동일하게 정한 것이다. 또한 법관의 양형으로 불법과 책임을 일치시킬 수 있으면 법정형이 내포하고 있는 약간의 위헌성은 극복될 수 있는 것이므로, 만약 구체적인 사건에서 주거침입강제추행죄와 주거침입강간죄에 대한 법정형이 동일한 결과 형량에 있어 불합리성이 나타난다면, 이는 법관이 구체적인 양형을 통하여 시정하면 된다. 따라서 이 사건 법률조항이 현저히 형벌체계상의 정당성이나 균형성을 상실하여 평등원칙에 위반된다고 할 수 없다(헌법재판소 2013.7.25. 선고 2012헌바320 결정).

2) 구 '성폭력범죄의 처벌 등에 관한 특례법'(2010.4.15. 법률 제10258호로 제정되고, 2011.11.17. 법률 제11088호로 개정되기 전의 것) 제8조 제1항 중 "제4조 제1항[2명 이상이 합동하여 형법 제297조(강간)의 죄를 범한 경우]의 죄를 범한 사람이 다른 사람을 상해에 이르게 한 때에는 무기징역 또는 10년 이상의 징역에 처한다."는 부분이 책임과 형벌 간의 비례원칙에 위반되는지 여부

   이 사건 법률조항은 2인 이상이 합동하여 강간을 저지르고 피해자에게 상해를 입게 한 경우 무기징역 또는 10년

이상의 징역이라는 법정형을 정하여 처벌하도록 하고 있는데, 이는 피해자에 대한 구체적 위험성과 사회 일반에 대한 위험성의 증가, 성적 자기결정권 및 신체의 안정성 침해, 성폭력범죄의 예방 및 척결 등 형사정책적 측면에서 합리적 이유가 있으므로, 책임과 형벌 간의 비례원칙에 위반된다고 할 수 없다.

성폭력범죄의 처벌 등에 관한 특례법상 특수강간치사죄와 이 사건 법률조항의 법정형은 동일하나 구체적인 행위태양에 따라 사망의 결과를 발생시킨 행위보다도 상해의 결과를 발생시킨 행위의 불법의 정도가 전체적으로 더 큰 경우도 있고 법관의 양형을 통하여 형량의 불합리성은 해결 가능하므로, 이 사건 법률조항이 형벌체계상의 정당성이나 균형성을 상실하여 평등원칙에 위반된다고 할 수 없다(헌법재판소 2012.7.26. 선고 2012헌바144 결정).

3) 위험한 물건 휴대에 의한 특수강간의 미수범이 피해자에게 상해를 입게 한 경우를 처벌하는 구 '성폭력범죄의 처벌 등에 관한 특례법'(2010.4.15. 법률 제10258호로 제정되고, 2011.11.17. 법률 제11088호로 개정되기 전의 것) 제8조 제1항 중 "제4조 제1항{위험한 물건을 지닌 채 형법 제297조(강간)의 죄를 범한 경우}의 미수범이 다른 사람을 상해에 이르게 한 때에는 무기징역 또는 10년 이상의 징역에 처한다."는 부분이 책임과 형벌 간의 비례원칙에 위반되는지 여부

위험한 물건을 휴대한 상황에서 강간 행위가 이루어지는 경우에는 피해자와 일반 사회에 대한 위험성이 증가하므로 가중처벌이 불가피하고, 피해자에게 상해까지 입힌 경우에는 성적 자기결정권을 침해한 데 더하여 신체의 안정성을 해쳤다는 점에서 죄질과 범정이 매우 무겁고 비난가능성 또한 대단히 높다. 그러므로 입법자가 단순히 형법상의 강간치상죄로만 처벌하여서는 그와 같은 범죄를 예방하고 척결하기에 미흡하다는 형사정책적 고려에 따라 특별형법법규인 이 사건 법률조항을 신설하여 무기 또는 10년 이상의 징역으로 처벌하고, 작량감경을 하더라도 법관이 집행유예를 선고할 수 없도록 한 것은 합리적 이유가 있으므로 책임과 형벌 간의 비례원칙에 위반되지 아니한다. 살인죄와 이 사건 법률조항은 보호법익이 서로 다르므로 단순 비교하기가 어렵고, 더욱이 살인의 법정형에는 '사형'이 규정되어 있을 뿐 아니라 구체적인 사건의 다양한 행위태양 등을 고려하여 형 선택의 폭을 넓게 규정한 것이다. 또한 강간의 기수 여부는 결합범 전체의 불법 크기에 본질적인 차이를 가져온다고 보기 어렵고 강간미수의 경우라도 강간기수의 경우보다 피해의 정도가 심한 경우도 얼마든지 있을 수 있으므로, 양자를 동일한 법정형으로 처벌하도록 한 것이 자의적이라고 할 수 없다. 나아가 성폭력범죄의 처벌 등에 관한 특례법상의 다른 범죄들과 이 사건 법률조항은 그 보호법익과 죄질이 다르므로 이를 단순 비교하기는 어렵고, 특수강간치사죄와 이 사건 법률조항의 법정형은 동일하나 구체적인 행위태양에 따라 사망의 결과를 발생시킨 행위보다도 상해의 결과를 발생시킨 행위의 불법의 정도가 전체적으로 더 큰 경우도 있고 법관의 양형을 통하여 형량의 불합리성은 해결 가능하므로, 이 사건 법률조항이 형벌체계상의 정당성이나 균형성을 상실하여 평등원칙에 위반된다고 할 수 없다(헌법재판소 2012.5.31. 선고 2011헌바10 결정).

4) 주거침입의 기회에 강간치상의 범죄를 범한 경우를 처벌하는 구 '성폭력범죄의 처벌 등에 관한 특례법'(2010.4.15. 법률 제10258호로 제정되고, 2011.11.17. 법률 제11088호로 개정되기 전의 것) 제8조 제1항 중 '제3조 제1항{형법 제319조 제1항(주거침입)의 죄를 범한 사람이 같은 법 제297조(강간)의 죄를 범한 경우}의 죄를 범한 사람이 다른 사람을 상해에 이르게 한 때에는 무기징역 또는 10년 이상의 징역에 처한다.'는 부분이 책임과 형벌 간의 비례원칙에 위반되는지 여부

개인의 사생활의 중심인 주거에 침입한 자가 그 기회에 강간의 실행에 착수하여 피해자에게 상해를 입게 한 것은 그 죄질과 범정이 매우 무겁고 비난가능성이 높으며, 성적 자기결정권의 침해뿐 아니라 한 인격체와 가정을 파괴하는 결과에까지 이를 수 있다. 그러므로 입법자가 단순히 주거침입죄와 강간치상죄의 경합범으로 처벌하여서는 그와 같은 범죄를 예방하고 척결하기에 미흡하다는 형사정책적 고려에 따라 특별형법법규인 이 사건 법률조항을 신설하여 무기 또는 10년 이상의 징역으로 처벌하고, 작량감경을 하더라도 법관이 집행유예를 선고할 수 없도록 한 것은 합리적 이유가 있으므로 책임과 형벌 간의 비례원칙에 위반되지 아니한다.

주거침입강간치상죄와 야간주거침입절도강간치상죄, 특수절도강간치상죄는 주거침입과 강간치상이라는 공통요소에 착안하여 법정형을 같게 한 것으로서 입법자의 판단이 자의적이라고 할 수 없고, 피해자의 일상생활을 파

괴하고 나아가 가정도 파괴할 수 있다는 점에서 특수강간치상죄나 13세 미만 여자에 대한 강간치상죄와 동일한 법정형으로 처벌하고, 친족관계에 의한 강간치상죄보다 무거운 법정형을 규정한 입법자의 판단이 자의적이라고 하기 어렵다. 나아가 구체적인 행위태양에 따라 사망의 결과를 발생시킨 행위보다도 상해의 결과를 발생시킨 행위의 불법의 정도가 전체적으로 더 큰 경우도 있고 법관의 양형을 통하여 형량의 불합리성은 해결 가능하므로, 이 사건 법률조항이 주거침입강간치상죄를 형법상 강간치사죄 및 성폭력범죄의 처벌 등에 관한 특례법 제9조 제2항의 강간치사죄와 동일한 법정형으로 규정한 것이 형벌체계상의 정당성이나 균형성을 상실하여 평등원칙에 위반된다고 할 수 없다(2012.5.31. 선고 2010도401 결정).

5) 형법 제335조 준강도죄와 구 형법 제337조의 위헌 여부

절도가 체포를 면탈할 목적으로 폭행 협박한 것을 준강도로 처벌하는 것은 그 행위의 죄질이 강도와 등가로 평가할 수 있기 때문인 것이므로 국민의 신체의 자유권을 제한함에 있어서 범죄와 형벌간의 균형성과 최소성을 상실하여 과잉금지의 원칙을 위배하였다고 할 수 없다. 절도죄와 상해죄의 경합범에 비하여 강도상해죄의 법정형이 현저하게 높고 후자의 경우에는 작량감경만으로는 집행유예의 선고가 불가능한 것은 사실이나 이는 단지 시간적 견련의 차에 따라 차등을 둔 것이 아니라 준강도의 범행에 대한 평가가 강도범행에 대한 평가와 동일시 할 수 있기 때문인 것으로 합리적인 이유가 있다. 강도상해죄의 법정최저형이 살인죄의 그것보다 높으나 이는 살인죄에 있어서는 그 행위의 태양이나 동기가 극히 다양하므로 그 죄질 또는 비난가능성의 정도가 매우 가변적임에 비하여 강도상해죄의 경우 그 행위태양이나 동기가 비교적 단순하여 죄질과 정상의 폭이 넓지 않다 할 것이고 일반적으로 행위자의 비난가능성도 크다고 할 것이므로 준강도가 범한 강도상해죄의 법정형의 하한이 살인죄의 그것보다 높다고 하여 바로 과잉금지의 원칙을 위배하였다고 할 수 없다. 어떤 범죄에 대한 법정형의 종류와 범위를 정하는 것은 기본적으로 입법자의 형성의 자유에 속하는 사항으로서 입법자는 제반사정을 종합하여 준강도가 강도상해의 범행을 한 경우에는 법률상 다른 감경사유가 있다는 등 특단의 사정이 없는 한 작량감경만으로는 집행유예의 판결을 선고할 수 없도록 함으로써 그러한 범죄자에 대하여는 반드시 장기간 사회에서 격리시키도록 하는 것이 형사정책적 측면에서 바람직하다는 판단에 따라 준강도가 범한 강도상해죄의 법정형의 하한을 징역 7년으로 제한하였다고 할 것이므로 이러한 입법자의 입법정책은 기본적으로 존중되어야 한다.(헌법재판소 1997.8.21. 선고 96헌바9 결정).

제4장 형법의 적용범위(효력)

사례연구

1. 사실관계

피고인들은 상피고인 A주식회사의 구미공장의 공장장 등 책임자로, A주식회사 구미공장에 설치된 수질피오염방지시설인 폐수소각로 2대 중 1대가 고장이 나고 나머지 1대로는 페놀수지의 생산공정에서 발생되는 폐수를 전부 소각할 수 없는 형편이어서 1990.10.21.경부터 1991.3.20.경까지 사이에 배출허용기준에 적합하지 아니한 오염물질의 일부가 방류되고 있었던 점과 위 공장에서 배출되는 오염물질이 배출허용기준에 적합하도록 조업을 할 책임이 있음에도 이와 같은 사정을 알면서도 명시적이거나 묵시적인 의사의 연락 하에 오염물질이 방류되는 것을 용인 · 방치하였다.

검사는 피고인들을 1990.8.1. 제정되고 1991.2.2. 시행되고 있는 수질환경보전법위반으로 공소제기하였다.

2. 참조조문

형법 제8조 (총칙의 적용) 본법 총칙은 타 법령에 정한 죄에 적용한다. 단 그 법령에 특별한 규정이 있는 때에는 예외로 한다.

1953.9.18. 제정 1953.10.3. 시행 형법 부칙 제4조 (1개의 죄에 대한 신구법의 적용례) ① 1개의 죄가 본법 시행 전후에 걸쳐서 행하여진 때에는 본법 시행전에 범한 것으로 간주한다.

② 연속범 또는 견련범이 본법 시행전후에 걸쳤을 때에는 본법 시행전에 범한 것만을 1죄로 한다.

수질환경보전법 부칙 제15조 (벌칙적용에 관한 경과조치) 이 법 시행전에 행한 종전의 환경보전법의 위반행위에 대한 벌칙의 적용은 종전의 규정에 의한다.

(현행 수질 및 수생태계 보전에 관한 법률)

3. 법률적 쟁점

행정단속법규를 위반한 계속범의 경우, 법위반행위가 개정 행정단속법규의 시행 전후에 걸쳐 이루어진 경우에, 형법 부칙 제4조 제1항은 제8조를 통해 행정단속법규에도 적용되는가?, 계속범의 경우, 행위시가 언제인가에 따라 수질환경보전법 부칙 제15조가 적용되는가?

4. 대법원의 판단

[판시사항]

형법 부칙 제4조 제1항이 신 구형법 사이의 관계가 아닌 다른 법률 사이의 관계에도 적용되는지 여부

[판결요지]

"1개의 죄가 본법 시행 전후에 걸쳐서 행하여진 때에는 본법 시행 전에 범한 것으로 간주한다"고 규정하고 있는 형법 부칙 제4조 제1항은 형법을 시행함에 즈음하여 구형법과의 관계에서 그 적용범위를 정한 경과규정으로서, 형법 제8조가 타법령에 정한 죄에도 적용하도록 규정한 "본법 총칙"에 해당되지 않을 뿐만 아니라, 범죄의 성립과 처벌은 행위시의 법률에 의한다고 규정한 형법 제1조 제1항의 해석으로서도 행위가 종료된 때 시행되는 법률의 적용을 배제한 점에서 타당한 것이 아니므로, 신 · 구형법 사이의 관계가 아닌 다른 법률 사이의 관계에서는 형법 부칙 제4조 제1항을 그대로 적용하거나 유추적용할 것이 아니다(당원 1986.7.22. 선고 86도1012 전원합의체 판결; 1989.5.23. 선고 89도570 판결 등 참조). 또 수질환경보전법이 시행된 1991.2.1. 이후에도 계속되어 온 이 사건 범행을 같은 법 부칙 제15조가 규정하고 있는 "이 법 시행 전에 행한 종전의 환경보전법의 위반행위"라고 볼 수는 없으므로, 같은 법 부칙 제15조에 따라 이 사건 범행에 대한 벌칙의 적용을 종전의 규정인 환경보전법에 의할 것도 아니다. 이와 취지를 같이하여 피고인들의 이 사건 범행을 계속범으로 보고 그 행위가 종료된 때인 1991.3.20.에 시행되고 있는 수질환경보전법의 관계규정을 적용한 원심판결에 행위시법주의와 법률불소급의 원칙에 관한 법리를 오해한 위법이 없다(대법원 1992.12.8. 선고 92도407 판결).

제1항 시간적 적용범위(zeitlicher Geltungsbereich)

Ⅰ. 의의

형법이 어느 시기를 기준으로 하여 적용되느냐, 즉 어떠한 시기에 발생한 사실(범죄)에 대해서 형법이 적용되느냐의 문제가 형법의 시간적 효력에 관한 내용이다. 즉 형법의 시행시와 폐지시는 언제냐, 행위시와 재판시의 법령이 다른 경우 어느 법령을 적용할 것이냐에 대한 논의로, 이와 관련하여 행위 후 형벌법규가 폐지된 경우 행위시법의 추급효와 재판시법의 소급효가 문제된다.

Ⅱ. 형법의 시행시와 폐지시

제정 · 개정형법은 특별한 규정이 없는 한 공포한 날로부터 20일을 경과함으로써 효력을 발생한다(헌법 제53조 제7항). 다만 개정형법의 대부분 부칙에 그 시행일을 명시한다.

Ⅲ. 법률의 변경

범죄가 발생한 때에는 반드시 일정한 형사재판절차를 거쳐 형사처벌을 하게 되는 바, 범죄행위시와 재판을 받는 시점은 차이가 생길 수 밖에 없다. 그런데 범죄행위시와 재판시에 적용법규의 변경이 없는 때에는 법적용에 아무런 문제가 없으나, 범죄행위시와 재판시 사이에 적용법규의 변경이 있게 되면 해우이시에 적용되었던 법률규정과 재판시에 적용되는 법률규정이 서로 다르게 되는 경우가 발생하게 된다. 이와 같이 행위시법과 재판시법의 형벌법규에 변경이 있는 경우, 이미 폐지된 구법인 행위시법을 적용할 것인지 아니면 재판시에 시행되고 있는 재판시법을 적용할 것인지가 문제된다. 즉 구법인 행위시법의 추급효(Nachwirkung)와 신법인 재판시법의 소급효(Rückwirkung)가 문제된다.

행위시법주의는 행위시와 재판시의 법규가 다를 경우 행위시의 법을 적용하는 원칙으로, 법규범이 의사결정규범 내지 행위규범임을 강조하게 되면 행위시법주의를 취하게 된다. 이 경우 행위시에는 존재하였으나 재판시에는 이미 폐지되어 존재하지 않는 구법, 즉 행위시법이 적용되게 되고 구법인 행위시법은 추급효를 갖게 된다.

재판시법주의는 행위시와 재판시의 법규가 다를 경우 재판시의 법규를 적용하는 원칙으로, 법규범이 평가규범 내지 재판규범임을 강조하게 되면 재판시법주의를 취하게 된다. 이 경우 재판시에는 존재하고 있지만 행위시에는 존재하지 않았던 신법, 즉 재판시법이 과거에 저질러진 행위에 적용되는 결과가 되어 신법의 소급효가 인정되게 된다.

1. 행위시법주의와 재판시법주의

행위시법주의는 형법불소급의 원칙에 의한 당연한 요청으로서 국민생활의 법적 안정성을 보장한다는 점에서 죄형법정주의 원칙상 재판시에도 행위시법을 적용하는 것이 원칙이다. 다만 행위시법에 의할 경우 범죄행위시 이후에 그 행위를 처벌하는 형이 폐지 또는 감경된 경우를 고려할 수 없다는 단점이 있다. 따라서 행위자에게 유리하게 법령이 개폐된 경우에는 예외적으로 재판시법을 소급적용할 수 있다.

2. 현행 형법의 입장

형법 제1조 (범죄의 성립과 처벌) ① 범죄의 성립과 처벌은 행위시의 법률에 의한다.
② 범죄후 법률의 변경에 의하여 그 행위가 범죄를 구성하지 아니하거나 형이 구법보다 경한 때에는 신법에 의한다.
③ 재판확정후 법률의 변경에 의하여 그 행위가 범죄를 구성하지 아니하는 때에는 형의 집행을 면제한다.

형사소송법 제326조 (면소의 판결) 다음 경우에는 판결로써 면소의 선고를 하여야 한다.
1. 확정판결이 있은 때
2. 사면이 있은 때
3. 공소의 시효가 완성되었을 때
4. 범죄후의 법령개폐로 형이 폐지되었을 때

형법은 제1조 제항에서 “범죄의 성립과 처벌은 행위시의 법률에 의한다”라고 규정하여 행위시법주의를 원칙으로 하고 있다. 다만 예외적 · 보충적으로 ‘범죄후 법률의 변경에 의하여 그 행위가 범죄를 구성하지 아니하거나 형이 구법보다 경한 때’와 같이 행위자에게 유리하게 법령이 개폐된 경우에는 재판시법주의를 채택하고 있다(제1조 제2항). 그리고 형의 집행에 관한 특칙을 제1조 제3항에 규정하고 있다.

1) 행위시법주의의 원칙(소급효금지의 원칙)

(1) 의의

범죄의 성립과 처벌에 관한 원칙으로, 법률의 적용에 관한 원칙인 형법불소급의 원칙과 입법에 관한 원칙인 소급입법금지의 원칙 모두를 포함하는 의미이다.

(2) 적용범위

가) 범죄행위 계속 중 법률의 변경이 있는 경우

다수견해와 판례에 의하면 행위시란 "범죄행위종료시"를 의미하다. 따라서 범죄행위가 계속되고 있던 중 법률의 변경된 경우에는 변경된 신법이 행위시법이므로, 변경된 신법을 적용해야 한다. 포괄일죄에 대해서도 판례와 다수견해는 "포괄일죄로 되는 개개의 범죄행위가 법 개정의 전후에 걸쳐서 행하여진 경우에는 신 · 구법의 법정형에 대한 경중을 비교하여 볼 필요도 없이 범죄 실행 종료시의 법이라고 할 수 있는 신법을 적용하여 포괄일죄로 처단하여야 한다"라고 해석하고 있다.[1]

나) 범죄행위종료와 결과발생 사이에 법률의 변경이 있는 경우

행위시법주의와 관련하여 구법시에 행위는 종료하였으나 신법시에 결과가 발생한 경우에 어떤 법을 적용할 것인가가 문제된다. 이 경우에는 고의범에도 문제될 수 있으나 과실범의 경우에 더욱 문제될 수 있다.

다수견해는 행위시란 범죄행위종료시를 말하고 결과발생시는 포함되지 않는다고 한다. 판례의 태도는 분명하지 않으나 공소시효의 기산점에 관한 형사소송법 제252조 제1항의[2] '범죄행위종료시'에 대한 해석과 관련하여 "공소시효의 기산점에 관하여 규정한 형사소송법 제252조 제1항에 정한 '범죄행위'에는 당해 범죄행위의 결과까지도 포함하는 취지로 해석함이 상당하므로, 교량붕괴사고에 있어 업무상과실치사상죄, 업무상과실일반교통방해죄 및 업무상과실자동차추락죄의 공소시효도 교량붕괴사고로 인하여 피해자들이 사상에 이른 결과가 발생함으로써 그 범죄행위가 종료한 때로부터 진행한다고 보아야 한다"라고 하여 결과발생을 포함하는 것이라고 해석하고 있다.[3]

그러나 만일 제1조 제1항의 행위시라는 개념에 결과발생시라는 개념까지 포한된다고 해석하게 되면 이는 언어의 가능한 의미를 넘어선 유추해석이라 할 것이므로, 행위시보다 결과발생시 법률의 형벌이 더 무거운 경우 결과발생시의 법률을 적용하는 것은 허용되지 않는다고 해야 해석하는 것이 타당하다.

(3) 행위시법주의의 위반

법률적용의 착오로 항소이유(형사소송법 제361조의5 제1호) 및 상고이유(형사소송법 제383조 제1호). 원심판결의 직권파기사유(형사소송법 제364조 제2항, 제384조)

---

1) 대법원 1998.2.24. 선고 97도183 판결 ; 1994.10.28. 선고 93도1166 판결.

2) 제252조 (시효의 기산점) ① 시효는 범죄행위의 종료한 때로부터 진행한다.
② 공범에는 최종행위의 종료한 때로부터 전공범에 대한 시효기간을 기산한다

3) 대법원 1997.11.28. 선고 97도1740 판결(성수대교붕괴사건).

2) 재판시법주의

죄형법정주의 원칙상 법적 안정성을 위해 원칙적으로 소급효는 금지된다 할 것이다. 그러나 예외적으로 재판시법을 적용하는 것이 피고인에게 유리할 뿐만 아니라 죄형법정주의의 근본정신에 위배되지 않는 때에는 재판시법을 적용하여 신법의 소급효를 인정할 수 있으며, 형법 제1조 제2항과 제3항은 이를 규정하고 있다.

(1) 재판시법 적용의 요건

가) 범죄 후 법률의 변경

법률의 변경이란 가벌성과 관련하는 모든 법상태를 의미한다. 다만 피고인에게 유리하게 법률이 변경되었다 하더라도 범죄와 형벌에 관련된 내용이 아닌, 예를 들어 소유권의 귀속에 관한 규정과 같은 경우에는 형법 제1조 제2항은 적용될 수 없다.

참조판례

광업법(2010.1.27. 법률 제9882호로 개정되어 2011.1.28. 시행된 것, 이하 '개정 광업법'이라 한다) 시행 이전에 분리된 광물에 관한 재물손괴의 형사적 책임을 묻는 위 공소사실에 관하여 개정 광업법 부칙 제4조 제1항에 의하여 개정 광업법 제5조 제1항 단서가 적용된다고 할 수 없고, 개정 광업법 제5조 제1항 단서 신설이 구 광업법(2010.1.27. 법률 제9882호로 개정되기 전의 것)에 의하여 광업권자 등에게 소유권이 귀속되던 광물에 관한 토지소유자 등의 훼손 등 행위를 범죄로 처벌하였던 것이 부당하다는 반성적 고려에서 이루어진 법령의 개폐로 볼 수 없는 이상, 형법 제1조 제2항이 적용된다고 볼 수 없는데도, 이와 달리 보아 위 광물이 광업권자인 병 회사가 아니라 토지소유자인 을 회사의 소유라거나, 형법 제1조 제2항에 따라 신법이 적용되어 '범죄 후 법령개폐로 형이 폐지되었을 때'에 해당한다는 이유로 면소를 선고한 제1심판결을 유지한 원심의 조치에 개정 광업법 제5조 제1항이나 형법 제1조 제2항에 관한 법리오해의 위법이 있다(대법원 2013.2.28. 선고 2012도13737 판결). K주식회사는 토지소유자인 B주식회사로부터 골프장 조성공사를 수주하였고, 피고인은 K주식회사의 골프장 조성공사 현장소장으로 근무하고 있었는데, B주식회사 소유의 토지에는 A주식회사 명의로 광업권이 등록되어 있었다. 피고인은 구 광업법이 시행되던 시기에 골프장 조성공사를 하다가 그곳에서 노출되거나 채취된 광물을 B주식회사의 승낙 하에 인근 저지대 등에 매립하였다. 피고인은 A주식회사 소유의 공사장에서 노출되거나 채취된 광물을 손괴하였다는 이유로 기소되었는데, 이후 채취된 광물의 소유권을 광업권자가 아닌 토지소유자에게 인정하는 개정 광업법이 시행되었다.제1심과 항소심은 개정 광업법을 적용하여 피고인에게 면소판결을 선고하였으나, 대법원이 법령해석 위반을 이유로 원심판결을 파기하고 환송한 사안).

여기서 특히 문제가 되는 것이 백지형법에 있어 보충법규의 개폐와 고시의 변경이 법률의 변경에 해당하느냐에 대한 논의이다.

(가) 백지형법(Blankettstrafgesetz)

① 개념(E.Beling)

완전형법에 대립되는 개념으로 예를 들어 형법 제112조 중립명령위반죄, 경제통제법령, 환경보호입법 등과 같이 범죄구성요건의 전부 또는 일부를 다른 법령의 규정(보충법규)에 위임하고 있는 형벌법규를 백지형법이라 한다. 즉 백지형법이란 일정한 형벌구성요건만을 형법에 규정하고 있는 법규로, 넓은 의미의 한시법의 대표적인 예에 해당한다.

② 논의의 실익

형벌구성요건은 그대로 두고 범죄구성요건이 보충법규의 개폐에 의하는 경우에, 보충법규의 변경이 제1조 제2항의 법률의 변경에 해당하느냐가 문제된다. 즉 제1조 제2항의 '범죄후 법률의 변경'에 대한 해석과 관련하여 보충법규의 변경으로 백지형법의 변경을 가져오느냐의 문제와, 해당한다면 추급효를 인정할 것인가의 문제가 논의의 대상이다.

③ 보충(충전)법규의 개폐와 법률의 변경

a) 소극설

보충규범의 개폐는 법률전체 즉 형벌 및 범죄구성요건 자체에 대한 변경이 아니라 범죄구성요건을 행정처분에 의해 변경한 것에 불과하므로 법률의 변경이 아닌 사실면에서의 변경에 불과하다는 견해이다.

b) 적극설

백지형법은 원래 규율상황의 특수성 때문에 범죄구성요건을 보충법규에 의해 보충하도록 하는 것이 그 특징이며, 따라서 보충법규의 개폐에 의한 법률의 변경은 백지형법의 특수성에 기인하는 백지형법의 고유한 법률변경방법이라고 보는 견해이다. 이 견해에 의하면 보충법규의 개폐도 법률의 변경에 해당하므로 제1조 제1항과 제2항의 해석원리를 보충법규의 개폐의 경우에도 그대로 적용해야 한다고 본다.

백지형법은 보충규범과 일체가 되어 형성되는 것이므로 보충법규의 변경은 백지형법의 변경으로 보이야 할 것이다. 따라서 보충법규의 개폐는 형법 제1조 제2항과 제3항에서 규정하고 있는 '법률의 변경'에 해당한다고 해석하는 적극설이 타당하다.

c) 절충설

보충법규의 개폐가 구성요건 자체를 정하는 법규의 개폐에 해당하는 경우에는 법률의 변경에 해당하나, 단순히 구성요건에 해당하는 사실면에 있어서의 법규의 변경인 경우에는 법률의 변경이라고 볼 수 없다는 견해이다.

(나) 고시의 변경

행정규칙의 하나인 고시의 변경이 제1조 제2항에서 규정하고 있는 '법률의 변경'에 해당하느냐에 대해서는 아래와 같이 견해가 대립되고 있다.

① 적극설[4)]

경제통제법령 등의 벌칙은 고시와 합일함으로써 비로소 형벌규범으로서의 기능을 수행한다는 고시의 실질적 기능의 관점에서 고시의 변경도 법률의 변경에 해당한다고 보는 견해로, 적극설이 타당하다.

② 소극설

고시는 단순한 행정처분에 불과하기 때문에 고시의 변경은 법률의 변경에 해당하지 않는다는 견해이다.

나) 형의 변경 · 폐지

(가) 형의 변경

형의 경중은 제50조에[5)] 의하여 정해진다. 이 때 형의 경중 비교의 기준은 처단형이나 선고형이 아닌 법정형으로, 주형 뿐만 아니라 부가형도 포함된다. 몰수 등 부가형이 변경된 경우도 형의 변경에 해당한다.

---

4) [상표제품과 비상표제품을 함께 판매하는 석유판매업자의 비상표제품 판매에 관한 표시의무를 규정한 구 석유사업법 시행령 제32조 제1항 제5호와, 위 규정에 의한 상표제품과 비상표제품의 구체적인 표시기준 및 표시방법을 산업자원부장관의 고시로 정하도록 규정한 같은 조 제3항 및 위 관련 고시의 법적 성질]
행정규칙인 고시가 법령의 수권에 의하여 법령을 보충하는 사항을 정하는 경우에는 그 근거 법령규정과 결합하여 대외적으로 구속력이 있는 법규명령으로서의 성질과 효력을 가진다 할 것인데, 이 사건 관계 법령의 해석에 의하면 공소사실과 같이 비상표제품을 판매하는 주유소임에도 그러한 표시 없이 이를 판매하는 행위는 법 제35조 제8호, 제29조 제1항 제7호, 시행령 제32조 제1항 제5호에 의하여 처벌하도록 하되 다만, 시행령 제32조 제3항에서 같은 조 제1항 제5호 소정의 표시의무의 세부 내용이 됨과 아울러 그 이행 여부의 판단 기준이 되는 구체적 표시기준과 표시방법을 산업자원부장관의 고시로 규정하도록 함으로써 시행령 제32조 제1항 제5호, 제3항 및 위 관련 고시가 결합하여 법 제35조 제8호, 제29조 제1항 제7호 위반죄의 실질적 구성요건을 이루는 보충규범으로서 작용한다고 해석하여야 할 것이다. 석유판매업자가 비상표제품의 판매에 관한 표시 없이 이를 판매하는 행위를 처벌하는 구 석유사업법(2004.10.22. 법률 제7240호 석유 및 석유대체연료 사업법으로 전문 개정되기 전의 것)과 그 시행령(2005.4.22. 대통령령 제18796호 석유 및 석유대체연료 사업법 시행령으로 전문 개정되기 전의 것) 규정이 위 표시의무의 세부 내용이 되는 구체적 표시기준과 표시방법을 산업자원부장관의 고시로 정하도록 위임하였음에도 비상표제품의 판매행위 당시 관련 고시가 제정되지 않았다면 이를 처벌할 수 없다(대법원 2006.4.27. 선고 2004도1078 판결)
새로운 고시로써 도로교통법 제48조 제9호에 의한 운전자준수사항고시를 개정 고시하면서 운전자의 부당요금징수를 운전자준수사항의 예에서 삭제하고 이를 포함하고 있던 구 고시를 폐지하였으므로 결국 운전자의 부당요금징수행위는 범죄 후 법령의 개폐로 인하여 처벌대상에서 제외되었다고 할 것이다(대법원 1987.3.10. 선고 86도42 판결).

5) 제50조 (형의 경중) ① 형의 경중은 제41조 기재의 순서에 의한다. 단, 무기금고와 유기징역은 금고를 중한 것으로 하고 유기금고의 장기가 유기징역의 장기를 초과하는 때에는 금고를 중한 것으로 한다.
② 동종의 형은 장기의 긴 것과 다액의 많은 것을 중한 것으로 하고 장기 또는 다액이 동일한 때에는 그 단기의 긴 것과 소액의 많은 것을 중한 것으로 한다.
③ 전2항의 규정에 의한 외에는 죄질과 범정에 의하여 경중을 정한다.

형의 변경과 관련한 판례

1) 행위시법과 재판시법 간에 수차의 법령 변경이 있는 경우
범죄행위시와 재판시의 중간에 수차 법령의 개폐로 인한 형의 변경이 있는 때에는 그간 개폐된 법령 전부를 비교하여 그 중 가장 형이 경한 법령을 적용한다(대법원 2012.9.13. 선고 2012도7760 판결. 같은 취지로 대법원 1966.12.17. 선고 68도1324 판결 ; 1952.5.27. 선고 4284형상76 판결).

2) 형의 가중감경과 경중의 비교
신 · 구법 소정 형의 경중을 비교함에는 각 소정의 가중 또는 감경을 한 후에 비교한다(대법원 1961.12.28. 선고 4293형상664 판결).

3) 동일한 형종 · 형기인 경우의 경중 비교
형법 제1조 동법 부칙 2조에 의하여 신구법의 경중을 비교함에 있어 동일한 형종 · 형기인 경우에도 신법에 선택형이 있어 그 형종이 경한 때에는 이를 적용하여야 한다(대법원 1955.2.22. 선고 4287형상32 판결).

4) 병과형의 법정형 경중 비교
형의 경중의 비교는 원칙적으로 법정형을 표준으로 할 것이고 처단형이나 선고형에 의할 것이 아니며, 법정형의 경중을 비교함에 있어서 법정형 중 병과형 또는 선택형이 있을 때에는 이 중 가장 중한 형을 기준으로 하여 다른 형과 경중을 정하는 것이 원칙이다(대법원 1992.11.13. 선고 92도2194 판결).
행위시법인 구 변호사법(1982.12.31 개정전의 법률) 제54조에 규정된 형은 징역 3년이고 재판시법인 현행 변호사법 제78조에 규정된 형은 5년 이하의 징역 또는 1천만원 이하의 벌금으로서 신법에서는 벌금형의 선택이 가능하다 하더라도 법정형의 경중은 병과형 또는 선택형 중 가장 중한 형을 기준으로 하여 다른 형과 경중을 정하는 것이므로 행위시법인 구법의 형이 더 경하다(대법원 1983.11.8. 선고 83도2499 판결).

5) 벌금등 임시조치법이 형의 변경을 초래한 것인지의 여부
벌금등 임시조치법은 종전 벌금등 형의 분량 즉 가치를 동법 소정의 배율에 의한 금액으로서 상등케 함에 불과하고 하등 형의 경중에 변경을 초래케 한 것은 아니다(대법원 1954.1.28. 선고 4286형상21 판결).
원심은 피고인 등이 본건 범죄행위를 한 후에 공포시행된 벌금등 임시조치법 제4조 2항을 적용하여 처단하였음이 명백한 바 이는 범죄후 형의 변경이 있는 경우에 있어서의 법령적용에 관한 법리에 위배하여 법률을 적용한 위법이 있다(대법원 1960.11.16. 선고 4293형상445 판결).

(나) 형의 폐지

그 행위가 범죄를 구성하지 아니하거나'는 형벌법규상 범죄구성요건에 해당하지 않는 경우로, 처벌법규가 폐지된 경우만 아니라 허용구성요건의 신설이나 개정로 인하여 종전의 처벌법규의 법률상 가벌성이 폐지된 경우도 포함한다.

참조판례

1) 범행 후 구 폭력행위 등 처벌에 관한 법률 제3조 제1항이 삭제되고 형법 제258조의2 제1항에 특수상해죄가 신설된 경우 이를 반성적 조치라고 보아 신법인 형법 제258조의2 제1항을 적용하여야 하는지 여부
형벌법령 제정의 이유가 된 법률이념의 변천에 따라 과거에 범죄로 보던 행위에 대하여 그 평가가 달라져 이를 범죄로 인정하고 처벌한 그 자체가 부당하였다거나 또는 과형이 과중하였다는 반성적 고려에서 법령을 개폐하였을 경우에는 형법 제1조 제2항에 따라 신법을 적용하여야 한다(대법원 2010. 3. 11. 선고 2009도12930 판결, 대법원 2013. 7. 11. 선고 2013도4862, 2013전도101 판결 등 참조). 원심판결 이유에 의하면, 원심은 이 사건 공소사실 중 피고인이 위험한 물건인 자동차를 이용하여 피해자에게 상해를 가한 행위에 대하여 구 폭력행위 등

처벌에 관한 법률(2016.1.6. 법률 제13718호로 개정되기 전의 것, 이하 '구 폭력행위처벌법'이라 한다) 제3조 제1항, 제2조 제1항 제3호, 형법 제257조 제1항을 적용하여 이를 유죄로 판단하였다. 구 폭력행위처벌법은 제3조 제1항에서 "단체나 다중의 위력으로써 또는 단체나 집단을 가장하여 위력을 보임으로써 제2조 제1항 각 호에 규정된 죄를 범한 사람 또는 흉기나 그 밖의 위험한 물건을 휴대하여 그 죄를 범한 사람은 제2조 제1항 각 호의 예에 따라 처벌한다."라고 규정하고, 제2조 제1항에서 "상습적으로 다음 각 호의 죄를 범한 사람은 다음의 구분에 따라 처벌한다."라고 규정하면서 그 제3호에서 형법 제257조 제1항(상해), 형법 제257조 제2항(존속상해)에 대하여 3년 이상의 유기징역에 처하도록 규정하였다. 그런데 2016.1.6. 법률 제13718호로 개정 · 시행된 폭력행위 등 처벌에 관한 법률에는 제3조 제1항이 삭제되고, 같은 날 법률 제13719호로 개정 · 시행된 형법에는 제258조의2(특수상해)가 신설되어 그 제1항에서 "단체 또는 다중의 위력을 보이거나 위험한 물건을 휴대하여 제257조 제1항 또는 제2항의 죄를 범한 때에는 1년 이상 10년 이하의 징역에 처한다."라고 규정하였다. 이와 같이 형법 제257조 제1항의 가중적 구성요건을 규정하고 있던 구 폭력행위처벌법 제3조 제1항을 삭제하는 대신에 위와 같은 구성요건을 형법 제258조의2 제1항에 신설하면서 그 법정형을 구 폭력행위처벌법 제3조 제1항보다 낮게 규정한 것은, 위 가중적 구성요건의 표지가 가지는 일반적인 위험성을 고려하더라도 개별 범죄의 범행경위, 구체적인 행위태양과 법익침해의 정도 등이 매우 다양함에도 일률적으로 3년 이상의 유기징역으로 가중 처벌하도록 한 종전의 형벌규정이 과중하다는 데에서 나온 반성적 조치라고 보아야 하므로, 이는 형법 제1조 제2항의 '범죄 후 법률의 변경에 의하여 형이 구법보다 경한 때'에 해당한다. 그렇다면 이 사건 공소사실 중 피고인이 위험한 물건인 자동차를 이용하여 피해자에게 상해를 가한 행위는 형법 제1조 제2항에 따라 행위시법인 구 폭력행위처벌법의 규정에 의해 가중 처벌할 수 없고 신법인 형법 제258조의2 제1항으로 처벌할 수 있을 뿐이므로, 구 폭력행위처벌법의 규정을 적용한 원심판결은 더 이상 유지할 수 없게 되었다. 한편, 원심은 피고인에 대한 위 부분 공소사실과 나머지 공소사실이 형법 제40조의 상상적 경합 관계에 있다는 이유로 하나의 형을 선고하였으므로, 위 부분 공소사실 뿐만 아니라 나머지 공소사실 부분도 함께 파기하여야 한다. 그러므로 상고이유에 관한 판단을 생략한 채 원심판결을 파기하고 사건을 다시 심리 · 판단하게 하기 위하여 원심법원에 환송하기로 하여, 관여 대법관의 일치된 의견으로 주문과 같이 판결한다{대법원 2016.1.28. 선고 2015도17907 판결[폭력행위등처벌에관한법률위반(집단 · 흉기등상해)등 파기환송]}

2) 후원회지정권자가 후원인으로부터 직접 정치자금을 받아 단기간 내에 후원회 회계책임자에게 전달한 시점이 정치자금법 제10조 제3항이 2010.7.23. 법률 제10395호로 개정 · 신설되기 이전인 경우, '범죄 후 법률의 변경에 의하여 그 행위가 범죄를 구성하지 아니한 때'에 해당하여 개정 후 법률이 적용되는지 여부

   정치자금법 제10조 제3항은 2010.7.23. 법률 개정으로 신설된 규정이기는 하지만, 이는 후원회지정권자가 후원인으로부터 직접 정치자금을 받아 단기간 내에 후원회 회계책임자에게 전달한 경우까지 후원인이 후원회에 직접 입금한 경우와 다르게 취급하여 처벌대상으로 삼은 종전의 조치가 부당하다고 보아 개정한 것으로 이해된다. 따라서 후원회지정권자의 행위 시점이 위 법률 개정 이전이었다 하더라도, 이는 "범죄 후 법률의 변경에 의하여 그 행위가 범죄를 구성하지 아니한 때"에 해당하므로 신법을 적용해야 한다(형법 제1조 제2항)(대법원 2012.12.27. 선고 2012도8421 판결).

3) 특정강력범죄의 처벌에 관한 특례법이 2010.3.31. 개정되기 전에 단순 강간행위에 의한 강간 등 상해 · 치상죄가 이루어진 경우, 위 죄가 위와 같이 개정된 같은 법 제2조 제1항 제3호에 규정된 '특정강력범죄'에 해당하는지 여부 및 위 규정이 2011.3.7. 개정되면서 2010.3.31. 개정 전과 같은 내용이 되었더라도 여전히 '특정강력범죄'에 해당하지 않는지 여부

   2010.3.31. 법률 제10209호로 개정된 특정강력범죄의 처벌에 관한 특례법(이하 '법률 제10209호 특강법'이라고 한다) 제2조 제1항 제3호는 개정 전과 달리 형법 제301조에 관해서도 '흉기나 그 밖의 위험한 물건을 휴대하거나 2인 이상이 합동하여 범한'이라는 요건을 갖추어야 '특정강력범죄'에 해당하는 것으로 규정하였고, 이는 개정된 조항의 의미와 취지 등에 비추어 피고인에게 유리하게 법률 개정이 이루어진 것으로서 형법 제1조 제2항에 규정된 '범죄 후 법률의 변경에 의하여 형이 구법보다 경한 때'에 해당한다고 보는 것이 타당하다. 따라서 법률 제

10209호 특강법 개정 전에 이루어진 강간 등 상해 · 치상의 행위가 흉기나 그 밖의 위험한 물건을 휴대하거나 2인 이상이 합동하여 저질러진 경우가 아니라 단순 강간행위에 의하여 저질러진 경우에는 그 범죄행위에 의하여 상해라는 중한 결과가 발생하였더라도 그 강간 등 상해 · 치상의 죄(형법 제301조의 죄)는 법률 제10209호 특강법 제2조 제1항 제3호에 규정된 '특정강력범죄'에 해당하지 않는다. 한편 법률 제10209호 특강법 제2조 제1항 제3호는 2011.3.7. 법률 제10431호로 개정됨으로써 2010.3.31. 개정되기 전과 같이 단순 강간행위에 의한 상해 · 치상죄도 '특정강력범죄'의 범위에 포함시켰으나, 범죄행위 시와 재판 시 사이에 여러 차례 법령이 개정되어 형의 변경이 있는 경우에는 이 점에 관한 당사자의 주장이 없더라도 형법 제1조 제2항에 의하여 직권으로 그 전부의 법령을 비교하여 그 중 가장 형이 가벼운 법령을 적용하여야 하므로, 법률 제10209호 특강법 개정 전에 이루어진 단순 강간행위에 의한 상해 · 치상의 죄는 2011.3.7.의 개정에도 불구하고 여전히 '특정강력범죄'에 해당하지 않는다(대법원 2012.9.13. 선고 2012도7760 판결).

(2) 재판시법 적용의 효과

가) 처벌법규가 폐지된 경우

소송법 제326조 제4호에 의하여 소송계속중인 법원은 면소의 판결을 선고해야 한다. 항소심은 형사소송법 제361조의5 제2호 및 제364조 제6항에 의해 제1심판결 파기 후 면소판결을 선고해야 한다. 상고심은 형사소송법 제383조 제2호 및 제396조, 제397조에 의해 원심판결 파기 후 자판으로 면소판결을 하거나, 원심법원으로 사건을 환송해야 한다.

나) 처벌법규가 가볍게 바뀐 경우

항소심 또는 상고심 계속 중 변경된 경우 직권에 의한 원심판결 파기사유(형사소송법 제364조 제2항, 제384조)[6]

(3) 재판시법의 적용을 제한하는 경과규정이나 특별규정을 둔 경우

다수견해와 판례는[7] 신법에 형을 경하게 변경하면서 경과규정을 두어 제1조 제2항과 제3항의 규정을 배제하여 구법을 적용하도록 하는 것도 허용된다고 해석하고 있다. 예를 들어 계속범에 있어

6) 상고심 계속 중 법률 개정으로 형이 경하게 변경될 경우에는 상고심은 직권으로 원판결을 파기하여야 한다(대법원 1981.7.7. 선고 80도2836 판결. 같은 취지의 판례로 1981.4.14. 선고 80도3089 판결).

7) 형법 제1조 제2항 및 제8조에 의하면 범죄 후 법률의 변경에 의하여 형이 구법보다 경한 때에는 신법에 의한다고 규정하고 있으나 신법에 경과규정을 두어 이러한 신법의 적용을 배제하는 것도 허용된다(대법원 1999.12.24. 선고 99도3003 판결 ; 1999.7.9. 선고 99도1695 판결 ; 1999.4.13. 자 99초76 결정 ; 1996.10.26. 선고 96도1210 판결 ; 1995.1.24. 선고 94도2787 판결 ; 1992.2.28. 선고 91도2935 판결).
개정 전의 국가보안법 제4조 제1항 제2호가 1991.5.31. 법률 제4373호로 개정되어 구성요건을 둘로 구분함으로써 결과적으로 형이 피고인에게 유리하게 변경되었으나, 위 개정 법률의 부칙 제1,2항에 의하면 이 법은 공포한 날로부터 시행하되 그 시행 전의 행위에 대한 벌칙의 적용에 있어서는 종전의 규정에 의하도록 되어 있으므로, 형법 제1조 제2항의 규정에 불구하고 위 개정 법률의 시행 이전의 범행에 대하여 개정전의 국가보안법을 적용한 조처는 정당하고 헌법 제13조 소정의 형벌불소급의 원칙은 범죄의 성립과 처벌을 행위시의 법률에 의하게 함으로써 사후 법률에 의한 처벌을 금지하여 국민의 법적 안정성을 도모하려는 데 그 목적이 있는 것으로서, 위 개정 법률 부칙 제2항이 헌법 제13조에 위반된다고 할 수 없다(대법원 1992.10.27. 선고 92도2068 판결).

서 그 적용 법률이 개정되면서 경과규정을 두고 있는 경우, 그 범죄행위에 대한 시기별 적용 법률과 관련하여 판례는 "일반적으로 계속범의 경우 실행행위가 종료되는 시점에서의 법률이 적용되어야 할 것이나, 법률이 개정되면서 그 부칙에서 '개정된 법 시행 전의 행위에 대한 벌칙의 적용에 있어서는 종전의 규정에 의한다'는 경과규정을 두고 있는 경우 개정된 법이 시행되기 전의 행위에 대해서는 개정 전의 법을, 그 이후의 행위에 대해서는 개정된 법을 각각 적용하여야 한다"라고 해석하고 있다. 그러나 신법에 형을 경하게 변경하면서 재판시법의 적용을 제한하는 경과규정이나 특별규정을 두는 것도 허용된다고 하게 되면 형법의 기본원칙인 죄형법정주의는 유명무실화되고 재판시법의 적용을 제한하는 경과규정이나 특별규정을 둠으로써 경하게 변경된 신법의 적용을 무한정 배제할 수 있다는 점에서 이를 부정하는 것이 타당하다.[8)]

Ⅳ. 한시법(Zeitgesetz)이론

1. 개념

한시법의 유효기간 또는 일시적 특수사정이 경과한 후에 그 유효기간중의 위반행위에 대해서 한시법의 적용을 인정할 것인가의 문제로, 행위시법인 한시법의 추급효 인정여부에 관한 이론이다. 이와 관련하여 독일 형법 제2조 제4항은 추급효 인정을 명시하고 있으며, 한시법 자체에 추급효를 인정하는 특별규정을 두고 있는 경우에는 문제가 되지 아니한다. 다만 그러한 규정의 당부는 문제가 될 수 있다 할 것이다.

2. 한시법의 개념

1) 협의로 보는 견해[9)]

한시법이란 폐지 전에 일정한 유효기간이 명시되어 있는 형벌법규을 의미한다고 보는 견해로, 이 견해에 의하면 유효기간 경과 후 당연실효가 되므로 한시법의 범위가 명확하게 된다.

2) 광의로 보는 견해[10)]

협의의 한시법 뿐만 아니라 법률의 내용이나 목적이 특별한 일시적 사정에 대응하기 위한 법규도

8) 대법원 2001.9.25. 선고 2001도3990 판결(계속범의 성질을 갖는 건축법상 무단 용도변경 및 사용의 공소사실을, 그 행위기간 사이의 건축법에 대한 위헌결정 및 건축법 개정에 기인한 처벌규정의 효력 상실과 경과규정 등으로 인하여, 시기별로 각각의 독립된 행위로 평가하여 적용 법률을 특정하고 그에 따라 유 · 무죄의 판단을 달리하여야 한다고 본 사례).

9) 다수견해.

10) 독일의 다수견해.

한시법에 포함된다는 견해로, 법령의 실질적 의미를 중시하는 입장이다.

3) 논의의 대상

한시법의 추급효 인정 여부과 관련해서 광의의 한시법을 한시법으로 인정할 것인가에 대하여 견해가 대립되고 있다. 즉 추급효를 인정할 경우에만 양자의 구별은 실질적 의미가 있으며, 추급효를 인정하지 않는 경우에는 문제되지 아니한다.

(1) 적극설

사실상 유효기간을 제한하고 있는 법령이므로 실질적으로 한시법에 해당한다는 견해로, 한시법의 추급효 인정은 입법자의 의사 때문이 아닌 행위에 대한 사회윤리적 평가가 변경되지 않고 일시적 사정의 변경 때문에 법령이 개폐되었다는 데 그 이유가 있다는 견해이다.

(2) 소극설

일시적 사정이라는 불확실한 표준에 의해 한시법개념을 정립하는 것은 법적 안정성을 침해할 우려가 있을 뿐 아니라, 유효기간을 명시하고 있는 법령과 동일시한다는 것은 부당하다는 견해이다.

3. 한시법의 추급효에 대한 학설과 판례

1) 학설

(1) 추급효 인정설(적극설)

한시법의 실효성확보와 법의 형식적 권위를 존중하는 입장으로, 행위시법주의는 형법적용의 기본원칙일 뿐만 아니라 경과전의 범행은 비난가치도 있다는 견해이다. 또한 유효기간의 경과는 제1조 제2항의 '범죄후 법률의 변경에 의해 범죄를 구성하지 아니하는-' 경우가 아니며, 재판의 지연으로 형벌을 면하는 부당을 시정하기 위해서도 한시법의 추급효는 인정되어야 한다는 것이다. 나아가 추급효를 부정하게 되면 한시법의 폐지일이 가까울수록 범죄격증현상의 초래로 법의 실효성 유지가 블가능하다는 것을 그 논거로 들고 있다.[11]

(2) 추급효부정설[12]

우리 형법은 독일 형법 제2조 제4항과 같은 추급효를 인정하는 명문규정이 없으며, 따라서 추급효

11) 그러나 추급효부정설의 입장에서는 이는 정책적 이유이지 법적 이유가 아니라고 비판한다.
12) 다수견해.

인정은 실질적으로 죄형법정주의에 위배된다는 견해이다. 이 견해에 의하면 한시법의 유효기간이 경과한 경우는 범죄후 법률이 실효된 경우에 해당하며, 따라서 면소판결사유에 해당하게 된다. 그리고 법해석의 일관성을 기하기 위해서도 한시법의 추급효는 부정되어야 하며, 특별규정(부칙)을 둠으로써 폐지일이 가까울수록 범죄의 격증현상을 방지할 수 있다고 한다.

(3) 동기설[13)]

합목적성의 고려에서 법률 개폐의 원인(동기)이 국가의 가벌성에 관한 법률적 견해의 변경에 의한 경우에는 추급효를 부정하나, 단순한 사실관계의 변화에 의한 경우에는 추급효를 인정하는 견해이다.

그러나 동기설에 의하면 법률 개폐의 원인을 판단하는 객관적 · 법적 기준이 모호하다는 점에서 법적 안정성이 침해될 우려가 있다. 즉 법치국가적 정형화과제에 위배될 소지가 있다. 그리고 유효기간의 경과는 법적 견해의 변경에 의해 법률이 변경된 경우가 아니므로 대부분 추급효를 인정하게 되며, 행위의 가벌성이 소멸했느냐의 여부와 법률에 의한 처벌이 허용되느냐의 여부는 별개의 문제라고 보아야 한다는 비판이 있다.

2) 판례의 입장

판례는 제1조 제2항「범죄 후 법률의 변경에 의하여 그 행위가 범죄를 구성하지 아니하거나 –」의 의미를 동기설의 입장에서 판시하고 있다.[14)]

---

13) 독일의 다수견해.

14) 구 특정범죄 가중처벌 등에 관한 법률(2013.4.5. 법률 제11731호로 개정되기 전의 것) 제5조의2 제4항은 "형법 제288조 · 제289조 또는 제292조 제1항의 죄를 범한 사람은 무기 또는 5년 이상의 징역에 처한다."고 규정하고, 구 형법(2013.4.5. 법률 제11731호로 개정되기 전의 것) 제288조 제1항은 "추행, 간음 또는 영리의 목적으로 사람을 약취 또는 유인한 자는 1년 이상의 유기징역에 처한다."고 규정하였으나, 원심판결 선고 전 시행된 특정범죄 가중처벌 등에 관한 법률(2013.4.5. 법률 제11731호로 개정된 것)에는 제5조의2 제4항이 삭제되고, 형법(2013.4.5. 법률 제11731호로 개정된 것) 제288조 제1항은 "추행, 간음, 결혼 또는 영리의 목적으로 사람을 약취 또는 유인한 사람은 1년 이상 10년 이하의 징역에 처한다."고 규정하여 추행 목적의 유인죄에 대한 법정형이 변경되었는데, 그 취지는 추행 목적의 유인의 형태와 동기가 다양함에도 불구하고 무기 또는 5년 이상의 징역으로 가중처벌하도록 한 종전의 조치가 과중하다는 데서 나온 반성적 조치라고 보아야 할 것이어서, 이는 형법 제1조 제2항의 '범죄 후 법률의 변경에 의하여 그 행위가 범죄를 구성하지 아니하거나 형이 구법보다 경한 때'에 해당한다(대법원 2013.7.11. 선고 2013도4862 판결).

형법 제1조 제2항의 규정은 형벌법령 제정의 이유가 된 법률이념의 변천에 따라 과거에 범죄로 보던 행위에 대하여 그 평가가 달라져 이를 범죄로 인정하고 처벌한 그 자체가 부당하였다거나 또는 과형이 과중하였다는 반성적 고려에서 법령을 개폐하였을 경우에 적용하여야 할 것이고, 이와 같은 법률이념의 변경에 의한 것이 아닌 다른 사정의 변천에 따라 그때그때의 특수한 필요에 대처하기 위하여 법령을 개폐하는 경우에는 이미 그 전에 성립한 위법행위는 현재에 관찰하여서도 여전히 가벌성이 있는 것이어서 그 법령이 개폐되었다 하더라도 그에 대한 형이 폐지된 것이라고 할 수는 없다. 사용이 금지되었던 식품첨가물이 '건강기능식품에 관한 법률' 및 이에 의하여 고시된 '건강기능식품의 기준 및 규격' 등에 의하여 그 제한적 사용이 가능하도록 법률이 변경된 것은 법률이념의 변천으로 종래의 규정에 따른 처벌 자체가 부당하다는 반성적 고려에서 비롯된 것이라기보다는 건강기능식품의 국내 수요 확대 등 여건의 변화에 따른 규제범위의 합리적 조정의 필요와 건강기능식품의 안전성 제고 등 그때그때의 특수한 필요에 대처하기 위한 정책적 조치에 따른 것으로 보아, 위 법률 및 고시가 시행되기 전에 이미 범하여진 위반행위에 대한 가벌성이 소멸되는 것은 아니다(대법원 2005.12.23. 선고 2005도747 판결). 같은 취지의 판례로 대법원 2005.1.14. 선고 2004도5890 판결 ; 1997.12.9. 선고 97도2682 판결.

형법 제1조 제2항의 규정은 형벌법령 제정의 이유가 된 법률이념의 변천에 따라 과거에 범죄로 보던 행위에 대하여 그 평

Ⅴ. 형의 집행에 관한 특칙(제1조 제3항)

제1조 제3항은 형의 집행에 대한 절차법적 규정으로 실질적 의미의 형사소송법에 해당하는 규정이다. 형의 집행만 면제되며 이미 선고된 재판은 유효하므로, 예를 들어 제1조 제3항에 의하여 형집행이 면제된다 하더라도 누범가중에는 해당한다.

가가 달라져 이를 범죄로 인정하고 처벌한 그 자체가 부당하였다거나 또는 과형이 과중하였다는 반성적 고려에서 법령을 개폐하였을 경우에 적용하여야 할 것이고, 이와 같은 법률이념의 변경에 의한 것이 아닌 다른 사정의 변천에 따라 그때 그때의 특수한 필요에 대처하기 위하여 법령을 개폐하는 경우에는 이미 그 전에 성립한 위법행위를 현재에 관찰하여도 행위당시의 행위로서는 가벌성이 있는 것이어서 그 법령이 개폐되었다 하더라도 그에 대한 형이 폐지된 것이라고는 할 수 없다. 구 자동차관리법시행규칙(2003.1.2. 건설교통부령 제346호로 개정되기 전의 것) 제138조 제1항 제1호가 삭제되면서 제138조 제3항, 제4항이 신설되어 폐차 과정에서 회수되어 자동차 수리용으로 재사용되는 중고 부품은 자동차안전기준 등에 저촉되지 아니하여야 하고, 폐차업자는 재사용되는 원동기 등 기능성장치 또는 부품에 업체명, 전화번호, 사용된 차종, 그 형식 및 연식, 부품의 명칭, 주행거리 등이 기재된 표지를 부착하도록 하였는데, 그 취지는 자동차 생산기술의 발달로 그 부품의 성능과 품질이 향상됨에 따라 폐차되는 자동차의 원동기를 재사용할 필요가 있고 이를 일정한 조건 아래에서 허용하더라도 별다른 문제가 발생할 여지가 많지 않음에도 불구하고 폐차시 원동기를 압축 · 파쇄 또는 절단하도록 한 종전의 조치가 부당하다는 데에서 나온 반성적 조치라고 보아야 한다(대법원 2003.10.10. 선고 2003도2770 판결).

각령에 의하여 물가조절에 관한 임시조치법 제4조의 2 제1항이 규정한 물자로 지정되었다가 범행후 각령에 의해서 그 물자가 지정에서 삭제된 경우는 법률이념의 변경에 의한 것이 아니고 경제사정의 변천에 따라 그때 그때의 특수한 필요에 대처하기 위하여 법령을 개폐하는 것에 불과하며 전 법령시행 당시의 경제사정아래 행하여진 위반행위에 대한 가벌성을 축소하거나 소멸시킬 아무런 이유가 없는 것이므로 후일 그 법령이 개폐되었다 하더라도 행위당시의 형벌법령에 비추어 그 위반행위를 처벌하여야 할 것이다(대법원 1963.1.31. 선고 62도257 판결).

법령의 개폐로 형이 폐지된 경우는 첫째, 국가의 법률이념의 변천에 따라 종래의 처벌자체의 필요를 인정하지 아니하게 될 경우와 둘째로는, 전혀 사정의 변경에 의하여 법령이 개폐된 것이거나 또는, 보다 강화되어 법령안에 발전적 해소를 이르는 경우의 두가지를 상정할 수 있는 것인 바, 형법 제1조2항의 규정이나 형사소송법 제326조4호의 규정은 형벌법령제정의 이유가 된 법률이념의 변경에 따라 종래의 처벌자체가 부당하였다는 반성적 고려에서 법령을 개폐하였을 경우에 적용된다고 해석하여야 할 것이다. 계엄이 선포되었다가 해제되어 계엄포고문이 그 효력을 상실하게 되는 것과 같이 법률이념의 변경에 의한 것이 아니고 계엄의 목적수행 등 사정의 변천에 따라 그때의 특수한 필요에 대처하기 위하여 계엄령이 해제되어 계엄포고문이 개폐되는 결과를 초래하게 되는데 불과한 경우에 있어서는 계엄포고당시의 상황에서 범해진 위반행위에 대한 가벌성을 소멸시키거나 축소시킬 아무런 이유가 없다고 할 것이므로 비록 계엄령의 해제로 계엄포고문이 개폐되었다고 하더라도 행위 당시의 계엄법 및 계엄포고문에 따라 그 위반행위는 처벌되어야 한다(대법원 1982.10.26. 선고 82도1861 판결. 같은 취지의 판례로 대법원 1981.6.9. 선고 81도904 판결 ; 1983.5.24. 선고 82도142 판결).

형법 제1조2항이나 형사소송법 제326조4호의 규정은 형벌법령제정의 이유가 된 법률이념의 변경에 따라 종래의 처벌 자체가 부당하였거나 또는 과형이 과중하였다는 반성적 고려에서 법령을 개폐하였을 경우에 적용된다고 해석하여야 할 것이고 교통질서유지를 위한 규제방법의 변경 등 그때 그때의 특수한 필요에 대처하기 위하여 법령을 개폐한 것에 불과한 경우에 있어서는 구법 당시에 범하여진 위반행위에 대한 가벌성을 소멸시키거나 축소시킬 아무런 이유가 없으므로 후일 그 법령이 개폐되었다 하더라도 행위당시의 형벌법령에 비추어 그 위반행위를 처벌하여야 할 것이다(대법원 1987.3.10. 선고 86도42 판결. 같은 취지의 판례로 대법원 1984.12.11. 선고 84도413 판결).

피고인의 건축법위반행위가 범행 당시에는 구 건축법(1991.5.31 법률 제4381호로 개정되기 전의 것) 제55조 제3호, 제7조의 3 제1항에 해당되어 처벌받도록 규정되어 있었으나, 그 후 제1심 및 원심의 재판 당시에는 같은 법률의 개정된 시행령(1991.12.17. 대통령령 제13518호 및 1992.5.30. 대통령령 제13655호)에 의하여 당해 용도에 쓰이는 바닥면적 300m²미만의 종교집회장과 대중음식점은 그 사이에 허가를 받아야 하는 용도변경이 아닌 것으로 변경되었으므로 이는 범죄후 법령의 개정으로 형이 폐지된 경우에 해당한다고 할 것이고, 그 변경된 취지는 이 사건에서와 같이 소규모 종교집회장에 대하여는 특별히 용도변경의 허가를 받지 않아도 되는데 이를 처벌대상으로 삼은 종전의 조치가 부당하다는 데서 나온 반성적 조치라고 보아야 할 것이다. 원심이 이러한 취지에서 피고인의 이 사건 건축법위반의 점에 대하여 면소의 판결을 한 조치는 정당한 것으로 수긍이 가고, 거기에 소론과 같은 법리오해의 위법이 있다고 할 수 없다(대법원 1992.11.27. 선고 92도2106 판결).

제2항 지역적(장소적) 적용범위(räumlicher Geltungsbereich)

형법이 어떠한 장소에서 행하여진 범죄에 대해서 적용되는가의 문제, 즉 구체적 사실문제를 결정하고자 할 때 어느 나라의 법을 준거법으로 하느냐의 문제. 제3조 내지 제6조는 형법의 장소적 적용범위에 관한 문제인 동시에 형법의 인적 적용범위에 관한 문제

Ⅰ. 형법의 장소적 효력에 관한 입법주의(일반원칙)

1) 속지주의(Territorialitätsprinzip)

속지주의(屬地主義)란 영토고권에 의한 요청에 의하여 자국이 범죄지인 경우 행위자의 국적을 불문하고 자국의 형법을 적용한다는 원칙으로, 국가의 이익 및 범인의 이익보호를 이론적 근거로 하고 있다.[15)]

2) 속인주의(Personalitätsprinzip, 국적주의)

속인주의(屬人主義)란 영민고권에 의하여 자국민이 범죄인인 경우 범죄지의 내 · 외국을 불문하고 자국의 형법을 적용한다는 원칙으로, 자국민의 이익보호를 이론적 근거로 하고 있다.

3) 보호주의(Schutzprinzip, 실질주의)

자국 또는 자국민의 이익이 침해된 경우 외국에서 행한 외국인의 범죄에 대해(범인의 국적과 범죄지를 불문) 자국의 형법을 적용한다는 원칙이다. 외국인의 국외범의 처벌에 있어 그 외국법에 의해서도 범죄가 성립함을 요하느냐에 대해서는 입법례와 견해가 대립하고 있다.

4) 세계주의(Universalprinzip)[16)]

범죄지, 범인의 국적, 피해자의 국적을 불문하고 국제적 반인도적 범죄(인류공통의 이익 내지 문명국가의 공통된 법익을 침해하는 행위)에 대해서는 자국형법이 적용한다는 원칙으로, 범죄인이 현재하는 국가의 형법을 적용하여 처벌한다는 원칙이다. 사회방위의 국제적 연대성을 이론적 근거로 하며, 대리적 형사사법주의에 해당한다.

---

15) 범죄인인도에 의해 형법의 실효성 확보하기 위해 범죄인인도법(1988.8.5 제정), 국제형사사법공조법(1991.3.8 제정), 국제형사사법공조규칙(1991.6.14 제정), 국제형사사법공조에 관한 예규(1991.9.26 제정) 등을 제정해 놓고 있다. 그 이론적 근거로는 자국 또는 자국민의 이익보호에 있다(속지주의 또는 속인주의의 결함 보충).

16) 독일 형법 제6조 핵에너지범죄와 폭발물범죄, 공중납치, 마약거래, 인신매매, 화폐위조행위 등이 이에 해당한다.

Ⅱ. 현행 형법의 태도(제2조 내지 제7조)

다수견해는 속지주의(제2조와 제4조)를 원칙으로 속지주의를 보완하기 위해 속인주의(제3조)와 보호주의(제5조와 제6조)를 가미한 것으로 보는 데 반해, 속지주의와 속인주의를 기본원칙으로 하여 보충적으로 보호주의를 채택한 것으로 보는 견해도 있다. 세계주의에 대해서는 현행 형법상 제207조 제3항 외국통용외국통화위조죄가 세계주의적 규정이라고 보는 입장과 보호주의적 규정이라는 견해(따라서 현행 형법에는 세계주의적 규정이 없다는 견해)가 대립되고 있다.

제11차 개정형법(2013.4.5. 개정 · 시행) 제296조의2는 인류에 대한 공통적인 범죄인 약취, 유인과 인신매매죄의 규정이 대한민국 영역 밖에서 죄를 범한 외국인에게도 적용될 수 있도록 세계주의 규정을 도입하였다.

2011.3.25. 정부안으로 국회에 제출된「형법 일부개정법률안」(의안번호 제11304호, 18개 국회 임기만료로 자동폐기) 제7조는 대한민국 영역 밖에서 폭발물 사용, 통화 위조, 위조통화의 취득 등의 죄를 범한 외국인에게도 이 법을 적용하도록 하여 국제적 범죄의 증가에 대처할 수 있도록 "세계주의"라는 표제로 범죄유형을 명시한 바 있다.[17)]

형법 제2조 (국내범) 본법은 대한민국영역내에서 죄를 범한 내국인과 외국인에게 적용한다. [속지주의]
제3조 (내국인의 국외범) 본법은 대한민국영역외에서 죄를 범한 내국인에게 적용한다. [적극적 속인주의]
제4조 (국외에 있는 내국선박등에서 외국인이 범한 죄) 본법은 대한민국영역외에 있는 대한민국의 선박 또는 항공기내에서 죄를 범한 외국인에게 적용한다. [기국주의]
제5조 (외국인의 국외범) 본법은 대한민국영역외에서 다음에 기재한 죄를 범한 외국인에게 적용한다. [국가보호주의]

1. 내란의 죄
2. 외환의 죄
3. 국기에 관한 죄
4. 통화에 관한 죄
5. 유가증권, 우표와 인지에 관한 죄
6. 문서에 관한 죄중 제225조 내지 제230조 (제225조 공문서등의 위조 · 변조, 제226조 자격모용에 의한 공문서등의 작성, 제227조 허위공문서작성등, 제227조의2 공전자기록위작 · 변작, 제228조 공정증서원본등의 부실기재, 제229조 위조등 공문서의 행사, 제230조 공문서등의 부정행사)
7. 인장에 관한 죄중 제238조(공인등의 위조, 부정사용)

---

17) 제7조(세계주의) 이 법은 대한민국 영역 밖에서 다음 각 호의 어느 하나의 죄를 범한 외국인에게 적용한다.
1. 제119조의 죄
2. 제207조, 제208조 및 제212조(제211조의 미수범은 제외한다)의 죄
3. 제214조, 제218조 및 제223조(제214조, 제218조의 미수범만 해당한다)의 죄
4. 제287조부터 제289조까지, 제291조, 제292조 및 제294조(제293조의 미수범은 제외한다)의 죄
5. 대한민국에 대하여 구속력 있는 조약에 따라 처벌하는 범죄

제7조 (외국에서 받은 형의 집행) 범죄에 의하여 외국에서 형의 전부 또는 일부의 집행을 받은 자에 대하여는 형을 감경 또는 면제할 수 있다.
제296조의2 (세계주의) 제287조부터 제292조까지 및 제294조는 대한민국 영역 밖에서 죄를 범한 외국인에게도 적용한다.

국제형사재판소 관할 범죄의 처벌 등에 관한 법률 제3조 (적용범위) ① 이 법은 대한민국 영역 안에서 이 법으로 정한 죄를 범한 내국인과 외국인에게 적용한다.
② 이 법은 대한민국 영역 밖에서 이 법으로 정한 죄를 범한 내국인에게 적용한다.
③ 이 법은 대한민국 영역 밖에 있는 대한민국의 선박 또는 항공기 안에서 이 법으로 정한 죄를 범한 외국인에게 적용한다.
④ 이 법은 대한민국 영역 밖에서 대한민국 또는 대한민국 국민에 대하여 이 법으로 정한 죄를 범한 외국인에게 적용한다.
⑤ 이 법은 대한민국 영역 밖에서 집단살해죄등을 범하고 대한민국영역 안에 있는 외국인에게 적용한다.

1. 속지주의 원칙

제2조와 제4조[기국주의(Flaggenprizip), 선박법 제2조와 항공법 제3,4조]는 속지주의를 원칙으로 규정하고 있는데, 「대한민국영역내」란 헌법 제3조와 영해법 제1조에 의한 영역의 개념이다.

「대한민국영역내에서 죄를 범한」이란 범죄지(행위지 또는 결과발생지)가 대한민국영역내인 경우를 말한다.

「내 · 외국인」과 관련하여 한미행정협정[18]에 의한 주한미군인의 범죄에 대한 형법의 적용 여부(한미행정협정에 의한 사건처리지침)에 대해서는 적용부정설[19]과 형법의 적용과 재판권은 별개의 문제라는 점에서 적용인정설이 대립되고 있다.

참조판례

형법 제2조는 형법의 적용범위에 관하여 속지주의 원칙을 채택하고 있는바, 대한민국 영역 내에서 배우자 있는 자가 간통한 이상, 그 간통죄를 범한 자의 배우자가 간통죄를 처벌하지 아니하는 국가의 국적을 가진 외국인이라 하더라도 간통행위자의 간통죄 성립에는 아무런 영향이 없고, 그 외국인 배우자는 형사소송법의 규정에 따른 고소권이 있다(대법원 2008.12.11. 선고 2008도3656 판결).

18) SOFA, 대한민국과 아메리카합중국간의 상호방위조약 제4조에 의한 시설과 구역 및 대한민국에서의 합중국 군대의 지위에 관한 협정(본협정, 1967.2.9.)과 동협정의 합의의사록 및 양해각서(동협정 제5조에 대한 특별조치에 관한 대한민국과 합중국간의 협정, 동협정의 일부폐기를 위한 대한민국정부와 미합중국정부간의 각서교환(91.2.1.)

19) 다수견해.

2. 속인주의 가미(제3조)

미 문화원에서의 범죄와 대한민국의 재판권에 관한 대법원판례

재판권의 장소적 효력에 관하여 형법 제2조는 "본법은 대한민국의 영역내에서 죄를 범한 내국인과 외국인에게 적용한다"고 규정하여 속지주의를 채택하는 한편 같은 법 제3조에 "본법은 대한민국의 영역외에서 죄를 범한 내국인에게 적용한다"고 규정하므로써 속인주의도 아울러 채택하고 있다. 따라서 설사 논지가 주장하는 바와 같이 국제협정이나 관행에 의하여 서울에 있는 미국문화원이 치외법권지역이고 그곳을 미국영토의 연장으로 본다 하더라도 그곳에서 죄를 범한 피고인들에 대하여 우리 법원에 먼저 공소가 제기되고 미국이 자국의 재판권을 지금까지도 주장하지 않고 있는 바에야 속인주의를 함께 채택하고 있는 우리나라의 재판권은 피고인들에게도 당연히 미친다 할 것이다. 또 미국문화원측이 피고인들에 대한 처벌을 바라지 않았다고 하여 그 재판권이 배제되는 것도 아니다(대법원 1986.6.24. 선고 86도403 판결).

3. 보호주의의 가미(제5조, 제6조)

형법 제5조는 제한적 열거규정이며, 제6조는 제5조에 대한 보충적 규정이다.

참조판례

원심판결과 원심이 인용하고 있는 제1심판결이유에 의하면, 원심은 피고인은 원래 한국인이었으나 1943.4경 일본인 나쓰야 요시사부로의 양자로 입적(공판기록에 편철되어 있는 피고인의 호적등본에 의하면, 피고인은 1943.8.3자로 위 요시사부로와 그의 처 사모의 양자로 입적되고 있다)귀화하였다고 설시하므로서 피고인이 외국인인 일본인이라는 사실을 인정하면서도, 피고인이 반국가단체의 지령을 받고 또한 그 지령을 받기 위하여 외국인 싱가폴에서 항공편을 이용하여 1971.4 초순 11:00경 반국가단체의 지배하에 있는 지역인 북한 평양에 도착한 사실에 관하여 반공법 제6조 제4항의 탈출죄를 적용하고, 이 이외의 다른죄와 같이 경합범의 처벌례에 따라서 피고인을 다스리고 있음이 명백하다.

그러나 외국인의 국외범에 대하여는 형법 제5조에 열거된 이외의 죄를 적용할 수 없음이 원칙인데 여기에 반공법은 포함되지 아니하였고, 또 반공법 자체나 그밖의 법률에 이와 같은 외국인의 국외범에 대하여 반공법을 적용할 수 있는 근거를 찾아 볼 수 없다. 그렇다면 원심이 외국인인 피고인의 대한민국영역외에서의 탈출행위에 대하여 반공법을 적용하여 처벌을 하였음은 외국인의 국외범에 대한 법리를 오해로 인하여 근거없이 법률을 적용한 위법이 있어 원심판결은 그대로 유지될 수 없는 것이라고 아니할 수 없다(대법원 1974.8.30. 선고 74도1668 판결).

제6조 단서는 보호주의에 대한 상호주의적 제한으로, 행위지법에 의해 범죄가 구성된다는 사실 및 집행이 면제되지 아니한다는 사실에 대한 거증책임은 검사가 부담하며, 행위지법상 범죄성립에 관한 증명은 엄격한 증명을 요하는 사실이다.

참조판례

〈사실관계〉

피고인은 2002.경부터 캐나다 브리티시 콜롬비아주 밴쿠버시에서 '공소외 29 회사'라는 상호로 선물투자 중개회사(선물에 대한 투자자와 선물시장에서 투자자를 대리하여 상품을 사고파는 회사를 중개하는 회사)를 운영하던 중 2005.경부터 회사의 원래 업무와 별개로 피고인 개인 자격으로 투자금을 유치하고 있었다.

① 위조사문서행사

피고인은 2008.11.경 캐나다 브리티시 콜롬비아주 밴쿠버시에 있는 공소외 29 회사 사무실에서 공소외 1(대법원 판결의 공소외인)에게 투자금을 입금할 계좌를 알려주면서 그 계좌가 안전하다고 안심시키기 위하여, 캐나다 브리티시 콜롬비아주 금융감독원(약칭 BCSC, 이하 BCSC라 한다)의 로고가 찍힌 종이에 '피고인 명의의 Bank of Montreal (계좌번호 1 생략) 계좌, TD Canada Trust (계좌번호 2 생략) 계좌, Korea Exchange Bank (계좌번호 3 생략) 계좌는 BCSC의 감독 하에 있고, 위 계좌와 관련된 거래는 BCSC에 보고된다'는 취지의 영문이 기재된 BCSC 수석검사 Tyree Thomas 명의의 사실증명에 관한 위조 사문서 1장을 교부하여 행사하였다. 피고인은 이를 비롯하여, 2008. 4. 24.부터 2009. 3.경까지 별지 범죄일람표 1 기재와 같이 8회에 걸쳐 각 해당 순번 기재와 같은 방법으로 투자자를 상대로 위조사문서를 각 행사하였다.

② 특정경제범죄처벌등에관한법률위반(사기), 사기

피고인은 2007.7.30.경 위 공소외 29 회사 사무실에서 피해자 공소외 1에게 "투자금을 맡기면 선물시장에 투자하여 운용하겠다."고 말을 하였다. 그러나 사실은 피해자로부터 투자금을 교부받더라도 이를 선물시장에 투자하여 운용할 의사나 능력이 없었다. 피고인은 이와 같이 피해자를 기망하여 이에 속은 피해자로부터 같은 날 위 사무실에서 투자금 명목으로 500,000 캐나다달러를 교부받아 편취하였다.

피고인은 2007.7.30.부터 2009.7.13.경까지 별지 범죄일람표 2 순번 1 내지 58번 기재와 같이 피해자 19명을 각 해당 순번에 기재된 기망행위 방법으로 기망하여 피해자들로부터 각 해당 순번에 기재된 편취금액(총 10,473,067,966원)을 각 교부받아 편취하였다.

[판시사항]

형법 제6조 본문에서 정한 '대한민국 또는 대한민국 국민에 대하여 죄를 범한 때'의 의미

[판결요지]

형법 제5조, 제6조의 각 규정에 의하면, 외국인이 외국에서 죄를 범한 경우에는 형법 제5조 제1호 내지 제7호에 열거된 죄를 범한 때와 형법 제5조 제1호 내지 제7호에 열거된 죄 이외에 대한민국 또는 대한민국 국민에 대하여 죄를 범한 때에만 대한민국 형법이 적용되어 우리나라에 재판권이 있게 되고, 여기서 '대한민국 또는 대한민국 국민에 대하여 죄를 범한 때'라 함은 대한민국 또는 대한민국 국민의 법익이 직접적으로 침해되는 결과를 야기하는 죄를 범한 경우를 의미한다. 그런데 형법 제234조의 위조사문서행사죄는 형법 제5조 제1호 내지 제7호에 열거된 죄에 해당하지 않고, 위조사문서행사 행위를 형법 제6조의 대한민국 또는 대한민국 국민의 법익을 직접적으로 침해하는 행위라고 볼 수도 없으므로, 이 사건 공소사실 중 캐나다 시민권자인 피고인이 캐나다에서 위조사문서를 행사한 행위에 대하여는 우리나라에 재판권이 없다고 할 것이다. 원심은, 제1심법원이 적법하게 조사하여 채택한 증거들에 의하여 피고인이 피해자들로부터 투자금을 교부받더라도 이를 선물시장에 투자하여 운용할 의사나 능력이 없었음에도 불구하고, 피해자 공소외인 등 19명에게 "투자금을 맡기면 선물시장에 투자하여 운용하겠다."고 기망하여 2007.7.30.부터 2009.7.13.경까지 피해자들로부터 합계 10,473,067,966원을 편취하였다고 인정하고, 이를 특정경제범죄 가중처벌 등에 관한 법률 위반(사기)죄 또는 형법상 사기죄에 해당한다고 판단하였다. 그러나 이 부분 원심판결도 다음과 같은 이유로 유지될 수 없다. 형법 제6조 본문에 의하여 외국인이 대한민국 영역 외에서 대한민국 국민에 대하여 범죄를 저지른 경우 우리 형법이 적용되지만, 같은 조 단서에 의하여 행위지의 법률에 의하여 범죄를 구성하지 아니하거나 소추 또는 형의 집행을 면제할 경우에는 우리 형법을 적용하여 처벌할 수 없고, 이 경우 행위지의 법률에 의하여 범죄를 구성하는지 여부에 대해서는 엄격한 증명에 의하여 검사가 이를 입증하여야 한다(대법원 2008.7.24. 선고 2008도4085 판결 등 참조). 그런데 기록에 의하면, 이 부분 공소사실 중에는 캐나다 시

빈권자인 피고인이 캐나다에 거주하는 대한민국 국민을 기망하여 캐나다에서 직접 또는 현지 은행계좌로 투자금을 수령한 경우가 다수 포함되어 있음을 알 수 있으므로, 이 경우에 해당하는 공소사실은 외국인이 대한민국 영역 외에서 대한민국 국민에 대하여 범죄를 저지른 경우에 해당한다. 따라서 원심으로서는 이 경우에 해당하는 공소사실이 행위지인 캐나다 법률에 의하여 범죄를 구성하는지 여부 및 소추 또는 형의 집행이 면제되는지 여부를 심리하여 해당 부분 공소사실이 행위지의 법률에 의하여 범죄를 구성하고 그에 대한 소추나 형의 집행이 면제되지 않는 경우에 한하여 우리 형법을 적용하였어야 할 것이다(대법원 2011.8.25. 선고 2011도6507 판결).

4. 세계주의의 도입(제11차 개정형법 제296조의2 신설)

제11차 개정형법(2013.4.5. 개정 · 시행) 제296조의2는 인류에 대한 공통적인 범죄인 약취, 유인과 인신매매죄의 규정이 대한민국 영역 밖에서 죄를 범한 외국인에게도 적용될 수 있도록 세계주의 규정을 도입하였다.

Ⅲ. 외국판결의 효력(제7조)

형법 제7조는 자국의 속인주의와 해당국가의 속지주의의 충돌을 조절하는 작용으로, 죄를 범하여 속지주의의 적용으로 비록 외국에서 재판을 받아 형의 전부 또는 일부를 집행받았다 하더라도 우리나라에서 다시 재판 및 처벌이 가능하다.[20] 다만, 집행받은 사실을 고려하여 임의적 감면사유로 규정하고 있다. 그러나 일사부재리의 원칙에 대한 위배될 소지가 있다는 점에서 입법론상 필연적 감면사유로 규정하는 것이 바람직하다고 본다.[21]

이와 관련하여 헌법재판소는 2015.5.28. 선고 2013헌바120 결정에서 제7조가 이중처벌금지원칙에 위배되는지 여부에 대하여 "형사판결은 국가주권의 일부분인 형벌권 행사에 기초한 것으로서, 외국의 형사판결은 원칙적으로 우리 법원을 기속하지 않으므로 동일한 범죄행위에 관하여 다수의 국가에서 재판 또는 처벌을 받는 것이 배제되지 않는다. 따라서 이중처벌금지원칙은 동일한 범죄에 대하여 대한민국 내에서 거듭 형벌권이 행사되어서는 안 된다는 뜻으로 새겨야 할 것이므로 이 사건 법률조항은 헌법 제13조 제1항의 이중처벌금지원칙에 위배되지 아니한다."라고 하여 합헌으로 판시하면서도, '제7조가 신체의 자유를 침해하는지 여부'에 대해서는 "입법자는 외국에서 형의 집행을 받은 자에게 어떠한 요건 아래, 어느 정도의 혜택을 줄 것인지에 대하여 일정 부분 재량권을 가지고 있

---

20) 피고인이 동일한 행위에 관하여 외국에서 형사처벌을 과하는 확정판결을 받았다 하더라도 이런 외국판결은 우리나라에서는 기판력(旣判力)이 없으므로 여기에 일사부재리의 원칙이 적용될 수 없다(대법원 1983.10.25. 선고 83도2366 판결).
형법 제7조의 규정취지는 범죄에 의하여 외국에서 형의 전부 또는 일부의 집행을 받은 자에 대하여 법원의 재량에 의하여 형을 감경 또는 면제할 수 있다는 것이므로 피고인등이 외국에서 형의 집행을 받았다고 해서 피고인등에게 형을 선고한 것이 형법 제7조에 위배된다고 할 수 없다(대법원 1979.4.10. 선고 78도831 판결. 같은 취지의 판례로 1988.1.19. 선고 87도2287 판결).

21) 구형법에는 필연적 감면사유로 규정되어 있었다.

으나, 신체의 자유는 정신적 자유와 더불어 헌법이념의 핵심인 인간의 존엄과 가치를 구현하기 위한 가장 기본적인 자유로서 모든 기본권 보장의 전제조건이므로 최대한 보장되어야 하는바, 외국에서 실제로 형의 집행을 받았음에도 불구하고 우리 형법에 의한 처벌 시 이를 전혀 고려하지 않는다면 신체의 자유에 대한 과도한 제한이 될 수 있으므로 그와 같은 사정은 어느 범위에서든 반드시 반영되어야 하고, 이러한 점에서 입법형성권의 범위는 다소 축소될 수 있다. 입법자는 국가형벌권의 실현과 국민의 기본권 보장의 요구를 조화시키기 위하여 형을 필요적으로 감면하거나 외국에서 집행된 형의 전부 또는 일부를 필요적으로 산입하는 등의 방법을 선택하여 청구인의 신체의 자유를 덜 침해할 수 있음에도, 이 사건 법률조항과 같이 우리 형법에 의한 처벌 시 외국에서 받은 형의 집행을 전혀 반영하지 아니할 수도 있도록 한 것은 과잉금지원칙에 위배되어 신체의 자유를 침해한다."라고 하여 위헌결정을 내렸다. 다만, 제7조가 위헌결정으로 즉시 효력을 상실할 경우 임의적으로나마 형을 감면할 근거규정이 없어지게 되어 감면 적용을 받아야 할 사람에 대하여도 감면을 할 수 없게 되므로, 법적 안정성의 관점에서 용인하기 어려운 법적 공백이 생기게 된다. 따라서 이 사건 법률조항에 대하여 헌법불합치결정을 선고하되, 2016.12.31.을 시한으로 입법자의 개선입법이 있을 때까지 계속적용을 명하기로 한다."라고 하여 헌법불합치결정을 하였다.

형의 집행을 받은 사실은 소송법적 사실로서 형사소송법상 자유로운 증명의 대상으로, 선고유예 또는 집행유예 및 집행면제는 제외된다.

제2편 범죄이론

제1장 범죄일반이론

제1절 범죄행위의 기본구조

제1항 수직적 · 이원적 3단계 범죄체계(Der dreistufige Deliktsaufbau)[1)]

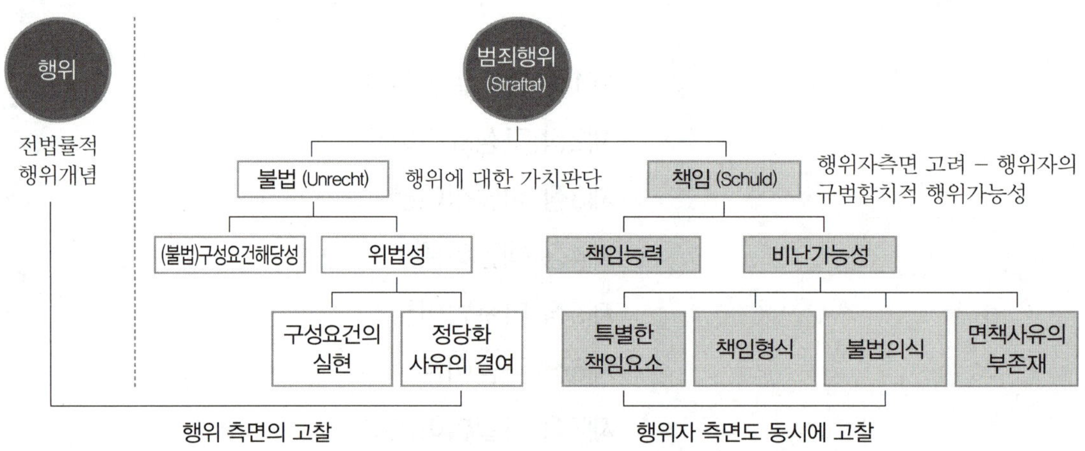

1) [참고] 수평적 · 이원적 4단계 범죄체계(Werner Maihofer의 인적 · 사회적 범죄체계론)
범죄의 모든 단계에서 행위와 행위자를 동시에 그 구성요소로 파악하는 이론이다.
┌ 불법 – 범행과 관련된 불법상황, 범인(사회적 존재)과 관련된 불법비난
└ 책임 – 범행과 관련된 책임상황, 범인(개별적 존재)과 관련된 책임비난
[Arthur Kaufmann의 이원적 4단계 범죄체계론(인적 범죄체계론)]
종래의 행위개념(인과적 · 목적적 · 사회적 행위개념)은 전체로서 파악되어야 할 실체의 일면만을 파악하는데 그쳤다.
인간의 행위(Personale Handeln)는 인격의 객관적 표현으로, 인간의 인격성은 네 가지 존재계층으로 이루어져 있다.

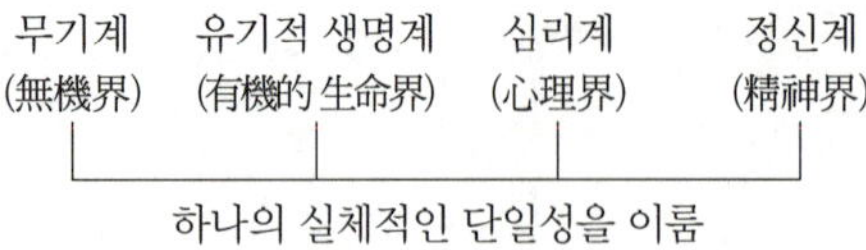

인적 행위는 인과성 · 목적성 · 심리성 · 정신적 의미성의 실체적 단일성으로 파악되어야 한다는 점에서, 인간의 행위를 의사에 의해 지배될 수 있는 인과적 결과를 가진 현실의 유책적(有責的)이고 의미합치적인 형성이라고 설명한다.

인간
- 개인적 인격으로서의 인간 (불법의 영역)
  - 실질적인 면 – 금지실체로서의 불법구성요건
  - 형식적인 면 – 상관개념으로서의 위법성
- 사회적 인격으로서의 인간 (책임의 영역)
  - 실질적인 면 – 책임실체로서의 책임구성요건
  - 형식적인 면 – 비난가능성(상관개념)

1. 불법의 사물논리적 선행

"불법없으면 형벌없다"(Keine Strafe ohne Unrecht)

불법은 책임에 사물논리적으로 선행한다. 불법은 책임비난의 불가결한 전제로 책임비난에 앞서 판단되어야 한다.

2. 불법과 책임의 상응(불법과 책임의 비례성)

책임원칙에 의해 불법과 책임은 합치(Kongruenz)되어야 한다.

「versari in re illicita」라는 『결과책임』 원칙에서 "불법없으면 책임없다(Keine Schuld ohne Unrecht), 책임없으면 형벌없다"(Keine Strafe ohne Schuld)라는 『책임원칙(Schuldprinzip)』으로 전환되었다.

3. 범죄체계의 구조적 편중

불법개념은 행위 · 구성요건해당성 · 위법성을 포괄하는 개념으로, 3단계 범죄이론은 책임보다 불법 판단에 편중되었다는 비판을 받고 있다. 이러한 비판과 관련하여 범죄체계의 구조적 균형을 유지하기 위한 이론으로 등장한 것이 2단계 범죄체계론, 즉 소극적 구성요건표지이론 또는 총체적 불법구성요건이론이다.

제2항 범죄행위의 구성요건

Ⅰ. 일반적인 범죄의 성립요건(고의 · 작위범 3단계 범죄체계론)

1. 불법(Unrecht)

불법은 범죄체계론상 구성요건해당성과 위법성을 포괄하는 상위개념으로 책임에 대칭하는 개념이다.

1) 구성요건해당성(Tatbestandsmäßigkeit)

구성요건(Tatbestand)이란 범죄(위법행위)유형의 추상적 기술(죄형법정주의), 즉 위법한(해서는 안되는) 행위 중에서 특히 범죄로서 처벌할 필요가 있다고 인정되는(가치판단이 개입) 행위를 추출 · 유형화하여 개념적으로 규정한 것으로, 모든 범죄의 당벌성의 내용을 유형화하는 기능(범죄유형의 윤곽을 획정)을 가진다. 따라서 그 실체는 위법행위의 유형으로 금지 또는 요구규범의 간접적 규정, 즉 형법상 금지(작위범의 경우) 또는 요구되는 행위(부작위범의 경우)가 무엇인가를 추상적 · 일반적으로 기술한 것으로, 행위에 대한 위법성판단과 책임비난에 선행하는(형법의 이론체계에 있어서 지도형상적 기능) 독자적인 범죄성립요건(범죄구성요소)이다.

현실적인 범죄사실

⇩ 해당 또는 충족
(완전히 충족된 경우가 기수, 불완전 충족된 경우가 미수)

추상적 법률개념의 구성요건과 일치

이와 같이 구성요건해당이란 구체적인 현실적 행위가 하나의 형벌법규의 구성요건을 실현하여 그 가벌성의 전제를 충족한 경우를 말한다.

구성요건해당성은 불법을 근거지우는 단계로, 잠정적인 반가치(불법)판단의 단계

⇩ 위법성이 있느냐의 판단단계(관계개념)를 거쳐

불법이 확정

구성요건해당성 판단의 기준은 결과반가치와 행위반가치이며, 구성요건해당성 판단은 객관적 · 추상적 성격이라는 점에서 객관적 · 구체적 판단단계인 위법성과 구별된다.

(1) **주관적(심리적, 내부적) 구성요건요소(표지)**

① 구성요건(적) 고의(제13조)

객관적 불법구성요건표지(모든 행위정황)에 대한 인식 및 그 실현의사

고의에 위법성의 인식이 포함되느냐의 여부에 따라 고의설과 책임설의 대립

고의(또는 과실)를 구성요건요소로 보느냐, 책임요소로 보느냐에 대한 범죄체계론의 대립

② 주관적 의사(고의)와 객관적 결과의 불일치한 사례로서의구성요건착오(제15조 제1항)

(2) **객관적(외부적) 구성요건요소(표지)**

① 행위주체 : 신분범(제33조), 자수범, 법인의 형사책임(범죄능력과 양벌규정)

② 행위객체

③ 보호법익

④ 행위(거동)양태 : 작위 · 부작위 → 진정 · 부진정 부작위범(제18조)

⑤ 행위수단과 행위상황 : 특수 ~ 죄

⑥ 행위결과

⑦ 인과관계의 존재(제17조, 제19조, 제263조)와 객관적 귀속

2) 위법성(Rechtswidrigkeit)

위법성(違法性)은 법질서 전체의 입장(법질서 전체와의 관계)에서 일반인이 (구성요건에 해당하는)행위 전체에 대해서 내리는 "해서는 안된다"는 부정적 가치판단으로, 잠정적인 불법을 확정 또는 배제시키는 평가의 단계이다. 즉 개개의 사례에서 확정적인 불법판단단계로, 위법성판단은 객관적 · 구체적 성격을 가진다.

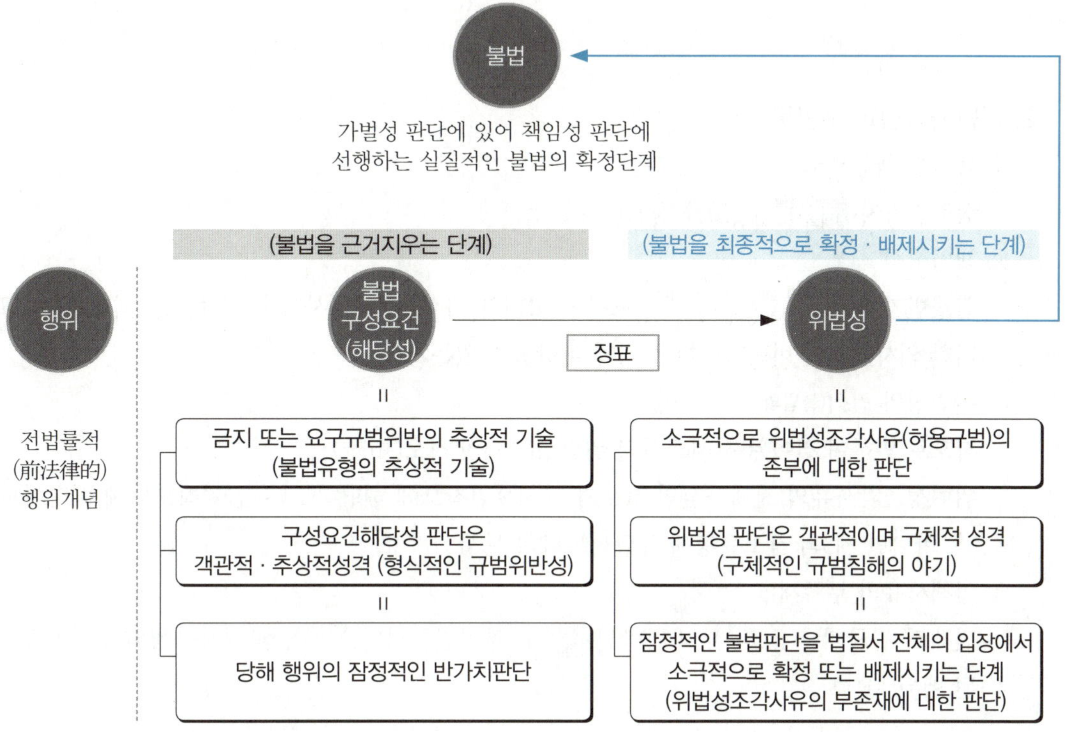

① 불법을 근거지우는 불법구성요건과 불법을 확정 또는 배제시키는 근거인 위법성과의 관계와 관련하여 불법구성요건이 위법성을 징표(徵表)하느냐, 위법성의 존재근거냐의 문제

② 위법성의 본질에 관한 논의로서 형식적 위법성론과 실질적 위법성론

③ 위법성의 판단기준(방법)에 관한 논의로서 주관적 위법성론과 객관적 위법성론

④ 정당화사유(위법성조각사유, 불법배제사유, 허용구성요건, 허용규범)란 특수한 행위사정 하에서 '예외적으로 허용된다(해도 좋다)'는 행위에 대한 긍정적인 가치판단으로, 형법은 위법성 정의에 있어 소극적인 입장

⑤ 정당화사유의 본질 및 구체적인 사유(제20조 내지 제24조)

2. 책임(Schuld) 또는 답책성(答責性, Verantwortung)

「형벌은 책임을 전제로 한다」는 책임주의 원칙은 형벌권발동의 근거인 동시에 제한원리이다. 책임 판단의 대상으로 행위책임과 행위자책임을 들 수 있으며, 책임의 본질(개념)에 관한 논의로서 심리적 책임론, 규범적 책임론, 기능적(예방적) 책임론이 대립하고 있다. 책임의 근거에 관한 논의로는 도의적 책임론과 사회적 책임론이 대립하고 있다.

1) 책임조건

책임능력, 즉 사물을 변별할 능력 또는 의사를 결정할 능력으로 형법 제9조 내지 11조에 규정하고 있다.

2) 비난가능성과 예방목적

① 특별한 책임요소

심정반가치(心情反價値, 행위의 동기와 의도)를 징표하는 요소.[2]

② 책임형식

심정반가치(합규범적 의사형성의무위반, 즉 반규범적 동기형성)로서의 고의와 과실. 행위의사가 어떻게 형성되었으며, 그러한 의사결정이 비난할만한 심정에 바탕을 두었는가?

③ 위법성의 인식(불법의식)

착오로 인하여 결여된 사례로서의 위법성(금지)의 착오(제16조)

위법성조각사유의 전제사실의 착오가 구성요건착오에 해당하느냐, 금지착오냐에 해당하느냐, 아니면 제3의 착오유형에 해당하느냐의 문제

④ 면책사유의 부존재

면책적 긴급피난(독일형법 제35조), 과잉방위(제21조 2항), 과잉긴급피난(제22조 3항), 과잉자구행위(제23조 2항), 강요된 행위(제12조)

Ⅱ. 과실범(제14조)

주의의무의 구체적 내용, 과실범처벌의 한계로서의 「허용된 위험의 법리」와 「신뢰의 원칙」, 고의행위와 과실의 결합형태로서의 범죄유형으로서의 결과적 가중범(제15조 제2항) 등이 논의의 대상이다.

---

2) 형법 제335조 준강도죄에 있어 '체포를 면탈할 목적으로', '죄적을 인멸할 목적으로'. 제251조 영아살해죄에 있어 '치욕을 은폐하기 위하여' 등이 대표적인 심정반가치를 징표하는 표지에 해당한다.

Ⅲ. 부작위범

진정부작위범과 부진정 부작위범(제18조)으로 나눌 수 있는데, 부진정부작위범의 성립요건이 논의의 대상이다.

Ⅳ. 가벌(처벌)요건

성립된 범죄에 대해 국가공권력(형벌권)이 발동할 수 있는 요건으로, 고의의 대상 여부, 결여된 경우의 법적 효과, 정당방위의 성립 여부, 가담한 공범의 처벌 여부에 따라 범죄성립조건과 가벌요건은 구별된다.

1. 객관적 가벌요건

범죄의 성립 여부와는 관계없이 일단 성립된 범죄의 가벌성만을 좌우하는 외부적 객관적 사정, 즉 일단 성립된 범죄에 대해 국가형벌권이 발동할 수 있는 요건으로 형벌필요성, 형사정책적 이유에서 인정된다.[3)]

2. 주관적 처벌조건

인적 처벌조각사유 : 성립된 범죄에 관하여 행위자의 특별한 신분관계로 형벌권의 발동을 저지시키는 사유를 밀한다.[4)]

Ⅴ. 소추(소송)요건

1. 형식적 소송조건

형사소송법 제327조와 제328조에 규정된 10가지 사유가 이에 해당한다.

---

3) 형법 제129조 제2항의 사전수뢰죄에 있어 '공무원 또는 중재인이 된 사실', 파산법상 파산죄에 있어 '파산선고의 확정'(파산법 제366조 사기파산죄, 제368조 과태파산죄), 상해죄의 동시범의 특례에서 '상해의 결과발생'(제263조), 강제집행면탈죄에 있어 '채권자를 해한 사실'(제327조) 등이 이에 해당한다.

4) 제328조 제1항이 적용되는 친족상도례 범죄, 면책특권, 외교사절의 치외법권 및 외국군대
제328조 (친족 간의 범행과 고소) ① 직계혈족, 배우자, 동거친족, 동거가족 또는 그 배우자 간의 제323조의 죄는 그 형을 면제한다.
② 제1항 이외의 친족 간에 제323조의 죄를 범한 때에는 고소가 있어야 공소를 제기할 수 있다.
③ 전 2항의 신분관계가 없는 공범에 대하여는 전 이항을 적용하지 아니한다.

1) 친고죄(정지조건부 범죄)

피해자의 고소가 없으면 검사가 공소를 제기할 수 없는 범죄로 절대적 친고죄[5)]와 상대적 친고죄[6)]로 나눌 수 있다.

2) 반의사불벌죄(해제조건부 범죄)[7)]

피해자의 명시한 (불처벌)의사에 반하여 벌할 수 없는 죄를 말한다.

2. 실체적 소송조건

형사소송법 제326조에 규정된 4가지 사유가 이에 해당한다.

3. 소추조건이 결여된 경우

1) 형식적 소송조건의 결여

불기소처분(공소권없음) 또는 형식적 재판(공소기각의 판결, 공소기각의 결정)으로 소송은 종결된다(형사소송법 제327조, 제328조).[8)]

---

5) (1) 정조에 관한 죄(제306조)[제11차 개정 형법(2012.12.18, 개정, 2013.6.19. 시행)에 의해 삭제]
강간죄(제297조), 강제추행죄(제298조), 준강간 · 준강제추행죄(제299조), 제297조 내지 제299조의 미수범(제300조), 미성년자등에 대한 간음 · 추 행죄(제302조), 업무상 위력등에 의한 간음 · 추행죄(제303조), 혼인빙자등에 의한 간음죄(제304조)[제11차 개정 형법[2012.12.18, 개정, 2013.6.19. 시행)에 의해 동 조항 삭제], 13세미만자에 대한 간음 · 추행죄(제305조), 성폭력범죄의 처벌 등에 관한 특례법 제15조에 규정한 죄 [2012.12.18, 개정 성폭력범죄의 처벌 등에 관한 특례법(2013.6.19. 시행)에 의해 동 조항 삭제]
(2) 추행 또는 간음목적 약취 · 유인 · 수수 · 은닉죄(제296조)[제11차 개정 형법(2012.12.18, 개정, 2013.6.19. 시행)에 의해 삭제]
추행 · 간음목적 약취 · 유인죄(제288조 제1항), 혼인을 위한 약취 · 유인죄(제291조), 영리 또는 국외이송을 위해 약취 · 유인 · 매매 또는 이송된 자에 대한 추행 · 간음목적 수수 · 은닉죄(제292조 제1항), 추행 · 간음목적으로 제292조의 상습죄(제293조 제2항), 전기 각 미수범
(3) 명예(제312조)와 비밀침해에 관한 죄(제318조)
死者명예훼손죄(제308조), 모욕죄(제311조), 비밀침해죄(제316조), 업무상 비밀누설죄(제317조)
(4) 저작권법 제140조 (고소) 이 장의 죄에 대한 공소는 고소가 있어야 한다. 다만, 다음 각 호의 어느 하나에 해당하는 경우에는 그러하지 아니하다.
저작권법 제140조 본문에서는 저작재산권 침해로 인한 같은 법 제136조 제1항의 죄를 친고죄로 규정하면서, 같은 법 제140조 단서 제1호에서 영리를 위하여 상습적으로 위와 같은 범행을 한 경우에는 고소가 없어도 공소를 제기할 수 있다고 규정하고 있는데, 같은 법 제140조 단서 제1호가 규정한 '상습적으로'라고 함은 반복하여 저작권 침해행위를 하는 습벽으로서 행위자의 속성을 말하고, 이러한 습벽 유무를 판단할 때에는 동종 전과가 중요한 판단자료가 되나 범행의 횟수, 수단과 방법, 동기 등 제반 사정을 참작하여 저작권 침해행위를 하는 습벽이 인정되는 경우에는 상습성을 인정하여야 한다. 한편 같은 법 제141조의 양벌규정을 적용할 때에는 행위자인 법인의 대표자나 법인 또는 개인의 대리인 · 사용인 그 밖의 종업원의 위와 같은 습벽 유무에 따라 친고죄 해당 여부를 판단하여야 한다(대법원 2011.9.8. 선고 2010도14475 판결).

6) 제328조 제2항과 제3항이 적용되는 친족상도례 범죄(제328조 제2항), 2012.12.18. 개정 아동 · 청소년의 성보호에 관한 법률(2013.6.19. 시행)에 의해 개정 전 제16조 반의사불벌죄 조항을 삭제.

7) 외국원수 또는 외국사절에 대한 폭행 · 협박 · 모욕죄(제107,108조), 외국국기 · 國章모독죄(제109조), 폭행 · 존속폭행죄(제260조), 협박 · 존속협박죄(제283조), 명예훼손죄(제307조), 출판물에 의한 명예훼손죄(제309조), 과실치상죄(제266조).

8) 제327조 (공소기각의 판결) 다음 경우에는 판결로써 공소기각의 선고를 하여야 한다.

2) 실체적 소송조건의 결여

불기소처분(공소권없음) 또는 실체관계적 형식재판(면소판결)으로 소송은 종결된다(형사소송법 제326조).[9]

Ⅵ. 처벌장애사유

형집행시효기간 경과 규정(제77조)이 이에 해당한다.

---

1. 피고인에 대하여 재판권이 없는 때
2. 공소제기의 절차가 법률의 규정에 위반하여 무효인 때
3. 공소가 제기된 사건에 대하여 다시 공소가 제기되었을 때
4. 제329조의 규정에 위반하여 공소가 제기되었을 때
5. 고소가 있어야 죄를 논할 사건에 대하여 고소의 취소가 있은 때
6. 피해자의 명시한 의사에 반하여 죄를 논할 수 없는 사건에 대하여 처벌을 희망하지 아니하는 의사표시가 있거나 처벌을 희망하는 의사표시가 철회되었을 때

제328조 (공소기각의 결정) ① 다음 경우에는 결정으로 공소를 기각하여야 한다.

1. 공소가 취소되었을 때
2. 피고인이 사망하거나 피고인인 법인이 존속하지 아니하게 되었을 때
3. 제12조 또는 제13조의 규정에 의하여 재판할 수 없는 때
4. 공소장에 기재된 사실이 진실하다 하더라도 범죄가 될만한 사실이 포함되지 아니하는 때

② 전항의 결정에 대하여는 즉시항고를 할 수 있다.

9) 제326조 (면소의 판결) 다음 경우에는 판결로써 면소의 선고를 하여야 한다.

1. 확정판결이 있은 때
2. 사면이 있은 때
3. 공소의 시효가 완성되었을 때
4. 범죄후의 법령개페로 형이 폐지되었을 때

제2절 행위론(Handlungslehre)

제1항 일반이론

형식적 의미의 범죄개념은 구성요건에 해당하는 위법 · 유책한 (인간의) 행위이다. 여기서 행위란 행위자의 의사에 기한(의사에 의해 지배되거나 적어도 지배될 수 있는) 신체적 동작(태도), 즉 의사의 객관화 또는 외부적 표현 내지 인격의 객관적 발현(Äußerung der Persönlichkeit)을 말한다.

범죄이론은 인간행위의 존재를 그 전제조건으로 하며 따라서 형법적 평가의 대상은 인간의 행위를 그 기초로 한다. 즉 형법은 인간의 행위를 어떻게 파악하느냐에 따라 그 체계적 구성을 달리하는 바 (어디까지를 형법의 대상인 인간의 행위로 보느냐?) 이러한 의미에서 행위론은 범죄론의 바탕이자 그 출발점이라 할 수 있다. 즉 인간의 행위로 볼 수 없는 것은 (=비행위) 아예 처음부터 형법적 평가의 대상에서 제외되는 바, 첫째 무엇이 형법의 대상이 되는 행위이며, 둘째 또한 범죄의 모든 발생형태에 보편타당하게 적용될 수 있는 행위개념이 성립될 수 있는가? 및, 셋째 이러한 행위개념을 존재론적으로 파악할 것인가, 아니면 규범적(가치판단)으로 파악할 것인가의 문제를 다루는 분야가 곧 형법상의 행위론이다.

이와 같이 형법이론학은 인간을 어떻게 파악하느냐의 문제(=신 · 구파 이론의 대립)와, 인간의 행위를 어떻게 파악하느냐(=행위론의 대립)의 두 가지 논제의 귀결에 따라 그 체계를 달리하는 바, 이 두 가지 논제는 형법이론학의 출발점이라 할 수 있다. 즉 범죄론체계 구성의 기본적인 전제로서의 행위개념은 범죄체계논쟁의 원인을 제공했다는 점에서 범죄체계론과 표리관계에 있다.

Ⅰ. 행위의 범죄론체계상의 의의

형법상 행위 개념은 Berner에 의해 범죄체계론의 초석(Grundstein)으로 파악되었는데,[1] 행위개념을 범죄행위체계의 중심개념으로 인정하면서 범죄체계의 최상위개념으로서의 행위개념을 파악하였다. 즉 '일정한 행위론에서 출발하여 일정한 범죄체계가 도출될 수 있는가'가 논의되어 왔다.[2]

1) Berner, Lehrbuch des Deutschen Strafrechts, 1857.

2) 행위론과 범죄체계론과의 관계에 대해 행위개념에 대한 논의는 범죄체계에 대한 논의와 밀접한 관련성을 가지면서 발전하여 왔다는 점에서 행위개념은 범죄체계구성의 기본적 전제로 일정한 행위론에서 일정한 범죄체계론이 도출된다고 보는 견해(행위론 인정론자)와, 행위론은 인간행위의 본질에 관한 논쟁으로 철학적 방법론의 반영에 불과하며, 따라서 형법적 평가가 아니므로 범죄체계론과는 관계없다고 보는 견해(행위론 부정론자)도 있다.

Ⅱ. 행위의 본질에 대한 논쟁

행위론의 대립으로, 논의의 대상은 첫째, 행위개념은 과연 범죄체계의 독립된 구성요소로 인정되어야 할 것인가,[3] 둘째, 행위개념은 범죄론체계상 어떤 기능을 가지는가, 행위개념은 정의가능한 실체개념인가, 셋째, 모든 행위유형을 포괄하는, 즉 공통적으로 설명할 수 있는 행위개념은 존재하는가와 관련하여 논란이 되어 왔다.

범죄성립의 구체적 단계를 판단하기 위한 전제로 일정한 행위가 존재해야 한다는 점에서 형법의 평가대상이 되는 행위를 확정해야 한다. 이를 행위의 확정문제라 한다.

그리고 형법의 평가대상이 되기 위해서는 어떤 특성을 갖추어야 하는가라는 행위개념의 내용이 문제된다. 나아가 형법에 의한 평가를 하기 위해 그 이전 단계에서 일정한 행위의 범위를 확정하는 일이 필요한가라는 행위개념의 독자성 문제, 즉 행위의 확정이 문제된다.

행위개념의 독자성문제	행위개념의 내용문제
독자성을 인정하는 경우 어떤 기능을 가지는가?	행위개념의 기능을 충족하기 위해 어떤 내용을 가져야 하는가?

Ⅲ. 행위개념의 기능[4]

1. 기초요소(Grundelement)로서의 기능(분류기능, 적극적 기능)

가벌적 형태의 모든 현상형태에 대한 상위개념(Oberbegriff)으로서의 형법의 기초요소. 즉 작위 · 부작위 · 고의행위 · 과실행위 등 형법상 의미있는(형사처벌의 대상이 되는) 모든 행위태양을 형법상의 행위개념으로 묶을 수 있는 상위개념이어야 한다. 이러한 의미에서 행위개념은 모든 행위태양으로부터 형법상 의미를 가지는 행위를 선별(분류)하는 기능을 가진다.

2. 결합요소(Verbindungselement)로서의 기능(구체화 기능)

행위개념의 체계적 기능으로 각 범죄평가단계들의 표지에 연결되어 구체화될 수 있는 기능(행위개념에 따른 범죄체계론의 대립). 행위개념은 범죄체계 전반에 걸쳐 중추적 역할을 한다. 따라서 행위개념은 범죄구조 전

---

3) 형법은 단순히 개개의 행위를 처벌한다고 규정하고 있지 않고 특정구성요건에 해당하는 행위를 처벌한다고 규정하고 있으므로 범죄체계를 논할 때 구성요건해당성 판단 이전에 반드시 행위개념을 별도로 논해야만 하는 것은 아니며, 따라서 행위개념은 불법의 일요소로 불법개념속에 포괄하여 행위를 불법모형으로 보는 견해도 있다. 그러나 일단 형법상 의미없는 행위라고 판단되면 구성요건해당성조차 논의할 필요가 없기 때문에 범죄성립을 체계적으로 논다는 점에서 행위개념을 독자적으로 논의하는 것은 의미가 있다.

4) W.Maihofer.

체에 동일하게 적용되어야 하며, 나아가 형법적 평가의 내용인 구성요건해당성 · 위법성 · 책임을 서로 연결시켜 주는 기능을 가진다. 이러한 기능을 수행하려면 행위개념은 구성요건해당성이나 위법성 그리고 책임 등에서 평가되어야 할 내용을 미리 확정해서는 안되며(체계적 중립성), 범죄체계 전반을 설명할 수 있는 실질적이고 구체적인 내용을 가져야 한다(실체성).

3. 한계요소(Grenzelement)로서의 기능(소극적 기능)

형법적 판단이 될 수 없는 행태(인간의 행위가 아니거나 단순한 우연)는[5] 아예 구성요건 판단에 앞서 형법적 고찰로부터 배제하는 기능이다.

【인간의 (범죄)행위요소】

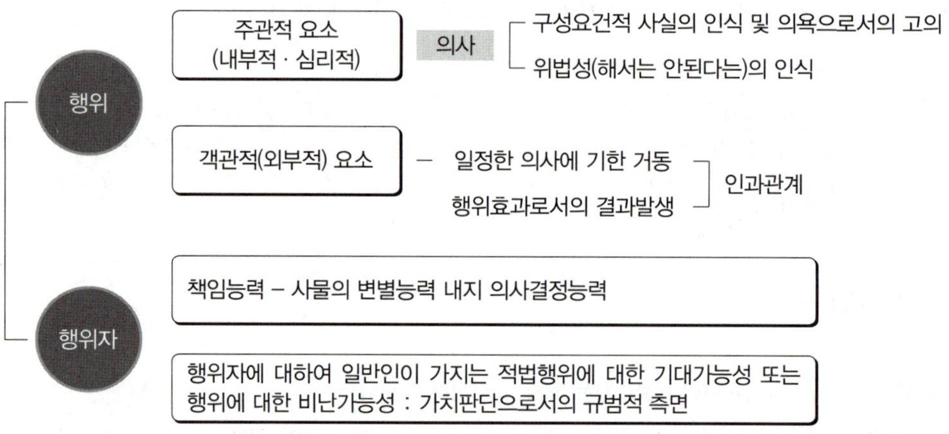

5) 예컨대 동물에 의한 행위, 법인의 행위, 무의식에 의한 행위, 절대적 힘의 지배에 의한 행위, 외부적 자극에 의한 신체적 반사행위 등이 이에 해당한다.

제2항 행위론의 전개

I. 인과적 행위론(kausale Handlungslehre)[6)]

1. 논지

형법상의 행위를 일정한 의사에 의하여(수반되는) 외부세계에 야기된 순수한 인과과정으로 파악하는 자연과학적 · 존재론적 견해(행위를 자연주의적 관점에서 파악)로, 행위는 유의적 거동에 기인하는 외부세계의 변화, 즉 외부세계의 변화와 인과성을 가지는 유의적 거동(모종의 의사와 인과성있는 거동)으로 파악한다. 내적 의사가 원인이 되어 외부세계에 야기한 순수한 인과과정이라는 점에서 행위는 내적 의사의 자연과학적 · 인과적 산물이라는 것이다.[7)]

인과적 행위론은 모종의 의사와 동작 및 결과 간에 인과관계(인과성, Kausalität)만 있으면 행위가 존재한다는 점에서, 행위를 일정한 거동의 유의성으로 파악하였다. 따라서 행위는 유의성(Willkürlichkeit)과 거동성(Körperlichkeit)의 두 요소로 구성된다(유의성에 내포되어 있는 목적성이나 사회적 의미는 전혀 문제시되지 않음).

인과적 행위론에 의하면 의사의 구체적인 내용(고의 또는 과실)은 행위성립에 무관하며, 단지 책임요소로서 책임론의 문제에 해당한다는 점에서 심리적 책임론과 결부된다. 이와 같이 인과적 행위론은 행위를 객관적인 면과 주관적인 면으로 엄격히 구분하여 전자는 위법성에, 후자는 책임성에 관계된다고 이해하기 때문에, 불법의 본질을 법익침해 내지 위험(위태)에 두며(결과불법론), 고의는 오로지 책임형식으로 파악한다.

2. 비판

1) 행위개념의 결합기능이 무시

의사에 의하여 이루어지는 모든 거동을 인과의 과정으로만 이해(행위요소중 의사내용을 제거)함으로써 인간행위의 존재구조를 잘못 파악하였다. 즉 인간행위의 특수성은 의사의 인과성에 있는 것이 아니라 그러한 인과과정을 객관적으로 지배 · 형성하는 목적성(Finalität)에 있다는 점을 간과함으로써 행위의 구체적 실체가 결여되어 있다.

---

6) Mezger, Sauer, Schröder, Gallas 등.

7) 이 견해에 의하면 모욕행위를 자연과학적으로 분석하여 '공기의 진동과 이로 인한 피해자의 신경계통에 대한 심리적 작용'으로 본다. 즉 일련의 성대운동, 음향의 진동, 피해자의 신경체계에서의 청각자극과 대뇌의 작용을 거친 생리적 변화과정으로 봄으로써 행위의 언어적 의미나 사회적 중요성을 전혀 파악하지 않았다.

2) 행위개념의 기초기능(분류기능)이 결여

의사내용을 고려치 않음으로써 미수범 또는 기수범의 개념규정이 곤란하다. 즉 미수와 기수의 유형 구별은 범죄의 구성요건단계에서부터 구별되어야 한다.[8)]

그리고 행위의 개념으로 거동성을 요하므로 부작위(규범에 의해 기대되는 의사거동을 결하여 인과과정을 진행시키지 않는 점에 그 본질이 있음)가 행위개념에서 제외되는 모순이 있다.

3) 행위개념의 한계기능이 무시

하나의 동작으로 인한(자연론적 인과성) 결과는 무한정한데도 불구하고[9)] 인과성만 존재하면 형법상 평가의 대상인 행위에 포함됨으로써 내용적으로 충족된 사회적 행위개념(사회적으로 평가할만한 가치있는 행위)을 정립할 수 없으므로 행위의 의사내용과 관련지어 인과적 과정의 제한이 필요하다.

그리고 지나치게 우회적인 논법이라는 비판, 즉 아예 구성요건해당성이 없는 행위를 책임단계에까지 가서 무고의행위 또는 착오의 사유로 하여 불처벌하게 되는 이론적 모순이 있다.

Ⅱ. 목적적 행위론(Finale Hand.)[10)]

1. 논지

행위를 주관적 요소(목적적 의사, 결과에 대한 인식과 의욕)와 객관적 요소(신체적 동작)의 결합으로 보되, 객관적 요소보다 오히려 주관적 요소에 치중하여 인간의 행위를 목적추구활동이라고 파악한다. 즉 목적적 행위론은 행위의 본질은 의사에 의하여 이루어진 인과적인 진행이 아니라 목적활동성(Zwecktätigkeit)의 작용에 있다고 보는 존재론(Ontologie)적 행위개념(사물논리적 구조, 절대명제)을 주장한다. 이와 같이 인간의 행위는 '목적적 조종'(Finalsteuerung)의 소산으로, 이 목적적 조종의 중심에는 '목적의사'(Zweckmäßigwillen, 구체적인 의사내용)가 있고 그것이 당연히 행위개념에 포함되어야 한다는 것이다..

목적적 행위론에 의하면 행위의 목적적인 조종은 두 단계로[11)] 이루어지는데, 먼저 1단계로 사념적 세계 내에서 목표를 설정하고 그에 적합한 수단(인과적 인자)을 선택하며 부수적 결과도[12)] 고려한다. 다음 2단계로 사실세계 내에서 현실에 있어서의 인과적 과정을 실현한다는 것이다. 이와 같이 목적적 행위론은 목적적으로 조종된 수단 · 목적 · 부작용으로 실현된 결과만이 목적적으로 초래된 행위라고

---

8) 예로서 총을 발사하였으나 명중하지 않은 경우, 살인미수인지 상해미수인지 구별이 되지 않을 뿐 아니라 사망이라는 결과가 발생한 경우에도 단순살인죄인지 과실치사죄인지의 구별이 곤란하다.

9) 예로서 살인범죄자를 출산한 모(母)의 행위도 살인행위와 조건적 인과성을 가지게 된다.

10) H.Welzel, Maurach, Weber, Niese, Busch, Stratenwertwerth 등.

11) H.Welzel, Das Neue Bild des Strafrechtssystems, 1950.

12) 수단의 선택을 시정(수단을 제한 또는 반대인자를 부가적 선택함으로써 부작용을 억제)하고. 부수적 결과를 총체적 결과 속에 인용한다.

파악한다.

따라서 구성요건실현을 위한 목적적 행위의사인 고의나 과실은 책임요소가 아니라 행위요소 즉 주관적 구성요건(불법)요소(C.Roxin의 범죄체계에 있어서 Copernicus적 전환)이다. 그리고 기대가능성(행위자에 대한 부정적 가치판단=규범적 측면)을 책임의 실질로 보며, 또한 행위자의 의사상태도 구성요건적 사실의 인식과 위법성의 인식을 구별하여 전자를 고의의 요소로, 후자를 책임의 요소로 파악한다는 점에서 규범적 책임론, 책임설과 결부된다. 또한 행위의 목적적 행위지배가 없는 법인의 범죄능력을 부인한다.

2. 비판

1) 행위개념의 기초기능이 결여

(1) 과실개념의 파악이 곤란

이 견해에 의하면 목적성을 갖지 않는 과실행위의 행위성을 인정할 수 없는 문제점이 있다. 여기에 대해 H.Welzel은 과실행위도 '잠재적 목적성 또는 구성요건적 결과 이외의 결과를 목적으로 하는 목적적 행위' 라고 반박하면서 그 행위성을 인정하였다.

(2) 부작위 또는 망각범의 개념파악이 곤란

부작위는 목적추구활동성, 즉 인과과정의 조정이 없으므로 행위개념으로 설정하는데 어려움이 있다. 작위와 부작위는 존재론적으로는 통일될 수 없으며, 따라서 규범의 범위내에서만 통합가능하다는 점에서 이 견해는 사회적 행위개념이 미흡하다. 이러한 비판에 대해 목적적 행위론에서는 부작위를 하나의 행위에 관련하여 '가능적 목적성'으로 파악하여 이 가능성 속에 작위와 부작위를 한데 묶어 인간의 행태(Verhalten)라는 상위개념에 통일된다고 반박하였다.

2) 행위개념의 결합기능(체계적 중립성)이 결여

목적적 행위론은 인과적 행위론의 유의성을 목적성으로 대체시켰지만 목적적 실현의사를 목적적 행위의 중추라 하여 결국 목적성을 심리적 요소로서의 의사성(意思性, Willentlichkeit)과 동일시하게 되는 모순이 있으며, 또한 고의와 목적성을 동일시하게 되는 모순이 대두된다.[13] 즉 고의는 범죄사실의 인식이며 형법상의 개념이나 목적성은 자연적 사실을 포함한 개념이며, 고의는 구성요건에 해당하는 사실의 전부에 대한 인식이나 목적성은 반드시 그와 같은 구체적 사실에 대한 인식임을 요하지 아니하며, 따라서 목적성은 고의를 포함할 수 있으나 고의는 반드시 목적성을 포함하지 않는다.

---

13) C.Roxin은 목적적 행위론은 고의와 목적성을 동일시함으로써 행위개념의 체계적 중립성을 무시한 이론이라고 비판하였다.

3) 행위개념의 한계기능이 무시

인간의 행위를 목적추구활동이라면 대부분 소질과 환경에 의해 행위가 지배되는 상습범인이나 각종 약물중독자에 의한 행위에 대한 설명이 곤란하다.

4) 기타

고의를 행위의 본질적 요소로 보지만 형법은 고의가 결여된 행위도 예외적이긴 하지만 실제로 처벌하고 있다.[14)]

Ⅲ. 사회적 행위론(Soziale H.)[15)]

1. 논지

종래의 인과적 행위론과 목적적 행위론이 사실을 기초로 한 존재론적 행위개념의 파악단계에 그친데 반해 존재론적 방법과 규범적 방법을 절충하여 의사결정과 그 외적 결과사이에 존재하는 존재론적 소여성(인과성)을 인정하면서 그것의 사회적 의미내용(sozialer Sinngehalt des Geschehens)에 따라 행위개념을 파악하여야 한다. 따라서 행위는 사회적으로 의미있는 행태[16)], 즉 객관적으로 예견가능한 사회적 결과로 지향된 일체의 객관적 지배가능한 행태이다.

즉 행위란 '첫째 인간의사에 의하여 지배가능하고, 둘째 사회적으로 중요성있는 행태'라고 본다. 그 결과 사회적으로 의미가 있는 이상 인과성이나 목적성의 유무와는 관계없이 형법상의 행위로 보아 과실범 · 부작위범 · 망각범 나아가 법인의 범죄능력까지도 인정한다.

사회적 행위론은 행위의 요소를 최소한 축소하여 유의성 · 유체성은 물론 인과성까지도 행위개념에서 배제함으로써 자연주의적 잔재를 모두 행위개념에서 배제하고 오직 의미적 요소만으로 행위본질을 파악한다.

2. 비판

행위에서 의사에 의한 한계 자체를 완전히 포기한다는 것은 인간행위의 본질을 무시한 것이다. 그리고 실제로 사회적 유의성의 문제는 불법과 구성요건에 대한 고찰 없이는 해답이 곤란하다고 보아야 한다. 즉 구성요건에 규정되지 않은 것은 사회적 유의성이 없다 할 것이며, 따라서 구성요건에 해당하는 경우에는 위법성의 문제는 별로 하더라도 일단은 형법상의 평가대상이 되는 사회적 의미를

---

14) 제13조 단서에 의한 전매 · 조세 · 관세사범 등.

15) 객관적 · 사회적 행위론자로는 Eb.Schmidt, K.Engisch, W.Maihofer 등이며, 주관적 · 사회적 행위론자로는 H.H.Jescheck, J.Wessels 등이 있다.

16) H.H.Jescheck. W.Maihofer는 '객관적으로 예견가능한 결과에로 지향된 행동'이라고 개념정의하고 있다.

가진다고 보아야 한다.[17] 또한 이 견해는 범죄론의 체계적 구성, 특히 불법과 책임의 개념구성에 하등의 의미를 갖지 못하고 귀책적 행위의 하한만 긋는 소극적 기능에 그칠 뿐이다. 나아가 사회적 의미 없는 행위도 법적 평가에서는 가벌적인 경우가 있을 수 있을 수 있다.

Ⅳ. 인격적 행위론(Personale Handlungslehre)[18]

1. 논지

행위란 「인격의 객관화(Objectivation der Person), 인격의 객관적 발현(Persönlichkeitsäußerrung)」, 즉 인격의 표현으로 의사에 의해 지배되거나 지배가능한 인과적 결과에 대한 책임있고 의미있는 형성으로 보는 견해이다. 인격적 행위론은 이질적인 범죄현상들을 총칭하는 행위개념으로 「인격의 발현」이라는 개념을 사용함으로써 실체의 동일성을 포기하였다. 즉 다양한 범죄형태마다 공통으로 하고 있는 실체개념을 찾으려고 하지 않았다.[19]

2. 비판

인격의 객관화의 의미는 인간의 거동이라는 의미에 불과할 뿐 아니라, 인격의 객관화에 사회적 의미를 부여할 경우 사회적 행위론과 동일 내지 유사한 이론이다.

Ⅴ. 기타

1. 소극적 행위론(Negative Handlungslehre)[20]

종래의 행위개념이 범죄의 기본형태라 할 수 있는 고의에 의한 작위범에서 출발하여 다른 범죄형태를 포괄하려는 것과는 달리, 부작위범을 출발점으로 하여 행위개념을 설명한다. 즉 작위 · 부작위를 포괄하는 소극적 행위개념으로 「회피가능한 결과의 야기」라고 하면서, 명령된 반대조종의 중지

---

17) 예컨대 정당방위로 사람을 살해하는 행위와 단순히 파리를 죽이는 행위는 구별되어야 한다.

18) Arthur Kaufmann, C.Roxin 등. 사회적 행위론의 일종으로 보는 견해도 있고, 별개의 행위론으로 보는 견해도 있다.

19) 이원적 사단계 범죄체계론

- 인간
  - 사회적 인격 - 불법의 영역
    - 실질적 불법 - 금지의 실체
    - 형식적 불법 - 위법성
  - 개인적 인격 - 책임의 영역
    - 실질적 책임 - 책임의 실체
    - 형식적 책임 - 비난가능성

20) Kahrs, Herzberg, Behrendt 등.

또는 행위자가 그 결과를 회피 할 수 있었고(회피가능성), 법이 그에게 명령하고 있었음에도 불구하고(보증인적 지위) 그 결과를 회피하지 않은 경우가 형법상 행위라고 한다.

2. 행위개념 부정설[21)]

전법률적(前法律的, 구성요건적) 행위개념을 전적으로 포기하고, 구성요건해당성을 형법체계의 기초로 삼는 이론으로, 모든 가능한 형태의 귀속의 토대가 되는 통일적인 개념은 존재하지 않으며, 따라서 모든 현상의 형법적 평가는 구성요건의 단계에서 고려하고자 하는 견해이다.

21) G.Radbruch, Maihofer, Baumann, P.Noll 등.

【인과적 행위론】

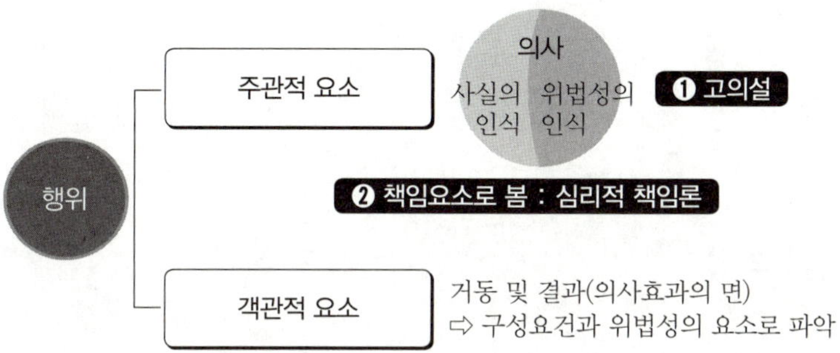

① 구체적인 의사내용이 어떠하던 간에 일정한 의사(유의성)에 기한(자연적인 인과성) 거동 · (거동성) 결과만 발생하면 구성요건 · 위법성은 성립한다.

② 구체적인 의사내용과 위법성의 인식은 책임단계에서 논함으로써 범죄성립요건으로 행위측면만을 대상으로 한다. 즉 행위자 측면을 판단대상에서 제외한다.

【목적적 행위론】

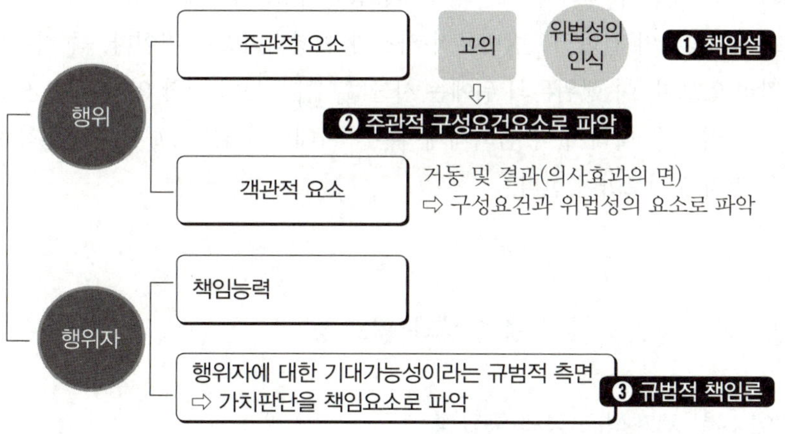

제3절 범죄체계론(Die Lehre vom Verbrechenssystem)

제1항 일반이론

Ⅰ. 범죄체계론의 의의

(형식적 의미의) 범죄에 관한 하나의 체계적 이론, 즉 '범죄행위(가벌적 행위)가 되기 위해서 갖추어야 할 요소(범죄구성요소)는 무엇이냐'와, '이러한 범죄구성요소를 어디에 어떻게 체계적으로 배열할 것인가'에 대한 논의로, 범죄론(Verbrechenslehre), 범죄행위론, 범죄행위체계, 범죄행위의 구성요소(Merkmale der Straftat), 범죄행위의 기본구조, 범죄구성 등 다양한 용어로 사용되고 있다.

범죄체계론은 사건에 대한 형법의 적용과정에 있어서, 일정한 틀에 의하여 형법을 합리적으로 적용시키려는 하나의 방법적인 절차로서의 사고과정, 즉 사건에 대해 가벌성 확정을 위해 구체적 내용분석에 앞서 사건을 단계적으로 판단하는 방법론이다.

이와 같이 범죄체계론은 범죄행위를 체계적으로 인식하고 설명하는 방법론이라는 점에서(행위는 범죄체계구성의 초석이다) 「비범죄행위와 구별되는 범죄행위개념을 어떻게 파악할 것인가, 범죄구성요소들을 어느 단계에서 다룰 것이냐」라는 대단히 사변적인 철학적 사유방식이 그 기저에 깔려 있기 때문에 어떤 범죄체계론이든지 그 시대상황의 철학적 · 방법론적 사조가 반영되어있는 것이다. 즉 하나의 체계론 뒤에는 행위론이 깔려 있으며, 이 행위론의 뒤에는 사물(그 중의 하나가 범죄행위)에 대한 인식 또는 사고방법이라는 그 시대의 철학이 깔려있다. 따라서 각 범죄체계이론을 이해하기 위해 그 시대의 철학(사고방법)과 행위에 대한 시각을 먼저 살펴보아야 한다.

Ⅱ. 체계적인 범죄행위인식의 중요성과 필요성

1. 범죄행위에 대한 체계적 구성의 중요성

사물에 대한 이러한 인식을 함에 있어서 좀더 논리적이면서 쉽게 하게끔 도와 주는 역할을 하는 것이 체계이다(체계가 대상의 인식을 도움). 대상에 대한 고찰과 인식을 위한 이러한 방법론적 태도, 즉 대상에 대한 인식의 태도(방법) 및 그 학문적 체계화는 중요한 연구방법론이다.

특히 일정한 행위에 대한 가치평가의 시각이 다른 어떤 법분야보다 중요한 의미를 가지는 형법이론학(Strafrechtsdogmatik)영역에서는 그 대상인 범죄행위를 어떤 방법으로 체계적으로 인식하느냐에 따라 범죄체계론의 근본적인 상위에 의해 행위론의 대립, 범죄성립요건의 체계화, 불법론의 대립, 고의와 과실의 범죄체계론적 지위, 책임론의 구성(책임형식), 고의와 위법성인식과의 관계, 착오의 영역, 공범이론대립을 초래한다.

2. 필요성

첫째, 사안을 단계적으로 파악함으로써 사안해결을 쉽고 논리적으로 할 수 있다. 둘째, 법적용의 통일성과 합리성(타당성)을 유지해 준다. 셋째, 모든 범죄구성요소들을 각 단계에 체계적으로 배열시킴으로써 각 단계에서 그 검토와 해석 적용을 통해 새로운 법형성을 가져올 수 있다.

Ⅲ. 범죄체계론의 한계

첫째, 범죄체계론은 다양한 사건에 형법을 적용하는 데 있어 하나의 방법론적 사고방식에 불과하다. 따라서 범죄체계에 의하지 아니한 사건판단도 있을 수 있으며, 반드시 삼단계 범죄체계의 순서대로 판단해야 할 이유도 없고, 나아가 범죄의 각 구성요소를 어느 단계에 위치시켜 살펴보든 이를 잘못되었다고 할 수도 없다. 어느 단계에서 판단하느냐는 하나의 방법론적 절차적 문제일 뿐이다. 실제 형사재판의 실무에 있어서 가장 중요한 점은 사건의 실체를 밝히고(증거확보의 중요성 = 증거재판주의) 여기에 합치되는 형법조항을 올바로 해석하여 적용하는 데 있다. 누가 더 모양 좋은 체계를 세우느냐가 아니라는 점이다. 체계는 대상을 인식하는 방법 또는 수단이지 그 자체가 형법이론학의 목적이 아니라는 점이다. 수단이 수단성을 넘어 마치 형법이론학의 목적인 양 포장되어서는 안된다.

둘째, 범죄체계론은 범죄행위에 대한 인식에 있어 필요에 의해 만들어진 인위적인 사고방식(人爲性)이므로 그 체계론 또한 다양할 수 밖에 없다. 무수히 다양한 사안에 공통적으로 적용되고 모든 사안을 명확하게 해결할 수 있는 범죄체계론은 있을 수 없으며, 따라서 자신의 사고방법에 알맞는 체계를 선택하면 된다. 어떤 체계이든 가벌성판단에 있어서 그 결론은 동일하기 때문이다. 체계 때문에 내용이 달라지는 것은 아니라는 것이다(범죄체계의 기능적 동일성). 단 위법성조각사유(정당화사유)의 객관적 전제사실에 대한 착오에 있어서는 가벌성 판단이 달라짐.

셋째, 사안에 대한 체계적 사고는 자칫 사안해결에 있어 고려해 볼 만한 여러 인식의 가능성을 미리 배제해 버릴 수 있다. [예로서 책임단계에서 고려되고 있는 현재의 여러 요소들 이외에 더 고려되어야 할 다른 요소들은 없겠는가?]

넷째, 범죄체계론은 범죄행위에 대한 가벌성 판단의 방법이라는 점에서 궁극적으로 가벌성을 판단하는 기준은 아니다. 즉 실제 범죄의 해결에 있어 체계적 사고는 좀더 논리적(합리적)으로 쉽게 문제에 접근할 수 있다는 것이지 범죄해결의 구체적인 면에서는 아무런 역할도 하지 못한다. 사안해결

에 있어 출발점이지 귀결점이 아니다. [1]

다섯째, 범죄체계적 사고방식은 형식적 의미의 범죄개념의 테두리 내에 있다는 점에서 범죄의 실질성 또는 범죄의 원인과 대책에 대해서는 완전히 침묵을 지킬 수 밖에 없다.

배종대교수는 범죄체계론적 접근에 대해 위와 같이 주의를 제시하고 있다(배종대, 형법총론, 제8전정판, 홍문사, 2005, 151면~156면 재인용).

이러한 행위가 왜 범죄가 되는가, 어떤 이유에서 형법은 이러한 행위를 범죄로 규정해 놓고 있는가, 범죄를 규정하는 법 자체에는 문제가 없는가, 법이 범죄와 범죄자를 양산해 내는 것은 아닌가, 왜 이 사람은 범죄를 해야만 했는가, 그 자신의 문제인가 아니면 사회에 문제가 있는 것인가, 아니면 범죄로 규정하는 법이나 국가에 문제가 있는가, 이 엄청난 범죄를 막을 방법은 없는가, 올해는 범죄가 줄어들었다는 그 통계는 믿을 수 있는가, 과연 몇 명이나 믿고 있겠는가, 실형을 선고받은 수형자들은 교도소에서 인간적인 대접(법에 정해 놓은 최소한의 권리만이라도)을 받고 있는가, 과연 형법이 범죄자의 마그나 카르타라는 이 아름다운 포장을 형장의 이슬로 사라지는 사형수는 진실로 그렇게 믿고 죽어 가는가, 법에도 없는 규정을 유추해석하여 처벌하는 현실은 없는가, 있다면 과연 죄형법정주의를 최고의 형법이념으로 삼고 있다는 법치국가라 할 수 있겠는가?

법의 목적은 사회정의의 실현이며 그렇게 믿고 엄청난 사람들이 법을 공부하고 있고 인권을 위해 법에 종사하고 있다. 수단이 되어야 할 그 무엇이 완전히 목적 자체로 변질되어 있지는 않은가? '법관의 제1차적 임무는 법률위반행위를 처벌할 뿐만 아니라 법률을 준수하도록 만드는 일'[2]이라는 법언(法言)을 망각해서는 안된다.

---

1) 예로서 고의가 주관적 구성요건요소이든 책임요소이든 간에 어느 단계에서 살펴보느냐의 문제이지, 범죄자가 어떤 고의를 가졌으며 고의의 구체적인 내용(사실에 대한 어디까지의 인식이 있어야만 과실과 구별되는 고의가 존재한다고 할 수 있느냐)에 대해서는 아무런 도움이 되지 않는다는 것이다.

2) Enrico Ferri.

제2항 범죄체계에 관한 이론들

Ⅰ. 독일형법학에 있어서 범죄체계론의 태동

근대 계몽주의 자유주의 하에서 전기 구파가 등장히였는데, 1800년대 초 당시 독일의 사정은 프로이센 절대왕정을 중심으로 민족주의적 통일운동이 전개되면서 P.J.A.R.v.Feuerbach에 의해 대표되는 계몽적 자유주의적 형법이론은 퇴조되고 반동적 보수화의 움직임 하에 19C初 Georg Willhelm Friedrich Hegel학파의 관념적 · 절대주의적 방법론의 등장하였다. 그리고 이후 약 30년간 사변적(思辨的) 인식방법에 기초한 추상적 · 형이상학적인 Hegel학파의 형법이론이 지배하였다.[3]

Berner에 의해 최초로 행위개념이 범죄체계의 초석으로 논의되면서, 행위개념을 형법상의 범죄체계의 기본개념으로 파악하였고,[4] G.Radbruch의 『형법체계에 있어서 행위개념의 의의』(1904)를 통해 행위개념의 논쟁을 가져왔다.

Radbruch는 작위와 부작위를 포괄하는 상위개념으로서의 통일적인 행위개념의 수립가능성을 부정하였는데, 형법상의 제 행위태양을 포괄하는 상위개념의 정립을 시도하는 과정에서 행위론은 더욱 형이상학화 · 추상화되었다. 단 Hegel학파도 책임의 근거를 자유의사에서 구하므로 과실행위개념의 정립이 곤란하였고, 여기서 고의행위와 과실행위의 공통점을 발견하기 위해 고의행위와 과실행위를 객관적으로 파악하여 행위를 결과에 대한 인과적 원인으로 파악하려는 경향이 대두되었다. 즉 양자의 공통된 사실적 측면(거동과 그 인과적 진행에 의한 외부세계의 변화)은 의사(구체적인 내용은 불문)와 인과관계로 보는 새로운 견해가 나타났다.

Ⅱ. 고전적 범죄체계론(Die klassische Verbrechenslehre)

19C말~20C初(1871년 독일제국형법전 제정 이후) 후기 구파(K.Binding, Karl v.Birkmeyer)와 신파의 이론 대립을 통해 F.v.Liszt와 Ernst Beling에 의해 완성된 이론으로, 법의 명확성과 안정성이라는 근대 국가체제의 요구에서 실정법적 연구가 중요시되었다.

1. 철학적 사고방법

① Hegel학파의 관념적 · 절대주의적(형이상학적)방법론에 대한 반동

3) Albert Friedrich Berner, Hugo Hälschner, Reinhold Köstlin 등.

4) Berner, Lehrbuch des Deutschen Strafrechts, 1857.

② 대상의 인식에 있어 19C 중엽의 자연주의(Naturalismus) · 실증주의(Positivismus)적 방법론(과학적 경험주의를 기본원리)을 사상적 배경으로 하는 자연과학적 정밀성과 기하학적인 형식미

③ 과학만이 타당한 지식을 얻게 하며, 지식의 가능한 대상과 바탕은 오직 사실뿐. 즉 실증적으로 현존하는 것에 대한 인식과 확인에 국한(실증주의적 · 자연주의적 · 가치중립적 범죄체계론)

④ 일체의 형이상학 즉 존재 그 자체에 관한 증명은 인과적 · 기계적으로 경험할 수 없고 정신적으로 이해가 가능하다는 점에서 비학문적 · 비과학적이라고 비판

⑤ 범죄는 「구성요건에 해당하는 위법 · 유책한 행위」라는 명제

2. 행위론

① 초기의 인과적 행위개념에서 출발

② 행위는 오직 외적 · 자연적 과정(의사에 의하여 외계의 변동을 초래한 거동). 구체적인 의사내용이나 사회적 의미는 체계 내의 책임론의 문제

③ 행위개념이 불법의 일요소로서 객관적인 면은 불법단계에서 주관적인 면은 책임단계에서 고찰

④ 고의와 과실행위를 통일적으로 파악. 단 작위와 부작위의 통일에는 실패

3. 불법론

순수한 결과불법론(結果不法一元論)

4. 구성요건론

① 구성요건은 가치중립적(몰가치적)인 객관적(記述)

② 구성요건은 오로지 객관적이며 일체의 주관적 요소로부터 자유로운 것이라는 객관적 · 몰가치적 구성요건개념 정립

5. 위법성론

형식적 위법성개념

6. 책임론

① 결과에 대한 행위자의 심리적 관계(범죄행위의 내부적 · 주관적 사정은 책임형식)

② 심리적 책임론(psychologische Schuldauffassung). 즉 고의와 과실은 책임형식

③ 위법성은 객관적으로, 책임은 주관적으로

④ 고의와 위법성의 인식과의 관계

위법성인식불요설, 엄격고의설

7. 착오론

① 사실의 착오와 법률의 착오에 대한 법적 평가가 동일

② 위법성조각사유의 객관적 전제사실의 착오
정당한 이유 유무 판단에 따라 발생된 결과에 대한 과실범 또는 범죄불성립

8. 공범론

인과적 정범론(kausale Täterlehre)

Ⅲ. 신고전적 범죄체계론(Die neoklassische Verbrechenslehre)

1920년대 독일형법학계. Max Ernst Mayer와 Edmund Mezger에 의해 완성된 이론으로, 고전적 범죄체계론은 유지하면서 모든 표지에 대한 체계내적 개선을 통해 재구성(내용에 수정과 보완)하였다.

1. 철학적 사고방법

① 신Kant학파의 가치철학과 목적론적 사고방식에 영향받은 가치관계적 · 규범적 범죄체계론

② 실증주의의 경험적 실증적 방법을 비판하면서 관념적 · 평가적 방법(법의 목적 내지 가치표상과의 관련성)을 중시

③ 자연과학적 · 인과적 사고방식에서 벗어나 목적 또는 가치를 고려하여 사건의 경과를 이해 또는 판단하는 정신과학적 방법, 즉 형법의 기본가치에 대한 중립성은 가치적 · 현실관계적 입장이 무시되었다는 입장에서 형법의 규범화 · 가치화의 경향

2. 행위론

인과적 행위개념에 가치개념(규범적 요소) 도입[5]

3. 불법론

주관적 불법요소론의 전개와 위법요소로서의 주관적 요소[6]

4. 구성요건론

① 구성요건의 규범적 · 주관적 표지 발견[7]

---

5) Radbruch, M.E.Mayer, Hippel, E.Mezger 등.

6) H.A.Fisher(사법학,1911년) → Hegler, M.E.Mayer에 의해 도입.

7) M.E.Mayer, Johannes Nagler, Grünhut, E.Mezger 등.

② Hegler, 『Die Merkmale des Verbrechens』(1915) – 초과내심적 경향범죄

③ M.E.Mayer – 구성요건은 위법성의 징표(Indiz)

④ E.Mezger, 『Die Subjektive Unrechtselemente』(1924)

5. 위법성론

실질적인 사회적 유해성의 개념 도입[8]

6. 책임론

① 초기의 규범적 책임론(normative Schuldauffassung)(Hippel류의 규범적 책임론)

고의(위법성의 인식을 포함)와 과실에 공통되는 상위개념으로서의 책임을 규범적 측면에서 재구성

② 기대가능성이론으로서의 규범적 책임론

독일 Reich법원의 「Leinenfänger」 사건(1897.3.23)을 계기로, E.Schmidt에 의해 완성

③ 고의와 위법성인식과의 관계

제한적 고의설

④ 위법성조각사유의 객관적 전제조건(사실)의 착오

고전적 범죄체계론과 동일한 이론 구성

Ⅳ. 목적적 범죄체계론(die finalistische Verbrechenslehre)

1. 철학적 사고방법

① 신Kant학파의 인식론(방법이원론)에 대한 반동

② Max Scheler, Edmund Husserl의 현상학에 기초한 실질적 가치론

③ 사고심리학과 현상학적 대상학을 방법론적 기초로 하여 존재론적 · 사물논리적 구조 이론을 전개

④ von Weber, Graf zu Dohna에 의해 이론적으로 착안하여 Hans Welzel에 의한 범죄론 체계의 재구성을 통해 Armin Kaufmann에 의해 완성

2. 행위론

행위개념은 전법률적 · 존재론적 개념으로, 목적추구성이 행위개념의 핵심이라는 목적적 행위론에 기초

---

8) Graf zu Dohna, E.Mezger 등.

3. 불법론(行爲不法一元論)

인적 행위반가치[H.Welzel의 인적 불법론(der personale Unrechtbegiff)]

4. 구성요건론

일반적인 주관적 불법요소로서의 고의(고의와 과실은 주관적 구성요건요소)

5. 위법성론

실질적 위법성론. 주관적 정당화요소의 발견

6. 책임론

① 평가기능으로서의 규범적 책임론

② 책임의 본질은 동기형성에 대한 비난가능성 또는 의무위반성

③ 비난가능성의 기초 : 기대가능성 + 위법성의 인식(가능성)

④ 고의와 위법성인식과의 관계

엄격책임설

7. 착오론

① 구성요건착오와 금지착오에 대한 법적 평가가 달라짐

② 위법성조각사유의 객관적 전제사실의 착오

정당한 이유 유무 판단에 따라 발생된 결과에 대한 고의범 또는 범죄불성립

8. 공범론

목적적 정범론

Ⅴ. 합일태적(合一態的, 신고전적 · 목적적) 범죄체계론

신고전적 범죄론과 목적적 범죄론을 종합한 이론(합일체계)이다.

1. 행위론

목적성과 인과성을 종합하는 사회적 행위개념에서 출발

2. 불법론

결과불법과 행위불법의 불가분적 연관 하에서 동시에 고려(결과 · 행위 불법이원론)

3. 구성요건론

① 고의와 과실의 이중적 지위(기능)

② 행위방향을 결정하는 요인
주관적 구성요건 표지(행위반가치의 표현인 행태형식)

③ 심정적 반가치를 드러내는 요인
책임의 표지(심정반가치의 표현인 책임형식)

4. 책임론

① 책임
행위자에 대한 비난가능성(규범적 책임론)

② 고의와 위법성인식과의 관계
제한적 책임설

5. 착오론

① 구성요건착오와 금지착오에 대한 법적 평가가 달라짐

② 위법성조각사유의 객관적 전제사실의 착오
정당한 이유 유무 판단에 따라 발생된 결과에 대한 고의불법 · 과실책임 또는 범죄불성립

6. 공범론

기능적 정범론

【범죄체계론】

(범죄행위를 체계적 · 논리적으로 인식하고 설명하는 방법론)

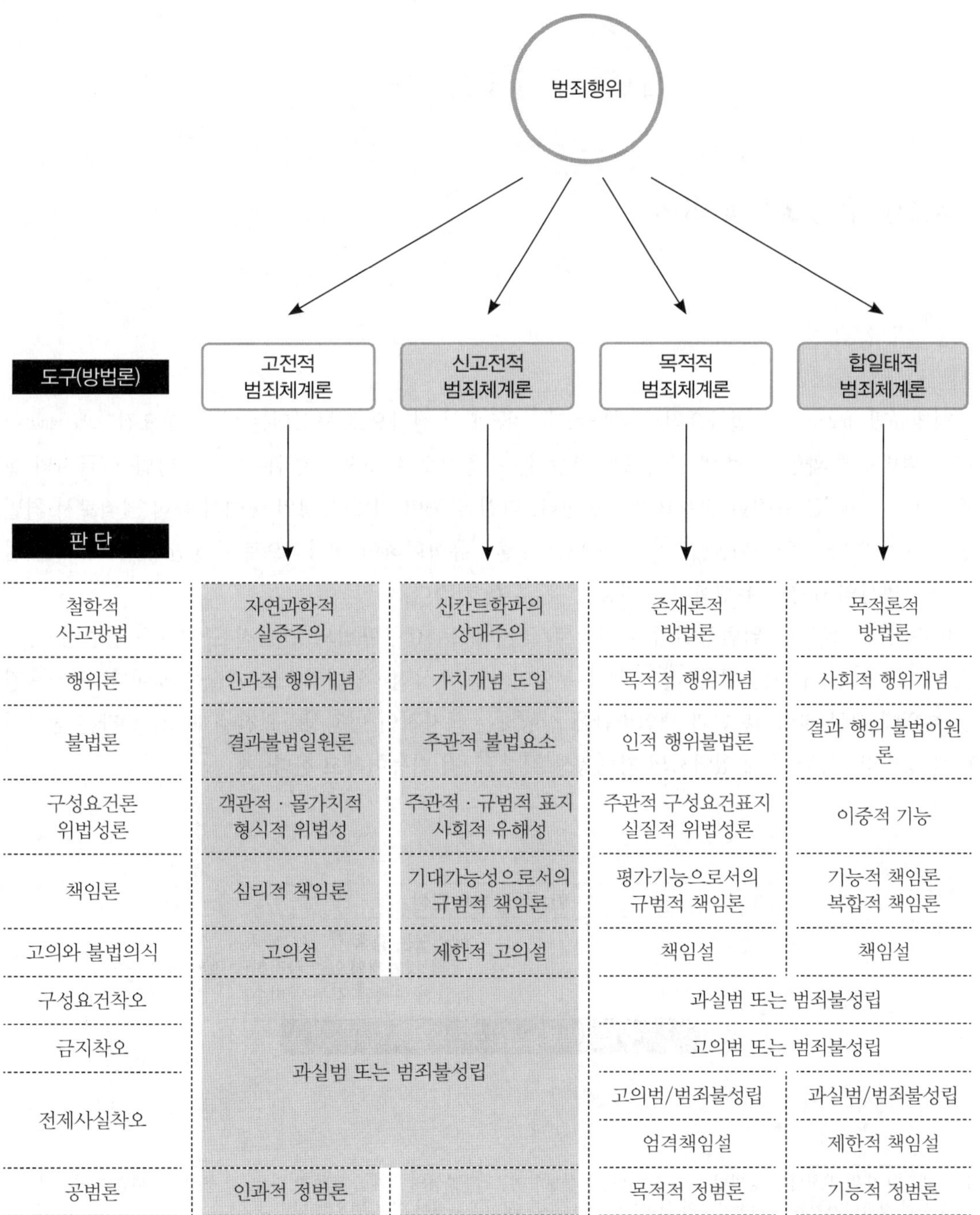

판 단	고전적 범죄체계론	신고전적 범죄체계론	목적적 범죄체계론	합일태적 범죄체계론
철학적 사고방법	자연과학적 실증주의	신칸트학파의 상대주의	존재론적 방법론	목적론적 방법론
행위론	인과적 행위개념	가치개념 도입	목적적 행위개념	사회적 행위개념
불법론	결과불법일원론	주관적 불법요소	인적 행위불법론	결과 행위 불법이원론
구성요건론 위법성론	객관적 · 몰가치적 형식적 위법성	주관적 · 규범적 표지 사회적 유해성	주관적 구성요건표지 실질적 위법성론	이중적 기능
책임론	심리적 책임론	기대가능성으로서의 규범적 책임론	평가기능으로서의 규범적 책임론	기능적 책임론 복합적 책임론
고의와 불법의식	고의설	제한적 고의설	책임설	책임설
구성요건착오	과실범 또는 범죄불성립		과실범 또는 범죄불성립	
금지착오			고의범 또는 범죄불성립	
전제사실착오			고의범/범죄불성립	과실범/범죄불성립
			엄격책임설	제한적 책임설
공범론	인과적 정범론		목적적 정범론	기능적 정범론

제2장 구성요건이론

제1절 구성요건 일반이론

제1항 구성요건의 의의

Ⅰ. 구성요건의 개념

형벌규범(Strafnorm)은 법률요건과 법률효과(형사제재)의 결합으로 구성되는 바, 구성요건(Tatbestand)이란 형벌법규에 과형(당벌성)의 근거로서 추상적 · 정형적으로 규정된 행위유형, 즉 형법상 '금지의 실질(Verbotsmaterie)'을 규정한 법률요건을 말한다. 다시 말하면 위법한 행위 중에서 특히 범죄로서 처벌할 필요가 있다고 인정되는(가치판단이 개입) 행위를 추출 · 유형화하여 개념적으로 규정한 것으로, 모든 범죄의 당벌성의 내용을 유형화하는 기능(범죄유형의 윤곽을 획정)을 가진다.

따라서 그 실체는 위법행위의 유형으로 금지 또는 요구규범의 간접적 규정, 즉 형법상 금지(작위범의 경우) 또는 요구되는 행위(부작위범의 경우)가 무엇인가를 추상적 · 일반적으로 기술한 것이다. 구성요건은 행위에 대한 위법성판단과 책임비난에 선행하는 독자적인 범죄성립요건(범죄구성요소)라는 점에서 이를 형법의 이론체계에 있어서의 지도형상(불법의 지도 형상적 정형)적 기능이라고 한다.

현실적인 범죄 발생

해당 또는 충족
⇩ (동적 평가개념으로 완전히 충족된 경우가 기수, 불완전 충족된 경우가 미수)

추상적 법률개념의 구성요건과 일치[1]

---

1) 구체적인 행위가 하나의 형벌법규의 구성요건을 실현하여 그 가벌성의 전제를 충족한 경우, 즉 구성요건해당의 판단기준으로서의 결과반가치와 행위반가치의 현실적인 실현 또는 실현가능성이 있는 경우를 말한다.

Ⅱ. 구성요건의 종류와 그 기능

구성요건의 이해 태도에 따라 범죄론의 체계구성과 위법성조각사유의 법적 성질 및 그 전제사실의 착오 문제에 대해 견해의 대립을 가져온다.

1. 관찰자의 목적결정에 따른 제 유형

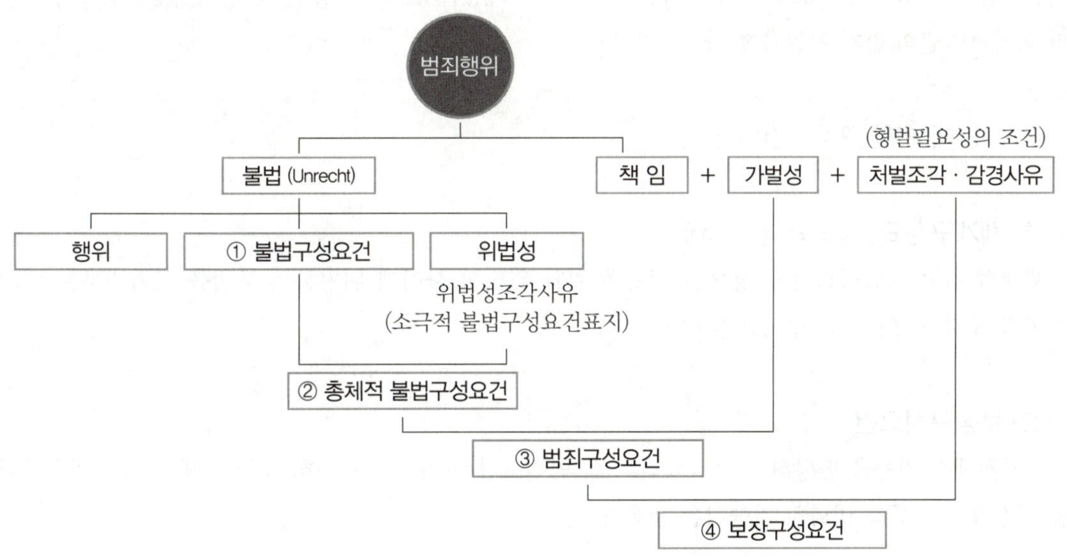

1) 불법구성요건

불법구성요건(협의의 구성요건개념, Unrechtstatbestand)이란 범행의 고유한 불법내용을 기술하면서 동시에 당벌적 불법유형(Unrechtstypus, 당벌적 불법의 특별한 태양)을 구성하는 모든 표지, 즉 적극적으로 불법을 근거지우는 성문화된 구성요건표지를 말한다.

2) 총체적 불법구성요건

총체적 불법구성요건(Gesamt-Unrechtstatbestand)이란 불법구성요건과 모든 위법성조각사유(소극적으로 불법을 배제하는 성문 · 불문화된 행위의 정당화사유로서, 소극적 불법구성요건표지 또는 허용구성요건)를 포괄하는 개념이다. 즉 불법판단에 관련된 본질적인 모든 표지들로, 구체적인 형사사례에서 적법과 불법의 한계를 최종적으로 확정한다. 소극적 구성요건표지이론에서 주창된 개념으로, 2단계 범죄체계(Der zweistufige Deliktaufbau)에서 주장하는 개념이다.

3) 범죄구성요건

범죄구성요건(광의의 구성요건개념, Deliktstatbestand)이란 불법구성요건과 책임구성요건(Schuldtatbestand) 및 객관적 처벌조건을 포괄하는 개념이다. 즉 형벌규범 중 가벌성을 이루는 모든 전제조건들의 총화를 말한다.

4) 보장구성요건

보장구성요건(최광의의 구성요건개념, Garantietatbestand)이란 불법구성요건과 위법성,책임 및 모든 처벌조각 · 감면사유에 해당하는 형벌필요성의 요건을 포함하는 개념으로, 죄형법정주의를 통한 형법의(자유와 권리의) 보장적 기능과 국가형벌권의 한계 기능을 한다.

2. 기능에 의한 구성요건의 분류

1) 체계구성요건(Systemtatbestand)

체계적 기능을 담당하는 구성요건으로, 행위와 위법성 사이에 위치하는 불법을 근거지우는 범죄유형적 표지를 포괄하는 구성요건이다.

2) 보장구성요건

형사정책적 기능을 담당하는 구성요건으로, 인권보장적 기능과 관련하여 금지 또는 요구행위영역을 구성요건을 통해 명확히 기술하는 것을 말한다.

3) 착오구성요건(Irrtumtatbestand)

이론학적 기능을 담당하는 구성요건으로, 일체의 불법구성요건적 사정을 포괄하는 구성요건을 말한다. 불법고의를 배제시키는 이론학적 기능을 한다.

Ⅲ. 구성요건의 실현단계

범죄의 결의에서 출발하여 범죄의 표시(예비 또는 음모), 그리고 범죄실행의 착수(내부적인 범죄의사인 고의의 외부적 표현)와 미수 또는 기수로 실현된다. 이와 같이 미수(Versuch)란 행위의 미종료(착수미수) 또는 결과의 불발생(실행미수)으로, 미수 개념은 실행의 착수(Anfang der Ausführung)를 전제, 즉 고의행위를 전제로 한다. 따라서 이론적으로 보아 과실범(결과적 가중범)에는 미수가 성립되지 않는다. 기수(Vollendung)란 실행행위의 종료 또는 현실적인 결과의 발생인 경우이다.

제2항 구성요건이론의 전개과정

종전에는 범죄란 가벌적인 위법 · 유책한 행위로 정의하여 오다가 1581년 Farinacius의 저술에서 이미 저질러진 범죄의 외부적 흔적의 총체(소송법적인 개념으로는 증명된 범죄사실을 의미)라는 의미로 "corpus delicti(罪體)"라는 용어를 사용하였고, E.F.Klein에 의해 '일정한 범죄에 속하는 표지의 총체(실체법적 의미)'를 의미하는 개념으로서 "Tatbestand"로 번역하였다.[2]

Ⅰ. Ernst Beling의 구성요건이론(객관적 · 몰가치적 구성요건개념)

『Die Lehre vom Verbrechen』(1906)에서 위법성 · 책임과 구별되는(위법성과 책임판단에 앞서는) 독자적인 범죄성립요건으로서 구성요건을 파악하였다. 즉 행위와 위법 사이에 독립된 체계상의 범주로, 3단계 범죄체계론의 확립을 가져왔다.

구성요건이란 실정법상으로 확정된 범죄유형적 표지의 총체로서 범죄유형의 윤곽(Umriß des Verbrechenstypus), 즉 입법자에 의하여 이루어진 불법의 지도형상적 정형으로, 죄형법정주의 입장에서 가치(규범평가)와 관계없는 형식적 요소로 이루어진 행위의 객관적 · 외부적 측면에 대한 사실의 記述에 불과하다. 따라서 구성요건은 행위의 외적 측면에만 관계되는 객관적 · 외부적 · 기술적 · 몰가치적 개념이라고 파악하였다.

범죄행위의 윤곽인 구성요건 그 자체는 오로지 객관적이며 일체의 주관적 요소로부터 자유로운 것으로, 따라서 「주관적(심리적)구성요건」이라는 것은 하나의 형용모순(eine contradictio in adjecto)이다. 즉 범죄의 주관적 · 내심적 요소는 외부적 요소의 심리적 반영으로서 책임의 문제이며 범죄개별화적 의미는 없다.

여기에 대하여 범죄유형의 윤곽인 구성요건이 개개 범죄의 특징을 나타내는 것이라고 한다면 범죄의 주관적 요소인 고의도 범죄의 개별화 기능을 하고 있는 이상 구성요건요소에 포함되어야 한다는 비판이 제기되었는데,[3] 이러한 비판과 관련하여 『Die Lehre vom Tatbestand』(1930)에서는, 상이한 제요소(諸要素)의 복합으로 이루어진 전체인 범죄유형(지도형상 구성요건, Lietbildtatbestand)과 이러한 제요소가 전체로서의 하나의 관념형태로 귀속되는 구성요건과를 구별하였다.

구성요건해당성은 일정한 행위(거동과 결과)가 법이 정한 범죄유형에 해당하느냐 여부의 사실판단의 문제로 구성요건은 가치판단을 포함할 수 없는 몰가치성(Wertfreiheit), 즉 가치중립적인 사실판단이며 행위의 위법성을 암시하는 아무런 법률적 평가도 갖지 아니한다(모든 위법성요소로부터 절연). 그리고 위법성은 객관적 행위요소에 대한 가치판단이며, 책임은 주관적 행위자요소에 대한 가치판단, 즉 행위 및 행위자에

---

2) E.F.Klein, Grundzüge des gemeinen deutschen und preußischen peinlichen Rechts, 1796.

3) Bruns, Kritik der Lehre vom Tatbestand, 1932.

대한 가치판단의 문제는 위법성과 책임단계의 문제로 파악하였다. 따라서 구성요건의 객관적 표지에 대한 평가는 위법성단계의 문제이며, 구성요건의 주관적 표지에 대한 평가는 책임단계의 문제로, 구성요건은 평가의 순수한 객체(Ein reines Objekt der Wertung)에 불과하다고 보았다.

Ⅱ. Marx Ernst Mayer에 의한 규범적 구성요건표지 발견

구성요건을 가치관계적 개념으로 이해하여, 구성요건은 위법성의 가장 중요한 인식근거(ratio cognoscendi) 즉 위법성을 징표(Indiz, 연기와 불의 관계로 비유)하는 기능을 가진다고 보았다. 위법성의 실질은 국가에 의하여 승인된 문화규범에 대한 위반(규범적 가치판단)으로, 따라서 위법성이 이러한 규범적 가치판단이라면 위법성을 징표하는 구성요건에도 규범적 요소 즉 규범적 불법구성요건표지(normative Tatbestandsmerkmale)가 있는 경우가 있다.

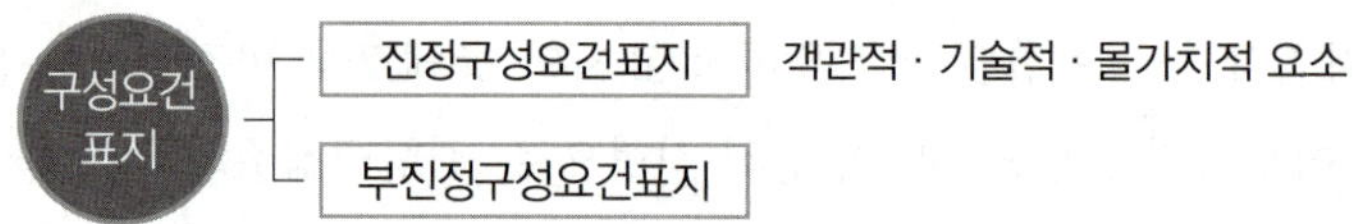

구성요건과 위법 그리고 책임은 병존관계에 있으며, 규범적 요소는 부진정구성요건표지로서 진정위법요소(위법성을 근거지우는 위법성의 진정한 요소)에 불과하며 진정구성요건표지는 아니다.

그리고 구성요건표지에는 단순한 기술적(記述的) 요소 이외에 구성요건적 사실을 인식함에 있어서 규범적 평가(법률적 · 도덕적 · 종교적 · 경제적 평가)를 거치지 아니하면 그 의미나 내용을 확정할 수 없는 요소가 있음을 파악하였다.

또한 현실적 행위의 구성요건해당성(이러한 규범적 요소가 내재된)에 대한 판단은 인간의 행위 가운데 형법적으로 중요한 불법인가(처벌할만한 가치가 있느냐)에 대한 가치판단의 문제이며, 따라서 구성요건해당성이 인정되는 경우는 그 행위가 형법상의 가치와 관련된 것임을 확정하는 것이다.

잠정적 불법판단을 내포하고 있다는 점에서 구성요건해당성의 문제도 가치판단이며 법률판단의 문제로 파악했기 때문에 동일한 가치판단의 문제인 위법성과의 관계가 대두되었고, 양자의 관계에 대해 Mayer는 구성요건은 위법성의 「인식근거」로 보았다. 즉 구성요건에 해당하는 행위는 위법한 행위로 추정되는, 따라서 구성요건해당성은 위법성을 징표하는 기능을 가진다.

Ⅲ. Marx Ernst Mayer, Edmund Mezger에 의한 주관적 구성요건표지 발견

불법이 행위자의 의사방향(주관적·내심적 요소)에 의존한다는 점에서 불법요소로서의 주관적 구성요건표지(subjektive Tatbestandsmerkmale)가 있음을 발견한 이론들이다.[4)]

1. Hegler

「Die Merkmale des Verbrechens」[5)]에서 주관적 사실이면서 위법과 이익침해의 요건이 되는 경우가 있으며, 이러한 범죄를「초과내심적 경향의 범죄」라고 하였다.

2. M.E.Mayer[6)]

주관적 위법성조각사유(주관적인 행위정당화요소, 예로서 정당방위의사)의 이론에 의해 위법성의 판단은 순수한 행위의 객관적 요소에 대한 가치판단만이 아니라 행위의 주관적 요소에 대한 가치판단도 고려되어야 한다고 봄으로써 위법성판단에 있어 주관적 불법요소를 인정하였다. 즉 위법성에는 구성요건과는 달리 주관적 목적이라는 주관적 요소가 존재한다고 하였으나 다만 구성요건요소로서는 인정하지 않았다.

책임과 주관적 불법요소를 구별하며, 위법성의 확정은 규범의 기저에 있는 목적에 의하여 행위를 측정하는 목적론적 고찰이며, 책임은 비난받아야 할 동기에서 행위가 이루어진 데 대한 평가로 이해하였다. 즉 목적(Zweck)은 위법에, 동기(Motive)는 책임에 귀속되는 것으로 이해아였다.

M.E.Mayer의 공헌으로는, 첫째 몰가치적인 구성요건에도 규범적 요소가 있다는 점, 둘째 객관적 요소로 인정하던 위법성에 주관적 불법요소를 인정한 점, 셋째 구성요건해당성을 기초로 범죄성립 삼단계설을 체계화한 것이다.

3. E.Mezger[7)]

구성요건은 특수하게 유형화된 위법성의 표현, 즉 형법의 목적을 위하여 인정된 특수한 위법유형으로 구성요건해당성은 위법성의「존재근거」이다. 따라서 부진정구성요건표지인 규범적 요소도 진정구성요건표지이며 위법성에 존재하는 주관적 요소도 구성요건요소로 이해함으로써 규범적 요소와 주관적 요소를 구성요건표지로 이해하였다.

일절의 범죄실행은 의사활동이며 범죄실현에는 항상 정신적 현상이 관여한다. 다만 이것이 책임에 속하는가 위법성에 속하는가는 의사내용을 규명해 보아야 하는 바, 의사내용(법률이 요구하는 의사)이 외부적 행위의 단순한 의욕인 경우에는 책임요소이며, 외부적 행위의 의미있는 의욕인 경우에는 주관적

4) H.A.Fisher(私法學,1911년) → Hegler, M.E.Mayer, E.Mezger에 의해 형법이론학에 도입.

5) Hegler, "Die Merkmale des Verbrechens", ZStW Bd.36, 1915.

6) M.E.Mayer, Der allgemeine Teil des deutschen Strafrechts, 1915.

7) E.Mezger, "Die subjektive Unrechtselemente", Gerichtsaal Bd.89, 1924.

불법요소로서의 구성요건요소이다. 이러한 주관적 불법요소를 포함한 범죄로서 표현범, 경향범, 목적범을 들고 있다.

Ⅳ. Hans Welzel(Bonn학파)에 의한 인적 불법론의 전개

객관적 행위사정의 실현에로 지향된 의사작용, 즉 목적성(목적추구성)인 고의를 일반적인 주관적 불법구성요건표지로 파악하였다.[8]

1. Helmuth von Weber

결과에 향하여진 행위자의 심리적 의사방향에 의해서만 행위의 위법성을 이해할 수 있다는 점에서 종래 전통적인 법익침해설의 입장에 있으면서도 심리적 유형요소인 고의를 위법성의 요소로 파악하였다.

2. H.Welzel의 인적 불법론

'구체적인 행위가 무엇때문에(어떤 요소로 인하여) 불법하다고 평가되는가'라는 형법에 있어서의 불법판단의 문제인 불법론(불법의 본질 또는 실체)과 관련하여 종래의 결과불법론(객관적 불법론)은 불법의 본질을 법익의 침해 또는 위태화라는 범죄행위의 객관적 · 외부적 상태를 기준으로 판단하였다(『위법성은 객관적, 책임은 주관적으로』).

이에 대해 Welzel은 첫째, 행위자의 주관적 결의를 고려하지 않고 순수한 행위의 객관적인 면만으로는 구성요건해당성에 대한 평가가 불가능하다는 점(미수와 기수의 유형구별이 안됨) 둘째, 인간의 행위 중에는 그것때문에 행위전체가 위법한 것으로 될 수 있는 내부적 · 주관적 요소, 즉 위법성의 존부 또는 강약에 영향을 미치는 주관적 요소가 있으며 이것은 범죄성립의 첫 단계인 구성요건에서부터 논해야 하는 행위의 주관적 불법구성요건표지라고 주장하였다. 따라서 고의는 객관적 구성요건표지와 대립되는 주관적 구성요건표지로서 양요소가 결합하여야만 불법유형으로서의 불법구성요건을 성립하게 되며, 고의는 모든 고의범에 공통되는 주관적 불법구성요건표지라고 한다.

이러한 논거를 기초로 위법성은 일정한 행위자와 관련된 행위에 대하여 내려지는 부정적 가치판단인데 대하여 불법은 행위자와 관련된 인적 행위불법(Täterbezogenes,personales Handlungsunwert)으로, 따라서 불법의 실체는 법익침해라는 결과반가치가 아니라 행위수행 전과정에서 징표되는 반사회적 위험성이라는 행위반가치라고 파악하였다. 즉 행위불법론(人的 不法論)은 구성요건에 규정된 행위는 불법요소가 되며, 따라서 행위의 객관적 · 주관적 요소 모두가 불법요소를 구성하므로, 따라서 불법의 실체는 객관적 · 주관적 측면(규범에 위반되는 =규범에 의하여 비난된 의사활동)을 포섭하는 행위 전과정의 반사회성에 대한 부정적 가치판단이라고 한다.

---

8) Claus Roxin은 범죄체계론에서의 이러한 논리전개의 변화를 '범죄행위체계에 있어서의 Copernicus적 전환' 이라고 하였다.

제3항 구성요건과 위법성의 관계

잠정적인 불법판단으로서의 구성요건과 개개사례에서 이러한 잠정적 불법판단을 법질서전체의 입장에서 확인하는 판단으로서의 위법성은 어떤 관계에 있는가?

Ⅰ. 구성요건은 사실판단의 문제로 양자는 무관계하다는 견해

E.Beling에 의하여 대표되는 고전적 범죄체계론에서 주장한 이론이다.

Ⅱ. 구성요건은 위법성의 인식(징표)근거[9)]

구성요건에 해당하는 행위는 형식적인 불법성을 가지며, 이러한 불법한 행위(구성요건에 해당하는 행위)가 왜 범죄행위로 처벌받아야 하는가는 위법성판단의 문제로 이해한다.

그리고 불법과 위법성의 개념을 구별하여, "불법(행위)은 위법성이 있다고 판단되었기 때문에(위법하기 때문에, 확정적인 위법성 판단을 거쳤기 때문에) 처벌된다(당벌성을 가진다)"고 이해한다. 즉 불법(Unrecht)은 구체적으로 특정구성요건에 위반되어 구성요건의 내용을 침해한 경우로 양과 질을 가지며, 따라서 양적 또는 질적으로 다를 수 있는 개념인데 반하여 위법성(Rechtswidrigkeit)은 법질서 전체와의 관계(입장)에서 일반인이 행위전체에 대해 내리는 「해서는 안된다」는 부정적 가치판단으로, 규범과 행위와의 충돌이라는 순수한 관계(reine Relation)의 개념이다. 따라서 언제나 단일하며 동일한 판단으로, 동적 · 구체적 · 객관적 판단인 점에서 불법개념과 다르다.

또한 위법성조각사유(Rechtsfertigungsgründe, 허용구성요건, 허용규범, 소극적 불법구성요건표지)는 특정한 경우 구성요건해당행위(금지 또는 요구규범의 위반행위)를 허용해 주는 ('해도 좋다') 사유(금지 또는 요구규범과 허용규범(Erlaubnisnorm)의 충돌로 인한 불법배제사유)로, 일단 금지된 구성요건이 실현되었음을 전제로 한다. 즉 구성요건해당성이 조각되는 것이 아니라 구성요건해당행위의 위법성만이 조각될 뿐이며, 또한 일단 발생한 위법성을 제거하는 것이 아니라 처음부터 적법한 행위로 평가된다는 점에서 아예 처음부터 구성요건해당성이 없는 행위와는 구별된다.

---

9) M.E.Mayer, H.Welzel.

Ⅲ. 구성요건은 위법성의 존재(효력)근거[10]

입법자의 구성요건창출행위는 특별한 위법성(규범위반)을 창출하는 것으로 특별히 유형화된 불법을 직접 근거지우는 의미를 가지는 것으로, 소극적 구성요건표지이론(Die Lehre von den negativen Tatbestandsmerkmalen)에서 주장된 이론이다.[11]

즉 구성요건과 위법성을 일치시켜 총체적 불법구성요건(Gesamt-Unrechtstatbestand)으로 결합하여 하나의 판단과정으로 흡수(불법과 위법 개념을 구별하지 않음)한 것으로, 범죄체계의 구조적 편중을 시정하기 위하여 불법과 책임을 대칭적인 것으로 이해하였다.

그리고 총체적 불법구성요건표지를 적극적으로 불법을 근거지우는(구성요건해당성 또는 불법구성요건의 실현) 구성요건표지로서의 적극적 불법구성요건표지과, 소극적으로 불법을 배제시키는 행위의 정당화사유로서의 표지인 소극적 불법구성요건표지로 나누었다.

불법구성요건(적극적 불법구성요건표지)과 위법성조각사유(소극적 불법구성요건표지)는 일반적인 금지규범과 예외적으로 특수한 경우의 허용규범이 아닌, 불법 그 자체를 조각하는 사유로 금지규범을 제한하는 기능을 가진다. 즉 위법성조각사유에 해당하는 행위는 처음부터 금지된 행위가 아닌 적법한 행위로서 구성요건에도 해당되지 않음으로 따라서 구성요건해당성 그 자체를 조각한다고 보는 견해이다.

이 견해에 의하면 범죄성립의 구조를 총체적 불법구성요건과 책임의 2단계의 구조로 파악하는데, 이 이론의 공헌으로는 범죄체계의 구조적 평형을 유지했다는 점과, 위법성조각사유의 전제사실(요건사실)에 대한 착오[12] 또는 허용구성요건착오를 구성요건착오로 명확하게 다룰 수 있는 이론적 근거를 제시하였다는데 있다.

그러나 구성요건과 위법성의 독자적인 형사정책적인 의미와 범죄체계 구조상의 기능을 간과하였다는 비판을 면할 수 없다. 즉 위법성조각사유의 독자성을 파악하지 못한 이론으로 위법성조각사유는 그 자체가 고유한 가치내용을 가지고 있으며, 일반적인 금지에 대한 전체적인 제한이 아니라 개별적인 경우에 금지규범에 대립하는 것에 불과하다. 또한 처음부터 구성요건에 해당하지 않는 행위(형법적 평가의 대상에서 제외된 행위)와, 구성요건에는 해당하지만 위법성이 배제되는 행위(법질서에 의해 허용되는 행위영역)와의 가치판단의 차이를 무시하였다.

---

10) Sauer, E.Mezger.

11) Adolf Merkel, Frank, Zimmerl 등에 의해 주장되고 Schaffstein, Schröder, K.Engisch, v.Weber, Arthur Kaufmann, C.Roxin 등에 의해 계승.

12) 위법성조각사유의 객관적 구성요건표지(전제사실)이 미비되어 있는데도 그것이 구비되어 있다고 오신한 경우의 착오유형으로, 예컨대 현재의 부당한 침해가 없는 데도 있다고 오인하고 정당방위로 나아간 경우와 같이 오상방위, 오상긴급피난, 오상자구행위 등이 이에 해당한다. 학설은 행위자에게 고의가 없으므로 과실이 있으면 과실범으로만 처벌이 가능하다는 구성요건착오유형으로 해석하는 견해와, 전제요건은 객관적으로 존재하지 않았고 따라서 위법성은 조각되지 않으나, 착오로 인하여 위법성인식을 결하였으므로 착오에 대한 회피가능성에 따라 책임판단에만 영향을 주는 금지착오유형으로 보는 견해, 나아가 이러한 유형의 착오는 불법구성요건에 대한 착오나 행위의 금지에 대한 착오가 아닌 독자적인 제3의 유형으로서의 착오라고 보는 견해 등이 대립되고 있다(자세한 내용은 금지착오에서 설명).

제4항 불법구성요건표지

Ⅰ. 객관적 불법구성요건표지와 주관적 불법구성요건표지

동태적 분석인 구성요건해당성 판단과는 달리 구성요건의 정태적 분석으로, 불법구성요건은 양자의 의미통일체로 파악한다.

1. 객관적 불법구성요건표지

구성요건고의에 있어 지적 요소의 대상(인식의 객체)으로, 이에 대한 인식이 결여된 경우가 구성요건착오의 문제로 귀착된다.

① 행위주체 : 자연인(신분범 · 자수범), 법인(법인의 범죄능력), 자수범

② 행위객체 : 침해범과 위험범

③ 보호법익 : 단일범과 결합범

④ 행위태양 : 작위 · 부작위범, 즉시범 · 계속범 · 상태범, 기수 · 미수범

⑤ 행위수단(특수~) 및 행위상황

⑥ 결과 : 결과적 가중범, 거동범과 결과범

⑦ 인과관계 : 인과관계론과 객관적 귀속이론(기술되지 아니한 구성요건표지)

2. 주관적 불법구성요건표지

① 구성요건(적)고의(객관적 불법구성요건표지에 대한 인식과 그 실현의사)와 구성요건착오

② 과실과 결과적 가중범

③ 특수한 형태로서 주관적 불법구성요건표지 : 목적범 · 경향범 · 표현범

Ⅱ. 기술적 불법구성요건표지와 규범적 불법구성요건표지

고의성립에 있어 인식의 정도, 육감적인 감지와 정신적 이해라는 차이가 있다.

1. 기술적(記述的) 불법구성요건표지

사실세계에 속하는 사항을 사실적 · 대상적으로 기술함으로써 개별적인 경우에 규범적 평가를 거치지 않고도 사실확정에 의하여 그 의미를 인식할 수 있는 구성요건요소이다.

① 주관적 · 기술적 요소 : 행사할 목적, 영리의 목적, 결혼할 목적으로
② 객관적 · 기술적 요소 : 사람, 부녀, 건조물, 재물, 강간, 불을 놓아

2. 규범적(規範的) 불법구성요건표지

언어의 기술 자체만으로는 내용을 확정하기 어렵고 규범의 논리적 전제 아래서만 표상될 수 있는 불법구성요건표지로, 비전문가의 평가에 병행한 평가 정도를 요하는 불법구성요건표지이다.

① 법률적 평가 : 유가증권,배우자,직계존속,타인의 재물(재물의 타인성)
② 도덕적 · 사회적 · 경제적 평가 : 추행, 음란, 명예, 신용, 업무, 모욕, 공공의 위험

기술적 불법구성요건표지와 규범적 불법구성요건표지의 한계는 상대적 평가 개념에 불과

Ⅲ. 봉쇄적(폐쇄적) 불법구성요건표지와 개방적 불법구성요건표지

1. 봉쇄적 불법구성요건표지

금지의 본질을 전부 구성요건에 규정함으로써 구성요건 자체에서 위법성이 도출되는 구성요건요소이다.

2. 개방적(법보충을 요하는) 불법구성요건표지[13)]

금지의 본질의 일부만을 구성요건에 규정함으로써 구성요건 자체에서 위법성이 도출되지 아니하며, 법관의 법보충을 요하는 불법구성요건표지이다. 예를 들어 과실범에 있어서 과실로 인하여 ~의 경우 주의의무위반의 실질적 내용은 구성요건에 규정이 없으며, 또한 부작위범에 있어서의 부작위로 인하여 ~ 경우, 작위의무의 실질적 내용인 보증인적 지위와 의무 등이 여기에 해당한다.

---

13) H.Welzel, Maurach, Zipf 등에 의해 주장된 개념이다. 여기에 대해 C.Roxin은 구성요건 그 자체가 불법유형으로서의 정형성을 가지므로 구성요건표지로 특정될 수 있는 폐쇄적 개념이며, 법관의 법보충은 구성요건표지의 일부에 대해서이며 불법의 창설이 아니므로 개방적 구성요건표지라는 개념은 없다고 비판한다.

제5항 구성요건해당성배제사유

행위반가치가 결여된 행위유형으로서 사회적 상당성을 구비한 행위와, 결과반가치가 결여된 행위유형으로서 피해자의 양해에 기한 행위로 나누어 볼 수 있다.

Ⅰ. 사회적 상당성론[14)]

1. 개념

사회적 상당성론(Die Lehre von der sozialen Adäquanz)이란 역사적으로 형성된 사회윤리적 공동생활의 질서, 즉 사회공동생활에 있어 역사적으로 형성된 정상적인 사회질서내에 속하는 행위는 사회적으로 상당하며, 따라서 비록 행위가 형식적으로 구성요건의 문언적 의미에 해당하더라도 구성요건이 상정하는 당벌적 불법에 해당하지 않음으로 구성요건해당성이 없다는 이론이다.

즉 구성요건은 사회적으로 불상당한 행태만을 규율하고 있다는 점에서 이미 사회생활의 완전한 질서가 되어버린 행위는 형법상 보호된 법익에 대한 위험과 관련하여 볼 때 행위반가치성이 없다는 이론을 말한다.

2. 유형

1) 허용된 (법익침해)위험의 유형

사회생활상 필요한 객관적 주의의무(im verkehr erforderliche Sorgfaltpflicht)를 다한 경우에는 사회경제적 필요성 및 유익성이 있는 행위, 위험한 구조행위, 보호법익주체가 스스로 위험에 나아간 행위 등에 의해 발생된 법익침해의 결과 또는 위험성이 비록 형식적으로는 구성요건해당성을 구비하더라도 이는 사회생활의 영위에 있어 일반적으로 허용되는 위험으로서 구성요건해당성 자체가 배제되는 행위영역이다.[15)]

2) 경미한 행위의 유형

행위수행으로 인한 법익침해위험성이 경미하여 사회적으로 흔히 묵과할 수 있는 행위영역이다.[16)]

---

14) H.Welzel, Schaffstein 등에 의하여 주장된 이론이다.

15) 초기에는 과실범의 불법구성요건조각사유로 주장되었으나 오늘날은 모든 범죄의 불법구성요건배제사유로 보고 있다(자세한 내용은 과실범이론에서 설명).

16) 예로서 경미한 답례품증정 도박 및 자유제한, 가족간의 제3자 모욕행위 등이 이에 해당한다.

3. 사회적 상당성의 체계적 지위에 관한 학설

① 개사회적 상당성론 부인설(집합개념설)[17]

개념의 모호성 내지 판단척도의 불확정성으로 인한 법적 안정성의 침해를 가져온다는 점에서 사회적 상당성 개념을 부정하는 견해이다.

② 해석원리로서의 사회적 상당성론[18]

범죄론체계적 의미는 없으나 구성요건해석을 위한 보조수단 또는 일반적 해석원리로서의 기능, 즉 구성요건제약기능을 한다고 보는 견해이다.

③ 구성요건해당성배제사유로서의 사회적 상당성론[19]

사회적 상당성이 있는 행위에 의한 법익침해는 불행일 뿐, 불법은 아니라는 견해이다.

④ 위법성조각사유로서의 사회적 상당성론[20]

통상의 정상상황에서 발생하는 초법규적(관습법적) 정당화사유로 해석하는 견해이다.

사회윤리적으로 합치되는 경우 구성요건배제

사회윤리적으로 허용되는 경우 위법성조각

⑤ 책임조각사유로서의 사회적 상당성론[21]

⑥ 사회적 상당성론을 객관적 귀속론(위험창출이론)으로 대체하려는 이론

Ⅱ. 피해자의 양해[22]

1. 구성요건해당성조각사유로서의 양해와 위법성조각사유로서의 승낙을 성격상 · 체계상 구분하는 견해[23]

17) Samson, Baumann, Hirsch, Gallas, Noll.

18) H.H.Jescheck, Kienapfel. 우리나라의 다수견해.

19) 초기의 H.Welzel, Maurach, Zipf.

20) H.Welzel, Klug, Schmidhäuser.
거래상대방의 대향적 행위의 존재를 필요로 하는 유형의 배임죄에서 거래상대방은 기본적으로 배임행위의 실행행위자와 별개의 이해관계를 가지고 반대편에서 독자적으로 거래에 임한다는 점을 감안할 때, 거래상대방이 배임행위를 교사하거나 배임행위의 전 과정에 관여하는 등 배임행위에 적극 가담함으로써 실행행위자와의 계약이 반사회적 법률행위에 해당하여 무효로 되는 경우 배임죄의 교사범 또는 공동정범이 될 수 있음은 별론으로 하고, 관여 정도가 거기에까지 이르지 아니하여 법질서 전체적인 관점에서 살펴볼 때 사회적 상당성을 갖춘 경우에는 비록 정범의 행위가 배임행위에 해당한다는 점을 알고 거래에 임하였다는 사정이 있어 외견상 방조행위로 평가될 수 있는 행위가 있었다 할지라도 범죄를 구성할 정도의 위법성은 없다고 보는 것이 타당하다(대법원 2011.10.27. 선고 2010도7624 판결).

21) Hermann Roeder.

22) ßvolenti non fit injuria.

23) Geerds, "피해자의 승낙과 양해", 1953.

1) 성격상의 차이

의사표시양태, 판단력(통찰능력 요부), 의사의 흠결 및 하자, 사회상규면에서 차이난다.

양해(Einwilligung des Verletzten)는 구성요건의 문언상 피해자의 동의가 있는 한 행위 자체가 성립되지 않아 구성요건 자체가 배제되는 경우로 사실적 성격인데 반해, 승낙은 위법성조각의 효과를 가져오는 법익의 포기에 해당하는 경우(법질서가 피해자 본인에게 포기의 자율권행사를 가능하게 하는 해준 범위내에서)로 법적 성격.

2) 체계상의 차이

① 양해나 승낙이 있음에도 없다고 오인한 경우

② 양해나 승낙이 없음에도 있다고 오인한 경우

2. 피해자의 승낙을 양해와 승낙의 구분 없이 구성요건배제사유로 보는 견해[24)]

국가형벌권의 최소화라는 자유주의적 법익론과 보호할 가치있는 이익흠결 즉 결과반가치의 흠결이라는 점에서 양자를 구성요건배제사유로 해석하는 견해이다.

Ⅲ. 가벌적 위법성론

형식적으로는 구성요건에 해당하는 듯한 외관을 갖추더라도 실질적으로 보면 범죄로 구성하기에는 타당성이 결여되는 경우(상당한 정도의 위법성을 결한 경우) 범죄불성립을 도출하기 위한 이론으로, 기대가능성이론 또는 초법규적 위법성조각이론과 같은 역할을 한다.[25)]

이 견해에 의하면 어떠한 행위가 형벌이라는 강력한 대책을 필요로 할 만큼 위법의 양과 질을 갖추어야만 가벌적이며, 그렇지 못할 경우 그것은 구성요건해당성 또는 위법성을 조각하게 된다고 본다. 즉 구성요건에 해당하는 형식이나 외관을 보이는 행위라 할지라도 그 행위가 당해 구성요건이 예상하는 정도의 실질적 위법성을 구비하지 못한 경우에는 구성요건해당성 또는 위법성을 부정하게 되는 바, 실무(특히 일본판례의 입장)에서는 구성요건해당성 자체를 부정하는 입장을 취하고 있다. 학설은 구성요건해당성조각설,위법성감경사유,가벌적 위법성조각사유설 등이 대립하고 있다.

가벌적 위법성이 결여된다는 판단기준으로는, 첫째 피해가 경미하다는 것과, 둘째 피해야기의 행위태양이 사회적 상당성으로부터의 일탈의 정도가 경미하다는 것을 들 수 있다. 그리고 피해가 경미한 행위에 대해서는 인권보장과 국가형벌권의 자기억제라는 겸억성을 보전하려는 데 그 이론적 배경이 있다.

---

24) Zipf, C.Roxin, Kientzy.

25) 일본 실무의 경미한 사건처리례로 이론화되었다.

가벌적 위법성론은 우리나라와 같은 형법 제20조의 정당행위에 관한 포괄적 규정이 없고, 경미한 법익침해에 대해 선고유예제도가 없는 일본의 법제도하에서는 그 이론적 존재의의가 있을 수 있다.

제6항 결과반가치론과 행위반가치론

구성요건해당성의 판단기준으로서 반가치의 중점을 행위의 어느 측면에 두느냐의 문제로 형법의 보호적 기능과의 관련성에서 논의되는 내용이다. 즉 실질적 위법성론과 관련하여 형사불법의 본질(실체)에 대한 견해의 대립으로(결과불법과 행위불법에 관한 대립), 최근에는 양자를 동시에 고려하여 불법을 평가함으로써 접근 경향을 보이고 있다.

1. 구성요건의 정태적 분석

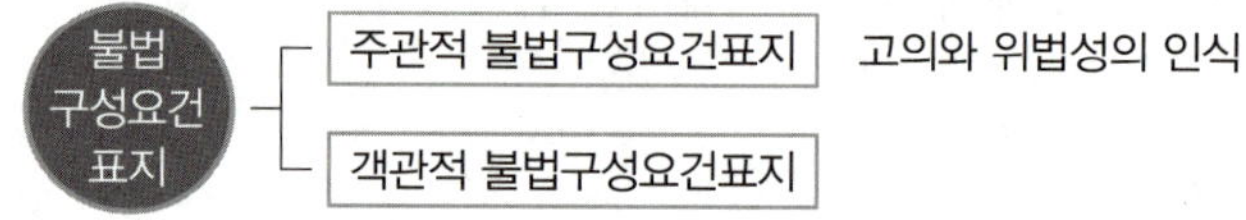

2. 구성요건해당성의 판단(동태적 분석)

결과반가치란 행위로 인하여 나타난 객관적 행위요소가 위법을 이룬다는 것으로, 구성요건해당성의 판단기준은 법적으로 승인되지 않은 법익침해 또는 위태화, 법익평온상태의 혼란(불능미수범의 경우)을 의미한다.

행위반가치란 행위수행과정 전체에서 나타난 행위의 반사회적(반윤리적)위험성을 의미하는 것으로, 구성요건해당성의 판단기준은 행위(행위경향, 행위의 성질)의 사회윤리적 행위가치에 대한 일탈이다.

Ⅰ. 결과반가치론(Erfolgsusunwert)

1. 내용

법익침해설과 관련하여 불법이란 법익침해 또는 침해위험이라는 사실과 관련된 측면, 즉 행위에 의해 야기된 법익의 침해위험성이라는 사실적 측면에 불법의 본질이 있다고 보는 견해이다. 형법의 법익보호기능을 강조하는 입장으로 법익침해(피해자)없는 범죄는 범죄가 아니라고 본다. 결과반가치의 판단요소로는 첫째 현실적인 법익침해, 둘째 법익위태화(침해범과 위험범의 미수유형), 셋째 법익평온상태의 혼란(불능미수유형)이다.

2. 비판

구성요건해당성의 불명확 즉 살인 · 과실치사 · 상해치사 · 불가항력에 의한 무과실에 의한 치사의 경우, 행위로 나타난 결과(법익침해)에서는 동일하므로 구성요건해당성과 위법성의 단계에서는 동일하게 평가되어 버린다. 또한 무과실 또는 인식없는 과실에 의한 (치사)행위도 결과반가치로 파악됨으로써 형법의 보장적 기능이 무시됨으로써 자칫 결과책임주의에 빠질 위험성이 있다.

Ⅱ. 행위반가치론(Handlungsunwert)

1. 내용

주로 반윤리성과 결부하여 불법이란 행위의 일반적인 사회윤리적 행위가치에 대한 위반성의 표현. 행위의 태양 · 의도 · 목적 등 행위의 주관적 · 객관적 요소에 의하여 특정지워지는 행위의 전체적인 양상이 사회윤리적 상당성을 일탈한 점에 불법의 실체가 있다는 견해로 형법의 사회윤리적 심정가치의 보호기능을 강조하는 입장이다. 행위반가치의 판단요소로 객관적 행위요소와 행위자요소 및 주관적 행위요소와 행위자적 요소를 든다.

H.Welzel의 인적 불법개념에 기초하여 위법성과 불법을 구별하여 위법성은 특정한 행위자와 관련된 행위부정적 가치판단이며, 불법은 행위자의 인격과 내용적으로 절연된 결과야기에 있는 것이 아니라 행위자의 인격과 연관된 인적 행위불법으로 파악한다. 불법단계에서는 행위반가치가 1차적 구성적 부분이며 결과반가치는 불법을 구성하는 것이 아니라 불법을 제한하는 부차적 요소에 불과. 따라서 법익침해(결과반가치)는 인적으로 불법한 행위반가치의 내부에서만 그 의의를 가진다.

2. 비판

불법은 행위의사와 규범명령과의 관계에서 성립하는 것이 아니라 범행을 통하여 피해자와 사회가 입은 사회적 손실 속에서도 성립된다. 또한 행위반가치는 사회윤리기능만을 강조함으로써 법과 윤리의 독자영역과 그 기능을 무시하게 되어 심정형법화할 우려가 있다.

3. 행위반가치론의 다양성

1) 일원적 · 주관적 불법론[26]

불법을 행위반가치만으로 근거지우는 견해로, 결과는 구성요건요소가 아닌 객관적 처벌조건에 불과(결과반가치는 불법을 구성하지 못하며 불법과는 관계없는 우연에 불과)하다는 견해이다.

26) Bonn학파에 의해 주장된 이론이다.

2) 이원적 · 인적 불법론

불법은 결과반가치로서의 법익침해 또는 위태화와 행위전과정의 주관적 객관적 측면을 포섭하는 행위반가치를 모두 고려하여 판단해야 하며, 따라서 결과반가치와 행위반가치는 동일한 가치판단의 대상이 되는 불법요소로 이해하는 견해이다.

Ⅲ. 불법론의 전개과정

- 고전적 불법론 : 결과불법 일원론
- 인적 불법론 : 행위불법 일원론
- 사회적 불법론 : 행위불법 · 결과불법 이원론

[참고] 결과반가치와 행위반가치의 비교

비교	결과반가치	행위반가치
형법의 기능	생활이익(법익)의 보호	사회윤리가치의 보호
위법성의 실체	법익침해 또는 침해위험성	사회상당성의 일탈
고의와 과실	책임요소에 불과	주관적 불법요소
과실범의 위법성	과실범은 결과발생의 실질적 위험성과 그 위험의 현실에로의 결과임. 따라서 고의범과 법익침해가 동일하므로 경중의 차이가 없음	과실범은 사회생활상 요구되는 기준적 행위에서 일탈한 행위임. 따라서 고의범과는 위법성에 있어 경중의 차이
과실의 중점	결과예견의무에 중점	결과회피의무에 중점
위법성조각사유의 원리	법익침해설, 우월적 이익설	사회상당성설, 목적설
미수범(특히불능미수)	객관설, 객관적 위험설(거의가 불능범이 되므로 처벌가능성이 거의 없음	주관적 객관설, 객관적 주관설, 주관설

제2절 주관적 불법구성요건표지

제1항 의의

주관적 불법구성요건표지(subjektive Tatbestandselemente)란 불법구성요건표지 중에서 행위자의 주관적 태도와 연관된 記述로, 실질적 위법성의 존부 또는 강약에 영향을 미치는 내부적 · 심리적 불법구성요건표지를 말한다. 즉 행위에 있어 그것 때문에 행위전체가 위법한 것으로 판단될 수 있는 그 행위의 내부적 · 주관적 표지를 주관적 불법구성요건표지라 한다.

3단계 범죄체계론은 범죄행위체계에 대한 이론적 전개를 통하여 고의를 고의범의 일반적인 주관적 불법구성요건표지로 파악한다. 즉 행위자의 주관적 결의를 고려하지 않고 순수한 행위의 객관적인 면만으로는 구성요건적 평가가 불가능하다(범죄개별화기능 및 미수와 기수의 행위유형구별)는 점에서, 고의는 객관적 불법구성요건표지와 대립되는 주관적 불법구성요건표지로서 양 요소가 결합하여야만 불법행위유형으로서의 범죄를 구성한다고 볼 수 있다.

제2항 특수한 주관적 불법구성요건표지

Ⅰ. 개념

특수한 주관적 불법구성요건표지란 구성요건 중에 병행되는 외부적 사실이 존재하지 않으므로 일반적인 행위개념에 당연히 내포된다고 볼 수 없는 행위의 주관적인 불법구성요건표지로, 고의와 함께 행위불법을 구성하는 고의 이외의 주관적 불법구성요건표지를 말한다.[1] 이와 같이 특수한 주관

---

1) 판례는 목적범에서의 목적을 초과주관적 위법요소로 해석하고 있다.
국가보안법 제7조 제5항의 죄는 같은 조 제1항 등에 규정된 이적행위를 할 목적으로 문서 · 도화 기타의 표현물을 제작 · 수입 · 복사 · 소지 · 운반 · 반포 · 판매 또는 취득함으로써 성립하는 범죄로서 이른바 목적범에 해당하고, 목적범에서의 목적은 범죄 성립을 위한 초과주관적 위법요소로서 고의 외에 별도로 요구되는 것이며, 형사재판에서 공소가 제기된 범죄의 구성요건을 이루는 사실에 대한 증명책임은 검사에게 있으므로, 국가보안법 제7조 제5항 범죄의 성립을 인정할 수 있으려면 검사가 행위자에게 이적행위를 할 목적이 있었다는 점을 증명하여야 한다. 이 경우 행위자가 이적표현물임을 인식하고 이와 관련하여 국가보안법 제7조 제5항에서 정한 제작 · 수입 · 복사 · 소지 · 운반 · 반포 · 판매 또는 취득 등의 행위를 하였다는 사실만으로 그에게 이적행위를 할 목적이 있었다고 추정할 수 없음은 물론이지만, 행위자에게 이적행위 목적이 있음을 증명할 직접증거가 없는 때에는 앞에서 본 표현물의 이적성의 징표가 되는 여러 사정들에 더하여 행위자의 경력과 지위, 행위자가 이적표현물과 관련하여 위 규정의 행위를 하게 된 경위, 행위자의 이적단체 가입 여부 및 이적표현물과 행위자가 소속한 이적단체의 실질적인 목표 및 활동과의 연관성 등 간접사실을 종합적으로 고려하여 행위자의 이적행위 목적 여부를 판단할 수 있다(대법원 2013.2.15. 선고 2010도3504 판결).

적 구성요건표지는 행위자의 행위의사를 보다 상세히 특정지우는 요소이다.

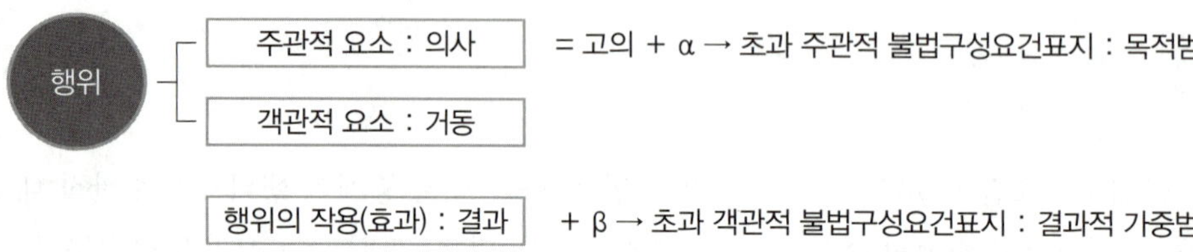

Ⅱ. E.Mezger의 분류

1. 목적범

목적범(Absichtsdelikte)이란 구성요건의 객관적 요소를 초과하는 일정한 목적을 요하는 범죄를 말한다. 이와 같이 목적범은 통상적인 객관적 구성요건표지에 대한 인식범위(일반적인 고의의 범위)를 초과하는 의식형태로서의 목적을 요한다는 점에서 초과된 내적 경향을 가진 범죄이다. 법문언 형식상으로 목적범은 구성요건이 '~ 할 목적으로'로 기술되어 있다.

1) 목적의 성질에 따라 진정목적범과 부진정목적범으로 분류

진정목적범이란 일정한 목적이 있어야만 범죄 자체가 성립되는 범죄로, 통화 · 유가증권 · 문서위조 · 변조죄[2] 등의 범죄유형이 이에 해당한다. 이와 같이 진정목적범은 일정한 목적이 없으면 위법유형으로서의 불법구성요건에도 해당하지 아니하는, 즉 목적이 목적범에 있어서의 구성요건요소인 동시에 불법요소(목적의 존재가 범죄성립요건)이다.

공직선거법 제232조 제1항 제2호가 후보자를 사퇴한 데 대한 '대가를 목적으로'라고 명시적으로 규정하고 있는 점, 입법 연혁적으로 위 규정에 상응하는 구 민의원선거법(1960.6.23. 법률 제551호 국회의원선거법 부칙 제7조로 폐지) 제154항 제1항 제2호, 구 국회의원선거법(1963.1.16. 법률 제1256호로 폐지되기 전의 것) 제142조 제1항 제2호 등의 해당 부분이 '후보자가 되려는 것을 중지하였거나 후보자를 사퇴한 것의 보수로 할 것을 목적으로'라고 규정하였던 점 등에 비추어 보면, 공직선거법 제232조 제1항 제2호의 죄는 범죄성립을 위한 초과주관적 위법요소로서 고의 외에 별도로 '후보자를 사퇴한 데 대한 대가를 지급할 목적' 또는 '후보자를 사퇴한 데 대한 대가를 받을 목적'을 요구하는 이른바 목적범에 해당한다(대법원 2012.9.27. 선고 2012도4637 판결).

공직선거법 제230조 제1항 제1호는 '투표를 하게 하거나 하지 아니하게 하거나 당선되거나 되게 하거나 되지 못하게 할 목적으로' 매수하는 행위를 한 경우를 처벌하도록 명시적으로 규정하고 있으나, 같은 항 제5호는 '제1호 내지 제4호에 규정된 이익이나 직의 제공을 받거나 그 제공의 의사표시를 승낙한 자'를 처벌하도록 하고 있어 매수를 받는 자에게 같은 항 제1호와 같은 목적을 요구하고 있지 않으므로, 그 매수를 받는 자에게는 매수하는 자에 있어서와 같은 특별한 목적이 요구되지 아니하고 같은 항 제1호 내지 제4호와 관련하여 매수행위를 하는 자가 그러한 목적을 가지고 제공하는 것이라는 점에 대한 인식이 있으면 충분하다(대법원 2011.6.24. 선고 2011도3824 판결).

2) 제225조 (공문서등의 위조 · 변조) 행사할 목적으로 공무원 또는 공무소의 문서 또는 도화를 위조 또는 변조한 자는 10년 이하의 징역에 처한다.

부진정목적범은 일정한 목적이 없더라도 통상적인 범죄는 성립하며, 목적이 있으면 통상적인 범죄에 비해 형이 가중 또는 감경되는 범죄유형이다. 즉 부진정목적범에 있어서는 목적의 존재가 범죄 성립 여부와는 관계없이 단지 형의 가중 · 감경사유에 해당한다. 예를 들어 법률에 의하여 선서한 증인이 허위의 진술을 한 때에는 형법 제152조 제1항의 단순위증죄가 성립하여 5년 이하의 징역 또는 1천만 원 이하의 벌금에 처해지는데, 만일 형사사건 또는 징계사건에 관하여 피고인, 피의자 또는 징계혐의자를 모해할 목적으로 위증의 죄를 범한 때에는 같은 조 제2항의 모해목적위증죄가 성립하여 10년 이하의 징역으로 단순위증죄보다 가중처벌된다. 이와는 달리 미성년자를 약취 또는 유인한 때에는 형법 제287조의 미성년자의 약취 · 유인죄가 성립하여 10년 이하의 징역에 처해지지만, 결혼할 목적으로 사람을 약취 또는 유인한 때에는 형법 제291조의 결혼을 위한 약취 · 유인죄가 성립되어 5년 이하의 징역으로 형이 감경된다.

목적범은 일정한 목적을 가지고 구성요건적 행위를 종료하여 구성요건적 결과(법익침해 내지 위태)를 발생시키면 목적실현 여부와는 관계없이 범죄는 기수로 성립된다.

2) 목적의 내용에 따라 단절된 결과범과 불완전한 이작위범(二作爲犯)으로 분류

목적범은 행위자가 의도한 목적이 구성요건적 실행행위에 의해 어떻게 실현되는가에 따라 단절된 결과범과 불완전한 이작위범으로 나눌 수 있다.

(1) 단절된 결과범

단절된 결과범이란 내란죄,[3] 출판물에 의한 명예훼손죄,[4] 준강도죄[5] 등과 같이 구성요건적 행위 자체에 의해 목적실현이 직접 야기되는 목적범을 말한다. 즉 목적실현을 위한 별개의 행위를 요하지 아니하는 범죄유형으로, 단절된 결과범이 성립되기 위해서는 확정적 인식을 요한다.

---

3) 제87조 (내란) 국토를 참절하거나 국헌을 문란할 목적으로 폭동한 자는 다음의 구별에 의하여 처단한다.
1. 수괴는 사형, 무기징역 또는 무기금고에 처한다.
2. 모의에 참여하거나 지휘하거나 기타 중요한 임무에 종사한 자는 사형, 무기 또는 5년 이상의 징역이나 금고에 처한다. 살상, 파괴 또는 약탈의 행위를 실행한 자도 같다.
3. 부화수행하거나 단순히 폭동에만 관여한 자는 5년 이하의 징역 또는 금고에 처한다.

4) 제309조 (출판물등에 의한 명예훼손) ① 사람을 비방할 목적으로 신문, 잡지 또는 라디오 기타 출판물에 의하여 제307조 제1항의 죄를 범한 자는 3년 이하의 징역이나 금고 또는 700만 원 이하의 벌금에 처한다.
② 제1항의 방법으로 제307조제2항의 죄를 범한 자는 7년 이하의 징역, 10년 이하의 자격정지 또는 1천500 만 원 이하의 벌금에 처한다.

5) 제335조 (준강도) 절도가 재물의 탈환을 항거하거나 체포를 면탈하거나 죄적을 인멸할 목적으로 폭행 또는 협박을 가한 때에는 전2조의 예에 의한다.

(2) 불완전한 이작위범

불완전한 이작위범이란 무고죄[6] · 음행매개죄[7] · 문서에 관한 죄에[8] 있어서 행사할 목적, 각종 예비죄[9] 등에 있어서 '~의 죄를 범할 목적으로'와 같이 범죄가 성립하기 위해서 구성요건적 행위 이외에 목적 실현을 위한 별개의 행위를 요하는 범죄유형을 말한다. 불완전한 이작위범은 단절된 결과범과는 달리 미필적 인식으로도 족하다.

목적에 대한 인식의 정도에 따라 확정적 인식과 미필적 인식으로 나누어 볼 수 있다.[10]

---

6) 제156조 (무고) 타인으로 하여금 형사처분 또는 징계처분을 받게 할 목적으로 공무소 또는 공무원에 대하여 허위의 사실을 신고한 자는 10년 이하의 징역 또는 1천500만 원 이하의 벌금에 처한다.

7) 제242조 (음행매개) 영리의 목적으로 미성년 또는 음행의 상습없는 부녀를 매개하여 간음하게 한 자는 3년 이하의 징역 또는 1천500만 원 이하의 벌금에 처한다.

8) 제225조 (공문서등의 위조 · 변조) 행사할 목적으로 공무원 또는 공무소의 문서 또는 도화를 위조 또는 변조한 자는 10년 이하의 징역에 처한다.

9) 제255조 (예비, 음모) 제250조(보통살인, 존속살해)와 제253조(위계등에 의한 촉탁살인등)의 죄를 범할 목적으로 예비 또는 음모한 자는 10년 이하의 징역에 처한다.

10) 향정신성의약품관리법 제40조 제2항, 제1항 제3호, 제3조 제3항 위반의 죄는 고의 외에 초과주관적 위법요소로서 "영리의 목적", "향정신성의약품을 제조할 목적"을 범죄성립요건으로 하는 목적범임이 그 법문상 명백한바, 영리의 목적이라 함은 널리 경제적인 이익을 취득할 목적을 말하는 것이고, 향정신성의약품을 제조할 목적에 대하여는 적극적 의욕이나 확정적 인식임을 요하지 아니하고 미필적 인식이 있으면 족하다고 할 것이며 그 목적이 있었는지 여부는 피고인의 직업, 경력, 행위의 동기 및 경위와 수단 · 방법 등 여러 사정을 종합하여 사회통념에 비추어 합리적으로 판단하여야 한다(대법원 1997.12.12. 선고 97도2368 판결).
공직선거및선거부정방지법 제251조 위반의 죄(후보자비방죄)는 고의 외에 초과주관적 위법요소로서 '당선되거나 되게 하거나 되지 못하게 할 목적'을 범죄성립요건으로 하는 목적범임은 그 법문상 명백하고, 그 목적에 대하여는 적극적 의욕이나 확정적 인식임을 요하지 아니하고 미필적 인식이 있으면 족하다고 할 것이나, 그 목적이 있었는지 여부는 피고인의 사회적 지위, 피고인과 후보자 또는 경쟁 후보자와의 인적관계, 행위의 동기 및 경위와 수단 · 방법, 행위의 내용과 태양, 상대방의 성격과 범위, 행위 당시의 사회상황 등 여러 사정을 종합하여 사회통념에 비추어 합리적으로 판단하여야 한다(대법원 1997.4.25. 선고 96도2910 판결).
국가보안법 제7조 제5항에서의 목적은 제1항, 제3항 또는 제4항의 행위에 대한 적극적 의욕이나 확정적 인식까지는 필요없고 미필적 인식으로 족하므로, 표현물의 내용이 객관적으로 보아 반국가단체인 북한의 대남선전, 선동 등의 활동에 동조하는 등의 이적성을 담고 있는 것임을 인식하고, 나아가 그와 같은 행위가 이적행위가 될지도 모른다는 미필적 인식이 있으면 구성요건은 충족되는 것이며, 객관적으로 반국가단체인 북한의 대남선전, 선동 등의 활동에 동조하는 등 이적성이 있는 내용이 담겨있는 표현물을 그와 같은 인식을 하면서도 이를 반포 · 판매 · 취득 · 소지 등의 행위를 하였다면 그 행위자에게는 이적행위가 될지도 모른다는 미필적 인식은 있는 것으로 추정되는 것이고, 따라서 오로지 학문적인 연구나 영리추구 및 호기심에 의한 것이라는 등의 그 이적목적이 없었다고 보여지는 자료가 나타나지 않는 한 초과주관적 위법요소인 그 이적목적의 요건은 충족된다고 보아야 한다(대법원 1997.10.24. 선고 96도1327 판결. 같은 취지의 판례로 대법원 1997.6.13. 선고 96도2606 판결 ; 1992.10.27. 선고 92도2068 판결).).
국가보안법 제5조 제1항, 제4조 제1항 제2호 중단 소정의 "국가기밀"이라고 하는 것은 그것이 반국가단체에 대하여 비밀로 하거나 확인되지 아니함이 대한민국의 이익을 위하여 필요하다고 생각되는 모든 정보자료를 말한다고 할 것이므로, 순전한 의미에서의 국가기밀에 한하지 아니하고 정치, 경제, 사회, 문화 등 각 방면에 관한 기밀사항이 모두 포함되며, 나아가 그 내용사실이 대한민국에서는 자명하고도 당연하여 상식에 속하는 공지의 사실이라고 하더라도 그것이 반국가단체에는 유리한 자료가 되고 우리나라에게는 불이익을 초래할 수 있는 것이면 국가기밀에 속한다 할 것이고, 그러한 국가기밀 누설의 상대방이 반국가단체나 그 구성원 또는 지령을 받은 자이고 그들을 지원할 목적으로 하는 것인 이상 누설의 경위나 수단, 방법을 가리지 아니하며, 반국가단체나 그 구성원 또는 그 지령을 받은 자를 지원할 목적은 행위자에게 그 상대방을 지원하여 이롭게 한다는 인식이 있음으로써 족하고, 나아가 그 상대방을 지원하여 이롭게 할 것을 의욕하거나 희망할 것까지를 요구하는 것은 아니다(대법원 1990.6.8. 선고 90도646 판결)(문익환 목사 국가보안법위반사건).

3) 형법 제33조의 적용 여부

목적범에 형법 제33조를 적용할 수 있는지 여부, 즉 행위자의 내면의 상태인 '목적'이 형법 제33조가 규정하고 있는 '신분' 개념에 해당하는가에 대한 논의이다.[11]

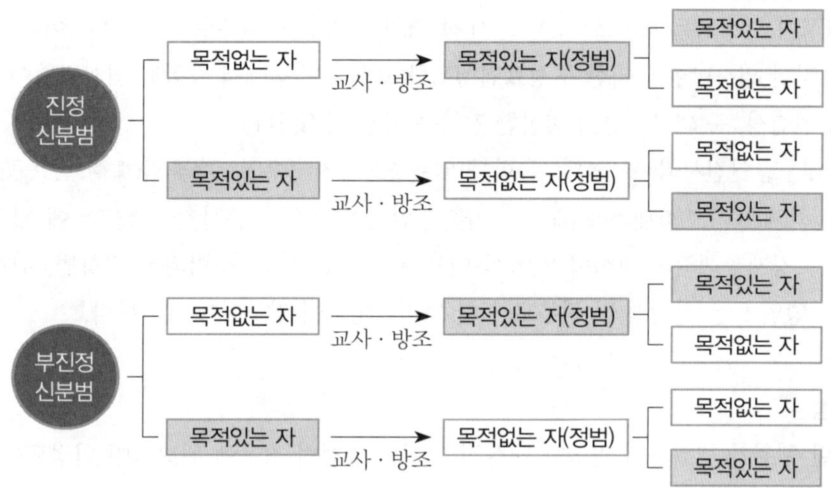

(1) 다수견해

목적은 신분범에 있어서 '신분'과 같이 행위자간의 일정한 관계를 나타내는 객관적인 행위자표지가 아니라 주관적인 행위자표지이다. 따라서 공범과 신분에 관한 제33조 규정은 목적범에는 적용되지 않으며, 각 행위자는 당해 목적을 각자 인식하여야 한다.

(2) 소수견해

① 제33조 본문과 단서의 모든 신분 개념에 해당한다는 견해로 판례의 입장

판례는 "형법 제33조 소정의 이른바 신분관계라 함은 남녀의 성별, 내 · 외국인의 구별, 친족관계, 공무원의 자격과 같은 관계 뿐만 아니라 널리 일정한 범죄행위에 관련된 범인의 인적 관계인 특수한 지위 또는 상태를 지칭하는 것이다"라고 하면서, "형법 제152조 제1항과 제2항은 위증을 한 범인이 형사사건의 피고인 등을 '모해할 목적'을 가지고 있었는가 아니면 그러한 목적이 없었는가 하는 범인의 특수한 상태의 차이에 따라 범인에게 과할 형의 경중을 구별하고 있으므로, 이는 바로 형법 제33조 단서 소정의 '신분관계로 인하여 형의 경중이 있는 경우'에 해당한다고 봄이 상당하다"고 하여 목적이 신분 개념에 포함되는 것으로 해석하고 있다.[12]

---

11) 후술하는 공범이론 중 '공범과 신분' 참조.

12) 대법원 1994.12.23. 선고 93도1002 판결.

② 제33조 단서의 신분개념에만 해당한다는 견해

2. 경향범

경향범이란 행위가 행위자의 일정한 주관적 행위경향의 표출(불법구성요건표지)이라고 인정되는 경우에만 위법성이 인정되는 범죄로, 강화된 내적 경향을 가진 범죄유형을 말한다. 이와 같이 경향범은 행위자의 강한 의사방향에 기한 구성요건행위를 요한다는 점에서 강화된 의사방향이 보호법익에 대한 특별한 위험성, 즉 의사방향이 위험한 경향을 가진 범죄이다.

음화등 판매 · 공연전시죄(제243조),[13] 음화등의 제조 · 소지 · 수입 · 수출죄(제244조),[14] 공연음란죄(제245조),[15] 모욕죄(제311조),[16] 학대죄(제273조),[17] 가혹행위죄(제125조),[18] 준사기죄(제348조)에 있어서 이용행위,[19] 준강간 · 강제추행죄(제299조)에 있어서 이용행위[20] 등 풍속 · 성범죄적 경향범, 위험한 경향을 지닌 경향범, 영업 또는 상습성 및 직무로 인한 범죄유형들이 경향범에 해당한다.

3. 표현범

표현범이란 행위가 행위자의 일정한 내심적 상태의 표현인 경우에 위법성이 인정되는 범죄로, 위증죄(제152조, 허위의 공술이라는 확신의 표현 ≠ 무고죄와의 차이점),[21] 허위통역 · 번역 · 감정죄(제154조),[22] 각종 불고지죄 등이 이에 해당한다. 이와 같이 표현범은 내적 지식상태가 외적으로 모순된 표현이 되는 범죄유형을 말한다.

---

13) 제243조 (음화반포등) 음란한 문서, 도화, 필름 기타 물건을 반포, 판매 또는 임대하거나 공연히 전시 또는 상영한 자는 1년 이하의 징역 또는 500만 원 이하의 벌금에 처한다.

14) 제244조 (음화제조등) 제243조의 행위에 공할 목적으로 음란한 물건을 제조, 소지, 수입 또는 수출한 자는 1년 이하의 징역 또는 500만 원 이하의 벌금에 처한다.

15) 제245조 (공연음란) 공연히 음란한 행위를 한 자는 1년 이하의 징역, 500만 원 이하의 벌금, 구류 또는 과료에 처한다.

16) 제311조 (모욕) 공연히 사람을 모욕한 자는 1년 이하의 징역이나 금고 또는 200만 원 이하의 벌금에 처한다.

17) 제273조 (학대, 존속학대) ①자기의 보호 또는 감독을 받는 사람을 학대한 자는 2년 이하의 징역 또는 500만 원 이하의 벌금에 처한다.

18) 제125조 (폭행, 가혹행위) 재판, 검찰, 경찰 기타 인신구속에 관한 직무를 행하는 자 또는 이를 보조하는 자가 그 직무를 행함에 당하여 형사피의자 또는 기타 사람에 대하여 폭행 또는 가혹한 행위를 가한 때에는 5년 이하의 징역과 10년 이하의 자격정지에 처한다.

19) 제348조 (준사기) ① 미성년자의 지려천박 또는 사람의 심신장애를 이용하여 재물의 교부를 받거나 재산상의 이익을 취득한 자는 10년 이하의 징역 또는 2천만원이하의 벌금에 처한다.

20) 제299조 (준강간, 준강제추행) 사람의 심신상실 또는 항거불능의 상태를 이용하여 간음 또는 추행을 한 자는 전2조의 예에 의한다.

21) 제152조 (위증, 모해위증) ① 법률에 의하여 선서한 증인이 허위의 진술을 한 때에는 5년 이하의 징역 또는 1천만 원 이하의 벌금에 처한다.
② 형사사건 또는 징계사건에 관하여 피고인, 피의자 또는 징계혐의자를 모해할 목적으로 전항의 죄를 범한 때에는 10년 이하의 징역에 처한다.

22) 제154조 (허위의 감정, 통역, 번역) 법률에 의하여 선서한 감정인, 통역인 또는 번역인이 허위의 감정, 통역 또는 번역을 한 때에는 전2조의 예에 의한다.

4. 부진정 심정(心情)표지범[23)]

부진정 심정표지범이란 행위수행양태가 구체적인 행위 내지 결과와의 연관성에 따라 특별한 불법요소 또는 책임요소가 되는 범죄유형을 말한다. 즉 심정표지가 객관적인 행위수행의 종류와 형태에 관련되어 있다는 점에서는 주관적 불법구성요건표지이며, 주관적인 심리적 상태와 관련되어 있다는 점에서는 책임형식에 해당하는 범죄유형이다. 중체포감금죄(제277조)의 가혹행위, 학대죄(제273조)의 학대행위, 위계등에 의한 촉탁살인죄(제253조)에 있어서 위계행위 등 특별한 공격 또는 침해방법을 내포하고 있는 범죄유형이 이에 해당한다.

23) H.H.Jescheck.

제3절 불법구성요건(적) 고의

제1항 의의

Ⅰ. 개념

고의(Tatbestandsvorsatz, dolus)란 심리적 사실관계로서 범죄구성요건의 모든 객관적 불법구성요건표지(행위요소)에 관한 인식(고의의 知的 要素)과, 불법구성요건을 실현하려는 실현의사(고의의 意的 要素), 즉 구성요건의 실현에 대한 인식과 의욕을 말한다(Vorsatz ist das Wissen und Wollen der Tatbestandsverwirklichung). 고의범에 있어 행위의 방향과 목표를 결정하는 요소이면서 인격적 행위불법의 핵으로서 주관적 불법구성요건의 일반적인 표지를 형성할 뿐 아니라 불법구성요건적 결과의 주관적 귀속을 위한 기초를 이룬다.

【지적 요소와 의적 요소의 결합(의미통일체)】

지적 요소 (kognitives oder intelektuelles Element)	모든 객관적 불법구성요건표지에 해당하는 사정(행위정황)에 대한 인식 또는 예견
의적 요소 (의사적, 의지적, voluntatives Element)	특정 구성요건실현을 위한 (실현에 지향된, 목표로 하는) 의사[1]

단순한 행위의사가 아닌 '계획실현적 행위의사'[2], '범죄구성요건의 실현으로 지향된 행위의사'[3]를 의미하는 개념으로, 내용상 가치무관계적인 정신적 실체인 점에서 행위의 금지성에 대한 인식을 내용으로 하는 가치관계적(규범적인 평가)인 불법의식(Unrechtsbewußtsein)과 구별된다.[4] 또한 구성요건실현이라는 목표관념이 없는 단순한 의식적 행위(단순한 행위의사, 有意性)나 목적 및 범죄의 동기와도 구별되는[5] 개념이다.

1) 오스트리아형법 제5조 제1항은 고의의 의적 요소를 명시하고 있다.

2) Claus Roxin.

3) Hans Welzel.

4) '고의와 위법성의 인식'의 관계에 있어 특히 양자를 독립된 범죄성립표지로 파악하는 책임설의 입장이다.

5) '추행'이란 객관적으로 일반인에게 성적 수치심이나 혐오감을 일으키게 하고 선량한 성적 도덕관념에 반하는 행위로서 피해자의 성적 자유를 침해하는 것이고, 이에 해당하는지는 피해자의 의사, 성별, 연령, 행위자와 피해자의 이전부터의 관계, 행위에 이르게 된 경위, 구체적 행위태양, 주위의 객관적 상황과 그 시대의 성적 도덕관념 등을 종합적으로 고려하여 신중히 결정되어야 한다. 그리고 강제추행죄의 성립에 필요한 주관적 구성요건으로 성욕을 자극·흥분·만족시키려는 주관적 동기나 목적이 있어야 하는 것은 아니다(대법원 2013.9.26. 선고 2013도5856 판결 ; 2009.9.24. 선고 2009도2576 판결 ; 2006.1.13. 선고 2005도6791 판결 등).

Ⅱ. 지적 요소와의 관련문제

고의의 지적 요소인 인식의 대상은 모든 객관적 불법구성요건표지(행위주체 · 객체 · 태양 · 수단 · 상황 · 결과, 보호법익, 인과관계)이다.

1. 환각범(Wahnverbrechen)

불법구성요건 자체가 존재하지 않음에도 불구하고 자기의 행위를 범죄로 오인한 경우의 범죄유형. 즉 위법하지 않는 행위를 위법한 행위로 오인한 경우로, 처음부터 고의의 문제는 생기지 않으며 따라서 고의가 결여된 범죄유형을 말한다. 반전된 금지착오, 즉 금지된 행위를 허용된다고 오인한 경우이다.

2. 구성요건적 사실의 흠결(Mangel am Tatbestand)

1) 개념

불법구성요건은 존재하나 불법구성요건적 사실(객관적 불법 구성요건표지)이 존재하지 않음에도 불구하고 행위자가 주관적으로 이를 존재한다고 오인하고 행위한 경우를 말한다. 즉 행위당시에 당해 불법구성요건적 소정의 요소가 결여되어 있음에도 행위자는 그것이 구비되어 있다고 오인한 경우로, 객관적 불법구성요건표지를 인식하고 이를 실현하려는 의사는 있으므로 고의는 성립된다.

다만 객관적 불법구성요건표지가 결여되어 있으므로 경우에 따라 구성요건해당성이 부정되거나, 불능미수 또는 불능범이 문제될 수 있다. 즉 반전된 구성요건착오를 말한다.

2) 종류

(1) 주체에 관한 사실의 흠결

공무원 아닌 자가 자기 스스로 공무원으로 믿고 타인으로부터 수뢰한 경우가 이에 해당한다.

(2) 객체에 관한 사실의 흠결

자기의 재물을 타인재물로 오인하고 절취할 의사로 훔친 경우가 이에 해당한다.

(3) 수단에 관한 사실의 흠결

장난감 칼을 진짜 칼로 오인하고 타인을 살해할 의사로 찌른 경우가 이에 해당한다.

(4) 행위상황에 관한 사실의 흠결

화재시가 아닌데도 화재 시로 오인하고 진화를 방해할 의사로 진화기구를 은닉한 경우가 이에 해당한다.

(5) **인과관계에 관한 사실의 흠결 – 범죄의 성립에 영향 없음**

위의 경우 중에서 (2)와 (3)의 경우가 제27조의 불능미수 개념에 해당하는 유형이다. 즉 실행의 수단이나 대상의 착오로 인하여 사실상(현실적인 면에서 절대적으로) 불법구성요건적 결과의 발생이 불가능하더라도, 법률상의 관점에서 그 행위가 위험성이 있다고 평가되어 형벌의 대상이 되는 미수범유형으로 반전된 구성요건착오에 해당한다.[6)]

Ⅲ. 보안처분의 대상인 사실에 대한 고의의 필요 여부

고의는 형벌의 대상인 범죄의 객관적 구성요건표지에 대한 인식과 의욕이라는 점에서, 형벌이 아닌 보안처분의 대상이 되는 사실에 대해서는 고의를 요하지 아니한다. 즉 행위자에게 보안처분의 대상인 사실에 대한 고의가 존재하지 않더라도, 객관적 사실 그 자체를 기준으로 보안처분 부과 여부를 결정한다.

사례연구

1. 범죄사실 및 부착명령 원인사실

1) 피고인 1

가. 피해자 공소외 1에 대한 범행

피고인은 2010.9.3. 22:04경 위 모텔 211호에서 피해자들과 함께 술을 마시던 중 피해자 공소외 1을 데리고 위 모텔 203호로 들어가 방문을 잠그고 피해자를 밀어 침대 위로 넘어뜨린 후 손으로 피해자의 어깨를 눌러 피해자의 반항을 억압한 다음 손으로 피해자의 가슴을 만지고 키스를 하였다

이로써 피고인은 청소년인 피해자를 강제로 추행하였다.

나. 피해자 공소외 2에 대한 범행

피고인은 위와 같이 공소외 1을 강제추행하던 중 피해자 공소외 2가 위 203호 방문을 두드리자 문을 열고 피해자를 방안에 들어오게 한 후, 피해자와 공소외 1에게 "ㅇㅇ년들, 너희들은 때려도 벌금 70만 원 밖에 안 나온다"라고 욕을 하고, 피고인 2가 공소외 1을 데리고 나가자 계속하여 피해자에게 욕을 하면서 주먹을 쥐고 때릴 듯한 태도를 보이고 그곳에 있던 리모컨을 들어 피해자에게 던질 듯한 태도를 보이면서 "너 한번 나에게 대 줘라"고 하면서 옷을 벗으라고 말하며 피해자를 협박하였다.

---

6) 특히 이 경우는 착오로 인하여 행위자에게 불리하게 적용되는 유일한 예이다.

피고인은 이와 같이 피해자를 협박하여 피해자가 옷을 벗자, 피해자의 손을 잡아 피고인의 성기 위로 가지고 가 성기를 만지게 하고 입으로 피해자의 가슴을 빨고 피해자의 입에 키스를 한 후 자신의 성기를 피해자의 음부에 삽입하였다.

이로써 피고인은 위력으로써 청소년인 피해자를 간음하였다.

피고인 1은 2009.6.18. 인천지방법원 부천지원에서 특정범죄가중처벌등에관한법률위반(도주차량)죄 등으로 징역 8월에 집행유예 2년을 선고받고 그 판결이 2009.6.26. 확정되어 현재 그 유예기간 중에 있다.

2) 피고인 2

피고인 2는 인터넷 채팅사이트인 '△△△△'를 통해 청소년인 피해자 공소외 2(여, 15세), 피해자 공소외 1(여, 15세)을 만나기로 한 후 위 사이트의 채팅창에 '여자 2명을 꼬셨는데 같이 가서 쏘실 분 …'이라고 글을 올려 이를 보고 연락한 피고인 1과 함께 만나기로 한 후, 피고인들은 2010. 9. 3. 16:00경 인천 부평구 부평동에서 피해자들을 만나 회를 먹고 술을 마신 후 피해자들에게 술을 더 마시고 놀자고 하여 인천 부평구 부평동 (지번 1 생략)에 있는 ○○○모텔에 함께 들어갔다.

피고인은 위 1의 나.항과 같은 일시, 장소에서 위와 같이 피고인 1이 공소외 2 및 피해자 공소외 1에게 욕을 할 때 함께 "○○년들아, 너희 지금 집에 가려면 너희한테 오늘 쓴 돈을 다 내놓고 가라"고 욕을 한 후 피해자를 데리고 위 211호로 갔다.

피고인은 위 211호에서 피해자로부터 돈을 줄 테니 집에 보내달라는 말을 듣자 피해자에게 "돈이 필요한 게 아니고, 한번 대 주면 보내 줄 수 있다"고 말하였으나 피해자가 이를 거절하자, 피해자에게 안아달라고 말하면서 피해자의 팔목을 잡아 끌어 피해자를 침대 위에 누워 있던 자신의 몸 위로 올려 눕혔다.

이로써 피고인은 청소년인 피해자를 강제로 추행하였다.

2. 사건의 경과

검사는 피고인 1과 피고인 2를 아동·청소년의성보호에관한법률위반(강간등)으로 공소제기하면서 피고인 1에 대하여 부착명령을 청구하였다.

1) 제1심 법원인 인천지방법원의 주문

피고인 1을 징역 3년 6월에, 피고인 2를 벌금 2,500,000원에 각 처한다.

피고인 2가 위 벌금을 납부하지 아니하는 경우 50,000원을 1일로 환산한 기간 위 피고인을 노역장에 유치한다. 다만, 단수금액은 1일로 한다.

피고인 2에게 40시간의 성폭력 치료프로그램의 이수를 명한다.

피고인 1에 대한 정보를 10년간 공개한다(다만 성범죄의 요지는 판시 2010고합668 사건의 범죄사실에 한한다).

피부착명령청구자에 대하여 5년간 위치추적 전자장치의 부착을 명한다.

2) 항소심인 서울고등법원의 판단

검사는 양형 부당을 이유로 항소하였고, 피고인들은 피해자들이 청소년인줄 몰랐다는 이유로 항소하였다.

서울고등법원은 피해자들이 만 17세라는 점을 피고인들이 알고 있었다고 하여 항소를 기각하였다.

이에 피고인 1은 원심판결은 특정 범죄자에 대한 보호관찰 및 전자장치 부착 등에 관한 법률 제5조 제1항 제4조의 법리를 오해한 위법이 있음을 이유로 상고하였다.

3. 법률적 쟁점

형벌의 대상인 객관적 구성요건사실과 마찬가지로 보안처분의 대상인 사실에 대해서도 인식을 요하는가?, 즉 보안처분의 대상인 사실에 대해서도 고의가 인정되어야만 보안처분을 부과할 수 있는가?

4. 적용법조

〈아동 · 청소년의 성보호에 관한 법률〉

제2조 (정의) 이 법에서 사용하는 용어의 뜻은 다음과 같다.

1. "아동 · 청소년"이란 19세 미만의 자를 말한다. 다만, 19세에 도달하는 연도의 1월 1일을 맞이한 자는 제외한다.

제7조 (아동 · 청소년에 대한 강간 · 강제추행 등) ① 폭행 또는 협박으로 아동 · 청소년을 강간한 사람은 무기징역 또는 5년 이상의 유기징역에 처한다.

③ 아동 · 청소년에 대하여 「형법」 제298조의 죄를 범한 자는 2년 이상의 유기징역 또는 1천만 원 이상 3천만 원 이하의 벌금에 처한다.

특정 범죄자에 대한 보호관찰 및 전자장치 부착 등에 관한 법률

제5조 (전자장치 부착명령의 청구) ① 검사는 다음 각 호의 어느 하나에 해당하고, 성폭력범죄를 다시 범할 위험성이 있다고 인정되는 사람에 대하여 전자장치를 부착하도록 하는 명령(이하 "부착명령"이라 한다)을 법원에 청구할 수 있다.

1. 성폭력범죄로 징역형의 실형을 선고받은 사람이 그 집행을 종료한 후 또는 집행이 면제된 후 10년 이내에 성폭력범죄를 저지른 때
2. 성폭력범죄로 이 법에 따른 전자장치를 부착받은 전력이 있는 사람이 다시 성폭력범죄를 저지른 때
3. 성폭력범죄를 2회 이상 범하여(유죄의 확정판결을 받은 경우를 포함한다) 그 습벽이 인정된 때
4. 19세 미만의 사람에 대하여 성폭력범죄를 저지른 때
   (2012.12.18. 개정 전 법률은 "16세"로 규정)
5. 신체적 또는 정신적 장애가 있는 사람에 대하여 성폭력범죄를 저지른 때

② 검사는 미성년자 대상 유괴범죄를 저지른 사람으로서 미성년자 대상 유괴범죄를 다시 범할 위험성이 있다고 인정되는 사람에 대하여 부착명령을 법원에 청구할 수 있다. 다만, 유괴범죄로 징역형의 실형 이상의 형을 선고받아 그 집행이 종료 또는 면제된 후 다시 유괴범죄를 저지른 경우에는 부착명령을 청구하여야 한다.

③ 검사는 살인범죄를 저지른 사람으로서 살인범죄를 다시 범할 위험성이 있다고 인정되는 사람에 대하여 부착명령을 법원에 청구할 수 있다. 다만, 살인범죄로 징역형의 실형 이상의 형을 선고받아 그 집행이 종료 또는 면제된 후 다시 살인범죄를 저지른 경우에는 부착명령을 청구하여야 한다.

④ 제1항부터 제3항까지의 규정에 따른 부착명령의 청구는 공소가 제기된 특정범죄사건의 항소심 변론종결 시까지 하여야 한다.

⑤ 법원은 공소가 제기된 특정범죄사건을 심리한 결과 부착명령을 선고할 필요가 있다고 인정하는 때에는 검사에게 부착명령의 청구를 요구할 수 있다.

5. 대법원의 판단

[판시사항]

특정 범죄자에 대한 위치추적 전자장치 부착 등에 관한 법률에 의한 '전자감시제도'의 법적 성격(=보안처분의 일종), 특정 범죄자에 대한 위치추적 전자장치 부착 등에 관한 법률 제5조 제1항 제4호에서 전자장치 부착명령 청구 요건의 하나로 규정한 '16세 미만의 사람에 대하여 성폭력범죄를 저지른 때'의 의미 및 이 경우 피부착명령청구자가 피해자가 16세 미만이라는 사실을 인식하여야 하는지 여부

[판결요지]

특정 범죄자에 대한 위치추적 전자장치 부착 등에 관한 법률에 의한 성폭력범죄자에 대한 전자감시제도는, 성폭력범죄자의 재범방지와 성행교정을 통한 재사회화를 위하여 그의 행적을 추적하여 위치를 확인할 수 있는 전자장치를 신체에 부착하게 하는 부가적인 조치를 취함으로써 성폭력범죄로부터 국민을 보호함을 목적으로 하는 일종의 보안처분이다. 이러한 전자감시제도의 목적과 성격, 그 운영에 관한 위 법률의 규정 내용 및 취지 등을 종합해 보면, 전자감시제도는 범죄행위를 한 자에 대한 응보를 주된 목적으로 그 책임을 추궁하는 사후적 처분인 형벌과 구별되어 그 본질을 달리한다(대법원 2009.5.14. 선고 2009도1947, 2009전도5 판결, 대법원 2009.9.10. 선고 2009도6061, 2009전도13 판결 등 참조). 따라서 성폭력범죄를 다시 범할 위험성이 있는 사람에 대한 전자장치 부착명령의 청구 요건의 하나로 위 법률 제5조 제1항 제4호에서 규정한 '16세 미만의 사람에 대하여 성폭력범죄를 저지른 때'란 피부착명령청구자가 저지른 성폭력범죄의 피해자가 16세 미만의 사람인 것을 말하고, 더 나아가 피부착명령청구자가 자신이 저지른 성폭력범죄의 피해자가 16세 미만이라는 점까지 인식하여야 하는 것은 아니라고 할 것이다. 원심은, 피고인 1이 저지른 성폭력범죄의 피해자들이 모두 15세이고, 피고인 1이 성폭력범죄를 다시 범할 위험성이 인정된다는 이유로 부착명령을 한 제1심판결을 유지하였다. 앞서 본 법리와 적법하게 채택된 증거들에 비추어 살펴보면, 원심의 위와 같은 조치는 정당하므로 이 부분 상고이유의 주장은 이유 없다(대법원 2011.7.28. 선고 2011도5813, 2011전도99 판결). 고의는 형벌의 대상인 범죄의 객관적 구성요건표지에 대한 인식과 의욕이라는 점에서, 형벌이 아닌 보안처분의 대상이 되는 사실에 대해서는 고의를 요하지 아니한다. 즉 행위자에게 보안처분의 대상인 사실에 대한 고의가 존재하지 않더라도, 객관적 사실 그 자체를 기준으로 보안처분 부과 여부를 결정한다.

Ⅳ. 형법 규정

제13조 (犯意) 죄의 성립요소인 사실을 인식하지 못한 행위는 벌하지 아니한다. 단, 법률에 특별한 규정이 있는 경우에는 예외로 한다.

제13조는 고의의 내용에 대하여 '죄의 성립요소인 사실의 인식', 즉 불법구성요건에 해당하는 사실의 인식이라고 규정하고 있다.[7] 이와 같이 제13조의 형식적 규정상으로는 의적 요소가 명시되어 있지 않으나 인식은 의욕을 전제로 하므로(상호관련성), 의욕적 요소는 당연히 전제되어 있다고 보아야 한다. 형법은 원칙적으로 고의행위만을 처벌하되, 고의가 없더라도 법률에 특별한 규정이 있는 경우[8]에는 처벌된다(제13조 단서).

또한 형법 제13조는 죄의 성립요소인 사실의 인식하지 못한 행위, 즉 고의가 없는 행위는 벌하지 아니한다 라고 규정함으로써 고의의 내용이나 본질에 대해서 완전히 학설과 판례에 일임하고 있을 뿐만 아니라, 고의가 없는 행위의 법적 효과를 규정하고 있다는 점에서 제13조는 구성요건착오를 규정하고 있는 것으로 보아야 한다.[9]

7) '죄의 성립요소인 사실을 인식하지 못한 행위는'이라는 규정 자체의 표현으로 볼 때도 고의의 개념이 불명확하다는 점에서 '객관적 불법구성요건표지를 인식하지 못한 행위는'이라고 규정하는 것이 바람직하다.
[독일형법 제15조,제16조와 오스트리아형법 제5조 1항(의적 요소를 명시)]
제15조 [고의 및 과실의 행위] 법규가 명문으로 과실행위에 형을 과하도록 정하고 있지 아니하는 때에는 고의의 행위만을 처벌한다.
제16조(행위의 사정에 관한 착오) ① 범행을 함에 있어서 法定構成要件에 속하는 사정을 알지 못하는 자는 고의로 행위한 것은 아니다. 과실의 범행을 이유로 하는 가벌성은 위와 관계없다.
② 범행을 함에 있어서, 보다 경한 법규의 구성요건을 실현할 사정을 오인하는 자는 경한 법규에 의한 고의의 행위를 이유로 하여서만 처벌할 수 있다.
제5조 ① 법적 구성요건에 해당하는 사태를 실현하고자 하는 자는, 고의적으로 행동하는 것이다. 여기에는 행위자가 진지하게 그 실현을 가능한 것으로 생각하고 만족하게 생각하는 것으로 충분하다.
② 법률이 그에 관하여 의도적인 행위를 요구하는 사태나 결과를 실현시키는 것이 행위자에 의하여 좌우될 때 행위자는 의도적으로 행동하는 것이다.
③ 법률이 그에 관하여 諒知를 요구하는 사태나 결과를 행위자가 가능하다고 생각할 뿐 아니라 그 존재 또는 발생을 확실하다고 생각할 때, 행위자는 諒知하에 행동하는 것이다.

8) 본조 단행에 「특별한 규정이 있는 경우」라 함은 다른 형벌법규에 의하여 처벌하는 죄의 성립에 고의를 요하지 않는다는 일반적 명문이 있거나 그 법률규정 중에 그 취지를 알 수 있는 것이 있어야 된다고 할 것이며 다른 형벌법규의 목적으로 추론하여 당해 법규에서 처벌하는 죄의 성립에 고의를 필요로 한다면 도저히 그 법규가 요구하는 목적을 달성할 수 없다는 이유만으로서는 고의를 필요로 하지 않는다고 할 수 없다고 해석함이 타당하다 할 것이다(대법원 1965.7.6. 선고 65도347 판결).

9) 형법일부개정법률안(정부안, 2011.3.25. 의안번호 11304호로 국회 제출) 제11조 (고의) 죄의 성립요소인 사실을 인식하지 못한 행위는 벌하지 아니한다. 다만, 법률에 특별한 규정이 있는 경우에는 예외로 한다.
제12조 (사실의 착오) 특별히 무거운 죄가 되는 사실을 인식하지 못한 행위는 무거운 죄로 벌하지 아니한다.

제2항 고의의 본질(실체 또는 성립범위)

의적 요소인 의욕의사가 고의의 본질적 요소로서 필요한가에 대한 종래의 견해대립으로, 오늘날에는 의미가 없다.

Ⅰ. 인식설[10)]

구성요건적 사실에 대한 인식 또는 표상(表象)만 있으면 고의가 성립된다는 견해를 인식설(Vorstellungstheorie, 표상설, 관념설)이라 한다. 그러나 이 견해는 고의의 지적 요소를 지나치게 강조함으로써 고의의 범위가 부당하게 확대될 수 있다. 즉 이 견해에 의하면 인식은 했으나 구성요건적 결과의 실현을 적극적으로 희망하지 않은 경우인 인식있는 과실(bewußte Fahrlässigkeit)이 고의로 취급됨으로 미필적 고의와 구별이 되지 않는다는 점에서 비판의 여지가 있다.

Ⅱ. 의사설[11)]

구성요건적 사실의 인식 또는 표상만이 아니라 결과발생을 희망 또는 의욕(Wollen)하여야만 고의가 성립된다는 견해를 의사설(Willenstheorie, 의욕설, 희망설)이라 한다. 즉 의사설은 인식된 결과를 실현하려고 의욕하는 주관적 실체를 고의의 중심적 내용으로 파악한다. 그러나 이 견해는 고의의 의지적 요소를 지나치게 강조하여 고의의 범위가 부당하게 축소되어 버림으로써 미필적 고의도 과실로 취급되어 버리는 모순이 있다.

Ⅲ. 종합설(절충설)

고의는 객관적 구성요건에 해당하는 사실을 인식하고 그 인식된 결과를 실현하려는 실현의사인 주관적 실체로서 지적 · 의적 요소의 의미통일체라고 파악하는 견해이다.

---

10) Frank, Über den Aufbau des Schuldbegriffes(책임개념의 구성에 관하여), 1907.

11) Hippel, E.Mezger.

Ⅳ. 고의의 본질에 대한 기타 견해

1. 인용(용인, 승낙)설

구성요건적 사실을 인식하고 이를 인용하는 태도로 나오는 경우를 고의로 이해하는 견해이다.

2. 동기설[12)]

인식과 의욕을 종합한 제3의 개념으로서의 동기가 고의에 해당한다는 견해이다.

3. 정신적 실체가 아닌 법익에 대한 위험이란 관점에서 고의의 본질을 객관화하려는 견해[13)]

규범적으로 의미있는 위험을 염두에 두는 경우, 즉 신중하게 받아들여야 할 위험을 승인했다는 객관적 측면에 중점을 두는 견해이다.

4. 계획실현의사를 고의의 본질로 파악하는 견해[14)]

인식과 그것을 실현하려는 실현의사의 결합을 고의의 본질로 이해하는 견해로, 어떤 결과가 행위자의 계획에 상응하는 것으로 객관적으로 평가된다면 그 결과는 고의적인 것으로 간주한다.

12) M.E.Mayer.

13) Frisch, Kindhäuser, Herzberg.

14) C.Roxin.

제3항 고의의 범죄(행위)체계상의 지위(체계적 지위)

고의를 범죄체계의 어느 단계에 위치시킬 것인가에 대한 범죄체계론의 대립(범죄체계론상의 근본문제와 관련)으로, 고의의 내용과 기능(범죄개별화 기능을 하느냐)의 상이에 따라 불법론, 고의와 위법성의 인식(Bewußtsein der Rechtwidrigkeit)과의 관계, 책임의 본질(책임론의 구조), 구성요건착오(Tatbestandsirrtum)와 금지착오(Verbotirrtum)의 체계적 지위가 달라진다. 고의의 범죄체계적 지위는 행위론, 즉 행위개념의 분석과 관련된 것으로 다만 행위론의 필연적 귀결은 아니며, 법질서의 의미와 목적설정 등의 관점에서 고의의 체계상의 지위를 논해야 한다.

Ⅰ. 책임형식(Schuldform)로서의 고의[15] ⇨ 고전적 범죄체계론

구성요건을 기초로 범죄론의 체계를 세운 E.Beling은 『Die Lehre vom Verbrechen』(1906)에서 범죄의 요소를 주관적 · 내심적 요소와 객관적 · 외부적 요소로 구분하여, 전자는 책임에 후자는 위법성에 속한다는 범죄론의 체계를 세우고 '범죄유형의 윤곽'(범죄의 당벌성 내용을 유형화)인 구성요건에는 객관적 · 외부적 · 기술적 · 몰가치적 요소만이 존재한다고 파악하였다. 따라서 범죄의 주관적 · 내심적 요소는 외부적 요소의 심리적 반영으로서 책임의 문제로 범죄개별화적 의미는 없으며, 고의와 구성요건은 주관과 객관의 대응관계로 고의는 구성요건과는 별개의 범죄구성요소로 보았다.

【불법론, 책임의 본질, 고의와 위법성인식과의 관계, 구성요건착오와 금지착오】

1. 결과불법론

2. 심리적 책임론(psychologische Schuldauffassung)

결과에 대한 행위자의 심리적 관계가 책임의 실체로, 고의책임과 과실책임을 구별한다.

3. 고의와 위법성인식과의 관계

위법성인식불요설 또는 엄격고의설(위법성의 인식은 책임형식인 고의의 일내용에 불과)의 입장이다.

4. 사실의 착오와 법률의 착오는 고의성립을 장애하는 문제로서 책임론의 영역

5. 비판

구성요건이 범죄행위의 윤곽이라면 이러한 구성요건의 당벌성내용을 명확히 하기 위해서도 객관적 요소로는 부족하며, 고의도 범죄의 개별화기능을 하고 있는 이상 구성요건요소에 포함되어야 한다.[16]

15) 앞에서 설명한 "구성요건이론의 전개과정" 참조.

16) Bruns.

Ⅱ. 주관적 불법요소론의 전개 ⇨ 신고전적 범죄체계론[17)]

고의는 여전히 책임형식에 불과. 단 특수한 주관적 불법요소의 발견단계로, 특수한 불법요소를 인정하려면 일반적인 주관적 불법요소로서 구성요건고의를 전제하고서야 가능하다는 비판

【책임의 본질, 고의와 위법성인식과의 관계, 구성요건착오와 금지착오】

1. 규범적 책임론의 전개

가) 초기의 규범적 책임론(Hippel류의 규범적 책임론)

나) 기대가능성이론으로서의 규범적 책임론(normative Schuldlehre)

(가) 발전과정

독일 RG(Reichgericht)의 'Leinenfänger'사건 판결(1897.3.23)을 계기로 등장한 이론으로, 책임의 본질을「비난가능성」또는「의무위반성」이라는 규범적 요소로 파악한다.

- Frank에 의한 이론적 기초의 제공[18)] : 책임 = 의무위반성
- J.Goldschmidt[19)]와 B.Freudenthal[20)]에 의한 이론적 발전
- Eb.Schmidt에 의해 완성 : 책임의 실체는 심리적 요소와 규범적 요소의 결합체. 즉 책임은 단순한 심리적 사실만도 아니며 또 단순한 가치판단만도 아니며, 책임능력을 전제로 하는 심리적 사실과 가치판단과의 관계(관련)이며「위법행위를 야기시킨 심리현상의 결함에 대한 비난가능성」이 책임이라고 정의

(나) 규범적 책임론의 입장에서 심리적 요소와 규범적 요소와의 관계

① 기대가능성의 존재를 책임의 적극적인 요소로 이해하는 견해

- 규범적 요소를 심리적 요소(고의 또는 과실)에 포함
- 규범적 요소와 심리적 요소는 독립된 책임요소로서 병존관계에 있다고 보는 견해

② 기대가능성의 부존재를 책임조각사유 즉 책임의 소극적 요소로 이해하는 견해

다) 비판

이러한 규범적 책임론은 결국 평가의 대상인 심리적 요소와 대상에 대한 평가인 규범적 요소를 혼동하고 있다는 점에서 비판 → 기대가능성이론으로서의 규범적 책임론의 재검토

2. 고의의 내용(고의와 위법성인식과의 관계)

제한적 고의설(위법성인식가능성)

3. 사실의 착오와 법률의 착오 모두 고의성립의 장애요인으로 책임론의 영역

---

17) H.A.Fisher(사법학, 1911년) → Hegler, M.E.Mayer, E.Mezger.

18) 『Über den Aufbau des Schuldbegriffes』, 1907.

19) 『Notstand,ein Schuldproblem』(책임문제로서의 긴급피난), 1913.

20) 『Schuld und Vorwurf im geltenden Strafrecht』(책임과 비난), 1922.

Ⅲ. 일반적인 주관적 불법요소로서의 고의 ⇨ 목적적 범죄론체계

1. Helmuth v.Weber

종래 전통적인 법익침해설의 입장에 있으면서도 결과에 향하여진 행위자의 심리적 의사방향에 의해서만 행위의 위법성을 이해할 수 있다는 점에서 심리적 유형요소인 고의를 위법성의 요소로 파악하였다.

2. H.Welzel의 인적(人的) 불법론

목적적 행위론의 입장에서 행위개념에 있어 인과과정의 조종인 목적성(Finalität, 존재적 행위개념의 본질적 요소로서의 목적추구성)을 형법적인 고의개념과 동일시하여, 인간의 행위를 목적활동성의 작용으로 파악(사물논리적구조, 절대명제)함으로써 고의는 전적으로 주관적 불법구성요건요소라고 주장하였다.

위법성은 일정한 행위자와 관련된 행위에 대하여 내려지는 부정적 가치판단인데 대해 불법은 행위자와 관련된 인적 행위불법이다. 불법의 실체는 법익침해라는 결과불법이 아니라 행위수행 전 과정에서 징표되는 반사회적 위험성이라는 행위불법(주관적 · 행위불법 일원론)이며, 따라서 고의는 일반적인(모든 고의범죄에 공통되는) 주관적 불법구성요건표지(subjektive Unrechtstatbestand)이다.

불법구성요건의 범죄개별화기능을 충족, 즉 당벌성의 내용을 명확히 하였으나 다만 책임판단의 대상으로서 고의가 없어지므로 책임개념의 공허화를 초래하였다.

【불법론, 책임의 본질, 고의와 위법성인식과의 관계, 구성요건착오와 금지착오】

1. 행위불법론

2. 평가기능으로서의 규범적 책임론

- 기대가능성이론으로서의 규범적 책임론에 대한 비판 제기
  - 가) 책임을 동기형성에 대한 반가치판단(부정적 가치판단)으로서의 비난가능성 또는 의무위반성이라고 한다면 평가의 대상인 심리적 요소는 책임요소에서 제외
  - 나) 책임을 의무위반성이라는 규범적 요소로 한정한다면 종래 고의의 요소로 이해되어 왔던 위법성의 인식 내지 그 인식의 가능성은 합의무적인 반대동기형성(적법행위 동기형성)의 기초가 되는 규범적 요소이며 따라서 책임요소로 파악

다) Graf zu Dohna[21)]

라) H.Welzel

(가) 행위개념을 전법률적인 존재적 개념으로 파악하는 목적적 행위론에 기초하여, 구성요건에 해당하는 위법한 행위를 한 자가 그 행위의 위법성을 인식하거나 또는 인식할 수 있었던 경우에 비난가능성이 있다고 하여 순수한 비난가능성만이 책임요소(형식)

(나) 고의와 위법성인식과의 관계 : 엄격책임설의 입장에서 양자는 별개의 범죄요소

(다) 책임을 동기형성에 대한 비난가능성 또는 의무위반성이라고 한다면 종래까지 고의의 요소로서 인정되어 왔던 위법성의 인식 내지 그 인식의 가능성은 고의의 요소가 아니라 책임의 요소. 즉 반대동기에 의하여 합의무적인 적법행위의 결의가 가능함에도 불구하고 위법한 행위를 결의한 행위자에게 비난을 가능하게 하는 요소로서의 위법성의 인식(가능성)은 심리적 사실로서의 고의의 요소가 아니라 책임비난의 기초가 되는 규범적인 책임요소로 된다는 책임설의 입장

마) 기대가능성과 위법성인식(가능성)과의 관계

(가) 기대가능성 : 동기형성시에 외부적 사정이 정상이고 따라서 적법행위의 기대가 가능한 경우에 책임이 존재

(나) 위법성의 인식 : 동기형성시에 위법성의 인식 또는 그 인식의 가능성이 있으면 내부적으로 반대동기에 의하여 적법행위의 결의가 가능한 경우에 책임이 존재

즉 양자는 동일한 책임기초를 외부와 내부의 양면에서 바라본 것으로서, 불가분의 관계로서 책임의 기초를 이룸

3. 고의와 위법성의 인식과의 관계

엄격책임설, 제한적 책임설

4. 구성요건(적 사실)착오는 구성요건의 영역, 불법의식의 착오는 책임론의 영역

---

21) 『Aufbau der Verbrechenslehre』(범죄론의 구성), 1950.

Ⅳ. 이중적 지위로서의 고의 ⇨ 신고전적 · 목적적(合一態的) 범죄론체계

하나의 고의의 이중적 지위에서의 이중적 기능(Doppelfunktion), 즉 주관적 불법구성요건요소이면서 동시에 책임요소(형식)라는 점에서 불법구성요건(적)고의(Tatbestandsvorsatz)와 책임고의(Schuldvorsatz)로 파악한다.[22)]

1. 불법구성요건(적)고의

의사활동(Willensbetätigung) 즉 구성요건에 해당하는 객관적 · 외부적 사실에 대한 인시과 의욕으로, 불법영역에 있어 행태의 방향결정의 요인이 되는 행태형식(Verhaltensform)으로서 행위반가치의 표지이다. 불법구성요건 고의는 행위반가치의 표현인 행태형식으로 법익침해(위태화)에 관련된 행위수행의 양태이라는 점에서, 구성요건개별화의 기능으로 위법판단의 기초가 된다.

이와 같이 불법구성요건 고의는 행위의사가 모든 객관적 구성요건표지의 실현에로 지향하고 있었는가, 즉 행위자가 무엇을 의욕했느냐 또는 행위를 어떻게 지배 조종했느냐를 내용으로 한다.

2. 책임형식으로서의 책임고의

의사형성(Willensbildung, 심정형성), 즉 그러한 행위방향으로 의사를 형성한 심정반가치(Gesinnungsunwert)의 표지(심정반가치의 표현인 책임형식)이다. 책임고의는 책임판단의 기초(의사형성의 반가치성 = 비난가능성의 기초로서의 심정)라는 점에서, 행위의사가 어떻게 형성되었으며 어떤 상황에 처하여져 있었는가, 즉 왜 범죄실현의사에까지 이르렀는가 또는 의사결정이 비난할 만한 심정에 바탕을 두었는가를 내용으로 한다.

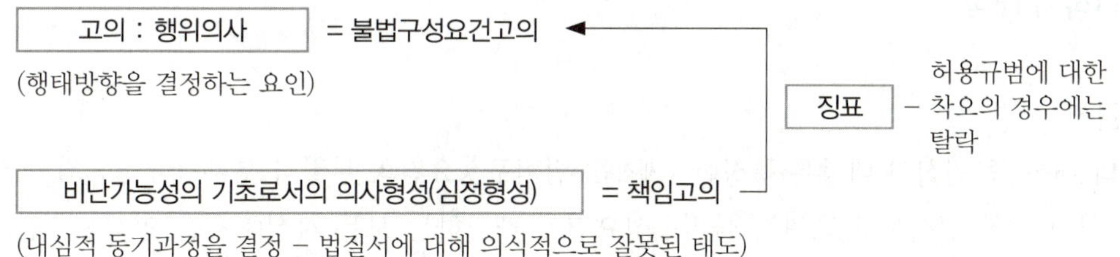

고의와 과실은 불법구성요건요소이지만 책임의 단계에서도 비난가능성의 유무와 그 정도를 판단함에 있어 결정적 역할을 하고 있다.

---

22) 이중의 고의개념을 주장하는 견해(C.Roxin의 목적론적 · 형사정책적 범죄론)
하나의 고의가 이중적 지위에서 이중적 기능을 하는 것이 아니라 사실상 완전히 두개로 분리된 이중의 고의개념이 존재.
┌ 구성요건고의- 객관적 구성요건사실에 대한 인식과 의욕
└ 책임고의 - 정당화사유의 부존재에 대한 인식 및 부수형법에 있어서는 금지의 인식까지를 포괄

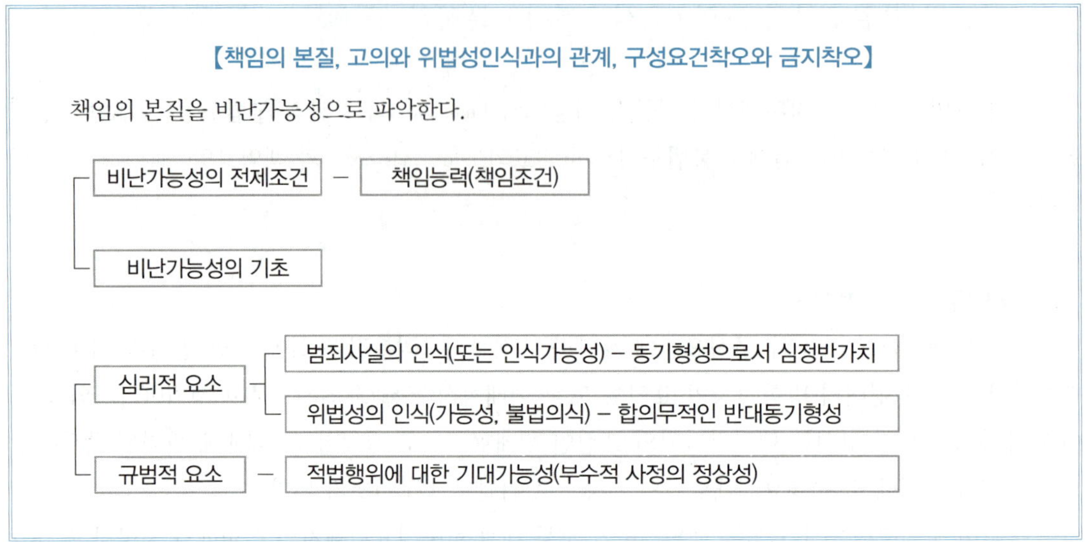

제4항 고의의 내용

Ⅰ. 지적 요소

모든 객관적 불법구성요건표지(구성요건적 사실)에 대한 인식(고의의 정적 요소)을 지적요소(Wissenselement)라 한다.

1. 인식의 대상

1) 원칙

고의의 내용 중 인식의 대상은 특정한(구체적인) 범죄구성요건의 본질적 부분이다. 즉 죄의 성립요소인 사실에 대한 인식으로 객관적 불법구성요건에 해당하는 모든 사실(표지)을 인식·예견하여야 한다. 따라서 객관적 불법구성요건표지(행위주체, 행위객체, 행위상황, 행위시간·장소, 행위수단과 방법, 행위결과, 인과관계, 규범적 요소, 구성요건표지로 규정되어 있는 형의 가중·감면사유) 및 객관적 행위자표지(신분범에 있어서의 신분) 모두에 대하여 인식·예견하여야만 고의가 성립된다.[23]

23) 형사재판에서 공소가 제기된 범죄의 구성요건을 이루는 사실은 그것이 주관적 요건이든 객관적 요건이든 그 입증책임이 검사에게 있으므로, 구 성폭력범죄의 처벌 및 피해자보호 등에 관한 법률(2010.4.15. 법률 제10258호 성폭력범죄의 피해자보호 등에 관한 법률로 개정되기 전의 것) 제8조의2 제1항에서 정하는 범죄의 성립이 인정되려면, 피고인이 피해자가 13세 미만의 여자임을 알면서 그를 강간하였다는 사실이 검사에 의하여 입증되어야 한다. 물론 피고인이 일정한 사정의 인식 여부와 같은 내심의 사실에 관하여 이를 부인하는 경우에는 이러한 주관적 요소로 되는 사실은 사물의 성질상 그 내심과 상당한 관련이 있는 간접사실 또는 정황사실을 증명하는 방법에 의하여 이를 입증할 수밖에 없고, 이 때 무엇이 상당한 관련성이 있는 간접사실에 해당할 것인가는 정상적인 경험칙에 바탕을 두고 사실의 연결상태를 합리적으로 분석·판단하는

다만 구성요건적 요소가 아닌 사실(책임능력, 처벌조건, 소추조건, 적용법조) 또는 구성요건해당성 자체의 인식은 고의의 내용이 아니다.

2) 예외

결과적 가중범은 중한 결과에 대한 예견가능성(과실)만 있으면 성립된다.

2. 인식 양태

고의의 내용 중 '인식'이란 객관적 불법구성요건표지에 대한 물체의 인식(오관의 작용에 의한 감지 내지 인지)과 그 의미에 대한 인식 또는 이해(Bedeutungskenntnis)를 포괄하는 개념이다. 특히 불법구성요건표지를 기술적(記述的) 불법구성요건표지와 규범적 불법구성요건표지[24]로 나누는 전통적인 견해에 의할 경우, 그 의미의 이해를 요하는 규범적 불법구성요건표지[25]도 불법구성요건표지라는 점에서 고의의 대상이며 따라서 그 의미를 어느 정도 이해하여야만 고의가 성립되느냐가 문제된다.

즉 고의가 성립되기 위한 인식의 정도에 따라 규범적 불법구성요건표지의 의미를 이해하지 못하였거나 착오한 행위를 구성요건착오로 볼 것인지 아니면 금지착오의 일유형인 포섭착오(Subsumtion)로 볼 것인지가 문제된다. 종래의 다수견해는 보통의 사회적 의미내용을 아는 것으로서 일반인이 할 수 있는 소박한 인식과 병행하는 평가(Parallelwertung in der Laiensphäre)이면 족하다고 보고 있다.[26]

3. 고의의 구체성(특정성) – 주관적인 인식사실과 객관적인 발생결과사이의 합치의 문제

고의가 성립되기 위한 인식은 행위객체에 대한 개별적 인식일 필요는 없으며, 구성요건이 전제하고 있는 종류에 속한다는 인식(종개념에 대한 인식)만으로 충분하다. 즉 행위객체에 대해서는 불법유형적 파악만 있으면 고의는 성립된다. 단 행위자가 구성요건이 정한 종류 가운데서 개별적 대상을 특정한 경우에

방법에 의하여야 한다. 그러나 피해자가 13세 미만의 여자라는 객관적 사실로부터 피고인이 그 사실을 알고 있었다는 점이 추단된다고 볼 만한 경험칙 기타 사실상 또는 법적 근거는 이를 어디서도 찾을 수 없다. 피고인이 13세 미만 미성년자인 피해자(여, 12세)를 강간하였다고 하여 구 성폭력범죄의 처벌 및 피해자보호 등에 관한 법률(2010.4.15. 법률 제10258호 성폭력범죄의 피해자보호 등에 관한 법률로 개정되기 전의 것) 위반으로 기소된 사안에서, 13세 미만의 여자에 대한 강간죄에서 피해자가 13세 미만이라고 하더라도 피고인이 피해자가 13세 미만인 사실을 몰랐다고 범의를 부인하는 경우에는 다른 범죄와 마찬가지로 상당한 관련성이 있는 간접사실 또는 정황사실에 의하여 증명 여부가 판단되어야 하는데, 제반 사정에 비추어 피고인이 범행 당시 이를 미필적으로라도 인식하고 있었다는 것이 합리적 의심의 여지 없이 증명되었다고 단정할 수 없는데도, "피해자가 13세 미만의 여자인 이상 그 당시의 객관적인 정황에 비추어 피고인이 피해자가 13세 미만의 여자라는 사실을 인식하였더라면 강간행위로 나아가지 아니하였으리라고 인정할 만한 합리적인 근거를 찾을 수 없다면" 같은 법 제8조의2 제1항에서 정하는 강간죄에 관한 미필적 고의가 인정될 수 있다는 법리에 따라 유죄를 인정한 원심판결에 형사재판의 증명책임에 관한 법리를 오해하는 등의 위법이 있다(대법원 2012.8.30. 선고 2012도7377 판결).

24) 예를 들어 절도죄에 있어서 '재물의 타인성', 음란물판매죄나 공연음란죄에 있어서 '음란', 주거침입죄에 있어서 '건조물', 문서에 관한 죄에 있어서 '문서' 개념 등이 여기에 해당한다.

25) 이러한 의미에서 규범적 불법구성요건표지를 가치충전(보충)을 요하는 불법구성요건표지라 한다. 규범적 불법구성요건표지의 특질은 불명확성과 그 가치적 성질에 있다.

26) '규범적 불법구성요건표지에 대한 착오'에 관한 자세한 설명은 아래의 "구성요건착오이론"에서 다루기로 한다.

다른 대상에 결과가 발생하였을 때는 고의성립이 문제되며, 여기에 대한 논의가 착오론의 영역이다. 즉 발생된 결과에 대해 어느 정도 부합되면 발생된 결과에 대한 고의의 성립이 인정되는가? 라는 고의의 특정성 내지 구체화와 관련된 귀속문제로, 강학상 구성요건착오의 한계되는 사례의 문제로 다룬다.[27]

4. 인식에 있어서의 의식의 형태

'어떤 의식상태 하에 인식했느냐'의 문제로, 지적 요소를 인정하기 위한 구체적인 객관적 행위사정에 관한 顯在的 의식 또는 수반의식

1) 현재적 의식

행위시 객관적 행위사정을 분명히 사료한 경우로, 경각심정도의 대충의 의식(인식있는 과실, "대충 그럴 것이다")과 구별

2) 수반의식(동반인식, 동시인식)

행위자가 범행시에 죄의 성립요소인 객관적 행위사정들을 분명하게 사료하지는 못했지만 행위자가 분명하게 알고 있는 다른 의식의 내용과 함께 암암리에 알고 있기 때문에 그러한 사정의 존재를 별다른 노력 없이 즉각 현재적 의식으로 재생할 수 있을 정도로 의식한 경우. 즉 행위자가 명확하게 주의를 향하고 있는 것은 아니나 다른 의식의 내용과 함께 암암리에 인식되어 있으면 이에도 당연히 주의가 향해진 것으로 인정되는 인식.[28]

(1) 감지제약적 수반의식

감지대상에 관한 행위자의 경험지식의 내용이 감지행위에 필연적으로 영향을 미치는 경우. 즉 감각적으로 지각할 수 있는 객체에 수반하는 객체의 의의 · 속성 · 의미에 관한 인식이 경험지식에 의해 즉시 현재적 의식으로 재생되는 경우[29]

(2) 지속적 동반의식

행위자의 계속적인 의무나 신분관계 및 일반적인 시적 상태와 관련하여 그것이 행위자의 삶의 구성적 의미로 불가분적으로 인식되는 경우, 즉 일상생활과 불가분의 관계에서 의식하고 있다고 인정되는 경우.[30]

---

27) 자세한 내용은 아래에서 설명하는 「구성요건착오」 참조.

28) Rohracher의 연상심리학을 원용.

29) 절도죄의 경우 재물을 감지하는 행위속에 그것이 '타인의 재물'이라는 것을 함께 의식하고 있음. 객체인 사람의 속성으로서의 '직계존속', '13세 미만의 부녀' 등.

30) 주로 업무상 범죄와 관련된 것으로, 수뢰죄에 있어 행위자가 자기 스스로 공무원이라는 신분을 가지고 있다는 사실에 대

(3) 수반의식을 인정하는 이유

인간은 외계의 사물을 그 자체로서 지각하지 않고 경험에 의하여 의미를 보충하여 일정한 의미나 내용을 가진 사물로서 지각하는 습관이 있고, 경우에 따라 자신이 누구인가라는 사실은 계속적인 수반인식으로서 항상 존재하고 있기 때문. 단 행위자가 적극적으로 알지 못한 경우 또는 의심을 가진 경우에는 동시인식의 문제는 생기지 아니한다.

3) 당연(사건)사고적 의식

범행 시 자기 행위가 당연히 고의행위로 귀속된다는 것을 의식한 경우로 언어사고적 의식이다.

4) 격정적 행위에서의 의식

의식을 배제하는 것이 아닌 의식의 제어가능성과 사후의 기억력만 배제. 책임능력의 문제이다.

5) 자동적 행위에서의 의식

행위와 동시에 그 행위에 불법의식이 내재된 형태를 말한다.

Ⅱ. 의적 요소

행위자가 인식한 내용을 실현하려는 의사, 즉 구성요건실현을 위한 희망 또는 의욕(고의의 동적 요소)을 의적 요소(Willenselement)라 한다.

Ⅲ. 지적 요소와 의적 요소 양자의 상호관계

인식이 의사를 형성하며 인식은 의사성립의 전제조건이라는 점에서 의적 요소는 지적 요소에 의존한다. 즉 구성요건의 객관적 표지를 인식한 자만이 실현의사를 가질 수 있다. 이와 같이 지적 요소와 의적 요소는 상호병존관계(결합관계)로서 전체로서의 고의를 성립한다.

한 인식, 업무상 비밀누설죄에 있어 업무상 지득한 비밀을 누설한다는 인식 속에 의사라는 의식은 수반되어 있다.

제5항 고의의 구성요소의 정도

Ⅰ. 지적 요소의 정도

구성요건실현에 있어서 행위자가 평가한 개연성(蓋然性)의 정도로, 의식형태와는 구별된다.[31)]

① 확실성단계

행위사정의 존재 또는 결과발생이 확실하다고 판단. 인식의 정도가 최고도의 개연성을 가진 단계를 말한다('확실히 일어난다').

② 개연성단계

③ 충분한 가능성단계(가능성에 대한 신중한 고려의 단계)

객관적 불법구성요건표지의 실현가능성의 단계다('충분히 그럴 수 있다').

④ 가능성단계

신중한 고려가 없는 단계로 인식있는 과실의 문제다('그럴 수 있다').

⑤ 가능성의 인식없는 단계

실현이 전혀 가능하지 않다고 판단한 단계로 인식없는 과실의 문제다.

Ⅱ. 의적 요소의 정도

행위의 목표지향성 즉 목적성의 정도는 아래와 같다.

① 의욕적 의사단계 : 목표지향적 의욕('하고야 말겠다')[32)]

② 단순의욕(의사)단계 : 구성요건실현을 위한 단순한 의사

③ 감수의사단계 : 의적 요소의 최소하한으로, 의식적 무관심('충분히 그럴 수 있다. 그러나 할 수 없다')

④ 감수의사 없는 단계 : 과실의 영역으로, 전적으로 무관심한 단계('아무런 생각 없이, 일어나지 않으리라 믿고')

김일수 교수는 고의의 지적 · 의적 요소의 정도를 위와 같이 설명한다.(김일수, 한국형법1, 제2판, 박영사, 1966, 374면~383면 재인용)

---

31) 예로서 부수의식으로도 확실한 인식은 가능하다.

32) 피해자를 강간한 후 피해자가 울면서 자신의 장래를 책임지라고 이를 추궁하자 피고인이 피해자를 타이르던 중 피해자가 계속 반항하므로 순간적으로 그녀를 살해할 것을 결의하고 양손으로 피해자의 목을 졸라 그 자리에서 질식 사망케 한 것이라면 피고인에게는 당시 살인의 확정적 범의가 있었음이 분명하여 결과적 가중범의 범의를 논할 여지가 없다(대법원 1986.11.11. 선고 86도1989 판결).

제6항 고의의 종류

Ⅰ. 의도적 고의(목표지향적 의사, 제1도의 직접고의)

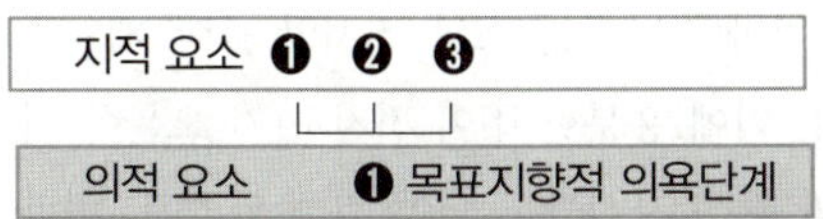

불법의 행위반가치의 평가가 가중되는 고의로, 법문언상 '~할 목적으로','~을 위하여'로 표현되어 있다.[33)]

Ⅱ. 지정고의(知情故意, 제2도의 직접고의)

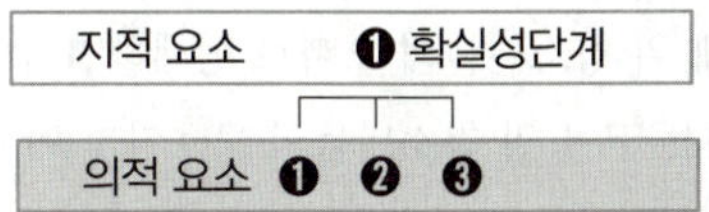

법문언상 '그 정을 알면서 ~'등으로 표현되어 있다.[34)]

33) 목적범, 경향범, 위계등에 의한 촉탁살인죄(제253조). 독일형법 제87조 제1항(태업을 위한 첩보활동), 제145조(비상경보의 남용과 사고예방 및 비상구조수단의 침해), 제225조(의도된 중상해), 불법영득죄(제242조 절도,제249조 강도 등), 제258조(형벌의 무효화), 제263조(사기) 및 제265조(보험사기)와 오스트리아형법 제87조의「의도된 중상해」규정 등
제224조(중상해) ① 피해자가 신체의 중요한 부분, 한쪽 또는 양쪽 눈의 시력, 청력, 발언력 또는 생식력을 상실하거나 영구적으로 손상되거나 또는 폐질, 마비 또는 정신병에 걸리게 되는 결과를, 상해가 초래한 경우에는 1년 이상 5년 이하의 자유형에 처한다.
② 비교적 덜 중한 경우에는 5년 이하의 자유형에 처한다.
제225조(의도된 중상해) ① 전조에 게기된 제결과 중의 하나를 의도하여 그 결과가 발생한 경우에는 2년 이상 10년 이하의 자유형에 처한다.
② 비교적 덜 중한 경우에는 6월 이상 5년 이하의 자유형에 처한다.

34) 위조통화취득후 지정행사죄(제210조), 증뢰물지정수령죄(제133조 제2항), 국가보안법상의 제 규정(제5조 제2항 금품수수, 제8조 회합 · 통신, 제9조 편의제공, 제10조 불고지죄, 제11조 특수직무유기죄 등).

Ⅲ. 미필적 고의(dolus eventualis, 조건부 고의)

사례연구

1. 경찰관 甲 · 乙 · 丙은 평소 경찰에게 관할지역 폭력배들에 대하여 정보를 제공해 오던 폭력배 丁과 함께 A레스토랑에서 술을 같이 마시던 중, 모두 음주만취된 상태에서 丁이 경찰관들은 용기가 없다면서, 용기가 있으면 甲이 차고 있는 권총으로 '디어헌터' 라는 영화에 나오는 소위 '러시안 룰렛' 게임을 해보자고 甲에게 약을 올리자 甲과 丁 사이에 시비가 붙었다. 이에 흥분한 甲이 먼저 자기 오른쪽 귀 뒷부분에 권총을 대고 먼저 격발을 하려 하자 동석했던 乙과 丙은 자신들도 술에 취해 있었고, 甲과 丁이 설마 정말로 그런 위험한 게임을 하지 않겠지 생각하고 "둘이 장난치지 말고 술이나 마셔라"고 고함만 치고 적극 만류하지는 않았다. 그러던 중 甲이 먼저 권총을 격발했고 불발이 되자 甲이 권총을 丁에게 던져 주며 격발을 유도하였고, 이에 권총을 건네받은 丁이 자기 오른쪽 귀 윗부분에 권총을 대고 격발하여 총알이 두개골을 관통하여 현장에서 즉사하였다. 甲 · 乙 · 丙의 죄책은?
   [참조판례 대법원 1992.3.10. 선고 91도3172 판결]
2. 가출한 청소년인 공소외 1(여, 14세), 공소외 2(여, 12세)는 인터넷 채팅을 통하여 20대 후반의 성명불상 남자인 甲과 심야에 만나 놀다가 甲에게 잘 곳이 없다고 하였고, 이에 甲은 2007.10.27. 00:00경 위 청소년들과 함께 피고인 운영의 찜질방에 와서 그 종업원인 乙에게 위 청소년들의 오빠로 행세하면서 위 찜질방에 입장한 다음 거기서 위 청소년들과 시간을 함께 보냈다. 甲이 위 청소년들의 보호자가 아니라는 점에 대한 미필적 인식이 乙에게 있다고 보아 가출한 청소년을 심야시간대에 찜질방에 입장시킨 乙의 행위가 공중위생관리법위반죄에 해당하는가?
   [참조판례 대법원 2009.3.26. 선고 2008도12065 판결]

1. 개념

미필적 고의란 결과발생이 불확실한 경우 행위자가 객관적 구성요건의 실현을 충분히 가능한 것으로 인식하면서 또한 그것을 감수하겠다는 의욕의사를 표명한 경우로, 일반인이 결과실현의 위험성을 알고 중단했으리라 기대되는 정도로 소극적 의미의 의욕의사를 말한다.

즉 행위자가 자기행위로 인하여 구성요건적 결과가 부수적으로 발생할 충분한 가능성이 있음을 인식 · 예견하였음에도 불구하고(알았더라면 중단했으리라고 기대되는 정도의 위험인식), 그러한 행위의 수행을 무조건적으로 의욕한 경우에 성립하는 고의를 미필적 고의라고 한다.[35]

35) 지엠대우오토앤테크놀리지('지엠대우') 창원공장에서 2003.12.22.부터 2005.1.26.까지 자동차 생산공정업무에 투입된 사내협력업체 6곳의 근로자들이 지엠대우의 지휘명령을 받아 지엠대우를 위한 근로에 종사함으로써 지엠대우와 위 사내

2. 미필적 고의와 인식있는 과실의 구별의 실제적 이유

범죄성립의 주관적 · 내부적 측면은 사실상 매우 다양한 모습을 보이기 때문에 이러한 다양한 범죄현상에 상응하는 이론구성을 위해 필요하다. 이론적으로는『책임원칙』의 준수와 관련된다.

3. (미필적) 고의와 (인식 있는) 과실의 구별에 관한 학설

1) 인식설의 입장

(1) 가능성설(Möglichkeitstheorie)[36]

협력업체들 사이에 구 '파견근로자보호 등에 관한 법률'(2006.12.21. 법률 제8076호로 개정되기 전의 것) 소정의 근로자파견관계에 있었고, 당시 지엠대우와 위 사내협력업체들의 대표이사이었던 피고인들이 적어도 미필적으로나마 지엠대우와 위 사내협력업체들 사이에서 행하여진 근로관계가 파견근로자보호 등에 관한 법률에 반하는 것을 알고 있었다(대법원 2013.2.28. 선고 2011도34 판결).

36) 최근 판례의 입장이다.

살인죄에서 살인의 범의는 반드시 살해의 목적이나 계획적인 살해의 의도가 있어야 인정되는 것은 아니고, 자기의 행위로 인하여 타인의 사망이라는 결과를 발생시킬 만한 가능성 또는 위험이 있음을 인식하거나 예견하면 족한 것이며 그 인식이나 예견은 확정적인 것은 물론 불확정적인 것이라도 이른바 미필적 고의로 인정되는 것인바, 피고인이 범행 당시 살인의 범의는 없었고 단지 상해 또는 폭행의 범의만 있었을 뿐이라고 다투는 경우에 피고인에게 범행 당시 살인의 범의가 있었는지 여부는 피고인이 범행에 이르게 된 경위, 범행의 동기, 준비된 흉기의 유무 · 종류 · 용법, 공격의 부위와 반복성, 사망의 결과발생가능성 정도 등 범행 전후의 객관적인 사정을 종합하여 판단할 수밖에 없다(대법원 2006.4.14. 선고 2006도734 판결).

살인죄에 있어서의 범의는 반드시 살해의 목적이나 계획적인 살해의 의도가 있어야 인정되는 것은 아니고, 자기의 행위로 인하여 타인의 사망의 결과를 발생시킬 만한 가능 또는 위험이 있음을 인식하거나 예견하면 족한 것이고 그 인식이나 예견은 확정적인 것은 물론 불확정적인 것이라도 소위 미필적 고의로도 인정되는 것이다(대법원 2004.6.24. 선고 2002도995 판결).[같은 취지의 판례로 대법원 2001.9.28. 선고 2001도3997 판결 ; 1994.12.22. 선고 94도2511 판결 ; 1994.3.22. 선고 93도3612 판결 ; 대법원 1988.6.14. 선고 88도692 판결 ; 대법원 1988.2.9. 선고, 87도2564 판결 ; 대법원 1987.7.21. 선고 87도1091 판결]

살인죄의 범의는 자기의 행위로 인하여 피해자가 사망할 수도 있다는 사실을 인식, 예견하는 것으로 족하지 피해자의 사망을 희망하거나 목적으로 할 필요는 없고, 확정적인 고의가 아닌 미필적 고의로도 족한 것인 바, 피해자에 대한 가해행위를 직접 실행한 피고인 갑과 을이 피해자의 머리나 가슴 등 치명적인 부위가 아닌 허벅지나 종아리 부위 등을 주로 찔렀다고 하더라도 칼로 피해자를 20여 회나 힘껏 찔러 그로 인하여 피해자가 과다실혈로 사망하게 된 이상 피고인 갑과 을이 자기들의 가해행위로 인하여 피해자가 사망할 수도 있다는 사실을 인식하지 못하였다고는 볼 수 없고, 오히려 살인의 미필적 고의가 있었다고 볼 수 있을 뿐만 아니라 범행장소에서 위 피고인 갑과 을을 지휘하던 피고인 병으로서도 집단적인 보복을 할 목적으로 칼을 가지고 피해자의 집으로 들어간 피고인 갑과 을이 피해자를 살해할 수도 있다는 사실을 예견할 수 없었다고는 보여지지 아니하므로, 피고인 갑과 을은 물론 피고인 병에게도 살인의 범의가 있었다(대법원 2002.10.25. 선고 2002도4089 판결).

살인죄에 있어서의 범의는 반드시 살해의 목적이나 계획적인 살해의 의도가 있어야만 인정되는 것은 아니고, 자기의 행위로 인하여 타인의 사망의 결과를 발생시킬 만한 가능 또는 위험이 있음을 인식하거나 예견하면 족한 것이고 그 인식 또는 예견은 확정적인 것은 물론 불확정적인 것이라도 이른바 미필적 고의로 인정된다. 따라서 가로 15㎝, 세로 16㎝, 길이 153㎝, 무게 7㎏의 각이 진 목재로 길바닥에 누워 있던 피해자의 머리를 때려 피해자가 외상성뇌지주막하출혈로 사망한 경우에 살인의 미필적 고의를 인정할 수 있다(대법원 1998.6.9. 선고 98도980 판결).

살인죄에 있어서의 범의는 반드시 살해의 목적이나 계획적인 살해의 의도가 있어야 인정되는 것은 아니고, 자기의 행위로 인하여 타인의 사망의 결과를 발생시킬 만한 가능 또는 위험이 있음을 인식하거나 예견하면 족한 것이고 그 인식이나 예견은 확정적인 것은 물론 불확정적인 것이라도 소위 미필적 고의로 인정되는 것인바, 피고인이 범행 당시 살인의 범의는 없었고 단지 상해 또는 폭행의 범의만 있었을 뿐이라고 다투는 경우에 피고인에게 범행 당시 살인의 범의가 있었는지 여

행위자가 구성요건적 결과발생의 구체적인 가능성을 인식하고도 행위를 하였을 때 미필적 고의를 인정하는 견해이다.

(2) **개연성설**(Wahrscheinlichkeitstheorie)

결과발생의 개연성과 단순한 가능성을 구별하여 결과발생의 개연성을 인식하였으면 고의가 성립한다는 견해이다. 즉 범죄사실을 인식하되 그 인식의 정도가 상당히 고도의 개연성을 띠는 경우에는 고의가 성립하며, 개연성은 인식하지 못하고 결과발생의 가능성만 인식한 경우가 과실에 해당한다는 것이다.

이 견해는 인용설보다 지적 요소를 강조하는 견해로, 개연성과 가능성의 구별이 불명확하다는 비

부는 피고인이 범행에 이르게 된 경위, 범행의 동기, 준비된 흉기의 유무 · 종류 · 용법, 공격의 부위와 반복성, 사망의 결과발생가능성 정도 등 범행 전후의 객관적인 사정을 종합하여 판단할 수밖에 없다. 따라서 건장한 체격의 군인이 왜소한 체격의 피해자를 폭행하고 특히 급소인 목을 설골이 부러질 정도로 세게 졸라 사망케 한 행위에 살인의 범의가 있다고 볼 수 있다(대법원 2001.3.9. 선고 2000도5590 판결).

살인죄에 있어서의 범의는 반드시 살해의 목적이나 계획적인 살해의 의도가 있어야만 인정되는 것은 아니고 자기의 행위로 인하여 타인의 사망의 결과를 발생시킬 만한 가능 또는 위험이 있음을 인식하거나 예견하면 족한 것이고 그 인식 또는 예견은 확정적인 것은 물론 불확정적인 것이라도 이른바 미필적 고의로도 인정되는 것인데, 피고인이 살인의 범의를 자백하지 아니하고 상해 또는 폭행의 범의만이 있었을 뿐이라고 다투고 있는 경우에 피고인에게 범행 당시 살인의 범의가 있었는지 여부는 피고인이 범행에 이르게 된 경위, 범행의 동기, 준비된 흉기의 유무 · 종류 · 용법, 공격의 부위와 반복성, 사망의 결과발생가능성 정도, 범행 후에 있어서의 결과회피행동의 유무 등 범행 전후의 객관적인 사정을 종합하여 판단할 수밖에 없다. 따라서 인체의 급소를 잘 알고 있는 무술교관 출신의 피고인이 무술의 방법으로 피해자의 울대(성대)를 가격하여 사망케 한 행위에 살인의 범의가 있다고 볼 수 있다(대법원 2000.8.18. 선고 2000도2231 판결)

강도살인죄에 있어서의 살인의 범의는 반드시 살해의 목적이나 계획적인 살해의 의도가 있어야 인정되는 것은 아니고, 자기의 행위로 인하여 타인의 사망의 결과를 발생시킬 만한 가능 또는 위험이 있음을 인식하거나 예견하면 족한 것이고 그 인식이나 예견은 확정적인 것은 물론 불확정적인 것이라도 이른바 미필적 고의로 인정되는 것인바, 피고인이 범행 당시 살인의 범의는 없었고 단지 상해 또는 폭행의 범의만 있었을 뿐이라고 다투는 경우에 피고인에게 범행 당시 살인의 범의가 있었는지 여부는 피고인이 범행에 이르게 된 경위, 범행의 동기, 준비된 흉기의 유무 · 종류 · 용법, 공격의 부위와 반복성, 사망의 결과발생가능성 정도 등 범행 전후의 객관적인 사정을 종합하여 판단할 수밖에 없다. 따라서 강도가 베개로 피해자의 머리부분을 약 3분간 누르던 중 피해자가 저항을 멈추고 사지가 늘어졌음에도 계속하여 누른 행위에 살해의 고의가 있었다고 볼 수 있다(대법원 2002.2.8. 선고 2001도6425 판결).

[무면허운전에 의한 도로교통법위반죄가 고의범인지 여부 및 그 범의의 인정기준]

도로교통법 제109조 제1호, 제40조 제1항 위반의 죄는 유효한 운전면허가 없음을 알면서도 자동차를 운전하는 경우에만 성립하는, 이른바 고의범이므로, 기존의 운전면허가 취소된 상태에서 자동차를 운전하였더라도 운전자가 면허취소사실을 인식하지 못한 이상 도로교통법위반(무면허운전)죄에 해당한다고 볼 수 없고, 관할 경찰당국이 운전면허취소처분의 통지에 갈음하는 적법한 공고를 거쳤다 하더라도, 그것만으로 운전자가 면허가 취소된 사실을 알게 되었다고 단정할 수는 없으며, 이 경우 운전자가 그러한 사정을 알았는지는 각각의 사안에서 면허취소의 사유와 취소사유가 된 위법행위의 경중, 같은 사유로 면허취소를 당한 전력의 유무, 면허취소처분 통지를 받지 못한 이유, 면허취소 후 문제된 운전행위까지의 기간의 장단, 운전자가 면허를 보유하는 동안 관련 법령이나 제도가 어떻게 변동하였는지 등을 두루 참작하여 구체적 · 개별적으로 판단하여야 한다. 운전면허증 앞면에 적성검사기간이 기재되어 있고, 뒷면 하단에 경고 문구가 있다는 점만으로 피고인이 정기적성검사 미필로 면허가 취소된 사실을 미필적으로나마 인식하였다고 추단하기 어렵다(대법원 2004.12.10. 선고 2004도6480 판결).

공직선거및선거부정방지법 제250조 제2항 소정의 허위사실공표죄에서는 공표되어진 사실이 허위라는 것이 구성요건의 내용을 이루는 것이기 때문에, 행위자의 고의의 내용으로서 그 사항이 허위라는 것의 인식이 필요하나 어떠한 소문을 듣고 그 진실성에 강한 의문을 품고서도 감히 공표한 경우에는 적어도 미필적 고의가 인정될 수 있고, "어떠한 소문이 있다." 라고 공표한 경우 그 소문의 내용이 허위이면 소문이 있다는 사실 자체는 진실이라 하더라도 허위사실공표죄가 성립된다(대법원 2002.4.10. 자 2001모193 결정).

판이 있다.

2) 의사설의 입장

(1) 용인 또는 승낙설(Billigungstheorie, Einwilligungstheorie)[37)]

37) 종래 판례의 입장이다.
미필적 고의라 함은 결과의 발생이 불확실한 경우 즉 행위자에 있어서 그 결과발생에 대한 확실한 예견은 없으나 그 가능성은 인정하는 것으로, 이러한 미필적 고의가 있었다고 하려면 결과발생의 가능성에 대한 인식이 있음은 물론 나아가 결과발생을 용인하는 내심의 의사가 있음을 요한다(대법원 1987.2.10. 선고 86도2338 판결. 같은 취지의 판례로 1985.6.25. 선고 85도660 판결 ; 1982.11.23. 선고 82도2024 판결).
원심이 적법히 확정한 바와 같이 피고인들이 그 판시 피조개양식장에 피해를 주지 아니하도록 할 의도에서 이 사건 금성호의 7샤클(175미터)이던 닻줄을 5샤클(125미터)로 감아 놓았고 그 경우에 피조개양식장까지의 거리는 약 30미터까지 근접한다는 것이므로 닻줄을 50미터 더 늘여서 7샤클로 묘박하였다면 선박이 태풍에 밀려 피조개양식장을 침범하여 물적 피해를 입히리라는 것은 당연히 예상되고, 그럼에도 불구하고 피고인들이 태풍에 대비한 선박의 안전을 위하여 금성호의 닻줄을 7샤클로 늘여 놓은 것은 피조개양식장의 물적 피해를 인용한 것이라 할 것이어서 재물손괴의 점에 대한 미필적 고의를 인정할 수 있다고 할 것이다. 원심이 이와 다른 관점에서 피고인들에게 그 미필적 고의를 인정할 수 없다고 판시한 것은 미필적 고의의 법리에 대한 오해에 기인한 것으로서 이점에 관한 소론은 이유있다. 한편 원심이 무죄이유로서 부가하여 설시한 긴급피난의 점에 관하여 보건대, 이 사건 금성호는 공유수면점용허가없이 정박하고 있었으므로 피고인들이나 대한선박주식회사로서는 같은 해상에 점용허가를 얻어서 피조개양식장을 설치한 피해자 김 대인측의 요구에 응하여 금성호를 양식장에 피해를 주지 아니하는 곳에 미리 이동시켜서 정박하였어야 할 책임은 있었다고 할 것이다. 그러나 위와 같이 선박이동에도 새로운 공유수면점용허가가 있어야 하고 휴지선을 이동하는 데는 예인선이 따로 필요한 관계로 비용이 많이 들어 다른 해상으로 이동을 하지 못하고 있는 사이에 태풍을 만나게 되었다면 피고인들로서는 그와 같은 위급한 상황에서 선박과 선원들의 안전을 위하여 사회통념상가장 적절하고 필요불가결하다고 인정되는 조치를 취하였다면 형법상 긴급피난으로서 위법성이 없어서 범죄가 성립되지 아니한다고 보아야 하고 미리 선박을 이동시켜 놓아야 할 책임을 다하지 아니함으로써 위와 같은 긴급한 위난을 당하였다는 점만으로는 긴급피난을 인정하는데 아무런 방해가 되지 아니한다. 이 사건에서 원심이 태풍내습시 금성호에는 태풍에 대비하여 7,8명의 선원이 타고 있었고, 피고인들이 태풍으로 인한 선박의 조난이나 전복을 피하기 위하여 선박의 양쪽에 두개의 닻을 내리고, 한쪽의 닻줄의 길이를 175미터(7샤클)로 늘여 놓은 것이 사고지점에서 태풍의 내습에 대비한 가장 적절하고 필요한 조치로 인정된다는 취지에서 피고인들의 소위를 긴급피난행위로 보아 재물손괴의 점에 대하여 무죄를 선고한 원심의 판단은 정당하고, 거기에 긴급피난의 법리를 오해하였거나 심리미진의 위법을 찾아 볼 수 없다. 결국 원심의 미필적 고의에 대한 판단에는 잘못이 있으나 긴급피난을 인정한 점에 잘못이 없으므로 위에서와 같은 잘못은 판결에 영향이 없어 논지는 받아들일 수 없다(대법원 1987.1.20. 선고 85도221 판결).
다만 대법원은 대구지하철화재 사고 현장을 수습하기 위한 청소 작업을 지시한 대구지하철공사 사장에게 그러한 청소 작업으로 인하여 증거인멸의 고의가 있었느냐에 대한 2004.5.14. 선고 2004도74 판결에서 "범죄구성요건의 주관적 요소로서 미필적 고의라 함은 범죄사실의 발생 가능성을 불확실한 것으로 표상하면서 이를 용인하고 있는 경우를 말하고, 미필적 고의가 있었다고 하려면 범죄사실의 발생 가능성에 대한 인식이 있음은 물론 나아가 범죄사실이 발생할 위험을 용인하는 내심의 의사가 있어야 하며, 그 행위자가 범죄사실이 발생할 가능성을 용인하고 있었는지의 여부는 행위자의 진술에 의존하지 아니하고 외부에 나타난 행위의 형태와 행위의 상황 등 구체적인 사정을 기초로 하여 일반인이라면 당해 범죄사실이 발생할 가능성을 어떻게 평가할 것인가를 고려하면서 행위자의 입장에서 그 심리상태를 추인하여야 하고, 이와 같은 경우에도 공소가 제기된 범죄사실의 주관적 요소인 미필적 고의의 존재에 대한 입증책임은 검사에게 있는 것이며, 한편, 유죄의 인정은 법관으로 하여금 합리적인 의심을 할 여지가 없을 정도로 공소사실이 진실한 것이라는 확신을 가지게 하는 증명력을 가진 증거에 의하여야 하므로, 그와 같은 증거가 없다면 설령 피고인에게 유죄의 의심이 간다고 하더라도 피고인의 이익으로 판단할 수밖에 없다. 따라서 대구지하철화재 사고 현장을 수습하기 위한 청소 작업이 한참 진행되고 있는 시간 중에 실종자 유족들로부터 이의제기가 있었음에도 대구지하철공사 사장이 즉각 청소 작업을 중단하도록 지시하지 아니하였고 수사기관과 협의하거나 확인하지 아니하였다고 하여 위 사장에게 그러한 청소 작업으로 인하여 증거인멸의 결과가 발생할 가능성을 용인하는 내심의 의사까지 있었다고 단정하기는 어렵다"고 판시하여 용인설의 입장을 취한 바 있다. 마찬가지로 2004.2.27. 선고 2003도7507 판결에서 "미필적 고의라 함은 결과의 발생이 불확실한 경우 즉 행위자에 있어

발생가능한 것으로 예견한 결과를 내심으로 용인 내지 승낙한 때에 미필적 고의가 인정된다. 즉 구성요건적 사실(결과발생의 가능성)을 인식하고 결과발생을 용인하는 내심의 의사태도로 나왔을 때 고의가 성립한다는 견해이다. 고의의 성립에 범죄결과의 적극적 희망 또는 의욕을 요하지 아니한다는 견해로, 범죄사실의 인식과 범죄발생에 대한 소극적인 인용만 있으면 고의가 인정된다는 것이다.

인용 또는 승낙은 규범에 대한 반규범적인 소극적 태도로, 인식한 구성요건적 결과실현가능성을 내심으로 승낙(용납, 이에 영합)하여 기꺼이 받아들이는 정서적 태도를 말한다.

다만 이 견해에 의하면 용인의 입증문제와 용인이라는 정서적 요소가 고의의 본질이 되어버리는 모순이 있다.

(2) 무관심설(Gleichgültigkeitstheorie, 승인, 시인설)

행위자의 위법적 태도를 전제로 하여 인용의 의미를 확정하는 인과적 행위론의 입장으로, 단순한 가능성이 있다고 생각한 부수결과를 긍정적으로 시인하거나 무관심한 태도로 수락한 경우에 미필적 고의가 인정된다.

3) 절충설의 입장

(1) 방지의사설 내지 회피설(Vermeidungstheorie)

행위자의 의사내용을 전제로 하여 법익침해의 결과를 회피할 의사가 있었느냐 또는 염두에 두었느냐의 여부에 따라 양자를 구별하는 주로 목적적 행위론의 입장이다.

(2) Frank공식

가능하다고 표시된 결과가 확실히 발생할 것이라고 가정하였을 때 그렇게 되든 아니되든 하겠다는 경우가 미필적 고의로 이해하는 견해이다. 즉 결과발생의 가능성을 인식하면서도 이를 인용한 경우가 미필적 고의이며 이를 인용하지 않은 - 자기의 구체적인 경우에는 결과가 발생하지 않을 것으

서 그 결과발생에 대한 확실한 예견은 없으나 그 가능성은 인정하는 것으로, 이러한 미필적 고의가 있었다고 하려면 결과발생의 가능성에 대한 인식이 있음은 물론 나아가 결과발생을 용인하는 내심의 의사가 있음을 요한다"라고 판시한 바 있다.

구 상표법(2011.12.2. 법률 제11113호로 개정되기 전의 것. 이하 같다) 제2조 제1항 제6호는 (다)목에서 "상품에 관한 광고 · 정가표 · 거래서류 · 간판 또는 표찰에 상표를 표시하고 전시 또는 반포하는 행위"를 '상표의 사용'에 해당하는 행위의 하나로 규정하고 있다. 상품에 관한 광고에 타인의 등록상표를 표시하고 전시하는 행위를 한 자를 고의범인 상표법 제93조에서 정한 상표권침해죄로 처벌하기 위해서는 범죄구성요건의 주관적 요소로서 적어도 미필적 고의가 필요하므로, 그 행위가 구 상표법 제2조 제1항 제6호 (다)목에서 정한 상품에 관한 광고행위에 해당한다는 사실에 대한 인식이 있음은 물론 나아가 이를 용인하려는 내심의 의사가 있어야 한다. 그리고 행위자가 이와 같은 광고행위를 용인하고 있었는지는 외부에 나타난 행위 형태와 행위 상황 등 구체적인 사정을 기초로 하여 일반인이라면 이를 어떻게 평가할 것인지를 고려하면서 행위자 입장에서 그 심리상태를 추인하여야 한다(대법원 2012.10.11. 선고 2010도11053 판결).

로 믿은 - 경우가 인식 있는 과실에 해당한다.

(3) 결단설(Entscheidungstheorie, 결정설)[38]

가능한 법익침해에 대한 행위자의 결단이나 행위로 인하여 결과를 야기할 수 있다는 자신의 능력에 대한 평가가 있을 때에 미필적 고의를 인정하는 견해이다.

(4) 신중설(Ernstnahmetheorie, 감수설, 묵인설)[39]

신중과 경솔을 구별하여 행위자가 결과발생을 신중하게 고려했음에도 행위했다면 미필적 고의이며, 결과발생의 가능성은 알았으나 그것을 경솔하게 생각하고 행위한 경우가 인식있는 과실에 해당한다는 견해, 예상과 신뢰를 구별하여 행위자가 결과의 발생을 예상했다면 미필적 고의이며, 결과의 발생가능성을 알았으나 아무 일도 발생하지 않으리라고 신뢰했다면 인식 있는 과실에 해당한다는 견해, 감수한다는 기준에 따라 결과발생의 가능성을 인식하면서 구성요건실현의 위험을 감수한 경우에는 미필적 고의가 성립하며, 결과가 발생하지 않는다고 신뢰한 경우가 인식 있는 과실에 해당한다는 견해 등이 이에 해당한다.

(5) 결합설

행위자가 구성요건실현을 가능하다고 생각하고 인용하거나 개연성 있는 것으로 생각하거나 전적으로 무관심한 입장을 취했을 때가 미필적 고의에 해당한다.

(6) 위험인식설

결과발생의 위험성을 내포한 허용되지 않는 위험인식만으로도 고의가 성립된다는 견해로, 어떠한 의욕적 요소도 고의의 성립에는 필요없다는 견해. 그러나 이 견해는 그 내용에 있어 가능성설과 동

---

38) 고의범인 조세포탈죄에서 납세의무자 또는 구 조세범 처벌법(2010.1.1. 법률 제9919호로 전부 개정되기 전의 것, 이하 '구 조세범 처벌법'이라 한다) 제3조에서 정한 행위자가 '사기 기타 부정한 행위'에 해당하는 것을 인식하고 이로 인하여 조세포탈의 결과가 발생한다는 사실을 인식하면서 부정행위를 감행하거나 하려고 하는 경우에 조세포탈 범의가 인정된다. 이러한 법리는 구 상속세 및 증여세법(2003.12.30. 법률 제7010호로 개정되기 전의 것) 제41조의5에서 정한 의제증여세 포탈 범죄의 경우에도 그대로 적용되므로, 의제증여세 포탈 범죄가 성립하기 위해서는 구 조세범 처벌법에서 정한 조세포탈 주체가 조세의 부과와 징수를 불가능하게 하거나 현저히 곤란하게 하는 '사기 기타 부정한 행위'를 할 당시에, '합병에 따른 상장등 이익'에 대한 증여세 납부의무를 염두에 두고 자신의 부정한 행위로 인하여 의제증여세 포탈의 결과가 발생한다는 사실을 인식할 것을 요한다(대법원 2011.6.30. 선고 2010도10968 판결).
형법상 범의가 있다함은 자기가 의도한 바 행위에 의하여 범죄사실이 발생할 것을 인식하면서 그 행위를 감행하거나 하려고 하면 족하고 그 결과발생을 희망함을 요하지 아니한다. 따라서 부하들이 흉기를 들고 싸움을 하고 있는 도중에 폭력단체의 두목급 수괴의 지위에 있는 을이 그 현장에 모습을 나타내고 더우기나 부하들이 흉기들을 소지하고 있어 살상의 결과를 초래할 것을 예견하면서도 전부 죽이라는 고함을 친 행위는 부하들의 행위에 큰 영향을 미치는 것으로서 을은 이로써 위 싸움에 가세한 것이라고 보지 아니할 수 없고, 나아가 부하들이 칼, 야구방망이 등으로 피해자들을 난타, 난자하여 사망케 한 것이라면 을은 살인죄의 공동정범으로서의 죄책을 면할 수 없다(대법원 1987.10.13. 선고 87도1240 판결).

39) 독일의 다수견해.

일한 내용이다.

(7) 위험차단설

미필적 고의와 인식있는 과실을 객관적 구성요건의 단계에서 구별하는 견해로, 행위자의 주관적 의사내용이 아니라 '위험차단 가능성'이라는 객관적인 행위상황을 기준으로 양자를 구별한다. 따라서 행위자가 자신의 주의력을 통하여 결과발생의 위험을 차단할 가능성이 있는 차단된 위험의 창출과, 그렇지 아니한 차단되지 않는 위험의 창출을 구별하여 후자의 경우에 미필적 고의를 인정한다.

(8) 양자를 동일하게 취급하는 견해

영미법상의 recklessness의 개념으로 이해하는 견해이다.

관련판례

[판시사항]

함께 술을 마시던 피해자가 갑자기 총을 들어 자신의 머리에 대고 쏘는 소위 "러시안 룰렛" 게임을 하다가 사망한 경우 이를 제지하지 못한 동석자에 대하여 중과실치사죄의 죄책을 부인한 사례

[판결요지]

피고인들에 대한 이 사건 공소사실의 요지는, 피고인들과 원심 상피고인 이○○는 경찰관들인데 위 이○○는 1991.1.12. 00:40경 대구 동구 신천4동에 있는 나락 레스토랑 22호실에서 평소에 범죄정보 입수를 위하여 자주 접촉하여 오던 피해자와 동석하여 술을 마시던 중, 피해자가 그 전날 저녁 대구 동촌관광호텔 나이트클럽에서부터 위 이○○가 가슴에 휴대하고 있던 3.8구경 리볼버 권총에 대하여 호기심을 보이며, "디어헌트 영화에 나오는 총이 아니냐, 한번 만져보자"라고 요구하였으나 묵살하였는데, 피해자가 또 다시 위 주점에서도 같은 요구를 하고 그것이 거절된 데 화를 내면서 욕설과 함께 "임마, 디어헌트게임 한번 하자, 형사가 그렇게 겁이 많나, 사나이가 한번죽지 두 번 죽나"라고 모욕적인 말을 하여 서로 시비가 되었고, 위 이○○는 위와 같은 피해자의 인격모욕적 시비에 화가 나서 순간적으로 가슴에 차고 있던 권총을 뽑아 들고 탄띠에서 실탄 1발을 꺼내어 약실뭉치를 열어 장전하고 약실을 돌린 다음, "너 임마 그 말에 대하여 책임질 수 있나"라고 하자 피해자가 "됐다 임마"라고 하자, 위 이○○가 먼저 자신의 오른쪽 귀 뒷 부분에 총구를 들이대고 "후회없나, 됐다"라고 재차 다짐을 하고 피해자가 "됐다"라고 하자 1회 격발하였으나 불발이 되자 권총을 피해자에게 던져 주며 격발을 유도하였고, 이어서 피해자가 왼손으로는 술잔을 들고 자신의 오른쪽 귀 윗부분에 들이대고 1회 격발하여 위 실탄이 발사되어 두개골을 관통함으로써 그로 하여금 뇌손상으로 즉시 그 곳에서 사망에 이르게 한 바 있었는데, 피고인들은 같은 장소에서 위 이○○와 피해자가 위와 같이 "러시안 룰렛"게임을 시작하는 과정을 바로 옆에서 지켜보았으므로 경찰관들인 피고인들로서는 만약 이를 그대로 방치하여 피해자가 권총을 집어 들고 방아쇠를 당길 경우 생명을 앗아갈 위험이 있으므로 이를 적극 제지함으로써 사고의 발생을 미리 방지하여야 할 주의의무가 있음에도 불구하고 이를 그대로 방치한 중대한 과실로 피해자가 위와 같이 자신의 머리에 권총을 발사하여 그로 하여금 사망에 이르게 하였다는 것이다.

피고인들이 위 이○○와 피해자가 이 사건 "러시안 룰렛"게임을 하는 것을 방치하게 된 상황은 다음과 같이 인정된다. 피고인 김○○는 이 사건 전날 20:00경 대구 신암동에 있는 "여명"이란 술집에서 위 이○○를 만나 맥주 2홉들이 10명정도를 주문하여 함께 술을 마시다가 술좌석을 같은 시 효목동에 있는 "가시버시"란 술집으로 옮겨 피해자

를 소개받고, 여기서 피고인 최○○은 같은 경찰동기생인 공소의 박○○와 함께 위 술좌석에 합석하여 피고인들과 위 이○○, 피해자, 위 박○○ 등 5명이 맥주 4홉들이 8병 정도를 함께 마신 후 다시 동촌 나이트클럽으로 가서 재차 맥주 4홉들이 5병 정도를 마시면서 춤을 추고 논 다음, 위 박○○는 집으로 돌아가고 남은 일행 4명은 위 이경호의 제의로 또 다시 이 사건 나락 레스토랑으로 자리를 옮겨 2홉들이 맥주 3병을 시켜 놓고 술을 마시며 경찰동기생 계모임조직 등 여러 가지 이야기를 나누다가 갑자기 위 이○○와 피해자가 위와 같이 시비를 하여 이 사건이 발생하게 되었다. 피고인들은 위와 같이 많은 양의 술을 마셔 상당히 취한 상태인데다가 경찰관인 위 이○○는 물론 피해자도 평소에 총기의 위험성을 누구보다도 잘 알고 있을 것이므로 그들이 서로 언성을 높이는 말싸움을 계속하더라도 설마 "러시안 룰렛" 게임 같은 어처구니 없는 짓은 하지 않을 것으로 생각했다. 그러나 피고인들은 위 이○○가 권총을 빼내어 약실에 실탄을 장전하는 것을 보고서는 약간 위험을 느끼고 "총 가지고 장난치지 말아라"라고 말하며 그만 두도록 권유하긴 하였으나 그때까지만 해도 그들이 위 게임을 실제로 하리라고는 예상하지 못하였다. 그러나 그들은 피고인들의 예상을 뒤엎고 위와 같이 순간적으로(피고인들은 불과 몇십초 간에 일어난 일이라 물리력으로 이를 제지할 여지가 없었다고 진술하고 있다) 실탄이 장전된 권총을 머리에 대고 차례로 격발을 시도하여 이 사건 사고가 발생하였다. 피고인들은 위 이○○, 피해자 등과 함께 이 사건 "러시안 룰렛"게임을 하기로 공모하였거나 그들이 그와 같은 게임을 하도록 부추키거나 이를 알고서 방초 또는 묵인한 사실은 전혀 없었다.
위에서 인정한 이 사건 사고의 발생 경위 및 그 상황에 비추어 보면, 피고인들은 위 이○○와 피해자가 이 사건 "러시안 룰렛" 게임을 함에 있어 위 이○○와 어떠한 의사의 연락이 있었다거나 어떠한 원인 행위를 공동으로 한 바가 없고, 다만 위 게임을 제지하지 못하였을 뿐인데 보통사람의 상식으로서는 함께 수차에 걸쳐서 흥겹게 술을 마시고 놀았던 일행이 갑자기 자살행위와 다름 없는 소위 "러시안 룰렛"게임을 하리라고는 쉽게 예상할 수 없는 것이고(신뢰의 원칙), 게다가 이 사건 사고는 피고인들이 "장난치지 말라"며 말로 위 이○○를 만류하던 중에 순식간에 일어난 사고여서 음주만취하여 주의능력이 상당히 저하된 상태에 있던 피고인들로서는 미처 물리력으로 이를 제지할 여유도 없었던 것이므로, 경찰관이라는 신분상의 조건을 고려하더라도 위와 같은 상황에서 피고인들이 이 사건 "러시안 룰렛"게임을 즉시 물리력으로 제지하지 못하였다 한들 그것만으로는 위 이○○의 과실과 더불어 중과실치사죄의 형사상책임을 지울만한 위법한 주의의무위반이 있었다고 평가할 수 없다. 기록을 통하여 살펴보면 원심의 사실인정은 수긍할 수 있고 거기에 소론과 같이 채증법칙을 어긴 위법이 있다고 할 수 없다. 그리고 사실관계가 위와 같다면 피고인들에게 과실이 있다고 인정되지 아니한다는 이유로 무죄를 선고한 원심의 조처도 정당하다고 할 것이고, 거기에 과실범의 공동정범의 성립요건이나 중과실치사죄의 과실에 관하여 소론과 같은 법리를 오해한 위법이 있다고 할 수 없다. 따라서 논지는 이유 없다(대법원 1992.3.10. 선고 91도3172 판결).

제7항 고의의 시점

객관적 불법구성요건표지에 대한 인식과 범죄구성요건을 실현하려는 의사는 범행을 실행할 때(Begehung der Tat), 즉 구성요건적 실행행위를 개시할 때에 존재해야 한다.

고의의 시점과 관련되는 문제로,

① 사전고의(dolus antecedens)

예비단계에서는 고의가 존재하였으나 실행행위시에는 고의가 결여된 경우로, 형법상 고의의 문제에 속하지 아니하며 과실이 문제될 수 있을 뿐이다.

② 사후고의(dolus subsequens)

실행행위 시에는 고의 없이 구성요건적 사실을 실현하였으나 사후에 이를 용인한 경우로, 형법상 고의의 문제에 속하지 아니한다.

③ 승계고의(dolus superveniens)

범죄실행행위의 중간에 생긴 고의로 구성요건실현에 대한 인식과 의욕이 발생한 그 시점부터 고의를 인정. 승계적 공동정범의 경우에 특히 문제가 된다.

제8항 고의의 특수형태[40)] – 행위의 객체에 대한 관련성의 문제

Ⅰ. 택일적 고의(Alternativvorsatz, dolus alternativus)

두 개 이상의 구성요건 결과 중 어느 하나 만을 원한 경우가 이에 해당한다.

1. 종류

하나의 행위객체에 대한 택일적 고의와, 두 가지 행위객체 및 수많은 행위객체에 대한 택일적 고의가[41)] 있다.

2. 학설

1) 하나가 적어도 기수가 된 경우

기수범에 대한 고의성립으로 보는 견해, 기수죄와 중한 미수죄의 상상적 경합범으로 보는 견해, 중한 범죄에 대한 고의 · 기수 성립으로 보는 견해, 모든 택일관계에 있는 범죄에 대해 고의성립으로 보는 견해 등이 대립되고 있다.

2) 모두 미수에 그친 경우

중한 미수의 고의성립으로 보는 견해, 구체적으로 법익이 위태화된 범죄의 미수에 대해서만 고의성립으로 보는 견해(in dubio pro reo, 의심스러울 때는 피고인의 이익으로), 모든 택일관계에 있는 범죄에 대해 미수책임이 성립된다고 보는 견해 등이 대립되고 있다.

40) 고의의 특수형태에 대해 종래의 견해는 고의를 범죄사실에 대한 인식 · 예견이 불확실한 경우의 불확정적 고의와 확정적 고의로 나누고, 불확정적 고의유형으로 택일적 고의와 개괄적 고의를 설명하였다.

41) 종래의 설명방법으로는 개괄적 고의에 해당하는 유형이다.

Ⅱ. 개괄적 고의(dolus generalis)

사례연구1

1. 사실관계

피고인 신○○은 평소 피해자 김○○이 약간 저능아인 동 피고인의 처에게 젖을 달라는 등의 희롱을 당하는데 심한 불만을 품어 오던 중 1987년 8월 8일 23시 30분경 충북 괴산군 불정면 신흥리 두촌부락 구판장에서 피해자와 술을 마시다가 위 구판장 주인 공소외 최○○으로부터 그날 낮에도 피해자가 동피고인의 처에게 젖을 달라고 희롱하였다는 말을 듣고 피해자의 뺨을 수회 때리는 등 구타를 한 후 그곳에 찾아온 피고인 이○○와 피해자와 술을 더 마시기 위하여 함께 인근 향촌부락으로 가던 중 위 마을 앞 농로상에 이르렀을 때 술에 만취된 피해자가 손가락으로 눈을 뺄 것 같은 시늉을 하면서 욕설을 하자 피고인 신○○은 손바닥으로 피해자의 뺨을 수회 때리고 피고인 이○○는 피해자의 복부를 2회 때려 피해자를 넘어뜨린 다음 순간적으로 분노가 폭발하여 피해자를 살해하기로 마음먹고 피고인 신○○은 피해자의 배위에 올라가 가로 20센치미터, 세로 10센치미터의 돌멩이(증제1호)로 피해자의 가슴을 2회 때려치고, 피고인 이○○도 이에 합세하여 가로 13센치미터, 세로 7센치미터의 돌멩이(증제2호)로 피해자의 머리를 2회 내려친 후 다시 피해자를 일으켜 세워 피고인 이○○가 피해자의 복부를 1회 때려 뒤로 넘어지게 하여 피해자가 뇌진탕 등으로 인하여 정신을 잃고 축 늘어지자 그가 죽은 것으로 오인하고 그 사체를 모래파묻어 증거를 인멸할 목적으로 피해자를 그곳에서부터 1백50미터 떨어진 개울가로 끌고가 삽으로 웅덩이를 파고 피해자를 매장하여 피해자로 하여금 질식하여 사망에 이르게 하였다.

2. 사건의 경과

검사는 신○○와 이○○를 살인죄와 사체유기죄의 공동정범으로 공소제기하였고, 1심은 살인죄의 공동정범으로 유죄를 선고하였다. 이에 피고인들은 제1행위와 제2행위는 서로 다른 고의의 두 개의 독자적인 행위이므로 제1행위는 살인미수죄, 제2행위는 과실이 인정되는 경우에 한해 과실치사죄로 양죄는 실체적 경합범에 해당한다는 이유로 항소하였으나 원심은 피고인들의 항소를 기각하였다. 피고인들은 같은 이유로 상고하였다.

3. 법률적 쟁점

제1행위의 고의로 실행에 착수하여 의도한 결과가 발생하지 않았으나 제2행위의 고의로 실행에 착수하여 처음에 의도했던 고의가 발생한 경우에, 제1행위와 제2행위를 개괄적인 단일행위로 볼 수 있는가?, 그리고 제1행위의 고의를 전체 진행된 행위과정을 지배하는 개괄적인 단일고의로 보아 발생된 결과의 고의로 볼 수 있는가?

위의 경우 고의와 행위의 동시존재의 원칙에 위배되는 것은 아닌가?

4. 적용법조

형법 제13조, 제161조, 제155조 제1항, 제250조 제1항, 제254조

제13조 (犯意) 죄의 성립요소인 사실을 인식하지 못한 행위는 벌하지 아니한다. 단, 법률에 특별한 규정이 있는 경우에는 예외로 한다.

제155조 (증거인멸등과 친족간의 특례) ① 타인의 형사사건 또는 징계사건에 관한 증거를 인멸, 은닉, 위조 또는 변조하거나 위조 또는 변조한 증거를 사용한 자는 5년 이하의 징역 또는 700만 원 이하의 벌금에 처한다.

제161조 (사체등의 영득) ① 사체, 유골, 유발 또는 관내에 장치한 물건을 손괴, 유기, 은닉 또는 영득한 자는 7년 이하의 징역에 처한다.

제250조 (살인, 존속살해) ① 사람을 살해한 자는 사형, 무기 또는 5년 이상의 징역에 처한다.

제254조 (미수범) 전4조의 미수범은 처벌한다.

5. 대법원의 판단

피해자가 피고인들이 살해의 의도로 행한 구타 행위에 의하여 직접 사망한 것이 아니라 죄적을 인멸할 목적으로 행한 매장행위에 의하여 사망하게 되었다 하더라고 전과정을 개괄적으로 보면 피해자의 살해라는 처음에 예견된 사실이 결국은 실현된 것으로서 피고인들은 살인죄의 죄책을 면할 수 없다(대법원 1988.6.28. 선고 88도650 판결).

사례연구2

[개괄적 과실 사례]

개괄적 과실이란 제1행위의 고의(상해 고의)에 기한 기본범죄가 발생한 후, 제1행위의 고의와는 별개의 제2행위의 중한 과실이 개입되어 중한 결과(치사)가 발생한 사례를 말한다.

1. 사실관계

피고인(49세, 피해자의 내연남)은 1993.10.3. 01:50경 피해자(43세, S여대 교수)와 함께 낙산비치호텔 325호실에 투숙한 다음 손으로 피해자의 뺨을 수회 때리고 머리를 벽쪽으로 밀어 붙이며 붙잡고 방바닥을 뒹구는 등 하다가 피해자의 어깨를 잡아 밀치고 손으로 우측 가슴부위를 수회 때리고 멱살을 잡아 피해자의 머리를 벽에 수회 부딪치게 하고 바닥에 넘어진 피해자의 우측 가슴부위를 수회 때리고 밟아서 피해자에게 우측 흉골골절 및 우측 제2, 3, 4, 5, 6번 늑골골절상과 이로 인한 우측심장벽좌상과 심낭내출혈 등의 상해를 가함으로써, 피해자가 바닥에 쓰러진 채 정신을 잃고 빈사상태에 빠지자, 피해자가 사망한 것으로 오인하고 피고인의 위와 같은 행위를 은폐하고 피해자가 자살한 것처럼 가장하기 위하여, 같은 날 03:10경 피해자를 베란다로 옮긴 후 베란다 밑 약 13미터 아래의 바닥으로 떨어뜨려 피해자로 하여금 현장에서 좌측 측두부 분쇄함몰골절에 의한 뇌손상 및 뇌출혈 등으로 사망에 이르게 하였다.

2. 사건의 경과

1심은 피고인에게 상해치사죄를 적용하였다. 이에 대하여 검사는 단순히 피해자가 쓰러져 정신을 잃고 있는 것을 보고 자살로 가장하기 위하여 피해자를 베란다 밑으로 던진 피고인의 행위는 최소한 피고인에게 당시 피해자가 살아 있을 수도 있다는 인식을 배제할 수 없어 살인의 미필적 고의가 있었다고 볼 수 있음에도 불구하고 제1심은 이를 오해하였다고 하여 항소하였다. 그리고 피고인도 결과적 가중범으로서의 상해치사라는 중한 결과는 기본행위에 의하여 야기되어야 하는데, 피해자는 피고인이 던진 것이 아니고 스스로 베란다에서 아래로 추락하여 자살한 것이나, 가사 피고인이 피해자가 사망한 것으로 오인하여 피해자를 베란다 아래로 던져 사망케 하였다고 하더라도, 결과적 가중범에 있어 과실은 기본적 구성요건의 실행시에 존재하여야 하고, 그 후의 과실에 의하여 사람을 사망에 이르게 하였다면 이는 결과적 가중범으로 의율될 수 없고 따로이 과실치사죄로 의율되어야 할 것임에도 제1심은 착오에 의한 과실행위로서의 던진 행위 속에 전혀 체계가 다른 고의범으로서의 상해를 흡수하여 포괄적으로 상해치사죄를 의율한 잘못이 있다고 하여 항소하였다.

원심은, 피고인이 피해자를 베란다에서 떨어뜨리기 전에 이미 치명상을 입힘으로써 빨리 병원에 후송하여 적절한 치료를 받게 하지 않으면 사망하게 될 상태에 놓이게 하였으므로 피고인으로서는 피해자를 빨리 병원에 옮겨 치료를 받게 하여야 할 의무가 있음에도 불구하고 오히려 피해자가 자살한 것으로 위장하기 위해 베란다로 끌고가 떨어뜨림으로써 결국 사망케 한 일련의 행위를 포괄적으로 파악하여 상해치사죄로 의율한 제1심의 판단은 정당하고 제1심 판결에 결과적 가중범으로서의 상해치사죄의 법리를 오해한 위법이 없다고 판시하였다.

이에 피고인은 피고인이 피해자에게 상해를 가하고 나아가 빈사상태에 빠진 피해자를 사망한 것으로 오인한 나머지 추락시켜 사망에 이르게 하였다고 할지라도, 포괄적 일죄의 법리상 위와 같은 두 개의 행위를 포괄하여 일죄로 볼 수 없을 뿐만 아니라 피고인의 제2행위에 의하여 인과관계가 중단된 것이므로 피고인의 행위를 상해치사죄 일죄로 의율할 수 없고, 피고인에게 과실이 있는 경우에 한하여 상해죄와 과실치사죄의 경합범이 성립될 뿐이라는 이유로 상고하였다.

3. 법률적 쟁점

개괄적 고의 사례와 마찬가지로 개괄적 과실 사례에서도 중간에 개입된 제2의 과실행위를 별도로 평가하지 않고 제1행위시의 중한 결과발생에 대한 예견가능성(과실)과 제2행위시의 과실을 묶어서 단일한 결과적 가중범을 인정할 수 있을 것인가?

4. 적용법조

형법 제13조, 제14조, 제15조 제2항, 제250조 제1항, 제257조 제1항, 제259조 제1항, 제267조

제13조 (犯意) 죄의 성립요소인 사실을 인식하지 못한 행위는 벌하지 아니한다. 단, 법률에 특별한 규정이 있는 경우에는 예외로 한다.

제14조 (과실) 정상의 주의를 태만함으로 인하여 죄의 성립요소인 사실을 인식하지 못한 행위는 법률에 특별한 규정이 있는 경우에 한하여 처벌한다.

제15조 (사실의 착오) ② 결과로 인하여 형이 중할 죄에 있어서 그 결과의 발생을 예견할 수 없었을 때에는 중한 죄로 벌하지 아니한다.

제250조(살인, 존속살해) ① 사람을 살해한 자는 사형, 무기 또는 5년 이상의 징역에 처한다.

제257조 (상해, 존속상해) ① 사람의 신체를 상해한 자는 7년 이하의 징역, 10년 이하의 자격정지 또는 1천만 원 이하의 벌금에 처한다.

제259조 (상해치사) ① 사람의 신체를 상해하여 사망에 이르게 한 자는 3년 이상의 유기징역에 처한다.

제267조 (과실치사) 과실로 인하여 사람을 사망에 이르게 한 자는 2년 이하의 금고 또는 700만 원 이하의 벌금에 처한다.

5. 대법원의 판단

[판시사항]

피고인의 구타행위로 상해를 입은 피해자가 정신을 잃고 빈사상태에 빠지자 사망한 것으로 오인하고, 자신의 행위를 은폐하고 피해자가 자살한 것처럼 가장하기 위하여 피해자를 베란다 아래의 바닥으로 떨어뜨려 사망케 하였다면, 피고인의 행위는 포괄하여 단일의 상해치사죄에 해당한다고 한 사례

[판결요지]

원심이 확정한 바와 같이 ~ 중략 ~ 피해자에게 우측 흉골골절 및 우측 제2, 3, 4, 5, 6번 늑골골절상과 이로 인한 우측심장벽좌상과 심낭내출혈 등의 상해를 가함으로써, 피해자가 바닥에 쓰러진 채 정신을 잃고 빈사상태에 빠지자, 피해자가 사망한 것으로 오인하고 피고인의 위와 같은 행위를 은폐하고 피해자가 자살한 것처럼 가장하기 위하여, 같은 날 03:10경 피해자를 베란다로 옮긴 후 베란다 밑 약 13미터 아래의 바닥으로 떨어뜨려 피해자로 하여금 현장에서 좌측 측두부 분쇄함몰골절에 의한 뇌손상 및 뇌출혈 등으로 사망에 이르게 하였다면, 피고인의 판시 소위는 포괄하여 단일의 상해치사죄에 해당한다고 할 것이므로 이와 같은 취지의 원심판단은 정당하고, 원심판결에 소론과 같은 결과적 가중범, 인과관계 및 포괄일죄 등에 관한 법리를 오해한 위법이 있다고 볼 수 없다(대법원 1994.11.04. 선고 94도2361 판결).

1. 개념

1825년 Helmuth v.Weber에 의하여 체계화된 개념으로, 두개 이상의 행위가 연속하여 하나의 구성요건적 결과에 이른 사례의 법형상을 지칭한다. 즉 행위자가 A고의에 기한 제1행위에 착수하였으나 제1행위로는 처음에 의도했던 A결과가 발생하지 않았음에도 불구하고 행위자는 의도했던 결과가 발생한 것으로 오인하고, 제1행위의 고의와는 별개의 다른 B고의에 기하여 제2의 행위를 하였는 바, 비로소 처음에 의도했던 A결과가 발생한 사례를 이른바 Weber의 개괄적 고의 사례라고 한다.

이와 같이 개괄적 고의는 행위자가 최초의 행위에 의하여 인식 · 의욕한 결과는 발생하지 않았으나 결과가 발생한 것으로 오인하고 고의없는 제2의 행위를 하였는 바 비로소 최초로 인식의욕한 결과가 발생한 경우로, 인과관계 또는 인과과정의 착오와는 구별되는 개념이다.[42] H.Welzel에 의해 개괄적 고의는 H.v.Weber의 개괄적 고의만을 지칭한다.

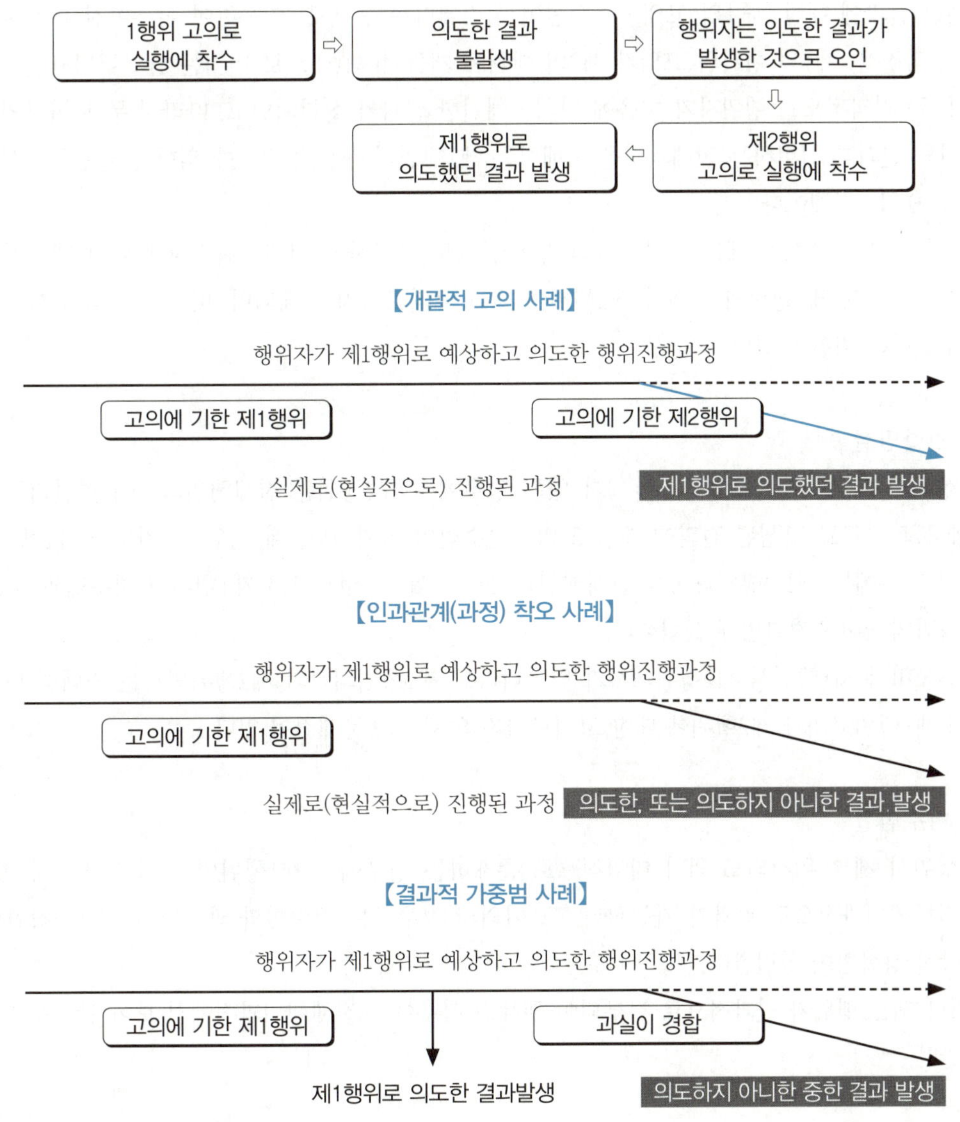

42) 이 유형의 고의를 인과과정의 착오로 해결하려는 견해도 있다. 자세한 설명은 아래의 "구성요건착오" 중 구성요건착오의 한계되는 사례로서 인과관계(과정)의 착오 참조.

2. 법률상 취급

1) 개괄적 고의로 보는 견해

(1) 개괄적 고의에 의한 단일행위설(판례의 입장)

발생된 결과에 대한 하나의 고의 · 기수범이 성립된다는 견해로, 연속하여 이루어진 두개 이상의 행위 전 과정을, 제1의 행위의 고의가 제2의 행위에 개괄적(포괄적)으로 미치는 단일행위사건으로 파악한다. 즉 결과적으로 행위자가 처음에 인식 · 예견한 결과가 실현되었고, 따라서 두개 이상의 행위는 하나의 결과를 실현하는 전체과정을 지배하는 제1행위의 개괄적 고의에 의한 단일행위로서 평가가 가능하다는 견해이다.

그러나 이에 대해서는 제1,2행위의 고의가 다름에도 불구하고 전체행위과정에 대한 개괄적 고의로 파악함으로써 제1행위의 고의가 제2행위에 대한 고의로까지 의제되며, 따라서 고의가 확장될 위험성이 있다는 비판이 있다.

(2) 경합범설

제1행위시 제2행위를 할 의사(미필적 고의)가 있는 경우에는 제2행위는 전체행위과정에 연결되는 부분동작에 불과하므로 발생된 결과에 대한 고의 · 기수범이 성립되나, 제1행위 후 비로소 제2행위의사가 생긴 경우에는 제1,2행위과정을 전체행위과정으로 볼 수 없으므로 제1행위의 미수범과 제2행위의 과실범의 (실체적)경합범에 성립한다.

그러나 비록 제1행위시 제2행위의사가 있었더라도 제1행위의사와 제2행위의사는 명백히 다르며, 따라서 제1행위고의가 제2행위에 대한 고의로까지 의제되는 문제점이 있다.

(3) 미수범설

제2행위시 제1행위시의 고의가 미필적으로 존재하는 경우에는 제1행위의 고의가 개괄적으로 미치는 전체행위과정으로 평가가 가능하나, 그 이외의 경우에는 미수범과 과실범의 (실체적)경합범 또는 상상적 경합범이 성립한다.

그러나 제1,2행위가 인과적으로 결부되어 행해진 경우에는 전체행위과정에서 보아 단일행위로 보아야 한다.

(4) 계획실현설[43]

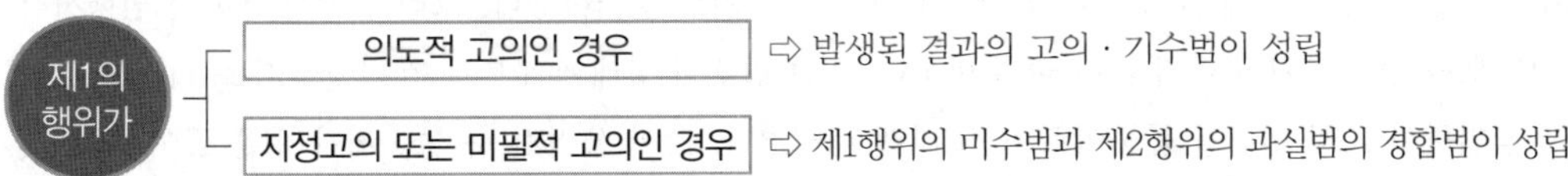

2) 인과관계(과정)의 착오로 보는 견해

(1) 제1설

제1행위에서 제2행위로 나아가는 것이 객관적으로 예견가능하고, 또한 제2행위에 의해 결과발생이 객관적으로 예견가능한 경우에는 고의 · 기수범이 성립한다. 즉 제1, 2행위과정과 결과발생 간에 예견가능성 및 상당인과관계가 존재하면 기수범이 성립한다.

그러나 이 견해는 결국 다시 상당인과성 여부를 판단해야 함으로 착오이론이 인과관계이론으로 돌아가 버리는 모순이 발생한다.

(2) 제2설(비본질적 인과과정의 상위설)[44]

개괄적 고의를 비본질적인 인과과정의 상위로 보는 견해로, 고의의 특수형태가 아닌 인과과정상위의 특수형태로 파악한다. 이 견해에 의하면 진행된 인과과정이 행위자의 표상과 본질적으로 상위한 경우에는 발생된 결과에 대한 고의 · 기수 책임을 부정하나, 제2행위가 일반적인 생활경험상 예견가능한 범위 내에 있고 따라서 전체과정으로 보아 인과과정이 행위자의 표상과 비본질적 부분에 관한 상위에 불과한 경우에는 발생된 결과에 대한 고의 · 기수 책임을 인정한다.

3) 객관적 귀속의 문제로 보는 견해(객관적 귀속설)

개괄적 고의 사례를 고의의 문제가 아닌 객관적 귀속의 문제로 파악하는 견해로, 구성요건적 결과가 제2행위에 의해 비로소 야기되었으며(위험실현 및 창출), 그것이 일반적인 생활경험의 범위 내에서 전형적 행위로 평가할 수 있을 때에만 제2행위의 결과는 제1행위의 효과로서 객관적으로 귀속이 가능(발생된 결과는 제1행위에 의한 작품으로 객관적으로 평가가 가능)하다는 입장이다.

따라서 제1의 행위의 위험이 극히 경미 또는 분명히 실패한 경우에는 제2행위의 결과를 제1행위의 효과로 귀속시킬 수 없으므로, 미수범과 과실범의 (실체적)경합범에 성립하며, 또한 제1행위 후 제2행위의 결의가 객관적으로 예견할 수 없는 비통상적 사정에 의해 유발된 경우에도 제2행위의 결과를 객관적으로 귀속시킬 수 없다는 점에서 미수범과 과실범의 (실체적)경합범이 성립한다.

---

43) C.Roxin.

44) 독일의 다수견해와 판례의 입장.

기출사례

甲은 야간에 乙의 집에 들어가 乙을 죽이고 돈을 빼앗기로 결심하였다. 그러나 막상 계획한 범행시각이 다가오자 甲은 용기가 나지 않아 술을 마셨다. 甲은 만취한 상태에서 원래 계획했던 대로 야간에 乙의 집에 침입하여 乙의 머리를 몽둥이로 여러 차례 내리쳤다. 乙이 쓰러져 축 늘어지자 甲은 乙이 죽은 것으로 생각하였다. 甲은 곧이어 乙의 집 장롱 속에서 1억 원짜리 양도성예금증서 2장을 꺼내 가졌다. 그런 다음 甲은 증거를 인멸하기 위해 乙의 집에 불을 질렀고, 이로 인해 乙의 집은 전부 타버렸다. 그리고 乙은 甲의 몽둥이에 맞아 죽은 것이 아니라 甲의 방화로 발생한 유독가스에 질식하여 사망하였다.

甲의 죄책은? (50점)

[2003년도 시행 제45회 사법시험 제1문]

제4절 구성요건착오(Tatbestandsirrtum)

사례연구

1. 사실관계

甲은 평소 자신에게 인색하게 구는 형수 A에 대하여 불만을 가지고 있던 중, 1983.3.6. 10:00경 친구들과 술을 마시기 위하여 A에게 용돈을 줄 것을 요구하였으나, A는 甲의 성실치 못한 생활태도에 대하여 핀잔을 주고는 옆에서 울고 있던 아들 B(남 1세)를 업고 밖으로 나가버렸다. 이에 격분한 甲은 A를 살해하기 위하여 소나무 몽둥이(길이 85센티미터 직경 9센티미터)를 들고 A를 따라가 A의 머리 부분을 위 몽둥이로 내리쳤고 이에 그 자리에서 고꾸라져서 피를 흘리는 A의 머리를 향해 다시 몽둥이를 내려친다는 것이 A의 등에 업혀 있던 B의 머리에 맞아 B를 두개골절 및 뇌좌상으로 즉사케 하였다.

2. 사건의 경과

제1심은 피고인 甲에게 형법 제250조 제1항 살인죄를 적용하여 징역 15년을 선고하였다. 이에 피고인 甲은 A의 등에 업혀 있던 피고인의 조카인 B에 대하여는 살인의 고의가 없었으니 과실치사죄가 성립할지언정 살인죄가 성립될 수 없다는 점에서 법리오인과 양형부당을 이유로 항소하였다. 원심은 피고인의 항소를 기각하였고, 피고인은 상고하였다.

3. 법률적 쟁점

행위자가 의도했던 객체가 아닌 다른 객체에 결과가 발생한 경우에, 의도했던 객체에 대한 고의를 결과가 발생한 객체에 대한 고의로 전용할 수 있는가?, 즉 의도하지 않았던 결과가 발생한 객체에 대한 고의·기수책임을 행위자에게 지울 수 있는가?

4. 적용법조

형법 제13조, 제14조, 제15조 제1항, 제27조, 제250조 제1항, 제267조

제13조 (犯意) 죄의 성립요소인 사실을 인식하지 못한 행위는 벌하지 아니한다. 단, 법률에 특별한 규정이 있는 경우에는 예외로 한다.

제14조 (과실) 정상의 주의를 태만함으로 인하여 죄의 성립요소인 사실을 인식하지 못한 행위는 법률에 특별한 규정이 있는 경우에 한하여 처벌한다.

제15조 (사실의 착오) ① 특별히 중한 죄가 되는 사실을 인식하지 못한 행위는 중한 죄로 벌하지 아니한다.

제27조 (불능범) 실행의 수단 또는 대상의 착오로 인하여 결과의 발생이 불가능하더라도 위험성이 있는 때에는 처벌한다. 단, 형을 감경 또는 면제할 수 있다.

제250조(살인, 존속살해) ① 사람을 살해한 자는 사형, 무기 또는 5년 이상의 징역에 처한다.

제267조 (과실치사) 과실로 인하여 사람을 사망에 이르게 한 자는 2년 이하의 금고 또는 700만원 이하의 벌금에 처한다.

5. 대법원의 판단

[판시사항]

타격의 착오와 살인의 고의

[판결요지]

피고인이 먼저 피해자 1인 피고인의 형수를 향하여 살의를 갖고 소나무 몽둥이(증 제1호, 길이 85센티미터 직경 9센티미터)를 양손에 집어들고 힘껏 후려친 가격으로 피를 흘리며 마당에 고꾸라진 동녀와 동녀의 등에 업힌 피고인의 조카 피해자 2(남1세)의 머리부분을 위 몽둥이로 내리쳐 피해자 2를 현장에서 두개골절 및 뇌좌상으로 사망케 한 소위를 살인죄로 의율한 원심조처는 정당하게 긍인되며 소위 타격의 착오가 있는 경우라 할지라도 행위자의 살인의 범의성립에 방해가 되지 아니하니 어느모로보나 원심판결에 채증법칙 위배로 인한 사실오인의 위법이나 살인죄에 관한 법리오해의 위법이 없어 논지는 이유없다(대법원 1984.1.24. 선고 83도2813 판결).

제1항 착오의 개념과 형태

Ⅰ. 착오의 개념

착오란 객관적 사실(現象)과 사실에 대한 주관적 인식(表象)과의 불일치, 즉 관념과 사실의 불일치를 의미한다. 객관적 사실은 착오의 대상에 불과하며, 따라서 착오의 문제는 주관적인 인식의 문제이다.

1. 사실(인식)면의 착오

불법구성요건적 사실(객관적 불법 구성요건표지)에 대한 착오로 고의와 관련된 구성요건착오영역의 문제이다.

2. 규범면의 착오

법률해석 뿐 아니라 행위의 위법평가의 면(불법의 실체 = 금지)에 대한 착오로 위법성의 인식과 관련된 금지착오영역의 문제이다.

Ⅱ. 사실의 착오와 법률의 착오, 구성요건착오와 금지착오라는 용어의 선택

종래 전통적인 입장에서는 형법상의 착오를 감각적으로 인지(認知)할 수 있는 사실에 대한 착오로서 고의를 조각하는 사실의 착오(erro facti, Tatsachensirrtum)와, 구성요건에 포함된 법개념 및 행위의 위법성에 대한 착오로서 고의의 대상이 아니기 때문에 고의를 조각하지 않는 법률의 착오(erro juris, Rechtsirrtum)로 구별하였다[이 입장이 초기 독일제국법원(RG)의 오랜 입장이었다]. 이후 일반국민에게 모든 법률의 인식이 곧바로 전제될 수 없다는 이유에서 법률의 착오를 다시 형법적 법률의 착오(형벌법규의 착오)와 형법외적 법률의 착오(비형벌법규의 착오)로 구분하여, 전자는 법적으로 중요하지 않으며 따라서 법개념에 관련되어도 고의조각의 효과를 인정하지 않고 후자는 법적으로 중요하다는 입장에서 사실의 착오와 마찬가지로 고의를 조각하는 것으로 이해하였다. 그러나 법률의 착오는 법규정 또는 법률관계 그 자체에 대한 착오가 아니라 법규범에 내재된 행위의 실질적인 불법인 금지 즉 그 행위가 위법하다는 것을 알지 못했거나 또는 허용된다고 오인한 경우에 대한 착오의 문제이며, 또한 규범적 구성요건표지에 대한 착오가 사실의 착오인지 법률의 착오인지를 구별할 수 없다는 점에서 형법상의 착오는 「사실 대 법률」로서가 아니라 「구성요건 대 위법성」의 대립관계로 이해하여 구성요건적 사실에 대한 착오와 위법성의 착오로 구별하는 것이 오늘날의 지배적 견해이다.

H.Welzel이 목적적 범죄체계에서 구성요건착오와 금지착오를 구별하여 지칭한 이래, 1945년 이후 독일 각주의 고등법원이 종전 RG의 판례태도에서 탈피하기 시작하였고 1952년 3월 18일 독일연방법원(BGH) 대형사부의 전원합의체판결(BGHSt GrS 2,194)에 의해 최초로 책임설에 입각하여 구성요건착오와 구별되는 금지착오의 개념이 사용되었다. 1975년 서독 개정형법도 이러한 판례의 입장을 수용하여 제17조의 표제를 『금지착오』로 하여 명문화하였다. 우리나라의 경우도 제16조의 표제와 관계없이 대다수 학자들이 이 견해를 취하고 있다.

Ⅲ. 착오의 형태

1. 사실적 형태

착오의 대상인 사실에 대해 인식조차 없는 경우(부지상태)로서의 소극적 착오와, 사실에 대해 잘못된 인식(오인)을 가진 경우의 적극적 착오로 나눌 수 있다.

2. 형법적 의미

1) 구성요건착오

제13조와 제15조 1항의 적용영역으로, 반전된 형태가 불능미수이다.

2) 금지(불법의식)착오

제16조의 적용영역으로, 반전된 향태가 환각범이다. 금지착오는 위법성의 인식의 체계적 지위와 관련된 고의설과 책임설의 대립에 따라 법적 효과에 있어 그 결론을 달리한다.

금지착오는 착오내용에 따라 직접적 금지착오와 간접적 금지착오로 구분할 수 있다.

(1) 직접적 금지착오

가) 금지규범(Verbotnorm)의 존재 또는 효력 자체에 대한 착오(추상적 금지착오, 존재 및 효력착오)

나) 금지규범의 효력범위에 대한 착오(규범적 구성요건착오, 포섭의 착오)

예컨대 민법상으로는 타인 소유의 재물임에도 불구하고 민법상의 소유권 개념을 잘못 해석하여 자기 소유의 물건으로 생각하고 가져온 경우와 같이 금지규범을 좁게 해석하여 금지규범이 자기의 행위와는 무관하다고 오인한 경우이다.

(2) 간접적 금지착오

가) 허용규범(Erlaubnisnorm, 행위의 위법성조각사유)의 존재 또는 한계에 대한 착오(허용규범착오)

현실적으로 존재하지 않는 행위의 정당화사유가 존재한다고 오인한 경우의 착오이다.

나) 허용규범의 효력범위에 대한 착오(허용포섭착오)

금지규범에 대한 위반은 인식하였으나(위법성의 인식은 존재), 행위의 정당화사유의 효력범위를 넓게 해석하여 자기의 행위가 허용된다고 오인한 경우이다.

3) 구성요건착오와 금지착오의 한계로서 문제되는 착오유형

위법성조각사유의 객관적 전제사실의 착오[Irrtum über die objektiven Voraussetzungen des Rechtfertigungsgründes, 허용구성요건착오(Erlaubnistatbestandsirrtum)]가 이에 해당한다.

제2항 구성요건착오 의의

Ⅰ. 개념

구성요건착오란 행위자가 주관적으로 인식(고의)한 사실과 행위로 인하여 현실적으로 발생된 객관적 사실(결과)이 일치하지 않는 경우의 착오를 말한다. 즉 구성요건 고의의 지적 요소인 인식의 대상이 되는 모든 객관적 불법구성요건표지 - 행위주체, 행위객체, 행위태양(행위장소, 행위방법, 행위시간), 인과관계, 행위결과 등 모든 객관적 행위상황 - 에 대한 인식이 결여되어 있는 경우를 구성요건착오라 한다.

이와 같이 구성요건착오는 구성요건해당성의 외부적 사실(객관적 불법구성요건표지)을 대상으로 하여 구성요건에 해당하는 외부적 사실이 존재하는 것을 알지 못한 경우 또는 존재하지 않는다고 오인한 경우, 달리 말하면 행위자가 행위시에 법적 구성요건에 속하는 객관적 전제조건의 존재를 착오로 인식하지 못한 경우로, 행위자에 대해 구성요건의 호소기능과 경고기능(Appel- und Warnfunktion)이 없으므로 고의가 배제된다. 따라서 구성요건착오의 문제는 고의론의 일부로, '발생된 결과의 고의로 전용할 수 있는가'라는 고의의 주관적 귀속이론이라고도 한다.

Ⅱ. 구성요건착오와 관계되는 유형

1. 기본적 불법구성요건표지에 관한 착오

사람을 노루로 오인하여 사살한 경우 또는 타인의 재물을 자기의 재물로 오인하여 가져온 경우와 같이 인식사실은 구성요건적 사실이 아니나 발생사실(결과)은 구성요건적 사실인 경우의 착오이다.

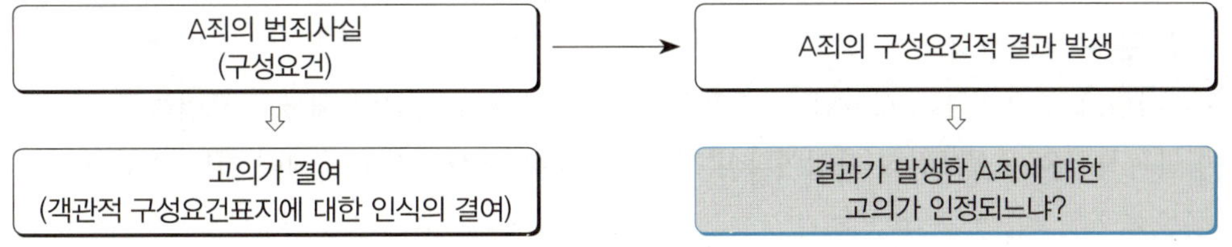

2. 인식사실은 기본적 구성요건적 사실이고 발생된 결과가 가중적 구성요건적 사실인 경우의 착오

자기의 직계존속을 일반인으로 오인하고 살해한 경우와 같이 인식사실은 기본적 구성요건에 해당하는 사실인데 발생된 결과가 인식사실과 비교하여 가중적 구성요건에 해당하는 사실인 경우의 착오이다.

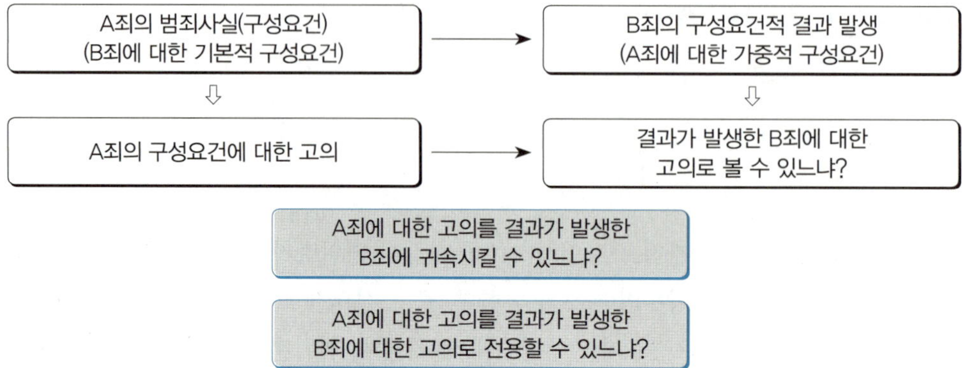

3. 구성요건착오의 한계되는 사례

甲을 乙로 오인하고 살해한 경우 또는 甲을 살해한다는 것이 총알이 빗나가 옆에 있던 乙이 사망한 경우, 甲의 재물을 乙의 재물로 오인하고 절취한 경우와 같이 인식사실과 발생사실이 모두 구성요건적 사실(결과)이나 그 내용이 일치하지 않는 경우의 착오이다.

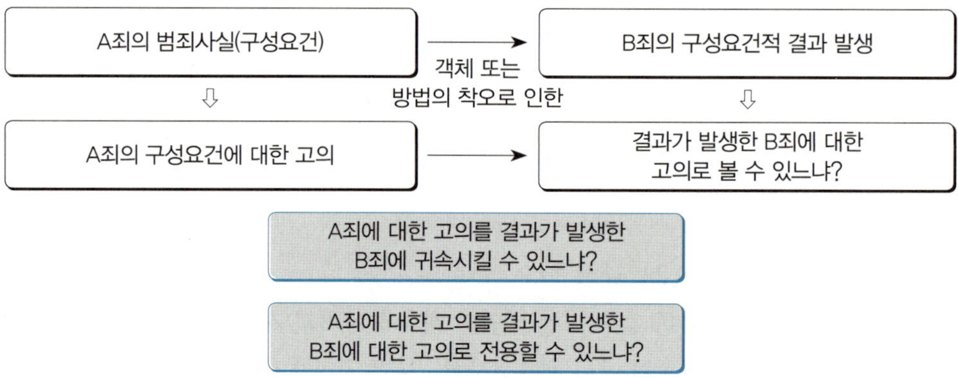

4. 반전된 구성요건착오

노루를 사람으로 오인하고 사살한 경우 또는 자기의 재물을 타인의 재물로 오인하여 절취한 경우와 같이 인식사실은 구성요건적 사실이나 발생사실(결과)은 구성요건적 사실이 아닌 경우의 착오이다.

Ⅲ. 구별개념

1. 금지착오(위법성인식의 착오, Verbotirrtum)

금지착오란 착오로 인하여 자기의 행위가 위법함(행위의 금지성)을 인식하지 못한 경우의 착오. 구성요건적 사실에 대한 인식(고의)은 있었으나, 즉 행위자가 자기행위의 객관적 특성은 올바르게 인식하였으나 그 행위가 법적 견지에서 허용되지 않는다는 것을 알지 못하였거나(위법성의 부지) 또는 허용되지 않는 것을 허용된다고 오인함으로써(위법성의 오인) 구성요건적 사실의 위법성을 인식하지 못한 경우의 착오유형을 말한다. 행위의 위법평가면에서의 착오라는 점에서 사실 인식면에서의 착오인 구성요건착오와 구별된다.

2. 객관적 구성요건표지 이외의 사정에 관한 착오

구성요건착오는 고의의 대상인 구성요건의 객관적 표지에 대한 착오라는 점에서 위법성조각사유의 전제사실에 관한 착오와 구별되며, 형벌 · 책임능력 · 처벌조건 · 소추조건 · 범죄의 동기 등에 관한 착오는 고의의 성립에 영향이 없으므로 범죄의 성립여부와는 무관하다(구성요건착오의 판단대상이 아님)[1].

3. 미수범에 있어서의 착오

행위자가 주관적으로 인식한 만큼 객관적 구성요건표지가 실현되지 못한 범죄유형으로, 객관적으로 존재하는 구성요건표지만큼 주관적 인식이 미치지 못한 경우인 구성요건착오와 구별된다. 미수범에 있어서의 착오의 경우에는 객관적 불법구성요건표지에 대한 인식과 구성요건실현의사는 존재하므로 고의는 성립한다.

4. 과실범에 있어서의 착오

구성요건착오는 범죄계획실현의사로 행위함에 있어 의사에 반하지는 않았으나 인식에 반하여 구성요건적 결과가 야기된 경우이며, 과실범에 있어서의 착오는 범죄실현의사없이 행위하였으나 주의의무위반으로 행위자의 의사에 반하여 구성요건적 결과가 야기된 경우라는 점에서 양자는 구별된다.

Ⅳ. 형법의 규정

제13조 (범의) 죄의 성립요소인 사실을 인식하지 못한 행위는 벌하지 아니한다. 단, 법률에 특별한 규정이 있는 경우에는 예외로 한다.
제15조 (사실의 착오) ① 특별히 중한 죄가 되는 사실을 인식하지 못한 행위는 중한 죄로 벌하지 아니한다.

---

1) 피고인의 위 물건이 피고인 본가의 소유물이라는 주장에 피고인이 그것을 본가의 소유물로 오신하였다는 취지도 포함되어 있는 듯하나 설사 본건 범행이 그러한 오신에 의해 이루어진 것이라 할지라도 그 오신은 형의 면제사유에 관한 것으로서 이에 범죄의 구성요건사실에 관한 제15조(사실의 착오) 제1항은 적용되지 않는 것이므로 그 오신은 본건 범죄의 성립이나 처벌에 아무런 영향도 미치지 아니한다(대법원 1966.6.28. 선고 66도104 판결).

형법 제13조는 "죄의 성립요소인 사실을 인식하지 못한 행위는 벌하지 아니한다"라고 하여 착오로 인한 죄의 성립요소에 관한 不知의 경우 고의가 없음을 규정하고 있다. 즉 제13조는 고의의 내용을 명시해 놓은 것만이 아니라 구성요건착오의 법률효과도 표현하고 있다. 따라서 구성요건요소에 관한 착오는 고의를 조각하며, 이는 반대로 고의는 구성요건요소에 관한 인식을 의미한다고 볼 수 있다. 그러므로 구성요건착오는 고의론의 영역에 속하는 문제임을 알 수 있다.[2)]

그리고 제15조 제1항은 "특별히 중한 죄가 되는 사실을 인식하지 못한 행위는 중한 죄로 벌하지 아니한다"라고 규정하고 있는데, 이는 추상적 구성요건착오와 같이 인식한 사실과 발생한 사실의 구성요건을 달리하는 경우의 착오와, 형의 가중 · 감경사유에 관한 착오의 경우에도 발생한 사실에 대한 고의를 인정하지 않는다는 규정이다.

즉 형법 제13조는 구성요건착오에 관한 일반규정(원칙규정)에 해당하고, 제15조 제1항은 구성요건착오에 관한 특별규정에 해당한다고 볼 수 있다. 그러나 형법은 제13조와 제15조 제1항의 규정에 의해 객관적 불법구성요건표지를 인식하지 못한 행위는 발생한 사실에 대한 고의의 성립을 조각한다는 당연규정만 명시하고 있을 뿐이다. 따라서 제13조와 제15조 제1항의 두 규정만으로는 구성요건착오에 해당하는 모든 사안들을 해결할 수 없기 때문에 구체적인 경우에 발생한 결과에 대한 고의 · 기수책임의 성립여부는 전적으로 학설과 판례에 의해 해결하여야 한다.

다만 형법 제13조는 고의에 관한 정의규정인 동시에 고의범에 대한 원칙적 처벌의 취지를 밝히는 규정이지, 구성요건착오에 관한 규정은 아니라는 견해도 있다. 이 견해에 의하면 다수견해가 기본적 구성요건착오 사례로 들고 있는 행위자가 인식한 사실은 구성요건적 사실이 아니나 발생된 결과가 구성요건적 사실에 해당하는 경우는 구성요건착오와는 무관한 과실범의 문제로 이해한다.

---

2) 형법일부개정법률안(정부안, 2011.3.25. 의안번호 11304호로 국회 제출)

제11조 (고의) 죄의 성립요소인 사실을 인식하지 못한 행위는 벌하지 아니한다. 다만, 법률에 특별한 규정이 있는 경우에는 예외로 한다.

제12조 (사실의 착오) 특별히 무거운 죄가 되는 사실을 인식하지 못한 행위는 무거운 죄로 벌하지 아니한다.

[참고] 독일형법 제16조, 제17조

제16조 (행위상황에 관한 착오) ① 범행을 함에 있어서 법정구성요건에 속하는 사정을 알지 못하는 자는 고의로 행위 한 것이 아니다. 과실의 범행을 이유로 하는 가벌성은 위와 관계없다.

② 범행을 함에 있어서, 보다 경한 법규의 구성요건을 실현할 사정을 인식한 자는 경한 법규에 의한 고의의 행위를 이유로 하여서만 처벌할 수 있다.

제17조 (금지의 착오) 행위를 함에 있어서 불법을 행한다는 변별이 없는 경우 행위자가 그 착오를 회피할 수 없었던 때에는 책임없이 행위한 것이다. 행위자가 그 착오를 회피할 수 있었던 때에는 제49조 1항(법정감경사유)에 따라 그 형을 감경할 수 있다

제3항 구성요건착오의 유형과 해결

Ⅰ. 구성요건착오에 대한 일반규정인 제13조의 직접적용

1. 기본적인 불법구성요건표지에 관한 착오

고의는 모든 객관적 불법구성요건표지를 인식대상으로 하기 때문에 행위자가 불법구성요건요소에 속하는 객관적 행위상황을 인식하지(알지) 못한 경우에는 발생한 결과에 대한 고의가 인정되지 않는다.[3] 이는 구성요건착오의 가장 기본적인 형태로, 형법 제13조는 "죄의 성립요소인 사실을 인식하지 못한 행위는 벌하지 아니한다"라고 규정하여 고의의 내용만을 명시해 놓은 것이 아니라 기본적 구성요건착오의 경우 그 법률효과로서 제13조에 따라 발생한 사실에 대한 고의가 조각됨을 규정해 놓고 있는 것이다.

다만 이 경우 발생한 사실에 대한 고의는 인정되지 않지만, 발생한 사실에 대한 과실범이 성립되는냐의 여부는 형법 제14조에 의해 행위자의 과실 여부에 대한 판단에 따라 평가해야 한다. 즉 기본적 구성요건착오로 발생한 사실에 대한 고의가 성립되지 않는다고 하여 곧 바로 과실범이 성립되지는 않는다는 점에서 구성요건착오와 과실범의 성립 여부는 별개의 판단이다.

따라서 예를 들어 타인의 재물을 자기의 재물로 오인하고 가져온 경우, 행위자에게는 형법 제329조 절도죄의 객관적 구성요건표지로서의 행위객체인 "타인의 재물"이라는 데에 대한 인식(재물의 타인성에 대한 인식)이 없기 때문에, 형법 제13조에 의해 절도죄의 고의범이 성립되지 않는다. 나아가 절도죄의 고의범은 성립되지 않지만 이 경우 행위자가 정상의 주의의무를 다했더라면 행위객체인 "타인의 재물"이라는 점을 인식할 수 있었으리라는 과실이 인정되는 때에는 절도죄의 과실범은 성립될 수 있다. 다만 우리 형법은 절도죄의 과실범을 처벌하는 규정을 두고 있지 않기 때문에 과실 유무에 대한 판단에 앞서 죄형법정주의에 의해 과실범의 성립 여부를 판단할 필요가 없다.

---

3) 그러므로 독일 형법 제16조는 구성요건착오를 '행위상황에 관한 착오'라고 규정하고 있다.

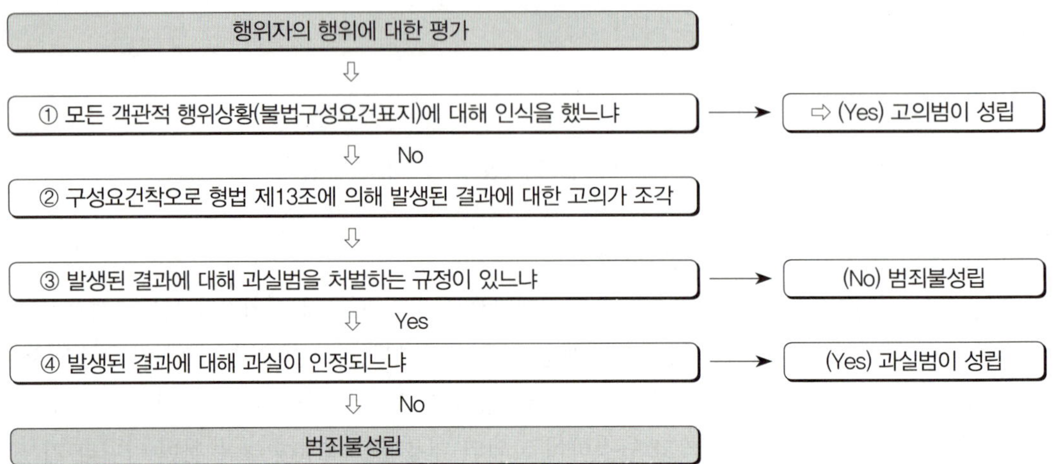

2. 이중구성요건착오

이중구성요건착오란 여러 가지 택일적 요소들이 함께 규정되어 있는 한 개의 구성요건 내에 행위자가 그중 일부 구성요건표지를 오인하여 다른 구성요건표지를 침해하는 것으로 착오한 경우를 말한다. 즉 구성요건표지 A를 실현시켰음에도 착오로 B를 실현시켰다고 오신한 경우, A의 기수로 처벌할 수 있는가가 문제되는 착오유형이다.

예를 들어 제225조 공문서 등의 위조 · 변조죄에 있어 甲은 공도화위조(公圖畫僞造)를 실현시켰음에도 착오로 공문서위조를 실현시켰다고 오인한 경우 또는 공문서위조행위를 변조로 오인한 경우, 제319조 주거침입죄에 있어 甲은 주거침입을 실현했음에도 방실(房室)의 침입을 실현했다고 오인한 경우가 이에 해당하는 착오 사례다.

이중구성요건착오의 경우에는 택일성이 단일한 보호대상이나 공격수단의 구분에 불과한 경우냐, 질적으로 상위한 경우이냐에 따라 해결하면 될 것이다. 따라서 앞의 예에서 후자의 경우는 「사실상의 주거의 평온」의 보호대상인 공간의 사례에 불과하다.

3. 행위사정의 일부는 구성요건, 일부는 위법성에 관련된 경우

위법성을 함축하는 용어가 구성요건상 사용되는 경우로, 예를 들어 제122조 직무유기죄에 있어 정당한 이유가 없는 데도 있다고 오인하고 직무를 유기한 경우가 이에 해당한다.[4)]

이러한 착오 사례는 그 착오가 구성요건적 사실의 면에 치우쳐 있느냐 위법성의 평가면에 치우쳐 있느냐에 따라 해결하면 된다.

4) 제145조 제2항 집합명령위반죄, 제121조 전시폭발물제조죄, 제118조 공무원자격사칭죄 등.

4. 행위사정의 일부는 구성요건, 일부는 책임에 속하는 상황과 관련된 경우

예를 들어 중체포감금죄(제277조)의 가혹행위, 학대죄(제273조)의 학대행위, 위계등에 의한 촉탁살인죄(제253조)에 있어서 위계행위 등 특별한 공격 또는 침해방법을 내포하고 있는 범죄유형과 같이 행위수행양태가 구체적인 행위 내지 결과와의 연관성에 따라 특별한 불법요소 또는 책임요소가 되는 범죄유형(不眞正 心情標識犯)에 있어서는 그러한 심정표지(心情標識)가 객관적인 행위수행의 종류와 형태에 관련되어 있다는 점에서는 주관적 불법구성요건표지이며, 주관적인 심리적 상태와 관련되어 있다는 점에서는 책임형식에 해당한다. 이러한 심정표지를 착오한 경우에 이를 구성요건착오로 볼 것이지, 금지착오로 볼 것인지가 문제된다.

Ⅱ. 구성요건착오에 대한 특별규정인 제15조 제1항의 직접적용

1. 불법가중사유(가중적 구성요건)를 인식하지 못한 경우

1) 일반적 해석론

가중적 불법구성요건요소란 기본적 불법구성요건요소에 추가로 형벌가중사유를 포함하는 객관적 구성요건표지로, 예를 들어 제250조 제1항 보통살인죄에 대한 같은 조 제2항의 존속살해죄, 제329조 단순절도죄에 대한 제331조 특수절도죄 등의 구성요건이 이에 해당한다.

만일 행위자가 행위 시에 자신의 행위가 기본적 구성요건과 비교하여 특별히 중한 구성요건에 해당한다는 사실을 인식하지 못한 경우에는 제13조가 규정하고 있는 "죄의 성립요소인 사실"에 해당하는 경우는 아니므로 제13조가 적용되지는 않지만, 제15조 제1항에 의해 발생된 결과인 가중적 구성요건이 아니라 인식한 사실인 기본적 구성요건에 의해 처벌된다. 다만 이러한 해석은 제15조 제1항의 적용범위를 아래와 같이 기본적 구성요건과 파생관계에 있는 가중적 구성요건간의 착오의 경우로 한정하여 이해하는 견해이다.

그리고 제15조 제1항은 방법의 착오의 경우에는 적용되지 않는다. 왜냐하면 방법의 착오는 행위자의 인식 유무 또는 인식내용의 차이(오인)에 따라 발생된 결과에 차이를 가져오는 것이 아니라, 행위방법의 실패 또는 차이에 따라 발생된 결과가 차이를 가져오는 구성요건착오이기 때문이다. 즉 甲이 친구인 乙에게 상해를 가하려고 칼을 던졌으나 옆에 있던 자신의 父가 그 칼에 맞아 다친 경우와 같은 방법의 착오는 甲이 자신의 父를 친구인 乙로 오인하고 칼을 던져 父가 다친 경우인 객체의 착오와는 다르다.

후자는 "특별히 중한 죄가 되는 사실"인 父에 대하여 인식하지 못한 행위에 해당하기 때문에 제15조 제1항이 적용되는 사례이지만, 전자의 경우에는 행위자 甲에게는 행위객체인 乙에 대한 인식이 존재했고 다만 甲이 인식했던 행위진행과정과 실제로 진행된 행위과정에 차이가 나서 父가 다친 경우에 해당하기 때문에 제15조 제1항이 적용될 여지가 없다.

2) 제15조 제1항의 「특별히」의 법적 성질에 대한 해석론

(1) 추상적 구성요건착오의 일반규정으로 이해하는 견해

이 견해는 제15조 제1항을 경 · 중의 구별이 있는 모든 구성요건간의 추상적 구성요건착오 중에서 경한 사실을 인식하였으나 중한 사실이 발생한 경우를 적용대상으로 하는 일반적 규정이라고 해석한다. 이 견해에 의하면 제15조 제1항이 규정하고 있는 "특별히 중한 죄 ~"에서 「특별히」라는 용어는 그 다음의 「중한 죄」를 수식하는 것이 아니라 그 이하의 문장 전체를 수식하는 부사적 용어로서의 의미를 가진다고 전제하면서, 「특별히」라는 표지에 반드시 특별한 의미를 부여해야 하는 것은 아니라는 한다. 따라서 제15조 제1항은 경한 죄가 되는 사실을 인식하였으나 인식한 사실과 비교하여 중한 죄가 되는 사실이 발생한 모든 사례를 규율하기 위한 일반규정으로 해석하지 못할 이유가 없다고 한다. 그리고 이 견해에 의하면 제15조 제1항이 그 법률효과로 규정하고 있는 "중한 죄로 벌하지 아니한다"는 문언은 "중한 죄의 고의 · 기수로 벌하지 아니한다"는 소극적 법률효과만을 제시하고 있으며, 구체적인 처리는 학설에 위임하고 있는 것으로 해석한다.

이와 같이 이 견해는 제15조 제1항이 규율하고 있는 대상은 일반적으로 해석하면서, 그 법률효과는 소극적으로 해석하고 있다는 점에서 '일반적 · 소극적 규정설'이라고도 한다.

이 견해는 다음의 두 가지 논거를 그 해석의 이유로 제시하고 있는데, 첫째는 제13조는 고의의 일반규정일 뿐 구성요건착오를 해결하기 위한 직접규정은 아니며, 제15조 제1항만이 구성요건착오를 해결하기 위한 유일한 규정이라고 한다. 따라서 제15조 제1항의 적용범위를 가능한 한 넓게 설정함으로써 구성요건착오사례의 해결을 되도록 규범적 구속 하에서 추구하는 것이 법치국가적 형법의 요청에 비추어 볼 때 바람직한 태도라고 보는 입장이다. 즉 이 견해에 의하면 구성요건착오란 인식한 사실과 발생된 사실이 모두 범죄사실에 해당하면서 양자가 불일치하는 경우만을 의미하며, 인식한 사실은 범죄사실이 아닌데 발생된 사실이 범죄사실인 경우는 구성요건착오의 문제가 아니라 단순히 과실범의 문제일 뿐이라고 한다.

둘째 이 견해는 제15조 제1항을 추상적 구성요건착오 중에서 객체의 착오 뿐만 아니라 방법의 착오도 규율하는 규정으로 해석한다. 즉 제15조 제1항의 규율대상을 기본적 구성요건과 그 변형인 가중구성요건간의 추상적 구성요건착오만이라고 한정하면서 "중한 죄로 벌하지 아니한다"를 경한 죄의 고의 · 기수로 벌한다"는 적극적 처리규정으로 해석하면 이는 이미 극복되었다고 볼 수 있는 추상적 부합설을 방법의 착오에 다시 부활시키는 결과가 되기 때문에 부당하다는 것이다. 이러한 다수견해와는 달리 제15조 제1항을 일반적 · 소극적 규정설의 입장에서 해석하면 이러한 부당한 결론은 피할 수 있다는 것이다.

(2) 추상적 구성요건착오 중 특별한 관계에 있는 구성요건간의 착오에만 적용되는 제한규정으로 이해하는 견해[5)]

이 견해는 제15조 제1항의 적용범위를 엄격히 한정하여, 동 조항은 기본 · 가중구성요건간의 추상적 구성요건착오 또는 기본 · 가중구성요건만이 아니라 죄질을 같이하는 구성요건간의 추상적 구성요건착오를 규율하는 것으로 해석한다. 그리고 제15조 제1항이 법률효과로 규정하고 있는 "중한 죄로 벌하지 아니한다"는 의미에 대해서는 "경한 죄의 고의 · 기수로 벌한다"는 적극적 해결규정이라고 해석한다. 이와 같이 이 견해는 제15조 제1항의 적용대상은 제한적으로, 그 법률효과는 적극적으로 해석한다는 점에서 제한적 · 적극적 규정설이라고 한다.

이 견해는 제15조 제1항의 적용범위를 기본 · 가중구성요건간의 추상적 구성요건착오에 한전하느냐, 기본 · 가중구성요건만이 아니라 죄질을 같이하는 구성요건간의 추상적 구성요건착오까지로 한정하느냐에 따라 다음의 두 가지 견해로 나뉘어진다.

가) 추상적 구성요건착오 중 인식한 사실과 발생된 결과의 구성요건이 기본적 구성요건과 파생적 구성요건의 관계에 있는 경우에만 제15조 제1항을 적용할 수 있다는 견해

이 견해는 제15조 제1항의「특별히」라는 표지에 적극적인 의미를 부여하여 그 적용범위를 가장 좁게 설정하는 견해로,「특별히」라는 용어는 그 다음의「중한 죄」를 수식하는 의미라고 한다. 즉 이 견해에 의하면 제15조 제1항은 기본적 구성요건에 대한 인식은 공통분모로 전제하고 가중적 구성요건의 추가적인 가중사유만을 인식하지 못한 채 가중구성요건을 실현한 착오사례를 규율하는 규정으로, 따라서 추상적 구성요건착오에 해당하는 경한 인식과 중한 결과발생 중에서도 양자의 구성요건이 기본적 · 파생적 관계(동종, 동질의 구성요건)가 있을 때만 동 규정을 적용해야 한다는 것이다.

이 견해는 제15조 제1항의 규정에 대한 문리해석에 가장 충실한 태도로, 불법감경사유가 존재하는 것으로 오인하고 기본적 구성요건을 실현한 경우 - 인식한 사실은 경한 구성요건적 사실인데 발생된 결과는 기본적 구성요건에 해당하는 사실인 경우 - 는 제15조 제1항이 직접 적용되는 착오사례는 아니라고 한다. 다만 이 견해는 제15조 제1항을 객관적 목적론적으로 해석하여 동 조항의 입법취지가 "행위자가 인식하지 못한 중한 결과로는 벌해서는 안되지만, 적어도 실현된 경한 죄의 범위 내에서 고의 · 기수책임을 인정하려는" 것이기 때문에, 불법감경사유가 존재하는 것으로 오인하고 기본적 구성요건을 실현한 경우는 제15조 제1항을 간접적용(유추적용)하여 인식한 감경구성요건의 고의 · 기수로 처리하는 것이 타당하다고 한다.

5) 직계존속임을 인식치 못하고 살인을 한 경우는 형법 제15조 소정의 특히 중한 죄가 되는 사실을 인식하지 못한 행위에 해당한다(대법원 1960.10.31. 선고. 4293형상494 판결).

나) 위의 가) 경우만 아니라 죄질을 같이하는 구성요건간의 추상적 구성요건착오도 제15조 제1항을 적용할 수 있다는 견해

이 견해는 인식한 사실과 발생된 결과의 구성요건간의 관계가 기본 · 가중구성요건만이 아니라 양자가 죄질(법익)을 같이하는 구성요건 간에도 제15조 제1항이 적용된다고 한다. 따라서 이 견해에 의하면 점유이탈물횡령죄의 고의로 절도죄를 범한 때에도 제15조 제1항이 적용되어 점유이탈물횡령죄가 성립할 수 있을 뿐이다.

나아가 이 견해 중에는 제15조 제1항을 죄질부합설을 입법화한 것으로 해석하는 견해도 있다. 이 견해에 의하면 기본 · (파생적)가중 구성요건착오와 그 반전된 형태의 착오, 감경 · (파생적)기본 구성요건착오와 그 반전된 형태, 그리고 죄질을 같이하는 구성요건 간에서 감경 · 가중구성요건착오와 그 반전된 형태 전부에 대해 제15조 제1항을 직접 적용하여 경한 범죄의 고의 · 기수로 처리해야 한다고 한다.

(3) 추상적 구성요건착오 중 기본 · 가중 구성요건만이 아니라, 감경 · 기본 구성요건과 감경 · 가중 구성요건 사이에서도 제15조 제1항이 적용된다는 견해

이 견해는 제15조 제1항의 「특별히 중한 죄」의 문언적 의미를 기본 · 가중 구성요건에만 적용되는 것으로 해석할 것이 아니라, 인식한 사실과 발생된 결과를 상대적으로 비교하여 양자가 파생관계에 있으면서 경 · 중의 차이만 있으면 제15조 제1항은 적용된다고 해석한다. 다만 위의 착오사례가 반전된 경우 또는 단순히 죄질만을 같이하는 구성요건간의 착오는 제15조 제1항이 직접 적용되는 대상이 아니라고 한다.

3) 반전된 경우 – 불법가중실현의사로 기본적 구성요건결과가 발생

위와 같이 제15조 제1항의 「특별히」라는 문언을 어떻게 해석하느냐에 따라 법적 판단을 달리한다.

<table>
<tr><td>(1)의 견해에 의한 해결</td><td colspan="2">제15조 제1항이 직접 적용되는 사례로, 인식한 사실에 대한 미수와 발생된 결과에 대한 과실의 상상적 경합범이 성립한다.</td></tr>
<tr><td rowspan="2">(2)의 견해에 의한 해결</td><td>가)의 견해에 의한 해결</td><td>제15조 제1항을 유추적용하여, 결과 · 행위불법이 현실적으로 실현된 범위의 발생된 결과에 대한 고의 · 기수와 인식한 사실의 (행위)불법이 실현되지 않은 한에 있어서 인식한 사실에 대한 불능미수의 상상적 경합범이 성립한다.</td></tr>
<tr><td>나)의 견해에 의한 해결</td><td>양자가 죄질을 같이하는 경우는 발생된 결과의 고의 · 기수만 성립한다.</td></tr>
<tr><td>(3)의 견해에 의한 해결</td><td colspan="2">제15조 제1항이 유추 적용되어, 발생된 결과의 고의 · 기수만 성립한다.</td></tr>
</table>

2. 불법감경사유의 착오[6)]

1) 착오로 불법감경사유가 존재한다고 오인한 경우

독일형법 제16조 제2항은 감경적 구성요건의 고의 · 기수죄를 명시하고 있다. 현행 형법상으로는 제15조 제1항을 반전하여 감경적 구성요건의 고의 · 기수책임을 인정하는 것이 타당하다.

2) 착오로 불법감경사유가 존재하지 않는다고 오인한 경우

결과불법이 실현된 범위 내에서 기수 책임이 성립되며, 행위불법이 실현되지 않은 범위 내에서는 미수 책임이 성립된다는 점에서 인식사실인 기본범죄의 미수와 발생사실인 불법감경범죄의 기수의 상상적 경합범이 성립한다.

3. 책임감경사유의 착오

행위자의 특별한 심정반가치의 표현을 구성요건상 기술해 놓은 범죄유형으로,[7)] 책임감경의 사유는 구성요건표지가 아니기 때문에 이러한 사유를 착오했다 하더라도 구성요건착오 문제는 발생하지 않는다. 책임감경의 사유는 심정반가치에 대한 판단이므로 행위자가 주관적으로 인식했던 표상에 따라 범죄가 성립한다.

1) 동기가 있음에도 없다고 오인한 경우

인식한 사실 그대로 기본범죄의 기수 책임이 성립한다.

2) 동기가 없음에도 있다고 오인한 경우

인식한 사실 그대로 책임감경범죄의 기수 책임이 성립한다.

4. 객관적 처벌요건에 대한 착오

제328조 친족상도례 규정은[8)] 재산죄는 성립하지만 범죄자와 피해자 간의 일정한 친족관계를 고려

---

6) 제252조 (촉탁, 승낙에 의한 살인 등) ① 사람의 촉탁 또는 승낙을 받어 그를 살해한 자는 1년 이상 10년 이하의 징역에 처한다. 제252조 제1항의 촉탁 · 승낙살인죄가 불법감경적 구성요건인가, 책임감경적 구성요건인가에 대해서는 견해가 대립하고 있다. 즉 행위 자체의 불법이 감경된다는 견해와, 촉탁 · 승낙에 의한 행위자의 동정과 호의적인 원조의사라는 주관적 심정태도(행위자의 동기설정)과 관련된 책임감경사유로 보는 견해가 대립하고 있다. 따라서 착오의 경우도 결론을 달리한다.

7) 영아살해죄(제251조)에 있어서 '치욕을 은폐하기 위하거나 양육할 수 없음을 예상하거나 특히 참작할 만한 동기로 인하여', 준점유강취죄(제325조)와 준강도죄(제335조)에 있어서 '체포면탈 또는 죄적을 인멸할 목적' 등이 이에 해당한다.

8) 제328조 (친족간의 범행과 고소) ① 직계혈족, 배우자, 동거친족, 동거가족 또는 그 배우자간의 제323조의 죄는 그 형을 면제한다.

하여 형을 면제하거나 친고죄로 규정한 것으로, 범죄자와 피해자 간의 일정한 친족관계는 구성요건 표지가 아니기 때문에 이러한 사유를 착오했다 하더라도 구성요건착오 문제는 발생하지 않는다. 따라서 범죄자가 비록 피해자와의 관계를 착오했더라도 객관적 사실에 따라 처벌 여부가 결정된다.

제4항 구성요건착오의 한계되는 사례(한계적인 구성요건착오)

기본적인 구성요건요소에 관한 착오는 아니나 구성요건의 착오로 볼 수 있는 한계적인 사례로서, 고의의 구체화 또는 특정화와 관련된 구성요건고의의 귀속문제에 해당하는 사례가 이에 해당한다(결과에 대한 고의로 볼 수 있느냐, 결과가 고의에 기한 작품이냐의 문제). 즉 어느 정도까지 고의가 구체화되고 특정화되어야만 발생된 결과에 대해 고의책임을 인정할 것인가의 문제로, 착오론과는 무관한 고의의 주관적 귀속의 문제이다.

고의론의 일부이나 착오론과는 다른 측면에서의 고의론으로, 인식사실과 발생사실이 다른 경우에 어떤(어느 정도의) 범위 내에서 고의와 사실의 부합(符合)으로 발생된 결과에 대한 고의와 기수 책임의 성립을 인정할 것인가의 문제다.

Ⅰ. 유형

1. 구성요건 간의 착오

구성요건착오는 행위자가 인식 · 의도한 결과와 발생한 결과간의 구성요건의 일치성 여부, 즉 구성요건상 동가치성(tatbestandtliche Gleichwertigkeit)의 여부에 따라 구체적 구성요건착오와 추상적 구성요건착오로 나눌 수 있다.

1) 구체적 구성요건착오

구체적 구성요건착오는 행위자가 인식 · 의도한 사실과 현실로 발생한 사실이 동일한 구성요건간의 착오로, 인식한 사실과 발생한 사실의 동가치성이 인정되는 구성요건간의 착오를 말한다.

2) 추상적 구성요건착오

추상적 구성요건착오는 행위자가 인식 · 의도한 사실과 현실로 발생한 사실이 상이한 구성요건간의 착오로, 인식한 사실과 발생한 사실의 동가치성이 인정되지 않는 구성요건간의 착오를 말한다.

---

② 제1항 이외의 친족 간에 제323조의 죄를 범한 때에는 고소가 있어야 공소를 제기할 수 있다.
③ 전 2항의 신분관계가 없는 공범에 대하여는 전 2항을 적용하지 아니한다.

2. 객관적 불법구성요건표지의 착오

착오의 대상인 구성요건표지여하에 따라 객체의 착오, 방법의 착오, 인과관계의 착오 등으로 나눌 수 있다.

1) 객체(대상)의 착오(Irrtum über das Handlungsobjekt, error in objecto vel persona)

사람을 잘못 봐서 丙을 살해할 의도대상인 乙로 오인하고(乙인 줄 오인하고) 丙을 살해한 경우와 같이 행위자가 목표로 삼은 대상의 실체(행위객체의 특성)를 잘못 파악함으로써 객체의 동일성에 관하여 착오한 경우이다. 구성요건실현의 중요한 표지에 관한 착오가 아니라 구성요건상 중요하지 않은 개별화에 대한 착오에 불과, 즉 단순한 동기의 착오(Motivirrtum)에 불과하다.

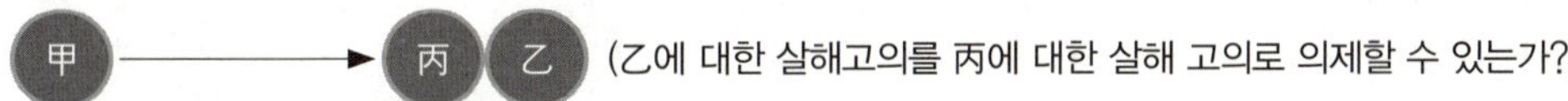

2) 방법(타격, 수단)의 착오(aberratio ictus, Fehlgehen der Tat)

乙을 살해할 의도로 칼을 던졌으나 칼이 빗나가 옆에 있던 丙에게 칼이 꽂혀 丙이 사망한 경우와 같이 행위의 방법이 예상과는 달리 잘못되어 행위자가 의도한 행위객체가 아닌 다른 객체에 결과가 발생한 경우로, 고의의 구체화와 관련된(고의는 특정한 객체를 향하여 구체화) 인과과정에 관한 착오의 특수한 예.[9] 인식과 결과의 불일치의 문제가 아니다.

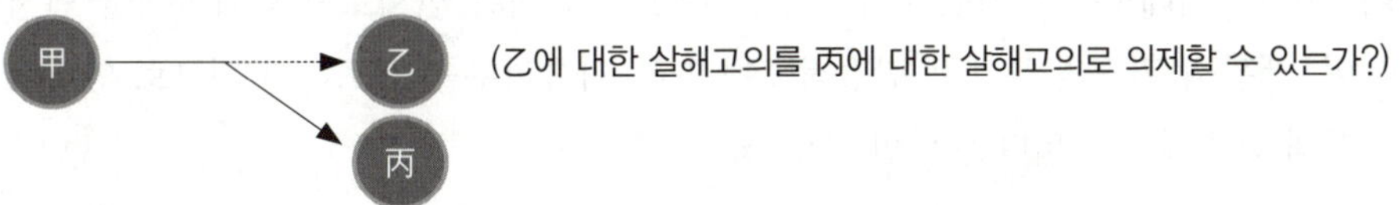

3) 인과관계(과정)의 착오(Kausalitätsirrtum)

(1) 문제의 제기

구성요건에 기술되지 아니한 행위와 결과간의 인과관계도 객관적 불법구성요건표지로서 고의의 대상이다. 그러나 행위자가 모든 인과과정(Kausalverlauf)을 인식 또는 예견한다는 것은 사실상 불가능하며, 따라서 인식과는 다른 인과과정에 의해 결과가 발생한 경우 즉 인과과정에 착오가 생긴 경우도 구성요건착오에 해당하여 고의가 조각된다면 현실적으로는 거의 고의범이 성립되지 아니하는 결과가 초래될 수 있다. 이러한 측면에서 고의의 인식대상인 인과관계의 내용에 구체적인 인과과정에 대한 인식 또는 예견도 포함되느냐, 나아가 이를 인정한다면 어느 정도로 인과과정을 인식해야 하며 또한 이를 판단하는 기준은 무엇인가, 웨버(Weber)의 개괄적 고의를 인과관계의 착오유형으로 볼 수

9) 방법의 착오는 인과과정의 착오와는 구별되며, 이를 방법의 실패라는 용어로 사용하는 학자도 있다.

있느냐의 논의 등이 제기될 수 있다.

(2) 인과관계착오의 의의

가) 다수견해

행위자가 인식하고 의도한 객관적 구성요건의 내용과 현실로 발생한 객관적 구성요건의 실현이 법적으로는 일치하지만 행위자가 사전에 인식 또는 예견한 인과과정과 다른 인과과정이 현실로 진행되어 의도한 결과가 발생된 경우의 착오유형으로, 구체적 사실의 착오에서만 발생되는 착오유형이다. 인과과정도 고의의 대상이며 따라서 인과과정의 착오도 인과관계의 착오로서 구성요건착오의 문제로 보는 입장이다.

나) 소수견해

① 인과과정의 인식은 현실적으로 불가능하므로 고의의 대상이 아님. 따라서 인과관계의 착오는 고의를 조각시키는 구성요건착오가 아니며, 범죄성립에 영향이 없다는 견해이다.

② 인과과정은 인과관계 자체와는 구별되는 인과관계를 확정하는 데 필요한 연쇄적 구성부분에 불과. 따라서 인과과정은 고의의 인식대상이 아니며, 이에 관한 착오는 인과관계의 착오와 구별되는 인과과정의 착오로 객관적 귀속의 문제에 해당한다고 보는 견해이다.[10)]

그러나 이 견해에 대해서는 인과관계의 유무를 확정하기 위한 전제로서 인과과정을 먼저 검토할 필요가 있으며, 객관적 귀속의 문제는 귀속척도에 따라 귀속여부를 검토하면 되므로 인과과정의 착오도 인과관계의 착오에 포함된다는 비판이 있다.

(3) 인과관계착오의 유형

가) 행위의 작용방법에 착오가 생긴 경우, 즉 행위의 작용방식의 상위에 의한 경우

행위자가 인식 · 예견한 행위작용의 인과과정과 현실적으로 진행된 인과과정이 다른 경우로, 예로써 익사시킬 의사로 다리 위에서 밀었으나 피해자가 교각에 부딪혀 사망한 경우, 살해의 의사로 칼로 찔렀으나 피해자가 상해만 입은 상태에서 병원으로 가던 도중에 교통사고 또는 의사의 치료 잘못으로 사망한 경우 등이 이에 해당한다.

나) 예상보다 빠르게 구성요건적 결과가 실현된 경우

실행행위를 단계적으로 계속하여 마지막단계에서 구성요건적 결과를 실현시킬 의사였으나 구성

10) 아래의 인과관계의 착오의 예들을 모두 객관적 귀속이론으로 설명하는 견해도 있다.

요건적 결과에 대한 고의가 없는 그 전단계의 실행행위에 의해 결과가 발생된 경우로, 예로써 목을 졸라 실신시킨 후 칼로 살해할 의사였으나 피해자가 목 졸린 상태에서 사망한 경우, 살해할 의사로 구입하여 비치해 놓은 독약을 피해자가 보약인 줄 오인하여 먹고 사망한 경우 등이 이에 해당한다.

다) 고의 없는 제2의 행위에 의해 결과가 발생한 경우

이른바 Weber의 개괄적 고의가 이에 해당한다.[11)]

(4) 인과관계의 인식범위와 판단기준

가) 인식범위

인과과정의 상세한 구체적인 내용까지는 인식 예견할 필요는 없고 인과관계의 본질적인 부분이나 기본적인 부분만 인식 · 예견하면 된다. 따라서 본질적인 부분에 대한 착오만이 구성요건착오로서 고의를 조각한다.

나) 판단기준

(가) 제1설

고의의 성립에 필요한 결과에 대한 인식은 그 결과가 어떠한 인과과정을 거쳐서 성립하는가에 대하여 表象하고 있어야 하므로 인식 · 예견한 인과과정과 현실적으로 진행된 인과과정이 구체적으로 일치할 것을 요한다. 따라서 구체적으로 인과과정이 불일치되는 경우에는 미수범성립에 불과하다.

(나) 제2설[12)]

인과과정의 불일치가 상당인과관계의 범위 내인 경우는 고의 · 기수범이 성립한다. 따라서 이러한 상당성의 범위를 초과한 경우에는 미수범이 성립된다는 견해. 인과관계 문제로 환원하는 모순이다.

(다) 제3설[13)]

인과과정의 상위가 일반적인 생활경험에 의해 예견가능한 범위 내에 있고, 그것이 다른 행위로 평가할 수 없는 경우에는 본질적인 부분에 관한 착오가 아니므로 발생된 결과에 대한 고의 · 기수범이 성립된다고 보는 견해이다.

---

11) 자세한 내용은 앞에서 설명한「고의의 특수형태」중 개괄적 고의 참조.

12) 일본의 다수견해.

13) 독일의 다수견해와 판례의 입장.

(5) 구체적 사례의 검토

가) 행위의 작용방법에 착오가 있는 경우

나) 예상보다 빠르게 구성요건적 결과가 실현된 경우

구성요건적 결과가 실행행위 착수 전 예비단계에서 발생하였느냐, 아니면 착수후 발생하였느냐에 따라 판단한다.

다) 고의 없는 제2의 행위에 의해 결과가 발생한 경우

Ⅱ. 고의 · 기수의 성립여부에 관한 학설(착오의 한계에 관한 학설)[14)]

인식한 사실과 발생한 결과가 어느 정도 부합되어야만 결과에 대한 고의 · 기수책임이 인정되는가에 대한 학설로, 구체적 부합설, 법정적 부합설, 실질적 동가치설 등이 대립하고 있다.

1. 구체적 부합설(독일의 구체화설, Konkretisierungstheorie)[15)]

주어진 사실관계의 구체적 특성을 기준으로 인식사실과 발생사실이 구체적으로 들어맞는 경우에 한하여 고의 · 기수책임을 인정하는 견해로, 이 견해에 의하면 동일한 구성요건간의 착오유형 중에서 객체의 착오는 단순히 객체의 성질, 즉 객체의 동일성에 대한 불일치로 이 경우에는 단순한 동기의 착오에 불과하며 형법적으로 중요한 의미가 부여되지 않기 때문에 고의기수책임이 인정된다.

이와 같이 객체의 착오만 고의 · 기수책임을 인정하고 나머지는 인식사실의 (불능)미수와 발생결과의 과실범의 상상적 결합범으로 해결함으로써 고의 · 기수책임을 지나치게 좁게 인정한다.

2. 법정적 부합설(독일의 형식적 동가치설, Gleichwertigkeitstheorie)[16)]

입법자가 정해놓은 행위정형(구성요건)을 기준으로, 인식한 행위정형과 발생된 결과의 금지행위정형이 법정적으로 부합하면 결과에 대한 고의 · 기수책임을 인정하는 견해이다.

법정의 부합범위를 어떻게 설정할 것인가에 따라 예를 들어 보통살인죄와 존속살해죄의 경우와 같이 구성요건은 다르지만 죄질이 동일한 경우 구체적 구성요건착오로 볼 것인지, 추상적 구성요건

14) 일본의 木野英一 교수에 의해 구체적 부합설, 법정적 부합설, 추상적 부합설로 명명.
15) 독일의 다수견해와 판례의 입장.
16) 우리나라의 다수견해와 판례의 입장.

착오로 볼 것인지에 대한 해석이 달라진다.

1) 구성요건적 부합설

법정을 구성요건으로 이해하여, 인식한 사실과 발생한 사실이 동일한 구성요건간의 착오의 경우 고의 · 기수책임을 인정한다.

2) 죄질(법익)부합설

법정을 법률규정상의 죄질이 동일한 것으로 이해하는 입장으로, 점유이탈물횡령죄와 절도죄와 같이 양자의 죄질이 동일한 범위내에서 착오가 발생하면 발생한 결과에 대한 고의 · 기수책임을 인정한다.

3. 실질적 동가치설

이 견해는 생명이나 신체와 같이 일신전속적 법익에 관한 경우와 재산 등과 같은 비전속적 법익에 관한 범죄로 구분하여, 비전속적 법익에 관한 경우에는 고의가 구체적으로 실현되지 않았다 하더라도 형식적 동가치설과 같이 발생된 결과에 대한 고의 · 가수책임을 인정한다. 그러나 일신전속적 법익에 관한 죄에서는 발생된 결과에 대한 과실책임만을 인정한다.

4. 추상적 부합설(주관주의 입장)

구체적 또는 구성요건적으로 부합되지 않더라도 행위자의 주관적인 고의의 실행(반사회적 위험성의 표현)이 있으면 최소한도(경한 범죄)의 고의 · 기수 책임을 인정하는데, 이 견해에 의하면. 범죄의 정형성이 무시된다.

Ⅲ. 고의 · 기수의 성립여부와 각 학설의 검토

1. 구체적 사실의 착오

동일한 구성요건간의 착오로, 착오의 대상인 객관적 구성요건표지에 따라 아래의 견해들이 대립하고 있다.

1) 객체의 착오

(1) 구체적 부합설

인식의 대상과 침해된 사실의 대상은 다르나, 타격의 대상과 침해된 사실의 대상은 구체적으로 부합된다. 즉 구성요건실현의사가 착오로 오인한 행위객체에 향하고 있으므로, 따라서 구성요건상 중요하지 않는 개별화에 대한 착오에 불과하다. 따라서 발생된 결과에 대한 고의 · 기수책임을 인정한다.

(2) 법정적 부합설

구성요건상 동가치성이 인정되므로, 발생된 결과에 대한 고의 · 기수책임을 인정한다.

(3) 추상적 부합설

발생된 결과에 대한 고의 · 기수책임을 인정한다.

2) 방법의 착오

(1) 구체적 부합설

고의는 특정한 객체를 향하여 구체화되어야 한다는 점에서, 타격의 대상과 침해된 사실의 대상이 불일치하기 때문에 인식사실에 대한 미수와 발생된 결과에 대한 과실범의 상상적 경합범이 성립한다.

(2) 법정적 부합설(판례의 입장)

구성요건상 동가치성이 인정되므로, 발생된 결과에 대한 고의 · 기수책임을 인정한다.

(3) 추상적 부합설

발생된 결과에 대한 고의 · 기수책임을 인정한다.

3) 인과관계(과정)의 착오

어느 견해에 의하던 예견가능한 인과과정의 착오의 경우에는 발생된 결과에 대한 고의 · 기수책임을 인정한다.

2. 추상적 사실의 착오

상이한 구성요건간의 착오로, 객체의 착오나 방법의 착오 모두 아래와 같이 설명한다.

1) 구체적 부합설

인식사실의 미수와 발생결과에 대한 과실범의 상상적 경합범이 성립한다.

2) 법정적 부합설

구체적 부합설과 동일한 결론이나, 다만 기본적 구성요건과 가중적 구성요건간의 착오의 경우는 죄질부합설에 의하면 경한 죄의 기수책임을 인정한다.

3) 추상적 부합설

인식사실이든 발생결과이든 경한 사실에 대한 기수책임과 중한 인식사실 또는 발생결과에 대한 미수 또는 과실범의 상상적 경합범이 성립된다.

		구체적 부합설	법정적 부합설
구체적 구성요건착오	객체의 착오	(발생결과)고의 · 기수죄	(발생결과)고의 · 기수죄
	방법의 착오	(인식사실)미수죄와 (발생결과)과실죄의 상상적 경합범	(발생결과)고의 · 기수죄
추상적 구성요건착오	객체의 착오	(인식사실)미수죄와 (발생결과)과실죄의 상상적 경합범	(인식사실)미수죄와 (발생결과)과실죄의 상상적 경합범
	방법의 착오	(인식사실)미수죄와 (발생결과)과실죄의 상상적 경합범	(인식사실)미수죄와 (발생결과)과실죄의 상상적 경합범

관련판례

1) "甲"을 살해할 목적으로 발사한 총탄이 "乙"에 명중되어 "乙"이 사망한 경우에 "乙"에 대한 살의의 유무

기록을 검토하여 보아도 피고인의 소론 심신장애를 인정하지 아니한 원심의 판단에 위법사유 있다 할 수 없을 뿐만 아니라 범죄사실을 부인하므로써 원판결에 사실의 오인이 있다는 것과 원판결의 형의 양정이 과중하다는 주장은 군법회의법 제432조 소정 사유에 해당하지 아니하여 적법한 상고이유가 되지 못하므로 논지는 이유 없고 사람을 살해할 목적으로 총을 발사한 이상 그것이 목적하지 아니한 다른 사람에게 명중되어 사망의 결과가 발생하였다 하더라도 살의를 저각하지 않는 것이라 할 것이니 원심인정과 같이 피고인이 하사 공소외 1을 살해할 목적으로 발사한 총탄이 이를 제지하려고 피고인 앞으로 뛰어들던 병장 공소외 2에게 명중되어 공소외 2가 사망한 본건의 경우에 있어서의 공소외 2에 대한 살인죄가 성립한다 할 것이므로 공소외 2에 대한 피고인의 살의를 부정하는 논지도 이유 없다(대법원 1975.4.22. 선고 75도727 판결).

2) 목적한 사람이 아닌 다른 사람에게 상해를 입힌 경우 상해죄의 성립 여부

원심이 인용한 제1심판결이 든 증거에 의하면 피고인의 판시 범죄사실을 넉넉히 인정할 수 있고, 성명불상자 3명과 싸우다가 힘이 달리자 옆포장마차로 달려가 길이 30센티미터의 식칼을 가지고 나와 이들 3명을 상대로 휘두르다가 이를 말리면서 식칼을 빼앗으려던 피해자의 귀를 찔러 상해를 입힌 피고인에게 상해의 범의가 인정되며 상해를 입은 사람이 목적한 사람이 아닌 다른 사람이라 하여 과실상해죄에 해당한다고 할 수 없고, 싸움의 경위, 범행방법 등 제반사정에 비추어 피고인의 범행이 정당방위나 긴급피난 또는 과잉방위에 해당되는 것으로도 보이지 않으므로 여기에 소론과 같은 사실오인 이나 법리오해의 위법이 있다할 수 없다(대법원 1987.10.26. 선고 87도1745 판결).

3) 살인죄의 범의

원심이 유지한 제1심판결은, 피고인들이 공소외 1 · 2 · 3 · 4 등과 공모하여 그들의 동료인 공소외 5 · 6 등을 납치 · 폭행한 공소외 7 등 타워파 폭력조직원들에 대하여 보복을 하기로 결의한 후, 1993.2.15. 05:30경 전주시

덕진구 금암동 소재 여관 1로 공소외 7 등을 찾아가서 상호공동하여 공소외 1과 피고인 4는 그곳 안내실에서 종업원인 공소외 한정숙이 경찰에 연락을 하지 못하도록 감시하고, 뒤이어 도착한 피고인 2는 여관문 앞에서 망을 보고 공소외 2는 여관 302호실 방문 앞에서 망을 보고, 피고인 5와 공소외 4는 각목을, 공소외 3은 쇠파이프를, 피고인 1과 3은 낫을, 피고인 6은 또 다른 흉기를 각 소지한 채 위 302호실로 들어가 그 곳에서 잠을 자던 피해자 1 · 2를 공소외 7의 일행인줄 잘못 알고 각기 각목과 쇠파이프로 위 피해자들의 머리와 몸을 마구 때리고, 낫으로 팔과 다리 등을 닥치는대로 여러 차례 힘껏 내리찍은 사실을 인정하였는바, 제1심판결이 채택한 증거들을 기록과 대조하여 검토하면, 제1심의 이와 같은 사실인정은 정당한 것으로 수긍이 되고, 이 점에 관한 한 원심판결에 소론과 같이 채증법칙을 위반하거나 살인과 살인미수죄에 관한 법리를 오해하여 판결에 영향을 미친 사실을 잘못 인정한 위법이나 이유에 모순이 있는 위법이 있다고 볼 수 없으므로, 논지는 이유가 없다.

그리고 위 피고인들의 가해행위와 피해자 1의 사망과의 사이에 인과관계가 있어야 위 피고인들을 살인죄로 처벌할 수 있는 것임은 소론과 같지만, 살인의 실행행위가 피해자의 사망이라는 결과를 발생하게 한 유일한 원인이거나 직접적인 원인이어야만 되는 것은 아니므로(당원 1982.12.28. 선고 82도2525 판결 참조), 살인의 실행행위와 피해자의 사망과의 사이에 다른 사실이 개재되어 그 사실이 치사의 직접적인 원인이 되었다고 하더라도, 그와 같은 사실이 통상 예견할 수 있는 것에 지나지 않는다면 살인의 실행행위와 피해자의 사망과의 사이에 인과관계가 있는 것으로 보아야 할 것이다. 제1심 증인 및 원심 증인의 각 증언과 의사가 작성한 피해자 1에 대한 사망진단서의 기재 등 관계증거에 의하면, 피해자 1은 1993.2.15. 위 피고인들의 이 사건 범행으로 입은 자상으로 인하여 급성신부전증이 발생되어 치료를 받다가 다시 폐염 · 패혈증 · 범발성혈액응고장애 등의 합병증이 발생하여 1993.3.17. 사망한 사실, 급성신부전증의 예후는 핍뇨형이나 원인질환이 중증인 경우에 더 나쁜데, 사망률은 30% 내지 60% 정도에 이르고 특히 수술이나 외상 후에 발생한 급성신부전증의 경우 사망률이 가장 높은 사실, 급성신부전증을 치료할 때에는 수분의 섭취량과 소변의 배설량을 정확하게 맞추어야 하는 사실, 위 피해자는 외상으로 인하여 급성신부전증이 발생하였고 또 소변량도 심하게 감소된 상태였으므로 음식과 수분의 섭취를 더욱 철저히 억제하여야 하는데, 이와 같은 사실을 모르고 콜라와 김밥 등을 함부로 먹은 탓으로 체내에 수분저류가 발생하여 위와 같은 합병증이 유발됨으로써 사망하게 된 사실 등을 인정할 수 있는바, 사실관계가 이와 같다면, 위 피고인들의 이 사건 범행이 위 피해자를 사망하게 한 직접적인 원인이 된 것은 아니지만, 그 범행으로 인하여 위 피해자에게 급성신부전증이 발생하였고 또 그 합병증으로 위 피해자의 직접사인이 된 패혈증 등이 유발된 이상, 비록 그 직접사인의 유발에 위 피해자 자신의 과실이 개재되었다고 하더라도 이와 같은 사실은 통상 예견할 수 있는 것으로 인정되므로, 위 피고인들의 이 사건 범행과 위 피해자의 사망과의 사이에는 인과관계가 있다고 보지 않을 수 없다(대법원 1994.3.22. 선고 93도3612 판결).

제5항 공범에 있어서의 구성요건착오

Ⅰ. 공동정범의 경우

1인이 초과한 경우에는 다른 공범자는 책임없다. 다만, 결과적 가중범에 있어서는 다른 공범의 결과발생을 예견가능한 범위 내에서 결과적 가중범의 공동정범이 성립한다.[17]

Ⅱ. 교사 · 방조범의 경우

1. 구체적 사실의 착오의 경우

피교사자인 정범의 객체의 착오가 교사자에게 어떠한 형사책임을 귀속시키느냐의 문제로, 독일제국법원의 Rosahl과 Rose(1859년), 독일연방법원의 농장상속인(Hoferben) 살해 사례(1990.10.25.)를 들 수 있다.

2. 추상적 사실의 착오의 경우

예컨대 교사자가 피교사자에 대하여 상해 또는 중상해를 교사하였는데 피교사자가 이를 넘어 살인을 실행한 경우에, 일반적으로 교사자는 상해죄 또는 중상해죄의 죄책을 지게 되는 것이지만 이 경우에 교사자에게 피해자의 사망이라는 결과에 대하여 과실 내지 예견가능성이 있는 때에는 상해치사죄의 죄책을 지울 수 있다.[18]

1) 공범종속성설

동질인 경우에는 작은 행위로 처벌되며, 이질인 경우에는 책임없다.

2) 공범독립성설

각자 교사(방조)의 내용대로 처벌된다.

---

17) 자세한 내용은 뒤에서 설명하는 "결과적 가중범" 참조.

18) 대법원 2002.10.25. 선고 2002도4089 판결.

제6항 규범적 구성요건착오

규범적 구성요건표지에 관한 착오의 형태로, 포섭의 착오라고도 한다. 사안에 따라 구성요건착오로 해석할 수도 있고 금지착오로 해석할 수도 있다.

관련판례

[판시사항]
재물의 타인성을 오신한 취거행위와 절도죄에 있어서의 범의
[판결요지]
원심은 피고인은 그 판시와 같은 상습절도 등의 전과가 여러차례 있는 자로서 다시 "상습으로 1982.8.3. 23:45경 전북 진안읍 군장리 322 소재 피해자 김옥순 경영의 평원닭집앞 노상에서 그곳 평상위에 있던 동 피해자 소유의 고양이 1마리 싯가 7,000원 상당을 절취하였다."는 공소사실을 거시증거에 의하여 유죄로 인정하고, 한편 피고인은 사회보호법 제2조 소정의 보호처분대상자로서 이건 범행을 저질렀으므로 사회보호법 제5조 제1항 제1호에 해당한다 하여 10년의 보호감호에 처한 제1심 판결을 유지하고 있다.
그러나 원심이 위 공소사실을 유죄로 인정함에 취신한 증거들을 기록에 의하여 검토하여 보건대, 피고인은 경찰이래 원심공판정에 이르기까지 피고인이 이건 고양이를 들고 간 것은 사실이지만 절취할 의사로 가져간 것이 아니고 그날 피고인이 다른데서 빌려가지고 있다가 잃어버린 고양이인 줄로 잘못 알고 가져가다가 주인이 자기 것이라고 하여 돌려주었을 뿐이라고 일관하여 범의를 부인하고 있고, 이건 피해자라고 하는 김옥순의 제1심 법정에서의 증언과 경찰 및 검찰에서의 증언에 의하면, 피고인이 평상 밑에 있는 고양이를 쓰다듬다가 런닝샤쓰 안에 집어넣고 가기에 고양이를 왜 가지고 가느냐고 하니까 아무말도 하지 않고 골목으로 가기에 뒤따라가서 피고인으로부터 고양이를 찾아왔다는 것이고, 목격자라고 하는 김 남호(일명 강양)의 경찰에서의 진술에 의하면 낯모르는 사람이 고양이를 품속에 넣고 가는 것을 보았는데 5분 뒤에 평원닭집 주인들이 고양이를 찾기에 낯모르는 청년이 고양이를 품에 넣고 시장쪽으로 갔다고 알려줘 조금 있다가 주인이 고양이를 찾아왔다는 것이며, 또 다른 목격자인 김영희의 경찰에서의 진술은 피고인이 고양이를 가지고 가는데 평원닭집 주인 김옥순이 따라와서 피고인으로부터 고양이를 찾아가는 것을 보았다는 것인바, 위 김옥순의 진술과 김남호의 진술에는 서로 다른 점이 없지 아니하나 어느 진술에 의하더라도 피고인은 이건 고양이를 몰래 가지고 도망하여 행방을 감춘 것은 아니고 다른 사람이 보는 데서 공공연히 가지고 가다가 주인이 나타나서 자기것이라고 하자 그대로 돌려준 사실을 알 수 있고, 한편 원심이 배척하지 아니한 제1심증인 천직세의 법정에서의 증언 및 검찰에서의 진술에 의하면, 동인은 이 사건이 일어나기 몇시간 전에 피고인에게 고양이 1마리를 빌려준 사실이 있었다고 진술하고 있어 피고인의 변소를 뒷받침하고 있는 등 사정을 종합하여 볼 때에 피고인이 이건 고양이를 가져간 것은 위 김옥순의 고양이인 줄 알고 절취한 것이라기 보다는 피고인이 잃어버린 고양이로 잘못 알고 가져간 것이라는 피고인의 진술(두 고양이는 외형상 유사하다고 진술하고 있어 그 진부를 가려 사실이 그와 같다면)에 수긍이 가고 그밖에 기록을 정사하여도 피고인이 이건 고양이를 김옥순의 소유인 줄 알고 그 의사에 반한 것임을 알면서 취거한 것이라고 단정할 자료는 없다.
그렇다면 절도죄에 있어서 재물의 타인성을 오신하여 그 재물이 자기에게 취득(빌린 것)할 것이 허용된 동일한 물건으로 오인하고 가져온 경우에는 범죄사실에 대한 인식이 있다고 할 수 없으므로 범의를 조각하여 절도죄가 성립하지 아니한다 할 것이다(대법원 1983.9.13. 선고 83도1762,83감도315 판결; 평원닭집 고양이 사례).

사례연습

1. 甲 · 乙 · 丙은 공모합동하여 1995.4.24. 00:30경 서울1저 3002호 스쿠프승용차를 타고 서울 용산구 한남동 산 10의 136 소재하이얏트 호텔 주변을 배회하던 중 여자를 납치하여 함께 강간하기로 서로 결의하고 甲과 乙은 서울 중구 장춘동 2가 산 5 소재 한국자유총연맹 건물부근 으슥한 골목길에 내려서 기다리고 丙은 위 승용차를 운전하여 다시 위 하이얏트 호텔 입구로 돌아가 성전환수술을 받은 길ㅇㅇ(36세, 일명 이ㅇㅇ)이 그곳에 혼자 서있는 것을 발견하고 같이 놀자는 식으로 위 길ㅇㅇ을 유인하여 위 승용차에 태운 후 발로 차문을 차면서 내려달라는 위 길ㅇㅇ을 위 한국자유총연맹 건물부근으로 강제로 데리고 옴으로써 위 길ㅇㅇ을 위 승용차에 감금하고, 이어 겁에 질린 위 길ㅇㅇ이 사람살려 하고 소리치면서 도망가자 甲은 망을 보고 乙은 손으로 위 길ㅇㅇ의 입을 틀어막고 丙은 위 길ㅇㅇ의 머리채와 팔을 잡고 위 승용차 뒷좌석으로 밀어 넣어 항거불능케 한 다음 위 길ㅇㅇ로 하여금 옷을 전부 벗게 한 후 甲 · 乙 · 丙의 순으로 각 강간하고, 그 과정에서 위 길ㅇㅇ로 하여금 약 1주간의 치료를 요하는 안면부타박상등을 입게 하였다. 그런데, 수사과정에서 위 길ㅇㅇ은 남성으로서의 신체구조를 갖춘 남자로 태어나 남자중학교까지 졸업하였으나 어릴 때부터 여자옷을 즐겨 입거나 고무줄놀이와 같이 여자가 주로 하는 놀이를 즐겨하는 등 여성으로서의 생활을 동경하고 여성으로서의 성에 귀속감을 느낀 나머지 1989년경부터 수년간 여장 남자로서의 행세를 하여 오다가 1991년과 1992년 일본에 있는 병원에서 여성으로의 성전환수술을 받음으로써 외관상으로는 여성적인 신체구조를 갖추게 되어 보통의 여자와 같이 남자와 성생활을 할 수 있으며 성적 쾌감까지 느끼고 있으나 여성으로서의 난소와 자궁이 없기 때문에 임신 및 출산을 불가능한 상태라는 것이 밝혀졌으며, 주민등록부와 호적부상으로도 남성으로 기재되어 있었다. 甲 · 乙 · 丙의 죄책은?

   [참조판례 대법원 1996.6.11. 선고 96도791 판결 ; 대법원 2009.9.10. 선고 2009도3580 판결]

2. 상습절도 등의 전과가 여러 차례 있는 甲은 1982.8.3. 23:45경 전북 진안읍 군장리 322소재 乙 경영의 평원닭집 앞 노상에서 그곳 평상 위에 있던 시가 7,000원 상당의 乙 소유의 고양이 한 마리를 발견하고 그 고양이가 몇 시간 전에 丙으로부터 빌려 가지고 있다가 잃어버린 고양이인 줄로 잘못 알고(수사 및 공판과정에서 두 고양이는 외형상 유사한 것으로 판명되었음) 런닝샤쓰 안에 집어넣고 가다가 5분 뒤에 고양이가 없어진 것을 안 乙이 따라 와서 자기 것이라고 하기에 그대로 乙에게 돌려주었다. 甲의 죄책은?

   [참조판례 대법원 1983.9.13. 선고 83도1762 판결] [법률적 쟁점 : 규범적 구성요건착오]

3. 乙은 1997.12.1. 甲으로부터 금 5천만원을 차용하면서 1998.3.31.까지 채무를 변제하기로 약정하고 채무담보조로 자기 명의로 등기되어 있는 시가 1억원 상당의 부동산을 甲 명의로 소유권이전등기를 경료하였다. 甲은 1998.3.6. 갑자기 돈이 급하여 乙로부터 채무담보조로 제공받은 동 부동산이 등기부상 자기 명의로 등재되어 있어 법률상으로 자기 소유의 부동산이라고 생각하고 丙에게 8천만원에 매도하였다. 甲의 죄책은? [법률적 쟁점 : 규범적 구성요건착오]

4 甲은 자신의 父인 乙을 살해하기 위하여 음료수에 독극물을 태워 乙에게 교부하였는데 乙이 그 음료수를 교부받아 옆에 있던 甲의 동생인 丙에게 주어 丙이 이를 마시고 사망하였다. 甲의 죄책은?

5. 甲은 불치병에 걸린 친구인 乙이 평소 죽고 싶다고 이야기하는 것을 수차례 들어오면서 乙의 진지한 승낙이 있었다고 오인하고 乙에게 독극물을 주사하여 사망케 하였다. 甲의 죄책은?

6. 1) 甲이 乙을 살해하기 위하여 총을 발사하였으나 乙과 丙이 사망한 경우, 2) 甲은 乙을 살해하기 위하여 총을 발사하였으나 乙은 사망하고 丙이 상해를 입은 경우, 3) 甲이 乙을 살해하기 위하여 총을 발사하였으나 乙은 상처만 입고 丙이 사망한 경우에 甲의 죄책은?

7. Rosahl은 채권자인 M을 살해할 목적으로 자신의 하인인 Rose에게 M을 살해할 것을 교사하였고 그날 밤 Rose는 M이 평소에 다니는 골목길에서 기다리다가 S가 오기에 외모가 M과 흡사하여 M인줄 알고 S를 사살하였다. Rosahl과 Rose의 죄책은?
(1859년 독일제국법원의 Rose-Rosahl Fall) [1990.10.25. 농장상속인(Hoferben) Fall (BGHSt 37, 214ff)]
[법률적 쟁점 : 정범의 객체의 착오와 간접정범 및 공범의 형사책임]

8. 甲은 乙을 살해하기 위해 들고 있던 과도로 乙의 허벅지를 찔렀고 乙의 허벅지에서 흐르는 피를 보는 순간 책임능력을 인정할 수 없는 극도의 흥분상태에서 자기도 모르게 수십 회 무자비하게 乙을 난자하여 살해하였다. 甲의 죄책은?
[법률적 쟁점 : 제2행위시 책임무능력인 경우의 형사책임(1969.10.9. 독일연방최고재판소 제2형사부 판결)]

9. 甲은 丙에게 乙을 살해하라고 교사하였다. 이에 丙은 과도로 乙을 수회 찔러 丙을 실신시켰다. 丙은 乙이 죽은 줄 알고 사체를 은닉하기 위하여 산 속에 묻었는 바, 사체부검 결과 乙의 사망은 질식사로 판명되었다. 甲과 丙의 죄책은?
[법률적 쟁점 : 인과과정의 착오와 공범의 형사책임]

10. 甲은 乙이 권총에 실탄이 장점되어 있는 사실을 알고 있다고 생각하고 乙에게 실탄이 장전된 권총을 교부하면서 채권자 丙을 살해하라고 교사하였다. 그런데 乙은 이 권총에 실탄이 장전되어 있는 줄 모르고 일단 丙에게 위협을 주어 그 목적을 달성할 수 있으리라 생각하고 살해의 의사 없이 丙에게 권총을 겨누고 협박했으나 丙이 순순히 응하지 않자 겁을 주기 위해 총을 발사하였는데, 그 결과 丙은 사망하였다. 甲과 乙의 죄책은?
[법률적 쟁점 : 정범의 고의에 대한 착오와 공범의 형사책임]

제5절 객관적 불법구성요건표지(objektive Tatbestandselemente)

제1항 일반이론

Ⅰ. 의의

객관적 불법구성요건표지란 불법구성요건표지 중에서 외부적으로 감지(感知)할 수 있는 객관적 표지의 총체로, 주관적 불법구성요건표지인 고의의 인식대상을 말한다. 이러한 객관적 불법구성요건표지의 본질적 구성부분은 구성요건적 행위, 행위효과로서의 구성요건적 결과, 행위와 결과의 연관성(인과관계와 객관적 귀속)이라는 세 가지로 이루어진다.

Ⅱ. 구성요건적 행위

1. (범죄)행위주체(Deliktssubjekt)

자연인의 경우에는 신분범(Sonderdelikt, Statusdelikt)과 자수범(eigenhändiges Delikt)이 논의의 대상이며, 법인(法人)의 경우에는 범죄주체성 여부와 관련하여 그 형사책임이 문제된다.

2. 행위객체(Handlungsobjekt)

국가적 법익이나 특수한 신분을 가진 자의 법익을 보호하려는 취지에서 특별히 구성요건상 행위의 객체가 일정한 신분을 가져야 하는 구성요건, 즉 행위객체의 특성을 규정하고 있는 구성요건이 있는데[1], 이러한 범죄유형의 경우에는 행위객체에 대해 불법유형적으로 파악만 하면 고의는 성립된다. 따라서 인식한 구체적인 행위객체에 대해 착오가 발생한 경우에도 고의성립에는 지장이 없으며, 다만 "인식한 행위객체에 대한 고의를 발생된 결과에 대해 귀속시킬 수 있느냐" 라는 「고의귀속의 문제, 또는 고의의 특정성 내지 구체화의 문제」에 불과하다.[2]

---

1) 외국원수 · 사절에 대한 폭행등의 죄(제107조, 제108조), 공무집행방해죄(제136조), 아동혹사죄(제274조), 미성년자 약취 · 유인죄 및 간음죄(제287조, 제302조), 강간죄(제297조), 업무상위력등에 의한 간음죄(제303조), 의제강간 · 강제추행죄(제305조), 존속살해죄(제250조 제2항) · 존속상해죄(제257조 제2항) · 존속중상해죄(제258조 제3항) · 존속폭행죄(제260조 제2항) · 존속유기죄(제271조 제2항) · 존속학대죄(제273조 제2항) · 존속유기학대치사상죄(제275조 제2항) · 존속체포감금죄(제276조 제2항) · 존속중체포감금죄(제277조 제2항) · 존속체포감금치사상죄(제281조 제2항) · 존속협박죄(제283조 제2항) 등.

2) 앞에서 설명하는 「구성요건착오의 한계되는 사례」 참조.

또한 행위객체에 대한 위해의 강도에 의한 구성요건유형으로, 침해범(Verletzungsdelikt)과 위험범(Gefährdungsdelikt)으로 분류할 수 있다.

3. 보호법익(Rechtgut)

보호법익의 單複에 의한 구성요건유형으로, 단일범(Einfache Delikte)과 결합범(Zusammengesetzte Delikte)[3]으로 분류할 수 있다. 특히 결합범의 경우에는 그 실행착수시기와 미수 · 기수의 성립에 대한 판단기준이 문제된다.

4. 행위태양

행위의 단복(單複)에 따라 일작위범(一行爲犯)과 다작위범(多行爲犯), 행위의 적극성과 소극성에 따라 작위범과 (진정 · 부진정)부작위범, 행위에 의해 야기된 위법상태의 계속성에 따라 즉시 · 계속 · 상태범, 구성요건실현행위의 결과충족의 정도에 따라 미수범과 기수범으로 나누어 볼 수 있다. 특히 특별한 행위태양을 요하는 구성요건유형을 행태의존적(行態依存的) 범죄(Verhaltensge-bundenes Delikt)[4]라고 한다.

5. 행위수단 · 방법과 행위상황

행위반가치의 평가대상으로, 「특수~죄」와 같이 특별한 행위수단이나 방법을 기술해 놓은 구성요건유형도 있고, 특별한 행위상황. 즉 행위의 외적 정황을 기술한 구성요건유형[5]도 있다.

6. 행위시간와 행위장소

야간주거침입절도죄(제330조)와 「특수~죄」에 있어서의 '야간'과 같이 행위시간을 객관적 구성요건표지로 특정한 범죄유형도 있고, 법정 또는 국회회의장모욕죄(제138조), 주거침입죄와 퇴거불응죄(제318조 제1,2항), 해상강도죄(제340조 제1항), 약취 · 유인된 자의 국외이송죄(제289조 제2항) 등과 같이 행위장소를 객관적 구성요건표지로 특정한 범죄유형도 있다.

---

3) 수뢰후부정처사죄(제131조 제1항), 야간주거침입절도죄(제330조), 강도죄(제333조), 준강간죄(제335조), 강도살인죄(제338조), 강도강간죄(제339조), 공갈죄(제350조), 결과적 가중범 등.

4) 특수폭행죄(제261조)에서 단체 또는 다중의 위력을 보이는 것, 강간(제297조) · 강제추행죄(제298조)에서 폭행 또는 협박, 준강간 · 준강제추행죄(제299조)에서 사람의 심신상실 또는 항거불능상태의 이용, 위계등에 의한 촉탁살인죄(제253조)와 업무상위력등에 의한 간음죄(제303조)등에서 위계 또는 위력, 명예훼손죄(제307조)에서 사실의 적시, 신용훼손죄(제313조)에서 허위사실의 유포 기타 위계, 사기죄(347조) · 공갈죄(제350조) · 배임죄(제355조 제2항)에서 사기 · 공갈 · 임무위배행위 등.

5) 전시군수계약불이행죄(제103조 제1항), 소요죄(제115조), 다중불해산죄(제116조), 공무집행방해죄(제136조), 진화방해죄(제169조), 防水妨害罪(제180조), 공연음란죄(제245조), 명예훼손죄(제307조), 모욕죄(제311조) 등.

제3항 구성요건적 결과

구성요건적 결과가 객관적 불법구성요건표지로서 필요한가의 여부에 따라 결과범(Erfolgsdelikte, 일반적 결과범과 결과적 가중범)과 거동범(Tätigkeitsdelikte)으로 나눌 수 있다. 나아가 결과범에 있어서는 그 구성요건적 결과가 현실적인 법익침해를 요하느냐 아니면 구체적 또는 추상적인 법익위태화를 요하느냐에 따라 침해범과 위태범으로 나누기도 한다.

이러한 구성요건적 결과는 결과반가치의 평가대상으로, 대부분 일반적인 유형형태로 기술된 불법구성요건표지이다. 따라서 결과발생에 대해 불법유형적으로 파악만 있으면 고의는 성립되나, 특별히 결과가 상세하게 기술되어 있는 구성요건인 경우에는[6] 이에 대한 인식이 있어야만 고의가 성립된다.

제4항 행위와 결과의 연관성

결과범에 있어서 기술되지 아니한 객관적 불법구성요건표지로서, 결과범이 성립하기 위해서는 행위와 행위작용의 효과로서의 결과 사이에 '인과관계(Kausalität)'가 존재해야 한다. 이러한 행위와 결과 사이의 연관성에 대해 판단할 때에는 먼저 행위와 결과 사이의 자연법칙적 연관성으로 고의의 인식대상인 자연법칙적 인과관계 그 자체와, 인과관계의 확정을 위한 인과적 연쇄의 구성부분인 인과과정(Kausalverlauf), 나아가 인과과정의 규범적 평가로서 규범적 구성요건표지인 객관적 귀속(Objektive Zurechnung) 여부를 단계적으로 구분하여 판단하여야 한다.

6) 부진정 결과적가중범의 유형인 중상해죄(제258조)에 있어서 '생명에 대한 위험', '불구 또는 불치나 난치의 질병' 등.

제6절 인과관계이론과 객관적귀속이론

사례연구

1. 사실관계

피고인들 황재관(피고인 1), 권익주(피고인 2), 한기환(피고인 3), 유세준(피고인 4), 이윤재(피고인 5), 김경태(피고인 6)는 성미상 삼덕(공소외 1), 성미상 평수(공소외 2), 성미상 태성(공소외 3), 공소외 4 등과 공모하여 그들의 동료인 전태식(공소외 5), 황수와(공소외 6) 등을 납치 · 폭행한 양용성(공소외 7) 등 타워파 폭력조직원들에 대하여 보복을 하기로 결의한 후, 1993.2.15. 05:30경 전주시 덕진구 금안동 소재 교보장 여관으로 위 공소외 7 등을 찾아가서 상호공동하여 공소외 1과 피고인 4는 그 곳 안내실에서 종업원이 경찰에 연락을 하지 못하도록 감시하고, 뒤이어 도착한 피고인 2는 여관 문 앞에서 망을 보고, 공소외 2는 여관 302호실 방문 앞에서 망을 보고, 피고인 5와 공소외 4는 각목을, 공소외 3은 쇠파이프를, 피고인 1과 피고인 3은 낫을, 피고인 6은 또 다른 흉기를 각 소지한 채 위 302호실로 들어가 그 곳에서 잠을 자던 송성훈(피해자 1), 전병진(피해자 2)을 위 공소외 7의 일행인 줄 잘못 알고 각기 각목과 쇠파이프로 위 피해자들의 머리와 몸을 마구 때리고, 낫으로 팔과 다리 등을 닥치는 대로 여러 차례 힘껏 내리찍어 피해자 1은 10일이 지나도록 의식조차 회복하지 못하였고, 피해자 2는 16주 내지 18주의 치료를 요하는 상해를 입었다. 피해자 1은 이 사건 범행으로 입은 외상으로 인하여 급성신부전증이 발생되어 치료를 받다가 다시 폐염, 패혈증, 범발성혈액응고장애 등의 합병증이 발생하였다. 그런데 급성신부전증의 예후는 핍뇨형이나 원인질환이 중증인 경우에 더 나쁜데, 사망율은 30%내지 60%정도에 이르고 특히 수술이나 외상 후에 발생한 급성신부전증의 경우 사망율이 가장 높고, 급성신부전증을 치료할 때에는 수분의 섭취량과 소변의 배설량을 정확하게 맞추어야 함에도 불구하고, 이와 같은 사실을 모르고 콜라와 김밥 등을 함부로 먹은 탓으로 체내에 수분저류가 발생하여 위와 같은 합병증이 유발되어 1993.3.17. 사망하였다.

2. 사건의 경과

제1심은 피고인들에게 살인죄의 공동정범 등이 성립한다고 판단하여 피고인 1, 피고인 5, 피고인 6에 대해서는 각 무기징역형을, 피고인 3에 대해서는 징역 15년을 선고하였다. 이에 피고인들은 법리오인과 양형부당을 이유로 항소하였으나 원심은 항소를 기각하였다. 피고인 2와 피고인 4는 살인의 고의가 인정되지 아니할 뿐 아니라 원심판결에는 채증법칙을 위반하여 사실을 잘못 인정한 위법이 있음을 이유로 상고하였고, 피고인 1, 피고인 3, 피고인 5, 피고인 6도 채증법칙 위반과 양형부당을 이유로 상고하였다.

3. 법률적 쟁점

1) 피고인 2와 피고인 4에게 살인의 고의를 인정할 수 있는가?

2) 피고인들이 의도했던 객체가 아닌 다른 객체에 결과가 발생한 경우에, 의도했던 객체에 대한 고의

를 결과가 발생한 객체에 대한 고의로 전용할 수 있는가?, 즉 의도하지 않았던 결과가 발생한 객체에 대한 고의 · 기수책임을 행위자에게 지울 수 있는가?

3) 사법경찰리가 작성한 피고인 3에 대한 피의자신문조서에 대하여 피고인 2와 피고인 6이 공판준비 또는 공판기일에 그 내용을 인정하지 아니한 경우, 피고인 3에 대한 피의자신문조서를 피고인 2와 피고인 6에 대한 유죄의 증거로 할 수 있는가?, 즉 형사소송법 제312조 제2항(현행 제312조 제3항)이 피고인과 공범관계에 있는 다른 피고인 또는 피의자에 대한 관계에서도 적용되는가?

4) 피고인들의 행위와 콜라와 김밥 등을 함부로 먹은 탓으로 합병증이 유발되어 피해자 1이 사망한 결과 간에 인과관계가 인정되는가?

4. 적용법조

〈형법〉

제13조 (犯意) 죄의 성립요소인 사실을 인식하지 못한 행위는 벌하지 아니한다. 단, 법률에 특별한 규정이 있는 경우에는 예외로 한다.

제15조 (사실의 착오) ① 특별히 중한 죄가 되는 사실을 인식하지 못한 행위는 중한 죄로 벌하지 아니한다.

제17조 (인과관계) 어떤 행위라도 죄의 요소되는 위험발생에 연결되지 아니한 때에는 그 결과로 인하여 벌하지 아니한다.

제30조 (공동정범) 2인 이상이 공동하여 죄를 범한 때에는 각자를 그 죄의 정범으로 처벌한다.

제32조 (종범) ① 타인의 범죄를 방조한 자는 종범으로 처벌한다.

② 종범의 형은 정범의 형보다 감경한다.

제250조 (살인, 존속살해) ① 사람을 살해한 자는 사형, 무기 또는 5년 이상의 징역에 처한다.

〈형사소송법〉

제312조 (검사 또는 사법경찰관의 조서 등) ① 검사가 피고인이 된 피의자의 진술을 기재한 조서는 적법한 절차와 방식에 따라 작성된 것으로서 피고인이 진술한 내용과 동일하게 기재되어 있음이 공판준비 또는 공판기일에서의 피고인의 진술에 의하여 인정되고, 그 조서에 기재된 진술이 특히 신빙할 수 있는 상태하에서 행하여졌음이 증명된 때에 한하여 증거로 할 수 있다.

② 제1항에도 불구하고 피고인이 그 조서의 성립의 진정을 부인하는 경우에는 그 조서에 기재된 진술이 피고인이 진술한 내용과 동일하게 기재되어 있음이 영상녹화물이나 그 밖의 객관적인 방법에 의하여 증명되고, 그 조서에 기재된 진술이 특히 신빙할 수 있는 상태 하에서 행하여졌음이 증명된 때에 한하여 증거로 할 수 있다.

③ 검사 이외의 수사기관이 작성한 피의자신문조서는 적법한 절차와 방식에 따라 작성된 것으로서 공판준비 또는 공판기일에 그 피의자였던 피고인 또는 변호인이 그 내용을 인정할 때에 한하여 증거로 할 수 있다.

④ 검사 또는 사법경찰관이 피고인이 아닌 자의 진술을 기재한 조서는 적법한 절차와 방식에 따라 작성된 것으로서 그 조서가 검사 또는 사법경찰관 앞에서 진술한 내용과 동일하게 기재되어 있음이 원진술자의 공판준비 또는 공판기일에서의 진술이나 영상녹화물 또는 그 밖의 객관적인 방법에 의하여 증명되고, 피고인 또는 변호인이 공판준비 또는 공판기일에 그 기재 내용에 관하여 원진술자를 신문할 수 있었던 때에는 증거로 할 수 있다. 다만, 그 조서에 기재된 진술이 특히 신빙할 수 있는 상태하에서 행하여졌음이 증명된 때에 한한다.

⑤ 제1항부터 제4항까지의 규정은 피고인 또는 피고인이 아닌 자가 수사과정에서 작성한 진술서에 관하여 준용한다.

⑥ 검사 또는 사법경찰관이 검증의 결과를 기재한 조서는 적법한 절차와 방식에 따라 작성된 것으로서 공판준비 또는 공판기일에서의 작성자의 진술에 따라 그 성립의 진정함이 증명된 때에는 증거로 할 수 있다.

5. 원심과 대법원의 판단

1) 원심의 판단 (광주고등법원 1993.12.10. 선고 93노670 판결)

[주 문] 피고인들과 검사의 항소를 기각한다.

[이 유]

1. 항소이유

가. 사실오인의 주장

(1) 피고인 1, 피고인 3, 피고인 5, 피고인 6 : 피고인들과 절친한 사이인 공소외 공소외 5 등이 타워파조직폭력배들에게 폭행을 당하여 병원에 입원하고 있는 사실을 알고서 그 사람들에게 위 공소외 5 등의 치료비를 부담하게 하고 사과를 받아낼 목적으로 그 사람들을 찾아다니던 중 이 사건 피해자들이 위 공소외 5 등을 폭행한 사람들로 잘못 알고서 이 사건에 이르게 되었고, 또한 위 타워파조직폭력배들이 위 공소외 5 등에게 폭행을 가하면서 흉기를 사용하였기에 방어를 위하여 각목 등을 소지한 후 피해자들을 찾아다녀갔는데 위 피해자들이 흉기를 들고 피고인들을 공격하는 것으로 알고서 이를 방어하려다가 이 사건 범행에 이른 것일 뿐 피고인들이 미리 피해자들을 살해할 것을 공모한 후 이 사건 범행에 이른 것은 아니므로 피고인들에게는 살해의 고의가 있었다고 할 수는 없는 것임에도 불구하고 원심은 피고인들이 공모하여 이 서건 피해자들을 살해하거나 미수에 그쳤다라는 이 사건 공소사실을 유죄로 인정함으로써 판결에 영향을 미친 위법을 저질렀다.

(2) 피고인 4 : 위 피고인은 이 사건 범행 당시 교보장 여관 밖의 차 안에 있었고 공범들과 함께 위 여관으로 들어가 피해자들에게 폭력을 행사한 사실이 없으며 위 공범들이 피해자를 살해할 것을 예상하지도 못하였으므로 위 피고인에게 살인 및 살인미수의 죄책을 부과할 수는 없음에도 원심은 위 피고인에게도 살인 및 살인미수죄의 죄책을 인정한 잘못이 있다

(3) 피고인 2 : 위 피고인은 공범들의 모의과정에 가담한 사실이 없고 공범 누군가의 호출에 의하여 위

여관에 갔었으나 이미 그때는 이 사건 범행이 종료된 상태였으므로 위 피고인을 이 사건 범행의 공범으로 처단할 수는 없는 것임에도 원심은 피고인이 이 사건 범행을 공모하여 실행하였다라고 인정하여 이 사건 범행의 공범으로 처단한 잘못이 있다.

나. 양형부당의 주장

(1) 피고인들 및 피고인들의 각 변호인 : 피고인들이 아직 나이기 어리고, 이 사건 범행이 우발적이며, 이 사건 범행 후 그 잘못을 뉘우치고 있는 점등을 종합하면 원심이 피고인들에 대하여 선고한 각 형은 너무 무거워서 부당하다.

(2) 검사 : 피고인들은 전북 ㅇㅇ군 ㅇㅇ읍 일대가 개발로 인하여 지가가 폭등하고 상가 및 유흥가가 형성되면서 결성된 폭력조직인 속칭 붕동파 조직원들로서 이 사건 범행은 같은 조직원인 공소외 5 등이 다른 폭력조직원들로부터 폭행을 당하여 중상을 입자 이에 보복하기 위하여 사전에 치밀하게 범행을 모의한 후 횟칼, 낫, 쇠파이프, 각목 등의 흉기로 피해자들의 전신을 난자하고 구타한 것으로 통상의 폭력배들간의 살인사건보다 그 수법에 있어서 훨씬 더 잔인하고, 이 사건 범행 후 피고인들이 동범 중의 일부를 범행에서 제외하기로 약속하여 범행을 은폐 · 조작하려한 점등에 비추어 보면 원심이 피고인들에 대하여 선고한 각 형은 너무 가벼워서 부당하다.

2. 당원의 판단

가. 사실오인의 주장에 관한 판단

원심이 적법하게 조사 채택한 증거들(다만 원심이 피고인 4에 대한 공소사실을 인정하기 위한 검사 작성의 피고인 2, 피고인 6에 대한 각 피의자신문조서, 검사 작성의 피고인 1, 피고인 3, 피고인 5에 대한 각 진술조서 및 피고인 2, 피고인 6에 대한 공소사실을 인정하기 위한 사법경찰리 작성의 피고인 3에 대한 피의자신문조서에 의하면, 피고인들이 전주역 앞에 모여서 위 공소외 5 등을 폭행한 자들을 찾아내어 보복을 하기로 모의한 사실, 피고인들이 모주 범행현장인의 교보장 여관에 찾아가 공소장에 적시된 바와 같이 각자의 분담행위를 실행한 사실과 피고인 1, 피고인 3, 피고인 5, 피고인 6이 위 여관 302호실에서 피해자들의 머리, 팔, 다리 등 전신을 횟칼과 낫으로 찌르고, 쇠파이프와 각목으로 구타한 사실을 넉넉히 인정할 수 있는 터이므로 이 사건 공소사실을 모두 유죄로 인정한 원심의 판단은 정당하고 달리 원심이 사실을 그릇 인정하였다라고 볼만한 아무런 자료가 없으니 위 사실 오인의 주장들은 모두 그 이유가 없다.

나. 양형부당의 주장

피고인들 및 변호인들의 주장과 같이 피고인들이 모두 아직 나이가 많지 아니한 점(피고인 2, 피고인 6은 소년임), 검사의 주장과 같이 이 사건 범행은 보복을 위하여 사전에 면밀한 계획 하에 이루어진 것이고 그 내용도 야간에 횟칼, 낫, 쇠파이프, 각목 등 흉기를 소지한 채 여관에 난입하여 피해자들을 무차별 난자, 구타한 것으로 잔인하기 그지없으며 그 결과도 사망과 중상으로 매우 무거운 점, 피해자들이 본래 피고인들이 목표하였던 타워파조직폭력배와는 전혀 상관없는 사람들로 드러난 이상 결국 피고인들의 이 사건 범행은 무리를 지어 흉기를 소지한 채 여관에서 잘 자고 있는 무고한 사람을 아무런 영문 없이 무차별 난자하여 살해한 끔찍한 살인사건이라는 결론에 이르게 되는 점, 이 사건 범행 후 일부 공범들의 범행을 은폐조작하려 하였던 점 및 피해자들과 합의된 점, 피고인 1, 피고인 2, 피고인 6이 초범인 점, 그밖에 피고인들의 성행, 지능, 범죄전력, 가족관계와 가정환경, 범행 후의 정황등 이 사건 변론에 나타난 양형의 기준이 되는 여러 사정들을 종합하여 보면, 원심이 피고인들에 대하여 선고한 각 형은 적정하고 그것이 결코 너무 무겁거나 가벼워서 부당하다고는 인정되지 아니하므로 피고인들과 변호인들 및 검사의 각 주장은 그 이유가 없다.

따라서 형사소송법 제364조 제4항에 의하여 피고인들 및 검사의 각 항소를 기각하기로 하여 주문과 같이 판결한다.

[다만 원심판결의 범죄사실란 첫머리에 전과의 기재가 없음에도 불구하고 증거의 요지란에 "판시 첫머리 전과의 점은"의 다음에 증거를 열거하고 있어 원심판결에 다소 이유모순의 잘못이 있으나 위 전과(피고인 4에 대한 전과로 보여짐)가 반드시 이 사건 판결에 영향을 미치는 것이라고는 인정되지 아니하므로 당심에서 위 증거의 요지란에 설시된 부분(원심판결서 제6장 제11행 "종합하여 이를 인정할 수 있고", 부터 같은 장 제 15행 끝까지)을 삭제하는 것으로 경정한다.

2) 대법원의 판단

[판시사항]

살인죄의 범의, 형사소송법 제312조 제2항이 피고인과 공범관계에 있는 다른 피고인 또는 피의자에 대한 관계에서도 적용되는지 여부, 살인의 실행행위와 사망 사이의 인과관계 유무의 판단기준

[판결요지]

1. 피고인들과 변호인의 각 상고이유 제1점에 대한 판단.

원심이 유지한 제1심판결은, 피고인들이 공소외 1 · 2 · 3 · 4 등과 공모하여 그들의 동료인 공소외 5 · 6 등을 납치 · 폭행한 공소외 7 등 타워파 폭력조직원들에 대하여 보복을 하기로 결의한 후, 1993.2.15. 05:30경 전주시 덕진구 금암동 소재 여관 1로 공소외 7 등을 찾아가서 상호공동하여 공소외 1과 피고인 4는 그곳 안내실에서 종업원인 공소외 한정숙이 경찰에 연락을 하지 못하도록 감시하고, 뒤이어 도착한 피고인 2는 여관문 앞에서 망을 보고 공소외 2는 여관 302호실 방문 앞에서 망을 보고, 피고인 5와 공소외 4는 각목을, 공소외 3은 쇠파이프를, 피고인 1과 3은 낫을, 피고인 6은 또 다른 흉기를 각 소지한 채 위 302호실로 들어가 그 곳에서 잠을 자던 피해자 1 · 2를 공소외 7의 일행인줄 잘못 알고 각기 각목과 쇠파이프로 위 피해자들의 머리와 몸을 마구 때리고, 낫으로 팔과 다리 등을 닥치는대로 여러 차례 힘껏 내리찍은 사실을 인정하였는바, 제1심판결이 채택한 증거들을 기록과 대조하여 검토하면, 제1심의 이와 같은 사실인정은 정당한 것으로 수긍이 되고, 이 점에 관한 한 원심판결에 소론과 같이 채증법칙을 위반하거나 살인과 살인미수죄에 관한 법리를 오해하여 판결에 영향을 미친 사실을 잘못 인정한 위법이나 이유에 모순이 있는 위법이 있다고 볼 수 없으므로, 논지는 이유가 없다.

2. 피고인들의 각 상고이유 제2점과 변호인의 상고이유 제3점에 대한 판단

가. 살인죄의 범의는 자기의 행위로 인하여 피해자가 사망할 수도 있다는 사실을 인식 · 예견하는 것으로 족하지 피해자의 사망을 희망하거나 목적으로 할 필요는 없고, 또 확정적인 고의가 아닌 미필적 고

의로도 족한 것인바(당원 1987.7.21. 선고 87도1091 판결 ; 1988.6.14. 선고 88도692 판결 등 참조), 사실관계가 원심이 유지한 제1심판결이 적법하게 확정한 바와 같다면, 피해자들에 대한 가해행위를 분담하여 직접 실행한 피고인 1 · 3 · 5 · 6 등이 소론과 같이 피해자들의 머리나 가슴 등 치명적인 부위를 낫이나 칼로 찌르지는 않았다고 하더라도, 쇠파이프와 각목으로 피해자들의 머리와 몸을 마구 때리고 낫으로 팔과 다리를 난자한 이상(그로 인하여 피해자 1은 10일이 지나도록 의식조차 회복하지 못하였고, 피해자 2는 16주 내지 18주의 치료를 요하는 상해를 입었다. 수사기록 37장 및 154장 참조), 위 피고인들이 소론과 같이 자기들의 가해행위로 인하여 피해자들이 사망할 수도 있다는 사실을 인식하지 못하였다고 볼 수 없고(오히려 살인의 미필적 고의가 있었다고 볼 수 있다), 또 여관의 안내실에서 종업원을 감시한 피고인 4로서도 위와 같은 경위로 집단적인 보복을 할 목적으로 낫과 쇠파이프 등을 가지고 여관으로 들어간 위 피고인들이 피해자들을 살해할 수도 있다는 사실을 인식하였을 것이므로, 피고인 1 · 3 · 5 · 6은 물론 피고인 4에게도 살인의 범의가 있었다고 본 원심의 판단은 정당한 것으로 수긍이 되고, 원심판결에 소론과 같이 채증법칙을 위반하여 사실을 잘못 인정한 위법이 있다고 볼 수 없으므로, 이 점을 비난하는 논지는 이유가 없다.

나. 그러나 피고인 2는 검찰청에서부터 일관하여, 자신이 비록 다른 피고인들과 함께 공소외 7 등을 찾아다닌 사실은 있지만, 도중에 일행과 헤어져 목련장여관에 가 있다가 공소외 7의 소재를 알아냈으니 여관 1로 오라는 연락을 받고 여관 1로 찾아간 때에는 이미 피고인 1 등이 낫과 쇠파이프 등을 들고 여관방으로 들어갔기 때문에, 그들이 어느 정도는 가해행위를 할 것으로 인식하고 밖에서 망을 보기는 하였으나 피해자들을 살해할 것이라고는 전혀 예상하지 못하였다고 진술하여 살인의 범의를 부인하고 있는바, 공소장에 기재된 공소사실 자체에 의하더라도 위 피고인은 이 사건 범행장소에 뒤늦게 도착하여 여관 1의 문앞에서 망을 보았다는 것일 뿐만 아니라, 원심이 유지한 제1심판결이 채택한 증거들이나 원심판결이 채택한 증거들을 아무리 자세히 살펴보아도, 위 피고인이 피고인 1 등 이 사건 살인 및 살인미수의 범죄에 직접 가담한 범인들이 피해자들을 살해할 수도 있다는 사실을 인식하거나 예견하고 위와 같이 여관문 앞에서 망을 보아주었음을 인정할 만한 자료가 전혀 없으므로, 결국 위 피고인의 경우는 살인의 범의에 관한 증명이 없는 것으로 볼 수밖에 없다.

그럼에도 불구하고, 원심은 아무런 증거도 없이 위 피고인에게 살인의 범의가 있었음을 전제로 위 피고인에 대한 살인 및 살인미수의 공소사실을 유죄로 인정하였으니, 원심판결에는 채증법칙을 위반하여 사실을 잘못 인정한 위법이 있다고 하지 아니할 수 없고, 이와 같은 위법은 판결에 영향을 미친 것임이 분명하므로, 이 점을 지적하는 논지는 이유가 있다.

3. 변호인의 상고이유 제4점에 대한 판단.

형사소송법 제312조는 검사 이외의 수사기관 작성의 피의자신문조서는 공판준비 또는 공판기일에서의 원진술자의 진술에 의하여 그 성립의 진정함이 인정됨과 아울러 공판준비 또는 공판기일에 그 피의자였던 피고인이나 변호인이 그 내용을 인정할 때에 한하여 증거로 할 수 있다고 규정하여 검사 이외의 수사기관이 작성한 피의자신문조서의 증거능력을 엄격히 제한하고 있는바, 이 규정은 검사 이외의 수사기관이 작성한 당해 피고인에 대한 피의자신문조서를 유죄의 증거로 하는 경우뿐만 아니라 검사 이외의 수사기관이 작성한 당해 피고인과 공범관계가 있는 다른 피고인 또는 피의자에 대한 피의자신문조서를 피고인에 대한 유죄의 증거로 하는 경우에도 적용된다고 보아야 할 것이다(당원 1986.11.11. 선고 86도1783 판결; 1992.4.14. 선고 92도442 판결 등 참조).

원심은 제1심판결이 채택한 증거들과 사법경찰리가 작성한 피고인 3에 대한 피의자신문조서의 기재에 의하면 피고인 6 · 2에 대한 이 사건 각 공소사실을 인정할 수 있다고 판단하였는바, 기록에 의하면 위 피의자신문조서는 위 피고인들이나 변호인이 공판준비 또는 공판기일에 그 내용을 인정하지 아니하였음이 분명하므로, 검사 이외의 수사기관이 작성한 위 피고인들과 공범관계가 있는 피고인 3에 대한 위 피의자 신문조서를 위 피고인들에 대한 유죄의 증거로 한 원심판결에는 증거능력이 없는 서류를 유죄의 증거로 한 위법이 있다고 할 것임이 소론과 같다.

그러나 피고인 6에 대한 이 사건 각 공소사실은 위 피의자신문조서를 제외하더라도 앞서 제1.항에서 본 바와 같이 원심이 유지한 제1심판결이 채택한 증거들만에 의하여 충분히 인정할 수 있으므로, 원심이 저지른 위와 같은 위법이 원심판결 중 위 피고인을 유죄로 인정한 부분에는 영향을 미쳤다고 볼 수 없고, 따라서 이 점에 관한 논지는 이유가 없다.

다만 원심이 저지른 위와 같은 위법이 원심판결 중 피고인 2를 유죄로 인정한 부분에는 영향을 미친 것임이 분명하므로, 논지는 이 점을 지적하는 한도 내에서 이유가 있다.

4. 피고인 2를 제외한 피고인들의 각 상고이유 제3점과 변호인의 상고이유 제2점에 대한 판단

위 피고인들의 가해행위와 피해자 1의 사망과의 사이에 인과관계가 있어야 위 피고인들을 살인죄로 처벌할 수 있는 것임은 소론과 같지만, 살인의 실행행위가 피해자의 사망이라는 결과를 발생하게 한 유일한 원인이거나 직접적인 원인이어야만 되는 것은 아니므로(당원 1982.12.28. 선고 82도2525 판결 참조), 살인의 실행행위와 피해자의 사망과의 사이에 다른 사실이 개재되어 그 사실이 치사의 직접적인 원인이 되었다고 하더라도, 그와 같은 사실이 통상 예견할 수 있는 것에 지나지 않는다면 살인의 실행행위와 피해자의 사망과의 사이에 인과관계가 있는 것으로 보아야 할 것이다.

제1심 증인 이태관 · 이광영 및 원심 증인 안양옥의 각 증언과 의사 이태관이 작성한 피해자 1에 대한 사망진단서의 기재 등 관계증거에 의하면, 피해자 1은 1993.2.15. 위 피고인들의 이 사건 범행으로 입은 자상으로 인하여 급성신부전증이 발생되어 치료를 받다가 다시 폐염 · 패혈증 · 범발성혈액응고장애 등의 합병증이 발생하여 1993.3.17. 사망한 사실, 급성신부전증의 예후는 핍뇨형이나 원인질환이 중증인 경우에 더 나쁜데, 사망률은 30% 내지 60% 정도에 이르고 특히 수술이나 외상 후에 발생한 급성신부전증의 경우 사망률이 가장 높은 사실, 급성신부전증을 치료할 때에는 수분의 섭취량과 소변의 배설량을 정확하게 맞추어야 하는 사실, 위 피해자는 외상으로 인하여 급성신부전증이 발생하였고 또 소변량도 심하게 감소된 상태였으므로 음식과 수분의 섭취를 더욱 철저히 억제하여야 하는데, 이와 같은 사실을 모르고 콜라와 김밥 등을 함부로 먹은 탓으로 체내에 수분저류가 발생하여 위와 같은 합병증이 유발됨으로써 사망하게 된 사실 등을 인정할 수 있는바, 사실관계가 이와 같다면, 위 피고인들의 이 사건 범행이 위

피해자를 사망하게 한 직접적인 원인이 된 것은 아니지만, 그 범행으로 인하여 위 피해자에게 급성신부전증이 발생하였고 또 그 합병증으로 위 피해자의 직접사인이 된 패혈증 등이 유발된 이상, 비록 그 직접사인의 유발에 위 피해자 자신의 과실이 개재되었다고 하더라도 이와 같은 사실은 통상 예견할 수 있는 것으로 인정되므로, 위 피고인들의 이 사건 범행과 위 피해자의 사망과의 사이에는 인과관계가 있다고 보지 않을 수 없다.

이와 결론을 같이 한 원심의 판단은 정당하고, 원심판결에 소론과 같이 심리를 제대로 하지 아니한 채 채증법칙을 위반하거나 인과관계에 관한 법리를 오해하여 사실을 잘못 인정한 위법이 있다고 볼 수 없으므로, 논지는 이유가 없다.

5. 피고인 1 · 3 · 5 · 6의 각 상고이유 제4점과 변호인의 상고이유 제5점에 대한 판단

원심은, 이 사건 범행은 보복을 위하여 사전에 면밀한 계획하에 이루어진 것이고, 그 내용도 야간에 회칼 · 낫 · 쇠파이프 · 각목 등 흉기를 소지한 채 여관에 난입하여 피해자들을 무차별난자 구타한 것으로 잔인하기 그지없으며, 그 결과도 사망과 중상으로 매우 무거운 점, 피해자들은 원래 위 피고인들이 목표하였던 타워파 조직폭력배와는 전혀 상관없는 사람들로서, 결국 이 사건 범행은 무리를 지어 흉기를 소지한 채 어처구니없게도 여관에서 잠자고 있던 무고한 사람을 무차별 난자하여 살해한 사건인 점, 이 사건 범행 후 일부 공범들이 범행을 은폐 조작하려고 시도하였던 점, 그 밖에 위 피고인들의 성행 · 지능 · 범죄전력 · 가족관계와 가정환경, 범죄 후의 정황 등 변론에 나타난 양형의 기준이 되는 여러 사정들을 종합하면, 위 피고인들이 모두 아직 나이가 많지 아니한 점, 피해자들과 합의된 점 등을 참작하더라도, 제1심이 피고인 1 · 5 · 6에 대하여 선고한 각 무기징역형과 피고인 3에 대하여 선고한 15년의 징역형은 적정하고 그것이 결코 너무 무겁다고는 인정되지 아니한다고 판단하였는바, 관계증거와 기록에 의하여 양형의 조건이 되는 여러 사정을 살펴보면, 위 피고인들이나 변호인이 주장하는 정상을 참작하더라도, 원심의 위와 같은 판단은 정당한 것으로 수긍이 되고, 원심판결에 소론과 같이 형의 양정이 심히 부당하다고 인정할 현저한 사유가 있다고 볼 수 없으므로, 논지도 이유가 없다(대법원 1994.3.22. 선고 93도3612 판결).

제1항 일반이론

Ⅰ. 인과관계의 의미와 결과의 객관적 불법구성요건 귀속판단

구성요건적 행위에 의해 결과발생을 요하는 결과범에 있어서는 단순히 구성요건적 행위와 결과가 존재한다는 사실만으로 이를 불법행위라 할 수 없으며, 행위와 결과 사이의 일정한 인과적 관련(kausaler Zusammenhang)이 존재할 때 비로소 불법행위가 성립된다. 형법 제17조는 이 점을 분명히 명시하고 있는 바, 이러한 행위와 결과 사이의 인과적 연관성에 대한 논의가 '인과관계(Kausalität)'에 대한 논의이다.

이러한 인과관계에 대한 논의는 인간행위 중에서 범죄로 평가되는 행위에서 우연성을 배제하고자 하는 것으로, 종전의 결과주의에 비판으로 등장한 '책임원칙'에 의해 형사책임을 제한하고자 하는 관점에서 전개된 이론이다. 이와 같이 행위와 결과 간의 인과관계가 인정되어야만 결과범의 기수여부에 대한 다음 단계의 논의가 진행될 수 있다. 따라서 범죄실행행위(=거동) 자체로 바로 범죄가 성립되는, 즉 거동 자체가 범죄구성요건인 거동범에서는 인과관계를 논할 필요성이 없다.

이러한 인과관계의 문제와 관련하여, 발생된 결과가 객관적 불법구성요건표지로서의 결과에 해당하느냐의 판단, 즉 발생된 결과의 객관적 구성요건에로의 귀속판단에 대해서는 크게 다음의 두가지 견해가 대립되고 있다. 인과관계의 개념과 성립범위에 대해서는 견해가 다르지만 일단 결과에 대한 행위의 인과관계만 성립하면 결과의 객관적 구성요건의 귀속(객관적 구성요건해당성으로서의 결과반가치)을 인정하는 일원적 방법과, 먼저 존재론적 문제로서 결과에 대한 행위의 사실적 · 자연법칙적 인과관계 존재 여부에 대한 판단과 나아가 법적 · 규범적 문제로서 이러한 인과관계가 존재한다는 것을 전제로 해서 일정한 기준에 의한 객관적 · 규범적 결과귀속(객관적 귀속가능성)판단이라는 두 단계의 판단에 의해 결과의 객관적 귀속을 인정하려는 이원적 방법의 대립이다.[1]

후설에 의하면 인과관계는 규범적 결과귀속을 위한 객관적 귀속의 전 단계 또는 보조수단에 불과하다고 본다. 즉 발생된 결과를 "행위자의 실행행위로 인한 결과"로 귀속시키기 위해서는 먼저 행위자의 행위로 인하여 구성요건적 결과가 야기되었다는, 즉 행위와 결과사이에 일정한 인과적 연관이 있을 것을 요한다. 이러한 행위와 결과 사이의 일정한 인과적 연관성에 대한 논의를 『인과관계이론』이라고 한다. 나아가 행위자의 행위로 인하여 야기된 - 행위와 인과관계가 있는 결과를 일정한 판단기준(척도)에 의해 객관적으로(일반인의 가치판단입장에서) 여러 인과관계 있는 원인 중에서도 바로 '그 자신의 - 그의 행위로 인한 작품으로(als sein Werk)' 볼 수 있다는 판단, 즉 결과를 행위자의 행위로 귀속시킬 수 있어야 결과의 객관적 불법구성요건에의 귀속이 가능하다는 점에서 이러한 결과의 객관적 귀속판단이라는

1) 뒤에서 설명하는 인과관계의 성립범위에 관한 학설 중 조건설과 합법칙적 조건설은 이원적 방법론이며, 나머지 학설은 일원적 방법론이다.

행위와 결과 사이의 규범적 연관성에 대한 논의를 『객관적 귀속이론』이라 한다.

요컨대 이 견해에 의하면 결과의 객관적 불법구성요건 귀속판단은 제1단계로 경험적 인과관계의 자연법칙적 판단으로서의 인과관계의 존재 여부 판단과, 제2단계로 규범적 가치판단으로서의 객관적 귀속가능성에 관한 판단이라는 두 단계로 이루어진다. 그리고 객관적 귀속 판단은 인과관계 확정을 전제로 하므로 인과관계 확정이 우선적으로 선행되어야 한다. 오늘날 형법이론학의 관심은 이원적 방법론에 따라 인과관계의 확정의 문제보다는 귀속척도가 무엇이냐에 있다.

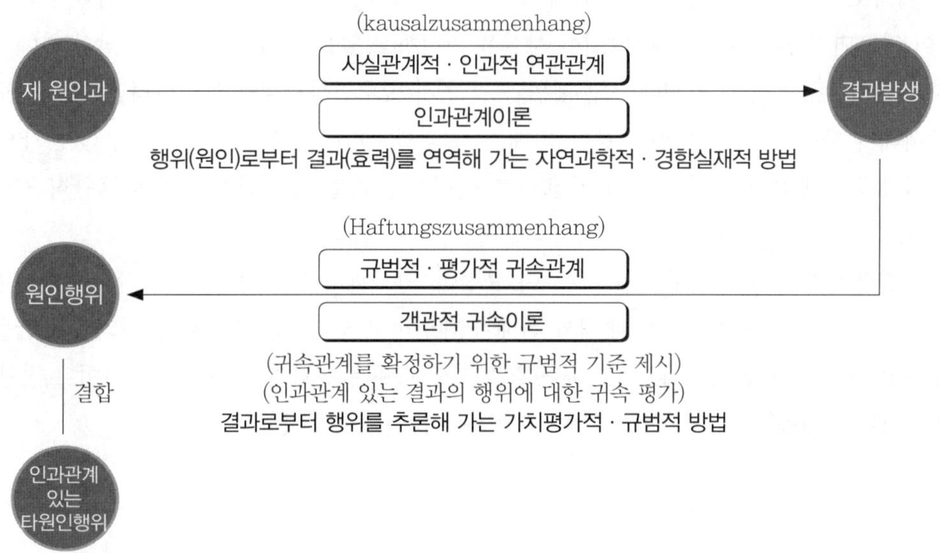

이와 같이 이원적 방법론에 의할 경우, 결과범에서는 행위자의 행위에 의하여 구성요건적 결과가 야기되었고 그 결과가 객관적으로 행위자에게 그의 작품으로 귀속될 수 있어야 객관적 구성요건에 해당한다. 따라서 발생된 구성요건적 결과가 행위자의 행위와 자연적 · 사실적 인과관계가 없거나, 인과관계는 존재하더라도 규범적인 평가면에서 객관적 귀속이 부정되는 경우에는 행위자와 무관한 우연적 사건 또는 행위자에게 귀속시킬 수 없는 불행한 사태일 뿐, 법적 의미에서의 구성요건해당행위 내지 결과로 평가할 수 없다.

Ⅱ. 형법의 태도

제17조 (인과관계) 어떤 행위라도 죄의 요소되는 위험발생에 연결되지 아니한 때에는 그 결과로 인하여 벌하지 아니한다.

형법 제17조는 인과관계에 관하여 “어떤 행위라도 죄의 요소되는 위험발생에 연결되지 아니한 때에는 그 결과로 인하여 벌하지 아니한다”라고 규정하고 있다. 그러나 이 규정은 행위와 결과 사이에 연관성이 없으면 처벌할 수 없다는 당연한 사실을 명시하고 있을 뿐이므로 구체적 상황 하에서의 그 연관 및 귀속가능성의 유무 및 범위, 즉 ‘행위와 결과 사이의 인과관계를 인정하려면 어느 정도 연관성이 존재해야 하는가’ 또는 ‘어떤 기준에 의해 이 결과를 행위로 인한 결과로 볼 수 있는가’에 대해서는 학설과 판례에 의해 해결할 수 밖에 없으며 이러한 논의를『인과관계이론 및 객관적 귀속이론』이라 한다.

또한 이원적 방법론의 입장에서 볼 때는 이 규정이 ‘인과관계’만을 규정하고 있는가 아니면 ‘객관적 귀속’까지도 규정하고 있는가에 대해서 견해가 대립하고 있다. 즉 제17조는 ‘인과관계’만을 규정하고 있다고 보는 견해에 대해서, 후단의 ‘∼결과로 인하여’는 인과관계를 규정한 것이고 전단의 ‘∼연결되지 아니한 때에는’은 객관적 귀속을 규정한 것이라고 해석하는 견해도 있다.

Ⅲ. 논의의 실익(필요성)

1. 구성요건해당성의 문제

인과관계 및 객관적 귀속가능성의 척도는 기술되지 아니한 객관적인 불법구성요건표지로, 가벌과 불가벌을 구별하는 기능 즉 객관적 불법구성요건의 평가단계에서 형사책임을 배제 내지 제한하는 기능을 한다. 행위자의 고의 또는 과실에 기한 일정한 실행행위와 결과가 존재하는 경우 결과발생만으로 행위자에게 책임을 귀속시킬 수는 없으며 일정한 실행행위와『연관된』결과발생의 범위 내에서만 범죄성립으로 책임을 귀속시킬 수 있다. 즉 실행행위와 인과성이 없는 결과 및 인과성이 있더라도 객관적 귀속가능성이 부인되는 경우에는 아예 범죄성립의 첫 단계인 불법구성요건에도 해당되지 않으며, 따라서 ‘불행이지만 불법은 아닌’ 경우에 해당한다. 결국 실행행위와 결과가 어떤 범위 내에서 연관될 때 그 결과를 불법구성요건에 해당하는 결과로 볼 수 있느냐 라는 인과관계 및 객관적 귀속가능성에 대한 논의는 구성요건해당성의 문제에 귀착된다.

2. 결과범에 있어서의 기수와 미수의 구별

현실적인 결과가 발생하더라도 실행행위(실행행위에는 착수)와 인과관계가 없는 경우, 또는 객관적 귀속관계가 존재하지 않는 결과발생의 경우에는 가벌성 자체가 탈락되거나 구성요건해당성의 불완전한 충족으로 미수범만 성립된다.

제2항 인과관계이론

Ⅰ. 의의

결과범에 있어서 행위와 구성요건적 결과사이에 존재하는 인과적 연관성에 대한 이론이다. 이원적 방법의 관점에서 본다면 이 이론은 객관적 불법구성요건에의 귀속을 판단하는 데 있어 그 기초를 제공한다는 점에서 형법적 귀속의 일차적 한계를 설정하는, 즉 객관적 귀속판단의 보조수단 또는 전단계에 해당하는 이론이다.

Ⅱ. 인과관계의 본질

형법상의 인과관계는 규범과학적 성격에 알맞게 독자적인 개념으로 형성되어야 하고, 내용 또한 법적·사회적 개념이어야 한다는 점에서 철학이나 자연과학에서의 인과관계 개념과는 구별된다. 즉 철학에서의 인과관계는 결과를 발생시킨 모든 조건이 등가적이며 필연적임에 반해 형법에서는 구성요건에 해당하는 인간의 행위만이 원인으로서의 의미를 가질 뿐이며 나머지는 형법상의 인과관계에서 제외된다. 또한 자연과학에서의 인과관계 개념은 원인과 결과 사이의 자연법칙적 관련성, 즉「~이 있으면, 반드시 ~이 있다」는 필연성을 의미한다는 점에서 보편타당성이라는 가치판단인 형법상의 인과관계 개념과는 다르며, 더욱이 부작위범에 있어서는 자연법칙적 인과성이 아닌 법적·사회적 평가를 받는 관계개념만이 존재한다. 따라서 형법적 의미에서의 '인과관계 내지 인과성(kausalität)'이란 합법칙성에 따르는 경험적 현상, 즉 상호연속 하에 일어나는 사건의 추단가능성(Voraussagbarkeit) 또는 실현가능성(Erklärbarkeit)을 의미하는 개념이다. 다만 이러한 형법상의 인과관계를 법률적 개념으로 보느냐에 대해서는 견해가 대립되고 있다.

1. 법률외적(존재론적) 개념설

인과관계는 형법 이전에 존재하는 사실판단의 문제로 이는 논리적 · 존재론적인 인과적 연관의 유무 문제이기 때문에 법률적 가치판단의 문제에 속하는 형법책임의 귀속과는 별개라고 보는 견해이다.

2. 법률적 개념설

형법상의 인과관계는 사실적 개념이 아니라 법률적 개념으로 가치판단의 개념이며 인과의 연관의 문제가 아니라 귀속연관의 문제로 보는 견해이다.

3. 소결

사실적 · 존재론적 인과관계는 사실관계적인 인과관계의 존재 유무에 대한 판단이며, 법적 · 규범적 인과관계의 문제(객관적 귀속 판단)는 이러한 사실적 인과성을 가진 조건 중에서 발생된 결과에 대해 법적 인과성을 인정할 수 있는 조건을 법적 평가의 측면에서 다시 고찰할 필요가 있다.

Ⅲ. 인과관계의 체계적 지위

1. 전구성요건적(前構成要件的) 행위론설(논리적 인과개념설)

형법상의 인과관계의 문제는 구성요건해당성을 인정하기 위한 전제로 그 한도 내에서만 논하면 된다고 보는 견해이다.

2. 구성요건론설(가치적 인과개념설)

인과관계의 문제는 행위와 결과와의 연결에 관한 법적 사실판단의 문제, 즉 행위의 구성요건해당성의 문제로 보는 견해이다.

3. 책임론설

형법에서 결과에 대한 원인이 어느 범위까지 소급하느냐의 문제는 결국 책임의 범위에 일치하므로, 인과관계론으로서 책임론과 별도로 결과와 원인간의 규범적 · 가치적 관계를 결정할 필요가 없다고 보는 견해이다. 이 견해는 행위자에 대한 책임귀속은 결과에 대해 어디까지 비난가능한가 라는 문제이므로, 비난가능성있는 행위는 인과관계있는 행위라고 파악한다.

Ⅳ. 인과관계가 문제되는 사례군(인과관계의 종류)

1. 기본적 인과관계

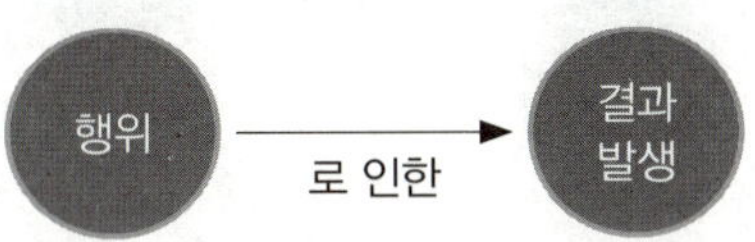

예를 들어 甲이 乙을 고의로 살해한 경우와 같이 원인행위가 다른 원인의 개입 없이 직접 구성요건적 결과를 야기한 경우에 원인행위와 발생된 구성요건적 결과 간에 문제되는 인과관계 사례로, 기본적인 인과관계가 존재하면 특별히 인과관계의 확인이 필요 없다.

2. 이중적 인과관계(Doppelkausalität) 또는 택일적 인과관계(alternative Kausalität)

이중적 인과관계란 예를 들어 甲과 乙이 각각 치사량에 달하는 독약을 丙에게 투여하여 丙을 살해한 경우와 같이 독자적으로(단독으로) 동일한 결과를 야기할 수 있는 각각의 원인행위들이 단순히 결합하여 일정한 구성요건적 결과가 발생한 경우에, 각각의 원인행위와 발생된 구성요건적 결과 간에 문제되는 인과관계 사례를 말한다.[2)]

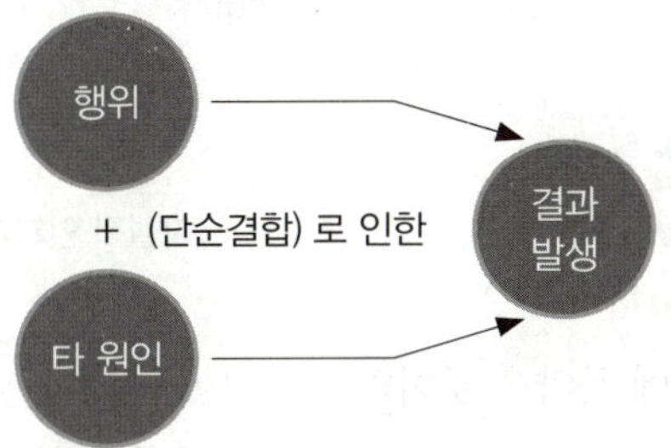

3. 누적적(중첩적, kumulative) 인과관계

누적적 또는 중첩적 인과관계란 예를 들어 甲과 乙이 각각 치사량에 미달하는 독약을 丙에게 투여한 결과 이들 독약들이 공동작용하여 丙이 사망한 경우와 같이 각각의 원인행위들이 독자적으로는 동일한 결과발생을 야기할 수는 없으나 이러한 원인행위들의 공동작용에 의해 일정한 구성요건적 결과가 발생한 경우에, 각각의 원인행위와 발생된 구성요건적 결과간에 문제되는 인과관계 사례를 말한다.[3)]

---

2) 이중적 인과관계를 누적적 인과관계의 일종으로 보는 견해도 있다.

3) 성수대교와 같은 교량이 그 수명을 유지하기 위하여는 건설업자의 완벽한 시공, 감독공무원들의 철저한 제작시공상의 감독 및 유지 · 관리를 담당하고 있는 공무원들의 철저한 유지 · 관리라는 조건이 합치되어야 하는 것이므로, 위 각 단계에서의 과실 그것만으로 붕괴원인이 되지 못한다고 하더라도, 그것이 합쳐지면 교량이 붕괴될 수 있다는 점은 쉽게 예상할 수 있

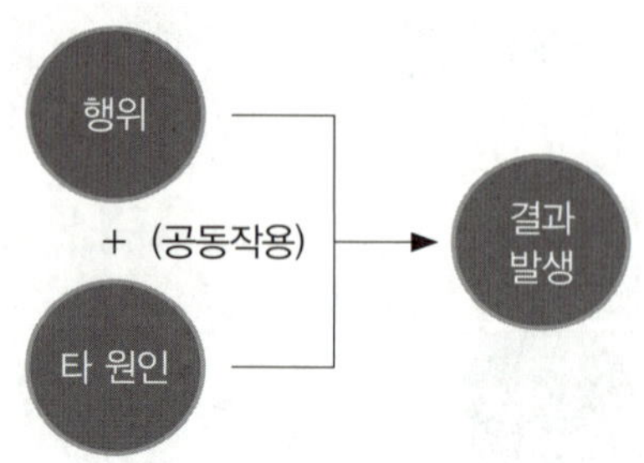

4. 가설적 인과관계(hypothetische Kausalität)

구성요건적 결과에 현실적으로 작용한 행위가 없었더라도 현실적으로는 작용하지 아니한 가설적 인과과정에 의해 구성요건적 결과가 야기되었을 고도의 개연성이 있는 경우로서, 이러한 가설적 원인을 유보원인(Reserveursache) 또는 가설적 대체요인(Hypothetischer Ersatzfaktor)이라고 한다. 가설적 인과관계는 다시 추월적 인과관계와 경합적 인과관계로 나누어 볼 수 있다.

1) 추월적(überholende) 인과관계

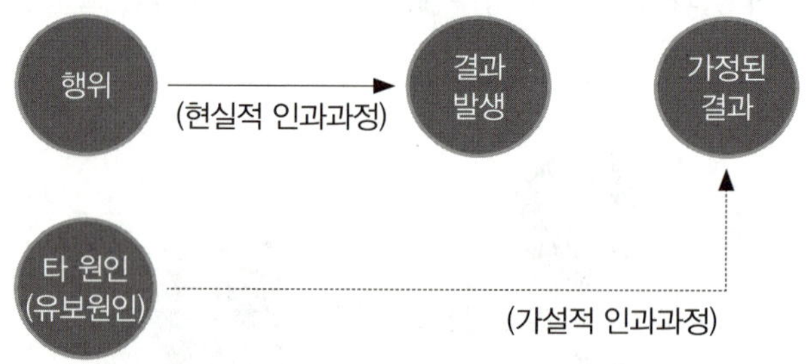

甲이 丙을 살해하려고 음식물에 독약을 투여하는 동안에 이러한 사정을 모르는 乙이 丙을 칼로 찔러 살해한 경우 乙의 행위와 丙의 사망간의 인과관계를 현실적 인과과정이라 하고, 甲의 행위와 丙의 사망간의 인과관계를 가설적 인과과정라 한다. 이와 같이 현실적 인과과정과 가설적 인과과정을 비교하여 전자의 현실적 원인행위로 인하여 구성요건적 결과가 더 빨리 발생한 경우에 이러한 현실적 인과과정을 추월적 인과관계라 한다.

추월적 인과관계는 가설적 인과과정의 실행착수 전에 추월한다는 점에서 다른 원인의 실행착수 후 개입하는 단절적 인과관계와 구별된다.

고, 따라서 위 각 단계에 관여한 자는 전혀 과실이 없다거나 과실이 있다고 하여도 교량붕괴의 원인이 되지 않았다는 등의 특별한 사정이 있는 경우를 제외하고는 붕괴에 대한 공동책임을 면할 수 없다(대법원 1997.11.28. 선고 97도1740 판결. 성수대교 붕괴사고).

2) 경합적(einholende) 인과관계

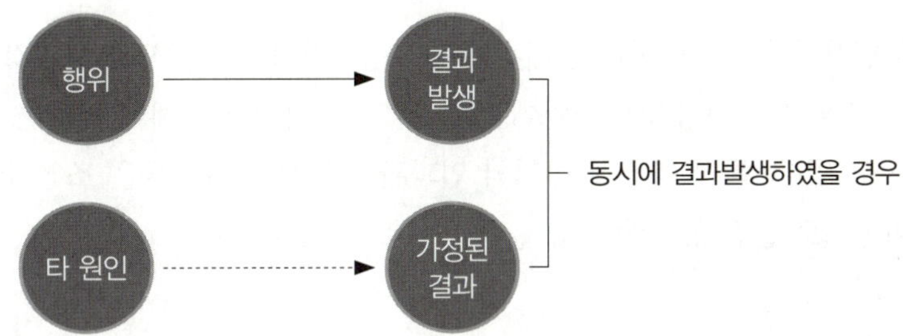

5. 단절적(abgebrochene) 인과관계

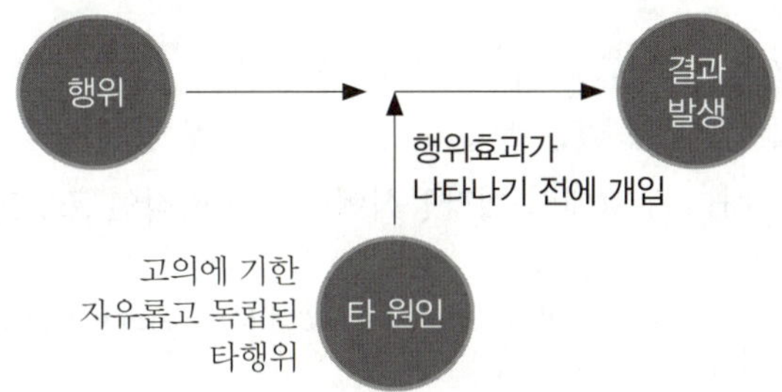

본래 진행 중인 원인행위를 단절시키고 따라서 그 효과가 발생하기 전에 자유롭고 독립된 다른 행위의 개입에 의해 구성요건적 결과가 야기된 경우에 본래 진행중인 원인행위와 결과간의 관계를 단절적 인과관계라 한다. 타 원인행위가 제1의 행위를 추월하여 그 진행을 단절시킨 경우라는 점에서, 타 원인행위와 결과발생과의 관점에서 보면 추월적 인과관계에 해당된다.

6. 비유형적(atypischer) 인과관계

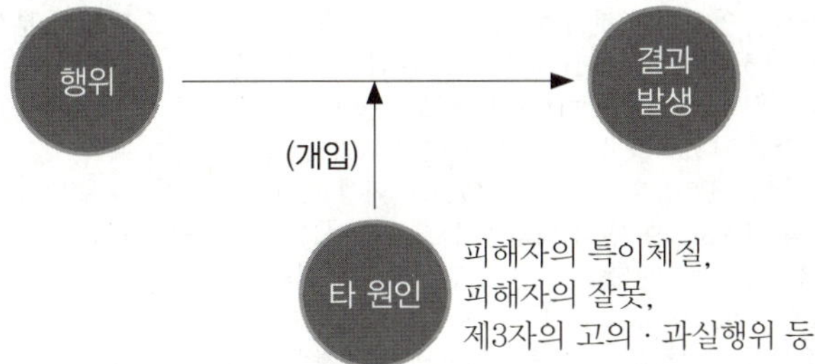

비유형적 인과관계란 일정한 행위가 구성요건적 결과발생에 대해 원인이 되지만 그 결과에 이르는 과정에 타 원인들이 비유형적으로 개입하여 이들이 상호 인과적 연쇄성을 가지며 결과를 발생시킨 경우로, 인과관계가 문제되는 사례에서 가장 많이 발생하는 유형이다.

Ⅴ. 인과관계의 성립범위에 대한 학설과 판례

책임원칙에 의해 형사책임을 제한하려는 배경에서 구성요건적 결과발생과 인과적 연관성을 가지는 원인행위를 어느 범위까지 인정할 것인가에 대한 논의로, 학설과 판례에 의하면 아래와 같이 다양한 견해가 대립되고 있다. 특히 조건설 이외의 인과관계에 관한 학설들은 조건설이 갖는 결함을 극복하고자 하는 이론으로 발전되어 왔다.

1. 조건설(등가설)[4)]

1) 의의

조건설은 「conditio sine qua non(Bedingung, ohne die nicht)」 Formel(절대적 제약공식), 즉 "만일 그것이 없었더라면 그러한 결과발생도 없었을 것"이라는 관계에 있는 모든 조건들은 결과발생에 대해 등가적 원인이라고 보는 견해이다.[5)] 즉 행위와 결과 사이에 절대적 제약공식이라는 논리적인 조건관계만 있으면 인과관계를

4) 오스트리아의 형법학자인 Julius Glaser와 독일 제국법원의 법관이었던 Maximilian v. Buri 등에 의해 1870년경 완성된 이론으로, 독일과 일본의 판례의 입장이다.

5) 택시 운전자인 피고인이 교통신호를 위반하여 4거리 교차로를 진행한 과실로 교차로 내에서 갑이 운전하는 승용차와 충돌하여 갑 등으로 하여금 상해를 입게 하였다고 하여 교통사고처리 특례법 위반으로 기소된 사안에서, 피고인의 택시가 차량 신호등이 적색 등화임에도 횡단보도 앞 정지선 직전에 정지하지 않고 상당한 속도로 정지선을 넘어 횡단보도에 진입하였고, 횡단보도에 들어선 이후 차량 신호등이 녹색 등화로 바뀌자 교차로로 계속 직진하여 교차로에 진입하자마자 교차로를 거의 통과하였던 갑의 승용차 오른쪽 뒤 문짝 부분을 피고인 택시 앞 범퍼 부분으로 충돌한 점 등을 종합할 때, 피고인이 적색 등화에 따라 정지선 직전에 정지하였더라면 교통사고는 발생하지 않았을 것임이 분명하여 피고인의 신호위반행위가 교통사고 발생의 직접적인 원인이 되었다고 보아야 한다(대법원 2012.3.15. 선고 2011도17117 판결).

개정 전의 회계처리기준에 따라야 할 재무제표를 개정 후의 회계처리기준에 따라 작성 제출함으로 인하여 금융기관이 개정 전 회계처리기준에 따라 회사에 해당 회계연도 당기 순이익이 발생한 것으로 믿고 이로 인하여 여신을 결정한 것이고, 만약 개정 전 회계처리기준에 따라 재무제표가 작성되었다면 당기 순손실이 나타날 것인데 이를 숨기기 위해서 위와 같은 방법으로 재무제표를 작성하였다는 사실을 금융기관이 여신 심사 당시 알았다면 당해 여신이 불가능하거나 곤란하였다고 볼 사정이 인정된다면, 회사의 변제의사나 변제능력, 담보 제공 여부와는 무관하게 부실 재무제표 제출로 인한 기망행위와 여신 결정 사이의 인과관계는 인정되는 것이며, 금융기관이 제출된 재무제표를 면밀히 분석해 보았다면 위와 같은 회계처리를 알 수 있었을 것이라고 하여 달리 볼 것은 아니다. 또 금융기관의 통상적인 여신처리기준에 의하면, 적자 상태인 당해 기업에 대한 여신이 가능했을 수도 있다고 하더라도 이로 인하여 획일적으로 부실 재무제표 제출로 인한 기망행위와 여신 결정 사이의 인과관계가 단절된다고 볼 수는 없고, 기업이 적자 상태를 숨기기 위하여 흑자 상황인 것처럼 작성한 재무제표를 제출하였다는 사실이 발각될 경우 초래될 수 있는 신뢰성 평가에 있어서의 부정적인 영향까지 적절하게 고려 · 평가하여 인과관계 단절 여부를 살펴보아야 한다(대법원 2007.6.1. 선고 2006도1813 판결).

가. 전신마취에 의한 개복수술은 간부전을 일으키고 간성혼수에 빠지게 하기도 하는 데 특히 급만성간염이나 간경변 등 간기능에 이상이 있는 경우에는 90%이상이 간기능이 중악화하고 심한 경우에는 사망에 이르게 하는 것으로 알려져 있어 개복수술 전에 간의 이상 유무를 검사하는 것은 필수적이고, 피해자의 수술시에 사용된 마취제 할로테인은 드물게는 간에 해독을 끼치고 특히 이미 간장애가 있는 경우에는 간장애를 격화시킬 위험이 있으므로 이러한 환자에 대하여는 그 사용을 주의 또는 회피하여야 한다고 의료계에 주지되어 있으며 이 사건 사고당시 의료계에서는 개복수술 환자의 경우 긴급한 상황이 아닌 때에는 血淸의 生化學的 반응에 의한 검사 등으로 종합적인 간기능검사를 철저히 하여 피해자가 간손상상태에 있는지의 여부를 확인한 후에 마취 및 수술을 시행하였어야 할 터인데 피고인들은 사진,문진 등의 검사결과와 정확성이 떨어지는 소변에 의한 간검사 결과만을 믿고 피해자의 간상태를 정확히 파악하지 아니한 채 할로테인으로 전신마취를 실시한 다음 이 사건 개복수술을 감행한 결과 수술 후 22일만에 환자가 급성전격성간염으로 인하여 사망한 경우에는 피고인들에

인정하는 견해로, 인과관계를 필요조건이라는 논리적 인과관련성으로 파악하였다.[6)]

즉 조건설은 발생된 결과에 선행하는 모든 조건들을 등가적이라고 보고 그 가운데서 결과에 인과성을 가지는 원인을 찾는 방법으로, 이른바 "가설적 제거절차"를 사용하고 있다. 이와 같이 조건설에 의하면 모든 조건은 결과에 대해 동등한 원인력으로서 형법상 동등하게 평가되기 때문에 조건(중요한 원인)과 단순 원인을 구별하지 않는다.

2) 구체적 적용

단절적 인과관계에서는 행위의 조건성이 결여되기 때문에 미수책임만이 문제되며, 부작위범의 경우에는 절대적 제약의 공식이 적용되지 않으므로 조건설에 의해서는 인과관계를 설명할 수 없다. 나머지 경우에는 결과발생에 대한 행위의 인과관계를 인정한다. 특히 조건설에 의하면 비유형적 인과관계도 구체적인 결과발생에 대한 인과적 연쇄효과를 미치고 있으므로 인과관계가 인정된다.

3) 비판

(1) 논리적 모순

조건설은 발생한 결과로부터 그것에 대해 의미 있는 조건들을 찾아 나가기 때문에 논리적 모순이 있다. 즉 원인행위와 결과간의 인과관계 존재 자체를 직접 밝히려 하지 않고, 일단 결과를 전제한 뒤 가설적 사고과정을 통해 의미 없는 조건을 제거시키는 방법을 사용함으로써 원인행위와 결과간의 필요조건관계가 존재하는가에 대해서만 확인해주는 발견공식일 뿐이다.

특히 예를 들어 미지의 위험세계에 속하는 행위영역과 같이 합법칙적 연관성이 불분명한 경우에는 미리 논증해야 할 결과를 먼저 논증하지 않고 오히려 그것을 논증의 근거로 삼아 일단 결과를 전제한 뒤 가설적 사고과정을 통해 결과제거절차를 거친다는 점에서 논리상 순환논법이다. 다만 이러한 논리적 모순은 일반적인 경험법칙에 의해 해결될 수는 있을 것이다.

(2) 사리에 위배

조건들 사이의 질적 구별을 인정하지 않음으로 해서 의미없는 조건들이 제거되지 아니하고 따라

게 업무상과실이 있다 할 것이다.

나. 위 「가」항의 경우에 혈청에 의한 간기능검사를 시행하지 않거나 이를 확인하지 않은 피고인들의 과실과 피해자의 사망간에 인과관계가 있다고 하려면 피고인들이 수술 전에 피해자에 대한 간기능 검사를 하였더라면 피해자가 사망하지 않았을 것임이 입증되어야 할 것인데도(수술전에 피해자에 대하여 혈청에 의한 간기능검사를 하였더라면 피해자의 간기능에 이상이 있었다는 검사결과가 나왔으리라는 점이 증명되어야 할 것이다) 원심은 피해자가 수술당시에 이미 간손상이 있었다는 사실을 증거없이 인정함으로써 채증법칙위반 및 인과관계에 관한 법리오해의 위법을 저지른 것이다(대법원 1990.12.11. 선고 89도694 판결).

6) 정범개념에 있어서 확장적 정범개념설을 취한다.

서 무한정한 인과관계의 확장을 초래할 우려가 있다. 다만 이러한 모순은 고의 또는 과실의 판단단계에서 해결될 수 있을 것이다.

4) 순수한 조건설에 대한 수정으로 나온 이론

객관적 구성요건의 귀속판단에 있어 사실적 자연적 인과관계는 조건설 또는 합법칙적 조건설에 의하고, 이러한 인과관계가 인정되는 범위 내에서 그것을 다시 규범적 · 평가적인 객관적 귀속이론에 의해 수정 · 보완하려는 견해로서 객관적 귀속이론이 전개되고 있다.

2. 원인설(개별화설)

1) 의의

모든 조건을 결과발생에 대한 등가적 원인이라고 파악한 조건설을 수정한 것으로, 원인과 단순한 조건을 구별하여 원인에 관해서만 인과관계를 인정하는 견해이다.[7]

---

7) 피고인이 자동차를 운전하다 횡단보도를 걷던 보행자 갑을 들이받아 그 충격으로 횡단보도 밖에서 갑과 동행하던 피해자 을이 밀려 넘어져 상해를 입은 사안에서, 위 상해가 횡단보도 보행자 아닌 제3자에게 발생하였더라도 교통사고처리 특례법 제3조 제2항 단서 제6호의 사유에 해당하는지 여부(한정 적극)

교통사고처리 특례법(이하 '특례법'이라고 한다) 제3조 제2항 단서 제6호, 제4조 제1항 단서 제1호는 '도로교통법 제27조 제1항의 규정에 의한 횡단보도에서의 보행자 보호의무를 위반하여 운전하는 행위로 인하여 업무상과실치상의 죄를 범한 때'를 특례법 제3조 제2항, 제4조 제1항 각 본문 소정의 처벌의 특례 조항이 적용되지 않는 경우로 규정하고, 도로교통법 제27조 제1항은 모든 차의 운전자는 "보행자가 횡단보도를 통행하고 있는 때에는 그 횡단보도 앞에서 일시 정지하여 보행자의 횡단을 방해하거나 위험을 주어서는 아니된다."라고 규정하고 있다. 따라서 차의 운전자가 도로교통법 제27조 제1항의 규정에 따른 횡단보도에서의 보행자에 대한 보호의무를 위반하고 이로 인하여 상해의 결과가 발생하면 그 운전자의 행위는 특례법 제3조 제2항 단서 제6호에 해당하게 될 것인바, 이때 횡단보도 보행자에 대한 운전자의 업무상 주의의무 위반행위와 그 상해의 결과 사이에 직접적인 원인관계가 존재하는 한 위 상해가 횡단보도 보행자 아닌 제3자에게 발생한 경우라 해도 단서 제6호에 해당함에는 지장이 없다. 원심판결 이유에 의하면 원심은, 특례법 제3조 제2항 단서 제6호 및 도로교통법 제27조 제1항의 입법 취지에는 차를 운전하여 횡단보도를 지나는 운전자의 보행자에 대한 주의의무뿐만 아니라 횡단보도를 통행하는 보행자의 생명 · 신체의 안전을 두텁게 보호하기 위한 목적까지도 포함된 것으로 봄이 상당하다고 한 다음, 피고인이 운전하는 자동차가 이 사건 횡단보도를 통행하는 공소외인을 충격하고, 그로 인하여 공소외인이 부축하던 피해자가 밀려 넘어져 상해를 입게 되었다고 하더라도 피해자가 횡단보도 밖에서 통행하고 있었던 이상 피해자는 특례법 제3조 제2항 단서 제6호 및 도로교통법 제27조 제1항에 의한 보호대상이 될 수 없다는 이유를 들어 특례법 제3조 제2항 및 제4조 제1항 각 본문을 적용하여 피고인에게 공소기각을 선고한 제1심판결을 그대로 유지하고, 검사의 항소를 기각하였다. 그러나 원심의 인정 사실에 의하면, 이 사건 사고는 도로교통법 제27조 제1항의 규정에 따른 횡단보도 보행자인 공소외인에 대하여 피고인이 그 주의의무를 위반하여 운전한 업무상 과실로써 야기된 것이고, 피해자의 상해는 이를 직접적인 원인으로 하여 발생한 것으로 보아야 하는 이상, 앞서 본 법리에 비추어 이는 특례법 제3조 제2항 단서 제6호에서 정한 횡단보도 보행자 보호의무의 위반행위에 해당한다 할 것이다(대법원 2011.4.28. 선고 2009도12671 판결).

피고인이 주먹으로 피해자의 복부를 1회 강타하여 장파열로 인한 복막염으로 사망케 하였다면, 비록 의사의 수술지연등 과실이 피해자의 사망의 공동원인이 되었다 하더라도 피고인의 행위가 사망의 결과에 대한 유력한 원인이 된 이상 그 폭력행위와 치사의 결과간에는 인과관계가 있다 할 것이어서 피고인은 피해자의 사망의 결과에 대해 폭행치사의 죄책을 면할 수 없다(대법원 1984.6.26. 선고 84도831 판결).

2) 원인과 조건의 구별기준

이에는 필요조건설, 우월적 조건설, 최종조건설, 최유력 조건설, 동적 조건설, 결정적 조건설등, 다양한 견해들이 제시되고 있다.

3) 비판

원인과 조건의 구별이 사실상 불가능하며, 또한 형법적 개념임에도 법률외적인 방법으로 원인의 개념을 정립하는 것은 부당하다.

3. 합법칙적 조건설(Die Lehre von der gesetzmäßigen Bedingung)[8)]

1) 의의

논리적 인과관련성을 다루는 조건설에 대한 수정이론으로, 인과관계를 일상적 경험법칙으로서의 합법칙성으로 보는 견해이다. 즉 인과관계는 행위와 결과사이에 합법칙적 연관성이 있다는 경험적 사실의 문제로서, 그 구체적 내용은 "발생된 구성요건적 결과가 구성요건적 행위에 시간적으로 뒤따르면서 일상적인 생활경험지식으로 보아 행위와 합법칙적으로 연관되어 있을 때" 인과관계는 인정될 수 있다는 것이다.

2) 구체적 내용(인과관계의 확정단계)

일반적 인과관계의 확정단계는 자연과학적 인과법칙의 존재여부에 대한 판단이며, 구체적 인과관계의 확정단계는 구체적 사안이 일상적인 생활경험적 인과법칙에 포섭될 수 있느냐에 대한 판단의 문제다.

3) 구체적 적용

① 이중적 인과관계의 경우에는 각 원인행위 모두 인과관계가 성립된다.

② 누적적 인과관계의 경우에도 각 원인행위 모두 인과관계가 성립된다. 다만 객관적 귀속 여부에 있어서는 결과의 객관적 귀속이 부정되어 미수책임에 불과할 뿐이다(객관적 귀속론에 의한 수정).

③ 가설적 인과관계의 경우에도 현실적으로 작용된 행위의 인과관계는 그대로 성립된다. 즉 가설적 인과관계에 의해서도 일단 주어진 인과관계는 배제되지 않는다.

④ 단절적 인과관계의 경우에는 제1행위는 결과로 진행되지 아니하였으므로 그 인과성은 부정되며, 다만 실행에 착수했기 때문에 미수책임만 질 뿐이다. 따라서 중간에 개입된 타 원인행위와 결과

---

8) Karl Engisch, Hans-Heinrich Jescheck, Arthur Kaufmann, Karl Lenckner, Hans-Joachim Rudolphi 등에 의하여 주장된 이론이다.

와의 인과관계만 인정된다.

⑤ 비유형적 인과관계의 경우에는 최초의 원인행위가 결과에 대해 인과성만 존재하면 되고 그것이 유일한 조건 또는 주된 조건일 필요는 없다는 점에서(조건의 등가성) 인과관계가 성립된다.

⑥ 구조적 인과과정의 단절인 경우에는 합법칙적 경험칙상 구성요건적 결과발생을 저지할 수 있었던 인과과정을 단절한 경우에는 인과관계가 성립된다.

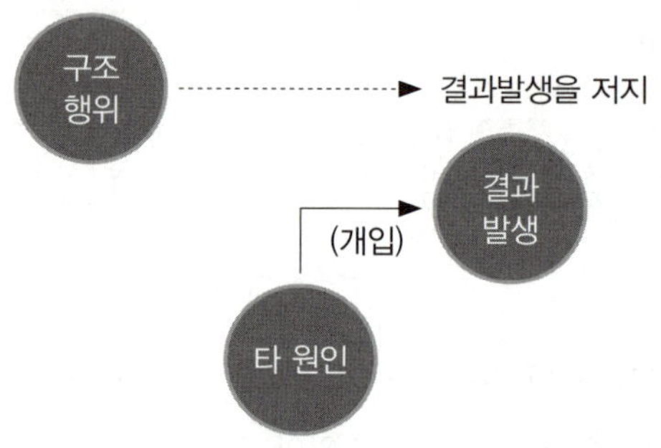

⑦ 부작위범의 경우에는 만약 일정한 행위(작위)가 있었더라면 결과를 회피할 수 있었으리라는 관계가 성립하면 인과관계가 인정된다.

4) 비판(이론상의 한계)

합법칙적 연관성 자체가 불분명한 경우 즉 자연과학적 경험지식조차 불분명한 경우[9]에는 인과관계의 성립여부를 논할 수 없으며, 특히 인과관계판단의 기준인 합법칙성의 내용이 모호함으로 인하여 결국 상당인과관계설과 마찬가지로 법관의 규범적 상식판단에 의존할 수 밖에 없다.

이런 문제점 때문에 인과관계의 확정에 있어서는 합법칙적 조건설을 주장하는 학자들도 결과귀속판단은 이와 구별하여 객관적 귀속이론에 의해 다시 규범적으로 확정되어야 한다고 한다.[10]

4. 상당인과관계설[11]

1) 의의

결과발생에 대해 자연법칙적 또는 합법칙적인 여러 조건 중 경험칙상 그 결과에 상당히 개연성있는 조건만이 원인이 되며 이 범위내에서 인과관계를 인정하려는 견해이다. 객관적 구성요건의 귀속판단에 있어 합법칙적 조건설(또는 수정된 조건설)이 인과관계판단과 객관적 귀속판단을 구별하는 이원적 방법을 사

9) 인과관계 자체가 규명되지 않는 경우로, 예로서 1960년 독일 Contergan Case의 경우.

10) 합법칙적 조건설과 객관적 귀속이론의 연대성.

11) 대법원판례의 입장이다.

용한데 대해, 이 학설은 하나의 인과관계 개념 안에 자연과학적 요소와 법률적 요소를 포괄하여 "상당히 인과적인 것" 만을 인과관계가 있다고 보는 일원적(一元的) 방법을 사용하고 있다. 즉 이 견해는 인과관계와 결과귀속의 관점을 함께 내포하고 있는 것으로, 인과관계와 객관적 귀속의 구별이 없다.

따라서 상당성의 판단에 있어서는 행위가 자연법칙적 또는 합법칙적으로 결과를 야기하였는가 라는 사실적 연관성 뿐만 아니라, 결과발생의 가능성을 뚜렷하게 증가시켰거나 결과발생의 개연성이 있는가 라는 규범적 연관성도 그 판단내용이 된다.

2) 상당성 또는 개연성의 판단대상과 기준

(1) 주관설

주관설은 범행에 앞서 행위자가 행위당시에 인식하였거나 예견할 수 있었던 사정을 기준으로 조건의 상당성을 판단하는 순주관적 사전예측의 방법이다.

(2) 객관설

행위 당시의 사정을 일반인의 인식 또는 예견가능성의 입장에서 객관적으로 종합하여 조건의 상당성을 판단하는 순객관적 사전예측의 방법으로, 행위자의 주관적 인식 또는 예견가능성은 책임의 문제로 보는 견해다.

(3) 절충설

가) 주관적 절충설

행위자가 사건진행의 경험을 통하여 사후적으로 얻은 인과적 지식에서 보아 결과발생에 상당하다고 간주했음에 틀림없는 조건을 인과적이라고 판단하는 주관적 사후예측의 방법을 주관적 절충설이라 한다.

나) 객관적 절충설

객관적 절충설은 법관이 범행전의(ex ante) 객관적 관찰자의 입장에서 행위자가 특별히 알았던 사정과 통찰력있는 사람이면 인식할 수 있었던 사정을 고려하여(기초로 하여), 경험지식에 비추어 사후적으로 결과발생에 상당하다고 간주한 조건을 인과적이라고 보는 객관적 사후예측의 방법이다.

3) 구체적 적용

비유형적 인과관계를 결과귀속의 관점이 아닌 상당성이라는 인과관계의 관점에서 배제할 수 있으나, 가설적 또는 단절적 인과관계의 경우에는 반대로 객관적 귀속가능성이 없는 조건들이 상당성을 갖는 경우가 있다.

4) 비판

상당인과관계설은 조건설의 보충에 불과하며 사실판단의 문제와 법적 평가의 문제가 혼용되고 있다. 또한 상당성의 의미내용과 판단기준이 모호하며, 따라서 자연법적 사고방식으로 일종의 입법에 해당될 수 있는 위험성이 있다. 즉 법관에 대한 구체적 기준의 제시가 없는 자칫 포괄적 위임이 될 수 있다.

나아가 이 이론은 사실적인 인과관계의 유무와 범위를 판단하는 인과관계론이 아니라 비유형적 인과과정에서 결과의 객관적 귀속을 배제하는「상당성」이라는 객관적 귀속의 일척도를 제시하는 데 불과하다.

5. 중요설

인과적 관련성의 규명은 조건설에 의해 판단하고(자연적 · 논리적 인과관계의 확정), 이를 결과귀속의 판단단계에서 각 구성요건의 법률적 중요성(의미)에 따라 수정하려는 이론이다. 즉 형법상의 인과관계는 결국 법규의 구성요건해당성의 문제이므로 규범적 결과귀속은 각 구성요건의 중요성에 따라 인과관계를 결정해야 한다는 견해이다. 그러나 구성요건의 의미합치적 해석을 통해 중요성을 판단한다는 이 이론은 결국 상당성개념을 구성요건적 중요성이라는 개념으로 대체한 데 불과하다는 점에서 그 실질적 기준이 문제된다.

6. 목적설

인과관계의 판단목적인 미수와 기수의 구별을 전제로 하여 인과관계의 문제를 책임감경의 문제로 파악하려는 이론으로, 인과관계를 행위의 결과에 대한 우연(미수)과 필연(기수)으로 구별하는 입장이다. 이 견해는 책임판단문제를 구성요건해당성의 판단단계인 인과관계에 끌어들인 점에서 비판을 받는다.

7. 소급금지의 이론

행위와 결과사이에 조건관계는 있으나 양자간에 책임능력자의 자유로운 고의행위가 개입한 경우에는 그 이전의 조건에로 결과에 대한 원인성이 소급되지 못한다는, 즉 그 이전의 조건은 원인성을 상실한다는 이론이다. 그러나 이는 인과관계의 문제가 아니라 객관적 귀속의 문제로 보아야 한다.

8. 인과관계중단론

소급금지이론과 유사한 것으로, 인과관계의 진행 중에 타인의 고의행위와 예기치 않은 우연적 사실이 개입하여 인과관계를 지배하는 경우에는 앞선 조건에 의한 인과관계는 중단된다는 이론이다. 그러나 이미 진행된 인과과정이 행위자가 인식한 과정과는 다르게 진행될 수는 있을지언정 중단될 수는 없다는 점에서 논리적 모순이 있는 견해이다.

관련판례

상당인과관계설에 따른 대법원판례

1) 선행차량이 사고 등의 사유로 고속도로에서 안전조치를 취하지 아니한 채 주행차로에 정지해 있는 사이에 뒤따라온 자동차에 의하여 연쇄추돌사고가 발생한 경우, 안전조치 미이행 또는 선행사고 발생 등으로 인한 정지와 후행 추돌사고 및 그로 인한 연쇄적인 사고들 사이에 인과관계가 인정되는지 여부

   선행차량이 사고 등의 사유로 고속도로에서 안전조치를 취하지 아니한 채 주행차로에 정지해 있는 사이에 뒤따라온 자동차에 의하여 추돌사고가 발생한 경우에, 안전조치를 취하지 아니한 정차 때문에 후행차량이 선행차량을 충돌하고 나아가 주변의 다른 차량이나 사람들을 충돌할 수도 있다는 것을 충분히 예상할 수 있으므로, 선행차량 운전자가 정지 후 안전조치를 취할 수 있었음에도 과실로 이를 게을리하였거나, 또는 정지 후 시간적 여유 부족이나 부상 등의 사유로 안전조치를 취할 수 없었다고 하더라도 정지가 선행차량 운전자의 과실로 발생된 사고로 인한 경우 등과 같이 그의 과실에 의하여 비롯된 것이라면, 안전조치 미이행 또는 선행사고의 발생 등으로 인한 정지와 후행 추돌사고 및 그로 인하여 연쇄적으로 발생된 사고들 사이에는 특별한 사정이 없는 한 인과관계가 있고, 손해의 공평한 분담이라는 손해배상제도의 이념에 비추어 볼 때에 선행차량 운전자의 과실은 후행사고들로 인한 손해배상책임에 관한 분담범위를 정할 때에 참작되어야 한다. 공동불법행위의 성립에는 공동불법행위자 상호 간 의사의 공통이나 공동의 인식이 필요하지 아니하고 객관적으로 각 행위에 관련공동성이 있으면 되며, 관련공동성 있는 행위에 의하여 손해가 발생하였다면 손해배상책임을 면할 수 없다. 갑이 고속도로에서 차량을 운전하던 중 전방의 시야가 확보되지 않은 탓에 앞에서 서행하던 차량을 추돌하였고, 사고 후 안전조치를 취하지 않은 채 주행차로에 정차해 있는 사이에 뒤따라온 차량들에 의해 추돌사고가 연쇄적으로 발생하였는데, 그 중 을이 운전하던 차량이 다른 사고차량을 추돌하면서 앞선 사고차량에서 흘러나온 휘발유 등에 불이 붙어 화재가 발생한 사안에서, 선행사고 후 필요한 조치를 다하지 않은 갑의 과실과 전방주시의무 · 안전거리 유지의무 등을 게을리하여 후행사고를 일으킨 을의 과실 등이 경합하여 화재가 발생하였고, 선행사고와 후행사고는 시간적 · 장소적으로 근접하여 발생한 일련의 연쇄추돌 사고 중 일부로서 객관적으로 행위에 관련공동성이 있으므로 갑과 을은 공동불법행위자로서 화재로 인한 손해에 대하여 연대배상책임을 부담한다(대법원 2012.8.17. 선고 2010다28390 판결).

2) 의료소송에서 피해자 측이 의료상 과실 있는 행위를 증명하고 행위와 결과 사이에 일련의 의료행위 외에 다른 원인이 개재될 수 없다는 점을 증명한 경우, 의료상 과실과 결과 사이의 인과관계를 추정할 수 있는지 여부

   의료행위상 주의의무 위반으로 인한 손해배상청구에서 피해자 측이 일련의 의료행위 과정에 있어서 저질러진 일반인의 상식에 바탕을 둔 의료상 과실 있는 행위를 증명하고 그 결과 사이에 일련의 의료행위 외에 다른 원인이 개재될 수 없다는 점을 증명한 경우에는 의료상 과실과 결과 사이의 인과관계를 추정하여 손해배상책임을 지울 수 있도록 증명책임을 완화하는 것이 대법원의 확립된 판례이다(대법원 1995.2.10. 선고 93다52402 판결, 대법원 2006.10.27. 선고 2004다2342 판결 등 참조). 의사 甲이 乙을 수술하는 과정에서 乙의 호흡이 정지되어 丙 병원으로 이송하였으나 乙이 저산소성 뇌손상으로 사망한 사안에서, 甲에게 마취수술 과정에서 마취제를 과다하게 투여하고 호흡관리를 제대로 하지 못하는 등의 과실이 있고, 마취수술 당시 乙에게 뇌손상을 일으킬만한

다른 원인이 없었으므로, 특별한 사정이 없는 한 甲의 과실과 乙의 뇌손상, 나아가 사망 사이에 상당인과관계가 있다고 추정되고, 한편 丙 병원 의료진의 수액 과다투여 등 과실도 乙의 뇌손상 및 사망의 원인이 되었고, 乙이 사망까지 이르게 된 데에는 丙 병원 의료진의 과실이 기여한 바가 훨씬 더 크다고 볼 여지가 있으나, 乙의 뇌손상으로 인한 사망이 오로지 丙 병원 의료진의 과실만으로 발생하였다고 볼 수는 없으므로, 甲의 행위와 丙 병원 의료진의 행위는 각기 독립하여 불법행위의 요건을 갖추고 있으면서 객관적으로 관련되고 공동하여 위법하게 乙에게 손해를 가한 것으로 공동불법행위 관계에 있다(대법원 2012.1.27. 선고 2009다82275, 82282 판결).

3) 근로자가 자살한 경우, 업무와 사망 사이의 상당인과관계 유무 및 이를 판단하는 방법

구 「산업재해보상보험법」(2010.1.27. 법률 제9988호로 개정되기 전의 것) 제37조 제1항에서 말하는 '업무상의 재해'라 함은 업무수행 중 그 업무에 기인하여 발생한 근로자의 부상 · 질병 · 신체장애 또는 사망을 뜻하는 것이므로 업무와 재해발생 사이에는 인과관계가 있어야 하고 그 인과관계는 이를 주장하는 측에서 증명하여야 하는 바, 그 인과관계 유무는 반드시 의학적 · 자연과학적으로 명백히 증명되어야 하는 것이 아니라 규범적 관점에서 상당인과관계의 유무로써 판단되어야 한다. 따라서 근로자가 자살행위로 인하여 사망한 경우, 근로자가 업무로 인하여 질병이 발생하거나 업무상 과로나 스트레스가 그 질병의 주된 발생원인에 겹쳐서 질병이 유발 또는 악화되고, 그러한 질병으로 인하여 심신상실 내지 정신착란의 상태 또는 정상적인 인식능력이나 행위선택능력, 정신적 억제력이 현저히 저하된 정신장애 상태에 빠져 자살에 이르게 된 것이라고 추단할 수 있는 때에는 업무와 사망 사이에 상당인과관계가 있다고 할 수 있는데, 그와 같은 상당인과관계를 인정하기 위하여는 자살자의 질병 내지 후유증상의 정도, 그 질병의 일반적 증상, 요양기간, 회복가능성 유무, 연령, 신체적 · 심리적 상황, 자살자를 에워싸고 있는 주위상황, 자살에 이르게 된 경위 등을 종합적으로 고려하여야 한다. 그리고 업무와 재해 사이의 상당인과관계의 유무는 보통 평균인이 아니라 당해 근로자의 건강과 신체조건을 기준으로 하여 판단하여야 한다는 것이 대법원의 확립된 판례이므로(대법원 1991.9.10. 선고 91누5433 판결, 대법원 2005.11.10. 선고 2005두8009 판결 등 참조), 망인이 우울증을 앓게 된 데에 망인의 내성적이고 소심한 성격 등 개인적인 취약성이 영향을 미쳤다고 하더라도, 업무상의 과로나 스트레스가 그에 겹쳐서 우울증이 유발 또는 악화되었다면 업무와 우울증 사이에 상당인과관계를 인정함에 아무런 지장이 없다(대법원 2011.6.9. 선고 2011두3944 판결).

4) 의료사고에서 의사의 과실을 인정하기 위한 요건과 판단 기준 및 '한의사의 경우'에도 동일한 법리가 적용되는지 여부, 의사가 설명의무를 위반한 채 의료행위를 하여 피해자에게 상해가 발생한 경우 업무상 과실로 인한 형사책임을 지기 위한 요건 및 '한의사의 경우'에도 동일한 법리가 적용되는지 여부

가. 알레르기 검사에 관하여

의료사고에 있어서 의사의 과실을 인정하기 위해서는 의사가 결과발생을 예견할 수 있었음에도 불구하고 그 결과발생을 예견하지 못하였고 그 결과발생을 회피할 수 있었음에도 불구하고 그 결과발생을 회피하지 못한 과실이 검토되어야 하고, 그 과실의 유무를 판단함에는 같은 업무와 직무에 종사하는 보통인의 주의정도를 표준으로 하여야 하며, 이에는 사고 당시의 일반적인 의학의 수준과 의료환경 및 조건, 의료행위의 특수성 등이 고려되어야 하고(대법원 1999.12.10. 선고 99도3711 판결 등 참조), 이러한 법리는 한의사의 경우에도 마찬가지라고 할 것이다. 원심판결 이유 및 원심이 적법하게 채택하여 조사한 증거들에 의하면, 봉침(봉침)시술 전에 실시하는 알레르기 반응검사(skin test)는 봉독액 0.05cc 정도를 팔뚝에 피내주사한 다음 10분 내지 15분 후에 피부반응 등을 살피는 방식으로 하고, 최초의 알레르기 반응검사에서 이상반응이 없음이 확인된 경우에는 통상 시술시마다 알레르기 반응검사를 하지는 않는 사실, 피해자는 2007.4.13. ㅇㅇ한방병원에서 봉독액 알레르기 반응검사를 받았으나 이상반응이 없어 봉침시술을 받은 후, 2007.4.16. 이후 2007.5.8.까지 ㅇㅇ한방병원에서 약 8회에 걸쳐 시술 전 알레르기 반응검사를 받지 않은 채 봉침시술을 받았고, 2008.12.1.에는 '경추염좌'로 경추 부위에 10% 농도의 봉침시술을 받기도 하였는데, 그때마다 시술 후 별다른 이상반응이 없었던 사실, 피고인 1은

2008.12.13. 목디스크 치료를 위해 내원한 피해자에게 문진을 하여 피해자로부터 과거에 봉침을 맞았으나 별다른 이상반응이 없었다는 답변을 듣고 환부인 피해자의 목 부위에 1:8,000의 농도인 봉독액 0.1cc를 1분 간격으로 모두 4회에 걸쳐 시술하였는데 그 투여량은 알레르기 반응검사를 할 때 통상적으로 사용하는 투여량과 같은 정도인 사실, 그런데 피해자는 봉침시술을 받고 5~10분 후 온몸이 붓고 가려우며 호흡을 제대로 할 수 없는 등 아나필락시 쇼크반응을 나타내서 응급처치를 받았고, 이후 피해자는 아주대학교병원에서 향후 3년간 벌독에 대한 면역치료가 필요하다는 진단을 받은 사실, 아나필락시 쇼크는 봉침시술에 따라 나타날 수 있는 과민반응 중 전신·즉시형 과민반응으로서 10만 명당 2~3명의 빈도로 발생하는데, 봉독액 용량과 반응관계가 성립하지 않는 경우도 많고 알레르기 반응검사에서 이상반응이 없더라도 이후 봉침시술과정에서 쇼크가 발생할 수도 있는 등 사전에 예측하는 것이 상당히 어려운 사실 등을 알 수 있다. 사정이 이와 같다면, 과거 알레르기 반응검사에서 이상반응이 없었고 피고인 1이 시술하기 약 12일 전의 봉침시술에서도 이상반응이 없었던 피해자를 상대로 다시 알레르기 반응검사를 실시할 의무가 있다고 보기는 어렵고, 설령 그러한 의무가 있다고 하더라도 피고인이 4회에 걸쳐 투여한 봉독액의 양이 알레르기 반응검사에서 일반적으로 사용되는 양과 비슷한 점에 비추어 보면 위 피고인이 봉침시술 과정에서 알레르기 반응검사를 제대로 시행하지 않은 채 봉독액을 과다하게 투여한 경우라고 볼 수도 없다. 또한 아나필락시 쇼크는 항원인 봉독액 투여량과 관계없이 발생하는 경우가 대부분이고 투여량에 의존하여 발생하는 경우에도 쇼크증상은 누적투여량이 일정 한계(임계치)를 초과하는 순간 발현하게 될 것인데, 알레르기 반응검사 자체에 의하여 한계를 초과하게 되거나 알레르기 반응검사까지의 누적량이 한계를 초과하지 않더라도 그 이후 봉침시술로 인하여 한계를 초과하여 쇼크가 발생할 수 있는 점을 고려하면 알레르기 반응검사를 하지 않은 점과 피해자의 아나필락시 쇼크 내지 3년간의 면역치료를 요하는 상태 사이에 상당인과관계를 인정하기도 어렵다.

나. 설명의무에 관하여

의사가 설명의무를 위반한 채 의료행위를 하였고 피해자에게 상해가 발생하였다고 하더라도, 의사가 업무상 과실로 인한 형사책임을 지기 위해서는 피해자의 상해와 의사의 설명의무 위반 내지 승낙취득 과정에서의 잘못 사이에 상당인과관계가 존재하여야 하고, 이는 한의사의 경우에도 마찬가지이다. 원심판결 이유에 의하면, 피해자는 이전에도 여러 차례 봉침시술을 받아왔었고 봉침시술로 인하여 아나필락시 쇼크 및 면역치료가 필요한 상태에 이르는 발생빈도가 낮은 점 등에 비추어 피고인 1이 봉침시술에 앞서 피해자에게 설명의무를 다하였다 하더라도 피해자가 반드시 봉침시술을 거부하였을 것이라고 볼 수 없으므로, 피고인 1의 설명의무 위반과 피해자의 상해 사이에 상당인과관계를 인정하기는 어렵다(대법원 2011.4.14. 선고 2010도10104 판결. 한의사인 피고인이 피해자에게 문진하여 과거 봉침을 맞고도 별다른 이상반응이 없었다는 답변을 듣고 부작용에 대한 충분한 사전 설명 없이 환부에 봉침시술을 하였는데, 피해자가 위 시술 직후 쇼크반응을 나타내는 등 상해를 입은 사안에서, 피고인의 설명의무 위반과 피해자의 상해 사이에 상당인과관계를 인정하기 어렵다는 이유로, 같은 취지의 원심 판단을 수긍한 사례).

5) 피고인이 남편의 폭행으로 목을 다쳤을 뿐인데도 교통사고로 상해를 입었다는 취지로 보험금을 청구하여 다수의 보험회사들로부터 보험금을 편취하였다는 내용으로 기소된 사안에서, 피고인의 보험금청구가 기망행위에 해당한다거나 인과관계가 있는지 여부

피고인이 보험금을 편취할 의사로 허위로 보험사고를 신고하거나 고의적으로 보험사고를 유발한 경우 보험금에 관한 사기죄가 성립하고, 나아가 설령 피고인이 보험사고에 해당할 수 있는 사고로 인하여 경미한 상해를 입었다고 하더라도 이를 기화로 보험금을 편취할 의사로 그 상해를 과장하여 병원에 장기간 입원하고 이를 이유로 실제 피해에 비하여 과다한 보험금을 지급받는 경우에는 그 보험금 전체에 대해 사기죄가 성립한다(대법원 2007.5.11. 선고 2007도2134 판결, 대법원 2008.8.21. 선고 2007도8726 판결 등 참조). 그리고 사기죄는 타인

을 기망하여 착오에 빠뜨리고 그 처분행위를 유발하여 재물을 교부받거나 재산상 이익을 얻음으로써 성립하는 것으로서, 기망, 착오, 재산적 처분행위 사이에 인과관계가 있어야 한다(대법원 1994.5.24. 선고 93도1839 판결, 대법원 2003.10.10. 선고 2003도3516 판결 등 참조). 피고인이 남편의 폭행으로 목을 다쳤을 뿐인데도 교통사고로 상해를 입었다는 취지로 보험금을 청구하여 다수의 보험회사들로부터 보험금을 교부받아 편취하였다는 내용으로 기소된 사안에서, 피고인이 위와 같이 상해를 입고 수술을 받았으나 후유장해가 남은 것은 사실이고 이는 일반재해에 해당되므로, 피고인의 교통재해를 이유로 한 보험금청구가 보험회사에 대한 기망에 해당할 수 있으려면 각 보험약관상 교통재해만이 보험사고로 규정되어 있을 뿐 일반재해는 보험사고로 규정되어 있지 않거나 교통재해의 보험금이 일반재해의 보험금보다 다액으로 규정되어 있는 경우에 해당한다는 점이 전제되어야 할 것임에도, 피고인이 가입한 각 보험의 보험사고가 무엇인지 및 각 보험회사들이 보험금을 지급한 것이 피고인의 기망으로 인한 것인지 등에 대하여 상세히 심리 · 판단하지 아니한 채 피고인의 보험금청구가 기망행위에 해당한다거나 인과관계가 있다고 쉽사리 단정하여 사기죄를 인정한 원심판결에 법리오해 또는 심리미진의 위법이 있다(대법원 2011.2.24. 선고 2010도17512 판결).

6) 야간에 갑의 주거에 침입하여 드라이버를 들이대며 협박하여 갑의 반항을 억압한 상태에서 강간행위의 실행 도중 범행현장에 있던 을 소유의 핸드백을 가져간 피고인의 행위를 포괄하여 구 성폭력범죄의 처벌 및 피해자보호 등에 관한 법률(2010.4.15. 법률 제10258호 성폭력범죄의 피해자보호 등에 관한 법률로 개정되기 전의 것) 위반(특수강도강간등)죄에 해당한다고 할 수 있는지 여부

강간범이 강간행위 후에 강도의 범의를 일으켜 그 부녀의 재물을 강취하는 경우에는 강도강간죄가 아니라 강간죄와 강도죄의 경합범이 성립될 수 있을 뿐이지만, 강간행위의 종료 전 즉 그 실행행위의 계속 중에 강도의 행위를 할 경우에는 이때에 바로 강도의 신분을 취득하는 것이므로 이후에 그 자리에서 강간행위를 계속하는 때에는 강도가 부녀를 강간한 때에 해당하여 형법 제339조 소정의 강도강간죄를 구성하고(대법원 1988.9.9. 선고 88도1240 판결 참조), 구 성폭력범죄의 처벌 및 피해자보호 등에 관한 법률(2010.4.15. 법률 제10258호 성폭력범죄의 피해자보호 등에 관한 법률로 개정되기 전의 것) 제5조 제2항은 형법 제334조(특수강도) 등의 죄를 범한 자가 형법 제297조(강간) 등의 죄를 범한 경우에 이를 특수강도강간 등의 죄로 가중하여 처벌하는 것이므로, 다른 특별한 사정이 없는 한 특수강간범이 강간행위 종료 전에 특수강도의 행위를 한 이후에 그 자리에서 강간행위를 계속하는 때에도 특수강도가 부녀를 강간한 때에 해당하여 구 성폭력범죄의 처벌 및 피해자보호 등에 관한 법률 제5조 제2항에 정한 특수강도강간죄로 의율할 수 있다 (대법원 2010.7.15. 선고 2010도3594 판결 참조). 또한, 강도죄는 재물탈취의 방법으로 폭행, 협박을 사용하는 행위를 처벌하는 것이므로 폭행, 협박으로 타인의 재물을 탈취한 이상 피해자가 우연히 재물탈취 사실을 알지 못하였다고 하더라도 강도죄는 성립하고, 폭행, 협박당한 자가 탈취당한 재물의 소유자 또는 점유자일 것을 요하지도 아니하며(대법원 1967.6.13. 선고 67도610 판결, 대법원 1979.9.25. 선고 79도1735 판결 등 참조), 강간범인이 부녀를 강간할 목적으로 폭행, 협박에 의하여 반항을 억업한 후 반항억압 상태가 계속 중임을 이용하여 재물을 탈취하는 경우에는 재물탈취를 위한 새로운 폭행, 협박이 없더라도 강도죄가 성립한다(대법원 1985.10.22. 선고 85도1527 판결 참조). 따라서 피해자 공소외 1에 대한 판시 강간행위 도중 범행현장에 있던 피해자 공소외 2 소유의 핸드백을 가져간 피고인의 행위는 포괄하여 구 성폭력범죄의 처벌 및 피해자보호 등에 관한 법률 위반(특수강도강간등)죄에 해당한다(대법원 2010.12.9. 선고 2010도9630 판결).

7) 업무방해죄에서 말하는 '위력'의 의미 및 위력에 해당하는지 여부의 판단 기준, 임대인 갑으로부터 건물을 임차하여 학원을 운영하던 피고인이 건물을 인도한 이후에도 자신 명의로 된 학원설립등록을 말소하지 않고 휴원신고를 연장함으로써 새로운 임차인 을이 그 건물에서 학원설립등록을 하지 못하도록 하여 위력에 의한 업무방해로 기소된 사안에서, 피고인의 휴원연장신고와 을이 학원설립등록을 하지 못한 점 사이에 인과관계가 있다고 단정하기 어렵고, 피고인의 행위가 을의 자유의사를 제압 · 혼란케 할 정도의 위력에 해당한다고 보기 어렵다는 이유로, 피고인의 행위가 위력에 의

한 업무방해죄를 구성한다고 본 원심판결에 법리를 오해한 위법이 있다고 한 사례
이 사건 공소사실의 요지는, 피고인이 이 사건 건물을 명도하고서도 이 사건 건물에서 운영하던 학원이 여전히 피고인 명의로 등록되어 있음을 기화로 임의로 휴원신고를 함으로써 새로운 임차인인 피해자가 이 사건 건물에 학원을 개원할 수 없게 하여 위력으로써 피해자의 학원운영업무를 방해하였다는 것이다.
이에 대하여 원심은, 이 사건 건물을 이미 명도한 피고인으로서는 이 사건 건물을 설립장소로 한 피고인 명의의 학원설립등록에 대하여 폐원신청을 하거나 피고인이 학원을 이전한 장소로 학원위치변경등록을 하는 등의 조치를 취함으로써, 임대인이 이 사건 건물을 다시 임대하고 새로운 임차인이 이 사건 건물에서 새로이 학원을 운영하는 행위를 방해하여서는 아니될 의무가 있음에도, 피고인이 이 사건 건물을 설립장소로 한 피고인 명의 학원에 대한 기존의 휴원신고를 새로이 연장함으로써 피해자가 이 사건 건물에 관하여 학원설립등록을 하지 못하도록 하였다면, 피고인의 사회적 지위를 이용하여 임차인의 학원운영업무를 방해한 것이라는 이유로, 피고인에 대하여 유죄를 선고한 제1심을 그대로 유지하였다. 그러나 원심의 위와 같은 판단은 아래와 같은 이유로 수긍하기 어렵다. 업무방해죄의 '위력'이란 사람의 자유의사를 제압 · 혼란케 할 만한 일체의 세력으로, 유형적이든 무형적이든 묻지 아니하므로, 폭력 · 협박은 물론 사회적 · 경제적 · 정치적 지위와 권세에 의한 압박 등도 이에 포함되고, 현실적으로 피해자의 자유의사가 제압될 것을 요하는 것은 아니지만, 범인의 위세, 사람 수, 주위의 상황 등에 비추어 피해자의 자유의사를 제압하기 족한 세력을 의미하는 것으로서, 위력에 해당하는지는 범행의 일시 · 장소, 범행의 동기, 목적, 인원수, 세력의 태양, 업무의 종류, 피해자의 지위 등 제반 사정을 고려하여 객관적으로 판단하여야 한다(대법원 1999.5.28. 선고 99도495 판결, 대법원 2009.9.10. 선고 2009도5732 판결 등 참조). 우선 원심은 피고인이 이 사건 건물을 설립장소로 한 피고인 명의 학원에 관하여 휴원연장신고를 함으로써 피해자가 이 사건 건물에 학원설립등록을 하지 못하도록 하였다고 보았는데, 원심이 조사한 증거들만으로는 기존의 휴원신고 기간이 만료됨으로 인하여 바로 피고인 명의의 학원설립등록이 자동적으로 말소되는 것인지 여부를 확인할 수 없는 등, 피고인의 휴원연장신고와 피해자가 이 사건 건물에서 학원설립등록을 하지 못한 점 사이에 인과관계가 있다고 단정하기 어렵다. 또한 원심판결 이유에 의하더라도, 피고인이 기존의 학원설립등록을 말소하지 않은 것은 임대인과 사이의 분쟁에 기한 것으로 보이고, 결국 피고인은 이 사건 건물을 명도한 후에 제기한 소송을 통하여 임대인으로부터 임대보증금 잔액조로 1,000만 원을 지급받기도 한 것인데, 그와 같은 상황에서 피고인이 이 사건 건물에 대한 학원설립등록을 말소하지 않았다고 하여, 그와 같은 행위가 사회통념상 허용되는 범위를 넘어 피고인과 어떠한 직접적인 법률관계도 없는 피해자의 자유의사를 제압 · 혼란케 할 정도의 위력에 해당한다고 보기에도 부족하다 할 것이다(대법원 2010.11.25. 선고 2010도9186 판결).

8) 피고인이 제왕절개수술을 시행 중 태반조기박리를 발견하고도 피해자의 출혈 여부 관찰을 간호사에게 지시하였다가 수술 후 약 45분이 지나 대량출혈을 확인하고 전원 조치하였으나 그 후 피해자가 사망한 사안에서, 피고인에게 대량출혈 증상을 조기에 발견하지 못하고 전원을 지체하여 피해자로 하여금 신속한 수혈 등의 조치를 받지 못하게 한 과실이 있다고 한 사례, 응급환자를 전원하는 의사가 전원받는 병원 의료진에게 제공할 설명의무의 범위, 피고인이 전원받는 병원 의료진에게 피해자가 고혈압환자이고 제왕절개수술 후 대량출혈이 있었던 사정을 설명하지 않은 사안에서 피고인에게 전원과정에서 피해자의 상태 및 응급조치의 긴급성에 관하여 충분히 설명하지 않은 과실이 있다고 한 사례, 피고인이 제왕절개수술 후 대량출혈이 있었던 피해자를 전원 조치하였으나 전원받는 병원 의료진의 조치가 다소 미흡하여 도착 후 약 1시간 20분이 지나 수혈이 시작된 사안에서 피고인의 전원지체 등의 과실로 신속한 수혈 등의 조치가 지연된 이상 피해자의 사망과 피고인의 과실 사이에 인과관계가 인정된다고 한 사례
1. 전원지체 과실에 관하여
의료과오사건에 있어서 의사의 과실을 인정하려면 결과 발생을 예견할 수 있고 또 회피할 수 있었음에도 하지 못한 점을 인정할 수 있어야 하고, 위 과실의 유무를 판단함에는 같은 업무와 직무에 종사하는 일반적 보통인의

주의 정도를 표준으로 하여야 하며, 이때 사고 당시의 일반적인 의학의 수준과 의료환경 및 조건, 의료행위의 특수성 등을 고려하여야 한다(대법원 1999.12.10. 선고 99도3711 판결, 대법원 2008.8.11. 선고 2008도3090 판결 등 참조). 그리고 간호사가 '진료의 보조'를 함에 있어서는 모든 행위 하나하나마다 항상 의사가 현장에 입회하여 일일이 지도 · 감독하여야 한다고 할 수는 없고, 경우에 따라서는 의사가 진료의 보조행위 현장에 입회할 필요 없이 일반적인 지도 · 감독을 하는 것으로 족한 경우도 있을 수 있다 할 것인데, 여기에 해당하는 보조행위인지 여부는 보조행위의 유형에 따라 일률적으로 결정할 수는 없고 구체적인 경우에 있어서 그 행위의 객관적인 특성상 위험이 따르거나 부작용 혹은 후유증이 있을 수 있는지, 당시의 환자 상태가 어떠한지, 간호사의 자질과 숙련도는 어느 정도인지 등의 여러 사정을 참작하여 개별적으로 결정하여야 할 것이다(대법원 2003.8.19. 선고 2001도3667 판결 참조). 원심판결 이유 및 원심이 적법하게 채택하여 조사한 증거를 종합하면, 출산 후 대량출혈은 산모 사망의 주요 원인이고, 분만 후 1시간(태반분리 후 1시간)은 자궁수축 부진 등으로 인한 출혈위험이 높은 시간이므로 집중적으로 혈압, 맥박 등의 활력징후 및 자궁수축 정도, 질출혈의 정도를 관찰하여야 하며, 태반조기박리가 있는 산모의 경우 출산 후 대량출혈이 발생할 위험이 매우 높은 사실, 피고인은 기존에 임신성고혈압(2004.9.24.경 혈압이 160/100㎜Hg이었음)이 있던 피해자에 대하여 태아절박가사를 의심하여 2004.10.3. 13:50경 제왕절개수술을 시행하는 과정에서 경증의 태반조기박리를 발견하였고 14:30경 수술을 마친 다음 간호사들에게 '출혈이 있을지 모르니 잘 지켜보라'고 지시한 사실, 피고인은 수술을 마치고 약 45분이 지난 15:15경 수술실로 돌아와 피해자를 관찰하였는데, 피해자는 대량출혈로 인하여 혈압이 90/60㎜Hg로 떨어진 상태였던 사실, 피고인은 피해자에 대하여 자궁마사지를 하고 자궁수축제인 날라돌 및 혈장증량제를 투여하다가 15:50경 ○○병원 응급실에 전원조치를 취하였는데, 피해자는 결막이 매우 창백하고, 혈압은 측정이 안 되거나 90/60㎜Hg으로 낮게 측정되었으며, 맥박수는 129회/분, 호흡수는 20회/분으로 증가된 상태였던 사실, ○○병원 당직의사 공소외인은 피해자에게 수액을 투여하는 한편 중환자실에 옮겨 간호사들로 하여금 피해자 상태를 관찰하다가 16:40경 응급실 입원당시 채혈된 피해자 혈액의 혈중 헤모글로빈(Hb) 수치가 7.6g/dL로 낮다는 보고를 받고 수혈을 지시한 사실, 피해자는 수혈준비 중이던 17:00경 혈압측정이 안 되고 17:10경 호흡이 멈추는 등 심폐정지 상태에 빠졌고, ○○병원 의료진으로부터 수혈, 자궁적출수술 등 치료를 받았으나 다음날인 2004.10.4. 02:43경 과다출혈, 파종성(범발성) 혈관내 응고장애(DIC)로 사망한 사실을 알 수 있다. 위 법리에 비추어 위 사실관계를 살펴보면, 피고인이 간호사들에게 진료 보조행위에 해당하는 자궁의 수축상태 및 질출혈의 정도를 관찰하도록 위임하는 것 자체가 과실이라고 볼 수는 없으나(피고인은 간호사로부터 출혈량이 많다는 보고를 받으면 즉시 환자를 살펴 수혈 또는 전원 여부 등을 판단하면 될 것이다), 피고인으로서는 태반조기박리 등으로 인한 대량출혈의 위험성이 높다는 것을 예견하였거나 이를 예견할 수 있었으므로 간호사가 위임받은 업무를 제대로 수행하고 있는지 평소보다 더 주의 깊게 감독하여, 피해자의 출혈량이 많을 경우 신속히 수혈을 하거나 수혈이 가능한 병원으로 전원시킬 의무가 있다고 할 것인데, 이를 게을리하여 피해자의 대량출혈 증상을 조기에 발견하지 못하고, 전원을 지체하여 피해자로 하여금 신속한 수혈 등의 조치를 받지 못하게 한 과실이 있다고 할 것이다

2. 전원과정상 설명의무 위반에 관하여

응급환자를 전원하는 의사는 전원받는 병원 의료진이 적시에 응급처치를 할 수 있도록 합리적인 범위 내에서 환자의 주요 증상 및 징후, 시행한 검사의 결과 및 기초진단명, 시행한 응급처치의 내용 및 응급처치 전후의 환자 상태, 전원의 이유, 필요한 응급검사 및 응급처치, 긴급성의 정도 등 응급환자의 진료에 필요한 정보를 전원받는 병원 의료진에게 제공할 의무가 있다. 원심이 적법하게 채택하여 조사한 증거를 종합하면, 정상혈압환자는 제왕절개수술 후 통상적인 출혈만으로 90/60㎜Hg의 저혈압이 되기도 하지만, 고혈압환자가 제왕절개수술 후 같은 정도의 저혈압이 되는 것은 비정상적인 경우로서 대량출혈을 의심할 수 있는 사실, 피고인은 15:15경 피해자 상태를 확인한 후 전원조치에 앞서 ○○병원 산부인과 당직의사에게 전화하여 "조기태반박리 증상을 보이는 환자

가 있는데 현재는 아무 이상이 없으나, 혹시 수혈이 필요할지도 모르니 후송을 해도 되겠느냐"고 물었고(피고인의 검찰진술, 증거기록 103쪽), 이어 전원 당시 ㅇㅇ병원 산부인과 당직의사에게 '오후 3시경부터 출혈경향이 있고, 90/60㎜Hg 정도의 저혈압이 있었다'는 취지로 말하였을 뿐 피해자가 고혈압환자이고, 수술 후 대량출혈이 있었던 사정을 설명하지 않은 사실을 알 수 있는바, 사정이 이와 같다면 ㅇㅇ병원 의료진은 피고인의 위와 같은 설명의무 해태로 인하여 피해자의 저혈압 및 출혈량에 대한 평가를 잘못하고 나아가 수혈의 긴급성 판단을 그르쳤다고 할 것이므로, 피고인에게는 전원과정에서 ㅇㅇ병원 의료진에게 피해자의 상태 및 응급조치의 긴급성에 관하여 충분히 설명하지 않은 과실이 있다 할 것이다.

3. 인과관계에 관하여

앞서와 같은 피고인의 전원지체 등의 과실로 피해자에 대한 신속한 수혈 등의 조치가 지연된 이상 피해자의 사망과 피고인의 과실 사이에는 인과관계를 부정하기 어렵고, ㅇㅇ병원 의료진의 조치가 다소 미흡하여 피해자가 ㅇㅇ병원 응급실에 도착한 지 약 1시간 20분이 지나 수혈이 시작되었다는 사정만으로 피고인의 과실과 피해자 사망 사이에 인과관계가 단절된다고 볼 수 없으므로, 피해자의 사망에 대한 피고인의 책임을 인정한 원심의 조치는 정당하고, 거기에 상고이유 주장과 같은 인과관계에 관한 법리오해, 판단누락 등의 위법이 있다고 할 수 없다(대법원 2010.4.29. 선고 2009도7070 판결).

9) 차에 싣고 내리거나 운반하는 과정에서 위험을 초래할 우려가 있는 물품을 출고하여 운반을 의뢰하는 경우, 운반 의뢰인의 주의의무 및 그 주의의무 위반과 물품을 싣고 내리는 과정에서 발생한 추락사고 사이의 인과관계 유무

(1) 공소사실의 요지

이 사건 공소사실의 요지는, 피고인들이 2007.6.2. 13:20경 고양시 덕양구 원당동 672-1에 있는 현대미장판 주식회사의 공장에서 건축자재인 철판을 출고하기 위하여 철판 약 200여 장을 한 묶음으로 하여(묶음 당 무게 약 3.5톤) 받침목과 함께 묶음작업을 함에 있어 두께 0.1㎜ 미만, 너비 1.5㎝에 불과한 폴리에스터(polyester) 끈을 사용하게 하는 등의 과실로, 피해자가 위 철판 2묶음을 2.5톤 화물차에 적재한 후 약 5㎞를 운전하여 가던 중 철판을 묶은 끈이 끊어지고 받침목이 빠지는 등으로 철판의 쏠림 현상이 발생하고, 이로 인하여 피해자가 위 현대미장판 주식회사 공장으로 회차하여 철판을 다시 적재하여 줄 것을 요구하며 화물차의 칸막이를 개방하는 순간 화물칸 한쪽으로 쏠려있던 약 7톤 가량의 철판이 일시에 피해자의 머리와 가슴 부위로 쏟아지게 하여 피해자로 하여금 두개골 분쇄골절 등으로 그 자리에서 사망에 이르게 하였다는 것이다.

(2) 원심의 판단

원심은 그 판시와 같은 사실을 인정한 다음, 사고의 원인이 화물 적재함 한 쪽으로 철판이 쏠린 데에 있다고 하면서, 피해자가 그에게 책임 있는 사유로 그의 화물차에 적재적량의 2배를 초과하는 과적을 함으로써 철판 쏠림 현상이 발생하였을 가능성이 충분히 있고, 피해자가 커브 길을 도는 과정 등에서 차량 운행상의 잘못으로 인하여 철판 쏠림 현상이 발생하였을 가능성도 있으므로, 철판 쏠림 현상이 화물 고정 작업의 잘못에 있다고 단정할 수 없다고 하였다. 그리고 설령 철판의 쏠림 현상이 철판을 제대로 고정하지 않았기 때문이라고 하더라도, 위와 같은 철판의 묶음작업은 철판의 수량 파악을 위한 것으로 철판의 상차작업이 완료된 후 별도의 밧줄로 철판을 차체에 고정시키는 것은 화물차 운전사의 책임이고, 이 사건에서 화물칸 한쪽으로 쏠려 있던 철판이 아래로 쏟아지면서 철판을 묶었던 끈이 끊어졌을 가능성도 배제할 수 없으므로 피고인들에게 화물 고정 작업이 잘못된 점에 대한 과실을 묻기도 어려우며, 피고인들에게 철판의 무게를 견딜 수 있는 철재끈으로 묶음작업을 하지 아니한 잘못이 있다고 하더라도 그러한 과실과 피해자의 사망 사이에 인과관계가 있다고 할 수 없다고 하여 위 공소사실을 유죄로 인정한 제1심판결을 파기하고 피고인들에게 무죄를 선고하였다.

(3) 대법원의 판단

무게가 무겁거나, 날카로운 형상을 가지고 있는 등 상·하차 과정이나 운반 과정에 위험을 초래할 우려가 있는

물품을 출고하여 운반을 의뢰함에 있어서는 그 물품의 특성에 맞게 적절한 단위로 서로 단단히 묶거나 포장하여 운반 과정 등에 장애를 발생시키지 않도록 할 주의의무가 있다 할 것이고, 그러한 주의의무를 게을리 함으로써 물품의 묶음이나 포장이 쉽게 풀어지거나 파손되게 하여 물품의 상 · 하차 과정에서 당해 물품이 추락하는 사고가 발생하였다면, 그 사고와 위 주의의무 위반과 사이에는 상당인과관계가 있다 할 것이다.
이 사건에서 원심판결 및 원심이 적법한 증거조사를 거쳐 채택한 증거 등에 의하면, 피해자가 운송한 철판들은 비닐로 코팅되어 미끄러운 데다가 일정한 크기로 자르고 남은 자투리까지 함께 묶여져 있어 흐트러지기 쉬웠고, 철판의 절단면은 작업자들이 장갑을 두 개씩 끼고 작업하여야 할 정도로 날카로웠으며, 한 장 당 10㎏ 정도였던 사실, 철판을 묶은 위 폴리에스터 끈은 약 700㎏ 정도의 하중을 견디도록 설계되어 약 3.5톤에 달하는 위 철판 묶음의 하중을 견디기 어려웠을 뿐 아니라 그 재질이 철판의 절단면에 의해 쉽게 끊어질 수 있는 것인데도 철판 묶음의 세로 방향으로 상, 중, 하 부분에 한 번씩만 묶여져 있었던 사실, 그럼에도 피고인들이나 철판 묶음 작업을 한 작업자들은 이와 같이 철판이 보기보다 무겁다는 점이나 그 위험성 및 철판 운반 과정 등에서의 주의사항 등을 피해자에게 제대로 알려주지 않은 사실, 철판 묶음은 상하 2단으로 위 화물차에 상차되었는데, 위 공장을 출발하여 5㎞도 채 못 가 적재된 철판이 화물칸 왼쪽으로 심하게 쏠렸으며, 사고 당시 상단의 철판 뿐 아니라 하단의 철판도 함께 쏟아져 내렸던 사실을 알 수 있는바, 이에 의하면, 피해자가 철판을 운반해 가던 중 위 폴리에스터 끈들이 끊어져 철판들이 화물칸 한 쪽으로 쏠리게 되었고, 피해자가 이를 바로잡기 위해 위 공장으로 되돌아와 화물차의 칸막이를 개방하는 순간 쏠려있던 철판들이 쏟아져 내려 피해자를 사망에 이르게 하였음을 충분히 추단할 수 있다.
따라서 앞서 본 법리에 비추어 보면, 피고인들은 수백 장의 철판의 운반을 의뢰하면서 이들 철판이 운반 과정에서 서로 흐트러지지 않도록 적절한 단위로 나누어 받침목 등과 함께 서로 단단히 묶는 등의 작업을 소홀히 하는 잘못을 범하였고, 그러한 주의의무 위반과 철판 하차 과정에서 철판이 쏟아져 내려 피해자가 사망에 이르게 된 위 사고 사이에는 상당인과관계가 있다고 할 수 있다(대법원 2009.7.23. 선고 2009도3219 판결).

10) 강간 등에 의한 치사상죄에 있어서 사상의 결과가 간음행위 자체나 강간에 수반하는 행위에서 발생한 경우도 포함하는지 여부, 피고인들이 의도적으로 피해자를 술에 취하도록 유도하고 수차례 강간한 후 의식불명 상태에 빠진 피해자를 비닐창고로 옮겨 놓아 피해자가 저체온증으로 사망한 사안에서 위 피해자의 사망과 피고인들의 강간 및 그 수반행위와의 인과관계 그리고 피해자의 사망에 대한 피고인들의 예견가능성이 인정되므로 위 비닐창고에서 피해자를 재차 강제추행, 강간하고 하의를 벗겨 놓은 채 귀가한 피고인이 있다 하더라도 피고인들은 피해자의 사망에 대한 책임을 면한다고 볼 수 없어 강간치사죄가 인정된다고 한 사례
강간 등에 의한 치사상죄에 있어서 사상의 결과는 간음행위 그 자체로부터 발생한 경우나 강간의 수단으로 사용한 폭행으로부터 발생한 경우는 물론 강간에 수반하는 행위에서 발생한 경우도 포함한다(대법원 1995.1.12. 선고 94도2781 판결 등 참조). 위와 같은 법리 및 기록에 비추어 살펴보면, 원심이, 그 채용 증거들에 의하여 피고인들 및 제1심 공동피고인 1, 2가 피해자 공소외인을 강간하기로 공모하여 2007.2.27. 18:00경 남양주시 진접읍 내각리 풍양초등학교 부근 야산에서 의도적으로 게임을 통하여 13세에 불과한 피해자로 하여금 술을 마셔 취하도록 유도한 다음, 피고인 3, 2, 1의 순서로 만취한 피해자를 강간한 사실, 위와 같은 강간 과정에서 피고인 3과 제1심 공동피고인 2가 먼저, 피고인 4와 제1심 공동피고인 1이 다음으로 각 범행현장을 떠났는데, 강간을 마친 피고인 1, 2는 의식을 잃은 피해자를 인적이 드문 비닐창고(한쪽 면이 개방되어 있다)에 옮겨 놓은 사실, 피고인 1, 2는 21:20경 그곳에서 피씨방에 있는 피고인 4와 제1심 공동피고인 1을 데리러 가 위 비닐창고로 오던 도중에 피고인 2는 먼저 귀가하고 피고인 1, 4 및 제1심 공동피고인 1이 22:00경 위 비닐창고로 왔는데, 피고인 1, 4는 피해자의 가슴을 만지는 등 강제추행을 하고 귀가한 사실, 피고인 1은 귀가 도중 다시 위 비닐창고로 가 23:00경 의식을 잃은 피해자를 재차 강간하고는 하의를 벗겨둔 채 귀가한 사실, 피해자는 다음날

인 2007.2.28. 02:00경부터 04:00경 사이에 저체온증으로 사망한 사실 등을 인정한 다음, 피고인들이 의도적으로 피해자를 술에 취하도록 유도하고 피고인들로부터 수차례 강간당하였기 때문에 피해자가 의식불명 상태에 빠진 것으로서, 피해자가 의식을 찾지 못하여 저체온증으로 사망한 것이 피고인들의 강간 및 그 수반행위와 인과관계가 없다고 할 수 없고, 피해자의 사망에 대한 피고인 1, 2, 4의 예견가능성 또한 넉넉히 인정되며, 또한 당시의 기온 등을 감안하여 보면 이미 피고인들의 강간 및 그에 수반한 행위로 인하여 피해자가 의식불명 상태에 빠진 이상, 비록 피고인 1이 비닐창고에서 피해자를 재차 강간하고 하의를 벗겨 놓은 채 그대로 귀가하였다고 하더라도 피고인 2, 4가 저체온증으로 인한 피해자의 사망에 대한 책임을 면한다고 볼 수 없다고 하여 피고인 1, 2, 4에 대한 판시 강간치사죄를 유죄로 인정한 제1심판결을 그대로 유지한 조치는 정당하고, 거기에 상고이유로 주장하는 바와 같은 채증법칙 위반 또는 심리미진으로 인한 사실오인이나 강간치사죄에 있어서의 인과관계에 관한 법리오해 등의 위법이 있다고 할 수 없다(대법원 2008.2.29. 선고 2007도10120 판결).

11) 선행 교통사고와 후행 교통사고 중 어느 쪽이 원인이 되어 피해자가 사망하였는지가 분명하지 않은 경우, 후행 교통사고와 피해자의 사망 사이에 인과관계를 인정하기 위한 요건 및 그 증명책임의 소재(=검사)

선행 교통사고와 후행 교통사고 중 어느 쪽이 원인이 되어 피해자가 사망에 이르게 되었는지 밝혀지지 않은 경우 후행 교통사고를 일으킨 사람의 과실과 피해자의 사망 사이에 인과관계가 인정되기 위해서는 후행 교통사고를 일으킨 사람이 주의의무를 게을리하지 않았다면 피해자가 사망에 이르지 않았을 것이라는 사실이 입증되어야 하고(대법원 1990.12.11. 선고 90도694 판결, 대법원 1996. 11. 8. 선고 95도2710 판결 등 참조), 그 입증책임은 검사에게 있다(대법원 2007.10.26. 선고 2005도8822 판결).

12) 감금 행위와 혈전이 폐동맥을 막아 사망한 결과 사이에 상당인과관계 유무

4일 가량 물조차 제대로 마시지 못하고 잠도 자지 아니하여 거의 탈진 상태에 이른 피해자의 손과 발을 17시간 이상 묶어 두고 좁은 차량 속에서 움직이지 못하게 감금한 행위와 묶인 부위의 혈액 순환에 장애가 발생하여 혈전이 형성되고 그 혈전이 폐동맥을 막아 사망에 이르게 된 결과 사이에는 상당인과관계가 있다 할 것이고, 그 경우 피고인에게 사망의 결과에 대한 예견가능성이 없었다고 할 수도 없을 것이며, 정신병자라고 해서 감금죄의 객체가 될 수 없다고 볼 수도 없는 법리이므로, 원심판결에 채증법칙 위배로 인한 사실오인이나, 정당행위나 긴급피난, 감금죄의 객체, 결과적 가중범에 관한 법리오해 등 상고이유에서 주장하는 바와 같은 위법이 있다고 할 수 없다(대법원 2002.10.11. 선고 2002도4315 판결).

13) 선행차량에 이어 피고인 운전 차량이 피해자를 연속하여 역과하는 과정에서 피해자가 사망한 경우, 피고인 운전 차량의 역과와 피해자의 사망 사이의 인과관계 유무

기록에 의하면, 이 사건 피해자는 이 사건 사고 전까지는 좌측 얼굴에 피를 흘리고 있었던 것 외에는 신체나 의류에 외형적인 손상이 가해진 흔적 없이 도로에 반듯하게 누워있었던 사실, 그 후 제1심 공동피고인과 피고인의 차량이 피해자를 연속하여 역과하는 과정에서 피고인의 차량이 피해자를 약 10m 정도 끌고 감으로써 피해자의 온 몸이 꼬이고 두개골의 일부가 떨어져 나가는 등 신체 전반에 광범한 손상을 입게 되었는데, 피해자의 사망원인은 두개골 손상 및 심장 파열, 경추와 두부의 분리 등인 것으로 밝혀진 사실, 피해자의 시신을 부검한 결과 피해자가 입은 신체 각 부의 다발성 골절 및 심장파열 등의 손상부위에서 생전에 신체 내·외부에 가해진 자극에 대하여 반응하는 이른바 생활반응(출혈 및 혈액응고 현상)이 관찰되고 있어, 피해자는 위 다발성 골절상 및 심장파열상 등의 손상을 입을 당시까지는 생존해 있었던 것으로 보이는 사실을 각 알 수 있는바, 사실관계가 이러하다면 제1심 공동피고인에 이어 피고인이 다시 피해자를 역과함으로써 피해자의 심장 등 내부 장기가 파열되고 두부가 손상되었을 뿐만 아니라 신체의 여러 부위가 골절되는 등의 손상을 입게 된 것이라고 보아야 할 것이고, 피해자의 위 각 손상부위마다 생활반응이 나타난 이상, 피고인이 피해자를 역과하기 전에는 피해자는 아직 생존해 있었고, 피고인 운전차량의 역과에 의하여 비로소 사망하게 된 것으로 판단함이 상당하다

고 할 것이다. 같은 취지에서 원심이 피고인 운전 차량의 역과와 피해자의 사망 사이에 인과관계가 있다고 판단한 조치는 수긍할 수 있고, 거기에 상당인과관계의 존부에 관하여 채증법칙을 위배하여 사실을 오인한 위법이 있다고 할 수 없다. 앞차를 뒤따라 진행하는 차량의 운전사로서는 앞차에 의하여 전방의 시야가 가리는 관계상 앞차의 어떠한 돌발적인 운전 또는 사고에 의하여서라도 자기 차량에 연쇄적인 사고가 일어나지 않도록 앞차와의 충분한 안전거리를 유지하고 진로 전방좌우를 잘 살펴 진로의 안전을 확인하면서 진행할 주의의무가 있다고 할 것이다. 기록에 의하면, 이 사건 사고 당시는 01:10경으로서 야간인데다가 비까지 내려 시계가 불량하고 내린 비로 인하여 노면이 다소 젖어있는 상태였으며, 이 사건 사고지점은 비탈길의 고개마루를 지나 내리막길이 시작되는 곳으로부터 가까운 지점인 사실, 피고인은 이 사건 사고차량을 운전하고 편도 2차선 도로 중 2차로를 시속 약 60km의 속도로 선행 차량과 약 30m가량의 간격을 유지한 채 진행하다가 선행차량에 역과된 채 진행 도로상에 누워있는 피해자를 뒤늦게 발견하고 급제동을 할 겨를도 없이 이를 그대로 역과한 사실을 인정할 수 있는바, 이러한 경우 피고인이 사전에 사람이 도로에 누워있을 것까지를 예상하여 이에 대비하면서 운전하여야 할 주의의무는 없다고 하더라도, 사고 당시의 도로상황에 맞추어 속도를 줄이고(위 사고지점은 비탈길의 고개마루를 막 지난 지점이므로 피고인으로서는 미리 법정 제한속도보다도 더 감속하여 서행하였어야 할 것이다) 전방시계의 확보를 위하여 선행차량과의 적절한 안전거리를 유지한 채 전방 좌우를 잘 살펴 진로의 안전을 확인하면서 운전하는 등 자동차 운전자에게 요구되는 통상의 주의의무를 다하였더라면, 진행 전방 도로에 누워있는 피해자를 상당한 거리에서 미리 발견하고 좌측의 1차로로 피양하는 등 사고를 미연에 방지할 수 있었음에도 불구하고 위와 같은 주의를 게을리 한 탓으로 피해자를 미리 발견하지 못하고 역과한 것이라고 할 것이므로, 이 사건 사고에 관하여 피고인에게 업무상 과실이 없다고 할 수는 없을 것이다. 같은 취지에서 원심이 피고인의 이 사건 교통사고처리특례법위반의 범죄사실을 유죄로 인정하여 처벌한 조치는 정당하고, 거기에 상고이유로 주장하는 바와 같이 주의의무 정도의 규준설정이나 신뢰의 원칙에 관한 법리오해의 위법이 있다고 할 수 없다(대법원 2001.12.11. 선고 2001도5005 판결).

14) 일반외과 전문의인 피고인이 피해자의 후복막 전체에 형성된 혈종을 발견한 지 14일이 지나도록 전산화단층촬영 등 후복막 내의 장기 손상이나 농양 형성 여부를 확인하기에 적절한 진단방법을 시행하지 않은 채, 피해자가 보인 염증 증상의 원인을 단순히 장간막 봉합수술에 따른 후유증 정도로만 생각하고 필요한 적절한 진단 및 치료조치를 취하지 아니한 것은 진단 및 치료상의 주의의무를 다하지 아니한 것으로서 과실이 있다. 나아가 피해자가 다른 병원으로 전원할 당시 이미 후복막에 농양이 광범위하게 형성되어 있었고 췌장이나 십이지장과 같은 후복막 내 장기 등 조직의 괴사가 진행되어 이미 회복하기 어려운 상태에 빠져 있었다면, 피해자가 다른 병원으로 전원하여 진료를 받던 중 사망하였다는 사실 때문에 피고인의 진료상의 과실과 피해자의 사망과의 사이의 인과관계가 단절된다고 볼 수는 없다(대법원 1996.9.24. 선고 95도245 판결).

15) 상해행위를 피하려고 하다가 차량에 치어 사망한 경우 상해행위와 사망 사이에 상당인과관계 유무
원심판결 이유에 의하면 원심은, 피고인이 이 사건 범행일시경 계속 교제하기를 원하는 자신의 제의를 피해자가 거절한다는 이유로 얼굴을 주먹으로 수회 때리자 피해자는 이에 대항하여 피고인의 손가락을 깨물고 목을 할퀴게 되었고, 이에 격분한 피고인이 다시 피해자의 얼굴을 수회 때리고 발로 배를 수회 차는 등 폭행을 하므로 피해자는 이를 모면하기 위하여 도로 건너편의 추어탕 집으로 도망가 도움을 요청하였으나, 피고인은 이를 뒤따라 도로를 건너간 다음 피해자의 머리카락을 잡아 흔들고 얼굴 등을 주먹으로 때리는 등 폭행을 가하였고, 이에 견디지 못한 피해자가 다시 도로를 건너 도망하자 피고인은 계속하여 쫓아가 주먹으로 피해자의 얼굴 등을 구타하는 등 폭행을 가하여 전치 10일간의 흉부피하출혈상 등을 가하였고, 피해자가 위와 같이 계속되는 피고인의 폭행을 피하려고 다시 도로를 건너 도주하다가 차량에 치여 사망한 사실을 인정한 다음, 위와 같은 사정에 비추어 보면 피고인의 위 상해행위와 피해자의 사망 사이에 상당인과관계가 있다고 하여 피고인을 상해치

사죄로 처단한 제1심의 판단을 유지하고 있는바, 기록에 의하여 살펴보면, 원심의 사실인정과 피고인의 위 상해행위와 피해자의 사망 사이에 상당인과관계가 있다고 본 원심의 판단은 모두 정당한 것으로 수긍이 되고, 거기에 소론과 같이 필요한 심리를 다하지 아니하여 사실을 오인한 위법이나 상해치사죄의 법리를 오해한 위법이 있다고 할 수 없다(대법원 1996.5.10. 선고 96도529 판결).

16) 강간하려는 행위와 이를 피하려다 사상에 이르게 된 사실 사이에 상당인과관계를 인정할 수 있는지 여부

폭행이나 협박을 가하여 간음을 하려는 행위와 이에 극도의 흥분을 느끼고 공포심에 사로잡혀 이를 피하려다 사상에 이르게 된 사실과는 이른바 상당인과관계가 있어 강간치사상죄로 다스릴 수 있는 것이라고 할 것이다(당원 1978.7.11. 선고, 78도1331 판결; 1991.10.25. 선고, 91도2085 판결 각 참조). 원심판결 이유에 의하면 원심은, 피고인이 자신이 경영하는 속셈학원의 강사로 이 사건 범행 사흘 전에 채용된 피해자 장영선(여, 20세)을 위 학원으로 불러내어 함께 인천 남동구 간석3동 소재 로얄관광호텔 9층 일식당에 가서 술을 곁들여 점심식사를 한 다음 위 피해자 몰래 미리 예약해 놓은 같은 호텔 703호 개실 앞까지 위 피해자를 유인하여 들어가지 않으려는 위 피해자를 붙잡아 떠미는 등 강제로 객실 안으로 끌고 들어간 후 객실에서 나가려는 피해자를 붙잡거나 객실 방문을 가로막아 못나가게 하고 여러 차례에 걸쳐 집요하게 위 피해자를 강제로 끌어안아 침대에 넘어뜨리고 키스하려고 하는 등 위 피해자의 반항을 억압한 후 강간하려 한 사실, 피고인은 위 피해자가 자신은 처녀이기 때문에 피고인의 요구에 응할 수 없다고 하였음에도 이를 묵살하고 2시간 정도에 걸쳐 계속적으로 위와 같은 방법으로 위피해자를 강간하려고 하여 위 피해자가 피고인의 얼굴을 할퀴고 비명을 지르며 완강히 반항하던 중 위 객실의 예약된 대실시간이 끝나가자 시간을 연장하기 위하야 피고인이 호텔 프런트에 전화를 하는 사이에 위 피해자가 더 이상 위 객실 안에 있다가는 자신의 순결을 지키기 어렵겠다는 생각이 들어 위 객실을 빠져나가려 하였으나 출입문 쪽에서 피고인이 전화를 하고 있어 위 출입문 쪽으로 나가려다가는 피고인에게 잡힐 것 같은 생각이 들자 다급한 나머지 위 객실 창문을 열고 뛰어내리다가 28m 아래 지상으로 추락하여 두개골골절상등을 입고 사망한 사실 등을 각 인정한 후, 위 인정사실에 의하면 위 피해자가 위 호텔 객실까지 끌려들어가게 된 경위, 위 객실 내에서 피고인이 위 피해자를 강간하려고 유형력을 행사한 정도 및 그 시간, 위 피해자가 피고인에게 자신이 처녀라고 말하며 피고인의 요구를 거절하고 완강히 반항하였던 점, 피고인이 위 피해자를 강간하려다 일시 그 행위를 멈추고 전화를 걸기는 하였으나 위 객실의 구조상 피고인이 출입문을 막고 있어 위 피해자가 출입문을 통하여는 위 객실을 탈출하기가 어려웠던 점 등 모든 상황을 종합하여 보면, 피고인으로서는 위 피해자가 피고인으로부터 강간을 당하지 않기 위하여 반항하면서 경우에 따라서는 위 객실의 창문을 통하여 아래로 뛰어내리는 등 탈출을 시도할 가능성이 있고 그러한 경우 위 피해자가 사망할 수도 있다는 예견도 가능하였다고 봄이 상당하므로, 피고인의 행위와 위 피해자의 사망과의 사이에 상당인과관계가 있었다고하여 피고인을 강간치사죄로 처단한 제1심의 유죄판단을 유지하고 있는바, 원심이 들고 있는 위와 같은 제반 상황과 그 밖에 원심이 인용한 제1심이 적법하게 조사, 채택한 각 증거에 의하여 인정되는 다음과 같은 여러 사정, 즉 위 피해자는 전문대학 졸업 후 취업을 위해 노력하다가 구인광고를 보고 찾아간 피고인 경영의 속셈학원에 강사로 채용되어 아직 첫 출근도 하지 아니한 상태에서 학습교재를 설명하겠다는 피고인에게 유인되어 위와 같이 정조를 유린당할 상황에까지 이르게 된 것이고, 위 피해자의 당시 나이가 20세로서 겨우 성년에 이른데다가 이작 아무런 성경험이 없는 처녀의 몸이었던 점, 피해자가 탈출하기 전에 피고인에 의하여 이미 2시간 이상이나 감금되어 있었으므로 위 피해자로서는 위와 같은 상황에서 벗어나기 위하여 어떤 방법으로든지 탈출을 시도할 가능성이 높았던 점, 당시 피고인이 프런트에 전화를 거느라고 위 피해자에 대한 폭행을 잠시 멈추고 있었다고는 하나, 피고인의 감시하에 같은 방 내에 계속 감금된 상태에 있었고, 그 전화의 내용도 대실시간을 연장하여서라도 피해자를 객실 내에 계속 감금한 채 결국 강간의 목적을 이루고야 말겠다는 피고인의 의도를 드러내는 것이었던 점, 피해자가 탈출한 창문은 한쪽이 가로 85cm, 세로 33cm 크기의 옆으로 밀어 여

는 형태의 알루미늄 새시문이어서 사람이 그 창틀 위로 올라가 뛰어내릴 수는 없고 창틀위에 몸을 엎드려 옆으로 빠져나갈 수밖에 없는데, 피고인의 진술에 의하더라도 당시 피해자가 왼쪽, 오른쪽의 순서로 발과 다리부분부터 차례로 창틀을 넘어간후 머리부분이 맨 마지막으로 밖으로 빠져나가는 형태로(이는 사체부검 결과 밝혀진 추락시의 각 상해부위와도 일치한다) 탈출하였다는 점에 비추어 볼 때, 피해자가 극도의 흥분을 느끼고 몹시 당황한 상태에서 자신이 끌려들어간 위 객실이 고층에 위치하고 있다거나 밖에 베란다가 없다는 사실 등을 순간적으로 의식하지 못한 채 미리 밖을 내다보지도 않고서 그대로 위 창문을 통하여 탈출하다가 지상으로 추락하여 사망에 이른 것으로 보이는 점 등의 여러 사정을 종합하여 보면, 위와 같은 상황에서라면 일반 경험칙상 위 피해자가 강간을 모면하기 위하여 창문을 통하여서라도 탈출하려다가 지상에 추락하여 사망에 이르게 될 수도 있음을 충분히 예견할 수 있었다고 볼 것이므로, 피고인의 이 사건 강간미수행위와 위 피해자의 사망과의 사이에는 상당인과관계가 있다고 할 것이니, 원심이 피고인을 강간치사죄로 처단하였음은 결국 앞서 본 당원의 견해에 따른 것으로서 정당하다 할 것이고, 거기에 소론과 같이 강간치사죄에 관한 법리를 오해한 위법이 있다고 할 수 없다(대법원 1995.5.12. 선고 95도425 판결).

17) 정신과질환인 조증으로 입원한 환자의 주치의사는 환자의 건강상태를 사전에 면밀히 살펴서 그 상태에 맞도록 조증치료제인 클로르포르마진을 가감하면서 투여하여야 하고, 클로르포르마진의 과다투여로 인하여 환자에게 기립성저혈압이 발생하게 되었고 당시 환자의 건강상태가 갑자기 나빠지기 시작하였다면 좀 더 정확한 진찰과 치료를 위하여 내과전문병원 등으로 전원조치를 하여야 할 것이고, 그러지 못하고 환자의 혈압상승을 위하여 포도당액을 주사하게 되었으면 그 과정에서 환자의 전해질이상 유무를 확인하고 투여하여야 함에도 의사에게 요구되는 이러한 일련의 조치를 취하지 아니한 과실이 있다면, 그러한 과실로 환자가 전해질이상 · 빈혈 · 저알부민증 등으로 인한 쇼크로 사망하였음을 인정할 수 있고, 그 치료 과정에서 야간당직의사의 과실이 일부 개입하였다고 하더라도 그의 주치의사 및 환자와의 관계에 비추어 볼 때 환자의 주치의사는 업무상과실치사죄의 책임을 면할 수는 없다(대법원 1994.12.9. 선고 93도2524 판결).

18) 피고인이 피해자로부터 재물을 강취하고 피해자가 운전하는 자동차에 함께 타고 도주하다가 단속 경찰관이 뒤따라오자 피해자를 칼로 찔러 상해를 가하였다면 강도상해죄를 구성한다 할 것이고 강취와 상해 사이에 1시간 20분이라는 시간적 간격이 있었다는 것만으로는 그 범죄의 성립에 영향이 없다(대법원 1992.1.21. 선고 91도2727 판결).

19) 피고인이 피해자 김정선(당시 19세)과 동거하고 있던 아파트에서 피해자가 술집에 다시 나가 일을 하겠다고 한다는 이유로 위 아파트 안방에서 피해자를 데리고 들어가 거실로 통하는 안방문에 못질을 하여 밖으로 나갈 수 없게 감금한 후, 피해자가 술집에 나가기 위하여 준비해 놓은 화장품 및 화장품 휴대용가방 등을 창문 밖으로 던져 버리고, 피해자를 때리고 옷을 벗긴 다음 가위로 모발을 자르는 등 가혹한 행위를 하여 피해자가 이를 피하기 위하여 창문을 통해 밖으로 뛰어 내리려 하자 피고인이 2회에 걸쳐 이를 제지한 바 있는 사실, 이때 피해자가 죽는다고 소리치며 울다가 피고인이 밖에서 걸려온 인터폰을 받으려고 방문에 뚫은 구멍을 통하여 거실로 나오는 사이에 갑자기 안방 창문을 통하여 알몸으로 아파트 아래 잔디밭에 뛰어 내리다가 다발성실질장기파열상 등을 입고 사망한 경우, 피고인의 중감금행위와 피해자의 사망 사이에는 인과관계가 있고, 피고인에게 그로 인한 결과에 대한 예측가능성도 있어 피고인은 중감금치사죄의 죄책을 진다(대법원 1991.10.25. 선고 91도2085 판결).

20) 자기집 안방에서 취침하다가 일산화탄소(연탄가스) 중독으로 병원 응급실에 후송되어 온 환자를 진단하여 일산화탄소 중독으로 판명하고 치료한 담당의사에게 회복된 환자가 이튿날 퇴원할 당시 자기 병명을 문의하였는데도 의사가 아무런 요양방법을 지도하여 주지 아니하여, 환자가 일산화탄소에 중독되었던 사실을 모르고 퇴원 즉시 사고난 자기 집 안방에서 다시 취침하다 전신피부파열 등 일산화탄소 중독을 입은 것이라면, 위 의사에게는 그 원인사실을 모르고 병명을 문의하는 환자에게 그 병명을 알려주고 이에 대한 주의사항인 피해장소인 방의 수선이나 환자에 대한 요양의 방법 기타 건강관리에 필요한 사항을 지도하여 줄 요양방법의 지도의무가

있는 것이므로 이를 태만한 것으로서 의사로서의 업무상 과실이 있고, 이 과실과 재차의 일산화탄소 중독과의 사이에 인과관계가 있다고 보아야 한다(대법원 1991.2.12. 선고 90도2547 판결).

21) 피고인들이 공동하여 피해자를 폭행하여 당구장 3층에 있는 화장실에 숨어 있던 피해자를 다시 폭행하려고 피고인 갑은 화장실을 지키고, 피고인 을은 당구치는 기구로 문을 내려쳐 부수자 위협을 느낀 피해자가 화장실 창문 밖으로 숨으려다가 실족하여 떨어짐으로써 사망한 경우에는 피고인들의 위 폭행행위와 피해자의 사망 사이에는 인과관계가 있다고 할 것이므로 폭행치사죄의 공동정범이 성립된다(대법원 1990.10.16 선고 90도1786 판결).

22) 바다에 면한 수직경사의 암반위로 이끼가 많이 끼어 매우 미끄러운 곳에서 당시 폭풍주의보가 발효 중이어서 평소보다 높은 파도가 치고 있던 상황하에 피해자와 같은 내무반원인 피고인 등 여러 사람이 곧 전역할 병사 甲을 손발을 붙잡아 헹가레를 쳐서 장난삼아 빠뜨리려고 하다가 그가 발버둥치자 同人의 발을 붙잡고 있던 피해자가 몸의 중심을 잃고 미끄러지면서 바다에 빠져 사망한 경우 甲을 헹가레쳐서 바다에 빠뜨리려고 한 행위와 피해자가 바다에 빠져 사망한 결과와의 사이에는 인과관계가 있다고 할 것이고, 또 위와 같은 경우 결과발생에 관한 예견가능성도 있다고 할 것이므로 甲을 붙들고 헹가레치려고 한 피고인들로서는 비록 피해자가 위와 같이 헹가레치려고 한 일행 중의 한 사람이었다고 하여도 同人의 사망에 대하여 과실책임을 면할 수 없다(대법원 1990.11.13. 선고 90도2106 판결).

23) **피해자가 피고인이 운전하던 오토바이에 충격되어 도로에 전도된 후 다른 차량에 치어 사망한 경우 피고인의 과실과 피해자의 사망 사이의 인과관계 유무**

피고인이 야간에 오토바이를 운전하다가 도로를 무단횡단하던 피해자를 충격하여 피해자로 하여금 위 도로상에 전도케 하고, 그로부터 약 40초 내지 60초 후에 다른 사람이 운전하던 타이탄트럭이 도로위에 전도되어 있던 피해자를 轢過하여 사망케 한 경우, 피고인이 전방좌우의 주시를 게을리한 과실로 피해자를 충격하였고 나아가 이 사건 사고지점 부근 도로의 상황에 비추어 야간에 피해자를 충격하여 위 도로에 넘어지게 한 후 40초 내지 60초 동안 그대로 있게 한다면 후속차량의 운전자들이 조금만 전방주시를 태만히 하여도 피해자를 轢過할 수 있음이 당연히 예상되었던 경우라면 피고인의 과실행위는 피해자의 사망에 대한 직접적 원인을 이루는 것이어서 양자간에는 상당인과관계가 있다(대법원 1990.5.22. 선고 90도580 판결).

24) **심장질환이 있는 피해자에 대한 폭행과 그로 인한 사망사이에 상당인과관계 유무**

피고인의 피해자의 멱살을 잡아 흔들고 주먹으로 가슴과 얼굴을 1회씩 구타하고 멱살을 붙들고 부근의 통나무 쌓아놓은 곳으로 넘어뜨리는 등 피해자의 신체 여러 부위에 표피박탈, 피하출혈 등의 외상이 생길 정도로 심하게 폭행을 가함으로써 나쁜 상태에 있는 피해자의 심장에 더욱 부담을 주어 나쁜 여향을 초래하도록 하였다면, 비록 평소에 오른쪽 관상동맥폐쇄 및 심실의 허혈성심근섬유화증세 등의 심장질환을 앓고 있던 피해자가 관상동맥부전과 허혈성심근경색 등으로 사망하였다고 하더라도, 피고인의 폭행의 방법 · 부위나 정도 등에 비추어 피고인의 폭행과 피해자의 사망과 간에 상당인과관계가 있었다고 볼 수 있을 뿐만 아니라, 피고인이 피해자의 사망이라는 결과의 발생을 예견할 수 있다(검사작성의 피고인에 대한 피의자신문조서의 기재내용에 의하면 피고인이 평소에 피해자의 건강상태가 좋지 않았다는 것을 알고 있었음이 인정된다)(대법원 1989.10.13. 선고 89도556 판결).

25) **사고차량에 직접 충돌되지 않은 피해자의 부상과 운전자의 과실 간의 인과관계 유무**

피고인이 자동차를 몰고 가다가 판시와 같은 주의의무를 게을리 하여 열차건널목을 그대로 건너는 바람에 그 자동차가 열차좌측 모서리와 충돌하여 20여미터쯤 열차 진행방향으로 끌려가면서 튕겨나갔고 피해자 김현숙이 타고가던 자전거에서 내려 위 자동차 왼쪽에서 열차가 지나가기를 기다리고 있다가 위 충돌사고로 놀라 넘어져 상처를 입은 사실을 적법하게 확정하고 있는 바 사실이 이와 같다면 비록 위 자동차와 피해자가 직접 충돌하지는 아니하였다 하더라도 피고인의 위 사실과 피해자가 입은 상처 사이에는 상당한 인과관계가 있다고 할 것이므로 피고인은 그에 대한 업무상과실치상의 죄책을 면할 수 없다(대법원 1989.9.12 선고 89도866 판결).

26) 피고인의 차량에 치어 반대차선에 넘어진 피해자가 다른 차량에 치어 사망한 경우 피고인의 과실과 인과관계 유무
피고인이 운행하던 자동차를 도로를 횡단하던 피해자를 충격하여 피해자로 하여금 반대차선의 1차선상에 넘어지게 하여 피해자가 반대차선을 운행하던 자동차에 역과되어 사망하게 하였다면 피고인은 그와 같은 사고를 충분히 예견할 수 있었고 또한 피고인의 과실과 피해자의 사망 사이에는 인과관계가 있다고 할 것이므로 피고인은 업무상 과실치사죄의 죄책을 면할 수 없다(대법원 1988.11.8. 선고 88도928 판결).

27) 심장질환이 있는 자에 대하여 폭행을 가함으로써 그 충격으로 사망케 한 경우, 위 폭행과 그 사망간의 인과관계 유무
피고인이 피해자를 2회에 걸쳐 두손으로 힘껏 밀어 땅바닥에 넘어뜨리는 폭행을 가함으로써 그 당시 심관상동맥경화 및 심근섬유화 증세등의 심장질환을 앓고 있었고 음주만취한 상태에 있던 피해자가 그 충격으로 인하여 쇼크성 심장마비로 사망하였다면 비록 피해자에게 그 당시 위와 같은 지병이 있었고 음주로 만취한 상태였으며 그것이 피고인의 폭행으로 피해자가 사망함에 있어 영향을 주었다고 해서 피고인의 폭행과 피해자의 사망간에 상당인과관계가 없다고 할 수 없고 또 위 증거들에 의하면 피고인은 피해자가 평소 병약한 사람인데다 그 당시 음주만취된 상태였다는 것을 알고 있었던 사실이 인정되므로 그 구체적인 병명은 몰랐다고 하더라도 앞서본 바와 같이 피고인이 피해자를 2회에 걸쳐 두손으로 힘껏 밀어 넘어뜨린 때에 이미 그 폭행과 그 결과에 대한 예견가능성이 있었다 할 것이고 그로 인하여 치사의 결과가 발생하였다면 이른바 결과적 가중범의 죄책을 면할 수 없다 할 것이다(대법원 1986.9.9. 선고 85도2433 판결).

28) 피해자의 머리를 한번 받고 경찰봉으로 때린 구타행위와 피해자가 외상성 뇌경막하 출혈로 사망할 때까지 사이 약 20시간이 경과하였다 하더라도 그 사이 피해자는 머리가 아프다고 누워 있었고 그밖에 달리 사망의 중간원인을 발견할 자료가 없다면 위 시간적 간격이 있었던 사실만으로 피고인의 구타와 피해자의 사망 사이에 인과관계가 없다고 할 수 없다(대법원 1984.12.11. 선고 84도2347 판결).

29) 피고인이 1981.4.8 피해자의 뺨을 2회 때리고 두 손으로 어깨를 잡아 땅바닥에 넘어뜨리고 머리를 세멘트 벽에 부딪치게 하여서, 피해자가 그 다음날부터 머리에 통증이 있었고 같은 달 16 의사 3인에게 차례로 진료를 받을 때에 혈압이 매우 높았고 몹시 머리가 아프다고 호소하였으며 그후 병세가 계속 악화되어 결국 같은 해 4.30 뇌손상(뇌좌상)으로 사망하였다면, 피해자가 평소 고혈압과 선천성혈관기형인 좌측전고동맥류의 증세가 있었고 피고인의 폭행으로 피해자가 사망함에 있어 위와 같은 지병이 사망결과에 영향을 주었다고 해서 피고인의 폭행과 피해자의 사망간에 상당인과 관계가 없다고 할 수 없으며, 피고인이 피해자를 폭행할 당시에 이미 폭행과 그 결과에 대한 예견가능성이 있었다 할 것이고 그로 인하여 치사의 결과가 발생하였다면 이른바 결과적 가중범의 죄책을 면할 수 없다(대법원 1983.1.1.8. 선고 82도697 판결).

30) 피고인의 자상(刺傷)행위가 피해자를 사망하게 한 직접적 원인은 아니었다 하더라도 이로부터 발생된 다른 간접적 원인이 결합되어 사망의 결과를 발생하게 한 경우라도 그 행위와 사망간에는 인과관계가 있다고 할 것인바, 이 사건 진단서에는 직접사인 심장마비, 호흡부전, 중간선행사인 패혈증, 급성심부전증, 선행사인 자상, 뇌골정맥파열로 되어 있으며, 피해자가 부상한 후 1개월이 지난 후에 위 패혈증 등으로 사망하였다 하더라도 그 패혈증이 위 자창으로 인한 과다한 출혈과 상처의 감염등에 연유한 것인 이상 자상행위와 사망과의 사이에 인과관계의 존재를 부정할 수 없다(대법원 1982.12.28. 선고 82도2525 판결).

31) 피고인들에 의하여 강간을 당한 피해자가 집에 돌아가 음독자살하기에 이르른 원인이 강간을 당함으로 인하여 생긴 수치심과 장래에 대한 절망감 등에 있었다 하더라도, 그 자살행위가 바로 피고인들의 강간행위로 인하여 생긴 당연의 결과라고 볼 수는 없어 피고인들의 강간행위와 피해자의 자살행위 사이에 인과관계를 인정할 수는 없다 할 것이니 이와 다른 견지에서 원심판결에 인과관계에 관한 법리오해의 위법이 있다는 논지는 받아들일 수 없다(대법원 1982.11.23. 선고 82도1466 판결).

32) 피해자가 평소 병약한 상태에 있었고 피고인의 폭행으로 그가 사망함에 있어서 지병이 또한 사망 결과에 영향

을 주었다고 하여 폭행과 사망 간에 인과관계가 없다고 할 수 없다(대법원 1979.10.10. 선고 79도2040 판결).

33) 고등학교 교사인 피고인이 피해자의 뺨을 때리는 순간 평소의 허약상태에서 온 급격한 뇌압상승으로 피해자가 뒤로 넘어지면서 사망한 경우, 위 사인이 피해자의 두개골이 비정상적으로 얇고 뇌수종을 앓고 있었던 데 연유하였고 피고인이 피해자가 허약함을 알고 있었으나 두뇌에 특별한 이상이 있음은 미처 알지 못하였다면 피고인의 소위와 피해자의 사망 간에는 인과관계가 없거나 결과발생에 대한 예견가능성이 없었다고 할 것이다(대법원 1978.11.18. 선고 78도1691 판결).

34) 피고인이 강타로 인하여 임신 7개월의 피해자가 지상에 전도되어 낙태하고 위 낙태로 유발된 심근경색증으로 죽음에 이르게 된 경우 피고인의 구타행위와 피해자의 사망간에 인과관계 유무

피고인은 1971.5.18.17:30경 피해자와 언쟁하던 중 피해자가 욕설을 하면서 피고인의 오른쪽 잠바자락을 잡아 당기는 것을 오른쪽 팔굼치로 피해자의 복부를 1회쳐서 피해자를 그 장소에 넘어뜨려서 피해자로 하여금 같은 달 22.17:30경 A산부인과의원에서 임신 7개월의 태아를 낙태하게 하고 이로 인하여 위 같은 달 23.06:20경 위 낙태로 유발된 심근경색증으로 죽음에 이르게 한 것이라면 피고인의 구타행위와 피해자의 사망 간에는 인과관계가 있다(대법원 1972.3.28. 선고 72도296 판결).

35) 평소부터 고혈압 증세에 있는 피해자가 피고인의 폭행행위로 지면에 전도할 때의 자극에 의하여 뇌출혈을 일으켜서 사망하였을 때 폭행과 치사 사이에 상당인과관계 유무

피해자가 피고인에게 폭행을 당하고 지면에 전도되자 숨도 못쉬고 의식을 잃었고, 폭행당하던 다음날 의사의 진료를 받을 때에 혈압이 매우 높았고, 피해자가 몹시 머리가 아프다고 호소했으며 그 후 병세가 계속 악화하여 결국 1966.5.7 11시 35분경 우발성 뇌출혈로 사망하였다는 사실을 인정할 수 있을 뿐 아니라 소론 감정인 윤중진 작성의 감정서의 기재내용 중에도 있는 바와 같이 피해자의 시체와 같이 고혈압증, 심근비대 등을 결과하는 순환장애가 있을 경우에는 적은 자극에 의하여도 쉽게 치사할 수 있는 혈관손상을 초래하는 경우도 있으므로 피고인의 폭행에 의하여 피해자가 그 두부에 외적인 타복상을 받지 아니하였다 하더라도 피해자가 피고인의 폭행행위로 지면에 전도할 때에 평소부터 고혈압증세에 있는 피해자가 전도시의 자극에 의하여 뇌출혈을 일으켜서 사망하였을 때에는 폭행과 치사사이에 상당인과관계가 있다(대법원 1967.2.28. 선고 67도45 판결).

제3항 객관적 귀속이론(Die objektive Zurechnungslehre)

사례연구

1. 사실관계

트럭운전자인 甲은 도로의 중앙선 위를 왼쪽 바깥바퀴가 걸친 상태로 운전하고 있었다. 한편 50미터 앞쪽 반대방향에서 승용차를 운전하던 A는 甲이 진행하던 차선으로 달려오다가 충돌을 피하기 위하여 S자 모양으로 커브를 틀던 중 A가 운전하던 차량의 왼쪽 앞 부분으로 甲이 운전하던 트럭의 왼쪽 뒷바퀴 부분을 스치듯이 충돌하였다. 그리고 이어서 위 트럭을 바짝 뒤따라 운전해 오던 B의 차량을 들이받아 A는 사망하였다.

2. 사건의 경과

검사는 甲을 교통사고처리특례법위반죄로 기소하였다. 제1심은 설사 甲이 중앙선 위를 달리지 아니하고 정상차선으로 달렸다 하더라도 이 사건 사고는 피할 수 없다 할 것이므로, 甲이 트럭의 왼쪽바퀴를 중앙선 위에 올려놓은 상태에서 운전한 것만으로는 이 사건 사고의 직접적인 원인이 되었다고는 할 수 없다고 판시하고 달리 이 사건 범죄에 대한 증명이 없음을 이유로 甲에게 무죄를 선고하였다. 이에 검사는 만일 피고인이 정상적으로 중앙선에서 떨어져 주행하고 있었다면 피해자 A는 피고인 트럭의 뒷부분을 스치지 아니하였을 것이고, 그 충돌이 없었다면 B와의 충돌도 피할 수 있었다는 점을 들어 채증법칙위반을 이유로 항소하였으나 원심은 항소를 기각하였다. 검사는 항소이유와 같은 점을 들어 원심판결에는 채증법칙을 위반하여 사실을 잘못 인정한 위법이 있음을 이유로 상고하였다.

3. 법률적 쟁점

甲이 도로교통법상 중앙선침범이라는 금지된 행위로 A의 사망이라는 구성요건적 결과를 야기하였으나, 적법한 행위를 하였더라도 마찬가지로 동일한 결과가 발생하였을 경우 이를 객관적으로 귀속시킬 수 있을 것인가?

4. 적용법조

〈형법〉

제17조 (인과관계) 어떤 행위라도 죄의 요소되는 위험발생에 연결되지 아니한 때에는 그 결과로 인하여 벌하지 아니한다.

제268조 (업무상과실 · 중과실 치사상) 업무상 과실 또는 중대한 과실로 인하여 사람을 사상에 이르게 한 자는 5년 이하의 금고 또는 2천만 원 이하의 벌금에 처한다.

〈교통사고처리특례법〉

제3조 (처벌의 특례) ① 차의 운전자가 교통사고로 인하여 「형법」 제268조의 죄를 범한 경우에는 5년

이하의 금고 또는 2천만원 이하의 벌금에 처한다.

② 차의 교통으로 제1항의 죄 중 업무상과실치상죄 또는 중과실치상죄와 「도로교통법」 제151조의 죄를 범한 운전자에 대하여는 피해자의 명시적인 의사에 반하여 공소를 제기할 수 없다. 다만, 차의 운전자가 제1항의 죄 중 업무상과실치상죄 또는 중과실치상죄를 범하고도 피해자를 구호하는 등 「도로교통법」 제54조제1항에 따른 조치를 하지 아니하고 도주하거나 피해자를 사고 장소로부터 옮겨 유기하고 도주한 경우, 같은 죄를 범하고 「도로교통법」 제44조제2항을 위반하여 음주측정 요구에 따르지 아니한 경우(운전자가 채혈 측정을 요청하거나 동의한 경우는 제외한다)와 다음 각 호의 어느 하나에 해당하는 행위로 인하여 같은 죄를 범한 경우에는 그러하지 아니하다.

5. 대법원의 판단

[판시사항]

트럭의 왼쪽 바퀴를 중앙선 위에 올려놓은 상태에서 운전한 것이 교통사고의 직접적인 원인이 된 것이 아니라고 본 사례

[판결요지]

원심판결 이유에 의하면 원심은 그 증거에 의하여 피고인이 트럭을 운전하여 판시도로의 중앙선 위를 왼쪽 바깥바퀴가 걸친 상태로 운행하던 중 그 판시와 같은 경위로 그 50미터 앞쪽 반대방향에서 피해자가 승용차를 운전하여 피고인이 진행하던 차선으로 달려오다가 급히 자기차선으로 들어가면서 피고인이 운전하던 위 트럭과 교행할 무렵 다시 피고인의 차선으로 들어와 그 차량의 왼쪽 앞 부분으로 위 트럭의 왼쪽 뒷바퀴 부분을 스치듯이 충돌하였고 이어서 위 트럭을 바짝 뒤따라 운전해오던 공소외 이진섭의 운전차량을 들이받아 이 사건 사고가 발생한 사실을 인정한 다음 이와 같은 사고 경위에 비추어 설사 피고인이 중앙선 위를 달리지 아니하고 정상차선으로 달렸다 하더라도 이 사건 사고는 피할 수 없다 할 것이므로 피고인이 트럭의 왼쪽바퀴를 중앙선 위에 올려놓은 상태에서 운전한 것만으로는 이 사건 사고의 직접적인 원인이 되었다고는 할 수 없다고 판시하고 달리 이 사건 범죄에 대한 증명이 없음을 이유로 피고인에게 무죄의 선고를 하였는 바, 기록에 비추어 원심의 판단은 옳게 수긍이 되고 거기에 지적하는 바와 같은 법리의 오해나 채증법칙을 어긴 위법이 없다(대법원 1991.2.26. 선고 90도2856 판결).

6. 유사 판례

1)

[판시사항]

수술주관의사 또는 마취담당의사가 할로테인을 사용한 전신마취에 의하여 난소종양절제수술을 함에 앞서 혈청의 생화학적 반응에 의한 간기능검사로 환자의 간 상태를 정확히 파악하지 아니한 채 개복수술을 시행하여 환자가 급성전격성간염으로 인하여 사망한 경우 위 의사들의 업무상과실 유무, 위의 경우에 혈청의 생화학적 반응에 의한 간기능검사를 하지 않거나 이를 확인하지 아니한 의사들의 과실과 수술 후

환자의 사망 사이의 인과관계 인정 여부

[판결요지]

전신마취에 의한 개복수술은 간부전을 일으키고 간성혼수에 빠지게 하기도 하는데 특히 급만성간염이나 간경변 등 간기능에 이상이 있는 경우에는 90% 이상이 간기능이 중악화하고 심한 경우에는 사망에 이르게 하는 것으로 알려져 있어 개복수술 전에 간의 이상 유무를 검사하는 것은 필수적이고, 피해자의 수술시에 사용된 마취제 할로테인은 드물게는 간에 해독을 끼치고 특히 이미 간장애가 있는 경우에는 간장애를 격화시킬 위험이 있으므로 이러한 환자에 대하여는 그 사용을 주의 또는 회피하여야 한다고 의료계에 주지되어 있으며 이 사건 사고당시 의료계에서는 개복수술 환자의 경우 긴급한 상황이 아닌 때에는 혈청의 생화학적 반응에 의한 간기능검사를 하는 것이 보편적이었다면, 응급환자가 아닌 난소종양환자의 경우에 있어서 수술주관의사 또는 마취담당의사인 피고인들로서는 난소종양절제수술에 앞서 혈청의 생화학적 반응에 의한 검사 등으로 종합적인 간기능검사를 철저히 하여 피해자가 간손상 상태에 있는지의 여부를 확인한 후에 마취 및 수술을 시행하였어야 할 터인데 피고인들은 시진, 문진 등의 검사결과와 정확성이 떨어지는 소변에 의한 간검사 결과만을 믿고 피해자의 간상태를 정확히 파악하지 아니한 채 할로테인으로 전신마취를 실시한 다음 이 사건 개복수술을 감행한 결과 수술 후 22일만에 환자가 급성전격성간염으로 인하여 사망한 경우에는 피고인들에게 업무상과실이 있다 할 것이다. 위의 경우에는 혈청에 의한 간기능검사를 시행하지 않거나 이를 확인하지 않은 피고인들의 과실과 피해자의 사망 간에 인과관계가 있다고 하려면 피고인들이 수술 전에 피해자에 대한 간기능검사를 하였더라면 피해자가 사망하지 않았을 것임이 입증되어야 할 것인데도(수술 전에 피해자에 대하여 혈청에 의한 간기능검사를 하였더라면 피해자의 간기능에 이상이 있었다는 검사결과가 나왔으리라는 점이 증명되어야 할 것이다) 원심은 피해자가 수술당시에 이미 간손상이 있었다는 사실을 증거 없이 업무상과실치사죄를 인정함으로써 채증법칙위반 및 인과관계에 관한 법리오해의 위법을 저지른 것이다(대법원 1990.12.11. 선고 90도694 판결).

2)

[판시사항]

의료사고에 있어서 의료종사원의 과실을 인정하기 위한 요건 및 그 판단 기준, 농배양을 하지 아니한 과실과 피해자의 사망 사이의 인과관계의 판단 방법, 피해자의 증상이 패혈증으로 발전할 우려가 있는 경우 피고인에게 과실을 인정하기 위한 요건

[판결요지]

의료사고에 있어서 의료종사원의 과실을 인정하기 위하여서는 의료종사원이 결과 발생을 예견할 수 있음에도 불구하고 그 결과 발생을 예견하지 못하였고 그 결과 발생을 회피할 수 있었음에도 불구하고 그 결과 발생을 회피하지 못한 과실이 검토되어야 하고, 그 과실의 유무를 판단함에는 같은 업무와 직무에 종사하는 일반적 보통인의 주의정도를 표준으로 하여야 하며, 이에는 사고 당시의 일반적인 의학의 수준과 의료환경 및 조건, 의료행위의 특수성 등이 고려되어야 한다. 피고인이 농배양을 하지 않은 과실

이 피해자의 사망에 기여한 인과관계 있는 과실이 된다고 하려면, 농배양을 하였더라면 피고인이 투약해 온 항생제와 다른 어떤 항생제를 사용하게 되었을 것이라거나 어떤 다른 조치를 취할 수 있었을 것이고, 따라서 피해자가 사망하지 않았을 것이라는 점을 심리 · 판단하여야 한다. 피고인이 패혈증에 관한 최신 정의를 알지 못하여 이미 진행 중인 패혈증을 아직 진행하지 않고 있는 것으로 잘못 판단하고 적절한 치료방침을 정하지 못한 것이라 하더라도, 그 판단이 현재 우리나라의 일반적 기준으로서의 의학수준과 함께 피고인의 경력 · 전문분야 등 개인적인 조건이나 진료지 · 진료환경 등을 고려할 때, 통상의 의사의 정상적인 지식에 기한 것이 아니고 따라서 그것이 과실이라고 단정하기는 어렵고, 단순한 대진의뢰 등 소극적 협진마저도 그 시기가 적절치 않았는지 여부와 이에 그치지 않고 내과로 전과하는 등 적극적 협진을 하였다면 그 치료방법이 어떻게 달라져서 피해자의 생명을 구할 수 있었는지 여부가 심리되어야 한다(대법원 1996.11.8. 선고 95도2710 판결).

3) 안전거리를 확보치 않은 차가 뒷차의 충격으로 앞차와 충돌한 경우에 있어서 인과관계 유무

피고인 운전의 차가 이미 정차하였음에도 뒤쫓아오던 차의 충돌로 인하여 앞차를 충격하여 사고가 발생한 경우, 설사 피고인에게 안전거리를 준수치 않은 위법이 있었다 할지라도 그것이 이 사건 피해결과에 대하여 인과관계가 있다고 단정할 수 없다(대법원 1983.8.23. 선고 82도3222 판결).

Ⅰ. 의의

자연법칙적 · 사실적 판단인 인과관계의 확정과 법적 · 평가적 결과귀속을 분리하는 이원적 방법론의 입장에서 주장된 이론으로, 행위와 결과 사이에 인과관계가 존재한다는 것을 전제로 해서 이러한 인과관계가 인정되는 결과에 대해 일정한 판단척도에 의해 객관적으로 결과가 행위자의 위험한 행위에 의해 창출된 것으로 행위자에게 귀속될 수 있다고 규범적으로 평가될 때 결과의 객관적 구성요건해당성을 인정할 수 있다는 이론이다.

객관적 귀속에 대한 판단은 행위와 결과의 관련에 대해 목적론적 관점에서 귀책범위를 한정하는 법적 또는 사회적 측면에서 내려지는 규범적 가치판단의 문제로, 객관적 구성요건해당성의 평가단계에서 '불법'과 '불행'을 구별하고자 하는 견해이다.

Ⅱ. 범죄체계상의 위치

이론의 여지는 있으나, 형법 제17조의 문언상 객관적 귀속표지는 기술되지 아니한 객관적 불법구성요건표지로 보는 것이 타당하다.

Ⅲ. 법적 성질

객관적 귀속은 행위와 구성요건적 결과 사이에 자연법칙적 인과관계가 존재하는 한에서 구성요건적 결과의 객관적 구성요건해당성판단의 최종적 평가단계이다.

Ⅳ. 인과관계이론과 객관적 귀속이론의 관계

1. 인과관계이론을 대체하고자 하는 이론으로 보는 견해

객관적 귀속 판단을 인과관계 이론과 동일하게 다루는 견해이다.

2. 인과관계이론과는 독립된 이론으로 보는 견해

객관적 귀속관계의 판단은 인과관계의 성립을 전제로는 하지만 인과관계이론과는 독립된 판단으로, 양자의 동시고려에 의해 객관적 구성요건해당성을 판단하고자 하는 견해이다.

Ⅴ. 객관적 귀속의 판단척도(불법구성요건의 귀속을 위한 평가기준)

아래에서 설명하는 객관적 귀속의 구체적인 판단척도들은 여러 가지 다양한 판단기준들을 일정한 기준에 의해 유형화시킨 데 불과하다.

1. 보편적 척도

행위반가치와 결과반가치의 표현으로서의 구성요건해당성 평가의 문제로, 행위에 의해 야기된 결과가 규범의 보호목적 범위내에서 행위자에 의해 창출되고, 또한 허용된 위험의 정도를 넘는 구체적인 위험실현에 이르렀는가가 그 판단척도로 된다.[12)]

12) 학자에 따라서는 객관적 귀속의 기준을 지배가능성이론, 의무위반 및 위법성관련이론(합법적 대체이론), 보호목적관련이론, 위험증대와 창출이론 등으로도 나누고 있다.

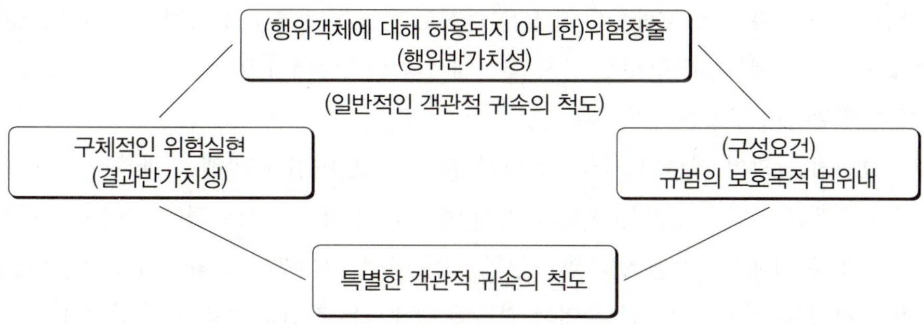

2. 구체적 척도

1) 위험의 창출

구성요건에 해당하는 법익침해의 원인야기만이 아니라 그 행위에 의해 허용되지 아니하는 법적으로 의미있는 위험의 창출 또는 강화 내지 증대시키는 행위라야만 객관적 귀속을 인정할 수 있다.[13] 위험창출 여부에 대한 판단은 객관적인 사후예측의 관점에서 판단한다.

위험창출행위로 볼 수 없는 경우로는 첫째, 허용된 위험의 원칙, 즉 예를 들어 고속도로상에 갑자기 보행자가 뛰어든 경우와 같이 결과발생의 위험이 허용된 상황에서 발생된 경우에는 객관적 귀속이 부정된다.

둘째, 위험감소의 원칙, 즉 예를 들어 자살자를 실신시킨 경우 또는 급박한 화재시에 질식으로 죽어가는 환자를 구조하기 위해 건물 밖으로 던져 상해를 가한 경우와 같이 행위자가 기존의 인과과정에 개입하여 피해자에게 이미 발생하고 있는 위험을 저지하지는 못했으나 피해자에게 불가피하게 발생하는 위험을 감소시키거나 또는 상황을 개선한 경우에는 객관적 귀속이 부정된다.

셋째, 사회상당하고 경미한 위험의 원칙, 즉 예를 들어 화재시에 부채를 부치거나 홍수시에 배수

13) 원심이 인용한 제1심판결이 채용한 증거들을 기록에 비추어 살펴보면, 피고인이 대전 동구 자양동 소재 강릉칼국수 음식점 앞 편도 2차선 도로를 피해자 노현탁과 같이 무단횡단하기 위해 도로 중앙선에 서 있다가, 지나가는 차량 유무를 확인하지 아니한 채, 술에 취하여 양손을 주머니에 넣고 고개를 숙이고 서 있던 피해자의 팔을 갑자기 잡아끌고 도로를 횡단한 사실 및 그와 같이 도로를 횡단하다가 피고인과 피해자가 때마침 그 곳을 지나가던 공소외 1운전의 승용차에 충격되는 교통사고가 발생하여 피해자가 사망한 사실을 충분히 인정할 수 있으므로, 원심판결에 상고이유에서 주장하는 바와 같은 채증법칙 위배나 사실오인의 위법이 있다고 할 수 없다. 이 부분 상고이유는 받아들이지 아니한다. 사실관계가 원심이 인정한 바와 같다면, 위와 같이 중앙선에 서서 도로횡단을 중단한 피해자의 팔을 갑자기 잡아끌고 피해자로 하여금 도로를 횡단하게 만든 피고인으로서는 위와 같이 무단횡단을 하는 도중에 지나가는 차량에 충격당하여 피해자가 사망하는 교통사고가 발생할 가능성이 있으므로, 이러한 경우에는 피고인이 피해자의 안전을 위하여 차량의 통행 여부 및 횡단 가능 여부를 확인하여야 할 주의의무가 있다 할 것이고, 비록 당시 피고인이 술에 취해 있었다 할지라도 심신상실이나 심신미약을 이유로 책임이 조각되거나 감경되는 것은 별론으로 하고(기록에 의하면, 피고인이 당시 심신상실이나 심신미약의 상태에 있었다고 보여지지도 아니한다), 위와 같은 주의의무가 없어지는 것은 아니라 할 것이며, 또 피고인 역시 위 차량에 충격당하였다 하여 피고인이 무단횡단에 앞서서 차량이 진행하여 오는 것을 확인하거나 그 횡단 가능 여부를 판단할 수 있는 기대가능성이 없었다고 할 수도 없으므로, 피고인으로서는 위와 같은 주의의무를 다하지 않은 이상 이 사건 교통사고와 그로 인한 피해자의 사망에 대하여 과실책임을 면할 수 없다(대법원 2002.8.23. 선고 2002도2800 판결).

구에 물을 버리는 경우 또는 도로상황이 복잡은 관계로 지정된 정류장을 약간 지나쳐 버스가 정차한 경우와 같이 정상적인 생활행위형태로 법적 의미에서의 위험증대가 없는 경우에는 행위반가치성이 결여되어 객관적 귀속이 부정된다.[14]

넷째, 구성요건적 결과의 객관적 지배가능성의 원칙, 즉 일반인에 의해 객관적으로 예견 및 지배가능한 결과만이 객관적 귀속이 가능하며, 따라서 예를 들어 시간적으로 멀리 떨어진 조건이나 지나치게 비유형적 또는 지배불가능한 인과과정(Gewittersfall, Erbschaftfall 등) 또는 제3자의 고의행위가 개입된 경우와 같이 일반인이 예견 또는 지배불가능한 우연적 결과에 대해서는 객관적 귀속이 부정된다.[15]

2) 위험의 실현(Risikoverwirklichung)

(1) 위험의 상당한 실현의 원칙

창출된 위험이 구체적인 결과로 사실상 상당히 실현되어야만 객관적 귀속이 인정된다. 구체적으로 야기된 결과에 대한 특별한 객관적 예견가능성의 판단, 즉 상당성관련(Adäquanzzusammenhang)에 대한 문제이다.[16] 특히 예견할 수 없었던 인과과정인 경우로, 비유형적 인과과정이나 피해자가 특이체질인 경우, 상해행위는 미수에 그쳤으나 피해자가 치료받는 병원의 화재로 사망한 경우 또는 상해피해자가 병원으로 가던 도중에 교통사고로 사망한 경우 등이 이러한 사례이다.

(2) 법적으로 허용되지 아니한 위험실현의 원칙

주의규범의 보호목적범위내에서 법익침해위험을 강화·증대해야만 객관적 귀속이 인정된다. 따라서 예를 들어 옆차가 과속으로 추월하는 것으로 보고 놀란 나머지 심장마비로 사망한 경우와 같이 허용되지 아니하는 위험의 제지가 주의규범의 보호목적이 아닌 반사적 (불)이익인 경우에는 객관적 귀속이 탈락된다.

---

14) 앞에서 설명한「구성요건해당성배제사유」참조.

15) 피고인은 자전거를 타고 가다가 피해자가 길가에 쌓아 둔 모래더미에 걸려 넘어지자 화가 난 나머지 피해자에게 교통을 방해한다고 소리를 질러 상호 욕설을 하며 시비를 하던 끝에 법으로 해결하자고 하면서 피해자의 왼쪽 어깨쭉지를 잡고 약 7미터 정도 걸어가다가 피해자를 놓아주는 등의 폭행으로 평소 고혈압증세로 급성 뇌출혈에 이르기 쉬운 체질인 피해자가 뇌실질내 혈종의 상해를 입은 경우, 위와 같은 정도의 욕설과 폭행으로 그와 같은 상해의 결과가 발생할 것임을 피고인이 사건 당시 실제로 예견하였거나 예견할 수 있었다고 볼 수 없으므로 폭행치상죄로 처벌할 수 없다(대법원 1982.1.12. 선고 81도1881 판결).
폭행치사죄는 결과적 가중범이므로 폭행의 범의 외에 사망의 결과에 대한 예견가능성이 있음을 요하며 이러한 예견가능성이 전혀 없는 경우에는 폭행과 사망의 결과사이에 조건적인 인과관계가 인정된다고 하여도 폭행치사죄로 의율할 수는 없다고 할 것이다. 피고인의 폭행정도가 서로 시비하다가 피해자를 떠밀어 땅에 엉덩방아를 찧고 주저앉게 한 정도에 지나지 않은 것이었고 또 피해자는 외관상 건강하여 전혀 병약한 흔적이 없던 자인데 사실은 관상동맥경화 및 협착증세를 가진 특이체질자이기 때문에 위와 같은 정도의 폭행에 의한 충격에도 심장마비를 일으켜 사망하게 된 것이라면 피고인에게 사망의 결과에 대한 예견가능성이 있다고 보기 어려워 결과적 가중범인 폭행치사죄로 의율할 수는 없다(대법원 1985.4.23. 선고 85도303 판결).

16) 종래 상당인과관계설 중 객관적 절충설의 입장이다.

(3) 합법적 대체행위와 위험증대이론(Risikoerhöhungstheorie)

합법적 행위를 했더라도 결과가 발생했을 경우에는 객관적 귀속은 부정된다.[17] 독일 연방최고법원은 한 트럭 운전자가 법률에 규정된 추월간격보다 좁은 간격으로 자건거를 추월하였는데, 이 때 술에 만취된 자전거 운전자의 몸이 트럭 쪽으로 쏠리면서 도로에 넘어졌고 이로 인해 자전거 운전자가 트럭 뒷바퀴에 치어 사망한 이른바 '자전거 운전자 사건'에서[18] "교통규칙에 위반한 행위는 교통규칙에 적합한 행위가 있었더라면 결과가 발생하지 않았으리라는 것이 확실한 경우에만 발생한 결과에 대해 원인으로 인정된다"고 하면서 이 사안의 경우 조사결과에 의하면 자전거 운전자가 술에 만취된 상태였으므로 트럭 운전자가 법에 규정된 추월간격을 준수했다 하더라도 자전거 운전자가 사망하였을 고도의 개연성이 있다는 점에서 자전거 운전자의 사망을 야기한 트럭 운전자에게 무죄를 선고하였다.

3) 규범의 보호목적(Schutzzweck der Sorgfaltsnorm)

행위자가 보호법익에 대하여 허용된 위험의 범위를 벗어나는 위험을 창출하였고, 또한 그 위험을 실현하였으나 그 인과과정의 진행을 방지토록 하는 것이 당해 범죄구성요건의 임무가 아닐 경우에는 결과의 귀속이 인정될 수 없다. 형법상 구성요건규범의 보호목적은 주로 과실범에서 그 귀속배제를 위하여 사용되어 왔다.

(1) 고의적인 타인의 불가벌적 자손행위에의 관여

예를 들어 강간 피해자가 자살하거나[19] 특정 종교교리상의 이유로 수혈을 거부함으로써 환자가 사망한 경우, 술 취한 상태에서 자동차 경주에 참가한 경우나[20] 피해자가 고의적으로 기존에 입은 상처를 방치하는 경우와 같이 피해자가 스스로 불가벌적인 자손행위로 자기위태화를 초래한 경우,

---

17) 「in dubio pro reo」원칙이 적용되는 영역이다.
피고인이 트럭을 도로의 중앙선 위에 왼쪽 바깥바퀴가 걸친 상태로 운행하던 중 피해자가 승용차를 운전하여 피고인이 진행하던 차선으로 달려오다가 급히 자기 차선으로 들어가면서 피고인이 운전하던 트럭과 교행할 무렵 다시 피고인의 차선으로 들어와 그 차량의 왼쪽 앞부분으로 트럭의 왼쪽 뒷바퀴 부분을 스치듯이 충돌하고 이어서 트럭을 바짝 뒤따라가던 차량을 들이받았다면, 설사 피고인이 중앙선 위를 달리지 아니하고 정상차선으로 달렸다 하더라도 사고는 피할 수 없다할 것이므로 피고인이 트럭의 왼쪽바퀴를 중앙선 위에 올려놓은 상태에서 운전한 것만으로는 위 사고의 직접적인 원인이 되었다고 할 수 없다(대법원 1991.2.26. 선고 90도2856 판결).
피고인 운전의 차가 이미 정차하였음에도 뒤쫓아오던 차의 충돌로 인하여 앞차를 충격하여 사고가 발생한 경우, 설사 피고인에게 안전거리를 준수치 않은 위법이 있었다 할지라도 그것이 이 사건 피해결과에 대하여 인과관계가 있다고 단정할 수 없다(대법원 1983.8.23. 선고 82도3222 판결).

18) BGHSt 11, 1.

19) 강간을 당한 피해자가 집에 돌아가 음독자살하기에 이르른 원인이 강간을 당함으로 인하여 생긴 수치심과 장래에 대한 절망감 등에 있었다 하더라도 그 자살행위가 바로 강간행위로 인하여 생긴 당연의 결과라고 볼 수는 없으므로 강간행위와 피해자의 자살행위사이에 인과관계를 인정할 수 없다(대법원 1982.11.23. 선고 82도1446 판결).

20) A와 B는 함께 술을 마신 뒤 술김에 오토바이경부를 하기로 했다. B는 복잡한 도로에서 벌어진 두 사람만의 경주에서 자기 잘못으로 너머져 치명상을 입고 그 자리에서 사망하였다[BGHSt 7, 112. 1995.1.25. 판결].

이러한 구성요건적 결과는 최초의 원인행위를 처벌하는 당해 구성요건규범의 보호목적의 영역 밖에서 발생하였기 때문에 객관적 귀속이 부정된다.

(2) 양해있는 피해자에 대한 가해행위

운전자가 만취한 상태인 줄 알면서 동승한 자가 자동차사고로 부상을 입은 경우 또는 홍수가 나서 나룻배로는 도저히 강을 건널 수 없다는 뱃사공의 말을 무시하고 무리하게 부탁하여 강을 건너다가 사고를 당한 경우와 같이 이미 타인에 의해 야기된 위험을 알고도 그 위험발생을 양해한 경우에는 객관적 귀속이 부정된다.

(3) 타인의 책임영역에 속하는 행위

예를 들어 甲이 乙에게 상해를 가하여 乙이 치료를 받던 중 의사의 부주의로 사망한 경우와 같이 원인행위에 의하여 발생된 결과를 초과하여 타인의 고의 또는 과실행위에 의해 중한 결과가 발생된 경우, 타인의 책임영역에서 발생된 중한 결과는 원인행위의 작품으로 볼 수 없기 때문에 객관적 귀속이 부정된다.

제4항 동시범(Nebentäterschaft)

Ⅰ. 개념

동시범이란 다수인의 독립행위가 상호 의사연락 없이 동일객체에 작용하여 구성요건적 결과를 발생시킨 경우로, 공동실행의 의사연락이 없다는 점에서 공동정범과 구별되며 또한 타행위자가 단순한 도구가 아니라는 점에서 간접정범과도 구별되는 개념이다. 동시범은 단독정범이 우연히 결합된 다수인의 범죄형태로 책임원칙에 의해 각자는 원인행위가 판명된 범위 내에서, 즉 자신의 행위에 의해 발생된 결과에 대해서만 책임을 부담할 뿐이다. 이런 점에서 동시범은 이론적으로 독자적 의미가 없다는 비판적 견해도 있다. 현행 형법은 제19조『독립행위의 경합』규정에 의해 이를 입법적으로 해결하는 한편, 예외규정으로 제263조 상해죄에 있어 동시범의 특례규정을 두고 있다.

Ⅱ. 독립행위의 경합(제19조)

제19조 (독립행위의 경합) 동시 또는 이시(異時)의 독립행위가 경합한 경우에 그 결과발생의 원인된 행위가 판명되지 아니한 때에는 각 행위를 미수범으로 처벌한다.
제263조 (동시범) 독립행위가 경합하여 상해의 결과를 발생하게 한 경우에 있어서 원인된 행위가 판명되지 아니한 때에는 공동정범의 예에 의한다.

1. 의의

독립행위가 경합하여 원인행위가 판명되지 아니하는 경우, 즉 결과발생의 원인된 행위가 판명되지 아니하는 동시범의 경우에는 책임원칙에 의하여 각자가 발생된 결과에 대한 미수책임을 부담한다.

2. 요건

1) 2개 이상의 실행행위가 존재할 것

실행착수가 전제된다는 점에서 행위 자체가 불분명한 경우에는 적용되지 않는다.[21)]

21) 상해죄에 있어서의 동시범은 두 사람 이상이 가해행위를 하여 상해의 결과를 가져올 경우에 그 상해가 어느 사람의 가해행위로 인한 것인지가 분명치 않다면 가해자 모두를 공동정범으로 본다는 것이므로 가해행위를 한 것 자체가 분명치 않은 사람에 대하여는 동시범으로 다스릴 수 없다(대법원 1984.5.15. 선고 84도488 판결).

2) 공동실행의 의사연락없는 독립행위가 경합할 것

'공동실행의 의사연락'의 의미 또는 내용을 어떻게 보느냐에 대해서는 견해가 대립된다. 즉 공동정범의 본질에 대한 범죄공동설과 행위공동설에 따라 동시범의 인정범위가 달라질 수 있다. 소송법상 의사연락의 存否는 범죄성립여부에 관한 사실로서 엄격한 증명을 요하며, 검사가 거증책임을 부담한다.

3) 동일한 행위객체에 행위효과가 발생(구성요건적 결과발생)

행위객체만 동일하면 되므로 각 행위가 구성요건적으로 동일한 행위일 필요는 없다.

4) 경합의 시간성과 장소성

제17조가 명시하고 있는 바와 같이 동시적 독립행위만이 아니라 이시적(異時的) 독립행위가 경합하는 경우에도 제17조가 적용되며, 반드시 장소적 근접성을 요하지 아니한다.

5) 원인행위가 판명되지 아니할 것

소송법상 원인된 행위의 판명도 범죄성립여부에 관한 사실로서 엄격한 증명을 요하며, 검사가 거증책임을 부담한다.

3. 효과

「in dubio pro reo」의 원칙과 이 원칙에서 파생되는 거증책임분배의 원칙상 행위자는 미수책임만 부담한다.[22)]

Ⅲ. 상해죄의 동시범의 특례(제263조)

1. 의의

입증곤란을 구제하고 일반예방의 효과라는 정책적 고려에서 규정된 제19조의 예외규정이다.

2. 법적 성질

1) 거증책임전환설(擧證責任轉換說)

인과관계의 입증곤란을 구제하기 위해 거증책임분배의 원칙에 대한 예외로서, 피고인이 상해의

22) 소송법적인 효과로는 형사소송법 제11조 제3호의 규정에 의해 관련사건으로 다루어진다.

결과에 대해 인과관계가 없음을 증명할 거증책임을 부담해야 하는 규정으로 보는 견해이다. 그러나 소송법상 의사연락의 존재 여부는 요증사실(要證事實)로, 의사연락이 없음에도 불구하고 사실의 증명 없이 기수책임을 지울 수는 없다.

2) 법률상 책임추정설

입증곤란을 구제하기 위해 공동정범의 책임을 법률에 의해 추정한 규정으로 보는 견해이다. 그러나 인과관계는 요증사실이며, 실체적 진실주의와 자유심증주의가 지배하는 소송본질에도 위배되며 의사연락이 없는데도 기수책임을 지울 수는 없다.

3) 법률상 의제설

입증곤란을 구제하기 위해 공동정범이 아닌 것을 공동정범으로 의제하는 규정으로 보는 견해로, 법률상 추정설과 동일한 비판을 받고 있다.

4) 이원설(二元說)

소송법적 측면이나 실체법적 측면 어느 하나만으로는 합리적 설명이 어렵다는 점에서 소송법적으로는 거증책임전환규정이며, 실체법상으로는 공동정범의 범위를 확장시키는 의제를 한 규정으로 보는 견해이다. 그러나 이 견해에 의하면 연좌제규정에 유사한 작용을 인정하는 것이고, 「in dubio pro reo」원칙의 예외를 인정하게 된다.

3. 적용요건

① 독립행위가 경합할 것

② 경합의 시간성

이시(異時)의 독립행위경합으로 상해결과가 발생한 경우에도 적용된다.[23)]

③ 상해의 결과 - 원인행위는 불문

④ 원인관계가 판명되지 아니할 것

---

23) 시간적 차이가 있는 독립된 상해행위나 폭행행위가 경합하여 사망의 결과가 일어나고 그 사망의 원인된 행위가 판명되지 않은 경우에는 공동정범의 예에 의하여 처벌할 것이다(대법원 2000.7.28. 선고 2000도2466 판결).
이시(異時)의 상해의 독립행위가 경합하여 사망결과가 일어난 경우 원인된 행위가 판명되지 아니한 때에도 제19조와 제263조의 규정취지를 새겨 보아 공동정범의 예에 의한다고 해석하여야 할 것이다(대법원 1981.3.10. 선고 80도3321 판결).

4. 적용범위

1) 제263조는 예외적 특수규정이므로 그 적용에 있어서도 엄격하게 상해의 결과를 발생한 경우에만 적용된다는 견해

이 견해에 의하면 폭행치사죄나 상해치사죄는 사망의 결과가 발생한 경우이므로 유추해석금지의 원칙에 의해 적용되지 않는다.

2) 상해의 결과가 발생한 이상 폭행치사죄나 상해치사죄에도 제263조가 적용된다는 견해

판례도 "동시범의 특례를 규정한 형법 제263조는 상해치사죄에도 적용된다"라고 판시하여,[24] 이 견해를 취하고 있다.

3) 강간치사죄와 강도치상죄는 보호법익을 달리하므로 적용되지 않는다.[25]

5. 법률상 취급(효과)

제263조의 "공동정범의 예에 의한다"는 규정 해석과 관련하여 다수견해는 독립행위가 경합된 각자에게 제263조에 의해 상해죄의 공동정범이 성립하며, 상해죄의 공동정범으로 처벌하는 것으로 해석한다. 이에 대하여 소수견해는 독립행위가 경합된 각자에게는 상해죄의 동시범, 즉 상해죄의 단독정범이 성립하되 제263조에 의하여 공동점범으로 처벌될 뿐이라고 한다.

입법적으로 보면 제263조는 상해 결과에 대해 원인관계가 입증되지 되지 아니한 경우에도 발생한 상해 결과에 대해 각자를 공동정범으로 처벌하겠다는 것으로, 이는 결과주의의 사고에 기초한 것이라는 점에서 근대 형법의 기본원칙인 책임원칙에 위배된다. 따라서 제263조는 반드시 개정 · 삭제되어야 한다.

관련판례

제263조의 법률적 효과에 대한 판례의 입장

1) 시간적 차이가 있는 독립된 상해행위나 폭행행위가 경합하여 사망의 결과가 일어나고 그 사망의 원인된 행위가 판명되지 않은 경우에는 공동정범의 예에 의하여 처벌할 것이다(대법원 2000.7.28. 선고 2000도2466 판결).
2) 성수대교와 같은 교량이 그 수명을 유지하기 위하여는 건설업자의 완벽한 시공, 감독공무원들의 철저한 제작시공상의 감독 및 유지 · 관리를 담당하고 있는 공무원들의 철저한 유지 · 관리라는 조건이 합치되어야 하는 것이므로, 위 각 단계에서의 과실 그것만으로 붕괴원인이 되지 못한다고 하더라도, 그것이 합쳐지면 교량이 붕괴될 수 있다는 점은 쉽게 예상할 수 있고, 따라서 위 각 단계에 관여한 자는 전혀 과실이 없다거나 과실이 있다고 하

24) 대법원 1985.5.14. 선고 84도2118 판결.

25) 형법 제263조 동시범은 상해와 폭행죄에 관한 특별규정으로서 동 규정은 그 보호법익을 달리하는 강간치상죄에는 적용할 수 없다(대법원 1984.4.24. 선고 84도372 판결).

여도 교량붕괴의 원인이 되지 않았다는 등의 특별한 사정이 있는 경우를 제외하고는 붕괴에 대한 공동책임을 면할 수 없다. 2인 이상이 상호의사의 연락이 없이 동시에 범죄구성요건에 해당하는 행위를 하였을 때에는 원칙적으로 각인에 대하여 그 죄를 논하여야 하나, 그 결과발생의 원인이 된 행위가 분명하지 아니한 때에는 각 행위자를 미수범으로 처벌하고(독립행위의 경합), 이 독립행위가 경합하여 특히 상해의 경우에는 공동정범의 예에 따라 처단(동시범)하는 것이므로, 상호의사의 연락이 있어 공동정범이 성립한다면, 독립행위경합 등의 문제는 아예 제기될 여지가 없다(대법원 1997.11.28. 선고 97도1740 판결, 성수대교 붕괴사고).

3) 2인 이상이 상호의사의 연락없이 동시에 범죄구성요건에 해당하는 행위를 하였을 때에는 원칙적으로 각인에 대하여 그 죄를 논하여야 하나 그 결과 발생의 원인이 된 행위가 분명하지 아니한 때에는 각 행위자를 미수범으로 처벌하고(독립행위의 경합), 이 독립행위가 경합하여 특히 상해의 결과를 발생하게 하고 그 결과발생의 원인이 된 행위가 밝혀지지 아니한 경우에는 공동정범의 예에 따라 처단(동시범)하는 것이므로 공범관계에 있어 공동가공의 의사가 있었다면 이에는 도시 동시범 등의 문제는 제기될 여지가 없다(대법원 1985.12.10. 선고 85도1892 판결).
4) 상해죄에 있어서의 동시범은 두 사람 이상이 가해행위를 하여 상해의 결과를 가져올 경우에 그 상해가 어느 사람의 가해행위로 인한 것인지가 분명치 않다면 가해자 모두를 공동정범으로 본다는 것이므로 가해행위를 한 것 자체가 분명치 않은 사람에 대하여는 동시범으로 다스릴 수 없다(대법원 1984.5.15. 선고 84도488 판결).

사례연습

1. 자동차 운전자 甲은 도로교통법상 운전자로서의 주의의무를 게을리하여 차단기가 내려지고 있던 열차건널목을 그대로 승용차로 통과하는 바람에 그 자동차가 열차의 좌측 모서리와 충돌하여 약 20여 미터쯤 열차진행방향으로 끌려가면서 튕겨나갔다. 마침 乙은 열차건널목을 지나가려고 타고 있던 자전거에서 내려 위 자동차 왼쪽에서 열차가 지나가기를 기다리고 있다가 위 충돌사고에 놀라 뒤로 물러나다가 철로횡단안내표지판에 걸려 넘어져 상해를 입었다.
   甲의 죄책은?

   [참조판례 대법원 1989.9.12. 선고 89도866 판결]

2. 甲은 계속 교제를 원하는 자신의 제의를 乙이 거절한다는 이유로 乙의 얼굴을 주먹으로 수회 때렸고 이에 乙이 대항하여 甲의 손가락을 깨물고 목을 할퀴자 이에 격분한 甲은 다시 乙의 얼굴을 수회 때리고 발로 배를 수회 차는 등 폭행을 하였다. 乙은 이를 모면하기 위하여 도로 건너편의 추어탕 집으로 도망가 도움을 요청하였고, 甲은 이를 뒤따라 도로를 건너간 다음 乙의 머리카락을 잡아 흔들고 얼굴 등을 주먹으로 때리는 등 폭행을 가하였으며 이에 견디지 못한 乙이 다시 도로를 건너 도망하자 甲은 계속하여 쫓아가 주먹으로 乙의 얼굴 등을 구타하는 등 폭행을 가하여 전치 10일간의 흉부피하출혈상 등을 가하였고, 乙이 위와 같이 계속되는 甲의 폭행을 피하려고 다시 도로를 건너 도주하다가 차량에 치여 사망하였다.
   甲의 죄책은?

   [참조판례 대법원 1996.5.10. 선고 96도529 판결]

3. 甲은 자신이 경영하는 속셈학원의 강사로 사흘 전에 채용된 乙을 위 학원으로 불러내어 함께 인천 남동구 간석3동 소재 로얄관광호텔 9층 일식당에 가서 술을 곁들여 점심식사를 한 다음 乙 몰래 미리 예약해 놓은 같은 호텔 703호 객실 앞까지 乙을 유인하여 들어가지 않으려는 乙을 붙잡아 떠미는 등 강제로 객실 안으로 끌고 들어간 후 객실에서 나가려는 乙을 붙잡거나 객실 방문을 가로막아 못나가게 하고 여러 차례에 걸쳐 집요하게 乙을 강제로 끌어 안아 침대에 넘어뜨리고 키스하려고 하는 등 2시간 정도에 걸쳐 계속적으로 위와 같은 방법으로 乙의 반항을 억압한 후 강간하려고 하였다. 이에 乙이 甲의 얼굴을 할퀴고 비명을 지르며 완강히 반항하던 중 위 객실의 예약된 대실시간이 끝나가자 시간을 연장하기 위하여 甲이 호텔 프론터에 전화를 하는 사이에 乙은 더 이상 위 객실 안에 있다가는 자신의 순결을 지키기 어렵겠다는 생각이 들어 위 객실을 빠져나가려 하였으나 출입문 쪽에서 피고인이 전화를 하고 있어 위 출입문 쪽으로 나가려다가는 甲에게 잡힐 것 같은 생각이 들자 다급한 나머지 위 객실 창문을 열고 뛰어내리다가 28m 아래 지상으로 추락하여 두개골골절상을 입고 사망하였다.
甲의 죄책은?

[참조판례 대법원 1995.5.12. 선고 95도425 판결 ; 1990.10.16. 선고 90도1786 판결]

4. 甲은 乙에게 교통사고로 전치 2개월을 요하는 상해를 입혀 乙은 병원에 입원하였다. 乙의 입원 중에 병원에 화재가 발생하여 이로 말미암아 乙이 소사(燒死)한 경우의 甲의 죄책은?

5. 甲은 남편 乙의 취침 시에 그를 살해하려고 1시간뒤에 효과가 나타날 치사량의 독약을 우유에 타서 먹게 했는데 그날 밤 乙에게 원한을 품은 丙이 乙의 취침 30분 뒤에 乙의 집에 침입하여 권총으로 乙의 심장을 명중시킨 경우의 甲의 죄책은?

6. 甲은 乙을 살해하려는 생각으로 우중(雨中)에 낙뢰(落雷)가 있을 것으로 여겨진 숲속으로 乙을 가게 한 바 마침 乙은 벼락에 맞아 사망한 경우의 甲의 죄책은?

7. 甲은 乙의 좌안부분(左眼部分)을 발로 차서 전치 10일 정도를 요하는 상해를 입혔는데 乙은 뇌의 질병으로 인하여 뇌에 고도의 병적 변화가 있었기 때문에 그 외상에 의하여 뇌조직이 파괴되어 사망한 경우의 甲의 죄책은?

8. 甲과 乙은 독립하여 동시에 丙에게 각각 치사량의 독약을 먹게 하여 丙을 살해했을 때 甲의 행위가 없어도 乙의 행위에 의하여 丙은 죽게 될 것이고 또 乙의 행위가 없어도 甲의 행위에 의하여 丙이 죽게 될 것이 확실한 경우의 甲과 乙의 죄책은?

기출사례

1. 윤락업에 종사하고 있던 여성 甲은 2000. 5.경 보건소에서 정기검진을 받은 결과 에이즈 환자로 판명되었다. 그러자 甲은 절망한 나머지 자신에게 에이즈 바이러스를 감염시킨 것은 결국 자신과 성관계를 맺은 남성이라고 생각하고, 다수의 남성들에게 에이즈 바이러스를 감염시킴으로써 복수하겠다고 결심했다. 甲은 자신이 에이즈 환자라는 사실을 숨기고 A 유흥업소에 취직하였다. 그런데 A 유흥업소 업주 乙은 甲이 보건소에 자주 드나드는 것을 보고 甲이 성병의 일종인 임질에 감염된 것으로 생각했다. 乙은 甲을 이용하여 평소 유흥업소간 이권다툼으로 심한 분쟁을 겪고 있던 인근 B 유흥업소 업주 丙에게 임질을 감염시켜 혼내주겠다는 계획을 세웠다. 乙은 丙에게 이러한 계획을 숨긴 채 화해를 하자며 2001. 3.경 丙을 A 유흥업소로 불러들여 술을 마시게 한 다음 甲과 동침을 하도록 하였다. 그런데 丙은 乙이 갑작스럽게 화해하자는 것을 이상하게 생각하고는 자신의 쌍둥이 동생 丁을 대신 보냈기 때문에 甲과 동침한 사람은 丙이 아닌 丁이었다. 그 후 丁은 에이즈 환자 甲과 동침하였다는 사실을 알고 충격을 받은 나머지 2002. 4.경 비관 끝에 자살하고 말았다. 그런데 2002. 5.경 甲이 보건소에서 정기검진을 받은 결과 2000년의 검사결과는 잘못된 것이었으며 甲은 어떤 성병에도 감염되지 않았음이 밝혀졌다.

甲, 乙의 죄책은?(단, 특별법위반의 점은 논외로 함) (50점)

[2002년도 시행 제44회 사법시험 제1문]

2. 운전수 甲은 서울시내 도로상에서 자동차운전 중 횡단중인 乙과 충돌하여 乙을 부상케 하였으나 그를 조수석에 승차시켜 수원시 부근까지 운전도주하던 중 乙은 차중에서 多出血로 사망하였다. 甲은 乙의 포켓에서 금 일만 원을 탈취한 후 乙을 그 근방 산림중에 매몰하였다. 甲의 죄책 여하?

[1963년도 시행 제5회 사법시험 제2문]

3. 甲과 乙은 산간노상에서 자동차를 타고 지나가는 丙을 살해하여 금품을 强取할 것을 共謀하고 甲은 丙을 길가에서 떨어진 숲속으로 끌고 가서 살해하고자 하였으나 丙이 살려달라고 애원하므로 불쌍히 여겨 죽이지 않았다. 그동안 乙은 차안의 재물을 절취하여 甲과 같이 달아났다. 재물을 탈취당한 丙은 物主에게 대할 면목이 없다고 생각하고 강물에 투신자살하였다. 甲과 乙의 형사책임을 논하라.

[1959년도 시행 제1회 사법시험 제1문]

제7절 자수범(自手犯, 固有犯 Eigenhändiges Delikt)

Ⅰ. 개념

자수범이란 반드시 행위자 자신이 직접 실행해야 하고 타인을 범죄의 도구로서 이용하는 간접정범의 형태로서는 실현할 수 없는 범죄유형을 말한다. 즉 범죄행위가 행위자의 인격과 밀착되어 있음으로 해서 행위자의 직접적 실현에 의해서만 범죄의 특수한 행위반가치가 실현될 수 있는 범죄유형이다.[1)]

Ⅱ. 자수범 개념의 인정 여부에 관한 학설

1. 부인설

1) 철저한 인과관계론(조건설)의 입장

이용행위와 결과사이에 인과관계만 있으면 간접정범이 성립한다는 견해이다.

2) 확장적 정범론의 입장

구성요건적 결과에 조건을 준 자는 모두 정범이 성립된다는 견해로, 행위반가치를 전혀 고려하지 않는다는 점에서 이론상 문제가 있다.

3) 공범독립성설의 입장

피이용자의 실행행위와는 관계없이 공범은 성립한다고 보는 견해이다.

2. 긍정설

1) 형식설

개개 구성요건의 형식상(형식규정상) 일정한 자만이 범죄의 주체로서 이러한 행위자에 의해서만 범죄가 실현될 것을 요구하는 경우가 자수범이라는 견해이다.

---

1) K.Binding.

2) 거동범설

거동범이 자수범이라는 견해이나, 주거침입죄나 폭행죄는 거동범이지만 자수범은 아니며 결과범에서도 자수범이 성립된다는[2] 점에서 부당하다.

3. 소결

자수범을 인정할 것이냐는 형법규범의 구체적 내용에 따라 개별적으로 판단하여야 한다. 즉 개개의 구성요건에서 범죄주체를 예정하고 있는 이유, 보호법익과 보호정도,행위태양, 타인에 의한 실현가능성 등을 고려하여 판단하여야 한다.

Ⅲ. 유형

1. 진정자수범과 부진정자수범

1) 진정자수범

비신분자가 신분자를 이용할 수 없음은 물론, 신분자가 비신분자를 이용하는 것(간접정범의 형태)도 불가능한 자수범유형을 말한다.[3]

2) 부진정자수범[4]

신분자는 다른 신분자나 비신분자를 이용하여 간접정범을 범할 수 있으나, 비신분자는 신분자를 이용하여 간접정범을 범할 수 없는 자수범유형을 말한다. 즉 직접정범이 될 수 없는 자는 간접정범의 형태로도 범죄를 실행할 수 없는 자수범유형이다.[5][6]

---

2) 예로서 신분범의 경우가 이에 해당한다.

3) 위증죄(제152조), 간통죄(제241조), 각종 상습범 등이 이에 속한다.

4) 위법신분에 있어서는 비신분자도 신분자를 이용하여 신분범의 법익침해가 가능하다는 점에서 부진정자수범의 개념을 부정하는 견해도 있다.

5) 각종 신분범과 목적범이 이에 속한다.

6) [작성권한 없는 자가 작성권한 있는 공무원을 이용하는 경우 허위공문서작성죄의 간접정범의 성립여부에 대한 대법원판례]
1. 공무원 아닌 자가 작성권한 있는 공무원을 기망하여 허위기재케 한 경우
[종전판례] 범죄사실의 인식 없는 타인을 이용하여 범죄를 실행케 한 자는 간접정범으로서 단독으로 그 죄책을 부담함이 당연하다. 정을 모르는 공무원을 이용하여 허위사실을 기재한 증명원을 발급받은 경우에는 허위공문서를 작성케 한 것에 해당하므로 허위공문서작성죄의 간접정범이다(대법원 1955.2.25. 선고 4286형상39 판결).
[판례변경] 공무원 아닌 자가 허위의 공문서작성의 간접정범이 되는 때에는 동법 제228조(공정증서원본등부실기재죄)의 경우 이외에는 이를 처벌하지 아니하는 취지로 해석함이 상당하다고 할 것이고 이 점에 관하여 위 취지에 저촉되는 본원 4286형상39호 판결이유는 이를 유지할 필요가 없다고 인정되므로 폐기하기로 한다(대법원 1961.12.14 선고 1959형상545 대법원전원합의체판결). 같은 취지의 판례로 대법원 1962.4.12. 선고 61형상646 판결 ; 1970.7.28. 선고 70도1044 판결.
2. 작성권한은 없지만 작성권한 있는 자의 직무를 보좌하는 공무원이 작성권한자인 상사에게 허위보고하여 허위공문서를

2. 실질적 자수범과 형식적 자수범

1) 실질적 자수범

범죄자체의 성질상 비신분자가 간접정범의 형태로 범할 수 없는 자수범,[7] 즉 일정한 주체에 의해서만 범행이 가능하며 타주체의 행위에 의해 결과가 발생하더라도 범죄는 성립되지 아니하는 범죄유형을 말한다.[8]

2) 형식적 자수범

구성요건의 규정형식상 법률이 일정한 범죄유형을 간접정범적 형태로 하여 독립별개의 구성요건에 규정하고 있는 범죄유형을 말한다.[9]

사례연습

1. A회사의 직원인 甲은 예비군훈련에 참석한다는 구실로 결근하고 예비군훈련에도 참석하지 않았다. 甲은 다음날 회사에 출근하면 직장상사에게 훈련참석확인서를 제출해야 하므로 아침 일찍 예비군중대에 가서 확인서의 작성권자인 예비군중대장에게 자기는 훈련에 참석했는데 확인서 받는 것을 깜빡 잊어버렸다고 거짓말을 하여 확인서를 받아 회사에 제출하였다.
   甲의 형사책임은?

[참조판례 대법원 1961.12.14 선고 1959형상545 대법원전원합의체판결]

2. 위 사례에서 甲이 예비군중대장을 보좌하는 방위병 乙과 공모하여 乙이 허위로 확인서의 초안을 작성하고 그 사실을 모르는 작성권자인 중대장으로부터 결재를 받은 경우에, 甲과 乙의 형사책임은?

[참조판례 대법원 1992.1.17. 선고 91도2837 판결 등]

작성한 경우와 이에 가담한 비신분자인 사인의 형사책임
공문서의 작성권한이 있는 공무원의 직무를 보좌하는 자가 그 직위를 이용하여 행사할 목적으로 허위의 내용이 기재된 문서초안을 그 정을 모르는 상사에게 제출하여 결제하도록 하는 등의 방법으로 작성권한이 있는 공무원으로 하여금 허위의 공문서를 작성하게 한 경우에는 허위공문서작성죄의 간접정범이 성립되고 이와 공모한 자 역시 그 간접정범의 공범으로서의 죄책을 면할 수 없는 것이고, 여기서 말하는 공범은 반드시 공무원의 신분이 있는 자로 한정되는 것은 아니라고 할 것이다.(대법원 1992.1.17. 선고 91도2837 판결). 같은 취지의 판례로 대법원 1990.2.27. 선고 89도1816 판결 ; 1986.8.19. 선고 85도2728 판결 ; 1983.9.27. 선고 83도1404 판결 ; 1981.12.8. 선고 81도943 판결 등.

7) 신분범, 목적범, 진정부작위범, 단순거동범 등이 이에 해당한다.

8) 부정수표단속법의 목적이 부정수표 등의 발행을 단속처벌함에 있고(제1조), 허위신고죄를 규정한 위 법 제4조가 "수표금액의 지급 또는 거래정지처분을 면하게 할 목적"이 아니라 "수표금액의 지급 또는 거래정지처분을 면할 목적"을 요건으로 하고 있는데 수표금액의 지급책임을 부담하는 자 또는 거래정지처분을 당하는 자는 오로지 발행인에 국한되는 점에 비추어 볼 때 발행인 아닌 자는 위 법조가 정한 허위신고죄의 주체가 될 수 없고, 허위신고의 고의없는 발행인을 이용하여 간접정범의 형태로 허위신고죄를 범할 수도 없다.(대법원 1992.11.10. 선고 92도1342 판결)

9) 공정증서원본등의 부실기재죄(제228조)가 이에 해당한다.

제8절 법인의 범죄능력(형사책임)

사례연습

A회사의 전 대표이사인 甲은 회사소유 부동산을 乙에게 양도하고 그 매매대금을 완납받았는 바, 그 후 동 회사의 대표이사가 된 丙은 위 사실을 알면서 다시 제3자인 丁에게 회사명의로 동 부동산을 양도하고 그 소유권이전등기를 경료하였다.

丙의 죄책은?

[참조판례 대법원 1984.10.10. 선고 82도2595 전원합의체판결 등]

제1항 의의

Ⅰ. 논의의 대상

사법상(私法上) 법인의 중요성이 인식되고, 민법상으로 법인의 불법행위책임능력이 인정되고 있다.[1] 오늘날 여러 특별법상 양벌규정에 의해 법인에 대해서도 형사적 제재를 인정하고 있는 바,[2] 이

1) Gierke의 법인실재설의 영향. 사법상 법인에 대한 규정으로는 민법 제34 · 35 · 38 · 77 · 750조, 상법 제176 · 210 · 269 · 389 · 567조 등이다.

[참고] 법인의 권리능력과 불법행위능력에 대한 민법규정

제34조(법인의 권리능력) 법인은 법률의 규정에 좇아 정관으로 정한 목적의 범위내에서 권리와 의무의 주체가 된다.

제35조(법인의 불법행위능력) ① 법인은 이사 기타 대표자가 그 직무에 관하여 타인에게 가한 손해를 배상할 책임이 있다. 이사 기타 대표자는 이로 인하여 자기의 손해배상책임을 면하지 못한다.

② 법인의 목적범위외의 행위로 인하여 타인에게 손해를 가한 때에는 그 사항의 의결에 찬성하거나 그 의결을 집행한 社員, 이사 및 기타 대표자가 연대하여 배상하여야 한다.

2) 현행법상 양벌규정으로, 환경범죄에 대한 특별조치법 제5조, 조세범처벌법 제3조, 관세법 제196조, 무역거래법 제24조, 증권거래법 제215조, 신용정보의이용및보호에관한법률 제34조, 영화 및 비디오물의 진흥에 관한 법률(2006.4.28. 제정, 2006.10.29. 시행) 제97조, 도로법 제86조, 농어촌도로정비법 제33조, 수산업법 제76조, 선원법 제48조, 건축법 제81조, 수도법 제36조, 하천법 제85조, 수로법 제36조, 항공법 제140조, 약사법 제78조, 문화재보호법 제94조, 석유사업법 제29조, 중기관리법 제36조 등이 있다.

[지방자치단체가 도로법 제86조의 양벌규정의 적용대상이 되는 법인에 해당하는지 여부(한정 적극)]

헌법 제117조, 지방자치법 제3조 제1항, 제9조, 제93조, 도로법 제54조, 제83조, 제86조의 각 규정을 종합하여 보면, 국가가 본래 그의 사무의 일부를 지방자치단체의 장에게 위임하여 그 사무를 처리하게 하는 기관위임사무의 경우에는 지방자치단체는 국가기관의 일부로 볼 수 있는 것이지만, 지방자치단체가 그 고유의 자치사무를 처리하는 경우에는 지방자치단체는 국가기관의 일부가 아니라 국가기관과는 별도의 독립한 공법인이므로, 지방자치단체 소속 공무원이 지방자치단체 고유의 자치사무를 수행하던 중 도로법 제81조 내지 제85조의 규정에 의한 위반행위를 한 경우에는 지방자치단체는 도로법 제86조의 양벌규정에 따라 처벌대상이 되는 법인에 해당한다. 지방자치단체 소속 공무원이 압축트럭 청소차를 운전하여 고속도로를 운행하던 중 제한축중을 초과 적재 운행함으로써 도로관리청의 차량운행제한을 위반한 사안에서, 해당 지방자치단체가 도로법 제86조의 양벌규정에 따른 처벌대상이 된다(대법원 2005.11.10. 선고 2004도2657 판결).

신용정보의 이용 및 보호에 관한 법률 제34조에 법인을 처벌하기 위한 요건으로서 규정한 '법인의 업무에 관하여' 행한 것으로 보기 위해서는 객관적으로 법인의 업무를 위하여 하는 것으로 인정할 수 있는 행위가 있어야 하고, 주관적으로는 피용자 등이 법인의 업무를 위하여 한다는 의사를 가지고 행위함을 요한다(대법원 2006.6.15. 선고 2004도1639 판결). [제34

와 관련하여 문제되는 것이 법인의 범죄능력이다. 「~한 자」라는 구성요건의 규정형식상 형법에 있어서의 범죄주체는 일반적으로 자연인이며, 법인도 범죄주체가 될 수 있는가에 대해서는 아무런 규정을 두고 있지 않다. 따라서 이 문제는 형법이론학의 원칙에서가 아니라 현실적 필요에 의해 제기된 것으로, 먼저 법인에 대한 현실적인 처벌필요성이라는 형사정책적인 요청이다. 이는 특히 환경범죄와 같이 불특정 다수인을 대상으로 하는 범죄에 대해 오늘날 기업의 구조상 그 구성원과 법인과의 관계, 일반인의 법감정 내지 정의실현의 문제 나아가 제재의 실효성이라는 측면등을 고려해 볼 때 기업의 형사책임을 인정해야 한다는 것이다. 이러한 현실적인 처벌필요성을 충족시키기 위해서는 법인의 범죄능력의 인정여부와 관련하여 이것을 어떻게 이론적으로 적절히 구성할 수 있느냐가 문제된다.

또한 현행 법인에 대한 형사처벌규정과 관련하여 법인에 대해 범죄능력을 인정하면 법인에 대한 형벌부과는 형법상 논리적으로 아무런 문제가 없으나, 만일 법인의 범죄능력을 인정하지 않을 경우에는 이러한 처벌규정과 관련하여 이중적 설명구조를 가질 수 밖에 없게 된다. 즉 법인의 범죄능력은 실제로 법인을 처벌하는 규정이 있기 때문에 문제되는 것이다.

이와 같이 법인의 범죄주체성과 관련하여 행위능력과 책임능력을 포괄하는 법인의 범죄능력의 문제와, 책임원칙상 범죄주체성과 일치성의 문제인 법인의 수형주체성(受刑主體性) 즉 법인의 수형능력이 문제된다. 또한 법인을 처벌하는 이론적 근거로서 양벌규정이 이중처벌금지의 법리에 위배되느냐의 여부가 논의의 대상이 된다.

조 (양벌규정) 법인의 대표자, 법인 또는 개인의 대리인 · 사용인 기타 종업원이 그 법인 또는 개인의 업무에 관하여 제32조의 위반행위를 한 때에는 행위자를 벌하는 외에 그 법인 또는 개인에 대하여도 동조의 벌금형을 과한다.]

관세법 제196조에 따라 법인의 임직원 또는 피용자의 범칙행위에 의하여 법인을 처벌하기 위한 요건으로서 '법인의 업무에 관하여' 행한 것으로 보기 위하여는 객관적으로 법인의 업무를 위하여 하는 것으로 인정할 수 있는 행위가 있어야 하고, 주관적으로는 피용자 등이 법인의 업무를 위하여 한다는 의사를 가지고 행위함을 요하며, 위 요건을 판단함에 있어서는 법인의 적법한 업무의 범위, 피용자 등의 직책이나 직위, 피용자 등의 범법행위와 법인의 적법한 업무 사이의 관련성, 피용자 등이 행한 범법행위의 동기와 사후처리, 피용자 등의 범법행위에 대한 법인의 인식 여부 또는 관여 정도, 피용자 등이 범법행위에 사용한 자금의 출처와 그로 인한 손익의 귀속 여하 등 여러 사정을 심리하여 결정하여야 한다(대법원 1997.2.14. 선고 96도2699 판결 ; 1983.3.22. 선고 80도1591 판결).

무역거래법 제34조의 양벌규정에 의하여 법인이 처벌을 받는 경우, 범죄의 주관적 구성요건으로서의 범의는 실지 행위자인 동법인의 사용자에게 정당한 절차를 거치지 아니하고 수입을 한다는 인식이 있으면 족하다. 양벌규정에 의하여 법인이 처벌받는 경우에 법인의 사용인들이 범죄행위를 공모한 후 일방법인의 사용인이 그 실행행위에 직접 가담하지 아니하고 다른 공모자인 타법인의 사용자만이 분담실행한 경우에도 그 법인은 공동정범의 죄책을 면할 수 없다(대법원 1983.3.22. 선고 81도2545 판결).

구 환경보전법 제66조 제1호,제16조의2 제1항 소정의 벌칙규정의 적용대상은 사업자임이 그 규정자체에 의하여 명백하나, 한편 같은 법 제70조는 법인의 대표자 또는 법인이나 개인의 대리인 사용인 기타의 종업원이 제66조 내지 제69조의 규정에 위반하여 죄를 범한 때에는 그 행위자를 벌하는 외에 그 법인 또는 개인에 대하여도 각 본조의 벌칙규정을 적용하도록 양벌규정을 두고 있고, 이 규정의 취지는 각 본조의 위반행위를 사업자인 법인이나 개인이 직접하지 않은 경우에도 그 행위자와 사업자 쌍방을 모두 처벌하려는 데에 있으므로, 이 양벌규정에 의하여 사업자가 아닌 행위자도 사업자에 대한 각 본조의 양벌규정의 적용대상이 되는 것이다. 피고인은 축산협동조합의 전무로서 조합업무를 통할하고 일상업무에 관하여는 위 조합을 대표하는 자로서 환경기사 자격이 있는 인공수정사로 하여금 도축장 폐수처리업무까지 겸하도록 하였는데 그가 업무를 소홀히 하여 오염방지시설을 정상적으로 운영하지 아니한 경우, 피고인이 폐수처리업무 담당자의 도축장오염방지시설에 대한 관리상황을 철저하게 감독하지 아니한 지휘 · 감독상의 과실은 인정될지언정 고의로 오염방지시설을 정상운영하지 아니한 것으로는 볼 수 없어, 구 환경보전법 제70조 소정의 행위자에 해당하지 않는다(대법원 1991.11.12. 선고 91도801 판결) [같은 취지의 판례로 대법원 1991.2.26. 선고 90도2597 판결 ; 1992.11.10. 선고 92도2324 판결].

Ⅱ. 법인의 대표기관인 자연인의 범죄주체성

판례는 법인의 대표기관인 자연인의 범죄주체성을 부정하였다가, 1984.10.10. 선고 82도2595 전원합의체판결로 이를 인정하고 있다.[3)]

제2항 법인의 범죄능력과 법인의 처벌(양벌규정)

범죄능력과 수형능력(受刑能力)의 일치라는 책임원칙상 양자는 동시에 고려되어야 하며, 또한 일관성 있는 논리전개가 되어야 한다.

Ⅰ. 부정설[4)]

1. 논거

1) 법인의 행위능력

법인에는 의사가 없으므로 따라서 행위능력이 없다는 견해이다. 법인은 그 기관인 자연인을 통해

---

3) 법인에 있어서의 법률행위는 그 대표자인 자연인의 행위에 의하여 행하여지는 것이요 그 자연인의 행위가 즉 법인 자신의 행위로 간주되는 것이다. 그리고 형사법상의 형사책임은 그 행위자인 자연인에 대하여 자기행위에 대한 자기책임으로서 형벌을 가하게 되고 다만 법은 그 법의 목적을 실현하기 위하여 법률효과의 귀속자인 법인에 대한 형벌로서 벌금형의 처벌을 과하게 되는 경우가 있을 따름인 바, 조세범처벌법 제3조에 의하면 법인의 대표자, 법인 또는 개인의 대리인 사용인 등이 법인 또는 개인의 업무 또 재산에 관하여 본법에 규정하는 범칙행위를 한 때에는 행위자를 벌하는 외에 그 법인 또는 개인에 대하여도 각 본건의 벌금형에 처한다 라고 규정함으로서 법인의 대표자가 동법에 규정하는 행위를 한 때에는 그 현실적으로 행위를 한 자연인인 그 대표자 등을 처벌하고 다만 국가수입의 목적을 조성하기 위하여 법인 등의 사업주에 대하여 벌금형을 과하도록 하였던 것이다(대법원 1961.10.19. 선고 4294형상4197 판결).
A회사 대표이사인 갑이 회사 소유부동산을 회사명의로 을에게 양도하였는데, 그 후 위 회사의 대표이사가 된 피고인이 위 사실을 알면서 다시 제3자에게 회사명의로 양도하고 그 소유권이전등기를 경료하였다고 하여도 을에게 소유권이전등기를 하여 줄 의무는 위 회사가 부담하는 것이고, 피고인은 그 회사의 대표기관에 불과하므로 피고인이 을에 대하여 그 사무를 처리하는 지위, 즉 피고인과 을 사이에 타인과 본인의 관계가 없다고 할 것이니 피고인에게 배임죄가 성립될 리 없다(대법원 1982.2.9. 선고 80도1796 판결)[같은 취지의 판례로 대법원 1983.2.23. 선고 82도1527 판결].
[판례변경]
형법 제335조 2항의 배임죄에 있어서 타인의 사무를 처리할 의무의 주체가 법인이 되는 경우라도 법인은 다만 사법상의 의무주체가 될 뿐 범죄능력이 없는 것이며 그 타인의 사무는 법인을 대표하는 자연인인 대표기관의 의사결정에 따른 대표행위에 의하여 실현될 수 밖에 없어 그 대표기관은 마땅히 법인이 타인에 대하여 부담하고 있는 의무내용대로 사무를 처리할 임무가 있다고 할 것이므로 법인이 처리할 의무를 지는 타인의 사무에 대하여는 법인이 배임죄의 주체가 될 수 없고, 그 법인을 대표하여 사무를 처리하는 자연인인 대표기관이 바로 타인의 사무를 처리하는 자 즉 배임죄의 주체가 된다(대법원 1984.10.10. 선고 82도2595 전원합의체판결)[같은 취지의 판례로 대법원 1985.10.8. 선고 83도1375 판결 ; 1986.7.8. 선고 85도1873 판결].

4) 객관주의 입장으로 다수견해.

법인의사를 결정 · 실현하고 다만 그 행위효과가 법인에 귀속되는 데 불과하므로, 그 행위주체와 행위귀속의 주체와는 별개의 문제라고 본다.

2) 법인의 책임능력

책임의 근거를 자유의사(도의적 책임론)나 인격형성(인격적 책임론)에 두는 한, 법인은 책임의 주체가 될 수 없다. 현행 형법상 책임의 본질은 행위자에 대한 비난가능성이라는 윤리적 의미를 가지며 따라서 자유의사를 가진 형사책임능력자만을 범죄주체로 보아야 한다.

3) 법인의 수형능력(受刑能力)

형벌의 중심은 자유형인 바 법인에게 책임을 과해도 재산형 밖에 과할 수 없다.

4) 양벌규정(이중처벌의 문제점)

법인을 처벌하면 그 효과가 범죄와 관계없는 법인의 구성원까지 처벌하는 것이 되어 부당하며, 이는 자기책임의 원칙에 위배된다. 따라서 이 견해에 의하면 법인은 범죄능력은 없으나 형벌능력은 있다는 양벌규정의 설명에 있어 이중적 설명구조를 취한다. 즉 사업주체(사용자)라는 지위에서 단속편의상 부담하는 특수한 형사책임(특별법규에 의한 형벌의 객체는 가능), 또는 양자 모두 없으나 특별한 처벌규정이 있는 경우에는 처벌을 인정하는 예외를 두어야 한다고 설명한다.[5]

2. 비판

양벌규정에 대한 이중적 설명구조 그 자체가 모순이다. 즉 형법논리상 형벌능력은 범죄능력을 전제로 하므로 범죄능력이 없으면 당연히 형벌능력도 없으며, 또한 범죄능력이 없는 무과실책임은 형법상 인정될 수 없으므로 부정설은 논거 자체가 논리적으로 모순이다. 예외적으로 처벌규정이 있기 때문에 범죄능력이 없더라도 처벌을 인정한다는 설명도 동어반복에 불과하다.

Ⅱ. 긍정설[6]

1. 논거

5) 이러한 양벌규정에 대한 이중적 설명구조와는 달리 양벌규정은 무과실책임규정이라는 점에서 양벌규정 자체를 비판하는 견해(철저한 부정설의 입장)도 있다.

6) 주관주의 입장.

1) 법인의 행위능력

법인은 사법(私法)영역에서와 같이 형법에서도 그 기관을 통해 의사를 형성하고 행위를 할 수 있으며, 그 의사는 기관인 개인의 의사와는 구별되므로 법인은 의사능력과 행위능력을 가진다(작위는 불가능하나 부작위는 가능하다는 견해). 사고적 관점이 아닌 경험실재적 관점에서 파악되어야 한다는 점에서 법인은 구성원과는 독립된 사회적 실재이다. 법인활동의 경우에는 조직과 기관의 유기적 총체로서의 인격이 중요하며, 따라서 기업범죄, 환경범죄, 일반 경제범죄영역의 경우에는 조직에 합치되는 기관의 행위는 법인 자신의 행위로 귀속이 가능하다는 행위귀속의 관점에서 인정되어야 한다. 다만 조직체의 활동으로 보기 어려운 반윤리적 성격을 가진 구성요건은 부정한다.

2) 법인의 책임능력

법인의 반사회적 활동으로부터 사회를 방위할 필요성이 있고, 책임의 근거를 반사회적 위험성으로 본다면 법인에게도 그 책임을 물을 수 있다(사회적 책임론의 입장). 윤리적 책임이 아닌 법적·사회적 책임의 중요성을 강조하는 견해로, 자연인에 의한 범죄행위에 대한 책임을 행위자 개인의 의사형성에 대한 윤리적 비난가능성이라고 한다면 법인의 의사형성은 단체적 결의에 기초하고 있으므로 따라서 단체적 의사형성에 대한 책임비난은 가능하다. 또한 책임능력을 형벌적응능력으로 이해한다면 이런 능력은 법인에게도 존재한다.

3) 법인의 수형능력

법인도 재산형은 받을 수 있으며 이러한 재산형이 더 효과적 제재로 볼 수 있고, 또한 법인의 해산·영업정지·금융제한·면허박탈 등의 제재는 법인의 입장에서는 생명형 또는 자유형에 해당한다고 볼 수 있다.

4) 양벌규정(이중처벌의 문제점)

법인기관의 행위는 일면 구성원인 자연인의 행위인 동시에 타면 법인의 행위로서의 양면성을 가지며, 따라서 법인의 처벌은 이중처벌이 아닌 법인 자신의 행위책임이다.

2. 비판

현행 양벌규정을 논리적 모순 없이 설명할 수 있는 장점은 있으나, 형법에 있어 가벌성심사의 첫 번째 단계인 행위개념은 인간의 행위만을 전제로 하고 있다. 법인은 민법적 필요에 의해 만들어진 개념으로 민법상으로는 독립된 행위주체가 될 수 있고 민사벌의 제재가 가능하나, 민법의 가치판단과 다른 형법에서는 이를 행위주체로 인정할 수 없다. 그러므로 법인에 대한 제재 또한「형법의 보충성」이라는 점에서도 그 필요에 의해 인정하는 민사법 또는 행정법적 제재로 해결하여야 하며 따라서 긍정설의 논거인 법인에 대한 제재수단들은 민사법적 · 행정법적 제재에 속한다고 보아야 한다.[7] 이런 관점에서 법인에 대한 실효성있는 형사제재로서 현행 양벌규정에 설치해 두고 있는 벌금형은 과태료처분으로 전환되는 것이 바람직하다.

Ⅲ. 부분 긍정설

형사범에 대해서는 법인의 범죄능력을 부정하나 행정범에 대해서는 윤리적 요소보다 합목적적 · 기술적 요소가 강하다는 점에서 인정하는 견해 및 법인의 범죄능력을 일반적으로는 부정하나 법인처벌에 대한 명문규정이 있을 때에는 예외적으로 인정할 수 있다는 견해 등이 있다. 그러나 행정범과 형사범의 구별기준이 불분명하며, 행정범에 대한 제재는 형사벌이 아닌 행정벌만이 가능하다. 또한 행정형법의 특수성이 형법의 기본원리인 책임주의를 배제할 수는 없다는 점에서 이 견해들은 수긍하기 어렵다.

제3항 법인처벌의 근거(양벌규정의 법적 성질)

법인의 범죄능력과 관련하여 이중처벌금지원칙에 대한 위반 여부에 대한 논의.

Ⅰ. 무과실책임설(대위책임, 전가책임설)

범죄능력부정설에 근거를 두는 견해로, 법인의 처벌규정은 범죄주체만이 형벌주체가 된다는 형법의 일반원칙인 책임주의원칙의 예외로서 행정단속의 목적을 위하여 정책상 무과실책임을 인정한 것이라고 보는 견해이다. 이와 같이 법적 성질이 무과실책임이라는 점에서 양벌규정 자체를 폐지해야 한다는 철저한 부정설의 견해도 있다.

---

7) 민법 제77조 법인의 설립허가취소, 상법 제176조 회사의 해산명령, 각종 행정법규에 의한 영업허가취소 · 등록취소 · 영업정지 · 발행정지처분 등.

Ⅱ. 과실책임설

범죄능력인정설에 근거를 두는 견해로, 과실판정의 방법에 따라 견해가 대립되고 있다.

1. 과실설(자기행위책임설)

법인 또는 사업주의 책임은 업무상 감독에 관해 상당한 주의를 다하지 못한 데 있으며, 따라서 항상 과실의 입증을 요한다고 보는 견해이다.

「보건범죄 단속에 관한 특별조치법」 제6조(양벌규정)에 대한 헌법재판소 2007.11.29. 선고 2005헌가10 위헌결정 등으로 종전 행정단속법규의 "행위자를 처벌하는 외에 법인 또는 개인에 대하여도 각 본조의 예에 따라 처벌한다."는 규정이 "법인 또는 개인이 그 위반행위를 방지하기 위하여 해당 업무에 관하여 상당한 주의와 감독을 게을리하지 아니한 경우에는 그러하지 아니하다."로 개정되었기 때문에, 현행 행정단속볍규의 양벌규정은 법인이나 사업주의 과실책임을 규정하고 있다.

이와 같이 과실책임설에 의하면 형법의 기본원칙인 책임주의에 부합하여 위헌 시비를 피할 수 있으나, 일반적인 형사사건과 마찬가지로 검사가 법인이나 사업주의 과실을 입증해야 하는데 행정단속법규의 전제가 되는 사실관계의 복잡성 등으로 입증상의 어려움이 예상된다. 따라서 법인이나 사업주가 형사처벌에서 빠져나감으로해서 환경이나 보건 또는 식품, 사회간접자본 등 국가적 차원에서 국민 전체의 법익을 보호할 필요가 있는 영역에서 그 보호가 위축될 수도 있다.

따라서 2009.1.1. 개정 전의 관세법 제81조 제1항 면책조항과 같이 "본인이 위반행위를 방지하는 방도가 없었음을 증명하는 때에는 처벌하지 아니한다."로 규정하여 영업주가 관리 · 감독상의 과실 없음을 입증하는 경우에 한하여 면책되도록 하는 '입증책임 전환' 규정으로 한다면 보호법익의 실효성을 더욱 확보할 수도 있을 것이다.

2. 과실추정설

법인의 종업원 선임 및 감독상 해태(懈怠)의 책임을 입법자가 법률상 추정한 것으로, 법인은 과실 없었음을 입증할 책임이 있다는 견해이다.[8]

---

8) 헌법재판소 2007.11.29. 선고 2005헌가10 위헌결정 이전의 양벌규정에 대한 판례의 입장이었다.
피고인 법인이 이 사건에서 형을 받게 된 것은 원심 상피고인이었던 갑이 피고인의 직원으로서 그 업무수행중에 문제의 관세법에 위반한 행위를 함으로써 같은 법 제196조에 의한 것으로 원심이 판단한 바 그 판단의 전제로서의 사실인정이나 증거취사는 기록에 비추어 상당하고 거기에 채증법칙을 위배하여 사실을 오인한 위법이 없다. 같은 법 제197조에 의하면 피고인과 같은 법인이 같은 법 제196조에 의하여 처벌받게 되는 경우에도 본인으로서 그 직원 또는 임원의 위반행위를 방지하는 방도가 없었음을 증명한 때에는 면책을 받게 되어 있는 바 이는 법인에게 무과실책임은 아니라 하더라도 입증책임을 부과함으로써 업무주체에 대한 과실의 추정을 강하게 하려는데 그 목적이 있다 할 것이므로 논지에서 말하는 바 원심 상 피고인이던 갑이 피고인 법인의 수출선적업무를 전담하는 업무부장이고 같은 사람이 피고인의 대표자 또는 이사에게 알리지도 않은 채 문제의 위반행위를 혼자 범하였다는 사실만으로써는 관세법 제197조에 규정한 법인의 면책사유에 해당

3. 과실의제설

종업원의 위반이 있으면 법인의 종업원선임 및 감독상의 해태라는 과실은 법률상 당연히 존재하는 것으로 의제되며, 따라서 무과실입증으로 면책될 수 없다는 견해이다.

관련판례

퇴근시간 이후 종업원인 치기공사의 무면허 치괴의료행위에 대하여 사용자인 치기공업자에게 양벌규정을 적용한 사안

〈구 「보건범죄 단속에 관한 특별조치법」(2009.12.29. 개정 전)〉

제6조 (양벌규정) 법인의 대표자 또는 법인이나 개인의 대리인 · 사용인 기타 종업원이 그 법인 또는 개인의 업무에 관하여 제2조 내지 제5조의 위반행위를 한 때에는 행위자를 처벌하는 외에 법인 또는 개인에 대하여도 각본조의 예에 따라 처벌한다.

〈헌법재판소 위헌결정요지〉

형벌은 범죄에 대한 제재로서 그 본질은 법질서에 의해 부정적으로 평가된 행위에 대한 비난이다. 일반적으로 범죄는 법질서에 의해 부정적으로 평가되는 행위(행위반가치)와 그로 인한 부정적인 결과의 발생(결과반가치)이라고 말할 수 있으나, 여기서 범죄를 구성하는 핵심적 징표이자 형벌을 통해 비난의 대상으로 삼는 것은 '법질서가 부정적으로 평가한 행위에 나아간 것', 즉 행위반가치에 있다. 만약 법질서가 부정적으로 평가한 결과가 발생하였다고 하더라도 그러한 결과의 발생이 어느 누구의 잘못에 의한 것도 아니라면, 부정적인 결과가 발생하였다는 이유만으로 누군가에게 형벌을 가할 수는 없다. 물론 결과의 제거와 원상회복을 위해 그 결과 발생에 아무런 잘못이 없는 개인이나 집단에 대해, 민사적 또는 행정적으로 불이익을 가하는 것이 공평의 관념에 비추어 볼 때 허용되는 경우도 있을 수 있다. 그러나 법질서가 부정적으로 평가할 만한 행위를 하지 않은 자에 대해서 형벌을 부과할 수는 없다. 왜냐하면 형벌의 본질은 비난가능성인데, 비난받을 만한 행위를 하지 않은 자에 대한 비난이 정당화될 수 없음은 자명한 이치이기 때문이다. 이와 같이 '책임없는 자에게 형벌을 부과할 수 없다'는 형벌에 관한 책임주의는 형사법의 기본원리로서, 헌법상 법치국가의 원리에 내재하는 원리인 동시에, 국민 누구나 인간으로서의 존엄과 가치를 가지고 스스로의 책임에 따라 자신의 행동을 결정할 것을 보장하고 있는 헌법 제10조의 취지로부터 도출되는 원리이다. 그런데 앞서 보았듯이 이 사건 법률조항은 영업주가 고용한 종업원이 그 업무와 관련하여 무면허의료행위를 한 경우에, 그와 같은 종업원의 범죄행위에 대해 영업주가 비난받을 만한 행위가 있었는지 여부, 가령 종업원의 범죄행위에 실질적으로 가담하였거나 지시 또는 도움을 주었는지, 아니면 영업주의 업무와 관련한 종업원의 행위를 지도하고 감독하는 노력을 게을리 하였는지 여부와는 전혀 관계없이 종업원의 범죄행위가 있으면 자동적으로 영업주도 처벌하도록 규정하고 있다. 이것은 아무런 비난받을 만한 행위를 한 바 없는 자에 대해, 다른 사람의 범죄행위를 이유로 처벌하는 것으로서 형벌에 관한 책임주의에 반하는 것이라 하지 않을 수 없다.

일정한 범죄에 대해 형벌을 부과하는 법률조항이 정당화되기 위해서는 범죄에 대한 귀책사유를 의미하는 책임이 인정되어야 하고, 그 법정형 또한 책임의 정도에 비례하도록 규정되어야 하는데, 이 사건 법률조항은 문언상 종업원의 범죄에 아무런 귀책사유가 없는 영업주에 대해서도 그 처벌가능성을 열어두고 있을 뿐만 아니라, 가사 위 법률조항을 종업원에 대한 선임감독상의 과실 있는 영업주만을 처벌하는 규정으로 보더라도, 과실밖에 없는 영업주

하지 아니한다(대법원 1980.3.11. 선고 80도138 판결).

공중위생법 제45조의 규정은, 법인의 경우 종업원의 위반행위에 대하여 행위자인 종업원을 벌하는 외에 업무주체인 법인도 처벌하고, 이 경우 법인은 엄격한 무과실책임은 아니라 하더라도 그 과실의 추정을 강하게 하고, 그 입증책임도 법인에게 부과함으로써 양벌규정의 실효를 살리자는 데 그 목적이 있다. 법인이 종업원들에게 윤락행위알선을 하지 않도록 교육을 시키고, 또 입사시에 그 다짐을 받는 각서를 제출하게 하는 등 일반적이고 추상적인 감독을 하는 것만으로는 공중위생법 제45조 단서의 면책사유에 해당하지 않는다(대법원 1992.8.18. 선고 92도1395 판결).

를 고의의 본범(종업원)과 동일하게 '무기 또는 2년 이상의 징역형'이라는 법정형으로 처벌하는 것은 그 책임의 정도에 비해 지나치게 무거운 법정형을 규정하는 것이므로, 두 가지 점을 모두 고려하면 형벌에 관한 책임원칙에 반한다(헌법재판소 2007.11.29. 선고 2005헌가10 위헌결정).

〈2009.12.29. 개정「보건범죄 단속에 관한 특별조치법」〉

제6조 (양벌규정) 법인의 대표자나 법인 또는 개인의 대리인, 사용인, 그 밖의 종업원이 그 법인 또는 개인의 업무에 관하여 제2조, 제3조, 제4조 및 제5조의 어느 하나에 해당하는 위반행위를 하면 그 행위자를 벌하는 외에 그 법인 또는 개인을 1억원 이하의 벌금에 처한다. 다만, 법인 또는 개인이 그 위반행위를 방지하기 위하여 해당 업무에 관하여 상당한 주의와 감독을 게을리하지 아니한 경우에는 그러하지 아니하다.

기출사례

다음 농어촌도로정비법 제33조 양벌규정에서 법인처벌의 근거를 논하시오.

"법인의 대표자 또는 법인이나 자연인의 대리인, 사용인 기타의 종업원이 그 법인 또는 자연인의 의무에 관하여 제32조에 규정하는 행위를 하였을 때에는 행위자를 벌한 외에 그 법인 또는 자연인에 대하여 각 본조에 규정한 벌금형을 과한다. 다만, 그 위반행위를 방지하기 위하여 당해 업무에 관하여 상당한 주의와 감독을 태만히 하지 아니하였을 때에는 그 법인 또는 자연인은 벌하지 아니한다." (20점)

[2004년도 시행 제46회 사법시험 제2문의2]

제3장 위법성이론

제1절 위법성 일반이론

제1항 위법성(Rechtswidrigkeit)의 개념

3단계 범죄체계론을 전제로 할 때 범죄성립의 첫 번째 판단단계로서 금지행위의 추상적 유형화인 불법구성요건에 해당하는 행위는 형식적 · 잠정적인 불법을 가지는데 불과하며, 그 다음 판단 단계로 그러면 '이러한 불법구성요건에 해당하는 행위가 왜 범죄행위로 처벌받아야 하는가'(당벌성을 가지는가)가 검토되어야 할 것이다. 이와 같이 불법구성요건에 해당하는 행위에 대한 범죄성립의 두번째 가치판단의 단계가 행위의 위법성판단의 문제이다.

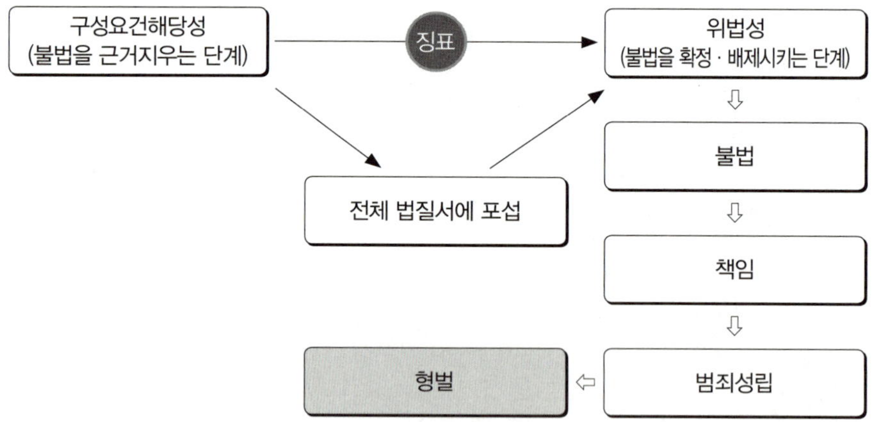

'위법성'이란 불법구성요건에 해당하는 행위(형식적인 불법행위, 잠정적인 반가치판단행위)와 전체로서의 법질서 사이의 모순 또는 불일치되는 성질(속성) 그 자체를 의미하는 개념이다. 즉 위법성이란 불법구성요건해당행위와 법질서 전체와의 객관적인 모순 · 충돌이라는 관계개념으로, 행위가 법질서전체의 입장과 어긋난다는 성질 그 자체(법질서 전체의 입장에서 허용되지 않는다는 행위의 속성 그 자체)를 의미하는 개념이다.

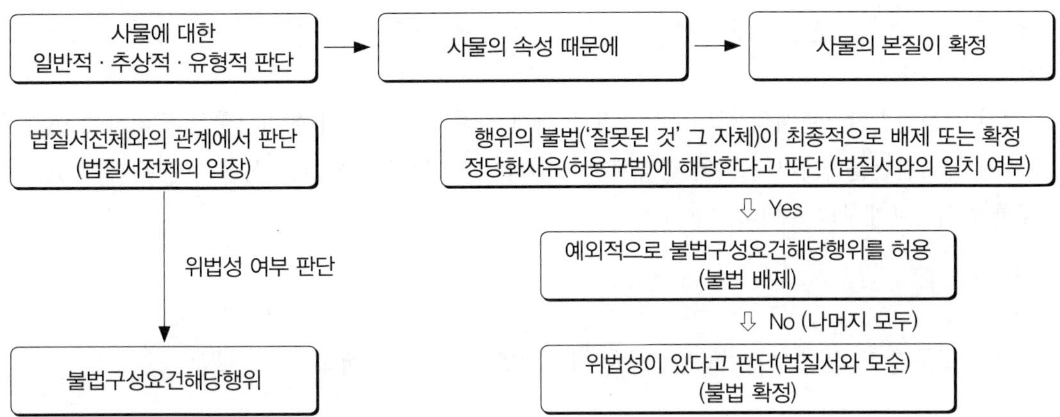

이와 같이 위법성이란 법질서전체의 입장에서(실질적 위법성론) 불법구성요건에 해당하는 행위에 대하여 일반인이 내리는 '해서는 안된다(허용되지 않는다)'는 행위 전체에 대한 일반적인 부정적 가치판단(객관적 위법성론)을 의미하는 개념으로, 불법구성요건해당행위에 대하여 그 행위의 불법을 최종적으로 확정 또는 배제시키는 구체적인 판단단계이다. 즉 법질서전체의 입장에서 허용될 수 없는 행위가 위법한 행위로, 따라서 위법성은 항상 법질서전체와의 관계에서 논의되어야 한다(관계개념).

다만 구성요건해당성의 징표적 기능으로 인하여 위법성과 책임은 구성요건해당성에 의하여 잠정적으로 긍정된다는 점에서 범죄의 성립을 조각하는 기능에 중점이 있다고 할 수 있으며, 따라서 위법성과 책임의 핵심이 위법성조각사유와 책임조각사유에 있는 이유도 여기에 있다. 이와 같이 위법성판단을 규정함에 있어 형법은 위법성이 무엇을 의미하는가에 대한 적극적인 규정형식이 아니라 그 행위가 정당화사유에 해당되어 실질적으로 정당화되는가의 여부에 대한 소극적인 판단형식으로 되어 있다는 점에서 위법성의 본질이 무엇인가, 구성요건해당성과 위법성 및 불법과 위법성과는 어떤 관계가 있는가에 대해서 범죄체계론상 견해가 대립되고 있다.

제2항 불법구성요건과 위법성과의 관계에 대한 논의[1)]

잠정적인 불법판단으로서의 불법구성요건과 개개 사례에서 구체적 행위상황을 고려하여 이러한 잠정적인 불법판단을 법질서전체의 입장에서 확인하는 판단으로서의 위법성은 어떤 관계에 있는가에 대한 범죄론체계상의 논의다.

Ⅰ. 불법구성요건은 사실판단의 문제로 양자는 무관계하다고 보는 견해[2)]

불법구성요건해당성 판단은 일정한 행위가 법이 정한 범죄유형에 해당하느냐의 여부, 즉 그러한 행위가 불법구성요건이 상정하고 있는 객관적 표지들을 구비하고 있느냐 없느냐 라는 사실판단의 문제로, 따라서 불법구성요건은 가치판단을 포함할 수 없는 몰가치(Wertfreiheit)적 · 가치중립적인 사실판단이며 행위의 위법성을 암시하는 아무런 법률적 평가도 가지지 아니함(모든 위법성 요소로부터 절연)에 반하여, 위법성판단은 이러한 불법구성요건해당행위가 법질서전체입장에서 허용될 수 있느냐 라는 가치판단(규범적 평가)의 문제이기 때문에 양자는 전혀 무관하다고 보는 전통적인 고전적 범죄체계의 견해이다.

Ⅱ. 불법구성요건을 위법성의 인식 내지 징표(Indiz)근거로 보는 견해[3)]

금지 또는 요구되는 행위유형을 추상적으로 기술해 놓은 불법구성요건에 해당하는 행위(불법구성요건을 충족시키는 행위)는 행위상황에 있어 특별한 사유가 없는 한 위법성이 있는 행위로 평가된다는 점에서 불법구성요건은 행위의 위법성을 암시(징표, 시사)하는 근거가 된다고 이해하는 견해이다. 이러한 논거에서 흔히 양자의 관계를 '연기와 불'의 관계로 비유하기도 한다.

이 견해에 의하면 행위의 정당화사유(Rechtfertigungsgrund, 위법성조각사유, 허용구성요건, 허용규범, 소극적 불법구성요건표지)는 특정한 경우에 금지 또는 요구규범의 위반행위인 불법구성요건해당행위를 승인 · 허용해 주는 - '해도 좋다'는 - 사유, 즉 금지 또는 요구규범과 허용규범(Erlaubnisnorm)의 충돌로 인한 불법배제사유로, 일단 금지된 구성요건이 실현되었음을 전제로 한다.

이와 같이 정당화사유에 해당하는 행위는 불법구성요건해당성이 조각되는 것이 아니라 불법구성요건해당행위의 위법성만이 조각될 뿐이며, 또한 일단 발생한 위법성을 제거하는 것이 아니라 처음

---

1) 앞에서 설명한 『구성요건이론』 참조.

2) 주로 인과적 행위개념을 기초로 하는 초기의 고전적 범죄체계론자들의 견해이다.

3) 신고전적 범죄체계론자인 Max Ernst Mayer에 의하여 주창되어 현재 다수학자들이 이 견해를 취하고 있다.

부터 적법한 행위로 평가된다는 점에서 아예 처음부터 불법구성요건해당성이 없는 행위와는 구별된다. 따라서 행위가 불법구성요건에 해당하더라도 행위상황시에 정당화사유가 존재할 때에는 이러한 징표기능은 탈락된다.

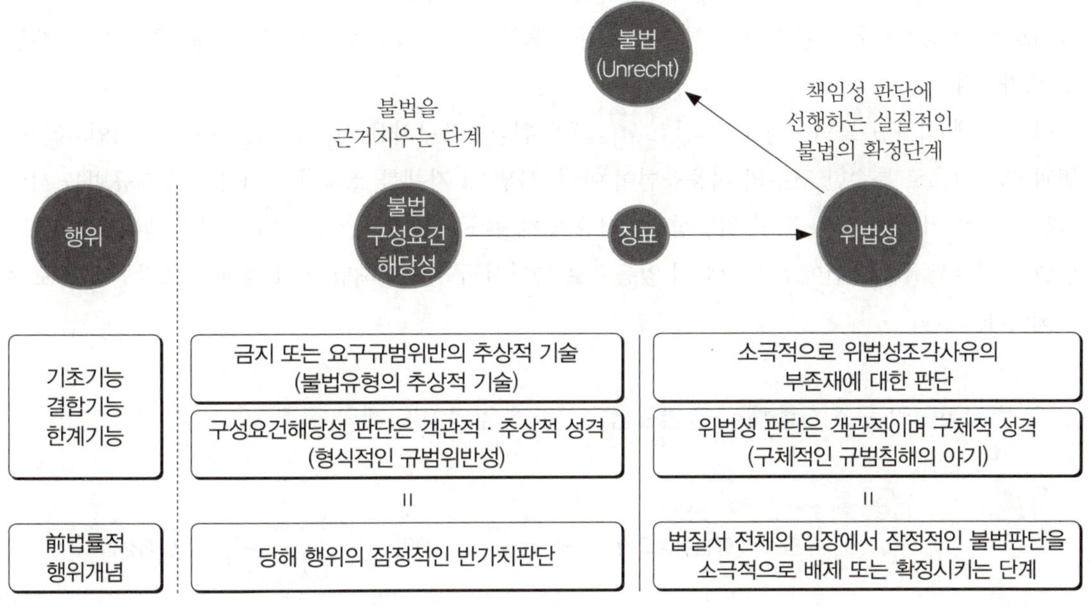

Ⅲ. 불법구성요건을 위법성의 존재근거(효력근거, 실질근거)로 보는 견해[4]

입법자의 구성요건창출행위는 특별한 위법성(규범위반)을 창출하는 것으로, 불법구성요건은 특별히 유형화된 불법을 직접 근거지우는 의미를 가진다고 보는 견해이다. 3단계 범죄체계론과 구별하여 이를 2단계 범죄체계론 또는 총체적 구성요건표지이론 내지 소극적 구성요건표지이론(Die Lehre von den negativen Tatbestandsmerkmalen)이라고 한다.[5]

3단계 범죄체계론에 의한 범죄체계의 구조적 편중을 시정하기 위하여 구성요건과 위법성을 일치시켜 총체적 불법구성요건(Gesamt-Unrechtstatbestand)으로 결합하여 하나의 판단과정으로 흡수(불법과 위법성 개념을 구별하지 않음)하고자 하는 이론으로, 범죄체계를 불법과 책임으로 대칭시켜 2단계로 구성한다.

4) 신고전적 범죄체계론자인 Wilhelm Sauer, Edmund Mezger 등에 의하여 주장되었다.

5) Adolf Merkel, Reinhard von Frank, Zimmerl 등에 의하여 주장되었고 Friedrich Schaffstein, Horst Schröder, Karl Engisch, Hellmuth von Weber, Arthur Kaufmann 등에 의하여 계승된 이론이다.

1. 총체적 불법구성요건표지

(총체적)불법구성요건표지를 적극적으로 불법을 근거지우는(구성요건해당성 또는 불법구성요건의 실현) 구성요건표지로서의 적극적 불법구성요건표지과, 소극적으로 불법을 배제시키는 행위의 정당화사유로서의 표지인 소극적 불법구성요건표지로 나누는 견해이다. 즉 정당화사유의 부존재는 총체적 불법구성요건의 소극적 표지로서, 정당화사유가 존재하는 행위는 아예 처음부터 (총체적 불법)구성요건에조차 해당하지 않는 행위로 평가된다.

이 견해에 의하면 불법구성요건(적극적 불법구성요건표지)과 위법성조각사유(소극적 불법 구성요건표지)는 일반적인 금지규범과 예외적으로 특수한 경우의 허용규범이 아닌, 불법 그 자체를 조각하는 사유로 금지규범을 제한하는 기능을 가진다. 이와 같이 위법성조각사유에 해당하는 행위는 처음부터 금지된 행위가 아닌 적법한 행위로서 구성요건에도 해당되지 않음으로 따라서 구성요건해당성 그 자체를 조각한다고 보는 견해이다.

2. 범죄성립의 구조 : 총체적 불법구성요건과 책임의 이단계의 구조

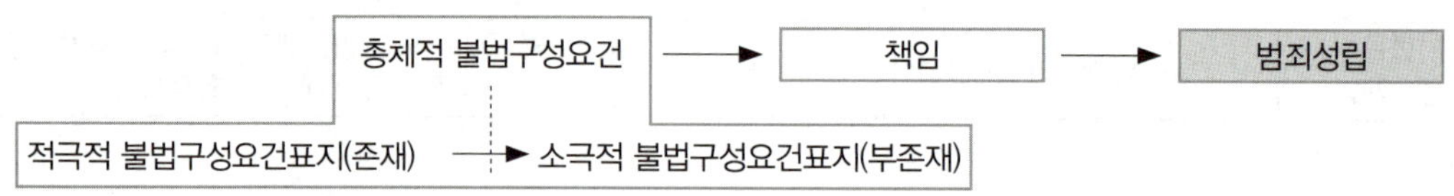

3. 이론의 공헌

범죄체계의 구조적 평형을 유지했다는 점과, 위법성조각사유의 객관적 전제사실(요건사실)에 대한 착오(Irrtum über die objektiven Voraussetzungen des Rechtfertigungsgrundes), 즉 허용구성요건착오(Erlaubniststbestandsirrtum)[6]를 구성요건착오로 명확하게 다룰 수 있는 이론적 근거를 제시하였다.

4. 이론에 대한 비판

이 이론은 구성요건과 위법성의 독자적인 형사정책적인 의미와 범죄체계 구조상의 기능을 간과하

6) 위법성조각사유의 객관적인 구성요건표지(구성요건해당행위의 위법성을 조각하는 객관적인 행위상황)가 결여되어 있음에도 불구하고 그것이 존재한다고 오인하고 행위한 경우의 착오유형으로, 예컨대 악수를 청하는 사람을 강도로 오인하고 정당방위의사로 타격을 가한 경우처럼 현재의 부당한 침해가 없는 데도 있다고 오인하고 정당방위로 나아간 경우와 같은 오상방위, 오상긴급피난, 오상자구행위유형이 이에 해당한다. 학설은 행위자에게 고의가 없으므로 과실이 있으면 과실범으로만 처벌이 가능하다는 구성요건착오유형으로 해석하는 견해(구성요건착오설)와, 전제요건은 객관적으로 존재하지 않았고 따라서 위법성은 조각되지 않으나, 착오로 인하여 위법성인식을 결하였으므로 착오에 대한 회피가능성에 따라 책임판단에만 영향을 주는 금지착오유형으로 보는 견해(금지착오설), 나아가 이러한 유형의 착오는 불법구성요건에 대한 착오나 행위의 금지에 대한 착오가 아닌 독자적인 제3의 유형으로서의 착오라고 보는 견해 등이 다양하게 대립되고 있다. 자세한 설명은 뒤에서 설명하는『금지착오』참조.

였다. 즉 위법성조각사유의 독자성을 파악하지 못한 이론으로 위법성조각사유는 그 자체가 고유한 가치내용을 가지고 있으며, 일반적인 금지에 대한 전체적인 제한이 아니라 개별적인 경우에 금지규범에 대립하는 것에 불과하다. 또한 처음부터 구성요건에 해당하지 않는 행위(형법적 평가의 대상에서 제외된 행위)와, 구성요건에는 해당하지만 위법성이 배제되는 행위(법질서에 의해 허용되는 행위영역)와의 가치판단의 차이를 무시하였다.

Ⅳ. 불법구성요건과 위법성의 독자적 기능성

첫째, 구성요건은 형법상 특별한 불법유형인데 반하여 위법성은 형법을 넘어서 법질서전체의 관점에서 파악되는 행위의 구체적인 정당화 여부에 대한 판단이다.

둘째, 구성요건은 폐쇄적이며 죄형법정주의의 엄격한 적용을 받지만 위법성은 법질서전체의 입장에서 판단되므로 개방적이며, 따라서 초법규적인 위법성조각사유가 인정된다는 점에서 죄형법정주의의 엄격한 적용에서 어느 정도는 벗어나 있다.

셋째, 구성요건해당성은 잠정적인 반가치판단임에 대하여 위법성은 구체적인 개개사례에서의 잠정적인 불법을 최종적으로 확정 또는 배제시키는 확정적인 불법판단이다.

넷째, 구성요건의 평가단계는 정적 · 일반적(추상적) · 객관적 판단임에 대하여 위법성의 평가단계는 동적(법질서전체의 입장에서 판단) · 구체적(구체적인 행위 상황을 고려하는) · 객관적(행위 자체에 대한 평가라는 점에서 구체적인 행위자에 대한 판단이 아니며, 따라서 행위자가 고려되지 않는 판단단계, 즉 일반인 어느 누구를 기준으로 하여도 그러한 행위자에게 귀속될 일반적인 가치판단)이다.

제3항 불법과 위법성과의 관계

Ⅰ. 형법상 불법론의 전개

불법의 실체 또는 본질에 관한 논의로, '구체적인 행위가 무엇 때문에(어떤 요소로 인하여) 불법하다고 평가되느냐' 라는 불법판단의 문제

1. 결과불법 일원론(객관적 불법론)

1) 내용

법익침해설과 관련하여 불법의 본질을 법익침해 또는 위태화라는 범죄행위의 객관적 · 외부적 상태를 기준으로 판단하고자 하는, 즉 행위에 의하여 야기된 법익의 침해위험성이라는 사실적 측면에 불법의 본질이 있다고 보는 견해('위법성은 객관적으로, 책임은 주관적으로')이다. 이 견해는 형법의 법익보호기능을 강조하는 입장으로 법익침해(피해자)없는 범죄는 범죄가 아니라고 본다. 결과반가치의 판단요소로는 첫째 현실적인 법익침해, 둘째 법익위태화(침해범과 위험범의 미수유형), 셋째 법익평온상태의 혼란(불능미수유형)을 들고 있다.

2) 비판

이 견해에 의하면 구성요건해당성이 불명확하게 된다. 즉 살인 · 과실치사 · 상해치사 · 불가항력에 의한 무과실에 의한 치사의 경우에 행위로 나타난 결과(법익침해)에서는 동일하므로 구성요건해당성과 위법성의 단계에서는 동일하게 평가되어 버린다. 또한 이 견해에 의하면 무과실 또는 인식없는 과실에 의한 (치사)행위도 결과반가치로 파악되기 때문에 형법의 보장적 기능이 무시됨으로써 자칫 결과책임주의에 빠질 위험성이 있다.

2. Bonn학파의 인적 불법론(Der personale Unrechtslehre)

종래의 결과불법론에 대하여 Hans Welzel은 첫째, 행위자의 주관적 결의를 고려하지 않고 순수한 행위의 객관적인 면만으로는 불법구성요건해당성에 대한 평가가 불가능하며(미수와 기수의 유형구별이 안됨) 둘째, 인간의 행위중에는 그것 때문에 행위전체가 위법한 것으로 될 수 있는 내부적 · 주관적 요소, 즉 위법성의 존부 또는 강약에 영향을 미치는 주관적 요소가 있으며 이것은 범죄성립의 첫 단계인 불법구성요건에서부터 논해야 하는 행위의 주관적 불법구성요건표지라고 주장하였다. 따라서 고의는 객관적 불법구성요건표지와 대립되는 주관적 불법구성요건표지로서 양요소가 결합하여야만 불법유형으로서의 불법구성요건을 성립하게 되며, 고의는 모든 고의범에 공통되는 주관적 불법구성요건표지라고

한다.

이러한 논거를 기초로 위법성과 불법을 구별하여 위법성은 특정한 행위자와 관련된 행위에 대하여 내려지는 부정적 가치판단임에 대하여, 불법은 행위자의 인격과 내용적으로 절연된 결과야기에 있는 것이 아니라 행위자와 관련된 인적 행위불법(Täterbezogenes, personales Handlungsunrecht)으로 파악하였다. 즉 행위는 그것이 일정한 행위자의 행위인 경우에 한하여 위법한 행위로 되며, 불법의 실체는 법익침해라는 결과반가치가 아니라 행위수행 전 과정에서 징표되는 반사회적 위험성이라는 행위반가치이다.

3. 행위불법 일원론(인적 · 주관적 불법론)

1) 내용

Bonn학파의 인적 불법개념에 기초하여 불법단계에서는 행위불법이 1차적 구성부분이며, 결과불법은 행위의 불법을 구성하는 것이 아니라 불법을 제한하는(행위불법은 있되 결과불법이 없는 경우) 부차적 요소에 불과하다고 보는 견해이다. 따라서 결과불법은 인적으로 불법한 행위불법의 내부에서만 그 의의를 가진다.

이 견해는 주로 반윤리성과 결부하여 불법이란 행위의 일반적인 사회윤리적 행위가치에 대한 위반성의 표현으로, 행위의 태양 · 의도 · 목적 등 행위의 주관적 · 객관적 요소에 의하여 특정지워지는 행위의 전체적인 양상이 사회윤리적 상당성을 일탈한 점에 불법의 실체가 있다는 견해로 형법의 사회윤리적 심정가치의 보호기능을 강조하는 입장이다.

2) 비판

불법은 행위의사와 규범명령과의 관계에서 성립하는 것이 아니라 범행을 통하여 피해자와 사회가 입은 사회적 손실 속에서도 성립된다. 또한 행위반가치는 사회윤리기능만을 강조함으로써 법과 윤리의 독자영역과 그 기능을 무시하게 되어 심정형법화(心情刑法化)할 우려가 있다.

4. 결과불법 · 행위불법 이원론

불법은 결과불법으로서의 법익침해 또는 위태화와 행위전과정의 주관적 · 객관적 측면을 포섭하는 행위불법을 모두 고려하여 판단해야 하며, 따라서 결과불법과 행위불법은 동일한 가치판단의 대상이 되는 불법요소이다.

Ⅱ. 불법과 위법성 개념의 관계

1. 양자를 구별해야 한다고 보는 견해[7)]

'불법(행위)은 위법성이 있다고 판단되었기 때문에(위법하기 때문에, 확정적인 위법성판단을 거쳤기 때문에) 처벌된다(당벌성을 가진다)'. 즉 위법성은 실질적인 불법을 확정 · 배제시키는 최종평가단계로서 불법의 가벌근거이다. 이와 같이 불법은 「불법구성요건에 해당하면서, 위법성이 있다고 판단된 행위」 그 자체('잘못된 것 그 자체')를 의미하는 실체(Substanz)개념으로, 따라서 양과 질을 가지며 양적 · 질적으로 다를 수 있는 다의적 개념이다. 예로서 민사상 불법 · 형사상 불법 · 행정상 불법은 서로 다른 내용을 가지고 있으며, 형사상 불법 중에서도 살인행위의 불법과 상해행위의 불법은 그 결과불법이나 행위불법의 판단에 있어 양과 질을 달리한다.

이에 반하여 위법성은 법질서전체와의 관계(입장)에서 일반인이 행위전체에 대하여 내리는 '해서는 안된다' 는 부정적 가치판단으로, 규범과 행위와의 모순 · 충돌이라는 순수한 관계(reine Relation)개념이다. 따라서 위법성은 법질서전체의 입장에서 판단된다는 점에서 하나의 개념을 가진 보편적 성격으로 언제나 단일하며 동일한 가치판단개념이며, 동적 · 구체적 · 객관적 판단인 점에서 불법 개념과 다르다.[8)]

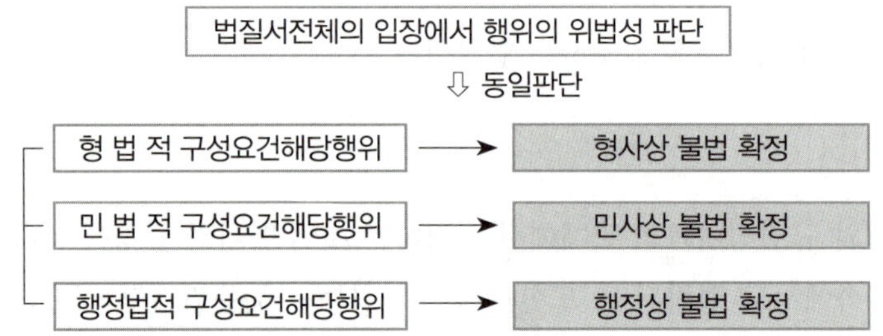

2. 양자를 동의어로 보는 견해[9)]

위법성 개념이 실질화됨으로써 위법성과 불법은 동의어로 사용되고 있으며, 따라서 형법상 행위가 위법하다면 그 행위는 동시에 불법함을 드러내게 되므로 위법성과 책임 사이에 불필요한 중간개념을 인정할 필요가 없다는 견해이다.

---

7) 우리나라와 독일의 다수견해.

8) 예로서 과실에 의한 타인의 재물손괴행위는 법질서전체의 입장에서 판단할 때는 '허용되어서는 안되는' 위법성이 있는 행위이다. 그러나 이러한 위법성이 있는 행위라도 민사상으로는 불법행위(민법 제750조)가 될지언정 형사상으로는 형벌의 대상이 되는 불법행위는 아니다.

9) Edmund Mezger 등.

제4항 위법성과 책임과의 관계

Ⅰ. 견해의 대립

1. 전통적인 수평적 · 일원적 3단계 범죄체계론

위법성은 행위에 대한 부정적 평가(가치판단)이며, 책임은 행위자에 대한 부정적 판단(비난가능성)으로 보는 견해이다.

2. 새로운 수직적 · 이원적 3단계 범죄체계론 또는 수평적 · 이원적 4단계 범죄체계론[10)]

Hans Welzel에 의한 인적 불법론의 등장으로 위법성판단의 대상에도 행위자관련적 표지(예로서 신분개념)가 있고, 책임판단에도 행위관련적 표지(예로서 주관적인 심정표지)가 있으며, 다만 가치판단의 중점을 어디에 두느냐의 문제에 불과하다고 보는 견해이다.

Ⅱ. 본질상 구별

위법성판단은 일반적인 어느 누구를 기준으로 하여도 그러한 사람에게 귀속될 일반적 가치판단이라는 점에서 객관적 · 구체적 성격임에 반하여, 책임판단은 행위자 자신을 기준으로 그에게 특별히 귀속될 가치판단이라는 점에서 주관적 · 구체적 성격을 가진다. 따라서 행위에 대한 가치판단인 위법성은 행위자에게 연대적으로 작용하며, 구체적인 행위자에 대한 가치판단인 책임은 행위자에게 개별적으로 작용한다.

Ⅲ. 구별실익

가담범(협의의 공범)이 책임 없는 정범의 행위에 가공한 경우의 형사책임의 문제와, 위법성 또는 책임 없는 침해에 대한 정당방위성립의 문제

10) 二元的 4단계 범죄체계론(Werner Maihofer, Arthur Kaufmann의 人的 · 社會的 범죄체계)

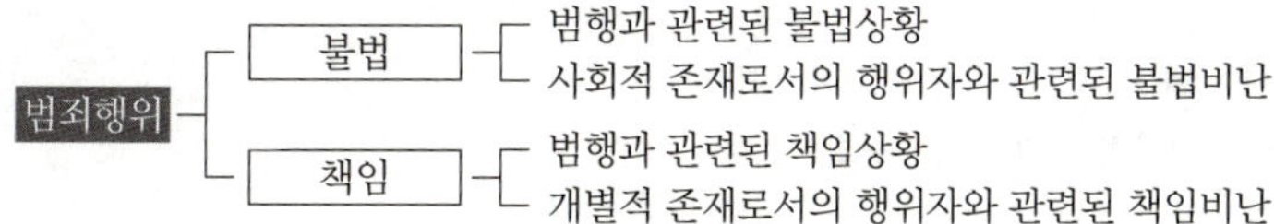

제5항 위법성의 본질

위법성을 관계개념으로 볼 경우에 '위법성의 본질을 어떻게 파악해야 할 것인가'의 문제이다. 즉 무엇이 행위의 위법성을 기초지우는가에 대한 논의로,[11] 정당화사유의 일반원리와 표리관계에 있다.

Ⅰ. 형식적 위법성론(die formelle Rechtswidrigkeit)[12]

행위자의 행위가 법규범(Rechtsnorm)과 형식적으로 모순 · 충돌되면 그 행위는 위법성이 존재한다고 보는 견해이다. 즉 위법성은 형식적인 금지 · 명령 또는 요구규범의 위반을 의미하는 개념으로, 위법성의 판단기준을 법규의 형식적인 규정에 두는 입장이다.

그러나 이 견해는 불법과 위법성개념을 혼동하고 있으며 형식적 순환론에 불과하다. 즉 이 견해에 의하면 행위가 법에 위반되므로 위법성이 있다고 함으로써 왜 규범은 일정한 행위에 대하여 금지 또는 요구의무로 규정하여 이의 위반을 불법으로 규정하고 있느냐에 대해서는 설명을 할 수 없다.

Ⅱ. 실질적 위법성론(die materielle Rechtswidrigkeit)

성문법의 문리적 형식을 떠나 성문법의 기초를 이루고 있는 실질적인 면에서 위법성의 실질적 의미를 파악하려는 입장으로, 법의 실질과 형법의 기능을 어떻게 보느냐에 따라 다양한 견해가 전개되어 왔다. 위법성은 행위와 규범과의 단순한 관계가 아니라 내용적 의미를 가지는 개념으로, 즉 단순히 규범에 의하여 보호되는 법익의 침해 내지 위태화가 아니라 법익침해로 인해 야기되는 사회적 유해성을 가진 법익침해를 의미하는 개념이다.

사회공동체질서의 기본원리 = 보다 높은 상위개념 (법의 일반원리 또는 정의)

⇩ 모순 내지 충돌 여부 판단

행위에 대한 실질적인 위법성 판단

11) Franz von Liszt에 의하여 형식적 위법성과 실질적 위법성으로 구별되었다.

12) Karl Binding, Adolf Merkel 등.

1. 학설

1) 권리침해설

위법의 실질을 타인에 대한 권리침해로 파악하는 견해이다. 그러나 이 견해는 권리침해를 내용으로 하지 않는 범죄에 대해 설명을 못할 뿐만 아니라 법의 테두리안에서만 권리가 존재한다는 점에서 규범침해설과 결론이 동일하므로 결국 형식적 위법성론이 되어 버린다.

2) 법익(Rechtsgut)침해(위태)설

형법의 기능을 법익보호에 있다고 보는 입장에서 위법의 실질을 규범에 의해 보호되는 법익의 침해로 파악하는 견해이다. 다만 단순한 자연적인 침해가 아닌 법규범에 의해 보호되어야 할 이념적 가치에 대한 위반을 의미한다.

3) 사회적 유해성설

사회생활상 이익을 비교형량하여 유익성보다 유해성이 초과된 행위를 위법으로 파악하는 견해이다.

4) 규범위반설

위법성에 윤리적 또는 규범적 요소를 가미하는 견해로, 형법의 기능을 사회윤리가치의 보호에 있다고 보는 견해이다.

① 문화규범위반설

② 조리위반설

③ 공서양속위반설

④ 사회상규설

'사회상규에 위배되지 아니하는 행위는 벌하지 아니한다'라는 제20조의 규정에 의해 위법성조각사유가 사회상규라는 사회규범에서 유래하며, 따라서 실질적 위법성은 사회상규에 위반하는 것을 의미한다고 보는 견해이다.[13] 이 견해는 Hans Welzel이 주창한 사회적 상당성(Sozialeadäquanz)이론과 그 내용이 일치되나, 사회적 상당성이론은 불법구성요건에 대한 이론이라는 점에서 다르다.[14]

2. 실질적 위법성의 기능(실천적 중요성)

형식적 위법성과 실질적 위법성은 서로 모순 · 대립되는 개념이 아니라 밀접하게 연관된 독자적인 개념으로 구분하여 파악되어야 한다.

---

13) 사회상규의 구체적 의미에 대해서는 뒤에서 설명하는 『정당행위』 참조.

14) 자세한 내용은 앞에서 설명한 『구성요건해당성 배제사유』 참조.

실질적 위법성 개념은 첫째, 위법성의 실질적 내용을 제시하므로 형식적 위법성의 내용을 명확하게 하고 보충하는 의미를 가지고 있을 뿐만 아니라 불법의 경중을 구별할 수 있는 기능을 한다. 또한 구성요건해당성판단의 해석기준과 금지착오론의 해석기준[15]을 제공하며, 위법성조각사유의 체계화와 그 발전에 기여한다. 즉 위법성조각사유의 내용적 의미를 부여하고, 구체적인 사례에 있어 실정법적인 위법성조각사유가 결여된 경우에 그 결여를 보충함으로써 초법규적 정당화사유의 형식으로 발전시킬 수 있다.

나아가 형사입법자와 소추기관의 행위지침이 된다. 즉 입법자에게는 범죄화와 비범죄화의 지침을 제시하며, 소추기관에 대해서는 구체적 사례에 해당하는 형벌법규를 찾아내는 지침을 제시하는 기능을 가지고 있다.

Ⅲ. 기타 학설

1. 형식적 위법성은 구성요건해당성으로, 실질적 위법성은 위법성조각사유에 해당함이 없는 구성요건해당성으로 보는 견해[16]

2. 실질적 위법성개념 부인설

① 하나의 통일된 위법성개념만 있다고 보는 견해

② 위법성은 형식적 위법성을 의미하며, 실질적 위법성은 불법을 의미한다고 보는 견해[17]

③ 실질적 위법성의 기능은 법률해석학의 일반원칙으로도 대체가능하다는 견해

④ 실질적 위법성의 기능은 목적론적 해석으로 대체가능하다는 견해

제6항 위법성의 판단기준(방법)과 시기

Ⅰ. 위법성의 판단기준

궁극적으로는 법규범의 구조에 관한 논쟁으로, 논의의 실익은 책임무능력자의 행위에 대해 정당

15) 불법의식의 내용이 행위의 실질적 위법성이라고 할 때, 금지착오는 실질적 위법성을 오인함에 정당한 이유가 있느냐에 따라 그 결론을 달리하게 된다.

16) Jürgen Baumann, Hellmuth von Weber, Reinhard Maurach, Heinz Zipf 등.

17) E.Mezger, Theodor Rittler 등.

방위가 성립되느냐의 여부에 있다.

1. 주관적 위법성론(die subjective Re.)[18]

형법의 규범적 성격을 명령 내지 의사결정규범으로 보는 견해로, 따라서 법은 그 의미를 이해할 수 있는 자에게만 타당하며 이러한 자의 행위만이 법적 의미로서의 행위로 규범평가의 대상이 된다(Thon의 명령설을 기초). 즉 위법성은 개인의 의사에 직접 영향을 미치기 위한 명령의 형태로 나타나는 의사결정규범에 대한 위반을 의미한다.

이 견해에 의하면 책임능력자의 고의 · 과실에 기한 행위만이 위법성을 가지며, 책임무능력자의 행위는 법적으로는 자연현상에 불과하기 때문에 책임무능력자의 행위에 대해서는 정당방위를 할 수 없으며 긴급피난만이 가능하다.

2. 객관적 위법성론(die objektive Re.)

위법성을 일반인의 행위에 대한 일반적인 부정적 가치판단으로 보는 입장에서 형법의 규범적 성격을 행위에 대한 객관적인 평가규범으로 이해하는 견해이다. 따라서 책임능력과는 관계없이 이러한 평가규범에 위반한 행위는 위법성이 존재한다. 행위에 대한 평가규범이 먼저 존재하고 이에 따라 행위자에 대한 의사결정규범으로서의 성질이 도출된다는 점에서 위법성은 행위자측면과는 무관하게 행위 자체의 객관적 법질서에의 불합치를 의미하며, 형법의 의사결정규범으로서의 성격은 책임단계에서 나타난다.

여기서 '객관적'이라는 의미는 보편타당성(Allgemeingültigkeit) 또는 일반적 가치판단(allgemeines Werturteil)을 뜻한다. 이 견해에 의하면 책임무능력자의 행위도 사실상의 통찰능력이 있다면 위법성을 가지며 따라서 책임무능력자의 행위에 대해서도 정당방위가 가능하다.

이와 같이 객관적 위법성론에 의하더라도 위법성판단 자체는 객관적으로 하되, 위법성 판단대상은 불법구성요건에 해당하는 행위의 주관적 · 객관적 표지 전부(결과반가치와 행위반가치를 포함)이다. 즉 평가방법에 있어서의 객관성을 의미하는 것으로, 판단의 대상은 주관적 · 객관적 불법구성요건표지이다.

Ⅱ. 위법성의 판단시기

불법구성요건에 해당하는 행위시(Tatzeit), 즉 실행행위착수시를 기준으로 하여 행위의 위법성 여부를 판단한다.

18) A.Merkel, Ferneck, Graf zu Dohna 등.

제7항 위법성조각사유(행위의 정당화사유)

형법[19] 제20조 (정당행위) 법령에 의한 행위 또는 업무로 인한 행위 기타 사회상규에 위배되지 아니하는 행위는 벌하지 아니한다.

제21조 (정당방위) ① 자기 또는 타인의 법익에 대한 현재의 부당한 침해를 방위하기 위한 행위는 상당한 이유가 있는 때에는 벌하지 아니한다.

② 방위행위가 그 정도를 초과한 때에는 정황에 의하여 그 형을 감경 또는 면제할 수 있다.

③ 전항의 경우에 그 행위가 야간 기타 불안스러운 상태 하에서 공포, 경악, 흥분 또는 당황으로 인한 때에는 벌하지 아니한다.

제22조 (긴급피난) ① 자기 또는 타인의 법익에 대한 현재의 위난을 피하기 위한 행위는 상당한 이유가 있는 때에는 벌하지 아니한다.

② 위난을 피하지 못할 책임이 있는 자에 대하여는 전항의 규정을 적용하지 아니한다.

③ 전조 제2항과 제3항의 규정은 본조에 준용한다.

제23조 (자구행위) ① 법정절차에 의하여 청구권을 보전하기 불능한 경우에 그 청구권의 실행불능 또는 현저한 실행곤란을 피하기 위한 행위는 상당한 이유가 있는 때에는 벌하지 아니한다.

② 전항의 행위가 그 정도를 초과한 때에는 정황에 의하여 형을 감경 또는 면제할 수 있다.

제24조 (피해자의 승낙) 처분할 수 있는 자의 승낙에 의하여 그 법익을 훼손한 행위는 법률에 특별한 규정이 없는 한 벌하지 아니한다.

제310조 (위법성의 조각) 제307조제1항의 행위가 진실한 사실로서 오로지 공공의 이익에 관한 때에는 처벌하지 아니한다.

폭력행위 등 처벌에 관한 법률 제8조 (정당방위등) ① 이 법에 규정된 죄를 범한 자가 흉기 기타 위험한 물건 등으로 사람에게 위해를 가하거나 가하려 할 때 이를 예방 또는 방위하기 위하여 한 행위는 벌하지 아니한다.

② 제1항의 경우에 방위행위가 그 정도를 초과한 때에는 그 형을 감경한다.

---

19) 〈형법일부개정법률안〉 [2011.3.25. 정부안으로 국회제출(의안번호 1811304호), 18개 국회 임기만료로 자동폐기]

1) 방위행위가 그 정도를 초과한 경우에 벌하지 아니하는 사유에서 '흥분'을 제외하여 과잉방위의 면책사유를 엄격히 함(안 제17조제3항)

안 제17조 (정당방위) ① 자기 또는 타인의 법익에 대한 현재의 부당한 침해를 방위하기 위한 행위는 상당한 이유가 있는 경우 벌하지 아니한다.

② 방위행위가 그 정도를 초과한 경우에는 정황에 따라 그 형을 감경하거나 면제할 수 있다.

③ 제2항의 경우에 그 행위가 야간이나 그 밖의 불안스러운 상태에서 공포, 경악 또는 당황으로 인하였을 때에는 벌하지 아니한다.

2) 긴급피난에 관한 규정을 적용하지 아니하는 대상의 범위를 위난에 대처해야 할 의무가 있는 자로 축소하고 그에 대하여 형을 감면할 수 있도록 하는 한편, 피난행위가 그 정도를 초과한 경우에 벌하지 아니하는 사유에서 '흥분'을 제외하여 과잉피난의 면책사유를 엄격히 함(안 제18조제2항 및 제3항)

안 제18조 (긴급피난) ① 자기 또는 타인의 법익에 대한 현재의 위난을 피하기 위한 행위는 상당한 이유가 있는 경우에는 벌하지 아니한다.

② 위난에 대처하여야 할 의무가 있는 자에 대해서는 제1항을 적용하지 아니한다. 이 경우 형을 감경하거나 면제할 수 있다.

③ 제1항 및 제2항에 대해서는 제17조제2항 및 제3항을 준용한다.

③ 제2항의 경우에 그 행위가 야간 기타 불안스러운 상태하에서 공포 · 경악 · 흥분 또는 당황으로 인한 때에는 벌하지 아니한다.

공직선거법 제110조 (후보자 등의 비방금지) ① 누구든지 선거운동을 위하여 후보자(후보자가 되고자 하는 자를 포함한다. 이하 이 조에서 같다), 후보자의 배우자 또는 직계존비속이나 형제자매의 출생지 · 가족관계 · 신분 · 직업 · 경력등 · 재산 · 행위 · 소속단체, 특정인 또는 특정단체로부터의 지지여부 등에 관하여 허위의 사실을 공표할 수 없으며, 공연히 사실을 적시하여 사생활을 비방할 수 없다. 다만, 진실한 사실로서 공공의 이익에 관한 때에는 그러하지 아니하다.
② 누구든지 선거운동을 위하여 정당, 후보자, 후보자의 배우자 또는 직계존비속이나 형제자매와 관련하여 특정 지역 · 지역인 또는 성별을 공연히 비하 · 모욕하여서는 아니 된다.
제251조 (후보자비방죄) 당선되거나 되게 하거나 되지 못하게 할 목적으로 연설 · 방송 · 신문 · 통신 · 잡지 · 벽보 · 선전문서 기타의 방법으로 공연히 사실을 적시하여 후보자(후보자가 되고자 하는 자를 포함한다), 그의 배우자 또는 직계존 · 비속이나 형제자매를 비방한 자는 3년 이하의 징역 또는 500만원 이하의 벌금에 처한다. 다만, 진실한 사실로서 공공의 이익에 관한 때에는 처벌하지 아니한다.

Ⅰ. 개념

일반적인 금지나 요구규범은 절대적인 금지나 요구규범이 아니라 구체적인 경우에는 금지나 요구규범위반행위를 「해도 좋다」는 행위에 대한 허용규범을 포함하고 있다. 이와 같이 특정한 경우에 금지 또는 요구규범 위반행위를 예외적으로 허용해 주는 사유, 즉 불법구성요건에 해당하는 행위를 예외적으로 허용 내지 승인해 주는 사유를 행위의 정당화사유(Rechtfertigungsgrund) 또는 위법성조각사유(Rechtswidrigkeitsausschließungsgrund)라 한다.[20]

위법성조각사유도 일단 금지된 불법구성요건이 실현되었음을 전제로 하여 이러한 행위가 규범적으로 허용됨을 의미한다. 따라서 불법구성요건해당성이 조각되는 것이 아니라 불법구성요건에 해당하는 행위의 위법성만이 조각될 뿐이다. 또한 위법성조각사유가 있으면 일단 발생한 위법성을 제거하는 것이 아니라 처음부터 위법하지 않은 행위, 즉 적법한 행위로 된다. 다만 불법구성요건을 위법성의 존재근거로 보아 위법성조각사유를 소극적 불법구성요건표지로 파악하는 총체적(소극적) 불법구성요건표지이론에 의하면 위법성조각은 총체적 불법구성요건해당성 자체를 조각하게 된다.

20) 행위는 위법 아니면 적법의 문제이며 그 사이에 방임행위라는 중간영역[법으로부터 자유로운 영역(rechtsfreier Raum)]이 없다면, 정당화사유는 적법을 긍정하는 측면에서의 표현이며 위법성조각사유는 위법성을 부정하는 측면에서의 표현이므로 양 개념은 동일대상에 대한 표현방법의 차이에 불과하다. 다만 적법과 위법 영역 이외에 법으로부터 자유로운 행위영역(행위자의 윤리적이고 양심적인 판단에 따라 행동하도록 할 수밖에 없는, 즉 각자의 양심에 따라 행위를 결정하도록 방임된 영역 - 예로서 고도의 동가치적 작위의무가 충돌되는 영역)이 존재한다는 견해(Karl Binding에 의하여 주장된 이래 Arthur Kaufmann, Harro Otto 등이 취하고 있는 Lehre vom rechtsfreien Raum)에 의하면 양 개념은 구별된다.

형법은 '어떤 경우 어떤 행위가 위법이다' 라는, 위법성에 관하여 적극적 규정을 두지 않고 소극적으로 위법성조각사유에 관한 규정을 두고 있다. 따라서 형법 각 본조의 구성요건에 해당하는 행위는 위법성이 조각되는 특별한 사유가 없는 한 위법한 행위로 추정된다는 점에서 불법구성요건은 불법행위의 유형으로 위법성을 징표(Indiz)하고 있다고 할 수 있다.

Ⅱ. 위법성조각사유와 구성요건해당성배제사유의 구별

1. 구별실익

사회적 상당성, 허용된 위험, 부진정부작위범에 있어서 보증인적 지위, 피해자의 승낙, 결과반가치와 행위반가치 등의 체계적 지위와 관련된 문제로, 아예 불법구성요건해당성이 없기 때문에 불법구성요건상의 일반적 금지의 영역밖에 있는 행위는 처음부터 형법적 판단이 될 수 없음에 반하여, 보호법익을 침해했지만 특별한 정당화사유를 통하여 비로소 허용되는 행위에 대한 판단은 이와는 구별된다.

2. 구별에 관한 학설

1) 형식적 구별

형식적인 법률상의 범죄기술(犯罪記述)을 기준으로 양자를 구별하는 견해로, 이 견해에 의하면 범죄기술에서 형식적으로 추출할 수 있는 모든 불법표지를 구성요건에 위치시킨다. 따라서 위 예는 위법성의 범주에 해당하게 된다.

2) 실질적 구별

(1) 규범론적 관점에서 보는 입장

구성요건해당성은 규범위반성이며, 위법성조각사유는 예외적으로 이러한 규범위반성을 허용해주는 사유로 보는 견해이다.

(2) 법익론적 관점에서 보는 입장

구성요건해당성은 법익침해를 전제로 하며, 위법성조각사유는 야기된 법익침해를 정당화하는 사유로 보는 견해이다.

(3) 원칙에 대한 예외(eine Ausnahme gegenüber einer Regel)라는 관점에서 보는 입장

구성요건은 일반적으로 금지된 형태의 유형적 사례를 기술한 것이며, 위법성조각사유는 이익충돌이 있는 개개의 사례에서 특별한 허용명제를 제시하는 사유로 보는 견해이다.

(4) 형법적 중요성이라는 기준에서 구별하는 입장

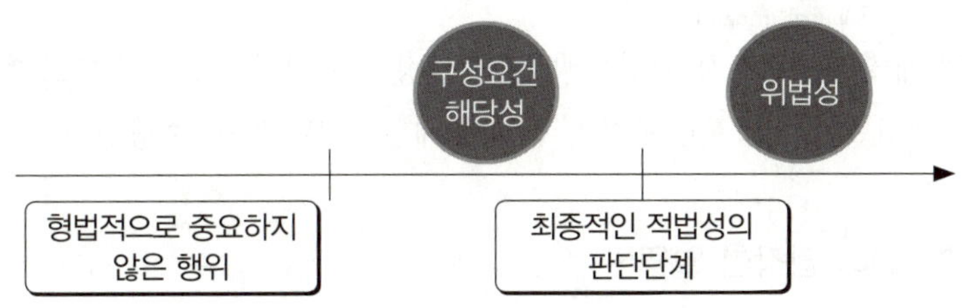

Ⅲ. 위법성조각의 근거 : 불법구성요건해당행위의 위법성이 조각되는 이유(체계화 문제)

정당화사유의 유동적 · 비정형적이라는 동태적 성격 때문에 제기되는 논의로, 실질적 위법성론의 관점에서 위법성조각사유의 일반원리를 규명(체계화)하고자 하는 노력에서 견해가 다양하게 대립되고 있다.

1. 일원론(die monistische Theorie)[21]

초법규적인 위법성조각사유로서의 긴급피난을 인정할 것인가에 대한 논의과정에서 제기된 견해로, 개개의 모든 정당화사유를 포괄하는 통일적인 원리 즉 모든 위법성조각사유의 기초가 되는 통일된 기본원리가 존재한다고 보는 입장이다. 이 견해에 의하면 개별적 정당화사유를 체계적으로 파악할 수 있으며, 개개 요건의 해석의 일관성과 초법규적 정당화사유를 인정할 수 있는 이론적 기초를 제공한다는 점에 의의가 있다.

1) 법익론(법익침해설)에 입각한 일원론

(1) 법익형량설(Güterabwägungsthorie)[22]

상이한 가치법익이 대립되는 경우 보다 우월한 법익의 보호가 정당화된다고 보는 견해로, 형법의

21) 목적설에서 법익형량설로 발전된 이론이다.

22) Abegg, Köstlin, Hälschner등과 같은 Hegel학파와 K.Binding, A.Merkel, E.Mezger 등.

기능을 법익보호에 있다고 보는 결과반가치의 입장(결과중심적 사고)에서 주장된 내용이다. 그러나 이 견해는 피해자의 승락의 경우나 정당방위 또는 동가치의 법익이 대립되는 경우에 설명이 곤란하며, 지나친 공리주의적 사고를 기초로 하고 있다. 또한 법익의 가치관계 이외의 사정을 고려의 대상에서 제외시킨다는 점에서 위법성조각의 일반원리로 보기 어렵다.

(2) 이익교량설(우월적 이익설, Interessenabwägungstheorie)

법익형량 이외에 개별적 · 구체적인 경우의 전체 사정을 고려하여 포괄적으로 이익을 비교형량하고자 하는 견해로, 결과반가치와 행위반가치 전체에 대한 비교형량을 주장한다.

2) 규범론(규범위반설)에 입각한 일원론

(1) 목적설(Zwecktheorie)[23]

불법구성요건해당행위가 국가적으로 승인된 공동생활의 정당한 목적에 적합하고 상당한(적절한) 수단인 경우가 위법성조각의 경우라고 보는 견해(행위중심적 사고)이다. 그러나 이 견해는 '정당한 것은 정당하다'는 동어반복에 불과하며, '상당성'이나 '정당성'개념이 불분명함으로 해서 포괄적 · 형식적 · 추상적 · 윤리과잉적 성격을 가지고 있다.

(2) 사회상당성설[24]

법질서전체에서 파악한 사회상당성이 위법성조각의 해석원리라는 견해로, 이 견해에 의하면 개별적인 위법성조각사유의 특수한 성격이 무시될 위험이 있으며 법질서에 반하지 않으면 위법성이 조각된다는 동어반복에 불과하다.

2. 다원론(die pluralistische Theorie)

정당화사유를 몇개의 유형으로 나누어 복수의 원리로 설명하는 견해로, 이 견해에 대해서는 첫째 '개개 위법성조각사유를 체계적으로 구성할 수 있느냐', 둘째 '새로운 위법성조각사유에 대해 이론적 근거를 제공해 줄 수 있느냐' 라는 비판이 제기될 수 있다.

1) 이분설[25]

법익형량설[우월적 이익의 원리(Prinzip des überwiegenden Interesses)]이 위법성조각사유의 일반원리로 다만 피해자의

23) 자연법론자들과 F.v.Liszt, G.zu Dohna, Eberhard Schmidt 등.

24) H.Welze 등.

25) Karl Lenckner 등.

승락에 의한 행위는 「이익부존재(흠결)의 원리(Prinzip des mangelnden Interesses)」에 의한다고 보는 견해, 또는 결과반가치의 경우에는 법익형량설이 행위반가치의 경우에는 목적설이 각각 위법성조각사유의 원리라고 보는 견해 등이 있다.

2) 삼분설

(1) 법의 임무에 따라 위법성조각사유를 삼분(三分)하는 견해

정당한 이익보호원리[26], 우월적 이익보호원리[27], 보호필요성이 있는 이익보호원리[28]

(2) 법이념의 지도원리에 따라 위법성조각근거를 삼분하는 견해[29]

법적 안정성의 원리[30], 공공복리를 위한 생활이익의 촉진사유[31], 정당한 생활이익의 보호사유[32]

(3) 야콥스(Günther Jakobs)의 삼분설

공격의 피해자에 의한 책임성의 원칙[33], 공격의 피해자에 의한 이익한정의 원칙[34], 연대성의 원칙[35]

3) 개별설[36]

형사정책적인 면에서 개방적인 위법성조각사유의 이론체계를 모색하고자 하는 견해이다.

(1) 일반원리로서 사회조절적 이익교량

충돌되는 이익과 반대이익의 사회적으로 정당한 조절의 원리, 즉 갈등상황에서의 사회조절적 이익교량의 원리(사회적 질서원리)가 위법성조각의 일반원리이다.

---

26) 법령에 의한 행위, 정당방위, 자구행위의 경우.
27) 업무에 기한 행위, 긴급피난의 경우.
28) 피해자의 승낙에 의한 경우.
29) Wilhelm Sauer.
30) 민법상 강제권, 친권의 행사, 교사의 교육권, 상관의 명령, 피해자의 승낙 등.
31) 교통기관 등의 위험업무, 타인을 위한 복지행정, 치료행위, 타인 자녀에 대한 징계행위 등.
32) 위난방위, 긴급구조 등.
33) 정당방위, 방어적 긴급피난, 자력구제, 현행범 체포 등.
34) 추정적 승낙, 정당행위 중 법률상 법익침해적 권한을 허용하는 규정에 의한 경우.
35) 공격적 긴급피난의 경우.
36) Claus Roxin.

(2) 개별원리로서의 사회적 질서원리들

개개 위법성조각사유를 내용적으로 구체화하는 해석원리로,[37]

가) 추진원리

정당화사유를 추진하는 방향으로 작용하는 원리로, 구체적으로는 법의 확증원리(「법은 불법에 양보할 수 없다」) · 자기보호원리 · 정당한 이익옹호의 원리가 이에 해당한다.

나) 제한원리

정당화사유에 일정한 제한을 가하는 원리로, 비례성과 균형성의 원리 · 국가적 강제수단우위의 원리가 이에 해당한다.

다) 공통원리

정당화사유에 따라 적극적(추진적) 또는 소극적(제한적)인 양면으로 작용하는 원리로, 법익교량의 원리 · 의사자율의 원리(법익침해자의 의사를 초과해서는 안됨)가 이에 해당한다.

Ⅳ. 위법성조각사유의 구성요소 – 주관적 · 객관적 (행위)정당화표지

위법성조각사유의 구성요소는 위법성조각을 인정하기 위한 객관적인 행위정당화상황의 존재라는 객관적 표지와, 이러한 객관적인 행위정당화상황에 대한 인식 및 이를 실현한다는 의욕이라는 주관적 · 정신적 표지로, 불법구성요건에 해당하는 행위의 결과반가치와 행위반가치를 상쇄시키는 표지이다.

1. 주관적 정당화표지의 개념

불법구성요건해당행위의 행위반가치를 조각하기 위하여 주관적 불법구성요건표지인 고의에 대립되는 표지로, 위법성조각사유를 인정하기 위한 행위의 심리적 · 주관적 측면의 요소를 행위의 주관적인 정당화표지라 한다. 즉 행위로 하여금 그것 때문에 불법이게 하는 주관적 불법요소가 존재하듯이, 행위로 하여금 그것 때문에 정당화하게 하는 주관적 표지이다.

37) 예로서 정당방위의 경우 추진원리로서 법의 확증원리와 자기보호의 원리, 제한원리로서 비례성의 원리가 위법성조각의 근거이다. 긴급피난의 경우에는 추진원리로서 자기보호의 원리와 법익형량의 원리, 제한원리로서 비례성의 원리가 위법성조각의 근거가 된다.

2. 행위의 위법성조각에 있어 주관적 정당화표지의 필요 여부

1) 순객관설(부정설)[38]

결과가 발생할 객관적인 위험성의 부존재라는 행위의 객관적인 정당화사유만 있으면 행위의 위법성조각을 인정하는 결과반가치론의 입장에서 주장하는 견해이다.

2) 주관설(긍정설)

결과불법만이 아니라 행위불법에 의해 불법이 구성된다고 본다면 행위반가치를 조각하기 위하여 고의에 반대되는 주관적 표지가 필요하다는 견해로, 행위의 위법성조각은 객관적인 정당화상황의 존재와는 관계없다고 보는 견해이다.

3. 주관적 정당화표지의 근거

1) 형식설

법률이 명문으로 "~하기 위한 행위" 라는 형식으로 주관적 정당화표지를 요구하고 있다는 견해이다. 그러나 규정형식은 주관적인 목표설정을 문제삼는 것이 아니라 객관적으로 허용되는 행위의 범위를 규정하고 있는 것으로 해석해야 된다.

2) 실질설

법률규정과는 관계없이 주관적 정당화표지는 인간행태의 목적적 구조에서 유래한다고 해석하는 견해이다. 즉 불법의 본질과 관련하여 행위의 위법성이 조각되기 위해서는 행위반가치의 의사방향을 상쇄시키는 허용규범의 의도와 일치되는 행위자의 의사를 요한다.

4. 주관적 정당화표지의 내용

1) 정당화상황의 인식요구설

주관적 정당화사유는 고의를 조각하는 것이면 족하므로, 위법성조각사유의 객관적 요소에 대한 인식만 있으면 된다는 견해

---

38) 고전적 · 신고전적 범죄체계론의 입장.

2) 정당화목적요구설

정당화행위의 수행을 위한 목적(의욕)을 요한다는 견해

3) 객관적인 정당화상황의 인식 추가요구설[39]

정당화상황의 인식(침해에 대한 인식)과 정당화행위의 수행을 위한 목적(방위의사)을 요한다는 견해

4) 의무합치적 검토(합의무적 심사)의 추가요구설

정당화목적 외에, 특히 추정적 승낙 또는 제310조(명예훼손죄의 위법성조각)의 경우에는 객관적인 정당화상황에 대한 양심에 따른 심사를 요한다는 견해

5. 객관적 정당화상황과 주관적 정당화표지가 일치하지 않는 경우

1) 주관적 정당화표지를 결한 경우의 법적 효과

예를 들어 甲이 乙이 거주하는 집이 유리창을 손괴하기 위해 돌을 던져 유리창을 부수었는데, 마침 유리창이 깨짐으로써 공기가 통하여 가스에 질식되어 죽어가던 乙이 살아난 경우와 같이 객관적으로 존재하는 행위의 정당화상황을 인식하지 못하고 정당화 목적 없이 행위한 경우가 이에 해당한다.

(1) 기수범설

행위의 위법성이 조각되기 위해서는 주관적인 정당화표지가 존재해야 한다는 주관설의 입장에서 주장하는 견해로, 이 견해에 의하면 객관적인 정당화사정이 있는 경우와 없는 경우가 동일하게 취급되는 모순이 있다.

(2) 불능미수범설[40]

주관적 정당화표지를 결한 행위유형은 행위반가치와 결과반가치의 구조에 있어 (가벌적)불능미수와 유사하므로 불능미수의 규정을 유추적용할 수 있다는 견해이다.[41] 즉 불법구성요건에 해당하는 결과는 발생했지만 그 결과는 객관적인 정당화상황의 존재로 인하여 법질서에 합치되므로 사후적으로 결과반가치는 인정되지 않고(결과발생이 허용되어서) 행위반가치만 인정된다.

그러나 이 견해에 대하여 기수범설을 주장하는 학자들은 결과발생이 현실적으로 아예 불가능한 불능미수와 구성요건적 결과가 발생한 경우와는 구별되어야 하며, 정당화할 행위가 없는데도 그 행

39) 다수견해.

40) 다수견해.

41) 소극적 구성요건표지이론도 이 경우는 반전된 구성요건착오로 불능미수에 해당한다고 한다.

위로 인한 결과는 정당화된다는 것은 논리상 맞지 아니할 뿐만 아니라 또한 침해행위가 과실이나 미수에 그친 경우에는 과실범의 불능미수나 미수범의 불능미수에 해당되는 모순이 생기며, 위법성조각사유는 모든 객관적 표지와 주관적 표지가 충족된 때에만 행위가 정당화될 수 있다는 점에서 비판을 제기한다.

(3) 위법성조각설(순객관설의 입장)

주관적 표지는 책임의 문제로, 주관적 표지가 있는 경우와 없는 경우를 행위에 대한 위법성평가의 단계에서는 법적으로 구별하지 않는 순객관설의 입장에서 주장하는 견해이다.

2) 객관적 행위정당화상황에 대한 착오

예를 들어 한밤중에 악수를 청하는 사람을 강도로 오인하고 정당방위의사로 상해를 가한 경우와 같이 객관적으로 존재하지 아니하는 행위의 정당화상황을 존재한다고 오인하고 행위로 나아간 경우로, 강학상 '위법성조각사유의 객관적인 전제되는 사실(상황, 조건)의 착오' 라고 한다.[42]

Ⅴ. 위법성조각사유에 대한 규정

위법성조각사유를 규정한 법령으로 형법 제20조 내지 제24조, 제310조 제2항(명예훼손죄의 위법성조각), 제246조 제1항 단서,[43] 폭력행위 등 처벌에 관한 법률 제8조 제1항, 공직선거법 제110조 단서, 제251조 단서, 기타 초법규적 정당화사유를[44] 들 수 있다.

---

42) 자세한 내용은 뒤에서 설명하는『금지착오』참조.

43) 단순도박죄의 예외규정으로 그 법적 성질에 대해서는 위법성조각사유로 보는 견해와 반대견해가 있다.
제246조 (도박, 상습도박) ① 도박을 한 사람은 1천만 원 이하의 벌금에 처한다. 다만, 일시오락 정도에 불과한 경우에는 예외로 한다.

44) 헌법상의 저항권(독일기본법 제20조 제4항), 의무의 충돌 상황 등.

제2절 정당방위(Notwehr)

사례연구

1.사실관계

2002.11.25. 인천지방법원 부천지원[(사건번호 생략) 사건]에서 위증교사, 위조증거사용죄로 기소된 변호사인 甲에 대하여 무죄가 선고되었고, 당시 공판검사이던 A는 이에 불복하여 항소한 후 위 무죄가 선고된 공소사실에 대한 보완수사를 한다며 甲의 변호사 사무실 사무장이던 乙에게 2003.1.3. 인천지방검찰청 부천지청 408호 검사실로 출석하라고 요구하였다. A는 2003.1.3. 甲의 위증교사 사건과 관련하여 "乙이 B에 대한 증인신문사항을 작성할 당시 B가 허위 증언할 것이라는 것을 알고 있었을 것이라고 생각한다"는 취지로 진술한 C[이미 위 인천지방법원 부천지원(사건번호 생략) 사건의 판결에서 그 진술의 신빙성이 배척되었다]와 乙을 대질조사하기 위하여 C를 소환한 상태에서 자진출석한 乙에 대하여 참고인조사를 하지 아니한 채 곧바로 위증 및 위증교사 혐의로 피의자신문조서를 받기 시작하였고, 이에 乙은 인적사항만을 진술한 후 A의 승낙 하에 甲에게 전화를 하여 "검사가 자신에 대하여 위증 및 위증교사 혐의로 피의자신문조서를 받고 있으니 여기서 데리고 나가 달라"고 하였다. 이 후 더 이상의 조사가 이루어지지 아니하는 사이 甲이 위 408호 검사실로 찾아와서 A에게 "참고인 조사만을 한다고 하여 임의수사에 응한 것인데 丙을 피의자로 조사하는 데 대해서는 협조를 하지 않겠다"는 취지로 말하며, 乙에게 여기서 나가라고 지시하였다. 乙이 일어서서 검사실을 나가려 하자 A는 乙에게 "지금부터 긴급체포하겠다"고 말하면서 乙의 퇴거를 제지하려 하였고, 甲은 乙에게 계속 나가라고 지시하면서 乙을 붙잡으려는 A를 몸으로 밀어 이를 제지하였다. 이 과정에서 甲은 A에게 치료일수 2주를 요하는 상해를 입혔다.

검사는 甲에 대해 형법 제136조 제1항과 제257조 제1항을 적용하여 공무집행방해죄와 상해죄의 경합범으로 공소제기하였다(乙에 대한 폭력행위등처벌에관한법률위반과 공무집행방해 · 위증교사 · 위증죄의 공소제기는 별론으로 한다).

2. 사건의 경과

제1심법원은 검사가 공소제기한대로 피고인 甲에 대해 공무집행방해죄와 상해죄의 경합범이 성립한다고 판단하였고, 이에 甲은 사실오인과 법리오해를 이유로 항소하였다. 항소심인 원심은 甲의 항소를 기각하면서 제1심의 판단을 유지하였다(乙에 대한 제1심법원의 무죄 판단 및 이에 대한 검사의 항소제기는 생략한다). 甲은 공무집행방해와 상해를 유죄로 판단한 원심판결의 법리오인을 이유로, 검사는 乙에 대해 무죄로 판단한 원심판결의 채증법칙과 위반과 법리오인을 이유로 상고하였다.

3. 법률적 쟁점

乙에 대한 검사 A의 체포가 긴급체포의 요건을 갖추었는가, 그리고 검사 A에게 상해를 가한 피고인 甲의 행위가 정당방위로 평가될 수 있는가?

4. 적용법조

〈형법〉

제21조 (정당방위) ① 자기 또는 타인의 법익에 대한 현재의 부당한 침해를 방위하기 위한 행위는 상당한 이유가 있는 때에는 벌하지 아니한다.

② 방위행위가 그 정도를 초과한 때에는 정황에 의하여 그 형을 감경 또는 면제할 수 있다.

③ 전항의 경우에 그 행위가 야간 기타 불안스러운 상태 하에서 공포, 경악, 흥분 또는 당황으로 인한 때에는 벌하지 아니한다.

5. 대법원의 판단

[판시사항]

긴급체포가 요건을 갖추지 못하여 위법한 체포에 해당하는 경우, 공무집행방해죄에서 '공무집행'의 의미 및 수사기관에 자진출석한 사람이 긴급체포의 요건을 갖추지 못하였음에도 실력으로 자신을 체포하려고 한 검사나 사법경찰관에게 폭행을 가한 경우 공무집행방해죄의 성립 여부

[판결요지]

긴급체포는 영장주의원칙에 대한 예외인 만큼 형사소송법 제200조의3 제1항의 요건을 모두 갖춘 경우에 한하여 예외적으로 허용되어야 하고, 요건을 갖추지 못한 긴급체포는 법적 근거에 의하지 아니한 영장 없는 체포로서 위법한 체포에 해당하는 것이고, 여기서 긴급체포의 요건을 갖추었는지 여부는 사후에 밝혀진 사정을 기초로 판단하는 것이 아니라 체포 당시의 상황을 기초로 판단하여야 하고, 이에 관한 검사나 사법경찰관 등 수사주체의 판단에는 상당한 재량의 여지가 있다고 할 것이나, 긴급체포 당시의 상황으로 보아서도 그 요건의 충족 여부에 관한 검사나 사법경찰관의 판단이 경험칙에 비추어 현저히 합리성을 잃은 경우에는 그 체포는 위법한 체포라 할 것이다. 형법 제136조가 규정하는 공무집행방해죄는 공무원의 직무집행이 적법한 경우에 한하여 성립하고, 여기서 적법한 공무집행은 그 행위가 공무원의 추상적 권한에 속할 뿐 아니라 구체적 직무집행에 관한 법률상 요건과 방식을 갖춘 경우를 가리키므로, 검사나 사법경찰관이 수사기관에 자진출석한 사람을 긴급체포의 요건을 갖추지 못하였음에도 실력으로 체포하려고 하였다면 적법한 공무집행이라고 할 수 없고, 자진출석한 사람이 검사나 사법경찰관에 대하여 이를 거부하는 방법으로써 폭행을 하였다고 하여 공무집행방해죄가 성립하는 것은 아니다.

기록에 의하면, 2002.11.25. 인천지방법원 부천지원((사건번호 생략) 사건)에서 위증교사, 위조증거사용죄로 기소된 피고인 1에 대하여 무죄가 선고되었고, 당시 공판검사이던 공소외 1은 이에 불복하여 항소한 후 위 무죄가 선고된 공소사실에 대한 보완수사를 한다며 피고인 1의 변호사사무실 사무장이던 피고인 2에게 2003.1.3. 인천지방검찰청 부천지청 408호 검사실로 출석하라고 요구한 사실, 공소외 1 검사는 2003.1.3. 피고인 1의 위증교사 사건과 관련하여 "피고인 2가 공소외 2에 대한 증인신문사항을 작성할 당시 공소외 2가 허위 증언할 것이라는 것을 알고 있었을 것이라고 생각한다"는 취지로 진술한 공소외 3(이미 위 인천지방법원 부천지원 (사건번호 생략) 사건의 판결에서 그 진술의 신빙성이 배척되었다)와

피고인 2를 대질조사하기 위하여 공소외 3을 소환한 상태에서 자진출석한 피고인 2에 대하여 참고인 조사를 하지 아니한 채 곧바로 위증 및 위증교사 혐의로 피의자신문조서를 받기 시작하였고, 이에 피고인 2는 인적사항만을 진술한 후 공소외 1 검사의 승낙하에 피고인 1에게 전화를 하여 "검사가 자신에 대하여 위증 및 위증교사 혐의로 피의자신문조서를 받고 있으니 여기서 데리고 나가 달라"고 하였으며, 더 이상의 조사가 이루어지지 아니하는 사이 피고인 1이 위 408호 검사실로 찾아와서 공소외 1 검사에게 "참고인 조사만을 한다고 하여 임의수사에 응한 것인데 피고인 2를 피의자로 조사하는 데 대해서는 협조를 하지 않겠다"는 취지로 말하며 피고인 2에게 여기서 나가라고 지시한 사실, 피고인 2가 일어서서 검사실을 나가려 하자 공소외 1 검사는 피고인 2에게 "지금부터 긴급체포하겠다"고 말하면서 피고인 2의 퇴거를 제지하려 하였고, 피고인 1은 피고인 2에게 계속 나가라고 지시하면서 피고인 2를 붙잡으려는 공소외 1 검사를 몸으로 밀어 이를 제지한 사실을 알 수 있다.

사정이 그와 같다면, 피고인 2는 참고인 조사를 받는 줄 알고 검찰청에 자진출석하였는데 예상과는 달리 갑자기 피의자로 조사한다고 하므로 임의수사에 의한 협조를 거부하면서 그에 대한 위증 및 위증교사 혐의에 대하여 조사를 시작하기도 전에 귀가를 요구한 것이므로, 공소외 1 검사가 피고인 2를 긴급체포하려고 할 당시 피고인 2가 위증 및 위증교사의 범행을 범하였다고 의심할 만한 상당한 이유가 있었다고 볼 수 없고(위 공소외 3의 진술은 이미 위 인천지방법원 부천지원 (사건번호 생략) 사건의 판결에서 그 신빙성이 배척되었으므로 위 공소외 3의 진술만으로 피고인 2가 위증 및 위증교사의 범행을 범하였다고 의심할 만한 상당한 이유가 있다고 볼 수 없다), 기록에 나타난 피고인 2의 소환 경위, 피고인 2의 직업 및 혐의사실의 정도, 피고인 1의 위증교사죄에 대한 무죄선고, 피고인 1의 위증교사 사건과 관련한 피고인 2의 종전 진술 등에 비추어 보면 피고인 2가 임의수사에 대한 협조를 거부하고 자신의 혐의사실에 대한 조사가 이루어지기 전에 퇴거를 요구하면서 검사의 제지에도 불구하고, 퇴거하였다고 하여 도망할 우려가 있다거나 증거를 인멸할 우려가 있다고 보기도 어려우므로, 위와 같이 긴급체포를 하려고 한 것은 그 당시 상황에 비추어 보아 형사소송법 제200조의3 제1항의 요건을 갖추지 못한 것으로 쉽게 보여져 이를 실행한 검사 등의 판단이 현저히 합리성을 잃었다고 할 것이다. 따라서 검사가 위와 같이 검찰청에 자진출석한 피고인 2를 체포하려고 한 행위를 적법한 공무집행이라고 할 수 없다.

그럼에도 불구하고, 원심은 공소외 1 검사가 피고인 2를 긴급체포한 행위에 대하여 객관적으로 합리적 근거를 갖추지 못하였음에도 긴급체포를 하였다고 인정할 수 있는 사정이 있었다고 보기 어려우므로 검사가 피고인 2를 긴급체포하려고 한 행위가 적법한 공무집행에 해당한다는 이유로 피고인 1의 주장을 배척하고 이 부분 범죄사실을 유죄로 인정하였으니, 원심판결에는 긴급체포의 요건에 관한 법리를 오해하였거나, 그 점을 간과하여 공무집행의 적법성에 관한 판단을 그르친 위법이 있다고 하지 않을 수 없다. 이는 판결 결과에 영향을 미쳤음이 명백하다.

그리고 공소외 1 검사의 행위는 앞서 본 바와 같이 이미 적법한 공무집행을 벗어나 피고인 2를 불법하게 체포하려고 한 것으로 볼 수밖에 없으므로, 피고인 1이 피고인 2에 대한 체포를 제지하는 과정에서 위 검사에게 상해를 가한 것은 이러한 불법 체포로 인한 신체에 대한 현재의 부당한 침해에서 벗어나기 위한 행위로서 정당방위에 해당하여 위법성이 조각된다고 봄이 상당하다. 그럼에도 불구하고, 원심은 공소외 1 검사가 피고인 2를 긴급체포한 행위가 적법한 공무집행에 해당한다는 이유로 피고인 1의 정당방위 주장을 배척하고 이 부분 범죄사실을 유죄로 인정하였으니, 원심판결에는 정당방위의 요건에 관한 법리를 오해하는 등의 위법이 있다. 이는 판결 결과에 영향을 미쳤음이 명백하다(대법원 2006.9.8. 선고 2006도148 판결. 검사가 참고인 조사를 받는 줄 알고 검찰청에 자진출석한 변호사사무실 사무장을 합리적 근거 없이 긴급체포하자 그 변호사가 이를 제지하는 과정에서 위 검사에게 상해를 가한 것이 정당방위에 해당한다고 본 사례).

제1항 정당방위의 개념

형법 제21조 (정당방위) ① 자기 또는 타인의 법익에 대한 현재의 부당한 침해를 방위하기 위한 행위는 상당한 이유가 있는 때에는 벌하지 아니한다.
② 방위행위가 그 정도를 초과한 때에는 정황에 의하여 그 형을 감경 또는 면제할 수 있다.
③ 전항의 경우에 그 행위가 야간 기타 불안스러운 상태하에서 공포, 경악, 흥분 또는 당황으로 인한 때에는 벌하지 아니한다.

폭력행위 등 처벌에 관한 법률 제8조 (정당방위등) ① 이 법에 규정된 죄를 범한 자가 흉기 기타 위험한 물건 등으로 사람에게 위해를 가하거나 가하려 할 때 이를 예방 또는 방위하기 위하여 한 행위는 벌하지 아니한다.
② 제1항의 경우에 방위행위가 그 정도를 초과한 때에는 그 형을 감경한다.
③ 제2항의 경우에 그 행위가 야간 기타 불안스러운 상태하에서 공포 · 경악 · 흥분 또는 당황으로 인한 때에는 벌하지 아니한다.

정당방위란 자기 또는 타인의 법익에 대한 현재의 부당한 침해를 방위하기 위한 상당한 이유있는 행위로(제21조), 가장 고전적이며 전형적인 위법성조각사유이다. 정당방위는 법의 부정에 대한 재부정이라는 점에서 부정(불법) 대 정(합법)의 관계(Recht gegen Unrecht)에서 인정되는 불법구성요건해당행위의 정당화사유이다.

정당방위는 공격의 현재성 때문에 일종의 「국가형벌권의 늘어난 팔」(verlängerter Arm staatlichen Strafrechts)[1]로서의 기능을 하며, 이 점에서 국가형벌권독점의 예외가 인정된다. 또한 부정 대 정의 관계에서 인정되는 위법성조각사유이기 때문에 이익교량의 원칙이 엄격하게 적용되지 않는다는 점에서 『긴급피난』이라는 정당화사유와 구별된다.

1) Winfried Hassemer, "Die provozierte Provokation oder Über die Zukunft des Notwehrrechts", in:Paul Bockelmann-FS, S.240.

제2항 정당방위의 정당화적 근거(정당방위의 본질)

어떤 근거 하에서 정당방위가 정당화되느냐에 대한 논의로, 정당방위에 의하여 보호되는 법익을 개개의 독립된 법익으로 보느냐, 아니면 법익 상호간의 사회적인 관련성을 인정하여 이를 조절하는 관점에서 보느냐의 문제이다.[2)]

정당방위의 정당화적 근거와 관련하여 오늘날 특히 논의의 대상이 되는 것이 '어느 정도까지 정당방위가 인정될 수 있는가'라는 그 한계가 문제되는 바, 이는 원칙적으로 개인의 사적 구제가 금지된다는 점에서 정당방위를 사회윤리적 측면에서 제한하려는 것으로 정당방위에 의한 보호의 범위 및 방법과 관련하여 정당방위에서의 핵심적 논의 대상이다.[3)] 나아가 정당방위에 대한 (사회윤리적) 제한을 인정하더라도 이를 제21조「상당한 이유」의 내용으로 포함시켜 볼 것인가, 아니면 이와는 별개로 정당방위의 원리(본질)에서 유래하는 제한으로 볼 것인가에 대해서도 견해가 대립되고 있다.

Ⅰ. 개인적 · 권리적 근거(자연법설)

이 견해는 정당방위의 이론적 근거를 "누구도 자신에 대한 침해를 방관할 필요가 없다(Niemand braucht sich verletzen zu lassen)"는 자기보호의 사상(Gedanke des Selbstschutzes)에서 구하는 것으로, 정당방위는 자기보호(방어)의 자연적 본능으로서의 인간의 고유권(자기방어의 권리) 즉 인격의 자유로운 발현에 관한 기본권으로 이해한다.[4)]

이와 같이 정당방위의 본질을 자유주의적 관점에서 고정적이고 비탄력적인 주관적인 정당방위권으로 볼 경우에는 국가적 · 사회적 법익(법질서 내지 공공질서)을 보호하기 위한 정당방위의 허용여부가 문제될 수 있다.

Ⅱ. 사회적 · 법적 근거

이 견해는 정당방위의 이론적 근거를 '법은 불법에 양보할 수 없다(Das Recht braucht dem Unrecht nicht zu weichen)'[5)]는 법의 확증

---

2) 독일형법 제32조 [Notwehr] ① 정당방위를 통하여 명하여진(요구되는) 행위를 한 자는 위법하게 행위한 것이 아니다(Wer eine Tat begeht, die durch Notwehr geboten ist, handelt nicht rechtswidrig). [정당방위의 사회윤리적 제한의 근거]
② 정당방위는 현재의 위법한 침해에 대하여 자기 또는 타인을 지키기 위하여 필요로 하는 방위이다(Notwehr ist die Verteidigung, die erforderlich ist, um einen gegenwärtigen rechtswidrigen Angriff von sich oder einem anderen abzuwenden). [개인권적인 자기보호의 원리하에서 정당방위를 규정]

3) Hans-Heinrich Jescheck, "정당방위권의 현대적 전개는 그 사회윤리적 제한의 역사이다"

4) 독일형법 제32조 제2항은 이러한 주관적인 정당방위권을 규정하고 있다.

5) RGSt 21, 170.

사상(Gedanke der Rechtsbewährung) 내지 법질서수호의 원리에 구하는 것으로, 일반적인 평화질서 내지 법질서의 확증 및 수호라는 점에서 정당방위가 허용된다고 한다.[6] 따라서 법수호의 이익이 없는 때에는 정당방위는 제한된다.

이와 같이 사회주의적 관점에서 불법에 대한 투쟁에서 법은 보호된다는 사상, 즉 피침해자의 방위를 통하여 개인의 권리의 방위만이 아니라 전체의 법질서도 수호된다고 보는 사상 - '나의 권익보호가 법질서 전체의 보호' - 에서 정당방위의 정당화적 근거를 구한다.

제3항 정당방위가 인정되기 위한 요건(정당방위의 성립요건, 정당방위의 구체적 내용)

불법구성요건에 해당하는 행위가 정당방위로 인정되기 위해서는 먼저 '자기 또는 타인의 법익에 대한 현재의 부당한 침해'라는 구체적인 행위상황이 존재해야 하며, 다음으로 현재의 부당한 침해로부터 자기 또는 타인의 법익을 방위하려는 '방위의사에 기한 방위행위'가 존재해야 할 뿐만 아니라 이러한 방위행위가 규범적 평가에 있어 '상당한 이유'가 있는 것으로 평가되어야만 한다.

Ⅰ. 객관적 요건으로 정당방위상황의 존재

정당방위가 인정되기 위해서는 먼저 '자기 또는 타인의 법익에 대한 현재의 부당한 침해'라는 객관적인 정당방위상황(Notwehrlage)이 존재해야 한다.

1. 자기 또는 타인의 법익

여기서의 타인은 자연인만이 아니라 법인 및 기타 단체를 포함하는 개념으로, 타인의 법익에 대해서도 정당방위가 인정된다는 점에서 긴급피난과 더불어 정당방위는 긴급구조(Nothilfe)의 일종이다.

또한 여기서의 법익은 개개 구성요건의 입법취지에 해당하는 보호법익만이 아니라 널리 법적으로 보호되는 이익도 포함된다. 따라서 형법 뿐만 아니라 다른 법률에 의하여 보호되는 모든 개인적 법익에 대해서는 정당방위가 허용된다. 즉 형법상 구성요건에 해당하지 않더라도 다른 법규정에 의하여 보호되는 예컨대 가족관계 · 애정관계와 같은 사생활영역의 법익에 대해서도 정당방위는 허용된다.[7] 사회적 법익도 방화죄나 일수죄(溢水罪) 또는 교통방해의 죄와 같이 개인의 생명이나 신체, 재산

---

6) 독일형법 제32조 제1항의 규정은 이러한 사회적 · 법적 성질로서의 정당방위를 표현하고 있다.

7) 욕설을 가한 것만으로는 현재의 급박 부당한 침해라 할 수 없으니 욕설을 함에 대하여 폭행을 가한 경우에 그것을 정당방위로 논할 수 없다(대법원 1957.5.10. 선고 4290刑上73 판결).

타인이 보는 자리에서 자식으로부터 인륜상 용납할 수 없는 폭언과 함께 폭행을 가하려는 피해자를 1회 구타한 행위는 피

과 밀접한 관련을 가진 경우에는 정당방위의 방어적격있는 보호법익이 된다. 다만 외관상으로는 개인적 이익과 관계있더라도 간통죄의 경우와 같이 그 이익이 본질적으로 사회질서나 성풍속 등을 내용으로 하는 경우에는 정당방위의 방어적격이 없다고 해야 하며, 이 경우에는 정당방위에 의하여 방어할 성질의 법익이 아니다.

국가의 존립과 권위 또는 공공의 질서유지와 같은 국가적 법익이나 사회적 법익에 대해서도 정당방위가 인정되려면 의무부과의 주체가 누구냐의 문제, 즉 행정법상의 반사적 이익과 관련하여 방위상황에 처해 있는 자의 방위하려는 의사를 넘어서는 안된다(의사자율의 원칙).[8]

2. 현재의 부당한 침해

1) 침해(Angriff)

여기서의 침해란 자기 또는 타인의 보호법익에 대한 공격 내지 위험으로, 작위에 의한 침해 뿐만 아니라 부작위에 의한 침해에 대해서도 정당방위는 가능하다. 다만 부작위에 의한 침해에 대하여 정당방위가 인정되기 위해서는 법익침해자가 보증인적 지위에 있는 자이면서 그에게 요구되는 보증인적 의무로서의 일정한 작위의무가 존재해야 하며, 그러한 작위의무위반으로서의 부작위가 가벌적이어야 한다.[9] 이와 같이 보증인적 지위에 있는 자의 법적 작위의무위반인 부작위에 의한 침해가 가벌적인 때에만 정당방위가 인정되며, 예를 들어 임대차계약기간이 만료되었음에도 불구하고 임차인이 퇴거하지 않고 있는 경우와 같이 단순한 계약상의 채무불이행에 해당하는 때에는 정당방위가 허용되지 아니한다.

정당방위는 원칙적으로 사람의 행위에 의한 침해에 대해서만 가능하다. 따라서 이른바 대물방위(對物防衛)와 관련하여 동물에 의한 침해에 대해서는 원칙적으로 정당방위가 허용되지 아니하며,[10] 제22조의 긴급피난이나 민법상의 정당방위(민법 제761조 제1항)만이 인정될 수 있다. 다만 동물에 의한 침해이더라도 사람에 의하여 사족(使族)된 유주물(有主物)인 경우에는 동물을 도구로 하는 사람에 의한 침해로 평가될 수 있기 때문에 정당방위가 인정하다.

또한 정당방위가 인정되기 위해서는 그 침해가 행위개념에 상당한 정도의 침해행위이어야 하므

고인의 신체에 대한 법익뿐만 아니라 아버지로서의 신분에 대한, 법익에 대한 현재의 부당한 침해를 방위하기 위한 행위로써 정황에 비추어 볼 때 피고인으로서는 피해자에게 1격을 가하지 아니할 수 없는 상당한 이유가 있은 행위로써 정당방위에 해당한다(대법원 1974.5.14. 선고 73도2401 판결).

8) 음란한 영화를 상영하는 것을 최루탄을 터뜨려 막는 행위(BGHSt 5,245) 또는 무면허운전 또는 음주운전행위를 강제로 저지하는 행위 등.

9) 부작위에 의한 침해에 대해서도 정당방위는 가능하지만, 정당방위가 예정하는 법익의 침해형태가 아닌 진정부작위에 대해서는 정당방위가 인정되지 않는다고 보는 견해도 있다.

10) 뽕밭을 유린하는 타인 소유 소의 고삐가 나무에 얽혀 풀 수 없는 상황 하에서 고삐를 낫으로 끊고 소를 밭에서 끌어냄은 사회상규상 용인되어 특단의 사정이 없는 한 처벌할 수 없다(대법원 1976.12.28. 선고 76도2359 판결).

로, 단순한 반사적 또는 무의식적 행위로 인한 공격에 대해서는 긴급피난만이 가능하며 정당방위는 허용되지 아니한다.

2) 침해의 현재성

정당방위가 성립되기 위해서는 목전에 급박한 침해로서의 긴급행위라야 한다. 즉 법익에 대한 침해가 직접 임박한 상태에 있거나 바로 발생하였거나(방금 막 시작된 현실적인 침해), 아직도 계속되고 있는 상태(계속범의 경우)이어야 정당방위가 인정되며, 과거의 침해에 대해서는 제23조에 의한 자구행위만 가능하다. 여기서 침해가 직접 임박한 상태란 아직 공격이 개시되지는 않았지만 그 공격을 당하지 않기 위해서는 바로 방어행위를 취해야 할 고도의 개연성있는 상태로, 방금 막 시작된 현실적인 침해의 바로 전 단계를 말한다.

그리고 정당방위는 침해의 현재성을 요구한다는 점에서 정당방위의 준비행위, 즉 장래의 침해에 대비한 정당방위는 인정되지 않는다. 다만 침해의 현재성은 방위행위시가 아니라 방위효과발생시를 기준으로 판단하므로, 예를 들어 절도 피해를 막기 위하여 담에 유리조각을 박아 놓았는데 마침 절도범인이 그 담을 넘다가 유리조각에 찔린 경우와 같이 방위효과가 침해개시와 동시에 발생한 경우에는 정당방위로 볼 수 있다.

침해의 현재성에 대한 판단은 급박한 침해가 이루어진 때를 기준으로 하여 방위행위자인 피침해자의 주관만이 아니라 사전적인 객관적인 상황에 따라 현재성 여부를 결정하여야 한다. 즉 본인이 침해행위 당시에 급박한 침해의 위협을 느꼈으며, 합리적인 사람이라면 누구라도 그 상황에서 똑같이 느꼈을 것이라는 것이 요구된다.

다만 절도피해자가 절도현행범을 추적하여 피해도품을 탈환하기 위하여 절도범인을 체포하는 경우와 같이 침해행위가 이미 형식적으로는 기수에 달했더라도 그 침해의 위법상태가 사실상 계속 중인 경우에는 현재의 침해로 볼 수 있기 때문에 정당방위로 평가될 수 있다.

이와는 달리 정당방위의 객관적 성립요건인 침해의 현재성과 관련하여 공격을 피할 다른 방법이 없을 뿐만 아니라 정당방위가 지체될 경우에 전혀 방어를 할 수 없다거나 그 침해 정도가 클 것으로 예상되는 경우와 같은, 정당방위와 유사한 상황 하에서 정당방위가 허용되느냐와 관련하여 이른바 예방적 정당방위(präventive Notwehr)가 허용될 수 있는가? 즉 과거의 침해행위가 계속 · 반복성을 가지면서 현재 그 구체적 위험성이 존재하고 있는 경우에, 장래에 예상되는 침해도 침해의 현재성이 있는가에 대해서는 장래에 예상되는 침해의 정도와 그러한 침해가 현실화될 가능성 및 방위자의 특수한 심리상태 등을 구체적으로 고려하여 현재성을 판단해야 할 것이며, 이는 정당방위가 아니라 긴급피난으로 해결하는 것이 타당하다고 본다. 참고로 폭력행위 등 처벌에 관한 법률 제8조 제1항은 침해의 현재성과 관련하여 "이 법에 규정된 죄를 범한 자가 흉기 기타 위험한 물건 등으로 사람에게 위해를 가하거나 가하려 할 때 이를 예방 또는 방위하기 위하여 한 행위는 벌하지 아니한다."라고 규정하여 현재성을 형법 제21조 보다 더 구체적으로 명시하고 있다.

이와 관련하여 최근 판례는 비록 하급심이기는 하지만 '피해자 甲 등이 쇠파이프, 각목, 목검을 들고 乙의 주거에 침입하여 乙을 갑자기 폭행하기 시작하였고, 乙이 이에 대항하여 칼을 들어 甲의 허벅지를 찌른 후 甲 등이 집밖으로 물러나는 상황에서 甲의 등 쪽을 다시 칼로 찌른 사안'에서 "피고인이 돌아가려는 피해자의 등을 찌른 행위만을 따로 떼어 이를 가리켜 바로 침해의 현재성이 없다고 할 수는 없고, 오히려 연속된 일련의 행위 속에서 방위 행위가 시간적으로 초과하여 이루어진 이른바 양적 과잉방위 내지 외적 과잉방위로 볼 여지가 있을 뿐 아니라, 폭력행위 등 처벌에 관한 법률 제8조 제1항은 위험한 물건으로 사람에게 위해를 가하려 할 때 이를 방위하기 위한 행위뿐 아니라 이를 예방하기 위하여 한 행위, 즉 이른바 예방적 정당방위에 대하여도 정당방위로 이를 벌하지 아니하고, 같은 조 제2, 3항은 그와 같은 예방행위가 야간 기타 불안스러운 상태 하에서 공포 · 경악 · 흥분 또는 당황 등으로 그 정도를 초과한 경우에도 벌하지 아니한다고 정하고 있으므로, 침해의 현재성이 반드시 필요한 것도 아니고, 또한 범행 경위에 비추어 볼 때 피해자가 돌아가려 하였다 하여 공격이 중단되고 이후의 침해가 완전히 배제되었다고 보기는 어려우므로, 등을 향하여 칼을 휘두른 행위를 반드시 방위의사 없이 공격적으로 한 것이라고 단정할 수 없고, 예방적 정당방위도 허용되는 한 잠재적 침해의 예방을 위한 공격이 반드시 방위의사와 양립할 수 없다고 할 수도 없다."라고 판시하여 제한적인 범위 내에서 예방적 정당방위를 인정하였다.[11)]

관련판례

[사실관계]

김○○은 D대학교 무용학과 2학년에 재학중인 여학생으로(1971.3.10.생 사건 당시 20세), 남자친구인 김△△은 같은 학교 사회체육학과 2년에 재학 중인 학생(1970.11.28.생 사건 당시 21세)이다. 김○○은 국민학교 2년 때인 9살 무렵부터 의붓아버지 김××(53세)으로부터 추행을 당하고 12살무렵부터는 성관계를 가진 이래 그와 같은 관계가 지속되어 왔는데, 1991.5.경 대학 입학 후 사귀게 된 남자친구에게 의붓아버지와의 관계를 고백한 이래 함께 번민하여 오다가 같은 해 12.27.경 의붓아버지와의 관계를 청산하는 방법으로 그를 살해할 것을 제의하자 김△△도 이에 동의한 후, 1992.1.11.경 충주 시내의 경양식집 '알레'에서, 칼로 의붓아버지를 살해하고 강도로 위장하기로 모의하고 의붓아버지가 거주하던 충주시 역전동 269 소재 검찰관사 201호 주변을 둘러보아 위치를 확인하고 헤어져 기회를 엿보다가 같은 달 14. 김○○이 서울에 있던 김△△에게 전화하여 범행일자를 같은 달 16. 밤으로 정한 다음, 같은 달 16. 오전에 김△△은 서울 창동시장에서 범행에 사용할 식칼 1개(증 제4호), 공업용 테이프(증 제7호, 제10호) 및 목장갑 등을 구입하여 충주시로 내려와 김○○과 전화통화로 범행시각을 그날 밤 01:30경으로 정하는 등 의붓아버지를 살해하기로 공모하고, 1992.1.17. 01:30경 충주시 역전동 269 소재 의붓아버지의 관사에서, 김○○이 미리 현관문을 열어주고 기다리다가 김△△이 미리 준비한 범행도구들을 가지고 집안으로 들어오자 의붓아버지가 자고 있던 위 관사 내실로 안내한 다음, 의붓아버지가 덮고 있던 이불을 걷어 내고, 김△△이 양손에 목장갑을 끼고 한손에 식칼(증 제4호)을 든 채 의붓아버지의 머리맡에서 김○○을 놓아 달라고 요구하였으나 그가 반항하며 "다 집어넣겠다, 다 죽여버리겠다" 말하자 들고 있던 식칼로 의붓아버지의 가슴부분을 칼끝이 좌측 제5늑골과 제6

11) 서울북부지방법원 제1형사부 2009.1.15. 선고 2007노876 판결.

및 제7 흉늑골의 연골을 뚫고 우심실에 이르도록 1회 힘껏 내려 찔러 그 자리에서 우심실 손상에 의한 실혈 및 심정지로 사망에 이르게 함으로써 의붓아버지를 살해한 죄로 기소되었다.

[사건의 경과]

1) 제1심 1992.4.4 선고, 92고합16 청주지방법원 충주지원 판결

검사 징역 12년 구형. 김○○ 징역 4년, 김△△ 징역 7년 선고

2) 제2심 1992.9.14 선고, 92노1511 서울고등법원 제3형사부 판결

검사와 피고인들 모두 항소. 검사 징역 12년 구형. 김○○ 징역 3년에 집행유예 5년, 김△△ 징역 5년 선고

3) 대법원 1992.12.22 선고, 92도2540 판결

피고인들만 상고하여 상고기각판결로 제2심 확정

[판시사항]

정당방위의 성립요건

[판결요지]

원심이 인정한 바와 같이, 피고인 김○○이 약 12살 때부터 의붓아버지인 피해자의 강간행위에 의하여 정조를 유린당한 후 계속적으로 이 사건 범행 무렵까지 피해자와의 성관계를 강요받아 왔고, 그 밖에 피해자로부터 행동의 자유를 간섭받아 왔으며, 또한 그러한 침해행위가 그 후에도 반복하여 계속될 염려가 있었다면, 피고인들의 이 사건 범행 당시 피고인 김○○의 신체나 자유 등에 대한 현재의 부당한 침해상태가 있었다고 볼 여지가 없는 것은 아니나, 그렇다고 하여도 판시와 같은 경위로 이루어진 피고인들의 이 사건 살인행위가 형법 제21조 소정의 정당방위나 과잉방위에 해당한다고 하기는 어렵다. 정당방위가 성립하려면 침해행위에 의하여 침해되는 법익의 종류, 정도, 침해의 방법, 침해행위의 완급과 방위행위에 의하여 침해될 법익의 종류, 정도 등 일체의 구체적 사정들을 참작하여 방위행위가 사회적으로 상당한 것이었다고 인정할 수 있는 것이어야 할 것인데(당원 1966.3.15. 선고 66도63 판결 ; 1984.6.12. 선고 84도683 판결 각 참조), 피고인들이 사전에 판시와 같은 경위로 공모하여 범행을 준비하고, 술에 취하여 잠들어 있는 피해자의 양팔을 눌러 꼼짝 못하게 한 후 피해자를 깨워 피해자가 제대로 반항할 수 없는 상태에서 식칼로 피해자의 심장을 찔러 살해한다는 것은, 당시의 상황에 비추어도 사회통념상 상당성을 인정하기가 어렵다고 하지 않을 수 없고, 피고인들의 범행의 동기나 목적을 참작하여도 그러하므로, 원심이 피고인들의 판시 행위가 정당방위에 해당한다거나 야간 기타 불안스러운 상태 하에서 공포, 경악, 흥분 또는 당황으로 인하여 그 주장을 배척한 조처도 정당하고, 거기에 소론과 같은 법리를 오해하거나 채증법칙을 어긴 위법이 있다고 할 수 없다. 정당방위의 성립요건으로서의 방어행위에는 순수한 수비적 방어 뿐만 아니라 적극적 반격을 포함하는 반격방어의 형태도 포함됨은 소론과 같다고 하겠으나, 그 방어행위는 자기 또는 타인의 법익침해를 방위하기 위한 행위로서 상당한 이유가 있어야 하는 것인데, 피고인들의 판시 행위가 위에서 본바와 같이 그 상당성을 결여한 것인 이상 정당방위행위로 평가될 수는 없는 것이므로, 원심이 피고인들의 이 사건 범행이 현재의 부당한 침해를 방위할 의사로 행하여졌다기 보다는 공격의 의사로 행하여졌다고 인정한 것이 적절하지 못하다고 하더라도, 정당방위행위가 되지 않는다는 결론에 있어서는 정당하여, 이 사건 판결의 결과에 영향이 없는 것이다(대법원 1992.12.22. 선고 92도2540 판결. 의붓아버지의 강간행위에 의하여 정조를 유린당한 후 계속적으로 성관계를 강요받아 온 피고인이 상피고인과 사전에 공모하여 범행을 준비하고 의붓아버지가 제대로 반항할 수 없는 상태에서 식칼로 심장을 찔러 살해한 행위는 사회통념상 상당성을 결여하여 정당방위가 성립하지 아니한다고 본 사례).

3) 침해의 부당성

침해의 부당성이란 실질적 · 객관적인 위법성개념으로, 공 · 사법을 불문하고 모든 법질서에 대하여 모순 또는 불일치되는 행위를 의미한다. 따라서 예를 들어 과실재물손괴행위와 같이 형법상 구성요건해당성이 없는 행위, 즉 형법상으로는 구성요건이 조각되는 행위이더라도 다른 법규에 의하여 그 행위의 구성요건해당성과 위법성이 인정되는 경우에는 정당방위가 가능하다. 또한 객관적 위법성론의 입장에서 본다면 책임무능력자에 의한 침해에 대해서도 그 행위에 위법성만 있으면 정당방위가 허용된다. 이와 같이 정당방위에 있어 침해의 부당성이란 공격자에게 정당화사유가 없다는 것을 의미하는 개념이다.

정당방위는 침해의 부당성을 그 요건으로 한다는 점에서 정당행위 · 정당방위 · 긴급피난 등에 의한 침해는 그 자체 정당성이 있으므로 이에 대해서는 긴급피난만이 가능하다. 다만 긴급피난을 책임조각사유로 보는 견해는 긴급피난행위에 대해서도 정당방위가 가능하다고 보며, 다른 한편 위 침해에 대해서는 피공격자에게 수인의무(受忍義務)가 발생하기 때문에 재차 긴급피난을 할 수 없다는 견해도 있다.[12] 이와 같이 정당방위는 긴급피난과 달리 침해가 부당성을 가지기 때문에 법익균형성의 원칙이나 보충성의 원칙이 엄격히 적용되지 아니한다.

싸움의 경우에 정당방위가 성립되지 않는다는 데에 대해서는 견해가 일치하나 그 논거에 대해서는 싸움은 서로 상대방의 폭력행위를 유발할 뿐 아니라 그 투쟁행위가 상대방에 대한 방어행위인 동시에 공격행위를 구성한다는 점에서 부정 대 부정의 관계이므로 정당방위가 허용되지 아니한다고 해석하는 견해[13]가 있는가 하면, 방위의사가 존재하지 않는다는 점에서 그 논거를 방위의사의 부존재로 해석하는 견해 및 싸움의 경우 어느 것이 정당한지 부당한지 판단이 안된다는 점을 그 논거로 설명하는 견해가 있다.

이와 같이 서로 격투를 하는 자 상호간에는 공격행위와 방어행위가 연속적으로 교차되고 방어행

---

12) 뒤에서 설명하는 '긴급피난의 본질 및 효과' 참조.

13) 원심은, 피고인이 1996.8.19. 10:00경 서울 강서구 공항동 664의 13 소재 피고인의 처남인 피해자의 집에서 피해자의 왼쪽 허벅지를 길이 21㎝ 가량의 과도로 1회 찔러 피해자에게 약 14일간의 치료를 요하는 좌측대퇴외측부 심부자상 등을 가하였지만, 피해자가 술에 만취하여 누나인 공소외인과 말다툼을 하다가 공소외인의 머리채를 잡고 때렸으며, 당시 공소외인의 남편이었던 피고인이 이를 목격하고 화가 나서 피해자와 싸우게 되었는데, 그 과정에서 몸무게가 85㎏ 이상이나 되는 피해자가 62㎏의 피고인을 침대 위에 넘어뜨리고 피고인의 가슴 위에 올라타 목부분을 누르자 호흡이 곤란하게 된 피고인이 안간힘을 쓰면서 허둥대다가 그 곳 침대 위에 놓여있던 과도로 피해자에게 상해를 가한 사실을 인정한 다음, 위와 같은 이 사건의 발생경위와 그 진행과정을 고려하여 피고인의 행위는 피고인의 신체에 대한 현재의 부당한 침해를 방위하기 위한 행위가 그 정도를 초과한 경우인 과잉방위행위에 해당한다고 판단하였다. 그러나 사실관계가 위와 같다 하더라도, 피고인의 행위는 피해자의 부당한 공격을 방위하기 위한 것이라기 보다는 서로 공격할 의사로 싸우다가 먼저 공격을 받고 이에 대항하여 가해하게 된 것이라고 봄이 상당하고, 이와 같은 싸움의 경우 가해행위는 방어행위인 동시에 공격행위의 성격을 가지므로 정당방위 또는 과잉방위행위라고 볼 수 없다(대법원 2000.3.28. 선고 2000도228 판결).
피해자 일행 중 1명의 빰을 때린 데에서 비롯된 가해자 등의 행위는 피해자 일행의 부당한 공격을 방위하기 위한 것이라기보다는 서로 공격할 의사로 싸우다가 먼저 공격을 받고 이에 대항하여 가해하게 된 것이라고 봄이 상당하고 이와 같은 싸움의 경우 가해행위는 방어행위인 동시에 공격행위의 성격을 가지므로 정당방위 또는 과잉방위행위라고 볼 수 없다(대법원 1993.8.24. 선고 92도1329 판결). 같은 취지의 판례로 대법원 1984.5.22. 선고 83도3020 판결 ; 1984.6.26. 선고 84도683 판결 : 1986.12.23. 선고 86도1491 판결 등.

위는 동시에 공격행위가 되는 양면적 성격을 띠는 것이므로 어느 한쪽 당사자의 행위만을 가려내어 방어를 위한 정당행위라거나 또는 정당방위에 해당한다고 보기 어려운 것이 보통이나, 외관상 서로 격투를 하는 것처럼 보이는 경우라고 할지라도 실제로는 한쪽 당사자가 일방적으로 불법한 공격을 가하고 상대방은 이러한 불법한 공격으로부터 자신을 보호하고 이를 벗어나기 위한 저항수단으로 유형력을 행사한 경우라면, 그 행위가 적극적인 반격이 아니라 소극적인 방어의 한도를 벗어나지 않는 한 그 행위에 이르게 된 경위와 그 목적수단 및 행위자의 의사 등 제반 사정에 비추어 볼 때 사회통념상 허용될 만한 상당성이 있는 행위로서 위법성이 조각된다고 보아야 할 것이다.[14)]

그리고 이와 같이 싸움의 경우에 원칙적으로는 정당방위가 인정되지 아니한다고 하더라도 예를 들어 싸움을 중지한 상황 또는 싸움 도중 예견불가능한 과도한 수단에 의한 공격 등과 같이 그 구체적인 상황에 따라서는 정당방위가 허용될 수 있다.[15)]

관련판례

1) 가해자의 행위가 피해자의 부당한 공격을 방위하기 위한 것이라기보다는 서로 공격할 의사로 싸우다가 먼저 공격을 받고 이에 대항하여 가해하게 된 것이라고 봄이 상당한 경우, 그 가해행위는 방어행위인 동시에 공격행위의 성격을 가지므로 정당방위라고 볼 수 없다(대법원 2000.3.28. 선고 2000도228 판결 참조). 원심은, 공소외 2가 먼저 피고인에게 컵에 든 물을 끼얹고 피고인의 머리채를 잡아 흔들어 싸움을 유발하자 피고인이 공소외 2의 뺨을 1대 때리고 어깨를 잡고 밀고 당기는 등 공소외 2의 폭행에 적극적으로 대항한 점, 당시 공소외 2가 임신중이었고, 피고인 또한, 그러한 사실을 알고 있었던 점 및 피고인과 공소외 2가 싸움에 이르게 된 동기 및 경위, 싸움 전후의 정황 등 이 사건 기록에 나타난 제반 사정에 비추어, 피고인의 행위는 공소외 2의 부당한 공격에 대한 소극적인 방어의 한도를 넘어 적극적인 반격으로서 공격행위의 성격을 가진다고 봄이 상당하므로 정당방위에 해당하지 않는다고 판단하였는바, 위의 법리에 비추어 기록을 살펴보면, 이와 같은 원심의 판단은 옳은 것으로 수긍이 가고, 거기에 폭행죄에서의 정당방위에 관한 법리를 오해한 위법이 있다고 할 수 없다(대법원 2004.6.25. 선고 2003도4934 판결).
2) 맞붙어 싸움을 하는 사람 사이에서는 공격행위와 방어행위가 연달아 행하여지고 방어행위가 동시에 공격행위인 양면적 성격을 띠어서 어느 한쪽 당사자의 행위만을 가려내어 방어를 위한 '정당행위'라거나 '정당방위'에 해당한다고 보기 어려운 것이 보통이다. 그러나 겉으로는 서로 싸움을 하는 것처럼 보이더라도 실제로는 한쪽 당사자가 일방적으로 위법한 공격을 가하고 상대방은 이러한 공격으로부터 자신을 보호하고 이를 벗어나기 위한 저항수단으로서 유형력을 행사한 경우에는, 그 행위가 새로운 적극적 공격이라고 평가되지 아니하는 한, 이는 사회관념상 허용될 수 있는 상당성이 있는 것으로서 위법성이 조각된다. 갑과 자신의 남편과의 관계를 의심하게 된 상대방이 자신의 아들 등과 함께 갑의 아파트에 찾아가 현관문을 발로 차는 등 소란을 피우다가, 출입문을 열어주자 곧바로 갑을 밀치고 신발을 신은 채로 거실로 들어가 상대방 일행이 서로 합세하여 갑을 구타하기 시작하

14) 대법원 2010.2.11. 선고 2009도12958 판결. 같은 취지의 판례로 대법원 1999.10.12. 선고 99도3377 판결 ; 1983.2.8. 선고 82도2098 판결 ; 1984.9.11. 선고 84도1440 판결 ; 1985.3.12. 선고 84도2929 판결 ; 1985.10.22. 선고 85도1455 판결.

15) 싸움이 중지된 후 다시 피해자들이 새로이 도발한 별개의 가해행위를 방어하기 위하여 단도로서 상대방의 복부에 자상을 입힌 행위는 정당방위에 해당한다(대법원 1957.3.8. 선고 4290형상4535 판결).
싸움을 함에 있어서 격투를 하는 자 중의 한 사람의 공격이 그 격투에서 당연히 예상할 수 있는 정도를 초과하여 살인의 흉기 등을 사용하여온 경우에는 이를 "부당한 침해"라고 아니할 수 없으므로 이에 대하여는 정당방위를 허용하여야 한다고 해석하여야 할 것이다 (대법원 1968.5.7. 선고 68도370 판결).

였고, 갑은 이를 벗어나기 위하여 손을 휘저으며 발버둥치는 과정에서 상대방 등에게 상해를 가하게 된 사안에서, 상대방의 남편과 갑이 불륜을 저지른 것으로 생각하고 이를 따지기 위하여 갑의 집을 찾아가 갑을 폭행하기에 이른 것이라는 것만으로 상대방 등의 위 공격행위가 적법하다고 할 수 없고, 갑은 그러한 위법한 공격으로부터 자신을 보호하고 이를 벗어나기 위한 사회관념상 상당성 있는 방어행위로서 유형력의 행사에 이르렀다고 할 것이어서 위 행위의 위법성이 조각된다(대법원 2010.2.11. 선고 2009도12958 판결).

Ⅱ. 자기 또는 타인의 법익을 '방위하기 위한 행위'

정당방위가 인정되기 위해서는 앞에서 설명한 객관적인 정당방위상황과 더불어 현재의 부당한 침해에 대하여 자기 또는 타인의 법익을 방위하고자 하는 방위의사에 기한 방위행위가 존재해야 한다.

정당방위는 직접 그 침해 자체를 배제하기 위한 반격행위로, 침해자 또는 침해도구에 대하여 행해져야 한다는 점에서 상당성 판단에 있어 제3자의 법익을 침해하는 긴급피난과 다르다. 방위행위에는 소극적인 보호방어행위(Schutzwehr) 뿐만 아니라 적극적인 공격방어행위(Trutzwehr)도 포함된다. 그리고 甲의 부당한 침해를 방위하기 위해 乙이 丙의 재물로 甲에게 상해를 가한 경우와 같이 정당방위와 긴급피난은 하나의 행위상황에서 동시에 발생할 수도 있다.

이와 같이 정당방위는 법익을 방위하기 위한 행위이므로 그 주관적 정당화표지로서 방위의사(Verteidigungswille)를 요한다. 이 방위의사는 방위행위의 행위반가치성을 상쇄시키는 주관적 표지로, 현재의 침해에 대한 인식 즉 정당방위상황에 대한 인식과 방위행위를 추구 · 실현한다는 의식이 있어야 한다. 다만 방위의사는 반드시 드러날 필요는 없고 사회통념상 추정될 수 있는 정도면 족하다 할 것이다.

타인의 법익에 대한 방위행위의 경우에는 그 법익주체인 타인의 의사와는 상관없이 정당방위가 가능하지만 정당방위상황에 처해 있는 자의 방위하려는 의사를 초과해서는 아니된다.

관련판례

판례는 아래와 같은 소극적인 방어(저항)행위를 제20조 정당행위로 판시하고 있다.

1) 원심이 유지한 제1심판결 이유에 의하면, 제1심법원은 이 사건 공소사실 중 피고인이 발로 피해자 최숙희의 다리를 3-4회 찼다는 부분에 관하여는 이에 부합하는 증거들을 배척하고, 피고인이 위 최숙희의 오른손을 잡아 비틀고, 양팔을 잡고 밀고 당기고 하였다는 점에 관하여는 그와 같은 사실은 인정되나 거시증거에 의하면, 위 최숙희가 피고인의 사무실로 피고인을 찾아가 피고인이 작성하여준 지불각서에 따른 돈을 달라고 하였으나 피고인이 이에 응하지 아니하고 사무실 밖으로 나가려고 하자 양손으로 피고인의 넥타이를 잡고 늘어져, 후경부피하출혈상을 입을 정도로 목이 졸리게 된 피고인이 위 최숙희를 떼어 놓기 위하여 왼손으로 자신의 목 부근 넥타이를 잡은 상태에서 오른손으로 위 최숙희의 손을 잡아 비틀면서 서로 밀고 당기고 한 사실은 인정이 되나, 피고인의 그와 같은 행위는 목이 졸린 상태에서 벗어나기 위한 소극적인 저항행위에 불과하여 형법 제20조 소정의 정당행

위에 해당하여 죄가 되지 아니한다고 판단하여 피고인에 대하여 무죄를 선고하였다. 관계 증거를 기록과 대조하여 검토하여 보면, 위와 같은 인정과 판단은 정당하고, 원심판결에 논하는 바와 같이 채증법칙을 위반하여 사실을 오인하거나 심리를 다하지 아니한 위법이 있다고 볼 수 없다(대법원 1996.5.28. 선고 96도979 판결).

2) 원심이 인정한 사실에 의하면, 학교법인 명신학원의 이사장이었던 피고인은 그 동생이자 피해자 오정자의 남편인 공소외 조말길을 위 학원 부설 동명중학교의 교장직에서 해임한 바 있었는데, 위 해임 조치에 불만을 품은 위 피해자는 피고인의 집을 수차 찾아가고 이 사건 이전에도 2차례나 친구들과 함께 피고인이 교수로 재직하던 충남대학교 연구실로 찾아가 그 때마다 소란을 피우며 곤란하게 하고 망신을 주었으며, 이 사건 당일 10:00경에도 친구 2명과 함께 피고인의 연구실로 찾아와 또 다시 대책마련을 요구하다가, 피고인이 4층 강의실로 강의하러 올라가자 그 강의실 복도까지 따라 가면서 귀찮게 하였고, 강의가 끝나기까지 강의실 복도에서 기다리고 있다가 같은 날 12:00경 강의를 마치고 나오는 피고인에게 접근하여 또 다시 귀찮게 하였으며, 이를 피해 피고인이 밖으로 나가려 하자 1층에서 밖으로 나가는 계단에서 피고인을 가로막고 서서 이야기를 계속할 것을 요구하면서 이를 피해가려는 피고인을 손으로 저지하려는 순간, 피고인이 위 피해자의 팔을 뿌리쳐서 피해자가 몸의 균형을 잃고 계단 밑으로 굴러 이 사건 상해를 입게 되었다는 것이다. 사실관계가 위와 같다면, 피고인은 위 피해자로부터 며칠간에 걸쳐 집요한 괴롭힘을 당해 온데다가 위 피해자가 피고인이 교수로 재직하고 있는 대학교의 강의실 출입구에서 피고인의 진로를 막아서면서 피고인을 물리적으로 저지하려 하자, 극도로 흥분된 상태에서 그 행패에서 벗어나기 위하여 위 피해자의 팔을 뿌리치게 된 것이므로, 피고인의 위와 같은 행위는 위 피해자의 부당한 행패를 저지하기 위한 본능적인 소극적 방어행위에 지나지 아니하여 사회통념상 허용될 만한 정도의 상당성이 있어 위법성이 없다고 봄이 상당하고, 위 장소가 위험한 계단이라거나 당시 주위에 피고인이 부른 경찰관이 있었다 하여 달리 볼 것은 아니라고 할 것이다. 그렇다면 피고인의 행위가 위법성이 결여된 행위로서 정당행위에 해당한다고 판단한 원심의 조치는 정당하다 할 것이고, 거기에 논하는 바와 같이 정당행위의 법리를 오해한 위법이 있다고 볼 수 없다(대법원 1995.8.22. 선고 95도936 판결).

3) 피해자(남, 57세)가 술에 만취하여 아무런 연고도 없는 가정주부인 피고인의 집에 들어가 유리창을 깨고 아무데나 소변을 보는 등 행패를 부리고 나가자, 피고인이 유리창 값을 받으러 피해자를 뒤따라가며 그 어깨를 붙잡았으나, 상스러운 욕설을 계속하므로 더 이상 참지 못하고 잡고 있던 손으로 피해자의 어깨부분을 밀치자 술에 취하여 비틀거리던 피해자가 몸을 제대로 가누지 못하고 앞으로 넘어져 시멘트 바닥에 이마를 부딪쳐 1차성 쇼크로 사망한 경우, 피고인의 위와 같은 행위는 피해자의 부당한 행패를 저지하기 위한 본능적인 소극적 방어행위에 지나지 아니하여 사회통념상 용인될 수 있을 정도의 상당성이 있어 위험성이 없다고 봄이 상당하고, 따라서 피고인의 행위는 사회상규에 위반되지 아니하므로 형법 제20조에 정한 정당행위에 해당하여 죄가 되지 아니한다(대법원 1992.3.10. 선고 92도37 판결).

4) 피고인이 피해자와 그 일행으로부터 더 이상 맞지 않기 위하여 피해자의 손을 잡아 뿌리치고 목 부분을 1회 밀어버림으로써 피해자가 땅에 넘어지게 된 것이라면 피고인의 행위는 그 동기나 당시의 정황으로 보아 불법한 공격적인 행위가 아니라 오히려 위 피해자 일행의 공격으로부터 벗어나기 위한 소극적인 방어행위로서 사회상규에 위배되지 않는 행위라고 볼 것이다(대법원 1990.3.27. 선고 90도292 판결).

5) 피해자가 술에 취한 상태에서 별다른 이유없이 함께 술을 마시던 피고인의 뒤통수를 때리므로 피고인도 순간적으로 이에 대항하여 손으로 피해자의 얼굴을 1회 때리고 피해자가 주먹으로 피고인의 눈을 강하게 때리므로 더 이상 때리는 것을 제지하려고 피해자를 붙잡은 정도의 행위의 결과로 인하여 피해자가 원발성쇼크로 사망하였다 하더라도 피고인의 위 폭행행위는 소극적 방어행위에 지나지 않아 사회통념상 허용될 수 있는 상당성이 있어 위법성이 없다(대법원 1991.1.15. 선고 89도2239 판결).

6) 피해자가 심야에 술에 취한 채 피고인 경영의 다방에 들어와 차를 팔라면서 나가지 않고 내실문을 차고 들어와

욕설을 한 다음 피고인과 서로 멱살을 잡고 밖으로 나가면서 주먹으로 피고인의 얼굴을 2회 때리고 피고인을 넘어뜨리는 등 폭행을 가하자 피고인도 화가 나서 피해자의 뺨을 2회 때리게 되었다면 피고인의 위 폭행행위는 사회통념상 용인되는 행위로서 위법성이 없다(대법원 1989.5.23. 선고 88도1376 판결).

7) 피해자가 술에 취하여 피고인에게 아무런 이유없이 시비를 걸면서 얼굴을 때리다가 피고인이 이를 뿌리치고 현장에서 도망가는 바람에 그가 땅에 넘어져 상처를 입은 사실이 인정된다면 피고인의 행위는 사회통념상 허용될 만한 정도의 상당성이 있는 행위로서 형법 제20조에 정한 정당행위에 해당되어 죄가 되지 아니한다(대법원 1990.5.22. 선고 90도748 판결).

8) 피해자가 갑자기 달려 나와 정당한 이유 없이 피고인의 멱살을 잡고 파출소로 가자면서 계속하여 끌어당기므로 피고인이 그와 같은 피해자의 행위를 제지하기 위하여 그의 양팔부분의 옷자락을 잡고 밀친 것이라면 이러한 피고인의 행위는 멱살을 잡힌 데서 벗어나기 위한 소극적인 저항행위에 불과하고 그 행위에 이른 경위 등에 비추어 볼 때 사회통념상 허용될만한 정도의 상당성이 있는 행위로서 형법 제20조 소정의 정당행위에 해당한다(대법원 1990.1.23. 선고 89도1328 판결).

9) 공소외 갑 등 3인이 합세하여 피고인을 강제로 영등포경찰서에 연행하려 하므로 이를 모면하려고 피고인이 팔꿈치로 위 갑을 뿌리치면서 그의 가슴을 잡고 벽에 밀어부친 행위는 소극적인 저항으로 사회상규에 위반되지 아니한다(대법원 1982.2.23. 선고 81도2958 판결).

10) 피해자가 피고인을 따라다니면서 귀찮게 싸움을 걸어오는 것을 막으려고 피고인이 피해자의 멱살을 잡고 밀어 넘어뜨렸다면 이는 사회통념상 허용되는 행위로서 위법성이 없다(대법원 1983.5.24. 선고 83도942 판결).

11) 택시운전사가 승객의 요구로 택시를 출발시키려 할 때 피해자가 부부싸움 끝에 도망 나온 위 승객을 택시로부터 강제로 끌어내리려고 운전사에게 폭언과 함께 택시 안으로 몸을 들이밀면서 양손으로 운전사의 멱살을 세게 잡아 상의단추가 떨어질 정도로 심하게 흔들어 대었고 이에 운전사가 위 피해자의 손을 뿌리치면서 택시를 출발시켜 운행하였을 뿐이라면 운전사의 이러한 행위는 사회상규에 위배되지 아니하는 행위라고 할 것이다(대법원 1989.11.14. 선고 89도1426 판결).

12) 택시운전사인 피고인이 고객인 가정주부들에게 입에 담지 못할 욕설을 퍼부은 데서 발단이 되어 가정주부인 피해자 등으로부터 핸드백과 하이힐 등으로 얻어맞게 되자 그 때문에 입은 상처를 고발하기 위해 파출소로 끌고 감을 빙자하여 피해자의 손목을 잡아 틀어 상해를 가했다면 피고인의 행위가 사회통념상 용인될 만한 상당성이 있는 정당행위라고 볼 수 없다(대법원 1991.12.27. 선고 91도1169 판결).

Ⅲ. 규범적 평가로서 '상당한 이유'의 존재

1.「상당한 이유」의 개념

상당한 이유란 침해에 대한 방위가 사회상규에 비추어 상당한 정도를 넘지 아니하고 당연시되는 정도를 의미하는 것으로, 상당한 이유있는 방위행위가 구체적으로 무엇을 의미하느냐에 대해서는 사회통념상 상당하다고 볼 수 있는 행위로 해석하는 견해, 방위에 필요하고 또한 사회윤리에 비추어 용인될 수 있는 행위로 해석하는 견해, 필요성있는 행위로 해석하는 견해, 사실상 방어에 필요하고 법질서전체의 입장에서 요구된 행위(필요성과 요구성 있는 행위)로 해석하는 견해 등이 대립되고 있다.

판례는 일관되게 "형법 제21조 소정의 정당방위가 성립하려면 침해행위에 의하여 침해되는 법익의 종류, 정도, 침해의 방법, 침해행위의 완급과 방위행위에 의하여 침해될 법익의 종류, 정도 등 일체의 구체적 사정들을 참작하여 방위행위가 사회적으로 상당한 것이어야 한다."라고 판시하고 있다.

2.「상당한 이유」의 구체적 내용

1) 방어의 필요성(Erforderlichkeit)

정당방위행위는 사실상 공격에 대한 방어에 필요한 행위여야 한다는 점에서 방어의 필요성은 방위행위의 사실적 표지이다. 방어에 사실상 필요한 행위인 한 원칙적으로 공격받은 법익과 방위행위에 의하여 침해된 법익 간의 법익형량을 요하지 아니하며, 따라서 방어에 필요한 모든 행위가 허용된다 할 것이다. 다만 방위행위의 수단과 관련해서는 방위자에게 있어서 공격을 막을 수 있는 여러 수단이 선택적으로 가능할 뿐만 아니라 그 수단들이 동일한 방위효과가 있을 때에는 정당방위의 본질이 방어행위라는 점에서 공격을 효과적으로 방어하기에 필요한 만큼의 가장 경미한 수단을 선택하여야 한다. 즉 정당방위의 필요성과 관련하여 법익간의 비교형량을 요하지는 아니하나, 방위수단의 균형성은 요구된다.

이와 같이 방어의 필요성의 판단에 있어서는 공격의 강도, 공격자와 공격행위의 위험성, 방위자의 의사방향, 방위자의 방어기술적 능력, 사용된 방어수단 등 공격과 방어를 둘러싼 전체행위상황을 구체적으로 고찰하여 판단하여야 한다. 따라서 경미한 폭행에 대하여 방어자가 중상을 입힐 의사로 신체의 주요부분을 타격하거나, 방어자가 태권도 유단자임에도 불구하고 방어를 위하여 총기를 사용한 경우는 정당방위로 평가될 수 없다.

관련판례

1) 형법 제21조 소정의 정당방위가 성립하려면 침해행위에 의하여 침해되는 법익의 종류, 정도, 침해의 방법, 침해행위의 완급과 방위행위에 의하여 침해될 법익의 종류, 정도 등 일체의 구체적 사정들을 참작하여 방위행위가 사회적으로 상당한 것이어야 한다(대법원 1992.12.22. 선고 92도2540 판결. 같은 취지의 판례로 대법원 2003.11.13. 선고 2003도3606 판결 ; 2005.9.30. 선고 2005도3940,2005감도15 판결 등).

2) 甲과 乙이 공동으로 인적이 드문 심야에 혼자 귀가중인 丙녀에게 뒤에서 느닷없이 달려들어 양팔을 붙잡고 어두운 골목길로 끌고 들어가 담벽에 쓰러뜨린 후 갑이 음부를 만지며 반항하는 병녀의 옆구리를 무릎으로 차고 억지로 키스를 함으로 병녀가 정조와 신체를 지키려는 일념에서 엉겁결에 갑의 혀를 깨물어 설절단상(舌切斷傷)을 입혔다면 병녀의 범행은 자기의 신체에 대한 현재의 부당한 침해에서 벗어나려고 한 행위로서 그 행위에 이르게 된 경위와 그 목적 및 수단, 행위자의 의사 등 제반사정에 비추어 위법성이 결여된 행위라고 볼 수 있으므로 이와 같은 취지에서 피고인에게 무죄를 선고한 원심판단은 수긍이 가고 거기에 소론과 같은 정당방위에 관한 법리오해의 위법이 있음을 찾아볼 수 없으므로 논지는 이유없다(대법원 1989.8.8. 선고 89도358 판결. 같은 취지의 판례로 대법원 1983.2.8. 선고 82도2098 판결 ; 1984.6.24. 선고 84도242 판결 ; 1989.10.10. 선고 89도623 판결).

〈사실관계〉

甲과 乙은 공모 공동하여 1988.2.26. 01:10경 경북 영양읍 서부동 소재 황금당 앞길에서 혼자 귀가 중이던 丙女가 황금당 옆 골목길로 들어가는 것을 발견하고 그녀를 추행할 목적으로 뒤쫓아 가서 달려들어 甲은 丙의 오른팔을 잡고 乙은 그녀의 왼팔을 잡아 그 골목길 안으로 약 10미터 정도 더 끌고 들어가 그 곳 담벽에 넘어뜨린 후 위 甲은 오른손을 그녀의 고무줄 바지(속칭 몸뻬) 속에 집어 넣으면서 이에 반항하는 그녀의 옆구리를 그의 오른쪽 무릎으로 2회 찬 다음 억지로 그녀의 입에 키스를 하는 등으로 그녀에 대해 추행하고 이로 인해 丙에게 전치 2주간의 우측흉부좌상 등의 상해를 입혔다. 丙은 이 과정에서 자신의 정조와 신체의 안전을 지키려는 일념에서 엉겁결에 억지로 키스를 하려는 甲의 혀를 깨물어 舌切斷傷을 입혔다.

3) 정당방위는 자기 또는 타인의 법익에 대한 현재의 부당한 침해를 방지하기 위한 행위로서 상당한 이유가 있음을 요하므로 위법한 법익침해행위가 있다고 하더라도 긴박성이 결여되거나 또는 방위행위가 상당성을 결여한 때에는 정당방위의 요건을 갖추었다고 볼 수 없는 것인 바, 피고인이 그 소유의 밤나무 단지에서 피해자가 밤 18개를 푸대에 주워 담는 것을 보고 푸대를 빼앗으려다 반항하는 피해자의 뺨 팔목을 때려 상처를 입혔다면 위 행위가 비록 피해자의 절취행위를 방지하기 위한 것이었다 하여도 긴박성과 상당성을 결여하여 정당방위라고 볼 수 없다(대법원 1984.9.25. 선고 84도1611 판결).

4) 피고인이 길이 26센티미터의 과도로 복부와 같은 인체의 중요한 부분을 3, 4회나 찔러 피해자에게 상해를 입힌 행위는 비록 그와 같은 행위가 피해자의 구타행위에 기인한 것이라 하여도 정당방위나 과잉방위에 해당한다고 볼 수 없다(대법원 1989.12.12. 선고 89도2049 판결. 같은 취지의 판례로 대법원 1983.9.27. 선고 83도1906 판결).

5) 피고인은 피해자(1962년생)와 1987.11.21. 혼인하여 딸(1990년생)과 아들(1994년생)을 둔 사실, 피해자는 평소 노동에 종사하여 돈을 잘 벌지 못하면서도 낭비와 도박의 습벽이 있고, 사소한 이유로 평소 피고인에게 자주 폭행 · 협박을 하였으며, 변태적인 성행위를 강요하는 등의 사유로 결혼생활이 파탄되어 1999년 11월경부터 별거하기에 이르고, 2000.1.10.경 피고인이 서울가정법원에 이혼소송을 제기하여 그 소송 계속 중이던 같은 해 4월 23일 10:40경 피해자가 피고인의 월세방으로 찾아온 사실, 문밖에 찾아온 사람이 피해자라는 것을 안 피고인은 피해자가 칼로 행패를 부릴 것을 염려하여 부엌에 있던 부엌칼 두 자루를 방의 침대 밑에 숨긴 사실, 피고인이 문을 열어 주어 방에 들어온 피해자는 피고인에게 이혼소송을 취하하고 재결합하자고 요구하였으나 피고인이 이를 거절하면서 밖으로 도망가려 하자, 피해자는 도망가는 피고인을 붙잡아 방안으로 데려온 후 부엌에 있던 가위를 가지고 와 피고인의 오른쪽 무릎 아래 부분을 긋고 피고인의 목에 겨누면서 이혼하면 죽여버리겠다고 협박하고, 계속하여 피고인의 옷을 강제로 벗기고 자신도 옷을 벗은 다음 피고인에게 자신의 성기를 빨게 하는 등의 행위를 하게 한 후, 침대에 누워 피고인에게 성교를 요구하였으나 피고인이 이에 응하지 않자 손바닥으로 뺨을 2-3회 때리고, 재차 피고인에게 침대 위로 올라와 성교할 것을 요구하며 "너 말을 듣지 않으면 죽여버린다." 고 소리치면서 침대 위에서 상체를 일으키는 순간, 계속되는 피해자의 요구와 폭력에 격분한 피고인이 그 상황에서 벗어나고 싶은 생각에서 침대 밑에 숨겨두었던 칼(증 제1호, 길이 34㎝, 칼날길이 21㎝) 한 자루를 꺼내 들고 피해자의 복부 명치 부분을 1회 힘껏 찔러 복부자창을 가하고, 이로 인하여 피해자로 하여금 장간막 및 복대동맥 관통에 의한 실혈로 인하여 그 자리에서 사망에 이르게 한 사실을 인정할 수 있다. 피고인이 이와 같이 피해자로부터 먼저 폭행 · 협박을 당하다가 이를 피하기 위하여 피해자를 칼로 찔렀다고 하더라도, 피해자의 폭행 · 협박의 정도에 비추어 피고인이 칼로 피해자를 찔러 즉사하게 한 행위는 피해자의 폭력으로부터 자신을 보호하기 위한 방위행위로서의 한도를 넘어선 것이라고 하지 않을 수 없고, 따라서 이러한 방위행위는 사회통념상 용인될 수 없는 것이므로, 자기의 법익에 대한 현재의 부당한 침해를 방어하기 위한 행위로서 상당한 이유가 있는 경우라거나, 방위행위가 그 정도를 초과한 경우에 해당한다고 할 수 없다(대법원 2001.5.15. 선고 2001도1089 판결).

6) 형법 제185조의 일반교통방해죄는 일반공중의 교통의 안전을 보호법익으로 하는 범죄로서 여기서의 '육로'라 함은 사실상 일반공중의 왕래에 공용되는 육상의 통로를 널리 일컫는 것으로서 그 부지의 소유관계나 통행권리관계 또는 통행인의 많고 적음 등을 가리지 않는다(대법원 1988.4.25. 선고 88도18 판결, 2002.4.26. 선고 2001도6903 판결 등 참조). 그리고 사실상 2가구 외에는 달리 이용하는 사람들이 없는 통행로라 하더라도 이는 일반

교통방해죄에서 정하고 있는 육로에 해당한다. 따라서 통행로의 현황, 개설시기 및 이용상황 등 제반 사정에 비추어, 통행로 중 폭 100m 길이 부분을 포크레인으로 폭 2m 정도로 굴착하고 돌덩이까지 쌓아 놓은 행위가 정당행위나 정당방위에 해당한다고 보기는 어렵다(대법원 2007.2.22. 선고 2006도8750 판결).

7) 피고인이 피해자와 말다툼을 하다가 건초더미에 있던 낫을 들고 반항하는 피해자로부터 낫을 빼앗아 그 낫으로 피해자의 가슴, 배, 등, 뒤통수, 목, 왼쪽 허벅지 부위 등을 10여 차례 찔러 피해자로 하여금 다발성 자상에 의한 기흉 등으로 사망하게 하였다는 사실을 인정한 다음, 이에 비추어 보면, 피고인에게는 이 사건 범행 당시 적어도 살인의 미필적 고의는 있었다고 판단하였는바, 기록에 비추어 살펴보면, 위와 같은 원심의 판단은 옳고, 거기에 상고이유의 주장과 같은 채증법칙 위배 또는 심리미진으로 인한 사실오인이나 미필적 고의에 관한 법리오해 등의 위법이 있다고 할 수 없다. 형법 제21조 소정의 정당방위가 성립하려면 침해행위에 의하여 침해되는 법익의 종류, 정도, 침해의 방법, 침해행위의 완급과 방위행위에 의하여 침해될 법익의 종류, 정도 등 일체의 구체적 사정들을 참작하여 방위행위가 사회적으로 상당한 것이어야 한다(대법원 1992.12.22. 선고 92도2540 판결, 2005.9.30. 선고 2005도3940,2005감도15 판결 등 참조). 원심은 그 채택 증거에 의하여 판시와 같은 사실을 인정한 다음, 피해자가 피고인에게 한 가해의 수단 및 정도, 그에 비교되는 피고인의 행위의 수단, 방법과 행위의 결과 등 제반 사정에 비추어, 피고인의 이 사건 범행행위가 피해자의 피고인에 대한 현재의 부당한 침해를 방위하거나 그러한 침해를 예방하기 위한 행위로 상당한 이유가 있는 경우에 해당한다고 볼 수 없고, 또 피고인의 이 사건 범행행위는 방위행위가 그 정도를 초과한 때에 해당하거나 정도를 초과한 방위행위가 야간 기타 불안스러운 상태 하에서 공포, 경악, 흥분 또는 당황으로 인한 때에 해당한다고 볼 수도 없다고 판단하였는바, 앞서 본 법리와 기록에 비추어 살펴보면, 위와 같은 원심의 조치는 옳은 것으로 수긍이 가고, 거기에 상고이유의 주장과 같은 채증법칙 위배로 인한 사실오인이나 정당방위 및 과잉방위에 관한 법리오해의 위법이 있다고 할 수 없다(대법원 2007.4.26. 선고 2007도1794 판결).

2) 정당방위의 요구성(Gebotensein)

(1) 의의

정당방위는 원칙적으로 허용되지 않는 개인에 의한 사적 구제를 법적으로 정당화시켜 주고 있다는 점에서 법질서 전체의 입장에서 보아 요구된 행위여야 한다. 이러한 정당방위행위에 대한 요구성의 제한을 이른바 정당방위의 사회윤리적 한계(제한, sozialethische Einschränkung der Notwehr)[16] 또는 정당방위권의 내재적 제약이라 한다.

앞에서 설명한 방위의 필요성이 사실적 관점에서의 정당방위에 대한 제한이라면 방위의 요구성은 규범적 관점에서 정당방위를 제한하고자 하는 것으로, 방위의 요구성에 의한 정당방위의 제한을 「상당한 이유」의 내용으로 볼 것인가, 아니면 정당방위의 원리(본질)에서 유래하는 제한으로 볼 것인가에 대해서는 견해가 대립되고 있다. 즉 「상당한 이유」의 내용에 방위의 필요성 뿐만 아니라 사회윤리적 제한을 포함한다고 보느냐, 아니면 「상당한 이유」는 방위의 필요성만을 의미하고 사회윤리적

16) 정당방위의 사회윤리적 제한은 방위행위자에 대한 처벌범위의 확대를 의미하는 것으로 법치국가형법의 예외를 인정하는 것이며, 형법과 무관한 형법도그마틱에 불과하므로 오류라고 보는 견해도 있고, 사회윤리적 제한이라고 하면 그 가벌성의 근거를 형법에 규정되지도 않은 사회윤리 자체에서 찾는 것을 의미하므로 타당하지 않다는 견해도 있다.

제한은 정당방위의 본질에서 유래한다고 보느냐의 문제이다.

전자의 견해에 의하면 「상당한 이유」라는 개념 자체가 사회윤리적 평가개념이므로 양자를 구별할 수 없으며, 사회윤리적 제한의 구체적 내용들이 「상당한 이유」의 내용이다. 또한 제21조 제1항의 규정형식상으로도 방위하기 위한 행위가 사회윤리적 측면에서 상당성이 있으면 위법성이 조각된다는 것이므로, 다시 형식적 일반원리에 의한 제한을 인정하는 것은 법적 안정성이 침해될 우려가 있다는 점에서 「상당한 이유」의 내용으로 간주한다.

이에 반해 후자의 견해는 만일 전자의 견해에 의하면 사회윤리적 제한을 초과하는 행위도 상당성을 이탈했다는 것이 되어 모두 과잉방위가 되어버린다는 점에서 부당하다고 비판한다.

(2) 이론적 근거

가) 권리남용금지(Verbot des Rechtsmißbrauchs)의 이론

정당방위의 사회윤리적 한계를 권리남용금지의 이론으로 설명하는 견해이다. 그러나 정당방위권은 법질서수호를 위해 인정되는 권리라는 점도 있으며, 정당방위의 요건만 존재하면 위법성이 조각되는 것으로 여기에 정당방위의 인정 여부 외에 다시 권리남용이 문제될 여지가 없다. 또한 이 이론은 정당방위의 제한을 주관적 요소만에 의해 결정하는 점에서 이론전개에 문제가 있다.

나) 상당성(비례성)의 원리(Verhältnismäßigkeitsprinzip) 이론

정당방위의 행위와 수단의 선택에 있어 과잉금지원칙에 이론적 기초를 두는 견해이나, 상황의 특수성과 상당성개념의 불명확성이라는 점에서 비판의 여지가 있다.

다) 기대가능성이론

위법성과 책임을 혼동하고 있고, 법질서수호라는 면을 간과한다는 비판

라) 정당방위의 기본원리[17]

법질서방어 또는 법질서내에서의 자기보호라는 정당방위의 규범적 · 형사정책적인 기초위에서 정당방위요건이 충족되더라도 법질서예방이 불필요하거나 현저히 감소되는 경우에는 제한된다고 보는 견해이다.

(3) 사회윤리적 제한의 내용(구체적 유형)

17) 독일의 다수견해.

가) 개인적 · 권리적 근거와 관련된 규범적 제한

상당성의 개념은 원래 법의 일반원리인 「비례성의 원칙」에서 유래하는 개념이나, 자기 또는 타인의 법익에 대한 현재의 부당한 공격이라는 정당방위상황의 특수성 때문에 비례성의 원칙이 완화된다. 그러나 방어행위에 의하여 야기된 법익침해가 공격에 의하여 침해될 수 있었던 법익침해에 비하여 극단적으로 불균형을 이루는 경우에는 정당방위의 개인적 · 권리적 근거는 탈락되고 따라서 방위행위의 요구성이 배제되기 때문에 정당방위가 허용되지 아니한다. 특히 경미한 법익침해의 경우에는 방위의 목적과 그 수단의 상당성에 의하여 정당방위는 제한된다.

나) 사회적 · 법적 근거와 관련된 규범적 제한

법질서가 방위행위에 의하여 그 유효성이 확증될 것을 필요로 하지 않는 경우에는 법수호의 이익이 결여된다는 점에서 정당방위는 제한된다.

(가) 책임 없는 또는 책임이 현저히 감소된 상태에서의 침해

유아, 만취자, 정신병자의 공격 또는 금지착오나 과실에 기한 공격의 경우에는 정당방위의 사회적 · 법적 근거는 탈락되며, 단지 개인적 · 권리적 근거하에서 최후의 수단으로서 보호방위만이 허용된다.

(나) 유책하게 도발된 정당방위상황

침해가 방위자의 귀책사유로 유발된 침해(자초침해, 도발침해)로 사회윤리적 제한이 가장 문제가 되는 유형이다.

① 의도적 도발의 경우

관련판례

1) 피고인 스스로 투쟁을 유발한 窮餘의 반발로 상대방의 엄지손가락을 咬傷한 소위는 법에 의하여 허용된 방위 또는 피난행위라 할 수 없다(대법원 1960.9.7. 선고 4293형상411 판결).
2) 피고인이 먼저 피해자를 살해하려고 가격한 이상 피해자의 반격이 있었다 하여 피해자를 살해한 피고인의 소위가 정당방위에 해당한다고 볼 수 없다(대법원 1983.9.13. 선고 83도1467 판결).

㉮ 법의 확증이론(법수호의 관점)

법익에 대한 침해를 방어자가 의도적으로 도발하였다 하더라도 그러한 공격에 의하여 법질서가 침해되는 한 법질서수호의 관점에서 정당방위가 가능하다는 견해로, 이 견해는 권리가 가지는 사회윤리적 한계를 간과하고 있다.

㈏ 자기보호이론

자기보호의 관점에서 정당방위가 가능하다는 견해이나, 고의 또는 목적에 의한 도발의 경우에도 정당방위를 인정하는 데는 문제가 있다.

㈐ 원인에 있어서 불법한 행위이론(actio illicita in causa)

방위행위는 가능하나 불법한 원인행위와 인과관계가 있는 모든 결과에 대하여 행위자는 책임이 있다는 견해이나, 방위행위가 적법하다면 그 원인된 도발행위도 적법하다고 보는 것이 논리적이라는 점에서 비판의 여지가 있다.

㈑ 권리남용금지이론

사회적 관점에서 보아 정당방위권의 남용이므로 정당방위가 성립되지 않는다고 보는 견해이다.

㈒ 승낙설

도발자는 법익보호의 포기를 승낙했다는 점에서 정당방위를 할 수 없다고 보는 견해이다.

㈓ 결

방어자가 공격을 의도적으로 도발한 경우 그 정당방위는 권리남용금지이론에 의하여 원칙적으로 정당방위는 허용되지 않으며, 구체적으로는 도발행위의 목적의 부당성과 공격에 대한 예견가능성 정도에 따라 판단하여야 할 것이다.

② 과실에 의한 도발

자기보호를 위한 보호방위에 제한된다(자기보호원리만 원용).

(다) 보증관계(긴밀한 인적 관계)에 있는 자의 침해에 대한 방위

부부와 친족 간의 경우와 같이 특별한 결합관계에 있는 자에 대한 보증인적 의무(보호의무)에 의하여 정당방위는 제한된다.

(라) 긴급구조(Nothilfe) - 타인의 법익을 위한 정당방위

정당방위의 정당화적 근거를 사회적 · 법적 근거에서 파악하는 입장으로, 자칫 방위자의 주관적 판단에 좌우될 염려가 있다. 따라서 국가의 존립과 권위 또는 공공의 질서유지와 같은 국가적 법익이나 사회적 법익에 대해서도 정당방위가 인정되려면 의무부과의 주체가 누구냐의 문제, 즉 행정법상의 반사적 이익과 관련하여 방위상황에 처해 있는 자의 방위하려는 의사를 넘어서는 안된다

(의사자율의 원칙).[18] 다만 국가적 · 사회적 법익이 재산과 같이 개인적 법익으로서의 성격을 가진 경우에는 정당방위가 가능하다.

(마) 침해 정도가 극히 경미한 경우

치매의 정도가 극히 경미한 경우에는 규범적으로 그 침해의 부당성이 결여된다는 점에서 정당방위는 제한된다.

제4항 정당방위의 효력이 미치는 범위

Ⅰ. 공격자 아닌 제3자에 대한 정당방위 효력의 문제

독일형법 제35조의 면책적 긴급피난의 문제[19]로 해석할 수 있다.

Ⅱ. 정당방위로 일반인의 사회적 법익이 침해된 경우

공격수단이 제3자의 재물일 때 그 재물을 손괴한 경우도 마찬가지로 독일형법 제34조의 정당화사유로서의 긴급피난의 문제[20]로 해석할 수 있다.

18) 1951.3.2. 독일의 A극장에서 인기리에 상영 중인 '죄많은 여인'(Sünderin)이라는 음란한 영화의 상영을 막기 위하여 그 극장의 영사실에 최루탄을 터트려 약 15분 동안 영화 상영을 못하게 한 사례[BGH 1953.10.2. 3.Strafsenat 판결(BGHSt. 5, 245)].

19) 뒤에서 설명하는『긴급피난』참조.

20) 뒤에서 설명하는『긴급피난』참조.

제5항 과잉정당방위(Notwehrexzeß; 제21조 제2항, 제3항)

과잉정당방위란 정당방위의 허용한계를 일탈한 경우를 말한다.

제6항 착오의 문제

Ⅰ. 객관적으로 존재하는 정당방위상황을 착오로 인식하지 못한 경우

주관적 정당화표지의 착오 사례에 해당한다.[21)]

Ⅱ. 오상정당방위(Putativnotwehr)의 경우

정당방위상황(정당방위의 객관적 전제사실)을 착오한 경우, 즉 객관적으로 정당방위의 상황이 결여되어 있음에도 불구하고 행위자는 주관적으로 이러한 정당방위상황이 객관적으로 구비되어 있다고 오인하고 정당방위의사를 가지고 정당방위행위로 나온 경우가 이에 해당한다.[22)]

---

21) 앞에서 설명한 『위법성일반이론』 참조.

22) 예로서 악수를 청하는 자를 강도로 오인하고 정당방위로 나아간 경우로, 뒤에서 설명하는 『위법성조각사유의 객관적 전제사실의 착오』 참조.

제7항 오상과잉방위

Ⅰ. 개념

오상방위와 과잉방위가 결합된 유형, 즉 현재의 부당한 침해가 없음에도 불구하고 있는 것으로 착오하여 상당성을 초과하는 방위행위를 한 경우가 이에 해당한다. 허용구성요건의 착오와 허용착오가 경합되고 있다는 점에서 위법성조각사유의 이중적 착오라고도 한다. 이 경우에도 형법 제21조 제2항과 제3항을 적용할 수 있는가가 문제된다.

Ⅱ. 법적 성질

1. 일원설(一元說)

오상방위의 경우처럼 취급하려는 견해이다.

2. 이원설(二元說)

상당성을 초과하고 있는 것을 인식한 경우는 과잉방위로, 착오로 인식하지 못한 경우는 오상방위의 문제로 보는 견해, 먼저 오상방위에 대한 검토를 한 후 추가로 과잉방위의 문제를 검토해야 한다는 견해, 회피가능하였는가의 여부에 따라 정당방위상황이었다고 오신하지 않을 수도 있었던 경우에는 과실범으로, 오신할 수 밖에 없었던 상황이었다면 불가벌이라고 보는 견해 등이 대립되고 있다.

제3절 긴급피난(Notstand)

사례연구

1. 사실관계

甲 등은 휴지선인 대한선박주식회사의 소유의 금성호의 관리업무에 종사하는 자들로, A가 당국의 허가를 받아 마산 인근의 해역에 설치한 피조개 양식장 앞의 해상에 공유수면점용허가 없이 금성호를 정박하면서, A가 점용허가를 얻어 설치해 놓은 피조개양식장에 피해를 주지 아니하도록 할 의도에서 금성호와 피조개양식장까지의 거리가 약 30미터까지 떨어지도록 금성호의 7샤클(175미터)이던 닻줄을 5샤클(125미터)로 감아 놓았다. 이에 A는 태풍이 올 경우에 위 금성호가 자신이 운영하는 피조개양식장에 피해를 줄 수 있기 때문에 위 금성호를 다른 해역으로 미리 이동시켜 줄 것을 달라고 요구하였다. 그러나 甲 등은 선박이동에도 새로운 공유수면점용허가가 있어야 하고 휴지선을 이동하는 데는 예인선이 따로 필요한 관계로 비용이 많이 들어 다른 해상으로 이동을 하지 못하고 있었다. 그러는 동안 태풍이 내습하였고 당시 위 금성호에는 甲 등을 비롯하여 7, 8명의 선원이 타고 있었는데, 甲 등은 태풍으로 인한 선박의 조난이나 전복을 피하기 위하여 사고지점에서 태풍의 내습에 대비한 가장 적절하고 필요한 조치로 선박의 양쪽에 두개의 닻을 내리고 한쪽의 닻줄의 길이를 175미터(7샤클)로 늘여 놓았다. 이 후 태풍의 내습으로 위 금성호가 태풍에 밀려 피조개양식장을 침범하여 물적 피해를 입혔다. 한편 갑 등은 대한선박주식회사의 해사담당이사의 지시를 받아 현장에서 위 선박의 관리업무에 종사하는 자들로서 선박운항에 관한 아무런 업무결정권이 없었다.

검사는 甲 등 피고인들에 대해 형법 제366조를 적용하여 재물손괴죄와 공유수면관리법위반죄의 경합범으로 공소제기하였다.

2. 사건의 경과

제1심법원은 피고인들에게 재물손괴의 점에 대해서는 고의가 인정되지 않으며, 비록 고의가 인정된다 하더라도 긴급피난에 해당하여 위법성이 조각된다고 판단하였다. 그리고 공유수면관리법위반의 점에 대해서도 대한선박주식회사의 해사담당이사의 지시를 받아 현장에서 위 선박의 관리업무에 종사한 피고인들에게는 그에 관한 아무런 업무결정권이 없으므로 공유수면관리법위반죄가 성립되지 아니한다고 판단하였다. 이에 검사는 사실오인과 법리오해를 이유로 항소하였으나, 항소심인 원심은 검사의 항소를 기각하면서 제1심의 판단을 유지하였다.

3. 법률적 쟁점

피조개양식장을 운영하는 A의 이동요구에 불응하고 있다가 태풍에 대비하여 닻줄을 느슨하게 묘박해 놓은 피고인들에게 피조개양식장에 재산상 손해를 가할 수 있다는 미필적 고의를 인정할 수 있는가?, 그리고 태풍에 대비하여 닻줄을 느슨하게 묘박함으로써 피조개양식장에 재산상 손해를 가한 피고인들의 행위가 긴급피난으로 평가될 수 있는가?

4. 적용법조

〈형법〉

제22조 (긴급피난) ① 자기 또는 타인의 법익에 대한 현재의 위난을 피하기 위한 행위는 상당한 이유가 있는 때에는 벌하지 아니한다.

② 위난을 피하지 못할 책임이 있는 자에 대하여는 전항의 규정을 적용하지 아니한다.

③ 전조 제2항과 제3항의 규정은 본조에 준용한다.

5. 대법원의 판단

[판시사항]

긴급피난으로 위법성이 조각된다고 볼 수 있는지 여부

[판결요지]

원심이 적법히 확정한 바와 같이 피고인들이 그 판시 피조개양식장에 피해를 주지 아니하도록 할 의도에서 이 사건 금성호의 7샤클(175미터)이던 닻줄을 5샤클(125미터)로 감아 놓았고 그 경우에 피조개양식장까지의 거리는 약 30미터까지 근접한다는 것이므로 닻줄을 50미터 더 늘여서 7샤클로 묘박하였다면 선박이 태풍에 밀려 피조개양식장을 침범하여 물적 피해를 입히리라는 것은 당연히 예상되고, 그럼에도 불구하고 피고인들이 태풍에 대비한 선박의 안전을 위하여 금성호의 닻줄을 7샤클로 늘여 놓은 것은 피조개양식장의 물적 피해를 인용한 것이라 할 것이어서 재물손괴의 점에 대한 미필적 고의를 인정할 수 있다고 할 것이다. 원심이 이와 다른 관점에서 피고인들에게 그 미필적 고의를 인정할 수 없다고 판시한 것은 미필적 고의의 법리에 대한 오해에 기인한 것으로서 이점에 관한 소론은 이유있다. 한편 원심이 무죄이유로서 부가하여 설시한 긴급피난의 점에 관하여 보건대, 이 사건 금성호는 공유수면점용허가 없이 정박하고 있었으므로 피고인들이나 대한선박주식회사로서는 같은 해상에 점용허가를 얻어서 피조개양식장을 설치한 피해자 김 대인측의 요구에 응하여 금성호를 양식장에 피해를 주지 아니하는 곳에 미리 이동시켜서 정박하였어야 할 책임은 있었다고 할 것이다.

그러나 위와 같이 선박이동에도 새로운 공유수면점용허가가 있어야 하고 휴지선을 이동하는 데는 예인선이 따로 필요한 관계로 비용이 많이 들어 다른 해상으로 이동을 하지 못하고 있는 사이에 태풍을 만나게 되었다면 피고인들로서는 그와 같은 위급한 상황에서 선박과 선원들의 안전을 위하여 사회통념상 가장 적절하고 필요불가결하다고 인정되는 조치를 취하였다면 형법상 긴급피난으로서 위법성이 없어서 범죄가 성립되지 아니한다고 보아야 하고 미리 선박을 이동시켜 놓아야 할 책임을 다하지 아니함으로써 위와 같은 긴급한 위난을 당하였다는 점만으로는 긴급피난을 인정하는데 아무런 방해가 되지 아니한다.

이 사건에서 원심이 태풍내습시 금성호에는 태풍에 대비하여 7,8명의 선원이 타고 있었고, 피고인들이 태풍으로 인한 선박의 조난이나 전복을 피하기 위하여 선박의 양쪽에 두개의 닻을 내리고, 한쪽의 닻줄의 길이를 175미터(7샤클)로 늘여 놓은 것이 사고지점에서 태풍의 내습에 대비한 가장 적절하고 필요한 조치로 인정된다는 취지에서 피고인들의 소위를 긴급피난행위로 보아 재물손괴의 점에 대하여 무죄를 선고한 원심의 판단은 정당하고, 거기에 긴급피난의 법리를 오해하였거나 심리미진의 위법을 찾아 볼 수 없다. 결국 원심의 미필적 고의에 대한 판단에는 잘못이 있으나 긴급피난을 인정한 점에 잘못이 없으므로 위에서와 같은 잘못은 판결에 영향이 없어 논지는 받아들일 수 없다(대법원 1987.1.20. 선고 85도221 판결).

제1항 긴급피난의 개념과 논의의 대상

Ⅰ. 긴급피난의 개념

형법 제22조 (긴급피난) ① 자기 또는 타인의 법익에 대한 현재의 위난을 피하기 위한 행위는 상당한 이유가 있는 때에는 벌하지 아니한다.
② 위난을 피하지 못할 책임이 있는 자에 대하여는 전항의 규정을 적용하지 아니한다.[1)]
③ 전조 제2항과 제3항의 규정은 본조에 준용한다.

긴급피난이란 자기 또는 타인의 법익에 대한 현재의 위난을 피하기 위한 상당한 이유있는 행위(제22조 제1항)로, 위난에 처한 특정한 이익을 즉시 보호하지 않으면 그 효과가 없을 때 국가를 대신하여 긴급한 보호조치를 하는 것을 허용해 준다는 의미에서 정 대 정(正 對 正)의 관계에서 인정되는 행위의 허용규범이다. 이와 같이 긴급피난은 정당한 제3자의 희생에도 불구하고 이를 통한 가치의 재분배가 전체법질서에 의하여 허용될 수 있는 경우로, 가치의 재분배 즉 공동사회에 있어 책임의 분배가 상당성의 징표이다.

- **공격적 긴급피난** : 위난과 관계없는 제3자에 대한 법익침해로서의 긴급피난
- **방어적 긴급피난**: 위법하지 않은 위난야기자에 대한 법익침해로서의 긴급피난
  - 동물에 의한 위난
  - 사람에 의하여 유발된 위난

---

1) 〈형법일부개정법률안〉 [2011.3.25. 정부안으로 국회제출(의안번호 1811304호), 18개 국회 임기만료로 자동폐기]
긴급피난에 관한 규정을 적용하지 아니하는 대상의 범위를 위난에 대처해야 할 의무가 있는 자로 축소하고 그에 대하여 형을 감면할 수 있도록 하는 한편, 피난행위가 그 정도를 초과한 경우에 벌하지 아니하는 사유에서 '흥분'을 제외하여 과잉피난의 면책사유를 엄격히 함(안 제18조제2항 및 제3항)
안 제18조 (긴급피난) ① 자기 또는 타인의 법익에 대한 현재의 위난을 피하기 위한 행위는 상당한 이유가 있는 경우에는 벌하지 아니한다.
② 위난에 대처하여야 할 의무가 있는 자에 대해서는 제1항을 적용하지 아니한다. 이 경우 형을 감경하거나 면제할 수 있다.
③ 제1항 및 제2항에 대해서는 제17조제2항 및 제3항을 준용한다.

Ⅱ. 연혁

긴급피난의 정당화적 근거로서 목적설과 이익교량설이 전개되어 왔으며, 독일은 1871년 독일제국 형법에 면책적 긴급피난을 법제화하였다(제52조와 제54조). 정당화사유로서의 긴급피난은 초법규적 위법성조각사유로서 이론과 판례(이익교량설의 입장)를 통하여 인정되어 오다가 1975년 개정형법에 정당화적 긴급피난을 실정법화(제34조)하게 되었다.[2)]

Ⅲ. 형식적 근거

긴급피난의 형식으로 죄가 성립되지 않는 근거를 제22조에 한정할 것인가에 대한 논의

1. 제22조에 한정하려는 견해

이익이 충돌되는 경우에도 제22조의 요건이 충족되어야만 긴급피난에 해당

2. 법질서전체에서 그 근거를 구하는 견해

위법성판단은 법질서전체의 입장에서 내리는 가치판단이라는 점에서 긴급피난의 최후적 · 일반적 근거는 제22조이나, 여기에 한정되지 않고 민법 제761조 제2항(민법상의 긴급피난) 또는 형사소송법 제212조 및 의료법 제16조(의사의 치료행위), 나아가 초실정법적인 일반원리에 의해서도 긴급피난을 인정하려는 견해이

---

2) 독일형법 제34조 (정당화되는 긴급피난)(Rechtfertigender Notstand) 생명, 신체, 자유, 명예, 재산또는 기타의 법익에 대하여 다른 방법으로 회피할 수 없는 현재의 위험 가운데서 자기 또는 타인을 그 위험으로부터 회피하기 위하여 행위를 한 자는 대립되는 이익 즉 당해법익 및 이것에 대한 절박한 위험의 정도를 교량하여 보호되는 이익이 침해되는 이익보다도 본질적으로 우월한 경우에는(das geschutzte Interesse das beeintrachtigte wesentlich überwiegt) 위법하게 행위한 것은 아니다. 다만, 그 행위가 위험을 회피하는 데 적합한 수단인 경우에 한하여 그러하다.
제35조 (면책되는 긴급피난)(Entschuldigender Notstand) ① 생명, 신체 또는 자유에 대하여 다른 방법으로 회피할 수 없는 현재의 위험 가운데서 자기, 친족 또는 기타의 자기와 밀접한 관계에 있는 자를 그 위험으로부터 회피하기 위하여 위법행위를 한 자는 책임없이 행위한 것이다. 이 때에는 사실상 행위자가 그 위험을 스스로 야기하였거나 행위자가 특별한 법관계에 있었음을 이유로 그 위험을 감수함이 행위자에게 기대될 수 있었던 경우에는 그러하지 아니한다. 다만, 행위자가 특별한 법관계를 고려하지 아니하고 그 위험을 감수하였던 경우에는 그 형은 제49조 제1항에 의하여 감경할 수 있다.
② 행위자가 행위를 함에 있어서 제1항에 의하여 자기를 면책하여야 할 사정이 있다고 오신하였던 때에는, 그가 착오를 피할 수 있었던 경우에 한하여 벌한다. 그 형은 제49조 제1항에 의하여 감경한다.(면책사유의 전제되는 사실의 착오 - 착오의 회피가능성에 따라 책임의 감경 내지 조각)
오스트리아형법 제10조 (면책적 긴급피난) ① 자기 또는 제3자에 대한 직접 급박한 중대한 불이익을 배제하기 위하여 행위를 범한 자는 행위로부터 생길 수 있는 손해가 배제하여야 할 손해보다 비교가 안 될 정도로 더 무겁지 아니하고, 행위자의 입장에서 보아 법적으로 보호되는 가치와 관련 있는 사람에게 달리 어떠한 행동도 기대할 수 없었을 때 면책된다.
② 법령에서 인정하고 있는 사유 없이 의식적으로 자신을 위험에 빠지게 한 행위자는 면책되지 아니한다. 행위자가 그 행위가 면책될 수 있는 조건을 과실에 기인한 착오로 인식하였고 과실범에 대하여 형벌을 과하게 되어 있을 때에는 과실범으로 처벌한다.

다. 즉 긴급피난에 의한 범죄불성립은 제22조에 국한할 것이 아니라 법질서전체에서 통일적으로 검토해야 한다는 견해이다.

Ⅳ. 논의의 대상

긴급피난행위의 효과로서 형법은 단순히 "벌하지 아니한다"로 규정하고 있기 때문에 이 규정이 위법성조각사유적 성질을 가진 것인지 책임조각적 성질을 가진 것인지 아니면 두 가지 성질 모두를 규정한 것인지 분명치 않다는 점에서 긴급피난의 법적 성질과 그 구조가 문제되며, 만일 책임조각사유 또는 이원설을 취할 경우에는 면책사유로서 제12조 강요된 행위와의 관계가 논의될 수 있다. 또한 정당화사유의 일반원리와 관련하여 긴급피난의 정당화적 근거가 무엇이냐에 대해서도 견해가 대립되고 있다.

제2항 긴급피난의 본질(법적 성질)과 구조

Ⅰ. 논의의 실익

제22조는 그 법적 성질에 대하여 독일이나 오스트리아 형법처럼 명확하게 규정하고 있지 아니하다. 긴급피난의 법적 성질에 따라 제22조의 상당성개념이 달라질 수 있으며, 긴급피난행위에 대해 정당방위가 가능한가의 여부가 결정된다.

Ⅱ. 학설

1. 일원설

긴급피난행위가 처벌되지 않는 근거를 한 가지로 이해하고자 하는 입장이다.

1) 법으로부터의 자유로운 영역설(포기설)[3]

일정한 긴급상황은 법질서가 해결할 수 없는 갈등상황으로, 즉 법적으로 평가될 수 없는 영역에

3) K.Binding, Arthur Kaufmann, Eb.Schmidt, Fehsenmayer 등.

해당한다고 보는 견해이다.

2) 책임조각설[4)]

자기의 위난을 타인에게 전가(제3자에 대한 법익침해야기)하는 것은 위법이며, 다만 자기보존의 본능상 규범합치적 행위에 대한 기대가능성이 없음으로 말미암아 책임이 조각된다고 보는 견해로, 「상당성」의 개념을 적법행위에 대한 기대가능성의 결여로 본다. 따라서 이 견해에 의하면 긴급피난행위에 대해서도 정당방위가 허용된다. 그러나 긴급피난은 자기보존적 본능에 그 본질이 있는 것이 아니며, 타인의 법익에 대한 위난을 피하기 위한 행위에 대해서도 긴급피난은 성립된다.

3) 위법성조각설[5)]

이익교량설에 입각하여 긴급피난상황에서 침해된 법익에 대하여 보호할 법익의 우월적 이익이 있으면 그 행위는 위법성조각으로 정당화된다고 보는 견해이다. 제22조가 타인의 법익을 위한 긴급피난도 인정하며, 긴급피난의 요건인 「상당성」의 개념이 이익교량의 원리를 그 중심 내용으로 하고 있고 또한 상당성과 기대가능성의 개념은 다르므로 책임비난의 요소가 될 수 없다는 것을 그 근거로 하고 있다. 따라서 긴급피난행위에 대해서는 정당방위를 할 수 없다.

2. 이원설[6)]

긴급피난을 단일의 기준에 의해서는 평가할 수 없는 포괄적 개념으로 보는 견해이다. 즉 긴급피난을 사물에 대한 피난과 생명 · 신체에 대한 피난(인격적 법익의 보전) 또는 우월적 이익의 원리가 타당한 경우와 그 이외(교량불가 또는 동가치)의 경우로 나누고, 전자에 대해서는 위법성조각사유로서의 정당화적 긴급피난, 후자에 대해서는 책임성조각사유로서의 면책적 긴급피난으로 보는 견해이다.[7)]

이 견해에 따르면 「상당한 이유」를 해석함에 있어 정당화적 긴급피난의 경우에는 이익교량상의 엄격한 상당성을 의미하고, 면책적 긴급피난의 경우에는 규범합치적 행위에 대한 기대가능성의 결여를 의미한다고 본다.

---

4) M.E.Mayer.

5) 다수견해와 판례의 입장.

6) 독일의 다수견해와 우리나라의 유력설.

7) 二元的 입장에서도 면책적 긴급피난과 관련하여 면책적 긴급피난이 성립되기 위해서는 단순히 자기나 또는 타인의 모든 동가치적 법익이 아니라 최고인격권에 해당하는 동가치적 법익에 국한되어야 하며, 여기서의 타인도 모든 타인이 아니라 행위자와 밀접한 관계에 있는 자로 한정되어야 한다는 견해도 있다.

제3항 위법조각적 긴급피난의 정당화적 근거

Ⅰ. 일원설

1. 이익(법익)교량설[8)]

보호된 이익이 침해된 이익보다 본질적으로 우월한 경우에 정당화된다고 보는 견해이다.

2. 목적설[9)]

사회윤리적 관점에서 정당한(법적으로 승인된) 목적을 위한 적합한(정당한) 수단의 사용이라고 평가될 때 긴급피난은 정당화된다고 보는 견해다.

Ⅱ. 이원설

제22조의 자기법익의 보호는 자기보호의 원리와 이익교량의 원리에 그 근거를 두고 있으며, 타인법익의 보호는 법수호(연대성)의 원리와 이익교량원리에 그 근거를 두고 있다고 보는 견해이다. 다만 양자의 공통점은 국가가 허용하는 정당한 목적을 위한 적절한 수단의 행사이어야 한다.

제4항 위법조각적 긴급피난의 성립요건

Ⅰ. 자기 또는 타인의 법익에 대한 현재의 피할 수 없는 위난상태

1. 자기 또는 타인의 법익

여기서의 법익 개념은 정당방위에서의 법익 개념과 그 의미가 같다. 다만 정당방위와는 달리 개인적 법익은 물론 국가적 · 사회적 법익도 여기서의 타인의 법익에 원칙적으로 포괄된다. 따라서 국가의 기밀문서를 가지고 국경선을 넘어가는 첩자를 국가의 안전과 존립을 위하여 일반인이 체포하는 행위는 긴급피난으로 평가될 수 있다.[10)]

8) 독일형법 제34조 전단.
9) 독일형법 제34조 후단.
10) RGSt 63, 2220.

2. 현재의 피할 수 없는 위난

1) 위난

피난조치가 허용될 수 있는 가를 결정해 주는 개념으로 법익침해가 발생할 수 있는 가능성 또는 개연성있는 상태를 의미한다. 즉 법익에 대한 위험있는 상태로서 반드시 위법임을 요하지 아니하며, 위난의 원인은 제한이 없다.

예를 들어 교통사고를 유발한 운전자가 상대방 피해자의 폭행을 피하기 위하여 사고지점으로부터 이탈했을 때도 사고운전자의 도주행위는 긴급피난에 해당하여 특정범죄 가중처벌 등에 관한 법률 제5조의3 제1항(도주차량운전자의 가중처벌규정)[11]의 위법성이 조각될 수 있느냐와 같이 스스로 위난을 자초한 자초위난의 경우에도 긴급피난상황의 유발에 책임있는 자에게 긴급피난이 허용될 수 있느냐에 대해서는 "스스로 위난을 자초한 자는 그 값을 치루어야 한다"는 엄숙주의에 따라 긴급피난이 허용되지 않는다는 견해와, 이 경우에도 면책적 긴급피난은 원용할 수 없어도 정당화적 긴급피난은 원용할 수 있다는 점에서 피난행위가 피난행위자의 권리남용에 해당되지 않는 한 구체적인 이익교량 하에서[12] 긴급피난이 허용된다는 견해가 대립되고 있다.

2) 위난의 현재성

현재의 위난이란 손해의 발생이 근접한 상태, 즉 손해가 즉시 또는 곧 발생할 것으로 예견되는 경우를 말한다. 즉 손해의 발생이 직접 현존하는 상태는 아니지만 늦으면 위난회피가 불가능하거나 위난으로 인한 위험이 증가될 염려가 있는 경우, 또는 이미 발생된 침해이더라도 그냥두면 손해가 증대될 위험이 있는 경우에도 위난의 현재성이 인정된다는 점에서 정당방위에 있어서의 침해의 현재성보다는 넓은 개념이다. 또한 위난이 언제 발생할지는 모르지만 그 위험상태가 지속 · 반복되면서 현재적인 위난상황이 발생할 것으로 충분히 예상되는 경우와 같은 계속적 · 반복적 · 장기적 위난의 경우에도 현재의 위난에 해당한다.

현재성의 판단은 객관적 · 사전적(ex-ante)인 판단으로, 피난행위시 이전의 사전적 위치에서 보아

---

11) 제5조의3 (도주차량 운전자의 가중처벌) ① 도로교통법 제2조에 규정된 자동차 · 원동기장치자전거의 교통으로 인하여 형법 제268조의 죄를 범한 해당 차량의 운전자(이하 "사고운전자"라 한다)가 피해자를 구호하는 등 도로교통법 제54조제1항에 따른 조치를 하지 아니하고 도주한 경우에는 다음 각 호의 구분에 따라 가중처벌한다.
   1. 피해자를 사망에 이르게 하고 도주하거나, 도주 후에 피해자가 사망한 경우에는 무기 또는 5년 이상의 징역에 처한다.
   2. 피해자를 상해에 이르게 한 경우에는 1년 이상의 유기징역 또는 500만 원 이상 3천만 원 이하의 벌금에 처한다.

   ② 사고운전자가 피해자를 사고 장소로부터 옮겨 유기하고 도주한 경우에는 다음 각 호의 구분에 따라 가중처벌한다.
   1. 피해자를 사망에 이르게 하고 도주하거나, 도주 후에 피해자가 사망한 경우에는 사형, 무기 또는 5년 이상의 징역에 처한다.
   2. 피해자를 상해에 이르게 한 경우에는 3년 이상의 유기징역에 처한다.

12) 다만 여기서의 이익교량에는 자초위난에 대한 책임도 고려되어야 한다. 따라서 의도적 고의나 미필적 고의에 의하여 위난을 자초한 자는 그 위난을 피함으로써 보호될 이익이 본질적으로 우월하다 하더라도 긴급피난으로 정당화될 수 없다 할 것이다.

'이러한 상황으로 사후적으로 위난이 현존하겠는가'라는 판단이다. 즉 행위시에 주어진 상황을 기초로 해서 예견가능한 사건전개를 예측한 개연성판단으로 각 사례에 따라 결정되어야 한다.

Ⅱ. 자기 또는 타인의 법익에 대한 위난을 '피하기 위한 행위'의 존재

객관적 피난행위와 주관적 정당화요소로서 피난의사가 존재

1. 피난행위의 존재

위난과 무관한 제3자의 법익을 침해하는 공격적 피난행위와는 달리 방어적 · 예방적 피난행위는 위난유발자에 대한 법익침해의 경우로,[13] 구체적인 이익교량에 따라 긴급피난 여부를 판단하여야 한다.

2. 주관적인 피난의사의 존재

위난상황의 인식을 근거로 피난의 목적을 추구하고 실현한다는 의식

Ⅲ. 규범적 평가로서의 '상당한 이유'의 존재

정 대 정의 관계이므로 피해자인 위난유발자나 제3자의 입장이 고려될 필요가 있다.

1. 피난의 필요성

긴급피난은 정당방위와 같은 법수호가 아닌 위난의 제거가 목적이므로 피난의 필요성이라는 관점에서 긴급피난에 의하지 아니하고는 달리 피할 수 없는 위난 하에서 그 피난수단으로 적절하고 경미한 수단의 선택이라는 보충성이 요구된다.

2. 피난의 균형성

긴급피난은 위난과 관계없는 제3자의 법익이 침해된다는 점에서 피난행위로 인하여 보호될 이익과 침해되는 이익 사이에 균형성이 존재해야 한다. 이러한 균형성을 판단하기 위해서는 양 이익 간의 엄격한 비교형량이 선행되어야 하며, 그 결과 보호될 이익이 침해되는 이익보다 본질적으로 우월

13) 예로서 산모의 생명을 위해 태아를 살해하는 경우나 자살기도자를 구조하기 위하여 상해를 가하여 실신시키는 경우가 이에 해당한다.

해야만 한다.

1) 이익교량의 관점

구체적인 상황에서의 이익의 보호가치의 문제로, 법익의 가치, 법익침해의 정도, 위험발생의 정도 및 법공동체에서의 상호의존성과 충돌되지 않는 범위 내에서 침해될 법익의 향유자(제3자)의 자율성(자기결정권) 등을 고려하여 판단하여야 한다. 자초위난의 경우에도 앞에서 설명한 바와 같이 구체적인 상황에 따라 이익의 형량이 필요하다. 이익교량과 관련하여 가장 문제가 될 수 있는 것이 생명 대 생명이 충돌되는 상황, 특히 소수의 생명 대 다수의 생명이 충돌되는 상황[14]이나 다수인이 공동위험에 처한 경우와 같은 위험공동체[15]에 있어서 생명이 충돌되는 경우에서의 이익교량이 문제될 수 있다. 다만 위험감수(인수)의 특별한 의무지위에 있는 자(제22조 2항)인 경우에는 이익교량의 관점이 완화된다.

2) 보호된 이익의 본질적인 우월성

피난행위에 의하여 보호될 이익이 침해되는 이익보다 본질적으로, 즉 여지가 없을 정도로 분명한 이익의 우월성이 있어야 한다. 다만 본질적으로 우월한 이익이 아니더라도 비교적 높은 이익을 위한 행위라면 제20조 사회상규에 위배되지 아니하는 행위에 해당하여 정당행위로 위법성이 조각될 수 있다. 예를 들어 후청성면역결핍증(AIDS) 환자를 치료하는 의사가 그 전염을 방지하기 위하여 환자의 약혼녀에게 그 사실을 알려준 경우에 의사의 행위는 사회상규에 위배되지 아니하는 행위로 형법 제317조 업무상비밀누설죄의 위법성이 조각된다.

3. 수단의 적합성(angemessenes Mittel)

이익충돌의 경우에 단순한 이익교량만이 아니라 그러한 상황을 법에 일치된 방법, 즉 법질서 전체의 입장에서 사회윤리적으로 합당한 방법으로 해결해야 한다는 의미로, 근본가치를 침해하지 않는 범위 내에서의 위난회피수단의 선택이어야 한다.[16]

관련판례

1) 형법 제20조에 규정된 '사회상규에 위배되지 아니하는 행위'라 함은 법질서 전체의 정신이나 그 배후에 놓여 있는 사회윤리 내지 사회통념에 비추어 용인될 수 있는 행위를 말하고, 어떠한 행위가 사회상규에 위배되지 아니하는 정당한 행위로서 위법성이 조각되는 것인지는 구체적인 사정 아래에서 합목적적, 합리적으로 고찰하여 개

14) 역무원이 화물열차가 승객을 가득 실고 아직 역에 정차하고 있는 열차와 충돌하는 것을 피하기 위하여, 그 옆 선로에서 선로작업을 하던 작업자 쪽으로 선로를 바꾸어서 그 작업자를 사망케 한 경우.

15) 그리이스의 철학자인 Karneades가 제시한 널빤지 사례.

16) 피고인이 상관인 피해자로부터 뺨을 한대 얻어맞고 홧김에 그 뒤통수를 대검(帶劍)뒷자루로 한번 치자 그도 야전삽으로 대항하던 중 위 대검으로 다시 쇄골부분(鎖骨部分)을 찔러 사망케 하였다면, 위 피해자의 행위는 급박한 경우에 해당한다 할 수 없어 긴급피난이 성립되지 아니한다(대법원 1970.8.18. 선고 70도1364 판결).

별적으로 판단되어야 하므로, 이와 같은 정당행위를 인정하려면 첫째 그 행위의 동기나 목적의 정당성, 둘째 행위의 수단이나 방법의 상당성, 셋째 보호이익과 침해이익과의 법익 균형성, 넷째 긴급성, 다섯째 그 행위 외에 다른 수단이나 방법이 없다는 보충성 등의 요건을 갖추어야 한다(대법원 2003.9.26. 선고 2003도3000 판결 등 참조). 또한 형법 제22조 제1항의 긴급피난이란 자기 또는 타인의 법익에 대한 현재의 위난을 피하기 위한 상당한 이유 있는 행위를 말하고, 여기서 '상당한 이유 있는 행위'에 해당하려면, 첫째 피난행위는 위난에 처한 법익을 보호하기 위한 유일한 수단이어야 하고, 둘째 피해자에게 가장 경미한 손해를 주는 방법을 택하여야 하며, 셋째 피난행위에 의하여 보전되는 이익은 이로 인하여 침해되는 이익보다 우월해야 하고, 넷째 피난행위는 그 자체가 사회윤리나 법질서 전체의 정신에 비추어 적합한 수단일 것을 요하는 등의 요건을 갖추어야 한다(대법원 2006.4.13. 선고 2005도9396 판결 등 참조). 원심판결 이유에 의하면, 피고인들은 공소외 1 등과 공동하여 2008.12.18. 10:30경부터 13:30경까지 사이에 국회 외교통상 상임위원회(이하 '외통위'라 한다) 회의장 앞 복도에서 성명불상의 민주당 및 민주노동당 의원, 의원 보좌직원, 당직자 등과 함께 봉쇄된 회의장 출입구를 뚫을 목적으로, 피고인 3은 해머로 출입문을 수회 쳐서 부수고, 피고인 2, 피고인 4, 피고인 5는 각자 해머로 출입문을 수회 치고 떼어낸 후 그 안쪽에 바리케이드로 쌓여있던 책상, 탁자 등 집기를 밀치거나 잡아당겨 부수고, 공소외 1은 출입문을 양손으로 젖혀 떼어낸 후 그 안쪽에 쌓여있던 소파 등 집기를 해머로 쳐서 부수고, 민주당 국회의원 보좌직원들인 공소외 2, 공소외 3은 각자 출입문 안쪽에 쌓여있던 탁자 등 집기를 밀치거나 잡아당겨 부수고, 피고인 1은 출입문 안쪽에 쌓여있던 탁자를 전동그라인더를 이용하여 부순 사실, 피고인 2는 2008. 12. 18. 13:45경 국회 외교통상 상임위원회 회의장 앞 복도에서 위와 같이 회의장 출입구 확보를 위한 시도가 실패로 돌아가자, 한미자유무역협정 비준동의안의 상정 등 심의를 방해하기 위해 민주당 국회의원 보좌직원들인 공소외 3, 공소외 4와 함께 교대로 소화전에 연결된 소방호스를 이용하여 바리케이드 틈 사이로 회의장 내에 물을 분사한 사실을 알 수 있다. 이를 앞서 본 법리와 기록에 비추어 살펴보면, 우선 피고인들의 위와 같은 행위가 공용물건손상죄 및 국회회의장소동죄의 구성요건에 해당한다는 점은 너무나 명백하고, 국민의 대의기관인 국회에서 서로의 의견을 경청하고 진지한 토론과 양보를 통하여 더욱 바람직한 결론을 도출하는 합법적 절차를 외면한 채 곧바로 폭력적 행동으로 나아간 피고인들의 행위는 그 방법이나 수단에 있어서도 상당성의 요건을 갖추지 못하였다고 할 것이므로 이를 위법성이 조각되는 정당행위나 긴급피난의 요건을 갖춘 행위로 평가하기도 어렵다(대법원 2013.6.13. 선고 2010도13609 판결. 甲 정당 당직자인 피고인들 등이 국회 외교통상 상임위원회 회의장 출입문 앞에 배치되어 출입을 막고 있던 국회 경위들을 밀어내기 위해 경위들의 옷을 잡아당기거나 밀치는 등의 행위를 한 사안에서, 피고인들의 행위는 적법성이 결여된 직무행위를 하는 공무원에게 대항하여 한 것에 지나지 아니하여 공무집행방해죄가 성립하지 않는다고 한 사례, 甲 정당 당직자인 피고인들 등이 국회 외교통상 상임위원회 회의장 앞 복도에서 출입이 봉쇄된 회의장 출입구를 뚫을 목적으로 회의장 출입문 및 그 안쪽에 쌓여있던 책상, 탁자 등 집기를 손상하거나, 국회의 심의를 방해할 목적으로 소방호스를 이용하여 회의장 내에 물을 분사한 사안에서, 피고인들의 위와 같은 행위는 공용물건손상죄 및 국회회의장소동죄의 구성요건에 해당하고, 국민의 대의기관인 국회에서 서로의 의견을 경청하고 진지한 토론과 양보를 통하여 더욱 바람직한 결론을 도출하는 합법적 절차를 외면한 채 곧바로 폭력적 행동으로 나아가 방법이나 수단에 있어서도 상당성의 요건을 갖추지 못하여 이를 위법성이 조각되는 정당행위나 긴급피난의 요건을 갖춘 행위로 평가하기 어렵다고 한 사례).

2) 형법 제20조 소정의 '사회상규에 위배되지 아니하는 행위'라 함은 법질서 전체의 정신이나 그 배후에 놓여 있는 사회윤리 내지 사회통념에 비추어 용인될 수 있는 행위를 말하고, 어떠한 행위가 사회상규에 위배되지 아니하는 정당한 행위로서 위법성이 조각되는 것인지는 구체적인 사정 아래서 합목적적, 합리적으로 고찰하여 개별적으로 판단되어야 하므로, 이와 같은 정당행위를 인정하려면 첫째 그 행위의 동기나 목적의 정당성, 둘째 행위의 수단이나 방법의 상당성, 셋째 보호이익과 침해이익과의 법익균형성, 넷째 긴급성, 다섯째 그 행위 외에 다른 수단

이나 방법이 없다는 보충성 등의 요건을 갖추어야 한다(대법원 2005.9.30. 선고 2005도4688 판결 등 참조). 그리고 형법 제22조 제1항의 긴급피난이란 자기 또는 타인의 법익에 대한 현재의 위난을 피하기 위한 상당한 이유 있는 행위를 말하고, 여기서 '상당한 이유 있는 행위'에 해당하려면, 첫째 피난행위는 위난에 처한 법익을 보호하기 위한 유일한 수단이어야 하고, 둘째 피해자에게 가장 경미한 손해를 주는 방법을 택하여야 하며, 셋째 피난행위에 의하여 보전되는 이익은 이로 인하여 침해되는 이익보다 우월해야 하고, 넷째 피난행위는 그 자체가 사회윤리나 법질서 전체의 정신에 비추어 적합한 수단일 것을 요하는 등의 요건을 갖추어야 한다. 원심은, 이 사건 당시 피고인이 경기동부방송의 시험방송 송출로 인하여 위성방송의 수신이 불가능하게 되었다는 민원을 접수한 후 경기동부방송에 시험방송 송출을 중단해달라는 요청도 해보지 아니한 채 시험방송이 송출된 지 약 1시간 30여 분 만에 곧바로 경기동부방송의 방송안테나를 절단하도록 지시한 점, 그 당시 (아파트 이름 생략) 아파트 전체 815세대 중 140여 세대는 경기동부방송과 유선방송이용계약을 체결하고 있었던 점 등 그 행위의 내용이나 방법, 법익침해의 정도 등에 비추어 볼 때, 당시 피고인이 다수 입주민들의 민원에 따라 입주자대표회의 회장의 자격으로 위성방송 수신을 방해하는 경기동부방송의 시험방송 송출을 중단시키기 위하여 경기동부방송의 방송안테나를 절단하도록 지시하였다고 할지라도 피고인의 위와 같은 행위를 긴급피난 내지는 정당행위에 해당한다고 볼 수 없다고 판단하였는바, 앞서 본 법리와 기록에 의하여 살펴보면, 원심의 설시에 다소 부족한 점이 있다고 하더라도 그 결론은 옳은 것으로 수긍이 가고, 거기에 정당행위나 긴급피난에 관한 법리오해 등의 위법이 있다고 할 수 없다(대법원 2006.4.13. 선고 2005도9396 판결).

[사실관계]

주식회사 한국케이블TV 경기동부방송은 A아파트 측으로부터 종전 공청선로를 통한 유선방송서비스 송출 중단을 요구받고 있던 상황에서 종전 공청선로를 통하여 기존 21개 채널 이외에 30개 채널을 추가하여 시험방송을 송출함으로써 결과적으로 한국디지털위성방송 주식회사 남부지점 유니버스의 위성방송 수신에 장애를 초래하였다. 그러나 A아파트 전체 815세대 중 140여 세대와 유선방송이용계약을 체결하고 있었던 경기동부방송 측으로는 각 세대별로 유선방송이용계약을 체결하여 세대별 수신선로 설치공사를 완료하지 않고서는 새로 설비한 케이블TV 수신선로를 통한 유선방송 송출이 어려운 상황에서 2003.12.8.자 합의에 기하여 이미 케이블TV 수신선로를 통한 유선방송 시청을 희망한 가입세대에 대하여 추가된 30여개 채널을 소개하고, 아울러 케이블TV 수신선로를 통한 유선방송서비스를 공급받고자 하는 가입 희망세대를 유치하여 유선방송이용계약을 체결할 목적으로 불가피하게 종전 공청선로를 이용하여 시험방송을 송출한 것이었다. 이에 아파트 입주자대표회의 회장인 甲은 경기동부방송의 시험방송 송출로 인하여 유니버스의 위성방송의 수신이 불가능하게 되었다는 다수 입주민들의 민원을 접수한 후 경기동부방송에 시험방송 송출을 중단해달라는 요청도 해보지 아니한 채 유니버스 위성방송 수신을 방해하는 케이블TV방송의 시험방송 송출을 중단시키기 위하여 시험방송이 송출된 지 약 1시간 30여 분 만에 곧바로 경기동부방송의 방송안테나를 절단하도록 지시하여 경기동부방송의 시험방송 송출을 방해하였다. 검사는 甲을 업무방해죄로 기소하였다.

3) 시민단체의 특정 후보자에 대한 낙선운동이 시민불복종운동으로서 헌법상 정당행위이거나 형법상 정당행위 또는 긴급피난으로서 정당화될 수 있는지 여부

선거운동이라 함은 특정 후보자의 당선 내지 득표나 낙선을 위하여 필요하고도 유리한 모든 행위로서 당선 또는 낙선을 도모한다는 목적의사가 객관적으로 인정될 수 있는 능동적 · 계획적인 행위를 말하는 것으로서, 피고인들과 같은 후보자 편 이외의 제3자가 당선의 목적 없이 오로지 특정 후보자의 낙선만을 목적으로 하여 벌이는 낙선운동은 특정인의 당선을 목적으로 함이 없이 부적격 후보자의 낙선만을 목적으로 하고 있다는 점에서 특정인의 당선을 목적으로 경쟁 후보가 당선되지 못하게 하는 선거운동과 의미상으로는 일응 구별되기는 하지만, 그 주관적인 목적과는 관계없이 실제의 행동방식과 효과에 있어서는 다른 후보자의 당선을 위하여 하는 선거운동

과 다를 것이 없다(헌법재판소 2001.8.30. 선고 2000헌마121 · 202 전원재판부 결정 참조). 그런데 위와 같은 선거운동은 국민의 참정의욕을 고취하고 선거에의 관심을 높임은 물론 선거인에게 후보자의 선택에 관한 판단의 자료를 얻을 수 있는 유력한 기회가 되는 것이므로, 선거운동의 자유 혹은 선거에 있어서의 의사표현의 자유는 최대한으로 보장되는 것이 바람직하지만, 만약 선거운동이 자유라는 이름하에 무제한으로 방임될 경우에는 부당한 경쟁과 금력, 권력, 폭력 등의 개입으로 오히려 선거인의 자유의사가 왜곡되고 후보자 상호간의 실질적인 기회의 균등이 무너지는 등의 폐해가 초래될 우려가 매우 크므로 그에 대한 어느 정도의 제한은 필연적이라고 할 수 있다. 이에 우리 헌법은 "국민의 자유와 권리는 그 본질적인 내용을 침해하지 않는 범위 내에서 법률로써 제한할 수 있다."고 규정(제37조 제2항)함으로써 선거운동의 자유도 '선거의 공정성의 보장'이라는 공익을 위하여 필요한 경우에는 법률로써 제한할 수 있음을 명백히 하였고, 공직선거및선거부정방지법(2002.3.7. 법률 제6663호로 개정되기 전의 것, 이하 '공직선거법'이라 한다)은 "선거의 자유와 공정성을 확보하기 위하여 이 법 또는 다른 법률의 규정에 의하여 금지 또는 제한되는 경우를 제외하고는 누구든지 자유롭게 선거운동을 할 수 있다."고 규정(제58조 제2항)하는 한편, 선거운동의 주체, 기간, 방법 등에 대하여 일정한 제한을 가하고 있는데, 피고인들의 이 사건 공직선거법 위반의 각 행위에 적용되는 공직선거법의 각 조항들에 의한 선거운동의 제한은 의사표현의 내용 그 자체에 대한 전면적인 제한이 아니라 선거운동 과정에서 예상되는 다양한 선거운동의 방법 중에서 특히 중대한 폐해를 초래함으로써 선거의 자유와 공정을 해칠 우려가 크다고 인정되는 의사표현의 특수한 수단방법에 국한하고 있고, 또 필요 · 최소한의 정도를 넘지 않고 있으므로, 이러한 제한으로 인하여 기본권의 본질적 내용이 침해되는 것은 아니라고 할 것이다. 그렇다면 피고인들이 확성장치 사용, 연설회 개최, 불법행렬, 서명날인운동, 선거운동기간 전 집회 개최 등의 방법으로 특정 후보자에 대한 낙선운동을 함으로써 공직선거법에 의한 선거운동제한 규정을 위반한 피고인들의 이 사건 공직선거법 위반의 각 행위는 위법한 행위로서 허용될 수 없는 것이고, 피고인들의 위 각 행위가 피고인들이 주장하듯이 시민불복종운동으로서 헌법상의 기본권 행사 범위 내에 속하는 정당행위이거나 형법상 사회상규에 위반되지 아니하는 정당행위 또는 긴급피난의 요건을 갖춘 행위로 볼 수는 없다 할 것이다(대법원 2004.4.27. 선고 2002도315 판결).

[사실관계]

환경운동연합 대표인 甲 등은 국회의원 선거과정에서 확성장치 사용, 연설회 개최, 불법행렬, 서명날인운동, 선거운동기간 전 집회 개최 등의 방법으로 특정 후보자에 대한 낙선운동을 함으로써 공직선거법에 의한 선거운동제한 규정을 위반하였다는 사실로 기소되었다. 이에 甲 등은 자신들의 각 행위가 시민불복종운동으로서 헌법상의 기본권 행사 범위 내에 속하는 정당행위이거나 형법상 사회상규에 위반되지 아니하는 정당행위 또는 긴급피난의 요건을 갖춘 행위라고 주장하였다.

4) 집회 및 시위에 관한 법률 소정의 신고 없이 이루어진 옥외집회 또는 시위를 사전에 관할 경찰서가 안 경우 사회상규에 반하지 아니하는 정당행위라고 볼 수 있는지 여부(소극) 및 신고된 갑대학교에서의 집회가 집회장소 사용 승낙을 하지 아니한 갑대학교 측의 요청으로 경찰관들에 의하여 저지되자, 신고 없이 을대학교로 옮겨 집회를 한 것이 긴급피난에 해당하는지 여부

적법하게 신고된 판시 한양대학교 집회에 관하여 관할경찰서장이 보낸 "공무원의 집단행동이 국가공무원법위반의 처벌행위"라는 취지의 경고장이 집회 및 시위에 관한 법률 제8조가 정하는 금지처분으로 보기 어렵다 하더라도 원심이 든 증거에 의하면 경찰관들이 한양대학교 출입문에서 집회참가자의 출입을 저지한 것은 집회장소사용 승낙을 하지 않은 한양대학교 측의 집회저지협조요청에 따른 것임을 알 수 있어서 이는 경찰관직무집행법 제6조의 주거침입행위에 대한 사전 제지조치로 보지 못할 바 아니고 비록 그 때문에 소정의 신고 없이 연세대학교로 장소를 옮겨서 집회를 하였다 하여 그 신고 없이 한 집회를 급박한 현재의 위난을 피하기 위한 부득이한 것이었다고 볼 수는 없는 것이므로 같은 취지에서 원심이 위 집회가 긴급피난에 해당하지 아니하다고 판단한 것도

정당하여 거기에 지적하는 바와 같은 법리의 오해나 채증법칙위배, 심리미진의 위법이 없다(대법원 1990.8.14. 선고 90도870 판결).

[사실관계]

甲 등은 경찰에 사전 신고된 A대학교에서의 집회가 집회장소 사용 승낙을 하지 아니한 한양대학교 측의 집회 저지 협조요청에 따라 한양대학교 출입문에서 경찰관들에 의하여 저지당하자, 사전 신고 없이 연세대학교로 옮겨 집회를 하였다. 검사는 甲 등을 집회 및 시위에 관한 법률위반죄로 기소하였고, 甲 등은 자신들의 행위가 긴급피난에 해당한다고 주장하였다.

5) 모체의 건강을 해칠 우려가 현저하고 기형아 내지 불구아를 출산할 가능성마저 있어 부득이 취한 낙태수술행위와 위법성의 유무

원심은, 이 사건 피해자 정정순이가 사망하게된 것이 피고인이 그 사람에 대하여 한 낙태시술과 그 뒤의 치료과정에서 산부인과 전문의인 의사로서 통상적으로 요구되는 업무상의 주의의무를 다하지 못한 과실에 원인된 것이라고 단정할만한 증거가 없고 그 적시 증거들에 의하면 피고인이 위 정정순에게 낙태시술을 하게된 이유는 임신의 지속이 모체의 건강을 해칠 우려가 현저할 뿐더러 기형아 내지는 불구아를 출산할 가능성마저도 없지 않다고 판단한 아래 부득이 취하게 된 조처로 인정된다 하여 이는 정당행위 내지 긴급피난에 해당되어 그 위법성이 없는 경우에 해당된다고 결론지어 주의적 공소사실인 업무상 낙태치사와 예비적 공소사실인 업무상 촉탁낙태 및 업무상과실치사 모두에 대하여 무죄를 선고한 제1심 판결을 유지하고 있다. 기록에 의하여 대조 검토하면, 이 사건에서 위 정정순의 사망이 피고인의 과실에 기인되었다고 볼 수 없다고 하고, 또 그 낙태시술이 정당행위 내지는 긴급피난에 해당한다고 인정된다는 근거로 제1심 판결이 상세히 설시하고 있는 이유가 긍인되는 바이므로 이러한 이유에 입각한 원심판단은 그 정당함이 인정되어 소론과 같은 채증법칙의 위반이나 논지가 공격하는 바와 같은 낙태죄의 법리나 긴급피난의 법리를 오해한 위법이 있다고 할 수 없다(대법원 1976.7.13. 선고 75도1205 판결).

[사실관계]

산부인과 의사인 甲은 임신부인 A가 임신을 지속할 경우에 모체의 건강을 해칠 우려가 현저할 뿐더러 기형아 내지는 불구아를 출산할 가능성마저도 없지 않다고 판단하여 낙태시술을 하였고, 그 과정에서 A가 사망하였다. 검사는 甲을 업무상 낙태치사죄를 주의적 공소사실로, 그리고 업무상 촉탁낙태 및 업무상과실치사죄를 예비적 공소사실로 기소하였고, 甲은 자신의 행위가 정당행위 내지는 긴급피난에 해당한다고 주장하였다.

제5항 효과

긴급피난행위에 대하여 다시 긴급피난행위를 할 수 있느냐에 대해서는 앞서 기술한 바와 같이 그 법적 성질을 어떻게 보느냐에 따라 견해가 대립되고 있다. 부정설은 이 경우에는 피공격자에게 수인의무(受忍義務)가 존재하기 때문에 적법한 긴급피난행위에 대해서는 재차 긴급피난행위를 할 수 없다고 보고 있다.

제6항 특칙(제22조 제2항)

제22조 제2항에 의하여 위난을 피하지 못할 책임 있는 자에 대해서는 긴급피난이 적용되지 아니한다.

제7항 과잉긴급피난(제22조 제3항), 오상과잉긴급피난

과잉정당방위 및 오상과잉정당방위와 동일하게 해석된다.

제8항 착오의 문제

Ⅰ. 객관적으로 존재하는 긴급위난상황을 착오로 인식하지 못한 경우

객관적으로 존재하는 긴급위난상황을 착오로 인식하지 못한 경우는 주관적 정당화표지의 착오 사례에 해당한다.

Ⅱ. 오상긴급피난의 경우

긴급피난상황(긴급피난의 객관적 전제사실)을 착오한 경우, 즉 객관적으로 긴급행위의 상황이 결여되어 있음에도 불구하고 행위자는 주관적으로 이러한 긴급위난상황이 객관적으로 구비되어 있다고 오인하고 긴급피난의사를 가지고 긴급피난행위로 나온 경우이다.

제9항 의무의 충돌(Pflichtenkollision)

Ⅰ. 의의

자녀를 보호해야할 작위의무(보증인적 의무)있는 아버지가 익사 직전에 있는 두 명의 자녀 중 한명만 구할 수 밖에 없는 상황에서 한명의 자녀만 구조함으로써 다른 자녀가 익사하여 부작위에 의한 살인죄의 구성요건을 실현한 경우와 같이 둘 이상의 법적 작위의무가 서로 충돌하여 행위자가 하나의 의무만을 이행할 수 밖에 없는 긴급상황에서 하나의 의무를 이행함으로써 다른 의무를 이행할 수 없게 되어 구성요건을 실현시킨 경우를 총칭하여 의무의 충돌이라 한다.[17] 특히 독일형법 제34조 정당화적 긴급피난 및 제35조 면책적 긴급피난규정과 관련하여 이러한 의무의 충돌의 개념에 작위의무와 부작위의무의 충돌의 경우 또는 법적인 작위의무의 충돌이 아닌 이익충돌의 경우도 포함하느냐에 대해서는 견해의 대립이 있다.

의무의 충돌이란 원래 부작위범의 특수한 경우로서 여기에서는 작위의무의 침해가 문제되기 때문에 둘 이상의 작위의무 사이의 충돌만을 의미한다고 보는 견해에 의하면 작위의무와 부작위의무가 충돌하는 상황에서 부작위의무를 침해하는 자는 언제나 타인의 법익을 침해하는 경우도 되기 때문에 작위의무와 부작위의무의 충돌은 결국 이익충돌의 경우로 해소되어 정당화적 긴급피난의 일례가 된다고 한다. 즉 이 견해에 의하면 예를 들어 인공심폐기를 한 대만 보유하고 있는 병원에서 교통사고로 인하여 병원으로 호송된 중환자를 응급치료하기 위하여 식물인간에게 부착된 인공심폐기를 제거한 의사는 작위의무와 타인의 법익을 침해하지 말아야 할 부작위의무의 충돌에 직면하지만, 정당화적 긴급피난의 규율에 따라 동가치적인 법익충돌의 경우에 부작위의무가 항상 우선한다는 원칙에 따라 해결할 수 있다는 것이다.

Ⅱ. 법적 성질

1. 정당화적 의무의 충돌

법적 작위의무 사이의 충돌이 문제되는 경우로, 이를 정당화적 긴급피난규정에 의하여 해결하려는 견해와 사회상규에 위배되지 아니하는 행위로 해결하려는 견해[18] 및 초법규적 위법성조각사유(긴

---

17) 의무의 충돌 사례는 둘 이상의 법적 작위의무가 서로 충돌한다는 점에서 Joseph Fletcher의 상황윤리(Situation Ethics)와는 구별되는 사례이다.

18) 긴급피난은 법익교량의 관점에서 법익의 충돌을 전제로 하는 개념이기 때문에 법적 작위의무의 충돌은 긴급피난의 규정으로 해결해서는 안된다는 견해이다.

급피난)로 파악하려는 견해 등이 대립되고 있다.

2. 면책적 의무의 충돌

법적 의무와 비법적 의무가 충돌되는 경우로, 초법규적 면책사유의 일례에 해당하는 유형이다.

Ⅲ. 종류

1. 논리적 충돌과 실질적 충돌

논리적 충돌이란 의무를 발생시키는 법규사이의 모순 · 저촉으로 법규로부터 도출되는 법의무가 논리적으로 충돌되는 경우이며, 실질적 충돌이란 행위자의 일신적 사정과 관련하여 구체적인 경우에 법적 의무가 충돌되는 사례를 말한다.

2. 해결할 수 있는 충돌(부진정한 의무의 충돌)과 해결할 수 없는 충돌(진정한 의무의 충돌)

1) 해결할 수 있는 의무의 충돌(교량가능한 충돌)

행위자가 적법행위나 위법행위를 선택할 수 있느냐의 여부, 즉 의무교량의 가능 여부에 의하여 해결하여야 한다. 따라서 이가치적(異價値的) 의무가 충돌하는 경우에는 법익가치의 대소, 위험의 정도, 위험의 절박성, 법익구제의 가능성 등을 고려하여야 하며, 보증인적 의무와 충돌되는 경우에는 의무이행의 가능성 여부를 고려하되 보증인적 의무가 협력의무보다 우선한다.

2) 해결할 수 없는 동가치적 의무의 충돌(교량불가능한 충돌 또는 동가치적 의무의 충돌)

(1) 정당화적 의무의 충돌로 보는 견해

① 긴급피난규정에 의해 해결하려는 견해

② 사회상규에 위배되지 아니하는 행위로 해결

어느 의무가 우선적이라는 법적 판단은 불가능하며, 어떤 이유로든 한 가지 의무는 이행되어야 한다는 점에서 다른 한 가지 의무의 불이행은 법질서에 저촉되는 행위가 아니라는 견해이다.

③ 초법규적 위법성조각사유로 보는 견해

(2) 면책적 의무의 충돌로 보는 견해

(3) 「법으로부터 자유로운 영역」의 문제로 보는 견해

Ⅳ. 요건

첫째, 동시에 이행되어야 할 둘 이상의 법적 의무의 실질적인 충돌상황이 존재하여야 한다. 따라서 법질서가 명시적 또는 묵시적으로 부과하는 의무의 충돌이라는 점에서 단순한 종교적 또는 도의적 의무와의 충돌인 초법규적 면책사유로서의 면책적인 의무의 충돌상황과는 구별된다.

둘째, 동가치 또는 고가치의 의무 중 어느 하나를 이행하여야 한다.

셋째, 충돌상황이 행위자의 귀책사유에 기인하지 아니하여야 한다. 그러나 여기에 대해서는 이익의 형량만 인정되면 족하고 충돌의 원인은 문제되지 않으며 원인행위의 책임만 추궁하면 족하다는 견해 또는 경미한 과실의 경우에는 위법성이 조각된다는 견해 등도 있다.

넷째, 상당한 이유가 있어야 한다. 즉 충돌하는 의무는 보충성과 균형성의 원리를 전제로 한 실질적 충돌이어야 한다.

다섯째, 주관적으로 충돌상황의 인식과 의무교량의 관점에서 어느 하나의 의무를 이행할 목적으로 행위해야 한다.

사례연습

1. 소방관인 甲은 15층 고층아파트에서 일어난 화재를 진압하던 중 동 아파트의 14층 1401호에서 화재연기로 질식사하기 이전의 아이를 발견하고 아이를 구하기 위하여 1층까지 아이를 데리고 내려 올려고 하였으나 1층으로 통하는 계단이 화재로 차단되었을 뿐만 아니라 아이가 곧 질식사할 것으로 판단하여 아이를 구하겠다는 일념으로 아이를 구명보에 싸서 혹시 다치거나 죽을지도 모른다는 것을 알면서도 구명장치가 설치된 곳으로 아이를 던졌다. 다행히 아이는 죽지 않았으나 구명장치에 떨어지면서 목뼈가 부러지는 중상을 입었다.
   甲의 행위에 대하여 판단해 보시오.

2. 1972.10.13. 우루과이 명문사립고 졸업생들로 구성된 럭비팀의 선수들과 그들의 가족 · 친구 등 45명의 승객을 태우고 원정시합차 우루과이에서 칠레로 비행하던 전세기가 해발 3천 5백미터의 안데스산맥에 추락하였다. 탑승객 45명 중 몇 명은 사고 당시 즉사했고, 하룻밤이 지나면서 생존자는 29명으로 줄어들었다. 눈에 덮인 안데스산맥은 대단히 추웠고 먹을 것이라고는 전혀 없었다. 생존자들은 처음에는 눈을 녹여서 물로 연명하다가 사고난지 10일후 그들은 눈으로 파묻어 두었던 시체를 꺼내어 먹기로 하였다. 그들은 유리파편으로 사체의 고기부위를 자르고 다시 그것을 얇게 썰어 비행기 동체에 널었고, 고기가 태양열로 데워지면 먹었다. 일행 중 사람고기를 먹지 않은 사람은 결국 죽고 말았고, 人肉을 먹기 시작한 지 1주일 뒤 눈사태가 발생해 8명이 사망했다. 그들 중 난도 파라도(현재 TV PD겸 금속회사 사장)와 로베르토 카네사(현재 소아심장질환전문의)가 구조를 요청하기 위해 길을 떠났고, 마침내 10여 일간 안데스산맥을 헤매다가 마을을 찾아 구조를 요청했고 헬기에 의해 1972.12.22. 16명이 구조되었다.
   이들 생존자들이 사체를 먹은 행위는 어떻게 평가되어야 할 것인가? 이 사례에서 생존자들이 사체의 고기를 먹은 것이 아니라 만일 도저히 생존과 구조가능성이 없는 상황에서 가장 병약하고 노쇠한 사람, 또는 死境을 헤매는 사람을 살해하여 그 고기를 먹기로 결의하여 그와 같이 人肉을 먹고 연명하였다면 이들 생존자들의 행위는 어떻게 평가될 것인가?

3. 甲 · 乙 · 丙은 설악산으로 암벽등반을 갔다. 세 사람은 한 개의 로프에 甲이 맨 앞에, 그 다음 乙이, 마지막에 丙의 몸을 서로 연결하고 암벽을 타고 오르던 중에 甲이 발을 헛디뎌 로프에 몸이 묶인 채 공중에 매달려 버렸고, 그 진동으로 낡은 로프줄이 끊어지기 시작했다. 甲의 뒤를 따라 올라가던 암벽등반에 경험이 많은 乙은 만일 세 사람이 이대로 로프에 매달려 있다가는 모두 죽는다고 판단하고는 로프가 지탱하는 무게를 가볍게 하기 위해 甲의 몸에 있던 로프고리(자일)를 풀어버렸다. 甲은 20미터 아래 바위에 떨어져 즉사했고, 乙과 丙은 간신히 살아났다. 수사과정에서 감정결과 당시의 로프로는 세 사람의 몸무게를 지탱하는 것이 어렵다고 판명되었다. 乙의 죄책은?

제4절 자구행위(Selbshilfe)

제1항 자구행위의 의의

Ⅰ. 개념

형법 제23조 (자구행위) ① 법정절차에 의하여 청구권을 보전하기 불능한 경우에 그 청구권의 실행불능 또는 현저한 실행곤란을 피하기 위한 행위는 상당한 이유가 있는 때에는 벌하지 아니한다.
② 전항의 행위가 그 정도를 초과한 때에는 정황에 의하여 형을 감경 또는 면제할 수 있다.
민법 제209조 (자력구제) ① 점유자는 그 점유를 부정히 침탈 또는 방해하는 행위에 대하여 자력으로써 이를 방위할 수 있다. (점유자의 자력방위권)
② 점유물이 침탈되었을 경우에 부동산일 때에는 점유자는 침탈후 직시 가해자를 배제하여 이를 탈환할 수 있고 동산일 때에는 점유자는 현장에서 또는 추적하여 가해자로부터 이를 탈환할 수 있다. (점유자의 자력탈환권)

독일민법 제229조 자력구제의 목적으로 물건을 탈환, 파괴 또는 손상하거나 도주할 우려있는 의무자를 체포하거나 마땅히 수인해야 할 행위에 대한 의무자의 저항을 배제한 자는 적시에 관헌의 구조를 받을 수 없고 즉시 조치하지 않으면 청구권의 실현이 불가능하거나 현저히 곤란하게 될 때에는 위법하지 않다.
제230조 ① 자력구제는 위험의 방지에 필요한 한도를 넘어서는 안된다.

법정절차에 의하여 청구권을 보전하기 불능한 경우에 그 청구권의 실행불능 또는 현저한 실행곤란을 피하기 위한 상당한 이유있는 행위로(제23조), 권리의 사적 구제수단으로 허용되는 정당화사유이다. 불법한 침해에 대한 청구권보전의 수단이라는 점에서 정당방위와 마찬가지로 不正 대 正의 관계에서 인정되는 위법성조각사유이다.

Ⅱ. 정당방위 · 긴급피난과의 비교

1. 공통점

긴급행위의 일종(긴급상황의 전제), 주관적 정당화표지, 상당성, 책임감면사유로서 과잉행위

2. 상이점

① 「부정 대 정」의 관계

② 사후적 긴급행위 - 과거의 침해에 대한 구제

③ 이중의 긴급성 - 국가공권력조력의 긴급성과, 청구권의 실행불능 현저한 실행곤란의 긴급성

④ 타인의 법익보호를 위한 행사 여부

⑤ 엄격한 보충성의 원칙 - 관헌(官憲)의 조력을 받을 수 없는 경우

⑥ 상당성의 완화(사후적 긴급행위로서의 성질)

⑦ 제21조 제3항의 적용 여부 - 자구행위자의 주관적 상태의 고려

제2항 본질(정당화적 근거)

Ⅰ. 일종의 권리행사로 보는 견해

자구행위는 자기이익수호를 위한 정당한 권리행사로, 위법성이 조각되는 본질은 사후적인 이익의 조절이며 적극적인 권리부여에 있는 것이 아니라는 견해이다.

Ⅱ. 일종의 긴급행위로 보는 견해

Ⅲ. 일종의 국가권력대행행위로 보는 견해[1)]

긴급상황에서의 국가권력의 일종의 대행, 즉 관헌을 위한 행위로서 보는 견해이다.

1) 다수견해.

제3항 성립요건

Ⅰ. 자구행위상황으로서 법정절차에 의한 청구권의 보전이 불가능하여야 한다.

1. 청구권이 존재할 것

1) 청구권의 범위

청구권의 범위와 관련하여 재산상의 청구권에 한정된다는 견해와, 회복 가능한 침해로 인한 경우이면 재산상의 청구권(채권적 물권적)만이 아니라 신분권 및 상속권 등에 기하여 생기는 청구권[혼인외 출생자의 인지청구권(민법 제863조), 부부 상호간의 동거청구권(제826조 제2항 후단) 등]도 포함된다는 견해가 대립되고 있다.

2) 청구권의 주체

자기의 청구권에 한정되나, 다만 청구권자로 부터 자구행위의 실행을 위임받은 경우에는 위임자를 위한 자구행위는 인정될 수 있다.

관련판례

피고인이 甲에게 채무 없이 단순히 잠시 빌려준 피고인 발행 약속어음을 甲이 乙에게 배서양도하여 乙이 소지 중 피고인이 이를 찢어버린 것은 문서손괴죄에 해당하고 이를 자구행위 또는 긴급피난이라고 볼 수 없다(대법원 1975.5.27. 선고 74도3559 판결).

2. 청구권에 대하여 부당(불법)한 침해(상황)가 있을 것

부당한 침해를 전제로 한다는 점에서 「부정 대 정」의 관계이다. 청구권에 부당한 침해와 관련하여 특히 문제가 되는 것이 절도피해자의 도품탈환행위의 성질을 어떻게 보느냐이다.

1) 범인을 현장에서 추적하여 탈환하는 경우

자구행위로 보는(자구행위만 가능) 견해, 정당방위로 보는 견해[2], 불법구성요건해당성배제로 보는 견해 등이 있다.

2) 상당기간 경과 후 탈환하는 경우

2) 앞에서 설명한 「정당방위의 침해의 현재성」 참조.

① 피해자가 도품의 소유자인 경우에는 민법 제251조의 특례조항적용[3]

② 피해자가 도품의 점유자였던 경우

3. 법정절차에 의해 청구권을 보전할 수 없는 긴급한 사정이 있을 것

자구행위의 보충성에서 요구되는 조건으로, 여기서의 법정절차는 가압류 · 가처분 기타 재판상의 절차에 국한되지 않으며 구체적인 사정에 따라서는 국가기관 또는 경찰관리에 의한 구제도 포함된다.

Ⅱ. 청구권의 실행불능 또는 현저한 실행곤란을 피하기 위한 행위이어야 한다.

1. 청구권의 실행불능 또는 현저한 실행곤란

이중의 긴급성, 즉 법정절차에 의하여 청구권을 보전할 수 없는 긴급한 사정만이 아니라 청구권내용의 실행불능에 관한 긴급사정이 존재해야 한다. 따라서 공적 구제가 불가능한 긴급사정이 있더라도 권리자가 충분한 물적 또는 인적 담보를 가지고 있는 경우에는 허용되지 아니한다.

2. 피하기 위한 행위일 것

청구권의 보전수단에 불과하며, 적극적인 이행수단이나 입증의 곤란을 피하기 위한 행위는 자구행위로 인정되지 않는다.

3. 자구의사의 존재

주관적 정당화표지로서의 자구행위상황의 인식과 권리보전을 위한다는 의식이 있어야 한다.

Ⅲ. 자구행위로서의 상당한 이유가 있어야 한다.

1. 객관적으로 사회상규, 사회윤리에 위배되지 않는 경우에 한정

필요한 범위 내에서 최소한의 청구권보전방법을 사용해야 한다는 점에서 어느 정도의 법익균형성을 요하며, 권리침해행위와 침해자의 성질, 구제수단의 성질과 순서, 구제행위자의 성질, 법익의 대

---

3) 민법 제250조 (도품, 유실물에 대한 특례) 전조의 경우에 그 동산이 도품이나 유실물인 때에는 피해자 또는 유실자는 도난 또는 유실한 날로부터 2년 내에 그 물건의 반환을 청구할 수 있다. 그러나 도품이나 유실물이 금전인 때에는 그러하지 아니하다.
제251조 (도품, 유실물에 대한 특례) 양수인이 도품 또는 유실물을 경매나 공개시장에서 또는 동종류의 물건을 판매하는 상인에게서 선의로 매수한 때에는 피해자 또는 유실자는 양수인이 지급한 대가를 변상하고 그 물건의 반환을 청구할 수 있다.

소, 긴급성의 정도, 기타 제반 사정을 고려하여 구체적 · 종합적으로 판단하여야 한다.

2. 권리행사와 자구행위

① 권리의 범위를 초과한 자구행위 : 과잉자구행위의 문제

② 권리의 범위내이지만 그 수단이 상당성을 초과한 경우에는 그 수단이 다른 죄에 해당하는 경우에는 그 죄로 처벌

관련판례

1) 논지는 피고인 겸 피감호청구인(이하 피고인이라 한다)은 피해자인 허만혁에게 석고상을 납품한 대금을 여러 차례의 지급요청에도 받지 못하고 있었던 중 급기야 피해자는 화방을 폐쇄하고 도주하였으므로 위 청구권의 담보로 보관할 목적으로 이 사건 행위에 이르른 것이므로 피고인의 행위는 자구행위에 해당하거나 그렇지 않다 하더라도 절도의 고의가 없다는 것인 바 형법상 자구행위라 함은 법정절차에 의하여 청구권을 보전하기 불능한 경우에 그 청구권의 실행불능 또는 현저한 실행곤란을 피하기 위한 상당한 행위를 말하는 것인 바, 원심이 인정한 범죄사실과 기록에 의하면, 피고인은 피해자에게 금 16만원 상당의 석고를 납품하였으나 그 대금의 지급을 지체하여 오다가 판시 화랑을 폐쇄하고 도주한 사실이 엿보이고 피고인은 판시와 같은 야간에 폐쇄된 화랑의 베니아판 문을 미리 준비한 드라이버로 뜯어내고 판시와 같은 물건을 몰래 가지고 나왔다는 것인바 위와 같은 피고인의 강제적 채권추심 내지 이를 목적으로 하는 물품의 취거행위는 형법 제23조 소정의 자구행위의 요건에 해당하는 경우라고 볼 수 없으며, 피고인의 이 사건 범행의 수단 방법에 미루어보아 절도의 범의를 부정할 수 없다 할 것이므로 절도의 범의가 없다거나 자구행위의 법리를 오해한 위법이 있다는 논지는 이유없다(대법원 1984.12.26. 선고 84도2582,84감도397 판결).
[사실관계]
甲은 乙에게 금 16만원 상당의 석고상을 납품한 후 乙에게 여러 차례 지급 요청을 하였음에도 乙이 그 대금의 지급을 지체하면서 경영하는 화랑을 폐쇄하고 도주하였고, 이후 甲은 야간에 폐쇄된 화랑의 베니아판 문을 미리 준비한 드라이버로 뜯어내고 들어가 채권담보로 보관할 목적으로 乙 소유의 물건을 몰래 가지고 나왔다.

2) 소유권의 귀속에 관한 분쟁이 있어 민사소송이 계속 중인 건조물에 관하여 현실적으로 관리인이 있음에도 위 건조물의 자물쇠를 쇠톱으로 절단하고 침입한 소위는 법정절차에 의하여 그 권리를 보전하기가 곤란하고 그 권리의 실행불능이나 현저한 실행곤란을 피하기 위해 상당한 이유가 있는 행위라고 할 수 없다(대법원 1985.7.9. 선고 85도707 판결).

3) 형법상 절취란 타인이 점유하고 있는 자기 이외의 자의 소유물을 점유자의 의사에 반하여 그 점유를 배제하고 자기 또는 제3자의 점유로 옮기는 것을 말하고, 절도죄의 성립에 필요한 불법영득의 의사라 함은 권리자를 배제하고 타인의 물건을 자기의 소유물과 같이 그 경제적 용법에 따라 이용 · 처분할 의사를 말하는 것으로, 단순한 점유의 침해만으로는 절도죄를 구성할 수 없으나 영구적으로 그 물건의 경제적 이익을 보유할 의사가 필요한 것은 아니고, 소유권 또는 이에 준하는 본권을 침해하는 의사 즉 목적물의 물질을 영득할 의사이든 그 물질의 가치만을 영득할 의사이든을 불문하고 그 재물에 대한 영득의 의사가 있으면 족하다. 또한, 비록 채권을 확보할 목적이라고 할지라도 취거 당시에 점유 이전에 관한 점유자의 명시적 · 묵시적인 동의가 있었던 것으로 인정되지 않는 한 점유자의 의사에 반하여 점유를 배제하는 행위를 함으로써 절도죄는 성립하는 것이고, 그러한 경우에 특별한 사정이 없는 한 불법영득의 의사가 없었다고 할 수는 없다. 원심은 그 판시와 같은 사정에 비추어 피고인들이 자신들의 피해자에 대한 물품대금 채권을 다른 채권자들보다 우선적으로 확보할 목적으로 피해자가 부도를 낸 다음날 새벽에 피해자의 승낙을 받지 아니한 채 피해자의 가구점의 시정장치를 쇠톱으로 절단하고 그곳에 침

입하여 시가 16,000,000원 상당의 피해자의 가구들을 화물차에 싣고 가 다른 장소에 옮겨 놓은 행위에 대하여 피고인들에게는 불법영득의사가 있었다고 볼 수밖에 없어 특수절도죄가 성립한다고 판단하였는바, 앞서 본 법리에 비추어 기록을 살펴보면, 원심의 위와 같은 판단은 정당한 것으로 수긍이 가고, 거기에 상고이유로 주장하는 바와 같이 절도죄에 있어서의 불법영득의사에 관한 법리를 오해하는 등의 위법이 있다고 할 수 없다. 형법상 자구행위라 함은 법정절차에 의하여 청구권을 보전하기 불능한 경우에 그 청구권의 실행불능 또는 현저한 실행곤란을 피하기 위한 상당한 행위를 말하는 것인바(대법원 1984.12.26. 선고 84도2582,84감도397 판결 참조), 이 사건에서 피고인들에 대한 채무자인 피해자가 부도를 낸 후 도피하였고 다른 채권자들이 채권확보를 위하여 피해자의 물건들을 취거해 갈 수도 있다는 사정만으로는 피고인들이 법정절차에 의하여 자신들의 피해자에 대한 청구권을 보전하는 것이 불가능한 경우에 해당한다고 볼 수 없을 뿐만 아니라, 또한 피해자 소유의 가구점에 관리종업원이 있음에도 불구하고 위 가구점의 시정장치를 쇠톱으로 절단하고 들어가 가구들을 무단으로 취거한 행위가 피고인들의 피해자에 대한 청구권의 실행불능이나 현저한 실행곤란을 피하기 위한 상당한 이유가 있는 행위라고도 할 수 없다(대법원 2006.3.24. 선고 2005도8081 판결).

4) 형법 제185조의 일반교통방해죄는 일반 공중의 교통의 안전을 그 보호법익으로 하는 범죄로서 육로 등을 손괴 또는 불통케 하거나 기타의 방법으로 교통을 방해하여 통행을 불가능하게 하거나 현저히 곤란하게 하는 일체의 행위를 처벌하는 것을 그 목적으로 하고 있으며, 여기서 '육로'라 함은 사실상 일반 공중의 왕래에 공용되는 육상의 통로를 널리 일컫는 것으로서 그 부지의 소유관계나 통행권리관계 또는 통행인의 많고 적음 등을 가리지 않는다(대법원 2002.4.26. 선고 2001도6903 판결, 2006.3.9. 선고 2006도298 판결 등 참조). 원심은, 그 채택 증거들에 의하여 인정되는 사정들을 종합하여, 이 사건 도로는 주민들이 농기계 등으로 그 주변의 농경지나 임야에 통행하는 데 이용하여 사실상 일반 공중의 왕래에 공용되는 육상의 통로에 해당하고, 피고인은 육로인 이 사건 도로에 깊이 1m 정도의 구덩이를 파는 등의 방법으로 위 도로의 통행을 방해하였다고 판단하였는바, 앞서 본 법리와 기록에 의하여 살펴보면, 이러한 원심의 사실인정과 판단은 옳고, 거기에 채증법칙 위배로 인한 사실오인이나 일반교통방해죄에 관한 법리오해 등의 위법이 있다고 할 수 없다. 형법상 자구행위라 함은 법정절차에 의하여 청구권을 보전하기 불능한 경우에 그 청구권의 실행불능 또는 현저한 실행곤란을 피하기 위한 상당한 행위를 말하는 것인바(대법원 1984.12.26. 선고 84도2582, 84감도397 판결, 2006.3.24. 선고 2005도8081 판결 등 참조), 이 사건 도로는 피고인 소유 토지상에 무단으로 확장 개설되어 그대로 방치할 경우 불특정 다수인이 통행할 우려가 있다는 사정만으로는 피고인이 법정절차에 의하여 자신의 청구권을 보전하는 것이 불가능한 경우에 해당한다고 볼 수 없을 뿐 아니라, 이미 불특정 다수인이 통행하고 있는 육상의 통로에 구덩이를 판 행위가 피고인의 청구권의 실행불능이나 현저한 실행곤란을 피하기 위한 상당한 이유가 있는 행위라고도 할 수 없으므로, 이 점에 관한 상고이유의 주장도 받아들일 수 없다. 어떠한 행위가 위법성조각사유로서의 정당행위가 되는지의 여부는 구체적인 경우에 따라 합목적적, 합리적으로 가려야 하는바, 정당행위로 인정되려면 첫째 행위의 동기나 목적의 정당성, 둘째 행위의 수단이나 방법의 상당성, 셋째 보호법익과 침해법익의 균형성, 넷째 긴급성, 다섯째 그 행위 이외의 다른 수단이나 방법이 없다는 보충성의 요건을 모두 갖추어야 한다(대법원 2005.2.25. 선고 2004도8530 판결, 2001.9.28. 선고 2001도3923 판결 등 참조). 원심은, 피고인이 이 사건 도로에 구덩이를 파는 등으로 공중의 통행을 저지한 이상 이 사건 도로가 피고인의 소유라고 하더라도 그러한 피고인의 행위는 정당행위에 해당하지 않는다고 판단하였는바, 위와 같은 법리와 기록에 비추어 살펴보면, 이러한 원심의 판단은 옳은 것으로 수긍이 가고, 거기에 정당행위에 관한 법리오해의 위법이 있다고 할 수 없다(대법원 2007.3.15. 선고 2006도9418 판결).

[사실관계]

토지 소유권자인 甲은 자신의 소유 토지상에 도로가 무단으로 확장 개설되어 그대로 방치할 경우 불특정 다수인이 통행할 우려가 있다고 판단하여, 1m 정도의 구덩이를 도로에 파는 등의 방법으로 불특정 다수인이 도로를 통행하지 못하도록 하였다. 그런데 이 도로는 이미 주민들이 농기계 등으로 그 주변의 농경지나 임야에 통행하는 데 이용하여 사실상 일반 공중의 왕래에 공용되는 육상의 통로로 사용하고 있었다.

5) 원심이 그 채택 증거들을 종합하여 그 판시와 같은 사실을 인정한 다음, 피해자 운영의 공소외 주식회사가 이 사건 토지에 관한 사용·수익권을 가지고 있었음에도 불구하고, 피고인이 이 사건 토지 중 공소외 주식회사로 들어가는 진입로를 폐쇄함으로써 피해자의 공소외 주식회사 운영에 관한 업무를 방해하였다고 인정한 것은 정당하며, 거기에 채증법칙 위배 및 법리오해 등의 잘못이 있다고 할 수 없다. 이에 관한 상고이유의 주장은 이유 없다. 어떠한 행위가 사회상규에 위배되지 아니하는 정당한 행위로서 위법성이 조각되는 것인지는 구체적인 사정 아래서 합목적적, 합리적으로 고찰하여 개별적으로 판단하여야 할 것이고, 이와 같은 정당행위를 인정하려면, 첫째 그 행위의 동기나 목적의 정당성, 둘째 행위의 수단이나 방법의 상당성, 셋째 보호이익과 침해이익과의 법익균형성, 넷째 긴급성, 다섯째 그 행위 외에 다른 수단이나 방법이 없다는 보충성 등의 요건을 갖추어야 할 것인바(대법원 2006.4.27. 선고 2005도8074 판결 등 참조), 피고인이 이 사건 토지의 소유권자로서 공소외 주식회사에 대하여 사용대차계약을 해지하고 이 사건 토지의 인도 등을 구할 권리가 있다는 이유만으로 공소외 주식회사로 들어가는 진입로를 폐쇄한 것은, 그 권리를 확보하기 위하여 다른 적법한 절차를 취하는 것이 곤란하였던 것으로 보이지 않아 그 동기와 목적이 정당하다거나 수단이나 방법이 상당하다고 할 수 없고, 또한 그에 관한 피고인의 이익과 피해자가 침해받은 이익 사이에 균형이 있는 것으로도 보이지 않으므로 정당한 행위라고 할 수 없다. 형법상 자구행위라 함은 법정절차에 의하여 청구권을 보전하기 불능한 경우에 그 청구권의 실행불능 또는 현저한 실행곤란을 피하기 위한 상당한 행위를 말하는 것인바(대법원 2006.3.24. 선고 2005도8081 판결 등 참조), 이 사건에 있어서 피고인이 법정절차에 의하여 자신의 공소외 주식회사 및 피해자에 대한 토지인도 등 청구권을 보전하는 것이 불가능하였거나 현저하게 곤란하였다고 볼 수 없을 뿐만 아니라, 피고인의 행위가 그 청구권의 보전불능 등을 피하기 위한 상당한 행위라고 할 수도 없다(대법원 2007.5.11. 선고 2006도4328 판결).

6) 원심은, 적법하게 채택한 증거들을 종합하여 그 판시와 같은 사실들을 인정한 다음, 그러한 사실들에 비추어 볼 때, 광주 서구 화정동 (지번 생략) 토지(이하 '이 사건 토지'라고 한다)에 대하여 사실상의 지배권을 가지고 그 소유자를 대신하여 이 사건 토지를 실질적으로 관리하고 있던 피고인이 공소외 1과 공모하여, 원심 판시와 같이 이 사건 토지에 철주를 세우고 철망을 설치하고 포장된 아스팔트를 걷어내는 등의 방법으로, 이 사건 토지를 광주 서구 화정동 1051 소재 건물의 통행로로 이용하지 못하게 하는 등 피해자 공소외 2의 상가임대업무 및 임차인 공소외 3, 공소외 4 등의 상가영업업무를 방해함과 동시에 육로를 막아 일반 교통을 방해하였다고 판단하였다. 앞서 본 바와 같은 법리 및 기록에 비추어 살펴보면, 위와 같은 원심의 증거의 취사선택과 사실인정 및 판단은 정당하여 수긍할 수 있고, 거기에 상고이유로 주장하는 바와 같은 채증법칙 위반으로 인한 사실오인이나, 공모공동정범과 일반교통방해죄 및 업무방해죄에 관한 법리오해 등으로 판결 결과에 영향을 미친 위법이 있다고 할 수 없다. 형법상 자구행위라 함은 법정절차에 의하여 청구권을 보전하기 불능한 경우에 그 청구권의 실행불능 또는 현저한 실행곤란을 피하기 위한 상당한 행위를 말하는 것이다(대법원 2007.3.15. 선고 2006도9418 판결, 대법원 2007.5.11. 선고 2006도4328 판결 등 참조). 원심이 적법하게 채택한 증거들 및 기록에 비추어 살펴보면, 설사 피고인의 주장대로 이 사건 토지에 인접하여 있는 공소외 2 소유의 광주 서구 화정동 1051 소재 건물에 건축법상 위법요소가 존재하고 공소외 2가 그와 같은 위법요소를 방치 내지 조장하고 있다거나, 위 건물의 건축허가 또는 이 사건 토지상의 가설건축물 허가 여부에 관한 관할관청의 행정행위에 하자가 존재한다고 가정하더라도, 그러한 사정만으로 이 사건에 있어서 피고인이 이 사건 토지의 소유자를 대위 또는 대리하여 법정절차에 의하여 이 사건 토지의 소유권을 방해하는 사람들에 대한 방해배제 등 청구권을 보전하는 것이 불가능하였거나 현저하게 곤란하였다고 볼 수 없을 뿐만 아니라, 피고인의 이 사건 행위가 그 청구권의 실행불능 또는 현저한 실행곤란을 피하기 위한 상당한 행위라고 볼 수도 없음을 알 수 있다. 원심이 같은 취지에서 피고인의 자구행위 또

는 자력구제 주장을 배척한 조치는 정당하다(대법원 2007.12.28. 선고 2007도7717 판결).

7) 주거침입죄는 사실상의 주거의 평온을 보호법익으로 하는 것이므로, 그 주거자 또는 간수자가 건조물 등에 거주 또는 간수할 권리를 가지고 있는가의 여부는 범죄의 성립을 좌우하는 것이 아니며, 점유할 권리 없는 자의 점유라 하더라도 그 주거의 평온은 보호되어야 할 것이므로, 권리자가 그 권리를 실행함에 있어 법에 정하여진 절차에 의하지 아니하고 그 건조물 등에 침입한 경우에는 주거침입죄가 성립한다 할 것이다(대법원 1983.3.8. 선고 82도1363 판결, 대법원 2007.7.27. 선고 2006도3137 판결 등 참조). 원심판결과 원심이 채택한 증거들을 기록에 의하여 살펴보면, 원심은 피고인이 이 사건 주택에 무단 침입한 범죄사실로 이미 2006.5.12. 유죄판결을 받고 그 판결이 확정되었음에도 퇴거하지 아니한 채 계속해서 이 사건 주택에 거주함으로써 위 판결이 확정된 이후로도 피고인의 주거침입행위 및 그로 인한 위법상태가 계속되고 있다고 보아 이 부분 공소사실에 대해 유죄로 판단하였는바, 이러한 원심의 판단은 정당한 것으로서 수긍이 가고, 거기에 주거침입죄에 대한 법리오해의 위법이 없다(대법원 2008.5.8. 선고 2007도11322 판결).

[사실관계]

甲은 A주택을 乙로부터 분양받았는데, 자녀들 교육문제로 입주하기 곤란하여 丙에게 대금은 나중에 받기로 하고 이를 전매하였으나, 乙이 토지소유권 문제를 해결치 못하여 철거하라는 판결이 내려지자, 丙은 이사를 가버렸다. 이에 甲은 乙에게 이미 지급한 분양대금 8,000만 원을 반환 받기 위해서 A주택에 입주하였으나 A주택에 무단 침입한 범죄사실로 2006.5.12. 유죄판결을 받고 그 판결이 확정되었음에도 퇴거하지 아니하고 현재까지 가족과 함께 살고 있다. 그리고 丙이 두고 간 냉장고와 세탁기 등은 냄새가 나는 등 도저히 집안에 둘 수 없어, 비가 맞지 않도록 처마 밑에 보관해 두었다.

제4항 착오의 문제

Ⅰ. 객관적으로 존재하는 자구행위상황을 착오로 인식하지 못한 경우

객관적으로 존재하는 자구행위상황을 착오로 인식하지 못한 경우는 주관적 정당화 표지의 착오 사례에 해당한다.

Ⅱ. 오상자구행위의 경우

객관적으로 자구행위의 상황이 결여되었음에도 주관적으로 이러한 상황이 구비되었다고 오인하고 자구행위로 나온 경우로, 예를 들어 청구권이 없는 데도 있다고 오인하고 자구행위의사로 나아갔거나 또는 긴급상황이 아닌데도 긴급상황이라고 오인하고 자구행위로 나아간 경우 등이 이에 해당한다.

제5절 피해자의 승낙(Einwilligung des Verletzten)

제1항 피해자 승낙의 의의

Ⅰ. 개념

형법 제24조 (피해자의 승낙) 처분할 수 있는 자의 승낙에 의하여 그 법익을 훼손한 행위는 법률에 특별한 규정이 없는 한 벌하지 아니한다.
제252조 (촉탁, 승낙에 의한 살인 등) ① 사람의 촉탁 또는 승낙을 받어 그를 살해한 자는 1년 이상 10년 이하의 징역에 처한다.

독일형법 제226조의a (피해자의 승낙) 피해자의 승낙에 의하여 상해를 가한 자는 그 행위가 승낙에 의하여 행하여진 경우에도 선량한 풍속을 침해한 때에는 위법하게 행위한 것이다.

법익의 주체가 자기의 법익을 침해하는 것을 허용함으로써 이에 기하여 행한 행위로(제24조), 전통적으로 "승낙이 있으면 불법행위가 되지 아니한다(Volenti non fit injuria)", "승낙은 불법을 조각한다"라는 법원리에서 허용되어온 행위의 정당화사유이다.

Ⅱ. 범죄체계론상의 지위[1)]

1. 개인적 법익의 침해행위에 대한 위법성조각사유로 보는 견해

2. 양해와 승낙을 구별하여 논하는 견해[2)]

불법구성요건해당성 배제사유로서의 '양해(Einverständnis)'와 행위의 정당화사유로서의 '승낙(Einwilligung)'을 구분하려는 견해이다.

1) 앞에서 설명한 「구성요건해당성 배제사유」 참조.
2) Geerds, "피해자의 승낙과 양해", 1953년.

1) 개념

양해는 구성요건의 문언상 피해자의 동의가 있는 한 형법상 평가대상으로서의 행위자체가 성립되지 않아 구성요건해당성자체가 배제되는 경우이며,[3] 승낙은 위법성조각의 효과를 가져오는 법익의 포기에 해당하는 경우[4]이다.

2) 구별의 기준

(1) 성격상의 차이 – 사실적인 성격과 법적 성격의 문제

① 의사표시의 양태 : 외부적 표현 여부

② 통찰능력(사물의 변별능력)의 여부

③ 의사의 흠결 또는 하자가 있는 경우의 성립 여부

④ 사회상규위배금지의 적용 여부

(2) 체계상의 차이

가) 객관적으로 존재하는 승낙사실을 인식하지 못한 경우

양해의 경우는 불능미수에 해당하나, 승낙의 경우는 주관적 정당화요소를 결한 경우의 법적 효과의 문제로 귀착된다.

나) 오상피해자의 승낙의 경우

양해는 고의를 배제하나, 승낙은 위법성조각사유의 객관적 전제사실에 관한 착오가 된다.

3. 양해나 승낙의 구분 없이 구성요건해당성 배제사유로 보는 견해

형법규범의 보호영역에 해당하는 법익침해 내지 위태화가 형법적으로 의미가 있느냐의 문제로, 결과반가치가 배제되는 경우에 해당된다고 보는 견해이다. 이 견해는 자유주의적 법익론, 결과반가치의 흠결, 다른 위법성조각사유와는 구별되는 구조적 특이성이 있다는 점, 양해와 승낙의 구별이 모호하다는 점에 그 이론적 근거를 두고 있다. 이 견해에 의하면 착오의 경우가 명확하게 해결되는 바, 다수설에 의하면 객관적으로 존재하는 승낙사실을 알지 못한 경우는 불능미수에 해당하고 오상승낙은 구성요건착오로서 고의를 배제하게 된다.

---

3) 예로서 주거침입, 절도, 배임, 강간행위 등.

4) 예로서 상해, 손괴행위 등.

Ⅲ. 피해자의 승낙과 형법의 규정

먼저 피해자의 승낙이 구성요건상 문제되지 않는 경우로 13세 미만자에 대한 의제강간 · 추행죄(제305조), 16세 미만의 아동에 대한 아동혹사죄(제274조), 미성년자 약취유인죄(제287조) 등과 같이 법률이 합법하게 승낙할 수 있는 연령을 명시해 둔 범죄에 있어서는 피해자의 승낙 여부와는 관계없이 범죄가 성립한다. 그리고 앞서 성명한 바와 같이 피해자의 승낙을 양해의 개념으로 이해하는 경우에 주거침입죄나 절도죄와 같이 피해자의 승낙이 있으면 고의가 조각되어 피해자의 승낙이 구성요건해당성 자체를 조각하는 경우도 있다.

또한 일반살인죄에 대한 촉탁승낙살인죄(제252조 제1항), 일반건조물방화죄(제166조 제1항)에 대한 자기소유일반건조물방화죄(같은 조 제2항), 일반물건방화죄(제167조 제1항)에 대한 자기소유일반물건방화죄(같은 조 제2항), 부동의낙태죄(제270조 제2항)에 대한 동의낙태죄(제269조 제2항, 제270조 제2항) 등과 같이 피해자의 승낙으로 구성요건해당성이 변경되어 피해자의 승낙이 있으면 법정형이 감경되는 범죄가 성립되는 경우도 있다.

나아가 피해자의 승낙이 위법성을 조각하는 경우도 있는데, 제24조에 해당하는 전형적인 사례로 대부분 추정적 승낙의 경우가 이에 해당한다.

제2항 성립요건

Ⅰ. 당해 법익을 처분할 수 있는 자의 승낙이어야 한다.

승낙 자체의 의미와 승낙하는 내용을 이해할 수 있는 자(의사능력자)의 자유로운 판단에 의한(임의성 있는) 진지한 승낙이어야 하며, 승낙에 의해 처분할 수 있는 법익은 처분할 수 있는 권한있는 자의 개인적 법익[5]에 국한된다.

> **【동반자살의 문제】**
>
> 1) 甲과 乙이 자유로운 의사로 동반자살을 기도, 甲만 생존 : 제252조 제2항
>
> 2) 甲이 의사무능력자인 乙의 승낙을 받고 동반자살을 기도, 甲만 생존 : 제250조 제1항
>
> 3) 甲이 자살의사없이 乙을 기망하여 동반자살을 기도, 甲만 생존 : 제253조

5) 자손행위(自損行爲)의 경우, 원칙은 구성요건해당성 자체가 결여되지만, 예외적으로 자화(自火, 제166조 제2항,제167조 제2항), 병역의무기피목적의 자손(병역법 제86조), 군인의 근무기피목적의 자손(군형법 제41조 제1항), 개인회생대상자 또는 파산자의 회생 또는 파산재산내의 재산처분행위(채무자 회생 및 파산에 관한 법률 제643조 사기회생죄, 제644조 제3자의 사기회생죄, 제650조 사기파산죄, 제651조 과태파산죄, 제654조 제3자의 사기파산죄)는 처벌의 대상이다.

Ⅱ. 승낙에 의한 행위이어야 한다.

승낙과 행위간의 인과관계가 존재하여야 하며, 행위자는 행위시에 승낙을 인식해야 한다(사전승낙)는 점에서 어떤 형태로든 행위자에게 표시되어야 한다. 또한 승낙의 대상은 행위뿐만 아니라 행위결과까지도 포함되어야 한다.

Ⅲ. 사회상규 내지 윤리성에 위배되지 않아야 한다.

수단 · 동기 · 침해정도 등을 고려하여 판단해야 한다.

관련판례

1) 본조의 규정에 의하여 위법성이 조각되는 피해자의 승낙은 개인적 법익을 훼손하는 경우에 법률상 이를 처분할 수 있는 사람의 승낙을 말할 뿐만 아니라 그 승낙이 윤리적 · 도덕적으로 사회상규에 반하는 것이 아니어야 한다(대법원 1985.12.10. 선고 85도1892 판결).

2) 각종의 장기와 신경이 밀집되어 있어 인체의 가장 중요한 부위를 점하고 있는 흉부에 대한 강도의 타격은 생리적으로 중대한 영향을 줄 뿐만 아니라 신경에 자극을 줌으로써 이에 따른 쇼크로 인해 피해자를 사망에 이르게 할 수 있고, 더욱이 그 가격으로 급소를 맞을 때에는 더욱 그러할 것인데, 피할 만한 여유도 없는 좁은 장소와 상급자인 피고인이 하급자인 피해자로부터 아프게 반격을 받을 정도의 상황에서 신체가 보다 더 건강한 피고인이 피해자에게 약 1분 이상 가슴과 배를 때렸다면 사망의 결과에 대한 예견가능성을 부정할 수도 없을 것이며 위와 같은 상황에서 이루어진 폭행이 장난권투로서 피해자의 승낙에 의한 사회상규에 어긋나지 않는 것이라고도 볼 수 없다(대법원 1989.11.28. 선고 89도201 판결).

3) 일반인의 출입이 허용된 음식점이라 하더라도, 영업주의 명시적 또는 추정적 의사에 반하여 들어간 것이라면 주거침입죄가 성립되는바, 기관장들의 조찬모임에서의 대화내용을 도청하기 위한 도청장치를 설치할 목적으로 손님을 가장하여 그 조찬모임 장소인 음식점에 들어간 경우에는 영업주가 그 출입을 허용하지 않았을 것으로 보는 것이 경험칙에 부합하므로, 그와 같은 행위는 주거침입죄가 성립한다. 타인의 주거에 침입한 행위가 비록 불법선거운동을 적발하려는 목적으로 이루어진 것이라고 하더라도, 타인의 주거에 도청장치를 설치하는 행위는 그 수단과 방법의 상당성을 결하는 것으로서 정당행위에 해당하지 않는다(대법원 1997.3.28. 선고 95도2674 판결).

[사실관계]

A 정당 소속 당원인 甲 등은 1992.12.11. 08:00경 부산시 남구 대연3동 소재 초원복집을 종종 이용하여 오던 부산시장 등 기관장들이 국회의원 선거와 관련하여 그 대책을 논의하기 위한 조찬모임이 예약되어 있다는 사실을 미리 알고 전날인 10. 12:00경 그 조찬모임에서의 대화내용을 도청하기 위한 도청용 송신기를 설치할 목적으로 손님을 가장하여 초원복집에 들어가 도청용 송신기를 설치하였다.

4) 문서위조죄는 문서의 진정에 대한 공공의 신용을 보호법익으로 하는 것이므로 행사할 목적으로 작성된 사문서가 일반인으로 하여금 당해 명의인의 권한 내에서 작성된 문서라고 믿게 할 수 있는 정도의 형식과 외관을 갖추고 있으면 사문서위조죄가 성립하고, 위와 같은 요건을 구비한 이상 명의인이 문서의 작성일자 전에 이미 사망하였더라도 그러한 문서 역시 공공의 신용을 해할 위험성이 있으므로 사문서위조죄가 성립한다. 위와 같

이 사망한 사람 명의의 사문서에 대하여도 문서에 대한 공공의 신용을 보호할 필요가 있다는 점을 고려하면, 문서명의인이 이미 사망하였는데도 문서명의인이 생존하고 있다는 점이 문서의 중요한 내용을 이루거나 그 점을 전제로 문서가 작성되었다면 이미 문서에 관한 공공의 신용을 해할 위험이 발생하였다 할 것이므로, 그러한 내용의 문서에 관하여 사망한 명의자의 승낙이 추정된다는 이유로 사문서위조죄의 성립을 부정할 수는 없다. 피고인이 자신의 부 갑에게서 갑 소유 부동산의 매매에 관한 권한 일체를 위임받아 이를 매도하였는데, 그 후 갑이 갑자기 사망하자 부동산 소유권 이전에 사용할 목적으로 갑이 자신에게 인감증명서 발급을 위임한다는 취지의 인감증명 위임장을 작성한 후 주민센터 담당직원에게 이를 제출한 사안에서, 갑의 사망으로 포괄적인 명의사용의 근거가 되는 위임관계 내지 포괄적인 대리관계는 종료된 것으로 보아야 하므로 특별한 사정이 없는 한 피고인은 더 이상 위임받은 사무처리와 관련하여 갑의 명의를 사용하는 것이 허용된다고 볼 수 없고, 피고인이 사망한 갑의 명의를 모용한 인감증명 위임장을 작성하여 인감증명서를 발급받아야 할 급박한 사정이 있었다고 볼 만한 사정도 없으며, 인감증명 위임장은 본래 생존한 사람이 타인에게 인감증명서 발급을 위임한다는 취지의 문서라는 점을 고려하면, 이미 사망한 갑이 '병안 중'이라는 사유로 피고인에게 인감증명서 발급을 위임한다는 취지의 인감증명 위임장이 작성됨으로써 문서에 관한 공공의 신용을 해할 위험성이 발생하였다 할 것이고, 피고인이 명의자 갑이 승낙하였을 것이라고 기대하거나 예측한 것만으로는 사망한 갑의 승낙이 추정된다고 단정할 수 없다(대법원 2011.9.29. 선고 2011도6223 판결).

[관련판례]

사문서의 위·변조죄는 작성권한 없는 자가 타인 명의를 모용하여 문서를 작성하는 것을 말하므로 사문서를 작성·수정할 때 명의자의 명시적이거나 묵시적인 승낙이 있었다면 사문서의 위·변조죄에 해당하지 않고, 한편 행위 당시 명의자의 현실적인 승낙은 없었지만 행위 당시의 모든 객관적 사정을 종합하여 명의자가 행위 당시 그 사실을 알았다면 당연히 승낙했을 것이라고 추정되는 경우 역시 사문서의 위·변조죄가 성립하지 않는다고 할 것이나, 명의자의 명시적인 승낙이나 동의가 없다는 것을 알고 있으면서도 명의자가 문서작성 사실을 알았다면 승낙하였을 것이라고 기대하거나 예측한 것만으로는 그 승낙이 추정된다고 단정할 수 없다. 피고인이 행사할 목적으로 권한 없이 갑 은행 발행의 피고인 명의 예금통장 기장내용 중 특정 일자에 을 주식회사로부터 지급받은 월급여의 입금자 부분을 화이트테이프로 지우고 복사하여 통장 1매를 변조한 후 그 통장사본을 법원에 증거로 제출하여 행사하였다는 내용으로 기소된 사안에서, 관련 민사소송에서 피고인이 언제부터 을 회사에서 급여를 받았는지가 중요한 사항이었는데 2006.4.25.자 입금자 명의를 가리고 복사하여 이를 증거로 제출함으로써 2006.5.25.부터 을 회사에서 급여를 수령하였다는 새로운 증명력이 작출되었으므로 공공적 신용을 해할 위험성이 있었다고 볼 수 있고, 제반 사정을 종합할 때 통장 명의자인 갑 은행장이 행위 당시 그러한 사실을 알았다면 이를 당연히 승낙했을 것으로 추정된다고 볼 수 없으며, 피고인이 쟁점이 되는 부분을 가리고 복사함으로써 문서내용에 변경을 가하고 증거자료로 제출한 이상 사문서변조 및 동행사의 고의가 없었다고 할 수 없다(대법원 2011.9.29. 선고 2010도14587 판결).

Ⅳ. 법률에 특별한 처벌규정이 없어야 한다.

피해자의 승낙에 의한 법익침해에 대해 특별히 처벌하는 규정이 없는 경우에만 위법성이 조각된다.

제3항 피해자의 추정적 승낙 (Mutmaßliche Einwilligung des Verletzten)

Ⅰ. 개념

피해자의 현실적인 승낙이 없었다 하더라도 행위당시의 모든 객관적 상황에 비추어 보아 피해자가 이를 알았더라면 당연히 승낙했을 것으로 추정되는 경우에 행위가 정당화되는 사유이다.

Ⅱ. 구별개념

1. 피해자의 승낙과의 구별

1) 유사점[6)]

당해법익을 처분할 능력이 있는 자의 승낙(유효한 승낙가능성)에 기한, 처분가능한 법익에 대한 승낙이어야 하며 승낙은 행위시에 있어야 한다(승낙의 결정시기는 행위시를 기준). 또한 법령 내지 사회윤리에 위배되지 않는 범위 내에서 승낙에 의한 행위가 이루어 져야 한다.

2) 상이점

피해자의 승락은 구성요건해당성배제사유임에 반해 추정적 승낙은 위법성조각사유로서의 성질을 가진다.

2. 정당화적 긴급피난과의 구별

① 법익향유자(침해자)의 추정적 의사가 결정적 기준

법익향유자의 가정적 의사에 대한 규범적 평가의 문제로서 객관적인 이익교량의 문제는 이러한 규범적 평가를 함에 있어 보조수단에 불과하다. 즉 비록 이익교량에 위배되더라도 법익향유자가 행위자의 그러한 행위를 원했다고 추정될 수 있느냐가 중요한 판단 기준이다.

② 보호된 이익과 침해된 이익이 동일한 자에게 귀속된다는 점

③ 위난과 관계없는 자에 의해 행하여지는 점

---

6) 앞에서 설명한 「피해자의 승낙 성립요건」 참조.

Ⅲ. 법적 성질

1. 정당화적 긴급피난의 일종으로 보는 견해[7)]

이익교량설에 그 이론적 근거를 두는 견해로, 이익의 포기로 추정되는 경우를 설명하지 못한다.

2. 피해자의 승낙의 일종(유사한 법형상)으로 보는 견해[8)]

이익포기설에 그 이론적 근거를 두는 견해로, 이익의 충돌의 경우를 설명하지 못한다.

3. 사무관리규정에 의해 해결하려는 견해[9)]

민법상의 사무관리규정에 의해 해결하려는 견해도 있다.

4. 독자적인 위법성조각사유로 보는 견해[10)]

피해자의 승낙과 긴급피난의 중간영역에 위치하는 독자적인 정당화사유로 이해하는 견해이다. 위법성조각사유로서의 체계적 지위와 관련(제20조와의 관계)해서는 이를 제20조와는 다른 독립된 위법성조각사유로 보는 견해와, 정당행위의 일종으로 보는 견해가 있다. 후자는 추정적 승낙을 제20조의 위법성조각사유의 포괄적 원리로서 규정한 '사회상규에 위배되지 아니하는 행위'에 포함되는 유형으로 보는 바, 즉 사회상규의 구체적 적용범위의 일례로서 허용된 위험에 근거한 위법성조각사유라고 한다.

Ⅳ. 추정적 승낙의 유형

1. 이익의 충돌이 피해자에 귀속되는 경우

甲이 값싼 개와 고가인 고양이를 기르고 있는 데 개가 고양이를 물어 죽이려 하므로 이웃이 그 개를 죽인 경우, 피해자(주인)의 부재 중 이웃이 긴급상황의 해결을 위해 피해자의 주거에 침입하는 경우, 처가 남편의 부재 중 남편에게 온 편지를 개피하여 긴급한 용무를 처리한 경우, 의사가 위급상태하의 의식불명의 중환자를 수술하는 경우와 같이 피해자의 생활영역내부에서의 이익충돌의 경우 즉 피해자의 이익을 위한 경우로, 이익교량의 원리가 참작되어야 한다.

---

7) H.Welzel,Paul Bockelmann,Peter Noll,H.Mayer.

8) E.Mezger, Adolf Schönke, Horst Schröder, Theodor Lenckner.

9) von Hippel, Jürgen Baumann, Günther Jakobs.

10) H.H.Jeschek, C.Roxin, Johannes Wessels, Günter Stratenwerth.

2. 이익의 포기로 추정되는 경우(행위자 또는 제3자를 위한 경우)

행위자를 위한 경우로는 긴급용무로 친구의 차를 임의로 이용하는 경우, 방문한 집의 재물을 임의로 소비한 경우, 낙과를 주워 먹은 경우, 밤길에 앞서 가던 사람이 동전을 떨어뜨린 후 찾기를 포기하고 지나가자 뒤따르던 사람이 주어 가진 경우, 가정부가 주인이 버릴려는 헌 옷을 미리 걸인에게 주는 경우와 같이 피해가 경미하거나, 행위자와의 신뢰관계로 인하여 이익의 포기로 추정되는 경우로, 허용된 위험의 원리 하에서 예외적으로 허용되는 사례이다. 특히 이 경우는 현실적 승낙의 유형으로서 묵시적 승낙과의 구별의 한계가 문제될 수 있다.

Ⅴ. 성립요건

1. 피해자의 승낙과 공통되는 요건

당해 법익을 처분할 수 있는 자의 승낙에 의한 행위로, 사회상규에 위배되지 않아야 한다.

2. 특유한 요건

1) 승낙의 보충성

현실적인 승낙 또는 적시의 승낙이 불가능한 경우에만 가능하다.

2) 판단(확정)기준

객관적인 사정을 충분히 고려하여 피해자가 행위의 내용을 알았고, 또한 승낙이 가능했더라면 반드시 승낙했을 것이 분명한 경우라야 한다.

관련판례

건물의 소유자라고 주장하는 피고인과 그것을 점유관리하고 있는 피해자 사이에 건물의 소유권에 대한 분쟁이 계속되고 있는 상황이라면 피고인이 그 건물에 침입하는 것에 대한 피해자의 추정적 승낙이 있었다거나 피고인의 사회상규에 위배되지 않는다고 볼 수 없다(대법원 1989.9.12. 선고 89도889 판결).

Ⅵ. 착오의 문제

1. 객관적으로 존재하는 추정적 승낙의 상황(요건)을 착오로 인식하지 못한 경우

객관적으로 존재하는 추정적 승낙의 상황(요건)을 착오로 인식하지 못한 경우는 주관적 정당화 표지의 착오 사례에 해당한다.

2. 오상추정적 승낙의 경우

양심적인 신중한 심사의무를 주관적 정당화표지로 보는 견해와, 이를 착오의 문제로 보는 견해가 있다.

Ⅶ. 효과

위법성조각으로 보더라도 그 근거를 어디에서 구하느냐에 대해서는 견해가 대립되고 있다.

제6절 정당행위

제1항 정당행위의 의의

형법 제20조 (정당행위) 법령에 의한 행위 또는 업무로 인한 행위 기타 사회상규에 위배되지 아니하는 행위는 벌하지 아니한다.

노동조합 및 노동관계조정법 제2조 (정의) 6. "쟁의행위"라 함은 파업 · 태업 · 직장폐쇄 기타 노동관계 당사자가 그 주장을 관철할 목적으로 행하는 행위와 이에 대항하는 행위로서 업무의 정상적인 운영을 저해하는 행위를 말한다.
제4조 (정당행위) 형법 제20조의 규정은 노동조합이 단체교섭 · 쟁의행위 기타의 행위로서 제1조의 목적을 달성하기 위하여 한 정당한 행위에 대하여 적용된다. 다만, 어떠한 경우에도 폭력이나 파괴행위는 정당한 행위로 해석되어서는 아니된다.

정당행위라 함은 법공동체 내에서 지배적인 법확신이나 사회윤리에 비추어 일반적으로 승인된, 즉 실질적 위법성에 해당되지 않는 가치있는 행위유형[1]으로, 형법 제20조는 "법령에 의한 행위, 업무로 인한 행위, 기타 사회상규에 위배되지 아니하는 행위는 처벌하지 아니한다"라고 규정하고 있다.[2]

Ⅱ. 정당행위의 법적 성격

1. 범죄체계론상 지위

정당행위의 법적 성격과 관련하여 그 범죄체계론상의 지위에 대해서는 구성요건조각설, 구성요건 및 위법성조각설, 위법성조각설이 대립되고 있다.

1) 구성요건해당성배제사유로 보는 견해

정당행위는 처음부터 구성요건해당성 자체가 배제되는 적법행위라는 견해로, 정당행위 중 '사회

1) 보편타당한 삶의 형태에 속하는 행위유형.

2) 우리 형법 제20조 정당행위, 특히 사회상규 불위배 행위는 다른 입법례에서는 찾아 볼 수 위법성조각사유로 일본 형법 예비초안 제17조에서 시사받은 것으로 여겨진다.
일본 형법 예비초안 제17조 (정당행위) 법령 또는 정당한 업무로 인한 행위 또는 공공의 질서 내지 선량한 풍속에 위배되지 아니하는 관습으로 인한 행위는 벌하지 아니한다.
일본 형법 제35조 (정당행위) 법령 또는 정당한 업무로 인한 행위는 벌하지 아니한다.

상규에 위배되지 아니하는 행위'를 사회적 상당성있는 행위와 동일시하는 견해이다. 그러나 정당행위는 사회적 상당성이 있는 행위와는 달리 이익 내지 의무의 충돌이 있는 경우에 해당되는 사례이기 때문에, 적법 · 위법에 관한 실질적 위법성 판단을 거치지 아니하고 처음부터 적법행위 내지 구성요건해당성이 배제되는 행위라고 하는 것은 정당행위의 문제 상황을 너무 좁게 보고 있다는 점에서 비판의 여지가 있다.

2) 구성요건배제사유 및 위법성조각사유로 보는 견해

정당행위가 포섭할 수 있는 범위가 넓기 때문에 그 속에는 행위의 위법성을 조각하는 사례만이 아니라 전쟁시 적군에 대한 살상행위와 같이 사회상규상 아예 구성요건해당성을 배제하는 사례도 포함된다는 견해다.

3) 위법성조각사유로 보는 견해[3)]

사회상규에 위배되지 않는 행위의 실질을 초법규적 위법성조각사유의 실정화로 이해하는 견해로, 구성요건에 해당하는 행위의 위법성만을 조각하는 사회상규에 위배되지 않는 행위와 행위의 구성요건해당성을 배제하는 사회적 상당성있는 행위와는 구별된다는 견해이다.

2. 정당행위와 다른 위법성조각사유와의 관계

정당행위의 법적 성격을 위법성조각사유로 보는 다수견해에 의하더라도 제20조의 해석론과 관련하여 이를 제21조 내지 제24조를 포괄하는 일반적이며 기본적인 위법성조각사유로 볼 것이냐, 아니면 제20조 내지 제24조와는 별개의 독립된 개별적인 위법성조각사유로 보느냐, 나아가 제20조 규정 자체를 부정할 것이냐에 대해서도 견해가 대립되고 있다. 이러한 견해의 대립은 「사회상규」라는 개념이 포괄적이며 추상적이기 때문에 제기되는 것이라 하겠다. 따라서 정당행위와 다른 위법성조각사유와의 관계 및 나아가 정당행위 이외의 초법규적인 정당화사유를 인정하느냐는 제20조의 해석문제로, 「사회상규」를 어떻게 이해할 것이냐의 해석론에 귀착된다.

1) 일반적 · 포괄적 성격을 띤 위법성조각사유로 보는 견해

이 견해는 형법 제20조 정당행위를 제21조 내지 제24조의 개별적(유형적) · 구체적(특수적)인 위법성조각사유들을 포괄하는 일반적이며 기본적인 포괄적(총괄적) · 보충적 성격(실질적 위법성의 최종판단)으로서의 위법성조각사유로 본다. 즉 제20조는 정당화사유의 일반원리를 규정하고 있을 뿐만 아니라 비록 개별적 · 구체적 위법성조각사유에 해당되지 아니하는 행위이더라도 '사회상규에 위배되지 아니하면 위법성이 조각된다'는 규정으로서, 모든 위법성조각사유를 포괄하는 초법규적인 위법성조각사유를 실

---

3) 우리나라 학자들의 다수견해이다.

정화한 것이라고 한다.[4] 따라서 이 견해에 의하면 제20조 이외의 또 다른 초법규적 위법성조각사유를 인정할 필요가 없게 된다.

2) 개별적인 위법성조각사유로 보는 견해

제20조 정당행위는 다른 위법성조각사유와 병렬관계에 있는 독립된 개별적인 위법성조각사유에 불과하며, 따라서 '사회상규에 위배되지 아니하는 행위'도 모든 위법성조각사유를 포괄하는 초법규적인 위법성조각사유가 아니라 정당행위의 세 가지 요건 중의 하나에 불과한 위법성조각사유일 뿐이라는 견해이다.

3) 제20조 자체에 대한 비판적 견해

왜 우리 형법은 제20조와 같은 일반적인 위법성조각사유를 필요로 하는가?, 만약 필요하다면 그 이론적 근거는 무엇인가? 즉 정당행위의 실질적인 불법배제의 논거는 무엇인가와 관련하여 제20조와 관련된 사례들은 사실상 위법성조각사유의 모든 영역에 걸쳐 있는, 즉 제20조는 독립된 위법성조각사유라기 보다는 다양한 사례군의 집합개념에 불과하다는 견해이다. 따라서 이 견해에 의하면 제20조에 해당하는 사례는 대부분 긴급피난의 원리에 해당한다는 점에서 제20조의 이론적 근거는 존재하지 않으며, 그 독자적 기능도 불분명하다. 나아가 체계화하기가 거의 불가능한 다양한 위법성조각사유들을 한 조문 안에 포괄한 규정으로 명확성의 원칙에 위배되는 입법상의 문제가 있다는 견해이다.

3. 제20조 이외의 초법규적 위법성조각사유의 인정 여부

1) 인정설

제20조 이외의 초법규적 긴급행위를 인정해야 한다는 견해 및 사회상규개념이 위법성조각사유를 완전히 해결한 것은 아니므로 초법규적 위법성조각사유를 인정해야 한다는 견해 등이다.

2) 부정설[5]

이는 정당행위의 한계와 범위에 관한 해석의 문제이므로 제20조 이외의 초법규적 정당화사유를 인정할 필요가 없다는 견해이다.

---

4) 2011.3.25. 정부안으로 국회에 제출된 형법일부개정법률안(의안번호 1811304호, 18대 국회 임기만료로 자동폐기)은 개별적인 위법성조각사유로서 제17조(정당방위) 내지 제20조(피해자의 승낙에 의한 행위)를 규정하고, 제21조에 『정당행위』 규정을 두고 있었다.

5) 다수견해.

Ⅲ. 정당행위의 구조 – 사회상규의 법률적 기능

법령에 의한 행위, 업무로 인한 행위를 '사회상규에 위배되지 않는 행위'의 예시개념으로 보느냐, 아니면 병존개념으로 보느냐 라는 정당행위 구성부분간의 상호관계에 관한 논의다.

1. 예시개념으로 보는 견해

사회상규에 위배되지 아니하는 행위에 정당행위구조의 중점을 두는 견해로, 사회상규적합성은 정당행위의 기본적 요건이며 따라서 법령에 의한 행위나 업무로 인한 행위는 정당행위의 독자적인 구성요소가 아니라 사회상규에 적합한 행위의 한 예시라고 보는 견해이다. 이와 같이 이 견해는 사회상규를 제20조 내에서의 상위개념으로 파악함으로써 법령에 의한 행위나 업무로 인한 행위라 할지라도 사회상규라는 상위개념에 포섭될 수 있어야 위법성이 조각된다고 한다.

2. 병존(병렬)개념으로 보는 견해

사회상규는 제20조 전단의 두 가지 요건에는 해당하지 않지만 정당행위로 위법성이 조각되어야 할 필요가 있는 사례를 규율하는 개념으로 정당행위의 독립된 일 요건이라고 보는 견해로, 정당행위 속에 열거된 세 가지 구성요소는 각각 독자적인 의미와 기능과 폭을 갖고 있는 병존개념이지 다른 두 가지 요소가 사회상규에 반하지 아니하는 행위의 예시개념도 아니고 이것이 앞의 다른 두 가지 요소를 포괄하는 포괄개념도 아니라고 한다.

이 견해에 의하면 '법령에 의한 행위'는 실정법적 개념으로 비전형적인 허용규범들을 통칭하며, '업무로 인한 행위'는 직무윤리개념 즉 직업윤리관에 비추어 용인될 수 있는 행위를 통칭하는 개념이며, '기타 사회상규에 위배되지 아니하는 행위'는 자연법적 · 사회윤리적 개념으로 법령과 업무로 인한 행위를 제외한 정당행위유형을 통칭하는 개념이라고 파악한다.

3. 사회상규를 상위개념인 동시에 병렬개념으로 보는 견해

제2항 본질(정당화적 근거)

범죄행위는 위법행위이며, 위법성은 법질서전체의 입장에서의 행위에 대한 부정적인 가치판단이다. 이러한 위법성판단의 기준인 법질서전체의 정신(이념)이 바로 사회상규이며, 따라서 사회상규에 위배되지 아니하는 행위는 법질서전체의 입장에서의 긍정적 가치판단으로서 행위의 위법성이 조각된다.

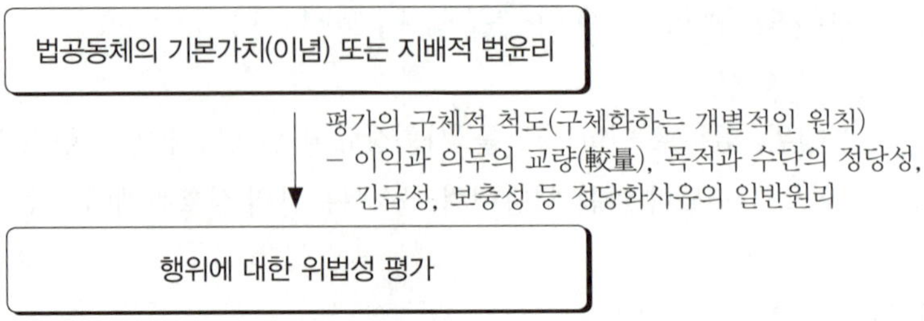

법공동체의 기본가치(이념) 또는 지배적 법윤리

↓ 평가의 구체적 척도(구체화하는 개별적인 원칙)
– 이익과 의무의 교량(較量), 목적과 수단의 정당성, 긴급성, 보충성 등 정당화사유의 일반원리

행위에 대한 위법성 평가

제3항 법령에 의한 행위

Ⅰ. 개념

법령에 의한 행위란 법령 또는 이에 기한 구체적인 행정명령 등에 근거하여 정당한 권리 또는 의무로서 행하여지는 행위 내지 법령의 집행을 위하여 행하여지는 행위로, 그 정당화적 근거는 법질서의 통일성에 있다. 즉 정당행위는 법질서는 그 자체 모순적일 수 없다는 기본원리에 그 근거를 두고 있는 사유로, 법질서는 형법을 포함하여 모든 법이 전체적으로 동일한 구성원리에 의하여야 하며 따라서 다른 법령에 의하여 허용되는 행위가 형법에 의하여 위법성있는 행위로 평가받아서는 안된다. 다만 권리남용 및 적법절차를 위반한 경우는 사회상규위반으로 그러한 행위의 위법성은 조각되지 아니한다. 다만 법령에 의한 행위는 대부분 행위의 위법성을 조각하기 보다는 불법구성요건적 고의가 결여되거나 행위반가치의 결여로 불법구성요건해당성 자체가 배제되는 경우라고 보아야 할 것이다.

Ⅱ. 법령에 의한 행위의 구체적 내용(법령에 의한 행위에 해당하는 사례 유형)

1. 법령상 요구된 행위

법령이 구성요건에 해당하는 법익침해행위의 수행을 강제하는 경우로, 구체적으로는 다음의 행위 유형들이 여기에 해당한다.

1) 공무원의 법령에 의한 직무행위

(1) 개념 및 근거법령

공무원이 각종 법령에 의하여 그에게 요구된 직무를 수행하기 위하여 법익침해행위를 수행하는 공무집행행위 즉 법령집행행위로, 교도관리의 사형집행(제66조, 형의 집행 및 수용자의 처우에 관한 법률 제91조) · 자유형 · 재산형집행 · 노역장유치, 각종 보안처분의 집행, 체포 · 구속 · 압수와 같은 소송법상 강제수사처분 및 법원의 강제처분, 민사집행법상 집행관의 강제집행행위, 경찰관직무집행법상의 각종 처분, 세법상의 각종 강제처분, 행정대집행법상의 대집행(같은 법 제2조) 등과 같은 공무원의 행정처분이 여기에 해당한다.

(2) 요건

직무관할 범위 내, 법령의 형식적 요건 준수 및 적법한 절차[6], 필요성과 비례성[7], 직무집행을 행한

6) 경찰서에 설치되어 있는 보호실은 영장대기자나 즉결대기자 등의 도주방지와 경찰업무의 편의 등을 위한 수용시설로서 사실상 설치, 운영되고 있으나 현행법상 그 설치근거나 운영 및 규제에 관한 법령의 규정이 없고, 이러한 보호실은 그 시설 및 구조에 있어 통상 철창으로 된 방으로 되어 있어 그 안에 대기하고 있는 사람들이나 그 가족들의 출입이 제한되는 등 일단 그 장소에 유치되는 사람은 그 의사에 기하지 아니하고 일정장소에 구금되는 결과가 되므로(당원 1971.3.9. 선고, 70도2406 판결 ; 1985.7.29. 고지 85모16 결정 등 참조), 경찰관직무집행법상 정신착란자, 주취자, 자살기도자 등 응급의 구호를 요하는 자를 24시간 초과하지 아니하는 범위 내에서 경찰관서에 보호조치할 수 있는 시설로 제한적으로 운영되는 경우(경찰관직무집행법 제4조 제1항, 제7항)를 제외하고는 구속영장을 발부받음이 없이 피의자를 보호실에 유치함은 영장주의에 위배되는 위법한 구금으로서 적법한 공무수행이라고 볼 수 없다 할 것이다. 돌이켜 이 사건을 보건대, 피고인을 보호실에 유치함에 있어 구속영장에 의하지 아니하였음은 기록상 자명하고, 피의자를 구속영장없이 현행범으로 체포하든지 긴급구속하기 위하여는(헌법 제12조 제3항 단서, 형사소송법 제212조,제206조), 체포 또는 긴급구속 당시에 헌법 및 형사소송법에 규정된 바와 같이 피의자에 대하여 범죄사실의 요지, 체포 또는 구속의 이유와 변호인을 선이할 수 있음을 말하고 변명할 기회를 준 후가 아니면 체포 또는 긴급구속할 수 없다고 할 것인 데(헌법 제12조 제5항, 형사소송법 제213조의2,제209조,제72조, 당원 1993.11.23. 선고, 93다35155 판결 참조), 기록에 의하면 피고인이 경장 甲을 구타하여 상해를 가한 범행으로 경찰서에 연행될 당시 이러한 절차가 준수되었다고 볼 아무런 자료가 없으므로 피고인을 적법하게 현행범으로 체포하거나 긴급구속한 것이라고 볼 수는 없고, 나아가 경찰관직무집행법 제4조 제1항,제4항에 의하면 경찰관은 수상한 거동 기타 주위의 사정을 합리적으로 판단하여 술취한 상태로 인하여 자기 또는 타인의 생명, 신체와 재산에 위해를 미칠 우려가 있는 자에 해당함이 명백하여 응급의 구호를 요한다고 믿을만한 상당한 이유가 있는 자를 발견한 때에는 24시간을 초과하지 아니하는 범위 내에서 동인을 경찰관서에 보호하는 등 적절한 조치를 취할 수 있으나, 이 경우에도 경찰관이 이러한 조치를 한 때에는 지체없이 이를 피구호자의 가족, 친지 기타의 연고자에게 그 사실을 통지하도록 되어 있는바, 기록에 의하면 피고인이 이 사건 보호실에 유치될 당시 피고인이 위와 같은 응급의 구호를 요한다고 믿을 만한 상당한 이유가 있었다든지, 피고인이 이 사건 보호실에 유치된 후 경찰관이 지체없이 그 사실을 피고인의 가족 등에게 통지하였다고 볼 아무런 자료가 없으므로 피고인을 적법하게 보호조치한 것도 아니라 할 것이다. 따라서, 경찰관이 피고인을 이 사건 보호실에 유치한 것은 적법한 공무로 볼 수 없고, 피고인이 보호실의 유치에 항의하면서 나오려는 것을 위 순경 乙 등이 제지할 적법한 권한도 없다 할 것이므로 원심이 이와 같은 취지에서 피고인에 대한 공무집행방해죄에 대하여 무죄를 선고한 것은 정당하고, 거기에 소론과 같은 법리오해의 위법이 있다고 할 수 없다(대법원 1994.3.11. 선고 93도958 판결).

7) [공무집행방해죄에서 공무집행의 적법성을 판단하는 기준 및 현행범 체포의 적법성을 판단하는 경우에도 마찬가지인지 여부(적극)]
공무집행방해죄는 공무원의 적법한 공무집행이 전제로 되는바, 추상적인 권한에 속하는 공무원의 어떠한 공무집행이 적법한지 여부는 행위 당시의 구체적 상황에 기하여 객관적 · 합리적으로 판단하여야 하고 사후적으로 순수한 객관적 기준에서 판단할 것은 아니다(대법원 1991.5.10. 선고 91도453 판결 등 참조). 마찬가지로 현행범 체포의 적법성은 체포 당시의 구체적 상황을 기초로 객관적으로 판단하여야 하고, 사후에 범인으로 인정되었는지에 의할 것은 아니다(대법원 2013.8.23. 선고 2011도4763 판결. 피고인이 2009.4.17. 20:00경 이 사건 식당 본점에서 112신고를 받고 출동한 경찰관들을 도와 피고인을 제지하려던 매형 피해자 공소외 2의 가슴, 낭심 등을 오른발로 1회 걷어차 피해자를 폭행하고, 같은 날 20:00경 이 사건 식당 본점 앞 도로에서, 112신고를 받고 출동한 강남경찰서 청담지구대 소속 경사 공소외 3이 피고인을 현행범인으로 체포하여 순찰차에 태워 동행하려고 하자 순찰차 밑으로 하반신을 넣은 채 저항하다가 피고인을 일으켜 세우려는 위 공소외 3의 얼굴을 머리로 1회 들이받고 위 공소외 3의 왼쪽 어깨를 물어 위 공소외 3에게 상해를 가하여, 경찰관의 현행범인

다는 점에 대한 선의의 의사가[8] 존재해야 한다.

(3) 착오의 경우

직무권한의 사실적 전제요건에 관한 착오, 직무권한의 근거법령해석 및 직무권한의 법적 한계에 대한 착오 등의 사례이다.

2) 명령복종행위

(1) 개념 및 근거법령

상관의 명령에 대한 복종행위가 법령에 그 근거를 두고 있는 경우로, 군인복무규율, 검찰청법(제7조 제1항)[9], 국가공무원법(제57조)[10] 등이 그 근거법령에 해당된다. 이와 같이 법령상의 근거 하에 내려진 명령에 대한 부하의 복종행위는 원칙적으로 정당행위로서 위법성이 조각된다.

(2) 상관의 위법한 직무명령에 의한 부하의 행위

가) 구속력 없는 위법한 명령에 복종한 경우

상관은 특수교사죄(제34조 제2항), 부하는 실행행위의 정범이 성립된다.

체포에 관한 정당한 직무집행을 방해함과 동시에 피해자 공소외 3에게 상해를 가하였다는 등의 공소사실로 기소된 사안) [경찰관직무집행법 제6조 제1항에 따른 경찰관의 제지 조치가 적법한 직무집행으로 평가될 수 있기 위한 요건 및 그 제지 조치가 적법한지 판단하는 기준]

경찰관직무집행법 제6조 제1항은 "경찰관은 범죄행위가 목전에 행하여지려고 하고 있다고 인정될 때에는 이를 예방하기 위하여 관계인에게 필요한 경고를 발하고, 그 행위로 인하여 인명 · 신체에 위해를 미치거나 재산에 중대한 손해를 끼칠 우려가 있어 긴급을 요하는 경우에는 그 행위를 제지할 수 있다."고 규정하고 있다. 위 규정에 따른 경찰관의 제지 조치가 적법한 직무집행으로 평가될 수 있기 위해서는, 형사처벌의 대상이 되는 행위가 눈앞에서 막 이루어지려고 하는 것이 객관적으로 인정될 수 있는 상황이고, 그 행위를 당장 제지하지 않으면 곧 인명 · 신체에 위해를 미치거나 재산에 중대한 손해를 끼칠 우려가 있는 상황이어서, 직접 제지하는 방법 외에는 위와 같은 결과를 막을 수 없는 절박한 사태이어야 한다(대법원 2008. 11. 13. 선고 2007도9794 판결 참조). 다만, 경찰관의 제지 조치가 적법한지 여부는 제지 조치 당시의 구체적 상황을 기초로 판단하여야 하고 사후적으로 순수한 객관적 기준에서 판단할 것은 아니다(대법원 2013.06.13. 선고 2012도9937 판결).

타인의 집 대문 앞에 은신하고 있다가 경찰관의 명령에 따라 순순히 손을 들고 나오면서 그대로 도주하는 범인을 경찰관이 뒤따라 추격하면서 등 부위에 권총을 발사하여 사망케 한 경우, 위와 같은 총기사용은 현재의 부당한 침해를 방지하거나 현재의 위난을 피하기 위한 상당성있는 행위라고 볼 수 없는 것으로서 범인의 체포를 위하여 필요한 한도를 넘어 무기를 사용한 것으로 국가는 손해배상책임이 있다(대법원 1991.5.28. 선고 91다10084 판결).

8) 공무원의 법령상 직무행위와 관련하여 구체적인 검토사안으로는 행정행위의 公定力의 문제와 위헌인 법률에 기한 집행행위가 문제된다.

9) 제7조 (검찰사무에 관한 지휘 · 감독) ① 검사는 검찰사무에 관하여 소속 상급자의 지휘 · 감독에 따른다.
② 검사는 구체적 사건과 관련된 제1항의 지휘 · 감독의 적법성 또는 정당성에 대하여 이견이 있을 때에는 이의를 제기할 수 있다.

10) 제57조 (복종의 의무) 공무원은 직무를 수행할 때 소속 상관의 직무상 명령에 복종하여야 한다.

관련판례

1) 공무원은 직무를 수행함에 있어서 소속 상관의 명백히 위법한 명령에 대해서까지 복종할 의무는 없을 뿐만 아니라, 중앙정보부직원은 상관의 명령에 절대 복종하여야 한다는 것이 불문율로 되어 있다는 점만으로는 이 사건에서와 같이 중대하고도 명백한 위법명령에 따른 범법행위까지 강요된 행위이거나 적법행위에 대한 기대가능성이 없는 경우에 해당한다고는 도저히 볼 수 없다(대법원 1980.5.20. 선고 80도306 전원합의체판결. 김재규 내란목적살인사건)

2) 양손을 뒤로 결박당하고 양발목마저 결박당한 피해자의 양쪽 팔, 다리, 머리 등을 밀어누름으로써 피해자의 얼굴을 욕조의 물속으로 강제로 찍어 누르는 가혹행위를 반복할 때에 욕조의 구조나 신체구조상 피해자의 목 부분이 욕조의 턱에 눌릴 수 있고, 더구나 물속으로 들어가지 않으려고 반사적으로 반항하는 피해자의 행동을 제압하기 위하여 강하게 피해자의 머리를 잡아 물속으로 누르게 될 경우에는 위 욕조의 턱에 피해자의 목 부분이 눌려 질식현상 등의 치명적인 결과를 가져올 수 있다는 것은 우리의 경험칙상 어렵지 않게 예견할 수 있다. 공무원이 그 직무를 수행함에 있어 상관은 부관에 대하여 범죄행위 등 위법한 행위를 하도록 명령할 직권이 없는 것이고, 하관은 소속 상관의 적법한 명령에 복종할 의무는 있으나 그 명령이 참고인으로 소환된 사람에게 가혹행위를 가하라는 등과 같이 명백한 위법 내지 불법한 명령인 때에는 이는 벌써 직무상의 지시명령이라 할 수 없으므로 이에 따라야 할 의무는 없다. 설령 대공수사단 직원은 상관의 명령에 절대 복종하여야 한다는 것이 불문율로 되어 있다 할지라도 국민의 기본권인 신체의 자유를 침해하는 고문행위 등이 금지되어 있는 우리의 국법질서에 비추어 볼 때 그와 같은 불문율이 있다는 것만으로는 고문치사와 같이 중대하고도 명백한 위법명령에 따른 행위가 정당한 행위에 해당하거나 강요된 행위로서 적법행위에 대한 기대가능성이 없는 경우에 해당하게 되는 것이라고는 볼 수 없다(대법원 1988.2.23. 선고 87도2358 판결. 박종철군 고문치사사건).

[사실관계]

대공수사요원 甲은 국가보안법을 위반한 乙의 행방을 알고 있는 참고인 丙을 취조하는 임무를 맡게 되었다. 甲은 상관으로부터 "물리적인 고문을 가하더라도 반드시 丙으로부터 乙 등 공범의 이름들을 받아내라"는 명령을 받았다. 평소 상관의 명령에 대한 절대복종이 대공수사요원들의 불문율로 되어 있었기에 甲은 아무런 생각 없이 상관이 명령한 대로 乙 등 공범 여부를 밝혀내기 위하여 丙을 조사함에 있어 丙의 가슴과 복부를 수차례 구타하였으나 丙의 진술을 받아내지 못했다. 이에 화가 난 甲은 丙의 양손을 밧줄로 묶고 물을 가득 채운 욕조에 乙의 머리를 수차례 쳐 박아 넣는 등의 행위(대공수사에서 가장 잔인한 방법으로 알려진 일명 '물고문') 로 丙에게 진술을 강요하였다. 이 과정에서 丙의 목이 욕조의 턱에 걸려 丙은 그 자리에서 질식사하였다.

나) 구속력 있는 위법한 명령에 복종한 경우

(가) 책임조각으로 보는 견해[11]

부하의 행위는 적법행위에 대한 기대가능성이 없으므로 책임만 조각되며, 따라서 정당방위가 가능하다는 견해이다.

(나) 위법성조각으로 보는 견해

부하의 행위를 위법성조각으로 이해하되, 법령에 의한 행위가 아닌 사회상규에 위배되지 않는 의

11) 우리나라 다수견해와 판례의 입장.

무의 충돌 또는 긴급피난에 해당한다고 보는 견해이다. 즉 사회상규에 위배되지 아니하는 정당화적 의무의 충돌에 해당한다고 보는 견해[12]와, (위법한 행위를 하지 말아야 할)부작위의무와 (상관의 명령에 복종해야 할)작위의무의 충돌로 독일형법 제34조의 정당화적 긴급피난에 해당한다고 보는 견해[13] 등이다.

3) 기타

정신병자의 감호행위[14] 및 각종 행정단속법규에 의한 강제격리수용행위 등을 들 수 있다.

2. 법령상 허용된 행위

1) 징계행위

(1) 개념 및 근거법령

특별한 인적 관계 또는 특별한 공동체내의 질서유지를 위하여 법령상 허용된 징계권의 적법한 행사로 간주되는 행위로, 친권자 또는 후견인의 징계행위(민법 제915조, 제945조)이다.[15]

각 학교장의 학생 징계행위(초 · 중등교육법 제18조, 초 · 중등교육법시행령 제31조, 고등교육법 제13조),[16] 소년원장 또는 소년분류심사원장의 징계

---

12) 상관의 명령에 대한 복종의무가 법질서에 대한 복종의무보다 우선한다는 견해로 독일의 다수견해.

13) C.Roxin.

14) 경찰관직무집행법 제4조 제1항 제1호, 제24조, 제25조.

15) 제915조 (징계권) 친권자는 그 자를 보호 또는 교양하기 위하여 필요한 징계를 할 수 있고 법원의 허가를 얻어 감화 또는 교정기관에 위탁할 수 있다.
제945조 (미성년자의 신분에 관한 후견인의 권리 · 의무) 미성년후견인은 제913조부터 제915조까지에 규정한 사항에 관하여는 친권자와 동일한 권리와 의무가 있다. 다만, 다음 각 호의 어느 하나에 해당하는 경우에는 미성년후견감독인이 있으면 그의 동의를 받아야 한다.
1. 친권자가 정한 교육방법, 양육방법 또는 거소를 변경하는 경우
2. 미성년자를 감화기관이나 교정기관에 위탁하는 경우
3. 친권자가 허락한 영업을 취소하거나 제한하는 경우

16) 초 · 중등교육법 제18조 (학생의 징계) ① 학교의 장은 교육상 필요한 경우에는 법령과 학칙으로 정하는 바에 따라 학생을 징계하거나 그 밖의 방법으로 지도할 수 있다. 다만, 의무교육을 받고 있는 학생은 퇴학시킬 수 없다.
② 학교의 장은 학생을 징계하려면 그 학생이나 보호자에게 의견을 진술할 기회를 주는 등 적정한 절차를 거쳐야 한다.
제20조 (교직원의 임무) ① 교장은 교무를 통할하고, 소속 교직원을 지도 · 감독하며, 학생을 교육한다.
② 교감은 교장을 보좌하여 교무를 관리하고 학생을 교육하며, 교장이 부득이한 사유로 직무를 수행할 수 없을 때에는 교장의 직무를 대행한다. 다만, 교감이 없는 학교에서는 교장이 미리 지명한 교사(수석교사를 포함한다)가 교장의 직무를 대행한다.
③ 수석교사는 교사의 교수 · 연구 활동을 지원하며, 학생을 교육한다.
④ 교사는 법령에서 정하는 바에 따라 학생을 교육한다.
초 · 중등교육법시행령 제31조 (학생의 징계 등) ① 법 제18조제1항 본문의 규정에 의하여 학교의 장은 교육상 필요하다고 인정할 때에는 학생에 대하여 다음 각 호의 어느 하나에 해당하는 징계를 할 수 있다
1. 학교 내의 봉사
2. 사회봉사
3. 특별교육이수
4. 1회 10일 이내, 연간 30일 이내의 출석정지

권 행사(보호소년 등의 처우에 관한 법률 제15조)가[17] 이에 해당한다.

(2) 요건

징계사유가 충분히 존재하고 징계행위가 객관적으로 허용된 범위 내에서 징계목적달성을 위한 필요 · 적정한 정도 내에서 징계권자가 교육 내지 훈육의 의사로 행위해야 한다.

(3) 적용한계

가) 징계권의 내용에 체벌권을 인정하느냐의 여부

교육법 제76조에 의하면 각 학교의 장은 교육상 필요한 때는 학생에게 징계 또는 처벌을 할 수 있도록 규정하고 있으므로 교장이 훈계의 목적으로 교칙위반 학생에게 뺨을 몇 차례 때린 정도는 감호교육상의 견지에서 볼 때 징계의 방법으로서 사회관념상 비난의 대상이 될 만큼 사회상규를 벗어난

---

5. 퇴학처분

② 학교의 장은 제1항의 규정에 의한 징계를 할 때에는 학생의 인격이 존중되는 교육적인 방법으로 하여야 하며, 그 사유의 경중에 따라 징계의 종류를 단계별로 적용하여 학생에게 개전의 기회를 주어야 한다.

③ 학교의 장은 제1항에 따른 징계를 할 때에는 학생의 보호자와 학생의 지도에 관하여 상담을 할 수 있다.

④ 교육감은 제1항제3호 및 제4호의 특별교육이수 및 출석정지의 징계를 받은 학생을 교육하는데 필요한 교육방법을 마련 · 운영하고, 이에 따른 교원 및 시설 · 설비의 확보 등 필요한 조치를 하여야 한다.

⑤ 제1항제5호의 퇴학처분은 의무교육과정에 있는 학생외의 자로서 다음 각 호의 어느 하나에 해당하는 자에 한하여 행하여야 한다.

1. 품행이 불량하여 개전의 가망이 없다고 인정된 자
2. 정당한 이유없이 결석이 잦은 자
3. 기타 학칙에 위반한 자

⑥ 학교의 장은 퇴학처분을 하기 전에 일정기간동안 가정학습을 하게 할 수 있다.

⑦ 학교의 장은 퇴학처분을 한 때에는 당해 학생 및 보호자와 진로상담을 하여야 하며, 지역사회와 협력하여 다른 학교 또는 직업교육훈련기관 등을 알선하는데 노력하여야 한다.

⑧ 학교의 장은 법 제18조제1항 본문에 따라 지도를 할 때에는 학칙으로 정하는 바에 따라 훈육 · 훈계 등의 방법으로 하되, 도구, 신체 등을 이용하여 학생의 신체에 고통을 가하는 방법을 사용해서는 아니 된다.

고등교육법 제13조 (학생의 징계) ① 학교의 장은 교육상 필요하면 법령과 학칙으로 정하는 바에 따라 학생을 징계할 수 있다.

② 학교의 장은 학생을 징계하려면 그 학생에게 의견을 진술할 기회를 주는 등 적절한 절차를 거쳐야 한다.

제15조 (교직원의 임무) ① 총장 또는 학장은 교무를 총괄하고, 소속 교직원을 감독하며, 학생을 지도한다.

② 교원은 학생을 교육 · 지도하고 학문을 연구하되, 필요한 경우 학칙 또는 정관으로 정하는 바에 따라 교육 · 지도, 학문연구 또는 「산업교육진흥 및 산학협력촉진에 관한 법률」 제2조제5호에 따른 산학협력만을 전담할 수 있다.

17) 제15조 (징계) ① 원장은 보호소년등이 규율을 위반하였을 때에는 다음 각 호의 어느 하나에 해당하는 징계를 할 수 있다.

1. 훈계
2. 원내 봉사활동
3. 14세 이상인 자에게 지정된 실내에서 20일 이내의 기간 동안 근신하게 하는 것

② 소년원장은 보호소년이 제1항 각 호의 어느 하나에 해당하는 징계를 받은 경우에는 법무부령으로 정하는 기준에 따라 교정성적 점수를 빼야 한다.

③ 징계는 당사자의 심신상황을 고려하여 교육적으로 하여야 한다.

것이라 할 수 없는 정당행위로서 처벌의 대상이 되지 아니한다.[18)]

나) 타인자녀에 대한 징계행위

일신전속적 권한으로 일반적으로는 인정되지 아니한다. 다만 친권자의 추정승낙의 범위 내에서는 예외적으로 인정될 수 있으며, 또한 경미한 징계행위는 사회상규에 위배되지 아니하는 행위로 인정될 수는 있다.[19)] 타인자녀에 대한 징계행위와 관련해서는 특히 타인자녀의 행위에 대하여 사회윤리적 한계 내에서 제3자를 위한 정당방위, 즉 긴급구조가 허용되느냐가 정당방위의 한계와 관련하여 문제될 수 있다.

다) 징계권의 위임허용과 그 한계

특별한 신뢰관계 및 보호관계에 있는 경우 그 위임의 취지범위 내에서만 허용이 가능하다. 이와 관련되는 문제로 교사에 대한 징계권의 위임허용에 대해서는 견해가 대립되고 있다.

관련판례

1) 교사가 피해자인 학생이 욕설을 하였는지를 확인도 하지 못할 정도로 침착성과 냉정성을 잃은 상태에서 욕설을 하지도 아니한 학생을 오인하여 구타하였다면 그 교사가 비록 교육상 학생을 훈계하기 위하여 한 것이라고 하더라도 이는 징계권의 범위를 일탈한 위법한 폭력행위이다(대법원 1980.9.9. 선고 80도762 판결).
2) 교사가 국민학교 5학년생을 징계하기 위하여 양손으로 교탁을 잡게 하고 길이 50센티미터, 직경 3센티미터 가량 되는 나무 지휘봉으로 엉덩이를 두 번 때리고, 무릎을 굽히며 허리를 옆으로 트는 학생의 허리부분을 다시 때려 6주간의 치료를 받아야 할 상해를 입힌 경우 위 징계행위는 그 방법 및 정도가 교사의 징계권행사의 허용한도를 넘어선 것으로서 정당한 행위로 볼 수 없다(대법원 1990.10.30. 선고 90도1456 판결).
3) 교사가 학생을 엎드러지게 한 후 몽둥이와 당구 큐대로 그의 둔부를 때려 3주간의 치료를 요하는 우둔부심부혈종좌이부좌상을 입혔다면 비록 학생주임을 맡고 있는 교사로서 제자를 훈계하기 위한 것이었다 하더라도 이는 징계의 범위를 넘는 것으로서 형법 제20조의 정당행위에 해당하지 아니한다(대법원 1991.5.14. 선고 91도513 판결).

---

18) 대법원 1976.4.27. 선고 75도115 판결.
[검사의 상고이유 중 일부] 원심은 피고인과 몇몇 증인들의 진술만을 믿고 피고인은 본건 피해자들의 빰을 몇 차례 때렸을 뿐이며 또 이는 본건 교장의 징계권의 범위에 속하는 정당행위라고 판시하고 있습니다. 그러나 원심 증인 갑의 진술에 의하면 피고인이 본건 사실과 같은 가혹한 정도의 구타를 하였음을 인정할 수 있음은 물론, 설사 원심판시와 같이 피고인이 본건 빰만을 몇 차례 구타하였다 하더라도 이를 간단히 징계권의 범위에 속하는 정당행위라고 넘겨버릴 수는 없는 것입니다. 원래 교육은 신성한 것이기 때문에 특히 공산 내지는 독재국가와 다른 우리나라와 같은 민주주의 교육제도 하에서는 학생들에 대한 교육은 어디까지나 선도를 바탕으로 하여야 하는 것이며 따라서 학생들에 대한 징계는 다른 여러 민주적인 방법에 의하여 행하여져야 하거늘 본건과 같은 사소한 행위에 대하여 그것도 한 번도 아닌 몇 차례에 걸쳐 빰을 구타하였는 즉, 이는 본건 교장의 징계권의 범위를 벗어난 위법행위라고 아니할 수 없습니다. 그렇다면 원심은 본건 징계권의 법리를 오해하여 판결에 영향을 미친 위법을 범하였다고 아니할 수 없읍니다. 이상과 같은 이유에서 원심 판결은 마땅히 파기되어야 한다고 사료되어, 이에 본건 상고에 이른 것입니다.
19) 사무관리나 공공의 이익을 근거로 이를 인정하는 견해도 있다.

2) 사인(私人)의 현행범 체포행위

(1) 개념 및 근거법령

수사기관을 위한 행위로 형사소송법 제212조에 현행범 체포 규정을 두고 있다.[20]

(2) 요건

가벌적 예비 및 미수의 단계에 이른 행위로, 목적과 수단의 필요성 및 적정성이 구비되어야 한다.

(3) 적용한계

가) 타인의 법익침해영역 내인 경우 정당행위의 성립 여부

타인의 법익침해영역 내에서 현행범인을 체포한 경우에는 그 타인에게 협조를 구하거나 그 타인의 법익이 침해되지 않도록 해야 한다.

나) 현행범인의 진범 여부

후에 진범으로 확증될 것을 전제로 하느냐[21], 아니면 객관적으로 죄를 범하였다고 의심할 만한 상당한 이유가 있고 진범으로 판단함에 과실이 없는 것만으로 정당행위가 성립하느냐[22]의 문제로, 이는 피체포자의 정당방위권의 여부와 관계된다.

3) 점유자의 자력구제(민법 제209조)

민법 제209조는 '자력구제'라는 표제하에 제1항에서 "점유자는 그 점유를 부정히 침탈 또는 방해하는 행위에 대하여 자력으로써 이를 방위할 수 있다."라고 규정하면서, 제2항에서 "점유물이 침탈되었을 경우에 부동산일 때에는 점유자는 침탈후 직시 가해자를 배제하여 이를 탈환할 수 있고 동산일 때에는 점유자는 현장에서 또는 추적하여 가해자로부터 이를 탈환할 수 있다."라고 규정하고 있다.

4) 노동쟁의행위(노동조합 및 노동관계조정법 제4조 등)[23]

---

20) 제212조 (현행범인의 체포) 현행범인은 누구든지 영장없이 체포할 수 있다.
제213조 (체포된 현행범인의 인도) ① 검사 또는 사법경찰관리 아닌 자가 현행범인을 체포한 때에는 즉시 검사 또는 사법경찰관리에게 인도하여야 한다.
② 사법경찰관리가 현행범인의 인도를 받은 때에는 체포자의 성명, 주거, 체포의 사유를 물어야 하고 필요한 때에는 체포자에 대하여 경찰관서에 동행함을 요구할 수 있다.

21) 독일 형법학자들의 다수견해.

22) 독일 형사소송법학자들의 다수견해.

23) 노동조합 및 노동관계조정법 제2조(정의) 6. "쟁의행위"라 함은 파업 · 태업 · 직장폐쇄 기타 노동관계 당사자가 그 주장을

근로자의 쟁의행위가 형법상 정당행위가 되기 위해서는 첫째 그 주체가 단체교섭의 주체로 될 수 있는 자이어야 하고, 둘째 그 목적이 근로조건의 향상을 위한 노사 간의 자치적 교섭을 조성하는 데에 있어야 하며, 셋째 사용자가 근로자의 근로조건 개선에 관한 구체적인 요구에 대하여 단체교섭을 거부하였을 때 개시하되 특별한 사정이 없는 한 조합원의 찬성결정 등 법령이 규정한 절차를 거쳐야 하고, 넷째 그 수단과 방법이 사용자의 재산권과 조화를 이루어야 함은 물론 폭력의 행사에 해당되지 아니하여야 한다는 여러 조건을 모두 구비하여야 한다.[24]

다만 쟁의행위에서 추구되는 목적이 여러 가지이고 그 중 일부가 정당하지 못한 경우에는 주된 목적 내지 진정한 목적의 당부에 의하여 그 쟁의목적의 당부를 판단하여야 할 것이고, 부당한 요구사항을 뺐더라면 쟁의행위를 하지 않았을 것이라고 인정되는 경우에는 그 쟁의행위 전체가 정당성을 갖지 못한다고 보아야 한다.

관련판례

1) 근로자의 쟁의권행사는 그것이 정당할 때에 한하여 본법상 위법성이 부정되어 처벌되지 않는 것인 바, 쟁의행위의 정당성은, 첫째로 단체교섭의 주체로 될 수 있는 자에 의하여 행해진 것이어야 하고, 둘째로 노사의 자치적 교섭을 조성하기 위하여 하는 것이어야 하며, 셋째로 사용자가 근로자의 근로조건의 개선에 관한 구체적 요구에 대하여 단체교섭을 거부하거나 단체교섭의 자리에서 그러한 요구를 거부하는 회답을 했을 때에 개시하되, 특별한 사정이 없는 한 원칙적으로 사전신고를 거쳐서 행하여야 하고, 넷째로 쟁의권의 행사방법은 노무의 제공을 전면적 또는 부분적으로 정지하는 것이어야 함은 물론 공정성의 원칙에 따라야 할 것임은 노사관계의 신의칙상 당연하며, 사용자의 기업시설에 대한 소유권 기타의 재산권과도 조화를 기해야 하고, 폭력의 행사는 신체의 자유, 안전이라는 법질서의 기본원칙에 반하는 것이므로 허용될 수 없고, 특히 쟁의권이 노동력의 집단적 거래로서의 측면을 갖는 단체교섭에 있어서 그것을 집단적으로 이용시키지 않게 함으로써 경제적 압력을 넣는 권리이고, 또한 이러한 경제적 압력을 유지, 강화시키기 위하여 사용자가 다른 노동력을 사용하거나 거래선을 확보하

관철할 목적으로 행하는 행위와 이에 대항하는 행위로서 업무의 정상적인 운영을 저해하는 행위를 말한다.
제4조 (정당행위) 형법 제20조의 규정은 노동조합이 단체교섭 · 쟁의행위 기타의 행위로서 제1조의 목적을 달성하기 위하여 한 정당한 행위에 대하여 적용된다. 다만, 어떠한 경우에도 폭력이나 파괴행위는 정당한 행위로 해석되어서는 아니된다.
제37조 (쟁의행위의 기본원칙) ① 쟁의행위는 그 목적 · 방법 및 절차에 있어서 법령 기타 사회질서에 위반되어서는 아니된다.
② 조합원은 노동조합에 의하여 주도되지 아니한 쟁의행위를 하여서는 아니된다.
제42조 (폭력행위등의 금지) ① 쟁의행위는 폭력이나 파괴행위 또는 생산 기타 주요업무에 관련되는 시설과 이에 준하는 시설로서 대통령령이 정하는 시설을 점거하는 형태로 이를 행할 수 없다.
② 사업장의 안전보호시설에 대하여 정상적인 유지 · 운영을 정지 · 폐지 또는 방해하는 행위는 쟁의행위로서 이를 행할 수 없다.
③ 행정관청은 쟁의행위가 제2항의 행위에 해당한다고 인정하는 경우에는 노동위원회의 의결을 얻어 그 행위를 중지할 것을 통보하여야 한다. 다만, 사태가 급박하여 노동위원회의 의결을 얻을 시간적 여유가 없을 때에는 그 의결을 얻지 아니하고 즉시 그 행위를 중지할 것을 통보할 수 있다.
④ 제3항 단서의 경우에 행정관청은 지체없이 노동위원회의 사후승인을 얻어야 하며 그 승인을 얻지 못한 때에는 그 통보는 그때부터 효력을 상실한다.

24) 같은 취지의 판례로 대법원 2008.9.11. 선고 2004도746 판결 ; 2007.12.28. 선고 2007도5204 판결 ; 2003.11.13. 선고 2003도687 판결 ; 1990.5.15. 선고 90도357 판결 ; 1991.5.24. 선고 91도324 판결 ; 1996.1.26. 선고 95도1959 판결 ; 1996.2.27. 선고 95도2970 판결 ; 1998.1.20. 선고 97도588 판결 ; 2000.5.12. 선고 98도3299 판결 ; 2001.6.12. 선고 2001도1012 판결 ; 2001.10.25. 선고 99도4837 전원합의체 판결.

는 것을 방해하는 권리인 것이므로 쟁의권에 의하여 보호되는 행위로서의 쟁의행위는 근로자집단이 그 주장의 시위나 그 주장을 관철할 목적으로 노무의 제공을 완전 또는 불완전하게 정지하거나, 또한 필요에 따라 이 노무 정지를 유지하기 위한 피켓팅이나 사용자와의 거래를 거부하라고 호소하는 행위를 의미하는 것이다. 조합원의 직장점거는 사용자측의 점유를 배제하지 아니하고 그 조업도 방해하지 않는 부분적 · 병존적 점거일 경우에 한하여 정당하다고 보아야 할 것이므로 피고인들이 조합원 600여명을 동원하여 근무 중이던 직원을 몰아내고 지하철공사 사무실을 점거함으로써 그 업무수행을 위력으로 방해하였다면 정당하다고 볼 수 없다. 피고인들이 사전에 노동쟁의조정법 제12조에 의하여 필요한 절차로서 거치도록 되어 있는 조합원의 찬반투표를 거치지 않았을 뿐만 아니라 같은 법 제14조 소정의 냉각기간 중에 서울시내 각 지하철역의 개찰구를 개방하고 안내방송으로 승객들에게 무임승차를 권유하는 등의 행위로 무임승차토록 하여 지하철공사에 운임 금 1,620,682,940 원 상당의 손해를 입혔다면 이와 같은 행위는 위 가.항에서 본 쟁의권의 정당성의 기준 가운데 네 번째 사유에도 합당하지 않을 뿐만 아니라 오히려 쟁의권의 남용에 해당하여 정당성이 없다. 조합활동이 정당하려면 취업규칙이나 단체협약에 별도로 허용규정이 있거나, 관행, 사용자의 승락이 있는 경우 외에는 취업시간 외에 행해져야 하며 사업장 내의 조합활동에 있어서는 사용자의 시설관리권에 바탕을 둔 합리적인 규율이나 제약에 따라야 하고, 비록 조합활동이 근무시간 외에 사업장 밖에서 이루어졌을 경우에도 근로자의 근로계약상의 성실의무(사용자의 이익을 배려해야 할)는 거기까지도 미친다고 보아야 하므로 그 점도 이행되어야 할 것인 바, 근무시간 중에 조합간부들과 공동하여 지하철공사의 사무실내의 집기 등을 부수고 적색페인트, 스프레이로 복도계단과 사무실 벽 등 200여 군데에 노동해방, 김명년 퇴진, 양키고홈 등의 낙서를 하여 수리비 42,900,000원이 소요되는 재물손괴를 하였다면 이는 조합활동권의 정당성의 범위 밖에 속한다(대법원 1990.5.15. 선고 90도357 판결. 서울 지하철공사 파업사태. 같은 취지의 판례로 대법원 1990.9.28. 선고 90도602 판결).

2) 정리해고나 부서 · 조직의 통폐합 등 구조조정의 실시 여부는 경영주체에 의한 고도의 경영상 결단에 속하는 사항으로서 이는 원칙적으로 단체교섭의 대상이 될 수 없고, 그것이 긴박한 경영상의 필요나 합리적인 이유 없이 불순한 의도로 추진되는 등의 특별한 사정이 없는 한, 노동조합이 실질적으로 그 실시 자체를 반대하기 위하여 쟁의행위에 나아간다면, 비록 그 실시로 인하여 근로자들의 지위나 근로조건의 변경이 필연적으로 수반된다 하더라도 그 쟁의행위는 목적의 정당성을 인정할 수 없다. 쟁의행위에서 추구되는 목적이 여러 가지이고 그 중 일부가 정당하지 못한 경우에는 주된 목적 내지 진정한 목적의 당부에 의하여 그 쟁의목적의 당부를 판단하여야 할 것이고, 부당한 요구사항을 뺐더라면 쟁의행위를 하지 않았을 것이라고 인정되는 경우에는 그 쟁의행위 전체가 정당성을 갖지 못한다고 보아야 한다(대법원 2003.12.26. 선고 2001도3380 판결. 같은 취지의 판례로 대법원 2003.12.26. 선고 2001도1863 판결; 2003.12.11. 선고 2001도3429 판결 ; 2002.2.26. 선고 99도5380 판결 ; 1992.1.21. 선고 91누5204 판결 ; 1992.5.12. 선고 91다34523 판결 ; 2001.6.26. 선고 2000도2871 판결 등).

3) 정리해고나 사업조직의 통폐합, 공기업의 민영화 등 기업의 구조조정의 실시 여부는 경영주체에 의한 고도의 경영상 결단에 속하는 사항으로서 이는 원칙적으로 단체교섭의 대상이 될 수 없고, 그것이 긴박한 경영상의 필요나 합리적인 이유 없이 불순한 의도로 추진되는 등의 특별한 사정이 없는 한, 노동조합이 실질적으로 그 실시를 반대하기 위하여 쟁의행위에 나아간다면, 비록 그 실시로 인하여 근로자들의 지위나 근로조건의 변경이 필연적으로 수반된다 하더라도 그 쟁의행위는 목적의 정당성을 인정할 수 없는 것이고, 여기서 노동조합이 '실질적으로' 그 실시를 반대한다고 함은 비록 형식적으로는 민영화 등 구조조정을 수용한다고 하면서도 결과적으로 구조조정의 목적을 달성할 수 없게 하는 요구조건을 내세움으로써 실질적으로 구조조정의 반대와 같이 볼 수 있는 경우도 포함한다. 다수의 근로자들이 상호 의사연락 하에 집단적으로 작업장을 이탈하거나 결근하는 등 근로의 제공을 거부함으로써 사용자의 생산 · 판매 등 업무의 정상적인 운영을 저해하여 손해를 발생하게 하였다면, 그와 같은 행위가 노동관계 법령에 따른 정당한 쟁의행위로서 위법성이 조각되는 경우가 아닌 한, 다중의 위력으로써 타인의 업무를 방해하는 행위에 해당하여 업무방해죄를 구성한다(대법원 2006.5.12. 선고 2002도3450 판결).

4) 노동조합이 실질적으로 구조조정 실시 자체를 반대하기 위하여 쟁의행위에 나아간 경우 그 목적의 정당성을 인정할 수

있는지 여부 및 쟁의행위에서 추구되는 목적 중 일부가 정당하지 못한 경우 쟁의행위 전체의 정당성 판단 기준

정리해고나 사업조직의 통폐합 등 기업의 구조조정의 실시 여부는 경영주체의 고도의 경영상 결단에 속하는 사항으로서 이는 원칙적으로 단체교섭의 대상이 될 수 없고, 그것이 긴박한 경영상의 필요나 합리적 이유 없이 불순한 의도로 추진되는 등의 특별한 사정이 없는 한, 노동조합이 실질적으로 그 실시 자체를 반대하기 위하여 쟁의행위에 나아간다면, 비록 그 실시로 인하여 근로자들의 지위나 근로조건의 변경이 필연적으로 수반된다고 하더라도 그 쟁의행위는 목적의 정당성을 인정할 수 없다. 또한 쟁의행위에서 추구되는 목적이 여러 가지이고 그 중 일부가 정당하지 못한 경우에는 주된 목적 내지 진정한 목적의 당부에 의하여 그 쟁의목적의 당부를 판단하여야 하고, 부당한 요구사항을 제외하였다면 쟁의행위를 하지 않았을 것이라고 인정되는 경우에는 그 쟁의행위 전체가 정당성을 갖지 못한다고 보아야 한다(대법원 2011.1.27. 선고 2010도11030 판결).

5) 쟁의행위에 있어서 목적의 정당서의 내용과 판단 기준

근로자의 쟁의행위가 형법상 정당행위가 되기 위해서는 그 목적이 근로조건의 향상을 위한 노사간의 자치적 교섭을 조성하는 것으로서 목적의 정당성이 인정되어야 하고, 한편 쟁의행위에서 추구되는 목적이 여러 가지이고 그 중 일부가 정당하지 못한 경우에는 주된 목적 또는 진정한 목적의 정당성 여부에 따라 그 쟁의목적의 정당성을 판단하여야 한다(대법원 2012.8.30. 선고 2010도4420 판결).

6) 사용자의 직장폐쇄는 노사간의 교섭태도, 경과, 근로자 측 쟁의행위의 태양, 그로 인하여 사용자측이 받는 타격의 정도 등에 관한 구체적 사정에 비추어 형평상 근로자 측의 쟁의행위에 대한 대항·방위 수단으로서 상당성이 인정되는 경우에 한하여 정당한 쟁의행위로 평가받을 수 있는 것이고, 사용자의 직장폐쇄가 정당한 쟁의행위로 인정되지 아니하는 때에는 적법한 쟁의행위로서 사업장을 점거 중인 근로자들이 직장폐쇄를 단행한 사용자로부터 퇴거 요구를 받고 이에 불응한 채 직장점거를 계속하더라도 퇴거불응죄가 성립하지 아니한다. 따라서 사용자측의 노사간 교섭에 소극적인 태도, 노동조합의 파업이 노사간 교섭력의 균형과 사용자측 업무수행에 미치는 영향 등에 비추어 노동조합이 파업을 시작한 지 불과 4시간 만에 사용자가 바로 직장폐쇄 조치를 취한 것은 정당한 쟁의행위로 인정되지 아니하므로, 사용자측 시설을 정당하게 점거한 조합원들이 사용자로부터 퇴거요구를 받고 이에 불응하였더라도 퇴거불응죄가 성립하지 아니한다(대법원 2007.12.28. 선고 2007도5204 판결).

7) 폭력을 수반하지 않는 소극적 노무제공 거부 형태의 파업이 형법상 업무방해죄에 해당하는지 여부

(다수의견)

업무방해죄는 위계 또는 위력으로써 사람의 업무를 방해한 경우에 성립한다(형법 제314조 제1항). 위력이라 함은 사람의 자유의사를 제압·혼란케 할 만한 일체의 세력을 말한다. 근로자가 그 주장을 관철할 목적으로 근로의 제공을 거부하여 업무의 정상적인 운영을 저해하는 쟁의행위로서의 파업(노동조합 및 노동관계조정법 제2조 제6호)도, 단순히 근로계약에 따른 노무의 제공을 거부하는 부작위에 그치지 아니하고 이를 넘어서 사용자에게 압력을 가하여 근로자의 주장을 관철하고자 집단적으로 노무제공을 중단하는 실력행사이므로, 업무방해죄에서 말하는 위력에 해당하는 요소를 포함하고 있다. 그런데 근로자는, 헌법 제37조 제2항에 의하여 국가안전보장·질서유지 또는 공공복리 등의 공익상의 이유로 제한될 수 있고 그 권리의 행사가 정당한 것이어야 한다는 내재적 한계가 있어 절대적인 권리는 아니지만, 원칙적으로는 헌법상 보장된 기본권으로서 근로조건 향상을 위한 자주적인 단결권·단체교섭권 및 단체행동권을 가진다(헌법 제33조 제1항). 그러므로 쟁의행위로서의 파업이 언제나 업무방해죄에 해당하는 것으로 볼 것은 아니고, 전후 사정과 경위 등에 비추어 사용자가 예측할 수 없는 시기에 전격적으로 이루어져 사용자의 사업운영에 심대한 혼란 내지 막대한 손해를 초래하는 등으로 사용자의 사업계속에 관한 자유의사가 제압·혼란될 수 있다고 평가할 수 있는 경우에 비로소 그 집단적 노무제공의 거부가 위력에 해당하여 업무방해죄가 성립한다고 봄이 상당하다. 이와 달리, 근로자들이 집단적으로 근로의 제공을 거부하여 사용자의 정상적인 업무운영을 저해하고 손해를 발생하게 한 행위가 당연히 위력에 해당함

을 전제로 하여 노동관계 법령에 따른 정당한 쟁의행위로서 위법성이 조각되는 경우가 아닌 한 업무방해죄를 구성한다는 취지로 판시한 대법원 1991.4.23. 선고 90도2771 판결, 대법원 1991.11.8. 선고 91도326 판결, 대법원 2004.5.27. 선고 2004도689 판결, 대법원 2006.5.12. 선고 2002도3450 판결, 대법원 2006.5.25. 선고 2002도5577 판결 등은 이 판결의 견해에 배치되는 범위 내에서 이를 변경한다.

(반대의견)

파업 등 쟁의행위라 하면 폭행 · 협박 · 강요 · 점거농성 등의 폭력적인 수단이 수반되는 경우를 흔히 떠올리기 쉽다. 그러나 이 사건은 피고인을 비롯한 전국철도노동조합 조합원들이 한국철도공사의 사업장에 출근하지 아니한 사안이다. 따라서 여기서 논의의 대상이 되는 것은 이와 같이 폭력적인 수단이 동원되지 않은 채 단순히 근로자가 사업장에 출근하지 않음으로써 근로제공을 하지 않는 경우(이른바 소극적 근로제공의 중단의 경우로서, 이하 '단순 파업'이라고만 줄여 쓴다)이고, 이 점에서 폭력적인 수단이 수반되는 파업의 경우와 혼동되어서는 아니 된다. 다수의견은, 쟁의행위로서의 파업이 위에서 전제하고 있는 바와 같이 단순 파업이라 하더라도 근로자들이 사용자에게 압력을 가하여 근로자의 주장을 관철하고자 집단적으로 이루어지는 이상 부작위에 그치는 것이 아니라 '작위적'인 것으로서 '위력에 해당하는 요소'를 포함하고 있고, 다만 단순 파업이 위와 같이 작위적인 것이라고 하더라도 그것이 모두 형법 제314조 제1항의 업무방해죄를 구성하는 "위력"에 해당하는 것이 아니라, 그 전후 사정과 경위 등에 비추어 사용자가 예측할 수 없는 시기에 전격적으로 이루어져 사용자의 사업운영에 심대한 혼란 내지 막대한 손해를 초래하는 등으로 사용자의 사업계속에 관한 자유의사가 제압 · 혼란될 수 있다고 평가될 수 있는 경우에 비로소 위력에 해당하여 업무방해죄를 구성한다는 것이다.

먼저 다수의견은 단순 파업이라고 하더라도 파업은 그 자체로 부작위가 아니라 작위적 행위라고 보아야 한다는 것이나, 이러한 견해부터 찬성할 수 없다. 범죄행위를 이루는 기본 형태는, 형법상 다중불해산죄(제116조), 퇴거불응죄(제319조 제2항) 등과 같이 형벌법규에 정한 구성요건이 단순한 부작위에 의해서만 실현될 수 있는 진정부작위범을 제외하고는, 작위에 의하는 경우뿐만 아니라 부작위에 의하는 경우를 포함할 수 있는 것(이른바 부진정부작위범)으로 일반적으로 이해된다. 판례 역시, '어떠한 범죄가 적극적 작위에 의하여 이루어질 수 있음은 물론 결과의 발생을 방지하지 아니하는 소극적 부작위에 의하여도 실현될 수 있는 경우에, 행위자가 자신의 신체적 활동이나 물리적 · 화학적 작용을 통하여 적극적으로 타인의 법익 상황을 악화시킴으로써 결국 그 타인의 법익을 침해하기에 이르렀다면, 이는 작위에 의한 범죄로 봄이 원칙'이라고 하여(대법원 2004.6.24. 선고 2002도995 판결 참조), 이를 분명히 하고 있다. 작위와 부작위는 대체로 사실적인 측면에서 구별하는 것이 일반적이다. 위의 판례도 적시하고 있는 바와 같이 신체적 활동이나 물리적 · 화학적 작용을 통한 적극적인 행위가 있는 경우를 작위에 의한 것으로 보고, 이와 달리 소극적으로 아무 것도 하지 않는 경우를 부작위에 의한 것으로 본다. 그렇다면 다수의견은 사실적인 측면에서 구별이 가능한 작위와 부작위 개념을 외면한 채 근로자가 아무런 일도 하지 않는 것에 불과한 단순 파업을 작위로 파악한 것부터가 잘못이다. 근로자가 사업장에 결근하면서 근로제공을 하지 않는 것은 근로계약상의 의무를 이행하지 않는 부작위임이 명백하다. 다수의견은 근로제공의 거부가 개별적인 것이 아니라 쟁의행위의 목적으로 집단적으로 이루어지는 점을 들어 작위로 보고 있는 듯하다. 그러나 한 사람이 아무 것도 하지 않는 것이나 여러 사람이 아무 것도 하지 않는 것이나, 그리고 여러 사람이 아무 것도 하지 않은 것의 목적이나 동기가 무엇이거나 가릴 것 없이, 어느 경우이건 신체적 활동 등 적극적인 행위가 없다는 점에서는 다를 바 없다. 따라서 근로자들이 쟁의행위의 목적에서 집단적으로 근로제공을 거부한 것이라는 사정이 존재하다고 하여 개별적으로 부작위인 근로제공의 거부가 작위로 전환된다고 할 수는 없다. 물론 형법 제314조 제1항의 위력에 의한 업무방해죄의 구성요건으로서의 "위력"은 사람의 자유의사를 제압 · 혼란케 할 만한 일체의 세력을 의미하고, 행위자가 상대방의 자유의사를 제압 · 혼란케 하는 위험이나 결과를 초래하는 것은 행위자의 신체적 활동 등 적극적인 작위의 방법뿐만 아니라 소극적으로 아무런 행위를 하지 않는 부작위의 방법으로도 가능할 수 있음은 위의 부진정부작위범의 법리를 통하여 본 바와 같다. 따라서 집단적인 노무제공의 거부가 부작위에 해당한다는 이유만으로는 위력에 의한 업무방해죄의 성립을 부정할 수는 없다. 다만 이러한 경우 부작위가 작위와 같이 평가될 수 있기 위해서는 부작위 행위자가 결과의 발생을 방지하여야 할 보증인적 지위에 있어야 한다(전형적인 사례로, 어머니가 어린 아이에게 젖을 주지 않는 방법으로 살해의 결과를 실현하는 경우를 들 수 있다). 그리고 여기서 말하는 보증인적 지위에 있다고 인정하기 위해서는, ① 법익의 주체가 법익침해의 위협에 스스로 대처할 보호능력이 없고, ② 부작위 행위자가 그 법익침해의 위험으로부터 상대방의 법익을 보호해 주어야 할 법적 의무, 즉 작위의무가 있어야 하며, ③ 부작위 행위자가 이러한 보호자의 지위에서 법익침해를 일으키는 사태를 지배하고 있을 것을 요한다는 것이 교과서적인 설명이다.

따라서 단순 파업을 다수의견의 견해와 달리 부작위라고 보더라도, 부작위에 의하여 위력을 행사한 것과 동일한 결과를 실현할 수 있고, 근로자들이 그러한 결과의 발생을 방지하여야 할 보증인적 지위에 있다고 볼 수 있다면, 비록 다수의견과 논거를 달리하지만 위력에 의한 업무방해죄의 성립을 인정할 수 있다. 그러므로 중요한 문제는 근로자들에게 이러한 부진정부작위범의 구성요건을 충족하는 보증인적 지위를 인정할 수 있는가 여부이다. 사용자는 근로자에 대한 관계에서 개별적 근로관계의 당사자로서는 사회적 · 경제적으로 우월한 지위에 있는 것이 보통이다. 그리고 근로자단체와의 집단적 근로관계에 있어서도 사용자는 근로자들의 쟁의행위에 대항할 수 있는 수단을 강구할 수 있는 등 상호 대등한 위치에 있다. 이러한 점에서 일반적으로 사용자에게 근로자들의 단순 파업으로부터 기업활동의 자유라는 법익을 스스로 보호할 능력이 없다거나 근로자들이 사용자에 대한 보호자의 지위에서 사태를 지배하고 있다고는 말할 수 없다. 따라서 우선 위에서 본 보증인적 지위를 인정하기 위한 위 ①, ③의 요건부터가 있다고 말하기 어렵다. 그리고 무엇보다 보증인적 지위를 인정하는 데 가장 중요한 것은 위 ②의 요건인 작위의무이다. 판례도, '작위를 내용으로 하는 범죄를 부작위에 의하여 범하는 부진정부작위범이 성립하기 위해서는 형법이 금지하고 있는 법익침해의 결과 발생을 방지할 법적인 작위의무를 지고 있는 자가 그 의무를 이행함으로써 결과 발생을 쉽게 방지할 수 있었음에도 불구하고 그 결과의 발생을 용인하고 이를 방관한 채 그 의무를 이행하지 아니한 경우에 그 부작위가 작위에 의한 법익침해와 동등한 형법적 가치가 있는 것이어서 그 범죄의 실행행위로 평가될 만한 것이어야 하며, 여기서 작위의무는 법령, 법률행위, 선행행위로 인한 경우는 물론, 기타 신의성실의 원칙이나 사회상규 혹은 조리상 작위의무가 기대되는 경우에도 인정된다'(대법원 2006.4.28. 선고 2003도4128 판결 등 참조)고 한다. 그러므로 근로자와 사용자의 관계에서 과연 근로자가 사용자에 대하여 형법이 금지하고 있는 법익침해의 위험이나 결과 발생을 방지할 법적인 작위의무가 있고 그 의무를 이행하지 아니하는 부작위가 작위에 의한 법익침해와 동등한 형법적 가치를 가진 것으로 인정할 수 있는지 살펴볼 필요가 있다.

우선, 근로자와 사용자 사이의 개별적 근로관계의 측면에서 근로자에게 근로계약에 기한 근로의무가 존재하기는 한다. 그러나 근로자가 근로계약을 위반하지 아니할 의무를 부담하는 것은 근로계약 당사자 사이의 사적 자치의 영역에 속하므로 그에 대한 제재는 원칙적으로 손해배상 등 민사적 책임을 부과하는 것에 의하여 해결되어야 한다. 따라서 근로자가 근로제공의무를 이행하여야 할 근로계약상의 의무를 가리켜 형법이 금지하고 있는 사용자에 대한 법익침해의 위험이나 결과 발생을 방지하여야 할 법적 의무로서 '부작위에 의한 업무방해죄'를 구성하는 '작위의무'라고 할 수는 없다. 이를 형사상 부진정부작위범의 작위의무라고 하는 것은 근로계약상의 근로제공의무를 불이행함으로써 사용자에게 손해를 가하는 행위를 형사처벌의 대상으로 삼겠다는 것이다. 그러나 이것은 형벌로 노무의 제공을 강제하는 것이 된다. 이는 곧바로 자신의 의사에 따라 근로하지 아니할 자유나 권리를 본질적으로 부정하는 것이 된다. 이것이 부당함은 두말할 필요가 없다. 따라서 근로자가 근로계약상의 의무인 근로제공을 하지 아니하는 것을 가리켜 작위의무를 위반한 것으로 평가하여서는 아니 된다(대법원 2011.3.17. 선고 2007도482 전원합의체 판결. 같은 취지의 판례로 대법원 2011.10.27. 선고 2010도7733 판결).

5) 기타

인공임신중절수술(모자보건법 제14조, 제28조 및 시행령 제15조)[25], 의사 · 한의사의 전염병신고의무(감염병의 예방 및 관리에 관한 법률 제11조 1항),[27] 공인된 복표 발매행위(주택법, 한국마사회법 등) 등이 이에 해당한다.

제4항 업무로 인한 행위

Ⅰ. 개념

직업의무 · 직업윤리의 정당한 수행을 위해 합목적적으로 요구되는 행위로, 사람이 그 사회생활상의 지위에 기하여 계속 · 반복의 의사로 종사하는 사무로 인한 행위를 말하나 그 구체적인 내용은 각 행위유형에 따라 다르다.

Ⅱ. 요건

객관적으로 정상적인 업무의 수행행위이라야 하며, 주관적으로 행위자가 직업활동을 수행하려는 의사가 존재해야 한다.

---

25) 모자보건법 제14조 (인공임신중절수술의 허용한계) ① 의사는 다음 각호의 1에 해당되는 경우에 한하여 본인과 배우자(사실상의 혼인관계에 있는 자를 포함한다. 이하 같다)의 동의를 얻어 인공임신중절수술을 할 수 있다.

1. 본인 또는 배우자가 대통령령이 정하는 우생학적 또는 유전학적 정신장애나 신체질환이 있는 경우
2. 본인 또는 배우자가 대통령이 정하는 전염성 질환이 있는 경우
3. 강간 또는 준강간에 의하여 임신된 경우
4. 법률상 혼인할 수 없는 혈족 또는 인척간에 임신된 경우
5. 임신의 지속이 보건의학적 이유로 모체의 건강을 심히 해하고 있거나 해할 우려가 있는 경우

제28조 (형법의 적용배제) 이 법의 규정에 의한 인공임신중절수술을 받은 자와 수술을 행한 자는 형법 제269조 제1항 제2항 및 동법 제270조 제1항의 규정에 불구하고 처벌하지 아니한다.

모자보건법시행령 제15조 (인공임신중절수술의 허용한계) ① 법 제14조에 따른 인공임신중절수술은 임신 24주일 이내인 사람만 할 수 있다.

② 법 제14조제1항제1호에 따라 인공임신중절수술을 할 수 있는 우생학적 또는 유전학적 정신장애나 신체질환은 연골무형성증, 낭성섬유증 및 그 밖의 유전성 질환으로서 그 질환이 태아에 미치는 위험성이 높은 질환으로 한다.

③ 법 제14조제1항제2호에 따라 인공임신중절수술을 할 수 있는 전염성 질환은 풍진, 톡소플라즈마증 및 그 밖에 의학적으로 태아에 미치는 위험성이 높은 전염성 질환으로 한다.

26) 제11조 (의사 등의 신고) ① 의사나 한의사는 다음 각 호의 어느 하나에 해당하는 사실(제16조제5항에 따라 표본감시 대상이 되는 감염병으로 인한 경우는 제외한다)이 있으면 소속 의료기관의 장에게 보고하여야 하고, 해당 환자와 그 동거인에게 보건복지부장관이 정하는 감염 방지 방법 등을 지도하여야 한다. 다만, 의료기관에 소속되지 아니한 의사 또는 한의사는 그 사실을 관할 보건소장에게 신고하여야 한다.

Ⅲ. 정당화적 근거

업무로 인한 행위의 정당화근거가 무엇이냐와 관련하여 "업무수행이라는 '일정한 사실'로부터 그 행위가 규범적으로 정당화될 수 있느냐" 라는 비판적 견해도 있다.

Ⅳ. 내용 – 구체적인 사례 유형

1. 의사의 치료행위

주관적으로 치료의 목적으로 객관적으로는 의술의 원칙에 따라 행한 경우로,[27] 의료법 제25조와 제66조의 위반은 별론으로 하더라도 면허의 유무와는 관계없다. 이를 피해자의 승낙 또는 추정적 승낙으로 보는 견해[28]와 구성요건해당성조각으로 보는 견해도 있다.

2. 안락사

1) 안락사의 유형

① 진정안락사 : 생명의 단축을 수반하지 않는 단순한 고통의 제거를 위한 안락사

② 간접적 안락사 : 생명단축의 결과발생을 예상하면서도(생명단축의 염려) 고통을 완화시킬 목적으로 처치를 했던 결과 예상된 부작용으로 자연적 사기를 앞당기게 된 경우

③ 소극적 안락사 : 구조가능성이 없을 때 생명연장을 위한 더 이상의 조치를 취하지 않음으로써

---

27) 원판결이유에 의하면 피고인은 개업의사로서 임부 소외인을 진찰하고 동녀로 하여금 태아를 분만케하려 하였으나 동녀는 골반간격이 좁아 자연분만을 할 수 없게 되자 부득이 인공분만기인 '샥숀'을 3회반복사용하여 동녀에게 전치 1주간의 회음부 및 질내염상을, 동 태아에게 전치 9일간의 두혈종상을 각 입혔는 바 이는 피고인이 의사로서의 정상의 주의의무를 해태한 나머지 '샥숀'을 거칠고 험하게 사용한 탓으로 산부 및 태아에 위 상해를 입혔음이 인정되는 바이므로 피고인의 판시 소위가 비록 의료행위를 시행함에 인한 소위라 하더라도 정당업무의 범위를 넘은 위법행위라고 판시하고 있다. 원심의 판결요지는 본건에서 피고인의 인공분만기 '샥숀'사용은 의사로서 정상적인 의료행위의 시행에 속함을 인정하면서도 다만 '샥숀'을 거칠고 험하게 사용한 것이 의사로서의 정상의 주의의무를 해태한 것이 되고 그 결과 위각 상해를 입힌 것이고 이는 의사의 정당업무의 범위를 넘는 위법행위라는 취지임을 알 수 있다. 그러나 원심이 인정한 '샥숀' 사용에 있어서 피고인이 거칠고 험하게 사용하였다는 점에 관하여 살펴보건대 일건기록을 정사하여 보아도 그를 인정할만한 증거있음을 찾아 볼 수 없고 다만 산부와 태아에게 판시 상해가 있기는 하나 서울대학교 의과대학 부속병원장의 사실조회의뢰 회신기재 및 증인 박노경, 동 이호성의 각 진술기재에 의하면 위 '샥숀'을 사용하면 통상 판시 상해정도가 있을 수 있다는 것임을 규지할 수 있으므로 그 상해가 있다하여 피고인이 '샥숀'을 거칠고 험하게 사용한 결과라고는 보기 어렵다 할 것인데도 불구하고 원심은 아무런 증거없이 사실을 인정한 채증법칙 위반의 위법이 아니면 형법 제20조의 정당행위의 법리를 오해한 위법이 있다 할 것 이고 이점을 논란하는 논지는 이유있어 원판결은 파기를 면치 못할 것이다(대법원 1978.11.14. 선고 78도2388 판결).

28) 독일의 다수견해와 판례의 입장.

예상보다 빨리 죽음에 이르도록 하는 경우(인공심폐기 제거, 계속되는 치료행위 중단 등)

④ 적극적 안락사 : 사경(死境)의 고통을 제거하는 방법으로 아예 목숨을 끊어버리는 경우

⑤ 도태적(淘汰的) 안락사 : 생존능력은 있으나 무가치하다고 판단되는 생명을 안락사하는 방법으로 박멸하는 경우

2) 형법상 문제되는 경우로서의 소극적 · 적극적 안락사

현대 의학상 불치의 질병으로 사기(死期)가 목전에 임박함이 명백하고 감당하기 어려운 육체적 고통에 있어서 본인의 진지하고 명시한 의사에 기하여 의술에 의해 그 고통을 경감 · 제거하기 위하여 윤리적으로 타당한 방법으로 사기를 인위적으로 단축시키거나 가능한 연장조치를 중단시키는 일체의 행위. 단순한 소극적 안락사는 위법성이 조각된다고 볼 수 있으나, 다만 환자에게 생명연장이 아직 의미있고 의사가 보증인적 의무가 있는 경우에는 위법성이 인정된다.

3) 법적 성질 – 인정여부의 문제

헌법상의 기본권(생명권) 및 의학적 · 종교적인 면에서 논란되는 문제로, 업무로 인한 행위로 보는 견해, 피해자의 승낙으로 보는 견해, 사회상규에 위배되지 아니하는 행위로 보는 견해 및 위법성이 조각되지 않는다고 보는 견해 등 다양한 견해가 대립되고 있다.

4) 안락사와 구별되는 개념

(1) 존엄사

단지 생명유지장치에 의해 인공적으로 연명할 뿐 소생할 가망없는 혼수상태나 뇌사상태의 환자가 품위있게 죽을 수 있도록 생명유지장치를 제거하여 생명을 단축시키는 행위로, 환자의 고통이 수반되지 않는다는 점, 환자 자신이 자기결정권을 행사할 수 없다는 점에서 안락사와 구별된다.[29]

---

29) 「무의미한 연명치료장치제거 등 가처분신청」사건에 대한 서울서부지방법원 2008.7.10 선고 2008카합822호 결정과, 「무의미한 연명치료장치제거 등」 청구사건에 대한 서울서부지방법원 제12민사부 2008.11.28. 선고 2008가합6977 판결 및 서울고등법원 제9민사부 2009.2.10. 선고 2008나116869 판결, 대법원 2009.5.1. 선고 2009다17417 전원합의체판결.

[사실관계]

만 76세인 김○○은 2008.2.18. 폐암 발병 여부를 확인하기 위하여 X 병원에서 기관지 내시경을 이용한 폐종양 조직 검사를 받던 중 저산소증에 의한 뇌손상을 입고 8개월째 의식이 없는 식물인간상태에서 X 병원의 중환자실에서 인공호흡기를 부착하고 항생제 투여, 인공영양 공급, 수액 공급 등의 치료를 받고 있었다. 이에 김○○의 가족들은 X 병원에 인공호흡기를 제거하고 생명연장치료를 중단할 것을 요구하였으나 X 병원은 김○○의 생명을 보호할 의무가 있어 가족들의 요구에 응할 수 없다고 거부하였다. 김○○과 김○○의 자녀들은 X 병원을 운영하는 학교법인 Y와 김○○의 주치의 Z를 상대로, ① 주위적으로는 이 사건 치료의 중단을 구하고, ② 예비적으로는 김○○이 X 병원에서 퇴원하는 것을 방해하지 말 것을 구하는 가처분을 신청하였다(김○○은 사실상 의사능력을 상실한 상태에 있어 소송능력이 없는바, 김○경의 자녀들 중 한 사람인 이○화가 특별대리인으로 선임되었다.

(2) 자비사

자비사란 임박한 죽음의 고통에 시달리는 불치 또는 난치의 환자가 그 고통에서 벗어나기 위해 차라리 죽기를 바랄 것이라고 생각하고 이를 동정하여 고통 없는 방법으로 즉사시키는 적극적인 행위를 말한다.

3. 치료유사행위

피해자의 승낙으로 구성요건해당성이 조각된다.

4. 기타[30)]

변호인의 변론행위 및 성직자의 범죄불고지행위[31)], 신문기자의 취재 및 보도행위, 위임사무의 처리행위(민법 제681조)도 업무로 인한 행위에 해당한다.

제5항 기타 사회상규에 위배되지 않는 행위[32)]

Ⅰ. 서

형법 제20조는 「정당행위」라는 표제 하에 "법령에 의한 행위 또는 업무로 인한 행위 기타 사회상규에 위배되지 아니하는 행위는 벌하지 아니한다"라고 규정하여 외국의 입법례에서는 찾아 볼 수 없는 위법성조각사유로 "사회상규에 위배되지 아니하는 행위"를 정당행위로 규정해 놓고 있을 뿐만 아니라 제24조에서 피해자의 승낙을 개별적인 위법성조각사유로 규정해 놓고 있다.

예를 들어 일본 형법은 정당행위(제35조), 정당방위(제36조), 긴급피난(제37조)을 위법성조각사유로 규

30) 조합의 긴급이사회에서 불신임을 받아 조합장직을 사임한 피해자가 그 후 개최된 대의원총회에서 피고인등의 음모로 조합장직을 박탈당한 것이라고 대의원들을 선동하여 회의진행이 어렵게 되자, 새 조합장이 되어 사회를 보던 피고인이 그 회의진행의 질서유지를 위한 필요조치로서 이사회의 불신임결의과정에 대한 진상보고를 하면서 피해자는 긴급이사회에서 불신임을 받고 쫓겨나간 사람이라고 발언한 것이라면, 피고인에게 명예훼손의 범의가 있다고 볼 수 없을 뿐만 아니라 그러한 발언은 업무로 인한 행위이고 사회상규에 위배되지 아니한 행위이다(대법원 1990.4.27. 선고 89도1467 판결).
회사의 관리사원으로 근무하는 자들이 해고에 항의하는 농성을 제지하기 위하여 그 주동자라고 생각되는 해고근로자들을 다른 근로자와 분리시켜 귀가시키거나 불응 시에는 경찰에 고발, 인계할 목적으로 간부사원회의의 지시에 따라 위 근로자들을 봉고차에 강제로 태운 다음 그곳에서 내리지 못하게 하여 감금행위를 한 것이라고 하더라도 이를 정당한 업무행위라거나 사회상규에 위배되지 않는 정당한 행위라고 보기는 어렵고 또 현재의 부당한 침해를 방위하기 위하여 상당성이 인정되는 정당방위행위라고 볼 수도 없다(대법원 1989.12.12. 선고 89도875 판결).

31) 뒤에서 설명하는 '사회상규의 판단기준' 부산 미문화원방화사건 판결(대법원 1983.3.8. 82도3248) 참조.

32) 아래 내용은 천진호, "'사회상규에 위배되지 아니하는 행위'에 대한 비판적 고찰", 비교형사법연구 제3권 제2호, 2001.12, 146면-185면 참조.

정하면서, 특히 정당행위에 대해서는 "법령 또는 정당한 업무로 인한 행위는 벌하지 아니한다"로 규정하고 있다.[33] 독일 형법도 정당방위(제32조), 과잉방위(제33조), 정당화적 긴급피난(제34조), 면책적 긴급피난(제35조)에 관한 규정만을 두고 있고, 제226조의a에 피해자의 승낙이라는 표제 하에 "피해자의 승낙 하에 상해를 한 자는 그 상해행위가 승낙에도 불구하고 선량한 풍속에 반하는 때에는 위법이다"라고 규정하여 상해죄에 대해서만 개별적인 위법성조각사유로서 피해자의 승낙에 관한 규정을 두고 있다.

법해석학은 주어진 입법에 구속되어야 한다는 점에서 외국의 형법이론을 우리 형법이론학에 수용하기 위해서는 입법형식과 체계에 대한 비교법적 검토가 선행되어야 한다. 그럼에도 불구하고 우리 형법해석학에는 우리의 형사입법체계와 그에 따른 이론적 검증 없이 일본과 독일의 형법이론학이 무비판적으로 수용된 면이 적지 않은데, 현재 다수견해가 일반적 · 포괄적인 위법성조각사유로 보고 있는 "사회상규에 위배되지 아니하는 행위"에 대한 해석론 또한 우리와 입법체계를 달리하는 독일 형법학에서 벨첼(Hans Welzel)에 의하여 해석학에 도입되고 논의되어 온 사회적 상당성 이론을 충분한 검토 없이 받아들였다는 비판이 제기될 수 있다.

특히 구성요건에 해당하는 행위의 위법성을 포괄적으로 조각하는 "사회상규에 위배되지 아니하는 행위"에 대한 그 동안의 논의는 그 실체에 대한 구체화작업이 미흡한 상태에서 자칫 '죄형법관주의'를 정당화시켜주는 매개체 역할을 하고 있지는 않은지 반성해 볼 필요가 있다.

Ⅱ. "사회상규에 위배되지 아니하는 행위"의 개념정의(실체)에 대한 학설과 판례

1. 학설

먼저 "사회상규" 내지 "사회상규에 위배되지 아니하는 행위"의 개념을 설명하고 있는 학설들을 살펴보면 '조리나 공서양속에 위배되지 아니하는 행위', '법 전체의 정신에 비추어 초법규적으로 보아 실질적으로 위법이 아닌 정당한 행위', '그 입법정신에 비추어 국가질서의 존중성의 인식을 기초로 한 국민 일반의 건전한 도의감', '사회상규란 국가질서의 존엄성을 기초로 한 국민 일반의 건전한 도의감 또는 공정하게 사유하는 일반인의 건전한 윤리감정을 의미하는 것으로, 따라서 사회상규에 위배되지 않는 행위란 법질서 전체의 정신이나 사회윤리에 비추어 용인될 수 있는 행위', '법질서 전체

33) 일본 학자들은 일본 형법 제35조 후단의 행위가 '업무로 인한' 것에 중점이 있는 것이 아니라 '정당한' 행위라는 것에 실질적 이유가 있다고 이해하여 동 규정을 근거로 일반적인 정당화사유에 관한 해석론을 전개하고 있다. 또한 그 취지를 법문상으로 명백히 하기 위하여 형법개정작업의 과정에서 형법 제35조에 대한 수정이 여러 차례 시도되었는데, 이러한 규정에서 파생되는 문제를 극복하기 위하여 '초법규적'이라는 개념을 안출하게 되었다고 할 수 있다. 다만 1927년 일본 형법 예비초안 제17조는 '법령 또는 정당한 업무로 인한 행위 또는 공공의 질서 내지 선량한 풍속에 위배되지 아니하는 관습으로 인한 행위는 벌하지 아니한다'라고 규정하였는데, 우리 형법 제20조가 입법과정에서 이 예비초안 제17조에서 시사받은 것이 아닌가 생각된다.

의 정신이나 그 배후의 지배적인 사회윤리에 비추어 일반적으로 용인될 수 있는 행위, 즉 사회적으로 유용성이 인정되거나 적어도 사회적 유해성을 야기하지 않는 행위', '법질서 전체의 정신이나 그 기저를 이루는 사회윤리에 비추어 용인될 수 있는 범위내의 행위', '통일된 법질서 전체의 정신이나 사회적으로 공인된 윤리감정에 비추어 용인될 행위', '행위가 법규정의 문헌상 이를 범죄구성요건에 해당된다고 보이는 경우에도 그것이 극히 정상적인 생활형태의 하나로서 역사적으로 생성된 사회생활 질서의 범위 안에 있는 것이라고 생각되는 경우', '사회생활에 있어서 일반적으로 인정되는 일상적(또는 정상적인) 규칙의 테두리를 벗어나지 아니하는 행위', '사회적으로 일반적으로 늘 인정되고 있는 행위규범으로서 사회 일반인이 볼 때 그 정도는 있을 수 있는 일이라고 생각되는 경우', '사회생활을 함에 있어서 사람들이 지켜야 할 규범에 위배되지 아니하는 행위', '사회조절적 이익교량이 인정되는 것', '사회갈등조정적 이익교량원리에 비추어 보거나, 충돌하는 제 이익을 다원교량적으로 가치평가할 때 위법하다고 보기 곤란하고, 예외적으로 허용되는 것으로 볼 수 있다고 판단되는 행위', '사회통념상 허용되는 행위로서 사회적 상당성이 있는 행위', '사회통념상 용인될 만한 상당한 이유 있는 행위'라고 설명하는 등 실로 다양하게 정의를 내리고 있다.

2. 판례

다수견해와 마찬가지로 대법원판례도 "사회상규에 위배되지 아니하는 행위"의 개념 설정과 관련하여 '사회일반통념상 의례나 정의(情義)로 인정할 정도에 불과한 행위', '초법규적인 법익교량의 원칙이나 목적과 수단의 정당성에 관한 원칙 또는 사회적 상당성의 원리 등에 의하여 도출된 개념', '사회적 상당성이 인정되는(있는) 행위', '극히 정상적인 생활형태의 하나로서 역사적으로 생성된 사회생활질서의 범위 안에 있는 것이라고 생각되는 사회적 상당성이 있는 행위', '사회통념상 허용(용인)될만한 정도의 상당성이 있는 행위', '법질서 전체의 정신이나 그 배후에 놓여 있는 사회윤리 내지 사회통념에 비추어 용인될 수 있는 행위', '사회관념상 비난의 대상이 될 만큼의 정도가 아닌 행위', '국법질서 전체의 이념에 비추어 용인될 수 있는 행위', '국가질서의 존중이라는 인식을 바탕으로 한 국민일반의 건전한 도의적 감정에 반하지 아니한 행위', '사회적으로 용인되어 보편화된 관례' 등을 혼용하여 사용하고 있는데 벨첼(Hans Welzel)이 주장한 "사회적 상당성"의 개념과 동일한 의미로 사용하고 있는 것으로 보여진다.

Ⅲ. 사회상규의 판단 기준

불법구성요건해당행위가 사회상규에 위배되느냐의 여부는 정당화사유의 일반원리를 종합하여 판단하여야 한다. 따라서 이익 및 의무교량의 원칙 및 비례성의 원칙 즉 정당한 목적을 위한 정당한 수단과 긴급성 · 보충성의 원칙 등을 고려한 총체적 평가의 방법으로 판단하여야 한다. 판례도 "형법 제20조 소정의 '사회상규에 위배되지 아니하는 행위'라 함은 법질서 전체의 정신이나 그 배후에 놓여 있는 사회윤리 내지 사회통념에 비추어 용인될 수 있는 행위를 말하고, 어떠한 행위가 사회상규에 위배되지 아니하는 정당한 행위로서 위법성이 조각되는 것인지는 구체적인 사정 아래서 합목적적, 합리적으로 고찰하여 개별적으로 판단되어야 하므로, 이와 같은 정당행위를 인정하려면 첫째 그 행위의 동기나 목적의 정당성, 둘째 행위의 수단이나 방법의 상당성, 셋째 보호이익과 침해이익과의 법익균형성, 넷째 긴급성, 다섯째 그 행위 외에 다른 수단이나 방법이 없다는 보충성 등의 요건을 갖추어야 한다"고 하여 어느 정도 구체적으로 이를 열거하고 있다.

판단기준으로서 사회적 상당성의 원칙 또는 보호할 이익결여의 원칙을 고려해야 한다는 견해 또는 사회상규에 위배되지 않는 행위를 판단하는 기준을 위와 같은 이론적 방법, 개별사건으로 부터 일정한 규칙을 도출하는 결의적(決疑的) 방법(판례유형)과 유형비교의 구체화 방법이라는 세 가지로 나누면서, 세 번째 방법을 강조하는 견해도 있다.

Ⅳ. 판례가 제시하고 있는 "사회상규에 위배되지 아니하는 행위"의 구체적 유형

"사회상규에 위배되지 아니하는 행위"에 해당하는 유형으로 판례는 "훈계 목적 하에서 부모의 자녀에 대한 징계권행사로서의 체벌 및 학교장이나 교사의 학생에 대한 징계방법으로서 체벌, 다소간의 해악의 고지에 해당하는 말로 타인의 자녀에 대한 훈계행위", "상관이 부하를 훈계하기 위한 목적 또는 조직 내의 질서를 지키려는 목적으로 행한 폭행 또는 상해", "사용자가 근로자에게 징벌을 가함에 있어 소정의 절차를 밟지 아니한 경우", "다소의 기망이나 폭행 · 협박을 수반한 권리실현행사", "상대방의 불법한 공격으로부터 자신을 보호하고 이를 벗어나기 위한 저항수단으로 유형력을 행사한 소극적(본능적) 방어(저항)행위", "사회통념상 의례나 정의(情義)로나 부득이한 사정", "국가 및 공공기관이나 회사 등에서 수년간 관행(관례)적으로 취급하여 온 행위", "정신병자나 수용시설에 수용중인 부랑자들의 신체의 안전과 보호를 위한 일시적 감금행위",[34] "사회적 상당성이 인정되

---

34) 수용시설에 수용중인 부랑인들의 야간도주를 방지하기 위하여 그 취침시간 중 출입문을 안에서 시정조치한 행위가 형법 제20조의 정당행위에 해당되어 위법성이 조각된다(대법원 1988.11.8. 선고 88도1580 판결).

정신병자의 어머니의 의뢰 및 승낙 하에 그 감호를 위하여 그 보호실문을 야간에 한해서 3일간 시정하여 출입을 못하게 한 감금행위는 그 병자의 신체의 안정과 보호를 위하여 사회통념상 부득이 한 조처로서 수긍될 수 있는 것이면, 위법성이 없다(대법원 1980.2.12. 선고 79도1349 판결).

[사회상규에 위배되는 행위로 판시한 사례]

형법 제20조 소정의 '사회상규에 위배되지 아니하는 행위'라 함은 법질서 전체의 정신이나 그 배후에 놓여 있는 사회윤리 내지 사회통념에 비추어 용인될 수 있는 행위를 말하고, 어떠한 행위가 사회상규에 위배되지 아니하는 정당한 행위로서 위법성이 조각되는 것인지는 구체적인 사정 아래서 합목적적, 합리적으로 고찰하여 개별적으로 판단하여야 할 것인바, 이와 같은 정당행위를 인정하려면 첫째 그 행위의 동기나 목적의 정당성, 둘째 행위의 수단이나 방법의 상당성, 셋째 보호이

는 의사의 통상적인 진료행위",[35] "뽕밭을 유린하는 소의 고삐를 끊은 행위",[36] "경미한 법익침해행위", "조합의 조합장 또는 사단법인의 이사장이 이사회의 진행 도중 타인의 명예를 훼손하는 발언을 하거나, 방송국 시사프로그램을 시청한 후 방송국 홈페이지의 시청자 의견란에 작성 · 게시한 글 중 일부의 표현이 그 출연자인 피해자에 대한 사회적 평가를 훼손할 만한 모욕적 언사에 해당하는 경우,[37] 지방의회의원선거 합동연설회장에서 상대방 후보자를 비난하는 취지의 발언을 한 경우" 등을 들고 있다.

Ⅴ. 자기 또는 타인의 권리를 실행하기 위한 행위로 그 수단 자체가 위법인 경우

법률상 타인으로부터 재물 또는 재산상 이익을 취득할 수 있는 권리를 가지고 있는 자가 권리실현의 의사는 있으나 그 권리실행의 수단으로 기망 내지 공갈 수단을 사용하여 재물 또는 재산상 이익

익과 침해이익과의 법익권형성, 넷째 긴급성, 다섯째 그 행위 외에 다른 수단이나 방법이 없다는 보충성 등의 요건을 갖추어야 한다. 따라서 피해자를 정신의료기관에 강제입원시킨 조치가 사회상규에 위배되지 아니하는 정당한 행위로서 위법성이 조각된다고 보기 어렵다. 또한 피해자의 정신병원에서의 퇴원 요구를 거절해 온 피해자의 배우자가 피해자에 대하여 재산이전 요구를 한 경우, 그 배우자가 재산이전 요구에 응하지 않으면 퇴원시켜 주지 않겠다고 말한 바 없더라도 이는 암묵적 의사표시로서 공갈죄의 수단인 해악의 고지에 해당하고 이러한 해악의 고지가 권리의 실현수단으로 사용되었더라도 그 수단방법이 사회통념상 허용되는 정도나 범위를 넘는 것으로서 공갈죄를 구성한다(대법원 2001.2.23. 선고 2000도4415 판결).

다만 독일 형법에는 우리 형법 제20조에 해당하는 규정이 없기 때문에 가족을 귀찮게 하는 것을 막기 위해 일시적으로 정신병자를 감금한 행위를 독일 연방대법원은 독일 형법 제34조 정당화적 긴급피난으로 판시하였다(BGHSt 13, 197).

35) 대법원 1986.6.10. 선고 85도2133 판결. 대법원은 '의사로서의 정상적인 진료행위는 형법 제20조 소정의 정당행위에 해당한다'라고 판시함으로써(대법원 1974.4.23. 선고 74도714 판결 ; 1976.6.8. 선고 76도144 판결 ; 1976.7.13. 선고 75도1205 판결 ; 1978.11.14. 선고 78도2388 판결) 제20조에서 규정하고 있는 업무로 인한 행위에 해당하는지, 사회상규에 위배되지 아니하는 행위에 해당하는지를 명확하게 밝히고 있지 않으나 학설은 업무로 인한 행위로 보고 있다. 다만 85도2133 판결은 '사회적 상당성이 인정되는 의사의 통상적인 진료행위에 지나지 않는 것이므로 피고인의 소위를 과실로 상해를 입힌 행위로는 볼 수 없다'라고 판시하면서 참조조문으로 형법 제268조와 제20조를 명시하고 있다.

36) 원판결이 유지한 제1심판결이 인정한 사실은 피고인은 1975.8.30 17:00경 선산군 고아면 황산동 소재 감천냇가 피고인의 소유 뽕나무밭에서 피해자인 윤팔원 소유 암소가 뽕잎을 뜯어 먹었다는 이유로 동 암소의 고삐를 낫으로 끊고 그 옆에 있는 동인의 소유 싯가 30,000원 상당의 송아지 꼬리를 낫으로 끊어 그 효용을 해한 것이라는데 있다. 그러나 원심이 끌어쓴 증거를 검토하여도 피고인이 송아지의 꼬리를 베었다는 사실을 입증하기에 충분하다고 인정될 수 없으니 필경 원판결은 증거 없이 사실을 인정한 위법이 있다고 하겠고, 뽕밭을 유린하는 소의 고삐가 나무에 얽혀 풀 수 없는 상황 하에서 고삐를 낫으로 끊고 소를 밭에서 끌어냄은 사회상규상 용인된다고 하겠으니 특단의 사정이 없는 한 처벌할 수 없다 하겠다(대법원 1976.12.28. 선고 76도2359 판결).

37) 모욕죄에서 말하는 모욕이란 사실을 적시하지 아니하고 사람의 사회적 평가를 저하시킬 만한 추상적 판단이나 경멸적 감정을 표현하는 것이다. 피고인이 방송국 시사프로그램을 시청한 후 방송국 홈페이지의 시청자 의견란에 작성 · 게시한 글 중 특히, "그렇게 소중한 자식을 범법행위의 변명의 방패로 쓰시다니 정말 대단하십니다."는 등의 표현은 그 게시글 전체를 두고 보더라도, 그 출연자인 피해자에 대한 사회적 평가를 훼손할 만한 모욕적 언사에 해당한다. 다만 피고인이 방송국 홈페이지의 시청자 의견란에 작성 · 게시한 글 중 일부의 표현은 이미 방송된 프로그램에 나타난 기본적인 사실을 전제로 한 뒤, 그 사실관계나 이를 둘러싼 문제에 관한 자신의 판단과 나아가 이러한 경우에 피해자가 취한 태도와 주장한 내용이 합당한가 하는 점에 대하여 자신의 의견을 개진하고, 피해자에게 자신의 의견에 대한 반박이나 반론을 구하면서, 자신의 판단과 의견의 타당함을 강조하는 과정에서 부분적으로 그와 같은 표현을 사용한 것으로서 사회상규에 위배되지 않는다고 봄이 상당하다(대법원 2003.11.28. 선고 2003도3972 판결).

을 취득한 경우 사기죄나 공갈죄가 성립하느냐의 문제이다. 이는 정당행위 또는 자구행위로서 위법성조각사유의 문제만이 아니라 사기죄나 공갈죄의 구성요건해석의 문제이기도 하다.

1. 무죄설

수단은 위법이나 취득되는 이익은 불법이 아니다. 즉 수단은 위법이나 권리의 행사까지 위법한 것은 아니며 따라서 불법영득의 의사의 존재와 재산상 손해발생이라는 사기나 공갈죄의 구성요건해당성 자체가 결여된다. 다만 이익의 일부만이 정당한 이익일 때는 나머지 부분에 대해서만 사기죄나 공갈죄가 성립될 수 있다. 그러나 이 견해는 권리행사의 (신의성실)의무성 내지 공익성의 요구라는 점에서 볼 때 그 이론적 근거가 부당하다 할 것이다.

2. 폭행죄 또는 협박죄설[38)]

재산죄의 본질은 사법상 권리관계보호에 있으며, 따라서 정당한 권리행사인 경우에는 그 수단이 비록 위법하더라도 사기죄나 공갈죄의 정형성이 결여된다는 이론적 근거에서, 정당한 권리행사의 범위 내인 경우에는 공갈수단에 대해서만 폭행죄 또는 협박죄가 성립한다. 나아가 정당한 권리행사의 범위를 초과한 경우에는 다시 이를 두 가지로 나누어 재물 또는 재산상 이익이 법률상 가분인 경우는 초과부분에 대해서 사기나 공갈죄가 성립될 수 있으며, 법률상 불가분인 경우는 전체에 대해서 사기죄나 공갈죄가 성립된다. 그러나 이 견해에 의하면 권리행사를 위해 강취 내지 절취한 경우에도 같은 결론이 되므로 법질서전체의 유지에 위배될 뿐 아니라 법률상의 가분여부가 불분명하며, 가분여부에 따라 동일한 행위에 대한 법적 평가를 달리하는 불합리성이 있다.

3. 사기 및 공갈죄설

행위를 전체적으로 평가하여 권리행사이더라도 수단이 사회통념상 허용되는 범위를 초과한 경우에는 권리남용으로서 전체행위가 위법으로 되어 사기죄나 공갈죄가 성립된다.[39)] 즉 재물에 대한 사

---

38) 우리나라 다수학자들의 견해.

39) 피해자의 정신병원에서의 퇴원 요구를 거절해 온 피해자의 배우자가 피해자에 대하여 재산이전 요구를 한 경우, 그 배우자가 재산이전 요구에 응하지 않으면 퇴원시켜 주지 않겠다고 말한 바 없더라도 이는 암묵적 의사표시로서 공갈죄의 수단인 해악의 고지에 해당하고 이러한 해악의 고지가 권리의 실현수단으로 사용되었더라도 그 수단방법이 사회통념상 허용되는 정도나 범위를 넘는 것으로서 공갈죄를 구성한다(대법원 2001.2.23. 선고 2000도4415 판결).
피고인의 행위가 피해자에 의한 채권을 변제받기 위한 방편이었다 하더라도 이 사건에서와 같이 피해자에게 환전하여 주겠다고 기망하여 약속어음을 교부받은 행위는 위법성을 조각할 만한 정당한 권리행사방법이라고 볼 수 없다. 약속어음은 그 자체가 재산적 가치를 지닌 유가증권으로서 재물성이 있고 이 사건 어음은 단일하여 불가분이므로 설사 피고인이 피해자에 대하여 편취어음금의 일부에 해당하는 채권을 가진다 하더라도 이 사건 어음을 기망에 의하여 교부받은 경우에는 그 어음금 전부에 대하여 사기죄가 성립한다(대법원 1982.9.14. 선고 82도1679 판결). 같은 취지의 판례로 대법원 1971.7.6. 선고 71도712 판결 ; 1969.12.23. 선고 69도1544 판결 ; 1971.11.9. 선고 71도1629 판결 ; 1984.3.27. 선고 83도3204 판결.
토지 매도인이 매수인에게 소유권이전등기에 필요한 서류 등을 넘겨주지 않겠다는 태도를 취하자 매매계약 중개인이 매수인 앞으로 소유권이전등기를 하기 위하여 기망수단에 의하여 등기에 필요한 인감증명서를 교부받은 경우 그것이 매매

용 · 수익 · 처분이라는 소유권 기타 본권의 사실적 기능침해라는 면을 재산상 손해의 발생으로 볼 때 사기죄나 공갈죄의 불법구성요건에는 해당되며, 다만 권리실행의 수단 자체의 범위와 관련된 위법성조각여부에 대한 판단의 문제로 보아야 한다.

4. 권리행사의 외관만 구비한 경우

권리실현의 의사 없이 권리실행을 빙자하거나, 그 정당한 권리와는 관계없는 별개의 원인에 기한

계약을 이행시키려고 하는 목적과 동기에서 이루어졌고 결과적으로 매도인의 매수인에 대한 배임행위를 제지하였다 할지라도 중개인은 자신이 중개한 매매계약의 이행을 담보할 책임을 지지 아니하고, 매도인으로서는 배임죄로 처벌을 받거나 계약불이행으로 손해배상책임을 지는 것은 별론으로 하고 매수인으로부터 중도금까지 지급받은 이후에도 제3자에게 이중으로 매도하고 소유권이전등기를 넘겨줄 수 있는 것이므로 수단에 상당성이 없다 할 것이고, 따라서 위법성을 조각할 만한 정당한 권리행사방법이라 할 수 없다(대법원 1992.11.24. 선고 92도391 판결) .

피고인이 피해자를 상대로 목재대금청구소송을 제기하여 위 소송계속 중 피해자에게 피해자의 양도소득세 포탈사실을 관계기관에 진정하여 일을 벌리려 한다고 말하여 겁을 먹은 피해자로부터 목재대금을 지급하겠다는 약속을 받아낸 행위는 사회상규에 어긋나지 않는다고 할 수 없다(대법원 1990.11.23. 선고 90도1864 판결).

공갈죄의 수단으로서의 협박은 사람으로 하여금 의사결정의 자유를 제한하거나 의사실행의 자유를 방해할 정도로 겁을 먹게 할만한 해악을 고지하는 것을 말하고, 여기서 고지된 해악의 실현은 반드시 그 자체가 위법한 것임을 요하지 않으며, 또한 그 해악고지의 수단방법은 명시적이거나 직접적이 아니더라도 묵시적으로 피공갈자 이외의 제3자를 통해서 간접적으로 할 수도 있는 것이나, 그것이 정당한 권리자에 의하여 권리실행의 수단으로서 사용된 경우 행위의 주관적인 측면과 객관적인 측면을 종합적으로 판단하여 그 방법이 사회통념상 허용되는 정도를 넘지 않는 한 공갈죄의 성립을 인정할 수 없는 것이다. 피고인이 그 소유건물에 인접한 대지위에 건축허가조건에 위반되게 건물을 신축,사용하는 소유자로부터 일조권침해 등으로 인한 손해배상에 관한 합의금을 받은 것이 사회통념상 용인되는 범위를 넘지 않는 것이어서 공갈죄가 성립되지 아니한다(대법원 1990.8.14. 선고 90도114 판결).

아무리 자신에게 정당한 권리가 있다고 하더라도, 그 권리의 행사를 빙자하여, 사회통념상 허용되는 정도나 범위를 넘어서는 협박을 수단으로 상대방을 겁주어 재물을 교부받거나 재산상의 이익을 받으려고 하였다면, 이는 공갈죄의 실행에 착수한 것이라고 보아야 하고, 이 경우 구체적으로 어떠한 행위가 사회통념상 허용되는 정도나 범위를 넘는 것인지 여부는 그 행위의 주관적인 측면과 객관적인 측면, 즉 추구된 목적과 선택된 수단을 전체적으로 종합하여 판단하여야 한다(대법원 1991.12.13. 선고 91도2127 판결, 1995.3.10. 선고 94도2422 판결 등 참조). 원심이, 그 판시의 증거를 종합하여, 위 피고인들이 공동하여 그 판시와 같은 방법으로 주식회사 (업체명 생략)으로부터 400억 원을 갈취하려다가 미수에 그친 사실을 인정하고 위 피고인들을 공동공갈미수의 폭력행위 등 처벌에 관한 법률 위반죄로 처단한 것은, 기록과 앞서 본 법리에 비추어 옳고, 거기에 상고이유의 주장과 같은, 심리미진이나 채증법칙 위배로 인한 사실오인, 공갈죄에 관한 법리오해 등의 위법이 없다(대법원 2006.5.12. 선고 2005도9595 판결).

공갈죄의 수단으로서의 협박은 사람의 의사결정의 자유를 제한하거나 의사실행의 자유를 방해할 정도로 겁을 먹게 할 만한 해악을 고지하는 것을 말하고 여기에서 고지된 해악의 실현은 반드시 그 자체가 위법한 것임을 요하지 아니하며 해악의 고지가 권리실현의 수단으로 사용된 경우라고 하여도 그것이 권리행사를 빙자하여 협박을 수단으로 상대방을 겁을 먹게 하였고 권리실행의 수단 방법이 사회통념상 허용되는 정도나 범위를 넘는다면 공갈죄가 성립한다(대법원 1993.9.14. 선고 93도915 판결, 대법원 2004.9.24. 선고 2003도6443 판결 등 참조). 원심판결 이유에 의하면, 원심은 제1심의 채택 증거들에 의하여 그 판시와 같은 사실을 인정한 후, 피고인이 2003.1.11.부터 2004.1.13.까지 사이에 공소외 1은 주식회사 옵셔널캐피탈(이하, '옵셔널캐피탈'이라 한다)의 자금 100억 원을 횡령하였다는 등으로 수사기관에 고소하거나 그와 같은 취지의 글을 인터넷에 수회에 걸쳐 게시하였을 뿐만 아니라 회계장부 열람을 위한 가처분을 신청하거나 이를 이유로 옵셔널캐피탈의 사무실을 수시로 방문하는 행위로 인하여 옵셔널캐피탈의 업무에 사실상 적지 않은 방해를 주고 있는 상황에서 공소외 3에게 이러한 행위를 중단하는 대가로 금전을 요구하면서 만일 옵셔널캐피탈이 피고인의 요구를 받아들이지 않을 경우 앞으로도 계속하여 고소 제기 등과 같은 행위를 함으로써 옵셔널캐피탈의 업무에 지장을 줄 것 같은 태도를 보인 것은 옵셔널캐피탈에 대한 공갈 행위를 구성한다고 판단하였는바, 위와 같은 법리 및 기록에 비추어 보면, 원심의 위와 같은 조치는 정당한 것으로 수긍할 수 있고, 거기에 상고이유에서 주장하는 바와 같은 공갈죄의 협박 및 정당한 권리행사 등에 관한 법리오해 또는 채증법칙 위배 등의 위법이 없다(대법원 2007.10.11. 선고 2007도6406 판결).

경우에는 별개의 독립된 범죄가 성립된다.[40)]

관련판례

1) 피고인들을 포함한 근로자 30여 명이 관할 경찰서장에게 신고하지 아니하고 회사 구내 옥외 주차장에서 5회에 걸쳐 집회를 개최하였다고 하여 집회 및 시위에 관한 법률(이하 '집시법'이라 한다) 위반으로 기소된 사안에서, 위 집회는 회사 구내에서 업무시간을 피하여 매번 약 40분씩 한정된 시간 동안 개최된 것이고, 집회의 목적도 오로지 노조활동과 관련하여 회사에 대한 요구사항을 주장하기 위한 것이며, 집회 장소가 회사 안마당 주차장 공간으로서 옥외이기는 하지만 외부인의 출입이 통제 · 차단되어 그곳에서 위와 같은 목적과 규모 및 방법으로 집회를 개최하더라도 인근 거주자나 일반인의 법익과 충돌하거나 공공의 안녕질서에 해를 끼칠 것으로는 예견되지 아니할 뿐 아니라 일반적인 사회생활질서의 범위 안에 있는 행위로 평가되므로, 피고인들의 행위를 집시법상 미신고 옥외집회 개최행위로 처벌할 수 없다(대법원 2013.10.24. 선고 2012도11518 판결. 피고인들을 포함한 근로자 30여 명이 회사 구내 옥외 주차장에서 미신고 집회를 개최하였다고 하여 '집회 및 시위에 관한 법률' 위반으로 기소된 사안에서, 위 집회는 집회 장소, 목적과 규모 · 방법 등에 비추어 일반적인 사회생활질서의 범위 안에 있어, 피고인들의 행위를 미신고 옥외집회 개최행위로 처벌할 수 없다고 한 사례).
2) 피해자에 대한 상해진단서 및 청구인이 피해자로부터 맞으면서 더 이상 맞지 않으려고 손을 휘저었다는 청구인의 진술 등을 종합하면 피해자의 상해가 청구인의 행위로 발생한 사실은 인정된다. 그러나 청구인의 행위는 피해자의 폭행을 제지하기 위한, 또는 그로부터 자신을 보호하고 이를 벗어나기 위한 정당방위 또는 정당행위로 볼 수 있다. 즉 이 사건은 청구인이 그 가족을 차에 태우고 집으로 귀가하던 중 술에 취한 피해자가 도로에 진입하여 청구인이 운전하던 차의 진로를 방해하여 발생하게 된 점, 그 시비 과정에서 청구인이 피해자로부터 일방적으로 폭행을 당하여 6주간의 치료를 요하는 중한 상해를 입은 점, 피해자가 입은 상해는 청구인이 피해자로부터 일방적으로 공격을 당하는 상황에서 더 이상 맞지 않기 위해 손을 휘젓는 과정에서 발생한 것으로 보이는 점 등을 종합하면, 청구인의 행위는 피해자의 폭행을 제지하거나 그로부터 벗어나기 위한 저항수단으로서 사회통념상 허용될 만한 정도의 상당성이 있는 행위로 볼 수 있다.
   따라서 피청구인은 당시의 상황을 보다 면밀히 검토한 후 청구인의 행위가 정당방위나 정당행위에 해당하는지 여부를 밝혀보았어야 함에도 불구하고 이를 소홀히 채 기소유예처분을 한 것으로 그 결정에 영향을 미친 중대한 법리오해 및 수사미진의 잘못이 있어 청구인의 평등권과 행복추구권을 침해하였다[헌법재판소 2013.8.29. 선고 2011헌마743 결정. 청구인이 2011.8.5. 23:20경 부산 OO구 OOO동 소재 도로상에서 무쏘차량을 운전하여 귀가하던 중, 차도로 걸어가던 피해자에게 경적을 울렸다는 이유로 시비가 되어 피해자의 멱살을 잡고, 주먹으로 피해자의 얼굴을 수회 때려 요치 21일간의 안면부좌상 등을 가하였다는 혐의로 입건되었다. 피청구인(부산지검 검사)은 청구인에 대해 혐의사실은 인정되나, 초범이고, 피해자로부터 폭행을 당하자 이에 대항하는 과정에서 범행에 이른 점, 피해자의 상해는 상대적으로 중하지 아니한 반면 청구인은 피해자로부터 6주간의 치료를 요하는 안와골절상을 입은 점 등을 이유로 기소유예처분을 하였다(피해자에 대하여는 청구인에 대한 상해죄로 기소

40) 상표의 등록이나 상표권의 양수가 자기의 상품을 타 업자의 상품과 식별시킬 목적으로 한 것이 아니고, 국내에 널리 인식되어 사용되고 있는 타인의 상표가 상표등록이 되어 있지 아니함을 알고, 그와 동일 또는 유사한 상표나 상호, 표식 등을 사용하여 일반 수요자로 하여금 타인의 상품과 혼동을 일으키게 하거나 타인의 영업상의 시설이나 활동과 혼동을 일으키게 하여 이익을 얻을 목적으로 형식상 상표권을 취득하는 경우에는 상표의 등록출원이나 상표권의 양수 자체가 부정경쟁행위를 목적으로 하는 것이어서, 가사 권리행사의 외형을 갖추었다 하더라도 이는 상표법을 악용하거나 남용한 것이 되어 상표법에 의한 적법한 권리의 행사라고 인정할 수 없으므로, 부정경쟁방지법 제9조에 해당하여 같은 법 제2조의 적용이 배제된다고 할 수 없다(대법원 1993.1.19. 선고 92도2054 판결).

하였다. 이에 청구인은 혐의가 인정되지 아니함에도 혐의인정을 전제로 위와 같이 기소유예처분을 한 것은 청구인의 기본권을 침해한다는 이유로 그 취소를 구하는 이 사건 헌법소원심판을 청구한 사건).

3) 형법 제20조에 규정된 '사회상규에 위배되지 아니하는 행위'라 함은 법질서 전체의 정신이나 그 배후에 놓여 있는 사회윤리 내지 사회통념에 비추어 용인될 수 있는 행위를 말하고, 어떠한 행위가 사회상규에 위배되지 아니하는 정당한 행위로서 위법성이 조각되는 것인지는 구체적인 사정 아래에서 합목적적, 합리적으로 고찰하여 개별적으로 판단되어야 하므로, 이와 같은 정당행위를 인정하려면 첫째 그 행위의 동기나 목적의 정당성, 둘째 행위의 수단이나 방법의 상당성, 셋째 보호이익과 침해이익과의 법익 균형성, 넷째 긴급성, 다섯째 그 행위 외에 다른 수단이나 방법이 없다는 보충성 등의 요건을 갖추어야 한다(대법원 2003.9.26. 선고 2003도3000 판결 등 참조). 또한 형법 제22조 제1항의 긴급피난이란 자기 또는 타인의 법익에 대한 현재의 위난을 피하기 위한 상당한 이유 있는 행위를 말하고, 여기서 '상당한 이유 있는 행위'에 해당하려면, 첫째 피난행위는 위난에 처한 법익을 보호하기 위한 유일한 수단이어야 하고, 둘째 피해자에게 가장 경미한 손해를 주는 방법을 택하여야 하며, 셋째 피난행위에 의하여 보전되는 이익은 이로 인하여 침해되는 이익보다 우월해야 하고, 넷째 피난행위는 그 자체가 사회윤리나 법질서 전체의 정신에 비추어 적합한 수단일 것을 요하는 등의 요건을 갖추어야 한다(대법원 2006.4.13. 선고 2005도9396 판결 등 참조). 원심판결 이유에 의하면, 피고인들은 공소외 1 등과 공동하여 2008.12.18. 10:30경부터 13:30경까지 사이에 국회 외교통상 상임위원회(이하 '외통위'라 한다) 회의장 앞 복도에서 성명불상의 민주당 및 민주노동당 의원, 의원 보좌직원, 당직자 등과 함께 봉쇄된 회의장 출입구를 뚫을 목적으로, 피고인 3은 해머로 출입문을 수회 쳐서 부수고, 피고인 2, 피고인 4, 피고인 5는 각자 해머로 출입문을 수회 치고 떼어낸 후 그 안쪽에 바리케이드로 쌓여있던 책상, 탁자 등 집기를 밀치거나 잡아당겨 부수고, 공소외 1은 출입문을 양손으로 젖혀 떼어낸 후 그 안쪽에 쌓여있던 소파 등 집기를 해머로 쳐서 부수고, 민주당 국회의원 보좌직원들인 공소외 2, 공소외 3은 각자 출입문 안쪽에 쌓여있던 탁자 등 집기를 밀치거나 잡아당겨 부수고, 피고인 1은 출입문 안쪽에 쌓여있던 탁자를 전동그라인더를 이용하여 부순 사실, 피고인 2는 2008. 12. 18. 13:45경 국회 외교통상 상임위원회 회의장 앞 복도에서 위와 같이 회의장 출입구 확보를 위한 시도가 실패로 돌아가자, 한미자유무역협정 비준동의안의 상정 등 심의를 방해하기 위해 민주당 국회의원 보좌직원들인 공소외 3, 공소외 4와 함께 교대로 소화전에 연결된 소방호스를 이용하여 바리케이드 틈 사이로 회의장 내에 물을 분사한 사실을 알 수 있다. 이를 앞서 본 법리와 기록에 비추어 살펴보면, 우선 피고인들의 위와 같은 행위가 공용물건손상죄 및 국회회의장소동죄의 구성요건에 해당한다는 점은 너무나 명백하고, 국민의 대의기관인 국회에서 서로의 의견을 경청하고 진지한 토론과 양보를 통하여 더욱 바람직한 결론을 도출하는 합법적 절차를 외면한 채 곧바로 폭력적 행동으로 나아간 피고인들의 행위는 그 방법이나 수단에 있어서도 상당성의 요건을 갖추지 못하였다고 할 것이므로 이를 위법성이 조각되는 정당행위나 긴급피난의 요건을 갖춘 행위로 평가하기도 어렵다.

한미FTA 비준동의안에 대한 국회 외교통상 상임위원회(이하 '외통위'라 한다)의 처리 과정에서, 갑 정당 당직자인 피고인들이 갑 정당 소속 외통위 위원 등과 함께 외통위 회의장 출입문 앞에 배치되어 출입을 막고 있던 국회 경위들을 밀어내기 위해 국회 경위들의 옷을 잡아당기거나 밀치는 등의 행위를 한 사안에서, 제반 사정에 비추어 외통위 위원장이 을 정당 소속 외통위 위원들이 위원장실에 이미 입실한 상태에서 회의장 출입구를 폐쇄하고 출입을 봉쇄하여 다른 정당 소속 외통위 위원들의 회의장 출입을 막은 행위는 상임위원회 위원장의 질서유지권 행사의 한계를 벗어난 위법한 조치이고, 회의장 근처에 배치된 국회 경위들이 갑 정당 소속 외통위 위원들의 회의장 출입을 막은 행위는 외통위 위원장의 위법한 조치를 보조한 행위에 지나지 아니하여 역시 위법한 직무집행이며, 피고인들이 갑 정당 소속 외통위 위원들을 회의장으로 들여보내기 위하여 그들과 함께 국회 경위들을 밀어내는 과정에서 경위들의 옷을 잡아당기는 등의 행위를 하였더라도, 이러한 행위는 적법성이 결여된 직무행위를 하는 공무원에게 대항하여 한 것에 지나지 아니하여 공무집행이 적법함을 전제로 하는 공무집행방해죄는 성립하지 않는데도, 이와 달리 보아 피고인들에게 유죄를 인정한 원심판결에 공무집행방해죄에 관한 법리오해의 위법이 있다[대법원 2013.6.13. 선고 2010도13609 판결. 甲 정당 당직자인 피고인들 등이 국회 외교통상 상임위원회 회의장 출입문 앞에 배치되어 출입을 막고 있던 국회 경위들을 밀어내기 위해 경위들의 옷을 잡아당기거나 밀치는 등의 행위를 한 사안에서, 피고인들의 행위는 적법성이 결여된 직무행위를 하는 공무원에게 대항하여 한 것에 지나지 아니하여 공무집행방해죄가 성립하지 않는다고 한 사례, 甲 정당 당직자인 피고인들 등이 국회 외교통상 상임위원회 회의장 앞 복도에서 출입이 봉쇄된 회의장 출입구를 뚫을 목적으로 회의장 출입문 및 그 안쪽에 쌓여있던 책상, 탁자 등 집기를 손상하거나, 국회의 심의를 방해할 목적으로 소방호스를 이용하여 회의장 내에 물을 분사한 사안에서, 피고인들의 위와 같은 행위는 공용물건손상죄 및 국회회의장소동죄의 구성요건에 해당하고, 국민의 대의기관인 국회에서 서로의 의견을 경청하고 진지한 토론과 양보를 통하여 더욱 바람직한 결론을 도출하는 합법적 절차를 외면한 채 곧바로 폭력적 행동으로 나아가 방법이나 수단에 있어서도 상당성의 요건을 갖추지 못하여 이를 위법성이 조각되는 정당행위나 긴급피난의 요건을 갖춘 행위로 평가하기 어렵다고 한 사례).

4) 형법 제20조는 정당행위라고 하여 법령에 의한 행위 또는 업무로 인한 행위 기타 사회상규에 위배되지 아니하는 행위는 벌하지 아니한다고 규정하고 있다. 소위 위법성조각사유로서의 정당행위 즉 법령에 근거하여 행하여진 권리행위로서의 행위와 직접적으로 법령상 근거는 없다고 하더라도 사회통념상 정당하다고 인정되는 행위를 업무로서 행하는 행위 및 법령에 근거하거나 정당한 업무로 하는 행위에 속하지는 않으나 사회상규에 반하지 않는 행위 등은 일반적으로 정당한 행위는 적법하다는 원칙에 따라 그 위법성이 조각되는 것이다. 그러므로 어떠한 경우에 어떠한 행위가 정당한 행위로서 위법성이 조각되는 것인가는 구체적인 경우에 따라 합목적적, 합리적으로 가려져야 할 것이며 또 행위의 적법여부는 국가 생활질서를 벗어나서 이를 가릴 수 없는 것이다. 따라서 위법성조각사유로서 정당행위를 인정하려면 첫째, 건전한 사회통념에 비추어 그 행위의 동기나 목적이 정당하여야 한다는 정당성 둘째, 그 행위의 수단이나 방법이 상당하여야 하는 상당성 세째, 그 행위에 의하여 보호하려는 이익과 그 행위에 의하여 침해되는 법익이 서로 균형을 이루어야 한다는 법익균형성 네째, 그 행위 당시의 정황에 비추어 그 행위가 긴급을 요하고 부득이 한 것이어야 한다는 긴급성 및 다섯째로 그 행위 이외에 다른 수단이나 방법이 없거나 또는 현저하게 곤란하여야 한다는 보충성이 있어야 한다고 풀이할 것이다. 성직자라 하여 초법규적인 존재일 수는 없으며 성직자의 직무상 행위가 사회상규에 반하지 아니한다 하여 그에 적법성이 부여되는 것은 그것이 성직자의 행위이기 때문이 아니라 그 직무로 인한 행위에 정당, 적법성을 인정하기 때문인 바, 사제가 죄지은 자를 능동적으로 고발하지 않는 것에 그치지 아니하고 은신처마련, 도피자금제공 등 범인을 적극적으로 은폐 도피케 하는 행위는 사제의 정당한 직무에 속하는 것이라고 할 수 없다. 소론 비록 죄인을 숨겨주는 똑같은 행위일지라도 그것이 성직자가 아닌 일반의 평범한 시민의 행위라면 바로 공공질서에 반하고 선량한 풍속에도 반하여 사회상규에도 벗어나는 행동으로 인정될 수 밖에 없겠지만 그것이 피고인과 같은 성직자의 입장에서일 때에는 그 반대로 사회상규에 위배되지 아니하는 행위로서 위법성을 조각한다는 논지는 그 독단적 견해에 지나지 아니하여 채용할 수가 없다. 논지는 부산미문화원에 대한 방화의 불가피성을 들고 그에 앞서 방화의 동기의 정당함과 그 순수함을 역설하고 있다. 그러나 동기에 의하여 그 수단과 방법 그리고 그 결과가 정당화될 수 없고 하물며 범죄의 불가피성이란 도시 초법규적 발상이라고 할 수 밖에 없다. 혹시 범죄의 불가피성이라는게 위법성조각사유로서의 정당방위나 긴급피난을 말하는 것이라면 그에는 엄격한 요건이 있을 뿐만 아니라 이와 같은 사유는 행위의 위법성조각의 문제일 뿐 형의 量定의 조건이 되는 것은 아닌 것이다. 논지는 광주사태가 없었더라면 부산미문화원 방화사건은 일어나지 않았을 것이라고 하여 피고인 등의 이 사건 방화의 동기가 광주사태에 연유하는 것임을 내세우고 이 범행동기에 대한 올바른 이해가 결여되어 있다고 원심판결을 비의하고 있는 바, 우선 피고인 등이 파악하고 있는 광주사태나 또는 당시 광주일원에 투입된 군병력이 주한미군 사령관의 작전지휘

에 의한 것인지의 여부 등은 전연 객관성이 없는 피고인 등의 독단에 불과하다 할 것이므로, 동기에 의하여 범행의 수단과 방법 그리고 그 결과가 정당화될 수 없음은 물론 그 동기 자체에도 객관성과 정당성을 인정할 수 없는 이 사건에 있어서 이 범행의 동기가 형의 양정을 가볍게 하여야 할 이유가 되지 못한다고 할 것이다(대법원 1983.3.8. 선고 82도3248 판결, 부산 미문화원 방화사건).

5) 고추값 폭락으로 인한 생존대책을 강구하여 달라는 농민들의 요구가 정당하더라도 이를 관철한다는 명목으로 경운기를 동원, 철도건널목을 점거하여 열차의 운행을 막고, 철길에서 물러날 것을 요구하는 경찰관에게 돌을 던져 상해를 입히는 등의 시위행위는 그 수단이나 방법에 있어서 상당성이 있다고 할 수 없으므로 정당행위로는 인정되지 않는다(대법원 1989.12.26. 선고 89도1512 판결).

6) 토지 매도인이 매수인에게 소유권이전등기에 필요한 서류 등을 넘겨주지 않겠다는 태도를 취하자 매매계약 중개인이 매수인 앞으로 소유권이전등기를 하기 위하여 기망수단에 의하여 등기에 필요한 인감증명서를 교부받은 경우 그것이 매매계약을 이행시키려고 하는 목적과 동기에서 이루어졌고 결과적으로 매도인의 매수인에 대한 배임행위를 제지하였다 할지라도 중개인은 자신인 중개한 매매계약의 이행을 담보할 책임을 지지 아니하고, 매도인으로서는 배상책임을 지는 것은 별론으로 하고 매수인으로부터 중도금까지 지급받은 이후에도 제3자에게 이중으로 매도하고 소유권이전등기를 넘겨줄 수 있는 것이므로 수단에 상당성이 없다 할 것이고, 따라서 위법성을 조각할 만한 정당한 권리행사방법이라 할 수 없다(대법원 1992.11.24. 선고 92도391 판결).

[사실관계]

甲은 자기 소유 토지(25평)를 부동산중개인인 乙의 사무실에서 금 1억원에 丙과 매매계약을 체결하고 乙이 그 매매계약서를 작성하였다. 그 후 甲은 丙으로부터 중도금을 받았으나, 주위사람들의 이야기를 들어보니 시중 토지가격보다 너무 싸게 처분했다는 생각이 들어 후회하고 있던 차에 乙이 소유권이전등기에 필요한 서류 등을 요구하자 소유권이전등기를 넘겨줄 의사가 없었기에 여러 가지 핑계를 들어 넘겨주지 않고 있었다. 甲은 아직 丙 앞으로 토지의 소유권이전등기가 되어 있지 않기 때문에 자기 행위가 형법상 배임죄가 되는 줄은 모르고 '丙에게 받은 매매대금을 되돌려주고 약간의 손해배상만 해주면 되겠지' 생각하고는 이러한 사실을 모르는 丁과 금 1억 3천만원에 위 토지에 대해 매매계약을 체결하였다. 이 사실을 안 乙은 자기가 중개인으로서 만일 甲이 소유권이전등기를 丁 앞으로 해버리면 甲과 丙으로부터 중개수수료를 받지 못할 뿐만 아니라 丙에 대해 도의적 책임이 있다고 생각하고 甲이 丁 앞으로 소유권이전등기를 경료하기 전에 어떤 방법으로든지 甲으로부터 소유권이전등기에 필요한 서류를 넘겨 받아 먼저 丙 앞으로 소유권이전등기를 해야겠다고 마음먹었다. 乙은 甲에게 위 토지를 금 1억 5천만에 매입하고자 하는 사람이 있으니 빨리 소유권이전등기에 필요한 서류와 부동산매매 용도의 인감증명서를 발급받아 가져오라고 甲을 기망하여 甲으로부터 서류와 인감증명서를 교부받아 丙 앞으로 소유권이전등기를 해주고 丙으로부터 중개수수료를 받았다.

7) 어떠한 행위가 형법 제20조 소정의 사회상규에 위배되지 않는 행위로 판단되기 위하여서는 그 범행의 동기, 행위자의 의사, 목적과 수단의 정당성, 그로 인한 법익침해의 정도 등을 종합적으로 고려하여 사회통념상 용인될 정도의 상당성이 있다고 인정되어야 하고, 그와 같은 판단에는 법질서 전체의 정신이나 그 배후에 놓여있는 사회윤리가 그 판단의 기준이 되어야 할 것인바, 피고인이 백범 김구의 암살범인 안두희를 살해한 범행의 동기나 목적은 주관적으로는 정당성을 가진다고 하더라도 우리 법질서 전체의 관점에서는 사회적으로 용인될 수 있을 만한 정당성을 가진다고 볼 수 없고, 나아가 피고인은 그 처단의 방법으로 살인을 선택하였으나 우리나라의 현재 상황이 위 안두희를 살해하여야 할 만큼 긴박한 상황이라고 볼 수 없을 뿐만 아니라 민족정기를 세우기 위하여서는 위 안두희를 살해하지 아니하면 안된다는 필연성이 있다고 받아들이기도 어려우므로 결국 피고인의 각 범행이 사회상규에 위배되지 아니하는 행위로서 정당행위에 해당한다고 볼 수 없다(대법원 1997.11.14. 선고 97도2118 판결).

8) 원심은, 피고인들이 공동하여 2002.1.13. 20:30경부터 21:30경까지 사이에 피고인 1의 남편인 공소외 1이 피해

자와 사귄다는 이유로 창원시 가음정동 104-4 소재 주택(이하 '이 사건 주택'이라고 한다) 내에 있는 피해자 피해자의 방에 침입하였다는 이 사건 공소사실에 대하여, 그 채택한 증거들을 종합하여, (1) 피고인 1은 공소외 1의 전처, 피고인 2는 피고인 1의 동생, 피고인 3은 피고인 1과 공소외 1의 아들인 사실, (2) 공소외 1은 2000.8.경부터 외출 및 외박이 많아지다가 2001.1.4. 피고인 1을 상대로 이혼소송을 제기하였고, 2001.1.5.에는 자신의 승용차를 주차하여 둔 채 차안에서 피해자와 30여분 간 이야기를 하고 포옹을 하였으며, 피고인 1이 이를 목격한 사실, (3) 공소외 1은 2001.2.경 가출하여 창원시 가음정동 667에 방을 얻어 생활하였고 피해자 역시 공소외 1의 위 거주지 부근에 있는 이 사건 주택 내에 방 1칸을 임차하여 생활한 사실, (4) 피고인 1, 피고인 2는 2002.1.13. 20:30경 피해자가 공소외 1과 함께 외출하였다가 이 사건 주택 내로 들어가는 것을 보고, 이들의 간통현장을 확보하기 위하여 근처의 가음정동 파출소에 가서 경찰관에게 동행을 요구하였으나 고소가 되지 않았다는 이유로 동행을 거절당한 사실, (5) 그 직후 피고인 2가 시정되어 있는 피해자의 집 현관문을 노크하자 피해자는 "잠깐만요"하면서 공소외 1의 신발을 감추고 문을 열어 주었고, 이에 피고인들이 피해자의 방에 들어가 피고인 1은 피해자에게 욕설을 하고, 피고인 2, 피고인 3은 피해자와 공소외 1이 함께 있는 것, 공소외 1의 옷가지, 부엌 살림살이 등에 관하여 사진 촬영을 한 사실, (6) 피고인 1, 피고인 3은 2002.1.20. 위 가음정동 667에 거주하는 이웃 주민으로부터 공소외 1이 일주일에 한차례 정도만 위 방에서 잔다는 사실을 확인하였고, 피해자의 집에 거주하는 이웃 주민으로부터는 공소외 1과 피해자가 부부같아 보였다는 이야기를 들은 사실, (7) 피고인 1은 2002.1.18. 창원중부경찰서에 공소외 1과 피해자를 간통으로 고소하였으나, 공소외 1과 피해자는 2002.3.27. 창원지방검찰청으로부터 증거가 없다는 이유로 무혐의 처분을 받은 사실, (8) 2002.7.19. 위 이혼청구소송의 항소심에서 공소외 1의 이혼 청구는 기각되고 피고인 1의 이혼 및 위자료 청구의 반소가 받아들여져 그 인용 판결이 선고되었고 위 판결은 그 무렵 확정된 사실을 인정하고 나서, 이에 의하면, 피고인들이 피해자의 방에 침입하게 된 동기는 피해자 및 공소외 1의 간통 현장을 목격하기 위한 것으로서 그 동기나 목적이 정당하고, 피해자의 방에 들어간 방법도 문을 부수거나 폭력적인 방법을 사용하지 않고 피해자로 하여금 시정된 문을 열게 한 것으로서 그 수단이나 방법 역시 상당하며, 위와 같은 간통 현장에서 다른 법적 조치를 강구하여 실행할 시간적 여유가 없었던 점에 비추어 긴급성이 인정되고, 위 간통 현장을 목격하기 위하여 가음정동 파출소에 경찰의 입회를 요청하였으나 경찰이 이를 거절하였으므로 부득이 피고인들이 현장을 목격하기 위해 이 사건 범행에 이르게 된 점에 비추어 보충성도 인정된다는 이유를 들어, 피고인들의 행위는 사회통념상 허용될 만한 정도의 상당성이 있는 것으로서 형법 제20조의 정당행위에 해당하여 범죄로 되지 아니한다고 판단하였다. 피고인들의 이 사건 주거침입 행위가 정당행위라고 본 원심의 판단은 수긍하기 어렵다. 형법 제20조 소정의 '사회상규에 위배되지 아니하는 행위'라 함은 법질서 전체의 정신이나 그 배후에 놓여 있는 사회윤리 내지 사회통념에 비추어 용인될 수 있는 행위를 말하고, 어떠한 행위가 사회상규에 위배되지 아니하는 정당한 행위로서 위법성이 조각되는 것인지는 구체적인 사정 아래서 합목적적, 합리적으로 고찰하여 개별적으로 판단되어야 하므로, 이와 같은 정당행위를 인정하려면 첫째 그 행위의 동기나 목적의 정당성, 둘째 행위의 수단이나 방법의 상당성, 셋째 보호이익과 침해이익과의 법익권형성, 넷째 긴급성, 다섯째 그 행위 외에 다른 수단이나 방법이 없다는 보충성 등의 요건을 갖추어야 한다(대법원 2002. 12. 26. 선고 2002도5077 판결 등 참조). 기록에 의하면, 피고인 1은 1973.경 공소외 1과 혼인을 하였는데 2000.8.경부터 공소외 1이 휴대폰으로 여자와 자주 전화를 하고 외출, 외박을 하게 되자 공소외 1의 여자관계를 의심하게 되었고 이후 공소외 1과 이 문제로 심하게 다투다가 공소외 1을 폭행하여 그에게 상해를 가한 사실, 이로 인하여 공소외 1이 피고인 1을 상대로 위 이혼 및 위자료 청구 소송을 제기하였고 피고인 1은 혼인파탄의 책임이 공소외 1에게 있음을 이유로 공소외 1을 상대로 이혼 및 위자료의 지급을 구하는 반소를 제기하였으며, 공소외 1은 위 이혼소송 제기 직후인 2001.2. 가출한 이래 따로 방을 얻어 살면서 피고인 1과 별거를 한 사실, 피고인 1은 공소외 1과의 이혼소송을 진행하는 과정에서 공소외 1과 피해자사이의 불륜관계를 의

심하고 공소외 1과의 이혼소송에 제출할 증거자료를 수집하기 위하여 공소외 1과 피해자를 미행한 사실, 한편 피해자는 1999. 남편과 이혼을 한 후 창원시 대방동 성원아파트에서 거주하면서 이와는 별도로 공소외 1의 위 주거지에 인접한 이 사건 주택 중 부엌이 딸린 방 1개를 임차하여 가끔 그 곳에서 잠을 자는 등으로 이를 사용하였는데, 이 사건 주택은 담장 안에 마당이 있고 4가구가 각기 구분된 현관문을 통하여 출입하면서 따로 거주할 수 있는 구조로 이루어져 있으며 그 중 피해자의 방은 현관문을 통하여 부엌을 거쳐 들어가도록 되어 있는 사실, 피고인들은 2001.1.13. 공소외 1과 피해자를 미행하다가 이들이 함께 피해자의 집으로 올 것을 예상하여 미리 이 사건 주택으로 와서 피고인 3은 먼저 이 사건 주택으로 들어가 마당에 숨어서 기다리고 있었고 피고인 1, 피고인 2는 이 사건 주택 밖에서 기다리고 있다가, 피해자와 공소외 1이 함께 승용차를 타고 와서 이 사건 주택의 대문을 잠그고 피해자의 방 안으로 들어가는 것을 보고는 피고인 3이 그 대문을 열어 피고인 1, 피고인 2가 대문 안으로 들어오도록 한 다음 피해자의 방문을 두드렸고, 피해자가 방문을 열어주자 함께 방안으로 들어가 피고인 1은 피해자에게 심한 욕설을 하고 그 곳의 서랍장을 열어 보았고, 피고인 2는 부엌과 방안 내부 등에 관하여 사진 촬영을 하였으나, 공소외 1과 피해자가 그 장소에서 간통행위를 하였다는 구체적인 정황은 확인하지 못한 사실을 인정할 수 있다. 위 인정 사실에 원심이 확정한 사실관계를 종합하여 보면, 피고인들은 공소외 1과 피해자가 이 사건 주택 내의 피해자의 방에서 간통을 할 것이라는 추측하에 피고인 1과 공소외 1사이의 이혼소송에 사용할 증거자료 수집을 목적으로 그들의 간통 현장을 직접 목격하고 그 사진을 촬영하기 위하여 이 사건 주택에 침입한 것으로서 그러한 목적이 피해자의 주거생활의 평온이라는 법익침해를 정당화할 만한 이유가 될 수 없을 뿐 아니라, 원심이 내세운 사정들을 감안하더라도 피고인들의 위와 같은 행위가 그 수단과 방법에 있어서 상당성이 인정된다고 보기도 어려우며, 공소외 1과 피해자의 간통 또는 불륜관계에 관한 증거수집을 위하여 이와 같은 주거침입이 긴급하고 불가피한 수단이었다고 볼 수도 없다. 그렇다면 피고인들의 이 사건 주거침입 행위는 형법 제20조의 정당행위로 볼 수 없다고 할 것임에도 불구하고, 원심은 그 판시와 같은 이유로 이를 정당행위라고 보고 이에 대하여 무죄를 선고하였으니, 원심판결에는 형법 제20조의 정당행위에 관한 법리를 오해한 위법이 있다고 할 것이고 이와 같은 위법은 판결에 영향을 미친 것이 명백하므로, 이 점을 지적하는 상고이유는 그 이유가 있다(대법원 2003.9.26. 선고 2003도3000 판결)

[사실관계]

甲은 1973.경 乙과 혼인을 하였는데 2000.8.경부터 乙이 휴대폰으로 여자와 자주 전화를 하고 외출, 외박을 하게 되자 乙의 여자관계를 의심하게 되었고 이후 乙과 이 문제로 심하게 다투다가 乙을 폭행하여 그에게 상해를 가하였다. 이로 인하여 乙이 甲을 상대로 이혼 및 위자료 청구 소송을 제기하였고 甲은 혼인파탄의 책임이 乙에게 있음을 이유로 乙을 상대로 이혼 및 위자료의 지급을 구하는 반소를 제기하였으며, 乙은 위 이혼소송 제기 직후인 2001.2. 가출한 이래 따로 방을 얻어 살면서 甲과 별거를 하고 있었다. 甲은 乙과의 이혼소송을 진행하는 과정에서 乙과 丙 사이의 불륜관계를 의심하고 乙과의 이혼소송에 제출할 증거자료를 수집하기 위하여 乙과 丙을 미행하였다. 한편 丙은 1999. 남편과 이혼을 한 후 창원시 대방동 성원아파트에서 거주하면서 이와는 별도로 乙의 주거지에 인접한 창원시 가음정동 104-4 소재 주택 중 부엌이 딸린 방 1개를 임차하여 가끔 그 곳에서 잠을 자는 등으로 이를 사용하였는데, 이 주택은 담장 안에 마당이 있고 4가구가 각기 구분된 현관문을 통하여 출입하면서 따로 거주할 수 있는 구조로 이루어져 있었으며 그 중 丙의 방은 현관문을 통하여 부엌을 거쳐 들어가도록 되어 있었다. 甲은 자신의 동생인 丁 그리고 아들인 戊와 함께 2001.1.13. 乙과 丙을 미행하다가 이들이 함께 丙의 집으로 올 것을 예상하여 미리 丙이 거주하는 위 주택으로 와서 戊는 먼저 이 주택으로 들어가 마당에 숨어서 기다리고 있었고, 甲과 丁은 같은 날 20:30경 丙이 乙과 함께 외출하였다가 승용차를 타고 와서 이 주택의 대문을 잠그고 丙의 방 안으로 들어가는 것을 보고, 이들의 간통현장을 확보하기 위하여 근처의 가음정동 파출소에 가서 경찰관에게 동행을 요구하였으나 고소가 되지 않았다는 이유로 동행을 거절당하였다. 이에 21:30

경 戊가 丙이 거주하는 주택의 대문을 열어 甲과 丁이 대문 안으로 들어오도록 한 다음 丙의 방문을 두드렸고, 丙이 "잠깐만요"하면서 乙의 신발을 감추고 문을 열어 주었고, 이에 甲, 丁, 戊는 丙의 방에 들어가 甲은 丙에게 심한 욕설을 하며 그 곳의 서랍장을 열어 보았고, 丁과 戊는 乙과 丙이 함께 있는 것, 乙의 옷가지, 부엌 살림살이 등에 관하여 사진 촬영을 하였으나, 乙과 丙이 그 장소에서 간통행위를 하였다는 구체적인 정황은 확인하지 못하였다.

검사는 甲, 丁, 戊를 폭력행위 등 처벌에 관한 법률 제2조 제2항 위반(공동주거침입)죄로 기소하였으나, 항소심인 창원지방법원은 피고인들이 丙의 방에 침입하게 된 동기는 乙과 丙의 간통 현장을 목격하기 위한 것으로서 그 동기나 목적이 정당하고, 丙의 방에 들어간 방법도 문을 부수거나 폭력적인 방법을 사용하지 않고 丙으로 하여금 시정된 문을 열게 한 것으로서 그 수단이나 방법 역시 상당하며, 위와 같은 간통 현장에서 다른 법적 조치를 강구하여 실행할 시간적 여유가 없었던 점에 비추어 긴급성이 인정되고, 위 간통 현장을 목격하기 위하여 가음정동 파출소에 경찰의 입회를 요청하였으나 경찰이 이를 거절하였으므로 부득이 피고인들이 현장을 목격하기 위해 이 사건 범행에 이르게 된 점에 비추어 보충성도 인정된다는 이유를 들어, 피고인들의 행위는 사회통념상 허용될 만한 정도의 상당성이 있는 것으로서 형법 제20조의 정당행위에 해당하여 범죄로 되지 아니한다고 판단하였다.

9) 협박죄가 성립하려면 고지된 해악의 내용이 행위자와 상대방의 성향, 고지 당시의 주변 상황, 행위자와 상대방 사이의 친숙의 정도 및 지위 등의 상호관계, 제3자에 의한 해악을 고지한 경우에는 그에 포함되거나 암시된 제3자와 행위자 사이의 관계 등 행위 전후의 여러 사정을 종합하여 볼 때에 일반적으로 사람으로 하여금 공포심을 일으키게 하기에 충분한 것이어야 하지만, 상대방이 그에 의하여 현실적으로 공포심을 일으킬 것까지 요구하는 것은 아니며, 그와 같은 정도의 해악을 고지함으로써 상대방이 그 의미를 인식한 이상, 상대방이 현실적으로 공포심을 일으켰는지 여부와 관계없이 그로써 구성요건은 충족되어 협박죄의 기수에 이르는 것으로 해석하여야 한다. 결국, 협박죄는 사람의 의사결정의 자유를 보호법익으로 하는 위험범이라 봄이 상당하고, 협박죄의 미수범 처벌조항은 해악의 고지가 현실적으로 상대방에게 도달하지 아니한 경우나, 도달은 하였으나 상대방이 이를 지각하지 못하였거나 고지된 해악의 의미를 인식하지 못한 경우 등에 적용될 뿐이다. 따라서 정보보안과 소속 경찰관이 자신의 지위를 내세우면서 타인의 민사분쟁에 개입하여 빨리 채무를 변제하지 않으면 상부에 보고하여 문제를 삼겠다고 말한 사안에서, 객관적으로 상대방이 공포심을 일으키기에 충분한 정도의 해악의 고지에 해당하므로 현실적으로 피해자가 공포심을 일으키지 않았다 하더라도 협박죄의 기수에 이르렀다고 볼 수 있다. 그리고 권리행사나 직무집행의 일환으로 상대방에게 일정한 해악을 고지한 경우, 그 해악의 고지가 정당한 권리행사나 직무집행으로서 사회상규에 반하지 아니하는 때에는 협박죄가 성립하지 아니하나, 외관상 권리행사나 직무집행으로 보이더라도 실질적으로 권리나 직무권한의 남용이 되어 사회상규에 반하는 때에는 협박죄가 성립한다고 보아야 할 것인바, 구체적으로는 그 해악의 고지가 정당한 목적을 위한 상당한 수단이라고 볼 수 있으면 위법성이 조각되지만, 위와 같은 관련성이 인정되지 아니하는 경우에는 그 위법성이 조각되지 아니한다. 따라서 정보보안과 소속 경찰관이 자신의 지위를 내세우면서 타인의 민사분쟁에 개입하여 빨리 채무를 변제하지 않으면 상부에 보고하여 문제를 삼겠다고 말한 사안에서, 상대방이 채무를 변제하고 피해 변상을 하는지 여부에 따라 직무집행 여부를 결정하겠다는 취지이더라도 정당한 직무집행이라거나 목적 달성을 위한 상당한 수단으로 인정할 수 없어 정당행위에 해당하지 않는다(대법원 2007.9.28. 선고 2007도606 전원합의체 판결).

10) 골프와 같은 개인 운동경기에 참가하는 자는 자신의 행동으로 인해 다른 사람이 다칠 수도 있으므로, 경기 규칙을 준수하고 주위를 살펴 상해의 결과가 발생하는 것을 미연에 방지해야 할 주의의무가 있고, 이러한 주의의무는 경기보조원에 대하여도 마찬가지이다. 다만, 운동경기에 참가하는 자가 경기규칙을 준수하는 중에 또는 그 경기의 성격상 당연히 예상되는 정도의 경미한 규칙위반 속에 상해의 결과를 발생시킨 것으로서 사회적 상당성

의 범위를 벗어나지 아니하는 행위라면 과실치상죄가 성립하지 않는다고 할 것이지만, 골프경기를 하던 중 골프공을 쳐서 아무도 예상하지 못한 자신의 등 뒤편으로 보내어 등 뒤에 있던 경기보조원(캐디)에게 상해를 입힌 경우에는 주의의무를 현저히 위반한 사회적 상당성의 범위를 벗어난 행위로서 과실치상죄가 성립한다. 같은 취지에서 원심이 채용 증거를 종합하여 피고인이 골프장에서 골프경기를 하던 중 피고인의 등 뒤 8m 정도 떨어져 있던 경기보조원을 골프공으로 맞혀 상해를 입힌 사실을 인정하여 과실치상죄를 인정하고, 피해자가 경기보조원으로서 통상 공이 날아가는 방향이 아닌 피고인 뒤쪽에서 경기를 보조하는 등 경기보조원으로서의 기본적인 주의의무를 마친 상태였고, 자신이 골프경기 도중 상해를 입으리라고 쉽게 예견하였을 것으로 보이지 않으므로, 피해자의 명시적 혹은 묵시적 승낙이 있었다고 보기 어렵다는 이유로 위법성이 조각된다는 피고인의 주장을 배척한 것은 사실심 법관의 합리적인 자유심증에 따른 것으로서 정당하고 거기에 상고이유로 주장하는 바와 같은 채증법칙 위반, 법리오해 등의 위법이 없다(대법원 2008.10.23. 선고 2008도6940 판결).

11) 집회나 시위는 다수인이 공동 목적으로 회합하고 공공장소를 행진하거나 위력 또는 기세를 보여 불특정 다수인의 의견에 영향을 주거나 제압을 가하는 행위로서, 그 회합에 참가한 다수인이나 참가하지 아니한 불특정 다수인에게 의견을 전달하기 위하여 어느 정도의 소음이나 통행의 불편 등이 발생할 수밖에 없는 것은 부득이한 것이므로 집회나 시위에 참가하지 아니한 일반 국민도 이를 수인할 의무가 있다. 따라서 그 집회나 시위의 장소, 태양, 내용, 방법 및 그 결과 등에 비추어, 집회나 시위의 목적 달성에 필요한 합리적인 범위에서 사회통념상 용인될 수 있는 다소간의 피해를 발생시킨 경우에 불과하다면, 정당행위로서 위법성이 조각될 수 있다. 건설업체 노조원들이 '임 · 단협 성실교섭 촉구 결의대회'를 개최하면서 차도의 통행방법으로 신고하지 아니한 삼보일배 행진을 하여 차량의 통행을 방해한 사안에서, 그 시위방법이 장소, 태양, 내용, 방법과 결과 등에 비추어 사회통념상 용인될 수 있는 다소의 피해를 발생시킨 경우에 불과하고, 구 집회 및 시위에 관한 법률(2006.2.21. 법률 제7849호로 개정되기 전의 것)에 정한 신고제도의 목적 달성을 심히 곤란하게 하는 정도에 이른다고 볼 수 없어, 사회상규에 위배되지 않는 정당행위에 해당한다(대법원 2009.7.23. 선고 2009도840 판결).

12) 형법 제20조의 '사회상규에 위배되지 아니하는 행위'라 함은 법질서 전체의 정신이나 그 배후에 놓여 있는 사회윤리 내지 사회통념에 비추어 용인될 수 있는 행위를 말하고, 어떠한 행위가 사회상규에 위배되지 아니하는 정당한 행위로서 위법성이 조각되는 것인지는 구체적인 사정 아래서 합목적적 · 합리적으로 고찰하여 개별적으로 판단하여야 할 것이다. '회사의 직원이 회사의 이익을 빼돌린다'는 소문을 확인할 목적으로, 비밀번호를 설정함으로써 비밀장치를 한 전자기록인 피해자가 사용하던 '개인용 컴퓨터의 하드디스크'를 떼어내어 다른 컴퓨터에 연결한 다음 의심이 드는 단어로 파일을 검색하여 메신저 대화 내용, 이메일 등을 출력한 사안에서, 피해자의 범죄 혐의를 구체적이고 합리적으로 의심할 수 있는 상황에서 피고인이 긴급히 확인하고 대처할 필요가 있었고, 그 열람의 범위를 범죄 혐의와 관련된 범위로 제한하였으며, 피해자가 입사시 회사 소유의 컴퓨터를 무단 사용하지 않고 업무 관련 결과물을 모두 회사에 귀속시키겠다고 약정하였고, 검색 결과 범죄행위를 확인할 수 있는 여러 자료가 발견된 사정 등에 비추어, 피고인의 그러한 행위는 사회통념상 허용될 수 있는 상당성이 있는 행위로서 형법 제20조의 '정당행위'에 해당한다(대법원 2009.12.24. 선고 2007도6243 판결).

13) 재건축사업으로 철거가 예정되어 있었고 그 입주자들이 모두 이사하여 아무도 거주하지 않은 채 비어 있는 아파트라 하더라도, 그 아파트 자체의 객관적 성상이 본래 사용목적인 주거용으로 사용될 수 없는 상태가 아니었고, 더욱이 그 소유자들이 재건축조합으로의 신탁등기 및 인도를 거부하는 방법으로 계속 그 소유권을 행사하고 있는 상황이었다면 위와 같은 사정만으로는 위 아파트가 재물로서의 이용가치나 효용이 없는 물건으로 되었다고 할 수 없으므로, 위 아파트는 재물손괴죄의 객체가 된다고 할 것이다. 재건축사업은 재건축지역 내에 있는 주택의 철거를 전제로 하는 것이어서, 조합원은 주택 부분의 철거를 포함한 일체의 처분권을 조합에 일임하였다고 보아야 할 뿐만 아니라, 이 사건 조합의 정관에 "조합은 재건축을 위한 사업계획승인을 받은 이튿날부터 사업시행지구 안의

건축물 또는 공작물 등을 철거할 수 있다"고 규정하고 있는 사실, 이 사건 조합이 조합원인 피해자들을 상대로 이 사건 각 아파트에 관한 소유권이전등기 및 인도 청구소송을 제기하여 제1심에서 이 사건 각 아파트에 관한 소유권이전등기절차를 이행하고 조합목적 달성을 위한 건물 철거를 위하여 이 사건 각 아파트를 인도하라는 취지의 가집행선고부 판결이 내려졌으며 위 판결은 이후 항소 및 상고가 기각되어 확정된 사실, 이 사건 조합의 조합장인 피고인 갑, 부조합장인 피고인 을은 위 소송의 항소심 계속 중 제1심판결에 기하여 이 사건 각 아파트에 관한 부동산인도집행을 완료한 후 재건축 시공사에 이 사건 각 아파트의 철거를 요청하였고, 재건축 시공사의 현장소장들인 피고인 병, 정이 다시 철거전문업체에 철거지시를 하여 그 직원들인 피고인 무, 기가 이 사건 각 아파트를 철거하기에 이른 사실을 알 수 있고, 나아가 이 사건 조합이 이 사건 각 아파트를 철거하기 전에 관할구청장에게 그 신고를 하지 않았다 하더라도 이는 건축법에 따른 제재대상이 되는 것은 별론으로 하고 형법상 재물손괴죄의 성립 여부에는 영향을 미칠 수 없다고 할 것인바, 이와 같은 사정을 종합하면 피고인들이 위 가집행선고부 판결을 받아 이 사건 각 아파트를 철거한 것은 형법 제20조에 정한 정당행위라 할 것이다(대법원 2010.2.25. 선고 2009도8473 판결).

14) 권리행사방해죄에서의 보호대상인 '타인의 점유'는 반드시 점유할 권원에 기한 점유만을 의미하는 것은 아니고, 일단 적법한 권원에 기하여 점유를 개시하였으나 사후에 점유권원을 상실한 경우의 점유, 점유권원의 존부가 외관상 명백하지 아니하여 법정절차를 통하여 권원의 존부가 밝혀질 때까지의 점유, 권원에 기하여 점유를 개시한 것은 아니나 동시이행항변권 등으로 대항할 수 있는 점유 등과 같이 법정절차를 통한 분쟁해결시까지 잠정적으로 보호할 가치있는 점유는 모두 포함된다고 볼 것이며, 다만 절도범인의 점유와 같이 점유할 권리없는 자의 점유임이 외관상 명백한 경우는 포함되지 아니한다(대법원 2006.3.23. 선고 2005도4455 판결 등 참조). 원심은, 그 채택 증거들에 의하여 피고인이 원심 공동피고인 1 등과 공모하여 지입차주인 피해자들이 점유하는 각 차량 또는 번호판을 피해자들의 의사에 반하여 무단으로 취거함으로써 피해자들의 차량운행에 관한 권리행사를 방해한 사실을 인정하면서, 이러한 행위가 지입료 등이 연체된 경우 계약의 일방해지 및 차량의 회수처분이 가능하도록 하고 있는 위수탁계약에 따른 것으로서 위법성이 없다는 취지의 피고인의 주장을 배척하였는바, 위 법리와 기록에 비추어 검토하여 보면 원심의 사실인정과 판단은 정당하여 수긍이 가고, 거기에 채증법칙을 위반하여 사실을 오인하였거나 권리행사방해죄의 법리를 오해한 위법 등이 있다고 할 수 없다. 또한, 피고인 등이 법적 절차에 의하지 아니하고 일방적으로 지입차량 등을 회수하지 않으면 안 될 급박한 필요성이 있다고 볼 만한 자료를 기록상 찾아볼 수 없고, 그 밖에 기록에 나타난 그 경위, 수단, 방법 등에 비추어 보아도 피고인의 이 사건 무단 취거 행위는 형법에 정한 정당행위에 해당한다고 할 수 없으므로, 이와 관련한 상고이유의 주장은 모두 받아들일 수 없다. 상고이유에서 들고 있는 대법원판결은 사안이 달라 이 사건에 원용하기에 적절하지 않다(대법원 2010.10.14. 선고 2008도6578 판결).

15) 방송사 기자인 피고인이, 구 국가안전기획부 내 정보수집팀이 대기업 고위관계자와 모 중앙일간지 사주 간의 사적 대화를 불법 녹음하여 생성한 녹음테이프와 녹취보고서로서, 1997년 제15대 대통령 선거를 앞두고 위 대기업의 여야 후보 진영에 대한 정치자금 지원 문제 및 정치인과 검찰 고위관계자에 대한 이른바 추석 떡값 지원 문제 등을 논의한 대화가 담겨 있는 도청자료를 입수한 후 그 내용을 자사의 방송프로그램을 통하여 공개한 사안에서, 불법 감청 · 녹음 등에 관여하지 아니한 언론기관이 그 사정을 알면서 이를 보도하여 공개하는 행위가 형법 제20조의 '정당행위'로 인정되기 위한 요건

(다수의견) 통신비밀보호법은 같은 법 및 형사소송법 또는 군사법원법의 규정에 의하지 아니한 우편물의 검열 또는 전기통신의 감청, 공개되지 아니한 타인 간의 대화의 녹음 또는 청취행위 등 통신비밀에 속하는 내용을 수집하는 행위(이하 이러한 행위들을 '불법 감청 · 녹음 등'이라고 한다)를 금지하고 이를 위반한 행위를 처벌하는 한편(제3조 제1항, 제16조 제1항 제1호), 불법 감청 · 녹음 등에 의하여 수집된 통신 또는 대화의 내용을 공개하거나 누설하는 행위를 동일한 형으로 처벌하도록 규정하고 있다(제16조 제1항 제2호). 이와 같이 통신비밀보호

법이 통신비밀의 공개 · 누설행위를 불법 감청 · 녹음 등의 행위와 똑같이 처벌대상으로 하고 법정형도 동일하게 규정하고 있는 것은, 통신비밀의 침해로 수집된 정보의 내용에 관계없이 정보 자체의 사용을 금지함으로써 당초 존재하지 아니하였어야 할 불법의 결과를 용인하지 않겠다는 취지이고, 이는 불법의 결과를 이용하여 이익을 얻는 것을 금지함과 아울러 그러한 행위의 유인마저 없애겠다는 정책적 고려에 기인한 것이다. 불법 감청 · 녹음 등에 관여하지 아니한 언론기관이, 그 통신 또는 대화의 내용이 불법 감청 · 녹음 등에 의하여 수집된 것이라는 사정을 알면서도 이를 보도하여 공개하는 행위가 형법 제20조의 정당행위로서 위법성이 조각된다고 하기 위해서는, 첫째 보도의 목적이 불법 감청 · 녹음 등의 범죄가 저질러졌다는 사실 자체를 고발하기 위한 것으로 그 과정에서 불가피하게 통신 또는 대화의 내용을 공개할 수밖에 없는 경우이거나, 불법 감청 · 녹음 등에 의하여 수집된 통신 또는 대화의 내용이 이를 공개하지 아니하면 공중의 생명 · 신체 · 재산 기타 공익에 대한 중대한 침해가 발생할 가능성이 현저한 경우 등과 같이 비상한 공적 관심의 대상이 되는 경우에 해당하여야 하고, 둘째 언론기관이 불법 감청 · 녹음 등의 결과물을 취득할 때 위법한 방법을 사용하거나 적극적 · 주도적으로 관여하여서는 아니 되며, 셋째 보도가 불법 감청 · 녹음 등의 사실을 고발하거나 비상한 공적 관심사항을 알리기 위한 목적을 달성하는 데 필요한 부분에 한정되는 등 통신비밀의 침해를 최소화하는 방법으로 이루어져야 하고, 넷째 언론이 그 내용을 보도함으로써 얻어지는 이익 및 가치가 통신비밀의 보호에 의하여 달성되는 이익 및 가치를 초과하여야 한다. 여기서 이익의 비교 · 형량은, 불법 감청 · 녹음된 타인 간의 통신 또는 대화가 이루어진 경위와 목적, 통신 또는 대화의 내용, 통신 또는 대화 당사자의 지위 내지 공적 인물로서의 성격, 불법 감청 · 녹음 등의 주체와 그러한 행위의 동기 및 경위, 언론기관이 불법 감청 · 녹음 등의 결과물을 취득하게 된 경위와 보도의 목적, 보도의 내용 및 보도로 인하여 침해되는 이익 등 제반 사정을 종합적으로 고려하여 정하여야 한다. 방송사 기자인 피고인이, 구 국가안전기획부 내 정보수집팀이 대기업 고위관계자와 모 중앙일간지 사주 간의 사적 대화를 불법 녹음하여 생성한 녹음테이프와 녹취보고서로서, 1997년 제15대 대통령 선거를 앞두고 위 대기업의 여야 후보 진영에 대한 정치자금 지원 문제 및 정치인과 검찰 고위관계자에 대한 이른바 추석 떡값 지원 문제 등을 논의한 대화가 담겨 있는 도청자료를 입수한 후 그 내용을 자사의 방송프로그램을 통하여 공개한 사안에서, 피고인이 국가기관의 불법 녹음을 고발하기 위하여 불가피하게 위 도청자료에 담겨있던 대화 내용을 공개하였다고 보기 어렵고, 위 대화가 보도 시점으로부터 약 8년 전에 이루어져 그 내용이 보도 당시의 정치질서 전개에 직접적인 영향력을 미친다고 보기 어려운 사정 등을 고려할 때 위 대화 내용이 비상한 공적 관심의 대상이 되는 경우에 해당한다고 보기도 어려우며, 피고인이 위 도청자료의 취득에 적극적 · 주도적으로 관여하였다고 보는 것이 타당하고, 이를 보도하면서 대화 당사자들의 실명과 구체적인 대화 내용을 그대로 공개함으로써 수단이나 방법의 상당성을 결여하였으며, 위 보도와 관련된 모든 사정을 종합하여 볼 때 위 보도에 의하여 얻어지는 이익 및 가치가 통신비밀이 유지됨으로써 얻어지는 이익 및 가치보다 우월하다고 볼 수 없다는 이유로, 피고인의 위 공개행위가 형법 제20조의 정당행위에 해당하지 않는다.

(반대의견) 언론의 자유는 개인이 언론활동을 통하여 자기의 인격을 형성하는 개인적 가치인 자기실현의 수단임과 동시에 사회구성원으로서 평등한 배려와 존중을 기본원리로 공생 · 공존관계를 유지하고 정치적 의사결정에 참여하는 사회적 가치인 자기통치를 실현하는 수단이 되는 핵심적 기본권이다. 언론기관의 통신비밀 보도행위의 위법성 여부를 둘러싸고 우열관계를 가리기 어려운 기본권인 통신의 비밀 보호와 언론의 자유가 서로 충돌하는 경우에는 추상적인 이익형량에 의하여 양자택일식으로 어느 하나의 기본권만을 쉽게 선택하고 나머지를 희생시켜서는 안 되며, 충돌하는 기본권이 모두 최대한 실현될 수 있는 조화점을 찾도록 노력하되 개별 사안에서 언론의 자유로 얻어지는 이익 및 가치와 통신의 비밀 보호에 의하여 달성되는 이익 및 가치를 형량하여 규제의 폭과 방법을 정하고 그에 따라 최종적으로 보도행위가 정당행위에 해당하는지 여부를 판단하여야 할 것이다. 그리고 이와 같은 이익형량을 함에 있어서는 통신비밀의 취득과정, 보도의 목적과 경위, 보도에 의하여 공개되는

통신비밀의 내용, 보도 방법 등을 종합적으로 고려하여야 한다. 불법 감청 · 녹음 등에 관여하지 아니한 언론기관이 이를 보도하여 공개하는 경우에, 그 보도를 통하여 공개되는 통신비밀의 내용이 중대한 공공의 이익과 관련되어 공중의 정당한 관심과 여론의 형성을 요구할 만한 중요성을 갖고 있고, 언론기관이 범죄행위나 선량한 풍속 기타 사회질서에 반하는 위법한 방법에 의하여 통신비밀을 취득한 경우에 해당하지 아니하며, 보도의 방법에서도 공적 관심사항의 범위에 한정함으로써 그 상당성을 잃지 않는 등 그 내용을 보도하여 얻어지는 이익 및 가치가 통신비밀의 보호에 의하여 달성되는 이익 및 가치를 초과한다고 평가할 수 있는 경우에는 형법 제20조 소정의 정당행위로서 이를 처벌의 대상으로 삼을 수 없다고 할 것이다. 여기서 어떠한 경우에 통신비밀의 내용이 그 공개가 허용되어야 하는 중대한 공공의 이익과 관련된 것으로 보아야 할 것인지는 일률적으로 정할 수 없고, 그 내용이 사회에 미치는 영향력과 파급효과, 통신 또는 대화 당사자의 사회적 지위 · 활동 내지 공적 인물로서의 성격 여부, 그 공개로 인하여 얻게 되는 공익 등을 종합적으로 고려하여 정하여야 할 것이다. 위 사안에서, 도청자료에 담겨 있던 대화 내용은 1997년 대통령 선거 당시 여야 대통령후보 진영에 대한 대기업의 정치자금 지원 문제와 정치인 및 검찰 고위관계자에 대한 이른바 추석 떡값 등의 지원 문제로서 매우 중대한 공공의 이익과 관련되어 있고, 위 대화가 보도 시점으로부터 약 8년 전에 이루어졌으나 재계와 정치권 등의 유착관계를 근절할 법적 · 제도적 장치가 확립되었다고 보기 어려운 정치 환경 등을 고려할 때 시의성이 없다고 할 수 없으며, 피고인이 위 도청자료를 취득하는 과정에서 위법한 방법을 사용하지 아니하였고, 보도 내용도 중대한 공공의 이익과 직접적으로 관련된 것만을 대상으로 하였으며, 보도 과정에서 대화 당사자 등의 실명이 공개되기는 하였으나 대화 내용의 중대성이나 대회 당사자 등의 공적 인물로서의 성격상 전체적으로 보도 방법이 상당성을 결여하였다고 볼 수 없고, 위 불법 녹음의 주체 및 경위, 피고인이 위 도청자료를 취득하게 된 과정, 보도에 이르게 된 경위와 보도의 목적 · 방법 등 모든 사정을 종합하여 볼 때 위 보도에 의하여 얻어지는 이익이 통신의 비밀이 유지됨으로써 얻어지는 이익보다 우월하다는 이유로, 피고인의 위 보도행위는 형법 제20조의 사회상규에 위배되지 아니하는 정당행위에 해당한다(대법원 2011.3.17. 선고 2006도8839 전원합의체 판결).

[관련판례]

국회의원인 피고인이, 구 국가안전기획부 내 정보수집팀이 대기업 고위관계자와 중앙일간지 사주 간의 사적 대화를 불법 녹음한 자료를 입수한 후 그 대화 내용과, 전직 검찰간부인 피해자가 위 대기업으로부터 이른바 떡값 명목의 금품을 수수하였다는 내용이 게재된 보도자료를 작성하여 국회 법제사법위원회 개의 당일 국회 의원회관에서 기자들에게 배포한 사안에서, 피고인이 국회 법제사법위원회에서 발언할 내용이 담긴 위 보도자료를 사전에 배포한 행위는 국회의원 면책특권의 대상이 되는 직무부수행위에 해당하므로, 피고인에 대한 허위사실적시 명예훼손 및 통신비밀보호법 위반의 점에 대한 공소를 기각하여야 한다. 한편 불법 감청 · 녹음 등에 관여하지 아니한 언론기관이 그 통신 또는 대화 내용을 보도하여 공개하는 행위가 형법 제20조의 정당행위에 해당하기 위하여는, 첫째, 그 보도의 목적이 불법 감청 · 녹음 등의 범죄가 저질러졌다는 사실 자체를 고발하기 위한 것으로 그 과정에서 불가피하게 통신 또는 대화의 내용을 공개할 수밖에 없는 경우이거나, 불법 감청 · 녹음 등에 의하여 수집된 통신 또는 대화의 내용이 이를 공개하지 아니하면 공중의 생명 · 신체 · 재산 기타 공익에 대한 중대한 침해가 발생할 가능성이 현저한 경우 등과 같이 비상한 공적 관심의 대상이 되는 경우에 해당하여야 하고, 둘째, 언론기관이 불법 감청 · 녹음 등의 결과물을 취득함에 있어 위법한 방법을 사용하거나 적극적 · 주도적으로 관여하여서는 아니되며, 셋째, 그 보도가 불법 감청 · 녹음 등의 사실을 고발하거나 비상한 공적 관심사항을 알리기 위한 목적을 달성하는 데 필요한 부분에 한정되는 등 통신비밀의 침해를 최소화하는 방법으로 이루어져야 하고, 넷째, 그 내용을 보도함으로써 얻어지는 이익 및 가치가 통신비밀의 보호에 의하여 달성되는 이익 및 가치를 초과하여야 한다(대법원 2011.3.17. 선고 2006도8839 전원합의체 판결 참조). 이러한 법리는 불법 감청 · 녹음 등에 의하여 수집된 통신 또는 대화 내용의 공개가 관계되는 한, 그 공개행위의 주체가 언론기관이나 그 종사자 아닌 사람인 경우에도 마찬가지로 적용된다고 보아야 할 것이다. 국회의원인 피고인이, 구 국가안전기획부 내 정보수집팀이 대기업 고위관계자와 중앙일간지 사주 간의 사적 대화를 불법 녹음한 자료를 입수한 후 그 대화내용과, 위 대기업으로부터 이른바 떡값 명목의 금품을 수수하였다는 검사들의 실명이 게재된 보도자료를 작성하여 자신의 인터넷 홈페이지에 게재하였다고 하여 통신비밀보호법 위반으로 기소된 사안에서, 피고인이 국가기관의 불법 녹음 자체를 고발하기 위하여 불가피하게 위 녹음 자료에 담겨 있던 대화 내용을 공개한 것이 아니고, 위 대화가 피고인의 공개행위시로부터 8년 전에 이루어져 이를 공개하지 아니하면 공익에 대한 중대한 침해가 발생할 가능성이 현저한 경우로서 비상한 공적 관심의 대상이 되는 경우에 해당한다고 보기 어려우며, 전파성이 강한 인터넷 매체를 이용하여 불법 녹음된 대화의 상세한 내용과 관련 당사자의 실명을 그대로 공개하여 방법의 상당성을 결여하였고, 위 게재행위와 관련된 사정을 종합하여 볼 때 위 게재에 의하여 얻어지는 이익 및 가치가 통신비밀이 유지됨으로써 얻어지는 이익 및 가치를 초월한다고 볼 수 없으므로, 피고인이 위 녹음 자료를 취득하는 과정에 위법이 없었더라도 위 행위는 형법 제20조의 정당행위에 해당한다고 볼 수 없다(대법원 2011.5.13. 선고 2009도14442 판결).

16) 협박죄에 있어서의 협박이라 함은 사람으로 하여금 공포심을 일으킬 수 있을 정도의 해악을 고지하는 것을 말하고 협박죄가 성립하기 위하여는 적어도 발생 가능한 것으로 생각될 수 있는 정도의 구체적인 해악의 고지가 있어야 하며, 해악의 고지가 있다 하더라도 그것이 사회의 관습이나 윤리관념 등에 비추어 사회통념상 용인될 정도의 것이라면 협박죄는 성립하지 않으나, 이러한 의미의 협박행위 내지 협박의 고의가 있었는지 여부는 행위의 외형뿐 아니라 그러한 행위에 이르게 된 경위, 피해자와의 관계 등 전후 상황을 종합하여 판단해야 할 것이다(대법원 1991.5.10. 선고 90도2102 판결, 대법원 2005.3.25. 선고 2005도329 판결 등 참조). 그리고 채권자가 채권추심을 위하여 독촉 등 권리행사에 필요한 행위를 할 수 있기는 하지만, 법률상 허용되는 정당한 절차에 의한 것이어야 하며, 또한 채무자의 자발적 이행을 촉구하기 위해 필요한 범위 안에서 상당한 방법으로 그 권리가 행사되어야 한다. 원심이 확정한 사실관계에 의하면, 사채업자인 피고인은 피해자에게, 채무를 변제하지 않으면 피해자가 숨기고 싶어하는 과거의 행적과 사채를 쓴 사실 등을 남편과 시댁에 알리겠다는 등의 문자메시지를 발송하였다는 것인바, 이는 피해자에게 공포심을 일으키기에 충분하다고 보아야 할 것이고, 그 밖에 피고인이 고지한 해악의 구체적인 내용과 표현방법, 피고인이 피해자에게 위와 같은 해악을 고지하게 된 경위와 동기 등 제반 사정 등을 종합하면, 피고인에게 협박의 고의가 있었음을 충분히 인정할 수 있으며, 피고인이 정당한 절차와 방법을 통해 그 권리를 행사하지 아니하고 피해자에게 위와 같이 해악을 고지한 것이 사회의 관습이나 윤리관념 등 사회통념에 비추어 용인할 수 있는 정도의 것이라고 볼 수는 없다. 원심이 같은 취지에서 이 사건 공소사실을 유죄로 인정하는 한편 위와 같은 행위가 정당행위에 해당한다는 피고인의 주장을 배척한 것은 정당하고, 거기에 협박죄 및 정당행위에 관한 법리를 오해한 위법은 없으며, 그 밖에 원심의 사실인정을 탓하는 취지의 주장은 적법한 상고이유가 되지 못한다(대법원 2011.5.26. 선고 2011도2412 판결).

17) 원심이 인정한 사실관계에 의하더라도, 피고인은, 공소외 1이 2005.12.경 이후 고소인 등에게 상가와 주택을 증여하였다가 2008.6.경에 이르러 그 증여의 효력을 다투며 부동산의 반환 요구와 처분금지가처분 신청을 하는 상황에서, 그 무렵 공소외 1의 조카인 공소외 2 및 공소외 2의 친구인 공소외 5로부터 '고소인이 공소외 1로부터 위 부동산을 증여받은 것은 상속인들로부터 이를 빼앗은 것이고 그 과정에서 증여세 포탈의 의혹이 있다'는 말을 들었기 때문에 공소사실 기재와 같은 행동에 이르게 되었다는 것일 뿐 위 공소외 2 등과 공모하여 취재와 보도를 빙자하여 고소인에게 부당한 요구를 하기 위한 것이었다는 취지는 아니고, 피고인이 고소인에 대하여 한 행위 역시 고소인을 찾아가 공소사실 기재와 같이 2회에 걸쳐 증여세 포탈에 대한 취재를 요구하면서 이에 응하지 않으면 자신이 취재한 내용대로 보도하겠다고 말하였다는 것에 불과하며, 기록에 의하면, 고소인은 70대의 노인인 공소외 1로부터 상당한 가액의 재산을 증여받으면서 그 과정에서 실제 운영하지 아니하는 종교단체인 대한예수교장로회 ○○○○교회를 설립하여 기부받은 사실, 이 사건 당시 피고인이 고소인에게 취재에 응해줄 것

을 요구하였다가 거절당하자 인터뷰 협조요청서와 서면질의 내용을 두고 자리를 나왔을 뿐 폭언을 하거나 보도를 하지 않는 대가를 요구하지 않은 사실, 종로세무서는 피고인의 탈세 제보에 따라 탈세 여부를 조사한 후 2008.9.30. 피고인에게 대한예수교장로회 ○○○○교회로부터 증여세 560,260,800원을 추징하였다고 통지한 사실 등을 알 수 있다. 이러한 점들을 앞서 본 법리와 위와 같이 고소인에게 불리한 사실을 보도하는 경우 신문기자로서는 그 보도에 앞서 정확한 사실의 확인과 보도 여부 등을 결정하기 위해 고소인에 대한 취재 요청이 필요했으리라고 보이는 점 등에 비추어 살펴보면, 신문기자인 피고인이 고소인에게 공소사실 기재와 같이 취재에 응해줄 것을 요구하고 이에 응하지 아니할 경우 자신이 조사한 바대로 보도하겠다고 한 것이, 설령 원심이 인정한 바와 같이 협박죄에서의 해악의 고지에 해당한다고 하더라도, 그것은 특별한 사정이 없는 한 기사 작성을 위한 자료를 수집하고 이를 보도하기 위한 것으로서 신문기자로서의 일상적인 업무 범위 내에 속하는 것이어서 사회상규에 반하지 아니하는 행위라고 봄이 상당하다(대법원 2011.7.14. 선고 2011도639 판결).

제4장 책임이론

제1절 책임의 기초이론

제1항 근대형법의 기본원리로서의 책임원칙(Schuldprinzip)

Ⅰ. 책임원칙의 실천적 의미

범죄체계론상 책임(Schuld)은 이와 대칭되는 개념인 불법을 전제로 하며, 형벌은 책임을 전제로 한다. 「책임없으면 형벌없다. 형벌은 책임을 전제로 한다(keine Strafe ohne Schuld. Strafe setzt Schuld voraus)」[1]로 표현되는 책임원칙은 책임형법(Schuldstrafrecht)의 성격을 가장 단적으로 설명하는 것이라 할 수 있으며, 이는 형벌권발동의 근거인 동시에 제한원리이다.

그러나 근대 이후 오늘날 형법이론학에서 가장 기본원리인 이 책임원칙은 단순히 범죄체계론을 확인하는 소극적 의미에 그치는 것이 아니다. 근대 초기까지 국가형벌권은 개인의 자유와 권리 위에 존재해 왔으며, 이러한 점에서 형법의 역사는 국가형벌권으로부터 개인의 자유와 권리를 보장하기 위한 국가형벌권제한의 역사였다. 즉 근대 입헌주의헌법의 최고근본가치인 '인간으로서의 존엄과 가치'의 보장은 바로 국가형벌권으로부터 개인의 권리와 자유가 보장될 때 비로소 실현될 수 있으며, 이것을 쟁취하기 위한 국가권력과의 투쟁이라는 역사적 과정 속에서 형법의 기본원리로 확립된 것이 책임원칙으로 이는 헌법상의 기본원칙이라고도 할 수 있다.[2]

따라서 책임원칙은 종래 국가형벌권우월사상에서 단순히 발생된 결과에 대하여 행위자에게 무조건 책임을 귀속시키는 결과형법이나, 또는 책임을 행위자의 단순한 심정이나 생활영위과정에서 나

---

1) 독일 연방법원도 1952.3.18. 판결에서 '형벌은 책임을 전제로 한다. 책임은 비난가능성이다(Strafe setzt Schuld voraus. Schuld ist Vorwerfbarkeit)'라고 판시하여(BGHSt 2 ,200) 형법의 기본원리로서의 책임원칙을 확인하였다. 이 사건은 약정된 보수(수임료)에 관하여 합의도 하지 않고 수차례의 심리기일에서 부인 W.의 형사사건의 변호를 맡은 변호사 B.가 부인 W.에게 미리 알려줄 수 있었음에도 불구하고 첫 심리기일의 심리휴정때 처음에는 그날까지 그리고는 다음 월요일 아침 8시반까지 50마르크를 지불하지 않으면 더 이상 변호를 맡지 않겠다고 하였고, 이에 부인 W.가 돈을 빌려 다음 월요일 변호사사무실로 가서 이를 지불하였는데 또 다시 변호사 B.는 먼저와 같이 400마르크의 보수금약정서에 서명하라고 강요하여 독일 형법 제240조의 강요죄(Nötigung)로 기소된 사건이다(BGHSt 2, 194f.).

2) 독일 연방헌법재판소도 법치국가원칙을 근거로 '책임 없으면 형벌 없다'는 책임원칙을 헌법적 지위로 인정하였다(BVerfGE 54,100 ; 50 ,133 등).

타난 반사회적 위험성에 대한 제재로 보는 위험성형법과는 구별되며, 아직까지도 여전히 형법에 남아있는 이러한 잔재를 청산하는 원리라는 점에서 역사적 의미로서만이 아니라 오늘날에도 형법이론학에서 그 실천적 의미를 가지고 있다.

Ⅱ. 책임원칙의 세 가지 측면(구체적 의미)

형법이론학에서 책임원칙이 갖는 의미는 다음과 같다.

1. 형벌의 전제로서의 책임

책임은 구성요건해당성이나 위법성과 마찬가지로 형벌을 근거지우면서 동시에 형벌을 제한하는 실질적인 범죄표지이다. 이러한 의미의 책임을 '형벌근거책임'이라고 하며, 형벌근거책임은 이와 같이 형벌요구기능과 형벌제한기능을 가지고 있는데 이를 책임의 양면성이라 한다.

2. 불법과 책임의 합치(상응)

책임원칙은 불법과 책임이 합치(kongruenz)할 것을 요구한다. 즉 「불법없으면 책임없다(keine Schuld ohne Unrecht)」. 이와 같이 책임은 구체적인 불법의 모든 요소를 포괄하여야 하며, 책임과 무관한 불법표지는 있을 수 없다는 점에서 불법과 책임은 합치성을 가져야 한다는 것이다. 그러므로 단순히 불특정한 불법으로 지향된 책임으로는 충분하지 못하다. 이 측면으로부터 카논법과 로마법에서 유래된 'versari in re illicita', 즉 '불법한 원인으로 인한 귀속'은 인정되지 아니한다.[3]

3. 양형의 기초로서의 책임

형법이론학에서 책임원칙이 가지는 또 하나의 의미는 책임의 정도내에서만 양형을 고려해야 한다는 점에서 행위자의 책임은 양형의 기초라는 점이다. 즉 책임은 양형의 기초로서 형벌의 부과여부와 그 정도에 관한 기준을 제시함으로써 책임의 정도를 넘어서까지 처벌할 수 없다는 것이다. 이러한 의미에서의 책임을 '양형책임' 또는 '양형의 기초로서의 책임'이라 한다.[4]

---

3) 독일 연방법원도 "불법과 책임의 일치에 대한 요구는 오늘날 책임론의 지배적인 원칙이다"라고 판시하여(BGHSt 10,38) 책임원칙의 이러한 측면 - 행위의 외적 · 내적 측면의 합치 -을 인정하고 있다.

4) 책임원칙이 가지는 이러한 의미를 독일 형법 제46조는『형의 양정(양형)의 원칙』이라는 표제하에 제1항에서 "행위자의 책임은 형의 양정을 위한 기초이다(독일형법학에서 책임논의의 가장 중요한 법적 근거이다). 사회에서의 행위자의 장래의 생활을 위하여 형을 통하여 기대될 수 있는 효과는 고려되어야 한다"고 규정하고 있는데 반하여, 우리 형법 제51조는 네 가지의 개별적 양형조건만을 열거하고 있을 뿐이다. 다만 형법개정시안(1992년) 제44조와 형법개정안(1996.11.18. 국무회의의결) 제44조는 독일형법 제46조 제1항과 같이『양형의 기준』이라는 표제하에 제1항을 신설하여 "형을 정함에 있어서는 범인의 책임을 기초로 한다"라고 규정하고 있다.

제2항 책임원칙의 한계와 책임론에 있어서 논의의 대상

책임과 형벌과의 관계를 위와 같이 규정하면서 죄형법정주의와 더불어 책임원칙을 형법의 근본원칙으로 이의 없이 받아들였던 전통적인 형법이론학은 범죄체계론을 중심으로 한 범죄이론과 국가형벌권의 정당성의 근거, 즉 형벌의 목적과 기능을 중심으로 한 형벌이론을 엄격히 구별하여 왔다. 따라서 형벌이론은 범죄이론과 절연된 채 범죄이론에 파고 들어갈 여지가 없는 것처럼 보였다. 즉 책임은 불법을 전제로 하며, 형벌은 책임을 전제로 한다는 책임원칙 하에서 책임의 존재는 응보로서의 형벌을, 그리고 응보형벌에 의하여 메꾸어지지 않는 예방적 필요성은 보안처분을 발동하게 하는 근거이면서 그 한계를 설정지운다고 보았기 때문에 책임과 형벌의 목적은 아무런 상관관계도 갖지 못하였다.

그러나 책임원칙은 형법상 하나의 기본원칙만을 제시하는데 그친다는 점에서 책임의 성격이나 책임의 본질(실체), 책임판단의 대상 및 책임비난의 근거 등이 책임원칙과 더불어 책임론의 논의대상이 되어 왔다. 또한 책임의 인식에 있어서 그 인식론적 한계가 있다는 점에서 이러한 책임원칙도 그 자체 한계를 가지고 있는 원칙이다. 즉 형벌이 책임을 전제로 하더라도 그 책임의 전제로서 자유의사의 입증 또는 논증의 문제, 즉 구체적인 사례에서 그 경험적 입증이 불가능하다는 한계를 가지고 있다.

이와 같은 책임원칙의 한계에 대한 논쟁은 특히 「의사자유(Willensfreiheit)」와 관련된 결정주의(Determinismus)와 비결정주의(Indeterminismus)라는 논쟁을 거치면서 책임원칙 자체를 부정하는 견해로까지 나아가고 있다. 이러한 책임원칙에 대한 논쟁은 의사자유문제 등을 논의의 대상으로 삼는 책임이념(Schuldidee)의 차원과 밀접한 관련성을 가지면서 결국 불법판단에 뒤이은 책임이라는 형법의 체계범주를 형법이론학적으로 고찰함에 있어 형벌근거책임의 본질, 즉 책임개념의 실질적 내용을 어떻게 파악할 것이냐 라는 책임이론학(Schulddogmatik)의 문제로 귀착된다. 다시 말하면 책임개념은 그 자체 실질적 내용을 가지고 있느냐, 아니면 예방적 목적이라는 사회적 필요성과도 관련이 있느냐, 있다면 그 관련성은 구체적으로 어떠한 내용으로 구성되는지에 대한 논쟁으로, 이는 책임이념의 차원에서 전개된 논의의 연장선상에서 다루어지고 있다.[5]

먼저 전통적인 책임원칙은 형벌근거책임이 갖는 형벌제한적 기능과 형벌요구적 기능이라는 책임의 양면성을 인정하고 있다. 그러나 이에 대하여 책임원칙을 비판하는 입장에서는 책임원칙이 법치국가적 정형화과제라는 점에서 불법이 주관적으로 귀속되는 범위 내에서 책임은 형벌을 제한하는 수단이어야 한다는 점은 인정하면서도 형벌의 정당성의 근거는 행위자의 책임이 아니라 범죄예방에 영향을 미치는 형벌의 합목적적 기능, 즉 "예방(Prävention)"이라는 형사정책적 목적에 있다고 봄으로써 책임의 양면성을 부정하고 책임은 형벌제한적 기능만 가진다는 의미에서 책임의 일면성만을 인정하고 있다.[6] 이와 같이 형벌이 책임을 전제로 하지만 책임은 형벌요구적 기능을 갖는 것이 아니라

---

5) F.v.Liszt는 "형법의 발전은 책임론의 심화에 의하여 측정된다"고 하여 책임이론의 다양한 변화와 그 중요성을 강조하였다.
6) 대표적인 독일 형법학자로 Hans-Joachim Rudolphi, Claus Roxin 등.

는 책임개념을 상대화하려는 논의가 나오면서 더 나아가 책임이 형벌을 정당화시킬 수 없음은 물론 형벌을 제한하는 기능까지도 부정하는, 즉 실질적인 책임개념 자체를 부정함으로써 책임원칙을 형법학에서 배제하려는 이론[7]도 전개되고 있다.

이와 같이 책임을 예방목적이라는 형사정책적 관점에서 규정지우고자 하는 새로운 비판적 시도, 즉 그 강도는 다소 다를지라도 책임과 예방의 원칙이 각자 고유하고 독립된 것을 내용으로 하고 있다고 보는 종래의 지배적인 견해에 대하여 적극적 일반예방을 고려하여 책임의 실질적 내용을 결정해야 한다는 이러한 시도들이 1970년 이후 본격적으로 제기되면서 책임원칙에 대한 비판[8]과 이에 대한 반박론[9]은 책임이론 전반에 걸쳐 새로운 해석시각을 던져주고 있을 뿐만 아니라 실무에도[10] 영향을 미치고 있다.

이러한 새로운 시도는 책임은 형벌의 근거와 한계에만 관계되는 것이 아니라, "예방"이라는 형벌의 목적 내지 기능과도 관계되어 있다는 관찰로부터 출발하고 있다. 즉 범죄이론, 특히 책임이론과 형벌이론은 이제 더 이상 절연관계에 있는 것이 아니며, 책임이론은 형벌의 목적과의 연관 하에서 그 재검토가 요구된다는 것이다. 다시 말하면 책임이론과 형벌이론을 연관시키면서 형법이론학에 형사정책적 시고를 접목시키고자 한나.

7) 대표적인 독일 형법학자로 Günther Jakobs, Günther Ellscheid, Winfried Hassemer, Walter Kargl 등.

8) "책임과 예방"이라는 테마로 다루어지고 있는 일련의 논쟁에 불을 붙인 Peter Noll의 "형법의 합리화의 관점에서의 책임과 예방(Schuld und Prävention unter dem Gesichtspunkt der Rationalisierung des Strafrechts, in:H.Mayer-FS, S.219-233)"이라는 논문이 1965년에 발표되면서, 여기에 가세하여 1974년 "형법의 체계범주로서의 책임과 답책성("Schuld" und "Verantwortlichkeit" als strafrechtliche Systemkategorien, in:H .Henkel-FS, S.171-197)" 이라는 논제로 발표된 C.Roxin의 논문, 1975년 "비난없는 형벌(Strafe ohne Vorwurf : Bemerkungen zum Grundstrafrechtlicher Haftung, in:Abweichendes Verhalten Ⅱ, S.266-292)" 이라는 논제로 발표된 G.Ellscheid와 W.Hassemer의 논문, 1976년 책임과 예방(Schuld und Prävention, Tübingen:J.C.B.Mohr, 1976)이라는 논제로 발표된 G.Jakobs의 소책자, 1979년 "형법에 있어 책임, 예방 그리고 답책성에 관한 최근의 논의(Zur jünsten Diskussion über Schuld, Prävention und Verantwortlichkeit im Strafrecht, in:P. Bockelmann-FS, S279-309)" 라는 논제로 발표된 C.Roxin의 논문은 이러한 논쟁을 더욱 가속화시켰으며, 오늘날 형법이론학에서 중요한 논의의 대상이 되고 있다.

9) 책임원칙에 대한 비판적 시각에 대하여 형법이론학에서 책임원칙은 절대 포기되어서는 안된다고 강력하게 주장하고 있는 Arthur Kaufmann은 책임원칙은 인간의 자유와 답책성을, 따라서 인간의 존엄성을 진지하게 받아들이고 있으며, 바로 이러한 관점에서 책임형법보다 더 인간적이고 자유를 위한 형법은 존재하지 않는다고 한다[A.Kaufmann, "형법상 책임원칙에 관한 시대불변의 성찰들(Unzeitgemäße Betrachtungen zum Schuldgrundsatz im Strafrecht)", in:Jura, 1986.5, S.233]. 특히 A.Kaufmann은 책임원칙에 대한 비판적 시각들에 대하여 2차대전 이후의 형법학이 다시금 처분될 수 없는 것(das Unverfügbare) - 존재론적인 것(Ontologische) - 을 발견하여 법을 가능한 한 자의로부터 벗어나게 만들려고 노력했던 점을 이해하지 못하는, 따라서 쉽게 책임원칙을 위반해버린 나치시대의 순수한 목적형벌을 모르는 젊은 세대들의 비역사성에 기인한다고 통렬히 비판하고 있다(위 논문, S.225). Paul Bockelmann도 책임원칙에 대한 비판적 시각들은 실제에 있어서 이념적인 학설구조물에 불과하다고 반박하고, Günter Stratenwerth도 그들이 아무런 유용한 대안을 제시하지 못하고 있다고 비판하고 있다.

10) 독일 연방법원은 1970.12.8. 판결에서 "제1형법개정법(1.Strafrechtsreformgesetz)에는 형벌은 책임상쇄 그 자체를 과제로 하는 것이 아니라, 동시에 형법의 예방적 보호의무를 충족하기 위한 필요적 수단으로 증명되는 때에만 형벌은 정당하다는 사고가 기초되어 있다"고 판시하였다(BGHSt 24, 42 ; 같은 취지의 판결로 BGHSt 24, 66). 독일 연방헌법재판소도 1977년6월21일 결정에서 "일반예방의 적극적 측면은 일반적으로 법질서의 지속력과 관철력에 있어서의 신뢰의 유지 및 강화에 있는 것으로 볼 수 있다"고 함으로써 적극적 일반예방의 개념에 대한 정의를 내린 바 있다.

제3항 책임의 성격

형사책임은 윤리적 책임이 아닌 법적 책임으로서의 성격이다. 따라서 형사책임은 법규범에 관련된 범위내에서의 책임이며, 책임비난의 대상 또한 법규범에 위반한 심정반가치(心情反價値)를 의미한다. 또한 형사책임은 단순한 양형의 조건인 내면적 동기(제51조 제3호)와는 무관하게 형식적인 법의 기준에 의하여 측정되며, 반드시 법적 절차에 따라 사법상의 재판을 통해서 공식적으로 확인되어야 한다는 점에서 윤리적 책임과는 구별된다.

이와 관련하여 확신범 내지 양심범의 형사책임이 문제되는 데, 이는 법의 실효성 및 형법의 기능과 관련하여 법과 윤리와의 관계 내지 한계에 대한 법철학적 사유의 문제라 할 수 있다. 즉 법의 실효성이 개인의 윤리적 승인에 의하여 확보될 수 있으며, 또 형법의 기능을 사회윤리가치와 법익의 보호에 있다 하더라도 여기서의 윤리적 승인 또는 사회윤리가치는 주관적 양심이나 확신, 윤리의식이 아닌 보편타당한 삶의 형태내에 기초한 공적 윤리를 의미한다.[11)]

책임은 행위 자체에 대한 객관적 가치판단인 불법(Unrecht) 개념과는 달리 행위자측면의 고려라는 점에서 주관적(행위자적) · 구체적인 가치판단으로서의 성질을 가지고 있다.

제4항 책임의 본질(실체)에 관한 논의

「책임을 이루고 있는 것이 무엇인가」에 대한 논의로, 범죄체계론상의 근본문제와 관련하여 심리적 책임론과 규범적 책임론, 예방적(기능적) 책임론의 대립을 통한 이론의 전개과정이다. 즉 책임의 본질을 어떻게 파악하느냐의 문제는 궁극적으로 범죄체계론의 대립으로 고의의 범죄체계적 지위, 고의의 내용과 범죄개별화적 기능, 고의와 위법성의 인식과의 관계, 구성요건착오와 금지착오의 체계적 지위, 책임론의 구조 등의 문제와 불가분적 관련성을 가지고 있다.

오늘날 대부분의 학자들은 규범적 책임론의 입장에서 책임을「행위자에 대한 비난가능성(Vorwerfbarkeit)」이라고 규정지우고 있으며, 독일 연방법원도 "형벌은 책임을 전제로 한다. 책임은 비난가능성이다" 라고 판시함으로써 이를 확인하였다.

이에 의하면 책임이란 불법구성요건에 해당하는 위법한 행위를 한 행위자에 대하여 가하여지는 인격적 비난, 즉 행위자가 적법행위를 할 수 있었음에도 불구하고, 즉 규범합치적 타행위가능성(Andershandeln- können)이 있었음에도 불구하고 감히 불법행위를 하였다는 데 대한 인격적 비난을 의미하는 개념이다. 따라서 규범적 책임개념에 의하면 책임의 본질은 행위자가 불법에 대하여 유책하게 결정한 데에 대한 비난가능성으로, 책임의 본질을 평가적 가치관계로 파악한다.

11) 뒤에서 설명하는 "초법규적 면책사유로서의 의무의 충돌" 참조.

그러나 이러한 규범적 책임개념의 정립에도 불구하고 책임을 비난가능성이라고 한다면 그 비난의 실체는 무엇인가에 대해서는 여전히 견해가 대립되고 있으며, 이러한 견해의 대립이 책임의 본질 내지 실체에 관한 논의이다. 아래에서는 책임이념과 관련하여 실질적 책임개념에 대한 논의가 어떻게 진행되어 왔는가를 살펴보기로 한다.

Ⅰ. 심리적 책임개념(psychologischer Schuldbegriff)

고전적 범죄체계론에 의하여 주장된 심리적 책임론은 19C말에서 20C초에 걸쳐 나타난 자연과학적 사유방식에 의하여 책임의 실체를 「외부적 결과에 대한 행위자의 심리적 관계」로 파악하였다. 즉 구성요건을 기초로 범죄론의 체계를 세운 베링(Ernst Beling)은 범죄의 요소를 주관적 · 내심적 요소와 객관적 · 외부적 요소로 구분하면서, 전자는 책임에 후자는 구성요건과 위법성에 속한다는 범죄론의 체계를 세우고, 범죄유형의 윤곽인 구성요건에는 오직 객관적 · 몰가치적 요소만이 존재한다고 보았다. 이에 의하면 범죄의 주관적 · 내심적 요소는 외부적 요소의 심리적 반영으로서 책임의 문제이며, 범죄개별화적 의미는 없다는 것이다. 따라서 책임능력은 「책임조건」으로, 심리적 사실로서의 고의와 과실은 「책임형식(Schuldform)내지 종류」로 이해하였다.

그러나 이 견해는 심리적 사실관계가 왜 책임의 본질이 되느냐에 대하여 실질적 기준을 제시하지 못할 뿐 아니라, 과실의 실체는 「사실의 불인식」이라는 소극적인 요소에 있는 것이 아니라 「주의의무위반」이라는 적극적인 규범적 요소에 있다는 점을 간과하고 있다. 또한 이 이론에 의하면 결과에 대하여 행위자의 심리적 사실관계가 전혀 존재하지 않는 「인식없는 과실」은 책임의 영역에서 배제되어 버리는 모순이 생긴다. 따라서 단순한 심리적 사실로서의 고의와 과실책임에 공통되는 상위개념으로서의 책임을 정립한다는 것은 이론적으로 불가능하다.

Ⅱ. 규범적 책임개념(normativer Schuldbegriff)

책임의 본질을 단순한 심리적 관계가 아닌 평가적 가치관계로 파악하는 견해로, 범죄체계론과 관련하여 그 이론적 전개과정을 아래와 같이 크게 네 단계로 구별할 수 있다.

1. 초기의 규범적 책임론(Hippel류의 규범적 책임론)

종래의 고전적 범죄체계론상의 자연과학적 사유방식을 극복하고 신칸트학파의 문화과학적 · 가치평가적 · 규범적 사유방식을 형법학에 도입한 신고전적 범죄체계론의 입장에서 주장된 이론이다.

과실에 있어서 사실의 불인식이라는 심리적 요소 이외에 주의의무위반이라는 규범적 표지가 존재하는 것과 마찬가지로 고의에도 구성요건적 사실에 대한 인식이라는 심리적 사실 이외에 「위법성의 인식 또는 의사의 의무위반성의 인식」 내지 「그 인식의 가능성」이라는 규범적 표지가 존재한다. 따라서 고의와 과실책임에 공통되는 상위개념으로서의 책임을 규범적 측면에서 재구성하려는 입장이다. 즉 고의의 내용에 불법구성요건적 사실(객관적 불법구성요건표지)에 대한 인식 이외에 불법구성요건적 사실이 위법하다는 인식 또는 그 인식의 가능성도 포함시킴으로써, 책임은 위법한 결과를 야기시킨 의무위반의 의사활동(형성)에 대한 비난 내지 비난가능성으로 이해하였다.

그러나 이러한 책임론은 고의책임에 위법성의 인식이 필요하다는 규범적 표지를 부가하였더라도 단순히 심리관계의 대상을 넓힌 것 뿐이며, 책임의 심리적 구조를 변경한 것은 아니다. 즉 과실책임에 있어서 주의의무위반이라는 규범적 표지와 공통되는 개념으로서 책임의 실체를 파악할 수 없다.

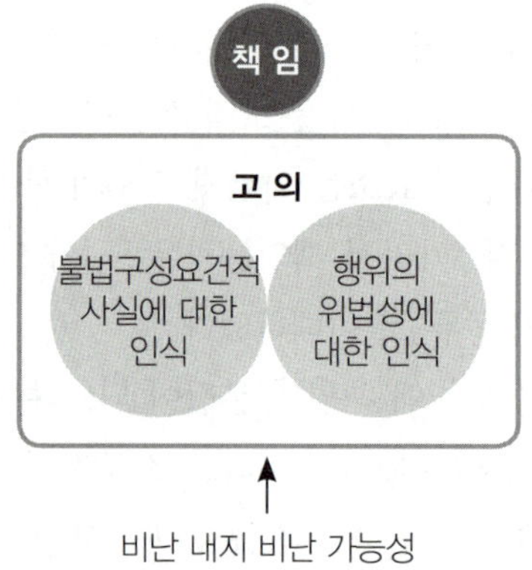

2. 기대가능성이론으로서의 규범적 책임론

1897.3.23. 독일 제국재판소(RG)의 「Leinenfänger Fall」[12]판결을 계기로 등장한 이론으로, 독일 제국주의형법(1871년) 제52조와 제53조의 면책적 긴급피난의 본질과 관련된 논쟁을 통하여 이론적 발전을 가져 왔다. 이 이론은 기대불가능성을 초법규적 책임조각사유로 인정하면서, 책임의 본질을 「비난가능성」 또는 「의무위반성」이라는 규범적 표지로 파악한다.[13] 기대가능성이론으로서의 규범적 책임론에 있어서 심리적 표지와 규범적 표지와의 관계에 대해서는 기대가능성의 존재를 책임의 적극적

12) 마부 甲은 마차를 끌던 말이 난폭하게 굴어서 조종을 잘하지 못하여 지나가는 乙을 들이받아 乙에게 상해를 입혔다. 그런데 그 말은 꼬리로 말고삐를 감아 마부로 하여금 조종을 할 수 없게 하고 난폭하게 구는 버릇이 있는 말이며, 이 버릇을 잘 알고 있었던 甲은 그 말이 끄는 마차를 몰 때에는 필경 통행인에게 상해를 입히게 될 지도 모른다고 생각하여 고용주에게 여러 차례 그 말을 바꾸어 달라고 간청하였으나, 그 때마다 거절하고 "싫으면 그만 두라"고 하므로 실직이 두려워 할 수 없이 그대로 그 말을 사용하였던 결과로 통행인에게 상해를 가한 사건이다.

13) 이 이론은 Reinhard Frank에 의하여 이론적 기초가 제공되고, James Goldschmidt와 Berthold Freudenthal에 의하여 이론적으로 전개되었고, Eberhard Schmidt에 의하여 완성되었다.

인 표지로 보는 견해[14]와, 기대가능성의 부존재를 초법규적 책임조각사유 즉 책임의 소극적 표지로 이해하는 견해가 대립되었다. 그러나 이 이론에 대해서는 행위에 대한 평가의 대상인 심리적 표지와 대상에 대한 평가인 규범적 표지를 혼동하고 있다는 점과, 기대가능성의 체계적 지위와 그에 대한 비판을 통하여 기대가능성이론으로서의 규범적 책임론을 재검토하는 이론들이 전개되었다.

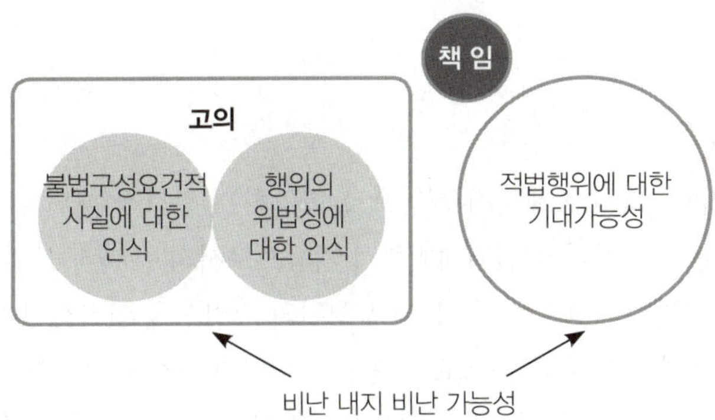

3. 평가기능으로서의 규범적 책임론 – 순수한 규범적 책임론

기대가능성이론으로서의 규범적 책임론에 대한 비판으로 목적적 범죄체계론에 의해 주장된 이론으로, 책임을 동기형성에 대한 부정적 가치판단으로서의 비난가능성 또는 의무위반성이라고 한다면 심리적 표지는 책임형식에서 제외되어야 하며, 또한 책임을 의무위반성이라는 규범적 표지로 한정한다면 종래 고의의 요소(일내용)로 이해되어 왔던 위법성의 인식 또는 그 인식의 가능성은 합의무적인 반대동기형성의 기초가 되는 규범적 표지이며 따라서 책임요소로 파악되어야 한다는 것이다. 이와같이 심리적 표지를 책임의 영역에서 완전히 배제하여, 책임의 본질을 가치판단 그 자체에서 파악하려는 견해를 순수한 규범적 책임론이라 한다.[15]

1) 도나(Graf zu Dohna)

범죄론의 체계를 아래와 같이 평가의 객체(Objekt der Wertung)와 객체의 평가(Wertung des Objekt)로 구별하면서 책임은 불법구성요건의 주관적 표지 즉 의무에 위반한 의사결정을 평가하는 것이며, 순수한 평가 그 자체만이 책임을 형성한다고 파악하였다. 그러나 이 견해는 위법성판단의 대상이 행위의 주관적 · 객관적 불법구성요건표지라는 점에서 범죄론의 체계를 잘못 파악하고 있다는 비판을 면키 어렵다.

---

14) 여기에도 다시 규범적 표지와 심리적 표지는 독립된 책임형식으로서 병존관계에 있다고 보는 견해와 규범적 표지를 심리적 표지인 고의 또는 과실에 포함시키는 견해가 있다.

15) R.Maurach는 기대가능성으로서의 규범적 책임론을 복합적 책임개념, 순수한 규범적 책임론을 평가적 책임개념이라는 용어로 사용하였다.

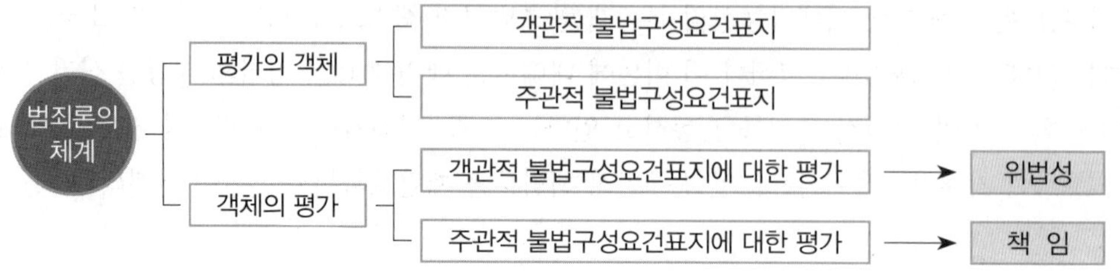

2) 벨첼(Hans Welzel)

행위개념을 전법률적(前法律的) 존재론적 개념으로 파악하는 목적적 행위론에 기초하여 심리적 사실로서의 고의는 책임형식이 아니라 범죄개별화적 기능으로서의 주관적 불법구성요건표지이며, 불법구성요건에 해당하는 위법한 행위를 한 자가 그 행위의 위법성을 인식하였거나 또는 인식할 수 있었던 경우에만 비난가능성이 있다고 봄으로써 순수한 비난가능성을 책임의 본질로 파악하였다. 나아가 책임을 동기형성에 대한 비난가능성 또는 의무위반성이라고 한다면 종래까지 고의의 표지로서 인정되어 왔던 위법성의 인식 또는 그 인식의 가능성은 고의의 요소가 아니라 독자적인 책임형식이 된다. 즉 반대동기형성에 의하여 합의무적인 적법행위의 결의가 가능하였음에도 불구하고 위법한 행위를 결의한 행위자에게 비난을 가능하게 하는 표지로서의 위법성의 인식 또는 그 인식의 가능성은 심리적 사실로서의 고의의 요소가 아니라 책임비난의 기초가 되는 규범적인 책임표지이다.

이와 같이 책임의 본질을 비난 또는 그 가능성이라 보고, 그 비난가능성의 기초로서 적법행위의 기대가능성 이외에 다시 위법성의 인식 또는 그 인식의 가능성이라는 규범적 표지를 인정함으로써 순수한 규범적 표지만이 책임형식이라는 점에서 보다 철저화된 규범적 책임론의 입장으로, 책임형식은 책임능력, 위법성의 인식, 기대불가능성이라는 면책사유의 부존재로 구성된다는 순수한 규범적 책임개념을 주장하였다.

또한 동일한 규범적 책임개념의 구성요소인 기대가능성과 위법성의 인식(인식가능성)과의 관계와 관련하여서는 기대가능성은 동기형성시에 외부적 사정이 정상이고, 따라서 적법행위의 기대가 가능한 경우에 책임이 존재한다는 점에서 외부사정의 정상성과 관련된 책임형식이며, 위법성의 인식은 동기형성시에 위법성의 인식 또는 그 인식의 가능성이 있으면 내부적으로 반대동기형성에 의하여 적법행위의 결의가 가능한 경우에 책임이 존재한다는 점에서 합의무적인 반대동기형성의 정상성과 관련된 책임형식이다. 즉 양자는 동일한 책임의 기초를 외부와 내부의 양면에서 바라보는 것으로 불가분의 표리관계를 이루면서 책임의 기초를 형성한다고 보았다. 그러나 이와 같은 순수한 규범적 책임론에 의하면 책임판단의 대상이 결여됨으로 해서 책임의 개념이 공허화되는 모순이 생긴다는 점에서 이 이론은 비판을 받았다.

4. 합일태적(合一態的) 범죄론체계에서의 규범적 책임론

법규범에 반하는 심정반가치로서의 고의와 과실의 이중적 기능(지위, 의미)을 인정하는 입장으로, 즉 고의와 과실은 주관적 불법구성요건표지이지만 책임론의 단계에서도 비난가능성의 유무와 그 정도를 판단함에 있어 결정적 역활을 하고 있다고 보는 견해이다.

【구성요건고의(Tatbestandsvorsatz)와 책임고의(Schuldvorsatz)】

1. 구성요건고의

의사활동(Willensbetätigung), 즉 불법영역에 있어 행태의 방향결정의 요인이 되는 행태형식(Verhaltensform)으로서 행위반가치의 표지. 즉 행위반가치의 표현인 행태형식으로 법익침해(위태화)에 관련된 행위수행의 양태(樣態) → 구성요건개별화의 기능으로 위법판단의 기초. 행위의사가 모든 객관적 구성요건표지의 실현에로 지향하고 있었는가, 즉 행위자가 무엇을 의욕했느냐 또는 행위를 어떻게 지배 조종했느냐?

2. 책임형식으로서의 책임고의

의사형성(Willensbildung), 즉 그러한 행위방향으로 의사를 형성한 합규범적 의사형성의무위반으로서의 심정반가치(Gesinnungsunwert)의 표지(심정반가치의 표현인 책임형식) → 책임판단의 기초. 행위의사가 어떻게 형성되었으며 어떤 상황에 처하여져 있었는가, 즉 왜 범죄실현의사에까지 이르렀는가 또는 의사결정이 비난할 만한 심정에 바탕을 두었는가?

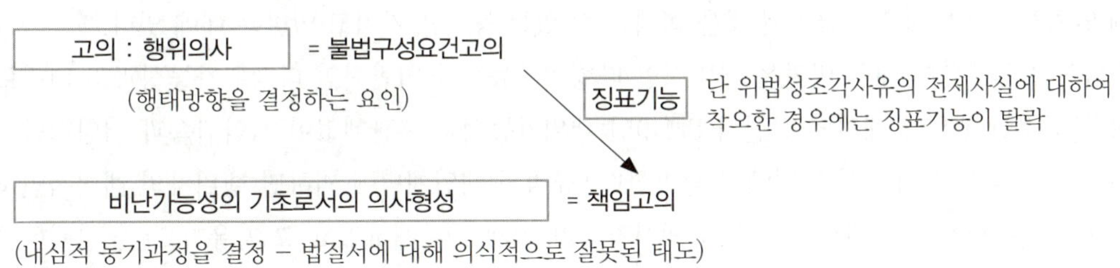

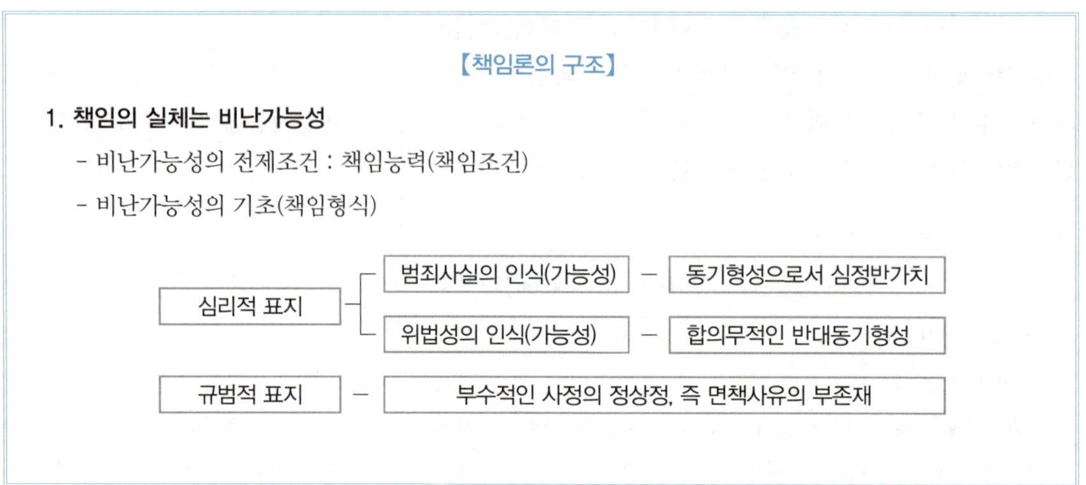

5. 규범적 책임론에 대한 비판

이와 같이 책임이 비난가능성이라고 할 때 책임의 반가치판단으로 행위자에게 비난되는 것은 그가 법에 따라 행위하고 법에 합치되게 스스로 결정할 수 있었음에도 불구하고 법에 따라 행위하지 않고, 법에 합치되게 스스로 결정하지 않았다는 데에 있다. 따라서 책임비난의 내적 근거는 인간은 자유롭고 책임있는 윤리적 자기결정을 할 수 있는 존재이기 때문에 그가 윤리적으로 성숙하였고 그 자유로운 윤리적 자기결정의 소질이 질병이나 기타 사유로 인하여 잠정적으로 마비되거나 계속적으로 상실되어 있지 않는 한, 법을 지향하고 불법에 반대하는 쪽으로 스스로 결정하고 자기행위를 법적 당위규범에 일치시키며 법적으로 금지된 것을 회피할 수 있는 능력을 가지고 있다는 데에 있다.[16]

규범적 책임개념에 대한 비판은 개별적인 타행위가능성과 일반적인 타행위가능성과의 괴리로 인하여 구체적인 행위자 개인의 현실적(실제적)인 행위가능성과는 관계없이 책임귀속과 책임비난이 이루어질 수 있다는 문제점의 지적에서 출발한다. 규범적 책임개념에 의하면 행위자의 개별적인 타행위가능성을 판단하기 위해서는 그러한 의사자유가 실제로 존재하였고 그 자유가 그가 선택한 행위 속에서 인식가능하여야 하는데 그것의 객관적(경험적) 증명이란 불가능하다.[17] 이렇게 되면 결국 행위자의 개별적인 타행위가능성은 규범화된 기준인 일반적 타행위가능성으로 대체되고 이것이 책임비난의 유일한 판단근거로 작용하게 되는데, 이것을 확정함에 있어서는 행위자의 자유로운 의사결정은 더 이상 전제되지 않으며 단지 평균적인 규범으로부터 일탈하였다는 이유로 행위자는 비난을 받게 되는 것이다. 즉 개인적인 타행위가능성을 판단하는 기준은 평균인의 일반적인 타행위가능성으로, 규범적 책임개념은 평균인이라면 적법행위를 할 수 있었고(일반적인 타행위가능성), 따라서 구체적인 행위자

16) BGHSt 2, 200,201 ; 10, 262 ; 21, 20.

17) 결정론과 비결정론 모두 입증이 불가능하며, 형법적 체계 역시 이러한 토대없이도 의사자유의 경험적 확인을 통해서 정당화될 수밖에 없다는 견해도 있다.

도 할 수 있었음에도 불구하고 그는 그렇게 하지 않았다는 비난을 책임내용으로 하게 된다.

이와 같이 책임확정은 현실적인 구체적 행위자와 일반적으로 상정된 평균인 사이를 비교하는 유추적인 절차에 따라 행하여지게 되며,[18] 이 경우 법관의 책임판단은 평균인을 대리하여 행하는 '대리적 양심판단'을 의미한다.[19]

그런데 규범적 책임개념이 상정하고 있는 평균인은 우리의 경험적인 지식에 의해 만들어진 - 무엇과 비교해서 존재하는 - 개념적인 구성체로 관념적 허구에 불과하며, 따라서 평균인의 일반적 타행위가능성도 실제로는 존재하지 않는 가능성으로 관념상의 개념이다. 이와 같이 규범적 책임개념은 구체적인 행위자와 허구의 평균인과의 차이를 비난의 근거로 함으로써 행위를 판단하는 법관은 이를 증명하거나 그 근거를 제시할 필요가 없다는 점에서, 즉 구체적인 비난근거를 밝힐 수 없기 때문에 논거제시의 부담을 피하면서 행위자를 비난한다는 논리적 모순을 가지고 있다. 결국 규범적 책임개념은 형법상의 책임개념을 관념화 · 허구화하였으며, 이러한 실질적인 내용이 없는 허구적인 책임이 형벌을 근거지우고 제한할 수 없다는 점에서 책임원칙도 허구에 불과하다는 비판을 면키 어렵다.

형벌과 책임과의 관계를 규정하면서 형법의 근본원칙으로서 이의가 없었던 책임원칙에 대한 이와 같은 비판은 범죄예방이라는 형사정책적 관점에서 두드러지게 나타나는데, 책임은 형벌의 근거와 한계에만 관계되는 것이 아니라 '예방'이라는 형벌의 목적 내지 기능과도 관계되어 있다는 관찰로부터 출발한다. 이러한 경향은 형법학과 형사정책의 접근을 통해 책임개념의 상대화로 나아가게 되는데 그 상대화의 정도는 책임원칙에 탄력성을 부여하는 견해로부터 책임개념의 실질적인 부정에까지 이르고 있다. 이와 같이 책임의 내용을 행위자의 「적법행위가능성」이 아닌 '형벌의 목적' 또는 '형사정책적 목적'으로부터 찾으려는 이러한 일련의 시도를 적극적 일반예방(positive Generalprävention)이론이라 하는데,[20] 아래에서는 이러한 적극적 일반예방이론에 기초하고 있는 기능적 책임개념과 예방적 · 규범적 책임개념을 검토해 보기로 한다.

Ⅲ. 기능적 책임개념(funktionaler Schuldbegriff)

규범적 책임개념에 대한 비판은 적극적 일반예방에 의한 책임개념의 기능화(Funktionalisierung)라는 측면에서 제기되고 있다. 이러한 비판적 시각은 종래 책임과 형벌의 형식적 관계를 실질적으로 다루어야 한다는 사고로, 책임개념은 순전히 형식적 개념이며 어떤 내용있는 기준에 의해 규정되는 것이

18) 책임형법을 강조하는 A.Kaufmann도 유추적인 추론은 확실하고 분명한 판단이라기보다는 문제가 많은 가치판단이라고 한다(Arthur Kaufmann, "Unzeitgemäße Betrachtungen zum Schuldgrundsatz im Strafrecht", S.277).

19) Arthur Kaufmann, Das Schuldprinzip, 2.Aufl., Heidelberg:Carl Winter, 1976, S.197ff.

20) 1970.12.8. 독일연방법원판결(BGHSt 24, 40)과 1977.6.21. 독일연방헌법재판소판결(BVerfGE 45, 256)은 이러한 적극적 일반예방이론의 발전에 영향을 미쳤다.

아니므로 질서신뢰의 안정화 내지 규범안정화(Normstabilisierung), 일반인의 기대보장 내지 기대확보, 법충실에의 훈련이라는 의미에서의 가치무관심적인 이른바 적극적 일반예방이라는 형벌목적만이 책임개념에 내용을 제공한다고 한다. 이와 같이 기능주의적 · 형벌목적론적 관점에서 출발하는 기능적 책임개념은 책임의 근거를 적극적 일반예방에 두면서 책임을 예방으로 대체하고자 한다.

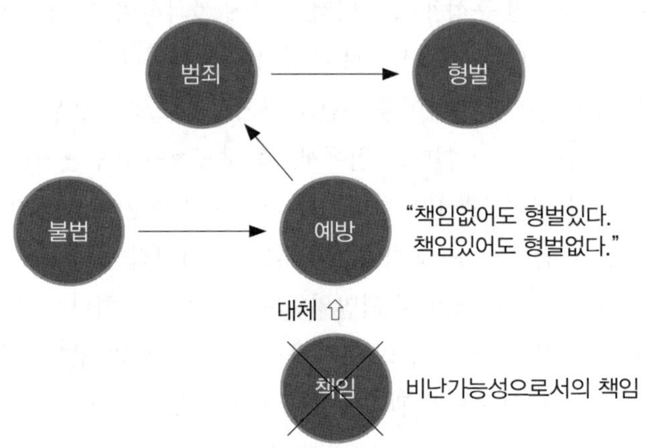

사회학적 형벌이론이 관심을 갖는 것은 범죄의 법익침해측면이 아니라 규범일탈의 측면이다. 규범과 일탈의 개념은 제재, 사회통제와 함께 사회중심으로 범죄를 이해하기 위한 핵심개념에 속한다. 규범과 일탈은 논리적 함축관계에 있다. 규범에 의해 일정한 행동양식은 일탈로 분류되고, 반대로 하나의 행위는 규범과 관련해서만 일탈로 평가될 수 있다. 사회학적으로 보면 모든 일탈행동에는 규범을 의문시하고 위협하는 요소가 잠재해 있다. 다른 한편 규범은 위반가능성 때문에 존재한다. 따라서 일탈행동을 존재조건으로 삼고 있다. 이러한 긴장관계의 두 가지 요소는 사회중심의 범죄이론의 핵심적 관점을 표현한다. 사회 중심의 범죄이론은 형사제재, 즉 형벌을 범죄의 규범위태화에 대한 대가로, 규범과 사회를 안정화시키는 적극적 기능을 갖는다고 본다.

기능적 책임개념을 주장하는 대표적인 학자인 야콥스(G.Jakobs)는 사회학자인 루만(Niklas Luhmann)의 법사회학적인 체계이론[21]에 기초하여 형벌이 가지는 현실적인 사회교육적 · 사회심리적 기능을 전

21) N.Luhmann은 법도 기능적 · 구조적으로 파악한다. 그에 의하면 하나의 사회적 체계로서의 법을 적합하게 일반화된 규범적 행위기대로 특징지운다. 즉 규범은 (나타난 범죄)사실에 반하는 안정화된 행위기대를 의미한다. 어떠한 사회에서도 사람들은 서로 충족시키고 실망시키는 행위기대들을 가지고 있다. 법은 일정한 행위기대가 시간적으로, 사항적으로, 그리고 사회적으로 고정되어 일반화될 것을 바란다. 이에 따라 법은 일정한 행위기대를 당위적인 것으로 선택해서 고정화하고 구조지운다. 이와 같이 법은 하나의 일정한 사회적 체계의 구조라는 것이다. 좌절된 기대의 안정화는 기대를 설명하는 상징적 절차와 기대를 좌절시킨 사건을 취급하는 상징적 절차를 통하여 기대가 회복될 수 있음을 전제로 한다. 극도로 분화된 사회에서 기대의 안정화는 범죄자에 대한 제재부과로써 이루어진다. 제재는 사회의 기대가 아닌 행위자의 기대가 잘못되었음을 의미한다. 제재는 상징적 · 의식적 작용을 한다. 이러한 상징적 작용 가운데 중요한 것은 규범효력을 명백하게 보여주는 물리적인 힘이다.

면에 부각시키고자 한다. 그에 의하면 인간의 사회적 접촉은 일정한 행위기대 속에 이루어지며, 이러한 기대를 실망시키는 행위에 대하여는 일정한 제재를 가하여 기대를 보장해줌으로써 가능해진다는 루만의 체계이론을 기초로 하여 질서신뢰의 안정화를 형법 및 형벌의 목적으로 본다.

야콥스에 의하면 먼저 행위자의 규범위반에 대한 책무(Zuständigkeit)가 무엇이냐가 규명되어져야 하는데, 규범침해의 부정적 효과는 일차적으로 일반인의 규범효력에 대한 신뢰를 동요하였다는데 있다는 것이다. 사회적 교류를 위해서 본질적으로 중요한 규범효력의 보장은 규범안정화를 통하여 다시 회복될 수 있다는 것이다. 형법의 합목적적 진력만이 사회통제에 기여하며, 이러한 의미에서 형벌은 전적으로 또는 현저하게 규범 내지 사회의 안정화기능, 즉 적극적 일반예방기능을 가진다고 한다. 따라서 책임의 근거는 법에 충실한 일반인들에게 규범질서의 구속성을 확증해주기 위하여 규범위반자에게 일정한 양의 형벌을 부과할 필요가 있다는데 있다. 그에 의하면 책임은 단지 일반예방의 변형(Derivat der Generalprävention)이며, 책임은 오직 법충실에의 숙련(훈련)이라는 의미에서의 일반예방을 통하여 근거지워지고 이러한 예방적 관점에서만 그 양이 측정되어져야 한다는 것이다.

이와 같이 '책임'을 '예방'으로 대체하고자 하는 야콥스는 적극적 일반예방이라는 형벌목적만이 책임개념에 내용을 부여하며, 형벌목적을 벗어나면 책임은 어떠한 내용도 갖지 못하는 형식적인 개념에 불과하다고 한다. 따라서 책임이 이미 그리고 항상 목적에 따라 결정되어 있다면 책임 속에 내재해 있는 목적은 책임을 통하여 제한될 수 없으며, 목적을 내포하고 있는 책임이 형벌을 근거지운다.

그러나 적극적 일반예방의 고려가 형벌의 척도가 된다면 기능적으로는 어떤 경우에도 아무런 제약 없이 그 논거를 전개할 수 있기 때문에 행위자의 관점에서 적합한 형벌로 보이는 형벌의 양을 판단자는 마음대로 능가할 수 있다. 즉 기능주의적 관점에서는 형벌의 정당성이 아니라 사회에서의 마찰 없는 기능만이 문제가 될 뿐이므로, 책임이 내용적으로 무엇인가라는 문제는 전적으로 외적인 요소, 특히 공동체의 그때그때의 상태에 따라 달라지게 된다. 이와 같이 책임이 형벌목적론적 관점에서 단지 규범의 안정화, 일반인의 기대보장 내지 기대확보, 법충실에의 훈련이라는 가치무관심적인 예방적 필요성에 의해서만 그 내용이 충족된다면 책임개념은 완전히 조작가능해진다. 이렇게 되면 규범침해자의 마그나카르타로서의 책임개념의 보장 및 보호기능은 완전히 사라지게 되고, 따라서 책임은 더 이상 국가형벌을 제한할 수 없게 됨으로써 형법의 자유주의적 법치국가이념도 또한 희생될 위험이 그 안에 필연적으로 내재하게 된다.

또한 규범침해 자체를 강조하는 야콥스의 이론대로라면 결국은 규범이 자신의 존재를 보호하기 위한 자기목적을 지닌다는 것으로 이는 지극히 형식논리에 불과하다. 즉 일반인의 규범신뢰를 위한 지도형상이 결여되어 있다. 예를 들어 사람을 살해한 자는 형법 제250조 제1항의 형식적 규범 자체를 위반해서가 아니라 인간의 생명이라는 법익을 침해했기 때문에 처벌되는 것이다. 따라서 사회학적이고, 하나의 특정한 시각에 한정된 예방사상은 왜 규범이 실현되어야 하는가에 대한 필수적인 내용을 고려하지 않고 있다.

적극적 일반예방론이 책임형법에 대한 비판의 논거로 들고 있는 '의사자유론', 즉 책임형법이 전제로 하고 있는 행위자의 개인적인 타행위가능성을 판단하기 위해서는 그러한 의사자유가 실제로 존재하느냐가 문제되는데, 그 과학적 - 즉 경험적 - 증명이란 불가능하다는 예방론자들의 논거에 대하여 아르투어 카우프만과 같은 책임형법론자들은 이는 의사자유의 의미를 잘못 파악한 때문이라고 반박한다. 즉 책임형법이 전제하는 인간의 의사자유는 비결정론자들이 이해하는 바의 자유가 아니라는 점이다. 자유란 엄밀히 증명될 수 없고, 그러한 식으로 증명할 수 없으며, 따라서 우리가 확실하게 자유를 인식할 수 없다는 것은 틀림없으나, 그렇다고 해서 자유가 원칙적으로 문제시될 수 없는 것은 아니다. 왜냐하면 여기에서 문제가 되는 인간의 실존적 자유는 궁극적으로 인간의 정신적인 자기결정능력과 동일한 것이며, 인간의 인식능력과 의사결정능력과 동일한 것이고 인간의 인격성과 동일한 것이다. 인간이 실제로 인식하고, 의욕하고, 자율적으로 행위할 수 있다는 것에 대한 확실한 증거가 없는 것과 마찬가지로 이러한 능력을 원칙적으로 부정하는 것도 불가능하다.

나아가 예방론자들이 주장하는 형벌을 통하여 실제적으로 달성할 수 있는 예방효과를 미리 예측하여 측정하기란 어렵다. 즉 예방이라는 사회적 유용성의 검증이 문제된다. 이는 예방적 요소 또는 예방적 필요성에 대한 경험적인 검증 뿐만 아니라 그 효과측정이 보다 정확해야 한다는 것을 전제로 하는데, 이러한 검증은 자유의사에 대한 논증 이상으로 어렵다는 점이다.

Ⅳ. 예방적 · 규범적 책임개념(präventiver und normativer Schuldbegriff)

이 견해는 형법이론학과 형사정책을 연관지우고자 하는 관점에서 기능적 책임개념처럼 형벌근거책임을 오로지 일반예방으로 변형시키거나 공허화하려는 것과는 달리 형벌근거책임과 예방의 관점을 여전히 구별하면서도, 책임의 이념과 형벌근거책임을 형벌목적과의 밀접한 관계속에서 파악하려고 한다. 이와 같이 형벌근거책임은 내용적으로 예방적 관점에 의하여 함께 고려되어야 한다는 점에서 전통적인 규범적 책임개념과도 다르다. 즉 형벌은 책임을 전제로 하지만 책임에 의해서만 형벌이 근거지워지는 것이 아니라 예방적 필요성도 동시에 고려되어야 한다는 것이다.

이 입장을 대표하는 록신은 '달리 해위할 수 있다'는, 이른바 타행위가능성이라는 의미에서의 책임의 개념을 유지하면서도, 이러한 의미의 책임이 형벌을 근거지울 수는 없고 단지 제한 제한할 뿐이라고 한다. 즉 책임이 확정 또는 부정되는 것으로 인하여 행위자에 대한 답책성(答責性, 負責性 Verantwortlichkeit)[22]이 필연적으로 존재하거나 부정되지는 않는다고 한다. 형벌근거책임의 평가는 타행위가능성에 의해서만 찬단되어져서는 안되며, 구체적 사안에 있어 형사정책적으로 제재가 필요한가의 여부가 추가적

22) 답책성이란 '형벌의 목적에 상응하는 책임'이라는 의미이다.

으로 판단되어져야 한다는 것이다.[23] 이와 같이 록신은 책임은 단순히 형벌제한적 기능만을 가지기 때문에 결정론과 비결정론이 첨예하게 대립하고 있는 '도대체 자유의사가 존재하느냐'라는 형벌근거의 문제를 피해갈 수 있다고 보고 있다.

이와 같이 록신에 의하면 책임은 결코 형벌을 근거지우지 못하고 언제나 그 허용성만을 제한할 뿐이라고 한다. 형벌의 필요성은 오직 일반예방 및 특별예방의 목적에서만 이끌어낼 수 있는데, 그러나 또한 형벌의 필요성을 근거지우는 예방목적도 언제나 책임이 존재하는 경우에만 그 책임 범위내에서 추구되어야 한다는 것이다. 이러한 관점에서 록신은 타행위가능성만을 의미하는 형벌근거책임과 예방적 필요성을 답책성이라는 새로운 체계 범주속에 포함시켜 '형사제재의 필요성'이라는 형시정책적 표지를 제시한다. 타행위가능성이라는 의미의 책임은 형법적 답책을 위한 필요조건이지만 충분조건은 아니며, 여기에 예방적 필요성이 추가되어야 형법적 답책이 이루어질 수 있다고 한다.

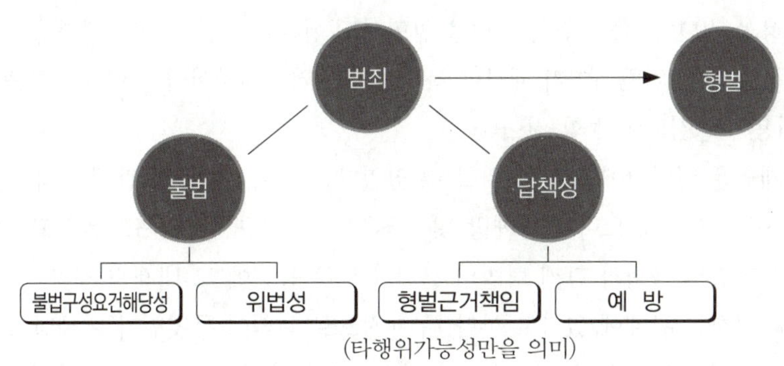

V. 결

책임원칙은 책임비난의 전제인 '의사결정의 자유'를 논증할 수 없다는 그 내재적 한계가 있을 뿐 아니라, 형사정책적 필요성에 의한 결과책임의 잔재, 형벌의 목적과 기능에 대한 가치관의 대립으로 나타나는 제재로서의 형벌과 보안처분에 의한 이원적인 형사제재체계, 책임정도의 판단에 있어 범죄피해자측면의 고려라는 한계를 내재하고 있다. 그렇다고 하여 '법충실로의 숙련, 일반인의 기대보장, 규범의 확증과 안정화' 라는 이른바 사회교육적 내지 사회심리적 측면에 중점을 두고 있는 적극적 일반예방이라는 형벌목적만이 책임개념에 내용을 제공해 주는 것은 아니다. 의사자유의 논증과

23) C.Roxin에 의하면 한편으로 행위자에게 달리 행위할 가능성이 있었음에도 불구하고 일반예방 및 특별예방의 관점에서 형벌필요성이 탈락되어 그 자체 존재하는 책임이 더 이상 행위자의 처벌을 정당화하지 못하게 되는 경우가 있을 수 있는데, 이에 해당하는 예로서 독일 형법 제33조의 과잉방위와 제35조의 면책적 긴급피난의 면책사유를 지적한다.

마찬가지로 이러한 적극적 일반예방도 경험을 통하여 확신하는 것이지 논증의 대상은 아니다.

또한 적극적 일반예방은 책임원칙의 철저화를 통하여 그 효과로서 나타날 수 있다는 점에서 규범적 책임개념에는 예방적 고려가 내포되어 있다. 나아가 '상응하는 대가'가 아니라 '적극적 일반예방'이라는 이름으로 책임이 확정되고 형벌이 정당화된다면 인간이 수단화되고 존엄성이 짓밟혔던 어두운 과거로 돌아갈 수 있는 위험이 있으며, 특히 우리는 특별'예방'이라는 미명하에 인권이 유린당했던 - 형사정책의 희생물이 되었던 - 경험을 가지고 있다. 더구나 일반인들의 상대적 심리만족을 위해서 법의 확증이나 기대보장이라는 이름으로 형벌이 부과되어서는 안될 것이다. 이와 같이 책임은 단지 예방적 고려만으로 해석될 수는 없다.

예방론자들의 주장처럼 형벌이 가지는 적극적 일반예방의 기능도 중요하지만 그것이 유일한 또는 가장 우선적인 목적이 되어서는 안된다. 어느 누구도 형법의 자유주의이념을 포기하지 않는다면 특별예방, 즉 행위자의 재사회화가 형벌 - 특히 자유형 - 의 일차적 목적이 되어야 한다. 그러나 책임개념은 이러한 형벌목적에 의해서만 그 내용을 가지게 되는 것은 아니며, 이미 책임개념 그 자체가 비록 '일반적이기는 하지만' 내용을 지닌다. 즉 책임은 불법을 알면서도 행하려는 결정이다(Schuld ist die bewu ß te und gewollte Entscheidung zum Unrecht). 이러한 책임의 내용은 아직 일반적이기 때문에 특별예방과 일반예방이라는 형벌목적을 함께 고려하여 그 현실적인 내용이 결정되어야 할 것이다.

이와 같이 책임개념은 행위시에 달리 행위할 수 있었다는 타행위가능성 만에 의해 결정되는 책임이념 만에 의하여 이해될 수 없으며 특별예방 및 적극적 일반예방의 관점도 함께 고려되어야 한다. 즉 형벌근거책임은 형벌의 목적과 함께 형벌의 근거가 되는 동시에 그 내재적 제약이 되고, 또한 외재적으로 형벌을 제한하는 관계에 있다고 본다. 구체적으로 책임이 무엇인가는 예방을 고려하지 않고는 말할 수 없으며, 구체적으로 어떠한 책임이 행위자에게 존재하는가와 무관하게 제재의 필요성과 제재의 부과정도를 규정할 수는 없다.

책임이 단지 예방적 고려만으로 해석될 수 없는 것과 마찬가지로 예방원칙도 책임고려에 의하여 완전히 결정되지는 않는다. 즉 예방원칙도 그 스스로 독자성을 유지한다. 이와 같이 형벌근거책임은 책임원칙 뿐만 아니라 예방사상에 의해서도 그 구체적 내용이 형성되어야 하며, 이 경우 양자는 다음과 같은 관계에 있다.

책임이라는 규범적 판단과 예방의 필요성이라는 기능적 판단이 동시에 형벌을 근거지우며[24], 책임에 의하여 제한된 상한내에서[25] 예방적 고려에 의한 책임의 경중이 평가되고, 예방적 고려에 의하여 책임으로 제한된 하한이 완화될 수 있다.

24) 이 점에서 예방의 목적은 책임에 의한 외재적 제약관계에 있다고 할 수 있다.

25) 이 점에서 예방의 목적은 책임에 의한 내재적 제약관계에 있다고 할 수 있다.

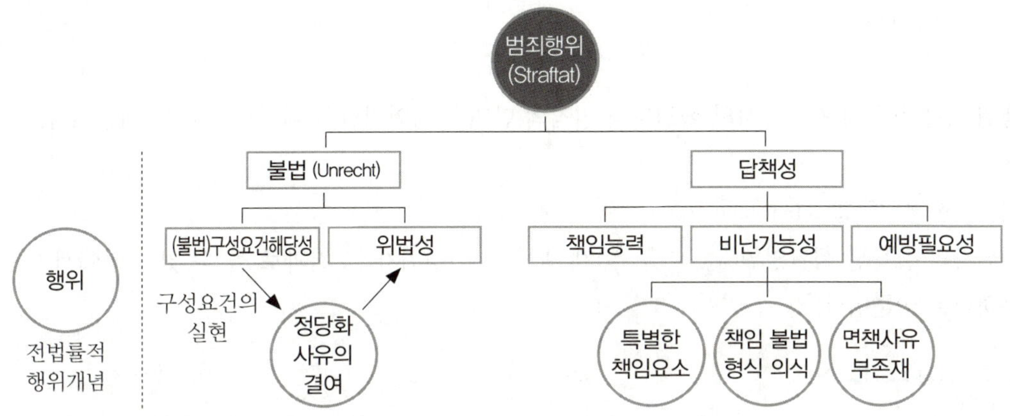

제5항 책임판단의 대상

규범적 책임개념의 입장에서 비난의 대상을 의사에 의하여 실현된 개개의 행위에 두는 행위책임과, 비난의 대상을 행위 속에 표현되는 행위자의 생활영위, 생활결정 내지 성격과 같은 인격적 태도에 두는 행위자책임의 대립이다.

Ⅰ. 행위책임

1. 의사책임(Willensschuld)[26)]

책임비난의 실체를 타행위가능성으로 보는 견해로, 행위자가 달리 행위할 수 있었고 또 달리 행위했어야만 할 사정하에서(타행위가능한 사정) 불법을 실현한 경우에 그러한 행위에 대한 의사형성 내지 결정이 비난의 대상이라고 파악한다.

2. 답책성론(Verantwortlichkeit)

책임비난의 실체를 규범적 적응가능성으로 보는 견해로, 행위자가 행위시 규범의 요구에 합치되는 행위를 할 수 있었음에도 불구하고 불법을 실현한 경우에 책임비난은 가능하며 나아가 일반예방 및 특별예방적 처벌필요성이 있을 때 비로소 행위의 가벌성은 확정된다는 입장이다. 즉 책임판단의 대상은 행위이나, 그 가벌성은 예방적 차원을 고려하여 확정하려는 견해이다.

26) Goldschmidt, Wilhelm Gallas, Arthur Kaufmann.

Ⅱ. 행위자책임

행위 속에 표현된 전체로서의 행위자의 인격의 단면을 책임비난의 대상으로 하는 이론이다.

1. 생활영위책임(Lebensführungsschuld)[27]

행위자의 잘못된 생활영위(예로서 음행매개, 장물취득, 상습성)가 책임이며, 행위가 그 결과로 볼 수 있는 한에서 비난이 가능하다는 이론이다.[28]

관련판례

1) 특정범죄가중처벌 등에 관한 법률 제 5조의4 제5항의 규정취지는 형법 제329조 내지 제331조와 제333조 내지 제336조 ,제340조, 제362조의 죄 또는 그 미수죄로 3회 이상 징역형을 받은 자로서 다시 이들 죄를 범하여 누범으로 처벌할 경우에는 상습성이 인정되지 않는 경우에도 상습범에 관한 제1항 내지 제4항 소정의 법정형에 의하여 처벌한다는 뜻이라고 새겨지고 따라서 제1항 내지 제4항에 정한 형에 다시 누범가중한 형기범위 내에서 처단형을 정하는 것이 타당하다(대법원 1982.10.12. 선고 82도1865 판결).
2) 범죄에 있어서의 상습이란 범죄자의 어떤 버릇, 범죄의 경향을 의미하는 것으로서 행위의 본질을 이루는 성질이 아니고, 행위자의 특성을 이루는 성질을 의미하는 것이므로(대법원 1972.6.27. 선고 72도594 판결 참조), 구 폭력행위 등 처벌에 관한 법률(2006.3.24. 법률 제7891호로 개정되기 전의 것) 제2조 제1항에서 정한 상습성의 유무는 피고인의 연령 · 성격 · 직업 · 환경 · 전과사실, 범행의 동기 · 수단 · 방법 및 장소, 전에 범한 범죄와의 시간적 간격, 그 범행의 내용과 유사성 등 여러 사정을 종합하여 판단하여야 한다(대법원 2006.5.11. 선고 2004도6176 판결).
3) 절도에 있어서의 상습성은 절도범행을 반복 수행하는 습벽을 말하는 것으로서, 동종 전과의 유무와 그 사건 범행의 횟수, 기간, 동기 및 수단과 방법 등을 종합적으로 고려하여 상습성 유무를 결정하여야 한다. 행위자가 범죄행위 당시 심신미약 등 정신적 장애상태에 있었다고 하여 일률적으로 그 행위자의 상습성이 부정되는 것은 아니다.

---

27) Edmund Mezger.

28) 형법은 상습성으로 인한 가중처벌로 상습도박죄, 상습폭행 · 상해죄, 상습절도죄 등에 대한 가중처벌규정을 두고 있다. 그리고 「특정범죄 가중처벌 등에 관한 법률」 제5조의4 제1항(상습절도죄, 상습야간주거침입절도죄, 상습특수절도죄), 제3항(상습강도죄, 상습특수강도죄, 상습인질강도죄, 상습해상강도죄), 제4항(상습장물취득죄)은 형법과 같은 기본법과 동일한 구성요건을 규정하면서 법정형만 상향하고 있었는데, 헌법재판소가 같은 조 제1항과 제4항에 대하여 형벌체계상의 정당성과 균형을 잃어 헌법의 기본원리에 위배되고 평등의 원칙에 위반된다는 이유로 각각 위헌결정(2015.2.26. 선고 2014헌가16 등 위헌 결정)을 함에 따라 2016.1.6. 개정으로 같은 조 제1항과 제3항 및 제4항은 삭제되었다.
제5조의4 (상습 강도 · 절도죄 등의 가중처벌) ① 삭제 〈2016.1.6〉
② 5명 이상이 공동하여 상습적으로 「형법」 제329조부터 제331조까지의 죄 또는 그 미수죄를 범한 사람은 2년 이상 20년 이하의 징역에 처한다. 〈개정 2016.1.6〉
③ 삭제 〈2016.1.6〉
④ 삭제 〈2016.1.6〉
〈개정 전〉
① 상습적으로 「형법」 제329조부터 제331조까지의 죄 또는 그 미수죄를 범한 사람은 무기 또는 3년 이상의 징역에 처한다.
② 5명 이상이 공동하여 제1항의 죄를 범한 사람은 무기 또는 5년 이상의 징역에 처한다.
③ 상습적으로 「형법」 제333조 · 제334조 · 제336조 · 제340조제1항의 죄 또는 그 미수죄를 범한 사람은 사형, 무기 또는 10년 이상의 징역에 처한다.
④ 「형법」 제363조의 죄를 범한 사람은 무기 또는 3년 이상의 징역에 처한다.

심신미약 등의 사정은 상습성을 부정할 것인지 여부를 판단하는 데 자료가 되는 여러 가지 사정들 중의 하나일 뿐이다. 따라서 행위자가 범죄행위 당시 심신미약 등 정신적 장애상태에 있었다는 이유만으로 그 범죄행위가 상습성이 발현된 것이 아니라고 단정할 수 없고 다른 사정을 종합하여 상습성을 인정할 수 있어 심신미약의 점이 상습성을 부정하는 자료로 삼을 수 없는 경우가 있는가 하면, 경우에 따라서는 심신미약 등 정신적 장애상태에 있었다는 점이 다른 사정들과 함께 참작되어 그 행위자의 상습성을 부정하는 자료가 될 수도 있다(대법원 2009.2.12. 선고 2008도11550 판결).

4) '상습범'의 의미와 상습성 있는 자가 같은 종류의 죄를 반복하여 저지르고 상습범을 별도의 범죄유형으로 처벌하는 규정이 없는 경우의 죄수 관계(=원칙적으로 실체적 경합범)

상습범이란 어느 기본적 구성요건에 해당하는 행위를 한 자가 범죄행위를 반복하여 저지르는 습벽, 즉 상습성이라는 행위자적 속성을 갖추었다고 인정되는 경우에 이를 가중처벌 사유로 삼고 있는 범죄유형을 가리키므로, 상습성이 있는 자가 같은 종류의 죄를 반복하여 저질렀다 하더라도 상습범을 별도의 범죄유형으로 처벌하는 규정이 없는 한 각 죄는 원칙적으로 별개의 범죄로서 경합범으로 처단할 것이다. 저작권법은 제140조 본문에서 저작재산권 침해로 인한 제136조 제1항의 죄를 친고죄로 규정하면서, 제140조 단서 제1호에서 영리를 위하여 상습적으로 위와 같은 범행을 한 경우에는 고소가 없어도 공소를 제기할 수 있다고 규정하고 있으나, 상습으로 제136조 제1항의 죄를 저지른 경우를 가중처벌한다는 규정은 따로 두고 있지 않다. 따라서 수회에 걸쳐 저작권법 제136조 제1항의 죄를 범한 것이 상습성의 발현에 따른 것이라고 하더라도, 이는 원칙적으로 경합범으로 보아야 하는 것이지 하나의 죄로 처단되는 상습범으로 볼 것은 아니다. 그것이 법규정의 표현에 부합하고, 상습범을 포괄일죄로 처단하는 것은 그것을 가중처벌하는 규정이 있기 때문이라는 법리적 구조에도 맞다(대법원 2011.9.8. 선고 2010도14475 판결; 2012.5.10. 선고 2011도12131 판결).

2. 생활결정책임(Lebensentscheidungsschuld)[29)]

행위자의 잘못된 생활결정이 책임이며, 행위가 그러한 생활결정의 표현인 한 비난이 가능하다는 이론이다.

3. 성격책임(Charakterschuld)[30)]

개개의 행위에서 나타난 행위자의 성격 내지 성격흠결의 표명이 책임판단의 대상이라고 보는 견해이다.

Ⅲ. 결

형법은 행위책임을 기초로 하는 행위형법이다. 다만 일정한 범위내에서 행위자책임의 관점인 생활영위책임을 고려하고 있다.[31)] 특히 형사책임의 정도와 관련하여 누범과 상습범의 병과적용 여부가 문제되는데, 누범은 행위책임의 측면에서 초범자보다 책임이 가중되는 반면, 상습범은 동종·동

29) Paul Bockelmann, Dias.

30) Karl Engisch, Burkhardt.

31) 생활영위책임을 고려하고 있는 예로서 인식 없는 과실, 금지착오에 있어서 정당한 이유(회피가능성)의 판단, 상습범의 특별취급, 양형의 단계, 원인에 있어서 자유로운 행위 등이 이에 속한다.

질의 범죄의 반복성이라는 상습습벽의 발현이라는 행위자책임의 사상을 기초로 하고 있다. 이와 같이 상습범의 가중처벌의 근거를 행위자책임에 둔다면 이를 가중처벌하는 것은 모순이며, 상습범의 가중처벌규정은 입법론상 폐지되어야 할 것이다.[32)]

제6항 책임의 근거에 관한 논의

"무엇을 근거로 하여 행위자에게 책임비난을 가할 것인가" 에 대한 논의로, '인간에게 자유의사가 있느냐' 라는 책임과 자유의사(Willensfreiheit)의 문제이다. 모든 형법이론은 각기 일정한 인간상을 기초로 하여 전개되며, 형사책임의 이론 또한 일정한 인간상을 기초로 하여 구성되는 이상 완전한 형사책임이론을 구축하기 위해서는 그 기초가 되는 완전한 인간상을 정확하게 파악해야 한다.

Ⅰ. 도의적 책임론(의사책임론, 행위책임론, 결정주의, Determinismus)

책임의 근거를 인간의 자유의사에 두는 입장이다. 따라서 자유의사를 가진 자만이 적법행위를 할 수 있고 또 그렇게 하여야 함에도 감히 위법행위를 한 데 대하여 윤리적 입장에서 도의적으로 비난하는 것이 책임이라는 구파의 책임론이다. 이 이론에 의하면 책임능력은 범죄능력을 의미하는 것으로, 자유의사가 없는 책임무능력자에게는 책임(형벌)을 부과할 수 없으며, 따라서 책임무능력자에 대한 보안처분은 형벌과는 다른 특별조치일 뿐이라는 형벌과 보안처분과의 관계에 대해서는 이원론의 입장을 취한다. 또한 형벌의 양은 행위로 표현된 범위 내에서 책임을 지며(객관주의), 형벌론에서 응보형주의와 결합된다.

Ⅱ. 사회적 책임론(징표설, 성격책임론, 행위자책임론, 비결정주의, Indeterminismus)

인간의 자유위사를 부정하여(의사결정론의 입장으로 자유의사는 주관적 환상에 불과), 책임의 근거를 행위자의 행위에 의해 나타나는 반사회적 성격(위험성)에 두는 입장이다. 책임은 행위자에 대하여 사회적으로 비난할 수 있는 사회적

32) 형법개정시안에서는 이러한 비판적 견해를 받아들여 상습범에 대한 가중처벌규정을 삭제하였으나, 2010.3.31. 국회에서 통과된 「형법 일부개정법률」은 강간 등 성폭력범죄를 범하는 경향이 있는 자는 다시 성폭력범죄를 저지를 가능성이 대단히 높으므로 성폭력범죄를 억제하고 잠재적 피해자를 보호하기 위하여 성폭력범죄의 상습범을 가중처벌한다는 이유로 제305조의2를 신설하여 "상습으로 제297조부터 제300조까지, 제302조, 제303조 또는 제305조의 죄를 범한 자는 그 죄에 정한 형의 2분의 1까지 가중한다."라고 하여 상습범 가중처벌 규정을 신설하였다(2010.4.15. 시행).

비난가능성, 즉 사회방위처분을 받아야 할 지위라고 이해하는 신파의 책임론이다. 이 이론에 의하면 책임능력은 형벌능력을 의미하는 것으로, 책임무능력자도 사회방위처분을 받을 수 있으며(반사회적 위험성은 있으므로 책임이 부과), 따라서 형벌과 보안처분은 성질상 동일하다는 일원론의 입장을 취한다. 외부로 나타난 행위보다 행위자를 중시하는 주관주의 범죄이론으로, 형벌론에서 목적형주의와 결합된다.

Ⅲ. 인격적 책임론[33)]

행위책임론과 성격책임론을 종합한 책임론으로, 책임의 근거를 행위와 행위에 내재된 인격형성 또는 생활결정에 두는 책임론이다. 인간은 소질과 환경의 지배를 받으나 한편으로는 인간은 이를 극복 지배할 수 있으므로 행위는 잠재적 인격의 현재화(顯在化)라고 이해함으로써 의사 및 소질 환경이 책임의 근거가 된다고 보는 입장이다.

제7항 책임론의 구조

Ⅰ. 책임의 근거에 관한 논의

행위자에 대하여 비난을 할 수 있는 전제로서의 책임능력을 '사물을 변별하고 의사를 결정할 능력(제10조 제1항)'이라고 보면서, 책임능력이 있는 자만이 형벌의 대상이 될 수 있다는 도의적 책임론의 입장이다.

책임무능력자로서 형사미성년자(제9조) · 심신상실자(제10조 제1항), 한정책임능력자로서 심신미약자(제10조 제2항)와 농아자(제11조), 원인에 있어서의 자유로운 행위(제10조 제3항)

Ⅱ. 책임의 실체(본질)에 관한 논의

답책성의 실체를 비난가능성으로서의 형벌근거책임과 예방적 필요성으로 파악하는 예방적 · 규범적 책임론의 입장이다.

특별한 책임표지로서의 심정표지, 책임형식으로서의 고의 또는 과실(이중적 기능), 위법성의 인식(불법의식) 또는 인식가능성(위법성 인식의 착오=금지착오), 면책사유의 부존재 , 적법행위에 대한 기대가능성을 든다.

---

33) E.Mezger, P.Bockelmann 등.

제2절 책임능력(Schuldfähigkeit)

제1항 책임능력의 의의

형법[1] 제9조 (형사미성년자) 14세 되지 아니한 자의 행위는 벌하지 아니한다.
제10조 (심신장애인) ① 심신장애로 인하여 사물을 변별할 능력이 없거나 의사를 결정할 능력이 없는 자의 행위는 벌하지 아니한다.
② 심신장애로 인하여 전항의 능력이 미약한 자의 행위는 형을 감경한다.
③ 위험의 발생을 예견하고 자의로 심신장애를 야기한 자의 행위에는 전2항의 규정을 적용하지 아니한다.
제11조 (농아자) 농아자의 행위는 형을 감경한다.

Ⅰ. 개념

정상적인 사물판단능력(지적 능력)과 이에 따라 행위를 조종할 수 있는 능력(조종능력, 행위통제능력, 의지적 능력), 또는 법규범에 따라 행위할 수 있는 능력, 또는 행위자에게 책임을 추궁할 수 있는 주관적 적격을 책임능력이라 한다.[2] 다만 이러한 책임능력을 책임비난의 요소로 보느냐, 책임비난의 논리적 전제로 보느냐에 대해서는 견해가 대립되고 있다.

---

1) 〈형법일부개정법률안〉 (2011.3.25. 정부안으로 국회제출, 의안번호 1811304호)
다. 농아자에 대한 형의 필요적 감경 규정 삭제(현행 제11조 삭제)
농아교육의 발달에 따라 농아자도 일반국민과 마찬가지로 사물을 변별하고 의사를 결정할 능력이 충분한 경우가 많다는 점을 고려하여 농아자에 대한 형의 필요적 감경 규정을 삭제함.
사. 원인에 있어서 자유로운 행위(안 제22조제3항)
스스로 정신장애의 상태를 일으켜 고의 또는 과실로 행위 한 자의 행위에 대해서는 정신장애로 인한 감면사유를 적용하지 아니하도록 하여 과실에 의한 경우에도 원인에 있어서 자유로운 행위에 포함된다는 것을 명백히 함.
제22조 (정신장애) ① 정신장애로 행위의 불법을 판단할 능력이 없거나 그 판단에 따라 행위 할 능력이 없는 자의 행위는 벌하지 아니한다.
② 정신장애로 제1항의 능력이 미약한 자의 행위에 대해서는 형을 감경한다.
③ 스스로 정신장애의 상태를 일으켜 고의 또는 과실로 행위한 자의 행위에 대해서는 제1항 및 제2항을 적용하지 아니한다.
제23조 (책임연령) 14세가 되지 아니한 자의 행위는 벌하지 아니한다.

2) 독일형법 제20조 (정신장애로 인한 책임무능력) 행위를 함에 있어서 병적인 정신장애, 심한 의식장애, 정신박약 또는 중한 기타의 정신변성(精神變性)으로 인하여 행위의 불법을 통찰(변별)하거나(einzusehen), 이 통찰(Einsicht, 변별)에 따라서 행위할 능력이 없는 자는 책임 없이 행위한 것이다.
제21조 (한정책임능력) 행위의 불법을 통찰하거나 이 통찰에 따라 행위한 행위자의 능력이 제20조에 열거된 사유중의 하나로 인하여 행위를 함에 있어서 현저하게 미약한 때에는 제49조 제1항에 의하여 그 형을 감경할 수 있다.

Ⅱ. 본질

도의적 책임론의 입장에서는 의사능력, 행위능력, 범죄능력, 유책행위능력으로 해석하는 반면, 사회적 책임론의 입장에서는 형벌적응능력, 형벌능력, 수형능력으로 이해하고 있다. 또한 인격적 책임론의 입장에서는[3] 합규범적으로 행위를 할 수 있는 능력 내지 인격적 책임능력으로 보는 등 견해가 다양하다.

Ⅲ. 책임능력의 판단시기

행위와 책임능력의 동시존재의 원칙, 즉 책임능력은 범죄행위시에 존재해야 하며 범죄행위시를 기준으로 판단하여야 한다. 특히 책임능력의 판단시기와 관련하여 논의되는 것이 「원인에 있어서 자유로운 행위」이다.

관련판례

피고인이 평소 간질병 증세가 있었더라도 범행 당시에는 간질병이 발작하지 아니하였다면 이는 책임감면사유인 심신상실 내지는 심신미약의 경우에 해당하지 아니한다(대법원 1983.10.11. 선고 83도1897 판결).

소년법상의 소년에 대한 판단은 형법 제9조와 같이 형사책임이 문제되는 소년법 제59조(사형, 무기형의 완화)의[4] 경우에는 범행 당시를 기준으로 하지만, 소년에 대하여 임의적 감경을 할 수 있도록 규정하고 있는 소년법 제60조 제2항의 경우에는 심판시 즉 사실심 판결 선고시를 기준으로 하여야 한다.[5]

관련판례

1) 항소심판결이 선고될 당시 소년법 제2조 소정의 소년이어서 부정기형이 선고되었다면 상고심 계속중에 성년이 되었다 하더라도 항소심의 부정기형의 선고를 정기형으로 고칠 수는 없다(대법원 1993.2.23. 선고 93도69 판결. 같은 취지의 판례로 대법원 1990.11.27. 선고 90도2225 판결 ; 1990.9.28. 선고 90도1772 판결 ; 1990.7.27. 선고 90도1118 판결 ; 1989.9.29. 선고 89도1440 판결).

---

3) 도의적 책임론의 유책행위능력과 동일한 의미로 보는 견해도 있다.

4) 제59조 (사형 및 무기형의 완화) 죄를 범할 당시 18세 미만인 소년에 대하여 사형 또는 무기형으로 처할 경우에는 15년의 유기징역으로 한다.

5) 제60조 (부정기형) ① 소년이 법정형으로 장기 2년 이상의 유기형에 해당하는 죄를 범한 경우에는 그 형의 범위에서 장기와 단기를 정하여 선고한다. 다만, 장기는 10년, 단기는 5년을 초과하지 못한다.
② 소년의 특성에 비추어 상당하다고 인정되는 때에는 그 형을 감경할 수 있다.
③ 형의 집행유예나 선고유예를 선고할 때에는 제1항을 적용하지 아니한다.
④ 소년에 대한 부정기형을 집행하는 기관의 장은 형의 단기가 지난 소년범의 행형 성적이 양호하고 교정의 목적을 달성하였다고 인정되는 경우에는 관찰 검찰청 검사의 지휘에 따라 그 형의 집행을 종료시킬 수 있다.

2) 소년법 제60조 제2항에서 소년이라 함은 특별한 정함이 없는 한 소년법 제2조에서 말하는 소년을 의미한다고 할 것이고, 소년법 제2조에서의 소년이라 함은 20세 미만자로서 그것이 심판의 조건이므로 범행시 뿐만 아니라 심판시까지 계속되어야 하는바, 이는 소년법 제38조 제1항, 제7조 제2항, 제51조의 규정에 비추어 보아도 명백할 뿐만 아니라, 소년의 인격은 형성 도중에 있어 그 개선가능성이 풍부하고 심신의 발육에 따르는 특수한 정신적 동요상태에 놓여 있으므로 이러한 소년의 특성 때문에 현재 소년이라는 상태를 중시하여 소년의 건전한 육성을 기하려는 것이고 소년법 제60조 제2항도 이러한 취지에서 나왔다고 볼 것이지, 소년법 제60조 제2항을 소년법 제59조, 형법 제9조와 같이 형사책임의 문제로서 파악하여야 하는 것은 아니다. 따라서 소년법 제60조 제2항의 소년인지 여부의 판단은 원칙으로 심판시 즉 사실심 판결선고시를 기준으로 한다(대법원 1997.2.14. 선고 96도1241 판결. 같은 취지의 판례로 대법원 2000.8.18. 선고 2000도2704 판결 ; 1991.12.10. 선고 91도2393 판결).

관련판례

[판시사항]

아동 · 청소년의 성보호에 관한 법률에서 정한 공개명령 및 고지명령 제도의 의의와 법적 성격(=일종의 보안처분), 아동 · 청소년의 성보호에 관한 법률 제38조 제1항 단서, 제38조의2 제1항 단서에서 공개명령 또는 고지명령 선고의 예외사유로 규정한 '피고인이 아동 · 청소년인 경우'의 판단 기준 시점(=사실심 판결 선고시)

[판결요지]

아동 · 청소년의 성보호에 관한 법률이 정한 공개명령 절차는 아동 · 청소년대상 성범죄자의 신상정보를 일정기간 동안 정보통신망을 이용하여 공개하도록 하는 조치를 취함으로써 필요한 절차를 거친 사람은 누구든지 인터넷을 통해 공개명령 대상자의 공개정보를 열람할 수 있도록 하는 제도이다. 또한 위 법률이 정한 고지명령 절차는 아동 · 청소년대상 성폭력범죄자의 신상정보 등을 공개명령기간 동안 고지명령 대상자가 거주하는 지역의 일정한 주민 등에게 고지하도록 하는 조치를 취함으로써 일정한 지역 주민 등이 인터넷을 통해 열람하지 않고도 고지명령 대상자의 고지정보를 알 수 있게 하는 제도이다. 위와 같은 공개명령 및 고지명령 제도는 아동 · 청소년대상 성폭력범죄 등을 효과적으로 예방하고 그 범죄로부터 아동 · 청소년을 보호함을 목적으로 하는 일종의 보안처분으로서, 그 목적과 성격, 운영에 관한 법률의 규정 내용 및 취지 등을 종합해 보면, 공개명령 및 고지명령 제도는 범죄행위를 한 자에 대한 응보 등을 목적으로 그 책임을 추궁하는 사후적 처분인 형벌과 구별되어 그 본질을 달리한다. 아동 · 청소년의 성보호에 관한 법률 제38조 제1항 단서, 제38조의2 제1항 단서는 '아동 · 청소년대상 성범죄 사건에 대하여 벌금형을 선고하거나 피고인이 아동 · 청소년인 경우, 그 밖에 신상정보를 공개하여서는 아니 될 특별한 사정이 있다고 판단되는 경우'를 공개명령 또는 고지명령 선고에 관한 예외사유로 규정하고 있는데, 공개명령 및 고지명령의 성격과 본질, 관련 법률의 내용과 취지 등에 비추어 공개명령 등의 예외사유로 규정되어 있는 위 '피고인이 아동 · 청소년인 경우'에 해당하는지는 사실심 판결의 선고시를 기준으로 판단하여야 한다(대법원 2012.5.24. 선고 2012도2763 판결).

Ⅳ. 책임능력판단의 기준

1. 생물학적 방법

신체적 또는 정신병리학적 요인의 유무에 의해 결정하는 방법이다.

2. 심리학적 방법

지적 능력으로서의 통찰능력과 의적 능력으로서의 조종능력의 결여에 의해 결정하는 방법이다.

3. 혼합적 방법

생물학적 방법을 기초로 심리학적 방법을 참작하는 경우, 또는 심리학적 방법을 기초로 생물학적 방법을 참작하는 경우가 이에 해당한다.[6)]

4. 현행 형법의 입장

일정한 객관적 기준에 의하는 경우로 제9조와 제11조를 두고 있고, 기타 일반적인 경우로 제10조 제1항과 제2항은 먼저 '심신장애(心神障碍)로 ~'라고 규정함으로써 행위자의 비정상적인 상태를 책임무능력의 생물학적 기초로 하고, 다음으로 '~ 인하여 사물변별능력 또는 의사결정능력이 결여된 자'라고 규정함으로써 전자가 어느 정도로 행위자의 지적 의적 능력에 영향을 미쳤는가 하는 심리학적인 문제를 검토하는 혼합적 방법을 택하고 있다.

따라서 단순히 심신장애나 정신장애 또는 충동조절장애와 같은 성격적 결함만의 사유로 책임능력 유무를 판단하는 것이 아니라, 이로 인하여 사물을 변별할 능력이 없거나 의사를 결정할 능력이 없는지 여부에 따라 책임능력 유무를 판단해야 한다.

---

6) 독일, 벨기에, 프랑스, 이태리 형법 등 대다수 국가의 형법규정들이 이러한 방법을 채택하고 있다.

제2항 형법상 책임무능력자

형법 제9조 (형사미성년자) 14세 되지 아니한 자의 행위는 벌하지 아니한다.
제10조 (심신장애인) ① 심신장애로 인하여 사물을 변별할 능력이 없거나 의사를 결정할 능력이 없는 자의 행위는 벌하지 아니한다.

소년법 제2조 (소년 및 보호자) 이 법에서 "소년"이란 19세 미만인 자를 말하며, "보호자"란 법률상 감호교육을 할 의무가 있는 자 또는 현재 감호하는 자를 말한다.
제4조 (보호의 대상과 송치 및 통고) ① 다음 각 호의 어느 하나에 해당하는 소년은 소년부의 보호사건으로 심리한다.

1. 죄를 범한 소년
2. 형벌 법령에 저촉되는 행위를 한 10세 이상 14세 미만인 소년
3. 다음 각 목에 해당하는 사유가 있고 그의 성격이나 환경에 비추어 앞으로 형벌 법령에 저촉되는 행위를 할 우려가 있는 10세 이상인 소년
   가. 집단적으로 몰려다니며 주위 사람들에게 불안감을 조성하는 성벽(性癖)이 있는 것
   나. 정당한 이유 없이 가출하는 것
   다. 술을 마시고 소란을 피우거나 유해환경에 접하는 성벽이 있는 것

② 제1항제2호 및 제3호에 해당하는 소년이 있을 때에는 경찰서장은 직접 관할 소년부에 송치하여야 한다.
③ 제1항 각 호의 어느 하나에 해당하는 소년을 발견한 보호자 또는 학교 · 사회복리시설 · 보호관찰소(보호관찰지소를 포함한다. 이하 같다)의 장은 이를 관할 소년부에 통고할 수 있다.

성폭력범죄의 처벌 등에 관한 특례법 제20조 (「형법」상 감경규정에 관한 특례) 음주 또는 약물로 인한 심신장애 상태에서 성폭력범죄(제2조제1항제1호의 죄는 제외한다)를 범한 때에는 「형법」 제10조제1항 · 제2항 및 제11조를 적용하지 아니할 수 있다.
제21조 (공소시효에 관한 특례) ① 미성년자에 대한 성폭력범죄의 공소시효는 「형사소송법」 제252조제1항 및 「군사법원법」 제294조제1항에도 불구하고 해당 성폭력범죄로 피해를 당한 미성년자가 성년에 달한 날부터 진행한다.
② 제2조제3호 및 제4호의 죄와 제3조부터 제9조까지의 죄는 디엔에이(DNA)증거 등 그 죄를 증명할 수 있는 과학적인 증거가 있는 때에는 공소시효가 10년 연장된다.
③ 13세 미만의 사람 및 신체적인 또는 정신적인 장애가 있는 사람에 대하여 다음 각 호의 죄를 범한 경우에는 제1항과 제2항에도 불구하고 「형사소송법」 제249조부터 제253조까지 및 「군사법원법」 제291조부터 제295조까지에 규정된 공소시효를 적용하지 아니한다.

1. 「형법」 제297조(강간), 제298조(강제추행), 제299조(준강간, 준강제추행), 제301조(강간등 상해 · 치상) 또는 제301조의2(강간등 살인 · 치사)의 죄
2. 제6조제2항, 제7조제2항, 제8조, 제9조의 죄
3. 「아동 · 청소년의 성보호에 관한 법률」 제9조 또는 제10조의 죄

④ 다음 각 호의 죄를 범한 경우에는 제1항과 제2항에도 불구하고 「형사소송법」 제249조부터 제253조까지 및 「군사법원법」 제291조부터 제295조까지에 규정된 공소시효를 적용하지 아니한다.

1. 「형법」 제301조의2(강간등 살인 · 치사)의 죄(강간등 살인에 한정한다)
2. 제9조제1항의 죄
3. 「아동 · 청소년의 성보호에 관한 법률」 제10조제1항의 죄
4. 「군형법」 제92조의8의 죄(강간 등 살인에 한정한다)

아동 · 청소년의 성보호에 관한 법률 제19조 (「형법」상 감경규정에 관한 특례) 음주 또는 약물로 인한 심신장애 상태에서 아동 · 청소년대상 성폭력범죄를 범한 때에는 「형법」 제10조제1항 · 제2항 및 제11조를 적용하지 아니할 수 있다.

제20조 (공소시효에 관한 특례) ① 아동 · 청소년대상 성범죄의 공소시효는 「형사소송법」 제252조제1항에도 불구하고 해당 성범죄로 피해를 당한 아동 · 청소년이 성년에 달한 날부터 진행한다.

② 제7조의 죄는 디엔에이(DNA)증거 등 그 죄를 증명할 수 있는 과학적인 증거가 있는 때에는 공소시효가 10년 연장된다.

③ 13세 미만의 사람 및 신체적인 또는 정신적인 장애가 있는 사람에 대하여 다음 각 호의 죄를 범한 경우에는 제1항과 제2항에도 불구하고 「형사소송법」 제249조부터 제253조까지 및 「군사법원법」 제291조부터 제295조까지에 규정된 공소시효를 적용하지 아니한다.

1. 「형법」 제297조(강간), 제298조(강제추행), 제299조(준강간, 준강제추행), 제301조(강간등 상해 · 치상) 또는 제301조의2(강간등 살인 · 치사)의 죄
2. 제9조 및 제10조의 죄
3. 「성폭력범죄의 처벌 등에 관한 특례법」 제6조제2항, 제7조제2항, 제8조, 제9조의 죄

④ 다음 각 호의 죄를 범한 경우에는 제1항과 제2항에도 불구하고 「형사소송법」 제249조부터 제253조까지 및 「군사법원법」 제291조부터 제295조까지에 규정된 공소시효를 적용하지 아니한다.

1. 「형법」 제301조의2(강간등 살인 · 치사)의 죄(강간등 살인에 한정한다)
2. 제10조제1항의 죄
3. 「성폭력범죄의 처벌 등에 관한 특례법」 제9조제1항의 죄

Ⅰ. 책임배제사유로서의 절대적 책임무능력자

1. 14세 미만인 자(형사미성년자, 형사책임무능력자, 형사책임연령; 제9조)

연령이라는 객관적 기준에 의한 형사책임능력으로, 사실상의 연령을 기준으로 판단한다. 다만 형법상의 형사책임이 면제될 뿐이며, 따라서 소년의 건전한 육성을 목적으로 하는 소년법과 보호관찰법상의 보호처분(소년법 제32조 제1항의 10가지 처분)의 대상은 된다. 또한 14세 이상의 형사책임능력자이더라도 19세 미만인 경우에는 형벌 또는 보안처분의 대상이 될 수도 있고 소년법상의 보호처분의 대상이 될 수도 있으며, 형사처분의 경우에도 소년법 제55조의 구속영장의 제한, 제57조 심리의 분리, 제59조 사형 · 무기형의 완화, 제60조 (상대적)부정기형의 선고 등과 같은 특별한 처분을 받는다. 단 특정강력범

죄를 범한 경우, 특정강력범죄의 처벌에 관한 특례법 제4조는[7] 소년법 제59조와 제60조에 대하여 예외규정을 두고 있다.

기타 제8조 단서에 의해 제9조의 적용이 배제되는 경우로, 담배사업법 제31조[8]의 경우에는 형법 제9조, 제10조 제2항, 제11조가 적용되지 아니한다.

【소년사건처리절차】

소년법 제48조 (준거법례) 소년에 대한 형사사건에 관하여는 이 법에 특별한 규정이 없으면 일반 형사사건의 예에 따른다.

제49조 (검사의 송치) ① 검사는 소년에 대한 피의사건을 수사한 결과 보호처분에 해당하는 사유가 있다고 인정한 경우에는 사건을 관할 소년부에 송치하여야 한다.

② 소년부는 제1항에 따라 송치된 사건을 조사 또는 심리한 결과 그 동기와 죄질이 금고 이상의 형사처분을 할 필요가 있다고 인정할 때에는 결정으로써 해당 검찰청 검사에게 송치할 수 있다.

③ 제2항에 따라 송치한 사건은 다시 소년부에 송치할 수 없다.

제49조의3 (조건부 기소유예) 검사는 피의자에 대하여 다음 각 호에 해당하는 선도(善導) 등을 받게 하고, 피의사건에 대한 공소를 제기하지 아니할 수 있다. 이 경우 소년과 소년의 친권자 · 후견인 등 법정대리인의 동의를 받아야 한다.

1. 범죄예방자원봉사위원의 선도
2. 소년의 선도 · 교육과 관련된 단체 · 시설에서의 상담 · 교육 · 활동 등

제50조 (법원의 송치) 법원은 소년에 대한 피고사건을 심리한 결과 보호처분에 해당할 사유가 있다고 인정하면 결정으로써 사건을 관할 소년부에 송치하여야 한다

제51조 (이송) 소년부는 제50조에 따라 송치받은 사건을 조사 또는 심리한 결과 사건의 본인이 19세 이상인 것으로 밝혀지면 결정으로써 송치한 법원에 사건을 다시 이송하여야 한다.

제53조 (보호처분의 효력) 제32조의 보호처분을 받은 소년에 대하여는 그 심리가 결정된 사건은 다시 공소를 제기하거나 소년부에 송치할 수 없다. 다만, 제38조제1항제1호의 경우에는 공소를 제기할 수 있다.

---

7) 제4조 (소년에 대한 형) ① 특정강력범죄를 범한 당시 18세 미만인 소년을 사형 또는 무기형에 처하여야 할 때에는「소년법」제59조에도 불구하고 그 형을 20년의 유기징역으로 한다.
② 특정강력범죄를 범한 소년에 대하여 부정기형을 선고할 때에는「소년법」제60조제1항 단서에도 불구하고 장기는 15년, 단기는 7년을 초과하지 못한다.

8) 제31조 (형법의 적용제한) 이 법에 정한 죄를 범한 자에 대하여는 형법 제9조 · 제10조제2항 · 제11조 · 제16조 · 제32조제2항 · 제38조제1항제2호중 벌금경합에 관한 제한가중규정과 동법 제53조의 규정은 이를 적용하지 아니한다. 다만, 징역형에 처할 경우 또는 징역형과 벌금형을 병과할 경우에 있어서의 징역형에 대하여는 그러하지 아니하다.

형사책임무능력자		형사책임능력자	
10세 미만	10세 이상 14세 미만	14세 이상 19세 미만	19세 이상
일체의 처벌이 면제	촉법소년(觸法少年)	범죄소년(犯罪少年)	일반범죄자
	우범소년(虞犯少年)		

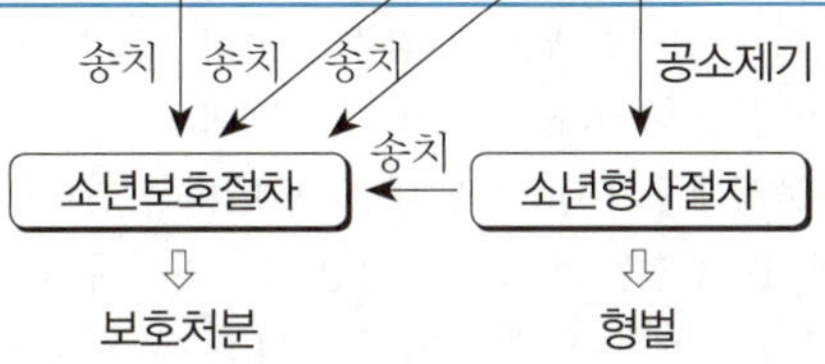

송치 송치 송치 공소제기

소년보호절차 ← 송치 소년형사절차

⇩ ⇩

보호처분 형벌

2. 심신상실자(心神喪失者, 病理的 障碍; 제10조 1항)

심신장애(seelische Storungen)에 대한 형법상의 규율방법은 혼합적 방법으로, 그 요인은 대체로 정신병, 정신박약, 심한 의식장애, 기타 중한 심신장애적 이상 등인 바, 독일형법 제20조는[9] 이를 어느 정도 세분하여 열거하고 있다. 형법 제10조 제1항에 규정된 심신장애는 생물학적 요소로서 정신병, 정신박약 또는 비정상적 정신상태와 같은 정신적 장애가 있는 외에 심리학적 요소로서 이와 같은 정신적 장애로 말미암아 사물에 대한 판단능력과 그에 따른 행위통제능력이 결여되거나 감소되었음을 요하므로, 정신적 장애가 있는 자라고 하여도 범행 당시 정상적인 사물판단능력이나 행위통제능력이 있었다면 심신장애로 볼 수는 없다.

관련판례

1) 정신적 장애가 있는 자에 대하여 형법 제10조에 규정된 '심신장애'를 인정하기 위한 요건, 무생물인 옷 등을 성적 각성과 희열의 자극제로 믿고 성적 흥분을 고취시키는 데 쓰는 '성주물성애증'이라는 정신질환이 있다는 사정만으로 절도 범행에 대한 심신장애에 해당한다고 볼 수 있는지 여부 및 이때 심신장애 인정 여부의 판단 방법

원심판결 이유에 의하면, 원심은 피고인이 무생물인 옷이나 신는 것들의 조각을 사람의 몸의 연장으로서 성적 각성과 희열의 자극제로 믿고 이를 성적 흥분을 고취시키는 데 쓰는 '성주물성애증'이라는 정신질환을 가지고 있는 점, 위 정신질환은 피고인이 초등학교 때 아버지가 어머니를 자주 폭행하고 전학을 3회나 하여 친구가 없고 가정이나 학교에서 외로움을 느끼며 지내다가 2007년 29세 경에 주점에서 일하는 여성의 속옷을 훔친 이후로 발현되어 계속 여성의 옷을 훔치거나 구입하여 때때로 이를 자위행위의 도구로 사용하면서 심화되었던 점, 피고인은 사용했던 여성의 속옷이나 옷을 절취한 다음 이를 처분하지 않고 보관하였으며, 여성의 속옷이나 옷을 절취하기 위하여 다른 사람의 집에 침입하는 것도 서슴지 않은 점, 피고인이 여성의 속옷이나 옷을 절취할 만한 다른 동기는 없는 점 등에 비추어 볼 때, 피고인은 이 사건 각 범행 당시 성주물성애증으로 인하여 사물을 변별하거나 의사를 결정할 능력이 미약한 상태에 있었다고 판단하였다. 형법 제10조에 규정된 심신장애는 정신병 또는 비정상적 정신상태와 같은 정신적 장애가 있는 외에 이와 같은 정신적 장애로 말미암아 사물에 대한 변별능력이나 그에 따른 행위통제능력이 결여 또는 감소되었음을 요하므로, 정신적 장애가 있는 자라고 하여도 범행 당시

9) 독일 형법 제20조 범죄행위시 병적인 정신장애, 심한 의식장애 또는 정신박약, 기타 중대한 정신병성으로 인하여 행위의 불법을 변별하거나 의사를 결정할 능력이 없는 자는 유책하게 행위한 것이 아니다

정상적인 사물변별능력과 행위통제능력이 있었다면 심신장애로 볼 수 없다(대법원 1992.8.18. 선고 92도1425 판결 등 참조). 그리고 특별한 사정이 없는 한 성격적 결함을 가진 사람에 대하여 자신의 충동을 억제하고 법을 준수하도록 요구하는 것이 기대할 수 없는 행위를 요구하는 것이라고는 할 수 없으므로, 무생물인 옷 등을 성적 각성과 희열의 자극제로 믿고 이를 성적 흥분을 고취시키는 데 쓰는 성주물성애증이라는 정신질환이 있다고 하더라도 그러한 사정만으로는 절도 범행에 대한 형의 감면사유인 심신장애에 해당한다고 볼 수 없고, 다만 그 증상이 매우 심각하여 원래의 의미의 정신병이 있는 사람과 동등하다고 평가할 수 있거나, 다른 심신장애사유와 경합된 경우 등에는 심신장애를 인정할 여지가 있으며(대법원 1995.2.24. 선고 94도3163 판결 등 참조), 이 경우 심신장애의 인정 여부는 성주물성애증의 정도 및 내용, 범행의 동기 및 원인, 범행의 경위 및 수단과 태양, 범행 전후의 피고인의 행동, 범행 및 그 전후의 상황에 관한 기억의 유무 및 정도, 수사 및 공판절차에서의 태도 등을 종합하여 법원이 독자적으로 판단할 수 있다(대법원 1994.5.13. 선고 94도581 판결 등 참조). 기록에 의하면, ① 피고인은 빌라 외벽에 설치된 가스배관을 타고 올라가 베란다를 통해 빌라에 침입하여 여성 속옷 등을 훔치다가 집주인에게 발각되는 바람에 체포된 사실, ② 피고인은 위와 같이 체포되어 조사받는 과정에 이 사건 각 범행을 자백하였는데, 범행을 비교적 구체적으로 기억하고 있는 것으로 보이는 사실, ③ 피고인은 수사기관에서는 술을 마시는 바람에 범행을 저지르게 되었다는 취지로 진술하였다가, 원심에서는 범행의 동기를 모르겠다고 진술한 사실, ④ 피고인은 다소 불우한 성장과정을 겪었으나 그로 인하여 사회적, 직업적으로 지장을 받고 있다고 볼 만한 사정은 보이지 않는 사실, ⑤ 피고인에 대한 정신감정 결과에 의하더라도 피고인은 특이한 정신병적 증세를 보이지 않고, 사고기능 면에서도 사고장애의 증거가 뚜렷하지 않으며, 다만 범행 당시에는 알코올 복용 상태에서 성주물성애증으로 절도 충동을 억제하지 못하여 범행에 이른 것으로 의사결정능력이 다소 저하된 상태에 있었을 것으로 추정된다고 판단된 사실 등을 알 수 있다. 앞서 본 법리에 비추어 살펴보면, 비록 피고인에 대한 정신감정에서 피고인이 범행 당시 알코올 복용 상태에서 성주물성애증으로 절도 충동을 억제하지 못하여 범행에 이른 것으로 의사결정능력이 다소 저하된 상태에 있었을 것으로 추정된다고 판단되었다고 하더라도, 위에서 본 바와 같은 범행의 경위 및 태양, 범행에 대한 피고인의 기억의 정도, 수사 및 공판절차에서의 피고인의 태도, 피고인의 정신병적 증세의 정도 등을 종합해 보면, 피고인은 이 사건 각 범행 당시 성주물성애증이라는 정신적 장애가 있었다는 사정 이외에 사물을 변별할 능력이나 의사를 결정할 능력이 미약한 상태에 있었다고 인정할 만한 사정이 있었다거나 피고인의 성주물성애증의 정도가 원래의 의미의 정신병이 있는 사람과 동등하다고 평가할 수 있을 정도로 심각하다고 인정하기는 어려워 보인다. 그럼에도 불구하고 그 판시와 같은 사정만을 근거로 피고인이 이 사건 각 범행 당시 심신미약의 상태에 있었다고 인정한 원심의 판단에는 심신장애에 관한 법리를 오해함으로써 판결 결과에 영향을 미친 위법이 있다(대법원 2013.1.24. 선고 2012도12689 판결).

2) 정신적 장애가 있는 자에 대하여 형법 제10조에 규정된 심신장애를 인정하기 위한 요건 및 소아기호증이 있다는 자체만으로 심신장애에 해당하는지 여부

형법 제10조에 규정된 심신장애는 생물학적 요소로서 정신병 또는 비정상적 정신상태와 같은 정신적 장애가 있는 외에 심리학적 요소로서 이와 같은 정신적 장애로 말미암아 사물에 대한 변별능력과 그에 따른 행위통제능력이 결여되거나 감소되었음을 요하므로, 정신적 장애가 있는 자라고 하여도 범행 당시 정상적인 사물변별능력이나 행위통제능력이 있었다면 심신장애로 볼 수 없다. 특단의 사정이 없는 한 성격적 결함을 가진 자에 대하여 자신의 충동을 억제하고 법을 준수하도록 요구하는 것이 기대할 수 없는 행위를 요구하는 것이라고는 할 수 없으므로, 사춘기 이전의 소아들을 상대로 한 성행위를 중심으로 성적 흥분을 강하게 일으키는 공상, 성적 충동, 성적 행동이 반복되어 나타나는 소아기호증은 성적인 측면에서의 성격적 결함으로 인하여 나타나는 것으로서, 소아기호증과 같은 질환이 있다는 사정은 그 자체만으로는 형의 감면사유인 심신장애에 해당하지 아니한다고 봄이 상당하고, 다만 그 증상이 매우 심각하여 원래의 의미의 정신병이 있는 사람과 동등하다고 평가할 수 있거나,

다른 심신장애사유와 경합된 경우 등에는 심신장애를 인정할 여지가 있으며, 이 경우 심신장애의 인정 여부는 소아기호증의 정도, 범행의 동기 및 원인, 범행의 경위 및 수단과 태양, 범행 전후의 피고인의 행동, 증거인멸 공작의 유무, 범행 및 그 전후의 상황에 관한 기억의 유무 및 정도, 반성의 빛의 유무, 수사 및 공판정에서의 방어 및 변소의 방법과 태도, 소아기호증 발병 전의 피고인의 성격과 그 범죄와의 관련성 유무 및 정도 등을 종합하여 법원이 독자적으로 판단할 수 있다(대법원 2007.2.8. 선고 2006도7900 판결).

[사실관계 및 사건의 경과]

피고인은 성폭력범죄의처벌및피해자보호등에관한법률위반(13세미만미성년자강간등)죄로 징역 5년을 선고받고 출소한 후 3개월이 지난 자로, 2005.2.11.부터 2006.1.22.까지 12회에 걸쳐 반복적으로 학교나 학원을 마치고 귀가하거나 학원으로 가기 위하여 주거지 앞길을 가던 초등학교 여학생 12명을 강간하여 성폭력범죄의처벌및피해자보호등에관한법률위반(강간등치상) · 강간상해 · 강도 · 성폭력범죄의처벌및피해자보호등에관한법률위반(13세미만미성년자강간등)으로 기소되었다. 제1심법원은 무기징역을 선고하였으나, 항소심인 서울고등법원은 "피고인에 대한 정신감정결과에 의하면, 피고인이 중학생이던 1983.경 9세의 여아를 강간하여 학교를 더 다니지 못하게 된 점, 피고인에 대한 누범전과의 내용도 어린 나이의 여아를 강간한 것인 점, 피고인에 대한 임상심리검사 결과 피고인은 초등학교 6학년 때 아버지로부터 성적 폭행을 당하였다고 주장하는데, 그 후부터 지속적으로 나이 어린 여아에 대하여만 성욕을 느끼고, 소녀와의 성행위 내지 성적 공상에 탐닉하여 왔고, 피고인의 자아 이미지가 매우 부정적이고 기능이 매우 손상되어 있으며 불안정, 우울, 충동성 등 정서적 문제가 발견되는 점 등을 종합하여 볼 때 피고인에게 변태성욕의 일종인 소아기호증(사춘기 이전의 소아들을 상대로 한 성행위를 중심으로 성적 흥분을 강하게 일으키는 공상, 성적 충동, 성적 행동이 반복되어 나타나고 그로 인하여 심각한 고통이나 사회적 · 직업적 기능의 장해를 초래하는 증상)이 존재하는 것으로 진단되고, 이 사건 범행 당시에도 피고인은 소아기호증이라는 정신질환으로 인하여 심신미약의 상태에 있었던 것으로 추정하고 있다. 위와 같은 정신감정결과, 피고인의 범행전력, 이 사건 범행 내용 및 횟수 등에 비추어 볼 때, 피고인은 이 사건 범행 당시 소아기호증으로 인하여 범행의 충동을 억제하지 못하고 범행에 이르게 된 것으로서 의사를 결정하거나 사물을 변별할 능력이 미약한 상태에 있었던 사실이 인정되므로 피고인의 심신미약 주장은 이유 있다."라고 무기징역을 선고한 원심판결을 파기하고 피고인을 징역 15년에 처하였다.

3) 형법 제10조에 규정된 심신장애는, 생물학적 요인으로 인하여 정신병 또는 비정상적 정신상태와 같은 정신적 장애가 있는 외에, 심리학적 요인으로 인한 정신적 장애로 말미암아 사물에 대한 변별능력과 그에 따른 행위통제능력이 결여되거나 감소되었음을 요하므로, 정신적 장애가 있는 자라고 하여도 범행 당시 정상적인 사물변별능력이나 행위통제능력이 있었다면 심신장애로 볼 수 없다. 그리고 피고인이 범행 당시 심신장애의 상태에 있었는지 여부를 판단함에 있어 반드시 전문가의 감정을 거쳐야 하는 것은 아니므로, 법원이 범행의 경위와 수단, 범행 전후의 피고인의 행동 등 기록에 나타난 여러 자료와 공판정에서의 피고인의 태도 등을 종합하여 피고인이 심신장애의 상태에 있지 아니하였다고 판단하여도 이것만 가지고 위법이라고 할 수는 없다(대법원 2007.6.14. 선고 2007도2360 판결).

4) 형법 제10조에 규정된 심신장애는 생물학적 요소로서 정신병, 정신박약 또는 비정상적 정신상태와 같은 정신적 장애가 있는 외에 심리학적 요소로서 이와 같은 정신적 장애로 말미암아 사물에 대한 판단능력과 그에 따른 행위통제능력이 결여되거나 감소되었음을 요하므로, 정신적 장애가 있는 자라고 하여도 범행 당시 정상적인 사물판단능력이나 행위통제능력이 있었다면 심신장애로 볼 수는 없음은 물론이나, 정신적 장애가 정신분열증과 같은 고정적 정신질환의 경우에는 범행의 충동을 느끼고 범행에 이르게 된 과정에 있어서의 범인의 의식상태가 정상인과 같아 보이는 경우에도 범행의 충동을 억제하지 못한 것이 흔히 정신질환과 연관이 있을 수 있고, 이러한 경우에는 정신질환으로 말미암아 행위통제능력이 저하된 것이어서 심신미약이라고 볼 여지가 있다(대법원 1992.8.18. 선고 92도1425 판결).

생리기간 중에 심각한 충동조절장애에 빠져 절도 범행을 저지른 경우와 같이 충동조절장애와 같은 성격적 결함을 심신장애사유로 볼 수 있느냐에 대해 판례는 "자신의 충동을 억제하지 못하여 범죄를 저지르게 되는 현상은 정상인에게서도 얼마든지 찾아볼 수 있는 일로서, 특단의 사정이 없는 한 위와 같은 성격적 결함을 가진 자에 대하여 자신의 충동을 억제하고 법을 준수하도록 요구하는 것이 기대할 수 없는 행위를 요구하는 것이라고는 할 수 없으므로, 원칙적으로 충동조절장애와 같은 성격적 결함은 형의 감면사유인 심신장애에 해당하지 아니한다고 봄이 상당하지만, 그 이상으로 사물을 변별할 수 있는 능력에 장애를 가져오는 원래의 의미의 정신병이 도벽의 원인이라거나 혹은 도벽의 원인이 충동조절장애와 같은 성격적 결함이라 할지라도 그것이 매우 심각하여 원래의 의미의 정신병을 가진 사람과 동등하다고 평가할 수 있는 경우에는 그로 인한 절도 범행은 심신장애로 인한 범행으로 보아야 한다"는 입장을 취하고 있다.[10]

심신상실의 상태는 일시적이건 계속적이건 관계없으며, 심신장애의 유무와 그 정도의 판단은 사실판단이 아닌 법률판단이므로 상고이유에 해당한다. 즉 형법 제10조 소정의 심신장애의 유무 및 정도는 형벌제도의 목적 등에 비추어 판단하여야 할 법률문제로서, 그 판단에 있어서는 전문감정인의 정신감정결과가 중요한 참고자료가 되기는 하나[11] 반드시 그 의견에 기속을 받는 것은 아니며 그러한 감정 결과 뿐만 아니라 범행의 경위, 수단, 범행 전후의 행동 등 제반 사정을 종합하여 범행 당시의 심신상실 여부를 경험칙에 비추어 규범적으로 판단하여야 한다.[12]

---

10) 대법원 2002.5.24. 선고 2002도1541 판결. 같은 취지의 판례로 1999.4.27. 선고 99도693,99감도17 판결 ; 1995.2.24. 선고 94도3163 판결.

11) 정상적인 사람으로서는 이해하기 어려운 피고인의 범행 동기나 수법, 범행의 전후 과정에서 보인 태도, 이 사건 당시 음주 정도 등에 더하여 피고인의 성장배경 · 학력 · 가정환경 · 사회경력 등을 통하여 추단되는 피고인의 지능정도와 인성 등에 비추어 볼 때, 피고인이 강간살인 범행을 저지를 당시 자기 통제력이나 판단력, 사리분별력이 저하된 어떤 심신장애의 상태가 있었던 것은 아닌가 하는 의심도 드는데다가, 피고인 측에서 항소이유로 이 사건 범행 당시 술에 만취되어 있었다는 것 외에 그 범행의 의미 등을 제대로 알지 못할 정도로 지능이 저하되어 있었다는 주장을 하고 있는 바라면, 원심으로서는 전문가에게 피고인의 정신상태를 감정시키는 등의 방법으로 과연 이 사건 범행 당시 피고인의 정신상태에 어떤 장애는 없었던 것인지 여부, 즉 자신이 하는 행위의 옳고 그름과 사리를 변별하고 그 변별에 따라 행동을 제어하는 능력을 상실하였거나 그와 같은 능력이 미약해진 상태에 있었는지 여부를 확실히 가려 보아야 하였을 터임에도 이러한 조치를 취하지 아니한 채 단지 주취정도만을 따져본 다음, 피고인의 심신장애에 관한 주장을 가벼이 배척하고 만 것은 필요한 심리를 다하지 아니하고, 심신장애에 관한 법리를 오해함으로써 판결 결과에 영향을 미친 위법을 저지른 경우에 해당한다 할 것이므로 이 점을 지적하는 상고이유의 주장은 이유 있다(대법원 2002.11.8. 선고 2002도5109 판결).

12) 피고인이 범행 당시 심신장애의 상태에 있었는지 여부를 판단함에 있어 반드시 전문가의 감정을 거쳐야 하는 것은 아니므로, 법원이 범행의 경위와 수단, 범행 전후의 피고인의 행동 등 기록에 나타난 여러 자료와 공판정에서의 피고인의 태도 등을 종합하여 피고인이 심신장애의 상태에 있지 아니하였다고 판단하여도 이것만 가지고 위법이라고 할 수는 없다(대법원 2007.6.14. 선고 2007도2360 판결).
형법 제10조 제1항 및 제2항 소정의 심신장애의 유무 및 정도의 판단은 법률적 판단으로서 반드시 전문감정인의 의견에 기속되어야 하는 것은 아니고, 정신분열병의 종류 및 정도, 범행의 동기 및 원인, 범행의 경위 및 수단과 태양, 범행 전후의 피고인의 행동, 증거인멸 공작의 유무, 범행 및 그 전후의 상황에 관한 기억의 유무 및 정도, 반성의 빛 유무, 수사 및 공판정에서의 방어 및 변소의 방법과 태도, 정신병 발병 전의 피고인의 성격과 그 범죄와의 관련성 유무 및 정도 등을 종합하여 법원이 독자적으로 판단할 수 있다(대법원 1999.1.26. 선고 98도3812 판결. 같은 취지의 판례로 대법원 1990.11.27. 선고 90도2210 판결 ; 1992.12.22. 선고 92도2540 김보은양 의붓아버지 살해사건 판결 등).
피고인이 범행 당시 그 심신장애의 정도가 단순히 사물을 변별할 능력이나 의사를 결정할 능력이 미약한 상태에 그쳤는 다만 심신상실이더라도 형사책임만 면제될 뿐이며, 치료감호법에 의하여 치료감호처분의 대상은 된다.

Ⅱ. 필요적 책임감경사유로서의 한정책임무능력자

형법 제10조 (심신장애인) ② 심신장애로 인하여 전항의 능력이 미약한 자의 행위는 형을 감경한다.
제11조 (농아자) 농아자의 행위는 형을 감경한다.

1. 심신미약자(心神微弱者, 제10조 제2항)

심신상실과는 장애의 정도에 차이, 즉 경미한 정신분열, 신경쇠약, 히스테리, 명정상태(酩酊狀態), 알콜중독, 노쇠 등의 사유가 이에 해당한다. 심신상실자와 마찬가지로 치료감호법에 의하여 치료감호처분의 대상이 된다.

2. 농아자(제11조)

오늘날과 같은 사회적 · 의학적 여건에서 농아자를 심신미약자로 규정하는 것은 입법론상 재고의 여지가 있다.

지 아니면 그러한 능력이 상실된 상태이었는지 여부가 불분명하므로, 원심으로서는 먼저 피고인의 정신상태에 관하여 충실한 정보획득 및 관계 상황의 포괄적인 조사 · 분석을 위하여 피고인의 정신장애의 내용 및 그 정도 등에 관하여 정신의로 하여금 감정을 하게 한 다음, 그 감정결과를 중요한 참고자료로 삼아 범행의 경위, 수단, 범행 전후의 행동 등 제반 사정을 종합하여 범행 당시의 심신상실 여부를 경험칙에 비추어 규범적으로 판단하여 그 당시 심신상실의 상태에 있었던 것으로 인정되는 경우에는 무죄를 선고하여야 한다. 법원으로서는 피고인에 대한 정신감정을 실시함에 있어 그 장애가 장차 사회적 행동에 있어서 미칠 영향 등에 관하여도 아울러 감정하게 하고, 그 감정의견을 참작하여 객관적으로 판단한 결과 정신질환이 계속되어 피고인을 치료감호에 처함이 상당하다고 인정될 때에는 치료 후의 사회복귀와 사회안전을 도모하기 위하여 별도로 보호처분이 실시될 수 있도록 검사에게 치료감호청구를 요구할 수 있다(대법원 1998.4.10. 선고 98도549 판결). 같은 취지의 판례로 대법원 1991.9.13. 선고 91도1473 판결 ; 1995.2.24. 선고 94도3163 판결 ; 1996.5.10. 선고 96도638 판결 ; 1997.7.25. 선고 97도1142 판결 등.

제3항 원인에 있어서 자유로운 행위(actio libera in causa)

사례연구

1. 사실관계

甲·乙·丙은 상습적으로 대마초를 흡연하는 자들로 A와 그 애인 B를 살해하기로 공모한 후 대마초를 흡연하여 그로 인하여 심신이 다소 미약한 상태에서 A를 범행 장소로 유인하여 잔인한 방법으로 살해하여 매장한 다음, 곧이어 A에 대한 살인범행을 숨기기 위하여 A의 행방을 찾고 있던 B에게 A의 거처로 데려다 준다고 속여 최초의 범행 장소 부근으로 유인하여 살해하고 매장하였다.

검사는 甲·乙·丙에 대해 형법 제30조와 제250조 제1항 및 제161조 제1항 등을 적용하여 살인죄의 공동정범과 사체은닉죄 및 대마관리법위반 등의 경합범으로 공소제기하였다.

2. 사건의 경과

제1심법원은 검사가 공소제기한대로 피고인 甲·乙·丙에 대해 살인죄의 공동정범과 사체은닉죄 및 대마관리법위반 등의 경합범이 성립한다고 판단하여 사형을 선고하였다. 이에 피고인들은 사실오인과 심신장애에 관한 법리오해 및 양형부당을 이유로 항소하였다. 항소심인 원심은 피고인들의 항소를 기각하면서 제1심의 판단을 유지하였다.

3. 법률적 쟁점

피고인들이 대마초를 흡연할 때에 피해자들에 대한 범행을 예견하고 자의로 심신장애를 야기하였다고 판단될 경우에 발생된 결과의 고의범으로 처벌할 수 있는가?

4. 적용법조

〈형법〉

제10조 (심신장애자) ① 심신장애로 인하여 사물을 변별할 능력이 없거나 의사를 결정할 능력이 없는 자의 행위는 벌하지 아니한다.

② 심신장애로 인하여 전항의 능력이 미약한 자의 행위는 형을 감경한다.

③ 위험의 발생을 예견하고 자의로 심신장애를 야기한 자의 행위에는 전2항의 규정을 적용하지 아니한다.

5. 대법원의 판단

[판시사항]

대마초 흡연시에 이미 범행을 예견하고 자의로 심신장애를 야기한 경우 심신장애로 인한 감경 등을 할 수 있는지 여부

[판결요지]

원심은 거시증거에 의하여 같은 피고인들은 상습적으로 대마초를 흡연하는 자들로서 이 사건 각 살인 범행 당시에도 대마초를 흡연하여 그로 인하여 심신이 다소 미약한 상태에 있었음은 인정되나, 이는 위 피고인들이 피해자들을 살해할 의사를 가지고 범행을 공모한 후에 대마초를 흡연하고, 위 각 범행에 이른 것으로 대마초 흡연시에 이미 범행을 예견하고도 자의로 위와 같은 심신장애를 야기한 경우에 해당하므로, 형법 제10조 제3항에 의하여 심신장애로 인한 감경 등을 할 수 없다고 판시하였는바, 기록에 의하여 관계 증거를 살펴보면 위와 같은 원심의 사실인정 및 판단은 정당한 것으로 수긍이 가고, 거기에 상고이유에서 주장하는 바와 같은 심신장애에 관한 채증법칙 위배나 심리미진의 위법이 있다 할 수 없다.

또한 원심은 같은 피고인들이 위 범행 당시 대마초 흡연으로 인하여 심신이 미약한 상태에 있었음을 인정하면서도 이는 원인에 있어서 자유로운 행위라 하여 감경주장을 배척하였음에도, 상고이유는 형법 제10조 제3항 소정의 원인에 있어서 자유로운 행위가 아니라거나 또는 다른 사유를 들어 그 조항을 적용할 수 없다는 주장은 전혀 하지 않은 채 다만 심신미약 상태에 있었다고만 주장할 뿐이므로 그 주장 자체로도 원심을 탓하기에 부족하다. 피고인들은 피해자 1을 범행장소로 유인하여 잔인한 방법으로 살해하여 매장한 다음, 곧이어 위 살인범행을 숨기기 위하여 위 피해자의 애인으로서 그 행방을 찾고 있던 피해자 2에게 위 피해자 1의 거처로 데려다 준다고 속여 최초의 범행장소 부근으로 유인하여 참혹하게 살해하여 매장한 점 등 이 사건 기록에 나타난 여러 양형조건 등에 비추어 보면 피고인들에 대하여 사형을 선고한 제1심을 유지한 원심의 양형이 심히 부당하다고 볼 수 없다(대법원 1996.6.11. 선고 96도857 판결).

Ⅰ. 서

1. 개념

형법 제10조 (심신장애인) ③ 위험의 발생을 예견하고 자의로 심신장애를 야기한 자의 행위에는 전2항의 규정을 적용하지 아니한다.

정상적인 심신상태(心神狀態)에 있는 자가 고의 또는 과실에 의하여 행위자 스스로 일시적인 심신장애상태, 즉 책임능력결여상태를 야기시키고 그 상태를 이용하여 범죄를 실행하는 행위태양을 「원인에 있어서 자유로운 행위」라 한다.

2. 연혁

1794년 클라인슈로트(Kleinschrod)에 의하여 이론적으로 구성되었으며, 19C 후반 사회정책적 이유에

서 가벌성을 인정하게 되었고, 독일의 경우에는 이를 관습법상의 일반원칙으로 인정하여 왔다.[13)]

3. 책임원칙와의 관계

【원인에 있어서 자유로운 행위의 특수성】

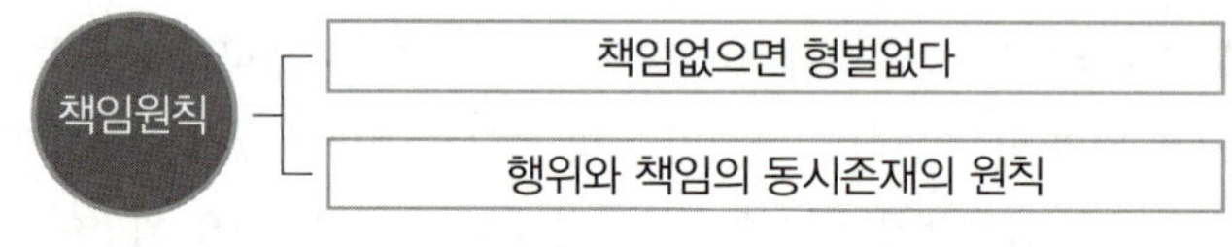

【구성요건적 실행행위의 정형성과의 관계】

1) 가벌성과 그 인정에 대한 이론적 근거

책임의 근거, 즉 책임판단의 대상인 구성요건적 실행행위를 어디서 구하느냐가 선결문제이다.

2) 정형성의 문제

실행의 착수시기를 언제로 보느냐가 선결문제이다.

4. 간접정범(제34조 제1항)과의 관계

「원인에 ~」는 행위자 자신의 책임없는 동작을 이용하는 즉 자기를 도구로 이용하는 간접정범(다수설)인데 반하여, 간접정범은 타인을 책임없는 도구로 이용(규범적 행위지배설에 의하면 피이용자에 대한 의사지배)하는 범죄형태이다. 이와 같이 양자 모두 객체가 책임없는 도구인 점에서는 구조가 동일하나 이용의 객체가 다르다. 특히 도구가 반드시 책임능력흠결과 관련되느냐는 점과, 간접정범은 도구를 예비한 후 책임없는 도구가 행위자의 수중을 떠난다는 점에서 선행행위가 중요하지만, 「원인에 ~」는 동기의 연속성이 유지되는 한 도구는 행위자의 수중에 남아 있어 원인설정행위가 언제나 중요한 것은 아니라는 점에서 양자의 구조에는 차이가 있다.

---

13) 스위스형법 제13조, 이태리형법 제92조 제2항, 그리스형법 제35조는 우리나라처럼 이에 대한 명문규정을 두고 있다.

Ⅱ. 결과발생에 대한 인식의 유무에 따른 종류

1. 고의에 의한 원인에 있어서 자유로운 행위

1) 고의에 의한 작위범

행위자가 결과발생을 예견하면서도 의식적으로 심신장애상태를 유발하여 작위형태로 구성요건을 실현하는 범죄형태이다. 이러한 범죄형태는 의식적인 책임능력흠결상태의 야기(선행행위)와, 고의에 기한 실행행위를 수반한다는 점에서 이중의 고의(고의의 이중적 관련성)를 요한다.

2) 고의에 의한 부작위범

2. 과실에 의한 원인에 있어서 자유로운 행위

1) 과실에 의한 작위범

결과발생이 예견가능함에도 불구하고 부주의로 예견하지 못하고 심신장애상태에 빠져 범죄를 실현하는 범죄형태이다. 제10조 제3항이 고의에 의한 경우 뿐만 아니라, 과실에 의한 원인에 있어서 자유로운 행위에도 적용되느냐에 대해 판례는 "형법 제10조 제3항은 '위험의 발생을 예견하고 자의로 심신장애를 야기한 자의 행위에는 전2항의 규정을 적용하지 아니한다' 고 규정하고 있는 바, 이 규정은 고의에 의한 원인에 있어서의 자유로운 행위만이 아니라 과실에 의한 원인에 있어서의 자유로운 행위까지도 포함하는 것으로서 위험의 발생을 예견할 수 있었는데도 자의로 심신장애를 야기한 경우도 그 적용대상이 된다고 할 것이어서, 피고인이 음주운전을 할 의사를 가지고 음주만취한 후 운전을 결행하여 교통사고를 일으켰다면 피고인은 음주시에 교통사고를 일으킬 위험성을 예견하였는데도 자의로 심신장애를 야기한 경우에 해당하므로 위 법조항에 의하여 심신장애로 인한 감경 등을 할 수 없다"고 하여[14] 제10조 제3항은 과실에 의한 원인에 있어서 자유로운 행위에도 적용된다고 해석한다.

다수견해도 판례와 같은 입장에서 제10조 제3항은 고의에 의한 원인에 있어서의 자유로운 행위만이 아니라 과실에 의한 원인에 있어서의 자유로운 행위까지도 포함하는 것으로 해석하고 있다. 이러한 다수 견해에 대해 '위험발생을 예견하고'라는 개념에 위험발생의 예견가능성이 있는 경우까지 포

---

14) 대법원 1992.7.28. 선고 92도999 판결. 같은 취지의 판례로 대법원 1994.2.8. 선고 93도2400 판결 ; 1996.6.11. 선고 96도857 판결.
피고인이 자신의 차를 운전하여 술집에 가서 술을 마신 후 운전을 하다가 교통사고를 일으켰다면, 이는 피고인이 음주할 때 교통사고를 일으킬 수 있다는 위험성을 예견하고도 자의로 심신장애를 야기한 경우에 해당하여, 가사 사고 당시 심신미약 상태에 있었다고 하더라도 심신미약으로 인한 형의 감경을 할 수 없다(대법원 1995.6.13. 선고 95도826 판결).

함시키는 것은 피고인에게 불리한 유추해석일 뿐 아니라, '지의로'라는 개념에 '고의로' 뿐만 아니라 '과실로'라는 의미까지 포함시키는 것 역시 언어의 일상적 의미를 넘어선 피고인에게 불리한 유추해석에 해당하기 때문에 과실에 의한 원인에 있어서 자유로운 행위는 위험발생을 예견하고 고의로 심신장애를 야기하고 결과실현행위가 과실범인 경우만을 의미한다고 해석하는 견해도 있다.

2) 과실에 의한 부작위범

「원인에 있어서의 자유로운 행위」의 일태양(一態樣)으로서의 과실에 의한 부작위범은 망각범과는 다른 범죄형태이다. 망각범은 작위의무 그 자체를 과실로서 망각하여 부작위로 나아간 경우이며, 「원인에 ~」에 있어서의 과실에 의한 부작위범은 과실에 의한 원인설정과 이로 인한 결과발생(작위의 무불이행)이라는 이단계의 과정(과실의 이중적 관련성)을 거친다는 점에서 양자는 구별된다.

Ⅲ. 가벌성의 인정과 그 이론적 근거

1. 불가벌설

행위는 내부적 의사와 외부적 표현의 통일체로서, 의사가 존재하지 않는 책임무능력상태하에서의 결과실현행위는 형법상의 행위가 아니다(의사 부존재). 또한 내부적 의사의 외부적 표현이 없는 상태인 원인설정행위는 구성요건해당성이 없는 예비행위에 불과하다(표현 부존재)는 견해이다.

2. 가벌설

형법 제10조 제3항은 원인에 있어서 자유로운 행위의 경우 이를 입법적으로 해결하여, 이 경우에는 심신장애사유를 적용하지 아니하고 발생된 결과에 대해 고의범 내지 과실범으로 처벌한다. 다만 원인에 있어서 자유로운 행위를 발생된 결과의 고의범 내지 과실범으로 처벌하더라도, 그 가벌성 인정의 이론적 근거에 대해서는 해석론상 견해가 대립되고 있다.

원인에 있어서 자유로운 행위의 실행착수시기를 원인행위시라고 하게 되면 행위와 책임의 동시존재원칙을 만족시키는 데에 별 문제가 없다. 그러나 실행착수시기를 결과실현행위시라고 하고 행위와 책임의 동시존재원칙을 엄격히 적용한다면 실행행위시 행위자는 심신장애상태이므로 불가벌 또는 형을 감경하여야 한다. 따라서 결과실현행위시설을 택하게 되면 원인에 있어서 자유로운 행위를 발생된 결과대로 처벌할 수 있는 근거가 무엇이냐가 중요한 문제가 된다.

우리나라 제10조와 달리 독일 형법 제20조는 "범죄행위시 병적인 정신장애, 심한 의식장애 또는 정신박약, 기타 중대한 정신병성으로 인하여 행위의 불법을 변별하거나 의사를 결정할 능력이 없는 자는 유책하게 행위한 것이 아니다"라고 하여 '행위와 책임의 동시존재원칙'을 명문으로 규정하고 있으나, 원인에 있어서 자유로운 행위의 처벌에 관한 명문의 규정이 없다.[15] 그리하여 원인에 있어서 자유로운 행위를 벌하는데 대한 자세한 논거가 필요하게 된다.

독일에서는 가벌성의 근거를 원인행위에 두는 견해인 소위 "구성요건모델"(Tatbestandmodell)과 결과실현행위에 두는 견해인 소위 예외모델(Außhahmemodell)로 대립되어 있다. 후자의 견해는 원인에 있어서 자유로운 행위는 독일 형법 제20조의 행위와 책임의 동시존재원칙의 예외를 관습법적으로 인정하는 것이라고 한다. 이 견해에 대해서는 독일 헌법 제103조의 죄형법정주의원칙에 위배되고 나아가 책임원칙에 위배된다는 비판이 제기된다. 그리하여 독일의 다수견해와 판례는 전자의 입장(구성요건모델)을 취하고 있다.

1) 원인설정행위에 책임의 근거를 구하는 견해(구성요건모델)

책임과 행위의 동시존재의 원칙을 유지하려는 견해(일치설)로, 자신을 심신장애상태에 빠뜨리는 원인설정행위시에서 가벌성을 찾는 견해다. 이 견해에 의하면 심신장애상태에 빠뜨리는(자신의 책임능력을 배제시키는) 원인설정행위를 구성요건적 실행행위로본다. 즉 원인설정행위시에 책임능력이 있고, 또한 그 결과를 예견하였거나 예견할 수 있었을 경우에는 설령 그 결과가 책임무능력상태하에서 발생하였더라도 그 결과를 야기한 데 대해 책임비난을 가할 수 있다는 점에서 구성요건적 결과야기에 결정적 원인을 제공한 선행행위가 책임이 인정되는 실행행위라고 한다. 이 견해는 간접정범의 도구이론을 원용하여 자신을 도구로 이용하는 원인행위를 가벌성의 근거로 보는 견해로, 범죄의 실현행위는 원인행위에 기인한 결과에 불과하며 따라서 간접정범과 이론적 구성이 동일하다(간접정범 유사설).

그러나 이 견해대로 원인설정행위를 실행행위로 파악하게 되면 실행행위의 구성요건적 정형성이 무시됨으로써 실행행위와 예비행위와의 구별이 곤란하게 된다. 즉 타인을 살해할 고의를 가진 상태에서 심신장애상태를 야기하기 위하여 술을 마시는 행위를 곧 살인죄의 구성요건적 실행행위로 볼 수는 없다. 또한 이 견해에 의하면 가벌성이 확장될 위험이 있을 뿐만 아니라,[16] 간접정범과 이론구성이 동일한 것은 아니라는 점에서 간접정범이론을 원용하는 것은 문제가 있다.

2) 행위와 책임의 동시존재의 원칙에 대한 예외설(예외모델)

「원인에 있어서의 자유로운 행위」는 행위와 책임이 동시에 존재해야 한다는 원칙에 대한 예외적 범

15) 다만 독일 형법은 제323조의a에 명정상태(酩酊狀態)하에서의 범죄만을 형사정책적 입장에서 규정하고 있다.
제323조의a (명정상태) ① 고의 또는 과실로 알콜음료나 기타 흥분제를 복용하여 스스로 명정상태를 일으킨 자는 그가 이러한 상태에서 위법행위를 행하고 또한 그 명정상태로 인하여 책임능력이 없거나 책임무능력이 배제되지 아니한다는 이유로 처벌될 수 없는 때에는 5년이하의 자유형 또는 벌금형에 처한다.
② 형은 명정상태에서 행한 행위에 대하여 정하여져 있는 형보다 더 중할 수 없다.
③ 명정에 의한 행위가 고소, 수권 또는 형벌청구에 의하여만 소추될 수 있는 때에는 위 명정상태는 고소, 수권 또는 형벌청구에 의하여만 소추된다.

16) 이러한 비판과 관련하여, 원인행위에 가벌성의 근거를 구하되 가벌성의 확장을 막기 위하여 실행의 착수시기를 동기의 연속성이 미치는 법익침해의 근접점에 설정하려는 견해도 있다.

죄형태라고 보는 견해로, 구체적으로 책임의 근거를 어디에 구하느냐에 대해서는 다양한 견해가 전개되고 있다. 그러나 이 견해에 의하면 형법의 법치국가적 제한을 유월(逾越)하게 될 뿐 아니라, 가벌성의 범위가 지나치게 축소됨으로써 형사정책적으로 문제가 있을 수 있다.

(1) 구성요건 실현행위에 책임의 근거를 구하는 견해

가) 관습 내지 법감정을 근거로 하는 견해

이 견해는 연혁적으로는 타당할지 모르나 명문규정을 둔 형법해석상으로는 그 이론적 근거가 미흡할 뿐 아니라, 원인행위와 실행행위의 내적 관련성을 고려하지 않고 있다.

나) 반무의식상태를 근거로 하는 견해(입체 심층심리학 입장)

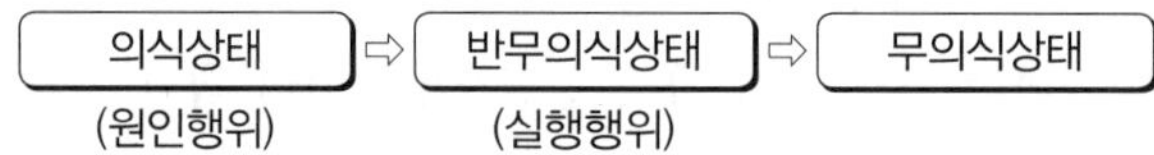

그러나 이 견해에 의하면 범죄실현단계에서 반무의식상태라는 중건영역의 확정 여부가 불분명할 뿐 아니라, 중간영역이 있다면 의식적 행위로 보아야 할 것이며 따라서 대부분 책임능력이 인정되어 법적 안정성을 해칠 위험성이 있다.

(2) 원인설정행위와 실행행위의 불가분적 관련성에서 책임의 근거를 구하는 견해[17)]

행위와 책임의 동시존재의 원칙이 반드시 엄격히 적용되어야 하는 것은 아니라는 입장에서 원인설정행위가 실행행위가 될 수는 없지만 실행행위와 동일한 의사를 실현한다는 불가분의 관련을 가지고 있으므로 원인설정행위에 책임비난의 근거가 있으며, 실행행위 또한 책임비난의 근거인 원인행위와 불가분의 관련이 있으므로 처벌된다는 견해이다.

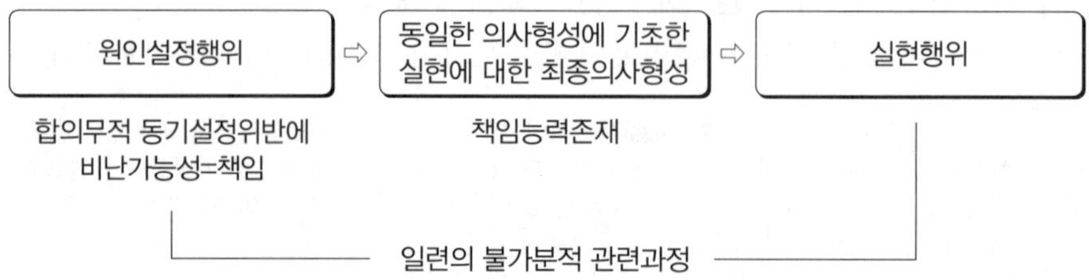

17) 독일과 우리나라의 다수견해.

Ⅳ. 실행의 착수시기

과실범의 미수는 인정되지 않으므로 과실에 의한 원인에 있어서 자유로운 행위의 경우에는 논의의 실익이 없다(원인설정행위시에 대부분 실행의 착수가 존재). 따라서 고의에 의한 원인에 있어서 자유로운 행위의 실행의 착수시기만이 문제된다.

1. 원인설정행위시설

행위와 책임의 동시존재원칙에 충실하고자 하는 견해에 의하면 실행의 착수시기를 원인행위로 파악한다. 그러나 이 견해는 앞에서도 언급한 바와 같이 음주행위나 약을 먹는 행위 등을 범죄행위라고 함으로써 구성요건행위의 정형성을 무시한다는 비판을 면할 수 없다. 현재 우리나라에서는 이 견해를 취하는 학자는 없다.

2. 실행행위시설(다수견해)

심신장애상태에서의 결과실현행위시를 실행의 착수시기로 파악하는 견해로, 원인행위는 책임의 근거는 될 수 있어도 그 자체를 범죄행위라고 보기 어렵기 때문이다.

3. 절충설

원인설정행위를 만드는 행위를 완료한 시점으로 보는 견해, 원인설정행위과정을 종료하고 실행행위에로의 진행이 결정적으로 개시된 시점(법익침해의 근접성)으로 보는 견해 등이 있다.

Ⅴ. 제10조 제3항의 해석

1. 결과발생의 예견

책임능력흠결상태에서 구성요건에 해당하는 행위를 행할 것을 인식한 경우(고의) 및 그 가능성을 예견한 경우(과실)이다.

2. 자의에 의한 심신장애의 야기

1) 심신장애

심신장애란 심신상실 및 심신미약의 상태를 의미한다.

2) '자의로'의 의미

'자의로'의 의미에 대해서는 고의로 장애상태를 초래한 경우만을 의미한다는 견해[18], 고의 뿐만 아니라 과실의 경우도 포함한다는 견해, 심신장애야기에 대한 의욕 내지 인용 정도로 해석해야 한다는 견해도 있으나, '책임능력있는 상태 하에서 스스로' 라는 의미에서 고의나 과실과 직접 관련성을 갖지 않는 의식상태를 의미한다고 해석해야 할 것이다.

3. 행위

불법구성요건에 해당하는 행위를 의미한다(원인설정행위는 예외).

4. 인과관계

자의에 의한 심신장애상태의 야기와 불법구성요건적 행위 및 그 결과 간에 인과관계가 인정되어야 한다.

Ⅵ. 취급

발생된 결과로 처벌, 즉 책임능력자의 행위와 동일하게 취급한다. 실행행위 도중에 책임능력이 회복되었는데도 결과를 발생시킨 경우에는 처음부터 책임능력자의 행위로 책임을 부담지운다.

---

18) 다만 '자의로'는 '고의로'를 의미하지만 과실로 심신장애를 야기한 때에도 원인에 있어서 자유로운 행위가 인정된다고 하여 명문규정이 없는 경우도 인정하는 견해가 있다.

사례연습

1. 甲은 퇴근 후 직장동료들과 함께 자기의 승진을 축하해주는 회식모임을 가졌다. 평소 주량이 약한 甲은 그 날따라 대단히 기분도 좋고 해서 동료들이 권하는 술을 사양하지 않고 마시다 보니 너무 만취되어 몸도 제대로 못 가눌 정도가 되어 버렸다. 회식자리가 끝나고 甲은 "이런 상태로는 운전을 못하니 차를 두고 가라"는 동료들의 만류를 뿌리치고 자정도 넘은 시간이라 인적도 드물고 해서 자가용을 몰고 귀가하다 영업용 택시를 기다리기 위해 차도에 내려서 있던 乙을 치었다. 甲은 음주 만취된 상태라 자기 차에 부딪힌 것이 처음에는 사람인 줄 몰랐고, 쿵하고 부딪히는 소리가 나서 정차하고 내려 보니 사람이 차에 치어 피를 많이 흘리고 있었다.
   甲은 응겹결에 일어난 사고라 당황한 나머지 들키지 전에 사고 장소를 빨리 벗어나야겠다는 생각에서 피를 흘리고 쓰려져 있는 乙을 자기 차의 뒷좌석에 실고 인근 유원지의 수풀 속에 乙을 내다 버렸다. 乙을 자기 차에서 끄집어 낸 甲도 술기운을 이기지 못하고 그 옆에서 잠이 들어 버렸고, 다음날 아침 산책 나온 丙에 의해 경찰에 신고 · 체포되었다. 체포 당시까지도 甲은 술이 덜 깨어 있었고, 수사과정에서의 진술에서도 甲은 동료들과의 술자리를 끝내고 일어난 후의 정황을 기억하지 못하였다. 사체부검 결과 乙의 사망시간은 사고시간으로부터 3시간 내지 5시간 이후로 판명되었다.
   甲의 죄책은?

   [참조판례 대법원 1992.7.28. 선고 92도999 판결]

2. 甲은 평소에 사물에 민감하고 생각이 깊은 내성적인 성격으로 교우가 적어 고독감에 사로잡히는 일이 많았고 사물에 관하여 비현실적인 야망을 일으키는 경우가 많았으나 여러 가지 사정으로 그 욕망이 좌절되어 오다가 가정형편상 22세부터 조부모와 모친을 모시고 그들과 처자식을 부양할 중책을 지게 되었지만 치료비가 없어 수술을 요하는 모친의 병도 치료할 수 없는 현실에 부닥치게 되자 현실에 대한 불만 및 현실과 욕망과의 갈등 속에서 만성적인 불안감을 지니게 되었다. 또한 수개월 전에는 술에 취하여 아무 이유 없이 작두를 들고 동네를 돌아다니면서 만나는 사람마다 찔러 죽일려는 비정상적인 행패를 부린 사실이 있었던 관계로 동네사람들이 자기를 숙부가 인근 경찰서장직에 있는 것을 믿고 꺼덕이는 자로 알고 경계한다는 말을 전하여 들은 후에는 동네사람들에 대한 적개심을 품고 있었다.
   甲은 범행 당일 乙 · 丙과 합석하여 팔씨름을 하면서 소주 2홉들이 4병을 나누어 마시고 취하게 되자 평소의 불만과 갈등으로 인한 만성적 불안감에 대인관계에 있어서의 증오심 내지 적개심이 작용하여 동네사람들을 무차별 살해하려는 폭발적인 결의를 하게 되었고, 그 결의 하에 약 2시간에 걸쳐 노인과 부녀자 및 유아 등을 노상에서 닥치는 대로 잔혹한 방법으로 5명을 살해하고 5명에게 중상을 입혔다.
   甲의 죄책은?

   [참조판례 대법원 1968.4.30. 선고 68도400 판결]

기출사례

1. 甲은 평소 원한이 있는 A를 죽이기로 결심하였으나 용기가 나지 않아 술을 마시고 심신미약 상태에서 흉기를 품고 A를 찾아갔다. A를 만난 甲은 A가 병약해진 것을 발견하고 나중에 건강해지면 죽이는 것이 진정으로 원수를 갚는 길이라고 생각하여 범행을 포기하고 그대로 돌아왔다.
   원인에 있어서 자유로운 행위와 중지미수에 관한 학설들을 근거로 하여, 甲을 (1) 가장 가볍게 처벌할 수 있는 논리와, (2) 가장 무겁게 처벌할 수 있는 논리를 각각 제시하시오. (각 10점)
   [2006년도 시행 제48회 사법시험 제2문의 2]

2. 甲은 야간에 乙의 집에 들어가 乙을 죽이고 돈을 빼앗기로 결심하였다. 그러나 막상 계획한 범행시각이 다가오자 甲은 용기가 나지 않아 술을 마셨다. 甲은 만취한 상태에서 원래 계획했던 대로 야간에 乙의 집에 침입하여 乙의 머리를 몽둥이로 여러 차례 내리쳤다. 乙이 쓰러져 축 늘어지자 甲은 乙이 죽은 것으로 생각하였다. 甲은 곧이어 乙의 집 장롱 속에서 1억 원짜리 양도성예금증서 2장을 꺼내 가졌다. 그런 다음 甲은 증거를 인멸하기 위해 乙의 집에 불을 질렀고, 이로 인해 乙의 집은 전부 타버렸다. 그리고 乙은 甲의 몽둥이에 맞아 죽은 것이 아니라 甲의 방화로 발생한 유독가스에 질식하여 사망하였다. 甲의 죄책은? (50점)
   [2003년도 시행 제45회 사법시험 제1문]

3. 甲과 乙은 직원 상사 A로부터 여러 차례 호된 질책을 받아 A에 대해 원한을 품고 있던 차에, 회사건물 지하에 있는 주점에서 술자리를 같이하던 중 乙은 평소 술버릇이 나쁜 甲으로 하여금 A에게 보복하게 하려고 甲에게 술을 권하면서 'A를 가만 두어서는 안된다'고 충동질하였다. 甲은 만취상태에서 '내가 손을 보겠다'고 하면서 乙이 준 빈 맥주병을 가지고 A의 사무실로 가서 그를 향해 맥주병을 던졌으나 옆에 있던 동료 B가 맞고 중상을 입었다.
   甲 · 乙의 죄책은? (50점)
   [1998년도 시행 제40회 사법시험 제1문]

【고의설의 이론 도식】

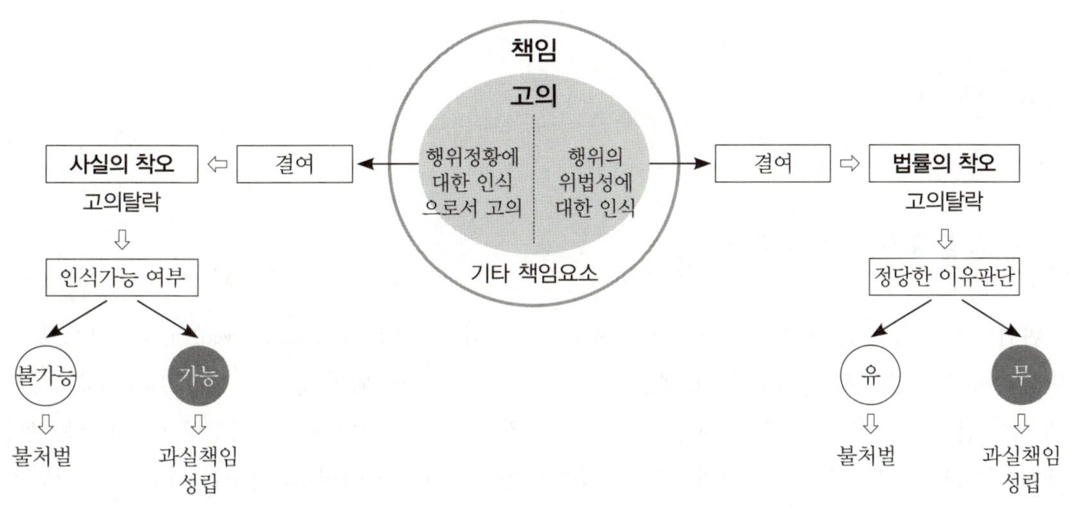

【책임설의 이론 도식】

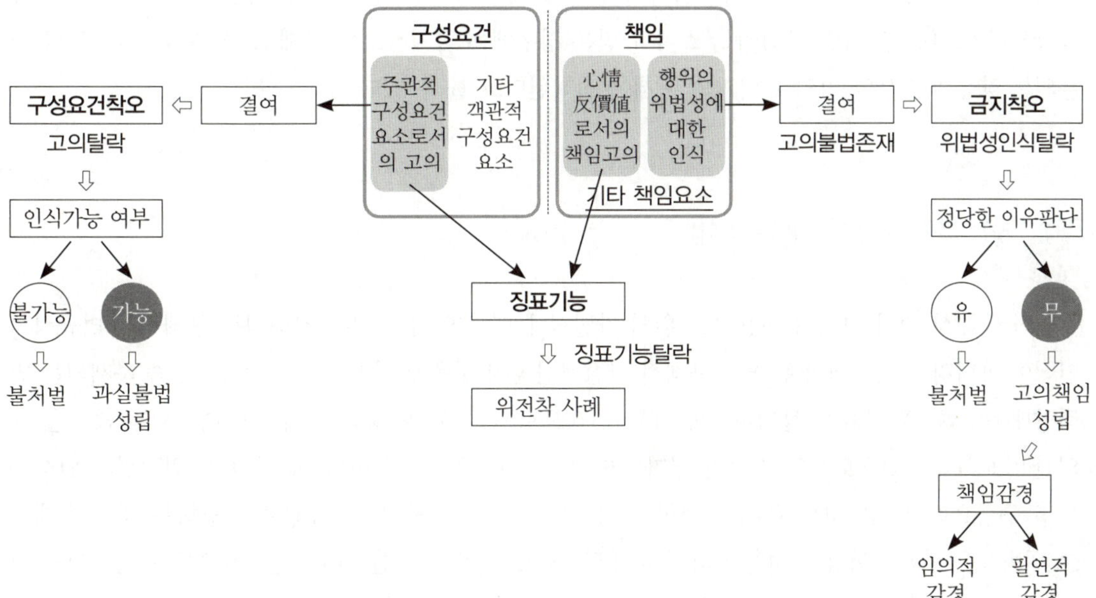

제3절 위법성의 인식(Bewußtsein der Rechtswidrigkeit)

제1항 서

Ⅰ. 위법성의 인식의 개념

위법성의 인식 또는 불법의식(Unrechtsbewußtsein)이라 함은 책임비난(Schuldvorwurf)의 핵심요소로, 행위자의 행위가 법질서에 반하고 그 때문에 법적으로 금지(Verbot)되어 있다는 사실(법규범에 내재된 행위의 실질적인 불법인 금지)에 대한 인식, 즉 행위의 법적 금지성에 대한 인식 또는 자신의 행위가 실질적으로 위법하다는 행위자의 의식으로, 공동사회의 가치위반 내지 법가치위반에 대한 인식이 그 기초를 형성한다. 다만 이러한 위법성의 인식은 형식적으로 유효한 어떤 법규범을 위반한다는 인식만 있으면 긍정된다는 점에서 사회윤리적 가치의 위반 내지 반도덕성의 인식과는 구별되는 개념이다.

즉 종교적 · 정치적 · 도덕적 확신에 의하여 자신의 행위를 사회적 가치가 있는 행위로 믿고 법규범의 침해를 허용한 확신범(Überzeugungstater) 또는 양심범(Gewissenstäter)의 경우에도 행위가 실정법에 위반되고 또한 침해한 규범이 일반적 구속력을 가지는 법규범임을 행위자가 인식한 때에는 위법성의 인식은 존재하며, 따라서 행위의 위법성의 인식에 대한 결여 또는 잘못 인식한 경우인 금지착오에 해당하지 아니한다. 다만 규범이 무효라고 믿은 경우에는 금지착오의 문제로 볼 수 있으나, 결국 이 논의는 양심의 자유와 법의 효력과의 문제에 귀착된다고 볼 수 있다.

Ⅱ. 인식의 대상과 내용(범위)

인식의 대상 내지 인식의 내용은 행위의 가벌성에 대한 인식 내지는 침해되는 구체적인 법규정의 인식이 아니라 구성요건과 관련된 구체적 실질적인 불법내용에 대한 구체적인 인식, 즉 문제되는 범죄양태(犯罪樣態)의 특유한 불법내용에 대한 인식으로서, 자기의 행위가 법률상 허용되지 않음을 문외한(Rechtsunkundige)으로서의 소박한 평가로써 인식하고 있으면 족하다 할 것이다. 위법성의 인식은 특정 구성요건에 해당하는 행위에 대한 인식이므로 각각의 불법구성요건에 해당하는 행위에 대해 그 위법성을 인식하여야 하며[1], 따라서 수개의 구성요건을 실현한 경우에는 그 모든 구성요건의 실질적 불법내용에 대해 위법성의 인식을 요한다.

---

1) 이를 행위에 대한 '위법성의 인식의 분리가능성의 원칙' 또는 '불법의식 가분성의 원칙'이라고 한다.

Ⅲ. 논의의 핵심(문제의 제기)

위법성의 인식의 범죄체계적 지위와 관련하여 이를 고의의 요소(일내용)로 볼 것인가, 아니면 독자적인 책임형식으로 볼 것인가의 문제가 주로 논의되어 왔으며, 이와 연관하여 행위에 대한 위법성의 인식이 결여된 경우에 그 법적 평가의 문제 즉 금지착오의 해석론이 주로 논의의 대상이다.

Ⅳ. 위법성의 인식의 형태

그 구체적인 형태는 행위시에 행위의 위법성을 분명히 확실하게 인식한 확정적 불법의식과 위법일 수 있는 가능성을 인식하면서도 이를 감수하였을 경우의 미필적 불법의식, 또는 행위자가 행위시에 불법의식을 현재적(顯在的)으로 가지고 있는 현재적 불법의식과 행위시에 아주 낮은 정도의 불법의식만 가지고 있는 잠재적(潛在的) 불법의식[2], 나아가 상습범과 부작위범의 경우처럼 외적인 행위경과에 관한 인식과 함께 그 사건경과의 위법성도 함께 의식되는 수반형태로서의 불법의식 등 다양한 모습으로 나타난다.

제2항 위법성의 인식의 범죄체계상 지위

고의와 위법성의 인식과의 관계에 대한 논의로 금지착오에 대한 해석론의 기초이다. 종래에는 범죄의 성립에 위법성의 인식이 필요한가에 대해 위법성인식불요설과 위법성인식필요설의 논의에 불과하였으나, 오늘날은 위법성의 인식이 필요하다는 입장에서 범죄체계론과 관련하여 '행위에 대한 위법성의 인식이 고의의 요소(일내용)인가, 아니면 범죄성립에 있어 독자적인 책임형식인가'라는 범죄체계론적 지위에 대한 논의로서 고의설과 책임설의 대립이 전개되고 있다.

Ⅰ. 위법성인식 불요설

1. 전면적 불요설

책임형식인 고의의 성립에는 위법성의 인식이 필요치 않으며, 따라서 금지의 착오는 고의를 조각하지 않는다는 입장이다. 즉 사실에 대한 인식만 있으면 책임귀속이 가능하며, 위법성의 인식은 범

2) BGHSt 21, 18,20.

죄성립과는 무관하다는 견해이다. 이 견해는 '누구도 법 또는 법률을 알지 못한다고 간주되지 않는다'는 로마법 이래의 법언에서 출발하여 '법률의 부지는 변명되지 않는다(error juris nocet)', '형법은 타률규범이다'라는 명제에 입각하고 있다. 이 견해의 논거는 현실적으로 행위자가 자기 행위에 대해서 위법성을 인식하고 있지 않은 경우가 대부분이며, 따라서 이 경우에 위법성의 현실적 인식이 있어야 한다고 하면 결국 고의범으로 처벌하는 것이 곤란하기 때문이라고 한다.

그러나 이 견해는 법의 규범성과 명령성을 혼동하고 있을 뿐만 아니라, 법규범의 의사결정규범성을 무시하고 있다. 또한 국가권위적 법언일지라도 절대적 구속력은 없다는 점에서 자칫 국가권력의 전횡으로 인간의 가치가 침해될 우려가 있으며, 나아가 책임원칙의 근본을 무시하고 있다.

2. 자연범 · 법정범 구별설(이분설, 제한적 불요설)

자연범(형사범)은 법률의 규정 이전에 위법성을 띠고 있으며 따라서 위법성의 인식을 요하지 아니하나, 법정범(행정형범)은 입법화로서 비로소 반사회성이 나타나는 것으로 위법성의 인식을 필요로 한다는 입장이다.

그러나 자연범과 법정범의 구별이 곤란하며, 자연범의 경우야말로 위법성의 인식을 요한다는 점에서(도의적 책임론의 입장) 이 논거는 받아들이기 어렵다. 또한 법정범의 경우에는 대부분 위법성인식의 결여로 처벌의 흠결현상이 생길 수 있다. 즉 자연범에 있어서는 위법성인식불요설에 대한 비판이, 법정범에 대해서는 고의설에 대한 비판이 그대로 적용된다.

Ⅱ. 고의설(Die Vorsatztheorie)

위법성의 인식 또는 그 인식가능성은 고의를 이루는 일내용으로, 이러한 고의가 범죄체계론상 책임형식 내지 책임요소라고 보는 고전적 내지 신고전적 범죄체계론에서 주장하는 견해로서, 위법성의 현실적인 인식을 요하느냐에 따라 엄격고의설과 제한적 고의설로 나누어 볼 수 있다. 이 학설은 법질서의 명령적 성격(명령설) 즉 본원적인 기능의 의미에서 법규범은 법에 예속되는 국가의 명령으로 국가의 명령을 이해할 수 있는 자만이 책임있게 행위할 수 있으며, 따라서 형법상의 책임은 법적 금지에 대한 인식 즉 위법성의 인식을 필요로 한다는 것을 그 법철학적 · 법이론적 기초로 하고 있다.

1. 엄격고의설(Die strenge Vorsatztheorie, 위법성인식필요성설)

고의가 성립하기 위해서는 객관적 불법구성요건표지의 인식 이외에 행위에 대한 현실적인 위법성의 인식이 필요하다는 견해이다. 따라서 착오로 자기행위의 위법성을 인식하지 못한 금지착오는 고의를 조각하며, 과실범의 처벌규정이 있는 경우에만 과실범으로 처벌할 수 있다는 점에서 금지착오를 구성요건착오와 결론적으로 동일하게 취급하게 된다. 위법성의 인식이 결여된 경우에는 위법행위를 하려는 동기를 저지하기 위한 반대동기형성의 가능성이 없는 경우로서 중한 책임비난을 가할 수 없으며, 따라서 위법성의 인식이 고의책임과 과실책임을 구별지우는 기준으로 파악하는 견해이다.[3)]

그러나 이에 대해서는 먼저 법이론적 관점에서 볼 때 불법구성요건적 사실에 대한 인식인 고의는 평가의 객체에 대한 「인식」이며 행위에 대한 위법성의 인식은 구성요건에 해당하는 사실이라는 객체에 대한 「평가」로서의 성질이므로 결국 인식 그 자체인 「사실성」과 객체에 대한 평가인 「규범성」의 법적 성질을 혼동하고 있으며, 둘째 형사정책적 관점에서 보더라도 확신범이나 격정범, 법무관심적 태도를 가진 자나 도의심이 희박한 자 또는 상습범의 경우에는 행위에 대한 위법성의 현실적 인식이 결여되는 것이 대부분이므로 결국 과실범으로 처벌될 뿐이며, 더 나아가 과실범처벌규정이 없는 경우에는 전혀 처벌할 수 없게 되는 가벌성의 누수(Strafbarkeitslücken)현상을 초래한다. 또한 이 견해에 의하면 위법성의 인식의 착오에 과실이 있는 경우를 전혀 설명할 수 없다.

2. 제한적 고의설(Die eingeschrankte Vorsatztheorie)

고의설의 형사정책적 결함을 시정하기 위한 이론으로, 이에는 위법성인식가능성설과 법과실준고의설 및 법적 무관심설 등이 전개되고 있으며 주로 신고전적 범죄체계론에서 주장된 이론이다.[4)]

1) 위법성인식가능성설(Möglichkeitstheorie)

엄격고의설의 불합리성을 극복하기 위해 대두된 이론으로, 고의가 책임형식이라는 점에서는 엄격고의설과 같은 입장이나 다만 고의의 성립에는 행위의 위법성에 대한 현실적인 인식의정도가 아닌 그 인식의 가능성만 있으면 족하다고 보는 인격적 책임론의 입장에서 주장하는 견해이다.[5)] 사실에 대한 인식이 있는 이상 행위자는 규범에 관한 문제에만 직면하고 있기 때문에 '위법성을 현실적으로 인식하고 있었느냐와 인식가능성이 있었느냐' 와의 간에는 양자 모두 반규범적 태도를 인정할 수 있다는 면에서는 하등의 질적 차이가 없으며 따라서 위법성의 인식의 가능성만 있으면 직접적인 반규범적 태도를 인정할 수 있다는 것이다.

즉 고의는 아니나 고의행위와 마찬가지로 처벌할 수 있다고 보는 견해이나, 그러나 이에 의하면 위법성의 인식의 가능성은 위법성을 인식하지 못한 데 과실이 있는 경우로 따라서 고의의 개념중에 인식의 가능성이라는 과실적 요소를 가미함으로써 법률의 과실이 고의로 의제되는 전혀 합리적 근거가 없는 이론전개의 모순이 있으며, 고의행위가 아닌 것을 고의행위로 처벌함으로써 죄형법정주

---

3) K.Binding을 위시한 고전적 범죄체계론자들의 견해.

4) 제한적 고의설의 제 학설 중 1)만을 제한적 고의설의 내용으로 보는 견해도 있고, 3)만을(나머지는 기타 학설로 분류) 제한적 고의설의 내용으로 보는 견해도 있다. 그리고 모두를 제한적 고의설의 내용으로 보는 견해도 있다.

5) M.E.Mayer, A.Merkel, R.v.Frank 등.

의원칙에 위반되고, 따라서 가벌성의 범위가 부당하게 확대된다는 점에서 비판을 면키 어렵다. 또한 위법성의 인식에 있어서 과실(법률의 과실)을 인정하면서 이것이 무엇 때문에 인격형성책임을 인정하게 되느냐에 대해서도 명확하지 않다.

2) 법과실(法過失)준고의설

고의의 성립에는 위법성의 인식이 필요하나 위법성의 인식에 있어서 과실이 있을 때에는 이를 고의와 동일하게 취급하려는 견해이다.[6] 이 견해를 학자에 따라서는 제한적 고의설의 내용 중 하나로 보기도 하고, 위법성인식가능성설과 동일한 내용으로 보기도 한다. 그러나 이 학설은 법과실을 고의와 동일한 법적 효과로 인정하는 이론적 근거가 불명확할 뿐 아니라 과실범을 고의범에 준하여 처벌하는 체계상의 모순이 있다.

3) 법맹목적성설, 법무관심성설, 법적대성설

행위에 대한 위법성의 인식이 행위자에게 없으면 원칙적으로 고의가 성립하지 아니하나 위법성의 인식의 결여가 특히 비난할 수 있을 정도의 회피가능성 즉 법적대성 내지 법무관심적 태도 때문에 결여된 경우에는 현실적인 위법성의 인식이 없더라도 고의의 성립을 인정할 수 있다는 견해이다.[7]

그러나 법적대성 내지 법맹목적성이라는 막연한 개념에 의해 고의를 인정하게 되는 모순이 있으며, 또한 고의설이 가지는 형사정책적 결함을 시정하기 위해서는 고의설의 이론적 출발점을 포기하지 않고는 불가능하다고 해야 한다

Ⅲ. 책임설(Die Schuldtheorie)

주관적 불법구성요건표지인 고의와 독자적인 책임형식으로서의 위법성의 인식 또는 그 인식의 가능성을 별개의 독립된 범죄구성요소로 보는 목적적 범죄체계론과 합일태적 범죄체계론에서 주장하는 이론이다. 다만 위법성의 인식 또는 그 인식의 가능성을 책임형식으로 보는 점에서는 고의설과 동일한 견해이나 인식이 결여된 경우 그 법적 평가에 있어서는 고의설은 고의와 과실을 책임형식으로 보기 때문에 과실책임으로 평가되고, 책임설은 고의와 과실을 불법구성요건표지로 보기 때문에 이 경우에도 고의책임은 성립하지만 착오에 대한 평가에 따라 그 책임을 조각 감경함에 그친다는 점에서 다르다.

즉 이 견해에 의하면 금지착오는 구성요건착오와는 달리 구성요건고의(Tatbestandsvorsatz)의 성립여

6) Horst Schröder.

7) E.Mezger, Friedrich Nowakowski, Dietrich Oehler, Adolf Schönke 등.

부와는 관계없이 위법성을 인식하는 데 있어 착오의 회피가능성(Vermeidbarkeit)에 따라 오직 책임평가에만 영향을 줄 뿐이다. 책임설은 위법성조각사유에 대한 착오 특히 그 전제되는 객관적 사실(상황)에 대한 착오유형을 어떻게 해결하느냐에 따라 엄격책임설과 제한적 책임설로 나누어 볼 수 있다.

1. 엄격책임설(Die strenge Schuldtheorie)

위법성의 인식 또는 그 인식가능성은 주관적 불법구성요건표지인 고의의 요소가 아니며 고의와는 별개의 책임형식이라고 이해하는 주로 목적적 행위론(Die finale Handlungslehre)을 기초로 하는 목적적 범죄체계론의 입장에서 주장하는 견해이다.[8] 즉 고의는 불법의식의 하나의 전제조건일 망정 불법의식이 고의의 구성요소는 아니며, 따라서 범죄의 성립에는 객관적 구성요건표지에 대한 인식인 주관적 구성요건표지로서의 고의 이외에 책임형식으로서의 위법성의 인식 또는 인식의 가능성을 요한다고 보는 견해이다. 따라서 책임형식이 결여된 위법성의 인식의 착오는 금지착오의 문제로, 고의와는 관계없이 그 착오의 회피가능성에 따라 책임을 조각 또는 감경하는 책임에 영향을 줄 뿐이다. 이러한 엄격책임설에 의하면 위법성조각사유에 대한 착오는 모두 금지착오에 해당하게 되며, 법적 효과에 있어서도 오직 책임에만 영향을 줄 뿐이다.

그러나 이 견해는 위법성조각사유의 전제사실의 착오까지도 고의책임이 성립된다고 보는 점에서 후술하는 바와 같은 이론상 모순이 있다.

2. 제한적 책임설(Die eingeschränkte Schuldtheorie)

위법성의 인식 또는 그 인식의 가능성을 고의와는 별개의 책임형식으로 보는 점에서는 엄격책임설과 같은 입장으로, 위법성조각사유를 착오한 경우 그 해결에 있어 위법성조각사유의 존재 및 한계에 대한 착오는 금지착오에 해당하여 오직 책임평가에만 영향을 미친다고 본다. 그러나 위법성조각사유의 객관적 전제사실(상황)을 착오한 경우는 그 행위정황에 대한 착오라는 점에서 위법성의 인식의 착오인 금지착오는 아니며, 그 구조가 구성요건착오와 유사하므로 구성요건착오를 유추적용하거나 또는 행위자의 심정(心情, Gesinnung)을 고려하여 법적 효과에 있어서만 구성요건착오로 취급할 수 있다고 보는 주로 합일태적 범죄체계론의 입장에서 주장하는 이론이다.[9]

---

8) H.Welzel, H.v.Weber, R.Maurach, W.Niese, R.Busch, Armin Kaufmann, G.Stratenwerth, H.J.Hirsch, K.H. Gössel, F.C.Schroeder 등.

9) 독일의 다수견해 및 판례의 입장.

제4절 금지착오(Verbotsirrtum)

사례연구

1. 사실관계

甲은 2004.2. 초순경 전국총선연대, 인천총선연대 등에서 자신을 낙천대상자로 지목하여 발표하자, 자신의 보좌관인 乙이 甲에게 낙천대상자 선정에 대한 해명을 위하여 이 사건 의정보고서를 제작, 배부하자는 건의를 하였고, 甲이 이를 승인하여 乙의 주도하에 이 사건 의정보고서를 제작하게 되었다. 2004.2.9. 乙은 甲의 지역구 활동에 대한 내용과 더불어 甲의 인사 글, 낙천대상자 선정에 대한 부당함을 지적하는 언론보도자료(임종석, 김근태, 정동영 의원 발언 관련 각 언론보도, 네티즌 의견 게재 언론보도 등) 등을 정리하여 4면 짜리 기획 초안을 만든 후 당시 (구명 생략)구 선거관리위원회 지도계장이던 丙에게 전화를 하여 위와 같은 내용의 의정보고서를 제작, 배부하는 것이 선거법규에 위반되지 않는지 문의하였는바, 丙은 문제가 없는 것으로 보이지만 확실한 것은 초안을 직접 보아야 알 수 있을 것이라고 답변을 하였다. 그 후 乙은 위와 같이 자신이 만든 4면 짜리 기획 초안을 丙에게 가지고 가서 이를 보여주면서 甲이 낙천대상자로 선정된 것에 대한 소명의 글과 반론을 제기하거나 반대의사를 밝힌 인사들도 있다는 언론보도를 발췌하여 의정보고서에 수록해도 되는지에 관하여 문의를 하였고, 丙은 乙이 제시한 위 기획 초안의 내용을 乙과 함께 검토하면서 중앙선거관리위원회에서 배포된 업무관련책자와 질의회답책자 등의 내용을 확인하고, 인천광역시 선거관리위원회에 위 초안 내용을 팩스로 전송하고 그 곳 담당자인 丁과 전화 통화를 하여 상의를 하기도 하면서 확인 작업을 하여 의정보고서에 위와 같은 내용을 수록하는 것이 허용된다고 답변을 하였다. 2004.2.12. 乙은 이 사건 의정보고서의 제작인쇄 직전의 최종안을 만들어서 (구명 생략)구 선거관리위원회에 가지고 가서 이를 다시 丙에게 보여주면서 최종적으로 선거법규 위반 여부를 문의하였고, 丙은 위 언론보도 내용을 발췌하여 게재한 부분 등을 모두 살펴보고 나서 의정보고서로 배부해도 무방하다고 답변을 하였고, 이에 乙은 위 최종안 그대로 인쇄를 하여 이 사건 의정보고서를 제작한 후 2004.2.17. (명칭 생략)우체국에서 이를 유권자들에게 발송하였다. 그리고 乙은 甲을 위한 선거운동을 함에 있어 이 사건 의정보고서 관련 사항 외에도 수시로 관할 선거관리위원회의 지도계장인 丙에게 선거법 위반 여부를 문의하고 그 답변을 받아 처리하여 왔다.

검사는 甲을 구 공직선거및선거부정방지법(2004.3.12. 법률 제7189호로 개정되기 전의 것) 제111조 제1항 위반으로 공소제기하였다.

2. 사건의 경과

제1심인 인천지방법원은 구 공직선거및선거부정방지법(2004.3.12. 법률 제7189호로 개정되기 전의 것) 제111조 제1항 위반으로 甲을 벌금 70만원에 처하였다(인천지방법원 2004.11.19. 선고 2004고합515 판결). 이에 甲이 제1심의 판결에 법리오인이 있음을 이유로 항소하였고, 항소심인 서울고등법원은 甲의 행위는 형법 제16조의 법률의 착오에 기한 행위에 해당하여 범죄로 되지 아니한다는 이유로 원심판결을 파기하고 무죄를 선고하였다(서울고등법원 2005.5.24. 선고 2004노3184 판결). 이에 검사가 원심판결의 법리오인을 이유로 대법원에 상고하였다.

3. 법률적 쟁점

위의 사실관계와 같이 선거법위반 여부에 대해 담당 공무원에게 질의와 회신 등을 받은 경우에 피고인의 행위는 금지착오의 정당한 이유에 해당하는가?

4. 적용법조

〈형법〉

제16조 (법률의 착오) 자기의 행위가 법령에 의하여 죄가 되지 아니하는 것으로 오인한 행위는 그 오인에 정당한 이유가 있는 때에 한하여 벌하지 아니한다.

5. 대법원의 판단

[판시사항]

법률의 착오에 관한 형법 제16조의 규정 취지 및 정당한 이유가 있는지 여부의 판단 방법

[판결요지]

형법 제16조에서 자기가 행한 행위가 법령에 의하여 죄가 되지 아니한 것으로 오인한 행위는 그 오인에 정당한 이유가 있는 때에 한하여 벌하지 아니한다고 규정하고 있는 것은 일반적으로 범죄가 되는 경우이지만 자기의 특수한 경우에는 법령에 의하여 허용된 행위로서 죄가 되지 아니한다고 그릇 인식하고 그와 같이 그릇 인식함에 정당한 이유가 있는 경우에는 벌하지 아니한다는 취지이다(대법원 1992.5.22. 선고 91도2525 판결, 대법원 2002.1.25. 선고 2000도1696 판결 등 참조). 그리고 이러한 정당한 이유가 있는지 여부는 행위자에게 자기 행위의 위법의 가능성에 대해 심사숙고하거나 조회할 수 있는 계기가 있어 자신의 지적 능력을 다하여 이를 회피하기 위한 진지한 노력을 다하였더라면 스스로의 행위에 대하여 위법성을 인식할 수 있는 가능성이 있었음에도 이를 다하지 못한 결과 자기 행위의 위법성을 인식하지 못한 것인지 여부에 따라 판단하여야 할 것이고, 이러한 위법성의 인식에 필요한 노력의 정도는 구체적인 행위정황과 행위자 개인의 인식능력 그리고 행위자가 속한 사회집단에 따라 달리 평가되어야 한다. 기록에 의하면, 피고인의 보좌관이나 계양구 선거관리위원회 직원이 참조하였다는 자료인 중앙선거관리위원회에서 발간한 선거관련 책자 중 일부에 '국회의원이 의정보고서에 시민단체가 발표한 낙천대상자에 자신이 포함된 것에 대한 자신의 해명내용을 일부 포함 · 작성하여 선거구민에게 배부하는 것은 무방하며, 정치적 소신, 학력 · 경력, 본인의 신상에 관한 해명, 신문기사 등 의정활동과 직접 관련이 없는 내용이라도 의정보고서와 일체가 되는 형태로 작성 · 배부하는 것은 무방(이를 별책으로 작성 · 배부할 수는 없음)하다.'고 기재되어 있는 사실은 인정된다.

그러나 대법원은 앞서 본 바와 같이 국회의원이 선거일 전 180일부터 선거일까지의 기간 동안에 의정

보고서를 제작하여 선거구민들에게 배부함에 있어 그 내용 중 선거구 활동 기타 업적의 홍보에 필요한 사항 등 의정활동보고의 범위를 벗어나서 선거에 영향을 미치게 하기 위하여 특정 정당이나 후보자를 지지 · 추천하거나 반대하는 내용이 포함되어 있다면 그 부분은 공직선거법 제93조 제1항에서 금지하고 있는 탈법방법에 의한 문서배부행위에 해당되어 위법하고, 또한, 피고인의 신상에 관한 해명이라고 하더라도 국회의원으로서의 의정활동에 관한 것이라고 볼 수 없는 경우에는 이러한 내용을 인쇄하여 배부하는 것은 정당한 의정보고서의 범위를 넘는다고 판시하여 왔다(대법원 1997.9.5. 선고 97도1294 판결 등 참조). 한편, 기록에 의하면, 중앙선거관리위원회에서 발간한 위 선거관련 책자에도 "국회의원의 자격으로 행한 의정활동과 관련 있는 내용이 주류를 이루고 있는 신문 · 잡지 기타 간행물에 게재된 내용을 의정보고서에 전재하여 일반선거구민에게 배부하는 것은 무방하나, 차기 선거에서의 지지호소 등 선거운동에 이르는 내용은 게재할 수 없으며, 의정보고서에 통상적인 범위 안에서 경력을 게재하는 것은 의정보고서에 부수된 행위로서 무방하지만, 출생과 성장에서부터 정치입문 과정을 거쳐 현재에 이르기까지 걸어온 길을 자료화보와 함께 기술하고, 후보자가 되고자 하는 국회의원을 지지 · 추천하는 내용의 타인의 인사말이나 시 등을 게재하는 것은 설령 의정활동보고 내용이 일부가 부가되어 있다 할지라도 이는 후보자가 되고자 하는 자를 선전하기 위한 목적이 있다고 보아야 하며, 의정보고는 국회의원이나 지방의회의원이 직접 보고하는 행위이므로 타인이 의정보고서를 제작하거나 3인칭 소설처럼 기술하거나 타인의 글을 게재하여서는 아니 된다."는 취지로 기재되어 있는 사실을 알 수 있다.

피고인은 변호사 자격을 가진 국회의원으로서 법률전문가라고 할 수 있는바(더구나 피고인은 2000년 총선 당시 후보자가 되어 현역 국회의원인 경쟁후보자를 상대로 선거운동을 하면서 현역 국회의원이 의정보고서를 법정선거일 전일까지 무제한 배포하는 것을 허용하는 것은 위헌이라고 주장하여 헌법소원을 제기하고 헌법재판소의 판단을 받은 바 있으므로 의정보고서의 내용이 선거운동의 실질을 갖추고 있는 한 허용될 수 없다는 것을 잘 알고 있다고 진술하고 있기도 하다. 수사기록 98면 참조), 피고인으로서는 의정보고서에 앞서 본 바와 같은 내용을 게재하거나 전재하는 것이 허용되는지에 관하여 의문이 있을 경우, 관련 판례나 문헌을 조사하는 등의 노력을 다하였어야 할 것이고, 그렇게 했더라면, 낙천대상자로 선정된 이유가 의정활동에 관계있는 것이 아닌 한 낙천대상자로 선정된 사유에 대한 해명을 의정보고서에 게재하여 배부할 수 없고 더 나아가 낙천대상자 선정이 부당하다는 취지의 제3자의 반론 내용을 싣거나 이를 보도한 내용을 전재하는 것은 의정보고서의 범위를 넘는 것으로서 허용되지 않는다는 것을 충분히 인식할 수 있었다고 할 것이다. 따라서 피고인이 그 보좌관을 통하여 관할 선거관리위원회 직원에게 문의하여 이 사건 의정보고서에 앞서 본 바와 같은 내용을 게재하는 것이 허용된다는 답변을 들은 것만으로는(또한, 원심도 인정하는 바와 같이 이 사건 의정보고서의 제작과 관련하여, 피고인측에서 관할 선거관리위원회의 지도계장인 공소외 1에게 구두로 문의를 하였을 뿐 관할 선거관리위원회에 정식으로 질의를 하여 공식적인 답신을 받은 것도 아니다), 자신의 지적 능력을 다하여 이를 회피하기 위한 진지한 노력을 다 하였다고 볼 수 없고, 그 결과 자신의 행위의 위법성을 인식하지 못한 것이라고 할 것이므로 그에 대해 정당한 이유가 있다고 하기 어렵다. 한편, 피고인측이 위 선거관련 책자의 내용을 그 나름대로 해석하여 위 의정보고서의 발간이 위법이 아니라고 판단하였을 가능성에 관하여 보더라도, 앞서 본 바와 같이 위 책자에는 동일한 사안에 대하여 다른 내용의 회답이 존재하고 있는데도 불구하고 자신에게 유리한 회답만을 근거로 하여 행위를 한 것일 뿐만 아니라, 위 책자에는 "국회의원이 의정보고서에 시민단체가 발표한 낙천대상자에 자신이 포함된 것에 대한 자신의 해명내용을 일부 포함 · 작성하여 선거구민에게 배부하는 것은 무방하다."고 기재되어 있는바, 이는 의정보고서에 낙천대상자 선정에 대한 자신의 해명내용을 일부 포함 · 작성하는 것이 무방하다는 취지에 불과하고, 더 나아가 낙천대상자 선정이 부당하다는 취지의 제3자의 글을 싣거나 제3자의 반론을 보도한 내용을 전재하는 것까지 허용된다는 취지는 아님이 분명하다고 할 것이다. 따라서 피고인이 낙천대상자로 선정된 사유에 대하여 자신의 해명 내용만을 게재한 것이 아니라, 다른 동료의원들이나 네티즌의 낙천대상자 선정이 부당하다는 취지의 반론을 보도한 내용을 전재한 이 사건에서 이를 근거로 하여 정당한 이유가 있다고 할 수도 없다. 그렇다면 원심이 이와 달리, 피고인이 이 사건 의정보고서를 제작, 배부하는 과정에서 그 실무를 담당한 보좌관인 공소외 2를 통하여 관할 선거관리위원회 담당계장에게 자문을 한 결과 이러한 의정보고서를 작성 배부하는 것이 위법이 아니라는 답변을 얻은 점과 위 공소외 2가 담당계장인 공소외 1과 함께 중앙선거관리위원회에서 배포된 업무관련 책자들을 확인하면서 그 내용에 비추어 보아 이 사건 공소사실 기재와 같은 내용을 이 사건 의정보고서에 게재하는 것이 선거법규에 저촉되지 않는다고 판단하였을 수 있다는 점을 근거로 하여, 피고인이 이 사건 의정보고서의 발간이 법령에 의하여 죄가 되지 아니한 것으로 오인한 것에 정당한 이유가 있는 때에 해당한다고 판단한 것은, 형법 제16조의 정당한 이유에 관한 법리를 오해한 나머지 판결에 영향을 미친 위법을 범한 것이라고 아니할 수 없다. 그러므로 원심판결을 파기하여 이 사건을 원심법원에 환송하기로 하여 관여 대법관의 일치된 의견으로 주문과 같이 판결한다(대법원 2006.3.24. 선고 2005도3717 판결. 국회의원이 의정보고서를 발간하는 과정에서 선거법규에 저촉되지 않는다고 오인한 것에 형법 제16조의 정당한 이유가 없다고 한 사례).

제1항 서

Ⅰ. 문제의 제기(논의의 대상)

종래 전통적인 입장에서는 형법상의 착오를 감각적으로 인지할 수 있는 사실에 대한 착오로서 고의를 조각하는 사실의 착오(erro facti, Tatsachensirrtum)와 구성요건에 포함된 법개념 및 행위의 위법성에 대한 착오로서 고의를 조각하지 않는 법률의 착오(erro juris, Rechtsirrtum)로 구별하였다.[1] 이후 일반국민에게 모든 법률의

1) 이 입장이 초기 독일제국법원(RG)의 오랜 입장이었다.

인식이 곧바로 전제될 수 없다는 이유에서 법률의 착오를 다시 형법적 법률의 착오(형벌법규의 착오)와 형법외적 법률의 착오(비형벌법규의 착오)로 구분하여, 전자는 법적으로 중요하지 않으며 따라서 법개념에 관련되어도 고의조각의 효과를 인정하지 않고 후자는 법적으로 중요하다는 입장에서 사실의 착오와 마찬가지로 고의를 조각하는 것으로 이해하였다.[2]

그러나 법률의 착오는 법규정 또는 법률관계 그 자체에 대한 착오가 아니라 법규범에 내재된 행위의 실질적인 불법인 금지(Verbot) 즉 그 행위가 위법하다는 것을 알지 못했거나 또는 허용된다고 오인한 경우에 대한 착오의 문제이며, 또한 규범적 구성요건표지에 대한 착오가 사실의 착오인지 법률의 착오인지를 구별할 수 없다는 점에서 형법상의 착오는 「사실 대 법률」로서가 아니라 「구성요건(Tatbestand) 대 위법성(Rechtwidrigkeit)」의 대립관계로 이해하여 구성요건적 사실에 대한 착오와 위법성의 착오로 구별하는 것이 오늘날의 지배적 견해이다.

H.Welzel이 목적적 범죄체계에서 구성요건착오와 금지착오를 구별하여 지칭한 이래, 1945년 이후 독일 각주의 고등법원이 종전 제국법원(RG)의 판례태도에서 탈피하기 시작하였고 1952년 3월 18일 독일연방법원(BGH) 대형사부의 전원합의체판결[3]에 의하여 최초로 책임설에 입각하여 구성요건착오와 구별되는 금지착오의 개념이 사용되었다. 1975년 독일개정형법도 이러한 판례의 입장을 수용하여 제17조의 표제를 『금지착오』로 하여 명문화하였다. 우리나라의 경우도 제16조의 표제와 관계없이 대다수 학자들이 이 견해를 취하고 있다.

사실면의 착오인 구성요건착오란 구성요건해당성의 외부적 사실(객관적 표지)을 대상으로 하여 불법구성요건의 외부적 사실이 존재하는 것을 알지 못한 경우 또는 존재하지 않는다고 오인한 경우, 즉 행위자가 행위시에 법적 구성요건에 속하는 객관적 전제사실(행위상황)의 존재를 착오로 인식하지 못한 경우로 불법구성요건의 객관적 표지에 대한 인식인 고의의 성립여부 문제에 귀착된다는 점에는 의문의 여지가 없다. 이와 같은 구성요건착오와 구별되는 행위의 규범면에 대한 착오는 불법구성요건이 존재하지 않는데도 존재한다고 오인(위법하지 않은 행위를 위법한 행위로 오인)하고 그러한 행위로 나아간 위법성의 인식의 적극적 착오의 형태인 소위 환각행위(Wahnverbrechen)의 경우와, 위법성의 인식의 소극적 착오의 형태인 금지착오로 나누어 볼 수 있다. 이러한 이유에서 환각범을 통상 반전된 금지착오라고도 한다.

금지착오란 불법구성요건적 사실(객관적 불법구성요건표지)에 대한 인식은 있었으나 착오로 자기의 행위가 위법함을 인식하지 못한 경우이다. 즉 행위자가 자기 행위의 객관적 특성은 올바르게 인식하였으나 그 행위가 법적 견지에서 허용되지 않는다는 것을 알지 못했거나, 또는 허용되지 않는 것을 허용된다고 오신하여 구성요건적 사실의 위법성을 착오로 인식하지 못한 경우의 문제이다.

이와 같이 금지착오는 구성요건착오와는 달리 불법구성요건적 사실에 대한 인시인 고의는 존재하나 착오로 인하여 행위의 위법성에 대한 인식이 결여된 경우에 발생하는 문제로, 그 해결은 결국 '위

2) RGSt 10, 234.

3) BGHSt GrS 2, 194.

법성의 인식을 어떻게 취급할 것인가' 라는 형법상 범죄체계의 논쟁에 귀착된다고 할 수 있다. 즉 위법성의 인식과 더불어 행위의 심리적 주관적 표지인 '고의를 범죄론체계상 어디에 위치시키느냐'라는 체계적 지위의 문제와, 나아가 '고의와 위법성의 인식은 어떤 관계에 있는가', 책임의 본질은 무엇인가를 명확히 규명함으로써 금지착오에 대한 해석이 가능할 것이다.

특히 전술한 바와 같이 고의와 위법성의 인식과의 관계에 있어 고의설과 책임설의 대립에 따라, 구성요건착오의 경우에는 고의가 조각된다는 점에 결론을 같이 하나 금지착오의 법적 효과에 대해서는 그 결론을 달리한다. 고의설에 의하면 위법성의 인식 또는 그 인식가능성은 고의를 이루는 일 내용이므로 이론의 논리적 귀결로서 금지착오는 당연히 고의책임이 조각됨에 반하여, 책임설에 의하면 위법성의 인식을 고의와는 별개의 책임형식으로 파악함으로써 금지착오는 구성요건고의를 조각하지 않고 고의책임의 조각 내지 감경이라는 책임에만 영향을 미칠 뿐이다. 따라서 고의설에 의하면 구성요건착오와 금지착오는 고의를 조각한다는 점에서 그 법적 효과가 동일하므로 양자를 엄격히 구별해야 할 실익은 없다. 그러나 책임설에 의하면 양자의 법적 효과는 전혀 다르므로 양자의 구별은 중요한 의미를 가지게 된다.

이러한 구성요건착오와 금지착오의 한계영역으로 가장 문제가 되는 것이 위법성조각사유에 대한 착오이며, 특히 그 중에서도 객관적으로 존재하지 않는 위법성조각사유의 객관적 행위상황(전제사실 또는 조건)을 행위자가 착오로 받아들인 경우인 위법성조각사유의 객관적 전제사실의 착오 내지 허용구성요건착오이다. 이 유형의 착오는 일면 불법구성요건의 객관적 표지에 관계된다는 점에서는 구성요건착오와 그 구조가 유사하며, 다른 한편 위법성조각사유를 구성하는 행위정황은 불법구성요건표지가 아니라 금지규범이 예외적으로 허용규범에 의해 후퇴된다는 의미로서 행위의 금지사실에 관련된다는 점(객관적 행위상황에 대한 착오로 자기 행위의 위법성을 알지 못한 경우)에서는 금지착오와 유사한 특수성을 지니고 있다. 따라서 위법성조각사유의 전제사실의 착오를 구성요건착오로 취급할 것인가 금지착오로 취급할 것인가, 아니면 나아가 제3의 착오유형으로 취급할 것이냐? 의 문제는 금지착오에 관하여 책임설의 입장을 명문으로 규정하고 있는 독일형법 제17조의 해석에 있어서는 그 이론적 대립이 더욱 뚜렷이 나타나며, 또한 금지착오에 대해 단순히 '벌하지 아니한다'라고 규정하여 그 법적 효과를 명확히 하고 있지 않는 형법 제16조의 해석론상으로도 중요한 의미를 가진다 할 것이다.

이하에서는 제16조 금지착오의 해석론으로서 첫째 고의와 위법성의 인식과의 체계적 지위와 관련하여 행위의 위법성을 착오한 경우 그 행위에 대한 법적 평가의 문제와, 둘째 행위의 위법성을 착오함에 있어서 정당한 이유로 볼 수 있느냐 라는 법적 평가로서 「회피가능성」의 본질과 그 판단척도, 셋째 구성요건착오와 금지착오의 한계영역으로서 논란의 대상이 되고 있는『위법성조각사유의 객관적 전제사실에 대한 착오』에 대해서 보기로 한다.

Ⅱ. 금지착오의 개념

금지착오란 착오로 인하여 자기의 행위가 위법함을 인식하지 못한 경우, 즉 불법구성요건적 사실(객관적 불법구성요건표지)에 대한 인식(고의)은 있었으나 – 행위자가 자기행위의 객관적 특성은 올바르게 인식하였으나 – 그 행위가 법적 견지에서 허용되지 않는다는 것을 인식하지 못한 경우(위법성의 부지) 또는 허용되지 않는 것을 허용된다고 오신한 경우(위법성의 오인)로, 불법구성요건적 행위의 위법성을 인식하지 못한 경우의 범죄형태를 의미한다. 이와 같이 책임비난에 필요한 불법의식이 결여된 경우의 착오유형을 금지착오라 한다.

제2항 금지착오의 대상과 종류

그 착오내용에 따라 직접적 착오의 형태인 금지규범의 존재 및 효력에 관한 착오 내지 금지규범의 효력범위에 관한 착오와, 간접적 착오의 형태인 허용규범의 존재 및 한계에 관한 착오 내지 허용규범의 효력범위에 관한 착오(허용포섭착오)로 세분할 수 있다.

Ⅰ. 금지규범의 존재 및 효력에 관한 착오

금지규범을 전혀 알지 못한 경우(추상적 금지착오) 또는 금지규범의 효력이 없다고 인식한 경우(효력착오)에 해당하는 착오유형이다. 다만 대법원 판례는 일관되게 "형법 제16조에서 "자기가 행한 행위가 법령에 의하여 죄가 되지 아니한 것으로 오인한 행위는 그 오인에 정당한 이유가 있는 때에 한하여 벌하지 아니한다.라고 규정하고 있는 것은 단순한 법률의 부지를 말하는 것이 아니고, 일반적으로 범죄가 되는 경우이지만 자기의 특수한 경우에는 법령에 의하여 허용된 행위로서 죄가 되지 아니한다고 그릇 인식하고 그와 같이 그릇 인식함에 정당한 이유가 있는 경우에는 벌하지 않는다는 취지이다." 라고 하여 제16조 법률의 착오는 금지규범의 존재에 관한 착오와 같은 단순한 법률의 부지를 의미하는 것이 아니라는 점에서 이 경우의 착오를 법률의 착오로 보지 않고 있다.

관련판례

1) 형법 제16조에 자기의 행위가 법령에 의하여 죄가 되지 아니하는 것으로 오인한 행위는 그 오인에 정당한 이유가 있는 때에 한하여 벌하지 아니한다고 규정하고 있는바, 이는 단순한 법률의 무지의 경우를 말하는 것이 아니고, 일반적으로는 범죄가 되는 행위이지만 자기의 특수한 경우에는 법령에 의하여 허용된 행위로서 죄가 되지

아니한다고 그릇 인식하고 그와 같이 그릇 인식함에 있어서 정당한 이유가 있는 경우에는 벌하지 아니한다는 취지로 풀이할 것이다. 이 사건에 있어서 피고인은 유흥접객업소내에 출입시키거나 주류를 판매하여서는 아니되는 대상을 18세 미만자 또는 고등학생에 한정되고, 20세 미만의 미성년자 전부가 이에 해당된다는 미성년자보호법의 규정을 알지 못하였다는 것이므로 이는 단순한 법률의 부지에 해당한다 할 것이고 피고인의 소위가 특히 법령에 의하여 허용된 행위로서 죄가 되지 아니한다고 적극적으로 그릇 인정한 경우는 아니므로 범죄의 성립에 아무런 지장이 될 바 아니고 또 미성년자보호법 제4조 제1, 2항에 위반되는 이상 경찰당국이 당시 미성년자의 유흥접객업소 출입단속대상에서 고등학생이 아닌 18세 이상의 미성년자를 제외하였다 하여 그로 인하여 그 범죄의 성립에 어떠한 영향을 미친다고는 할 수 없을 것이므로 피고인이 이를 믿었다고 하여 법령에 저촉되지 않는 것으로 오인함에 정당한 사유가 있는 경우에 해당한다고도 할 수 없을 것이다(대법원 1985.4.9. 선고 85도25 판결).

[사실관계]

피고인은 의정부시내에서 디스코클럽(천지창조)을 경영하는 자로서 1983.12.23. 20:00경부터 같은날 23:00경까지 위 디스코클럽에 미성년자인 공소외 인 등 10명을 출입시키고 맥주 등 주류를 판매한 사실은 이를 인정하고도 한편으로 1983.4.15. 14:00경 의정부경찰서 강당에서 개최된 청소년선도에 따른 관련 업주회의에서 업주측의 관심사라 할 수 있는 18세 이상자나 대학생인 미성년자들의 업소출입 가부에 관한 질의가 있었으나 그 확답을 얻지 못하였는데, 같은달 26 경기도 경찰국장 명의로 청소년 유해업소 출입단속대상자가 18세 미만자와 고등학생이라는 내용의 공문이 의정부경찰서에 하달되고 그 시경 관할지서와 파출소에 그러한 내용이 다시 하달됨으로써 업주들은 경찰서나 파출소에 직접 또는 전화상의 확인방법으로 그 내용을 알게 되었고 위와 같은 사정을 알게 된 피고인은 종업원에게 단속 대상자가 18세 미만자와 고등학생임을 알려주고 그 기준에 맞추어서 만 18세 이상자이고 고등학생이 아닌 공소외인 등 10명을 출입시키고 주류를 판매하였다는 공소사실로 기소되었다.

2) 형법 제16조에 자기가 행한 행위가 법령에 의하여 죄가 되지 아니한 것으로 오인한 행위는 그 오인에 정당한 이유가 있는 때에 한하여 벌하지 아니한다고 규정하고 있는 것은 단순한 법률의 부지를 말하는 것이 아니고, 일반적으로 범죄가 되는 경우이지만 자기의 특수한 경우에는 법령에 의하여 허용된 행위로서 죄가 되지 아니한다고 그릇 인식하고, 그와 같이 그릇 인식함에 정당한 이유가 있는 경우에는 벌하지 않는다는 취지인바(대법원 2000.9.29. 선고 2000도3051 판결, 2003.4.11. 선고 2003도451 판결 등 참조), 피고인은 상고이유에서, 주로 음식류를 조리 · 판매하는 레스토랑으로 허가받았으면 청소년을 고용해도 괜찮을 줄로 알고 있었다거나, 구미시내 다른 레스토랑이나 한식당에서도 청소년을 고용하는 업소가 많고 구미시청 위생과 등에 문의해도 레스토랑은 청소년을 고용해도 괜찮다는 대답이 있어 자신의 행위가 법률에 의하여 죄가 되지 아니하는 것으로 인식하였고 그와 같이 인식하는 데 정당한 이유가 있다고 주장하나, 이는 일반음식점을 영위하는 자가 주로 음식류를 조리 · 판매하는 영업을 하면서 19세 미만의 청소년을 고용하는 경우에는 특별한 사정이 없는 한 청소년보호법의 규정에 저촉되지 않는다는 것을 피고인이 자기 나름대로 확대해석하거나 달리 해석했을 뿐이라고 보여지므로, 피고인이 자신의 행위가 법률에 의하여 죄가 되지 아니하는 것으로 인식하는 데에 정당한 이유가 있다고 할 수도 없다(대법원 2004.2.12. 선고 2003도6282 선고).

3) 형법 제16조에 자기가 행한 행위가 법령에 의하여 죄가 되지 아니한 것으로 오인한 행위는 그 오인에 정당한 이유가 있는 때에 한하여 벌하지 아니한다고 규정하고 있는 것은 단순한 법률의 부지를 말하는 것이 아니고, 일반적으로 범죄가 되는 경우이지만 자기의 특수한 경우에는 법령에 의하여 허용된 행위로서 죄가 되지 아니한다고 그릇 인식하고, 그와 같이 그릇 인식함에 정당한 이유가 있는 경우에는 벌하지 않는다는 취지인바(대법원 1994. 4. 15. 선고 94도365 판결 등 참조), 피고인이 일본 영주권을 가진 재일교포로서 영리를 목적으로 이 사건 관세물품을 구입한 것이 아니라거나 국내 입국시 관세신고를 하지 않아도 되는 것으로 착오하였다는 등의 사정만으로는 위에서 말한 형법 제16조의 법률의 착오에 해당한다고 할 수 없다(대법원 2007.5.11. 선고 2006도1993 판결).

4) 형법 제16조에서 "자기가 행한 행위가 법령에 의하여 죄가 되지 아니한 것으로 오인한 행위는 그 오인에 정당한 이유가 있는 때에 한하여 벌하지 아니한다."라고 규정하고 있는 것은 단순한 법률의 부지를 말하는 것이 아니고, 일반적으로 범죄가 되는 경우이지만 자기의 특수한 경우에는 법령에 의하여 허용된 행위로서 죄가 되지 아니한다고 그릇 인식하고 그와 같이 그릇 인식함에 정당한 이유가 있는 경우에는 벌하지 않는다는 취지이다. 이 사건에서 한국간행물윤리위원회나 정보통신윤리위원회가 이 사건 만화들 중 '에로 2000'을 제외한 나머지 만화에 대하여 심의하여 음란성 등을 이유로 청소년유해매체물로 판정하였을 뿐 더 나아가 전기통신사업법 시행령 제16조의4 제1항에 따라 시정요구를 하거나 청소년보호법 제8조 제4항에 따라 관계기관에 형사처벌 또는 행정처분을 요청하지 않았다 하더라도, 위 위원회들이 시정요구나 형사처벌 등을 요청하지 아니하고 청소년유해매체물로만 판정하였다는 점이 곧 그러한 판정을 받은 만화가 음란하지 아니하다는 의미는 결코 아니라고 할 것이므로, 피고인들의 나이, 학력, 경력, 직업, 지능 정도 등 제반 사정에 비추어 보면 피고인들의 행위가 죄가 되지 아니하는 것으로 오인한 데 정당한 이유가 있다고 볼 수 없다(대법원 2006.4.28. 선고 2003도4128 판결. 같은 취지의 판례로 대법원 2008.3.14. 선고 2007도11263 판결).

5) 형법 제16조에 "자기가 행한 행위가 법령에 의하여 죄가 되지 아니한 것으로 오인한 행위는 그 오인에 정당한 이유가 있는 때에 한하여 벌하지 아니한다"고 규정한 것은 단순한 법률의 부지의 경우를 말하는 것이 아니고, 일반적으로 범죄가 되는 행위이지만 자기의 특수한 경우에는 법령에 의하여 허용된 행위로서 죄가 되지 아니한다고 그릇 인식하고 그와 같이 인식함에 있어 정당한 이유가 있는 경우에는 벌하지 아니한다는 취지이므로(대법원 2010.4.29. 선고 2009도13868 판결 등), 피고인이 자신의 행위가 건축법상의 허가대상인 줄을 몰랐다는 사정은 단순한 법률의 부지에 불과하여 특히 법령에 의하여 허용된 행위로서 죄가 되지 않는다고 적극적으로 그릇 인식한 경우가 아니어서 이를 법률의 착오에 기인한 행위라고 할 수 없다(대법원 2011.10.13. 선고 2010도 15260 판결).

그러나 법률의 부지로 인하여 위법성의 인식을 결여하게 되었고 또 그것이 정당한 이유에 기인된 경우에도 행위자를 처벌하는 것은 결국 비난가능성이 없는 경우에도 책임을 인정하는 결과로 되어 책임주의에 반하게 된다. 따라서 금지규범의 존재는 인식하였으나 자기의 특수한 경우에 그것이 허용된다고 믿은 경우가 행위의 위법성에 대한 인식의 결여로서 제16조 법률의 착오로서 평가된다면 당연히 그보다 더 비난이 약한 금지규범의 존재 자체를 인식하지 못한 경우도 마찬가지로 행위의 위법성에 대한 인식의 결여라는 점에서 제16조 법률의 착오에 해당하며, 따라서 이 점에서 판례의 태도는 변경되어야 한다. 독일 연방법원은 범행사실을 알고도 고지하지 않은 행위를 처벌하는 규정(독일형법 제138조 제1항)을 알지 못한 아내가 남편의 은행 강도 계획을 신고하지 않은 사례에서 법률의 착오를 인정하였다.[4]

Ⅱ. 금지규범의 효력범위에 관한 착오(포섭착오)

금지규범을 좁게 해석하여 금지규범이 자기의 행태와는 관계없다고 오인한 경우, 즉 착오로 자기의 행태를 금지규범에 포섭시키지 않은 경우의 착오유형이다.

4) BGHSt 19, 295.

Ⅲ. 허용규범의 존재 및 한계에 관한 착오(허용규범착오, 위법성조각사유의 착오)

현실적으로 존재하지 않는 정당화사유가 존재한다고 오인하여(존재착오) 그의 행태가 예외적으로 허용된다고 착오한(한계착오) 경우로, 직접 금지규범 자체를 침해하지 않았다는 점에서 간접적 금지착오에 해당하는 유형이다.

Ⅳ. 허용규범의 효력범위에 관한 착오(허용포섭착오)

금지규범의 위반은 인식하였으나 정당화사유의 효력범위를 확대 해석함으로 해서 자기의 행태가 예외적으로 허용된다고 착오한 경우이다.[5)]

제3항 제16조의 해석

제16조 (법률의 착오)[6)] 자기의 행위가 법령에 의하여 죄가 되지 아니하는 것으로 오인한 행위는 그 오인에 정당한 이유가 있는 때에 한하여 벌하지 아니한다.

독일형법 제16조 (행위의 사정에 관한 착오) ① 범행을 함에 있어서 법정구성요건에 속하는 사정을 알지 못하는 자는 고의로 행위 한 것이 아니다. 과실의 범행을 이유로 하는 가벌성은 위와 관계없다.
② 범행을 함에 있어서, 보다 경한 법규의 구성요건을 실현할 사정을 인식한 자는 경한 법규에 의한 고의의 행위를 이유로 하여서만 처벌할 수 있다.
제17조 (금지의 착오) 행위를 함에 있어서 불법을 행한다는 변별이 없는 경우 행위자가 그 착오를 회피할 수 없었던 때에는 책임 없이 행위한 것이다. 행위자가 그 착오를 회피할 수 있었던 때에는 제49조 1항(법정감경사유)에 따라 그 형을 감경할 수 있다.

---

5) Ⅲ.과 Ⅳ.의 착오에 대해서는 뒤에서 설명하는「위법성조각사유의 착오」참조.

6) 〈형법일부개정법률안〉 (2011.3.25. 정부안으로 국회제출, 의안번호 1811304호)
제24조 (법률의 착오) ① 자기의 행위가 위법하지 아니한 것으로 오인한 자의 행위는 그 오인에 정당한 이유가 있는 경우에는 벌하지 아니한다.
② 제1항의 경우 그 오인에 정당한 이유가 없는 경우에는 형을 감경할 수 있다.

【형법 제16조의 입법연혁】

형법 제16조의 입법과정과 관련하여 본다면, 1948년 9월 15일 법전편찬위원회직제의 공표에 의하여 법전편찬위원회가 그 입법화작업에 들어가 1949년 8월 6일부터 동년 11월 12일까지 11회에 걸친 제2가안에 대한 토의에서 법전편찬위원회 형법초안이 결정되었으며 이 초안에는 법률의 착오의 법적 효과로서 "형을 감경 또는 면제할 수 있다"로 규정하였다. 1952년 국회 법제사법위원회의 검토를 거쳐 1953년 4월6일 본회의에서 법전편찬위원회 형법초안과 법사위원회수정안에 대한 설명과 심의과정을 거쳐 법사위원회의 수정안이 거의 채택되어 1953년 9월 18일에 법령 제293호로 공포되고 동년 10월 3일부터 시행되었다. 이 과정에서 법사위원회의 수정안이 일본형법가안 제11조 제2항과 스위스형법(1933년) 제20조의 영향으로 법률의 착오의 법적 효과에 대해 "벌하지 아니한다"로 수정되었다. 따라서 제16조 입법의 기저에는 책임설의 입장이 깔려 있었지 않았나 짐작된다.

Ⅰ. 죄가 되지 아니한 것으로 오인한 행위

착오로서 위법성을 인식하지 못한(허용된다고 오인한) 행위로, 적극적인 법오인 만이 아니라 소극적인 법부지의 경우 등 금지착오의 모든 유형이 포함된다.[7] 면책사유의 착오가 여기에 포함되느냐에 대해서는 학설이 대립되고 있다.

Ⅱ. 정당한 이유

1. "정당한 이유"의 의미

정당한 이유의 구체적 의미에 대해서는 '보통인의 능력으로서 위법하지 아니하다고 믿는 것이 무리가 아닐 때', '누구에게도 위법의 인식을 기대하기 어려운 때'[8], '과오가 없는 경우, 즉 사회통념상 행위자에게 그러한 착오가 없기를 기대하기 어려운 경우', '상당한 이유가 있었던 때'[9], '행위자의 과

7) 다만 위법성조각사유의 전제사실에 관한 착오는 엄격책임설을 취할 때만 금지착오의 일례에 해당한다.

8) 피고인이 변리사로부터 타인의 등록상표가 상품의 품질이나 원재료를 보통으로 표시하는 방법으로 사용하는 상표로서 효력이 없다는 자문과 감정을 받아 자신이 제작한 물통의 의장등록을 하고, 그 등록상표와 유사한 상표를 사용한 경우, 설사 피고인이 위와 같은 경위로 자기의 행위가 죄가 되지 아니한다고 믿었다 하더라도 이러한 경우에는 누구에게도 그 위법의 인식을 기대할 수 없다고 단정할 수 없으므로 피고인은 상표법위반의 죄책을 면할 수 없다(대법원 1995.7.28. 선고 95도702 판결. 같은 취지의 판례로 1969.5.27. 선고 69도24 판결 ; 1972.3.31. 선고 72도64 판결 ; 1975.3.25. 선고 74도2882 판결 ; 1991.6.14. 선고 91도514 판결).

9) 일본개정형법초안 제21조(법률의 착오) ① 법률을 알지 못하였다 하더라도 그것으로서 고의가 없다고 할 수 없다. 단, 정상

실에 기인하지 아니한 때'[10], '착오를 회피할 수 없었을 때'[11], '비난할 수 없는 때'[12], '성문법 등을 합리적으로 신뢰한 때'[13], '현실적인 위법성의 인식능력을 초과할 때' 등 다양한 견해가 제시되고 있으나 그 의미는 사실상 다를 것이 없다. 그리고 그 다음으로서 정당한 이유의 유무를 판단함에 있어서는 행위 당시의 제 사정을 종합하여 구체적으로 고찰해야 하며 특히 행위자의 주관적·객관적인 사정들을 고려하여야 한다는 다소 추상적인 언급에 그치고 있다.

"정당한 이유"가 무엇을 의미하느냐에 따라 그 판단척도가 달라지는 것은 아니다. 어떠한 논거와 척도로 판단하느냐가 중요하다. 정당한 이유에 대한 이론적 검토가 미흡한 우리의 현실에서 독일 학설과 판례가 제시하고 있는 회피가능성 판단에 대한 논거는 정당한 이유에 대한 일반적인 판단기준의 설정과 그 구체적 유형화를 제시함에 있어 그 방향성을 제공해 줄 수 있다 하겠다.

여기에 대하여 우리 형법 제16조에서 규정하고 있는 정당한 이유는 행위자의 책임을 보다 더 넓게 조각시켜 줄 여지가 있으며, '회피불가능한 때'라는 명문규정을 두고 있는 독일과는 달리 '정당한 이유가 있는 때'로 규정하고 있기 때문에 정당한 이유를 회피가능성으로 다루는 것은 타당하지 않다는 견해도 있다. 그러나 "회피가능성"과 "정당한 이유"는 그 용어에 따라 의미가 달라지는 것은 아니라고 본다. "회피가능성"에 대해 반세기이상 검토해 온 독일이론들을 참고하여 우리 형법해석학에 맞게끔 다시 분석하고 우리의 사회현실과 철학에 바탕을 둔 나름대로의 이론적 검토를 해나가는 일이 무엇보다도 중요하다. 이를 바탕으로 구체적인 판단척도를 설정함에 있어서는 우리의 법문화를 포함한 사회문화적 환경, 일반인의 규범의식과 법지식, 나아가 생활형성관계 등을 개별적으로 고려해야 한다는 점에서도 그 판단척도를 달리할 수 있으며 이런 점에서 우리의 경우는 "정당한 이유"에 대한 인정범위가 넓다고 볼 수 있다.

에 따라 그 형을 경감할 수 있다.

② 자기의 행위가 법률상 허용되지 아니하는 것임을 알지 못하고 범한 자는 그 점에 대하여 상당한 이유가 있을 때에는 이를 벌하지 아니한다.

10) 기록에 의하면 피고인은 '운전면허정지처분을 받기로 결정된 자가 처분집행예정일까지 운전면허증을 반납하지 아니하여 면허정지처분의 집행이 지연될 경우에는 본래의 처분일수에 지연된 기간의 1/2을 가산하여 정지처분을 받게 됩니다'라는 기재가 있는 도로교통법시행규칙 별지 제52호 서식에 따라 작성된 운전면허정지통지서를 보고 면허증을 반납하지 않고 있으면 그 정지처분의 집행이 지연될 것으로 알고 그 기간 동안의 운전은 무면허운전이 되지 않는다고 믿고서 자동차운전을 하고 다닌 것이 아닌가 하는 의심이 있고 만약 그것이 사실이라면 피고인은 이 사건 운전 당시 자기의 행위가 무면허운전행위에 해당하지 않는 것으로 오인한 것이 될 것인 바 원심으로서는 피고인에게 그와 같은 오인이 있었는지, 그렇게 오인함에 어떠한 과실이 있다고 할 수 없어 정당한 이유가 있는 경우에 해당되게 될 여지가 있는지를 유의해 볼 필요가 있다는 것을 덧붙여 둔다(대법원 1993.4.13. 선고 92도2309 판결). 같은 취지의 판례로 대법원 1983.2.22. 선고 81도2763 판결 ; 1993.9.14. 선고 93도1299 판결.

11) 독일형법 제17조. 우리나라의 다수견해.

12) 오스트리아형법 제9조 제1항, 독일형법정부개정안(Entwurf eines Strafgesetzbuches 1962) 제21조, 독일형법대체초안·총칙[Alternativ-Entwurf eines Strafgesetzbuches Allgemeiner Teil(AE) 1966] 제20조.

13) 미국 Model Penal Code(1962) 2.04(3)(b).

2. 정당한 이유(회피가능성)의 본질

책임의 관점에서 보면 금지착오의 회피가능성의 본질은 자기행위의 구체적 위법성, 즉 불법을 인식할 가능성에 있다. 행위자가 자기 행위의 위법성을 인식할 능력을 사용하지 않았고, 그로부터 자기행위를 인식된 법의무에 따라 결정해야 할 가능성을 스스로 배제했기 때문에 회피가능한 금지착오 하에 행위한 자는 책임있다. 즉 행위자는 그에게 내려진 법의무를 인식하고 그에 따라 그 법의무에 지향시키도록 그에게 부여된 이중의 가능성을 사용하지 않았다는 책임이 있다. 왜냐하면 자유롭게 의사결정을 할 수 있다는 본질로서 법공동체의 각자는 법적 당위규범위반을 피하기 위해 통찰능력 및 인식한 법의무에 따라 행동해야 하는 능력을 다해야 한다는 데에 대해 책임이 있기 때문이다. 따라서 금지착오의 회피가능성을 확증하기 위해서는 먼저 사실상의 가능성, 즉 개인적인 인식가능성에 대한 판단이 문제되며, 다음으로 규범적 가능성인 적절한 구체적인 법의무의 인식가능성에 대한 판단[14]이 문제된다.

이와 같이 정당한 이유(회피가능성)의 본질이 위법성인식가능성을 의미한다면 금지착오는 과실범과 유사한 구조를 가지고 있다. 즉 과실범과 금지착오 하에서 행위한 행위자는 자신의 행위가 구성요건에 해당한다는 사실을 인식하지 못한다는 것과 위법하다는 인식을 하지 못한다는 차이가 있지만, 자신의 행위가 범죄가 된다는 사실을 알지 못한다는 면에서 유사한 구조를 가지고 있다. 그렇다면, '회피가능성(정당한 이유)의 판단은 과실범에 있어서 요구되는 주의의무보다 높아야 하는가', 여기에 대해서는 다음과 같이 견해가 대립되고 있다.

먼저 과실범에서 요구되는 주의의무보다는 더 높은 주의의무가 필요하다고 보는 견해이다.[15] 그 논거로 '일정한 행위의 적법성 또는 위법성에 대한 판단을 내릴 때에 행위자는 그의 정신적인 모든 인식능력과 논리적인 모든 가치 표상을 투입하지 않으면 안된다'는 아주 높은 정도의 주의의무를 과하고 있으며, 따라서 법익의 침해 내지 위태화를 피하기 위하여는 행위자에게 많은 지적 능력이 요구됨은 물론, 과실책임보다도 더 높은 정도의 긴장이 요구된다고 한다.

이와 같은 요구는 행위자가 구성요건사실을 인식하고 있음을 근거로 그에게 기대되어질 수 있다는 것이다. 왜냐하면 행위의 구성요건해당성으로 그 위법성은 통상 주어지며 이것은 일반적으로 알려져 있기 때문에 행위자는 그가 인식한 행위의 적법성을 특별히 심사해야만 마땅하다는 것이다. 만약 행위자가 이 기대가능성에 의해 구체화된 의무를 준수하지 않고 행위의 불법을 통찰하지 않았다면 그에게는 법의무의 침해가 인정되며, 이러한 위법성인식의 착오는 따라서 회피가능한 금지착오가 된다는 것이다. 즉 무엇을 행한다는 사실을 알면 위법성에 대한 심사도 했어야 한다는 것이다.

그러나 금지착오에서 위법성의 인식에 대한 주의의무가 과실범에서 요구되는 주의의무보다 높아

14) 법의무에 적합한 동기설정(Motivation)을 통한 위법행위의 회피가능성의 전제로서의 인식가능성이다.

15) 과실범보다 더 높은 주의의무를 요한다는 독일연방법원의 판례로는 BGHSt 4, 5 ; 4, 237 ; 9, 172 ; 21, 20 ; BGH NJW(1966), 842.

야 할 이유는 없다고 본다. 과실범보다 더 높은 주의의무를 요한다고 보는 견해는 그 논거로 행위의 구성요건해당성으로 인하여 일반적으로 위법성은 주어진다고 하지만 이러한 논거는 납득하기 어렵다. 왜냐하면 만일 핵심형법의 다수의 규정에 있어서처럼 행위상황의 인식과 더불어 불법의식이 바로 떠오른다면 이러한 금지착오를 회피가능한 것으로 판단함에 있어 과실범에 있어서의 주의의무보다 더 높은 척도를 요할 필요가 없다.

그리고 부수형법에 있어서는 구성요건적 고의가 곧 바로 행위의 위법성에 대한 추론을 암시하지도 않는다. 따라서 행위상황의 인식이 행위의 위법성인식을 매개한다고 논거를 일반화할 수는 없다. 또한 양자는 가벌성을 근거지우는 기준으로서 같다고 보아야 할 것이고 다만 과실행위의 주의의무의 판단기준을 일반인(평균인)에게서 찾는다면, 즉 객관설에 따른다면 행위자 자신을 기준으로 하는 금지착오의 주의의무보다 다를 수는 있으나 후자가 전자에 비해서 반드시 높게 나타나지는 않는다. 책임판단이 개별적 귀속을 내용으로 하는 것은 아니므로 보다 엄격한 기준을 요구하게 되면 개별적인 가능 대신 당위의 척도를 끌어들이는 결과가 되어버린다. 행위과실로부터의 회피수단은 금지인식의 도달에 필요한 수단과는 다르기 때문에 양자의 주의의무의 정도를 비교하는 것은 거의 의미가 없다고 보아야 한다.

3. 독일에서의 회피가능성이론과 판례

1) 규범적 책임개념에 따른 회피가능성의 판단척도

(1) 법의무위반, 즉 심사숙고 및 조회의무위반으로서의 회피가능성

가) 이론적 근거

독일 연방법원 판례는 인간의 자기의사결정의 자유를 전제로 하여 회피가능성의 본질을 행위의 금지에 대한 인식가능으로 보는 규범적 책임개념의 입장에서 행위자가 그에게 기대된 양심의 긴장(zuzumutende Anspannung des Gewissens), 즉 심사숙고(Nachdenken)나 법상황에 대한 조회(Erkundigung)를 하였더라면 행위의 불법을 통찰할 수 있을 것이라는 점을 기준으로 삼아 회피가능성 여부를 판단하려고 한다.[16]

독일연방법원의 금지착오에 관한 판결에 있어 가장 표준적인 판결로 여겨지고 있는 1952.3.18. 대형사부 판결[17]에 의하면 행위자는 행위시 그의 행위가 법적 당위명제와 일치하는지의 여부를 검토하지 않으면 안되며, 만약 그 점에 관하여 의심이 있을 때에는 심사숙고나 심사 및 조회를 통해 그것

16) BGHSt 2, 201,209 ; 3, 101 ; 4, 5 ; 9, 172 ; 10, 264 ; 21, 20.

17) BGHSt 2, 194ff.

을 제거해야 할 의무가 있다는 것이다.[18] 즉 행위자는 일정한 행위의 적법성 또는 위법성에 대해 판단을 내릴 때에는 그의 모든 정신적인 인식력과 도덕적인 가치표상을 투입해야 하며, 심사숙고나 필요한 경우에는 조언의 수집을 통하여 무언가 머리에 떠오르는 의심을 제거해야 할 의무가 있다.[19]

여기서 독일연방법원은 한걸음 더 나아가 행위자가 그에게 기대가능한 조회를 의무위반적으로 이행하지 않았다면 그가 어떤 정보를 얻을 수 있었느냐와는 관계없이 금지착오에 대하여 책임있다고 판시하였다.[20] 이와 같이 독일연방법원은 법익의 침해 내지 위태화를 피하기 위하여는 행위자에게 고도의 지식능력이 요구됨은 물론 과실책임보다 더 높은 정도의 긴장이 요구된다[21]고 한다. 왜냐하면 행위의 구성요건해당성으로 통상 위법성은 주어지며, 이것은 일반적으로 알려져 있기 때문에 따라서 행위자는 그가 인정한 행위의 적법성을 특별히 심사해야 마땅하다는 것이다.[22] 만약 행위자가 이 기대가능성에 의해 구체화된 의무를 준수하지 않고 행위의 불법을 통찰하지 않았다면 그에게 법의무의 침해가 인정되며, 이 불법에 관한 착오는 회피가능한 금지착오가 된다. 이로써 독일판례는 회피가능성을 '그 내용 및 범위에서 과실의 정도를 넘어가는 심사 및 조회의무의 위반으로 정의한다.[23]

이와 같이 독일연방법원은 회피가능성의 본질을 행위자에게 주어진 가능성의 불사용-방임으로 보지 않고, 그가 무언가를 하고자 할 때 양심의 긴장과 조언의 수집을 통해 그 행위가 법적 당위규범과 일치하는지 어떤지에 대한 명확성을 입수해야 할 일반적이고도 보편적인 법적 의무의 위반으로 보고 있다. 또한 착오를 제거함에 있어 행위자가 어떻게 양심의 긴장을 했느냐는 행위상황과 개별적인 생활 및 직업영역에 따라 그 척도를 정하여야 한다는 것이다.[24]

나) 비판

(가) 이 견해에 의하면 법인식을 함에 있어서의 통상적인 의무의 확정은 행위자의 개별적인 능력에 의해서가 아니라 객관적인 척도에 의해 결정됨으로써 '가능'이 '당위'로 변해버린다. 즉 행위자가 개개의 사례에서 그의 개인적 능력을 근거로 이러한 법적 의무를 이행할 수 있는 상태에 있는지 어떤지에 대한 고려없이 각 개인에게 평균적 사회인으로서의 법적 의무를 요구하게 됨으로써 개별적인 타행위가능성은 일반적인 타행위가능성으로 대체되고 따라서 구체적인 행위자 개인의 현실적(실제적)인 행위가능성과는 관계없이 책임귀속과 책임비난이 이루어질 수 있다. 법적 의무위반에 대해

18) BGHSt 2, 201 ; 4, 5 ; 4, 243.

19) BGHSt 9, 172 ; 21, 20.

20) BGHSt 21, 21.

21) BGHSt 4, 5 ; 4, 243 ; 9, 172 ; 21, 20.

22) BGHSt 4, 243.

23) 현재 이 견해를 취하는 대표적인 학자로는 Arthur Knufmann을 들 수 있다.

24) BHGSt 2, 201. 독일연방법원도 BGHSt 2, 194ff 판결에서 책임원칙하에서의 행위책임만이 아니라, 예방적 관점에서 생활형성책임도 함께 고려하고 있다(BGHSt 2,208f).

책임비난을 하기 위해서는 행위자가 그의 개인적 능력을 기초로 자기의 행위를 법적 의무에 합치하게 동기화할 수 있었느냐가 먼저 확정되어야 한다.

이와 같이 회피가능한 착오자의 책임을 그에게 의무지워진 심사 및 조회의무위반에 있다고 보는 것은 책임의 본질을 잘못 파악하고 있다. 행위자가 그의 행위로 인하여 비록 법적 당위규범에 대한 위반을 객관적으로 나타내고 있다 하더라도 책임에 있어서 문제되는 것은 의무를 위반한 행위자를 비난할 수 있느냐이기 때문이다. 행위자의 개인적 가능성에 대한 판단은 행위자가 심사와 정보에 대한 법의무를 침해했느냐 아니냐 라는 위법성의 영역에 속하는 문제와는 전혀 별개의 것이다. 왜냐하면 아민 카우프만이 적절히 지적했듯이 의무 A의 침해(예를 들면 고의적인 구성요건실현의 불법)는 다른 법적 의무 B(심사와 조회에 대한 주의의무)를 위반했기 때문에 비난되는 것이 아니기 때문이다.[25] 금지착오에 있어서의 책임은 불법을 인식할 수 있는 가능성에 있으며, 양심의 긴장 또는 조회의무의 독자적인 위반에 있는 것이 아니다. 즉 금지인식의 가능성이 행위를 유책하게 한다.

(나) 이 견해는 행위자에게 기대되어진 조회의무를 이행하지 않았다면 그가 어떠한 정보를 얻을 수 있었느냐 와는 관계없이 책임을 져야 한다고 한다. 즉 금지착오 하에서의 행위에 대한 비난의 대상이 심사의무위반이라고 한다면 행위자의 행위에 대한 위법성인식가능성에 대한 조사는 필요하지 않게 된다. 왜냐하면 이러한 심사의무위반의 근거가 금지착오의 회피가능성의 근거와 부합하기 때문에, 따라서 법원은 필요한 경우에 기껏해야 법적 조언에 대한 충분한 주의깊은 수집이 행위자로 하여금자기행위의 법적 성질에 대한 통찰을 도와줄 수 있었는지 어떤지에 대해서만 조사하면 되기 때문이다.

법정보의 수집이 행위의 금지를 인식하는데 있어서 하나의 수단이 될 수 있다. 그러나 포괄적인 정보는 행위자에게 다른 행위, 즉 적법행위에 대한 어떠한 동기도 부여할 수 없다. 따라서 수집된 정보의 내용도 고려되어야 한다. 따라서 구체적인 사례에 있어서는 당연히 행위자가 무엇을 인식할 수 있었겠느냐가 결정적인 것이어야 한다.

(다) 법규정은 결코 양심의 긴장에 의해 경험되어질 수 없기 때문에 양심의 긴장이 불법을 의식할 수 있는 유일한 계기가 될 수는 없다. 오히려 양심범이나 확신범은 양심을 긴장시킬수록 금지의 인식은 커녕 고의만 강화될 뿐이다. 그리고 모든 일반인에게 자신의 행위의 위법성을 부단히 검토해야 할 일반적인 의무가 있다고 하면 어느 누구도 회피가능한 착오의 이처럼 높은 문턱을 넘을 수가 없다. '양심을 긴장했다면 너는 인식할 수 있었기 때문에 비난받아 마땅하다'는 이러한 표지는 너무나 관념적 · 추상적 판단척도로 판단자의 자의에 따라 처벌욕구를 충족시키는 무한정한 형벌권의 확대를 초래할 위험성이 있다. 이와 같이 양심의 긴장은 그 자체로서는 행위의 적법성에 대한 유용한 인식수단으로 고려될 수 없다.

---

25) Armin Kaufmann, "Schuldfähigkeit und Verbotsirrtum – Zugleich ein Beitrag zur Kritik des Entwurfs 1960", in:Eberhard Schmidt-FS, 2.Aufl., 1971), S.329f. ; ders., Die Dogmatik der Unterlassungsdelikte, Göttingen:Otto Schwarz, 1959, S.145.

(라) 이 견해는 행위의 구성요건해당성으로 통상 위법성은 주어지며, 이것은 일반적으로 알려져 있기 때문에 따라서 행위자는 그가 인정한 행위의 적법성을 특별히 심사해야 마땅하다는 것을 그 논거로 들고 있으나 일반형법의 핵심영역과는 달리 변경가능한 법영역, 즉 부수형법의 영역에서는 구성요건적 행위상황의 인식이 곧바로 그 행위의 위법성을 매개한다고 할 수 없을 뿐만 아니라, 만일 곧바로 매개한다면 자기 행위의 위법성을 인식하기 위해서는 아무런 법적 주의의무도 필요하지 않다는 결론이 되어 버린다. 더욱이 도덕적인 가치표상의 투입의무는 기껏해야 형법의 핵심영역에서 법적인 의미에 대한 정보나 숙려의 계기일수 있는 한에 있어서만 의미를 가질 수 있는 것이다.

(마) 회피가능성의 본질을 법조회의무위반으로 보는 견해는 이러한 의무위반과 법준수의 기능화 사이에 존재해야 하는 기능적 관련을 설명해주지 못한다. 왜냐하면 조회의무는 그 자체가 목적이 아니라 규범준수의 수단으로서 근거지워질 수 있는데, 그러나 규범준수의 기능화를 위한 조건으로서 법조회는 기능적이지 않기 때문이다. 즉 법조회의무는 법에 관심이 있는 자에게는 규범준수의 수단으로 기능할지는 몰라도 법에 무관심한 자에게는 전혀 규범준수의 수단으로서 기능하지 못한다.

(2) 계기개념(Anlaßbegriff)으로서의 회피가능성

독일연방법원의 판례가 취하고 있는 법의무개념의 이러한 문제점을 극복하기 위하여 학설은 먼저 회피가능성이 전제되기 위해서는 행위자가 자기 행위의 법적 성질에 대해 생각할 수 있는 계기가 현존해야 한다는 점에서 '계기' 개념에 착안하였다. 즉 행위시에 행위자에게 자기행위의 법적 성질에 대하여 심사숙고할 어떠한 계기도 존재하지 않는다면 그는 자유로운 활동에 의하여 그에게 객관적으로 주어진 위법성인식의 가능성을 이용할 수 없다는 점에서, 이러한 계기가 현존함에도 불구하고 책임비난의 핵심인 불법통찰의 가능성을 주의하지 않았음을 회피가능성의 판단척도로 본다.[26] 이 경우에 문제가 되는 것은 행위자가 자기 행위의 법적 성질에 관하여 생각할 계기를 심리적 사실로 파악하느냐, 아니면 규범적 내용으로 파악하느냐, 즉 계기를 현실적으로 인식해야 하는가, 아니면 인식가능성만으로 충분한가 하는 점이다.

가) 심리적 계기개념로서의 회피가능성

(가) 이론적 논거

이 견해는 행위자가 자기행위의 위법성여부를 스스로 밝히게끔 하는 객관적으로 주어진 계기를 현실적으로 그대로 인식하고, 이에 근거하여 적어도 자기행위의 위법성에 대하여 막연한 의심을 가졌을 때에만 금지착오는 회피가능하다고 보는 입장이다.[27] 따라서 행위자가 자기가 계획한 행위의

26) Eckhard Horn, Peter Cramer, Enrique Gimbernat Ordeig,

27) Armin Kaufmann.

적법성에 대한 비전문가적인 의심을 가졌을 때만, 즉 자기가 계획한 행위가 아마도 금지되는 것일 거라는 현실적 의식을 가졌을 때에만 비난할 수 있다고 한다. 즉 이 견해는 회피가능성판단의 범주에서 모든 규범적 판단을 배제하고 오직 행위자의 심리적 요소로만 판단하려고 한다. 이 견해에 의하면 제한적 불법의식은 불법의식의 정도로 충분치 않게 된다.

(나) 비판

① 이와 같이 회피가능성을 '불법에 대해 약간의 의심을 품었을 때'로 본다면 이러한 정도에도 못 미치는 경우에는 회피불가능한 것으로 되어 처벌할 수 없게 됨으로써 비사려적인 행위자를 우대하는 결과가 되어 버린다. 즉 법요구에 아예 무관심하거나 적대적인 행위자들은 불법에 대한 최소한의 의심도 하지 않을 것이므로 이 견해에 의하면 형벌로부터 면제된다. 이는 형법상 보호된 법익에 대해 특별한 위험성이 있는 행위자에게 조차 목표하는 법익보호의 달성을 위한 형벌수단을 포기하여야 한다는 의미로 형사정책적으로 결코 받아들일 수 없다.

② 이 견해에 의하면 자기 행위의 법적 성질에 대해 약간의 불법의심을 가진 자는 법을 준수할 가능성이 있다는 것을 전제로 하는데 이러한 전제는 이미 순수한 심리적인 문제가 아니라 규범적 판단의 문제다. 왜냐하면 행위의 적법성에 대한 막연한 의심과 법준수의 가능성 사이에는 심리적인 면에 있어 항상 필연적 관계가 존재하는 것은 아니며, 그 관계는 규범적인 면에 있어 존재하기 때문이다. 또한 자기행위에 대해 단순히 불법의심을 가진 것을 불법을 인식한 것으로 동일시할 수도 없다.

③ 또한 불법의심속에 대부분 이미 회피가능한 금지착오를 근거지우는 제한적 불법의식이 존재하기 때문에 이 견해에 따르면 지나친 엄격고의설의 결과가 되며, 허용된 과실처벌은 전혀 인정되지 않는다.

나) 규범적 계기개념으로서의 회피가능성

(가) 이론적 근거

이 견해는 불법을 징표하는 행위사정의 인식에서 계기의 규범적 요소를 찾는 입장으로, 규범에 관한 상이한 알려진 정도와 이 규범에서 비롯된 행위자에 대한 상이한 호소의 강도에 따라 계기를 구별해야 한다는 것이다. 따라서 행위자가 선량한 풍속질서 속에 내포된 금지를 위반했거나 경험상 법적으로 규율된 영역에 처하였고 이 경우 그에게 과하여진 요구가 중한 것이었을 때에는 대체로 회피가능한 금지착오가 된다.

(나) 비판

이 입장은 구성요건고의에 준거하여 계기를 세분하는 장점은 있으나, 이 고의가 행위자에게 어떤 요구를 과할 아무런 준거점이 될 수 없다. 행위자가 특별히 신중하게 행위했어야 한다면 이 신중은 결코 행위자의 구체적인 구성요건고의에 상응하는 것이 아니라 잘못하여 불법을 저지르지나 않을까 하는 일반적인 두려움에 상응하기 때문이다. 또한 이 견해에 의하면 예컨대 직업영역처럼 특별히 법적으로 규율된 영역에서는 일반형법영역과는 달리 규율규범의 공지의 정도와 호소의 강도가 다르므로 판단척도가 세분화되는 단점이 있다.

2) 기능적 책임개념에 따른 회피가능성의 판단척도(책무로서의 회피가능성)

(1) 이론적 논거

기능적 책임개념은 적극적 일반예방이론의 관점에서 회피가능성판단의 문제를 해결하고자 한다. 이 견해에 따르면 회피가능성판단의 준거점은 행위자의 심리적 · 정신적 상태나 인식능력 등이 아니라 책임귀속에 대한 사회적 필요성이다.[28] 즉 책임의 목적은 법충실에의 숙련이라는 적극적 일반예방의 필요성에 있으므로, 금지착오에 있어서 비난의 준거점은 규범의 효력근거를 침해함으로써 확증된 행위자의 법에 불충실한 행위에 대한 책무의 문제이다.

이 견해는 종래 금지착오에 대하여 단일한 규율영역이 요구된다는 점에서 회피가능성을 심리적 척도 또는 규범적인 척도로만 판단하고자 하는 논의에 대해 금지착오는 단일한 규율영역을 가지고 있지 않다고 한다. 즉 공동체의 핵심규범에 관한 착오는 변화가능한 법에 관한 착오와는 다른 규율에 의해 다루어져야 한다는 것이다.

따라서 금지착오의 규율은 다음의 두가지 경우를 포함하고 있다. 먼저 살인, 상해, 강도, 절도, 사기 등과 같이 일정한 사회의 규범존립의 핵심영역에 속하는 규범에 관한 착오이다. 이러한 형법의 핵심영역에 속하는 근본규범은 사회의 근본적인 가치결정을 그 내용으로 반영하고 있기 때문에 그 효력근거는 규범내용 그 자체이다. 즉 공동체의 동질성을 손상하지 아니하고는 처분될 수 없는 - 예를 들어 국가적 또는 공동체적 혁명행위를 통해서만 폐기될 수 있는 - 규범에 관해 착오한 경우이다.

형법의 핵심영역의 규범에 관한 착오에 있어 일정한 사회에 사회화된 자의 규범불인식은 단지 불법통찰이라는 심리적 주의로 받아들여질 수는 없다. 왜냐하면 이러한 규범을 알고 있어야 하는 것이 책임능력있는 자의 책무일 뿐만 아니라, 일반인에게도 잘 알려져 있어서 법공동체의 구성원들이 그 효력에 착오한다는 것은 생각하기 어렵다. 법규범의 관련체계 하에서 볼 때 법규정과는 무관한 도덕적 가치의 핵심영역에서의 행위방향의 설정은 금지착오를 배제한다.

이와 같이 형법의 핵심영역의 규범에 관한 착오에 있어서 법의 부지는 그 자체로는 면책되지 않는다. 즉 이러한 규범의 효력근거에 관한 부지는 사회질서 자체를 위태화시키기 때문에 항상 행위자의 책무로 돌아간다. 다만 법의 부지가 핵심적인 규범존립의 지속을 손상함이 없이 자신의 특별한 심신

28) Günther Jakobs, Gerhard Timpe.

상태 때문이라는 것이 명백해 질 수 있다면 비로소 법의 부지로 인한 착오자는 면책된다. 또한 법의 부지의 근거로서 그가 이질적인 문화영역에서 성장했기 때문에 그 문화에 사회화되지 못했다는 것, 즉 사회화결함을 주장할 수 있는 자는 금지착오로부터 면책된다. 왜냐하면 이러한 자는 형법적 반작용으로 대처해야 할 중대한 규범적 기대실추가 이미 결여되어 있기 때문이다. 이질적인 문화에서 성장한 자는 일정한 문화영역에 속한 일반인이 규범적 기대보장의 실추라고 판단되는 것을 그의 행동에서 표현하지 않기 때문이다. 생물학적 결함으로 인한 태도가 규범효력에 대한 통찰능력의 표준이 되지 않는 것과 마찬가지로 이질적인 문화에서 사회화된 자의 일정한 사회의 중심적 규범에로의 태도가 이러한 규범의 효력에 있어 바로 표준이 되지 않는다.

무엇이 근본착오인가에 대해 야콥스는 단지 해당규범에 따라서만 결정되는 것이 아니라, 오랜 시간동안 실제화된 행위자의 삶의 영역에 따라 결정되어진다고 한다.

다음으로는 규범내용이 질서의 근본원칙을 통해 확정된 것이 아니기 때문에 결정에 의해 유효하고, 결정에 의해 변경가능한 법, 즉 실정법에 관한 착오영역이다.

형법의 핵심영역의 규범에 관한 착오와는 달리 실정법영역에 관한 착오에 있어서는 현대사회의 법의 양에 직면하여 적절한 주의로 법관계에 참여하고 있는 자, 즉 법충실자도 언제나 규범내용을 스스로 추론할 수 없다는 것이 납득될 수 있다. 따라서 이러한 금지착오의 회피가능성의 판단을 위해서는 위험의 분배가 문제되는데, 그러한 위험의 분배라고 하는 것은 고도의 규범창출과 급진적인 규범의 변화를 통한 법의 실정화가 공동체를 위하여 그리고 법준수자를 위하여 필연적으로 초래하는 그러한 위험의 분배인 것이다. 즉 금지착오의 회피가능성을 판단함에 있어서는 언제 규범보장에 의존하고 있는 공동체가 변화하는 법의 불인식으로부터 문제되어지는 위험을 짊어져야 하는가, 그리고 언제 법률의 인식이 행위자에게 책임있는 것으로 귀책되어져야만 하는가가 중요한 척도로 작용한다.

여기에서는 특정한 내용을 가진 규범의 안정화가 문제되는 것은 아니며, 단지 모든 공표된 규범들이 그 공표를 위해 마련되어진 절차에서 획득하는 그러한 구속력이라는 규범효력만이 안정화되어진다. 즉 그 내용이 규범의 근본법칙을 통하여 이미 확정되어지지 않은 규범들에 있어서는, 규범내용의 승인(인정)이전에 효력근거의 승인이 문제되는데, 이러한 규범의 근본칙이라는 것은 발전적인 절차에 있어서 변화되어질 수 있는 것이다. 이러한 규범들은 그 내용으로 인하여 규범준수자들에게 수용되어지는 것이 아니라, 자신의 효력근거 즉 규정된 절차안에서 입법자의 결정으로 인하여 수용되어지는 것이다.

따라서 이러한 법영역에 있어 심리학적인 숙고하에 법의 부지의 납득할만한 가능성은 바로 면책되지는 않는다. 변경가능한 법의 부지가 착오자의 면책으로 되기 위해서는 핵심형법의 규범에 관한 착오와는 달리 법부지에 있어 행위자의 면책이 그 규범존속을 한결같이 위태롭게 하지 않는다는 것이 근거지워져야 한다.

규범내용을 위한 규범의 보장은 변경가능한 법영역에 있어 기능장애일 수 있다. 만약 실정법의 규범복종을 바로 그 내용 때문이라고 받아들인다면 법변경으로 인한 사회적 상황의 급격한 변화 또는 법의 빠른 적응은 변화하는 사회적 현상에 저해될 수도 있다. 여하튼 규범내용은 규율의 사실과 비교하여 통상 부수적이다.[29] 중요한 것은 규율의 통일성이다. 따라서 실정법의 효력근거의 침해는 변경가능한 법에 대한 착오에 있어 귀속을 통해 해결할 수 있는 문제이지 그때그때마다의 규범내용의 보장이 아니다.

변화가능한 법영역에서의 착오에 대한 회피가능성은 법률의 인식이 착오자의 책임범위에 속하는가 그렇지 않는가에 따라 판단되어져야 한다. 그러나 언제 법률의 인식이 행위자의 책임범위에 속하는가는 귀속을 통하여 보장되어질 변화하는 법률의 효력근거가 갈등을 통하여 무시되어진 것인지 어떤지에 의존한다. 따라서 그 규범의 효력근거를 알지 못한 행위자의 행위가 실정법의 효력근거를 무시한데 기인하였을 때만 법충실에의 결여는 행위자의 책무로 돌아간다. 이와 같은 경우로는 행위자가 그 법과 더불어 생활함에 있어 필요하고 또 그에게 기대된 주의를 태만히 함으로써 금지착오를 발생하게 한 경우를 들 수 있다.[30]

따라서 행위자가 주의를 다하여 각각의 유효한 실정법의 내용을 조사하기 위하여 노력을 기울였음에도 불법의식에 이르지 못했다면 그 금지착오에 대한 책임은 행위자의 책무밖에 놓이게 된다. 행위자가 하나의 신뢰할 수 있는 어떤 소재로부터 정보화되었고 자신의 조회의 결과가 명백하게 그가 계획한 것이 허용된다고 하는 것으로 이르게 되었다면 그는 면책된다. 자신의 노력에도 불구하고 갈등이 야기되었다는 것은 그에게 아무런 관계가 없다. 적당한 주의로서 법률에 대한 인식을 구하고자 노력한 행위자에게, 자신의 노력에도 불구하고 여전히 법률에 대한 지식이 도달가능하였거나 혹은 그에게 더 이상 가능하지 않았다고 하는 것은 더 이상 문제되지 않는다. 따라서 행위자가 법에 무관심하였거나 또는 적절한 주의로서 규범내용의 조사를 위하여 노력하지 않았기 때문에 착오한 경우에는 착오자의 책임영역 안에 속하는 것이다.

그러나 법률과 관련하여 모든 부주의가 착오자에게 부과되어져서는 안된다. 부주의한 자의 면책은 개별사례에 있어서는 그러나 다음과 같은 경우에만 논의의 가치가 있는 것이다. 행위자에게 사회적으로 용인될 수 있는 형편이 거론될 수 있을 때에는 주의태만으로 인한 금지착오가 비록 그의 책무범위 안에서 비롯된 것일지라도 그에게 책임비난을 가할 필요가 없다. 즉 자신의 충분하지 못한 주의의 해명을 위하여 자신의 어린 나이를 주장할 수 있는 자 혹은 저급한 지능 혹은 그밖에 생물학적인 장애 때문에 변화하는 법에 있어 부주의로 범죄하게 자, 또는 자신의 완전하지 못한 사회화, 자신의 미약한 학교교육, 자신의 결함있는 직업교육, 또는 자신의 좋지 못한 가정환경 때문에 부주의로 범죄한 자의 경우에는 면책될 수 있다. 이러한 사례에 있어서의 부주의는 실정화된 규범들의 효

29) 예를 들어 오른쪽으로 달려야 한다고 규정하던 왼쪽으로 달려야 한다고 규정하던 같다.

30) Timpe는 이것을 갈등의 야기(Konfliktgenese)라 한다.

력근거에 대한 하나의 태도를 필수적으로 포함하는 것은 아니기 때문에 면책되어질 수 있다.

(2) 비판

먼저 핵심영역에서의 착오와 변경가능한 법영역에서의 착오 사이의 한계가 명확하게 정해질 수 있는 것은 아니다.

또한 여기에서 상정된 형법규범의 핵심영역은 단지 그 규범의 지득가능성만을 문제삼을 뿐 그 불법에 대해 의문을 품을 수 있는 중간사례들을 고려할 수 없는 결과가 되어버린다. 일반예방적 관점에서는 이 문제를 형법규범의 핵심영역에 대한 인식으로 평가하여 행위자에게 책임을 귀속시키려고 한다. 그러나 불법에 대해 의문을 품은 경우를 불법을 인식한 경우로 다루는 것은 행위자에게 형평을 잃은 과중한 형벌을 과하게 될 수 있다는 점에서 문제점이 있다. 불법에 대해 의문을 품은 경우에도 침해된 규범은 사회정책적으로 무시할 수 없는 것이기 때문에 불법을 인식한 경우처럼 다루어야 된다고 하지만, 형법의 핵심영역과 확연히 구별될 수 없는 주변영역에서 형성된 규범은 애당초 실정화된 법의 영역에 속한다는 점을 고려한다면 문제가 해결된 것은 아니다.

이른바 실정화된 법영역 내에서의 회피가능성은 적절한 주의를 하였는가에 따라 결정되어야 한다. 그러나 어느 정도의 주의가 필요한지 또 행위자는 언제 그 주의를 기울여야 하는지에 대해서는 아무런 언급이 없다. 이 일반예방적 견해의 기본사상에는 실정화된 법은 내용적으로 미지의 법이란 생각이 깔려 있으므로 이 사상을 철저히 밀고 나갈 때 행위자는 무한히 주의를 기울이지 않으면 안 된다는 결론에 이르게 된다. 그러나 행위자에 대한 이와 같은 요구가 너무 과도하고 비현실적이란 점은 회피가능성을 법의무위반으로 본 독일연방법원의 판례에서 검토한 바 있다.

심리적 · 정신적 상태가 회피가능성판단에 아무런 역할을 할 수 없다는 이론의 전제와 결정적으로 모순되는 것은 부주의한 행위자라도 그가 사회적으로 용인될 수 있는 형편에 처하여 있는 사람이면 예외적으로 면책시키려고 하는 시도이다. 그러나 이렇게 예외를 인정하고 또한 그것이 일반예방적으로 아무 문제될 것이 없다고 하는 주장도 결국 책임사상에서 비롯된다.

3) 예방적 · 규범적 책임개념에 따른 회피가능성의 판단척도

이 견해는 기능적 책임개념처럼 책임을 변형시키거나 공허화하려는 것과는 달리 책임의 이념과 의미를 형벌목적과의 밀접한 관계속에서 파악하려고 한다. 즉 예방적 · 규범적 책임개념에 의하면 전통적인 규범적 책임개념과 일반예방 및 특별예방사상을 결합시켜 규범적 책임개념에 기초한 회피가능성판단에 예방사상을 끌여들여 규범적 책임개념에서 인정되는 회피가능성을 예방적 관점에서 더 좁혀 행위자의 면책가능성을 확대해 보려고 한다. 즉 정상적인 법충실을 견지하였음에도 불구하고 불법통찰에 이르지 못한 자는 다른 사람에게 좋지 못한 선례로 작용할 수 없으므로 일반예방적 관점에서 처벌해야 할 필요가 없을 뿐만 아니라 특별예방적 관점에서도 정상적인 주의를 다했기 때

문에 개선의 필요성이 없다는 것이다.[31] 이와 같이 예방적 책임개념은 형사정책적인 관점에서 '처벌의 필요성', '예방의 필요성'이라는 표지를 제시하면서 면책의 방향으로 그 표지를 작용시킬 것을 주장한다.

4) 소결

금지착오에 있어 정당한 이유가 있느냐를 판단함에 있어 가장 중요한 척도는 구체적 상황하에서 자기행위의 법적 성질에 대한 행위자의 개별적인 인식가능성이다. 이런 점에서 정당한 이유를 고도의 양심의 긴장에 따른 심사의무 또는 행위의 법적 성질에 대한 막연한 의심으로 파악해서는 안된다. 법규범은 사실판단을 기초로 한 가치판단의 영역이다. 따라서 행위자의 개별적인 인식가능성을 전제로 하여 행위자에게 자기행위의 법적 성질에 대해 생각할 수 있는 계기가 존재하는가를 규범적으로 판단해 보아야 한다. 행위시에 행위자에게 자기행위의 법적 성질에 대하여 심사숙고할 어떠한 계기도 존재하지 않았다면 행위자는 자기에게 객관적으로 주어진 위법성인식의 가능성을 이용할 수 없다.

행위자의 금지착오에 정당한 이유가 있는가를 판단하는 데에는 적어도 행위자가 개인적으로 달리 행위할 수 있었다는 것, 즉 법규범에 일치시키는 자기조종을 통해 구체적인 불법행위를 회피할 수 있는 행위자의 능력 이외에도 예방의 목적이 함께 고려되어져야 한다. 이와 같이 정당한 이유의 일반적 판단척도는 예방적 · 규범적 책임개념에 따라 행위자에게 위법성을 인식할 현실적인 가능성이 존재하였는가, 행위자에게 자기행위의 법적 성질에 대하여 생각할 수 있는 구체적인 계기가 주어져 있었는가, 그리고 행위자가 처한 객관적 사정과 주관적 능력에 비추어 위법성을 인식할 것으로 기대될 수 있는가가 검토되어야 한다. 즉 행위자에게 위법성을 인식할 구체적 계기가 주어지지 않았고 또한 위법성을 인식할 것을 그에게 기대할 수 없는 경우에는 위법성의 인식가능성이 없는 경우로서 금지착오는 정당한 이유가 있는 경우 에 해당되어 책임이 배제된다.

다만 이렇게 되면 개개 사례를 세분해야 하기 때문에 모든 사례를 포괄하는 단일한 규율이 문제될 수 있다. 그러나 '정당한'이라는 개념 자체가 결국은 구체적 사례에 따라 달리 판단되어야 되는 개념이므로, 가능한 한 일반적인 판단척도에 따라 개별적으로 유형적 판단을 할 수밖에 없다고 본다.

4. 정당한 이유의 구체적 판단척도

금지착오에 있어서 책임비난의 핵심으로서 불법의식을 요구하는 것은[32] 책임이념의 구체화, 즉 책임원칙에 기인하고 있다는 데에 대해서는 이론의 여지가 없다.[33] 왜냐하면 책임원칙에 의하면 형

31) Claus Roxin, Hans-Joachim Rudolphi.

32) F.Haft, Strafrecht AT : Eine Einführung für Anfangssemester, 6.Aufl.(München:C.H.Beck,1994), S.134.

33) 일반예방이론을 강력하게 주장하는 G.Jakobs도 이를 인정하고 있다[G.Jakobs, Schuld und Prävention(Tübingen:J.C.B.Mohr, 1976), S.18]. 다만 나머지 그 이외의 면에서는 책임은 일반예방의 변형이라고 한다.

벌은 책임을 전제로 하며 책임은 비난가능성인데, 책임의 반가치판단으로 행위자에게 비난되는 것은 그가 법에 따라 행위하고 법에 합치되게 스스로 결정할 수 있었음에도 불구하고 법에 따라 행위하지 않고 법에 합치되게 스스로 결정하지 않았다는 데 있으며, 이와 같이 스스로 결정할 수 있는 전제조건이 바로 법과 불법에 대한 인식이기 때문이다.[34)]

따라서 금지착오와 관련된 해석학적 논의는 '먼저 행위시에 자기 행위의 위법성에 대한 인식이 있었는가, 둘째로 착오로 인하여 금지되어 있다는 사실을 몰랐다면 그러한 오인에 정당한 이유는 있는가, 셋째로 정당한 이유가 있는가의 가치판단에 따라 그 법적 효과을 어떻게 구성할 것인가' 이다.

책임비난의 핵심이 불법의식이라는 점에서 금지착오의 사례를 해석함에 있어서는 논리구조적으로 먼저 행위자에게 위법성의 인식이 있었는가를 판단하여야 한다. 즉 소송당사자가 주장하는 사실관계를 기초로 사실심리과정을 통해서 행위시에 행위자에게 위법성의 인식이 있었다는 것이 증명된다면 정당한 이유 유무와는 관계없이 책임비난이 가능하다. 위법성의 인식이 있었음이 증명되지 않는 경우에는 '의심스러울 때는 피고인의 이익으로(in dubio pro reo)' 라는 소송법원칙에 의하여 위법성의 인식이 아예 없었거나 잘못 인식한 것으로 되며, 이러한 경우에는 인식의 결여에 정당한 이유가 있는가를 그 다음 단계로서 다시 판단하여야 한다. 따라서 위법성의 인식의 결여에 정당한 이유가 있는 때에는 위법성인식의 체계적 지위를 어떻게 파악하던 책임비난을 할 수 없으며, 정당한 이유가 없는 때에 비로소 책임을 어떻게 근거지울 것인가와 관련하여 학설이 검토되어야 할 것이다.

그러나 종래 이론은 금지착오가 위법성의 인식과 표리일체의 관계에 있다는 점에서 결과적으로 자기의 행위가 법적으로 금지되어 있음을 착오로 인하여 알지 못했던 경우에 이를 어떻게 처리해야 할 것인가에 그 해석의 중점을 두어 왔다. 다시 말하면 주로 체계론적 논의를 중심으로 해석학적 논의 중 마지막 논의에만 편중되어 왔다고 할 수 있다. 즉 위법성의 인식의 체계적 지위와 관련하여 위법성인식의 결여에 정당한 이유가 없는(회피가능한) 금지착오에 어떠한 법적 효과를 부여할 것인가에 대하여 고의설과 책임설이라는 학설대립을 전개하여 왔다.[35)]

물론 금지착오에 관한 체계론, 즉 위법성의 인식의 체계적 지위와 관련된 이러한 체계론적 논쟁이 제16조를 해석함에 있어 그 법적 효과를 논리적으로 규율할 뿐 아니라 정당한 이유 유무를 판단하기 위한 모색이라는 점에서는 매우 중요한 실익이 있다 하겠다.[36)] 그러나 제16조에 의하면 정당한 이유

34) BGHSt 2, 200,201 ; 10, 262 ; 21, 20.

35) 제16조의 반대해석으로 정당한 이유가 없어 벌하더라도 고의설에 의하면 과실처벌규정이 있을 때에만 기껏해야 과실책임을 지우는 데에 그친다. 이에 반하여 책임설에 의하면 고의불법은 성립하므로 정당한 이유가 없더라도 고의책임을 지울 수 있는데, 다만 고의책임을 지우더라도 위법성인식을 결여한 경우에는 현실적으로 위법성을 인식한 경우보다 적법행위에 대한 반대동기형성의 계기가 약화되어 있다는 점에서 그 형을 필연적으로 감경해야 한다는 견해와, 독일형법 제17조 후단(제49조 제1항의 법률상 감경에 따라 감경)과 일본형법 제38조 제3항 후단처럼 그 형을 임의적으로 감경하는 것이 바람직하다는 견해가 대립되고 있다.

36) 예컨대 제한적 고의설의 입장에서는 '오인에 정당한 이유가 있는 때에 한하여'를 '위법성의 인식가능성이 없는 때에 한하여'로 해석하고, 책임설은 '오인을 회피할 수 없는 때에 한하여'로 해석하게 된다는 견해도 있다.

가 있는 법률의 착오는 처벌되지 아니하므로 제16조의 해석론으로는 위법성의 인식은 있었는가, 없었다면 그것에 정당한 이유는 있는가를 먼저 다루는 것이 이론구성을 위한 논리적 순서이다. 금지착오와 관련된 대법원판례들을 검토하여 보더라도 그 대부분이 제16조가 규정하고 있는 정당한 이유가 있는지의 여부에 관한 것들이다. 그만큼 제16조와 관련한 실무에서의 문제점은 제16조가 규정하고 있는 정당한 이유의 유무 판별에 그 중점이 놓여 있음을 알 수 있다.

그럼에도 불구하고 금지착오와 관련한 이론적 검토는 이러한 정당한 이유 유무의 판단에 있어 그 구체적인 기준을 제시하기 보다는 금지착오의 본질이나 위법성인식의 체계 또는 정당한 이유의 의미 등에 중점이 놓여 있을 뿐 아니라, 정당한 이유의 판단에 대한 기준제시도 추상적인 정도에 머무르고 있다. 즉 정당한 이유에 대한 판단에 있어 객관적 · 구체적인 기준을 제시하고 있지 않으며,[37] 이러한 판단기준이 결여됨으로 해서 유사한 사안에 대해서도 그 판단을 달리한다는 점에서 문제의 심각성이 있다.[38]

다만 대법원 2006.3.24. 선고 2005도3717 판결은 "정당한 이유가 있는지 여부는 행위자에게 자기 행위의 위법의 가능성에 대해 심사숙고하거나 조회할 수 있는 계기가 있어 자신의 지적 능력을 다하여 이를 회피하기 위한 진지한 노력을 다하였더라면 스스로의 행위에 대하여 위법성을 인식할 수 있는 가능성이 있었음에도 이를 다하지 못한 결과 자기 행위의 위법성을 인식하지 못한 것인지 여부에 따라 판단하여야 할 것이고, 이러한 위법성의 인식에 필요한 노력의 정도는 구체적인 행위정황과 행위자 개인의 인식능력 그리고 행위자가 속한 사회집단에 따라 달리 평가되어야 한다."라고 하여, 비록 독일 형법이론을 차용하였지만 정당한 이유에 대한 구체적인 판단 기준을 처음으로 제시했다는 점에서 의미를 가지고 있다. 이후 대법원은 동일한 취지로 정당한 이유에 대한 구체적인 판단 기준을 제시하고 있다.

관련판례

1) 형법 제16조에서 "자기가 행한 행위가 법령에 의하여 죄가 되지 아니한 것으로 오인한 행위는 그 오인에 정당한 이유가 있는 때에 한하여 벌하지 아니한다"라고 규정하고 있는바, 이러한 정당한 이유가 있는지 여부는 행위자에게 자기 행위의 위법의 가능성에 대해 심사숙고하거나 조회할 수 있는 계기가 있어 자신의 지적능력을 다하여 이를 회피하기 위한 진지한 노력을 다하였더라면 스스로의 행위에 대하여 위법성을 인식할 수 있는 가능성이 있

37) 제16조와 관련된 대법원판례 중에는 아예 정당한 이유 유무에 대한 구체적인 판단없이 단순히 정당한 이유가 '있다 할 것이다' 또는 '없다 할 것이다', '법령에 의해 죄가 되지 아니하는 것으로 믿고 또 그렇게 확신함에 정당한 이유가 있었다고 본 원심의 조치는 수긍이 가고', '누구에게도 그 위법의 인식을 기대할 수 없다고 단정할 수 없으므로 정당한 이유가 없다 할 것이다', '그 오인함에 어떠한 과실이 있음을 가려낼 수 없어 정당한 이유가 있는 경우에 해당한다'라고만 판시함으로써 그 판단의 논거 자체가 없는 경우도 있다. 즉 피고인이 금지착오를 주장하는 사실관계에 대하여 법적 판단을 했을 때 왜 '수긍이 가지 않으며' '위법의 인식이 기대되지 않으며' '오인함에 있어 과실이 없는지'에 대해서는 전혀 그 이유를 적시하지 않고 있다.

38) 예를 들어 행위의 법규범 저촉여부에 대하여 관계공무원이나 법률전문가에게 문의 또는 질의하여 회신을 받은 경우가 이에 해당한다.

었음에도 이를 다하지 못한 결과 자기 행위의 위법성을 인식하지 못한 것인지 여부에 따라 판단하여야 할 것이고, 이러한 위법성의 인식에 필요한 노력의 정도는 구체적인 행위정황과 행위자 개인의 인식능력 그리고 행위자가 속한 사회집단에 따라 달리 평가하여야 한다(대법원 2007.10.26. 선고 2006도7968 판결. 같은 취지의 판례로 대법원 2013.3.14. 선고 2010도410 판결 등).

2) 형법 제16조에서 자기가 행한 행위가 법령에 의하여 죄가 되지 아니한 것으로 오인한 행위는 그 오인에 정당한 이유가 있는 때에 한하여 벌하지 아니한다고 규정하고 있는 것은 일반적으로 범죄가 되는 경우이지만 자기의 특수한 경우에는 법령에 의하여 허용된 행위로서 죄가 되지 아니한다고 그릇 인식하고 그와 같이 그릇 인식함에 정당한 이유가 있는 경우에는 벌하지 아니한다는 취지이고, 이러한 정당한 이유가 있는지 여부는 행위자에게 자기 행위의 위법의 가능성에 대해 심사숙고하거나 조회할 수 있는 계기가 있어 자신의 지적능력을 다하여 이를 회피하기 위한 진지한 노력을 다하였더라면 스스로의 행위에 대하여 위법성을 인식할 수 있는 가능성이 있었음에도 이를 다하지 못한 결과 자기 행위의 위법성을 인식하지 못한 것인지 여부에 따라 판단하여야 할 것이고, 이러한 위법성의 인식에 필요한 노력의 정도는 구체적인 행위정황과 행위자 개인의 인식능력 그리고 행위자가 속한 사회집단에 따라 달리 평가되어야 한다(대법원 2006. 3. 24. 선고 2005도3717 판결 참조). 한편, 공직선거법상 기부행위의 구성요건을 충족하는지 여부와 업무추진비의 사용이 적법 · 타당한 것인지 여부는 별개의 문제이므로, 위법한 업무추진비 지출을 통하여 이루어진 금품제공행위라도 공직선거법상 금지하고 있는 기부행위에는 해당하지 아니할 수도 있는 반면, 적법한 업무추진비 지출을 통하여 이루어진 금품제공행위라도 공직선거법상 금지하고 있는 기부행위에 해당할 수도 있는 것이다. 위와 같은 법리 및 기록에 비추어 살펴보면, 비록 여러 지방자치단체장들이 관행적으로 그와 같은 간담회 개최 및 음식물 제공을 하여 왔고 행정자치부에서 이를 금지하는 구체적인 지침이 없으며, 그 비용을 행정자치부에서 마련한 업무추진비 집행기준을 준수하여 적법한 절차에 따라 업무추진비에서 지출하여 옴으로써, 피고인이 자신의 그와 같은 행위가 공직선거법 제112조 제2항 제4호 (가)목 또는 (나)목에서 정한 법령 또는 조례에 의한 금품제공행위 내지는 같은 항 제4호 각 목에서 정한 직무상의 행위와 동등하게 평가할 수 있는 행위에 해당하여 법령에 의하여 허용되는 행위라고 오인하였다고 하더라도 그러한 오인에 정당한 이유가 있다고 볼 수 없다(대법원 2007.11.16. 선고 2007도7205 판결).

3) 형법 제16조에서 "자기가 행한 행위가 법령에 의하여 죄가 되지 아니한 것으로 오인한 행위는 그 오인에 정당한 이유가 있는 때에 한하여 벌하지 아니한다"고 규정하고 있는 것은 일반적으로 범죄가 되는 경우이지만 자기의 특수한 경우에는 법령에 의하여 허용된 행위로서 죄가 되지 아니한다고 그릇 인식하고 그와 같이 그릇 인식함에 정당한 이유가 있는 경우에는 벌하지 아니한다는 취지이고, 이러한 정당한 이유가 있는지 여부는 행위자에게 자기 행위의 위법의 가능성에 대해 심사숙고하거나 조회할 수 있는 계기가 있어 자신의 지적능력을 다하여 이를 회피하기 위한 진지한 노력을 다하였더라면 스스로의 행위에 대하여 위법성을 인식할 수 있는 가능성이 있었음에도 이를 다하지 못한 결과 자기 행위의 위법성을 인식하지 못한 것인지 여부에 따라 판단하여야 할 것이며, 이러한 위법성의 인식에 필요한 노력의 정도는 구체적인 행위정황과 행위자 개인의 인식능력 그리고 행위자가 속한 사회집단에 따라 달리 평가되어야 한다(대법원 2006. 3. 24. 선고 2005도3717 판결 참조). 원심은, 피고인이 이 사건 기업인수 과정에서 변호사들에게 자문을 구한 내용은 'LBO방식'에 관련된 효력 유무 등 민사상 문제에 관한 일반적이고 추상적인 질의가 대부분이고, 형사상 배임죄의 성립 여부와 관련해서는 변호사에게 구체적으로 자문을 구하거나 검토받은 것이 아닌 점과 그 밖에 피고인의 경력이나 학력 등을 종합하여 이 사건 담보제공 당시 피고인에게 법률의 착오가 있었다고 볼 수 없다고 판단하였는바, 원심이 인정한 사정들을 앞서 본 법리에 비추어 보면, 원심의 위와 같은 판단은 정당하고, 거기에 법률의 착오에 관한 법리를 오해한 위법이 있다고 할 수 없다(대법원 2008.2.28. 선고 2007도5987 판결).

4) 형법 제16조에서 "자기가 행한 행위가 법령에 의하여 죄가 되지 아니한 것으로 오인한 행위는 그 오인에 정당한 이유가 있는 때에 한하여 벌하지 아니한다."고 규정하고 있는 것은 일반적으로 범죄가 되는 경우이지만 자기의 특

수한 경우에는 법령에 의하여 허용된 행위로서 죄가 되지 아니한다고 그릇 인식하고, 그와 같이 그릇 인식함에 정당한 이유가 있는 경우에는 벌하지 아니한다는 취지이고, 이러한 정당한 이유가 있는지 여부는 행위자에게 자기 행위의 위법의 가능성에 대해 심사숙고하거나 조회할 수 있는 계기가 있어 자신의 지적능력을 다하여 이를 회피하기 위한 진지한 노력을 다하였더라면 스스로의 행위에 대하여 위법성을 인식할 수 있는 가능성이 있었음에도 이를 다하지 못한 결과 자기 행위의 위법성을 인식하지 못한 것인지 여부에 따라 판단하여야 할 것이며, 이러한 위법성의 인식에 필요한 노력의 정도는 구체적인 행위정황과 행위자 개인의 인식능력, 그리고 행위자가 속한 사회집단에 따라 달리 평가되어야 한다(대법원 2006.3.24. 선고 2005도3717 판결, 대법원 2008.2.28. 선고 2007도5987 판결 등 참조). 원심은, 피고인이 이 사건 고소장을 제출하기 전에 변호사에게 자문을 구한 경위와 그 답변취지 및 경찰공무원으로서의 피고인의 경력이나 사회적 지위 등을 종합하여 이 사건 고소장 제출 당시 피고인에게 법률의 착오가 있었다고 볼 수 없다고 판단하였는바, 원심이 인정한 사정들을 앞서 본 법리에 비추어 보면, 원심의 위와 같은 판단은 정당하고, 거기에 법률의 착오에 관한 법리를 오해한 위법이 없다(대법원 2008.10.23. 선고 2008도5526 판결).

5) 형법 제16조에서 "자기가 행한 행위가 법령에 의하여 죄가 되지 아니한 것으로 오인한 행위는 그 오인에 정당한 이유가 있는 때에 한하여 벌하지 아니한다"라고 규정하고 있는바, 이러한 정당한 이유가 있는지 여부는 행위자에게 자기 행위의 위법의 가능성에 대해 심사숙고하거나 조회할 수 있는 계기가 있어 자신의 지적능력을 다하여 이를 회피하기 위한 진지한 노력을 다하였더라면 스스로의 행위에 대하여 위법성을 인식할 수 있는 가능성이 있었음에도 이를 다하지 못한 결과 자기 행위의 위법성을 인식하지 못한 것인지 여부에 따라 판단하여야 할 것이고, 이러한 위법성의 인식에 필요한 노력의 정도는 구체적인 행위정황과 행위자 개인의 인식능력 그리고 행위자가 속한 사회집단에 따라 달리 평가하여야 한다(대법원 2006.3.24. 선고 2005도3717 판결 등 참조). 원심은, 피고인 또는 충청남도가 이 사건 장례식장의 식당부분을 증축함에 있어, 홍성군과 그 증축에 관한 협의과정을 거쳤고 건설교통부에 관련 질의도 했던 것으로 보이나, 홍성군과의 협의는 증축부분이 장례식장이 아닌 '병원'의 부속건물임을 전제로 한 것이고 그에 관한 건축물대장에의 기재나 사용승인 또한 마찬가지이며, 건설교통부의 질의회신도 종합병원의 경우 일반적으로 장례식장의 설치나 운영이 그 부속시설로서 허용된다는 취지가 아니라 종합병원에 입원한 환자가 사망한 경우 그 장례의식을 위한 시설의 설치는 부속용도로 볼 수 있다는 취지에 불과하므로, 주무관서인 홍성군과 위와 같은 협의를 거쳤다는 등의 사정만으로 이 사건 장례식장의 설치·운영에 관하여 피고인이 자신의 행위가 죄가 되지 아니하는 것으로 오인하였거나 그와 같은 오인에 정당한 이유가 있었다고 할 수 없다고 판단하였는바, 위 법리에 비추어 살펴보면, 이러한 원심의 판단은 정당하고 거기에 형법 제16조의 법률의 착오에 있어서 정당한 이유에 관한 법리를 오해한 잘못이 없다(대법원 2009.12.24. 선고 2007도1915 판결).

위법성인식의 결여에 정당한 이유가 있느냐를 판단함에 있어서 가장 중요한 척도는 구체적 상황하에서 자기행위의 법적 성질에 대한 행위자의 개별적인 인식가능성이다. 이런 점에서 정당한 이유를 고도의 양심의 긴장에 따른 심사의무 또는 행위의 법적 성질에 대한 막연한 의심으로 파악해서는 안된다. 법규범은 사실판단을 기초로 한 가치판단의 영역이다. 따라서 행위자의 개별적인 인식가능성을 전제로 하여 행위자에게 자기행위의 법적 성질에 대해 생각할 수 있는 계기가 존재하는가를 규범적으로 판단해 보아야 한다. 행위시에 행위자에게 자기행위의 법적 성질에 대하여 심사숙고할 어떠한 계기도 존재하지 않았다면 행위자는 자기에게 객관적으로 주어진 위법성인식의 가능성을 이용할 수 없다.

또한 행위자의 금지착오에 정당한 이유가 있는가를 판단하는 데에는 적어도 행위자가 개인적으로 달리 행위할 수 있었다는 것, 즉 법규범에 일치시키는 자기조종을 통해 구체적인 불법행위를 회피할 수 있는 행위자의 능력 이외에도 예방의 목적이 함께 고려되어야 한다.

이와 같이 정당한 이유의 구체적 판단척도는 예방적 · 규범적 책임개념[39]에 따라 행위자에게 위법성을 인식할 수 있는 현실적인 가능성이 존재하였는가, 행위자에게 자기행위의 법적 성질에 대하여 생각할 수 있는 구체적인 계기가 주어져 있었는가, 그리고 행위자가 처한 객관적 사정과 주관적 능력에 비추어 위법성을 인식할 것으로 기대될 수 있는가가 검토되어야 한다. 즉 행위자에게 위법성을 인식할 구체적 계기가 주어지지 않았고 또한 위법성을 인식할 것을 그에게 기대할 수 없는 경우에는 위법성의 인식가능성이 없는 경우로서 금지착오는 정당한 이유가 있는 경우에 해당되어 책임이 배제된다.

다만 이렇게 되면 개개 사례를 세분해야 하기 때문에 모든 사례를 포괄하는 단일한 규율이 문제될 수 있다. 그러나 '정당한'이라는 개념 자체가 결국은 현실적 사안을 통하여 구체화 되는 개념이므로, 가능한 한 일반적인 판단척도에 따라 개별적으로 유형적 판단을 할 수밖에 없다고 본다. 이러한 유형화가 자칫 획일성을 초래할 위험도 없지는 않지만 행위평가에 대한 합리성을 제고한다는 점에서 예방적 · 규범적 책임개념에 따라 정당한 이유에 대한 구체적인 판단기준을 제시해 보고자 한다.

1) 구체적인 위법성인식가능성

금지착오에 있어서 정당한 이유의 본질을 책임의 관점에서 본다면 자기행위의 구체적인 위법성, 즉 불법을 인식할 가능성이다. 따라서 정당한 이유의 유무를 판단하기 위해서는 먼저 행위자에게 자기행위의 위법성에 대하여 인식할 수 있는 실질적인(현실적인) 가능성이 존재하는가가 검토되어야 한다.[40] 여기서의 인식가능성은 행위자가 그에게 내려진 법의무를 인식하고 그에 따라 그 법의무에 지향하도록 그에게 부여된 이중의 가능성(doppeltes Können)을 의미한다. 따라서 금지착오의 정당한 이유를 확증하기 위해서는 먼저 사실상의 가능성, 즉 개인적인 인식가능성에 대한 판단이 문제되며, 다음으로 규범적 가능성인 구체적인 법의무의 인식가능성에 대한 판단이 문제된다.

따라서 금지착오에 있어서 정당한 이유를 판단하기 위해서는 먼저 행위자 자신이 그의 모든 정신적인 인식력과 법적인 가치표상의 투입(Einsatz all seiner Erkenntniskräfte und rechtlichen Wertvorstellungen)을 통하여 자기 행위의 위법성을 인식할 수 있었는지에 대하여 명확하게 검토하여야 한다. 즉 행위자와 같은 인간이 자신의 심사숙고를 통하여 위법성을 인식할 수 있는 상태에 있었는가에 대하여 법관은 행위자의 입장에서 검토해 보아

39) 독일 형법 제17조의 회피가능성 판단과 관련하여 예방적 · 규범적 책임개념은 전통적인 규범적 책임개념과 일반예방 및 특별예방사상을 결합시켜 규범적 책임개념에 기초한 회피가능성판단에 예방사상을 끌여들여 규범적 책임개념에서 인정되는 회피가능성을 예방적 관점에서 더 좁혀 행위자의 면책가능성을 확대해 보려고 한다. 즉 정상적인 법충실을 견지하였음에도 불구하고 불법통찰에 이르지 못한 자는 다른 사람에게 좋지 못한 선례로 작용할 수 없으므로 일반예방적 관점에서 처벌해야 할 필요가 없을 뿐만 아니라 특별예방적 관점에서도 정상적인 주의를 다했기 때문에 개선의 필요성이 없다는 것이다.

40) H-J.Rudolphi, Systematischer Kommentar zum Strafgesetzbuch(SK StGB), 6.Aufl.(Neuwied:Alfred Metzner,1995), §17 Rdn.30.

야 한다. 이것은 최고도의 감입능력(Höchstmaß an Einfühlungsvermögen) 뿐만 아니라, 구체적인 행위자의 정신적인 능력과 가치관념에 관하여 가능한 한 충분하고도 포괄적인 형상(Bild)을 요구한다.[41] 행위자의 지적 상태와 행위자의 가치표상과 정신적인 인식능력을 판단함에 있어서는 성장과정이나 가정환경, 교육상태 및 직업, 행위자의 사회적 지위 등이 고려의 대상이 될 수 있을 것이다. 다만 이러한 고려는 그 자체 독자적인 의미를 갖지 못하며, 단지 그러한 고려요소들이 행위자의 개인적인 능력으로의 귀납적인 추론을 허용하는 한에 있어서 중요성을 가질 뿐이다.

다음으로는 행위자가 개인적인 인식가능성에 기초하여 그에게 내려진 법의무에 지향할 수 있는 가능성, 즉 행위자의 규범적 가능성을 검토하여야 한다. 행위자에게 정신적인 인식능력 자체가 충분하다고 한다면, 행위자가 정보의 수집을 통하여 자신의 행위의 위법성을 인식할 수 있었겠는가 어떤가 하는 것이 문제로 제기된다. 여기서는 행위자의 개인적인 정신적인 능력과 객관적인 정보조회의 가능성과의 직접적인 상관관계는 성립하지 않는다. 일반적으로는 구체적인 행위상황이 정보의 수집을 필요로 하는 한에 있어서 행위자에게는 행위의 법적 성질과 관련된 정보를 제공해 줄 수 있는 법전문가에 대하여 문의하는 것이 객관적으로 기대가능하다.

그러나 회피가능성의 판단에 있어서 행위자에게 주어진 객관적인 정보수집가능성만을 목적으로 한다고 한다면 구체적인 행위상황이 정보제공자에 대한 조회를 방해하지 않는 한 금지착오는 거의 정당한 이유가 없게 된다. 왜냐하면 일반적으로 행위자는 자신의 행위가 어쩌면 불법일 것이라고 하는 최소한의 의심만으로 정보제공자에게 조회하였더라면 정보수집을 기대할 수 있었다는 것이 가능하기 때문이다.

이와 같이 회피가능성의 판단을 단지 행위자에게 객관적으로 주어진 가능성, 즉 자신의 행위에 대한 위법성을 독자적인 심사숙고나 정보의 수집을 통하여 인식할 수 있었다고 하는 그러한 가능성에만 근거를 둔다면, 정당한 이유있는 금지착오의 사례는 거의 생각할 수 없다. 따라서 금지착오의 정당한 이유에 대한 판단은 다음의 두 가지 관점에서 그 한계를 필요로 한다.

2) 심사숙고 및 조회(Nachdenken und Erkundigung)의 계기

우선 무엇보다도 행위자에게 자기행위에 대한 사실상의 위법성인식가능성이 있었다 하더라도 예방적 관점의 고려에서 행위자가 자기행위의 법적 성질에 대하여 심사숙고하거나 또는 그에 따라 조회할 수 있는 구체적인 계기[42]를 가졌는가가 검토되어야 한다.[43]

---

41) H-J.Rudolphi, Unrechtsbewusstsein, Verbotsirrtum und Vermeidbarkeit des Verbotsirrtums, (Göttingen:Otto Schwarz,1969), S.205.

42) C.Roxin은 '확인(Vergewisserung)의 계기'라는 용어를 사용하고 있다[C.Roxin, Strafrecht AT Bd.1, 3.Aufl.(München:C.H.beck, 1997) ,§21 Rdn.51].

43) E.Horn, Verbotsirrtum und Vorwerfbarkeit : Eine systematische Glundlagenanalyse der Schuldtheorie(Berlin:Duncker & Humblot,1969), S.84ff. ; Armin Kaufmann, Die Dogmatik der Unterlassungsdelikte(Göttingen:Otto Schwarz,1959), S.146 ; U.Neumann, Alternativkommentar(AK StGB) Band 1(Neuwied:Luchterhand,1990), §17 Rdn.60 ; C.Roxin, Strafrecht AT, §21

행위시에 행위자에게 주어진 위법성인식가능성의 현실화는 자기행위의 법적 성질의 조회에 대한 동기(Motiv)가 주어졌는지 어떤지에 따라 좌우된다. 달리 표현하면 행위자에게 자기행위가 의미있는 것으로 보이거나 적어도 보일 수 있는 어떤 상황이 알려져 있느냐 이다. 만일 행위시에 행위자에게 자기행위의 위법성을 심사숙고할 수 있는 계기가 결여되어 있다면 행위자는 자기행위의 적법성에 대하여 최소한의 어떠한 의심도 가질 수 없기 때문에 자기행위의 법적 성질에 대하여 조사한다는 것은 행위자에게는 아무런 의미가 없으며, 따라서 그에게 존재하는 현실적인 위법성인식가능성을 이용할 수 없을 것이다. 즉 행위의 법적 성질에 대하여 생각할 수 있는 계기가 없다면 행위자에게는 자기행위의 위법성을 인식하기 위한 노력의 의미계기(Sinnmotiv)가 결여되어 있다.[44)]

행위자에게 자기행위의 법적 성질에 대하여 심사숙고나 조회할 수 있는 어떠한 구체적 계기가 존재하지 않음에도 불구하고 행위자가 선택가능한 행위를 실행에 옮겼다면 그것은 단지 우연에 불과하다. 행위자에게 행위의 법적 성질에 대하여 생각할 수 있는 계기가 있는 경우에만 비로소 행위자가 선택가능한 행위 중의 하나를 실행으로 옮긴다는 특정한 의미가 있는 것이다. 즉 이러한 경우에만 인간은 자유롭게 결정할 수 있는 가능성이 있다는 것이다. 왜냐하면 인간에게 있어서 자유라는 것은 특정한 의미있는 행위에의 자유(Freiheit zu sinnesbestimmem Handeln)를 의미하기 때문이다. 따라서 만일 행위자에게 행위시에 자기행위의 적법성 또는 위법성에 대하여 생각할 수 있는 계기가 결여되었다고 한다면 행위자는 어떠한 불법의심도 갖지 않았기 때문에 자기행위의 법적 성질을 안다는 것은 아무런 의미가 없고, 행위자에게 객관적으로 주어진 위법성인식가능성을 기대할 수도 없다.

그렇다고 누구나 반드시 행위를 하기 전에 그 행위의 적법성에 대하여 재고해야만 한다면 사회생활은 정지되어 버릴 것이다. 즉 독일 연방법원이 판시하였듯이 행위자는 그가 바야흐로 행하려고 하는 모든 경우에 그것이 법적 당위의 명제(Sätze des rechtlichen Sollens)에 합치하는지 어떤지에 대하여 인식하여야만 한다면[45)] 그것은 비현실적인 요구이며, 그 실행불가능성 때문에 행위자는 그것을 아예 무시함으로써 확인이 꼭 필요한 경우에도 아마 하지 않을 것이다.[46)] 또한 이러한 엄격주의적인 무리한 요구는 자유보장을 위한 법질서의 목적과도 맞지 않는다.

이와는 정반대로 자기가 계획한 행위의 적법성에 대하여 적어도 막연한 의심(unspezifischer Zweifel)만 있으면 규범조회행위(Normerkundigungshandlung)의 계기가 있고 책임을 근거지울 수 있다[47)]고 보는 것도 극단

Rdn.50 ; H-J.Rudolphi, Unrechtsbewusstsein, S.205ff.,217 ; ders., SK StGB, §17 Rdn.30 ; P.Cramer, Strafgesetzbuch Kommentar[StGB(Sch/Sch/Cra)], 25.Aufl.(München:C.H.Beck,1997), §17 Rdn.16 ; G.Stratenwerth, Strafrecht AT 1 : Die Starftat, 3.Aufl.(Köln:Carl Heymanns,1981), Rdn.584. 이를 필요로 하지 않는다는 비판적 견해로는 F-C.Schroeder, Strafgesetzbuch Leipziger Kommentar(LK StGB), 11.Aufl.(Berlin:Walter de Gruyter,1994), §17 Rdn.29 ; K.Tiedemann, Tatbestandsfunktionen im Nebenstrafrecht : Untersuchungen zu einem rechtsstaatlichen Tatbestandsbegriff, entwickelt am Ploblem des Wirtschaftsstrafrechts(Tübingen:J. C.B.Mohr,1969), S.328ff.

44) H-J.Rudolphi, SK StGB, §17 Rdn.30 ; ders., Unrechtsbewusstsein, S.209.

45) BGHSt 2, 201.

46) C.Roxin, Strafrecht AT, §21 Rdn.51.

47) E.Horn, a.a.O., S.105.

에 치우치고 있다. 왜냐하면 불법의심(Unrechtszweifel)속에 대개의 경우, 이미 제한적 불법의식(bedingtes Unrechtsbewußtsein)은 존재하기 때문이다.

이와 같이 여기서의 계기는 단순히 행위자가 심리적으로 '약간의 의심을 품었을 때' 인정되는 것이 아니라, 어떤 형태로든 행위자에게 행위의 위법성을 암시해 주고, 책임의식 있는 사람에게 자기행위의 법적 성질을 설명해 주는 충분한 근거가 되는 상황에 처했을 때 위법성인식의 계기는 인정된다고 할 것이다.[48] 즉 행위자 스스로 자발적으로, 또는 제3자의 시사를 통하여, 또는 자신의 심사숙고나 전문서적 등을 통하여 행위자에게 의심이 생긴 경우, 행위자가 어떠한 의심도 가지 않았지만 그가 개별적으로 법적인 특별규율하에 놓여있는 영역에서 활동하고 있다는 것을 아는 경우, 그리고 그의 행위가 개개인 또는 일반인에게 해를 끼친다는 것을 알고 있는 경우에만 법상태를 재고할 계기가 존재한다.[49]

(1) 심사숙고 및 조회의 첫번째의 계기는 불법의심이다. 만약 행위자가 더욱 세밀한 조사의 계기에 대하여 의심을 갖지 않았다면 이는 일반적으로 회피가능한 금지착오의 문제가 아니라 금지착오규율에 유추적용되는 제한적 불법의식이 문제된다. 반면에 행위자가 불법의심을 배제하고 진지하게 받아들이지 않음으로 해서 자기행위의 적법성을 경솔하게 믿었다면 정당한 이유없는 금지착오가 문제된다.[50]

따라서 심사숙고를 통하여 행위자가 자기행위의 적법성에 대하여 의문을 가지게 되었다면 권한있는 관계기관이나 법률전문가에게 조회 · 문의하거나 대법원판결 등을 확인해야 할 의무가 있으며, 이러한 조회 · 확인을 통하여 그들의 견해를 믿고 따랐다면 정당한 이유있는 착오에 해당되지만 그러한 의무를 게을리하여 위법성을 인식하지 못하였다면 정당한 이유있는 금지착오로 볼 수 없다. 권한있는 공적 기관이나 법률전문가의 신뢰할 만한 조회정보 또는 대법원판결 등은 행위자에게 자기행위의 위법성 여부를 쉽게 인식시켜줄 수 있는 계기가 될 수 있기 때문이다.[51]

다만 이 경우에 중요한 것은 행위자가 문의를 했더라면 어떤 정보를 얻을 수 있었느냐라는 사실판단의 문제가 아니라, 전문가에 의하여 사실적 · 규범적 상황에 관한 주의깊은 심사를 근거로 주어진 정보가 행위자의 행위를 위법 또는 적법한 것으로 표시할 수 있는지의 여부에 관한 규범적 판단이다. 따라서 문의한 정보가 어떤 내용을 가지고 있는가가 정당한 이유의 판단에 있어서 중요한 고려대상이 된다.[52]

행위자가 자신의 행위의 적법성에 대하여 확신을 하였으나 이에 반하는 판결의 존재 또는 관할관

48) H-J.Rudolphi, SK StGB, §17 Rdn.31 ; G.Stratenwerth, a.a.O., Rdn.582ff.

49) C.Roxin, Strafrecht AT, §21 Rdn.53 ; H-J.Rudolphi, SK StGB, §17 Rdn.31 ; G.Stratenwerth, a.a.O., Rdn.585ff.

50) C.Roxin, Strafrecht AT, §21 Rdn.54.

51) H-J.Rudolphi, Unrechtsbewusstsein, S.228f.

52) Ebenda, S.250ff.

청의 고시를 안 경우[53]나 자기행위의 적법성에 대하여 의심할 구체적인 계기는 가지지 못하였으나 행위에 상응하게 관계된 법적인 규율이 존재한다는 것을 안 경우[54]에도 계기는 주어진다.

(2) 또한 만일 행위자가 일반인들과는 달리 자기가 활동하고자 하는 영역에 특별한 법적 규범이 설정되어 있음을 알고 있음에도 불구하고 행위자가 충분한 법인식의 획득을 위하여 노력하지 않았다면 그 금지착오는 정당한 이유가 없다. 예를 들어 식품위생업에 종사하고자 하는 자나 자동차를 운행하고자 하는 자는 그러한 직업이나 활동수행에 있어서 그것과 결부된 위험을 가능한 한 배제하고자 하는 법규정이 있다는 것을 알고 있을 것이다. 따라서 현재 유효한 법규정을 염두에 둔다는 이러한 인식 그 자체만으로도 행위자에게는 심사숙고 및 조회의 계기가 된다.

(3) 그리고 행위자가 다른 사람들에게 사회적 해(Sozialschaden)를 끼치고 있다는 것을 인식하고 있다면 정당한 이유 없는 금지착오이다. 왜냐하면 다른 사람에게 손해를 끼친다는 것을 알고 있는 자에게는 자기행위의 위법성을 재고할 수 있는 계기가 있기 때문이다. 행위상황의 인식이 대부분 해악고의(Schädigungsvorsatz)를 포함하는 핵심형법의 영역에서는 정당한 이유있는 금지착오가 성립될 여지가 거의 없다.

여기에서 특히 문제가 되는 것은 금지착오가 행위자가 비록 행위시에는 회피할 수 없어서 발생한 것이었지만 행위자의 과거의 태만에서 비롯된 경우이다. 이러한 경우를 책임관점에서만 고찰한다면 행위시에 행위자에게 자기행위의 위법성을 심사숙고할 수 있는 계기가 없었기 때문에 직접적으로 행위시에만 관계하는 행위책임비난은 행위자에게 내려질 수 없을 것이다. 그러나 예방적 관점을 고려한다면 이러한 경우에도 책임이 전혀 없는 것은 아니다. 루돌피는 이 경우에 행위자가 일반적인 형법규범을 착오했는가 아니면 특별한 직업적 또는 기타의 활동영역을 규율하는 형법규범을 착오하였는가에 따라 책임의 내용이 다르다고 한다.[55] 즉 행위자가 행위시에 모든 사람들에게 향하여진 일반적인 법규범에 대하여 회피불가능할 정도로 착오하였다면 행위자는 자기의 과거생활에서 법적인 행위규범 및 사회에 공통적으로 승인된 법질서의 기본가치에 대하여 충분히 지식을 얻지 않았다는 생활영위책임[56]의 관점에서 비난될 수 있을 것이다.[57] 그러나 이러한 생활영위책임의 비난가능성은 단지 부작위한 법지식의 습득에 한하여야 하며 결코 회피불가능한 금지착오에서 실현된 구체적 불

53) H-J.Rudolphi, SK StGB, §17 Rdn.31 ; G.Stratenwerth, a.a.O., Rdn.587. BGHSt 21, 21.

54) U.Neumann, AK StGB, §17 Rdn.61 ; H-J.Rudolphi, SK StGB, §17 Rdn.31 ; G.Stratenwerth, a.a.O., Rdn.587. BGH NJW(1988), S.272,273 ; OLG Hamm, NJW(1975), S.1042.

55) H-J.Rudolphi, "Das virtuelle Unrechtsbewuβtsein", S.20ff. ; ders., Unrechtsbewusstsein, S.254ff.,272 ; ders., SK StGB, §17 Rdn.44ff. ; G.Stratenwerth, Die Zukunft des strafrechtlichen Schuldprinzips(Heidelberg:C.F.Müller,1977), S.19f.

56) 학자에 따라 행상책임(行狀責任) 또는 생활형성책임으로 번역하기도 한다.

57) 독일 연방법원도 개인행위책임의 원칙에서 책임설을 취했던 유명한 1952.3.18. 판결에서 제한적이긴 하지만 무감각한 상습범(Der abgestumpfte Gewohnheitsverbrecher)의 책임은 생활영위책임이라고 판시한 바 있다(BGHSt 2, 208f.).

법에서 확정되어서는 아니된다.[58)]

이에 반하여 특별한 활동범위, 예컨대 도로교통 또는 특정한 직업활동을 규율하는 규범에 대하여 착오한 경우에는 책임비난의 내용이 다르게 나타난다. 이러한 경우에 있어서 책임비난의 근거는 행위자가 특별규율을 받는 활동을 직업으로 가진 후에 이 활동을 규율하는 규범에 관하여 충분히 조회하지 않았고, 그로 인하여 그 활동영역에서의 자기행위를 법규범에 지향시킬 수 있는 가능성을 스스로 배제했다는 데에 있다.[59)]

이러한 책임비난은 그 이후에 회피불가능한 금지착오에서 행하여진 법침해에 간접적으로는 여전히 관계하고 있다. 즉 행위자가 자기의 직업적 또는 기타의 활동을 규율하는 규범체계를 조회하지 않았다면 이 규범 중의 하나를 언젠가는 위반할 것이라는 것을 예상할 수 있을 뿐만 아니라, 그에 의하여 실현되는 불법이 어떠한 형태일 것이라는 데에 대해서도 개괄적으로는 예견할 수 있을 것이다.

따라서 루돌피의 견해에 의하면 여기서의 책임비난은 한편으로는 유책한 생활영위책임에 근거하지만, 다른 한편으로는 간접적으로 그 이후에 행하여지는 구체적인 불법행위에 여전히 관계를 맺는다는 것이다.[60)] 만일 행위시에 회피불가능한 금지착오를 범한 행위자의 경우에 그 착오가 행위 이전에 유책적으로 자기의 직업 기타의 활동을 규율하는 법규범에 대하여 조회하지 않은 데에 근거하더라도 이를 책임의 관점에서만 보아 처벌하지 않는다면 이것은 법규범에 태만한 자 또는 무관심한 자를 우대하는 것일 뿐만 아니라, 이러한 규범의 존중을 형법적 제재로서 강제하려는 모든 가능성이 사라지게 된다.

또한 모든 행위자는 자기의 직업 또는 기타의 활동을 규율하는 특별규범에 대하여 제재를 받지 않고 위반하고자 한다면 처음부터 아예 그 규범에 대해 조회하는 것을 단순히 부작위하면 될 것이다. 따라서 행위자에게 이러한 규범에 대한 어떠한 조그마한 인식의 기회라도 가능한 한 가지지 말 것을 권유해야 된다는 터무니없는 결론이 나온다. 이러한 특정활동영역을 규율하는 특별규범의 실효성을 유지하기 위해서는 간접적 행위책임비난이라는 책임의 관점과 관련법익보호와 공공의 안정과 질서유지라는 예방적 관점이 동시에 고려되어야 한다.[61)]

3) 위법성인식가능성의 이용에 대한 기대가능

행위자에게 비록 자기의 행위의 법적 성질에 대하여 생각해 볼 수 있는 구체적인 계기가 있었고,

58) H-J.Rudolphi, Unrechtsbewusstsein, S.272ff.

59) 판례도 "공직선거및선거부정방지법에 관하여 비전문가인 스스로의 사고에 의하여 피고인의 행위들이 의례적인 행위로서 합법적이라고 잘못 판단하였다는 사정만으로는 피고인의 행위가 죄가 되지 아니하는 것으로 오인한 데 정당한 이유가 있다고 볼 수 없다"고 한다(대법원 1996.5.10. 선고 96도620 판결).

60) H-J.Rudolphi, Unrechtsbewusstsein, S.254ff.

61) G.Jakobs, Strafrecht Allgemeiner Teil : Die Grundlagen und die Zurechnunslehre · Lehrbuch, 2.Aufl.(Berlin:Walter de Gruyter,1991), 19.Abschn. Rdn.37. 다만 루돌피도 이러한 논거와 결론에 대하여서는 논쟁의 여지가 있을 수 있다는 것을 인정하고 있다(H-J.Rudolphi, "Das virtuelle Unrechtsbewuß tsein", S.22).

나아가 현실적인 위법성인식가능성이 존재하더라도 그에게 주어진 위법성인식가능성을 이용할 수 있다는 것이 행위자에게 기대가능해야 한다. 즉 행위자가 처한 객관적 상황과 주관적 능력에 비추어 볼 때 위법성을 인식할 것으로 기대될 수 있었느냐가 검토되어야 한다.

만일 회피가능성 판단을 앞서 살펴본 판단척도에 의하여 자기행위의 위법성을 자신의 심사숙고 또는 법률정보의 조회를 통하여 인식할 수 있는 행위자에게 주어진 가능성만에 근거한다면, 예를 들어 대다수의 부작위범에서와 같이 특별한 행위상황이 행위자에게 오랜 심사숙고와 법률정보의 조회를 금지하는 경우에만 회피불가능한 착오가 될 것이다.

나아가 순수한 규범적 책임개념의 관점에서 절대적인 인식불가능성만이 가벌성을 배제한다고 한다면 정당한 이유있는 금지착오란 성립될 여지가 없으며, 이러한 극단적인 요구는 정상적인 사회생활을 마비시킨다. 회피불가능한 금지착오가 면책사유로서 가치있는 실제의미를 가지기 위해서는 금지착오의 회피가능성은 책임의 관점 뿐만 아니라 예방적 필요성의 관점에서 추가적인 한계설정을 필요로 한다.[62] 즉 행위자가 통상적인 법충실의 요구를 충족시켰다면 정당한 이유있는 금지착오로 판단하여야 할 것이다. 따라서 행위자가 주어진 위법성인식의 가능성을 이용하는 것이 더 이상 기대될 수 없을 때에는 그 금지착오는 정당한 이유가 있는 것으로 보아야 한다.[63]

여기에서는 위법성인식을 기대하는 국가측의 사정과 기대되는 개인측의 사정이 긴장관계를 이루고 있으므로 양자의 사정을 고려하여야 한다. 따라서 위법성의 인식의 가능성의 유무를 판단함에 있어서는 법의 적정절차보장과 공공질서의 통제 · 조화를 위한 형벌의 형사정책적 요청이라는 형법상의 정책적 고려가 작용하지 않을 수 없다. 즉 형법적으로 중요한 책임에 대한 이러한 제한의 기초를 형성하는 사고는, 이러한 사례에서 책임을 따지는 것이 그것의 경미성 때문에 더 이상 법익보호의 목적에서 볼 때 필요하지 않을 뿐만 아니라 득보다 오히려 손실이 많다는 데에 있다. 여기서도 가능적 책임비난에 대하여 형법적 중요성을 부인하는 데로 이르는 근거는 바로 형벌의 예방적 필요성의 결여에 있다.[64]

(1) 행위의 적법성 확인에 기대되는 정도

행위자에게 자기행위의 위법성에 대하여 심사숙고나 조회의 계기가 존재하면 일반적으로 법적 지식이 부족한 자는 예컨대 변호사나 특별한 직업영역과 관련된 관할행정기관의 공무원과 같은 법전문가에게 문의해야 할 것이다. 왜냐하면 법적 지식이 부족한 자는 스스로의 가치판단으로 자기행위

62) 이에 대한 자세한 내용은 H-J.Rudolphi, Unrechtsbewusstsein, S.206,211ff.,238ff. ; ders., SK StGB, §17 Rdn.35ff. ; 마찬가지로 예컨대 C.Roxin, "Zur jüngsten Diskussion über Schuld,Prävention und Verantwortlichkeit im Strafrecht", in:FS für P.Bockelmann(1979), S.289f.

63) H-J.Rudolphi, SK StGB, §17 Rdn 35ff. ; P.Cramer, StGB(Sch/Sch/Cra), §17 Rdn.18. 록신은 이 경우에 예방적 필요성이 제재를 불가피하게 요하지 않는 한에 있어서 답책성(Verantwortlichkeit)이 배제된다고 한다(C.Roxin, Strafrecht AT, §21 Rdn.37).

64) H-J.Rudolphi, Unrechtsbewusstsein, S.211ff. ; C.Roxin, "Zur jüngsten Diskussion über Schuld", S. 289f.

의 적법성에 대하여 개인적으로 결정할 수 없으며, 이러한 법전문가의 의견을 수집하지 않고는 그에게 의무지워진 행위의 적법성 또는 위법성에 대한 결정을 올바로 판단하기가 어렵기 때문이다.

따라서 법전문가에 대한 문의과정에서 이러한 정보제공자들이 명백하게 경솔한 방법으로 법규범위반에 대한 교묘한 방법을 알려준 것이 아니라면, 이러한 문의를 통하여 수집된 정보만으로도 행위의 적법성에 대한 신뢰는 충분하다. 조언을 구하는 자가 정보제공자들의 일반적인 유능함(숙련)과 전문적 지식을 다시 한 번 더 판단해야 한다는 요구는 지나치다.[65] 오히려 일반인은 요구되는 자격과 정보를 가지고 있는 정보제공자가 그에게 그가 신뢰해도 좋을 법적 조언을 줄 수 있을 것이라는 믿음을 가질 수밖에 없다.

그러나 법전문가 스스로 의심을 표명하거나, 또는 더우기 문의자에게 유리한 법적 견해를 표명했지만 이와 대립되는 판례나 문헌 또는 해당관청의 태도를 언급했거나, 또는 법전문가의 조언과는 다른 견해가 또 다른 정보를 통하여 알려져 있다면 문제는 다르다. 여기서는 대부분 불법의심이 여전히 존재한다.[66] 따라서 그 이상의 조사나 주의를 기울이는 것이 기대불가능하지 않다면 금지착오에는 정당한 이유가 없다. 만일 행위자 자신이 그 분야의 법전문가라면 그는 자신의 직업령역에 관한 법률문제에 대하여 다른 법전문가의 판단을 신뢰해서는 안되며, 스스로 해당되는 판결이나 문헌을 조사해 보아야 할 것이다.

이와 같이 불법의심이 존재하는 경우에는 법전문가에게 문의하는 것이 일반적이긴 하지만 반드시 그런 것은 아니다. 비록 행위자가 법전문가에게 문의하지 않았더라도 만일 행위자가 문의했더라면 신뢰할만한 법전문가가 그에게 그의 행위의 적법성에 대해 제공하였으리라는 것과 결과적으로 상응하는 법적 견해를 가졌다면 정당한 이유있는 금지착오가 된다. 이 경우에는 가설적 정보의 확증에 좌우되는 것이 아니라, 즉 법전문가가 실제로 무엇을 제공했을 것인가가 중요한 것이 아니라, 행위자가 신뢰해도 좋을 정보가 어떤 내용이었는지가 중요하다.[67]

예를 들면 사전에 알고 있는 직업영역에서 요구되는 준수규정이나 법률의 효력, 법원의 판결 또는 제3자로부터 수집한 정보 등에 대하여 행위자가 그 정당성을 신뢰하였고, 자기행위의 올바른 법적 판단에 필요한 전문지식과 객관성을 가지고 심사숙고를 통하여 그의 행위의 법적 성질을 충분히 알 수 있을 만큼 노력을 기울인 때에는, 다시 제3자에게 정보에 대한 문의를 한다는 것은 기대하기 어

65) 예컨대 행위자는 자기행위에 대하여 무혐의로 판단한 검사의 법판단을 믿을 수 밖에 없다. 왜냐하면 검사조차도 가지고 있지 않는 법인식을 일반인에게 요구할 수는 없기 때문이다. 같은 견해로 H-J.Rudolphi, SK StGB, §17 Rdn.42 ; J.Baumann/U.Weber/W.Mitsch, Strafrecht Allgemeiner Teil : Lehrbuch, 10.Aufl.(Bielefeld:Ernst und Werner Gieseking,1995), S.423 ; U.Neumann, AK StGB, §17 Rdn.69. 관련되는 판례로 대법원 1995.8.25. 선고 95도717 판결.

66) 여기에 대해서는 C.Roxin, Strafrecht AT, §21 Rdn.28ff. 참조.

67) G.Jakobs, Strafrecht AT, 19.Abschn. Rdn.45 ; H-J.Rudolphi, SK StGB, §17 Rdn.42. 이에 반하여 독일학자들의 다수견해는 부작위한 정보조회에 있어서 금지착오의 회피가능성은 어떠한 정보를 행위자가 주의깊게 탐색하여 획득할 수 있었겠는가를 벗어나서 판단될 수 없다는 점에서 가설적인 정보가 고려되어져야 한다고 보고 있다. E.Dreher/H.Tröndle/T.Fischer, StGB, 49.Aufl.(München:C.H.Beck,1999), §17 Rdn.9 ; P.Cramer, StGB(Sch/Sch/Cra), §17 Rdn.22 ; P.Bockelmann/K.Volk, Strafrecht Allgemeiner Teil, 4.Aufl.(München:C.H.Beck,1987), S.124 ; U.Neumann, AK StGB, §17 Rdn.78.

려우므로 정당한 이유가 인정될 수 있다.[68] 이 경우에는 행위정황과 각 개인의 생활관계 및 행위자 개인의 인식능력 등이 고려되어야 할 것이다.

(2) 수집된 정보의 신뢰에 기대되는 정도

이와 같이 일반적으로 행위자가 수집한 정보를 신뢰하는 것은 보호가치가 있고 동시에 형법적으로 중요한 책임비난이 배제될 수 있다고 하겠다. 문제는 '어떠한 전제조건하에서 수집된 정보가 신뢰보호를 위한 충분한 기초를 제공하느냐' 이다.[69] 이와 관련하여 신뢰가치있는 정보를 전달해주는 자의 범위를 어디까지로 볼 것이며, 신뢰가치가 있는 정보에 대해서는 어떠한 내용적인 요구조건이 부가되어야 하는가[70] 하는 문제가 논의될 수 있다.

즉 특정적이고 확실하게 전달된 정보 그 자체만으로 족한가, 아니면 법전문가를 통하여 법상황의 상세하고 성실한 심사가 기초지워져야 하는가, 개별사례에 있어서 수집된 정보에 대한 심사가 행위자에게 기대될 수 있는가, 있다면 어느 정도 기대될 수 있는가, 특정한 사례에 있어서 행위자는 정보에 대한 일반적인 신뢰를 넘어 그 내용적인 정당성까지 심사를 해야만 하는 것인가?

가) 신뢰가치있는 정보제공자의 범위

전문적 지식과 그 객관성은 정보제공자에 대한 신뢰가치성을 구성한다. 따라서 정보제공자가 행위자의 행위의 법적 성질에 대하여 전문적인 지식을 가지고 있고, 그로부터 객관적인 정보를 기대할 수 있는 경우에만 비로소 신뢰가치있는 것으로 간주할 수 있다.

금지착오에 관한 대법원판례의 대부분은 정보제공자가 행정기관의 공무원이다. 행정기관의 공무원은 정당한 법률해석을 위하여 해당관할의 영역에서 필수적인 정보를 마음대로 할 수 있는 것이 아니라, 일반적으로 정당한 정보전달을 위한 필수적인 객관성을 지니고 있기 때문에 대다수의 일반인들은 관할 행정기관의 담당공무원에게 문의를 하고 그로부터 정보를 제공받는다. 즉 정보제공자로서 행정기관에 부여되는 신뢰가치성은 그 권위에 있는 것이 아니라 사실적으로 정당한 정보를 제공한다고 하는 점에 근거하고 있다. 따라서 정당한 정보전달을 위하여 필수적인 전문지식과 객관성을 가지고 있는 행정기관의 담당공무원이 제공하는 정보에는 높은 신뢰가치성이 부여되어야 한다.

신뢰할 만한 정보를 제공할 수 있는 정보제공자의 범위와 관련하여 사적인 이익집단의 대표자가 포함될 수 있는가?[71] 이러한 사람들에게 일반적으로 그리고 예외없이 필수적인 전문지식이 없거나 또는 요구되는 객관성이 없는 경우에는 당연히 정보제공자로서의 신뢰가치는 없다. 무엇보다도 이

68) H-J.Rudolphi, SK, §17 Rdn.35ff. ; ders., Unrechtsbewusstsein, S.249 ; P.Cramer, StGB (Sch/Sch/ Cra), §17 Rdn.18. BGHSt 15, 341.

69) U.Neumann, AK StGB, §17 Rdn.64.

70) 여기에서 주로 문제되는 것은 상호모순되는 판결과, 정당하지 아니한 법률정보의 경우이다.

71) H-J.Rudolphi, Unrechtsbewusstsein, S.245ff.

익집단의 업무의 아주 사소한 부분이 그의 구성원들로 하여금 국가의 법률과 규정 그리고 그밖의 공적인 공고나 고시를 따르는 것 - 직업영역에서 필요한 것에 관하여 그들의 구성원을 정보화하고 그들에게 이해할 수 있도록 하는 그러한 공고나 고시를 따르는 것 - 을 방해할 수 있다.

그렇다고 하여 사적 집단내에서의 결정적인 기능의 수행에 있어서 일반적으로 그 대표자에게는 필수불가결한 객관성이 없다고 볼 수는 없다. 이것은 사적 이익집단 대표자가 잘못된 정보를 제공함으로써 손해배상청구권의 위험 또는 형사소추의 위험을 배제할 수 없기 때문이다. 즉 고의로 잘못된 정보를 제공함으로써 그 구성원이 고의의 불법행위로 나아간 경우에는 고의의 교사 또는 방조에 해당하기 때문이다. 따라서 사적인 이익집단의 대표자는 구체적인 개별사례에 있어서 그의 전문적 지식과 그 정보의 객관성을 충족하는 조건하에서만 신뢰가치있는 정보제공자로 인정되어야 한다.

나) 수집된 정보의 신뢰가치성

행위자에 의하여 수집된 정보, 즉 전문적 지식의 신뢰가치성을 논의하기에 앞서서 그 전제로서 정보에 대한 행위자의 신뢰를 비록 일정한 한계 내에서 라고 하더라도 보호할 필요성이 있는가에 대한 사회학적 · 법적 기초가 우선 논의되어야 할 것이다.

먼저 무엇보다도 현재 존재하고 있는 형법규범의 엄청난 양이다. 그러한 형법규범에서 금지되거나 요구되는 행위방식의 범위는 일정한 범위의 법률전문가들에 있어서는 전혀 놀라운 것도 아니며, 완전하게 추론될 수도 있을 것이다. 예를 들어 행정형벌을 규정하고 있는 각종 세부적인 행정단속법규와 같은 부수형법의 존재나 그 내용에 대하여서는 단지 소수의 전문가들만이 실질적으로 이해할 수 있다. 따라서 아주 드문 사례를 제외하고는 관보에 공포되는 법령이 일반적으로 개개의 행위자에게 알려지리라고 기대할 수 없을 뿐만 아니라, 그러한 요구를 전제로 한다는 것은 오늘날 하나의 픽션에 불과하다.

비록 행위자에게 그 법령조항이 알려진 경우라고 하더라도 그 의미내용과 적용영역을 일반적인 행위자가 완전히 이해한다고 하는 것도 거의 기대하기 어렵다. 이와 같이 개별적인 행위자가 그의 행위와 관계되는 법질서의 모든 금지와 요구에 대하여 자명하게 정보화되는 것, 즉 전문적인 정보를 가진 제3자의 도움없이도 자명하게 정보화된다고 하는 것은 기대될 수 없다.

오늘날 법상태와 법적용에 있어서의 이러한 어려움으로 인하여 법령의 인식과 해석, 그리고 이에 대한 조언은 분업화와 전문화를 통하여 전문가집단에 독점화될 수 밖에 없다. 특히 경제발전과 그것을 통하여 필연적으로 증가하는 작업방법의 개량과 전문화로 인하여 다수의 직업영역에 있어 제기되는 법률문제의 해결이 분업의 방법으로 전문가에게 전이된다는 것은 필연적 현상이며, 따라서 전문가의 정보에 대한 행위자의 신뢰는 원칙적으로 보호가치가 있다. 다만 이 경우에도 제3자에 의한 정보에 대한 신뢰의 보호는 제3자의 정보가 행위자의 정보와 비교하여 보다 높은 가치를 가지고 있으며, 따라서 그 정당성에 있어서 행위자의 독자적인 견해보다도 더 높이 보증된다고 하는 것을 전제로 한다. 따라서 판결의 정당성 또는 법률의 정당성 내지 타당성에 대한 맹목적인 신뢰가 보호가치가 없듯이, 행위자의 책임을 부정하는 수집된 정보의 정당성에 대한 맹목적인 신뢰도 보호가치가 없다.

하나의 정보는 이미 그것이 신뢰할 만한 가치있는 정보제공자로부터 전달되었기 때문에 신뢰할 만하다는 것은 아니다. 신뢰보호를 위한 기초는 단지 하나의 객관적이고 또한 개별적인 사례에 있어서 필수적인 전문적 내용을 가지고 있는 정보라야 한다.

이러한 전제로는, 첫째로 행위의 법적인 의미에 대한 신뢰가치있는 정보를 제공해주는 자의 명백한 입장표명이다. 이에 반하여 만약 행위자가 신뢰가치가 있는 정보제공자가 자신의 행위를 적법한 것으로 판단한다는 사실을 그 이전의 행위로부터 또는 정보제공자의 직접적으로 관계된 표현이 아닌 것으로부터 추론하는 경우에는 신뢰보호를 위한 기초가 결여된다. 왜냐하면 이러한 경우에는 자신의 추론의 결과가 실질적으로 정보제공자의 견해와 일치한다는 것, 행위시점에서 법상황의 책임있는 심사의 근거하에서 주어질 수 있는 그러한 정보제공자의 견해와 일치한다는 것을 보장할 수 없기 때문이다.

다음으로 정보제공자의 정보는 단지 그것이 판단될 행위의 정당하고도 포괄적인 인식에 근거하고 있는 경우에만 그것은 신뢰가치가 있다. 왜냐하면 만약 그 정보제공자가 특정한 행위의 법적인 가치평가를 위하여 모든 의미있는 상황을 안다고 한다면, 바로 그러한 경우에만 그것은 일반적 · 사실적으로 정당한 정보를 제공할 수 있기 때문이다. 따라서 신뢰가치있는 정보제공자로부터 수집된 정보가 정당성에 관하여 신뢰가치를 가지려면 문제되는 행위자는 판단될 사실의 완전한 상황을 제공하여야만 한다. 행위자가 이것을 게을리하였다면 수집된 정보의 정당성에 대한 자신의 신뢰는 보호받을 가치가 없다.

끝으로 보호가치있는 정보는 만약 그 정보가 법상태의 보다 상세한 심사의 결과라고 하는 경우에만 신뢰가치있는 정보제공자에 의하여 전달된 정보이다. 단지 법상황의 상세한 심사 없이 주어지는 법전문가의 즉석정보는 행위자를 근본적으로 면책하지 않고, 신뢰가치있는 정보는 여전히 특정적이고 명백하여야 할 것이다.[72] 왜냐하면 그 자체 전문적인 정보제공자의 특정한 행위의 법적인 성질에 대한 입장표명은 그것이 정보제공자로부터 그의 완전한 전문지식의 투입하에서 그리고 그의 지적인 능력의 투입을 통해서 획득되는 그러한 경우에만 그것의 정당성에 대한 필수적인 신뢰를 제공하는 것이다. 즉 보호가치가 있는 것은 단지 신뢰가치가 있는 정보제공자로부터 그의 의무적인 주의의 고려하에서 주어진 입장표명에 대한 신뢰만이다. 어떠한 의무가 개별적인 사례에 있어서 정보제공자에게 있는가 하는 것은 주의깊고 책임있는 법관찰자라고 하는 규범적인 척도로 판단될 수 밖에 없다.

---

72) C.Roxin, Strafrecht AT, §21 Rdn.60 ; H-J.Rudolphi, Unrechtsbewusstsein, S.247 ; F-C.Schroeder, LK StGB, §17 Rdn.42 ; J.Wolter, "Schuldhafte Verletzung einer Erkundigungspflicht, Typisierung beim Vermeidbarkeitsurteil und qualifizierte Fahrlässigkeit beim Verbotsirrtum - OLG Celle, NJW 1977,1644(Urt.v.13.12.1976 - 3 Ss 270/75)", in:JuS(1979) Heft 7, S.482ff.

4) 소결

금지착오에 있어 정당한 이유의 구체적인 판단척도는 예방적 · 규범적 책임개념에 따라 먼저 행위자가 처한 객관적 사정과 주관적 능력에 비추어 행위자에게 자기행위의 위법성에 대하여 인식할 수 있는 실질적인 가능성이 존재하였는가, 그리고 행위자가 자기행위의 법적 성질에 대하여 심사숙고하거나 그에 따라 조회할 수 있는 구체적인 계기를 가졌는가, 나아가 주어진 위법성인식가능성을 이용할 수 있다는 것이 행위자에게 기대가능한가 이다. 또한 계기가 현존하는 경우 행위자가 충분한 확인노력을 기울였는가도 그 판단기준으로 검토되어야 한다.

이와 같이 정당한 이유에 대한 판단은 행위자의 생활관계와 그가 처한 상황을 근거로 하여 그의 개인적 능력과 그에게서 기대할 수 있는 모든 상황으로 볼 때 자신의 행위의 불법을 합리적으로 변별할 수 있으며 이러한 행위자가 심사숙고를 하였을 때 자기행위의 위법성을 인식할 수 있었느냐가 그 기준이 된다. 따라서 사전에 알고 있는 직업영역에서 요구되는 준수사항이나 법률의 효력, 법원의 판결 또는 제3자의 견해 등에 대하여 그 타당성을 신뢰하였고, 자기행위의 올바른 법적 판단에 필요한 전문지식과 객관성을 가지고 심사숙고를 통하여 행위의 법적 성질을 충분히 알 수 있을 때에는 정당한 이유가 인정된다.

또한 이러한 심사숙고를 통하여 행위자가 자기행위의 위법성에 대하여 의문을 가졌다면 권한있는 관계기관이나 법률전문가 또는 판결 등을 조회 · 확인하여야 할 의무가 있다는 점에서 확인 및 조회의무의 이행여부도 정당한 이유의 판단척도가 된다. 다만 여기서는 문의를 하였더라면 정보를 얻을 수 있었느냐 라는 사실판단의 문제가 아니라 수집된 정보가 어떠한 내용을 가지고 있는가가 중요한 고려대상이 된다. 일반적으로 행위자가 수집한 정보를 신뢰하는 것은 보호가치가 있으므로 형법적으로 중요한 책임비난이 배제될 수 있다. 따라서 개별사례에 있어서 구체적으로 판단되어야 할 문제는 어떠한 전제조건하에서 수집된 정보가 신뢰보호를 위한 충분한 기초를 제공하느냐 이다. 이와 관련해서는 신뢰가치있는 정보를 전달하여 주는 자의 범위를 어디까지로 볼 것이며, 정보가 신뢰가치성을 가지기 위해서는 어떠한 내용의 요구조건이 충족되어야 할 것인가가 논의될 수 있다.

이러한 구체적인 판단척도에 따라 대법원판례를 중심으로 정당한 이유의 판단척도를 유형화하면 법률의 효력에 대하여 신뢰한 경우, 공적 기관의 법해석을 신뢰한 경우, 제3자로부터 수집한 정보를 신뢰한 경우, 법원의 판례를 신뢰한 경우, 공적 기관의 지시나 지침을 신뢰한 경우, 직무수행이나 직무범위내의 행위로 신뢰한 경우 등이다.

5. 정당한 이유에 대한 판단척도의 유형화

금지착오의 규율은 자기행위가 적법하다고 믿었다는 행위자의 신뢰를 어떠한 구체적인 척도에 의해 정당성 유무를 판단할 것이냐로 귀결된다. 즉 정당한 이유의 구체적 판단척도는 보호가치있는 신뢰의 한계문제라 할 수 있다.

금지착오의 정당한 이유를 판단하기 위해서는 행위자에게 자기행위의 법적 성질에 대해 생각할 수 있는 구체적 계기가 존재하고, 그러한 계기하에서 행위자에게 행위의 위법성인식가능성이 기대되느냐가 전제되어야 할 것이다. 특히 심사숙고 및 조회의 계기와 관련하여 법률이나 대법원판결 또는 권한있는 공적 기관이나 법률전문가의 신뢰할 만한 조회정보, 공적 기관의 고시나 지침, 계속된 직무수행활동 등은 행위자에게 자기 행위의 위법성 여부를 쉽게 인식시켜줄 수 있는 계기가 될 수 있다.

1) 법률의 정당성을 신뢰한 경우

사회공동체내에서의 모든 인간의 생활은 필연적으로 자신과 함께 살아가는 다른 사람에 대한 최소한도의 신뢰와 국가기관에 대한 신뢰를 그 전제조건으로 하고 있으며, 이러한 신뢰가 기초되지 아니하고는 공동체의 삶은 영위될 수가 없다. 무엇보다도 공동체 구성원의 신뢰를 보장해 주어야 할 책임있는 존재로서의 국가기관은 법치국가의 원리에 기초하여 자신이 행하고자 하는 각종 국가작용들을 법적인 척도에 정향시켜야만 한다. 따라서 국가기관이 정당하고 타당한 법을 설정하고 개별적인 사례에 있어서 정당하게 적용한다는데 대한 사회구성원들의 신뢰는 한 국가에 있어서 인간의 순조로운 공동삶을 가능하게 하며, 이러한 신뢰는 확실하게 보장되어야만 한다. 왜냐하면 규범준수자들의 법규범 내지 법질서의 타당성과 정당성에 관한 신뢰는 정당한 평화질서로서의 법률의 무조건적인 전제조건이기 때문이다.

만약 법률을 신뢰하는 각 개인이 그 정당성과 타당성에서 있어 법률을 의심하고 나아가 법률의 유효성에 대해 심사를 하는 것이 정당화되어진다고 한다면 평화로운 질서를 형성하고 보장한다고 법률의 고유한 기능은 충족될 수 없을 뿐만 아니라, 구체적 사례에 있어서 행위자가 자신의 심사를 기초로 하여 법률을 타당한 것으로 아니면 타당하지 않은 것으로 고찰하는가 어떤가에 의해 행위의 적법성이 좌우되어 버린다. 나아가 행위자에게 법률에 대한 타당성까지 심사할 것을 요구한다면, 회피불가능한 금지착오는 거의 생각할 수 없으며, 그로부터 법공동체에 중대한 불이익을 초래하게 될 것이다.

또한 법률은 가능한 한 사리에 맞게 제정하려는 입법자의 고도의 능력, 즉 권위에 기초하고 있다는 점에서도 신뢰받을 만한 계기를 부여한다. 따라서 법률을 올바르게 해석하고 그 효과를 합리적으로 판단할 수 있는 자가 심사숙고를 통하여 위법성을 인식할 수 없었다면 정당한 이유에 해당된다 할 것이다.

이와 같이 자신의 행위를 허용하는 법률의 정당성과 타당성에 대한 행위자의 신뢰는 보호되어져야만 하지만 그렇다고 하여 맹목적인 신뢰까지 보호된다는 것은 아니다. 만일 그러한 신뢰까지 보호되어야 한다면 객관적이고 명백하게 그 정당성이 의심되는 법률에 의해 창출된 질서가치에 절대적인 우위가 부여될 뿐 아니라 맹목적인 자의 신뢰가 의심을 가진 자의 신뢰보다 더 보호되어져 버리게 되는 모순이 생긴다.

따라서 행위자는 자기의 행위에 대한 법적 허용조건의 부당성이 일반적으로 알려져 있음으로 해서 그것에 대해 곧바로 인식가능했거나 또는 의심스러울 때는 법률전문가나 국가기관에 조언을 구하거나 판결을 통해 자기행위의 적법성에 대해 정보를 수집해야만 한다.

2) 법원의 판례를 신뢰한 경우

여기서는 판결로서 자신의 행위의 정당성을 신뢰할 수 있는지, 있다면 어느 정도로 신뢰해야 하는지가 문제된다. 판결은 그 자체로서 고도의 정당성이 보장되어 있다는 점에서 일반인으로서는 그 정당성에 대해 심사를 할 수 없으며 따라서 일반적으로 그 정당성에 대하여 심사를 요구할 수도 없다. 따라서 행위자가 자신의 행위와 동종의 행위에 대해 합법적으로 판단한 판결의 정당성을 신뢰했다면 이러한 신뢰는 보호가치가 있으며, 형법적으로 중요한 책임비난은 배제되어져야 한다. 이와 같이 행위자가 일관된 법원의 판결을 신뢰한 경우에는 조회나 확인없이 독자적으로 법판단을 할 수 있으며 정당한 이유가 인정된다. 사법심사의 대상이 된 행위에 대한 법적 판단인 법원의 판결은 이를 통하여 일반인에게 직접적으로 행위방향을 설정해 주는 규범창출기능을 가지고 있기 때문이다.[73)]

판례 그 자체는 법원성을 갖고 있지 않다. 그러나 이미 확립된 판례를 피고인에게 불리하게 변경하여 소급적용한다면 이것은 사후입법에 의한 소급처벌과 같이 피고인의 법적 신뢰 및 안정성을 해쳐 결국 죄형법정주의에 반하게 된다. 따라서 대법원판결에서 나타난 지금까지의 법적 판단을 신뢰했고 그와 일치되게 행위했다면 정당한 이유의 판단에 이러한 사정은 유리하게 판단되어져야 하며, 따라서 대법원이 종전의 확립된 법적 견해를 변경하는 경우에도 이를 신뢰한 행위에 대해서는 정당한 이유에 해당된다고 해야 한다. 바로 이같은 주장은 법관의 활동이 미리 확립된 결과의 발전을 지향하는 단순한 법발견활동이 아니라 하나의 법창조활동임을 전제하고 있다. 즉 판례의 변경이 단순한 법발견활동일 때는 판례의 소급적 변경이 문제되지 않지만, 그것이 법창조적 활동에 해당할 때에는 피고인의 법적 안정성을 위해 장래의 사건에 대해서 변경된 판례의 입장이 적용될 수 있는 것이다. 다만 여기서의 법원의 판결은 최종적인 법률판단이어야 한다는 점에서 대법원판결에 제한되어야 한다.

만일 유사한 사안에 대하여 동급법원에서 서로 다른 판결이 내려진 경우에는 자기에게 유리한 판결을 신뢰했더라도 그 신뢰는 보호가치가 없다고 보아야 할 것이다. 왜냐하면 서로 다른 어느 한 판례에 의해 자신의 행위의 적법성을 확신하고 있는 행위자라도 만약 그의 행위와 유사한 어떤 행위가 다른 판례에 의해 금지되어 있음을 알았을 때에는 그 행위의 적법성을 의심할 만한 충분한 계기가 있기 때문이다. 이러한 견해에 대해 판례의 불통일성은 행위자의 책임이 될 수 없다는 점에서 회

73) 다만 대법원판결을 신뢰한 사례에 대해서는 아직 판례가 없다. 이는 아마도 소송당사자가 상고이유로 다투지 않았기 때문이라고 생각되는데 앞으로 이론과 실무에서 좀더 검토가 되어야 하리라 본다.

피불가능한 금지착오로 보는 견해도 있다. 또 정당한 이유가 없다는데 대한 논거에 있어서도 행위자가 그의 행위와 유사한 행위를 금지하는 다른 판례가 있음을 알았거나 알 수 있었을 때에는 여전히 자기행위의 적법성에 대해 의심할 만한 계기가 충분하고 따라서 제한적 불법의식이 존재하고 있기 때문에 정당한 이유없는 금지착오로 보아야 한다는 견해[74]와, 기대가능성의 문제로 보아야 한다는 견해[75]가 있다. 만일 제한적 불법의식이 존재하는 것으로 보면 금지착오 자체를 부정하는 것이 되므로, 개별행위자에게 동일한 심급의 모순된 판결이 있는 경우에 행위자가 계획한 행위를 단념하는 것이 기대되어질 수 있느냐에 따라 판단하는 것이 타당하리라 본다.

대법원판결이 없는 상태에서 서로 모순되는 판결이 심급을 달리하는 법원에서 내려진 경우에는 법원 심급의 형식적 관할의 중요성으로 볼 때 상급법원의 판결에 대한 신뢰에 보다 높은 보호가치가 있다.[76]

또한 행위가 허용되는 것으로 해석한 판결로서 행위자가 자신의 행위방향을 정했다면, 문헌에서 상이한 법적 견해들이 주장되고 있다는 것이 그에게 알려져 있다고 하더라도 그 신뢰는 정당한 이유있는 것으로 고려되어져야 한다. 상이한 법적 견해들과 비교하여 판결이 항상 옳은 것은 아니라 하더라도 최종적인 법판단은 판결을 통해서 이루어지기 때문이다.

당해 사건과 직접적으로 관련없는 판례(사안을 달리하는 사건에 관한 대법원판결)는 당해 행위에 대한 법적 판단의 방향을 설정해 주는 것이 아니므로 이를 믿은 경우에는 정당한 이유가 될 수 없다.[77]

3) 제3자, 특히 법률전문가로부터 수집한 정보를 신뢰한 경우

법규범위반이 의심되는 행위의 법적 문제에 관해 법률전문가 또는 적절한 법정보를 제공할 수 있는 사람이 설득력이 있다고 간주할 수 있을 정도로 의무에 따른 심사를 거쳐 제공해 준 것일 때에는 이를 믿은데에 정당한 이유가 있다 할 것이다. 일반적으로 변호사나 변리사 기타 전문적인 법적 지식을 가진 법률학자 등은 법률전문가라 할지라도 형벌법규의 해석이나 집행 등에 대하여 법적 책임을 지는 공무원이 아닌 사인이므로 만약 그들의 견해를 믿고 행위한 경우까지 정당한 이유가 있다고 하면 사인의 의견에 의해 형벌법규의 적용이나 집행이 좌우되어 법제도의 운영에 통일성을 기할 수 없게 된다는 점에서 정당한 이유가 있다고 보기는 어렵다.

---

74) Eduard Dreher/Herbst Tröndle, StGB, §17 Rdn.9.

75) Friedrich-Christian Schroeder, LK StGB, §17 Rdn.39 ; Peter Cramer, StGB(Sch/Sch/ Cra) §17 Rdn.21 ; Ulfried Neumann, AK StGBK, §17 Rdn.68 ; Günter Warda, "Schuld und Strafe beim Handeln mit bedingtem Unrechtsbewuβtsein", S.510ff.,526ff.

76) 이 문제는 특히 제2심의 소송구조를 어떻게 보느냐에 따라 판단되어져야 하리라 본다.

77) 이 사건 사실관계에 의하면 설사 피고인이 당원(대법원)의 판례에 비추어 자신의 행위가 무허가 의약품의 제조 판매행위에 해당하지 아니하는 것으로 오인하였다고 하더라도, 이는 사안을 달리하는 사건에 관한 당원(대법원)의 판례(1992.9.8 92도1683)의 취지를 오해하였던 것에 불과하여 그와 같은 사정만으로는 그 오인에 정당한 사유가 있다고 볼 수 없다(대법원 1995.7.28. 선고 95도1081 판결). 같은 취지의 판례로 1992.5.26. 선고 91도894 판결.

더구나 법적 조언을 구하는 자가 자기에게 유리하게끔 사실관계를 왜곡한다거나, 면책될 수 있는 방법에 대해서만 조언을 구하고 조언자가 여기에 대하여 확실한 법적 근거없는 믿음을 심어 줄 수도 있을 뿐만 아니라 법률전문가들이 부적절하고 막연한 정보만을 제공해 줌으로써 오신을 갖게 할 위험성도 있으며, 자칫 이들이 결탁하여 불법적인 행위에 대해 허위사실 등을 주장하여 사법판단을 구하는 경우[78]도 있을 수 있다.[79]

그렇다고 하여 행위에 대한 법적 판단이 유보된 행위자에게 오직 사법판단만을 구하라는 것은 기대할 수 없을 뿐 아니라 사법심사의 대상이 되느냐도 현실적으로 문제가 된다. 국가사법독점주의가 아닌 이상 고도의 법적 지식을 가지고 있으면서 사법의 한 부분을 담당하고 있는 법률전문가의 견해를 믿어서는 안된다는 것도 논리모순일 수 밖에 없다.[80] 따라서 정확한 사실관계를 기초로 문의내용이 구체적일 뿐만 아니라 법적 조언을 하는 법률전문가가 자기의 법적 양심에 따라 구체적이고도 명확한 법적 논거와 판단을 제공해 준 경우에는 정당한 이유에 해당한다고 보아야 할 것이다. 즉 상의한 구체적 내용과 상의과정 및 법적 판단의 논거 등을 고려하여 정당한 이유 유무를 판단해야 한다.[81]

대법원은 「경제의 안정과 성장에 관한 긴급명령」 공포 당시 신고하여야 할 사채에 해당하는지에 대하여 변호사에게 확인한 사안인 1976.1.13. 74도3680 판결[82]과 의장법위반에 해당하는지 변리사에

78) 이를 '사법의 스포츠화' 또는 '게임화'라고 할 수 있다. 대표적인 사례로 금융실명제나 부동산실명제의 법망을 빠져나가기 위해 사법의 수단을 택하거나, 탈세나 돈세탁을 하려는 자의 문의에 대해 합법을 가장한 불법적인 방법을 조언해 주는 경우가 이에 해당할 것이다.

79) BGHSt 3, 101 ; 21, 21.

80) 특히 우리나라를 포함하여 대부분의 법제가 유능한 변호사중에서 법관과 검사를 임용하는 제도를 취하고 있다.

81) 대법원판결로 보아 정확한 사실관계는 알 수 없으나 이와 같은 사정을 종합하여 정당한 이유가 없다고 판시한 사례로는 대법원 1978.12.26. 선고 78도2131 판결 ; 1990.10.16. 선고 90도1604 판결 ; 1992.5.26. 선고 91도894 판결 등을 들 수 있다.
압류물을 집달관의 승인없이 임의로 그 관할구역 밖으로 옮기는 행위를 하면서 변호사 등에게 문의하여 자문을 구하였다고만 주장하고 있을 뿐 기록상 그 자문내용이 구체적이고 상세한 것으로서 신뢰할 만하다고 볼 수 있는 자료가 없을 뿐 아니라 압류집달관에 대하여 상세한 내용의 문의를 하였다는 자료도 없는 이 사건에서는 소론과 같은 정도로 변호사 등에게 문의하여 자문을 받았다는 사정만으로는 자신의 행위가 죄가 되지 않는다고 믿는데에 정당한 이유가 있다고 할 수 없고 지적하는 당원판결은 사안을 달리하는 이 사건에 적절한 선례가 되지 아니한다(대법원 1992.5.26. 선고 91도894 판결).
피고인이 수입물품을 진정상품으로 오인하였고, 더 나아가 병행수입이 허용된다고 믿어 자신의 행위가 죄가 되지 아니하는 것으로 오인하였다고 하더라도, 피고인은 수입행위가 국내 전용사용권을 침해하는 것인지 여부에 관하여 전문가의 자문을 구하는 등의 아무런 조치도 없이 임의로 그와 같이 믿은 것에 지나지 아니하므로, 거기에 정당한 이유가 있다고 보기는 어렵고, 따라서 피고인의 행위가 상표권 침해행위에 해당하지 않는다거나 침해의 범의가 조각된다고 할 수 없다(대법원 1997.10.10. 선고 96도2191 판결).
긴급명령 위반행위 당시 긴급명령이 시행된 지 그리 오래되지 않아 금융거래의 실명전환 및 확인에만 관심이 집중되어 있었기 때문에 비밀보장의무의 내용에 관하여 확립된 규정이나 판례, 학설은 물론 관계 기관의 유권해석이나 금융관행이 확립되어 있지 아니하였다는 사정은 단순한 법률의 부지에 불과하며, 그 위반행위가 형사재판 변호인들의 자료 요청에서 기인하였다고 하더라도 변호인들에게 구체적으로 긴급명령 위반 여부에 관하여 자문을 받은 거은 아닌 데다가, 해당 은행에서는 긴급명령상의 비밀보장에 관하여 상당한 교육을 시행하였음을 알 수 있어 피고인들의 행위가 죄가 되지 않는다고 믿은 데에 정당한 이유가 있는 경우에 해당하지 않는다(대법원 1997.6.27. 선고 95도1964 판결).

82) 경제의 안정과 성장에 관한 긴급명령 공포 당시 기업사채의 정의에 대한 해석이 용이하지 않았던 사정하에서 겨우 국문정도 해득할 수 있는 60세의 부녀자가 채무자로부터 사채신고권유를 받았지만 지상에 보도된 내용을 참작하고 관할 공무원과 자기가 소송을 위임하였던 변호사에게 문의 확인한 바 본건 채권이 이미 소멸되었다고 믿고 또는 그렇지 않다고 하더

게 문의 · 감정의뢰하여 전문적인 감정을 받은 사안인 1982.1.19. 81도646 판결[83]에서는 정당한 이유가 있다고 판시하면서, 후자와 유사한 사안인 상표법위반 여부에 대하여 변리사로부터 자문과 감정을 받은 1995.7.28. 95도702 판결[84]에서는 정당한 이유가 없다고 판시하였으며, 검찰의 무혐의결정 사실을 믿은 사례에 대해서는 정당한 이유가 있다고 판시하고 있다.[85][86] 따라서 법률전문가의 견해를 믿은 경우에도 현재 대법원판례는 구체적 · 객관적인 판단기준을 제시하지 않고 있다.

4) 행정기관의 법해석을 신뢰한 경우

질서유지가 행정의 중심을 이루고 있었던 근대법치국가에서는 행정의 법률적합성이 강조되었으나, 국민의 생존배려를 중요 과제로 하는 현대 복지국가에 있어서는 행정의 법률적합성의 원칙이 유일한 가치척도가 될 수는 없고, 그 밖의 가치 또는 법원칙과의 비교형량이 요청되고 있다. 이러한 견지에서 행정에 대한 국민의 신뢰보호가 또 다른 중요한 법원칙으로서 등장하게 되었다. 행정에 대한 신뢰보호의 원칙이란 국민이 명시적 · 묵시적 언동을 포함한 행정기관의 어떤 결정의 정당성 또는 존속성에 대하여 신뢰한 경우 그 신뢰가 보호가치 있는 한, 그 신뢰를 보호해 주어야 함을 말한다.

라도 신고하여야 할 기업사채에 해당하지 않는다고 믿고 신고를 하지 아니한 경우에는 이를 벌할 수 없다고 할 것이다.

83) 피고인이 1974.말경 외국상사들로부터 발가락 삽입부가 5개로 형성된 양말을 주문받아 1975. 1.부터 이를 생산하던 중 이 사건 피해자로부터 발가락 삽입부가 5개로 형성된 양말은 동인의 의장권(의장등록 제13319호)을 침해한다 하여 그 제조의 중지요청을 받고 그 즉시 변리사에게 문의하였던바, 양자의 의장이 색채와 모양에 있어 큰 차이가 있으므로 동일 유사하다고 할 수 없다는 회답을 받고, 또 같은 해 3.11. 위 변리사에게 감정을 의뢰하여 위 양자의 의장은 발가락 삽입부 5개가 형성되어 있는 외에는 형상, 색채 혹은 그 조합이 각기 다르고 위 발가락 5개의 양말은 위 의장등록이 된 후에도 공소외인의 명의로 의장등록(제17597호)된 바 있으니 발가락 삽입부가 위 피해자의 등록의장의 지배적 요소라고 할 수 없으므로 양자는 결국 동일 또는 유사하다고 할 수 없다는 전문적인 감정을 받았고 ~ . 사실이 이와 같다면 특허나 의장권 관계의 법률에 관하여는 전혀 문외한인 피고인으로서는 대법원판결이 있을 때까지는 의장권을 침해하는 것이 아니라고 믿을 수 밖에 없었다고 할 것이니, 위 양말을 제조 판매하는 행위가 법령에 의하여 죄가 되지 않는다고 오인함에 정당한 이유가 있는 때에 해당한다.

84) 피고인이 변리사로부터 타인의 등록상표가 상품의 품질이나 원재료를 보통으로 표시하는 방법으로 사용하는 상표로서 효력이 없다는 자문과 감정을 받아 자신이 제작한 물통의 의장등록을 하고 그 등록상표와 유사한 상표를 사용한 경우 설사, 피고인이 위와 같은 경위로 자기의 행위가 죄가 되지 아니한다고 믿었다 하더라도 이러한 경우에는 누구에게도 그 위법의 인식을 기대할 수 없다고 단정할 수 없으므로 피고인은 상표법위반의 죄책을 면할 수 없다.

85) 피고인은 1993.4.30. 서울지방검찰청으로부터 "당국의 면허없이 1993. 일자불상경 녹각,계피,당귀 등 24종의 한약재를 배합하여 십전대보초라는 약품을 제조하고, 같은 무렵 일간신문의 광고 및 전단을 통하여 위 십전대보초가 피로회복에 특효가 있는 듯한 내용의 허위광고를 한 것이다"라는 피의사실(위 "십전대보초"와 이 사건 "가감삼십전대보초"와는 만드는 한약재의 가지수가 24개냐 30개냐, 명칭이 십전대보초인가 가감삼십전대보초인가의 차이만 있을 뿐이다)에 대하여 이 사건 십전대보초는 24종의 한약재를 아무런 가공없이 변형을 가하지 않은 채 따로따로 다른 용기에 적당량씩 넣어 포장한 다음 이를 별도의 큰 용기에 포장한 것에 불과하고, 일간신문의 광고 내용도 중장년의 '허증'을 회복시키는 효과, 즉 피로회복을 위한 자연식품으로서 우리 농민이 재배한 것이라는 내용을 골자로 하는 것으로서 의약품으로 오인될 과대광고를 한 것이라고 단정할 수 없다는 이유로 혐의없음 결정을 받은 사실을 인정할 수 있는 바, 그렇다면 피고인은 비록 한의사 · 약사 · 한약업사 면허나 의약품판매업 허가가 없이 의약품인 이 사건 "가감삼십전대보초"를 판매하였다고 하더라도 이 사건 범행 당시 자기의 행위가 법령에 의하여 죄가 되지 않는 것으로 믿을 수 밖에 없었고, 또 그렇게 오인함에 있어서 정당한 이유가 있는 경우에 해당한다고 보아야 할 것이므로 피고인을 약사법위반으로 처벌할 수 없다고 하겠다(대법원 1995.8.25. 선고 95도717 판결).

86) 행위자는 자기의 행위에 대하여 무혐의로 판단한 검사의 법판단을 믿을 수 밖에 없다. 왜냐하면 검사조차도 가지고 있지 않는 법인식을 일반인에게 요구할 수는 없기 때문이다.

따라서 허가나 인가권을 가졌거나 신고수리를 담당하는 관할행정관청 또는 담당공무원이 이해관계인의 문의에 대해 법해석을 잘못하여 허가 또는 인가가 필요없다고 잘못 알려 주었고, 관할행정관청의 이와 같은 법해석과 서로 다른 법원의 판단이 아직 없는 상태에서 행위자가 이를 믿은 경우에는 위법성의 인식을 결여한 데에 대하여 정당한 이유가 있다 할 것이다. 문서로 질의하여 회신을 받은 경우만이 아니라 구두로 문의하여 답변을 들은 경우도 당연히 포함된다. 허가나 인가에 대해 요건을 면밀히 검토할 일차적인 의무는 그 권한을 가진 행정기관에 있을 뿐만 아니라 이러한 처분은 일반인의 직업영역과 관련된 수익적 처분으로 행위방향을 직접적으로 설정해 주기 때문에 이러한 신뢰는 보호되어야 한다. 행정기관의 과실책임이 행위자에게 전가되어서는 안될 것이다.

여기에 대하여 판례는 "행정청의 허가가 있어야 함에도 불구하고 허가를 받지 아니하여 처벌대상의 행위를 한 경우라도, 허가를 담당하는 공무원이 허가를 요하지 않는 것으로 잘못 알려 주어 이를 믿었기 때문에 허가를 받지 아니한 것이라면 허가를 받지 않더라도 죄가 되지 않는 것으로 착오를 일으킨 데 대하여 정당한 이유가 있는 경우에 해당하여 처벌할 수 없다고 할 것이다"라고 판시하여 이를 정당한 이유 인정의 판단기준으로 제시한 사례가 있는가 하면,[87] 반대로 '관할행정관청의 회신

---

87) 행정청의 허가가 있어야 함에도 불구하고 허가를 받지 아니하여 처벌대상의 행위를 한 경우라도, 허가를 담당하는 공무원이 허가를 요하지 않는 것으로 잘못 알려 주어 이를 믿었기 때문에 허가를 받지 아니한 것이라면 허가를 받지 않더라도 죄가 되지 않는 것으로 착오를 일으킨 데 대하여 정당한 이유가 있는 경우에 해당하여 처벌할 수 없다고 할 것이다. 이 사건의 경우, 피고인들이 이 사건 산림훼손 등의 행위를 하기 직전에 제주시장에게 위 산림훼손지역에 속한 골프장 중 다른 지역에 대하여 산림법 제90조에 의한 입목벌채허가신청을 하였던 바, 제주시장은 위 지역이 국토이용관리법에 의하여 관광휴양지역으로 결정 고시된 장소로서 산림법 제90조의 적용이 배제된다는 이유로 위 신청서를 반려한 사실 및 이 사건 산림훼손지역이 관광휴양지역 내에 위치하고 있다는 사실을 원심이 인정하고 있고, 더욱 피고인들은 이 사건 산림훼손 등의 행위를 함에 있어 산림법 제90조에 의한 허가를 받지 아니한 것은 관광휴양지역 내에서는 위 산림법의 규정이 배제된다는 제주시장의 말을 믿은 데에도 그 이유가 있다는 취지로 변소하고 있음을 기록에 의하여 알 수 있다. 이와 같이 이 사건 산림훼손지역이 허가신청이 반려된 지역과 마찬가지로 관광휴양지역 내에 위치하고 있는 이상, 피고인들이 위 산림훼손지역에 대하여서는 산림법 제90조 소정의 허가신청을 한 바 없다 하더라도 그와같이 허가신청을 하지 아니한 것이 제주시장의 말을 믿은 때문이라면 거기에는 정당한 이유가 있다고 할 것이므로 관광진흥법 제36조 소정의 허가를 받지 아니하였다 하더라도 이는 동법 제59조 제1항 제3호에 의하여 과태료를 부과할 사유는 될지언정 그 때문에 피고인들이 산림법 제90조 소정의 허가를 받지 아니하여도 된다고 믿은데 정당한 이유가 있다는 결론에 지장이 있는 것은 아니다(대법원 1992.5.22. 선고 91도2525 판결).

이 사건 공소사실 중 경남 울산군 상북면 등억리 산 177의 1 및 산 177의 2 경계선 부근 약 1,000평방미터와 같은 군 삼남면 가천리 산 4 일대 약 550평방미터 및 2,938평방미터의 산림법위반 부분에 관하여 보건대 행정청의 허가가 있어야 함에도 불구하고 허가를 받지 아니하여 처벌대상의 행위를 한 경우라도 허가를 담당하는 공무원이 허가를 요하지 않는 것으로 잘못 알려 주어 이를 믿었기 때문에 허가를 받지 아니한 것이라면 허가를 받지 않더라도 죄가 되지 않는 것으로 착오를 일으킨 데 대하여 정당한 이유가 있는 경우에 해당하여 처벌할 수 없다고 할 것인 바 기록에 의하면 피고인은 검찰 이래 제1심 법정에 이르기까지 일관하여 이 사건 산림훼손지역은 그 곳에 있는 자수정 광산을 둘러싸고 위 고ㅇㅇ과 사이에서 분쟁이 있어 온 곳이었으므로 그로부터 책잡히지 않기 위하여 자수정 채광 작업을 하기에 앞서 울산군 산림과에 가서 산림훼손허가를 받으려고 하였으나 관광지 조성승인이 난 지역이므로 별도로 산림훼손허가를 받을 필요가 없으니 도시과에 문의하라고하여 다시 도시과에 가서 확인해 본 바(도시과에 근무한 지 1개월 가량밖에 되지 않은 김ㅇㅇ) 역시 같은 이유로 산림훼손허가가 필요없다고 하면서 피고인의 요구에 따라 그러한 취지가 기재된 울주군수 명의의 산림법배제확인서를 작성해 주므로 이를 믿고 산림훼손허가를 받지 않은 채로 자수정 채광 작업을 하여 오고 있다고 변소하고 있고 ~ 이러한 사정을 종합하여 보면 피고인은 위 산림훼손지역에 대하여 비록 산림법 제90조 소정의 허가를 받은 바 없다 하더라도 이 사건 범행 당시 자기의 행위가 법령에 의하여 죄가 되지 않는 것으로 믿을 수 밖에 없었고 또 그렇게 오인함에 있어서 정당한 이유가 있는 경우에 해당한다고 보아야 할 것이므로 피고인을 산림법위반으로 처벌할 수는 없다고 하겠다(대법원 1993.9.14.

이 법령의 해석에 관한 법원의 판단을 기속하는 것은 아니다' 라고 판시하여 정당한 이유에 해당되지 않는다고 한 사례[88]도 있다. 판례는 더 나아가 행위자가 이러한 행위가 허가의 대상이 아니어서 금지되어 있음을 알고 있었다 하더라도 관할행정관청의 담당공무원에게 문의하여 일정한 요건하에서 허가가 될 수 있다는 답변을 믿은 경우에도 정당한 이유가 있다고 판시한 사례[89]도 있다. 이와 같

선고 92도1560 판결).

구 직업안정및고용촉진에관한법률(1994.1.7. 법률 제4733호 직업안정법으로 전문 개정되기 전의 것) 제10조가 규정하고 있는 유료직업소개사업에 관한 허가규정은 외국인 근로자를 국내기업에 알선하여 주는 소개업에도 적용이 된다고 보아야 한다. 그런데 피고인들은 관할관청에 법무부훈령 제255호의 "외국인 산업기술연수사증 발급 등에 관한 업무처리지침"에 의거 산업기술연수자의 신분으로 입국하는 외국인들에 대하여 그들을 받아들이는 국내기업체의 의뢰에 따라 위 훈령에 규정된 입국절차를 대행하여 주는 허가절차에 관하여 문의하였으나 아직 허가 관련법규가 제정되지 아니하여 허가를 받지 못하였다는 취지의 변소를 하고 있는 바, 행정청의 허가가 있어야 함에도 불구하고 허가를 받지 아니하여 처벌대상의 행위를 한 경우라도 허가를 담당하는 공무원이 허가를 요하지 않는 것으로 잘못 알려 주어 이를 믿었기 때문에 허가를 받지 아니한 것이라면 허가를 받지 않더라도 죄가 되지 않는 것으로 착오를 일으킨 데 대하여 정당한 이유가 있는 경우에 해당하여 처벌할 수 없다고 할 것이므로, 만일 피고인들이 관할관청에 위 훈령에 규정된 입국절차를 대행하여 주는 허가절차에 관하여 문의하였으나, 담당공무원이 아직 허가 관련법규가 제정되지 아니하여 허가를 받지 않아도 되는 것으로 잘못 알려 주어 그 허가를 받지 않았다면 죄가 되지 않는 것으로 착오를 일으킨 데 대하여 정당한 이유가 있는 경우라고 할 것이므로, 죄책을 물을 수 없을 것이다(대법원 1995.7.11. 선고 94도1814 판결).

관할관청인 서울특별시장에게 영업허가신청을 하였으나 일반수요자가 아닌 장의사영업허가를 받은 상인에게 장의에 소요되는 기구,물품을 납품하는 행위(이른바 도매업)에 대하여는 같은 법 제5조 제1항의 영업허가가 필요없는 것으로 해석하여 영업허가를 해주지 않고 있어 피고인 역시 영업허가없이 이른바 도매를 해 왔다면 동인에게는 같은 법률위반에 대한 인식이 있었다고 보기 어렵다(대법원 1989.2.28. 선고 88도1141 판결).

피고인이 1975.4.1자 서울특별시 공문(식품위생법에 의한 식품가공업에 해당되지 아니함), 1975.12.3.자 동 시의 식품제조허가지침(식품위생법규정상 허가대상이 아님), 동 시의 1976.3. 29.자 제분업소 허가권 일원화에 대한 지침, 피고인이 가입되어 있는 서울특별시 식용유협동조합 도봉구지부의 질의에 대한 도봉구청의 1977.9.1.자 질의회시 등의 공문이 곡물을 단순히 볶아서 판매 하거나 가공위탁자로부터 제공받은 고추, 참깨, 들깨, 콩 등을 가공할 경우 양곡관리법 및 식품위생법상의 허가대상이 아니라는 취지이어서 (피고인은 당국의 이러한 공문내용에 비추어) 사람들이 물에 씻어 오거나 볶아온 쌀 등을 빻아서 미싯가루를 제조하는 행위에는 별도의 허가를 얻을 필요가 없다고 믿고서 미싯가루 제조행위를 하게 되었다면, 피고인은 자기의 행위가 법령에 의하여 죄가 되지 않는 것으로 오인하였고 또 그렇게 오인함에 어떠한 과실이 있음을 가려낼 수 없어 정당한 이유가 있는 경우에 해당한다(대법원 1983.2.22. 선고 81도2763 판결).

경제의 안정과 성장에 관한 긴급명령 공포당시 동 명령소정의 기업사채의 정의에 대한 해석이 용이하지 않았던 사정하에서 겨우 국문 정도 밖에 해득할 수 없는 60세의 부녀자인 피고인(채권자)이 지상에 보도된 내용을 참작하고 관할 관계공무원에 문의하여 긴급명령에 의하여 신고하여야 할 사채에 해당되지 않는다는 것을 확인하였을 뿐만 아니라 동 채권관계의 민사소송에서 피고인의 소송대리인이던 변호사에게 확인한 바 동 채권은 법정화해로 기히 소멸되였다고 하기에 피고인은 채무자의 사채신고권유가 있었지만 동 채권은 기히 법정화해에 의하여 소멸되었거나 또 그렇지 않다고 하더라도 긴급명령에 의하여 신고할 기업사채에 해당되지 않는 것이라고 믿고 신고하지 아니하였다면 피고인이 그와 같이 믿은 것은 이를 상당시하여야 할 것이고 따라서 그리 믿고 신고를 하지 않았다고 해서 이를 벌할 수 없다고 할 것이다(대법원 1976.1.13. 선고 74도3680 판결).

88) 유선비디오 방송시설을 자신의 유선비디오방송업 경영을 위하여 설치운영하였다면 이는 전기통신기본법 제2조 제6호 소정의 자가전기통신설비에 해당하고 당국의 허가없이 이를 설치한 때에는 같은 법 제40조, 제15 조에 위반된다. 유선비디오 방송업자들의 질의에 대하여 체신부장관이 유선비디오방송은 자가통신설비로 볼 수 없어 같은 법 제15조 제1항 소정의 허가대상이 되지않는다는 견해를 밝힌 바 있다 하더라도 그 견해가 법령의 해석에 관한 법원의 판단을 기속하는 것은 아니므로 그것만으로 피고인에게 범의가 없었다고 할 수 없다(대법원 1989.2.14. 선고 87도1860 판결). 같은 취지의 판례로 대법원 1987.4.14. 선고 87도160 판결 ; 1991.8.27. 선고 91도1523 판결.

89) 국유재산을 대부받아 주유소를 경영하는 자가 기사식당과 휴게소가 필요하게 되어 건축허가사무 담당 공무원(밀양군청 도시과 주택계장)에게 위 국유지상에 건축물을 건축할 수 있는지의 여부를 문의하여, 비록 국유재산이지만 위 국유재산을 불하받을 것이 확실하고 또 만일 건축을 한 뒤에 위 국유재산을 불하받지 못하게 되면 건물을 즉시 철거하겠다는 각서를 제출하면 건축허가가 될 수 있다는 답변을 듣고, 건축사에게 건축물의 설계를 의뢰하여 위와 같은 내용의 각서와 함께 건

이 판례는 일관되지 않은 모습을 보이고 있다. 이는 적절한 태도가 아니라고 생각한다. 왜냐하면, 이렇게 되면 구체적인 정당한 이유에 대한 판단기준이 없어 법관의 심증에 따라 정당한 이유의 유무가 좌우됨으로써 이는 곧 가벌성의 확대로 이어질 것이기 때문이다.

다만 행위자가 허가나 인가대상에 대해 구체적으로 특정하지 않고 문의함으로써 회신내용이 그 행위를 대상으로 한 것이 아니라거나 또는 그 행위를 대상으로 했더라도 구체적이고 상세하지 않은 경우에는 행위자가 이를 믿은데 대하여 정당한 이유가 있다고 할 수 없다.[90] 또한 허가나 인가대상에 대하여 문의한 내용이 아닌 다른 내용이나, 답변내용을 행위자가 자기나름대로 확대해석하거나 달리 해석한 경우에는 이에 해당되지 아니하여 정당한 이유가 되지 아니한다.[91] 같은 사안에 대한 문의 · 질의에 대하여 관계행정청간이나 전문가 사이에 서로 배치되는 수개의 답변 · 회신이 있는데도 행위자가 자기에게 유리하게 해석한 경우에도 정당한 이유에 해당되지 아니한다.[92]

축허가신청서를 제출하여 건축허가를 받고 건물을 신축하여 준공검사를 받은 지 1년여 후에 위 국유재산을 매수하였다면, 국유재산법 24조3항에 따라 기부를 전제로 한 시설물의 축조 이외에는 국유지상에 건물을 신축할 수 없는 사실을 알고 있었다 하더라도, 국유지상에 건물을 신축하여 그 국유재산을 사용, 수익한 것이 법령에 의하여 허용되는 것으로 믿었고 또 그렇게 믿을 만한 정당한 이유가 있었다고 볼 수 있다(대법원 1993.10.12. 선고 93도1888 판결).

90) 다음에 그 나머지의 울주군 상북면 등억리 산 22 소재 약 150평방미터와 같은 ~ 의 산림법위반 부분에 관하여 보건대 기록에 의하면 피고인은 이에 대하여도 앞서 본바와 같은 취지의 변소를 하고 있기는 하나 다른 한편 위 산림훼손지역은 위 가천리 산 2 임야만이 국토이용관리법에 의하여 관광휴양지역으로 결정고시된 곳일 뿐이고 그 밖에는 어느 임야도 교통부장관으로부터 관광객이용시설업사업계획승인이 난 토지가 아니고 울주군 도시과에 근무하는 담당공무원이 피고인에게 울주군수 명의로 작성하여 준 위 산림법배제확인서에 산림훼손허가를 얻을 필요가 없는 대상토지로 적시되어 있지도 않으며 울주군수가 피고인에게 그 주장과 같은 회신을 하였다 하더라도 이는 ~ 산림훼손행위를 대상으로 한 것이 아니고 그 회신내용이 구체적이고 상세하지도 않으며 피고인은 위 회신을 받고도 자수정 채광 작업을 개시할 당시 울산군청에서 산림훼손허가를 받으려고 시도하였다는 자료도 없으므로 사실이 이와 같다면 피고인이 위 산림훼손행위를 함에 있어서 그것이 법령에 위배되지 않는 것으로 오인함에 정당한 사유가 있는 경우에 해당한다고 할 수 없다 하겠다(대법원 1993.9.14. 선고 92도1560 판결).

기록에 의하면, 피고인이 선거관리위원회에 질의한 내용은 선거에 즈음하여 선거에 영향을 미치게 하기 위하여 이 사건 유인물을 불특정 다수인에게 배부한 경우 선거법에 저촉되는지 여부를 구체적으로 질의한 것이 아니라, 단순히 피고인이 억울하게 연고도 없는 남양주시로 전출발령을 받은 것에 대하여 동료나 지인에게 구두답변을 대신하여 그 경위를 기재한 유인물을 교부하는 경우에 선거법에 저촉되는지 여부를 질의한 것이고, 선거관리위원회가 회신한 내용도 그러한 행위는 선거법의 적용대상이 아니거나 선거법상 후보자 비방행위에 해당하지 않는다는 것에 불과한 사실이 인정되는바, 이러한 경위에 비추어 보면, 피고인이 선거관리위원회에 질의 내지 자문을 한 후 이 사건 유인물을 배부하였다고 하더라도, 그 사유만으로 피고인의 범행은 형법 제16조에서 말하는 '그 오인에 정당한 이유가 있는 때'에 해당한다고 할 수 없다(대법원 2002.1.25. 선고 2000도1696 판결).

91) 피고인이 경제기획원 발행의 서비스업통계조사지침서와 통계청 발행의 총 사업체통계조사보고서에 탐지, 감시 등을 업으로 하는 탐정업이 적시되어 있는 것을 보고 민원사무담당 공무원에게 문의하여 탐정업이 인허가 또는 등록사항이 아니라는 대답을 얻었으며, 세무서에 탐정업 및 심부름 대행업에 관한 사업자 등록을 하였다 하더라도, 신용조사업법에서 금지하고 있는 특정인의 소재를 탐지하거나 사생활을 조사하는 행위 등을 제외하더라도 탐정업이 하나의 사업으로 존재할 수 있는 것이므로 탐정업이 정부기관에 의하여 하나의 업종으로 취급되고 있다거나 세무서에서 사업자등록을 받아 주었다고 하여 그것이 위 법률에서 금지하는 행위까지를 할 수 있다는 취지는 아님이 분명하고, 그렇다면 피고인이 특정인 소재탐지, 사생활 조사 등의 행위가 죄가 되지 않는다고 믿은 데에 정당한 이유가 있었다고는 할 수 없다(대법원 1994.8.26. 선고 94도780 판결). 같은 취지의 판례로 대법원 1992.9.8. 선고 92도1221 판결.

92) 건축허가 변경신고 및 그 수리행위가 건축법상 "도로"에 해당하지 아니하고 자연발생적인 통행로에 불과한 것을 건축법상 '도로'에 해당한다고 오해한 담당공무원의 종용에도 기인하여 이루어지고, 피고인은 담당공무원의 종용이 건축법령에 어긋난다는 도청 건축과 소속공무원 및 건축신축에 관여한 건축사의 견해가 옳다고 믿고 위 변경신고의 내용과 어긋나는 건축행위를 한 경우, 설사 피고인이 위와 같은 경위로 자기의 행위가 죄가 되지 아니한다고 믿었다 하더라도 이러한

5) 관할관청의 고시나 지침을 신뢰한 경우

위법성인식의 계기가 되는 관할 행정관청의 공문이나 지침을 믿은 경우, 관할상급관청이나 감독관청(직무감독자)의 지시 또는 허가에 따라 행위한 경우에는 비록 그 지시나 지침이 그 근거가 되는 상위법규 또는 법원의 판결에 위반되더라도 위법성의 인식을 결여한 데에 대하여 정당한 이유가 있다고 할 것인가가 문제된다.

고시의 법적 성질과 그 효력에 대해서는 고시에 담겨진 내용에 따라 결정할 수 밖에 없으며 언제나 행정규칙의 성질을 가지는 것으로 볼 수는 없다. 그 자체로는 공시의 형식에 지나지 않지만 실제 행정의 운영면에서는 고시의 형식으로 법령에서 정하는 규범을 보충하고 혹은 규범적 의미를 가진 일반적 기준이나 준칙을 정하는 경우가 매우 많기 때문에 이러한 종류의 고시는 형식이야 어떻든 그 실질은 법규명령으로서의 성질을 지닌 것으로 보아야 한다는 것이다. 대법원도 이른바 '생수판매허가'위반에 대한 과징금부과처분취소소송에서 "식품제조영업허가기준이라는 고시는 공익상의 이유로 허가를 할 수 없는 영업의 종류를 지정할 권한을 부여한 구 식품위생법 제23조의 3 제4호에 따라 보건사회부장관이 발한 것으로서, 실질적으로 법의 규정내용을 보충하는 기능을 지니면서 그것과 결합하여 대외적으로 구속력이 있는 법규명령의 성질을 가진 것이다"라고 판시하고 있다.[93] 또 동 사안의 식품위생법위반에 대한 판결에서도 대법원은 유죄를 인정한 원심판결을 파기환송하면서 "공익상의 이유로 허가를 할 수 없는 영업의 종류를 지정할 권한을 부여한 구 식품위생법(1986.5.10. 법률 제3823호로 개정되기 전의 것) 제23조의 3 제4호(위 개정 이후에는 제24조 제1항 제4호)에 따라 보건사회부장관이 발한 고시인 식품영업허가기준

경우에는 누구에게도 그 위법의 인식을 기대할 수 없다고 단정할 수 없으므로 건축법 위반의 죄책을 면할 수 없다(대법원 1991.6.14. 선고 91도514 판결).

기록에 의하여 살펴보면 피고인들은 이 사건 토지에 대하여 새로이 0.6 내지 1미터 가량의 성토를 하였고, 1989.11.4.자 해운대구청장의 피고인 서ㅇㅇ에 대한 회시내용(소송기록 62면)에 의하면 이 사건 토지와 함께 부산시가 건설부로부터 1979.6.7.자 및 1980.12.30.자로 토석채취행위허가 및 농경지조성공사 준공검사를 받은 부산 해운대구 석대동 591의 10 및 반여동 460의 1 지상의 농지개량 승인신청 필요 여부에 대하여 질의하였던바, 이미 농경지 조성공사시행허가 및 준공검사가 있었음을 이유로 농촌근대화촉진법 제2조 제1항 다목(目)에 해당하는 "개답 또는 개전"에 대하여는 승인이 필요하지 않으며, 판결에서 조성된 농경지가 농경지로서 미비하다고 인정하였으므로 농경지 조성을 위한 추가행위는 가능하다고 회신하고 있고, 1989.12.11.자 해운대구청장의 피고인 서ㅇㅇ에 대한 농지개량사업승인신청서 반려(수사기록 33면) 내용은, 이 사건 토지 등에 대하여 농촌근대화촉진법 제105조에 의한 농지개량사업승인신청이 필요한가 여부에 대한 것으로서, 앞서 본바와 같이 "개답 또는 개전"이나 "농지의 개량 또는 보전을 위하여 필요한 사업"에 대하여는 승인이 필요없다는 취지의 답변을 한 것이므로, 위 피고인이 이 사건 성토행위의 내용을 자세히 개진하여 그러한 행위가 구체적으로 허가나 승인을 요하지 않는 행위라고 회신을 받은 것은 아님을 알 수 있는 바, ~ 피고인 서ㅇㅇ는 1990.1.10.에 부산 해운대구청장으로부터 이 사건 토지와 함께 부산시가 건설부로부터 1979.6.7.자 및 1980.12.30.자로 토석채취행위허가 및 농경지조성공사 준공검사를 받은 부산 해운대구 석대동 591의 10 및 반여동 460의 1 토지에 대한 토석채취허가신청에 대하여 "현재까지 농경지가 조성되지 않고 있으며, 지목은 잡종지로 되어 있고, 나아가 도시계획법시행령 제20조 제1항 제2호 소정의 토지의 형질변경으로서 다량의 토석채취, 임목벌채를 수반하거나 개발제한구역의 지정목적에 지장이 없다고 인정되는 것"에 해당되지 아니하므로 허가할 수 없다는 취지의 회신(수사기록 64면)을 받았음을 알 수 있으므로 이러한 여러 가지 상황을 종합하여 본다면, 피고인들이 부산 해운대구청장의 위 1990.1.10.자 회신내용에 배치되는 그 이전인 1989.11.4.자와 같은 해 12.11.자 회신만을 자신들에게 유리하게 해석하여 이 사건 토지형질변경에는 관할관청의 허가가 필요없다는 회신이 있은 것으로 믿었다는 것은 그렇게 믿은 데 대하여 정당한 이유가 있는 것이라고 볼 수 없다고 할 것이다(대법원 1992.11.27. 선고 92도1477 판결).

93) 대법원 1994.3.8. 선고 92누1728 판결. 같은 취지의 판례로 대법원 1987.9.29. 선고 86누484 판결 ; 1988.5.10. 선고 87누1028 판결.

(1985.3.11. 보건사회부고시 제85-17호로 개정된 것 및 1987.7. 18. 보건사회부고시 제87-44호로 개정된 것)은 실질적으로 법의 규정내용을 보충하는 기능을 지니면서 그것과 결합하여 대외적으로 구속력이 있는 법규명령의 성질을 가진 것이므로 ~"라고 판시하고 있다.[94)]

관할 행정관청의 고시나 지침은 행위자의 생활영역에 있어 직접적인 행위준칙으로 작용하며, 적어도 구체적 활동을 규제 · 조장하려는데 목적을 두고 그러한 고시나 지침를 내리는 행정기관이 해당되는 상위법규의 내용이나 법원의 판결 등을 검토한 후 이에 위배되지 않는 범위내에서 내린 것이라고 행위자가 신뢰하는 것은 당연하다. 행정기관이 어떤 고시나 지침을 내리더라도 그것이 법원의 판결이나 상위법규에 위배되지 않는지에 대해 확인할 것을 행위자에게 요구한다는 것은 불가능할 뿐 아니라 이를 요구한다는 것은 일반인에게 고도의 법전문성을 요구하는 것으로 결국 정당한 이유있는 착오는 성립될 여지가 없게 됨으로써 처벌의 확대를 초래할 수밖에 없게 된다. 나아가 해당 상위법규나 법원의 판결에 위반되느냐를 심사해야 할 의무위반에 대한 책임은 지시나 지침을 내리는 행정기관에 있기 때문에 이를 행위자에게 전가해서는 안된다는 점에서도 정당한 이유에 해당하는 것으로 판단해야 한다.

다만 행정절차나 사법판단과정에서 행위자가 그러한 고시나 지침이 상위법규 또는 법원의 판결에 위반되는 것을 알고 있었다는 구체적인 사실이 증명된 경우에는 행위자의 신뢰는 보호가치없는 신뢰로서 정당한 이유가 인정되지 아니한다. 판례도 관할 행정기관의 공문이나 지침을 믿은 경우[95)], 관할 도교육위원회의 지시에 따라 행위한 경우[96)] 또는 상사에게 허가를 받은 경우[97)]에 위법성인식의 결여에 정당한 이유가 있다고 판시하고 있다.[98)] 그러나 감독관청의 주선에 따라 행한 경우에는 이를

94) 대법원 1995.11.14. 선고 92도496 판결. 이 사안은 여기서 논하는 행위자가 상위법규에 위배된 고시를 신뢰한 경우는 아니고, 헌법상 보장된 직업의 자유와 국민의 행복추구권을 침해하는 것으로 헌법에 위반되어 무효인 고시를 위반한 행위에 대해 식품위생법위반이 아니라고 판시한 사건이다.

95) 대법원 1983.2.22. 선고 81도2763 판결.

96) 국민학교교장이 도교육위원회의 지시에 따라 교과내용으로 되어 있는 꽃양귀비를 교과식물로 비치하기 위하여 마약의 원료가 되는 앵속(일명 꽃양귀비)종자를 사서 교무실 앞 화단에 식재한 행위는 죄가 되지 아니하는 것으로 믿었다고 할 것이고 이러한 경우에는 누구에게도 위법의 인식을 기대할 수 없다 할 것이므로 이는 형법 제16조에 이른바, 자기의 행위가 법령에 의하여 죄가 되지 아니하는 것으로 오인한 행위로서 그 오인에 정당한 이유가 있을 때에는 벌하지 아니한다 라는 규정에 해당한다고 볼 것이고 ~ (대법원 1972.3.31. 선고 72도64 판결).

97) 부대장의 허가를 받아 부대내에서 유류를 저장하는 것이 죄로 되지 않는 것으로 믿었다면 이와 같은 오인에는 정당한 이유가 있다 할 것이므로 제16조에 의하여 벌할 수 없는 경우에 해당한다(대법원 1971.10.12. 선고 71도1356 판결).

98) 원심은, 가사 18세 이상 19세 미만의 사람을 비디오감상실에 출입시킨 업주는 법에 의한 형사처벌의 대상이 된다고 하더라도, 위 음반등법과 그 시행령 규정의 반대해석을 통하여 18세 이상 청소년에 대하여는 출입금지 의무가 없는 것으로 오인될 가능성이 충분하고, 법시행령 제19조가 이러한 오인 가능성을 더욱 부추겨 마치 법에 의하여 부과된 "18세 이상 19세 미만의 청소년에 대한 출입금지 의무"가 다시 법시행령 제19조와 위 음반등법 및 그 시행령의 연관해석을 통해 면제될 수 있을 것 같은 외관을 제시함에 따라, 실제로 개정된 법이 시행된 후에도 이 사건 비디오물감상실의 관할부서(대구 중구청 문화관광과)는 업주들을 상대로 실시한 교육과정을 통하여 종전과 마찬가지로 음반등법 및 그 시행령에서 규정한 '만 18세 미만의 연소자' 출입금지표시를 업소출입구에 부착하라고 행정지도를 하였을 뿐 법에서 금지하고 있는 '만 18세 이상 19세 미만'의 청소년 출입문제에 관하여는 특별한 언급을 하지 않았고, 이로 인하여 피고인을 비롯한 비디오물감상실 업주들은 여전히 출입금지대상이 음반등법 및 그 시행령에서 규정하고 있는 '18세 미만의 연소자'에 한정되는 것으로 인식하였던 것으로 보여지는바, 사정이 위와 같다면, 피고인이 자신의 비디오물감상실에 18세 이상 19세 미만의 청소년을 출입시킨 행

부정하고 있다.[99)]

6) 직무수행이나 직무범위내의 행위로 신뢰한 경우

각 개인의 생활권과 직업권에 따라 위법성인식에 대한 심사숙고와 조회의무의 정도가 다르며 문의처의 선정 및 문의내용도 다르기 때문에 피고인의 생활관계, 즉 직업이나 학력,[100)] 경력, 나이 등도 자기 행위의 위법성을 인식할 수 있는 계기가 될 뿐만 아니라 인식에 대한 기대가능성을 판단할 수 있는 중요한 척도로서 작용한다. 따라서 행위자가 특정한 직업수행활동의 반복을 통해 통상의 직무수행상의 행위나 자기의 임무범위내에 속하는 행위로 오인한 경우에는 일반적으로 위법성인식의 결여에 정당한 이유가 있다고 볼 수 있다.[101)] 그러나 직업수행의 내용에 따라 행위의 위법성을 쉽게 인식할 수 있는 경우, 예컨대 전문적인 자격이나 지식을 요하는 생활영역에서는 행위정황과 직업수행과정 및 개인의 인식능력을 고려하여 판단되어져야 한다.[102)] 따라서 예를 들어 자격기본법에 의한 민간자격관리자로부터 대체의학자격증을 수여받은 자가 사업자등록을 한 후 침술원을 개설하였다고 하더라도 국가의 공인을 받지 못한 민간자격을 취득하였다는 사실만으로는 자신의 행위가 무면허 의료행위에 해당되지 아니하여 죄가 되지 않는다고 믿는 데에 정당한 사유가 있었다고 할 수 없다.[103)]

위가 관련 법률에 의하여 허용된다고 믿었고, 그렇게 믿었던 것에 대하여 정당한 이유가 있는 경우에 해당한다고 할 것이고, 달리 피고인이 법에 위반된다는 점을 알면서도 18세의 청소년들인 김보민 등을 출입시켰다고 볼 만한 자료가 없으므로, 이 사건 공소사실은 죄가 되지 아니하는 경우에 해당한다고 판단하였다. 위 법리와 기록에 비추어 보면, 원심의 위와 같은 판단은 정당하고, 거기에 상고이유 주장과 같은 형법 제16조에 관한 법리오해의 위법이 없다(대법원 2002.5.17. 선고 2001도4077 판결).

99) 건설업면허없이 시공할 수 없는 건축공사를 피고인이 타인의 건설업면허를 대여받아 그 명의로 시공하였다면 비록 위 면허의 대여가 감독관청인 진주시의 주선에 의하여 이루어졌다 하더라도 그와 같은 사정만으로서는 피고인의 소위를 사회상규에 위배되지 않는 적법행위로 볼 수는 없을 뿐만 아니라, 설사 피고인으로서는 이를 적법행위로 오인하였다 하더라도 위와 같은 사정만으로서는 그 오인에 정당한 이유가 있다고 볼 수도 없다(대법원 1987.12.22. 선고 86도1175 판결).

100) 대법원 1976.1.13. 선고 74도3680 판결.

101) 사단법인인 한국교통사고상담센타는 자동차사고 피해자의 요청에 의하여 손해배상을 조정하는 것을 목적사업으로 하여 교통부장관의 허가를 얻어 설립된 법인으로서 교통부장관으로부터 조정수수료의 승인을 받아 그에 따른 손해배상의 조정업무를 행하게 되어 있으므로 그 하부직원이 피해자의 요청으로 그 사건 화해의 중재나 알선을 하고 피해자로부터 조정 수수료를 받은 것은 상사의 지시에 따라 한 그 맡은바 직무수행상의 행위로서 위법성의 인식을 기대할 수 없고 적어도 형법 16조 소정의 자기의 행위가 법령에 의하여 범죄가 되지 아니하는 것으로 오인한 행위로서 그 오인에 정당한 이유가 있는 경우라고 봄이 상당하다(대법원 1975.3.25. 선고 74도2882 판결).
소속 중대장의 관사 당번병이 근무시간중은 물론 근무시간 후에도 밤늦게까지 수시로 영외에 있는 중대장의 관사에 머물면서 집안일을 도와 주고 그 자녀들을 보살피며 중대장 또는 그 처의 심부름으로 관사를 떠나서까지 시키는 일을 해오던 중 사건당일 중대장의 지시에 따라 관사를 지키고 있던 중 중대장과 함께 외출나간 그 처로부터 24:00경 비가 오고 밤이 늦어 혼자 귀가할 수 없으니 관사로부터 1.5킬로미터가량 떨어진 지점까지 우산을 들고 마중을 나오라는 연락을 받고 당번병으로서 당연히 해야 할 일로 생각하고 그 지점까지 나가 동인을 마중하여 그 다음날 01:00경 귀가하였다면 위와 같은 당번병의 관사이탈행위는 중대장의 직접적인 허가를 받지 아니하였다 하더라도 당번병으로서의 그 임무범위 내에 속하는 일로 오인하고 한 행위로서 그 오인에 정당한 이유가 있어 위법성이 없다고 볼 것이다(대법원 1986.10.28. 선고 86도1406 판결).

102) 대법원 1995.6.30. 선고 94도1017 판결 ; 1995.9.29. 선고 95도803 판결 ; 1995.11.10. 선고 95도2088 판결.

103) 대법원 2003.5.13. 선고 2003도939 판결.
대학이나 사회교육기관에서 활법에 관하여 교육을 실시하고 있다거나, 활법이 정부 공인의 체육종목이고 피고인이 활

제4항 금지착오의 효과

1. 고의설

구성요건착오와 동일하게 취급하는 견해이다. 즉 고의책임이 조각되며, 과실이 있고 과실범의 규정이 있는 경우에만 과실범으로 처벌할 수 있고, 과실이 없거나 있더라도 과실범처벌규정이 없는 경우에는 범죄가 성립되지 아니한다는 견해이다.

2. 책임설

위법성조각사유의 착오의 경우 이외에는 엄격책임설이나 제한적 책임설이나 착오에 대한 회피가능성의 여부와 그 정도에 따라 고의책임에만 영향을 미치는, 즉 책임감면사유로 파악하는 견해이다.

【제16조의 반대해석】

제16조의 반대해석으로 정당한 이유가 없어 벌하는 경우에는 현실적으로 위법성을 인식한 경우보다는 적법행위에 대한 반대동기형성의 계기가 약화되어 있다는 점에서 그 형을 필연적으로 감경해야 한다는 견해와, 독일형법 제17조 후단(제49조 제1항의 법률상 감경에 따라 감경)과 일본형법 제38조 제3항 후단처럼 그 형을 임의적으로 감경하는 것이 바람직 하다는 견해가 대립되고 있다. 또한 후자의 견해처럼 임의적 감경을 주장하는 입장도 제53조 작량감경을 적용하려는 견해가 있는가 하면, 행위자의 책임정도에 상응하도록 원칙적으로 법률상 감경(제55조)을 하고 부가적으로 작량감경(제53조)을 함께 고려해야 한다는 견해도 있으며, 이 경우는 작량감경의 법정요건에 해당하지도 않고 또 법률상 감경규정이 없기 때문에 양 견해 모두 현행 실정법조문을 일탈한 해석이라는 점에서 정당한 이유 없는 위법성의 착오는 적법행위에 대한 기대가능성이 약하므로 그 임의적 감경이 형법 제16조 자체에서 도출될 수 있기 때문에 제16조의 반대해석에서 임의적 감경을 한 뒤에도 제53조의 작량감경도 가능하다고 보는 견해도 있다.

법 종목의 사회체육지도자 자격증을 취득한 후 위 기공원을 운영하고 있다 하더라도, 활법을 교육하고, 체육종목으로 공인하거나 그 지도자 자격을 부여하는 것 등은, 신체활동을 통하여 건전한 신체와 정신을 기르고 여가를 선용하고자 하는 체육활동으로서의 일반적인 활법의 지도를 위한 것이지, 그것이 나아가 그 이외에 법률에서 금지하는 무면허 의료행위까지도 할 수 있도록 허용하는 취지는 아님이 분명하고(대법원 1995.4.7. 선고 94도1325 판결 참조), 대체의학이라 할지라도 사람의 생명이나 신체 또는 공중위생에 위해를 발생시킬 우려가 있는 행위는 의료행위로서 의사가 아닌 자가 시행할 수 없다 할 것이므로, 설사 피고인이 자신의 행위가 무면허 의료행위에 해당되지 아니하여 죄가 되지 않는다고 믿었다 하더라도 그와 같이 믿은 데에 정당한 사유가 있었다고는 할 수 없어, 이 부분 상고이유 역시 그 이유가 없다(대법원 2002.5.10. 선고 2000도2807 판결).

사례연습

1. 경찰공무원인 甲은 乙의 위증 혐의를 증명하기 위한 목적으로 자신이 수사과정에서 취득한 개인정보인 乙과 丙의 통화내역을 임의로 고소장에 첨부하여 乙에 대한 고소장을 제출하기 전에 변호사에게 자문을 구한 후에 타 경찰서에 제출하였다.
甲의 행위가 형법 제16조가 규정하고 있는 정당한 이유에 해당하여 공공기관의개인정보보호에관한법률위반죄가 성립하지 않는지에 대하여 판단해 보시오.
[참조판례 대법원 2008.10.23. 선고 2008도5526 판결]

2. 피고인 甲은 (주)乙의 대표이사이고, 피고인 (주)乙은 정보서비스(정보처리 및 제공기술)업, 무선콘텐츠 개발 · 유통 컨설팅 등을 목적으로 설립된 법인인바, 1. 피고인 甲은, 이동통신회사인 (주)A에게 정보이용료 등 수익금의 10%를 이동전화망 이용대가로 지급하기로 하여 위 회사 운영의 이동전화망 내 이동통신서비스를 제공받고, (주)B 등 23개 콘텐츠제공업체(CP)에게 정보이용료 등 수익금의 70%를 지급하기로 하여 위 업체들로부터 음란동영상을 공급받기로 각 계약을 체결한 다음, 2003.4.경부터 2005.3.27.경까지 서울 강남구 ㅇㅇ동 소재 (주)乙 사무실에서, 전라의 남녀가 적나라하게 성관계를 맺는 장면 및 이들 간의 성교시 음란한 대화를 담은 문언, 음향 등이 포함되어 있는 '남친과섹스셀카', '발딱세워더듬는손' 등 LGT 동영상 영상물등급위원회(이하 '영등위'라 한다)심의 리스트 파일목록 기재와 같이 동영상과 사진 등 183편을 위 (주)A 운영의 이동전화망 내 이동통신서비스인 이지아이(Ez-i) 성인메뉴에 위와 같은 음란한 제목, 문언과 함께 각 게시하고, 1편당 정보이용료 명목으로 500원 내지 1,000원의 요금을 받고 불특정 다수의 일반인들로 하여금 감상케 하여 월 평균 500만 원의 매출을 올리는 방법으로 정보통신망을 통하여 음란한 문언 · 음향 · 화상 또는 영상을 배포 · 공연히 전시하고, 피고인 (주)乙은, 그 대표이사인 위 甲이 피고인 (주)乙의 업무에 관하여 위와 같이 정보통신망을 통하여 음란한 문언 · 음향 · 화상 또는 영상을 배포 · 공연히 전시하였다.
제1심인 서울중앙지방법원은 피고인 甲에 대해 「정보통신망 이용촉진 및 정보보호 등에 관한 법률」 제65조 제1항 제2호를 적용, 피고인 (주)乙에 대해 「정보통신망 이용촉진 및 정보보호 등에 관한 법률」 제66조, 제65조 제1항 제2호를 적용하여 피고인들을 각 벌금 7,000,000원에 처하였다(서울중앙지방법원 2006.5.16. 선고 2005고단3245 판결).
이에 피고인들이 양형부당과 더불어 "원심판결의 LGT 동영상 영등위심의 리스트 기재 동영상과 사진 등은 이동전화망 내 이동통신서비스를 통하여 제공되기 이전에 이미 영등위의 등급분류를 받아 음란성 여부에 대한 심사를 받았으므로, 그 내용이 음란하다고 할 수 없고, 그렇지 않다 하더라도 피고인들로서는 이 사건 영상물이 음란물에 해당하지 않는다고 오인하였고 그 오인에 정당한 이유가 있다고 할 것이어서 형법 제16조에 의하여 벌할 수 없는데도, 원심은 음란성 및 법률의 착오에 관한 법리를 오해하여 이 사건 공소사실을 유죄로 인정한 잘못이 있다."라는 법리오해의 점을 이유로 항소하였다.
원심인 서울지방법원 제1형사부는 피고인들의 항소이유 중 법리오해의 점에 대하여 아래와 같이 판시하였다.

(1) 이 사건 영상물이 음란하지 않다는 주장

영등위가 등급분류 과정에서 음란성 여부에 관한 판단을 하였다 하더라도 영등위의 등급분류 또는 등급분류 보류에 관한 결정에 대하여 이의를 신청하거나 행정소송을 제기할 수 있는 점에 비추어 그 판단은 중간적인 것에 불과하고, 음란성 판단의 최종적인 주체는 어디까지나 당해 사건을 담당하는 법관이라 할 것이므로, 음반 · 비디오물및게임물에관한법률(이하 '음비게법'이라고 한다)상 영등위가 '18세관람가'로 등급분류를 하였다 하여 무조건 음란성이 부정되는 것은 아니고, 법관은 음란성을 별도로 판단할 수 있는 것이다. 그런데 이 사건 영상물이 유형물에 고정된 비디오물로 제작되어 청소년이 아닌 자에게 제공되었다면 음비게법상 영등위의 심사결과를 존중하여 음란성을 부정할 여지가 있으나(청소년에게 제공하면 음비게법상 5천만원 이하의 과태료에 해당한다), 정보통신망에 배포 · 공연 전시하는 행위는 정보통신망을 건전하게 이용할 수 있는 환경을 침해한 것으로서, 정보통신망의 이용을 촉진하고 정보통신서비스를 이용하는 자의 개인정보를 보호함과 아울러 정보통신망을 건전하고 안전하게 이용할 수 있는 환경을 조성함으로써 국민생활의 향상과 공공복리의 증진에 이바지함을 목적으로 하는 정보통신망이용촉진및정보보호등에관한법률에 반하기 때문에(성인인증절차를 요구하더라도 성인의 주민등록번호만 알면 쉽게 접속할 수 있으므로, 아동이나 청소년을 유해한 환경에 빠뜨릴 위험성이 크다), 비디오물로 제공하는 것과 달리 정보통신망을 통하여 제공하는 것은 그 시청환경을 감안하여 보다 엄격한 기준에 의하여 음란성 여부를 판단하여야 할 것이다. 다시 말하면, 영등위의 심사를 받아 비디오물로 제작 · 출시하는 것은 일정한 연령대에 속해 있는 사람들을 대상으로 시청을 제한하는 것이 가능하기 때문에 영등위의 심사결과를 존중하여 음란성 인정에 보다 신중을 기하여야 할 것이나, 이 사건에서와 같이 이동통신망을 통하여 유포하는 것은 그 시청자의 범위를 제한하는 것이 용이하지 아니하므로, 같은 내용의 동영상이라 하더라도 제한된 연령대의 사람만 시청이 가능하도록 비디오로 제작 · 출시하느냐, 혹은 연령에 제한 없이 비교적 자유로운 시청이 가능하도록 이동통신망에 공개하느냐에 따라 음란성의 판단기준을 달리할 수 있는 것이다. 그런데 원심이 적법하게 조사하여 채택한 증거들에 피고인 甲의 이 법정에서의 진술을 종합하면, 피고인 주식회사 乙의 대표이사인 피고인 甲은 원심판결의 별지1 기재 콘텐츠제공업체들(CP)과의 사이에 'VOD콘텐츠 및 서비스제공계약'을 체결하여 이 사건 영상물 등 성인컨텐츠를 제공받는 한편, 주식회사 A과의 사이에 'Business Assistant 운영계약'을 체결하여 주식회사 A 운영의 이동통신서비스인 이지아이(Ez-i)의 성인메뉴에 이 사건 영상물 등을 제공하여 주식회사 A의 고객들로 하여금 성인인증절차를 거쳐 이를 볼 수 있도록 한 사실, 이 사건 영상물은 가수, 영화배우 등 연예인, 일반인들을 등장시켜 남녀 간의 애정행위, 정사장면 등을 중심으로 제작 · 편집한 것으로서, 대부분 편당 약 2분 내외로서 남녀 성기나 음모의 직접적인 노출 없이 다만 교성과 함께 남녀 간의 성관계를 보여주고 있는 사실을 인정할 수 있다. 그렇다면, 이 사건 영상물은 주로 호색적 흥미를 돋우기 위한 것으로 보일뿐 예술로서의 성격을 전혀 가지고 있지 아니하여 예술성에 의하여 음란성이 완화된다고 보기 어렵고, 이동통신망에 공연 전시되는 경우 사회통념상 일반 보통인의 성욕을 자극하여 성적 흥분을 유발하고 정상적인 성적 수치심을 해하여 성적 도의관념에 반할 뿐만 아니라, 성적으로 미숙한 아동과 청소년이 시청하는 경우 건전한 성도덕을 크게 해칠 것으로 여겨지므로, 음란성을 부정할 수 없으므로, 위 주장은 이유없다.

(2) 형법 제16조에 의하여 벌할 수 없다는 주장

형법 제16조에서 자기가 행한 행위가 법령에 의하여 죄가 되지 아니한 것으로 오인한 행위는 그 오인에 정당한 이유가 있는 때에 한하여 벌하지 아니한다고 규정하고 있는 것은 단순한 법률의 부지를 말하는 것이 아니고, 일반적으로 범죄가 되는 경우이지만 자기의 특수한 경우에는 법령에 의하여 허용된 행위로서 죄가 되지 아니한다고 그릇 인식하고, 그와 같이 그릇 인식함에 정당한 이유가 있는 경우에는 벌하지 않는다는 취지이다. 그런데 영등위가 18세 관람가로 등급분류를 하였다 하더라도 그 판단은 중간적인 것에 불과하여 무조건 음란성이 부정되는 것은 아님은 앞서 본 바와 같고, 나아가 그러한 등급분류가 있었다고 하더라도 그 영상물을 이동통신망에 배포 · 공연전시하는 것은 전혀 별개의 것으로서, 이 사건 영상물에 영등위의 등급분류가 있었다거나 피고인들이 콘텐츠제공업체들과 계약을 체결하면서 영등위의 심의필증을 확인하는 등 신중을 기하였다는 사정 등만으로 피고인이 이 사건 영상물을 이동통신망에 배포 · 공연전시하는 행위까지 법령에 의하여 죄가 되지 않는다고 오인하였다는 것은, 단순히 법률의 부지에 해당할 뿐이거나 그와 같은 오인에 정당한 이유가 있다고는 볼 수 없다고 할 것이므로, 위 주장도 이유없다. 다만 원심은 피고인 乙에 대한 양형부당의 항소이유를 받아들여 벌금 3,000,000원에 처하였다(서울중앙지방법원 2006.9.5. 선고 2006노1493 판결).

항소심 판결에 대하여 판단해 보시오.

[참조문헌 천진호, "디지털콘텐츠 음란물에 대한 음란성 판단의 주체와 법률의 착오", 형사법연구 제19권 제3호(하), 2007.9, 509면-526면]

3. 콘테이너 잠금장치의 제조판매 등을 목적으로 설립된 주식회사 파워브레이스코리아(甲)와 그 대표이사인 乙은 다른 사람이 등록한 상표와 동일 또는 유사한 상표를 같은 지정상품이나 거래서류, 상품에 관한 광고 등에 표시할 수 없음에도 불구하고 1993.8.경부터 1996.5.경 사이에 피해자 주식회사 한국블럭스위치 대표이사 A가 1993.7.20. 특허청에 상표로 등록한(상표등록번호 제269494호) 'BE 2566'과 유사상표인 'PB 2566'을 위 회사에서 생산판매하는 콘테이너 문짝 견속부품인 잠금장치의 거래서류 및 상품광고 등에 표시하여 위 상표권자의 상표권을 침해하였다고 하여 상표법위반으로 기소되었다.
원심인 부산지방법원 본원 합의부는 "BE2566은 영국의 부럭스위치 엔지니어링사가 약 30년 전에 개발한 콘테이너 문짝 잠금장치로 이후 위 회사에서 규격이나 형상이 다른 30여종의 제품을 생산하여 BE2577, BE2511 등 번호를 붙였으므로 위 숫자는 문짝 잠금장치 규격이나 형상을 나타내는 일련번호로 인식되어 왔다고 할 것인 바, 피고인 회사도 고소인이 BE2566을 상표등록하기 이전부터 PB2566, PB2566-1, PB2566-2 등의 모델을 생산하여 왔을 뿐만 아니라 수요자들이 콘테이너 제조업체로 한정되어 있는 거래계의 실정상 위 숫자로 인하여 제품의 출처에 대하여 오인 · 혼동이 있을 수 없다 할 것이어서 위 상표를 특허청에 등록하기도 하였으므로 고소인의 상표권을 침해하였다고 볼 수 없다 할 것이며, 가사 상표권을 침해하였다고 하더라도 피고인들이 변리사로부터 그들의 행위가 고소인의 상표권을 침해하지 않는다는 취지의 회답과 감정결과를 통보받았고, 피고인들의 행위에 대하여 3회에 걸쳐서 검사의 무혐의처분이 내려졌다가 최종적으로 고소인의 재항고를 받아들인 대검찰청의 재기수사명령에 따라 이 사건 공소가 제기되었으며, 피고인들로서는 대법원의 판결도 이와 유사한 사례에서 숫자는 상표 전체 또는 그 약칭과 함께 인식되는 것이 보통이라고 판시한 점을 잘못 이해함으로써 자신들의 행위는 죄가 되지 않는다고 확신을 하였고, 특허청도 피고인들의 상표출원을 받아들여서 이를 등록하여 준 점 등에 비추어 피고인들이 고소인의 상표권을 침해하는 것이 아니라고 믿은 것은 정당한 이유가 있다"는 피고인들의 항소이유에 대하여 피고인들이 주장하는 위와 같은 사유만으로는 법률의 착오에 정당한 이유가 있다고 볼 수 없다고 하여 항소를 기각하였다. 이에 甲과 乙은 원심판결에 법리오인이 있음을 이유로 상고하였다. 甲의 상고이유에 대하여 판단해 보시오.

[참조판례 대법원 1998.10.13. 선고 97도3337 판결]

4. 서울시 강남구 역삼동 823의 23 동양빌딩 8층에서 법인체가 아니면서도 "주식회사 금강컨설팅"이라는 명칭을 내걸고 부동산중개업을 하는 공인중개사인 甲은 A로부터 그 소유의 임야를 매수하여 계약금을 지급한 다음 이를 다시 공유지분으로 나누어 다른 사람들에게 전매하였고, 또 A, B, C, D 등의 승낙 없이 그들 명의의 각 문서를 작성하고 이를 행사하였으며, E로부터 대리권을 수여받지 아니하고 E의 대리인 자격을 모용하여 부동산매매계약서를 작성하여 이를 행사하였을 뿐만 아니라, 부동산중개업법(1999.3.31. 법률 제5957호로 개정되어 1999.7.1.부터 시행되기 전의 것) 제6조 제2항과 같은법시행령(1999.6.30. 대통령령 제16462호로 개정되기 전의 것) 제8조 제1항에 의하여 공인중개사인 중개업자는 4인 이내의 중개보조원만을 둘 수 있음에도 불구하고, 부동산중개업협회의 자문을 통하여 인원수의 제한 없이 중개보조원을 채용하는 것이 허용되는 것으로 믿고 1999.5. 초순경 위 금강컨설팅에서 29명을 중개보조원으로 고용하여 부동산중개업을 하였다고 하여 사문서위조 · 위조사문서행사 · 부동산등기특별조치법위반 및 부동산중개업법위반으로 기소되었다.

제1심인 춘천지방법원 강릉지원은 피고인 甲에 대하여 자격모용에의한사문서작성 · 위조사문서행사 · 부동산등기특별조치법위반 · 부동산중개업법위반으로 징역 1년 6월의 형을 선고하였고, 이에 피고인은 사실오인과 법리오해 및 양형부당을 이유로 항소하였다. 원심인 춘천지방법원 제5형사부는 피고인의 사실오인에 대한 항소이유의 주장은 이유없을 뿐만 아니라, 1999.3.31. 법률 제5957호로 개정된 부동산중개업법 부칙 제1조에 의하면 위 개정된 부동산중개업법은 공포 후 3월이 경과한 날부터 시행한다고 규정되어 있어 개정 전의 부동산중개업법 제6조 제2항, 제38조 제2항 제4호는 1999.7.1.부터 효력을 상실한다고 할 것인데, 개정 법률에 의해 위 규정이 삭제된 것은 법률이념의 변천으로 종래의 규정에 따른 처벌자체가 부당하였다는 반성적 고려에서 비롯된 것이라기 보다는 당시의 사회 · 경제사정의 변화에 따른 특수한 필요에 대처하기 위한 정책적인 조치에 불과하다고 봄이 상당하므로,

피고인이 종전 규정의 효력 상실 이전인 1999.5.경에 이미 범한 위반행위에 대한 가벌성이 소멸하는 것이 아니라고 할 것이므로, 피고인의 법리오해에 대한 항소이유의 주장 또한 이유 없다고 판시하였다. 다만 양형부당의 주장에 대해서는 피고인의 연령, 성행, 지능과 환경, 피해자에 대한 관계, 범행의 동기, 수단과 결과, 범행 후의 정황 등 이 사건에 나타난 양형의 조건이 되는 여러가지 사정을 참작하여 보면 원심이 피고인에 대하여 선고한 징역 1년 6월의 형은 너무 무거워서 부당하다고 인정되므로 피고인의 항소는 이 점에서 이유 있어 형사소송법 제364조 제6항에 의하여 원심판결을 파기하고 징역 1년의 형을 선고하였다. 이에 甲은 원심판결에 법리오인이 있음을 이유로 상고하였다.

甲의 상고이유에 대하여 판단해 보시오.

[참조판례 대법원 2000.8.18. 선고 2000도2943 판결]

5. 주식회사 진로발효와 그 생산담당이사인 甲은 1995.4.11.부터 1995.9.21.까지 사이에 회사 사업장에서 배출되는 일반폐기물인 주정 폐수처리오니 71.35t의 수집 · 운반만을 위하여 무허가 업자로부터 폐기물 운반차량을 그 운전사와 함께 임차하는 형식을 취하여 무허가 폐기물수집 · 운반업자에게 위탁하여 이를 수집 · 운반하게 하였는 바, 검사는 주식회사 진로발효와 甲의 이러한 행위를 무허가 업자에게 위탁하여 일반폐기물을 수집 · 운반하게 한 경우에 해당한다고 하여 폐기물관리법위반으로 기소하였다.

원심인 서울지방법원 본원 합의부는 1993.7.1. 당시 시행되던 폐기물관리법 등 관계 규정에 의하면 피고인 회사가 배출하는 위 폐기물은 특정폐기물로 지정 · 고시되어 이를 수집 · 운반하는 차량에는 지방환경청장이 발급한 특정폐기물 수집 · 운반차량증을 부착하도록 되어 있었고, 당시 환경처 예규에 의하면 임차한 차량이라 하더라도 임차계약서가 적법한 경우에는 특정폐기물 수집 · 운반차량증을 발급하도록 규정하고 있었는데, 피고인 회사는 그 무렵 위 차량에 대한 임차계약서 등을 구비하여 서울지방환경청장에게 특정폐기물 수집 · 운반차량증 발급신청을 하자 서울지방환경청장은 위 예규에 따라 피고인 회사에게 이를 발급해 준 사실, 당시 관할 환경청은 폐기물 배출업자가 차량을 임차하여 폐기물을 수집 · 운반하는 경우에도 '스스로 폐기물을 수집 · 운반하는 경우'에 해당하는 것으로 해석하고 있었던 사실, 피고인 회사는 1994.6.경 위 특정폐기물 수집 · 운반차량증의 유효기간 만료를 앞두고 서울지방환경청장에게 이에 대한 재발급 신청을 하자 서울지방환경청장은 피고인 회사가 배출하는 위 폐기물이 1994.4.13.자로 일반폐기물로 변경 · 고시되어 이를 운반하는 차량에 폐기물 수집 · 운반차량증을 부착할 필요가 없다는 회신을 하므로 그 이후에는 아무런 차량증도 발급받지 아니하고 위 차량을 이용하여 위 폐기물을 수집 · 운반하게 한 사실 등이 인정되는 점에 비추어 보면, 피고인 丙은 피고인 회사의 위와 같은 일반폐기물 수집 · 운반 방법이 죄가 되지 아니하는 것으로 믿었고, 그와 같이 믿는 데 정당한 이유가 있었다고 보아야 한다고 판단하여, 피고인들에게 무죄를 선고하였다(서울지방법원 1997.4.17. 선고 96노8696 판결). 이에 검사는 원심판결에 법리오인이 있음을 이유로 상고하였다.

검사의 상고이유에 대하여 판단해 보시오.

[참조판례 대법원 1998.6.23. 선고 97도1189 판결]

6. 甲은 자신의 소유인(소유자 명의는 처인 乙로 등기되어 있다) 경남 밀양군 상남면 조음리 44의 1 잡종지 1,603m^2 지상에서 상남주유소를 경영하고 있던 중, 주유소의 부지가 너무 좁아 위 잡종지와 붙어 있는 국유재산으로서 사실상 도로로서의 용도가 폐지된 같은 리 산 88의 2 도로 694m^2를 주유소의 부지로 사용하기 위하여, 1989.9. 국유재산의 대부를 신청하여 1989.10. 경 밀양군수와 간에 대부기간을 1989.1.1.부터 1991.12.31.까지로 정하여 대부계약을 체결하였다. 또한 甲은 주유소를 경영하는 가운데 기사식당과 휴계소가 필요하게 되자 국유재산법 제24조 제3항에 따라 기부를 전제로 한 시설물의 축조 이외에는 국유지상에 건물을 신축할 수 없는 사실을 알고는 있었지만 밀양군청 도시과 주택계장으로서 건축허가사무를 담당하고 있던 丙에게 위 국유지상에 건축물을 건축할 수 있는지의 여부를 문의하였던 바, 위 丙이 비록 국유재산이지만 甲이 위 국유재산을 불하받을 것이 확실하므로 만일 건축을 한 뒤에 위 국유재산을 불하받지 못하게 되면 건물을 즉시 철거하겠다는 각서를 제출하면 건축허가가 될 수 있다는 답변에 따라, 건축사인 丁에게 건축물의 설계를 의뢰하여 밀양군수에게 위와 같은 내용의 각서와 함께 건축허가신청서를 제출하여 1990.6.12. 밀양군수로부터 건축허가를 받고, 자신의 소유인 위 잡종지 중 168.4m^2와 국유지 중 62m^2와 함께 230.4m^2 지상에 조립식 경량철골조 건물(식당)을 신축하여 1990.8.16. 준공검사까지 받았고, 그 후 1991.12.31. 위 국유재산을 금 43,150,000원에 매수하였다.

甲의 행위가 국유재산법위반에 해당하는지에 대하여 판단해 보시오.

[참조판례 대법원 1993.10.12. 선고 93도1888 판결]

7. 甲은 경남 창녕군 진전국민학교 교장으로서 6학년 자연교과서에 꽃양귀비가 교과내용으로 되어 있고 경남교육위원회에서 꽃양귀비를 포함한 194종의 교재식물을 식재 또는 표본으로 비치하여 산교재로 활용하라는 지시에 의하여 교과식물로 비치하기 위하여 보건사회부장관의 승인없이 1968.4.18. 부산 중구 남포동 소재 제일종묘상에서 마약의 원료가 되는 앵속(일명, 꽃양귀비) 종자 1봉지를 금 10원에 매수하여 위 학교 교정 화단에 뿌려 앵속 25본을 재배하였다.

甲의 행위에 대하여 판단해 보시오.

[참조판례 대법원 1972.3.31. 선고 72도64 판결]

8. 甲은 1991.10.4.경 서울 북부경찰서장으로부터 “운전면허정지처분을 받기로 결정된 자가 처분집행예정일까지 운전면허증을 반납하지 아니하여 면허정지처분의 집행이 지연될 경우에는 본래의 처분일수에 지연된 기간의 1/2을 가산하여 정지처분을 받게 됩니다”라는 기재가 있는 도로교통법(1991.12.14. 법률 제4421호로 개정되기 전의 것) 시행규칙 별지 제52호 서식에 따라 작성된 1991.10.8.부터 100일간 甲의 자동차 운전면허를 정지한다는 처분통지서를 받았다. 甲은 이 통지서를 보고 운전면허증을 반납하지 않고 있으면 그 정지처분의 집행이 지연될 것으로 알고 그 기간 동안의 운전은 무면허운전이 되지 않는다고 믿고서 운전하고 다니다가 1991.10.20. 업무상 과실로 사람을 치상하였다. 甲에 대

한 운전면허 정지처분은 그 통지서에서 정한 대로 甲이 운전면허증을 반납하지 않아서 '운전면허점수제행정처분사무처리요강'에 의한 정지처분의 집행이 되지 않았고 그 후 1991.11.12.부터 1992.1.30.까지 위 요강에 의한 정지처분의 집행이 있었다.
甲의 행위에 대하여 판단해 보시오.

[참조판례 대법원 1993.4.13. 선고 92도2309 판결]

기출사례

1. 나이트클럽 주식회사 甲의 대표이사 乙은 만 18세 6개월된 미성년자 A 등 3명을 위 주점에 출입시키고 술을 판매하였다. 乙은 이미 그 전에 관할경찰서로부터 청소년 유해업소 출입대상자가 '18세 미만자와 고등학생'이라는 이야기를 전해 듣고 직접 경찰서에 이를 확인하여 그 내용을 알고 있었다. 이와 같은 사정으로 乙은 동 주점의 출입 기준을 경찰서에서 확인한 대로 18세 이상이고 고등학생이 아니면 허용되는 것으로 알고 고등학생이 아니고 만 18세 이상의 미성년자인 A 등 3명을 출입시키고 술을 판매한 것이다. 그런데 미성년자보호법은 미성년자(20세 미만자)에게 술을 판매한 자는 1년 이하의 징역 또는 벌금형에 처하도록 규정하고 있다(양벌규정도 있음).
   이 경우 甲과 乙의 범죄성립 여부를 논하라. (50점)
   [1994년도 시행 제36회 사법시험 제1문]

2. ㅇㅇ주식회사의 지배주주인 甲은 자기명의의 주식 일부를 아들에게 양도하였는데, 그 사실에 관하여 신문기자 A가 변칙상속 운운하면서 기사작성을 위해 뒷조사를 하고 있다는 말을 듣게 되었다. 이에 화가 난 甲은 평소 알고 지내던 乙과 丙을 불러놓고 각자에게 5백만원씩 주면서 "A가 나에 관하여 허위기사를 쓰려고 하니 기사를 쓰지 못하도록 겁을 주고, 그래도 말을 듣지 않으면 죽지 않을 정도로 때려주어라"고 하였다. 甲의 지시에 응한 乙과 丙은 A가 거주하는 아파트 지하주차장에서 기다리고 있다가 자정 무렵 귀가하는 A를 만나 "더 이상 甲의 뒤를 캐지 말고 甲에 관한 기사를 쓰지도 말아라. 그렇지 않으면 쥐도 새도 모르게 없애 버리겠다"고 말하였다. 그렇지만 A가 코웃음 치며 무시하는 태도를 보이자 乙과 丙은 주먹으로 A의 얼굴 등을 마구 때렸다. 이에 위험을 느낀 A는 자신의 자동차로 피신하면서 마침 뒷좌석에 있던 골프채로 다가오는 乙의 어깨를 내리쳤다. 골프채에 맞아 쓰러지는 乙을 본 丙은 乙을 구하는 것이므로 정당하다고 생각하고 근처에 있던 각목을 집어 들어 A의 머리를 한차례 때렸다. 머리를 맞은 A는 잠시 후 현장에서 과다출혈로 사망하였다. 몸을 추스린 乙과 丙은 곧바로 甲에게 달려가서 자초지종을 이야기하고 자신들에게 각각 1천만원씩을 더 주지 않으면 甲이 자신들에게 A를 살해하라고 지시한 것으로 수사기관에 알리겠다고 말하였다. 이에 겁을 먹은 甲은 즉시 乙과 丙에게 1천만원씩을 교부하였다.
   甲, 乙, 丙의 죄책을 논하고, 관련 특별형법의 적용법조도 부가적으로 기술하시오. (50점)
   [2005년도 시행 제47회 사법시험 제1문]

【고전적 범죄체계론】

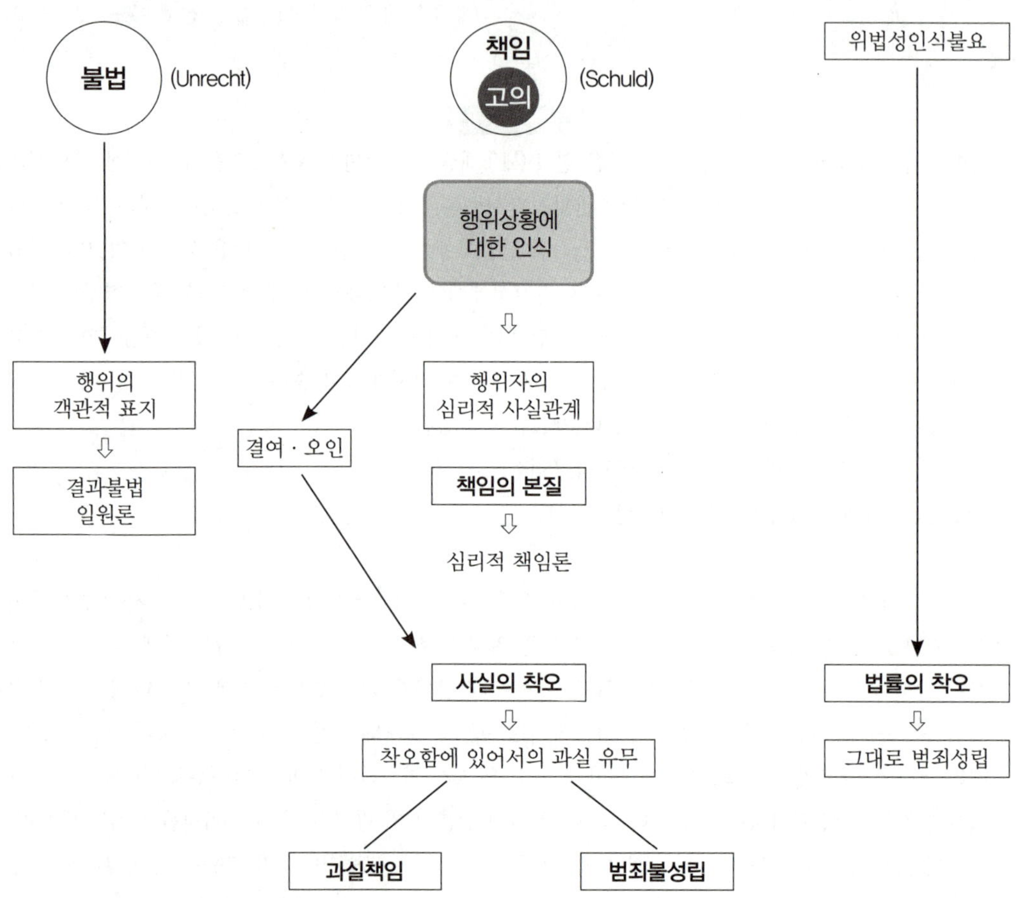

※고의설 : 위법성의 인식이 고의의 일내용

【신고전적 범죄체계론】

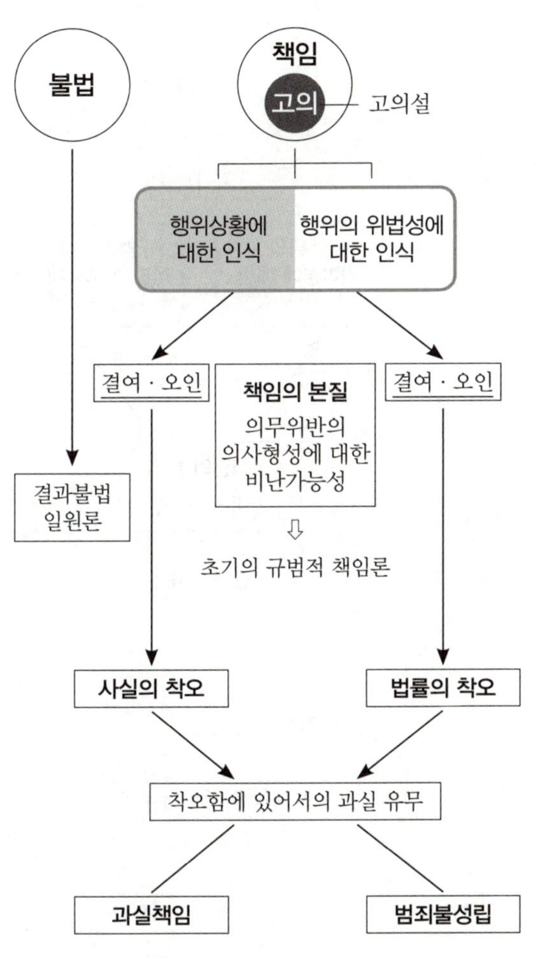

[사실의 착오와 법률의 착오의 구별 실익이 없음]

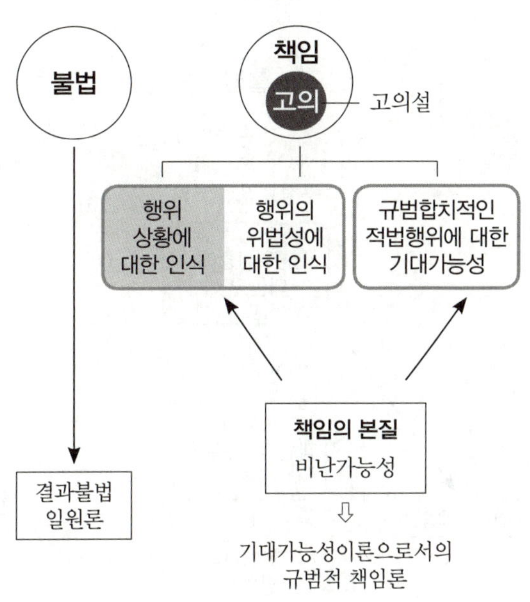

【목적적 범죄체계론】

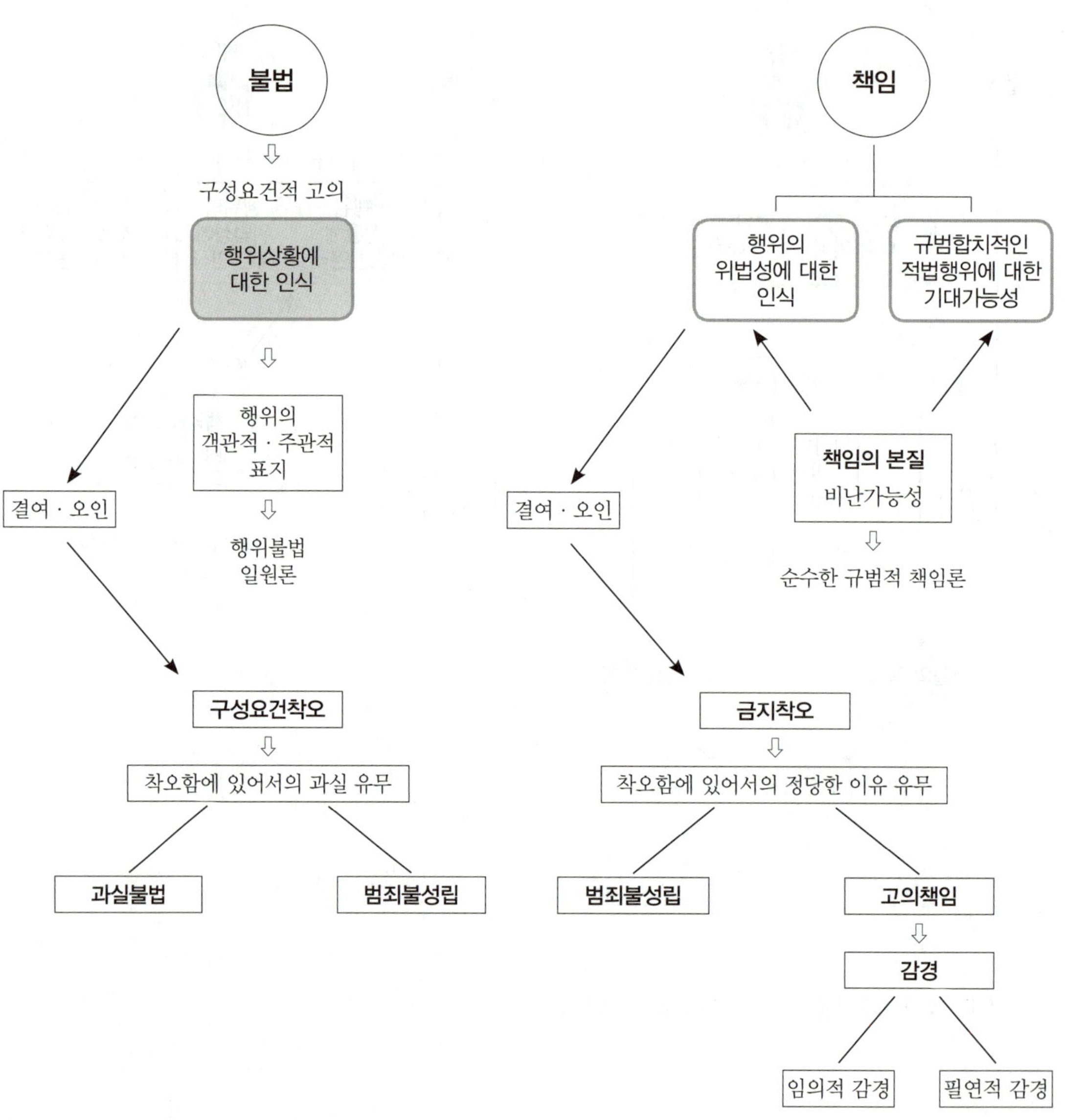

불법
구성요건적 고의
행위상황에 대한 인식
행위의 객관적 · 주관적 표지
행위불법 일원론
결여 · 오인
구성요건착오
착오함에 있어서의 과실 유무
과실불법
범죄불성립
책임
행위의 위법성에 대한 인식
규범합치적인 적법행위에 대한 기대가능성
책임의 본질
비난가능성
순수한 규범적 책임론
결여 · 오인
금지착오
착오함에 있어서의 정당한 이유 유무
범죄불성립
고의책임
감경
임의적 감경
필연적 감경

【합일태적 범죄체계론】

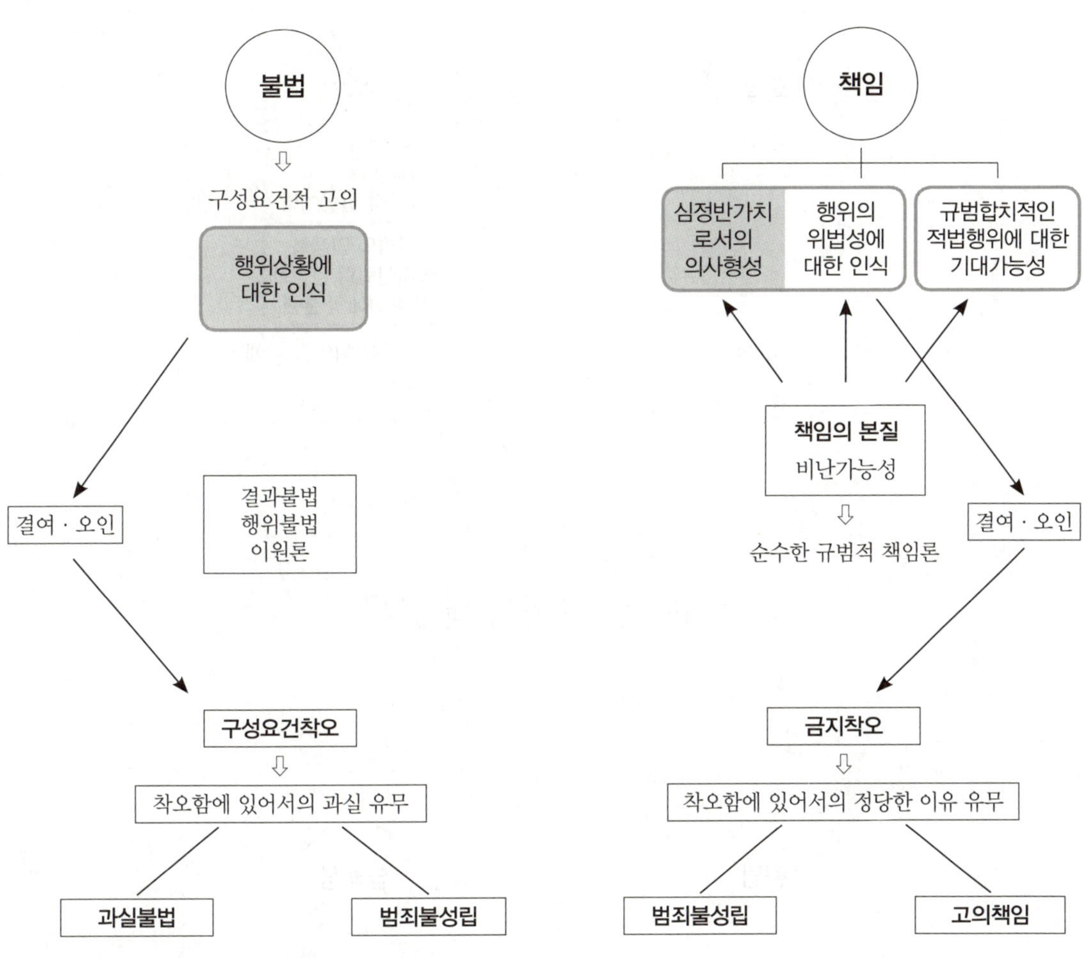
불법
구성요건적 고의
행위상황에 대한 인식
결여 · 오인
결과불법 행위불법 이원론
구성요건착오
착오함에 있어서의 과실 유무
과실불법
범죄불성립
책임
심정반가치로서의 의사형성
행위의 위법성에 대한 인식
규범합치적인 적법행위에 대한 기대가능성
책임의 본질
비난가능성
순수한 규범적 책임론
결여 · 오인
금지착오
착오함에 있어서의 정당한 이유 유무
범죄불성립
고의책임

【예방적 책임론】

【기능적 · 규범적 책임론】

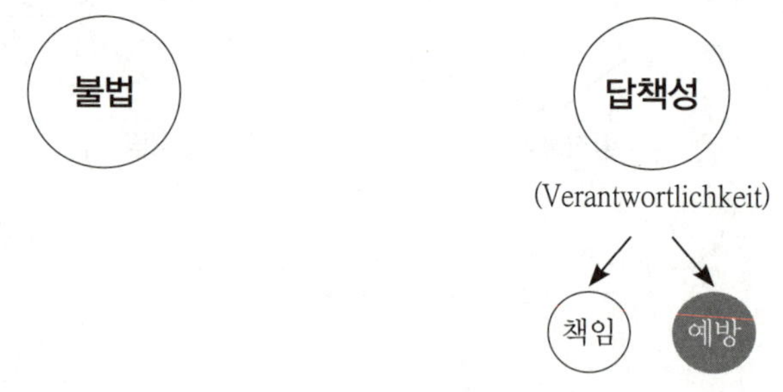

제5절 위법성조각사유의 객관적 전제사실의 착오

사례연구

1. 사실관계

甲은 소속대의 경비병으로 복무를 하고 있는 자(상병)로서 1967.7.28. 오후 10시부터 동일 오후 12시까지 소속 연대장 숙소 부근에서 초소근무를 하라는 명령을 받고 근무 중, 그 이튿날인 1967.7.29. 오전 1시 30분경 동소에서 다음번 초소로 근무를 하여야 할 상병 乙(배희칠랑, 22세)이 술에 취하여 나타나자 1시간 반이나 교대시간에 늦었다는 이유로 언쟁을 하다가 乙을 구타하게 되었다. 甲의 구타로 코피를 흘리게 된 乙은 실제로 甲을 살해할 생각은 없으면서도 甲에게 겁을 주어 기선을 제압할 생각으로 "월남에서 사람하나 죽인 것은 파리를 죽인 것이나 같았다. 너 하나 못 죽일 줄 아느냐"라고 말하면서 소지하고 있던 카빈소총을 甲의 등 뒤에 겨누며 실탄을 장전하는 등 발사할 듯이 위협을 하였다. 이에 당황한 甲은 먼저 乙을 사살하지 않으면 자기의 목숨이 위험하다고 느끼고 뒤로 돌아서면서 소지하고 있던 카빈소총을 乙의 복부를 향하여 발사함으로써 乙을 사망케 하였다.

군 검찰은 甲을 살인죄로 기소하였다.

2. 사건의 경과

제1심인 육군보통군법회의와 원심인 육군고등군법회의는 피고인에게 유죄를 인정하여 무기징역을 선고하였다. 피고인은 원심판결이 정당방위의 법리를 고려하지 아니한 흠이 있다고 주장하여 대법원에 상고하였다.

3. 법률적 쟁점

甲의 행위를 위법성조각사유의 전제사실의 착오에 해당한다고 볼 수 있는가, 위전착이라고 하면 甲의 죄책을 어떻게 평가할 수 있는가?

4. 적용법조

형법 제21조 (정당방위) ① 자기 또는 타인의 법익에 대한 현재의 부당한 침해를 방위하기 위한 행위는 상당한 이유가 있는 때에는 벌하지 아니한다.

② 방위행위가 그 정도를 초과한 때에는 정황에 의하여 그 형을 감경 또는 면제할 수 있다.

③ 전항의 경우에 그 행위가 야간 기타 불안스러운 상태하에서 공포, 경악, 흥분 또는 당황으로 인한 때에는 벌하지 아니한다.

5. 대법원의 판단

[판시사항]

정당방위에 관한 법의와 오상방위에 관한 법리를 오해한 위법이 있는 사례

[판결요지]

피고인과 변호인의 상고이유에 대하여 살피건대,

싸움을 함에 있어서의 격투자의 행위는 서로 상대방에게 대하여 공격을 함과 동시에 방위를 하는 것이므로 그중 일방 당사자의 행위만을 부당한 침해라 하고, 다른 당사자의 행위만을 정당방위에 해당하는 행위라고는 할 수 없을 것이나, 격투를 하는 자중의 한사람의 공격이 그 격투에서 당연히 예상을 할 수 있는 정도를 초과하여 살인의 흉기 등을 사용하여 온 경우에는 이는 역시 부당한 침해라고 아니할 수 없으므로 이에 대하여는 정당방위를 허용하여야 한다고 해석하여야 할 것이다.

본건에 있어서 원심이 인정한 사실은 다음과 같다. 즉 피고인은(피고인은 상병이다) 소속대의 경비병으로 복무를 하고 있는 자로서 1967.7.28. 오후 10시부터 동일 오후 12시까지 소속 연대장숙소 부근에서 초소근무를 하라는 명령받고 근무 중, 그 이튿날인 1967.7.27. 오전 1시30분경 동소에서 다음번 초소로 근무를 하여야 할 상병 공소외인과 교대시간이 늦었다는 이유로 언쟁을 하다가 피고인이 동인을 구타하자 공소외인(22세)은 소지하고 있던 카빙소총을 피고인의 등 뒤에 겨누며 실탄을 장전하는 등 발사할 듯이 위협을 하자 피고인은 당황하여 먼저 동인을 사살치 않으면 위험하다고 느낀 피고인은 뒤로 돌아서면서 소지하고 있던 카빙소총을 동인의 복부를 향하여 발사하므로서 동인을 사망케 하였다는 것이다.

그렇다면 피고인과 공소외인과의 사이에 언쟁을 하고, 피고인이 동인을 구타하는 등의 싸움을 하였다 하여도, 다른 특별한 사정이 없는 한, 구타를 하였음에 불과한 피고인으로서는 공소외인이 실탄이 장전되어있는(초소 근무인 만큼 실탄이 장전되어 있다) 카빙소총을 피고인의 등 뒤에 겨누며 발사할 것 같이 위협하는 방위 행위는 위와 같은 싸움에서 피고인이 당연히 예상하였던 상대방의 방위행위라고는 인정할 수 없으므로 이는 부당한 침해라고 아니할 수 없고, 원심이 인정한 바와 같이 피고인이 동인을 먼저 사살하지 않으면 피고인의 생명이 위험하다고 느낀 나머지 뒤로 돌아서면서 소지중인 카빙총을 발사하였다는 행위는 현재의 급박하고도 부당한 침해를 방위하기 위한 행위로서 상당한 이유가 있는 행위라고 아니할 수 없고, 만일 공소외인이 피고인의 등뒤에서 카빙총의 실탄을 발사하였다면, 이미 그 침해행위는 종료되고 따라서 피고인의 정당방위는 있을 수 없을 것임에도 불구하고, 원심이 위와 같은 사실을 인정하면서 피고인이 발사를 할 때까지는 공소외인이 발사를 하지 아니한 점으로 보아, 동인에게 피고인을 살해할 의사가 있다고는 볼 수 없으므로 피고인의 생명에 대한 현재의 위험이 있다고는 볼 수 없다는 취지로 판시하므로서, 위와 같은 피고인의 행위를 정당방위가 아니라는 취지로 판시하였음은 정당방위에 관한 법의를 오해한 위법이 있다고 아니할 수 없을 뿐 아니라, 가사 피해자인 공소외인에게 피고인을 상해할 의사가 없고 객관적으로 급박하고 부당한 침해가 없었다고 가정하더라도 원심이 인정한 사실자체로 보아도 피고인으로서는 현재의 급박하고도 부당한 침해가 있는 것으로 오인하는데 대한 정당한 사유가 있는 경우(기록에 의하면 공소외인은 술에 취하여 초소를 교대하여야 할 시간보다 한시간반 늦게 왔

었고, 피고인의 구타로 동인은 코피를 흘렸다는 것이며, 동인은 코피를 닦으며 흥분하여 "월남에서는 사람하나 죽인 것은 파리를 죽인 것이나 같았다. 너하나 못 죽일 줄 아느냐"라고 하면서 피고인의 등 뒤에 카빙총을 겨누었다고 한다)에 해당된다고 아니할 수 없음에도 불구하고, 원심이 위와 같은 이유로서 피고인의 정당방위의 주장을 배척하였음은 역시 오상방위에 관한 법리를 오해한 위법이 있다고도 아니할 수 없으므로 원판결은 부당하다하여 파기하기로 한다(대법원 1968.5.7. 선고 68도370 판결).

제1항 위법성조각사유의 착오

위법성조각사유 또는 정당화사유란 불법구성요건에 해당하는 행위의 위법성만을 조각하는 사유, 즉 그 자체가 금지이지만 그럼에도 불구하고 행위를 실행하는 법적인 정당한 근거로서 허용규범 또는 허용구성요건이라고도 한다. 다만 후술하는 소극적 구성요건표지이론에 의하면 위법성조각사유는 총체적 불법구성요건의 소극적 표지에 불과하므로 위법성조각사유가 존재하는 경우에는 총체적 불법구성요건해당성 자체가 조각되게 될 것이다.

위법성조각사유의 착오란 금지규범의 위반은 인식하였으나 현실적으로 존재하지 않는 정당한 사유가 존재하는 것으로 오인하여 자기의 행태가 예외적으로 허용된다고 착오한 경우를 말한다.

특히 위법성조각사유에 대한 착오의 유형 중 구성요건착오와 금지착오의 한계영역으로 가장 문제가 되는 것이 위법성조각사유의 객관적 전제조건(행위상황 또는 전제사실)의 착오[1]이다. 이 유형의 착오는 객관적으로 존재하지 않는 위법성조각사유의 객관적 전제사실이 존재한다고 행위자가 착오로 받아들인 경우로 허용구성요건착오라고도 한다. 이러한 경우는 일면 위법성조각사유의 객관적 행위상황과 관련되어 있다는 점에서 불법구성요건의 객관적 표지와 관계되어 있는 구성요건착오와 그 구조가 유사하며, 다른 한편 위법성조각사유를 구성하는 행위정황(行爲情況)은 객관적 불법구성요건표지가 아니라 금지규범이 예외적으로 허용규범에 의해 후퇴된다는 의미로서 행위의 금지사실에 관련된다는 점에서는 금지착오와 유사한 특수성을 지니고 있다.

이 점에서 위법성조각사유의 전제사실의 착오는 구성요건착오와 금지착오의 중간에 위치하는 독자적인 성격을 가진 착오유형이라고 할 수 있으며, 착오론 중에서 가장 논란이 심한 문제라는 점에서 아르투어 카우프만(Arthur Kaufmann)은 "전체 착오론 중에서 가장 다루기 힘든 문제가 위법성조각사유의 착오이다"라고 하여 그 논의의 어려움을 강조하고 있다.

이러한 위법성조각사유의 전제사실에 대한 착오를 구성요건착오로 취급할 것인가(제13조 내지 제14조를 적용할 것인가),

1) 예를 들면 뒤에서 설명하는 바와 같이 오상방위(Putativnotwehr), 오상긴급피난, 오상자구행위, 오상승낙행위 등이 이에 해당한다.

금지착오로 취급할 것인가(제16조를 적용할 것인가), 아니면 나아가 제3의 착오유형으로 취급할 것이냐(형법조문 어느 것의 적용도 타당성이 없느냐)의 문제는 금지착오에 관하여 책임설의 입장을 명문으로 규정하고 있는 독일형법 제17조의 해석에 있어서는 그 이론적 대립이 더욱 뚜렷이 나타나며, 또한 금지착오에 대해 단순히 '벌하지 아니한다' 라고 규정하여 그 법적 효과를 명확히 하고 있지 않는 현행 형법 제16조의 해석론상으로도 중요한 의미를 가진다.

제2항 위법성조각사유에 관한 착오의 유형

위법성조각사유에 대한 행위자의 착오는 실제 여러 가지 행태로 나타나는 바, 그 존재 및 한계에 관한 착오 또는 그 전제사실인 행위정황에 대한 착오 나아가 이 두 가지의 착오가 혼재되어 나타나는 경우로 나누어 볼 수 있다.

Ⅰ. 위법성조각사유의 존재에 관한 착오

법질서에 의해 인정되지 않는 위법성조각사유를 행위자가 존재한다고 오인한 경우로, 허용규범 그 자체에 대한 착오라는 점에서 허용구성요건착오와 구별하여 허용규범의 착오라 한다. 예컨대 과거의 침해 또는 위난에 대해서도 정당방위나 긴급피난이 가능하다고 오인하거나 적법한 침해에 대해서도 정당방위가 성립된다고 오인한 경우 또는 남편의 부인에 대한 징계권의 행사가 허용된다고 오인한 경우로, 이에 대해서는 금지착오의 문제라는 데 의문의 여지가 없다.

Ⅱ. 위법성조각사유의 한계의 착오

행위자가 법질서에 의해서 인정된 위법성조각사유의 법적 한계를 잘못 받아들인 경우로 허용한계의 착오에 해당하는 유형이다. 즉 권리의 한계에 관한 착오 또는 법적으로 그 범위가 허용되지 않는 정당화사유에 관한 착오로서, 예컨대 모욕에 대한 정당방위로 상해행위가 허용된다고 오인하였거나 또는 자기의 정당한 권리행사를 위해서는 위법한 수단도 정당화된다고 오인한 경우 등이다. 이러한 유형의 착오에 대해서도 금지착오에 해당한다는 데는 의문의 여지가 없다 할 것이다.

Ⅲ. 위법성조각사유의 객관적 전제사실(요건사실, 행위상황)의 착오

위법성조각사유의 객관적 행위상황이 존재하지 않는 데도 그러한 상황이 존재한다고 오인하고 행위에 나아간 경우, 즉 그러한 객관적 행위상황이 존재했더라면 위법성이 조각될 사실을 객관적으로 받아들인 경우로 위법성조각사유의 객관적 요건에 대한 착오를 말한다. 허용구성요건착오 또는 허용상황의 착오라고도 하며, 통상 위법성조각사유의 착오라 할 때는 이 유형의 착오를 의미한다. 예컨대 현재의 부당한 침해가 없는데도 있다고 오인하고 정당방위로 나아간 경우의 오상방위나 오상긴급피난, 오상자구행위 등이 여기에 해당한다.

위법성조각사유의 전제사실의 착오는 위와 같은 위법성조각사유의 요건이 되는 기술적 표지(記述的 標識)에 대한 착오만이 아니라 적법한 침해를 위법한 침해로 오인한 경우와 같은 규범적 표지(規範的 標識)에 대한 평가의 착오도 포함된다는 점에서 사실관계의 착오와는 구별된다. 즉 구성요건착오는 행위자가 불법구성요건의 객관적 표식에 대한 인식이 결하여져 있는 반면 허용구성요건착오는 구성요건의 인식이 갖는 법적 구성요건의 경고기능 또는 호소기능은 완전히 작용하고 있다는 점에서 구성요건착오와는 구별되며, 또한 행위자가 법익침해적 행위는 인식했으나 그의 행위가 정당화될 수 없는 상황을 착오로 인하여 적극적으로 받아들였기 때문에 그의 행위의 불법을 인식하지 못했다는 점에서 직접적인 금지착오와도 구별되는 간접적인 금지착오에 해당한다 할 것이다.

다만 위법성조각사유의 객관적인 행위정황에 대한 인식이 결여되어 있다는 점에서 위법성조각사유의 존재 및 한계의 착오와 구별되며 따라서 한계의 착오에 대한 규정인 제21조 제2항(독일형법 제33조) 등은 적용되지 않는다.

Ⅳ. 이중의 착오

위법성조각사유의 존재 및 한계의 착오와 허용상황의 착오의 형태가 경합된 경우의 착오로 예컨대 오상과잉방위, 오상과잉긴급피난 등이다. 이 경우에는 순수한 허용구성요건착오만의 문제가 아니라 금지착오까지도 문제된다는 점에 특색이 있다.

제3항 위법성조각사유의 객관적 전제사실의 착오에 대한 학설의 검토

'위법성조각사유의 전제사실의 착오를 형법상 어떻게 취급할 것인가'에 대해 판례는 이른바 배희칠랑 사례와 아래의 불심검문 사례에서 정당방위의 상당한 이유가 있느냐를 판단하여 위법성조각 여부로 해석하고 있는데, 위법성인식의 체계적 지위와 관련하여 형법이론적으로는 논리적 설명이 어려운 합리적 논거가 없는 해석이라 할 수 있다.

관련판례

1) 공소사실의 요지

피고인은 2009. 7. 17. 02:20경 대전 서구 월평동에 있는 누리네거리 앞길에서, 위 월평동 및 갈마동 일대의 부녀자들을 대상으로 한 강도강간 사건의 용의자를 검거하기 위해서 탐문 및 잠복근무를 하던 대전둔산경찰서 형사과 소속 경장인 피해자 공소외 1로부터 용의자와 인상착의가 비슷하다는 이유로 불심검문을 받게 되었다. 피고인은 피해자 공소외 1이 경찰공무원증을 제시하고 경찰관 신분임을 고지한 뒤에 검문을 하려고 하자 "씨발놈아 쫓아오지 마, 쫓아오면 죽여 버린다."라는 취지로 욕을 하면서 약 200m를 뛰어 도망가다가 갑천중학교 정문 부근에서 빗길에 미끄러져 넘어졌다. 이어서 피고인은 자신을 추격해 온 피해자 공소외 1 및 그와 같은 형사과 소속의 경사인 피해자 공소외 2로부터 재차 경찰공무원증을 제시받으면서 피해자 공소외 2로부터 "왜 도망을 가냐"라는 질문을 받자, 갑자기 주먹으로 피해자 공소외 1의 왼쪽 턱 부위를 한대 때리고, 발로 그의 허벅지를 수회 걷어차고, 계속하여 이를 말리던 피해자 공소외 2의 왼쪽 머리부위를 주먹으로 1회 때리고, 발로 그의 왼쪽 종아리 부위를 1회 걷어찼다.

이로써 피고인은 위 경찰관들의 불심검문 등에 관한 정당한 직무집행을 방해함과 동시에 피해자 공소외 1에게 약 3주간의 치료를 요하는 안면부 좌상 등을, 피해자 공소외 2에게 약 3주간의 치료를 요하는 경부 염좌상 등을 가하였다.

2) 사건의 경과

제1심은 피고인이 이 사건 당시 불심검문의 대상이 된다고 볼 것이고, 나아가 경찰관직무집행법상 적법한 방법으로 불심검문을 하였다고 보아 이 사건 공소사실을 유죄로 판단하였다(대전지방법원 2010.11.5. 선고 2010고정743 판결). 이에 피고인이 항소하였고 항소심은 이 사건 전에 발생한 강도강간미수 사건 피의자의 인상착의와 피고인의 인상착의가 다소 일치하지 않는다거나 혹은 비슷하다고 단정할 수 없다는 이유를 들어 피고인이 불심검문 대상자가 될 수 없다고 판단한 다음, 설령 불심검문 대상자가 된다고 하더라도 피고인이 경찰관 공소외인의 경찰공무원증 제시에도 불구하고 도망감으로써 불심검문에 응하지 않으려는 태도를 분명히 하였음에도 경찰관들이 피고인을 차량으로 추적하여 앞을 가로막으면서까지 검문을 요구한 행위는 언어적 설득을 넘어선 유형력의 행사로서 답변을 강요하는 것이어서 불심검문의 방법적 한계를 일탈한 위법한 행위이고, 따라서 적법한 공무집행을 전제로 하는 공무집행방해죄는 성립할 수 없으며, 이러한 위법한 불심검문에 대항하는 과정에서 이루어진 상해행위도 정당방위로서 위법성이 조각된다고 판단하여 피고인에게 무죄를 선고하였다(대전지법 2011.9.29. 선고 2010노2749 판결).

3) 대법원의 판단

[판시사항]

경찰관이 불심검문 대상자 해당 여부를 판단하는 기준 및 불심검문의 적법 요건과 내용

[판결요지]

가. 우선 피고인이 이 사건 불심검문 대상자가 될 수 있는지에 관하여 본다.

원심판결 이유 및 원심이 적법하게 채택한 증거들에 의하면, 이 사건 당시 경찰관들이 피고인을 불심검문하려던 장

소는 이 사건 발생 하루 및 이틀 전에 각 발생한 강도강간미수 사건이 발생한 지역이었고, 시간대도 위 강도강간미수 사건이 발생하였던 시각과 비슷한 무렵이었던 사실, 위 강도강간미수 사건의 용의자에 관하여 '20~30대 남자, 신장 170cm 가량, 뚱뚱한 체격, 긴 머리, 둥근 얼굴, 상의 흰색 티셔츠, 하의 검정색 바지, 검정색 신발 착용' 및 '키 175cm 가량, 마른 체형, 안경 착용'이라는 등으로 그 인상착의가 대략적으로 신고되었던 사실, 경찰관들은 위 강도강간미수 사건의 피의자와 관련된 사전 정보를 지득하고 있었는데, 피고인의 인상착의가 경찰관들이 지득하고 있던 사전 정보와 상당 부분 일치하였던 사실을 알 수 있다. 이를 앞서 본 법리에 비추어 살펴보면, 경찰관들이 피고인을 불심검문 대상자로 삼은 조치는 피고인에 대한 불심검문 당시의 구체적 상황과 자신들의 사전 지식 및 경험칙에 기초하여 객관적 · 합리적 판단과정을 거쳐 이루어진 것으로서, 가사 피고인의 인상착의가 미리 입수된 용의자에 대한 인상착의와 일부 일치하지 않는 부분이 있다고 하더라도 그것만으로 경찰관들이 피고인을 불심검문 대상자로 삼은 조치가 위법하다고 볼 수는 없다.

나. 다음으로 경찰관들의 피고인에 대한 이 사건 불심검문이 위법한 것인지에 관하여 본다.

원심판결 이유를 앞서 본 법리에 비추어 살펴보면, 경찰관들이 피고인을 정지시켜 질문을 하기 위하여 추적하는 행위도 그것이 범행의 경중, 범행과의 관련성, 상황의 긴박성, 혐의의 정도, 질문의 필요성 등에 비추어 그 목적 달성에 필요한 최소한의 범위 내에서 사회통념상 용인될 수 있는 상당한 방법으로 이루어진 것이라면 허용된다 할 것인데, 이 사건 불심검문은 강도강간미수 사건의 용의자를 탐문하기 위한 것으로서 피고인의 인상착의가 위 용의자의 인상착의와 상당 부분 일치하고 있었을 뿐만 아니라 피고인은 경찰관이 질문하려고 하자 막바로 도망하기 시작하였다는 것이므로, 이러한 경우 원심으로서는 경찰관들이 피고인을 추적할 당시의 구체적인 상황, 즉 경찰관들이 피고인에게 무엇이라고 말하면서 쫓아갔는지, 그 차량에 경찰관이 탑승하고 있음을 알 수 있는 표식이 있었는지, 피고인으로부터 어느 정도 거리에서 어떤 방향으로 가로막으면서 차량을 세운 것인지, 차량의 운행속도 및 차량 제동의 방법, 피고인이 그 차량을 피해 진행해 나갈 수 있는 가능성, 피고인이 넘어지게 된 경위 및 넘어진 피고인에 대하여 경찰관들이 취한 행동을 면밀히 심리하여 경찰관들의 이 사건 추적행위가 사회통념상 용인될 수 있는 상당한 방법으로 이루어진 것인지 여부를 판단하였어야 할 것이다. 그럼에도 원심은 이에 이르지 아니한 채 단지 그 판시와 같은 이유만으로 경찰관들의 불심검문이 위법하다고 단정하여 공무집행방해죄 및 상해죄의 공소사실에 대하여 모두 무죄를 선고하고 말았으니, 이와 같은 원심의 판단에는 불심검문에 관한 법리를 오해하여 필요한 심리를 다하지 아니한 잘못이 있다. 이를 지적하는 상고이유 주장은 이유 있다.

다. 다만 이 사건 기록에 의하면, 피고인은 자신을 추격하는 경찰관들을 피하여 도망하다가 넘어졌는데, 당시는 새벽 02:20경으로 상당히 어두웠던 심야였고 경찰관들도 정복이 아닌 사복을 입고 있었던 사실, 자신을 추격하는 차량(일반 승용차였던 것으로 보인다)을 피하려다 넘어진 피고인은 주변에 고성으로 '경찰을 불러달라'고 요청하여 지나가던 택시기사도 이 소리를 듣고 정차하였던 사실 등을 알 수 있고 여기에 피고인은 원심 법정에 이르기까지 일관하여 이 사건 경찰관들을 소위 '퍽치기'를 하려는 자들로 오인하였던 것이라고 진술하고 있는 사정 등을 종합하면, 피고인은 당시 경찰관들을 치한이나 강도로 오인함으로써 이 사건 공무집행 자체 내지 그 적법성이나 자신의 경찰관들에 대한 유형력 행사의 위법성 등에 관하여 착오를 일으켰을 가능성을 배제하기 어려우므로, 원심으로서는 당시 피고인이 자신이 처한 상황을 어떻게 인식하였는지, 피고인에게 착오가 인정된다면 그러한 착오에 정당한 사유가 존재하는지 여부 등에 관하여 면밀히 심리한 다음 범죄성립이 조각될 수 있는지 여부를 신중히 판단하여야 한다는 점을 덧붙여 지적하여 둔다.

그러므로 나머지 상고이유에 대하여 더 나아가 판단할 필요없이 원심판결을 파기하고 사건을 원심법원에 환송하기로 하여, 관여 대법관의 일치된 의견으로 주문과 같이 판결한다(대법원 2014.2.27. 선고 2011도13999 판결).

학설은 구성요건착오에 해당한다고 보아 고의의 성립 여부 문제로 해결하려는 견해와, 금지착오에 해당한다고 보아 책임판단의 문제로 해석하려는 견해 및 구성요건착오는 아니지만 그 법적 효과에 있어서는 구성요건착오와 동일하게 해석하려는 견해 등 여러 견해가 대립하고 있다.

위법성의 인식의 체계적 지위와 관련하여 고의설에 의하는 경우에도 이것을 구성요건착오로 볼 것인가 또는 금지착오로 볼 것인가에 대하여 견해가 다르나 어느 견해에 의하든 고의가 조각된다는 점에서는 차이가 없으므로 결국 논의의 실익은 없다고 할 수 있다. 다만 고의설에 의할 때에는 위법성조각사유의 전제사실에 대해 착오가 있는 때에는 금지착오로서 위법성의 인식이 없는 경우에 해당하여 고의가 조각되어 과실범의 성립만 문제된다고 하는 것이 논리적이라고 할 수 있다.

따라서 위법성조각사유의 전제사실의 착오를 구성요건착오로 해결할 것인가 또는 금지착오로 해결할 것인가는 책임설을 전제로 할 때에 의미를 가지게 된다. 특히 독일형법 제16조는 『행위정황에 관한 착오』라는 표제하에 제1항 전단에서 "행위시에 법적 구성요건에 속하는 행위상황을 인식하지 못한 자는 고의로 행위한 것이 아니다"라고 규정하면서, 후단에서 "과실의 범행을 이유로 하는 가벌성은 위와 관계없다(배제되지 않는다)"고 규정하고 있으며, 제17조에서 금지착오를 이와 구별하여 규정하고 있다. 따라서 이 제16조 제1항 전단의 '법적 구성요건에 속하는 행위상황'이 무엇을 의미하느냐의 해석에 따라 위법성조각사유의 객관적 전제사실의 착오가 발생하였을 때 어느 한도까지 고의범을 인정하느냐가 해결된다 할 것이다.

이하에서는 위법성조각사유의 전제사실의 착오가 구성요건착오에 해당한다고 보는 견해인 고의설과 소극적 구성요건표지이론, 금지착오에 해당한다고 보는 엄격책임설, 구성요건착오와 금지착오의 중간영역으로서 구성요건착오는 아니지만 구성요건착오와 동일하게 취급하려는 유추적용설(유추적용제한적책임설), 구성요건착오나 금지착오와는 전혀 달리 독자적인 착오 유형으로 보는 제한적 책임설(법효과제한적책임설), 그리고 독립적인 형벌범위가 정해진다고 보는 법효과독립적 책임설로 나누어 제 학설을 비교 · 검토해 보기로 한다.[2)]

Ⅰ. 구성요건착오설

위법성조각사유의 전제사실에 대한 착오는 객관적 행위상황에 대한 착오이기 때문에 구성요건착오유형에 해당하며 따라서 구성요건착오의 규정이 직접 적용된다고 보는 견해로, 결국 고의의 성립 여부의 문제로 해석하는 입장이다. 이에는 전통적인 고의설의 입장과 소극적 구성요건표지이론이

2) 오스트리아형법 제8조는 제9조의 법률의 착오와 구별하여 『정당화사유의 착오로 인한 인식』이라는 표제하에 "착오로 행위의 위법성을 배제하는 사유가 있다고 믿은 자는, 고의범으로 벌하지 아니한다. 그 착오가 과실에 기인하고 과실범을 처벌하는 규정이 있을 때에만, 행위자는 과실범으로 처벌한다"라고 규정하여 이를 입법적으로 해결하고 있다. 한편 독일의 경우도 1962년 형법개정초안 제20조에 『Irrtum über rechtfertigende oder entschuldigende Umstände』라는 표제로 오스트리아형법 제8조와 유사한 조항을 두었으나, 논의과정에서 삭제되어 현행은 이 문제를 전적으로 학설과 판례에 일임하고 있다.

해당한다.

1. 고의설(Die Vorsatztheorie)

위법성의 인식 내지 위법성의 인식가능성을 고의의 성립요소로 보는 (엄격, 제한적)고의설에 의하면 위법성조각사유의 전제사실의 착오는 구성요건착오로 고의책임이 조각되며, 과실범의 처벌규정이 있는 경우에 한해 과실범으로 처벌될 수 있을 뿐이다.

2. 소극적 구성요건표지이론(Die Lehre von den negativen Tatbestandsmerkmalen)

금지의 실질인 구성요건은 실질적 불법을 총괄하는 다시 말해 가치기술이 필연적으로 위법하게 인간의 행태에 귀속되는 모든 (객관적, 주관적, 기술적, 규범적, 적극적, 소극적, 금지를 근거지우는, 요구를 근거지우는) 상황의 총체로서의 총체적 불법구성요건이며 이것이 불법구성요건이다. 이 견해에 의하면 불법구성요건은 위법성의 효력근거 내지 존재근거로 위법성은 불법구성요건의 적극적 표지에 관한 존재만 아니라 소극적인 불법구성요건표지인 위법성조각사유의 부존재에 관한 총체적 구성요건에 대한 반가치판단을 의미하며, 따라서 위법성조각사유는 소극적 불법구성요건표지로서, 고의의 성립에는 위법성조각사유의 부존재도 인식해야 한다는 것이다.

즉 위법성조각사유는 행위의 위법성을 배제하는 것이 아니라 오히려 위법성을 조각하는 행위상황의 존재에 있어서는 불법이 원래부터 배제되므로 구성요건을 한계지우는 것이며 따라서 (총체적)구성요건해당성 자체를 배제하며, 결국 위법성의 인식에 착오가 있는 경우 불법구성요건해당성이 부정되어 고의가 조각되므로 과실범의 문제로 취급하게 된다. 다시 말하면 실질적인 불법을 근거지우는 모든 표지는 불법구성요건에 포함되며, 이러한 표지를 인식하지 못한 자는 고의가 없으며 과실만이 문제되는 구성요건착오이며, 완전한 (총체적) 불법구성요건의 객관적 표지에 대한 인식에도 불구하고 그의 행위가 위법함을 알지 못한 경우만이 금지착오에 해당한다고 보는 견해이다.[3)]

따라서 위법성조각사유의 객관적 전제사실에 관한 착오에서의 객관적 전제조건의 부존재도 독일형법 제16조 제1항의 법적 구성요건에 속하는 행위상황으로 볼 수 있으며, 이 착오도 제16조 제1항을 직접 적용하여 구성요건착오와 동일하게 취급할 수 있다. 독일형법 제17조의 금지착오는 행위자가 행위의 위법성을 인식하지 못한 경우에만 한정된다. 독일형법 제16조는 구성요건의 적극적 표지뿐만 아니라 위법성조각사유의 부존재라는 소극적 표지도 요구하며, 따라서 위법성을 조각하는 행위상황을 인식하지 못한 자는 자연적 고의가 아닌 불법고의가 없으므로 과실범의 처벌규정이 있는 때에 한하여 과실범으로 처벌하게 된다는 것이다.

이와 같이 이 이론은 위법성조각사유의 전제사실의 착오를 구성요건착오로 취급할 수 있는 가장

---

3) 이 이론은 A.Merkel에 의하여 주장된 것으로 그 후 F.Schaffstein, H.Schröder, H.von Weber, K.Engisch, Armin Kaufmann, R.Lange, H.Otto 등에 의하여 지지되었다.

명쾌한 이론적 근거를 마련하였다는 점에 공헌한 바 있으나 다음과 같은 점에서 비판을 면키 어렵다.

첫째, 이론의 결론보다도 범죄체계의 구성에 있어서 이단계 범죄체계를 전제로 위법성조각사유를 소극적 구성요건표지로서 총체적 구성요건의 개념에 포함시킨 것은 불법구성요건과 구별되는 독립된 범죄성립요소인 위법성의 독자적인 성격을 전혀 고려하고 있지 않다는 점이다. 형법상 전혀 의미가 없기 때문에 아예 처음부터 불법구성요건에도 해당하지 않는 행위와, 구성요건해당성은 구비되었으나 이러한 법익을 침해하는 행위가 예외적으로 허용되는 것에 불과한 위법성만이 조각되는 행위 사이에는 질적인 가치차이가 있다 할 것이다. 즉 구성요건은 단순히 금지되는 행위의 태양(態樣)을 규정한 것임에 반하여, 위법성조각사유는 법익침해의 태양에는 속하더라도 형법상 법익보호의 실질적 이익이 없거나 보다 중요한 법익보호의 예외상황을 규정한 것이므로 범죄체계론상 불법구성요건과 위법성은 엄격히 구별되어야 한다.

둘째, 논리적으로 보더라도 이 이론에 의하면 위법성조각사유의 부존재에 대한 인식도 소극적 구성요건표지에 대한 인식이므로 고의의 내용이 되어야 된다는 모순이 있다. 존재하지 않는 사실에 대한 인식을 고의의 내용으로 요구할 수는 없는 것이다. 셋째, 착오자는 비록 위법성조각사유의 전제사실에 대한 착오는 있었으나 상대방에 대한 침해행위를 명백히 인식 · 의욕하고 있다는 점에서도 고의 자체가 조각된다고 보는 것은 타당하다 할 수 없다. 또한 위법성조각사유의 전제사실의 착오의 경우 고의가 조각된다고 한다면 이에 가담한 공범을 처벌할 수 없게 되는 형사정책적 결함이 있다. 이 경우 간접정범이 성립된다고 보는 견해도 있으나, 간접정범의 본질인 피이용자에 대한 의사지배가 없다는 점에서 또한 부당한 견해라 할 수 있다.

Ⅱ. 금지착오설 – 엄격책임설(Die strenge Schuldtheorie)

이 설에 의하면 불법구성요건은 금지의 실질(Verbotsmaterie)이며 위법성은 실질의 금지성이므로 위법성조각사유는 실질의 금지성만 배제하며 금지의 실질은 그대로 존재하게 되므로, 위법성조각사유의 착오의 모든 경우는 구성요건착오가 아니라 행위의 금지성에 관한 착오로 금지착오가 되며 고의의 성립에는 영향없다는 견해이다. 따라서 위법성조각사유의 전제사실의 착오도 마찬가지로 금지착오에 해당하여 금지착오의 규정이 직접 적용된다고 본다.[4)]

엄격책임설은 이처럼 고의와 위법성의 인식을 명백히 분리하여 불법구성요건적 사실에 대한 인식이나 착오는 구성요건적 고의의 문제이며 위법성조각사유의 객관적 전제사실을 포함한 모든 적법성에 관한 인식은 위법성의 인식에 영향을 미치는 면책사유의 문제로 본다. 즉 독일형법 제17조에 의해 행위자는 모든 정황을 인식하였으므로 고의책임은 성립하며, 단지 착오의 회피가능성에 따라서

4) H.Welzel, P.Bockelmann, F.C.Schroeder 등.

회피불가능한 착오는 책임이 조각되고 회피가능한 착오는 그 정도에 따라 책임이 감경될 뿐이다.

그러나 이 견해는 행위정황에 대한 인식여부와 행위 그 자체의 허용여부에 대한 평가는 본질적으로 다르다는 점을 간과하였다. 즉 행위전체에 대한 사회윤리적 평가의 착오가 아니라 무엇을 하고 있는가?에 대한 착오인 사실관계의 착오라는 특수성을 무시함으로써 본질적으로 동일시할 수 없는 것을 동일시하고 있다. 또한 착오의 내용이 비록 위법성조각사유에 대한 것이라도 그것은 행위의 허용 내지 허용범위에 대한 착오가 아니라 위법성조각의 행위정황에 대한 인식의 결여이므로 이러한 인식이 결여된 자에게까지 단지 그 회피가능성만을 이유로 고의책임을 지운다는 것은 오히려 법감정에도 맞지 않는다.

Ⅲ. 제한적 책임설(Die eingeschränkte Schuldtheorie)

위법성조각사유의 전제사실의 착오는 구성요건착오에는 해당하지 않으나 구성요건착오와 동일하게 취급할 수 있다는 견해이다. 즉 그 전제사실은 객관적 불법구성요건표지가 아니므로 이에 대한 착오가 구성요건착오는 아니지만 회피가능한 착오는 과실범의 처벌규정이 있는 때에 과실범으로 처벌할 수 있을 뿐이라고 보는 견해의 총칭을 의미한다. 이에는 구성요건착오는 아니나 구조적으로 유사성을 가지고 있으므로 구성요건착오를 유추적용할 수 있다는 유추적용설과, 법적 효과에 있어서만 구성요건착오의 규정이 적용될 수 있다고 보는 법효과제한적 책임설 내지 법효과지시적 책임설의 두 가지 입장이 있다.[5]

1. 유추적용설(Die analoge Anwendungstheorie)

위법성조각사유의 객관적 전제사실은 불법구성요건의 객관적 표지와 유사성을 가지고는 있으나 법적 성질에 있어 동일한 것은 아니므로 구성요건착오는 아니나 그 구조적 유사성으로 인해 구성요건착오에 관한 법규정, 즉 독일형법 제16조 제1항을 유추규정하여 위법성조각사유의 전제사실의 착오는 고의불법이 배제된다고 해석하는 견해이다.

이 견해에 의하면 법적 구성요건의 불법유형적 표지와 허용구성요건은 최소한 '행위가 위법인가 아닌가' 라는 결정에 있어서는 질적으로 동일한 의미를 가지며, 따라서 위법성조각사유의 전제사실의 착오는 구성요건착오와 동일하게 취급할 수 있다는 것이다.

즉 구성요건착오에서는 행위자가 법익침해(결과반가치)를 의도하지 않았다는 점에서 고의불법의 행위반가치가 배제되며, 위법성조각사유의 전제사실의 착오의 경우에는 보호되는 법익을 예외적인 경

5) 제한적 책임설의 범위와 관련하여 유추적용설과 법효과제한적 책임설 모두를 총칭한다고 보는 견해와, 유추적용설만 지칭한다고 보는 견해가 대립되고 있다.

우에 침해해도 그것이 허용되는 상황이 주어져 있다고 행위자가 오인했다는 점에서 행위상황에 관한 착오자는 그 자체 법에 충실하고 있었기 때문에, 행위의 목표설정에 있어서만은 법규범과 완전히 일치하는 방향에서 행위하고 있었다는 점에서 행위반가치로서의 고의불법이 탈락하게 된다. 이와 같이 고의불법이 탈락된다는 점에서 엄격책임설이나 법효과제한적 책임설과 그 이론구성이 다르다.

그러나 유추적용설에 의할 경우에는 구성요건착오의 규정을 유추규정함으로써 결국 고의가 조각되며, 따라서 전술한 소극적 구성요건표지이론에 대한 비판과 마찬가지로 이에 가담한 공범을 처벌할 수 없게 되는 형사정책적 결함이 있다. 또한 유추적용설은 행위반가치가 행위의 주관적 표지에 의해서만 구성된다는 것을 이론적 전제로 하고 있으나 행위반가치는 행위의 주관적 표지만이 아니라 객관적 표지도 고려되어야 한다. 주관적인 정당화표지에 의해서 행위반가치가 완전히 부정된다고는 볼 수 없으며 행위의 객관적 표지에 의해서 행위반가치는 여전히 남아 있는 것이다. 나아가 유추적용설은 착오를 종래의 전통적인 입장인 사실의 착오와 법률의 착오로 구분하여 위법성조각사유의 전제사실의 착오를 사실의 착오로 해결하려 했다는 점에서도 비판을 면키 어렵다.

2. 법효과제한적 책임설(법효과지시적 책임설, 법적 효과 비교책임론)

위법성조각사유의 전제사실의 착오를 구성요건착오나 금지착오가 아닌 고유한 특성의 착오로 보아, 위법성조각사유의 전제사실의 착오는 고의행위의 불법은 성립하지만 법효과 즉 처벌에 있어서는 행위자의 감경된 책임때문에 고의범의 처벌을 제한 또는 과실범의 처벌을 지시한다는 견해이다. 즉 단지 법효과면에서만 독일형법 제16조 제1항을 적용하고자 하는 견해로서 결국 법적 효과에 있어서는 구성요건착오와 동일하게 취급하고 있다.

이 견해는 고의의 이중적 기능을 이론적 전제로 하여 행위반가치로서의 구성요건고의와 심정반가치로서의 책임형식인 책임고의를 구별한다. 따라서 위법성조각사유를 구성하는 행위상황은 단지 불법만을 징표하는 구성요건에는 속하지 않으며 행위자는 구성요건을 실현하는 한에 있어서 주관적 구성요건표지로서의 고의불법은 성립하고, 다만 반대구성요건(위법성조각사유)이 관여하는 한(정당화의식)에 있어서 고의책임이 탈락되고 과실범으로 처벌받는 결과가 된다.

이 견해는 허용구성요건착오를 해결하는 결론에 있어서는 유추적용설과 같지만 착오에 빠진 행위자의 행위에 가담한 공범에게는 고의범의 성립이 인정되며, 또한 비록 행위자가 과실범으로 처벌되든 아니되든 일단 고의불법은 성립한다는 점에서 유추적용설과 다르다. 그러나 이 견해에 대해서는 다음과 같은 비판이 제기된다. 첫째, 고의벌은 고의불법행위를 전제로 하고 과실벌은 과실행위를 전제로 한다는 점에서 일단 성립된 고의불법이 책임단계에서 과실로 의제되어 버리는 즉 고의행위에서 과실책임이 도출된다는 점에서 논리적 일관성이 없다. 둘째, 엄격책임설의 입장에서의 비판으로 만일 과실범의 처벌규정이 없는 경우에는 결국 처벌을 못하게 되는 형사정책적 결함(가벌성의 누수현상)이 있을 수 있다는 것이다.

Ⅳ. 법효과독립적 책임설

허용구성요건착오를 일반적인 구성요건착오의 규율에서 완전히 독립시켜, 착오행위는 고의행위로서 고의범으로 처벌하되 착오가 회피가능한 경우에는 독자적인 형벌범위 즉 그 처벌범위는 과실범의 법정형범위로 감경하고자 하는 견해[6], 또는 독일형법 제17조 제2항을 원용하여 고의범으로 처벌하되 형벌은 제49조 제2항에 따라 언제나 감경해야 한다는 견해[7] 및 법률이 과실범을 처벌하지 않는 경우에도 과실범으로 처벌하되 다만 처벌범위는 고의행위에 과해지는 형을 법률상 감경규정에 의해 감경해야 한다고 보는 견해[8] 등의 총칭이다.

그러나 착오행위자에게 고의책임까지를 인정한다는 것은 부적절하며, 그 처벌에 있어서도 과실범 처벌규정이 없는 데도 과실범으로 처벌한다는 것은 죄형법정주의에 위배될 뿐 아니라 과실벌과 다른 독립된 법적 효과를 인정할 필요성이 없다는 점에서 이 견해는 비판을 면키 어렵다.

---

6) G.Jakobs.

7) Paeffgen.

8) E.Dreher.

제4항 결론

위법성조각사유의 전제사실에 대한 착오는 결국 불법구성요건과 위법성과의 관계 나아가 고의의 범죄체계상의 지위와 그 실질적인 내용, 고의와 위법성의 인식과의 관계에 대한 형법의 전반적인 범죄체계논쟁에 귀착된다고 할 수 있다. 즉 범죄체계를 종래 전통적인 고전적 · 신고전적 범죄체계론에 입각하여 분석하느냐, 아니면 목적적 범죄체계론 또는 합일태적 범죄체계론에 입각하여 세우느냐에 따라 그 이론적 전개는 달라질 수 밖에 없다.

먼저 불법을 징표하는 불법구성요건은 고의로 실현했으나 행위자가 착오로 허용구성요건을 받아들인 경우 그 해결의 방향에 있어 가장 중요한 것은 '전체행위의 관점에서 책임비난이 어떻게 행해져야 하는가' 라는 측면에서 접근해야 한다는 점이다. 위법성조각사유의 전제사실에 대한 착오의 경우에는 단순히 객관적 불법구성요건표지에 대한 인식의 결여인 구성요건착오와는 책임비난의 구조가 다르며, 또한 착오의 내용이 위법성조각의 전제사실에 대한 것이라는 점에서 행위상황 자체의 인식은 있었으나 행위의 위법성을 인식하지 못한 경우의 금지착오와도 책임비난의 구조가 전혀 다르므로 일률적으로 구성요건착오 또는 금지착오에 해당한다고 할 수는 없다. 따라서 이러한 유형의 착오의 경우에는 그 구조 자체를 면밀히 분석하여 이론구성을 하는 것이 타당하리라 본다.

예컨대 甲이 악수를 청하는 乙을 강도로 오인하고 정당방위로 나아간 경우, 고의의 이중적 기능과 관련하여 볼 때 甲의 행위에는 객관적 불법구성요건표지에 대한 인식인 고의불법으로서의 행위반가치성은 분명히 존재하며, 다만 행위의 동기형성 내지 심정형성으로서의 심정반가치의 결여로 인하여 고의책임이 탈락된다고 보아야 할 것이다. 이 점에서 처음부터 아예 고의불법이 조각된다고 보는 고의설 및 소극적 구성요건표지이론 또는 유추적용설은 논리적 모순이 아닐 수 없다. 또한 乙이 여기에 대해 정당방위를 할 수 있느냐? 에 대하여 만일 고의설 및 소극적 구성요건표지이론 또는 유추적용설에 의할 경우에는 착오에 기한 행위자 갑의 행위는 고의불법 자체가 조각됨으로 해서 자칫 피법익침해자인 상대방 乙은 이에 대해 자기의 법익보호를 위한 정당방위도 할 수 없다는 면에서 모순이 아닐 수 없다. 하물며 乙의 입장에서 볼 때 행위자인 甲이 정당방위의 전제사실을 착오했느냐? 또는 그 착오가 회피가능했느냐를 판단하고 난 후 정당방위를 한다는 것은 정당방위의 긴급성이라는 면에서 도저히 기대할 수 없을 것이다.

다음으로 엄격책임설에 의하면 위법성조각사유의 전제사실을 착오로 인식하지 못한 경우, 즉 고의책임으로서의 심정반가치가 아예 처음부터 결여된 경우에도 전제사실이 존재하지 않음을 알면서도 행위로 나아간 경우와 동일하게 심정반가치로서의 고의책임을 인정한다는 점에서 비록 책임감경사유가 된다 하더라도 이는 논리적 모순이 아닐 수 없다. 전제되는 객관적 행위사정을 오인하였더라도 그 행위의 목표설정에 있어서 만은 법규범과 완전히 일치하는 방향에 서서 행위하고 있으며 따라서 입법자의 가치표상에 비추어 볼 때도 법적으로 비난할 만한 것이 못된다. 과실범보다 고의범을 무겁게 처벌하는 것은 행위자가 행위의 법적 · 사회적 의미 내용을 인식 의욕하였다는 심정반가치(心情反價値)에 있는 것이며, 따라서 위법성조각사유의 전제사실을 오인한 자에 대한 비난은 단지 법이 요구하는 주의를 다하지 아니한 과실에 있는 것이지 법적대적 심정(rechtsfeindliche Gesinnung)에 있는 것이 아니기 때문이다. 또한 엄격책임설의 입장에서 비판하는 과실범의 처벌규정이 없는 경우에 발생하는 처벌의 흠결도 일반적인 과실범처벌의 경우와 마찬가지로 과실범으로 처벌해야 할 형사정책적인 필요성이 없기 때문이라고 보아야 한다.

결론적으로 전술한 바와 같이 행위자에게는 비록 위법성조각사유의 전제사실을 착오하였더라도 객관적 불법구성요건표지에 대한 인식 · 의욕은 존재하고 있다는 점에서 고의불법은 성립하며 따라서 이 경우의 착오는 구성요건착오에 해당한다고는 볼 수 없으며, 다만 행위로 나아간 행위자에게는 심정반가치를 인정할 수 없으므로 고의의 이중적 기능과 관련하여 볼 때 고의책임이 탈락되며 이로써 고의범의 성립문제는 종결된다 할 것이다. 그러나 고의범의 성립이 부정된다 하더라도 과실범성립까지 부정되는 것은 아니며 행위자에게 과실이 있는 경우에는 과실범으로서의 책임을 지울 수는 있다.

고의형벌은 고의책임을 전제로 한다는 점에서 위법성조각사유의 전제사실을 착오한 행위자의 책임이 질적으로 과실책임과 일치하는 때에는 비록 고의불법은 인정된다 하더라도 과실형벌을 과하는 것은 당연하다고 할 것이며, 이 경우 고의책임의 탈락에 의해 과실이 의제되는 것이 아니라 과실의 새로운 영역이 발견된다고 해야 한다. 즉 위법성조각사유가 존재한다고 오인하고 행위로 나아간 행위자에게는 전형적인 법공동체의 가치관념에 대한 배반이 없으며, 이 경우에 회피가능한 착오에 대한 책임은 과실책임과 일치한다고 해야 할 것이다. 나아가 고의불법을 인정함으로써 악의의 공범의 성립을 가능하게 하고 상대방의 입장에서도 정당방위를 할 수 있을 것이다.

이와 같이 위법성조각사유의 전제사실에 대한 착오의 특수성을 고려하여, 그 구조상으로는 구성요착오와 금지착오의 중간영역에 위치하는 독자성을 가지고 있으나 법적 효과에 있어서 구성요건착오와 동일하게 취급하는 법효과제한적 책임설이 타당하리라 본다. 즉 구성요건적 고의불법은 성립하나 그 특수성으로 인해 고의책임이 인정되지 않기 때문에 법효과에 있어서는 구성요건착오와 동일하게 취급하여 과실범의 처벌규정이 있는 경우에 한해 과실책임을 인정해야 할 것이다.

제5항 제310조 명예훼손죄의 위법성조각사유의 전제사실에 대한 착오

형법 제307조 (명예훼손) ① 공연히 사실을 적시하여 사람의 명예를 훼손한 자는 2년 이하의 징역이나 금고 또는 500만원 이하의 벌금에 처한다.
② 공연히 허위의 사실을 적시하여 사람의 명예를 훼손한 자는 5년 이하의 징역, 10년 이하의 자격정지 또는 1천만원 이하의 벌금에 처한다.
제310조 (위법성의 조각) 제307조제1항의 행위가 진실한 사실로서 오로지 공공의 이익에 관한 때에는 처벌하지 아니한다.

제310조 명예훼손죄의 위법성조각과 관련하여 행위자가 적시한 사실이 허위임에도 그 사실을 진실한 것으로 오인하고 공공의 이익을 위한다는 목적으로 공연히 사실을 적시하여 타인의 명예를 훼손한 사례로, 제310조는 명예훼손죄의 위법성조각사유의 객관적 전제사실로 '진실한 사실'과 '공공의 이익'이라는 두 가지 표지를 규정하고 있다.[9]

허위의 사실을 진실한 사실로 오인하고 공공의 이익을 위한다는 목적으로 사실을 적시하였으나 결과적으로 허위의 사실로 타인의 명예를 훼손한 경우, 행위자의 인식은 제307조 제1항 진실사실적시 명예훼손죄인데 반하여 결과는 제307조 제2항 허위사실적시 명예훼손죄가 된다는 점에서 이론적으로는 먼저 구성요건착오 사례로 해결해야 한다. 따라서 기본구성요건 인식에 가중구성요건 결과발생에 해당하는 구성요건착오로 제15조 제1항에 의하여 인식한 사실인 제307조 제1항 진실사실적시 명예훼손죄가 성립한다.

다음으로 제310조가 진실한 사실적시에 대한 위법성조각사유를 규정하고 있으므로, 허위의 사실을 진실한 사실로 오인한데 대한 위법성조각사유의 객관적 전제사실의 착오 사례로 해결해야 한다. 따라서 위법성조각사유의 객관적 전제사실의 착오 사례에 대한 학설에 따라 행위자에게 과실명예훼손죄가 성립될 경우 형법은 과실범을 처벌하지 않기 때문에 범죄불성립으로 해석될 수도 있고(고의설, 유추적용설, 법효과 제한적 책임설), 제307조 제1항 진실사실적시 명예훼손죄의 고의범이 성립한다고 해석될 수도 있다(엄격책임설).

이에 반해 판례는 '적시한 사실을 진실한 것으로 믿었고 또 그렇게 믿을 만한 상당한 이유가 있는 때에는 명예훼손죄의 위법성이 조각된다'고 판시하고 있는데, 위법성조각사유의 객관적 전제사실의 착오임에도 왜 위법성이 조각되는지에 대한 이론적 근거를 설명하기가 어렵다는 점에서 비판을 받고 있다.

9) 제310조의 법적 성격에 대해 다수견해는 실체법적으로 명예훼손죄의 위법성조각사유를 규정하고 있는 것으로 해석하는 반면에, 소수견해는 독일형법이나 일본형법처럼 형사소송법적으로 적시한 사실이 진실임을 피고인이 입증해야 하는 입증책임규정 내지 거증책임 전환규정으로 해석하고 있다.

관련판례

1) 적시된 사실이 진실한 것이라는 증명이 없더라도 행위자가 진실한 것으로 믿었고 또 그렇게 믿을 만한 상당한 이유가 있는 경우에 제310조 명예훼손죄의 위법성이 조각되는지 여부

형법 제310조는 “제307조 제1항의 행위가 진실한 사실로서 오로지 공공의 이익에 관한 때에는 처벌하지 아니한다”고 규정하고 있으므로, 공연히 사실을 적시하여 사람의 명예를 훼손하였다고 하더라도, 그 사실이 공공의 이익에 관한 것으로서 공공의 이익을 위할 목적으로 그 사실을 적시한 경우에는, 그 사실이 진실한 것임이 증명되면 위법성이 조각되어 그 행위를 처벌하지 아니하는 것인바, 위와 같은 형법의 규정은 인격권으로서의 개인의 명예의 보호와 헌법 제21조에 의한 정당한 표현의 자유의 보장이라는 상충되는 두 법익의 조화를 꾀한 것이라고 보아야 할 것이므로, 이를 두 법익간의 조화와 균형을 고려한다면, 적시된 사실이 진실한 것이라는 증명이 없더라도 행위자가 그 사실을 진실한 것으로 믿었고 또 그렇게 믿을 만한 상당한 이유가 있는 경우에는 위법성이 없다고 보아야 할 것이다(당원 1962.5.17. 선고, 4294형상12 판결 ; 1988.10.11. 선고, 85다카 29 판결 등 참조). 그리고 이 경우에 적시된 사실이 공공의 이익에 관한 것인지의 여부는 그 사실 자체의 내용과 성질에 비추어 객관적으로 판단하여야 할 것이고, 행위자의 주요한 목적이 공공의 이익을 위한 것이라면 부수적으로 다른 사익적인 동기가 내포되어 있었다고 하더라도 형법 제310조의 적용을 배제할 수는 없다고 할 것이다(대법원 1993.6.22. 선고 92도3160 판결).

[사실관계]

甲은 서울 구로구 가리봉동 29의 6 소재 홍기운수 주식회사의 시내버스 운전사로서 위 회사의 노동조합장인 바, 1991.4.1. 위 회사의 노동조합장에 취임하여 전임 노동조합장乙이 재임할 당시 조합의 운영을 공개하지 아니하여 오해의 소지가 있었던 터에 공개적으로 회계감사를 한 결과 위 乙이 조합장으로 처리한 업무 중 조합의 자금을 지출한 증빙자료가 부족하거나 의심의 여지가 있는 부분들이 드러나게 되었고, 대자보에 기재한 내용의 일부 중요한 부분은 진실한 사실임이 증명될 수 있는 정도로 자료가 확보되어 있었다. 甲은 회계감사한 내용을 진실한 내용으로 믿었고, 회계감사를 한 조합의 임원들이 甲에게 회계감사의 결과를 공개할 것을 강력히 요청하기에 주로 조합원들에게 그 내용을 알리는 것이 공공의 이익을 위한 것이라고 생각하여 회계감사결과보고서의 형식을 취하지 아니하고 1991.4.20.경 위 회사 내 배차실 벽에 모조지 전지를 사용하여 “체육복에 관하여, 1벌당 10,000원이면 구입할 수 있는 것을 터무니없이 비싼 가격인 18,000원에 구입하였다”, “수재의연금에 관하여, 지부에서 우리 조합원들의 수재현황을 보고받아 수재의연금을 지급한 사실이 있는데 전 조합장 乙은 이러한 사실을 공고조차 하지 않고 전혀 피해를 입지 아니한 조합원들에게 극비리에 5만원씩 지급하였다”, “조합비 · 전별금 · 경조비에 관하여, 전임자 乙은 업무를 집행한 1988.7.1.부터 현재까지 불규칙적으로 조합비는 납부하였으나 전별금 및 경조비는 한푼도 낸 사실이 없다.”라는 내용의 대자보를 작성 · 부착하여 다른 조합원들로 하여금 열람하게 함으로써 乙의 명예를 훼손하였다.

2) 형법 제310조는 “제307조 제1항의 행위가 진실한 사실로서 오로지 공공의 이익에 관한 때에는 처벌하지 아니한다”고 규정하고 있는바, 공연히 사실을 적시하여 사람의 명예를 훼손한 행위가 위 규정에 따라서 위법성이 조각되어 처벌받지 않기 위하여는 적시된 사실이 객관적으로 볼 때 공공의 이익에 관한 것으로서 행위자도 공공의 이익을 위하여 그 사실을 적시한 것이어야 될 뿐만 아니라, 그 적시된 사실이 진실한 것이거나 적어도 행위자가 그 사실을 진실한 것으로 믿었고 또 그렇게 믿을 만한 상당한 이유가 있어야 할 것이다(대법원 1994.8.26. 선고 94도237 판결).

[사실관계]

피고인 이종보, 최용인은 대구 서구 내당1동 소재 황제아파트의 1992년도 입주자대표회의 회장 및 부회장으로서, 피고인 이종보는, ① 1992.3.9. 22:00경 위 아파트 노인정에서 입주자대표회의를 마친 후 공소외 이춘우 등 대표 10명이 모인 자리에서 공연히 “아파트 관리비가 약 42,000,000원이 빈다”라고 말을 하여 1991년도 회장인 피해자 도용호 및 관리소장인 피해자 노혁구가 관리비를 횡령한 것처럼 말하여 그들의 명예를 훼손하고, ② 같

은 해 4.8. 22:00경 위 노인정에서 입주자대표회의를 마친 후 위 이춘우 외 10여명의 동대표들이 있는 자리에서 공연히 "관리소장이 부정을 저질러서 감사를 해야 되겠다"라고 말하여 위 노혁구의 명예를 훼손하고, ③ 같은 해 6.10. 20:00경 위 노인정에서 부녀회원 및 통반장 연석회의를 하던 중 부녀회원 및 통반장 21명이 모인 자리에서 공연히 "전회장 때 돈이 26,000,000원이 빈다"라고 말을 하여 위 도용호의 명예를 훼손하고, ④ 같은 해 6.25. 20:00경 위 아파트 101동 23통 4반 반장 집에서 반상회를 하던 중 반원 20여 명이 모인 자리에서 공연히 "관리비 27,000,000원이 빈다"라고 말을 하여 위 피해자들의 명예를 훼손하고, 피고인들은 공모하여 같은 해 7.17.경 위 아파트에서 피고인 이종보가 "부채대비 26,000,000원 상당액의 자금부족 발견, 이월 부족액 8,988,310원 등 계 35,059,489원과 현금 시재 3,372,000원의 해명을 관리소장에게 요청하고 있는데 해명도 받기 전에 신병악화로 입주자대표회의 회장직을 사퇴한다"는 내용의 인사말씀이라는 유인물을 제작하여 같은 달 18. 21:30경 피고인 최용인이 위 황제아파트 478세대에 각 배포하여 위 피해자들의 명예를 훼손하였다.

제6항 제3자를 교사하여 위전착에 빠지게 하고 이를 이용한 자의 죄책

1. 교사범이 성립한다는 견해의 근거

엄격책임설에 의하면 제3자를 교사하여 위전착에 빠지게 하고 이를 이용한 자는 발생한 결과의 교사범이 성립한다. 마찬가지로 법효과제한적 책임설에 의하면 다수견해인 제한적 종속형식에 따라 불법이 성립하므로 교사범이 성립한다.

2. 의사지배가 인정됨을 전제로 간접정범이 성립된다는 견해의 근거

고의설, 소극적 구성요건표지이론, 유추적용설에 의하면 제3자를 교사하여 위전착에 빠지게 하고 이를 이용한 자는 발생한 결과의 간접정범이 성립한다.

기출사례

1. 甲과 乙은 서울 소재의 참소식신문사(대표이사 김참말)에서 일하는 사회부 기자들이다. 甲과 乙은 연말 특종을 노리고 의사들의 수면유도제 프로포폴 불법투여실태를 취재하고 있던 중, 다나아 종합병원 원장 A가 유명 연예인들에게 프로포폴을 불법투여한다는 풍문을 듣고 2014. 12. 30. 14:00경 취재를 위해 다나아 종합병원으로 찾아갔다. 그 과정에서 이 사실을 보고받은 대표이사 김참말은 甲과 乙에게 포상금 지급을 약속하면서 격려하였다. 다나아 종합병원에서 甲과 乙은 마침 유명 연예인 B가 진료실에서 병원장 A로부터 프로포폴을 투여받고 있는 것을 우연히 열린 문틈으로 목격하고, 프로포폴 불법투여가 사실이라고 믿게 되었다. 이에 甲과 乙은 보다 상세한 취재를 위해 자신들이 투여장면을 보았다고 말하면서 A와 B에게 인터뷰에 응해달라고 요청하였으나 B는 사생활이라 이야기하기 싫다고 답변하였고 병원장 A는 환자의 비밀이라 이야기할 수 없다고 하며 인터뷰를 거절하였다. 이에 甲과 乙은 1) 확실한 증거를 확보할 목적으로 몰래 진료실에 들어가 프로포폴 1병을 가지고 나왔다. 그리고 2) A와 B로부터 자세한 설명을 듣지는 못했으나 프로포폴을 주사하는 현장을 직접 목격했으므로 더 이상의 조사는 필요 없다고 생각하고, "병원장 A가 거액을 받고 상습적으로 프로포폴을 주사해 주고 있으며, B도 상습적으로 프로포폴을 불법투여받은 것으로 보인다."라는 내용의 기사를 작성하였고, 이 기사는 다음 날 참소식신문 1면 특종으로 게재되었다. 甲과 乙은 이 기사내용이 사실이라고 굳게 믿었고 A나 B를 비방할 의도 없이 이들의 불법투여사실을 알림으로써 프로포폴의 오·남용을 근절하는 데 일조한다는 생각에서 기사화한 것이었다. 그러나 사실 B는 성형수술을 목적으로 프로포폴 주사를 맞은 것이었고, 병원장 A에 관한 내용도 허위사실로서 다나아 종합병원의 경쟁병원 의사 C가 낸 헛소문에 불과한 것이었다. 기사가 보도된 뒤 많은 사람들이 A와 B를 맹비난하였고 나중에 기사내용을 알게 된 A와 B는 터무니없는 허위기사를 쓴 기자 甲과 乙을 검찰에 고소하였다. 한편 3) 다나아 종합병원 소재지에 있는 보건소 공무원 丙은 참소식신문의 기사를 읽고 유흥비를 마련할 목적으로 병원장 A에게 전화를 걸어 "불법 프로포폴 투여사실 외에 그동안 수집한 비리를 언론에 제보하겠다."라고 말하여 이에 겁을 먹은 A로부터 1,000만 원을 받았다.

1. 다음 질문에 답하시오.

가. 1) 사실에 대해서 甲과 乙에게 성립가능한 죄책을 제시하고[마약류관리에관한법률위반(향정)은 논외로 함], 이때 변호인의 입장에서 甲과 乙의 무죄를 주장하는 논거를 제시하시오. (10점)

나. 2) 사실에 대해서 甲과 乙의 죄책을 논하시오. (25점)

다. 위 나.의 경우 甲과 乙의 행위에 대하여, 대표이사 김참말에게 방조범의 성립을 긍정하는 견해를 제시하시오. (5점)

[2016년도 시행 제5회 변호사시험 제2문]

2. 甲은 손님이 몰려있는 T대형마트에서 물건을 사고 있는 여성 A의 옷 위로 가슴을 만졌다는 혐의로 경찰의 수사를 받고 있었다.

(1) 이후 甲은 마을 청년회장에 출마하였는데, 같이 청년회장에 출마한 乙은 친구인 K로부터 甲이 성

추행으로 수사를 받고 있다는 말을 듣고나서 경솔하게 진실한 것으로 믿고 이를 선거에 이용하기로 마음먹었다. 乙은 다수의 사람들이 모인 선거연설회장에서 "甲은 마트에서 성추행이나 하고 다니는 사람이다. 청년회장의 자격이 없다"라며 甲의 혐의사실에 대한 말을 하였고, 이 때 甲은 연단으로 뛰어 올라가 1분여 동안 乙의 입을 막으면서 연설을 못하도록 방해하였다.

(1)의 사실관계에서 甲과 乙에게 각각 유리한 주장과 논거 및 불리한 주장과 논거를 제시하면서, 甲과 乙의 죄책을 검토하시오. (25점)

[2015년도 시행 제1차 변호사시험 모의시험 제2문]

3. A(26세, 女)는 술을 마신 후 택시를 타고 집으로 가다가 잠이 들었고, 목적지에 도착하자 술이 덜 깬 상태로 택시비를 지불하였다. 그러나 택시기사 乙은 택시비를 적게 받았다는 사실을 알고 차에서 내려 A를 따라가면서 불렀으나 대답이 없자 A의 팔을 잡았다. 평소 A를 흠모하여 A의 집 주변을 서성거리던 甲은 A의 팔을 잡은 乙을 성폭행범으로 오인하고 乙을 주먹으로 때렸다. 甲에게 맞은 乙은 이번 기회에 합의금이나 두둑이 받아야겠다는 생각으로 다음 날 평소 친하게 지내던 동네의원의 의사에게 사정을 이야기 하고 부탁하여 허위 내용의 상해진단서를 발급받았고, 이 진단서를 가지고 甲에게 찾아가 "앞길이 창창한 젊은이가 사소한 일로 전과자 되지 말고 합의하자. 돈을 제대로 주지 않으면 고소하겠다."며 합의금으로 1천만 원을 요구하였다.

甲은 乙이 요구한 돈을 마련하기 위하여 친구 丙과 의논하였고, 丙은 甲에게 甲의 사촌형 C의 돈을 훔쳐서 주라고 교사하였다. 이에 甲은 옆 동네에 사는 사촌형 C의 집에 가서 C의 예금통장을 가지고 나와 현금지급기로 간 다음, 현금지급기로 C 명의의 계좌에서 자신 명의의 계좌로 1천만 원을 계좌 이체한 후 제자리에 갖다 놓았다. 일주일 후 이 사실을 알게 된 사촌형 C는 甲을 고소하였다.

甲은 乙에게 1천만 원을 다 주는 것은 아깝다는 생각이 들어 5백만 원만 주었고, 乙은 자신이 요구한 돈을 다 받지 못하자 상해진단서를 첨부하여 甲을 고소하였다.

1. 甲, 乙, 丙의 죄책은? (55점)
2. 제1심 법원의 심리 중 C는 甲에 대하여 고소를 취소하였다. 이 고소취소의 소송법적 효과에 대하여 설명하시오. (15점)
3. 甲이 乙을 주먹으로 때린 행위에 대하여 검사는 폭행치상으로 기소하였고, 제1심법원은 유죄판결을 선고하였다. 이에 甲은 항소하였고 항소심법원은 심리를 통해 甲이 폭행한 사실은 증거에 의하여 명백하지만 乙의 상해부분을 인정하기는 어렵다고 판단하여 폭행죄에 대하여만 유죄로 판단하고자 한다.
   (1) 이 경우 항소심 법원은 검사에게 공소장변경을 요구하여야 하는가? (10점)
   (2) 만약 항소심에서 乙이 고소를 취소한 경우, 항소심 법원은 검사의 공소장변경 신청 없이 폭행죄만을 인정하여 유죄판결을 선고할 수 있는가? (20점)

[2013년도 제1차 변호사시험 모의시험 제1문]

4. 여대생 甲은 밤늦게 귀가하던 중 노숙자 A가 구걸하기 위해 따라오는 것을 추행범으로 착각하고 피하였다. 그러나 A가 계속하여 따라오자 甲은 도로변의 상점으로 들어가서 상점 주인 乙에게 A를 가리키면서 추행범이 따라오니 도와달라고 하였다. 이에 乙은 A가 구걸하는 노숙자인 것을 알았으나 평소 자기 상점 주위에서 어슬렁거리며 귀찮게 구는 것을 못마땅하게 생각하던 터라 이번 기회에 A를 혼내 주었으면 좋겠다고 생각하고 甲에게 몽둥이를 건네주었다. 상점을 나선 甲에게 A가 접근하자 두려움을 느낀 甲은 乙로부터 건네받은 몽둥이로 A의 다리 부분을 가격하였다. A는 쓰러지면서 머리를 담에 부딪쳐 일어나지 못하였다.

   甲이 떠난 후 마침 그곳을 지나던 丙은 A가 쓰러져 있는 것을 보고 전날 A로부터 아무런 이유 없이 폭행을 당한 것이 떠올라 넘어져 있는 A의 옆구리를 발로 차고 머리를 주먹으로 수회 가격하였다. 丙은 머리에 피를 흘리면서 쓰러져 있는 A를 그대로 두면 사망할 수도 있다고 생각했음에도 불구하고 그대로 둔 채 그곳을 떠났다. 즉시 구호조치를 취했더라면 A가 사망에 이르지 않았을 것이나 방치하여 결국 A는 뇌출혈로 사망하였다.

   위 사례를 읽고 물음에 답하시오(특별법 위반의 점은 논외로 함).

   1) 甲의 죄책을 논하시오. (20점)
   2) 甲의 행위에 대하여 고의범을 인정하는 경우와 과실범을 인정하는 경우로 각각 나누어 乙의 죄책을 논하시오. (15점)
   3) 丙의 죄책을 논하시오. (15점)

   [2008년도 시행 제50회 사법시험 제1문]

5. 조직폭력배 甲은 마약사범 A가 새로운 방법으로 메스암페타민(속칭 '히로뽕')을 제조했다는 정보를 입수하고 A의 히로뽕을 가로채기로 마음먹었다. 甲은 A에게 전화를 걸어 히로뽕을 팔아 주겠다고 제안하였다. 甲을 신뢰하지 못한 A는 평소 친분이 있던 乙에게 "甲이 믿을 만한 사람인지 알아봐 달라"고 부탁하였다. 甲을 각별한 선배로 여기고 있던 乙은 이 사실을 甲에게 알렸다. 甲은 乙에게 "이 기회에 A의 히로뽕을 가로채서 팔아 돈을 절반씩 나눠 갖자. A가 나를 신뢰하고 히로뽕을 맡길 수 있게끔 만들어라"라고 제안했다. 乙은 甲의 제안을 받아들인 다음, A에게 전화를 걸어 "꼼꼼하게 알아보니 甲이 신용할 만한 사람이다. 히로뽕을 맡겨도 괜찮을 것 같다"고 말해 주었다. 이에 A는 甲에게 히로뽕 1킬로그램을 건네주면서 빠른 시일 안에 매각하도록 의뢰하였다. 甲은 그 히로뽕을 마약상 B에게 1억 원을 받고 매각하였다.

   그로부터 1주일이 지나도록 甲에게서 아무런 연락을 받지 못한 A는 甲에게 전화를 걸어 "당장 히로뽕을 돌려주지 않으면 가만두지 않겠다"며 협박하였다. 甲이 乙에게 "A를 살려 두면 골치 아플 것 같으니 네가 처치해라"라고 지시하였다. 乙이 그렇게 하겠다고 하자 甲은 히로뽕 매각 대금 중 5천만 원을 乙에게 주었다. 그날 밤 乙이 A를 살해할 범행 장소를 사전 답사할 생각으로 A의 집 근처를 살펴보고 있는데, A가 갑자기 어둠 속에서 야구방망이를 들고 乙 쪽으로 달려왔다. 자기를 해치려는 것으로 착각한 乙은 방어 의사로 A를 공격하여 상해를 입혔다.(그런데 사실은 A는 공원에서 야구방망이로 스윙 연습을 마친 후 집까지 뛰어서 돌아오는 중이었다.) 한편 우연히 현장을 지나던 丙이 지난날 마약 거래와 관련하여 원한 관계에 있는 A가 공격당하는 것을 목격하게 되자, A를 구조하려는 행인을 제지하는 방법으로 乙의 범행을 도와주었다. 乙은 丙의 존재를 알지 못했다.

(1) 甲의 죄책을 논하시오.(특별법 위반의 점은 논외로 함) (20점)

(2) A의 메스암페타민을 가로챈 甲의 범행에 관여한 부분에 대하여 乙에게 공동정범의 죄책을 묻는다면 그 근거를 제시하시오. (10점)

(3) 만약 丙이 A가 실제로 乙을 공격하는 것이 아님을 알면서도 위와 같이 乙의 행위를 도와주었다고 가정할 경우, 丙에게 상해죄의 간접정범 및 방조범의 성립 가능성을 각각 검토한 후 丙의 죄책에 대한 자신의 견해를 제시하시오. (20점)

[2007년도 시행 제49회 사법시험 제1문]

6. 甲은 전에 다니던 공장 사무실의 금고에서 돈을 훔칠 생각으로 열쇠공인 乙에게 함께 범행을 하자고 제의하였고, 乙은 이를 승낙하였다. 범행 당일 밤 甲과 乙은 계획대로 공장의 담을 넘어 사무실로 들어갔다. 공장 안에 인기척이 있는 것을 수상히 여긴 경비원 丙은 공장 안을 돌아보다가, 사무실 창문 너머로 같은 동네에 살고 있는 乙이 甲과 함께 금고를 열고 있는 것을 보았다. 丙은 나중에 乙로부터 돈을 갈취할 생각으로 이를 못 본 척하고 경비실로 돌아왔다. 甲과 乙은 금고에서 현금 5,000만 원을 가지고 나오던 중 마침 순찰을 돌던 경찰관 A와 공장 앞에서 마주치게 되었다. 甲과 乙은 경찰관 A를 보자 서로 다른 방향으로 도주하였고, 이들을 절도범으로 판단한 A는 乙은 포기한 채 甲을 추격하였다. 甲은 막다른 골목에 이르자 붙잡히지 않기 위해 폭행의 의사를 가지고 항거가 불가능할 정도로 A를 강하게 밀치고 도주하였다. A는 甲의 폭행으로 넘어지면서 전치 4주의 상해를 입었지만, 사건의 경위를 알아보기 위해 공장으로 돌아왔다. 그런데 丙은 A를 또 다른 침입자로 오인하여 가스총을 쏘아 실신시켰다.

(1) 甲의 죄책을 논하시오. (10점)

(2) 乙의 변호인은 乙의 죄책을 가능한 한 가볍게 하려고 한다. 이를 위해서 주장할 수 있는 논거를 제시하시오. (15점)

(3) 丙이 甲 · 乙의 범행을 묵인한 행위에 대한 죄책을 논하시오. (10점)

(4) 丙이 A를 실신시킨 행위에 대해 과실범의 죄책을 묻는다면, 그 근거는 무엇인지 논하시오. (15점)

[2006년도 시행 제48회 사법시험 제1문]

7. 소매치기인 여성 甲은 지하철 안에서 乙의 지갑을 몰래 꺼내다가 발각되자, 정차한 역에서 황급히 내려 도주하였다. 乙은 甲을 추적하기 시작했다. 甲이 체포당할 위기에 처하게 되자 부근을 지나가던 행인 丙에게 "치한이 나를 강제로 끌고 가려고 하니 제발 구해 달라"며 도움을 요청했다. 丙은 甲의 말을

그대로 믿고 乙의 진로를 막았다. 그러자 乙은 "저 여자가 바로 소매치기다"라며 丙을 밀어내고 계속 甲을 추적하려고 했다. 그러자 丙은 힘으로 乙을 밀었다. 이 과정에서 乙은 전치 2주 가량의 치료를 요하는 상처를 입었다.

甲, 乙, 丙의 죄책은? (다만 폭력행위등처벌에관한법률위반죄는 논외로 한다.) (50점)

[2001년도 시행 제43회 사법시험 제1문]

8. 신문기자 甲은 세무공무원 A가 법인세 부과사무를 처리하면서 관련법인체 B로부터 2천만원의 뇌물을 받았다는 익명의 전화제보를 받고, 그 사실을 확인함이 없이 진실일 것으로 믿고서 A의 수뢰사실과 우리나라 세무공무원의 대부분이 부패했다는 비판적 내용을 기사로 작성하여 신문에 보도하였는데, 그후 A의 수뢰사실은 A를 모함하고자 한 허위의 제보에 불과한 것으로 밝혀졌다. 甲은 어떠한 형사책임을 지는가? (30점)

   [1993년도 시행 제35회 사법시험 제2문]

9. 산책 중이던 甲은, 乙이 자기집 앞에 쇠사슬로 묶어 놓은 맹견을 보고 장난삼아 돌을 던졌던 바, 화가 난 맹견이 쇠사슬을 끊고 덤벼들어서 황급히 근처에 있는 丙家의 방으로 신발을 신은 채 도망쳐 들어갔다. 이 사정을 모르는 丙은 갑자기 방으로 뛰어 들어온 甲을 강도로 오인하여 몽둥이로 내리쳐 상해를 입혔다.

   甲 · 乙 · 丙의 죄책은? (50점)

   [1992년도 시행 제34회 사법시험 제1문]

   산책 중인 甲은 乙이 자기 집 앞에 쇠줄로 묶어놓은 乙의 맹견을 보고 장난삼아 돌을 던졌던 바 화가 난 맹견은 쇠줄을 끊고 덤벼왔기 때문에 할 수 없이 이웃집 丙의 거실로 도망쳤다. 그 사정을 모르는 丙은 신발을 신은 채 실내로 뛰어든 甲을 보고 분개하여 甲의 목덜미를 붙잡고 밖으로 내던졌던 바 甲은 맹견에게 물려 중상을 입었다. 甲 · 乙 및 丙의 죄책을 논하라.

   [1983년 일본 사법시험]

제6절 기대가능성이론(Zumutbarkeitstheorie)

사례연구

1. 사실관계

甲은 2004.4.7. 부산고등법원에서 강도상해죄로 징역 4년을 선고받고 2004.4.16. 그 판결이 확정된 사람으로서, 사실은 2002.9.27. 새벽 부산 동래구 온천 3동에 있는 황제룸주점 앞길에서 술에 취해 귀가하는 乙과 어깨를 부딪치며 시비를 걸어 乙의 멱살을 잡고 주먹으로 얼굴을 때리는 등으로 乙의 지갑을 강취하였음에도 불구하고, 2005.1.14. 16:00경 부산지방법원 제301호 법정에서, 위 강도상해 사건과 관련하여 甲과 공범으로 기소된 丙에 대한 강도상해 피고사건에 증인으로 출석한 후 선서하고 증언함에 있어 "피해자 乙과 어깨를 부딪친 후 멱살을 잡고 시비한 사실이 있는가요"라는 검사의 질문에 "그런 사실은 없습니다"라고 대답함으로써 기억에 반하는 허위의 진술을 하여 위증하였다는 공소사실로 기소되었다.

2. 사건의 경과

제1심인 부산지방법원은 자신의 강도상해 범행을 일관되게 부인하였으나 유죄판결이 확정된 피고인이 별건으로 기소된 공범의 형사사건에 증인으로 소환되어 선서한 다음 자신의 범행사실을 부인하는 증언을 한 행위가 위증죄에 해당하지 않는다고 하여 甲에게 무죄를 선고하였다(부산지방법원 2005.9.27. 선고 2005고단2161 판결). 이에 검사가 피고인 甲은 이미 자신의 사건이 유죄로 확정되어 더 이상 형사소추 등을 당할 염려가 없게 되어, 피고인에게는 증언거부권이 인정되지 않고, 증언거부권이 인정되지 않는다는 것은 더 이상 자신의 형사책임과 무관하여 사실대로 증언할 것을 기대할 수 있음을 전제로 한 것인 점, 현행법이 증언거부권을 인정하는 사유 외에 이 사건의 경우에도 진실한 증언에 대한 기대가능성이 없다는 이유로 무죄를 선고한다면 부인하던 피고인이 자신의 범행이 확정되면 그 후에 검거된 공범들이 위 피고인을 증인으로 신청하여 공모 또는 공동의 기초되는 사실 자체를 부정하는 데에 아무리 이용하더라도 이를 위증으로 처벌할 수 없게 되는 부당한 결과가 발생하는 점, 또한 자신의 사건에서 자백하다가 유죄로 확정된 후 공범사건에서 증인으로 나와 범행을 부인하는 증언을 하는 경우에는 기대가능성이 없다고 하기 어려울 것이므로 위증죄의 죄책을 면할 수 없다고 보아야 할 것인데 이는 처음부터 부인한 피고인과는 위증죄의 처벌 여부에 있어 균형이 맞지 않는 점, 공범에 있어서 범행자체의 존부와 그 범행에의 가담 여부는 모두 공소사실의 인정여부와 직결되는 요소로서 어느 부분이건 국가의 재판권 내지 형벌권을 그르치게 할 위험성이 있는 만큼 그 증언내용이 위 두 부분 중 어느 부분인가에 따라 기대가능성 여부의 판단을 달리하여야 하는 것으로 보기 어려운 점 등에 비추어 보면, 적법행위의 기대가능성이 없다는 이유로 피고인에게 무죄를 선고한 원심(제1심)판결은 증언거부권과 기대가능성의 법리를 오해하여 판결에 영향을 미친 위법이 있다는 이유로 항소하였다. 검사의 항소이유에 대해 항소심은 "공범이 공동피고인으로 함께 재판을 받는 경우, 그 공동피고인에게는 증언을 거부할 수 있는 권리가 인정되어 위증죄로부터의 탈출구가 마련되어 있는 만큼 적법행위의 기대가능성이 없다고 할 수 없으므로, 증인 선서를 한 공동피고인이 증언거부권을 포기하고 허위의 진술을 한 이상 위증죄의 처벌을 면할 수 없지만(대법원 1987.7.7. 선고 86도1724 판결 참조), 이 사건의 경우 피고인은 공범이기는 하나 강도상해죄로 이미 유죄판결이 확정된 상태이어서 공동피고인의 경우와는 달리 증언거부권이 인정되지 않으므로(형사소송법 제148조에 규정하고 있는 '유죄판결을 받을 사실이 발로될 염려가 있는 경우' 등에 해당되지 않는다), 피고인으로서는 공범으로 별건 기소된 丙의 피고사건에 증인으로 채택되어 소환된 이상 증언을 거부할 수는 없는바, 위증죄로부터의 탈출구가 마련되어 있지 않은 피고인에게 그동안의 일관된 진술을 뒤엎고 확정된 유죄판결에서 판시하고 있는 자신의 범죄사실(이 사건의 경우는 피고인이 丙과 공모하였는가에 관한 것이 아니라 피고인이 乙과 어깨를 부딪친 사실이 있는지 여부에 관한 것이다)을 시인하는 증언을 하는 것을 기대할 수 없고, 따라서 자신의 범행사실을 부인하는 증언을 한 피고인의 판시 행위는 적법행위의 기대가능성이 없어 이 사건 공소사실은 범죄가 되지 않는 경우에 해당한다고 본 제1심판결이 정당하다"고 판단하였다(부산지방법원 2005.12.14. 선고 2005노3276 판결). 이에 검사는 원심판결에 법리오인이 있음을 이유로 상고하였다.

3. 법률적 쟁점

유죄판결이 확정된 피고인이 공범의 형사사건에서 사실대로 자신의 범행을 시인하는 증언을 할 것이라는 기대가능성이 인정될 수 있는가?

4. 적용법조

형법 제152조 (위증, 모해위증) ① 법률에 의하여 선서한 증인이 허위의 진술을 한 때에는 5년 이하의 징역 또는 1천만원 이하의 벌금에 처한다.

② 형사사건 또는 징계사건에 관하여 피고인, 피의자 또는 징계혐의자를 모해할 목적으로 전항의 죄를 범한 때에는 10년 이하의 징역에 처한다.

형사소송법 제148조 (근친자의 형사책임과 증언거부) 누구든지 자기나 다음 각 호의 1에 해당한 관계있는 자가 형사소추 또는 공소제기를 당하거나 유죄판결을 받을 사실이 발로될 염려있는 증언을 거부할 수 있다.

1. 친족 또는 친족관계가 있었던 자
2. 법정대리인, 후견감독인

5. 대법원의 판단

[판시사항]

유죄판결이 확정된 피고인이 공범의 형사사건에서 사실대로 자신의 범행을 시인하는 증언을 할 것이라는 기대가능성이 있는지 여부

[판결요지]

피고인에게 적법행위를 기대할 가능성이 있는지 여부를 판단하기 위하여는 행위 당시의 구체적인 상황하에 행위자 대신에 사회적 평균인을 두고 이 평균인의 관점에서 그 기대가능성 유무를 판단하여야 하는 점, 자기에게 형사상 불리한 진술을 강요당하지 아니할 권리가 결코 적극적으로 허위의 진술을 할 권리를 보장하는 취지는 아닌 점, 이미 유죄의 확정판결을 받은 경우에는 일사부재리의 원칙에 의해 다시 처벌되지 아니하므로 증언을 거부할 수 없는바, 이는 사실대로의 진술 즉 자신의 범행을 시인하는 진술을 기대할 수 있기 때문인 점 등에 비추어 보면, 피고인은 강도상해죄로 이미 유죄의 확정판결을 받았으므로 그 범행에 대한 증언을 거부할 수 없을 뿐만 아니라 나아가 사실대로 증언하여야 하고, 설사 피고인이 자신에 대한 형사사건에서 시종일관 그 범행을 부인하였다 하더라도 이러한 사정은 이 사건 위증죄에 관한 양형참작사유로 볼 수 있음은 별론으로 하고 이를 이유로 피고인에게 사실대로의 진술을 기대할 가능성이 없다고 볼 수는 없다.

그런데도 원심은 이와 달리 판시와 같은 이유로 피고인에게 사실대로의 진술을 기대할 가능성이 없다고 판단하였으니, 원심판결에는 기대가능성 내지 증언거부권에 관한 법리를 오해하여 판결에 영향을 미친 위법이 있고, 이를 지적하는 검사의 상고이유는 이유 있다(대법원 2008.10.23. 선고 2005도10101 판결. 자신의 강도상해 범행을 일관되게 부인하였으나 유죄판결이 확정된 피고인이 별건으로 기소된 공범의 형사사건에서 자신의 범행사실을 부인하는 증언을 한 사안에서, 피고인에게 사실대로 진술할 기대가능성이 있으므로 위증죄가 성립한다고 판단한 사례)

Ⅰ. 개념

기대가능성이란 행위 당시의 구체적 사정에 비추어 행위자에게 그러한 범죄행위 이외의 다른 합규범적인(규범합치적인)적법행위로 나올 것을 기대할 수 있는 가능성을 의미하는 것으로, 이러한 적법행위에 대한 기대가능성이 있는 경우에만 행위자에게 책임비난이 가능하다. 따라서 비록 책임능력자가 고의 또는 과실에 의하여 행위를 하였을 경우에도 일반생활경험에 비추어 보통인이더라도 행위자의 입장에 있었더라면 그러한 범죄행위로 나왔을 것으로 판단되는 경우, 즉 적법행위에 대해 기대가 불가능한 경우에는 행위자에게 비난을 가할 수 없으므로 행위자에게는 책임이 없고 따라서 범죄가 성립되지 않는다는 이론이 기대가능성이론이다.[1]

Ⅱ. 연혁

1) Frank, Freudenthal, Goldschmidt, Eb.Schmidt 등 규범적 책임론의 입장에서 주장된 이론이다.

독일의 경우는 「Leinenfänger Fall」[2]을 계기로 기대가능성이론이 대두되었으며, 규범적 책임론의 이론적 전개에 따라 1930년대 이후 독일형법이론의 중요한 논의의 대상이 되면서 주로 기대가능성을 책임의 요소로 인정할 수 있는가, 인정한다면 어느 범위에서 한정할 것인가에 대해 논의되어져 왔다.

우리나라의 경우에는 1957.5.9. 서울지방법원 판결을 계기로 증인이 자신의 범죄사실을 은폐하기 위하여 허위진술을 한 경우[3], 강제납북 후 북한의 지령에 의한 간첩행위의 경우, 우연히 시험문제를 알게 된 수험생의 경우 등의 판례에서 기대불가능성을 일반적 초법규적 책임조각사유로 인정하여 왔다.

Ⅲ. 기대가능성의 체계적 지위

1. 책임조각설

1) 고의 또는 과실의 구성요소설[4]

기대가능성을 고의 또는 과실의 일구성요소로 보는 견해이다.

2) 초법규적 책임조각사유설[5]

원칙적으로 책임능력과 책임조건이 있으면 책임은 인정되나 예외적으로 기대가능성이 없는 경우에는 책임이 조각된다는 견해이다.

3) 제3의 책임요소설[6]

기대가능성을 책임능력 및 책임조건 등과 병렬적 위치에 있는 제3의 책임요소로 보는 견해이다.

2. 규제적 원리설(보정적 원리설)[7]

고의의 작위범에 있어서 개별적인 형법규정의 범위와 한계를 명백하게 해주는 형벌법규해석상의 보정원리(규제적 원리, regulatives Prinzip)에 불과하다고 보는 견해이다. 이 견해의 논거는 위법성에 있어서는 초법규적인 정당화사유의 형성을 허용하는 법의 흠결이 있는 데 반하여 책임조각의 경우는 법률에서 궁극적

2) 1897.3.23. RG 판결. 자세한 내용은 앞에서 설명한「책임의 의의와 본질」참조.

3) 대법원 1961.7.13. 선고 4294刑上194 판결.

4) Eb.Schmitt, Freudenthal 등.

5) 독일의 종래 다수견해이면서 우리나라와 일본의 다수견해.

6) Frank, Goldschmidt 등.

7) 기대가능성이론에 대한 Schaffstein, Maurach, Henkel 등의 비판을 계기로 등장한 이론으로, 현재 독일의 다수견해이며 우리나라에서는 유력설의 입장이다.

으로 규정되어져야 하며, 따라서 책임의 경우에는 유추는 금지된다는 것이다. 즉 만일 기대불가능성을 초법규적 책임조각사유로 인정하게 되면 법률에 명문규정이 없음에도 기대가능성이 없다는 이유로 책임이 조각되는 경우가 발생하며, 이로 인하여「형법의 연골화(軟骨化)」를 초래하여 법적안정성을 침해할 우려가 있을 수 있다는 점을 그 논거로 들고 있다. 다만 이 입장에서도 과실범과 부작위범에 있어서는 적법행위에 대한 기대가능성을 일반적 · 초법규적인 책임조각사유로 인정은 하고 있다.

3. 기타의 견해

행위답책성조각설[8], 사실적 유서(宥恕)사유설[9] 등이 주장되고 있다.

Ⅳ. 기대가능성의 판단기준

누구의 지적 능력을 기준으로 적법행위의 기대가능성 여부를 판단할 것인가와 관련하여 형법은 수범규범이라는 점에서 국가를 기준으로 해야 한다는 국가표준설이 주장되기도 했으나, 전제군주국가의 국가우월주의를 반영하고 있다는 받아들이기 어렵다.

여기에 대해 행위자표준설은 행위자 개인의 능력과 그 개인적 사정을 기초로 적법행위의 기대가능성을 판단하려는 견해이나, 이 견해에 의하면 부당하게 형사사법을 약화시키고 책임판단을 불가능하게 한다는 비판을 면키 어렵다.

따라서 통상적인 생활경험칙에 충실한 일반인을 기준으로 기대가능성 여부를 판단해야 한다는 평균인표준설이 타당하다.

Ⅴ. 현행 형법에 있어서 기대가능성에 관한 규정[10]

1. 책임이 조각되는 경우

강요된 행위(제12조), 비통상적인 상태 하에서의 과잉정당방위(제21조 제3항)와 과잉긴급피난(제22조 제2,3항), 친족간의 범인은닉죄(제151조 제2항)와 증거인멸죄(제155조 제4항)가[11] 이에 해당한다.

---

8) R.Maurach.

9) H.Welzel, Armin Kaufmann.

10) 친족상도례 규정은 인적 처벌조각사유이나(다수견해), 그 형이 면제되는 실질적 이유는 기대가능성이 고려되고 있다고 보는 견해도 있다.

11) 다만 친족 간의 범인은닉죄(제151조 제2항)와 증거인멸죄(제155조 제4항)는 책임조각사유가 아니라 인적 처벌조각사유라고 보는 반대견해도 있다.

2. 책임이 감경되는 경우

과잉방위(제21조 제2항), 과잉긴급피난(제22조 제3항), 과잉자구행위(제23조 제2항), 영아살해죄(제251조)와 영아유기죄(제272조), 단순도주죄[제145조, 도주원조죄(제147조)보다 형이 감경], 위조통화취득후 지정행사죄(제210조, 단순행사죄보다 감경)가 이에 해당한다.

관련판례

1) 동해방면에서 명태잡이를 하다가 기관고장과 풍랑으로 표류 중 북한괴뢰집단의 함정에 납치되어 북괴지역으로 납북된 후 북괴를 찬양, 고무 또는 이에 동조하고 우리나라로 송환됨에 있어 여러 가지 지령을 받아 수락한 소위는 살기 위한 부득이한 행위로서 기대 가능성이 없다고 할 것이다(대법원 1967.10.4. 선고 67도1115 판결).

2) 입학시험 응시자가 우연한 기회에 출제될 시험문제를 알게 되어 그에 대한 해답을 암기한 후, 그 암기에 따라 입학시험 답안을 작성 제출한 경우에 업무방해죄의 성립 여부

   원심이 유지한 제1심 판결에 의하면, 법원은 다음과 같은 사실을 인정하였다. 즉 피고인이 본건 "1965년도 서울 시내 사립 및 공립고등학교 전기 입학 고사 연합출제 채점 기준표"를 절취하였거나 그 절취에 공모 가담한바 없을 뿐 아니라, 피고인이 위의 채점 기준표를 매수하여 입수한바 없고 다만, 피고인의 누이인 원심 공동피고인으로부터 받아 그 답을 암기한 후 그 암기에 따라 고등학교 입학시험 답안을 작성하여 제출하였다는 것이다. 입학시험에 응시한 수험생으로서, 자기 자신이 부정한 방법으로 탐지한 것이 아니고 우연한 기회에 미리 출제될 시험문제를 알게 되어 그에 대한 답을 암기하였을 경우, 그 암기한 답에 해당된 문제가 출제되었다 하여도 위와 같은 경위로서 암기한 답을 그 입학시험 답안지에 기재하여서는 아니된다는 것을 그 일반 수험자에게 기대한다는 것은 보통의 경우 도저히 불가능하다 할 것인바, 본건에 있어서 위에서 말한 바와 같이 피고인은 자기 누이로부터 어떠한 경위로 입수되었는지 모르는 채점기준표를 받았고 그에 기재 된 답을 암기하였으며 그 암기한 답에 해당된 문제가 출제되었으므로 미리 암기한 기억에 따라 답안을 작성제출하였다는 것이므로 위와 같은 경우에 피고인으로 하여금 미리 암기한 답에 해당된 문제가 출제되었다 하여도 그 답안지에 미리 암기한 답을 기입하여서는 않된다고 기대하는 것은 수험생들의 일반적 심리상태로 보아 도저히 불가능하다 할 것이다(대법원 1966.3.22. 선고 65도1164 판결).

3) 대학원신입생전형시험문제를 사전에 알려 준 교수와 미리 답안쪽지를 작성하여 답안지를 작성한 수험생의 죄책

   대학교수인 피고인이 출제교수들로부터 대학원신입생전형시험문제를 제출받아 알게 된 것을 틈타서 상피고인들에게 그 시험문제를 알려주었고 그렇게 알게 된 상피고인들이 그 답안쪽지를 작성한 다음 이를 답안지에 그대로 베껴써서 그 정을 모르는 시험감독관에게 제출하였다면 이는 위계로써 입시감독업무를 방해하였다 할 것이므로 이에 대하여 형법 제314조, 제313조를 적용한 것은 정당하고 거기에 지적하는 바와 같은 업무방해죄 내지 기대가능성에 대한 법리를 오해한 위법이 없다(대법원 1991.11.12. 선고 91도2211 판결).

4) 주종관계에 기한 지시에 의하여 한 뇌물공여와 기대가능성

   피고인이 비서라는 특수신분 때문에 주종관계에 있는 공동피고인들의 지시를 거절할 수 없어 뇌물을 공여한 것이었다 하더라도 그와 같은 사정만으로는 피고인에게 뇌물공여 이외의 반대행위를 기대할 수 없는 경우였다고 볼 수 없다(대법원 1983.3.8. 선고 82도2873 판결).

5) 직무상 지휘 · 복종관계에 있는 부하가 직장 상사의 범법행위에 가담하지 않을 기대가능성 유무

   (1) 업무상배임죄에 있어서 타인의 사무를 처리하는 자란 고유의 권한으로서 그 처리를 하는 자에 한하지 않고 그 자의 보조기관으로서 직접 또는 간접으로 그 처리에 관한 사무를 담당하는 자도 포함하는 것이고, 직장의 상사가 범법행위를 하는데 가담한 부하에게 직무상 지휘 · 복종관계에 있다 하여 범법행위에 가담하지 않을 기대가능성이 없다고 할 수 없다(대법원 1999.7.23. 선고 99도1911 판결).

(2) 업무상배임죄에 있어서 타인의 사무를 처리하는 자란 고유의 권한으로서 업무를 처리를 하는 자에 한하지 않고 보조기관으로서 직접 또는 간접으로 그 처리에 관한 사무를 담당하는 자도 포함하는 것이고(대법원 2000.4.11. 선고 99도334 판결, 2004.6.24. 선고 2004도520 판결 등 참조), 한편 직장의 상사가 범법행위를 하는 데 가담한 부하가 직무상 지휘·복종관계에 있다 하여 범법행위에 가담하지 않을 기대가능성이 없다고 할 수는 없는 것이다(대법원 1999.7.23. 선고 99도1911 판결 참조). 원심은, 피고인이 사업소 소장을 보좌하여 간접보상금 신청서류의 접수, 서류검토 및 실태조사계획 수립, 현지조사, 물건조서 작성 등의 업무를 담당하였던 이상 타인의 사무를 처리하는 자의 지위에 있고, 피고인이 상급자의 지시에 따라 이 사건 보상업무를 처리하였다고 하더라도 판시의 범죄행위에 가담하지 않을 기대가능성이 없다고 볼 수도 없다고 판단하였는바, 이는 위 법리에 따른 것으로서 수긍이 가고, 거기에 배임죄의 주체나 기대가능성에 관한 법리오해 등의 위법이 없다(대법원 2005.7.29. 선고 2004도5685 판결).

(3) 직장 상사의 범법행위에 가담한 부하에 대하여 직무상 지휘·복종관계에 있다는 이유만으로 범법행위에 가담하지 않을 기대가능성이 없다고는 할 수 없다(대법원 2005. 7. 29. 선고 2004도5685 판결 등 참조). 위 법리 및 앞에서 본 법리와 기록에 비추어 살펴보면, 원심이 그 채택 증거들을 종합하여 피고인 3이 피고인 1 등과 공모하여 제1심판결 별지 범죄일람표 기재 각 대출이 출자자 등에 대하여 이루어지는 것으로서 합리적인 채권보전 조치 없이 이루어지는 것임을 잘 알면서도 그 대출업무를 취급한 사실을 인정한 후, 피고인 3이 그 대출의 최초 심사과정에서 다소 반대의견을 표시하였다 하더라도 부실대출이라는 사정을 잘 알면서 그 대출 업무를 처리하는 데 관여하고 상당부분 동의한 이상 공범으로서의 형사책임을 면할 수 없다고 판단한 조치는 정당하고, 거기에 채증법칙 위배로 인한 사실오인 또는 업무상배임죄에 관한 법리오해 등의 위법이 있다고 할 수 없다. 상고이유의 주장은 이유 없다(대법원 2007.5.11. 선고 2007도1373 판결).

Ⅵ. 자기의 형사사건에 대한 범인도피나 증거인멸·은닉·위조 등 교사와 적법행위의 기대가능성 판단

1. 범인 자신이 도피하기 위하여 타인을 교사한 경우, 범인도피교사죄의 성립 여부

제151조 (범인은닉과 친족 간의 특례) ① 벌금 이상의 형에 해당하는 죄를 범한 자를 은닉 또는 도피하게 한 자는 3년 이하의 징역 또는 500만 원 이하의 벌금에 처한다.
② 친족 또는 동거의 가족이 본인을 위하여 전항의 죄를 범한 때에는 처벌하지 아니한다.

학설은 범인도피교사에 해당하더라도 적법행위의 기대가능성이 없다는 이유로 범인도피교사죄의 성립을 부정하는 다수견해와, 방어권의 남용으로 범인도피교사죄의 성립을 인정하는 소수견해가 대립하고 있다.

판례도 범인이 타인에게 요청하여 도피를 돕도록 하는 행위는 자기도피의 한 유형으로 해석하면서도, 범인이 타인으로 하여금 허위의 자백을 하게 하는 등으로 범인도피죄를 범하게 하는 경우와 같이 방어권의 남용으로 볼 수 있을 때에는 범인도피교사죄의 성립을 인정하고 있다.

관련판례

1) 범인이 도피를 위하여 타인에게 도움을 요청하는 행위가 범인도피교사죄를 구성하는 경우와 그 경우 방어권 남용 여부의 판단 기준

형법 제151조가 정한 범인도피죄에서 '도피하게 하는 행위'란 은닉 이외의 방법으로 범인에 대한 수사, 재판 및 형의 집행 등 형사사법의 작용을 곤란하게 하거나 불가능하게 하는 일체의 행위를 말한다(대법원 2008.12.24. 선고 2007도11137 판결 등 참조). 한편 범인 스스로 도피하는 행위는 처벌되지 아니하는 것이므로, 범인이 도피를 위하여 타인에게 도움을 요청하는 행위 역시 도피행위의 범주에 속하는 한 처벌되지 아니하는 것이며, 범인의 요청에 응하여 범인을 도운 타인의 행위가 범인도피죄에 해당한다고 하더라도 마찬가지이다. 다만 범인이 타인으로 하여금 허위의 자백을 하게 하는 등으로 범인도피죄를 범하게 하는 경우와 같이 그것이 방어권의 남용으로 볼 수 있을 때에는 범인도피교사죄에 해당할 수 있다(대법원 2000.3.24. 선고 2000도20 판결 등 참조). 이 경우 방어권의 남용이라고 볼 수 있는지 여부는, 범인을 도피하게 하는 것이라고 지목된 행위의 태양과 내용, 범인과 행위자의 관계, 행위 당시의 구체적인 상황, 형사사법의 작용에 영향을 미칠 수 있는 위험성의 정도 등을 종합하여 판단하여야 할 것이다. 원심은 이 사건 공소사실 중 당시 벌금 이상의 형에 해당하는 죄를 범하고 도피중이던 피고인이 공소외인에게 자동차를 이용하여 원하는 목적지로 이동시켜 달라고 요구하거나 속칭 '대포폰'을 구해 달라고 부탁함으로써 공소외인으로 하여금 피고인의 요청에 응하도록 하였다는 내용인 범인도피교사의 점을 유죄로 인정하였다. 그러나 원심의 이러한 판단은 그대로 수긍하기 어렵다. 원심이 적법하게 채택한 증거에 의하여 인정되는 다음과 같은 사정들, 즉, 공소외인은 피고인이 평소 가깝게 지내던 후배인 점, 피고인은 자신의 휴대폰을 사용할 경우 소재가 드러날 것을 염려하여 공소외인에게 요청하여 대포폰을 개설하여 받고, 공소외인에게 전화를 걸어 자신이 있는 곳으로 오도록 한 다음 공소외인이 운전하는 자동차를 타고 청주시 일대를 이동하여 다닌 것으로서, 피고인의 이러한 행위는 형사사법에 중대한 장애를 초래한다고 보기 어려운 통상적 도피의 한 유형으로 볼 여지가 충분하다. 그런데도 원심은 공소외인의 범인도피행위가 인정된다는 이유만으로 피고인에 대하여 범인도피교사의 점을 유죄로 판단하였으니, 이러한 원심판결에는 범인도피교사죄의 성립요건에 관한 법리를 오해하여 필요한 심리를 다하지 아니함으로써 판결에 영향을 미친 잘못이 있다(대법원 2014.4.10. 선고 2013도12079 판결).

2) 형법 제151조 제1항에서 정한 '죄를 범한 자'가 자신을 위하여 타인으로 하여금 범인도피죄를 범하게 하는 경우, 범인도피교사죄가 성립하는지 여부

형법 제151조의 범인도피죄는 수사, 재판 및 형의 집행 등에 관한 국권의 행사를 방해하는 행위를 처벌하려는 것이므로 형법 제151조 제1항에서 정한 '죄를 범한 자'는 범죄의 혐의를 받아 수사대상이 되어 있는 사람이면 그가 진범인지 여부를 묻지 않고 이에 해당한다(대법원 1960.2.24. 선고 4292형상555 판결, 1982.1.26. 선고 81도1931 판결, 2007.2.22. 선고 2006도9139 판결 참조). 그리고 형법 제151조 제1항에서 정한 '죄를 범한 자'가 자신을 위하여 타인으로 하여금 범인도피죄를 범하게 하는 행위는 방어권의 남용으로 범인도피교사죄에 해당한다(대법원 2000.3.24. 선고 2000도20 판결, 2008.11.13. 선고 2008도7647 판결 등 참조). 원심은, 피고인이 운영하는 ○○주유소 및 △△주유소에서 유사석유를 판매하고, 피고인이 ㅁㅁ에너지에 유사석유를 공급한 것으로 단속되자, 피고인이 수사 과정에서 공소외 1로 하여금 ○○주유소의 실제 업주이며, 공소외 2로 하여금 △△주유소의 실제 업주이며, 공소외 3으로 하여금 피고인에게 석유를 공급하였는데 자신도 유사석유임을 몰랐다는 내용으로 각 허위진술 하도록 함으로써 범인도피를 교사하였다라는 공소사실에 대하여, 피고인의 석유 및 석유대체연료 사업법위반죄가 유죄로 인정되지 않는 이상 피고인을 도피하게 하는 범인도피죄는 인정될 수 없어 피고인의 범인도피교사죄도 성립하지 않는다는 이유를 들어, 위 공소사실을 유죄로 인정한 제1심판결을 파기하고

무죄를 선고하였다. 그러나 앞서 본 법리에 비추어 보면, 비록 위에서 본 것과 같이 피고인이 판매 · 공급한 휘발유가 유사석유임을 알았다고 인정할 증거가 부족하여 피고인에 대하여 석유 및 석유대체연료 사업법위반죄를 인정할 수 없다고 하더라도, 피고인의 교사에 의하여 공소외 1, 2 및 공소외 3이 위와 같이 허위로 진술한 사실이 인정되고 그것이 적극적으로 수사기관을 기만하여 착오에 빠지게 함으로써 범인의 발견 또는 체포를 곤란 내지 불가능하게 할 정도에 해당하여 범인도피죄를 구성한다면, 그들은 석유 및 석유대체연료 사업법위반죄의 혐의를 받아 수사대상이 된 피고인을 도피하도록 한 것으로 볼 수 있고, 나아가 이를 교사한 피고인에 대하여도 범인도피교사의 죄책이 성립될 수 있다. 따라서 이와 달리, 피고인의 석유 및 석유대체연료 사업법위반죄가 유죄로 인정되지 않는다는 이유만을 들어 더 나아가 판단하지 아니하고 위 공소사실을 무죄로 인정한 원심의 위 판단에는, 범인도피죄에서의 '죄를 범한 자'에 관한 법리를 오해하여 판결에 영향을 미친 위법이 있다. 이를 지적하는 상고이유 주장은 이유 있다.(대법원 2014.3.27. 선고 2013도152 판결).

3) 범인이 자신을 위해 타인이 허위의 자백을 하는 것을 방조한 경우, 범인도피방조죄의 성립 여부

범인이 자신을 위하여 타인으로 하여금 허위의 자백을 하게 하여 범인도피죄를 범하게 하는 행위는 방어권의 남용으로 범인도피교사죄에 해당하는바(대법원 2000.3.24. 선고 2000도20 판결 참조), 이 경우 그 타인이 형법 제151조 제2항에 의하여 처벌을 받지 아니하는 친족, 호주 또는 동거 가족에 해당한다 하여 달리 볼 것은 아니다(대법원 2006.12.7. 선고 2005도3707 판결 참조). 한편, 이와 같은 법리는 범인을 위해 타인이 범하는 범인도피죄를 범인 스스로 방조하는 경우에도 마찬가지로 적용된다 할 것이다. 원심은 제1심 및 원심이 적법하게 채용한 증거들을 종합하여, 피고인이 처인 공소외인의 피고인을 위한 범인도피범행을 돕기 위하여 공소외인에게 사고발생 경위, 도주 경위 등에 관하여 상세한 정보를 제공하여 주는 등의 방법으로 공소외인으로 하여금 심리적으로 안정할 수 있도록 함으로써 범인도피범행을 방조하였다고 인정하였는바, 앞서 본 법리와 기록에 비추어 살펴보면 이러한 원심의 판단은 정당한 것으로 수긍할 수 있고 거기에 상고이유의 주장과 같은 심리미진, 범인도피죄에 있어서의 방조범에 관한 법리오해 등의 위법이 없다(대법원 2008.11.13. 선고 2008도7647 판결).

4) 범인이 자신을 위하여 형법 제151조 제2항에 의하여 처벌을 받지 아니하는 친족 등으로 하여금 허위의 자백을 하게 하여 범인도피죄를 범하게 하는 경우, 범인도피교사죄의 성립 여부, 무면허 운전으로 사고를 낸 사람이 동생을 경찰서에 대신 출두시켜 피의자로 조사받도록 한 행위가 범인도피교사죄를 구성하는지 여부

원심판결 이유에 의하면 원심은, 무면허 상태로 프라이드 승용차를 운전하고 가다가 화물차를 들이받는 사고를 일으켜 경찰에서 조사를 받게 된 피고인이 무면허로 운전한 사실 등이 발각되지 않기 위해, 동생인 공소외인에게 "내가 무면허상태에서 술을 마시고 차를 운전하다가 교통사고를 내었는데 운전면허가 있는 네가 대신 교통사고를 내었다고 조사를 받아 달라"고 부탁하여, 이를 승낙한 위 공소외인으로 하여금 대전동부경찰서 교통사고조사계 사무실에서 자신이 위 프라이드 승용차를 운전하고 가다가 교통사고를 낸 사람이라고 허위 진술로 피의자로서 조사를 받도록 함으로써 범인도피를 교사하였다는 이 사건 공소사실에 대하여, 범인도피를 교사한 피고인은 범인 본인이어서 구성요건 해당성이 없고, 피교사자 역시 범인의 친족이어서 불가벌에 해당하므로 피고인이 타인의 행위를 이용하여 자신의 범죄를 실현하고, 새로운 범인을 창출하였다는 교사범의 전형적인 불법이 실현되었다고 볼 수 없을 뿐만 아니라, 피고인이 자기방어행위의 범위를 명백히 일탈하거나 방어권의 남용에 속한다고 보기 어려워 위 공소사실은 죄가 되지 아니한다고 판단하였다. 그러나 범인이 자신을 위하여 타인으로 하여금 허위의 자백을 하게 하여 범인도피죄를 범하게 하는 행위는 방어권의 남용으로 범인도피교사죄에 해당하는바(대법원 2000.3.24. 선고 2000도20 판결 참조), 이 경우 그 타인이 형법 제151조 제2항에 의하여 처벌을 받지 아니하는 친족, 호주 또는 동거 가족에 해당한다 하여 달리 볼 것은 아니라 할 것이다. 따라서 원심판결에는 범인도피교사죄에 관한 법리를 오해하여 판결 결과에 영향을 미친 잘못이 있다 할 것이므로, 이 점을 지적하는 검사의 상고논지는 이유 있다(대법원 2006.12.7. 선고 2005도3707 판결).

5) 범인이 자신을 위하여 타인으로 하여금 허위의 자백을 하게 하여 범인도피죄를 범하게 하는 경우, 범인도피교사죄의 성립 여부

범인이 자신을 위하여 타인으로 하여금 허위의 자백을 하게 하여 범인도피죄를 범하게 하는 행위는 방어권의 남용으로 범인도피교사죄에 해당한다고 보아야 할 것이므로, 같은 취지에서 피고인을 범인도피교사죄로 처벌한 제1심판결을 유지한 원심의 조치는 옳고, 상고이유에서 주장하는 바와 같이 범인도피교사죄의 법리를 오해한 위법이 있다고 할 수 없다(대법원 2000.3.24. 선고 2000도20 판결).

2. 자기의 형사사건에 관한 증거를 인멸하거나 위조하기 위하여 타인을 교사하여 죄를 범하게 한 경우, 증거인멸교사죄나 증거위조교사죄의 성립 여부

제155조 (증거인멸 등과 친족 간의 특례) ① 타인의 형사사건 또는 징계사건에 관한 증거를 인멸, 은닉, 위조 또는 변조하거나 위조 또는 변조한 증거를 사용한 자는 5년 이하의 징역 또는 700만 원 이하의 벌금에 처한다.
② 타인의 형사사건 또는 징계사건에 관한 증인을 은닉 또는 도피하게 한 자도 제1항의 형과 같다.
③ 피고인, 피의자 또는 징계혐의자를 모해할 목적으로 전2항의 죄를 범한 자는 10년 이하의 징역에 처한다.
④ 친족 또는 동거의 가족이 본인을 위하여 본조의 죄를 범한 때에는 처벌하지 아니한다.

1) 자기 형사사건의 증거인멸이 동시에 공범자의 증거인멸의 결과가 된 경우 또는 공범자와 증거인멸을 공모한 경우(공범자의 형사사건에 관한 증거인멸)

학설은 공범자와 자기에게 공통되는 증거는 타인의 형사사건에 관한 증거가 되므로 증거인멸죄의 객체가 된다는 긍정설과, 공범자의 사건은 타인의 사건이 아니므로 증거인멸죄의 객체가 될 수 없다는 부정설, 공범자의 이익을 위해 증거를 인멸한 때에는 타인의 사건이 되지만, 자기의 이익을 위해 증거를 인멸한 때에는 자기 사건이 되어 이 죄의 객체가 되지 않는다는 절충설이 대립하고 있다.

판례는 "증거인멸죄는 타인의 형사사건 또는 징계사건에 관한 증거를 인멸하는 경우에 성립하는 것으로서, 피고인 자신이 직접 형사처분이나 징계처분을 받게 될 것을 두려워한 나머지 자기의 이익을 위하여 그 증거가 될 자료를 인멸하였다면, 그 행위가 동시에 다른 공범자의 형사사건이나 징계사건에 관한 증거를 인멸한 결과가 된다고 하더라도 이를 증거인멸죄로 다스릴 수 없고, 이러한 법리는 그 행위가 피고인의 공범자가 아닌 자의 형사사건이나 징계사건에 관한 증거를 인멸한 결과가 된다고 하더라도 마찬가지이다"라고 하여[12] 부정설의 입장을 취하고 있다.

관련판례

[판시사항]
피고인 자신을 위해 증인을 도피하게 한 행위가 동시에 다른 공범자의 형사사건이나 징계사건에 관한 증인을 도피하게 한 결과로 되는 경우, 증인도피죄의 성립 여부

12) 대법원 1995.9.29. 선고 94도2608 판결.

[판결요지]
원심은, 피고인 1, 2가 공소외 1을 제거하기 위하여 조직원인 피고인 4, 3, 5와 공모하여 2001. 7. 19. 02:05경 칼로 공소외 1의 양쪽 다리 아킬레스건을 절단하는 범행을 한 후 조직원 1~2명을 경찰에 자수시켜 위 상해가 '홍성식구파'의 계획된 범행이 아니라 마치 자수한 조직원의 우발적인 범행인 것처럼 허위진술하게 함으로써 사건을 축소 · 은폐하려 하였으나, 범행현장을 목격한 공소외 2가 경찰에 출석하여 사실대로 진술할 경우 자칫 범행의 전모는 물론 나아가 범죄단체 구성 사실까지 밝혀질 것을 우려한 나머지 공소외 2으로 하여금 경찰에 출석하지 못하도록 겁을 주기로 마음먹고, 위 범행 직후 및 2001. 7. 22. 22:00경 등 2차례에 걸쳐 공소외 2에게 당분간 홍성에 나타나지 말라는 식으로 이야기하여 동인으로 하여금 경찰서에 출석하여 진술하지 못하고 다른 곳으로 도피하도록 함으로써 형사사건에 관한 증인을 도피하게 하였다는 공소사실을 유죄로 인정하였다. 그러나 이 부분 원심의 판단은 수긍할 수 없다. 형법 제155조 제2항에 정하여진 증인도피죄는 타인의 형사사건 또는 징계사건에 관한 증인을 은닉 · 도피하게 한 경우에 성립하는 것으로서, 피고인 자신이 직접 형사처분이나 징계처분을 받게 될 것을 두려워한 나머지 자기의 이익을 위하여 증인이 될 사람을 도피하게 하였다면, 그 행위가 동시에 다른 공범자의 형사사건이나 징계사건에 관한 증인을 도피하게 한 결과가 된다고 하더라도 이를 증인도피죄로 처벌할 수 없는 것이다(대법원 1976.6.22. 선고 75도1446 판결, 1995.9.29. 선고 94도2608 판결 참조). 기록에 의하면, 피고인 1, 2는 '홍성식구파'를 결성한 후 적대세력인 공소외 1에 대한 아킬레스건 절단사건을 계획, 지시한 후 범행실행자 일부만 자수시킴으로써 위 사건을 그들만의 우발적 범행으로 축소시키고 자신들 및 '홍성식구파' 조직의 관련성을 은폐하려고 한 점, 그런데 범행현장에 있던 공소외 2는 평소 공소외 1과 가까운 사이로서 위 사건 2일 전에도 피고인 2 및 그 조직원들(위 아킬레스건 절단사건의 범행실행자들이다)로부터 공소외 1과 같이 다닌다는 이유로 폭행 · 협박당하기도 하였던 탓에 위 사건이 조직원들의 개인적, 우발적 범행이 아니라 피고인 1, 2의 지시에 의한 조직적 범죄라고 금방 알 수 있었던 점을 인정할 수 있는바, 이러한 정황에 비추어 보면 피고인 1, 2가 공소외 2를 도피하게 한 것은 범행실행자들만을 수사의 전면에 내세우고 '홍성식구파'의 우두머리인 자신들은 수사대상에서 빠지기 위하여 그 관련성을 알고 있는 공소외 2의 진술을 방해하기 위한 것으로서 위 피고인들 자신이 형사처벌을 받지 않기 위하여 한 행위라고 할 것이므로 증인도피죄로 처벌할 수 없는 경우에 해당한다고 할 것이다. 그렇다면 원심의 이 부분 판단에는 증인도피죄에 관한 법리를 오해함으로써 판결에 영향을 미친 위법이 있고, 이를 지적하는 피고인 1의 상고이유의 주장은 이유 있다(대법원 2003.3.14. 선고 2002도6134 판결).

2) 타인에게 자기 형사사건의 증거인멸이나 증거변조 등을 교사한 경우

(1) 공범자를 교사한 경우 교사자의 죄책

가) 증거인멸죄 또는 증거변조죄의 교사범 성립 여부

피교사자인 공범에게 증거인멸죄 또는 증거변조죄가 성립되지 않기 때문에 교사범이 성립하지 아니한다.

나) 증거인멸죄 또는 증거변조죄의 간접정범 성립 여부

타인의 증거인 동시에 자신의 증거를 인멸 또는 변조하도록 한 것이므로, 증거인멸죄 또는 증거변조죄의 정범 적격이 부정되어 간접정범은 성립되지 아니한다.

관련판례

노동조합 지부장인 피고인 甲이 업무상횡령 혐의로 조합원들로부터 고발을 당하자 피고인 乙과 공동하여 조합 회계서류를 무단 폐기한 후 폐기에 정당한 근거가 있는 것처럼 피고인 乙로 하여금 조합 회의록을 조작하여 수사기관에 제출하도록 교사한 경우, 회의록의 변조·사용은 피고인들이 공범관계에 있는 문서손괴죄 형사사건에 관한 증거를 변조·사용한 것으로 볼 수 있어 피고인 乙에 대한 증거변조죄 및 변조증거사용죄가 성립하지 않으며, 피교사자인 피고인 乙이 증거변조죄 및 변조증거사용죄로 처벌되지 않은 이상 피고인 甲에 대하여 공범인 교사범은 물론 그 간접정범도 성립하지 않는다(대법원 2011.7.14. 선고 2009도13151 판결)

(2) 제3자를 교사한 경우 교사자의 죄책

다수견해는 기대불가능성을 이유로 교사죄의 책임이 조각되는 것으로 해석하는데 대하여, 판례는 교사죄의 성립을 인정하고 있다.

관련판례

1) 자기의 형사피고사건에 관한 증거의 인멸을 타인에게 교사한 경우에 증거인멸죄 교사범의 죄책을 인정할 것인가 여부
형법 제155조 제1항의 증거인멸죄는 국가형벌권의 행사를 저해하는 일체의 행위를 처벌의 대상으로 하고 있으나 범인 자신이 한 증거인멸의 행위는 피고인의 형사소송에 있어서의 방어권을 인정하는 취지와 상충하므로 처벌의 대상이 되지 아니한다. 그러나 타인이 타인의 형사사건에 관한 증거를 그 이익을 위하여 인멸하는 행위를 하면 형법 제155조 제1항의 증거인멸죄가 성립되므로 자기의 형사사건에 관한 증거를 인멸하기 위하여 타인을 교사하여 죄를 범하게 한자에 대하여도 교사범의 죄책을 부담케함이 상당할 것이며 더욱 본건에 있어서 인멸된 증거는 피고인 뿐 아니라 딴 공범자의 형사사건의 증거에도 해당하므로 논지는 이유없다(대법원 1965.12.10. 선고 65도826 전원합의체 판결; 2000.3.24. 선고 99도5275 판결).

2) 증거위조죄의 구성요건 중 '타인의 형사사건', '위조'의 의미 및 자기의 형사사건에 관한 증거를 위조하기 위하여 타인을 교사한 경우 증거위조교사죄가 성립하는지 여부
형법 제155조 제1항의 증거위조죄에서 타인의 형사사건이란 증거위조 행위시에 아직 수사절차가 개시되기 전이라도 장차 형사사건이 될 수 있는 것까지 포함하고(대법원 1982.4.27. 선고 82도274 판결 참조), 그 형사사건이 기소되지 아니하거나 무죄가 선고되더라도 증거위조죄의 성립에 영향이 없다. 여기에서의 '위조'란 문서에 관한 죄에 있어서의 위조 개념과는 달리 새로운 증거의 창조를 의미하는 것이므로 존재하지 아니한 증거를 이전부터 존재하고 있는 것처럼 작출하는 행위도 증거위조에 해당하며, 증거가 문서의 형식을 갖는 경우 증거위조죄에 있어서의 증거에 해당하는지 여부가 그 작성권한의 유무나 내용의 진실성에 좌우되는 것은 아니다(대법원 2007.6.28. 선고 2002도3600 판결 참조). 또한 자기의 형사사건에 관한 증거를 위조하기 위하여 타인을 교사하여 죄를 범하게 한 자에 대하여는 증거위조교사죄가 성립한다(대법원 2000.3.24. 선고 99도5275 판결 등 참조). 원심판결 이유와 기록에 의하면, 피고인 2는 2009.1.30.경 풍어제 관련 기부금 횡령 의혹을 제기하는 뉴스가 방송된 이후 ○○수산업협동조합 직원 공소외 12 등에게 1,300만 원 상당의 기부금을 풍어제 관련 식비로 사용하였다는 것을 입증할 수 있는 증거를 만들라고 지시하고, 공소외 12 등이 그 무렵 2005.4.21.자 '05년 풍어제 행사 지원비 집행(안)', 2005.6.27.자 '05년 풍어제 행사 지원비 사용 내역' 등 공

문 2장을 그 일자를 소급해서 허위로 작성한 사실, 피고인 2는 2009.2.25.경 위 기부금 횡령 사건에 관하여 조사받은 이후 공소외 12로 하여금 위와 같이 허위 작성된 공문 2장을 검찰청에 제출하게 한 사실을 알 수 있다. 사실관계가 위와 같다면 기부금 횡령 사건의 수사가 개시되기 전이라도 장차 형사사건이 될 수 있는 상태에서 풍어제 경비 지출 관련 공문을 허위로 작성한 행위는 위 공문 작성일자로 기재된 날에 실제 존재하지 아니한 문서를 그 당시 존재하는 것처럼 작출하는 것으로서 문서의 작성 명의, 내용의 진위 여부에 불구하고 증거위조 행위에 해당하고, 피고인 2가 자신의 형사사건에 관하여 위 공소외 12 등에게 증거위조 및 위조증거의 사용을 교사한 이상 나중에 기부금 횡령 사건에 관하여 불기소처분을 받았다고 하더라도 증거위조교사죄 및 위조증거사용교사죄가 성립된다(대법원 2011.2.10. 선고 2010도15986 판결).

3. 타인 사건에 대한 증언이 자기 사건과 관련되어 있어 허위의 진술을 한 경우, 적법행위의 기대가능성이 없는 경우에 해당하는지 여부

제152조 (위증, 모해위증) ① 법률에 의하여 선서한 증인이 허위의 진술을 한 때에는 5년 이하의 징역 또는 1천만 원 이하의 벌금에 처한다.
② 형사사건 또는 징계사건에 관하여 피고인, 피의자 또는 징계혐의자를 모해할 목적으로 전항의 죄를 범한 때에는 10년 이하의 징역에 처한다.

관련판례

1) 자기의 범죄사실을 은폐하기 위한 허위진술과 위증죄의 성부

원심(원심이 유지한 제1심판결 포함, 이하 같다)은 피고인이 차은영에게 공소사실기재 건물에 대한 소유권이전등기 소요서류를 구비하여 주면 이를 김동환 사장에게 보이고 자금을 지원받아 가등기 등으로 담보된 채무와 매매잔대금을 정리해주겠다고 거짓말을 하여 위 등기서류를 교부받은 다음 피고인의 처 이름으로 소유권이전등기를 마침으로써 사기, 공정증서원본불실기재, 동행사죄를 범하였다는 이유로 수원지방법원에 구속기소되어 위 사건이 계류 중이었는바, 1983.6.29. 서울지방법원 북부지원에서 위 차은영에 대한 배임사건의 증인으로 소환을 받아 선서한 다음 증언함에 있어 위에서 본 바와 같이 차은영을 속인뒤 소유권이전등기서류를 교부받아 그의 처 이름으로 등기이전을 하였음에도 불구하고 "당시 차은영이 위 건물에 다른 채권자들이 압류하게 될지 모르고 또 인감시효도 만료되어가니 빨리 피고인 앞으로 명의를 이전해가라고 독촉을 하여 위 건물의 소유권을 피고인의 처 등 앞으로 이전한 것이다"라고 기억에 반하는 허위진술을 하여 위증한 사실이 인정된다고 한 다음 형사소송법 제148조에 의하면 누구든지 자기의 유죄판결을 받을 사실이 발로될 염려있는 증언을 거부할 수 있다고 규정하고 있으나 한편 동제150조에 의하면 그 증언거부사유를 소명하여야 한다고 규정하고 있으므로 증인으로 소환된 피고인으로서는 자기가 유죄판결을 받을 범죄사실을 암시함으로써 증언을 거부하든가 또는 위 암시를 하지 아니하고 선서한 후 피고인의 범죄사실(피고인이 고소인 차은영을 기망하여 소유권이전등기에 소요되는 서류를 교부받아 피고인의 처 앞으로 그 소유권을 이전한 사실)을 진술하든가 또는 허위진술을 함으로써 위증죄의 처벌을 각오하든가의 삼자택일을 하지 아니하면 아니되는데 증언거부권을 인정한 입법취지나 형사소추된 피고인에게 묵비권을 인정한 인권의 기본원칙에 비추어 볼 때 피고인이 증언을 거부하거나 혹은 진실한 증언을 한다는 것은 기대할 수 없다고 할 것이고 따라서 마지막 남은 방법인 허위진술의 길을 택한 피고인의 이 사건 행위는 적법행위의 기대가능성이 없어서 범죄로 되지 아니한다고 판시하였다. 위증죄는 선서를 한 증인이 허위의 진술

을 함으로써 성립하는 죄이며 국가의 재판권, 징계권을 적정하게 행사하기 위한 것이 그 주된 입법이유이다. 따라서 위증을 한 후라도 재판이나 징계처분이 확정되기 전에 자백 또는 자수한 때에는 그 형을 필요적으로 감경하거나 면제하도록 규정하고 있고(형법 제153조) 증인에게 사실대로의 진술을 기대하기 어려운 경우에 증언거부권을 인정하여(형사소송법 제148조) 증언의 진실성을 담보하고 있는 것이다. 이 사건의 경우 원심은 피고인이 증인으로 선서한 이상 진실대로 진술한다고 하면 자신의 범죄를 시인하는 진술을 하는 것이 되고 증언을 거부하는 것은 자기의 범죄를 암시하는 것이 되어 피고인에게 사실대로의 진술을 기대할 수 없다는 이유로 위증죄의 성립을 부정하고 있으나 피고인과 같은 처지의 증인에게는 증언을 거부할 수 있는 권리를 인정하여 위증죄로부터의 탈출구를 마련하고 있는 만큼 적법행위의 기대가능성이 없다고 할 수 없고 선서한 증인이 증언거부권을 포기하고 허위의 진술을 한 이상 위증죄의 처벌을 면할 수 없다 할 것이다. 자기에게 형사상 불리한 진술을 강요당하지 아니할 권리(헌법 제11조 제2항)는 결코 적극적으로 허위의 진술을 할 권리를 보장한 취지는 아닌 것이다. 이러한 견해와 저촉되는 당원 1961.7.13 선고 4294형상194 판결은 폐기하기로 한다(대법원 1987.7.7. 선고 86도1724 전원합의체 판결).

2) 유죄판결이 확정된 피고인이 공범의 형사사건에서 사실대로 자신의 범행을 시인하는 증언을 할 것이라는 기대가능성이 있는지 여부

피고인은 2004.4.7. 부산고등법원에서 강도상해죄로 징역 4년을 선고받고 2004.4.16. 그 판결이 확정된 사람으로서, 사실은 2002.9.27. 새벽 부산 동래구 온천 3동에 있는 황제룸주점 앞길에서 술에 취해 귀가하는 공소외 1과 어깨를 부딪치며 시비를 걸어 동인의 멱살을 잡고 주먹으로 얼굴을 때리는 등으로 공소외 1의 지갑을 강취하였음에도 불구하고, 2005.1.14. 16:00경 부산지방법원 제301호 법정에서, 위 강도상해 사건과 관련하여 피고인과 공범으로 기소된 공소외 2에 대한 강도상해 피고사건에 증인으로 출석한 후 선서하고 증언함에 있어 "피해자 공소외 1과 어깨를 부딪친 후 멱살을 잡고 시비한 사실이 있는가요"라는 검사의 질문에 "그런 사실은 없습니다"라고 대답함으로써 기억에 반하는 허위의 진술을 하여 위증하였다. 원심은 공범이 공동피고인으로 함께 재판을 받는 경우, 그 공동피고인에게는 증언을 거부할 수 있는 권리가 인정되어 위증죄로부터의 탈출구가 마련되어 있는 만큼 적법행위의 기대가능성이 없다고 할 수 없으므로, 증인 선서를 한 공동피고인이 증언거부권을 포기하고 허위의 진술을 한 이상 위증죄의 처벌을 면할 수 없지만(대법원 1987.7.7. 선고 86도1724 판결 참조), 이 사건의 경우 피고인은 공범이기는 하나 강도상해죄로 이미 유죄판결이 확정된 상태이어서 공동피고인의 경우와는 달리 증언거부권이 인정되지 않으므로(형사소송법 제148조에 규정하고 있는 '유죄판결을 받을 사실이 발로될 염려가 있는 경우' 등에 해당되지 않는다), 피고인으로서는 공범으로 별건 기소된 공소외 2의 피고사건에 증인으로 채택되어 소환된 이상 증언을 거부할 수는 없는바, 위증죄로부터의 탈출구가 마련되어 있지 않은 피고인에게 그 동안의 일관된 진술을 뒤엎고 확정된 유죄판결에서 판시하고 있는 자신의 범죄사실(이 사건의 경우는 피고인이 공소외 2와 공모하였는가에 관한 것이 아니라 피고인이 공소외 1과 어깨를 부딪친 사실이 있는지 여부에 관한 것이다)을 시인하는 증언을 하는 것을 기대할 수 없고, 따라서 자신의 범행사실을 부인하는 증언을 한 피고인의 판시 행위는 적법행위의 기대가능성이 없어 이 사건 공소사실은 범죄가 되지 않는 경우에 해당한다고 본 제1심 판결이 정당하다고 판단하였다. 피고인에게 적법행위를 기대할 가능성이 있는지 여부를 판단하기 위하여는 행위 당시의 구체적인 상황 하에 행위자 대신에 사회적 평균인을 두고 이 평균인의 관점에서 그 기대가능성 유무를 판단하여야 하는 점, 자기에게 형사상 불리한 진술을 강요당하지 아니할 권리가 결코 적극적으로 허위의 진술을 할 권리를 보장하는 취지는 아닌 점, 이미 유죄의 확정판결을 받은 경우에는 일사부재리의 원칙에 의해 다시 처벌되지 아니하므로 증언을 거부할 수 없는바, 이는 사실대로의 진술 즉 자신의 범행을 시인하는 진술을 기대할 수 있기 때문인 점 등에 비추어 보면, 피고인은 강도상해죄로 이미 유죄의 확정판결을 받았으므로 그 범행에 대한 증언을 거부할 수 없을 뿐만 아니라 나아가 사실대로 증언하여야 하고, 설사 피고인이 자신에 대한 형사사건에서 시종일관 그 범행을 부인하였다 하더라도 이러한 사정은 이 사건 위증죄에 관한 양형참작사유로 볼 수

있음은 별론으로 하고 이를 이유로 피고인에게 사실대로의 진술을 기대할 가능성이 없다고 볼 수는 없다. 그런데도 원심은 이와 달리 판시와 같은 이유로 피고인에게 사실대로의 진술을 기대할 가능성이 없다고 판단하였으니, 원심판결에는 기대가능성 내지 증언거부권에 관한 법리를 오해하여 판결에 영향을 미친 위법이 있고, 이를 지적하는 검사의 상고이유는 이유 있다(대법원 2008.10.23. 선고 2005도10101 판결).

4. 자기의 형사피고사건에 관하여 타인을 교사하여 위증하게 한 경우, 위증교사죄의 성립 여부

다수견해는 기대불가능성을 이유로 위증교사죄의 책임이 조각되는 것으로 해석하는 반면에, 판례는 방어권의 남용으로 해석하여 위증교사죄의 성립을 인정한다.

관련판례

피고인이 자기의 형사사건에 관하여 허위의 진술을 하는 행위는 피고인의 형사소송에 있어서의 방어권을 인정하는 취지에서 처벌의 대상이 되지 않으나, 법률에 의하여 선서한 증인이 타인의 형사사건에 관하여 위증을 하면 형법 제152조 제1항의 위증죄가 성립되므로 자기의 형사사건에 관하여 타인을 교사하여 위증죄를 범하게 하는 것은 이러한 방어권을 남용하는 것이라고 할 것이어서 교사범의 죄책을 부담케 함이 상당할 것이다. 원심이 피고인 자신에 대한 사기미수 피고사건의 증인인 제1심 공동피고인 2에게 위증을 교사하였다 하여 위증교사죄로 처벌한 것은 위와 같은 법리에 따른 것으로서 정당하고, 거기에 위증교사죄의 법리를 오해한 위법이 있다고 할 수 없다(대법원 2004.1.27. 선고 2003도5114 판결).

5. 제3자를 교사 · 방조하여 자신에 대한 허위의 사실을 신고하게 한 경우, 피무고자가 무고죄의 교사 · 방조범의 죄책을 지는지 여부

제156조 (무고) 타인으로 하여금 형사처분 또는 징계처분을 받게 할 목적으로 공무소 또는 공무원에 대하여 허위의 사실을 신고한 자는 10년 이하의 징역 또는 1천500만 원 이하의 벌금에 처한다.

관련판례

형법 제156조의 무고죄는 국가의 형사사법권 또는 징계권의 적정한 행사를 주된 보호법익으로 하는 죄이나, 스스로 본인을 무고하는 자기무고는 무고죄의 구성요건에 해당하지 아니하여 무고죄를 구성하지 않는다. 그러나 피무고자의 교사 · 방조 하에 제3자가 피무고자에 대한 허위의 사실을 신고한 경우 제3자의 행위는 무고죄의 구성요건에 해당하여 무고죄를 구성하므로, 제3자를 교사 · 방조한 피무고자에 대하여도 교사 · 방조범으로서의 죄책을 부담케 함이 상당하다. 그런데도 원심은 판시와 같은 이유로 피고인 3이 피고인 1, 2의 피고인 3에 대한 무고범행을 방조하였다는 범죄사실이 죄가 되지 않는 경우에 해당한다고 판단하였으니, 원심판결에는 무고죄 내지 방조범에 관한 법리를 오해하여 판결에 영향을 미친 위법이 있고, 이를 지적하는 상고이유의 주장은 이유 있다(대법원 2008.10.23. 선고 2008도4852 판결).

제7절 면책사유의 부존재

제1항 서

Ⅰ. 면책사유(Entschuldigungsgründe)의 개념

면책사유란 일단 성립된 책임에 대하여 책임비난을 면제하는 사유이다.

Ⅱ. 면책사유의 근거

1. 종래의 견해

비통상적인 충돌상황 내지 비정상적인 동기유발상황에서 규범합치적 행태의 기대불가능성을 면책의 근거로 보는 견해로, 기대가능성을 초법규적 책임조각사유로 이해하는 입장이다.[1)]

2. 새로운 견해

기대가능성이라고 하는 그 전제나 한계가 불분명한 면책사유는 법적 안정성을 침해할 우려가 있으며, 기대불가능성은 단지 특정한 개개의 사례에서 그때 그때의 구체적 사정에 따라 불법과 책임을 한계지우는 규제적 원칙이라고 이해하는 견해이다. 따라서 면책사유의 근거는 기대불가능성이 아니라 비통상적인 사정의 결과 행위 및 결과불법과 책임이 감소된다는 점에 있다.

Ⅲ. 형법상의 면책사유

1. 형법총칙상의 면책사유

면책적 긴급피난(제22조 제1항), 과잉방위(제21조 제2항), 비통상적인 상태하에서의 정당방위(제21조 제3항), 과잉긴급피난 및 비통상적인 상태하에서의 긴급피난(제22조 제3항), 과잉자구행위(제23조 제2항), 강요된 행위(제12조), 중지미수범(제26조) 규정이 이에 해당한다.

1) 뒤에서 설명하는『기대가능성이론』참조.

2. 형법각칙상의 면책 또는 책임감경사유

친족간의 범인은닉 및 증거인멸죄(제151조 제2항, 제155조 제4항), 단순도주죄(제145조), 위조통화취득후 지정행사죄(제210조) 등이 면책 또는 책임감경사유에 해당한다.

3. 정치자금법 제45조 제1항 단서의 면책사유[2)]

정치자금법 제45조는 '정치자금부정수수죄' 표제 하에 제1항 본문에서 "이 법에 정하지 아니한 방법으로 정치자금을 기부하거나 기부받은 자(정당 · 후원회 · 법인 그 밖에 단체에 있어서는 그 구성원으로서 당해 위반행위를 한 자를 말한다. 이하 같다)는 5년 이하의 징역 또는 1천만원 이하의 벌금에 처한다."라고 규정하면서, 그 단서에서 "다만, 정치자금을 기부하거나 기부받은 자의 관계가 「민법」 제777조(친족의 범위)의 규정에 의한 친족인 경우에는 그러하지 아니하다."라고 하여 면책사유를 특별히 규정하고 있다.

Ⅳ. 이론상에 있어서의 적용사례

구속력 있는 위법한 직무명령에 따른 행위, 초법규적 면책사유로서의 의무의 충돌, 생명 · 신체 이외의 법익에 대한 강요된 행위 등의 사례가 이에 해당한다.

제2항 면책적 긴급피난(독일형법 제35조)

1. 정당화사유로서의 긴급피난과의 구별

일신전속적 내지 동가치적 이익의 충돌로 이익교량의 문제가 없으며, 보호법익과 보호객체가 제

2) 정치자금법 제45조 제1항은 "이 법에 정하지 아니한 방법으로 정치자금을 기부하거나 기부받은 자는 5년 이하의 징역 또는 1천만 원 이하의 벌금에 처한다. 다만, 정치자금을 기부하거나 기부받은 자의 관계가 민법 제777조의 규정에 의한 친족인 경우에는 그러하지 아니하다"라고 규정하고 있는바, 위 조항의 단서 규정은 정치자금을 기부하는 자와 받는 자 사이에 민법상 친족관계가 있는 경우에는 친족 간의 정의를 고려할 때 정치자금법에서 정한 방법으로 돈을 주고 받으리라고 기대하기 어려움을 이유로 책임이 조각되는 사유를 정한 것이지 범죄의 구성요건해당성이 조각되는 사유를 정한 것이 아니므로, 정치자금을 기부받는 자와 민법 제777조의 규정에 의한 친족관계에 있는 자가 그러한 친족관계 없는 자와 공모하여 정치자금법에 정하지 아니한 방법으로 정치자금을 기부한 경우에는 형법 제33조 본문에서 말하는 '신분관계로 인하여 성립될 범죄에 가공한 행위'에 해당한다고 볼 수 없으며, 친족관계에 있는 자의 책임은 조각된다. 친족 간의 정치자금 기부행위 불처벌을 규정한 정치자금법 제45조 제1항 단서 규정이 같은 법 제45조 제1항 위반죄를 범한 공동정범 중에서 실제로 자금을 출연하여 기부를 실행한 자에 대해서만 적용되고 사실상 기부의 알선에 가까운 행위를 한 공동정범에게는 적용되지 않는다고 해석할 수는 없다. 혈족의 범위를 정한 민법 제768조에서 말하는 '형제자매'라 함은 부계 및 모계의 형제자매를 모두 포함하므로, 이복형제가 정치자금법 제45조 제1항 단서의 '친족'에서 제외되는 것은 아니다(대법원 2007.11.29. 선고 2007도7062 판결).

한된다. 또한 법적 효과로서 책임만 조각되므로 정당방위와 공범은 성립된다.

2. 요건

첫째, 자기 또는 자기와 밀접한 관계에 있는 타인의 법익에 대한 현재의 위난을 피하기 위한 행위이어야 한다.

둘째, 사실적 측면으로서 피난행위는 최후의 수단(ultima ratio)이어야 한다.

셋째, 규범적 측면으로서 피난행위는 최소한의 수단에 그쳐야 한다.

넷째, 위난상황의 인식과 위난의사가 존재해야 한다.

다섯째, 회피가능성이 검토되어야 한다.

3. 기대가능성 조항에 의한 제한

독일형법 제35조 후단과 같이 행위자 스스로 그 위난을 야기한 경우 또는 위난을 극복할 의무가 있는 특별한 법적 관계에 있는 경우에는 적법행위에 대한 기대가능성이 제한된다.

제3항 과잉방위(Notwehruberschreitung)

형법 제21조 (정당방위) ① 자기 또는 타인의 법익에 대한 현재의 부당한 침해를 방위하기 위한 행위는 상당한 이유가 있는 때에는 벌하지 아니한다.
② 방위행위가 그 정도를 초과한 때에는 정황에 의하여 그 형을 감경 또는 면제할 수 있다.
③ 전항의 경우에 그 행위가 야간 기타 불안스러운 상태하에서 공포, 경악, 흥분 또는 당황으로 인한 때에는 벌하지 아니한다.

방위행위가 상당한 정도를 초과한 경우(제21조 제2항)와, 예컨대 당황 · 공포 · 경악 등 심약적(心弱的) 충동에 의한 경우와 흥분 · 증오 · 발광 등 공격성향적 충동에 의한 경우[3] 등과 같이 비통상적인 상태하에서의 정당방위(제21조 제3항)가 이에 해당한다.

오상과잉방위(Putativnotwehrexzeß)의 경우에는 그 법적 효과와 관련하여 첫째, 이중의 착오로 현실적으로 존재하지 않는 정당화사유에 관한 착오이므로 현실적으로 존재하는 위법한 공격을 전제로 하는 과잉방위는 오상방위의 해결에 대한 학설을 검토한 후 과잉방위의 문제로 책임이 감경 내지 면제된다고 보는 견해, 둘째 오상방위에 과실이 없는 경우에만 과잉방위의 규정이 적용된다는 견해, 셋째 과잉방위규정이 적용될 수 없다는 견해 등이 대립되고 있다.

---

3) 이 경우 면책사유가 될 수 있느냐에 대해서는 비판적 견해도 있다.

제4항 강요된 행위

Ⅰ. 개념(제12조)

형법 제12조 (강요된 행위) 저항할 수 없는 폭력이나 자기 또는 친족의 생명 신체에 대한 위해를 방어할 방법이 없는 협박에 의하여 강요된 행위는 벌하지 아니한다.

저항할 수 없는 폭력이나 자기 또는 친족의 생명 신체에 대한 위해(危害)를 방어할 방법이 없는 협박에 의하여 (범죄)행위로 나아간 경우로,[4] 적법행위에 대한 기대가능성이 없으므로 책임이 조각된다는 점에서 기대가능성이론이 적용되는 대표적인 형태이다.[5]

Ⅱ. 성립요건

1. 저항할 수 없는 폭력에 의하여 강요된 행위

1) 폭력의 개념

상대방의 저항을 억압하기 위하여 행사되는 유형력의 행사로 물리적 · 심리적 폭력을 포함한다.

(1) 물리적 폭력

4) 형법 제12조에서 말하는 강요된 행위는 저항할 수 없는 폭력이나 생명, 신체에 위해를 가하겠다는 협박 등 다른 사람의 강요행위에 의하여 이루어진 행위를 의미하는 것이지 어떤 사람의 성장교육과정을 통하여 형성된 내재적인 관념 내지 확신으로 인하여 행위자 스스로의 의사결정이 사실상 강제되는 결과를 낳게 하는 경우까지 의미한다고 볼 수 없다(대법원 1990.3.27. 선고 89도1670 판결).

5) 양손을 뒤로 결박당하고 양발목 마저 결박 당한 피해자의 양쪽 팔, 다리, 머리 등을 밀어누름으로써 피해자의 얼굴을 욕조의 물속으로 강제로 찍어 누르는 가혹행위를 반복할 때에 욕조의 구조나 신체구조상 피해자의 목부분이 욕조의 턱에 눌릴 수 있고 더구나 물속으로 들어가지 않으려고 반사적으로 반항하는 피해자의 행동을 제압하기 위하여 강하게 피해자의 머리를 잡아 물속으로 누르게 될 경우에는 위 욕조의 턱에 피해자의 목부분이 눌려 질식현상 등의 치명적인 결과를 가져올수 있다는 것은 우리의 경험칙상 어렵지 않게 예견할 수 있다. 공무원이 그 직무를 수행함에 있어 상관은 하관에 대하여 범죄행위 등 위법한 행위를 하도록 명령할 직권이 없는 것이고 하관은 소속상관의 적법한 명령에 복종할 의무는 있으나 그 명령이 참고인으로 소환된 사람에게 가혹행위를 가하라는 등과 같이 명백한 위법 내지 불법한 명령인 때에는 이는 벌써 직무상의 지시명령이라 할 수 없으므로 이에 따라야 할 의무는 없다. 설령 대공수사단 직원은 상관의 명령에 절대복종하여야 한다는 것이 불문률로 되어 있다 할지라도 국민의 기본권인 신체의 자유를 침해하는 고문행위 등이 금지되어 있는 우리의 국법질서에 비추어 볼 때 그와 같은 불문률이 있다는 것만으로는 고문치사와 같이 중대하고도 명백한 위법명령에 따른 행위가 정당한 행위에 해당하거나 강요된 행위로서 적법행위에 대한 기대가능성이 없는 경우에 해당하게 되는 것이라고는 볼 수 없다(대법원 1988.2.23. 선고, 87도2358 판결. 박종철군 고문치사사건판결).

사람의 신체에 직접적인 저항할 수 없는 유형력의 행사로 피강요자의 동작을 단순히 의사없는 도구로 이용한 경우(피강요자에게 의사활동이 없는 경우)에는 피강요자의 행위는 구성요건해당성 자체가 조각된다고 보아야 한다.

(2) 심리적 폭력

피강요자의 심리에 작용하여 그 자로 하여금 일정한 행위를 하지 않을 수 없도록 하는 간접적인 유형력의 행사(피강요자에게 억압된 의사활동이 있는 경우)로, 제12조의 폭력개념은 심리적 폭력을 의미한다. 즉 형법 제12조 소정의 저항할 수 없는 폭력은, 심리적인 의미에 있어서 육체적으로 어떤 행위를 절대적으로 하지 아니할 수 없게 하는 경우와 윤리적 의미에 있어서 강압된 경우를 말하고, 강요라 함은 피강요자의 자유스런 의사결정을 하지 못하게 하면서 특정한 행위를 하게 하는 것을 말한다.[6]

2) 저항할 수 없는 폭력

폭력 그 자체만이 아니라 강요되는 행위가 저항할 수 없는 경우도 해당한다.[7] 반드시 피강요자가 저항을 시도해 볼 필요는 없으며, 저항의 유무 및 정도는 모든 사정을 종합적으로 고려하여 행위자를 표준으로 결정하여야 한다.

2. 협박에 의해 강요된 행위[8]

6) 대법원 1983.12.13. 선고 83도2276 판결.

7) 피고인은 일본국으로 밀항한 1968.12.31부터 1969.2.17까지의 사이에 위 공소 사실에 적시된 바와 같이 그 곳 후꾸오까현의 조총련 간부들과 만나 그들로부터 북괴에 대한 선전을 듣는 등으로 공산주의에 관한 교육을 받고 그들의 북송권유에 응낙하여 공산주의자가 될 것을 서약한 후 북송안내원에게 인계되어 북송선을 타러 가던 도중에 일본 경찰관에게 자수하였던 것이였다는 사실은 인정하면서 그가 취신하는 그 거시와 같은 증거들을 종합하여 피고인은 빈곤한 가정에서 성장하여 중학교를 중퇴한 소년으로 먼 촌일가인 공소외 이병선의 일본에 가면 공장에 취직할 수 있다는 감언에 속아 동인을 따라 일본국으로 밀항하였다가 전시 조총련 간부들에게 인계 된 이래 그들이 국외공산 계열의 간부들이라는 점은 알았으나 그들의 그 판시와 같은 방법에 의한 감시 내지 감금하에서 전시와 같은 교육 또는 권유를 받았고, 그들의 협박적인 강요에 못이겨 그들의 선전에 동조하고 공산주의자가 되어 북한으로 갈 것을 서약하기에 이르렀던 것이었다는 사실과 그러한 사실들이 불과 18세의 소년에 대하여 지리나 인정등이 생소한 일본국에서 이루어졌던 점등에 비추어 피고인의 전인한 바와 같은 각 행위들은 모두 저항할 수 없는 폭력 또는 그의 생명 신체에 대한 위해를 방어할 방법이 없는 협박에 의하여 강요된 행위였다고 볼 수 밖에 없다고 단정한 조치에 채증법칙의 위배나 법리의 오해와 같은 위법들이 있었다고는 인정되지 않는다(대법원 1972.5.9. 선고 71도1178 판결).

8) 강요된 행위가 되려면 반드시 유형적인 협박을 받는 것을 요건으로 하는 것은 아니며, 논지가 말하는 것과 같이 설사 피고인들이 북괴의 기관원으로부터 신문을 받은 뒤에 서로 만나서 각자 대답한 내용 사실을 알아 본 일이 있었고, 피고인들을 인솔한 사람이 무장을 하지 않고, 위협적인 언사를 쓰지 아니하였다 하더라도 그러한 사실만으로는 피고인들의 행위가 강요에 의한 것이 아니었었다고 할 수 없을 것이고, 특히 당시의 피고인들과 같이 대한민국으로의 귀환이 가능한지의 여부가 확실하지 아니하였던 상태 하에 있어서는(논지와 같이 피고인들은 귀환이 예정되고 있었다고 인정할 수 있는 자료는 없다), 피고인들이 북괴의 정보 제공의 요구를 받고, 이를 거부할 수 있었다던가, 물품의 제공을 받고 이의 수령을 거부할 수 있었다고는 보기 어렵다. 필경 피고인들의 위의 행위는 피고인들의 생명, 신체에 대한 위해를 방어할 방법이 없는 협박에 의하여 강요된 행위라고 보는 것이 상당하다(대법원 1969.3.25. 선고 69도94 판결 ; 1969.1.28. 선고 68도1815 판결).
어로저지선을 넘어 어로의 작업을 하면 북괴구 성원에게 납치될 염려가 있으며 만약 납치된다면 대한민국의 각종 정보를 북괴에게 제공하게 된다 함은 일반적으로 예견된다고 하리니 피고인이 그전에 선원으로 월선조업능 하다가 납북되었다가

1) 협박의 개념

협박이란 상대방으로 하여금 외포심(畏怖心)을 일으키게 할 목적으로 위해를 가할 것을 고지하는 행위로, 해악 그 자체를 목적으로 하는 폭력과 구별된다. 위해의 발생여부가 협박자의 의사에 의존해야 한다는 점에서 길흉화복의 도래와 같이 해악의 고지는 협박이 아니다.

2) 자기 또는 친족의 생명 신체에 대한 위해에 대한 협박

친족의 범위는 강요된 행위 당시를 기준으로 민법에 의해 결정된다.

3) 방어할 방법이 없는 협박

범죄성립에 있어 마지막 단계인 책임을 조각하는 협박에 의한 강요된 행위가 인정되기 위해서는 보충성의 원칙에 의해 그 협박이 방어할 방법이 없는 정도의 협박에 해당해야 한다.

Ⅲ. 강요자의 형사책임

강요자의 행위가 물리적 강제에 해당하는 경우, 피강요자의 행위는 구성요건해당성이 조각되며 강요자는 간접정범이 성립된다. 만일 강요자의 행위가 심리적 강제인 경우, 피강요자는 책임이 조각되며 강요자는 사안에 따라 간접정범 또는 교사범이 성립된다.

그리고 위와 같이 강요자는 강요한 행위의 결과에 대한 형사책임 이외에, 강요행위 자체에 대해서도 별개의 범죄가 성립된다.

돌아온 경험이 있는자로서 월선하자고 상의하여 월선조업을 하다가 납치되어 북괴의 물음에 답하여 제공한 사실을 강요된 행위라 할 수 없다(대법원 1971.2.23. 선고 70도2629 판결).

어로작업 중 북괴에 납치되어 북괴의 활동을 찬양하고 그 구성원의 물음에 대하여 아는 사실을 답하고 물품을 받는 등의 행위는 강요된 행위라고 봄이 상당하다(대법원 1968.11.5. 선고 68도1334 판결).

제5항 초법규적 면책사유와 면책사유의 착오

Ⅰ. 초법규적 면책사유

구속력있는 위법한 직무명령에 근거한 행위로,[9] 법적 구속력이 없음은 인식되었으나 사실상의 구속력을 갖고 있어 회피불가능한 경우 또는 법적 구속력에 인식이 분명하지 않은 경우가 이에 해당한다.

그리고 초법규적 책임조각사유로서의 의무의 충돌(Pflichtenkollision)이나 생명 · 신체 이외의 법익에 대한 강요된 행위도[10] 법률에 명시적으로 규정되어 있지 아니한 초법규적 면책사유에 해당한다.

Ⅱ. 면책사유의 착오

면책사유의 전제되는 상황에 대한 착오의 경우에는 착오의 회피가능성 여부에 따라 책임이 조각되거나 감경될 수 있다.[11]

그러나 만일 행위자가 법질서가 인정하지 않는 면책사유를 잘못 인정한 경우, 이러한 착오는 행위전체로 보아 중대한 착오가 아니므로 면책되지 아니한다.[12]

9) 『정당행위』 참조.

10) 앞에서 설명한 『긴급피난』 이론 중 '의무의 충돌' 참조.

11) 독일형법 제35조 제2항.

12) 다수견해.

제5장 미수범이론

제1절 예비죄

사례연구

1. 사실관계

甲은 1998.1.8. 부산지방법원에서 특정범죄가중처벌등에관한법률위반(절도)죄로 징역 1년 6월에 집행유예 3년을 선고받고, 1998.11.10. 대구지방법원에서 같은 죄로 징역 1년 6월을 선고받아 1999.1.7. 그 판결이 확정됨으로써 위 집행유예 선고가 실효되어 진주교도소에서 복역 중 2001.6.20. 가석방되고, 2001.7.31. 그 가석방기간이 경과된 자인바, 상습으로, 2003.12. 일자불상 03:00경 울산 중구 도동 475-125 소재 신화빌라 앞에서 소지하고 있던 쇠자(길이 약 60㎝)로 그곳에 주차되어 있는 피해자 공소외 1 소유 울산 (차량번호 생략) 아토스 승용차의 문을 연 후 차안에 있던 500 원짜리 동전과 100 원짜리 동전 약 4,000 원 상당을 가지고 가 이를 절취한 것을 비롯하여 그때부터 2004.4.21.경까지 모두 11회에 걸쳐 합계 607,000 원 상당의 금품을 가지고 가 이를 절취하였다(A 범죄사실). 그리고 피고인은 2004.5.15. 03:00경 대구 달서구 이곡동 소재 속칭 원룸 골목길에 울산 (차량번호 생략) 포터 화물차를 주차하여 두고 차안에서 시간을 보내다가 타인의 금품을 빼앗기 위하여 준비한 물건 중 쇠파이프(길이 약 1m), 쇠자(길이 약 60㎝), 회칼(길이 약 18㎝), 맥가이버칼, 망원경 등은 차안에 두고, 등산용 칼(총길이 약 22㎝, 칼날길이 약 12㎝), 드라이버, 플래시, 포장용 테이프 등은 가방에 넣어 어깨에 멘 다음 손에 회색 목장갑을 끼고 같은 동 1183-2 앞 골목길을 배회하면서 범행 대상을 물색하다가 체포되었다(B 범죄사실).

검사는 甲에 대해 A 범죄사실에 대한 특정범죄가중처벌등에관한법률위반(절도)과, B 범죄사실에 대한 강도예비죄의 경합범으로 공소제기하였다.

2. 사건의 경과

제1심 법원인 대구지방법원 단독판사는 A 범죄사실에 대해서는 검사가 공소제기한대로 특정범죄가중처벌등에관한법률위반(절도)이 성립한다고 판단하여 징역 1년 6월을 선고하였다. 그러나 B 범죄사실에 대해서는 피고인이 B 범죄사실에 대해 자신은 물품을 절취하기로 마음먹고 공소사실 기재 장소를 배회하면서 승용차 등 범행대상을 물색한 사실이 있으나, 강도행위를 할 의도는 전혀 없었고, 피고인이 소지하고 있던 등산용 칼은 차량절도를 하다가 발각될 경우 체포를 면하고 피고인의 도주를 용이하게 하기 위하여 소지한 것이라고 주장하고 있고, 형법 제343조의 '강도할 목적'이라 함은 확정적 의사만을 의미하고, 미필적 또는 불확실한 의사만이 있을 경우에는 구성요건해당성이 인정되기 어렵다 할 것인데, 준강도의 경우 강도의 의사는 절도행위가 발각된다는 우연적 상황을 전제로 하는 2차적, 예비적, 조건적 의사에 불과하므로 형법 제343조에 규정되어 있는 '강도'에 준강도는 포함되지 아니하는 것으로 해석하여야 할 것이고, 따라서 피고인이 절도범행을 하다가 발각될 경우 체포를 면하고 피고인의 도주를 용이하게 하기 위하여 등산용 칼 등을 소지하고 있었다 하여도 강도예비죄의 구성요건에 해당한다고 보기 어렵고, 피고인이 판시 범죄사실 기재의 절도범행을 비롯하여 절도로 처벌받은 전력이 수회 있고 피고인이 소지하고 있던 위 공소사실 기재 물건이 강도행위에 사용될 수 있는 물건이라는 사정만으로는 피고인에게 '강도할 목적'이 있다고 인정하기 부족하며, 달리 이를 인정할 아무런 증거도 없다는 점을 들어 B 범죄사실은 범죄의 증명이 없는 경우에 해당하여 형사소송법 제325조 후단에 의하여 무죄를 선고하였다.

이에 검사는 제1심이 무죄로 판단한 강도예비의 점에 관한 공소사실에 대하여, 피고인이 현행범으로 체포될 당시 칼과 포장용 테이프 등을 휴대하고, 등산용칼과 회칼을 피고인의 차량에 보관하고 있었던 점 등에 비추어 보면 피고인이 강도를 예비하였음을 충분히 인정할 수 있고, 그렇지 않다 하더라도 피고인이 절도 범행이 발각되는 경우 그 체포를 면탈하는 등의 목적으로 이를 휴대한 것임을 시인하고 있는 이상 소위 준강도의 예비는 있었으므로 이를 강도예비죄로 처벌할 수 있음에도(강도예비죄를 처벌하는 이유가 강도죄의 흉폭성에 비추어 강도범행의 결의가 객관적 · 외부적으로 드러난 이상 실행의 착수를 미연에 방지하기 위한 필요성 때문이고, 준강도의 경우에도 그 흉폭성과 행위의 불법성이 강도와 같다고 보아 강도죄와 동일하게 처벌하고 있는 점, 강도상해, 강도살인, 강도강간죄 등에는 준강도가 포함되는 점을 감안하면 강도예비의 강도에 준강도가 포함된다고 해석함이 상당하다.), 원심이 이에 대하여 피고인에게 무죄를 선고한 것에는 증거판단을 그르쳐 사실을 오인하거나 강도예비에 관한 법리를 오해함으로써 판결에 영향을 미친 위법이 있음을 이유로 항소하였다. 그리고 피고인이 상습절도 범행으로 집행유예 및 징역형의 실형을 선고받은 전력이 있음에도 또다시 이 사건 범행을 저질렀고, 절도 범행이 일회적인 것이 아니라 5개월 가량에 걸친 장기간에 걸쳐 저질러진 점, 일반적으로 절도 범행에 사용되지 아니하는 흉기를 소지한 점 등에 비추어 원심이 피고인에 대하여 선고한 형(징역 1년 6월)은 지나치게 가벼워서 부당하다는 양형부당을 이유로 항소하였다.

항소심인 대구지방법원 본원 합의부는 검사의 B 범죄사실에 대한 항소에 대하여 '원심이 이 사건 공소사실에 대하여 무죄를 선고한 것은 대체로 정당한 것으로 수긍이 가고, 거기에 검사가 지적하는 바와 같은 위법은 찾아볼 수 없다'(피고인이 야간에 등산용칼, 후레쉬, 포장용 테이프를 휴대하고 배회한 사실만으로는 피고인이 강도할 목적으로 예비하였다고 인정하는데 합리적인 의심이 없는 정도의 증명이 있었다고 보기는 어렵고, 원심 판시와 같은 이유로 준강도만을 예비한 행위를 강도예비죄로 처벌할 수는 없다고 인정된다.)고 하여 항소를 기각하면서, A 범죄사실에 대한 양형부당을 이유로 한 항소에 대해서는 '피고인은 동종의 상습절도죄로 징역형의 실형 및 집행유예 판결을 각 1회씩 선고받은 전력이 있음에도 또다시 이 사건 범행을 저질러 누범에 해당하고, 이 사건 범행 당시 흉기를 휴대한 점에 비추어, 그 위험성이 매우 커 보이며, 범행의 횟수, 피해자의 수가 많고, 범행이 장기간에 걸쳐 이루어진 점, 기타 이 사건 변론에 나타난 형법 제51조 소정의 양형조건들을 참작하면 원심이 피고인에게 선고한 형은 지나치게 가벼워 부당하다고 인정된다.'고 하여 원심을 파기하고 피고인에게 징역 3년을 선고하였다.

검사는 강도예비를 무죄로 판단한 원심판결에는 법리오인이 있음을 이유로 상고하였다.

3. 법률적 쟁점

준강도의 목적으로 흉기를 휴대한 특수절도를 준비한 행위가 형법 제343조의 강도예비죄에 해당하는가?

4. 적용법조

제331조 (특수절도) ① 야간에 문호 또는 장벽 기타 건조물의 일부를 손괴하고 전조의 장소에 침입하여 타인의 재물을 절취한 자는 1년 이상 10년 이하의 징역에 처한다.

② 흉기를 휴대하거나 2인 이상이 합동하여 타인의 재물을 절취한 자도 전항의 형과 같다.

제333조 (강도) 폭행 또는 협박으로 타인의 재물을 강취하거나 기타 재산상의 이익을 취득하거나 제삼자로 하여금 이를 취득하게 한 자는 3년 이상의 유기징역에 처한다.

제335조 (준강도) 절도가 재물의 탈환을 항거하거나 체포를 면탈하거나 죄적을 인멸할 목적으로 폭행 또는 협박을 가한 때에는 전2조의 예에 의한다.

제342조 (미수범) 제329조 내지 제341조의 미수범은 처벌한다.

제343조 (예비, 음모) 강도할 목적으로 예비 또는 음모한 자는 7년 이하의 징역에 처한다.

5. 대법원의 판단

[판시사항]

강도를 할 목적에 이르지 않고 준강도할 목적이 있음에 그치는 경우에 강도예비 · 음모죄가 성립하는지 여부

[판결요지]

강도예비 · 음모죄에 관한 형법 제343조는 "강도할 목적으로 예비 또는 음모한 자는 7년 이하의 징역에 처한다."고 규정하고 있는바, 그 법정형이 단순 절도죄의 법정형을 초과하는 등 상당히 무겁게 정해져 있고, 원래 예비 · 음모는 법률에 특별한 규정이 있는 경우에 한하여 예외적으로 처벌의 대상이 된다는 점(형법 제28조)을 고려하면, 강도예비 · 음모죄로 인정되는 경우는 위 법정형에 상당한 정도의 위법성이 나타나는 유형의 행위로 한정함이 바람직하다 할 것이다. 그런데 준강도죄에 관한 형법 제335조는 "절도가 재물의 탈환을 항거하거나 체포를 면탈하거나 죄적을 인멸할 목적으로 폭행 또는 협박을 가한 때에는 전2조의 예에 의한다."라고 규정하고 있을 뿐 준강도를 항상 강도와 같이 취급할 것을 명시하고 있는 것은 아니고, 절도범이 준강도를 할 목적을 가진다고 하더라도 이는 절도범으로서는 결코 원하지 않는 극단적인 상황인 절도 범행의 발각을 전제로 한 것이라는 점에서 본질적으로 극히 예외적이고 제한적이라는 한계를 가질 수밖에 없으며, 형법은 흉기를 휴대한 절도를 특수절도라는 가중적 구성요건(형법 제331

조 제2항)으로 처벌하면서도 그 예비행위에 대한 처벌조항은 마련하지 않고 있는데, 만약 준강도를 할 목적을 가진 경우까지 강도예비로 처벌할 수 있다고 본다면 흉기를 휴대한 특수절도를 준비하는 행위는 거의 모두가 강도예비로 처벌받을 수밖에 없게 되어 형법이 흉기를 휴대한 특수절도의 예비행위에 대한 처벌조항을 두지 않은 것과 배치되는 결과를 초래하게 된다는 점 및 정당한 이유 없이 흉기 기타 위험한 물건을 휴대하는 행위 자체를 처벌하는 조항을 폭력행위 등 처벌에 관한 법률 제7조에 따로 마련하고 있다는 점 등을 고려하면, 강도예비 · 음모죄가 성립하기 위해서는 예비 · 음모 행위자에게 미필적으로라도 '강도'를 할 목적이 있음이 인정되어야 하고 그에 이르지 않고 단순히 '준강도'할 목적이 있음에 그치는 경우에는 강도예비 · 음모죄로 처벌할 수 없다고 봄이 상당하다.

기록에 의하여 인정되는 피고인의 전력 등에 의하면, 피고인이 휴대 중이던 등산용 칼을 그 주장하는 바와 같이 뜻하지 않게 절도 범행이 발각되었을 경우 체포를 면탈하는데 도움이 될 수 있을 것이라는 정도의 생각에서 더 나아가, 타인으로부터 물건을 강취하는 데 사용하겠다는 생각으로 준비하였다고 단정하기는 어렵고, 이와 같이 피고인에게 준강도할 목적이 인정되는 정도에 그치는 이상 피고인에게 강도할 목적이 있었다고 볼 수 없으므로 강도예비죄의 죄책을 인정할 수는 없다 할 것이다(대법원 2006.9.14. 선고 2004도6432 판결).

제1항 서

Ⅰ. 범죄의 단계적 실현(범죄행위의 발전 형태) 및 법적 판단

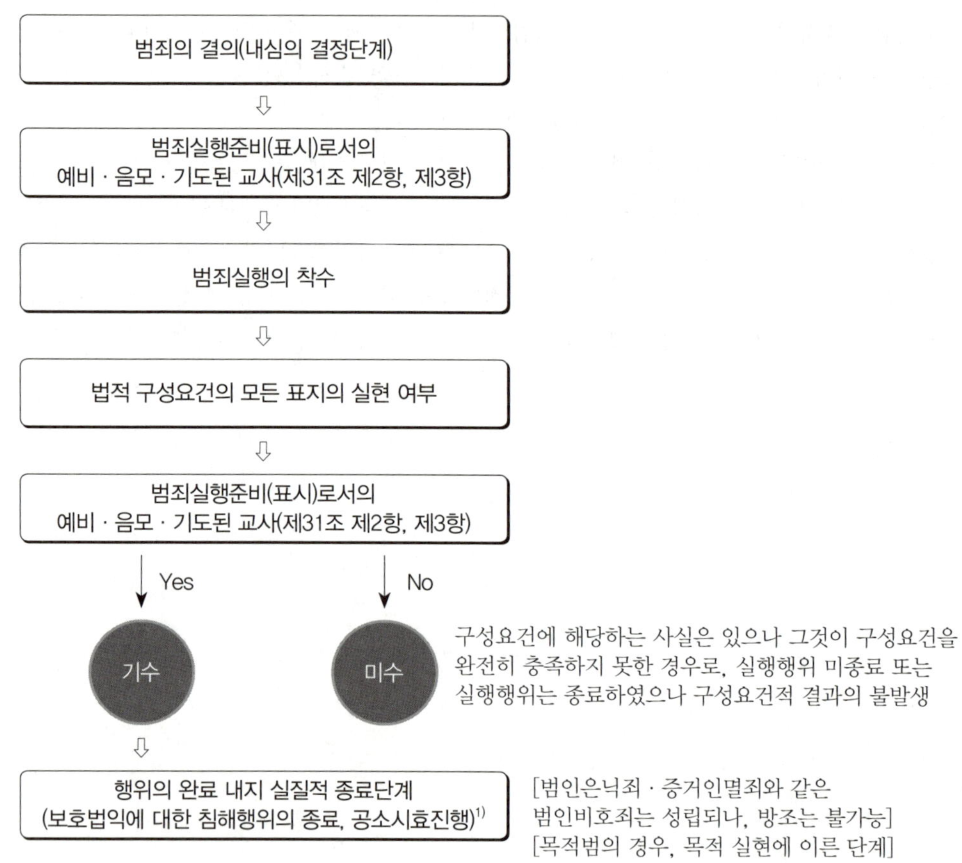

행위종료시기 관련판례

[판시사항]

공범자의 범인도피행위 도중에 기왕의 범인도피상태를 이용하여 스스로 범인도피행위를 계속한 경우 범인도피죄의 공동정범이 성립하는지 여부 및 이때 공범자의 범행을 방조한 종범의 경우에도 동일한 법리가 적용되는지 여부

[판결요지]

범인도피죄는 범인을 도피하게 함으로써 기수에 이르지만, 범인도피행위가 계속되는 동안에는 범죄행위도 계속되

1) 형사소송법 제252조 (시효의 기산점) ① 시효는 범죄행위의 종료한 때로부터 진행한다.
② 공범에는 최종행위의 종료한 때로부터 전 공범에 대한 시효기간을 기산한다.

고 행위가 끝날 때 비로소 범죄행위가 종료된다. 따라서 공범자의 범인도피행위 도중에 그 범행을 인식하면서 그와 공동의 범의를 가지고 기왕의 범인도피상태를 이용하여 스스로 범인도피행위를 계속한 경우에는 범인도피죄의 공동정범이 성립하고, 이는 공범자의 범행을 방조한 종범의 경우도 마찬가지이다.

변호사는 공공성을 지닌 법률 전문직으로서 독립하여 자유롭게 직무를 수행하여야 하고(변호사법 제2조), 직무를 수행하면서 진실을 은폐하거나 거짓 진술을 하여서는 아니 된다(같은 법 제24조 제2항). 따라서 형사변호인의 기본적인 임무가 피고인 또는 피의자를 보호하고 그의 이익을 대변하는 것이라고 하더라도, 그러한 이익은 법적으로 보호받을 가치가 있는 정당한 이익으로 제한되고, 변호인이 의뢰인의 요청에 따른 변론행위라는 명목으로 수사기관이나 법원에 대하여 적극적으로 허위의 진술을 하거나 피고인 또는 피의자로 하여금 허위진술을 하도록 하는 것은 허용되지 않는다. 甲이 수사기관 및 법원에 출석하여 乙 등의 사기 범행을 자신이 저질렀다는 취지로 허위자백하였는데, 그 후 甲의 사기 피고사건 변호인으로 선임된 피고인이 甲과 공모하여 진범 乙 등을 은폐하는 허위자백을 유지하게 함으로써 범인을 도피하게 하였다는 내용으로 기소된 사안에서, 피고인이 변호인으로서 단순히 갑의 이익을 위한 적절한 변론과 그에 필요한 활동을 하는 데 그치지 아니하고, 甲과 乙 사이에 부정한 거래가 진행 중이며 甲 피고사건의 수임과 변론이 거래의 향배와 불가결한 관련이 있을 것임을 분명히 인식하고도 乙에게서 甲 피고사건을 수임하고, 그들의 합의가 성사되도록 도왔으며, 스스로 합의금의 일부를 예치하는 방안까지 용인하고 합의서를 작성하는 등으로 甲과 乙의 거래관계에 깊숙이 관여한 행위를 정당한 변론권의 범위 내에 속한다고 평가할 수 없고, 나아가 변호인의 비밀유지의무는 변호인이 업무상 알게 된 비밀을 다른 곳에 누설하지 않을 소극적 의무를 말하는 것일 뿐 진범을 은폐하는 허위자백을 적극적으로 유지하게 한 행위가 변호인의 비밀유지의무에 의하여 정당화될 수 없다고 하면서, 한편으로 피고인의 행위는 정범인 甲에게 결의를 강화하게 한 방조행위로 평가될 수 있다는 이유로 범인도피방조죄를 인정한 원심판단을 정당하다(대법원 2012.8.30. 선고 2012도6027 판결).

Ⅱ. 예비죄의 개념

특정범죄를 실현할 목적으로 행하여지는 외부적 준비행위, 즉 고의의 실현을 위한 준비행위로서 아직 실행의 착수에 이르지 아니한 일체의 행위형태를 예비행위라 하며, 이러한 예비행위를 내용으로 하는 범죄유형을 예비죄라 한다. 즉 단순한 행위계획을 초과하여 의도한 행위의 최소한의 객관화로(범죄의 결의와 구별), 최대한으로는 실행에 이르지 않은 범죄행위유형이다.

이러한 예비죄를 기본범죄와의 관계에서 볼 때 독립된 범죄형태로 볼 수 있느냐, 나아가 예비죄의 실행행위성을 인정할 수 있느냐가 예비죄와 관련하여 주로 논의되는데, 이러한 논의의 결론에 따라 예비죄의 미수, 특히 예비행위를 중지한 경우에 형법 제26조 중지미수범 규정의 준용 여부와 공범(방조범)의 성립 여부 및 죄수에 대한 해석이 달라진다.

Ⅲ. 음모죄 및 미수범과의 구별

1. 음모와의 구별

음모란 일정한 범죄를 실행할 목적으로 하는 2인 이상의 합의가 형성된 경우의 범죄형태로, 예비와 음모는 양자 모두 실행착수 이전의 개념이며 범죄수행에 대한 위험성의 정도에 있어서도 같다.

관련판례

[판시사항]

내란음모죄의 성립 요건

[판결요지]

(다수의견) 음모는 실행의 착수 이전에 2인 이상의 자 사이에 성립한 범죄실행의 합의로서, 합의 자체는 행위로 표출되지 않은 합의 당사자들 사이의 의사표시에 불과한 만큼 실행행위로서의 정형이 없고, 따라서 합의의 모습 및 구체성의 정도도 매우 다양하게 나타날 수밖에 없다. 그런데 어떤 범죄를 실행하기로 막연하게 합의한 경우나 특정한 범죄와 관련하여 단순히 의견을 교환한 경우까지 모두 범죄실행의 합의가 있는 것으로 보아 음모죄가 성립한다고 한다면 음모죄의 성립범위가 과도하게 확대되어 국민의 기본권인 사상과 표현의 자유가 위축되거나 그 본질이 침해되는 등 죄형법정주의 원칙이 형해화될 우려가 있으므로, 음모죄의 성립범위도 이러한 확대해석의 위험성을 고려하여 엄격하게 제한하여야 한다. 한편 내란죄의 주체는 국토를 참절하거나 국헌을 문란할 목적을 이룰 수 있을 정도로 조직화된 집단으로서 다수의 자이어야 하고, 그 역할도 수괴, 중요한 임무에 종사한 자, 부화수행한 자 등으로 나뉜다(형법 제87조 각 호 참조). 또한, 실행행위인 폭동행위는 살상, 파괴, 약탈, 단순 폭동 등 여러 가지 폭력행위가 혼합되어 있고, 그 정도가 한 지방의 평온을 해할 정도의 위력이 있음을 요한다. 2인 이상의 자 사이에 어떠한 폭동행위에 대한 합의가 있는 경우에도 공격의 대상과 목표가 설정되어 있지 않고, 시기와 실행방법이 어떠한지를 알 수 없으면 그것이 '내란'에 관한 음모인지를 알 수 없다. 따라서 내란음모가 성립하였다고 하기 위해서는 개별 범죄행위에 관한 세부적인 합의가 있을 필요는 없으나, 공격의 대상과 목표가 설정되어 있고, 그 밖의 실행계획에 있어서 주요 사항의 윤곽을 공통적으로 인식할 정도의 합의가 있어야 한다. 나아가 합의는 실행행위로 나아간다는 확정적인 의미를 가진 것이어야 하고, 단순히 내란에 관한 생각이나 이론을 논의한 것으로는 부족하다. 또한, 내란음모가 단순히 내란에 관한 생각이나 이론을 논의 내지 표현한 것인지 실행행위로 나아간다는 확정적인 의미를 가진 합의인지를 구분하기가 쉽지 않다는 점을 고려하면, 내란음모죄에 해당하는 합의가 있다고 하기 위해서는 단순히 내란에 관한 범죄결심을 외부에 표시 · 전달하는 것만으로는 부족하고 객관적으로 내란범죄의 실행을 위한 합의라는 것이 명백히 인정되고, 그러한 합의에 실질적인 위험성이 인정되어야 한다. 그리고 내란음모가 실질적 위험성이 있는지 여부는 합의 내용으로 된 폭력행위의 유형, 내용의 구체성, 계획된 실행시기와의 근접성, 합의 당사자의 수와 합의 당사자들 사이의 관계, 합의의 강도, 합의 당시의 사회정세, 합의를 사전에 준비하였는지 여부, 합의의 후속 조치가 있었는지 여부 등을 종합적으로 고려하여 판단하여야 한다.

(반대의견) 내란음모죄에서 실질적 위험성이 있는 합의인지는 단순히 합의된 내용이나 그 구체성만을 놓고 판단할 것이 아니라, 내란 모의에 이르게 된 경위, 모의에 참가한 자들의 경력과 지위, 정치적 · 이념적 성향과 과거의 활동 전력, 참가자 집단의 규모와 결속 정도, 참가자들이 동원할 수 있는 각종 유 · 무형의 수단, 모의 과정에서 나온 발언의 진지함이나 내란 실행에 대한 의지, 모의를 위한 정보수집 등 준비행위의 유무, 외부 적대 세력과의 연계 가능성과 모의 당시의 국내외 정세 등 여러 사정을 종합적으로 고려하여 판단하여야 한다. 위와 같이 내란의 모의가 일반적 · 추상적인 합의를 넘는 실질적 위험성이 있는 합의인지는 단순히 합의의 내용뿐만 아니라 그 합의를 둘러

싸고 있는 여러 사정도 함께 고려하여 종합적으로 판단하여야 하는 것이므로, 일정한 시기에 내란을 실행하자는 내용의 의사합치는 이루어졌으나 구체적인 공격의 대상과 목표, 방법 등에 관하여는 확정적인 합의에 이르지 못하고 논의하는 데 그쳐 합의의 구체성이 다소 떨어지는 경우라고 하더라도, 모의 참가자들이 합의한 일정한 시기에 자신들이 논의했던 방법이나 그와 유사한 방식으로 내란의 실행행위로 나아갈 개연성이 크다고 인정되면, 이는 일반적 · 추상적 합의를 넘어서는 실질적 위험성이 있는 내란 실행에 관한 합의로서 내란음모죄를 구성한다. 따라서 내란음모죄의 성립에 반드시 구체적인 공격의 대상과 목표, 방법 등이 설정되어 있어야 할 필요는 없다. 나아가 내란 실행에 관한 합의가 내란음모죄에서 요구하는 정도의 구체성을 갖추었는지를 판단함에 있어 앞서 본 실질적 위험성 외에도 내란죄가 갖는 특수성을 고려하여야 한다. 즉 내란은 그 피해의 정도가 살인이나 강도 등과는 비교할 수 없을 정도로 중대할 뿐만 아니라, 범행의 구도나 윤곽이 비교적 단순한 살인이나 강도 등과는 달리 한 지방의 평온을 해할 정도의 것이기만 하면 파업이나 시위는 물론 살인, 상해, 강도, 손괴, 방화 등도 포함되는 광범위한 개념이며, 그 전개 양상도 주변 상황에 따라 가변적이고 불확실할 수밖에 없으므로, 내란음모죄에서 요구되는 합의의 구체성을 살인음모죄나 강도음모죄 등의 그것과 동일선상에서 파악할 수는 없다(대법원 2015.1.22. 선고 2014도10978 전원합의체 판결. 특정 정당 소속의 국회의원 피고인 甲 및 지역위원장 피고인 乙을 비롯한 피고인들이, 이른바 조직원들과 회합을 통하여 회합 참석자 130여 명과 한반도에서 전쟁이 발발하는 등 유사시에 상부 명령이 내려지면 바로 전국 각 권역에서 국가기간시설 파괴 등 폭동을 할 것을 통모함으로써 내란의 죄를 범할 목적으로 음모하였다는 내용으로 기소된 사안에서, 당시의 한반도 정세, 회합의 내용 및 경위, 회합 참석자들의 성향 · 구성 및 피고인들과 관계, 피고인들의 경력과 범죄전력, 피고인들이 회합에서 맡은 역할과 발언 내용, 회합 참석자들의 강연 청취태도 및 발언 등 제반 사정에 비추어 볼 때, 피고인들을 비롯한 회합 참석자들이 전쟁 발발시 대한민국의 체제를 전복하기 위하여 구체적인 물질적 준비방안을 마련하라는 피고인 甲의 발언에 호응하여 선전전, 정보전, 국가기간시설 파괴 등을 논의하기는 하였으나, 1회적인 토론의 정도를 넘어서 내란의 실행행위로 나아가겠다는 확정적인 의사의 합치에 이르렀다고 보기 어려워 형법상 내란음모죄 성립에 필요한 '내란범죄 실행의 합의'를 하였다고 할 수 없다는 이유로, 피고인들에게 무죄를 선고한 원심판단을 정당하다고 한 사례).

예비와 음모를 구별하는 기준에 대해서는 아래와 같이 여러 견해가 전개되고 있으나, 다만 현행 형법상으로는 양자를 동일하게 다루고 있기 때문에 그 구별의 실익은 없다.

먼저 음모는 예비에 선행하는 범죄발전의 일단계로 보는 견해이다.[2] 즉 이 견해는 예비를 범행현장에 직접 필요한 상태를 설정하는 행위로 파악하는데, 다만 반드시 음모가 선행한다고 볼 수 없으며 음모의 개념을 지나치게 좁게 해석하고 있다. 또한 단독예비의 경우 설명이 곤란하다.

그리고 음모는 인적 준비행위이며 예비는 물적 준비행위로 보는 견해도 있으며, 음모는 범죄에 대한 의사연락 및 심리적인 상호교류와 같은 심리적 준비행위인대 반하여 예비는 그 이외의 준비행위 또는 물적 준비행위로 시간적 선후관계가 없다고 보는 견해도 있다.

또한 음모를 예비의 일종으로 보는 견해도 있으나, 이 견해는 예비와 음모를 구별하여 규정하고 있는 형법의 규정과 일치되지 않으며, 양자의 구별을 포기한다는 비판을 면키 어렵다.

---

2) 다수견해 및 판례의 입장.

2. 미수와의 구별

예비행위와 미수행위는 실행의 착수를 기준으로 구별된다.

3. 예비죄에 대한 형법의 규정

형법 제28조 (음모, 예비) 범죄의 음모 또는 예비행위가 실행의 착수에 이르지 아니한 때에는 법률에 특별한 규정이 없는 한 벌하지 아니한다.

첫째, 일반인의 법감정이 침해될만한 범죄내용이 희박하다는 실체법적 이유, 둘째 범죄의사의 입증이 곤란하다는 소송법적 이유, 셋째 실행의 착수가 불확정적이어서 상대적으로 위험성도 적다는 형사정책적 이유에서 원칙적으로 예비행위는 불가벌이다(제28조).

다만 예외적으로 예비행위에 의해 침해되는 법익의 가치와 그 행위 또는 행위자의 위험성 때문에 미리 형벌권을 발동할 필요가 있다는 형사정책적인 이유가 있을 때에는 특별한 규정에 의해 처벌된다. 처벌규정의 형식으로 볼 때 편동 · 선전을 제외한 준비단계행위로서의 예비와 음모만 규정하고 있는 경우도 있고[3], 실행행위 이전단계의 일체의 행위(예비 · 음모 · 선동 · 선전)를 동일하게 평가하여 규정하고 있는 경우[4], 또는 기수범에 비하여 감경하는 규정(예비의 정범화)을 두고 있는 경우(관세법 제271조 제3항)[5]도 있다.

---

3) (1) 개인적 법익과 관련된 범죄로 살인 · 존속살해죄(제250조), 자살관여죄(제252조 제2항), 위계등에 의한 촉탁 · 승낙살인죄등(제253조), 국외이송을 위한 약취 · 유인 · 매매죄(제289조), 강도죄(제333조).

(2) 사회적 법익과 관련된 범죄로 현주건조물등에의 방화죄(제164조), 공용건조물등에의 방화죄(제165조), 일반건조물등에의 방화죄(제166조 제1항), 폭발물파열죄(제172조), 음용수의 사용방해죄(제192조 제2항), 수도 · 음용수의 사용방해죄(제193조 제2항), 수도불통죄(제195조), 통화위조등죄(제207조 제1 · 2 · 3항), 유가증권위조죄(제214조), 자격모용에 의한 유가증권작성죄(제215조), 우표 · 인지위조등죄(제218조 제1항).

(3) 국가적 법익과 관련된 범죄로 외국에 대한 私戰罪(제111조 제3항), 도주원조죄(제147조), 간수자의 도주원조죄(제148조).

4) (1) 예비 · 음모 · 선동 · 선전을 처벌하는 범죄(국가적 법익과 관련된 범죄)로 내란죄(제87조), 내란목적 살인죄(제88조), 외환유치죄(제92조), 與敵罪(제93조), 모병이적죄(제94조), 시설제공이적죄(제95조), 시설파괴이적죄(제96조), 물건제공이적죄(제97조), 간첩죄(제98조), 일반이적죄(제99조).

(2) 예비 · 음모 · 선동을 처벌하는 범죄로 폭발물사용죄(제119조).

5) 제271조 (미수범 등) ① 그 정황을 알면서 제269조 및 제270조에 따른 행위를 교사하거나 방조한 자는 정범에 준하여 처벌한다.

② 제268조의2, 제269조 및 제270조의 미수범은 본죄에 준하여 처벌한다.

③ 제268조의2, 제269조 및 제270조의 죄를 범할 목적으로 그 예비를 한 자는 본죄의 2분의 1을 감경하여 처벌한다.

제2항 예비죄의 법적 성격

기본범죄에 대한 관계에서 예비죄를 어떻게 볼 것인가에 따라 예비죄의 미수와, 예비죄의 공범이 성립되느냐, 나아가 죄수와 관련된 논의가 달라진다.

Ⅰ. 기본범죄에 대한 관계

1. 발현상태설(기본적 구성요건의 수정형식설)

독립된 범죄유형이 아닌 효과적인 법익보호가 필요한 경우에 미수 이전의 단계까지 구성요건을 확장한 기본범죄의 발현형태로, 예비죄는 기본적 구성요건의 수정형식에 불과하다는 견해이다.[6] 이 견해는 그 논거로 현행 규정형식이 '~죄를 범할 목적으로'라는 부대형식을 취하고 있기 때문이라고 한다.

그러나 예비행위에도 독자적인 주관적 · 객관적 불법구성요건표지가 존재한다는 점에서 이 견해에 따르면 실행행위의 정형성 내지 불법유형의 정형성이 훼손될 우려가 있다. 그리고 '~죄를 범할 목적으로'라는 규정형식은 예비행위를 제한하기 위한 표지로 보는 것이 타당하다.

2. 독립범죄설

기본범죄에 독립하여 그 자체 불법의 실질을 갖추고 있는, 즉 독립된 구성요건을 실현하는 독립된 범죄형태로 보는 견해이다. 이 견해는 그 논거로 예비죄의 규정형식이 ~죄를 범할 목적으로 '예비한 자는' 이라고 하여[7] 독립범죄 구성요건형식으로 기술되어 있다는 점을 들고 있다. 즉 형법 총칙과 각칙상 미수와 예비의 규율방식이 현저하게 다르며, 처벌도 독립적으로 규정되어 있다는 점을 들고 있다(입법기술상의 목적).

그러나 미수는 기본범죄의 수정형식에 불과하며 따라서 그 전단계인 예비를 독립된 범죄로 볼 수 없을 뿐만 아니라 규정형식이 오히려 기본범죄의 발현형태임을 명확히 하고 있다는 점에서 위와 같은 논거를 받아들이기 어렵다.

3. 이분설(二分說)

각 규정형식에 따라 기본범죄의 발현형태인 경우와 독립범죄인 경우로 구분하려는 견해이나, 현행 예비죄의 규정형식이 일본이나 독일형법과 같이 구성요건의 규정형식에 차이를 두지 않고 일정

---

6) 다수 견해.

7) 예를 들어 살인예비 · 음모죄를 규정하고 있는 제255조는 "제250조와 제253조의 죄를 범할 목적으로 예비 또는 음모한 자는 10년 이하의 징역에 처한다"라고 규정하고 있다.

할 뿐 아니라, 그 구별의 기준과 근거도 불명확하다.

Ⅱ. 예비죄의 실행행위성

1. 예비죄를 독립범죄로 보는 견해

이 견해에 의하면 당연히 예비죄의 실행행위성은 인정된다.

2. 예비죄를 기본범죄의 발현형태로 보는 견해

1) 예비죄의 실행행위성을 부정하는 견해

실행행위는 기본범죄에 대한 정범의 실행에 제한되며, 예비행위는 무정형 · 무한정한 것이기 때문에 그 실행행위성을 부정하는 견해이다. 그러나 이 견해는 예비죄의 특수성을 고려하지 않을 뿐 아니라, 실행행위의 상대적 개념을 도외시한 형식논리적 사고에 불과하다.

2) 예비죄의 실행행위성을 인정하는 견해

실행행위개념은 상대적 · 기능적 성격으로, 수정된 구성요건인 이상 이에 대한 실행행위성은 인정되어야 한다는 견해이다.

관련판례

[판시사항]

예비단계에 있어서의 종범의 성립 여부

[판결요지]

형법 제32조 제1항의 타인의 범죄를 방조한 자는 종범으로 처벌한다는 규정의 타인의 범죄란 정범이 범죄를 실현하기 위하여 착수한 경우를 말하는 것이라고 할 것이므로 종범이 처벌되기 위하여는 정범의 실행의 착수가 있는 경우에만 가능하고 정범이 실행의 착수에 이르지 아니한 예비의 단계에 그친 경우에는 이에 가공하는 행위가 예비의 공동정범이 되는 경우를 제외하고는 이를 종범으로 처벌할 수 없다고 할 것이다. 본건 강도예비죄가 형법상 독립된 구성요건에 해당하는 범죄이라는 상고논지는 전술한 바와 같이 수긍할 수 없는 독자적인 견해라 할 것이고 원심의 판단취의는 이와 다소 다르다고 하더라도 예비죄의 종범의 성립을 부정한 결론에 있어서 정당하고 이를 논란하는 상고논지는 그 이유 없다고 할 것이다(대법원 1976.5.25. 선고 75도1549 판결).

제3항 예비죄의 성립요건

Ⅰ. 주관적 요건

1. 예비행위에 대한 고의가 존재하여야 한다.

고의의 구체적 내용과 관련해서는 아래의 견해들이 대립하고 있다.

1) 실행의 고의와 구별되는 예비행위 자체에 대한 고의로 보는 견해

예비행위와 기본범죄는 질적으로 다르며, 예비행위 만에 그친 경우에도 그 책임추궁은 가능할 뿐만 아니라 예비죄는 목적범이므로 준비행위 자체에 대한 인식이 있어야 한다는 점을 그 논거로 든다. 즉 예비죄가 기본적 구성요건의 수정형식에 불과하더라도 예비의 실행행위성을 인정하는 이상 준비행위에 대한 인식은 필요하며, 기본범죄에 대한 인식은 목적의 내용이라는 점에 예비행위에 대한 고의와는 다르다.

2) 기본적 구성요건에 해당하는 사실의 인식을 의미한다고 보는 견해

예비행위는 미수행위와 같이 기본적 구성요건의 수정형식에 불과할 뿐 아니라, 행위의 일련의 발전단계이므로 고의의 내용도 동일하다는 견해이다. 또한 기본범죄를 고려하지 않는 준비행위 자체에 대한 인식은 형법적으로 무의미하다는 점을 그 논거로 들고 있다.

2. 기본범죄를 범할 목적(기본적 불법구성요건에 대한 실현의사)이 존재해야 한다.[8)]

1) 부정설

예비의 고의를 본범의 실행행위의 고의로 보는 견해

2) 긍정설

예비행위 자체에 대한 고의 외에 본범을 행하려는 목적을 요한다는 견해이다. 단절된 결과범에 있어서는 목적이 그 행위 자체에 의해 실현되고 따라서 별개의 행위를 요하지 아니하나, 예비죄는 기본범죄의 실현이 있어야 그 목적이 달성되는 불완전한 이작위범(二作爲犯)이므로 예비행위에 대한 고의 이외에 기본범죄를 실현하고자 하는 목적이 있어야 한다. 다만 기본범죄실현 목적의 인식정도에 대해서는 확정적 인식을 요한다는 견해와, 미필적 인식만으로도 충분하다는 견해가 대립된다.

8) 제28조 '~죄를 범할 목적으로'.

관련판례

[판시사항]

준강도의 목적으로 흉기를 휴대한 특수절도를 준비한 행위가 형법 제343조의 강도예비죄에 해당하는지 여부

[판결요지]

강도예비 · 음모죄에 관한 형법 제343조는 "강도할 목적으로 예비 또는 음모한 자는 7년 이하의 징역에 처한다."고 규정하고 있는바, 그 법정형이 단순 절도죄의 법정형을 초과하는 등 상당히 무겁게 정해져 있고, 원래 예비 · 음모는 법률에 특별한 규정이 있는 경우에 한하여 예외적으로 처벌의 대상이 된다는 점(형법 제28조)을 고려하면, 강도예비 · 음모죄로 인정되는 경우는 위 법정형에 상당한 정도의 위법성이 나타나는 유형의 행위로 한정함이 바람직하다 할 것이다. 그런데 준강도죄에 관한 형법 제335조는 "절도가 재물의 탈환을 항거하거나 체포를 면탈하거나 죄적을 인멸할 목적으로 폭행 또는 협박을 가한 때에는 전2조의 예에 의한다."라고 규정하고 있을 뿐 준강도를 항상 강도와 같이 취급할 것을 명시하고 있는 것은 아니고, 절도범이 준강도를 할 목적을 가진다고 하더라도 이는 절도범으로서는 결코 원하지 않는 극단적인 상황인 절도 범행의 발각을 전제로 한 것이라는 점에서 본질적으로 극히 예외적이고 제한적이라는 한계를 가질 수 밖에 없으며, 형법은 흉기를 휴대한 절도를 특수절도라는 가중적 구성요건(형법 제331조 제2항)으로 처벌하면서도 그 예비행위에 대한 처벌조항은 마련하지 않고 있는데, 만약 준강도를 할 목적을 가진 경우까지 강도예비로 처벌할 수 있다고 본다면 흉기를 휴대한 특수절도를 준비하는 행위는 거의 모두가 강도예비로 처벌받을 수밖에 없게 되어 형법이 흉기를 휴대한 특수절도의 예비행위에 대한 처벌조항을 두지 않은 것과 배치되는 결과를 초래하게 된다는 점 및 정당한 이유 없이 흉기 기타 위험한 물건을 휴대하는 행위 자체를 처벌하는 조항을 폭력행위 등 처벌에 관한 법률 제7조에 따로 마련하고 있다는 점 등을 고려하면, 강도예비 · 음모죄가 성립하기 위해서는 예비 · 음모 행위자에게 미필적으로라도 '강도'를 할 목적이 있음이 인정되어야 하고 그에 이르지 않고 단순히 '준강도'할 목적이 있음에 그치는 경우에는 강도예비 · 음모죄로 처벌할 수 없다고 봄이 상당하다(대법원 2006.9.14. 선고 2004도6432 판결).

Ⅱ. 객관적 요건

1. 범죄실현을 위한 외부적 준비행위가 존재해야 한다.

물적 · 인적 준비행위로, 물적인 것에 한정되지 아니하며 특별한 정형이 있는 것도 아니라는 점에서 그 수단 · 방법 · 태양에는 제한이 없는 비한정적 · 무정형적인 행위형태이다. 다만 준비행위로 평가되기 위해서는 단순히 범행의 의사 또는 계획만으로는 준비행위가 있다고 할 수 없고, 객관적으로 보아서 행위자가 의도하는 기본범죄의 실현에 실질적으로 기여할 수 있는 외적 행위를 필요로 한다.[9]

이와 같이 성립범위의 유동성으로 인하여 형법의 보장원칙이 침해될 우려가 있다는 점에서 예비행위의 내용을 구체화하여 입법화할 필요가 있다.

9) 인적 준비행위의 형태로는 장물처분자의 확보, 알리바이조작을 위한 사전적인 대인접촉 등이 이에 해당한다. 다만 준비행위는 물적 준비행위에 제한되어야 한다는 견해도 있다.

관련판례

[사실관계]

甲은 乙에게 5천만 원을 줄테니 피해자 A를 살해하라고 하였다. 乙은 A를 살해할 생각이 없었으나 甲의 제안을 승낙하였고 자신을 도와줄 사람으로 丙을 소개받았는데, 丙 역시 처음부터 A를 살해할 의사가 없었다.乙, 丙은 한편으로는 A를 살해한 것처럼 甲을 속여 돈을 편취하고, 다른 한편으로는 甲이 자신들에게 A를 살해하라고 지시하였다고 A를 협박하여 돈을 갈취하기로 하였다. 乙, 丙은 A를 살해하기 위한 어떠한 도구도 준비하지 않은 채 A를 만나 5천만 원을 내놓으라고 위협하였으니 A는 돈을 주지 않았다. 이후 乙, 丙은 A를 살해하였다고 甲을 속여 그로부터 2천만 원을 교부받았다. 甲, 乙, 丙은 살인예비죄로 기소되었는데, 제1심인 인천지방법원은 피고인 모두에게 살인예비죄를, 항소심인 서울고등법원은 피고인 甲에게만 살인예비를 인정하였다. 피고인 甲이 상고하였으나 대법원은 상고를 기각하였다.

[판시사항]

살인예비죄의 성립 요건

[판결요지]

형법 제255조, 제250조의 살인예비죄가 성립하기 위하여는 형법 제255조에서 명문으로 요구하는 살인죄를 범할 목적 외에도 살인의 준비에 관한 고의가 있어야 하며, 나아가 실행의 착수까지에는 이르지 아니하는 살인죄의 실현을 위한 준비행위가 있어야 한다. 여기서의 준비행위는 물적인 것에 한정되지 아니하며 특별한 정형이 있는 것도 아니지만, 단순히 범행의 의사 또는 계획만으로는 그것이 있다고 할 수 없고 객관적으로 보아서 살인죄의 실현에 실질적으로 기여할 수 있는 외적 행위를 필요로 한다. 원심은 그 판시와 같은 사정들에 비추어 이 사건 살인예비에 관한 피고인 1의 진술이 신빙성이 있다고 판단하였다. 나아가 위 피고인 1의 진술 및 그 채택증거들을 종합하여 인정되는 판시와 같은 사실들에 비추어 보면 피고인 2는 피해자 5를 살해하기 위하여 피고인 1과 위 공소외인을 고용하였고 그들에게 살인의 대가를 지급하기로 약정하였으므로, 피고인 2에게는 살인죄를 범할 목적 및 살인의 준비에 관한 고의가 인정될 뿐 아니라 그가 살인죄의 실현을 위한 준비행위를 하였음을 인정할 수 있고, 따라서 피고인 2에 대하여 살인예비죄가 성립한다고 판단하였다. 원심판결의 이유를 기록에 비추어 살펴보면, 원심의 사실인정과 판단은 정당한 것으로 수긍할 수 있다. 원심판결에 상고이유에서 주장하는 바와 같은 채증법칙 위반, 살인예비죄에 있어서의 고의 또는 살인죄 실현을 위한 준비행위에 관한 법리 오해 등의 위법이 없다(대법원 2009.10.29. 선고 2009도7150 판결. 甲이 A를 살해하기 위하여 乙, 丙을 고용하면서 그들에게 대가의 지급을 약속한 경우, 甲에게는 살인죄를 범할 목적 및 살인의 준비에 관한 고의 뿐만 아니라 살인죄의 실현을 위한 준비행위를 하였음을 인정할 수 있다는 이유로 살인예비죄의 성립을 인정한 사례).

특히 예비죄의 정범 적격과 관련하여 타인의 실행행위를 위해 예비행위를 하는 타인예비행위의 예비행위 개념 포함 여부와 관련하여 타인예비죄의 성립 여부가 문제된다.

1) 긍정설[10)]

타인예비도 간접적인 법익침해행위이므로 법익침해의 실질적 위험성의 관점에서는 자기예비와 동일할 뿐만 아니라, 실질적으로 타인예비의 성격을 가진 교사의 미수를 예비죄로 처벌하고 있는 점

10) 대법원 2009.10.29. 선고 2009도7150 판결 ; 1999.3.26. 선고 98도3030 판결.

(제31조 제2항, 제3항)에서 타인예비도 예비에 해당한다.

또한 '죄를 범할 목적'에는 타인에게 행위시킬 목적도 포함된다.

관련판례

[판시사항]
본범 이외의 자가 본범이 절취한 차량이라는 정을 알면서 본범의 강도행위를 위해 그 차량을 운전해 준 경우, 강도예비죄와 아울러 장물운반죄가 성립하는지 여부
[판결요지]
본범자와 공동하여 장물을 운반한 경우에 본범자는 장물죄에 해당하지 않으나 그 외의 자의 행위는 장물운반죄를 구성하므로, 피고인이 본범이 절취한 차량이라는 정을 알면서도 본범 등으로부터 그들이 위 차량을 이용하여 강도를 하려 함에 있어 차량을 운전해 달라는 부탁을 받고 위 차량을 운전해 준 경우, 피고인은 강도예비와 아울러 장물운반의 고의를 가지고 위와 같은 행위를 하였다고 봄이 상당하다(대법원 1999.3.26. 선고 98도3030 판결).

2) 부정설[11)]

만일 타인예비를 예비의 개념으로 보면 타인인 정범의 실행착수여부에 따라 타인예비가 공범행위 또는 예비행위로 되어버리는 불합리성이 있을 뿐 아니라, 긍정설에 의할 경우 예비죄의 성립 범위가 지나치게 확대된다는 점에서 준비하는 행위와 도움을 주는 행위와는 구별(정범과 공범의 구별)되어야 한다.

또한 제28조 규정형식상 '죄를 범할 목적'은 예비자 스스로 실행할 의사를 요한다.

2. 실행의 착수 이전의 행위이어야 한다.

예비죄는 실행착수 이전의 범죄단계라는 점에서, 행위자가 실행에 착수한 때에는 미수범 성립 여부만이 문제된다.

Ⅲ. 특별한 처벌규정의 존재

이론상으로 예비죄가 성립된다 하더라도 형법은 예비죄의 처벌을 예외적으로 중한 범죄에 대해서만 규정하고 있다는 점에서, 죄형법정주의 원칙상 예비행위를 처벌하는 특별한 규정이 법률에 명시되어 있을 때에만 예비죄가 성립한다.

11) 다수견해.

제4항 처벌

특별한 규정에 의하여 대부분 기본범죄의 법정형보다 감경된 형으로 규정하고 있다. 다만 국가적 · 사회적 중대범죄의 예비행위의 경우 실행의 착수 전에 자수한 경우에는 일반자수의 임의적 감경과는 달리(제52조), 필연적(필요적) 감면사유로 규정하고 있다.[12)]

제5항 관련문제

Ⅰ. 예비죄의 중지미수 성립 여부

1. 의의

예비행위를 한 자가 기본범죄의 실행행위로 나아가기 전에 예비행위를 자의로 중지하거나 실행의 착수를 포기하는 경우에 그 구조가 중지미수와 유사한 점에서 '예비죄의 중지에 중지미수범의 규정(형의 필연적 감면)을 준용할 수 있느냐, 나아가 준용가능하다면 필연적 감면의 기준형은 무엇인가, 즉 예비죄의 형인가 아니면 기수의 형인가'가 문제된다.

형법 제26조 (중지범) 범인이 자의로 실행에 착수한 행위를 중지하거나 그 행위로 인한 결과의 발생을 방지한 때에는 형을 감경 또는 면제한다.

2. 중지미수범의 규정 준용 여부 및 그 기준형에 대한 학설과 판례

1) 부정설

중지미수는 실행의 착수를 전제로 하는 개념이므로 실행에 착수하지 아니한 예비죄에는 중지미수라는 개념이 성립할 수 없으며, 따라서 중지미수범규정이 적용될 수 없다는 견해이다. 또한 규정형식상으로도 예비행위를 처벌하는 특별한 규정을 각칙에 별도로 규정하면서 미수범처벌규정을 두고 있지 아니하며, 각칙 우선의 원칙에 의하여 예비행위의 중지에 제26조의 중지미수규정을 준용할 수 없다고 한다.

---

12) 내란죄(87조), 내란목적 살인죄(88조), 외환예비 · 음모 · 선동 · 선전죄(제101조), 외국에 대한 私戰罪(제111조), 폭발물예비 · 음모 · 선동죄(제120조), 현주건조물에의 방화죄(제164조), 공용건조물등에의 방화죄(제165조), 일반건조물등에의 방화죄(제166조 제1항), 폭발물파열죄(제173조), 통화위조등죄(제207조 제1 · 2 · 3항).

대법원 판례도 일관되게 "중지범은 범죄의 실행에 착수한 후 자의로 그 행위를 중지한 때를 말하는 것이고 실행의 착수가 있기 전인 예비음모의 행위를 처벌하는 경우에 있어서 중지범의 관념은 이를 인정할 수 없다"고 판시하고 있다.[13]

그러나 이 견해에 의하면 실행의 착수 후 중지한 경우에는 필연적 감면사유임에 반해, 예비의 단계에서 중지한 경우에는 그대로 예비죄의 형으로 처벌됨으로써 형의 균형상 불합리성이 있다. 이러한 처벌의 불균형에 대한 비판에 대해 부정설은 자수의 정도에 이른 경우 필요적 감면규정을 유추적용하거나, 예비를 처벌할 때에는 중지미수에 대해서도 형 면제를 허용하지 않으면 된다는 입장을 취하고 있다.

2) 긍정설

예비행위의 중지는 실행의 착수 후에 중지하는 경우보다 일층 참작할 여지가 더 크다는 점에서 중지미수범의 규정을 준용해야 한다는 견해이다. 즉 실행에 착수한 후 중지한 경우에는 제26조에 의해 형이 반드시 감면되는데 반하여 그보다 가벼운 예비 · 음모행위를 중지한 경우에는 특별규정대로 처벌하는 것은 양형상 균형이 맞지 않는다는 점을 논거로 한다. 다만 그 준용범위와 그 기준형에 대해서는 견해가 대립된다.

(1) 예비죄의 형이 중지미수범의 형보다 중한 경우에만 준용해야 한다는 견해[14]

준비행위 자체로 예비는 이미 완성되었으므로 예비죄의 형을 감면할 수는 없으며, 따라서 필연적 감면의 기준형은 기수의 형이어야 한다는 견해이나, 예비의 중지는 예비행위 자체를 중지하는 것이며, 예비죄의 형과 중지미수범의 형은 비교할 성질이 아니다. 또한 면제와 감경에서의 논리일관성이 결여되어 있다.

(2) 언제나 중지미수범의 규정이 준용해야 한다는 견해

필연적 감면의 기준형은 기수형이 아닌 예비죄의 형이어야 한다는 견해이다.

3) 예비죄의 자수 유추적용설

행위자의 변명 여하에 따라 예비가 모두 필연적 감면될 우려가 있다는 점에서 중지미수범규정이 적용할 수 없되, 자수한 경우에만 예비죄의 자수에 대한 필연적 감면규정을 유추적용하여 처벌의 불균형을 수정하려는 견해이다.

---

13) 대법원 1966.4.21. 선고 66도152 전원합의체 판결 ; 1966.7.12. 선고 66도617 판결 ; 1991.6.25. 선고 91도436 판결 ; 1999.4.9. 선고 99도424 판결 등.

14) 다수 견해.

Ⅱ. 예비죄의 공범

예비죄의 실행행위성의 인정 여부와 관련하여 예비행위에 있어서도 공범이 성립될 수 있느냐의 문제이다.

> 형법 제30조 (공동정범) 2인 이상이 공동하여 죄를 범한 때에는 각자를 그 죄의 정범으로 처벌한다.
> 제31조 (교사범) ① 타인을 교사하여 죄를 범하게 한 자는 죄를 실행한 자와 동일한 형으로 처벌한다.
> ② 교사를 받은 자가 범죄의 실행을 승낙하고 실행의 착수에 이르지 아니한 때에는 교사자와 피교사자를 음모 또는 예비에 준하여 처벌한다.
> ③ 교사를 받은 자가 범죄의 실행을 승낙하지 아니한 때에도 교사자에 대하여는 전항과 같다.
> 제32조 (종범) ① 타인의 범죄를 방조한 자는 종범으로 처벌한다.
> ② 종범의 형은 정범의 형보다 감경한다.

1. 예비죄의 공동정범

법적 성격을 독립행위로 보든 발현형태로 보든 예비행위의 실행행위성을 인정하는 입장에서는 공동정범의 성립을 인정하는 반면[15], 예비행위의 실행행위성을 인정하지 않는 입장에서는 예비죄의 공동정범의 성립도 부정한다.

예비죄의 공동정범을 인정하더라도 타인의 예비행위에 가담하는 자는 본범을 범할 목적을 가지고 있어야 하며, 나아가 타인과 예비행위를 공동으로 한다는 의사가 존재해야 한다. 또한 타인의 예비행위에 가담한 자는 물론 그 타인도 실행에 착수하지 않아야 한다.

관련판례

[판시사항]
예비단계에 있어서의 종범의 성립 여부
[판결요지]
형법 제32조 제1항의 타인의 범죄를 방조한 자는 종범으로 처벌한다는 규정의 타인의 범죄란 정범이 범죄를 실현하기 위하여 착수한 경우를 말하는 것이라고 할 것이므로 종범이 처벌되기 위하여는 정범의 실행의 착수가 있는 경우에만 가능하고 정범이 실행의 착수에 이르지 아니한 예비의 단계에 그친 경우에는 이에 가공하는 행위가 예비의 공동정범이 되는 경우를 제외하고는 이를 종범으로 처벌할 수 없다고 할 것이다. 왜냐하면 범죄의 구성요건 개념상 예비죄의 실행행위는 무정형 무한정한 행위이고 종범의 행위도 무정형 무한정한 것이고 형법 제28조에 의하면 범죄의 음모 또는 예비행위가 실행의 착수에 이르지 아니한 때에는 법률에 특별한 규정이 없는 한 벌하지 아니한다고 규정하여 예비죄의 처벌이 가져올 범죄의 구성요건을 부당하게 유추 내지 확장해석하는 것을 금지하고 있기 때문에 형법각칙의 예비죄를 처단하는 규정을 바로 독립된 구성요건 개념에 포함시킬 수는 없다고 하는 것이 죄형법정

15) 판례도 예비죄의 공동정범을 인정한다.

주의의 원칙에도 합당하는 해석이라 할 것이기 때문이다. 따라서 형법전체의 정신에 비추어 예비의 단계에 있어서는 그 종범의 성립을 부정하고 있다고 보는 것이 타당한 해석이라고 할 것이다. 본건 강도예비죄가 형법상 독립된 구성요건에 해당하는 범죄이라는 상고논지는 전술한 바와 같이 수긍할 수 없는 독자적인 견해라 할 것이고 원심의 판단취의는 이와 다소 다르다고 하더라도 예비죄의 종범의 성립을 부정한 결론에 있어서 정당하고 이를 논하는 상고논지는 그 이유 없다고 할 것이다(대법원 1976.5.25. 선고 75도1549 판결. 같은 취지의 판례로 대법원 1978.2.28. 선고 77도340 판결 ; 1979.5.22. 선고 79도552 판결).

2. 예비죄의 교사범과 방조범

정범을 교사·방조하였으나 정범이 예비에 그친 경우로 교사범에 대해서는 제31조 제2항과 제3항의 규정이 있기 때문에 특히 예비죄의 방조범 성립 여부에 그 실익이 있다. 즉 정범의 실행행위 착수 이전의 방조행위가 예비죄의 방조범에 해당하느냐가 문제된다.

1) 공범독립성설의 입장

정범의 행위가 가벌적 예비행위가 되면 교사·방조자는 예비죄의 교사·방조범이 성립된다.

2) 공범종속성설의 입장

예비죄의 교사자에 대해서는 기도된 교사 중 효과 없는 교사를 예비에 준하여 처벌한다는 제31조 제2항의 규정을 두고 있다.

예비죄의 방조자의 경우에는 예비행위의 실행행위성 인정 여부에 따라 해결하려는 입장으로 아래와 같은 견해가 대립하고 있다.

(1) 긍정설[16)]

예비행위의 실행행위성을 인정하는 입장으로, 예비행위의 방조자를 예비죄의 방조범으로 처벌하는 것은 공범종속성설의 입장에서 당연한 결론이다. 이 견해는 예비와 미수의 구별은 공범의 성립에 영향이 없다는 점에서, 정범은 예비죄로 처벌하면서 방조범을 처벌하지 않는 것은 형사정책적으로 불합리하다는 점을 그 논거로 든다.

(2) 부정설

예비행위의 실행행위성을 부정하는 입장으로, 방조범은 정범의 실행행위 착수를 그 전제로 한다는 점에서 실행행위성이 없는 예비행위의 방조자에게는 예비죄의 방조범이 성립되지 않는다고 보는 견해이다.

이 견해는 예비행위의 방조를 처벌한다면 방조의 방법에는 제한이 없을 뿐만 아니라 예비행위도

16) 다수 견해.

정형성이 없으므로 자칫 처벌이 부당하게 확대될 우려가 있고, 규정형식상으로도 제32조 제2항과 같은 명문규정이 없으며, 또한 예비죄의 방조범을 처벌하는 것은 법감정에도 위배된다는 점을 그 논거로 들고 있다.

대법원 판례는 일관되게 "정범이 실행의 착수에 이르지 아니하고 예비단계에 그친 경우에는, 이에 가공한다 하더라도 예비의 공동정범이 되는 때를 제외하고는 종범으로 처벌할 수 없다"고 하여 정범의 예비행위단계에서는 방조범이 성립하지 않으며, 다만 정범의 예비행위단계에 방조행위로 가공함에 그쳤다 하더라도 정범이 실행에 착수한 때에는 방조범이 성립한다는 입장을 취하고 있다.

관련판례

1) 예비행위의 방조행위는 방조범으로서 처단할 수 없는 것이고 그와 같은 법리는 특정범죄가중처벌등에관한법률 및 관세법에 규정된 무면허수입등 예비죄의 방조행위에 있어서도 마찬가지이다(대법원 1979.11.27. 선고 79도2201 판결).
2) 종범은 정범의 실행행위 전에 장래의 실행행위를 예상하고 이를 용이하게 하는 행위를 하여 방조한 경우에도 그 뒤 정범이 그 실행행위에 나아갔다면 성립하는 것이므로 피고인(갑)이 피고인(을)의 지시를 받고 미화를 취득하여줌에 있어서 피고인(을)이 그 미화를 금융기관에 매각집중시키지 아니할 것이라는 정을 알고 있었다면 피고인(갑)의 행위는 외국화폐불매각죄의 종범이 된다고 보아야 한다(대법원 1983.3.8. 선고 82도2873 판결).
3) 피고인이 위 전두환, 노태우가 기업인들로부터 뇌물을 수수하기 전에 그 면담을 주선한 것으로서, 정범이 실행행위에 나아가기 전에 방조하였을 뿐이므로 피고인을 수뢰죄의 종범으로 처벌할 수 없다는 것이나, 종범은 정범의 실행행위 중에 이를 방조하는 경우는 물론이고 실행의 착수 전에 장래의 실행행위를 예상하고 이를 용이하게 하는 행위를 하여 방조한 경우에도 정범이 그 실행행위에 나아갔다면 성립하는 것이므로(대법원 1983.3.8. 선고 82도2873 판결, 1996.9.6. 선고 95도2551 판결 등), 원심판결에 상고이유로 주장하는 바와 같은 종범에 관한 법리를 오해한 위법이 있다고 할 수 없다(대법원 1997.4.17. 선고 96도3377 전원합의체 판결).
4) 형법상 방조행위는 정범이 범행을 한다는 정을 알면서 그 실행행위를 용이하게 하는 직접, 간접의 모든 행위를 가리키는 것으로서 그 방조는 정범의 실행행위 중에 이를 방조하는 경우뿐만 아니라, 실행 착수 전에 장래의 실행행위를 예상하고 이를 용이하게 하는 행위를 하여 방조한 경우에도 성립한다. 그리고 방조범은 정범의 실행을 방조한다는 이른바 방조의 고의와 정범의 행위가 구성요건에 해당하는 행위인 점에 대한 정범의 고의가 있어야 하나, 이와 같은 고의는 내심적 사실이므로 피고인이 이를 부정하는 경우에는 사물의 성질상 고의와 상당한 관련성이 있는 간접사실을 증명하는 방법에 의하여 입증할 수밖에 없고, 이 때 무엇이 상당한 관련성이 있는 간접사실에 해당할 것인가는 정상적인 경험칙에 바탕을 두고 치밀한 관찰력이나 분석력에 의하여 사실의 연결상태를 합리적으로 판단하는 외에 다른 방법이 없다고 할 것이며, 또한 방조범에 있어서 정범의 고의는 정범에 의하여 실현되는 범죄의 구체적 내용을 인식할 것을 요하는 것은 아니고 미필적 인식 또는 예견으로 족하다(대법원 2007.10.26. 선고 2007도4702 판결. 같은 취지의 판례로 대법원 2004.6.24. 선고 2002도995 판결 ; 2005.4.29. 선고 2003도6056 판결 등).
5) 종범은 정범이 실행행위에 착수하여 범행을 하는 과정에서 이를 방조한 경우뿐 아니라, 정범의 실행의 착수 이전에 장래의 실행행위를 미필적으로나마 예상하고 이를 용이하게 하기 위하여 방조한 경우에도 그 후 정범이 실행행위에 나아갔다면 성립할 수 있다(대법원 2013.11.14. 선고 2013도7494 판결).

(3) 예비죄설

예비죄의 방조범은 부정하되 예비죄로서의 가벌성은 인정하는 견해로, 정범이 실행에 착수하면 예비죄의 방조행위를 예비죄 그 자체로 본다. 그러나 예비행위 자체와 타인예비죄의 방조행위는 다르며, 정범의 실행착수 여부에 따라 판단이 달라진다는 점에서 이론상 문제가 있다.

(4) 이분설

독립예비죄의 경우에는 예비죄의 방조범을 인정하고, 기본범죄의 수정형식으로서의 예비죄의 경우에는 예비죄의 방조범을 부정하는 견해이다.

Ⅲ. 예비죄의 미수

예비죄의 미수범 성립이 가능한가의 문제로 예비행위의 실행행위성의 인정여부와 관련된다. 예비죄의 실행행위성을 인정하는 입장에서는 이론상으로는 예비죄의 미수범 성립이 가능하지만 처벌규정이 없다고 보고, 반면 예비행위의 실행행위성을 부정하는 입장에서는 아예 예비죄의 미수범 성립 자체를 부정한다.

Ⅳ. 예비죄의 죄수

1. 하나의 범죄실행을 위한 수개의 예비행위가 있은 경우

하나의 예비죄만 성립된다. 다만 판례는 폭력행위 등 처벌에 관한 법률[17]규정하고 있는 '범죄를 목적으로 하는 단체 또는 집단을 구성하거나 그러한 단체 또는 집단에 가입하거나 그 구성원으로 활동'하는 행위를 구체적인 범죄행위의 실행 여부를 불문하고 그 범죄행위에 대한 예비 · 음모의 성격을 가진 것으로 해석하면서도, 범죄단체의 구성하거나 이에 가입한 자가 구성원으로 활동하는 경우에는 포괄일죄의 관계에 있는 것으로 해석한다.

---

17) 제4조 제1항이 제4조 (단체 등의 구성 · 활동) ① 이 법에 규정된 범죄를 목적으로 하는 단체 또는 집단을 구성하거나 그러한 단체 또는 집단에 가입하거나 그 구성원으로 활동한 사람은 다음 각 호의 구분에 따라 처벌한다.
1. 수괴 : 사형, 무기 또는 10년 이상의 징역
2. 간부 : 무기 또는 7년 이상의 징역
3. 수괴 · 간부 외의 사람 : 2년 이상의 유기징역

관련판례

[판시사항]
폭력행위 등 처벌에 관한 법률 제4조 제1항의 입법 취지 및 위 조항에서 말하는 '범죄단체 구성원으로서의 활동'의 의미 / 범죄단체를 구성하거나 이에 가입한 자가 더 나아가 구성원으로 활동하는 경우, '범죄단체의 구성이나 가입'과 '범죄단체 구성원으로서의 활동' 사이의 죄수관계(=포괄일죄)
[판결요지]
폭력행위 등 처벌에 관한 법률 제4조 제1항은 그 법에 규정된 범죄행위를 목적으로 하는 단체를 구성하거나 이에 가입하는 행위 또는 구성원으로 활동하는 행위를 처벌하도록 정하고 있는데, 이는 구체적인 범죄행위의 실행 여부를 불문하고 범죄행위에 대한 예비 · 음모의 성격이 있는 범죄단체의 생성 및 존속 자체를 막으려는 데 입법 취지가 있다. 또한 위 조항에서 말하는 범죄단체 구성원으로서의 활동이란 범죄단체의 내부 규율 및 통솔 체계에 따른 조직적 · 집단적 의사 결정에 기초하여 행하는 범죄단체의 존속 · 유지를 지향하는 적극적인 행위를 일컫는다. 그런데 범죄단체의 구성이나 가입은 범죄행위의 실행 여부와 관계없이 범죄단체 구성원으로서의 활동을 예정하는 것이고, 범죄단체 구성원으로서의 활동은 범죄단체의 구성이나 가입을 당연히 전제로 하는 것이므로, 양자는 모두 범죄단체의 생성 및 존속 · 유지를 도모하는, 범죄행위에 대한 일련의 예비 · 음모 과정에 해당한다는 점에서 범의의 단일성과 계속성을 인정할 수 있을 뿐만 아니라 피해법익도 다르지 않다. 따라서 범죄단체를 구성하거나 이에 가입한 자가 더 나아가 구성원으로 활동하는 경우, 이는 포괄일죄의 관계에 있다(대법원 2015.9.10. 선고 2015도7081 판결).

2. 예비행위가 실행에 착수하여 미수 내지 기수로 나아간 경우

법조경합의 보충관계로 미수 또는 기수죄만 성립된다.

관련판례

1) 특정범죄 가중처벌 등에 관한 법률 제5조의4 제3항에 규정된 상습강도죄를 범한 범인이 그 범행 외에 상습적인 강도의 목적으로 강도예비를 하였다가 강도에 이르지 아니하고 강도예비에 그친 경우에도 그것이 강도상습성의 발현이라고 보여지는 경우에는 강도예비행위는 상습강도죄에 흡수되어 위 법조에 규정된 상습강도죄의 1죄만을 구성하고 이 상습강도죄와 별개로 강도예비죄를 구성하지 아니한다(대법원 2003.3.28. 선고 2003도665 판결. 같은 취지의 판례로 대법원 1984.12.26. 선고 84도1573 전원합의체 판결 ; 대법원 2002.4.26. 선고 2002도429 판결 ; 대법원 2002.11.26. 선고 2002도5211 판결).
2) 본범 이외의 자가 본범이 절취한 차량이라는 정을 알면서 본범의 강도행위를 위해 그 차량을 운전해 준 경우, 강도예비죄와 아울러 장물운반죄가 성립하는지 여부
본범자와 공동하여 장물을 운반한 경우에 본범자는 장물죄에 해당하지 않으나 그 외의 자의 행위는 장물운반죄를 구성하므로, 피고인이 본범이 절취한 차량이라는 정을 알면서도 본범 등으로부터 그들이 위 차량을 이용하여 강도를 하려 함에 있어 차량을 운전해 달라는 부탁을 받고 위 차량을 운전해 준 경우, 피고인은 강도예비와 아울러 장물운반의 고의를 가지고 위와 같은 행위를 하였다고 봄이 상당하다(대법원 1999.3.26. 선고 98도3030 판결).
3) 형법 제48조 제1항 제1호의 "범죄행위에 제공한 물건"의 의미 및 대형할인매장에서 수회 상품을 절취하여 자신의 승용차에 싣고 간 경우, 위 승용차를 형법 제48조 제1항 제1호에 정한 범죄행위에 제공한 물건으로 보아 몰수할 수 있는지 여부
형법 제48조 제1항 제1호의 "범죄행위에 제공한 물건"이라 함은, 가령 살인행위에 사용한 칼 등 범죄의 실행행위 자체에 사용한 물건에만 한정되는 것이 아니며, 실행행위의 착수 전의 행위 또는 실행행위의 종료 후의 행위

에 사용한 물건이더라도 그것이 범죄행위의 수행에 실질적으로 기여하였다고 인정되는 한 위 법조 소정의 제공된 물건에 포함된다고 볼 것이다. 이 사건의 경우, 피고인은 대형할인매장을 1회 방문하여 범행을 할 때마다 1~6개 품목의 수십만 원어치 상품을 절취하여 이를 자신의 소나타 승용차(증 제1호)에 싣고 갔고, 그 물품의 부피도 전기밥솥 · 해머드릴 · 소파커버 · 진공포장기 · 안마기 · 전화기 · DVD플레이어 등 상당한 크기의 것이어서 대중교통수단을 타고 운반하기에 곤란한 수준이었으므로, 이 사건 승용차는 단순히 범행장소에 도착하는데 사용한 교통수단을 넘어서 이 사건 장물의 운반에 사용한 자동차라고 보아야 할 것이며, 따라서 형법 제48조 제1항 제1호 소정의 범죄행위에 제공한 물건이라고 볼 수 있다. 같은 취지에서 원심이, 증 제1호는 이 사건 범행에 제공된 것이 분명하다고 판단하여 이를 몰수한 제1심판결을 그대로 유지한 조치는 옳고, 거기에 몰수에 관한 법리를 오해한 위법이 있다고 할 수 없다(대법원 2006.9.14. 선고 2006도4075 판결).

사례연습

甲과 乙은 1991.3.경부터 불륜관계를 맺어오고 있었는데, 乙의 남편인 丙이 눈치 채자 甲과 乙은 우연히 丙이 주거하는 가옥에 화재가 발생한 것으로 위장하여 丙을 살해하고 丙이 가입한 생명보험금을 타낼 목적으로, 1994.4.18. 01:30에 乙이 몰래 대문을 열어놓으면 甲이 들어가 丙을 포박한 후 02:00경 丙의 집에 불을 지르고 乙은 화재를 간신히 피하여 살아난 것으로 공모하였다. 甲은 범행에 필요한 등산용 칼과 테이프, 신나 등을 구입한 후 같은 해 4.17. 15:00경 乙과의 전화통화로 범행계획을 다시 확인하였다. 그 날 저녁 퇴근한 丙은 乙에게 그 동안 폭행을 하고 의심해 온 것을 사과하면서 자식들을 봐서라도 이제는 서로 재미있게 살아보자고 간청했다. 이에 乙도 그 동안 자기의 행동에 양심의 가책을 느꼈고, 丙을 살해한 후 甲의 평소 행실로 봐서 언젠가 자기도 甲으로부터 버림받을 거라는 생각도 들고, 자식들은 어떻게 될 건지 여러 가지로 불안하고 괴로운 나머지 甲과 모의한 범행계획을 丙에게 사실대로 털어놓았다.

甲과 乙의 죄책은?

[참조판례 대법원 1999.4.9. 선고 99도424 판결 ; 1991.6.25. 선고 91도436 판결 등]

기출사례

(1) 악질 사채업자 A의 빚 독촉에 시달리던 甲은 A의 주거인 W빌라 301호에 침입하여 금품을 강취하기로 마음먹고, 열쇠제작업자 乙에게 자신의 범행계획을 얘기하면서 위 301호 현관문을 열 수 있는 만능열쇠를 만들어 달라고 부탁하였다. 乙은 이를 승낙한 후 만능열쇠를 제작하여 甲에게 전달하려던 중 자신이 집행유예기간 중에 있어 이 사실이 발각될 경우 무거운 처벌을 받겠다는 생각이 들어 甲에게 만능열쇠를 만들어 주지 않겠다고 말했다.

1. 사실관계 (1)에서 乙의 죄책을 논하시오. (10점)

[2015년도 시행 제57회 사법시험 제1문 중 일부]

제2절 미수범 일반이론

제1항 미수(Versuch)범의 개념

미수범이란 실행행위에 착수하여 그 행위를 종료하지 못한 경우, 또는 행위는 종료하였으나 결과가 발생하지 아니한 경우의 범죄유형을 말한다.

제2항 미수범의 체계

Ⅰ. 착수미수(실행행위 미종료미수)와 실행미수(실행행위 종료미수)

착수미수는 행위자가 자신의 범행계획으로 필요하다고 인정한 일련의 행위 중에서 일부는 행하였으나 나머지 잔여행위를 완수하지 않아 또는 완수하지 못하여 미수가 된 경우의 범죄형태이며, 실행미수는 범죄완성에 필요하다고 생각한 모든 행위를 수행하였으나 외부적 사정으로 결과가 발생하지 아니하였거나 또는 결과의 발생을 방지함으로써 미수가 된 경우의 범죄형태이다.

미수범을 착수미수와 실행미수로 나누는 실익은 중지미수에 있어 객관적 성립요건에 차이가 있기 때문이다. 즉 착수중지미수는 범행 계속을 포기하는 부작위로서의 실행행위 중지, 행위의 종국적 포기, 결과불발생을 그 객관적 성립요건으로 함에 반하여, 실행중지미수는 결과방지, 결과 불발생 및 양자 간의 인과관계를 그 객관적 성립요건으로 한다.[1]

Ⅱ. 형법상 미수범의 체계

형법 제25조 (미수범) ① 범죄의 실행에 착수하여 행위를 종료하지 못하였거나 결과가 발생하지 아니한 때에는 미수범으로 처벌한다.
② 미수범의 형은 기수범보다 감경할 수 있다.
제26조 (중지범) 범인이 자의로 실행에 착수한 행위를 중지하거나 그 행위로 인한 결과의 발생을 방지한 때에는 형을 감경 또는 면제한다.
제27조 (불능범) 실행의 수단 또는 대상의 착오로 인하여 결과의 발생이 불가능하더라도 위험성이 있는 때에는 처벌한다. 단 형을 감경 또는 면제할 수 있다.

---

1) 후술하는 「중지미수」의 '착수중지미수와 실행중지미수의 구별 기준' 참조.

1. 제1설

미수범의 체계를 이분화하여 협의의 장애미수(제25조) · 불능미수(제27조)를 포괄하는 광의의 장애미수와, 중지미수(제26조)로 구성하는 견해이다.[2)]

2. 제2설

장애미수 · 불능미수 · 중지미수를 각각 독립된 형태로서의 미수로 구성하는 견해이다.[3)] 이 견해에 의하면 행위의 성질상 결과발생이 가능했음에도 인과과정상의 장애 내지 이상으로 미수에 그친 경우, 즉 착수나 행위종료후에 발생된 사유로 행위자의 의사에 반하여 결과가 불발생한 경우의 미수형태가 장애미수이며, 불능미수란 실행의 수단이나 대상의 착오로 인하여 행위의 성질상 결과발생이 불가능하여 사물논리상 처음부터 결과가 발생할 수 없더라도 행위의 위험성으로 인하여 그 가벌성이 인정되는 범죄형태이다. 또한 자의성이라는 책임감경요소를 내포하고 있는 미수형태가 중지미수이다.[4)]

3. 사견

형법 제25조 제1항은 "범죄의 실행에 착수하여 행위를 종료하지 못하였거나 결과가 발생하지 아니한 때에는 미수범으로 처벌한다"라고 하여 미수범에 관한 일반적인 규정을 두고 있으며, 이에 대한 법률효과로서 제2항에 미수범의 처벌을 임의적 감경으로 규정하고 있다. 즉 미수범이 성립되기 위해서는 범죄실행의 착수와 실행에 착수한 행위의 미종료[5)] 또는 현실적인 결과불발생을 그 요건으로 하고 있다. 따라서 어떤 형태의 미수범이건 미수범의 성립 여부에 대한 판단[6)]의 첫 번째 단계인 구성요건해당성 판단에 있어서는 주관적 불법구성요건표지로서 고의가 존재해야 하며, 객관적 불법구성요건표지로서 고의에 기한 실행착수 및 결과불발생이라는 표지가 존재해야 한다.

형법이론과 판례는 제25조의 미수범 형태를 장애미수 또는 장애미수범이라는 용어로 사용하고 있는데, 제25조의 미수범을 장애미수범이라고 하면 중지미수범이 아닌 미수범 형태를 통칭하는 개념이 되어 불능미수범이 장애미수범의 한 형태로 포섭됨으로써 불능미수범의 독자성이 결여된다는 점

2) 제27조는 제25조의 장애미수의 일종으로, 제25조는 장애미수의 일반적인 경우이고 제27조는 실행의 수단 또는 대상의 흠결에 의하여 자의에 의하지 아니하고 범죄를 완성하지 못한 흠결미수라고 해석하는 견해도 있다.

3) 다수견해.

4) 세 가지 미수형태 모두 행위반가치의 측면에서는 동일하나 결과반가치의 측면에서는 장애미수는 법익위태화, 불능미수는 법익평온상태의 교란의 정도라고 보는 견해도 있다.

5) '행위를 종료하지 못하였거나'는 범행단계로서 기수 이후 시점인 종료를 인정하는 것과 같은 표현이므로 '행위를 마치지 못하였거나'로 하는 것이 타당하다는 견해로, 박상기, 형법개정법률안(1992년) 및 제안이유서에 대한 비판과 대안 - 1992년 한국형사법학회 춘계학술회의 심의자료.

6) 논리적으로 보면 미수범의 성립 여부를 논하기 전에 제29조가 '미수범을 처벌할 죄는 각 본조에 정한다'라고 규정하고 있으므로 미수행위를 처벌하는 규정이 있느냐를 먼저 검토해야 할 것이다. 즉 미수범처벌 규정이 없다면 아예 그 성립 여부를 논할 필요가 없다는 것이 죄형법정주의의 요청이다. 그러나 예를 들어 고의에 의한 기수범이나 과실범을 해석학적으로 논할 때 그 처벌규정이 있다는 것을 전제로 한다는 점에서 미수범의 성립 여부와 가벌성에 대한 판단도 그 처벌규정이 있음을 전제로 하고 있다.

에서 제25조는 미수범의 일반적인 형태를 규정하고 있는 단순미수범이다.[7] 또한 제25조의 표제가 제26조의 중지범이나 제27조의 불능범과는 달리 장애범으로 표현하고 있지 않을 뿐만 아니라, 형식적인 표제가 아니라 조문의 실질적인 내용으로부터 규범성이 나온다 하더라도 제25조의 법적 성격에서 장애미수범이라는 규범성이 도출되지는 않는다.

미수범의 체계와 관련된 논의는[8] 위에서 본 바와 같이 불능미수범을 제25조의 장애미수범의 일종으로 보아 미수범의 체계를 중지미수범과 (광의의) 장애미수범으로 나누는 견해와, 불능미수범의 독자성을 인정하여 장애미수범, 중지미수범, 불능미수범으로 나누는 견해로 대별할 수 있다. 이러한 견해의 대립은 행위미종료 또는 결과불발생을 요건을 구비한 미수가 형법상 어느 미수범의 형태에 해당하는가에 대한 논리판단과 더불어 불능미수범의 독자적인 법적 성격을 인정하느냐에 귀착되는 것으로, 불능미수범의 핵심적 표지가 "위험성"이라는 표지가 아니라는 논증을 위해서도 검토해 볼 필요가 있다.

형법은 제25조 제1항이 규정하고 있는 일반적인 미수범의 형태 중에서도 미수범의 객관적 불법구성요건표지인 결과불발생의 원인이 어디에 있느냐에 따라 특수한 미수범의 형태로 제26조에 중지미수범과 제27조에 불능미수범을 규정해 두고 있다. 즉 제25조는 문언상으로 보면 모든 형태의 미수범에 공통되는 요건을 규정하고 있기 때문에 중지미수범과 불능미수범 모두에 관련되는 포괄적인 규정이라고 볼 수 있다. 그러나 제26조가 중지미수범을, 제27조가 불능미수범을 각각 규정하고 있기 때문에 이들을 제외하면 제25조 제1항의 미수범에는 구성요건적 결과의 발생은 가능했지만 비자의적인 장애 때문에 미수로 된 경우만이 남게 된다.

이와 같이 제26조는 미수범의 일반적인 구성요건표지 이외에 "자의성"이라는 표지를 추가하고 있는 미수범으로, 이에 대한 법적 효과로서 "자의성"에 기한 행위미종료 또는 결과불발생을 고려하여 미수범의 처벌에 있어 가장 경한 필연적 감면으로 하고 있다. 또한 제27조는 제26조의 중지미수범에 해당하지 아니하는 미수범의 형태 중 실행의 수단 또는 대상을 범인이 착오함으로써 결과의 발생이 불가능하여 결과가 발생하지 아니한 미수범 형태를 불능미수범으로 규정하면서, 이에 대한 법적 효과로서 "위험성"이 아니라 "착오로 인한 결과발생의 불가능성"을 고려하여 미수범의 처벌에 있어 중지미수범보다는 중하면서도 일반적인 단순미수범보다는 경한 임의적 감면으로 하고 있다.

따라서 제25조 내지 제27조는 미수범에 공통되는 객관적 불법구성요건표지인 행위미종료 또는 결과불발생을 요건으로 하는 단순미수범을 기본적 구성요건으로 하면서 행위미종료 또는 결과불발생의 원인표지에 따라 특별구성요건으로 중지미수범, 불능미수범이라는 독자적인 미수범형태를 규정

7) 제25조는 미수범에 관한 일반적인 규정으로, 제25조의 법적 성격에서 보더라도 장애미수범을 규정한 것은 아니다. 다만 미수범의 여러 형태 중 제26조의 중지미수범과 제27조의 불능미수범을 제외한 나머지 미수범에 적용된다는 점에서 일반적으로 장애미수범이라는 용어를 사용하고 있고 있으나 단순미수범으로 사용하는 것이 바람직하다고 본다.

8) 형법 제정 당시 신설한 제27조의 규정이 미수범의 체계에 미치는 영향에 관한 형법시행 초기 학자들의 논술을 상세하게 소개한 문헌으로는 김종원, "형법 제27조와 미수범", 법정(1963.11), 27면 내지 29면 참조.

하고 있다. 그러므로 미수범의 형태를 중지미수범과 광의의 장애미수범의 형태로 구분하면서 다시 후자를 협의의 장애미수범과 불능미수범으로 나누는 견해는 각각 그 법적 성격에서 독자성을 가지고 따라서 본질적 내용이 다르기 때문에 유개념인 포괄의 대상이 될 수 없는 장애미수범과 불능미수범을 (광의의) 장애미수범으로 포괄하고 있다는 점에서 잘못된 체계구성이라고 여겨진다.

위와 같은 논리구성에서 본다면 실행에 착수하였으나 결과가 발생하지 아니한 사태가 미수범의 여러 형태 중 어디에 해당되느냐에 대한 법적 판단의 단계는 먼저 중지미수범의 성립요건에 해당하느냐를 판단하고, 다음으로 불능미수범의 성립요건에 해당하느냐를 판단한 다음 어디에도 해당하지 않는 경우에는 제25조 제1항의 단순미수범으로 판단하는 것이 타당하다.[9)]

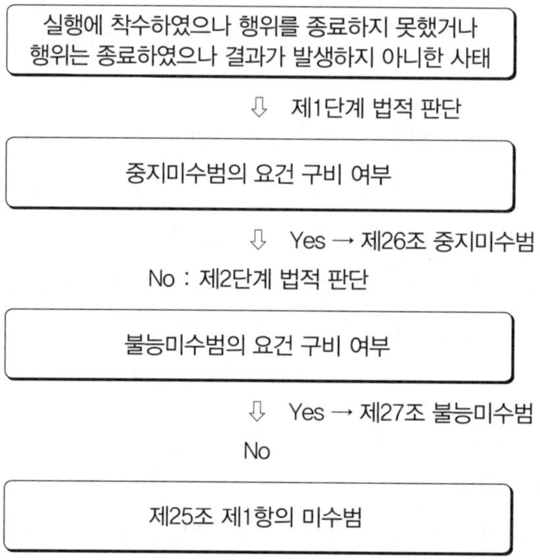

실행에 착수하였으나 행위를 종료하지 못했거나
행위는 종료하였으나 결과가 발생하지 아니한 사태

⇩ 제1단계 법적 판단

중지미수범의 요건 구비 여부

⇩ Yes → 제26조 중지미수범

No : 제2단계 법적 판단

불능미수범의 요건 구비 여부

⇩ Yes → 제27조 불능미수범

No

제25조 제1항의 미수범

---

9) 판례는 "살해의 방법으로 쥐약을 약주에 혼입하여 음복하게 한 경우에는 비록 그 결과에 있어서 음복자가 동 약을 연하(嚥下)후 즉시 구토배출함으로써 사(死)에 이르지 아니하였다 하더라도 사(死)에 대한 위험성이 있다고 인정되므로 위 사실을 살인죄의 불능미수범으로 인정한 것은 정당하다"(대법원1954.12.21. 선고 4287형상190 판결)라고 판시하였는데, 약주에 혼입된 쥐약의 종류나 그 양에 따라 수단의 성질상 현실적으로 결과발생이 불가능했느냐를 먼저 판단한 다음 불능미수범인지 장애미수범인지를 판단해야 한다. 이와 유사한 사안에서 대법원은 "피고인이 피해자를 독살하려 하였으나 동인이 토함으로써 그 목적을 이루지 못한 경우에는 피고인이 사용한 독의 양이 치사량 미달이어서 결과 발생이 불가능한 경우도 있을 것이고, 한편 형법은 장애미수와 불능미수를 구별하여 처벌하고 있으므로 원심으로서는 이 사건 독약의 치사량을 좀더 심리하여 피고인의 소위가 위 미수 중 어느 경우에 해당하는지 가렸어야 할 것이다"(1984.2.14. 선고 83도2967 판결)라고 판시하여 이를 적절히 지적하고 있다(이 사건 원심은 피고인이 남편을 살해할 것을 결의하고 배추국 그릇에 농약인 종자소독약 유제 3호 8미리리터 가량을 탄 다음 남편에게 이를 먹게 하여 동인을 살해하고자 하였으나 이를 먹던 위 피해자가 국물을 토함으로써 그 목적을 이루지 못하고 미수에 그친 사실을 인정하고 피고인에 대하여 형법 제254조, 제250조 제1항, 제25조, 제55조 등을 적용하여 처단하였다). 그러나 대법원은 "피고인이 원심 상피고인에게 피해자를 살해하라고 하면서 준 원비-디 병에 성인 남자를 죽게 하기에 족한 용량의 농약이 들어 있었고, 또 피고인이 피해자 소유 승용차의 브레이크호스를 잘라 브레이크액을 유출시켜 주된 제동기능을 완전히 상실시킴으로써 그 때문에 피해자가 그 자동차를 몰고 가다가 반대차선의 자동차와의 충돌을 피하기 위하여 브레이크 페달을 밟았으나 전혀 제동이 되지 아니하여 사이드브레이크를 잡아당김과 동시에 인도에 부딪치게 함으로써 겨우 위기를 모면하였다면 피고인의 위 행위는 어느 것이나 사망의 결과발생에 대한 위험성을 배제할 수 없다 할 것이므로 각 살인미수죄를 구성한다"(1990.7.24. 선고 90도1149 판결)라고 판시하여 구객관설의 입장에서 이를 살인죄의 불능미수범으로 판단하였는데, 이 사안은 불능미수가 아니라 장애미수로 판단해야 한다.

따라서 예컨대 행위자가 실행의 수단 또는 대상을 착오하여 결과의 발생이 불가능한 사태에 있어서도 중지미수범의 요건을 구비하였다면 중지미수범에 해당한다 할 것이다.[10]

제3항 미수범의 처벌 근거(본질론)

Ⅰ. 논의의 실익

첫째 가벌적 미수와 불가벌적 예비와의 한계설정, 둘째 불능미수의 가벌성의 문제, 셋째 미수범처벌의 정도, 넷째 중지미수에 있어 착수미수와 실행미수의 객관적 성립조건의 차이

Ⅱ. 학설의 검토[11]

1. 객관설

미수범의 처벌근거를 불법구성요건적 결과실현에 근접한 위험, 즉 구성요건에 의하여 보호된 행위객체에 대한 객관적 위험이라는 범죄의 객관적 측면(결과불법)에서 구하는 견해로, 고의 즉 범죄의사는 범죄실현 각 단계에서 동일하다는 객관주의 범죄이론의 입장에서 논하는 견해이다.

객관설에 의하면 결과발생이 없다는 점에서 미수범의 처벌은 기수범보다 필연적으로 감경되어야 하며, 또한 가벌적 불능미수범의 범위가 상대적으로 축소된다.

1) 구객관설(추상적 객관설)

미수범의 가벌근거를 행위객체에 대한 추상적 위험에 있다고 보는 견해이다.

2) 신객관설(구체적 객관설)

미수범의 가벌근거를 행위객체에 대한 구체적 위험(구체적인 법익침해 내지 위태화)으로 보는 견해이다.

10) 자세한 내용은 「중지미수」 참조.

11) 뒤에서 설명하는 불능미수에 있어서의 위험성 판단에 대한 학설과 관련되는 것으로, 어느 견해를 취하든 양자의 논리는 일관성을 유지해야 한다.

2. 주관설

미수범의 처벌근거를 행위자의사에 의해 나타난 행위불법, 즉 구성요건적 행위를 통해 나타난 법적대적 의사(rechtsfeindlicher Wille)라고 하는 확인된 범죄의사에 의하여 나타난 행위반가치(주관적 측면)에서 구하는 견해로, 주관주의 범죄이론의 입장에서 논하는 견해이다.

주관설에 의하면 미수범의 처벌은 기수범의 형과 동일해야 하며, 또한 가벌적 불능미수범의 범위가 상대적으로 확대된다. 그러나 주관설에 의할 경우에는 자칫 심정형법화(心情刑法化)될 위험성이 있을 뿐만 아니라 실행의 착수시기가 선행될 우려가 있으며, 가벌적 미수범의 처벌범위가 확장됨으로써 불가벌적 예비와의 한계가 모호해질 수 있다.

3. 절충설

1) 객관적 계획설[12]

범죄의사가 행위 가운데서 분명히 표명되고, 범인의 전체범행계획에 따라 위험에 직접 돌입할 때 미수범이 성립된다고 보는 견해이다.

2) 범인설[13]

범행의 여부에 관한 결정이 이미 행하여졌다는 점, 즉 범인의 위험성에서 처벌근거를 구하는 견해이다.

3) 인상설(Eindruckstheorie)[14]

주관적인 범죄의사(행위반가치)가 객관적인 법적 평화 내지 법적 안정성을 혼란케 함(결과반가치)으로써 전체적으로 법공동체의 법질서에 대한 신뢰를 저해시키는 범죄적 인상 내지 법동요적 인상을 초래(유발)했다는 점에서 처벌근거를 구하는 견해이다.[15]

이 견해는 주관설을 기초로 하여 범죄행위가 일반인에게 준 인상이라는 객관적 표지를 결합하여 주관설에 의한 미수의 범위를 객관적 표준에 의하여 제한하고자 하는 이론이다. 즉 미수의 처벌근거를 범죄의사 라는 주관적 측면에 두면서도 그러한 법적대적 의사가 법질서의 효력과 법적 안정성에 대한 신뢰를 깨트리는 데 족할 때에만 그 가벌성이 인정된다는 것이다.

이 견해에 의하면 예비와 미수의 구별에 주관적 표지와 객관적 표지를 결합하게 되고, 범죄의사를

---

12) Bush에 의하여 주장된 이론이다.

13) P.Bockelmann, K.Engisch 등에 의하여 주장된 이론이다.

14) 독일의 다수견해.

15) 독일 형법 제22조 (Begriffsbestimmung, 개념규정) 범행에 관한 그의 표상에 따라(nach seiner Vorstellung von der Tat) 구성요건의 실현을 직접 개시한(unmittelbar absetzt) 자는 범행의 미수에 이른 것이다.

가지고 실행에 착수하였더라도 그 행위의 위험성이 없는 불능범은 불벌이며, 또한 미수범의 처벌은 기수범의 형에 비하여 임의적 감경으로 된다.

Ⅲ. 현행 형법의 입장

중대한 범죄의 미수만을 예외적으로 처벌할 뿐 아니라(제29조), 미수범의 형을 기수범의 형보다 감경할 수 있다는 점에서는 객관설의 입장을 취하고 있으며, 현실적으로 결과의 발생이 불가능한 경우(제27조) 또는 결과발생이 없는 경우(착수미수의 경우)에도 미수범으로 처벌할 뿐만 아니라 미수범의 감경을 임의적 사유로 규정함으로써 기수범의 형과 동일하게 처벌할 수 있다는 점에서는 주관설의 입장에 있다. 따라서 현행 형법의 미수범규정은 객관주의범죄이론과 주관주의범죄이론을 절충한 형태라고 볼 수 있다.

제3절 장애미수

사례연구

1. 사실관계

1) 특수절도 및 폭력행위등처벌에관한법률위반(공동주거침입)

피고인 1, 2는 각 중화인민공화국 국적의 중국인들이다.

피고인들은 대한민국에 입국한 후 체류기간을 경과하여 불법체류자로 전전하던 중 전국을 돌며 CCTV가 없거나 경비원이 없는 연립주택에서 물건을 훔치기로 하였다. 피고인들은 2009.3.17. 12:50경 태백시 ㅇㅇ동 (지번 생략)에 있는 피해자 공소외 3이 거주하는 ㅇㅇ연립 (동호수 생략)에 이르러, 피고인 2는 주변에서 망을 보고, 피고인 1은 미리 준비한 육각렌치로 출입문 시정장치를 내리쳐 손괴하고 집안으로 들어가 피해자 소유의 금반지 3돈 1개, 18k 금목걸이 7돈 1개, 현금 200,000 원, 동전 130,000 원 상당이 든 돼지저금통 1개 등을 가지고 나왔다. 피고인들은 그 외에도 위 일시경부터 2009.4.22.경까지 총 15회에 걸쳐 같은 방법으로 합계 24,494,000 원 상당의 피해자들의 재물을 가지고 나왔다. 이로써 피고인들은 공동하여 피해자들의 주거에 침입하고, 합동하여 피해자들의 재물을 절취하였다.

2) 특수절도미수 및 폭력행위등처벌에관한법률위반(공동주거침입)

피고인들은 2009.4.22. 12:00경 동해시 부곡동에 있는 피해자 공소외 1이 거주하는 미성아파트 C동 302호에 이르러, 전항 기재와 같이 육각렌치로 출입문 시정장치를 손괴한 다음 집안으로 들어가 금품을 절취하려고 하였으나, 피해자에게 발각되어 그 뜻을 이루지 못하고 미수에 그쳤다.

검사는 피고인들에 대해 형법 제331조 제2항의 특수절도죄, 제331조제2항 및 제342조의 특수절도미수죄, 폭력행위등처벌에관한법률위반(공동주거침입)죄의 경합범으로 공소제기하였다.

2. 사건의 경과

제1심 법원은 피고인들에 대한 공소사실을 모두 유죄로 인정하여 피고인들을 각 징역 1년 2월에 처하였다(춘천지방법원 강릉지원 2009.6.18. 선고 2009고단235 판결). 이에 피고인들이 양형부당을 이유로 항소하였다.

항소심 법원은 직권판단으로 "피고인들의 항소이유에 관하여 판단하기에 앞서 이 사건 공소사실 중 특수절도미수의 점에 관하여 직권으로 보건대, 이 부분 공소사실의 요지는 '피고인들은 2009.4.22. 12:00경 동해시 부곡동에 있는 피해자 공소외 1이 거주하는 ㅇㅇ아파트 (동호수 생략)에 이르러, 육각렌치로 출입문 시정장치를 손괴한 다음 집안으로 들어가 금품을 절취하려고 하였으나, 피해자에게 발각되어 그 뜻을 이루지 못하고 미수에 그쳤다.'라는 것이다. 위 범죄사실의 적용법조는 형법 제331조 제2항으로서 여기서 규정된 합동절도죄에 있어서 주거침입은 절도죄의 구성요건이 아니므로 절도범인이 그 범행수단으로 주거침입을 한 경우에 그 주거침입행위는 절도죄에 흡수되지 아니하고 별개로 주거침입죄를 구성하여 절도죄와는 실체적 경합의 관계에 있다(대법원 1986.9.9. 선고 86도1273 판결, 2008.11.27. 선고 2008도7820 판결 등 참조). 그런데 원심이 적법하게 채택하여 조사한 각 증거에 의하면, 피고인들이 합동하여 피해자 공소외 1이 거주하는 아파트의 출입문 앞에서 육각렌치로 출입문 시정장치를 손괴한 다음 위 아파트 안에 사람이 있는 지를 확인하려다 마침 귀가하던 공소외 1에게 발각되어 도주한 사실을 인정할 수 있을 뿐이므로, 피고인들은 형법 제331조 제2항에 규정된 특수절도죄의 실행에 착수한 것이라고 보기 어렵다. 따라서 피고인들에 대한 이 부분 공소사실은 범죄의 증명이 없는 경우에 해당하여 무죄를 선고하여야 할 것인데, 이와 달리 유죄로 인정한 원심판결에는 사실을 오인하여 판결에 영향을 미친 위법이 있다. 따라서 원심판결에는 위와 같은 직권파기사유가 있으므로 피고인들의 양형부당 주장에 관하여 더 나아가 판단할 필요 없이 형사소송법 제364조 제2항, 제6항에 따라 원심판결을 파기한다."라고 하면서 원심과 마찬가지로 피고인들을 각 징역 1년 2월에 처하되, 이 사건 공소사실 중 특수절도미수의 점은 각 무죄로 판단하였다(춘천지방법원 강릉지원 2009.8.28. 선고 2009노176 판결).

이에 검사가 원심판결 중 특수절도미수를 무죄로 판단한 부분에 대하여 법리오인을 이유로 상고하였다.

3. 법률적 쟁점

피고인들의 행위가 형법 제331조 제2항의 특수절도죄의 실행의 착수에 해당한다고 볼 수 있는가?

4. 적용법조

제25조 (미수범) ① 범죄의 실행에 착수하여 행위를 종료하지 못하였거나 결과가 발생하지 아니한 때에는 미수범으로 처벌한다.

② 미수범의 형은 기수범보다 감경할 수 있다.

제331조 (특수절도) ① 야간에 문호 또는 장벽 기타 건조물의 일부를 손괴하고 전조의 장소에 침입하여 타인의 재물을 절취한 자는 1년 이상 10년 이하의 징역에 처한다.

② 흉기를 휴대하거나 2인 이상이 합동하여 타인의 재물을 절취한 자도 전항의 형과 같다.

제342조 (미수범) 제329조 내지 제341조의 미수범은 처벌한다.

5. 대법원의 판단

[판시사항]

형법 제331조 제2항의 특수절도에서 절도범인이 그 범행수단으로 주거에 침입한 경우, 특수절도죄와 주거침입죄와의 죄수관계(=실체적 경합) 및 특수절도죄의 실행의 착수 시기(=물색행위시)

[판결요지]

형법 제331조 제2항의 특수절도에 있어서 주거침입은 그 구성요건이 아니므로, 절도범인이 그 범행수단으로 주거침입을 한 경우에 그 주거침입행위는 절도죄에 흡수되지 아니하고 별개로 주거침입죄를 구성하여 절도죄와는 실체적 경합의 관계에 있게 되고(대법원 2008.11.27. 선고 2008도7820 판결 참조), 2인 이상이 합동하여 야간이 아닌 주간에 절도의 목적으로 타인의 주거에 침입하였다 하여도 아직 절취할 물건의 물색행위를 시작하기 전이라면 특수절도죄의 실행에는 착수한 것으로 볼 수 없는 것이어서 그 미수죄가 성립하지 않는다(대법원 1992.9.8. 선고 92도1650, 92감도80 판결 참조). 위 법리에 비추어 보면, 원심이 주간에 피해자의 아파트 출입문 시정장치를 손괴하다가 마침 귀가하던 피해자에게 발각되어 도주한 피고인들에 대하여 형법 제331조 제2항에 정한 특수절도죄의 실행의 착수가 없었다는 이유로 무죄를 선고한 조치는 옳고, 주장과 같은 법리오해의 위법이 없다(대법원 2009.12.24. 선고 2009도9667 판결. '주간에' 아파트 출입문 시정장치를 손괴하다가 발각되어 도주한 피고인들이 특수절도미수죄로 기소된 사안에서, '실행의 착수'가 없었다는 이유로 형법 제331조 제2항의 특수절도죄의 점에 대해 무죄를 선고한 원심 판단을 수긍한 사례).

제1항 개념

형법 제25조 (미수범) ① 범죄의 실행에 착수하여 행위를 종료하지 못하였거나 결과가 발생하지 아니한 때에는 미수범으로 처벌한다.
② 미수범의 형은 기수범보다 감경할 수 있다.

장애미수란 범죄의 실행에 착수하여 그 행위를 종료하지 못하였거나(착수미수), 현실적으로 결과발생이 가능하였음에도 자의가 아닌 다른 원인 때문에 결과가 발생하지 아니한 경우(실행미수)에 성립되는 범죄형태를 말한다(제25조 제1항).

제2항 성립요건

Ⅰ. 주관적 요건

고의 내지 특별한 주관적 불법요소로, 확정적 행위실현의사(무조건적 범행의사)를 요한다는 점에서 '과실범의 미수'라는 범죄형태는 성립되지 아니하며, 또한 미수를 실현하고자 하는 이른바 '미수의 고의'라는 개념도 인정되지 않는다. 특히 '미수의 고의'와 관련하여 논의되는 것이 미수의 교사(Agent Provocateur), 함정수사이다.

Ⅱ. 객관적 요건

실행에 착수하여 행위를 종료하지 못하였거나 결과가 발생되지 않아야 한다.

1. 실행의 착수(Anfang der Ausführung)

1) 개념

1810년 Code penal 제2조에 commencement d'execution 라는 용어로 규정된 개념으로,[1] 특정한 범죄의 구성요건요소로서의 행위유형을 실현행위의 개시를 말한다. 즉 구성요건실현의 직접적 개시 내지 특정한 범죄행위로의 '결정화(結晶化)'의 진입을 의미하는 것으로, 범죄실현단계로 볼 때 범죄의사의 내부적인 결정의 단계와 구체적인 범죄행위의 외부적 표출단계의 중간영역에 위치한다.

2) 기능

미수범의 필수적 성립요건이면서(가벌요건이 아님) 미수와 예비의 구별기준이 된다.

3) 실행의 착수시기에 관한 학설

(1) 객관설

불법구성요건표지로서의 객관적인 행위를 기준으로 실행의 착수시기를 판단하는 견해이다.

가) 형식적 객관설(정형설)

실행의 착수시기를 '불법구성요건에 해당하는 행위의 일부를 실행할 때', 즉 '법률에서 기술해 놓은 불법구성요건적 행위를 시작했을 때'로 보는 견해이다.

이 견해는 실행의 착수개념을 형식적으로 구성요건의 각도에서 봄으로써 정확한 기준에 의해 정할 수 있는 장점이 있으나, 어느 단계가 실행행위의 일부이냐가 불분명하며 실행의 착수시기를 늦게 파악하는 형사정책적 결함이 있다.

나) 실질적 객관설

실행의 착수를 보다 실질적으로 고찰하고자 하는 입장에서 실행의 착수시기를 '구성요건의 실행

1) Code penal 제2조 실행의 개시(Commencement d'execution)에 의하여 표출된 모든 중죄의 미수는 행위자의 의사와 다른 사정에 의해 중단되었거나 발생하지 아니한 때에는 중죄와 같이 처벌하지 아니한다.
독일형법 제22조 [개념규정] 그 행위를 현출(顯出)하여 구성요건의 실현을 직접으로 개시한 자는 범죄행위의 미수에 그친 것이다.

행위의 전단계의 행위를 행할 때'로 보는 견해이다. 그러나 이 견해는 행위자의 독자적인 범죄계획을 알지못하는 제3자의 입장에서 실행의 착수시기를 객관적으로 확정하려는 점에서 부당하다.

(가) 밀접(행위)설(Frank 공식)

'불법구성요건해당행위와 필연적으로 관련되어 있기 때문에 자연적 지배에 의하면 그 행위의 일부분으로 보이는 행위, 즉 불법구성요건적 해당행위와 밀접합 관련이 있는 거동이 있을 때'를 실행의 착수시기로 보는 견해이다.

절도죄에 있어 판례는 타인의 재물에 대한 사실상 지배를 침해하는 데 밀접한 행위가 개시된 때, 예를 들면 재물의 물색 내지 접근할 때와 같은 절취행위와 밀접한 행위시를 절도죄의 실행의 착수시기로 보고 있다.

관련판례

1) 평소 잘 아는 피해자에게 전화채권을 사주겠다고 하면서 골목기로 유인하여 돈을 절취하려고 기회를 엿본 행위만으로는 절도의 예비행위는 될지언정 행위의 방법, 태양 및 주변상황 등에 비추어 볼 때 타인의 재물에 대한 사실상 지배를 침해하는데 밀접한 행위가 개시되었다고 단정할 수 없다(대법원 1983.3.8. 선고 82도2944 판결).
2) 원심이 확정한 사실은 피고인이 고속버스 안에서 금품을 절취하기 위하여 그 버스 선반위에 올려놓은 피해자의 007 손가방을 왼손에 신문용지를 들고 위 가방을 가리며 오른손으로 열었으나 위 고속버스터미날의 보안원에게 발각되어 그 뜻을 이루지 못하고 미수에 그쳤다는 것이니 소론과 같이 007가방의 한쪽 걸쇠만 열었다 하여도 절도범행의 실행에 착수하였다 할 것이므로 원심이 이를 절도미수로 보았음은 정당하고 이와 반대의 견해아래 절도예비에 불과하다는 논지는 채용할 수 없다(대법원 1983.10.25. 선고 83도2432, 83감도420 판결).
3) 소매치기의 경우 피해자의 양복상의 주머니로부터 금품을 절취하려고 그 호주머니에 손을 뻗쳐 그 겉을 더듬은 때에는 절도의 범행은 예비단계를 지나 실행에 착수하였다고 봄이 상당하므로 이와 동일한 견해를 취한 원판결에 실행의 착수에 관한 법리오해의 위법이 있다고 할 수 없다(대법원 1984.12.11. 선고 84도2524 판결).
4) 노상에 세워 놓은 자동차 안에 있는 물건을 훔칠 생각으로 자동차의 유리창을 통하여 그 내부를 손전등으로 비추어 본 것에 불과하다면 비록 유리창을 따기 위해 면장갑을 끼고 있었고 칼을 소지하고 있었다 하더라도 절도의 예비행위로 볼 수는 있겠으나 타인의 재물에 대한 지배를 침해하는데 밀접한 행위를 한 것이라고는 볼 수 없어 절취행위의 착수에 이른 것이었다고 볼 수 없다(대법원 1985.4.23. 선고 85도464 판결).
5) 원심판결 이유에 의하면, 원심은 피고인이 이 사건 당시 소를 흥정하고 있는 피해자의 뒤에 접근하여 그가 들고 있던 가방으로 돈이 들어 있는 피해자의 하의 왼쪽 주머니를 스치면서 지나간 사실을 인정하고 있는바 일건기록에 비추어 볼 때 위 인정은 정당하며 거기에 채증법칙을 위배한 허물이 있다고 할 수 없고, 이어 원심이 이와 같은 피고인의 행위에 대하여 이는 단지 피해자의 주의력을 흐트려 주머니속에 들은 금원을 절취하기 위한 예비단계의 행위에 불과한 것이고 이로써 실행의 착수에 이른 것이라고는 볼 수 없다고 판단한 조치 또한 정당하며 거기에 실행의 착수에 관한 법리를 오해한 위법이 있다고도 할 수 없다(대법원 1986.11.11. 선고 86도1109, 86감도143 판결).
6) 피고인이 원심판시와 같이 피해자의 집 부엌문에 시정되어 있는 열쇠고리의 장식을 소지한 뿌라이야 등으로 뜯은 행위를 한 것만으로는 절도죄의 실행행위에 착수하였다고 볼 수 없고 달리 그 실행행위에 착수하였다고 인정할 만한 증거가 없으므로, 원심이 같은 이유에서 위 절도미수의 공소 사실에 대하여 무죄를 선고한 조치는 정당

하며 소론과 같은 채증법칙위반이나 법리오해의 위법이 없다(대법원 1989.2.28. 선고 88도1165 판결).

7) 절도죄의 실행의 착수시기는 재물에 대한 타인의 사실상의 지배를 침해하는 데에 밀접한 행위를 개시한 때라고 보아야 하므로, 야간이 아닌 주간에 절도의 목적으로 타인의 주거에 침입하였다고 하여도 아직 절취할 물건의 물색행위를 시작하기 전이라면 주거침입죄만 성립할 뿐 절도죄의 실행에 착수한 것으로 볼 수 없는 것이어서 절도미수죄는 성립하지 않는다. 이 사건에서 원심이 인정한 피고인의 범죄사실 및 감호청구원인사실 중 피고인의 범행내용은 피고인이 1991.12.18. 11:20경 금품을 절취할 의도로 피해자의 집에 침입하여 계단을 통해 그 집 3층으로 올라갔다가 마침 2층에서 3층 옥상에 빨래를 널기 위하여 올라가던 피해자를 만나자 사람을 찾는 것처럼 가장하여 피해자에게 최○○라는 사람이 사느냐고 물어 피해자가 없다고 대답하자 알았다며 계단으로 내려갔다가 피해자가 옥상에 올라가 빨래를 널고 있는 틈을 이용하여 그 집 2층 부엌을 통해 방으로 들어가 절취할 금품을 물색 중 옥상에서 내려온 피해자에게 발각되어 그 뜻을 이루지 못하고 미수에 그쳤다는 것이다. 그러나 기록에 의하면 피고인은 방안에 들어간 사실조차 극구 부인하고 있는바, 원심이 증거로 채용한 피해자의 1심 증언에 의하면 피해자가 옥상에 빨래를 널고 2층으로 내려와 방으로 통하는 부엌 앞에 이르렀을 때에 피고인이 신발을 신은 채 방안에서 뛰어 나오는 것을 보았다는 것이어서 피고인이 방안에 침입한 것은 인정되나, 방안에 들어가 절취할 물건의 물색행위에까지 나간 것인지의 여부는 분명하지 않다. 피고인이 방안에 들어간 때로부터 피해자에게 발각될 때까지 물색행위를 할 만한 충분한 시간이 경과하였다면 절도목적으로 침입한 이상 물색행위를 하였을 것으로 보아도 무방하지만, 그럴만한 시간적 여유가 없었다면 피고인이 방안에서 뛰어 나온 것만 가지고 절취할 물건을 물색하다가 뛰어 나온 것으로 단정할 수는 없을 것이다. 원심이 이 점에 관하여 좀더 밝혀보지 않은 채 위 증인의 증언만으로 만연히 피고인이 절취할 금품을 물색 중 발각되어 미수에 그친 것으로 인정한 것은 증거의 가치판단을 그르치고 심리를 다하지 아니하여 판결에 영향을 미친 위법을 저지른 것으로서 이 점에 관한 논지는 이유 있다(대법원 1992.9.8. 선고 92도1650, 92감도80 판결).

8) 원심은, 피고인 겸 피감호청구인(다음부터 '피고인'이라고 한다)은 1988.7.7. 수원지방법원에서 절도미수죄 등으로 징역 8월을, 1990.2.26. 인천지방법원에서 주거침입죄로 징역 8월을, 1994.6.17. 인천지방법원에서 절도죄로 징역 6월을, 1996.2.2. 인천지방법원 부천지원에서 특정범죄가중처벌등에관한법률위반(절도)죄로 징역 1년 6월을, 2000.7.25. 인천지방법원에서 같은 죄 등으로 징역 1년 6월을 선고받고 2001.12.17. 그 형의 집행을 마친 사람으로서, 2002.8.21. 18:30 무렵 구리시 수택동(이하 생략) 다세대주택 2층에 있는 피해자의 집에 재물을 훔치기 위하여 열려있는 현관문을 통하여 방 안에 들어가 뒤지던 중 집안으로 들어오던 피해자에게 발각되자 체포를 면탈할 목적으로 피해자를 밀어 1층 난간으로 떨어뜨리고, 다시 피해자가 일어나 피고인의 목덜미를 붙잡자 주먹으로 피해자의 얼굴을 1회 때려 피해자에게 6주간의 치료가 필요한 우측요골골두골절상 등을 가하였고 재범의 위험성이 있다는 요지의 이 사건 주위적 공소사실 및 감호청구원인사실에 대하여, 피고인을 징역 1년 9월 및 보호감호에 처한 제1심판결을 파기하고, 피고인이 피해자의 집에 들어가 재물을 물색하기 시작하였다고 인정하기에 부족하고 달리 절도범행의 실행에 착수하였다고 인정할 증거가 없으므로 범죄의 증명이 없는 경우에 해당한다고 하여 주위적 공소사실을 무죄로 판단하면서 보호감호청구도 기각하였다. 그러나 피고인이 절도범행의 실행에 착수하지 아니하였다는 원심의 판단은 다음과 같은 이유로 받아들일 수 없다. 야간이 아닌 주간에 절도의 목적으로 다른 사람의 주거에 침입하여 절취할 재물의 물색행위를 시작하는 등 그에 대한 사실상의 지배를 침해하는 데에 밀접한 행위를 개시하면 절도죄의 실행에 착수한 것으로 보아야 한다. 이 사건에서 보면, 피고인은 범행 당일 피해자가 빨래를 걷으러 옥상으로 올라 간 사이에 피해자의 다세대주택에 절취할 재물을 찾으려고 신발을 신은 채 거실을 통하여 안방으로 들어가 여기저기를 둘러보고는 절취할 재물을 찾지 못하고 다시 거실로 나와서 두리번거리고 있다가 피해자가 현관문을 통하여 거실로 들어가다가 마주치게 된 사실을 인정할 수 있다. 이와 같이 피고인이 방 안으로 들어가다가 곧바로 피해자에게 발각되어 물색행위 등을 할 만한 시간적 여유가

없었던 경우가 아니고 피고인이 방 안까지 들어갔다가 절취할 재물을 찾지 못하고 거실로 돌아 나온 경우라면 피고인이 절도의 목적으로 침입한 이상 물색행위를 하는 등 재물에 대한 피해자의 사실상의 지배를 침해하는 데 밀접한 행위를 하였던 것으로 보아야 한다. 그럼에도 불구하고, 원심이 이와 달리 주위적 공소사실인 강도상해의 점에 대하여 피고인이 절도의 실행행위에 착수하지 아니하였다는 이유로 무죄로 판단하는 한편 그에 따라서 보호감호청구를 기각한 것은 형법 제335조에 정하여진 절도의 해석 · 적용을 그르쳐 판결에 영향을 미친 잘못을 저지른 것이다. 그러므로 원심판결을 모두 파기하고, 사건을 원심법원에 환송한다(대법원 2003.6.24. 선고 2003도1985, 2003감도26 판결).

9) 피고인이 야간에 소지하고 있던 손전등과 박스 포장용 노끈을 이용하여 도로에 주차된 차량의 문을 열고 그 안에 들어있는 현금 등을 절취할 것을 마음먹고 이 사건 승합차량의 문이 잠겨 있는지 확인하기 위해 양손으로 운전석 문의 손잡이를 잡고 열려고 하던 중 경찰관에게 발각된 사실이 인정되는데, 이러한 행위는 승합차량 내의 재물을 절취할 목적으로 승합차량 내에 침입하려는 행위에 착수한 것으로 볼 수 있고, 그로써 차량 내에 있는 재물에 대한 피해자의 사실상의 지배를 침해하는 데에 밀접한 행위가 개시된 것으로 보아 절도죄의 실행에 착수한 것으로 봄이 상당하다(대법원 2009.9.24. 선고 2009도5595 판결).

10) 형법 제331조 제2항의 특수절도에 있어서 주거침입은 그 구성요건이 아니므로, 절도범인이 그 범행수단으로 주거침입을 한 경우에 그 주거침입행위는 절도죄에 흡수되지 아니하고 별개로 주거침입죄를 구성하여 절도죄와는 실체적 경합의 관계에 있게 되고(대법원 2008.11.27. 선고 2008도7820 판결 참조), 2인 이상이 합동하여 야간이 아닌 주간에 절도의 목적으로 타인의 주거에 침입하였다 하여도 아직 절취할 물건의 물색행위를 시작하기 전이라면 특수절도죄의 실행에는 착수한 것으로 볼 수 없는 것이어서 그 미수죄가 성립하지 않는다(대법원 1992.9.8. 선고 92도1650, 92감도80 판결 참조). 위 법리에 비추어 보면, 원심이 주간에 피해자의 아파트 출입문 시정장치를 손괴하다가 마침 귀가하던 피해자에게 발각되어 도주한 피고인들에 대하여 형법 제331조 제2항에 정한 특수절도죄의 실행의 착수가 없었다는 이유로 무죄를 선고한 조치는 옳고, 주장과 같은 법리오해의 위법이 없다(대법원 2009.12.24. 선고 2009도9667 판결).

11) 유가증권위조죄의 공범 사이에서의 위조유가증권 교부행위가 위조유가증권행사죄에 해당하는지 여부(소극)
위조유가증권행사죄의 처벌목적은 유가증권의 유통질서를 보호하는 데 있는 만큼 단순히 문서의 신용성을 보호하고자 하는 위조공 · 사문서행사죄의 경우와는 달리 교부자가 진정 또는 진실한 유가증권인 것처럼 위조유가증권을 행사하였을 때뿐만 아니라 위조유가증권임을 알고 있는 자에게 교부하였더라도 피교부자가 이를 유통시킬 것임을 인식하고 교부하였다면, 그 교부행위 그 자체가 유가증권의 유통질서를 해할 우려가 있어 처벌의 이유와 필요성이 충분히 있으므로 위조유가증권행사죄가 성립한다고 보아야 할 것이지만, 위조유가증권의 교부자와 피교부자가 서로 유가증권위조를 공모하였거나 위조유가증권을 타에 행사하여 그 이익을 나누어 가질 것을 공모한 공범의 관계에 있다면, 그들 사이의 위조유가증권 교부행위는 그들 이외의 자에게 행사함으로써 범죄를 실현하기 위한 전단계의 행위에 불과한 것으로서 위조유가증권은 아직 범인들의 수중에 있다고 볼 것이지 행사되었다고 볼 수는 없다. 피고인과 갑은 갑이 피고인으로부터 1,500만 원을 차용하는 것처럼 가장하기로 공모한 다음, 피고인이 위조된 100만 원권 자기앞수표 14장 외에 10만 원권 수표 10장이 들어 있는 봉투를 을을 통해 공범 갑과 그 위조사실을 모르는 병이 함께 있는 자리에서 갑에게 교부하자, 갑은 그 자리에서 자신의 연인 병을 보증인으로 하는 차용증을 작성하여 을에게 주었는데, 이때 갑은 봉투에서 10만 원권 수표 10장을 꺼내어 병에게 보여 주었으나 위조된 100만 원권 자기앞수표는 봉투에서 꺼내거나 병에게 보여 주지도 않은 사안에서, 을이나 갑이 위조된 자기앞수표를 병에게 제시하는 등으로 이를 인식하게 하였다고 할 수 없어 이들이 위 봉투를 병의 면전에서 주고받은 행위를 위조된 자기앞수표를 행사한 경우에 해당한다고 볼 수 없다(대법원 2010.12.9. 선고 2010도12553 판결).

(나) 순실질적 객관설(위험한 법익 침해의 공식)

'형법에 의해 보호되는 법익침해의 직접적인 위협을 가하는 행위, 즉 보호법익에 대한 직접적 위험 내지 법익침해에 밀접한 행위가 있을 때'를 실행의 착수시기로 보는 견해이다.

관련판례

[판시사항]

타인의 사망을 보험사고로 하는 생명보험계약을 체결할 때 제3자가 피보험자인 것처럼 가장하여 체결하는 등으로 그 유효요건이 갖추어지지 못한 경우, 보험계약을 체결한 행위만으로 보험금 편취를 위한 기망행위의 실행에 착수한 것으로 볼 수 있는지 여부, 정범의 실행의 착수 이전에 장래의 실행행위를 예상하고 이를 용이하게 하기 위하여 방조한 경우, 종범이 성립하는지 여부

[판결요지]

타인의 사망을 보험사고로 하는 생명보험계약을 체결함에 있어 제3자가 피보험자인 것처럼 가장하여 체결하는 등으로 그 유효요건이 갖추어지지 못한 경우에도, 보험계약 체결 당시에 이미 보험사고가 발생하였음에도 이를 숨겼다거나 보험사고의 구체적 발생 가능성을 예견할 만한 사정을 인식하고 있었던 경우 또는 고의로 보험사고를 일으키려는 의도를 가지고 보험계약을 체결한 경우와 같이 보험사고의 우연성과 같은 보험의 본질을 해칠 정도라고 볼 수 있는 특별한 사정이 없는 한, 그와 같이 하자 있는 보험계약을 체결한 행위만으로는 미필적으로라도 보험금을 편취하려는 의사에 의한 기망행위의 실행에 착수한 것으로 볼 것은 아니다. 그러므로 그와 같이 기망행위의 실행의 착수로 인정할 수 없는 경우에 피보험자 본인임을 가장하는 등으로 보험계약을 체결한 행위는 단지 장차의 보험금 편취를 위한 예비행위에 지나지 않는다.

한편 종범은 정범이 실행행위에 착수하여 범행을 하는 과정에서 이를 방조한 경우뿐 아니라, 정범의 실행의 착수 이전에 장래의 실행행위를 미필적으로나마 예상하고 이를 용이하게 하기 위하여 방조한 경우에도 그 후 정범이 실행행위에 나아갔다면 성립할 수 있다(대법원 2013.11.14. 선고 2013도7494 판결. 피고인은 공범의 부탁을 받고 그 공범의 배우자인 것처럼 가장하여 그 배우자 명의로 3개의 생명보험계약을 체결한 다음 그 이후로는 아무런 관여를 하지 않았는데, 그 공범은 배우자가 살해되어 살인교사로 기소되었다가 무죄판결을 받은 후 보험회사에 보험금을 청구하여 8억 원의 보험금을 지급받았고, 피고인은 위 공범의 보험사기 범행의 공동정범으로 기소되었음. 원심은 피고인을 공범의 보험사기에 대한 공동정범으로 인정하였으나, 대법원은 피고인이 보험계약 체결에 관여한 사실은 알 수 있으나, 나아가 그 보험계약 체결 당시 피고인의 보험계약 체결행위 자체로 보험사고의 우연성 등 보험의 본질을 해칠 정도에 이른 것으로 볼 수 있는 특별한 사정을 인정할 만한 자료는 발견할 수 없고, 그 후 공범의 보험금 청구에 가담하였다는 점을 인정할 만한 증거도 없으므로, 피고인의 행위는 보험금 편취를 위한 예비행위에 불과하여 위 공범의 사기범행에 대한 종범으로 인정될 여지가 있을 뿐이라는 이유로 원심을 파기한 사안).

(2) 주관설

행위자의 범죄의사를 기준으로 실행의 착수시기를 확정하려는 견해이다. 따라서 이 견해에 의하면 실행의 착수시기는 '범죄적 의사가 그 수행적 행위로 인하여 확실히 인식될 수 있는 상태에 도달한 때' 또는 '계획된 범죄를 실행하려는 행위자의 주관적 의사가 구체적인 행위로 표출될 때'이다.[2]

2) 주관설을 주장하는 학자들 중에도 구체적인 실행의 착수시기에 대해서는 '범죄의사의 비약적 표동(表動)이 있을 때' 라고 보는 견해, '행위자의 범죄의사가 이의(二義)를 불허하고 취소가 불가능하리만큼 확실성을 보이는 행위가 있을 때' 라고 보

이와 같이 행위자의 범죄의사를 기준으로 실행의 착수시기를 판단할 경우에는 형사정책적인 면에서는 장점이 있으나, 주관적 의사에 기초하고 있으므로 심리학적 고찰이 필요하며 미수범의 성립범위가 지나치게 확대될 우려가 있다.

(3) 절충설(주관적 객관설, 개별적 객관설, 혼합설)

'범인의 주관적인 범행의 전체적인 계획에 비추어(주관적 기준) 범행이 개개 구성요건의 보호객체에 대한 직접적인 위험에 이르렀을 때(객관적 기준)'를 실행의 착수로 보는 견해이다.[3)]

이 견해는 실행의 착수시기의 기준을 형법상 보호법익에 대한 침해의 직접적인 위험성있는 행위에 두면서도 그에 대한 판단은 행위자의 전체적 범죄계획을 고려한 의사에 의해 결정하려는 입장이다.

4) 실행의 착수시기판단의 구체적 척도

(1) 직접성

구성요건실현을 위한 직접적인 개시, 즉 다른 중간단계의 행위가 더이상 필요하지 않는 상태이어야 한다.

(2) 위태화

다른 중간행위가 없이도 당해 법익의 구성요건해당적 위태화를 초래하기에 적합한 정도이어야 한다.

(3) 실행의 착수 여부는 제3자의 객관적 관점에서의 판단이 아닌 범인의 전체적 범행계획에 의한 판단이어야 한다.

5) 실행의 착수시기에 관한 개별적 고찰

(1) 공동정범

공동정범자의 전체행위를 기초로 종합하여 판단, 즉 '공동정범자 또는 공모자 중의 1인(일부)이 전체 공동행위계획에 의해 행위를 직접적으로 개시할 때' 를 전체 공범행위의 실행의 착수시기로 보아

는 견해, 또는 '자기의 행위가 사물의 자연적 경과에 의하면 범죄를 실현할 가능서이 있음을 인식하고 그 행위에 나온 때' 라고 이해하는 견해 등이 다양하게 전개되고 있다. 간첩죄의 실행착수시기와 관련하여 대법원은 '간첩행위를 행할 목적으로 남한에 침입한 때' 라고 판시한 바 있다.

3) 절충설을 객관적 절충설과 주관적 절충설로 나누는 견해도 있다. 즉 절충설 중에서도 행위의 객관적인 면에 중점을 두는 객관적 절충설은 실행의 착수시기를 '행위자가 자기계획에 의하면 직접적으로 범죄구성요건의 실현에로 시작하는 활동이 있을 때' 라고 보며, 행위의 주관적인 면에 중점을 두는 주관적 절충설은 '범죄의사가 행위자의 전체계획에 의하면 직접으로 당해 구성요건의 보호객체의 위태화로 인도하는 행위 속에 명백히 나타난 때' 라고 한다.

야 할 것이다.

(2) 간접정범

간접정범의 실행의 착수시기에 대해서는 '이용자가 피이용자를 이용하기 시작한 때' 라고 보는 견해[4], '피이용자의 실행행위가 있는 때' 라고 보는 견해, '피이용자가 선의의 도구였느냐, 악의의 도구였느냐' 에 의해 구별하고자 하는 견해[5], '피이용자의 행위가 이용자의 행위권을 벗어나 진행되기 시작한 때' 라고 보는 견해 등 다양한 견해들이 대립되고 있다.

(3) 부작위범

진정부작위범은 거동범이므로 실행의 착수가 문제되지 않기 때문에 부진정부작위범에서만 문제된다.

(4) 결합범

수개의 상이한 불법구성요해당행위가 결합하여 하나의 범죄를 구성하는 결합범의 실행착수시기에 대해서는 '결합된 구성요건중의 일부분에 대한 실행을 개시하는 때'로 보는 견해와, '범죄전체를 고려하여 보호법익의 침해에 대한 직접적인 위험의 발생 내지 결정적인 증대가 있는 때'라고 보는 견해가 있다. 전자의 견해에 의하면 예를 들어 강도강간죄(제339조)의 경우, 실행의 착수시기는 강도행위의 착수시이며 전체 강도강간죄의 미 · 기수는 강도행위의 미 · 기수 여부와는 관계없이 강간의 미 · 기수 여하에 따라 결정된다.[6]

형법 제339조 (강도강간) 강도가 사람을 강간한 때에는 무기 또는 10년 이상의 징역에 처한다.

성폭력범죄의 처벌 등에 관한 특례법 제3조 (특수강도강간 등) ① 형법 제319조제1항(주거침입), 제330조(야간주거침입절도), 제331조(특수절도) 또는 제342조(미수범. 다만, 제330조 및 제331조의 미수범으로 한정한다)의 죄를 범한 사람이 같은 법 제297조(강간), 제297조의2(유사강간), 제298조(강제추행) 및 제299조(준강간, 준강제추행)의 죄를 범한 경우에는 무기징역 또는 5년 이상의 징역에 처한다.
② 형법 제334조(특수강도) 또는 제342조(미수범. 다만, 제334조의 미수범으로 한정한다)의 죄를 범한 사람이 같은 법 제297조(강간), 제297조의2(유사강간), 제298조(강제추행) 및 제299조(준강간, 준강제추행)의 죄를 범한 경우에는 사형, 무기징역 또는 10년 이상의 징역에 처한다.

---

4) 다수 견해.

5) 독일의 다수설과 판례의 입장.

6) 야간에 타인의 재물을 절취할 목적으로 사람의 주거에 침입한 경우에는 주거에 침입한 행위의 단계에서 이미 형법 제330조에서 규정한 야간주거침입절도죄라는 범죄행위의 실행에 착수한 것이라고 볼 것이다(대법원 1984.12.26. 선고 84도2433 판결).

제4조 (특수강간 등) ① 흉기나 그 밖의 위험한 물건을 지닌 채 또는 2명 이상이 합동하여 형법 제297조(강간)의 죄를 범한 사람은 무기징역 또는 5년 이상의 징역에 처한다.
② 제1항의 방법으로 형법 제298조(강제추행)의 죄를 범한 사람은 3년 이상의 유기징역에 처한다.
③ 제1항의 방법으로 형법 제299조(준강간, 준강제추행)의 죄를 범한 사람은 제1항 또는 제2항의 예에 따라 처벌한다.

관련판례

1) 강도가 재물강취의 뜻을 재물의 부재로 이루지 못한 채 미수에 그쳤으나 그 자리에서 항거불능의 상태에 빠진 피해자를 간음할 것을 결의하고 실행에 착수했으나 역시 미수에 그쳤더라도 반항을 억압하기 위한 폭행으로 피해자에게 상해를 입힌 경우에는 강도강간미수죄와 강도치상죄가 성립되고 이는 1개의 행위가 2개의 죄명에 해당되어 상상적 경합관계가 성립된다(대법원 1988.6.28. 선고 88도820 판결).
2) 강간범이 강간행위 후에 강도의 범의를 일으켜 그 부녀의 재물을 강취하는 경우에는 강도강간죄가 아니라 강간죄와 강도죄의 경합범이 성립될 수 있을 뿐이지만, 강간행위의 종료 전 즉 그 실행행위의 계속 중에 강도의 행위를 할 경우에는 이때에 바로 강도의 신분을 취득하는 것이므로 이후에 그 자리에서 강간행위를 계속하는 때에는 강도가 부녀를 강간한 때에 해당하여 형법 제339조 소정의 강도강간죄를 구성하고(대법원 1988.9.9. 선고 88도1240 판결 참조), 구 성폭력범죄의 처벌 및 피해자보호 등에 관한 법률(2010.4.15. 성폭력범죄의 처벌 등에 관한 특례법으로 개정되기 전의 것) 제5조 제2항은 형법 제334조(특수강도) 등의 죄를 범한 자가 형법 제297조(강간) 등의 죄를 범한 경우에 이를 특수강도강간 등의 죄로 가중하여 처벌하는 것이므로, 다른 특별한 사정이 없는 한 특수강간범이 강간행위 종료 전에 특수강도의 행위를 한 이후에 그 자리에서 강간행위를 계속하는 때에도 특수강도가 부녀를 강간한 때에 해당하여 구 성폭력범죄의 처벌 및 피해자보호 등에 관한 법률 제5조 제2항에 정한 특수강도강간죄로 의율할 수 있다(대법원 2010.7.15. 선고 2010도3594 판결 참조). 또한, 강도죄는 재물탈취의 방법으로 폭행, 협박을 사용하는 행위를 처벌하는 것이므로 폭행, 협박으로 타인의 재물을 탈취한 이상 피해자가 우연히 재물탈취 사실을 알지 못하였다고 하더라도 강도죄는 성립하고, 폭행, 협박당한 자가 탈취당한 재물의 소유자 또는 점유자일 것을 요하지도 아니하며(대법원 1967.6.13. 선고 67도610 판결, 대법원 1979.9.25. 선고 79도1735 판결 등 참조), 강간범인이 부녀를 강간할 목적으로 폭행, 협박에 의하여 반항을 억압한 후 반항억압 상태가 계속 중임을 이용하여 재물을 탈취하는 경우에는 재물탈취를 위한 새로운 폭행, 협박이 없더라도 강도죄가 성립한다(대법원 1985.10.22. 선고 85도1527 판결 참조). 원심이 피해자 공소외 1에 대한 판시 강간행위 도중 범행현장에 있던 피해자 공소외 2 소유의 핸드백을 가져간 피고인의 행위를 포괄하여 구 성폭력범죄의 처벌 및 피해자보호 등에 관한 법률 위반(특수강도강간등)죄에 해당한다고 판단한 조치는 위와 같은 법리에 따른 것으로 정당하고, 거기에 상고이유에서 주장하는 채증법칙 위배로 인한 사실오인 및 법리오해의 위법은 없다(대법원 2010.12.9. 선고 2010도9630 판결).

(5) 격리범

불법구성요건에 해당하는 행위와 결과가 시간적 또는 장소적으로 상위(相違)한 범죄인 격리범의 실행착수시기와 관련하여서는 '원인행위를 개시한 때'로 보는 주관설과 '결과실현행위시'로 보는 객

관설의 대립이 있다.[7]

(6) 기타

촉탁 · 승낙살인죄(제252조 제1항)의 실행착수시기는 피해자로부터 촉탁 · 승낙을 받은 때가 아니라 실행행위로 나아간 때이며, 자살관여죄(제252조 제2항)의 경우에는 자살을 교사 · 방조한 때로 보아야 할 것이다.

2. 실행행위의 미종료 또는 결과의 미발생

실행행위를 종료하지 못하였거나, 행위자가 구체적으로 인식 · 의욕한 불법구성요건적 결과가 발생되지 않아야 한다. 따라서 현실적으로는 결과가 발생되었더라도 불법구성요건적 행위와 발생된 결과간에 사실적인 관계로서의 인과관계가 인정되지 않거나 규범적인 관계로서의 객관적 귀속이 부정되는 경우에는 결과가 발생되지 않은 것으로 미수로 평가된다.

제3항 처벌

1. 형법 각 본조의 규정에 의해 처벌(제29조)

형법 제29조 (미수범의 처벌) 미수범을 처벌할 죄는 각 본조에 정한다.

미수에 그친 행위가 다른 불법구성요건적 결과를 야기시킨 경우, 예를 들어 갑을 살해하고자 하였으나 미수에 그쳐 갑에게 상해만 입힌 경우에는 미수행위만 처벌된다. 다만 미수에 그친 행위가 다른 불법구성요건적 결과를 발생시켰더라도 미수행위가 처벌되지 않는 경우, 예를 들어 무고죄의 미수에 그쳤으나 그 행위가 명예훼손죄에 해당하는 경우에는 그 발생된 결과로 처벌된다.

관련판례

[판시사항]
미성년자의제강간 · 강제추행죄를 규정한 형법 제305조에 의하여 미수범도 처벌할 수 있는지 여부[8]
[판결요지]
상고이유를 판단한다.

---

7) 교과서적인 예로서 부산에 거주하는 甲이 서울에 거주하는 乙을 살해하기 위해 독극물을 탁송한 경우, 주관설은 실행착수시기를 독극물을 탁송한 때로 보며 객관설은 상대방인 을에게 독극물이 도달된 때로 본다.

8) 제300조 (미수범) 제297조, 제297조의2, 제298조 및 제299조의 미수범은 처벌한다.
제305조 (미성년자에 대한 간음, 추행) 13세 미만의 사람에 대하여 간음 또는 추행을 한 자는 제297조, 제297조의2, 제298조, 제301조 또는 제301조의2의 예에 의한다.

1. 상고이유 제1점에 대하여
형벌법규는 문언에 따라 엄격하게 해석 · 적용되어야 하고 피고인에게 불리한 방향으로 지나치게 확장해석하거나 유추해석 하여서는 아니되나, 형벌법규의 해석에 있어서도 법률문언으로서의 통상적인 의미를 벗어나지 않는 한 그 법의 입법 취지와 목적, 입법연혁 등 여러 요소를 고려한 목적론적 해석이 배제되는 것은 아니라고 할 것이다(대법원 2002.2.21. 선고 2001도2819 전원합의체 판결, 2003.1.10. 선고 2002도2363 판결, 2006.5.12. 선고 2005도6525 판결 등 참조). 미성년자의제강간 · 강제추행죄를 규정한 형법 제305조가 "13세 미만의 부녀를 간음하거나 13세 미만의 사람에게 추행을 한 자는 제297조, 제298조, 제301조 또는 제301조의2의 예에 의한다."로 되어 있어 강간죄와 강제추행죄의 미수범의 처벌에 관한 형법 제300조를 명시적으로 인용하고 있지 아니하나, 형법 제305조의 입법 취지는 성적으로 미성숙한 13세 미만의 미성년자를 특별히 보호하기 위한 것으로 보이는바 이러한 입법 취지에 비추어 보면 동조에서 규정한 형법 제297조와 제298조의 '예에 의한다'는 의미는 미성년자의제강간 · 강제추행죄의 처벌에 있어 그 법정형 뿐만 아니라 미수범에 관하여도 강간죄와 강제추행죄의 예에 따른다는 취지로 해석된다. 따라서 이러한 해석이 형벌법규의 명확성의 원칙에 반하는 것이거나 죄형법정주의에 의하여 금지되는 확장해석이나 유추해석에 해당하는 것으로 볼 수 없다고 할 것이다. 원심이 피고인이 11세인 피해자를 간음하려다 미수에 그친 이 사건 공소사실에 대하여 형법 제305조, 형법 제300조 및 형법 제297조를 적용하여 미성년자의제강간미수죄로 처벌한 것은 정당하고 거기에 상고이유 제1점으로 주장하는 죄형법정주의에 관한 법리를 오해한 위법이 없다.
2. 상고이유 제2점에 대하여
원심은 그 설시 증거들을 종합하여 학원 승합차를 운전하던 피고인이 학원 수업을 마치고 귀가하기 위하여 승합차를 탄 11세의 피해자가 혼자 남은 틈을 타 승합차 안에서 피해자를 간음하려다 미수에 그친 이 사건 공소사실이 유죄로 인정된다고 판단하여 피고인에게 무죄를 선고한 제1심판결을 취소하고 유죄를 선고하였는바 이 사건 기록을 검토하여 보면 이는 사실심 법관이 피해자의 증언을 직접 청취한 뒤 관련 증거들을 종합하여 합리적인 자유심증에 따라 판단한 것으로 인정되고 거기에 상고이유 제2점으로 주장하는 심리미진 또는 채증법칙을 위반하여 사실을 오인하는 등으로 판결 결과에 영향을 미친 잘못이 없다.
3. 상고이유 제3점에 대하여
무고죄의 허위신고에 있어서 다른 사람이 그로 인하여 형사처분 또는 징계처분을 받게 될 것이라는 인식이 있으면 족하다 할 것이고(대법원 2005.9.30. 선고 2005도2712 판결 참조), 어떤 죄로 고소를 당한 사람이 그 죄의 혐의가 없다면 고소인이 자신을 무고한 것이므로 처벌을 해달라는 고소장을 제출한 것은 설사 그것이 자신의 결백을 주장하기 위한 것이라고 하더라도 방어권의 행사를 벗어난 것으로서 고소인을 무고한다는 범의를 인정할 수 있다고 할 것이다(대법원 1995.3.17. 선고 95도162 판결 참조). 원심이 피고인을 미성년자의제강간미수죄로 고소한 피해자의 아버지에 대하여 자신의 혐의가 없다고 밝혀질 경우 무고로 처벌해달라는 취지로 고소한 이 사건 공소사실을 무고죄에 해당한다고 판단하여 피고인에게 무죄를 선고한 제1심판결을 취소하고 유죄를 선고한 것은 이와 같은 법리에 비추어 정당하고, 거기에 상고이유 제3점으로 주장하는 무고죄의 법리를 오해한 위법이 없다(대법원 2007.3.15. 선고 2006도9453 판결).

2. 미수범 처벌의 정도

임의적 감경(제25조 제2항)으로, 처벌의 여부는 각칙상 개별적으로 규정되어 있다(제29조). 임의적 감경의 대상은 주형(主刑)에 한정되며, 부가형이나 보안처분에는 적용되지 아니한다.

관련판례

[판시사항]

특정범죄 가중처벌 등에 관한 법률 제5조의4 제1항에 의한 상습절도죄의 경우 형법 제25조 제2항에 의한 '미수감경'이 허용되는지 여부

[판결요지]

구 특정범죄 가중처벌 등에 관한 법률(2010.3.31. 법률 제10210호로 개정되기 전의 것, 이하 '특가법'이라고 한다) 제5조의4 제1항은 '상습적으로 형법 제329조부터 제331조까지의 죄 또는 그 미수죄를 범한 사람은 무기 또는 3년 이상의 징역에 처한다'고 규정하고 있다. 이와 같이 위 규정에 의한 상습절도죄는 상습절도미수 행위 자체를 범죄의 구성요건으로 정하고 그에 관하여 무기 또는 3년 이상의 징역형을 법정하고 있는 점, 약취 · 유인죄의 가중처벌에 관한 특가법 제5조의2 제6항에서는 일부 기수행위에 대한 미수범의 처벌규정을 별도로 두고 있는 반면 상습절도죄 등의 가중처벌에 관한 특가법 제5조의4에서는 그와 같은 형식의 미수범 처벌규정이 아닌 위와 같은 내용의 처벌규정을 두고 있는 점을 비롯한 위 규정에 의한 상습절도죄의 입법 취지 등을 종합하면, 특가법 제5조의4 제1항이 적용되는 상습절도죄의 경우에는 형법 제25조 제2항에 의한 형의 미수감경이 허용되지 아니한다고 봄이 상당하다. 그럼에도 불구하고, 원심은 그 판시와 같은 이유만을 들어 특가법 제5조의4 제1항이 적용되는 피고인의 이 사건 범죄에 대하여 형법 제25조 제2항에 의한 형의 미수감경을 한 다음 선고형을 정한 제1심판결을 그대로 유지하고 말았으니, 이러한 원심판결에는 특가법 제5조의4 제1항 및 형법 제25조 제2항에 관한 법리를 오해함으로써 판결에 영향을 미친 위법이 있다. 따라서 이를 지적하는 상고이유의 주장은 이유 있다(대법원 2010.11.25. 선고 2010도11620 판결).

[참조조문]

특정범죄 가중처벌 등에 관한 법률 제5조의4 (상습 강도 · 절도죄 등의 가중처벌) ① 상습적으로 「형법」 제329조부터 제331조까지의 죄 또는 그 미수죄를 범한 사람은 무기 또는 3년 이상의 징역에 처한다.

④ 「형법」 제363조의 죄를 범한 사람은 무기 또는 3년 이상의 징역에 처한다.

[헌법재판소 2015.2.26. 선고 2014헌가16 위헌결정(특정범죄 가중처벌 등에 관한 법률제5조의4 제1항 중 형법 제329조에 관한 부분, 같은 항 중 형법 제329조의 미수죄에 관한 부분, 같은 조 제4항 중 형법 제363조 가운데 형법 제362조 제1항의 '취득'에 관한 부분)]

제4항 관련문제

Ⅰ. 거동범과 미수

단순거동범인 경우에는 거동과 동시에 기수범이 성립되므로 이론적으로는 미수형태가 존재할 수 없다. 다만 단순한 거동을 넘어 행위객체를 공격하는 경우에는 법익침해 내지 위태화라는 결과반가치가 인정되므로 미종료미수(착수미수)가 가능하다는 견해도 있다.[9]

Ⅱ. 부작위범과 미수

1. 진정부작위범

일정한 삭위행위 그 자체로 기수범이 성립된다(미수와 기수의 동시 발생). 단 시간적 간격이 있는 진정부작위범[10]의 경우에는 일정한 시간의 경과로 기수범이 성립된다는 견해도 있다.

2. 부진정부작위범

일반적으로는 '일정한 작위의무의 이행이 요구되는데도 이를 이행하지 않는 때'이나, 그 구체적 시기와 관련하여서는 '부작위자가 최초의 구조가능성을 지나쳤을 때'로 보는 견해, '부작위자가 최후의 구조가능성을 지나쳤을 때'로 보는 견해, '보호법익에 대한 직접적인 침해의 위험의 발생 내지 결정적인 증대가 되었을 때'로 보는 견해 등이 대립되고 있다.

Ⅲ. 개별범죄의 실행착수시기

1. 협박죄의[11] 미수와 기수시기 판단

9) 주거침입죄와 퇴거불응죄의 법적 성격과 관련하여 미수범 성립이 문제될 수 있다. 대법원판례는 보호법익의 침해 여부를 기준으로 하여 미수와 기수를 판단하고 있다.

10) 예를 들어 제329조 제2항의 퇴거불응죄.

11) 제283조 (협박, 존속협박) ① 사람을 협박한 자는 3년 이하의 징역, 500만 원 이하의 벌금, 구류 또는 과료에 처한다.
제286조 (미수범) 전3조의 미수범은 처벌한다.

관련판례

[판시사항]

협박죄의 기수에 이르기 위하여 상대방이 현실적으로 공포심을 일으킬 것을 요하는지 여부

[판결요지]

(다수의견) 협박죄가 성립하려면 고지된 해악의 내용이 행위자와 상대방의 성향, 고지 당시의 주변 상황, 행위자와 상대방 사이의 친숙의 정도 및 지위 등의 상호관계, 제3자에 의한 해악을 고지한 경우에는 그에 포함되거나 암시된 제3자와 행위자 사이의 관계 등 행위 전후의 여러 사정을 종합하여 볼 때에 일반적으로 사람으로 하여금 공포심을 일으키게 하기에 충분한 것이어야 하지만, 상대방이 그에 의하여 현실적으로 공포심을 일으킬 것까지 요구하는 것은 아니며, 그와 같은 정도의 해악을 고지함으로써 상대방이 그 의미를 인식한 이상, 상대방이 현실적으로 공포심을 일으켰는지 여부와 관계없이 그로써 구성요건은 충족되어 협박죄의 기수에 이르는 것으로 해석하여야 한다. 결국, 협박죄는 사람의 의사결정의 자유를 보호법익으로 하는 위험범이라 봄이 상당하고, 협박죄의 미수범 처벌조항은 해악의 고지가 현실적으로 상대방에게 도달하지 아니한 경우나, 도달은 하였으나 상대방이 이를 지각하지 못하였거나 고지된 해악의 의미를 인식하지 못한 경우 등에 적용될 뿐이다.

(반대의견) 해악의 고지에 의해 현실적으로 공포심을 일으켰는지 여부나 그 정도는 사람마다 다를 수 있다고 하더라도 이를 판단할 수 없다거나 판단을 위한 객관적인 척도나 기준이 존재하지 않는다고 단정할 것은 아니며, 사람이 현실적으로 공포심을 일으켰는지 여부를 판단할 만한 객관적인 기준 및 개별 사건에서 쌍방의 입증과 그에 의하여 인정되는 구체적인 사정 등을 모두 종합하여, 당해 협박행위로 상대방이 현실적으로 공포심을 일으켰다는 점이 증명된다면 협박죄의 기수에 이르렀다고 인정하고, 이에 대한 증명이 부족하거나 오히려 상대방이 현실적으로 공포심을 일으키지 않았다는 점이 증명된다면 협박죄의 미수에 그친 것으로 인정하면 될 것이다. 기수에 이르렀는지에 대한 의문을 해결하기 어렵다고 하여 모든 경우에 기수범으로 처벌하는 것은 오히려 "의심스러울 때는 피고인의 이익으로"라는 법원칙 등 형사법의 일반원칙과도 부합하지 아니하며 형벌과잉의 우려를 낳을 뿐이다. 결국, 현행 형법의 협박죄는 침해범으로서 일반적으로 사람으로 하여금 공포심을 일으킬 수 있는 정도의 해악의 고지가 상대방에게 도달하여 상대방이 그 의미를 인식하고 나아가 현실적으로 공포심을 일으켰을 때에 비로소 기수에 이르는 것으로 보아야 한다(대법원 2007.9.28. 선고 2007도606 전원합의체 판결. 정보보안과 소속 경찰관이 자신의 지위를 내세우면서 타인의 민사분쟁에 개입하여 빨리 채무를 변제하지 않으면 상부에 보고하여 문제를 삼겠다고 말한 사안에서, 객관적으로 상대방이 공포심을 일으키기에 충분한 정도의 해악의 고지에 해당하므로 현실적으로 피해자가 공포심을 일으키지 않았다 하더라도 협박죄의 기수에 이르렀다고 본 사례).

2. 강간죄의[12] 실행착수시기

관련판례

1) 원심판결이 유지한 제1심판결은 범죄사실 2항에서 '피고인은 1989.7.18. 02:50경 자기의 사촌여동생인 피해자(여, 18세)를 강간할 목적으로 경남 산청읍 소재 위 피해자의 집에 담을 넘어 침입한 후 안방에 들어가 누워 자고 있던 위 피해자의 가슴과 엉덩이를 만지면서 피해자를 강간하려 하였으나 위 피해자가 "야" 하고 크게 고함을 치자 도망감으로서 그 목적을 이루지 못하고 미수에 그쳤다'고 인정한 다음 법령의 적용에서 피고인의 위 소

12) 제297조 (강간) 폭행 또는 협박으로 사람을 강간한 자는 3년 이상의 유기징역에 처한다.
제300조 (미수범) 제297조, 제297조의2, 제298조 및 제299조의 미수범은 처벌한다.

위가 형법 제300조, 제297조 소정의 강간미수죄에 해당한다고 판시하였다. 그러나 강간죄의 실행의 착수가 있었다고 하려면 강간의 수단으로서 폭행이나 협박을 한 사실이 있어야 할 터인데 위 판시사실에 의하면 피고인이 강간할 목적으로 피해자의 집에 침입하였다 하더라고 안방에 들어가 누워 자고 있는 피해자의 가슴과 엉덩이를 만지면서 간음을 기도하였다는 사실만으로는 강간의 수단으로 피해자에게 폭행이나 협박을 개시하였다고 하기는 어렵다. 제1심판결은 강간미수죄의 법리를 오해하여 유죄를 인정한 허물이 있다 할 수 밖에 없고 이 점을 지적하는 피고인의 항소이유는 받아들여야 할 터인데 원심이 피고인의 항소를 모두 기각한 것도 위법함을 면할 수 없다. 이 점을 지적한 상고논지는 이유있다(대법원 1990.5.25. 선고 90도607 판결).

2) 제1심판결이 증거로 채택한 공소외인의 진술(법정증언과 수사기관에서의 진술 포함) 중에 피고인이 피해자를 간음하려고 하였다는 말을 들었다는 부분이 있고 구정을 쇠러 가족과 함께 본가에 갔던 피고인이 느닷없이 다음날 새벽 4시에 집으로 돌아와 18세 처녀가 혼자 자는 방으로 들어가려고 기도한 것은 명백한 것이므로 그 방실 침입의 목적에 관한 합리적인 변명이 없는 이 사건에서 원심이 그 적시의 증언에 의하여 간음 목적으로 그 방에 침입하려고 하였다고 인정한 것을 위법하다고 할 수 없으며 피고인이 여자를 간음할 목적으로 그 방문 앞에 가서 피해자가 방문을 열어주지 않으면 부수고 들어갈 듯한 기세로 방문을 두드리고 피해자가 위험을 느끼고 창문에 걸터 앉아 가까이 오면 뛰어내리겠다고 하는데도 그 집 베란다를 통하여 창문으로 침입하려고 하였다면 강간의 수단으로서의 폭행에 착수하였다고 할 수 있으므로 피고인에게 강간의 범의가 없었다거나 아직 강간의 착수가 있었다고 할 수 없다는 상고논지도 받아들일 수 없는 것이다(대법원 1991.4.9. 선고 91도288 판결).

3) 원심판결 이유에 의하면, 원심은 검사 작성의 피해자에 대한 진술조서 중 "피고인이 피해자의 옆에 누워 '피해사는 어머니 말을 잘들어 이쁘다'고 말하면서 피해자의 팔을 잡아 일어나지 못하게 한 다음 갑자기 입술을 빨고, 계속하여 저항하는 피해자에게 '피해자는 대학생이니까 괜찮다'고 하면서 피해자의 유방과 엉덩이를 만지고 피해자의 팬티를 벗기려고 하여 피해자가 이를 뿌리치고 동생 방으로 건너갔으며, 당시 피고인이 집에 들어올 때부터 얼굴이 빨갛고 혀가 꼬였고 걸음거리도 비틀거려 매우 취한 것으로 보였고, 피해자의 가슴과 엉덩이를 만질 때에는 술주정하는 것으로 생각하였으며, 힘없이 흐느적거리며 만졌기 때문에 피해자가 마음대로 할 수 있었다고 생각하였고, 갑자기 팬티를 벗기려고 하여 너무 놀래 뿌리치고 동생 방으로 건너갔으며, 위와 같은 일이 있었던 이후에도 피고인은 아무 일이 없었던 것처럼 행동하였고 피해자를 포옹한 적이 여러 번 있었다."는 피해자의 진술에 비추어 보면, 피고인은 당시 피해자를 간음할 의사로 피해자의 반항을 억압할 정도의 유형력을 행사하였다고는 볼 수 없고, 오히려 피고인은 술에 만취하여 그러한 정도의 유형력을 행사할 상태에 있지 아니한 사실만이 인정될 뿐이며, 나아가 공소사실에 부합하는 듯한 피해자의 경찰 및 법정에서의 진술은 위 진술기재에 비추어 믿지 아니하고 달리 공소사실에 부합하는 증거가 없다고 하여, 피고인에 대한 강간미수의 공소사실은 범죄의 증명이 없는 경우에 해당한다고 판단하고 있다. 강간죄에 있어서 폭행 또는 협박은 피해자의 항거를 불능하게 하거나 현저히 곤란하게 할 정도의 것이어야 하고, 그 폭행 또는 협박이 피해자의 항거를 불능하게 하거나 현저히 곤란하게 할 정도의 것이었는지 여부는 유형력을 행사한 당해 폭행 및 협박의 내용과 정도는 물론이고 유형력을 행사하게 된 경위, 피해자와의 관계, 범행 당시의 정황 등 제반 사정을 종합하여 판단하여야 한다(대법원 1999.4.9. 선고 99도519 판결, 대법원 1999.5.28. 선고 99도1118 판결, 대법원 1999.9.21. 선고 99도2608 판결 등 참조). 그리고 강간죄는 부녀를 간음하기 위하여 피해자의 항거를 불능하게 하거나 현저히 곤란하게 할 정도의 폭행 또는 협박을 개시한 때에 그 실행의 착수가 있다고 보아야 할 것이고, 실제로 그와 같은 폭행 또는 협박에 의하여 피해자의 항거가 불능하게 되거나 현저히 곤란하게 되어야만 실행의 착수가 있다고 볼 것은 아니다(대법원 1991.4.9. 선고 91도288 판결 참조). 그런데 원심이 인정한 사실관계에 의하더라도, 피고인은 침대에서 일어나 나가려는 피해자의 팔을 낚아채어 일어나지 못하게 하고, 갑자기 입술을 빨고 계속하여 저항하는 피해자의 유방과 엉덩이를 만지면서 피해자의 팬티를 벗기려고 하였다는 것인바, 위와 같은 사실관계라면 피고

인은 피해자의 의사에 반하여 피해자의 반항을 억압하거나 현저하게 곤란하게 할 정도의 유형력의 행사를 개시하였다고 보아야 할 것이고, 당시 피고인이 술에 많이 취하여 있어 피해자가 마음대로 할 수 있었다고 생각하였다거나 피해자가 피고인을 뿌리치고 동생 방으로 건너갔다고 하더라도 이러한 사정은 피고인이 술에 취하여 실제로 피해자의 항거를 불능하게 하거나 현저히 곤란하게 하지 못하여 강간죄의 실행행위를 종료하지 못한 것에 불과한 것이지, 피고인이 강간죄의 실행에 착수하였다고 판단하는 데 장애가 되는 것은 아니다. 그럼에도 불구하고, 원심이 피고인이 술에 만취되어 피해자의 항거를 불능하게 하거나 현저히 곤란하게 할 정도의 유형력을 행사하였다고 볼 수 없다고 하여 강간미수의 공소사실이 범죄의 증명이 없는 경우에 해당한다고 판단한 것은 강간죄의 실행의 착수에 관한 법리를 오해함으로써 판결에 영향을 미친 위법을 저지른 것이라고 하지 않을 수 없다. 상고이유 중 이 점을 지적하는 부분은 이유 있다(대법원 2000.6.9. 선고 2000도1253 판결).

3. 주거침입죄의[13] 실행착수시기

관련판례

[판시사항]

주거침입죄의 실행의 착수와 미수범

[판결요지]

원심판결 이유에 의하면 원심은, 주거침입미수죄가 성립하기 위하여서는 신체의 전부가 목적물에 들어간다는 인식 아래 그러한 행위의 실행의 착수가 있어야 한다고 전제한 다음, 피고인에게 피해자의 방 안을 들여다본다는 인식이 있었을 뿐 그 안에 들어간다는 인식이나 의사를 가지고 있었다고는 보기 어려워, 피고인이 1993.9.22. 00:10경 대전 중구 소재 피해자 의 집에서 그녀를 강간하기 위하여 그 집 담벽에 발을 딛고 창문을 열고 안으로 얼굴을 들이미는 등의 행위를 하였다는 공소장 기재의 행위를 들어 주거침입의 실행에 착수하였다고는 볼 수 없고 달리 이를 인정할 증거가 없다고 하여 폭력행위등처벌에관한법률위반의 점에 대하여 무죄를 선고한 제1심이 주거침입의 범의에 관한 해석 및 증거조사과정이나 그 취사선택과정에 아무런 위법이 없다는 이유로 검사의 항소를 기각하였다. 그러나 주거침입죄는 사실상의 주거의 평온을 보호법익으로 하는 것이므로(대법원 1984.4.24. 선고 83도1429 판결; 1987.5.12. 선고 87도3 판결; 1987.11.10. 선고 87도1760 판결 등 참조), 반드시 행위자의 신체의 전부가 범행의 목적인 타인의 주거 안으로 들어가야만 성립하는 것이 아니라 신체의 일부만 타인의 주거 안으로 들어갔다고 하더라도 거주자가 누리는 사실상의 주거의 평온을 해할 수 있는 정도에 이르렀다면 범죄구성요건을 충족하는 것이라고 보아야 할 것이고, 따라서 주거침입죄의 범의는 반드시 신체의 전부가 타인의 주거 안으로 들어간다는 인식이 있어야만 하는 것이 아니라 신체의 일부라도 타인의 주거 안으로 들어 간다는 인식이 있으면 족하다고 할 것이고, 이러한 범의로써 예컨대 주거로 들어가는 문의 시정장치를 부수거나 문을 여는 등 침입을 위한 구체적 행위를 시작하였다면 주거침입죄의 실행의 착수는 있었다고 보아야 하고, 신체의 극히 일부분이 주거 안으로 들어갔지만 사실상 주거의 평온을 해하는 정도에 이르지 아니하였다면 주거침입죄의 미수에 그친다고 할 것이다. 그러므로 공소사실 기재와 같이 야간에 타인의 집의 창문을 열고 집 안으로 얼굴을 들이미는 등의 행위를 하였다면 피고인이 자신의 신체의 일부가 집 안으로 들어간다는 인식 하에 하였더라도 주거침입죄의 범의는 인정되고, 또한 비록 신체의 일부만이 집 안으로 들어갔다고 하더라도 사실상 주거의 평온을 해하였다면 주거침입죄는 기수에 이르렀다고 할 것이다. 따

13) 제319조 (주거침입, 퇴거불응) ① 사람의 주거, 관리하는 건조물, 선박이나 항공기 또는 점유하는 방실에 침입한 자는 3년 이하의 징역 또는 500만 원 이하의 벌금에 처한다.
제322조 (미수범) 본장의 미수범은 처벌한다.

라서 이와는 달리 주거침입미수죄가 성립하기 위하여서는 신체의 전부가 목적물에 들어간다는 인식을 요한다고 하여 피고인에게 피해자의 방 안에 들어간다는 인식이나 의사가 없었으므로 주거침입죄의 실행의 착수가 없었다고 본 원심의 판단은 주거침입죄에 있어서의 범의 및 실행의 착수에 관한 법리오해의 위법을 저질렀다고 할 것이므로 이를 지적하는 상고이유의 주장은 이유 있다(대법원 1995.9.15. 선고 94도2561 판결. 야간에 타인의 집 창문을 열고 얼굴을 들이미는 등의 행위에 관하여 주거침입죄의 기수를 인정한 사례).

4. 야간주거침입절도죄의[14] 실행착수시기

관련판례

1) 피고인이 피해자 경영의 까페에서 야간에 아무도 없는 그 곳 내실에 침입하여 장식장 안에 들어 있던 정기적금통장 등을 꺼내 들고 까페로 나오던 중 발각되어 돌려 준 경우 피고인은 피해자의 재물에 대한 소지(점유)를 침해하고, 일단 피고인 자신의 지배 내에 옮겼다고 볼 수 있으니 절도의 미수에 그친 것이 아니라 야간주거침입절도의 기수라고 할 것이다(대법원 1991.4.23. 선고 91도476 판결).
2) 준강도의 주체는 절도 즉 절도범인으로, 절도의 실행에 착수한 이상 미수이거나 기수이거나 불문하고, 야간에 타인의 재물을 절취할 목적으로 사람의 주거에 침입한 경우에는 주거에 침입한 단계에서 이미 형법 제330조에서 규정한 야간주거침입절도죄라는 범죄행위의 실행에 착수한 것이라고 보아야 하며, 주거침입죄의 경우 주거침입의 범의로써 예컨대, 주거로 들어가는 문의 시정장치를 부수거나 문을 여는 등 침입을 위한 구체적 행위를 시작하였다면 주거침입죄의 실행의 착수는 있었다고 보아야 한다. 그리고 주거침입죄의 실행의 착수는 주거자, 관리자, 점유자 등의 의사에 반하여 주거나 관리하는 건조물 등에 들어가는 행위 즉, 구성요건의 일부를 실현하는 행위까지 요구하는 것은 아니고, 범죄구성요건의 실현에 이르는 현실적 위험성을 포함하는 행위를 개시하는 것으로 족하다. 따라서 야간에 아파트에 침입하여 물건을 훔칠 의도 하에 아파트의 베란다 철제난간까지 올라가 유리창문을 열려고 시도하였다면 야간주거침입절도죄의 실행에 착수한 것으로 보아야 한다(대법원 2003.10.24. 선고 2003도4417 판결).

   [사실관계]

   甲은 2003.3.2. 19:45경 부천시 원미구 상동 445 소재 꿈동산 신안아파트 1909동 뒤편에 이르러 금품을 절취할 목적으로 1909동의 1층 베란다 난간을 이용하여 1909동 202호 뒤쪽 베란다로 올라가 202호 베란다 난간을 잡고 미리 준비한 소형손전등을 202호 창문에 비추면서 창문이 잠겨져 있는지 등 내부를 살피던 중, 때마침 위 아파트에 근무하는 경비원인 乙(58세)에게 발각되어 그 곳 베란다에서 뛰어내려 도주하다가 체포를 면탈할 목적으로 미리 소지하고 있던 드라이버를 위 乙의 얼굴에 들이대면서 '너 잡지마, 잡으면 죽여'라고 말하여 이에 불응하면 위 乙의 신체 등에 어떠한 위해를 가할 것 같은 태도를 보여 乙을 협박하였다.
3) 야간에 타인의 재물을 절취할 목적으로 사람의 주거에 침입한 경우에는 주거에 침입한 단계에서 이미 형법 제330조에서 규정한 야간주거침입절도죄라는 범죄행위의 실행에 착수한 것이라고 보아야 한다(대법원 2003.10.24. 선고 2003도4417 판결 참조). 원심판결 이유에 의하면 원심은, 피고인은 출입문이 열려있는 집에 들어가 재물을 절취하기로 마음먹고 피해자들이 주거하는 이 사건 다세대주택에 들어가 그 건물 101호의 출입문을 손으로 당겨보았는데 문이 잠겨있자 그 옆의 102호, 2층의 201호, 202호, 3층의 301호, 302호, 옆 건물의 주택 1층에 이르러 똑같이 출입문을 당겨보았는데 모두 잠겨있어 범행에 실패하였고, 그 후 위 주택 2층의 문이 열려있어 피고인이 제1심 판시 유죄 부분과 같은 절취범행을 한 사실을 인정한 다음, 이 부분에서와 같이 피고인이

---

14) 제330조 (야간주거침입절도) 야간에 사람의 주거, 간수하는 저택, 건조물이나 선박 또는 점유하는 방실에 침입하여 타인의 재물을 절취한 자는 10년 이하의 징역에 처한다.
제342조 (미수범) 제329조 내지 제341조의 미수범은 처벌한다.

잠긴 출입문을 부수거나 도구를 이용하여 강제로 열려는 의사가 전혀 없이, 즉 출입문이 잠겨있다면 침입할 의사가 전혀 없이 손으로 출입문을 당겨보아 출입문이 잠겨있는지 여부를 확인한 것이라면 이는 범행의 대상을 물색한 것에 불과하여 피고인의 이 부분 행위는 야간주거침입절도죄의 예비단계에 불과하고 그 실행의 착수에 나아가지 않은 것이라고 판단하였다. 그러나 주거침입죄의 실행의 착수는 주거자, 관리자, 점유자 등의 의사에 반하여 주거나 관리하는 건조물 등에 들어가는 행위, 즉 구성요건의 일부를 실현하는 행위까지 요구하는 것은 아니고 범죄구성요건의 실현에 이르는 현실적 위험성을 포함하는 행위를 개시하는 것으로 족하다고 할 것이므로(대법원 2003.10.24. 선고 2003도4417 판결 참조), 원심 판시와 같이 출입문이 열려 있으면 안으로 들어가겠다는 의사 아래 출입문을 당겨보는 행위는 바로 주거의 사실상의 평온을 침해할 객관적인 위험성을 포함하는 행위를 한 것으로 볼 수 있어 그것으로 주거침입의 실행에 착수가 있었고, 단지 그 출입문이 잠겨 있었다는 외부적 장애요소로 인하여 뜻을 이루지 못한 데 불과하다 할 것이다. 이와 달리 판시한 원심판결에는 야간주거침입절도죄에 관한 법리를 오해한 위법이 있다고 할 것이고 이는 판결의 결과에 영향을 미쳤다 할 것이며, 이 점을 지적하는 검사의 상고논지는 이유 있다(대법원 2006.9.14. 선고 2006도2824 판결).

4) 주거침입죄의 실행의 착수는 주거자, 관리자, 점유자 등의 의사에 반하여 주거나 관리하는 건조물 등에 들어가는 행위 즉 구성요건의 일부를 실현하는 행위까지 요구하는 것은 아니지만, 주거침입의 범의로 예컨대, 주거로 들어가는 문의 시정장치를 부수거나 문을 여는 등 침입을 위한 구체적 행위를 시작함으로써 범죄구성요건의 실현에 이르는 현실적 위험성을 포함하는 행위를 개시할 것을 요한다(대법원 2003.10.24. 선고 2003도4417 판결 등 참조). 원심은, 그 채용증거들에 의하여, 피고인이 야간에 이 사건 다세대주택 2층의 불이 꺼져있는 것을 보고 물건을 절취하기 위하여 가스배관을 타고 올라가다가, 발은 1층 방범창을 딛고 두 손은 1층과 2층 사이에 있는 가스배관을 잡고 있던 상태에서 순찰 중이던 경찰관에게 발각되자 그대로 뛰어내린 사실을 인정한 후, 이러한 피고인의 행위만으로는 주거의 사실상의 평온을 침해할 현실적 위험성이 있는 행위를 개시한 때에 해당한다고 보기 어렵다는 이유로 이 부분 공소사실을 무죄로 판단하였다. 앞서 본 법리에 비추어 기록을 살펴보면 원심의 위와 같은 사실인정 및 판단은 정당한 것으로 수긍이 가고, 거기에 상고이유로 주장하는 바와 같은 야간주거침입절도죄의 실행의 착수시기에 관한 법리오해의 위법이 없다(대법원 2008.3.27. 선고 2008도917 판결).

5) '주간에' 사람의 주거 등에 침입하여 '야간에' 타인의 재물을 절취한 행위를 야간주거침입절도죄로 처벌할 수 있는지 여부
이 사건 공소사실 중 야간방실침입절도의 점의 요지는, "피고인은 2010.6.16. 15:40경 피해자가 운영하는 서울 동대문구 장안동 (이하 생략) ○○○ 모텔에 이르러, 피해자가 평소 비어 있는 객실의 문을 열어둔다는 사실을 알고 그곳 202호 안까지 들어가 침입한 다음, 같은 날 21:00경 그곳에 설치되어 있던 피해자 소유의 LCD모니터 1대 시가 3만 원 상당을 가지고 나와 절취하였다."는 것이다. 원심은, ① 형법 제330조는 "야간에 사람의 주거, 간수하는 저택, 건조물이나 선박 또는 점유하는 방실에 침입하여 타인의 재물을 절취한 자는 10년 이하의 징역에 처한다."고 규정하고 있는바, 그 문언에 비추어 '야간에'는 '침입하여'를 수식하거나 '침입하여'와 '절취한'을 모두 수식하는 것으로 해석하여야지, '침입하여'를 수식하지 않고 '절취한'만을 수식한다고 해석하기는 어려운 점, ② 만일 주간에 방실에 침입하여 야간에 타인의 재물을 절취한 경우에도 야간방실침입절도죄가 성립한다고 한다면, 주간에 방실에 침입하여 잠복하고 있다가 발각된 경우, 행위자가 야간절도를 계획했다고 진술하면 야간방실침입절도미수죄가 성립하고, 주간절도를 계획했다고 진술하면 절도죄는 실행의 착수가 없어 무죄가 되는바, 범죄의 성립이 행위자의 주장에 따라 달라지는 불합리한 결과가 초래되는 점 등을 근거로, 주간에 방실에 침입하여 야간에 재물을 절취한 경우에도 야간방실침입절도죄가 성립한다고 해석하는 것은 형벌법규를 지나치게 유추 또는 확장해석하여 죄형법정주의의 원칙을 위반하는 것으로서 허용할 수 없다고 판단하여, 이 부분 공소사실을 무죄로 인정한 제1심판결을 그대로 유지하였다. 형법은 제329조에서 절도죄를 규정하고 곧바로 제330조에서 야간주거침입절도죄를 규정하고 있을 뿐, 야간절도죄에 관하여는 처벌규정을 별도로 두고 있지 아니하다.

이러한 형법 제330조의 규정형식과 그 구성요건의 문언에 비추어 보면, 형법은 야간에 이루어지는 주거침입행위의 위험성에 주목하여 그러한 행위를 수반한 절도를 야간주거침입절도죄로 중하게 처벌하고 있는 것으로 보아야 한다. 따라서 주거침입이 주간에 이루어진 경우에는 야간주거침입절도죄가 성립하지 않는다고 해석함이 상당하다. 이와 달리 만일 주거침입의 시점과는 무관하게 절취행위가 야간에 이루어지면 야간주거침입절도죄가 성립한다고 해석하거나, 주거침입 또는 절취 중 어느 것이라도 야간에 이루어지면 야간주거침입절도죄가 성립한다고 해석한다면, 이는 이 사건과 같이 주간에 주거에 침입하여 야간에 재물을 절취한 경우에도 야간주거침입절도죄의 성립을 인정하여 결국 야간절도를 주간절도보다 엄하게 처벌하는 결과가 되는바, 앞서 본 바와 같이 현행법상 야간절도라는 이유만으로 주간절도보다 가중하여 처벌하는 규정은 없을 뿐만 아니라, 재산범죄 일반에 관하여 야간에 범죄가 행하여졌다고 하여 가중처벌하는 규정이 존재하지 아니한다. 또한 절도행위가 야간에 이루어졌다고 하여 절도행위 자체만으로 주간절도에 비하여 피해자의 심리적 불안감이나 피해 증대 등의 위험성이 커진다고 보기도 어렵다. 나아가, 예컨대 일몰 전에 주거에 침입하였으나 시간을 지체하는 등의 이유로 절취행위가 일몰 후에 이루어진 경우 야간주거침입절도죄로 가중처벌하는 것은 주거침입이 일몰 후에 이루어진 경우와 그 행위의 위험성을 비교하여 볼 때 가혹하다 할 것이다. 한편 야간주거침입절도죄는 주거에 침입한 단계에서 이미 실행에 착수한 것으로 보아야 한다는 것이 대법원의 확립된 판례인바(대법원 2006.9.14. 선고 2006도2824 판결 등 참조), 만일 주간에 주거에 침입하여 야간에 재물을 절취한 경우에도 야간주거침입절도죄의 성립을 인정한다면, 원심이 적절히 지적하고 있는 바와 같이 행위자가 주간에 주거에 침입하여 절도의 실행에는 착수하지 않은 상태에서 발각된 경우 야간에 절취할 의사였다고 하면 야간주거침입절도의 미수죄가 되고 주간절도를 계획하였다고 하면 주거침입죄만 인정된다는 결론에 이르는데, 결국 행위자의 주장에 따라 범죄의 성립이 좌우되는 불합리한 결과를 초래하게 된다. 위와 같은 여러 점들을 종합하여 보면, 주간에 사람의 주거 등에 침입하여 야간에 타인의 재물을 절취한 행위는 형법 제330조의 야간주거침입절도죄를 구성하지 않는 것으로 봄이 상당하다. 따라서 원심이 이 사건 공소사실 중 야간방실침입절도의 점을 무죄로 인정한 제1심판결을 그대로 유지한 조치는 앞서 본 법리에 비추어 정당하고, 거기에 상고이유로 주장하는 바와 같은 야간방실침입절도죄의 성립에 관한 법리오해의 잘못이 없다(대법원 2011.4.14. 선고 2011도300, 2011감도5 판결).

5. 특수절도죄의[15] 실행착수시기

1) 제331조 제1항 특수절도(야간건조물손괴주거침입절도)죄의 실행착수시기

관련판례

1) 현실적으로 절취목적물에 접근하지 못하였다 하더라도 야간에 타인의 주거에 침입하여 건조물의 일부인 방문고리를 손괴하였다면 형법 제331조의 특수절도죄의 실행에 착수한 것이다(대법원 1977.7.26. 선고 77도1802 판결).
2) 두 사람이 공모 합동하여 다른 사람의 재물을 절취하려고 한 사람은 망을 보고 한 사람은 기구를 가지고 출입문의 자물쇠를 떼어내거나, 출입문의 환기창문을 열었다면 특수절도죄의 실행에 착수하였다 할 것이다. 원심이 확정한 사실에 의하면 피고인은 원심 공동피고인 1과 공모 합동하여 야간에 그 판시의 인쇄소에서 피고인 2는 망

15) 제331조 (특수절도) ① 야간에 문호 또는 장벽 기타 건조물의 일부를 손괴하고 전조의 장소에 침입하여 타인의 재물을 절취한 자는 1년 이상 10년 이하의 징역에 처한다.
② 흉기를 휴대하거나 2인 이상이 합동하여 타인의 재물을 절취한 자도 전항의 형과 같다.
제342조 (미수범) 제329조 내지 제341조의 미수범은 처벌한다.

을 보고 원심공동피고인이 드라이버로 출입문 자물쇠를 떼어낸 다음 침입하려고 하다가 피해자에게 발각되어 미수에 그쳤고 또 원심공동피고인 2와 합동하여 야간에 그 판시 당구장에서 피고인은 망을 보고 원심공동피고인 2는 출입문 환기창문을 열고 침입하려고 하다가 피해자에게 발각되어 미수에 그쳤다는 것인바 원심이 이에 대하여 특정범죄가중처벌등에 관한 법률 제5조의 4 제1항(상습특수절도미수)으로 의율한 것은 정당하다(대법원 1986.7.8. 선고 86도843 판결. 두 사람이 공모 합동하여 타인의 재물을 절취하려고 한 사람은 망을 보고 또 한 사람은 기구를 가지고 출입문의 자물쇠를 떼어내거나 출입문의 환기창문을 열었다면 특수절도죄의 실행에 착수한 것이라고 본 사례).

3) 야간에 절도의 목적으로 출입문에 장치된 자물통 고리를 절단하고 출입문을 손괴한 뒤 집안으로 침입하려다가 발각된 것이라면 이는 특수절도죄의 실행에 착수한 것이다(대법원 1986.9.9. 선고 86도1273 판결).

2) 제331조 제2항 후단의 특수절도(합동절도)죄의 실행착수시기

관련판례

[판시사항]

형법 제331조 제2항의 특수절도에서 절도범인이 그 범행수단으로 주거에 침입한 경우, 특수절도죄와 주거침입죄와의 죄수관계(=실체적 경합) 및 특수절도죄의 실행의 착수 시기(=물색행위시)

[판결요지]

형법 제331조 제2항의 특수절도에 있어서 주거침입은 그 구성요건이 아니므로, 절도범인이 그 범행수단으로 주거침입을 한 경우에 그 주거침입행위는 절도죄에 흡수되지 아니하고 별개로 주거침입죄를 구성하여 절도죄와는 실체적 경합의 관계에 있게 되고(대법원 2008.11.27. 선고 2008도7820 판결 참조), 2인 이상이 합동하여 야간이 아닌 주간에 절도의 목적으로 타인의 주거에 침입하였다 하여도 아직 절취할 물건의 물색행위를 시작하기 전이라면 특수절도죄의 실행에는 착수한 것으로 볼 수 없는 것이어서 그 미수죄가 성립하지 않는다(대법원 1992.9.8. 선고 92도1650, 92감도80 판결 참조). 위 법리에 비추어 보면, 원심이 주간에 피해자의 아파트 출입문 시정장치를 손괴하다가 마침 귀가하던 피해자에게 발각되어 도주한 피고인들에 대하여 형법 제331조 제2항에 정한 특수절도죄의 실행의 착수가 없었다는 이유로 무죄를 선고한 조치는 옳고, 주장과 같은 법리오해의 위법이 없다(대법원 2009.12.24. 선고 2009도9667 판결. '주간에' 아파트 출입문 시정장치를 손괴하다가 발각되어 도주한 피고인들이 특수절도미수죄로 기소된 사안에서, '실행의 착수'가 없었다는 이유로 형법 제331조 제2항의 특수절도죄의 점에 대해 무죄를 선고한 원심 판단을 수긍한 사례).

6. 형법 제334조 제1항의 특수강도(야간주거침입강도)죄의[16] 실행착수시기

1) 학설

(1) 폭행 · 협박시에 실행착수로 보는 견해

강도의 의사는 폭행 또는 협박 시에 확실하게 표현된다는 점에서 형법 제334조 제1항의 야간주거

16) 제334조 (특수강도) ① 야간에 사람의 주거, 관리하는 건조물, 선박이나 항공기 또는 점유하는 방실에 침입하여 제333조의 죄를 범한 자는 무기 또는 5년 이상의 징역에 처한다.
② 흉기를 휴대하거나 2인 이상이 합동하여 전조의 죄를 범한 자도 전항의 형과 같다.
제342조 (미수범) 제329조 내지 제341조의 미수범은 처벌한다.

침입강도죄는 폭행 또는 협박에 그 본질이 있기 때문에 제334조 제1항의 특수강도(야간주거침입강도)죄의 실행착수시기는 폭행 · 협박시로 해석해야 한다는 견해이다.

그리고 이 견해는 제334조 제2항의 특수강도(흉기휴대 · 합동강도)죄와의 균형을 이루기 위해서 뿐만 아니라, 야간주거침입강도죄는 주거침입죄와 강도죄의 결합범이 아닌 강도죄의 가중적 구성요건으로 이해해야 하며, 따라서 강도죄의 보호법익인 재산권의 관점에서 실행착수시기를 파악해야 한다는 점을 논거로 들고 있다.

나아가 야간주거침입강도죄가 야간주거침입절도죄와 마찬가지로 결합범이라 하더라도 강도의 한 종류로서 불법과 보호법익의 면에서 야간주거침입절도와는 다르므로 실행의 착수시기도 달리보아야 하며, 야간주거침입절도죄와 야간주거침입강도죄의 실행착수기를 주거에 침입한 때로 해석하면 양자는 순주관적 의사에 따라 절도인지 강도인지가 구별되는 불합리가 있기 때문에, 이를 제거하기 위해서는 야간주거침입절도죄와는 달리 실행착수시기를 폭행 · 협박시로 보는 것이 합리적이라는 견해이다.

(2) 야간 주거침입시에 실행착수로 보는 견해

야간주거침입절도죄가 (야간)주거침입죄와 절도죄의 결합범으로 그 실행착수시기를 결합범의 일반이론에 의해 절도의 고의를 가지고 주거에 침입할 때로 해석하듯이, 마찬가지로 야간주거침입강도죄도 (야간)주거침입죄와 강도죄의 결합범으로, 법해석의 통일성에 따른 결합범의 일반이론에 의해 야간주거침입시에 실행의 착수를 인정해야 한다는 견해이다.

그리고 이 견해는 야간주거침입절도죄와 야간주거침입강도죄는 '야간에 범죄 목적으로 타인의 주거에 침입하는 행위'에 내포된 불법성을 평가하여 기본적 구성요건인 절도 또는 강도에 형을 가중한 것으로, 보호법익으로서의 '재산권' 만이 아니라 '주거의 안전과 평온'도 독자적인 보호법익이라는 점에서, 주거침입시를 실행착수시로 파악해야 한다는 점을 논거로 들고 있다.

나아가 폭행 · 협박시설에 의할 경우 절도 고의로 주거에 침입한 자가 절도의 착수 이전에 발각된 경우에는 제330조 야간주거침입절도죄의 미수범(제342조)으로 처벌되는 반면, 강도의 고의로 주거에 침입하였으나 폭행 · 협박을 개시하기 이전에 발각된 경우에는 주거침입죄의 기수범으로 처벌됨으로써, 행위자는 비교적 경미한 처벌을 받기 위해 절도의 고의를 가졌음에도 불구하고 강도의 고의를 주장해야 하는 불합리성 있다는 것이다.

2) 판례

(1) 폭행 · 협박시를 실행착수로 보는 판례

관련판례

[판시사항]
특수강도죄에 있어서의 실행의 착수시기
[판결요지]
원심판결 이유에 의하면, 원심은 피고인이 야간에 타인의 재물을 강취하기로 마음먹고 흉기인 칼을 휴대한 채 시정되어 있지 않은 피해자 1의 집 현관문을 열고 마루까지 침입하여 동정을 살피던 중 마침 혼자서 집을 보던 피해자 1의 손녀 피해자 2(14세)가 화장실에서 용변을 보고 나오는 것을 발견하고 갑자기 욕정을 일으켜 칼을 피해자 2의 목에 들이대고 방안으로 끌고 들어가 밀어 넘어뜨려 반항을 억압한 다음 강제로 1회 간음하여 동 피해자를 강간하였다는 제1심판시 제2기재 범죄사실에 대하여 제1심이 적법하게 조사하여 채택한 증거들을 종합하면 이를 인정하기에 충분하다고 전제한 다음 구 특정범죄 가중처벌 등에 관한 법률(1989.3.25. 법률 제4090호) 제5조의6 제1항, 형법 제334조 제2항, 제1항, 제297조를 적용 처단하였다. 그러나 형법 제334조 제1, 2항 소정의 특수강도의 실행의 착수는 어디까지나 강도의 실행행위 즉 사람의 반항을 억압할 수 있는 정도의 폭행 또는 협박에 나아갈 때에 있다 할 것이고, 위와 같이 야간에 흉기를 휴대한 채 타인의 주거에 침입하여 집안의 동정을 살피는 것만으로는 동 법조에서 말하는 특수강도의 실행에 착수한 것이라고 할 수 없으므로 위의 특수강도에 착수하기도 전에 저질러진 위와 같은 강간행위가 위 구 특정범죄가중처벌등에관한법률 제5조의6 제1항 소정의 특수강도강간죄에 해당한다고 판단한 원심판결에는 동 범죄의 성립에 관한 법리를 오해하여 판결에 영향을 미친 위법이 있다 하지 않을 수 없고, 따라서 이 점을 지적하는 논지는 이유 있다(대법원 1991.11.22. 선고 91도2296 판결. 강도의 범의로 야간에 칼을 휴대한 채 타인의 주거에 침입하여 집안의 동정을 살피다가 피해자를 발견하고 갑자기 욕정을 일으켜 칼로 협박하여 강간한 경우, 야간에 흉기를 휴대한 채 타인의 주거에 침입하여 집안의 동정을 살피는 것만으로는 특수강도의 실행에 착수한 것이라고 할 수 없으므로 특수강도에 착수하기도 전에 저질러진 강간행위가 구 특정범죄가중처벌등에관한법률 제5조의6 제1항 소정의 특수강도강간죄에 해당하지 아니한다고 판시한 사례).

(2) 야간주거침입시를 실행착수로 보는 판례

관련판례

[판시사항]
강도행위가 야간에 주거에 침입하여 이루어지는 특수강도죄의 실행의 착수시기, 절도범인 또는 강도범인이 체포를 면탈할 목적으로 경찰관에게 폭행(협박)을 가한 경우 준강도죄 또는 강도죄와 공무집행방해죄의 죄수
[참조판례]
대법원 1986.7.8. 선고 86도843 판결, 1986.9.9. 선고 86도1273 판결, 1991.11.22. 선고 91도2296 판결(이취지)
[판결요지]
형법 제334조 제1항 소정의 야간주거침입강도죄는 주거침입과 강도의 결합범으로서 시간적으로 주거침입행위가 선행되는 것이므로 주거침입을 한 때에 본죄의 실행에 착수한 것으로 볼 것인바, 같은 조 제2항 소정의 흉기휴대합동강도죄에 있어서도 그 강도행위가 야간에 주거에 침입하여 이루어지는 경우에는 주거침입을 한 때에 실행에 착수한 것으로 보는 것이 타당하다.
원심판시 1의 가 (3)사실에 의하면 피고인들이 야간에 피해자 이○○의 집에 이르러 재물을 강취할 의도로 피고인 강○○이 출입문 옆 창살을 통하여침입하고 피고인 배○○은 부엌방충망을 뜯고 들어 가다가 피해자 시아버지의 헛기침에 발각된 것으로 알고 도주함으로써 뜻을 이루지 못했다는 것이고, 원심판시 1의 나 (1)사실은 피고인들이

야간에 피해자 김○○의 집에 이르러 피고인 강○○이 담을 넘어 들어가 대문을 열고 나머지 피고인들이 집에 들어가 피고인 배○○이 부엌에서 식칼을 들고 방안에 들어가는 순간 비상벨이 울려 도주함으로써 뜻을 이루지 못했다는 것이므로, 피고인들이 위와 같이 야간에 주거에 침입한 이상 특수강도죄의 실행에 착수한 것으로서 그 미수범으로서 처단되어야 할 것이고 현장에서 함께 행동한 피고인으로서도 같은 죄책을 져야함은 더 말할 나위도 없다. 같은 취지의 원심판단은 정당하고 소론과 같은 이유불비 내지 특수강도죄의 미수에 관한 법리오해의 위법이 없으므로 이 점 논지도 이유없다. 그리고 절도범인이 체포를 면탈할 목적으로 경찰관에게 폭행 협박을 가한 때에는 준강도죄와 공무집행방해죄를 구성하고 양죄는 상상적 경합관계에 있으나, 강도범인이 체포를 면탈할 목적으로 경찰관에게 폭행을 가한 때에는 강도죄와 공무집행방해죄는 실체적 경합관계에 있고 상상적 경합관계에 있는 것이 아니다. 이와 반대되는 소론은 독자적 견해로서 이유없다(대법원 1992.7.28. 선고 92도917 판결).

관련판례

1) 강도가 재물강취의 뜻을 재물의 부재로 이루지 못한 채 미수에 그쳤으나 그 자리에서 항거불능의 상태에 빠진 피해자를 간음할 것을 결의하고 실행에 착수했으나 역시 미수에 그쳤더라도 반항을 억압하기 위한 폭행으로 피해자에게 상해를 입힌 경우에는 강도강간미수죄와 강도치상죄가 성립되고 이는 1개의 행위가 2개의 죄명에 해당되어 상상적 경합관계가 성립된다(대법원 1988.06.28. 선고 88도820 판결).
2) 강간범이 강간행위 후에 강도의 범의를 일으켜 그 부녀의 재물을 강취하는 경우에는 강도강간죄가 아니라 강간죄와 강도죄의 경합범이 성립될 수 있을 뿐이지만, 강간행위의 종료 전 즉 그 실행행위의 계속 중에 강도의 행위를 할 경우에는 이때에 바로 강도의 신분을 취득하는 것이므로 이후에 그 자리에서 강간행위를 계속하는 때에는 강도가 부녀를 강간한 때에 해당하여 형법 제339조 소정의 강도강간죄를 구성하고(대법원 1988.9.9. 선고 88도1240 판결 참조), 구 성폭력범죄의 처벌 및 피해자보호 등에 관한 법률(2010.4.15. 법률 제10258호 성폭력범죄의 피해자보호 등에 관한 법률로 개정되기 전의 것) 제5조 제2항은 형법 제334조(특수강도) 등의 죄를 범한 자가 형법 제297조(강간) 등의 죄를 범한 경우에 이를 특수강도강간 등의 죄로 가중하여 처벌하는 것이므로, 다른 특별한 사정이 없는 한 특수강간범이 강간행위 종료 전에 특수강도의 행위를 한 이후에 그 자리에서 강간행위를 계속하는 때에도 특수강도가 부녀를 강간한 때에 해당하여 구 성폭력범죄의 처벌 및 피해자보호 등에 관한 법률 제5조 제2항에 정한 특수강도강간죄로 의율할 수 있다(대법원 2010.7.15. 선고 2010도3594 판결 참조). 또한, 강도죄는 재물탈취의 방법으로 폭행, 협박을 사용하는 행위를 처벌하는 것이므로 폭행, 협박으로 타인의 재물을 탈취한 이상 피해자가 우연히 재물탈취 사실을 알지 못하였다고 하더라도 강도죄는 성립하고, 폭행, 협박당한 자가 탈취당한 재물의 소유자 또는 점유자일 것을 요하지도 아니하며(대법원 1967.6.13. 선고 67도610 판결, 대법원 1979.9.25. 선고 79도1735 판결 등 참조), 강간범인이 부녀를 강간할 목적으로 폭행, 협박에 의하여 반항을 억압한 후 반항억압 상태가 계속 중임을 이용하여 재물을 탈취하는 경우에는 재물탈취를 위한 새로운 폭행, 협박이 없더라도 강도죄가 성립한다(대법원 1985.10.22. 선고 85도1527 판결 참조). 원심이 피해자 공소외 1에 대한 판시 강간행위 도중 범행현장에 있던 피해자 공소외 2 소유의 핸드백을 가져간 피고인의 행위를 포괄하여 구 성폭력범죄의 처벌 및 피해자보호 등에 관한 법률 위반(특수강도강간등)죄에 해당한다고 판단한 조치는 위와 같은 법리에 따른 것으로 정당하고, 거기에 상고이유에서 주장하는 채증법칙 위배로 인한 사실오인 및 법리오해의 위법은 없다(대법원 2010.12.09. 선고 2010도9630 판결).

7. 준강도죄의[17] 미수와 기수 판단

관련판례

[사실관계]

피고인이 공소외인과 합동하여 양주를 절취할 목적으로 장소를 물색하던 중, 2003.12.9. 06:30경 부산 부산진구 부전2동 522-24 소재 5층 건물 중 2층 피해자 1이 운영하는 주점에 이르러, 공소외인은 1층과 2층 계단 사이에서 피고인과 무전기로 연락을 취하면서 망을 보고, 피고인은 위 주점의 잠금장치를 뜯고 침입하여 위 주점 내 진열장에 있던 양주 45병 시가 1,622,000원 상당을 미리 준비한 바구니 3개에 담고 있던 중, 계단에서 서성거리고 있던 공소외인을 수상히 여기고 위 주점 종업원 피해자 2, 이윤룡이 주점으로 돌아오려는 소리를 듣고서 양주를 그대로 둔 채 출입문을 열고 나오다가 피해자 2 등이 피고인을 붙잡자, 체포를 면탈할 목적으로 피고인의 목을 잡고 있던 피해자의 오른손을 깨무는 등 폭행하였다.

[판시사항]

준강도죄의 미수 · 기수의 판단 기준

[판결요지]

(다수의견) 형법 제335조에서 절도가 재물의 탈환을 항거하거나 체포를 면탈하거나 죄적을 인멸할 목적으로 폭행 또는 협박을 가한 때에 준강도로서 강도죄의 예에 따라 처벌하는 취지는, 강도죄와 준강도죄의 구성요건인 재물탈취와 폭행 · 협박 사이에 시간적 순서상 전후의 차이가 있을 뿐 실질적으로 위법성이 같다고 보기 때문인바, 이와 같은 준강도죄의 입법 취지, 강도죄와의 균형 등을 종합적으로 고려해 보면, 준강도죄의 기수 여부는 절도행위의 기수 여부를 기준으로 하여 판단하여야 한다.

(별개의견) 폭행 · 협박행위를 기준으로 하여 준강도죄의 미수범을 인정하는 외에 절취행위가 미수에 그친 경우에도 이를 준강도죄의 미수범이라고 보아 강도죄의 미수범과 사이의 균형을 유지함이 상당하다.

(반대의견) 강도죄와 준강도죄는 그 취지와 본질을 달리한다고 보아야 하며, 준강도죄의 주체는 절도이고 여기에는 기수는 물론 형법상 처벌규정이 있는 미수도 포함되는 것이지만, 준강도죄의 기수 · 미수의 구별은 구성요건적 행위인 폭행 또는 협박이 종료되었는가 하는 점에 따라 결정된다고 해석하는 것이 법규정의 문언 및 미수론의 법리에 부합한다(대법원 2004.11.18. 선고 2004도5074 전원합의체 판결. 절도미수범이 체포를 면탈할 목적으로 폭행한 행위에 대하여 준강도미수죄로 의율한 원심판결을 수긍한 사례).

[참조판례]

절도범인이 체포를 면탈할 목적으로 경찰관에게 폭행 협박을 가한 때에는 준강도죄와 공무집행방해죄를 구성하고 양죄는 상상적 경합관계에 있으나, 강도범인이 체포를 면탈할 목적으로 경찰관에게 폭행을 가한 때에는 강도죄와 공무집행방해죄는 실체적 경합관계에 있고 상상적 경합관계에 있는 것이 아니다(대법원 1992.7.28. 선고 92도917 판결).

---

17) 제335조(준강도) 절도가 재물의 탈환을 항거하거나 체포를 면탈하거나 죄적을 인멸할 목적으로 폭행 또는 협박을 가한 때에는 전2조의 예에 의한다.

제342조 (미수범) 제329조 내지 제341조의 미수범은 처벌한다.

8. 사기죄의[18] 실행착수시기 및 미수와 기수 판단

관련판례

1) 소송사기에 있어서 피기망자인 법원의 재판은 피해자의 처분행위에 갈음하는 내용과 효력이 있는 것이어야 하고, 그렇지 아니하는 경우에는 착오에 의한 재물의 교부행위가 있다고 할 수 없어서 사기죄는 성립되지 아니한다고 할 것이므로, 피고인의 제소가 사망한 자를 상대로 한 것이라면 이와 같은 사망한 자에 대한 판결은 그 내용에 따른 효력이 생기지 아니하여 상속인에게 그 효력이 미치지 아니하고 따라서 사기죄를 구성한다고 할 수 없다(대법원 2002.1.11. 선고 2000도1881 판결; 대법원 1997.7.8. 선고 97도632 판결).
2) 소송사기는 법원을 기망하여 제3자의 재물을 편취할 것을 기도하는 것을 내용으로 하는 것으로서, 사기죄로 인정하기 위하여는 제소 당시 그 주장과 같은 권리가 존재하지 않는다는 것만으로는 부족하고, 그 주장의 권리가 존재하지 않는 사실을 잘 알고 있으면서도 허위의 주장과 입증으로 법원을 기망한다는 인식을 요한다. 허위의 내용으로 지급명령을 신청하여 법원을 기망한다는 고의가 있는 경우에 법원을 기망하는 것은 반드시 허위의 증거를 이용하지 않더라도 당사자의 주장이 법원을 기만하기 충분한 것이라면 기망수단이 된다. 지급명령신청에 대해 상대방이 이의신청을 하면 지급명령은 이의의 범위 안에서 그 효력을 잃게 되고 지급명령을 신청한 때에 소를 제기한 것으로 보게 되는 것이지만 이로써 이미 실행에 착수한 사기의 범행 자체가 없었던 것으로 되는 것은 아니다. 지급명령을 송달받은 채무자가 2주일 이내에 이의신청을 하지 않는 경우에는 구 민사소송법(2002.1.26. 법률 제6626호로 전문 개정되기 전의 것) 제445조에 따라 지급명령은 확정되고, 이와 같이 확정된 지급명령에 대해서는 항고를 제기하는 등 동일한 절차 내에서는 불복절차가 따로 없어서 이를 취소하기 위해서는 재심의 소를 제기하거나 위 법 제505조에 따라 청구이의의 소로써 강제집행의 불허를 소구할 길이 열려 있을 뿐인데, 이는 피해자가 별도의 소로써 피해구제를 받을 수 있는 것에 불과하므로 허위의 내용으로 신청한 지급명령이 그대로 확정된 경우에는 소송사기의 방법으로 승소 판결을 받아 확정된 경우와 마찬가지로 사기죄는 이미 기수에 이르렀다고 볼 것이다(대법원 2004.6.24. 선고 2002도4151 판결).
3) 승소확정판결을 받은 경우, 소송사기의 성립 여부 및 그 기수시기(=승소판결이 확정된 때)
(다수의견) 피고인 또는 그와 공모한 자가 자신이 토지의 소유자라고 허위의 주장을 하면서 소유권보존등기 명의자를 상대로 보존등기의 말소를 구하는 소송을 제기한 경우 그 소송에서 위 토지가 피고인 또는 그와 공모한 자의 소유임을 인정하여 보존등기 말소를 명하는 내용의 승소확정판결을 받는다면, 이에 터 잡아 언제든지 단독으로 상대방의 소유권보존등기를 말소시킨 후 위 판결을 부동산등기법 제130조 제2호 소정의 소유권을 증명하는 판결로 하여 자기 앞으로의 소유권보존등기를 신청하여 그 등기를 마칠 수 있게 되므로, 이는 법원을 기망하여 유리한 판결을 얻음으로써 '대상 토지의 소유권에 대한 방해를 제거하고 그 소유명의를 얻을 수 있는 지위'라는 재산상 이익을 취득한 것이고, 그 경우 기수시기는 위 판결이 확정된 때이다.
(반대의견) 소유권보존등기의 말소를 명하는 확정판결은 그 자체의 효력에 의해서는 등기명의인의 보존등기가 말소될 뿐이고 이로써 피고인 또는 그 공모자가 부동산에 대하여 어떠한 권리를 취득하거나 의무를 면하는 것이 아니어서 그 자체만으로는 법원을 기망하여 재물이나 재산상 이익을 편취한 것이라고 볼 수 없다(대법원 2006.4.7. 선고 2005도9858 전원합의체 판결).
4) 금융기관 직원이 전산단말기를 이용하여 다른 공범들이 지정한 특정계좌에 돈이 입금된 것처럼 허위의 정보를 입력하는 방법으로 위 계좌로 입금되도록 한 경우, 이러한 입금절차를 완료함으로써 장차 그 계좌에서 이를 인

---

18) 제347조(사기) ① 사람을 기망하여 재물의 교부를 받거나 재산상의 이익을 취득한 자는 10년 이하의 징역 또는 2천만 원 이하의 벌금에 처한다.
② 전항의 방법으로 제삼자로 하여금 재물의 교부를 받게 하거나 재산상의 이익을 취득하게 한 때에도 전항의 형과 같다.
제352조(미수범) 제347조 내지 제348조의2, 제350조와 제351조의 미수범은 처벌한다.

출하여 갈 수 있는 재산상 이익을 취득하였으므로 형법 제347조의2에서 정하는 컴퓨터 등 사용사기죄는 기수에 이르렀고, 그 후 그러한 입금이 취소되어 현실적으로 인출되지 못하였다고 하더라도 이미 성립한 컴퓨터등 사용사기죄에 어떤 영향이 있다고 할 수는 없다(대법원 2006.9.14. 선고 2006도4127 판결).

5) 소송사기는 법원을 기망하여 자기에게 유리한 판결을 얻음으로써 상대방의 재물 또는 재산상 이익을 취득하는 것을 내용으로 하는 범죄로서, 소송사기가 성립하기 위하여는 제소 당시에 그 주장과 같은 채권이 존재하지 아니한다는 것만으로는 부족하고, 그 주장의 채권이 존재하지 아니하는 사실을 잘 알면서도 허위의 주장과 입증으로써 법원을 기망한다는 인식을 하고 있어야만 한다. 한편, 채권에 대한 압류 및 전부(추심)명령을 신청한 경우, 집행력 있는 정본의 존부, 집행개시의 요건 구비 여부 등은 법원의 심사 대상이지만 피압류채권의 존부는 그 심사 대상이 아니다. 피고인 甲(A회사 운영자)이 'A회사의 乙에 대한 채권'이 존재하지 않는다는 사실을 알면서 그 사실을 모르는 丙(A회사에 대한 채권자)에게 'A회사의 乙에 대한 채권'의 압류 및 전부(추심)명령을 신청하게 하여 그 명령을 받게 한 사안에서, 丙이 A회사에 대하여 진정한 채권을 가지고 있는 이상, 위와 같은 사정만으로는 법원을 기망하였다고 볼 수 없고, 丙이 乙을 상대로 전부(추심)금 소송을 제기하지 않은 이상 소송사기의 실행에 착수하였다고 볼 수도 없다(대법원 2009.12.10. 선고 2009도9982 판결).

[사실관계와 법률적 쟁점]

A회사 운영자인 甲은 'A회사의 乙에 대한 채권'이 모두 소멸하였음에도 제1차 계약상 대금채권 및 리스보증금 반환채권이 여전히 남아 있는 것처럼 자신의 채권자들에게 허위의 확인서를 작성해 주고 채권자들로 하여금 乙을 상대로 소송을 제기하는 방법으로 법원을 기망하여 금원을 편취하기로 마음먹고, (1) 2006.4.경 A회사의 채권자인 B회사의 대표이사 丙에게 제1차 계약서를 보여 주며 A회사가 乙에게 제1차 계약상의 대금채권을 가지고 있다고 말하여, 이를 진실로 믿은 丙으로 하여금 2006.8.경 수원지방법원에 乙에 대한 채권압류 및 전부명령을 신청하게 하여 2006.8.3. 수원지방법원 2006타채6987호로 채권압류 및 전부명령을 받고, (2) 2006.10.경 A회사의 채권자인 丁에게 A회사가 乙에게 제1차 계약상의 대금채권 및 리스보증금반환채권이 있다는 내용의 확인서를 작성하여 주어, 이를 진실로 믿은 丁으로 하여금 2006.10.경 수원지방법원에 피해자에 대한 채권압류 및 추심명령을 신청하게 하여 2006.10.11. 수원지방법원 2006타채9539호로 채권압류 및 추심명령을 받게 하였다. 그런데 丙과 丁은 A회사에 대하여 진정한 채권을 가지고 있었으며, 丙과 丁은 乙을 상대로 전부(추심)금 소송을 제기하지 않은 상태이다. 甲의 행위가 사기(소송사기)죄의 실행의 착수에 해당한다고 볼 수 있는가?

6) 채무자가 채권자와 사이에 그로부터 금원을 차용하되 그 담보로 채무자 소유의 주식에 대하여 현실 교부의 방법으로 양도담보를 설정하기로 약정하고 채권자로부터 차용금의 일부 또는 전부를 수령한 이상 특단의 사정이 없는 한 채무자는 채권자에게 그 주식을 현실로 교부함으로써 채권자가 그 주식에 대한 양도담보권을 취득하는 데에 협력할 임무가 있다고 할 것이므로, 아직 채권자에게 주식의 현실 교부가 이루어지지 아니한 상태에서 채무자가 제3자와 사이에 그로부터 금원을 차용하되 그 담보로 그 주식의 일부 또는 전부에 대하여 현실 교부의 방법으로 양도담보를 설정하기로 약정하고 제3자로부터 차용금의 일부 또는 전부를 수령하였다면 이는 채권자에 대한 양도담보권 취득을 위한 주식교부절차협력의무 위배와 밀접한 행위로서 배임죄의 실행의 착수에 해당한다고 할 것이다(대법원 2010.2.25. 선고 2009도13187 판결).

7) 사기도박에서 실행의 착수시기(=사기도박을 위한 기망행위를 개시한 때)

도박이란 2인 이상의 자가 상호간에 재물을 도하여 우연한 승패에 의하여 그 재물의 득실을 결정하는 것이므로, 이른바 사기도박과 같이 도박당사자의 일방이 사기의 수단으로써 승패의 수를 지배하는 경우에는 도박에서의 우연성이 결여되어 사기죄만 성립하고 도박죄는 성립하지 아니한다. 사기죄는 편취의 의사로 기망행위를 개시한 때에 실행에 착수한 것으로 보아야 하므로, 사기도박에서도 사기적인 방법으로 도금을 편취하려고 하는 자가 상대방에게 도박에 참가할 것을 권유하는 등 기망행위를 개시한 때에 실행의 착수가 있는 것으로 보아야 한다.

피고인 등이 사기도박에 필요한 준비를 갖추고 그러한 의도로 피해자들에게 도박에 참가하도록 권유한 때 또는 늦어도 그 정을 알지 못하는 피해자들이 도박에 참가한 때에는 이미 사기죄의 실행에 착수하였다고 할 것이므로, 피고인 등이 그 후에 사기도박을 숨기기 위하여 얼마간 정상적인 도박을 하였더라도 이는 사기죄의 실행행위에 포함되는 것이어서 피고인에 대하여는 피해자들에 대한 사기죄만이 성립하고 도박죄는 따로 성립하지 아니한다(대법원 2011.1.13. 선고 2010도9330 판결).

8) 이른바 '소송사기'를 사기죄로 인정하기 위한 요건 및 허위의 내용으로 소송을 제기한 경우 허위의 증거를 이용하지 않더라도 법원을 기망하는 수단이 될 수 있는지 여부

소송사기는 법원을 기망하여 제3자의 재물을 편취할 것을 기도하는 것을 내용으로 하는 것으로서, 사기죄로 인정하기 위하여는 제소 당시 그 주장과 같은 권리가 존재하지 않는다는 것만으로는 부족하고, 그 주장의 권리가 존재하지 않는 사실을 잘 알고 있으면서도 허위의 주장과 입증으로 법원을 기망한다는 인식을 요한다. 그러나 허위의 내용으로 소송을 제기하여 법원을 기망한다는 고의가 있는 경우에 법원을 기망하는 것은 반드시 허위의 증거를 이용하지 않더라도 당사자의 주장이 법원을 기망하기에 충분한 것이라면 기망수단이 된다. 甲 주식회사와 乙 주식회사 사이에 작성된 물품공급계약서는 피고인 등이 乙 회사가 발행한 어음을 할인하는 과정에서 허위로 작성한 것이고, 실제로 甲 회사가 乙 회사에 물품을 공급한 사실이 없는데도, 甲 회사 경영자인 피고인이 물품공급계약에 따른 공급을 완료하였음을 전제로 乙 회사를 상대로 물품대금 청구소송을 제기하면서 증거자료로 위 물품공급계약서를 제출하였다가 그 후 소송을 취하였다면 피고인의 행위는 사기미수죄에 해당한다(대법원 2011.9.8. 선고 2011도7262 판결).

9) 특정인 명의로 사정된 토지는 특별한 사정이 없는 한 사정명의자나 상속인의 소유로 추정되고, 토지 소유자가 행방불명되어 생사 여부를 알 수 없다 하더라도 그가 사망하고 상속인도 없다는 점이 증명되거나 토지에 대하여 민법 제1053조 내지 제1058조에 의한 국가귀속 절차가 이루어지지 아니한 이상 그 토지가 바로 무주부동산이 되어 국가 소유로 귀속되는 것은 아니다. 또한, 무주부동산이 아닌 한 국유재산법 제8조에 의한 무주부동산의 처리절차를 밟아 국유재산으로 등록되었다 하여 국가 소유로 되는 것도 아니다. 甲이 일제시대 사정받은 토지에 대하여 소유자 미복구를 원인으로 국가 명의의 소유권보존등기가 되어 있는 상태에서, 피고인이 제1심 공동피고인과 공모하여 乙이 사정명의인 甲의 소유권을 대습상속한 것처럼 상속인의 사망 시기 등을 조작한 다음 乙을 원고로 하여 국가를 상대로 소유권보존등기 말소등기 청구소송을 제기하여 이를 일부 인용하는 취지의 화해권고결정이 확정된 사안에서, 위 부동산에 대하여 민법 제1053조 이하의 절차에 따른 국가귀속 절차가 이루어지거나 국가가 소유권을 가지게 된 다른 특별한 사정이 있지 않는 한 당연히 국가 소유가 되는 것은 아니라고 할 것이나, 이미 국가 명의로 소유권보존등기가 되어 있는 상태에서 소유권보존등기의 말소 청구를 하고 청구의 일부인용 판결에 준하는 화해권고결정이 확정된 이상, 청구인용 부분에 대하여는 법원을 기망하여 유리한 결정을 받음으로써 '대상 토지의 소유명의를 얻을 수 있는 지위'라는 재산상 이익을 취득하였다고 할 것이고, 이는 사기죄의 대상인 재산상 이익의 편취에 해당한다는 이유로, 위 청구인용 부분에 대하여 사기죄, 그리고 화해권고결정에 의하여 등기말소청구를 포기한 부분에 대하여 사기미수죄가 성립한다(대법원 2011.12.13. 선고 2011도8873 판결).

10) 피담보채권인 공사대금 채권을 실제와 달리 허위로 부풀려 유치권에 의한 경매를 신청한 경우, 소송사기죄의 실행의 착수에 해당하는지 여부

유치권에 의한 경매를 신청한 유치권자는 일반채권자와 마찬가지로 피담보채권액에 기초하여 배당을 받게 되는 결과 피담보채권인 공사대금 채권을 실제와 달리 허위로 크게 부풀려 유치권에 의한 경매를 신청할 경우 정당한 채권액에 의하여 경매를 신청한 경우보다 더 많은 배당금을 받을 수도 있으므로, 이는 법원을 기망하여 배당이라는 법원의 처분행위에 의하여 재산상 이익을 취득하려는 행위로서, 불능범에 해당한다고 볼 수 없고, 소송사기죄의 실행의 착수에 해당한다(대법원 2012.11.15. 선고 2012도9603 판결).

9. (부동산) 횡령죄의[19] 실행착수시기, 미수 판단

관련판례

[사실관계 및 사건의 경과]

甲과 乙은 2007.4. 초순경 "乙이 자금을 출연하여 수목을 구입하고, 甲이 노동력을 제공하여 수목에 대한 가식 및 관리를 하여 쌍방의 협의 하에 제3자에게 처분한 다음 그 수입을 배분한다."라는 동업계약을 구두로 체결하였다. 乙은 같은 달 19. 소나무 39주, 팥배나무 1주를 1200만원에 매수하였고, 甲은 이 수목을 A로부터 임차한 토지에 가식하여 관리하여 왔다. 甲은 위 수목을 乙을 위하여 관리하여 보관하던 중, 乙로부터 수목을 처분해도 좋다는 허락을 받지 아니하였음에도 위 수목을 2008.4.8. 경기도 여주군 대신면 천서리 소재 상호불상의 까페에서 B와 대금 1억 9000만원에 매도하는 매매계약을 체결하고, 즉석에서 계약금 명목으로 받은 5000만원을 개인적으로 사용하였다. 이러한 사실을 알게 된 乙은 B에게 甲이 권한 없이 사기행위를 하였음을 알려서 위 매매계약에 기한 추가적인 이행이 진행되는 것을 미연에 방지한 후 甲을 고소하였다.

검사는 甲을 횡령(기수)죄와 사기죄로 공소제기하였다. 제1심인 춘천지방법원 영월지원은 수목을 처분하는 매매계약을 체결하여 계약금을 수령한 행위는 횡령죄의 기수에 해당한다고 판단하였는데(2010.3.23 선고 2009고단474 판결), 피고인과 검사의 항소에 대하여 원심법원인 춘천지방법원은 직권판단으로 매매계약만으로는 횡령죄의 기수에 이르렀다고 할 수 없고, 단지 횡령미수가 인정된다고 판단하였다(2011.6.22. 선고 2010노197 판결).

[판시사항]

피고인이 피해자로부터 위탁받아 식재 · 관리하여 오던 나무들을 피해자 모르게 제3자에게 매도하는 계약을 체결하고 제3자로부터 계약금을 수령한 상태에서 피해자에게 적발되어 위 계약이 더 이행되지 아니하고 무위로 그친 경우, 부동산 횡령죄의 미수 판단

[판결요지]

횡령죄는 다른 사람의 재물에 관한 소유권 등 본권을 그 보호법익으로 하고 본권이 침해될 위험성이 있으면 그 침해의 결과가 발생하지 아니하더라도 성립하는 이른바 '위험범'에 해당하는데, 여기서 '위험범'이라는 것은 횡령죄가 개인적 법익침해를 전제로 하는 재산범죄의 일종임을 감안하여 볼 때 단순히 사회일반에 대한 막연한 '추상적 위험'이 발생하는 것만으로는 부족하고, 소유자의 본권 침해에 대한 '구체적 위험'이 발생하는 수준에 이를 것을 요하며, 나아가 어떠한 행위에 의하여 소유권 등 본권 침해에 대한 구체적인 위험이 발생하였는지 여부는 해당 재물의 속성, 재산권의 확보방법, 거래실정 등의 제반사정을 고려하여 합리적으로 판단하여야 한다. 그리고 행위자가 불법영득의사의 발현이 표시되었다고 하더라도 부동산에 관한 공시제도나 거래실정 등의 제반사정에 비추어 볼 때 횡령죄에 상응하는 객관적인 구성요소가 아직 실행 또는 충족되지 아니하였고, 소유권 기타 본권 침해에 대한 구체적인 위험이 발생하지도 아니하였다면, 이는 횡령죄의 미수범이 성립될 뿐이며 기수범이 성립되었다고 보기는 어렵다고 할 것이다(대법원 2012.8.17. 선고 2011도9113 판결).

---

19) 제355조 (횡령, 배임) ① 타인의 재물을 보관하는 자가 그 재물을 횡령하거나 그 반환을 거부한 때에는 5년 이하의 징역 또는 1천500만 원 이하의 벌금에 처한다.
제359조(미수범) 제355조 내지 제357조의 미수범은 처벌한다.

10. 방화죄의[20] 실행착수시기

관련판례

[사실관계]

甲은 노환을 앓고 있는 노모의 부양문제로 처와 부부싸움을 자주 하는 등 가정불화와 최근 직장 승진대상에서 누락되는 등의 문제로 심한 정신적 갈등을 겪어오던 중, 2000.9.20. 23:00경 마산시 두척동 418 소재 자신의 집에서 위와 같은 사유로 처인 김○○과 심한 부부싸움을 하다가 격분하여 "집을 불태워 버리고 같이 죽어 버리겠다."며 그 곳 창고 뒤에 있던 18ℓ들이 플라스틱 휘발유통을 들고 나와 처와 자녀 2명이 있는 자신의 주택 보일러실 문 앞과 실외 화장실 문 앞 등에 휘발유를 뿌린 다음, 이러한 자신의 행위를 말리던 이웃 주민인 피해자 乙(남, 51세)과 실랑이를 벌이면서 휘발유통을 높게 쳐들어 乙의 몸에 휘발유가 쏟아지는 것과 동시에 자신의 몸에도 휘발유가 쏟아졌는데도, 乙이 몸에 쏟아진 휘발유를 씻어내고자 수돗가로 가려고 돌아서는 순간, 라이터를 꺼내서 무작정 켜는 바람에 자신과 乙의 몸에 불이 붙게 되었고, 라이터로 붙인 불이 주택 주변에 뿌려진 휘발유를 거쳐 방화 목적물인 주택 자체에 옮겨 붙지는 아니하였다. 그러나 이로 인하여 자신을 만류하던 乙은 약 4주간의 치료를 요하는 경부 및 체부 3도 화상을 입었다.

[판시사항]

매개물을 통한 현존건조물방화죄의 실행의 착수시기 및 그 판단 방법

[판결요지]

매개물을 통한 점화에 의하여 건조물을 소훼함을 내용으로 하는 형태의 방화죄의 경우에, 범인이 그 매개물에 불을 켜서 붙였거나 또는 범인의 행위로 인하여 매개물에 불이 붙게 됨으로써 연소작용이 계속될 수 있는 상태에 이르렀다면, 그것이 곧바로 진화되는 등의 사정으로 인하여 목적물인 건조물 자체에는 불이 옮겨 붙지 못하였다고 하더라도, 방화죄의 실행의 착수가 있었다고 보아야 할 것이고, 구체적인 사건에 있어서 이러한 실행의 착수가 있었는지 여부는 범행 당시 피고인의 의사 내지 인식, 범행의 방법과 태양, 범행 현장 및 주변의 상황, 매개물의 종류와 성질 등의 제반 사정을 종합적으로 고려하여 판단하여야 한다. 따라서 피고인이 방화의 의사로 뿌린 휘발유가 인화성이 강한 상태로 주택주변과 피해자의 몸에 적지 않게 살포되어 있는 사정을 알면서도 라이터를 켜 불꽃을 일으킴으로써 피해자의 몸에 불이 붙은 경우, 비록 외부적 사정에 의하여 불이 방화 목적물인 주택 자체에 옮겨 붙지는 아니하였다 하더라도 현존건조물방화죄의 실행의 착수가 있었다고 봄이 상당하다(대법원 2002.3.26. 선고 2001도6641 판결. 피고인이 방화의 의사로 뿌린 휘발유가 인화성이 강한 상태로 주택주변과 피해자의 몸에 적지 않게 살포되어 있는 사정을 알면서도 라이터를 켜 불꽃을 일으킴으로써 피해자의 몸에 불이 붙은 경우, 비록 외부적 사정에 의하여 불이 방화 목적물인 주택 자체에 옮겨 붙지는 아니하였다 하더라도 현존건조물방화죄의 실행의 착수가 있었다고 봄이 상당하다고 한 사례).

---

20) 제164조 (현주건조물등에의 방화) ① 불을 놓아 사람이 주거로 사용하거나 사람이 현존하는 건조물, 기차, 전차, 자동차, 선박, 항공기 또는 광갱을 소훼한 자는 무기 또는 3년 이상의 징역에 처한다.
② 제1항의 죄를 범하여 사람을 상해에 이르게 한 때에는 무기 또는 5년 이상의 징역에 처한다. 사망에 이르게 한 때에는 사형, 무기 또는 7년 이상의 징역에 처한다.
제174조 (미수범) 제164조제1항, 제165조, 제166조제1항, 제172조제1항, 제172조의2제1항, 제173조제1항과 제2항의 미수범은 처벌한다.

11. 기타 범죄의 미수와 기수시기 판단

관련판례

[판시사항]

구 성폭력범죄의 처벌 및 피해자보호 등에 관한 법률 제14조의2 제1항에서 정한 '카메라 등 이용 촬영죄'의 기수 시기

[판결요지]

구 성폭력범죄의 처벌 및 피해자보호 등에 관한 법률(2010.4.15. 성폭력범죄의 처벌 등에 관한 특례법으로 개정되기 전의 것) 제14조의2 제1항에서 정한 '카메라 등 이용 촬영죄'는 카메라 기타 이와 유사한 기능을 갖춘 기계장치 속에 들어 있는 필름이나 저장장치에 피사체에 대한 영상정보가 입력됨으로써 기수에 이른다고 보아야 한다. 그런데 최근 기술문명의 발달로 등장한 디지털카메라나 동영상 기능이 탑재된 휴대전화 등의 기계장치는, 촬영된 영상정보가 사용자 등에 의해 전자파일 등의 형태로 저장되기 전이라도 일단 촬영이 시작되면 곧바로 촬영된 피사체의 영상정보가 기계장치 내 RAM(Random Access Memory) 등 주기억장치에 입력되어 임시저장되었다가 이후 저장 명령이 내려지면 기계장치 내 보조기억장치 등에 저장되는 방식을 취하는 경우가 많고, 이러한 저장방식을 취하고 있는 카메라 등 기계장치를 이용하여 동영상 촬영이 이루어졌다면 범행은 촬영 후 일정한 시간이 경과하여 영상정보가 기계장치 내 주기억장치 등에 입력됨으로써 기수에 이르는 것이고, 촬영된 영상정보가 전자파일 등의 형태로 영구저장되지 않은 채 사용자에 의해 강제종료되었다고 하여 미수에 그쳤다고 볼 수는 없다. 피고인이 지하철 환승 에스컬레이터 내에서 짧은 치마를 입고 있는 피해자의 뒤에 서서 카메라폰으로 성적 수치심을 느낄 수 있는 치마 속 신체 부위를 피해자 의사에 반하여 동영상 촬영하였다고 하여 구 성폭력범죄의 처벌 및 피해자보호 등에 관한 법률(2010.4.15. 성폭력범죄의 처벌 등에 관한 특례법으로 개정되기 전의 것) 위반으로 기소된 사안에서, 피고인이 휴대폰을 이용하여 동영상 촬영을 시작하여 일정한 시간이 경과하였다면 설령 촬영 중 경찰관에게 발각되어 저장버튼을 누르지 않고 촬영을 종료하였더라도 카메라 등 이용 촬영 범행은 이미 '기수'에 이르렀다고 볼 여지가 매우 큰데도, 피고인이 동영상 촬영 중 저장버튼을 누르지 않고 촬영을 종료하였다는 이유만으로 위 범행이 기수에 이르지 않았다고 단정하여, 피고인에 대한 위 공소사실 중 '기수'의 점을 무죄로 인정한 원심판결에 법리오해로 인한 심리미진 또는 이유모순의 위법이 있다(대법원 2011.6.9. 선고 2010도10677 판결).

[참조조문]

구 성폭력범죄의 처벌 및 피해자보호 등에 관한 법률(2010.4.15. 성폭력범죄의 처벌 등에 관한 특례법으로 개정되기 전의 것)

제14조의2 (카메라등 이용촬영) ① 카메라 기타 이와 유사한 기능을 갖춘 기계장치를 이용하여 성적 욕망 또는 수치심을 유발할 수 있는 타인의 신체를 그 의사에 반하여 촬영하거나 그 촬영물을 반포 · 판매 · 임대 또는 공연히 전시 · 상영한 자는 5년 이하의 징역 또는 1천만 원 이하의 벌금에 처한다.

② 영리목적으로 제1항의 촬영물을 「정보통신망 이용촉진 및 정보보호 등에 관한 법률」 제2조제1항제1호의 정보통신망을 이용하여 유포한 자는 7년 이하의 징역 또는 3천만 원 이하의 벌금에 처한다.

성폭력범죄의 처벌 등에 관한 특례법(2014.12.30. 개정, 2015.7.1. 시행)

제14조 (카메라 등을 이용한 촬영) ① 카메라나 그 밖에 이와 유사한 기능을 갖춘 기계장치를 이용하여 성적 욕망 또는 수치심을 유발할 수 있는 다른 사람의 신체를 그 의사에 반하여 촬영하거나 그 촬영물을 반포 · 판매 · 임대 · 제공 또는 공공연하게 전시 · 상영한 자는 5년 이하의 징역 또는 1천만 원 이하의 벌금에 처한다.

② 제1항의 촬영이 촬영 당시에는 촬영대상자의 의사에 반하지 아니하는 경우에도 사후에 그 의사에 반하여 촬영물을 반포 · 판매 · 임대 · 제공 또는 공공연하게 전시 · 상영한 자는 3년 이하의 징역 또는 500만 원 이하의 벌금에 처한다.

③ 영리를 목적으로 제1항의 촬영물을 「정보통신망 이용촉진 및 정보보호 등에 관한 법률」 제2조제1항제1호의 정보통신망을 이용하여 유포한 자는 7년 이하의 징역 또는 3천만 원 이하의 벌금에 처한다.

기출사례

1) 甲은 평소에 원한이 있던 乙에게 복수하기 위하여 정박 중이던 乙 소유의 선박에 휘발유를 끼얹은 후 지나가던 행인이 담배꽁초를 던져 불이 일어나기를 기다리고 있었다. 그런데 甲은 부둣가를 순찰 중이던 경비원 丙에게 발각되었고, 甲의 자백을 들은 丙은 乙 소유 선박의 화재를 다행히 막을 수 있었다.
甲의 죄책을 논하라. (50점)
[1991년도 시행 제33회 사법시험 제1문]

2) 甲과 乙은 공모하여 서울지하철 객차 내에서 丙의 돈지갑을 훔치려 하였던 바, 甲이 丙의 좌측 호주머니에 손을 넣는 순간 뒤따라온 형사에게 체포되었다.
甲 · 乙의 죄책 여하?
[1976년도 시행 제18회 사법시험 제1문]

3) 甲은 A를 살해할 생각으로 독이 들어 있는 위스키를 A의 자택에 우송했다. 그런데 A의 가족이 위스키를 마셔서는 안된다고 생각하여 A의 처 乙에게 전화로 그 위스키 안에는 독이 들어 있으므로 버리도록 알려 주었다. 그러나 乙은 A와 사이가 좋지 않아 A가 이를 마시고 죽어버린다면 좋겠다고 생각하고 그대로 방치해 두었던 것인데 장남 B가 이 위스키를 마시려 했기 때문에 이를 빼앗아 버렸다.
甲 그리고 乙의 죄책을 論하라.
[1977년도 시행 일본 사법시험]
[이 사례에서 장남 B가 이 위스키를 마시고 상해 또는 사망한 경우도 생각해 보라]

제4절 중지미수

사례연구

1. 사실관계

甲은 2회에 걸쳐 흉기를 휴대하고 강도죄를 범한 자로, 두려움으로 항거불능의 상태에 있는 A의 양손을 뒤로 하여 기저귀로 묶고 눈을 가린 후 강간하려고 하였으나 잠자던 A의 어린 딸이 깨어 우는 바람에 도주하였고, 또 다른 B를 강간할 마음을 먹고 두려움으로 항거불능의 상태에 있는 B에게 옷을 벗어라고 협박하여 B를 강간하려고 하였으나 B가 시장에 간 남편이 곧 돌아온다고 하면서 임신 중이라고 말하자 강간을 포기하고 도주하였다.

검사는 甲에 대해 특정범죄가중처벌등에관한법률위반죄와 강도강간죄의 경합범으로 공소제기하였다.

2. 사건의 경과

제1심 법원은 검사가 기소한 내용대로 유죄를 선고하였고, 피고인은 제1심 판결에 중지미수의 법리오인을 이유로 항소하였다. 원심 법원도 장애미수로 판단하여 항소를 기각하였다. 피고인은 원심판결이 중지미수의 법리를 고려하지 아니한 흠이 있다고 주장하여 대법원에 상고하였다.

3. 법률적 쟁점

甲의 행위를 형법 제26조에서 규정하고 있는 자의성이 인정되는 강도강간죄의 중지미수에 해당한다고 볼 수 있는가?

4. 적용법조

제26조 (중지범) 범인이 자의로 실행에 착수한 행위를 중지하거나 그 행위로 인한 결과의 발생을 방지한 때에는 형을 감경 또는 면제한다.

제339조 (강도강간) 강도가 부녀를 강간한 때에는 무기 또는 10년 이상의 징역에 처한다.

제342조 (미수범) 제329조 내지 제341조의 미수범은 처벌한다.

5. 대법원의 판단

[판시사항]

강도가 강간하려고 하였으나 피해자의 어린 딸이 잠에서 깨어 우는 바람에 그만두었거나, 피해자가 임신중인데다 시장에 간 남편이 곧 돌아온다고 하여 그만둔 경우 중지범의 요건인 자의성을 인정할 수 있는지 여부

[판결요지]

원심이 사실을 확정한 바에 의하면, 피고인이 두려움으로 항거불능의 상태에 있는 피해자의 양 손을

뒤로 하여 기저귀로 묶고 눈을 가린 후 하의를 벗기고 강간하려고 하였으나 잠자던 피해자의 어린 딸이 깨어 우는 바람에 도주하였고, 또 다른 피해자를 강간할 마음을 먹고 두려움으로 항거불능의 상태에 있는 피해자에게 옷을 벗으라고 협박하여 피해자를 강간하려고 하였으나 피해자가 시장에 간 남편이 곧 돌아온다고 하면서 임신중이라고 말하자 도주하였다는 것인바, 그렇다면 피고인이 자의로 강간행위를 중지하였다고 볼 수는 없을 것이므로, 원심판결에 형법 제25조 및 제26조의 미수범에 관한 법리를 오해한 위법이 있다는 논지도 받아들일 것이 못된다(대법원 1993.4.13. 선고 93도347 판결).

제1항 개념(제26조)

형법 제26조 (중지범) 범인이 자의로 실행에 착수한 행위를 중지하거나 그 행위로 인한 결과의 발생을 방지한 때에는 형을 감경 또는 면제한다.

범죄의 실행에 착수한 자가 아직 범죄가 완성에 이르기 전에 자기의 의사로서 실행행위를 중지하거나, 그 행위로 인한 결과의 발생을 방지한 경우의 범죄형태를 말한다(제26조).[1] 중지미수는 심정반가치(心情反價値)에 대응하는 개념으로서의 자의성(自意性)을 그 본질로 하는 미수범형태이다.

중지미수범은 단순미수범의 객관적 구성요건표지인 행위의 미종료 또는 결과불발생이 실행행위에 착수한 자의 자의에 의한 것이라는 점에서 단순미수범의 또 다른 특수한 형태인 불능미수범과 구별되는 바, 중지미수범의 핵심적 표지는 "자의성"이다.

중지미수범의 본질적 표지로서 자의성과 필요적 감면을 규정하고 있는 제26조의 입법형식은 구형법 제43조의 '범죄의 실행에 착수하고 이를 완수하지 못한 자는 그 형을 감경할 수 있다. 단 자기의 의사에 의하여 이를 중지한 때에는 그 형을 감경 또는 면제한다'라는 규정과, 1940년 일본 개정형법가안 제23조의 '자기의 의사에 의하여 범죄의 실행을 중지하거나 결과의 발생을 방지한 자는 그 형을 감경 또는 면제한다'라는 규정을 입법모델로 하였을 것으로 짐작된다.[2]

중지미수범에 대한 형의 감면근거와 자의성의 해석과 관련한 그 동안 논의들은 비록 일부분이라 하더라도 제26조의 입법모델이면서 규정내용이 동일한 일본 형법상의 논의들을 가져온 것으로,

1) 독일형법 제24조 (중지미수) ① 자의로 범행의 이후의 실행을 포기하거나 그 범행의 완성을 방지한 자는 미수로 벌하지 아니한다. 범행이 중지자의 조력없이 완성되지 아니한 경우 중지자가 자의로 진지하게 그 완성을 방지하려고 노력한 때에는 벌하지 아니한다.

2) 1972년 일본 개정형법초안(부회혁안)과 1974년의 개정형법초안(법제심의회총회결정) 제24조 제1항도 '자기의 의사에 의하여, 범죄의 실행을 중지하거나 결과의 발생을 방지하기 위하여 이것을 마치지 아니한(遂げなかった) 자는 그 형을 감경하거나 면제한다'라고 규정하였다.

1980년 이후에는 형벌목적설 · 책임이행설 · 규범설 등 독일 형법상의 논의들이 여기에 첨가되면서 다양한 견해들이 대립하여 왔다. 그러나 최근에는 중지미수범의 자의성에 대한 해석과 관련된 실제 사례들이 축적되면서 자의성에 대한 추상적인 해석을 우리 대법원판례와 독일 연방법원판례 및 강학상의 사례들에 적용하여 이론적 타당성을 검증함으로써 구체적인 법판단의 기준을 제시하고자 하는 입장에서 문제되는 사례들을 유형화하는 작업과 더불어[3] 법해석방법론의 입장에서 자의성에 대한 새로운 해석이 시도되고 있는 바,[4] 외국 형법이론의 모사에서 탈피하여 독자적인 해석의 영역을 모색하고 있다는 점에서 주목할 만 것으로 보인다.

아래에서는 중지미수범의 형의 감면근거와 자의성에 대하여 그 동안 논의되어 온 내용들을 간략하게 정리하면서 형의 필요적 감면을 결정지우는 자의성에 대한 논의의 폭을 넓혀보고자 한다.

제2항 중지미수범에 대한 형의 필요적 감면의 근거(중지미수의 법적 성격)

Ⅰ. 그 동안의 논의상황

형을 임의적으로 감경하는 단순미수범에서 나아가 중지미수범의 형을 필요적으로 감경 또는 면제하는 근거가 어디에 있는가에 관한 그 동안의 논의와 관련하여 먼저 "이 논쟁은 법률이 규정한 중지범의 해석 · 적용과 직접 관련되는 것이 아니며 중지미수를 필요적으로 감면처벌하게 된 입법동기를 묻고 있을 뿐이다"라고 하여 논의의 의미를 축소하는 견해가 있다. 그러나 중지미수범의 형을 왜 반드시 감경 또는 면제해야 하느냐에 대한 논의에 따라 독일 형법처럼 벌하지 아니하는 것으로 하거나 필요적 면제로 규정하는 것이 타당하다는 입법방향의 제시만이 아니라, 형을 감면하는 이유가 자의성에 있기 때문에 자의성에 대한 해석이 감면근거와 논리적으로 부합해야 한다는 점에서 형의 감면근거에 대한 논의는 자의성에 대한 해석과도 관련을 가지고 있으며, 따라서 논의의 실익이 있다 할 것이다.

그리고 "중지미수의 체계적 위치를 어디에 설정할 것인가의 문제는 중지미수의 형의 감면근거가 아니기 때문에 형의 감면근거와 체계적 위치가 논리필연적 연결관계를 갖는 것이 아니며 따라서 중지미수의 형의 감면근거와 중지미수의 범죄체계론적 위치는 서로 다른 문제로 양자를 구분하는 것이 타당하다"는 견해도[5] 있다. 독일 형법과 같이 중지미수범에 대하여 벌하지 아니하는 것으로 규정

3) 하태훈, "중지미수의 성립요건", 형사판례연구(7)(형사판례연구회편,1999), 75면 내지 79면.

4) 이상돈, "중지미수에서 자의성 개념의 기호론적 재구성", 저스티스 제33권제1호(한국법학원,2000), 120면 내지 130면.

5) 중지미수의 형의 감면근거에 대한 학설로 형사정책설(황금교설), 보상설(은사설), 형벌목적설, 책임이행설, 법률설, 복합설(복합적 결합설)을 설명하고, 중지미수의 체계적 지위와 관련해서는 위법성감소 · 소멸설, 책임감소 · 소멸설, 인적처벌조

하는 입법형식에서는 중지미수범의 범죄체계론적 논의가 예를 들어 법률설, 형벌목적설, 책임이행설과 같이 구체적 내용에 따라서는 불처벌의 근거와 논리적 연관성을 가질 수도 있으나, 필요적 감면으로 규정하고 있는 우리 형법 규정으로는 형의 감면근거와 중지미수범의 범죄체계론적 논의가 논리필연적 연결관계를 가진다고 볼 수는 없다. 따라서 양자의 논의를 구분해야 한다는 견해는 우리 규정형식과는 다른 독일 형법해석을 모사하고 있는 논의상황에 대한 적절한 지적이라고 할 수 있다.

그러나 필요적 면제의 근거는 불법소멸이나 책임소멸이 아니기 때문에 중지미수범의 범죄체계론적 논의와 논리적 연관성이 없다 하더라도 필요적 감경의 근거는 논의의 내용에 따라 논리적 연관성을 가질 수 있기 때문에 전면적으로 이를 부정하여 양자를 구분할 필요는 없으며, 형의 감면근거에 대한 논의들 가운데 중지미수범의 범죄체계론적 지위와 관련된 논의와 연관성이 없는 논의들을 구별하여 이해하면 된다고 본다.

중지미수범에 대한 필요적 감면의 이론적 근거에 대하여 약간의 차이점은 있으나 대부분의 학자들은 형사정책설(황금다리이론), 보상설(은사설), 법률설, 책임이행설, 형벌목적설, 종합설 등으로 나누어 설명하면서 그 논거에 대하여 검토하고 있다.

범죄체계론적 논의와의 연관성이라는 관점에서 형의 감면근거에 대한 견해들을 나누어보면 형법이론적으로는 중지미수범의 형을 필요적 감면으로까지 할 수 없다는 점에서 범죄체계론적 논의와는 무관한 오직 정책적 이유에서 형이 감면되는 것으로 보는 정책설과, 정책적 근거가 아닌 형법이론적 근거에서 형이 감면된다고 보는 법률설 및 양자를 결합하여 설명하는 결합설(종합설, 복합설)이라는 견해대립으로 나눌 수 있다.[6)]

1. 정책설

1) 형사정책설

중지미수범에게 형의 감경 또는 면제를 약속하는 것은 실행중인 범행을 중단하거나 실행행위가 끝난 범행의 결과발생을 방지하게끔 하는 동기부여를 하는 데에 있다고 보는 견해로, 행위자에게 희망을 준다는 의미에서 퇴각을 위한 '황금의 다리이론'(Theorie von der goldenen Brücke)이라고도 한다. 즉 이 견해에 의하면 중지미수범을 필요적으로 감면하는 이유는 실행에 착수했더라도 되돌아 오기 위한 황금의 다리를 놓음으로써 범죄완성을 막고자하는 형사정책적 고려 때문이라고 한다.

각사유설, 양형규정설을 설명하는 견해도 있다.

6) 중지미수의 경우에 형을 면제하거나 형을 필요적으로 감격하는 이유는 자의에 의한 범행중지가 다른 정상(예컨대 피해보상, 자수 · 자복 · 자백)에 비해서 우월한 정상이기 때문이라고 해석해야 한다는 점에서 우월적 정상설이라는 독창적인 해석론을 전개하는 견해도 있다[백형구, "미수범의 신체계", 저스티스 제32권제2호(한국법학원, 1999), 75면].

2) 보상설(은사설, 공적설)[7]

행위자가 범행을 중지하거나 결과발생을 방지하여 불법의 영역에서 합법의 영역으로 돌아옴으로써 일반인으로 하여금 자신이 저지른 법질서침해에 대한 부정적 인식을 회복시킨 공적을 인정하여 실행의 착수 이후 발생시킨 법익침해나 위험에 대한 형벌을 감면한다는 견해로, 행위자의 자의에 의한 범행중단에 대한 보상(대가)으로 혹은 은사로 형을 감면한다고 한다.

3) 법정책설

당벌성의 관점이 아닌 구체적인 형벌필요성의 관점에서 처벌을 배제하려는 제도이므로 인적 처벌조각사유 내지 객관적 처벌조건의 하나로 보는 견해이다.[8]

그러나 이 견해에 대해서는 중지미수의 행위가 제재를 필요로 하는가의 여부는 형법상 당벌성의 문제로서 책임영역에서 취급하여야 하며, 일반적인 법정책적 고려만이 가능한 인적 처벌조각사유로 해석하는 것은 부당하다는 비판이 있다.

2. 법률설

정책설과는 달리 형법이론적 근거에서 형의 감면의 근거를 제시하고자 하는 견해로, 중지미수는 범죄성립요건 중어느 하나를 소멸 내지 감소시킨다고 보는 견해이다. 법률설도 그 구체적인 근거를 어디에서 구하느냐에 따라 아래와 같이 견해가 대립되고 있다.[9]

나누어져 있다.

1) 불법감소 · 소멸설

행위의 주관적 불법구성요건요소인 고의에 상응하는 행위자의 중지의사가 행위의 불법을 감소 내지 소멸시켰거나 또는 객관적으로 법익침해에 대한 위험성을 소멸시켰기 때문에 형을 감경 또는 면제한다고 보는 견해이다.

2) 책임감소 · 소멸설,

실행중지 또는 결과발생의 방지행위에 나타난 행위자의 규범합치적 인격태도로 인하여 행위자에 대한 비난가능성이 감소 내지 소멸된다고 보는 견해이다.

---

7) 자신이 초래한 행위 및 결과에 대한 원상회복의무를 지는 행위자가 원상회복의무를 이행하였기 때문에 형벌을 감면한다는 책임이행설도 보상설과 같은 입장으로 분류하는 견해도 있다.

8) 독일의 다수견해.

9) 행위자가 자의적인 책무이행을 통하여 범죄가 기수에 이르는 것을 방지하는 데에서 형벌감면의 근거가 있다고 보는 책임이행설은 중지미수범을 벌하지 아니하는 것으로 규정하고 있는 독일 형법해석상 예방적 책임론의 관점에서 불처벌의 근거를 설명하는 견해로, 법률설의 하나로 볼 수 있으나 우리나라에서는 이를 지지하는 학자가 없다.

3) 형벌목적설[10)]

일반예방이나 특별예방이라는 형벌목적의 관점에서 볼 때 중지미수의 형벌이 감면된다고 이해하는 견해이다.

3. 결합설(종합설, 복합설)

정책설과 법률설을 결합하여 중지미수에 대한 형의 감경은 법률설에 의하여 설명하고 형의 면제에 대해서는 정책설로 설명하는 결합설은 다시 불법감소설과 형사정책설을 결합하는 견해, 책임감소설과 형사정책설을 결합하여 설명하는 견해, 불법감소설과 책임감소설 및 형사정책설을 결합하여 설명하는 견해, 중지미수는 자의에 의해 형벌필요성이 흠결 내지 감소된 정도로 책임이 감소된다고 보는 형벌목적론적 책임감소설, 보상설과 형벌목적설을 결합하는 견해, 형사정책적 책임감소 · 소멸설 등으로 매우 다양하게 주장되고 있다.

Ⅱ. 논의상황에 대한 검토

중지미수범에 대한 형의 감면근거에 대한 논의는 일본과 독일 형법해석학에서 논의된 내용들을 혼재한 것으로 독자적인 우리 형법해석으로 보기 어려울 뿐 아니라, 반드시 독자적인 해석을 요하는 것도 아니다. 그러나 입법의 문제가 아닌 주어진 법규정에 대한 해석의 영역에서는 규정내용을 달리하는 외국의 해석이 참고는 될 수 있으나 우리 형법해석에 그대로 가져와서는 안 될 것이다. 따라서 중지미수범의 형의 감면근거에 대한 논의도 중지미수범에 대한 법적 효과를 벌하지 아니하는 것으로 규정하고 있는 독일 형법해석학의 논의를 그대로 차용할 수는 없다.

예를 들어 '벌하지 아니한다'라고 하여 무죄로 규정하고 있는 독일 형법해석으로는 불법소멸이나 책임소멸이라는 해석이 가능할 수 있으며, 책임을 예방이라는 형벌목적적 관점에서 규정지우고자 하는 적극적 일반예방이론에서 본다면 책임이행설이라는 견해도 타당성을 가질 수 있을 것이다. 그러나 우리 형법은 중지미수범에 대하여 형의 감경 또는 면제로 규정하고 있기 때문에 어떠한 경우에도 실행에 착수한 행위의 불법이나 책임이 소멸될 수는 없다는 점에서 불법소멸설이나 책임소멸설 또는 책임이행설은 우리 형법의 해석이 될 수 없다고 보여진다.

또한 형법해석은 범죄체계론적 해석에 충실한 논리성을 가져야된다는 점에서 중지미수범에 대한 형의 감면근거도 먼저 불법이론과 책임이론의 관점에서 논의한 후, 도저히 범죄체계론으로는 설명

10) 독일 판례의 입장. 형벌목적설은 형법이론적 근거에서 설명한다는 점에서 법률설이라고 할 수 있으나, 소극적 일반예방이나 특별예방이라는 형벌목적의 관점에서 설명하는 한에서는 중지미수범의 범죄체계론적 논의와는 무관하다. 그러나 형벌목적을 적극적 일반예방이라는 관점에서 접근한다면 형벌목적설도 중지미수범의 범죄체계론적 논의와 논리적 연관성을 가지게 된다.

할 수 없는 부분에 대해서는 형사정책적 목적을 고려하거나 입법적 대안을 제시할 수 밖에 없다고 본다. 따라서 형의 감면근거를 단지 형사정책적인 고려에서 일률적으로 파악하는 형사정책설이나 보상설은 해석의 영역을 벗어난 견해로 받아들이기 어렵다.

그리고 행위의 불법은 개별적인 행위자에 대한 고려가 아닌 구체적인 행위상황을 고려하는 평가단계로 단순미수범의 불법의 양과 질이 기수범과 비교하여 다르기 때문에 기수범에 비하여 임의적 감경으로 규정하고 있는 바, 중지미수범에 대한 형은 기수범에 대한 비교가 아니라 미수범임에도 불구하고 단순미수범의 임의적 감경에서 나아가 왜 필요적 감면으로까지 배려하는가라는 단순미수범과의 비교관점에서 보아야 한다. 즉 실행행위에 착수함으로써 단순미수범으로 이미 확정된 행위의 불법의 양과 질이 사후적인 자의성이라는 주관적 요건에 의해 감소 또는 소멸될 수 없을 뿐 아니라, 비록 공범관계에 있더라도 실행행위에 착수한 후 자의로 중지한 자만의 형을 감면한다는 점에서 불법감소설이나 불법소멸설은 이론적 타당성이 없다.

따라서 중지미수범에 대하여 형을 감경 또는 면제해야 하는 것으로 규정하고 있는 형법해석상으로는 형의 감경에 대해서는 책임감소설의 입장에서, 형의 면제에 대해서는 형사정책설이나 보상설의 입장에서 그 근거를 구하는 견해가 타당하다고 본다. 다만 규범적 책임개념의 관점에서 중지미수범은 결과발생의 방지행위에 나타난 행위자의 규범합치적 인격태도로 인하여 행위자에 대한 비난가능성이 감소된다고 보는 책임감소설은 불법과 책임의 합치(Kongruenz)라는 책임원칙에 충실하지 못하다.

따라서 단순미수범에 대한 임의적 감경에서 나아가 중지미수범의 형을 필요적 감경으로까지 완화하는 근거는 범죄체계론과 관련하여 적극적 일반예방의 고려에 의하여 책임으로 제한된 하한인 임의적 감경을 필요적 감경으로 완화한 것으로 해석해야 할 것이다(예방적 고려에 의한 책임감소설). 이와는 달리 중지미수범에 대한 형의 필요적 면제는 범죄체계론으로는 도저히 설명할 수 없는, 오직 양형에서의 배려라는 형사정책적 관점으로 밖에는 설명할 수 없다고 본다.

제3항 성립요건

Ⅰ. 주관적 요건

1. 일반적 · 주관적 요건으로서의 고의

고의 내지 특별한 주관적 불법요소로, 확정적 행위실현의사를 요한다.

2. 특수한 주관적 요건으로서의 자의성(Freiwilligkeit)

범행시도가 실패하지 않은 경우에만 문제되는 것으로, 불법구성요건의 충족이 물리적으로 불가능하게 되었거나 범행이 더 이상 의미가 없게 되어 그만둔 경우에는 실패한 범행시도로서 장애미수에 해당한다.

중지미수범의 핵심적 표지인 자의성을 개념규정과 더불어 그 판단기준을 어디에 둘 것인가와 관련해서도 다양한 견해들이 제시되고 있는 바, 자의성의 개념에 대해서는 문리적 의미대로 '스스로 결정한다'는 뜻으로 해석하는 견해, '행위자에게 자주적인 동기설정이 인정되는 것'으로 해석하는 견해, '임의에 의한 결의'로 해석하는 견해 등이 있다.

1) 자의성 판단에 관한 학설

자의성에 대한 판단기준에 대해서는 대부분의 학자들이 객관설, 주관설, 절충설, 프랑크(Frank)공식, 규범설로 나누어 설명하면서 그 논거에 대하여 검토하고 있다.[11]

(1) 객관설

외부적 사정과 내부적 동기로 구별하여 행위자의 의사와 관계없는 외부적 장애(물리적 장애)에 의하여 중지 · 방지한 경우에는 장애미수이며, 내부적 동기에 의하여 중지 · 방지한 경우는 중지미수로 보는 견해이다.

이와 같이 객관설은 외부적 사정에 의한 중지의 경우에는 자의성이 없지만 그 외에는 모두 자의성이 있다고 보는, 즉 범행의 중지원인이 내부적 원인(동기)에 기인한 것인가 아니면 외부적 사정(외부적 장애)으로 인한 것인가에 따라 전자의 경우에는 중지미수이나 후자의 경우에는 장애미수라고 보는 견해이다. 따라서 이 견해에 의하면 범행의 편의성, 성공가능성, 처벌에 대한 두려움, 단순한 공포심 등

11) '자의성' 판단에 대한 견해를 전통적인 객관설 · 주관설 · 절충설 또는 Frank 공식으로 나누지 않고 첫째, 행위자의 내부적 심리상태를 기준으로 하는 이론(여기에는 전통적인 분류방법으로 볼 때 객관설, Frank 공식, 절충설이 해당한다) 둘째, 윤리적 동기를 기준으로 하는 이론(주관설) 셋째, 자의성을 평가문제로 보아 범행을 중지하게 된 내심적 태도를 평가함으로써 자의성 여부를 판단하는 이론으로 나누는 견해도 있다.

을 고려하여 중지한 경우에도 자의성이 인정된다고 본다.

객관설에 대한 공통된 비판은 인간의사의 발동은 어떠한 외부적 사정에 의하여 유발되는 것이 대부분이기 때문에 외부적 사정과 내부적 동기를 구별하는 것이 쉽지 않을 뿐 아니라, 내부적 동기를 해석함에 있어서 행위자의 심리상태에 의존해야 하기 때문에 예컨대 경찰이 실제 오지 않았음에도 불구하고 온다고 착각하여 실행행위를 중지한 경우에도 중지미수의 자의성을 인정함으로써 중지미수가 지나치게 확대될 위험이 있다는 것이다.

(2) 주관설

주관설에 대해서는 그 설명하는 내용이 약간 다른 바, 일부 학자들은 범행의 중지를 초래하게 한 동기가 심리적인 강제에 의해서인가(장애미수), 아니면 행위자가 범행의 계속 수행 여부를 자유롭게 선택할 수 있었는가(중지미수)를 기준으로 자의성을 판단하는 견해로 설명하는가 하면, 후회 또는 연민 등과 같은 윤리적 동기에 의하여 중지한 경우에는 중지미수이고, 다른 동기에 의한 경우에는 모두 장애미수로 보는 학설을 주관설이라고 설명하기도 한다.

주관설에 대해서는 자의성과 윤리성을 혼동하고 있고, 윤리적 동기에서 중지한 경우에만 중지미수를 인정하기 때문에 예컨대 실행에 착수한 자가 꿈자리가 사나운 것을 상기하고는 그만 둔 경우라든가 실행행위 도중에 돌아가신 선친의 모습이 떠올라 그만 둔 경우도 범죄의사의 포기 또는 후회의사 없이 중지한 것이므로 장애미수가 되어 중지미수를 인정하는 범위가 지나치게 좁게 된다는 것이 공통된 비판이다. 또한 형의 감면까지 인정하는 형법하에서 그렇게 한정적으로 해석하는 타당하지 못하다는 비판도 있다.

(3) 절충설

주관설과 객관설을 혼합했다는 의미에서의 절충설은 범행 당시의 객관적 사정과 행위자의 내부적 원인을 종합하여 일반사회통념상 범죄실행에 특별히 장애가 될만한 사유가 없음에도 불구하고 자기의사에 의하여 스스로 중지한 경우가 중지미수이고 그렇지 않은 경우가 장애미수라고 한다. 즉 상황이 불리하게 변경되지 않은 상태에서 행위자의 자율적인 동기에 의한 중지라는 의사결정의 자주적인 동기를 기준으로 자의성을 판단하는 입장이다.

판례도 외부적 사정과 내부적 동기를 구별하는 기준으로써 사회통념을 들면서 "범죄실행행위의 중지가 일반 사회통념상 범죄를 완수함에 장애가 되는 사정 때문이라면 자의에 의한 중지미수라고 볼 수 없다"라고 판시하고 있는데, 이는 단순미수범의 특별구성요건인 중지미수범의 자의성을 적극적으로 개념지우지 아니하고 소극적으로 소거하는 방법을 취하고 있을 뿐 아니라 미수범의 체계에서 볼 때도 자의성에 대한 해석이라고 보기는 어렵다.

관련판례

1) 중지미수라 함은 범죄의 실행행위에 착수하고 그 범죄가 완수되기 전에 자기의 자유로운 의사에 따라 범죄의 실행행위를 중지하는 것으로서 장애미수와 대칭되는 개념이나 중지미수와 장애미수를 구분하는데 있어서는 범죄의 미수가 자의에 의한 중지이냐 또는 어떤 장애에 의한 미수이냐에 따라 가려야 하고 특히 자의에 의한 중지중에서도 일반사회통념상 장애에 의한 미수라고 보여지는 경우를 제외한 것을 중지미수라고 풀이함이 일반이다. 소론은 피고인 등의 이 사건 범행은 원료불량으로 인한 제조상의 애로, 제품의 판로문제, 범행탄로시의 처벌공포, 원심 공동피고인 의 포악성 등으로 인하여 히로뽕 제조를 단념한 것이므로 중지미수로서 형법 제26조를 적용하여야 한다는 취지이나 원심이 인용한 제 1심판결이 적법하게 확정한 바에 따르면 피고인등은 염산에페트린으로 메스암페타민합성 중간제품을 만드는 과정에서 그 범행이 발각되어 검거됨으로써 메스암페타민 제조의 목적을 이루지 못하고 미수에 그쳤다는 것이므로 피고인 등의 범행과정에 설사 소론과 같은 사정이 있었다고 하더라도 그와 같은 사정이 있었다는 사정만으로서는 이를 중지미수라 할 수 없는 것이므로 소론 상고논지 역시 그 이유가 없다(대법원 1985.11.12. 선고 85도2002 판결).

2) 범행당일 미리 제보를 받은 세관직원들이 범행장소 주변에 잠복근무를 하고 있어 그들이 왔다 갔다하는 것을 본 피고인이 범행의 발각을 두려워한 나머지 자신이 분담하기로 한 실행행위를 하지 못한 경우, 이는 피고인의 자의에 의한 범행의 중지가 아니어서 형법 제26조 소정의 중지범에 해당한다고 볼 수 없다(대법원 1986.1.21. 선고 85도2339 판결).

3) 피고인 甲, 乙, 丙이 강도행위를 하던 중 피고인 甲, 乙은 피해자를 강간하려고 작은 방으로 끌고가 팬티를 강제로 벗기고 음부를 만지던 중 피해자가 수술한 지 얼마 안되어 배가 아프다면서 애원하는 바람에 그 뜻을 이루지 못하였다면, 강도행위의 계속 중 이미 공포상태에 빠진 피해자를 강간하려고 한 이상 강간의 실행에 착수한 것이고, 피고인들이 간음행위를 중단한 것은 피해자를 불쌍히 여겨서가 아니라 피해자의 신체조건상 강간을 하기에 지장이 있다고 본 데에 기인한 것이므로, 이는 일반의 경험상 강간행위를 수행함에 장애가 되는 외부적 사정에 의하여 범행을 중지한 것에 지나지 않는 것으로서 중지범의 요건인 자의성을 결여하였다(대법원 1992.7.28. 선고 92도917 판결).

4) 피고인이 두려움으로 항거불능의 상태에 있는 피해자의 양 손을 뒤로 하여 기저귀로 묶고 눈을 가린 후 하의를 벗기고 강간하려고 하였으나 잠자던 피해자의 어린 딸이 깨어 우는 바람에 도주하였고, 또 다른 피해자를 강간할 마음을 먹고 두려움으로 항거불능의 상태에 있는 피해자에게 옷을 벗으라고 협박하여 피해자를 강간하려고 하였으나 피해자가 시장에 간 남편이 곧 돌아온다고 하면서 임신중이라고 말하자 도주하였다는 것인바, 그렇다면 피고인이 자의로 강간행위를 중지하였다고 볼 수는 없다(대법원 1993.4.13. 선고 93도347 판결).

5) 피고인이 피해자를 강간하려다가 피해자의 다음 번에 만나 친해지면 응해 주겠다는 취지의 간곡한 부탁으로 인하여 그 목적을 이루지 못한 후 피해자를 자신의 차에 태워 집에까지 데려다 주었다면 피고인은 자의로 피해자에 대한 강간행위를 중지한 것이고 피해자의 다음에 만나 친해지면 응해 주겠다는 취지의 간곡한 부탁은 사회통념상 범죄실행에 대한 장애라고 여겨지지는 아니하므로 피고인의 행위는 중지미수에 해당한다(대법원 1993.10.12. 선고 93도1851 판결).

6) 피고인이 장롱 안에 있는 옷가지에 불을 놓아 건물을 소훼하려 하였으나 불길이 치솟는 것을 보고 겁이 나서 물을 부어 불을 끈 것이라면, 위와 같은 경우 치솟는 불길에 놀라거나 자신의 신체안전에 대한 위해 또는 범행 발각시의 처벌 등에 두려움을 느끼는 것은 일반 사회통념상 범죄를 완수함에 장애가 되는 사정에 해당한다고 보아야 할 것이므로, 이를 자의에 의한 중지미수라고는 볼 수 없다(대법원 1997.6.13. 선고 97도957 판결).

7) 범죄의 실행행위에 착수하고 그 범죄가 완수되기 전에 자기의 자유로운 의사에 따라 범죄의 실행행위를 중지한 경우에 그 중지가 일반 사회통념상 범죄를 완수함에 장애가 되는 사정에 의한 것이 아니라면 이는 중지미수에 해당한다고 할 것이지만, 피고인이 피해자를 살해하려고 그의 목 부위와 왼쪽 가슴 부위를 칼로 수 회 찔렀으나 피해자의 가슴 부위에서 많은 피가 흘러나오는 것을 발견하고 겁을 먹고 그만 두는 바람에 미수에 그친 것이라면, 위와 같은 경우 많은 피가 흘러나오는 것에 놀라거나 두려움을 느끼는 것은 일반 사회통념상 범죄를 완수함

에 장애가 되는 사정에 해당한다고 보아야 할 것이므로, 이를 자의에 의한 중지미수라고 볼 수 없다(대법원 1999.4.13. 선고 99도 640 판결).

8) 범죄의 실행행위에 착수하고 그 범죄가 완수되기 전에 자기의 자유로운 의사에 따라 범죄의 실행행위를 중지한 경우에 그 중지가 일반 사회통념상 범죄를 완수함에 장애가 되는 사정에 의한 것이 아니라면 이를 중지미수에 해당한다고 할 것이지만, 원심이 적법하게 확정한 바와 같이, 피고인이 공소외 2에게 위조한 주식인수계약서와 통장사본을 보여주면서 50억 원의 투자를 받았다고 거짓말하며 자금의 대여를 요청하였고, 이에 공소외 2와 함께 50억 원의 입금 여부를 확인하기 위해 은행에 가던 중 은행 입구에서 차용을 포기하고 돌아간 것이라면, 이는 피고인이 범행이 발각될 것이 두려워 범행을 중지한 것으로서, 일반 사회통념상 범죄를 완수함에 장애가 되는 사정에 해당한다고 보아야 할 것이므로, 이를 자의에 의한 중지미수라고는 볼 수 없다(대법원 2011.11.10. 선고 2011도10539 판결).

이와 같이 절충설에 의하면 범죄의 장애될 만한 사정의 유무는 행위자가 인식한 바에 따르므로 범죄의 장애될 만한 사정이 없어도 행위자가 있다고 오인하고 그만둔 경우에는 장애미수에 해당하며, 이에 대해 외부적으로 장애될 만한 사정이 있더라도 행위자가 이를 인식하지 못하고 자의로 중지한 경우에는 중지미수에 해당하게 된다.

절충설에 대해서는 행위자의 범행중단결정을 심리적 측면에서만 평가하기 때문에, 즉 자의적인 중지였는가는 오로지 행위자가 자유로운 심리상태에서 스스로 내린 결정이었는가에 따라 좌우되므로 그 결과 중지범의 형을 필요적으로 감면하도록 한 범인에 대한 보상적 취지와 배치되는 경우에도 자의성을 인정하게 된다는 비판이 있다. 또한 예를 들어 금제품인줄 알고 절취하다가 도금품이었기 때문에 중지하였다면 이 견해에 의하면 중지미수인지 장애미수인지 구별이 곤란하다.

(4) Frank 공식[12)]

'범죄를 완성하고 싶었으나(완성하기를 원했으나) 할 수 없어서' 그만둔 경우는 장애미수이고, '할 수 있었지만 원치 않아서' 그만둔 경우가 중지미수라고 하는 견해이다. 이 견해는 철저하게 행위자의 심리상태를 기준으로 하는 심리학적 이론이다.

이와 같이 Frank 공식은 행위자가 결과를 발생시킬 수 있지만 이를 원하지 않아서 범행을 중단하였을 때에는 자의성이 인정되나 반대로 결과발생을 원하지만 이를 달성할 수 없을 때에는 자의성이 부인된다는 견해로, 이에 의하면 재물이 너무 적어 절취를 중단한 경우에도 중지미수를 인정한다고 한다. Frank 공식에 대해서는 자의성과 행위실행의 가능성을 혼동하고 있으며, 어쩔 수 없이 포기할 수 밖에 없어서 중지한 경우도 자의성을 인정하는 불합리한 점이 있을 뿐 아니라, 보상적 가치를 전혀 인정할 수 없는 자율적 포기에도 중지범을 인정해야 하고, 자의성 여부를 계속적인 범행수행의 가능성 유무에 따라 구별하고 있으나 자의성의 문제는 범행수행의 가능성이 있음을 전제로 해서만이 문제된다는 점에서 타당하지 않다는 비판이 있다. 또한 이 견해에 의하면 어떤 경우가 '범죄를 완

---

12) 「Frank 공식」을 절충설과는 달리 보는 견해가 있는가 하면 절충설로 보는 견해도 있다. 특히 후자의 입장에서도 다시 「Frank 공식」을 절충설의 대표적인 학설로 보는 입장과 절충설의 한 분파로 보는 입장이 있다.

성하고 싶었으나(완성하기를 원했으나) 할 수 없어서' 그만둔 경우에 해당하고, 어떤 경우가 는 장애미수이고, '할 수 있었지만 원치 않아서' 그만둔 경우에 해당하는지의 구체적 판단문제는 여전히 남게 된다.

(5) 규범설

규범설은 행위자의 자율적 동기 여부에 따라 자의성을 판단함으로써 야기되는 문제점을 제거하기 위하여 범행을 중지하게 된 행위자의 심리적 측면을 형벌목적의 관점에서 규범적으로 평가함으로써 자의성을 판단하고자 하는 견해로, 형법해석학에 형사정책적 관점을 접목하고자 하는 규범설에 의하면 비이성적 중지, 합법성으로의 회귀 등이라고 평가할 수 있을 때에는 자의성이 인정되지만, 기타의 경우에는 자의성이 인정되지 않는다고 한다.

규범설에 대해서는 자의성이 규범적 개념이라고 하는 것은 너무나 당연한 것이어서 동어반복에 지나지 않고 자의성의 개념을 지나치게 좁게 파악할 뿐 아니라, 결국 범행중지의 동기에 어느 정도 윤리적 동기를 요구하는 것이 되므로 주관설의 단점을 가지게 된다는 비판이 있다.

2) 학설에 대한 검토

먼저 논의내용과는 무관하다 하더라도 학설의 명칭과 관련하여 객관설, 절충설이라고 표현하는 것은 잘못된 것으로 본다. 왜냐하면 외부적 사정이 아닌 행위자의 내부적 동기를 자의성으로 보는 객관설이나 행위자의 자율적 동기 여부에 따라 자의성을 판단하는 절충설도 내부적 동기 또는 자율적 동기라는 행위자의 심리적 상태를 자의성의 판단기준으로 하고 있다는 점에서 넓은 의미에서는 주관설(심리설)이다. 아마 외부적 장애(물리적 장애) 이외의 사정에 의하여 범죄를 완성하지 못한 경우에 자의에 있다는 의미에서 외부적 장애 여부를 판단기준으로 하기 때문에 객관설이라고 하지 않았나 싶다. 나아가 절충설은 주관설과 객관설을 결합했다고 해서 절충설이라고 하는 것 같은데, 주관설의 판단기준인 윤리적 동기와 객관설의 판단기준인 내부적 동기를 절충한다고 해서 행위자의 자율적 동기 또는 타율적 동기라는 절충설의 판단기준이 되는 것은 아니라는 점에서 도대체 무엇과 무엇을 절충했다는 것인지 이해가 어렵다. 따라서 자의성의 판단기준에 대한 학설도 이를 심리적 관점과 규범적 관점 및 절충적 입장으로 나누고, 심리적 관점은 그 판단기준인 구체적인 심리상태의 내용에 따라 윤리적 동기를 기준으로 하는 견해, 내부적 동기를 기준으로 하는 견해, 자율적인 동기를 기준으로 하는 견해로 나누는 것이 타당하다고 본다.

중지미수범의 본질적 표지로 제26조가 규정하고 있는 "자의로"는 "자유로운 의사로"가 아니라, 반대개념인 외부적 요인에 의해서가 아닌 "자율적인 의사로"로 해석해야 한다. 왜냐하면 중지자의 심리적 관점에서 본다면 윤리적 동기나 외부적 장애 또는 타율적인 동기에 의하건 이러한 것들이 행위의 중지의사형성에 영향을 주었지만 종국적으로는 행위자가 자유로운 의사결정의 상태에서 행위상황을 고려하여 판단하고 결정한 것이지 강제된 의사결정은 아니기 때문이다. 일상 언어적인 사용에 있어서도 “자의반 타의반”이라고 할 때 비록 자신의 자유의사로 판단하고 결정했지만, 자신의 자율적인 의사결정에 따른 진정한 의사내용은 아니라는 점을 나타내는 의미로 이해되고 있다.

자의성에 대한 학설과 관련하여 적극적 일반예방이라는 형벌목적적 관점을 고려하는 규범설은 중지미수범을 벌하지 아니하는 독일 형법해석상으로나 필요적 감경에서는 이론적 타당성을 가진다고 하더라도 형의 면제사유로까지 규정하고 있는 우리 형법해석상으로는 받아들이기 어려운 견해다. 또한 인간의 의사는 외부적인 사정변경과 절연하여 결정되는 것이 아니라 외부적인 사정에 영향을 받으면서 의사내용을 변경하고 결정하기 때문에 범행을 중지고자 하는 의사를 결정함에 있어서도 외부적 장애사유와는 무관한 행위자의 윤리적 동기나 내부적 동기만이 유일하고 결정적인 계기일 필요는 없다.

나아가 실행행위에 착수한 행위자가 범행의사를 변경하는 계기는 실행행위착수 전에 범죄완성을 위하여 계획하고 예상했던 진행과정과는 다른 외부적 사정의 변화일 수도 있고, 외부적 사정의 변경 없이 범죄를 완성하고자 했던 행위자의 심리상태에 변화를 가져올 수도 있다. 즉 외부적 사정의 변화라고 인식(Kenntnis)한 상태에서 범행의사를 변경하고자 하는 의식(Bewußtsein)을 가질 수도 있고, 실행에 착수한 후 며칠 전 설교한 목사님의 얼굴이 떠오르는 경우와 같이 외부적 사정에 대한 인식이 없는 상태에서도 의식의 변화로 범행의사를 변경하는 방향으로 결단을 내릴 수도 있다.[13] 따라서 중지미수범에 대한 형의 필요적 감경의 근거가 적극적 일반예방을 고려한다는 점에서 볼 때 범행의 중지가 외부적 사정변경에 영향을 받았건 아니건 행위자 자신의 독자적 판단에 기초한, 즉 자율적 동기에 기한 우월적 의사결정(Wille)이라고 판단되면 자의성은 인정된다 할 것이다.

다만 형을 감경 또는 면제한다는 점에서 외부적 사정에 영향을 받았지만 그럼에도 불구하고 자율적인 동기가 중지의사를 결정함에 있어서 우월적으로 작용하고 있는가, 아니면 결정적인 계기로 작용하고 있는가, 유일한 계기로 작용하고 있는가라는 자율적 동기가 작동한 폭에 따라 감경 또는 면제 여부를 판단하면 될 것이다. 이를 도식적으로 표현하면 다음과 같다.

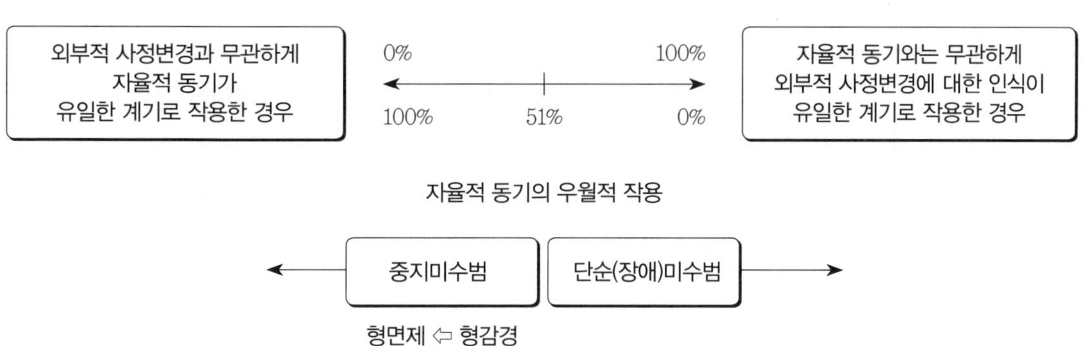

13) 인식은 사유내용과 사유대상 사이의 관계이며, 인식을 바탕으로 하여 인간의 사유작용이 가해질 때 나타나는 심리현상이 의식이다. 즉 인식을 바탕으로 의식이 형성되며, 인식은 의식을 전제로 한다.

그리고 외부적 사정변화와 관련한 자의성의 판단에 있어서 중요한 것은 행위자의 자율적 동기에 기한 우월적인 의사결정의 계기가 외부적 사정변화에 대한 인식에 기초한 의식의 변화라는 점에서 외부적 사정변화가 존재하느냐라는 객관적인 행위상황이 아니라, 외부적 사정변화의 존재 여부와는 관계없이 행위자가 외부적 사정변화로 인식했느냐라는 주관적인 심리상태, 즉 행위자가 인식한 사실이 판단의 기준이 되어야 한다. 따라서 경찰이 실제로 오지 않았음에도 불구하고 온다고 착각하여 발각의 두려움 때문에 실행행위를 중지한 경우에는 중지의사결정과정에 행위자가 인식한 외부사정이 결정적으로 지배하고 있기 때문에 자의성이 인정되지 않는다. 또한 예컨대 살해의 고의로 권총을 발사했는데 빗나갔고 방아쇠를 당겼으나 총알이 없어 더 이상 범행계획을 실현할 수 없어서 범행을 포기하였다면 행위자는 구체적인 범행계획을 실현시킬 수 없었기 때문에 자의성을 판단할 필요 없이 중지미수범의 규정이 적용될 여지가 없는 이른바 실패된 미수에 해당하지만, 살해의 고의로 권총을 발사했는데 빗나갔고 총알이 더 이상 없음에도 불구하고 그러한 사정을 모르고 더 이상 방아쇠를 당기지 아니한 경우에는 중지미수범의 적용을 검토해야 한다.

3) 자의성에 대한 판단척도의 유형화

자의성에 대한 판단기준을 행위자의 자율적 동기에 의한 우월적인 의사결정으로 보더라도 여전히 추상적인 해석의 범주에 그칠 뿐이다. 따라서 자의성에 대한 판단과 관련하여 논의될 수 있는 사례들을 유형화하고 그 이론적 타당성을 검증하는 것은 법판단에 대한 구체적인 기준을 제시한다는 점에서 대단히 의미있는 작업이라고 생각한다. 아래에서는 구체적인 사례유형에 따라 자의성에 대한 판단척도를 검토해 보기로 한다.

① 예를 들어 후회, 연민의 정이나 불쌍한 생각 등과 같은 동정, 공포, 양심의 가책,[14] 수치심, 용기상실, 운이 나쁘다고 생각하고 그만 두거나 꿈자리가 사납다고 생각하여 그만 둔 경우 등과 같이 실행착수 후 외부적 사정변경이 없음에도 불구하고 범행중단의 계기로 행위자의 자율적 동기가 유일하게 작용한 경우에는 자의성이 인정된다.

② 범행의 발각이나 처벌의 두려움으로 그만 둔 경우에는 행위자의 구체적인 인식내용에 따라 자율적 동기에 의한 우월적 의사결정이었는가를 판단하여 자의성 여부를 인정해야 한다. 따라서 발각이나 처벌에 대한 막연한 두려움으로 그만 둔 경우에는 (1)의 사례와 같이 범행중단의 계기로 행위자의 자율적 동기가 유일하게 작용한 경우에 해당하여 자의성이 인정되지만, 객관적인 행위상황과의 일치 여부와는 관계없이 피해자가 아는 사람이라고 인식했거나 경찰이 주위에 있다고 인식한 경우에는 이러한 인식에 기한 의사내용의 변화가 의사결정을 우월적으로 지배하는 한 자의성은 부정된다 할 것이다. 예를 들어 범행당일 미리 제보를 받은 세관직원들이 범행장소 주변

14) 자신의 범행전력 등을 생각하여 가책을 느낀 나머지 스스로 결의를 바꾼 경우에 중지미수를 인정한 판례로 대법원 1986.3.11. 선고 85도2831 판결.

에 잠복근무를 하고 있어 그들이 왔다갔다하는 것을 본 피고인이 범행의 발각을 두려워한 나머지 자신이 분담하기로 한 실행행위를 하지 못한 경우,[15] 기밀탐지 임무를 부여받고 대한민국에 입국 기밀을 탐지 수집중 경찰관이 피고인의 행적을 탐문하고 갔다는 말을 전해 듣고 지령사항 수행을 보류하고 있던 중 체포된 경우[16] 또는 강도가 강간하려고 하였으나 피해자의 어린 딸이 잠에서 깨어 우는 바람에 그만두었거나, 피해자가 임신중인 데다 시장에 간 남편이 곧 돌아온다고 하여 그만둔 경우가[17] 이에 해당하는 사례들이다.

③ 강간피해자가 다음에 만나 친해지면 응해주겠다는 피해자의 간곡한 부탁에 의하여 그만두거나,[18] 강간의 위험에 처해있는 피해자가 행위를 중지하면 재물을 교부하겠다고 하여 재물을 교부받고 그만 둔 경우와 같이 피해자의 설득으로 범행을 중단한 경우에 판례와 일부견해는 자의성을 인정하고 있다. 그러나 이 경우도 단순한 피해자의 설득으로 인한 막연한 기대감에서 그만 둔 경우와 일시와 장소, 금품의 종류와 액수 등을 정하는 경우처럼 구체적인 범행기회에 대한 기대로 그만 둔 경우를 구별하여, 전자의 경우에는 자율적 동기에 기한 우월적 의사결정에 의하여 자의성이 인정된다 하더라도 후자의 경우에는 자의성을 인정하기 어렵다 할 것이다.

④ 방화 후 불길이 치솟는 것을 보고 겁이 나서 불을 끈 경우나[19] 살해의 의사로 피해자를 칼로 수회 찔렀으나 많은 피가 흘러나오는 것을 보고 겁을 먹고 그만 둔 경우와[20] 같이 실행에 착수한 행위의 진행과정이나 일부 실현된 결과가 예상치 못한 외부적 사정변경으로 이에 대한 쇼크나 두려움이 유발하여 중지한 경우에 그러한 쇼크나 두려움이 극심한 정신적인 압박으로 작용했다면 자의성은 부정되지만, 쇼크나 두려움 때문에 더 이상의 행위를 하지 않은 경우에는 자의성을 인정해야 한다는 견해도 있다. 그러나 이 경우도 행위자가 실행에 착수하기 전에 예상치 못한 결과실현과정이나 실현된 일부결과가 우월적 의사결정으로 작용했는지, 그럼에도 불구하고 자율적 동기에 의한 우월적 의사결정인지에 따라 자의성 여부를 판단해야 할 것이다. 따라서 예상치 못한 외부적 사정변화로 피해자에 대한 불쌍한 생각이 중지의 계기가 되었거나 두려움의 유발이 단순한 공포심인 경우와, 범행의 흔적이 지나치게 크게 나타남으로 해서 발각의 두려움 때문인 경우 등과 같이 중단하게 된 계기를 구체적으로 구별하여 판단하는 것이 타당하다.

⑤ 예컨대 부녀가 생리 중이어서 성교에 부적합하다고 판단한 경우, 피해자가 수술한 지 얼마되지 않아 배가 아프다면서 애원하여 그만 둔 경우,[21] 간음하기 전에 사정한 경우, 절도하려 했으나 재

15) 대법원 1986.1.21. 선고 85도2339 판결.

16) 대법원 1984.9.11. 선고 84도1381 판결.

17) 대법원 1993.4.13. 선고 93도347 판결.

18) 대법원 1993.10..12. 선고 93도1851 판결.

19) 대법원 1997.6.13. 선고 97도957 판결.

20) 대법원 1999.4.13. 선고 99도640 판결.

21) 대법원 1992.7.28. 선고 92도917 판결. 자의성을 부정하는 이 판결에 대해 범인은 강요된 장애사유 때문이 아니라 피해자의 애원을 듣고 스스로의 판단에 따라 범행중지를 결정하였으므로 절충설에 의할 경우 자의성이 인정되기 때문에 객관설

물의 가치가 적어서 그만 둔 경우, 피해자의 저항이나 제3자가 출현한 경우, 도주로의 차단이나 변경 등으로 인해 행위자가 애당초 계획한 것보다 많은 범죄수행의 부담을 져야 하는 경우 또는 특정한 범행대상을 발견하지 못하여 그만 둔 경우 등과 같이 본질적인 사태의 변화 내지 상황이 불리해진 경우에는 일반적으로 외부적 사정변화에 대한 인식에 기한 의식의 변화가 의사결정에 우월적으로 작용했다는 점에서 자의성이 부정된다 할 것이다.

Ⅱ. 객관적 요건

실행행위에 착수하여 실행행위를 중지하거나, 또는 그 행위로 인한 결과발생을 방지하여야 한다. 미종료미수(착수미수)와 종료미수(실행미수)에 따라 객관적 요건에 있어 구체적으로 차이가 있다.

착수중지미수와 실행중지미수로 나누는 실익은 중지미수에 있어 객관적 성립요건에 차이, 즉 착수중지미수는 범행 계속을 포기하는 부작위로서의 실행행위 중지, 행위의 종국적 포기, 결과 불발생을 그 객관적 성립요건으로 하는데 반하여, 실행중지미수는 결과방지, 결과 불발생 및 양자 간의 인과관계를 그 객관적 성립요건으로 한다.

1. 착수중지미수(실행행위 미종료미수)와 실행중지미수(실행행위 종료미수)의 구별 기준

실행행위의 종료시점, 즉 실행행위가 언제 종료되는 것으로 볼 것인가에 관한 문제이다.

1) 주관설

행위자의 의사(범행계획)를 기준으로 종료시점을 결정하는 견해이다. 즉 행위자의 범행계획 가운데 실행이 계속되는 것으로 되어 있으면 객관적으로 결과가 발생할 수 있는 행위가 종료하여도 실행행위는 종료되지 않은 것으로 보는 견해이다.

그러나 이 견해에 의하면 실행의 착수시기와 중지시기에 행위자의 의사가 언제든지 변경될 수 있다는 점에서 중지시점이 유동적으로 되어버린다.

2) 객관설

객관적으로 결과발생가능성이 있는 행위만 있으면 행위자의 의사와는 관계없이 실행행위는 종료한 것으로 보는 견해이다. 그러나 이 견해에 의하면 객관적으로 결과발생가능성만 없으면 실행행위의 중지를 인정하는, 즉 착수미수가 되는 단점이 있다.

에 입각한 것으로 보는 견해도 있다.

3) 절충설

행위자의 의사와 행위당시의 객관적 사정을 종합하여 결과발생에 필요한 행위가 끝났다고 인정되는 때 실행행위는 종료된다고 보는 견해이다.

2. 착수미수의 중지

1) 범행계속을 포기하는 부작위로서의 실행행위의 중지

2) 행위의 종국적 포기

실행행위의 중지가 범행목적의 종국적 포기이여야 하는가와 관련하여, 범행결의를 완전히 포기하고 합법적으로 돌아올 것이 요구된다는 견해[22]도 있으나 중지미수를 불가벌로 하고 있는 독일형법과는 달리 필연적 감면사유로만 규정하고 있는 현행 형법의 입장에서는 그와 같이 엄격하게 요구할 필요는 없다. 따라서 범행을 종국적으로 포기하지 않은 실행중지도 중지미수가 될 수 있다.

3) 결과의 불발생

실행행위를 중지하더라도 결과가 발생하면 기수가 성립된다.

3. 실행미수의 중지

1) 결과방지

방지행위는 결과를 방지하겠다는 진지한 의사에 의하여 인과진행을 적극적으로 중단시키는 작위여야 한다. 방지행위와 결과불발생 사이에 인과관계만 있으면 최소한의 필요한 노력으로도 진지성은 인정된다. 또한 그 조치는 결과발생을 방지하는 데 객관적으로 적합한 것이어야 하며, 다만 결과방지에 대한 행위자의 진지성이 확인될 수 있는 한 제3자에게 요청하여 도움을 받더라도 상관없다.

2) 결과의 불발생

이러한 방지행위로 인하여 현실적으로 결과전부의 발생을 방지하여야 하며, 만일 이러한 노력에도 불구하고 결과가 발생하면 결과가 발생하게 된 원인과는 관계없이 기수책임을 져야 한다. 단 결과에로 진행된 인과과정이 행위자가 인식한 과정과 본질적으로 어긋날 때, 즉 비유형적인 인과관계 사례에서는 구체적 사안에 따라서는 결과가 발생하였더라도 기수책임이 성립되지 않을 수 있다.

---

22) 독일의 다수견해. 이 견해에 의하면 범행방법의 변경, 실행행위의 일시적 유보 등과 같은 사유로 실행행위를 중지하였을 때는 중지미수가 아니라 장애미수가 성립된다.

3) 인과관계

실행중지미수에서 결과방지와 결과 불발생 간의 인과관계란 행위자의 방지행위로 인하여 결과발생이 발생되지 않았다는 인과관련성이 있어야 한다. 따라서 행위자의 행위가 아니라 다른 원인에 의해 결과가 발생하지 않은 경우는 중지미수로 평가할 수 없다.

제4항 불능미수의 중지미수 성립 여부

불능미수에 있어서 자의로 행위를 중지한 사례로, 중지미수에 있어서 결과불발생과 자의적인 방지행위 사이에는 인과관계가 존재해야 하는데, 결과발생이 처음부터 현실적으로 불가능함에도 행위자가 이를 모르고 결과방지를 위하여 진지한 노력을 한 경우에 중지미수가 성립하는가, 즉 불능미수에 대한 중지미수의 적용이 가능한지가 문제된다.

1. 소극설

결과발생이 대상이나 수단의 착오로 아예 처음부터 현실적으로 불가능한 경우인데도 불구하고 행위자가 이를 모르고 결과방지를 위해 진지한 노력을 기울였다 하더라도 결과의 발생은 처음부터 불가능하였으므로 행위자의 방지행위와 결과의 불발생 사이에 인과관계가 없을 뿐 아니라, 이미 형벌감면이 가능한 불능미수에 대하여 중지미수까지 인정할 실익이 없다는 점에서 불능미수의 문제로 본다.

2. 적극설

불능미수의 형은 임의적 감면이지만 중지미수의 형은 필요적 감면이므로 불능미수에 대하여 중지미수의 규정을 적용하지 않는 경우에는 결과발생의 위험성은 적은데 결과방지를 위한 노력은 동일한 경우를 결과발생의 위험성이 큰 경우보다 무겁게 처벌하게 되어 형평에 어긋난다는 점에서 중지미수가 성립된다고 해석하는 견해이다.

3. 소결

앞서 현행 형법상 미수범의 체계에서 살펴본 바와 같이 제25조 내지 제27조에 대한 논리구성에서 본다면 실행에 착수하였으나 결과가 발생하지 아니한 사태가 미수범의 여러 형태 중 어디에 해당되느냐에 대한 법적 판단의 단계는 먼저 중지미수범의 성립요건에 해당하느냐를 판단하고, 다음으로 불능미수범의 성립요건에 해당하느냐를 판단한 다음 어디에도 해당하지 않는 경우에는 제25조 제1항의 단순미수범으로 판단하는 것이 타당하다.

따라서 행위자가 실행의 수단 또는 대상을 착오하여 결과의 발생이 불가능한 사태에 있어서도 중지미수범의 요건을 구비하였다면 중지미수범에 해당한다 할 것이다. 즉 중지미수의 규정이 적용되기 위해서는 행위자가 결과발생이 불가능하다는 것을 모르고 결과방지를 위하여 진지한 노력을 기울였여야 한다.

제5항 처벌

반드시 기수범보다 감경 또는 면제한다(제26조). 다만 범행을 중단하였으나 그 결과가 다른 죄명에 해당하는 결과가 발생된 경우에는 문제가 될 수 있다.

1. 법조경합의 경우[23)]

중한 죄의 중지미수로 처벌하면 된다.

2. 상상적 경합의 경우

한 죄의 중지는 다른 죄의 가벌성에 영향을 미치지 아니하기 때문에 제40조에 따라 중한 죄로 처벌된다.

3. 결합범의 경우

결합범 전체의 중지미수가 된다.

23) 살인중지미수와 상해의 경우.

제6항 관련문제

Ⅰ. 예비죄의 중지미수[24)]

예비행위를 한 자가 기본범죄의 실행행위로 나아가기 전에 예비행위를 자의로 중지하거나 실행의 착수를 포기하는 경우에 그 구조가 중지미수와 유사한 점에서 '예비죄의 중지에 중지미수범의 규정(형의 필연적 감면)을 준용할 수 있느냐', 나아가 '준용가능하다면 필연적 감면의 기준형은 무엇인가, 즉 예비죄의 형인가 아니면 기수의 형인가'가 문제된다.

Ⅱ. 공범과 중지미수

공범에 있어서는 공범자 전체의 행위를 포괄하여 인과관계를 판단하여야 한다. 따라서 공범 중 일부인이 다른 공범자 전원의 실행행위를 중지하게 하거나 결과발생을 완전히 방지한 경우에만 중지미수는 성립된다. 다만 중지미수는 일신적인 책임감면사유이므로 스스로 중지행위를 한 자에게만 성립되며, 나머지 공범은 장애미수가 된다.

관련판례

[판시사항]
다른 공범의 범행을 중지하게 하지 아니한 채 자기만의 범의를 철회 · 포기한 경우, 중지미수의 인정 여부
[판결요지]
다른 공범의 범행을 중지하게 하지 아니한 이상 자기만의 범의를 철회, 포기하여도 중지미수로는 인정될 수 없는 것인바(대법원 1969.2.25. 선고 68도1676 판결 참조), 기록에 의하면, 피고인은 원심 공동피고인과 합동하여 피해자를 텐트 안으로 끌고 간 후 원심 공동피고인, 피고인의 순으로 성관계를 하기로 하고 피고인은 위 텐트 밖으로 나와 주변에서 망을 보고 원심 공동피고인은 피해자의 옷을 모두 벗기고 피해자의 반항을 억압한 후 피해자를 1회 간음하여 강간하고, 이어 피고인이 위 텐트 안으로 들어가 피해자를 강간하려 하였으나 피해자가 반항을 하며 강간을 하지 말아 달라고 사정을 하여 강간을 하지 않았다는 것이므로, 앞서 본 법리에 비추어 보면 위 구본선이 피고인과의 공모하에 강간행위에 나아간 이상 비록 피고인이 강간행위에 나아가지 않았다 하더라도 중지미수에 해당하지는 않는다고 할 것이다(대법원 2005.2.25. 선고 2004도8259 판결).

24) 자세한 내용은 앞에서 설명한「예비죄」참조.

Ⅲ. (부진정) 결과적 가중범의 (중지)미수

기본범죄가 미수에 그친 경우 또는 부진정결과적가중범에 있어 중한 결과가 미수에 그친 경우에 결과적 가중범의 미수를 인정할 수 있느냐의 문제로, 특히 기본범죄가 중지미수에 그쳤음에도 중한 결과가 발생한 경우 또는 기본범죄는 기수이지만 중한 결과를 진지한 의사에 의하여 중지한 중지미수에 그친 경우에도 결과적 가중범의 전체 기수로 평가한다면 결국 기본범죄가 기수에 달하고 중한 결과가 발생한 경우와 동일하게 되어 법리적으로 논리모순일 뿐 아니라 행위자에 대한 행위정향성이라는 측면에서도 타당하지 아니하다는 비판이 제기된다.[25)]

Ⅳ. 부진정부작위범의 중지미수

부진정부작위범의 실행에 착수한 부작위범이 자의로 실행에 착수한 행위를 작위로 중단하거나 결과발생을 적극적으로 방지한 경우, 즉 적극적 구조행위로 나아간 경우에는 부진정부작위범의 중지미수가 인정된다. 다만, 실행에 착수한 부작위범이 피해자에 대한 적극적인 구조행위로 나아갔으나 제3자에 의해 구조된 경우와 같이 타인에 의해 결과발생이 방지된 경우에도 중지미수가 인정되느냐가 문제된다. 결과발생의 방지는 타인의 도움을 받는 경우도 포함되지만, 일반 중지미수범의 해석과 마찬가지로 그 타인의 도움이 이미 실행에 착수한 행위자에 의한 결과발생의 방지와 동일시할 수 있어야 할 뿐 아니라, 객관적으로 결과발생을 방지하는데 상당한 행위일 것을 요한다. 따라서 실행에 착수한 부작위범이 결과발생을 방지하기 위하여 피해자를 구조하기 위해 노력을 하였더라도 이미 타인에 의해 피해자가 구조된 경우에는 부진정부작위범의 중지미수는 인정되지 아니한다.

사례연습

甲은 친구인 A가 자신의 옛 애인과 사귀게 되자 질투를 느낀 나머지 A를 살해하기로 결심하고 또 다른 친구인 약사 乙을 찾아가서 사정을 말하고 다량의 수면제를 부탁하였다. 乙은 처음에는 주저하였으나 甲의 사정에 동조하여 수면제를 주었는데 그 약은 보관부주의로 변질되어 위경련을 일으킬 수밖에 없는 것이었다. 기회를 보아오던 甲은 자신의 생일을 맞아 A를 자기 집에 초대하여 수면제를 넣은 폭탄주를 마시게 하였는데 A가 심한 고통으로 바닥을 뒹굴며 병원에 보내달라고 애원하자 甲은 양심의 가책을 느끼고 급히 의사를 부르기 위해 병원으로 달려가고 있었다. 한편 乙도 甲의 범행을 중단시켜야 되겠다고 생각하고 甲의 집에 갔다가 정신을 잃고 쓰러져있는 A를 발견하고 급히 병원으로 옮겨 의사의 도움으로 무사히 생명을 구하였다.

甲과 乙의 죄책을 논하시오.

---

25) 자세한 설명은 '결과적 가중범'에서 후술한다.

기출사례

1) 甲과 乙은 친구 A로부터 각 3천만 원을 빌렸으나 약속한 날짜에 돈을 갚지 못했다. 甲은 자기 집에 찾아 온 A가 채무변제를 독촉하자 이를 모면하려고 집에서 차를 몰고 나갔다. 그 순간 A가 甲의 차 앞에 서서 빚을 갚으라고 소리치자 甲은 A가 상처를 입어도 어쩔 수 없다고 생각하면서 차 앞 범퍼로 들이받아 A를 넘어뜨려 4주의 치료를 요하는 상처를 입혔다. 몇 개월 후 乙과 A는 단 둘이서 등산을 하여 산 중턱 절벽 위 큰 바위에 앉아 휴식을 취하다가 채무변제 문제로 언쟁을 벌이던 중 A가 화를 내면서 갑자기 일어나는 과정에서 미끄러져 절벽 아래로 떨어져 두 다리에 골절상을 입었다. 등산전문가인 乙은 A를 구조하지 않으면 A가 사망할 수 있다는 사실을 알고 있었고, A를 쉽게 구조할 수도 있었으나 이번 기회에 A를 죽이기로 마음먹고 A를 버려둔 채 하산해 버렸다. 그러나 乙은 귀가하던 중 자신의 잘못을 뉘우치고 A를 구조하러 사고현장에 갔으나 A는 이미 사고현장을 지나던 등산객들에 의하여 구조되었다.
甲과 乙의 형사책임을 논하시오. (40점)
[2013년도 시행 제2차 변호사시험 모의시험 제1문]

2) 甲은 평소 자신을 학대하여 온 시어머니 X를 죽이기 위해 독약을 구하여 X가 즐겨 마시는 차에 타서 마시게 하려고 계획하였다. 甲은 독약을 수면제라고 하면서 가정부 乙로 하여금 불면증에 시달리는 X가 마실 차에 타서 가져다 주도록 하였다. 甲은 乙이 자신의 계획을 모를 것이라고 생각했으나, 실은 乙은 이러한 사실을 알고 있었으며, X에 대한 개인적 원한이 있던 乙은 이 독약을 차에 넣어 X로 하여금 마시게 하였다. 그러나 X가 차를 마신 후 매우 고통스럽게 신음하는 것을 보고 갑자기 두려운 생각이 든 乙은 X를 살리고자 '119'에 신고하고 X를 병원응급실로 옮겨 응급조치토록 하였다. 그런데 X가 마신 독약은 원래 치사량 미달인 것으로 밝혀졌다.
甲과 乙의 형사책임을 논하시오. (50점)
[2000년도 시행 제42회 사법시험 제1문]

3) 甲과 乙은 야간에 A의 집에 들어가 절도할 것을 공모하고 갑은 A집 집안으로 들어가고, 乙은 트럭을 대문 앞에 대기한 채 망을 보았다. 갑이 A가에 들어가서 절취할 물건을 물색하던 중 A에게 발각되어 체포를 면하려고 격투 끝에 A를 포박하였다. 그런데 甲은 격투 중에 오른손에 부상을 입어 乙을 찾았으나 乙은 겁이 나서 도망하고 없는 상태여서 친구 丙을 전화로 불러내어 지금까지의 사정을 털어 놓고 丙과 함께 피아노를 집 밖으로 반출하였다.
甲 · 乙 · 丙의 형사책임 여하? (50점)
[1993년도 시행 제35회 사법시험 제1문]
甲은 절도의 목적으로 A회사 창고 앞에 트럭을 세우고 창고 내에 들어가 물색하던 중 수위 B에게 발각되어 체포당하게 되자 창고 내에서 B와 격투 끝에 B를 묶어 버렸다. 이 때 甲은 왼손에 부상을 입었기 때문에 친구 乙을 불러내어 지금까지의 사정을 털어놓고 甲과 乙이 협력, 창고내의 제품을 옮겨내

어 트럭에 실었다. 그 직후 창고내의 제품이 무너져 B는 그 아래에 깔려 즉사했다. 甲과 乙의 죄책을 논하라.
[1978년도 시행 일본 사법시험]

4) 甲과 乙은 절도할 것을 공모하고 양인이 오후 11시경 丙가에 들어가 절도할 물품을 찾던 중 甲은 기분이 좋지 않아 절도할 것을 단념하고 집을 나왔으나 乙은 혼자서 그 집의 텔레비 한 대를 들고 나오다가 귀가 중인 주인 丙에게 들켜 자기의 범행을 은폐하기 위하여 丙에 대하여 폭행을 가하여 전치 3주간의 상해를 가하고 도주하였다.
甲 · 乙의 형사책임 여하?
[1969년도 시행 제11회 사법시험 제2문]

5) 甲과 乙은 산간노상에서 자동차를 타고 지나가는 A를 살해하여 금품을 강취할 것을 공모하고 甲은 A를 길가에서 떨어진 숲 속으로 끌고 가서 살해하고자 하였으나 A가 살려달라고 애걸하므로 불쌍히 여기고 죽이지 않았다. 그간 乙은 차 중의 재물을 절취하여 甲과 같이 달아났다. 재물을 탈취당한 A는 물주에게 대할 면목이 없다고 생각하고 강물에 투신자살하였다.
甲과 乙의 죄책을 밝혀라.
[1959년도 시행 제1회 사법시험 제1문]

6) 乙女는 甲을 살해하기 위하여 치사량에 미달한 독약을 탄 맥주를 마시게 하였다. 甲은 이를 마시고 죽지 않고 신음을 계속하였고, 이에 乙은 뉘우치고 갑을 살리려고 A병원 50m 밖의 수풀 속에 놓고, 발각될까 두려워 도망하였다. 지나가던 행인이 甲을 발견하고 병원에 데리고 갔다. 의사 丙은 의료과실로 생명소생이 가능한 甲을 사망케 하였다.
이때 乙 · 丙의 형사상의 책임은?
[1993년도 시행 제37회 행정고시]
甲은 乙을 독살하기 위하여 독물이 들어 있는 술을 마시게 한 바, 치사량에 미달하여 살해할 수가 없었다. 그러나 乙의 고통이 너무 심했기 때문에 불쌍하게 여겨 의사의 치료를 받아야 한다고 생각하고 의사 丙에게 데리고 갔다. 그런데 丙이 처치를 잘못하여 乙이 사망했다. 甲의 죄책을 논하라.
[1973년도 시행 일본 사법시험]

제5절 불능미수

사례연구

1. 사실관계

1) 피고인 1, 2는 2005.11.경 피고인 1이 피고인 2가 운영하는 서울 금천구 시흥동 (지번 생략) 소재 '(명칭 생략) 약수암'이라는 점집을 찾아가서 점을 보며 알게 되어 피고인 2가 피고인 1에게 거리낌 없이 돈을 빌려줄 정도로 친하게 된 사이로서, 피고인 1이 보험설계사로 근무하면서 이미 남편인 피해자 공소외 1(남, 59세)을 피보험자로 하여 5개의 종신보험에 가입해 둔 상태여서 피해자가 사망하면 피고인 1이 수익자가 되어 거액의 보험금을 수령할 수 있음을 기화로 그 보험금 수령을 위해 피해자를 살해하여 재해 내지 질병에 의한 사망으로 위장하기로 마음먹고, 공모하여,

   2006. 4. 초순 일자불상 20:00경 서울 금천구 시흥본동 (지번 생략) 소재 피해자의 주거지에서, 피고인 2로부터 일정량 이상을 먹으면 사람이 사망에 이를 수도 있는 '초우뿌리' 달인 물을 건네받은 피고인 1은 피해자에게 "뼈가 아플 때 먹는 약이다"라는 취지로 속여 피해자로 하여금 이를 마시게 하고, 다음날 20:00경 피고인 2로부터 다시 '초우뿌리' 달인 물을 건네받은 피고인 1은 미리 준비해 둔 수면안정진정제 아론 50정을 가루로 만들어 위 약물에 희석한 다음 위와 같이 속여 피해자로 하여금 이를 마시게 하고, 다시 그 다음날 20:00경 피고인 2로부터 일정량 이상을 먹으면 사람이 사망에 이를 수도 있는 '부자' 달인 물을 건네받은 피고인 1은 위와 같이 속여 피해자로 하여금 이를 마시게 하여 피해자를 살해하려고 하였으나, 평소 건강체질이던 피해자가 이틀 동안 이를 이겨내고 3일째는 속이 거북함을 느낀 나머지 이를 토해버림으로써 그 뜻을 이루지 못하고 미수에 그치고,

2) 피고인 1, 2, 4는 위와 같이 약물에 의한 피해자 살해가 실패하자, 공소외 2와 함께,

   2006.4. 하순 일자불상 14:00경 위 '(명칭 생략) 약수암'에서, 같은 달 26. 피해자를 피보험자로 한 종신보험 1개를 추가로 가입한 피고인 1은 피고인 2와 협의하여 속칭 '청부살인' 식으로 피해자를 살해하기로 계획을 수정한 다음, 피고인 2는 공소외 2의 내연녀인 피고인 4에게 전화하여 공소외 2로 하여금 피해자를 살해하여 줄 것을 부탁하고, 그 무렵 그 취지를 공소외 2에게 전달한 피고인 4는 금 3,500만 원에 위 제의를 승낙하면서 피고인 1, 2로부터 피해자의 증명사진 등 피해자에 대한 정보를 제공받고, 공소외 2는 피고인 2, 4를 통해 2006.5.1.부터 2006.6.26.까지 피고인 1로부터 위 '청부살인' 경비 명목으로 합계 금 7,200만 원을 교부받음으로써, 피해자를 살해하는 죄를 범할 목적으로 음모하고,

3) 피고인 1, 2, 3은 공소외 2가 계속적으로 돈만 요구할 뿐 위 청부살인이 제대로 실행되지 않는 상황에 이르자, 순차 공모하여,

   2006.8.6. 17:00경 위 피해자의 주거지 안방에서, 피해자가 술을 마시고 취기가 있는 틈을 이용하여 피고인 1은 그동안 차곡차곡 모아두었던 수면안정진정제 아론 70여 정을 불상의 방법으로 피해자로 하여금 먹게 하고, 이에 피해자가 오줌까지 싸며 곯아떨어지자 피고인 1은 그 상황을 피고인 2에

게 전화로 알려 "곧 죽는다"는 취지의 피고인 2의 말에 힘을 얻은 후 좀 더 빨리 피해자를 사망에 이르게 하기 위하여 범행계획을 이미 눈치채고 있던 피고인 3을 전화로 불러 함께 피해자의 목을 조르자고 제의하였으나 피고인 3이 겁을 먹고 그냥 가버려 다음날인 2006.8.7. 새벽까지 피해자의 사망을 기다렸으나 피해자가 사망하지 않고 코를 골면서 자고 있자 그 상황을 피고인 2에게 전화로 알리고, 이를 전해들은 피고인 2는 "넥타이로 목을 졸라 죽여라. 넥타이로 목을 조르면 흔적이 남지 않는다. 혼자 못하면 피고인 3을 불러 함께 해라"는 취지로 피고인 1에게 조언하고, 피고인 1은 2006.8.7. 08:30경 피고인 3의 집을 찾아가 돈이라면 사족을 못 쓰는 피고인 3에게 "같이 가서 도와주지 않으면 전에 빌린 돈 2,700만 원은 못 준다"라고 하면서 피고인 3을 설득하여 함께 피해자가 잠들어 있는 피해자의 주거지 안방에 이르러, 같은 날 09:00경 피고인 1은 그곳 장롱에서 넥타이를 꺼내 엎드린 채 잠들어 있는 피해자의 목에 건 다음 피고인 3과 함께 양쪽에서 피해자의 등을 밟고 넥타이를 잡아당기는 방법으로 피해자의 목을 졸라 그 무렵 피해자를 경부 압박에 의한 질식으로 사망하게 하여 피해자를 살해하였다.

검사는 피고인1, 2에 대해 살인불능미수죄와 살인죄의 경합범으로, 피고인 3에 대해서는 살인죄의 공동정범으로, 피고인 4에 대해서는 살인음모죄로 공소제기하였다.

2. 사건의 경과

제1심 법원은 검사가 기소한 범죄사실을 모두 인정하여 피고인 1에 대해 무기징역을, 피고인 2에 대해 징역 12년을, 피고인 3에 대해 징역 6년을, 피고인 4에 대해 징역 1년에 집행유예 2년을 선고하였다. 피고인 1, 2, 3은 사실오인과 불능범의 법리오해 및 양형부당을 이유로 항소하였고, 검사도 피고인들 모두에 대해 양형부당을 이유로 항소하였다.

원심 법원은 피고인들의 사실오인 및 법리오해를 이유로 한 항소와 검사의 항소를 기각하면서 피고인 2와 피고인 3의 양형부당에 대해서는 이를 이유있다고 판단하여 피고인 2를 징역 7년에, 피고인 3을 징역 2년 6월에 각 처하였다.

피고인 1은 원심 판결에 불능범에 대한 법리오해를 이유로 상고하였다.

3. 법률적 쟁점

피고인 1과 피고인 2의 행위를 형법 제27조에서 규정하고 있는 위험성이 인정되는 살인죄의 불능미수에 해당한다고 볼 수 있는가?

4. 적용법조

〈형법〉

제27조 (불능범) 실행의 수단 또는 대상의 착오로 인하여 결과의 발생이 불가능하더라도 위험성이 있는 때에는 처벌한다. 단 형을 감경 또는 면제할 수 있다.

제250조 (살인, 존속살해) ① 사람을 살해한 자는 사형, 무기 또는 5년 이상의 징역에 처한다.

제254조 (미수범) 전4조의 미수범은 처벌한다.

5. 대법원의 판단

[판시사항]

불능범의 의미

[판결요지]

불능범은 범죄행위의 성질상 결과발생 또는 법익침해의 가능성이 절대로 있을 수 없는 경우를 말하는 것이다(대법원 1998.10.23. 선고 98도2313 판결 참조).

기록에 의하면 '초우뿌리'나 '부자'는 만성관절염 등에 효능이 있으나 유독성 물질을 함유하고 있어 과거 사약으로 사용된 약초로서 그 독성을 낮추지 않고 다른 약제를 혼합하지 않은 채 달인 물을 복용하면 용량 및 체질에 따라 다르나 부작용으로 사망의 결과가 발생할 가능성을 배제할 수 없는 사실을 알 수 있는바, 원심이 그 설시 증거를 종합하여 피고인이 원심 공동피고인 공소외 1과 공모하여 일정량 이상을 먹으면 사람이 사망에 이를 수도 있는 '초우뿌리' 또는 '부자' 달인 물을 피해자(공소외 1의 남편)에게 마시게 하여 피해자를 살해하려고 하였으나 피해자가 이를 토해버림으로써 미수에 그친 행위를 불능범이 아닌 살인미수죄로 본 제1심의 판단을 유지한 것은 정당하고 거기에 앞서 본 불능범에 관한 법리오해 또는 채증법칙 위배 등의 위법이 없다.

원심이 그 설시의 증거를 종합하여, 피고인이 전화통화를 하면서 공소외 1에게 피해자를 넥타이로 목을 졸라 죽이라는 취지로 조언하고 이에 따라 공소외 1과 공소외 2는 넥타이로 피해자의 목을 졸라 살해한 사실을 인정하여 피고인을 살인죄의 공동정범으로 판단한 것은 사실심 법관의 합리적인 자유심증에 따른 것으로서 기록에 비추어 정당하고, 거기에 상고이유의 주장과 같은 채증법칙 위배 또는 공동정범에 관한 법리오해 등의 위법이 없다(대법원 2007.7.26. 선고 2007도3687 판결. 일정량 이상을 먹으면 사람이 죽을 수도 있는 '초우뿌리'나 '부자' 달인 물을 마시게 하여 피해자를 살해하려다 미수에 그친 행위가 불능범이 아닌 살인미수죄에 해당한다고 본 사례).

제1항 불능미수의 개념과 논의상황

Ⅰ. 불능미수의 개념

형법 제27조 (불능범) 실행의 수단 또는 대상의 착오로 인하여 결과의 발생이 불가능하더라도 위험성이 있는 때에는 처벌한다. 단 형을 감경 또는 면제할 수 있다.

불능미수 또는 불능미수범이란 행위자의 고의, 즉 범행의도에 의하여 표상된 구성요건표지가 실행의 수단이나 대상의 착오로 애당초 충족될 수 없기 때문에 현실적으로 결과발생은 불가능하지만, 법률적 관점에서 보아 구성요건적 행위의 위험성으로 인하여 미수범으로 처벌되는 범죄형태를 말한다(제27조).[1)]

이와 같이 불능미수범은 행위자가 실제로 존재하지 않는 불법구성요건의 객관적 표지를 존재하는 것으로 착오하고 특정 구성요건을 실현할 의사로 실행에 착수한, 이른바 반전된 구성요건착오에 해당하는 범죄형태이다. 즉 행위자의 착오가 형법의 적용영역에 관계된 것이 아니라 행위정황인 사태에 관계되어 있다는 점에서 강학상 용어로서 반전된 금지착오인 환각범과는 구별된다.[2)]

Ⅱ. 논의상황과 문제제기

실행에 착수한 행위의 미수가 형법 제25조의 미수범으로 처벌되는 것은 비록 현실적인 법익침해 또는 위태화라는 결과발생은 없었지만 결과발생의 가능성(Tauglichkeit)은 있다고 인정되기 때문이다. 그렇다면 실행착수시에 현실적인 결과발생이 불가능한 미수를 어떻게 취급해야 할 것인가, 즉 미수범의 처벌근거와 관련하여 입법정책적으로[3)] 불능미수를 가벌성의 대상인 불능미수범으로 할 것인

---

1) 독일형법 제23조 제3항은 불능미수의 성립에 있어 위험성을 요하지 않는다는 점에서 우리 형법 제27조의 요건과는 다르다.
독일형법 제23조 (미수의 가벌성) ① 중죄의 미수는 언제나, 경죄의 미수는 법규가 명문으로 규정하고 있는 경우에 한하여 이를 벌한다.
② 미수는 기수의 범죄보다도 경하게 벌할 수 있다(제49조 제1항).
③ 행위자가 범죄가 행하여진 객체 또는 수단의 성질상 미수가 결코 기수에 이를 수 없음을 현저한 무지로 인하여(aus grobem Unverstand) 오인한 때에는 법원은 형을 면제하거나 재량에 의하여 감경할 수 있다(제49조 제2항).

2) 이러한 구별기준은 특히 규범적 구성요건표지에 대한 착오에 있어 불능미수범과 환각범을 구별하는데 중요한 의미를 가진다.

3) 어떠한 범죄형태에 대하여 미수범 처벌규정을 둘 것인가도 미수범의 처벌근거와 관련되지만 해석학의 문제가 아니라 입법정책적 문제다. 예를 들어 형법은 법정형이 2년 이하의 징역이나 금고 또는 500만 원 이하의 벌금에 해당하는 제230조 공문서등의 부정행사죄의 미수범은 제235조에 의하여 처벌하면서, 법정형이 1년 이상 10년 이하의 징역인 제167조 일반물건에의 방화에 대해서는 미수범 처벌규정을 두고 있지 않다.

가와 가벌성의 대상으로 한다면 그 가벌성의 정도를 어떻게 규정할 것인가가 문제되며, 해석학적으로는 가벌성의 대상인 불능미수범의 성립요건에 대한 논의가 문제된다.

불능미수를 가벌성의 대상으로 할 것인가에 대한 입법정책적 결단으로 제27조는 불능범이라는 표제하에 그 본문에서 '실행의 수단 또는 대상의 착오로 인하여 결과의 발생이 불가능하더라도 위험성이 있는 때에는 처벌한다'고 표현하여 조문형식상으로는 "위험성"의 표지를 가진 가벌적인 불능미수범의 형태를 규정하고 있다.

이 제27조의 해석과 관련된 문헌들은 예외 없이 불가벌적 불능범 내지 불능미수와 가벌적 불능범 내지 불능미수를 구별하는 표지가 제27조에서 규정하고 있는 "위험성"이라는 표지라고 하면서, (가벌적) 불능미수범을 근거지우는 핵심적 표지로서의 "위험성"의 판단근거 내지 판단기준에 대한 학설을 - 아마 형법이론학에서 "위험성" 판단에 관한 논쟁만큼 학설이 대립되고 있는 영역도 드물다고 느낄 만큼 - 실로 다양하게 제시하고 있다. 나아가 학설 대립의 유용성을 보여주기 위하여 예를 들어 설탕으로도 사람을 살해할 수 있다고 생각하고 타인에게 설탕을 투여한 경우 등과 같이 강학상의 온갖 사례들을 들면서 학설의 논리적 타당성을 검증하고 있다.[4)]

그렇다면 이와 같이 "위험성"이라는 표지가 과연 불능미수범의 가벌성을 근거지우는 핵심적 표지 또는 다른 미수범의 형태와 구별지우는 독자적 기능성을 가진 표지인가에 대해서는 심도있는 논증이 필요하다.

제2항 형법적 규율 – 제27조 명칭과 관련된 논의의 오류

제27조의 표제가 '불능범'이라는 용어로 표현되어 있음으로 해서 제27조의 해석과는 무관한, 단지 입법정책에 있어 고려되어야 할 사항인 제27조의 명칭문제와 관련하여 불능범과 불능미수가 그 내용이나 명칭에서 같은 것인지가 논란이 되어 왔다. 즉 제27조의 표제나 제27조가 규정하고 있는 미수범의 용어를 어떻게 이해하건 제27조에 대한 해석의 차이를 가져오는 것은 아니라는 점에서 해석상으로는 논의의 실익이 없음에도 불구하고 제27조의 해석과 관련된 문헌들은 제27조의 해석에 앞서 제27조의 명칭문제를 언급하고 있다. 여기에서는 불능미수범의 법적 성격과 미수범으로서의 그 독자성을 논증하기 위한 전제로서 제27조의 명칭과 표제의 적정성에 대하여 살펴보기로 한다.

제27조의 명칭과 관련하여 그 동안 논의된 견해들을 보면 불능범과 불능미수를 동의어로 보아 제

4) 강학상의 예로 들고 있는 사람을 살해할 의사로 주술을 행하거나 설탕으로도 사람을 살해할 수 있다고 생각하고 살인의 의사로 설탕을 투여하는 행위, 물총으로도 비행기를 추락시킬 수 있다고 생각하고 물총을 쏘는 행위 등은 위험성 표지가 없기 때문에 가벌성의 대상에서 제외되는 것이 아니라 그 사태진행에 대한 객관적인 지배가능성이 아예 없는 행위로 사회적 의미에 따른 형법상의 행위 개념에서 아예 제외되거나, 심신상실로 정신감정을 받아야 할 것이다. 마찬가지로 불가벌적 불능미수 또는 가벌적 불능미수범의 형태로 들고 있는 대부분의 예들은 "위험성"이라는 표지가 아니라 불능미수범의 구성요건해당성 판단에서 배제 또는 확정될 수 있는 사례들이다.

27조는 결과발생이 불가능하더라도 "위험성"이 있는 가벌적 불능(미수)범 내지 가벌적 불능미수를 규정하고 있다고 보는 견해와, 불능범은 사실상 결과발생이 불가능할 뿐 아니라 위험성이 없기 때문에 벌할 수 없는 행위이고 불능미수는 결과발생은 사실상 불가능하지만 위험성이 있기 때문에 미수범으로 처벌되는 경우라고 하여 위험성의 유무로 불가벌적 불능범과 가벌적 불능미수를 구분하면서 제27조는 가벌적 불능미수를 규정하고 있다고 보는 견해, 제27조의 전단은 불가벌적 불능범이 성립하는 경우를 통틀어 말하고 있는 것이며, 후단은 가벌적 불능미수의 성립요건을 의미한다고 보는 견해로 나뉘어진다.[5]

입법론적으로 볼 때 형법제정 당시 제27조의 표제를 불능범으로 한 것은 비교입법적으로 볼 때 입법의 참고자료가 된 1940년의 일본 형법개정가안 제22조가 불능범이라는 표제하에 "결과의 발생이 불능한 경우에 있어서 그 행위가 위험한 것이 아닌 때에는 이를 벌하지 아니한다"라고 하여 불가벌적 불능범을 규정한데 있다고 짐작된다.[6] 그러나 1992년의 형법개정법률안[7]과 1996년의 형법개정법률안(총칙편) 제27조는 두 번째 견해에 따라 그 표제를 불능미수로 개정하였다.

제27조의 명칭에 대한 이러한 논란은 형법상 미수범의 체계를 제대로 이해하지 못한데서 기인한다고 보여진다. 즉 제25조는 미수범이라는 표제하에 미수범의 일반적인 형태를 통칭하여 먼저 규정하면서, 제26조는 일반적인 미수범의 형태 가운데 중지미수의 미수범을 특별하게 규율하고 있고, 제27조는 제26조의 구성요건에 해당되지 않는 미수범의 형태 가운데 행위자의 착오행위로 인한 결과발생불가능의 미수범을 그 다음의 미수범 형태로 규율하고 있는 것이다. 이와 같이 미수범의 체계에 대한 논리적 판단으로 볼 때 제26조와 제27조는 미수범의 일반적인 형태 중 특수한 미수범을 규정한 것으로서, 그 문언의 본질상 제25조의 미수범의 성격을 당연히 내재하고 있다. 따라서 제26조는 "중지미수범"을, 제27조는 "불능미수범"을 규정하고 있으며, "중지"와 "불능"은 그 미수범의 성격과 형태를 한정하는 의미를 가진다. 즉 "중지미수범"이나 "불능미수범"이라고 표현하는 것이 가장 정확한 용어의 사용이지만 제25조가 규정하고 있는 미수범의 여러 유형 중 특수한 형태라는 점에서 이를 "중지범"과 "불능범"이라는 용어로 표현하고 있는 것으로 이해해야 할 것이다.

또한 일부 학자들과 1992년의 형법개정법률안과 1996년의 형법개정법률안(총칙편) 제27조가 사용하고 있는 "중지미수"나 "불능미수"라는 용어도 부적절하다. 먼저 입법형식인 조문의 체계적인 면에

---

5) 판례는 불능범(대법원 1978.3.28. 선고 77도4049 판결 ; 1985.3.26. 선고 85도206 판결), 불능미수(대법원 1984.2.14. 선고 83도2967 판결), 불능미수범(대법원 1997.11.28. 선고 97도1740 판결)이라는 용어를 혼용하고 있다.

6) 1972년과 1974년의 형법개정초안 제25조도 불능범이라는 표제하에 "행위가, 그 성질상, 결과를 발생시키는 것이 도대체 불능한 것인 때에는 미수범으로서는 이를 벌하지 아니한다"라고 규정하여 불가벌적 불능범의 입법례를 답습하고 있다.

7) 제26조와 제27조의 표제를 중지미수와 불능미수로 바꾼 이유에 대하여 형법개정법률안제안이유서는 "본조는 현행형법 제26조와 같은 취지의 규정으로, 중지미수도 미수범의 일종으로 처벌받는 범죄라는 점을 명확히 하기 위하여 표제를 중지범에서 "중지미수"로 고치고 또 "범인이"와 "그 행위로 인한"이라는 표현은 불필요하여 삭제하였으나 의미상 변동은 없다" "본조는 현행형법 제27조와 같은 규정이며 제26조와 같은 취지로 표제를 불능범에서 "불능미수"로 고쳤다. 이는 본조가 "위험성"이 있는 때에 대해서 규정하므로 불능범이 아니라 미수범이기 때문이다"라고 설명하고 있다[형법개정법률안제안이유서 - 형사법개정자료(XIV), 법무부, 1992.10, 41면].

서 볼 때 제2장 제2절 표제와 제25조 표제는 미수범이라는 용어를 사용하여 실행에 착수한 행위가 미수에 그친 범죄를 규정하고 있으며, 언어의미적 면에서 보더라도 "미수"는 행위자가 실행에는 착수하였으나 의욕한 특정구성요건을 실현하지 못한 "상태"를 의미하는 것으로[8] 미수범의 구성요건표지에 해당하는 개념이다.

예를 들어 과실이나 부작위는 과실범이나 부작위범이라는 범죄의 구성요건표지이지 그 자체가 범죄형태를 의미하는 개념이 아니다. 즉 일반적인 범죄성립요건에 대하여 형법은 제2장 제1절 "죄의 성립과 감면"이라는 표제하에 제9조 내지 제24조에 규정하면서, 미수범과 공범을 특수한 범죄형태로 제25조 이하에 별도로 규정하고 있다는 점에서 미수범의 구성요건표지인 "미수"를 미수범의 성격을 나타내는 용어로 사용하는 것은 적절치 못하다.

나아가 제27조가 가벌적인 불능범 또는 불능미수를 규정하고 있는 것인지, 아니면 불가벌적 불능범 또는 불능미수를 규정하고 있는 것인지에 대한 논의도 무익할 뿐만 아니라 법체계를 잘못 이해하고 있는 것이다. 형법 뿐만 아니라 형벌을 제재수단으로 하는 특별형법은 금지규범과 요구규범 위반행위만을 가벌성의 대상인 범죄유형으로 규정하고 있을 뿐이지 어디에 가벌성의 대상이 아닌 행위형태를 비범죄유형으로 규정해 놓고 있는가? 가벌성의 대상인 불능미수범의 성립요건을 구비하지 못한 경우에는 불능미수범이 성립되지 않는다고 함으로써 법판단은 끝나는 것이며 그러한 유형을 다시 불가벌적 불능범이라고 하여 불필요한 개념을 사용할 필요가 없다. 즉 대부분의 문헌에서 "불능범이란 범죄의사로 외관상 실행행위라고 볼 수 있는 행위는 있었으나 행위의 성질상 결과발생이 불가능하고 위험성도 없기 때문에 불가벌인 경우를 말하고, 불능미수는 결과발생이 불가능하더라도 위험성이 있기 때문에 가벌적인 경우를 말한다"라고 설명하고 있는데, 불가벌이 되는 불능범은 이론상의 개념에 불과할 뿐만 아니라 언어적 유희라고 볼 수 밖에 없다.

결론적으로 제27조는 그 입법연혁이야 어떠했건 불능미수범을 규정한 것으로 제25조와의 관계에서 용어상 이를 불능범이라고 사용하는 것이 적절하며, 따라서 현행 제27조의 표제는 정확한 용어를 사용하고 있다.

---

8) 법문언적으로 본다면 제25조 제1항의 "범죄의 실행에 착수하여 행위를 종료하지 못하였거나 결과가 발생하지 아니한 때"가 미수의 개념에 해당한다.

제3항 불능미수의 성립요건

Ⅰ. 주관적 요건

불능미수도 미수라는 점에서 모든 객관적 구성요건표지에 대한 인식과 특정 구성요건을 실현한다는 의사인 고의가 존재해야 한다.

Ⅱ. 객관적 요건

1. 실행의 착수 및 실행의 수단 또는 대상의 착오로 인한 현실적인 결과발생의 불가능

1) 현실적인 구성요건적 결과발생의 불가능

불능미수와 장애미수의 구별 기준

2) 수단의 착오 및 대상의 착오

여기서의 수단 또는 객체의 착오란 현실적으로 구성요건적 결과발생이 불가능한 수단이나 객체를 결과발생이 가능한 수단이나 객체로 오인했다는 점에서 수단 또는 객체의 원시적 불가능성을 의미하는 것이다. 따라서 구성요건착오이론에서 말하는 수단(방법)의 착오나 객체(대상)의 착오라는 개념과는 다른 의미임을 주의해야 한다.

즉 구성요건착오이론에서의 수단(방법, 타격)의 착오란 甲을 살해하려고 총을 발사하였으나 조준 미숙으로 총알이 빗나가서 옆에 있던 乙이 총알에 맞아 사망한 경우와 같이 행위자가 수단(방법)을 잘못 선택하여 행위자가 인식·의도한 행위의 진행과정(인고과정)과는 다르게 현실적인 행위가 진행됨으로써 의도하지 않은 객체에 구성요건적 결과가 실현된 경우를 말하며, 구성요건착오이론의 객체(대상)의 착오란 甲을 살해할 고의로 총을 발사하였으나 행위자가 乙을 甲으로 오인했기 때문에 乙이 사망한 경우와 같이 행위자가 범행대상(객관적 구성요건표지로서의 행위객체)을 잘못 인식하여 의도하지 않았던 행위객체에 구성요건적 결과가 실현된 경우를 말한다.

3) 주체의 착오의 경우

제27조는 결과발생불가능의 원인으로 행위주체의 착오 내지 주체의 불가능성을 열거하고 있지 않기 때문에 행위주체의 착오로 인하여 결과발생이 불가능한 경우에 불능미수범이 성립되느냐에 대해

서는 독일의 학설 대립과 마찬가지로 국내 학자들 간의 견해도 대립되고 있다.

2. 위험성

1) 위험성의 개념

다수견해는 "위험성" 표지를 불능미수범과 다른 미수범의 형태를 구별하는 의미있는 표지, 즉 미수범의 일반에 요구되는 처벌근거가 아니라 불능미수범의 가벌성에 관한 특유한 표지로 해석하고 있다. 따라서 불능미수범을 근거지우는 표지인 "위험성"의 개념 내지 내용이 무엇이냐와 관련하여, 형법적 평가상의 구성요건실현가능성으로 보는 견해, 구성요건을 실현할 가능성으로 보는 견해, 범죄의 구성요건을 충족할 가능성으로 보는 견해, 결과발생의 가능성에로 지향되어 있는 행위의 위험성, 결과발생의 잠재적 가능성으로 보는 견해, 법익침해의 위험성, 결과발생의 사실상의 위험이 아니라 행위의사 속에 정향된 법익침해에의 위험과 관련하여 내려지는 형법적 가치평가로서의 위험성이며 그 실질은 일반에게 법질서의 효력에 대한 신뢰와 법적 안정감을 동요시키는 법적대적 의지의 실행이라고 보는 견해, 일반예방상 일반인에게 위험을 느끼게 하는 것으로 충분하다는 견해, 비록 구체적인 행위상황에서는 직접 일반의 법적 안정감을 교란시키지는 않았을지라도 행위자가 장래 비슷한 갈등상황에서 동일한 행위를 저지를 수 있을 것이란 예상 때문에 일반의 안정감이 교란된다는 점을 의미하기 때문에 불능미수의 위험성은 행위의 구체적인 위험성이 아니라 구체적인 법익에 대한 잠재적인 위험성 내지 행위자의 법적대성을 반증시켜 주는 행위자의 위험성을 의미한다는 견해 등 다양한 견해들이 제시되고 있다.

2) 위험성의 판단기준에 관한 학설

(1) 객관설

가) 구객관설(객관적 위험설, 순객관설, 절대적 · 상대적 불능설)

위험성의 유무를 순전히 객관적 입장에서 「절대적 불능」(실행의 수단 또는 대상이 어떤 경우에도 결과를 발생시킬 수 없는 경우)과 「상대적 불능」(실행의 수단 또는 대상이 결과를 발생시킬 수는 있으나 특수사정으로 결과를 발생시킬 수 없는 경우)으로 구분하여 전자가 불능범이고 후자가 불능미수라고 보는 견해이다.[9]

이 견해에 의하면 설탕을 독약으로 오인하고 복용시킨 경우, 탄환이 있는 줄로 알고 빈총을 발사

9) 불능을 「사실적 불능」과 「법률적 불능」으로 나누어 전자가 불능미수이고, 후자가 불능범이라고 보는 견해도 있다. 다만 이를 상대적 불능과 절대적 불능과 같은 의미로 보는 견해도 있고 법률적 불능을 구성요건적 사실의 흠결과 같은 의미로 이해하는 견해도 있다.

한 경우 또는 죽은 사람을 살아있는 줄 오인하고 살해한 경우, 임신한 부녀로 오인하고 낙태를 시킨 경우는 불능범에 해당한다.

그러나 치사량 미달의 독약을 복용시킨 경우, 탄환이 있는 총을 발사했으나 불발된 경우, 탄환은 명중했으나 피해자가 방탄조끼를 착용하고 있었기 때문에 불발한 경우, 아무도 없는 빈방을 향해 총을 발사한 경우는 불능미수에 해당한다.

대법원판례 중 일부 판례는 "불능범은 범죄행위의 성질상 결과발생 또는 법익침해의 가능성이 절대로 있을 수 없는 경우를 말하는 것"이라고 하여 구객관설의 입장을 취하고 있다.[10]

그러나 이 견해에 의하면 절대와 상대를 구별할 수 있는 명확한 기준이 없다는 점에서 행위상황과 이를 보는 관점에 따라서는 양자의 구별이 유동적일 수 밖에 없다. 즉 상대적 불능도 사후적으로만 판단하면 결과발생은 절대로 불가능하다고 볼 수 있다.

나) 신객관설(구체적 위험설, 신객관적 위험설)

행위 당시의 사정, 즉 행위자가 인식한 주관적 사정과 일반이 인식할 수 있었던 객관적 사정을 기초로 일반경험법칙(통찰력있는 사람의 판단)에 비추어 구체적 위험성이 있다고 판단되면 불능미수로 처벌한다는 견해이다. 즉 일반인이 그 사정하에서 일반경험법칙에 비추어 결과발생의 위험을 느꼈겠느냐의 여부에 의하여 불능미수를 판단하는 견해이다. 따라서 위험성판단은 사후적이다.

- 판단척도(판단의 주체) : 일반인의 일반경험법칙
- 판단자료(판단의 기초) : 행위자의 인식사정 + 일반인의 인식사정

이 견해에 의하면 미신범, 수영선수인 줄 모르고 익사시키려고 한 경우, 설탕을 독약으로 오인하고 복용시킨 경우가 불능범에 해당하며, 장전되어 있다고 오인하고 빈총으로 살해하려고 한 경우, 상상임신으로 낙태를 행한 산모의 경우는 불능미수가 된다고 한다.

그러나 이 견해에 의하더라도 행위자가 인식한 사정과 일반인이 인식할 수 있었던 사정이 일치하지 않을 때 어느 사정을 기초로 판단해야 하는지가 불분명하다.[11]

다) 수정된 구체적 위험설(정형설)

10) 대법원 1973.4.30. 선고 73도354 판결 ; 1984.2.28. 선고 83도3331 판결 ; 1985.3.26. 선고 85도206 판결 ; 1998.10.23. 선고 98도2313 판결 ; 2001.4.10. 선고 2001도766 판결 ; 2007.7.26. 선고 2007도3687 판결.

11) 예컨대 일반인에게는 乙이 죽은 사람으로 알려져 있는데 맹인인 甲은 乙을 살아 있는 사람으로 오인하고 살해한 경우이다.

(2) 주관설

행위자의 반사회적 범죄의사가 외부로 확실하게 표현된 이상 결과발생이 객관적으로 불가능하더라도 위험성은 인정되며 따라서 불능미수로 보는 견해이다.[12] 즉 이 견해는 행위자의 주관적 표상을 기준으로 한다는 점에서 위험성이 없는 미신범을 제외하고는 불능범의 개념을 부정한다.

그러나 이 견해는 불능미수의 성립요건으로서 '위험성'을 요하지 않음으로 해서 불가벌적 불능범을 인정하지 않는 독일형법이론으로는 적합할 지 몰라도, 불능미수의 성립에 위험성을 요하는 현행 형법상으로는 받아들이기가 어려운 이론이다. 또한 미신범만을 불능범으로 인정하여 불능미수로부터 배제하고자 하는 이론적 근거가 약하다.[13]

(3) 절충설

가) 추상적 위험설(주관적 위험설, 주관적 객관설, 법질서에 대한 위험설)

행위자가 인식한 사정을 기초로 일반인의 관점에서 위험성을 판단하여, 결과발생의 위험성 또는 법질서에 대한 위험성이 있다고 판단되면 불능미수가 된다고 하는 견해이다. 즉 행위 당시에 행위자가 인식한 사정이 실제로 존재하였더라면 그 행위가 결과를 발생시켰으리라고 일반적으로 인정되는 것을 법질서라는 포괄적 가치에 대한 위험이라고 하면서, 위험성판단의 기초를 행위자의 주관에 두고 위험성판단의 주체를 일반인에게 두어 일반인의 입장에서 이러한 위험이 있다고 판단되면 불능미수가 성립한다고 한다.

판단척도(판단의 주체)	: 일반인의 일반경험법칙
판단자료(판단의 기초)	: 행위자의 인식사정

이 견해에 의하면 유황분말 또는 설탕으로도 사람을 죽일 수 있다고 생각하고 살해하려고 한 경우, 죽은 태아를 낙태하려고 한 경우나 낙태약이 아닌 약초로 낙태하려고 한 경우는 불능범에 해당한다. 그러나 구체적 위험설과는 달리 수영선수임을 모르고 익사시키려고 한 경우, 유황분말을 독약으로 오인하고 살해하려고 한 경우, 자기물건을 타인물건으로 오인하고 절취한 경우, 살아있는 줄 알고 사체에 대해 살해행위를 가한 경우 등은 전부 불능미수에 해당하게 된다.

이 견해는 행위자의 주관적 위험성에 중점을 두고 있다는 점에서 앞의 주관설을 수정한 이론이다.

12) 독일의 다수견해와 판례의 입장.

13) 학자에 따라서는 미신범까지도 불능미수가 된다고 하는 견해도 있다.

객관적 위험설(신객관설)과 다른 점은 행위자가 인식한 판단자료만을 위험성판단의 기초로 삼고 있으며, 판단척도가 일반인 또는 일반경험법칙이라는 객관적인 성격을 가지고 있다는 점은 공통적이나 구체적 위험설은 규범적 색채가 강하고 추상적 위험설은 사실적이다.

대법원판례 중 일부 판례는 "불능범의 판단 기준으로서 위험성 판단은 피고인이 행위 당시에 인식한 사정을 놓고 이것이 객관적으로 일반인의 판단으로 보아 결과 발생의 가능성이 있느냐를 따져야 한다"라고 하여 추상적 위험설의 입장을 취하고 있다.[14)]

그러나 이 견해에 의하면 위험성판단의 기준이 통일된 점은 있으나 구성요건적 사실의 흠결을 별개의 범죄불성립으로 본 점에서 부당하다는 지적이 있다. 또한 형법의 겸억성(謙抑性)과 관련하여 구체적 위험설보다 그 처벌범위가 확대된다는 점에서도 문제가 있다는 지적이 있다.

나) 인상설

행위자의 법적대적 의사가 일반인에게 법질서를 침해하는 인상을 심어줄 수 있는 경우에는 위험성이 있다고 판단되어 불능미수가 성립된다고 하는 견해이다. 이 견해는 일반인의 규범의식강화라는 적극적 일반예방사상을 기초로 미수범의 처벌근거를 범죄적 의사에서 찾는 주관주의 범죄관에서 출발하지만, 그 범죄의사가 범행지향적 의사표시에 의해 법질서의 효력에 대한 일반인의 신뢰를 깨뜨리고 법적 안정성과 평온을 침해할 수 있는 정도에 이를 때에만 가벌적이라고 한다.

다만 판단의 기초와 기준에 대해서는 행위자가 인식한 사실을 기초로 일반인의 입장에서 판단하여야 한다는 견해와, 인상설의 입장에서는 원칙적으로 위험성이 없는 경우는 있을 수 없다는 견해가 있다.

그러나 이 견해는 '일반인의 법질서에 대한 신뢰를 침해하는 인상'이라는 포괄적이고 막연한 위험성판단기준에 의해 형벌부과여부가 결정된다는 점에서 부당하다는 지적이 있다.

(4) 소결

학설은 추상적 위험설 또는 인상설, 구체적 위험설을 취하는 등 다양하게 제기되고 있으나 앞서 서술한 미수범의 처벌근거와 불능미수의 '위험성' 판단은 통일적으로 이해되어야 할 것이다. 따라서 어느 견해를 취하든 미수범의 처벌근거에 대하여 다수견해가 절충설을 취하고 있는 것과의 조화가 문제되리라 본다.

3) 위험성 판단에 관한 판례

14) 대법원 1978.3.28. 선고 77도4049 판결 ; 2005.12.8. 선고 2005도8105 판결.

관련판례

1) 불능범의 판단기준으로서 위험성 판단은 피고인이 행위 당시에 인식한 사정을 놓고 이것이 객관적으로 일반인의 판단으로 보아 결과발생의 가능성이 있느냐를 따져야 하므로 히로뽕제조를 위하여 에페트린에 빙초산을 혼합한 행위가 불능범이 아니라고 인정하려면 위와 같은 사정을 놓고 객관적으로 제약방법을 아는 과학적 일반인의 판단으로 보아 결과발생의 가능성이 있어야 한다(대법원 1978.3.28. 선고 77도4049 판결).
2) 피고인이 피해자를 독살하려고 하였으나 동인이 토함으로써 그 목적을 이루지 못한 경우에는 피고인이 사용한 독의 양이 치사량 미달이어서 결과발생이 불가능한 경우도 있을 것이고, 한편 형법은 장애미수와 불능미수를 구별하여 처벌하고 있으므로 원심으로서는 이 사건 독약의 치사량을 좀 더 심리하여 피고인의 소위가 위 미수 중 어느 경우에 해당하는지 가렸어야 할 것이다(대법원 1984.2.14. 선고 83도2967 판결).
3) 이 사건 농약의 치사추정량은 쥐에 대한 것을 인체에 대하여 추정하는 극히 일반적 · 추상적인 것이어서 마시는 사람의 연령, 체질, 영양 기타의 신체상황 여하에 따라 상당한 차이가 있을 수 있는 것이라면 피고인이 요구르트 한 병마다 섞은 농약 1.6씨씨가 그 치사량에 약간 미달한다 하더라도 이를 마시는 경우 사망의 결과발생의 가능성을 배제할 수는 없다고 할 것이다(대법원 1984.2.28. 선고 83도3331 판결).
4) 불능범은 범죄행위의 성질상 결과발생의 위험이 절대로 불능한 경우를 말하는 것인바 향정신성의약품인 메스암페타민 속칭 히로뽕 제조를 위해 그 원료인 염산에 페트린 및 수종의 약품을 교반하여 히로뽕 제조를 시도하였으나 그 약품배합미숙으로 그 완제품을 제조하지 못하였다면 위 소위는 그 성질상 결과발생의 위험성이 있다고 할 것이므로 이를 습관성의약품제조미수범으로 처단한 것은 정당하다(대법원 1985.3.26. 선고 85도206 판결)
5) 피고인이 원심 상피고인에게 피해자를 살해하라고 하면서 준 원비-디 병에 성인 남자를 죽게 하기에 족한 용량의 농약이 들어 있었고, 또 피고인이 피해자 소유 승용차의 브레이크호스를 잘라 브레이크액을 유출시켜 주된 제동기능을 완전히 상실시킴으로써 그 때문에 피해자가 그 자동차를 몰고 가다가 반대차선의 자동차와의 충돌을 피하기 위하여 브레이크 페달을 밟았으나 전혀 제동이 되지 아니하여 사이드브레이크를 잡아 당김과 동시에 인도에 부딪치게 함으로써 겨우 위기를 모면하였다면 피고인의 위 행위는 어느 것이나 사망의 결과발생에 대한 위험성을 배제할 수 없다 할 것이므로 각 살인미수죄를 구성한다(대법원 1990.7. 24. 선고 90도1149 판결).
6) 불능범은 범죄행위의 성질상 결과발생 또는 법익침해의 가능성이 절대로 있을 수 없는 경우를 말하는 것인바, 기록에 비추어 살펴보면, 피고인이 다른 공범자들과 공모하여 향정신성의약품인 메스암페타민을 매수하려 하였으나 매도인이 소금을 대신 교부함으로써 미수에 그친 소위에 대하여 위 매매행위가 성사될 가능성이 있었다고 보아 이를 향정신성의약품의 매매미수범으로 처단한 제1심의 판단을 유지한 원심의 조치는 옳고 거기에 불능범 또는 향정신성의약품의 매매미수죄에 관한 법리오해의 위법이 있다고 할 수 없다(대법원 1998.10.23. 선고 98도2313 판결)
7) 불능범의 판단 기준으로서 위험성 판단은 피고인이 행위 당시에 인식한 사정을 놓고 이것이 객관적으로 일반인의 판단으로 보아 결과 발생의 가능성이 있느냐를 따져야 하고(대법원 1978.3.28. 선고 77도4049 판결 참조), 한편 민사소송법상 소송비용의 청구는 소송비용액 확정절차에 의하도록 규정하고 있으므로, 위 절차에 의하지 아니하고 손해배상금 청구의 소 등으로 소송비용의 지급을 구하는 것은 소의 이익이 없는 부적법한 소로서 허용될 수 없다고 할 것이다. 따라서 소송비용을 편취할 의사로 소송비용의 지급을 구하는 손해배상청구의 소를 제기하였다고 하더라도 이는 객관적으로 소송비용의 청구방법에 관한 법률적 지식을 가진 일반인의 판단으로 보아 결과 발생의 가능성이 없어 위험성이 인정되지 않는다고 할 것이다. 따라서 소송비용을 편취할 의사로 소송비용의 지급을 구하는 손해배상청구의 소를 제기한 경우, 사기죄의 불능범에 해당한다(대법원 2005.12.8. 선고 2005도8105 판결).
8) 불능범은 범죄행위의 성질상 결과발생 또는 법익침해의 가능성이 절대로 있을 수 없는 경우를 말하는 것이다(대법원 1998.10.23. 선고 98도2313 판결 참조). 기록에 의하면 '초우뿌리'나 '부자'는 만성관절염 등에 효능이 있으나 유독성 물질을 함유하고 있어 과거 사약으로 사용된 약초로서 그 독성을 낮추지 않고 다른 약제를 혼합하지

않은 채 달인 물을 복용하면 용량 및 체질에 따라 다르나 부작용으로 사망의 결과가 발생할 가능성을 배제할 수 없는 사실을 알 수 있는바, 원심이 그 설시 증거를 종합하여 피고인이 원심 공동피고인 공소외 1과 공모하여 일정량 이상을 먹으면 사람이 사망에 이를 수도 있는 '초우뿌리' 또는 '부자' 달인 물을 피해자(공소외 1의 남편)에게 마시게 하여 피해자를 살해하려고 하였으나 피해자가 이를 토해버림으로써 미수에 그친 행위를 불능범이 아닌 살인미수죄로 본 제1심의 판단을 유지한 것은 정당하고 거기에 앞서 본 불능범에 관한 법리오해 또는 채증법칙 위배 등의 위법이 없다(2007.7.26. 선고 2007도3687 판결).

9) 유치권에 의한 경매를 신청한 유치권자는 일반채권자와 마찬가지로 피담보채권액에 기초하여 배당을 받게 되는 결과 피담보채권인 공사대금 채권을 실제와 달리 허위로 크게 부풀려 유치권에 의한 경매를 신청할 경우 정당한 채권액에 의하여 경매를 신청한 경우보다 더 많은 배당금을 받을 수도 있으므로, 이는 법원을 기망하여 배당이라는 법원의 처분행위에 의하여 재산상 이익을 취득하려는 행위로서, 불능범에 해당한다고 볼 수 없고, 소송사기죄의 실행의 착수에 해당한다(대법원 2012.11.15. 선고 2012도9603 판결).

4) 불능미수범의 위험성표지에 대한 해석상의 오류

"위험성"이라는 표지가 과연 불능미수범의 가벌성을 근거지우는 핵심적 표지 또는 다른 미수범의 형태와 구별지우는 독자적 기능성을 가진 표지인가?

제27조는 범죄의 실행에 착수하였으나 그 실행의 수단 또는 대상의 착오로 인하여 결과의 발생이 불가능하더라도 "위험성"이 있는 때에는 처벌한다고 규정하고 있다. 따라서 불능미수범의 해석에 있어 판단의 핵심은 결과발생이 불가능하게 된 행위자의 실행의 수단 또는 대상의 "착오"이며, "착오"에 대한 판단에 따라 불능미수범은 그 형이 감경 또는 면제까지 될 수 있다. 불능미수범에 있어 직접 가벌성의 기준이 되는 것은 가설적 위험성이 아니라 결과발생이 현실적으로 불가능한 사태에 이른 원인이 행위자가 범죄가 행해지는 대상 또는 범죄를 행하는 수단을 결과실현가능한 것으로 착오했다는 데 있다.

형법이 규율하고 있는 모든 범죄유형은 그것이 형법상의 행위로 인한 현실적인 법익침해나 위태화라는 결과발생 또는 법익침해나 위태화의 실현가능성이라는 "위험"을 내포하고 있다. 따라서 어떠한 미수범의 형태든 모두 "위험성"을 가진 것이며, 불능미수범의 판단에서만 "위험성" 표지가 독자적 의미를 가지는 것은 아니다. 다만 침해범이냐 위험범이냐에 따라 "위험"의 구체적 내용이 다를 수 있으며, 고의기수범이냐 미수범이냐 예비죄냐 과실범이냐, 장애미수범이냐 중지미수범이냐 불능미수범이냐에 따라 "위험성"의 정도(양과 질)에서 차이가 있을 뿐이며, 결국 이러한 차이는 법률효과인 양형에서의 차등으로 나타나고 있는 것이다.

만일 특정한 범죄의 성격상 그 기수범이나 미수범이나 예비범의 위험성이 그 양과 질에 있어 전혀 차이가 없거나, 특별한 형사정책적 고려가 이를 요구한다면 기수범 · 미수범 · 예비범을 동일한 법정형으로 규율하는 입법결단을 내리는 것이다.

따라서 "위험성"의 본질에 관한 논의는 해석학의 영역이 아니라 입법정책적 · 헌법적 차원에서 다루어지는 문제이다. 불능미수범 · 장애미수범의 "위험성" 개념은 동일하다 하더라도 위험성의 정도,

즉 그 양과 질은 결과반가치와 행위반가치의 측면에서 다르다는 형법이론학과 형사정책적 고려에 근거한 입법적 결단이 불능미수범에 대해서는 임의적 감면으로, 장애미수범에 대해서는 임의적 감경으로 나타나고 있는 것이다. 따라서 불법론의 관점과 형사정책적 고려에서 각 미수범 형태의 위험성의 정도가 달리 평가된다면 그 법률효과를 달리 규정함으로써 이를 입법적으로 해결하거나 헌법재판을 통하여 해결해야 한다.

결론적으로 "위험" 내지 "위험성"이라는 표지는 불능미수범의 독자적인 표지가 아니라, 미수범 일반에 요구되는 가벌성을 근거지우는 표지, 즉 미수범의 처벌근거이다. 범죄개념의 내재적 속성으로서의 "위험" 내지 "위험성"의 개념이 무엇이냐는 입법정책과 관련하여 불법론에서 다루어져야 할 논의의 대상이며, "위험"의 구체적 내용은 개개 범죄유형 및 특정 구성요건의 해석과 관련하여 논해져야 할 것이다. 따라서 제27조를 '실행의 수단 또는 대상의 착오로 인하여 결과의 발생이 불가능한 때에는 형을 감경 또는 면제할 수 있다'로 규정하더라도 불능미수범의 해석에 있어서 아무런 차이를 가져오지는 않는다.

불능미수범의 해석에 있어 문헌들이 소개하고 있는 "위험성"의 판단기준에 대한 학설은 불능미수범의 위험성표지와 관련된 학설이 아니라 미수범의 처벌근거와 관련하여 미수범을 근거지우는 "위험성"의 내용에 대하여 독일해석학이 제시하고 있는 학설들이다. 즉 미수범의 처벌근거와 관련하여 국내 문헌들은 불능미수범을 다른 형태의 미수범과 구별하는 핵심적 표지가 무엇인지에 대한 검토도 없이 독일 해석학에서 대립되고 있는 학설들을 일본 학설까지 덧붙여, "위험성"표지에 관한 학설로 무비판적으로 번역 · 소개하고 있는 것이다.

이와 같이 대부분의 국내 문헌들은 (불능)미수범을 왜 처벌하느냐와 관련한 "(장애 · 중지 · 불능)미수범의 처벌근거"에 관한 학설을 소개하면서, 불가벌적인 불능범과는 달리 가벌적인 불능미수범을 처벌하는 근거는 바로 위험성에 있으므로 위험성 판단은 불능미수범 부분에서 가장 핵심적인 사항이라고 설명하면서 "불능미수범의 처벌근거인 위험성의 판단기준"에 관한 학설을 마치 미수범의 처벌근거와는 다른 내용인 양 전혀 별개의 독자적인 영역으로 다루고 있다. 특히 양 학설 중 "인상설"이라는 견해를 보면 극명하게 드러난다.

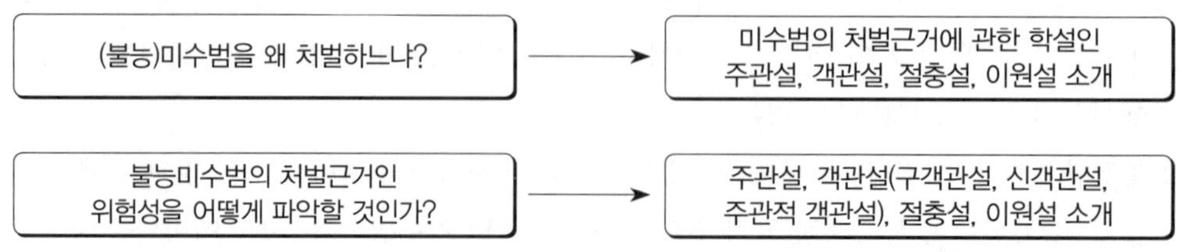

개념논리학상 A(단순미수범)와 B(불능미수범)를 처벌하는 근거가 X(예를 들어 인상설)라고 하면서 이 X가 A에 대한 처벌과는 달리 B에 대한 처벌을 근거지우는 독자적 의미를 가진 핵심적 표지라고 하는 것은 타

당한 설명이 아니다. 그렇다면 불능미수범만의 처벌을 근거지우는 위험성이라는 표지가 다른 미수범의 처벌근거와 달리 어떤 독자적인 기능과 역할을 하는지가 구체적으로 제시되어야 한다.

그러나 불능미수범도 미수범의 한 형태라는 점에서 불능미수범이던 중지미수범이던 미수범은 위험성이 있기 때문에 처벌하는 범죄형태이므로, 따라서 "미수범의 처벌근거인 위험성을 판단하는 기준(근거)이 무엇이냐"에 대한 학설로서 행위자의 주관적인 범죄의사에 중점을 두는 주관설, 객관적으로 표출된 행위에 두는 객관설, 양자를 종합하여 고려하는 절충설 내지 이원설이다. 이 이외에 위험성판단의 학설로 소개하는 "구"객관설, "신"객관설, "주관적" 객관설 등은 용어 그대로 객관설의 범주 중에서도 그 위험성 판단을 "언제, 누가 인식한 사정을 기초로 판단하느냐" 라는 판단주체와 판단대상에 관한 것이다.

위험성에 대한 판단주체와 판단대상에 관한 학설은 행위자가 실행의 수단 또는 대상을 착오한데 있어서의 정당한 이유 또는 회피가능성이 있느냐를 판단하는 척도로 불능미수범의 책임영역에서 다루어져야 할 것이다. 왜냐하면 불능미수범도 반전된 구성요건착오의 형태로 착오의 한 형태이기 때문에 착오론의 관점에서 다루어야 하며, 착오론의 관점에서 본다면 비록 행위자가 객관적 불법구성요건표지인 실행의 수단이나 대상을 오인했다 하더라도 주관적 불법구성요건표지로서의 고의는 존재하기 때문에 구성요건의 판단영역이 아니라 제16조 금지착오와 마찬가지로 책임영역에서 다루어야 하는 착오유형이기 때문이다. 즉 불능미수범은 성립하되 실행의 수단이나 대상을 착오하지 않고 실행에 착수하여 결과가 발생하지 않은 장애미수범과 비교해 볼 때 그 비난가능성을 고려하여 그 형을 감경하거나 면제까지 할 수 있을 것이다.

5) 불능미수범에 대한 새로운 해석론

불능미수범도 비독자적 구성요건이긴 하지만 범죄성립요건이 구비되어야 가벌성의 대상이 된다는 점에서 먼저 불능미수행위가 형법상의 행위라고 평가될 수 있는 행위로서의 정형성을 갖추어야 한다. 따라서 강학상 다루어지는 개념으로 비현실적인 수단이나 영향을 이용하여 범죄를 실행하고자 하거나 비현실적인 대상에 대하여 범죄를 실현하려는 미신범은 비현실적 수단이나 비현실적 영향력을 금지된 행위의 수단으로 사용하는 경우이므로 형법상 행위로서의 정형성이 인정되지 않는다.

불능미수범의 구성요건해당성 판단에서는 주관적 구성요건표지로서의 고의가 존재해야 하며, 이 고의의 내용은 실행의 수단 또는 대상에 대한 그릇된 인식과 특정구성요건 실현의사를 의미한다. 실행수단의 착오란 실행에 착수하였으나 행위자가 선택한 실행수단의 성질상 그 수단으로는 의욕한 결과발생을 현실적으로 일으킬 수 없음에도 무지나 오인으로 인하여 당해 구성요건적 행위의 기수가능성을 상정한 경우를 의미한다. 대상의 착오란 행위자가 선택한 행위객체의 성질상 그 행위객체가 흠결되어 있거나 침해될 수 없는 상태에 놓여 있어 의욕한 결과발생을 현실적으로 일으킬 수 없음에도 무지나 오인으로 인하여 당해 구성요건적 행위의 기수가능성을 상정한 경우를 의미한다. 여기서 "대상"의 착오는 불법구성요건적 표지로서의 대상, 즉 행위객체를 의미한다. 따라서 재물절취의 의사로 타인의 빈 호주머니에 돈이 있는 줄 알고 손을 넣은 사례를 절도죄의 불능미수범으로 보는 견해도 있으나 이 경우에는 행위객체에 대한 착오가 아니기 때문에 절도죄의 장애미수범에 해당한다.[15)]

또한 객관적 구성요건표지로서 착오에 기한 행위와 실행착수 및 결과발생의 불가능으로 인한 결과불발생, 그리고 착오에 기한 행위와 결과불발생 간에 합법칙적 조건설에 의한 인과관계, 즉 합법칙적 연관성이 존재해야 한다. 이 합법칙적 조건설에 의한 인과관계의 판단에서 위험성 유무의 판단기준에 관한 학설들이 들고 있는 불가벌적 불능범의 형태가 여과될 수 있다. 예를 들어 강학적 편의상 들고 있는 설탕으로도 사람을 살해할 수 있다고 생각하고 살해의 의사로 설탕을 투여한 행위나 권총을 발사하여 비행기를 추락시키고자 한 행위 사례들은 합법칙적 연관성이 존재하지 않기 때문에 불능미수범의 구성요건해당성이 조각된다. 다만 합법칙적 연관성을 판단함에 있어서는 행위자가 실행의 수단 또는 대상을 착오하게 된 행위정황을 구체적으로 고려하여야 한다. 따라서 예를 들어 상대방이 당뇨병환자인 줄 알고 상해할 의사로 그 실행수단으로 설탕을 과도하게 먹인 경우에는 상해죄의 불능미수범이 성립된다.

불능미수행위가 특정한 불법구성요건에 해당한다면 그 다음 판단단계인 구성요건해당행위의 위법성 여부를 제20조 내지 제24조의 위법성조각사유에 해당하느냐라는 위법성조각사유의 해당 여부에 따라 판단하여야 할 것이다.

불능미수행위가 특정한 불법구성요건에 해당하고 위법성이 인정된다면 마지막 단계로서 책임이 성립되는지 여부, 즉 책임능력[16)] 및 심정반가치를 표상하는 책임형식으로서의 고의, 불법의식과 면책사유, 행위자의 착오에 대한 정당한 이유 유무를 판단해야 한다. 또한 적극적 일반예방의 관점에서 책임 만이 아니라 예방적 필요성도 동시에 고려되어야 할 것이다. 책임이라는 규범적 판단과 예방의 필요성이라는 기능적 판단이 동시에 형벌을 근거지우며, 책임에 의하여 제한된 상한 내에서 예방적 고려에 의한 책임의 경중이 평가되고 예방적 고려에 의하여 책임으로 제한된 하한이 완화될 수 있다.

15) 판례는 "소매치기가 피해자의 주머니에 손을 넣어 금품을 절취하려고 한 경우 비록 그 주머니 속에 금품이 들어있지 않았었다 하더라도 위 소위는 절도라는 결과발생의 가능성을 충분히 내포하고 있으므로 이는 절도미수에 해당한다"고 판시하였다(대법원 1986.11.25. 선고 86도2090,86감도231 판결).

16) 불능미수에 그친 행위자가 제10조 제1항과 제2항에 해당하는 경우에는 임의적 감면을 규정하고 있는 제27조의 적용에 앞서 불능미수범이 성립되지 않거나 필요적 감경에 그친다.

제4항 가중적 미수(경한 범죄 포함 불능범)의 문제

예를 들어 사람을 살해하려고 치사량에 현저히 미달하는 독약을 주었으나 그 사람이 사망하지 않았지만 상해는 입은 경우와 같이, 중한 범죄는 불가벌적 불능범이 되었으나 그 보다 가벼운 범죄의 기수범 또는 미수범이 성립하는 경우에, 행위자를 가벼운 범죄의 기수범 혹은 미수범으로 처벌할 수 있는지에 대해서는 견해가 대립되고 있다.

관련판례

[사실관계]

피고인은 위조된 영국 중앙은행 발행의 10만 파운드화 지폐를 행사하였다. 그런데 이 지폐는 영국 중앙은행(BANK OF ENGLAND)에서 1971년에 발행한 5파운드화 권종을 스캐너 등을 사용하여 10만 파운드화로 위조한 것으로, 일반 모조지 위에 5파운드화 특유의 도안(앞면: 여왕의 초상화, 두 마리 말이 끄는 전차와 천사 등, 뒷면: 웰링턴 공작의 상반신, 전쟁 중에 싸우는 군인들)이 표시되어 있고 그 전면에 "BANK OF ENGLAND, I PROMISE TO PAY THE BEARER ON DEMAND THE SUM OF ONE HUNDRED THOUSAND POUNDS, LONDON FOR THE GOV AND COMP OF THE BANK OF ENGLAND" 등의 기재와 "BU68 953130", "£100000" 등의 표시가 되어 있는 것이었다. 그러나 영국 중앙은행이 10만 파운드화 지폐를 발행하거나 유통시킨 사실이 전혀 없었기 때문에, 10만 파운드화 지폐는 영국에서 강제통용력이 없음은 물론 국내에서 유통되지도 않았다.

피고인은 위조통화행사죄로 기소되었는데, 항소심인 서울서부지방법원은 피고인의 행위가 위조통화행사죄와 위조도화(문서)행사죄 어디에도 해당되지 않는다고 판시하였다. 이에 검사가 상고하였고, 대법원은 항소심판결을 파기하고 사건을 원심에 환송하였다.

[판시사항]

위조된 외국의 화폐, 지폐 또는 은행권이 외국에서 강제통용력이 없고 국내에서 사실상 거래 대가의 지급수단이 되지 않는 경우, 그 화폐 등을 행사한 행위가 위조통화행사죄를 구성하는지 여부 및 이 경우 위조사문서행사죄 또는 위조사도화행사죄로 의율할 수 있는지 여부

[판결요지]

형법상 통화에 관한 죄는 문서에 관한 죄에 대하여 특별관계에 있으므로 통화에 관한 죄가 성립하는 때에는 문서에 관한 죄는 별도로 성립하지 않는다. 그러나 위조된 외국의 화폐, 지폐 또는 은행권이 강제통용력을 가지지 않는 경우에는 형법 제207조 제3항에서 정한 '외국에서 통용하는 외국의 화폐 등'에 해당하지 않고(대법원 2004. 5. 14. 선고 2003도3487 판결 참조), 나아가 그 화폐 등이 국내에서 사실상 거래 대가의 지급수단이 되고 있지 않는 경우에는 형법 제207조 제2항에서 정한 '내국에서 유통하는 외국의 화폐 등'에도 해당하지 않으므로(대법원 2003. 1. 10. 선고 2002도3340 판결 등 참조), 그 화폐 등을 행사하더라도 형법 제207조 제4항에서 정한 위조통화행사죄를 구성하지 않는다고 할 것이고, 따라서 이러한 경우에는 형법 제234조에서 정한 위조사문서행사죄 또는 위조사도화행사죄로 의율할 수 있다고 보아야 한다.

원심판결 이유와 원심이 적법하게 채택한 증거들에 따르면, 이 사건 10만 파운드화는 위와 같이 앞면과 뒷면에 영국의 5파운드화 특유의 도안이 표시되어 있는 한편, 앞면에 위와 같이 영국 중앙은행이 그 소지자에게 10만 파운드를 지급할 것을 약속하는 내용과 함께 위 은행 "CHIEF CASHIER"의 서명이 인쇄되어 있는 사실, 영국 중앙은행은 10만 파운드화 권종을 발행하거나 유통시킨 사실이 전혀 없고, 위 10만 파운드화는 1971년에 발행된 5파운드화 권

종을 스캐너 등을 이용하여 위조한 것으로 영국에서 강제통용력이 없음은 물론 국내에서 유통되지도 않는 사실 등을 알 수 있다. 위 사실관계를 앞서 본 법리에 비추어 보면, 위 10만 파운드화는 형법 제207조 제3항에서 정한 외국에서 통용하는 외국의 화폐 등이나 형법 제207조 제2항에서 정한 국내에서 유통하는 외국의 화폐 등에 해당하지 않으므로, 피고인이 이를 행사하였다고 하더라도 형법 제207조 제4항에서 정한 위조통화행사죄를 구성하지 않는다고 할 것이고, 한편 비록 위 10만 파운드화가 영국 지폐의 외관을 갖고 있다고 하더라도, 영국 중앙은행 "CHIEF CASHIER"의 의사의 표현으로서 그 내용이 법률상 또는 사회생활상 의미 있는 사항에 관한 증거가 될 수 있는 것이므로, 형법상 문서에 관한 죄의 객체인 '문서 또는 도화'에 해당한다고 할 것이다. 따라서 피고인이 이 부분 공소사실 기재와 같이 위 10만 파운드화를 행사한 행위는 위조사문서행사죄 또는 위조사도화행사죄로 의율할 수 있다고 보아야 한다. 그럼에도 이와 달리 원심은 그 판시와 같은 이유만으로 피고인에 대한 공소사실 중 위조사도화행사의 점이 죄가 되지 않는다고 단정하였으니, 이러한 원심판결에는 형법상 통화에 관한 죄와 문서에 관한 죄의 관계 및 형법상 문서에 관한 죄의 객체에 관한 법리를 오해함으로써 판결 결과에 영향을 미친 위법이 있다고 할 것이다. 이 점을 지적하는 검사의 상고이유 주장에는 정당한 이유가 있다.(대법원 2013.12.12. 선고 2012도2249 판결).

제5항 처벌

위험성있는 불능미수의 경우에는 기수범에 비하여 그 형을 감경 또는 면제할 수 있다(제27조). 이와 같이 형법은 불능미수를 장애미수보다는 경하고, 중지미수보다는 중하게 처벌하고 있다.

사례연습

피고인 최ㅇㅇ은 창원시 완암동 산 20의2 소재 임야 381,124평방미터(이하 "이 사건 임야"라 한다)의 공유자인 공소외 망 김ㅇㅇ 등 25명으로부터 이 사건 임야를 매수한 사실이 없음에도 불구하고 김ㅇㅇ 등이 전원 사망하였고, 피고인 앞으로 이 사건 임야에 대한 종합토지세가 부과되는 점을 기화로 소송을 통하여 승소판결을 받은 후 피고인 앞으로 소유권이전등기를 하는 방법으로 이 사건 임야를 편취할 것을 결의하고,

1. 1994.12.29. 창원지방법원에서 "1965.2.7. 원고(피고인)가 피고(김ㅇㅇ 등 25명)로부터 이 사건 임야를 275,000 원에 매수하였으니 피고들은 원고에게 이 사건 임야에 대해 매매를 원인으로 한 소유권이전등기절차를 이행하라"는 취지의 소유권이전등기청구의 소를 제기하면서 피고들의 주소를 허위로 기재한 후 변론기일 소환장 및 선고기일 소환장 중 일부는 피고인이 본인을 사칭하여 수령하고 일부는 집배원에게 "대신 전해주겠다"고 거짓말하고 수령하여 전달치 않는 방법으로 위 법원 담당재판부를 기망하고 이에 속은 담당재판부로부터 1995.5.4. 피고인(원고)의 승소 판결을 받아 같은 해 8.17. 피고인 명의로 이 사건 임야에 관한 소유권이전등기를 경료함으로써 망 김ㅇㅇ 등의 상속인인 피해자 김ㅇㅇ 등 소유의 이 사건 임야 시가 2억 원 상당을 편취하고,

2. 1995.8.17. 위 법원 등기과에서 전항과 같이 승소한 판결문과 임야에 대한 소유권이전등기신청서류를 작성 제출하여 그 정을 모르는 위 등기과 직원 성명불상자로 하여금 위 임야에 대하여 피고인이 1965.2.7. 매매를 원인으로 한 공유자전원지분전부 이전등기를 경료하게 함으로써 공무원에게 허위 신고를 하여 공정증서원본인 부동산등기부에 불실의 사실을 기재하게 하고, 그 시경 그곳에 비치하게 하여 이를 행사하였다는 사실로 사기죄와 공정증서원본불실기재 및 불실기재공정증서원본행사죄로 기소되었다.

피고인의 수사기관 및 법정에서의 진술, 고소인 김성규, 명태열의 각 수사기관에서의 진술, 수사기록의 실제사망확인원 및 각 제적등본의 일부기재에 의하면, 피고인이 이 사건 임야의 공유자들을 상대로 소유권이전등기청구소송을 제기할 당시 이 사건 임야의 공유자들은 모두 사망하였고 피고인도 이를 알고 있었던 사실을 인정할 수 있다.

위 사실관계에 따라 피고인의 죄책을 논하시오.

[참조판례 대법원 2002.1.11. 선고 2000도1881 판결]

기출사례

동업관계에 있는 甲과 乙은 2000.3.15. A로부터 대지 50평을 매수하였다. 그 후 2002.10. 경 甲과 乙이 위 대지에 업무용 빌딩을 신축하려면 위 대지와 인접한 대지 20평(이하 "본건 부동산"이라 함)도 매수하여야만 가능하다는 것을 알게 되었다. 그래서 소유자를 확인해 보니 등기부상 소유명의자로 되어 있는 B는 2002.5.20. 이미 사망하였으며, 상속인이 있지만 소재를 전혀 알 수 없고 본건 부동산에 대해서 아무런 관리도 하고 있지 아니하였다. 이에 甲과 乙은 B명의의 부동산매매계약서를 임의로 작성, B를 상대로 소유권이전등기청구의 소를 제기하여 본건 부동산을 甲 명의로 이전하기로 공모하였다. 그리하여 甲과 乙은 부동산중개사무소에서 부동산메메계약서를 얻이, 필체가 좋은 乙이 계약서의 매도인란에 B, 매수인란에 甲, 계약일자란에 2002.2.10.이라고 기재하여 B명의의 매매계약서를 작성하였다. 그런데 乙은 뒤늦게 甲의 사업추진 방식에 불안을 느끼고 소 제기를 만류하였지만, 甲이 말을 듣지 아니하자 구두로 동업을 해지하고 자신은 앞으로 더 이상 관여하지 않겠다고 선언하였다. 그러자 甲은 위 부동산매매계약서를 소장에 첨부하여 단독으로 법원에 B를 상대로 소유권이전등기청구의 소를 제기하였다.

甲과 乙의 죄책은? (50점)

[2004년도 시행 제46회 사법시험 제1문]

제6장 공범이론(다수참가 범죄형태론)

제1절 공범 기초이론

사례연구 1

1. 사실관계

甲은,

1) 공소외 3 등 미국행을 원하는 비자발급 의뢰인들로부터 미국행 비자발급을 의뢰받은 후, 의뢰인들을 임차인으로 하는 임대차계약서를 위조하고 이를 이용하여 허위로 의뢰인들의 사업자등록증을 발급받아 비자신청에 사용하기로 마음먹고, 세무사 사무실 직원인 공소외 1에게 위조할 임대차계약서의 임대인란에 기재할 수 있도록 세무사 사무실에서 보관하고 있는 임대사업자들의 인적사항을 알려달라고 부탁하여 위 공소외 1로부터 승낙을 받은 다음, 위 공소외 1과 공모하여,

가. 2005.5.경 서울 동대문구 장안동 366의 1 풍양빌딩 5층 소재 상호불상의 카페에서, 위 공소외 1로부터 온누리 세무사 사무실에서 보관하고 있던 임대사업자 공소외 2, 4, 5, 6, 7, 8, 9, 10, 11, 12의 이름, 주민등록번호, 주소, 사업자소재지가 기재된 서면을 교부받아 위 공소외 1이 직무상 지득한 비밀을 누설하게 하고,

나. 2006.2. 초순경 서울 강남구 삼성동 소재 상호불상의 커피숍에서, 행사할 목적으로 권한 없이, 부동산임대차계약서 양식 소재지란에 "서울시 중랑구 신내동 537-3", 전세보증금란에 "일천육백만 원", 임차인란에 "공소외 3(주민등록번호 생략)", 임대인란에 "공소외 2(주민등록번호 생략)"이라고 기재하고, 공소외 2의 이름 옆에 미리 위조한 공소외 2의 도장을 날인하여 권리의무에 관한 사문서인 공소외 2 명의의 부동산임대차계약서 1장을 위조한 다음, 위와 같이 위조한 임대차계약서를 위 공소외 1에게 교부하여 공소외 1로 하여금 2006.2.13.경 동대문세무서에 공소외 3의 사업자등록신청을 하면서 그 정을 모르는 사업자등록 담당 직원인 공소외 13에게 제출하게 하여 이를 행사한 것을 비롯하여 별지범죄일람표 기재와 같이 모두 31회에 걸쳐 부동산임대차계약서 31장을 위조하여 행사하고,

다. 2006.4.25.경 서울 강남구 논현동 소재 상호불상의 커피숍에서, 피고인에 대하여 수사를 하고 있던 양천경찰서 경찰관이 위 공소외 13에게 위 공소외 3의 사업자등록신청서 및 이에 첨부된 임대차계약서의 제출을 요구하였으나 위 공소외 13이 이를 찾지 못하여 공소외 1에게 사업자등록신청서 및 임대차계약서를 다시 작성하여 달라고 요구하자, 행사할 목적으로 권한 없이, 부동산임대차계약서 양식 소재지란에 "서울시 중랑구 신대동 537-3", 전세보증금란에 "일천육백만 원", 임차인란에 "공소외

3(주민등록번호 생략), 서울시 강남구 역삼동 697-62", 임대인란에 "공소외 2(주민등록번호 생략), 서울시 중랑구 신내동 537-3"이라고 기재하고, 공소외 2의 이름 옆에 미리 위조한 공소외 2의 도장을 날인하여 권리의무에 관한 사문서인 공소외 2 명의의 부동산임대차계약서 1장을 위조한 다음, 위와 같이 위조한 부동산임대차계약서를 위 공소외 1에게 건네주어 그 정을 모르는 위 공소외 13에게 제출하게 하여 이를 행사하고,

2) 공소외 14로부터 미국비자를 발급받을 수 있도록 재직증명서와 소득세원천징수증명서를 위조하여 달라는 부탁을 받고 이를 승낙한 다음, 공소외 14, 15와 공모하여,

가. 2006.6.8.경 서울 종로구 내수동 대성빌라 504호 주식회사 시몬투어 사무실에서, 위 공소외 14의 미국비자를 발급받는데 행사할 목적으로 권한 없이, 피고인은 공소외 15에게 공소외 14의 재직증명서를 작성할 것을 지시한 후, 박영수가 컴퓨터에 저장된 재직증명서양식에 공소외 14가 (주) 진호실업의 디자인부에 근무한다는 취지를 입력한 후 이를 출력하여 위 피고인에게 교부하자, 출력된 재직증명서에 미리 위조한 (주) 진호실업의 법인인감을 날인하여 사실증명에 관한 사문서인 (주) 진호실업 명의의 재직증명서 1장을 위조하고,

나. 전항과 같은 일시, 장소에서, 위 공소외 14의 미국비자를 발급받는데 행사할 목적으로 권한 없이, 피고인은 공소외 15에게 공소외 14의 소득세원천징수증명서를 작성할 것을 지시한 후, 공소외 15가 컴퓨터에 저장된 재직증명서 양식에 (주) 진호실업에서 그 직원인 공소외 14의 2005.1.분부터 같은 해 12.분까지의 소득세 221,400원을 원천징수하였음을 증명한다는 취지를 기재한 후 이를 출력하여 피고인에게 교부하자, 출력된 소득세원천징수증명서에 미리 위조한 (주) 진호실업의 법인인감을 날인하여 사실증명에 관한 사문서인 (주) 진호실업 명의의 소득세원천징수증명서1장을 위조하고,

다. 2006.6.11.경 서울 종로구 세종로 82 미국대사관 영사과에서, 위 공소외 14로 하여금 비자발급신청을 하게 하면서 그곳 비자담당직원에게 위와 같이 위조한 재직증명서와 소득세원천징수증명서를 마치 진정하게 성립한 것처럼 제출하게 하여 이를 각 행사하였다.

검사는 甲에 대한 1.의 가. 범죄사실에 대해서는 세무사법위반죄(제22조 제1항 제2호)의 공동정범, 1.의 나.와 다.의 범죄사실에 대해서는 형법 제231조 사문죄위조죄와 제234조 위조사문서행사죄의 각 경합범, 2.의 가.와 나.의 범죄사실에 대해서도 형법 제231조 사문죄위조죄와 제234조 위조사문서행사죄의 각 경합범, 2.의 다. 범죄사실에 대해서는 위조사문서행사죄의 상상적 경합범으로 공소제기하였다.

2. 사건의 경과

제1심 법원인 서울남부지방법원 단독판사는 검사가 공소제기한 공소사실 모두에 대하여 유죄를 인정하면서 피고인에게 벌금형 2회 이외에 별다른 전과가 없는 점과 자수하고 반성하고 있는 점 등을 참작하여 피고인을 징역 2년에 집행유예 3년 처하면서, 자연보호활동, 복지시설 및 단체봉사활동, 공공시설 봉사활동 등 320시간의 사회봉사를 명하였다(서울남부지방법원 2007.1.4. 선고 2006고단3517 판결).

이에 검사는 피고인이 30여회에 걸쳐 미국비자를 원하는 사람들로부터 상당한 대가를 받고 부동산임

대차계약서를 위조한 후 이를 이용하여 의뢰자 명의로 사업자등록증을 받거나 의뢰자에 대한 재직증명서와 소득세원천징수증명서를 위조하여 이를 비자심사자료로 제출하였고, 그 과정에서 세무사 사무실 직원과 공모하여 그 사무실에 보관되어 있는 자료를 빼내어 이용하였는바, 이와 같은 범행의 내용과 그 횟수, 피고인의 범행가담 정도, 범행으로 인하여 국가신인도가 하락될 수 있는 사정 등을 참작하면, 원심이 피고인에 대하여 징역 2년, 집행유예 3년을 선고한 것은 그 형의 양정이 가벼워서 부당하다는 점을 이유로 항소하였다.

항소법원인 서울남부지방법원 합의부는 검사의 주장이 이유있다고 판단하여, 원심판결을 파기하고피고인을 징역 1년 6월에 처하였다(서울남부지방법원 2007.7.25. 선고 2007노121 판결).

이에 피고인은 세무사법 제22조 제1항 제2호, 제11조가 세무사와 세무사였던 자 또는 그 사무직원과 사무직원이었던 자가 그 직무상 지득한 비밀을 누설하는 행위를 처벌하고 있을 뿐 세무사법에는 비밀을 누설받는 상대방을 처벌하는 규정이 없고, 세무사 사무실 직원인 공소외 1이 직무상 지득한 비밀을 누설한 행위와 피고인이 그로부터 그 비밀을 누설받은 행위는 대향범 관계에 있다고 할 것이므로 이러한 대향범에 대하여는 공범에 관한 형법총칙 규정이 적용될 수 없다고 할 것인데도 불구하고, 원심은 피고인을 공소외 1의 직무상 비밀누설죄에 관한 공동정범으로 의율하였는바, 이러한 원심의 판단에는 세무사법상 직무상 비밀누설죄의 공동정범에 관한 법리를 오해하여 판결에 영향을 미친 위법이 있다는 점을 이유로 상고하였다.

3. 법률적 쟁점

행위자간의 행위가 상호 대립방향에서 결합하는 범죄형태인 이른바 대향범에 있어 범행에 가담한 2인 이상의 공범 중 일방은 처벌되고 다른 일방은 처벌하는 규정이 없는 경우, 처벌되지 아니하는 자가 처벌되는 자의 행위에 공동가담하거나 적극적으로 교사 또는 방조한 경우에 대향적 공범에 대해서도 공범에 관한 형법 규정이 적용되는가?

4. 적용법조

형법 제30조 (공동정범) 2인 이상이 공동하여 죄를 범한 때에는 각자를 그 죄의 정범으로 처벌한다.

제231조 (사문서등의 위조 · 변조) 행사할 목적으로 권리 · 의무 또는 사실증명에 관한 타인의 문서 또는 도화를 위조 또는 변조한 자는 5년 이하의 징역 또는 1천만원 이하의 벌금에 처한다.

제234조 (위조사문서등의 행사) 제231조 내지 제233조의 죄에 의하여 만들어진 문서, 도화 또는 전자기록등 특수매체기록을 행사한 자는 그 각 죄에 정한 형에 처한다.

세무사법 제11조 (비밀 엄수) 세무사와 세무사였던 자 또는 그 사무직원과 사무직원이었던 자는 다른 법령에 특별한 규정이 없으면 직무상 알게 된 비밀을 누설하여서는 아니 된다

제22조 (벌칙) ① 다음 각 호의 어느 하나에 해당하는 자는 3년 이하의 징역 또는 3천만원 이하의 벌금에 처한다.

1. 세무사 자격이 없으면서 세무대리를 한 자
2. 제11조(제16조의16 제1항에서 준용하는 경우를 포함한다) 및 제19조의12 제1항을 위반하여 직무상 알게 된 비밀을 누설한 자

② 세무사로서 「조세범처벌법」에 규정된 범죄와 「형법」 중 공무원의 직무에 관한 죄를 교사한 자는 그에 대하여 적용할 해당 조문의 형기 또는 벌금의 3분의 1까지 가중하여 벌한다.

5. 대법원의 판단

[판시사항]

세무사 등의 직무상 비밀누설행위와 대향범 관계에 있는 '비밀을 누설받은 행위'에 대하여 공범에 관한 형법총칙 규정을 적용할 수 있는지 여부

[판결요지]

2인 이상의 서로 대향된 행위의 존재를 필요로 하는 대향범에 대하여는 공범에 관한 형법총칙 규정이 적용될 수 없다(대법원 1985.3.12. 선고 84도2747 판결, 대법원 1988.4.25. 선고 87도2451 판결, 대법원 2001.12.28. 선고 2001도5158 판결, 대법원 2002.7.22. 선고 2002도1696 판결, 대법원 2004.10.28. 선고 2004도3994 판결 등 참조). 원심은 채용 증거를 종합하여, 피고인이 세무사 사무실 직원인 공소외 1과 공모하여 위 공소외 1로부터 세무사 사무실에서 보관하고 있던 임대사업자 공소외 2 등의 이름, 주민등록번호, 주소, 사업자소재지가 기재된 서면을 교부받아 위 공소외 1이 직무상 지득한 비밀을 누설하게 한 사실을 인정한 다음, 피고인을 공소외 1의 세무사법상 직무상 비밀누설죄의 공동정범으로 의율하였다. 그러나 세무사법 제22조 제1항 제2호, 제11조는 세무사와 세무사였던 자 또는 그 사무직원과 사무직원이었던 자가 그 직무상 지득한 비밀을 누설하는 행위를 처벌하고 있을 뿐 세무사법에는 비밀을 누설받는 상대방을 처벌하는 규정이 없고, 세무사 사무실 직원인 위 공소외 1이 직무상 지득한 비밀을 누설한 행위와 피고인이 그로부터 그 비밀을 누설받은 행위는 대향범 관계에 있다고 할 것이므로 이러한 대향범에 대하여는 공범에 관한 형법총칙 규정이 적용될 수 없다고 할 것인데도 불구하고, 원심은 피고인을 위 공소외 1의 직무상 비밀누설죄에 관한 공동정범으로 의율하였는바, 이러한 원심의 판단에는 세무사법상 직무상 비밀누설죄의 공동정범에 관한 법리를 오해하여 판결에 영향을 미친 위법이 있다. 그렇다면 원심판결 중 세무사법 위반의 점은 그대로 유지될 수 없는바, 원심에서는 이 부분과 형법 제37조 전단의 경합범 관계에 있는 나머지 유죄 부분 전부에 대하여 하나의 형이 선고되었으므로, 원심판결을 모두 파기할 수밖에 없다. 그러므로 나머지 상고이유에 대하여 나아가 살펴 볼 필요 없이 원심판결을 파기하고, 사건을 다시 심리 · 판단하게 하기 위하여 원심법원에 환송하기로 하여 관여 대법관의 일치된 의견으로 주문과 같이 판결한다(대법원 2007.10.25. 선고 2007도6712 판결. 세무사의 사무직원으로부터 그가 직무상 보관하고 있던 임대사업자 등의 인적사항, 사업자소재지가 기재된 서면을 교부받은 행위가 세무사법상 직무상 비밀누설죄의 공동정범에 해당하지 않는다고 한 사례).

사례연구 2

1. 사실관계

속칭 삐끼주점의 지배인인 甲은 피해자 오건수로부터 신용카드를 강취하고(이 과정에서 A는 치료일수 2주일을 요하는 상해를 입었음) 신용카드의 비밀번호를 알아낸 후 현금자동지급기에서 인출한 돈을 삐끼주점의 분배관례에 따라 분배할 것을 전제로 하여 원심 공동피고인 1(삐끼), 2(삐끼주점 업주) 및 공소외인(삐끼)과 피고인은 삐끼주점 내에서 피해자를 계속 붙잡아 두면서 감시하는 동안 원심 공동피고인 1, 2 및 공소외인은 피해자의 위 신용카드를 이용하여 현금자동지급기에서 현금을 인출하기로 공모하였고, 그에 따라 원심 공동피고인 1, 2 및 공소외인이 1997.4.18. 04:08경 서울 강남구 삼성동 소재 엘지마트 편의점에서 합동하여 현금자동지급기에서 현금 4,730,000원을 절취하였다(위 범죄사실 이외에 甲이 범한 1997.4.18. 08:00경 풍납동 소재 서울중앙병원에서의 특수절도죄 및 사기죄에 대해서는 논의로 함).

검사는 甲에 대해 형법 제337조 강도상해죄, 제331조 제2항와 형법 제30조의 특수절도죄의 공동정범의 경합범으로 공소제기하였다.

2. 사건의 경과

제1심은 검사가 공소제기한대로 공소사실 모두를 유죄로 인정하였고, 이에 피고인과 국선변호인은 피고인 甲이 피해자를 계속 붙잡아 두면서 감시만 했을 뿐 공동피고인 1, 2 및 공소외인이 피해자의 신용카드를 이용하여 현금자동지급기에서 현금을 인출한 범행 현장인 엘지마트 편의점에 간 일이 없기 때문에 특수절도죄의 공동정범이 성립되지 않는다는 점에서 원심 판단에는 법리오해의 위법이 있다는 점과 양형부당을 들어 항소하였다.

항소심은 항소이유가 없다고 기각하였고, 피고인과 국선변호인은 항소이유와 동일한 이유로 상고하였다.

3. 법률적 쟁점

3인 이상의 범인이 합동범행을 공모한 후 적어도 2인 이상의 범인이 범행 현장에서 시간적, 장소적으로 협동관계를 이루어 절도의 실행행위를 분담하여 범행을 한 경우에, 그 공모에는 참여하였으나 현장에서 범행의 실행행위를 직접 분담하지 아니한 다른 범인에 대해서도 형법의 공범 규정을 적용하여 합동범의 공동정범의 성립을 인정할 수 있는가?

4. 적용법조

형법 제30조 (공동정범) 2인 이상이 공동하여 죄를 범한 때에는 각자를 그 죄의 정범으로 처벌한다.

제331조 (특수절도) ① 야간에 문호 또는 장벽 기타 건조물의 일부를 손괴하고 전조의 장소에 침입하여 타인의 재물을 절취한 자는 1년 이상 10년 이하의 징역에 처한다.

② 흉기를 휴대하거나 2인 이상이 합동하여 타인의 재물을 절취한 자도 전항의 형과 같다.

5. 대법원의 판단

[판시사항]

3인 이상이 합동절도를 모의한 후 2인 이상이 범행을 실행한 경우, 직접 실행행위에 가담하지 않은 자에 대한 공모공동정범의 인정 여부

[판결요지]

합동범의 공동정범의 성립 여부 주장(1997.4.18. 04:08경 삼성동 소재 엘지마트 편의점에서 범하였다는 특수절도죄)에 대하여

가. 형법 제331조 제2항 후단의 '2인 이상이 합동하여 타인의 재물을 절취한 자'(이하 '합동절도'라고 한다)에 관한 규정은 2인 이상의 범인이 범행현장에서 합동하여 절도의 범행을 하는 경우는 범인이 단독으로 절도 범행을 하는 경우에 비하여 그 범행이 조직적이고 집단적이며 대규모적으로 행하여져 그로 인한 피해도 더욱 커지기 쉬운 반면 그 단속이나 검거는 어려워지고, 범인들의 악성도 더욱 강하다고 보아야 할 것이기 때문에 그와 같은 행위를 통상의 단독 절도범행에 비하여 특히 무겁게 처벌하기 위한 것이다. 합동절도가 성립하기 위하여는 주관적 요건으로 2인 이상의 범인의 공모가 있어야 하고, 객관적 요건으로 2인 이상의 범인이 현장에서 절도의 실행행위를 분담하여야 하며, 그 실행행위는 시간적, 장소적으로 협동관계가 있음을 요한다.

나. 한편 2인 이상이 공동의 의사로서 특정한 범죄행위를 하기 위하여 일체가 되어 서로가 다른 사람의 행위를 이용하여 각자 자기의 의사를 실행에 옮기는 내용의 공모를 하고, 그에 따라 범죄를 실행한 사실이 인정되면 그 공모에 참여한 사람은 직접 실행행위에 관여하지 아니하였더라도 다른 사람의 행위를 자기 의사의 수단으로 하여 범죄를 하였다는 점에서 자기가 직접 실행행위를 분담한 경우와 형사책임의 성립에 차이를 둘 이유가 없는 것인바(형법 제30조), 이와 같은 공동정범 이론을 형법 제331조 제2항 후단의 합동절도와 관련하여 살펴보면, 2인 이상의 범인이 합동절도의 범행을 공모한 후 1인의 범인만이 단독으로 절도의 실행행위를 한 경우에는 합동절도의 객관적 요건을 갖추지 못하여 합동절도가 성립할 여지가 없는 것이지만, 3인 이상의 범인이 합동절도의 범행을 공모한 후 적어도 2인 이상의 범인이 범행 현장에서 시간적, 장소적으로 협동관계를 이루어 절도의 실행행위를 분담하여 절도 범행을 한 경우에는 위와 같은 공동정범의 일반 이론에 비추어 그 공모에는 참여하였으나 현장에서 절도의 실행행위를 직접 분담하지 아니한 다른 범인에 대하여도 그가 현장에서 절도 범행을 실행한 위 2인 이상의 범인의 행위를 자기 의사의 수단으로 하여 합동절도의 범행을 하였다고 평가할 수 있는 정범성의 표지를 갖추고 있다고 보여지는 한 그 다른 범인에 대하여 합동절도의 공동정범의 성립을 부정할 이유가 없다고 할 것이다(대법원 1956.5.1. 선고 4289형상35 판결, 1960.6.15. 선고 4293형상60 판결 등 참조). 형법 제331조 제2항 후단의 규정이 위와 같이 3인 이상이 공모하고 적어도 2인 이상이 합동절도의 범행을 실행한 경우에 대하여 공동정범의 성립을 부정하는 취지라고 해석할 이유가 없을 뿐만 아니라, 만일 공동정범의 성립가능성을 제한한다면 직접 실행행위에 참여하지 아니하면서 배후에서 합동절도의 범행을 조종하는 수괴는 그 행위의 기여도가 강력함에도 불구

하고 공동정범으로 처벌받지 아니하는 불합리한 현상이 나타날 수 있다. 그러므로 합동절도에서도 공동정범과 교사범 · 종범의 구별기준은 일반원칙에 따라야 하고, 그 결과 범행현장에 존재하지 아니한 범인도 공동정범이 될 수 있으며, 반대로 상황에 따라서는 장소적으로 협동한 범인도 방조만 한 경우에는 종범으로 처벌될 수도 있다. 이와 다른 견해를 표명하였던 대법원 1976.7.27. 선고 75도2720 판결 등은 이를 변경하기로 한다.

다. 원심판결 이유에 의하면, 원심은 제1심이 채택한 증거들을 인용하여 피고인에 대하여 1997.4.18. 04:08경 삼성동 소재 엘지마트 편의점에서 범한 특수절도죄를 유죄로 인정하였다. 그런데 원심이 인용한 제1심판결이 채택한 증거들을 기록과 대조하여 검토하여 보면, 속칭 삐끼주점의 지배인인 피고인이 피해자 오건수로부터 신용카드를 강취하고 신용카드의 비밀번호를 알아낸 후 현금자동지급기에서 인출한 돈을 삐끼주점의 분배관례에 따라 분배할 것을 전제로 하여 원심 공동피고인 1(삐끼), 2(삐끼주점 업주) 및 공소외 인(삐끼)과 피고인은 삐끼주점 내에서 피해자를 계속 붙잡아 두면서 감시하는 동안 원심 공동피고인 1, 2 및 공소외인은 피해자의 위 신용카드를 이용하여 현금자동지급기에서 현금을 인출하기로 공모하였고, 그에 따라 원심 공동피고인 1, 2 및 공소외인이 1997. 4. 18. 04:08경 서울 강남구 삼성동 소재 엘지마트 편의점에서 합동하여 현금자동지급기에서 현금 4,730,000원을 절취한 사실을 인정하기에 넉넉한바, 비록 피고인이 범행 현장에 간 일이 없다 하더라도 위와 같은 사실관계하에서라면 피고인이 합동절도의 범행을 현장에서 실행한 원심 공동피고인 1, 2 및 공소외인과 공모한 것만으로서도 그들의 행위를 자기 의사의 수단으로 하여 합동절도의 범행을 하였다고 평가될 수 있는 합동절도 범행의 정범성의 표지를 갖추었다고 할 것이고, 따라서 위 합동절도 범행에 대하여 공동정범으로서의 죄책을 면할 수 없다. 같은 취지의 원심의 판단은 정당하고, 여기에 논하는 바와 같은 법리오해의 위법이 있다고 할 수 없다. 이 점에 관한 논지도 이유가 없다(대법원 1998.5.21. 선고 98도321 전원합의체 판결).

범죄의 참가형태
한 사람만 범행에 참가하는 형태
두 사람 이상이 참가하는 형태
자기 스스로 범행을 실행하는 형태
다른 사람의 도움을 빌려서 범행을 실행하는 형태
정범
단독정범
공동정범
간접정범
공범
교 사 범
방 조 범
최광의 공범
임의적 공범
필요적 공범
동시범
공동정범
간접정범
교사범
방조범
협의의 공범(가담범)

제1항 공범의 개념

Ⅰ. (최광의)공범의 개념

가장 넓은 의미의 공범이란 구성요건상 단독범으로 규정되어 있는 범죄를 수인이 협력 내지 가공하여 실현하는 범죄형태를 말한다.

Ⅱ. 공범의 특성

공범은 주관적으로 범행의사를 강화하고, 객관적으로 타인의 행위를 이용 · 보충하는 것을 그 특성으로 하는 범죄형태이다. 따라서 공범자의 행위 전체를 포괄하여 인과관계를 논하고, 그에 따라 책임을 근거지운다.

Ⅲ. 필요적 공범

범죄의 성질상 당연히 수인의 공동을 필요로 하는 범죄형태를 강학상 필요적 공범이라 한다.

1. 진정 필요적 공범

1) 집합범

행위자 간의 행위가 동일방향으로 결합하는 범죄형태 내란죄(제87조), 소요죄(제115조)가 이에 해당한다.

2) 대향범(對向犯)

행위자 간의 행위가 상호 대립방향에서 결합하는 범죄형태로 아래의 범죄유형이 이에 해당한다.

(1) 행위자 쌍방의 법정형이 동일한 대향범

도박죄(제246조 제1항), 아동혹사죄(제274조), 인신매매죄(제289조)

(2) 행위자 쌍방의 법정형이 상이한 대향범

뇌물수수죄에 있어서 수뢰자와 증뢰자(제129조, 제133조), 의사등 동의낙태죄의 의사와 부녀(제269조, 제270조), 배임수증죄의 배임수재자와 배임증재자(제357조 제1항과 제2항)

관련판례

[판시사항]
공동피고인이 소송절차의 분리로 피고인 지위에서 벗어난 경우 다른 공동피고인에 대한 공소사실에 관하여 증인적격이 있는지 여부(적극) 및 대향범인 공동피고인의 경우에도 동일한 법리가 적용되는지 여부, 증언거부사유가 있음에도 증언거부권을 고지받지 못하여 증언거부권을 행사하는 데 사실상 장애가 초래되었다고 볼 수 있는 경우, 위증죄의 성립 여부

[판결요지]
피고인의 지위에 있는 공동피고인은 다른 공동피고인에 대한 공소사실에 관하여 증인이 될 수 없으나, 소송절차가 분리되어 피고인의 지위에서 벗어나게 되면 다른 공동피고인에 대한 공소사실에 관하여 증인이 될 수 있고, 이는 대향범인 공동피고인의 경우에도 다르지 않다(대법원 2008.6.26. 선고 2008도3300 판결 참조). 이와 달리 원심이 대향범인 공동피고인이라는 이유만으로 피고인 1, 3, 4, 5에 대하여 위증죄가 성립할 수 없다고 판단한 것은 잘못이라고 하겠다. 그러나 원심이 위 피고인들에 대한 위증의 공소사실을 모두 무죄로 인정한 조치는 다음과 같은 이유에서 결과적으로 정당하므로, 원심의 위와 같은 잘못은 판결 결과에 영향이 없다. 즉 증언거부권 제도는 증인에게 증언의무의 이행을 거절할 수 있는 권리를 부여한 것이고, 형사소송법상 증언거부권의 고지 제도는 증인에게 그러한 권리의 존재를 확인시켜 침묵할 것인지 아니면 진술할 것인지에 관하여 심사숙고할 기회를 충분히 부여함으로써 침묵할 권리를 보장하기 위한 것임을 감안할 때, 재판장이 신문 전에 증인에게 증언거부권을 고지하지 않은 경우에도 당해 사건에서 증언 당시 증인이 처한 구체적인 상황, 증언거부사유의 내용, 증인이 증언거부사유 또는 증언거부권의 존재를 이미 알고 있었는지 여부, 증언거부권을 고지받았더라도 허위 진술을 하였을 것이라고 볼 만한 정황이 있는지 등을 전체적 · 종합적으로 고려하여, 증인이 침묵하지 아니하고 진술한 것이 자신의 진정한 의사에 의한 것인지 여부를 기준으로 위증죄의 성립 여부를 판단하여야 한다. 그러므로 헌법 제12조 제2항에 정한 불이익 진술의 강요금지 원칙을 구체화한 자기부죄거부특권에 관한 것이거나 기타 증언거부사유가 있음에도 증인이 증언거부권을 고지받지 못함으로 인하여 그 증언거부권을 행사하는 데 사실상 장애가 초래되었다고 볼 수 있는 경우에는 위증죄의 성립을 부정하여야 할 것이다(대법원 2010.1.21. 선고 2008도942 전원합의체 판결 참조). 그런데 원심판결 이유와 기록에 의하면, 위 피고인들은 뇌물증 · 수뢰사건으로 공소제기되어 공동피고인으로 함께 재판을 받으면서 서로 뇌물을 주고받은 사실이 없다고 주장하며 다투던 중 뇌물증 · 수뢰의 상대방인 공동피고인에 대한 사건이 변론분리되면서 뇌물공여 또는 뇌물수수의 증인으로 채택되어 검사로부터 신문받게 되었고, 이러한 경우 위 피고인들로서는 증인신문과정에서 그들 자신의 뇌물공여 또는 뇌물수수 여부에 관하여 신문을 받게 됨에 따라 유죄판결을 받을 수 있는 범죄사실이 발각될 염려가 있어 증언거부사유가 발생하게 되었음에도, 재판장으로부터 증언거부권을 고지받지 못한 상태에서 그들의 종전 주장을 그대로 되풀이함에 따라 결국 거짓 진술에 이르게 되었음을 알 수 있다. 그렇다면 위 피고인들이 이 사건 증언 당시 증언거부권을 고지받지 못함으로 인하여 그 증언거부권을 행사하는 데 사실상 장애가 초래되었다고 보기에 충분하므로, 이를 위증죄로 처벌할 수는 없다고 할 것이다(대법원 2012.3.29. 선고 2009도11249 판결).

(3) 일방은 처벌되고, 타방은 처벌규정이 없는 대향범[1)]

공무상비밀누설죄(제127조), 음화등반포죄(제243조), 청소년보호법상 청소년유해약물등의 판매 · 대여등의 금지(제28조, 제58조, 제59조) 및 청소년유해행위의 금지(제30조, 제55조 내지 제58조), 성매매알선 등 행위의 처벌에 관한 법률상 성매매피해자에 대한 성매수(제6조, 제21조),[2)] 아동 · 청소년의 성보호에 관한 법률상 아동 · 청소년에 대한 성매수(제13조),[3)] 약사법상 무면허의약품판매 및 판매목적취득 금지(제44조, 제93조 제1항 제7호), 변호사법상 변호사 아닌 자의 변호사 고용 금지(제34조 제4항, 제109조 제2호), 세무사법상 비밀엄수(제11조, 제22조 제1항 제2호), 화물자동차 운수사업법상 유상운송의 금지(제56조, 제67조) 등의 특별행정단속법규

---

1) 이 경우에는 필요적 공범이 아니라는 견해도 있다.

2) 제2조 (정의) ① 이 법에서 사용하는 용어의 뜻은 다음과 같다.

1. "성매매"란 불특정인을 상대로 금품이나 그 밖의 재산상의 이익을 수수(收受)하거나 수수하기로 약속하고 다음 각 목의 어느 하나에 해당하는 행위를 하거나 그 상대방이 되는 것을 말한다.
   가. 성교행위
   나. 구강, 항문 등 신체의 일부 또는 도구를 이용한 유사 성교행위
3. "성매매 목적의 인신매매"란 다음 각 목의 어느 하나에 해당하는 행위를 하는 것을 말한다.
   가. 성을 파는 행위 또는 「형법」 제245조에 따른 음란행위를 하게 하거나, 성교행위 등 음란한 내용을 표현하는 사진 · 영상물 등의 촬영 대상으로 삼을 목적으로 위계(僞計), 위력(威力), 그 밖에 이에 준하는 방법으로 대상자를 지배 · 관리하면서 제3자에게 인계하는 행위
   나. 가목과 같은 목적으로 「청소년 보호법」 제2조제1호에 따른 청소년(이하 "청소년"이라 한다), 사물을 변별하거나 의사를 결정할 능력이 없거나 미약한 사람 또는 대통령령으로 정하는 중대한 장애가 있는 사람이나 그를 보호 · 감독하는 사람에게 선불금 등 금품이나 그 밖의 재산상의 이익을 제공하거나 제공하기로 약속하고 대상자를 지배 · 관리하면서 제3자에게 인계하는 행위
   다. 가목 및 나목의 행위가 행하여지는 것을 알면서 가목과 같은 목적이나 전매를 위하여 대상자를 인계받는 행위
   라. 가목부터 다목까지의 행위를 위하여 대상자를 모집 · 이동 · 은닉하는 행위
4. "성매매피해자"란 다음 각 목의 어느 하나에 해당하는 사람을 말한다.
   가. 위계, 위력, 그 밖에 이에 준하는 방법으로 성매매를 강요당한 사람
   나. 업무관계, 고용관계, 그 밖의 관계로 인하여 보호 또는 감독하는 사람에 의하여 「마약류관리에 관한 법률」 제2조에 따른 마약 · 향정신성의약품 또는 대마(이하 "마약등"이라 한다)에 중독되어 성매매를 한 사람
   다. 청소년, 사물을 변별하거나 의사를 결정할 능력이 없거나 미약한 사람 또는 대통령령으로 정하는 중대한 장애가 있는 사람으로서 성매매를 하도록 알선 · 유인된 사람
   라. 성매매 목적의 인신매매를 당한 사람

② 다음 각 호의 어느 하나에 해당하는 경우에는 대상자를 제1항제3호가목에 따른 지배 · 관리하에 둔 것으로 본다.

1. 선불금 제공 등의 방법으로 대상자의 동의를 받은 경우라도 그 의사에 반하여 이탈을 제지한 경우
2. 다른 사람을 고용 · 감독하는 사람, 출입국 · 직업을 알선하는 사람 또는 그를 보조하는 사람이 성을 파는 행위를 하게 할 목적으로 여권이나 여권을 갈음하는 증명서를 채무이행 확보 등의 명목으로 받은 경우

제6조 (성매매피해자에 대한 처벌특례와 보호) ① 성매매피해자의 성매매는 처벌하지 아니한다.

제21조 (벌칙) ① 성매매를 한 사람은 1년 이하의 징역이나 300만 원 이하의 벌금 · 구류 또는 과료에 처한다.

3) 제13조 (아동 · 청소년의 성을 사는 행위 등) ① 아동 · 청소년의 성을 사는 행위를 한 자는 1년 이상 10년 이하의 징역 또는 2천만 원 이상 5천만 원 이하의 벌금에 처한다.

② 아동 · 청소년의 성을 사기 위하여 아동 · 청소년을 유인하거나 성을 팔도록 권유한 자는 1년 이하의 징역 또는 1천만 원 이하의 벌금에 처한다.

2. 부진정 필요적 공범

1) 합동범

(1) 합동범의 개념

2인 이상이 합동하여 특정 구성요건을 실현하는 범죄형태로, 단독범이나 공동정범보다 형벌이 가중된다. 집합범의 일종으로, 특수도주죄(제146조), 특수절도죄(제331조 제2항)[4], 특수강도죄(제334조 제2항), 성폭력범죄의 처벌 등에 관한 특례법상 특수강도강간죄(제3조)와 특수강간 · 강제추행죄(제4조), 폭력행위 등 처벌에 관한 법률상 특수폭행등죄(제2조 제2항)가 이에 해당한다.

(2) 합동범의 본질

합동범의 본질에 대해서는 합동범에만 공모공동정범이 인정된다는 공모공동정범설, 본질적으로는 공동정범이나 형사정책적 이유에서 가중처벌이 된다는 가중적(가공적) 공동정범설, 합동범에서의 합동이란 공동보다 좁은 개념으로 시간적 · 장소적 협동을 의미한다는 현장설(현장적 공동정범설) 등의 견해가 대립하고 있다.

판례는 "형법 제331조 제2항 후단의 '2인 이상이 합동하여'라 함은 주관적 요건으로서의 공모와 객관적 요건으로서의 실행행위의 분담이 있어야 하고 그 실행행위에 있어서는 시간적으로나 장소적으로 협동관계가 있음을 요한다."라고 하여 현장설을 취하고 있다.

관련판례

1) 두 사람이 공모 합동하여 다른 사람의 재물을 절취하려고 한 사람은 망을 보고 한 사람은 기구를 가지고 출입문의 자물쇠를 떼어내거나, 출입문의 환기창문을 열었다면 특수절도죄의 실행에 착수하였다 할 것이다.(대법원 1986.7.8. 선고 86도843 판결).
2) 형법 제331조 제2항 후단의 "2인 이상이 합동하여"라 함은 주관적 요건으로서의 공모와 객관적 요건으로서의 실행행위의 분담이 있어야 하고, 그 실행행위에 있어서는 시간적으로나 장소적으로 협동관계가 있음을 요한다는 것은 소론과 같다 하겠으나 원심이 유지한 1심판결 거시의 증거들을 기록과 대조하여 보면 피고인은 공소외 1, 2와 실행행위의 분담을 공모하고 위 공소외인들의 절취행위 장소부근에서 피고인이 운전하는 차량내에 대기하여 실행행위를 분담한 사실이 인정되고 다만 위 공소외인들이 범행대상을 물색하는 과정에서 절취행위 장소가 피고인이 대기중인 차량으로부터 다소 떨어지게 된 때가 있었으나 그렇다고 하여 시간적, 장소적 협동관계에서 일탈하였다고는 보여지지 아니하므로 피고인에 대하여 합동절도의 상습성을 인정하고 특정범죄가중처벌등에

4) 제331조 (특수절도) ① 야간에 문호 또는 장벽 기타 건조물의 일부를 손괴하고 전조의 장소에 침입하여 타인의 재물을 절취한 자는 1년 이상 10년 이하의 징역에 처한다.
② 흉기를 휴대하거나 2인 이상이 합동하여 타인의 재물을 절취한 자도 전항의 형과 같다.
5인 이상이 공동하여 상습절도 · 상습야간주거침입절도 · 상습특수절도죄 또는 그 미수죄를 범한 자는 특정범죄 가중처벌 등에 관한 법률 제5조의4 제2항에 의하여 무기 또는 5년 이상의 징역에 처한다.

관한법률 제5조의4 제1항, 형법 제331조를 적용하여 유죄로 인정한 원심판결은 정당하고 거기에 채증법칙위반이나 합동범에 관한 법리오해의 위법이 있다고 할 수 없다(대법원 1988.9.13. 선고 88도1197 판결)

3) 형법 제331조 제2항 후단의 2인 이상이 합동하여 타인의 재물을 절취한 경우의 이른바 합동범으로서의 특수절도가 성립되기 위하여서는 주관적 요건으로서의 공모와 객관적 요건으로서의 실행행위의 분담이 있어야 하고 그 실행행위에 있어서는 시간적으로나 장소적으로 협동관계가 있음을 요한다. 원심이 유지한 제1심판결의 확정사실 관계를 보면, 피고인은 원심공동피고인 1, 2와 함께 서울 동작구 상도동 616 소재 나윤찬 경영의 명진상사 창고에 몰래 들어가 피혁을 훔치기로 약속하였으나 피고인은 절취할 마음이 내키지 아니하고 처벌이 두려워 만나기로 한 시간에 약속장소로 가지 아니하고 성남시 중동 소재 포장마차에서 술을 마신 후 인근 여관에서 잠을 잤으며 원심공동피고인 1 등은 약속장소에서 피고인을 기다리다가 그들끼리 모의된 범행을 결행하기로 하여 원심공동피고인 1은 그 창고 앞에서 망을 보고 원심공동피고인 2는 창고에 침입하여 가죽 약 1만평을 절취한 것이라는 바 그렇다면 피고인은 특수절도의 공동정범이 성립될 수 없음은 물론 다른 공모자들이 실행행위에 이르기 이전에 그 공모관계로부터 이탈한 것이 분명하므로 그 이후의 다른 공모자의 절도행위에 관하여도 공동정범으로서 책임을 지지 아니한다고 할 것이다(대법원 1989.3.14. 선고 88도837 판결).

4) 피고인과 원심공동피고인 배ㅇㅇ이 피해자 이ㅇㅇ과 추ㅇㅇ를 만나 그 판시 주점과 한강고수부지에서 함께 술을 마시고 나서 피해자들을 집까지 데려다 주겠다면서 승합차에 모두 태워 배ㅇㅇ이 위 차를 운전하여 피해자들의 집 쪽으로 가던 도중에 방향을 바꾸어 판시 야산으로 가서 차를 세운 뒤, 배ㅇㅇ의 제의에 따라 피해자들을 각기 강간하기로 공모하고, 우선 배ㅇㅇ이 추ㅇㅇ에게 잠시 이야기하자고 말하여 그녀를 차에서 내리게 한 다음 그 부근의 숲속으로 데리고 가서 이야기를 나누던 중에 강간할 마음이 없어져 이를 포기하고 차있는 데로 돌아왔으며, 피고인은 그 사이 추ㅇㅇ가 차에서 내린 후 혼자 남은 이ㅇㅇ이 차에서 내리려고 하자 그녀를 협박하여 제지한 다음 판시와 같은 방법으로 차안에서 강제로 간음하였다는 것이다. 원래 합동범이 성립하기 위하여는 주관적 요건으로서의 공모와 객관적 요건으로서의 실행행위의 분담이 있어야 하고, 특히 그 실행행위에 있어서는 반드시 시간적으로나 장소적으로 협동관계가 있음을 요하는 것이다(대법원 1988.11.22. 선고 88도1557 판결 ; 1989.3.14. 선고 88도837 판결 ; 1992.7.28. 선고 92도917 판결 참조). 사실관계가 위와 같다면, 피고인과 배ㅇㅇ 사이에 범행현장에서 서로 강간의 실행행위를 분담한 협동관계가 있었다고 보기는 어려우므로, 피고인을 특수강간죄의 합동범으로 다스릴 수는 없다 할 것이다(대법원 1994.11.25. 선고 94도1622 판결).

〈사실관계〉

甲과 乙은 피해자 A와 B를 만나 주점과 한강고수부지에서 함께 술을 마시고 나서 피해자들을 집까지 데려다 주겠다면서 승합차에 모두 태워 乙이 위 차를 운전하여 피해자들의 집쪽으로 가던 도중에 방향을 바꾸어 야산으로 가서 차를 세운 뒤, 乙의 제의에 따라 피해자들을 각기 강간하기로 공모하고, 우선 甲이 A에게 잠시 이야기하자고 말하여 그녀를 차에서 내리게 한 다음 그 부근의 숲속으로 데리고 가서 이야기를 나누던 중에 강간할 마음이 없어져 이를 포기하고 차있는 데로 돌아왔으며, 乙은 그 사이 A가 차에서 내린 후 혼자 남은 B가 차에서 내리려고 하자 그녀를 협박하여 제지한 다음 차안에서 강제로 간음하였다.

5) 형법 제331조 제2항 후단의 2인 이상이 합동하여 타인의 재물을 절취한 경우의 특수절도죄가 성립하기 위하여는 주관적 요건으로서의 공모와 객관적 요건으로서의 실행행위의 분담이 있어야 하고 그 실행행위에 있어서는 시간적으로나 장소적으로 협동관계에 있음을 요한다고 함은 원심이 판시한 바와 같다. 그러나 이 사건에 있어서 적법하게 조사된 검사 작성의 원심 공동피고인에 대한 각 피의자 신문조서의 진술기재에 의하면, 피고인은 위 원심 공동피고인으로부터 동생인 피해자가 백지 가계수표 19장을 집에 가지고 있으며 그가 신혼여행을 떠나 집에 없다는 말을 듣고 위 원심 공동피고인과 함께 피해자의 수표를 몰래 꺼내오기로 범행을 모의하고, 송탄시에서 함께 차량을 타고 위 범행장소에 도착하여 피해자의 집으로 같이 들어가 이 사건 범행을 저질렀다는 것인바,

이와 같이 피고인과 위 원심 공동피고인이 물품을 절취할 목적으로 피해자의 집에 같이 들어간 경우라면 설사 위 원심 공동피고인의 원심 진술과 같이 그가 절취행위를 하는 동안 피고인은 피해자의 집 안의 가까운 곳에 대기하고 있다가 절취품을 가지고 같이 집을 나온 것이라 하더라도, 피고인은 위 절취행위에 있어 시간적, 장소적으로 위 원심 공동피고인과 협동관계에 있었다고 보아야 할 것이고, 이와 같은 결과는 원심이 판시한 사정이 있다고 하여 달라지지 아니한다고 할 것이다. 그럼에도 불구하고 원심이 위의 증거들에 관하여 명백히 판단하지 아니한 채 그 판시와 같은 이유로 피고인에게 실행행위의 분담이 있었다고 볼 증거가 없다고 하여 특수절도죄 부분에 대하여 무죄를 선고한 조치는 합동범에 관한 법리를 오해하였거나 채증법칙을 위반함으로써 판결에 영향을 미친 위법을 범한 것이라 하겠으므로, 이 점을 지적하는 논지는 이유 있다(대법원 1996.3.22. 선고 96도313 판결).

〈사실관계〉

甲은 乙로부터 乙의 동생인 A가 백지 가계수표 19장을 집에 가지고 있으며 그가 신혼여행을 떠나 집에 없다는 말을 듣고 乙과 함께 A의 수표를 몰래 꺼내오기로 범행을 모의하고 송탄시에서 함께 차를 타고 1993.11.8. 13:00경 서울 성북구 정릉4동 236의 470 위 乙의 동생인 A의 집에 도착하여 A의 집에 함께 들어가 甲은 다른 방에 있고 절취품의 소재를 알고 있는 乙이 A의 방에 들어가 방 안의 책상서랍에 있던 한일은행 종암지점의 백지 가계수표 19장을 꺼내어 가지고 丙의 집을 함께 빠져 나왔다.

6) 3인 이상의 범인이 합동절도의 범행을 공모한 후 적어도 2인 이상의 범인이 범행 현장에서 시간적, 장소적으로 협동관계를 이루어 절도의 실행행위를 분담하여 절도 범행을 한 경우에, 그 공모에는 참여하였으나 현장에서 절도의 실행행위를 직접 분담하지 아니한 다른 범인에 대하여도 그가 현장에서 절도 범행을 실행한 위 2인 이상의 범인의 행위를 자기 의사의 수단으로 하여 합동절도의 범행을 하였다고 평가할 수 있는 정범성의 표지를 갖추고 있는 한 공동정범의 일반 이론에 비추어 그 다른 범인에 대하여 합동절도의 공동정범으로 인정할 수 있다. 한편, 형법 제30조의 공동정범은 공동가공의 의사와 그 공동의사에 기한 기능적 행위지배를 통한 범죄 실행이라는 주관적·객관적 요건을 충족함으로써 성립하는바, 공모자 중 일부가 구성요건 행위 중 일부를 직접 분담하여 실행하지 않은 경우라 할지라도 전체 범죄에서 그가 차지하는 지위, 역할이나 범죄 경과에 대한 지배 내지 장악력 등을 종합해 볼 때, 단순한 공모자에 그치는 것이 아니라 범죄에 대한 본질적 기여를 통한 기능적 행위지배가 존재하는 것으로 인정된다면, 이른바 공모공동정범으로서의 죄책을 면할 수 없다. 원심이 적법하게 채택하여 조사한 증거들에 의하면, ① 피고인이 이 사건 범행 전에 원심 공동피고인 1로부터 이 사건 범행을 제의받고 원심 공동피고인 1에게 아는 후배를 한 명 소개할 테니 함께 하자고 승낙한 사실, ② 피고인이 이 사건 범행 전날 원심 공동피고인 2를 만나 원심 공동피고인 1의 범행 계획 등에 관해 알려 주고 원심 공동피고인 2의 승낙을 받은 사실, ③ 피고인이 이 사건 범행 당일 원심 공동피고인 2를 원심 공동피고인 1에게 소개하여 주었고, 원심 공동피고인 1, 2와 함께 이 사건 범행 장소인 공소외 합명회사 사무실 부근까지 동행하였으며, 도중에 이 사건 범행에 사용할 면장갑과 쇼핑백을 구입하여 원심 공동피고인 2에게 건네 준 사실, ④ 피고인이 이 사건 범행 직전 원심 공동피고인 2로부터 이 사건 범행을 하는 동안 자신의 가방을 대신 보관하여 달라는 부탁을 받고 이를 대신 보관한 사실, ⑤ 피고인이 공소외 합명회사 사무실로부터 불과 약 200m 정도 떨어진 ○○○○ 주유소 앞에서 원심 공동피고인 2와 원심 공동피고인 1을 기다리고 있었던 사실(그 지점에서는 위 사무실이 보이지 아니함), ⑥ 원심 공동피고인 2는 이 사건 범행을 종료한 후 기다리고 있던 원심 공동피고인 1, 피고인과 합류하여 택시를 타고 △△대학교 인근의 식당으로 이동하였고, 피고인은 위와 같이 이동하는 과정에서 원심 공동피고인 2로부터 절취한 현금이 들어 있는 쇼핑백을 건네받아 이를 소지하기도 하였던 사실, ⑦ 피고인은 위 식당에서 원심 공동피고인 1, 2와 함께 절취한 현금의 액수를 확인하였고, 절취한 현금의 약 1/3에 해당하는 175만 원을 분배받은 사실을 알 수 있다. 사실관계가 위와 같다면, 피고인이 비록 망을 본 일이 없다고 하더라도, 피고인이 합동절도의 범행을 현장에서 실행한 원심 공동피고인 1, 2와 공모하였고, 이 사건 범행을 직접 실행할 원심 공동피고인 2를 원심

공동피고인 1에게 소개하여 주었으며, 원심 공동피고인 2에게 이 사건 범행 도구인 면장갑과 쇼핑백을 구입하여 건네주었고, 원심 공동피고인 2, 1이 이 사건 범행을 종료할 때까지 기다려 그들과 함께 절취한 현금을 운반한 후 그 중 일부를 분배받은 것만으로도 단순한 공모자에 그치는 것이 아니라 이 사건 범행에 대한 본질적 기여를 통한 기능적 행위지배를 하였다고 할 것이고, 따라서 피고인이 원심 공동피고인 1, 2의 행위를 자기 의사의 수단으로 하여 합동절도의 범행을 하였다고 평가될 수 있는 정범성의 표지를 갖추었다고 할 것이므로, 원심 공동피고인 1, 2의 위 합동절도의 범행에 대하여 공동정범으로서의 죄책을 면할 수 없다(대법원 2011.5.13. 선고 2011도2021 판결).

2) 기타

단체 또는 다중의 위력을 보임으로써 특정 구성요건을 실현하는 범죄형태로, 특수공무집행방해죄(제144조), 특수폭행죄(제261조), 특수체포 · 감금죄(제278조), 특수협박죄(제284조), 특수주거침입죄(제320조), 특수손괴죄(제369죄), 폭력행위등처벌에관한법률상 집단적 폭행등죄(제3조 제1항 위반죄)가 이에 해당한다.

3. 형법 총칙의 공범 규정의 적용

1) 제30조 내지 제32조의 적용 여부

필요적 공범은 형법총칙상의 공범이 아니므로 원칙적으로 형법 제30조 내지 제32조의 공범규정은 적용되지 아니하나, 구체적으로는 그 범죄의 성질에 따라 판단하여야 한다.

관련판례

뇌물수수죄는 필요적 공범으로서 형법총칙의 공범이 아니므로, 이에 형법 제30조를 따로 적용하여야 하는 것이 아니다(대법원 1971.3.9. 선고 70도2536 판결).

(1) 집합범

제87조 내란죄는 그 집단적 특질을 고려하여 관여행위의 태양 및 정도를 구별하여 형을 규정하므로 외부에서의 관여자는 총칙상의 공범규정이 적용되지 않는다. 그러나 제115조의 소요죄는 이와는 달리 조직범이 아닐 뿐 아니라 관여의 태양이나 그 정도를 구별하지 않기 때문에 교사 내지 방조범이 성립될 수 있다.

또한 공모공동정범을 인정한다면 모의에만 가담하고 소요행위에 가담하지 않은 자도 공동정범이 성립된다.

(2) 대향범

행위자간의 행위가 상호 대립방향에서 결합하는 범죄형태인 이른바 대향범에 있어 범행에 가담한 2인 이상의 공범 중 일방은 처벌되고 다른 일방은 처벌하는 규정이 없는 경우, 처벌되지 아니하는 자가 처벌되는 자의 행위에 공동가담하거나 적극적으로 교사 또는 방조한 경우에 대향적 공범에 대해서도 공범에 관한 형법 규정이 적용되는가가 문제된다. 예를 들어 제127조 공무상비밀누설죄에 있어서 비밀을 누설받은 행위, 제243조의 음화등반포죄에 있어서 음화 등의 매수행위나 기타 청소년보호법, 아동 · 청소년의 성보호에 관한 법률, 약사법, 화물자동차 운수사업법 등 특별행정단속법규에 있어서 일정한 물건이나 성매수행위는 실질적으로는 판매행위를 교사 내지 방조하는 것이 된다 할지라도 처벌할 수 없으며, 이 점에서 공범규정의 적용이 제한된다.

관련판례

[대향적 공범에 대하여 공범에 관한 형법총칙 규정이 적용되는지 여부에 대한 판례 입장]

1) 소위 대향범은 대립적 범죄로서 2인 이상의 서로 대향된 행위의 존재를 필요로 하는 필요적 공범관계에 있는 범죄로 이에는 공범에 관한 형법총칙규정의 적용이 있을 수 없는 것이므로 원심이 이와 같은 취지로 피고인 1이 피고인 2에게 미화 총계 800,000 달라의 취득의 대상으로 원화 총계금 595,245,000원을 지급한 행위와 피고인 2가 미화총계 800,000 달라의 양도의 대상으로 원화 총계 금 595,245,000원을 영수한 행위를 각각 대립되는 범죄 즉 대향범이라는 전제아래 피고인 1의 판시범행에 대하여는 외국환관리법 제22조 제1호, 피고인 2의 판시범행에 대하여는 같은 법 제22조 제2호 각 위반의 죄가 성립될 뿐 각 상피고인의 범행에 대하여는 공범관계가 성립되지 않는다고 이 부분 공소사실에 관하여 무죄를 선고한 원심조치는 정당하고 이에 반대되는 견해로 미화취득의 대상으로 한 원화의 지급행위와 그 영수행위를 하나의 연결된 포괄범이라는 전제 아래 원심의 법률적용을 비난하는 상고논지는 독자적 견해에 지나지 아니하여 채용할 것이 되지 못한다(대법원 1985.3.12. 선고 84도2747 판결).
2) 공소사실이란 범죄의 특별구성요건을 충족하는 구체적 사실이며 공소장에는 공소사실의 기재에 있어서 공소의 원인된 사실을 다른 사실과 구별할 수 있을 정도로 특정하도록 형사소송법이 요구하고 있으므로, 방조범의 공소사실을 기재함에 있어서는 그 전제가 되는 정범의 범죄구성을 충족하는 구체적 사실을 기재하여야 하고(대법원 1988.4.27. 선고 88도251 판결 등 참조), 한편 매도, 매수와 같이 2인 이상의 서로 대향된 행위의 존재를 필요로 하는 관계에 있어서는 공범이나 방조범에 관한 형법총칙 규정의 적용이 있을 수 없고, 따라서 매도인에게 따로 처벌규정이 없는 이상 매도인의 매도행위는 그와 대향적 행위의 존재를 필요로 하는 상대방의 매수범행에 대하여 공범이나 방조범관계가 성립되지 아니한다(대법원 1988.4.25. 선고 87도2451 판결 참조). 그런데 이 사건 공소사실 중 피고인들에 대한 약사법위반방조의 점의 요지는 "피고인들은 공모하여, 공소외인이 약국개설자도 아니고 의약품도소매허가도 없어 의약품을 판매하거나 판매목적으로 취득할 수 없음에도, 공소외인이 마약대용물로 남용되고 있는 전문의약품인 염산날부핀을 대량구입하여 이를 시중의 일반인들에게 유통시킨다는 정을 알면서도, 2001.1.17. 18:00경 공소외인에게 염산날부핀 100,000 앰플을 84,000,000원에 판매하여, 공소외인이 의약품인 염산날부핀을 일반인들을 상대로 판매하거나, 판매목적으로 취득할 수 있도록 공급하여 이를 방조하였다."라고 함에 있다. 우선 위 공소사실 중, "피고인들은 공모하여, 공소외인이 의약품을 판매할 수 없음에도 염산날부핀을 일반인들을 상대로 판매한다는 정을 알면서 공소외인에게 염산날부핀을 판매함으로써, 공소외인이 염산날부핀을 일반인들을 상대로 판매할 수 있도록 공급하여 이를 방조하였다."라는 점에 관하여 보면, 위 공소사실 부분은 정범인 공소외인의 염산날부핀 판매행위라는 범죄사실이 전혀 특정되지 않았으므로 방조범인 피고인들의 위 공소사실 부분 역시 특정되었다고 할 수 없다. 다음 위 공소사실 중, "피고인들은 공모하여, 공소외인이 의약품을 판매의 목적으로 취득할 수 없음에도 염산날부핀을 일반인들을 상대로 판매한다는 정을 알면서 공소외인에게 염산날부핀을 판매함으로써, 공소외인이 염산날부핀을 일반인들을 상대로 한 판매의 목적으로 취

득하도록 공급하여 이를 방조하였다."라는 점에 관하여 보면, 위 공소사실 부분은 정범인 공소외인의 판매목적의 염산날부핀 취득행위라는 범죄사실에 대하여 피고인들이 공소외인에게 염산날부핀을 판매, 공급함으로써 공소외인의 범행을 방조하였다는 것인바, 이와 같이 의약품을 판매할 수 없는 공소외인이 판매의 목적으로 의약품을 취득한 범행과 대향범관계에 있는 피고인들의 공소외인에 대한 의약품 판매행위에 대하여는 형법총칙상 공범이나 방조범 규정의 적용이 있을 수 없으므로, 피고인들을 공소외인의 범행에 대한 방조범으로 처벌할 수 없다. 그럼에도 불구하고, 원심은 이 사건 공소사실 중 피고인들에 대한 약사법위반방조의 점에 대하여 유죄를 선고하였는바, 이러한 원심판결에는 약사법 제35조 제1항 위반죄의 방조범에 대한 공소사실의 특정 및 방조범의 성립에 관한 법리를 오해하여 판결 결과에 영향을 미친 위법이 있다 할 것이고(다만, 이 사건과 같이 의약품 제조업자인 피고인들이 염산날부핀을 적법한 판매대상자도 아닌 공소외인에게 판매한 행위는 공소외인이 염산날부핀을 일반인들에게 유통시킨다는 정을 피고인들이 알았는지 여부에 관계없이 약사법 제35조 제1항 위반죄의 정범으로 처벌될 수 있음은 별론으로 한다), 이 점을 지적하는 취지의 상고이유의 주장은 이유 있다(대법원 2001.12.28. 선고 2001도5158 판결).

〈참조조문〉

약사법 제44조 (의약품 판매) ① 약국 개설자(해당 약국에 근무하는 약사 또는 한약사를 포함한다. 제47조, 제48조 및 제50조에서도 같다)가 아니면 의약품을 판매하거나 판매할 목적으로 취득할 수 없다. 다만, 의약품의 품목허가를 받은 자 또는 수입자가 그 제조 또는 수입한 의약품을 이 법에 따라 의약품을 제조 또는 판매할 수 있는 자에게 판매하는 경우에는 그러하지 아니하다.

제93조 (벌칙) ① 다음 각 호의 어느 하나에 해당하는 자는 5년 이하의 징역 또는 5천만 원 이하의 벌금에 처한다.

7. 제44조제1항을 위반한 자

3) 매도, 매수와 같이 2인 이상의 서로 대향된 행위의 존재를 필요로 하는 관계에 있어서는 공범이나 방조범에 관한 형법총칙 규정의 적용이 있을 수 없고, 따라서 매도인에게 따로 처벌규정이 없는 이상 매도인의 매도행위는 그와 대향적 행위의 존재를 필요로 하는 상대방의 매수범행에 대하여 공범이나 방조범관계가 성립되지 아니한다고 할 것인바, 자기자본의 100분의 25를 초과하는 신용 공여에 관한 종합금융회사에관한법률위반의 점과 동일인에 대한 대출 등의 한도 위반에 관한 구 상호신용금고법위반의 점은 대출을 하는 자와 대출을 받는 자의 대향적 행위의 존재를 필요로 하는 대립적 범죄로서, 일정한 경우 대출을 한 자를 처벌함으로써 그와 같은 대출의 발생을 방지하려는 데 목적이 있고, 위 각 조문의 규정형식상 대출을 한 자만을 처벌하고, 따로 대출 받은 자에 대하여 처벌규정이 없는 점에 비추어, 대출 받은 자의 행위에 대하여는 상대방의 대출행위에 대한 형법총칙의 공범규정은 적용되지 않는다(대법원 2002.7.22. 선고 2002도1696 판결).

4) 변호사 아닌 자가 변호사를 고용하여 법률사무소를 개설 · 운영하는 행위에 있어서는 변호사 아닌 자는 변호사를 고용하고 변호사는 변호사 아닌 자에게 고용된다는 서로 대향적인 행위의 존재가 반드시 필요하고, 나아가 변호사 아닌 자에게 고용된 변호사가 고용의 취지에 따라 법률사무소의 개설 · 운영에 어느 정도 관여할 것도 당연히 예상되는바, 이와 같이 변호사가 변호사 아닌 자에게 고용되어 법률사무소의 개설 · 운영에 관여하는 행위는 위 범죄가 성립하는 데 당연히 예상될 뿐만 아니라 범죄의 성립에 없어서는 아니되는 것인데도 이를 처벌하는 규정이 없는 이상, 그 입법 취지에 비추어 볼 때 변호사 아닌 자에게 고용되어 법률사무소의 개설 · 운영에 관여한 변호사의 행위가 일반적인 형법 총칙상의 공모, 교사 또는 방조에 해당된다고 하더라도 변호사를 변호사 아닌 자의 공범으로서 처벌할 수는 없다(대법원 2004.10.28. 선고 2004도3994 판결).

〈참조조문〉

변호사법 제34조 (변호사가 아닌 자와의 동업 금지 등) ④ 변호사가 아닌 자는 변호사를 고용하여 법률사무소를 개설 · 운영하여서는 아니 된다.

제109조 (벌칙) 다음 각 호의 어느 하나에 해당하는 자는 7년 이하의 징역 또는 5천만 원 이하의 벌금에 처한다. 이 경우 벌금과 징역은 병과할 수 있다.

2. 제33조 또는 제34조(제57조, 제58조의16 또는 제58조의30에 따라 준용되는 경우를 포함한다)를 위반한 자

5) 구 화물자동차 운수사업법(2002.8.26. 법률 제6731호로 개정되기 전의 것) 제48조 제4호, 제39조에 의하여 처벌되는 행위인, 자가용화물자동차의 소유자가 유상으로 화물을 운송하는 행위를 함에 있어서는, 자가용화물자동차의 소유자에게 대가를 지급하고 화물의 운송이라는 용역을 제공받는 상대방의 행위의 존재가 반드시 필요하고, 따라서 자가용화물자동차의 소유자에게 대가를 지급하고 의뢰하여 화물의 운송이라는 용역을 제공받는 상대방의 행위가 있을 것으로 당연히 예상되는바, 이와 같이 자가용화물자동차 소유자의 유상운송이라는 범죄가 성립하는 데 당연히 예상될 뿐만 아니라 위와 같은 범죄의 성립에 없어서는 아니 되는 상대방의 행위를 따로 처벌하는 규정이 없는 이상, 그 입법 취지에 비추어 볼 때, 자가용화물자동차의 소유자에게 대가를 지급하고 운송을 의뢰하여 화물운송이라는 용역을 제공받은 상대방의 행위가, 자가용화물자동차 소유자와의 관계에서, 일반적인 형법 총칙상의 공모, 교사 또는 방조에 해당된다고 하더라도 자가용화물자동차 소유자의 유상운송행위의 상대방을 자가용화물자동차 소유자의 유상운송행위의 공범으로 처벌할 수 없다(대법원 2005.11.25. 선고 2004도8819 판결).

〈참조조문〉

화물자동차 운수사업법 제56조 (유상운송의 금지) 자가용 화물자동차의 소유자 또는 사용자는 자가용 화물자동차를 유상(그 자동차의 운행에 필요한 경비를 포함한다)으로 화물운송용으로 제공하거나 임대하여서는 아니 된다. 다만, 국토교통부령으로 정하는 사유에 해당되는 경우로서 시 · 도지사의 허가를 받으면 화물운송용으로 제공하거나 임대할 수 있다.

제67조 (벌칙) 다음 각 호의 어느 하나에 해당하는 자는 2년 이하의 징역 또는 2천만 원 이하의 벌금에 처한다.

7. 제56조를 위반하여 자가용 화물자동차를 유상으로 화물운송용으로 제공하거나 임대한 자

6) 세무사 등의 직무상 비밀누설행위와 대향범 관계에 있는 '비밀을 누설받은 행위'에 대하여 공범에 관한 형법총칙 규정을 적용할 수 있는지 여부

2인 이상의 서로 대향된 행위의 존재를 필요로 하는 대향범에 대하여는 공범에 관한 형법총칙 규정이 적용될 수 없다(대법원 1985.3.12. 선고 84도2747 판결, 대법원 1988.4.25. 선고 87도2451 판결, 대법원 2001.12.28. 선고 2001도5158 판결, 대법원 2002.7.22. 선고 2002도1696 판결, 대법원 2004.10.28. 선고 2004도3994 판결 등 참조). 원심은 채용 증거를 종합하여, 피고인이 세무사 사무실 직원인 공소외 1과 공모하여 위 공소외 1로부터 세무사 사무실에서 보관하고 있던 임대사업자 공소외 2 등의 이름, 주민등록번호, 주소, 사업자소재지가 기재된 서면을 교부받아 위 공소외 1이 직무상 지득한 비밀을 누설하게 한 사실을 인정한 다음, 피고인을 공소외 1의 세무사법상 직무상 비밀누설죄의 공동정범으로 의율하였다. 그러나 세무사법 제22조 제1항 제2호, 제11조는 세무사와 세무사였던 자 또는 그 사무직원과 사무직원이었던 자가 그 직무상 지득한 비밀을 누설하는 행위를 처벌하고 있을 뿐 세무사법에는 비밀을 누설받는 상대방을 처벌하는 규정이 없고, 세무사 사무실 직원인 위 공소외 1이 직무상 지득한 비밀을 누설한 행위와 피고인이 그로부터 그 비밀을 누설받은 행위는 대향범 관계에 있다고 할 것이므로 이러한 대향범에 대하여는 공범에 관한 형법총칙 규정이 적용될 수 없다고 할 것인데도 불구하고, 원심은 피고인을 위 공소외 1의 직무상 비밀누설죄에 관한 공동정범으로 의율하였는바, 이러한 원심의 판단에는 세무사법상 직무상 비밀누설죄의 공동정범에 관한 법리를 오해하여 판결에 영향을 미친 위법이 있다(대법원 2007.10.25. 선고 2007도6712 판결).

7) 공무원 등의 직무상 비밀 누설행위와 대향범 관계에 있는 '비밀을 누설받은 행위'에 대하여 공범에 관한 형법총칙 규정을 적용할 수 있는지 여부

2인 이상의 서로 대향된 행위의 존재를 필요로 하는 대향범에 대하여는 공범에 관한 형법총칙 규정이 적용될 수

없다(대법원 2007.10.25. 선고 2007도6712 판결 등 참조). 원심이 인정한 사실에 의하면 공무원인 피고인 1이 직무상 비밀을 누설한 행위와 피고인 2가 그로부터 그 비밀을 누설받은 행위는 대향범 관계에 있다고 할 것인데, 형법 제127조는 공무원 또는 공무원이었던 자가 법령에 의한 직무상 비밀을 누설하는 행위만을 처벌하고 있을 뿐 직무상 비밀을 누설받은 상대방을 처벌하는 규정이 없는 점에 비추어, 직무상 비밀을 누설받은 자에 대하여는 공범에 관한 형법총칙 규정이 적용될 수 없다고 봄이 상당하다(대법원 2009.6.23. 선고 2009도544 판결 참조). 그럼에도 원심은, 피고인 2가 피고인 1에게 부탁을 하여 이 사건 체포영장 발부자 명단을 누설받은 행위가 공무상비밀누설교사죄에 해당한다고 판단하였는바, 이러한 원심의 판단에는 공무상비밀누설죄에 있어 공범의 성립에 관한 법리를 오해한 위법이 있고, 이는 판결 결과에 영향을 미쳤음이 분명하다(대법원 2011.4.28. 선고 2009도3642 판결)

〈참조조문〉

형법 제127조 (공무상 비밀의 누설) 공무원 또는 공무원이었던 자가 법령에 의한 직무상 비밀을 누설한 때에는 2년 이하의 징역이나 금고 또는 5년 이하의 자격정지에 처한다.

8) 의사가 직접 환자를 진찰하지 않고 처방전을 작성하여 교부한 행위와 대향범 관계에 있는 '처방전을 교부받은 행위'에 대하여 공범에 관한 형법총칙 규정을 적용할 수 있는지 여부

2인 이상의 서로 대향된 행위의 존재를 필요로 하는 대향범에 대하여는 공범에 관한 형법총칙 규정이 적용될 수 없다(대법원 2007.10.25. 선고 2007도6712 판결 등 참조). 원심이 인정한 사실에 의하면, 의사인 공소외 3 등이 직접 환자를 진찰하지 않고 처방전을 작성하여 공소외 4 등에게 교부한 행위와 공소외 4 등이 위 공소외 3 등으로부터 처방전을 교부받은 행위는 대향범 관계에 있다고 할 것인데, 구 의료법(2007.7.27. 법률 제8559호로 개정되기 전의 것) 제17조 제1항 본문은 의료업에 종사하고 직접 진찰한 의사가 아니면 처방전을 작성하여 환자 등에게 교부하지 못한다고 규정하면서 제89조에서는 위 조항 본문을 위반한 자를 처벌하고 있을 뿐, 위와 같이 작성된 처방전을 교부받은 상대방을 처벌하는 규정이 따로 없는 점에 비추어, 위와 같이 작성된 처방전을 교부받은 자에 대하여는 공범에 관한 형법총칙 규정이 적용될 수 없다고 봄이 상당하다(대법원 2011.10.13. 선고 2011도6287 판결).

(3) 합동범

합동범에 공모한 자의 경우에 합동범의 공동정범이 성립되느냐와 관련하여 합동범은 행위자의 시간적 · 장소적 협동을 요하므로 합동범의 공동정범은 성립되지 않으며 합동범에 대한 교사 내지 방조만이 가능하다는 견해와, 합동범의 공동정범이 성립된다는 견해가 대립되고 있다.

이러한 견해 대립은 합동범의 본질을 어떻게 파악하느냐에 따라 달라지는데, 합동범에만 공모공동정범이 인정된다는 공모공동정범설과, 합동범은 본질적으로는 공동정범이나 형사정책적 이유에서 가중처벌이 된다는 가중적 공동정범설의 입장에서는 합동범의 공동정범이 성립된다고 한다. 이에 반하여 합동범에서의 합동이란 '공동'보다 좁은 개념으로 시간적 · 장소적 협동을 의미한다는 현장설에 의하면 합동범의 공동정범은 성립되지 않는다는 반대견해도 있다.

관련판례

1) 3인 이상의 범인이 합동범행을 공모한 후 적어도 2인 이상의 범인이 범행 현장에서 시간적, 장소적으로 협동관계를 이루어 절도의 실행행위를 분담하여 범행을 한 경우에, 그 공모에는 참여하였으나 현장에서 범행의 실행행위를 직접 분담하지 아니한 다른 범인에 대해서도 형법의 공범 규정을 적용하여 합동범의 공동정범의 성립을 인정할 수 있는지 여부

형법 제331조 제2항 후단의 '2인 이상이 합동하여 타인의 재물을 절취한 자'(이하 '합동절도'라고 한다)에 관한 규정은 2인 이상의 범인이 범행현장에서 합동하여 절도의 범행을 하는 경우는 범인이 단독으로 절도 범행을 하는 경우에 비하여 그 범행이 조직적이고 집단적이며 대규모적으로 행하여져 그로 인한 피해도 더욱 커지기 쉬운 반면 그 단속이나 검거는 어려워지고, 범인들의 악성도 더욱 강하다고 보아야 할 것이기 때문에 그와 같은 행위를 통상의 단독 절도범행에 비하여 특히 무겁게 처벌하기 위한 것이다.

합동절도가 성립하기 위하여는 주관적 요건으로 2인 이상의 범인의 공모가 있어야 하고, 객관적 요건으로 2인 이상의 범인이 현장에서 절도의 실행행위를 분담하여야 하며, 그 실행 행위는 시간적, 장소적으로 협동관계가 있음을 요한다. 한편 2인 이상이 공동의 의사로서 특정한 범죄행위를 하기 위하여 일체가 되어 서로가 다른 사람의 행위를 이용하여 각자 자기의 의사를 실행에 옮기는 내용의 공모를 하고, 그에 따라 범죄를 실행한 사실이 인정되면 그 공모에 참여한 사람은 직접 실행행위에 관여하지 아니하였더라도 다른 사람의 행위를 자기 의사의 수단으로 하여 범죄를 하였다는 점에서 자기가 직접 실행행위를 분담한 경우와 형사책임의 성립에 차이를 둘 이유가 없는 것인바(형법 제30조), 이와 같은 공동정범 이론을 형법 제331조 제2항 후단의 합동절도와 관련하여 살펴보면, 2인 이상의 범인이 합동절도의 범행을 공모한 후 1인의 범인만이 단독으로 절도의 실행행위를 한 경우에는 합동절도의 객관적 요건을 갖추지 못하여 합동절도가 성립할 여지가 없는 것이지만, 3인 이상의 범인이 합동절도의 범행을 공모한 후 적어도 2인 이상의 범인이 범행 현장에서 시간적, 장소적으로 협동관계를 이루어 절도의 실행행위를 분담하여 절도 범행을 한 경우에는 위와 같은 공동정범의 일반 이론에 비추어 그 공모에는 참여하였으나 현장에서 절도의 실행행위를 직접 분담하지 아니한 다른 범인에 대하여도 그가 현장에서 절도 범행을 실행한 위 2인 이상의 범인의 행위를 자기 의사의 수단으로 하여 합동절도의 범행을 하였다고 평가할 수 있는 정범성의 표지를 갖추고 있다고 보여지는 한 그 다른 범인에 대하여 합동절도의 공동정범의 성립을 부정할 이유가 없다고 할 것이다(대법원 1956.5.1. 선고 4289형상35 판결, 1960.6.15. 선고 4293형상60 판결 등 참조). 형법 제331조 제2항 후단의 규정이 위와 같이 3인 이상이 공모하고 적어도 2인 이상이 합동절도의 범행을 실행한 경우에 대하여 공동정범의 성립을 부정하는 취지라고 해석할 이유가 없을 뿐만 아니라, 만일 공동정범의 성립가능성을 제한한다면 직접 실행행위에 참여하지 아니하면서 배후에서 합동절도의 범행을 조종하는 수괴는 그 행위의 기여도가 강력함에도 불구하고 공동정범으로 처벌받지 아니하는 불합리한 현상이 나타날 수 있다. 그러므로 합동절도에서도 공동정범과 교사범 · 종범의 구별기준은 일반원칙에 따라야 하고, 그 결과 범행현장에 존재하지 아니한 범인도 공동정범이 될 수 있으며, 반대로 상황에 따라서는 장소적으로 협동한 범인도 방조만 한 경우에는 종범으로 처벌될 수도 있다. 이와 다른 견해를 표명하였던 대법원 1976.7.27. 선고 75도2720 판결 등은 이를 변경하기로 한다.

원심판결 이유에 의하면, 원심은 제1심이 채택한 증거들을 인용하여 피고인에 대하여 1997.4.18. 04:08경 삼성동 소재 엘지마트 편의점에서 범한 특수절도죄를 유죄로 인정하였다. 그런데 원심이 인용한 제1심판결이 채택한 증거들을 기록과 대조하여 검토하여 보면, 속칭 삐끼주점의 지배인인 피고인이 피해자 오건수로부터 신용카드를 강취하고 신용카드의 비밀번호를 알아낸 후 현금자동지급기에서 인출한 돈을 삐끼주점의 분배관례에 따라 분배할 것을 전제로 하여 원심 공동피고인 1(삐끼), 2(삐끼주점 업주) 및 공소외 인(삐끼)과 피고인은 삐끼주점 내에서 피해자를 계속 붙잡아 두면서 감시하는 동안 원심 공동피고인 1, 2 및 공소외인은 피해자의 위 신용카드를 이용하여 현금자동지급기에서 현금을 인출하기로 공모하였고, 그에 따라 원심 공동피고인 1, 2 및 공소외인이 1997.4.18. 04:08경 서울 강남구 삼성동 소재 엘지마트 편의점에서 합동하여 현금자동지급기에서 현금 4,730,000원을 절취한 사실을 인정하기에 넉넉한바, 비록 피고인이 범행 현장에 간 일이 없다 하더라도 위와 같은 사실관계 하에서라면 피고인이 합동절도의 범행을 현장에서 실행한 원심 공동피고인 1, 2 및 공소외인과 공모한 것만으로서도 그들의 행위를 자기 의사의 수단으로 하여 합동절도의 범행을 하였다고 평가될 수 있는 합동절도 범행의 정범성의 표지를 갖추었다고 할 것이고, 따라서 위 합동절도 범행에 대하여 공동정범으로서의 죄책을 면할 수 없다. 같은 취지의 원심의 판단은 정당하고, 여기에 논하는 바와 같은 법리오해의 위법이 있다고 할 수 없다. 이 점에 관한 논지도 이유가 없다(대법원 1998.5.21. 선고 98도321 전원합의체 판결, 삐끼주점 사례).

2) 3인 이상의 범인이 합동절도의 범행을 공모한 후 적어도 2인 이상의 범인이 범행 현장에서 시간적, 장소적으로 협동관계를 이루어 절도의 실행행위를 분담하여 절도 범행을 한 경우에, 그 공모에는 참여하였으나 현장에서 절도의 실행행위를 직접 분담하지 아니한 다른 범인에 대하여도 그가 현장에서 절도 범행을 실행한 위 2인 이상의 범인의 행위를 자기 의사의 수단으로 하여 합동절도의 범행을 하였다고 평가할 수 있는 정범성의 표지를 갖추고 있는 한 공동정범의 일반 이론에 비추어 그 다른 범인에 대하여 합동절도의 공동정범으로 인정할 수 있다(대법원 1998.5.21. 선고 98도321 전원합의체 판결 참조). 한편, 형법 제30조의 공동정범은 공동가공의 의사와 그 공동의사에 기한 기능적 행위지배를 통한 범죄 실행이라는 주관적 · 객관적 요건을 충족함으로써 성립하는바, 공모자 중 일부가 구성요건 행위 중 일부를 직접 분담하여 실행하지 않은 경우라 할지라도 전체 범죄에서 그가 차지하는 지위, 역할이나 범죄 경과에 대한 지배 내지 장악력 등을 종합해 볼 때, 단순한 공모자에 그치는 것이 아니라 범죄에 대한 본질적 기여를 통한 기능적 행위지배가 존재하는 것으로 인정된다면, 이른바 공모공동정범으로서의 죄책을 면할 수 없다(대법원 1998.5.21. 선고 98도321 전원합의체 판결, 대법원 2007.4.26. 선고 2007도235 판결, 대법원 2007.4.26. 선고 2007도428 판결 등 참조). 원심이 적법하게 채택하여 조사한 증거들에 의하면, ① 피고인이 이 사건 범행 전에 원심 공동피고인 1로부터 이 사건 범행을 제의받고 원심 공동피고인 1에게 아는 후배를 한 명 소개할 테니 함께 하자고 승낙한 사실, ② 피고인이 이 사건 범행 전날 원심 공동피고인 2를 만나 원심 공동피고인 1의 범행 계획 등에 관해 알려 주고 원심 공동피고인 2의 승낙을 받은 사실, ③ 피고인이 이 사건 범행 당일 원심 공동피고인 2를 원심 공동피고인 1에게 소개하여 주었고, 원심 공동피고인 1, 2와 함께 이 사건 범행 장소인 공소외 합명회사 사무실 부근까지 동행하였으며, 도중에 이 사건 범행에 사용할 면장갑과 쇼핑백을 구입하여 원심 공동피고인 2에게 건네 준 사실, ④ 피고인이 이 사건 범행 직전 원심 공동피고인 2로부터 이 사건 범행을 하는 동안 자신의 가방을 대신 보관하여 달라는 부탁을 받고 이를 대신 보관한 사실, ⑤ 피고인이 공소외 합명회사 사무실로부터 불과 약 200m 정도 떨어진 ○○○○ 주유소 앞에서 원심 공동피고인 2와 원심 공동피고인 1을 기다리고 있었던 사실(그 지점에서는 위 사무실이 보이지 아니함), ⑥ 원심 공동피고인 2는 이 사건 범행을 종료한 후 기다리고 있던 원심 공동피고인 1, 피고인과 합류하여 택시를 타고 △△대학교 인근의 식당으로 이동하였고, 피고인은 위와 같이 이동하는 과정에서 원심 공동피고인 2로부터 절취한 현금이 들어 있는 쇼핑백을 건네받아 이를 소지하기도 하였던 사실, ⑦ 피고인은 위 식당에서 원심 공동피고인 1, 2와 함께 절취한 현금의 액수를 확인하였고, 절취한 현금의 약 1/3에 해당하는 175만 원을 분배받은 사실을 알 수 있다. 사실관계가 위와 같다면, 피고인이 비록 망을 본 일이 없다고 하더라도, 피고인이 합동절도의 범행을 현장에서 실행한 원심 공동피고인 1, 2와 공모하였고, 이 사건 범행을 직접 실행할 원심 공동피고인 2를 원심 공동피고인 1에게 소개하여 주었으며, 원심 공동피고인 2에게 이 사건 범행 도구인 면장갑과 쇼핑백을 구입하여 건네주었고, 원심 공동피고인 2, 1이 이 사건 범행을 종료할 때까지 기다려 그들과 함께 절취한 현금을 운반한 후 그 중 일부를 분배받은 것만으로도 단순한 공모자에 그치는 것이 아니라 이 사건 범행에 대한 본질적 기여를 통한 기능적 행위지배를 하였다고 할 것이고, 따라서 피고인이 원심 공동피고인 1, 2의 행위를 자기 의사의 수단으로 하여 합동절도의 범행을 하였다고 평가될 수 있는 정범성의 표지를 갖추었다고 할 것이므로, 원심 공동피고인 1, 2의 위 합동절도의 범행에 대하여 공동정범으로서의 죄책을 면할 수 없다. 그럼에도 불구하고 원심은 그 판시와 같은 이유만으로 피고인에 대한 이 부분 주위적 공소사실을 무죄로 판단한 제1심판결을 그대로 유지하였는바, 이러한 원심판결은 합동범의 공동정범에 관한 법리를 오해하여 판단을 그르친 것이다(대법원 2011.5.13. 선고 2011도2021 판결).

〈피고인에 대한 주위적 공소사실의 요지〉

피고인은 2003.8.29. 광주지방법원에서 특정범죄 가중처벌 등에 관한 법률 위반(절도)죄로 징역 1년 6월을, 2006.5.12. 위 법원에서 같은 죄로 징역 3년 6월을 선고받아 2009.1.24. 광주교도소에서 그 형의 집행을 종료하였는데, 피고인, 원심 공동피고인 1, 2는 피해자 공소외 합명회사가 주말에는 사납금을 회사 금고에 보관한다는 사정을 알고 이를 훔치기로 공모하여, 2010.7.11. 18:50경 광주 서구 화정동 (지번 생략)에 있는 공소외 합명회사에 이르러 원심 공동피고인 1은 공소외 합명회사 사무실 앞에서, 피고인은 위 사무실에서 약 100m 떨어진 곳에서 각각 망을 보고, 원심 공동피고인 2는 사무실 밖에 있는 배전기함을 망치로 손괴하고 전원 스위치를 내려 CCTV가 작동되지 않도록 전원을 차단한 후, 열려진 사무실로 들어가 원심 공동피고인 1이 미리 복사하여 건네 준 금고 열쇠를 이용하여 금고 안에 있던 피해자 소유인 현금 535만 원을 가지고 나와 절취함으로써, 피고인, 원심 공동피고인 1, 2는 합동하여, 피고인은 상습으로 피해자의 재물을 절취하였다.

[종전 판례]

1) 형법 제331조 2항 후단 소정 합동절도에는 주관적 요건으로서 공모 외에 객관적 요건으로서 시간적으로나 장소적으로 협동관계가 있는 실행행위의 분담이 있어야 하므로, 갑이 공모한 내용대로 국도상에서 을, 병 등이 당일 마을에서 절취하여 온 황소를 대기하였던 트럭에 싣고 운반한 행위는 시간적으로나 장소적으로 절취행위와 협동관계가 있다고 할 수 없어 합동절도죄로 문의할 수는 없으나, 공동정범에 있어서 범죄행위를 공모한 후 그 실행행위에 직접 가담하지 아니하더라도 다른 공범자의 죄책을 면할 수 없으니, 갑의 소위는 본건 공소사실의 범위에 속한다고 보아지므로 갑은 일반절도죄의 공동정범 또는 합동절도방조로서의 죄책을 면할 수 없다(대법원 1976.7.27. 선고 75도 2720 판결).

2) 특수강도의 범행을 모의한 이상 범행의 실행에 가담하지 아니하고, 공모자들이 강취해 온 장물의 처분을 알선만 하였다 하더라도, 특수강도의 공동정범이 된다 할 것이므로 장물알선죄로 의율할 것이 아니다(대법원 1983.2.22. 선고 82도3103,82감도666 판결).

2) 제33조의 적용 여부

(1) 집합범과 합동범

신분을 요하는 범죄가 아니므로 제33조가 적용될 여지가 없다.

(2) 대향범

대향범은 그 필요적 공범 상호간에는 제33조가 적용될 여지가 없으며, 필요적 공범 규정 그 자체에 의하여 해결된다. 다만 제3자가 예를 들어 수뢰죄(제129조와 133조)와 같은 신분범인 필요적 공범의 일방에 가담한 경우에는 이는 임의적 공범이기 때문에 제33조가 적용된다.

Ⅳ. 동시범

2인 이상이 상호 의사연락 없이 동시에 또는 근접한 시간적 전후 관계에서 구성요건적 사실을 실현하는 범죄형태로, 각자 독립하여 자기행위에 대하여 책임을 진다(제19조). 다만 상해죄의 동시범에 대해서는 제263조의 특례규정을 두고 있다.

관련판례

2인 이상이 상호의사의 연락이 없이 동시에 범죄구성요건에 해당하는 행위를 하였을 때에는 원칙적으로 각인에 대하여 그 죄를 논하여야 하나, 그 결과발생의 원인이 된 행위가 분명하지 아니한 때에는 각 행위자를 미수범으로 처벌하고(독립행위의 경합), 이 독립행위가 경합하여 특히 상해의 경우에는 공동정범의 예에 따라 처단(동시범)하는 것이므로, 상호의사의 연락이 있어 공동정범이 성립한다면, 독립행위경합 등의 문제는 아예 제기될 여지가 없다(대법원 1997.11.28. 선고 97도1740 판결).

제2항 정범과 공범의 구별

단독정범 · 공동정범 · 간접정범 등과 같은 정범(Täterschaft)의 경우에 정범이 되게 하는 요소가 무엇인가에 대한 논의로, 공범(Teilnahme, 가담범)은 정범개념을 전제로 하는 개념이라는 점에서 이를 '정범개념의 우월성'이라고도 한다.

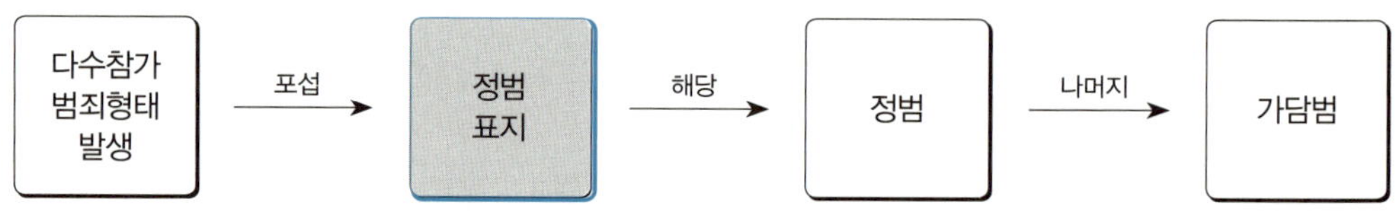

정범의 표지는 특히 간접정범의 성립범위를 검토할 경우, 예컨대 甲이 책임무능력자인 乙을 이용하여 乙로 하여금 범죄를 실행하도록 한 경우에 피이용자에 대한 이용자의 행위지배 내지 의사지배가 있느냐라는 정범의 표지 여부를 먼저 판단하여 정범으로서의 표지를 갖추고 있다면 가담범의 판단을 할 필요도 없이 간접정범이 성립된다. 따라서 가담범의 정범종속성과 종속정도에 대한 학설은 이용자에게 정범으로서의 표지를 갖추고 있지 아니한 경우에만 의미를 가질 뿐이다.

Ⅰ. 정범의 개념

1. 확장적 정범개념

'구성요건의 실현에 원인을 제공한 자'가 정범으로, 모든 조건의 동가치성을 인정한다. 정범과 공범을 구별하지 않는 통일적 정범개념으로, 이 개념에 의하면 교사·방조범은 형벌축소사유에 해당한다.

2. 제한적 정범개념

'구성요건을 스스로 실현한 자'가 정범이며, 이러한 정범의 범행에 가담한 자는 공범이라고 한다. 따라서 이 견해에 의하면 교사·방조범은 형벌확장사유에 해당한다.

3. 현행 형법의 입장

1) 고의범의 경우는 제한적 정범개념을 전제

제30조 내지 제34조는 정범과 공범을 구별하고 있을 뿐만 아니라, 제31조는 '죄를 실행한 자와 동일한 형으로 처벌한다'고 규정하고 있다. 따라서 제31조와 제32조는 형벌확장사유에 해당한다.

2) 과실범의 경우는 확장적 정범개념을 전제

과실로 결과를 야기한 자는 모두 과실범의 정범으로, 과실범의 공범은 없다.

Ⅱ. 정범의 표지(정범과 공범의 구별기준)에 관한 학설

1. 객관설

1) 형식적 객관설(형식설, 제한적 정범개념설)

구성요건에 기술된 행위의 전부 또는 일부를 직접 스스로 실현한 자가 정범이고, 그 이외의 방법으로 단지 조건만을 제공한 자, 즉 정범의 실행행위를 이용한 자가 공범이라는 견해다. 따라서 이 견해에 의하면 구성요건을 스스로 실행한 자가 아닌 공범이 처벌되는 것은 형벌확장사유를 인정한 것이라고 한다.

그러나 이 견해는 정범개념을 제한적으로 해석함으로써 구성요건에 해당하는 정형적 행위를 하지 않은 단순한 이용자가 간접정범이 되는 이유, 즉 공동'정범'과 간접'정범'을 '정범'에 해당하는 개념으로 제대로 설명하지 못한다. 또한 범행에 직접 가담하지 않은 단체범죄의 수괴는 공범에 불과하다는 모순이 있다.

2) 실질적 객관설

인과관계이론 중 원인설의 입장에서 결과에 대한 원인력의 차이에 따라 정범과 공범을 구별하고자 하는 견해다.

(1) 필연(필요)설

범죄의 실현에 필요불가결한 기여를 한 자, 즉 그것이 없었더라면 범죄가 실현될 수 없었으리라는 관계에 있는 자가 정범이고, 그렇지 아니한 단순한 가담자는 공범이라는 견해다.

그러나 이 견해에 의하더라도 공동정범과 방조범의 구별은 용이하지만 간접정범과 교사범의 구별을 할 수 없을 뿐만 아니라, 필요불가결한 기여라는 개념을 확정지우기도 실무상으로는 대단히 어렵다.

(2) 동시설

행위자의 범죄참가가 타인의 범죄수행 중에 있었느냐, 그 전에 있었느냐에 따라 정범과 공범을 구별하고자 하는 견해다. 즉 타인의 범죄수행 중 동시에 가담한 자가 정범이며, 그 전에 가담한 자는 공범이라고 한다.

그러나 이와 같이 시간적 연관성에 의하여 구별하면 타인의 범죄수행 중에 단순히 타인의 범죄실현을 도와준 자가 정범이 되고, 타인의 범죄실현 전에 그 타인과 적극적으로 공모하여 범죄실현의 일부를 한 자는 방조범이 되어버리는 모순이 있다. 또한 범죄수행 중에 스스로 참가하지 않는 사전참가자의 형태인 간접정범의 정범성을 설명할 수 없다.

(3) 직접설

행위자에 의하여 유발된 인과적 원인이 직접적으로 결과를 야기하였느냐, 타인의 독자적인 행위를 통하여 야기되었느냐를 기준으로 정범과 공범을 구별하고자 하는 견해다. 즉 결과발생에 직접적인 인과성이 있으면 정범이고, 간접적인 인과성만 있으면 공범이라고 본다.

(4) 우위설

구체적 행위상황을 고려하여 범죄참가자의 법익침해가 협동적 · 동가치적 내지 우위적이었는가, 종속적 내지 열등적이었는가에 따라 정범과 공범을 구별하고자 하는 견해다.

2. 주관설

조건적 인과관계론에 입각하여 범죄참가자의 의사, 목적, 동기, 심정과 같은 주관적 기준에 의하여 정범과 공범을 구별하고자 하는 견해다.

1) 극단적 주관설

(1) 이익설(목적설)

결과에 대한 이익을 기준으로 하여 정범과 공범을 구별하려는 견해로, 자기목적 또는 이익을 위하여 범죄를 실행하면 정범이고, 타인목적(이익)을 위하여 범죄를 실행하면 공범이 된다고 한다.

그러나 이 견해에 의하면 예컨대 촉탁살인죄(제252조 제1항) · 촉탁낙태죄(제269조 제2항)나 타인을 위한 강도 · 사기 · 배임 등과 같은 구성요건 자체가 타인을 위한 의사를 정범으로 규정한 경우에 그 구성요건에 해당하는 행위자는 정범임에도 불구하고 공범이 된다는 모순이 있을 뿐만 아니라, 자기 목적을 위하여 타인을 교사한 자가 정범이 되고 피교사자가 공범이 되어버리게 된다.

(2) 의사설(고의설)

정범과 공범을 행위자의 특별한 의사에 따라 구별하고자 하는 견해로, 행위자의 의사가 자기범죄의 의사(정범의사), 즉 범행을 자기 것으로 행하고자 하는 의사이면 정범이며, 타인범죄의 의사(공범의사), 즉 범행을 남의 것으로 야기 또는 촉진시키는 의사이면 공범이라고 보는 견해다.[5)]

그러나 이 견해에 의하면 행위를 하지 않은 단순 공모자 또는 예비행위만을 협력한 자나 범인은닉죄와 같이 실행정범을 도와준데 불과한 경우에도 정범이 되는 모순이 있다. 그리고 정범과 공범을 구별하기 위한 정범의사 · 공범의사라는 기준은 정범과 공범의 개념을 전제하고 있다는 점에서도 순환논법에 불과하다. 나아가 행위자의 주관적 의사라는 징표가 임의적인 것이므로 자칫 판단자의 자의에 좌우될 위험이 있다.

2) 제한적 주관설

주관적 척도에 객관적 징표를 결합시키고자 하는 견해로, 이 견해 또한 주관설의 단점을 본질적으로 벗어나지 못한다.

3. 행위지배(범행지배)설

범행지배(tatherrschaft)를 기준으로 정범과 공범을 구별하고자 하는 견해로, '범행지배'의 개념을 어

---

5) 독일제국재판소(RG)는 사생아의 생모의 부탁을 받고 영아를 욕조에 빠뜨려 익사시킨 이른바 'Badewannenfall(욕조사건)'에서 "피고인은 공범의 의사로 행위하였으므로 종범이고, 생모가 정범이다"라고 판시하였다(RGSt 74, 85).

떻게 파악하느냐에 따라 다양한 이론이 전개되고 있다.

1) 목적적 행위지배설

행위자가 지배가능한 외부적 행위를 하는 '목적적 행위지배'가 있으면 정범이고, 이러한 '목적적 행위지배'없이 단지 고의만 있으면 공범이라는 견해다. 즉 구성요건을 실현할 의사를 가지고 그러한 의사실현에 적절한 수단과 방법을 사용하여 실제로 지배가능한 외부적 행위(목적적 행위지배)를 가한 경우가 정범이라고 한다. 이와 같이 이 견해는 '목적적 행위지배'를 정범의 일반적 표지로 파악하기 때문에 공범은 고의범에만 존재하게 된다.

그러나 이 견해는 행위지배를 지나치게 존재론적 개념으로 고정화시키고 있다는 점에서 비판을 면키 어렵다.

2) 규범적 행위지배설

행위지배의 개념을 존재론적으로 고정화된 개념으로 파악하지 않고 유형화하여 목적론적 개념으로 파악하는 견해다. 즉 행위지배란 '구성요건에 해당하는 사건진행의 장악'내지 '사태의 핵심영역이 지배'를 의미하는 개념으로, 정범성 판단을 위한 유형적 기준(정범성의 표지)으로서 '행위지배', '의사지배', '기능적 행위지배'를 제시하고 있다. 이 견해에 의하면 정범의 성립은 단독정범의 경우는 실행행위지배, 간접정범은 실행의사지배, 공동정범은 기능적 행위지배에 의하여 이루어진다.

관련판례

공동정범이 성립하기 위하여는 주관적 요건으로서 공동가공의 의사와 객관적 요건으로서 공동의사에 의한 기능적 행위지배를 통한 범죄의 실행사실이 필요한 바, 위 주관적 요건으로서 공동가공의 의사는 타인의 범행을 인식하면서도 이를 저지하지 아니하고 용인하는 것만으로는 부족하고 공동의 의사로 특정한 범죄행위를 하기 위하여 일체가 되어 서로 다른 사람의 행위를 이용하여 자기의 의사를 실행에 옮기는 것을 내용으로 하는 것이어야 한다(대법원 1996.1.26. 선고 95도2461 판결 등 다수 판례).

제3항 공범(가담범)의 처벌근거에 관한 학설

1. 책임가담(책임공범)설

공범의 처벌근거를 정범으로 하여금 유책한 범죄를 야기시켰기 때문이라고 보는 견해로, 극단적 종속형식과 결부된다. 그러나 이 견해에 의하면 책임의 연대성을 인정해야 한다는 점에서 범죄체계론과 맞지 않는다.

2. 불법가담설

제한적 종속형식을 고려하여 책임가담설을 수정한 이론으로, 공범이 정범으로 하여금 범행을 하도록 함으로써 정범을 '사회와의 일체성 해체'에 이르게 함으로써 법적 평온을 해쳤다는 점에서 그 처벌근거를 구하는 견해다.

그러나 이 견해에 의하면 교사범의 처벌근거는 설명된다 하더라도 방조범의 처벌근거를 설명하기가 어려우며, 불법의 내용으로 사회와의 일체성이란 불명확한 법익성을 인정하기가 어렵다. 또한 정범의 범행결과에 대한 공범의 독자적인 관계를 고려하지 않을 뿐 아니라, 함정수사의 불가벌성을 설명하지 못한다.

3. 야기설

공범의 가벌성의 전제는 정범의 불법에서 도출되는 것이 아니라 정범의 불법으로부터 완전히 독립되어 있다는 견해다.

1) 순수야기설

정범의 불법과는 관계없이 공범은 스스로 구성요건의 불법을 야기했기 때문에 처벌된다고 하는 견해다. 그러나 범죄체계론상 행위불법만이 아니라 결과불법이 존재할 때 불법이 인정된다는 점에서 공범의 행위불법만으로 그 불법을 확정지울 수 없을 뿐만 아니라, 공범의 종속성을 인정하는 실정법하에서는 공범의 불법을 정범의 불법과 완전히 분리하여 독자적으로 논할 수 없다.

2) 종속야기설

공범의 처벌근거는 공범이 정범의 범행을 야기시키거나 촉진시키는데 있으며, 공범의 불법의 근거와 정도는 정범의 불법에 종속되지만 책임에 있어서는 정범의 책임과는 관계없이 공범 스스로 유책행위를 한다고 보는 견해다.

그러나 공범의 불법의 불법이 정범의 모든 불법, 즉 결과불법과 행위불법에 종속한다고는 볼 수 없다.

3) 혼합야기설

공범은 법익침해 내지 법익침해의 위태화라는 결과불법을 직접 실현할 수는 없기 때문에 결과불법은 정범의 결과불법에 종속하고, 행위불법은 공범 스스로의 행위에서 정범과는 관계없이 독자적으로 인정된다는 견해다.

제4항 공범(가담범)의 종속성과 종속 정도

Ⅰ. 공범의 종속성에 관한 논의

가담범은 정범에 종속되는 종속범인가, 아니면 정범과는 독립되는 독립범인가, 즉 공범의 처벌근거와 관련하여 정범의 현실적인 실행행위가 있는 때에 한하여 공범은 성립하는가, 아니면 정범의 행위와는 별도로 독립하여 가담범은 성립하는가에 대한 논의다.

1. 공범종속성설(객관설)

공범의 성립은 정범의 성립에 종속된다는 견해로, 공범을 일종의 차용범죄로 본다. 이 견해는 정범의 실행행위가 있기 전의 공범의 행위는 예비에 불과하며, 정범의 가능성이 확정되어야 비로소 공범의 가능성도 확정된다고 한다.[6)]

따라서 공범종속성설에 의하면 공범독립성설과는 반대로 '교사의 미수(이른바 기도된 교사)'를 부정하며, '미수의 교사'만 인정한다. 또한 간접정범의 정범성을 인정하며, 제33조 본문을 당연규정으로 파악할 뿐 아니라 자살의 공범처벌규정(제252조 제2항 자살관여죄)을 예외규정으로 본다.

판례도 "교사범이 성립하기 위해서는 교사자의 교사행위와 정범의 실행행위가 있어야 하는 것이므로, 정범의 성립은 교사범의 구성요건의 일부를 형성하고 교사범이 성립함에는 정범의 범죄행위가 인정되는 것이 그 전제요건이 된다"라고 판시하여 공범종속성설을 취하고 있다. 방조범에 대해서도 판례는 "원래 방조범은 종범으로서 정범의 존재를 전제로 하는 것이다. 즉 정범의 범죄행위 없이 방조범만이 성립될 수는 없다. 이른바 편면적 종범에 있어서도 그 이론은 같다.", 즉 "방조죄는 정범의 범죄에 종속하여 성립하는 것으로서 방조의 대상이 되는 정범의 실행행위의 착수가 없는 이상 방조죄만이 독립하여 성립될 수 없다."라고 하여 공범종속성설을 취하고 있다.

관련판례

1) 교사범이 성립하기 위해서는 교사자의 교사행위와 정범의 실행행위가 있어야 하는 것이므로, 정범의 성립은 교사범의 구성요건의 일부를 형성하고 교사범이 성립함에는 정범의 범죄행위가 인정되는 것이 그 전제요건이 된다(대법원 2000.2.25. 선고 99도1252 판결 ; 1998.2.24. 선고 97도183 판결).

---

6) 2011.3.25. 정부안으로 국회에 제출된 형법일부개정법률안(의안번호 1811304호)은 공범은 정범을 전제로 성립될 수 있으므로 정범에 관한 규정을 명문화하고, 간접정범의 경우 그 정범성을 강조하기 위하여 정범으로 처벌하도록 규정하였다.
제31조 (정범) ① 스스로 죄를 범한 자는 정범으로 처벌한다.
② 어느 행위로 인하여 처벌되지 아니하는 자 또는 과실범으로 처벌되는 자를 이용하여 범죄행위의 결과를 발생하게 한 자는 정범으로 처벌한다.
제33조 (교사범) ① 타인을 교사하여 죄를 범하게 한 자는 정범과 같은 형으로 처벌한다.

2) '타인을 교사하여 죄를 범하게 한 자는 죄를 실행한 자와 동일한 형으로 처벌한다'고 규정한 형법 제31조 제1항은 협의의 공범의 일종인 교사범이 그 성립과 처벌에 있어서 정범에 종속한다는 일반적인 원칙을 선언한 것에 불과하고, 따라서 이 사건과 같이 신분관계로 인하여 형의 경중이 있는 경우에 신분이 있는 자가 신분이 없는 자를 교사하여 죄를 범하게 한 때에는 형법 제33조 단서가 위 제31조 제1항에 우선하여 적용됨으로써 신분이 있는 교사범이 신분이 없는 정범보다 중하게 처벌된다고 할 것이므로, 이와 달리 정범이 단순 위증죄로 처벌된 이상 위 형법 제31조 제1항에 따라 피고인도 단순 위증죄의 동일한 형으로 처벌할 수밖에 없다는 소론은 위에서 설시한 법리와 상치되는 독자적 견해에 불과하여 받아들일 수 없다(대법원 1994.12.23. 선고 93도1002 판결).

3) 원래 방조범은 종범으로서 정범의 존재를 전제로 하는 것이다. 즉 정범의 범죄행위 없이 방조범만이 성립될 수는 없다. 이른바 편면적 종범에 있어서도 그 이론은 같다. 즉 방조죄는 정범의 범죄에 종속하여 성립하는 것으로서 방조의 대상이 되는 정범의 실행행위의 착수가 없는 이상 방조죄만이 독립하여 성립될 수 없다(대법원 1974.5.28. 선고 74도509 판결 ; 대법원 1979.2.27. 선고 78도3113 판결).

4) 교사범, 방조범의 범죄사실 적시에 있어서는 그 전제요건이 되는 정범의 범죄구성요건이 되는 사실 전부를 적시하여야 하고, 이 기재가 없는 교사범, 방조범의 사실 적시는 죄가 되는 사실의 적시라고 할 수 없다(대법원 1981.11.24. 선고 81도2422 판결).

5) 약사법위반죄의 방조범에 대한 공소사실 중 정범의 범죄사실이 전혀 특정되지 않아 방조범에 대한 공소사실 역시 특정되었다고 할 수 없고, 정범의 판매목적의 의약품 취득범행과 대향범관계에 있는 정범에 대한 의약품 판매행위에 대하여는 형법총칙상 공범이나 방조범 규정의 적용이 있을 수 없어 정범의 범행에 대한 방조범으로 처벌할 수 없다(대법원 2001.12.28. 선고 2001도5158 판결).

2. 공범독립성설

공범을 일종의 고유범 내지 개별범으로 보는 견해로, 공범의 범죄성 또는 가벌성은 정범과 독립하여 독자적으로 판단하여야 한다는 견해다. 따라서 이 견해에 의하면 '교사의 미수'나 '미수의 교사' 모두 인정되며, 간접정범을 본질상 공범 내지 공동정범으로 파악한다. 또한 제33조 본문은 예외규정이며, 자살관여행위를 처벌하는 제252조 제2항을 당연한 규정이라고 한다.

3. 학설의 비교(논의의 실익)

① 미수범의 성립범위, 즉 교사 내지 방조가 있더라도 정범이 실행에 착수하지 않은 경우
② 간접정범의 본질, 즉 정범이냐 공범이냐
③ 제33조 '공범과 신분' 규정의 법적 성격
④ 제252조 제2항 자살관여죄의 법적 성격

4. 현행 형법의 입장

제31조 제1항은 교사범에 대하여 '타인을 교사하여 죄를 범하게 한 자'이라고 규정하고 있으며, 방조범에 대해서도 제32조는 '타인의 범죄를 방조한 자'라고 하여 공범은 정범의 존재를 전제로 하여 이에 종속하여 성립한다는 규정으로 해석하는 것이 타당하다.

그리고 제31조 제2항의 '교사를 받은 자가 범죄의 실행을 승낙하고 실행의 착수에 이르지 아니한 때'나 제31조 제3항의 '교사를 받은 자가 범죄의 실행을 승낙하지 아니한 때'에는 교사자를 예비 · 음모에 준하여 처벌한다고 규정하고 있는 바, 이는 공범종속성설을 전제로 하는 규정이다. 따라서 현행 형법은 공범종속성설을 취하고 있다고 볼 수 있다.

Ⅱ. 공범의 정범에의 종속 정도[7)]

공범종속성설을 취하는 경우에도 가담범이 성립하려면 정범의 범행은 어느 정도의 범죄구성요건을 갖추어야 하는가에 대한 논의로 아래와 같이 견해가 대립되고 있다.

1. 최소한 종속형식

정범의 행위가 구성요건에 해당하기만 하면 가담범으로 처벌할 수 있다는 견해이다.

2. 제한적 종속형식

정범의 행위가 구성요건에 해당하고 위법하면 가담범은 성립하며 반드시 유책할 것을 요하지 않는다는 견해다.[8)] 책임은 개별 행위자에 대한 비난 내지 비난가능성이라는 '책임개별화원칙'에 의하여 제한적 종속형식이 타당하다.

3. 극단적(엄격적) 종속형식

정범의 행위가 구성요건에 해당하고 위법성이 인정되는 책임 있는 경우에 가담범으로 처벌할 수 있다는 견해이다.

4. 초극단적(확장적) 종속형식

정범의 행위가 구성요건에 해당하고 위법성이 인정되는 책임 있는 경우 이외에 처벌조건까지 갖추어진 경우에만 가담범으로 처벌할 수 있다는 견해이다.

---

7) 독일의 M.E.Mayer에 의하여 주장된 이론이다.

8) 다수견해.

【2인 이상, 흉기 또는 위험한 물건 소지, 야간 또는 주간에, 일부 망을 보고, 일부 타인 주거 또는 건조물에 침입하여】

형법 제319조 (주거침입, 퇴거불응) ① 사람의 주거, 관리하는 건조물, 선박이나 항공기 또는 점유하는 방실에 침입한 자는 3년 이하의 징역 또는 500만원 이하의 벌금에 처한다.
제320조 (특수주거침입) 단체 또는 다중의 위력을 보이거나 위험한 물건을 휴대하여 전조의 죄를 범한 때에는 5년 이하의 징역에 처한다.
제330조 (야간주거침입절도) 야간에 사람의 주거, 간수하는 저택, 건조물이나 선박 또는 점유하는 방실에 침입하여 타인의 재물을 절취한 자는 10년 이하의 징역에 처한다.
제331조 (특수절도) ① 야간에 문호 또는 장벽 기타 건조물의 일부를 손괴하고 전조의 장소에 침입하여 타인의 재물을 절취한 자는 1년 이상 10년 이하의 징역에 처한다.
② 흉기를 휴대하거나 2인 이상이 합동하여 타인의 재물을 절취한 자도 전항의 형과 같다.
제334조 (특수강도) ① 야간에 사람의 주거, 관리하는 건조물, 선박이나 항공기 또는 점유하는 방실에 침입하여 제333조의 죄를 범한 자는 무기 또는 5년 이상의 징역에 처한다.
② 흉기를 휴대하거나 2인 이상이 합동하여 전조의 죄를 범한 자도 전항의 형과 같다.

성폭력범죄의 처벌 등에 관한 특례법 제3조 (특수강도강간 등) ① 형법 제319조제1항(주거침입), 제330조(야간주거침입절도), 제331조(특수절도) 또는 제342조(미수범. 다만, 제330조 및 제331조의 미수범으로 한정한다)의 죄를 범한 사람이 같은 법 제297조(강간), 제297조의2(유사강간), 제298조(강제추행) 및 제299조(준강간, 준강제추행)의 죄를 범한 경우에는 무기징역 또는 5년 이상의 징역에 처한다.
② 형법 제334조(특수강도) 또는 제342조(미수범. 다만, 제334조의 미수범으로 한정한다)의 죄를 범한 사람이 같은 법 제297조(강간), 제297조의2(유사강간), 제298조(강제추행) 및 제299조(준강간, 준강제추행)의 죄를 범한 경우에는 사형, 무기징역 또는 10년 이상의 징역에 처한다.
제4조 (특수강간 등) ① 흉기나 그 밖의 위험한 물건을 지닌 채 또는 2명 이상이 합동하여 형법 제297조(강간)의 죄를 범한 사람은 무기징역 또는 5년 이상의 징역에 처한다.
② 제1항의 방법으로 형법 제298조(강제추행)의 죄를 범한 사람은 3년 이상의 유기징역에 처한다.
③ 제1항의 방법으로 형법 제299조(준강간, 준강제추행)의 죄를 범한 사람은 제1항 또는 제2항의 예에 따라 처벌한다.

폭력행위 등 처벌에 관한 법률 제2조 (폭행등) ① 삭제 〈2016.1.6.〉
② 2명 이상이 공동하여 다음 각 호의 죄를 범한 사람은 「형법」 각 해당 조항에서 정한 형의 2분의 1까지 가중한다. 〈개정 2016.1.6.〉
1. 「형법」 제260조제1항(폭행), 제283조제1항(협박), 제319조(주거침입, 퇴거불응) 또는 제366조(재물손괴등)의 죄
2. 「형법」 제260조제2항(존속폭행), 제276조제1항(체포, 감금), 제283조제2항(존속협박) 또는 제324조제1항(강요)의 죄
3. 「형법」 제257조제1항(상해) · 제2항(존속상해), 제276조제2항(존속체포, 존속감금) 또는 제350조(공갈)의 죄
〈개정 전〉 ① 상습적으로 다음 각 호의 죄를 범한 자는 다음의 구분에 따라 처벌한다.
1. 형법 제260조제1항(폭행), 제283조제1항(협박), 제319조(주거침입, 퇴거불응) 또는 제366조(재물손괴등)

의 죄를 범한 자는 1년 이상의 유기징역
2. 형법 제260조제2항(존속폭행), 제276조제1항(체포, 감금), 제283조제2항(존속협박) 또는 제324조(강요)의 죄를 범한 자는 2년 이상의 유기징역
3. 형법 제257조제1항(상해) · 제2항(존속상해), 제276조제2항(존속체포, 존속감금) 또는 제350조(공갈)의 죄를 범한 자는 3년 이상의 유기징역

② 2인 이상이 공동하여 제1항 각 호에 열거된 죄를 범한 때에는 각 형법 본조에 정한 형의 2분의 1까지 가중한다.

제3조 (집단적 폭행등) ① 삭제 〈2016.1.6.〉

〈개정 전〉 ① 단체나 다중의 위력으로써 또는 단체나 집단을 가장하여 위력을 보임으로써 제2조제1항에 열거된 죄를 범한 자 또는 흉기 기타 위험한 물건을 휴대하여 그 죄를 범한 자는 제2조제1항 각 호의 예에 따라 처벌한다.

(1) 2인 이상

- 특수죄인 합동범 성립 여부 판단
- 형법상의 특수절도죄(제331조 제2항)와 특수강도죄(제334조 제2항)
- 성폭처법(제4조 제1항)위반죄(특수강간죄)
- 성폭처법(제3조 제1항)위반죄(특수절도강간죄)
- 성폭처법(제3조 제2항)위반죄(특수강도강간죄)

(2) 2인 이상 공동 : 폭처법상의 특수폭행 · 협박 · 주거침입 · 재물손괴 · 체포감금 · 강요 · 상해 · 공갈죄(제2조 제2항)

(3) 흉기 휴대 : 형법상의 특수절도죄(제331조 제2항)와 특수강도죄(제334조 제2항)

(4) 흉기 기타 위험한 물건 휴대 : 성폭처법상의 특수강간죄(제4조 제1항)

(5) 단체 또는 다중의 위력을 보이거나 위험한 물건을 휴대하여

특수공무집행방해죄(제144조 제1항), 특수공무집행방해치사상죄(제144조 제2항), 특수상해 · 중상해죄(제258조의2 제1항) · 특수존속상해 · 중상해죄(제258조의2 제2항, 제16차 개정 형법 신설), 특수폭행죄(제261조), 특수체포 · 감금죄 등(제278조), 특수협박죄(제284조), 특수주거침입죄 · 퇴거불응죄(제320조), 특수강요죄(제324조 제2항, 제16차 개정 형법 신설), 특수공갈죄(제350조의2, 제16차 개정 형법 신설), 특수손괴죄(제369조)

관련판례

[판시사항]

수인이 흉기를 휴대하여 타인의 건조물에 침입하기로 공모한 후 일부만이 건조물에 들어간 경우, 폭력행위 등 처벌에 관한 법률 제3조 제1항, 제2조 제1항, 형법 제319조 제1항 소정의 특수주거침입죄의 구성요건인 '흉기휴대' 여부를 직접 건조물에 들어간 범인을 기준으로 결정하는지 여부

[판결요지]

폭력행위 등 처벌에 관한 법률 제3조 제1항, 제2조 제1항, 형법 제319조 제1항 소정의 특수주거침입죄는 흉기 기타 위험한 물건을 휴대하여 타인의 주거나 건조물 등에 침입함으로써 성립하는 범죄이므로, 수인이 흉기를 휴대하여 타인의 건조물에 침입하기로 공모한 후 그중 일부는 밖에서 망을 보고 나머지 일부만이 건조물 안으로 들어갔을 경우에 있어서 특수주거침입죄의 구성요건이 충족되었다고 볼 수 있는지의 여부는 직접 건조물에 들어간 범인을 기준으로 하여 그 범인이 흉기를 휴대하였다고 볼 수 있느냐의 여부에 따라 결정되어야 한다(대법원 1994.10.11. 선고 94도1991 판결).

(6) 야간

- 형법상의 야간주거침입절도죄(제330조), 특수절도죄(제331조 제1항 야간건조물손괴주거침입절도), 특수강도죄(제334조 제1항 야간주거침입강도)
- 성폭처법(제3조 제1항)위반죄[야간주거침입절도강간죄 · 특수절도(야간건조물손괴 주거침입절도)강간죄]
- 성폭처법(제3조 제2항)위반죄[특수강도(야간주거침입강도)강간죄]

(7) 주거침입

- 형법상의 야간주거침입절도죄(제330조)
- 성폭처법(제3조 제1항)위반죄(주거침입강간죄)

기출사례

(1) 甲은 같은 동네에 혼자 사는 A가 평소 집안 장롱에 많은 금품을 보관한다는 사실을 알고 학교 후배인 乙, 丙에게 A의 집에 들어가 이를 훔쳐서 나누어 갖기로 제안하고 乙, 丙은 이에 동의했다. 甲은 A의 평소 출퇴근 시간을 관찰한 결과 A가 오전 9시에 출근하여 오후 7시에 귀가하는 것을 알게 되었다. 범행 당일 정오 무렵 甲은 乙, 丙에게 전화로 관찰 결과를 알려준 뒤 자신은 동네 사람들에게 얼굴이 알려져 있으니 현장에는 가지 않겠다고 양해를 구하였다. 乙과 丙은 甲의 전화를 받은 직후 A의 집 앞에서 만나 함께 담장을 넘어 A의 집에 들어가 장롱에 보관된 자기앞수표 백만 원권 3장을 가지고 나와 甲의 사무실에서 한 장씩 나누어 가졌다. 甲은 위 수표를 애인 丁에게 맡겼는데 丁은 이를 보관하던 중 甲의 승낙을 받지 않고 생활비로 소비하였다.

(2) A는 자기 집에 들어와 자기앞수표를 훔쳐 간 사람이 같은 동네에 사는 甲과 그의 학교 후배 乙, 丙이라는 사실을 확인하고 甲, 乙, 丙을 관할 경찰서에 고소하였다. 사법경찰관 P는 丙이 사촌동생이므로 甲, 乙, 丙에 대하여 불구속 수사를 건의하였으나 검사는 모두 구속 수사하도록 지휘하였다. P는 검사의 수사지휘를 받은 직후 사촌동생인 丙에게 전화를 하여 빨리 도망가도록 종용하였다. 甲, 乙만이 체포된 것을 수상하게 여긴 검사는 P의 범죄사실을 인지하고 수사한 결과 P를 직무유기죄로 불구속 기소하였다. 법원은 P에 대한 공소사실을 심리하던 중 P의 공소사실은 범인도피죄에 해당된다고 판단하였으나, 검사에게 공소장 변경을 요구하지 않고 P에게 징역 6월을 선고하였다. P와 검사는 이에 불복하여 각각 항소하였다.

(3) 한편, P에 대한 직무유기 피고사건에 대한 공판이 진행되던 중 P는 유죄판결이 확정되면 파면될 것이 두려워 사촌동생 丙에게 자신이 도망가라고 전화한 사실이 없다고 증언하도록 시켰다. 재판장은 丙이 P의 친척이라는 사실을 간과하고 증언거부권을 고지하지 않은 상태에서 증언을 하도록 하였다. 丙은

증인선서 후 "경찰에서 수사를 받던 중 P와 단 한 번도 전화통화를 한 사실이 없다."라고 거짓으로 증언하였다.

1. 사례 (1)에서 甲, 乙, 丙, 丁의 죄책은? (35점)
2. 사례 (3)에서 P와 丙의 죄책은? (25점)
3. 사례 (1)에서 甲, 乙, 丙이 공범으로 병합기소되어 재판을 받던 중 검사는 甲을 乙, 丙에 대한 증인으로 신문하려고 한다. 법원은 甲을 증인으로 신문할 수 있는가? 甲이 乙, 丙의 사건에 대한 증인으로 소환된 경우, 甲은 증언을 거부할 수 있는가? (15점)
4. 사례 (2)에서 법원이 검사에게 P에 대한 공소장 변경을 요구하지 않고 유죄판결한 것은 적법한가? (10점)
5. 사례 (2)에서 검사는 P를 범인도피죄로 다시 기소할 수 있는가? (15점)

[2013년도 시행 제2회 변호사시험 제1문]

甲은 밀수업자 A의 집에서 밀수품을 훔쳐 팔기로 마음먹고 친구 乙에게 A의 물건을 함께 훔쳐나누어 갖자고 제안하자 乙은 이를 승낙하였다. 다음 날 甲과 乙은 22:00시 경 A의 아파트 주변에서 만나, A가 집을 비운 것을 확인한 후 甲이 아파트 지하주차장을 통해 계단을 올라가 A의 집에 가서 물건을 훔치고 乙은 망을 보면서 주변에서 자동차를 대기시켜 놓고 있다가 甲이 물건을 훔쳐오면 도주하기로 공모하였다. 이 계획에 따라 지하주차장으로 들어간 甲은 시설물을 수리하고 있는 아파트 관리원들의 눈에 띄지 않게 주자창 모퉁이에 숨어 보수가 끝날 때까지 한참을 기다리고 있었다. 이 때 바깥에서 망을 보던 乙은 범행에 가담한 것을 후회하면서 자신의 집으로 가버렸다.

한편 甲은 주차장에서 관리원들이 철수한 후 A의 집으로 가서 A가 쓰던 가방에 A가 밀수입한 보석들을 담아 가지고 밖으로 나왔고, 乙이 보이지 않자 택시를 잡아 타고 자신의 집으로 갔다. 이후 甲은 훔친 보석을 친구 丙에게 모든 사정을 말하면서 보관시켰다. 丙은 보석을 보관하던 중 마음이 바뀌어 그중 사파이어 반지를 팔아 버리기로 마음먹고 보석에 관심이 많은 B에게 매수를 권유하자 B가 동의하여 매매계약과 중도금 지불이 이루어졌고 나머지 돈이 완불되면 물건을 받기로 하였다. 이 사실은 안 C가 丙을 찾아가 사파이어 반지를 자신에게 팔 것을 요구하자 丙은 C에게 반지를 팔아 버렸다. 그후 丙은 보관하던 다이아몬드 반지도 C에게 팔려고 반지를 보여주며 흥정을 하다, 사전에 밀수품 매매 정보를 입수한 경찰에 의해 현장에서 체포되었고 다이아몬드 반지는 압수되었다.

1. 甲과 乙의 죄책은? (특별법위반죄는 논외로 함. 이하 동일) (20점)
2. 만일 A의 집 주변에서 기다리던 乙이 경찰에 신고하여 출동한 경찰관이 물건을 찾고 있던 甲을 체포하였다면, 甲과 乙의 죄책은? (10점)
3. 사파이어 반지와 관련한 丙의 죄책은? (30점)
4. 甲이 A의 가방 속에서 보석을 꺼내면서 USB메모리를 발견하고 그 내용을 확인하니 A가 그동안 밀수입한 내역이 날짜별, 물건별로 상세히 기록되어 있었고, 甲은 A를 곤경에 빠뜨리려고 USB메모리를 A의 인적 사항과 함께 경찰서에 우송하였다. A가 관세법위반죄로 기소되고, A가 계속 묵비하는 경우

증거로 제출된 USB메모리의 증거능력에 대하여 검토하시오. (20점)

5. 경찰은 체포된 丙의 관세법위반 혐의에 대하여 수사하였으나 밀수품 여부를 확인할 수 없었다. 경찰은 검사의 지휘에 따라 丙으로부터 "다이아몬드 반지에 대하여 어떠한 권리나 소유권을 주장하지 않을 것을 서약한다"는 각서를 받았고, 그 다음날 丙은 검사의 불구속지휘에 따라 석방되었다. 사건을 송치받은 검사는 이 다이아몬드 반지가 밀수품인지를 계속 수사하였지만 역시 밀수품 여부를 밝혀낼 수 없게 되자, 관세법위반죄에 대하여 기소중지처분을 하면서 다이아몬드 반지에 대하여는 계속보관결정을 하였다. 丙이 다이아몬드 반지를 돌려받을 수 있는 방법과 근거에 대하여 검토하시오. (20점)

[2012년도 시행 제3차 변호사시험 모의시험 제1문]

甲, 乙, 丙이 용돈을 마련하기 위하여, 乙과 丙은 A의 고급 자전거를 훔쳐 오고 甲은 이를 처분하기로 모의하였다. 이에 따라 乙이 주위에서 망을 보는 동안, 丙이 노상에 세워져 있던 A의 고급 자전거를 몰래 타고 가서 집에서 기다리던 甲에게 전해 주었다. 甲이 자신의 모친인 丁에게 자전거를 훔친 사실을 말하고 위 자전거를 맡겼다. 3일간 보관하던 丁은 아들이 처벌받을 것을 두려워한 나머지, 옆집에 사는 戊에게 사정을 이야기하고 그와 함께 위 자전거를 부숴 뒤뜰에 묻어 버렸다.

(1) 甲에게 특수절도의 공동정범이 성립하는지 그 근거와 함께 설명하시오. (15점)

(2) 丁과 戊의 죄책을 논하시오. (15점)

[2007년도 시행 제49회 사법시험 제2문의1]

제2절 범죄의 다수참가와 신분(공범과 신분)

사례연구

1. 사실관계

토지소유주 甲(박정○)은 건축업자 이연○ 및 그의 형 이낙○과 함께 연립주택을 건축하여 이를 분양하기로 하였다. 甲은 자신 소유의 A토지에 대하여 이낙○에게 매매를 이유로 하는 소유권이전등기 절차를 경료하여 주었다. 한편 이낙○은 위 매매계약의 계약금에 대한 담보조로 자신 소유의 B토지 및 건물에 대하여 甲 명의로 소유권이전등기 청구권보존을 위한 가등기를 경료하였다. 연립주택을 건축하는 과정에서 甲과 이낙○ 사이에 금전 문제로 불화가 생기자(여타의 관계자 및 분쟁경과는 생략함) 甲은 이낙○을 상대로 A토지에 관하여 신탁해지를 원인으로 한 소유권이전등기 청구소송을 제기하였다. 이와 함께 甲은 이낙○을 횡령 및 사기죄로 고소하였고, 그 후 검사는 이낙○을 횡령 및 사기죄로 기소하였다.

甲은 이 형사재판에서 이낙○에게 유죄가 인정되면 민사소송에서도 승소할 것으로 생각하고 1984.12.경 정진○에게 위 연립주택 1세대를 증여하겠다면서 위의 횡령 및 사기죄의 증인으로 출석하여 "(이낙○ 소유의) B토지 및 건물에 대한 가등기를 이낙○의 기망에 의하여 박정○이 말소하였다"고 증언하도록 부탁하였다. 이에 정진○은 1984.12.21. 이낙○에 대한 횡령 등 피고사건의 증인으로 출석하여 선서한 후 재판장에게 사안을 잘 알지도 못하면서 甲이 시키는 대로 "이낙○이 甲 앞으로 가등기된 이낙○의 집을 풀어주면 돈 2천만 원을 융자받아 그 중 1천5백만 원을 땅값의 일부로 준다고 하여 甲이 그 가등기를 말소해 준 것으로 안다"고 진술하였다. 그런데 실제에 있어서는 문제의 B토지 및 건물에 대한 가등기는 甲이 A토지를 담보로 한 3천만 원의 융자금 중 계약금 1천5백만 원을 받았기 때문에 임의로 말소해 준 것이었다(기타의 진술 부분에 대한 소개는 생략함).

2. 사건의 경과

검사는 정진○을 단순위증죄로 기소하였고(기소일자 불명) 그에 대한 유죄판결이 1989.12.13.자로 확정되었다. 한편 甲과 이낙○ 사이에는 민사 및 형사의 여러 가지 사건들이 얽혀서 진행되던 끝에 검사는 甲을 1993.12.30. 형법 제152조 제2항 소정의 모해위증교사죄로 기소하였다.

제1심법원은 위 공소사실을 유죄로 인정하여 피고인인 甲에 대하여 징역 2년의 형을 선고하였다. 이에 피고인의 변호인은 교사범은 죄를 실행한 자와 동일한 형으로 처벌하여야 하는데 위 죄를 실행한 정진○은 위증죄로 처벌받았으므로 피고인도 위증교사죄로 처벌할 수 밖에 없으며, 이 사건은 공소시효 기간인 5년이 지난 후에야 공소제기된 것으로 면소판결(형사소송법 제326조 제3호)이 내려져야 함에도 원심판결은 이를 간과하여 법리를 오해한 위법이 있다는 이유를 들어 항소하였다.

이에 대하여 원심법원(항소법원)인 광주지방법원 합의부는 "모해의 목적으로 그 목적이 없는 자를 교사하여 위증죄를 범한 경우 그 목적을 가진 자는 모해위증교사죄로, 그 목적이 없는 자는 위증죄로 처벌할 수 있는 것이므로 모해위증교사죄는 공소시효가 10년으로(7년의 오기로 판단됨. 형사소송법 제249조

제1항 제3호) 이 사건 공소는 그 기간 도과 전에 적법하게 제기된 것"이라는 이유로 항소를 기각하였다.

이에 피고인의 변호인은 "정진○으로 하여금 자기의 기억에 반한 허위의 증언을 하도록 교사하였다고 한 원심의 사실인정에는 신빙성이 없는 증거를 취신한 채증법칙 위배의 위법이 있을 뿐만 아니라, 타인을 모해할 목적으로 그러한 목적이 없는 자를 교사하여 위증죄를 범하게 한 경우 모해위증교사죄로 벌할 수 있다고 한 원심의 판단에는 교사범 및 공범과 신분에 관한 법리를 오해하였거나 이유를 불비한 위법이 있다"는 이유를 들어 상고하였다.

3. 법률적 쟁점

목적이 제33조에서 규정하고 있는 신분 개념에 해당하는가?, 제31조와 제33조 단서의 관계에 있어 어느 규정이 우선 적용되는가?, 甲의 범행의 공소시효는 완성된 것으로 해석되는가?

4. 적용법조

형법 제31조 (교사범) ① 타인을 교사하여 죄를 범하게 한 자는 죄를 실행한 자와 동일한 형으로 처벌한다.

제33조 (공범과 신분) 신분관계로 인하여 성립될 범죄에 가공한 행위는 신분관계가 없는 자에게도 전3조의 규정을 적용한다. 단, 신분관계로 인하여 형의 경중이 있는 경우에는 중한 형으로 벌하지 아니한다.

제152조 (위증, 모해위증) ① 법률에 의하여 선서한 증인이 허위의 진술을 한 때에는 5년이하의 징역 또는 1천만원이하의 벌금에 처한다.

② 형사사건 또는 징계사건에 관하여 피고인, 피의자 또는 징계혐의자를 모해할 목적으로 전항의 죄를 범한 때에는 10년 이하의 징역에 처한다.

형사소송법 2007.12.21. 개정 전 제249조 (공소시효의 기간) ① 공소시효는 다음 기간의 경과로 완성한다.

1. 사형에 해당하는 범죄에는 15년
2. 무기징역 또는 무기금고에 해당하는 범죄에는 10년
3. 장기 10년 이상의 징역 또는 금고에 해당하는 범죄에는 7년
4. 장기 10년 미만의 징역 또는 금고에 해당하는 범죄에는 5년
5. 장기 5년 미만의 징역 또는 금고, 장기10년 이상의 자격정지 또는 다액 1만 원 이상의 벌금에 해당하는 범죄에는 3년
6. 장기 5년 이상의 자격정지에 해당하는 범죄에는 2년
7. 장기 5년 미만의 자격정지, 다액 1만원 미만의 벌금, 구류, 과료 또는 몰수에 해당하는 범죄에는 1년

② 공소가 제기된 범죄는 판결의 확정이 없이 공소를 제기한 때로부터 15년을 경과하면 공소시효가 완성한 것으로 간주한다.

2007.12.21. 개정 제249조 (공소시효의 기간) ① 공소시효는 다음 기간의 경과로 완성한다.

1. 사형에 해당하는 범죄에는 25년
2. 무기징역 또는 무기금고에 해당하는 범죄에는 15년

3. 장기10년 이상의 징역 또는 금고에 해당하는 범죄에는 10년
4. 장기10년 미만의 징역 또는 금고에 해당하는 범죄에는 7년
5. 장기 5년 미만의 징역 또는 금고, 장기10년이상의 자격정지 또는 벌금에 해당하는 범죄에는 5년
6. 장기 5년 이상의 자격정지에 해당하는 범죄에는 3년
7. 장기 5년 미만의 자격정지, 구류, 과료 또는 몰수에 해당하는 범죄에는 1년

② 공소가 제기된 범죄는 판결의 확정이 없이 공소를 제기한 때로부터 25년을 경과하면 공소시효가 완성한 것으로 간주한다.

제326조 (면소의 판결) 다음 경우에는 판결로 면소의 선고를 하여야 한다.
1. 확정판결이 있은 때
2. 사면이 있은 때
3. 공소의 시효가 완성되었을 때
4. 범죄후의 법령개폐로 형이 폐지되었을 때

5. 대법원 판단

[판시사항]

형법 제33조 소정의 '신분관계'의 의미, 위증죄와 모해위증죄가 형법 제33조 단서 소정의 '신분관계로 인하여 형의 경중이 있는 경우'에 해당하는지 여부, 모해할 목적으로 위증을 교사하였다면 그 정범에게 모해의 목적이 없다 하더라도 모해위증교사죄로 처단할 수 있는지 여부, 형법 제33조 단서를 적용한 취의로 해석된다면 법률적용에서 그 단서 조항을 명시하지 않았다 하더라도 위법이 있다고 할 수 없는지 여부, 형법 제33조 단서가 형법 제31조 제1항에 우선 적용되어 신분이 있는 교사범이 신분이 없는 정범보다 중하게 처벌되는지 여부

[판결요지]

변호인들의 각 상고이유를 함께 판단한다(피고인의 상고이유보충서는 위 각 상고이유를 보충하는 범위 안에서 판단한다).

1. 원심판결이 인용한 제1심판결 적시의 각 증거에 의하면, 피고인이 1984.12.경 피해자 이낙○을 모해할 목적으로 공소외 인에게 위증을 하도록 교사하여 공소외인이 그 판시와 같이 자기의 기억에 반하는 내용의 증언을 하였다고 인정한 원심의 조치는 정당한 것으로 수긍이 가고, 거기에 소론과 같은 채증법칙 위배로 인한 사실오인의 위법이 있다고 할 수 없다. 논지는 이유 없다.
2. 형법 제33조 소정의 이른바 신분관계라 함은 남녀의 성별, 내 외국인의 구별, 친족관계, 공무원인 자격과 같은 관계뿐만 아니라 널리 일정한 범죄행위에 관련된 범인의 인적관계인 특수한 지위 또는 상태를 지칭하는 것인 바, 형법 제152조 제1항은 '법률에 의하여 선서한 증인이 허위의 공술을 한 때에는 5년 이하의 징역 또는 2만 5천원 이하의 벌금에 처한다'고 규정하고, 같은 법조 제2항은 '형사사건 또는 징계사건에 관하여 피고인, 피의자 또는 징계혐의자를 모해할 목적으로 전항의 죄를 범한 때에는 10년

이하의 징역에 처한다'고 규정함으로써 위증을 한 범인이 형사사건의 피고인 등을 '모해할 목적'을 가지고 있었는가 아니면 그러한 목적이 없었는가 하는 범인의 특수한 상태의 차이에 따라 범인에게 과할 형의 경중을 구별하고 있으므로, 이는 바로 형법 제33조 단서 소정의 "신분관계로 인하여 형의 경중이 있는 경우"에 해당한다고 봄이 상당하다.

따라서 피고인이 위 이낙○을 모해할 목적으로 공소외인에게 위증을 교사 한 이상, 가사 정범인 공소외인에게 모해의 목적이 없었다고 하더라도, 형법 제33조 단서의 규정에 의하여 피고인을 모해위증교사죄로 처단할 수 있다고 할 것이므로 이와 같은 취지로 보여지는 원심의 판단은 정당하고, 거기에 소론과 같이 교사범 및 공범과 신분에 관한 법리를 오해한 위법이 있다고 할 수 없다.

원심판결 이유 중 법률적용란을 보면 원심은 피고인에 대한 적용법조를 열 거함에 있어서 형법 제33조 단서를 누락하고 있음은 소론이 지적하는 바와 같으나, 구체적인 범죄사실에 적용하여야 할 실체법규 이외의 법규에 관하여는 판결문상 그 규정을 적용한 취지가 인정되면 되고 특히 그 법규를 법률적용란에서 표시하지 아니하였다 하여 위법이라고 할 수 없다 할 것인바(당원 1991.3.12. 선고 90도2869 판결; 1992.10.27. 선고 92도2196 판결 등 참조), 원심판결 이유에 의하면 원심이 모해의 목적으로 그 목적이 없는 자를 교사하여 위증죄를 범한 경우 그 목적을 가진 자는 모해위증교사죄로, 그 목적이 없는 자는 위증죄로 처벌할 수 있다고 설시한 다음 피고인을 모해위증교사죄로 처단함으로써 사실상 형법 제33조 단서를 적용한 취의로 해석되는 이상, 법률적용에서 위 단서 조항을 빠뜨려 명시하지 않았다고 하더라도 이로써 판결에 영향을 미친 위법이 있다고 할 수 없는 것이다.

그리고 '타인을 교사하여 죄를 범하게 한 자는 죄를 실행한 자와 동일한 형으로 처벌한다'고 규정한 형법 제31조 제1항은 협의의 공범의 일종인 교사범이 그 성립과 처벌에 있어서 정범에 종속한다는 일반적인 원칙을 선언한 것에 불과하고, 따라서 이 사건과 같이 신분관계로 인하여 형의 경중이 있는 경우에 신분이 있는 자가 신분이 없는 자를 교사하여 죄를 범하게 한 때에는 형법 제33조 단서가 위 제31조 제1항에 우선하여 적용됨으로써 신분이 있는 교사범이 신분이 없는 정범보다 중하게 처벌된다고 할 것이므로, 이와 달리 정범이 단순 위증죄로 처벌된 이상 위 형법 제31조 제1항에 따라 피고인도 단순 위증죄의 동일한 형으로 처벌할 수밖에 없다는 소론은 위에서 설시한 법리와 상치되는 독자적 견해에 불과하여 받아들일 수 없다. 논지는 모두 이유 없다(대법원 1994.12.23. 선고 93도1002 판결).

제1항 신분의 개념

제33조 (공범과 신분) 신분관계로 인하여 성립될 범죄에 가공한 행위는 신분관계가 없는 자에게도 전3조의 규정을 적용한다. 단 신분관계로 인하여 형의 경중이 있는 경우에는 중한 형으로 벌하지 아니한다.[1)]

신분범이란 행위자의 일정한 신분이 범죄 성립 그 자체에 영향을 미치거나 또는 범죄의 성립과는 관계없지만 행위자의 신분으로 인하여 형의 가중·감경에 영향을 미치는 범죄를 말한다. 즉 일정한 신분이 있어야만 범죄가 성립하는 범죄유형 또는 일정한 신분이 없더라도 범죄는 성립하지만 신분이 있음으로써 형이 가중되거나 감경되는 형태의 범죄유형을 신분범이라 한다.

그런데 현행 형법은 제33조에 적극적 신분에 있어 신분범(Sonderdelikt, Statusdelikt)에 가담한 비신분자의 취급에 대해서만 규정을 두고 있고, 신분의 개념 정의나 그 성질 및 공범과 소극적 신분에 관한 규정이 없다는 점에서 해석론상 견해가 대립되고 있다.

신분이란 남녀의 성별, 내·외국인의 구별, 친족관계, 공무원의 자격 등에 한하지 않고 널리 일정한 범죄행위와 관련된 범죄자의 인적 관계로서의 특수한 지위 또는 상태를 총칭하는 개념이다. 즉 범죄의 성립이나 형의 가중·감경에 영향을 미치는 일신적 특성 또는 관계 및 상태로서, 행위자에 관련된(연관된) - 객관적이면서 행위자관련적인 - 표지(Täterbezogene Merkmale)를 의미한다.

관련판례

형법 제33조 소정의 이른바 신분관계라 함은 남녀의 성별, 내·외국인의 구별, 친족관계, 공무원의 자격과 같은 관계 뿐만 아니라 널리 일정한 범죄행위에 관련된 범인의 인적 관계인 특수한 지위 또는 상태를 지칭하는 것이다(대법원 1994.12.23. 선고 93도1002 판결).

따라서 다수견해에 의하면 행위관련적 표지(Tatbezogne Merkmale)에 불과한 일반적인 주관적 불법구성요건표지인 고의와 특별한 주관적 불법구성요건표지(목적·경향·표현) 등은 신분개념에 해당하지 않는다. 즉 공범과 신분에 관한 제33조 규정은 목적범에는 적용되지 않으며, 각 행위자는 당해 목적을 각자 인식하여야 한다.

그러나 신분 개념에 대한 이러한 다수견해의 해석과는 달리 소수견해와 판례는 행위관련적 표지

1) 2011.3.25. 정부안으로 국회에 제출된 형법일부개정법률안(의안번호 1811304호)은 신분에 의하여 구성되는 범죄에 신분이 없는 자가 가담한 경우에는 신분이 있는 자와 책임의 정도에 차이가 있을 수 있다는 점을 고려하여 신분이 없는 자의 형은 감경할 수 있도록 하는 한편, 신분으로 인하여 형의 경중이 있는 경우에 신분이 없는 자는 신분으로 인하여 가중되거나 감경되지 아니한 형으로 처벌하도록 하여 책임이 개별화됨을 명백히 규정하였다.
제35조(공범과 신분) ① 신분에 의하여 구성되는 범죄에 그 신분이 없는 자가 가담한 경우에는 제32조부터 제34조까지의 규정을 적용한다. 이 경우 신분이 없는 자의 형은 감경할 수 있다.
② 신분에 의하여 형의 경중이 있는 경우에 신분이 없는 자는 신분으로 인하여 가중되거나 감경되지 아니한 형으로 처벌한다.

인 목적도 신분 개념에 포함된다고 해석한다.

【신분 개념에 대한 소수견해】

1) 이원적 신분개념설(목적이 제33조 단서의 신분개념에만 해당한다는 견해)

공범독립성설의 입장에서 제33조 본문의 신분은 사회적 · 법률적으로 인적 관계에서 특정의무를 부담하게 되는 지위 또는 자격으로 보면서, 제33조 단서의 신분은 형을 가중 · 감경하는 원인이 되는 지위 · 자격 · 상태(일신적 사실)로 보는 견해이다.

즉 이 제33조 본문은 공범독립성설의 예외규정으로서 그 신분은 계속성을 요하나, 단서의 신분은 일신적 사실이면 충분하고 반드시 계속적 성질을 가질 필요가 없다는 점에서 영리목적이나 자수자도 신분개념에 포함된다고 한다. 그러나 이 견해에 의하면 신분개념의 통일성이 결여된다.

2) 목적범까지 신분범으로 보는 견해(목적이 제33조 본문과 단서의 모든 신분 개념에 해당한다는 견해)

신분개념에서 계속성의 요건이 불필요하다는 전제하에, 계속성 없는 일시적 심리상태인 동기, 영리 또는 행사의 목적 등과 같은 주관적 불법요소도 신분개념에 포함시키는 견해이다.

그러나 이 견해에 의하면 가벌성이 확장될 위험성이 있다.

관련판례

[판시사항]

형법 제33조 소정의 '신분관계'의 의미, 위증죄와 모해위증죄가 형법 제33조 단서 소정의 '신분관계로 인하여 형의 경중이 있는 경우'에 해당하는지 여부, 모해할 목적으로 위증을 교사하였다면 그 정범에게 모해의 목적이 없다 하더라도 모해위증교사죄로 처단할 수 있는지 여부, 형법 제33조 단서가 형법 제31조 제1항에 우선 적용되어 신분이 있는 교사범이 신분이 없는 정범보다 중하게 처벌되는지 여부

[판결요지]

형법 제33조 소정의 이른바 신분관계라 함은 남녀의 성별, 내 외국인의 구별, 친족관계, 공무원인 자격과 같은 관계뿐만 아니라 널리 일정한 범죄행위에 관련된 범인의 인적관계인 특수한 지위 또는 상태를 지칭하는 것인 바, 형법 제152조 제1항은 '법률에 의하여 선서한 증인이 허위의 공술을 한 때에는 5년 이하의 징역 또는 2만 5천원 이하의 벌금에 처한다'고 규정하고, 같은 법조 제2항은 '형사사건 또는 징계사건에 관하여 피고인, 피의자 또는 징계혐의자를 모해할 목적으로 전항의 죄를 범한 때에는 10년 이하의 징역에 처한다'고 규정함으로써 위증을 한 범인이 형사사건의 피고인 등을 '모해할 목적'을 가지고 있었는가 아니면 그러한 목적이 없었는가 하는 범인의 특수한 상태의 차이에 따라 범인에게 과할 형의 경중을 구별하고 있으므로, 이는 바로 형법 제33조 단서 소정의 "신분관계로 인하여 형의 경중이 있는 경우"에 해당한다고 봄이 상당하다.

그리고 '타인을 교사하여 죄를 범하게 한 자는 죄를 실행한 자와 동일한 형으로 처벌한다'고 규정한 형법 제31조 제1항은 협의의 공범의 일종인 교사범이 그 성립과 처벌에 있어서 정범에 종속한다는 일반적인 원칙을 선언한 것에 불과하고, 따라서 이 사건과 같이 신분관계로 인하여 형의 경중이 있는 경우에 신분이 있는 자가 신분이 없는 자를

교사하여 죄를 범하게 한 때에는 형법 제33조 단서가 위 제31조 제1항에 우선하여 적용됨으로써 신분이 있는 교사범이 신분이 없는 정범보다 중하게 처벌된다고 할 것이므로, 이와 달리 정범이 단순 위증죄로 처벌된 이상 위 형법 제31조 제1항에 따라 피고인도 단순 위증죄의 동일한 형으로 처벌할 수밖에 없다는 소론은 위에서 설시한 법리와 상치되는 독자적 견해에 불과하여 받아들일 수 없다. 논지는 모두 이유 없다(대법원 1994.12.23. 선고 93도1002 판결)

1. 특별한 행위자적(일신적, Besondere persönliche) 표지의 유형

신분개념에 대하여 독일형법 제28조는 특별한 일신적 요소로 규정하고 있고, 오스트리아형법 제14조와 스위스형법 제26조는 특별한 일신적 자격 또는 관계로 규정하고 있다.

1) 특별한 일신적 특성(성질, Persönliche Eigenschaft)을 나타내는 표지로서의 신분

정신적 · 육체적 · 법적인 본질표지로서 성별, 연령, 친족관계 등과 같은 자연적 신분이 이에 해당한다.

2) 특별한 일신적 관계(자격, Persönliche Verhältnis)를 나타내는 표지로서의 신분

법적 또는 사회적 신분(사회적 지위 또는 관계)이 이에 해당한다.

3) 특별한 일신적 상태(Persönliche Umstände)를 나타내는 표지로서의 신분

업무성, 상습성, 누범 또는 특별한 심정표지 등이 이에 해당한다.

2. 신분의 계속성 여부

특히 특별한 일신적 상태와 관련하여 신분의 계속성 여부가 문제되는데, 행위자를 특정지울 수 있는 정도만을 요한다는 점에서 반드시 계속성이 요구되는 것은 아니다. 따라서 신분은 반드시 계속성을 가질 것을 요하지 아니하며, 상대적 개념에 불과하다.

제2항 신분의 분류(형법상 취급)

신분이 범죄의 성립 또는 형의 가중이나 감경에 어떠한 영향을 미치는가, 즉 신분이 범죄에 미치는 영향에 따라 다음과 같이 신분을 분류할 수 있다. 신분의 분류는 제33조 해석론의 전제로, 신분의 분류방법에 따라 제33조 해석론이 달라진다는 점에서 논의의 실익이 있다. 즉 형식적 분류와 실질적 분류의 차이는 가감적 위법신분에 가담한 신분없는 자에 대한 형사책임이 달라진다.

Ⅰ. 전통적인 분류방법(형식적 분류)

제33조의 형식적인 규정을 근거로 해서, 즉 제33조 본문과 단서의 문언형식을 기준으로 구성적 신분(제33조 본문), 가감적 신분(제33조 단서), 소극적 신분(위법조각적 신분과 책임조각적 신분, 처벌조각적 신분)으로 분류한다. 이 견해에 의하면 구성적 신분과 가감적 신분은 신분범이라는 특수범죄에 있어서 객관적 · 행위자관련적 불법구성요건표지로서의 신분인데 반하여, 소극적 신분은 일반범죄의 범죄성립을 조각하는 위법조각 또는 책임조각 및 처벌조각으로서의 신분이라고 한다.

【비판견해】

제33조 해석과 관련하여 전통적인 분류방법은 공범간의 관계에 있어서 구성적 신분은 위법신분으로 공범에게 연대적으로 작용하고, 가감적 신분은 책임신분으로 정범과 공범간에 개별적으로 작용하다고 해석한다. 그러나 위법 및 책임신분이라는 서로 다른 성질의 신분이 구성적이냐 가감적이냐에 따라 공범간에 연대적 또는 개별적으로 작용하는 실질적 이유가 분명하지 아니하다. 즉 동일한 내용과 성질을 가진 신분이 어떤 경우에는 구성적으로, 어떤 경우에는 가감적으로 되어 각각 다른 작용을 한다는 점에서 이론적 모순이 있다.
예컨대 제124조 체포 · 감금죄에[2] 있어서의 공무원과 제129조 수뢰죄에[3] 있어서의 공무원은 국가기능의 공정성과 이에 대한 국민의 신뢰라는 법익침해의 지위에 있는 자라는 점에서 동일한 성질을 가지는 신분임에도 전통적인 분류방법은 왜 각각 구성적 신분과 가감적 신분이 되느냐에 대해 설명이 미흡하다는 것이다.

---

2) 제124조 (불법체포, 불법감금) ① 재판, 검찰, 경찰 기타 인신구속에 관한 직무를 행하는 자 또는 이를 보조하는 자가 그 직권을 남용하여 사람을 체포 또는 감금한 때에는 7년 이하의 징역과 10년 이하의 자격정지에 처한다.
② 전항의 미수범은 처벌한다.

3) 제129조 (수뢰, 사전수뢰) ① 공무원 또는 중재인이 그 직무에 관하여 뇌물을 수수, 요구 또는 약속한 때에는 5년 이하의 징역 또는 10년 이하의 자격정지에 처한다.
② 공무원 또는 중재인이 될 자가 그 담당할 직무에 관하여 청탁을 받고 뇌물을 수수, 요구 또는 약속한 후 공무원 또는 중재인이 된 때에는 3년 이하의 징역 또는 7년 이하의 자격정지에 처한다.

1. 구성적 신분

일정한 신분이 있어야만 신분범이라는 범죄가 성립하는 경우에, 이러한 신분을 구성적 신분이라 한다. 이와 같이 구성적 신분은 범죄의 성립을 좌우하는, 즉 행위의 가벌성을 결정지우는 신분으로, 신분의 존재가 신분범이라는 특수범죄의 객관적 불법구성요건표지이다. 그리고 이러한 구성적 신분을 요하는 범죄, 즉 행위자의 신분이 可罰性의 存否를 결정하는(구성하는 요소로 작용하는) 요인이 되는 범죄를 진정신분(구성적 신분)범이라 한다.

현행 형법상 이에 해당하는 범죄유형으로는 직무유기죄(제122조), 피의사실공표죄(제126조), 공무상비밀누설죄(제127조), 수뢰죄(제129조), 도주죄(제145조), 위증죄(제152조), 허위공문서등의작성죄(제227조), 허위진단서등의작성죄(제233조), 간통죄(제241조), 유기죄(제271조), 강간죄(제297조), 업무상비밀누설죄(제317조),[4] 횡령죄(제355조 제1항), 배임죄(제355조 제2항) 등이다.

이와 같이 신분 있는 자만이 진정신분범죄의 주체가 될 수 있다는 점에서 신분에 대하여 착오한 경우에는 행위주체라는 객관적 불법구성요건표지에 대한 인식의 결여로 고의가 조각된다.

2. 가감적 신분

가감적 신분이란 신분이 없더라도 통상적인 범죄는 성립하기 때문에 범죄의 성립과는 무관하지만 신분으로 인하여 형의 가중 · 감경을 결정지우는 신분으로, 이러한 가감적 신분에 의한 범죄를 부진정신분(가감적 신분)범이라 한다.

현행 형법상 각종의 상습범죄, 존속범죄, 제317조 업무상비밀누설죄를 제외한 업무상 범죄는 통상의 범죄에 비해 행위자의 신분으로 인하여 형이 가중되는 가중적인 부진정신분범이며, 영아살해죄(제251조),[5] 영아유기죄(제272조)는 통상의 범죄에 비해 행위자의 신분으로 인하여 형이 감경되는 감경적인 부진정신분범이다.

이와 같이 가감적 신분은 행위자의 신분이 일단 성립된 범죄의 가벌성의 정도를 감경 또는 가중하는 방향으로 수정해 주는 기능만 한다. 따라서 부진정신분범에 있어서는 신분에 대하여 착오한 경우에도 고의는 성립되며 제15조 제1항에 의해 해결할 문제이다.

3. 소극적 신분

---

4) 제317조 (업무상비밀누설) ① 의사, 한의사, 치과의사, 약제사, 약종상, 조산사, 변호사, 변리사, 공인회계사, 공증인, 대서업자나 그 직무상 보조자 또는 차등의 직에 있던 자가 그 업무처리 중 지득한 타인의 비밀을 누설한 때에는 3년 이하의 징역이나 금고, 10년 이하의 자격정지 또는 700만 원 이하의 벌금에 처한다.
② 종교의 직에 있는 자 또는 있던 자가 그 직무상 지득한 사람의 비밀을 누설한 때에도 전항의 형과 같다.

5) 제251조 (영아살해) 직계존속이 치욕을 은폐하기 위하거나 양육할 수 없음을 예상하거나 특히 참작할 만한 동기로 인하여 분만중 또는 분만직후의 영아를 살해한 때에는 10년이하의 징역에 처한다.

1) 위법조각사유(정당행위)로서의 신분

일반인에게 금지된 행위를 특정한 신분을 가진 자에게는 허용해 주는 경우의 신분으로, 의사, 경찰관, 교도관, 유면허운전자 등과 같은 신분이다.

2) 책임조각사유로서의 신분

범인은닉죄(제151조 제2항)나 증거인멸죄(제155조 제4항)에[6] 있어 '친족, 호주, 동거의 가족'이라는 신분[7], 형사책임무능력자라는 신분으로서 14세미만자 등과 같은 신분이다.

3) 인적 처벌조각사유로서의 신분

국가형벌권의 행사를 제한하기 위한 정책적 이유에서 이미 성립된 범죄의 형벌만 면제시키는 신분으로, 친족상도례(강도죄와 손괴죄를 제외한 재산범죄)에 있어서의 '직계존속, 동거친족, 가족, 호주, 배우자 또는 그 배우자간'이라는 친족관계(제328조 제1항 등)가[8] 이에 해당한다.

Ⅱ. 새로운 견해(실질적 분류)

신분의 법적 성질을 기준으로 하여, 행위의 위법성판단에 영향을 주는 위법신분과 행위자의 책임판단에 영향을 주는 책임신분으로 나누는 견해이다.[9] 즉 이 견해는 제33조 본문에 규정된 신분의 연대적 작용과 단서에 규정된 신분의 개별적 작용을 '불법은 연대적으로, 책임은 개별적으로'라는 범죄론의 체계와 관련시켜 동일한 성질의 신분에는 항상 동일한 작용을 인정하면서 신분을 그 법적 성질에 따라 분류하려는 견해이다.

따라서 신분이 가지는 성질 그 자체를 기준으로, 행위의 위법성판단에 영향을 주는 신분인 경우에

---

6) 제151조 (범인은닉과 친족간의 특례) ① 벌금이상의 형에 해당하는 죄를 범한 자를 은닉 또는 도피하게 한 자는 3년 이하의 징역 또는 500만 원 이하의 벌금에 처한다.
② 친족, 호주 또는 동거의 가족이 본인을 위하여 전항의 죄를 범한 때에는 처벌하지 아니한다.
제155조 (증거인멸등과 친족간의 특례) ① 타인의 형사사건 또는 징계사건에 관한 증거를 인멸, 은닉, 위조 또는 변조하거나 위조 또는 변조한 증거를 사용한 자는 5년 이하의 징역 또는 700만 원 이하의 벌금에 처한다.
② 타인의 형사사건 또는 징계사건에 관한 증인을 은닉 또는 도피하게 한 자도 제1항의 형과 같다.
③ 피고인, 피의자 또는 징계혐의자를 모해할 목적으로 전2항의 죄를 범한 자는 10년 이하의 징역에 처한다.
④ 친족, 호주 또는 동거의 가족이 본인을 위하여 본조의 죄를 범한 때에는 처벌하지 아니한다.

7) 인적 처벌조각사유로 보는 견해도 있다.

8) 제328조 (친족간의 범행과 고소) ① 직계혈족, 배우자, 동거친족, 호주, 가족 또는 그 배우자간의 제323조의 죄는 그 형을 면제한다.
②제1항이외의 친족간에 제323조의 죄를 범한 때에는 고소가 있어야 공소를 제기할 수 있다.
③ 전2항의 신분관계가 없는 공범에 대하여는 전항을 적용하지 아니한다.

9) Zimmerl에 의하여 주창된 견해로, 오스트리아형법 제14조와 스위스형법 제26조는 이 입장에서 신분개념을 규정하고 있다.

는 위법성판단은 일반적 판단이므로 행위자간에 연대적으로 작용하고, 행위자에 대한 책임판단에 영향을 주는 신분인 경우에는 책임판단은 행위자에 대한 비난가능성이라는 개별적 판단이므로 행위자 간에 개별적으로 작용한다.

【비판견해】

제33조 해석과 관련하여 실질적 분류방법은 불법의 연대성과 책임의 개별성을 고려하여 신분을 분류하고 있다는 점에서 범죄체계론에 충실한 분류방법이라 할 수 있다. 그러나 실질적 분류방법에 의하더라도 위법신분과 책임신분의 구별이 명확하지 아니할 뿐만 아니라, 위법신분과 책임신분으로 구별하는 것은 형법 제33조의 규정과 일치할 수 없다. 즉 제269조 제1항의 자기낙태죄에 있어 임산부나 제148조의 간수자도주죄에 있어 간수자 또는 제356조 업무상 횡령죄에 있어서 업무자, 제123조 내지 제125조에 규정하고 있는 공무원의 신분은 그것이 위법신분인지 책임신분인지가 명확하다고는 볼 수 없다. 그리고 실질적 분류방법에 의하면 가감적 위법신분에 가담한 신분없는 자에게도 불법의 연대성을 인정하여 신분범의 가중된 형으로 처벌하게 되는데, 이는 제33조 단서의 규정에 배치되는 해석이 된다.

1. 위법신분

행위 특성과 관련하여 신분이 정범행위의 결과반가치나 행위반가치를 근거지우거나(적극적 위법신분), 이를 조각시키는 기능을 하는 경우(소극적 위법신분)에는 그것이 구성적이건 가감적이건 또는 위법조각적이건 묻지 않고 모두 공범에게 연대적으로 작용하는 신분이다.

1) 구성적 위법신분

강간, 수뢰, 위증, 횡령, 배임, 간통, 업무상비밀누설죄 등에서의 신분이 이에 해당한다.

2) 가중적 위법신분

간수자의 도주원조(제148조), 직권남용(제123조 내지 제125조), 영리목적 약취 · 유인죄(제288조), 세관공무원의 아편등수입죄(제200조) 등에서의 신분이 이에 해당한다.

3) 감경적 위법신분

자기낙태죄(제269조 제1항)에서의 '임신한 부녀'라는 신분이 이에 해당한다.

2. 책임신분

행위자 특성과 관련하여 신분이 행위자의 책임비난에 영향을 주거나(적극적 책임신분), 이를 조각시키는 경우(소극적 책임신분)에는 그것이 구성적이건 가감적이건 묻지 않고 항상 그 신분을 가진 자에게만 개별적으로 작용하는 신분이다.

1) 가중적 책임신분

상습~죄, 업무상~죄, 존속~죄에 있어서의 상습 · 업무 · 존속이라는 신분이 이에 해당한다.

2) 감경적 책임신분

영아살해 · 영아유기죄에 있어서의 직계존속, 한정책임능력자, 책임이 감경되는 자수 · 자복자, 중지미수범에서의 중지자라는 신분이 이에 해당한다.

3) 책임조각적 책임신분

범인은닉죄(제151조) · 증거인멸죄(제155조)에 있어서의 일정한 신분, 책임이 면제되는 자수 · 자복자, 중지미수범에서의 중지자, 형사책임무능력자라는 신분이 이에 해당한다.

제3항 공범과 신분

Ⅰ. 형법규정

제33조는 적극적 · 소극적 신분을 가진 자와 비신분자가 공범관계에 있을 때 이에 대한 형법적 취급을 해결하기 위한 규정으로, 제33조는 "신분관계로 인하여 성립될 범죄에 가공한 행위는 신분관계가 없는 자에게도 전3조의 규정을 적용한다. 다만 신분관계로 인하여 형의 경중이 있는 경우에는 중한 형으로 벌하지 아니한다"라고 규정해 두고 있다.[10)]

이와 같이 신분없는 자의 경우 진정신분범이나 부진정신분범의 단독정범은 될 수 없으나, 제33조 본문과 단서에 의하여 진정신분범과 부진정신분범의 공동정범이나 교사범 또는 방조범은 성립될 수 있다.

10) 이 규정은 일본형법 제65조와 동일한 규정이다. 다만 일본 형법 제65조 제1항은 "공범으로 한다"라고 규정하고 있기 때문에, 여기에 공동정범이 포함되느냐에 대해서 견해가 대립되고 있다. 그리고 신분없는 자가 부진정신분범에 가담한 경우에 제65조 제2항은 우리 형법 제33조 단서와는 달리 "통상의 형으로 벌한다"라고 규정하고 있다.
제65조 ① 범인의 신분으로 인하여 구성되는 범죄행위에 가공한 때에는 신분없는 자도 공범으로 한다.
② 신분으로 인하여 특히 형의 경중이 있는 때에는 신분없는 자는 통상의 형으로 벌한다.

Ⅱ. 제33조 해석론

1. 전통적 해석론

다수견해는 전통적인 신분의 분류방법에 입각하여 제33조 본문은 진정신분범(구성적 신분)의 연대성(공범성립과 과형)을, 동조 단서는 부진정신분범(가감적 신분)의 개별화(과형)를 규정하고 있다고 해석하는 견해이다. 즉 동조 본문은 구성적 신분이 정범에게 있는 경우 정범의 법익침해에 가공한 가담범에 대해서는 정범으로부터 가담범에 연대적으로 작용하고, 제33조 단서의 “중한 형으로 벌하지 아니한다”는 규정은 책임의 개별화의 원칙을 나타낸 것으로 공범종속성설 중 제한적 종속형식의 당연한 귀결이라고 해석하는 견해이다.

그러나 이와 같이 제33조 본문을 진정신분범에게만 적용되는 것으로 해석하게 되면 현행법상 부진정신분범의 공범성립에 대한 근거규정이 없게 될 뿐 아니라, 형법 제33조 단서가 부진정신분범의 과형에 대해서만 규정하고 있기 때문에 본문을 진정신분범에 제한하여 적용해야 할 근거가 없다는 비판적 견해가 있다.

이러한 비판과 관련하여 제33조 본문과 단서 사이의 모순을 해결하기 위해 제33조 본문은 진정신분범만이 아니라 부진정신분범의 성립의 근거를 규정하고 있으며(연대성), 단서는 부진정신분범의 과형만을 규정한 것으로 해석하는 견해, 즉 본문의 신분은 진정신분범이든 부진정신분범이든 신분범 일반에 대하여 ‘공범의 성립문제’를 규정한 것이고, 단서는 특히 부진정신분범에 관해 ‘과형의 문제’를 각각 규정한 것으로, 본문은 단서의 적용을 위한 전제규정이라고 보는 견해가 있다. 그리고 제33조 본문을 공범독립성설의 예외규정, 단서를 공범독립성설의 원칙규정이라고 보는 견해도 있다.

【다수견해와 소수견해의 차이】

비신분자인 甲이 신분자인 乙과 공모하여 乙의 직계존속을 공동살해한 경우, 다수견해에 의하면 비신분자인 甲과 신분자인 乙은 제33조 단서에 의하여 甲의 단순살인죄와 乙의 존속살해죄의 공동정범이 성립하고, 甲은 단순살인죄, 乙은 존속살해죄로 처벌된다. 그러나 소수견해에 의하면 비신분자인 甲과 신분자인 乙은 제33조 본문에 의하여 존속살해죄의 공동정범이 성립하되, 과형에 있어서만 제33조 단서에 의하여 甲은 단순살인죄, 乙은 존속살해죄로 처벌된다.

관련판례

1) 실자(實子)와 함께 처가 남편을 살해한 사안

피고인 정소례 상고이유의 요지는 피고인은 이종구와 결혼 후 동인이 마약중독이 되어 가산을 탕진하고 빈곤한 생활을 계속 중 이종구는 피고인이 근검절약하여 구입한 답을 또 타에 방매하려고 획책을 하고 가족의 생계를 부고할 뿐더러 자식을 구타하고 피고인과 항시 싸움을 하여 왔으므로 차라리 이종구를 살해함만 같지 못하다고 결의하고 술에다 사약을 넣어서 이종구에게 먹이고 동인이 채 숨이 끊어지지 아니하고 신음하고 있는 것을 피고인 정소례가 숨을 끊게 한 것인 바 이는 자식 등을 살리기 위한 것이니 관대한 판결을 바란다는 취지인 바 상피고인 이상우의 상고이유에 대한 설명에서 논한 바와 여히 본건은 동 피고인과 피고인 정소례가 공모하고 이종구를 제1심판시와 여한 방법으로 살해한 것이 기록상 분명한 바이고 따라서 원심이 피고인 정소례와 동 이상우를 본건 존속살인범행의 공동정범으로 인정한 것은 적법한 조치라 할 것이고 따라서 이와 반대의 견해를 피력하는 논지는 채용할 수 없다(대법원 1961.8.2. 선고 4294형상284 판결).

2) 공무원인 신분이 없는 자라 하더라도 공무원과 공모하여 공무원의 직무에 위배한 배임행위를 하여 국가에 손해를 발생케 하였을 때는 형법 제33조에 의하여 업무상배임의 공동정범으로 처벌할 것이다(대법원 1961.12.28. 선고 4294형상564 판결).

3) 비점유자가 업무상점유자와 공모하여 횡령한 경우에 비점유자도 형법 제33조 본문에 의하여 공범관계가 성립되며 다만 그 처단에 있어서는 동조단서의 적용을 받는다 할 것이나 군용물횡령죄에 있어서는 업무상횡령이던 단순횡령이던 간에 본조에 의하여 그 법정형이 동일하게 되어 양죄 사이에 형의 경중이 없게 되었으므로 법률적용에 있어서 형법 제33조 단서의 적용을 받지 않는다(대법원 1965.8.24. 선고 65도493 판결).

4) 상호신용금고의 임원이 아닌 자가 신분있는 임원과 공모하여 상호신용금고법위반죄를 범한 사안

상호신용금고법 제39조 제1항 제2호 위반죄는 상호신용금고의 발기인 · 임원 · 관리인 · 청산인 · 지배인 기타 상호신용금고의 영업에 관한 어느 종류 또는 특정한 사항의 위임을 받은 사용인이 그 업무에 위배하여 배임행위를 한 때에 성립하는 것으로서, 이는 위와 같은 지위에 있는 자의 배임행위에 대한 형법상의 배임 내지 업무상배임죄의 가중규정이고, 따라서 형법 제355조 제2항의 배임죄와의 관계에서는 신분관계로 인하여 형의 경중이 있는 경우라고 할 것이다. 그리고 위와 같은 신분관계가 없는 자가 그러한 신분관계에 있는 자와 공모하여 위 상호신용금고법위반죄를 저질렀다면, 그러한 신분관계가 없는 자에 대하여는 형법 제33조 단서에 의하여 형법 제355조 제2항에 따라 처단하여야 할 것인바, 그러한 경우에는 신분관계가 없는 자에게도 일단 업무상배임으로 인한 상호신용금고법 제39조 제1항 제2호 위반죄가 성립한 다음 형법 제33조 단서에 의하여 중한 형이 아닌 형법 제355조 제2항에 정한 형으로 처벌되는 것이다(대법원 1997.12.26. 선고 97도2609 판결. 같은 취지의 판례로 대법원 1986.10.28. 선고 86도1517 판결 ; 1989.10.10. 선고 87도1901 판결 ; 1990.11.13. 선고 90도1885 판결).

그러나 소수견해나 판례와 같이 제33조 본문을 부진정신분범에 대해서도 적용하여 공범성립의 근거를 마련하면 진정신분범에 대해서는 과형에 관한 규정이 없게 된다. 그리고 본문은 '신분관계로 인하여 성립될 범죄'라고 규정하고 있는데, 부진정신분범은 신분관계로 인하여 범죄가 성립하는 경우가 아니므로 본문은 진정신분범의 성립에 대한 규정으로 해석하는 것이 타당하다.

1) 제33조 본문규정 해석

(1) 신분 없는 자가 신분 있는 자의 진정신분범에 가담한 경우

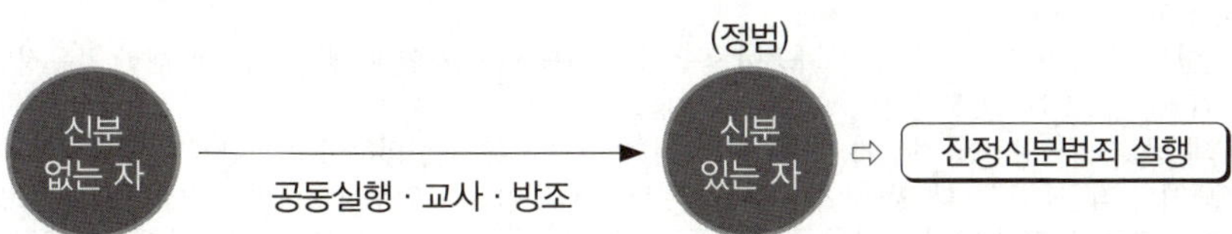

공무원 아닌 자가 공무원과 공동실행하여 수뢰죄를 범하거나 공무원으로 하여금 수뢰죄를 범하도록 교사 · 방조한 경우와 같이 진정신분범에 신분 없는 자가 가담한 경우, 공범종속성설에 의하면 정범에게 구성적 신분이 있는 한 신분 없는 자도 진정신분범의 교사범이나 방조범이 성립되는 것은 당연하다.[11)]

그러나 신분 없는 자가 정범인 신분 있는 자와 함께 진정신분범죄를 공동실행한 경우에, 신분없는 자도 진정신분범의 공동정범이 성립되느냐에 대해서는 해석상 논란이 있을 수 있다. 마찬가지로 신분없는 자가 처벌되지 아니하는 신분 있는 자를 이용하여 진정신분범을 범한 경우에 진정신분범죄의 간접정범이 될 수 있느냐에 대해서도 견해가 대립되고 있다.

전자의 해석과 관련하여 다수견해에 의하면 '공범으로 한다'라고 규정하고 있는 일본 형법 제65조 제1항과는 달리 형법 제33조 본문은 '전3조를 적용한다'라고 규정함으로써 이러한 논란을 입법적으로 해결한 것으로 해석하고 있다. 따라서 제33조 본문은 교사범이나 방조범에 대한 관계에서는 공범종속성설에 의하여 당연한 규정이지만, 공동정범에 대해서는 공동정범이 될 수 없는 자를 예외적으로 공동정범이 될 수 있도록 한 특별규정이라고 한다.[12)]

그러나 공동정범도 정범이기 때문에 정범으로서의 표지를 갖추어야 하는데, 진정신분범죄를 공동실행한 신분 없는 자의 경우에는 정범으로서의 표지인 구성적 신분이라는 신분표지가 결여되어 있기 때문에 단순히 공동실행했다는 사실만으로 진정신분범의 공동정범으로 규율해서는 안된다. 다수견해와 같이 제33조 본문을 공동정범이 될 수 없는 자를 예외적으로 공동정범이 될 수 있도록 한 특별규정으로 해석하게 되면 합리적인 이론적 근거 없이 단지 정책적 목적에 의하여 신분 없는 자를 진정신분범의 공동정범으로 규율함으로써 처벌의 확장을 초래한다는 비판을 면하기 어렵다. 따라서 신분 없는 자가 신분 있는 자와 함께 진정신분범죄를 공동실행했다 하더라도 신분 없는 자에게는 진정신분범의 공동정범이 성립될 수 없으며, 제33조 본문에 대해서는 입법적 재검토가 있어야 한다.

신분 없는 자가 처벌되지 아니하는 신분 있는 자를 이용하여 진정신분범을 범한 경우에 진정신분범죄의 간접정범이 될 수 있느냐에 대해서도 견해가 대립되고 있는데, 형법 제34조 제1항은 "어느 행위로 인하여 처벌되지 아니하는 자 또는 과실범으로 처벌되는 자를 교사 또는 방조하여 범죄행위

---

11) 상법 제628조 제1항에서 규정한 납입가장죄는 상법 제622조에서 정한 지위에 있는 자만이 주체가 될 수 있는 신분범이다. 한편 신분이 없는 자도 신분이 있는 자의 범행에 가공한 경우에 공범이 될 수 있으나, 그 경우에도 공동가공의 의사와 그 공동의사에 기한 기능적 행위지배를 통한 범죄의 실행이라는 주관적 · 객관적 요건이 충족되어야 공동정범으로 처벌할 수 있다(대법원 2011.7.14. 선고 2011도3180 판결).

12) 정부관리기업체의 과장대리급 이상이 아닌 직원도 다른 과장대리급 이상인 직원들과 함께 뇌물수수죄의 공동정범이 될 수 있다(대법원 1992.8.14. 선고 91도3191 판결).
허위공문서작성죄에 신분 없는 자가 가공한 경우에 그 가공이 공동하여 죄를 범한 것인 때에는 그 죄에 대한 공동정범이 성립될 수 있다(대법원 1971.6.8. 선고 71도795 판결).
비점유자가 업무상점유자와 공모하여 횡령한 경우에 비점유자도 형법 제33조 본문에 의하여 공범관계가 성립되며 다만 그 처단에 있어서는 동조단서의 적용을 받는다 할 것이나 군용물횡령죄에 있어서는 업무상횡령이던 단순횡령이던 간에 본조에 의하여 그 법정형이 동일하게 되어 양죄 사이에 형의 경중이 없게 되었으므로 법률적용에 있어서 형법 제33조 단서의 적용을 받지 않는다(대법원 1965.8.24. 선고 65도493 판결).

의 결과를 발생하게 한 자는 교사 또는 방조의 예에 의하여 처벌한다"라고 하여 간접정범을 교사 또는 방조의 예에 의하여 처벌하도록 규정하고 있다. 여기서 교사 또는 방조에 대하여 적용되는 제33조 본문이 간접정범에게도 적용되어 신분 없는 자도 신분 있는 자를 이용한 진정신분범의 간접정범이 될 수 있느냐가 문제된다.

이에 대하여 제34조가 간접정범을 교사 또는 방조의 예에 의하여 처벌한다고 규정하고 있기 때문에 신분 없는 자가 처벌되지 아니하는 신분있는 자를 이용하여 진정신분범을 범한 경우에도 제33조가 당연히 적용되어 신분 없는 자도 진정신분범의 간접정범이 성립될 수 있다고 해석하는 소수견해가 있다. 그러나 제33조는 신분 없는 자의 경우에도 진정신분범의 공동정이 성립될 수 있다는 특별규정에 불과하며, 정범의 일종인 간접정범의 경우에도 행위자는 정범표지를 갖추어야만 정범이 성립될 수 있다는 점에서 신분 없는 자가 처벌되지 아니하는 신분 있는 자를 이용한 때에는 진정신분범의 간접정범이 성립될 수 없다고 해석하는 다수견해가 타당하다.

(2) 신분 있는 자가 신분 없는 자를 이용하여 진정신분범을 범하게 한 경우

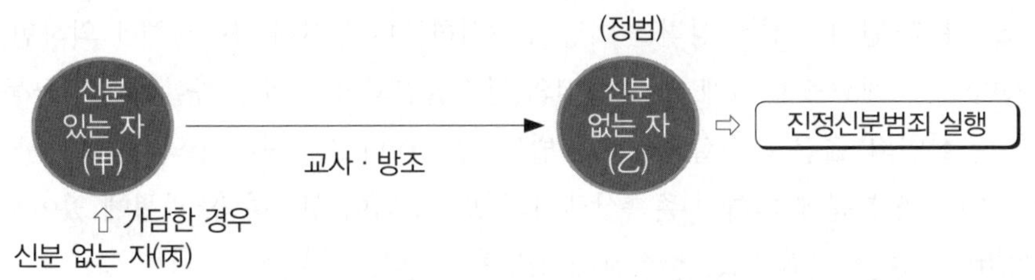

제33조 본문의 반대되는 사안으로 공무원이 공무원 아닌 자에게 수뢰죄를 범하도록 교사 · 방조한 경우와 같이 신분 있는 자가 신분 없는 자를 이용하여 신분 없는 자로 하여금 진정신분범죄를 범하도록 한 경우에, 정범인 신분 없는 자는 진정신분범의 정범적격이 없기 때문에 진정신분범의 구성요건해당성이 조각되어 범죄가 성립되지 않으며, 신분 없는 자가 범죄사실을 알고 있었던 경우에는 방조범이 성립될 뿐이다. 다만 행위공동성설의 입장에서 신분 없는 자에게도 제33조 본문이 적용된다는 소수견해가 있다.

이 경우 신분 있는 자의 형사책임을 어떻게 볼 것이냐에 대해서는 행위공동성설의 입장에서 제33조 본문이 적용된다는 견해와 간접정범이 성립된다는 견해[13] 및 교사범이 성립된다는 견해 등이 대립되고 있다.

그리고 신분 있는 자의 경우 진정신분범의 간접정범이 성립된다면 이 신분 있는 자와 여기에 가담한 신분 없는 자(위 예에서 丙) 간에도 제33조 본문이 적용될 수 있는가, 즉 신분 없는 자가 진정신분범죄

13) 다수견해.

의 직접정범이 아닌 간접정범에 가담한 경우에도 제33조 본문이 적용되느냐(신분 있는 자인 甲과 여기에 가담한 丙은 진정신분범죄의 간접정범의 공범이 성립되느냐)가 문제된다. 진정신분범의 경우 신분없는 자는 단독정범은 될 수 없으나 신분있는 자와의 공동행위로서 진정신분범의 결과반가치를 실현할 수 있다는 점에서 간접정범에 대해서도 제33조 본문은 적용된다.

2) 제33조 단서규정 해석

(1) 신분 없는 자가 가중적인 부진정신분범에 가담한 경우

신분 없는 자 → (공동실행 · 교사 · 방조) → 신분 있는 자 ⇨ 가중적인 부진정신분범죄 실행

예를 들어 비신분자인 甲이 신분자인 乙과 공모하여 乙의 직계존속을 공동살해한 경우, 앞에서 설명한 바와 같이 제33조 본문과 단서의 법적 성격을 어떻게 해석하느냐에 따라 다수견해에 의하면 비신분자인 甲과 신분자인 乙은 제33조 단서에 의하여 甲의 단순살인죄와 乙의 존속살해죄의 공동정범이 성립하고, 甲은 단순살인죄, 乙은 존속살해죄로 처벌된다. 그러나 소수견해에 의하면 비신분자인 甲과 신분자인 乙은 제33조 본문에 의하여 존속살해죄의 공동정범이 성립하되, 과형에 있어서만 제33조 단서에 의하여 甲은 단순살인죄, 乙은 존속살해죄로 처벌된다.

비신분자인 甲이 신분자인 乙을 교사 또는 방조하여 乙로 하여금 乙의 직계존속을 살해케 한 경우에도 다수견해에 의하면 甲은 제33조 단서에 의하여 단순살인죄의 교사범이 성립하여 단순살인죄의 교사범으로 처벌되며, 乙은 제33조 단서에 의하여 존속살해죄의 정범이 성립하여 존속살해죄의 정범으로 처벌된다. 그러나 소수견해에 의하면 甲과 乙은 제33조 본문에 의하여 존속살해죄의 교사범과 존속살해죄의 정범이 성립되며, 과형에 있어서만 제33조 단서에 의하여 甲은 단순살인죄의 교사범의 형으로, 乙은 존속살해죄의 정범의 형으로 처벌될 뿐이다.

관련판례

1) 비신분자가 신분자와 공모하여 업무상 배임죄를 범한 경우의 처단 방법

업무상배임죄는 업무상 타인의 사무를 처리하는 지위에 있는 사람이 그 임무에 위배하는 행위로써 재산상의 이익을 취득하거나 제3자로 하여금 이를 취득하게 하여 본인에게 손해를 가한 때에 성립하는 것으로서, 이는 타인의 사무를 처리하는 지위라는 점에서 보면 신분관계로 인하여 성립될 범죄이고, 업무상 타인의 사무를 처리하는 지위라는 점에서 보면 단순배임죄에 대한 가중규정으로서 신분관계로 인하여 형의 경중이 있는 경우라고 할 것이므로, 그와 같은 신분관계가 없는 자가 그러한 신분관계가 있는 자와 공모하여 업무상배임죄를 저질렀다면 그

러한 신분관계가 없는 자에 대하여는 형법 제33조 단서에 의하여 단순배임죄에 정한 형으로 처단하여야 할 것이다(대법원 1999.4.27. 선고 99도883 판결).

2) 업무상배임죄로 이익을 얻는 수익자 또는 그와 밀접한 관련이 있는 제3자를 배임의 실행행위자와 공동정범으로 인정하기 위한 요건

업무상배임죄로 이익을 얻는 수익자 또는 그와 밀접한 관련이 있는 제3자를 배임의 실행행위자와 공동정범으로 인정하기 위해서는 실행행위자의 행위가 피해자 본인에 대한 배임행위에 해당한다는 것을 알면서도 소극적으로 배임행위에 편승하여 이익을 취득한 것만으로는 부족하고, 실행행위자의 배임행위를 교사하거나 또는 배임행위의 전 과정에 관여하는 등으로 배임행위에 적극 가담할 것이 필요하다(대법원 2011.2.24. 선고 2010도13801 판결).

(2) 신분 없는 자가 감경적인 부진정신분범에 가담한 경우

신분 없는 자 → 공동실행 · 교사 · 방조 → 신분 있는 자 ⇨ 감경적인 부진정신분범죄 실행

제33조 단서는 책임개별화원칙에 입각하여 부진정신분범에 가담한 신분 없는 자에 대해서는 "중한 형으로 벌하지 아니한다"라고 규정하고 있는 바, 위에서 본바와 같이 신분 없는 자가 가중적인 부진정신분범에 가담한 경우에는 제33조 단서에 의하여 책임개별화의 원칙에 충실하게 해석될 수 있다.

그러나 예를 들어 영아를 분만중인 임산부 乙의 친구인 甲이 乙의 영아살해죄에 가담한 경우와 같이 신분 없는 자가 감경적인 부진정 신분범에 가담한 경우에는 제33조 단서는 일본 형법 제65조 제2항과 같이 "통상의 형으로 벌한다"라고 규정하거나 독일형법 제29조와 같이 "각 관여자는 타인의 책임과 관계없이 자기의 책임에 따라 벌한다"라고 규정하지 아니하고, "중한 형으로 벌하지 아니한다"라고 규정하고 있기 때문에 해석상 논란의 여지가 있다.

"중한 형으로 벌하지 아니한다"라는 규정의 해석과 관련하여 비신분자는 언제나 경한 죄로 벌해야 한다는 소수견해와, 책임개별화원칙에 의하여 감경사유는 언제나 신분자 개인에 한하고 비신분자인 공범에는 미치지 아니한다고 보는 다수견해가 대립되고 있다.

(3) 신분 있는 자가 신분 없는 자를 이용하여 가중 · 감경적인 부진정신분범죄를 범하게 한 경우

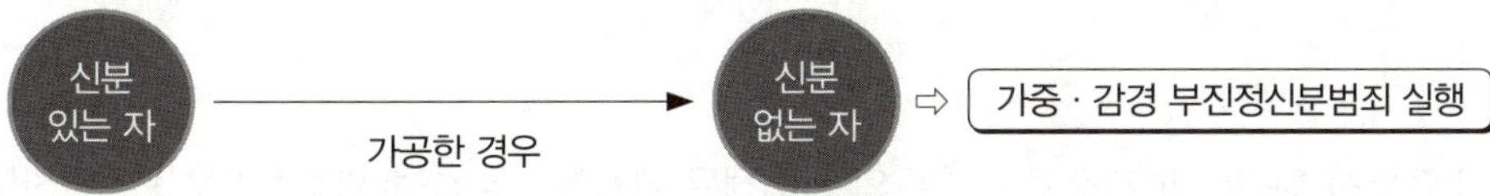

예를 들어 신분자인 甲이 비신분자인 乙을 교사 또는 방조하여 乙로 하여금 甲 자신의 직계존속

을 살해케 한 경우 또는 영아를 분만중인 임산부 甲이 친구인 乙을 교사 또는 방조하여 乙로 하여금 甲 자신이 분만중인 영아를 살해케 한 경우, 신분 없는 乙은 단순살인죄의 정범으로 처벌되지만, 甲에 대해서는 제33조 단서가 적용되느냐가 문제되며, 제33조 단서가 적용된다면 위에서 본 바와 같이 "중한 형으로 벌하지 아니한다"라는 규정의 해석이 문제된다.

제33조 본문이 "신분관계로 인하여 성립될 범죄에 가공한 행위는 신분관계가 없는 자에게도 전3조의 규정을 적용한다"라고 규정하고 있기 때문에 제33조 본문은 신분 없는 자가 신분 있는 자의 진정신분범에 가공한 경우에만 적용되는 것으로 해석해야 한다. 그러나 제33조 단서는 '신분관계로 인하여 형의 경중이 있는 경우'라고 규정하고 있기 때문에 신분 없는 자가 신분 있는 자의 부진정신분범에 가공한 경우 뿐만 아니라, 신분 있는 자가 신분 없는 자의 부진정신분범에 가공한 경우에도 적용되는 해석해야 한다.

그리고 이렇게 해석하더라도 "중한 형으로 벌하지 아니한다"에 대한 해석에 따라 신분 없는 자를 이용하여 가중적 또는 감경적인 부진정신분범을 범하게 한 신분 있는 자의 형사책임은 달라지게 된다. 다수견해에 의하면 신분자인 甲이 비신분자인 乙을 교사 또는 방조하여 乙로 하여금 甲 자신의 직계존속을 살해케 한 경우, 甲은 존속살해죄의 교사범으로 처벌된다. 마찬가지로 영아를 분만중인 임산부 甲이 친구인 乙을 교사 또는 방조하여 乙로 하여금 甲 자신이 분만중인 영아를 살해케 한 경우, 甲에게 제251조 영아실해죄의 책임표지가 인정되는 한에 있어 甲은 영아살해죄의 교사범으로 처벌된다.

2. 새로운 해석론

신분을 법적 성질에 따라 분류하는 새로운 분류방법에 입각하여 본문은 진정 · 부진정신분범의 구별없이 위법신분의 연대성을, 단서는 책임신분의 개별성을 규정하고 있다고 해석하는 견해이다. 즉 제33조 본문규정의 신분은 위법신분으로 공범에 연대적으로 작용하며, 단서규정의 신분은 책임신분으로 공범에 개별적으로 작용한다고 해석한다.

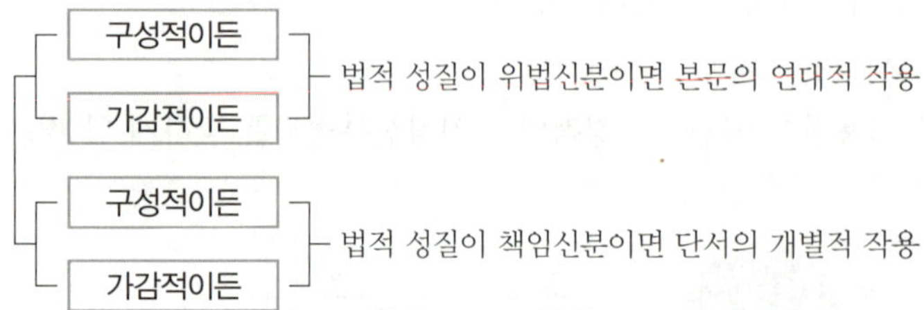

【논의의 쟁점】 전통적 해석론과 새로운 해석론의 차이점은 가중적 · 감경적(제33조 단서) 위법신분(제33조 본문)의 경우에 구체적으로 해석이 달라진다.

그러나 새로운 해석론에 의할 경우 가중적 신분이 대부분 가중적 위법신분이므로 가벌성확장의 위험성이 있고, 신분의 법적 성질의 분류기준이 모호하며, '가감적 위법신분은 본문의 문리해석의 범위를 벗어나는 것이 아닌가' 라는 비판도 있다.

3. 절충설

전통적인 해석론에 입각하되 새로운 해석론을 부분으로 수용하여, 제33조 본문은 구성적(위법) 신분의 종속성강화를 규정한 것이며 단서는 책임개별화의 원칙과 더불어 가중적 위법신분의 종속성완화규정으로 해석하는 견해이다.

사례연습

1) 甲女와 동거생활을 하던 乙은 甲이 예기치 않게 임신을 하게 되자 고민하던 차에 甲에게 낙태할 것을 종용했고, 이에 임신한 甲도 애를 키울 경제적 능력이나 자신이 없었기 때문에 乙이 종용한 대로 낙태를 결심하고는 산부인과의사 丙에게 부탁하여 丙으로부터 인공임신중절수술을 받았다. 甲과 乙, 丙의 죄책은?
2) 공무원인 甲은 비공무원인 乙과 함께 甲의 직무와 관련하여 업자 丙으로부터 뇌물을 수수할 것을 공모하고, 이를 甲의 妻 丁에게 교사하여 丁이 丙으로부터 뇌물을 받게끔 하였다. 甲과 乙의 죄책은?

Ⅲ. 소극적 신분과 공범

제33조는 전통적인 신분분류방법에 의할 경우 구성적 신분과 가감적 신분에 대해서만 규정하고 있을 뿐, 범죄성립이나 가벌성을 조각하는 소극적 신분에 대해서는 규정하지 않고 있다. 따라서 소극적 신분과 공범에 대해서는 공범일반이론에 따라 해석할 수 밖에 없다.

1. 위법조각적 신분에 있어서의 공범

1) 위법조각적 신분자의 행위에 비신분자가 가담한 경우

신분자에게 범죄가 성립되지 않기 때문에 공범종속성설에 따라 가담한 비신분자에게도 범죄가 성립되지 않는다.

2) 비신분자의 행위에 위법조각적 신분자가 가담한 경우

위법조각적 신분자는 스스로 법익침해는 할 수 없지만 비신분자의 법익침해에 가공함으로써 적극적 위법신분범의 경우와 같이 위법성이 있는 행위를 할 수 있다. 즉 신분자도 비신분자와 함께 법익을 침해하는 것이 가능하다는 점에서 공범이 성립된다.

관련판례

1) 의료인일지라도 의료인 아닌 자의 의료행위에 공모하여 가공하면 의료법 제25조 제1항이 규정하는 무면허의료행위의 공동정범으로서의 책임을 져야 할 것이다. 이 사건에서 원심판결이 피고인이 원심상피고인과 공모하여 무면허의료행위를 한 사실을 인정하고 그 행위에 대하여 의료법 제66조 제3호, 제25조 제1항 및 형법 제30조를 적용한 조처는 정당하고, 거기에 소론과 같은 위법이 없다(대법원 1986.2.11. 선고 85도448 판결).
2) 기록에 의하여 살펴보면, 원심이 채택 증거에 의하여 이 부분 판시와 같은 사실을 인정한 다음, 판시 (이름 생략) 의원의 원장이자 유일한 의사인 피고인 1이, 의사면허 없는 원심 공동피고인 중 5가 자신이 수술한 환자들에 대해 재수술을 맡아 하고 있다는 사실을 알면서도 월 1,000만 원이라는 급여를 안정적으로 지급받으며 원장으로 계속 근무함으로써 위 원심 공동피고인 중 5의 무면허의료행위가 가능하도록 한 이상, 위 의원을 실질적으로 운영한 피고인 2와 원심 공동피고인 중 4 및 위 원심 공동피고인 중 5와 적어도 묵시적인 의사연결 아래 그 무면허의료행위에 가담하였다고 보아 피고인 1에게 위 무면허의료행위에 대한 공동정범으로서의 죄책이 있다고 판단한 조치는 옳고, 공동정범에 관한 법리를 오해하거나 채증법칙을 위반하여 사실을 오인한 위법이 없다(대법원 2007.5.31. 선고 2007도1977 판결).
3) 의사가 간호사로 하여금 의료행위에 관여하게 하는 경우에도 그 의료행위는 의사의 책임 아래 이루어지는 것이고 간호사는 그 보조자에 불과하다. 간호사가 '진료의 보조'를 하는 경우 모든 행위 하나하나마다 항상 의사가 현장에 입회하여 일일이 지도 · 감독하여야 한다고 할 수는 없고, 경우에 따라서는 의사가 진료의 보조행위 현장에 입회할 필요 없이 일반적인 지도 · 감독을 하는 것으로 충분한 경우도 있을 수 있으나, 이는 어디까지나 의사가 그의 주도로 의료행위를 실시하면서 그 의료행위의 성질과 위험성 등을 고려하여 그 중 일부를 간호사로 하여금 보조하도록 지시 내지 위임할 수 있다는 것을 의미하는 것에 그친다. 이와 달리 의사가 간호사에게 의료행위의 실시를 개별적으로 지시하거나 위임한 적이 없음에도 간호사가 그의 주도 아래 전반적인 의료행위의 실시 여부를 결정하고 간호사에 의한 의료행위의 실시과정에도 의사가 지시 · 관여하지 아니한 경우라면, 이는 구 의료법(2009. 1. 30. 법률 제9386호 개정되기 전의 것) 제27조 제1항이 금지하는 무면허의료행위에 해당한다고 볼 것이다. 그리고 의사가 이러한 방식으로 의료행위가 실시되는 데 간호사와 함께 공모하여 그 공동의사에 의한 기능적 행위지배가 있었다면, 의사도 무면허의료행위의 공동정범으로서의 죄책을 진다(대법원 2012.5.10. 선고 2010도5964 판결).

2. 책임조각적 신분에 있어서의 공범

1) 책임조각적 신분자의 행위에 비신분자가 가담한 경우

책임개별화의 원칙에 의해 신분자는 책임이 조각되지만, 비신분자의 경우에는 범죄가 성립한다.

2) 책임조각적 신분자가 비신분자의 행위를 교사 · 방조한 경우

공범성립은 인정되지만 책임개별화 원칙에 의해 신분자는 책임이 조각되지만 비신분자는 정범으로 처벌된다.[14]

---

14) 다수견해.

3. 인적 처벌조각사유로서의 신분에 있어서의 공범

1) 신분자의 행위에 비신분자가 가담한 경우

양자 모두 범죄는 성립하나 신분자에게만 형벌이 조각

2) 비신분자의 행위를 신분자가 교사 · 방조한 경우

새로운 범죄를 조장하는 행위로 교사 · 방조범으로 처벌되어야 한다는 견해와 공범제한종속형식에 의해 형벌조각으로 보는 견해[15] 및 이 경우 형벌조각사유를 위법 또는 책임조각사유로 환원시켜 착오문제와 공범문제를 해결하려는 견해 등이 대립되고 있다.

제4항 신분의 착오

Ⅰ. 신분범에 있어서의 신분 및 행위객체의 특성을 나타내는 신분

여기서의 신분은 객관적 불법구성요건표지이므로 고의(인식)의 대상이며, 따라서 이러한 신분의 착오는 고의를 조각한다. 다만 예외적으로 부진정신분범에 있어서의 착오는 제15조 제1항이 적용된다.

Ⅱ. 위법조각사유 및 책임조각사유로서의 신분

고의의 성립여부와는 무관하되, 다만 객관적으로 보아 그러한 착오가 불가피하였다고 여겨지는 경우에는 기대가능성이 조각된다.

Ⅲ. 인적 처벌조각사유로서의 신분

고의의 인식대상이 아니므로 비록 신분에 대해 착오하였더라도 범죄성립여부와는 관계없다.

---

15) 다수견해.

기출사례

甲은 의사로서 개인병원의 원장이고, 乙은 간호조무사로서 같은 병원에서 근무하고 있다. 甲은 의사면허가 없는 乙에게 환자 A를 진단하도록 지시하였고, 이에 따라 乙은 A를 진단하였다.

한편 甲의 처 丙은 甲에게 환자 B에 대한 甲 명의의 허위진단서 작성을 부탁하였고, 甲은 乙에게 허위진단서를 만들 것을 지시하였다. 이후 甲은 乙이 만든 甲 명의의 진단서를 丙에게 주었다.

1. 환자 A와 관련하여 甲의 죄책을 논하시오. (5점)
2. 환자 B와 관련하여 甲, 丙의 죄책을 논하시오. (10점)

[관련법률]

의료법 제2조 (의료인) ① 이 법에서 "의료인"이란 보건복지부장관의 면허를 받은 의사 · 치과의사 · 한의사 · 조산사 및 간호사를 말한다.

제27조 (무면허 의료행위 등 금지) ① 의료인이 아니면 누구든지 의료행위를 할 수 없으며 의료인도 면허된 것 이외의 의료행위를 할 수 없다.

제87조 (벌칙) ① 다음 각 호의 어느 하나에 해당하는 자는 5년 이하의 징역이나 2천만 원 이하의 벌금에 처한다.

1. 면허증을 대여한 자
2. 제12조제2항, 제18조제3항, 제23조제3항, 제27조제1항, 제33조제2항 · 제8항(제82조제3항에서 준용하는 경우를 포함한다)을 위반한 자

[2015년도 시행 제57회 사법시험 제2문의3]

제5항 자수범(自手犯, 고유범 Eigenhändiges Delikt)

사례연습

1) A회사의 직원인 甲은 예비군훈련에 참석한다는 구실로 결근하고 예비군훈련에도 참석하지 않았다. 甲은 다음날 회사에 출근하면 직장상사에게 훈련참석확인서를 제출해야 하므로 아침 일찍 예비군중대에 가서 확인서의 작성권자인 예비군중대장에게 자기는 훈련에 참석했는데 확인서 받는 것을 깜빡 잊어버렸다고 거짓말을 하여 확인서를 받아 회사에 제출하였다. 甲의 형사책임은?
2) 위 사례에서 甲이 예비군중대장을 보좌하는 방위병 乙과 공모하여 乙이 허위로 확인서의 초안을 작성하고 그 사실을 모르는 작성권자인 중대장으로부터 결재를 받은 경우에, 甲과 乙의 형사책임은?

Ⅰ. 개념

자수범이란 반드시 행위자 자신이 직접 실행해야 하고 타인을 범죄의 도구로서 이용하는 간접정범의 형태로서는 실현할 수 없는 범죄유형을 말한다. 즉 범죄행위가 행위자의 인격과 밀착되어 있음으로 해서 행위자의 직접적 실현에 의해서만 범죄의 특수한 행위반가치가 실현될 수 있는 범죄유형이다.[16)]

Ⅱ. 자수범 개념의 인정 여부에 관한 학설

1. 부정설

1) 철저한 인과관계론(조건설)의 입장

이용행위와 결과사이에 인과관계만 있으면 간접정범이 성립한다는 견해이다.

2) 확장적 정범론의 입장

구성요건적 결과에 조건을 준 자는 모두 정범이 성립된다는 견해로, 행위반가치를 전혀 고려하지 않는다는 점에서 이론상 문제가 있다.

3) 공범독립성설의 입장

피이용자의 실행행위와는 관계없이 공범은 성립한다고 보는 견해이다.

2. 긍정설

1) 형식설

개개 구성요건의 형식상(형식규정상) 일정한 자만이 범죄의 주체로서 이러한 행위자에 의해서만 범죄가 실현될 것을 요구하는 경우가 자수범이라는 견해이다.

2) 거동범설

거동범이 자수범이라는 견해이나, 주거침입죄나 폭행죄는 거동범이지만 자수범은 아니며 결과범

16) K.Binding.

에서도 자수범이 성립된다[17]는 점에서 부당하다.

3. 소결

자수범을 인정할 것이냐는 형법규범의 구체적 내용에 따라 개별적으로 판단하여야 한다. 즉 개개의 구성요건에서 범죄주체를 예정하고 있는 이유, 보호법익과 보호정도, 행위태양, 타인에 의한 실현가능성 등을 고려하여 판단하여야 한다.

Ⅲ. 자수범의 유형

1. 진정자수범과 부진정자수범

1) 진정자수범(echtes eigenhändiges Delikt)

진정자수범이란 비신분자가 신분자를 이용할 수 없음은 물론, 신분자가 비신분자를 이용하는 것(간접정범의 형태)도 불가능한 자수범유형을 말한다. 위증죄(제152조), 간통죄(제241조), 각종 상습범 등이 이에 속한다.

2) 부진정자수범(unechtes ~; 광의의 자수범)

부진정자수범이란 신분자는 다른 신분자나 비신분자를 이용하여 간접정범을 범할 수 있으나,[18] 비신분자는 신분자를 이용하여 간접정범을 범할 수 없는[19] 자수범유형을 말한다. 즉 직접정범이 될 수 없는 자는 간접정범의 형태로도 범죄를 실행할 수 없는 자수범 유형으로, 각종 신분범과 목적범이 이에 속한다.

다만, 위법신분에 있어서는 비신분자도 신분자를 이용하여 신분범의 법익침해가 가능하다는 점에서 부진정자수범의 개념을 부정하는 견해도 있다.

---

17) 예로서 신분범의 경우가 이에 해당한다.

18) 유가증권변조죄에 있어서 변조라 함은 진정으로 성립된 유가증권의 내용에 권한없는 자가 그 유가증권의 동일성을 해하지 않는 한도에서 변경을 가하는 것을 말하고, 설사, 진실에 합치하도록 변경한 것이라 하더라도 권한없이 변경한 경우에는 변조로 되는 것이고 정을 모르는 제3자를 통하 여 간접정범의 형태로도 범할 수 있는 것인 바, 신용카드를 제시받은 상점점원이 그 카드의 금액란을 정정기재하였다 하더라도 그것이 카드소지인이 위 점원에게 자신이 위 금액을 정정기재 할 수 있는 권리가 있는 양 기망하여 이루어졌다면 이는 간접정범에 의한 유가증권변조로 봄이 상당하다(대법원 1984.11.27. 선고 84도1862 판결).

19) 부정수표단속법의 목적이 부정수표 등의 발행을 단속처벌함에 있고(제1조), 허위신고죄를 규정한 위 법 제4조가 "수표금액의 지급 또는 거래정지처분을 면하게 할 목적"이 아니라 "수표금액의 지급 또는 거래정지처분을 면할 목적"을 요건으로 하고 있는데 수표금액의 지급책임을 부담하는 자 또는 거래정지처분을 당하는 자는 오로지 발행인에 국한되는 점에 비추어 볼 때 발행인 아닌 자는 위 법조가 정한 허위신고죄의 주체가 될 수 없고, 허위신고의 고의 없는 발행인을 이용하여 간접정범의 형태로 허위신고죄를 범할 수도 없다(대법원 1992.11.10. 선고 92도1342 판결).

관련판례

1) 유가증권변조죄에 있어서 변조라 함은 진정으로 성립된 유가증권의 내용에 권한 없는 자가 그 유가증권의 동일성을 해하지 않는 한도에서 변경을 가하는 것을 말하고, 설사, 진실에 합치하도록 변경한 것이라 하더라도 권한 없이 변경한 경우에는 변조로 되는 것이고 정을 모르는 제3자를 통하여 간접정범의 형태로도 범할 수 있는 것인바, 신용카드를 제시받은 상점점원이 그 카드의 금액란을 정정기재하였다 하더라도 그것이 카드소지인이 위 점원에게 자신이 위 금액을 정정기재 할 수 있는 권리가 있는 양 기망하여 이루어졌다면 이는 간접정범에 의한 유가증권변조로 봄이 상당하다(대법원 1984.11.27. 선고 84도1862 판결).
2) 부정수표단속법의 목적이 부정수표 등의 발행을 단속처벌함에 있고(제1조), 허위신고죄를 규정한 위 법 제4조가 "수표금액의 지급 또는 거래정지처분을 면하게 할 목적"이 아니라 "수표금액의 지급 또는 거래정지처분을 면할 목적"을 요건으로 하고 있는데 수표금액의 지급책임을 부담하는 자 또는 거래정지처분을 당하는 자는 오로지 발행인에 국한되는 점에 비추어 볼 때 발행인 아닌 자는 위 법조가 정한 허위신고죄의 주체가 될 수 없고, 허위신고의 고의 없는 발행인을 이용하여 간접정범의 형태로 허위신고죄를 범할 수도 없다(대법원 1992.11.10. 선고 92도1342 판결).

쟁점정리

문서작성죄의 간접정범의 성립여부에 대한 판례(작성권한 없는 자가 작성권한 있는 공무원을 기망하여 허위내용의 공문서를 작출하게 한 경우에 허위공문서작성죄의 간접정범의 성립여부에 대한 판례)

1) 공무원 아닌 자가 작성권한 있는 공무원을 기망하여 허위기재케 한 경우

공무원 아닌 자가 허위의 공문서작성의 간접정범이 되는 때에는 동법 제228조의 경우 이외에는 이를 처벌하지 아니하는 취지로 해석함이 상당하다고 할 것이고 이 점에 관하여 위 취지에 저촉되는 본원 4286형상39호(1955.2.25.선고) 판결이유는 이를 유지할 필요가 없다고 인정되므로 폐기하기로 한다(대법원 1961.12.14. 선고 4292형상645 전원합의체판결. 같은 취지의 판례로 대법원 1962.1.31 선고 4294형상595 판결 ; 1962.4.12. 선고 61형상646 판결 ; 1970.7.28. 선고 70도1044 판결).

〈종전판례〉

범죄사실의 인식 없는 타인을 이용하여 범죄를 실행케 한 자는 간접정범으로서 단독으로 그 죄책을 부담함이 당연하다. 정을 모르는 공무원을 이용하여 허위사실을 기재한 증명원을 발급받은 경우에는 허위공문서를 작성케 한 것에 해당하므로 허위공문서작성죄의 간접정범이다(대법원 1955.2.25. 선고 4286형상39 판결).

2) 공무원 아닌 자가 관공서에 허위내용의 증명원을 제출하여 그 정을 모르는 공무원으로부터 그 증명원 내용과 같은 증명서를 발급받은 경우, 공문서위조죄의 간접정범이 성립하는지 여부

어느 문서의 작성권한을 갖는 공무원이 그 문서의 기재 사항을 인식하고 그 문서를 작성할 의사로써 이에 서명날인하였다면, 설령 그 서명날인이 타인의 기망으로 착오에 빠진 결과 그 문서의 기재사항이 진실에 반함을 알지 못한데 기인한다고 하여도, 그 문서의 성립은 진정하며 여기에 하등 작성명의를 모용한 사실이 있다고 할 수는 없으므로, 공무원 아닌 자가 관공서에 허위 내용의 증명원을 제출하여 그 내용이 허위인 정을 모르는 담당공무원으로부터 그 증명원 내용과 같은 증명서를 발급받은 경우 공문서위조죄의 간접정범으로 의율할 수는 없다(대법원 2001.3.9. 선고 2000도938 판결).

3) 작성권한은 없지만 작성권한 있는 자의 직무를 보좌하는 공무원이 작성권한자인 상사에게 허위보고하여 허위공문서를 작성한 경우와 이에 가담한 비신분자인 사인의 형사책임

공문서의 작성권한이 있는 공무원의 직무를 보좌하는 자가 그 직위를 이용하여 행사할 목적으로 허위의 내용이 기재된 문서초안을 그 정을 모르는 상사에게 제출하여 결제하도록 하는 등의 방법으로 작성권한이 있는 공무원으로 하여금 허위의 공문서를 작성하게 한 경우에는 허위공문서작성죄의 간접정범이 성립되고 이와 공모한 자 역시 그 간접정

범의 공범으로서의 죄책을 면할 수 없는 것이고, 여기서 말하는 공범은 반드시 공무원의 신분이 있는 자로 한정되는 것은 아니라고 할 것이다(대법원 1992.1.17. 선고 91도2837 판결. 같은 취지의 판례로 대법원 1990.10.30. 선고 90도1912 판결 ; 1990.2.27. 선고 89도1816 판결 ; 1986.8.19. 선고 85도2728 판결 ; 1983.9.27. 선고 83도1404 판결 ; 1981.12.8. 선고 81도943 판결 등 다수 판례).

〈사실관계〉

A회사의 직원인 甲은 예비군훈련에 참석한다는 구실로 결근하고 예비군훈련에도 참석하지 않았다. 甲은 다음날 회사에 출근하면 직장상사에게 훈련참석확인서를 제출해야 하므로 아침 일찍 예비군중대에 가서 예비군중대장을 보좌하는 방위병 乙과 공모하여 乙이 허위로 예비군훈련 참석확인서의 초안을 작성하고 그 사실을 모르는 작성권자인 중대장으로부터 결재를 받았다.

4) 허위공문서작성죄의 간접정범이 성립되는 경우

허위공문서작성의 주체는 직무상 그 문서를 작성할 권한이 있는 공무원에 한하고 작성권자를 보조하는 직무에 종사하는 공무원은 허위공문서작성죄의 주체가 되지 못한다. 다만 공문서의 작성권한이 있는 공무원의 직무를 보좌하는 사람이 그 직위를 이용하여 행사할 목적으로 허위의 내용이 기재된 문서 초안을 그 정을 모르는 상사에게 제출하여 결재하도록 하는 등의 방법으로 작성권한이 있는 공무원으로 하여금 허위의 공문서를 작성하게 한 경우에는 허위공문서작성죄의 간접정범이 성립한다.

공무원 갑이 허위의 사실을 기재한 자동차운송사업변경(증차)허가신청 검토조서를 작성한 다음 이를 자동차운송사업변경(증차)허가신청 검토보고에 첨부하여 결재를 상신하였고, 담당계장으로서 그와 같은 사정을 알고 있는 중간결재자인 피고인과 담당과장으로서 그와 같은 사정을 알지 못하는 최종 결재자인 을이 차례로 위 검토보고에 결재를 하여 자동차운송사업 변경허가가 이루어진 사안에서, 위 검토조서 및 검토보고의 각 내용과 형식, 관계 및 작성목적, 이를 토대로 변경허가가 이루어진 점 등을 종합할 때, 공문서인 위 검토보고의 작성자는 을이라고 보아야 하므로, 위 검토보고의 내용 중 일부에 불과한 위 검토조서의 작성자인 갑은 물론 을의 업무상 보조자이자 중간 결재자인 피고인은 허위공문서작성죄의 주체가 될 수 없는데도 피고인과 갑의 행위가 공동정범에 해당한다고 본 원심판단은 잘못이지만, 이는 허위의 정을 모르는 작성권자 을로 하여금 허위의 공문서를 결재·작성하게 한 경우에 해당하여 그 간접정범에 해당하고, 간접정범은 형법 제34조 제1항, 제31조 제1항에 의하여 죄를 실행한 자와 동일한 형으로 처벌되는 것이므로 그러한 잘못은 판결에 영향을 미친 위법이 되지 못한다(대법원 2011.5.13. 선고 2011도1415 판결).

5) 공문서의 작성권한에 대하여 포괄적 위임을 받은 업무보조자의 형사책임

공문서 작성권자로부터 일정한 요건이 구비되었는지 여부를 심사하여 그 요건이 구비되었음이 확인될 경우에 한하여 작성권자의 직인을 사용하여 작성권자 명의의 공문서를 작성하라는 포괄적인 권한을 수여받은 업무보조자인 공무원이, 그 위임의 취지에 반하여 공문서 용지에 허위의 내용을 기재하고 그 위에 보관하고 있던 작성권자의 직인을 날인하였다면, 그 업무보조자인 공무원에게 공문서위조죄가 성립할 것이고, 그에게 위와 같은 행위를 하도록 지시한 중간결재자인 공무원도 공문서위조죄의 공범으로서의 책임을 면할 수 없다(대법원 1996.4.23. 선고 96도424 판결. 같은 취지의 판례로 대법원 1965.3.16. 선고 65도106 판결 ; 1981.7.28. 선고 81도898 판결 ; 1984.9.11. 선고 84도368 판결 ; 1990.10.12. 선고 90도1790 판결).

2. 실질적 자수범과 형식적 자수범

1) 실질적 자수범

범죄자체의 성질상 비신분자가 간접정범의 형태로 범할 수 없는 자수범, 즉 일정한 주체에 의해서만 범행이 가능하며 타주체의 행위에 의하여 결과가 발생하더라도 범죄는 성립되지 아니하는 범죄유형을 말한다. 신분범, 목적범, 진정부작위범, 단순거동범 등이 이에 해당한다.

2) 형식적 자수범

구성요건의 규정형식상 법률이 일정한 범죄유형을 간접정범적 형태로 하여 독립별개의 구성요건에 규정하고 있는 범죄유형을 말하는데 공정증서원본등의 부실기재죄(제228조)가 이에 해당한다.

기출사례

A의 절도피고 사건에 관하여 증인이 된 甲이 공판정에서 허위의 진술을 하였다. 다음의 각 경우에 대하여 논하시오. (50점)

(1) A를 모해할 목적을 가진 乙이 甲을 교사한 경우 乙의 죄책은?

(2) A가 甲을 교사한 경우 甲과 A의 죄책은?

[1997년도 시행 제39회 사법시험 제2문]

제3절 공동정범(Mittäterschaft)

사례연구

1. 사실관계

甲은 피해자(남, 58세) A의 처이고, 乙은 서울 동작구 신대방2동 395 소재 보라매병원 신경외과 전담의사, 丙은 위 병원 같은 과 레지던트로 각 근무하고 있는 자인바,

1997.12.4. 14:30경 위 피해자 A가 서울 금천구 독산본동 958의 59 소재 자신의 주거지에서 술에 취한 채 화장실을 가다가 중심을 잃어 기둥에 머리를 부딪치고 시멘트 바닥에 넘어지면서 머리를 충격하여 경막외 출혈상을 입어 위 보라매병원으로 응급후송된 다음, 같은 날 18:05경부터 다음날 03:00경까지 乙의 집도와 丙 등의 보조로 경막외 출혈로 인한 혈종 제거 수술을 받고 중환자실로 옮겨져 계속 치료를 받았는데, 위 혈종 제거 수술이 성공적으로 이루어졌고, 시간이 경과함에 따라 위 A의 대광반사와 충격에 대한 반응의 속도가 점점 빨라지고 이름을 부르면 스스로 눈까지 뜨려고 하는 등 그 상태가 호전되어 계속적으로 치료를 받을 경우 회복될 가능성이 많았으나, 뇌수술에 따른 뇌부종으로 자가호흡을 하기 어려운 상태에 있어 인공호흡을 위한 산소호흡기를 부착한 채 계속 치료를 받고 있던 중,

甲은 위 A의 처로서 계속적인 치료를 통하여 위 A의 생명을 보호하여야 할 의무가 있음에도 불구하고 당시까지의 치료비 2,600,000원 상당 뿐만 아니라 이후부터의 추가치료비 지출이 자신의 재산능력에 비추어 상당한 부담이 되고, 금은방을 운영하다 실패한 후 17년 동안 무위도식하면서 술만 마시고 가족들에 대한 구타를 일삼아 온 위 A가 가족들에게 계속 짐이 되기보다는 차라리 사망하는 것이 낫겠다고 생각한 나머지, 乙, 丙으로부터 위와 같은 위 A의 상태와 인공호흡장치가 없는 집으로 퇴원하게 되면 호흡을 제대로 하지 못하여 위 A가 사망하게 된다는 사실을 설명 들어 알게 되었음에도 위 A에 대한 치료를 중단하고 퇴원시키는 방법으로 위 A를 살해할 것을 마음먹고, 같은 달 5. 14:20경과 18:00경 두 차례에 걸쳐 주치의인 丙에게 '도저히 더 이상의 추가치료비를 부담할 능력이 없다.'는 이유로 퇴원시켜달라고 요구하였고, 한편 乙, 丙으로서는 위 A에 대한 뇌수술 및 치료를 담당하고 있었고, 위와 같은 위 A의 상태와 회복가능성, 치료를 중단하고 퇴원시킬 경우 위 A가 호흡이 어렵게 되어 사망하게 된다는 사실을 알고 있었으므로 계속적으로 치료를 함으로써 위 A의 생명을 보호하여야 할 의무가 있음에도 불구하고, 丙은 甲이 여러 차례의 설명과 만류에도 불구하고 치료비가 없다는 이유로 계속 퇴원을 고집하자 상사인 乙에게 직접 퇴원 승낙을 받도록 하라고 하고, 乙은 같은 달 6. 10:00경 丙으로부터 甲의 위와 같은 요구사항을 보고 받은 후, 자신을 찾아온 甲에게 위 A가 퇴원하면 사망한다고 설명하면서 퇴원을 만류하였으나 甲이 계속 퇴원을 요구하자 이를 받아들여 丙에게 위 A를 퇴원시키도록 지시하고, 丙은 이에 따라 위 A에 대한 퇴원을 지시하여 위 甲으로 하여금 퇴원수속을 마치도록 한 다음, 위 병원 같은 과 인턴인 丁에게 위 A를 집까지 호송하도록 하여, 같은 날 14:20경 위 甲, 丁 등이 위 A를 중환자실에서 구급차로 옮겨 실어 위 A의 집까지 태우고 간 다음, 丁이 위 A에게 부착하여 수동작동 중이던 인공호흡보조장치인 엠브와 기관에 삽입된 관을 제거하여 감으로써 그 무렵 위 A로 하여금 뇌간압박에 의한 호흡곤란으로 사망

에 이르게 하였다.

검사는 甲, 乙, 丙, 丁을 (작위에 의한) 살인죄의 공동정범으로 공소제기하였다.

2. 사건의 경과

1심인 서울지방법원 남부지원은 피해자 A의 처 甲과 의사 乙 및 丙에 대해 부작위에 의한 살인죄의 공동정범을 인정하고 甲을 징역 3년에 집행유예 4년에, 乙과 丙을 각 징역 2년 6월에 집행유예 3년에 처하면서 丁에 대해서는 무죄를 선고하였다(서울지법 남부지원 1998.5.15. 선고 98고합9 판결).

이에 피고인 甲, 乙, 丙과 검사는 각 아래 이유로 항소하였다.

〈항소이유의 요지〉

1) 피고인 甲

(1) 사실오인

피고인 甲은, 살인의 고의가 없었고, 치료비가 없어서 피해자 A를 퇴원시킨 행위는 사회통념상 용인될 수 있는 행위로서 사회상규에 위배되지 아니하는 행위이고, 피해자 A를 퇴원시켜 살해한다는 위법성에 대한 인식이나 그 인식가능성이 없었고, 피해자 A가 병원에서 의식불명상태로 있을 것이라고 생각하여 차라리 퇴원시키는 것이 낫겠다고 판단하여 퇴원시킨 것이므로 위법성조각사유의 전제사실에 관한 착오가 있었다.

2) 피고인 乙, 丙

(1) 원심은 작위에 의한 살인을 부작위에 의한 살인으로 공소장 변경 없이 심판의 대상이 되지 아니한 사실을 인정한 위법이 있다.

(2) 피고인 乙, 丙은 피해자 A의 사망이라는 결과발생을 용인하는 내심의 의사가 없었고, 또한 퇴원절차에 의해 피해자 A에 대한 보호의무를 가족들에게 인계하여 줌으로써 피해자 A에 대한 보증인적 지위에 있지 아니하였거나 보증인적 지위에 관한 착오가 있었다.

(3) 원심은, 피고인 乙, 丙이 상 피고인 甲과 공동정범의 관계에 있는 것으로 인정하였으나 피고인 乙, 丙에게는 주관적인 공동가공의 의사와 객관적인 기능적 행위지배가 없었으므로 원심은 공동정범의 성립요건에 관한 법리를 오해하거나 채증법칙에 위배하여 사실을 오인한 위법이 있고, 피고인 乙, 丙의 행위는 적극적 행위기여가 결여되어 있으므로 범죄실현에 조력하는 방조행위로 평가될 여지가 있을지는 몰라도 정범의 실행행위라고 볼 수 없다.

(4) 원심은, 보증인의무를 인정하기 위한 전제사실 또는 위법성조각사유에 대한 판단의 전제로서 피해자 A의 회복가능성이 높은 것으로 사실을 오인하여 판결에 영향을 미친 위법이 있다.

(5) 피고인 乙, 丙에게는 부작위에 의한 살인죄를 인정하기 위한 전제로서 작위의무가 없었다. 검사가 작위의무의 근거로 들고 있는 것 중 의료법 제16조는 치료요구에 대한 거부에 관한 규정이고, 응급의료에관한법률 제4조는 미래에 진료를 인수할 의료인이 행한 진료의 실효성을 유지시키는 의무로서 이 규정들을 근거로 환자의 사망을 방지할 보증인적 의무로 확대 해석하는 것은 타당하지 아

니하고, 더구나 피해자 A는 응급상황에서 벗어난 상태였으므로 피고인들에게 응급의료에관한법률에 의하여 보증인적 지위나 의무가 인정될 수 없으며, 계약관계에 의한 보증인의무는 보호자의 퇴원요구에 따라 퇴원함으로써 계약관계가 법적으로 종료하여 사망의 결과가 발생한 시점에서는 계약에 의한 보증인 의무가 소멸하였고, 사회상규의 측면에서 보면 오늘날 의료현실에서 의사와 환자 사이의 관계는 서비스계약관계로 이해하는 것이 타당하고, 환자가 의식불명의 상태에 있고 보호자가 치료중단을 진지하게 요구하는 경우 의사의 윤리적인 생명유지의무를 형법적인 작위의무로 볼 수 없다.

(6) 피고인 乙, 피고인 丙이 보증인의 지위에 있음을 인식하고 있었더라도 위 피고인들은 의학적 충고에 반한 상피고인 甲의 퇴원요구에 따라 퇴원을 허락한 것으로 피고인들이 의사로서 피해자에 대한 보호의무가 없는 것으로 잘못 알았던 이상 보증인의 의무에 대한 착오가 있었으므로 책임이 조각되고, 피고인들은 피고인 甲의 퇴원요구에 응할 의무보다 피고인들이 망인을 보호하여야 할 의무가 우선하더라도 의료계의 관행에 따라 보호자의 퇴원요구에 응하여야 하는 것으로 잘못 생각하였고, 이에 정당한 이유가 있었으므로 책임이 조각된다.

(7) 피고인 丙은 신경외과 전문의가 되기 위한 수련과정을 밟고 있는 전공의로 입퇴원 및 치료결정은 전문의만이 할 수 있고, 실제 전문의인 피고인 乙이 피해자 A의 최초 수술결정, 수술시행 및 퇴원결정 등을 하였으며, 피고인 丙은 퇴원을 지시한 사실이 없다.

다. 검사

(1) 법리오해

(가) 피고인 甲, 乙, 丙

이 사건 공소사실의 요지는, 뇌수술 후 중환자실에서 회복중인 피해자에 대하여 뇌수술에 대한 후속조치를 하지 않거나 입원중인 상태에서 인공호흡기의 작동을 하지 않아 피해자 A를 사망에 이르게 한 것이 아니라 뇌부종에 의해 완전한 자기호흡이 부족하여 인공호흡기의 도움 없이 생존이 불가능한 피해자 A를 인공호흡기 장치가 없는 피해자 A의 집으로 퇴원시키기로 적극적으로 결정하고 이에 따라 피해자 A를 퇴원시키고, 엠브와 기관삽관까지 제거하여 즉시 피해자 A를 사망에 이르게 하였다는 것으로 작위에 의한 살인죄임에도 불구하고 부작위에 의한 살인으로 유죄로 인정하였다.

(나) 피고인 丁

피고인 丁은 앞서 본 바와 같이 작위범이며, 피고인 丁은 자신의 상관인 피고인 乙, 丙과 함께 피해자 A를 퇴원시켜 사망에 이르게 하는 행위를 분담하였고, 피고인 丁의 행위로 피해자 A의 사망이 확정되었으며 살해행위가 기수에 이른 것이므로 피고인이 상급자의 지시에 의했더라도 피해자 A가 사망에 이른다는 사실을 알면서도 이에 따라 행위하여 피해자 A를 사망에 이르게 한 행위는 위법성을 면할 수 없다.

(2) 양형부당(피고인 甲, 乙, 丙)

원심이 피고인 甲, 乙, 丙에게 각 집행유예의 형을 선고한 것은 너무 가벼워 부당하다.

그러나 항소심인 서울고등법원은 피고인 甲의 항소 및 검사의 피고인 甲, 丁에 대한 항소를 모두 기각하였으나, 피고인 乙과 丙에 대해서는 부작위에 의한 살인죄를 인정한 원심판결을 파기하고 작위에 의한 살인방조죄를 인정하여 피고인 乙, 丙을 각 징역 1년 6월에 집행유예 2년을 선고하였다(서울고등법원 2002.2.7. 선고 98노1310 판결).

이에 피고인 乙과 丙이 원심판결의 법리오인을 이유로 상고하였고, 검사도 피고인 乙, 丙, 丁에 대하여 원심판결의 법리오인을 이유로 상고하였다.

3. 법률적 쟁점

작위와 부작위가 경합된 경우에 무엇을 기준으로 그 행위의 작위성이나 부작위성을 판단할 것인가, 공동정범이 성립되기 위한 정범의 표지는 무엇인가, 정범이 실행에 착수하기 전에 방조한 경우에 방조범이 성립하는가?

4. 적용법조

형법 제18조 (부작위범) 위험의 발생을 방지할 의무가 있거나 자기의 행위로 인하여 위험발생의 원인을 야기한 자가 그 위험발생을 방지하지 아니한 때에는 그 발생된 결과에 의하여 처벌한다.

제30조 (공동정범) 2인 이상이 공동하여 죄를 범한 때에는 각자를 그 죄의 정범으로 처벌한다.

제31조 (교사범) ① 타인을 교사하여 죄를 범하게 한 자는 죄를 실행한 자와 동일한 형으로 처벌한다.

② 교사를 받은 자가 범죄의 실행을 승낙하고 실행의 착수에 이르지 아니한 때에는 교사자와 피교사자를 음모 또는 예비에 준하여 처벌한다.

③ 교사를 받은 자가 범죄의 실행을 승낙하지 아니한 때에도 교사자에 대하여는 전항과 같다.

제32조 (종범) ① 타인의 범죄를 방조한 자는 종범으로 처벌한다.

② 종범의 형은 정범의 형보다 감경한다.

제250조 (살인, 존속살해) ① 사람을 살해한 자는 사형, 무기 또는 5년 이상의 징역에 처한다.

형사소송법 제298조 (공소장의 변경) ① 검사는 법원의 허가를 얻어 공소장에 기재한 공소사실 또는 적용법조의 추가, 철회 또는 변경을 할 수 있다. 이 경우에 법원은 공소사실의 동일성을 해하지 아니하는 한도에서 허가하여야 한다.

② 법원은 심리의 경과에 비추어 상당하다고 인정할 때에는 공소사실 또는 적용법조의 추가 또는 변경을 요구하여야 한다.

③ 법원은 공소사실 또는 적용법조의 추가, 철회 또는 변경이 있을 때에는 그 사유를 신속히 피고인 또는 변호인에게 고지하여야 한다.

④ 법원은 전3항의 규정에 의한 공소사실 또는 적용법조의 추가, 철회 또는 변경이 피고인의 불이익을 증가할 염려가 있다고 인정한 때에는 직권 또는 피고인이나 변호인의 청구에 의하여 피고인으로 하여금 필요한 방어의 준비를 하게 하기 위하여 결정으로 필요한 기간 공판절차를 정지할 수 있다.

5. 대법원의 판단

[판시사항]

공동정범의 성립요건, 이른바 부진정부작위범에 있어서 부작위범의 보충성, 정범의 실행행위 착수 이전의 방조행위와 종범의 성부, 법원이 공소장 변경 없이 직권으로 공동정범으로 기소된 범죄사실을 방조사실로 인정할 수 있는지 여부

[판결요지]

1. 이 사건 공소사실의 요지와 원심이 인정한 사실관계

가. 이 사건 공소사실의 요지는, 피고인들이 원심공동피고인과 공모하여 다음과 같이 피해자를 살해하였다는 것이다.

(1) 피해자는 1997.12.4. 14:30 술에 취한 채 화장실을 가다가 중심을 잃어 기둥에 머리를 부딪치고 시멘트 바닥에 넘어지면서 다시 머리를 바닥에 찧어 경막 외 출혈상을 입고 (이름생략)병원으로 응급후송되었다.

(2) 피해자는 피고인들을 포함한 의료진에 의하여 수술을 받고 중환자실로 옮겨져 의식이 회복되고 있었으나 뇌수술에 따른 뇌 부종으로 자가호흡을 할 수 없는 상태에 있었으므로 호흡보조장치를 부착한 채 계속 치료를 받고 있었다.

(3) 피해자의 처 원심공동피고인은 여러 차례 피고인 1 등에게 집으로 퇴원시키겠다는 의사를 밝혔으나 위와 같은 피해자의 상태에 비추어 인공호흡장치가 없는 집으로 퇴원하게 되면 호흡을 제대로 하지 못하여 사망하게 될 것이라는 설명을 들었으므로 피해자를 집으로 퇴원시키면 호흡정지로 사망하게 된다는 사실을 명백히 알게 되었음에도, 피해자가 차라리 사망하는 것이 낫겠다고 생각한 나머지 피해자를 퇴원시키는 방법으로 살해할 것을 결의하고, 1997.12.6. 14:20경과 18:00경 주치의인 피고인 2에게 도저히 더 이상의 치료비를 추가 부담할 능력이 없다는 이유로 퇴원을 요구하였다.

(4) 피고인들은 피해자를 집으로 퇴원시킬 경우 호흡이 어렵게 되어 사망하게 된다는 사실을 충분히 알고 있었는바, 피고인 2는 원심공동피고인이 여러 차례의 설명과 만류에도 불구하고 치료비 등이 없다는 이유로 계속 퇴원을 고집하자 상사인 피고인 1에게 직접 퇴원 승낙을 받도록 하라고 하였고, 피고인 1은 1997.12.6. 10:00경 피고인 2로부터 위와 같은 원심공동피고인의 요구사항을 보고 받은 후, 자신을 찾아온 원심공동피고인에게 피해자가 퇴원하면 사망한다고 설명하면서 퇴원을 만류하였으나 원심공동피고인이 계속 퇴원을 요구하자 이를 받아들여 피고인 2에게 피해자의 퇴원을 지시하였다.

(5) 원심공동피고인이 퇴원수속을 마치자 피고인 2는 피고인 3에게 피해자를 집까지 호송하도록 지시하였고, 그에 따라 같은 날 14:20경 피고인 3과 원심공동피고인 등이 피해자를 중환자실에서 구급차로 옮겨 싣고 피해자의 집까지 데리고 간 다음, 피고인 3이 원심공동피고인의 동의를 받아 피해자에게 부착하여 수동 작동 중이던 인공호흡보조장치와 기관에 삽입된 관을 제거하여 감으로써 그 무렵 피해자로 하여금 호흡정지로 사망에 이르게 하였다.

나. 한편, 원심은 그 설시 증거들에 의하여, 다음과 같은 사실들을 인정하였다.

(1) 피고인 1은 (이름생략)병원 신경외과 전담의사, 피고인 2는 같은 과 3년차 수련의, 피고인 3은 1년차 수련의로 각 근무하던 자이다.

(2) 피해자는 1997.12.4. 14:30경 자신의 주거지에서 경막 외 출혈상을 입고 (이름생략)병원으로 응급 후송되어 같은 날 18:05경부터 피고인 1의 집도와 피고인 2 등의 보조로 경막 외 혈종 제거 수술을 하였고, 다음날 02:30경 수술을 마친 후 중환자실로 옮겨졌으나 자발호흡이 불완전하여 인공호흡기를 부착한 상태로 계속 합병증 및 후유증에 대한 치료를 받게 되었다.

(3) 수술 후 아무런 반응을 보이지 않던 피해자는 1997.12.5. 04:00경 대광반사(대광반사, light reflex)가 돌아왔고, 그 후 눈 뜨는 반응에서는 '부르면 눈을 뜨고 있는 상태'(글라스고우 혼수척도 Glasgow coma scale E3)로, 운동 반응에 있어서는 '통증을 가하면 통증을 가하는 위치로 손, 발을 이동하거나 제지하는 등의 반응'(글라스고우 혼수척도 M5)으로 호전되어 갔고, 그에 따라 피고인 2는 뇌 부종에 따른 별다른 문제가 없는 것으로 판단하여 수술 후 매 15분마다 측정하던 의식 수준, 동공 크기, 대광반사 여부를 1시간마다 측정하도록 하였다.

(4) 또한, 호흡에 있어서는 피해자의 상태에 따라 인공호흡기의 호흡 방법, 호흡 회수, 산소 농도, 공기 공급량 등이 조절되었는데 퇴원 당시 인공호흡기에 의한 호흡 회수는 수술 후 16회에서 12회로, 산소 농도는 100%에서 40%(일반적인 공기의 산소농도는 20%)로 호전된 상태였으나 1997.12.6. 01:40경 호흡음이 거칠고 양측 폐의 아래쪽에서 호흡음이 감소되었고, 같은 날 09:20경 폐 우상엽 쪽에서 거친 소리가 들리고 환기능력이 감소한 것으로 보이는 등 퇴원 당시 인공호흡기를 제거할 경우 자발호흡이 정상적으로 이루어지기 힘들었고, 수술 후 수술 부위에서 피가 자꾸 배어 나와서 1997.12.5. 21:00경 수술 부위를 다시 봉합하였으나 그 후에도 수술 부위에서 피가 계속 배어 나와 수술상처 배액기구로 피를 배액(배액, drainage)하고 있는 상태였다.

(5) 한편, 피해자의 처 원심공동피고인은 수술 후 피고인 2로부터 피해자의 혈종이 완전히 제거되었고 호전될 것으로 예상된다는 말을 들었으나 그 때까지 260만 원 상당의 치료비가 나온 것을 알고 향후 치료비도 부담하기 어려울 뿐 아니라 금은방을 운영하다가 실패한 후 17년 동안 무위도식하면서 술만 마시고 가족들에 대한 구타를 일삼아 온 피해자가 살아 남아 가족들에게 계속 짐이 되기보다는 차라리 사망하는 것이 낫겠다고 생각하여 경제적 부담을 빌미로 피해자의 퇴원의 허용을 계속 요구하였다.

(6) 이에 피고인 1, 피고인 2는 수 차례에 걸쳐 피해자의 상태에 비추어 지금 퇴원하면 죽게 된다는 이유로 퇴원을 극구 만류하고 치료비를 부담할 능력이 없으면 차라리 1주일 정도 기다렸다가 피해자의 상태가 안정된 후 도망가라고까지 이야기하였으나 원심공동피고인은 피해자의 퇴원을 고집하였고, 1997.12.6. 14:00경 피고인 1, 피고인 2로부터 퇴원시 사망가능성에 대한 설명을 듣고, 퇴원 후 피해자의 사망에 대해 법적인 이의를 제기하지 않겠다는 귀가서약서에 서명하였다.

(7) 피고인 1, 피고인 2는 환자의 보호자가 그 퇴원을 강력히 요구하고 있는 상태에서 퇴원 요구를 거부한 후 발생될 치료 결과에 대한 책임이나 향후치료비의 부담이라고 하는 현실적인 문제가 제기되자 보호자의 환자에 대한 퇴원 요구를 거부하면서 의사가 치료행위를 계속할 수 있는 근거 등에 대하여

더 이상 생각해 보지 않은 채 피해자의 퇴원을 위한 조치를 취하게 되었다.

(8) 피고인 2는 피고인 1의 지시에 따라 피고인 3에게 피해자의 퇴원을 위한 조치를 취하도록 지시하였고, 피고인 3은 1997.12.6. 14:00경 피해자에게 부착된 인공호흡기를 제거한 후 원심공동피고인과 함께 위 병원 구급차로 피해자를 후송하면서 인공호흡보조장치를 사용하여 수동으로 호흡을 보조하다가 피해자의 주거지에 도착한 후 원심공동피고인에게 인공호흡보조장치를 제거하게 될 경우 사망하게 된다는 사실을 고지한 후 인공호흡보조장치를 제거하였다.

(9) 피해자는 피고인 3이 떠난 후 5분도 안되어 목 부위에서 꺽꺽거리는 등의 소리를 내며 불완전하게 숨을 쉬다가 뇌간(뇌간) 압박에 의한 호흡곤란으로 사망하였다.

2. 피고인 3에 대한 원심 판단의 당부

원심은, 피고인 3은 1년차 수련의로서 전문의인 담당의사의 지시에 따라 그의 의료행위를 보조하는 역할을 담당하고 있을 뿐, 피해자의 퇴원결정에 관여한 바 없고, 담당의사인 피고인 1 등의 지시에 따라 피해자의 퇴원절차를 밟기 위한 과정을 도와 인공호흡기 또는 인공호흡보조장치를 제거하였더라도 인공호흡기 등의 제거는 퇴원조치에 따르는 일부 과정에 지나지 않아, 그가 회생가능성이 있는 피해자를 살해하려는 원심공동피고인의 의도까지 인식하였다고 보기는 어려우므로, 결국 살인죄의 정범으로서의 고의뿐만 아니라 방조범으로서의 고의도 인정할 수 없다고 하여 피고인 3에 대하여 무죄를 선고한 제1심판결을 그대로 유지하였는바, 기록에 비추어 보면 이러한 원심의 조치는 수긍할 수 있고, 거기에 검사가 상고이유로서 내세운 바와 같이 살인죄의 정범 및 방조범의 범의에 관한 법리오해 등으로 판결 결과에 영향을 미친 위법이 없다.

3. 피고인 1, 피고인 2에 대한 원심 판단의 당부

가. 원심의 판단

원심은, 피고인 1, 피고인 2(이하 '피고인들'이라 할 때는 이 두 피고인을 가리킨다)가 피해자의 퇴원을 위하여 취한 조치와 그로 인한 치료행위의 중단은 한 개의 사실관계의 양면으로 서로 결합되어 있는 것으로서, 의사의 관점에서 볼 때 피고인들에 대한 비난은 피고인들이 소극적으로 치료행위를 중단한 점에 있다기보다는 원심공동피고인의 퇴원 요청을 받아들여 적극적으로 퇴원에 필요한 조치를 취한 점에 집중되어야 할 것이고, 피고인들은 피해자를 퇴원시킬 당시 원심공동피고인이 피해자에 대한 보호의무를 저버려서 그를 사망에 이르게 하리라는 사정을 인식하고 있었을 뿐 나아가 그러한 결과의 발생을 용인하는 내심의 의사까지는 없었다 할 것이어서 정범의 고의를 인정할 수 없으므로, 피고인들의 행위는 부작위에 의한 살해행위가 아니라 원심공동피고인의 부작위에 의한 살인행위 실행을 용이하게 한, 작위의 방조행위로 봄이 상당하다는 이유로, 피고인들을 부작위에 의한 살인죄의 정범으로 처단한 제1심판결을 파기하고, 피고인들을 작위에 의한 살인방조죄로 처단하였다.

나. 검사의 상고이유 주장에 대한 판단

(1) 살인죄에 있어서의 고의는 반드시 살해의 목적이나 계획적인 살해의 의도가 있어야 하는 것은 아니고 자기의 행위로 인하여 타인의 사망의 결과를 발생시킬 만한 가능 또는 위험이 있음을 인식하거나

예견하면 족한 것이고 그 인식 또는 예견은 확정적인 것은 물론 불확정적인 것이더라도 소위 미필적 고의로서 살인의 범의가 인정되는 것인바(대법원 2003.4.25. 선고 2003도949 판결 등 참조), 기록에 의하면, 피해자는 경막하 출혈상을 입고 9시간 동안 두개골 절제술 및 혈종 제거수술을 받은 후 중환자실로 옮겨져 인공호흡기를 부착한 상태로 계속 합병증 및 후유증에 대한 치료를 받고 있었는데 그로부터 불과 하루 남짓이 경과한 상태에서 피해자에게서 인공호흡기를 제거하는 등 치료를 중단하는 경우 종국에는 사망할 가능성 내지 위험성이 있음이 예견되었고, 피고인들 또한, 담당 전문의와 주치의로서 이러한 사실을 인식하고 있었는바, 이러한 점에 비추어 보면 피고인들이 비록 원심공동피고인의 요청에 의하여 마지 못해 치료를 중단하였다고 하더라도 그 당시 피해자의 사망이라는 결과 발생에 대한 미필적 인식 내지 예견마저 없었다고 보기는 어려우므로, 피고인들에게 정범의 고의가 없다고 본 원심의 판단은 잘못된 것이다.

(2) 그러나 다른 한편, 형법 제30조의 공동정범이 성립하기 위하여는 주관적 요건인 공동가공의 의사와 객관적 요건으로서 그 공동의사에 기한 기능적 행위지배를 통하여 범죄를 실행하였을 것이 필요하고, 여기서 공동가공의 의사란 타인의 범행을 인식하면서도 이를 제지함이 없이 용인하는 것만으로는 부족하고 공동의 의사로 특정한 범죄행위를 하기 위하여 일체가 되어 서로 다른 사람의 행위를 이용하여 자기의 의사를 실행에 옮기는 것을 내용으로 하는 것이어야 하는바(대법원 2003.3.28. 선고 2002도7477 판결 등 참조), 기록에 의하여 드러난 사정들, 즉, 피고인들이 원심공동피고인의 퇴원 조치 요구를 극구 거절하고, 나아가 꼭 퇴원을 하고 싶으면 차라리 피해자를 데리고 몰래 도망치라고까지 말하였던 점, 퇴원 당시 피해자는 인공호흡 조절수보다 자가호흡수가 많았으므로 일단 자발호흡이 가능하였던 것으로 보이고, 수축기 혈압도 150/80으로 당장의 생명유지에 지장은 없었던 것으로 보이는 점, 피해자의 동맥혈 가스 분석 등에 기초한 폐의 환기기능을 고려할 때 인공호흡기의 제거나 산소 공급의 중단이 즉각적인 호흡기능의 정지를 유발할 가능성이 적었을 것으로 보이는 점 등에 비추어 보면, 피고인들은 피해자의 처 원심공동피고인의 간청에 못 이겨 피해자의 퇴원에 필요한 조치를 취하기는 하였으나, 당시 인공호흡장치의 제거만으로 즉시 사망의 결과가 발생할 것으로 생각하지는 아니하였던 것으로 보이고(피해자가 실제로 인공호흡장치를 제거한지 5분 정도 후에 사망하였다는 것만으로 그러한 결과가 사전에 당연히 예견되는 것이었다고 단정하기는 어렵다.), 결국 피고인들의 이 사건 범행은, 피해자의 담당 의사로서 피해자의 퇴원을 허용하는 행위를 통하여 피해자의 생사를, 민법상 부양의무자요 제1차적 보증인의 지위에 있는 원심공동피고인의 추후 의무 이행 여부에 맡긴 데 불과한 것이라 하겠고, 그 후 피해자의 사망이라는 결과나 그에 이르는 사태의 핵심적 경과를 피고인들이 계획적으로 조종하거나 저지 · 촉진하는 등으로 지배하고 있었다고 보기는 어렵다. 따라서 피고인들에게는 앞에서 본 공동정범의 객관적 요건인 이른바 기능적 행위지배가 흠결되어 있다고 보는 것이 옳다.

(3) 따라서 피고인들이 원심공동피고인의 부작위에 의한 살인행위를 용이하게 함으로써 이를 방조하였을 뿐이라고 본 원심의 판단은 결론에 있어 정당하고, 거기에 판결 결과에 영향을 미친 위법이 있다

고 할 수 없다. 검사의 이 부분 상고이유 주장은 이유 없다.

다. 피고인 1, 피고인 2의 상고이유에 대한 판단

(1) 어떠한 범죄가 적극적 작위에 의하여 이루어질 수 있음은 물론 결과의 발생을 방지하지 아니하는 소극적 부작위에 의하여도 실현될 수 있는 경우에, 행위자가 자신의 신체적 활동이나 물리적 · 화학적 작용을 통하여 적극적으로 타인의 법익 상황을 악화시킴으로써 결국 그 타인의 법익을 침해하기에 이르렀다면, 이는 작위에 의한 범죄로 봄이 원칙이고, 작위에 의하여 악화된 법익 상황을 다시 되돌이키지 아니한 점에 주목하여 이를 부작위범으로 볼 것은 아니며, 나아가 악화되기 이전의 법익 상황이, 그 행위자가 과거에 행한 또 다른 작위의 결과에 의하여 유지되고 있었다 하여 이와 달리 볼 이유가 없다.

이 사건의 경우 피고인들은 피고인 3에게 피해자를 집으로 후송하고 호흡보조장치를 제거할 것을 지시하는 등의 적극적 행위를 통하여 원심공동피고인의 부작위에 의한 살인행위를 도운 것이므로, 이를 작위에 의한 방조범으로 본 원심의 판단은 정당한 것으로 수긍할 수 있고, 거기에 피고인들이 상고이유로 주장하는 바처럼 형법상 작위와 부작위의 구별 및 방조행위의 성립에 관한 법리오해 등의 위법이 없다.

나아가 피고인들의 행위를 작위에 의한 방조범으로 보는 이상 치료위임계약의 해지에 관한 법리오해 및 수임인의 긴급처리의무 · 의사의 교체(이른바 전의)의무 등 피고인들의 작위의무와 관련된 각종 법리오해 등은 어느 것이나 판결 결과에 영향을 미칠 수 없다(원심 역시 위와 같은 이유로 피고인들이 한 같은 취지의 원심 주장을 배척한 바 있다).

(2) 원심은 피고인들이 피고인 3으로 하여금 원심공동피고인과 함께 피해자를 집까지 데리고 간 다음 인공호흡보조장치와 기관에 삽입된 관을 제거하도록 지시한 사실을 인정한 이상, 위와 같은 원심의 조치에 피고인들이 상고이유로 주장하는 바처럼 범죄사실을 특정하지 아니한 위법이 있다고도 볼 수 없다.

(3) 원심은, 피고인 2가 신경외과 전문의가 되기 위한 수련과정을 밟고 있는 전공의로서 퇴원이나 치료중단을 결정할 권한이 없고, 또 실제로 퇴원을 지시한 사실이 없다 하여도, 피고인 2는 피해자가 처음 응급실로 왔을 때부터 퇴원에 이르기까지 피해자의 치료를 담당하여 피해자의 상태를 누구보다도 잘 알고 있었고, 나아가 피해자가 퇴원하면 원심공동피고인이 피해자에게 적절한 치료를 베풀지 아니하여 사망에 이르게 할 가능성이 크다는 사정까지 알면서도 원심공동피고인의 범행을 방조한 이상, 위와 같은 사정은 살인방조죄의 성립을 좌우할 수 없다는 취지로 판시하였다. 기록에 의하면 이와 같은 원심의 사실인정과 판단은 모두 옳고, 거기에 채증법칙 위배로 인한 사실오인 등으로 판결 결과에 영향을 미친 위법을 찾아볼 수 없다. 피고인 2의 이 부분 상고이유 주장 역시 이유 없다.

(4) 원심이 피고인들에게 정범의 고의가 없다고 본 것은 앞서 본 바와 같이 잘못이나, 방조의 고의를 인정한 조치에는 법리오해의 위법이 있다 할 수 없고, 따라서 피고인들의 이 사건 범행은 방조범의 성립에 요구되는 정범의 고의와 방조의 고의를 모두 갖추고 있는 것이어서, 위와 같은 원심의 잘못은

판결 결과에 영향이 없다 할 것이다. 결국, 원심의 판단에는 방조범의 고의에 관한 법리 및 의학적 권고에 반하는 환자의 퇴원(discharge against medical advice)에 있어 의사의 고의에 관한 법리를 오해하는 등의 위법이 없으므로, 이 부분의 상고이유 주장은 받아들일 수 없다.

(5) 치료를 요하는 피부양자를 방치하여 사망에 이르게 한 원심공동피고인의 행위가 경제적 곤궁으로 인한 것이라거나, 피고인들이 피해자에 대한 치료를 지속시키기 위하여 원심공동피고인을 설득하는 등 최선을 다하였으나, 원심공동피고인이 마음을 바꾸지 아니하여 불가피하게 이 사건 범행에 이르게 되었다는 것은 모두 형의 양정에 참작할 사정에 불과하므로, 피고인들의 상고이유 주장과는 달리 원심공동피고인을 살인죄의 정범으로, 피고인들을 방조범으로 각 처단한 원심의 조치에 채증법칙 위배로 인한 사실오인이나 정당행위 및 정범의 실행행위에 관한 법리오해 등으로 판결 결과에 영향을 미친 위법이 없다.

(6) 종범은 정범의 실행행위 중에 이를 방조하는 경우뿐만 아니라, 실행 착수 전에 장래의 실행행위를 예상하고 이를 용이하게 하는 행위를 하여 방조한 경우에도 성립하므로(대법원 1996.9.6. 선고 95도2551 판결 등 참조), 원심이 피고인들의 행위가 원심공동피고인의 부작위에 의한 살인행위를 방조한 것으로 본 데에 인과관계에 관한 법리오해 또는 채증법칙 위배로 인한 사실오인으로 판결 결과에 영향을 미친 위법이 없으며, 가사 피해자가 매우 위독한 상태에 있었다 하여도 회복할 가능성이 전혀 없었던 것이 아닌 이상 피고인들의 이 사건 범행과 피해자의 사망 사이에 합법칙적 연관 내지 상당인과관계를 인정할 수 없다고는 보기 어렵다. 피고인들의 이 부분 상고이유 주장은 받아들일 수 없다.

(7) 법원은 공소사실의 동일성이 인정되는 범위 내에서 공소가 제기된 범죄사실보다 가벼운 범죄사실이 인정되는 경우에 있어서, 그 심리의 경과 등에 비추어 볼 때 피고인의 방어에 실질적인 불이익을 주는 것이 아니라면 공소장 변경 없이 직권으로 가벼운 범죄사실을 인정할 수 있다고 할 것이므로 공동정범으로 기소된 범죄사실을 방조사실로 인정할 수 있다(대법원 1995.9.29. 선고 95도456 판결 참조). 원심이 공소장 변경 없이 살인죄의 공동정범으로 기소된 피고인들을 살인방조죄로 처단한 조치는 위 법리에 비추어 정당하고, 거기에 상고이유로 주장하는 바처럼 공소장 변경에 관한 법리오해 등의 위법이 없다.

4. 결론

따라서 피고인 1, 피고인 2와 검사의 각 상고를 기각하기로 하여 주문과 같이 판결한다(대법원 2004.6.24. 선고 2002도995 판결. 이른바 보라매병원 사례로 보호자의 간청에 따라 치료를 요하는 환자에 대하여 치료중단 및 퇴원을 허용하는 조치를 취함으로써 환자를 사망에 이르게 한 담당 전문의와 주치의에게 살인방조죄가 성립한다고 한 사례).

제1항 공동정범의 의의

Ⅰ. 공동정범의 개념

공동정범이란 2인 이상이 공동하여 범죄를 실행하는 형태로, 전체로서 하나의 범죄를 각자 분담하여 실행함에도 불구하고 각자를 종합된 전체에 대하여 형사책임을 지운다.[1)]

제30조 (공동정범) 2인 이상이 공동하여 죄를 범한 때에는 각자를 그 죄의 정범으로 처벌한다.

Ⅱ. 공동정범의 본질

공동정범은 무엇을 '공동'으로 하여 성립되는가라는, 공동정범의 '공동성'에 관한 논의다.

1. 범죄공동설

객관주의 범죄이론의 입장에서 공동정범이란 수인이 공동하여 특정'범죄'를 공동으로 하는, 즉 특정의 범죄사실을 예정하고 그 사실을 공동으로 실현하는 범죄형태로, 여기서의 '공동'이란 주관적 주관적 요건인 의사연락을 공동하여 범죄를 실행하는 고의의 공동을 의미한다고 보는 견해다.

따라서 이 견해에 의하면 공동정범에 있어서 수인의 공동관계는 특정의 범죄사실의 범위내에 한정되며, 공동자의 고의도 동일한 범죄사실에 속해야 한다.

2. 행위공동설

주관주의 범죄이론의 입장에서 공동정범이란 수인이 '행위'를 공동하여 각자가 범죄를 수행하는 범죄형태로, 여기서의 '공동'이란 주관적 요건인 의사공동은 반드시 특정구성요건적 고의의 공동을 요하지 아니하며, 전구성요건적 · 전법률적 · 자연적 의사의 공동으로 족하다는 견해다.

따라서 이 견해에 의하면 공동하는 사실이 수개의 범죄사실에 걸쳐 있든, 1갱의 범죄사실에 속하든 관계없으며, 수인의 공동자는 반드시 동일한 고의를 가져야 할 필요도 없다.

---

1) 제25조 (Täterschaft, 정범) ① 범죄행위를 스스로 또는 타인을 통하여 수행한 자는(wer die Straftat selbst oder durch einen anderen begeht) 정범으로 벌한다.
② 수인이 공동으로(gemeinschaftlich) 범죄행위를 수행한 때에는 각자를 정범으로 처벌한다.(Mittäter, 공동정범)

3. 공동의사주체설

민법상의 조합이론을 형법에 원용하여, 법률이 공동정범을 규정한 것은 2인 이상이 합하여 공동목적을 실현하려는 특수한 사회심리적 현상을 억제하려는 것이며, 따라서 공동정범이 성립되려면 수인의 행위자 사이에 '공동목적'이 존재해야 한다는 견해로, 공동정범은 고의범에만 인정되고 과실범에서는 부정된다고 본다. 이 견해에 의하면 공모공동정범은 인정된다.

4. 공동행위주체설

공동의사주체설을 수정한 것으로, 어느 의미에서든지 간에 실행행위를 수행했다고 볼 수 있는 경우에만 공동정범의 성립을 인정하는 견해다. 즉 공동정범이란 공동의사가 존재하고 공동의사를 실현하려는 행위를 의미한다고 한다. 이 견해에 의하면 공모공동정범은 부정되지만, 과실범의 공동정범은 인정된다.

5. 목적적 행위지배설

공동정범은 정범의 일종으로, 정범의 표지인 고의와 목적적 행위지배가 있어야 공동정범이 성립된다고 보는 견해다. 이 견해에 의하면 과실범의 공동정범은 인정되지 않는다.

6. 기능적 행위지배설

기능적 행위지배의 공동, 즉 각 행위자의 행위지배가 범죄실현의 전체계획에 기능상 불가분적으로 역할이 분배되어 공동작용하고 있어야만 공동정범이 성립된다고 하는 견해다.

기능적 행위지배설의 입장에서 단순한 공모참여는 공동정범이 될 수 없지만 범죄의 조직 또는 지휘와 같이 전체계획의 중요한 기능을 담당한 경우에는 그 공모자는 공동정범을 인정할 수 있고, 본 사안에서 갑은 단순히 모의에 참여한 데 그치는 것이 아니라 범행을 치밀하게 계획하고 을과 병에게 범행에 관한 정보를 알려주는 등 사태를 지배했으므로 기능적 행위지배가 인정되므로 공동정범의 성립이 가능하다.

따라서 이 견해에 의하면 주의의무의 공동과 기능적 행위지배의 공동이 있는 한 과실범의 공동정범도 인정된다.

관련판례

1) 공동정범의 본질은 분업적 역할분담에 의한 기능적 행위지배에 있다고 할 것이므로 공동정범은 공동의사에 의한 기능적 행위지배가 있음에 반하여 종범은 그 행위지배가 없는 점에서 양자가 구별된다 할 것인바, 원심이 유지한 제1심 판결이 들고 있는 증거들에 의하면, 피고인은 이 사건 대출이 부정대출인 정을 알면서 원심 상피고인들에게 대출에 필요한 서류들을 작성하여 결재를 받은 사실이 인정되므로 동 피고인의 행위에는 공동의사에 의한 기능적 행위지배가 있었다고 보아야 할 것이니 동 피고인의 행위를 공동정범으로 처단한 원심의 판단은 정당하

고 거기에 지적하는 바와 같은 법리오해나 채증법칙위배의 잘못이 없으니 논지는 이유없다(대법원 1989.4.11. 선고 88도1247 판결).

2) 공동정범이 성립하기 위하여는 2인 이상이 공동하여 죄를 범하여야 하는 것으로서 이에는 주관적 요건인 공동가공의 의사와 객관적 요건인 공동의사에 의한 기능적 행위지배를 통한 범죄의 실행 사실이 필요한데 공동가공의 의사는 타인의 범행을 인식하면서도 이를 저지하지 아니하고 용인하는 것만으로는 부족하고 공동의 의사로 특정한 범죄행위를 하기 위하여 일체가 되어 서로 다른 사람의 행위를 이용하여 자기의 의사를 실행에 옮기는 것을 내용으로 하는 것이어야 할 것이므로(당원 1988.9.13. 선고 88도1114 판결; 1989.4.11. 선고 88도1247 판결 참조) 원심이 그 인정한 사실관계에 비추어 보면 위 피고인은이 사건 영화의 제작이나 상영, 또는 그 준비행위에 관여하지 않았음은 물론, 위 영화가 상영될 것을 알면서 위 영화제작사측과 대관계약을 체결한 당사자도 아니고 단지 전 대표와 체결된 대관계약에 따라 영화가 상영되는 것을 적극적으로 제지하지 못하였을 뿐이므로 위 피고인을 공연윤리위원회의 심의 없이 위 영화를 상영한 공범이라고 볼 수는 없다고 판단한 조치는 그대로 수긍이 되고 거기에 소론과 같은 공범에 대한 법리를 오해한 위법이 있다고 할 수 없다(대법원 1993.3.9. 선고 92도3204 판결).

3) 공동정범이 성립하기 위하여는 주관적 요건으로서 공동가공의 의사와 객관적 요건으로서 공동의사에 의한 기능적 행위지배를 통한 범죄의 실행사실이 필요한바, 위 주관적 요건으로서 공동가공의 의사는 타인의 범행을 인식하면서도 이를 저지하지 아니하고 용인하는 것만으로는 부족하고 공동의 의사로 특정한 범죄행위를 하기 위하여 일체가 되어 서로 다른 사람의 행위를 이용하여 자기의 의사를 실행에 옮기는 것을 내용으로 하는 것이어야 한다(당원 1988.9.13. 선고 88도1114 판결, 1989.4.11. 선고 88도1247 판결, 1993.3.9. 선고 92도3204 판결 등 참조). 검사 작성의 피고인 2에 대한 피의자신문조서의 진술기재에 의하면, 피고인 2가 상피고인 1의 요청을 받아들여 상피고인 1 및 원심 공동피고인을 특정 고사실의 감독관으로 배치하여 주었을 때 상피고인 1이 특정 응시자가 다른 응시자의 답안을 보는 정도의 부정행위를 눈감아 주는 정도의 행위를 할 것으로 인식하였음은 인정할 수 있으나, 상피고인 1은 검찰 이래 원심 법정에 이르기까지 특정 고사실에 자신 및 위 원심 공동피고인을 배치하여 줄 것을 요구하는 이유를 묻는 피고인 2에 대하여 자신이 계획한 범행 내용을 은폐하면서 친구가 시험에 응시하는데 마음 편하게 시험을 볼 수 있도록 자신이 감독관으로 들어가려는 것이라고만 대답하였고, 피고인 2와 사이에 범행을 공모한 바는 없다고 진술하고 있으며, 달리 상피고인 1이 다른 고사실에서 다른 응시자의 답안지를 빼내는 방법으로 범행을 저지를 것임을 피고인 2가 알고 있었다는 점을 인정할 증거는 전혀 없는바, 그렇다면 피고인 2는 상피고인 1이 특정 응시자의 경미한 부정행위(다른 응시자의 답안을 몰래 보고 쓰는 정도의 행위 등)를 눈감아 주는 위계공무집행방해 행위를 방조할 의사로 상피고인 1의 요구대로 상피고인 1및 원심 공동피고인을 특정 고사실의 감독관으로 배치하여 준 것에 불과하고, 피고인 2에게 상피고인 1과 공동으로 일체가 되어 상피고인 1의 행위를 이용하여 자신의 의사를 실행에 옮긴다는 의사가 있었다고 볼 수는 없으므로, 피고인 2에게는 상피고인 1과 위계공무집행방해의 범죄를 공동으로 한다는 공동가공의 의사가 있었다고 볼 수 없고, 따라서 피고인 2는 위계공무집행방해의 공동정범에 해당한다고 볼 수는 없다고 할 것이다(대법원 1996.1.26. 선고 95도2461 판결, 같은 취지의 판례로 대법원 2001.11.9. 선고 2001도4792 판결; 2004.6.24. 선고 2002도995 판결).

4) 형법 제30조의 공동정범은 2인 이상이 공동하여 죄를 범하는 것으로서, 공동정범이 성립하기 위하여는 주관적 요건으로서 공동가공의 의사와 객관적 요건으로서 공동의사에 기한 기능적 행위지배를 통한 범죄의 실행사실이 필요하고, 공동가공의 의사는 타인의 범행을 인식하면서도 이를 제지하지 아니하고 용인하는 것만으로는 부족하고 공동의 의사로 특정한 범죄행위를 하기 위하여 일체가 되어 서로 다른 사람의 행위를 이용하여 자기의 의사를 실행에 옮기는 것을 내용으로 하는 것이어야 한다. 따라서 피해자 일행을 한 사람씩 나누어 강간하자는 피고인 일행의 제의에 아무런 대답도 하지 않고 따라 다니다가 자신의 강간 상대방으로 남겨진 공소외인에게 일체의 신체적 접촉도 시도하지 않은 채 다른 일행이 인근 숲 속에서 강간을 마칠 때까지 공소외인과 함께 이야기만 나눈 경우, 피고인에게 다른 일행의 강간 범행에 공동으로 가공할 의사가 있었다고 볼 수 없다(대법원 2003.3.28. 선고 2002도7477 판결).

5) 형법 제30조의 공동정범은 공동가공의 의사와 그 공동의사에 기한 기능적 행위지배를 통한 범죄 실행이라는 주관적·객관적 요건을 충족함으로써 성립하는바, 공모자 중 구성요건 행위 일부를 직접 분담하여 실행하지 않은 자라도 공동정범으로서의 죄책을 질 수도 있는 것이기는 하나, 이를 위해서는 전체 범죄에 있어서 그가 차지하는 지위, 역할이나 범죄 경과에 대한 지배 내지 장악력 등을 종합해 볼 때, 단순한 공모자에 그치는 것이 아니라 범죄에 대한 본질적 기여를 통한 기능적 행위지배가 존재하는 것으로 인정되는 경우여야 한다(대법원 2007.10.26. 선고 2007도4702 판결 ; 2011.10.27. 선고 2010도7733 판결).

6) 공동피고인이 위조된 부동산임대차계약서를 담보로 제공하고 피해자로부터 돈을 빌려 편취할 것을 계획하면서 피해자가 계약서상의 임대인에게 전화를 하여 확인할 것에 대비하여 피고인에게 미리 전화를 하여 임대인 행세를 하여달라고 부탁하였고, 피고인은 위와 같은 사정을 잘 알면서도 이를 승낙하여 실제로 피해자의 남편으로부터 전화를 받자 자신이 실제의 임대인인 것처럼 행세하여 전세금액 등을 확인함으로써 위조사문서의 행사에 관하여 역할분담을 하였다면, 피고인의 행위는 위조사문서행사에 있어서 기능적 행위지배의 공동정범 요건을 갖추었다고 할 것이다(대법원 2010.1.28. 선고 2009도10139 판결).

7) 형법 제30조의 공동정범은 공동가공의 의사와 그 공동의사에 의한 기능적 행위지배를 통한 범죄실행이라는 주관적·객관적 요건을 충족함으로써 성립하므로, 공모자 중 구성요건행위를 직접 분담하여 실행하지 아니한 사람도 위 요건의 충족 여부에 따라 이른바 공모공동정범으로서의 죄책을 질 수도 있다. 한편 구성요건행위를 직접 분담하여 실행하지 아니한 공모자가 공모공동정범으로 인정되기 위하여는 전체 범죄에 있어서 그가 차지하는 지위·역할이나 범죄경과에 대한 지배 내지 장악력 등을 종합하여 그가 단순한 공모자에 그치는 것이 아니라 범죄에 대한 본질적 기여를 통한 기능적 행위지배가 존재하는 것으로 인정되어야 한다(같은 취지로 대법원 2011.5.13. 선고 2011도2021 판결 ; 2013.3.14. 선고 2010도410 판결). 건설 관련 회사의 유일한 지배자가 회사 대표의 지위에서 장기간에 걸쳐 건설공사 현장소장들의 뇌물공여행위를 보고받고 이를 확인·결재하는 등의 방법으로 위 행위에 관여한 사안에서, 비록 사전에 구체적인 대상 및 액수를 정하여 뇌물공여를 지시하지 아니하였다고 하더라도 그 핵심적 경과를 계획적으로 조종하거나 촉진하는 등으로 기능적 행위지배를 하였다고 보아 공모공동정범의 죄책이 인정된다(대법원 2010.7.15. 선고 2010도3544 판결).

8) 게임산업진흥에 관한 법률(이하 '게임법'이라고 한다) 제26조 제2항은 "청소년게임제공업 또는 인터넷컴퓨터게임시설제공업을 영위하고자 하는 자는 문화체육관광부령이 정하는 시설을 갖추어 시장·군수·구청장에게 등록하여야 한다."고 규정하고 있고, 게임법 제45조 제2호는 '제25조 또는 제26조 제1항·제2항·제3항 본문의 규정을 위반하여 허가를 받지 아니하거나 등록을 하지 아니하고 영업을 한 자'를 처벌한다고 규정하고 있다. 위 규정형식 및 취지에 비추어 볼 때, 게임법 제45조 제2호 위반은 청소년게임제공업 등을 영위하고자 하는 자가 등록의무를 이행하지 아니하였다는 것만으로 구성요건이 실현되는 것은 아니고, 나아가 영업을 하였다는 요건까지 충족되어야 비로소 구성요건이 실현되는 것이므로 이를 진정부작위범으로 볼 것은 아니다.

한편, 여기서 '청소년게임제공업 등을 영위하고자 하는 자'라 함은 청소년게임제공업 등을 영위함으로 인한 권리의무의 귀속주체가 되는 자(이하 '영업자'라고 한다)를 의미하므로, 영업활동에 지배적으로 관여하지 아니한 채 단순히 영업자의 직원으로 일하거나 영업을 위하여 보조한 경우, 또는 영업자에게 영업장소 등을 임대하고 그 사용대가를 받은 경우 등에는 게임법 제45조 위반에 대한 본질적인 기여를 통한 기능적 행위지배를 인정하기 어려워, 이들을 방조범으로 처벌할 수 있는지는 별론으로 하고 공동정범으로 처벌할 수는 없다. 원심은 게임법 제45조 제2호 위반죄는 구성요건이 부작위에 의하여서만 실현될 수 있는 진정부작위범에 해당한다고 전제한 다음, 이 사건 게임기들을 소유하고 설치·관리하면서 불특정 다수인이 게임을 이용할 수 있도록 제공하고 그로 인한 수익을 얻는 자, 즉 이 사건 게임기들을 통한 영업상 권리의무가 귀속되는 주체는 공소외 1, 2이고, 피고인은 공소외 1, 2의 부탁을 받아 피고인이 운영하는 가게 옆에 이 사건 게임기들을 설치할 장소와 전력을 제공하고 그 대가를 받는 자에 불과하여 위 영업상 권리의무의 귀속주체가 아니므로 피고인에게 게임법 제26조 제2항의 등록의무가 부여된다고 보기 어려우며, 피고인이 공소외 1, 2에게 이 사건 게임기들의 설치장소 및 이용전력을 제공하고 그 대가를 받았다는 점만으로는 피고인이 공소외 1, 2와 무등록 청소년게임제공업을 영위하기로 공모하였다고 인정하기에 부족하고 달리 이를 인정할 증거가 없다는 이유로 무죄를 선고하였다. 앞에서 본 법리와 기록에 비추어 살펴보면, 원심이 게임법 제45조 제2호 위반죄를 진정부작위범으로 본 데에는 진정부작위범에 관한 법리를 오해한 잘못이 있지만, 이 사건 게임기들을 설치할 장소와 전력을 제공하고 그 대가를 받은 피고인이 영업상 권리의무의 귀속주체가 될 수 없고, 피고인의 위와 같은 행위만으로 피고인을 게임법 제45조 위반죄의 공모공동정범으로 보기 어렵다고 판단한 결론은 정당하다(대법원 2011.11.10. 선고 2010도11631 판결).

제2항 공동정범의 성립요건

주관적 요건으로서의 공동실행의 의사와, 객관적 요건으로서의 공동실행 사실 즉 실행행위의 분담을 요한다.

Ⅰ. 주관적 요건

행위자 상호간에 범죄를 공동으로 범한다는 의사의 연락, 즉 공동실행의 의사(공동범행의사)가 존재해야 한다. 이와 같이 공동정범이 성립하기 위한 주관적 요건으로서 공동가공의 의사는 타인의 범행을 인식하면서도 이를 제지하지 아니하고 용인하는 것만으로 부족하고, 공동의 의사로 특정한 범죄행위를 하기 위하여 일체가 되어 서로 다른 사람의 행위를 이용하여 자기의 의사를 옮기는 것을 내용으로 하는 것이어야 한다.

관련판례

1) 형법 제30조의 공동정범은 2인 이상이 공동하여 죄를 범하는 것으로서, 공동정범이 성립하기 위하여는 주관적 요건인 공동가공의 의사와 객관적 요건인 공동의사에 의한 기능적 행위지배를 통한 범죄의 실행사실이 필요하고, 공동가공의 의사는 공동의 의사로 특정한 범죄행위를 하기 위하여 일체가 되어 서로 다른 사람의 행위를 이용하여 자기의 의사를 실행에 옮기는 것을 내용으로 하는 것이다(대법원 2001.11.9. 선고 2001도4792 판결 등 참조). 그리고 이러한 공동가공의 의사는 타인의 범행을 인식하면서도 이를 제지하지 아니하고 용인하는 것만으로는 부족하나(대법원 2000.4.7. 선고 2000도576 판결 등 참조), 반드시 사전에 치밀한 범행계획의 공모에까지 이를 필요는 없으며 공범자 각자가 공범자들 사이에 구성요건을 이루거나 구성요건에 본질적으로 관련된 행위를 분담한다는 상호이해가 있으면 충분하다 할 것이다(대법원 2008.9.11. 선고 2007도6706 판결 등 참조) 원심판결 이유에 의하면, 원심은, 피고인 2가 피고인 1의 개인채무 변제 용도에 사용되리라는 점을 잘 알면서도 피고인 1 등과 상의한 후 대표이사 명의로는 대여금 처리를 할 수 없으나 이사 명의로는 가능하다는 말을 듣고 위

각 금원에 관하여 자신 명의 대여금으로의 회계처리를 승낙한 점 등에 비추어 피고인 2에게 위 각 금원의 횡령에 관한 공동가공의 의사가 인정된다고 판단하였다. 나아가 원심은 위 2007.7.11.자 5,000만 원이 공소외 2 주식회사의 계좌에서 같은 기회에 인출된 1억 5,000만 원의 일부이고 그 중 1억 원은 가장납입금의 반환에 사용되었다고 하더라도, 위 5,000만 원은 이와 무관한 피고인 1의 다른 개인채무 변제에 사용되었으므로 피고인 2에게 그에 관한 불법영득의사가 인정된다고 판단하였다. 위 법리와 기록에 비추어 살펴보면, 원심의 판단은 정당한 것으로 수긍할 수 있고 거기에 상고이유 주장과 같은 공동정범에 관한 법리오해 등의 위법이 없다. 소송사기는 법원을 기망하여 제3자의 재물을 편취할 것을 기도하는 것을 내용으로 하는 것으로서, 사기죄로 인정하기 위하여는 제소 당시 그 주장과 같은 권리가 존재하지 않는다는 것만으로는 부족하고, 그 주장의 권리가 존재하지 않는 사실을 잘 알고 있으면서도 허위의 주장과 입증으로 법원을 기망한다는 인식을 요한다. 그러나 허위의 내용으로 소송을 제기하여 법원을 기망한다는 고의가 있는 경우에 법원을 기망하는 것은 반드시 허위의 증거를 이용하지 않더라도 당사자의 주장이 법원을 기망하기에 충분한 것이라면 기망수단이 된다.

갑 주식회사와 을 주식회사 사이에 작성된 물품공급계약서는 피고인 등이 을 회사가 발행한 어음을 할인하는 과정에서 허위로 작성한 것이고, 실제로 갑 회사가 을 회사에 물품을 공급한 사실이 없는데도, 갑 회사 경영자인 피고인이 물품공급계약에 따른 공급을 완료하였음을 전제로 을 회사를 상대로 물품대금 청구소송을 제기하면서 증거자료로 위 물품공급계약서를 제출하였다가 그 후 소송을 취하하였다면 피고인의 행위는 사기미수죄에 해당한다(대법원 2011.9.8. 선고 2011도7262 판결).

2) **공범자의 범인도피행위 도중에 기왕의 범인도피상태를 이용하여 스스로 범인도피행위를 계속한 경우 범인도피죄의 공동정범이 성립하는지 여부 및 이때 공범자의 범행을 방조한 종범의 경우에도 동일한 법리가 적용되는지 여부**

형법 제30조의 공동정범이 성립하기 위하여는 주관적 요건인 공동가공의 의사와 객관적 요건으로서 그 공동의사에 기한 기능적 행위지배를 통하여 범죄를 실행하였을 것이 필요하고, 여기서 공동가공의 의사란 타인의 범행을 인식하면서도 이를 제지함이 없이 용인하는 것만으로는 부족하고 공동의 의사로 특정한 범죄행위를 하기 위하여 일체가 되어 서로 다른 사람의 행위를 이용하여 자기의 의사를 실행에 옮기는 것을 내용으로 하는 것이어야 한다(대법원 2004.6.24. 선고 2002도995 판결 등 참조). 범인도피죄는 범인을 도피하게 함으로써 기수에 이르지만, 범인도피행위가 계속되는 동안에는 범죄행위도 계속되고 행위가 끝날 때 비로소 범죄행위가 종료된다. 따라서 공범자의 범인도피행위 도중에 그 범행을 인식하면서 그와 공동의 범의를 가지고 기왕의 범인도피상태를 이용하여 스스로 범인도피행위를 계속한 경우에는 범인도피죄의 공동정범이 성립하고, 이는 공범자의 범행을 방조한 종범의 경우도 마찬가지이다. 변호사는 공공성을 지닌 법률 전문직으로서 독립하여 자유롭게 직무를 수행하여야 하고(변호사법 제2조), 직무를 수행하면서 진실을 은폐하거나 거짓 진술을 하여서는 아니 된다(같은 법 제24조 제2항). 따라서 형사변호인의 기본적인 임무가 피고인 또는 피의자를 보호하고 그의 이익을 대변하는 것이라고 하더라도, 그러한 이익은 법적으로 보호받을 가치가 있는 정당한 이익으로 제한되고, 변호인이 의뢰인의 요청에 따른 변론행위라는 명목으로 수사기관이나 법원에 대하여 적극적으로 허위의 진술을 하거나 피고인 또는 피의자로 하여금 허위진술을 하도록 하는 것은 허용되지 않는다. 갑이 수사기관 및 법원에 출석하여 을 등의 사기 범행을 자신이 저질렀다는 취지로 허위자백하였는데, 그 후 갑의 사기 피고사건 변호인으로 선임된 피고인이 갑과 공모하여 진범 을 등을 은폐하는 허위자백을 유지하게 함으로써 범인을 도피하게 하였다는 내용으로 기소된 사안에서, 피고인이 변호인으로서 단순히 갑의 이익을 위한 적절한 변론과 그에 필요한 활동을 하는데 그치지 아니하고, 갑과 을 사이에 부정한 거래가 진행 중이며 갑 피고사건의 수임과 변론이 거래의 향배와 불가결한 관련이 있을 것임을 분명히 인식하고도 을에게서 갑 피고사건을 수임하고, 그들의 합의가 성사되도록 도왔으며, 스스로 합의금의 일부를 예치하는 방안까지 용인하고 합의서를 작성하는 등으로 갑과 을의 거래관계에 깊숙이 관여한 행위를 정당한 변론권의 범위 내에 속한다고 평가할 수 없고, 나아가 변호인의 비밀유지의무는 변호인이 업무상 알게 된 비밀을 다른 곳에 누설하지 않을 소극적 의무를 말하는 것일 뿐 진범을 은폐하는 허위 자백을 적극적으로 유지하게 한 행위가 변호인의 비밀유지의무에 의하여 정당화될 수 없다고 하면서, 한편으로 피고인의 행위는 정범인 갑에게 결의를 강화하게 한 방조행위로 평가될 수 있다는 이유로 범인도피방조죄를 인정한 원심판단을 정당하다(대법원 2012.8.30. 선고 2012도6027 판결).

【공동정범의 유형】

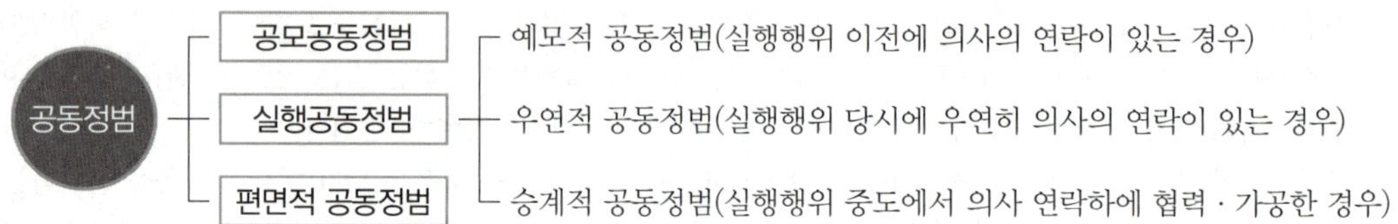

1. 편면적 공동정범

편면적 공동정범이란 공동실행의 의사가 행위자들 중의 일부인에게만 존재하는 유형으로, 이를 공동정범으로 인정할 것인가가 문제된다.

관련판례

공동정범은 행위자 상호간에 범죄행위를 공동으로 한다는 공동가공의 의사를 가지고 범죄를 공동실행하는 경우에 성립하는 것으로서, 여기에서의 공동가공의 의사는 공동행위자 상호간에 있어야 하며 행위자 일방의 가공의사만으로는 공동정범관계가 성립할 수 없다(대법원 1985.5.14. 선고 84도2118 판결).

2. 의사연락의 방법과 시기

공동실행의 의사는 반드시 실행행위 이전, 즉 사전의 음모를 요하지 않으며 행위수행시에 상호 의사연락이 있으면 족하다.[2)]

1) 우연적 · 묵시적 공동정범

관련판례

공동정범이 성립하기 위하여는 반드시 공범자간에 사전에 모의가 있어야 하는 것은 아니며, 우연히 만난 자리에서 서로 협력하여 공동의 범의를 실현하려는 의사가 암묵적으로 상통하여 범행에 공동가공하더라도 공동정범은 성립된다(대법원 1984.12.26. 선고 82도1373 판결. 같은 취지의 판례로 대법원 1982.10.26. 선고 82도1818 판결 ; 1983.3.22. 선고 81도2545 판결).

2) 대법원 1988.6.28. 선고 88도601 판결.

2) 승계적 공동정범

범죄의 실행에 착수하였으나 아직 범죄가 실질적으로 종료되기 전에 타인(後行者)이 중도에서 참가하여 선행자(先行者)와 의사의 연락 하에, 즉 선행행위를 인용하고 그 범죄를 공동으로 수행하는 경우를 승계적 공동정범이라 한다. 이와 같이 공동의 범행결의가 실행행위 도중, 즉 실행행위의 일부 종료 후 그 기수 전에 성립한 경우에 후행자가 개입하기 전 선행자의 행위를 포함한 전체행위에 대한 공동정범의 성립을 인정할 것인가에 대해서 견해가 대립되고 있다.

(1) 공동정범의 성립을 인정하는 견해[3)]

선행사실을 인식 · 인용하고서 공동정범으로 개입한다면 후행자의 양해는 범죄의 전체계획에 관련되며, 이 양해가 또한 후행자에게 범죄 전체를 귀속시킬 힘을 갖는다.[4)] 즉 후행사실에 가담할 때 선행사실이 승계되어 후행행위와 결합함으로써 전체에 대하여 공동정범관계가 인정된다.

(2) 공동정범의 성립을 부정하는 견해[5)]

선행사실의 인식 · 인용만으로 전체행위에 대한 공동의 범행의사가 있다고 볼 수 없으며, 선행행위와 후행자의 가담행위 사이에는 인과관계가 없을 뿐만 아니라 선행행위를 후행자가 기능적으로 지배할 수도 없었기 때문에 전체행위에 대한 공동정점은 성립되지 않는다.

관련판례

포괄적 일죄의 일부에 공동정범으로 가담한 자는 비록 그가 그때에 이미 이루어진 종전의 범행을 알았다 하여도 그 가담 이후의 범행에 대해서만 공동정범으로서 책임이 있다(대법원 1997.6.27. 선고 97도163 판결 ; 1982.6.8. 선고 82도884 판결).

3. 공동의사의 범위

행위자 사이에 고의의 범위 내에서 의사가 일치해야 한다.

1) 공동정범의 착오

구성요건이 중복되는 범위 내에서는 공동정범이 성립된다.

(1) 공동실행사실이 실행의사보다 작은 경우

실행사실의 범위 내에서 공동정범이 성립된다.

---

3) 독일의 다수견해와 판례의 입장.

4) 甲이 노상매점을 침입하여 일부 상품을 절취하여 乙의 집으로 가지고 가자, 이 사정을 안 乙이 甲과 함께 다시 그 매점으로 가 남은 상품을 절취한 사건에 있어 독일연방법원은 1952.4.24.판결에서 이와 같이 판시함으로써 승계적 공동정범의 개념을 인정하였다.(BGHSt 3, 344)

5) 판례의 입장.

(2) 공범 중 1인의 행위가 공동정범의 고의를 초과한 경우

예를 들어 甲과 乙이 공동하여 절도를 모의하고 甲이 망을 보았으나 乙이 강간행위를 한 경우와 같이 乙의 고의가 공모내용을 질적으로 초과한 경우에는 공동정범이 성립하지 아니한다.

2) 과실(범)의 공동정범(과실에 의한 공동정범)

수인의 공사장 인부가 공동작업 도중 부주의하게 건물위에서 자재를 떨어뜨렸기 때문에 통행인이 사망한 경우, 또는 의사와 간호사의 공동과실로초기에는 과실범의 공동정범의 성립을 부정하였으나 선장이 상법 기타 해운행정법상의 특별법령에서 과한 의무를 해태한 경우라 할지라도 동 과실이 반드시 형사상의 과실에 해당한다 할 수 없고 동 과실의 유무는 각 구체적 경우에 따라 이를 결정하여야 한다(대법원 1956.12.21. 선고 4289형상276 판결). 그 후 견해를 변경하여 행위공동설의 입장에서 이를 인정하고 있다. 주사를 잘못놓아 환자를 사망케 한 경우, 운전자와 술을 함께 먹고 만취상태에 빠지게 한 후 그 자동차에 손님을 타고 가도록 방치한 경우 등과 같이 2인 이상이 어떠한 과실행위를 서로의 의사연락 하에 실행하여 범죄되는 결과를 발생케 한 경우에 공동정범 인정여부가 논의의 대상이다.

(1) 공동정범 인정설[6]

주관적 정범론, 확장적 정범론, 행위공동설(주관주의), 공동행위주체설, 과실공동 행위공동설, 기능적 행위지배설, 범죄공동설 중 일부수정설은 과실범의 공동정범의 성립을 인정한다. 이 견해에 의하면 원인행위가 판명되지 않더라도 공범자 모두가 행위 전체에 대해 기수책임을 진다.

가) 행위공동설

행위자간에 전법률적 · 자연적 행위를 공동으로 한다는 인식이 있는 한 행위자가 우연히 과실로 구성요적 결과를 발생시켜도 공동정범이 성립된다.

나) 공동행위주체설

공동의사주체가 성립되면 이 의사를 실현하는 행위라고 인정되는 범위내에서는 과실에 의한 책임이 있다.

다) 기능적 행위지배설

(2) 공동정범 부정설

범죄공동설(객관주의)와 목적적 행위지배설, 공동의사주체설, 기능적 행위지배설의 수정설은 과실

6) 판례의 입장.

범의 공동정범의 성립을 부정한다. 이 견해에 의하면 단순한 동시범으로서 원인행위가 판명될 경우에는 각자가 고의범 또는 과실범의 단독정범이 성립되고, 원인된 행위가 판명되지 않을 경우에는 제19조에 의해 각자 미수로만 처벌된다. 다만 제263조에 의해 과실치상죄는 예외로 본다.

가) 범죄공동설

공동정범이 성립되려면 행위자간에 고의의 공동을 요하므로 과실의 공동정범은 성립되지 않는다.

나) 목적적 행위지배설

정범의 일종인 공동정범은 고의와 그 목적적 행위지배가 있어야 하므로 과실의 공동정범은 성립되지 않으며, 동시범에 불과하다.

다) 공동의사주체설

공동의사주체는 일정한 범죄목적이므로 공동정범은 고의범에만 가능하다.

(3) 판례의 입장

초기에는 과실범의 공동정범의 성립을 부정하였으나[7], 그 후 견해를 변경하여 행위공동설의 입장에서 이를 인정하고 있다.

관련판례

1) 경찰관이 검문목적으로 트럭의 정차를 요구하자 운전사가 옆에 타고 있던 荷主의 지시에 따라 그대로 질주하여 검문경찰관을 치사케 한 사안

형법 제30조에 「공동하여 죄를 범한 때」의 「죄」는 고의범이고 과실범이고를 불문한다고 해석하여야 할 것이고 따라서 공동정범의 주관적 요건인 공동의 의사도 고의를 공동으로 가질 의사임을 필요로 하지 않고 고의행위이고 과실행위이고 간에 그 행위를 공동으로 할 의사이면 족하다고 해석하여야 할 것이므로 2인 이상이 어떠한 과실행위를 서로의 의사연락 아래 하여 범죄되는 결과를 발생케 한 것이라면 여기에 과실범의 공동정범이 성립되는 것이다. 기록에 의하면 본건 사고는 경관의 검문에 응하지 않고 트럭을 질주함으로써 야기된 것인 바 제1심판결에서 본 각 증거를 종합하면 피고인은 원심 공동피고인과 서로 의사를 연락하여 경관의 검문에 응하지 않고 트럭을 질주케 하였던 것임을 충분히 인정할 수 있음이 명백하므로 피고인은 본건 과실 치사 죄의 공동정범이 된다고 할 것이므로 논지는 이유 있다(대법원 1962.3.29. 선고 4294형상598 판결).

(피고인이 1960.12.31. 오후 5시경 충청북도 옥천군 안내면 율리 산판에서 부정임산물인 장작 9평을 원심공동피고인 현귀용이가 운전하는 충남관제172호 화물자동차에 싣고 떠남에 있어 현귀용에게 도중 지서나 검문소 앞을 지날때는 정거하지 말고 통과하자고 말한바 있고 이어 그곳을 출발 대전을 향하여 진행중 같은 날 오후 11시 10

7) 선장이 상법 기타 해운행정법상의 특별법령에서 과한 의무를 해태한 경우라 할지라도 동 과실이 반드시 형사상의 과실에 해당한다 할 수 없고 동 과실의 유무는 각 구체적 경우에 따라 이를 결정하여야 한다(대법원 1956.12.21. 선고 4289형상276 판결).

분경 서대전경찰서 세천검문소 전방 약35미터 지점에 이르렀을때 그 검문소 근무 순경 정헌일(당시 29세)이가 검문서 앞 노변에서 전지로 정거신호를 하고 있음을 발견하고 현귀용이가 정거할 것 같이 가장하여 속력을 저감하자 피고인은 "그냥가자"고 하여 이에 현귀용은 무면허 운전의 취체를 피고인은 화주로서 부정임산물의 취체를 각각 회피하기 위하여 경관의 검문에 응하지 않고 화물자동차를 질주할 의사를 상통하여 그 검문소 앞에 당도하였을때 전기 순경이 도로 좌측에서 그 차 전면을 횡단하여 우측 노변에 이르러 운전 대우측에 접근하려 할 찰나 현귀용은 돌연 가속질주로 도피하려하자 그 순경은 이를 추적하여 운전대 스템에 올라 검문을 하려 하였는데 계속 고속도로 질주한 결과 위 검문소로부터 약 150미터 지점에서 위의 순경을 추락케 하여 우측후륜으로 그 순경의 하복부를 치어 복부내출혈을 일으켜 다음날인 1961.1.1. 오전 4.30.경 사망케 한 사안)

2) 서울시내 국민학교에 아동급식용 크림빵을 공급하는 식품제조회사가 상한 크림빵을 공급하여 학생들을 식중독으로 사망케 한 사안 : 피고인은 상피고인들과 그 판시와 같이 그 의사연락 아래 그와 같은 과실을 저질러 그와 같은 범죄되는 결과를 발생케 한 것이니 여기에는 과실범의 공동정범이 성립된다(대법원 1978.9.26. 선고 78도2082 판결).

3) 짚차의 선탑자가 운전병을 주점으로 데리고 들어가서 각각 소주 2홉이상을 마신 다음 그 운전병으로 하여금 운전케 하여 교통사고를 일으킨 사안 : 형법 제30조에 "공동하여 죄를 범한 때"의 "죄" 라 함은 고의범이고 과실범이고를 불문하므로 두사람 이상이 어떠한 과실행위를 서로의 의사연락하에 이룩하여 범죄가 되는 결과를 발생케 한 것이라면 과실범의 공동정범이 성립된다. 따라서 운전병이 운전하던 짚차의 선임 탑승자는 이 운전병의 안전운행을 감독하여야 할 책임이 있는데 오히려 운전병을 데리고 주점에 들어가서 같이 음주한 다음 운전케 한 결과 위 운전병이 음주로 인하여 취한 탓으로 사고가 발생한 경우에는 위 선임 탑승자에게도 과실범의 공동정범이 성립한다(대법원 1979.8.21. 선고 79도1249 판결).

4) 철로의 건널목에서 열차가 후행하다가 자동차와 추돌하여 사상에 이르게 하여 열차의 정기관사와 함께 부기관사가 기소된 사안 : 공동정범은 고의범이나 과실범을 불문하고 의사의 연락이 있는 경우는 모두 이에 해당된다고 할 것이다. 따라서 피고인이 정기관사의 지휘감독을 받는 부기관사이기는 하나 사고열차의 퇴행에 관하여 서로 상론, 동의한 이상 퇴행에 과실이 있다면 과실책임을 면할 수 없다(대법원 1982.6.8. 선고 82도781 판결).

5) 제30조의 '공동하여 죄를 범한 때'의 '죄'란 고의범이고 과실범이고를 불문한다고 할 것이고 따라서 두 사람 이상이 어떠한 과실행위를 서로의 의사연락 하에 이룩하여 범죄되는 결과를 발생케 한 것이라면 과실범의 공동정범이 성립한다(대법원 1994.3.22. 선고 94도35 판결).

6) 성수대교와 같은 교량이 그 수명을 유지하기 위하여는 건설업자의 완벽한 시공, 감독공무원들의 철저한 제작시공상의 감독 및 유지 · 관리를 담당하고 있는 공무원들의 철저한 유지 · 관리라는 조건이 합치되어야 하는 것이므로, 위 각 단계에서의 과실 그것만으로 붕괴원인이 되지 못한다고 하더라도, 그것이 합쳐지면 교량이 붕괴될 수 있다는 점은 쉽게 예상할 수 있고, 따라서 위 각 단계에 관여한 자는 전혀 과실이 없다거나 과실이 있다고 하여도 교량붕괴의 원인이 되지 않았다는 등의 특별한 사정이 있는 경우를 제외하고는 붕괴에 대한 공동책임을 면할 수 없다고 봄이 상당하다 할 것이다. 이 사건의 경우, 피고인들에게는 트러스 제작상, 시공 및 감독의 과실이 인정되고, 감독공무원들의 감독상의 과실이 합쳐져서 이 사건 사고의 한 원인이 되었으며, 한편 피고인들은 이 사건 성수대교를 안전하게 건축되도록 한다는 공동의 목표와 의사연락이 있었다고 보아야 할 것이므로, 피고인들 사이에는 이 사건 업무상과실치사상등죄에 대하여 형법 제30조 소정의 공동정범의 관계가 성립된다고 보아야 할 것이다. 업무상과실로 인하여 교량을 손괴하여 자동차의 교통을 방해하고 그 결과 자동차를 추락시킨 경우에는 구 형법(1995.12.29. 법률 제5057호로 개정되기 전의 것) 제189조 제2항, 제185조 소정의 업무상과실일반교통방해죄와 같은 법 제189조 제2항, 제187조 소정의 업무상과실자동차추락죄가 성립하고, 위 각 죄는 형법 제40조 소정의 상상적 경합관계에 있다(대법원 1997.11.28. 선고 97도1740 판결).

7) 업무상과실일반교통방해죄의 공동정범

예인선 정기용선자의 현장소장 甲은 사고의 위험성이 높은 해상에서 철골 구조물 및 해상크레인 운반작업을 함에 있어 선적작업이 지연되어 정조시점에 맞추어 출항할 수 없게 되었음에도, 출항을 연기하거나 대책을 강구하지 않고 예인선 선장 乙의 출항연기 건의를 묵살한 채 출항을 강행하도록 지시하였고, 예인선 선장 乙은 갑의 지시에 따라 사고의 위험이 큰 시점에 출항하였고 해상에 강조류가 흐르고 있었음에도 무리하게 예인선을 운항한 결과 무동력 부선에 적재된 철골 구조물이 해상에 추락하여 해상의 선박교통을 방해하였다면 갑과 을은 업무상 과실일반교통방해죄의 공동정범이 성립한다(대법원 2009.6.11. 선고 2008도11784 판결).

3) 결과적 가중범의 공동정범

과실범의 공동정범의 성립여부에 관한 논의와 관련된 것으로, 결과적가중범의 공동정범은 기본행위를 공동으로 할 의사가 있으면 성립하고 결과를 공동으로 할 의사는 필요 없다. 다만 결과적 가중범의 공동정범을 인정하더라도 공동정범의 각자가 중한 결과를 의도할 필요는 없다 하더라도 예견할 수 있었음을 요한다. 즉 결과적 가중범의 공동정범 성립 여부는 중한 결과발생에 대한 범죄참가들의 예견가능성 여부에 따라 판단해야 한다.

관련판례

1) 특수공무집행방해치사상과 같은 이른바 부진정결과적가중범은 예견가능한 결과를 예견하지 못한 경우뿐만 아니라 그 결과를 예견하거나 고의가 있는 경우까지도 포함하는 것이므로, 공무집행을 방해하는 집단행위의 과정에서 일부 집단원이 고의행위로 살상을 가한 경우에도 다른 집단원에게 그 사상의 결과가 예견가능한 것이었다면 다른 집단원도 그 결과에 대하여 특수공무집행방해치사상의 책임을 면할 수 없는 것이다. 그리고 공동정범에 있어서는 범인 전원이 일정한 일시, 장소에 집합하여 모의한 바 없고 또 일부가 현실적으로 범죄실행에 가담한 일이 없다고 하여도 간접적 또는 순차적으로 범행의 포괄적 또는 개별적인 의사연락이 있으면 전체에 대하여 공동정범이 성립하는 것이고(당원 1979.12.11. 선고 79도2280판결; 1981.7.14. 선고 80도2544 판결 각 참조). 또 결과적가중범에 있어서의 공동정범은 행위를 공동으로 할 의사가 있으면 성립하고 결과를 공동으로 할 의사는 필요 없는 것인바(당원 1978.1.17. 선고 77도2193 판결 참조), 기록에 의하여 살펴보면 원심이 피고인들의 판시 각 범죄행위에 대하여 공모공동정범의 성립을 인정한 조치에 수긍이 가고 소론과 같은 위법이 없다(대법원 1990.6.26. 선고 90도765 판결).
2) 공모공동정범의 경우에 공모는 법률상 어떤 정형을 요구하는 것은 아니고 2인 이상이 공모하여 범죄에 공동가공하여 범죄를 실현하려는 의사의 결합만 있으면 되는 것으로서, 비록 전체의 모의과정이 없었다고 하더라도 수인 사이에 순차적으로 또는 암묵적으로 상통하여 그 의사의 결합이 이루어지면 공모관계가 성립한다 할 것이고, 이러한 공모가 이루어진 이상 실행행위에 직접 관여하지 아니한 자라도 다른 공범자의 행위에 대하여 공동정범으로서 형사책임을 지는 것이며(대법원 1994.9.9. 선고 94도1831 판결, 1995.9.5. 선고 95도1269 판결 등 참조), 또 결과적가중범의 공동정범은 기본행위를 공동으로 할 의사가 있으면 성립하고 결과를 공동으로 할 의사는 필요 없으며(대법원 1978.1.17. 선고 77도2193 판결, 1990.6.26. 선고 90도765 판결 등 참조), 나아가 특수공무집행방해치사상죄는 단체 또는 다중의 위력을 보이거나 위험한 물건을 휴대하고 직무를 집행하는 공무원에 대하여 폭행, 협박을 하여 공무원을 사상에 이르게 한 경우에 성립하는 결과적가중범으로서 행위자가 그 결과를 의도할 필요는 없고 그 결과의 발생을 예견할 수 있으면 족하다 할 것이다(대법원 1997.10.10. 선고 97도1720 판결).
3) 어느 범죄에 2인 이상이 공동가공하는 경우 공모는 법률상 어떠한 정형을 요구하는 것이 아니고 2인 이상이 공모하여 범죄에 공동가공하여 범죄를 실현하려는 의사의 결합만 있으면 되는 것으로서, 비록 암묵적으로라도 수

인 사이에 의사가 상통하여 의사의 결합이 이루어지면 공모관계가 성립하고, 이러한 공모가 이루어진 이상 실행행위에 직접 관여하지 아니한 자라도 다른 공모자의 행위에 대하여 공동정범으로서 형사책임을 지며, 또 결과적 가중범의 공동정범은 기본행위를 공동으로 할 의사가 있으면 성립하고 결과를 공동으로 할 의사는 필요 없는바, 특수공무집행방해치상죄는 단체 또는 다중의 위력을 보이거나 위험한 물건을 휴대하고 직무를 집행하는 공무원에 대하여 폭행 · 협박을 하여 공무원을 사상에 이르게 한 경우에 성립하는 결과적가중범으로서 행위자가 그 결과를 의도할 필요는 없고 그 결과의 발생을 예견할 수 있으면 족하다(대법원 2002.4.12. 선고 2000도3485 판결).

결과적 가중범의 공동정범 성립에 관한 판례

1) 강간치상죄의 공동정범

공동정범의 경우에 공범자 전원이 일정한 일시, 장소에 회합하여 모의하지 아니하고 공범자 중 수인을 통하여 犯意의 연락이 있고 그 범의내용에 대하여 포괄적 또는 개별적인 의사연락이나 그 인식이 있었다면 그들 전원이 공모관계에 있다 할 것이고, 이와 같이 공모한 후 공범자 중의 1인이 설사 범행실행에 직접 가담하지 아니하였다 하더라도 다른 공모자가 분담실행한 행위에 대하여 공동정범의 책임이 있다 할 것이며, 공범자중 수인이 강간의 기회에 상해의 결과를 야기하였다면 다른 공범자가 그 결과의 인식이 없었더라도 강간치상죄의 책임이 없다고 할 수 없다(대법원 1984.2.14. 선고 83도3120 판결; 1981.7.28. 선고 81도1590 판결).

2) 강도상해(치상)죄의 공동정범

(1) 강도의 공범자 중의 한사람이 강도의 기회에 피해자에게 폭행을 가하여 상해를 입힌 경우 다른 공범자도 재물강취의 수단으로 폭행을 가할 것이라는 점에 관하여 상호의사의 연락이 있었던 것이므로 구체적으로 상해에 관하여는 공모하지 않았다 하더라도 폭행으로 생긴 결과에 대한 공범으로서 강도상해 및 강도치상의 책임을 진다(대법원 1990.12.26. 선고 90도2362 판결; 1990.10.12. 선고 90도1887 판결 등).

(2) 공동정범은 범죄행위시에 그 의사의 연락이 묵시적이거나 간접적이거나를 불문하고 행위자 상호간에 주관적으로 서로 범죄행위를 공동으로 한다는 공동가공의 의사가 있음으로써 성립하는 것이다. 행위자 상호간에 범죄의 실행을 공모하였다면 다른 공모자가 이미 실행에 착수한 이후에는 그 공모관계에서 이탈하였다고 하더라도 공동정범의 책임을 면할 수 없는 것이므로 피고인등이 금품을 강취할 것을 공모하고 피고인은 집밖에서 망을 보기로 하였으나, 다른 공모자들이 피해자의 집에 침입한 후에 담배를 사기 위해서 망을 보지 않았다고 하더라도, 피고인은 판시 강도상해죄의 공동정범의 죄책을 면할 수가 없다(대법원 1984.1.31. 선고 83도2941 판결).

(3) 피고인들이 합동하여 절도범행을 하는 도중에, 사전에 구체적인 의사연락이 없었다고 하여도, 피고인이 체포를 면탈할 목적으로 피해자를 힘껏 떠밀어 콘크리트바닥에 넘어뜨려 상처를 입게 함으로써 추적을 할 수 없게 한 경우, 폭행의 정도가 피해자의 추적을 억압할 정도의 것이었던 이상 피고인들은 강도상해의 죄책을 면할 수 없다(대법원 1991.11.26. 선고 91도2267 판결).

3) 강도살인(치사)죄의 공동정범

(1) 피고인들이 등산용 칼을 이용하여 노상강도를 하기로 공모한 사건에서 범행 당시 차안에서 망을 보고 있던 피고인 甲이나 등산용 칼을 휴대하고 있던 피고인 乙과 함께 차에서 내려 피해자로부터 금품을 강취하려 했던 피고인 丙으로서는 우연히 현장을 목격하게 된 다른 피해자를 피고인 乙이 소지중인 등산용 칼로 살해하여 강도살인행위에 이를 것을 전혀 예상하지 못하였다고 할 수 없으므로 피고인 甲과 丙을 강도치사죄로 의율처단함이 옳다(대법원 1990.11.27. 선고 90도2262 판결).

(2) 강도의 공범자중 1인이 강도의 기회에 피해자의 신체에 대하여 폭행을 가하거나 피해자의 신체를 상해하여 피해자를 살해한 경우에, 다른 공범자에게도 재물을 강취하는 수단으로 폭행이나 상해가 가하여질 것이라는 점에 관하여 상호 의사의 연락이 있었던 것으로 보아야 하므로, 구체적으로 살해에 관하여까지는 공모하지 않았다고 하더라도 폭

행이나 상해로 생긴 결과(강도치사죄)에 대하여 공범으로서의 책임을 져야 한다(대법원 1992.12.22. 선고 92도2462 판결; 1988.9.13. 선고 88도1046 판결).

(3) 수인이 합동하여 강도를 한 경우 그 중 1인이 사람을 살해한 경우의 죄책

강도살인죄는 고의범이므로 강도살인죄의 공동정범이 성립하기 위하여는 강도의 점 뿐 아니라 살인의 점에 관한 고의의 공동이 필요하다. 강도의 공범자 중 1인이 강도의 기회에 피해자에게 폭행 또는 상해를 가하여 살해한 경우, 다른 공모자가 살인의 공모를 하지 아니하였다 하여도 그 살인행위나 치사의 결과를 예견할 수 없었던 경우가 아니면 강도치사죄의 죄책을 면할 수 없다고 할 것이나, 피고인이나 변호인이 항소이유로서 이를 전혀 예견할 수 없었다고 주장하는 경우, 이에 관하여는 사실심인 항소심이 판단을 하여야 한다. 강도살인죄는 고의범이고 강도치사죄는 이른바 결과적 가중범으로서 살인의 고의까지 요하는 것이 아니므로, 수인이 합동하여 강도를 한 경우 그 중 1인이 사람을 살해하는 행위를 하였다면 그 범인은 강도살인죄의 기수 또는 미수의 죄책을 지는 것이고 다른 공범자도 살해행위에 관한 고의의 공동이 있었으면 그 또한 강도살인죄의 기수 또는 미수의 죄책을 지는 것이 당연하다 하겠으나, 고의의 공동이 없었으면 피해자가 사망한 경우에는 강도치사의, 강도살인이 미수에 그치고 피해자가 상해만 입은 경우에는 강도상해 또는 치상의, 피해자가 아무런 상해를 입지 아니한 경우에는 강도의 죄책만 진다고 보아야 할 것이다(대법원 1991.11.12. 선고 91도2156 판결).

4) 상해치사죄의 공동정범

(1) 결과적 가중범인 상해치사죄의 공동정범은 폭행 기타의 신체침해 행위를 공동으로 할 의사가 있으면 성립되고 결과를 공동으로 할 의사는 필요 없으며, 여러 사람이 상해의 범의로 범행 중 한 사람이 중한 상해를 가하여 피해자가 사망에 이르게 된 경우 나머지 사람들은 사망의 결과를 예견할 수 없는 때가 아닌 한 상해치사의 죄책을 면할 수 없다(대법원 2000.5.1.2 선고 2000도745 판결).

(2) 피고인이 공범들과 공동하여 피해자의 신체를 상해하거나 폭행을 가하는 회에 공범 중 1인이 고의로 피해자를 살해한 경우, 피고인이 살인행위를 공모하거나 공범의 살인행위에 관여하지 아니하였기 때문에 살인죄의 죄책은 지지 아니한다고 하더라도 상해나 폭행행위에 관하여는 서로 인식이 있었고 예견이 가능한 공범의 가해행위로 사망의 결과가 초래된 이상, 상해치사죄의 죄책을 면할 수 없다(대법원 1991.5.14. 선고 91도580 판결).

(3) 공동정범의 주관적 요건인 공모는 공범자 상호간에 범죄의 공동실행에 관한 의사의 결합만 있으면 족하고, 이와 같은 공모가 이루어진 이상 실행행위에 관여하지 않더라도 다른 공범자의 행위에 대하여 형사책임을 지는 것인 바, 피고인이 여러 공범들과 피해자를 상해하기로 공모하고, 피고인 등은 상피고인의 사무실에 대기하고, 실행행위를 분담한 공모자 일부가 사건현장에 가서 위 피해자를 상해하여 사망케 하였다면 피고인은 상해치사범죄의 공동정범에 해당한다(대법원 1991.10.11. 선고 91도1755 판결; 1990.6.22. 선고 90도767 판결; 1990.6.26. 선고 90도765 판결; 1990.9.28. 선고 90도602 판결 등).

5) 현주건조물방화치사상죄의 공동정범

피고인을 비롯한 30여명의 공범들이 화염병 등 소지 공격조와 쇠파이프 소지 방어조로 나누어 이 사건 건물을 집단방화하기로 공모하고 이에 따라 공격조가 위 건물로 침입하여 화염병 수십개를 1층 민원실 내부로 던져 불을 붙여 위 건물 내부를 소훼케 하는 도중에 공격조의 1인이 위 건조물 내의 피해자를 향하여 불이 붙은 화염병을 던진 사실을 인정할 수 있는 바, 이와 같이 공격조 1인이 방화대상 건물 내에 있는 피해자를 향하여 불붙은 화염병을 던진 행위는, 비록 그것이 피해자의 진화행위를 저지하기 위한 것이었다고 하더라도, 공격조에게 부여된 임무 수행을 이루어진 일련의 방화행위 중의 일부라고 보아야 할 것이고, 따라서 피해자의 화상은 이 사건 방화행위로 인하여 입은 것이라 할 것이므로 피고인을 비롯하여 당초 공모에 참여한 집단원 모두는 위 상해 결과에 대하여 현존건조물방화치상의 죄책을 면할 수 없다. 가사 피해자의 상해가 이 사건 방화 및 건물소훼로 인하여 입은 것이라고 보기 어렵다고 하더라도 형법(1995.12.29. 법률 제5057호로 개정되기 전의 것) 제164조 후단이 규정하는 현존건조물방화치상죄와 같은 이른바 부진정 결과적가중범은 예견가능한 결과를 예견하지 못한 경우 뿐만 아니라 그 결과를 예견하거나 고의가 있는 경우까지도 포함하는 것이므로 이 사건에서와 같이 사람이

현존하는 건조물을 방화하는 집단행위의 과정에서 일부 집단원이 고의행위로 살상을 가한 경우에도 다른 집단원에게 그 사상의 결과가 예견가능한 것이었다면 다른 집단원도 그 결과에 대하여 현존건조물방화치사상의 책임을 면할 수 없는 것인바, 피고인을 비롯한 집단원들이 당초 공모시 쇠파이프를 소지한 방어조를 운용하기로 한 점에 비추어 보면 피고인으로서는 이 사건 건물을 방화하는 집단행위의 과정에서 상해의 결과가 발생하는 것도 예견할 수 있었다고 보이므로, 이 점에서도 피고인을 현존건조물방화치상죄로 의율할 수 있다고 할 것이다(대법원 1996.4.12. 선고 96도215 판결).

〈사실관계〉

A대학교 학생 甲은 동료 학생들 30여명과 함께 화염병 등 소지 공격조와 쇠파이프 소지 방어조로 나누어 서울지방노동청사를 집단방화하기로 공모하고 이에 따라 甲이 속한 공격조가 위 건물로 침입하여 화염병 수십개를 1층 민원실 내부로 던져 불을 붙여 위 건물 내부를 소훼케 하는 도중에, 위 건물 1층 당직실에서 당직근무 중이던 乙이 서류정리작업을 하다가 정문 셔터를 부수는 소리를 듣고 정문 현관으로 가보니 이미 유리 현관문이 깨져 있었고, 화염병에 의하여 1층 건물 바닥과 집기에 불이 붙어 있었는데 그 때 성명불상의 공격조 1인이 乙의 진화행위를 저지하기 위하여 乙의 머리 부분을 향하여 화염병을 던져 乙의 얼굴 등 몸에 불이 붙어 이로 인하여 전치 4주간의 안면부화상 등을 입었다.

Ⅱ. 객관적 요건

행위의 공동, 즉 공동실행의 사실

1. 공동실행의 의미

범죄공동성설은 각자가 상호 협력하여 구성요건에 해당하는 행위를 분담 · 실행함을 의미한다고 해석하나, 행위공동성설의 입장에서는 전구성요건적 행위도 포함하여 동가치의 행위이면 족하다고 본다. 실행행위인지의 여부[8]와 인과관계 여부는 2인 이상의 행위를 전체적으로 종합하여 구성요건에 따라 개별적 · 구체적으로 판단하여야 한다.

2. 공동실행의 태양

동시에 동종의 행위를 공동으로 하는 경우 뿐만 아니라 예컨대 甲과 乙이 강도의 공동의사로 甲은 폭행, 乙은 재물절취를 하는 경우와 같이 동시에 이종의 행위를 공동으로 하는 경우도 가능하다.

또한, 甲과 乙이 살인의 공동의사로 각자 치사량의 반을 피해자에게 투여하는 경우와 같이 이시(異時)에 동종의 행위를 공동으로 하는 경우 및 甲과 구조의무 있는 乙이 살인의 공동의사로 甲이 피해자를 저수지 가운데로 유인하고 乙이 이를 방치하여 丙이 사망에 이른 경우와 같이 공동실행을 작위

8) 예컨대 '망을 보는 행위(把守行爲)가 실행행위의 분담에 해당하느냐'와 관련하여 실행의 착수에 관한 실질적 객관설에 의하면 일반적으로 실행행위가 아닌 정범을 방조하는 종범에 불과하지만, 절도 · 강도 · 상해 · 살인행위와 같이 그 구성요건에 따라 실행행위로 평가되는 경우도 있다.

와 부작위로 하는 경우도 가능하다.

3. 공모공동정범

2인 이상이 범죄를 공모한 후 그 중의 일부인이 실행행위를 분단하지 않은 경우, 즉 범죄를 공모하고 그 중 일부인으로 하여금 범죄의 실행에 착수 · 실행케 한 경우에 직접 실행행위에 가담하지 않은 자도 공모사실 만으로 실행행위 전체의 공동정범으로 처벌할 수 있느냐의 문제로, 공동정범의 성립요건 중 '공동실행의 사실'이라는 객관적 요건을 완화하고자 하는 이론이다.

1) 공동정범 인정설

공모공동정범을 인정하는 견해로 공동의사주체설, 간접정범유사설, 적극이용설, 목적적 행위지배설 등을 들 수 있는데, 모의 자체가 실행행위와 동일한 목적적 행위지배가 인정되며, 의사강화작용과 행위의 이용 · 보충이라는 공동정범의 분업원리에서도 공동정범이 인정된다는 견해이다.

또한 형사정책적으로 보아 조직범죄의 수괴나 배후자를 처벌할 필요가 있으며, 만일 공동정범을 부정하면 실행자가 공모전에 범의를 가졌거나 또는 지휘 · 감독관계에 있지 않을 때는 제34조 제2항으로도 규율할 수 없기 때문에 처벌할 수 없다는 문제점이 생긴다. 나아가 제30조는 '공동하여 범죄를 실행한 때'(조선형사령 제60조)로 규정하지 않고 '공동하여 죄를 범한 때'로 규정하고 있다는 점에서도 그 실정법적 근거가 있다.

2) 공동정범 부정설

공모공동정범을 부정하는 견해로 범죄공동성설, 행위공동성설, 공동행위주체설 등을 들 수 있는데, 실행행위가 없는 자에 대하여 책임을 부담지우는 것은 행위책임원칙에 위반되며, 공동의사주체는 일시적으로 단체성이 없을 뿐 아니라 개별책임원칙에도 위배된다는 견해이다.

또한 모의 사실만으로 공동정범이 인정되면 교사범과의 구별이 어렵게 되며, 수괴도 제32조 제2항과 제3항으로 처벌할 수 있고 교사범이 정범과 동일하게 처벌하기 때문에 이를 인정할 실익이 없다.

3) 개별적 긍정설

행위지배설에 기하여 제한적으로 인정하는 견해로, 목적적 행위지배가 있는 경우에만 단순한 공모자에게도 공동정범의 성립을 인정한다. 이 견해는 기능적 행위지배설을 척도로 공모공동정범을 제한적으로 인정하고 있다.

4) 공모공동정범 개념 부정설

공모 형태가 정범의 표지인 기능적 행위지배에 해당하느냐에 따라 공동정범 또는 교사 · 방조범으로 판단하면 되므로 공모공동정범이라는 개념 자체를 사용할 필요가 없다.

관련판례

공모가 범죄의 공동실행에 해당하는지 여부의 판단 기준

1) 공모공동정범이 성립하기 위하여는 2인 이상의 사람이 특정한 범죄행위를 하기 위하여 일체가 되어 서로 다른 사람의 행위를 이용하여 자기의 의사를 실행에 옮기는 것을 내용으로 하는 공모를 하고 이에 따라 범행을 실행한 사실이 인정되어야 하는바, 여기서의 공모는 법률상 어떤 정형을 요구하는 것이 아니므로 비록 전체적인 모의과정이 없었다고 하더라도 수인 사이에 순차적으로 또는 암묵적으로 상통하여 그 의사의 결합이 이루어지면 공모관계가 성립하고, 이러한 공모가 이루어진 이상 실행행위에 직접 관여하지 아니한 자라도 다른 공모자의 행위에 대하여 공동정범으로서 형사적 책임을 부담하여야 하지만, 그 의사는 타인의 범행을 인식하면서도 이를 제지하지 아니하고 용인하는 것만으로 부족하고 공동의 의사로 특정한 범죄행위를 하기 위하여 일체가 되어 서로 다른 사람의 행위를 이용하여 자기의 의사를 실행에 옮기는 것이어야 하며, 이러한 공모나 모의는 범죄사실을 구성하는 것으로서 이를 인정하기 위하여는 엄격한 증명에 의하여야 하므로, 피고인이 공모의 점과 함께 범의를 부인하는 경우에는, 이러한 주관적 요소로 되는 사실은 사물의 성질상 범의와 상당한 관련성이 있는 간접사실 또는 정황사실을 증명하는 방법에 의하여 이를 입증할 수밖에 없고, 무엇이 상당한 관련성이 있는 간접사실에 해당할 것인가는 정상적인 경험칙에 바탕을 두고 치밀한 관찰력이나 분석력에 의하여 사실의 연결상태를 합리적으로 판단하는 방법에 의하여야 하는 것이며(대법원 2003.1.24. 선고 2002도6103 판결 참조), 공모공동정범의 성립 여부는 범죄실현의 전과정을 통하여 각자의 지위와 역할, 공범에 대한 권유내용 등을 구체적으로 검토하고 이를 종합하여 위와 같은 상호이용의 관계가 합리적인 의심을 할 여지가 없을 정도로 증명되어야 하며, 그와 같은 입증이 없다면 설령 피고인에게 유죄의 의심이 간다 하더라도 피고인의 이익으로 판단할 수밖에 없는 것이다. 같은 취지에서 원심은, 그 채용증거들에 의하여 그 판시와 같은 사실을 인정한 다음, 그와 같은 사실관계에 기초하여, (대학 명칭 생략) 의과대학부속병원에서 보건복지부장관이 정한 기준을 위반하여 진료비가 과다하게 징수되고 있는 사실에 관하여 피고인에게 대략의 인식이 있었다고 할 수 있으나, 수가 산정 과정 등에 비추어 병원의 수가 변경은 피고인의 단순한 지시나 요청으로 이루어질 수 있는 것으로 보기 어렵고, 적어도 관련 과목의 의사들은 물론 병원 내 관련 부서의 동의와 유기적인 협력이 있어야 하므로 피고인이 병원장으로 취임한 후 그 전공과목은 물론 그 외에 거의 모든 과목에 걸쳐 있는 이 사건 각 수가항목 전부에 관하여 전면 재검토하여 관련 부서에 수가 조정이나 삭제를 지시 · 요청하지 아니하였다는 사정만으로는 피고인이 '묵인'의 방법으로 병원 직원들과 공모하여 편취 행위에 가담하였다고 볼 수 없을 뿐만 아니라, 여러 해 동안 계속된 병원의 운영방식과 치료비의 청구방식에 비추어 병원장으로 취임한 피고인이 피해자인 환자들이 의료보험 관련 법규에 어두운 점을 이용하여 피해자들로부터 진료비를 과다 징수하여 이를 편취하고자 직원들과 공모하였다고는 볼 수 없다는 이유로 이 사건 공소사실을 모두 유죄로 인정한 제1심판결을 파기하고 피고인에 대하여 무죄를 선고하였는바, 기록에 비추어 살펴보면, 원심에서의 증거취사와 사실인정 및 판단은 정당한 것으로 수긍할 수 있고, 거기에 상고이유로 주장하는 바와 같은 채증법칙 위배로 인한 사실오인이나 공모공동정범에 관한 법리오해 등의 위법이 없다(대법원 2005.3.11. 선고 2002도5112 판결).

2) 어느 범죄에 2인 이상이 공동가공하는 경우 공모는 법률상 어떠한 정형을 요구하는 것이 아니고 2인 이상이 공모하여 범죄에 공동가공하여 범죄를 실현하려는 의사의 결합만 있으면 되는 것으로서, 비록 암묵적으로라도 수인 사이에 의사가 상통하여 의사의 결합이 이루어지면 공모관계가 성립하고, 범죄의 실행과정에 그와 같은 공동의사에 기한 기능적 행위지배가 인정되는 경우에는 실행행위에 직접 관여하지 아니한 자라도 다른 공모자의 행위에 대하여 공동정범으로서 형사책임을 진다 할 것이다(대법원 2005.6.24. 선고 2005도825 판결, 같은 취지의 판례로 대법원 2004.5.27. 선고 2003도6779 판결 ; 2004.6.11. 선고 2004도2034 판결 등).

3) 2인 이상이 공모하여 범죄에 공동 가공하는 공범관계에 있어서의 공모는 법률상 어떤 정형을 요구하는 것이 아니고 범죄를 공동실행할 의사가 있는 공범자 상호간에 직 · 간접적으로 그 공동실행에 관한 암묵적인 의사연락이 있으면 충분하고, 이에 대한 직접 증거가 없더라도 정황사실과 경험법칙에 의하여 이를 인정할 수 있다(대법원 1999.3.9. 선고 98도3169 판결, 2004.12.24. 선고 2004도5494 판결 등 참조). 그리고 공모에 의한 범죄의 공동실행은 모든 공범자가 스스로 범죄의 구성요건을 실현하는 것을 전제로 하지 아니하고, 그 실현행위를 하는 공범자에게 그 행위결정을 강화하도록 협력하는 것으로도 가능하며, 이에 해당하는지 여부는 행위 결과에 대한 각자의 이해 정도, 행위 가담의 크기, 범행지배에 대한 의지 등을 종합적으로 고려하여 판단하여야 한다(대법원 2006.12.22. 선고 2006도1623 판결).

4) 형법 제30조의 공동정범은 공동가공의 의사와 그 공동의사에 기한 기능적 행위지배를 통한 범죄 실행이라는 주관적 · 객관적 요건을 충족함으로써 성립하는바, 공모자 중 구성요건 행위 일부를 직접 분담하여 실행하지 않은 자라도 경우에 따라 이른바 공모공동정범으로서의 죄책을 질 수도 있는 것이기는 하나, 이를 위해서는 전체 범죄에 있어서 그가 차지하는 지위, 역할이나 범죄 경과에 대한 지배 내지 장악력 등을 종합해 볼 때, 단순한 공모자에 그치는 것이 아니라 범죄에 대한 본질적 기여를 통한 기능적 행위지배가 존재하는 것으로 인정되는 경우여야 한다(대법원 2007.4.26. 선고 2007도235 판결).

5) 공모공동정범의 성립 요건, 공모공동정범에 있어서 공모자들에게 공모한 범행 외에 공모한 범행의 도중에 부수적으로 파생된 범죄에 대하여도 공모와 기능적 행위가 있다고 인정하기 위한 판단 기준

형법 제30조의 공동정범은 공동가공의 의사와 그 공동의사에 기한 기능적 행위지배를 통한 범죄 실행이라는 주관적 · 객관적 요건을 충족함으로써 성립하는바, 공모자 중 일부가 구성요건 행위 중 일부를 직접 분담하여 실행하지 않은 경우라 할지라도 전체 범죄에 있어서 그가 차지하는 지위, 역할이나 범죄 경과에 대한 지배 내지 장악력 등을 종합해 볼 때, 단순한 공모자에 그치는 것이 아니라 범죄에 대한 본질적 기여를 통한 기능적 행위지배가 존재하는 것으로 인정된다면, 이른바 공모공동정범으로서의 죄책을 면할 수 없는 것이다 (대법원 1998.5.21. 선고 98도321 전원합의체 판결, 2004.6.24. 선고 2002도995 판결, 2005.3.11. 선고 2002도5112 판결, 2006.12.22. 선고 2006도1623 판결 등 참조). 그리고 이 경우, 범죄의 수단과 태양, 가담하는 인원과 그 성향, 범행 시간과 장소의 특성, 범행과정에서 타인과의 접촉 가능성과 예상되는 반응 등 제반 상황에 비추어, 공모자들이 그 공모한 범행을 수행하거나 목적 달성을 위해 나아가는 도중에 부수적인 다른 범죄가 파생되리라고 예상하거나 충분히 예상할 수 있는데도 그러한 가능성을 외면한 채 이를 방지하기에 족한 합리적인 조치를 취하지 아니하고 공모한 범행에 나아갔다가 결국 그와 같이 예상되던 범행들이 발생하였다면, 비록 그 파생적인 범행 하나하나에 대하여 개별적인 의사의 연락이 없었다 하더라도 당초의 공모자들 사이에 그 범행 전부에 대하여 암묵적인 공모는 물론 그에 대한 기능적 행위지배가 존재한다고 보아야 할 것이다. 한편, 공모공동정범에 있어서 공모 또는 모의는 '범죄될 사실'의 주요부분에 해당하는 이상 가능한 한 이를 구체적이고 상세하게 특정하여야 할 뿐 아니라 엄격한 증명의 대상에 해당한다 할 것이나(대법원 1988.9. 3. 선고 88도1114 판결, 1989.6.27. 선고 88도2381 판결 등 참조), 범죄의 특성에 비추어 부득이한 예외적인 경우라면 형사소송법이 공소사실을 특정하도록 한 취지에 반하지 않는 범위 내에서 공소사실 중 일부가 다소 개괄적으로 기재되었다고 하여 위법하다고 할 수는 없는 것이므로(대법원 2003.1.24. 선고 2002도6103 판결 참조), 그 공모 또는 모의의 판시는 모의의 구체적인 일시, 장소, 내용 등을 상세하게 판시하여야만 할 필요는 없고 의사합치가 성립된 것이 밝혀지는 정도면 된다고 할 것이다(대법원 2006.8.25. 선고 2006도3631 판결 참조)(대법원 2007.4.26. 선고 2007도428 판결).

6) 형법 제30조의 공동정범은 공동가공의 의사와 그 공동의사에 기한 기능적 행위지배를 통한 범죄 실행이라는 주관적 · 객관적 요건을 충족함으로써 성립하는바, 공모자 중 일부가 구성요건 행위 중 일부를 직접 분담하여 실행하지 않은 경우라 할지라도 전체 범죄에 있어서 그가 차지하는 지위, 역할이나 범죄 경과에 대한 지배 내지 장악

력 등을 종합해 볼 때, 단순한 공모자에 그치는 것이 아니라 범죄에 대한 본질적 기여를 통한 기능적 행위지배가 존재하는 것으로 인정된다면, 이른바 공모공동정범으로서의 죄책을 면할 수 없는 것이다(대법원 1998.5.21. 선고 98도321 전원합의체 판결, 2004.6.24. 선고 2002도995 판결, 2005.3.11. 선고 2002도5112 판결, 2006.12.22. 선고 2006도1623 판결 등 참조). 그리고 이 경우, 범죄의 수단과 태양, 가담하는 인원과 그 성향, 범행 시간과 장소의 특성, 범행과정에서 타인과의 접촉 가능성과 예상되는 반응 등 제반 상황에 비추어, 공모자들이 그 공모한 범행을 수행하거나 목적 달성을 위해 나아가는 도중에 부수적인 다른 범죄가 파생되리라고 예상하거나 충분히 예상할 수 있는데도 그러한 가능성을 외면한 채 이를 방지하기에 족한 합리적인 조치를 취하지 아니하고 공모한 범행에 나아갔다가 결국 그와 같이 예상되던 범행들이 발생하였다면, 비록 그 파생적인 범행 하나하나에 대하여 개별적인 의사의 연락이 없었다 하더라도 당초의 공모자들 사이에 그 범행 전부에 대하여 암묵적인 공모는 물론 그에 대한 기능적 행위지배가 존재한다고 보아야 할 것이다. 한편, 공모공동정범에 있어서 공모 또는 모의는 '범죄될 사실'의 주요부분에 해당하는 이상 가능한 한 이를 구체적이고 상세하게 특정하여야 할 뿐 아니라 엄격한 증명의 대상에 해당한다 할 것이나(대법원 1988.9.13. 선고 88도1114 판결, 1989.6.27. 선고 88도2381 판결 등 참조), 범죄의 특성에 비추어 부득이한 예외적인 경우라면 형사소송법이 공소사실을 특정하도록 한 취지에 반하지 않는 범위 내에서 공소사실 중 일부가 다소 개괄적으로 기재되었다고 하여 위법하다고 할 수는 없는 것이므로(대법원 2003.1.24. 선고 2002도6103 판결 참조), 그 공모 또는 모의의 판시는 모의의 구체적인 일시, 장소, 내용 등을 상세하게 판시하여야만 할 필요는 없고 의사합치가 성립된 것이 밝혀지는 정도면 된다고 할 것이다(대법원 2007.4.26. 선고 2007도428 판결).

7) 형법 제30조의 공동정범은 공동가공의 의사와 그 공동의사에 기한 기능적 행위지배를 통한 범죄 실행이라는 주관적 · 객관적 요건을 충족함으로써 성립하는바, 공모자 중 구성요건 행위 일부를 직접 분담하여 실행하지 않은 자라도 공동정범으로서의 죄책을 질 수도 있는 것이기는 하나, 이를 위해서는 전체 범죄에 있어서 그가 차지하는 지위, 역할이나 범죄 경과에 대한 지배 내지 장악력 등을 종합해 볼 때, 단순한 공모자에 그치는 것이 아니라 범죄에 대한 본질적 기여를 통한 기능적 행위지배가 존재하는 것으로 인정되는 경우여야 한다(대법원 2007.10.26. 선고 2007도4702 판결).

8) 원심은 판시와 같은 이유를 들어, 전국노점상총연합회(이하 '전노련'이라 한다)의 주도 하에 전국 회원 약 3,300명이 2007.10.16. 15:00경부터 같은 날 23:30경까지 도로를 막고 행진하여 고양시청으로 진입하는 과정에서 이루어진 판시 각 범행에 대하여 피고인에게 공모공동정범으로서의 죄책을 모두 인정하였다. 먼저, 원심이 적법하게 채택한 증거들에 의하면, 피고인을 비롯한 집회 참가자 약 3,300여 명이 2007.10.16. 15:00경부터 고양시 덕양구 화정동 화정근린공원에서부터 고양시청까지 약 3㎞ 편도 2차로의 도로를 막고 행진하며 시위를 한 사실, 고양시청 앞에 도착한 시위대는 전노련 집행부의 시청 진입 지시에 따라 밧줄을 이용하여 차단용으로 설치된 컨테이너 박스를 끌어내고 고양시청 철제문도 밧줄로 묶어 잡아당기는 등으로 이를 파손하였으며 경찰관 등에게 위험한 물건인 돌과 유리병 등을 던지거나 각목을 휘두른 사실, 이로 인해 전투경찰인 공소외 1이 2007.10.16. 15:30경 고양시청 정문 앞 노상에서 시위대가 던진 유리병에 오른손을 맞아 약 2주간의 치료를 요하는 장무지 신전근 손상을 입은 사실, 피고인은 각목을 휴대하지는 않았으나 시위에 직접 참여하였고, 경찰이 쏜 물대포를 맞아 옷이 모두 젖은 사실, 사복경찰관이 시위대 전열에서 각목을 휘두르는 사람을 체포하려고 하자 피고인이 경찰관의 몸을 잡고 밀쳐내면서 폭력을 행사하였고, 이 과정에서 2007.10.16. 17:22경 사법경찰관 공소외 2에 의해 체포된 사실 등을 인정할 수 있는바, 앞서 본 법리에 비추어 위 인정 사실을 살펴보면, 피고인이 비록 단순한 시위가담자에 불과하더라도 이 사건 집회 당시의 피고인의 행위와 전체적인 사태의 추이, 집회의 내용 및 실제 폭행을 가하거나 기물을 파손한 집회참가자들의 구체적인 행위 태양, 폭력사태의 지속시간 및 그로 인한 피해 정도 등을 종합해 볼 때, 피고인은 위 각 범행의 단순한 공모자에 그치는 것이 아니라 범죄에 대한 본질적 기

여를 통한 기능적 행위지배가 존재하는 자로 인정된다고 할 것이므로, 시위 참가자들이 행한 이 부분 각 범행에 대한 공모공동정범으로서의 죄책을 면할 수 없다고 할 것이다. 그렇다면 이 부분에 대하여 피고인에게 판시 각 범행에 대한 공모공동정범의 죄책을 인정한 원심의 판단은 정당하고, 거기에 공동정범의 성립범위 등에 관한 법리오해나 채증법칙 위반 등으로 인하여 판결에 영향을 미친 위법이 없다. 그러나 원심판결 중 피고인이 체포된 2007.10.16. 17:22경 이후에 이루어진 시위참가자들의 범행에 대하여도 피고인에게 공모공동정범의 죄책을 인정한 부분은 아래와 같은 이유로 이를 그대로 수긍하기가 어렵다. 원심이 적법하게 채택한 증거들에 의하면, 공소외 1을 제외한 나머지 경찰관 12명은 피고인이 체포된 이후 시위 참가자가 던진 돌멩이, 벽돌, 각목 등에 맞아 피해를 입게 된 사실, 피고인은 전노련 소속 화성 · 오산 지역 노점상연합회 회원으로 이 사건 집회의 단순 가담자인 사실이 인정될 뿐이고, 그 밖에 피고인이 주최자인 전노련의 집회 계획 · 공모에 가담하였다거나 전노련 집행부를 통하여 이 사건 집회를 지배 내지 장악하는 등 영향력을 미쳤다고 인정할 만한 증거는 찾아보기 어렵다. 그렇다면 2007.10.16. 17:22경 이후에 이루어진 시위 참가자들의 범행 즉, 같은 날 17:30경부터 23:00경까지 이루어진 경찰관 등에 대한 특수공무집행방해 행위에 대하여는 피고인에게 각 범행에 대한 본질적 기여를 통한 기능적 행위지배가 존재한다고 보기 어려우므로 이 부분에 대하여는 공모공동정범의 죄책을 인정할 수 없다고 할 것이다. 이와 달리 이 부분 공소사실에 대하여까지 모두 공모공동정범의 죄책을 인정한 원심은 형법 제30조 공동정범의 성립요건에 대한 법리를 오해하는 등의 위법을 범한 잘못이 있어 그대로 유지될 수 없다(대법원 2009.6.23. 선고 2009도2994 판결).

[전국노점상총연합회가 주관한 도로행진시위에 참가한 피고인이 다른 시위 참가자들과 함께 경찰관 등에 대한 특수공무집행방해 행위를 하던 중 체포된 사안에서, 단순 가담자인 피고인에게 체포된 이후에 이루어진 다른 시위참가자들의 범행에 대하여는 본질적 기여를 통한 기능적 행위지배가 존재한다고 보기 어려워 공모공동정범의 죄책을 인정할 수 없다고 한 사례]

9) 공모공동정범의 공모자들에게 공모한 범행 외에 부수적으로 파생된 범죄에 대하여도 암묵적 공모와 기능적 행위지배가 있다고 인정하기 위한 판단 기준

형법 제30조의 공동정범은 공동가공의 의사와 그 공동의사에 기한 기능적 행위지배를 통한 범죄 실행이라는 주관적 · 객관적 요건을 충족함으로써 성립하는바, 공모자 중 구성요건 행위 일부를 직접 분담하여 실행하지 않은 자라도 경우에 따라 이른바 공모공동정범으로서의 죄책을 질 수도 있는 것이기는 하나, 이를 위해서는 전체 범죄에 있어서 그가 차지하는 지위, 역할이나 범죄 경과에 대한 지배 내지 장악력 등을 종합해 볼 때, 단순한 공모자에 그치는 것이 아니라 범죄에 대한 본질적 기여를 통한 기능적 행위지배가 존재하는 것으로 인정되는 경우여야 한다(대법원 2006.12.22. 선고 2006도1623 판결, 대법원 2007.4.26. 선고 2007도235 판결 등 참조). 그리고 이 경우, 범죄의 수단과 태양, 가담하는 인원과 그 성향, 범행 시간과 장소의 특성, 범행과정에서 타인과의 접촉 가능성과 예상되는 반응 등 제반 상황에 비추어, 공모자들이 그 공모한 범행을 수행하거나 목적 달성을 위해 나아가는 도중에 부수적인 다른 범죄가 파생되리라고 예상하거나 충분히 예상할 수 있는데도 그러한 가능성을 외면한 채 이를 방지하기에 족한 합리적인 조치를 취하지 아니하고 공모한 범행에 나아갔다가 결국 그와 같이 예상되던 범행들이 발생하였다면, 비록 그 파생적인 범행 하나하나에 대하여 개별적인 의사의 연락이 없었다 하더라도 당초의 공모자들 사이에 그 범행 전부에 대하여 암묵적인 공모는 물론 그에 대한 기능적 행위지배가 존재한다고 보아야 할 것이다. 위 법리와 기록에 비추어 살펴보면, 원심이 그 판시와 같은 사실을 인정한 다음, 그러한 인정 사실에 나타난 피고인이 이 사건 파업투쟁에 가담하게 된 경위, 위 파업투쟁 및 폭력사태의 경위와 진행 과정, 그 과정에서 피고인의 지위 및 역할, 피고인이 작성한 문건의 내용 및 성격 등을 종합하여 보면, 피고인이 비록 노조원들의 폭행, 상해, 특수공무집행방해치상 등 범죄행위들에 대하여 구체적으로 모의하거나 이를 직접 분담하여 실행한 바 없었다 하더라도, 아래 2.항에서 판단하는 부분을 제외한 나머지 이 사건 각 범행에

대하여 암묵적인 공모는 물론 그 범행들에 대한 본질적 기여를 통한 기능적 행위지배가 있었다고 보아 피고인을 위 각 범행의 공모공동정범으로 의율한 제1심판결을 유지한 것은 정당한 것으로 수긍이 가고, 거기에 상고이유에서 주장하는 바와 같은 공동정범에서의 기능적 행위지배에 관한 채증법칙 위반이나 법리오해 등의 위법이 없다(대법원 2010.12.23. 선고 2010도7412 판결. 2009년 쌍용자동차 파업사태 판결).

10) 공모공동정범의 공모자들에게 공모한 범행 외에 부수적으로 파생된 범죄에 대하여도 암묵적 공모와 기능적 행위지배가 있다고 인정하기 위한 판단 기준

형법 제30조의 공동정범은 공동가공의 의사와 그 공동의사에 기한 기능적 행위지배를 통한 범죄 실행이라는 주관적 · 객관적 요건을 충족함으로써 성립하는바, 공모자 중 구성요건 행위 일부를 직접 분담하여 실행하지 않은 자라고 하더라도, 전체 범죄에 있어서 그가 차지하는 지위, 역할이나 범죄 경과에 대한 지배 내지 장악력 등을 종합해 볼 때 단순한 공모자에 그치는 것이 아니라 범죄에 대한 본질적 기여를 통한 기능적 행위지배가 존재하는 것으로 인정되는 때에는, 다른 공모자에 의하여 실행된 범행에 대하여 공모공동정범으로서의 죄책을 진다(대법원 2006.12.22. 선고 2006도1623 판결, 대법원 2007.4.26. 선고 2007도235 판결 등 참조). 그리고 이 경우, 범죄의 수단과 태양, 가담하는 인원과 그 성향, 범행 시간과 장소의 특성, 범행과정에서 타인과의 접촉가능성과 예상되는 반응 등 제반 상황에 비추어, 공모자들이 그 공모한 범행을 수행하거나 목적 달성을 위해 나아가는 도중에 부수적인 다른 범죄가 파생되리라고 예상하거나 충분히 예상할 수 있는데도 그러한 가능성을 외면한 채 이를 방지하기에 족한 합리적인 조치를 취하지 아니하고 공모한 범행에 나아갔다가 결국 그와 같이 예상되던 범행들이 발생하였다면, 비록 그 파생적인 범행 하나하나에 대하여 개별적인 의사의 연락이 없었다고 하더라도 당초의 공모자들 사이에 그 범행 전부에 대하여 암묵적인 공모는 물론 그에 대한 기능적 행위지배가 존재한다고 보아야 할 것이다(대법원 2007. 4. 26. 선고 2007도428 판결 ; 2010.12.23. 선고 2010도7412 판결 등 참조).

원심은, 그 판시와 같은 이 사건 점거파업 과정에서의 피고인들의 지위, 역할, 점거파업 과정에서 벌어진 집단폭력행위의 성격과 경위, 그 규모와 형태, 구체적인 방법과 진행 과정, 이 사건 노동조합의 지휘체계 등의 여러 사정을 종합하면, 피고인 10, 16, 17, 19를 제외한 나머지 피고인들은 이 사건 점거파업 과정에서 벌어진 그 판시 폭행, 체포, 상해 등의 범죄행위들 중 일부에 대하여 구체적으로 모의하거나 이를 직접 분담하여 실행한 바가 없었다 하더라도, 각 범행에 대한 암묵적인 공모는 물론 그 범행들에 대한 본질적 기여를 통한 기능적 행위지배를 한 자에 해당한다고 보아, 위 나머지 피고인들에 대하여 이 부분 공소사실을 유죄로 인정한 제1심판결을 그대로 유지하였다. 원심이 적법하게 채용한 증거들을 원심판결 이유 및 앞서 본 법리에 비추어 살펴보면, 원심의 위와 같은 사실인정과 판단은 모두 정당한 것으로 수긍할 수 있고, 거기에 상고이유에서 주장하는 바와 같이 논리와 경험칙에 반하여 사실을 오인하거나 공모공동정범의 성립요건 등에 관한 법리를 오해하여 판결 결과에 영향을 미친 위법이 없다(대법원 2011.1.27. 선고 2010도11030 판결).

공모공동정범에 있어서 공모관계의 성립 요건

1) 2인 이상이 범죄에 공동가공하는 공범관계에서 공모는 법률상 어떤 정형을 요구하는 것이 아니고 2인 이상이 공모하여 범죄에 공동가공하여 범죄를 실현하려는 의사의 결합만 있으면 되는 것으로서, 비록 전체의 모의과정이 없더라도 수인 사이에 순차적으로 또는 암묵적으로 상통하여 의사의 결합이 이루어지면 공모관계가 성립한다. 그리고 이러한 공모관계를 인정하기 위해서는 엄격한 증명이 요구되지만, 피고인이 범죄의 주관적 요소인 공모의 점을 부인하는 경우에는 사물의 성질상 이와 상당한 관련성이 있는 간접사실 또는 정황사실을 증명하는 방법으로 이를 증명할 수밖에 없으며, 이때 무엇이 상당한 관련성이 있는 간접사실에 해당할 것인가는 정상적인 경험칙에 바탕을 두고 치밀한 관찰력이나 분석력에 의하여 사실의 연결상태를 합리적으로 판단하는 방법으로 하여야 한다. 피고인이 甲 등과 공모하여 실제 영업활동을 하지 않는 회사들을 인수하여 회사 명의로 은행 당좌계

좌를 개설하고 다량의 어음 용지를 확보한 다음 지급기일에 부도가 예정되어 있어 결제될 가능성이 없는 이른바 딱지어음을 대량 발행한 후 일정한 가격으로 시중에 유통시켰는데, 을 등이 그 중 일부를 취득하여 이러한 사실을 숨긴 채 피해자들에게 어음할인을 의뢰하거나 채무이행을 유예하는 대가로 교부하여 어음할인금을 편취하거나 채무이행의 유예를 받은 사안에서, 딱지어음 발행 후 피해자들에 이르기까지의 유통경로 중 어음할인금 편취 또는 재산상 이익 취득과 관련된 주요 부분, 즉 을 등이 딱지어음임을 알면서도 취득하여 마치 정상적으로 발행된 어음인 것처럼 피해자들에게 교부하게 된 경위나 과정이 밝혀져 있고, 해당 어음의 유통과정에서 최후소지인인 피해자들 외에는 해당 어음이 딱지어음이라는 점을 알지 못하여 피해를 입은 사람이 달리 나타나지 아니한 사정 등에 비추어, 피고인 등은 을 등이 사기 범행을 실현하리라는 점을 인식하면서도 이를 용인하며 부도가 예정된 딱지어음을 조직적으로 대량 발행하고 시중에 유통시킴으로써 을 등 딱지어음 취득자들과 사이에 그들의 사기 범행에 관하여 직접 또는 중간 판매상 등을 통하여 적어도 순차적 · 암묵적으로 의사가 상통하여 공모관계가 성립되었다는 이유로, 같은 취지에서 피고인에게 사기죄의 공동정범을 인정한 원심판단을 수긍한 사례(대법원 2011.12.22. 선고 2011도9721 판결).

2) 2인 이상이 범죄에 공동 가공하는 공범관계에서 공모는 법률상 어떤 정형을 요구하는 것이 아니고 2인 이상이 공모하여 어느 범죄에 공동 가공하여 그 범죄를 실현하려는 의사의 결합만 있으면 되는 것으로서, 비록 전체의 모의과정이 없었다고 하더라도 수인 사이에 순차적으로 또는 암묵적으로 상통하여 그 의사의 결합이 이루어지면 공모관계가 성립하고, 이러한 공모가 이루어진 이상 실행행위에 직접 관여하지 아니한 자라도 다른 공모자의 행위에 대하여 공동정범으로서의 형사책임을 진다(대법원 2006.5.11. 선고 2003도4320 판결 ; 2006.1.26. 선고 2005도8507 판결).

3) 공모공동정범에 있어서의 모의의 내용은 두 사람 이상이 공동의 의사로 특정한 범죄행위를 하기 위하여 일체가 되어 서로가 다른 사람의 행위를 이용하여 각각 자기의 의사를 실행에 옮기는 것을 내용으로 하는 것이어야 함은 소론과 같다(대법원 1988.9.13. 선고 88도1114 판결 참조). 그러나 위와 같은 공동가공의 의사는 암묵리에 서로 의사가 상통하여도 되는 것이고, 사전에 반드시 어떠한 모의과정이 있어야 하는 것은 아니며, 그 범의 내용에 대하여 포괄적 또는 개별적인 의사연락이나 인식이 있었다면 그들 전원에 대하여 공모관계가 성립하는 것이다(대법원 1993.4.23. 선고 92도2628 판결).

4) 공모공동정범에 있어서의 모의는 사전모의를 필요로 하거나 범인 전원이 일정한 시간과 장소에 집합하여 행할 필요는 없고 그 가운데 한 사람 또는 두 사람 이상을 통하여 릴레이식으로 하거나 또는 암묵리에 서로 의사가 상통해도 된다 하겠으나 그 모의의 내용만은 두 사람 이상이 공동의 의사로 특정한 범죄행위를 하기 위하여 일체가 되어 서로가 다른 사람의 행위를 이용하여 각자 자기의 의사를 실행에 옮기는 것을 내용으로 하는 것이어야 하고, 그에 따라 범죄를 실행한 사실이 인정되어야만 공모공동정범이 성립되는 것이고 이와 같은 공모에 참여한 사실이 인정되는 이상 직접 실행행위에 관여하지 않았더라도 다른 사람의 행위를 자기의사의 수단으로 하여 범죄를 하였다는 점에서 자기가 직접 실행행위를 분담한 경우와 형사책임의 성립에 차이를 둘 이유가 없는 것이다(대법원 1988.9.13. 선고 88도1114 판결, 같은 취지의 판례로 대법원 1988.4.12. 선고 87도2368 판결).

5) 원심이 확정한 바와 같이 위 피고인들이 광운대학교 교무처장등에게 자녀들의 부정입학을 청탁하면서 그 대가로 위 대학교 측에 기부금명목의 금품을 제공하고 이에 따라 위 교무처장등이 그들의 실제 입학시험성적을 임의로 고쳐 그 석차가 모집정원의 범위 내에 들도록 사정부를 허위로 작성한 다음 이를 그 정을 모르는 위 대학교 입학사정위원들에게 제출하여 그들로 하여금 그 사정부에 따라 입학사정을 하게 함으로써 위 자녀들을 합격자로 사정처리하게 한 것이라면, 이는 위계로써 위 입학사정위원들의 사정업무를 방해하였다고 할 것이므로(당원 1993.5.11.선고, 92도255판결 참조), 이와 같은 취지의 원심판결은 정당하고 거기에 소론과 같은 업무방해죄에 관한 법리오해의 위법이 없다. 또한 2인 이상이 공모하여 범죄에 공동 가공하는 공범관계에 있어 공모는 법률상 어떤 정형을 요구하는 것이 아니고 공범자 상호간에 직접 또는 간접으로 범죄의 공동실행에 관한 암묵적인 의사

의 연락이 있으면 족한 것으로, 비록 전체의 모의과정이 없었다고 하더라도 수인 사이에 의사의 연락이 있으면 공동정범이 성립될 수 있다 할 것인바(당원 1993.7.13.선고, 92도 2832판결 참조), 원심이 이러한 취지에서 위 피고인들과 그들로부터 부정입학을 알선의뢰받은 교수나 실제로 부정입학을 주도한 위 교무처장등과의 사이에 서로 암묵적인 의사의 연락에 의한 순차 공모관계가 있다고 보아 위 피고인들에게 업무방해죄의 공동정범으로서의 죄책을 인정한 조치도 수긍이 되고, 거기에 소론이 지적하는 바와 같이 증거없이 범죄사실을 인정하거나 공동정범에 관한 법리를 오해한 잘못이 있음을 찾아 볼 수 없다(대법원 1994.3.11. 선고 93도2305 판결).

5) 공모단계에서 이탈한 자의 형사책임

공모과정에는 참가하였으나 다른 공범이 실행에 착수하기 전에 범행과정에서 이탈한 자의 형사책임

관련판례

1) 범행에 가담하려는 의사가 있어 공모관계가 인정된다 하더라도 다른 공모자들이 범행에 이르기 전에 그 공모관계에서 이탈했다면 위 공모관계에서 이탈한 이후의 행위에 대하여는 공동정범으로서의 책임을 지지 아니한다(대법원 1996.1.26. 선고 94도2654 판결. 같은 취지의 판례로 대법원 1972.4.20. 선고 71도2277 판결 ; 1984.1.31. 선고 83도2941 판결 ; 1986.1.21. 선고 85도2371 판결).

〈사실관계〉

甲은 1993.4. 청주시 북문로 2가 수아사 부근에서 청주 시내 유흥업소를 활동무대로 하여 폭행, 공갈 등을 목적으로 하는 시라소니파 범죄단체조직에 2기 조직원으로 가입하여 활동하던 자로서 같은 조직원들과 공모 공동하여, 1993.5.28. 20:30경 반대파 조직 파라다이스파로부터 소속 조직원인 乙과 丙이 칼에 찔려 피해를 입자 이에 대한 보복을 하기 위하여 같은 날 21:00경부터 22:30경까지 청주지 사직동 무심천 고수부지 로울러스케이트장에 집결한 후 파라다이스파 조직원들을 공격하여 상해를 가하거나 살해할 것을 결의하고, 조직원들과 공동하여 생선회칼, 손도끼, 낫 등 흉기를 들고 8대 차량에 분승하여 출발하려고 할 때 사태의 심각성을 실감하고 범행에 휘말리기 싫어서 그곳에서 택시를 타고 집으로 돌아와 버렸다. 이 사이에 나머지 조직원들은 청주 덕산 나이트클럽에 이르러 반대파 김ㅇㅇ를 찾았으나 없자 종업원 박ㅇㅇ를 폭행하고, 위 김ㅇㅇ와 파라다이스파 조직원들을 찾았으나 보이지 않자, 파라다이스파 두목 신ㅇㅇ, 조ㅇㅇ를 살해하기로 결의, 같은 날 23:20경 청주관광호텔 실버스타 나이트클럽에 이르러 조직원 일부는 밖에서 망을 보고 다른 공범자들은 흉기를 소지하고 잠자는 신ㅇㅇ를 깨워 무차별 찔러 흉부자창으로 같은 날 23:50경 실혈사로 사망케 하였다.

2) 피고인이 포괄일죄의 관계에 있는 범행의 일부를 실행한 후 공범관계에서 이탈하였으나 다른 공범자에 의하여 나머지 범행이 이루어진 경우, 피고인이 관여하지 않은 부분에 대하여도 죄책을 부담하는지 여부

피고인이 포괄일죄의 관계에 있는 범행의 일부를 실행한 후 공범관계에서 이탈하였으나 다른 공범자에 의하여 나머지 범행이 이루어진 경우, 피고인이 관여하지 않은 부분에 대하여도 죄책을 부담한다. 피고인이 갑 투자금융회사에 입사하여 다른 공범들과 특정 회사 주식의 시세조정 주문을 내기로 공모한 다음 시세조정행위의 일부를 실행한 후 갑 회사로부터 해고를 당하여 공범관계로부터 이탈하였고, 다른 공범들이 그 이후의 나머지 시세조정행위를 계속한 사안에서, 피고인이 다른 공범들의 범죄실행을 저지하지 않은 이상 그 이후 나머지 공범들이 행한 시세조정행위에 대하여도 죄책을 부담함에도, 피고인이 해고되어 갑 회사를 퇴사함으로써 기존의 공모관계에서 이탈하였다는 사정만으로 피고인이 이미 실행한 시세조정행위에 대한 기능적 행위지배가 해소되었다고 보아 그 이후의 각 구 증권거래법(2007. 8. 3. 법률 제8635호 자본시장과 금융투자업에 관한 법률 부칙 제2조로 폐지) 위반의 공소사실에 대하여 무죄를 선고한 원심판결에 공모공동정범에 관한 법리오해의 위법이 있다(대법원 2011.1.13. 선고 2010도9927 판결. 같은 취지의 판례로 대법원 2002.8.27. 선고 2001도513 판결 ; 대법원 2005.4.15. 선고 2005도630 판결).

공모에 주도적으로 참여한 공모자가 공모관계에서 이탈하여 공동정범으로서 책임을 지지 않기 위한 요건

1) 공모공동정범에 있어서 공모자 중의 1인이 다른 공모자가 실행행위에 이르기 전에 그 공모관계에서 이탈한 때에는 그 이후의 다른 공모자의 행위에 관하여는 공동정범으로서의 책임은 지지 않는다 할 것이나, 공모관계에서의 이탈은 공모자가 공모에 의하여 담당한 기능적 행위지배를 해소하는 것이 필요하므로 공모자가 공모에 주도적으로 참여하여 다른 공모자의 실행에 영향을 미친 때에는 범행을 저지하기 위하여 적극적으로 노력하는 등 실행에 미친 영향력을 제거하지 아니하는 한 공모자가 구속되었다는 등의 사유만으로 공모관계에서 이탈하였다고 할 수 없다. 따라서 甲이 乙과 공모하여 가출 청소년 丙(여, 16세)에게 낙태수술비를 벌도록 해 주겠다고 유인하였고, 乙로 하여금 병의 성매매 홍보용 나체사진을 찍도록 하였으며, 丙이 중도에 약속을 어길 경우 민형사상 책임을 진다는 각서를 작성하도록 한 후, 자신이 별건으로 체포되어 구치소에 수감 중인 동안 丙이 乙의 관리 아래 12회에 걸쳐 불특정 다수 남성의 성매수 행위의 상대방이 된 대가로 받은 돈을 丙, 乙 및 甲의 처 등이 나누어 사용하였다면, 丙의 성매매 기간 동안 甲이 수감되어 있었다 하더라도 위 甲은 乙과 함께 미성년자유인죄, 구 청소년의 성보호에 관한 법률(2009.6.9. 법률 제9765호 아동 · 청소년의 성보호에 관한 법률로 전부 개정되기 전의 것) 위반죄의 책임을 진다(대법원 2010.9.9. 선고 2010도6924 판결).

2) 공모공동정범에 있어서 공모자 중의 1인이 다른 공모자가 실행행위에 이르기 전에 그 공모관계에서 이탈한 때에는 그 이후의 다른 공모자의 행위에 관하여는 공동정범으로서의 책임은 지지 않는다 할 것이나(대법원 1995.7.11. 선고 95도955 판결 참조), 공모관계에서의 이탈은 공모자가 공모에 의하여 담당한 기능적 행위지배를 해소하는 것이 필요하므로 공모자가 공모에 주도적으로 참여하여 다른 공모자의 실행에 영향을 미친 때에는 범행을 저지하기 위하여 적극적으로 노력하는 등 실행에 미친 영향력을 제거하지 아니하는 한 공모관계에서 이탈되었다고 할 수 없다. 원심이 채용한 증거와 기록에 의하면, 피고인은 21세로서 이 사건 강도상해의 범행 전날 밤 11시경에 14세 또는 15세의 원심공동피고인 1, 2, 3과 강도 모의를 하였는데 이때 피고인이 삽을 들고 사람을 때리는 시늉을 하는 등 주도적으로 그 모의를 한 사실, 피고인은 위 원심공동피고인 1 등과 이 사건 당일 새벽 1시 30분경 특수절도의 범행을 한 후 함께 일대를 배회하면서 새벽 4시 30분경 이 사건 강도상해 범행을 하기까지 강도 대상을 물색한 사실, 위 원심공동피고인 1, 2가 피해자를 발견하고 쫓아 가자 피고인은 "어?"라고만 하고 위 원심공동피고인 3에게 따라가라고 한 후 자신은 비대한 체격 때문에 위 원심공동피고인 1, 2를 뒤따라가지 못하고 범행현장에서 200m 정도 떨어진 곳에 앉아 있었던 사실, 결국 위 원심공동피고인 1, 2는 피해자를 쫓아가 폭행하여 항거불능케 한 다음 피해자의 뒷주머니에서 지갑을 강취하고 피해자에게 약 7주간의 치료를 요하는 우측 무릎뼈골절 등의 상해를 입히는 이 사건 강도상해의 범행을 한 사실을 알 수 있는바, 그렇다면 피고인은 위 원심공동피고인 1 등과 공동가공의 의사와 공동의사에 기한 기능적 행위지배를 통한 범죄의 실행사실이 인정되므로 판시 강도상해죄의 공모관계에 있다고 할 것이고, 이와 같이 공모관계에 있는 위 원심공동피고인 1, 2가 피해자를 강도의 대상으로 지목하고 뒤쫓아 갈 때 피고인이 단지 "어?"라고 반응하였을 뿐이라면 위 원심공동피고인 1, 2가 강도상해죄의 실행에 착수하기까지 범행을 만류하는 등으로 그 공모관계에서 이탈하였다고 볼 수도 없으므로, 피고인은 판시 강도상해죄의 공동정범으로서의 죄책을 면할 수 없다(대법원 2008.4.10. 선고 2008도1274 판결. 군산 월명공원 산책길 사례. 같은 취지로 대법원 2007.4.12. 선고 2008도9298 판결).

4. 부작위범의 공동정범

부작위범 사이의 공동정범은 다수의 부작위범에게 공통된 의무가 부여되어 있고 그 의무를 공통으로 이행할 수 있을 때에만 성립한다.

관련판례

1) 작위와 부작위가 경합된 경우에 무엇을 기준으로 그 행위의 작위성이나 부작위성을 판단할 것인가, 공동정범이 성립되기 위한 정범의 표지는 무엇인가, 정범이 실행에 착수하기 전에 방조한 경우에 방조범이 성립하는가?

형법 제30조의 공동정범이 성립하기 위하여는 주관적 요건인 공동가공의 의사와 객관적 요건으로서 그 공동의사에 기한 기능적 행위지배를 통하여 범죄를 실행하였을 것이 필요하고, 여기서 공동가공의 의사란 타인의 범행을 인식하면서도 이를 제지함이 없이 용인하는 것만으로는 부족하고 공동의 의사로 특정한 범죄행위를 하기 위하여 일체가 되어 서로 다른 사람의 행위를 이용하여 자기의 의사를 실행에 옮기는 것을 내용으로 하는 것이어야 하는바(대법원 2003.3.28. 선고 2002도7477 판결 등 참조), 기록에 의하여 드러난 사정들, 즉, 피고인들이 원심공동피고인의 퇴원 조치 요구를 극구 거절하고, 나아가 꼭 퇴원을 하고 싶으면 차라리 피해자를 데리고 몰래 도망치라고까지 말하였던 점, 퇴원 당시 피해자는 인공호흡 조절수보다 자가호흡수가 많았으므로 일단 자발호흡이 가능하였던 것으로 보이고, 수축기 혈압도 150/80으로 당장의 생명유지에 지장은 없었던 것으로 보이는 점, 피해자의 동맥혈 가스 분석 등에 기초한 폐의 환기기능을 고려할 때 인공호흡기의 제거나 산소 공급의 중단이 즉각적인 호흡기능의 정지를 유발할 가능성이 적었을 것으로 보이는 점 등에 비추어 보면, 피고인들은 피해자의 처 원심공동피고인의 간청에 못 이겨 피해자의 퇴원에 필요한 조치를 취하기는 하였으나, 당시 인공호흡장치의 제거만으로 즉시 사망의 결과가 발생할 것으로 생각하지는 아니하였던 것으로 보이고(피해자가 실제로 인공호흡장치를 제거한지 5분 정도 후에 사망하였다는 것만으로 그러한 결과가 사전에 당연히 예견되는 것이었다고 단정하기는 어렵다.), 결국 피고인들의 이 사건 범행은, 피해자의 담당 의사로서 피해자의 퇴원을 허용하는 행위를 통하여 피해자의 생사를, 민법상 부양의무자요 제1차적 보증인의 지위에 있는 원심공동피고인의 추후 의무 이행 여부에 맡긴 데 불과한 것이라 하겠고, 그 후 피해자의 사망이라는 결과나 그에 이르는 사태의 핵심적 경과를 피고인들이 계획적으로 조종하거나 저지 · 촉진하는 등으로 지배하고 있었다고 보기는 어렵다. 따라서 피고인들에게는 앞에서 본 공동정범의 객관적 요건인 이른바 기능적 행위지배가 흠결되어 있다고 보는 것이 옳다. 따라서 피고인들이 원심공동피고인의 부작위에 의한 살인행위를 용이하게 함으로써 이를 방조하였을 뿐이라고 본 원심의 판단은 결론에 있어 정당하고, 거기에 판결 결과에 영향을 미친 위법이 있다고 할 수 없다. 검사의 이 부분 상고이유 주장은 이유 없다. 어떠한 범죄가 적극적 작위에 의하여 이루어질 수 있음은 물론 결과의 발생을 방지하지 아니하는 소극적 부작위에 의하여도 실현될 수 있는 경우에, 행위자가 자신의 신체적 활동이나 물리적 · 화학적 작용을 통하여 적극적으로 타인의 법익 상황을 악화시킴으로써 결국 그 타인의 법익을 침해하기에 이르렀다면, 이는 작위에 의한 범죄로 봄이 원칙이고, 작위에 의하여 악화된 법익 상황을 다시 되돌이키지 아니한 점에 주목하여 이를 부작위범으로 볼 것은 아니며, 나아가 악화되기 이전의 법익 상황이, 그 행위자가 과거에 행한 또 다른 작위의 결과에 의하여 유지되고 있었다 하여 이와 달리 볼 이유가 없다.

이 사건의 경우 피고인들은 피고인 3에게 피해자를 집으로 후송하고 호흡보조장치를 제거할 것을 지시하는 등의 적극적 행위를 통하여 원심공동피고인의 부작위에 의한 살인행위를 도운 것이므로, 이를 작위에 의한 방조범으로 본 원심의 판단은 정당한 것으로 수긍할 수 있고, 거기에 피고인들이 상고이유로 주장하는 바처럼 형법상 작위와 부작위의 구별 및 방조행위의 성립에 관한 법리오해 등의 위법이 없다. 나아가 피고인들의 행위를 작위에 의한 방조범으로 보는 이상 치료위임계약의 해지에 관한 법리오해 및 수임인의 긴급처리의무 · 의사의 교체(이른바 전의)의무 등 피고인들의 작위의무와 관련된 각종 법리오해 등은 어느 것이나 판결 결과에 영향을 미칠 수 없다(원심 역시 위와 같은 이유로 피고인들이 한 같은 취지의 원심 주장을 배척한 바 있다)(대법원 2004.6.24. 선고 2002도995 판결, 이른바 보라매병원 사례).

2) 공범자의 범인도피행위 도중에 기왕의 범인도피상태를 이용하여 스스로 범인도피행위를 계속한 경우 범인도피죄의 공동정범이 성립하는지 여부 및 이때 공범자의 범행을 방조한 종범의 경우에도 동일한 법리가 적용되는지 여부

범인도피죄는 범인을 도피하게 함으로써 기수에 이르지만, 범인도피행위가 계속되는 동안에는 범죄행위도 계속되고 행위가 끝날 때 비로소 범죄행위가 종료된다. 따라서 공범자의 범인도피행위 도중에 그 범행을 인식하면서 그와 공동의 범의를 가지고 기왕의 범인도피상태를 이용하여 스스로 범인도피행위를 계속한 경우에는 범인도피죄의 공동정범이 성립하고, 이는 공범자의 범행을 방조한 종범의 경우도 마찬가지이다. 그리고 변호사는 공공성을 지닌 법률 전문직으로서 독립하여 자유롭게 직무를 수행하여야 하고(변호사법 제2조), 직무를 수행하면서 진실을 은폐하거나 거짓 진술을 하여서는 아니 된다(같은 법 제24조 제2항). 따라서 형사변호인의 기본적인 임무가 피고인 또는 피의자를 보호하고 그의 이익을 대변하는 것이라고 하더라도, 그러한 이익은 법적으로 보호받을 가치가 있는 정당한 이익으로 제한되고, 변호인이 의뢰인의 요청에 따른 변론행위라는 명목으로 수사기관이나 법원에 대하여 적극적으로 허위의 진술을 하거나 피고인 또는 피의자로 하여금 허위진술을 하도록 하는 것은 허용되지 않는다. 따라서 甲이 수사기관 및 법원에 출석하여 乙 등의 사기 범행을 자신이 저질렀다는 취지로 허위자백하였는데, 그 후 甲의 사기 피고사건 변호인으로 선임된 피고인이 甲과 공모하여 진범 乙 등을 은폐하는 허위자백을 유지하게 함으로써 범인을 도피하게 하였다는 내용으로 기소된 사안에서, 피고인이 변호인으로서 단순히 甲의 이익을 위한 적절한 변론과 그에 필요한 활동을 하는 데 그치지 아니하고, 甲과 乙 사이에 부정한 거래가 진행 중이며 甲 피고사건의 수임과 변론이 거래의 향배와 불가결한 관련이 있을 것임을 분명히 인식하고도 乙에게서 甲 피고사건을 수임하고, 그들의 합의가 성사되도록 도왔으며, 스스로 합의금의 일부를 예치하는 방안까지 용인하고 합의서를 작성하는 등으로 甲과 乙의 거래관계에 깊숙이 관여한 행위를 정당한 변론권의 범위 내에 속한다고 평가할 수 없고, 나아가 변호인의 비밀유지의무는 변호인이 업무상 알게 된 비밀을 다른 곳에 누설하지 않을 소극적 의무를 말하는 것일 뿐 진범을 은폐하는 허위자백을 적극적으로 유지하게 한 행위가 변호인의 비밀유지의무에 의하여 정당화될 수 없다고 하면서, 한편으로 피고인의 행위는 정범인 甲에게 결의를 강화하게 한 방조행위로 평가될 수 있다는 이유로 범인도피방조죄를 인정한 원심판단을 정당하다(대법원 2012.8.30. 선고 2012도6027 판결, 변호사 범인도피방조죄 사례).

Ⅲ. 인과관계

2인 이상의 행위 전체를 종합하여 인과관계를 논해야 하며, 원인행위가 판명되지 않더라도 공범자 전원이 결과에 대하여 책임을 진다.

제3항 공동정범의 처벌

각자를 공동행위로 인하여 실현된 범죄사실에 관한 그 죄의 정범으로 처벌한다. 다만 동일한 법정형내의 형에 의하여 처벌된다는 의미로, 형의 양정(量定, 처단형)은 각자의 정상에 따라 다를 수 있다.

공동정범의 방조범으로 공소장변경 관련 판례

1) 법원이 공동정범으로 기소된 범죄사실에 대하여 공소장변경 없이 직권으로 방조범의 성립을 인정할 수 있는 경우
형법상 방조행위는 정범이 범행을 한다는 정을 알면서 그 실행행위를 용이하게 하는 직접 · 간접의 행위를 말하므로, 방조범은 정범의 실행을 방조한다는 이른바 방조의 고의와 정범의 행위가 구성요건에 해당하는 행위라는 점에 대한 인식, 즉 정범의 고의가 있어야 한다. 이러한 방조범은 공동정범과 비교할 때 형법상 다 같이 공범의 형식으로 규정되어 있다고 하더라도 그 성립요건에서 엄연한 차이가 있고 범의의 내용도 반드시 동일하지 않다. 따라서 공동정범으로 기소된 피고인이 정범으로서의 공동가공 의사나 실행행위의 분담이 없었다고 다투는 것과 범행을 주도하는 정범의 존재를 전제로 하여 그 정범의 실행행위를 인식하면서 단순히 이를 돕는 행위를 한다는 방조의 의사 및 방조행위의 내용을 다투는 것은 방어권 행사의 내용과 접근방식에서 크게 다를 수 있다. 한편 형사소송법은 공소사실의 동일성 범위 내에서 공소장을 변경할 수 있도록 하는 한편 법원에 대해서도 심리의 경과에 비추어 상당하다고 인정할 때에는 검사에게 공소장의 변경을 요구하여야 한다고 규정하고 있다(형사소송법 제298조 제2항). 비록 위 공소장변경 요구가 법원의 의무라고 할 것은 아니라고 하더라도, 법원이 당초의 공소사실과 다른 사실을 심판대상으로 삼아 유죄로 인정하고자 할 경우에는 공소장변경 절차를 거치는 것이 불고불리 원칙 등 형사소송의 기본원칙에 부합한다 할 것이다. 다만 공판과정에서 이미 변경하여 인정하려는 사실이 심판대상으로 드러나 공방이 되었다거나 당초의 공소사실에 대한 심판범위에 변경하여 인정하려는 사실이 포섭되어 있다는 등 특별한 사정이 있어 피고인의 방어권 행사를 해치지 아니할 정도라고 인정되는 경우라면 예외적으로 공소장 변경 없이도 직권에 의하여 공소사실과 동일성이 인정되는 범위 내에서 그와 다른 사실을 인정하여 유죄로 판단하는 것이 허용된다고 할 것이다. 이러한 취지에서 공소사실의 동일성이 인정되는 범위 내에서 공소가 제기된 범죄사실보다 가벼운 범죄사실이 인정되는 경우 법원이 공소장변경 없이 직권으로 그 범죄사실을 인정할 수는 있으나, 그 경우에도 심리의 경과 등에 비추어 이로 인하여 피고인의 방어에 실질적인 불이익을 주는 것이 아니어야 한다(대법원 2004.6.24. 선고 2002도995 판결 참조). 이와 같은 형법상 방조행위 및 형사소송법상 공소장변경에 관한 법리에 비추어 볼 때, 공동정범으로 공소가 제기된 피고인에 대하여 법원이 공소장 변경 없이 직권으로 방조범으로 인정하여 처벌하기 위해서는, 정범의 범행에 대한 공동가공의 의사나 기능적 행위지배의 점에 대한 증명이 부족하지만 그 의심이 있다는 정도로는 부족하고 방조의 고의와 행위가 있었다는 점에 대한 적극적인 증명이 있어야 하고, 나아가 그 점에 대하여 피고인에게 방어의 기회가 제공되는 등 심리의 경과에 비추어 피고인의 방어에 실질적인 불이익을 주지 아니한 경우라야 가능할 것이다(대법원 2011.11.24. 선고 2009도7166 판결).

2) 법원은 공소사실의 동일성이 인정되는 범위 내에서 공소가 제기된 범죄사실보다 가벼운 범죄사실이 인정되는 경우에, 그 심리의 경과 등에 비추어 볼 때 피고인의 방어에 실질적인 불이익을 주지 아니한다면 공소장변경 없이 직권으로 가벼운 범죄사실을 인정할 수 있다고 할 것이므로, 공동정범으로 기소된 범죄사실을 방조사실로 인정할 수 있다(대법원 2012.6.28. 선고 2012도2628 판결).

기출사례

1) 조직폭력배 甲은 마약사범 A가 새로운 방법으로 메스암페타민(속칭 '히로뽕')을 제조했다는 정보를 입수하고 A의 히로뽕을 가로채기로 마음먹었다. 甲은 A에게 전화를 걸어 히로뽕을 팔아 주겠다고 제안하였다. 甲을 신뢰하지 못한 A는 평소 친분이 있던 乙에게 "甲이 믿을 만한 사람인지 알아봐 달라"고 부탁하였다. 甲을 각별한 선배로 여기고 있던 乙은 이 사실을 甲에게 알렸다. 甲은 乙에게 "이 기회에 A의 히로뽕을 가로채서 팔아 돈을 절반씩 나눠 갖자. A가 나를 신뢰하고 히로뽕을 맡길 수 있게끔 만들어라"라고 제안했다. 乙은 甲의 제안을 받아들인 다음, A에게 전화를 걸어 "꼼꼼하게 알아보니 甲이 신용할 만한 사람이다. 히로뽕을 맡겨도 괜찮을 것 같다"고 말해 주었다. 이에 A는 甲에게 히로뽕 1킬로그램을 건네주면서 빠른 시일 안에 매각하도록 의뢰하였다. 甲은 그 히로뽕을 마약상 B에게 1억 원을 받고 매각하였다. 그로부터 1주일이 지나도록 甲에게서 아무런 연락을 받지 못한 A는 甲에게 전화를 걸어 "당장 히로뽕을 돌려주지 않으면 가만두지 않겠다"며 협박하였다. 甲이 乙에게 "A를 살려 두면 골치 아플 것 같으니 네가 처치해라"라고 지시하였다. 乙이 그렇게 하겠다고 하자 甲은 히로뽕 매각 대금 중 5천만 원을 乙에게 주었다. 그날 밤 乙이 A를 살해할 범행 장소를 사전 답사할 생각으로 A의 집 근처를 살펴보고 있는데, A가 갑자기 어둠 속에서 야구방망이를 들고 乙 쪽으로 달려왔다. 자기를 해치려는 것으로 착각한 乙은 방어 의사로 A를 공격하여 상해를 입혔다.(그런데 사실은 A는 공원에서 야구방망이로 스윙 연습을 마친 후 집까지 뛰어서 돌아오는 중이었다.) 한편 우연히 현장을 지나던 丙이 지난날 마약 거래와 관련하여 원한 관계에 있는 A가 공격당하는 것을 목격하게 되자, A를 구조하려는 행인을 제지하는 방법으로 乙의 범행을 도와주었다. 乙은 丙의 존재를 알지 못했다.
(1) 甲의 죄책을 논하시오.(특별법 위반의 점은 논외로 함) (20점)
(2) A의 메스암페타민을 가로챈 甲의 범행에 관여한 부분에 대하여 乙에게 공동정범의 죄책을 묻는다면 그 근거를 제시하시오. (10점)
(3) 만약 丙이 A가 실제로 乙을 공격하는 것이 아님을 알면서도 위와 같이 乙의 행위를 도와주었다고 가정할 경우, 丙에게 상해죄의 간접정범 및 방조범의 성립 가능성을 각각 검토한 후 丙의 죄책에 대한 자신의 견해를 제시하시오. (20점)
[2007년도 시행 제49회 사법시험 제1문]

2) 甲, 乙, 丙이 용돈을 마련하기 위하여, 乙과 丙은 A의 고급 자전거를 훔쳐 오고 甲은 이를 처분하기로 모의하였다. 이에 따라 乙이 주위에서 망을 보는 동안, 丙이 노상에 세워져 있던 A의 고급 자전거를 몰래 타고 가서 집에서 기다리던 甲에게 전해 주었다. 甲이 자신의 모친인 丁에게 자전거를 훔친 사실을 말하고 위 자전거를 맡겼다. 3일간 보관하던 丁은 아들이 처벌받을 것을 두려워한 나머지, 옆집에 사는 戊에게 사정을 이야기하고 그와 함께 위 자전거를 부숴 뒤뜰에 묻어 버렸다.
(1) 甲에게 특수절도의 공동정범이 성립하는지 그 근거와 함께 설명하시오. (15점)
(2) 丁과 戊의 죄책을 논하시오. (15점)
[2007년도 시행 제49회 사법시험 제2문의1]

제4절 간접정범(mitteilbare Täterschaft)

제1항 간접정범의 의의

Ⅰ. 간접정범의 개념

간접정범이란 타인을 생명있는 도구로 이용하여 범죄를 실행하는 행위, 즉 어느 행위로 처벌되지 아니하는 자나 과실범으로 처벌되는 자를 교사·방조하여 범죄결과를 발생케 하는 범죄형태를 말한다.[1]

> 제34조 (간접정범, 특수한 교사, 방조에 대한 형의 가중) ① 어느 행위로 인하여 처벌되지 아니하는 자 또는 과실범으로 처벌되는 자를 교사 또는 방조하여 범죄행위의 결과를 발생하게한 자는 교사 또는 방조의 예에 의하여 처벌한다.
> ② 자기의 지휘, 감독을 받는 자를 교사 또는 방조하여 전항의 결과를 발생하게 한 자는 교사인 때에는 정범에 정한 형의 장기 또는 다액에 그 2분의 1까지 가중하고 방조인 때에는 정범의 형으로 처벌한다.

Ⅱ. 간접정범의 본질

간접정범이 '정범'인가, '공범(가담범)'인가의 문제

1. 정범설[2]

1) 확장적 정범개념설

1) 2011.3.25. 정부안으로 국회에 제출된 형법일부개정법률안(의안번호 1811304호)은 특수한 교사, 방조에 대한 형의 가중 규정(현행 제34조제2항)을 삭제하고, 자기의 지휘, 감독을 받는 자를 교사하거나 방조하여 범죄행위의 결과를 발생하게 하는 자에 대하여 형을 가중하는 규정은 실무상 적용례가 거의 없고, 지위를 이용하여 교사하거나 방조하였다고 하여 가중하여 처벌하는 것은 합리적 이유가 없으므로 이에 대한 형의 가중 규정을 삭제하였다.
제31조 (정범) ① 스스로 죄를 범한 자는 정범으로 처벌한다.
② 어느 행위로 인하여 처벌되지 아니하는 자 또는 과실범으로 처벌되는 자를 이용하여 범죄행위의 결과를 발생하게 한 자는 정범으로 처벌한다.

2) 다수견해.

결과발생의 원인이 된 행위를 한 자는 모두 정범이라는 견해로, 따라서 이 견해에 의하면 간접정범은 당연히 정범이며 간접정범이라는 개념을 특별히 인정할 필요가 없다. 즉 간접정범은 우월적 의사지배를 통하여 처벌되지 않거나 과실범으로 처벌되는 자를 도구로 이용하여 범죄행위의 결과를 발생하게 하는 경우이므로, 타인을 생명있는 도구로 이용하는 자가 전제범행의 주재자이므로 정범으로 보아야 한다는 견해이다. 따라서 이 견해에서는 "교사 또는 방조"를 '이용하여'로 해석한다.

2) 객관주의 범죄이론(공범종속성설)

피이용자의 가벌성을 전제로 하지 않는 간접정범은 공범(교사범)과 엄격히 구별해야 한다는 견해로, 직접정범은 물적 도구를 이용하는 범죄형태이며, 간접정범은 인적 도구를 이용하는 범죄형태이다.

2. 공범설

1) 제한적 정범개념설

스스로 구성요건에 해당하는 실행행위를 한 자만이 정범이라는 견해로, 따라서 이 견해에 의하면 간접정범은 공범의 일종이다. 즉 우리 형법상 간접정범의 처벌에 있어 "교사 또는 방조의 예에 따라 처벌한다"라고 규정하고 있고, 그 체계상의 위치도 교사범과 방조범의 뒤에 위치하고 있음을 근거로 간접정범을 공범으로 보아야 한다는 견해이다.

2) 주관주의 범죄이론(공범독립성설)

공범은 자기의 범죄수행을 위하여 타인의 행위를 이용하는 행위로서, 피이용자의 가벌성을 불문하고 공범의 성립을 인정하는 견해다. 따라서 이 견해에 의하면 간접정범은 공범의 개념에 포함된다.

3. 공범형 간접정범설

간접정범의 정범성을 인정하면서도 제34조 제1항의 간접정범은 교사 · 방조범으로 처벌할 수 없는 공범의 특수형태로서 '준도구성'(즉 "도구에 버금가는 성질")의 특징을 가진 "공범형 간접정범"을 규정한 것으로 이해하는 견해이다. 이 견해에 의하면 제34조의 해석론상 피교사자나 피방조자가 처벌되지 않거나 과실범으로 처벌되는 소극적 요건만 충족되면 간접정범이 성립하는 것이기 때문에 우월적 의사지배라는 적극적 요소가 필요하지 않다는 점에서 간접정범을 정범으로 보는 다수견해와 차이가 있다.

나아가 이 견해는 제34조 제1항이 공범형 간접정범을 규정한 것이지만, 이와 별도로 우리 형법상 '도구형 간접정범'도 인정될 수 있으며, 이 경우에는 공범형 간접정범과는 달리 간접정범에게 우월적 의사지배가 있어야 한다고 한다.

4. 판례의 태도

대법원도 "형법 제34조 제1항이 정하는 소위 간접정범은 어느 행위로 인하여 처벌되지 아니하는 자 또는 과실범으로 처벌되는 자를 교사 또는 방조하여 범죄행위의 결과를 발생케 하는 것으로 이 어느 행위로 인하여 처벌되지 아니하는 자는 (중략) ~ 책임무능력자, 범죄사실의 인식이 없는 자, 의사의 자유를 억압당하고 있는 자, 목적범, 신분범인 경우 그 목적 또는 신분이 없는 자 위법성이 조각되는 자 등을 마치 도구나 손발과 같이 이용하여 간접으로 죄의 구성요소를 실행한 자를 간접정범으로 처벌하는 것이다"라고 하여, 간접정범의 정범성 표지로서 우월적 의사지배라는 적극적 표지가 필요함을 직접 언급하고 있지는 않지만, 피교사자나 피방조자의 도구성을 전면에 등장시킴으로써 간접정범의 정범성 및 도구형 간접정범을 인정하는 것이 제34조 제1항의 규율태도임을 보여주고 있다.

관련판례

형법 제34조 제1항이 정하는 소위 간접정범은 어느 행위로 인하여 처벌되지 아니하는 자 또는 과실범으로 처벌되는 자를 교사 또는 방조하여 범죄행위의 결과를 발생케 하는 것으로 이 어느 행위로 인하여 처벌되지 아니하는 자는 시비를 판별할 능력이 없거나 강제에 의하여 의사의 자유를 억압당하고 있는 자, 구성요건적 범의가 없는 자와 목적범이거나 신분범일 때 그 목적이나 신분이 없는 자, 형법상 정당방위, 정당행위, 긴급피난 또는 자구행위로 인정되어 위법성이 없는 자 등을 말하는 것으로 이와 같은 책임무능력자, 범죄사실의 인식이 없는 자, 의사의 자유를 억압당하고 있는 자, 목적범, 신분범인 경우 그 목적 또는 신분이 없는 자, 위법성이 조각되는 자 등을 마치 도구나 손발과 같이 이용하여 간접으로 죄의 구성요소를 실행한 자를 간접정범으로 처벌하는 것이므로 형법 제104조의 2 제2항의 외국인이나 외국단체 등은 도시 이 죄의 주체도 아니어서 범죄의 대상이나 수단 또는 도구나 손발 자체는 될 수 있을지언정 이를 간접정범에서의 도구나 손발처럼 이용하는 것은 원천적으로 불가능하다 하겠으므로 이 외국인이나 외국단체는 위 전단의 그 어떤 경우에도 해당하지 아니함이 명백하여 이 규정을 들어 간접정범을 정한 취지라고 해석할 학리적 이유가 없다(대법원 1983.6.14. 선고 83도515 전원합의체 판결).

5. 현행 형법의 입장

공범규정과는 별도로 간접정범을 규정하고 있을 뿐 아니라 공범에 관하여 종속성설에 입각하고 있으므로 간접정범의 개념과 그 정범성을 인정하고 있다. 따라서 피이용자의 행위는 이용자의 의사의 실현에 지나지 않으며, 실행행위자인 (직접)정범에 대한 의사지배, 즉 우월적 의사와 인식으로 인한 행위지배로 인하여 간접정범은 정범성을 가지는 것이다.

제2항 간접정범의 성립요건

Ⅰ. 피이용자의 범위

1. 어느 행위로 처벌되지 아니하는 자

범죄의 성립요건인 구성요건해당성 · 위법성 또는 책임이 없어 범죄가 성립되지 아니하는 자를 이용한 경우로, 인적 처벌조각사유가 있는 자를 이용한 경우에는 간접정범이 아니라 교사범이 성립한다.

관련판례

[범인이 자신을 위하여 형법 제151조 제2항에 의하여 처벌을 받지 아니하는 친족 등으로 하여금 허위의 자백을 하게 하여 범인도피죄를 범하게 하는 경우, 범인도피교사죄의 성립 여부]

원심판결 이유에 의하면 원심은, 무면허 상태로 프라이드 승용차를 운전하고 가다가 화물차를 들이받는 사고를 일으켜 경찰에서 조사를 받게 된 피고인이 무면허로 운전한 사실 등이 발각되지 않기 위해, 동생인 공소외인에게 "내가 무면허상태에서 술을 마시고 차를 운전하다가 교통사고를 내었는데 운전면허가 있는 네가 대신 교통사고를 내었다고 조사를 받아 달라"고 부탁하여, 이를 승낙한 위 공소외인으로 하여금 대전동부경찰서 교통사고조사계 사무실에서 자신이 위 프라이드 승용차를 운전하고 가다가 교통사고를 낸 사람이라고 허위 진술로 피의자로서 조사를 받도록 함으로써 범인도피를 교사하였다는 이 사건 공소사실에 대하여, 범인도피를 교사한 피고인은 범인 본인이어서 구성요건 해당성이 없고, 피교사자 역시 범인의 친족이어서 불가벌에 해당하므로 피고인이 타인의 행위를 이용하여 자신의 범죄를 실현하고, 새로운 범인을 창출하였다는 교사범의 전형적인 불법이 실현되었다고 볼 수 없을 뿐만 아니라, 피고인이 자기방어행위의 범위를 명백히 일탈하거나 방어권의 남용에 속한다고 보기 어려워 위 공소사실은 죄가 되지 아니한다고 판단하였다. 그러나 범인이 자신을 위하여 타인으로 하여금 허위의 자백을 하게 하여 범인도피죄를 범하게 하는 행위는 방어권의 남용으로 범인도피교사죄에 해당하는바(대법원 2000.3.24. 선고 2000도20 판결 참조), 이 경우 그 타인이 형법 제151조 제2항에 의하여 처벌을 받지 아니하는 친족, 호주 또는 동거 가족에 해당한다 하여 달리 볼 것은 아니라 할 것이다(대법원 2006.12.7. 선고 2005도3707 판결).

〈참조조문〉

형법 제151조 (범인은닉과 친족간의 특례) ① 벌금 이상의 형에 해당하는 죄를 범한 자를 은닉 또는 도피하게 한 자는 3년 이하의 징역 또는 500만원 이하의 벌금에 처한다.

② 친족 또는 동거의 가족이 본인을 위하여 전항의 죄를 범한 때에는 처벌하지 아니한다.

1) 구성요건에 해당되지 아니하는 행위의 이용

(1) 고의 없는 도구를 이용하는 경우

예로서 의사가 고의 없는 간호원을 시켜 환자에게 독약이 든 주사를 하게 하여 환자를 살해한 경우, 甲이 절도의 의사로 乙로 하여금 丙의 재물을 乙의 재물로 오인케 하여 절취하게 한 경우이다.

관련판례

경찰서 보안과장인 피고인이 甲의 음주운전을 눈감아주기 위하여 그에 대한 음주운전자 적발보고서를 찢어버리고, 부하로 하여금 일련번호가 동일한 가짜 음주운전 적발보고서에 乙에 대한 음주운전 사실을 기재케 하여 그 정을 모르는 담당 경찰관으로 하여금 주취운전자 음주측정처리부에 을에 대한 음주운전 사실을 기재하도록 한 이상, 乙이 음주운전으로 인하여 처벌을 받았는지 여부와는 관계없이 허위공문서작성 및 동 행사죄의 간접정범으로서의 죄책을 면할 수 없다(대법원 1996.10.11. 선고 95도1706 판결).

제228조의 공정증서원본등의 부실기재죄는 각칙상 구성요건이 간접정범의 형태로 규정되어 있는 직접정범이다.

관련판례

[공무원 아닌 자가 관공서에 허위내용의 증명원을 제출하여 그 정을 모르는 공무원으로부터 그 증명원 내용과 같은 증명서를 발급받은 경우, 공문서위조죄의 간접정범이 성립하는지 여부]

어느 문서의 작성권한을 갖는 공무원이 그 문서의 기재 사항을 인식하고 그 문서를 작성할 의사로써 이에 서명날인하였다면, 설령 그 서명날인이 타인의 기망으로 착오에 빠진 결과 그 문서의 기재사항이 진실에 반함을 알지 못한데 기인한다고 하여도, 그 문서의 성립은 진정하며 여기에 하등 작성명의를 모용한 사실이 있다고 할 수는 없으므로, 공무원 아닌 자가 관공서에 허위 내용의 증명원을 제출하여 그 내용이 허위인 정을 모르는 담당공무원으로부터 그 증명원 내용과 같은 증명서를 발급받은 경우 공문서위조죄의 간접정범으로 의율할 수는 없다(대법원 2001.3.9. 선고 2000도938 판결).

(2) 고의 있는 도구를 이용하는 경우

예로서 진정신분범에서 신분있는 자가 신분없는 자의 행위를 이용하는 경우, 목적범에 있어 목적 있는 자가 목적 없는 자의 행위를 이용하는 경우이다. 다만 이 경우에도 피이용자인 신분 없는 자 또는 목적 없는 자의 행위를 단순히 이용하는 것만으로는 간접정범이 성립되지 아니하며, 피이용자인 신분 없는 자 또는 목적없는 자에 대한 의사지배가 인정되어야만 간접정범이 성립된다.

관련판례

1) 형법 제34조 제1항이 정하는 소위 간접정범은 어느 행위로 인하여 처벌되지 아니하는 자 또는 과실범으로 처벌되는 자를 교사 또는 방조하여 범죄행위의 결과를 발생케 하는 것으로 이 어느 행위로 인하여 처벌되지 아니하는 자는 시비를 판별할 능력이 없거나 강제에 의하여 의사의 자유를 억압당하고 있는 자, 구성요건적 범의가 없는 자와 목적범이거나 신분범일 때 그 목적이나 신분이 없는 자, 형법상 정당방위, 정당행위, 긴급피난 또는 자구행위로 인정되어 위법성이 없는 자 등을 말하는 것으로 이와 같은 책임무능력자, 범죄사실의 인식이 없는 자, 의사의 자유를 억압당하고 있는 자, 목적범, 신분범인 경우 그 목적 또는 신분이 없는 자 위법성이 조각되는 자 등을 마치 도구나 손발과 같이 이용하여 간접으로 죄의 구성요소를 실행한 자를 간접정범으로 처벌하는 것이다(대법원 1983.6.14. 선고 83도515 전원합의체 판결).

2) 범죄는 '어느 행위로 인하여 처벌되지 아니하는 자'를 이용하여서도 이를 실행할 수 있으므로(형법 제34조 제1항), 내란죄의 경우 '국헌문란의 목적'을 가진 자가 그러한 목적이 없는 자를 이용하여 이를 실행할 수도 있다고 할 것이다. 그런데 앞서 본 사실관계에 의하면, 피고인들은 12 · 12군사반란으로 군의 지휘권을 장악한 후, 국정 전반에 영향력을 미쳐 국권을 사실상 장악하는 한편, 헌법기관인 국무총리와 국무회의의 권한을 사실상 배제하고자 하는 국헌문란의 목적을 달성하기 위하여, 비상계엄을 전국적으로 확대하는 것이 전군지휘관회의에서 결의된 군부의 의견인 것을 내세워 그와 같은 조치를 취하도록 대통령과 국무총리를 강압하고, 병기를 휴대한 병력으로 국무회의장을 포위하고 외부와의 연락을 차단하여 국무위원들을 강압 외포시키는 등의 폭력적 불법수단을 동원하여 비상계엄의 전국확대를 의결 · 선포하게 하였음을 알 수 있다. 사정이 이와 같다면, 위 비상계엄 전국확대가 국무회의의 의결을 거쳐 대통령이 선포함으로써 외형상 적법하였다고 하더라도, 이는 피고인들에 의하여 국헌문란의 목적을 달성하기 위한 수단으로 이루어진 것이므로 내란죄의 폭동에 해당하고, 또한 이는 피고인들에 의하여 국헌문란의 목적을 달성하기 위하여 그러한 목적이 없는 대통령을 이용하여 이루어진 것이므로 피고인들이 간접정범의 방법으로 내란죄를 실행한 것으로 보아야 할 것이다(대법원 1997.4.17. 선고 96도3376 전원합의체 판결).

3) 위조문서를 공범자 등에게 행사한 경우 위조문서행사죄가 성립하는지 여부 및 간접정범을 통한 위조문서행사 범행에서 도구로 이용된 자에게 행사한 경우 위조문서행사죄가 성립하는지 여부

원심은, 이 사건 공소사실 중 '피고인이 제1심판결의 범죄사실 기재와 같은 방법으로 ○○○디자인의 전문건설업등록증, 전문건설업등록수첩, 공장등록증명(신청)서의 이미지 파일을 위조하여 2008. 8. 4. 공소외 1의 이메일로 송부하여, 공소외 1로 하여금 송부받은 각 이미지 파일을 출력하게 하여 위조된 전문건설업등록증, 전문건설업등록수첩, 공장등록증명(신청)서를 공소외 1에게 행사하고, 같은 방법으로 △△△△△△의 전문건설업등록증과 사업자등록증의 이미지 파일을 위조하고 인감증명서의 이미지 파일을 변조하여 2008.12.5.경 ▽▽▽▽▽기술서비스의 이메일로 송부하여, ▽▽▽▽▽기술서비스 직원인 공소외 2로 하여금 송부받은 각 이미지 파일을 출력하게 하여 위조된 전문건설업등록증과 사업자등록증, 변조된 인감증명서를 공소외 2에게 행사하였다'는 각 위조 및 변조공문서행사의 점에 관하여, 피고인은 위조 · 변조문서를 행사하는 행위도 파일을 출력한 공소외 1, 2를 통하여 하였다고 볼 수밖에 없는데, 간접정범을 통한 범행에서 피이용자는 간접정범의 의사를 실현하는 수단으로서의 지위를 갖는 점을 고려할 때, 위조문서행사 범행의 피이용자가 위조문서를 인식할 수 있게 되었다고 하더라도 이는 피고인과 동일시할 수 있는 자에게 문서를 보인 것과 마찬가지여서 그것만으로는 아직 위조문서가 피고인의 영역을 벗어났다고 볼 수 없다는 이유로, 이를 유죄로 인정한 제1심판결을 파기하고 무죄를 선고하였다. 그러나 원심의 위와 같은 판단은 다음과 같은 이유로 수긍하기 어렵다. 위조문서행사죄에 있어서 행사는 위조된 문서를 진정한 것으로 사용함으로써 문서에 대한 공공의 신용을 해칠 우려가 있는 행위를 말하므로 그 행사의 상대방에는 아무런 제한이 없고, 다만 문서가 위조된 것임을 이미 알고 있는 공범자 등에게 행사하는 경우에는 위조문서행사죄가 성립할 수 없으나(대법원 2005.1.28. 선고 2004도4663 판결 참조), 간접정범을 통한 위조문서행사범행에 있어 도구로 이용된 자라고 하더라고 문서가 위조된 것임을 알지 못하는 자에게 행사한 경우에는 위조문서행사죄가 성립한다. 원심판결 이유와 기록에 의하면, 피고인은 위조한 전문건설업등록증 등의 컴퓨터 이미지 파일을 공사 수주에 사용하기 위하여 발주자인 공소외 1 또는 ▽▽▽▽▽기술서비스의 담당직원 공소외 2에게 이메일로 송부한 사실, 공소외 1 또는 공소외 2는 피고인으로부터 이메일로 송부받은 컴퓨터 이미지 파일을 프린터로 출력할 당시 그 이미지 파일이 위조된 것임을 알지 못하였던 사실을 알 수 있으므로, 피고인의 위와 같은 행위는 형법 제229조의 위조 · 변조공문서행사죄를 구성한다고 보아야 할 것이다. 그럼에도 원심은, 간접정범을 통한 위조문서행사 범행의 피이용자는 피고인과 동일시할 수 있는 자와 마찬가지라는 이유만으로 이 사건 각 위조 및 변조공문서행사의 점에 대하여 무죄를 선고하였으니, 이러한 원심판결에는 위조 및 변조공문서행사죄에 있어서 행사의 상대방에 관한 법리를 오해한 위법이 있고, 이 점을 지적하는 상고이유는 이유

있다(대법원 2012.2.23. 선고 2011도14441 판결).

(3) 객관적 구성요건에 해당하지 않는 도구를 이용하는 경우

이용자의 강요나 기망에 의하여 피이용자가 자살 또는 자상한 경우로, 형법은 위계 · 위력에 의한 살인죄의 직접정범으로 규정하고 있다.

2) 위법하지 아니하는 행위의 이용

(1) 국가기관의 적법한 행위를 이용하는 경우

예로서 국가기관에 허위의 사실을 신고하여 형식상 적법한 영장에 의하여 타인이 구속된 때에는 신고자는 체포감금죄의 간접정범이 되며, 소송사기도 간접정범의 한 형태라고 할 수 있다.

관련판례

1) 감금죄는 간접정범의 형태로도 행하여질 수 있는 것이므로, 인신구속에 관한 직무를 행하는 자 또는 이를 보조하는 자가 피해자를 구속하기 위하여 진술조서 등을 허위로 작성한 후 이를 기록에 첨부하여 구속영장을 신청하고, 진술조서 등이 허위로 작성된 정을 모르는 검사와 영장전담판사를 기망하여 구속영장을 발부받은 후 그 영장에 의하여 피해자를 구금하였다면 형법 제124조 제1항의 직권남용감금죄가 성립한다(직권남용감금죄의 간접정범)(대법원 2006.5.25. 선고 2003도3945 판결).

2) 소송사기는 법원을 속여 자기에게 유리한 판결을 얻음으로써 상대방의 재물 또는 재산상 이익을 취득하는 범죄로서, 이를 쉽사리 유죄로 인정하게 되면 누구든지 자기에게 유리한 주장을 하고 소송을 통하여 권리구제를 받을 수 있는 민사재판제도의 위축을 가져올 수밖에 없으므로, 피고인이 그 범행을 인정한 경우 외에는 그 소송상의 주장이 사실과 다름이 객관적으로 명백하고 피고인이 그 주장이 명백히 거짓인 것을 인식하였거나 증거를 조작하려고 하였음이 인정되는 때와 같이 범죄가 성립하는 것이 명백한 경우가 아니면 이를 유죄로 인정하여서는 아니 되고, 단순히 사실을 잘못 인식하였다거나 법률적 평가를 잘못하여 존재하지 않는 권리를 존재한다고 믿고 제소한 행위는 사기죄를 구성하지 아니하며, 소송상 주장이 다소 사실과 다르더라도 존재한다고 믿는 권리를 이유 있게 하기 위한 과장표현에 지나지 아니하는 경우 사기의 범의가 있다고 볼 수 없고, 또한 소송사기에서 말하는 증거의 조작이란 처분문서 등을 거짓으로 만들어내거나 증인의 허위 증언을 유도하는 등으로 객관적 · 제3자적 증거를 조작하는 행위를 말한다. 자기에게 유리한 판결을 얻기 위하여 소송상의 주장이 사실과 다름이 객관적으로 명백하거나 증거가 조작되어 있다는 정을 인식하지 못하는 제3자를 이용하여 그로 하여금 소송의 당사자가 되게 하고 법원을 기망하여 소송 상대방의 재물 또는 재산상 이익을 취득하려 하였다면 간접정범의 형태에 의한 소송사기죄가 성립하게 된다. 갑이 을 명의 차용증을 가지고 있기는 하나 그 채권의 존재에 관하여 을과 다툼이 있는 상황에서 당초에 없던 월 2푼의 약정이자에 관한 내용 등을 부가한 을 명의 차용증을 새로 위조하여, 이를 바탕으로 자신의 처에 대한 채권자인 병에게 차용원금 및 위조된 차용증에 기한 약정이자 2,500만 원을 양도하고, 이러한 사정을 모르는 병으로 하여금 을을 상대로 양수금 청구소송을 제기하도록 한 사안에서, 적어도 위 약정이자 2,500만 원 중 법정지연손해금 상당의 돈을 제외한 나머지 돈에 관한 갑의 행위는 병을 도구로 이용한 간접정범 형태의 소송사기죄를 구성한다(대법원 2007.9.6. 선고 2006도3591 판결).

(2) 타인의 정당방위나 긴급피난을 이용하는 경우

타인의 정당방위 등과 같은 위법성조각사유가 있는 행위를 이용는 경우도 간접정범의 한 형태라고 할 수 있다.

3) 책임없는 피이용자의 이용

이용자가 피이용자의 책임무능력 또는 책임조각사유를 인식하고 그를 책임없는 도구로 장악하여 우월한 의사지배에 의하여 이용한 경우

(1) 책임능력 없는 도구를 이용하는 경우

피이용자가 유아 또는 심신상실자와 같은 책임무능력자인 경우에는 이용자의 행위지배가 인정되므로 이용자가 피이용자의 책임무능력상태를 인식하고 이를 이용하였을 때에는 간접정범이 된다. 그러나 피이용자가 형사미성년자 또는 정신이상자라 할지라도 시비(是非)의 변별능력이 있는 때에는 교사범이 성립된다.

(2) 책임 없는 도구를 이용하는 경우

피이용자가 금지착오가 빠져 있었고 그 착오에 정당한 있는 때에도 이용자가 그 착오를 야기하였거나 적어도 이를 인식하고 인용한 때에는 간접정범이 성립된다. 그러나 피이용자의 착오를 알지 못한 때에는 공범이 성립될 뿐이다.

(3) 자유 없는 도구를 이용하는 경우

피이용자의 강요된 행위 또는 상관의 명령에 의한 행위를 이용한 때에도 피이용자가 자유없이 행동하는 도구인 때에는 이용자는 간접정범이 된다. 그러나 피이용자에게 자발적 의사가 인정되는 때에는 공범이 성립될 수 있다.

2. 과실범으로 처벌되는 자

형법 제34조 제1항은 어느 행위로 과실범으로 처벌되는 자를 이용한 행위도 간접정범으로 규정하고 있다.

3. 정범 배후의 정범 이론(배후정범이론, Die Lehre vom Tater hinter dem Tater)

1) 의의

(1) 개념

정범배후 정범이론이란 완전한 책임 있는 고의범을 이용하여 범죄를 실현한 이용자에게 의사지배만 인정되면 간접정범이 성립한다는 이론이다. 독일형법은 제25조 제1항에서 "범죄행위를 스스로 또는 '타인을 통하여 수행한 자'(wer die Straftat selbst oder durch einen anderen begeht)는 정범으로 벌한다."라고 하여 유리 형법 제34조 제1항과는 달리 직접저범이 처벌되 아니하거나 과실범으로 처벌되는 자임을 요건으로 하고 있지 않다.

이와 같이 독일에서는 다수견해와 판례에 의하여 인정받고 있는 이 이론은 우리나라에서는 그 인정여부에 대하여 논란이 있다. 즉 형법 제34조 1항은 간접정범에 관하여 "어느 행위로 인하여 처벌되지 아니하는 자 또는 과실범으로 처벌되는 자를 교사 또는 방조하여 범죄행위의 결과를 발생하게 한 자는 교사 또는 방조의 예에 의하여 처벌 한다."고 규정하고 있는데, 제1항 전단의 '어느 행위로 인하여 처벌되지 아니하는 자'라 함은 구성요건 해당성, 위법성, 책임의 요소 중 어느 하나를 흠결하여 범죄가 성립되지 않아 처벌되지 아니하는 자를 의미하고, 후단은 이러한 자를 교사 또는 방조하여 범죄의 결과를 발생시킨 자는 간접정범이 성립하고 과형은 공범의 처벌에 따른다는 의미이다.

따라서 문언형식상으로는 형법 제34조 제1항에 의하면 구성요건에 해당하고 위법하며 책임까지 있어 범죄의 성립요건을 모두 갖춘 자는 처벌되는 자이기 때문에 이러한 자를 이용한 자에 대하여는 간접정범의 성립이 부정되는 것처럼 해석된다. 이와 같이 현행 형법상으로는 완전한 고의범으로 처벌되는 자를 이용한 자는 실제로는 배후에서 범죄의 모든 사태를 장악하고 결과 발생에 주도적인 역할을 했더라도 간접정범이 성립될 수 없고, 공범이 성립되거나 공범성립이 인정될 수 없을 경우에는 아무런 책임도 지지 않게 될 가능성마저 존재하게 된다. 즉 범행을 전체적으로 지배하여 실질적으로 정범과 같은 역할을 했다고 볼 수 있고, 피이용자의 불법성보다 이용자의 불법성이 훨씬 더 크다고 할 수 있음에도 불구하고 피이용자가 완전한 고의범이라는 이유만으로 간접정범의 성립을 부정하고 공범으로 처리하는 것은 법 감정상 또는 형사정책적인 관점에서 타당하지 못하다는 주장이 제기될 수 있다.

이러한 이유로 범죄의 성립요건을 모두 갖춘 고의의 정범으로 처벌되는 자를 이용한 자에 대하여도 극히 예외적으로 이용자의 의사지배가 피이용자의 실행지배보다 우월한 때에는 간접정범의 성립을 인정하자는 주장이 제기되는데, 이러한 이론을 정범배후 정범이론이라고 한다.

(2) 논의의 대상

정범 배후의 정범 이론에서 다루는 논의는 첫째, 형법 제34조 1항의 규정상 배후정범 형태의 간접정범을 인정할 수 있겠는가 둘째, 정범배후의 정범이 문제되는 사례들을 정범배후 정범이론으로 해결하는 것이 현행 형법 규정하에서 타당한 것인가, 타당하지 않다면 어떻게 해결할 수 있겠는가 셋째, 정범배후 정범이론이 갖는 의의 및 위상은 무엇인가 등이 주로 논의의 대상이 되고 있다.

2) 정범 배후의 정범이 문제되는 사례

정범 배후의 정범 이론을 인정해야 한다는 견해에 의하면 배후정범이 문제되는 유형은 첫째, 이용자가 피이용자의 회피가능한 금지착오를 이용한 경우 둘째, 피이용자의 구체적인 행위 의미의 착오를 이용한 이른바 Dohna 사례의 경우 셋째, 조직적 권력구조를 이용하여 범죄를 실행하는 이른바 책상정범의 경우이다.

그리고 둘째 유형, 즉 구체적 행위 의미의 착오를 이용한 경우는 다시 불법과 책임의 양을 기망한 경우와 가중적 행위상황을 기망한 경우 및 객체의 착오를 야기한 경우로 나누어 볼 수 있다.

3) 이론의 인정 여부

(1) 적극설(간접정범 긍정설)

간접정범의 정범표지는 의사지배이므로 고의의 정범을 이용하는 배후자도 의사지배를 갖는 범위에서는 간접정범이 될 수 있다는 견해이다.

(2) 소극설(간접정범 부정설)

제34조 제1항은 간접정범의 피이용자를 어느 행위로 인해 처벌받지 않거나 과실범으로 처벌받는 자로 규정하고 있으므로 고의의 정범을 이에 포함시키는 것은 죄형법정주의에서 금지하는 유추해석이라는 견해이다.

(3) 절충설

제34조 제1항의 문언상 소극설이 타당하지만 이용자가 중한 결과범을 범하게 할 숨은 의도로 경한 범죄를 사주했고, 피이용자에게 경한 범죄의 고의범 내지 결과적 가중범만 성립하는 경우처럼 피이용자의 죄책과 이용자의 숨은 의도가 다를 경우에는 피이용자 요건이 충족된다는 견해이다.

(4) 절충설과 소극설의 차이

절충설과 소극설은 예를 들어 甲이 乙에 대한 살해의도를 숨긴 채 丙에게 乙을 상해하도록 교사하였고, 丙이 乙에게 상해를 입혀 사망케 함으로써 丙에게 상해치사죄의 정범 죄책이 인정되는 경우에 甲의 죄책이 문제된다.

절충설에 의하면 丙에게 상해치사죄의 정범이 성립하는 이상 甲은 살인죄로 처벌받지 않는 자를 이용하여 살인죄를 범한 것이므로 제34조 제1항 소정의 피이용자 요건이 충족되고, 따라서 甲에게는 살인죄의 간접정범 죄책을 인정할 수 있다는 결론에 이른다. 그러나 소극설에 의하면 丙에게 상해치사죄의 정범이 성립하는 이상 제34조 제1항 소정의 피이용자 요건이 충족되지 않고, 따라서 甲

에게는 상해치사죄의 교사범 죄책을 인정해야 한다는 결론에 이른다. 이 때 甲이 숨겼던 乙에 대한 살해의도는 그가 상해치사죄의 교사범을 범하게 된 행위동기로서 제51조 제3호 소정의 양형사유일 뿐이다.

4) 소결

고의의 정범을 피이용자의 범위에 포함시키는 적극설은 현행 형법상으로는 금지되는 유추해석에 해당한다. 그리고 중한 범죄를 범하게 할 숨은 의도는 이용자가 피이용자에게 경한 범죄를 교사하게 된 행위동기로서 제51조 제3호 소정의 양형사유임에도 이를 간접정범 성립의 근거로 삼는 절충설은 이용자의 주관에 치우친 해석인 점에서 소극설이 타당하다.

Ⅱ. 이용행위

1. 교사 또는 방조

여기서의 교사 또는 방조는 교사범이나 방조범에 있어서의 교사 · 방조와 같은 의미로 해석할 수는 없으며, 사주 · 사역 또는 이용의 의미로 이해되어야 한다. 이용자가 외관상 방조행위에 해당하는 방법으로 관여한 경우에도 행위의 실행이 이용자의 의사에 의하여 지배된 때에는 간접정범이 성립된다.

2. 부작위에 의한 간접정범

작위 뿐만 아니라 부작위에 의해서도 간접정범은 성립된다.

Ⅲ. 범죄행위결과의 발생

피이용자로 하여금 범죄행위의 결과를 발생하게 하여야 한다. 결과범에 있어서의 결과가 아닌 구성요건에 해당하는 사실을 실현하는 것을 말하며, 결과가 발생하지 아니한 경우에도 실행의 착수시기를 언제로 보느냐에 따라 간접정범의 미수범이 성립될 수 있다.

제3항 실행의 착수시기

1. 주관설(이용행위시설)

실행의 착수시기에 관한 주관설에 의할 경우, 간접정범의 실행착수시기는 이용자가 피용자를 이용하기 시작한 때이다.

2. 객관설

이에 대하여 객관설에 의하면 피이용자의 행위시이다.

3. 절충설

그리고 절충설은 피이용자의 행위결의시로 해석한다.

제4항 간접정범의 착오

Ⅰ. 피이용자의 성질에 대한 착오

피용자를 어느 행위로 처벌되지 아니하는 자로 오인하였으나 사실은 고의있는 책임능력자인 경우에, 행위자인 이용자의 주관을 기준으로 하는 주관설에 의하면 간접정범이 성립되지만, 이용자에게 행위지배가 있었다고 볼 수 없으므로 공범이 성립된다.[3] 반대로 피이용자가 책임무능력자임에도 불구하고 이용자는 책임능력자인 것으로 오인하고 교사 · 방조한 경우에는 공범이 성립된다.

Ⅱ. 실행행위의 착오

피이용자가 실행행위에 대하여 착오한 때에는 착오론의 일반원리에 의하여 해결하여야 한다.

3) 다수견해.

제5항 죄수

관련판례

위조문서행사죄에 있어서의 행사는 위조된 문서를 진정한 것으로 사용함으로써 문서에 대한 공공의 신용을 해할 우려가 있는 행위를 말하므로 그 행사의 상대방에는 아무런 제한이 없고, 다만 문서가 위조된 것임을 이미 알고 있는 공범자 등에게 행사하는 경우에는 위조문서행사죄가 성립할 수 없으나(대법원 2005.1.28. 선고 2004도4663 판결 참조), 간접정범을 통한 위조문서행사범행에 있어 도구로 이용된 자라고 하더라도 문서가 위조된 것임을 알지 못하는 자에게 행사한 경우에는 위조문서행사죄가 성립한다(대법원 2012.2.23. 선고 2011도14441 판결).

제5절 교사범(Anstiftung)

제1항 교사범의 의의

Ⅰ. 교사범의 개념

타인을 교사하여 범죄를 결의 · 실행하게 하는 범죄행위유형으로, 정범의 표지인 행위지배에는 관여하지 않았다는 점에서 정범과 구별되는 공범(가담범)의 형태이다. 이와 같이 교사범(教唆犯)은 개념상으로는 공범이지만 제31조 제1항에 의하여 법정형으로는 정범과 동일하게 처벌되기 때문에 엄격하게 말하면 정범과 공범(가담범)의 중간형태의 범죄유형이라고 할 수 있다. 따라서 교사범을 정범과 구별하면서도 정범과 동일하게 처벌하는 근거를 정당화하려면 교사자의 교사행위를 어떻게 파악하느냐가 가장 중요한 논의의 핵심이 된다.

> 제31조 (교사범) ① 타인을 교사하여 죄를 범하게 한 자는 죄를 실행한 자와 동일한 형으로 처벌한다.
> ② 교사를 받은 자가 범죄의 실행을 승낙하고 실행의 착수에 이르지 아니한 때에는 교사자와 피교사자를 음모 또는 예비에 준하여 처벌한다.
> ③ 교사를 받은 자가 범죄의 실행을 승낙하지 아니한 때에도 교사자에 대하여는 전항과 같다.

Ⅱ. 교사범의 본질

1. 공범종속성설의 입장(제31조 제1항)

교사범의 불법은 정범의 불법에 종속된다는 견해로, 이 견해에 의하면 교사범의 성립시기는 피교사자인 정범이 실행에 착수한 때이다.

관련판례

정범의 성립은 교사범, 방조범의 구성요건의 일부를 형성하고 교사범, 방조범이 성립함에는 먼저 정범의 범죄행위가 인정되는 것이 그 전제요건이 되는 것은 공범의 종속성에 연유하는 당연한 귀결이며, 따라서 교사범, 방조범의 사실 적시에 있어서도 정범의 범죄구성요건이 되는 사실 전부를 적시하여야 하고, 이 기재가 없는 교사범, 방조범의 사실 적시는 죄가 되는 사실의 적시라고 할 수 없다(대법원 1981.11.24. 선고 81도2422 판결. 같은 취지의 판례로 대법원 1998.2.24. 선고 97도183 판결).

2. 공범독립성설의 입장(제31조 제2 · 3항)

교사 그 자체가 반사회적 행위의 징표로, 따라서 교사행위가 있을 때 교사범은 성립된다는 견해다.

제2항 교사범의 성립요건

교사범이 성립되려면 교사자의 교사행위와 피교사자의 실행행위가 인정되어야 한다.

Ⅰ. 교사자에 대한 요건으로서 교사자의 교사행위

교사행위, 즉 범죄실행의사가 없는 타인으로 하여금 범죄의 실행을 결의하게 하는 행위가 존재해야 한다. 따라서 이미 범죄결의를 가지고 있는 자에게 대해서는 교사행위라는 개념 자체가 성립되지 아니한다.

다만, 정범이 이미 결의하고 있는 범행과 다른 범행을 결의하도록 하는 경우나 그 실행결의를 강화 또는 약화시키는 경우에도 교사행위로 평가할 수 있느냐는 교사행위의 내용을 어떻게 해석하느냐에 달라질 수 있을 것이다. 일반적으로 본다면 피교사자인 정범의 범행결의가 확고하지 않아서 망설이고 있는 경우 또는 범행결의가 막연한 경우에 구체적인 범행결의를 가지도록 한다거나, 범행결의를 확고하게 가진 정범으로 하여금 그 실행시기를 앞당기도록 한 경우에는 교사행위으로 평가될 수 있다.

관련판례

아동 · 청소년의 성보호에 관한 법률 제10조 제2항은 "아동 · 청소년의 성을 사기 위하여 아동 · 청소년을 유인하거나 성을 팔도록 권유한 자"를 처벌하도록 규정하고 있는바, 위 법률조항의 문언 및 체계, 입법 취지 등에 비추어, 아동 · 청소년이 이미 성매매 의사를 가지고 있었던 경우에도 그러한 아동 · 청소년에게 금품이나 그 밖의 재산상 이익, 직무 · 편의제공 등 대가를 제공하거나 약속하는 등의 방법으로 성을 팔도록 권유하는 행위도 위 규정에서 말하는 '성을 팔도록 권유하는 행위'에 포함된다고 보아야 한다. 위 법리와 원심의 인정 사실에 의하면, 비록 아동 · 청소년인 공소외인 등이 이미 성매매 의사를 가지고 인터넷 채팅사이트에서 성매수 행위를 할 자를 물색하고 있었다고 하더라도, 피고인이 위 채팅사이트에 접속하여 공소외인과의 채팅을 통하여 성매매 장소, 대가, 연락방법 등에 관하여 구체적인 합의에 이른 다음, 약속장소 인근에 도착하여 공소외인에게 전화를 걸어 '속바지를 벗고 오라'고 지시한 일련의 행위는 '아동 · 청소년에게 성을 팔도록 권유하는 행위'에 해당한다고 본 원심의 판단은 정당하다(대법원 2011.11.10. 선고 2011도3934 판결).

1. 주관적 요건으로서 교사의 고의

교사의 의사 뿐만 아니라 피교사자인 정범의 고의, 즉 교사에 의하여 피교사자가 특정한 범죄에 대한 실행을 결의하고 이에 따라 특정범죄를 실행함으로써 결과가 발생할 것이라는 데에 대한 인식이 있어야 한다. 이와 같이 교사행위에 대한 인식만이 아니라 정범에 의한 실행행위와 결과발생까지도 인식해야 한다는 점에서 이중의 고의를 요한다.

1) 교사자의 교사행위로 인하여 피교사자가 범행결의를 하였는지 여부의 판단기준

관련판례

[판시사항]

교사자의 교사행위에도 불구하고 피교사자가 범행을 승낙하지 아니하거나 피교사자의 범행결의가 교사자의 교사행위에 의하여 생긴 것으로 보기 어려운 경우 교사자의 죄책, 피교사자가 범죄의 실행에 착수한 경우 범행결의가 교사자의 교사행위에 의하여 생긴 것인지 판단하는 기준 및 피교사자가 교사자의 교사행위 당시에는 범행을 승낙하지 않았으나 이후 그 교사행위에 의하여 범행을 결의한 것으로 인정되는 경우, 교사범이 성립하는지 여부

[판결요지]

교사범이란 정범인 피교사자로 하여금 범죄를 결의하게 하여 그 죄를 범하게 한 때에 성립하는 것이므로, 교사자의 교사행위에도 불구하고 피교사자가 범행을 승낙하지 아니하거나 피교사자의 범행결의가 교사자의 교사행위에 의하여 생긴 것으로 보기 어려운 경우에는 이른바 실패한 교사로서 형법 제31조 제3항에 의하여 교사자를 음모 또는 예비에 준하여 처벌할 수 있을 뿐이다. 한편, 피교사자가 범죄의 실행에 착수한 경우에 있어서 그 범행결의가 교사자의 교사행위에 의하여 생긴 것인지 여부는 교사자와 피교사자의 관계, 교사행위의 내용 및 정도, 피교사자가 범행에 이르게 된 과정, 교사자의 교사행위가 없더라도 피교사자가 범행을 저지를 다른 원인의 존부 등 제반 사정을 종합적으로 고려하여 사건의 전체적 경과를 객관적으로 판단하는 방법에 의하여야 하고, 이러한 판단방법에 의할 때 피교사자가 교사자의 교사행위 당시에는 일응 범행을 승낙하지 아니한 것으로 보여진다 하더라도 이후 그 교사행위에 의하여 범행을 결의한 것으로 인정되는 이상 교사범의 성립에는 영향이 없다고 할 것이다(대법원 2013.9.12. 선고 2012도2744 판결. 피고인이 결혼을 전제로 교제하던 여성이 임신한 사실을 알고 낙태를 권유하였다가 거부당하자 낙태여부는 알아서 하되 결혼을 하지 않겠다고 말하였고, 상대 여성은 그 후 피고인에게 알리지 아니한 채 낙태시술을 받았는바, 제반 사정에 비추어 피고인의 낙태교사로 인하여 상대 여성이 낙태를 결의·시행하게 되었다고 봄이 타당하고, 상대 여성이 당초 피고인의 낙태 권유에도 불구하고 아이를 낳을 것처럼 말한 사정이 있다는 사정만으로 그 인과관계가 단절되었다고 볼 수 없다는 이유로, 피고인의 낙태교사죄를 유죄로 인정한 원심판결을 수긍한 사례).

2) 과실에 의한 교사

예로서 의사가 과실로 약 대신 독극물을 간호사에게 건네주었는데, 간호사가 그 정을 알면서 환자에게 독극물을 투여한 경우인데, 교사·방조는 정범의 실행착수를 전제로 하기 때문에 과실에 의한 교사·방조는 범죄가 성립하지 아니한다.

3) 미수의 교사(Agent Provocateur, 함정교사)

텅빈 금고인 줄 알면서 이를 모르는 타인에게 정도를 교사하는 경우와 같이 아예 처음부터 불능미수나 장애미수에 그칠 것을 알면서 교사한 경우이다. 미수의 교사는 교사자의 고의 내용을 어떻게 보느냐에 따라 교사자의 책임이 달라지게 된다.

(1) 가벌설

교사자의 고의는 피교사자가 실행행위에 착수한다는 점에 대한 인식만 있으면 족하는 견해로, 따라서 이 견해에 의하면 미수의 교사도 가벌적 미수가 된다.

(2) 불가벌설

교사자의 고의는 피교사자의 실행행위에 대한 인식은 물론 그 실행행위에 의하여 결과가 발생한다는 것까지 인식을 해야 한다는 견해다. 즉 교사자의 고의는 피교사자의 행위가 기수로 된다는 데에 대한 인식이어야 한하며, 따라서 미수의 교사는 불가벌이 된다.

일반적으로 형법상 고의는 결과발생에 대한 인식이 있어야 성립한다는 점에서 불가벌설이 타당하다 할 것이다. 다만 그 미수가 별죄의 기수가 되었을 때, 예를 들어 乙이 丙을 살해하고자 한다는 것을 안 甲이 이를 저지할 목적으로 乙에 대하여 丙에 대한 살인을 교사하여 乙이 丙을 살해하지 않고 단순히 상해만 가한 경우에는 그 죄의 기수에 대한 교사범이 성립된다.

4) 목적범 또는 신분범에 대한 교사

목적범의 경우 피교사자 만이 아니라 교사자도 목적을 가져야만 하며,[1] 신분범에 대한 교사에 있어서는 교사자에게 정범의 신분에 대한 인식이 있어야 한다.

2. 객관적 요건으로서의 교사행위

1) 교사행위의 내용으로서의 구체성과 특정성

제31조 제1항은 교사범의 성립으로 '타인을 교사하여 죄를 범하게 ~ '라고만 규정하고 있을 뿐이므로 교사의 구체적인 내용에 대해서는 학설과 판례에 전적으로 일임되어 있다. 다만 교사범의 처벌을 정범과 동일하게 처벌한다는 점에서 교사자의 교사행위의 불법은 적어도 피교사자인 정범의 불법과 동일하다고 평가될 수 있을 정도이어야 할 것이다.

교사행위의 구체적 내용에 대해서는 학설상 단순히 범죄결의를 인과적으로 야기하는 것, 즉 범죄

---

1) 피고인이 甲을 모해할 목적으로 乙에게 위증을 교사한 이상, 가사 정범인 乙에게 모해의 목적이 없었다고 하더라도, 형법 제33조 단서의 규정에 의하여 피고인을 모해위증교사죄로 처단할 수 있다(대법원 1994.12.23. 선고 93도1002 판결).

를 유발하는 상황을 만드는 것 정도로 볼 것인지,[2] 아니면 그 내용을 좁게 해석하여 피교사자의 범행결의를 갖게 하기 위해서 교사자와 피교사자간의 결탁을 통한 정신적인 접촉이나 영향력의 행사 내지는 실행방법제안 등이 필요하다고 볼 것인지, 좀더 좁게 해석하여 피교사자인 정범이 범할 범죄의 객체나 피해자, 시기와 장소 또는 구체적인 실행방법까지를 특정해야만 교사행위로 평가할 수 있을 것인지에 대하여 견해대립이 있다.

이 논의는 결국 왜 교사범이 공범이면서도 정범과 동일하게 처벌되느냐라는, 즉 교사범의 처벌근거에 대한 논의에 귀착된다. 공범종속설과 야기설의 입장에서 볼 때 교사범의 처벌근거는 교사행위로 인하여 피교사자에게 범행을 결의하게 함으로써 나타난 범행가담의 위험성, 즉 정범과의 정신적 · 신체적 협력을 통하여 정범에 의한 규범침해를 야기 내지 촉진시켰다는 데에 그 교사범의 불법평가의 근거를 찾을 수 있을 것이다. 즉 교사범의 불법은 정범으로 하여금 구성요건적 결과발생에 이르게 한 사태의 주도자라는 데 있으며, 피교사자인 정범으로 하여금 범행결의라는 지적 · 의적 표지를 형성시켰다는 범행의 정신적 측면에 있다 할 것이다.

이와 같이 교사범은 범행의 전체과정에서 볼 때 피교사자에 대한 정신적인 주도자로서 정범의 범행계획 또는 그 결의의 형성과정에 결정적이며 지배적인 영향력을 행사하는 지위에 있으며, 다만 그 결의에 의한 정범의 구체적인 범죄실행은 피교사자인 정범에 의하여 주도적으로 형성된다는 점에서 교사범이 정범과 동일하게 처벌되는 근거를 찾을 수 있다 하겠다.

따라서 1인이든 수인이든 특정된 타인에 대한 구체적인 특정범죄의 교사행위, 교사행위의 표상속에 적어도 특정한 범죄구성요건유형과 행위객체의 일반적인 종류표지가 정하여져 있어 개별화할 수 있는 범죄로 인식되어 있어야 한다. 즉 불특정인에 대한 교사는 선동에 해당하며, 막연히 범죄를 저질러라고 한다거나 단순히 절도를 하라고 하는 행위만으로는 교사행위로 평가할 수 없다. 다만 피교사자는 특정만 되면 족하고, 교사자가 피교사자를 알고 있을 필요는 없다.

관련판례

1) 피고인이 연소한 제1심 상피고인에게 밥값을 구해오라고 말한 것은 절도범행을 교사한 것이라고 볼 수 없다(대법원 1984.5.15. 선고 84도418 판결).
2) 치과의사가 환자의 대량유치를 위해 치과기공사들에게 내방환자들에게 진료행위를 하도록 지시하여 동인들이 각 단독으로 진료행위를 하였다면 무면허의료행위의 교사범에 해당한다(대법원 1986.7.8. 선고 86도749 판결).
3) 교사범이란 타인(정범)으로 하여금 범죄를 결의하게 하여 그 죄를 범하게 한 때에 성립하는 것이고 피교사자는 교사범의 교사에 의하여 범죄실행을 결의하여야 하는 것이므로, 피교사자가 이미 범죄의 결의를 가지고 있을 때에는 교사범이 성립할 여지가 없다. 막연히 "범죄를 하라"거나 "절도를 하라"고 하는 등의 행위만으로는 교사행위가 되기에 부족하다 하겠으나, 타인으로 하여금 일정한 범죄를 실행할 결의를 생기게 하는 행위를 하면 되는 것으로서 교사의 수단 · 방법에 제한이 없다 할 것이므로, 교사범이 성립하기 위하여는 범행의 일시, 장소, 방법

2) 이 견해에 의하면 만일 교사행위를 좁게 해석하면 교사행위의 방법이 대단히 지능적인 경우에는 교사죄로 규율할 수 없다는 점에서 단순히 악의로 범죄를 유발할 수 있는 상황을 조성하는 것도 교사행위에 해당한다고 본다.

등의 세부적인 사항까지를 특정하여 교사할 필요는 없는 것이고, 정범으로 하여금 일정한 범죄의 실행을 결의할 정도에 이르게 하면 교사범이 성립된다. 피고인이 甲, 乙, 丙이 절취하여 온 장물을 상습으로 19회에 걸쳐 시가의 3분의 1 내지 4분의 1의 가격으로 매수하여 취득하여 오다가, 甲, 乙에게 일제 드라이버 1개를 사주면서 "丙이 구속되어 도망다니려면 돈도 필요할텐데 열심히 일을 하라(도둑질을 하라)"고 말하였다면, 그 취지는 종전에 丙과 같이 하던 범위의 절도를 다시 계속하면 그 장물은 매수하여 주겠다는 것으로서 절도의 교사가 있었다고 보아야 한다. 교사범의 교사가 정범이 죄를 범한 유일한 조건일 필요는 없으므로, 교사행위에 의하여 정범이 실행을 결의하게 된 이상 비록 정범에게 범죄의 습벽이 있어 그 습벽과 함께 교사행위가 원인이 되어 정범이 범죄를 실행한 경우에도 교사범의 성립에 영향이 없다(대법원 1991.5.14. 선고 91도542 판결).

4) 교사자가 피교사자에게 피해자를 "정신차릴 정도로 때려주라"고 교사하였다면 이는 상해에 대한 교사로 봄이 상당하다(대법원 1997.6.24. 선고 97도1075 판결).

사례연습

1983.2.19. 피고인은 아버지와 다툰 후 권총과 자동차를 가지고 집을 나온 W를 자신의 해외도피계획을 자랑하였다. 이에 W는 자신도 피고인과 함께 해외로 도피하기 위하여 자기는 터어키인을 살해해서 현재 경찰의 추적을 받고 있는 상황이라고 거짓말을 하였다. 이에 피고인이 W에게 돈이 있냐고 묻자 W가 없다고 대답하였고, 피고인은 위조여권을 구입하기 위해서는 권총이나 자동차를 팔아서라도 빨리 돈을 마련해야 한다고 하였다. W는 자신이 가장 아끼는 권총은 팔고 싶지 않았고, 자동차는 자신의 소유가 아니기 때문에 팔 수 없다고 대답했다. 그러자 피고인은 대략 10,000 DM 정도의 돈만 있으면 위조여권 등 남미로의 해외도피를 조와주겠다고 하면서 "그러면 어떻하겠느냐, 은행이나 주유소라도 털어야지"라고 이야기 하면서 이틀 후 12:00에 W와 다시 만나기로 약속하였다. 1983.2.21. W는 피고인과 만나기로 한 그날 오전에 손님이 뜸한 은행지점에 복면을 하고 들어가 은행원을 권총으로 위협, 39775 DM를 강취하였다.

피고인의 형사책임은? (독일연방법원 1986.4.21. 판결, BGHSt 34, 63)

2) 교사행위의 수단과 방법

범죄결의라는 정범의 지적 · 의적 표지에 영향을 미칠 수 있는 것이면 족하므로 명령 · 지시 · 설득 · 애원 · 촉탁 · 권유 · 종용 · 이익제공 등 그 수단과 방법에는 제한이 없다. 또한 반드시 명시적 · 직접적 방법에 의할 필요는 없으며, 묵시적인 방법에 교사[3]도 가능하다. 부작위에 의한 교사는 앞에서 설명했듯이 교사행위의 내용을 어떻게 해석하느냐, 즉 부작위에 의한 교사에 의하여 정범의 결의를 야기할 수 있느냐에 따라 그 성립여부를 판단해야 한다.[4]

관련판례

1) 백송을 도벌하여 상자를 만들어 달라고 말하면서 도벌자금을 교부한 이상 피고인의 위 청탁으로 공소외인들이 도벌의 범의를 일으켰다고 볼 수 있어 교사죄가 성립된다(대법원 1969.4.22. 선고 69도255 판결).

---

3) 대법원 1967.12.19. 선고 67도1281 판결.

4) 이와는 달리 그 보증인적 의무의 내용이 타인의 교사행위 자체를 저지해야 할 의무인 경우에는 교사행위의 인과과정의 진행을 저지하지 못했다는 점에서 교사범으로 평가될 수 있다.

2) 막연히 "범죄를 하라"거나 "절도를 하라"고 하는 등의 행위만으로는 교사행위가 되기에 부족하다 하겠으나, 타인으로 하여금 일정한 범죄를 실행할 결의를 생기게 하는 행위를 하면 되는 것으로서 교사의 수단 · 방법에 제한이 없다 할 것이므로, 교사범이 성립하기 위하여는 범행의 일시, 장소, 방법 등의 세부적인 사항까지를 특정하여 교사할 필요는 없는 것이고, 정범으로 하여금 일정한 범죄의 실행을 결의할 정도에 이르게 하면 교사범이 성립된다(대법원 1991.5.14. 선고 91도542 판결).

3) 교사자의 교사행위는 정범에게 범죄의 결의를 가지게 하는 것을 말하는 것으로서, 그 범죄를 결의하게 할 수 있는 것이면 그 수단에는 아무런 제한이 없고, 반드시 명시적 · 직접적 방법에 의할 것을 요하지도 않으며, 이와 같은 교사범에 있어서의 교사사실은 범죄사실을 구성하는 것으로서 이를 인정하기 위하여는 엄격한 증명이 요구되지만, 피고인이 교사사실을 부인하고 있는 경우에는 사물의 성질상 그와 상당한 관련성이 있는 간접사실을 증명하는 방법에 의하여 이를 입증할 수도 있고, 이러한 경우 무엇이 상당한 관련성이 있는 간접사실에 해당할 것인가는 정상적인 경험칙에 바탕을 두고 치밀한 관찰력이나 분석력에 의하여 사실의 연결상태를 합리적으로 판단하는 방법에 의하여야 한다(대법원 2000.2.25. 선고 99도1252 판결).

3) 가중적 구성요건의 실행결의로 변경시킨 경우

피교사자가 계획하고 있는 범죄실행방법과 다른 방법으로 실행할 것을 결의하게 한 경우에 교사범이 성립되느냐, 제31조 제3항의 실패한 교사냐,[5] 아니면 정신적 방조에 해당하느냐의 문제다. 동일한 구성요건 내에서 실행방법만 달리하도록 한 경우에는 이미 범행의 결의를 가지고 있는 정범으로 하여금 또 다른 가능한 실행방법을 교사함으로써 정범의 결의를 강화했을 뿐이므로 정신적 방조에 해당한다고 볼 수 있다.

그러나 기본 구성요건을 결의하고 있는 정범에게 가중적 구성요건의 실행을 결의하게 한 경우, 또는 별개의 구성요건의 실행으로 변경 · 결의하게 한 경우에는 이와 달리 평가되어야 한다. 이 경우, 정범에 의하여 실현된 가중적 구성요건의 교사범으로 보는 견해와 가중적 구성요건에 대한 방조와 초과된 부분에 대한 교사의 상상적 경합범으로 규율하는 견해가 있다.

4) 경한 구성요건의 실행결의로 변경시킨 경우

큰 불법은 작은 불법을 포함한다는 논리로 본다면 대부분 실패한 교사 또는 정신적 방조에 해당된다 할 것이다. 다만 경우에 따라서는 제22조 긴급피난의 요건을 충족하면 위법성이 조각될 수도 있다.

Ⅱ. 피교사자에 대한 요건으로 피교사자의 실행행위

1. 주관적 요건

피교사자가 교사자의 교사에 의하여 범죄의 실행을 결의하여야 한다.

5) 이 견해는 열린 문은 더 이상 열리지 않는다는 것을 그 논거로 들고 있다.

1) 과실범에 대한 교사

의사가 甲을 살해할 의사로 그 정을 모르는 간호사에게 약 대신 독극물을 교부하고 그 간호사의 투여로 甲이 살해당한 경우이다.

2) 실패한 교사(제31조 제3항)

피교사자가 범죄의 실행을 승낙하지 않은 경우 또는 이미 범죄의 실행을 결의하고 있었던 경우이다. 이미 정범이 범죄의 실행의사를 가지고 있었다 하더라도 교사에 의하여 가중적 구성요건을 실현한 경우가 이에 해당한다.[6]

2. 객관적 요건

피교사자의 실행착수, 즉 범죄의 실행행위로 나아가야 한다.

1) 효과없는 교사(제31조 제2항)

교사를 받은 자가 범죄의 실행을 승낙하고 실행의 착수에 이르지 아니한 때에는 교사자와 피교사자를 음모 또는 예비에 준하여 처벌한다.

2) 간접교사

(1) 협의의 간접교사(교사의 교사)

甲이 乙을 보고 丙을 시켜서 절취하게 교사하는 경우로, 甲에 대한 교사범 성립여부와 관련하여 처벌규정이 없는 현행 형법 하에서는 범죄의 정형적 의미, 즉 피교사자인 乙은 실행행위자가 아니므로 법적 확실성을 해할 우려가 있으며, 따라서 엄격해석을 요한다는 점에서 교사범으로 처벌할 수 없다는 견해와, 교사범의 성립요건으로 형법은 '타인을 교사하여 죄를 범한 자'라고만 규정하고 있을 뿐 교사의 방법에는 제한이 없기 때문에 피교사자가 반드시 정범일 필요는 없으며, 간접교사도 타인을 교사하여 죄를 범한 자에 해당하므로 교사범으로 처벌할 수 있다는 견해[7]가 대립되고 있다.

(2) 연쇄교사(재교사)

甲이 乙에게 절도를 교사하고, 다시 乙이 丙에게 절도를 교사하는 경우로, 甲에 대한 교사범 성립여부와 관련하여 이를 효과없는 교사로 보는 견해도 있고, 중간에 몇 사람이 개입되었던지 간에 甲

---

6) 예컨대 절도를 결의하고 있는 자에게 강도를 교사한 경우.

7) 의사 아닌 자를 교사하여 의사와 공모하여 허위진단서를 작성케 하면 교사죄가 성립한다(1967.1.24. 66도1586, 집15①형7)(같은 취지의 판례로 1974.1.29. 73도3104).

의 교사행위로 인한 실행행위가 있었다고 인정되는 이상 교사범이 성립된다는 견해[8]도 있다. 후자의 견해에 의하면 교사자인 갑은 정범사이에 개입된 사람의 숫자나 누구인지에 대해서는 알 필요가 없다.

3) 교사의 미수

(1) 협의의 교사의 미수

정범(피교사자)의 미수로, 甲이 乙을 교사하였으나 乙이 실행에 착수한 후 장애 · 중지 · 불능미수에 그친 경우이다.

(2) 광의의 교사의 미수

협의의 교사의 미수만이 아니라 기도된 미수의 형태를 포함하는 개념이다.

제3항 교사범의 공범관계 이탈의 판단 기준

교사범이란 정범인 피교사자로 하여금 범죄를 결의하게 하여 그 죄를 범하게 한 때에 성립하는 것이고, 교사범을 처벌하는 이유는 이와 같이 교사범이 피교사자로 하여금 범죄 실행을 결의하게 하였다는 데에 있다. 따라서 교사범이 그 공범 관계로부터 이탈하기 위해서는 피교사자가 범죄의 실행행위에 나아가기 전에 교사범에 의하여 형성된 피교사자의 범죄 실행의 결의를 해소하는 것이 필요하고, 이때 교사범이 피교사자에게 교사행위를 철회한다는 의사를 표시하고 이에 피교사자도 그 의사에 따르기로 하거나 또는 교사범이 명시적으로 교사행위를 철회함과 아울러 피교사자의 범죄 실행을 방지하기 위한 진지한 노력을 다하여 당초 피교사자가 범죄를 결의하게 된 사정을 제거하는 등 제반 사정에 비추어 객관적 · 실질적으로 보아 교사범에게 교사의 고의가 계속 존재한다고 보기 어렵고 당초의 교사행위에 의하여 형성된 피교사자의 범죄 실행의 결의가 더 이상 유지되지 않는 것으로 평가할 수 있어야 한다.

위의 요건을 갖춘 경우에는 비록 그 후 피교사자가 범죄를 저지르더라도 이는 당초의 교사행위에 의한 것이 아니라 새로운 범죄 실행의 결의에 따른 것이므로 교사자는 형법 제31조 제2항에 의한 죄

---

8) 피고인 H는 L에게 자기의 여권을 위조하여 줄 것을 교사하였고 L은 다시 이를 B에게 교사하였다. H는 L이 누구를 시켰는지 또 L도 B가 누구를 통하여 여권을 위조하였는지 알지 못했다. 종국적으로 그 여권은 담당 공무원인 St.에 의하여 위조되었고, B와 St 사이에는 Lu, Ha, S, M, F가 순차적으로 관여했음이 밝혀졌다. 이 사건에서 독일염방법원은 '간접교사는 교사자의 연쇄가 2인 이상인 때에도 가능하며, 간접교사의 고의에는 그와 정범 사이에 있는 교사자의 수나 정범의 이름을 알 것을 요하지 아니한다'고 판시하였다(BGHSt 6, 359).

책을 부담함은 별론으로 하고 형법 제31조 제1항에 의한 교사범으로서의 죄책을 부담하지는 않는다고 할 수 있다. 즉 교사로 인한 피교사자의 범행 결의 후, 피교사자의 실행 착수 이전에 피교사자의 범행 실행을 방지하는 진지한 노력으로 교사로 인한 범행 결의라는 인과관계를 단절하였다고 평가될 정도의 행태가 존재해야 한다.

관련판례

[판시사항]

교사자가 공범관계로부터 이탈하여 교사범의 죄책을 부담하지 않기 위한 요건 및 정범이 교사의 교사행위에 의하여 범죄 실행을 결의하게 된 경우, 교사행위 이외에 다른 원인이 있어 범죄를 실행한 경우에도 교사범이 성립하는지 여부

[판결요지]

교사범이란 정범인 피교사자로 하여금 범죄를 결의하게 하여 그 죄를 범하게 한 때에 성립하는 것이고, 교사범을 처벌하는 이유는 이와 같이 교사범이 피교사자로 하여금 범죄 실행을 결의하게 하였다는 데에 있다. 따라서 교사범이 그 공범 관계로부터 이탈하기 위해서는 피교사자가 범죄의 실행행위에 나아가기 전에 교사범에 의하여 형성된 피교사자의 범죄 실행의 결의를 해소하는 것이 필요하고, 이때 교사범이 피교사자에게 교사행위를 철회한다는 의사를 표시하고 이에 피교사자도 그 의사에 따르기로 하거나 또는 교사범이 명시적으로 교사행위를 철회함과 아울러 피교사자의 범죄 실행을 방지하기 위한 진지한 노력을 다하여 당초 피교사자가 범죄를 결의하게 된 사정을 제거하는 등 제반 사정에 비추어 객관적 · 실질적으로 보아 교사범에게 교사의 고의가 계속 존재한다고 보기 어렵고 당초의 교사행위에 의하여 형성된 피교사자의 범죄 실행의 결의가 더 이상 유지되지 않는 것으로 평가할 수 있다면, 설사 그 후 피교사자가 범죄를 저지르더라도 이는 당초의 교사행위에 의한 것이 아니라 새로운 범죄 실행의 결의에 따른 것이므로 교사자는 형법 제31조 제2항에 의한 죄책을 부담함은 별론으로 하고 형법 제31조 제1항에 의한 교사범으로서의 죄책을 부담하지는 않는다고 할 수 있다.

한편 교사범이 성립하기 위해 교사범의 교사가 정범의 범행에 대한 유일한 조건일 필요는 없으므로, 교사행위에 의하여 피교사자가 범죄 실행을 결의하게 된 이상 피교사자에게 다른 원인이 있어 범죄를 실행한 경우에도 교사범의 성립에는 영향이 없다(대법원 1991.5.14. 선고 91도542 판결 등 참조). 원심은, 그 채택 증거들에 의하여 피고인은 2011.11. 초순경과 2011.11.20.경 공소외 1에게 전화하여 공소외 2 은행 노조위원장인 피해자의 불륜관계를 이용하여 공갈할 것을 교사한 사실, 이에 공소외 1은 2011.11.24.경부터 피해자를 미행하여 2011.11.30.경 피해자가 여자와 함께 호텔에 들어가는 현장을 카메라로 촬영한 후 피고인에게 이를 알린 사실, 그러나 피고인은 2011.12.7.경부터 2011.12.13.경까지 공소외 1에게 여러 차례 전화하여 그 동안의 수고비로 500만 원 내지 1,000만 원을 줄테니 촬영한 동영상을 넘기고 피해자를 공갈하는 것을 단념하라고 하여 범행에 나아가는 것을 만류한 사실, 그럼에도 공소외 1은 피고인의 제안을 거절하고 2011.12.9.경부터 2011.12.14.경까지 위와 같이 촬영한 동영상을 피해자의 핸드폰에 전송하고 전화나 문자메시지 등으로 1억 원을 주지 않으면 여자와 호텔에 들어간 동영상을 가족과 회사에 유포하겠다고 피해자에게 겁을 주어 2011.12.14.경 피해자로부터 현금 500만 원을 교부받은 사실을 인정하였다. 원심은 위 인정사실을 토대로 다음과 같이 판단하여, 피고인은 공범 관계에서 이탈하였다는 등의 피고인의 주장을 배척하였다. 즉, 피고인은 위 범행을 교사하기는 하였으나 피교사자인 공소외 1이 범죄의 실행에 착수하기 전에 범행을 중지시켰고, 그 이후의 공소외 1의 실행행위는 공소외 1의 독자적 판단 하에 이루어진 단독 범행이므로 피고인의 교사는 공소외 1의 공갈행위와 인과관계가 인정되지 않고, 또 피고인은 공범관계에서 이탈한 것이라고 주장한 데 대하여, 원심은 피고인의 교사행위로 인하여 공소외 1이 범행의 결의를 가지게 되었고, 그 후 공갈의 실행행위에 착수하여 피해자로부터 500만 원을 교부받음으로써 범행이 기수에 이르렀으므로

피고인의 교사행위와 공소외 1의 범행 결의 및 실행행위 사이에 인과관계가 인정되고, 또 피고인이 전화로 범행을 만류하는 취지의 말을 한 것만으로는 피고인의 교사행위와 공소외 1의 실행행위 사이에 인과관계가 단절되었다거나 피고인이 공범관계에서 이탈한 것으로 볼 수 없다고 하여, 피고인을 유죄로 판단한 제1심판결을 그대로 유지하였다. 원심이 인정한 위와 같은 사실관계 등에 의하면, 피고인은 공소외 1로 하여금 이 사건 공갈 범죄의 실행을 결의하게 하였고, 피고인의 교사에 의하여 범죄 실행을 결의하게 된 공소외 1이 그 실행행위에 나아가기 전에 피고인으로부터 범행을 만류하는 전화를 받기는 하였으나 이를 명시적으로 거절함으로써 여전히 피고인의 교사 내용과 같은 범죄 실행의 결의를 그대로 유지하였으며, 그 결의에 따라 실제로 피해자를 공갈하였음을 알 수 있다. 이를 앞서 본 법리에 비추어 보면, 피고인의 교사행위와 공소외 1의 공갈행위 사이에는 상당인과관계가 인정된다 할 것이고, 피고인의 만류행위가 있었지만 공소외 1이 이를 명시적으로 거절하고 당초와 같은 범죄 실행의 결의를 그대로 유지한 것으로 보이는 이상, 피고인이 공범관계에서 이탈한 것으로 볼 수도 없다. 같은 취지의 원심판결은 정당하고, 거기에 상고이유로 주장하는 바와 같은 인과관계나 공범관계의 이탈에 관한 법리오해 등의 위법은 없다(2012.11.15. 선고 2012도7407 판결. 교사자인 피고인이 피교사자에게 피해자의 불륜관계를 이용하여 공갈할 것을 교사하였는데, 그 후 피교사자가 피해자를 미행하여 동영상을 촬영한 후 그 촬영 결과를 알리자, 피교사자에게 전화를 걸어 돈을 줄 테니 동영상을 넘기고 피해자를 공갈하는 것을 단념하라고 만류하였으나 피교사자가 피고인의 제안을 거절하고 동영상을 이용하여 피해자를 공갈한 사안).

제4항 교사범과 착오

Ⅰ. 교사의 착오

1. 교사자의 착오(피교사자에 대한 착오)

교사자가 피교사자를 책임능력자로 오인하고 교사행위를 하였으나 피교사자인 정범이 책임무능력자로서 도구와 다를 바 없이 행위한 경우 또는 그 반대의 경우에 교사자의 고의가 인정될 수 있는지가 문제된다.

교사자가 책임무능력자인 피교사자를 책임능력자로 오인한 경우에는 교사자의 고의가 그대로 인정되어 교사범의 성립에 영향이 없다. 즉 야기설의 입장에서 볼 때 피교사자의 책임능력에 관한 인식은 교사자의 고의의 내용이 아니므로, 따라서 이에 대한 착오는 교사자의 고의를 조각하지 아니하며 교사범이 성립된다.

반대로 책임능력자인 피교사자를 책임무능력자로 오인한 경우에는 교사자에게 간접정범의 고의가 인정될 수 있으나, 객관적으로 의사지배가 없을 뿐 아니라 피교사지인 정범은 '처벌되는 자'로 되기 때문에 간접정범은 성립되지 않으며, 공범의 성립 여부만 문제된다.

2. 피교사자인 정범의 실행행위에 대한 착오

1) 피교사자인 정범의 방법의 착오와 교사자의 형사책임

甲이 乙에 A를 살해할 것을 교사하였으나, 乙이 발사한 총알이 빗나가 A 옆에 있던 B에게 명중하여 B가 사망한 경우와 같이, 피교사자인 정범이 실행행위시에 구체적 사실에 대한 방법의 착오를 일으킨 경우에는 교사자에게도 방법의 착오가 된다.

사례연습

甲과 乙은 직원 상사 A로부터 여러 차례 호된 질책을 받아 A에 대해 원한을 품고 있던 차에, 회사건물 지하에 있는 주점에서 술자리를 같이하던 중 乙은 평소 술버릇이 나쁜 甲으로 하여금 A에게 보복하게 하려고 甲에게 술을 권하면서 'A를 가만 두어서는 안된다'고 충동질하였다. 甲은 만취상태에서 '내가 손을 보겠다'고 하면서 乙이 준 빈 맥주병을 가지고 A의 사무실로 가서 그를 향해 맥주병을 던졌으나 옆에 있던 동료 B가 맞고 중상을 입었다.

甲 · 乙의 죄책은? (50점)

[1998년도 시행 제40회 사법시험 제1문]

2) 피교사자인 정범의 객체의 착오와 교사자의 형사책임

사례연습

1) 농부인 A는 농장을 상속하게 될 아들 Karl-Friedrich M에게 농장을 이용할 수 있는 권리를 넘겨주었다. 그 후 아버지와 아들 사이의 불화로 여러 차례 다툼이 있었고 그 후 A는 농장과 고향마저 잃을까 전전긍긍했으며, 급기야는 아들을 죽여야겠다고 결심하기에 이르렀다. A는 자기 손으로 아들을 죽이고 싶지는 않았기 때문에 St.에게 돈을 주겠다고 약속하면서 M을 살해하도록 설득하는 데 성공하였다. A는 St.에게 M이 집에 올 때 통상 지나치는 마구간에서 그를 죽이라고 지시하면서 더 상세한 과정은 그에게 맡겼다. 다른 사람이 잘못해서 피해를 당하지 않도록 하기 위해 A는 St.에게 M이 찍힌 사진을 보여주면서 M의 습관이나 용모를 꼼꼼히 설명해 주었다. St.는 이미 다른 기회에 M을 본 적이 있었기 때문에 A는 St.가 쉽게 M을 알아볼 수 있으리라고 생각했다. 어느 날 St.가 어두운 마구간에 숨어서 M을 기다리고 있었을 때 마침 이웃인 Bernd Sch.가 우연히 그곳을 지나가며 마구간의 문을 열었다. 그의 외모가 M과 닮았고 - M도 늘 그렇게 했듯이 - 손에 장바구니를 들고 있었다. 그리하여 St.는 Sch.를 M으로 오인하고 조금 떨어진 곳에서 그를 쏘아 살해하였다.
   A와 St.의 형사책임은? [농장상속인(Hoferben) 사건(BGHSt.37, 214ff.)]
2) Rosahl은 채무를 면탈하기 위하여 채권자 A를 살해할 것을 자기 하인인 Rose에게 교사하였다. 교사를 받은 하인 Rose는 그날 저녁에 채권자 A인줄 알고 살해하였는데 알고 보니 지나가던 학생이었다.
   Rose와 Rosahl의 형사책임은? (독일 제국재판소 Rose-Rosahl 사건)

위의 사례와 같이 피교사자인 정범이 실행행위시에 구체적 사실에 대한 객체의 착오를 일으킨 경우에는 견해가 대립되고 있다

(1) 객체의 착오설

피교사자인 정범이 객체의 착오를 일으켰다면 그것은 교사자에게도 일어날 수 있는 착오이므로 피교사자의 객체의 착오를 교사자에게도 귀속시켜야 한다는 견해이다. 즉 이 견해에 의하면 교사자는 범행을 교사한 이상 피교사자가 일반적으로 범할 수 있는 착오를 경험칙상 예견할 수 있으므로, 그에 대한 책임을 당연히 부담해야 하기 때문이라고 한다.

또한 공범의 종속성에 철저하면 정범자인 피교사자에게 중요하지 않은 착오는 교사자에게도 그 착오의 효과가 동일해야 한다는 점을 논거로 들고 있다.

(2) 방법의 착오설

피교사자인 정범의 객체의 착오는 교사자에게 방법의 착오가 된다는 견해이다. 즉 이 견해에 의하면 피교사자인 정범의 객체의 착오를 교사자의 입장에서 보면, 행위수단 또는 행위방법의 잘못으로 대상이 빗나가게 된 방법의 착오와 동일한 구조를 가지고 있기 때문이라고 한다.

또한 실제 공격의 대상이 되어 피해를 입은 피해자는 교사자의 고의 내용에 전혀 포함되어 있지 않다는 점에서도 방법의 착오와 동일한 구조를 띠고 있다는 점을 논거로 들고 있다.

(3) 인과과정의 착오설

피교사자인 정범의 객체의 착오 사례에 대해 인과과정의 착오 사례를 해결하는 공식을 적용하거나, 객관적 귀속을 전제로 고의 귀속을 인정하는 견해이다. 즉 이견해에 의하면 교사행위와 피교사자인 정범의 실행행위 사이에 불일치가 있기는 하지만, 양자의 불일치가 일반적인 생활경험에 따라 예견가능한 범위 내에 있는 경우에는 양자를 다른 행위로 볼 수 없어 그 불일치가 중요하지 않기 때문에 그 불일치를 전혀 고려함이 없이 교사자의 고의를 그대로 인정한다. 독일의 판례도 이러한 입장을 취하고 있다.[9]

(4) 착오 문제의 해결방안에 따라 착오 유형을 결정하는 견해

피교사자인 정범의 객체의 착오가 교사자에게 어떤 착오가 되는 지는 착오의 해결방안 중 어느 견해를 취하느냐에 따라 결정된다는 견해이다. 즉 이 견해에 의하면 구체적 부합설에 따르면 피교사자인 정범의 객체의 착오는 교사자에게 방법의 착오가 되는데 반하여, 법정적 부합설에 의하면 피교사자인 정범의 객체의 착오는 교사자에게 객체의 착오가 된다고 한다.

9) 앞의 Rose-Rosahl 사건과 BGHSt 37, 218(1990년 Hoferben 사건).

Ⅱ. 교사자의 교사 내용과 피교사자의 실행행위가 불일치하는 경우

1. 질적 불일치의 경우

교사자의 교사 내용과 피교사자의 실행행위는 본질적인 면에서 일치해야 한다. 따라서 절도를 교사했는데 피교사자인 정범이 강간을 범한 경우와 같이 피교사자인 정범이 교사자의 교사 내용과 전혀 다른 범죄구성요건을 실현하여 양자 간에 본질적인 불일치가 있는 경우에는 피교사자인 정범의 실행부분에 대해 교사범이 성립하지 않는다. 다만 이러한 경우에는 제31조 제3항의 효과없는 경우로 교사한 내용의 예비 · 음모에 준하여 처벌된다.

그러나 예를 들어 사기를 교사하였는데 피교사자인 정범이 공갈을 범한 경우와 같이 질적 불일치가 있는 경우에도 그 불일치가 본질적인 불일치가 아닌 경우에는 피교사자인 정범의 실행부분에 대하여 교사자의 책임이 인정된다.

사례연습

1) 甲은 丙에게 乙을 살해하라고 교사하였다. 이에 丙은 과도로 乙을 수회 찔러 丙을 실신시켰다. 丙은 乙이 죽은 줄 알고 사체를 은닉하기 위하여 산속에 묻었는 바, 사체부검 결과 乙의 사망은 질식사로 판명되었다.
교사자인 甲의 형사책임을 논하라.

2) 위 사례에서 甲이 丙에게 乙을 살해할 것을 교사하면서 일단 乙을 실신시킨 다음 乙을 丙의 자동차에 실어 ㅇㅇ강변으로 옮겨 강물에 던져 익사시키라고 교사하였는데, 丙이 乙을 실신시킨다는 것이 그만 즉사시킨 경우에 교사자인 甲의 형사책임은?

2. 양적 불일치의 경우

1) 미달된 경우

예를 들어 존속살해를 교사하였으나 피교사자인 정범이 단순살인죄를 범한 경우와 같이 피교사자인 정범이 교사받은 내용에 미달된 행위를 한 경우에는 교사자는 피교사자가 실제로 행위한 부분에 대해서만 책임을 진다. 즉 위 사례에서 단순살인죄의 교사범이 성립되며, 단순살인죄의 형벌이 존속살해죄의 예비 · 음모보다 무겁기 때문에 존속살해죄의 예비 · 음모는 단순살인죄의 교사범에 흡수된다.

그러나 예를 들어 강도를 교사하였는데 피교사자인 정범이 졸도를 행한 경우와 같이 피교사자인 정범이 실행한 범죄의 형보다 교사한 범죄의 예비 · 음모의 형이 중한 경우에는 법조경합을 인정하는 견해도 있으나, 교사한 내용의 예비 · 음모죄와 실행부분의 교사범의 상상적 경합범이 성립된다고 해석해야 한다.

즉 교사한 내용보다 피교사자가 실행한 부분이 적은 경우에는 교사행위와 관련된 부분은 실행행위와 일치되는 한도 내에서만 기수 책임을 지고(위의 예에서 절도죄의 교사범), 그 나머지 부분에 대해서는 실행의 착수조차 없기 때문에 제31조 제3항에 따라 교사 내용에 해당하는 죄의 예비 · 음모죄(위의 예에서 강도예비 · 음모죄)가 성립하며, 양 죄는 하나의 행위가 두 개의 죄에 해당하는 상상적 경합범이 된다.

2) 초과 실행한 경우

피교사자인 정범이 교사자의 교사 내용을 넘어서는 행위를 한 경우, 즉 양적으로 초과한 경우일지라도 교사자는 교사한 내용과 실행한 부분이 일치하는 범위 내에서 교사한 내용의 고의 범위내에서만 책임을 진다. 예를 들어 절도를 교사했는데 피교사자인 정범이 강도죄를 범하였다면 교사자는 절도교사의 죄책을 진다.

3) 결과적 가중범의 교사범

예를 들어 상해를 교사하였는데, 피교사자인 정범이 범행을 실행하는 과정에서 피해자를 사망에 이르게 한 겨웅와 같이 피교사자가 초과실행한 경우에, 특히 결과적 가중범에 대한 교사범을 인정할 수 있는지가 문제된다.

(1) 긍정설

교사자가 실제로 중한 결과의 발생을 예견하지 못했더라도 중한 결과 발생에 대한 예견가능성이 있었다고 판단되면 결과적 가중범의 교사범이 성립된다는 견해이다.[10)]

관련판례

1) 교사자가 피교사자에 대하여 상해 또는 중상해를 교사하였는데 피교사자가 이를 넘어 살인을 실행한 경우에, 일반적으로 교사자는 상해죄 또는 중상해죄의 교사범이 되는 것이지만 이 경우에 교사자에게 피해자의 사망이라는 결과에 대하여 과실 내지 예견가능성이 있는 때에는 상해치사죄의 교사범으로서의 죄책을 지울 수 있는 것이다. 원심이 같은 취지에서, 원심이 인용한 제1심판결 적시의 각 증거에 의하여, 피고인은 자신의 영업에 관하여 사사건건 방해를 하면서 협박을 해 오던 피해자를 보복하기 위하여 피해자의 경호원으로 있다가 사이가 나빠진 공소외 인을 소개받아 착수금 명목으로 금 5,000,000원을 제공하면서 동인으로 하여금 피해자에게 중상해를 가해 활동을 못하도록 교사하였는데, 공소외인은 피해자의 온몸을 칼로 찔러 살해하였고, 그 당시 상황으로 보아 피고인은 중상해를 가하면 피해자가 죽을 수도 있다는 점을 예견할 가능성이 있었던 사실을 인정한 다음, 피고인을 상해치사죄의 교사범으로 처단한 조치는 정당한 것으로 수긍이 가고, 거기에 소론과 같은 심리미진이나 채증법칙위배로 인한 사실오인 및 상해치사죄의 교사범에 관한 법리오해의 위법이 있다고 할 수 없다(대법원 1993.10.8. 선고 93도1873 판결).

---

10) 다수견해.

2) 교사자가 피교사자에게 피해자를 “정신차릴 정도로 때려주라”고 교사하였다면 이는 상해에 대한 교사로 봄이 상당하다. 그리고 교사자가 피교사자에 대하여 상해를 교사하였는데 피교사자가 이를 넘어 살인을 실행한 경우, 일반적으로 교사자는 상해죄에 대한 교사범이 되는 것이고, 다만 이 경우 교사자에게 피해자의 사망이라는 결과에 대하여 과실 내지 예견가능성이 있는 때에는 상해치사죄의 교사범으로서의 죄책을 지울 수 있다(대법원 1997.6.24. 선고 97도1075 판결).

3) 교사자가 피교사자에 대하여 상해 또는 중상해를 교사하였는데 피교사자가 이를 넘어 살인을 실행한 경우에, 일반적으로 교사자는 상해죄 또는 중상해죄의 죄책을 지게 되는 것이지만 이 경우에 교사자에게 피해자의 사망이라는 결과에 대하여 과실 내지 예견가능성이 있는 때에는 상해치사죄의 죄책을 지울 수 있는 것이다(대법원 1993.10.8. 선고 93도1873 판결 등 참조). 원심이 제1심판결 적시의 각 증거를 인용하여, 피고인 1가 상 피고인 3, 4, 5 및 원심 공동피고인 7에게 피고인과 사업관계로 다툼이 있었던 피해자를 혼내 주되, 평생 후회하면서 살도록 허리 아래 부분을 찌르고, 특히 허벅지나 종아리를 찔러 병신을 만들라는 취지로 이야기 하면서 차량과 칼 구입비 명목으로 경비 90만 원 정도를 주어 범행에 이르게 한 사실, 피고인 2는 위와 같이 1가 상 피고인들에게 범행을 지시할 때 그들에게 연락하여 모이도록 하였으며, “피고인 1을 좀 도와 주어라” 등의 말을 하였고, 그 결과 상피고인들이 공소사실 기재와 같이 피해자의 종아리 부위 등을 20여 회나 칼로 찔러 살해한 사실을 인정한 다음, 그 당시 상황으로 보아 피고인 2 역시 공모관계에 있고, 피고인 1와 2는 피해자가 죽을 수도 있다는 점을 예견할 가능성이 있었다고 판단하여, 상해치사죄로 의율한 조치는 위 법리에 따른 것으로 정당하고, 거기에 상고이유에서 주장하는 바와 같은 상해치사죄 또는 공동정범에 관한 법리오해의 위법이 있다고 할 수 없다(대법원 2002.10.25. 선고 2002도4089 판결).

(2) 부정설

결과적 가중범에 관한 규정인 제15조 제2항은 정범에 관한 규정이기 때문에 이를 공범인 교사범에게 적용하게 되면 피고인에게 불리한 유추해석이 되므로, 교사범의 경우에는 결과적 가중범의 성립을 부정해야 한다는 견해이다.

이 견해에 의하면 교사자는 원칙적으로 교사한 기본범죄에 대해서만 책임을 지며, 중한 결과 발생에 대해 예견가능성이 인정되는 경우에는 중한 결과에 대한 과실범의 책임을 지게 되어 양자의 상상적 경합범을 인정해야 한다는 것이다.

제5항 자기 형사사건의 (증거인멸·위조 등) 교사와 적법행위의 기대가능성 판단

형법 제155조 (증거인멸 등과 친족 간의 특례) ① 타인의 형사사건 또는 징계사건에 관한 증거를 인멸, 은닉, 위조 또는 변조하거나 위조 또는 변조한 증거를 사용한 자는 5년 이하의 징역 또는 700만원 이하의 벌금에 처한다.
② 타인의 형사사건 또는 징계사건에 관한 증인을 은닉 또는 도피하게 한 자도 제1항의 형과 같다.
③ 피고인, 피의자 또는 징계혐의자를 모해할 목적으로 전2항의 죄를 범한 자는 10년 이하의 징역에 처한다.
④ 친족 또는 동거의 가족이 본인을 위하여 본조의 죄를 범한 때에는 처벌하지 아니한다.

1. 자기 형사사건의 증거인멸이 동시에 공범자의 증거인멸의 결과가 된 경우 또는 공범자와 증거인멸을 공모한 경우(공범자의 형사사건에 관한 증거인멸)

1) 긍정설

공범자와 자기에게 공통되는 증거는 타인의 형사사건에 관한 증거가 되므로 이 죄의 객체가 된다는 견해이다.

2) 부정설

공범자의 사건은 타인의 사건이 아니므로 이 죄의 객체가 될 수 없다는 견해로 판례의 입장이다.

관련판례

증거인멸죄는 타인의 형사사건 또는 징계사건에 관한 증거를 인멸하는 경우에 성립하는 것으로서, 피고인 자신이 직접 형사처분이나 징계처분을 받게 될 것을 두려워한 나머지 자기의 이익을 위하여 그 증거가 될 자료를 인멸하였다면, 그 행위가 동시에 다른 공범자의 형사사건이나 징계사건에 관한 증거를 인멸한 결과가 된다고 하더라도 이를 증거인멸죄로 다스릴 수 없고, 이러한 법리는 그 행위가 피고인의 공범자가 아닌 자의 형사사건이나 징계사건에 관한 증거를 인멸한 결과가 된다고 하더라도 마찬가지이다(대법원 1995.9.29. 선고 94도2608 판결).

〈피고인 자신을 위해 증인을 도피하게 한 행위가 동시에 다른 공범자의 형사사건이나 징계사건에 관한 증인을 도피하게 한 결과로 되는 경우, 증인도피죄의 성립 여부〉

형법 제155조 제2항 소정의 증인도피죄는 타인의 형사사건 또는 징계사건에 관한 증인을 은닉·도피하게 한 경우에 성립하는 것으로서, 피고인 자신이 직접 형사처분이나 징계처분을 받게 될 것을 두려워한 나머지 자기의 이익을 위하여 증인이 될 사람을 도피하게 하였다면, 그 행위가 동시에 다른 공범자의 형사사건이나 징계사건에 관한 증인을 도피하게 한 결과가 된다고 하더라도 이를 증인도피죄로 처벌할 수 없다(대법원 2003.3.14. 선고 2002도6134 판결).

3) 절충설

공범자의 이익을 위해 증거를 인멸한 때에는 타인의 사건이 되지만, 자기의 이익을 위해 증거를 인멸한 때에는 자기 사건이 되어 이 죄의 객체가 되지 않는다는 견해이다.

2. 타인에게 자기 형사사건의 증거인멸이나 증거변조 등을 교사한 경우

1) 공범자를 교사한 경우 교사자의 죄책

(1) 증거인멸죄 또는 증거변조죄의 교사범 성립 여부

피교사자인 공범에게 증거인멸죄 또는 증거변조죄가 성립되지 않기 때문에 교사범이 성립하지 아니한다.

(2) 증거인멸죄 또는 증거변조죄의 간접정범 성립 여부

타인의 증거인 동시에 자신의 증거를 인멸 또는 변조하도록 한 것이므로, 증거인멸죄 또는 증거변조죄의 정범 적격이 부정되어 간접정범이 성립되지 아니한다.

관련판례

노동조합 지부장인 피고인 甲이 업무상횡령 혐의로 조합원들로부터 고발을 당하자 피고인 乙과 공동하여 조합 회계서류를 무단 폐기한 후 폐기에 정당한 근거가 있는 것처럼 피고인 乙로 하여금 조합 회의록을 조작하여 수사기관에 제출하도록 교사한 경우, 회의록의 변조·사용은 피고인들이 공범관계에 있는 문서손괴죄 형사사건에 관한 증거를 변조·사용한 것으로 볼 수 있어 피고인 乙에 대한 증거변조죄 및 변조증거사용죄가 성립하지 않으며, 피교사자인 피고인 乙이 증거변조죄 및 변조증거사용죄로 처벌되지 않은 이상 피고인 甲에 대하여 공범인 교사범은 물론 그 간접정범도 성립하지 않는다(대법원 2011.7.14. 선고 2009도13151 판결 등).

2) 제3자를 교사한 경우 교사자의 죄책

다수견해는 기대불가능성을 이유로 교사죄의 책임조각으로 해석하는 반면에, 판례는 교사죄 성립을 인정한다.

관련판례

1) 자기의 형사 사건에 관한 증거를 인멸하기 위하여 타인을 교사하여 죄를 범하게 한 경우, 증거인멸교사죄의 성립 여부
   형법 제155조 제1항의 증거인멸죄는 국가형벌권의 행사를 저해하는 일체의 행위를 처벌의 대상으로 하고 있으나 범인 자신이 한 증거인멸의 행위는 피고인의 형사소송에 있어서의 방어권을 인정하는 취지와 상충하므로 처벌의 대상이 되지 아니한다. 그러나 타인이 타인의 형사사건에 관한 증거를 그 이익을 위하여 인멸하는 행위를 하면 형법 제155조 제1항의 증거인멸죄가 성립되므로 자기의 형사사건에 관한 증거를 인멸하기 위하여 타인을 교사하여 죄를 범하게 한자에 대하여도 교사범의 죄책을 부담케함이 상당할 것이며 더욱 본건에 있어서 인멸된 증거는 피고인 뿐 아니라 딴 공범자의 형사사건의 증거에도 해당하므로 논지는 이유없다(대법원 1965.12.10. 선고 65도826 전원합의체 판결 ; 대법

원 2000.3.24. 선고 99도5275 판결).

2) 증거위조죄의 구성요건 중 '타인의 형사사건', '위조'의 의미 및 자기의 형사사건에 관한 증거를 위조하기 위하여 타인을 교사한 경우 증거위조교사죄가 성립하는지 여부

형법 제155조 제1항의 증거위조죄에서 타인의 형사사건이란 증거위조 행위시에 아직 수사절차가 개시되기 전이라도 장차 형사사건이 될 수 있는 것까지 포함하고(대법원 1982.4.27. 선고 82도274 판결 참조), 그 형사사건이 기소되지 아니하거나 무죄가 선고되더라도 증거위조죄의 성립에 영향이 없다. 여기에서의 '위조'란 문서에 관한 죄에 있어서의 위조 개념과는 달리 새로운 증거의 창조를 의미하는 것이므로 존재하지 아니한 증거를 이전부터 존재하고 있는 것처럼 작출하는 행위도 증거위조에 해당하며, 증거가 문서의 형식을 갖는 경우 증거위조죄에 있어서의 증거에 해당하는지 여부가 그 작성권한의 유무나 내용의 진실성에 좌우되는 것은 아니다(대법원 2007.6.28. 선고 2002도3600 판결 참조). 또한 자기의 형사사건에 관한 증거를 위조하기 위하여 타인을 교사하여 죄를 범하게 한 자에 대하여는 증거위조교사죄가 성립한다(대법원 2000.3.24. 선고 99도5275 판결 등 참조). 원심판결 이유와 기록에 의하면, 피고인 2는 2009.1.30.경 풍어제 관련 기부금 횡령 의혹을 제기하는 뉴스가 방송된 이후 ㅇㅇ수산업협동조합 직원 공소외 12 등에게 1,300만 원 상당의 기부금을 풍어제 관련 식비로 사용하였다는 것을 입증할 수 있는 증거를 만들라고 지시하고, 공소외 12 등이 그 무렵 2005.4.21.자 '05년 풍어제 행사 지원비 집행(안)', 2005.6.27.자 '05년 풍어제 행사 지원비 사용 내역' 등 공문 2장을 그 일자를 소급해서 허위로 작성한 사실, 피고인 2는 2009.2.25.경 위 기부금 횡령 사건에 관하여 조사받은 이후 공소외 12로 하여금 위와 같이 허위 작성된 공문 2장을 검찰청에 제출하게 한 사실을 알 수 있다. 사실관계가 위와 같다면 기부금 횡령 사건의 수사가 개시되기 전이라도 장차 형사사건이 될 수 있는 상태에서 풍어제 경비 지출 관련 공문을 허위로 작성한 행위는 위 공문 작성일자로 기재된 날에 실제 존재하지 아니한 문서를 그 당시 존재하는 것처럼 작출하는 것으로서 문서의 작성 명의, 내용의 진위 여부에 불구하고 증거위조 행위에 해당하고, 피고인 2가 자신의 형사사건에 관하여 위 공소외 12 등에게 증거위조 및 위조증거의 사용을 교사한 이상 나중에 기부금 횡령 사건에 관하여 불기소처분을 받았다고 하더라도 증거위조교사죄 및 위조증거사용교사죄가 성립된다(대법원 2011.2.10. 선고 2010도15986 판결).

3. 자기의 형사피고사건에 관하여 타인을 교사하여 위증하게 한 경우, 위증교사죄의 성립 여부

다수견해는 기대불가능성을 이유로 교사죄의 책임조각으로 해석하는 반면에, 판례는 교사죄의 성립을 인정한다.

관련판례

[판시사항]

자기의 형사피고사건에 관하여 타인을 교사하여 위증하게 한 경우, 위증교사죄의 성립 여부

[판결요지]

피고인이 자기의 형사사건에 관하여 허위의 진술을 하는 행위는 피고인의 형사소송에 있어서의 방어권을 인정하는 취지에서 처벌의 대상이 되지 않으나, 법률에 의하여 선서한 증인이 타인의 형사사건에 관하여 위증을 하면 형법 제152조 제1항의 위증죄가 성립되므로 자기의 형사사건에 관하여 타인을 교사하여 위증죄를 범하게 하는 것은 이러한 방어권을 남용하는 것이라고 할 것이어서 교사범의 죄책을 부담케 함이 상당할 것이다. 원심이 피고인 자신에 대한 사기미수 피고사건의 증인인 제1심 공동피고인 2에게 위증을 교사하였다 하여 위증교사죄로 처벌한 것은 위와 같은 법리에 따른 것으로서 정당하고, 거기에 위증교사죄의 법리를 오해한 위법이 있다고 할 수 없다(대법원 2004.1.27. 선고 2003도5114 판결).

4. 제3자를 교사 · 방조하여 자신에 대한 허위의 사실을 신고하게 한 경우, 피무고자가 무고죄의 교사 · 방조범의 죄책을 지는지 여부

관련판례

[판시사항]
제3자를 교사 · 방조하여 자신에 대한 허위의 사실을 신고하게 한 경우, 피무고자가 무고죄의 교사 · 방조범의 죄책을 지는지 여부
[판결요지]
형법 제156조의 무고죄는 국가의 형사사법권 또는 징계권의 적정한 행사를 주된 보호법익으로 하는 죄이나, 스스로 본인을 무고하는 자기무고는 무고죄의 구성요건에 해당하지 아니하여 무고죄를 구성하지 않는다. 그러나 피무고자의 교사 · 방조 하에 제3자가 피무고자에 대한 허위의 사실을 신고한 경우에는 제3자의 행위는 무고죄의 구성요건에 해당하여 무고죄를 구성하므로, 제3자를 교사 · 방조한 피무고자도 교사 · 방조범으로서의 죄책을 부담한다(대법원 2008.10.23. 선고 2008도4852 판결).

제6항 교사범의 처벌과 죄수

Ⅰ. 교사범의 처벌

정범과 동일한 형으로 처벌되며, 여기서의 형은 법정형을 의미하므로 선고형은 당연히 다를 수 있다. 또한 처벌의 종속은 아니기 때문에 정범이 반드시 먼저 처벌되어야 할 필요도 없다.[11]

11) 형법 제31조 제1항은 교사범의 처벌을 정범과 동일한 형으로 처벌하도록 규정하고 있음에도 불구하고, 2016.1.6. 개정 전 「부동산 실권리자명의 등기에 관한 법률」 제7조 제1항과 제2항은 명의신탁자와 명의수탁자를 교사한 자의 처벌규정을 별도로 규정하고 있었다. 마찬가지로 형법 제32조 제2항은 방조범의 형은 정범의 형보다 감경하여 처벌하도록 규정하고 있음에도 2016.1.6. 개정 전 「부동산 실권리자명의 등기에 관한 법률」 제7조 제3항은 부동산 실명거래위반의 방조범에 대하여 1년 이하의 징역 또는 3천만원 이하의 벌금에 처하는 별도의 처벌규정을 두고 있었다. 2016.1.6. 개정된 「부동산 실권리자명의 등기에 관한 법률」 제7조는 교사범 및 방조범에 대해서는 「형법」에 의하여 처벌이 가능하고 방조범에 대하여 특별히 더 감경할 필요성이 없다는 점에서 교사범 및 방조범 관련 규정을 삭제하였다(2017.1.7. 시행).
〈개정 전〉
제7조 (벌칙) ① 다음 각 호의 어느 하나에 해당하는 자 및 그를 교사하여 해당 규정을 위반하게 한 자는 5년 이하의 징역 또는 2억원 이하의 벌금에 처한다.
1. 제3조제1항을 위반한 명의신탁자
2. 제3조제2항을 위반한 채권자 및 같은 항에 따른 서면에 채무자를 거짓으로 적어 제출하게 한 실채무자
② 제3조제1항을 위반한 명의수탁자 및 그를 교사하여 해당 규정을 위반하게 한 자는 3년 이하의 징역 또는 1억원 이하의 벌금에 처한다.
③ 제3조를 위반하도록 방조한 자는 1년 이하의 징역 또는 3천만원 이하의 벌금에 처한다.
〈개정〉
제7조 (벌칙) ① 다음 각 호의 어느 하나에 해당하는 자는 5년 이하의 징역 또는 2억원 이하의 벌금에 처한다. 〈개정 2016.1.6〉

Ⅱ. 죄수

1. 교사자가 교사를 한 후, 피교사자와 범죄를 공동으로 실행한 경우

교사범은 공동정범에 흡수되어 실행행위의 공동정범만 성립된다.

사례연습

甲女는 자기 남편과 간통관계에 있는 A女를 乙男을 시켜 강간하도록 부탁하고 甲女와 乙男은 A女를 만나서 자기 남편과의 관계를 추궁하며 강제로 차에 태워 내려달라는 부탁에도 불구하고 차를 질주하여 인적이 드문 산골에 데려가 차에서 내리게 한 후 甲女가 A女를 폭행하여 실신케 하고 乙男이 A女를 간음했다. A女는 甲女의 폭행으로 타박상을 입어 병원에서 치료를 받아야 했다.

甲, 乙의 죄책은?

[1995년도 시행 제39회 행정고시, 대법원 1993.10.8. 선고 93도1873 판결 참조]

2. 절도 교사시에 장물처분을 약속하고 그 후 장물을 매수한 경우

절도교사죄와 장물취득죄의 실체적 경합범이 성립한다.

기출사례

1) ㅇㅇ주식회사의 지배주주인 甲은 자기명의의 주식 일부를 아들에게 양도하였는데, 그 사실에 관하여 신문기자 A가 변칙상속 운운하면서 기사작성을 위해 뒷조사를 하고 있다는 말을 듣게 되었다. 이에 화가 난 甲은 평소 알고 지내던 乙과 丙을 불러놓고 각자에게 5백만원씩 주면서 "A가 나에 관하여 허위기사를 쓰려고 하니 기사를 쓰지 못하도록 겁을 주고, 그래도 말을 듣지 않으면 죽지 않을 정도로 때려주어라"고 하였다. 甲의 지시에 응한 乙과 丙은 A가 거주하는 아파트 지하주차장에서 기다리고 있다가 자정 무렵 귀가하는 A를 만나 "더 이상 甲의 뒤를 캐지 말고 甲에 관한 기사를 쓰지도 말아라. 그렇지 않으면 쥐도 새도 모르게 없애 버리겠다"고 말하였다. 그렇지만 A가 코웃음 치며 무시하는 태도를 보이자 乙과 丙은 주먹으로 A의 얼굴 등을 마구 때렸다. 이에 위험을 느낀 A는 자신의 자동차로 피신하면서 마침 뒷좌석에 있던 골프채로 다가오는 乙의 어깨를 내리쳤다. 골프채에 맞아 쓰러지는 乙을 본 丙은 乙을 구하는 것이므로 정당하다고 생각하고 근처에 있던 각목을 집어 들어 A의 머리를 한차례 때렸다. 머리를 맞은 A는 잠시 후 현장에서 과다출혈로 사망하였다.
몸을 추스린 乙과 丙은 곧바로 甲에게 달려가서 자초지종을 이야기하고 자신들에게 각각 1천만원씩을 더 주지 않으면 甲이 자신들에게 A를 살해하라고 지시한 것으로 수사기관에 알리겠다고 말하였다. 이

---

1. 제3조제1항을 위반한 명의신탁자
2. 제3조제2항을 위반한 채권자 및 같은 항에 따른 서면에 채무자를 거짓으로 적어 제출하게 한 실채무자

② 제3조제1항을 위반한 명의수탁자는 3년 이하의 징역 또는 1억원 이하의 벌금에 처한다. 〈개정 2016.1.6〉

③ 삭제 〈2016.1.6〉

에 겁을 먹은 甲은 즉시 乙과 丙에게 1천만원씩을 교부하였다.
甲, 乙, 丙의 죄책을 논하고, 관련 특별형법의 적용법조도 부가적으로 기술하시오. (50점)
[2005년도 시행 제47회 사법시험 제1문]

2) 윤락업에 종사하고 있던 여성 甲은 2000.5.경 보건소에서 정기검진을 받은 결과 에이즈 환자로 판명되었다. 그러자 甲은 절망한 나머지 자신에게 에이즈 바이러스를 감염시킨 것은 결국 자신과 성관계를 맺은 남성이라고 생각하고, 다수의 남성들에게 에이즈 바이러스를 감염시킴으로써 복수하겠다고 결심했다. 甲은 자신이 에이즈 환자라는 사실을 숨기고 A 유흥업소에 취직하였다. 그런데 A 유흥업소 업주 乙은 甲이 보건소에 자주 드나드는 것을 보고 甲이 성병의 일종인 임질에 감염된 것으로 생각했다. 乙은 甲을 이용하여 평소 유흥업소간 이권다툼으로 심한 분쟁을 겪고 있던 인근 B 유흥업소 업주 丙에게 임질을 감염시켜 혼내주겠다는 계획을 세웠다. 乙은 丙에게 이러한 계획을 숨긴 채 화해를 하자며 2001.3.경 丙을 A 유흥업소로 불러들여 술을 마시게 한 다음 甲과 동침을 하도록 하였다. 그런데 丙은 乙이 갑작스럽게 화해하자는 것을 이상하게 생각하고는 자신의 쌍둥이 동생 丁을 대신 보냈기 때문에 甲과 동침한 사람은 丙이 아닌 丁이었다. 그 후 丁은 에이즈 환자 甲과 동침하였다는 사실을 알고 충격을 받은 나머지 2002. 4.경 비관 끝에 자살하고 말았다. 그런데 2002. 5.경 甲이 보건소에서 정기검진을 받은 결과 2000년의 검사결과는 잘못된 것이었으며 甲은 어떤 성병에도 감염되지 않았음이 밝혀졌다. 甲, 乙의 죄책은?(단, 특별법위반의 점은 논외로 함) (50점)
[2002년도 시행 제44회 사법시험 제1문]

3) 甲과 乙은 직원 상사 A로부터 여러 차례 호된 질책을 받아 A에 대해 원한을 품고 있던 차에, 회사건물 지하에 있는 주점에서 술자리를 같이하던 중 乙은 평소 술버릇이 나쁜 甲으로 하여금 A에게 보복하게 하려고 甲에게 술을 권하면서 'A를 가만 두어서는 안된다'고 충동질하였다. 甲은 만취상태에서 '내가 손을 보겠다'고 하면서 乙이 준 빈 맥주병을 가지고 A의 사무실로 가서 그를 향해 맥주병을 던졌으나 옆에 있던 동료 B가 맞고 중상을 입었다. 甲 · 乙의 죄책은? (50점)
[1998년도 시행 제40회 사법시험 제1문]

4) 甲은 養父 A의 재산을 빨리 상속받기 위하여 乙에게 A를 살해할 것을 부탁하였다. 乙은 甲의 부탁을 차일피일 미루다가 甲의 독촉을 받자 다시 丙에게 A를 살해하라고 부탁하였다. 丙은 A에게 권총을 발사하였으나 명중시키지 못하고 옆에 있던 B에게 중상을 입혔다.
甲 · 乙 · 丙의 罪責은? (50점)
[1996년도 시행 제38회 사법시험 제1문]

제6절 방조범(Beihilfe)

제1항 방조범의 의의

Ⅰ. 방조범의 의의

방조범(幇助犯)이란 이미 범죄결의를 가진 자의 범죄실행행위를 용이하게 하는 범죄형태를 말한다.

> 제32조 (종범) ① 타인의 범죄를 방조한 자는 종범으로 처벌한다.
> ② 종범의 형은 정범의 형보다 감경한다.

Ⅱ. 방조범의 성립요건

1. 방조범의 방조행위

1) 주관적 요건

방조는 정범이 범행을 한다는 것을 알면서 그 실행행위를 용이하게 하는 행위이므로, 방조범은 정범의 실행을 방조한다는 방조의 고의, 즉 타인의 범죄실행행위를 용이하게 한다는 인식과 정범의 행위가 구성요건에 해당한다는 점에 대한 정범의 고의가 있어야 한다.

관련판례

1) 형법상 방조행위는 정범이 범행을 한다는 정을 알면서 그 실행행위를 용이하게 하는 직접, 간접의 모든 행위를 가리키는 것으로서 그 방조는 정범의 실행행위 중에 이를 방조하는 경우뿐만 아니라, 실행 착수 전에 장래의 실행행위를 예상하고 이를 용이하게 하는 행위를 하여 방조한 경우에도 성립한다. 그리고 방조범은 정범의 실행을 방조한다는 이른바 방조의 고의와 정범의 행위가 구성요건에 해당하는 행위인 점에 대한 정범의 고의가 있어야 하나, 이와 같은 고의는 내심적 사실이므로 피고인이 이를 부정하는 경우에는 사물의 성질상 고의와 상당한 관련성이 있는 간접사실을 증명하는 방법에 의하여 입증할 수밖에 없고, 이 때 무엇이 상당한 관련성이 있는 간접사실에 해당할 것인가는 정상적인 경험칙에 바탕을 두고 치밀한 관찰력이나 분석력에 의하여 사실의 연결상태를 합리적으로 판단하는 외에 다른 방법이 없다고 할 것이며, 또한 방조범에 있어서 정범의 고의는 정범에 의하여 실현되는 범죄의 구체적 내용을 인식할 것을 요하는 것은 아니고 미필적 인식 또는 예견으로 족하

다(대법원 2007.10.26. 선고 2007도4702 판결. 같은 취지의 판례로 대법원 1997.4.17. 선고 96도3377 전원합의체 판결 ; 2004.6.24. 선고 2002도995 판결 ; 2005.4.29. 선고 2003도6056 판결 등).

2) 방조는 정범이 범행을 한다는 것을 알면서 그 실행행위를 용이하게 하는 종범의 행위이므로, 방조죄가 성립하려면 정범의 실행을 방조한다는 방조의 고의와 정범의 행위가 구성요건에 해당한다는 점에 대한 정범의 고의가 모두 있어야 한다(대법원 2010.2.25. 선고 2009도11814 판결 ; 2003.4.8. 선고 2003도382 판결 ; 1999.1.29. 선고 98도4031 판결 등).

3) 형법 제252조 제2항의 자살방조죄는 자살하려는 사람의 자살행위를 도와주어 용이하게 실행하도록 함으로써 성립되는 것으로서, 그 방법에는 자살도구인 총, 칼 등을 빌려주거나 독약을 만들어 주거나 조언 또는 격려를 한다거나 기타 적극적, 소극적, 물질적, 정신적 방법이 모두 포함된다 할 것이나, 이러한 자살방조죄가 성립하기 위해서는 그 방조 상대방의 구체적인 자살의 실행을 원조하여 이를 용이하게 하는 행위의 존재 및 그 점에 대한 행위자의 인식이 요구된다. 따라서 피고인이 인터넷 사이트 내 자살 관련 카페 게시판에 청산염 등 자살용 유독물의 판매광고를 한 행위가 단지 금원 편취 목적의 사기행각의 일환으로 이루어졌고, 변사자들이 다른 경로로 입수한 청산염을 이용하여 자살한 사정 등에 비추어, 피고인의 행위는 자살방조에 해당하지 않는다(대법원 2005.6.10. 선고 2005도1373 판결).

〈사실관계〉

2004.2.18. 경 PC방에서 甲은 초안을 잡고, 乙은 이를 보완·수정하여 주는 방법으로 인터넷 사이트인 네이버 내 '자살에 관하여'라는 카페 게시판에 갑이 가입한 아이디 명의로 '청산가리, 자살, 어떤 일이든 해결해 드립니다'라는 제목 하에 게시글(청산가리 판매합니다. 청산가리는 고통이 조금 있는데, 다른 약품도 판매합니다. 가시려는 분 편히 보내 드리겠습니다. … 메일로 상담 부탁드립니다. 연락처 남겨 주시면 바로 전화드리겠습니다.)을 게재한 것을 비롯하여, 그 때부터 같은 달 22.경까지 사이에 5회 청산가리 판매에 관한 게시글을 게재하고, 같은 달 20.경 위 게시글을 보고 자살 충동을 일으켜 청산가리 구입을 문의해 온 丙에게 소지 중인 자살에 필요한 유독물의 종류와 사용법 및 그 효능 등에 대해 자세히 알려 주는 답장 이메일(청산가리는 잘 아시겠지만 고통이 좀 있습니다. 10초 안에 끝나구요 …)을 보내 조언해 준 것을 비롯하여 같은 달 25.경까지 수 차례에 걸쳐 갑과 을이 함께 또는 순차로 이메일이나 전화를 통하여 위 병과 구체적인 청산가리 판매량·금액, 판매를 위해 만날 장소·시간 등에 관하여 연락을 취하고, 같은 달 23.경 위 게시글을 보고 자살 충동을 일으켜 청산가리 구입을 문의해 온 丁에게 답장 이메일(청산가리 5캡슐에 50만원에 판매합니다)을 보낸 것을 비롯하여, 그 무렵 수차례에 걸쳐 이메일이나 전화를 통하여 구체적인 청산가리 판매량·금액, 판매를 위해 만날 장소·시간 등에 관하여 연락을 취하였다. 이후 위 병은 다른 불상의 경로를 통해 청산가리를 입수한 다음, 2004.3.9. 02:00경 정과 戊 등 나머지 변사자들을 자신의 소재지로 불러 모아 동반 자살하였다. 수사와 재판과정에서 갑과 을은 실제로는 위 청산가리를 소지한 바 없이 단지 인터넷 자살사이트 회원들을 상대로 청산가리나 클로로포름 등을 판매한다고 유인한 후 가짜 클로로포름을 판매하여 금원을 편취할 목적으로 위 판매광고를 한 것으로 드러났고, 실제로 병은 같은 달 25. 06:26에 정에게 갑과 을과의 청산가리판매 협의 후 갑과 을의 행위가 사기라는 취지로 전자메일을 보냈다.

4) 여자친구의 옛 남자친구가 휘발유를 끼얹고 찾아와 '분신자살하겠다'고 하자 라이터를 건네줘 결과적으로 숨진 경우 자살방조죄의 성립 여부

형법 제252조 제2항의 자살방조죄는 자살하려는 사람의 자살행위를 도와주어 용이하게 실행하도록 함으로써 성립하는 것으로서, 그 방법에는 자살도구인 총, 칼 등을 빌려주거나 독약을 만들어 주거나 조언 또는 격려를 한다거나 기타 적극적, 소극적, 물질적, 정신적 방법이 모두 포함된다 할 것이나, 이러한 자살방조죄가 성립하기 위해서는 그 방조 상대방의 구체적인 자살의 실행을 원조하여 이를 용이하게 하는 행위의 존재 및 그 점에 대한 행위자의 인식이 요구된다(대법원 2005.6.10. 선고 2005도1373 판결등 참조). 한편, 공소가 제기된 범죄사실의 주관적 요소인 고의의 존재에 대한 입증 책임은 검사에게 있고, 유죄의 인정은 법관으로 하여금 합리적인 의심

을 할 여지가 없을 정도로 공소사실이 진실한 것이라는 확신을 가지게 하는 증명력을 가진 증거에 의하여야 하므로, 그와 같은 증거가 없다면 설령 피고인에게 유죄의 의심이 간다고 하더라도 피고인의 이익으로 판단할 수밖에 없다(대법원 2005.10.7. 선고 2005도5554 판결 등 참조). 원심판결 이유에 의하면 그 판시와 같은 사실을 인정한 다음, 피해자가 휘발유를 자신의 몸에 뿌리고 죽겠다고 말한 것은 오○○에게 그만큼 사랑한다는 것을 보여주기 위해서 한 행동일 뿐 실제 자살의 결의를 가지고 위와 같은 행동을 한 것은 아니고, 피해자가 피고인이 던져 준 라이터로 자신의 몸에 불을 붙인 행위로까지 나아간 것은 실제로 죽을 마음을 먹고 그 자살의사를 실행에 옮긴 것이라기 보다는 충동적으로 일어난 일로 보아야 할 것이며, 피고인도 피해자의 행동을 실제 자살할 마음이 없이 오○○의 마음을 돌리려는 것이라고 받아들였을 것이어서 피해자가 실제 자살하거나 몸에 불을 붙이는 행동으로 나아갈 것을 예견하였다고 볼 수 없다는 이유로 이 사건 공소사실은 범죄의 증명이 없는 때에 해당한다고 판단하여 이 사건 공소사실을 유죄로 인정한 제1심판결을 파기하고 피고인에게 무죄를 선고하였는바, 앞서 본 법리와 기록에 비추어 살펴보면, 원심의 사실인정과 판단은 정당한 것으로 수긍이 가고, 거기에 상고이유의 주장과 같은 채증법칙 위반으로 인한 사실오인이나 자살방조죄에 관한 법리오해 등의 위법이 없다[대법원 2008.9.25. 선고 2008도6556(자살방조)].

〈사실관계〉

피해자 A는 2007.3.경 자신과 사귀었던 乙과 헤어진 후 여러 차례 을을 찾아 와 "나와 헤어지면 네 앞에서 죽겠다"는 말을 하였고, 이를 알게 된 을의 남자친구인 甲도 이 사건 범행 전에 을과 함께 A를 만났던 사실이 있었으며, 이 사건 범행 당일 술에 취한 A가 휘발유를 준비하여 갑과 함께 PC방에 있던 을을 근처 놀이터로 불러내어 "너 보는 앞에서 죽을테니까 평생 후회하며 살아라"라고 말하였을 뿐 아니라, 을이 PC방으로 들어가자 A가 휘발유를 몸에 끼얹은 채 갑이 있던 PC방으로 찾아 왔고, 강한 휘발유 냄새를 맡은 PC방 주인이 경찰에 신고까지 하였다. 갑과 을이 PC방에서 나와 갑의 차에 탔으나 A가 갑의 차를 막아선 채 "을이 차에서 내리지 않으면 보는 앞에서 죽어 버리겠다. 정말 몸에 불을 붙이겠다"라고 말하였고, 이에 갑이 차를 후진하여 가려고 하였으나 A가 계속 따라붙자 갑이 A에게 "그럼, 그냥 죽어라. 죽을 테면 죽어 봐"라고 말하며 창문을 열고 차 안에 있던 일회용 라이터를 병을 향하여 던졌다. 갑이 던진 라이터를 주은 A는 30초 정도 머뭇거리다가 몸에 불을 붙였고, 몸에 불을 붙인 A는 2007.12.12. 21:50분경 병원에서 화염 화상으로 인한 다발성 장기 부전으로 사망하였다.

5) **형법 제252조 제2항의 자살방조죄의 성립 요건 및 피해자가 피고인과 말다툼을 하다가 '죽고 싶다' 또는 '같이 죽자'고 하며 피고인에게 기름을 사오라고 하자 피고인이 휘발유 1병을 사다주었는데 피해자가 몸에 휘발유를 뿌리고 불을 붙여 자살한 사안에서, 자살방조죄를 인정한 원심판단을 수긍한 사례**

형법 제252조 제2항의 자살방조죄는 자살하려는 사람의 자살행위를 도와주어 용이하게 실행하도록 함으로써 성립되는 것으로서, 이러한 자살방조죄가 성립하기 위해서는 그 방조 상대방의 구체적인 자살의 실행을 원조하여 이를 용이하게 하는 행위의 존재와 그 점에 대한 행위자의 인식이 요구된다(대법원 1992.7.24. 선고 92도1148 판결, 대법원 2005. 6. 10. 선고 2005도1373 판결 등 참조). 원심판결 이유에 의하면 원심은, 적법하게 채택한 판시 증거에 의하여 피해자가 이 사건 당일 새벽에 피고인과 말다툼을 하다가 죽고 싶다 또는 같이 죽자고 하며 피고인에게 기름을 사오라는 말을 하였고, 이에 따라 피고인이 피해자에게 휘발유 1병을 사다주었는데 그 직후에 피해자가 몸에 휘발유를 뿌리고 불을 붙여 자살한 사실을 인정한 후 위와 같은 피해자의 자살경위에 피해자의 자녀문제와 고부갈등, 경제적 어려움 등으로 인한 피고인과 피해자 사이의 가정불화 등을 보태어 보면, 피고인이 이 사건 당시 피해자에게 휘발유를 사다주면 이를 이용하여 자살할 수도 있다는 것을 충분히 예상할 수 있었음에도 피해자에게 휘발유를 사다주어 피해자가 자살하도록 방조한 것이라고 판단하였는바, 원심이 판시한 제반 사정에 비추어 보면 원심판단은 위 법리에 따른 것으로서 정당하고, 거기에 자살방조죄의 범의에 관한 법리를 오해한 위법 등이 없다.(대법원 2010.4.29. 선고 2010도2328 판결).

6) 형법상 방조행위는 정범이 범행을 한다는 정을 알면서 그 실행행위를 용이하게 하는 직접 · 간접의 행위를 말하므로, 방조범은 정범의 실행을 방조한다는 이른바 방조의 고의와 정범의 행위가 구성요건에 해당하는 행위인 점에 대한 정범의 고의가 있어야 한다. 그러나 이와 같은 고의는 내심적 사실이므로 피고인이 이를 부정하는 경우에는 사물의 성질상 고의와 상당한 관련성이 있는 간접사실을 증명하는 방법에 의하여 입증할 수밖에 없고, 이때 무엇이 상당한 관련성이 있는 간접사실에 해당할 것인지는 정상적인 경험칙에 바탕을 두고 치밀한 관찰력이나 분석력에 의하여 사실의 연결상태를 합리적으로 판단하는 외에 다른 방법이 없다고 할 것이다. 또한 방조범의 경우에 정범의 고의는 정범에 의하여 실현되는 범죄의 구체적 내용을 인식할 것을 요하는 것은 아니고 미필적 인식 또는 예견으로 족하다(대법원 2005.4.29. 선고 2003도6056 판결 등 참조). 그리고 법원은 공소사실의 동일성이 인정되는 범위 내에서 공소가 제기된 범죄사실보다 가벼운 범죄사실이 인정되는 경우에, 그 심리의 경과 등에 비추어 볼 때 피고인의 방어에 실질적인 불이익을 주지 아니한다면 공소장변경 없이 직권으로 가벼운 범죄사실을 인정할 수 있다고 할 것이므로, 공동정범으로 기소된 범죄사실을 방조사실로 인정할 수 있다(대법원 2012.6.28. 선고 2012도2628 판결).

7) 웹스토리지서비스 제공 사이트 운영자들에게 저작권법위반방조의 책임을 지우기 위한 요건
저작권법이 보호하는 복제권 · 전송권의 침해를 방조하는 행위란 정범의 복제권 · 전송권 침해를 용이하게 해주는 직접 · 간접의 모든 행위로서, 정범의 복제권 · 전송권 침해행위 중에 이를 방조하는 경우는 물론, 복제권 · 전송권 침해행위에 착수하기 전에 장래의 복제권 · 전송권 침해행위를 예상하고 이를 용이하게 해주는 경우도 포함하며, 정범에 의하여 실행되는 복제권 · 전송권 침해행위에 대한 미필적 고의가 있는 것으로 충분하고, 정범의 복제권 · 전송권 침해행위가 실행되는 일시, 장소, 객체 등을 구체적으로 인식할 필요가 없으며, 나아가 정범이 누구인지 확정적으로 인식할 필요도 없다{대법원 2013.9.26. 선고 2011도1435 판결[저작권법위반(인정된죄명: 저작권법위반방조) · 저작권법위반방조]. 웹스토리지서비스 제공 사이트인 이 사건 각 사이트에서 불특정 다수의 사이트 이용자들에 의하여 저작재산권자의 동의를 얻지 않은 영화 파일들의 업로드 및 다운로드가 이루어지고 있는데, 피고인들은 위 각 사이트의 실질적인 운영자로서 그 운영방식과 이용실태 등을 모두 인식하고 있었음에도 사이트 이용자들에게 영화 파일의 업로드를 유인하거나 다운로드를 용이하게 해주고, 이를 통해 수익을 얻은 사실 등을 인정한 다음, 피고인들이 이 사건 각 사이트를 운영 · 관리함으로써 사이트 이용자들의 복제권 · 전송권 침해행위를 용이하게 하여 이를 방조하였고, 그에 대한 고의가 있음을 인정할 수 있다고 본 원심의 판단을 수긍한 사안}

8) 법원이 공동정범으로 기소된 범죄사실에 대하여 공소장변경 없이 직권으로 방조범의 성립을 인정할 수 있는 경우
형법상 방조행위는 정범이 범행을 한다는 정을 알면서 그 실행행위를 용이하게 하는 직접 · 간접의 행위를 말하므로, 방조범은 정범의 실행을 방조한다는 이른바 방조의 고의와 정범의 행위가 구성요건에 해당하는 행위라는 점에 대한 인식, 즉 정범의 고의가 있어야 한다. 이러한 방조범은 공동정범과 비교할 때 형법상 다 같이 공범의 형식으로 규정되어 있다고 하더라도 그 성립요건에서 엄연한 차이가 있고 범의의 내용도 반드시 동일하지 않다. 따라서 공동정범으로 기소된 피고인이 정범으로서의 공동가공 의사나 실행행위의 분담이 없었다고 다투는 것과 범행을 주도하는 정범의 존재를 전제로 하여 그 정범의 실행행위를 인식하면서 단순히 이를 돕는 행위를 한다는 방조의 의사 및 방조행위의 내용을 다투는 것은 방어권 행사의 내용과 접근방식에서 크게 다를 수 있다. 한편 형사소송법은 공소사실의 동일성 범위 내에서 공소장을 변경할 수 있도록 하는 한편 법원에 대해서도 심리의 경과에 비추어 상당하다고 인정할 때에는 검사에게 공소장의 변경을 요구하여야 한다고 규정하고 있다(형사소송법 제298조 제2항). 비록 위 공소장변경 요구가 법원의 의무라고 할 것은 아니라고 하더라도, 법원이 당초의 공소사실과 다른 사실을 심판대상으로 삼아 유죄로 인정하고자 할 경우에는 공소장변경 절차를 거치는 것이 불고불리 원칙 등 형사소송의 기본원칙에 부합한다 할 것이다. 다만 공판과정에서 이미 변경하여 인정하려는 사실이

심판대상으로 드러나 공방이 되었다거나 당초의 공소사실에 대한 심판범위에 변경하여 인정하려는 사실이 포섭되어 있다는 등 특별한 사정이 있어 피고인의 방어권 행사를 해치지 아니할 정도라고 인정되는 경우라면 예외적으로 공소장 변경 없이도 직권에 의하여 공소사실과 동일성이 인정되는 범위 내에서 그와 다른 사실을 인정하여 유죄로 판단하는 것이 허용된다고 할 것이다. 이러한 취지에서 공소사실의 동일성이 인정되는 범위 내에서 공소가 제기된 범죄사실보다 가벼운 범죄사실이 인정되는 경우 법원이 공소장변경 없이 직권으로 그 범죄사실을 인정할 수는 있으나, 그 경우에도 심리의 경과 등에 비추어 이로 인하여 피고인의 방어에 실질적인 불이익을 주는 것이 아니어야 한다(대법원 2004.6.24. 선고 2002도995 판결 참조). 이와 같은 형법상 방조행위 및 형사소송법상 공소장변경에 관한 법리에 비추어 볼 때, 공동정범으로 공소가 제기된 피고인에 대하여 법원이 공소장 변경 없이 직권으로 방조범으로 인정하여 처벌하기 위해서는, 정범의 범행에 대한 공동가공의 의사나 기능적 행위지배의 점에 대한 증명이 부족하지만 그 의심이 있다는 정도로는 부족하고 방조의 고의와 행위가 있었다는 점에 대한 적극적인 증명이 있어야 하고, 나아가 그 점에 대하여 피고인에게 방어의 기회가 제공되는 등 심리의 경과에 비추어 피고인의 방어에 실질적인 불이익을 주지 아니한 경우라야 가능할 것이다(대법원 2011.11.24. 선고 2009도7166 판결).

공범종속성과 편면적 종범에 대한 판례

1) 방조죄는 정범의 범죄에 종속하여 성립하는 것으로서 방조의 대상이 되는 정범의 실행행위의 착수가 없는 이상 방조죄만이 독립하여 성립될 수 없다(대법원 1979.2.27. 선고 78도3113 판결).
2) 원래 방조범은 종범으로서 정범의 존재를 전제로 하는 것이다. 즉 정범의 범죄행위 없이 방조범만이 성립될 수는 없다. 이른바 편면적 종범에 있어서도 그 이론은 같다(대법원 1974.5.28. 선고 74도509 판결).

2) 객관적 요건

형법상 방조행위는 정범의 실행행위를 용이하게 하는 직 · 간접의 모든 행위를 가리키는 것으로서, 그 방조는 유형적 · 물질적인 방조뿐만 아니라 정범에게 범행의 결의를 강화하도록 하는 것과 같은 무형적 · 정신적 방조행위까지도 이에 해당한다. 따라서 예를 들어 자동차운전면허가 없는 자에게 승용차를 제공하여 그로 하여금 무면허운전을 하게 하였다면 이는 도로교통법위반(무면허운전) 범행의 방조행위에 해당한다.[1] 마찬가지로 피고인들이 정범의 변호사법 위반행위(금 2억원을 제공받고 건축사업허가를 받아 주려한 행위)를 하려 한다는 정을 알면서 자금능력있는 자를 소개하고 교섭한 행위는 그 방조행위에 해당한다.[2]

관련판례

1) 형법상 방조행위는 정범이 범행을 한다는 점을 알면서 그 실행행위를 용이하게 하는 직접 간접의 행위를 말하므로 부동산소개업자로서 부동산의 등기명의수탁자가 그 명의신탁자의 승낙 없이 이를 제3자에게 매각하여 불법영득하려고 하는 점을 알면서도 그 범행을 도와주기 위하여 수탁자에게 매수할 자를 소개하여 주는 등의 방법으로 그 횡령행위를 용이하게 하였다면 이러한 부동산소개업자의 행위는 횡령죄의 방조범에 해당한다(대법원 1988.3.22. 선고 87도2585 판결).
2) 형법 제252조 제2항의 자살방조죄는 자살하려는 사람의 자살행위를 도와주어 용이하게 실행하도록 함으로써 성립되는 것으로서, 그 방법에는 자살도구인 총, 칼등을 빌려주거나 독약을 만들어 주거나, 조언 또는 격려를 한다

1) 대법원 2000.8.18. 선고 2000도1914 판결.
2) 대법원 1982.9.14. 선고 80도2566 판결.

거나 기타 적극적, 소극적, 물질적, 정신적 방법이 모두 포함되는바, 이 사건 자살방조죄에 관한 공소사실은, 피고인은 김기설이 공소장에 기재된 상황에서 분신자살을 하겠다는 생각을 갖고 있음을 알고 그 실행을 용이하게 도와주겠다는 의도로 1991.4.27.경부터 같은 해 5.8.까지의 어느 날에 서울 어느 곳에서 리포트 용지에 검은 색 사인펜으로 공소장에 기재된 내용의 유서 2장을 작성하여 줌으로써 그 유서내용에 의하여 위 김기설에게 그의 분신자살이 조국과 민족을 위한 행위로 미화될 것이며 사후의 장례의식을 포함한 모든 문제도 서준식, 김선택 등 전국민족민주운동연합 (약칭 전민련;이하 전민련이라고 한다)에서 책임진다는 것을 암시하는 방법으로 분신자살의 실행을 용이하게 도와주어 김기설의 자살을 방조하였다는 내용이므로, 이는 결국 적극적, 정신적 방법으로 자살하려는 사람에게 자살의 동인(動因)과 명분을 주어 자살을 용이하게 실행하도록 하였다는 것으로서 자살방조죄에 해당되는 공소임이 명백하여 공소장에 자살방조죄가 될 만한 사실이 포함되지 아니하였다고는 볼 수 없고, (2) 또한 그 공소사실에 일시와 장소로서 '1991.4.27.경부터 같은 해 5.8.까지의 어느 날 서울 어느 곳에서'로 되어 있고, 유서 작성의 방법에 관하여 구체적인 기재가 없다 하더라도, 유서 대필 여부가 문제로 되는 한 이는 자살자와 유서 대필자 사이에 일어난 일이어서, 결국 그 유서가 대필되었는지 여부가 그 범죄성립의 핵심을 이루는바, 이 사건과 같이 자살이 이미 실행되어 버렸고 그 유서가 압수되어 특정되어 있는 경우, 그 일시와 장소는 범죄의 동일성 인정과 이중기소방지, 시효저촉 여부, 토지관할을 가름할 수 있는 범위에서 그 유서대필 사실을 뒷받침할 수 있는 정도로만 기재되어 있으면 충분하므로, 이 점에서 위 공소사실은 특정되어 있다고 봄이 상당하고, 따라서 위와 같은 정도의 기재만으로는 현장부재 등의 증명 또는 방어권 행사에 장애를 초래한다고 단정할 수 없다고 판단한 데에, 소론과 같은 위법은 없으므로 논지들은 모두 이유없다(대법원 1992.7.24. 선고 92도1148 판결, 강기훈 유서대필 사건).

3) 피고인은 총학생회 사회부장으로 일하며 시위로 구속된 전력이 있는 자로서 이 사건 당일 인천대학교 총학생회 사무실에 있다가 원심 공동피고인로부터 "대원을 데리고 인천시청사에 기습투쟁을 가고 있으니 사진촬영할 사람을 내보내라"는 말을 직접 들어 그 시위의 양상이 폭력적으로 전개될 가능성을 충분히 예측할 수 있었고, 촬영한 사진의 대다수도 사후 게시를 예상하여 촬영한 것으로서 인천시청 옥상에서 학생들이 구호를 외치는 장면이었던 점 등에서 위 원심 공동피고인등의 범행을 충분히 인식하고 있었던 것으로 보이며, ② 위 원심 공동피고인으로서는 피고인으로 하여금 자신들의 시위현장을 사진으로 찍게 하여 사후에 일반대중이 볼 수 있도록 게시한다는 생각에서 이 사건 범행을 함에 있어 정신적으로 크게 고무되고 그 범행결의도 강화한 것으로 보이며, ③ 피고인은 위 원심 공동피고인등의 범행을 돕겠다는 의도에서 이 사건 사진촬영 행위에 나아간 것으로 인정되는 점 등에 비추어 피고인의 이 사건 사진촬영행위 등은 이 사건 폭력행위, 시위, 공용물건손상 등 범행의 방조행위가 된다고 하지 않을 수 없다(대법원 1997.1.24. 선고 96도2427 판결).

4) 입원치료를 받을 필요가 없는 환자들이 보험금 수령을 위하여 입원치료를 받으려고 하는 사실을 알면서도 의사가 입원을 허가하여 형식상으로 입원치료를 받도록 한 후 입원확인서를 발급하여 주었다면 의사에게는 사기방조죄가 성립한다(대법원 2006.1.12. 선고 2004도6557 판결).

5) 기간통신사업자의 담당직원이 무등록업자에게 060회선을 임대하여 실시간 1:1 증권상담서비스 사업을 영위하게 한 경우, 이러한 상담서비스는 투자자문업에 해당하며, 기간통신사업자 및 담당직원의 행위는 구 증권거래법(2003.10.4. 법률 제6987호로 개정되기 전의 것)상 무등록 투자자문업 행위의 방조행위에 해당한다(대법원 2007.11.29. 선고 2006도119 판결).

또한 형법상 방조는 작위에 의하여 정범의 실행행위를 용이하게 하는 경우만이 아니라, 직무상의 의무가 있는 자가 정범의 범죄행위를 인식하면서도 그것을 방지하여야 할 제반 조치를 취하지 아니하는 부작위로 인하여 정범의 실행행위를 용이하게 하는 경우에도 성립된다.

부작위에 의한 방조범의 성립에 대한 판례

1) 형법상 방조행위는 정범의 실행을 용이하게 하는 직접, 간접의 모든 행위를 가리키는 것으로서 작위에 의한 경우뿐만 아니라 부작위에 의하여도 성립되는 것이다. 즉 형법이 금지하고 있는 법익침해의 결과발생을 방지할 법적인 작위의무를 지고 있는 자가 그 의무를 이행함으로써 결과발생을 쉽게 방지할 수 있었음에도 불구하고 그 결과의 발생을 용인하고 이를 방관한 채 그 의무를 이행하지 아니한 경우에, 그 부작위가 작위에 의한 법익침해와 동등한 형법적 가치가 있는 것이어서 그 범죄의 실행행위로 평가될 만한 것이라면, 작위에 의한 실행행위와 동일하게 부작위범으로 처벌할 수 있고, 여기서 작위의무는 법령, 법률행위, 선행행위로 인한 경우는 물론, 기타 신의성실의 원칙이나 사회상규 혹은 조리상 작위의무가 기대되는 경우에도 인정된다. 따라서 인터넷 포털 사이트 내 오락채널 총괄팀장과 위 오락채널 내 만화사업의 운영 직원인 피고인들은 콘텐츠제공업체들이 게재하는 음란만화의 삭제를 요구할 조리상의 의무가 있어 구 전기통신기본법(2001.1.16. 법률 제6360호로 개정되기 전의 것) 제48조의2 위반 방조죄가 성립한다(대법원 2006.4.28. 선고 2003도4128 판결).
2) 형법상 방조행위는 정범의 실행행위를 용이하게 하는 직접, 간접의 모든 행위를 가리키는 것으로서 작위에 의한 경우뿐만 아니라 부작위에 의하여도 성립된다. 그리고 형법상 부작위범이 인정되기 위하여는 형법이 금지하고 있는 법익침해의 결과발생을 방지할 법적인 작위의무를 지고 있는 자가 그 의무를 이행함으로써 결과발생을 쉽게 방지할 수 있었음에도 불구하고 그 결과의 발생을 용인하고 이를 방관한 채 그 의무를 이행하지 아니한 경우에, 그 부작위가 작위에 의한 법익침해와 동등한 형법적 가치가 있는 것이어서 그 범죄의 실행행위로 평가될 만한 것이라면, 작위에 의한 실행행위와 동일하게 부작위범으로 처벌할 수 있다. 따라서 백화점에서 바이어를 보조하여 특정매장에 관한 상품관리 및 고객들의 불만사항 확인 등의 업무를 담당하는 직원은 자신이 관리하는 특정매장의 점포에 가짜 상표가 새겨진 상품이 진열 · 판매되고 있는 사실을 발견하였다면 고객들이 이를 구매하도록 방치하여서는 아니되고 점주나 그 종업원에게 즉시 그 시정을 요구하고 바이어 등 상급자에게 보고하여 이를 시정하도록 할 근로계약상 · 조리상의 의무가 있다고 할 것임에도 불구하고 이러한 사실을 알고서도 점주 등에게 시정조치를 요구하거나 상급자에게 이를 보고하지 아니함으로써 점주로 하여금 가짜 상표가 새겨진 상품들을 고객들에게 계속 판매하도록 방치한 것은 작위에 의하여 점주의 상표법위반 및 부정경쟁방지법위반 행위의 실행을 용이하게 하는 경우와 동등한 형법적 가치가 있는 것으로 볼 수 있으므로, 백화점 직원인 피고인은 부작위에 의하여 공동피고인인 점주의 상표법위반 및 부정경쟁방지법위반 행위를 방조하였다고 인정할 수 있다(대법원 1997.3.14. 선고 96도1639 판결).

나아가 방조범은 정범의 실행행위 중에 이를 방조하는 경우는 물론이고 실행의 착수 전에 장래의 실행행위를 예상하고 이를 용이하게 하는 행위를 하여 방조한 경우에도 정범이 그 실행행위에 나아갔다면 성립한다.

관련판례

1) 예비행위의 방조행위는 방조범으로서 처단할 수 없는 것이고 그와 같은 법리는 특정범죄가중처벌등에관한법률 및 관세법에 규정된 무면허수입등 예비죄의 방조행위에 있어서도 마찬가지이다(대법원 1979.11.27. 선고 79도2201 판결).
2) 종범은 정범의 실행행위 전에 장래의 실행행위를 예상하고 이를 용이하게 하는 행위를 하여 방조한 경우에도 그 뒤 정범이 그 실행행위에 나아갔다면 성립하는 것이므로 피고인(갑)이 피고인(을)의 지시를 받고 미화를 취득하여줌에 있어서 피고인(을)이 그 미화를 금융기관에 매각집중시키지 아니할 것이라는 정을 알고 있었다면 피고인

(갑)의 행위는 외국화폐불매각죄의 종범이 된다고 보아야 한다(대법원 1983.3.8. 선고 82도2873 판결).

3) 피고인이 위 전두환, 노태우가 기업인들로부터 뇌물을 수수하기 전에 그 면담을 주선한 것으로서, 정범이 실행행위에 나아가기 전에 방조하였을 뿐이므로 피고인을 수뢰죄의 종범으로 처벌할 수 없다는 것이나, 종범은 정범의 실행행위 중에 이를 방조하는 경우는 물론이고 실행의 착수 전에 장래의 실행행위를 예상하고 이를 용이하게 하는 행위를 하여 방조한 경우에도 정범이 그 실행행위에 나아갔다면 성립하는 것이므로(대법원 1983.3.8. 선고 82도2873 판결, 1996.9.6. 선고 95도2551 판결 등), 원심판결에 상고이유로 주장하는 바와 같은 종범에 관한 법리를 오해한 위법이 있다고 할 수 없다(대법원 1997.4.17. 선고 96도3377 전원합의체 판결).

4) 형법상 방조행위는 정범이 범행을 한다는 정을 알면서 그 실행행위를 용이하게 하는 직접, 간접의 모든 행위를 가리키는 것으로서 그 방조는 정범의 실행행위 중에 이를 방조하는 경우뿐만 아니라, 실행 착수 전에 장래의 실행행위를 예상하고 이를 용이하게 하는 행위를 하여 방조한 경우에도 성립한다. 그리고 방조범은 정범의 실행을 방조한다는 이른바 방조의 고의와 정범의 행위가 구성요건에 해당하는 행위인 점에 대한 정범의 고의가 있어야 하나, 이와 같은 고의는 내심적 사실이므로 피고인이 이를 부정하는 경우에는 사물의 성질상 고의와 상당한 관련성이 있는 간접사실을 증명하는 방법에 의하여 입증할 수밖에 없고, 이 때 무엇이 상당한 관련성이 있는 간접사실에 해당할 것인가는 정상적인 경험칙에 바탕을 두고 치밀한 관찰력이나 분석력에 의하여 사실의 연결상태를 합리적으로 판단하는 외에 다른 방법이 없다고 할 것이며, 또한 방조범에 있어서 정범의 고의는 정범에 의하여 실현되는 범죄의 구체적 내용을 인식할 것을 요하는 것은 아니고 미필적 인식 또는 예견으로 족하다(대법원 2007.10.26. 선고 2007도4702 판결. 같은 취지의 판례로 대법원 2004.6.24. 선고 2002도995 판결 ; 2005.4.29. 선고 2003도6056 판결 등).

5) 종범은 정범이 실행행위에 착수하여 범행을 하는 과정에서 이를 방조한 경우뿐 아니라, 정범의 실행의 착수 이전에 장래의 실행행위를 미필적으로나마 예상하고 이를 용이하게 하기 위하여 방조한 경우에도 그 후 정범이 실행행위에 나아갔다면 성립할 수 있다(대법원 2013.11.14. 선고 2013도7494 판결).

2. 정범의 실행행위

1) 주관적 요건

과실범에 대한 방조는 교사자나 방조자에게 정범에 대한 의사지배가 인정되는 한에 있어 제34조 제1항의 간접정범이 성립될 뿐이라는 점에서 정범의 행위는 고의범일 것을 요한다.

2) 객관적 요건

정범의 행위가 기수에 이르렀거나 적어도 처벌되는 미수의 단계에 이르러야 방조범이 성립한다. 즉 앞에서 설명한 바와 같이 정범이 적어도 실행에 착수해야만 방조범이 성립하는 바, 현행 형법은 제31조 제2항과 제3항의 교사범과는 달리 효과없는 방조와 실패한 방조와 같은 방조범의 미수를 처벌하는 규정을 두고 있지 않다. 따라서 정범의 행위가 단지 예비단계에 그친 경우에는 예비죄의 방조범은 성립되지 아니한다.

제2항 방조범의 처벌과 죄수

Ⅰ. 방조범의 처벌

방조범은 정범의 범행을 용이하게 하는 것이며 발생결과에 대하여 간접적인 영향을 미치는 것에 불과하기 때문에 그 불법내용이 정범보다 경하고, 따라서 방조범의 책임도 정범의 책임보다 경하다는 입장에서 제32조는 방조범의 형을 정범의 형보다 필요적으로 감경하여 처벌하도록 규정하고 있다.

Ⅱ. 정범의 방조행위에 대한 죄수 판단

관련판례

1) 상습도박의 죄나 상습도박방조의 죄에 있어서의 상습성은 행위의 속성이 아니라 행위자의 속성으로서 도박을 반복해서 거듭하는 습벽을 말하는 것인 바, 도박의 습벽이 있는 자가 타인의 도박을 방조하면 상습도박방조의 죄에 해당하는 것이며, 도박의 습벽이 있는 자가 도박을 하고 또 도박방조를 하였을 경우 상습도박방조의 죄는 무거운 상습도박의 죄에 포괄시켜 1죄로서 처단하여야 할 것이다. 원심이 위와 같은 법리에 따라 이 사건 1982.7.30.과 7.31.의 양일간에 걸친 상습도박의 공소사실에 대하여 피고인이 같은 해 12.27. 광주지방법원에서 같은 해 8.12.부터 8.18.까지의 상습도박방조 범행으로 유죄의 재판을 받아 그 재판이 확정되었음을 이유로 면소의 선고를 한 조처는 정당하고, 거기에 포괄 1죄의 법리를 오해한 위법이 없다(대법원 1984.4.24. 선고 84도195 판결).
2) 사기 범행의 피해자로부터 현금을 예금계좌로 송금받은 경우, 그 사기죄의 객체가 '재물'인지 또는 '재산상의 이익'인지 여부(=재물) 및 본인 명의의 예금계좌를 양도하는 방법으로 본범의 사기 범행을 용이하게 한 방조범이 본범의 사기행위 결과 그의 예금계좌에 입금된 돈을 인출한 경우, '장물취득죄'가 성립하는지 여부
사기죄의 객체는 타인이 점유하는 '타인의' 재물 또는 재산상의 이익이므로, 피해자와의 관계에서 살펴보아 그것이 피해자 소유의 재물인지 아니면 피해자가 보유하는 재산상의 이익인지에 따라 '재물'이 객체인지 아니면 '재산상의 이익'이 객체인지 구별하여야 하는 것으로서, 이 사건과 같이 피해자가 본범의 기망행위에 속아 현금을 피고인 명의의 은행 예금계좌로 송금하였다면, 이는 재물에 해당하는 현금을 교부하는 방법이 예금계좌로 송금하는 형식으로 이루어진 것에 불과하여, 피해자의 은행에 대한 예금채권은 당초 발생하지 않는다. 장물취득죄에서 '취득'이라 함은 장물의 점유를 이전받음으로써 그 장물에 대하여 사실상 처분권을 획득하는 것을 의미하는데, 이 사건의 경우 본범의 사기행위는 피고인이 예금계좌를 개설하여 본범에게 양도한 방조행위가 가공되어 본범에게 편취금이 귀속되는 과정 없이 피고인이 피해자로부터 피고인의 예금계좌로 돈을 송금받아 취득함으로써 종료되는 것이고, 그 후 피고인이 자신의 예금계좌에서 위 돈을 인출하였다 하더라도 이는 예금명의자로서 은행에 예금반환을 청구한 결과일 뿐 본범으로부터 위 돈에 대한 점유를 이전받아 사실상 처분권을 획득한 것은 아니므로, 피고인의 위와 같은 인출행위를 장물취득죄로 벌할 수는 없다. 사기 범행에 이용되리라는 사정을 알고서도 자신의 명의로 새마을금고 예금계좌를 개설하여 갑에게 이를 양도함으로써 갑이 을을 속여 을로 하여금 1,000만 원을 위 계좌로 송금하게 한 사기 범행을 방조한 피고인이 위 계좌로 송금된 돈 중 140만 원을 인출하

여 갑이 편취한 장물을 취득하였다는 공소사실에 대하여, 갑이 사기 범행으로 취득한 것은 재산상 이익이어서 장물에 해당하지 않는다는 원심판단은 적절하지 아니하지만, 피고인의 위와 같은 인출행위를 장물취득죄로 벌할 수는 없으므로, 위 '장물취득' 부분을 무죄로 선고한 원심의 결론을 정당하다(대법원 2010.12.9. 선고 2010도6256 판결).

기출사례

1) 甲은 친구 乙의 사기범행에 이용될 사정을 알면서도 乙의 부탁으로 자신의 명의로 예금통장을 만들어 乙에게 양도하였고, 乙이 A를 기망하여 A가 甲의 계좌로 1,000만 원을 송금하자 甲은 소지 중이던 현금카드로 그중 500만 원을 인출하여 소비하였다. 乙이 甲에게 전화하여 자신 몰래 돈을 인출한 데 대해 항의하자 甲은 그 돈은 통장을 만들어 준 대가라고 우겼다. 이에 화가 난 乙은 甲을 살해할 의사로 甲의 집으로 가 집 주변에 휘발유를 뿌리고 불을 질렀으나, 갑자기 치솟는 불길에 당황하여 甲에게 전화해 집 밖으로 빠져 나오게 하였고, 甲은 간신히 목숨을 건질 수 있었다.
甲은 乙이 자신을 살해하려고 한 사실에 상심한 나머지 술을 마시고 혈중알코올농도 0.25%의 만취상태에서 승용차를 운전하여 乙의 집으로 가다가 보행신호에 따라 횡단보도를 걸어가고 있는 B를 승용차로 치어 B가 중상을 입고 도로 위에 쓰러졌다. 甲은 사고 신고를 받고 긴급출동한 경찰관 P에 의해 사고현장에서 체포되었고, B는 사고 직후 구급차에 실려 병원으로 후송되던 중 구급차가 교차로에서 신호를 무시하고 지나가는 트럭과 부딪혀 전복되는 바람에 그 충격으로 사망하고 말았다.
경찰의 수사를 피해 도피 중이던 乙은 경찰관인 친구 C에게 전화를 걸어 자신에 대한 수사상황을 알아봐 달라고 부탁하였고, C는 甲이 체포된 사실 및 甲 명의의 예금계좌에 대한 계좌추적 등의 수사상황을 乙에게 알려 주었다. 한편, 甲의 진술을 통해 乙의 범행을 인지한 경찰관 P는 乙이 은신하고 있는 호텔로 가서 호텔 종업원의 협조로 乙의 방 안에 들어가 甲 등 타인 명의의 예금통장 십여 개와 乙이 투약한 것으로 의심되는 필로폰을 압수한 후, 호텔에 잠복하고 있다가 외출 후 호텔로 돌아오는 乙을 긴급체포하였다.
甲, 乙의 죄책은? (60점)
[2014년 시행 제3회 변호사시험 제2문]

2) 대학생인 甲은 丙의 아들이다. 丙은 술주정뱅이에다가 포악한 성격의 소유자로서 술만 먹으면 그의 부인 乙을 폭행, 학대하여 왔다. 이를 참다 못한 乙은 丙에게 이혼해 줄 것을 수차 요구하였지만 丙은 그때마다 더욱 심하게 때렸다. 이에 甲은 丙을 살해하기로 결심하고 어느 날 丙이 술에 취하여 행패를 부리다가 잠을 자고 있는 사이에 甲은 丙의 목을 졸랐다. 丙이 의식을 잃자 甲은 丙이 죽은 것으로 생각하고 丙을 차에 싣고 가서 강에 버렸다. 乙은 甲이 丙을 살해하는 사실을 알고 있었음에도 불구하고 옆방에서 자는 척하고 있었다. 丙은 익사하였음이 밝혀졌다.
甲, 乙의 죄책은? (50점)
[1995년도 시행 제37회 사법시험 제1문]

제7장 과실범이론

제1절 서론

사례연구

1. 사실관계

甲(피고인 1)은 乙(피고인 2)이 운영하는 강원도 홍천군 홍천읍에 있는 779.29㎡ 규모의 단층 건물로 규모가 그리 크지 않은 A불가마찜질방의 종업원으로, 야간에 혼자서 이용요금 수납과 발한복 대여, 찜질방 청소 및 발한복 세탁 등의 업무를 담당하였다. 이 찜질방은 외부에 손님들의 휴식장소로 제공된 마루가 설치되어 있고 찜질방 내부에서 마루로 나갈 수 있도록 후문이 설치되어 있는데, 마루는 개방된 공간으로 울타리나 담이 없기 때문에 정문을 통하지 않더라도 마루와 후문을 통하여 이 사건 찜질방 내부로 들어갈 수는 있지만, 손님들은 모두 찜질방 내부에서 발한복을 착용하게 되어 있어 후문으로 들어온 손님의 경우에도 계산대에서 찜질방 이용요금을 지불하고 발한복을 대여받는 과정을 통하여 출입자에 대한 통제와 관리가 이루어지고 있었다. 그리고 피해자 손○○는 찜질방에 처음 들어가기 전 2007.6.22. 20:30경부터 22:00경까지 친구가 근무하는 당구장에서 술을 마셨는데, 피해자가 당구장에 도착하기 전에 나머지 3명이 소주를 마시고 있었고 피해자가 나중에 합류하여 4명이 마신 술의 양은 소주 4병이었고, 술을 마신 후 피해자의 상태는 약간 비틀거리는 정도였다. 피해자는 그로부터 약 1시간 후인 같은 날 23:00경 위 찜질방에 들어갔는데, 정문으로 들어와 계산대에서 근무하고 있던 甲에게 이용요금을 지불하고 발한복을 대여받은 후 다시 자신의 옷으로 갈아입고 후문으로 나가 술을 더 마신 다음 甲 몰래 후문으로 다시 들어와 위 찜질방 내의 발한실에 들어갔다가 술기운에 잠을 자던 중 체내의 수분이 빠져나가고 체온이 상승하여 같은 달 23. 03:49경 탈수증과 고체온증으로 사망하였다. 부검결과 피해자의 혈중알콜농도는 0.270%로 밝혀졌다. 수사과정에서 피해자를 찜질방에 들여보낸 친구와 피해자가 다시 밖으로 나가는 것을 목격한 사람들 모두 피해자가 당시 술에 취한 상태가 아니었다고 진술하였다.

검사는 甲과 乙을 공중위생관리법 제4조와 공중위생관리법시행규칙 제7조에서 규정하고 있는 공중위생영업자로서의 주의의무를 위반하였다는 점을 들어 형법상 업무상과실치사죄와, 공중위생관리법 제20조 양벌규정을 들어 공중위생관리법위반죄로 공소제기하였다.

2. 사건의 경과

제1심법원은 피고인들에게 형법상 업무상과실치사죄의 공동정범과 공중위생관리법 제20조 제2항 제3

호 위반죄의 실체적 경합범이 성립한다고 판단하여(乙에게는 공중위생관리법 제21조 적용), 甲에 대해서는 벌금 2백만 원에, 乙에 대해서는 금고 8월에 집행유예 2년 및 벌금 3백만 원을 선고하였다(춘천지방법원 2008.9.19. 선고 2007고단1210 판결).

이에 피고인들은 "피해자가 이 사건 찜질방에 입장할 당시 혈중알콜농도 0.270%의 상태에 있지 아니하였고, 오히려 피해자는 목욕장의 정상적인 이용이 곤란할 정도로 취해 있지 아니하였으므로, 甲은 피해자가 술에 취해 있었는지 알 수 없어 피해자의 입실에 대한 주의의무위반을 인정할 수 없고, 乙은 매표소 및 발한실 앞에 음주자의 출입을 금지하는 게시물을 붙였고, 발한실 내부에는 온도계를 설치하는 등 안전 관련 조치를 모두 취하였고, 甲도 음주자의 출입 금지에 대한 사항을 이미 숙지하고 있었으므로, 乙의 경우 피해자의 입실에 대한 주의의무 위반을 인정할 수 없을 뿐만 아니라, 피해자가 찜질방에 있다가 후문을 통해 피고인들 몰래 밖에 나가 술을 만취할 정도로 마시고 다시 후문을 통해 찜질방에 들어왔으므로 피고인들이 술에 약간 취한 사람을 찜질방에 들여보낸 주의의무위반이 인정된다 하더라도 그 정도 술에 취한 사람이 찜질방에서 사망한다고 할 수 없으므로 피고인들의 주의의무위반과 이 사건 사망 사이의 인과관계를 인정할 수 없다"는 점을 들어 사실오인 및 법리오해와 양형부당을 이유로 항소하였다.

3. 법률적 쟁점

1) 피고인들에게 손님이 피고인들 몰래 후문으로 나가 술을 더 마시고 들어올 경우까지 예상하여 직원을 추가로 배치하거나 후문으로 출입하는 모든 자를 통제, 관리하여야 할 공중위생영업자로서의 업무상 주의의무를 위반하였다고 볼 수 있는가?
2) 공중위생관리법과 같이 행정상의 단속을 주안으로 하는 법규에서 과실범을 처벌하는 명문규정이 있거나 해석상 과실범도 벌할 뜻이 명확한 경우가 아닌 경우에도 피고인들을 과실범을 처벌할 수 있는가?

4. 적용법조

〈형법〉

제14조 (과실) 정상의 주의를 태만함으로 인하여 죄의 성립요소인 사실을 인식하지 못한 행위는 법률에 특별한 규정이 있는 경우에 한하여 처벌한다.

제30조 (공동정범) 2인 이상이 공동하여 죄를 범한 때에는 각자를 그 죄의 정범으로 처벌한다.

제268조 (업무상과실 · 중과실 치사상) 업무상 과실 또는 중대한 과실로 인하여 사람을 사상에 이르게 한 자는 5년 이하의 금고 또는 2천만 원 이하의 벌금에 처한다.

〈공중위생관리법〉

제4조 (공중위생영업자의 위생관리의무등) ① ~ ⑥ 생략

⑦ 제1항 내지 제6항의 규정에 의하여 공중위생영업자가 준수하여야 할 위생관리기준 기타 위생관리서비스의 제공에 관하여 필요한 사항으로서 그 각항에 규정된 사항외의 사항 및 감염병환자 기타 함께

출입시켜서는 아니되는 자의 범위와 목욕장내에 둘 수 있는 종사자의 범위 등 건전한 영업질서유지를 위하여 영업자가 준수하여야 할 사항은 보건복지부령으로 정한다.

제20조 (벌칙) ① 생략

② 다음 각호의 1에 해당하는 자는 6월 이하의 징역 또는 500만원 이하의 벌금에 처한다.

1. ~ 2. 생략
3. 제4조제7항의 규정에 위반하여 건전한 영업질서를 위하여 공중위생영업자가 준수하여야 할 사항을 준수하지 아니한 자

제21조 (양벌규정) 법인의 대표자나 법인 또는 개인의 대리인ㆍ사용인 기타 종업원이 그 법인 또는 개인의 업무에 관하여 제20조의 위반행위를 한 때에는 행위자를 벌하는 외에 그 법인 또는 개인에 대하여도 동조의 벌금형을 과한다.

개정 제21조 (양벌규정) 법인의 대표자나 법인 또는 개인의 대리인, 사용인, 그 밖의 종업원이 그 법인 또는 개인의 업무에 관하여 제20조의 위반행위를 하면 그 행위자를 벌하는 외에 그 법인 또는 개인에게도 해당 조문의 벌금형을 과한다. 다만, 법인 또는 개인이 그 위반행위를 방지하기 위하여 해당 업무에 관하여 상당한 주의와 감독을 게을리하지 아니한 경우에는 그러하지 아니하다. (2011.3.30. 개정)

〈공중위생관리법 시행규칙〉

제7조 (공중위생영업자가 준수하여야 하는 위생관리기준 등) 법 제4조제7항의 규정에 의하여 공중위생영업자가 건전한 영업질서유지를 위하여 준수하여야 하는 위생관리기준 등은 별표 4와 같다.

〈별표4〉 공중위생영업자가 준수하여야 하는 위생관리기준 등(제7조 관련)

2. 목욕장업자

가. ~ 다. 생략

라. 그 밖의 준수사항

(1) 다음에 해당되는 자를 출입시켜서는 아니된다.

(가) ~ (나) 생략

(다) 음주 등으로 목욕장의 정상적인 이용이 곤란하다고 인정되는 자

5. 원심의 판단 (춘천지방법원 2009.8.28. 선고 2008노690 판결)

[주문]

원심판결을 파기한다.

피고인 2를 금고 8월 및 벌금 3,000,000원에, 피고인 1을 벌금 2,000,000원에 각 처한다.

피고인들이 위 각 벌금을 납입하지 아니하는 경우 각 50,000원을 1일로 환산한 기간 피고인들을 노역장에 유치한다. 다만, 피고인 2에 대하여는 이 판결 확정일로부터 2년간 위 금고형의 집행을 유예한다.

[이유]

1) 항소이유의 요지

가. 사실오인 내지 법리오해

(1) 주의의무 위반의 점에 대한 주장

피해자 손○○은 이 사건 찜질방에 입장할 당시 혈중알콜농도 0.270%의 상태에 있지 아니하였고, 오히려 피해자는 목욕장의 정상적인 이용이 곤란할 정도로 취해 있지 아니하였으므로, 피고인 1은 피해자가 술에 취해 있었는지 알 수 없어 피해자의 입실에 대한 주의의무위반을 인정할 수 없고, 피고인 2는 매표소 및 발한 실 앞에 음주자의 출입을 금지하는 게시물을 붙였고, 발한실 내부에는 온도계를 설치하는 등 안전 관련 조치를 모두 취하였고, 피고인 1도 음주자의 출입 금지에 대한 사항을 이미 숙지하고 있었으므로, 피고인 2의 경우 피해자의 입실에 대한 주의의무 위반을 인정할 수 없다.

(2) 주의의무 위반과 인과관계의 단절

또한, 피해자는 찜질방에 있다가 후문을 통해 피고인들 몰래 밖에 나가 술을 만취할 정도로 마시고 다시 후문을 통해 찜질방에 들어왔으므로, 피고인들이 술에 약간 취한 사람을 찜질방에 들여보낸 주의의무위반이 인정된다 하더라도, 그 정도 술에 취한 사람이 찜질방에서 사망한다고 할 수 없으므로, 피고인들의 주의의무위반과 이 사건 사망 사이의 인과관계를 인정할 수 없다.

나. 양형부당

이 사건 제반 경위에 비추어 볼 때 원심의 선고 형(피고인 2 : 금고 8월에 집행유예 2년 및 벌금 300만 원, 피고인 1 : 벌금 200만 원)은 너무 무거워 부당하다.

2) 판단

가. 직권판단

(1) 피고인들의 항소이유에 관하여 판단하기에 앞서 직권으로 살피건대, 검사는 당심에 이르러 업무상과실치사의 공소사실 중 "같은 날 23:00경 위 찜질방에서 혈중알콜농도 0.270%의 술에 취하여 목욕장의 정상적인 이용이 곤란한 피해자 손○○의 출입을 통제하지 아니하고"를 "같은 날 23:00경 위 찜질방에서 술에 상당히 취하여 목욕장의 정상적인 이용이 곤란한 피해자 손○○의 출입을 통제하지 아니하고"로 변경하는 내용의 공소장변경허가신청을 하였고, 이 법원이 이를 허가함으로써 그 심판대상이 변경되었으므로, 당초 제기된 공소사실을 전제로 하는 원심판결은 더이상 유지될 수 없다.

(2) 다만, 위에서 본 직권파기사유가 있음에도, 변경 전의 공소사실을 유죄로 판단한 원심판결에 대하여 사실오인 내지 법리오해를 주장하는 피고인들의 항소이유는 변경된 공소사실의 범위 내에서는 여전히 당원의 판단 대상이 된다고 할 것이므로 이에 관하여 살펴보기로 한다.

나. 사실오인 내지 법리오해 주장에 대한 판단

원심이 적법하게 채택하여 조사한 증거들에 의하면, ① 피해자는 이 사건 찜질방에 입장하기 전, 공소외 1 등과 함께 소주 4병을 서너 명이 나누어 마시고, 술에 취한 상태에서 이 사건 찜질방에 들어간 사실, ② 이 사건 찜질방은 오후 7시부터 다음날 7시까지 종업원 한 사람이 관리하는데, 종업원은 야간 카운터 업무, 빨래, 찜질방 복도 및 마루 등 청소 업무를 하고 있는 사실, ③ 이 사건 찜질방의 카운터는 조그만 창문을 사이에 두고 종업원은 그 창문 사이를 통해 손님들과 찜질비나 찜질복을 주고 받고 있는 사실, ④ 이 사건 찜질방에는 발한실이 있고, 발한실 우측에 위치한 찜질방 뒷문 출입구를 통해 들마루로 나갈 수 있는데, 들마루는 개방된 공간으로 울타리나 담이 없어 외부에서 드나들 수 있는 사실, ⑤ 그런데 위 뒷문 출입구에는 출입을 통제하는 사람이 없는 사실, ⑥ 피해자도 이 사건 당일 찜질방에 입실했다가 23시경 위 뒷문을 통해 나갔다가 술을 마시고, 다음날 새벽 2시경 위 뒷문을 통해 다시 이 사건 찜질방에 다시 들어왔는데, 당시 위 뒷문 출입구를 관리하는 사람이 없었던 사실, ⑦ 피해자는 찜질방에 다시 들어와 발한실에서 잠을 자던 중 공소사실 기재와 같이 사망한 사실을 인정할 수 있고, 위 인정 사실 및 기록에 의해 인정되는 다음과 같은 사정, 즉, ① 피해자는 몸이 비틀 거릴 정도로 술을 마시고, 이 사건 찜질방으로 들어간 점, ② 그런데 피고인 1은 작은 창문을 통해 피해자에게 찜질복을 주는 상황에서 피해자의 주취 여부를 제대로 확인할 수 없었던 점, ③ 피고인 1은 카운터를 떠날 수 없어 발한실 내부까지 살필 여유조차 없었던 점, ④ 이 사건 찜질방은 다른 찜질방과 달리 뒷문이 있어 수시로 사람들이 드나들 수 있는 점, ⑤ 그런데 위 뒷문을 관리하는 사람이 없는 점, ⑥ 피해자도 위 뒷문을 통해 술을 마시고 이 사건 찜질방에 드나들었던 점에 공중위생관리법 시행규칙 제7조 별표4의 규정 취지, 즉, 위 규칙에서는 목욕장업자는 전염성질환자로 인정되는 자, 다른 사람의 목욕에 방해가 될 우려가 있다고 인정되는 정신질환자, 음주 등으로 목욕장의 정상적인 이용이 곤란하다고 인정되는 자를 출입시켜서는 아니된다고 규정하고 있는데, 다른 사람의 목욕에 방해가 될 우려가 있다고 인정되는 정신질환자와 별개로 음주나 노약자 등 자신의 상태로 자신이 목욕장을 정상적으로 이용할 수 없는 경우까지 규정하고 있는 점, 발한실 입욕 주의문에 게시되는 내용이 노약 · 병 · 술로 인해 이용자 자신이 피해 입을 것을 방지하기 위한 것임을 고려하면, 위 규정은 공중이 이용하는 영업과 시설의 위생관리 등에 관한 사항을 규정함으로써 위생수준을 향상시켜 다른 이용자들로 인해 그 이용자에게 건강상 위해요인이 발생하지 아니하도록 영업관련 시설 및 설비를 위생적이고 안전하게 관리하여야 할 의무를 부과한 것일 뿐 아니라, 출입금지대상자 개인의 위생 · 건강 · 안전도 보호하기 위한 것으로 볼 수 있는 점을 아울러 고려하면, 피고인 1은 적극적으로 이용객의 음주 여부에 대해 주의를 기울이고, 음주했다고 의심이 가는 사람은 이를 확인하여 그 출입을 금지시켜야 할 적극적인 주의의무가 있음에도 이를 게을리하여 피해자를 이 사건 찜질방에 출입시켰고, 또한 피고인들은 술에 취한 사람이 이 사건 찜질방을 자유롭게 출입할 수 없도록 정문 및 후문 등의 출입을 통제하여야 함에도 자신들의 관리 하에 있는 이 사건 찜질방의 관리를 소홀히 함으로써 피해자가 술에 만취한 상태로 다시 이 사건 찜질방에 입실케 하였으므로, 피고인들이 주장하는 사정을 모두 고려하더라도, 피고인들의 주의의무 위반을 인정할 수 있다.

또한, 피해자가 찜질방 밖에서 술을 마셨다 하더라도, 피고인들이 관리하는 찜질방의 문을 통해 드나들었고, 그것이 찜질방 출입 통제 및 관리 소홀에 기인한 이상, 피고인들의 주의의무위반과 피해자 사망 사이의 인과관계는 단절되지 않는다 할 것이다(피고인 1은 새벽 3시 반 경 한증막에서 피해자를 발견하였지만, 이미 술에 만취한 피해자는 사망에 이른 상태였는바, 이 사건은 피고인 1이 잠이 들기 쉬운 시간인 새벽 시간에 한증막을 수시로 돌아보지 점에도 기인한다 할 것이고, 이는 피고인 2가 한 사람의 종업원만을 고용함으로써 발생한 일이라 할 것인바, 정상적인 사람도 수면 상태에서 건강에 위해가 될 수 있는 시설인 한증막을 운영 · 관리하는 피고인들로서는 수시로 한증막 내부 상황을 관리하여야 함에도 이러한 주의의무를 다하지 아니하였다고도 볼 수 있다). 따라서 피고인들의 사실오인 및 법리오해 주장은 모두 이유 없다.

3) 결론

그렇다면, 형사소송법 제364조 제2항, 제6항에 의하여 원심판결을 직권으로 파기하고, 피고인들의 나머지 양형부당 주장에 대한 판단을 생략한 채 변론을 거쳐 다시 다음과 같이 판결한다.

[범죄사실 및 증거의 요지]

이 법원이 인정하는 피고인들의 범죄사실 및 증거의 요지는 원심 판시 범죄사실 중 "같은 날 23:00경 위 찜질방에서 혈중알콜농도 0.270%의 술에 취하여 목욕장의 정상적인 이용이 곤란한 피해자 손○○의 출입을 통제하지 아니하고"를 "같은 날 23:00경 위 찜질방에서 술에 상당히 취하여 목욕장의 정상적인 이용이 곤란한 피해자 손○○의 출입을 통제하지 아니하고"로 정정하는 외에는 원심판결의 각 해당란에 기재된 바와 같으므로, 형사소송법 제369조에 의하여 이를 그대로 인용한다.

[법령의 적용]

1. 범죄사실에 대한 해당법조

피고인 2 : 형법 제268조, 제30조(업무상 과실치사의 점, 금고형 선택), 공중위생관리법 제20조 제2항 제3호, 제4조 제7항, 제21조(영업자 준수사항 위반의 점)

피고인 1 : 형법 제268조, 제30조(업무상 과실치사의 점, 벌금형 선택), 공중위생관리법 제20조 제2항 제3호, 제4조 제7항(영업자 준수사항 위반의 점, 벌금형 선택)

1. 경합범가중

피고인 2 : 형법 제37조 전단, 제38조 제1항 제3호

피고인 1 : 형법 제37조 전단, 제38조 제1항 제2호, 제50조

1. 노역장유치

각 형법 제70조, 제69조 제2항

1. 집행유예(피고인 2)

형법 제62조 제1항

[양형이유]

이 사건은 피해자의 과실도 적지 아니한 점, 피고인들이 이 사건 범행을 반성하며 그 잘못을 깊이 뉘우치고 있는 점은 유리한 정상이나, 피고인들은 찜질방을 운영 · 관리하는 자로서, 이용자의 건강 또는 생

명에 영향을 줄 수 있는 한증막에 대한 관리와 찜질방 출입 관리를 소홀히 한 점, 그로 인하여 피해자가 자유롭게 술을 마시고 이 사건 찜질방에 들어올 수 있게 된 점, 결국 피해자의 유족들에게 피해자의 사망이라는 회복할 수 없는 피해를 안겨준 점, 피해자의 유족들과 합의되지 아니한 점 등 불리한 정상을 비롯하여 형법 제51조에 정한 여러 양형조건을 고려하여 주문과 같이 형을 정한다.

6. 대법원의 판단

[판시사항]

술을 마시고 찜질방에 들어온 갑이 찜질방 직원 몰래 후문으로 나가 술을 더 마시고 들어와 잠을 자다가 사망한 경우 찜질방 직원 및 영업주가 공중위생영업자로서의 업무상 주의의무를 위반하였다고 볼 수 있는지 여부 / 행정상의 단속을 주안으로 하는 법규의 경우 명시적 규정 없이도 과실범으로 처벌할 수 있는지 여부

[판결요지]

원심판결 이유에 의하면, 원심은, 피해자가 이 사건 찜질방에 들어가기 전 공소외 1 등과 함께 소주 4병을 서너 명이 나누어 마셔 몸이 비틀거릴 정도로 술에 취한 상태에서 이 사건 찜질방에 들어간 점 등 그 판시와 같은 사정을 종합하여, 피해자가 이 사건 찜질방에 처음 들어갈 당시 술에 만취하여 목욕장의 정상적인 이용이 곤란한 상태였다고 인정하고, 나아가 이 사건 찜질방 정문 및 후문에 대한 출입 통제 및 관리 등을 소홀히 한 업무상 주의의무 위반과 피해자의 사망 사이에 인과관계가 있다고 판단하였다.

그러나 기록에 의하여 인정되는 다음과 같은 사정, 즉 피해자는 이 사건 찜질방에 처음 들어가기 전 2007.6.21. 20:30경부터 22:00경까지 공소외 1이 근무하는 당구장에서 술을 마셨는데, 당시 피해자와 함께 술을 마신 공소외 1은 수사기관에서 피해자가 위 당구장에 도착하기 전에 나머지 3명이 소주를 마시고 있었고 피해자가 나중에 합류하였으며 당시 4명이 마신 술의 양은 소주 4병이었고, 술을 마신 후 피해자의 상태는 약간 비틀거리는 정도였다고 진술한 점, 이 사건 공소사실에 의하면 피해자는 그로부터 약 1시간 후인 같은 날 23:00경 처음 이 사건 찜질방에 들어간 것으로 되어 있는 점, 피해자를 이 사건 찜질방에 들여보낸 피고인 1과 피해자가 다시 밖으로 나가는 것을 목격한 제1심증인 공소외 2, 3은 모두 피해자가 당시 술에 취한 상태가 아니었다고 진술하고 있는 점 등의 사정을 종합하여 보면, 피해자가 처음 이 사건 찜질방에 들어갈 당시 술에 만취하여 목욕장의 정상적 이용이 곤란한 상태였다고 단정하기 어렵다.

나아가 이 사건 찜질방은 강원 홍천군 홍천읍 (이하 상세주소 생략)에 있는 779.29㎡ 규모의 단층 건물로 규모가 그리 크지 않아 야간에는 피고인 1 혼자서 이용요금 수납과 발한복 대여, 찜질방 청소 및 발한복 세탁 등의 업무를 담당하고 있었던 점, 이 사건 찜질방 외부에 손님들의 휴식장소로 제공된 마루가 설치되어 있고 찜질방 내부에서 위 마루로 나갈 수 있도록 후문이 설치되어 있는 점, 위 마루는 개방된 공간으로 울타리나 담이 없기 때문에 정문을 통하지 않더라도 마루와 후문을 통하여 이 사건 찜질방 내부로 들어갈 수는 있지만, 손님들은 모두 이 사건 찜질방 내부에서 발한복을 착용하게 되어 있어 후문으로 들어온 손님의 경우에도 계산대에서 찜질방 이용요금을 지불하고 발한복을 대여받는 과정을 통하여

출입자에 대한 통제, 관리가 이루어지고 있는 점, 그러나 피해자는 정문으로 들어와 계산대에서 근무하고 있던 피고인 1에게 이용요금을 지불하고 발한복을 대여받은 후 다시 자신의 옷으로 갈아입고 후문으로 나가 술을 더 마신 다음 위 피고인 몰래 후문으로 다시 들어와 발한실에서 잠을 자다가 사망한 점, 부검결과 피해자의 혈중알콜농도는 0.270%로 밝혀진 점 등의 사정을 종합하여 보면, 피고인들에게 손님이 피고인들 몰래 후문으로 나가 술을 더 마시고 들어올 경우까지 예상하여 직원을 추가로 배치하거나 후문으로 출입하는 모든 자를 통제, 관리하여야 할 업무상 주의의무가 있다고 보기도 어렵다.

따라서 이와 달리 피해자의 이 사건 찜질방 출입을 통제하지 아니한 점을 들어 피고인들이 업무상 주의의무를 위반하였다고 본 원심 판단에는 공중위생영업자로서의 업무상 주의의무에 관한 법리를 오해하였거나 필요한 심리를 다하지 아니한 위법이 있다 할 것이고, 이를 지적하는 상고이유의 주장은 이유 있다.

구 공중위생관리법 제20조 제2항은 "다음 각호의 1에 해당하는 자는 6월 이하의 징역 또는 500만 원 이하의 벌금에 처한다."라고 규정하면서 제3호에 "제4조 제7항의 규정에 위반하여 건전한 영업질서를 위하여 공중위생영업자가 준수하여야 할 사항을 준수하지 아니한 자"를 규정하고 있고, 같은 법 제4조 제7항의 위임을 받아 공중위생관리법 시행규칙 [별표4] 2. 라. (1)항은 "다음에 해당되는 자를 출입시켜서는 아니 된다."라고 규정하면서 (다)항에 "음주 등으로 목욕장의 정상적인 이용이 곤란하다고 인정되는 자"를 규정하고 있는바, 행정상의 단속을 주안으로 하는 법규라 하더라도 명문규정이 있거나 해석상 과실범도 벌할 뜻이 명확한 경우를 제외하고는 형법의 원칙에 따라 고의가 있어야 벌할 수 있다(대법원 1986.7.22. 선고 85도108 판결 참조).

위에서 본 바와 같이 피고인 1이 피해자를 처음 이 사건 찜질방에 들여보낼 당시 피해자가 술에 만취하여 목욕장의 정상적인 이용이 곤란한 상태였다고 단정하기 어려울 뿐만 아니라 그 이후 피해자가 이 사건 찜질방 후문으로 나가 술을 더 마신 다음 다시 후문으로 들어온 사실을 위 피고인은 전혀 모르고 있었던 점에 비추어 보면, 위 피고인에게 음주 등으로 목욕장의 정상적인 이용이 곤란하다고 인정되는 자를 출입시킨다는 점에 대한 고의가 있다고 할 수 없어 위 피고인에 대하여 이 사건 공소사실에 따른 형사책임을 물을 수 없을 뿐더러, 위 피고인에 대한 공소사실이 인정됨을 전제로 양벌조항에 따라 기소된 피고인 2에 대하여도 형사책임을 물을 수 없다고 할 것이다. 이와 달리 피고인들에 대한 공중위생관리법 위반의 점을 모두 유죄로 인정한 원심의 판단은 고의에 관한 법리를 오해하거나 필요한 심리를 다하지 아니한 잘못이 있다고 할 것이므로 이를 지적하는 상고이유의 주장은 이유 있다(대법원 2010.2.11. 선고 2009도9807 판결. 술을 마시고 찜질방에 들어온 갑이 찜질방 직원 몰래 후문으로 나가 술을 더 마신 다음 후문으로 다시 들어와 발한실에서 잠을 자다가 사망한 사안에서, 갑이 처음 찜질방에 들어갈 당시 술에 만취하여 목욕장의 정상적 이용이 곤란한 상태였다고 단정하기 어렵고, 찜질방 직원 및 영업주에게 손님이 몰래 후문으로 나가 술을 더 마시고 들어올 경우까지 예상하여 직원을 추가로 배치하거나 후문으로 출입하는 모든 자를 통제 · 관리하여야 할 업무상 주의의무가 있다고 보기 어렵다는 이유로, 위 찜질방 직원 및 영업주가 공중위생영업자로서의 업무상 주의의무를 위반하였다고 본 원심판단에 법리오해 및 심리미진의 위법이 있다고 한 사례).

Ⅰ. 과실범의 개념

제14조 (과실) 정상의 주의를 태만함으로 인하여 죄의 성립요소인 사실을 인식하지 못한 행위는 법률에 특별한 규정이 있는 경우에 한하여 처벌한다.

현행 제14조는 규정형식상으로는 인식없는 과실에 대한 규정이라는 면에서 입법상 문제가 있으며, 1996.10.5. 입법예고된 『형법중개정법률(안)』에서는 이러한 비판적 견해를 반영하였다. 또한 제14조는 제13조 단서로부터 추론된다는 점에서 주의규정에 불과하며, 따라서 제13조와 제14조를 묶어서 하나의 규정으로 두고 고의의 구체적 내용은 개정시안 제12조 제1항처럼 따로 규정을 두는 것이 바람직하다. 이 점에서 현행과 같은 규정으로 되어 있는 형법중개정법률(안) 제11조와 제13조는 입법상 문제소지가 있다. 독일형법 제15조는 고의와 과실행위에 대한 법적 판단을 하나의 규정으로 두고, 고의의 구체적 내용은 제16조 제1항에 규정을 두고 있다. 형법중개정법률(안) 제12조 제1항은 현행과는 달리 고의의 구체적 내용을 『구성요건의 착오』라는 표제 하에 규정을 두고 있다.

〈형법중개정법률(안)〉

제11조 (고의) 고의가 없는 행위는 벌하지 아니한다. 다만 법률에 특별한 규정이 있는 때에는 그러하지 아니한다. (현행 제13조 내용 중에서 전단의 고의의 구체적 내용만 삭제)

제12조 (구성요건의 착오) ① 범죄의 구성요소인 사실을 알지 못하고 한 행위는 고의범으로 벌하지 아니한다. (현행 제13조 전단의 고의의 구체적 내용을 규정)

② 무거운 범죄가 되는 사실을 알지 못하고 한 행위는 무거운 범죄로 벌하지 아니한다.

제13조 (과실) 과실에 의한 행위는 법률에 특별한 규정이 있는 때에 한하여 처벌한다.

〈독일형법〉

제15조 (고의 및 과실의 행위) 법규가 명문으로 과실행위에 형을 과하도록 정하고 있지 아니하는 때에는 고의의 행위만을 벌한다. [현행 우리형법의 제13조와 제14조, 형법중개정법률(안) 제11조와 제13조에 해당하는 규정]

제16조 (행위의 사정에 관한 착오) ① 범행을 함에 있어서 법정구성요건에 속하는 사정을 알지 못하는 자는 고의로 행위한 것은 아니다. 과실의 범행만을 이유로 하는 가벌성은 위와 관계없다. [현행 우리형법 제13조 전단과 형법중개정법률(안) 제12조 제1항에 해당하는 규정]

〈오스트리아형법〉

제6조 (과실) ① 상황에 의하여 의무지워지고, 행위자의 정신적 신체적 상태에 의하면 능히 할 수 있고, 그에게 기대되는 주의를 하지 아니하고, 그로 인하여 그가 법적 구성요건에 해당하는 어느 상태를 실현시킬 수 있다는 것을 인식하지 못하는 자는, 과실로 행동하는 것이다.

② 그러한 사태를 실현시키는 것이 가능하다고 생각하나, 그러한 사태를 야기할 의사가 없는 자 역시 과실로 행동하는 것이다.

제7조 (고의범, 과실범의 가벌성) ① 법률이 달리 정하지 아니한 경우 고의의 행위만을 처벌한다.

② 행위의 특별한 결과와 연관된 보다 무거운 처벌은, 행위자가 적어도 과실로 결과를 야기한 때에만 과한다.

형법 제14조는 '정상의 주의를 태만함으로 인하여 죄의 성립요소인 사실을 인식하지 못한 행위는 법률에 특별한 규정이 있는 경우에 한해 처벌한다' 라고 규정하고 있는 바, 과실(Culpa, Fahrlässigkeit)이란 정상의 주의를 태만함으로 인하여 죄의 성립요소인 사실을 인식하지 못한 경우(인식없는 과실) 또는 구성요건이 실현될 수 있음을 인식하였으나 주의의무에 위반하여 그것이 실현되지 않을 것으로 신뢰한 경우(인식있는 과실)를 의미한다.

즉 과실은 행위자가 구성요건의 실현가능성을 예견하거나 예견할 수 있었음에도 불구하고 구체적인 상황하에서 구성요건적 결과의 발생을 회피하기 위하여 사회생활상 요구되는 주의의무를 위반한 것으로, '주의의무위반'이 과실범을 특정지워 주는 본질적인 표지이다. 따라서 과실범(Fahrlässigkeitsdelikt)이란 「사회생활상 필요한 주의의무(im Verkehr erforderliche Sorgfaltspflicht)」를 위반함으로써 구성요건의 유형화된 결과가 발생한 경우에 형벌이 과해지는 범죄유형으로, 행위자의 부주의로 인한 결과야기라는 점에서 불법과 책임의 정도가 고의범보다 낮기 때문에 특별한 규정이 있는 경우에만 예외적으로 처벌한다.

Ⅱ. 과실범의 문제가 현대 형법학에 있어서 중요한 문제로 등장하게 된 계기

초기 로마법에서는 dolus(고의)와 casus(우발적인 사고)를 구별하는데 불과하여 과실개념이 불분명하였으나 1532년 Carolina 형법전에서 최초로 과실범에 대한 규정을 두었다. 종래 과실범은 법률상으로나 실무상으로나 극히 등한시되었고 따라서 범죄론에 있어서 고의범에 비하여 그 이론구성은 거의 발전되지 못한 채 하나의 비현실적인 그늘속의 존재[1)]에 머물러 왔으나, 오늘날에 와서는 이론적 독자성을 갖는 과실범의 문제로 등장하고 있다.

1. 실제적인(현실적인) 면 – 형법학의 인식범위의 확대

최근에 이르러 산업화로 인한 도로교통의 발달, 의약품 및 의학기술의 발전, 식료품의 대량생산, 미지세계의 개발, 기업활동의 왕성, 고층건물의 건축 등 기술혁신이나 기계화가 촉진됨으로써 공해문제를 포함한 각종 위험의 원천이 격증해 짐에 따라 과실범은 질적 · 양적으로 크게 변화하였으며, 특히 교통수단인 자동차는 우리의 생명과 신체 및 재산에 대한 침해와 위험을 동반하는 과실적 규범침해를 비약적으로 상승시키고 있는 실정이다. 이러한 사회현실은 과실범의 예방과 진압이 비단 형사정책적인 면에서 뿐만 아니라 커다란 사회문제로까지 발전하였음을 의미하는 것으로 종래 고의범에 비해 이차적 의미밖에 인정되지 않았던 과실범의 실제적 중요성이 증대되고 있다.

---

1) K.Binding은 학문의 의붓자식(Stiefkind der Wissenschaft)이라 비유하였다.

2. 이론적인 면

현실적인 사회현상에서 대두된 「허용된 위험(erlaubtes Risiko)의 법리」가 위법성의 판단 및 나아가서는 구성요건해당성의 문제로까지 다루어지게 되었고, 주관적 불법구성요건표지의 발견 · 행위반가치론 · 사회적 상당성이론 등 과실을 책임의 영역에서 뿐만 아니라 구성요건과 위법성의 영역에서도 다루어야 한다는 이론들이 제기되었다. 보다 결정적인 계기는 목적적 행의론의 대두로 인해 과실행위의 설명에 있어서 논리전개의 불명확성이 노출되었고, 목적적 행위론에 반대하는 학자들의 비판과 이에 대한 반박을 통하여 이론적으로 발전하였다.

Ⅲ. 과실범이론의 현대적 과제(논점)

종래의 과실범이론에 의하여 오늘날과 같이 복잡하고 고도로 진보된 사회구조에서 발생하는 과실범을 처벌하는 데는 이론적으로나 실무적인 면에서 많은 불합리성이 나타나게 되었다. 또한 입법기술상 현실적인 모든 과실범의 형태를 규정할 수 없기 때문에 법규정상으로도 '과실로 인하여 ~한 자는'으로 기술되어 있음으로 해서 과실의 구체적 내용은 전적으로 학설과 판례에 맡겨져 있는 실정이다. 그리하여 오늘날 과실범의 문제는 실무에서는 구체화의 이념(과실개념의 구체화)을 통한 적극적인 '법보충'과 '법의 발전적 형성'의 대상영역이 되었고, 다른 한편 그 해석학적 체계정비와 이론의 탐구 및 비판의 과제를 안겨주고 있다.

과실범이 처벌되는 이유는 주의의무를 위반하여 법에 저촉되는 결과가 발생했기 때문인 바, 과실범에 있어서 가장 핵심적인 문제는 과실범처벌의 합리적 한계를 긋는 이러한 '주의의무'라는 규범적 요소를 어떻게 파악하느냐의 문제이다. 즉 과실의 범죄체계상의 지위와 주의의무의 구체적인 내용, 객관적 주의의무위반이 과실의 독립된 표지인가 아니면 일반적인 범죄표지로서의 객관적 귀속판단의 문제에 불과한가, 예견가능성을 받아들이는 방향[특히 위구감설(危懼感說)의 입장], 즉 과실범에서 '결과라는 요소가 추상적 위험성이라는 표지에 의해 대체될 수 있는가' 라는 문제와 객관적 주의의무의 한계를 지우는 실질적이고도 구체적인 기준으로 종래 판례를 통해 확립되어 온 「신뢰의 원칙」의 이론적 기초와 예견가능성과의 관계 및 그 확대화 경향에 따른 적용 범위의 문제 등이 오늘날 과실범이론의 주요한 논점이다.

제2절 과실범에 있어서 과실의 범죄체계상 지위

Ⅰ. 책임형식(조건)설

1. 고전적 범죄체계론

범죄를 구성요건해당성 · 위법성 · 책임의 삼단계로 나누어 행위의 객관적 · 외부적 측면은 구성요건표지에 귀속시키고, 책임은 범죄행위의 모든 주관적 표지들을 통합하는 정신적 · 심리적 실체로 파악하였다. 따라서 과실도 고의와 더불어 행위의 주관적 · 심리적 요소로서 책임형식에 불과하다는, 즉 과실책임론에 불과하였다.

과실범이 성립하기 위해서는 범죄사실의 불인식과 결과의 발생을 요하며, 여기서의 결과발생이 과실범의 객관적 측면으로서 불법판단의 대상 즉 과실범의 불법요소로서의 결과반가치(Erfolgsunwert)에 해당한다. 유의적인 거동에 의한 법익침해적 결과가 야기되기만 하면 과실행위의 구성요건해당성과 위법성은 일단 인정되고, 책임단계에 와서 고의가 부정되는 경우에 한하여 과실이라는 책임형식이 고려의 대상이 될 뿐이다.

이와 같이 과실을 단순히 책임형식(요소)로 보게 되는 것은 과실범의 불법을 행위반가치에서 구하지 않고 결과반가치에 근거를 두고 논하기 때문이다. 즉 불법의 실체는 법익침해 내지 위태화이므로 따라서 결과를 인과적으로 야기했으면 곧 불법하다고 보았기 때문에, 주의의무위반이라는 규범적 요소인 과실은 구성요건해당성 내지 위법성과는 무관하다.

따라서 이 견해에 의하면 '범죄사실의 불인식'이 아니라 '주의의무위반'이 과실의 핵심적 요소라는 과실의 독자적 구조가 간과되고 구성요건과 위법성의 단계에서 고의범과 과실범의 독자성을 인정하지 않음으로 해서 양자의 구별이 불가능하다는 비판을 면키 어렵다. 또한 이러한 결과반가치로서의 법익침해설을 고수할 경우에는 불가항력으로 구성요건적 결과가 발생한 경우와 과실없이(상당한 주의를 다한 경우) 결과가 발생한 경우에도 위법성을 인정하게 되는 불합리성이 표출된다.

2. 신고전적 범죄체계론

신고전적 범죄체계론에서의 책임은 '의무위반적 의사형성행위에 대하여 행위자를 비난할 수 있는가'라는 규범적 평가를 본질적 내용으로 하는 바(기대가능성으로서의 규범적 책임론), 과실범에 있어서의 책임비난은 결과야기에 대한 행위자의 인식이 결여되었다는 점에 가하여지는 것이 아니라 행위자가 그의 주의의무의 이행에서 보여준 태만에 대해 가하여지는 것이다. 즉 과실범에 있어서의 책임비난은 행위자가 필요한 주의력을 발휘했더라면 구성요건에 해당하는 결과의 발생을 예견하고 또한 회피할 수 있었을 것임에도 불구하고 주의를 하지 않음으로써 그렇게 할 상태에 있지 아니한 행위자의 심리상태에 있다고 본다.

이와 같이 과실범이 성립하기 위해서는, 첫째 인과적 결과발생과, 둘째 범죄사실의 불인식이라는 요소 이외에 '제3의, 극히 본질적인 요소(ein drittes, sehr wesentliches Moment)'를 인정할 필요성이 생겼고, 이렇게 해서 도출된 개념이 「부주의(Sorgfaltverletzung)」이다. 따라서 과실범이란 부주의로 인하여 범죄사실을 인식하지 못하고 결과를 야기시킨 경우이며 여기서의 부주의는 심리적 · 내부적 요소로서 행위자의 인격과 결부시켜서 책임론에 귀속시키는 것이 타당하다고 보았다.

다만 과실범에 대한 책임비난을 단순한 결과반가치가 아닌 주의의무위반이라는 규범적 평가로는 파악했지만 여전히 과실의 체계적 지위를 책임형식으로 다룸으로써 고전적 범죄체계론에 대한 비판이 그대로 적용될 수 있다.

Ⅱ. 과실범이론의 재검토

1. 과실범 현상의 변천

과실범의 사회현상으로서의 중요성이 양적(발생의 빈도) 및 질적(사실관계의 복잡성)인 관점에서 새롭게 대두됨으로써 결과발생에 관한 인과관계와 행위자의 결과발생에 대한 예견 또는 예견가능성에 의하여 행위의 위법성의 문제를 고려하지 않고 결과발생만으로 형사책임을 부과하는 종래의 과실범이론으로는 복잡하고 기계화된 생활관계에서 발생하는 과실범을 처리하는 데 미흡하다.

과실의 본질적 요소는 결과발생에 대한 인식 또는 예견의 결여가 아니라 '사회생활상 필요한 주의'를 다하지 않았다는 데 있으며, 따라서 필요한 주의를 다하였음에도 결과가 발생한 경우에는 그 행위가 위법성은 있으나 책임이 배제된다고 할 것이 아니라 그 결과는 사회생활상 부득이한 것으로 받아들여져야 하는 것이고(허용된 위험), 그러한 행위는 처음부터 위법성이 없다고 해야 한다. 이와 같은 「허용된 위험의 법리」가 그 지지기반을 다져감에 따라 과실범이론에 있어서 위법성의 문제가 새롭게 부각되고 있다.

2. 주관적 불법요소론

전통적인 범죄론에 있어서는 행위의 구성요건해당성은 의사활동(Willensbetätigung)에 의하여 구성요건에 정형화된 외부세계의 변화에 불과하며, 위법성은 법익에 대한 침해 내지 위험을 그 내용으로 한다. 객관적 행위요소에 대응하는 주관적 행위요소인 고의와 과실은 행위자에 귀속되는 책임비난의 단계적 차이에 불과하다고 보았다.

그러나 위법성의 판단대상은 행위 전과정에 대한 객관적인 가치판단이므로 따라서 행위의 주관적 · 심리적 요소도 위법성의 판단단계에서부터 고려되어야 한다는 주관적 불법요소론이 전개되었고, 또한 고의와 과실이 구성요건의 개별화 기능을 수행한다는 의미에서 고의와 과실은 위법요소 내지 불법구성요건표지이라고 보는 목적적 행위론도 대두되었다.

Ⅲ. 위법요소설(새로운 과실범이론의 전개)

행위반가치론과 허용된 위험의 법리의 영향으로, 행위에 있어서 객관적 주의를 위법성영역의 문제로 취급함으로써 과실의 실행행위성을 중시하는 견해이다. 과실범의 위법성을 단순한 법익침해라는 결과반가치에서 구할 것이 아니라 행위의 수행이 적절하지 못했다는 객관적 주의의무위반, 즉 구체적인 목적적 행위의 통제가 위법판단의 대상이 되어야 한다.

종래의 과실범이론에 의하면 과실범의 행위로서 유의적(有意的) 동작에 의한 결과의 야기를 문제삼을 뿐이며 따라서 결과의 야기 및 결과와 유의적 동작과의 인과관계가 과실범의 구성요건의 내용을 이루게 되는 데 반해, 새로운 과실범이론에 의하면 목표를 향해 통제되고 있는 전행위의 수행을 문제로 하는 바, 과실범의 구성요건의 내용을 이루는 것은 「객관적 주의」에 위반된 행위에 의한 결과의 야기이다.

과실범에 있어서는 결과반가치 만으로는 과실범의 위법성을 인정할 수 없으며 그 행위가 「사회생활상 요구되는 객관적 주의의무에 위반」하였기 때문에 그러한 결과를 발생시켰다는 행위반가치 속에서 과실행위의 위법성을 파악해야 한다.

Ⅳ. 불법구성요건표지설

목적적 범죄체계론에 기초하여, 고의범의 구성요건적 행위가 행위의사에 의한 불법구성요건적 결과를 실현하는 행위라고 한다면 과실범의 구성요건적 행위는 구성요건적 결과에 대한 목적적 행위의 수행으로 사회적으로 요구되는 주의의무를 위반한 행위이다. 따라서 과실, 즉 주의의무위반은 과실범의 불법구성요건표지인 동시에 위법성을 징표하는 표지로서 과실범의 본질적인 행위반가치를 구성한다. 과실행위의 본질적 요소는 결과반가치에 있는 것이 아니라 주의의무위반이라는 행위수행의 방식에 있으며 이러한 행위반가치가 과실범의 구성요건해당성판단의 기준으로, 고의범과 과실범은 불법구성요건단계에서 구별된다.

과실범의 책임은 법익침해를 야기한 객관적 주의의무위반행위에 대한 비난가능성을 의미한다. 즉 주관적으로 법익침해의 가능성을 예견할 수 있었다는 주관적 예견가능성을 전제로 한다는 점에서 평가기능으로서의 순수한 규범적 책임론을 주장하였다. 다만 이 견해에 의하면 행위의 주관적 요소에 대한 평가가 없어진다는 점에서 책임개념의 공동화(空洞化)를 초래하게 된다.

Ⅴ. 불법구성요건표지이면서 책임형식으로 보는 견해

합일태적 범죄체계론에 기초하여 아래와 같이 과실의 이중적 기능을 인정하는 견해이다.

- 객관적 주의의무위반 : 불법구성요건표지
- 주관적 주의의무위반 : 책임판단의 표지

이와 같이 이 견해는 객관적 과실을 과실의 독립된 표지로 파악한다. 다만 이 견해에 의하면 1개 고의의 이중적 기능과는 달리 객관적 과실이 주관적 과실을 징표하는 기능이 없으며, 또한 구성요건적 과실을 단지 객관적 주의의무위반으로만 파악함으로써 과실범의 주관적 불법구성요건표지가 결여된다. 즉 고의범의 경우와 같이 객관적 불법구성요건표지와 주관적 불법구성요건표지로서의 구성요건적 고의가 대응하는 구조와는 달리, 과실범의 경우는 주관적 불법구성요건표지가 결여되어 있다. 따라서 과실의 본질적인 구성부분을 객관적 주의의무에서 파악하는 이론구성에 모순이 있으며 구성요건적 과실도 주관적 불법구성요건표지로 파악되어야 할 것이다.

Ⅵ. 과실범체계의 신경향

1. 과실범의 주관적 불법구성요건표지로서의 주관적 주의의무위반[1)]

객관적 주의의무위반은 과실범의 구성요건표지가 아니라 고의범과 과실범에 공통되는 객관적 귀속의 하나의 척도(위험창출을 판단하는 기준)로서, 과실범에 있어서 행위결과의 구성요건적 귀속의 최저한도의 한계를 긋는 역할을 하는 객관적 불법구성요건의 일표지에 불과하며(과실범의 행위반가치판단에 있어서의 독립된 의미는 없음), 주관적 주의의무위반만이 과실의 본질적 요소로서 과실범의 주관적 불법구성요건표지가 된다는 견해이다. 즉 고의범의 주관적 불법구성요건표지로서의 고의와 마찬가지로 과실범의 주관적 불법구성요건표지인 과실은 주관적 주의의무위반이며, 이것은 책임형식이 아닌 과실범의 주관적 불법구성요건표지로서 파악되어야 한다. 이 견해에 의하면 구성요건단계에서 고의범과 과실범체계의 논리적 구조가 동일

1) R.Maurach, G.Stratenwerth, K.H.Gössel, O.Triffterer, G.Jakobs, F.Nowakowski 등.

하게 됨으로써 범죄체계의 통일적 파악이 가능하다.

그러나 이 견해에 의하면 고의의 이중의미와 같은 과실의 이중의미가 없어지며, 책임영역의 공동화(空洞化)를 초래한다는, 즉 책임영역에는 책임능력과 불법의식만 남게 된다는 점에서 비판의 여지가 있다.

그리고 객관적 주의의무위반이 과실의 독립된 표지냐, 아니면 과실범에 있어서 객관적인 범죄표지의 일부로서의 객관적 귀속의 판단척도이냐의 문제가 여전히 논란이 되고 있다.

2. 주관적 주의의무위반의 이중적 의미[2)]

과실은 주관적 과실로서 주관적 주의의무위반을 의미하며, 구성요건과 책임판단의 단계에서 이중의 의미를 가진다.

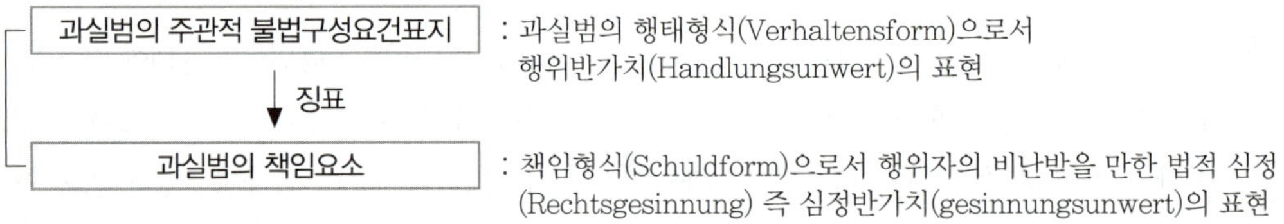

과실범의 주관적 불법구성요건표지	: 과실범의 행태형식(Verhaltensform)으로서 행위반가치(Handlungsunwert)의 표현
↓ 징표	
과실범의 책임요소	: 책임형식(Schuldform)으로서 행위자의 비난받을 만한 법적 심정(Rechtsgesinnung) 즉 심정반가치(gesinnungsunwert)의 표현

2) Wolter.

제3절 과실의 내용(성립요소)

Ⅰ. 심리적 요소

과실의 심리적 요소는 구성요건적 사실의 불인식(인식없는 과실) 또는 불인용(인식있는 과실)이다.

Ⅱ. 규범적 요소

과실의 규범적 요소는 정상의 주의태만, 즉 주의의무위반(Verletzung der Sorgfaltspflicht)에 있다.

1. 주의의무의 개념

주의의무란 결과발생에 대한 예견의무와 예견을 전제로 한 결과발생의 회피의무를 말한다.

관련판례

1) 원심판결 이유에 의하면 원심은, 대학교 부속병원 신경외과 의사로 근무하던 피고인이 피해자에 대한 제5번 요추 척추후궁절제수술을 하던 중 부러진 수술용 메스조각이 피해자의 체내에 남게 되었는데도 이를 제거함이 없이 그대로 봉합한 잘못으로 피해자에게 일수 미상의 외상 후 신경불안증 및 요통 등의 상해를 입게 하였다는 공소사실에 대하여, 피해자가 입었다는 상해 중 외상 후 신경불안증은 외상 후 스트레스 장애를 말하는 것으로 통상적인 상황에서는 겪을 수 없는 극심한 위협적인 사건에서 심리적인 충격을 경험한 다음 일으키는 특수한 정신과적 증상을 의미하는데, 피해자는 자신의 체내에 메스조각이 남아 있다는 사실을 안 이후에도 별다른 신경불안증을 느끼지 않았다고 진술하는 점 등에 비추어 피해자가 외상 후 신경불안증의 상해를 입었다고 할 수 없고, 또 요통에 대해서도, 이 사건 메스조각은 그 크기가 아주 작고(3×5㎜) 신경조직이 없는 추간판 사이에 위치하고 있어 신경이나 혈관을 손상시키지 않고 있고, 금속이물질은 통상 수술 후 3~6개월이 지나면 일반 섬유세포와 결합조직형성세포에 의해 그 자리에 고정되어 버리며, 피해자에게는 별다른 신경학적 이상도 나타나지 않는 점 등에 비추어 피해자가 호소하는 요통은 요추 추간판탈출증의 수술 후 증상잔존 혹은 심리적 불안감의 결과로 볼 것이지 메스조각의 체내 잔류로 인한 것으로 볼 수 없다는 이유로, 피고인에게 유죄를 선고한 제1심판결을 파기하고 피고인에게 무죄를 선고하였다. 기록에 비추어 살펴보면 원심의 위와 같은 사실인정은 정당한 것으로 수긍이 되고, 거기에 상고이유로 주장하는 바와 같은 심리미진 및 채증법칙 위반으로 인한 사실오인의 위법이 있다고 할 수 없다.
한편 의료사고에 있어서 의사의 과실을 인정하기 위해서는 의사가 결과발생을 예견할 수 있었음에도 불구하고 그 결과발생을 예견하지 못하였고 그 결과발생을 회피할 수 있었음에도 불구하고 그 결과발생을 회피하지 못한 과실이 검토되어야 하고, 그 과실의 유무를 판단함에는 같은 업무와 직무에 종사하는 일반적 보통인의 주의정도를 표준으로 하여야 하며, 이에는 사고 당시의 일반적인 의학의 수준과 의료환경 및 조건, 의료행위의 특수성 등이 고려되어야 한다(대법원 1997.10.10. 선고 97도1678 판결 참조). 기록에 의하면, 피고인이 피해자에 대하여 시행한 수술은 1회용 제품인 메스를 사용하여 척추에 붙어 있는 후종인대의 일부도 제거해야 하기 때문에 딱딱한 척추체에 메스 끝이 부러지는 일이 흔히 있을 수 있는데 그 경우 통상 쉽게 발견되어 제거할 수 있으나 쉽게 발견되지 않는 경우에는 수술과정에서 무리하게 제거하려고 하면 메스가 이동하여 신경이나 혈관계통에 부가적인 손상을 줄 수 있기 때문에 일단 부러진 메스조각을 그대로 둔 채 수술부위를 봉합하였다가 나중에 엑스레이 촬영 등을 통하여 메스의 정확한 위치와 이동상황 그로 인한 위험성 등을 종합적으로 고려하여 재수술을 통하여 제거하거나 그대로 두는 경우도 있는 사실, 피고인은 수술도중에 메스가 부러지자 부러진 메스조각을 찾아 제거하기 위한 최선의 노력을 다하였으나 찾지 못하자 부러진 메스조각을 계속 찾는데 따른 위험성을 고려한 의학적 판단에 따라 일단 수술부위를 봉합한 뒤 메스조각의 위치와 이동추이를 보아 재수술을 통한 제거방법을 택하기로 하여 부러진 메스조각을 그대로 둔 채 수술부위를 봉합한 사실을 알 수 있는바, 위와 같이 피해자가 받은 수술과정에서 수술부위의 상태 등에 따라 수술용 메스가 부러지는 일이 발생할 수 있는 점에 비추어 그것이 특별히 피고인의 과실로 인하여 발생한 것이라고 볼 수는 없고, 또 부러진 메스조각을 그대로 둔 채 수술부위를 봉합한 것도 피고인이 수술용 메스가 부러진 사실을 모른 채 수술부위를 봉합한 경우와는 달리 위와 같이 무리하게 제거하는 경우의 위험성을 고려한 의학적 판단에 따른 것이고, 그와 같은 판단이 일반적인 의학 수준에서 합당한 판단이라고 보이는 점에 비추어 피고인에게 어떠한 과실이 있다고는 볼 수 없다(대법원 1999.12.10. 선고 99도3711 판결).

2) 의료사고에 있어서 의사의 과실을 인정하기 위해서는 의사가 결과 발생을 예견할 수 있었음에도 불구하고 그 결과 발생을 예견하지 못하였고, 그 결과 발생을 회피할 수 있었음에도 불구하고 그 결과 발생을 회피하지 못한 과실이 검토되어야 하고, 그 과실의 유무를 판단함에는 같은 업무와 직무에 종사하는 일반적 보통인의 주의 정도를 표준으로 하여야 하며, 이에는 사고 당시의 일반적인 의학의 수준과 의료환경 및 조건, 의료행위의 특수성 등이 고려되어야 한다. 내과의사가 신경과 전문의에 대한 협의진료 결과 피해자의 증세와 관련하여 신경과 영역에서 이상이 없다는 회신을 받았고, 그 회신 전후의 진료 경과에 비추어 그 회신 내용에 의문을 품을 만한 사정이 있다고 보이지 않자 그 회신을 신뢰하여 뇌혈관계통 질환의 가능성을 염두에 두지 않고 내과 영역의 진료 행위를 계속하다가 피해자의 증세가 호전되기에 이르자 퇴원하도록 조치한 경우, 피해자의 지주막하출혈을 발견하지 못한 데 대하여 내과의사의 업무상과실이 있었다고 단정하기는 어렵다(대법원 2003.1.10. 선고 2001도3292 판결).

3) 의료과오사건에 있어서 의사의 과실을 인정하려면 결과 발생을 예견할 수 있고 또 회피할 수 있었음에도 이를 하지 못한 점을 인정할 수 있어야 하고, 위 과실의 유무를 판단함에는 같은 업무와 직무에 종사하는 일반적 보통인의 주의 정도를 표준으로 하여야 하며, 이때 사고 당시의 일반적인 의학의 수준과 의료환경 및 조건, 의료행위의 특수성 등을 고려하여야 한다(30대 중반의 산모가 제왕절개 수술 후 폐색전증으로 사망한 사안에서, 담당 산부인과 의사에게 형법 제268조의 업무상 과실이 없다고 본 사례)(대법원 2006.10.26. 선고 2004도486 판결).

4) 의료사고에 있어 의료인의 과실을 인정하기 위하여서는 의료인이 결과 발생을 예견할 수 있음에도 불구하고 그 결과 발생을 예견하지 못하였고 그 결과 발생을 회피할 수 있었음에도 불구하고 그 결과 발생을 회피하지 못한 과실이 검토되어야 하고, 그 과실의 유무를 판단함에는 같은 업무와 직무에 종사하는 일반적 보통인의 주의정도를 표준으로 하여야 하며, 이에는 사고 당시의 일반적인 의학의 수준과 의료환경 및 조건, 의료행위의 특수성 등이 고려되어야 한다(대법원 2009.12.24. 선고 2005도8980 판결. 의사들의 주의의무 위반과 처방체계상의 문제점으로 인하여 수술 후 회복과정에 있는 환자에게 인공호흡 준비를 갖추지 않은 상태에서는 사용할 수 없는 약제가 잘못 처방되었고, 종합병원의 간호사로서 환자에 대한 투약 과정 및 그 이후의 경과 관찰 등의 직무 수행을 위하여 처방 약제의 기본적인 약효나 부작용 및 주사 투약에 따르는 주의사항 등을 미리 확인·숙지하였다면 과실로 처방된 것임을 알 수 있었음에도 그대로 주사하여 환자가 의식불명 상태에 이르게 된 사안에서, 간호사에게 업무상과실치상의 형사책임을 인정한 사례).

5) 의사가 진찰 · 치료 등의 의료행위를 할 때에는 사람의 생명 · 신체 · 건강을 관리하는 업무의 성질에 비추어 환자의 구체적인 증상이나 상황에 따라 위험을 방지하기 위하여 요구되는 최선의 조치를 취하여야 할 주의의무가 있고, 의사의 이와 같은 주의의무는 의료행위를 할 당시 의료기관 등 임상의학 분야에서 실천되고 있는 의료행위의 수준을 기준으로 삼되 그 의료수준은 통상의 의사에게 의료행위 당시 일반적으로 알려져 있고 또 시인되고 있는 이른바 의학상식을 뜻하므로 진료환경 및 조건, 의료행위의 특수성 등을 고려하여 규범적인 수준으로 파악되어야 한다. A 대학병원에서 환자 甲에 대한 유방 조직검사를 시행하여 암의 확정 진단을 하였는데, 甲이 B 대학병원에 전원하면서 A 병원의 조직검사 결과를 기재한 조직검사 결과지를 제출하여 B 대학병원에서 유방절제술을 받았으나, 종양조직검사 결과 암세포가 검출되지 않았고 이에 A 병원에서 甲의 조직검사 슬라이드 등을 각 대출받아 암세포 검출 여부를 재확인하는 과정에서 A 병원 병리과 의료진이 조직검사 슬라이드를 만들면서 다른 환자의 조직검체에 甲의 라벨을 부착한 것이 밝혀진 사안에서, B 병원의 의사에게 A 병원의 조직검사 슬라이드 제작 과정에서 조직검체가 뒤바뀔 가능성 등 매우 이례적인 상황에 대비하여 甲으로부터 새로이 조직을 채취하여 재검사를 실시하거나 A 병원에서 파라핀 블록을 대출받아 조직검사 슬라이드를 다시 만들어 재검사를 시행한 이후에 유방절제술을 시행할 주의의무까지 있다고 보기는 어렵다(대법원 2011.7.14. 선고 2009다65416 판결).

1) 내부적 주의(innere Sorgfalt)

정신력을 긴장 · 집중 또는 표상(表象)의 진행을 확정하는 것으로, 결과발생에 대한 주관적 · 객관적 예견가능성(Voraus- sehrbarkeit)의 문제가 이에 속한다.

관련판례

1) 화물자동차의 운행 도중에 사람이 그 적재함에 뛰어 올라타는 것이 통상 있을 수 있는 일이라고는 할 수 없으므로 화물자동차의 운행 도중에 그 적재함에 사람이 뛰어 오르리라는 것을 예견할 수 있는 특별한 사정이 없는 이상, 그 차를 운전한 사람에게 그 적재함에 사람이 올라타리라는 것을 예견할 수 있다고 하여 이를 방지하여야 할 주의의무가 있다고는 할 수 없는 것이다(대법원 1970.12.29. 선고 70도2535 판결).
2) 호텔의 사장 또는 영업과장인 피고인들이 오보가 잦다는 이유로 자동화재조기탐지 및 경보시설인 수신기의 持久警種스위치를 내려 끈 채 봉하고, 영업상 미관을 해친다는 이유로 각층에 설치된 갑종방화문을 열어두게 하고 옥외피난계단으로 통하는 을종방화문은 도난방지 등의 이유로 고리를 끼워 피난구로서의 역할을 다하지 못하게 하였다면, 이와 같은 피고인들의 주의의무 나태는 결과적으로 건물의 화재발생시에 있어서 숙박객 등에게 신속하게 화재를 알릴 수 없게 되고 화재지점에서의 상하층에의 연소방지를 미흡하게 하고 또 숙박객 등을 비상구를 통해 신속하게 옥외로 대피시키지 못하게 하는 것임은 경험상 명백하다 할 것이므로, 이 사건 화재로 인한 숙박객 등의 死傷이라는 결과는 충분히 예견가능한 것이라고 할 것이다(대법원 1984.2.28. 선고 83도3007 판결).
3) 특수공무집행방해치사상죄는 결과적 가중범으로서 행위자가 그 결과의 발생을 예견할 수 있으면 족하다고 할 것인 바, 피고인들이 도서관에 농성중인 학생들과 함께 경찰의 진압에 대항하여 건물현관 입구에서 빈 드럼통으로, 계단 등에는 책상과 걸상으로 각 장애물을 설치하고, 화염병이 든 상자 등 가연물질이 많이 모여있는 7층 복도 등에는 석유를 뿌려 놓아 가연물질이 많은 옥내에 화염병이 투척되면 화염병이 불씨에 의하여 발화할 가능성이 있고 행동반경이 좁은 고층건물의 옥내인 점을 감안하여 볼 때, 불이 날 경우 많은 사람이 다치거나 사망할 수 있다는 것은 일반경험칙상 넉넉히 예상할 수 있는 것이므로 피고인들에게 위와 같은 화재로 인한 사망 등의 결과발생에 관하여 예견가능성이 없었다고는 할 수 없다(대법원 1990.6. 22. 선고 90도767 판결).
4) 100여명의 학생들에 의하여 감금당한 전투경찰대원들을 구출하기 위하여 경찰관들이 도서관으로 진입하려 하

자 피고인들이 이를 저지하기 위하여 화염병을 사용하려고 하였는바, 화염병을 고서관 실내 등에 던지게 되면 화염병의 불길이 인화성물질에 번져 도서관이 소훼될 수 있고, 나아가 도서관으로 진입한 경찰관들이 위와 같은 화염병에 의한 불길로 말미암아 死傷할 위험이 있다는 것을 충분히 예견할 수 있었음에도 불구하고, 피고인들이 농성학생들과 함께 도서관의 입구 등에 장애물을 설치하고 화염병을 만들어 나누어 가지고 있다가 경찰관들이 도서관으로 진입하면 화염병을 경찰관들이나 도서관의 입구 등에 설치된 장애물 및 도서관의 실내 등에 던져 경찰관들의 구출임무를 방해하기로 순차 공모하고, 이에 따라 피고인들도 그 실행행위를 분담한 후 농성학생들 중 일부가 도서관 복도 중앙에 널려있는 화염병을 상자쪽으로 던짐으로써 화재가 발생하고, 도서관으로 진입하던 경찰관들 중 일부가 화염병의 유리조각이나 의자 등에 의하여 상해를 입고, 도서관 복도에서 발생한 화재로 말미암아 일부 경찰관들이 死傷에 이르렀다면, 피고인들의 위 행위는 특수공무방해치사상죄를 구성한다(대법원 1990.6.22. 선고 90도764 판결. 부산 동의대학교 사건).

5) 중앙선에 서서 도로횡단을 중단한 피해자의 팔을 갑자기 잡아끌고 피해자로 하여금 도로를 횡단하게 만든 피고인으로서는 위와 같이 무단횡단을 하는 도중에 지나가는 차량에 충격당하여 피해자가 사망하는 교통사고가 발생할 가능성이 있으므로, 이러한 경우에는 피고인이 피해자의 안전을 위하여 차량의 통행 여부 및 횡단 가능 여부를 확인하여야 할 주의의무가 있다 할 것이므로, 피고인으로서는 위와 같은 주의의무를 다하지 않은 이상 교통사고와 그로 인한 피해자의 사망에 대하여 과실책임을 면할 수 없다(대법원 2002.8. 23. 선고 2002도2800 판결).

2) 외부적 주의(außere Sorgfalt)

일정한 사태에 적합한 올바른 외적 행위, 즉 결과를 예견하고 구성요건적 결과를 회피하기 위한 적극적인 태도로의 주관적 · 객관적 결과회피가능성의 문제가 이에 속한다.

관련판례

술을 마시고 찜질방에 들어온 손님이 찜질방 직원 몰래 후문으로 나가 술을 더 마신 다음 후문으로 다시 들어와 발한실에서 잠을 자다가 사망한 사안에서, 손님이 처음 찜질방에 들어갈 당시 술에 만취하여 목욕장의 정상적 이용이 곤란한 상태였다고 단정하기 어렵고, 찜질방 직원 및 영업주에게 손님이 몰래 후문으로 나가 술을 더 마시고 들어올 경우까지 예상하여 직원을 추가로 배치하거나 후문으로 출입하는 모든 자를 통제 · 관리하여야 할 업무상 주의의무가 있다고 보기 어렵다. 따라서 찜질방 직원 및 영업주에게는 업무상과실치사죄의 공동정범이 성립하지 아니한다. 그리고 음주 등으로 목욕장의 정상적인 이용이 곤란하다고 인정되는 자를 출입시켜 건전한 영업질서를 위하여 공중위생영업자가 준수하여야 할 사항을 준수하지 아니한 자를 처벌하는 규정을 두고 있는 공중위생관리법과 같은 행정상의 단속을 주안으로 하는 법규라 하더라도 '명문규정이 있거나 해석상 과실범도 벌할 뜻이 명확한 경우'를 제외하고는 형법의 원칙에 따라 '고의'가 있어야 벌할 수 있다(대법원 2010.2.11. 선고 2009도9807 판결).

2. 주의의무의 근거

법령과 같이 명시적으로 규정된 경우 뿐만 아니라 관습 · 조리 등 초법규적으로 주의의무 여부를 판단해야 한다.

관련판례

1) 결과 발생을 예견할 수 있고 또 그것을 회피할 수 있음에도 불구하고 정상의 주의의무를 태만히 함으로써 결과 발생을 야기하였다면 과실범의 죄책을 면할 수 없고, 위와 같은 주의의무는 반드시 개별적인 법령에서 일일이 그 근거나 내용이 명시되어 있어야만 하는 것이 아니며, 결과 발생에 즈음한 구체적인 상황에서 이와 관련된 제반 사정들을 종합적으로 평가하여 결과 발생에 대한 예견 및 회피 가능성을 기준으로 삼아 그 결과 발생을 방지하여야 할 주의의무를 인정할 수 있는 것이다. 위 법리에 비추어 살펴보면, 이 사건 예인선단이 준수하여야 할 선내안전운항수칙에 항해 중 특히, 비상상황 발생시 선단장인 피고인 2의 지시를 준수하도록 규정하고 있는 사정과 피고인 2의 회사 조직 내에서의 지위 및 항해 경험, 실제 항해에 있어서의 개입의 정도 및 그 영향력 등 판시와 같은 여러 이유를 들어, 원심이 피고인 2도 이 사건 예인선단의 안전한 운항에 관하여 판시와 같은 여러 주의의무를 부담한다고 판단한 것은 정당하고, 거기에 과실범의 성립요건에 관한 법리를 오해한 위법이 없다(대법원 2009.4.23. 선고 2008도11921 판결 예인선단과 대형 유조선의 충돌로 초래된 '태안반도 유조선 기름누출사고'에서, 예인선단 선원들의 충돌방지를 위한 주의의무 위반과 대형 유조선 선원들의 충돌 및 오염 방지를 위한 주의의무 위반을 이유로, 기름누출에 관한 구 해양오염방지법 위반죄를 인정한 사례).

2) 소방법 제18조, 같은 법 시행규칙 제54조, 소방시설의 설치 · 유지 및 위험물제조소등시설의 기준에 관한 규칙 제279조 제6호에 비추어 보면 유조차의 석유를 구판점의 지하석유탱크에 공급하는 작업은 위험물취급주임의 참여 하에 하여야 하고, 작업자는 그의 보안에 관한 지시와 감독 하에 일을 하여야 하는 것이며, 그 보안에 관한 책임은 위험물취급주임에게 있는 것이라고 보아야 할 것인 바, 유조차의 운전사에게 위험물취급주임의 지시 없이도 석유가 제대로 급유되는지, 어떠한 사유로 인하여 급유장애가 발생하는지 여부를 확인하기 위하여 급유가 끝날 때까지 그와 함께 또는 그와 교대로 계속 급유과정을 잘 살펴보고 있다가 만약에 급유호스가 주입구에서 빠지려고 할 때는 즉시 대응조치를 할 수 있는 자세를 갖추어야 할 업무상의 주의의무가 있다고 할 수는 없으므로, 유조차 운전사가 석유구판점의 위험물취급주임의 지시를 받아 유조차의 석유를 구판점탱크에 급유하다가 급유호스가 탱크주입구에서 빠지는 바람에 분출된 석유가 화기에 인화되어 화재가 발생한 경우 운전사가 위험물취급주임이 탱크주입구부분을 이탈하였음을 보고서도 유조차 운전석에 앉아 다른 일을 보고 있었다고 하여 운전사에게 화재발생에 대한 과실이 있다고 책임을 물을 수는 없다(대법원 1990.11.13. 선고 90도2011 판결).

3) 고속도로의 노면이 결빙된 데다가 짙은 안개로 시계가 20미터 정도 이내였다면 차량운전자는 제한속도에 관계없이 장애물 발견 즉시 제동정지할 수 있을 정도로 속도를 줄이는 등의 조치를 취하였어야 할 것이므로 단순히 제한속도를 준수하였다는 사실만으로는 주의의무를 다하였다 할 수 없다. 따라서 피고인의 주의의무 태만으로 인하여 고속도로 상에 정지 중인 차량을 추돌한 사고가 발생된 이상 피해차량의 후방에 사고발생표지가 설치되어 있지 아니하였고 피해자들이 다른 승객들처럼 대피하지 않고 피해차량 뒤 고속도로 노면에 들어와 있었다 하더라도 피고인의 범죄성립에는 영향이 없다(대법원 1990.12.26. 선고 89도2589 판결).

4) 열차기관사는 운전개시 전 먼저 제동기능을 확인하여야 하고 특히 장시간 정차 후 운전시는 운전개시 전 제동기기능검사를 하여야 하며, 차장은 열차출발 전에 반드시 조성상태와 제동관통 충기 상태를 확인하여야 하고 열차의 시발 전 제동관의 소정압력과 차장변의 기능 및 기관사와의 무선전화시험을 하여야 하는 철도청의 관계규정 등에 비추어, 피고인에게는 이 사건 사고열차의 기관사로서 운전개시 전 차장으로부터 차장실의 공기압력계 점검결과 등을 무전으로 수신하는 등으로 위 열차의 제동장치 이상 유무를 확인하여야 할 주의의무가 있음에도 불구하고 이를 게을리 한 업무상 과실이 있다(대법원 1991.11.12. 선고 91도1278 판결).

5) 수영장의 경영자인 피고인이 수영장 내의 미끄럼틀에 안전요원을 배치하여 안전사고를 보살피도록 하였는데, 안전요원이 성인풀 쪽을 지키고 있는 사이에 피해자(9세)가 유아풀로 내려가는 미끄럼틀을 타고 내려가 끝부분에 다다랐을 때 다가오는 어린아이에게 부딪치지 않으려고 몸을 틀다가 미끄럼틀 손잡이에 입부분을 부딪쳐 상

해를 입었다면, 안전요원이 사고방지조치의무를 제대로 이행하지 않을 것에 대비하여 피고인이 안전조치지시 외에 안전요원의 지시에 따르지 아니하면 미끄럼틀을 이용할 수 없도록 쇠사슬을 설치하거나, 낙하지점 부근에 다른 사람이 접근하여 오지 않도록 안전시설을 설치하고, 수영장 내에 안전요원을 충분히 배치하여 미끄럼틀 낙하지점에 다른 사람이 접근하지 못하게 하여 충돌을 방지하게 할 구체적이고 직접적인 업무상 주의의무가 있다고 할 수 없다(대법원 1992.11.13. 선고 92도610 판결).

6) 건물의 일부만을 임차한 임차인은 원칙적으로 그 점유·사용 부분에 한하여 방화관리책임을 부담한다고 할 것이나, 소방시설의 구조나 위치, 건물의 점유 현황 등의 사정을 고려하여 건물 소유자 등과의 협의를 통해 임차부분을 포함한 건물 전체에 대한 방화관리업무를 수행하기로 한 경우에는 당연히 소방대상 전체에 대한 방화관리책임을 부담하게 되고, 이때 그 임차인에 의하여 방화관리의 업무를 부여받은 자는 관할관청에 대한 방화관리자 선임신고의 유무 혹은 적법 여부에 상관없이 그 업무 수행 중의 고의 혹은 과실로 인한 행위로 발생한 결과에 대하여 책임을 진다(대법원 2010.11.11. 선고 2010도2887 판결).

3. 주의의무의 내용

1) 결과예견의무

그 행위가 행하여진 구체적인 사정하에서 의사의 집중 및 긴장에 의하여 인과과정 및 구성요건해당의 결과를 예견해야 하는 의무로서, 과실비난의 규범적 법적 의미로서의 예견의무의 예견과 단순한 심리적 사실인 주의력의 집중 또는 긴장과는 구별된다. 주의력의 집중은 단순한 심리적 사실이며, 따라서 비록 주의력의 집중이 있었다 하더라도 법적 판단에서 예견의무를 다한 것이 아닐 때에는 주의의무위반이 되어 과실행위로서의 위법이 인정되므로 과실에 있어서의 주의의무는 예견의무이지 주의집중의무가 아니다.

이러한 결과예견의무의 판단기준으로서의 객관적 상황의 존재, 즉 객관적 행위가능성에 대한 판단으로서 행위자가 놓여있는 구체적인 행위상황과, 행위자가 사회적 역할 하에 있는 통찰력있고 신중한 사람이라는 지도형상(指導形象)이 존재해야 한다.

관련판례

1) 피고인 1 운전의 버스가 트럭의 우측차선을 진행하다가 아무런 신호나 예고없이 급작히 그 진로를 변경하여 트럭의 진로전방에 진입하면서 그 트럭을 충격하기에 이른 사고는 원판시와 같은 피고인의 업무상과실에 기인한 것으로 인정될 뿐 아니라, 그 충격행위로 인하여 그 충격을 피행하려던 트럭이 중앙선을 침범함으로써 본건 사고를 발생케 할 수도 있으리라는 점은 우리의 경험칙상 예견 가능한 범위에 속한다 할 것이고 위와 같이 트럭을 충돌한 후 위 트럭이 중앙선을 넘어서 마주오던 승용차와 충돌한 사고가 발생된 사실을 알면서 그대로 진행하여 갔다면 동 사고로 인한 사상자에 대한 구호조치를 취함이 없이 도주한 경우에 해당한다. 그리고 2차선을 따라 정상적으로 운행하고 있던 트럭이 3차선으로부터 트럭의 진로전방으로 차선을 변경하여 진입해 오는 버스와 충돌한 사고에 있어서 트럭운전자(피고인 2)에게 그 충돌방지를 위한 필요한 조치를 취할 주의의무가 있다고 하기 위해서는 위 버스가 차선을 변경하여 트럭의 진입전방에 진입한다는 사실을 예견할 수 있었다는 사정을 전제로

하여서만 가능한 것이므로 이 같은 경우 법원으로서는 당해 전방의 도로교통상황이나 버스가 차선을 변경하게 된 경위 등을 심리하여 트럭운전자가 과연 버스진입을 예상하고서도 필요한 조치를 나태한 것인지 여부를 판단하였어야 할 것이다(대법원 1983.8.23. 선고 83도1328 판결).

2) 피고인이 열차의 기관사로서 판시 열차를 운전하여 김천과 직지사간의 철로를 시속 약 100킬로미터로 운행하던 중 직지사역으로부터 무선으로 두 차례에 걸쳐 태평터널 전방 200미터 지점을 통과할 때 좌우진동이 심하다고 하니 주의운전을 바란다는 통보를 받고 그곳을 지날 때까지의 탄력에 의하여 시속 약 85킬로미터로 감속을 하였으나 상용제동을 걸지는 않았고 사고지점 약 50미터에 이르러 사고지점에 철로가 장출되어 굽어 있는 것을 발견하고서야 비상제동을 걸었으나 미치지 못하여 열차가 일부 탈선함으로써 이 사건 사고가 발생한 사실은 인정되나 열차는 다른 교통수단과는 달리 미리 짜여진 운행방법에 따라 지정된 속도로 진행하는 것이고 앞뒤의 운행열차 때문에 특별한 사정이 없는 한 마음대로 속력을 가감할 수 없는 터에 직지사역에서 받은 무전에 따르더라도 사고지점 부근이 좌우진동이 심하다는 다른 열차로부터의 연락이 있으니 주의운전을 바란다는 것일 뿐 궤도창출 등의 위험이나 그에 따른 감속서행조치를 구체적으로 지시받지 아니하였고 철도청의 운전관계 규정상의 주의운전도 특수한 사유 때문에 특별히 주의를 하여 운전하는 경우를 일컫는 것에 불과한 점 및 육안으로 궤도가 창출된 것을 발견하려면 상당히 가까이 가야만 가능하며 그 지점에 이르기 전에 시속 약 20 내지 30킬로미터로 감속하여야만 열차를 정지시킬 수 있었던 점 및 이 사건 사고는 사고지점의 노반이 약화된 상태에서 기온이 갑자기 올라감으로 말미암아 궤도가 팽창하여 장출된 것이 그 직접적인 원인이 된 점에 비추어 보면 이와 같은 상황에서 피고인에게 이 사건 사고를 예상하고 충분히 감속하여 즉시 정차해야 할 주의의무가 있다고 할 수 없다(대법원 1991.12.10. 선고 91도2044 판결).

결과예견의무의 내용으로는 객관적 예견의무와 주관적 예견의무가 있다.

(1) 객관적 예견의무

행위자와 같은 입장에 있는 일반 통상인이 당해 구체적인 사정 하에서 객관적으로 결과의 예견이 가능해야 하며, 객관적 과실을 과실의 독립된 표지로 보는 견해에 의하면 이는 구성요건 및 위법성의 단계에서 판단되는 예견의무이다.

(2) 주관적 예견의무

책임 단계에서 판단되는 예견의무이다.

2) 사전준비의무 및 결과회피의무

객관적 결과회피의무와 주관적 결과회피의무이다.

3) 신 · 구 과실이론의 전개(일본학자들)와의 대비

(1) 전통적인 과실범이론(고전적 · 신고전적 범죄체계론에 입각)

주의의무의 중점은 결과인식과 예견의무에 있으며 이것이 과실범에 있어서의 책임요소라고 보는 견해이다. 예견가능한 허용된 위험은 과실범의 책임조각사유에 불과하며, 법익침해 내지 위태화만 있으면 불법구성요건해당성 및 위법성은 존재한다고 본다.

(2) 신과실범이론(목적적 범죄체계론에 입각)

주의의무의 중점은 구체적인 상황하에서의 결과회피의무의 위반(행위반가치성)에 있으며, 이것이 과실범에 있어서의 불법구성요건표지라고 보는 견해이다. 허용된 위험은 과실범의 구성요건해당성의 배제사유로 분류된다.

(3) 신신과실범이론 – 주의의무(객관적 주의의무)의 적용범위확대와 관련된「위구감(危懼感)」설

가) 문제의 제기

주의의무위반의 내용과 관련된 예견가능성을 어떻게 받아들이는가의 문제로서, 종래의 주의의무의 인정은 결과예견가능성과 예견의무가 중심으로 되어왔으며 구체적인 결과발생이 있는 경우에 그러한 결과발생을 예견하는 것이 가능함에도 예견하지 않았다는 데 과실책임이 있다고 보았다. 이에 대해 최근의 과실범이론은 결과를 회피하기 위한 구체적 조치를 해야 할 의무를 어느 정도로까지 행위자에게 부담시킬 것인가를 중심으로 하여 과실범의 성립여부를 논하는 바, 이는 주의의무의 중점이 결과예견보다 결과회피에 있다는 것을 의미하는 것으로 고도로 기계문명이 발달하고 생활이 복잡한 현대에 있어 과실책임을 논하는 데 적절한 이론적 기초를 제공해 줄 수 있다.

이러한 신과실론에서 더 나아가 예견가능성은 결과회피의무의 전제 내지 존재판단에 있어 하나의 자료에 불과하며, 그 내용도 일반인이 결과발생을 예견할 수 있을 정도의 불안감 내지 위구감(Gefährdungsgefühl)을 가지는 정도로 충분하다는 견해가 위구감설[1]로, 이는 주의의무의 인정범위와 관련하여 과실범의 객관적 주의의무위반의 범위를 확대하려는 입장이다. 즉 종래의 전통적인 과실범이론에 의하면 확실히 예견할 수는 없었으나 무언가 상당히 개연성있게 예견할 수 있었던 경우(미지의 위험발생에 대한 위구감)에는 과실이 인정되지 않음으로 해서 현대의 복잡한 기업재해 및 공해, 나아가 의료사고나 약화(藥禍)와 같은 각종 실험의 문제에 적절히 대처할 수가 없다.

따라서 소위 기업경영자나 의약품 등의 물품제조자의 위험책임을 단순한 민사적 또는 행정단속적 차원이 아니라, 형사상의 과실범으로 인정하려는 입장에서 주의의무의 중점은 이러한 기본적인 예견의무에 기초한 결과회피의무에 있다고 보는 견해이다.

다만 이 견해에 의하면 주의의무의 부담을 쉽게 인정하게 되어 처벌의 범위가 부당하게 확대되고,

---

1) 일본의 藤木英雄, 植松 正, 澤登佳人, 板倉 宏, 石堂功卓 교수 등에 의하여 주장된 이론이다.

따라서 근대형법의 기본원칙인 책임주의에 배치된다는 점에서 논란의 대상이 되고 있다. 또한 이 견해는 과실이론이기 보다는 과실범의 객관적 구성요건요소인 결과를 추상적 위험으로 대체하려는 노력의 일환에 불과하다고 보는 비판적 시각도 있다.

나) 「위구감」설의 내용

미지의 위험을 수반하는 과학기술의 이용과 그 개발을 행하는 자에 있어서의 과실의 성립은 어떠한 위험이 결과로서 일어날 것인가에 대해 구체적으로는 예견할 수 없다 하더라도 무엇인가 사람의 생명이나 신체를 침해하는 유해한 결과가 발생할지도 모른다고 하는 위구감이 있는 경우에(이것을 과실범에 있어서의 예견가능성으로 파악), 그 위구감을 없애는데 족할 만큼의 결과방지의 합리적인 부담을 완수하지 않았다(이것을 과실범에 있어서의 결과회피의 무위반으로 파악)는데 있다고 하는 이론구성이다.

다) 판례의 태도

(가) 일본 森永 dry milk 砒素中毒事件 환송심판결[2)]

森永 dry milk 비소중독사건은 1955년경 일본 관서지방에서 「森永乳業」이 판매하는 dry milk 가운데서 다량의 砒素가 혼입되어 있어 유아 49명이 사망하고 약 1300명이 비소중독을 일으킨 사건이다. 森永乳業德島공장에서는 1953년경부터 분유의 용해도를 높이기 위해 안정제로서 제2인산(燐酸)소다를 여기에 더하는 방법을 채용하여, 地元의 유력한 약종상인 「協和産業」에 제2인산소다를 발주했다. 협화에서는 처음에는 「米産化學工業」제의 정상적인 것을 납입하다가 1955년 4월부터 7월에 걸쳐 납입한 것은 「松野製藥」이 알루미늄제조때 나온 산업폐기물을 다른 업자에게서 사들여 탈색 재결정(再結晶)시킨 것 즉 결정의 외형이 제2인산소다와 유사하여 제2인산소다라 칭하여 판매하고 있었던 것으로, 실은 다량의 비소를 함유하고 정규의 제2인산소다라고는 도저히 할 수 없는 특수화합물이었다.

森永에서는 지금까지 납입되고 있었던 것이 정규의 제2인산소다였으므로 설마 동일의 명칭으로 다른 상품이 납입되었다고는 생각하지 않고, 특히 검사도 하지 않고 이 松野製劑를 분유에 넣어 다수의 유아에 死傷의 결과를 일으키고, 이에 德島工場 공장장과 제조과장이 업무상 과실치사상죄로 기소되었고, 제1심 德島地裁(63.10.25)는 신뢰의 원칙을 적용하여 무죄판결선고하였다. 이에 제2심 高松高裁(1966. 3.31)는 "~그 물질의 첨가사유에 대하여 조금이라도 불안감이 수반하는 이상 그대로는 이를 사용해서는 안된다. 식품첨가물 이외의 다른 목적에 사용하기 위해서 제조한 것을 식품에 첨가하는 경우에 있어서 그 약품을 사용하는 자는 일말의 불안을 느낄 터이다. 이 불안감이야말로 ~ 바로 위험의 예견이다"고 판시하면서 1심판결을 파기하였다.

일본최고재판소의 상고심판결(1969.2.27)도 피고의 상고를 기각하고 파기환송하였다. 이에 德島地

---

2) 일본 德島地判 1973.11.28. 판결.

裁 파기환송판결은 "종래에는 과실 즉 결과예견의무위반의 유무라는 식으로 생각되기 쉬웠지만, 과실행위는 무엇보다도 먼저 피해발생을 초래한 객관적 결함으로서 파악되어야 한다. 결함이 있다고 하기 위해서는 가해행위의 시점에서 가해자에게 필요하다고 인정되는 부담을 다하지 아니했다고 인정되어야 하는데, 이 부담의 구체적 내용을 정하는 것이 결과회피의무이고, 이를 과하는 전제로서 결과예견가능성이 문제가 된다. 이 경우의 예견가능성은 구체적인 인과과정을 예견할 가능성일 필요는 없고, 무슨 일인지 특정할 수 없지만 어떤 위험이 절무(絶無)하다고 해서 무시할 수는 없을 정도의 위구감으로 족하다"고 판시하였다.

(나) 북해도대학 전기메스 판결[3)]

북해도대학 전기메스 사건은 1970.7.17. 북해도대학 의학부부속병원에서 행한 대동맥에서 분기하여 폐동맥에 연결되는 開存動脈切離 수술시 수술은 성공하였으나 수술에 사용된 전기메스기조작 잘못으로 인해 환자의 우하퇴부절단을 일으킨 사고로 전기메스기를 사용한 집도의(무죄)와 조작을 맡은 간호사(유죄)가 기소된 사건이다.

(다) 카네미 油症事件 판결[4)]

카네미 油症事件은 1968년 脫臭장치의 열매체로 사용되고 있던 PCB가 파이프의 부식으로 생긴 開孔에서 米糖油속에 혼입함으로 발생한 식품공해사고로 공장장은 PCB의 경구섭취에 의한 인체에의 유해성, 금속부식성을 인식하고 있고 탈취장치내의 蛇管이 부식 및 수리시의 충격 등에 의하여 開孔하여 PCB가 米糖油속에 새어 들어가 이것을 먹을 경우에 무엇인가의 피해가 발생할 지 모른다는 것을 예상할 수 있었다고 하여 결과예견가능성을 인정한 사건이다.

4. 주의의무의 표준(판단기준)

1) 주관설(개별적 주의의무위반설)

구체적으로 행위자의 주의능력을 기준으로 하여 주의의무위반 여부를 결정해야 한다는 견해로, 객관주의 범죄론의 입장이다.

2) 객관설

추상적으로 일반 평균인의 주의능력을 기준으로 주의의무위반 여부를 결정해야 한다는 견해로, 주관주의 범죄론의 입장이다. 즉 이 견해는 주의의무를 객관적 · 규범적 개념으로 파악한다.

3) 일본 札幌地判 1974.6.29. 판결.

4) 일본 福岡地裁小倉支部判 1978.3.24. 판결.

3) 절충설

주의정도는 객관적으로, 주의능력은 행위자를 기준으로 하여 주관적으로 결정하고자 하는 견해이다.

관련판례

1) 원심판결 이유에 의하면 원심은, 대학교 부속병원 신경외과 의사로 근무하던 피고인이 피해자에 대한 제5번 요추 척추후궁절제수술을 하던 중 부러진 수술용 메스조각이 피해자의 체내에 남게 되었는데도 이를 제거함이 없이 그대로 봉합한 잘못으로 피해자에게 일수 미상의 외상 후 신경불안증 및 요통 등의 상해를 입게 하였다는 공소사실에 대하여, 피해자가 입었다는 상해 중 외상 후 신경불안증은 외상 후 스트레스 장애를 말하는 것으로 통상적인 상황에서는 겪을 수 없는 극심한 위협적인 사건에서 심리적인 충격을 경험한 다음 일으키는 특수한 정신과적 증상을 의미하는데, 피해자는 자신의 체내에 메스조각이 남아 있다는 사실을 안 이후에도 별다른 신경불안증을 느끼지 않았다고 진술하는 점 등에 비추어 피해자가 외상 후 신경불안증의 상해를 입었다고 할 수 없고, 또 요통에 대해서도, 이 사건 메스조각은 그 크기가 아주 작고(3×5㎜) 신경조직이 없는 추간판 사이에 위치하고 있어 신경이나 혈관을 손상시키지 않고 있고, 금속이물질은 통상 수술 후 3~6개월이 지나면 일반 섬유세포와 결합조직형성세포에 의해 그 자리에 고정되어 버리며, 피해자에게는 별다른 신경학적 이상도 나타나지 않는 점 등에 비추어 피해자가 호소하는 요통은 요추 추간판탈출증의 수술 후 증상잔존 혹은 심리적 불안감의 결과로 볼 것이지 메스조각의 체내 잔류로 인한 것으로 볼 수 없다는 이유로, 피고인에게 유죄를 선고한 제1심판결을 파기하고 피고인에게 무죄를 선고하였다. 기록에 비추어 살펴보면 원심의 위와 같은 사실인정은 정당한 것으로 수긍이 되고, 거기에 상고이유로 주장하는 바와 같은 심리미진 및 채증법칙 위반으로 인한 사실오인의 위법이 있다고 할 수 없다.

한편 의료사고에 있어서 의사의 과실을 인정하기 위해서는 의사가 결과발생을 예견할 수 있었음에도 불구하고 그 결과발생을 예견하지 못하였고 그 결과발생을 회피할 수 있었음에도 불구하고 그 결과발생을 회피하지 못한 과실이 검토되어야 하고, 그 과실의 유무를 판단함에는 같은 업무와 직무에 종사하는 일반적 보통인의 주의정도를 표준으로 하여야 하며, 이에는 사고 당시의 일반적인 의학의 수준과 의료환경 및 조건, 의료행위의 특수성 등이 고려되어야 한다(대법원 1997.10.10. 선고 97도1678 판결 참조). 기록에 의하면, 피고인이 피해자에 대하여 시행한 수술은 1회용 제품인 메스를 사용하여 척추에 붙어 있는 후종인대의 일부도 제거해야 하기 때문에 딱딱한 척추체에 메스 끝이 부러지는 일이 흔히 있을 수 있는데 그 경우 통상 쉽게 발견되어 제거할 수 있으나 쉽게 발견되지 않는 경우에는 수술과정에서 무리하게 제거하려고 하면 메스가 이동하여 신경이나 혈관계통에 부가적인 손상을 줄 수 있기 때문에 일단 부러진 메스조각을 그대로 둔 채 수술부위를 봉합하였다가 나중에 엑스레이 촬영 등을 통하여 메스의 정확한 위치와 이동상황 그로 인한 위험성 등을 종합적으로 고려하여 재수술을 통하여 제거하거나 그대로 두는 경우도 있는 사실, 피고인은 수술도중에 메스가 부러지자 부러진 메스조각을 찾아 제거하기 위한 최선의 노력을 다하였으나 찾지 못하자 부러진 메스조각을 계속 찾는데 따른 위험성을 고려한 의학적 판단에 따라 일단 수술부위를 봉합한 뒤 메스조각의 위치와 이동추이를 보아 재수술을 통한 제거방법을 택하기로 하여 부러진 메스조각을 그대로 둔 채 수술부위를 봉합한 사실을 알 수 있는바, 위와 같이 피해자가 받은 수술과정에서 수술부위의 상태 등에 따라 수술용 메스가 부러지는 일이 발생할 수 있는 점에 비추어 그것이 특별히 피고인의 과실로 인하여 발생한 것이라고 볼 수는 없고, 또 부러진 메스조각을 그대로 둔 채 수술부위를 봉합한 것도 피고인이 수술용 메스가 부러진 사실을 모른 채 수술부위를 봉합한 경우와는 달리 위와 같이 무리하게 제거하는 경우의 위험성을 고려한 의학적 판단에 따른 것이고, 그와 같은 판단이 일반적인 의학 수준에서 합당한 판단이라고 보이는 점에 비추어 피고인에게 어떠한 과실이 있다고는 볼 수 없다(대법원 1999.12.10. 선고 99도3711 판결).

2) 의료사고에 있어서 의사의 과실을 인정하기 위해서는 의사가 결과 발생을 예견할 수 있었음에도 불구하고 그 결과 발생을 예견하지 못하였고, 그 결과 발생을 회피할 수 있었음에도 불구하고 그 결과 발생을 회피하지 못한 과실이 검토되어야 하고, 그 과실의 유무를 판단함에는 같은 업무와 직무에 종사하는 일반적 보통인의 주의 정도를 표준으로 하여야 하며, 이에는 사고 당시의 일반적인 의학의 수준과 의료환경 및 조건, 의료행위의 특수성 등이 고려되어야 한다. 내과의사가 신경과 전문의에 대한 협의진료 결과 피해자의 증세와 관련하여 신경과 영역에서 이상이 없다는 회신을 받았고, 그 회신 전후의 진료 경과에 비추어 그 회신 내용에 의문을 품을 만한 사정이 있다고 보이지 않자 그 회신을 신뢰하여 뇌혈관계통 질환의 가능성을 염두에 두지 않고 내과 영역의 진료 행위를 계속하다가 피해자의 증세가 호전되기에 이르자 퇴원하도록 조치한 경우, 피해자의 지주막하출혈을 발견하지 못한 데 대하여 내과의사의 업무상과실이 있었다고 단정하기는 어렵다(대법원 2003.1.10. 선고 2001도3292 판결).

3) 의료과오사건에 있어서 의사의 과실을 인정하려면 결과 발생을 예견할 수 있고 또 회피할 수 있었음에도 이를 하지 못한 점을 인정할 수 있어야 하고, 위 과실의 유무를 판단함에는 같은 업무와 직무에 종사하는 일반적 보통인의 주의 정도를 표준으로 하여야 하며, 이때 사고 당시의 일반적인 의학의 수준과 의료환경 및 조건, 의료행위의 특수성 등을 고려하여야 한다(30대 중반의 산모가 제왕절개 수술 후 폐색전증으로 사망한 사안에서, 담당 산부인과 의사에게 형법 제268조의 업무상 과실이 없다고 본 사례)(대법원 2006.10.26. 선고 2004도486 판결).

4) 의료사고에 있어 의료인의 과실을 인정하기 위해서는 결과발생을 예견할 수 있고 또 회피할 수 있었음에도 불구하고 이를 하지 못하였음이 인정되어야 하고, 그러한 과실의 유무를 판단함에 있어서는 같은 업무와 직무에 종사하는 일반적 보통인의 주의 정도를 표준으로 하여야 하되, 사고당시의 일반적인 의학 수준과 의료환경 및 조건, 의료행위의 특수성 등이 고려되어야 한다(대법원 1987.1.20. 선고 86다카1469 판결, 대법원 2008.8.11. 선고 2008도3090 판결 등 참조). 원심은, 피고인이 마취전문 간호사로서 의사의 구체적 지시 없이 독자적으로 마취약제와 사용량을 결정하여 치핵제거수술을 받을 피해자에게 척수마취시술을 한 후 집도의가 피해자에 대한 치핵제거수술을 시행하였고 수술현장에서도 집도의를 도와 피해자의 동태를 확인하면서 이상현상을 보이는 경우에 대비하여 응급조치를 준비하여야 함에도 현장을 이탈하는 등 적절한 조치를 취하지 않았을 뿐 아니라, 수술을 받던 피해자가 하체를 뒤로 빼면서 극도의 흥분상태로 소리를 지르는 등 통증을 호소하고 출혈이 발생한 이후에도 그 판시와 같이 마취전문 간호사로서의 필요한 조치를 다하지 아니한 업무상 과실이 있고, 그러한 업무상 과실과 집도의의 과실이 경합하여 결국 피해자가 사망에 이르게 되었다고 판단하였는바, 이러한 원심의 인정과 판단은 앞서 본 법리와 기록에 비추어 이를 수긍할 수가 있다. 원심판결에 업무상 과실 또는 인과관계에 관한 법리오해, 채증법칙 위반 등의 위법이 있다고 할 수 없으므로 이 부분 상고이유는 받아들일 수 없다. 한편 구 의료법(2007.4.11. 법률 제8366호로 전부 개정되기 전의 것. 이하 같다) 제2조 제2항 제1호는 '의사는 의료와 보건지도에 종사함을 임무로 한다'라고 하고, 같은 항 제5호는 '간호사는 요양상의 간호 또는 진료의 보조 및 대통령령이 정하는 보건활동에 종사함을 임무로 한다'라고 규정하고 있는 점에 비추어 보면, 의사가 간호사에게 진료의 보조행위를 하도록 지시하거나 위임할 수는 있으나, 고도의 지식과 기술을 요하여 반드시 의사만이 할 수 있는 의료행위 자체를 하도록 지시하거나 위임하는 것은 허용될 수 없으므로, 간호사가 의사의 지시나 위임을 받고 그와 같은 행위를 하였다고 하더라도 이는 구 의료법 제25조 제1항에서 금지하는 무면허 의료행위에 해당한다(대법원 2007.9.6. 선고 2006도2306 판결 등 참조). 그리고 구 의료법 제56조 제1항, 제2항, 구 의료법 시행규칙(2006.7.7. 보건복지부령 제364호 '전문간호사의자격인정등에관한규칙' 부칙 제6조에 의하여 개정되기 전의 것) 제54조 제1항, 제2항 등을 종합하면, 전문간호사가 되기 위하여는 간호사로서 일정한 자격을 가지고 자격시험에 합격하여 보건복지부장관의 자격인정을 받아야 하나, 이러한 전문간호사라고 하더라도 마취분야에 전문성을 가지는 간호사인 자격을 인정받은 것뿐이어서 비록 의사의 지시가 있었다고 하더라도 의사만이 할 수 있는 의료행위를 직접 할 수 없는 것은 다른 간호사와 마찬가지이다. 원심은, 마취액을 직접 주사하여 척수마

취를 시행하는 행위는 약제의 선택이나 용법, 투약 부위, 환자의 체질이나 투약 당시의 신체 상태, 응급상황이 발생할 경우 대처능력 등에 따라 환자의 생명이나 신체에 중대한 영향을 미칠 수 있는 행위로서 고도의 전문적인 지식과 경험을 요하므로 의사만이 할 수 있는 의료행위이고 마취전문 간호사가 할 수 있는 진료 보조행위의 범위를 넘어서는 것이므로, 피고인의 행위는 구 의료법 제25조 제1항에서 금지하는 무면허 의료행위에 해당한다고 판단하였는바, 이는 앞서 본 법리에 비추어 정당하고, 거기에 상고이유에서 주장하는 바와 같은 의료법에 관한 법리오해 등의 위법이 없다. 이 부분 상고이유는 이유 없다. 형법 제16조는 "자기가 행한 행위가 법령에 의하여 죄가 되지 아니한 것으로 오인한 행위는 그 오인에 정당한 이유가 있는 때에 한하여 벌하지 아니한다"라고 규정하고 있는바, 그러한 정당한 이유가 있는지 여부는 행위자에게 자기 행위의 위법의 가능성에 대해 심사숙고하거나 조회할 수 있는 계기가 있어 자신의 지적능력을 다하여 이를 회피하기 위한 진지한 노력을 다하였더라면 스스로의 행위에 대하여 위법성을 인식할 수 있는 가능성이 있었음에도 이를 다하지 못한 결과 자기 행위의 위법성을 인식하지 못한 것인지 여부에 따라 판단되어야 하고, 이러한 위법성의 인식에 필요한 노력의 정도는 구체적 행위 정황과 행위자 개인의 인식능력은 물론 행위자가 속한 사회집단에 따라 달리 평가되어야 한다(대법원 2006.3.24. 선고 2005도3717 판결, 대법원 2009.12.24. 선고 2007도1915 판결 등 참조). 원심은, 피고인이 의사의 지시 하에 마취행위를 하는 것이 무면허 의료행위에 해당하지 않는다고 믿은 데에 정당한 사유가 있다고 주장하면서 근거로 제시한 유권해석 등의 자료의 기재내용에 의하더라도 마취간호사는 의사의 구체적인 지시가 있어야 마취시술에서의 진료 보조행위를 할 수 있다는 것뿐이므로, 피고인이 집도의인 공소외인의 구체적인 지시 없이 독자적으로 마취약제와 양을 결정하여 피해자에게 직접 마취시술을 시행한 이상 피고인이 자신의 행위가 법령에 의하여 허용되는 행위라고 믿은 데에 정당한 사유가 없다고 판단하였는바, 이러한 원심의 판단은 앞서 본 법리에 비추어 정당하고, 거기에 상고이유에서 주장하는 바와 같은 법률의 착오에 관한 법리오해의 위법이 없다(대법원 2010.3.25. 선고 2008도590 판결).

5) 의료과오사건에 있어서 의사의 과실을 인정하려면 결과 발생을 예견할 수 있고 또 회피할 수 있었음에도 하지 못한 점을 인정할 수 있어야 하고, 위 과실의 유무를 판단함에는 같은 업무와 직무에 종사하는 일반적 보통인의 주의 정도를 표준으로 하여야 하며, 이때 사고 당시의 일반적인 의학의 수준과 의료환경 및 조건, 의료행위의 특수성 등을 고려하여야 한다(대법원 1999.12.10. 선고 99도3711 판결, 대법원 2008.8.11. 선고 2008도3090 판결 등 참조). 그리고 간호사가 '진료의 보조'를 함에 있어서는 모든 행위 하나하나마다 항상 의사가 현장에 입회하여 일일이 지도 · 감독하여야 한다고 할 수는 없고, 경우에 따라서는 의사가 진료의 보조행위 현장에 입회할 필요 없이 일반적인 지도 · 감독을 하는 것으로 족한 경우도 있을 수 있다 할 것인데, 여기에 해당하는 보조행위인지 여부는 보조행위의 유형에 따라 일률적으로 결정할 수는 없고 구체적인 경우에 있어서 그 행위의 객관적인 특성상 위험이 따르거나 부작용 혹은 후유증이 있을 수 있는지, 당시의 환자 상태가 어떠한지, 간호사의 자질과 숙련도는 어느 정도인지 등의 여러 사정을 참작하여 개별적으로 결정하여야 할 것이다(대법원 2003.8.19. 선고 2001도3667 판결 참조). 원심판결 이유 및 원심이 적법하게 채택하여 조사한 증거를 종합하면, 출산 후 대량출혈은 산모 사망의 주요 원인이고, 분만 후 1시간(태반분리 후 1시간)은 자궁수축 부진 등으로 인한 출혈위험이 높은 시간이므로 집중적으로 혈압, 맥박 등의 활력징후 및 자궁수축 정도, 질출혈의 정도를 관찰하여야 하며, 태반조기박리가 있는 산모의 경우 출산 후 대량출혈이 발생할 위험이 매우 높은 사실, 피고인은 기존에 임신성고혈압(2004.9.24.경 혈압이 160/100㎜Hg이었음)이 있던 피해자에 대하여 태아절박가사를 의심하여 2004.10.3. 13:50경 제왕절개수술을 시행하는 과정에서 경증의 태반조기박리를 발견하였고 14:30경 수술을 마친 다음 간호사들에게 '출혈이 있을지 모르니 잘 지켜보라'고 지시한 사실, 피고인은 수술을 마치고 약 45분이 지난 15:15경 수술실로 돌아와 피해자를 관찰하였는데, 피해자는 대량출혈로 인하여 혈압이 90/60㎜Hg로 떨어진 상태였던 사실, 피고인은 피해자에 대하여 자궁마사지를 하고 자궁수축제인 날라돌 및 혈장증량제를 투여하다가 15:50경

○○병원 응급실에 전원조치를 취하였는데, 피해자는 결막이 매우 창백하고, 혈압은 측정이 안되거나 90/60㎜Hg으로 낮게 측정되었으며, 맥박수는 129회/분, 호흡수는 20회/분으로 증가된 상태였던 사실, ○○병원 당직의사 공소외인은 피해자에게 수액을 투여하는 한편 중환자실에 옮겨 간호사들로 하여금 피해자 상태를 관찰하다가 16:40경 응급실 입원당시 채혈된 피해자 혈액의 혈중 헤모글로빈(Hb) 수치가 7.6g/dL로 낮다는 보고를 받고 수혈을 지시한 사실, 피해자는 수혈준비 중이던 17:00경 혈압측정이 안 되고 17:10경 호흡이 멈추는 등 심폐정지 상태에 빠졌고, ○○병원 의료진으로부터 수혈, 자궁적출수술 등 치료를 받았으나 다음날인 2004.10.4. 02:43경 과다출혈, 파종성(범발성) 혈관내 응고장애(DIC)로 사망한 사실을 알 수 있다. 위 법리에 비추어 위 사실관계를 살펴보면, 피고인이 간호사들에게 진료 보조행위에 해당하는 자궁의 수축상태 및 질출혈의 정도를 관찰하도록 위임하는 것 자체가 과실이라고 볼 수는 없으나(피고인은 간호사로부터 출혈량이 많다는 보고를 받으면 즉시 환자를 살펴 수혈 또는 전원 여부 등을 판단하면 될 것이다), 피고인으로서는 태반조기박리 등으로 인한 대량출혈의 위험성이 높다는 것을 예견하였거나 이를 예견할 수 있었으므로 간호사가 위임받은 업무를 제대로 수행하고 있는지 평소보다 더 주의 깊게 감독하여, 피해자의 출혈량이 많을 경우 신속히 수혈을 하거나 수혈이 가능한 병원으로 전원시킬 의무가 있다고 할 것인데, 이를 게을리하여 피해자의 대량출혈 증상을 조기에 발견하지 못하고, 전원을 지체하여 피해자로 하여금 신속한 수혈 등의 조치를 받지 못하게 한 과실이 있다고 할 것이다. 한편 응급환자를 전원하는 의사는 전원받는 병원 의료진이 적시에 응급처치를 할 수 있도록 합리적인 범위 내에서 환자의 주요 증상 및 징후, 시행한 검사의 결과 및 기초진단명, 시행한 응급처치의 내용 및 응급처치 전후의 환자상태, 전원의 이유, 필요한 응급검사 및 응급처치, 긴급성의 정도 등 응급환자의 진료에 필요한 정보를 전원받는 병원 의료진에게 제공할 의무가 있다. 원심이 적법하게 채택하여 조사한 증거를 종합하면, 정상혈압환자는 제왕절개수술 후 통상적인 출혈만으로 90/60㎜Hg의 저혈압이 되기도 하지만, 고혈압환자가 제왕절개수술 후 같은 정도의 저혈압이 되는 것은 비정상적인 경우로서 대량출혈을 의심할 수 있는 사실, 피고인은 15:15경 피해자 상태를 확인한 후 전원조치에 앞서 ○○병원 산부인과 당직의사에게 전화하여 “조기태반박리 증상을 보이는 환자가 있는데 현재는 아무 이상이 없으나, 혹시 수혈이 필요할지도 모르니 후송을 해도 되겠느냐”고 물었고(피고인의 검찰진술, 증거기록 103쪽), 이어 전원 당시 ○○병원 산부인과 당직의사에게 ‘오후 3시경부터 출혈경향이 있고, 90/60㎜Hg 정도의 저혈압이 있었다’는 취지로 말하였을 뿐 피해자가 고혈압환자이고, 수술 후 대량출혈이 있었던 사정을 설명하지 않은 사실을 알 수 있는바, 사정이 이와 같다면 ○○병원 의료진은 피고인의 위와 같은 설명의무 해태로 인하여 피해자의 저혈압 및 출혈량에 대한 평가를 잘못하고 나아가 수혈의 긴급성 판단을 그르쳤다고 할 것이므로, 피고인에게는 전원과정에서 ○○병원 의료진에게 피해자의 상태 및 응급조치의 긴급성에 관하여 충분히 설명하지 않은 과실이 있다 할 것이다. 그리고 앞서와 같은 피고인의 전원지체 등의 과실로 피해자에 대한 신속한 수혈 등의 조치가 지연된 이상 피해자의 사망과 피고인의 과실 사이에는 인과관계를 부정하기 어렵고, ○○병원 의료진의 조치가 다소 미흡하여 피해자가 ○○병원 응급실에 도착한 지 약 1시간 20분이 지나 수혈이 시작되었다는 사정만으로 피고인의 과실과 피해자 사망 사이에 인과관계가 단절된다고 볼 수 없으므로, 피해자의 사망에 대한 피고인의 책임을 인정한 원심의 조치는 정당하고, 거기에 상고이유 주장과 같은 인과관계에 관한 법리오해, 판단누락 등의 위법이 있다고 할 수 없다(대법원 2010.4.29. 선고 2009도7070 판결).

6) 인간의 생명과 건강을 담당하는 의사에게는 그의 업무의 성질에 비추어 보아 위험방지를 위하여 필요한 최선의 주의의무가 요구되고, 따라서 의사로서는 환자의 상태에 충분히 주의하고 진료 당시의 의학적 지식에 입각하여 그 치료방법의 효과와 부작용 등 모든 사정을 고려하여 최선의 주의를 기울여 그 치료를 실시하지 않으면 안되는데, 이러한 주의의무의 기준은 진료 당시의 이른바 임상의학의 실천에 의한 의료수준에 의하여 결정되어야 하나, 그 의료수준은 규범적으로 요구되는 수준으로 파악되어야 하고, 당해 의사나 의료기관의 구체적 상황에 따라 고려되어서는 안된다 할 것이다(대법원 1997.2.11. 선고 96다5933 판결 등 참조). 한편, 구 의료법

(2007.4.11. 법률 제8366호로 전부 개정되기 전의 것)은 제2조에서 의사는 의료에 종사하고, 간호사는 간호 또는 진료의 보조 등에 종사한다고 규정하고 있으므로, 간호사가 의사의 진료를 보조할 경우에는 특별한 사정이 없는 한 의사의 지시에 따라 진료를 보조할 의무가 있다(대법원 2010.10.28. 선고 2008도8606 판결).

7) 의료사고에 있어 의료종사자의 과실을 인정하기 위해서는 의료종사자가 결과발생을 예견할 수 있고 또 회피할 수 있었음에도 불구하고 이를 예견하거나 회피하지 못한 과실이 인정되어야 하고, 그러한 과실의 유무를 판단함에는 같은 업무와 직무에 종사하는 보통인의 주의 정도를 표준으로 하여야 하며, 이에는 사고 당시의 일반적인 의학의 수준과 의료 환경 및 조건, 의료행위의 특수성 등이 고려되어야 한다(대법원 2007.9.20. 선고 2006도294 판결, 대법원 2011.4.14. 선고 2010도10104 판결 등 참조). 원심은, 그 판시 포항 소재 병원에서 인턴으로 근무하던 피고인이 위 병원 응급실로 이송된 익수환자인 피해자를 위 병원 응급의학과장 원심 공동피고인의 지시에 따라 구급차에 태워 대구 소재 의료원으로 이송함에 있어, 구급차에 비치된 산소통의 산소잔량을 체크하지 않은 과실로 이송 도중 약 18분간 산소 공급이 중단된 결과 피해자로 하여금 폐부종 등으로 사망에 이르게 하였다는 이 사건 공소사실에 대하여, 다음과 같이 피고인에게 업무상 과실이 인정된다는 이유로 유죄를 선고한 제1심판결을 그대로 유지하였다. 즉, 위급환자인 피해자를 구급차로 이송하는 과정에 원심 공동피고인의 지시에 따라 의사로 동승하게 된 피고인으로서는, 피해자가 산소 공급이 절대적으로 필요한 익수환자였으므로 이송 도중 환자에게 산소 주입이 원활히 되고 있는지, 산소통에 산소잔량이 있는지 여부를 체크하고, 산소가 떨어질 염려가 있는 경우 인근 병원이나 119 구급대에 연락하여 산소통을 교체하는 등 환자에게 주입되는 산소가 떨어지지 않고 지속적으로 환자에게 투여되도록 하여 환자를 안전하게 이송하여야 할 업무상 주의의무가 있음에도, 피해자가 산소부족으로 몸부림을 치고 동승한 피해자의 모가 산소가 떨어졌다고 이야기할 때까지 산소통의 산소량이 얼마나 있는지에 관하여 관심을 기울이지 아니함으로써 피해자에게 주입되는 산소통의 산소가 소진되어 산소 공급이 중단되게 한 것은 피고인의 업무상 과실로 인정된다는 것이다. 그러나 이러한 원심의 판단은 다음과 같은 이유로 수긍하기 어렵다. 원심이 유지한 제1심이 채택한 증거들 및 기록에 의하면, 인턴은 의사 면허를 받은 사람으로서 일정한 수련병원에 전속되어 임상 각 과목의 실기를 수련하는 사람인데 인턴인 피고인이 구급차에 탑승하면서 담당의사인 응급의학과장 원심 공동피고인으로부터 지시받은 것은 앰부 배깅(ambu bagging)과 진정제 투여가 전부로서 그 지시를 충실히 이행하였고, 그 밖에 이송 도중 산소통의 산소잔량을 확인하라는 지시는 받은 바가 없는 점, 산소통에 부착된 압력 게이지 및 산소 유량계에 나타난 수치를 통하여 산소잔량 및 산소투입 가능 시간을 예측하는 것이 용이하지 아니할 뿐만 아니라 의과대학 교육 및 인턴 과정에서도 이에 대한 교육은 실시하지 않는 점, 산소통은 환자의 이송 및 그 과정에 필요한 응급의료행위를 위하여 구급차에 상시적으로 비치 · 사용되는 물품인 점, 피고인은 산소부족 사태를 알게 된 즉시 심폐소생술을 시행하는 한편 가장 가까운 병원으로 구급차를 운행하도록 하였는데, 이러한 사후 조치에 부적절하거나 무슨 과실이 있다고 볼 만한 사정은 없는 점 등을 알 수 있다. 이러한 사정을 앞서 본 법리에 비추어 보면, 담당의사인 원심 공동피고인의 지시에 따라 이송 도중 피해자에 대한 앰부 배깅과 진정제 투여의 업무를 부여받은 인턴인 피고인에게 일반적으로 구급차 탑승 전 또는 이송 도중에 구급차에 비치되어 있는 산소통의 산소잔량을 확인할 주의의무가 있다고 보기는 어렵고, 다만 피고인이 구급차 내에서 피해자에 대한 앰부 배깅 도중 산소 공급에 이상이 있음을 발견하고서도 구급차에 동승한 의료인에게 기대되는 적절한 조치를 취하지 아니하였다면 업무상 과실이 있다고 할 것이나, 피고인이 산소부족 상태를 안 후에 취한 조치에 어떠한 업무상 주의의무 위반이 있었다고 볼 수 없음은 앞서 본 바와 같다. 그럼에도 원심이, 인턴인 피고인에게 구급차에 비치되어 있는 산소통의 산소잔량을 확인할 주의의무가 있음을 전제로 피고인에 대한 공소사실을 유죄로 인정한 것은, 응급의료행위에 있어 인턴의 주의의무의 범위에 관한 법리를 오해하였거나 그에 관한 심리를 다하지 아니함으로써 판결에 영향을 미친 위법이 있고, 이를 지적하는 상고이유는 이유 있다(대법원 2011.9.8. 선고 2009도13959 판결).

5. 주의의무의 적용범위한계(제한)

정상적인 사회생활이 유지되기 위해 일반인에게 수인의무가 있는 허용된 위험이나, 다수인이 분업적으로 참여하는 영역에서 위험이 분배되는 경우에는 주의의무의 인정이 제한된다. 이와 같이 주의의무 적용에 대한 한계로 허용된 위험(erlaubtes Risiko)의 법리와 위험의 분배의 법리를 들 수 있으며, 양자의 법리가 구체화된 이론이 신뢰의 원칙(Vertrauensgrundsatz)이라 할 수 있다.

제4절 과실의 종류

Ⅰ. 인식없는 과실(unbewußte Fahrl ssigkeit, negligentia)과 인식있는 과실(luxuria)

구성요건의 실현에 대한 심리적 관계에 의한 구별. 즉 아예 법적 구성요건의 실현가능성을 인식하지 못한 경우(고의의 지적 요소가 결여)가 인식없는 과실이며(인식가능성에 있어서의 주의의무 위반에 대한 규범적인 비난가능성), 이에 대해 그 실현가능성은 인식하였으나 구성요건(적 사실)이 실현되지 않을 것으로 신뢰한 경우가 인식있는 과실(회피가능성에 있어서의 주의의무위반)에 해당한다.

양자는 과실인정의 구조(불법과 책임)에서는 차이가 없으므로 과실의 내부에서는 구별의 실익이 없으나, 인식있는 과실의 경우 미필적 고의와의 한계를 명확히 할 수 있다는 점에서, 즉 고의에 대한 과실책임의 한계를 확정할 수 있다는 점에서 구별의 실익이 있다.

인식없는 과실의 경우에는 우연책임 또는 결과책임이라는 점에서 책임주의에 위반된다는 비판적 견해가 있는데, 앞서 설명한 바와 같이 오스트리아형법은 제6조 제1항과 제2항에서 인식있는 과실과 인식없는 과실을 구별하여 규정하고 있다.

Ⅱ. 단순과실 · 중과실 · 업무상 과실(중과실 · 경과실 · 최경과실)

1. 중과실

중과실이란 중대한 주의의무의 태만 즉 조금만(약간의) 주의를 하였더라면 능히 결과발생을 인식 · 예견할 수 있었을 경우에 인정되는 과실을 의미하며, 구체적인 경우 사회통념을 고려하여 결정된다.

관련판례

형법이 금지하고 있는 법익침해의 결과발생을 방지할 법적인 작위의무를 지고 있는 자가 그 의무를 이행하지 아니한 경우, 이를 작위에 의한 실행행위와 동일하게 부작위범으로 처벌하기 위하여는, 그 의무를 이행함으로써 결과발생을 쉽게 방지할 수 있었음에도 불구하고 그 결과의 발생을 용인하고 이를 방관한 채 그 의무를 이행하지 아니한 결과, 그 부작위가 작위에 의한 법익침해와 동등한 형법적 가치를 가진다고 볼 수 있어 그 범죄의 실행행위로 평가될 만한 것이라야 한다(대법원 1992.2.11. 선고 91도2951 판결, 대법원 2006.4.28. 선고 2003도4128 판결 등 참조). 원심은, 이 사건 화재는 피고인이 모텔 방에 투숙하여 담배를 피운 후 재떨이에 담배를 끄게 되었으나 담뱃불이 완전히 꺼졌는지 여부를 확인하지 않은 채 불이 붙기 쉬운 휴지를 재떨이에 버리고 잠을 잔 과실로 담뱃불이 휴지와 옆에 있던 침대시트에 옮겨 붙게 함으로써 발생하였고, 이러한 피고인의 과실은 중대한 과실에 해당한다고 전제한 다음, 이와 같이 이 사건 화재가 피고인의 중과실로 발생하였다 하더라도, 이 부분 공소사실과 같이 부작위에 의한 현주건조물방화치사 및 현주건조물방화치상죄가 성립하기 위하여는, 피고인에게 법률상의 소화의무가 인정되는 외에 소화의 가능성 및 용이성이 있었음에도 피고인이 그 소화의무에 위배하여 이미 발생한 화력을 방치함으로써 소훼의 결과를 발생시켜야 하는 것인데, 이 사건 화재가 피고인의 중대한 과실 있는 선행행위로 발생한 이상 피고인에게 이 사건 화재를 소화할 법률상 의무는 있다 할 것이나, 피고인이 이 사건 화재 발생 사실을 안 상태에서 모텔을 빠져나오면서도 모텔 주인이나 다른 투숙객들에게 이를 알리지 아니하였다는 사정만으로는 피고인이 이 사건 화재를 용이하게 소화할 수 있었다고 보기 어렵고, 달리 이를 인정할 만한 증거가 없다는 이유로, 이 부분 공소사실에 대하여 무죄로 판단하였다. 앞서 본 법리에 비추어 기록을 살펴보면, 이러한 원심의 사실인정과 판단은 정당한 것으로 수긍이 되고, 거기에 상고이유의 주장과 같은 채증법칙 위배나 부작위범에 관한 법리오해 등의 위법이 있다고 할 수 없다(대법원 2010.1.14. 선고 2009도12109, 2009감도38 판결).

2. 업무상 과실

사회생활상의 지위에 기하여 계속 · 반복의 의사로 행하는 사무(단 구체적인 업무의 범위는 각 구성요건에 따라 다름)에 종사하는 자가 그 업무의 성질이나 업무상의 지위에서 일반적으로 요구되는 주의를 태만히 한 경우에 인정되는 과실로, 업무자에게 고도의 주의의무를 과함으로써 일반예방의 목적을 달성하려는 데 있다.

관련판례

1) 산후조리원의 주된 업무는 입소한 산모들에게 적절한 음식과 운동방법 등을 제공하여 몸을 회복할 수 있도록 하고, 산모가 대동한 신생아를 대신 관리하여 줌으로써 산모가 산후조리에 집중할 수 있도록 도와주는 것이고, 산모와 신생아의 집단관리는 산후조리서비스 제공에 필연적으로 부수되는 업무로서 그 자체가 치료행위는 아니다. 하지만, 면역력이 취약하여 다른 사람과 접촉이 바람직하지 아니한 신생아를 집단으로 수용하여 관리함으로써 질병의 감염으로 인한 생명 · 신체에 대한 위해가능성이 높아지는 특성상 보건분야 업무로서의 성격을 갖고 있으므로, 일반인에 의해 제공되는 산후조리 업무와는 달리 신생아의 집단관리 업무를 책임지는 사람으로서는 신생아의 건강관리나 이상증상에 관하여 일반인보다 높은 수준의 지식을 갖추어 신생아를 위생적으로 관리하고 건강상태를 면밀히 살펴 이상증세가 보이면 의사나 한의사 등 전문가에게 진료를 받도록 하는 등 적절한 조치를 취하여야 할 업무상 주의의무가 있다. 따라서 산후조리원에 입소한 신생아가 출생 후 10일 이상이 경과하도록 계속하여 수유량 및 체중이 지나치게 감소하고 잦은 설사 등의 이상증세를 보임에도 불구하고, 산후조리원의 신생아 집단관리를 맡은 책임자가 의사나 한의사 등의 진찰을 받도록 하지 않아 신생아가 탈수 내지 괴사성 장염으로 사망하였다면 위 집단관리 책임자가 산모에게 신생아의 이상증세를 즉시 알리고 적절한 조치를 구하여 산모의 지시를 따른 것만으로는 업무상 주의의무를 다하였다고 볼 수 없어 신생아 사망에 대한 업무상 과실치사죄가 성립한다(대법원 2007.11.16. 선고 2005도1796 판결).
2) 골프 카트는 안전벨트나 골프 카트 좌우에 문 등이 없고 개방되어 있어 승객이 떨어져 사고를 당할 위험이 커 골프 카트 운전업무에 종사하는 자로서는 골프 카트 출발 전에는 승객들에게 안전 손잡이를 잡도록 고지하고 승객이 안전 손잡이를 잡은 것을 확인하고 출발하여야 하고 우회전이나 좌회전을 하는 경우에도 골프 카트의 좌우가 개방되어 있어 승객들이 떨어져서 다칠 우려가 있으므로 충분히 서행하면서 안전하게 좌회전이나 우회전을 하여야 할 업무상 주의의무가 있다. 원심판결 이유에 의하면, 원심은 판시와 같은 이유로, 피고인이 골프장의 경기보조원으로서 골프 카트에 피해자 등을 태우고 진행하기 전에 피해자 등 승객들에게 안전 손잡이를 잡도록 고지하지도 않고 또한 승객들이 안전 손잡이를 잡았는지 확인하지도 않은 상태에서 만연히 출발하고 각도가 70° 가 넘는 우로 굽은 길을 속도를 충분히 줄이지 않고 급하게 우회전한 업무상 과실로, 피해자가 골프 카트에서 떨어

지게 하여 피해자에게 두개골골절, 지주막하출혈 등의 상해를 입게 하였다고 판단한 제1심을 그대로 유지하였는바, 기록에 의하여 살펴보면, 원심의 이러한 판단은 위 법리를 토대로 사실심 법관의 합리적인 자유심증에 따른 것으로 정당한 것으로 수긍이 되고, 거기에 상고이유로 주장하는 법리오해나 채증법칙 위반 등의 위법이 없다(대법원 2010.7.22. 선고 2010도1911 판결).

제5절 과실범의 구성요건해당성 · 위법성 · 책임

Ⅰ. 구성요건해당성

결과반가치와 행위반가치의 고려

1. 개방적 구성요건

과실범의 구성요건에는 구성요건적 결과는 명백히 규정되어 있으나, 구성요건적 행위는 '과실로 인하여'로 규정되어 있음으로 해서 법관에 의한 법보충을 요하는 개방적 구성요건으로서의 형식으로 되어 있다. 다만 죄형법정주의에 위반된다는 점에서 이를 부정하는 견해도 있다.

2. 일반적 불법구성요건표지

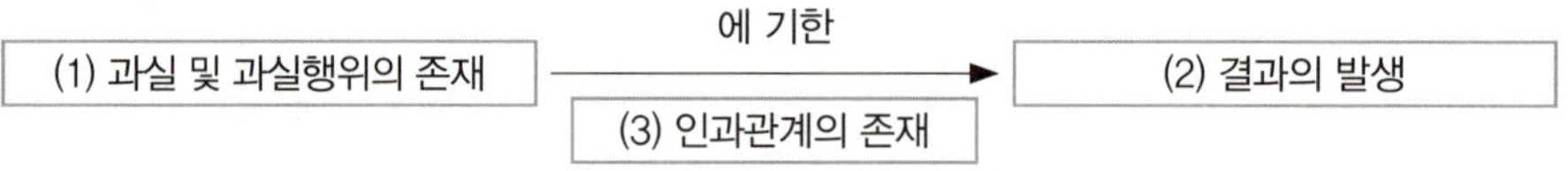

1) 객관적 불법구성요건표지

과실행위, 인과관계와 객관적 귀속, 과실행위로 인한 구성요건적 결과의 발생. 주관적 주의의무위반으로 인하여 규범의 보호범위내에서 객관적 주의의무위반의 결과가 발생하게 되었을 때만 과실행위로 인한 결과로서 객관적 귀속이 가능하다.

원칙적으로 결과범이라는 점에서 이론적으로 과실거동범도 가능하나 현행 형법은 이에 관한 규정을 두고 있지 않다.[1)]

관련판례

1) 피고인이 야간에 오토바이를 운전하다가 도로를 무단횡단하던 피해자를 충격하여 피해자로 하여금 위 도로상에 전도케 하고, 그로부터 약 40초 내지 60초 후에 다른 사람이 운전하던 타이탄트럭이 도로 위에 전도되어 있던 피해자를 역과(轢過)하여 사망케 한 경우, 피고인이 전방좌우의 주시를 게을리한 과실로 피해자를 충격하였고 나아가 이 사건 사고지점 부근 도로의 상황에 비추어 야간에 피해자를 충격하여 위 도로에 넘어지게 한 후 40초 내지 60초 동안 그대로 있게 한다면 후속차량의 운전자들이 조금만 전방주시를 태만히 하여도 피해자를 역과할 수 있음이 당연히 예상되었던 경우라면 피고인의 과실행위는 피해자의 사망에 대한 직접적 원인을 이루는 것이어서 양자간에는 상당인과관계가 있다(대법원 1990.5.22. 선고 90도580 판결).

---

1) 독일형법은 과실거동범의 유형으로 과실위증죄(제163조 제1항)의 규정을 두고 있다.

2) 바다에 면한 수직경사의 암반위로 이끼가 많이 끼어 매우 미끄러운 곳에서 당시 폭풍주의보가 발효 중이어서 평소보다 높은 파도가 치고 있던 상황하에 피해자와 같은 내무반원인 피고인 등 여러 사람이 곧 전역할 병사 甲을 손발을 붙잡아 헹가레를 쳐서 장난삼아 빠뜨리려고 하다가 그가 발버둥치자 동인(同人)의 발을 붙잡고 있던 피해자가 몸의 중심을 잃고 미끄러지면서 바다에 빠져 사망한 경우 甲을 헹가레쳐서 바다에 빠뜨리려고 한 행위와 피해자가 바다에 빠져 사망한 결과와의 사이에는 인과관계가 있다고 할 것이고, 또 위와 같은 경우 결과발생에 관한 예견가능성도 있다고 할 것이므로 甲을 붙들고 헹가레치려고 한 피고인들로서는 비록 피해자가 위와 같이 헹가레치려고 한 일행 중의 한 사람이었다고 하여도 동인의 사망에 대하여 과실책임을 면할 수 없다(대법원 1990.11.13. 선고 90도2106 판결).

3) 전신마취에 의한 개복수술은 간부전을 일으키고 간성혼수에 빠지게 하기도 하는 데 특히 급만성간염이나 간경변 등 간기능에 이상이 있는 경우에는 90%이상이 간기능이 중악화하고 심한 경우에는 사망에 이르게 하는 것으로 알려져 있어 개복수술 전에 간의 이상 유무를 검사하는 것은 필수적이고, 피해자의 수술시에 사용된 마취제 할로테인은 드물게는 간에 해독을 끼치고 특히 이미 간장애가 있는 경우에는 간장애를 격화시킬 위험이 있으므로 이러한 환자에 대하여는 그 사용을 주의 또는 회피하여야 한다고 의료계에 주지되어 있으며 이 사건 사고 당시 의료계에서는 개복수술 환자의 경우 긴급한 상황이 아닌 때에는 혈청(血淸)의 생화학적 반응에 의한 검사 등으로 종합적인 간기능검사를 철저히 하여 피해자가 간손상상태에 있는지의 여부를 확인한 후에 마취 및 수술을 시행하였어야 할 터인데 피고인들은 사진,문진 등의 검사결과와 정확성이 떨어지는 소변에 의한 간검사 결과만을 믿고 피해자의 간상태를 정확히 파악하지 아니한 채 할로테인으로 전신마취를 실시한 다음 이 사건 개복수술을 감행한 결과 수술 후 22일 만에 환자가 급성전격성간염으로 인하여 사망한 경우에는 피고인들에게 업무상과실이 있다 할 것이다. 그리고 위의 경우에 혈청에 의한 간기능검사를 시행하지 않거나 이를 확인하지 않은 피고인들의 과실과 피해자의 사망간에 인과관계가 있다고 하려면 피고인들이 수술 전에 피해자에 대한 간기능 검사를 하였더라면 피해자가 사망하지 않았을 것임이 입증되어야 할 것인데도(수술전에 피해자에 대하여 혈청에 의한 간기능검사를 하였더라면 피해자의 간기능에 이상이 있었다는 검사결과가 나왔으리라는 점이 증명되어야 할 것이다) 원심은 피해자가 수술당시에 이미 간손상이 있었다는 사실을 증거없이 인정함으로써 채증법칙위반 및 인과관계에 관한 법리오해의 위법을 저지른 것이다(대법원 1990.12.11. 선고 89도694 판결).

4) 자기 집 안방에서 취침하다가 일산화탄소(연탄가스) 중독으로 병원 응급실에 후송되어 온 환자를 진단하여 일산화탄소 중독으로 판명하고 치료한 담당의사에게 회복된 환자가 이튿날 퇴원할 당시 자기 병명을 문의하였는데도 의사가 아무런 요양방법을 지도하여 주지 아니하여, 환자가 일산화탄소에 중독되었던 사실을 모르고 퇴원 즉시 사고난 자기 집 안방에서 다시 취침하다 전신피부파열 등 일산화탄소 중독을 입은 것이라면, 위 의사에게는 그 원인사실을 모르고 병명을 문의하는 환자에게 그 병명을 알려주고 이에 대한 주의사항인 피해장소인 방의 수선이나 환자에 대한 요양의 방법 기타 건강관리에 필요한 사항을 지도하여 줄 요양방법의 지도의무가 있는 것이므로 이를 태만한 것으로서 의사로서의 업무상 과실이 있고, 이 과실과 재차의 일산화탄소 중독과의 사이에 인과관계가 있다고 보아야 한다(대법원 1991.2.12. 선고 90도2547 판결).

2) 주관적 불법구성요건표지

과실범의 주관적 불법구성요건표지는 범죄사실의 불인식과 주관적 주의의무위반으로 구성된다.

3) 구성요건해당성배제사유

허용된 위험, 신뢰의 원칙, 피해자의 승낙의 경우에는 과실범의 구성요건해당성이 배제된다.

Ⅱ. 과실범의 위법성

객관적 · 주관적 불법구성요건표지에 대한 부정적 가치판단이 과실범의 위법성 여부이다.

1. 주관적 행위정당화요소

과실범의 경우 주관적 정당화요소를 요하느냐에 대해서는 학설이 대립하고 있다.

2. 정당화사유의 유형(개별적인 정당화사유)

과실범에 있어서 정당방위 · 긴급피난,허용된 위험의 경우(추정적 승낙)이다.

관련판례

[판시사항]
과실치상죄에서 골프 등 개인 운동경기 참가자의 주의의무 및 운동경기 도중 참가자가 제3자에게 상해의 결과를 발생시킨 경우 위법성이 조각되기 위한 요건 및 골프경기 중 골프공으로 경기보조원을 맞혀 상해를 입힌 행위가 이에 해당하는지 여부

[판결요지]
골프와 같은 개인 운동경기에 참가하는 자는 자신의 행동으로 인해 다른 사람이 다칠 수도 있으므로, 경기 규칙을 준수하고 주위를 살펴 상해의 결과가 발생하는 것을 미연에 방지해야 할 주의의무가 있고, 이러한 주의의무는 경기보조원에 대하여도 마찬가지이다. 다만, 운동경기에 참가하는 자가 경기규칙을 준수하는 중에 또는 그 경기의 성격상 당연히 예상되는 정도의 경미한 규칙위반 속에 상해의 결과를 발생시킨 것으로서 사회적 상당성의 범위를 벗어나지 아니하는 행위라면 과실치상죄가 성립하지 않는다고 할 것이지만, 골프경기를 하던 중 골프공을 쳐서 아무도 예상하지 못한 자신의 등 뒤편으로 보내어 등 뒤에 있던 경기보조원(캐디)에게 상해를 입힌 경우에는 주의의무를 현저히 위반한 사회적 상당성의 범위를 벗어난 행위로서 과실치상죄가 성립한다. 같은 취지에서 원심이 채용 증거를 종합하여 피고인이 골프장에서 골프경기를 하던 중 피고인의 등 뒤 8m 정도 떨어져 있던 경기보조원을 골프공으로 맞혀 상해를 입힌 사실을 인정하여 과실치상죄를 인정하고, 피해자가 경기보조원으로서 통상 공이 날아가는 방향이 아닌 피고인 뒤쪽에서 경기를 보조하는 등 경기보조원으로서의 기본적인 주의의무를 마친 상태였고, 자신이 골프경기 도중 상해를 입으리라고 쉽게 예견하였을 것으로 보이지 않으므로, 피해자의 명시적 혹은 묵시적 승낙이 있었다고 보기 어렵다는 이유로 위법성이 조각된다는 피고인의 주장을 배척한 것은 사실심 법관의 합리적인 자유심증에 따른 것으로서 정당하고 거기에 상고이유로 주장하는 바와 같은 채증법칙 위반, 법리오해 등의 위법이 없다(대법원 2008.10.23. 선고 2008도6940 판결).

Ⅲ. 과실범의 책임

과실범의 책임이 인정되기 위해서는 책임조건(전제)로서의 책임능력(주의능력), 불법의식, 면책사유

의 부존재, 행위자가 구체적인 주관적 주의의무위반행위로 나온(동기형성) 심정반가치의 표현으로서의 비난가능성이 존재해야 한다.

1. 인식없는 과실

결과발생의 가능성을 주관적으로 예견할 수 있었음에도 불구하고 인식하지 못했다는 데 대한 규범적인 비난가능성이 인식없는 과실범의 책임표지이다.

관련판례

소위 과실범에 있어서의 비난가능성의 지적 요소란 결과발생의 가능성에 대한 인식으로서 인식있는 과실에는 위와 같은 인식이 있고, 인식없는 과실에는 이에 대한 인식 자체도 없는 경우이나, 전자에 있어서 책임이 발생함은 물론, 후자에 있어서도 그 결과발생을 인식하지 못하였다는 데에 대한 부주의 즉 규범적 실재로서의 과실책임이 있다고 할 것이다(대법원 1984.2.28. 선고 83도3007 판결).

2. 인식있는 과실

결과발생을 주관적으로 회피가능했음에도 불구하고 회피하지 못했다는 데 대한 비난가능성이 인식있는 과실범의 책임표지이다.

제6절 과실범의 처벌과 관련 문제

과실범은 법률에 특별한 규정이 있는 경우에 한해 처벌된다(제14조 후단). 다만 과실범의 처벌은 예외이므로 그 특별규정은 명문에 의하여 명백 · 명료하여야 한다.[1]

현행 형법상 과실범을 처벌하는 범죄유형으로는 ① 실화죄(제170조), 업무상 실화 · 중실화죄(제171조), 과실 · 업무상과실 · 중과실폭발성물건파열등죄(제173조의2) ② 과실일수죄(제181조) ③ 과실 · 업무상 과실 · 중과실 교통방해죄(제189조) ④ 과실 · 업무상 과실 · 중과실치사상죄(제266조 내지 제268조) ⑤ 업무상 과실 · 중과실 장물취득죄(제364조)이다.

관련판례

절도 범인으로부터 장물보관 의뢰를 받은 자가 그 정을 알면서 이를 인도받아 보관하고 있다가 임의 처분하였다 하여도 장물보관죄가 성립하는 때에는 이미 그 소유자의 소유물 추구권을 침해하였으므로 그 후의 횡령행위는 불가벌적 사후행위에 불과하여 별도로 횡령죄가 성립하지 않는다(대법원 1976.11.23. 선고 76도3067 판결 참조). 원심은 그 채택 증거에 의하여, 피고인이 2002.9. 초순경 공소외인으로부터 장물인 고려청자 원앙형 향로 1점을 2억 5,000만 원에 매각하여 달라는 의뢰를 받음에 있어 위 향로가 장물인지 여부를 확인하여야 할 업무상 주의의무가 있음에도 이를 게을리한 과실로 위 향로를 넘겨받아 장물을 보관하던 중, 2002.11.29. 진정우로부터 금원을 차용하면서 위와 같이 보관 중이던 위 향로를 담보로 제공한 사실을 인정한 후, 피고인이 업무상 과실로 장물인 위 향로를 보관하고 있다가 처분한 이 사건 행위는 업무상과실장물보관죄의 가벌적 평가에 포함되고 별도로 횡령죄를 구성하지 않는다고 판단하였는바, 위와 같은 원심의 판단은 정당하고, 거기에 장물죄의 불가벌적 사후행위에 관한 법리오해 등의 위법이 있다고 할 수 없다(대법원 2004.4.9. 선고 2003도8219 판결).

형법 제355조 (횡령, 배임) ① 타인의 재물을 보관하는 자가 그 재물을 횡령하거나 그 반환을 거부한 때에는 5년 이하의 징역 또는 1천500만 원 이하의 벌금에 처한다.
② 타인의 사무를 처리하는 자가 그 임무에 위배하는 행위로써 재산상의 이익을 취득하거나 제삼자로 하여금 이를 취득하게 하여 본인에게 손해를 가한 때에도 전항의 형과 같다.
제362조 (장물의 취득, 알선등) ① 장물을 취득, 양도, 운반 또는 보관한 자는 7년 이하의 징역 또는 1천500만 원 이하의 벌금에 처한다.
② 전항의 행위를 알선한 자도 전항의 형과 같다.
제364조 (업무상과실, 중과실) 업무상과실 또는 중대한 과실로 인하여 제362조의 죄를 범한 자는 1년 이하의 금고 또는 500만 원 이하의 벌금에 처한다.

상법 제103조 (위탁물의 귀속) 위탁매매인이 위탁자로부터 받은 물건 또는 유가증권이나 위탁매매로 인하여 취득한 물건, 유가증권 또는 채권은 위탁자와 위탁매매인 또는 위탁매매인의 채권자간의 관계에서는 이를 위탁자의 소유 또는 채권으로 본다.

1) 같은 취지의 판례로 대법원 1983.12.13 선고, 83도2467 판결.

Ⅰ. 과실범의 미수

미수범은 범죄실행에 착수하였음을 전제로 하며, 범죄실행의 착수는 범죄의사(고의)의 외부적 · 확정적 표현행위가 있는 경우에 인정되므로 미수범은 고의를 전제로 하는 개념이다. 따라서 과실범에 있어서의 미수는 성립되지 않는다.

Ⅱ. 결과적 가중범과 과실

결과적 가중범은 고의에 기한 기본행위와, 이러한 기본행위에 의하여(=인과관계) 예견가능한(과실로 인한) 중한 결과가 발생한 경우의 범죄유형으로, 고의행위와 과실의 결합형식으로서의 범죄유형이다. 이러한 결과적 가중범과 관련하여 기본행위가 과실에 의한 경우에도 결과적 가중범이 성립되느냐[2], 중한 결과가 고의에 의해서도 성립되느냐, 결과적 가중범의 미수가 성립되느냐가 문제된다.

Ⅲ. 과실범과 공범 및 간접정범

1. 과실에 의한 교사 · 방조

교사 · 방조는 정범의 실행착수를 전제로 하기 때문에 과실에 의한 교사 · 방조는 범죄가 성립하지 아니한다.

2. 과실범에 대한 교사 · 방조

교사자나 방조자에게 정범에 대한 의사지배가 인정되는 한에 있어 간접정범(제34조 제1항) 성립한다.

3. 과실범의 공동정범[과실공동정범, 과실의(에 의한) 공동정범]

수인의 공사장인주가 공동작업 도중 부주의하게 건물위에서 자재를 떨어뜨렸기 때문에 통행인이 사망한 경우,[3] 또는 의사와 간호사의 공동과실로 주사를 잘못놓아 환자를 사망케 한 경우, 운전자와 술을 함께 먹고 만취상태에 빠지게 한 후 그 자동차에 손님을 타고 가도록 방치한 경우 등의 예가 이에 해당한다.

---

2) 독일형법의 실화치사죄(제309조), 과실일수치사罪(제314조). 오스트리아형법의 과실중상해죄(제88조 제4항), 실화치사상죄(제170조 제2항).

3) F.v.Liszt, Lehrbuch des Deutschen Strafrechts, 22.Aufl., 1919, S.212.

1) 인정설

주관적 정범론, 확장적 정범론, 행위공동설(주관주의), 공동행위주체설, 과실공동 행위공동설, 기능적 행위지배설, 범죄공동설 중 일부수정설은 과실범의 공동정범의 성립을 인정한다. 이 견해에 의하면 원인행위가 판명되지 않더라도 공범자 모두가 행위 전체에 대해 기수책임을 진다.

2) 부정설[4)]

범죄공동설(객관주의)와 목적적 행위지배설, 공동의사주체설, 기능적 행위지배설의 수정설은 과실범의 공동정범의 성립을 부정한다. 이 견해에 의하면 단순한 동시범으로서 원인행위가 판명될 경우에는 각자가 고의범 또는 과실범의 단독정범이 성립되고, 원인된 행위가 판명되지 않을 경우에는 제19조에 의해 각자 미수로만 처벌된다. 다만 제263조에 의해 과실치상죄는 예외로 본다.

3) 판례의 입장

1950년대 판결은 과실범의 공동정범의 성립을 부정하였으나,[5)] 그 후 견해를 변경하여 행위공동설의 입장에서 이를 인정하고 있다.

관련판례

1) 형법 제30조에 「공동하여 죄를 범한 때」의 「죄」는 고의범이고 과실범이고를 불문한다고 해석하여야 할 것이고 따라서 공동정범의 주관적 요건인 공동의 의사도 고의를 공동으로 가질 의사임을 필요로 하지 않고 고의행위이고 과실행위이고 간에 그 행위를 공동으로 할 의사이면 족하다고 해석하여야 할 것이므로 2인 이상이 어떠한 과실행위를 서로의 의사연락 아래 하여 범죄되는 결과를 발생케 한 것이라면 여기에 과실범의 공동정범이 성립되는 것이다. 기록에 의하면 본건 사고는 경관의 검문에 응하지 않고 트럭을 질주함으로써 야기된 것인 바 제1심판결에서 본 각 증거를 종합하면 피고인은 원심 공동 피고인과 서로 의사를 연락하여 경관의 검문에 응하지 않고 트럭을 질주케 하였던 것임을 충분히 인정할 수 있음이 명백하므로 피고인은 본건 과실 치사 죄의 공동정범이 된다고 할 것이므로 논지는 이유 있다(대법원 1962.3.29. 선고 4294형상598 판결. 경찰관이 검문목적으로 트럭의 정차를 요구하자 운전사가 옆에 타고 있던 하주(荷主)의 지시에 따라 그대로 질주하여 검문경찰관을 치사케 한 사안).
2) 서울시내 국민학교에 아동급식용 크림빵을 공급하는 식품제조회사가 상한 크림빵을 공급하여 학생들을 식중독으로 사망케 한 사안 : 피고인은 상피고인들과 그 판시와 같이 그 의사연락 아래 그와 같은 과실을 저질러 그와 같은 범죄되는 결과를 발생케 한 것이니 여기에는 과실범의 공동정범이 성립된다(대법원 1978.9.26. 선고 78도2082 판결).
3) 짚차의 선탑자가 운전병을 주점으로 데리고 들어가서 각각 소주 2홉이상을 마신 다음 그 운전병으로 하여금 운전케 하여 교통사고를 일으킨 사안 : 형법 제30조에 "공동하여 죄를 범한 때"의 "죄" 라 함은 고의범이고 과실범이고를 불문하므로 두사람 이상이 어떠한 과실행위를 서로의 의사연락 하에 이룩하여 범죄가 되는 결과를 발생케 한 것이라면 과실범의 공동정범이 성립된다. 따라서 운전병이 운전하던 짚차의 선임 탑승자는 이 운전병의 안전운행을 감독하여야 할 책임이 있는데 오히려 운전병을 데리고 주점에 들어가서 같이 음주한 다음 운전케 한

---

4) 독일의 다수견해.

5) 선장이 상법 기타 해운행정법상의 특별법령에서 과한 의무를 해태한 경우라 할지라도 동 과실이 반드시 형사상의 과실에 해당한다 할 수 없고 동 과실의 유무는 각 구체적 경우에 따라 이를 결정하여야 한다(대법원 1956.12.21. 선고 4289형상276 판결).

결과 위 운전병이 음주로 인하여 취한 탓으로 사고가 발생한 경우에는 위 선임 탑승자에게도 과실범의 공동정범이 성립한다(대법원 1979.8.21. 선고 79도1249 판결).

4) 철로의 건널목에서 열차가 후행하다가 자동차와 추돌하여 사상(死傷)에 이르게 하여 열차의 정기관사와 함께 부기관사가 기소된 사안 : 공동정범은 고의범이나 과실범을 불문하고 의사의 연락이 있는 경우는 모두 이에 해당된다고 할 것이다. 따라서 피고인이 정기관사의 지휘감독을 받는 부기관사이기는 하나 사고열차의 퇴행에 관하여 서로 상론, 동의한 이상 퇴행에 과실이 있다면 과실책임을 면할 수 없다(대법원 1982.6.8. 선고 82도781 판결).

5) 제30조의 '공동하여 죄를 범한 때'의 '죄'란 고의범이고 과실범이고를 불문한다고 할 것이고 따라서 두 사람 이상이 어떠한 과실행위를 서로의 의사연락 하에 이룩하여 범죄되는 결과를 발생케 한 것이라면 과실범의 공동정범이 성립한다(대법원 1994.3.22. 선고 94도35 판결).

6) 성수대교와 같은 교량이 그 수명을 유지하기 위하여는 건설업자의 완벽한 시공, 감독공무원들의 철저한 제작시공상의 감독 및 유지 · 관리를 담당하고 있는 공무원들의 철저한 유지 · 관리라는 조건이 합치되어야 하는 것이므로, 위 각 단계에서의 과실 그것만으로 붕괴원인이 되지 못한다고 하더라도, 그것이 합쳐지면 교량이 붕괴될 수 있다는 점은 쉽게 예상할 수 있고, 따라서 위 각 단계에 관여한 자는 전혀 과실이 없다거나 과실이 있다고 하여도 교량붕괴의 원인이 되지 않았다는 등의 특별한 사정이 있는 경우를 제외하고는 붕괴에 대한 공동책임을 면할 수 없다고 봄이 상당하다 할 것이다. 이 사건의 경우, 피고인들에게는 트러스 제작상, 시공 및 감독의 과실이 인정되고, 감독공무원들의 감독상의 과실이 합쳐져서 이 사건 사고의 한 원인이 되었으며, 한편 피고인들은 이 사건 성수대교를 안전하게 건축되도록 한다는 공동의 목표와 의사연락이 있었다고 보아야 할 것이므로, 피고인들 사이에는 이 사건 업무상과실치사상등죄에 대하여 형법 제30조 소정의 공동정범의 관계가 성립된다고 보아야 할 것이다. 업무상과실로 인하여 교량을 손괴하여 자동차의 교통을 방해하고 그 결과 자동차를 추락시킨 경우에는 구 형법(1995.12.29. 법률 제5057호로 개정되기 전의 것) 제189조 제2항, 제185조 소정의 업무상과실일반교통방해죄와 같은 법 제189조 제2항, 제187조 소정의 업무상과실자동차추락죄가 성립하고, 위 각 죄는 형법 제40조 소정의 상상적 경합관계에 있다(대법원 1997.11.28. 선고 97도1740 판결).

Ⅳ. 과실의(에 의한) 부작위범

1. 과실에 의한 진정부작위범

예외적인 경우로서 고속도로 상에서의 횡단행위, 고속도로 상에서의 주 · 정차행위, 고속도로 상에서의 고장 등 경우의 조치불이행, 좌석안전띠미착용 등 도로교통법위반행위

2. 과실에 의한 부진정부작위범(소위 망각범)

보증인적 지위와 보증인적 의무의 개념 및 구별여부와 관련하여 부작위행위자가 자기의 보증인적 지위를 인식하지 못한 경우 과실이 고려될 수 있느냐에 대해서는 견해가 대립되고 있다.

제7절 허용된 위험의 법리와 신뢰의 원칙

제1항 허용된 위험(erlaubtes Risiko)의 원칙

Ⅰ. 의의

허용된 위험이란 사회적 공공이익에 근거하여 일정한 법익침해의 위험성있는 행위를 일정수준의 안전조치를 전제로 하여 일반적으로 허용하는 경우(개인적 법익의 유보)를 말한다. 공공의 이익이라는 상위의 근거로부터 일반적으로 허용되는 행동양식으로 그 이론적 바탕은 사회현상의 변화다.

행위반가치의 입장에서 법익침해의 결과발생은 '불행하지만 불법은 아닌'(unglück aber nicht unrecht) 것으로 간주되는 행위영역으로, 즉 결과반가치는 있으나, 행위반가치가 존재하지 않는 일정한 행위영역을 의미한다. 종래 과실범의 객관적 주의의무의 범위를 제한하는 원리, 즉 과실범의 구성요건해당성배제사유로 확립되었으나, 오늘날은 고의범에 있어서도 법익침해의 결과를 어느 정도 예상하면서도 이를 인용하는 경우(미필적 고의)에도 적용되는 원리로 인정되고 있다.

허용된 위험의 법리는 형법상 독자적인 기능을 갖는 개념인가, 즉 다른 범죄성립요소의 판단척도에 있어 하나의 기준이 되는가?, 만약 독자적인 기능을 갖는다면 그 법적 성격을 어떻게 파악할 것인가가 문제된다.

Ⅱ. 허용된 위험의 종류와 유형(구체적 사례)

1. 허용된 위험의 종류

1) 객관적 귀속의 관점

허용되지 아니한 위험을 창설하거나 강화시키는 행위에 대해서만 객관적 귀속이 가능.

2) 사회적 상당성의 관점

사회적 상당성의 사례들을 직접 해결해 주는 구체적인 기준으로서 '허용된 위험'과 '사회적으로 상당하고 경미한 위험'의 경우

3) 위법성조각사유 중 정당행위의 관점

사회상규의 관점에서 정당화사유로서의 허용된 위험(제310조 명예훼손죄의 위법성조각사유)

2. 허용된 위험의 구체적인 유형(사례)

① 형법상의 보호법익이 침해당할 위험성이 있음에도 불구하고 그 사회경제적 필요성과 유익성으로 인해 허용되는 경우로, 각종 교통, 자원개발, 생산설비, 에너지시설의 활용 등이 이에 해당된다.

② 위험한 구조행위의 경우로, 화재시 어린이 구출, 또는 납치범에 대한 공격 등이 이에 해당되는 사례다.

③ 보호법익의 주체가 스스로 위험한 행위로 나아간 경우 즉 위험을 인수한 경우, 예를 들어 운동경기 또는 내기의 경우로, 피해자의 승낙 또는 정당행위로 보는 견해도 있다.

Ⅲ. 법적 성격(독자적 기능성)

1. 독자적 부인설(집합개념설)

개념의 불명확성 또는 포괄성으로 인해 형법체계상의 독자적인 법적 성격을 부정하는 견해로, 허용된 위험에 해당하는 유형은 이익형량 또는 정당행위나 긴급피난의 규정을 적용하여 해결이 가능하다고 본다. 허용된 위험은 다양한 위험상황에서 발생한 각각의 결과를 포괄하는(나타내는) 집합개념에 불과하다고 보는 견해이다.

2. 구성요건해당성배제사유설

발생결과의 행위에 대한 객관적 귀속의 척도가 사회생활상 요구되는 주의의무인 객관적 주의의무(사회생활상 요구되는 주의의무)이며, 이러한 사회생활상 요구되는 객관적 주의의무위반의 한계를 제시하는 원리가 사회적 상당성과 허용된 위험이라고 보는 견해이다.

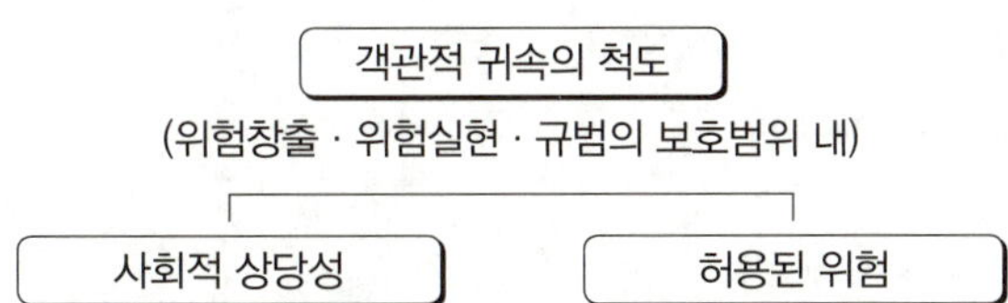

3. 위법성조각사유설

사회적 상당성과 개념적으로 구별하여 허용된 위험은 법익교량의 관점에서 정당화되는 경우로 보는 견해이다.

4. 책임조각사유설

과실을 책임형식으로 보는 심리적 책임론의 입장으로, 허용된 위험은 고의 및 과실책임을 배제하는 사유로 보는 견해이다.

Ⅳ. 적용상의 기준과 구체적인 적용례

허용된 위험의 법리가 적용되기 위해서는 구체적인 행위상황에서 요구되는 법규와 행정규칙 및 판결 뿐만 아니라 각종 운동규칙이나 근무지침 · 의료시술규칙 · 상거래규칙 등과 같이 거래교통의 관행과 규칙, 그리고 사회생활상 요구되는 구체적 · 객관적 주의의무를 준수했느냐를 기준으로 판단해야 한다.

이러한 주의의무 제한의 판단기준인 허용된 위험의 법리나 신뢰의 원칙이 적용되는 경우에는 비록 구성요건적 결과가 발생하였더라도 과실범의 구성요건해당성이 배제된다. 다만 인식있는 과실의 경우에는 위법성조각사유에 해당된다고 해석하는 견해도 있는데, 객관적 주의의무를 객관적 과실로 파악하느냐, 아니면 고의범과 과실범에 공통되는 객관적 귀속의 한 척도로 취급하느냐에 따라 달라지게 된다.

제2항 신뢰의 원칙(Vertrauensgrundsatz)

Ⅰ. 신뢰의 원칙의 의의 및 기능

오늘날 우리의 일상생활은 자동차교통을 비롯한 의료 · 약품 · 식품 등 각종의 과학기술문명에 의존하고 있다. 그러나 이와 같은 문명시설은 우리 생활에 필수적이면서도 그 자체에 갖가지 위험을 내재하고 있으므로 우리는 각자 자기의 사회적 직분과 지위에 따른 예방조치에 유의하지 않으면 안 된다. 즉 각자의 활동분야내에서는 스스로도 소정의 규칙을 준수하여야 하지만, 타인도 역시 그 규칙을 준수하면서 생활하고 있다는 생활관계에 있어서의 상호신뢰를 전제로 하지 아니하고서는 우리의 사회생활은 도저히 정상적으로 영위될 수 없을 것이다.

이와 같이 사회공동생활에 참여하는 모든 사람이 각자 주어진 규칙을 준수하면서 행동하고 있다는 상호신뢰를 전제로 사회생활전반의 운영에 참여한다는 원리가 바로 「사회생활상 당연한 신뢰의 원칙」(Lebensgerechter Vertrauensgrundsatz) 또는 「사회적 위험의 적정한 분배의 원칙」(Grundsatz der angemessen Verteilung der Sozialgefahren)이라 할 수 있다.

이러한 신뢰의 원칙은 본래 1935년경 도로교통상의 문제점이 제기됨으로 해서 교통사고에 있어서 교통관여자 상호간에 사고회피의 책임을 분담시키고자 하는 독일판례에 의해 생성되었으나, 그 후 객관적 주의의무의 한계를 지우는 실질적이고도 구체적인 기준으로서 교통사고에 대한 종래의 엄격한 과실처벌을 완화하고 그 범위를 합리적으로 제한하고자 하는 의도에서 전개되면서 실무상 인정되어져 왔다. 그러나 최근에 와서는 그 본래의 생성적 범위를 벗어나 의료행위 등과 같이 「다수인이 조직적으로 참여하는 분업의 영역」에도 그 적용의 타당성이 인정되어야 한다는 적용범위의 확대화 경향 등과 같은 새로운 이론도 등장하게 되었다.

신뢰의 원칙이란 행위자가 어떤 행위를 함에 있어서 피해자 또는 제3자가 적절한 행동을 할 것을 신뢰하는 것이 사회적으로 상당한 경우에는 비록 그 피해자 또는 제3자의 신뢰에 반하는 부적절한 행동에 의하여 결과가 발생하였다고 하더라도 그 결과에 대하여 책임지지 않는다는 원칙을 말한다.

이러한 신뢰의 원칙은 본래 도로교통과 관련하여 판례를 통해 형성되고 확립되어 온 원리에 불과하였으나, 최근에 이르러서는 타인의 적절한 행동을 전제로 행하여지는 분업적 협력의 영역에까지 그 적용범위를 확대하고자 하는 경향으로 나아가고 있다. 이와 같이 신뢰의 원칙은 주의의무의 범위를 한정지운다는 점에서 과실범처벌의 겸억화(謙抑化)를 도모함과 동시에, 위험업무의 공동작업자간에 상호적으로 규칙을 준수하게 함으로써 위험을 감소 또는 해소시키는 기능을 하고 있다.

Ⅱ. 신뢰의 원칙의 이론적 기초

1. 사회적 상당성론(die Lehre von der sozialen Adäquanz)

신뢰의 원칙이 사회적 위험의 적정한 분배원칙으로서 인정되려면 제반의 업무에서 수반되는 위험이 「사회생활상 보통의 또는 사회적으로 상당한 정도(Verkehrsnormales oder Sozialadäquates Maß)」이어야 한다. 왜냐하면 사회적으로 통상의 위험이 아닌 생명과 신체에 대한 위험을 피해자나 제3자에게 분배한다면 이 원칙은 부당하게 행위자의 주의의무를 축소시키게 되며, 따라서 문명의 효용성이라는 명목하에 인명을 경시하는 원리가 되어버리기 때문이다. 즉 신뢰의 원칙은 '사회적 상당성(soziale Adäquanz)'의 특수한 경우이다.

2. 「허용된 위험(erlaubtes Risiko)」의 법리

일정한 위험을 수반하지만 그 사회적 유효성때문에 허용되는 것으로 시인되는 행위, 즉 허용된 위험 또는 「적도의 위험(maßvolles Risiko)」에 해당하는 행위를 하는 자에 대하여 과하여지는 형법상의 주의의무의 내용을 합리적으로 구체화하기 위한 기본원리가 신뢰의 원칙이며, 따라서 신뢰의 원칙은 허용된 위험의 법리가 구체적으로 적용되는 일장면(一場面)에 관한 문제이다. 이러한 허용된 위험이 인정되는 한도를 일반적으로 「이익형량(Interessenabwägung)」(당해 피해법익의 중요성,위험의 중대성,당해 행위가 추구하는 목적의 타당성 등에 대한 포괄적인 비교형량)의 원리로 설명하나, 분업적 업무수행의 경우에 있어서의 신뢰의 원칙의 이론적 근거로는 부족하다. 따라서 분업적 협력에서도 신뢰의 원칙이 적용되자면 다른 이론적 근거가 필요한다는 비판이 제기된다.

3. 「객관적 귀속(Objektive Zurechnung)」의 원리

G.Stratenwerth, K.Lenckner 등에 의하여 주장된 이론으로, 각자는 실로 그 자신이 보호된 법익을 침해하지 않는다는 것을 유의만 하면 된다는 원리에서 출발하여 사람은 통상 타인의 주의흠결에 책임을 지는 것이 아니라 각자는 오직 자기자신의 행위로 인한 결과에 대해서만 귀책적이다. 따라서 행위와 결과간의 인과관계를 확정하는 데 있어 행위에 대한 결과의 객관적 귀속을 판단하는 하나의 기준이 신뢰의 원칙이며, 이러한 객관적 귀속의 판단에 있어서는 신뢰의 원칙 이외에 특별한 위법성 관계의 전제가 요구된다. 첫째 「적법한 교체태도의 경우」로, 행위자가 주의의무에 맞는 태도를 취하였더라면 그 결과가 확실히 회피되었으리라는 사태이어야 객관적 귀속이 가능하다. 즉 주의의무위반으로 인한 결과발생에 대해서만 객관적 귀속이 가능하다(인과관계에 대한 제학설의 대립). 둘째 결과가 행위자의 주의의무위반행위로 야기되었더라도 「침해된 규범의 보호영역내」이어야 한다.

4. 소결

신뢰의 원칙은 객관적 주의의무의 한계를 긋는 실질적이면서도 구체적인 기준을 정하는 하나의 원리로서, 「사회적 상당성론」과 「허용된 위험의 법리」 그리고 「객관적 귀속론」 등의 일련의 새로운 형법이론과 관련하여 이들의 구체적 적용의 일장면으로 등장한 것이라 할 수 있다. 이러한 새로운 이론이 대두하게 된 그 기저에는 인간과 사회에 대한 가치관의 변화가 깔려 있으며, 이러한 상위의 공통원리에 의해 형법에 있어서의 구체적인 해석론을 끌어내려는 노력이 숨어 있다 할 것이다.

Ⅲ. 신뢰의 원칙의 체계적 지위와 예견가능성과의 관계

1. 신뢰의 원칙의 체계적 지위

객관적 주의의무의 체계적 지위와 관련하여 신뢰의 원칙의 체계적 지위가 문제된다.

1) 과실범의 구성요건해당성조각사유로 보는 견해

주로 목적적 행위론에서 주장하는 견해이다.

2) 과실범의 위법성조각사유에 해당한다고 보는 견해

허용된 위험의 법리를 실질적 이익형량 즉 위법성의 문제로 보는 견해로, 즉 허용된 위험을 정당행위나 정당방위 등과 동등한 독립된 행위의 정당화사유로 파악하는 입장이다.

2. 신뢰의 원칙과 예견가능성과의 관계

신뢰의 원칙은 객관적 주의의무의 내용 중 어느 부분에 관계하여 주의의무의 판단기준이 되느냐의 문제다.

1) 「허용된 위험의 법리」 및 「위험의 적정한 분배 법리」와 관계가 있다고 보는 견해

예견가능성과는 별개 기준으로 파악하여 신뢰의 원칙에 적극적 의의를 부여하는 입장으로, 이 견해에 의하면 과실책임의 범위가 축소된다.

(1) 객관적 예견가능성을 전제로 결과회피의무를 제한하기 위한 객관적 기준으로 보는 견해

과실의 본질을 결과회피의무위반으로 보는 입장으로, 신뢰의 원칙은 예견가능성과는 별개의 주의의무를 한계지우는 기준으로서 경우에 따라서는 예견가능한 경우에 있어서도 다시 객관적 주의의무의 범위를 한정하는 기능을 하는 원리로 보는 견해이다.

(2) 예견가능성과는 별개의 예견의무를 제한하는 규범적 기준으로 보는 견해

신뢰의 원칙은 객관적 예견가능성이 인정되더라도 예견의무가 부과되지 않는 경우에 해당

2) 예견가능성의 구체적 내용을 규정하는 하나의 기준으로 보는 견해.

신뢰의 원칙에 소극적인 의의만 부여하는 입장이다.

(1) 신뢰의 원칙을 객관적 예견가능성이 없는 경우로 보는 견해

신뢰의 원칙이 적용되는 경우에는 개관적 예견가능성이 결여된다고 해석하는 견해이다.

관련판례

1) 경찰관인 피고인들은 동료 경찰관인 갑 및 피해자 을과 함께 술을 많이 마셔 취하여 있던 중 갑자기 위 甲이 총을 꺼내 乙과 같이 총을 번갈아 자기의 머리에 대고 쏘는 소위 "러시안 룰렛" 게임을 하다가 乙이 자신이 쏜 총에 맞아 사망한 경우 피고인들은 위 甲과 乙이 "러시안 룰렛" 게임을 함에 있어 甲과 어떠한 의사의 연락이 있었다거나 어떠한 원인행위를 공동으로 한 바가 없고, 다만 위 게임을 제지하지 못하였을 뿐인데 보통사람의 상식으로서는 함께 수차에 걸쳐서 흥겹게 술을 마시고 놀았던 일행이 갑자기 자살행위와 다름없는 위 게임을 하리라고는 **쉽게 예상할 수 없는 것이고(신뢰의 원칙)**, 게다가 이 사건 사고는 피고인들이 "장난치지 말라"며 말로 위 甲을 만류하던 중에 순식간에 일어난 사고여서 음주만취하여 주의능력이 상당히 저하된 상태에 있던 피고인들로서는 미처 물리적으로 이를 제지할 여유도 없었던 것이므로, 경찰관이라는 신분상의 조건을 고려하더라도 위와 같은 상황에서 피고인들이 이 사건 "러시안 룰렛" 게임을 즉시 물리적으로 제지하지 못하였다 한들 그것만으로는 위 甲의 과실과 더불어 중과실치사죄의 형사상 책임을 지울만한 위법한 주의의무위반이 있었다고 평가할 수 없다(대법원 1992.3.10. 선고 91도3172 판결. 경찰관 甲 · 丙 · 丁이 평소 경찰에게 관할지역 폭력배들에 대해 정보를 제공해 오던 폭력배 乙과 함께 A레스토랑에서 술을 같이 마시던 중, 모두 음주만취된 상태에서 乙이 경찰관들은 용기가 없다면서, 용기가 있으면 甲이 차고 있는 권총으로 '디어헌트' 라는 영화에 나오는 소위 '러시안 룰렛' 게임을 해보자고 甲에게 약을 올리자 甲과 乙 사이에 시비가 붙었다. 이에 흥분한 甲이 먼저 자기 오른쪽 귀 뒷부분에 권총을 대고 먼저 격발을 하려 하자 동석했던 丙과 丁은 자신들도 술에 취해 있었고, 甲과 乙이 설마 정말로 그런 위험한 게임을 하지 않겠지 생각하고 "둘이 장난치지 말고 술이나 마셔라"고 고함만 치고 적극 만류하지는 않았다. 그러던 중 甲이 먼저 권총을 격발했고 불발이 되자 甲이 권총을 乙에게 던져 주며 격발을 유도하였고, 이에 권총을 건네 받은 乙이 자기 오른쪽 귀 윗부분에 권총을 대고 격발하여 총알이 두개골을 관통하여 현장에서 즉사한 소위 "러시안 룰렛" 게임 사건).

2) 차높이 제한표지를 설치하고 관리할 책임이 있는 행정관청은 차량의 통행에 장애가 없을 정도로 충분한 여유고를 두고 그 높이 표시를 하여야 할 의무가 있으므로, 차높이 제한표지가 설치되어 있는 지점을 통과하는 운전자들은 그 표지판이 차량의 통행에 장애가 없을 정도의 여유고를 계산하여 설치된 것이라고 믿고 운행하면 되는 것이고, 구조물의 실제 높이와 제한표지상의 높이와의 차이가 전혀 없어졌을 가능성을 예견하여 차량을 일시 정차시키고 그 충돌 위험성이 있는지 여부까지 확인한 후 운행하여야 할 주의의무가 있다고 보기 어렵다(대법원 1997.1.24. 선고 95도2125 판결).

(2) 신뢰의 원칙은 형법상의 예견가능성을 판단하는 기준으로 보는 견해

사실상의 예견가능성과 형법상의 예견가능성을 구별하는 입장이다.

Ⅳ. 신뢰의 원칙의 확립

1. 독일에서의 신뢰의 원칙의 확립

1935.12.9. 독일제국재판소 제2형사부판결[1)]에서 최초로 신뢰의 원칙을 과실의 인정기준으로 채택하여 널리 도로교통과실의 일반원칙으로 확대 · 적용되었다.

2. 일본에서의 신뢰의 원칙의 확립

일본은 1966.6.14, 1966.12.20. 최고재판소 판결 등을 통해 신뢰의 원칙을 확립해 오고 있다.

3. 우리나라의 경우

신뢰의 원칙을 적용한 유사한 판례로 1957.2.22. 4289형상330 대법원판결을 계기로 신뢰의 원칙에 입각하지는 않았으나 피해자의 과실이 가해자의 과실에 비하여 중대한 경우에 허용된 위험의 법리하에서 그 위험을 교통관계자 상호간에 분배한다는 취지의 판결이 다수 나왔다. 나아가 1971.5.24 판결에서 유사한 판례가 나왔으며, 1972.12.26. 판결 등에서 고속도로상에서의 자동차교통사고에 대해 명시적으로 신뢰의 원칙을 적용하여 점차 자동차 전용도로 및 일반도로교통상의 과실에 대해서도 적용범위를 확대하는 경향에 있다.

관련판례

1) 자동차 전용의 고속도로상에서는 통상의 경우 그 주행선상에 장애물이 나타나리라는 것을 예견할 수 있는 것이 아니므로, 구체적으로 위험을 예견할 수 있는 사정이 없는 한 고속도로에서 자동차를 운행함에 있어서는 일반적으로 감속 서행하여야 할 주의의무가 있다고 할 수 없으며, 원심이 유지한 제1심판결 판시와 같이 막연히 우측에 야산이 있어 전진하고 있는 피고인의 시계(視界)를 가려 전방을 멀리 살필 수 없었던 것이라는 것만으로는 위험을 예견할 수 있는 구체적인 사정이 있다고 할 수 없으니 제1심이 이 사건 지점에서 피고인이 시속 120키로미터의 과속으로 운행한 것을 이 사건 사고의 원인의 하나로 지적하려면 이 사건 사고 지점에서 일반적으로 예견할 수 있는 위험발생을 방지하기 위하여는 주행속력을 어느 정도로 제한하는 것이 상당할 것인가 또는 속도제한표지가 있었는지를 심리 판단한 다음 그 정도를 초과한 속력이 있었다고 인정될 경우에 비로소 업무상의 주의의무를 태만히 하여 과속운전을 한 허물이 있다고 할 수 있을 것이고, 또 고속도로의 주행선상에 아무런 위험표지 없이 노면보수를 위한 모래무더기가 있으리라는 것을 일반적으로 예견할 수 있는 사정이 아니므로, 이 사건의 경우 위 모래무더기를 약 40미터 앞두고 이를 발견하였다는 것만으로는 그 이전에 위험표지등이 있었음에도 불구하고 이를 발견하지 못하였다는 등의 특단의 사정이 없는 한 미리 장애물을 발견하지 못한 주의의무태만이 있다고 할 수 없을 것이며 40미터 전방에 모래무더기가 있다는 것을 발견한 다음에도 일반적으로 이 사건 사고발생을 피할 수 있는 운전방법이 있음에도 불구하고 피고인이 그 주의의무에 위배하여 제1심 판결 판시와 같이 운전상의 조치를 취하였기 때문에 이 사건 사고의 발생을 면할 수 없게 된 것인지의 여부에 관하여 심리 판단하지 아니 하고서는 이 사건에 있어서 피고인에게 고속도로에서 자동차를 운전하는 자로서의 주의의무를 다하지 못한

---

1) RGSt 70, 71.

과실이 있다고 할 수 없을 것이다(대법원 1971.5.24. 선고 71도623 판결).

2) 원판결이 확정한 사실은, 피고인은 그가 운전하던 자동차를 시속 80키로미터의 고속으로 본건 고속도로를 운행 중 그 차와 80미터의 중간거리를 두고 앞에 달리던 신문사 소속의 앞차로부터 중앙분리대에서 도로(1차선) 보수 공사를 하던 노무자들을 향하여 신문뭉치가 던져지자, 노무자의 한 사람이던 피해자가 그 뭉치를 주으려고 2차선(주행선)의 중앙방향으로 뛰어드는 것을 보고 피고인이 급정차 조치를 취하였을 때의 피해자와 가해 자동차와의 거리는 약 23미터이며, 자도아가 피해자를 치인 채 끌고 나간 거리는 18미터라는 것이다. 그런데 원판결은 위와 같은 사실관계에서 일어난 본건 사고는 원설시 이유에 의하여 불가항력으로 생긴 것이라고 판시하고, 피고인에게 운전과실을 인정하기를 거부하였다. 살피건대, 고속도로를 자동차로 고속운행하는 운전자는, 보행인이 그 도로의 주행선 중앙방면으로 뛰어드는 일이 없으리라는 신뢰밑에서 운행한다고 보아야 하고 그 도로의 보수공사를 하는 노무자들이 일하는 옆을 지날 때도 마찬가지라고 하겠으니, 고속도로의 관리청은 적어도 그들이 고용한 노무자들에게 도로 중앙에 뛰어드는 일이 고속교통기관의 필요성과 가치성을 저버리는 결과가 되며, 위험함 일이라는 취지를 엄중히 알리고 취업시켰다고 예상되므로 그들도 일반 보행자와 같이 주행선에 뛰어드는 일이 없다는 신뢰를 운행자가 가지고 있어도 마땅하다고 보아야 할 것이기 때문이다. 그러나 본건과 같이 보수 노무자들을 향하여 신문뭉치가 던지어진 특별한 상황에서이라면 그 물건에 대한 호기심에 이끌린 피해자가 주행선 중앙방향으로 언제 뛰어들지 모르는 사태가 예상되므로, 운전자인 피고인은, 이 돌발사태에 대처한 전방주시의무, 기타의 사고방지의무를 안고 있다고 함이 딴것으로 바꿀 수 없는 인명의 존중과 고속교통기관이 우리생활에 끼치는 막대한 공헌과를 가치형량하는 시점에서 끌어낼 수 있는 타당한 견해라고 하겠다. 그런데 이 사건에 있어서 만일 피고인이 위와 같은 운전상의 주의의무를 제대로 다했더라면 원판결 확정사실로 미루어 피고인은 사고의 원인이 된 신문뭉치가 앞차에서 내동댕이쳐지는 것을 후방에서 보았어야 할 것이고, 따라서 사고는 미연에 방지될 수 있었음이 분명히 추인된다고 하겠으므로 원판결이 위와 같은 판단에는, 도로사정 기타 주위의 정황으로 허용된 고속도 유지를 하는 운전자에게 적용되는 신뢰의 원칙이 배제될 경우가 있음을 잊어 고속차량의 운전에 있어서의 업무상의 과실의 법리를 오해한 허물을 범하여 결과에 영향을 준 위법을 남겼다고 하리니 논지는 이유있고 원판결은 파기를 면하기 어렵다(대법원 1972.12.26. 선고 71도1401 판결).

3) 운전자가 교차로를 사고없이 통과할 수 있는 상황에서 그렇게 인식하고 교차에 일단 먼저 진입하였다면 특별한 사정이 없는 한 그에게 과실이 있다고 할 수 없고, 교차로에 먼저 진입한 운전자로서는 이와 교차하는 좁은 도로를 통행하는 피해자가 교통법규에 따라 적절한 행동을 취하리라고 신뢰하고 운전한다고 할 것이므로 특별한 사정이 없는 한 피해자가 자신의 진행속도보다 빠른 속도로 무모하게 교차로에 진입하여 자신이 운전하는 차량과 충격할 지 모른다는 것까지 예상하고 대비하여 운전하여야 할 주의의무는 없다고 할 것이다. 자동차는 통행의 우선순위와는 관계없이 교통정리가 행하여지고 있지 아니하며 좌우를 확인할 수 없는 교차로에 있어서는 서행하여야 하고, 교통정리가 행하여지고 있지 아니하는 교통이 빈번한 교차로에서는 일시정지하여(도로교통법 제27조), 전방과 좌우를 잘 살펴 안전하게 교차로를 진입하고 통과하여야 할 주의의무가 있다고 할 것이지만, 교차로에 진입함에 있어 일단 전방 좌우를 살펴 안전하다는 판단하에 먼저 교차로에 진입한 이상 통행의 후순위 차량의 통행법규위반 가능성까지 예상하여 운전하여야 할 주의의무까지 있다고 할 수는 없을 것이다(대법원 1992.8.18. 선고 92도934 판결).

Ⅴ. 신뢰의 원칙의 적용의 전제조건과 그 한계

1. 적용의 전제조건

1) 객관적 조건

자동차고속화에 따른 원활한 교통필요성, 교통교육 및 교통도덕의 철저한 보급, 도로 기타 교통환경의 정비 등의 객관적 조건이 구비되어 있을 때 신뢰의 원칙이 적용될 수 있다.

2) 주관적 조건

신뢰의 현실적 존재, 신뢰의 상당성, 사고원인인 규칙위반의 부존재 등의 요건이 구비되어야 한다.

2. 적용한계

① 특별한 사정이 피해자 측에 있음으로 해서 피해자가 적절한 행동을 취하리라고 기대할 수 없는 경우로, 타인(피해자)의 객관적 주의의무위반에 대한 고도의 개연성이 인식될 수 있는 특별한 사정이 존재하는 경우로, 예컨대 피해자가 신체장애자, 유아, 음주자 등인 경우

② 특별한 사정이 행위자측에 있는 경우 즉 스스로 주의의무를 위반하여 행위를 한 경우

③ 특별한 사정이 주변환경에 있는 경우

관련판례

1) 빗물로 노면이 미끄러운 고속도로에서 진행전방의 차량이 빗길에 미끄러져 비정상적으로 움직이고 있다면 앞으로의 진로를 예상할 수 없는 것이므로 그 차가 일시 중앙선을 넘어 반대차선으로 진입되었더라도 노면의 상태나 다른 차량 등 장애물과의 충돌에 의하여 원래의 차선으로 다시 미끄러져 들어올 수 있으므로 그 후방에서 진행하고 있던 차량의 운전자로서는 이러한 사태에 대비하여 속도를 줄이고 안전거리를 확보해야 할 주의의무가 있다(대법원 1990.2.27. 선고 89도777 판결).

2) 원심판결 이유에 의하면, 원심은 피고인이 2010.3.26. 00:49경 (차량번호 생략) 택시(이하 '이 사건 택시'라 한다)를 운전하여 내리막 골목길에 앉아 있던 것이 아니라 누워 있던 피해자의 몸통 부위를 이 사건 택시의 바퀴로 역과하여 그 자리에서 피해자를 흉부 손상으로 사망하게 한 사실을 인정하는 한편, 피고인은 그 당시 이 사건 택시를 운전하여 직진 후 90° 정도로 급격하게 좌회전을 하자마자 내리막 골목길에 진입하였는데, 위 내리막 골목길의 진입지점은 경사도 약 9.6° 정도의 심한 경사구간인 사실, 위 내리막 골목길의 좌측에는 차량들이 일렬로 주차되어 있어 위 내리막 골목길의 폭인 4.8m보다 훨씬 좁은 폭만이 도로로 확보되어 있었고, 이 사건 사고지점은 위 내리막 골목길의 진입지점으로부터 약 7.7m 떨어져 있었던 사실, 피고인이 좌회전 후 위 내리막 골목길에 진입함에 있어 이 사건 택시의 보닛, 좌측 사이드미러, 앞 차창의 좌측 프레임 등에 가려져서 그 운전석에서는 보이지 아니하는 시야의 사각지대가 상당부분 존재하였던 사실, 좌회전 후 위 내리막 골목길에 진입한 피고인으로서는 의도적으로 왼쪽 차창 쪽으로 고개를 젖히거나 몸을 운전석에서 일으켜 세운 후 정면 차창의 아래쪽으로 내려다 보지 아니하는 이상 위 내리막 골목길의 바닥에 있는 물체를 볼 수 없었던 상태였던 사실을 인정한

다음, 피고인이 위 내리막 골목길의 바닥 위에 누구가 누워 있을 가능성을 예상하고서 거기에 대비하여 이 사건 택시를 일시 정지하여 왼쪽 차창 쪽으로 고개를 젖히고 창밖으로 고개를 내밀어 본다거나 그 자리에서 몸을 일으켜 세워 정면 차창의 아래쪽을 내려다 보아야 할 업무상 주의의무가 있다고 볼 수 없고, 피고인이 좌회전하던 지점부터 이 사건 사고지점에 이르기까지 위와 같은 시야의 사각지대를 벗어나 위 내리막 골목길의 바닥을 확인할 수 있을 정도로 시야가 확보된 상태에서 이 사건 택시를 운행한 적이 있다는 점을 인정할 증거가 없으므로, 피고인에게 이 사건 사고 발생의 원인이 된 어떠한 업무상 주의의무 위반의 잘못이 없다고 판단하여 무죄를 선고하였다.

그러나 원심의 이러한 판단은 수긍하기 어렵다. 원심이 인정한 사실 및 기록에 의하면, 이 사건 사고 당시는 00:49경의 밤늦은 시각으로, 이 사건 사고지점은 주택이 밀집되어 있는 좁은 골목길이자 도로가 직각으로 구부러져 가파른 비탈길의 내리막으로 이어지는 커브길인 데다가 확보되어 있던 도로의 폭도 좁아서 통행인이나 장애물이 돌연히 진로에 나타날 개연성이 큰 곳이었고, 마침 반대방향에서 교행하던 차량이 없었을뿐더러 이 사건 택시의 전조등만으로도 진로를 충분히 확인할 수 있었으므로, 이러한 경우 자동차 운전업무에 종사하는 피고인으로서는 이 사건 사고 당시의 도로상황에 맞추어 평소보다 더욱 속도를 줄이고 전방 좌우를 면밀히 주시하여 안전하게 운전함으로써 사고를 미연에 방지할 주의의무가 있었던 것으로 보임에도 불구하고, 이를 게을리한 채 그다지 속도를 줄이지 아니한 상태로 만연히 진행하던 중 전방 도로에 누워 있던 피해자를 발견하지 못하여 이 사건 사고를 일으켰으므로, 이 사건 사고 당시 피고인에게는 이러한 업무상 주의의무를 위반한 잘못이 있었다고 하지 아니할 수 없다. 결국 원심이 그 설시와 같은 이유만으로 피고인에게 무죄를 선고한 데에는 업무상과실치사죄의 구성요건에 관한 법리를 오해하여 판결에 영향을 미친 위법이 있다(대법원 2011.5.26. 선고 2010도17506 판결).

④ 타인의 교통규칙위반사실을 인식할 수 있는 특별한 사정이 존재하는 경우로, 중앙선침범 등의 경우

관련판례

1) 침범금지의 황색중앙선이 설정된 도로에서 자기차선을 따라 운행하는 자동차의 운전수는 반대방향에서 오는 차량도 그쪽 차선에 따라 운행하리라고 신뢰하는 것이 보통이고 중앙선을 침범하여 이쪽 차선에 돌입할 경우까지 예견하여 운전할 주의의무는 없으나, 다만 반대방향에서 오는 차량이 이미 중앙선을 침범하여 비정상적인 운행을 하고 있음을 목격한 경우에는 자기의 진행전방에 돌입할 가능성을 예견하여 그 차량의 동태를 주의깊게 살피면서 속도를 줄여 피행하는등 적절한 조치를 취함으로써 사고발생을 미연에 방지할 업무상 주의의무가 있다고 할 것이다. 원심이 인용한 1심판결 채용증거중 사법경찰리 작성의 한 덕조에 대한 진술조서기재에 의하면 피해자의 오토바이가 커브를 돌면서 황색중앙선을 넘으며 일직선으로 오다가 피고인 운전차량 좌측전면을 충돌한 사실이 인정되고, 사법경찰리 작성의 실황조사서 기재에 의하면 이 사건 사고발생지점에서 피고인 차량의 전방주시 가능거리는 약 200m로서 그 전방은 커브길인데 피고인은 반대방향에서 달려오던 피해자 오토바이를 전방 약 100m 거리에서 발견한 사실이 인정되며, 한편 검사 및 사법경찰리 작성의 피고인에 대한 각 피의자신문조서(제2회) 기재에 의하면, 피고인은 피해자 오토바이를 발견하고도 속도를 줄여 도로우측으로 피하는 등 조치를 취함이 없이 계속 운행한 사실이 인정된다. 위와 같은 사실들을 종합해 보면, 피고인은 피해자 오토바이가 커브길을 돌면서 중앙선을 침범하여 비정상적인 운행을 하고 있음을 약 100m 전방에서 이미 발견하였으면서도 만연히 교행이 가능하리라고 경신하여 속도를 줄여 도로우측으로 피하는등 사고발생방지에 필요한 조치를 취함이 없이 만연히 운행한 과실이 있다고 하겠으므로, 피고인의 과실책임을 인정한 원심판결은 정당하고 논지가 주장

하는 것과 같은 채증법칙위반, 심리미진 및 법리오해의 위법이 없으며 소론 적시 각 판례는 이 사건에 적절한 선례라고 볼 수 없으니 논지는 이유없다(대법원 1986.2.25. 선고 85도2651 판결).

2) 중앙선이 표시되어 있지 아니한 비포장도로라고 하더라도 승용차가 넉넉히 서로 마주보고 진행할 수 있는 정도의 너비가 되는 도로를 정상적으로 진행하고 있는 자동차의 운전자로서는, 특별한 사정이 없는 한 마주 오는 차도 교통법규(도로교통법 제12조 제3항 등)을 지켜 도로의 중앙으로부터 우측부분을 통행할 것으로 신뢰하는 것이 보통이므로, 마주 오는 차가 도로의 중앙이나 좌측부분으로 진행하여 올 것까지 예상하여 특별한 조치를 강구하여야 할 업무상 주의의무는 없는 것이 원칙이고, 다만 마주 오는 차가 이미 비정상적으로 도로의 중앙이나 좌측부분으로 진행하여 오고 있는 것을 목격한 경우에는, 그 차가 그대로 도로의 중앙이나 좌측부분으로 진행하여 옴으로써 진로를 방해할 것에 대비하여 그 차의 동태에 충분한 주의를 기울여 경음기를 울리고 속도를 줄이면서 도로의 우측 가장자리로 진행하거나 일단 정지하여 마주오는 차가 통과한 다음에 진행하는 등, 자기 차와 마주 오는 차와의 접촉충돌에 의한 위험의 발생을 미연에 방지할 수 있는 적절한 조치를 취하여야 할 업무상 주의의무가 있다고 할 것이지만, 그와 같은 경우에도 자동차의 운전자가 업무상 요구되는 적절한 조치를 취하였음에도 불구하고 마주 오는 차의 운전자의 중대한 과실로 인하여 충돌사고의 발생을 방지할 수 없었던 것으로 인정되는 때에는 자동차의 운전자에게 과실이 있다고 할 수 없다(대법원 1992.7.28. 선고 92도1137 판결).

⑤ 주의의무가 타인의 행동에 대한 보호 감독 및 감시에 관련된 경우로, 타인의 행위에 대한 위험예방의무[2], 인솔 및 감호책임, 의사와 간호원간 또는 의사와 환자간의 관계 등이 이에 해당한다.

관련판례

1) 주사약인 에폰돌은 3.4분 정도의 단시간형 마취에 흔히 이용되는 마취제로서 점액성이 강한 유액성분이어서 반드시 정맥에 주사하여야 하며, 정맥에 투여하다가 근육에 새면 유액성분으로 인하여 조직괴사, 일시적인 혈관수축 등의 부작용을 일으킬 수 있으므로 위와 같은 마취제를 정맥주사할 경우 의사로서는 스스로 주사를 놓든가 부득이 간호사나 간호조무사에게 주사케 하는 경우에도 주사할 위치와 방법 등에 관한 적절하고 상세한 지시를 함과 함께 스스로 그 장소에 입회하여 주사시행과정에서의 환자의 징후 등을 계속 주시하면서 주사가 잘못없이 끝나도록 조치하여야 할 주의의무가 있고, 또한 위와 같은 마취제의 정맥주사방법으로서는 수액세트에 주사침을 연결하여 정맥내에 위치하게 하고 수액을 공급하면서 주사제를 기존의 수액세트를 통하여 주사하는 이른바 사이드 인젝션(Side Injection)방법이 직접주사방법보다 안전하고 일반적인 것이라고 할 것인 바, 산부인과 의사인 피고인이 피해자에 대한 임신중절수술을 시행하기 위하여 마취주사를 시주함에 있어 피고인이 직접 주사하지 아니하고, 만연히 간호조무사로 하여금 직접방법에 의하여 에폰돌 500밀리그램이 함유된 마취주사를 피해자의 우측 팔에 놓게 하여 피해자에게 상해를 입혔다면 이에는 의사로서의 주의의무를 다하지 아니한 과실이 있다고 할 것이다(대법원 1990.5.22. 선고 90도579 판결).

2) 마취환자의 마취회복업무를 담당한 의사로서는 마취환자가 수술 도중 특별한 이상이 있었는지를 확인하여 특별한 이상이 있었던 경우에는 보통 환자보다 더욱 감시를 철저히 하고, 또한 마취환자가 의식이 회복되기 전에는 호흡이 정지될 가능성이 적지 않으므로 피해자의 의식이 완전히 회복될 때까지 주위에서 관찰하거나 적어도 환자를 떠날 때는 피해자를 담당하는 간호사를 특정하여 그로 하여금 환자의 상태를 계속 주시하도록 하여 만일 이상이 발생한 경우에는 즉시 응급조치가 가능하도록 할 의무가 있다. 피해자를 감시하도록 업무를 인계받지 않

2) 운전교습 중에 수강생의 과실로 발생한 업무상 과실치사죄에 있어 사고를 낸 수강생보다 강사의 형사책임을 더 무겁게 인정한 사례(1992.3.28. 서울형사지법3단독 판결).

은 간호사가 자기 환자의 회복처치에 전념하고 있었다면 회복실에 다른 간호사가 남아있지 않은 경우에도 다른 환자의 이상증세가 인식될 수 있는 상황에서라야 이에 대한 조치를 할 의무가 있다고 보일 뿐 회복실 내의 모든 환자에 대하여 적극적, 계속적으로 주시, 점검을 할 의무가 있다고 할 수 없다(대법원 1994.4.26. 선고 92도3283 판결).

3) 피고인은 진주시 칠암동 소재 경상대학교 병원 내과 인턴으로서 간경화, 식도정맥류 출혈 등으로 치료받던 피해자 안길만(남, 57세)의 주치의인 1심 공동피고인 1을 보좌하여 피해자의 치료를 맡은 자인바, 수혈을 할 때에는 직접 혈액봉지를 확인하여야 할 뿐만 아니라 수혈 도중에 부작용이 발생하는 등 만일의 사태에 대비하여야 하고, 간호사에 대하여는 의사의 참여 없이는 수혈을 하지 아니하도록 지도 · 교육하여야 하며, 자신의 참여하에 간호사로 하여금 수혈을 하게 하더라도 그 환자에게 수혈할 혈액봉지가 맞는지 여부를 확인하여야 할 업무상의 주의의무가 있음에도, 1996.5.25. 13:00경부터 같은 병원 62병동 11호실에서 피해자에게 신선 냉동혈장 3봉지(320㎖) 및 농축적혈구 1봉지(200㎖)를 수혈하면서, 간호사인 1심 공동피고인 2로 하여금 단독으로 수혈을 하도록 내버려 둠으로써, 1심 공동피고인 2가 같은 날 14:40경 혈액봉지의 라벨을 확인하지 아니하여 간호처치대 위에 놓여있던 공소외 최윤세에게 수혈할 혈액봉지를 피해자에 대한 혈액봉지로 오인하고서, 혈액형이 B형인 피해자에 대하여 A형 농축적혈구 약 60㎖를 수혈하여, 피해자로 하여금 같은 달 26일 11:42경 급성 용혈성 수혈부작용 등으로 사망에 이르게 하였다는 것이다. 원심판결 이유에 의하면, 원심은, 인턴인 공소외 성종화가 주치의인 1심 공동피고인 1의 처방에 따라 신선 냉동혈장 3봉지와 농축적혈구 1봉지를 수령하여 같은 날 12:40경 첫 번째 신선 냉동혈장 1봉지를 피해자에게 수혈한 후 같은 날 13:00경 같은 병원 지하 구내식당에서 피고인에게 피해자에 대한 나머지 혈액 3봉지의 수혈을 인계하였고, 피고인은 같은 날 13:40경 피해자에게 두 번째 혈액봉지를 교체해 준 다음 같은 날 14:00경 최윤세에게 수혈할 농축적혈구 1봉지를 수령하여 최윤세에게 수혈하려고 하였으나, 최윤세가 화장실에서 관장 등의 시술을 받고 있어 이를 뒤로 미루고 13:30경부터 시작되는 회진에 대비하여 환자들의 X선 필름을 찾으러 X선실에 다녀온 후 환자들을 소독하였으며, 한편 1심 공동피고인 2은 피해자에게 세 번째 혈액봉지를 교체한 후 그 혈액이 거의 전부 수혈되었을 때 쯤 피해자가 혈변을 보고 혈압이 떨어지는 증세를 보이자, 이를 그 앞방에 있던 1심 공동피고인 1에게 알려 1심 공동피고인 1로부터 수혈을 계속하라는 지시를 받고, 다른 혈액형의 환자인 최윤세에게 수혈할 혈액봉지를 피해자에게 수혈할 농축적혈구 봉지로 오인하여 이를 피해자에게 수혈한 사실을 인정하고서, 환자에 대한 수혈은 원칙적으로 의사가 직접 시술하여야 하고, 피해자에 대한 수혈 지시는 주치의인 1심 공동피고인 1이 성종화에게 하였고, 성종화는 이를 피고인에게 인계하였으므로 피고인은 피해자의 수혈에 관한 시술의 책임이 있는 자라 할 것이나, 그 병원은 인턴 부족으로 업무부담이 과중하여 1995.3.경 병원 부서장 회의에서 간호사들이 인턴을 도와주기로 하는 결의를 하여, 첫번째 혈액봉지의 수혈은 의사가 직접 실시하되 수혈중인 환자에 대하여 혈액봉지를 교체하는 등의 일은 간호사들이 대신해 주는 관행이 생겼고, 비록 그 관행이 의료시술의 원칙에 어긋나는 점이 있다 하더라도 수련과정에 있는 인턴에 불과한 피고인으로서는 인턴의 수를 늘려 그 관행의 시정을 요구할 수 있는 사실상의 지위에 있었다고 볼 수 없으므로, 피고인의 지시 · 감독이 없는 상태에서 1심 공동피고인 2가 임의로 혈액봉지를 교체한 행위에 대하여 피고인이 교육 · 감독의무를 해태하였다고 피고인에게 책임을 묻는 것은 피고인이 가지고 있지 않은 권한을 행사하지 아니한 책임을 묻는 것이라 할 것이고, 한편 피고인은 1심 공동피고인 2가 농축적혈구를 피해자에게 수혈할 당시에는 다른 업무를 보고 있던 관계로 1심 공동피고인 2로부터 이를 수혈한다는 보고를 받지 못하였으므로, 1심 공동피고인 2가 피해자에 대한 수혈을 실시할 때 현장에 참여하여 지도 · 감독할 수 있는 상태에 있지 아니하였고, 오히려 1심 공동피고인 2는 1심 공동피고인 1에게 이를 직접 알리고 그의 지시에 의하여 관행에 따라 농축적혈구를 수혈하였으므로, 그 응급상황의 보고와 농축적혈구의 수혈 과정에 피고인의 과실이 개입할 여지가 없었다고 하여, 이 사건 공소사실은 범죄의 증명이 없는 때에 해당한다는 이유로 무죄를 선고하였다. 그러나 원심의 판단은 다음과 같은 이유에서 수긍하기 어렵다. 수혈은 종종 그 과정에서 부작용을 수반하는

의료행위이므로, 수혈을 담당하는 의사는 혈액형의 일치 여부는 물론 수혈의 완성 여부를 확인하고, 수혈 도중에도 세심하게 환자의 반응을 주시하여 부작용이 있을 경우 필요한 조치를 취할 준비를 갖추는 등의 주의의무가 있다(대법원 1964.6.2. 선고 63다804 판결 참조). 그리고 의사는 전문적 지식과 기능을 가지고 환자의 전적인 신뢰 하에서 환자의 생명과 건강을 보호하는 것을 업으로 하는 자로서, 그 의료행위를 시술하는 기회에 환자에게 위해가 미치는 것을 방지하기 위하여 최선의 조치를 취할 의무를 지고 있고, 간호사로 하여금 의료행위에 관여하게 하는 경우에도 그 의료행위는 의사의 책임하에 이루어지는 것이고 간호사는 그 보조자에 불과하므로, 의사는 당해 의료행위가 환자에게 위해가 미칠 위험이 있는 이상 간호사가 과오를 범하지 않도록 충분히 지도·감독을 하여 사고의 발생을 미연에 방지하여야 할 주의의무가 있고, 이를 소홀히 한 채 만연히 간호사를 신뢰하여 간호사에게 당해 의료행위를 일임함으로써 간호사의 과오로 환자에게 위해가 발생하였다면 의사는 그에 대한 과실책임을 면할 수 없다. 기록에 의하면, 피고인은 같은 인턴인 성종화로부터 피해자에 대한 수혈임무를 인계받고서 같은 날 13:30경 피해자에게 수혈할 두 번째 혈액봉지를 직접 교체한 후 간호사인 1심 공동피고인 2에게 다음 혈액봉지를 교체하는 것을 맡기고, 같은 날 14:05경 최윤세에게 수혈할 혈액봉지를 수령하여 수혈을 하려고 하였으나 최윤세가 관장시술을 받고 있어 그 혈액봉지를 피해자의 나머지 혈액봉지 2개와 구분하지 않고 간호처치대 위에 함께 놓아 두면서, 혈액봉지에 환자의 성명, 혈액형 등이 기재되어 있는 관계로 간호사가 오인하지 아니할 것으로만 생각한 나머지 별다른 주의를 환기시키지 아니한 채 회진에 대비하여 그 현장을 떠났고, 피해자 이외에 다른 수혈 환자가 있는 것을 모르고 있던 1심 공동피고인 2는 같은 날 14:30경 자신이 교체해 준 세 번째 혈액봉지의 수혈이 다 끝나갈 무렵 피해자가 다량의 혈변을 보는 등의 증세를 보이자 이를 1심 공동피고인 1에게 보고하여 수혈을 계속하라는 지시를 받고서 다급하게 수혈을 하느라고 피해자의 혈액봉지와 함께 놓여 있던 최윤세의 혈액봉지를 피해자의 것으로 오인하고서 이를 가져가 피해자에게 수혈하였고, 피고인은 같은 날 15:00경 최윤세에게 수혈을 하기 위하여 현장에 돌아와서 간호처치대 위에 있던 최윤세의 혈액봉지가 없어진 것을 보고 비로소 최윤세의 혈액봉지가 피해자에게 잘못 수혈되고 있는 것을 발견하였음을 알 수 있다. 피고인은 피해자에 대한 수혈을 담당하는 의사로서, 수혈을 하기에 앞서 그 혈액봉지가 피해자의 것인지 여부를 확인하여 다른 환자의 혈액봉지를 잘못 수혈함으로써 피해자에게 위해가 발생하는 것을 방지하여야 할 주의의무가 있는바, 이 사건에서와 같이 피고인이 피해자와 최윤세 두 명의 환자에 대한 수혈을 동시에 담당한 관계로 그들에게 수혈할 혈액봉지를 같은 장소에 구분 없이 준비해 둔 경우라면, 피고인으로서는 혈액봉지가 바뀔 위험을 방지하기 위하여 직접 피해자의 혈액봉지를 교체하거나, 간호사인 1심 공동피고인 2에게 혈액봉지의 교체를 맡기는 경우에도 그와 같은 사정을 주지시켜 1심 공동피고인 2로 하여금 교체하는 혈액봉지를 반드시 확인하게 하고, 스스로 사후 점검을 하여 혈액봉지가 바뀜으로 인하여 피해자에게 위해가 발생하지 않도록 필요한 조치를 취하여야 할 주의의무가 있고, 피고인이 피해자와 최윤세의 혈액봉지를 구분 없이 함께 놓아 두고서도 위와 같은 조치를 취하지 아니한 채 만연히 1심 공동피고인 2에게 혈액봉지의 교체를 맡긴 후 현장을 떠나 1심 공동피고인 2가 추가로 2개의 혈액봉지를 교체하여 마지막 혈액봉지의 혈액이 피해자에게 상당량 수혈될 때까지 돌아오지 아니함으로써, 1심 공동피고인 2가 혈액봉지가 피해자의 것인지 여부를 확인하지 아니하고 피고인도 피해자의 혈액봉지가 잘못 교체된 것을 조기에 발견하지 못한 것이라면, 피고인에게 그에 대한 과실이 있다고 하지 않을 수 없다. 그리고 피고인이 근무하는 병원에서는 인턴의 수가 부족하여 수혈의 경우 두 번째 이후의 혈액봉지는 인턴 대신 간호사가 교체하는 관행이 있었다고 하더라도, 위와 같이 혈액봉지가 바뀔 위험이 있는 상황에서 피고인이 그에 대한 아무런 조치도 취함이 없이 간호사인 1심 공동피고인 2에게 혈액봉지의 교체를 일임한 것이 관행에 따른 것이라는 이유만으로 정당화될 수는 없고, 1심 공동피고인 2가 혈액봉지를 교체한 것이 1심 공동피고인 1의 지시에 따른 것이었다고 하더라도 피고인이 1심 공동피고인 1로부터 피해자에 대한 수혈 임무를 부여받은 이상 위와 같은 조치를 소홀히 함으로써 혈액봉지가 바뀐 데 대한 과실책임을 면할 수 없다. 그럼에도 불구하고, 원심은 앞에서 본 바와 같은 이유로 1심 공동피고인 2가 피해자에게 다른 환자의 혈액봉지를 잘못 교체하여 수혈한 데 대하여 피고인에게 아무런 과실이 없다고 판단하였으니, 원심판결에는 의사의 업무상 주의의무에 관한 법리를 오해하여 판결에 영향을 미친 위법이 있다고 할 것이므로, 이 점을 지적하는 상고이유의 주장은 이유 있다(대법원 1998.2.27. 선고 97도2812 판결).

4) 의료법에 의하면, 간호사는 의사와 함께 '의료인'에 포함되어 있고(제2조 제1항), 간호사의 임무는 '진료의 보조' 등에 종사하는 것으로 정하고 있으며(제2조 제2항), 간호사가 되기 위하여는 간호학을 전공하는 대학 또는 전문대학 등을 졸업하고 간호사국가시험에 합격한 후 보건복지부장관의 면허를 받도록 되어 있음(제7조)을 알 수 있는바, 이와 같이 국가가 상당한 수준의 전문교육과 국가시험을 거쳐 간호사의 자격을 부여한 후 이를 '의료인'에 포함시키고 있음에 비추어 볼 때, 간호사가 '진료의 보조'를 함에 있어서는 모든 행위 하나하나마다 항상 의사가 현장에 입회하여 일일이 지도 · 감독하여야 한다고 할 수는 없고, 경우에 따라서는 의사가 진료의 보조행위 현장에 입회할 필요 없이 일반적인 지도 · 감독을 하는 것으로 족한 경우도 있을 수 있다 할 것인데, 여기에 해당하는 보조행위인지 여부는 보조행위의 유형에 따라 일률적으로 결정할 수는 없고 구체적인 경우에 있어서 그 행위의 객관적인 특성상 위험이 따르거나 부작용 혹은 후유증이 있을 수 있는지, 당시의 환자 상태가 어떠한지, 간호사의 자질과 숙련도는 어느 정도인지 등의 여러 사정을 참작하여 개별적으로 결정하여야 할 것이다. 원심판결의 이유에 의하면, 원심은, 이 사건 피해자(여, 70세)가 1999.12.3. 뇌출혈 증세로 부산 백병원에 입원하여 뇌실외배액술 등의 수술을 받은 다음 중환자실에서 치료를 받다가 같은 달 9. 일반병실로 옮겨졌는데, 피해자의 몸에는 수술 직후부터 대퇴부 정맥에 주사침을 통하여 수액을 공급하기 위한 튜브가 연결되어 있었고 머리에는 뇌실 삼출액을 배출하기 위한 튜브(뇌실외배액관)가 연결되어 있었던 사실, 위 병원 신경외과 전공의인 피고인은 수술 직후 피해자의 주치의로 선정되었고 위 병원 간호사들은 피고인의 처방 및 지시에 따라 계속하여 대퇴부 정맥에 연결된 튜브를 통하여 항생제, 소염진통제 등의 주사액을 투여하였지만 별다른 부작용이 없었던 사실, 피고인은 1999.12.10. 종전 처방과 마찬가지로 피해자에게 항생제, 소염진통제 등을 정맥에 투여할 것을 당직간호사에게 지시하였는데, 위 병원의 책임간호사인 원심 공동피고인 1(경력 7년)은 신경외과 간호실습을 하고 있던 원심 공동피고인 2(간호학과 3학년)를 병실에 대동하고 가서 그에게 주사기를 주면서 피해자의 정맥에 주사하라고 지시하고 자신은 그 병실의 다른 환자에게 주사를 하는 사이에 원심 공동피고인 2가 뇌실외배액관을 대퇴부 정맥에 연결된 튜브로 착각하여 그 곳에 주사액을 주입하는 것을 뒤늦게 발견하고 즉시 이를 제지한 다음 직접 나머지 주사액을 대퇴부 정맥에 연결된 튜브에 주입하였지만 피해자는 뇌압상승에 의한 호흡중추마비로 같은 날 사망한 사실 등을 인정한 다음, 피고인의 처방과 지시에 따라 수술 직후부터 계속하여 항생제, 진통소염제 등의 주사액이 간호사들에 의하여 피해자의 대퇴부 정맥에 연결된 튜브를 통하여 투여되어 왔으므로 사고 당일 주사행위 자체에 특별한 위험성이 있었다고 볼수 없고 피고인이 입회하지 않더라도 간호사가 주사의 부위 및 방법에 관하여 착오를 일으킬 만한 사정도 없었던 점, 신체에 직접 주사하여 주사액을 주입하는 것이 아니라 대퇴부정맥에 연결된 튜브를 통하여 주사액을 주입하는 행위는 투약행위에 가깝다는 점, 원심 공동피고인 1의 경력과 그가 취한 행동에 비추어 볼 때 피해자에 대한 주사의 부위 및 방법에 관하여 정확히 이해하고 있었고 그의 자질에 문제가 없었던 것으로 보이는 점, 피해자는 주사로 인한 부작용 발생 여부에 대한 검사가 끝난 상태이고 수술 뒤 상태가 다소 호전되었을 뿐만 아니라 이 사건 사고 전까지 주사로 인한 부작용이 발생하지 아니하였던 점, 피고인으로서는 자신의 지시를 받은 간호사가 자신의 기대와는 달리 간호실습생에게 단독으로 주사하게 하리라는 사정을 예견할 수도 없었다는 점 등을 종합하여 보면, 피고인으로 하여금 그 스스로 직접 주사를 하거나 또는 직접 주사하지 않더라도 현장에 입회하여 간호사의 주사행위를 직접 감독할 업무상 주의의무가 있다고 보기 어렵다는 이유로, 위와 같은 업무상 주의의무가 있음을 전제로 한 이 사건 업무상과실치사의 공소사실에 대하여 무죄를 선고하였다. 앞에서 본 법리와 기록에 비추어 살펴보면, 원심의 사실인정과 판단은 정당하고 거기에 상고이유로 주장

하는 바와 같은 의사의 업무상 주의의무에 관한 법리를 오해한 잘못이 있다고 할 수 없다(대법원 2003.8.19. 선고 2001도3667 판결).

5) 의료사고에 있어 의료인의 과실을 인정하기 위하여서는 의료인이 결과 발생을 예견할 수 있음에도 불구하고 그 결과 발생을 예견하지 못하였고 그 결과 발생을 회피할 수 있었음에도 불구하고 그 결과 발생을 회피하지 못한 과실이 검토되어야 하고, 그 과실의 유무를 판단함에는 같은 업무와 직무에 종사하는 일반적 보통인의 주의정도를 표준으로 하여야 하며, 이에는 사고 당시의 일반적인 의학의 수준과 의료환경 및 조건, 의료행위의 특수성 등이 고려되어야 한다(대법원 1996.11.8. 선고 95도2710 판결 참조). 원심이 인정한 사실관계와 기록에 의하면, ○○대학병원의 정형외과 수련의 공소외 1이 정형외과 전공의인 공소외 2의 지시를 받아 종양제거 및 피부이식수술을 받고 회복 중에 있던 피해자에 대한 처방을 함에 있어 근이완제인 베큐로니움 브로마이드(Vecuronium Bromide, 이하 '베큐로니움'이라 한다)를 투약하도록 처방한 사실, 그런데 위 베큐로니움은 전신근육을 이완시켜 수술을 쉽게 하는 작용을 가진 마취보조제로서 수술 후 회복과정에 있는 환자에게는 사용되지 않는 약제일 뿐 아니라 호흡근을 마비시키는 작용을 하기 때문에 환자에 대한 인공호흡 준비를 갖추지 않은 상태에서는 사용할 수 없고 인공호흡 준비 없이 투약할 경우 피해자에게 치명적인 결과를 초래하는 약품인 사실, 위 베큐로니움은 그 이틀 전에 있었던 피해자의 수술에 사용되었던 약품으로서, 수술시에 투약된 실제 사용량과 수술 당일 전산 입력된 사용량(착오로 실제 사용량보다 적게 입력되었다)의 차이를 메우기 위한 편법으로 마취과 의사가 약제과와의 협의 아래 실제 투약함이 없이 수술 다음날의 처방 약품에 형식적으로만 포함시켜 둔 것인데, 전공의 공소외 2가 수술 이틀 후의 처방을 함에 있어 이와 같은 사정을 알지 못하고 단순히 전날과 동일한 내용으로 처방할 것을 공소외 1에게 지시하고, 이에 따라 공소외 1은 전산장치를 이용하여 전자처방을 내리는 과정에서 전날의 처방에 포함되어 있던 베큐로니움을 후속 처방에 그대로 이기함으로써 잘못 처방이 된 사실, 간호사인 피고인은 위 약제를 인수한 후 그 약효나 부작용을 전혀 알지 못하였었음에도 불구하고 그에 관해 아무 확인도 하지 아니한 채 정맥주사의 방법으로 피해자에게 이를 투약함으로써 그 즉시 피해자가 의식불명의 상태에 빠지는 상해를 입게 된 사실을 알 수 있다. 위에서 본 사실관계를 위 법리에 비추어 볼 때, 피고인이 경력이 오래된 간호사라 하더라도 단지 잘 모르는 약제가 처방되었다는 등의 사유만으로 그 처방의 적정성을 의심하여 의사에게 이를 확인하여야 할 주의의무까지 있다고 보기는 어렵다 할 것이지만, 환자에 대한 투약 과정 및 그 이후의 경과를 관찰 · 보고하고 환자의 요양에 필요한 간호를 수행함을 그 직무로 하고 있는 종합병원의 간호사로서는 그 직무수행을 위하여 처방 약제의 투약 전에 미리 그 기본적인 약효나 부작용 및 주사 투약에 따르는 주의사항 등을 확인 · 숙지하여야 할 의무가 있다 할 것인바, 이 사건 처방의 경위와 위 베큐로니움의 특수한 용도 및 그 오용의 치명적 결과 등을 감안할 때, 만일 베큐로니움이라는 약제가 수술 후 회복과정에 있는 환자에게는 사용할 수 없는 성질이며 특히 인공호흡의 준비 없이 투여되어서는 아니된다는 등의 약효와 주의사항 및 그 오용의 치명적 결과를 미리 확인하였다면 위 처방이 너무나 엉뚱한 약제를 투약하라는 내용이어서 필시 착오 또는 실수에 기인한 것이라고 의심할 만한 사정이 있음을 쉽게 인식할 수 있었다 할 것이고, 그러한 사정이 있다면 간호사에게는 그 처방을 기계적으로 실행하기에 앞서 당해 처방의 경위와 내용을 관련자에게 재확인함으로써 그 실행으로 인한 위험을 방지할 주의의무가 있다고 봄이 상당하다. 그렇다면 이 사건에서 피고인이 위 베큐로니움의 약효 등을 확인하지 않음으로 인해 그 투약의 위험성을 인식하지 못함으로써 처방내용을 재확인할 기회를 놓친 채 그대로 이를 주사 투약한 점에서 위 주의의무를 위반한 과실이 인정된다 하겠고, 이를 투약함으로써 그 약효 내지 부작용으로 인하여 피해자에게 상해가 발생한 이상 그와 같은 결과는 피고인의 주의의무 위반과 상당인과관계가 있다고 할 것이며, 피해자의 상해 발생에 피고인 외에도 다른 사람들의 과실이 주로 작용하였다는 사정이 있다 하여 피고인의 책임을 면제할 사유가 된다고 할 수는 없다(대법원 2009.12.24. 선고 2005도8980 판결).

Ⅵ. 신뢰의 원칙의 적용범위의 확대

종래에는 단순히 도로교통과실범에만 적용되어 왔으나 오늘날의 사회현상에 비추어 공동하여 위험한 작업을 하는 자 상호간에는 위험방지조치를 함에 있어서 특히 반대의 사정의 존재가 용이하게 인식될 수 있는 경우를 제외하고는 동료 내지 공동작업자 각자가 담당하고 있는 업무에 있어서 상당한 위험방지조치를 취하고 있다는 것을 신뢰하고 있으며, 따라서 각자는 맡은 분야에서 합리적으로 요구되는 위해방지조치를 행하면 주의의무를 다한 것으로 인정하자는 신뢰의 원칙의 적용확대경향이 대두되고 있다.

이러한 신뢰의 원칙의 적용범위의 확대는 특히 의료기술의 고도의 진보와 전문화에 수반하여 의료의 조직화 및 분업화를 가져오고 이른바 「팀」의료가 일반화되면서 이러한 위험한 공동작업을 분업적으로 수행하는 다수인의 책임범위 내지 위험분담을 확정할 필요가 생기면서 논의되기 시작하여 식료 및 의료사고와 약화(藥禍) 등의 영역에 있어 그 적용의 확대를 가져오고 있다.

1. 식품제조업자의 주의의무분담과 신뢰의 원칙

공업제품화된 대량생산에 있어서의 식품사고의 경우에는 도로교통상의 경우와는 달리 식품제조업자는 그 제품의 안전성을 소비자에게 보증해야 할 지위에 있으므로 이러한 업자가 다른 업자를 신뢰했다든가 혹은 소비자의 주의깊은 태도를 신뢰하였다고 해서 책임을 면하고 따라서 그 위험을 소비자에게 전가시켜서는 안된다는 점에서 신뢰의 원칙은 적용될 수 없으나, 식품의 생산공정 각 부분의 관여자 상호간 또는 원료납입자와 생산업자 상호간의 영역에 있어서의 적용 여부는 신중한 개별적 검토를 요한다.

2. 의료행위의 분담과 신뢰의 원칙

1976.2.10. 대법원판례는 약화사고에 대해서도 신뢰의 원칙을 적용하였다.

관련판례

1) 약사가 의약품을 판매하거나 조제함에 있어서 약사로서는 그 의약품이 그 표시 포장상에 있어서 약사법 소정의 검인 합격품이고 또한 부패 변질 변색되지 아니하고 유효기간이 경과되지 아니함을 확인하고 조제판매한 경우에는 우연히 그 내용물에 순물 또는 다른 약품이 포함된 것을 간단한 주의를 하면 널리 인식할 수 있고, 또는 이미 제품에 의한 사고가 발생된 것이 널리 알려져 그 약품의 사용을 피할 수 있었던 특별한 사정이 없는 한 관능시험 및 기기시험까지 할 주의의무가 있다 할 수 없고 따라서 그 표시를 신뢰하고 그 약을 사용한 점에 과실이 있다고 볼 수 없다(대법원 1976.2.10. 선고 74도2046 판결).
[K약국 약사인 甲은 친화약품에서 소분하여 포장한(이 포장에는 약사법 소정의 국가기관검인이 있었음), 실제로는 독극물인 화공약품 탄산바륨을 그 포장에 쓰여있는 약품명인 감기약의 조제에 사용하는 침강탄산칼슘으로 믿

고 해열제 조제에 사용하여 이를 복용한 乙이 사망하였다. 탄산바륨과 침강탄산칼슘은 대한약전(大韓藥典)에 규정된 단계적인 모든 심사를 끝까지 하지 아니하면 거의 구별할 수 없고, 그 성상에 있어서도 거의 유사한 약품들이었다]

2) 의료사고에 있어서 의사의 과실을 인정하기 위해서는 의사가 결과 발생을 예견할 수 있었음에도 불구하고 그 결과 발생을 예견하지 못하였고, 그 결과 발생을 회피할 수 있었음에도 불구하고 그 결과 발생을 회피하지 못한 과실이 검토되어야 하고, 그 과실의 유무를 판단함에는 같은 업무와 직무에 종사하는 일반적 보통인의 주의 정도를 표준으로 하여야 하며, 이에는 사고 당시의 일반적인 의학의 수준과 의료환경 및 조건, 의료행위의 특수성 등이 고려되어야 한다. 내과의사가 신경과 전문의에 대한 협의진료 결과 피해자의 증세와 관련하여 신경과 영역에서 이상이 없다는 회신을 받았고, 그 회신 전후의 진료 경과에 비추어 그 회신 내용에 의문을 품을 만한 사정이 있다고 보이지 않자 그 회신을 신뢰하여 뇌혈관계통 질환의 가능성을 염두에 두지 않고 내과 영역의 진료 행위를 계속하다가 피해자의 증세가 호전되기에 이르자 퇴원하도록 조치한 경우, 피해자의 지주막하출혈을 발견하지 못한 데 대하여 내과의사의 업무상과실이 있었다고 단정하기는 어렵다(대법원 2003.1.10. 선고 2001도3292 판결).

3) 의사가 진찰 · 치료 등의 의료행위를 할 때에는 사람의 생명 · 신체 · 건강을 관리하는 업무의 성질에 비추어 환자의 구체적인 증상이나 상황에 따라 위험을 방지하기 위하여 요구되는 최선의 조치를 취하여야 할 주의의무가 있고, 의사의 이와 같은 주의의무는 의료행위를 할 당시 의료기관 등 임상의학 분야에서 실천되고 있는 의료행위의 수준을 기준으로 삼되 그 의료수준은 통상의 의사에게 의료행위 당시 일반적으로 알려져 있고 또 시인되고 있는 이른바 의학상식을 뜻하므로 진료환경 및 조건, 의료행위의 특수성 등을 고려하여 규범적인 수준으로 파악되어야 한다. 甲 대학병원에서 환자 乙에 대한 유방 조직검사를 시행하여 암의 확정 진단을 하였는데, 乙이 丙 대학병원에 전원하면서 甲 병원의 조직검사 결과를 기재한 조직검사 결과지를 제출하여 丙 대학병원에서 유방절제술을 받았으나, 종양조직검사 결과 암세포가 검출되지 않았고 이에 甲 병원에서 乙의 조직검사 슬라이드 등을 각 대출받아 암세포 검출 여부를 재확인하는 과정에서 甲 병원 병리과 의료진이 조직검사 슬라이드를 만들면서 다른 환자의 조직검체에 乙의 라벨을 부착한 것이 밝혀진 사안에서, 丙 병원의 의사에게 甲 병원의 조직검사 슬라이드 제작 과정에서 조직검체가 뒤바뀔 가능성 등 매우 이례적인 상황에 대비하여 乙로부터 새로이 조직을 채취하여 재검사를 실시하거나 甲 병원에서 파라핀 블록을 대출받아 조직검사 슬라이드를 다시 만들어 재검사를 시행한 이후에 유방절제술을 시행할 주의의무까지 있다고 보기는 어렵다(대법원 2011.7.14. 선고 2009다65416 판결).

제8절 결과적 가중범(Erfolgsqualifizierte Delikt)

제1항 의의와 논의의 대상

1. 의의

제15조 (사실의 착오) ② 결과로 인하여 형이 중할 죄에 있어서 그 결과의 발생을 예견할 수 없었을 때에는 중한 죄로 벌하지 아니한다.

결과적 가중범이란 일정한 고의에 기한 범죄행위(기본구성요건, 기본범죄)가 그 고의를 초과하여 행위자가 인식하지 못한 중한 결과(결과구성요건)를 발생케 한 경우의 범죄행위유형을 말한다. 즉 고의(행위)와 과실의 결합형식(Vorsatz-Fahrlässigkeitskombination)으로서의 범죄유형으로, 형법은 제15조 제2항에 "결과로 인하여 형이 중한 죄에 있어서 그 결과의 발생을 예견할 수 없었을 때에는 중한 죄로 벌하지 아니한다"라고 규정함으로써 결과발생에 대한 예견 또는 예견가능성이 있는 경우에만 발생된 결과에 대해 책임귀속이 가능함을 명시하고 있다. 단 규정형식은 입법모델인 된 일본개정형법가안 제12조처럼 「예견할 수 있는 경우에 한하여」 결과적 가중범을 인정한다는 적극적인 형식이 아니라, 「예견할 수 없었을 때에는」 결과적 가중범의 성립을 부정한다는 소극적인 형식으로 되어 있다.[1]

결과적 가중범이 단순과실범보다 무겁게 처벌되는 이유는 기본행위에 내포된 위험성이 과실에 의해 실현되었다는 행위반가치성의 고려에 있으며, 이것이 결과적 가중범의 본질적인 불법내용을 이루고 있는 것이므로 단순한 우연책임이나 결과책임이 아니라는 것이다. 즉 결과적 가중범의 본질적인 구성부분은 중한 결과발생의 위험성을 내포하고 있는 기본범죄행위로, 결과적 가중범은 단순한 고의범과 과실범의 가중적 구성요건이 아닌 독립된 불법내용을 가진 독자적인 범죄유형이다. 따라서 중한 결과발생이 기본행위에 내재된 위험의 실현이라는 점에서 중한 결과발생에 대해서 별도의 과실행위를 요하지 아니한다.

---

1) 〈중한 결과발생에 대한 과실을 달리 표현하고 있는 입법례〉
독일형법 제18조 (행위의 특별한 결과에 대한 가중범) 법규가 행위의 특별한 결과에 보다 중한 형을 규정하고 있는 때에는 그 결과에 관하여 적어도 과실(wenigstens Fahrlässigkeit)의 책임을 지는 경우에 한하여 그 중한 형으로서 정범자 및 공범자를 처벌한다 [중한 결과에 대해 고의가 있는 경우를 당연히 전제하는 입장]
오스트리아형법 제7조 (고의범, 과실범의 가벌성) ① 법률이 달리 정하지 아니한 경우, 고의의 행위만을 처벌한다.
② 행위의 특별한 결과와 관련된, 보다 무거운 처벌은 행위자가 적어도 과실로 그 결과를 야기한 때에만 과한다.

결과적 가중범 관련 규정

1. 개인적 법익에 관한 죄

상해(존속상해)치사죄(제259조), 폭행치사상죄(제262조), 동의낙태치사상죄(제269조 제3항), 업무상부동의낙태치사상죄(제270조 제3항), 유기(존속유기)치사상죄(제275조 제1항, 제2항), 체포 · 감금(존속체포감금)치사상죄(제281조 제1항, 제2항), 강간강제추행치사상죄(제301조, 제301조의2), 강도치상죄(제337조), 강도치사죄(제338조), 해상강도치사상죄(제340조 제2,3항), 중손괴치사상죄(제368조 제2항)

2. 사회적 법익에 관한 죄

현주건조물등에의방화치사상죄(제164조 제2항), 연소죄(제168조), 가스등의공작물손괴치사상죄(제173조 제3항), 현주건조물등에의일수치사상죄(제177조 제2항), 교통방해치사상죄(제188조), 음용수혼독치사상죄(제194조)

제164조 (현주건조물등에의 방화) ① 불을 놓아 사람이 주거로 사용하거나 사람이 현존하는 건조물, 기차, 전차, 자동차, 선박, 항공기 또는 광갱을 소훼한 자는 무기 또는 3년 이상의 징역에 처한다.
② 제1항의 죄를 범하여 사람을 상해에 이르게 한 때에는 무기 또는 5년 이상의 징역에 처한다. 사망에 이르게 한 때에는 사형, 무기 또는 7년이상의 징역에 처한다.
제174조 (미수범) 제164조제1항, 제165조, 제166조제1항, 제172조제1항, 제172조의2제1항, 제173조제1항과 제2항의 미수범은 처벌한다.

3. 국가적 법익에 관한 죄

특수공무방해치사상죄(제144조 제2항)

〈성폭력범죄의 처벌 등에 관한 특례법〉

제8조 (강간 등 상해 · 치상) ① 제3조제1항, 제4조, 제6조, 제7조 또는 제15조(제3조제1항, 제4조, 제6조 또는 제7조의 미수범으로 한정한다)의 죄를 범한 사람이 다른 사람을 상해하거나 상해에 이르게 한 때에는 무기징역 또는 10년 이상의 징역에 처한다.
② 제5조 또는 제15조(제5조의 미수범으로 한정한다)의 죄를 범한 사람이 다른 사람을 상해하거나 상해에 이르게 한 때에는 무기징역 또는 7년 이상의 징역에 처한다.
제9조 (강간 등 살인 · 치사) ① 제3조부터 제7조까지, 제15조(제3조부터 제7조까지의 미수범으로 한정한다)의 죄 또는 「형법」 제297조(강간), 제297조의2(유사강간) 및 제298조(강제추행)부터 제300조(미수범)까지의 죄를 범한 사람이 다른 사람을 살해한 때에는 사형 또는 무기징역에 처한다.
② 제4조, 제5조 또는 제15조(제4조 또는 제5조의 미수범으로 한정한다)의 죄를 범한 사람이 다른 사람을 사망에 이르게 한 때에는 무기징역 또는 10년 이상의 징역에 처한다.
③ 제6조, 제7조 또는 제15조(제6조 또는 제7조의 미수범으로 한정한다)의 죄를 범한 사람이 다른 사람을 사망에 이르게 한 때에는 사형, 무기징역 또는 10년 이상의 징역에 처한다.
제15조 (미수범) 제3조부터 제9조까지 및 제14조의 미수범은 처벌한다.

2. 논의의 대상(문제제기)

첫째, 중한 결과에 대한 과실의 문제로, 제15조 제2항에서 규정하고 있는 「결과에 대한 예견가능성」을 과실의 의미로 볼 수 있느냐?, 과실의 의미로 본다면 여기서의 예견가능성은 객관적 예견가능성(객관적 과실)을 의미하느냐 주관적 예견가능성을 의미하느냐, 나아가 이러한 각 예견가능성을 범죄체계상 어디에 위치시키느냐?

※형법일부개정법률안(2011.3.25. 정부안으로 국회제출, 의안번호 1811304호)은 일반적으로 현행 「형법」 제15조 제2항을 결과적 가중범에 대한 규정으로 해석하고 있는 점을 감안하여 이를 독립된 규정으로 분리하여 표제를 '결과적 가중범'으로 하고, '그 결과의 발생을 예견할 수 없었을 때에는'을 '그 결과의 발생에 대해 과실이 없는 때에는'으로 수정하여 '예견가능성'이 '과실'을 의미한다는 점을 명백히 하였다.
안 제14조 (결과적 가중범) 결과로 인하여 형이 무거운 죄의 경우에 그 결과의 발생에 대하여 과실이 없을 때에는 무거운 죄로 벌하지 아니한다.

둘째, 고의의 기본범죄행위와 중한 결과의 발생간의 인과관계의 문제로, 결과적 가중범에는 중한 결과발생에 대한 과실 이외에 인과관계가 필요한가 아니면 중한 결과발생에 대한 과실만 있으면 되느냐와, 인과관계가 필요하다면 이 인과관계의 내용을 어떻게 정립하느냐가 문제된다.

제2항 결과적 가중범의 유형

Ⅰ. 결과구성요건이 고의 또는 과실에 의해 충족되느냐에 따라

1. 진정 결과적 가중범(echtes erfolgsqualifiziertes Delikt)

진정 결과적 가중범은 중한 결과가 반드시 과실에 의해 발생하는 경우의 범죄유형으로, 상해치사죄(제259조), 폭행치사죄(제262조), 낙태치사상죄(제269조 제3항, 제270조 제3항), 유기치사상죄(제275조), 체포 · 감금치사상죄(제281조), 강도치사상죄(제337조, 제338조) 등이 이에 해당한다.

2. 부진정 결과적 가중범(unechtes erf. Delikt)

부진정 결과적 가중범이란 중한 결과가 고의(미필적 고의)에 의해서도 발생하는 경우, 즉 기본범죄가 중한 결과를 발생케 할 위험 이외에 다른 법익에 대한 침해를 불법의 내용으로 포함하고 있는 경우의 범죄유형을 의미한다. 부진정 결과적 가중범을 인정할 것이냐에 대해서는 견해가 대립되고 있는데, 즉 중한 결과에 대하여 고의가 있어도 이를 결과적 가중범으로 처벌할 수 있느냐? 가 문제된다.

부진정 결과적 가중범을 인정하는 견해에 의하면 특수공무방해치사상죄(제144조 제2항), 현주건조물방화치사상죄(제164조 제2항), 교통방해치사상죄(제188조), 중상해죄(제258조), 강간치사상죄(제301조, 제301조의2), 중권리행사방해죄(제326조), 중손괴죄(제368조) 등이 이에 해당한다.

관련판례

1) [사실관계]

현역 해군사병인 甲은 그의 父 乙이 안정사의 주지인 丙 때문에 자신과 乙 등 가족이 거주하여 오던 온봉암에서 쫓겨난데 대하여 원한을 품고 丙을 살해하기로 결의하고, 1982.3.31. 소속대로부터 외박허가를 얻고 외출하여 동년 4.1. 00:30경 안면에 마스크를 하고 丙의 집에 침입하여 그 집 부엌의 석유곤로에 있는 석유를 프라스틱 바가지에 따루어 마루어 놓아두고 큰방에 들어가자 丙은 없고 동인의 妻인 A와 딸 B(19tp), C(11세), D(8세) 등이 깨어 딸 B가 자신을 알아보기 때문에 마당에 있던 절구방망이를 가져와 위 A와 B의 머리를 각 2회씩 강타하여 실신시킨 후 이불로 뒤집어 씌우고 위 바가지의 석유를 뿌리고 성냥불을 켜 대어 丙 및 그의 가족들이 현존하는 집을 전소케하고 불이 붙은 同家에서 빠져 나오려는 위 C와 D가 탈출하지 못하도록 방문 앞에 버티어 서서 지킨 결과 실신하였던 위 A와 탈출하지 못한 C와 D를 현장에서 소사케 하였고, 탈출한 위 B는 3도 화상을 입고 입원가료중 동년 4.10. 사망하였다. 甲은 위 범행 후 자살을 기도하다가 귀대일시인 동년 4.1. 17:00에 귀대치 아니하고 이튿날인 4.2. 03:00경 검거되었다.

[법률적 쟁점]

(1) 실신한 A와 B에 대한 범죄사실과 관련하여 형법 제164조 제2항이 규정하는 현주건조물방화치사상죄는 과실이 있는 경우 뿐만 아니라 고의가 있는 경우도 포함된다고 볼 수 있는가?, 이러한 형법적 판단에 따라 A와 B에 대한 甲의 형사책임은 어떻게 달라지는가?, 이 경우 원심이 제164조 제2항과 제250조 제1항의 상상적 경합관계로 판시했을 때 대법원은 원심판결을 파기할 수 있는가?

(2) C와 D에 대한 甲의 형사책임과 관련하여 제1심과 원심이 판시한 대로 형법 제164조 제1항의 현주건조물방화죄와 제250조 제1항의 살인죄는 상상적 경합관계에 있는가?, 이 경우 원심이 제164조 제1항과 제250조 제1항의 상상적 경합관계로 판시했을 때 대법원은 원심판결을 파기할 수 있는가?

[판시사항]

(1) 중한 결과가 고의(미필적 고의)에 의해서도 발생하는 경우, 즉 기본범죄가 중한 결과를 발생케 할 위험 이외에 다른 법익에 대한 침해를 불법의 내용으로 포함하고 있는 경우의 범죄유형인 부진정 결과적 가중범을 인정할 것이냐? 이와 같이 중한 결과에 대하여 고의가 있어도 이를 결과적 가중범으로 처벌할 수 있느냐?

(2) 현주건조물방화죄와 살인죄의 죄수 관계

(3) 불이익변경금지의 원칙

[판결요지]

형법 제164조 후단(개정형법 제164조 제2항)이 규정하는 현주건조물방화치사상죄는 그 전단(개정형법 제164조 제1항)에 규정하는 죄에 대한 일종의 가중처벌규정으로서 불을 놓아 사람의 주거에 사용하거나 사람이 현존하는 건조물 등을 소훼(燒毁)함으로 인하여 사람을 사상에 이르게 한 때에 성립되며 동 조항이 사형, 무기 또는 7년 이상의 징역의 무거운 법정형을 정하고 있는 취의에 비추어 보면 과실이 있는 경우 뿐 아니라 고의가 있는 경우도 포함된다고 볼 것이므로, 현주건조물 내에 있는 사람을 강타하여 실신케 한 후 동 건조물에 방화하여 소사(燒

死)케 한 피고인을 현주건조물방화죄와 살인죄의 상상적 경합으로 의율할 것은 아니다. 그리고 형법 제164조 전단(개정형법 제164조 제1항)의 현주건조물에의 방화죄는 공중의 생명, 신체, 재산등에 대한 위험을 예방하기 위하여 공중의 안전을 그 제1차적인 보호법익으로 하고 제2차적으로는 개인의 재산권을 보호하는 것이라고 할 것이나, 여기서 공공에 대한 위험은 구체적으로 그 결과가 발생됨을 요하지 아니하는 것이고 이미 현주건조물에의 점화가 독립연소의 정도에 이르면 동 죄는 기수에 이르러 완료되는 것인 한편, 살인죄는 일신전속적인 개인적 법익을 보호하는 범죄이므로, 이 사건에서와 같이 설사 사람이 현존하는 건조물에 그 사람을 살해하기 위하여 방화한 경우라 할지라도 그것은 1개의 행위가 수개의 죄명에 해당하는 경우라고 볼 수 없고, 위 방화행위와 살인행위는 법률상 별개의 범의에 의해 별개의 법익을 해하는 별개의 행위라고 하지 않을 수 없는 바, 그렇다면 불에 타고 있는 집에서 빠져 나오려는 이 사건 피해자들을 막아 소사케 한 행위는 별개의 행위로서 살인죄를 구성한다 할 것이니, 현주건조물방화죄와 살인죄는 실체적 경합관계에 있다(대법원 1983.1.18. 선고 82도2341 판결).

2) [사실관계]

甲은 1995.8.7. 03:15경 경기 광주군 도척면 도웅2리 소재의 자기 집 안방에서 잠을 자고 있는 父 乙과 동생 丙을 살해하기 위하여 그 곳에 있던 두루마리 화장지를 말아 장롱 뒷면에 나 있는 구멍을 통하여 장롱 안으로 집어넣은 다음, 평소 소지하고 다니던 1회용 라이터로 화장지에 불을 붙여 장롱으로 불이 번지자 그 곳을 빠져 나옴으로써 乙과 丙을 연기로 인하여 질식사하도록 하였다.

[법률적 쟁점]

(1) 丙에 대한 범죄사실과 관련하여 형법 제164조 제2항이 규정하는 현주건조물방화치사죄는 과실이 있는 경우 뿐만 아니라 고의가 있는 경우도 포함된다고 볼 수 있는가?, 이러한 형법적 판단에 따라 丙에 대한 甲의 형사책임은 어떻게 달라지는가?

(2) 乙에 대한 甲의 형사책임과 관련하여 형법 제164조 제2항의 현주건조물방화치사죄와 제250조 제2항의 존속살인죄는[2] 상상적 경합관계에 있는가?

[판시사항]

현주건조물방화치사죄와 살인죄 및 존속살인죄의 죄수 관계

[판결요지]

원심판결과 원심이 인용한 제1심판결 이유에 의하면, 제1심은 그 명시한 증거에 의하여 위 사실을 인정한 다음, 乙에 대한 살인행위를 형법 제250조 제2항, 丙에 대한 살인행위를 같은 법 제250조 제1항, 각 현주물방화치사의 점을 같은 법 제164조 후단(개정형법 제164조 제2항)에 의율하여 위 각 죄를 상상적 경합범으로 처단하였고, 원심은 이를 유지하였다. 살피건대, 형법 제164조 후단(개정형법 제164조 제2항)이 규정하는 현주건조물방화치사상죄는 그 전단(개정형법 제164조 제1항)이 규정하는 죄에 대한 일종의 가중처벌 규정으로서 과실이 있는 경우 뿐만 아니라, 고의가 있는 경우에도 포함된다고 볼 것이므로 사람을 살해할 목적으로 현주건조물에 방화하여 사망에 이르게 한 경우에는 현주건조물방화치사죄로 의율하여야 하고 이와 더불어 살인죄와의 상상적 경합범으로 의율할 것은 아니라고 할 것이고(대법원 1983.1.18. 선고 82도2341 판결 참조), 다만 존속살인죄와 현주건조물방화치사죄는 상상적 경합범 관계에 있으므로, 법정형이 중한 존속살인죄로 의율함이 타당하다고 할 것이다. 따라서 이 사건에 있어 丙의 살해에 대하여는 현주건조물방화치사죄만으로 의율하였어야 함에도 불구하고, 위와 같이 丙의 살해에 대하여 살인죄와 현주건조물방화치사죄의 상상적 경합범으로 의율한 제1심을 유지한 원심은 필경 형법 제164조 후단의 현주건조물방화치사죄의 법리나 상상적 경합범의 법리를 오해하였다고 아니할 수

2) 1995.12.29. 형법 개정 이전 제250조 (살인, 존속살해) ① 사람을 살해한 자는 사형, 무기 또는 5년 이상의 징역에 처한다.
② 자기 또는 배우자의 직계존속을 살해한 자는 사형 또는 무기징역에 처한다.
현행 형법 제250조(살인, 존속살해) ① 사람을 살해한 자는 사형, 무기 또는 5년 이상의 징역에 처한다.
② 자기 또는 배우자의 직계존속을 살해한 자는 사형, 무기 또는 7년 이상의 징역에 처한다.

없다. 그러나 甲의 소위는 1개의 방화행위로 인하여 乙과 丙을 동시에 사망하게 한 것으로서 이는 상상적 경합범에 해당되므로 어차피 현주건조물방화치사죄보다 형이 더 무거운 존속살인죄의 정한 형으로 처벌할 수밖에 없고, 원심도 피고인을 형이 가장 무거운 존속살인죄의 정한 형으로 처벌하였으므로 원심의 위와 같은 잘못은 판결에 영향이 없다 할 것이다(대법원 1996.4.26. 선고 96도485 판결).

[주의]

존속살인죄와 현주건조물방화치사죄는 상상적 경합범 관계로 해석한 위 판례는 자기 또는 배우자의 직계존속을 살해한 자는 사형 또는 무기징역에 처하도록 규정한 1995.12.29. 형법 개정 이전의 판례로, 현행 형법의 해석으로는 견해가 대립되고 있다.

3) 특수공무집행방해치사상과[3] 같은 이른바 부진정결과적가중범은 예견가능한 결과를 예견하지 못한 경우 뿐만 아니라 그 결과를 예견하거나 고의가 있는 경우까지도 포함하는 것이므로, 공무집행을 방해하는 집단행위의 과정에서 일부 집단원이 고의행위로 살상을 가한 경우에도 다른 집단원에게 그 사상의 결과가 예견가능한 것이었다면 다른 집단원도 그 결과에 대하여 특수공무집행방해치사상의 책임을 면할 수 없는 것이다. 그리고 공동정범에 있어서는 범인 전원이 일정한 일시, 장소에 집합하여 모의한 바 없고 또 일부가 현실적으로 범죄실행에 가담한 일이 없다고 하여도 간접적 또는 순차적으로 범행의 포괄적 또는 개별적인 의사연락이 있으면 전체에 대하여 공동정범이 성립하는 것이고(당원 1979.12.11. 선고 79도2280판결; 1981.7.14. 선고 80도2544 판결 각 참조). 또 결과적 가중범에 있어서의 공동정범은 행위를 공동으로 할 의사가 있으면 성립하고 결과를 공동으로 할 의사는 필요 없는 것인바 (당원 1978.1.17. 선고 77도2193 판결 참조), 기록에 의하여 살펴보면 원심이 피고인들의 판시 각 범죄행위에 대하여 공모공동정범의 성립을 인정한 조치에 수긍이 가고 소론과 같은 위법이 없다(대법원 1990.6.26. 선고 90도765 판결).

4) 특수공무집행방해치상죄는 원래 결과적 가중범이기는 하지만, 이는 중한 결과에 대하여 예견가능성이 있었음에 불구하고 예견하지 못한 경우에 벌하는 진정 결과적 가중범이 아니라 그 결과에 대한 예견가능성이 있었음에도 불구하고 예견하지 못한 경우 뿐만 아니라 고의가 있는 경우까지도 포함하는 부진정 결과적 가중범이다(대법원 1990.6.26.선고, 90도765 판결 참조). 그러나 결과적 가중범에 이와 같이 고의로 중한 결과를 발생케 하는 경우가 포함된다고 하여서 고의범에 대하여 더 무겁게 처벌하는 규정이 있는 경우까지 고의범에 정한 형으로 처벌할 수 없다고 볼 것은 아니다. 결과적 가중범은 행위자가 중한 결과를 예견하지 못한 경우에도 그 형이 가중되는 범죄인데, 고의로 중한 결과를 발생케 한 경우까지 이를 결과적 가중범이라 하여 무겁게 벌하는 고의범에 정한 형으로 처벌할 수 없다고 하면, 결과적 가중범으로 의율한 나머지 더 가볍게 처벌되는 결과를 가져오기 때문이다. 따라서 고의로 중한 결과를 발생케 한 경우에 무겁게 벌하는 구성요건이 따로 마련되어 있는 경우에는 당연히 무겁게 벌하는 구성요건에서 정하는 형으로 처벌하여야 할 것이고, 결과적 가중범의 형이 더 무거운 경우에는 결과적 가중범에 정한 형으로 처벌할 수 있도록 하여야 할 것이다. 그러므로 기본범죄를 통하여 고의로 중한 결과를 발생케 한 부진정 결과적 가중범의 경우에 그 중한 결과가 별도의 구성요건에 해당한다면 이는 결과적 가중범과 중한 결과에 대한 고의범의 상상적 경합관계에 있다고 보아야 할 것이다(대법원 1995.1.20. 선고 94도2842 판결).

5) 기본범죄를 통하여 고의로 중한 결과를 발생하게 한 경우에 가중 처벌하는 부진정결과적가중범에 있어서, 고의로 중한 결과를 발생하게 한 행위가 별도의 구성요건에 해당하고 그 고의범에 대하여 결과적가중범에 정한 형보다 더 무겁게 처벌하는 규정이 있는 경우에는 그 고의범과 결과적가중범이 상상적 경합관계에 있다고 보아야 할 것이지만(대법원 1995.1.20. 선고 94도2842 판결, 대법원 1996.4.26. 선고 96도485 판결 등 참조), 위와 같이 고의범에 대하여 더 무겁게 처벌하는 규정이 없는 경우에는 결과적가중범이 고의범에 대하여 특별관계에 있다

---

3) 형법 제144조 (특수공무방해) ① 단체 또는 다중의 위력을 보이거나 위험한 물건을 휴대하여 제136조, 제138조와 제140조 내지 전조의 죄를 범한 때에는 각조에 정한 형의 2분의 1까지 가중한다.
② 제1항의 죄를 범하여 공무원을 상해에 이르게 한 때에는 3년 이상의 유기징역에 처한다. 사망에 이르게 한 때에는 무기 또는 5년 이상의 징역에 처한다.

고 해석되므로 결과적가중범만 성립하고 이와 법조경합의 관계에 있는 고의범에 대하여는 별도로 죄를 구성한다고 볼 수 없다. 따라서 직무를 집행하는 공무원에 대하여 위험한 물건을 휴대하여 고의로 상해를 가한 경우에는 특수공무집행방해치상죄만 성립할 뿐, 이와는 별도로 폭력행위 등 처벌에 관한 법률 위반(집단 · 흉기 등 상해)죄를[4] 구성한다고 볼 수 없다. 기록에 의하면, 피고인이 승용차를 운전하던 중 음주단속을 피하기 위하여 위험한 물건인 승용차로 단속 경찰관을 들이받아 위 경찰관의 공무집행을 방해하고 위 경찰관에게 상해를 입게 하였다는 이 사건 공소사실에 대하여, 검사는 피고인의 행위가 폭력행위 등 처벌에 관한 법률 위반(집단 · 흉기 등 상해)죄와 특수공무집행방해치상죄를 구성하고 두 죄는 상상적 경합관계에 해당하는 것으로 보아 공소를 제기하였음을 알 수 있다. 이에 대하여 원심은, 피고인의 행위는 특수공무집행방해치상죄를 구성할 뿐, 폭력행위 등 처벌에 관한 법률 위반(집단 · 흉기 등 상해)죄는 특수공무집행방해치상죄에 흡수되어 별도로 죄를 구성하지 않는다고 보아 폭력행위 등 처벌에 관한 법률 위반(집단 · 흉기 등 상해)죄에 관하여 무죄로 판단하였는바, 앞서 본 법리와 기록에 비추어 살펴보면 원심의 위와 같은 판단은 정당하고, 거기에 상고이유로 주장하는 바와 같은 죄수에 관한 법리오해 등의 위법이 없다(대법원 2008.11.27. 선고 2008도7311 판결).

6) 피해자들의 재물을 강취한 후 그들을 살해할 목적으로 현주건조물에 방화하여 사망에 이르게 한 경우, 피고인들의 행위는 강도살인죄와 현주건조물방화치사죄에 모두 해당하고 그 두 죄는 상상적 경합범관계에 있다(대법원 1998.12.8. 선고 98도3416 판결).

7) 강간범인이 피해자를 사망에 이르게 한 경우에 그 사망의 결과가 간음행위 자체 뿐만 아니라 강간의 수단으로 사용한 폭행으로 인하여 초래된 경우에도 강간치사죄가 성립하는 것이나, 다만 범인이 강간의 목적으로 피해자에게 폭행을 가할 때에 살해의 범의가 있었다면 살인죄와 강간치사죄의 상상적 경합범이 성립한다고 할 것이므로, 강간범인이 살해의 미필적고의를 가지고 피해자의 입을 막고 경부를 눌러 피해자를 질식으로 인한 실신상태에 빠뜨려 강간한 후 그즈음 피해자를 경부압박으로 인한 질식으로 사망케 하였다면 살인죄와 강간치사죄의 상상적 경합

4) 2016.1.6. 개정 전의 내용으로 헌법재판소 2015.9.24. 선고 2014헌가3 등 위헌결정에 따라 폭력행위 등 처벌에 관한 법률 제3조 제1항은 삭제되었으며(2016.1.6. 개정 · 시행), 단체 또는 다중의 위력을 보이거나 위험한 물건을 휴대하여 상해의 죄를 범한 자에 대하여 신설된 형법 제258조의2 특수상해죄는 1년 이상 10년 이하의 징역에 처하는 것으로 규정하고 있다. 따라서 현행법상으로는 특수공무집행방해치상죄만 성립한다.
폭력행위 등 처벌에 관한 법률 제2조 (폭행등) ① 삭제 〈2016.1.6.〉
② 2명 이상이 공동하여 다음 각 호의 죄를 범한 사람은 「형법」 각 해당 조항에서 정한 형의 2분의 1까지 가중한다. 〈개정 2016.1.6.〉
1. 「형법」 제260조제1항(폭행), 제283조제1항(협박), 제319조(주거침입, 퇴거불응) 또는 제366조(재물손괴 등)의 죄
2. 「형법」 제260조제2항(존속폭행), 제276조제1항(체포, 감금), 제283조제2항(존속협박) 또는 제324조제1항(강요)의 죄
3. 「형법」 제257조제1항(상해) · 제2항(존속상해), 제276조제2항(존속체포, 존속감금) 또는 제350조(공갈)의 죄
〈개정 전〉 ① 상습적으로 다음 각 호의 죄를 범한 자는 다음의 구분에 따라 처벌한다.
1. 형법 제260조제1항(폭행), 제283조제1항(협박), 제319조(주거침입, 퇴거불응) 또는 제366조(재물손괴등)의 죄를 범한 자는 1년 이상의 유기징역
2. 형법 제260조제2항(존속폭행), 제276조제1항(체포, 감금), 제283조제2항(존속협박) 또는 제324조(강요)의 죄를 범한 자는 2년 이상의 유기징역
3. 형법 제257조제1항(상해) · 제2항(존속상해), 제276조제2항(존속체포, 존속감금) 또는 제350조(공갈)의 죄를 범한 자는 3년 이상의 유기징역
② 2인 이상이 공동하여 제1항 각 호에 열거된 죄를 범한 때에는 각 형법 본조에 정한 형의 2분의 1까지 가중한다.
제3조 (집단적 폭행등) ① 삭제 〈2016.1.6.〉
〈개정 전〉 ① 단체나 다중의 위력으로써 또는 단체나 집단을 가장하여 위력을 보임으로써 제2조제1항에 열거된 죄를 범한 자 또는 흉기 기타 위험한 물건을 휴대하여 그 죄를 범한 자는 제2조제1항 각 호의 예에 따라 처벌한다.
형법 제258조의2 (특수상해) ① 단체 또는 다중의 위력을 보이거나 위험한 물건을 휴대하여 제257조제1항 또는 제2항의 죄를 범한 때에는 1년 이상 10년 이하의 징역에 처한다.
② 단체 또는 다중의 위력을 보이거나 위험한 물건을 휴대하여 제258조의 죄를 범한 때에는 2년 이상 20년 이하의 징역에 처한다.

범으로 보아 가장 무거운 살인죄에 정한 형으로 처벌한 원심판결은 정당하다(대법원 1990.5.8. 선고 90도670 판결).

형법 제258조 중상해죄의 법적 성질

제258조 (중상해, 존속중상해) ① 사람의 신체를 상해하여 생명에 대한 위험을 발생하게 한 자는 1년 이상 10년 이하의 징역에 처한다.

② 신체의 상해로 인하여 불구 또는 불치나 난치의 질병에 이르게 한 자도 전항의 형과 같다.

③ 자기 또는 배우자의 직계존속에 대하여 전2항의 죄를 범한 때에는 2년 이상의 유기징역에 처한다.

1) 결과적 가중범으로 보는 견해

(1) 단순상해죄(제257조)의 단순한 결과적 가중범으로 보는 견해

(2) 단순상해죄의 결과적 가중범일 뿐 아니라 중상해의 고의가 있는 경우에도 결과적 가중범이 성립된다고 보는 견해[5)]

중상해의 고의로 중한 상해의 결과가 발생한 경우도 결과적 가중범이라고 보는 견해로, 중상해죄의 미수범처벌규정이 없으며 단순상해의 고의범으로 보면 결과책임을 인정하는 모순이 생긴다는 점을 그 이론적 근거로 들고 있다.

2) 결과적 가중범이 아닌 단순 고의범으로 보는 견해

중한 결과도 상해의 개념에 포괄되므로, 중상해의 고의 및 과실을 따로 논할 것이 아니라 단순상해의 고의로 결과가 일반적으로 중하기 때문에 가중처벌한다고 보는 견해. 다만 이 견해를 주장하는 학자들도 제258조는 결과책임사상으로, 입법론적으로 검토의 여지가 있다고 본고 있다. 그 이론적 근거로는 첫째, 단순상해고의와 중상해고의를 구별할 필요가 없으며 둘째, 중상해죄의 미수도 제257조 제3항의 미수범으로 처벌이 가능하므로, 본죄의 미수범규정을 따로 규정할 필요가 없고 셋째, 책임주의는 가중결과에 대해 적어도 과실이 있을 것을 요하므로 처음부터 중상해의 고의가 있는 경우에는 이를 고의범으로 처벌하는 것은 책임주의의 위반이 아니며 넷째, 상해죄나 중상해죄의 결과적 가중범은 제259조 제1항의 (중)상해치사죄이며 다섯째, 단순상해와 중상해 개념이 불명확하다는 점을 들고 있다.

3) 중상해죄의 유형을 구별하여, 제258조 제1항과 제2항의 법적 성질을 달리 보는 견해

제258조 제1항 「생명에 위험을 발생하게 한 자는 ~」은 구체적 위험범으로, 전형적인 고의범이며, 따라서 생명에 대한 위험발생의 점에 대해 고의를 요하는 데 반해, 제258조 제2항 「신체의 상해로 인하여 불구 또는 불치나 난치의 질병에 이르게 한 자 ~」은 중한 결과발생에 예견가능성을 요구하는 전형적인 결과적 가중범의 규정으로 보는 견해이다.

---

5) 다수견해.

Ⅱ. 기본구성요건이 고의(행위) 또는 과실(행위)에 의해 충족되느냐에 따라

고의의 결과적가중범은 기본구성요건이 고의(행위)에 의하여 발생하는 범죄유형이며, 과실의 결과적가중범은 기본구성요건이 과실(행위)에 의하여 발생하는 경우이다. 결과적 가중범에서 기본행위가 과실에 의한 경우에도 결과적 가중범이 성립하느냐에 대해서는 견해의 대립이 있는 바, 현행 형법은 기본구성요건은 언제나 고의에 의한 경우에만 국한하고 있으므로 기본범죄가 과실행위로 인한 경우는 인정되지 않는다.

과실의 결과적 가중범을 인정하는 입법례로는 독일형법 실화치상죄(제306조d 제2항) 및 과실폭발물 폭발야기치상죄(제308조 제6항) 등과,[6] 오스트리아형법 과실중상해죄(제88조 제4항) 및 실화치사상죄(제170조 제2항)가 이에 해당한다.

제3항 법적 성질

고의범(기본범죄가 고의행위) · 결과범 · 결합범의 일종이다. 즉 고의범과 과실범이 하나의 구성요건으로 결합된 결합범의 일종으로, 단순과실범보다 무겁게 처벌하는 이유는 기본행위로서의 고의에 기한 행위에 전형적으로 내포된 잠재적인 위험의 실현이라는 행위반가치성의 고려에 있다. 단순한 고의범과 과실범의 가중적 구성요건이 아닌 독립된 불법내용을 가진 독자적 범죄유형이다.

제4항 인정(처벌)근거

책임주의와의 조화 문제로, 결과책임사상에서 엄격한 책임주의(「keine Strafe ohne Schuld」라는 법적 비난가능성)에로의 발전

Ⅰ. 결과책임설

책임주의의 예외라는 전제하에 기본행위와 중한 결과사이에 조건적 인과관계만 있으면 중한 결과

6) 제306a (중방화) ② 제306조 제1항 제1호 내지 제6호에 규정된 물건에 방화하거나 또는 방화를 통하여 그 일부 또는 전부를 파괴하고 이로 인하여 타인을 건강 훼손의 위험에 빠뜨린 자도 동일하게 처벌(1년 이상의 자유형)한다.
제306d (실화) ② 제306a 제2항의 경우 과실로 행위하고 과실로 위험을 야기한 자는 3년 이하의 자유형 또는 벌금형에 처한다.
제308조 (폭발물 폭발야기) ① 원자력 방출 이외의 방법으로 특히 폭발물에 의하여 폭발을 야기하고, 그로 인하여 타인의 신체 · 생명 또는 상당한 가치 있는 타인의 물건에 대한 위험을 야기한 자는 1년 이상의 자유형에 처한다.
⑥ 제1항의 경우에 과실로 행위하고 위험을 과실로 야기한 자는 3년 이하의 자유형 또는 벌금형에 처한다.

에 대해 책임을 인정할 수 있다는 객관주의 입장으로, 이 견해에 의하면 형사책임의 범위가 부당하게 확대됨으로써 책임주의에 위배된다.

Ⅱ. 상당인과관계설

기본행위와 중한 결과사이에 상당인과관계만 있으면 중한 결과에 대해 책임을 인정할 수 있다는 견해로, 이 견해는 결과적 가중범을 책임주의에 대한 예외라는 전제하에 인과관계론을 설명하려는 입장으로 결과책임설과 동일한 비판이 가해진다.

Ⅲ. 이원설(상당인과관계 및 과실)

기본행위와 중한 결과사이에 상당인과관계가 있고, 나아가 중한 결과발생에 대한 예견가능성이 있어야 중한 결과에 대해 책임을 인정할 수 있다는 견해이다. 이 견해에 대하여 과실설을 주장하는 입장에서는 책임의 본질은 비난가능성이므로 중한 결과에 대하여 과실만 있으면 바로 책임을 인정할 수 있으며, 다시 상당인과관계를 논할 필요가 없다고 비판한다.

Ⅳ. 과실설

중한 결과에 대한 과실만 있으면 바로 중한 결과에 대하여 책임을 인정할 수 있다는 견해이다.

Ⅴ. 새로운 견해

결과책임의 잔재를 청산하기 위하여 대두되는 견해들로

첫째, 이중고의이론[7]은 기본구성요건의 결과에 대해서는 침해고의, 결과구성요건의 결과에 대해서는 위험고의를 요한다는 견해이다.

둘째, 중한 결과에 대해서는 인식있는 과실을 요한다는 견해도 있고,

7) Arthur Kaufmann.

셋째, 결과적 가중범을 삭제하고 상상적 경합으로 규율하되 가중주의의 원칙을 적용하자는 견해[8] 도 있다.

넷째, 양형규정에 따라 무겁게 처벌하도록 규율하자는 견해[9]도 있으나 위 셋째와 넷째의 견해에 대해서는 결과적 가중범의 독자적 불법내용을 무시한다는 비판이 있다.

다섯째, 중한 결과에 대해 단순과실이 아닌 중과실을 요한다는 견해가 있고,

여섯째, 중한 결과의 귀속판단에 있어 중한 결과가 기본범죄의 직접적인 결과인 경우에만 인정하려는 직접성의 원칙을 요한다는 견해도 있고,

일곱째, 객관적 귀속의 문제와 주관적 예견가능성의 문제로 재구성하고자 하는 견해가 있다.

제5항 결과적 가중범의 구조

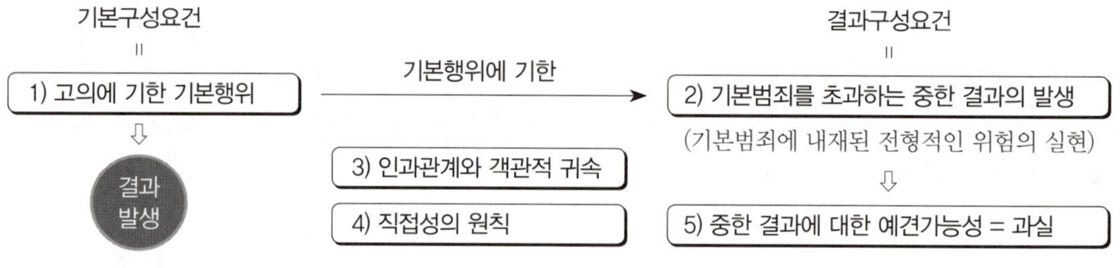

위의 구조에 있어서도 인과관계의 내용, 과실의 내용 및 범죄체계적 지위에 대해서는 견해의 대립이 있다.

Ⅰ. 구성요건해당성

1. 객관적 불법구성요건표지

1) 기본범죄행위

고의에 의한 경우에 한하며, 기본범죄행위에 의해 고유한 행위결과가 발생해야 한다. 또한 기본범죄는 처음부터 중한 결과발생의 위험성을 내포하고 있는 범죄에 국한되며, 기본범죄의 미수 · 기수와는 관계없다(양형상의 고려에 불과). 다만 책임주의의 철저한 관철이라는 면에서 기본범죄의 미수 · 기수에 따

8) H.H.Jescheck.

9) J.Baumann.

라 불법과 책임의 양을 구분하자는 견해도 있다.

관련판례

1) 강간이 미수에 그친 경우라도 강간행위자체로 상해에 이른 경우 뿐만 아니라 그 수단이 된 폭행에 의하여 피해자가 상해를 입었다면 강간치상죄가 성립하는 것이며, 미수에 그친 것이 피고인이 자의로 실행에 착수한 행위를 중지한 경우이든 실행에 착수하여 행위를 종료하지 못한 경우이든 가리지 않는다(대법원 1988.11.8. 선고 88도1628 판결. 같은 취지의 판례로 대법원 1986.6.10. 선고 86도887 판결 등).

2) [판시사항]

고의범인 상해죄로 처벌한 상해를 다시 결과적 가중범인 강제추행치상죄의 상해로 인정할 수 있는지 여부

[판결요지]

원심이 적법한 증거조사를 거쳐 채택한 증거 등에 비추어 원심판결 이유를 살펴보면, 원심이 그 판시와 같은 이유로 피고인이 피해자의 상의 위쪽으로 손을 넣어 피해자의 가슴을 만지고 스타킹 위로 피해자의 허벅지를 만져 피해자를 강제로 추행한 사실을 인정한 것은 정당하고, 거기에 상고이유의 주장과 같이 강제추행의 법리를 오해하거나 채증법칙을 위반한 위법이 있다고 할 수 없다. 그러나 피해자가 입은 상처를 강제추행치상죄에 있어서의 상해로 보아 강제추행치상죄를 유죄로 인정한 조치는 다음과 같은 이유로 이를 수긍할 수 없다. 강제추행치상죄에 있어 상해의 결과는 강제추행의 수단으로 사용한 폭행이나 추행행위 그 자체 또는 강제추행에 수반하는 행위로부터 발생한 것이어야 한다. 그런데 피해자가 입은 상처들 중 '비골 골절, 좌측 수부 타박상 및 찰과상, 안면부와 우측 족부의 좌상'(이하 '이 사건 비골 골절 등'이라 한다)에 관하여 보건대, 원심판결 및 원심이 적법한 증거조사를 거쳐 채택한 증거 등에 의하면, 이 사건 비골 골절 등은 피해자와 피고인 사이에 술값 문제로 시비가 되어 상호 욕설을 하다가 피고인이 양손으로 피해자의 가슴 부분을 여러 차례 밀어 넘어뜨리고, 제1심 공동피고인 2도 이에 합세하여 피해자의 어깨를 1회 미는 등의 폭행을 하여 발생한 것임을 알 수 있고, 이와 같은 폭행 경위나 당시 제1심 공동피고인 2도 위 폭행에 합세하고 있었던 정황 등에 비추어 보면, 피고인에게 위 폭행 당시부터 피해자에 대한 강제추행의 범의가 있었다고 보기는 어렵다. 그러므로 피고인의 위 폭행은 강제추행의 수단으로서의 폭행으로 볼 수 없어, 이 사건 비골 골절 등과 그 이후 일어난 강제추행 사이에 인과관계가 있다고 할 수 없다. 뿐만 아니라, 원심은 피고인과 제1심 공동피고인 2가 공동하여 피해자에게 이 사건 비골 골절 등 상해를 가한 부분을 상해로 인한 폭력행위 등 처벌에 관한 법률 위반죄로 처벌하고 있는데, 이처럼 고의범인 상해죄로 처벌한 상해를 다시 결과적 가중범인 강제추행치상죄의 상해로 인정하여 이중으로 처벌할 수는 없다 할 것이다. 따라서, 이 사건 비골 골절 등을 강제추행치상죄의 상해에 포함시킨 원심판결에는 결과적 가중범인 강제추행치상죄에 관한 법리를 오해하여 판결에 영향을 미친 위법이 있다 할 것이다. 상해는 피해자의 신체의 건강상태가 불량하게 변경되고 생활기능에 장애가 초래되는 것을 말하는 것으로서, 피해자가 입은 상처가 극히 경미하여 굳이 치료할 필요가 없고 치료를 받지 않더라도 일상생활을 하는 데 아무런 지장이 없으며 시일이 경과함에 따라 자연적으로 치유될 수 있을 정도라면, 그로 인하여 피해자의 신체의 건강상태가 불량하게 변경되었다거나 생활기능에 장애가 초래된 것으로 보기 어려워 강제추행치상죄에 있어서의 상해에 해당한다고 할 수 없다(대법원 2004.3.11. 선고 2004도483 판결 등 참조). 이와 같은 법리에 비추어 피해자가 입은 나머지 상처들인 '우측 서혜부 타박상 및 찰과상, 가슴부 좌상 및 찰과상과 열상'(이하 '이 사건 가슴부 찰과상 등'이라 한다)에 관하여 보건대, 원심판결 및 원심이 적법한 증거조사를 거쳐 채택한 증거 등에 의하면, 이 사건 가슴부 찰과상 등은 피고인이 피해자의 가슴과 허벅지를 만지는 과정에서 발생한 것으로서, 피해자는 이 사건 비골 골절 등과 이 사건 가슴부 찰과상 등에 대하여 21일간의 치료를 요한다는 상해진단을 받았으나 이와 같은 진단은 이 사건 비골 골절 등이 포함되었기 때문이고, 피해자는 이 사건 가슴부 찰과상 등에 대하여는 별도로 치료받은 바 없이 일상생활

에도 지장이 없어 시일이 경과함에 따라 자연적으로 치유된 사실을 알 수 있는바, 이러한 상처 발생 경위, 정도 및 그 치유 경과와 가슴 부위의 피부가 외부에 드러난 다른 부분보다 약하여 상처가 쉽게 생기거나 두드러져 보일 가능성도 배제할 수 없는 점 등에 비추어 보면, 이 사건 가슴부 찰과상 등은 강제추행치상죄에 있어서의 상해에 해당하지 않을 여지가 있다 할 것이다. 따라서, 원심판결 중 이 사건 가슴부 찰과상 등을 강제추행치상죄의 상해에 해당하는 것으로 판단한 부분 역시 심리를 다하지 아니하고 강제추행치상죄의 상해에 관한 법리를 오해하여 판결에 영향을 미친 위법이 있다 할 것이다(대법원 2009.7.23. 선고 2009도1934 판결).

2) 중한 결과의 발생

과실 또는 고의(미필적 고의)에 의한(부진정결과적 가중범) 중한 결과의 발생을 요한다. 중한 결과발생은 기본행위에 내포된 전형적인 위험의 실현으로서 결과적 가중범의 본질적인 불법내용을 형성한다는 점에서, 일정한 결과발생을 불법과 책임과는 무관한 가벌성의 전제조건으로 하는 객관적 처벌조건과는 구별된다.

중한 결과는 대부분 현실적인 법익침해에 해당하나 중상해죄(제258조 제1항)와 중권리행사방해죄(제326조)의 경우는 구체적인 위험결과에 해당한다.[10] 중한 결과가 발생해야 한다는 점에서 중한 결과발생이 미수에 그친 경우, 특히 부진정 결과적 가중범의 경우에 있어서는 이론적으로 성립이 가능할 뿐만 아니라 개정형법 제324조의5와 제342조 및 성폭력범죄의 처벌 등에 관한 특례법 제15조는 결과적 가중범의 미수범 처벌규정을 두고 있다.

3) 인과관계와 객관적 귀속

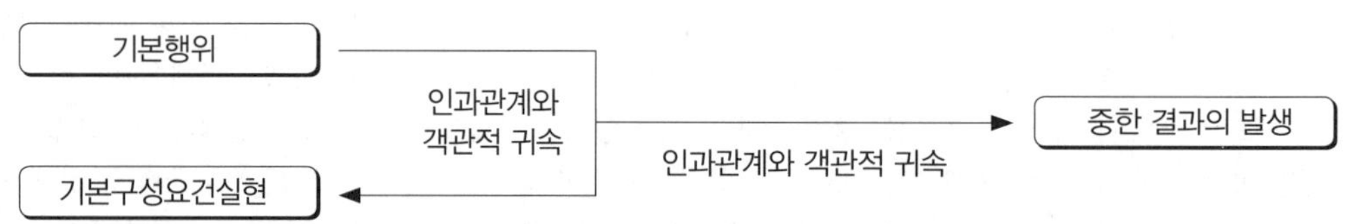

(1) 인과관계

상당인과관계설, 이원설 또는 합법칙적 조건설에서 주장하는 요소로 과실설의 입장에서는인과관계가 필요없다고 해석한다. 객관적 귀속이론에 의하면 종래의 상당인과관계설은 인과관계의 유무와 범위를 결정하는 것이 아니라, 위험실현이라는 특별한 객관적 귀속의 척도에 있어 중한 결과에 대한 객관적 예견가능성을 판단하는 기능에 불과하기 때문에 인과관계는 합법칙적 조건설의 입장에서 파악해야 한다고 한다.

(2) 객관적 귀속

중한 결과발생을 행위자의 기본행위의 결과로서 객관적으로 귀속시킬 수 있느냐가 판단되어야 한다.

---

10) 「~을 하여 사람의 생명에 대한 위험을 발생하게 한 자는 ~」으로 규정.

가) 일반적인 객관적 귀속의 척도(판단기준)

위험창출 또는 객관적 주의의무위반(예견가능성)

객관적 과실의 표지인 객관적 예견가능성을 과실의 독립된 표지로서 과실범의 주관적 구성요건요소로 보느냐(따라서 주관적 과실이 책임요소라는 견해), 아니면 과실의 독립된 표지가 아니라 고의범과 과실범에 공통되는 일반적인 개관적 귀속의 척도로서 객관적 불법구성요건표지로 보느냐(따라서 주관적 과실이 과실범의 주관적 구성요건요소라는 견해)에 대해서는 견해가 대립되고 있다.

나) 특별한 객관적 귀속의 척도

위험실현(객관적 예견가능성과 결과와의 상당성관련의 존재)과 규범의 보호목적범위내에서의 중한 결과가 발생하여야 한다.

4) 직접성의 원칙(Unmittelbarkeitsprinzip)

중한 결과가 중간원인을 거치지 아니하고 중한 결과발생의 위험성을 내포하고 있는 기본행위로부터 직접 야기된 것일 때만 결과적 가중범의 성립을 인정하려는 원칙으로, 중간원인이 개재된 중한 결과발생에 대해 결과적 가중범의 성립을 제한하고자 하는 이론이다.

직접성의 인정기준은 구체적인 상황에 따라 판단한다. 제3자의 행위개입에 의한 경우 및 피해자 자신의 행위가 개입된 경우에는 직접성이 인정되지 않으나, 기본범죄의 일부실현을 피하기 위한 경우 및 기본행위의 일부실현이 가중결과의 원인이 명백히 될 수 있는 경우에 있어 기본범죄 자체를 피하기 위한 경우에는 직접성이 인정된다.

직접성의 원칙의 법적 성질에 대해서는 이를 구성요건의 해석원리로 파악하여 결과적 가중범의 목적론적 제한에 활용하려는 견해와 결과적 가중범에 있어서만 특유한 객관적 귀속의 규범적 평가척도로 파악하려는 견해가 대립되고 있다.

2. 주관적 불법구성요건표지

1) 고의와 과실(주관적 예견가능성)의 결합

기본행위에 대한 고의와 중한 결과에 대한 과실이 결합된 형태로, 제15조 제2항의 예견가능성을 객관적 예견가능성으로 보느냐, 주관적 예견가능성을 의미하는 주관적 과실로 볼 것이냐에 대해서는 견해가 대립되고 있다.

관련판례

1) 피고인은 자전거를 타고 가다가 피해자가 길가에 쌓아 둔 모래더미에 걸려 넘어지자 화가 난 나머지 피해자에게 교통을 방해한다고 소리를 질러 상호 욕설을 하며 시비를 하던 끝에 법으로 해결하자고 하면서 피해자의 왼쪽

어깨쭉지를 잡고 약 7미터 정도 걸어가다가 피해자를 놓아주는 등의 폭행으로 평소 고혈압증세로 급성 뇌출혈에 이르기 쉬운 체질인 피해자가 뇌실질내 혈종의 상해를 입은 경우, 위와 같은 정도의 욕설과 폭행으로 그와 같은 상해의 결과가 발생할 것임을 피고인이 사건 당시 실제로 예견하였거나 예견할 수 있었다고 볼 수 없으므로 폭행치상죄로 처벌할 수 없다(대법원 1982.1.12. 선고 81도1881 판결).

2) 폭행치사죄는 결과적 가중범이므로 폭행의 범의 외에 사망의 결과에 대한 예견가능성이 있음을 요하며 이러한 예견가능성이 전혀 없는 경우에는 폭행과 사망의 결과사이에 조건적인 인과관계가 인정된다고 하여도 폭행치사죄로 의율할 수는 없다고 할 것이다. 피고인의 폭행 정도가 서로 시비하다가 피해자를 떠밀어 땅에 엉덩방아를 찧고 주저앉게 한 정도에 지나지 않은 것이었고 또 피해자는 외관상 건강하여 전혀 병약한 흔적이 없던 자인데 사실은 관상동맥경화 및 협착증세를 가진 특이체질자이기 때문에 위와 같은 정도의 폭행에 의한 충격에도 심장마비를 일으켜 사망하게 된 것이라면 피고인에게 사망의 결과에 대한 예견가능성이 있다고 보기 어려워 결과적 가중범인 폭행치사죄로 의율할 수는 없다(대법원 1985.4.23. 선고 85도303 판결).

2) 고의와 과실의 이중적 의미(기능; 지위)

구성요건단계에서는 행위반가치로서 행위자의 주의의무위반을, 책임판단단계에서는 행위자에 대하여 법적으로 승인될 수 없는 심정형성(心情形成)을 비난하는 심정반가치(心情反價値)에 대한 비난가능성을 의미한다.

Ⅱ. 위법성

기본적 범죄행위에 위법성조각사유(허용구성요건)가 존재하지 않아야 한다.

Ⅲ. 책임성

일반적인 책임표지를 구비하여야 하며, 주관적 과실의 이중적 기능에 따라 책임판단이 달라질 수 있다.

제6항 결과적 가중범의 미수와 공범

사례연습 1

甲은 A를 살해할 의사로 A의 집으로 가 집 주변에 휘발유를 뿌리고 불을 질렀으나, 갑자기 치솟는 불길에 당황하여 A에게 전화해 집 밖으로 빠져 나오게 하였고, A는 간신히 목숨을 건질 수 있었다.
甲의 죄책은?
[2014년도 시행 제3회 변호사시험]
위 사례에서 甲이 양심의 가책을 느껴 A에게 전화하였다면 甲의 죄책은?

[법률적 쟁점]
부진정 결과적 가중범의 기본범죄를 자의에 의해 중지한 경우 또는 중한 결과의 발생을 자의에 의하여 방지한 경우에 부진정 결과적 가중범의 (중지)미수범 성립 여부

[관련규정]
〈형법〉
제25조 (미수범) ① 범죄의 실행에 착수하여 행위를 종료하지 못하였거나 결과가 발생하지 아니한 때에는 미수범으로 처벌한다.
② 미수범의 형은 기수범보다 감경할 수 있다.
제26조 (중지범) 범인이 자의로 실행에 착수한 행위를 중지하거나 그 행위로 인한 결과의 발생을 방지한 때에는 형을 감경 또는 면제한다.
제250조 (살인, 존속살해) ① 사람을 살해한 자는 사형, 무기 또는 5년 이상의 징역에 처한다.
제164조 (현주건조물등에의 방화) ① 불을 놓아 사람이 주거로 사용하거나 사람이 현존하는 건조물, 기차, 전차, 자동차, 선박, 항공기 또는 광갱을 소훼한 자는 무기 또는 3년 이상의 징역에 처한다.
② 제1항의 죄를 범하여 사람을 상해에 이르게 한 때에는 무기 또는 5년 이상의 징역에 처한다. 사망에 이르게 한 때에는 사형, 무기 또는 7년 이상의 징역에 처한다.
제174조 (미수범) 제164조제1항, 제165조, 제166조제1항, 제172조제1항, 제172조의2제1항, 제173조제1항과 제2항의 미수범은 처벌한다.

사례연습 2

甲은 흉기로 A의 팔과 허벅지를 찌르는 등 A로 하여금 항거불능 상태에 빠지게 한 다음 A를 강간하려다가 A가 애원하자 자신의 행동을 뉘우치고 범행을 단념하였다. 이로 인하여 A는 치료일수 2주를 요하는 상해를 입었다.

甲의 죄책은?

[관련규정]

〈형법〉

제25조 (미수범) ① 범죄의 실행에 착수하여 행위를 종료하지 못하였거나 결과가 발생하지 아니한 때에는 미수범으로 처벌한다.

② 미수범의 형은 기수범보다 감경할 수 있다.

제26조 (중지범) 범인이 자의로 실행에 착수한 행위를 중지하거나 그 행위로 인한 결과의 발생을 방지한 때에는 형을 감경 또는 면제한다.

〈성폭력범죄의 처벌 등에 관한 특례법〉

제4조 (특수강간 등) ① 흉기나 그 밖의 위험한 물건을 지닌 채 또는 2명 이상이 합동하여 형법 제297조(강간)의 죄를 범한 사람은 무기징역 또는 5년 이상의 징역에 처한다.

제8조 (강간 등 상해 · 치상) ① 제3조제1항, 제4조, 제6조, 제7조 또는 제15조(제3조제1항, 제4조, 제6조 또는 제7조의 미수범으로 한정한다)의 죄를 범한 사람이 다른 사람을 상해하거나 상해에 이르게 한 때에는 무기징역 또는 10년 이상의 징역에 처한다.

제15조 (미수범) 제3조부터 제9조까지 및 제14조의 미수범은 처벌한다.

Ⅰ. 결과적 가중범의 미수

1. 법률적 쟁점

기본범죄가 미수에 그친 경우 또는 부진정 결과적 가중범에 있어 중한 결과가 미수에 그친 경우에 결과적 가중범의 미수를 인정할 수 있느냐의 문제로, 특히 기본범죄가 중지미수에 그쳤음에도 중한 결과가 발생한 경우 또는 기본범죄는 기수이지만 중한 결과를 진지한 의사에 의하여 중지한 중지미수에 그친 경우에도 결과적 가중범의 전체 기수로 평가한다면 결국 기본범죄가 기수에 달하고 중한 결과가 발생한 경우와 동일하게 되어 법리적으로 논리모순일 뿐 아니라 행위자에 대한 행위정향성이라는 측면에서도 타당하지 아니하다는 비판이 제기된다.

2. 입법적 문제

1995.12.29. 개정 전 구형법은 제342조 본문에서 제337조 전단(강도상해)과 제338조 전단(강도살인)의 미수범만을 처벌한다고 규정하면서, 같은 조 단서에서 "단 제340조중 사람을 사상에 이르게 한 죄는 예외로 한다."라고 하여 해상강도치사상죄(제340조 제2항, 제3항)의 미수범을 인정하지 않음을 명시하고 있었다. 그러나 1995년 개정형법 제342조는 "제328조 내지 제341조의 미수범은 처벌한다."라고 개정하여 규정형식상으로는 제337조 후단(강도치상)과 제338조 후단(강도치사)의 미수범을 처벌할 수 있을 뿐 아니라, 개정 전 제342조 단서를 삭제함으로써 해상강도치사상죄의 미수범을 처벌할 수 있는 것으로 되었다. 그리고 1995년 형법 개정 이전인 1994.1.5. 제정된「성폭력범죄의 처벌 등에 관한 특례법」제12조(현행 제15조)가 강간등치사상죄의 미수범을 처벌하는 규정을 둠으로써 이 규정의 해석과 관련하여 결과적 가중범의 미수가 성립하느냐에 대해 견해가 대립되고 있다.

구 형 법	개 정 형 법
	제324조의4 (인질살해 · 치사) 제324조의2의 죄를 범한 자가 인질을 살해한 때에는 사형 또는 무기징역에 처한다. 사망에 이르게 한 때에는 무기 또는 10년 이상의 징역에 처한다. 제324조의5 (미수범) 제324조 내지 제324조의4의 미수범은 처벌한다.
제337조 (강도상해 · 치상) 강도가 사람을 상해하거나 치상한 때에는 무기 또는 7년 이상의 징역에 처한다. 제338조 (강도살인 · 치사) 강도가 사람을 살해하거나 치사한 때에는 사형 또는 무기징역에 처한다. 제340조 (해상강도) ① 다중의 위력으로 해상에서 선박을 강취하거나 선박내에 침입하여 타인의 재물을 강취한 자는 무기 또는 7년 이상의 징역에 처한다. ② 전항의 죄를 범한 자가 사람을 상해하거나 치상한 때에는 무기 또는 10년 이상의 징역에 처한다. ③ 제1항의 죄를 범한 자가 사람을 살해 또는 치사하거나 부녀를 강간한 때에는 사형 또는 무기징역에 처한다. 제342조 (미수범) 제329조 내지 제334조, 제336조, 제337조 전단, 제338조 전단, 제339조, 제340조와 전조의 미수범은 처벌한다. 단 제340조 중 사람을 사상에 이르게 한 죄는 예외로 한다.	제337조 (강도상해 · 치상) 강도가 사람을 상해하거나 상해에 이르게 한 때에는 무기 또는 7년 이상의 징역에 처한다. 제338조 (강도살인 · 치사) 강도가 사람을 살해한 때에는 사형 또는 무기징역에 처한다. 사망에 이르게 한 때에는 무기 또는 10년 이상의 징역에 처한다. 제340조 (해상강도) ① 동일 ② 제1항의 죄를 범한 자가 사람을 상해하거나 상해에 이르게 한 때에는 무기 또는 10년 이상의 징역에 처한다. ③ 제1항의 죄를 범한 자가 사람을 살해 또는 사망에 이르게 하거나 부녀를 강간한 때에는 사형 또는 무기징역에 처한다. 제342조 (미수범) 제329조 내지 제341조의 미수범은 처벌한다.

3. 결과적 가중범의 착수중지미수범의 성립 여부

착수중지미수범이 성립하기 위해서는 범행계속을 포기하는 부작위로서의 실행행위의 중지가 있어야 한다. 실행행위의 중지가 범행목적의 종국적 포기여야 하는가와 관련하여, 범행결의를 완전히 포기하고 합법적으로 돌아올 것이 요구된다는 견해[11]도 있으나 중지미수를 불가벌로 하고 있는 독일형법과는 달리 필연적 감면사유로만 규정하고 있는 현행 형법의 입장에서는 그와 같이 엄격하게 요구할 필요는 없다. 따라서 범행을 종국적으로 포기하지 않은 실행중지도 중지미수가 될 수 있다.

또한 실행행위를 중지하더라도 결과가 발생하지 않아야 한다는 점에서 실행행위를 중지하더라도 결과가 발생하면 기수가 성립된다. 다만 발생된 결과에 대해 기수범이 성립되기 위해서는 중지한 실행행위와 발생된 결과 사이에 인과관계와 객관적 귀속이 인정되어야 할 것이다.

따라서 결과적 가중범에 있어 기본범죄가 착수중지미수에 해당하는 경우에는 아예 기본범죄의 중지미수범에 불과하며, 비록 기본범죄의 결과가 발생하거나 중한 결과가 발생하더라도 결과적 가중범의 중지미수범이 성립되는 것은 아니다. 이런 점에서 "강간이 미수에 그친 경우라도 그 수단이 된 폭행에 의하여 피해자가 상해를 입었으면 강간치상죄가 성립하는 것이며, 미수에 그친 것이 피고인이 자의로 실행에 착수한 행위를 중지한 경우이든 실행에 착수하여 행위를 종료하지 못한 경우이든 가리지 않는다."는 판례의 입장[12]은 재검토될 필요가 있다.

4. 결과적 가중범의 실행중지미수범의 성립 여부

실행중지미수범이 성립되기 위해서는 결과방지행위가 있어야 하는데, 방지행위는 결과를 방지하겠다는 진지한 의사에 의하여 인과진행을 적극적으로 중단시키는 작위여야 한다. 방지행위와 결과불발생 사이에 인과관계만 있으면 최소한의 필요한 노력으로도 진지성은 인정된다. 또한 그 조치는 결과발생을 방지하는 데 객관적으로 적합한 것이어야 하며, 다만 결과방지에 대한 행위자의 진지성이 확인될 수 있는 한 제3자에게 요청하여 도움을 받더라도 상관없다.

또한 이러한 방지행위로 인하여 현실적으로 결과 전부의 발생을 방지하여야 하며, 만일 이러한 노력에도 불구하고 결과가 발생하면 기수책임을 져야 한다. 다만 결과에로 진행된 인과과정이 행위자가 인식한 과정과 본질적으로 어긋날 때, 즉 비유형적인 인과관계사례에서는 구체적 사안에 따라서는 결과가 발생하였더라도 기수책임이 성립되지 않을 수 있다. 그리고 행위자의 방지행위로 인하여 결과발생이 발생되지 않았다는 인과관련성이 있어야 한다. 따라서 행위자의 행위가 아니라 다른 원인에 의해 결과가 발생하지 않은 경우는 중지미수로 평가할 수 없다.

나아가 결과적 가중범의 본질상 발생한 기본범죄의 결과나 중한 결과가 위험실현(객관적 예견가능성과 결과와의 상당성관련의 존재)과 규범의 보호목적범위 내에서 발생한 결과여야 하며, 직접성의 원칙에 따라 발생한 중한 결과가 중간원인을 거치지 아니하고 중한 결과발생의 위험성을 내포하고 있는 기본행위로부터 직접 야기된 것일 때만 결과적 가중범의 기수범의 성립을 인정할 수 있다. 즉 제3자의 행위개입에 의한 경우 및

11) 중지미수를 불처벌로 규정하고 있는 독일의 다수견해로, 이 견해에 의하면 범행방법의 변경, 실행행위의 일시적 유보 등과 같은 사유로 실행행위를 중지하였을 때는 중지미수가 아니라 장애미수가 성립된다.

12) 대법원 2003.5.30. 선고 2003도1256 판결 ; 1995.5.12. 선고 95도425 판결 ; 1991.10.25. 선고 91도2085 판결 ; 1988.11.8. 선고 88도1628 판결 등.

피해자 자신의 행위가 개입된 경우에는 직접성이 인정되지 않으나, 기본범죄의 일부실현을 피하기 위한 경우 및 기본행위의 일부실현이 가중결과의 원인이 명백히 될 수 있는 경우에 있어 기본범죄 자체를 피하기 위한 경우에는 직접성이 인정된다 할 것이다.

따라서 진정 결과적 가중범에 있어 기본범죄가 실행중지미수에 그친 경우에는 기본범죄의 중지미수범에 불과하며, 실행중지미수에도 불구하고 중한 결과가 발생한 경우에는 이로 인하여 발생한 중한 결과가 중간원인을 거치지 아니하고 중한 결과발생의 위험성을 내포하고 있는 기본행위로부터 직접 야기된 것인가에 대한 검토가 선행되어야 한다. 이런 점에서 "강간이 미수에 그친 경우라도 그로 인하여 피해자가 상해를 입었으면, 강간치상죄가 성립하는 것이고, 강간치상죄에 있어 상해의 결과는 강간의 수단으로 사용한 폭행으로부터 발생한 경우 뿐만 아니라 간음행위 그 자체로부터 발생한 경우나 강간에 수반하는 행위에서 발생한 경우도 포함된다."고 보는 판례의 입장은[13] 재검토할 필요가 있다.

그리고 결과적 가중범이 결합범과는 다른 독자적인 불법 내용을 가진 범죄라고 한다면 부진정결과적 가중범에 있어 중한 결과가 실행중지미수에 그친 경우에는 결과적 가중범의 미수범 처벌규정이 없다는 이유로 결과적 가중범의 기수를 인정할 수는 없으며, 기본범죄의 기수와 중한 결과의 중지미수범의 상상적 경합범이 아니라 부진정결과적 가중범의 중지미수범으로 규율하는 것이 타당하다.

5. 부진정 결과적 가중범에 있어 중한 결과가 발생하지 아니한 경우

형법 제182조는 "제177조 내지 제179조제1항의 미수범은 처벌한다."라고 하여 제177조 제2항의 현주건조물등에의 일수치사상죄의 미수범을 처벌하는 규정을 두고 있다. 따라서 입법규정형식으로만 본다면 부진정결과적 가중범인 현주건조물등에의 일수치사상죄는[14] 기본범죄가 기수에 이르더라도 미필적 고의가 존재했던 상해 또는 사망의 결과가 발생하지 아니한 경우, 현주건조물등에의 일수치사상죄의 미수범으로 처벌된다.

그리고 제3차 개정형법 전의 구형법 제174조는 "제164조(현주건조물등에의 방화 및 방화치사상죄), 제165조, 제166조제1항 또는 그 각조의 예에 의할 제172조의 죄 또는 전조제1항, 제2항의 미수범은 처벌한다."라고 하여 현주건조물등에의 방화치사상죄의 미수범 처벌을 규정하고 있었다. 그런데 제3차 개정에서 형법 제174조는 "제164조 제1항, 제165조, 제166조 제1항, 제172조 제1항, 제172조의2 제1항, 제173조 제1항과 제2항의 미수범은 처벌한다."라고 하여 제164조 제2항의 현주건조물등에의 방화치사상죄의 미수범 처벌을 명시적으로 배제하였다. 즉 형법은 현주건조물등에의 일수치사상죄를 제외하고 부진정결과적 가중범에 해당하는 현주건조물등에의 방화치사상죄(제164조 제2항), 폭발성물건파열치사상죄(제172조 제2항), 가스 · 전기등 방류치사상죄(제172조의2 제2항), 가스 · 전기등 공급방해치사상죄(제173조 제3항)에 대해서는 미수범

13) 대법원 2003.5.30. 선고 2003도1256 판결.

14) 치상죄는 부진정결과적 가중범이지만, 치사죄는 진정결과적 가중범이라고 해석하는 견해도 있다.

처벌규정에서 의도적으로 배제하고 있다. 마찬가지로 제143조는 "제140조 내지 전조의 미수범은 처벌한다."라고 규정하여 제144조 제2항의 특수공무방해치사상죄의 미수범을 배제하고 있으며, 제190조도 "제185조 내지 제187조의 미수범은 처벌한다."라고 하여 제188조의 교통방해치사상죄의 미수범 성립을 명시적으로 배제하고 있다.

따라서 형법은 현주건조물등에의 일수치사상죄의 미수범을 제외하고는 부진정결과적 가중범에 대해서 중한 결과가 발생하지 않은 경우에 미수죄의 성립을 인정하지 않고 있다.

다만 해석상으로는 제177조 제2항의 현주건조물등에의 일수치사상죄의 미수범이 무엇을 의하느냐와 관련하여, 부진정결과적 가중범의 미수죄는 인정할 수 있으므로 사람을 상해할 고의로 일수행위를 하였으나 상해의 결과를 발생시키지 못한 경우 현주건조물등일수치사상죄의 미수범은 인정될 수 있다. 문제는 '현조건조물등일수가 미수에 그쳤으나 과실로 상해나 사망에 이르게 한 경우 현주건조물등일수치사상죄의 미수범을 인정할 수 있는가' 이다.

일부 견해는 "진정 결과적 가중범에서는 기본범죄의 기수 · 미수보다는 중한 결과가 발생하였느냐가 중요하고, 과실범의 미수는 인정되지 않고, 본죄의 주체는 제1항의 죄의 기수범에 한정해야 한다는 점을 고려할 때, 부정설이 타당하다."고 한다.

이와는 달리 일부 견해는 "본죄의 미수범은 처벌한다. 이는 기본범죄인인 현주건조물 등에의 일수행위가 미수인 상태에서 상해나 사망의 결과가 발생한 경우에 미수범으로 처벌한다는 것이다."라고 해석하고 있으며, "사람을 살해 또는 상해할 고의로 현주건조물방화를 하였으나 사람을 살해 또는 상해하지 못한 경우에는 현주건조물방화죄의 기수와 살인미수죄 또는 상해미수죄의 상상적 경합이 된다고 한다."고 하면서, 현주건조물일수치사상죄의 미수범은 "제2의 중한 사상의 결과가 발생했으나 기본행위인 일수행위가 미수에 그친 경우, 즉 목적물의 침해에 이르지 못한 경우에 성립한다."고 해석하고 있다.

관련판례

1) 강도가 재물강취의 뜻을 재물의 부재로 이루지 못한 채 미수에 그쳤으나 그 자리에서 항거불능의 상태에 빠진 피해자를 간음할 것을 결의하고 실행에 착수했으나 역시 미수에 그쳤더라도 반항을 억압하기 위한 폭행으로 피해자에게 상해를 입힌 경우에는 강도강간미수죄와 강도치상죄가 성립되고 이는 1개의 행위가 2개의 죄명에 해당되어 상상적 경합관계가 성립된다(대법원 1988.6.28. 선고 88도820 판결).

2) 성폭력범죄의 처벌 등에 관한 특례법 제15조 강간등치사상죄의 미수범 성립 여부

[공소사실]

甲은 전북 군산시 소재 H대학교 산업디자인과 3학년에 재학중인 대학생인바,

1. 전자충격기를 소지하고자 하는 자는 관할 경찰서장의 허가를 받아야 함에도 불구하고,
   2006.5월경 군산시 임피면 월하리 소재 H대학교 다산관 (호수 생략) 자신의 기숙사 방에서, 소지 허가를 받지 아니한 채 상호불상의 전자충격기 전문 인터넷 사이트를 통해 금 50,000원을 주고 전자충격기 1대를 구입한 후 아래 일시까지 위 기숙사 방에 보관하여 이를 소지하고,

2. 자신의 배낭 안에 위 전자충격기와 삼성디지털카메라를 넣어 가지고 위 대학교 교정을 배회하다 적당한 부녀자가 있으면 위 전자충격기로 위협하여 알몸 사진을 찍고 강간할 것을 마음먹고,
   2007.5.26. 17:00경 위 대학교 제4강의동 앞 도로에서 혼자 걸어가는 같은 대학교 3학년에 재학중인 피해자 공소외 1(여, 20세)을 발견하고 "리포트를 작성해야 하는데 필요하니 모델이 되어달라"며 위 강의동 4층 호실미상의 강의실로 유인한 뒤, 공부하는 모습 등을 피고인 소유의 위 디지털카메라로 촬영하다 순간 욕정을 일으켜, 오른팔로 피해자의 목을 조르고 위험한 물건인 전자충격기를 피해자의 허리에 대면서 "소리치면 죽여버리겠다. 옷을 벗어라"고 말하고 피해자가 도망가려 하자 왼쪽 주먹으로 피해자의 안면, 옆구리 등을 수차 폭행하는 등 반항을 억압한 후, 위 카메라로 피해자가 옷을 모두 벗고 알몸으로 다리를 벌려 누워있는 사진 등 7매를 촬영한 뒤, 피해자의 입술과 귓볼 및 음부를 혀로 핥은 다음 피해자를 간음하려 하였으나 미수에 그치고, 이로 인하여 피해자로 하여금 약 2주간의 치료를 요하는 안면부 좌상 등을 입게 하고, 카메라를 이용하여 성적 수치심을 유발할 수 있는 타인의 신체를 그 의사에 반하여 촬영하였다.

[참조조문]

성폭력범죄의 처벌 등에 관한 특례법

제4조 (특수강간 등) ① 흉기나 그 밖의 위험한 물건을 지닌 채 또는 2명 이상이 합동하여「형법」제297조(강간)의 죄를 범한 사람은 무기징역 또는 5년 이상의 징역에 처한다.

② 제1항의 방법으로「형법」제298조(강제추행)의 죄를 범한 사람은 3년 이상의 유기징역에 처한다.

③ 제1항의 방법으로「형법」제299조(준강간, 준강제추행)의 죄를 범한 사람은 제1항 또는 제2항의 예에 따라 처벌한다.

제8조 (강간 등 상해·치상) ① 제3조제1항, 제4조, 제6조, 제7조 또는 제15조(제3조제1항, 제4조, 제6조 또는 제7조의 미수범으로 한정한다)의 죄를 범한 사람이 다른 사람을 상해하거나 상해에 이르게 한 때에는 무기징역 또는 10년 이상의 징역에 처한다.

② 제5조 또는 제15조(제5조의 미수범으로 한정한다)의 죄를 범한 사람이 다른 사람을 상해하거나 상해에 이르게 한 때에는 무기징역 또는 7년 이상의 징역에 처한다.

제9조 (강간 등 살인·치사) ① 제3조부터 제7조까지, 제15조(제3조부터 제7조까지의 미수범으로 한정한다)의 죄 또는「형법」제297조(강간), 제297조의2(유사강간) 및 제298조(강제추행)부터 제300조(미수범)까지의 죄를 범한 사람이 다른 사람을 살해한 때에는 사형 또는 무기징역에 처한다.

② 제4조, 제5조 또는 제15조(제4조 또는 제5조의 미수범으로 한정한다)의 죄를 범한 사람이 다른 사람을 사망에 이르게 한 때에는 무기징역 또는 10년 이상의 징역에 처한다.

③ 제6조, 제7조 또는 제15조(제6조 또는 제7조의 미수범으로 한정한다)의 죄를 범한 사람이 다른 사람을 사망에 이르게 한 때에는 사형, 무기징역 또는 10년 이상의 징역에 처한다.

제15조 (미수범) 제3조부터 제9조까지 및 제14조의 미수범은 처벌한다.

[제1심 법원의 판단]

검사가 甲을 성폭력범죄의처벌및피해자보호등에관한법률위반(강간등치상)·성폭력범죄의처벌및피해자보호등에관한법률위반(카메라등이용촬영)·총포·도검·화약류등단속법위반혐의로 공소제기한데 대하여 제1심법원인 전주지방법원 군산지원은 甲에 대하여 성폭력범죄의 처벌 및 피해자보호 등에 관한 법률 제12조, 제9조 제1항, 제6조 제1항, 형법 제297조(강간치상의 점, 유기징역형 선택), 성폭력범죄의 처벌 및 피해자보호 등에 관한 법률 제14조의2 제1항(카메라를 이용하여 타인의 신체를 촬영한 점, 징역형 선택), 총포·도검·화약류 등 단속법 제71조 제1호, 제12조 제1항 본문(허가 없이 전자충격기를 소지한 점, 징역형 선택)을 적용하면서, 다만 성폭력범죄의처벌및피해자보호등에관한법률위반(강간등치상)죄에 대해 결과적 가중범인 강간등치상죄의 미수를 인정하는 것은 이론상 곤란

하다는 견해도 있으나, 다수의견은 결과적 가중범의 미수를 인정하면서 기본범죄인 강간죄가 미수에 그치고 그로 인하여 상해를 입게 한 경우에 강간등치상죄의 미수가 성립한다고 보고 있다는 점을 들어 강간치상미수죄를 인정하고, 이 사건은 피고인이 피해자를 빈 강의실로 유인한 후 미리 인터넷으로 구입하여 소지하고 있던 위험한 물건인 전자충격기를 사용하여 피해자의 반항을 억압한 다음, 카메라로 피해자의 나체를 촬영하고, 피해자를 강간하려다가 상처를 입힌 것으로, 피고인이 이 사건 범행 도구를 미리 준비하는 등 범행수법이 계획적인 점, 이 사건 범행으로 피해자가 겪은 정신적 충격과 수치심 등을 고려할 때 피고인을 엄벌할 필요성이 있으나, 피고인이 초범인 점, 이 사건 범행을 깊이 반성하고 있는 점, 피해자와 합의에 이르지는 못하였으나 피해자의 정신적 고통에 대한 배상으로 2,000만 원을 공탁한 점, 피해자의 상해 정도가 비교적 중하지 않은 점 기타 피고인의 연령, 성행, 환경 등 이 사건 공판과정에 나타난 양형의 조건이 되는 여러 가지 사정을 모두 고려하여 피고인에 대하여 징역 2년 6월에 집행유예 3년을 선고하면서 160시간의 사회봉사 및 성폭력 치료강의 40시간의 수강을 명하였다(전주지방법원 군산지원 2007.9.21. 선고 2007고합72 판결).

[제2심 법원의 판단]

제1심 판결에 대하여 검사가 양형부당을 이유로 항소한데 대하여 제2심법원인 광주고등법원 전주부는 "원심 판결은 공소제기된 피고인에 대한 성폭력범죄의처벌및피해자보호등에관한법률위반(강간등치상)의 점(성폭력범죄의 처벌 및 피해자보호 등에 관한 법률 제9조 제1항, 제6조 제1항, 형법 제297조)에 관하여 위 부분 공소사실이 미수에 해당한다는 이유로 성폭력범죄의 처벌 및 피해자보호 등에 관한 법률 제12조, 제9조 제1항, 제6조 제1항, 형법 제297조를 적용한 후, 미수 감경(형법 제25조 제2항, 제55조 제1항 제3호)을 하였다. 그러나, 성폭력범죄의 처벌 및 피해자보호 등에 관한 법률 제9조 제1항의 규정은 "제5조 제1항, 제6조 또는 제12조(제5조 제1항 또는 제6조의 미수범에 한한다)의 죄를 범한 자가 사람을 상해하거나 상해에 이르게 한 때에는 무기 또는 7년 이상의 징역에 처한다"고 규정하고 있고, 위 공소사실의 내용은 '피고인이 위험한 물건인 전자충격기를 사용하여 피해자를 협박한 후 강간하려다 미수에 그치고, 피해자의 안면 등을 주먹으로 폭행하여 약 2주간의 상해를 입혔다'는 것이므로, 위 공소사실은 결국 성폭력범죄의 처벌 및 피해자보호 등에 관한 법률 제12조의 미수범 중 같은 법 제6조의 미수범이 사람을 상해한 경우에 해당하여, 성폭력범죄의 처벌 및 피해자보호 등에 관한 법률 제9조 제1항을 적용할 수 있을 뿐, 같은 법 제12조를 적용할 수는 없다고 할 것(성폭력범죄의 처벌 및 피해자보호 등에 관한 법률 제12조는 같은 법 제9조의 미수범을 처벌하는 것으로 규정하고 있는바, 이 경우의 미수범은 상해가 미수에 그친 경우를 의미하는 것으로 해석하여야 할 것이다)인바, 원심판결은 위 공소사실에 관한 법률의 적용을 잘못한 위법이 있다고 할 것이어서 결코 파기를 면할 수 없다."고 하여 원심판결을 파기하고 피고인을 징역 3년 6월에 처하였다(광주고등법원 전주부 2007.11.9. 선고 2007노162 판결).

[대법원의 판단]

제2심 판결에 대하여 피고인이 상고한데 대하여 대법원은 "성폭력범죄의 처벌 및 피해자보호 등에 관한 법률 제9조 제1항에 의하면 같은 법 제6조 제1항에서 규정하는 특수강간의 죄를 범한 자뿐만 아니라 특수강간이 미수에 그쳤다고 하더라도 그로 인하여 피해자가 상해를 입었으면 특수강간치상죄가 성립하는 것이고, 같은 법 제12조에서 규정한 위 제9조 제1항에 대한 미수범처벌규정은 제9조 제1항에서 특수강간치상죄와 함께 규정된 특수강간상해죄의 미수에 그친 경우, 즉 특수강간의 죄를 범하거나 미수에 그친 자가 피해자에 대하여 상해의 고의를 가지고 피해자에게 상해를 입히려다가 미수에 그친 경우 등에 적용된다. 원심이 그 판시의 증거를 종합하여 피고인이 위험한 물건인 전자충격기를 피해자의 허리에 대고 피해자를 폭행하여 강간하려다가 미수에 그치고 피해자에게 약 2주간의 치료를 요하는 안면부 좌상 등의 상해를 입힌 사실을 인정하고, 이에 대하여 성폭력범죄의 처벌 및 피해자보호 등에 관한 법률 소정의 특수강간치상죄의 기수에 해당한다고 인정한 것은 기록과 앞서 본 법리에 비추어 정당하고, 상고이유에서 주장하는 바와 같은 결과적 가중범의 미수범에 관한 법리오해 등의 위법은 없다"는 이유로 피고인의 상고를 기각하고 원심판결을 확정하였다(대법원 2008.4.24. 선고 2007도10058 판결).

Ⅱ. 결과적 가중범과 공범

1. 공동정범의 경우

과실범의 공동정범의 성립여부에 관한 논의와 관련된 것으로, 결과적가중범의 공동정범은 기본행위를 공동으로 할 의사가 있으면 성립하고 결과를 공동으로 할 의사는 필요 없다.[15] 다만 결과적 가중범의 공동정범을 인정하더라도 공동정범의 각자가 중한 결과를 의도할 필요는 없다 하더라도 예견할 수 있었음을 요한다.

관련판례

1) 특수공무집행방해치사상과 같은 이른바 부진정결과적가중범은 예견가능한 결과를 예견하지 못한 경우뿐만 아니라 그 결과를 예견하거나 고의가 있는 경우까지도 포함하는 것이므로, 공무집행을 방해하는 집단행위의 과정에서 일부 집단원이 고의행위로 살상을 가한 경우에도 다른 집단원에게 그 사상의 결과가 예견가능한 것이었다면 다른 집단원도 그 결과에 대하여 특수공무집행방해치사상의 책임을 면할 수 없는 것이다. 그리고 공동정범에 있어서는 범인 전원이 일정한 일시, 장소에 집합하여 모의한 바 없고 또 일부가 현실적으로 범죄실행에 가담한 일이 없다고 하여도 간접적 또는 순차적으로 범행의 포괄적 또는 개별적인 의사연락이 있으면 전체에 대하여 공동정범이 성립하는 것이고(당원 1979.12.11. 선고 79도2280판결 ; 1981.7.14. 선고 80도2544 판결 각 참조). 또 결과적가중범에 있어서의 공동정범은 행위를 공동으로 할 의사가 있으면 성립하고 결과를 공동으로 할 의사는 필요 없는 것인바(당원 1978.1.17. 선고 77도2193 판결 참조), 기록에 의하여 살펴보면 원심이 피고인들의 판시 각 범죄행위에 대하여 공모공동정범의 성립을 인정한 조치에 수긍이 가고 소론과 같은 위법이 없다(대법원 1990.6.26. 선고 90도765 판결).

2) 공모공동정범의 경우에 공모는 법률상 어떤 정형을 요구하는 것은 아니고 2인 이상이 공모하여 범죄에 공동가공하여 범죄를 실현하려는 의사의 결합만 있으면 되는 것으로서, 비록 전체의 모의과정이 없었다고 하더라도 수인 사이에 순차적으로 또는 암묵적으로 상통하여 그 의사의 결합이 이루어지면 공모관계가 성립한다 할 것이고, 이러한 공모가 이루어진 이상 실행행위에 직접 관여하지 아니한 자라도 다른 공범자의 행위에 대하여 공동정범으로서 형사책임을 지는 것이며(대법원 1994.9.9. 선고 94도1831 판결, 1995.9.5. 선고 95도1269 판결 등 참조), 또 결과적가중범의 공동정범은 기본행위를 공동으로 할 의사가 있으면 성립하고 결과를 공동으로 할 의사는 필요 없으며(대법원 1978.1.17. 선고 77도2193 판결, 1990.6.26. 선고 90도765 판결 등 참조), 나아가 특수공무집행방해치사상죄는 단체 또는 다중의 위력을 보이거나 위험한 물건을 휴대하고 직무를 집행하는 공무원에 대하여 폭행, 협박을 하여 공무원을 사상에 이르게 한 경우에 성립하는 결과적가중범으로서 행위자가 그 결과를 의도할 필요는 없고 그 결과의 발생을 예견할 수 있으면 족하다 할 것이다(대법원 1997.10.10. 선고 97도1720 판결).

3) 어느 범죄에 2인 이상이 공동가공하는 경우 공모는 법률상 어떠한 정형을 요구하는 것이 아니고 2인 이상이 공모하여 범죄에 공동가공하여 범죄를 실현하려는 의사의 결합만 있으면 되는 것으로서, 비록 암묵적으로라도 수인 사이에 의사가 상통하여 의사의 결합이 이루어지면 공모관계가 성립하고, 이러한 공모가 이루어진 이상 실행행위에 직접 관여하지 아니한 자라도 다른 공모자의 행위에 대하여 공동정범으로서 형사책임을 지며, 또 결과적가중범의 공동정범은 기본행위를 공동으로 할 의사가 있으면 성립하고 결과를 공동으로 할 의사는 필요 없는바, 특수공무집행방해치상죄는 단체 또는 다중의 위력을 보이거나 위험한 물건을 휴대하고 직무를 집행하는 공무원

15) 대법원 2002.4.12. 선고 2000도3485 판결.

에 대하여 폭행 · 협박을 하여 공무원을 사상에 이르게 한 경우에 성립하는 결과적가중범으로서 행위자가 그 결과를 의도할 필요는 없고 그 결과의 발생을 예견할 수 있으면 족하다(대법원 2002.4.12. 선고 2000도3485 판결).

결과적 가중범의 공동정범 성립에 관한 판례

1) 강간치상죄의 공동정범

공동정범의 경우에 공범자 전원이 일정한 일시, 장소에 회합하여 모의하지 아니하고 공범자 중 수인을 통하여 犯意의 연락이 있고 그 범의내용에 대하여 포괄적 또는 개별적인 의사연락이나 그 인식이 있었다면 그들 전원이 공모관계에 있다 할 것이고, 이와 같이 공모한 후 공범자 중의 1인이 설사 범행실행에 직접 가담하지 아니하였다 하더라도 다른 공모자가 분담실행한 행위에 대하여 공동정범의 책임이 있다 할 것이며, 공범자중 수인이 강간의 기회에 상해의 결과를 야기하였다면 다른 공범자가 그 결과의 인식이 없었더라도 강간치상죄의 책임이 없다고 할 수 없다(대법원 1984.2.14. 선고 83도3120 판결; 1981.7.28. 선고 81도1590 판결).

2) 강도상해(치상)죄의 공동정범

(1) 강도의 공범자 중의 한사람이 강도의 기회에 피해자에게 폭행을 가하여 상해를 입힌 경우 다른 공범자도 재물강취의 수단으로 폭행을 가할 것이라는 점에 관하여 상호의사의 연락이 있었던 것이므로 구체적으로 상해에 관하여는 공모하지 않았다 하더라도 폭행으로 생긴 결과에 대한 공범으로서 강도상해 및 강도치상의 책임을 진다(대법원 1990.12.26. 선고 90도2362 판결; 1990.10.12. 선고 90도1887 판결 등).

(2) 공동정범은 범죄행위시에 그 의사의 연락이 묵시적이거나 간접적이거나를 불문하고 행위자 상호간에 주관적으로 서로 범죄행위를 공동으로 한다는 공동가공의 의사가 있음으로써 성립하는 것이다. 행위자 상호간에 범죄의 실행을 공모하였다면 다른 공모자가 이미 실행에 착수한 이후에는 그 공모관계에서 이탈하였다고 하더라도 공동정범의 책임을 면할 수 없는 것이므로 피고인등이 금품을 강취할 것을 공모하고 피고인은 집밖에서 망을 보기로 하였으나, 다른 공모자들이 피해자의 집에 침입한 후에 담배를 사기 위해서 망을 보지 않았다고 하더라도, 피고인은 판시 강도상해죄의 공동정범의 죄책을 면할 수가 없다(대법원 1984.1.31. 선고 83도2941 판결).

(3) 피고인들이 합동하여 절도범행을 하는 도중에, 사전에 구체적인 의사연락이 없었다고 하여도, 피고인이 체포를 면탈할 목적으로 피해자를 힘껏 떠밀어 콘크리트바닥에 넘어뜨려 상처를 입게 함으로써 추적을 할 수 없게 한 경우, 폭행의 정도가 피해자의 추적을 억압할 정도의 것이었던 이상 피고인들은 강도상해의 죄책을 면할 수 없다(대법원 1991.11.26. 선고 91도2267 판결).

3) 강도살인(치사)죄의 공동정범

(1) 피고인들이 등산용 칼을 이용하여 노상강도를 하기로 공모한 사건에서 범행 당시 차안에서 망을 보고 있던 피고인 甲이나 등산용 칼을 휴대하고 있던 피고인 乙과 함께 차에서 내려 피해자로부터 금품을 강취하려 했던 피고인 丙으로서는 우연히 현장을 목격하게 된 다른 피해자를 피고인 乙이 소지중인 등산용 칼로 살해하여 강도살인행위에 이를 것을 전혀 예상하지 못하였다고 할 수 없으므로 피고인 甲과 丙을 강도치사죄로 의율처단함이 옳다(대법원 1990.11.27. 선고 90도2262 판결).

(2) 강도의 공범자중 1인이 강도의 기회에 피해자의 신체에 대하여 폭행을 가하거나 피해자의 신체를 상해하여 피해자를 살해한 경우에, 다른 공범자에게도 재물을 강취하는 수단으로 폭행이나 상해가 가하여질 것이라는 점에 관하여 상호 의사의 연락이 있었던 것으로 보아야 하므로, 구체적으로 살해에 관하여까지는 공모하지 않았다고 하더라도 폭행이나 상해로 생긴 결과(강도치사죄)에 대하여 공범으로서의 책임을 져야 한다(대법원 1992.12.22. 선고 92도2462 판결; 1988.9.13. 선고 88도1046 판결).

(3) 강도살인죄는 고의범이므로 강도살인죄의 공동정범이 성립하기 위하여는 강도의 점 뿐 아니라 살인의 점에

관한 고의의 공동이 필요하다. 강도의 공범자 중 1인이 강도의 기회에 피해자에게 폭행 또는 상해를 가하여 살해한 경우, 다른 공모자가 살인의 공모를 하지 아니하였다 하여도 그 살인행위나 치사의 결과를 예견할 수 없었던 경우가 아니면 강도치사죄의 죄책을 면할 수 없다고 할 것이나, 피고인이나 변호인이 항소이유로서 이를 전혀 예견할 수 없었다고 주장하는 경우, 이에 관하여는 사실심인 항소심이 판단을 하여야 한다. 강도살인죄는 고의범이고 강도치사죄는 이른바 결과적 가중범으로서 살인의 고의까지 요하는 것이 아니므로, 수인이 합동하여 강도를 한 경우 그 중 1인이 사람을 살해하는 행위를 하였다면 그 범인은 강도살인죄의 기수 또는 미수의 죄책을 지는 것이고 다른 공범자도 살해행위에 관한 고의의 공동이 있었으면 그 또한 강도살인죄의 기수 또는 미수의 죄책을 지는 것이 당연하다 하겠으나, 고의의 공동이 없었으면 피해자가 사망한 경우에는 강도치사의, 강도살인이 미수에 그치고 피해자가 상해만 입은 경우에는 강도상해 또는 치상의, 피해자가 아무런 상해를 입지 아니한 경우에는 강도의 죄책만 진다고 보아야 할 것이다(대법원 1991.11.12. 선고 91도2156 판결).

4) 상해치사죄의 공동정범

(1) 결과적 가중범인 상해치사죄의 공동정범은 폭행 기타의 신체침해 행위를 공동으로 할 의사가 있으면 성립되고 결과를 공동으로 할 의사는 필요 없으며, 여러 사람이 상해의 범의로 범행 중 한 사람이 중한 상해를 가하여 피해자가 사망에 이르게 된 경우 나머지 사람들은 사망의 결과를 예견할 수 없는 때가 아닌 한 상해치사의 죄책을 면할 수 없다(대법원 2000.5.1.2 선고 2000도745 판결).

(2) 피고인이 공범들과 공동하여 피해자의 신체를 상해하거나 폭행을 가하는 회에 공범 중 1인이 고의로 피해자를 살해한 경우, 피고인이 살인행위를 공모하거나 공범의 살인행위에 관여하지 아니하였기 때문에 살인죄의 죄책은 지지 아니한다고 하더라도 상해나 폭행행위에 관하여는 서로 인식이 있었고 예견이 가능한 공범의 가해행위로 사망의 결과가 초래된 이상, 상해치사죄의 죄책을 면할 수 없다(대법원 1991.5.14. 선고 91도580 판결).

(3) 공동정범의 주관적 요건인 공모는 공범자 상호간에 범죄의 공동실행에 관한 의사의 결합만 있으면 족하고, 이와 같은 공모가 이루어진 이상 실행행위에 관여하지 않더라도 다른 공범자의 행위에 대하여 형사책임을 지는 것인 바, 피고인이 여러 공범들과 피해자를 상해하기로 공모하고, 피고인 등은 相被告人의 사무실에 대기하고, 실행행위를 분담한 공모자 일부가 사건현장에 가서 위 피해자를 상해하여 사망케 하였다면 피고인은 상해치사범죄의 공동정범에 해당한다(대법원 1991.10.11. 선고 91도1755 판결 ; 1990.6.22. 선고 90도767 판결 ; 1990.6.26. 선고 90도765 판결 ; 1990.9.28. 선고 90도602 판결 등).

5) 업무상과실일반교통방해죄의 공동정범

예인선 정기용선자의 현장소장 甲은 사고의 위험성이 높은 해상에서 철골 구조물 및 해상크레인 운반작업을 함에 있어 선적작업이 지연되어 정조시점에 맞추어 출항할 수 없게 되었음에도, 출항을 연기하거나 대책을 강구하지 않고 예인선 선장 乙의 출항연기 건의를 묵살한 채 출항을 강행하도록 지시하였고, 예인선 선장 乙은 甲의 지시에 따라 사고의 위험이 큰 시점에 출항하였고 해상에 강조류가 흐르고 있었음에도 무리하게 예인선을 운항한 결과 무동력 부선에 적재된 철골 구조물이 해상에 추락하여 해상의 선박교통을 방해하였다면 甲과 乙은 업무상과실일반교통방해죄의 공동정범이 성립한다(대법원 2009.6.11. 선고 2008도11784 판결).

2. 교사 또는 방조의 경우

결과적 가중범은 전체로서 고의범의 일종이므로 교사 또는 방조자가 중한 결과에 대해 예견가능성이 있었느냐에 따라 결정된다.

관련판례

1) 교사자가 피교사자에 대하여 상해 또는 중상해를 교사하였는데 피교사자가 이를 넘어 살인을 실행한 경우에, 일

반적으로 교사자는 상해죄 또는 중상해죄의 교사범이 되는 것이지만 이 경우에 교사자에게 피해자의 사망이라는 결과에 대하여 과실 내지 예견가능성이 있는 때에는 상해치사죄의 교사범으로서의 죄책을 지울 수 있는 것이다. 원심이 같은 취지에서, 원심이 인용한 제1심판결 적시의 각 증거에 의하여, 피고인은 자신의 영업에 관하여 사사건건 방해를 하면서 협박을 해 오던 피해자를 보복하기 위하여 피해자의 경호원으로 있다가 사이가 나빠진 공소외 인을 소개받아 착수금 명목으로 금 5,000,000원을 제공하면서 동인으로 하여금 피해자에게 중상해를 가해 활동을 못하도록 교사하였는데, 공소외인은 피해자의 온몸을 칼로 찔러 살해하였고, 그 당시 상황으로 보아 피고인은 중상해를 가하면 피해자가 죽을 수도 있다는 점을 예견할 가능성이 있었던 사실을 인정한 다음, 피고인을 상해치사죄의 교사범으로 처단한 조치는 정당한 것으로 수긍이 가고, 거기에 소론과 같은 심리미진이나 채증법칙위배로 인한 사실오인 및 상해치사죄의 교사범에 관한 법리오해의 위법이 있다고 할 수 없다(대법원 1993.10.8. 선고 93도1873 판결).

2) 교사자가 피교사자에게 피해자를 "정신차릴 정도로 때려주라"고 교사하였다면 이는 상해에 대한 교사로 봄이 상당하다. 그리고 교사자가 피교사자에 대하여 상해를 교사하였는데 피교사자가 이를 넘어 살인을 실행한 경우, 일반적으로 교사자는 상해죄에 대한 교사범이 되는 것이고, 다만 이 경우 교사자에게 피해자의 사망이라는 결과에 대하여 과실 내지 예견가능성이 있는 때에는 상해치사죄의 교사범으로서의 죄책을 지울 수 있다(대법원 1997.6.24. 선고 97도1075 판결).

3) 교사자가 피교사자에 대하여 상해 또는 중상해를 교사하였는데 피교사자가 이를 넘어 살인을 실행한 경우에, 일반적으로 교사자는 상해죄 또는 중상해죄의 죄책을 지게 되는 것이지만 이 경우에 교사자에게 피해자의 사망이라는 결과에 대하여 과실 내지 예견가능성이 있는 때에는 상해치사죄의 죄책을 지울 수 있는 것이다(대법원 1993.10.8. 선고 93도1873 판결 등 참조). 원심이 제1심판결 적시의 각 증거를 인용하여, 피고인 1이 상 피고인 3, 4, 5 및 원심 공동피고인 7에게 피고인과 사업관계로 다툼이 있었던 피해자를 혼내 주되, 평생 후회하면서 살도록 허리 아래 부분을 찌르고, 특히 허벅지나 종아리를 찔러 병신을 만들라는 취지로 이야기 하면서 차량과 칼 구입비 명목으로 경비 90만 원 정도를 주어 범행에 이르게 한 사실, 피고인 2는 위와 같이 1이 상 피고인들에게 범행을 지시할 때 그들에게 연락하여 모이도록 하였으며, "피고인 1을 좀 도와 주어라" 등의 말을 하였고, 그 결과 상피고인들이 공소사실 기재와 같이 피해자의 종아리 부위 등을 20여 회나 칼로 찔러 살해한 사실을 인정한 다음, 그 당시 상황으로 보아 피고인 2 역시 공모관계에 있고, 피고인 1와 2는 피해자가 죽을 수도 있다는 점을 예견할 가능성이 있었다고 판단하여, 상해치사죄로 의율한 조치는 위 법리에 따른 것으로 정당하고, 거기에 상고이유에서 주장하는 바와 같은 상해치사죄 또는 공동정범에 관한 법리오해의 위법이 있다고 할 수 없다(대법원 2002.10.25. 선고 2002도4089 판결).

제7항 운전 또는 음주운전으로 인한 죄수 판단

Ⅰ. 운전으로 인한 죄수 판단

1. 자동차를 이용하여 폭행고의 또는 협박고의, 재물손괴고의로 폭행 또는 협박, 재물손괴죄를 범한 경우(운전을 하면서 이른바 '보복운전'에 해당하는 사례)

위험한 물건인 자동차를 휴대하고 폭행 등의 범행을 한 사례로, 판례는 자동차를 이용하여(운전을 하면서) 범죄를 하는 사례에서 대법원 1984.10.23. 선고 84도2001 판결 이래 일관되게 '자동차를 위험한 물건'으로 해석하면서, 폭행이나 협박 또는 재물손괴에 대해서는 폭력행위 등 처벌에 관한 법률 제3조 제1항을 적용하여 폭력행위등처벌에관한법률위반(집단 · 흉기등폭행, 집단 · 흉기등협박, 집단 · 흉기등재물손괴)죄로 해석해 왔다.

그러나 헌법재판소 2015.9.24. 선고 2015헌가3 등 위헌 결정으로 자동차를 이용하여 폭행이나 협박 또는 재물손괴를 범한 때에는 폭력행위 등 처벌에 관한 법률 제3조 제1항을 적용하여 폭력행위등처벌에관한법률위반죄로 규율할 수 없게 되었다.

따라서 자동차를 이용하여 폭행이나 협박 또는 재물손괴를 범한 때에는 형법 제261조 특수폭행죄 또는 제284조 특수협박죄, 제369조 특수손괴죄가 성립한다.

폭력행위 등 처벌에 관한 법률 제2조 (폭행 등) ① 상습적으로 다음 각 호의 죄를 범한 사람은 다음의 구분에 따라 처벌한다.

1. 형법 제260조제1항(폭행), 제283조제1항(협박), 제319조(주거침입, 퇴거불응) 또는 제366조(재물손괴등)의 죄를 범한 사람 : 1년 이상의 유기징역
2. 형법 제260조제2항(존속폭행), 제276조제1항(체포, 감금), 제283조제2항(존속협박) 또는 제324조(강요)의 죄를 범한 사람 : 2년 이상의 유기징역
3. 형법 제257조제1항(상해) · 제2항(존속상해), 제276조제2항(존속체포, 존속감금) 또는 제350조(공갈)의 죄를 범한 사람 : 3년 이상의 유기징역

② 2명 이상이 공동하여 제1항 각 호에 규정된 죄를 범하였을 때에는 형법 각 해당 조항에서 정한 형의 2분의 1까지 가중한다.

③ 이 법(형법 각 해당 조항을 포함한다)을 위반하여 2회 이상 징역형을 받은 사람이 다시 제1항 각 호에 규정된 죄를 범하여 누범으로 처벌할 경우에도 제1항과 같다.

④ 제2항과 제3항의 경우에는 형법 제260조제3항 및 제283조제3항을 적용하지 아니한다.

제3조 (집단적 폭행 등) ① 단체나 다중의 위력으로써 또는 단체나 집단을 가장하여 위력을 보임으로써 제2조제1항 각 호에 규정된 죄를 범한 사람 또는 흉기나 그 밖의 위험한 물건을 휴대하여 그 죄를 범한 사람은 제2조제1항 각 호의 예에 따라 처벌한다.

2. 자동차를 이용하여 상해고의로 상해죄를 범한 경우

위험한 물건인 자동차를 휴대하고 상해의 범행을 한 사례로, 헌법재판소 2015.9.24. 선고 2014헌가1 등 결정에서는 폭력행위 등 처벌에 관한 법률 제3조 제1항의 집단 · 흉기등상해죄에 대해서는 합헌결정을 하였으므로, 자동차를 이용하여(운전을 하면서) 상해를 범한 때에는 폭력행위 등 처벌에 관한 법률 제3조 제1항을 적용하여 폭력행위등처벌에관한법률위반(집단 · 흉기등상해)죄가 성립한다.

죄명은 폭력행위등처벌에관한법률위반(집단 · 흉기등상해)죄로 표기한다.

3. 자동차를 이용하여 상해고의로 직무집행 중인 공무원(단속경찰관)에게 상해죄를 범한 경우

부진정결과적 가중범인 형법 제144조 제2항 특수공무집행방해치상죄(3년 이상 유기징역)가 성립하며, 중한 결과에 해당하는 위험한 물건인 자동차 이용 상해에 대해서는 폭력행위 등 처벌에 관한 법률 제3조 제1항이 적용된다.

판례는 형법 제144조 제2항 특수공무집행방해치상죄와 폭력행위등처벌에관한법률위반(흉기휴대상해)죄 양죄는 법조경합의 관계로, 형법 제144조 제2항 특수공무집행방해치상죄만 성립된다고 해석한다.

4. 운전으로 인하여 업무상과실 또는 중과실로 재물을 손괴한 경우

도로교통법 제151조 업무상과실재물손괴죄 또는 중과실재물손괴죄가 성립하며, 죄명은 도로교통법위반(업무상과실재물손괴)죄로 표기한다.

> 도로교통법 제151조 (벌칙) 차의 운전자가 업무상 필요한 주의를 게을리하거나 중대한 과실로 다른 사람의 건조물이나 그 밖의 재물을 손괴한 경우에는 2년 이하의 금고나 500만원 이하의 벌금에 처한다.

Ⅱ. 음주운전으로 인한 죄수 판단

음주운전으로 인한 업무상과실치사상 또는 재물손괴 등의 사고가 발생한 경우에는 신뢰의 원칙 적용 검토 및 사고조치미행죄, 음주운점죄, 위험운전치상죄, 업무상과실치상죄, 사고후도주운전죄, 업무상재물손괴죄 성립 여부를 판단하여야 한다.

그리고 음주운전 동승자의 죄책과 관련해서는 과실범의 공동정범 및 형법 제33조 본문의 공범과 신분 규정의 적용을 판단하여야 한다.

1. 도로교통법 제54조 제1항 및 제148조의 도로교통법위반(사고발생시 미조치)죄

도로교통법 제54조 (사고발생 시의 조치) ① 차의 운전 등 교통으로 인하여 사람을 사상하거나 물건을 손괴한 경우에는 그 차의 운전자나 그 밖의 승무원은 즉시 정차하여 사상자를 구호하는 등 필요한 조치를 하여야 한다.

제148조 (벌칙) 제54조제1항에 따른 교통사고 발생 시의 조치를 하지 아니한 사람은 5년 이하의 징역이나 1천500만 원 이하의 벌금에 처한다.

2. 도로교통법 제44조 제1항 및 제148조의2 제2항의 도로교통법위반(음주운전)죄

도로교통법 제44조 (술에 취한 상태에서의 운전 금지) ① 누구든지 술에 취한 상태에서 자동차등(「건설기계관리법」 제26조제1항 단서에 따른 건설기계 외의 건설기계를 포함한다. 이하 이 조, 제45조, 제47조, 제93조제1항제1호부터 제4호까지 및 제148조의2에서 같다)을 운전하여서는 아니 된다.

② 경찰공무원(자치경찰공무원은 제외한다. 이하 이 항에서 같다)은 교통의 안전과 위험방지를 위하여 필요하다고 인정하거나 제1항을 위반하여 술에 취한 상태에서 자동차등을 운전하였다고 인정할 만한 상당한 이유가 있는 경우에는 운전자가 술에 취하였는지를 호흡조사로 측정할 수 있다. 이 경우 운전자는 경찰공무원의 측정에 응하여야 한다.

③ 제2항에 따른 측정 결과에 불복하는 운전자에 대하여는 그 운전자의 동의를 받아 혈액 채취 등의 방법으로 다시 측정할 수 있다.

④ 제1항에 따라 운전이 금지되는 술에 취한 상태의 기준은 운전자의 혈중알코올농도가 0.05퍼센트 이상인 경우로 한다.

제148조의2 (벌칙) ① 다음 각 호의 어느 하나에 해당하는 사람은 1년 이상 3년 이하의 징역이나 500만 원 이상 1천만 원 이하의 벌금에 처한다.

1. 제44조제1항을 2회 이상 위반한 사람으로서 다시 같은 조 제1항을 위반하여 술에 취한 상태에서 자동차등을 운전한 사람
2. 술에 취한 상태에 있다고 인정할 만한 상당한 이유가 있는 사람으로서 제44조제2항에 따른 경찰공무원의 측정에 응하지 아니한 사람

② 제44조제1항을 위반하여 술에 취한 상태에서 자동차등을 운전한 사람은 다음 각 호의 구분에 따라 처벌한다.

1. 혈중알콜농도가 0.2퍼센트 이상인 사람은 1년 이상 3년 이하의 징역이나 500만 원 이상 1천만 원 이하의 벌금
2. 혈중알콜농도가 0.1퍼센트 이상 0.2퍼센트 미만인 사람은 6개월 이상 1년 이하의 징역이나 300만 원 이상 500만 원 이하의 벌금
3. 혈중알콜농도가 0.05퍼센트 이상 0.1퍼센트 미만인 사람은 6개월 이하의 징역이나 300만원 이하의 벌금

③ 제45조를 위반하여 약물로 인하여 정상적으로 운전하지 못할 우려가 있는 상태에서 자동차등을 운전한 사람은 3년 이하의 징역이나 1천만 원 이하의 벌금에 처한다.

3. 도로교통법 제44조 제1항 음주운전죄와 특정범죄 가중처벌 등에 관한 법률 제5조의11의 특정범죄가중처벌등에관한법률위반(위험운전치사상)죄의 죄수 판단

특정범죄 가중처벌 등에 관한 법률 제5조의11 (위험운전 치사상) 음주 또는 약물의 영향으로 정상적인 운전이 곤란한 상태에서 자동차(원동기장치자전거를 포함한다)를 운전하여 사람을 상해에 이르게 한 사람은 10년 이하의 징역 또는 500만 원 이상 3천만 원 이하의 벌금에 처하고, 사망에 이르게 한 사람은 1년 이상의 유기징역에 처한다.

일본형법 제208조의2 (위험운전치사상) ① 알콜 또는 약물의 영향으로 정상적인 운전이 곤란한 상태에서 사륜 이상의 자동차를 주행하고 이로써 사람을 상해에 이르게 한 자는 15년 이하의 징역에 처하고, 사람을 사망에 이르게 한 자는 1년 이상의 유기징역에 처한다.

관련판례

[판시사항]

특정범죄가중처벌 등에 관한 법률상 '위험운전치사상죄'와 도로교통법상 '음주운전죄'의 관계(=실체적 경합)

[판결요지]

도로교통법 제44조 제1항은 "누구든지 술에 취한 상태에서 자동차 등(건설기계관리법 제26조 제1항 단서의 규정에 의한 건설기계 외의 건설기계를 포함한다)을 운전하여서는 아니 된다."라고 규정하고 있고, 같은 조 제4항은 "제1항의 규정에 따라 운전이 금지되는 술에 취한 상태의 기준은 혈중 알코올농도가 0.05% 이상으로 한다."라고 규정하고 있으며, 같은 법 제150조 제1호는 제44조 제1항의 규정을 위반하여 술에 취한 상태에서 자동차 등을 운전한 사람을 2년 이하의 징역이나 500만 원 이하의 벌금에 처하도록 규정하고 있다. 한편, 특정범죄 가중처벌 등에 관한 법률 제5조의11은 "음주 또는 약물의 영향으로 정상적인 운전이 곤란한 상태에서 자동차(원동기장치자전거를 포함한다)를 운전하여 사람을 상해에 이르게 한 자는 10년 이하의 징역 또는 500만 원 이상 3천만 원 이하의 벌금에 처하고, 사망에 이르게 한 자는 1년 이상의 유기징역에 처한다."라고 규정하고 있다.

원래 도로교통법은 도로에서 일어나는 교통상의 위험과 장해를 방지하고 제거하여 안전하고 원활한 교통을 확보함을 목적으로 하는 것이어서(도로교통법 제1조), 불특정다수의 사람 또는 차마의 통행을 위한 도로에서의 자동차 운전 등의 통행행위만을 법의 적용대상으로 삼고 도로 이외의 장소에서의 통행행위는 적용대상으로 하지 않고 있다(도로교통법 제2조 제1호, 제24호). 반면, 음주로 인한 특정범죄가중처벌 등에 관한 법률 위반(위험운전치사상)죄는 입법 취지와 그 문언에 비추어 볼 때, 주취상태에서의 자동차 운전으로 인한 교통사고가 빈발하고 그로 인한 피해자의 생명 · 신체에 대한 피해가 중대할 뿐만 아니라 사고발생 전 상태로의 회복이 불가능하거나 쉽지 않은 점 등의 사정을 고려하여, 형법 제268조에서 규정하고 있는 업무상과실치사상죄의 특례를 규정하여 가중처벌함으로써 피해자의 생명 · 신체의 안전이라는 개인적 법익을 보호하기 위한 것이어서, 그 적용범위가 도로에서의 자동차 운전으로 인한 경우뿐만 아니라 도로 이외 장소에서의 자동차 운전으로 인한 경우도 역시 포함되는 것으로 본다.

한편, 도로교통법 위반(음주운전)죄는 술에 취한 상태에서 자동차 등을 운전하는 행위를 처벌하면서, 술에 취한 상태를 인정하는 기준을 운전자의 혈중 알코올농도 0.05% 이상이라는 획일적인 수치로 규정하여, 운전자가 혈중 알코올농도의 최저기준치를 초과한 주취상태에서 자동차 등을 운전한 경우에는 구체적으로 정상적인 운전이 곤란한지 여부와 상관없이 이를 처벌대상으로 삼고 있는 바, 이는 위와 같은 혈중 알코올농도의 주취상태에서의 운전행위로 인하여 추상적으로 도로교통상의 위험이 발생한 것으로 봄으로써 도로에서 주취상태에서의 운전으로 인한 교통상의 위험과 장해를 방지하고 제거하여 안전하고 원활한 교통을 확보하는데 그 목적이 있다. 반면, 음주로 인한 특정범죄 가중처벌 등에 관한 법률 위반(위험운전치사상)죄는 도로교통법 위반(음주운전)죄의 경우와는 달리 형식적으로 혈중 알코올농도의 법정 최저기준치를 초과하였는지 여부와는 상관없이 운전자가 음주의 영향으로 실제 정상적인 운전이 곤란한 상태에 있어야만 하고, 그러한 상태에서 자동차를 운전하다가 사람을 상해 또는 사망에 이르게 한 행위를 처벌대상으로 하고 있는 바, 이는 음주로 인한 특정범죄가중처벌 등에 관한 법률 위반(위험운전치사상)죄는 업무상과실치사상죄의 일종으로 구성요건적 행위와 그 결과 발생 사이에 인과관계가 요구되기 때문이다.

위와 같이 음주로 인한 특정범죄가중처벌 등에 관한 법률 위반(위험운전치사상)죄와 도로교통법 위반(음주운전)죄는 입법 취지와 보호법익 및 적용 영역을 달리하는 별개의 범죄로서 양 죄가 모두 성립하는 경우 두 죄는 실체적 경합관계에 있는 것으로 보아야 할 것이다. 이와 달리 원심은 음주로 인한 특정범죄가중처벌 등에 관한 법률 위반(위험운전치사상)죄는 도로교통법 위반(음주운전)죄를 기본범죄로 하는 결과적 가중범으로 그 행위유형과 보호법익을 모두 포함하고 있다는 이유로 특정범죄가중처벌 등에 관한 법률 위반(위험운전치사상)죄가 성립하면 도로교통법 위반(음주운전)죄는 이에 흡수된다고 판단하였으니, 원심판결에는 위 두 죄의 죄수관계에 관한 법리를 오해하여 판결에 영향을 미친 위법이 있다고 할 것이다(대법원 2008.11.13. 선고 2008도7143 판결)

[항소심의 판단]

특정범죄 가중처벌 등에 관한 법률 제5조의11은 "음주 또는 약물의 영향으로 정상적인 운전이 곤란한 상태에서 자동차를 운전하여 사람을 상해에 이르게 한 자는 10년 이하의 징역 또는 500만 원 이상 3천만 원 이하의 벌금"에 처하고, "사망에 이르게 한 자는 1년 이상의 유기징역"에 처하도록 정하고 있다. 위 규정은 2006.12.27. 발의되어 2007.1.2. 국회 법제사법위원회에 회부되고, 2007.12.21. 공포 · 시행되었는데, 최종 의결된 의안(의안번호 제7921호)의 제안경위와 제안이유에 의하면, 교통사고처리특례법상 음주운전에 대한 처벌을 강화하기 위하여, 2001년 입법된 일본국 형법 제208조의2 전문을 받아들인 것이고, 실제로 그 법문도 거의 일치한다.

위 규정은 법문상 음주 또는 약물의 영향으로 정상적인 운전이 곤란한 상태에서 자동차를 운전하는 고의행위와 이로 인하여 사람을 상해 또는 사망에 이르게 한 과실결과가 결합된 결과적 가중범의 일종으로 해석된다. 물론, 그 기본범죄, 즉 음주 또는 약물의 영향으로 정상적인 운전이 곤란한 상태에서 자동차를 운전하는 행위를 벌하는 규정은 따로 없다. 그러나 도로교통법 제45조는 "자동차 등의 운전자는 제44조의 규정에 의한 술에 취한 상태 외에 과로 · 질병 또는 약물의 영향과 그 밖의 사유로 인하여 정상적으로 운전하지 못할 우려가 있는 상태에서 자동차 등을 운전하여서는 아니 된다"고 정하고, 같은 법 제150조 제3호에서 이에 위반한 자를 벌하도록 하고 있어, "약물의 영향으로 정상적인 운전이 곤란한 상태에서 자동차를 운전"한 것보다 더 가벼운, "약물의 영향으로 정상적으로 운전하지 못할 우려가 있는 상태에서 자동차를 운전"한 경우를 이미 벌하고 있으므로, 도로교통법 제150조 제3호, 제45조 위반 중에서 특히, 위험한 경우를 기본범죄로 상정하여, 이로 인하여 사람의 생명 · 신체를 해한 경우를 결과적 가중범으로 구성한 것으로 볼 수 있다. 마찬가지로, 도로교통법 제150조 제1호, 제44조 제1항은 '술에 취한 상태에서 자동차 등을 운전'한 경우 처벌을 하고 있는데, 여기에서 '술에 취한 상태'는 혈중알콜농도가 0.05% 이상인 경우를 의미하고(도로교통법 제44조 제4항), 이는 조문 체계상 '정상적으로 운전하지 못할 우려가 있는 상태'에 상응하는 것으로(도로교통법 제45조 : "제44조의 규정에 의한 술에 취한 상태 외에 … 정상적으로 운전하지 못할 우려가 있는 상태에서"), 특정범죄 가중처벌 등에 관한 법률 제5조의11의 '음주의 영향으로 정상적인 운전이 곤란한 상태'보다는 가벼운 상태라고 봄 상당하다. 즉, 특정범죄 가중처벌 등에 관한 법률 제5조의11의 구성요건은 도로교통법 제150조 제1호, 제44조 제1항, 제150조 제3호, 제45조 위반 중 특히, 중한 형태를 기본범죄로 상정한 특수한 결과적 가중범이라는 것이다. 보호법익의 측면에서 보더라도 도로교통 일반의 안전의 위태화(추상적 위험)와 그 위험이 특정한 상황에서 구체화되어 실현된 결과로서 피해자의 생명 · 신체 침해를 결합하여 가중처벌하는 것으로 개인의 생명 · 신체는 물론, 도로교통 일반의 안전도 그 보호법익에 포함된다(일본국 형법 제208조의2의 해석도 같다). 이처럼 특정범죄 가중처벌 등에 관한 법률(위험운전치사상)이 중한 형태의 도로교통법 위반(음주운전)을 기본범죄로 하는 결과적 가중범으로, 그 행위유형과 보호법익을 이미 모두 포함하고 있는 이상, 특정범죄 가중처벌 등에 관한 법률(위험운전치사상)이 성립하면, 도로교통법 위반(음주운전)은 이에 흡수되어 따로 성립하지 아니한다고 봄이 상당하다. 업무상과실치사상죄의 특별법으로써, 음주운전을 구성요건에 포함하지 아니하는 교통사고처리특례법 위반죄에 대한 법리가 이에 적용될 수는 없다. 같은 취지에서 도로교통법 위반(음주운전)죄에 대하여 무죄를 선고한 원심의 판단에 검사가 지적하는 바와 같은 위법은 없다(서울북부지방법원 2008.7.22. 선고 2008노577 판결)

4. 형법 제268조 업무상과실치사상죄와 교통사고처리 특례법 제3조 제1항 교통사고처리특례법위반(업무상과실치사상)죄의 죄수 판단

형법 제268조 (업무상과실 · 중과실 치사상) 업무상과실 또는 중대한 과실로 인하여 사람을 사상에 이르게 한 자는 5년 이하의 금고 또는 2천만원 이하의 벌금에 처한다.
교통사고처리 특례법 제3조 (처벌의 특례) ① 차의 운전자가 교통사고로 인하여 형법 제268조의 죄를 범한 경우에는 5년 이하의 금고 또는 2천만 원 이하의 벌금에 처한다.
② 차의 교통으로 제1항의 죄 중 업무상과실치상죄 또는 중과실치상죄와 도로교통법 제151조의 죄를 범한 운전자에 대하여는 피해자의 명시적인 의사에 반하여 공소를 제기할 수 없다. 다만, 차의 운전자가 제1항의 죄 중 업무상과실치상죄 또는 중과실치상죄를 범하고도 피해자를 구호하는 등 도로교통법 제54조제1항에 따른 조치를 하지 아니하고 도주하거나 피해자를 사고 장소로부터 옮겨 유기하고 도주한 경우, 같은 죄를 범하고 도로교통법 제44조제2항을 위반하여 음주측정 요구에 따르지 아니한 경우(운전자가 채혈 측정을 요청하거나 동의한 경우는 제외한다)와 다음 각 호의 어느 하나에 해당하는 행위로 인하여 같은 죄를 범한 경우에는 그러하지 아니하다.

5. 교통사고처리 특례법 제3조 제1항 교통사고처리특례법위반(업무상과실치사상)죄와 특정범죄 가중처벌 등에 관한 법률 제5조의11의 특정범죄가중처벌등에관한법률위반(위험운전치사상)죄의 죄수 판단

관련판례

[판시사항]
위험운전치사상죄의 입법 취지 및 교통사고처리특례법 위반죄와의 관계(=흡수관계)
[판결요지]
원심은, "피고인이 음주의 영향으로 정상적인 운전이 곤란한 상태에서 운전면허도 없이 운전하다 사람을 치상하였다"는 이 사건 공소사실에 대해 판단함에 있어, 업무상과실치상으로 인한 교통사고처리특례법 위반죄는 특정범죄가중처벌 등에 관한 법률 위반(위험운전치사상)죄에 흡수되어 특정범죄가중처벌 등에 관한 법률 위반(위험운전치사상)죄만이 성립하고, 위 교통사고처리특례법 위반죄는 성립하지 않는다고 판단하였다. 검사의 상고이유의 요지는, 검사가 위 교통사고처리특례법 위반의 점에 대해 교통사고처리특례법 제3조 제1항, 제2항 단서 제7호로 의율

하여 기소하였으나, 원심이 검사가 기소하지도 아니한 같은 단서 제8호 위반죄에 대해서는 위와 같이 직권으로 특정범죄가중처벌 등에 관한 법률 위반(위험운전치사상)죄에 흡수된다고 판단하면서도 위 단서 제7호 위반죄에 대해서는 별도로 판단하지 않는 등, 원심판결에는 불고불리원칙위배, 판단유탈, 법리오해의 잘못이 있다는 것이다. 살피건대, 교통사고로 인하여 업무상과실치상죄 또는 중과실치상죄를 범한 운전자에 대하여 피해자의 명시한 의사에 반하여 공소를 제기할 수 있는 교통사고처리특례법 제3조 제2항 단서 각 호의 사유는 같은 법 제3조 제1항 위반죄의 구성요건 요소가 아니라 그 공소제기의 조건에 관한 사유라고 보아야 할 것이므로(대법원 2007.4.12. 선고 2006도4322 판결 참조), 위 단서 각 호의 사유가 경합한다 하더라도 하나의 교통사고처리특례법 위반죄가 성립할 뿐 검사의 주장과 같이 그 각 호마다 별개의 죄가 성립하는 것은 아니라 할 것이다. 또한, 음주로 인한 특정범죄가중처벌 등에 관한 법률 위반(위험운전치사상)죄는 그 입법 취지와 문언에 비추어 볼 때, 주취상태에서의 자동차 운전으로 인한 교통사고가 빈발하고 그로 인한 피해자의 생명 · 신체에 대한 피해가 중대할 뿐만 아니라 사고발생 전 상태로의 회복이 불가능하거나 쉽지 않은 점 등의 사정을 고려하여, 형법 제268조에서 규정하고 있는 업무상과실치사상죄의 특례를 규정하여 가중처벌함으로써 피해자의 생명 · 신체의 안전이라는 개인적 법익을 보호하기 위한 것이므로(대법원 2008.11.13. 선고 2008도7143 판결 참조), 그 죄가 성립되는 때에는 차의 운전자가 형법 제268조의 죄를 범한 것을 내용으로 하는 위 교통사고처리특례법 위반죄는 그 죄에 흡수되어 별죄를 구성하지 아니한다고 볼 것이다(대법원 2008.12.11. 선고 2008도9182 판결).

6. 사고 후 도주한 경우에는 특정범죄 가중처벌 등에 관한 법률 제5조의 3의 특정범죄가중처벌등에관한법률위반(사고후도주운전)죄 성립

특정범죄가중처벌등에관한법률위반(사고후도주운전)죄가 성립하는 경우에는 교통사고처리특례법위반(업무상과실치상)죄와 도로교통법위반(사고발생시 미조치)죄는 사고후도주운전죄에 흡수된다.

특정범죄 가중처벌 등에 관한 법률 제5조의3 (도주차량 운전자의 가중처벌) ① 도로교통법 제2조에 규정된 자동차 · 원동기장치자전거의 교통으로 인하여 형법 제268조의 죄를 범한 해당 차량의 운전자(이하 "사고운전자"라 한다)가 피해자를 구호하는 등 도로교통법 제54조제1항에 따른 조치를 하지 아니하고 도주한 경우에는 다음 각 호의 구분에 따라 가중처벌한다.

1. 피해자를 사망에 이르게 하고 도주하거나, 도주 후에 피해자가 사망한 경우에는 무기 또는 5년 이상의 징역에 처한다.
2. 피해자를 상해에 이르게 한 경우에는 1년 이상의 유기징역 또는 500만원 이상 3천만원 이하의 벌금에 처한다.

② 사고운전자가 피해자를 사고 장소로부터 옮겨 유기하고 도주한 경우에는 다음 각 호의 구분에 따라 가중처벌한다.

1. 피해자를 사망에 이르게 하고 도주하거나, 도주 후에 피해자가 사망한 경우에는 사형, 무기 또는 5년 이상의 징역에 처한다.
2. 피해자를 상해에 이르게 한 경우에는 3년 이상의 유기징역에 처한다.

7. 특정범죄 가중처벌 등에 관한 법률 제5조의11의 특정범죄가중처벌등에관한법률위반(위험운전치사상)죄와 도로교통법 제151조의 도로교통법위반(업무상과실 재물손괴)죄의 죄수 판단

관련판례

[공소사실]

피고인은 2008.7.10. 대구지방법원에서 사기죄로 징역 10월에 집행유예 2년을 선고받고 같은 달 18. 그 판결이 확정되어 현재 그 유예 기간 중이다.

피고인은 2009.3.15. 22:30경 자동차 운전면허 없이, 혈중알콜농도 0.201%의 술에 취하여 정상적인 운전이 곤란한 상태에서 (차량번호 1 생략) 무쏘 승용차량을 운전하여 영주시 휴천동에 있는 대화예식장 앞 도로를 남산초등학교 방면에서 대화예식장 사거리 방면으로 진행하던 중, 전방에 신호대기로 정차하고 있던 피해자가 운전하는 (차량번호 2 생략) 화물차량의 뒷부분을 피고인이 운전한 차량의 앞범퍼 부분으로 들이받아 그 충격으로 위 화물차량이 그 앞에 정차하고 있던 피해자 공소외 2가 운전하는 (차량번호 3 생략) 화물차량을 들이받도록 하여 피해자 공소외 1에게 약 2주간의 치료를 요하는 경추부 긴장 등의 상해를 입게 함과 동시에, 피해자 공소외 1이 운전한 위 화물차량의 수리비 433,800원, 피해자 공소외 2가 운전한 위 차량의 수리비 218,300원이 각 들도록 각 손괴하였다.

[판시사항]

특정범죄가중처벌 등에 관한 법률상 '위험운전치사상죄'와 도로교통법상 '업무상과실 재물손괴죄'의 죄수관계(=상상적 경합)

[판결요지]

음주 또는 약물의 영향으로 정상적인 운전이 곤란한 상태에서 자동차를 운전하여 사람을 상해에 이르게 함과 동시에 다른 사람의 재물을 손괴한 때에는 특정범죄가중처벌 등에 관한 법률 위반(위험운전치사상)죄 외에 업무상과실 재물손괴로 인한 도로교통법 위반죄가 성립하고, 위 두 죄는 1개의 운전행위로 인한 것으로서 상상적 경합관계에 있다[대법원 2010.1.14. 선고 2009도10845 판결. 자동차 운전면허 없이 술에 취하여 정상적인 운전이 곤란한 상태에서 차량을 운전하던 중 전방에 신호대기로 정차해 있던 화물차의 뒷부분을 들이받아 그 화물차가 밀리면서 그 앞에 정차해 있던 다른 화물차를 들이받도록 함으로써, 피해자에게 상해를 입게 함과 동시에 위 각 화물차를 손괴하였다는 공소사실에 대하여, 특정범죄가중처벌 등에 관한 법률 위반(위험운전치사상)죄와 각 업무상과실 재물손괴로 인한 도로교통법 위반죄는 실체적 경합관계라고 본 원심판결에 죄수관계에 관한 법리를 오해한 위법이 있다고 한 사례).

제8항 입법론상의 문제(책임주의의 관점)

폭행치사죄의 형을 상해죄의 예에 의하는 양형상의 문제(제262조)가 있다. 이에 개정형법은 「~치사죄와 ~치상죄」, 「~치사죄와 살인죄」에 대해서는 양형을 구별하고 있다.

[결과적 가중범의 치사와 치상의 법정형]

조 문	죄 명	구 형 법	개 정 형 법
제144조제2항	특수공무방해치사상	무기 또는 3년이상의 징역	치사 : 무기 또는 5년이상의 징
			치상 : 3년이상의 징역
제164조제2항	현주건조물방화치사상	사형, 무기 또는 7년이상의 징역	치사 : 무기 또는 3년이상의 징역
			치상 : 5년이상의 징역
제173조제3항	가스 · 전기등 공급방해치사상	5년이상의 징역	치사 : 무기 또는 3년이상의 징역
			치상 : 2년이상의 징역
제177조제2항	현주건조물일수치사상	사형, 무기 또는 7년이상의 징역	치사 : 무기 또는 7년이상의 징역
			치상 : 무기 또는 5년이상의 징역
제188조	교통방해치사상	사형, 무기 또는 3년이상의 징역	치사 : 무기 또는 5년이상의 징역
			치상 : 무기 또는 3년이상의 징역
제194조	음용수혼독치사상	사형, 무기 또는 3년이상의 징역	치사 : 무기 또는 5년이상의 징역
			치상 : 무기 또는 3년이상의 징역
제275조제1항	유기치사상등	상해죄와 비교하여 중한 형으로 처벌	치사 : 3년이상의 징역
			치상 : 7년이하의 징역
제275조제2항	존속유기치사상	상해죄와 비교하여 중한 형으로 처벌	치사 : 무기 또는 5년이상의 징역
			치상 : 3년이상의 징역
제281조제1항	체포 · 감금치사상	상해죄와 비교하여 중한 형으로 처벌	치사 : 3년이상의 징역
			치상 : 1년이상의 징역
제281조제2항	존속체포 · 감금치사상	상해죄와 비교하여 중한 형으로 처벌	치사 : 무기 또는 5년이상의 징역
			치상 : 2년이상의 징역
제301조 제301조의2	강간등상해 · 치상	무기 또는 5년이상의 징역	무기 또는 5년이상의 징역
	강간등살인 · 치사	무기 또는 5년이상의 징역	살인 : 사형 또는 무기징역
			치사 : 무기 또는 10년이상의 징역
제337조 제338조	강도상해 · 치상	무기 또는 7년이상의 징역	무기 또는 7년이상의 징역
	강도살인 · 치사	사형 또는 무기징역	살인 : 사형 또는 무기징역
			치사 : 무기 또는 10년이상의 징역
제368조제2항	중손괴치사상	상해죄와 비교하여 중한 형으로 처벌	치사 : 3년이상의 징역
			치상 : 1년이상의 징역

기출사례

甲은 야간에 乙의 집에 들어가 乙을 죽이고 돈을 빼앗기로 결심하였다. 그러나 막상 계획한 범행시각이 다가오자 甲은 용기가 나지 않아 술을 마셨다. 甲은 만취한 상태에서 원래 계획했던 대로 야간에 乙의 집에 침입하여 乙의 머리를 몽둥이로 여러 차례 내리쳤다. 乙이 쓰러져 축 늘어지자 甲은 乙이 죽은 것으로 생각하였다. 甲은 곧이어 乙의 집 장롱 속에서 1억 원짜리 양도성예금증서 2장을 꺼내 가졌다. 그런 다음 甲은 증거를 인멸하기 위해 乙의 집에 불을 질렀고, 이로 인해 乙의 집은 전부 타버렸다. 그리고 乙은 甲의 몽둥이에 맞아 죽은 것이 아니라 甲의 방화로 발생한 유독가스에 질식하여 사망하였다.

甲의 죄책은? (50점)

[2003년 시행 제45회 사법시험 제1문]

제8장 부작위범이론

제1절 부작위범의 개념과 역사적 발전

사례연구

1. 사실관계

피해자 1(10세)과 피해자 2(8세)의 삼촌인 甲은 피해자들의 부모가 교통사고로 사망함으로써 피해자들이 거액의 재산을 상속받게 되자 그 상속재산을 가로채기 위해 피해자들을 살해할 것을 마음먹고, 피해자들을 불러내어 미리 물색하여 둔 저수지로 데리고 가서 인적이 드물고 경사가 급하여 미끄러지기 쉬운 제방 쪽으로 유인하여 함께 걷다가, 피해자 1로 하여금 가파른 물가에서 미끄러져 수심이 약 2미터나 되는 저수지 물속으로 빠지게 하고, 그를 구호하지 아니한 채 앞에 걸어가고 있던 피해자 2의 소매를 잡아당겨 저수지에 빠뜨림으로써 그 자리에서 피해자들을 익사하게 하였다.

검사는 甲에 대해 형법 제250조 제1항을 적용하여 피해자 1에 대한 부작위에 의한 살인죄와 피해자 2에 대한 살인죄의 경합범으로 공소제기하였다.

2. 사건의 경과

제1심법원은 검사가 공소제기한대로 피고인 乙에 대해 살인죄가 성립한다고 판단하여 무기징역형을 선고하였다. 피고인과 변호인들은 법리오해와 양형부당을 이유로 항소하였고, 항소심인 원심은 항소를 기각하면서 제1심의 판단을 유지하였다. 피고인과 변호인들은 항소이유와 동일한 이유를 들어 상고하였다.

3. 법률적 쟁점

피고인 乙의 행위가 작위에 의한 살인죄와 동등한 가치가 있다고 평가될 수 있는 부작위에 의한 살인죄에 해당한다고 판단되기 위해서는 어떠한 요건을 검토해야 하는가?

4. 적용법조

〈형법〉

제18조 (부작위범) 위험의 발생을 방지할 의무가 있거나 자기의 행위로 인하여 위험발생의 원인을 야기한 자가 그 위험발생을 방지하지 아니한 때에는 그 발생된 결과에 의하여 처벌한다.

제250조 (살인, 존속살해) ① 사람을 살해한 자는 사형, 무기 또는 5년 이상의 징역에 처한다.

5. 대법원의 판단

[판시사항]

부작위에 의한 작위범의 요건

[판결요지]

형법 제18조에 의하면 위험의 발생을 방지할 의무가 있거나 자기의 행위로 인하여 위험발생의 원인을 야기한 자가 그 위험발생을 방지하지 아니한 때에는 그 발생된 결과에 의하여 처벌하도록 규정되어 있는바, 형법이 금지하고 있는 법익침해의 결과발생을 방지할 법적인 작위의무(작위의무)를 지고 있는 자가, 그 의무를 이행함으로써 결과발생을 쉽게 방지할 수 있었음에도 불구하고 그 결과의 발생을 용인하고 이를 방관한 채 그 의무를 이행하지 아니한 경우에, 그 부작위가 작위에 의한 법익침해와 동등한 형법적 가치가 있은 것이어서 그 범죄의 실행행위로 평가될 만한 것이라면, 작위에 의한 실행행위와 동일하게 부작위범으로 처벌할 수 있다고 할 것이다.

이 사건의 사실관계가 원심이 인용한 제1심판결이 확정한 바와 같이, 피고인이 조카인 피해자 1(10세)과 2(8세)를 살해할 것을 마음먹고, 피해자들을 불러내어 미리 물색하여 둔 저수지로 데리고 가서 인적이 드물고 경사가 급하여 미끄러지기 쉬운 제방쪽으로 유인하여 함께 걷다가, 피해자 1로 하여금 가파른 물가에서 미끄러져 수심이 약 2미터나 되는 저수지 물속으로 빠지게 하고, 그를 구호하지 아니한 채 앞에 걸어가고 있던 피해자 2의 소매를 잡아당겨 저수지에 빠뜨림으로써 그 자리에서 피해자들을 익사하게 한 것이라면, 소론과 같이 피해자 1이 스스로 미끄러져서 물에 빠진 것이고, 그 당시는 피고인이 살인죄의 예비단계에 있었을 뿐 아직 실행의 착수에는 이르지 아니하였다고 하더라도, 피고인은 피해자들의 숙부로서 위와 같은 익사의 위험에 대처할 보호능력이 없는 나이 어린 피해자들을 급한 경사로 인하여 미끄러지기 쉬워 위와 같은 익사의 위험이 있는 저수지로 데리고 갔던 것이므로, 피고인으로서는 피해자들이 물에 빠져 익사할 위험을 방지하고 피해자들이 물에 빠지는 경우 그들을 구호하여 주어야 할 법적인 작위의무가 있다고 보아야 할 것이고, 이와 같은 상황에서 피해자 1이 물에 빠진 후에 피고인이 살해의 범의를 가지고 그를 구호하지 아니한 채 그가 익사하는 것을 용인하고 방관한 행위(부작위)는 피고인이 그를 직접 물에 빠뜨려 익사시키는 행위와 다름없다고 형법상 평가될 만한 살인의 실행행위라고 보는 것이 상당하다(대법원 1992.2.11. 선고 91도2951 판결. 살해의 의사로 위험한 저수지로 유인한 조카가 물에 빠지자 구호하지 아니한 채 방치한 행위를 부작위에 의한 살인행위로 본 사례).치가 있은 것이어서 그 범죄의 실행행위로 평가될 만한 것이라면, 작위에 의한 실행행위와 동일하게 부작위범으로 처벌할 수 있다고 할 것이다.

이 사건의 사실관계가 원심이 인용한 제1심판결이 확정한 바와 같이, 피고인이 조카인 피해자 1(10세)과 2(8세)를 살해할 것을 마음먹고, 피해자들을 불러내어 미리 물색하여 둔 저수지로 데리고 가서 인적이 드물고 경사가 급하여 미끄러지기 쉬운 제방쪽으로 유인하여 함께 걷다가, 피해자 1로 하여금 가파른 물가에서 미끄러져 수심이 약 2미터나 되는 저수지 물속으로 빠지게 하고, 그를 구호하지 아니한 채 앞에 걸어가고 있던 피해자 2의 소매를 잡아당겨 저수지에 빠뜨림으로써 그 자리에서 피해자들을 익사하게 한 것이라면, 소론과 같이 피해자 1이 스스로 미끄러져서 물에 빠진 것이고, 그 당시는 피고인이 살인죄의 예비단계에 있었을 뿐 아직 실행의 착수에는 이르지 아니하였다고 하더라도, 피고인은 피해자들의 숙부로서 위와 같은 익사의 위험에 대처할 보호능력이 없는 나이 어린 피해자들을 급한 경사로 인하여 미끄러지기 쉬워 위와 같은 익사의 위험이 있는 저수지로 데리고 갔던 것이므로, 피고인으로서는 피해자들이 물에 빠져 익사할 위험을 방지하고 피해자들이 물에 빠지는 경우 그들을 구호하여 주어야 할 법적인 작위의무가 있다고 보아야 할 것이고, 이와 같은 상황에서 피해자 1이 물에 빠진 후에 피고인이 살해의 범의를 가지고 그를 구호하지 아니한 채 그가 익사하는 것을 용인하고 방관한 행위(부작위)는 피고인이 그를 직접 물에 빠뜨려 익사시키는 행위와 다름없다고 형법상 평가될 만한 살인의 실행행위라고 보는 것이 상당하다(대법원 1992.2.11. 선고 91도2951 판결. 살해의 의사로 위험한 저수지로 유인한 조카가 물에 빠지자 구호하지 아니한 채 방치한 행위를 부작위에 의한 살인행위로 본 사례).

Ⅰ. 부작위범의 개념

부작위범(Unterlassungsdelikt)이란 법규범이 요구(기대)하는 일정한 행위를 하여야 할 지위에 있는 자가 소극적으로 이를 이행하지 않음으로써(작위의무위반) 성립하는 범죄유형으로, "행위자에게 가능한 일정한 행위의 기대실추(Enttäuschung der Erwartung)"가 그 본질적 표지다.

제18조 (부작위범) 위험의 발생을 방지할 의무가 있거나 자기의 행위로 인하여 위험발생의 원인을 야기한 자가 그 위험발생을 방지하지 아니한 때에는 그 발생된 결과에 의하여 처벌한다.
형법일부개정법률안(2011.3.25. 정부안으로 국회제출, 의안번호 1811304호)은 위험의 발생을 방지할 의무가 있거나 자기의 행위로 인하여 위험 발생의 원인을 야기한 자가 그 위험 발생을 방지하지 아니한 경우에는 어떤 행위를 적극적으로 함으로써 범행에 이르는 자에 비하여 죄질이 가벼울 수 있다는 점을 고려하여 그 형을 감경할 수 있도록 하였다.

개정법률안 제15조 (부작위범) 위험의 발생을 방지할 의무가 있거나 자기의 행위로 인하여 위험 발생의 원인을 야기한 자가 그 위험 발생을 방지하지 아니한 경우에는 그 발생된 결과에 따라 처벌한다. 이 경우 형을 감경할 수 있다.

Ⅱ. 부작위범이론의 역사적 발전

초기에는 부작위범의 인과성을 규명하려는, 즉 발생된 결과에 대한 부작위의 순수한 인과성을 입증하려는 시도에서 부작위범의 인과관계에 관한 논쟁을 가져왔으나, 그 후 작위범과 동가치성의 문제로서의 작위의무의 체계적 지위에 대한 해석론(위법성요소에서 구성요건요소로 파악)과 더불어 부진정부작위범에 있어서 보증인적 지위의 발생근거 및 보증인적 지위와 그 전제로서의 보증인적 의무와의 관계에 대한 해석론이 다양하게 전개되고 있다.

제2절 부작위의 행위성

존재론적 측면에서 볼 때는 부작위는 무위(無爲, ontologisches Nichtstun)에 불과하나, 규범적 측면에서 판단할 때는 각 행위론에 있어서 행위개념의 기능과 관련하여[1] 부작위의 행위성을 판단하여야 한다.

Ⅰ. 부작위의 행위성을 부정

자연적 · 인과적 행위론과 목적적 행위론은 일반적으로 부작위의 형법상 행위성을 부정한다.

Ⅱ. 부작위의 행위성을 인정

부작위는 법적 행위기대라는 규범적 가치판단요소에 의하여 사회적 중요성(의미)을 가지는 인간의 행태로 이해하려는 사회적 행위론과 인격적 행위론은 부작위의 형법상 행위성을 인정한다.

Ⅲ. 다의적 행태에 있어서 형법적 판단의 기준

일반적인 경우에는 외적인 현상형태를 기초로 하여, 즉 사건의 진행을 변경시키는 에너지투입이냐, 아니면 사건진행을 방치하느냐에 따라 작위와 부작위를 구별한다. 그러나 "행위에 작위와 부작위의 요소가 모두 포함되어 있는 경우에는 행위자의 행태의 중점을 작위와 부작위 중 어디에 둘 것인가"가 문제될 수 있다.

1. 판단기준에 대한 학설

행위자의 행태의 중점이 어디에 있느냐를 기준으로 하여 판단하는 견해[2], 행태에 대한 법적 비난의 중점이 어디에 있느냐 라는 평가문제로 보는 견해, 사상(事象)의 사회적 의미를 기준으로 하여 판단하려는 견해, 에너지투입을 기준 또는 의심스러울 때는 적극적인 작위로 인정하는 견해, 작위에 대한 보충관계로서 부작위를 파악하는 견해 등이 대립되고 있다.

---

1) 기초(근본)기능, 결합(연결)요소(실체개념의 정립 및 체계적 중립성) 및 한계요소로서의 기능.

2) 독일의 다수견해.

관련판례

1) 범죄는 보통 적극적인 행위에 의하여 실행되지만 때로는 결과의 발생을 방지하지 아니한 부작위에 의하여도 실현될 수 있다. 형법 제18조는 "위험의 발생을 방지할 의무가 있거나 자기의 행위로 인하여 위험발생의 원인을 야기한 자가 그 위험발생을 방지하지 아니한 때에는 그 발생된 결과에 의하여 처벌한다."라고 하여 부작위범의 성립 요건을 별도로 규정하고 있다. 자연적 의미에서의 부작위는 거동성이 있는 작위와 본질적으로 구별되는 무(無)에 지나지 아니하지만, 위 규정에서 말하는 부작위는 법적 기대라는 규범적 가치판단 요소에 의하여 사회적 중요성을 가지는 사람의 행태가 되어 법적 의미에서 작위와 함께 행위의 기본 형태를 이루게 되는 것이므로, 특정한 행위를 하지 아니하는 부작위가 형법적으로 부작위로서의 의미를 가지기 위해서는, 보호법익의 주체에게 해당 구성요건적 결과발생의 위험이 있는 상황에서 행위자가 구성요건 실현을 회피하기 위하여 요구되는 행위를 현실적 · 물리적으로 행할 수 있었음에도 하지 아니하였다고 평가될 수 있어야 한다(대법원 2015.11.12. 선고 2015도6809 판결. 이른바 세월호 선장에 대한 부작위에 의한 살인죄 인정 사안).

2) 어떠한 범죄가 적극적 작위에 의하여 이루어질 수 있음은 물론 결과의 발생을 방지하지 아니하는 소극적 부작위에 의하여도 실현될 수 있는 경우에, 행위자가 자신의 신체적 활동이나 물리적 · 화학적 작용을 통하여 적극적으로 타인의 법익 상황을 악화시킴으로써 결국 그 타인의 법익을 침해하기에 이르렀다면, 이는 작위에 의한 범죄로 봄이 원칙이고, 작위에 의하여 악화된 법익 상황을 다시 되돌이키지 아니한 점에 주목하여 이를 부작위범으로 볼 것은 아니며, 나아가 악화되기 이전의 법익 상황이, 그 행위자가 과거에 행한 또 다른 작위의 결과에 의하여 유지되고 있었다 하여 이와 달리 볼 이유가 없다(대법원 2004.6.24. 선고 2002도995 판결. 이른바 보라매병원 사안).

3) 검사는, 피고인 2, 3이 피해자가 스스로 호흡을 할 수 없는 상태에서 인공호흡기를 부착한 채 치료를 받고 있던 중 피고인 1의 요구로 피해자의 퇴원을 지시하여 피해자를 퇴원시킨 후 피고인 4가 피해자에게 부착된 인공호흡보조장치를 제거하여 피해자로 하여금 인공호흡장치제거로 인한 호흡정지로 사망에 이르게 하여 살해하였다는 이유로 작위에 의한 살인죄로 기소하였고, 이에 대해 원심은, 사망원인은 인공호흡보조장치의 제거가 아니라 뇌간압박에 의한 호흡곤란이고, 인공호흡보조장치의 제거라는 행위만이 아니라 이를 포함한 행위 전체를 규범적으로 평가해야 한다는 이유로, 피고인 2, 3는 피해자에 대한 뇌수술 및 치료를 담당하고 있었고, 피해자의 상태와 회복가능성, 치료를 중단하고 퇴원시킬 경우 피해자가 호흡이 어렵게 되어 사망하게 된다는 사실을 알고 있었으므로 계속적인 치료를 함으로써 피해자의 생명을 보호하여야 할 의무가 있음에도 불구하고 피해자의 퇴원을 지시하여 피고인 4가 피해자에게 부착된 인공호흡보조장치를 제거하여 피해자로 하여금 뇌간압박에 의한 호흡곤란으로 사망에 이르게 하여 살해하였다는 이유로 부작위에 의한 살인죄로 인정하였다. 피고인 2, 3의 이 사건 범행은 보호자인 피고인 1이 피해자를 위한 치료위탁계약을 해지하여 피해자를 퇴원시켜 달라고 요구하고, 피고인 2, 3는 피해자로부터 인공호흡장치를 제거할 경우 사망할 가능성이 있다는 이유로 퇴원을 만류하였으나 피고인 1이 퇴원을 고집하여 어쩔 수 없이 퇴원결정을 하고, 피고인 2, 3이 자신의 지속적 관리 하에 있는 피해자에 대한 치료를 중단하였다는 것으로 앞에서 본 바와 같이 퇴원결정과 치료행위의 중단은 한 개의 사실관계의 양면으로 상호 결합되어 있는 것인데 피고인 2, 3의 의사(의사)의 관점에서 볼 때 피해자가 퇴원하게 되어 치료를 중단하게 된 것이지 치료를 중단할 의사가 있었기 때문에 퇴원결정과 퇴원조치를 취한 것이 아니라 할 것이어서 위 피고인들에 대한 비난은 위 피고인들이 적극적으로 치료행위를 중단한 점에 있다기보다는 피고인 1의 퇴원요청을 받아들여 퇴원조치를 한 점에 집중되어야 할 것이고, 피고인 2, 3의 치료중단이라고 하는 부작위의 측면에서 보더라도 작위에 의한 살인이라고 하는 법익침해와 동등한 형법적 가치가 있는 것이어서 위 피고인들의 행위를 살인범죄의 실행행위로 평가될 만한 것이라 보기는 어렵고, 한편 피고인 2, 3의 구성요건적 고의는 구성요건해당성을 인식하고 이를 실현시키려는 의지로서 그 실현의지를 인정하기 위해서는 적어도 결과발생을 용인하는 내심의 의사가 있어야 하는 것인데 뒤에서 보는 바와 같이 피고인 2, 3는 피고인 1이 피해자를 퇴원시켜 사망케 한다는 사

정을 인식하고 있었지만 그 결과발생을 용인하는 내심의 의사가 있다고 볼 수 없어 살인죄의 정범으로서의 고의를 부정하고 방조범으로 인정하는 점에 비추어 볼 때 피고인 2, 3의 행위는 부작위에 의한 살해행위가 아니라 피고인 1이 피해자에 대한 치료를 중단시켜 살해하는 행위에 대하여 피해자에 대한 퇴원조치를 함으로써 그 실행을 용이하게 한 작위의 방조행위로 봄이 상당하다(위 보라매병원 사안에 대한 대법원 2004.6.24. 선고 2002도995 판결의 원심판결인 서울고등법원 2002.2.7. 선고 98노1310 판결).

2. 구체적 사례에 있어서의 판단

1) 과실범의 경우

주의의무위반, 즉 요구된 주의의무불이행(의무위반적 부작위)에 기해 과실행위(의무위반적 작위)로 나아간 경우로 작위로 평가된다.

2) 타인의 구조활동저지

타인의 구조활동을 적극적으로 저지 내지 중단시킨 경우, 법적 비난의 중점은 인과적인 사건진행의 조종 내지 변형에 있으므로 작위로 평가된다.

3) 고의 · 과실에 의한 원인에 있어서 자유로운 행위

원인설정행위(작위에 의한 행위)에 기해 부작위로 나아간 경우에는 요구된 활동을 하지 않았다는 사실이 중요하므로 부작위로 평가된다.

3. 자신의 구조활동의 효과를 사후에 적극적으로 무효화시킨 경우

기왕에 취한 구조활동을 계속 취하지 않고 적극적인 행태에 의해 저지시키거나 무효화시킨 경우로, 구조수단이 피구조자의 영역에 도달했는가의 여부 또는 실효시기를 기준으로 판단하여야 할 것이다. 따라서 구조수단이 도달 또는 실효전의 경우에는 부작위로 평가된다.

작위와 부작위가 경합된 행위의 죄수

1) 피고인이 검사로부터 범인을 검거하라는 지시를 받고서도 그 직무상의 의무에 따른 적절한 조치를 취하지 아니하고 오히려 범인에게 전화로 도피하라고 권유하여 그를 도피케 하였다는 범죄사실만으로는 직무위배의 위법상태가 범인도피행위 속에 포함되어 있는 것으로 보아야 할 것이므로, 이와 같은 경우에는 작위범인 범인도피죄만이 성립하고 부작위범인 직무유기죄는 따로 성립하지 아니한다(대법원 1996.5.10. 선고 96도51 판결).
2) 피고인이 출원인인 공소외 1이 어업허가를 받을 수 없는 자라는 사실을 알면서도 그 직무상의 의무에 따른 적절한 조치를 취하지 않고 오히려 부하직원으로 하여금 어업허가 처리기안문을 작성하게 한 다음 피고인 스스로 중간결재를 하는 등 위계로써 농수산국장의 최종결재를 받았다면, 직무위배의 위법상태가 위계에 의한 공무집행방해행위 속에 포함되어 있는 것이라고 보아야 할 것이므로, 이와 같은 경우에는 작위범인 위계에 의한 공무집행방해죄만이 성립하고 부작위범인 직무유기죄는 따로 성립하지 아니한다고 봄이 상당하다고 할 것이다(대법원 1997. 2. 28. 선고 96도2825 판결).

3) 원심판결 이유를 위와 같은 법리와 기록에 비추어 살펴보면, 원심이 피고인이 국방부 합동조사단장으로부터 공소외 1의 병무비리사건과 관련하여 뇌물수수 등의 혐의로 수배 중인 공소외 2을 체포하도록 구체적인 임무를 부여받아 그 직무를 수행함에 있어 공소외 2과 여러 차례에 걸쳐 전화통화를 하고, 나아가 공소외 2을 위하여 서류를 전달해주는 한편 그의 예금통장까지 개설해 주고서도 그와 같은 사실을 보고조차 하지 아니하여 직무를 유기하였다는 이 사건 범죄사실을 유죄로 인정하여 처벌한 조치는 수긍이 가고, 거기에 상고이유에서 지적하는 바와 같은 채증법칙 위배, 직무유기죄에 관한 법리오해, 기대가능성에 관한 법리오해 등의 위법이 없다. 이 점에 관한 피고인 및 국선 변호인의 상고이유는 모두 받아들일 수 없다. 그리고 하나의 행위가 부작위범인 직무유기죄와 작위범인 범인도피죄의 구성요건을 동시에 충족하는 경우 공소제기권자는 재량에 의하여 작위범인 범인도피죄로 공소를 제기하지 않고 부작위범인 직무유기죄로만 공소를 제기할 수도 있으므로, 군검찰관이 피고인의 행위를 범인도피죄로 공소를 제기하지 않고 직무유기죄로만 공소를 제기한 이 사건에서 원심이 그 공소범위 내에서 피고인을 직무유기죄로 인정하여 처벌한 조치는 수긍이 가고, 거기에 상고이유에서 지적하는 바와 같은 죄수에 관한 법리오해의 위법이 없다. 이 점에 관한 상고이유도 받아들일 수 없다(대법원 1999.11.26. 선고 99도1904 판결).

4) 경찰관이 불법체류자의 신병을 출입국관리사무소에 인계하지 않고 훈방하면서 이들의 인적사항조차 기재해 두지 아니하였다면 직무유기죄가 성립한다. 그리고 하나의 행위가 부작위범인 직무유기죄와 작위범인 허위공문서작성 · 행사죄의 구성요건을 동시에 충족하는 경우, 공소제기권자는 재량에 의하여 작위범인 허위공문서작성 · 행사죄로 공소를 제기하지 않고 부작위범인 직무유기죄로만 공소를 제기할 수 있다(대법원 2008.2.14. 선고 2005도4202 판결).

5) 공무원이 어떠한 위법사실을 발견하고도 직무상 의무에 따른 적절한 조치를 취하지 아니하고 위법사실을 적극적으로 은폐할 목적으로 허위공문서를 작성, 행사한 경우에는 직무위배의 위법상태는 허위공문서작성 당시부터 그 속에 포함되는 것으로 작위범인 허위공문서작성 및 그 행사죄만이 성립하고 부작위범인 직무유기죄는 따로 성립하지 아니한다(대법원 2004.3.26. 선고 2002도5004 판결. 같은 취지의 판례로 1972.5.9. 선고 72도722 판결 ; 1999.12.24. 선고 99도2240 판결 ; 대법원 2010.6.24. 선고 2008도11226 판결 등).

6) 경찰서 방범과장이 부하직원으로부터 음반 · 비디오물 및 게임물에 관한 법률 위반 혐의로 오락실을 단속하여 증거물로 오락기의 변조 기판을 압수하여 사무실에 보관중임을 보고받아 알고 있었음에도 그 직무상의 의무에 따라 위 압수물을 수사계에 인계하고 검찰에 송치하여 범죄 혐의의 입증에 사용하도록 하는 등의 적절한 조치를 취하지 않고, 오히려 부하 직원에게 위와 같이 압수한 변조 기판을 돌려주라고 지시하여 오락실 업주에게 이를 돌려준 경우, 작위범인 증거인멸죄만이 성립하고 부작위범인 직무유기(거부)죄는 따로 성립하지 아니한다(대법원 2006.10.19. 선고 2005도3909 전원합의체 판결).

7) 사법경찰관이 검사에게 긴급체포된 피의자에 대한 긴급체포 승인 건의와 함께 구속영장을 신청한 경우, 검사는 긴급체포의 승인 및 구속영장의 청구가 피의자의 인권에 대한 부당한 침해를 초래하지 않도록 긴급체포의 적법성 여부를 심사하면서 수사서류 뿐만 아니라 피의자를 검찰청으로 출석시켜 직접 대면조사할 수 있는 권한을 가진다고 보아야 한다. 따라서 이와 같은 목적과 절차의 일환으로 검사가 구속영장 청구 전에 피의자를 대면조사하기 위하여 사법경찰관리에게 피의자를 검찰청으로 인치할 것을 명하는 것은 적법하고 타당한 수사지휘 활동에 해당하고, 수사지휘를 전달받은 사법경찰관리는 이를 준수할 의무를 부담한다. 다만 체포된 피의자의 구금장소가 임의적으로 변경되는 점, 법원에 의한 영장실질심사 제도를 도입하고 있는 현행 형사소송법하에서 체포된 피의자의 신속한 법관 대면권 보장이 지연될 우려가 있는 점 등을 고려하면, 위와 같은 검사의 구속영장 청구 전 피의자 대면조사는 긴급체포의 적법성을 의심할 만한 사유가 기록 기타 객관적 자료에 나타나고 피의자의 대면조사를 통해 그 여부의 판단이 가능할 것으로 보이는 예외적인 경우에 한하여 허용될 뿐, 긴급체포의 합당성이나 구속영장 청구에 필요한 사유를 보강하기 위한 목적으로 실시되어서는 아니 된다. 나아가 검사의 구속영장 청구 전 피의자 대면조사는 강제수사가 아니므로 피의자는 검사의 출석 요구에 응할 의무가 없고, 피의자가 검사의 출석 요구에 동의한 때에 한하여 사법경찰관리는 피의자를 검찰청으로 호송하여야 한다. 그리고 형법 제

139조에 규정된 인권옹호직무명령불준수죄와 형법 제122조에 규정된 직무유기죄의 각 구성요건과 보호법익 등을 비교하여 볼 때, 인권옹호직무명령불준수죄가 직무유기죄에 대하여 법조경합 중 특별관계에 있다고 보기는 어렵고 양 죄를 상상적 경합관계로 보아야 한다. 위 법리와 원심이 판시한 사정들을 종합하면, 긴급체포된 피의자에 대한 긴급체포의 승인 및 구속영장 청구 여부를 심사한 검사가 이 사건 긴급체포 등 강제처분의 적법성에 의문을 갖고 수사서류 외에 피의자를 대면조사할 충분한 사유가 있었던 것으로 보이므로, 2회에 걸친 검사의 이 사건 명령은 적법하고 타당한 수사지휘권의 행사에 해당하고, 사법경찰관리의 체포 등 강제수사 과정에서 야기될 수 있는 피의자의 신체적 인권에 대한 침해를 방지하기 위하여 사법경찰관리를 형사처벌까지 함으로써 준수되도록 해야 할 정도로 인권옹호를 위해 꼭 필요한 검사의 명령으로 봄이 상당하다. 또한 원심이 인정한 이 사건 명령의 외관, 형식 및 내용, 이 사건 명령이 발하여진 시기와 경위 등을 종합하면, 사법경찰관인 피고인으로서는 이 사건 명령이 강제수사 과정에서의 인권옹호에 관한 것임을 충분히 알고 있었던 것으로 보인다. 따라서 원심이 같은 취지에서 피고인에 대한 이 사건 인권옹호직무명령불준수 및 직무유기의 공소사실을 모두 유죄로 인정하고 양 죄를 상상적 경합관계로 처리한 것은 그 이유 설시에 다소 미흡한 점이 있으나 결론에 있어서는 정당하다. 거기에 상고이유와 같은 형법 제139조의 해석 및 적용, 형법 제139조와 형법 제122조에 규정된 양 죄 사이의 죄수에 관한 법리오해 등의 위법이 없다(대법원 2010.10.28. 선고 2008도11999 판결).

[공소사실]

피고인은 (이름 생략)지방경찰청 수사과 광역수사대 조직범죄수사팀장으로 재직 중이던 사법경찰관인 경감이다. 피고인은 2005.12.12. 10:50경 공소외 1을 상습사기 혐의로 긴급체포한 다음 검사에게 긴급체포 승인건의와 함께 구속영장을 신청하였는데 수사지휘검사인 대전지방검찰청 공소외 2 검사가 기록을 검토한 결과, 수사과정의 적법성 및 적정성에 의문이 있어 긴급체포 승인 여부와 구속영장의 청구 여부를 결정하기 전에 검사가 피의자를 직접 신문함이 상당하다고 판단하고, 인권옹호직무를 수행하기 위하여 위 공소외 1을 대전지방검찰청 검사실로 데려올 것을 명하게 되었다.

피고인은,

1. 2005.12.13. 17:30경 대전 중구 중앙로 155 소재 (이름 생략)지방경찰청 광역수사대 조직범죄수사팀 사무실에서, 같은 날 16:00경 같은 팀 소속 사법경찰리 공소외 9로부터 위 공소외 1을 직접 대면 신문하겠으니 대전지방검찰청 (호실 생략)호 검사실로 동인을 데려오라는 검사의 직무상 명령을 전해 듣고도 이를 이행하지 않아 인권옹호에 관한 검사의 명령을 준수하지 않고,
2. 같은 날 21:00경 위 조직범죄수사팀 사무실에서, 같은 날 18:25경 위 대전지방검찰 검사의 "피의자에 대하여 검사가 직접 대면 신문 후 구속영장 청구 여부에 대해 결정할 예정이니, 금일 21:00까지 대전지방검찰청 (호실 생략)호 검사실로 이건 수사기록과 함께 피의자 신병인치 요망"이라는 서면으로 된 직무상 명령을 받고도 이를 이행하지 않아 인권옹호에 관한 검사의 명령을 준수하지 않았다.

제3절 부작위범의 종류와 구조

Ⅰ. 부작위범의 종류

1. 구별기준에 관한 학설

1) 형식설[1)]

실정법상의 규율형식에 따라 구별하려는 견해, 즉 법률에 명문으로 부작위를 처벌하도록 규정하고 있는가에 따라 구별하는 견해다.

2) 실질설[2)]

범죄의 내용과 성질을 검토하여 구별하려는 견해로, 거동범(진정부작위범)과 결과범(부진정부작위범)에 대응하는 구별방법으로 결과범에 있어서는 결과방지가 부진정부작위범의 구성요건요소이다.

2. 진정 · 부진정 부작위범

1) 진정부작위범(echte Unterlassungsdelikte)

구성요건의 내용상 부작위에 의해서만 실현될 것을 규정하고 있는 범죄, 즉 요구규범(Gebotsnorm)위반에 의하여 성립되는 범죄유형이다.

현행법상으로는 형법의 전시군 · 공수계약불이행죄(제103조, 제117조 제1항), 다중불해산죄(제116조), 집합명령위반죄(제145조 제2항), 퇴거불응죄(제319조 제2항), 도로교통법 제148조의2 제1항 제2호의 음주측정불응죄,[3)] 집회 및

---

1) 우리나라의 다수견해.

2) 독일의 판례와 다수견해.

3) 제148조의2 (벌칙) ① 다음 각 호의 어느 하나에 해당하는 사람은 1년 이상 3년 이하의 징역이나 500만 원 이상 1천만 원 이하의 벌금에 처한다.
 1. 제44조제1항을 2회 이상 위반한 사람으로서 다시 같은 조 제1항을 위반하여 술에 취한 상태에서 자동차등을 운전한 사람
 2. 술에 취한 상태에 있다고 인정할 만한 상당한 이유가 있는 사람으로서 제44조제2항에 따른 경찰공무원의 측정에 응하지 아니한 사람
② 제44조제1항을 위반하여 술에 취한 상태에서 자동차등을 운전한 사람은 다음 각 호의 구분에 따라 처벌한다.
 1. 혈중알콜농도가 0.2퍼센트 이상인 사람은 1년 이상 3년 이하의 징역이나 500만 원 이상 1천만 원 이하의 벌금
 2. 혈중알콜농도가 0.1퍼센트 이상 0.2퍼센트 미만인 사람은 6개월 이상 1년 이하의 징역이나 300만 원 이상 500만 원 이하의 벌금
 3. 혈중알콜농도가 0.05퍼센트 이상 0.1퍼센트 미만인 사람은 6개월 이하의 징역이나 300만 원 이하의 벌금
③ 제45조를 위반하여 약물로 인하여 정상적으로 운전하지 못할 우려가 있는 상태에서 자동차등을 운전한 사람은 3년 이하의 징역이나 1천만원 이하의 벌금에 처한다.

시위에 관한 법률 제20조 제2항 및 제24조 제5호의 해산명령불 응죄,[4] 국가보안법 제10조의 불고지죄,[5] 경범죄 처벌법상의 위경죄(違警罪)[제3조 제6호(도움이 필요한 사람 등의 신고불이행), 제24호(인공구조물 등의 관리소홀), 제25호(위험한 동물의 관리소홀), 제28호(공중통로 안전관리소홀), 제29호(공무원 원조불응), 제34호(지문채취 불응), 제39호(무임승차 및 무전취식)][6] 등이 여기에 해당한다.

관련판례

[판시사항]

집회 및 시위에 관한 법률 제20조 제1항에 따른 해산명령을 하면서 구체적인 해산사유를 고지하지 않았거나 정당하지 않은 사유를 고지하면서 해산명령을 한 경우, 이에 따르지 않은 행위가 같은 조 제2항 위반죄를 구성하는지 여부

---

4) 제20조 (집회 또는 시위의 해산) ① 관할경찰관서장은 다음 각 호의 어느 하나에 해당하는 집회 또는 시위에 대하여는 상당한 시간 이내에 자진 해산할 것을 요청하고 이에 따르지 아니하면 해산을 명할 수 있다.

1. 제5조제1항, 제10조 본문 또는 제11조를 위반한 집회 또는 시위
2. 제6조제1항에 따른 신고를 하지 아니하거나 제8조 또는 제12조에 따라 금지된 집회 또는 시위
3. 제8조제3항에 따른 제한, 제10조 단서 또는 제12조에 따른 조건을 위반하여 교통 소통 등 질서 유지에 직접적인 위험을 명백하게 초래한 집회 또는 시위
4. 제16조제3항에 따른 종결 선언을 한 집회 또는 시위
5. 제16조제4항 각 호의 어느 하나에 해당하는 행위로 질서를 유지할 수 없는 집회 또는 시위

② 집회 또는 시위가 제1항에 따른 해산 명령을 받았을 때에는 모든 참가자는 지체 없이 해산하여야 한다.

③ 제1항에 따른 자진 해산의 요청과 해산 명령의 고지 등에 필요한 사항은 대통령령으로 정한다.

제24조 (벌칙) 다음 각 호의 어느 하나에 해당하는 자는 6개월 이하의 징역 또는 50만 원 이하의 벌금 · 구류 또는 과료에 처한다.

1. 제4조에 따라 주최자 또는 질서유지인이 참가를 배제했는데도 그 집회 또는 시위에 참가한 자
2. 제6조제1항에 따른 신고를 거짓으로 하고 집회 또는 시위를 개최한 자
3. 제13조에 따라 설정한 질서유지선을 경찰관의 경고에도 불구하고 정당한 사유 없이 상당 시간 침범하거나 손괴 · 은닉 · 이동 또는 제거하거나 그 밖의 방법으로 그 효용을 해친 자
4. 제14조제2항에 따른 명령을 위반하거나 필요한 조치를 거부 · 방해한 자
5. 제16조제5항, 제17조제2항, 제18조제2항 또는 제20조제2항을 위반한 자

5) 제10조 (불고지) 제3조, 제4조, 제5조제1항 · 제3항(제1항의 미수범에 한한다) · 제4항의 죄를 범한 자라는 정을 알면서 수사기관 또는 정보기관에 고지하지 아니한 자는 5년 이하의 징역 또는 200만 원 이하의 벌금에 처한다. 다만, 본범과 친족관계가 있는 때에는 그 형을 감경 또는 면제한다.

6) 제3조 (경범죄의 종류) ① 다음 각 호의 어느 하나에 해당하는 사람은 10만 원 이하의 벌금, 구류 또는 과료의 형으로 처벌한다.

6. (도움이 필요한 사람 등의 신고불이행) 자기가 관리하고 있는 곳에 도움을 받아야 할 노인, 어린이, 장애인, 다친 사람 또는 병든 사람이 있거나 시체 또는 사산아가 있는 것을 알면서 이를 관계 공무원에게 지체 없이 신고하지 아니한 사람

24. (인공구조물 등의 관리소홀) 무너지거나 넘어지거나 떨어질 우려가 있는 인공구조물이나 그 밖의 물건에 대하여 관계 공무원으로부터 고칠 것을 요구받고도 필요한 조치를 게을리하여 여러 사람을 위험에 빠트릴 우려가 있게 한 사람

25. (위험한 동물의 관리 소홀) 사람이나 가축에 해를 끼치는 버릇이 있는 개나 그 밖의 동물을 함부로 풀어놓거나 제대로 살피지 아니하여 나다니게 한 사람

28. (공중통로 안전관리소홀) 여러 사람이 다니는 곳에서 위험한 사고가 발생하는 것을 막을 의무가 있으면서도 등불을 켜 놓지 아니하거나 그 밖의 예방조치를 게을리한 사람

29. (공무원 원조불응) 눈 · 비 · 바람 · 해일 · 지진 등으로 인한 재해, 화재 · 교통사고 · 범죄, 그 밖의 급작스러운 사고가 발생하였을 때에 현장에 있으면서도 정당한 이유 없이 관계 공무원 또는 이를 돕는 사람의 현장출입에 관한 지시에 따르지 아니하거나 공무원이 도움을 요청하여도 도움을 주지 아니한 사람

34. (지문채취 불응) 범죄 피의자로 입건된 사람의 신원을 지문조사 외의 다른 방법으로는 확인할 수 없어 경찰공무원이나 검사가 지문을 채취하려고 할 때에 정당한 이유 없이 이를 거부한 사람

39. (무임승차 및 무전취식) 영업용 차 또는 배 등을 타거나 다른 사람이 파는 음식을 먹고 정당한 이유 없이 제 값을 치르지 아니한 사람

[판결요지]
집회 및 시위에 관한 법률(이하 '집시법'이라 한다) 제20조 제1항은 관할 경찰관서장은 다음 각 호의 어느 하나에 해당하는 집회 또는 시위에 대하여는 상당한 시간 이내에 자진 해산할 것을 요청하고 이에 따르지 아니하면 해산을 명할 수 있다고 규정하고, 제20조 제2항은 집회 또는 시위가 제1항에 따른 해산 명령을 받았을 때에는 모든 참가자는 지체 없이 해산하여야 한다고 규정하는바, 관련 규정의 해석상 관할 경찰관서장이 위 해산명령을 할 때는 해산 사유가 집시법 제20조 제1항 각 호 중 어느 사유에 해당하는지 구체적으로 고지하여야 한다(대법원 2012.2.9. 선고 2011도7193 판결 참조). 따라서 해산명령을 하면서 구체적인 해산사유를 고지하지 않았거나 정당하지 않은 사유를 고지하면서 해산명령을 한 경우에는, 그러한 해산명령에 따르지 않았다고 하더라도 집시법 제20조 제2항을 위반하였다고 할 수 없다(대법원 2014.3.13. 선고 2012도14137 판결. 금속노조가 주최자로서 옥외집회 및 시위 신고를 하였고, 이 사건 시위가 금속노조가 아닌 다른 주최자나 참가단체 등의 주도 아래 신고된 것과는 다른 내용으로 진행되거나, 또는 처음에는 금속노조가 주도하여 옥외집회 또는 시위를 진행하였지만 중간에 주최자나 참가단체 등이 교체되고 이들의 주도 아래 신고된 것과는 다른 내용의 옥외집회 또는 시위로 변경되었다고 볼 만한 자료가 없어 금지된 시위라거나 신고 없이 개최된 시위라고 보기 어려우므로 미신고 시위임을 이유로 한 해산명령에 따르지 않았다고 하더라도 집시법상 해산명령불응죄에 해당한다고 볼 수 없음에도, 해산명령불응죄가 인정된다고 판단한 원심판결에는 집시법상 시위의 동일성 및 해산명령불응에 관한 법리오해의 위법이 있다고 본 사안).

2) 부진정부작위범(unechte Unterlassungsdelikte)

작위범의 형태로 규정되어 있는 구성요건을 부작위에 의하여 실현함으로써 성립하는 범죄, 즉 요구규범위반에 의해 금지규범(Verbotsnorm)의 실질을 침해함으로써 성립되는 이중의 규범침해에 해당하는 범죄유형이다. 이와 같이 부작위에 의해서 작위범의 구성요건을 실현한다는 점에서 "부작위에 의한 작위범(Begehungsdelikt durch Unterlassung)"이라고도 한다.[7]

Ⅱ. 부진정부작위범의 구조

일정한 작위가 있었더라면 일정한 결과가 발생하지 않았을 경우에,
가설적 인과관계

그 행위가 법률상 기대됨에도 불구하고 그 작위를 하여야 할 자(보증인적 지위에 있는 자)가
작위의무 존재

하지 않았을 경우에는 법률상 그 부작위는 마치
작위의무위반

작위로 인하여 결과를 발생시킨 경우와 동일하게 취급된다.
동가치성(同價置性, Gleichstellung), 대등성, 동렬성[8]

7) "작위에 의한 작위범"이라는 개념이 없듯이 "부작위에 의한 작위범"이라는 용어가 적절하지 못하다는 비판적 견해도 있다.
8) 부작위에 의한 법익침해의 성질이 작위에 의한 법익침해와 동일한 형법적 가치를 가져야 한다는 것을 의미한다.

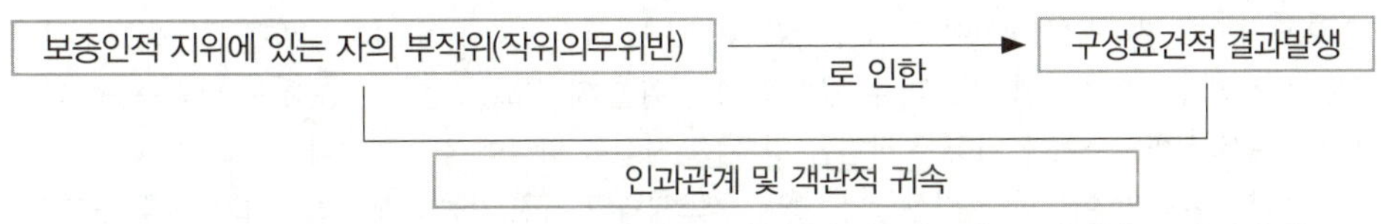

작위범의 구성요건이 규율하고 있는 정도의 동가치성(상응성, 대등성, 동렬성)을 구비해야 함

이러한 구조로 볼 때 제18조는 부진정부작위범에 관한 규정이다.

관련판례

1) 특정한 행위를 하지 아니하는 부작위가 형법적으로 부작위로서의 의미를 갖는 경우, 부진정 부작위범에서 부작위로 인한 법익침해가 범죄의 실행행위로 평가될 수 있는 경우 및 여기서의 작위의무는 신의성실의 원칙이나 사회상규 혹은 조리상 작위의무가 기대되는 경우에도 인정되는지 여부, 부진정 부작위범의 고의의 내용 및 이때 작위의무자에게 고의가 있었는지 판단하는 기준

범죄는 보통 적극적인 행위에 의하여 실행되지만 때로는 결과의 발생을 방지하지 아니한 부작위에 의하여도 실현될 수 있다. 형법 제18조는 "위험의 발생을 방지할 의무가 있거나 자기의 행위로 인하여 위험발생의 원인을 야기한 자가 그 위험발생을 방지하지 아니한 때에는 그 발생된 결과에 의하여 처벌한다."라고 하여 부작위범의 성립 요건을 별도로 규정하고 있다. 자연적 의미에서의 부작위는 거동성이 있는 작위와 본질적으로 구별되는 무에 지나지 아니하지만, 위 규정에서 말하는 부작위는 법적 기대라는 규범적 가치판단 요소에 의하여 사회적 중요성을 가지는 사람의 행태가 되어 법적 의미에서 작위와 함께 행위의 기본 형태를 이루게 되므로, 특정한 행위를 하지 아니하는 부작위가 형법적으로 부작위로서의 의미를 가지기 위해서는, 보호법익의 주체에게 해당 구성요건적 결과발생의 위험이 있는 상황에서 행위자가 구성요건의 실현을 회피하기 위하여 요구되는 행위를 현실적·물리적으로 행할 수 있었음에도 하지 아니하였다고 평가될 수 있어야 한다. 나아가 살인죄와 같이 일반적으로 작위를 내용으로 하는 범죄를 부작위에 의하여 범하는 이른바 부진정 부작위범의 경우에는 보호법익의 주체가 법익에 대한 침해위협에 대처할 보호능력이 없고, 부작위행위자에게 침해위협으로부터 법익을 보호해 주어야 할 법적 작위의무가 있을 뿐 아니라, 부작위행위자가 그러한 보호적 지위에서 법익침해를 일으키는 사태를 지배하고 있어 작위의무의 이행으로 결과발생을 쉽게 방지할 수 있어야 부작위로 인한 법익침해가 작위에 의한 법익침해와 동등한 형법적 가치가 있는 것으로서 범죄의 실행행위로 평가될 수 있다. 다만 여기서의 작위의무는 법령, 법률행위, 선행행위로 인한 경우는 물론, 신의성실의 원칙이나 사회상규 혹은 조리상 작위의무가 기대되는 경우에도 인정된다. 또한 부진정 부작위범의 고의는 반드시 구성요건적 결과발생에 대한 목적이나 계획적인 범행 의도가 있어야 하는 것은 아니고 법익침해의 결과발생을 방지할 법적 작위의무를 가지고 있는 사람이 의무를 이행함으로써 결과발생을 쉽게 방지할 수 있었음을 예견하고도 결과발생을 용인하고 이를 방관한 채 의무를 이행하지 아니한다는 인식을 하면 족하며, 이러한 작위의무자의 예견 또는 인식 등은 확정적인 경우는 물론 불확정적인 경우이더라도 미필적 고의로 인정될 수 있다. 이때 작위의무자에게 이러한 고의가 있었는지는 작위의무자의 진술에만 의존할 것이 아니라, 작위의무의 발생근거, 법익침해의 태양과 위험성, 작위의무자의 법익침해에 대한 사태지배의 정도, 요구되는 작위의무의 내용과 이행의 용이성, 부작위에 이르게 된 동기와 경위, 부작위의 형태와 결과발생 사이의 상관관계 등을 종합적으로 고려하여 작위의무자의 심리상태를 추인하여야 한다.

선장의 권한이나 의무, 해원의 상명하복체계 등에 관한 해사안전법 제45조, 구 선원법(2015.1.6. 법률 제13000호로 개정되기 전의 것) 제6조, 제10조, 제11조, 제22조, 제23조 제2항, 제3항은 모두 선박의 안전과 선원 관리

에 관한 포괄적이고 절대적인 권한을 가진 선장을 수장으로 하는 효율적인 지휘명령체계를 갖추어 항해 중인 선박의 위험을 신속하고 안전하게 극복할 수 있도록 하기 위한 것이므로, 선장은 승객 등 선박공동체의 안전에 대한 총책임자로서 선박공동체가 위험에 직면할 경우 그 사실을 당국에 신고하거나 구조세력의 도움을 요청하는 등의 기본적인 조치뿐만 아니라 위기상황의 태양, 구조세력의 지원 가능성과 규모, 시기 등을 종합적으로 고려하여 실현가능한 구체적인 구조계획을 신속히 수립하고 선장의 포괄적이고 절대적인 권한을 적절히 행사하여 선박공동체 전원의 안전이 종국적으로 확보될 때까지 적극적 · 지속적으로 구조조치를 취할 법률상 의무가 있다. 또한 선장이나 승무원은 수난구호법[9] 제18조 제1항 단서에 의하여 조난된 사람에 대한 구조조치의무를 부담하고, 선박의 해상여객운송사업자와 승객 사이의 여객운송계약에 따라 승객의 안전에 대하여 계약상 보호의무를 부담하므로, 모든 승무원은 선박 위험 시 서로 협력하여 조난된 승객이나 다른 승무원을 적극적으로 구조할 의무가 있다. 따라서 선박침몰 등과 같은 조난사고로 승객이나 다른 승무원들이 스스로 생명에 대한 위협에 대처할 수 없는 급박한 상황이 발생한 경우에는 선박의 운항을 지배하고 있는 선장이나 갑판 또는 선내에서 구체적인 구조행위를 지배하고 있는 선원들은 적극적인 구호활동을 통해 보호능력이 없는 승객이나 다른 승무원의 사망 결과를 방지하여야 할 작위의무가 있으므로, 법익침해의 태양과 정도 등에 따라 요구되는 개별적 · 구체적인 구호의무를 이행함으로써 사망의 결과를 쉽게 방지할 수 있음에도 그에 이르는 사태의 핵심적 경과를 그대로 방관하여 사망의 결과를 초래하였다면, 부작위는 작위에 의한 살인행위와 동등한 형법적 가치를 가지고, 작위의무를 이행하였다면 결과가 발생하지 않았을 것이라는 관계가 인정될 경우에는 작위를 하지 않은 부작위와 사망의 결과 사이에 인과관계가 있다.

(다수의견) 항해 중이던 선박의 선장 피고인 甲, 1등 항해사 피고인 乙, 2등 항해사 피고인 丙이 배가 좌현으로 기울어져 멈춘 후 침몰하고 있는 상황에서 피해자인 승객 등이 안내방송 등을 믿고 대피하지 않은 채 선내에 대기하고 있음에도 아무런 구조조치를 취하지 않고 퇴선함으로써, 배에 남아있던 피해자들을 익사하게 하고, 나머지 피해자들의 사망을 용인하였으나 해경 등에 의해 구조되었다고 하여 살인 및 살인미수로 기소된 사안에서, 피고인 乙, 丙은 간부 선원이기는 하나 나머지 선원들과 마찬가지로 선박침몰과 같은 비상상황 발생 시 각자 비상임무를 수행할 현장에 투입되어 선장의 퇴선명령이나 퇴선을 위한 유보갑판으로의 대피명령 등에 대비하다가 선장의 실행지휘에 따라 승객들의 이동과 탈출을 도와주는 임무를 수행하는 사람들로서, 임무의 내용이나 중요도가 선장의 지휘 내용이나 구체적인 현장상황에 따라 수시로 변동될 수 있을 뿐 아니라 퇴선유도 등과 같이 경우에 따라서는 승객이나 다른 승무원에 의해서도 비교적 쉽게 대체 가능하고, 따라서 승객 등의 퇴선을 위한 선장의 아무런 지휘 · 명령이 없는 상태에서 피고인 을, 병이 단순히 비상임무 현장에 미리 가서 추가 지시에 대비하지 아니한 채 선장과 함께 조타실에 있었다거나 혹은 기관부 선원들과 함께 3층 선실 복도에서 대기하였다는 사정만으로, 선장과 마찬가지로 선내 대기 중인 승객 등의 사망 결과나 그에 이르는 사태의 핵심적 경과를 계획적으로 조종하거나 저지 · 촉진하는 등 사태를 지배하는 지위에 있었다고 보기 어려운 점 등 제반 사정을 고려하면, 피고인 乙, 丙이 간부 선원들로서 선장을 보좌하여 승객 등을 구조하여야 할 지위에 있음에도 별다른 구조조치를 취하지 아니한 채 사태를 방관하여 결과적으로 선내 대기 중이던 승객 등이 탈출에 실패하여 사망에 이르게 한 잘못은 있으나, 그러한 부작위를 작위에 의한 살인의 실행행위와 동일하게 평가하기 어렵고, 또한 살인의 미필적 고의로 피고인 甲의 부작위에 의한 살인행위에 공모 가담하였다고 단정하기도 어려우므로, 피고인 乙, 丙에 대해 부작위에 의한 살인의 고의를 인정하기 어렵다고 한 원심의 조치는 정당하다(대법원 2015.11.12. 선고 2015도6809 전원합의체 판결. 세월호 선장에 대한 부작위에 의한 살인죄 인정 사안).

2) 형법이 금지하고 있는 법익침해의 결과발생을 방지할 법적인 작위의무를 지고 있는 자가 그 의무를 이행함으로써 결과발생을 쉽게 방지할 수 있었음에도 불구하고 그 결과의 발생을 용인하고 이를 방관한 채 그 의무를 이행하지

9) 2015.7.24. 『수상에서의 수색 · 구조 등에 관한 법률』로 개정되었음(2016.1.25. 시행).

아니한 경우에, 그 부작위가 작위에 의한 법익침해와 동등한 형법적 가치가 있는 것이어서 그 범죄의 실행행위로 평가될 만한 것이라면, 작위에 의한 실행행위와 동일하게 부작위범으로 처벌할 수 있다 할 것이다(대법원 1992.2.11. 선고 91도2951 판결).

3) 형법상 부작위범이 인정되기 위해서는 형법이 금지하고 있는 법익침해의 결과 발생을 방지할 법적인 작위의무를 지고 있는 자가 그 의무를 이행함으로써 결과 발생을 쉽게 방지할 수 있었음에도 불구하고 그 결과의 발생을 용인하고 이를 방관한 채 그 의무를 이행하지 아니한 경우에, 그 부작위가 작위에 의한 법익침해와 동등한 형법적 가치가 있는 것이어서 그 범죄의 실행행위로 평가될 만한 것이라면, 작위에 의한 실행행위와 동일하게 부작위범으로 처벌할 수 있고, 여기서 작위의무는 법적인 의무이어야 하므로 단순한 도덕상 또는 종교상의 의무는 포함되지 않으나 작위의무가 법적인 의무인 한 성문법이건 불문법이건 상관이 없고 또 공법이건 사법이건 불문하므로, 법령, 법률행위, 선행행위로 인한 경우는 물론이고 기타 신의성실의 원칙이나 사회상규 혹은 조리상 작위의무가 기대되는 경우에도 법적인 작위의무는 있다(대법원 1996.9.6. 선고 95도2551 판결).

4) 형법상 방조행위는 정범의 실행행위를 용이하게 하는 직접, 간접의 모든 행위를 가리키는 것으로서 작위에 의한 경우뿐만 아니라 부작위에 의하여도 성립된다. 그리고 형법상 부작위범이 인정되기 위하여는 형법이 금지하고 있는 법익침해의 결과발생을 방지할 법적인 작위의무를 지고 있는 자가 그 의무를 이행함으로써 결과발생을 쉽게 방지할 수 있었음에도 불구하고 그 결과의 발생을 용인하고 이를 방관한 채 그 의무를 이행하지 아니한 경우에, 그 부작위가 작위에 의한 법익침해와 동등한 형법적 가치가 있는 것이어서 그 범죄의 실행행위로 평가될 만한 것이라면, 작위에 의한 실행행위와 동일하게 부작위범으로 처벌할 수 있다(대법원 1997.3.14. 선고 96도1639 판결).

5) 형법상 방조행위는 정범의 실행을 용이하게 하는 직접, 간접의 모든 행위를 가리키는 것으로서 작위에 의한 경우뿐만 아니라 부작위에 의하여도 성립되는 것이다. 즉 형법이 금지하고 있는 법익침해의 결과발생을 방지할 법적인 작위의무를 지고 있는 자가 그 의무를 이행함으로써 결과발생을 쉽게 방지할 수 있었음에도 불구하고 그 결과의 발생을 용인하고 이를 방관한 채 그 의무를 이행하지 아니한 경우에, 그 부작위가 작위에 의한 법익침해와 동등한 형법적 가치가 있는 것이어서 그 범죄의 실행행위로 평가될 만한 것이라면, 작위에 의한 실행행위와 동일하게 부작위범으로 처벌할 수 있고, 여기서 작위의무는 법령, 법률행위, 선행행위로 인한 경우는 물론, 기타 신의성실의 원칙이나 사회상규 혹은 조리상 작위의무가 기대되는 경우에도 인정된다. 따라서 인터넷 포털 사이트 내 오락채널 총괄팀장과 위 오락채널 내 만화사업의 운영 직원인 피고인들은 콘텐츠제공업체들이 게재하는 음란만화의 삭제를 요구할 조리상의 의무가 있어 구 전기통신기본법(2001.1.16. 법률 제6360호로 개정되기 전의 것) 제48조의2 위반 방조죄가 성립한다(대법원 2006.4. 28. 선고 2003도4128 판결).

[참조판례]

죄형법정주의는 국가형벌권의 자의적인 행사로부터 개인의 자유와 권리를 보호하기 위하여 죄와 형을 법률로 정할 것을 요구하고, 이로부터 파생된 유추해석금지의 원칙은 성문의 규정은 엄격히 해석되어야 한다는 전제 아래 피고인에게 불리하게 성문규정이 표현하는 본래의 의미와 다른 내용으로 유추해석함을 금지하고 있다(대법원 1992.10.13. 선고 92도1428 전원합의체 판결 참조). 그리고 국가보안법 제1조 제2항은 "이 법을 해석적용함에 있어서는 제1항의 목적달성을 위하여 필요한 최소한도에 그쳐야 하며, 이를 확대해석하거나 헌법상 보장된 국민의 기본적 인권을 부당하게 제한하는 일이 있어서는 아니된다."고 규정하고 있다. 한편 국가보안법 제7조 제1항은 "국가의 존립 · 안전이나 자유민주적 기본질서를 위태롭게 한다는 정을 알면서 반국가단체나 그 구성원 또는 그 지령을 받은 자의 활동을 찬양 · 고무 · 선전 또는 이에 동조하거나 국가변란을 선전 · 선동한 자는 7년 이하의 징역에 처한다."고 규정하고 있고, 같은 조 제5항은 "제1항 · 제3항 또는 제4항의 행위를 할 목적으로 문서 · 도화 기타의 표현물을 제작 · 수입 · 복사 · 소지 · 운반 · 반포 · 판매 또는 취득한 자는 그 각 항에 정한 형에 처한다."고 규정하고 있다. 이와 같은 법리와 규정에 비추어 볼 때, '블로그', '미니 홈페이지', '카페' 등의 이름으로 개설된 사적 인터넷 게시공간의 운영자가 그 사적 인터넷 게시공간에 게시된 타인의 글을 삭제할 권한이 있음에도 이를 삭제하지 아니하고 그대로 두었다고 하더라도, 그 사정만으로 사적 인터넷 게시공간의 운영자가 그 타인의 글을 국가보안법 제7조 제5항에서 규정하는 바와 같이 '소지'하였다고 볼 수는 없다(대법원 2012.1.27. 선고 2010도8336 판결).

6) 구 성매매알선 등 행위의 처벌에 관한 법률(2011.5.23. 법률 제10697호로 개정되기 전의 것) 제2조 제1항 제2호 (다)목은 '성매매에 제공되는 사실을 알면서 건물을 제공하는 행위'를 '성매매알선 등 행위'에 해당한다고 규정하고 있는데, 성매매행위의 공급자와 중간 매개체를 차단하여 우리 사회에 만연되어 있는 성매매행위의 강요·알선 등 행위와 성매매행위를 근절하려는 성매매알선 등 행위의 처벌에 관한 법률의 입법 취지와 위 규정이 건물을 제공하는 행위의 내용을 건물을 인도하는 행위로 제한하고 있지 않은 점에 비추어 볼 때, 여기에서 말하는 '성매매에 제공되는 사실을 알면서 건물을 제공하는 행위'에는 건물을 임대한 자가 그 건물의 임대 당시에는 성매매에 제공되는 사실을 알지 못하였으나 이후에 수사기관의 단속 결과에 따른 통지 등으로 이를 알게 되었음에도 그 건물의 임대차계약을 해지하여 임대차관계를 종료시키고 그 점유의 반환을 요구하는 의사를 표시함으로써 그 제공행위를 중단하지 아니한 채, 성매매에 제공되는 상황이 종료되었음을 확인하지 못한 상태로 계속 임대하는 경우를 포함한다고 보아야 한다.

7) 특정 범죄자에 대한 위치추적 전자장치 부착 등에 관한 법률 제38조는 위치추적 전자장치의 피부착자가 부착기간 중 위치추적 전자장치를 신체에서 임의로 분리·손상, 전파 방해 또는 수신자료의 변조, 그 밖의 방법으로 그 효용을 해한 행위를 처벌하고 있는데, 그 효용을 해하는 행위는 전자장치를 부착하게 하여 위치를 추적하도록 한 위치추적 전자장치의 실질적인 효용을 해하는 행위를 말하는 것으로서, 위치추적 전자장치 자체의 기능을 직접적으로 해하는 행위뿐 아니라 위치추적 전자장치의 효용이 정상적으로 발휘될 수 없도록 하는 행위도 포함되며, 부작위라고 하더라도 고의적으로 그 효용이 정상적으로 발휘될 수 없도록 한 경우에는 처벌된다고 해석된다. 원심이 유지한 제1심판결은 피고인이 2011.8.13.경 술을 마시다가 위치추적 전자장치의 구성 부분인 휴대용 추적장치를 분실한 후 2011.8.16.경까지 보호관찰소에 분실신고도 하지 아니한 채 선배와 함께 낚시를 하러 다니는 등의 행위를 함으로써 전자장치의 효용을 해하였다고 판단하였다. 직권으로 제1심의 판단을 위 법리와 적법하게 채택된 증거들에 비추어 살펴보더라도, 피고인이 휴대용 추적장치의 분실을 넘어서서 상당한 기간 동안 휴대용 추적장치가 없는 상태를 임의로 방치하여 전자장치의 효용이 정상적으로 발휘될 수 없는 상태를 이룬 이 사건 행위를 위치추적전자장치의 효용을 해한 행위로 본 제1심의 판단에 특정 범죄자에 대한 위치추적 전자장치 부착 등에 관한 법률을 위반한 위법이 있다고 할 수 없고, 또한 이 사건 행위에 관하여 피고인에게 고의가 있었음을 전제로 하여 유죄로 인정한 제1심판결에 논리와 경험의 법칙에 반하여 자유심증주의의 한계를 벗어나거나 고의, 증명책임 등에 관한 법리 등을 위반한 위법이 없다(대법원 2012.8.17. 선고 2012도5862 판결).

제4절 부작위범의 구성요건해당성 · 위법성 · 책임

Ⅰ. 일반적(객관적) 행위가능성(allgemeine Handlungsmöglichkeit)

부작위의 행위개념으로서의 성립문제, 즉 행위형태로서의 부작위 자체의 성립문제로 일정한 장소적 · 시간적 상황과 관련하여 판단해야 한다. 이러한 일반적 행위가능성 여부는 구성요건해당성판단 이전의 문제로, 객관적 행위가능성이 없는 경우에는 아예 행위개념으로서의 부작위가 성립되지 아니한다.

Ⅱ. 구성요건해당성

1. 객관적 불법구성요건표지

(객관적 행위 가능성있는) 구성요건적 부작위, 구성요건적 결과, (가설적) 인과관계와 객관적 귀속성

1) 구성요건적 부작위

첫째, 부작위범의 일반적인 객관적 불법구성요건표지로서의 구성요건적 상황, 요구된 행위의 부작위, 개별적인 행위가능성.

둘째, 부진정부작위범의 특별한 표지로서의 동가치성, 즉 구성요건적 결과를 방지할 의무(작위의무) 있는 자(보증인적 지위에 있는 자)의 부작위(보증인적 의무위반)가 작위에 의한 구성요건의 실현과 동일하게 평가될 정도(동가치성, Gleichwertigkeit)에 이르러야 한다.

(1) 구성요건적 행위상황

작위의무의 내용 및 작위의무자의 신분을 인식시켜주는 구체적인 사태로, 진정부작위범의 경우에는 구성요건 자체에 기술되어 있다.

부진정부작위범의 경우에는 불법구성요건적 결과발생의 위험성 즉 법익침해 내지 법익위태화의 상황으로, 다중불해산죄(제116조), 도주죄(제145조 제1항), 영아살해죄(제251조), 영아유기죄(제272조) 등과 같이 특별한 행위자적 불법구성요건표지표지(신분)가 구성요건적 행위상황과 관련하여 기술되어 있는 경우도 있다.

(2) 요구된 행위의 부작위

요구된 행위를 한 경우에는 과실범이 성립되거나 범죄가 성립되지 아니한다.

(3) 개별적인 행위가능성(행위능력)

요구된 행위를 이행하기 위한 외적 조건(현장성, 적절한 수단의 존재) 및 행위자 개인의 신체적 · 정신적 능력을 요한다. 개별적인 행위가능성에 대한 판단은 통찰력있는 제3자의 입장에서 사전적으로 판단하여야 한다.

체계적 지위와 관련해서는 부작위개념의 일표지로 보는 견해 및 부작위범의 위법성조각사유 또는 책임조각사유로 보는 견해도 있다.

(4) 보증인적 지위(Garantenstellung)

사례연습

1) 甲은 평소 귀찮게 따라다니는 乙女와 등산을 하던 중, 乙女가 실족으로 다리를 삐어 걷기가 불편하게 되자 乙女에게 자기가 먼저 하산하여 구조를 요청하겠다고 기망하고는 그냥 집으로 와 버렸다. 乙女는 다음날 빈사상태에서 지나가던 등산객에 의해 구조되었으나 그 결과 전치 4주를 요하는 상해를 입었다.
甲의 죄책은?

2) 甲과 乙은 한적한 한강 고수부지에서 술을 마시다가 심한 언쟁을 하게 되었다. 그러다가 갑자기 乙이 가지고 있던 칼을 꺼내 찌르려고 하자 甲은 재빨리 몸을 피하면서 앞에 놓여 있던 맥주병으로 乙의 머리를 내리쳤다. 甲은 피를 흘리고 쓰러진 乙을 남겨두고 그대로 집으로 갔다. 즉시 의사의 치료를 받았다면 살아났을 乙은 출혈과다로 사망하고 말았다.
甲의 죄책은?

3) 甲은 길을 가던 중 乙이 돌볼 사람이 없는 病者임을 알고는 단순히 연민의 정에서 그를 자기 집에 데려다 당분간 보호를 하였다. 그러나 甲은 그 당시 집안형편이 악화되어 있었으므로 다시 乙을 내쫓고 말았다.
甲의 죄책은?

가) 의의

보증인적 지위란 구성요건실현의 회피를 위한 행위자의 특별한 지위, 즉 침해될 법익과 특별한 생활관계를 맺고 있으므로 해서 그러한 법익이 침해되지 않도록 보장해야 할 지위를 말한다. 부진정부작위범에 있어 기술되지 아니한 객관적 행위자표지, 즉 진정신분범으로서의 표지이면서 규범적 불법구성요건표지이며 이런 의미에서 부진정 부작위범은 진정신분범으로서의 성질을 가지고 있다.

나) 보증인적 지위가 인정되기 위한 요소

보증인적 의무의 기초가 되는 사실적 · 규범적인 여러 사정이 고려되어야 하는 바, 구체적으로는 보호법익의 주체가 위협되는 침해에 대하여 스스로 보호할 능력이 결여되어 있고, 그 위험으로부터 법익을 보호해야 할 의무 즉 작위의무(보증인적 의무)가 있어야 하고, 부작위범이 이러한 보호기능에 의하여 법익침해를 야기할 사태를 지배하고 있을 것이 요구된다.

다) **작위의무**(보증인적 의무)**와의 관계**

(가) 보증인적 의무(Garantenpflicht)의 의의

보증인적 지위로부터 행위자가 불법구성요건실현의 회피 내지 방지를 위해 부담하는 특별한 법적 의무(결과방지의무)로, 법적 의무의 내용은 법보충을 통해서 구체화되어야 한다. 이와 같이 보증인적 의무는 신분상의 지위로 인해 특별히 주어진 의무라는 점에서 단순한 도의적 의무나 사실상의 가능성 또는 법적 의무이기는 하나 일반적인 부조의무(선한 사마리아인 규정)[1] 와는 다르다.

우리나라의 경우에는 경범죄 처벌법 제3조 제6호(도움이 필요한 사람 등의 신고불이행)와 같은 조 제29호(공무원원조불응), 소방기본법 제19조(화재의 통지)와 제20조(관계인의 소방활동)의[2] 규정에 단편적으로 규정하고 있을 뿐이다. 다만 법감정과 공동체의 기능원리(내부적인 사회공동체질서의 필요성)의 차원에서 입법론적으로 인정해야 된다는 견해가 유력하다.

(나) **보증인적 지위와 보증인적 의무의 관계**

① 비분리설

㉮ 위법요소설

이 견해에 의하면 작위의무없는 자의 부작위도 구성요건에 해당하게 되는 모순이 있다. 즉

1) 선한 사마리아인 규정에 대한 입법례
독일형법 제323조의c (실행하지 아니한 구조) 재해사고 또는 일반적인 위험이나 곤궁에 있어서 구조가 요구되며 제반사정에 비추어 특히 자신에 대한 현저한 위험이 없고 기타 중요한 의무의 위반없이 가능하다고 그에게 기대됨에도 불구하고 구조를 행하지 아니한 자는 1년이하의 자유형 또는 벌금형에 처한다.
오스트리아형법 제95조 (원조제공의 불이행) ① 어느 사고 또는 공공위험(제176조)의 경우에 사망 또는 현저한 신체손상 또는 건강손상의 위험으로부터 인명을 구조하기 위하여 필요한 원조를 제공하지 아니한 자는, 그 원조제공을 행위자에게 기대할 수 없었을 때를 제외하고, 6월 이하의 자유형 또는 360일 이하의 일수벌금형에 처하고 원조제공을 하지 아니하여 타인의 사망을 초래한 때에는 1년 이하의 자유형 또는 360일 이하의 일수벌금형에 처한다.
② 그 원조제공이 특히 생명, 신체의 위험 또는 다른 중요한 이익의 침해하에서만 가능한 때에는, 기대할 수 없는 것이다.

2) 제19조 (화재 등의 통지) ① 화재 현장 또는 구조 · 구급이 필요한 사고 현장을 발견한 사람은 그 현장의 상황을 소방본부, 소방서 또는 관계 행정기관에 지체 없이 알려야 한다.
② 다음 각 호의 어느 하나에 해당하는 지역 또는 장소에서 화재로 오인할 만한 우려가 있는 불을 피우거나 연막 소독을 하려는 자는 시 · 도의 조례로 정하는 바에 따라 관할 소방본부장 또는 소방서장에게 신고하여야 한다.
제20조 (관계인의 소방활동) 관계인은 소방대상물에 화재, 재난 · 재해, 그 밖의 위급한 상황이 발생한 경우에는 소방대가 현장에 도착할 때까지 경보를 울리거나 대피를 유도하는 등의 방법으로 사람을 구출하는 조치 또는 불을 끄거나 불이 번지지 아니하도록 필요한 조치를 하여야 한다.

구성요건해당성이 부당하게 확대되고, 나아가 위법성판단이 구성요건해당성 판단보다 선행되는 불합리성이 있다.

㉯ 구성요건표지설[3]

Nagler의 보증인설(Garantentheorie)에 기초를 둔 견해로[4], 이 견해에 의하면 형법상 모든 의무위반은 위법요소로 보면서 부진정부작위범에 있어서의 작위의무위반만은 구성요건표지로 보는 체계일관성의 모순이 있다.

㉰ 객관적 귀속설

보증인적 지위와 의무를 부진정부작위범의 객관적 귀속의 척도로 보는 견해

② 분리설

보증인적 지위는 객관적 불법구성요건표지이며, 보증인적 지위에서 발생하나 그것과 분리된 보증인적 의무의 체계상의 위치에 대해서는 견해가 대립되고 있다.

㉮ 위법요소설(이분설)[5]

보증인적 지위는 객관적 불법구성요건표지이며, 이에 반해 부작위범에 있어서의 보증인적 의무는 작위범의 부작위의무와 마찬가지로 적극적으로 위법을 근거지우는 위법요소라고 보는 견해이다. 따라서 보증인적 지위는 고의(인식)의 대상으로 이에 대한 착오는 구성요건착오이나, 보증인적 의무에 대한 착오는 금지착오에 해당한다고 본다.

㉯ 일반적인 범죄표지설

보증인적 의무를 구성요건 이외의 고의와 무관한 일반적인 범죄표지 또는 위법성과 관련된(위법성안에 포괄된) 일반적인 범죄표지, 위법성처럼 특히 강조할 필요가 없는 일반적인 범죄표지 등으로 보는 견해이다.

㉰ 일반적인 규범표지설

보증인적 의무는 형법전 밖에 존재하는 일반적인 규범으로부터 파생되는 의무에 불과하다고 보는 견해다.

라) 보증인적 지위의 발생근거와 내용

(가) 학설

① 형식설(法源說)[6]

보증인적 지위의 발생근거가 되는 원인에 따라 분류하는 견해로, 법령 · 계약(제18조 전단) · 선행행

3) Nagler, Gallas, Schmidhäuser.

4) Nagler, Die Problematik der Begehung durch Unterlassung, 1938.

5) 독일의 다수견해와 판례의 입장(BGHSt 1961.5.29)이며, 우리나라의 다수견해이다.

6) 종래의 다수견해.

위(제18조 후단) · 사회상규(조리)에 의한 작위의무로 구분한다.

㉮ 법령에 의한 작위의무

친권자의 子에 대한 보호의무(민법 제913조) 및 子의 특유재산관리의무(제916조), 직계혈족 및 그 배우자간 또는 친족 간의 부양의무(제974조), 부부간의 부양의무(제826조 제1항), 경찰관직무집행법에 의한 경찰관의 보호조치의무(제4조)와 같은 공무원의 행정법상의 의무, 의료법에 의한 의사의 진료 및 응급조치의무(제15조), 도로교통법에 의한 운전자의 구호의무(제54조) 등.[7)]

㉯ 계약 및 사무관리에 의한 작위의무

고용계약에 의한 사용자의 피용자(被用者)에 대한 보호의무, 간호원의 환자간호의무, 신호수의 직무상 의무, 사무관리자의 의무 등.

㉰ 조리 또는 사회상규에 의한 작위의무

관리자의 위험발생방지의무, 목적물의 하자에 대한 신의칙상 고지의무.

㉱ 선행행위에 의한 작위의무

작위의무가 법적 의무인데도 불구하고 윤리적 · 도의적 의무까지 포함될 여지가 있다는 점에서 작위의무의 범위가 지나치게 확대되는 모순의 여지가 있다.

관련판례

1) 형법상 부작위범이 인정되기 위해서는 형법이 금지하고 있는 법익침해의 결과 발생을 방지할 법적인 작위의무를 지고 있는 자가 그 의무를 이행함으로써 결과 발생을 쉽게 방지할 수 있었음에도 불구하고 그 결과의 발생을 용인하고 이를 방관한 채 그 의무를 이행하지 아니한 경우에, 그 부작위가 작위에 의한 법익침해와 동등한 형법적 가치가 있는 것이어서 그 범죄의 실행행위로 평가될 만한 것이라면, 작위에 의한 실행행위와 동일하게 부작위범으로 처벌할 수 있고, 여기서 작위의무는 법적인 의무이어야 하므로 단순한 도덕상 또는 종교상의 의무는 포함되지 않으나 작위의무가 법적인 의무인 한 성문법이건 불문법이건 상관이 없고 또 공법이건 사법이건 불문하므로, 법령, 법률행위, 선행행위로 인한 경우는 물론이고 기타 신의성실의 원칙이나 사회상규 혹은 조리상 작위의무가 기대되는 경우에도 법적인 작위의무는 있다(대법원 1996.9.6. 선고 95도2551 판결).

2) 사기죄의 요건으로서의 기망은 널리 재산상의 거래관계에 있어 서로 지켜야 할 신의와 성실의 의무를 저버리는 모든 적극적 또는 소극적 행위를 말하는 것이고, 그 중 소극적 행위로서의 부작위에 의한 기망은 법률상 고지의무 있는 자가 일정한 사실에 관하여 상대방이 착오에 빠져 있음을 알면서도 그 사실을 고지하지 아니함을 말하는 것으로서, 일반거래의 경험칙상 상대방이 그 사실을 알았더라면 당해 법률행위를 하지 않았을 것이 명백한 경우에는 신의칙에 비추어 그 사실을 고지할 법률상 의무가 인정된다 할 것인바, 매수인이 매도인에게 매매잔금을 지급함에 있어 착오에 빠져 지급해야 할 금액을 초과하는 돈을 교부하는 경우, 매도인이 사실대로 고지하였다면 매수인이 그와 같이 초과하여 교부하지 아니하였을 것임은 경험칙상 명백하므로, 매도인이 매매잔금을 교부받기 전 또는 교부받던 중에 그 사실을 알게 되었을 경우에는 특별한 사정이 없는 한 매도인으로서는 매수인에게 사실대로 고지하여 매수인의 그 착오를 제거하여야 할 신의칙상 의무를 지므로 그 의무를 이행하지 아니하고 매수인이 건네주는 돈을 그대로 수령한 경우에는 사기죄에 해당될 것이지만, 그 사실을 미리 알지 못하고 매

7) 1990.1.13. 제7차 개정 전의 민법 제797조는 호주의 가족에 대한 부양의무를 규정해 두고 있었다.

매잔금을 건네주고 받는 행위를 끝마친 후에야 비로소 알게 되었을 경우에는 주고 받는 행위는 이미 종료되어 버린 후이므로 매수인의 착오 상태를 제거하기 위하여 그 사실을 고지하여야 할 법률상 의무의 불이행은 더 이상 그 초과된 금액 편취의 수단으로서의 의미는 없으므로, 교부하는 돈을 그대로 받은 그 행위는 점유이탈물횡령죄가 될 수 있음은 별론으로 하고 사기죄를 구성할 수는 없다(대법원 2004.5.27. 선고 2003도4531 판결).

3) 사기죄는 타인을 기망하여 착오를 일으키게 하고 그로 인한 처분행위를 유발하여 재물 · 재산상의 이득을 얻음으로써 성립하고, 여기서 처분행위라 함은 재산적 처분행위로서 피해자가 자유의사로 직접 재산상 손해를 초래하는 작위에 나아가거나 또는 부작위에 이른 것을 말하므로, 피해자가 착오에 빠진 결과 채권의 존재를 알지 못하여 채권을 행사하지 아니하였다면 그와 같은 부작위도 재산의 처분행위에 해당한다. 따라서 출판사 경영자가 출고현황표를 조작하는 방법으로 실제출판부수를 속여 작가에게 인세의 일부만을 지급한 경우, 작가가 나머지 인세에 대한 청구권의 존재 자체를 알지 못하는 착오에 빠져 이를 행사하지 아니한 것은 사기죄에 있어 부작위에 의한 처분행위에 해당한다(대법원 2007.7.12. 선고 2005도9221 판결).

4) 유기죄에 관한 형법 제271조 제1항은 그 행위의 주체를 "노유, 질병 기타 사정으로 부조를 요하는 자를 보호할 법률상 또는 계약상 의무 있는 자"라고 정하고 있다. 여기서의 '계약상 의무'는 간호사나 보모와 같이 계약에 기한 주된 급부의무가 부조를 제공하는 것인 경우에 반드시 한정되지 아니하며, 계약의 해석상 계약관계의 목적이 달성될 수 있도록 상대방의 신체 또는 생명에 대하여 주의와 배려를 한다는 부수적 의무의 한 내용으로 상대방을 부조하여야 하는 경우를 배제하는 것은 아니라고 할 것이다. 그러나 그 의무 위반의 효과로서 주로 손해배상책임이 문제되는 민사영역에서와는 달리 유기죄의 경우에는 당사자의 인적 책임에 대한 형사적 제재가 문제된다는 점 등을 고려하여 보면, 단지 위와 같은 부수의무로서의 민사적 부조의무 또는 보호의무가 인정된다고 해서 위 형법 제271조 소정의 '계약상 의무'가 당연히 긍정된다고는 말할 수 없고, 당해 계약관계의 성질과 내용, 계약당사자 기타 관련자들 사이의 관계 및 그 전개양상, 그들의 경제적 · 사회적 지위, 부조가 필요하기에 이른 전후의 경위, 필요로 하는 부조의 대체가능성을 포함하여 그 부조의 종류와 내용, 달리 부조를 제공할 사람 또는 설비가 있는지 여부 기타 제반 사정을 고려하여 위 '계약상의 부조의무'의 유무를 신중하게 판단하여야 한다.
원심판결 및 기록에 의하면, 피고인이 신정 연휴를 앞둔 2010.12.31. 오후에 종전부터 그 운영의 주점에 손님으로 와서 술을 마신 일이 있던 피해자에 대하여 위 주점으로 술 마시러 오도록 권유한 사실, 이에 응하여 피해자가 그 운영의 봉제공장 직원들과 회식을 하여 술에 취한 상태에서 같은 날 22:48경 위 주점에 와서 다른 손님이 없는 채로 술을 마시기 시작하여 2011.1.1.부터 2011.1.3. 오전까지 계속하여 양주 5병, 소주 8병 및 맥주 30여 병을 마신 사실, 피고인은 그 사이에 피해자가 술에 취하여 잠이 든 틈을 이용하여 피해자의 옷에서 그의 수협 체크카드를 몰래 빼낸 다음 이를 이용하여 은행의 현금인출기에서 2011.1.1. 12:05경 현금 100만 원, 다음 날인 2011.1.2. 10:17경 현금 200만 원, 같은 날 11:56경 현금 100만 원을 인출하여 각 절취한 사실, 피해자는 2011.1.1.경부터 두 차례 자신의 의지와 무관하게 옷에 소변을 보는 등 만취한 상태에 있었고, 그 사이에 식사는 한 끼도 하지 아니하였으며, 피해자에 대한 실종신고를 받은 경찰관들이 2011.1.3. 19:20경 위 주점에서 피해자를 발견할 당시 피해자는 영하의 추운 날씨에 트레이닝복만 입고 이불이나 담요를 덮지 아니한 채 양말까지 벗은 채로 소파에서 잠을 자면서 정신을 잃은 상태이었던 사실, 피해자는 경찰관들에 의하여 바로 국립중앙의료원으로 후송되어 치료를 받았으나 다음날인 2011.1.4. 23:40경 저체온증 및 대사산증으로 사망한 사실 등을 알 수 있다. 사정이 이러하다면, 원심이 피고인이 운영하는 주점의 손님인 피해자가 피고인의 지배 아래 있는 위 주점에서 3일 동안에 걸쳐 과도하게 술을 마셔 추운 날씨에 난방이 제대로 되지 아니한 주점 내 소파에서 잠을 자면서 정신을 잃은 상태에 있었다면 피고인으로서는 위 주점의 운영자로서 피해자에게 생명 또는 신체에 대한 위해가 발생하지 아니하도록 피해자를 위 주점 내실로 옮기거나 인근에 있는 여관에 데려다 주어 쉬게 하거나 피해자의 지인 또는 경찰에 연락하는 등의 필요한 조치를 강구하여야 할 계약상의 부조의무를 부담한다고 판단하여 이 사건 유기치사의 공소사실에 관하여 피고인을 유죄로 인정한 것은 앞서 본 법리에 비추어 정당한 것으로 수긍할 수 있다(대법원 2011.11.24. 선고 2011도12302 판결).

5) 살인죄와 같이 일반적으로 작위를 내용으로 하는 범죄를 부작위에 의하여 범하는 이른바 부진정 부작위범의 경우에는 보호법익의 주체가 그 법익에 대한 침해위협에 대처할 보호능력이 없고, 부작위행위자에게 그 침해위협으로부터 법익을 보호해 주어야 할 법적 작위의무가 있을 뿐 아니라, 부작위행위자가 그러한 보호적 지위에서 법익침해를 일으키는 사태를 지배하고 있어 그 작위의무의 이행으로 결과발생을 쉽게 방지할 수 있어야 그 부작위로 인한 법익침해가 작위에 의한 법익침해와 동등한 형법적 가치가 있는 것으로서 범죄의 실행행위로 평가될 수 있다. 다만 여기서의 작위의무는 법령, 법률행위, 선행행위로 인한 경우는 물론, 신의성실의 원칙이나 사회상규 혹은 조리상 작위의무가 기대되는 경우에도 인정된다고 할 것이다(대법원 1992. 2. 11. 선고 91도2951 판결, 대법원 2008.2.28. 선고 2007도9354 판결 등 참조). 또한 부진정 부작위범의 고의는 반드시 구성요건적 결과발생에 대한 목적이나 계획적인 범행 의도가 있어야 하는 것은 아니고 법익침해의 결과발생을 방지할 법적 작위의무를 가지고 있는 자가 그 의무를 이행함으로써 그 결과발생을 쉽게 방지할 수 있었음을 예견하고도 결과의 발생을 용인하고 이를 방관한 채 그 의무를 이행하지 아니한다는 인식을 하면 족하며, 이러한 작위의무자의 예견 또는 인식 등은 확정적인 것은 물론 불확정적인 것이더라도 미필적 고의로 인정될 수 있다. 작위의무자에게 이러한 고의가 있었는지는 작위의무자의 진술에만 의존할 것이 아니라, 작위의무의 발생근거, 법익침해의 태양과 위험성, 작위의무자의 법익침해에 대한 사태지배의 정도, 요구되는 작위의무의 내용과 그 이행의 용이성, 부작위에 이르게 된 동기와 경위, 부작위의 형태와 결과 발생과의 상관관계 등을 종합적으로 고려하여 작위의무자의 심리상태를 추인하여야 할 것이다(대법원 2015.11.12. 선고 2015도6809 판결. 이른바 세월호 선장에 대한 부작위에 의한 살인죄 인정 사안).

② 실질설(기능설)

형식설에 의한 작위의무범위의 부당한 확대를 방지하기 위해 보증인적 의무의 기능, 즉 의무가 발생할 수 있는 실질적인 기본상황이라는 실질적인 관점에서 파악하려는 견해다. 이 견해에 의하면 보증인적 지위의 내용은 특정법익에 대한 모든 보호의무와 위험원(危險源) 자체에 대한 안전의무(감시의무)라고 한다.

③ 절충설

작위의무의 근거(형식설)와 보증인적 지위의 내용(실질설)을 구별하여 설명하는 견해다.

(나) 발생근거의 유형 - 실질설의 입장

① 법익에 대한 보호의무와 관련된 보증인적 지위(제18조 전단)

법익주체와의 밀접한 관련성(결합 · 연대 · 보호관계라는 상호의존성)을 전제로 하는 작위의무로, 보호대상법익에 대한 모든 침해행위로부터의 방지의무를 의미한다.

㉮ 특별한 결합관계

가족적 혈연관계 또는 실질적인 신뢰 및 의존관계가 고려되는 긴밀한 자연적 결합관계(사실혼관계에 있는 자, 약혼자, 친족간)가 존재하는 경우에 인정된다.

㉯ 특별한 연대(공동)관계

특별한 위험공동체(탐험, 등산)가 자의에 의해 형성된 경우, 즉 구성원 상호간에 위난시 조력에 대한 신뢰관계가 존재하는 경우와 같이 긴밀한 공동체관계가 존재하는 경우에는 그 공동체관계에 있는 자들 사이에는 보증인적 지위가 인정된다. 다만, 비자의적 관계인 경우(군대, 교도소, 자연적 재해)에는 일반적으로 보증인적 지위는 발생하지 않는다고 본다.

㉰ 자의적인 인수에 의한 보호관계

사실상의 보호기능이라는 점에서 인수관계의 발생근거는 통상 계약이나[8)] 사무관리에 기하며, 반드시 법적 근거를 요하는 것은 아니다.[9)]

② 자신의 지배영역 하에 있는 위험원에 대한 안전의무와 관련된 보증인적 지위

선행행위로 인한 작위의무(제18조 후단) 또는 위험원에 대한 안전조치에 국한된 작위의무

㉮ 선행행위로 인한 보증의무

결과발생에 대해 직접적이고도 상당한 위험을 야기(근접하고 상당한 위험의 창출)할 수 있는 선행행위로 인한 의무이다. 이 경우에 선행행위가 위법성을 요하는가의 여부에 대해서는 선행행위의 위법 적법성을 불문한다는 야기설과, 객관적으로 의무에 위반한 위법한 선행행위에 한정해야 한다는 의무위반설[10)]이 대립되고 있다.

㉯ 자기의 지배영역 하에 있는 위험원에 대한 감시(감독)의무에서 발생하는 보증의무

㉰ 자기의 지배 하에 있는 타인의 행위에 대한 감독(보증의무)

관련판례

형법상 방조는 작위에 의하여 정범의 실행행위를 용이하게 하는 경우는 물론 직무상의 의무가 있는 자가 정범의 실행행위를 인식하면서도 그것을 방지하여야 할 제반조치를 취하지 아니하는 부작위로 인하여 정범의 실행행위를 용이하게 하는 경우에도 성립된다 할 것이므로 은행지점장이 정범인 부하직원들의 범행을 인식하면서도 그들의 은행에 대한 배임행위를 방치하였다면 배임죄의 방조범이 성립된다(대법원 1984.11.27. 선고 84도1906 판결).

(5) 행위태양(行爲様態)의 동가치성(상응성, Entsprechung)

가) 의의

부작위가 작위범의 구성요건에 해당하기 위해서는 보증인적 지위에 있는 자의 부작위만이 아니라 보증인적 지위에 있는 자의 작위의무위반이 작위범의 구성요건속에 상세히 확정된 행위양태와 동가치성 내지 상응성을 갖추어야 한다.[11)]

---

8) 계약기간이나 그 무효 또는 취소와는 무관하다.

9) 예로서 등산안내원, 의사, 가정교사 등이 이에 해당한다.

10) 독일의 다수견해. 도로교통법 제106조.

11) 동가치성에 대한 입법례
독일형법 제13조 (부작위에 의한 수행) ① 형벌법규의 구성요건에 속하는 결과를 회피하는데 게을리 한 자는 결과의 불발생을 법적으로 보장하지 아니하면 아니되며, 그 부작위가 작위에 의한 법정구성요건의 실현에 준하는 경우에 한하여 이

나) 적용대상

살인죄와 같은 단순결과범과 사기죄와 같은 행태의존적 결과범을 구별하는 견해에 따르면 행위정형의 동가성은 후자의 경우에만 특별한 의미를 가진다. 즉 구성요건상 행위수단 및 방법이 특정되어 있어 일정한 행위양태에 의해서만 구성요건적 결과가 발생하도록 규정된 행태의존적 결과범에 있어서는 부작위가 이러한 구성요건적 행위양태에 상응한 것일 때 구성요건적 부작위가 성립된다. 따라서 살인죄와 같은 순수한 결과야기적 결과범에는 적용되지 않는다.

다) 체계상의 위치

(가) 고의영역적용설

주관적 구성요건표지의 영역에서 부작위고의의 한계를 획정하는 기능을 한다고 보는 견해이다.

(나) 책임영역적용설

기대가능성의 판단단계에서도 검토되어야 한다고 보는 견해이다.

(다) 불법구성요건영역적용설

부진정부작위범의 객관적 구성요건표지로,보증인적 지위와 독립된 구성요건적 부작위의 성립을 제한하는 일요소로 보는 견해이다.

라) 보증인적 지위와의 관계

보증인적 지위를 제한하기 위한 기준으로 보는 견해와, 보증인적 지위와는 독립된 별개의 독자적인 범죄표지로 보는 견해가 대립되고 있다.

마) 판단기준(작위범의 행위행태와 동일시되는 정도)에 대해서는 견해가 대립

작위와 같이 평가될 수 있는 행위라는 강력한 요소가 구비되어야 한다는 견해, 작위에 의한 구성요건실현과 같은 정도의 위법성이 구비되어야 한다는 견해, 작위범의 평균적인 불법내용과 동일한 수준이 구비되어야 한다는 견해, 작위범의 가장 가벼운 당벌성수준 이상이 구비되어야 한다는 견해, 작위범의 행태와 그 행위반가치성의 측면에서 사회적으로 동일한 정도의 의미가 구비되어야 한다는

법에 따라 이를 벌할 수 있다.② 그 형은 제49조 제1항에 따라 감경할 수 있다.
오스트리아형법 제2조 (부작위범) 법률에서 어떤 결과의 야기에 형벌을 과하고 있을 때, 법령에서 특별히 부과하는 의무로 인하여 그 결과를 방지하여야 하고, 그 결과를 방지하지 아니하는 것이 작위를 통한 법적 구성요건의 실현과 동시할 수 있음에도 불구하고 그 결과발생을 방지하지 아니한 자 역시 처벌한다.
제34조 (특별한 형의 감경사유) 형의 감경사유는 특히 행위자가 제5호 법률이 어떤 결과의 야기만으로 처벌하는 경우 그 결과를 방지하는 것을 부작위하는 것만으로 가벌적으로 되었을 때에 존재한다.

견해가 있다.

관련판례

1) 형법이 금지하고 있는 법익침해의 결과발생을 방지할 법적인 작위의무를 지고 있는 자가 그 의무를 이행함으로써 결과발생을 쉽게 방지할 수 있었음에도 불구하고 그 결과의 발생을 용인하고 이를 방관한 채 그 의무를 이행하지 아니한 경우에, 그 부작위가 작위에 의한 법익침해와 동등한 형법적 가치가 있는 것이어서 그 범죄의 실행행위로 평가될 만한 것이라면, 작위에 의한 실행행위와 동일하게 부작위범으로 처벌할 수 있다 할 것이다. 피고인이 조카인 피해자를 살해할 것을 마음먹고 저수지로 데리고 가서 미끄러지기 쉬운 제방쪽으로 유인하여 함께 걷다가 피해자가 물에 빠지자 그를 구호하지 아니하여 피해자를 익사하게 한 것이라면 피해자가 스스로 미끄러져서 물에 빠진 것이고, 그 당시는 피고인이 살인죄의 예비단계에 있었을 뿐 아직 실행의 착수에는 이르지 아니하였다고 하더라도, 피해자의 숙부로서 익사의 위험에 대처할 보호능력이 없는 나이어린 피해자를 익사의 위험이 있는 저수지로 데리고 갔던 피고인으로서는 피해자가 물에 빠져 익사할 위험을 방지하고 피해자가 물에 빠지는 경우 그를 구호하여 주어야 할 법적인 작위의무가 있다고 보아야 할 것이고, 피해자가 물에 빠진 후에 피고인이 살해의 범의를 가지고 그를 구호하지 아니한 채 그가 익사하는 것을 용인하고 방관한 행위(부작위)는 피고인이 그를 직접 물에 빠뜨려 익사시키는 행위와 다름없다고 형법상 평가될 만한 살인의 실행행위라고 보는 것이 상당하다(대법원 1992.2.11. 선고 91도2951 판결).

2) 피고인이 미성년자를 유인하여 포박 · 감금한 후 단지 그 상태를 유지하였을 뿐인데도 피감금자가 사망에 이르게 된 것이라면 피고인의 죄책은 감금치사죄에 해당한다 하겠으나, 나아가서 그 감금상태가 계속된 어느 시점에서 피고인에게 살해의 범의가 생겨 피감금자에 대한 위험발생을 방지함이 없이 포박 · 감금상태에 있던 피감금자를 그대로 방치함으로써 사망케 하였다면 피고인의 부작위는 살인죄의 구성요건적 행위를 충족하는 것이라고 평가하기에 충분하므로 부작위에 의한 살인죄를 구성한다. 피해자를 아파트에 유인하여 양 손목과 발목을 노끈으로 묶고 입에 반창고를 두겹으로 붙인 다음 양 손목을 묶은 노끈은 창틀에 박힌 시멘트 못에, 양 발목을 묶은 노끈은 방문손잡이에 각각 잡아매고 얼굴에 모포를 씌워 포박 · 감금한 후 수차 아파트를 출입하다가 마지막 들어갔을 때 피해자가 이미 탈진상태에 이르러 박카스를 마시지 못하고 그냥 흘려버릴 정도였고 피고인이 피해자의 얼굴에 모포를 덮어씌워 놓고 그냥 나오면서 피해자를 그대로 두면 죽을 것 같다는 생각이 들었다면, 피고인이 위와 같은 결과발생의 가능성을 인정하고 있으면서도 피해자를 병원에 옮기지 않고 사경에 이른 피해자를 그대로 방치한 소위에는 피해자가 사망하는 결과에 이르더라도 용인할 수 밖에 없다는 내심의 의사 즉 살인의 미필적 고의가 있다고 할 것이다. 특정범죄 가중처벌 등에 관한 법률 제5조의2 제2항 제1호 소정의 죄는 형법 제287조의 미성년자 약취 · 유인행위와 약취 또는 유인한 미성년자의 부모 기타 그 미성년자의 안전을 염려하는 자의 우려를 이용하여 재물이나 재산상의 이익을 취득하거나 이를 요구하는 행위가 결합된 단순일죄의 범죄라고 봄이 상당하므로 비록 타인이 미성년자를 약취 · 유인한 행위에는 가담한 바 없다 하더라도 사후에 그 사실을 알면서 약취 · 유인한 미성년자를 부모 기타 그 미성년자의 안전을 염려하는 자의 우려를 이용하여 재물이나 재산상의 이익을 취득하거나 요구하는 타인의 행위에 가담하여 이를 방조한 때에는 단순히 재물 등 요구행위의 종범이 되는데 그치는 것이 아니라 결합범인 위 특정범죄가중처벌등에 관한 법률 제5조의2 제2항 제1호 위반죄의 종범에 해당한다(대법원 1982.11.23. 선고 82도2024 판결. 1980년 이윤상 어린이 유괴 살해사건 판결).

3) 형법상 방조행위는 정범의 실행행위를 용이하게 하는 직접, 간접의 모든 행위를 가리키는 것으로서 작위에 의한 경우뿐만 아니라 부작위에 의하여도 성립된다. 형법상 부작위범이 인정되기 위하여는 형법이 금지하고 있는 법익침해의 결과발생을 방지할 법적인 작위의무를 지고 있는 자가 그 의무를 이행함으로써 결과발생을 쉽게 방지할 수 있었음에도 불구하고 그 결과의 발생을 용인하고 이를 방관한 채 그 의무를 이행하지 아니한 경우에, 그

부작위가 작위에 의한 법익침해와 동등한 형법적 가치가 있는 것이어서 그 범죄의 실행행위로 평가될 만한 것이라면, 작위에 의한 실행행위와 동일하게 부작위범으로 처벌할 수 있다. 백화점에서 바이어를 보조하여 특정매장에 관한 상품관리 및 고객들의 불만사항 확인 등의 업무를 담당하는 직원은 자신이 관리하는 특정매장의 점포에 가짜 상표가 새겨진 상품이 진열 · 판매되고 있는 사실을 발견하였다면 고객들이 이를 구매하도록 방치하여서는 아니되고 점주나 그 종업원에게 즉시 그 시정을 요구하고 바이어 등 상급자에게 보고하여 이를 시정하도록 할 근로계약상 · 조리상의 의무가 있다고 할 것임에도 불구하고 이러한 사실을 알고서도 점주 등에게 시정조치를 요구하거나 상급자에게 이를 보고하지 아니함으로써 점주로 하여금 가짜 상표가 새겨진 상품들을 고객들에게 계속 판매하도록 방치한 것은 작위에 의하여 점주의 상표법위반 및 부정경쟁방지법위반 행위의 실행을 용이하게 하는 경우와 동등한 형법적 가치가 있는 것으로 볼 수 있으므로, 백화점 직원인 피고인은 부작위에 의하여 공동피고인인 점주의 상표법위반 및 부정경쟁방지법위반 행위를 방조하였다고 인정할 수 있다(대법원 1997.3.14. 선고 96도1639 판결).

4) 업무상횡령죄의 불법영득의사라 함은 타인의 재물을 보관하는 자가 자기 또는 제3자의 이익을 꾀할 목적으로 업무상의 임무에 위배하여 보관하는 타인의 재물을 자기의 소유인 경우와 같이 처분하는 의사를 의미하고, 반드시 자기 스스로 영득하여야만 하는 것은 아니다. 종범은 정범의 실행행위 중에 이를 방조하는 경우뿐만 아니라, 실행 착수 전에 장래의 실행행위를 예상하고 이를 용이하게 하는 행위를 하여 방조한 경우에도 정범이 실행행위를 한 경우에 성립한다. 형법상 방조는 작위에 의하여 정범의 실행을 용이하게 하는 경우는 물론, 직무상의 의무가 있는 자가 정범의 범죄행위를 인식하면서도 그것을 방지하여야 할 제반 조치를 취하지 아니하는 부작위로 인하여 정범의 실행행위를 용이하게 하는 경우에도 성립된다. 형법상 부작위범이 인정되기 위해서는 형법이 금지하고 있는 법익침해의 결과 발생을 방지할 법적인 작위의무를 지고 있는 자가 그 의무를 이행함으로써 결과 발생을 쉽게 방지할 수 있었음에도 불구하고 그 결과의 발생을 용인하고 이를 방관한 채 그 의무를 이행하지 아니한 경우에, 그 부작위가 작위에 의한 법익침해와 동등한 형법적 가치가 있는 것이어서 그 범죄의 실행행위로 평가될 만한 것이라면, 작위에 의한 실행행위와 동일하게 부작위범으로 처벌할 수 있고, 여기서 작위의무는 법적인 의무이어야 하므로 단순한 도덕상 또는 종교상의 의무는 포함되지 않으나 작위의무가 법적인 의무인 한 성문법이건 불문법이건 상관이 없고 또 공법이건 사법이건 불문하므로, 법령, 법률행위, 선행행위로 인한 경우는 물론이고 기타 신의성실의 원칙이나 사회상규 혹은 조리상 작위의무가 기대되는 경우에도 법적인 작위의무는 있다. 법원의 입찰사건에 관한 제반 업무를 주된 업무로 하는 공무원이 자신이 맡고 있는 입찰사건의 입찰보증금이 계속적으로 횡령되고 있는 사실을 알았다면, 담당 공무원으로서는 이를 제지하고 즉시 상관에게 보고하는 등의 방법으로 그러한 사무원의 횡령행위를 방지해야 할 법적인 작위의무를 지는 것이 당연하고, 비록 그의 묵인행위가 배당불능이라는 최악의 사태를 막기 위한 동기에서 비롯된 것이라고 하더라도 자신의 작위의무를 이행함으로써 결과 발생을 쉽게 방지할 수 있는 공무원이 그 사무원의 새로운 횡령범행을 방조 · 용인한 것을 작위에 의한 법익 침해와 동등한 형법적 가치가 있는 것이 아니라고 볼 수 없으므로 업무상횡령죄의 종범이 성립된다(대법원 1996.9.6. 선고 95도2551 판결).

5) 형법 제151조의 범인도피죄에서 '도피하게 하는 행위'는 은닉 이외의 방법으로 범인에 대한 수사, 재판 및 형의 집행 등 형사사법의 작용을 곤란 또는 불가능하게 하는 일체의 행위를 말하는 것으로서 그 수단과 방법에는 어떠한 제한이 없다. 또한, 위 죄는 위험범으로서 현실적으로 형사사법의 작용을 방해하는 결과를 초래할 것이 요구되지 아니하지만, 같은 조에 함께 규정되어 있는 은닉행위에 비견될 정도로 수사기관의 발견 · 체포를 곤란하게 하는 행위, 즉 직접 범인을 도피시키는 행위 또는 도피를 직접적으로 용이하게 하는 행위에 한정된다. 그 자체로는 도피시키는 것을 직접적인 목적으로 하였다고 보기 어려운 어떤 행위의 결과 간접적으로 범인이 안심하고 도피할 수 있게 한 경우까지 포함하는 것은 아니다. 수사기관은 범죄사건을 수사함에 있어서 피의자나 참고인의 진술 여하에 불구하고 피의자를 확정하고 그 피의사실을 인정할 만한 객관적인 제반 증거를 수집 · 조사하

여야 할 권리와 의무가 있다. 따라서 참고인이 수사기관에서 범인에 관하여 조사를 받으면서 그가 알고 있는 사실을 묵비하거나 허위로 진술하였다고 하더라도, 그것이 적극적으로 수사기관을 기만하여 착오에 빠지게 함으로써 범인의 발견 또는 체포를 곤란 내지 불가능하게 할 정도가 아닌 한 범인도피죄를 구성하지 않는다. 이러한 법리는 피의자가 수사기관에서 공범에 관하여 묵비하거나 허위로 진술한 경우에도 그대로 적용된다. 따라서 사행행위 등 규제 및 처벌특례법 위반죄의 피의자가 수사기관에서 조사받으며 오락실을 단독 운영하였다고 허위진술하여 오락실 공동운영자인 공범의 존재를 숨긴 것이 범인도피죄에 해당하지 않는다(대법원 2008.12.24. 선고 2007도11137 판결).

6) 형법이 금지하고 있는 법익침해의 결과발생을 방지할 법적인 작위의무를 지고 있는 자가 그 의무를 이행하지 아니한 경우, 이를 작위에 의한 실행행위와 동일하게 부작위범으로 처벌하기 위하여는, 그 의무를 이행함으로써 결과발생을 쉽게 방지할 수 있었음에도 불구하고 그 결과의 발생을 용인하고 이를 방관한 채 그 의무를 이행하지 아니한 결과, 그 부작위가 작위에 의한 법익침해와 동등한 형법적 가치를 가진다고 볼 수 있어 그 범죄의 실행행위로 평가될 만한 것이라야 한다(대법원 1992.2.11. 선고 91도2951 판결, 대법원 2006.4.28. 선고 2003도4128 판결 등 참조). 원심은, 이 사건 화재는 피고인이 모텔 방에 투숙하여 담배를 피운 후 재떨이에 담배를 끄게 되었으나 담뱃불이 완전히 꺼졌는지 여부를 확인하지 않은 채 불이 붙기 쉬운 휴지를 재떨이에 버리고 잠을 잔 과실로 담뱃불이 휴지와 옆에 있던 침대시트에 옮겨 붙게 함으로써 발생하였고, 이러한 피고인의 과실은 중대한 과실에 해당한다고 전제한 다음, 이와 같이 이 사건 화재가 피고인의 중과실로 발생하였다 하더라도, 이 부분 공소사실과 같이 부작위에 의한 현주건조물방화치사 및 현주건조물방화치상죄가 성립하기 위하여는, 피고인에게 법률상의 소화의무가 인정되는 외에 소화의 가능성 및 용이성이 있었음에도 피고인이 그 소화의무에 위배하여 이미 발생한 화력을 방치함으로써 소훼의 결과를 발생시켜야 하는 것인데, 이 사건 화재가 피고인의 중대한 과실 있는 선행행위로 발생한 이상 피고인에게 이 사건 화재를 소화할 법률상 의무는 있다 할 것이나, 피고인이 이 사건 화재 발생 사실을 안 상태에서 모텔을 빠져나오면서도 모텔 주인이나 다른 투숙객들에게 이를 알리지 아니하였다는 사정만으로는 피고인이 이 사건 화재를 용이하게 소화할 수 있었다고 보기 어렵고, 달리 이를 인정할 만한 증거가 없다는 이유로, 이 부분 공소사실에 대하여 무죄로 판단하였다. 앞서 본 법리에 비추어 기록을 살펴보면, 이러한 원심의 사실인정과 판단은 정당한 것으로 수긍이 되고, 거기에 상고이유의 주장과 같은 채증법칙 위배나 부작위범에 관한 법리오해 등의 위법이 있다고 할 수 없다(대법원 2010.1.14. 선고 2009도12109, 2009감도38 판결).

7) 선박침몰 등과 같은 조난사고로 승객이나 다른 승무원들이 스스로 생명에 대한 위협에 대처할 수 없는 급박한 상황이 발생한 경우에는 선박의 운항을 지배하고 있는 선장이나 갑판 또는 선내에서 구체적인 구조행위를 지배하고 있는 선원들은 적극적인 구호활동을 통해 보호능력이 없는 승객이나 다른 승무원의 사망 결과를 방지하여야 할 작위의무가 있다 할 것이므로, 법익침해의 태양과 정도 등에 따라 요구되는 개별적 · 구체적인 구호의무를 이행함으로써 사망의 결과를 쉽게 방지할 수 있음에도 그에 이르는 사태의 핵심적 경과를 그대로 방관하여 사망의 결과를 초래하였다면, 그 부작위는 작위에 의한 살인행위와 동등한 형법적 가치를 가진다고 할 것이고, 이와 같이 작위의무를 이행하였다면 그 결과가 발생하지 않았을 것이라는 관계가 인정될 경우에는 그 작위를 하지 않은 부작위와 사망의 결과 사이에 인과관계가 있는 것으로 보아야 할 것이다(대법원 2015.11.12. 선고 2015도6809 판결. 이른바 세월호 선장에 대한 부작위에 의한 살인죄 인정 사안).

2) 구성요건적 결과, 인과관계 및 객관적 귀속

진정부작위범의 경우에는 부작위라는 거동 그 자체로 범죄가 성립된다는 점에서 구성요건적 결과와 인과관계 및 객관적 귀속을 요하지 않는다. 그러나 결과범에 해당하는 부진정부작위범의 경우에는 구성요건적 결과 발생 뿐만 아니라 부작위와 발생결과 간에 인과관계 및 객관적 귀속이 인정되어야 부작위범이 성립된다.

인과관계의 성립에 대해서는 일반적인 인과관계이론과 마찬가지로 무(無)에서는 유(有)가 나오지 않는다는 자연과학적 사고를 기초로 하는 인과관계부인설, 부작위 이외의 것이 원인이라는 타행위(원인)설(부작위에 병존했던 행위의무자의 타행위), 선행행위설, 간섭설 또는 동기설(부작위 자체에서 인과적 요인을 입증하려는 견해), 타인행위설 등과 같은 준인과관계설 그리고 조건설의 입장에서 주장되는 가설적 인과관계설, 생활경험칙에 기초하는 합법칙적 조건설, 외부세계의 결과에 대한 원인이라기 보다 법적 결과에 대한 원인으로 보는 법적 인과관계설 등 다양한 견해들이 주장되고 있다.

원인행위와 결과 간에 연관성을 이원적 방법으로 파악하는 견해에 의하면 위와 같은 자연적 · 사실적 인관관계가 인정되다는 것을 전제로, 규범적인 관점에서 발생된 결과를 부작위라는 원인행위의 작품으로 귀속시킬 수 있다는 객관적 귀속이 인정되어야 한다.

2. 주관적 구성요건요소

1) 고의

(1) 지적 요소(모든 객관적 불법구성요건표지에 대한 인식)

결과발생방지가능성에 대한 인식의 정도에 대해서는 결과방지의 모든 구체적인 가능성에 대해 인식을 요하되 대강의 범위에서 수반의식의 정도로 인식하면 족하다는 견해와, 요구된 행위의 실현방도를 실제 인식할 수 있는 가능성만 있으면 족하다는 견해가 대립되고 있다.

(2) 의적(意的) 요소의 인정 문제

특히 의도적 고의 내지 목적범에 있어서 목적의 성립이 문제된다.

2) 과실

과실에 의한 부작위범(망각범)과, 「원인에 있어서 자유로운 행위」에 있어서의 과실에 의한 부작위범과는 구별된다. 즉 전자는 작위의무 자체를 과실로써 망각한 경우인 데 반해, 후자는 과실에 의한 원인설정과 이로 인한 결과발생이라는 이중의 과정이 작용한다는 점에서 구별된다.

Ⅲ. 부작위범의 위법성

부작위범의 위법성과 관련하여 특수한 위법성조각사유로서의 정당화적 의무의 충돌이 문제된다.

1. 의무의 충돌의 개념

의무자에게 동시에 이행해야 할 둘 또는 그 이상의 법적 의무가 존재하여 행위자가 이러한 작위의무를 모두 이행할 수 없기 때문에 그 중 어느 하나 또는 일부의 작위의무만을 이행하고 다른 작위의무를 이행하지 못한 것이 형벌법규에 저촉되는 경우가 의무의 충돌이며, 이 경우에 이행하지 못한 작위의무에 대해 위법성이 조각될 때 이를 정당화적 의무의 충돌이라 한다. 이와 같이 정당화적 의무의 충돌은 작위의무와 작위의무간의 충돌이라는 점에서 작위의무와 부작위의무가 충돌되는 정당화적 긴급피난[12] 및 면책적 긴급피난[13]과는 다르다.

2. 의무의 충돌의 요건

① 둘 이상의 법적 의무의 실질적인 충돌상황
법적 의무간의 충돌이라는 점에서 법적 의무와 비법적 의무(도의적 의무)간의 충돌인 면책적 의무의 충돌상황과 구별된다.
② 충돌사태가 행위자의 귀책사유로 발생된 것이 아닐 것
③ 고가치 또는 최소한 대등가치를 이행한다는 인식
④ 의무형량(Pflichtenabwägung), 즉 구체적인 의무충돌상황하에서 보증의무가 단순한 조력의무보다 우선한다는 의무상호 간의 형량

3. 의무의 충돌에 대한 법적 판단

작위의무가 상이한 가치인 경우에는 이익형량의 기준에 따라 해결하면 되나 작위의무가 동등한 가치인 경우에는 위법성조각사유로 보는 견해[14]와, 책임조각사유로 보는 견해[15]가 대립되고 있다. 나아가 위법성조각사유로 보는 견해도 이를 긴급피난의 특수한 경우로 보아 제22조의 규정에 따라 해결하느냐, 아니면 초법규적 정당화사유로서 제20조 사회상규에 위배되지 않는 행위의 일종으로 보느냐에 대해서 견해가 대립되고 있다.

---

12) 독일형법 제34조.
13) 독일형법 제35조.
14) 다수견해.
15) 소수견해.

4. 관련문제

의무의 가치에 관한 착오는 금지(요구)착오에 해당하며, 고가치의무이행의 기대가능성이 없는 경우에는 초법규적 책임조각사유에 해당한다.

Ⅳ. 부작위범의 책임

책임의 전제로서의 책임능력의 존재와 책임의 본질로서의 비난가능성이 존재해야 한다. 즉, 고의 또는 과실 등의 책임형식, 불법의식, 특별한 책임표지, 면책사유의 부존재, 기대가능성의 존재 등에 대한 검토가 필요하다. 다만, 부작위범에 있어서 기대가능성의 체계적 지위에 대해서는 작위의무를 제한하는 일반원칙으로서 구성요건요소로 보는 견해와, 모든 경우에 있어서 정당화사유로서의 위법성조각사유로 보는 견해, 초법규적 책임조각사유로 보는 견해 등이 대립되고 있다.

제5절 부작위범의 미수와 공범

Ⅰ. 부작위범의 미수

1. 실행의 착수시기에 대한 학설

부작위행위자가 최초의 구조가능성을 지나쳤을 때 즉 행위에 대한 법적 의무가 발생하는 순간 내지 작위의무의 이행이 요구되는 때로 보는 견해, 부작위행위자가 최후의 구조가능성을 지나쳤을 때로 보는 견해, 작위행위를 지체함으로써 법익에 대한 위험이 증대되었을 때로 보는 견해 등이 대립되고 있다.

2. 부작위범의 기수시기

부진정부작위범의 경우는 일정한 결과발생(법익침해 내지 법익위태화)시이며, 진정부작위범의 경우는 일정한 부작위와 동시에 기수가 성립된다.

3. 부진정부작위범의 중지미수의 적용 문제

부진정부작위범의 실행에 착수한 부작위범이 자의로 실행에 착수한 행위를 작위로 중단하거나 결과발생을 적극적으로 방지한 경우, 즉 적극적 구조행위로 나아간 경우에는 부진정부작위범의 중지미수가 인정된다. 다만, 실행에 착수한 부작위범이 피해자에 대한 적극적인 구조행위로 나아갔으나 제3자에 의해 구조된 경우와 같이 타인에 의해 결과발생이 방지된 경우에도 중지미수가 인정되느냐가 문제된다.

결과발생의 방지는 타인의 도움을 받는 경우도 포함되지만, 일반 중지미수범의 해석과 마찬가지로 그 타인의 도움이 이미 실행에 착수한 행위자에 의한 결과발생의 방지와 동일시할 수 있어야 할 뿐 아니라, 객관적으로 결과발생을 방지하는데 상당한 행위일 것을 요한다. 따라서 실행에 착수한 부작위범이 결과발생을 방지하기 위하여 피해자를 구조하기 위해 노력을 하였더라도 이미 타인에 의해 피해자가 구조된 경우에는 부진정부작위범의 중지미수는 인정되지 아니한다.

Ⅱ. 부작위범과 공범

1. 공동정범 및 간접정범

부진정부작위범 사이의 공동정범은 다수의 부작위범에게 공통된 의무가 부여되어 있고, 그 의무를 공통으로 이행할 수 있을 때에만 성립한다.[1] 다만, 진정부작위범은 신분범에 해당하므로, 보증인적 지위에 없는 자라도 보증인적 지위에 있는 자가 범하는 진정부작위범에 가담한 경우에는 형법 제33조 본문에 따라 진정부작위범의 공동정범이 성립한다.

2. 가담범

부작위범에 대하여 교사·방조한 경우 또는 부작위에 의한 교사·방조가 이에 해당한다.

부작위에 의한 방조범의 성립에 대한 판례

1) 형법상 방조행위는 정범의 실행을 용이하게 하는 직접, 간접의 모든 행위를 가리키는 것으로서 작위에 의한 경우뿐만 아니라 부작위에 의하여도 성립되는 것이다. 즉 형법이 금지하고 있는 법익침해의 결과발생을 방지할 법적인 작위의무를 지고 있는 자가 그 의무를 이행함으로써 결과발생을 쉽게 방지할 수 있었음에도 불구하고 그 결과의 발생을 용인하고 이를 방관한 채 그 의무를 이행하지 아니한 경우에, 그 부작위가 작위에 의한 법익침해와 동등한 형법적 가치가 있는 것이어서 그 범죄의 실행행위로 평가될 만한 것이라면, 작위에 의한 실행행위와 동일하게 부작위범으로 처벌할 수 있고, 여기서 작위의무는 법령, 법률행위, 선행행위로 인한 경우는 물론, 기타 신의성실의 원칙이나 사회상규 혹은 조리상 작위의무가 기대되는 경우에도 인정된다. 따라서 인터넷 포털 사이트 내 오락채널 총괄팀장과 위 오락채널 내 만화사업의 운영 직원인 피고인들은 콘텐츠제공업체들이 게재하는 음란만화의 삭제를 요구할 조리상의 의무가 있어 구 전기통신기본법(2001.1.16. 법률 제6360호로 개정되기 전의 것) 제48조의2 위반 방조죄가 성립한다(대법원 2006.4. 28. 선고 2003도4128 판결).
2) 형법상 방조행위는 정범의 실행행위를 용이하게 하는 직접, 간접의 모든 행위를 가리키는 것으로서 작위에 의한 경우뿐만 아니라 부작위에 의하여도 성립된다. 그리고 형법상 부작위범이 인정되기 위하여는 형법이 금지하고 있는 법익침해의 결과발생을 방지할 법적인 작위의무를 지고 있는 자가 그 의무를 이행함으로써 결과발생을 쉽게 방지할 수 있었음에도 불구하고 그 결과의 발생을 용인하고 이를 방관한 채 그 의무를 이행하지 아니한 경우에, 그 부작위가 작위에 의한 법익침해와 동등한 형법적 가치가 있는 것이어서 그 범죄의 실행행위로 평가될 만한 것이라면, 작위에 의한 실행행위와 동일하게 부작위범으로 처벌할 수 있다. 따라서 백화점에서 바이어를 보조하여 특정매장에 관한 상품관리 및 고객들의 불만사항 확인 등의 업무를 담당하는 직원은 자신이 관리하는 특정매장의 점포에 가짜 상표가 새겨진 상품이 진열·판매되고 있는 사실을 발견하였다면 고객들이 이를 구매하도록 방치하여서는 아니되고 점주나 그 종업원에게 즉시 그 시정을 요구하고 바이어 등 상급자에게 보고하여 이를 시정하도록 할 근로계약상·조리상의 의무가 있다고 할 것임에도 불구하고 이러한 사실을 알고서도 점주 등에게 시정조치를 요구하거나 상급자에게 이를 보고하지 아니함으로써 점주로 하여금 가짜 상표가 새겨진 상품들을 고객들에게 계속 판매하도록 방치한 것은 작위에 의하여 점주의 상표법위반 및 부정경쟁방지법위반 행위의 실행을 용이하게 하는 경우와 동등한 형법적 가치가 있는 것으로 볼 수 있으므로, 백화점 직원인 피고인은 부작위에 의하여 공동피고인인 점주의 상표법위반 및 부정경쟁방지법위반 행위를 방조하였다고 인정할 수 있다(대법원 1997.3.14. 선고 96도1639 판결).

---

1) 공중위생관리법 제3조 제1항 전단은 "공중위생영업을 하고자 하는 자는 공중위생영업의 종류별로 보건복지부령이 정하는 시설 및 설비를 갖추고 시장·군수·구청장에게 신고하여야 한다"고 규정하고 있고, 제20조 제1항 제1호는 '제3조 제1항 전단의 규정에 의한 신고를 하지 아니한 자'를 처벌한다고 규정하고 있는바, 그 규정 형식 및 취지에 비추어 신고의무 위반으로 인한 공중위생관리법 위반죄는 구성요건이 부작위에 의하여서만 실현될 수 있는 진정부작위범에 해당한다고 할 것이고, 한편 부작위범 사이의 공동정범은 다수의 부작위범에게 공통된 의무가 부여되어 있고 그 의무를 공통으로 이행할 수 있을 때에만 성립한다고 할 것이다(대법원 2008.3.27. 선고 2008도89 판결).

기출사례

1) 甲과 乙은 친구 A로부터 각 3천만 원을 빌렸으나 약속한 날짜에 돈을 갚지 못했다. 甲은 자기 집에 찾아온 A가 채무변제를 독촉하자 이를 모면하려고 집에서 차를 몰고 나갔다. 그 순간 A가 甲의 차 앞에 서서 빚을 갚으라고 소리치자 甲은 A가 상처를 입어도 어쩔 수 없다고 생각하면서 차 앞 범퍼로 들이받아 A를 넘어뜨려 4주의 치료를 요하는 상처를 입혔다. 몇 개월 후 乙과 A는 단 둘이서 등산을 하여 산 중턱 절벽 위 큰 바위에 앉아 휴식을 취하다가 채무변제 문제로 언쟁을 벌이던 중 A가 화를 내면서 갑자기 일어나는 과정에서 미끄러져 절벽 아래로 떨어져 두 다리에 골절상을 입었다. 등산전문가인 乙은 A를 구조하지 않으면 A가 사망할 수 있다는 사실을 알고 있었고, A를 쉽게 구조할 수도 있었으나 이번 기회에 A를 죽이기로 마음먹고 A를 버려둔 채 하산해 버렸다. 그러나 乙은 귀가하던 중 자신의 잘못을 뉘우치고 A를 구조하러 사고현장에 갔으나 A는 이미 사고현장을 지나던 등산객들에 의하여 구조되었다.
甲과 乙의 형사책임을 논하시오. (40점)
[2013년도 시행 제2차 변호사시험 모의시험 제1문]

2) 甲은 전에 다니던 공장 사무실의 금고에서 돈을 훔칠 생각으로 열쇠공인 乙에게 함께 범행을 하자고 제의하였고, 乙은 이를 승낙하였다. 범행 당일 밤 甲과 乙은 계획대로 공장의 담을 넘어 사무실로 들어갔다. 공장 안에 인기척이 있는 것을 수상히 여긴 경비원 丙은 공장 안을 돌아보다가, 사무실 창문 너머로 같은 동네에 살고 있는 乙이 甲과 함께 금고를 열고 있는 것을 보았다. 丙은 나중에 乙로부터 돈을 갈취할 생각으로 이를 못 본 척하고 경비실로 돌아왔다. 甲과 乙은 금고에서 현금 5,000만 원을 가지고 나오던 중 마침 순찰을 돌던 경찰관 A와 공장 앞에서 마주치게 되었다. 甲과 乙은 경찰관 A를 보자 서로 다른 방향으로 도주하였고, 이들을 절도범으로 판단한 A는 乙은 포기한 채 甲을 추격하였다. 甲은 막다른 골목에 이르자 붙잡히지 않기 위해 폭행의 의사를 가지고 항거가 불가능할 정도로 A를 강하게 밀치고 도주하였다. A는 甲의 폭행으로 넘어지면서 전치 4주의 상해를 입었지만, 사건의 경위를 알아보기 위해 공장으로 돌아왔다. 그런데 丙은 A를 또 다른 침입자로 오인하여 가스총을 쏘아 실신시켰다.
(1) 甲의 죄책을 논하시오. (10점)
(2) 乙의 변호인은 乙의 죄책을 가능한 한 가볍게 하려고 한다. 이를 위해서 주장할 수 있는 논거를 제시하시오. (15점)
(3) 丙이 甲 · 乙의 범행을 묵인한 행위에 대한 죄책을 논하시오. (10점)
(4) 丙이 A를 실신시킨 행위에 대해 과실범의 죄책을 묻는다면, 그 근거는 무엇인지 논하시오. (15점)
[2006년도 시행 제48회 사법시험 제1문]

색인

| F |

| ㄱ |

| ㅅ |

| ㅇ |

| ㅈ |

| ㅊ |

| ㅌ |

| ㅍ |

| ㅎ |

천 진 호

현)동아대학교 법학전문대학원 교수
현)한국형사법학회 회장
전)경북대학교 밥학부 교수
금지착오에 있어서 정당한 이유(박사학위)
사법시험 및 변호사시험 출제 · 채점위원

〈저서〉
형사증거법, 형사법쟁점정리, 판례교재 형법총론,
국제형법 등

〈학술논문〉
위법수집증거배제법칙의 私人效,
미수범이론의 발전과 전망 외 다수 학술논문

형법총론

초판발행 / 2016년 2월 29일

글쓴이 / 천진호
펴낸이 / 박준성
펴낸곳 / 준커뮤니케이션즈
등록일 / 2004년 1월 9일 제25100-2004-1호
주　소 / 대구광역시 중구 봉산동 217-16 삼협빌딩 3층
홈페이지 / www.jbooks.co.kr
전　화 / (053)425-1325
팩　스 / (053)425-1326

ISBN 978-89-93272-80-2

값 45,000원